Japanese Library Laws and Regulations

図書館法規基準総覧

第二版

編集責任者
武田英治・山本順一

社団法人
日本図書館協会

Japanese Library Laws and Regulations
Second Edition

図書館法規基準総覧 ／ 日本図書館協会編. — 第二版. — 東京 ： 日本図書館協会, 2002. — 34, 1814 p ； 22 cm. — 編集責任：武田英治, 山本順一.
— ISBN4-8204-0200-5

t1. トショカン ホウキ キジュン ソウラン a1. ニホン トショカン キョウカイ s1. 図書館—法令 ①011.2

『図書館法規基準総覧　第二版』の刊行によせて

『図書館法規基準総覧』の第二版ができあがりました。本書の初版は一九九二年、ちょうど日本図書館協会の創立百年にあたる時でした。その序文の中で、当時の協会理事長高橋徳太郎氏は次のように述べています。

今回…〔この〕記念すべき年に当たって『図書館法規基準総覧』を刊行することとした深層的ねらいは、法規基準等を通じて図書館の現在を見つめ、館種の別をこえて図書館の将来展望を見極めるための手がかりを提供することによって、二十一世紀を視野に入れた図書館の発展に微力を注ぎたいというところにある。

それから十年、今や二十一世紀の第二年目、そして協会も百十歳になりました。「図書館の現在を見つめること」と「館種をこえて図書館の将来展望を見極め」、さらに「幅広い角度から建設的な方向を見定めてゆく」ことは今日最も基本的な課題です。そこで第二版もまた、この深層的ねらいを見つめながら編集を進めました。

しかしながら、図書館とその周りの状況は大きく変化しました。図書館で使う機械と技術の進歩・普及、管理運営に関する意見や考え方の変化、サービスの質の向上と多様化への要求。組織の改変と資料費削減。さらに学校教育と図書館との関係は、大学図書館にも専門図書館にも及んでいます。子どもの読書と図書館との関わりは親としての問題でもあります。そしてそのすべての根柢に、図書館運営の専門職であるべき図書館員の問題の厳しさがあります。そういう状況を反映して、本書の内容も大きく変わりました。これこそ二十世紀末から二千年代初頭の図書館の法的環境の鳥瞰図であり、さらには図書館と社会の複雑な関わりの集大成といえるでしょう。

私たちには、この困難な状況の下で、図書館を今と未来の利用者のものとするという大きな任務があります。それを考えると、身の引き締まるのを覚えます。また一方、どんな仕事でも困難に直面しなければその仕事の真価を発揮することはない、ともいえましょう。苦しいときこそ充実発展の基礎を築くときだと思います。その点で、この総覧の内容を梃子に、図書館に関わる全国の皆さん方とともに努力したいと思います。

今回もまた、資料の収集と収録のために多くの機関と関係者の方がたのご尽力をいただきました。ありがとうございました。また、編集に当たられた武田英治、山本順一のお二人に謝意を表します。

社団法人　日本図書館協会

理事長　竹　内　　哲

二〇〇二年三月二十五日

『図書館法基準総覧　第二版』の刊行にあたって

本書の初版は、一九九二（平成四）年に神奈川県教育長、同県立図書館長を歴任された武田英治氏によって編纂、刊行された。そして、一九九五（平成七）年にその『増補追録篇』が出され、初版本体と併せて、広く図書館の関係者、実務家と研究者のニーズに応えてきた。これだけ浩瀚な「図書館専門六法」を編纂するには多大の時間と超人的なエネルギーを必要とするため、類書が期待できず、初版はこれまで多くの人びとにかけがえのないトゥールとして活用されてきた。たまたま『増補追録篇』の編集作業において武田氏の作業をお手伝いした縁で、早い時期からそれとなくこの第二版の編纂作業がわたしに委ねられているかのような形にはなっていた。その役割と期待は、在外研究や本務校の業務等もあって、また寄る年波にもあらがえず、なかなか果たせずにいた。ところが、初版刊行以来、本書編集の実務を支えてきた日本図書館協会編集部の内池有里さんが官報その他関係資料を丹念にフォローし、法改正等、初版のメンテナンス作業を行っていた。彼女のいつ陽の目をみるか分からない地道な作業こそが、まさしくきょうのこの第二版の刊行を実現した原動力である。

本書編纂の基本的考え方、構成は、初版とまったく異なるところはない。この第二版は、初版同様、公共図書館、大学図書館、学校図書館等、館種を越えて利用できるはずのものであるし、公民館や博物館など類縁機関に勤めておられる方にも大いに活用していただけるものである。収録対象は、図書館にかかわる法、令、規則、通達そして国際条約は当然のこととして、サンプル的な意味をもつ条例、規則、要綱、協定、さらには審議会の報告や民間の基準、ガイドラインにまで目配りをした。収録件数は全体で約四五〇件の多きを数え、その採録基準日は二〇〇一年一一月三〇日とした。もっとも、重要だと考えた法令等については、採録基準日を超えて本書に収めることとした。

先にも述べた通り、図書館にかかわる法的諸問題を考えるときに、この第二版もまた必須不可欠のトゥールであることは、初版と変わるところはない。しかし、この間、この国の法をめぐる状況は激変している。誰もが文句なく、あるいは少しくらい文句を唱えようとも、市民に対して確実に法的効力をもち得るのは、憲法のもとに、形式論理的には国民の意思を代表する国会で審議され成立した制定法とその授権の範囲内にある政令、規則、および住民の意思を代表する首長、地方議会の制定する条例、規則等、ならびに頼りになるかどうかは別にして、裁判所の確定判決に限られる。通達や要綱、ガイドラインなどは、第三者にとって、「合理性」が感じられるときにのみ、その実質的効力をもちうる。「法」の解釈が主務行政庁に独占されるものと考えることは、すでにまったくのアナクロニズムである。本書は、図書館関係者、市民が、図書館利用者の権利利益を最大限尊重して優れた図書館サービスを展開するために、法的思考をめぐらせるときに活用すべきトゥールとして世に送り出すものである。法解釈権は、健全な感覚をもつ市民の手にある。

二〇〇二（平成一四）年三月一五日

編集作業にあたった者を代表して

山本順一

本書の編集方針と構成内容

Ｉ　本書の編集方針

一　本書が対象とする図書館等

既に単行法が制定されている公共図書館と学校図書館は言うまでもないが、このほか大学図書館、専門図書館、国立国会図書館など、あらゆる館種の図書館、図書室・資料室、および類縁機関等を対象にしている。

すなわち、①公共図書館（公立図書館、私立図書館並びに公共図書館に準じて利用される点字図書館、公民館図書室、児童館、その他の図書室を含む）、②大学図書館（大学附属図書館のほか、大学院大学、短期大学、高等専門学校の図書館をも対象とし、国立、公立、私立にわたる）、学校図書館、③専門図書館（大学共同利用機関〔国立情報学研究所ほか〕、中央省庁とくに文部科学省所轄の施設等機関〔国立教育政策研究所ほか〕、国立大学附置全国共同利用研究所〔東京大学附置宇宙線研究所ほか〕などの国立諸機関の図書室や、特殊法人〔科学技術振興事業団ほか〕、独立行政法人〔国立科学博物館ほか〕、地方公共団体〔地方議会図書室ほか〕の図書室や資料センターなどを対象とし、さらに民間企業の資料室等をも念頭におく）、および④国立国会図書館（同支部図書館も含む）のそれぞれを対象として関係資料を収集し、編集作業を進めた。

二　法規基準収録の基本方針

形態上から次の三種類とする。

1　法的規範力を有する法律および政令・省令（いわゆる法規（注1）。本書では法律には◎を、政令・省令には○印を付している）、並びに訓令（注2）（本書では○を付している。以下「法令」と称する）。

2　法令の実施方針や実施要領等に関して、担当官庁から発せられる告示（注3）・通知・通達および補助金の交付要綱、その他非公式の形で所官庁から示される内規や案など（以下「通知等」と称する）。

3　図書館および図書館に密接な関係を有する団体が、機関として制定し公表した宣言、基準（注4）、要項など（以下「基準等」と称する）。ただし、内容がもっぱら図書館の専門技術に関するもの（例：日本目録規則（ＮＣＲ）、日本十進分類法（ＮＤＣ）など）については、別扱いとし、本書には収録しない。

以上三種類についての収録方針は、おおむね以下のとおりとする。

1　「法令」

①図書館そのものを規定した法令は、全面的に収録する。〔例：図書館法。なお、図書館法に限り、制定当時の図書館法を交付日の官報から復元し、現行図書館法と上下対照できるように配列して収録した。〕

②図書館そのものに関する法令ではないが、図書館について特別な扱いが定められている法令は、できるだけ収録（抄録を含む）する。〔例：郵便法〕

③下位の法令または通知等の中に図書館・図書室についての記述があり、それを収録している場合は、その基となる上位の法令に図書館・図書室の字句がない場合でも関連条文を収録する。〔例：公立高等学校の適正配置及び教職員定数の標準等に関する法律〕

④右以外の法令で、図書館の経営、日常業務遂行に密接な関係がある法令のうち基礎的なものはなるべく収録する。〔例：予算決算及び会計令、労働基準法、著作権法〕

⑤その他、図書館を幅広い視野から眺め、図書館への理解を深め高める素材提供の意味から、関連する法令（条約を含む）にも適宜留意する。〔例：情報公開法、刑事訴訟法、行政不服審査法、労働者派遣法〕

⑥法令の改正により既に効力を失った法令でも、図書館法の研究に、あるいは図書館経営・図書館計画等に参考となるものは、あえて収録する。〔例：（旧）図書館令、改正前の大学設置基準の図書館に関する部分〕

2 「通知等」

〔通知は多くの場合行政指導の基礎となるもので、法規としての規制力はないものの、主務官庁の判断として事実上の影響力は無視できない。「告示」については、（注3）を参照。〕

①図書館・図書室の設置運営に関するものは、極力収録する。〔例：「公民館の設置及び運営に関する基準」の取扱について〕

②収録法令の解釈運用に関するものは、直接図書館に関係する行政実例のみを収録する。

③非公式資料であっても、図書館所管庁の考え方を知る上で必要と思われるものは収録する。〔例：大学図書館施設計画要項〕

④年月が古いものでも、歴史的資料として価値あるものについては、現在の効力と関係なく収録する。〔例：小・中・高等学校の図書館の司書および司書補の職務内容〕

3 「基準等」

①一般的方針として、日本図書館協会、全国学校図書館協議会、大学関係の図書館協議会、専門図書館協議会、その他これらに準ずる図書館関係団体が、機関決定を経て作成公表した基準等は対象にするものとし、たんに個人またはグループ等が発表したものは収録しない。

②前記団体等の内部組織（部会・委員会等）が、その団体の意を体して公表した宣言等については、諸般の事情を勘案し、ケースバイケースで対処するものとする。

③公表後、相当の時日が経過した基準等については、現在における実効性、当時の状況を調べる上での歴史的価値、図書館に関する考え方などを理解する素材価値などの観点からみて、総合的に必要と思われる場合は、煩をいとわずに収録する。

4 「附録」について

各種公的審議会などが審議の成果として公表する答申・報告あるいは中間報告等は、法規基準の枠からははずれるが、近い将来関係行政庁により逐次具体的施策として実施に移される可能性が高いので、図書館の将来を展望する意味を含め、主として一九九五（平成七）年以降のもので、特に図書館に関係の深いものを附録として収録した。

5 その他

図書館をめぐる諸情勢の変化は急速に進み、図書館自体も時々刻々変化してゆく。この変化を着実にフォローアップし、この「総覧」が常にup-to-dateなものとして活用できるよう、追録を随時発行したい。また、適当な時期に、新版を発行することも考慮に入れておく。

(注1) **法規**――「種々の意味に用いられ、最広義では法規範一般を、広義では成文の法令を意味するが、狭義では特殊の性質をもつ法規範を指す。」(『新法律学事典』第三版、有斐閣) 本書では広義の意味、すなわち「成文の法令」の意味に解している。

(注2) **「訓令」**は上級行政庁が下級行政庁に対して発する命令で、国民に対しては直接「法規たる性質を有するものではない」(『法令用語事典』第六次改訂版、学陽書房) が、下級行政庁を通じて間接的に影響を及ぼす点にも注目して、本書ではここに含めることにする。

(注3) **告示**――「国または公共団体の行政機関がある特定の事項を不特定多数の人に知らせること」、「告示により知らせる事項は、事実のこともあり、行政処分のこともあり、法の内容を補充する法規たる性質を有するもののこともある。」(『全訂自治用語事典』ぎょうせい) 最後の場合に該当する告示には、「○」印を付すべきものかもしれないが、この区別には微妙なものがあるので、本書では「告示」はすべて無印とした。

(注4) **基準・規準**――「基準」とは「ある事柄を判断するための尺度となるものをいうが、近時の法令においては、行政機関が免許、許可、認可等の行政処分を行う場合に、そのよるべき基準を法定した例が多い。」(『法令用語事典』第六次改訂版、学陽書房) 本書では、前段と後段の両様の意味で使用している。たとえば、「大学設置基準」は文部科学省令で定められた後者の例であり、「大学図書館基準」は財団法人大学基準協会が定めた前者の例である。

II 本総覧の構成と内容梗概

本総覧は、各種図書館等に関する法規と基準等を対象として編集している。全体を大きく六篇に区分し、国の審議会等の答申などを附録としている。すなわち、

第I篇　図書館の基調
第II篇　公共図書館・生涯学習
第III篇　大学・学校図書館
第IV篇　国立国会図書館、専門図書館、図書館協力
第V篇　行財政と図書館、及び関連法令
第VI篇　国際―条約・宣言等―
附　録　審議会の答申・報告

という構成をとり、これは本書初版を踏襲した。

以下、本総覧の読者に対して、ここに収録した内容を理解し、積極的に活用を図っていただくための一助として、各篇ごとの内容の概略と編集の考え方を示しておくことにしたい。

第I篇　図書館の基調

本篇には、図書館の基調を構成する重要なもの、すなわち日本国憲法、教育基本法、情報公開法、個人情報保護法などのほか、自主的自律的社会規範であるべき児童憲章、図書館の自由に関する宣言および図書館員の倫理綱領、貸出業務へのコンピュータ導入に伴う個人情報の保護に関する基準を収録した。また、健全な民主主義社会を支える自覚的なライブラリアンを養成するにはそれにふさわしい図書館情報学の教育課程が必要とされる。しかし、図書館情報学教育の具体的イメージは収斂せず、流動的で拡散の方向にある。本

書では、いささか古くさく感じられるようになったが、初版に掲げていた大学基準協会の図書館・情報学教育に関する基準およびその実施方法を残すことにした。

第Ⅱ篇　公共図書館・生涯学習

公共図書館は生涯学習の中核的な存在のひとつであるとの視点に立ち、次のような章立てをした。

【第1章　公共図書館】図書館法とその付属法令および通達、行政実例を中心に、調査研究の便宜に配慮し、一九五〇（昭和二五）年制定当初の図書館法とともに第二次世界大戦以前の旧図書館令を収めた。また、自治体が公共図書館とそのサービスを条例上位置づけるときの参考として、東京都東村山市と静岡県吉田町の事例をあげておいた。公立図書館の任務と目標も参考とされたい。ちなみに、採録基準日を超えて成立した子どもの読書活動の推進に関する法律もひろっておいた。

【第2章　社会教育（公民館・博物館）、生涯学習】公共図書館を規律する図書館法を包摂する社会教育法と、そのもとで公共図書館と対置される博物館を定めた博物館法について、その付属法令を含めて収録した。司書制度と社会教育主事、学芸員などとの対比も可能となる。生涯学習産業とのかかわりを考慮し、生涯学習振興法をここに収めておいた（公共図書館もまた生涯学習産業のひとつである）。

【第3章　点字図書館、児童館、その他の図書室】図書館の障害者サービスに深い関係を有する法令、通達のほか、児童、勤労青少年、老人等を対象とする施設に関して図書室の設置を定めた通達とその根拠法を収録した。公共図書館が能動的に地域社会に働きかけていこうとする場合、その具体的なアウトリーチ・サービス、ネットワーク・サービス案出の法制度的な基礎となろう。

【第4章　公共図書館と諸法令】公共図書館が図書館法で規定されていることの効果は、いろいろな法令において特別な取扱いを受けていることにあらわれている。本章においては、「図書館法に規定する図書館……」と直接言及している法令等をできる限り収録した。

【第5章　地域開発等と公共図書館】①従来、総理府告示（現在は内閣府）で定められてきた大都市圏等の整備計画の内容には、図書館の整備にふれることが一般的であった。そのようなところから、本書初版では整備計画の該当個所と根拠法を掲げた。この第二版でもその姿勢を踏襲したが、整備計画そのものから「図書館」という語句が消えつつあるということを指摘しておきたい。ささやかな現象ではあるが、この国の本質を端的に語っている。②次に、防衛施設、公共用飛行場、発電用施設など特別な施設については、その周辺の生活環境整備に特別な配慮がなされている。それを活用して公共図書館、大学図書館などの新築、改築を実現しているケースが少なくないので、その根拠法を列挙した。③そのほか、地域開発関係法において公共図書館の整備に関係してくるものがある。ここでは、豪雪地帯、過疎地域に関する法と、激甚災害に関する特別法をとりあげた。

ちなみに、初版では「第2章　文部省の公立図書館補助制度」を置いたが、該当する制度が廃止されたため、そのような章を設けることができなくなった。

第Ⅲ篇　大学・学校図書館

大学もまた学校図書館法にいう「学校」のひとつであり、小中学校、高校と同様、国や自治体、学校法人に経営されることがあるところから、大学図書館と学校図書館とは、基礎的な部分で共通する法律、制度に貫かれていることが多い。そこで本篇にあっては、大学図書館と学校図書館の双方に共通するものを、(1)学校教育法と校種別の学校設置基準、(2)国立学校と公立学校、(3)私立学校の三つの軸で整理し、図書館に関係する規定を中心に収録した。その後に、館種ごとに(4)大学図書館、(5)学校図書館の関係する法令、基準等を収めた。

【第1章　学校教育法と設置基準】国公私立の設置形態を問わず、幼稚園から大学、大学院までの学校に関しては、学校教育法が基本であり、それらの設置内容については、それぞれに学校教育法の下位法令である設置基準または規程として文部科学省令で定められている。

【第2章　国立学校・公立学校等】ここでは国立学校については、国立学校設置法とその付属法令を収めるとともに、国立大学附属図書館とその事務機構に関する文部科学省訓令などを収録した。もっとも、国立大学については、広域的統合、独立行政法人化などの動きがあり、今後、関係法制度は大きく変化するものと思われる。公立の小中高校については、施行通達に学校図書館職員について定めたものがあり、その通達と根拠法の抜粋を収録した。特殊法人放送大学学園が設置運営する放送大学は、実定法上、国が設置する学校と見なされるもので、ここに収めた。

【第3章　私立学校】ここではこの国の私学にかかわる法令をとりあげた。私立学校法を本章の冒頭に掲げ、私立学校振興助成法、私立学校教職員共済法、日本私立学校振興・共済事業団法、私立大学の研究設備に対する国の補助に関する法律等を収めた。

【第4章　大学図書館】大学図書館に関する法令は、必ずしも体系的に整備されているとは言い難い。概括的にその総体を把握するため、本章冒頭に「大学図書館関係法規基準体系図」を掲げ、次いで大学基準協会の大学図書館設置基準を載せた。一九六六（昭和四一）年に当時の文部省が公表した大学図書館施設計画要項はすでに苔むすものであるが、いまだにふれられることがあるのでとどめておいた。ほかには、横並びで抽象的な内容をもつにすぎないが、国公私立の大学、短大の図書館改善要項をそれぞれ入れておいた。この国の大学教育にはそれに馴染む土壌がなく十分に機能していないと思われるが、国立大学附属図書館指定図書制度実施要項もひろっておいた。大阪府立大学総合情報センター図書公開要項は、公立大学図書館ということもあるが、大学図書館の市民公開の例として掲載した。

【第5章　学校図書館】一九九七（平成九）年、学校図書館法が改正され、今年（二〇〇二年）新しい学習指導要領が実施される。この国の学校教育と学校図書館は大きな転機を迎えている。この章では、このような動きの渦中にある学校図書館法（一九五三（昭和二八）年制定当初の同法も併載）とその付属法令、校種別の学習指導要領を中心にとりあげた。民間の団体である全国学校図書館協議会が定めた各種基準もあげておいた。なお、高等学校の定時制教育および通信制教育振興法には、図書数量等について具体的な定めがあるので、抄録しておいた。小・中・高図書館司書の職務内容は、歴史的な資料として、古い文部省著作物から転載した。

第Ⅳ篇　国立国会図書館、専門図書館、図書館協力

国立国会図書館はこの国のナショナル・ライブラリーであって、同館固有の職務を果たすとともに、多様な業務を展開している。「図書館の図書館」として、国内外の各館種の図書館と業務上の関係をもち、その組織内に図書館協力部を擁し図書館間の協力を推進して

いる。専門図書館との図書館協力の要でもあり、これらを併せてひとつの篇とした。

【第1章　国立国会図書館】国立国会図書館は、国立国会図書館法五条二項にもとづき、その管理、運営に関して数多くの同館規則、内規等を定めている。そのなかから国民の来館、非来館の利用や、各種図書館等との接点となりうる諸規程を選び、採録した。

【第2章　支部図書館・専門図書館】専門図書館の具体的範囲を画定することは困難である。その目安として、法的観点から一覧表を作成したものが、本章冒頭の「専門図書館の概観」である。ここに収録したのは、国立国会図書館支部図書館、支部図書館のひとつでもある最高裁判所図書館、国立公文書館、科学技術文献情報を提供する科学技術振興事業団のほか、専門図書館協議会のメンバーを多数輩出している文部科学省・文化庁所轄の「施設等機関」「国立大学附置全国共同利用研究所」「大学共同利用機関」および最近雨後の筍のように叢生した各種「独立行政法人」などで図書館に何らかのかかわりをもつと思われるものを対象とする根拠規定等である。大学共同利用機関のひとつであって、日本を代表する書誌ユーティリティでもある国立情報学研究所の提供する各種サービス利用規則は、まとめてここにおいた。地方自治法一〇〇条一四項にもとづく地方議会図書室運営要綱もここに収めたほか、一般に図書室・資料室を擁する民間研究機関を対象とする民間学術研究機関の助成に関する法律も採録した。

【第3章　図書館協力】図書館協力については、図書館法（三条四号）、学校図書館法（四条一項五号）、および大学設置基準（三八条二項）、短期大学設置基準（二九条二項）、そして国立国会図書館法（二一条柱書き）などに一般的な定めがある。しかし、ここに掲げたように、大学図書館相互の協力を定めたものはある（国立情報学研究所のNACSIS—ILLの関係規定は前章）が、一般に具体的な相互利用、相互貸借、図書館間の文献複写依頼については、関係機関の申合わせ、規約、協定などにゆだねられている。本章では、図書館協力にかかわる通達のほか、協定、申合わせなどの具体的事例の紹介に努めた。①県内の館種を越えた図書館協力、②市内の大学図書館と公共図書館の協力、③一定地域内の公共図書館間の相互協力、④一定地域内の大学図書館間の相互協力、⑤特定主題分野における図書館間の相互協力の事例を収録し紹介した。

第Ⅴ篇　行財政と図書館、及び関連法令

わが国は曲がりなりにも法治国家であるから、いかなる図書館といえども、多かれ少なかれ何らかの法的規制を受けている。この篇においては、国公立の図書館の管理運営上もっとも縁の深い文部科学行政と地方行政の関係法令のうち、第Ⅳ篇までに収録されていないものを第1章と第2章にまとめ、次いで民間を含む各種図書館の財務会計に関する法令基準を第3章に、図書館の労働法を第4章に収録している。また、日常的な図書館業務とのかかわりで承知しておくべき法令として、第5章の著作権関係と第6章のその他関連諸法令に分けて収録した。

【第1章　文部科学行政】文部科学省は、公共図書館、大学図書館、学校図書館の主務官庁である。多くの図書館にとって否応なくかかわりがあるわけである。そこで、本章では、文部科学省設置法、同組織令、同施行規則を掲げ、関係業務の内容とそれを主管するセクションが把握できるようにするとともに、地方教育行政法その他、図書館と文部科学行政の接点にある諸法令ならびに行政実例を収録した。

【第2章　地方行政】公立図書館、公立学校に付設される図書室・

図書館、および地方自治体が設置管理運営するその他の図書館、類縁機関、類似施設にとって、地方自治法、地方財政法、および地方交付税法は、もっとも重要な法律である。地方自治、地方財政を制度として理解するために必要な諸規定を選択し収録した。また、実務的に承知しておくことが望ましいので、公立図書館の予算に大きな影響がある地方交付税の基準財政需要額中、図書館費の単位費用の積算基礎を採録することにした。

【第3章　図書館の財務】従来、本書以外に、財務まで取り上げた図書館法令集はない。しかし、図書館が経費を費消して運営されている限り、財務会計との関係を無視することはできない。もっとも、財務会計の定めは、設置母体の違いに応じて、それぞれ別種のものが適用される。理解の便宜と思い、本章冒頭に一覧表を掲げたうえで、それぞれの図書館に適用される主要な法規基準を並べた。注意すべきことは、一見すると国立機関にだけ適用されるような題名を持つ法令が、地方公共団体や民間組織にまで適用・準用されるものがある（例：補助金適正化法、支払遅延防止法）。

【第4章　図書館の労働法】図書館職員は、図書館資料、図書館の施設設備とならんで、いわゆる「図書館の三要素」のひとつである。図書館職員も「労働者」であるから、憲法二七条の定める労働基本権が保障され、他の職種と同様、労働法により保護されている。国立大学附属図書館などで働く職員には国家公務員法が、公立図書館などで働く職員には地方公務員法が、その他の図書館で働く職員には労働基準法が適用されるということにとどまらない。障害者を一定割合以上雇用することを義務づけた障害者雇用促進法、民間の一般の職場でもいろいろな話題をふりまいてきた男女雇用機会均等法、リストラもあって広く普及している労働者派遣法、育児・介護休業法などがあり、収録している。正規職員のほか多数の嘱託、臨時職員、アルバイトに加えて、派遣職員が広まっている図書館現場においてもこのような労働関係立法について、十分な知識が求められている。

【第5章　著作権関係】図書館と著作権法とのかかわりは、複写サービス等を定めた三一条にとどまらない。デジタル化、ネットワーク化の進行は、ベルヌ条約を迂回したWIPO著作権条約や、マラケシュ協定を生み出し、この国の著作権法はこれらの国際的な動きを受けて頻繁に改正を繰り返している。図書館は、その社会的使命を自覚し、利用者の利益を踏まえて、この著作権制度に向き合う必要がある。この章では、著作権法、プログラムの著作物に係る登録の特例に関する法律、および二〇〇〇（平成一二）年に新たに制定された著作権等管理事業法等とその下位法令を収録した。国土地理院作成の地図にかかわる測量法、海上保安庁水路部の海図等にかかわる水路業務法もここに収めた。

【第6章　その他関連諸法令】本章の題名からすれば、ここに収録したものは、形式論理的には本総覧におけるいわば落ち穂拾いのような感じを受けるかもしれないが、その意義からすればかなり重要なものが含まれる。民法の公益法人や不法行為の規定は一般法として大きな意味をもつ。図書館が法的紛争、訴訟沙汰に巻き込まれるとすれば、行政不服審査法、行政事件訴訟法、国家賠償法などがかかわってくる。閲覧・貸出サービスなどで、未成年者の犯罪記事の取扱いにかかわる少年法、児童ポルノ法などとの接点が生じる余地があるし、プライバシーや名誉毀損で不法行為法、刑法などがかかわってくる可能性がまったくないとも言い切れない。最近、図書館の世界で大いに注目されているNPO法、PFI法はここに収録した。採録基準日を超えて成立した文化芸術振興基本法もここに収めている。

第Ⅵ篇　国際　―条約・宣言等―

インターネットにより情報は瞬時に世界をかけめぐり、人の移動やモノの流通も日常的に国境を越えて展開している。図書館にかかわる法制度、原理原則も国際的視野で眺める必要がある。

【第1章　条約・国際協定・国際規約】本章には、図書館関係者が承知しておくべき国際条約、国際協定を収録している。ユネスコ憲章のほか、ベルヌ条約、万国著作権条約、WIPO著作権条約、マラケシュ協定は、著作権にかかわる条約である。経済的、社会的及び文化的権利に関する国際規約、市民的及び政治的権利に関する国際規約、そして子どもの権利条約は人権にかかわる。

【第2章　宣言・その他】ここに収めたものは、国際的な法規範としての効力をもつものではない。しかし、図書館関係者であれば、その趣旨は大いに尊重しなければならないものである。ユネスコの図書館憲章、公共図書館宣言、学校図書館宣言、および国際図書館連盟の規約、聴覚障害者に対する図書館サービスのためのガイドライン、図書館と知的自由に関する声明、デジタル著作権に関する声明、デジタル著作物のライセンス契約締結の原則、そしてアメリカ図書館協会の図書館の権利宣言、職業倫理に関する声明を収録した。

附録　審議会の答申・報告

ここには国の審議会とその分科会等が公表した答申・報告のなかで、図書館に関係するものを採録した。国の審議会等の答申・報告は役人の作文といった性格が強いが、新たな制度設計の準備運動でもあり、また予算要求の材料にもつながるものであり、良くも悪くも国の施策として具体化されてくることが予想される。現在と近い将来の図書館のあり方を考えるうえで重要な資料である。主として、一九九五（平成七）年以降のものを収めた。また、審議会答申等にはあたらないが、今年（二〇〇二年）の国会への上程は見送られた、子どもと社会との関係をとらえるうえで、また表現の自由との関係で多くの問題をはらむ自由民主党が作成した青少年有害社会環境対策法案を採録することにした。

主な参考文献

官報　財務省印刷局発行
六法全書　平成一三年版　平井宜雄〔ほか〕編　有斐閣　二〇〇一
文部法令要覧　平成一四年版　文部法令研究会監修　ぎょうせい　二〇〇二
解説教育六法　平成一二年版　三省堂　二〇〇〇
生涯学習・社会教育行政必携　平成一二年版　生涯学習社会教育行政研究会編集　第一法規　二〇〇〇

凡　例――本書の利用のために

一　体裁

Ａ５判、本文二段組。巻首に総目次、巻末には五十音順法規基準名索引を置く。各篇の扉に篇別目次を配し、中扉に爪を、各章の頭にも小さな爪を付した。

二　検索（目次と索引）

(1)　総目次――収録した法規基準（これに準ずるものも含む。以下同じ）の全部を編者が設定した体系順に配列し、巻首に置いた。なお、見方によれば体系的に他の位置に配列することもありうる法規基準については、重複をいとわず双方に掲出することとして、検索しやすさに留意している。また、法律には◎を、政令、省令、訓令には○印を、その題名の頭に付したほか、事例、参考、別記、別添、附などの別、ならびに末尾に告示、通知、行政実例等を明記し、その性格、位置づけなどがわかるよう配慮した。

(2)　五十音順法規基準名索引――収録したすべての法規基準を五十音順に配列した索引を巻末に付けている。この場合、題名の頭に年度限定の表示がついているものと、(旧) とか (附) とかがついているものに関しては、頭をはずして五十音順に並べた。

三　基準日

収録した法規基準の基準日は、原則として、二〇〇一（平成一三）年一一月三〇日とした。例外として、既に廃止されまたは効力を失っている法規基準でも、資料的価値があると認められるものはあえて収録しているほか、基準日経過後であっても重要な法令等の制定、改正については収録した（たとえば、文化芸術振興基本法、子どもの読書活動の推進に関する法律、文部科学省設置法の改正など）。

四　題名

(1)　「法律」「政令」「省令」「訓令」の題名は、公表されている名称とした。一部改正はすべて本文中に織り込むことを原則としているので、「〇〇法の一部を改正する法律」などの題名は使用していない。「情報公開法」など、最近の法律については、通称として略名を使用する例が多くなってきた。本書においては適宜この略名をも目次・索引に採用し、検索の便をはかっている。

(2)　「告示」は、内容により題名が明確な場合はそれに従い、公布文と一体となった形のものは、通常の使用例と内容把握の的確さとを勘案しつつ題名を定めた。〔例：「プログラムの著作物に係る登録に特例に関する法律第五条第一項の規定に基づき指定登録機関を指定」〕

(3)　「通達」「通知」などは、その件名を題名としたが、通達・通知等の中には、「別添」として「〇〇〇〇基準」とか「〇〇実施要綱」とかが含まれているものもある。この場合は、通知等の件名と、別添の表題のそれぞれを題名として掲げた（両者の名称がきわめて類似している場合は除く）。

(4)　地方公共団体、図書館関係団体またはその機関、または図書館等を有する法人などが定めた条例、規則、要綱、要項、要領、申し合せ、規約、覚書、宣言、マニュアル等々については、既に公表されている名称を基本的に尊重する方針で題名を定めた。

(5)　国際条約には、途中経過を長々と記したものを正式に名称としているものが多いが、本総覧では正式名称を別に参考記入した上で、通常使用される短い名称を題名としている例が多い。

五　制定・公布・施行・改正等の表示

(1)　法令については、公布年月日、法令番号および最近改正の年月日、法令番号を掲げた。施行年月日は、収録法令のほとんどが既に施行済であるから省略することとし、公布された改正法令は本文中に織り込み済であるので、途中の改正経過も省略している。

(2)　法令以外の告示、通知、通達および要綱、要項等の基準については、制定または機関決定をした年月日（西暦と年号とがある）、団体名または機関名（必要な場合はあて先も）および最近改正年月日を掲げた。法令番号に類するものが付されている場合は、それも併せ記載したが、途中の改正経過は法令の場合と同様に省略した。

(3)　条約は、外務省告示と発効期日にズレがある場合が多いので、最近改正についても発効期日も掲げた。

六　共通符号について

(1)　現行法律および現行条約には「◎」を付し、政令、省令および訓令ならびに国会議決の手続をとらない国際協定には「○」をつけることとして、法的規範性が一見してわかるようにした。なお、告示の中には「法の内容を補充する法規たる性質を有するもののこともある」（『全訂地方自治用語辞典』二三二頁、自治大学校編、ぎょうせい）が、その区分について微妙なものもあるので、本書では内容の如何にかかわらず、告示には「○」印をつけないこととした。

(2)　〔　〕を付したものの中の字句は、本文の前後、本文中を問わず、すべて編者が引用し、もしくは書き加えたものである。題名の次または末尾において大きい〔　〕で囲った場合も同様で、「編者注」の文字の有無にかかわらず、すべて原典にないものを編者が引用し、もしくは書き加えたものである。なお、本文中で、たとえば「別表〔略〕のとおり」とか「次に掲げるもの〔「次に掲げる」は略〕による」などの表現がある場合の〔　〕の中は、本書には収録されていないことを示すため編者が書き加えたものである。いずれもねらいは読者の理解を早め、あるいは読者の手間を省くことにあるので、煩わしければ〔　〕の中はオミットしてさしつかえない。

七　縦書き、ゴチック体、その他

(1)　収録した法規基準は、原則として縦書きとした。原典が横書きのものもほとんど縦書きに改めた。表についても同様である。この場合、洋数字は漢数字に改めた場合が多い。

(2)　原典に使用されている文字は明朝体が普通であるが、本書では章・節名、条名および条名の見出しなど、ゴチック体に改めたところが多い。読みやすくするためである。

(3)　漢数字は、本文中ではたとえば「二百三十号」のようにしたが、編者が加工した〔　〕の中においては「二三〇号」のように「百」「十」は省いている。

八　「抄」の考え方と扱い

本総覧では、題名に「抄」を付したものが比較的多い。収録件数を増やし、ページ数を増やさないためのやむを得ない措置である。省略の考え方としては、図書館に焦点をあてて法令等を眺めた上、①規定が図書館と無関係なもの、②細かい手続きの定めにすぎない部分、③関係が薄い割にスペースだけ著しく大きい規定など、について思い切ってカットしたものである。したがって、残された部分だけでも、図書館の立場からはほぼ目的とする内容がわかるようになっている。

一般に法令の基本形式は、本書中の「(制定当時の) 図書館法」の例に見るとおり、①公布文、②法令番号、③題名、④目次（ないこともある）があって、⑤本文となり、⑥附則で終わるが、時には⑦別表や⑧様式が附加されている場合もある。

通常の法令集では、収録件数とページ数の関係から、特に「抄」と特記していないときでも、①は省略して③の下に公布年月日と法令番号をまとめて記載し、⑥⑦⑧は特別必要なもののみ収録することが多い。したがって「抄」と特記してあるのは、⑤本文の一部（すなわち章、条、項、号などの一部）を省略した時に限られる場合が多い。

本書における「抄」の扱いについては、次の方針によることとした。

(1) 法令の場合

①題名の末尾に明朝体で「抄」と付している法令は、上記⑤本文中の一部または相当部分が省略されていることを示す。この場合、省略の程度が大小さまざまにわたり、いちいち省略箇所を示すのは困難なため、省略した箇所は原則として指摘していないので、引用する際などは念のため原典を照合していただきたい。

②題名の末尾に「抄」と付記されていない法令は、少なくとも⑤の本文は全部収録されているという意味である。「抄」と付記していない場合でも、⑥の附則は、その内容が現在も重要と見られるものに限って収録しており、①の公布文、④目次、⑦別表、⑧様式は原則的に省略している。

(2) 法令以外の通知、要項などの場合

法令ほど厳密に区別した扱いにせず、一部分のみの収録か、一定箇所を省略したときに「抄」を付している。原典自体が多種多様で、統一しにくいという事情があるからである。

九　法令本文の扱い

(1) 章・節名――題名に「抄」と付した場合はこれを省略したものが多いが、全体との関係を見る必要があるときなど、残したものもある。

(2) 条名と条文見出し――すべてゴチック体として見やすくした。長文の法令は、この見出しを通覧するだけで、ほぼ何が規定されているかがわかる。「条文見出し」のうちで（　）でくくってあるものは原典にも付されている見出しであり、〔　〕でくくったのは原典にはなく編者が書き加えた見出しである。

(3) 項番号――第二項以下について、原典に付されている場合は算用数字を、原典になく編者が付したものは②、③などと区別してある。第一項については、原典にもついていないし、編者が附加することもしていない。

(4) 条・項・号の全部省略――ある章、節、条、項、号の文言の一部分ではなく、その全部を省略した場合には、いちいち印をつけていない。前後の関係から類推するか、念のため原典に当たられることを期待する。

(5)　条文中の一部省略――条文の文言中の一部分を省略したときの表示は、次のように示している。

〔中略〕＝羅列されている字句のうち〔中略〕の前と後の間の字句を略したという意味

〔以下略〕＝その条文の後段以下、特に「但し書き」以下を略した場合などに使用

(6)　〔別掲〕――この印の上に記載した法令等が、本書の中に収録されていることを示す。ただし、全部にこの印を付けたわけではない。

十　参考・附・事例――題名として掲げたものについて

(1)　参考

その章のテーマないしその章に収録した法規基準を全体的に理解しやすくするために、他の著書等から適当な資料を引用・加工し、参考資料として添付した。他から見つからない場合、やむをえず編者が作成したものもあるが、その責任はすべて編者にある。

(2)　附

収録した原典自体に「附」として添付された「実施細則」ないし「マニュアル」などである。本文の理解と運用に必要不可欠のものである。

(3)　事例

それぞれの章に収録した法規基準の具体的実践として例示掲載したもので、これを他の模範にというような積極的な意味はない。文字どおり、ひとつの実例として、参考、比較の素材として利用されることを期待しているものである。

なお、図書館協力の章については、総合的な法規基準が不足しているので、各種各様の相互協力の実例紹介の意味で、事例を多く掲載することとした。今後、図書館間の相互協力を普及強化しようとする場合に参考資料として活用していただければ幸いである。

追記

この『図書館法規基準総覧　第二版』の編集発行作業のまさに最終段階において、二〇〇二（平成一四）年三月三一日付の官報に国立国会図書館法の一部改正が公布された。関西館の設置をうたいこんだ法改正で、本書の主旨にかんがみ、これを放置するわけにはいかなかった。しかるに、すでに本体部分の紙型は動かせる状況にはなく、やむなくこれを追録として本体に付して刊行することにした。

追録刊行にあたっては、国立国会図書館法の改正にとどめず、同時に改正された国立国会図書館複写規程、国立国会図書館組織規程、国立国会図書館組織規則、国立国会図書館資料利用規則及び国立国会図書館国際子ども図書館資料利用規則の一部を改正する規則、日本法令沿革索引審議会規則等の一部を改正する規則、複写料金に関する件の一部を改正する件をあわせて収録することとした。

国立国会図書館とそのサービスについて検討する場合には、『総覧　第二版』本体とあわせて、この追録を利用することにしてほしい。

（二〇〇二（平成一四）年四月一〇日編者記す）

総目次

本文目次

I 図書館の基調

Ⅱ　公共図書館・生涯学習

(1) 公共図書館

(2) 社会教育（公民館・博物館）、生涯学習

(3) 点字図書館、児童館、その他の図書室

Ⅲ　大学・学校図書館

(1)学校教育法と設置基準

(5)学校図書館

Ⅳ 国立国会図書館、専門図書館、図書館協力

(1)国立国会図書館

(2)支部図書館・専門図書館

(3) 図書館協力

V　行財政と図書館、及び関連法令

(1)文部科学行政

(2)地方行政

(3) 図書館の財務

(4) 図書館の労働法

(5) 著作権関係

(6)その他関連諸法令

Ⅵ　国際―条約・宣言等―

(1) 条約・国際協定・国際規約

(2) 宣言・その他

附録　審議会の答申・報告

●初版以降に廃止された法令等の一覧（掲載順）

項目＝法令等の名称（公布（発表）年月日）、廃止年月日（施行年月日）

＜Ⅱ篇＞

1　司書および司書補の職務内容（昭和二五年九月　文社視三七〇号　文部事務次官通牒）→平成一〇年一二月一〇日　文総審八〇号）

2　文部省所管の補助金等に関する事務を都道府県教育委員会に委任（昭和四一年七月二八日　文部省告示二五五号）→平成一二年三月三一日　文部省告示五三号

3　生涯学習審議会令（平成二年六月二九日　政令一九五号）→平成一二年六月七日　政令三一四号（平成一三年一月六日）

4　青年学級振興法（昭和二八年八月一四日　法律二一一号）→平成一一年七月一六日　法律八七号（平成一二年四月一日）

5　身体障害者更生援護施設等の設備及び運営について（通知）（昭和六〇年一月二二日　社更四号）→平成一二年六月一三日　障障一二六号

6　児童館の設置運営について（昭和六三年一月一八日　発児八号）→平成二年八月七日　発児一二三号

7　「勤労青少年ホームの設置及び運営についての望ましい基準」の取扱いについて（通知）（昭和四八年六月一日　婦発一七七号）→昭和六二年一月二八日　基発二六号

＜Ⅱ篇＞

8　大学審議会令（昭和六二年九月一〇日　政令三〇一号）→平成一二年六月七日　政令三一四号（平成一三年一月六日）

9　医学、歯学関係大学院設置審査基準要項（昭和二九年七月一九日　大学設置審議会）

10　国立大学の評議会に関する暫定措置を定める規則（昭和二八年四月二二日　文部省令一一号）→平成一一年九月一四日　文部省令三九号（平成一二年四月一日）

11　日本私学振興財団法（昭和四五年五月一八日　法律六九号）→平成九年五月九日　法律四八号（平成一〇年一月一日）

12　日本私学振興財団法施行令（昭和四五年六月二九日　政令二〇〇号）→平成九年一二月一〇日　政令三五五号

13　日本私学振興財団法施行規則（昭和四五年七月一日　文部省令一九号）→平成九年一二月一八日　文部省令四一号

14　日本私学振興財団業務方法書（昭和四六年五月二八日　文部大臣認可）

15　文部省所管の補助金等に関する事務を都道府県知事に委任（昭和四一年七月二八日　文部省告示二五四号）→平成一二年三月三一日　文部省告示五三号

16　学校図書館法施行令（昭和二九年一二月一六日　政令三一三号）→平成一三年三月三〇日　政令一四八号（平成一三年三月三〇日）

17　学校図書館法施行規則（昭和二九年一二月二八日　文部省令三三号）→平成一三年四月二六日　文部科学省令六七号（公布日施行）

＜Ⅳ篇＞

18　印刷カード販売規則（昭和二五年一二月一日　国立国会図書館規則二号）→平成一一年四月七日　国立国会図書館規則三号

（平成一一年四月七日）

19 総理府本府組織令（昭和二七年八月三〇日 政令三七二号）↓ 平成一二年六月七日 政令三二四号（平成一三年一月六日）

20 総理府本府組織規則（昭和四〇年三月三一日 総理府令一一号）↓ 平成一二年八月一四日 総理府令八八号（平成一三年一月六日）

21 日本科学技術情報センター法（昭和三二年四月三〇日 法律八四号）↓ 平成八年三月三一日 法律二七号（平成八年一〇月一日）

22 日本科学技術情報センター定款（昭和三二年五月三一日内閣総理大臣認可）

23 国立大学等図書館間相互における文献複写業務の改善について（通知）（昭和五三年一二月一九日 文学情三一七号）↓ 平成一一年三月三一日 文学情二三九号

24 国立大学附属図書館の文献複写料金について（通知）（平成元年三月一七日 文学情一〇六号）↓ 平成一一年三月三一日 文学情二三九号

25 国立大学附属図書館における文献複写料金徴収猶予取扱要領について（通知）（平成元年五月二四日 文学情一四五号）↓ 平成一一年三月三一日 文学情二三九号

26 国立大学附属図書館文献複写規定準則およびその解説について（通知）（昭和四二年三月三一日 文大情一一七号）↓ 平成一一年三月三一日 文学情二三九号

27 国公私立大学図書館間の文献複写に関する協定（昭和六二年二月六日 国公私立大学図書館協力委員会）↓ 平成一二年一〇月一二日

28 国立大学図書館間相互利用実施要領（昭和五六年六月二三日 国立大学図書館協議会）↓ 平成一二年六月二八日

29 国立大学図書館と大学共同利用機関等との相互利用実施要項（平成二年六月二八日 国立大学図書館協議会）↓ 平成一二年六月二八日

30 〔新潟大学附属図書館と新潟県立新潟図書館・新潟市立沼垂図書館間の〕相互協力に関する協定書（昭和五九年三月二〇日）↓ 平成元年四月一日

31 同 図書館資料の相互貸借実施要領／図書館間の相互協力に関する覚書 ↓ 平成元年四月一日

＜V篇＞

32 文部省設置法（昭和二四年五月三一日 法律一四六号）↓ 平成一一年七月一六日 法律一〇二号（平成一三年一月六日）

33 文部省組織令（昭和五九年六月二八日 政令二二七号）↓ 平成一二年六月七日 政令三二四号（平成一三年一月六日）

34 文部省設置法施行規則（昭和二八年一月一三日 文部省令二号）↓ 平成一二年一〇月三一日 文部省令五三号（平成一三年一月六日）

35 学校設備調査規則（昭和二九年一〇月二日 文部省令二五号）↓ 平成九年三月二六日 文部省令九号（平成九年三月二六日）

36 文部省所管物品管理事務取扱規程（昭和三二年五月二〇日 文部省訓令）↓ 平成一三年一月六日 文部科学省訓令二六号

37 文部大臣の所管に属する公益法人の設立及び監督に関する規程（昭和二七年六月一六日 文部省令一四号）↓ 平成一二年一月二〇日 総理府・文部省令四号（平成一三年一月六日）

I 図書館の基調

〔目次〕

◎日本国憲法

〔昭和二一年一一月三日公布
昭和二二年五月三日施行〕

目次

日本国民は、正当に選挙された国会における代表者を通じて行動し、われらとわれらの子孫のために、諸国民との協和による成果と、わが国全土にわたつて自由のもたらす恵沢を確保し、政府の行為によつて再び戦争の惨禍が起ることのないやうにすることを決意し、ここに主権が国民に存することを宣言し、この憲法を確定する。そもそも国政は、国民の厳粛な信託によるものであつて、その権威は国民に由来し、その権力は国民の代表者がこれを行使し、その福利は国民がこれを享受する。これは人類普遍の原理であり、この憲法は、かかる原理に基くものである。われらは、これに反する一切の憲法、法令及び詔勅を排除する。

日本国民は、恒久の平和を念願し、人間相互の関係を支配する崇高な理想を深く自覚するのであつて、平和を愛する諸国民の公正と信義に信頼して、われらの安全と生存を保持しようと決意した。われらは、平和を維持し、専制と隷従、圧迫と偏狭を地上から永遠に除去しようと努めてゐる国際社会において、名誉ある地位を占めたいと思ふ。われらは、全世界の国民が、ひとしく恐怖と欠乏から免かれ、平和のうちに生存する権利を有することを確認する。

われらは、いづれの国家も、自国のことのみに専念して他国を無視してはならないのであつて、政治道徳の法則は、普遍的なものであり、この法則に従ふことは、自国の主権を維持し、他国と対等関係に立たうとする各国の責務であると信ずる。

日本国民は、国家の名誉にかけ、全力をあげてこの崇高な理想と目的を達成することを誓ふ。

第一章　天皇

〔天皇の地位・国民主権〕

第一条　天皇は、日本国の象徴であり日本国民統合の象徴であつて、この地位は、主権の存する日本国民の総意に基く。

〔皇位の世襲〕

第二条　皇位は、世襲のものであつて、国会の議決した皇室典範の定めるところにより、これを継承する。

〔内閣の助言と承認及び責任〕

第三条　天皇の国事に関するすべての行為には、内閣の助言と承認を必要とし、内閣が、その責任を負ふ。

〔天皇の権能と国事行為の委任〕

第四条　天皇は、この憲法の定める国事に関する行為のみを行ひ、国政に関する権能を有しない。
②　天皇は、法律の定めるところにより、その国事に関する行為を委任することができる。

〔**摂政**〕
第五条　皇室典範の定めるところにより摂政を置くときは、摂政は、天皇の名でその国事に関する行為を行ふ。この場合には、前条第一項の規定を準用する。

〔**天皇の任命権**〕
第六条　天皇は、国会の指名に基いて、内閣総理大臣を任命する。
②　天皇は、内閣の指名に基いて、最高裁判所の長たる裁判官を任命する。

〔**天皇の国事行為**〕
第七条　天皇は、内閣の助言と承認により、国民のために、左の国事に関する行為を行ふ。
一　憲法改正、法律、政令及び条約を公布すること。
二　国会を召集すること。
三　衆議院を解散すること。
四　国会議員の総選挙の施行を公示すること。
五　国務大臣及び法律の定めるその他の官吏の任免並びに全権委任状及び大使及び公使の信任状を認証すること。
六　大赦、特赦、減刑、刑の執行の免除及び復権を認証すること。
七　栄典を授与すること。
八　批准書及び法律の定めるその他の外交文書を認証すること。
九　外国の大使及び公使を接受すること。
十　儀式を行ふこと。

〔**皇室の財産授受**〕
第八条　皇室に財産を譲り渡し、又は皇室が、財産を譲り受け、若しくは賜与することは、国会の議決に基かなければならない。

第二章　戦争の放棄

〔**戦争の放棄・戦力の不保持・交戦権の否認**〕
第九条　日本国民は、正義と秩序を基調とする国際平和を誠実に希求し、国権の発動たる戦争と、武力による威嚇又は武力の行使は、国際紛争を解決する手段としては、永久にこれを放棄する。
②　前項の目的を達するため、陸海空軍その他の戦力は、これを保持しない。国の交戦権は、これを認めない。

第三章　国民の権利及び義務

〔**国民の要件**〕
第十条　日本国民たる要件は、法律でこれを定める。

〔**基本的人権の享有**〕
第十一条　国民は、すべての基本的人権の享有を妨げられない。この憲法が国民に保障する基本的人権は、侵すことのできない永久の権利として、現在及び将来の国民に与へられる。

〔**自由及び権利の保持と公共の福祉**〕
第十二条　この憲法が国民に保障する自由及び権利は、国民の不断の努力によつて、これを保持しなければならない。又、国民は、これを濫用してはならないのであつて、常に公共の福祉のためにこれを利用する責任を負ふ。

〔**個人の尊重と公共の福祉**〕
第十三条　すべて国民は、個人として尊重される。生命、自由及び幸福追求に対する国民の権利については、公共の福祉に反しない限り、立法その他の国政の上で、最大の尊重を必要とする。

〔**法の下の平等、貴族制度の否認及び栄典の限界**〕
第十四条　すべて国民は、法の下に平等であつて、人種、信条、性別、社会的身分又は門地により、政治的、経済的又は社会的関係において、差別されない。

② 華族その他の貴族の制度は、これを認めない。

③ 栄誉、勲章その他の栄典の授与は、いかなる特権も伴はない。栄典の授与は、現にこれを有し、又は将来これを受ける者の一代に限り、その効力を有する。

〔公務員の選定罷免権、普通選挙の保障及び投票秘密の保障〕

第十五条 公務員を選定し、及びこれを罷免することは、国民固有の権利である。

② すべて公務員は、全体の奉仕者であつて、一部の奉仕者ではない。

③ 公務員の選挙については、成年者による普通選挙を保障する。

④ すべて選挙における投票の秘密は、これを侵してはならない。選挙人は、その選択に関し公的にも私的にも責任を問はれない。

〔請願権〕

第十六条 何人も、損害の救済、公務員の罷免、法律、命令又は規則の制定、廃止又は改正その他の事項に関し、平穏に請願する権利を有し、何人も、かかる請願をしたためにいかなる差別待遇も受けない。

〔国及び公共団体の損害賠償責任〕

第十七条 何人も、公務員の不法行為により、損害を受けたときは、法律の定めるところにより、国又は公共団体に、その賠償を求めることができる。

〔奴隷的拘束及び苦役の禁止〕

第十八条 何人も、いかなる奴隷的拘束も受けない。又、犯罪に因る処罰の場合を除いては、その意に反する苦役に服させられない。

〔思想及び良心の自由〕

第十九条 思想及び良心の自由は、これを侵してはならない。

〔信教の自由〕

第二十条 信教の自由は、何人に対してもこれを保障する。いかなる宗教団体も、国から特権を受け、又は政治上の権力を行使してはならない。

② 何人も、宗教上の行為、祝典、儀式又は行事に参加することを強制されない。

③ 国及びその機関は、宗教教育その他いかなる宗教的活動もしてはならない。

〔集会、結社、表現の自由と検閲の禁止、通信の秘密〕

第二十一条 集会、結社及び言論、出版その他一切の表現の自由は、これを保障する。

② 検閲は、これをしてはならない。通信の秘密は、これを侵してはならない。

〔居住、移転、職業選択、外国移住及び国籍離脱の自由〕

第二十二条 何人も、公共の福祉に反しない限り、居住、移転及び職業選択の自由を有する。

② 何人も、外国に移住し、又は国籍を離脱する自由を侵されない。

〔学問の自由〕

第二十三条 学問の自由は、これを保障する。

〔家族生活における個人の尊厳と両性の平等〕

第二十四条 婚姻は、両性の合意のみに基いて成立し、夫婦が同等の権利を有することを基本として、相互の協力により、維持されなければならない。

② 配偶者の選択、財産権、相続、住居の選定、離婚並びに婚姻及び家族に関するその他の事項に関しては、法律は、個人の尊厳と

両性の本質的平等に立脚して、制定されなければならない。

〔生存権及び国の社会的使命〕

第二十五条　すべて国民は、健康で文化的な最低限度の生活を営む権利を有する。

②　国は、すべての生活部面について、社会福祉、社会保障及び公衆衛生の向上及び増進に努めなければならない。

〔教育を受ける権利と受けさせる義務〕

第二十六条　すべて国民は、法律の定めるところにより、その能力に応じて、ひとしく教育を受ける権利を有する。

②　すべて国民は、法律の定めるところにより、その保護する子女に普通教育を受けさせる義務を負ふ。義務教育は、これを無償とする。

〔勤労の権利と義務、勤労条件の基準及び児童酷使の禁止〕

第二十七条　すべて国民は、勤労の権利を有し、義務を負ふ。

②　賃金、就業時間、休息その他の勤労条件に関する基準は、法律でこれを定める。

③　児童は、これを酷使してはならない。

〔勤労者の団結権及び団体行動権〕

第二十八条　勤労者の団結する権利及び団体交渉その他の団体行動をする権利は、これを保障する。

〔財産権〕

第二十九条　財産権は、これを侵してはならない。

②　財産権の内容は、公共の福祉に適合するやうに、法律でこれを定める。

③　私有財産は、正当な補償の下に、これを公共のために用ひることができる。

〔納税の義務〕

第三十条　国民は、法律の定めるところにより、納税の義務を負ふ。

〔法定の手続の保障〕

第三十一条　何人も、法律の定める手続によらなければ、その生命若しくは自由を奪はれ、又はその他の刑罰を科せられない。

〔裁判を受ける権利〕

第三十二条　何人も、裁判所において裁判を受ける権利を奪はれない。

〔逮捕の要件〕

第三十三条　何人も、現行犯として逮捕される場合を除いては、権限を有する司法官憲が発し、且つ理由となつてゐる犯罪を明示する令状によらなければ、逮捕されない。

〔抑留及び拘禁の制約〕

第三十四条　何人も、理由を直ちに告げられ、且つ、直ちに弁護人に依頼する権利を与へられなければ、抑留又は拘禁されない。又、何人も、正当な理由がなければ、拘禁されず、要求があれば、その理由は、直ちに本人及びその弁護人の出席する公開の法廷で示されなければならない。

〔住居の不可侵、捜索及び押収の制約〕

第三十五条　何人も、その住居、書類及び所持品について、侵入、捜索及び押収を受けることのない権利は、第三十三条の場合を除いては、正当な理由に基いて発せられ、且つ捜索する場所及び押収する物を明示する令状がなければ、侵されない。

②　捜索又は押収は、権限を有する司法官憲が発する各別の令状により、これを行ふ。

〔拷問及び残虐な刑罰の禁止〕

第三十六条　公務員による拷問及び残虐な刑罰は、絶対にこれを禁ずる。

〔刑事被告人の権利〕

第三十七条　すべて刑事事件においては、被告人は、公平な裁判所の迅速な公開裁判を受ける権利を有する。

② 刑事被告人は、すべての証人に対して審問する機会を充分に与へられ、又、公費で自己のために強制的手続により証人を求める権利を有する。

③ 刑事被告人は、いかなる場合にも、資格を有する弁護人を依頼することができる。被告人が自らこれを依頼することができないときは、国でこれを附する。

〔黙秘権と自白の証拠能力〕

第三十八条　何人も、自己に不利益な供述を強要されない。

② 強制、拷問若しくは脅迫による自白又は不当に長く抑留若しくは拘禁された後の自白は、これを証拠とすることができない。

③ 何人も、自己に不利益な唯一の証拠が本人の自白である場合には、有罪とされ、又は刑罰を科せられない。

〔遡及処罰、重複処罰等の禁止〕

第三十九条　何人も、実行の時に適法であった行為又は既に無罪とされた行為については、刑事上の責任を問はれない。又、同一の犯罪について、重ねて刑事上の責任を問はれない。

〔刑事補償〕

第四十条　何人も、抑留又は拘禁された後、無罪の裁判を受けたときは、法律の定めるところにより、国にその補償を求めることができる。

第四章　国会

〔国会の地位、立法権〕

第四十一条　国会は、国権の最高機関であつて、国の唯一の立法機関である。

〔両院制〕

第四十二条　国会は、衆議院及び参議院の両議院でこれを構成する。

〔両議院の組織〕

第四十三条　両議院は、全国民を代表する選挙された議員でこれを組織する。

② 両議院の議員の定数は、法律でこれを定める。

〔議員及び選挙人の資格〕

第四十四条　両議院の議員及びその選挙人の資格は、法律でこれを定める。但し、人種、信条、性別、社会的身分、門地、教育、財産又は収入によつて差別してはならない。

〔衆議院議員の任期〕

第四十五条　衆議院議員の任期は、四年とする。但し、衆議院解散の場合には、その期間満了前に終了する。

〔参議院議員の任期〕

第四十六条　参議院議員の任期は、六年とし、三年ごとに議員の半数を改選する。

〔議員の選挙〕

第四十七条　選挙区、投票の方法その他両議院の議員の選挙に関する事項は、法律でこれを定める。

〔両議院議員兼職の禁止〕

第四十八条　何人も、同時に両議院の議員たることはできない。

〔議員の歳費〕

第四十九条　両議院の議員は、法律の定めるところにより、国庫から相当額の歳費を受ける。

〔議員の不逮捕特権〕

第五十条　両議院の議員は、法律の定める場合を除いては、国会の会期中逮捕されず、会期前に逮捕された議員は、その議院の要求があれば、会期中これを釈放しなければならない。

〔議員の発言表決の無答責〕

第五十一条　両議院の議員は、議院で行つた演説、討論又は表決について、院外で責任を問はれない。

〔常会〕

第五十二条　国会の常会は、毎年一回これを召集する。

〔臨時会〕

第五十三条　内閣は、国会の臨時会の召集を決定することができる。いづれかの議院の総議員の四分の一以上の要求があれば、内閣は、その召集を決定しなければならない。

〔解散、特別会及び緊急集会〕

第五十四条　衆議院が解散されたときは、解散の日から四十日以内に、衆議院議員の総選挙を行ひ、その選挙の日から三十日以内に、国会を召集しなければならない。

②　衆議院が解散されたときは、参議院は、同時に閉会となる。但し、内閣は、国に緊急の必要があるときは、参議院の緊急集会を求めることができる。

③　前項但書の緊急集会において採られた措置は、臨時のものであつて、次の国会開会の後十日以内に、衆議院の同意がない場合には、その効力を失ふ。

〔議員の資格争訟〕

第五十五条　両議院は、各〻その議員の資格に関する争訟を裁判する。但し、議員の議席を失はせるには、出席議員の三分の二以上の多数による議決を必要とする。

〔定足数と表決〕

第五十六条　両議院は、各〻その総議員の三分の一以上の出席がなければ、議事を開き議決することができない。

②　両議院の議事は、この憲法に特別の定のある場合を除いては、出席議員の過半数でこれを決し、可否同数のときは、議長の決するところによる。

〔会議の公開・秘密会と会議録〕

第五十七条　両議院の会議は、公開とする。但し、出席議員の三分の二以上の多数で議決したときは、秘密会を開くことができる。

②　両議院は、各〻その会議の記録を保存し、秘密会の記録の中で特に秘密を要すると認められるもの以外は、これを公表し、且つ一般に頒布しなければならない。

③　出席議員の五分の一以上の要求があれば、各議員の表決は、これを会議録に記載しなければならない。

〔役員の選任、議院規則及び懲罰〕

第五十八条　両議院は、各〻その議長その他の役員を選任する。

②　両議院は、各〻その会議その他の手続及び内部の規律に関する規則を定め、又、院内の秩序をみだした議員を懲罰することができる。但し、議員を除名するには、出席議員の三分の二以上の多数による議決を必要とする。

〔法律の成立〕

第五十九条　法律案は、この憲法に特別の定のある場合を除いては、両議院で可決したとき法律となる。

②　衆議院で可決し、参議院でこれと異なつた議決をした法律案は、衆議院で出席議員の三分の二以上の多数で再び可決したときは、法律となる。

③　前項の規定は、法律の定めるところにより、衆議院が、両議院の協議会を開くことを求めることを妨げない。

④　参議院が、衆議院の可決した法律案を受け取つた後、国会休会

中の期間を除いて六十日以内に、議決しないときは、衆議院は、参議院がその法律案を否決したものとみなすことができる。

〔衆議院の予算先議権及び予算の議決〕

第六十条　予算は、さきに衆議院に提出しなければならない。

② 予算について、参議院で衆議院と異なつた議決をした場合に、法律の定めるところにより、両議院の協議会を開いても意見が一致しないとき、又は参議院が、衆議院の可決した予算を受け取つた後、国会休会中の期間を除いて三十日以内に、議決しないときは、衆議院の議決を国会の議決とする。

〔条約締結の承認〕

第六十一条　条約の締結に必要な国会の承認については、前条第二項の規定を準用する。

〔議院の国政調査権〕

第六十二条　両議院は、各々国政に関する調査を行ひ、これに関して、証人の出頭及び証言並びに記録の提出を要求することができる。

〔各大臣の議院出席〕

第六十三条　内閣総理大臣その他の国務大臣は、両議院の一に議席を有すると有しないとにかかはらず、何時でも議案について発言するため議院に出席することができる。又、答弁又は説明のため出席を求められたときは、出席しなければならない。

〔弾劾裁判所〕

第六十四条　国会は、罷免の訴追を受けた裁判官を裁判するため、両議院の議員で組織する弾劾裁判所を設ける。

② 弾劾に関する事項は、法律でこれを定める。

第五章　内閣

〔行政権の帰属〕

第六十五条　行政権は、内閣に属する。

〔内閣の組織と連帯責任〕

第六十六条　内閣は、法律の定めるところにより、その首長たる内閣総理大臣及びその他の国務大臣でこれを組織する。

② 内閣総理大臣その他の国務大臣は、文民でなければならない。

③ 内閣は、行政権の行使について、国会に対し連帯して責任を負ふ。

〔内閣総理大臣の指名〕

第六十七条　内閣総理大臣は、国会議員の中から国会の議決で、これを指名する。この指名は、他のすべての案件に先だつて、これを行ふ。

② 衆議院と参議院とが異なつた指名の議決をした場合に、法律の定めるところにより、両議院の協議会を開いても意見が一致しないとき、又は衆議院が指名の議決をした後、国会休会中の期間を除いて十日以内に、参議院が、指名の議決をしないときは、衆議院の議決を国会の議決とする。

〔国務大臣の任免〕

第六十八条　内閣総理大臣は、国務大臣を任命する。但し、その過半数は、国会議員の中から選ばれなければならない。

② 内閣総理大臣は、任意に国務大臣を罷免することができる。

〔不信任決議と解散又は総辞職〕

第六十九条　内閣は、衆議院で不信任の決議案を可決し、又は信任の決議案を否決したときは、十日以内に衆議院が解散されない限り、総辞職をしなければならない。

〔内閣総理大臣の欠缺又は総選挙後の総辞職〕

第七十条　内閣総理大臣が欠けたとき、又は衆議院議員総選挙の後に初めて国会の召集があつたときは、内閣は、総辞職をしなければならない。

〔総辞職後の職務続行〕

第七十一条　前二条の場合には、内閣は、あらたに内閣総理大臣が任命されるまで引き続きその職務を行ふ。

〔内閣総理大臣の職務〕

第七十二条　内閣総理大臣は、内閣を代表して議案を国会に提出し、一般国務及び外交関係について国会に報告し、並びに行政各部を指揮監督する。

〔内閣の職務〕

第七十三条　内閣は、他の一般行政事務の外、左の事務を行ふ。

一　法律を誠実に執行し、国務を総理すること。

二　外交関係を処理すること。

三　条約を締結すること。但し、事前に、時宜によつては事後に、国会の承認を経ることを必要とする。

四　法律の定める基準に従ひ、官吏に関する事務を掌理すること。

五　予算を作成して国会に提出すること。

六　この憲法及び法律の規定を実施するために、政令を制定すること。但し、政令には、特にその法律の委任がある場合を除いては、罰則を設けることができない。

七　大赦、特赦、減刑、刑の執行の免除及び復権を決定すること。

〔法律・政令への署名〕

第七十四条　法律及び政令には、すべて主任の国務大臣が署名し、内閣総理大臣が連署することを必要とする。

〔国務大臣の訴追〕

第七十五条　国務大臣は、その在任中、内閣総理大臣の同意がなければ、訴追されない。但し、これがため、訴追の権利は、害されない。

第六章　司法

〔司法権の独立〕

第七十六条　すべて司法権は、最高裁判所及び法律の定めるところにより設置する下級裁判所に属する。

②　特別裁判所は、これを設置することができない。行政機関は、終審として裁判を行ふことができない。

③　すべて裁判官は、その良心に従ひ独立してその職権を行ひ、この憲法及び法律にのみ拘束される。

〔最高裁判所の規則制定権〕

第七十七条　最高裁判所は、訴訟に関する手続、弁護士、裁判所の内部規律及び司法事務処理に関する事項について、規則を定める権限を有する。

②　検察官は、最高裁判所の定める規則に従はなければならない。

③　最高裁判所は、下級裁判所に関する規則を定める権限を、下級裁判所に委任することができる。

〔裁判官の身分の保障〕

第七十八条　裁判官は、裁判により、心身の故障のために職務を執ることができないと決定された場合を除いては、公の弾劾によらなければ罷免されない。裁判官の懲戒処分は、行政機関がこれを行ふことはできない。

〔最高裁判所裁判官〕

第七十九条　最高裁判所は、その長たる裁判官及び法律の定める員数のその他の裁判官でこれを構成し、その長たる裁判官以外の裁判官は、内閣でこれを任命する。

②　最高裁判所の裁判官の任命は、その任命後初めて行はれる衆議院議員総選挙の際国民の審査に付し、その後十年を経過した後初

めて行はれる衆議院議員総選挙の際更に審査に付し、その後も同様とする。
③　前項の場合において、投票者の多数が裁判官の罷免を可とするときは、その裁判官は、罷免される。
④　審査に関する事項は、法律でこれを定める。
⑤　最高裁判所の裁判官は、法律の定める年齢に達した時に退官する。
⑥　最高裁判所の裁判官は、すべて定期に相当額の報酬を受ける。この報酬は、在任中、これを減額することができない。

〔下級裁判所裁判官〕

第八十条　下級裁判所の裁判官は、最高裁判所の指名した者の名簿によつて、内閣でこれを任命する。その裁判官は、任期を十年とし、再任されることができる。但し、法律の定める年齢に達した時には退官する。
②　下級裁判所の裁判官は、すべて定期に相当額の報酬を受ける。この報酬は、在任中、これを減額することができない。

〔最高裁判所の法令審査権〕

第八十一条　最高裁判所は、一切の法律、命令、規則又は処分が憲法に適合するかしないかを決定する権限を有する終審裁判所である。

〔裁判の公開〕

第八十二条　裁判の対審及び判決は、公開法廷でこれを行ふ。
②　裁判所が、裁判官の全員一致で、公の秩序又は善良の風俗を害する虞があると決した場合には、対審は、公開しないでこれを行ふことができる。但し、政治犯罪、出版に関する犯罪又はこの憲法第三章で保障する国民の権利が問題となつてゐる事件の対審は、常にこれを公開しなければならない。

第七章　財政

〔財政処理の基本原則〕

第八十三条　国の財政を処理する権限は、国会の議決に基いて、これを行使しなければならない。

〔課税〕

第八十四条　あらたに租税を課し、又は現行の租税を変更するには、法律又は法律の定める条件によることを必要とする。

〔国費支出及び債務負担〕

第八十五条　国費を支出し、又は国が債務を負担するには、国会の議決に基くことを必要とする。

〔予算〕

第八十六条　内閣は、毎会計年度の予算を作成し、国会に提出して、その審議を受け議決を経なければならない。

〔予備費〕

第八十七条　予見し難い予算の不足に充てるため、国会の議決に基いて予備費を設け、内閣の責任でこれを支出することができる。
②　すべて予備費の支出については、内閣は、事後に国会の承諾を得なければならない。

〔皇室財産及び皇室費用〕

第八十八条　すべて皇室財産は、国に属する。すべて皇室の費用は、予算に計上して国会の議決を経なければならない。

〔公の財産の支出・利用の制限〕

第八十九条　公金その他の公の財産は、宗教上の組織若しくは団体の使用、便益若しくは維持のため、又は公の支配に属しない慈善、教育若しくは博愛の事業に対し、これを支出し、又はその利用に供してはならない。

〔決算・会計検査〕

第九十条　国の収入支出の決算は、すべて毎年会計検査院がこれを検査し、内閣は、次の年度に、その検査報告とともに、これを国会に提出しなければならない。
②　会計検査院の組織及び権限は、法律でこれを定める。
〔財政状況の報告〕
第九十一条　内閣は、国会及び国民に対し、定期に、少くとも毎年一回、国の財政状況について報告しなければならない。

第八章　地方自治

〔地方自治の基本原則〕
第九十二条　地方公共団体の組織及び運営に関する事項は、地方自治の本旨に基いて、法律でこれを定める。
〔地方公共団体の機関〕
第九十三条　地方公共団体には、法律の定めるところにより、その議事機関として議会を設置する。
②　地方公共団体の長、その議会の議員及び法律の定めるその他の吏員は、その地方公共団体の住民が、直接これを選挙する。
〔地方公共団体の権能〕
第九十四条　地方公共団体は、その財産を管理し、事務を処理し、及び行政を執行する権能を有し、法律の範囲内で条例を制定することができる。
〔一の地方公共団体のみに適用される特別法の住民投票〕
第九十五条　一の地方公共団体のみに適用される特別法は、法律の定めるところにより、その地方公共団体の住民の投票においてその過半数の同意を得なければ、国会は、これを制定することができない。

第九章　改正

〔憲法改正の手続〕
第九十六条　この憲法の改正は、各議院の総議員の三分の二以上の賛成で、国会が、これを発議し、国民に提案してその承認を経なければならない。この承認には、特別の国民投票又は国会の定める選挙の際行はれる投票において、その過半数の賛成を必要とする。
②　憲法改正について前項の承認を経たときは、天皇は、国民の名で、この憲法と一体を成すものとして、直ちにこれを公布する。

第十章　最高法規

〔基本的人権の本質〕
第九十七条　この憲法が日本国民に保障する基本的人権は、人類の多年にわたる自由獲得の努力の成果であつて、これらの権利は、過去幾多の試錬に堪へ、現在及び将来の国民に対し、侵すことのできない永久の権利として信託されたものである。
〔憲法の最高性と条約及び国際法規の遵守〕
第九十八条　この憲法は、国の最高法規であつて、その条規に反する法律、命令、詔勅及び国務に関するその他の行為の全部又は一部は、その効力を有しない。
②　日本国が締結した条約及び確立された国際法規は、これを誠実に遵守することを必要とする。
〔憲法尊重擁護の義務〕
第九十九条　天皇又は摂政及び国務大臣、国会議員、裁判官その他の公務員は、この憲法を尊重し擁護する義務を負ふ。

第十一章　補則

〔施行期日〕
第百条　この憲法は、公布の日から起算して六箇月を経過した日から、これを施行する。
②　この憲法を施行するために必要な法律の制定、参議院議員の選

挙及び国会召集の手続並びにこの憲法を施行するために必要な準備手続は、前項の期日よりも前に、これを行ふことができる。

〔参議院成立前の国会〕

第百一条 この憲法施行の際、参議院がまだ成立してゐないときは、その成立するまでの間、衆議院は、国会としての権限を行ふ。

〔参議院議員の任期の経過的特例〕

第百二条 この憲法による第一期の参議院議員のうち、その半数の者の任期は、これを三年とする。その議員は、法律の定めるところにより、これを定める。

〔公務員の地位に関する経過規定〕

第百三条 この憲法施行の際現に在職する国務大臣、衆議院議員及び裁判官並びにその他の公務員で、その地位に相応する地位がこの憲法で認められてゐる者は、法律で特別の定をした場合を除いては、この憲法施行のため、当然にはその地位を失ふことはない。但し、この憲法によつて、後任者が選挙又は任命されたときは、当然その地位を失ふ。

◎教育基本法

〔昭和二二年三月三一日
法律第二五号〕

われらは、さきに、日本国憲法を確定し、民主的で文化的な国家を建設して、世界の平和と人類の福祉に貢献しようとする決意を示した。この理想の実現は、根本において教育の力にまつべきものである。

われらは、個人の尊厳を重んじ、真理と平和を希求する人間の育成を期するとともに、普遍的にしてしかも個性ゆたかな文化の創造をめざす教育を普及徹底しなければならない。

ここに、日本国憲法の精神に則り、教育の目的を明示して、新しい日本の教育の基本を確立するため、この法律を制定する。

第一条（教育の目的） 教育は、人格の完成をめざし、平和的な国家及び社会の形成者として、真理と正義を愛し、個人の価値をたつとび、勤労と責任を重んじ、自主的精神に充ちた心身ともに健康な国民の育成を期して行われなければならない。

第二条（教育の方針） 教育の目的は、あらゆる機会に、あらゆる場所において実現されなければならない。この目的を達成するためには、学問の自由を尊重し、実際生活に即し、自発的精神を養い、自他の敬愛と協力によつて、文化の創造と発展に貢献するように努めなければならない。

第三条（教育の機会均等） すべて国民は、ひとしく、その能力に応ずる教育を受ける機会を与えられなければならないものであつて、人種、信条、性別、社会的身分、経済的地位又は門地によつて、教育上差別されない。

② 国及び地方公共団体は、能力があるにもかかわらず、経済的理由によつて修学困難な者に対して、奨学の方法を講じなければならない。

第四条（義務教育） 国民は、その保護する子女に、九年の普通教育を受けさせる義務を負う。

② 国又は地方公共団体の設置する学校における義務教育については、授業料は、これを徴収しない。

第五条（男女共学） 男女は、互に敬重し、協力し合わなければならないものであつて、教育上男女の共学は、認められなければならない。

第六条（学校教育） 法律に定める学校は、公の性質をもつものであつて、国又は地方公共団体の外、法律に定める法人のみが、これを設置することができる。

② 法律に定める学校の教員は、全体の奉仕者であつて、自己の使命を自覚し、その職責の遂行に努めなければならない。このためには、教員の身分は、尊重され、その待遇の適正が、期せられなければならない。

第七条（社会教育） 家庭教育及び勤労の場所その他社会において行われる教育は、国及び地方公共団体によつて奨励されなければならない。

② 国及び地方公共団体は、図書館、博物館、公民館等の施設の設置、学校の施設の利用その他適当な方法によつて教育の目的の実現に努めなければならない。

第八条（政治教育） 良識ある公民たるに必要な政治的教養は、教育上これを尊重しなければならない。

② 法律に定める学校は、特定の政党を支持し、又はこれに反対するための政治教育その他政治的活動をしてはならない。

第九条（宗教教育） 宗教に関する寛容の態度及び宗教の社会生活における地位は、教育上これを尊重しなければならない。

② 国及び地方公共団体が設置する学校は、特定の宗教のための宗教教育その他宗教的活動をしてはならない。

第十条（教育行政） 教育は、不当な支配に服することなく、国民全体に対し直接に責任を負つて行われるべきものである。

② 教育行政は、この自覚のもとに、教育の目的を遂行するに必要な諸条件の整備確立を目標として行われなければならない。

第十一条（補則） この法律に掲げる諸条項を実施するために必要がある場合には、適当な法令が制定されなければならない。

附　則

この法律は、公布の日から、これを施行する。

◎男女共同参画社会基本法　抄

〔平成一一年六月二三日
法律第七八号〕

最近改正　平成一一年一二月二二日　法律第一六〇号

目次

我が国においては、日本国憲法に個人の尊重と法の下の平等がうたわれ、男女平等の実現に向けた様々な取組が、国際社会における取組とも連動しつつ、着実に進められてきたが、なお一層の努力が必要とされている。

一方、少子高齢化の進展、国内経済活動の成熟化等我が国の社会経済情勢の急速な変化に対応していく上で、男女が、互いにその人権を尊重しつつ責任も分かち合い、性別にかかわりなく、その個性と能力を十分に発揮することができる男女共同参画社会の実現は、緊要な課題となっている。

このような状況にかんがみ、男女共同参画社会の実現を二十一世紀の我が国社会を決定する最重要課題と位置付け、社会のあらゆる分野において、男女共同参画社会の形成の促進に関する施策の推進を図っていくことが重要である。

ここに、男女共同参画社会の形成についての基本理念を明らかにしてその方向を示し、将来に向かって国、地方公共団体及び国民の男女共同参画社会の形成に関する取組を総合的かつ計画的に推進するため、この法律を制定する。

第一章　総則

（目的）

第一条　この法律は、男女の人権が尊重され、かつ、社会経済情勢の変化に対応できる豊かで活力ある社会を実現することの緊要性にかんがみ、男女共同参画社会の形成に関し、基本理念を定め、並びに国、地方公共団体及び国民の責務を明らかにするとともに、男女共同参画社会の形成の促進に関する施策の基本となる事項を定めることにより、男女共同参画社会の形成を総合的かつ計画的に推進することを目的とする。

（定義）

第二条　この法律において、次の各号に掲げる用語の意義は、当該各号に定めるところによる。

一　男女共同参画社会の形成　男女が、社会の対等な構成員として、自らの意思によって社会のあらゆる分野における活動に参画する機会が確保され、もって男女が均等に政治的、経済的、社会的及び文化的利益を享受することができ、かつ、共に責任を担うべき社会を形成することをいう。

二　積極的改善措置　前号に規定する機会に係る男女間の格差を改善するため必要な範囲内において、男女のいずれか一方に対し、当該機会を積極的に提供することをいう。

（男女の人権の尊重）

第三条　男女共同参画社会の形成は、男女の個人としての尊厳が重んぜられること、男女が性別による差別的取扱いを受けないこと、男女が個人として能力を発揮する機会が確保されることその他の男女の人権が尊重されることを旨として、行われなければならない。

（社会における制度又は慣行についての配慮）

第四条　男女共同参画社会の形成に当たっては、社会における制度又は慣行が、性別による固定的な役割分担等を反映して、男女の社会における活動の選択に対して中立でない影響を及ぼすことにより、男女共同参画社会の形成を阻害する要因となるおそれがあることにかんがみ、社会における制度又は慣行が男女の社会における活動の選択に対して及ぼす影響をできる限り中立なものとするように配慮されなければならない。

（政策等の立案及び決定への共同参画）

第五条　男女共同参画社会の形成は、男女が、社会の対等な構成員として、国若しくは地方公共団体における政策又は民間の団体における方針の立案及び決定に共同して参画する機会が確保されることを旨として、行われなければならない。

（家庭生活における活動と他の活動の両立）

第六条　男女共同参画社会の形成は、家族を構成する男女が、相互の協力と社会の支援の下に、子の養育、家族の介護その他の家庭生活における活動について家族の一員としての役割を円滑に果たし、かつ、当該活動以外の活動を行うことができるようにすることを旨として、行われなければならない。

（国際的協調）

第七条　男女共同参画社会の形成の促進が国際社会における取組と密接な関係を有していることにかんがみ、男女共同参画社会の形成は、国際的協調の下に行われなければならない。

（年次報告等）

第十二条　政府は、毎年、国会に、男女共同参画社会の形成の状況及び政府が講じた男女共同参画社会の形成の促進に関する施策についての報告を提出しなければならない。

2　政府は、毎年、前項の報告に係る男女共同参画社会の形成の状況を考慮して講じようとする男女共同参画社会の形成の促進に関する施策を明らかにした文書を作成し、これを国会に提出しなければならない。

第二章　男女共同参画社会の形成の促進に関する基本的施策

（男女共同参画基本計画）

第十三条　政府は、男女共同参画社会の形成の促進に関する施策の総合的かつ計画的な推進を図るため、男女共同参画社会の形成の促進に関する基本的な計画（以下「男女共同参画基本計画」という。）を定めなければならない。

（都道府県男女共同参画計画等）

第十四条　都道府県は、男女共同参画基本計画を勘案して、当該都道府県の区域における男女共同参画社会の形成の促進に関する施策についての基本的な計画（以下「都道府県男女共同参画計画」という。）を定めなければならない。

3　市町村は、男女共同参画基本計画及び都道府県男女共同参画計画を勘案して、当該市町村の区域における男女共同参画社会の形成の促進に関する施策についての基本的な計画（以下「市町村男女共同参画計画」という。）を定めるように努めなければならない。

第三章　男女共同参画会議

（設置）

第二十一条　内閣府に、男女共同参画会議（以下「会議」という。）を置く。

附　則〔略〕

児童憲章

〔昭和二六年五月五日
児童憲章制定会議制定〕

われらは、日本国憲法の精神にしたがい、児童に対する正しい観念を確立し、すべての児童の幸福をはかるために、この憲章を定める。

児童は、人として尊ばれる。
児童は、社会の一員として重んぜられる。
児童は、よい環境のなかで育てられる。

一　すべての児童は、心身ともに健やかにうまれ、育てられ、その生活を保障される。
二　すべての児童は、家庭で、正しい愛情と知識と技術をもって育てられ、家庭に恵まれない児童には、これにかわる環境が与えられる。
三　すべての児童は、適当な栄養と住居と被服が与えられ、また、疾病と災害からまもられる。
四　すべての児童は、個性と能力に応じて教育され、社会の一員としての責任を自主的に果たすように、みちびかれる。
五　すべての児童は、自然を愛し、科学と芸術を尊ぶように、みちびかれ、また、道徳的心情がつちかわれる。
六　すべての児童は、就学のみちを確保され、また、十分に整った教育の施設を用意される。
七　すべての児童は、職業指導を受ける機会が与えられる。
八　すべての児童は、その労働において、心身の発育が阻害されず、教育を受ける機会が失われず、また、児童としての生活がさまたげられないように、十分に保護される。
九　すべての児童は、よい遊び場と文化財を用意され、わるい環境からまもられる。
十　すべての児童は、虐待・酷使・放任その他不当な取扱からまもられる。
あやまちをおかした児童は、適切に保護指導される。
十一　すべての児童は、身体が不自由な場合、または精神の機能が不充分な場合に、適切な治療と教育と保護が与えられる。
十二　すべての児童は、愛とまことによって結ばれ、よい国民として人類の平和と文化に貢献するように、みちびかれる。

〔参考〕　**児童憲章の性格**　この憲章は、国会において制定された法律ではない。一種の社会的協約ないし国民の道徳的規範ともいうべきものである。しかし、それは手続的にも内容的にも、超党派的な政治理念に基づくものであり、すべての国民の行動規範たる性格をもっている。（永井憲一）〔『解説教育六法』三省堂より〕

図書館の自由に関する宣言

一九七九年改訂

（一九七九年五月三〇日　社団法人日本図書館協会総会議決
一九七九年一〇月二七日　全国図書館大会で支持決議）

図書館は、基本的人権のひとつとして知る自由をもつ国民に、資料と施設を提供することを、もっとも重要な任務とする。

一　日本国憲法は主権が国民に存するとの原理にもとづいており、この国民主権の原理を維持し発展させるためには、国民ひとりひとりが思想・意見を自由に発表し交換すること、すなわち表現の自由の保障が不可欠である。

知る自由は、表現の送り手に対して保障されるべき自由と表裏一体をなすものであり、知る自由の保障があってこそ表現の自由は成立する。

知る自由は、また、思想・良心の自由をはじめとして、いっさいの基本的人権と密接にかかわり、それらの保障を実現するための基礎的な要件である。それは、憲法が示すように、国民の不断の努力によって保持されなければならない。

二　すべての国民は、いつでもその必要とする資料を入手し利用する権利を有する。この権利を社会的に保障することは、すなわち知る自由を保障することである。図書館は、まさにこのことに責任を負う機関である。

三　図書館は、権力の介入または社会的圧力に左右されることなく、自らの責任にもとづき、図書館間の相互協力をふくむ図書館の総力をあげて、収集した資料と整備された施設を国民の利用に供するものである。

四　わが国においては、図書館が国民の知る自由を保障するのではなく、国民に対する「思想善導」の機関として、国民の知る自由を妨げる役割さえ果たした歴史的事実があることを忘れてはならない。図書館は、この反省の上に、国民の知る自由を守り、ひろげていく責任を果たすことが必要である。

五　すべての国民は、図書館利用に公平な権利をもっており、人種、信条、性別、年齢やそのおかれている条件等によっていかなる差別もあってはならない。

外国人にも、その権利は保障される。

六　ここに掲げる「図書館の自由」に関する原則は、国民の知る自由を保障するためであって、すべての図書館に基本的に妥当するものである。

この任務を果たすため、図書館は次のことを確認し実践する。

第一　図書館は資料収集の自由を有する。

一　図書館は、国民の知る自由を保障する機関として、国民のあらゆる資料要求にこたえなければならない。

二　図書館は、自らの責任において作成した収集方針にもとづき資料の選択および収集を行う。

その際、

(1)　多様な、対立する意見のある問題については、それぞれの観点に立つ資料を幅広く収集する。

(2)　著者の思想的、宗教的、党派的立場にとらわれて、その著作を排除することはしない。

(3) 図書館員の個人的な関心や好みによって選択をしない。
(4) 個人・組織・団体からの圧力や干渉によって収集の自由を放棄したり、紛糾をおそれて自己規制したりはしない。
(5) 寄贈資料の受入れにあたっても同様である。
図書館の収集した資料がどのような思想や主張をもっていようとも、それを図書館および図書館員が支持することを意味するものではない。
三　図書館は、成文化された収集方針を公開して、広く社会からの批判と協力を得るようにつとめる。

第二　図書館は資料提供の自由を有する。

一　国民の知る自由を保障するため、すべての図書館資料は、原則として国民の自由な利用に供されるべきである。
図書館は、正当な理由がないかぎり、ある種の資料を特別扱いしたり、資料の内容に手を加えたり、書架から撤去したり、廃棄したりはしない。

提供の自由は、次の場合にかぎって制限されることがある。これらの制限は、極力限定して適用し、時期を経て再検討されるべきものである。
(1) 人権またはプライバシーを侵害するもの。
(2) わいせつ出版物であるとの判決が確定したもの。
(3) 寄贈または寄託資料のうち、寄贈者または寄託者が公開を否とする非公刊資料。
二　図書館は、将来にわたる利用に備えるため、資料を保存する責任を負う。図書館の保存する資料は、一時的な社会的要請、個人・組織・団体からの圧力や干渉によって廃棄されることはない。
三　図書館の集会室等は、国民の自主的な学習や創造を援助するために、身近にいつでも利用できる豊富な資料が組織されている場にあるという特徴をもっている。
図書館は、集会室等の施設を、営利を目的とする場合を除いて、個人、団体を問わず公平な利用に供する。
四　図書館の企画する集会や行事等が、個人・組織・団体からの圧力や干渉によってゆがめられてはならない。

第三　図書館は利用者の秘密を守る。

一　読者が何を読むかはその人のプライバシーに属することであり、図書館は、利用者の読書事実を外部に漏らさない。ただし、憲法第三五条にもとづく令状を確認した場合は例外とする。
二　図書館は、読書記録以外の図書館の利用事実に関しても、利用者のプライバシーを侵さない。
三　利用者の読書事実、利用事実は、図書館が業務上知り得た秘密であって、図書館活動に従事するすべての人びとは、この秘密を守らなければならない。

第四　図書館はすべての検閲に反対する。

一　検閲は、権力が国民の思想・言論の自由を抑圧する手段として常用してきたものであって、国民の知る自由を基盤とする民主主義とは相容れない。
検閲が、図書館における資料収集を事前に制約し、さらに、収集した資料の書架からの撤去、廃棄に及ぶことは、内外の苦渋にみちた歴史と経験により明らかである。

したがって、図書館はすべての検閲に反対する。
二　検閲と同様の結果をもたらすものとして、個人・組織・団体からの圧力や干渉がある。図書館は、これらの思想・言論の抑圧に対しても反対する。
三　それらの抑圧は、図書館における自己規制を生みやすい。しかし図書館は、そうした自己規制におちいることなく、国民の知る自由を守る。

図書館の自由が侵されるとき、われわれは団結して、あくまで自由を守る。

一　図書館の自由の状況は、一国の民主主義の進展をはかる重要な指標である。図書館の自由が侵されようとするとき、われわれ図書館にかかわるものは、その侵害を排除する行動を起こす。このためには、図書館の民主的な運営と図書館員の連帯の強化を欠かすことができない。

二　図書館の自由を守る行動は、自由と人権を守る国民のたたかいの一環である。われわれは、図書館の自由を守ることで共通の立場に立つ団体・機関・人びとと提携して、図書館の自由を守りぬく責任をもつ。

三　図書館の自由に対する国民の支持と協力は、国民が、図書館活動を通じて図書館の自由の尊さを体験している場合にのみ得られる。われわれは、図書館の自由を守る努力を不断に続けるものである。

四　図書館の自由を守る行動において、これにかかわった図書館員が不利益をうけることがあってはならない。これを未然に防止し、万一そのような事態が生じた場合にその救済につとめることは、日本図書館協会の重要な責務である。

(附) 図書館の自由に関する宣言関係法令の名称と条項

〔日本図書館協会図書館の自由に関する調査委員会編に加筆〕

日本国憲法〔別掲〕第一三条、第一九条、第二〇条、第二一条、第二三条、第三五条

刑法〔別掲〕第一七五条

地方自治法〔別掲〕第二四四条

国家公務員法〔別掲〕第一〇〇条

地方公務員法〔別掲〕第三四条

刑事訴訟法〔別掲〕第九九条、第一〇二条、第一〇三条、第一〇六条、第一〇七条、第一一〇条、第一九七条、第二一八条、第二二一条、第二七九条

少年法〔別掲〕第六一条

弁護士法〔別掲〕第二三条の二

東京都青少年の健全な育成に関する条例　第七条、第八条、第九条

〔編者注〕東京都条例にとどまらず、全都道府県が青少年健全育成条例を制定、運用している。国のレベルでは、二〇〇一（平成一三）年に自由民主党が「青少年有害社会環境対策基本法案」〔別掲〕を作成、公表している。

図書館員の倫理綱領

（一九八〇年六月四日
社団法人日本図書館協会総会議決
一九八〇年一一月一日
全国図書館大会で支持決議）

この倫理綱領は、「図書館の自由に関する宣言」によって示された図書館の社会的責任を自覚し、自らの職責を遂行していくための図書館員としての自律的規範である。

一　この綱領は、「図書館の自由に関する宣言」と表裏一体の関係にある。この宣言に示された図書館の社会的責任を日常の図書館活動において果していくのは、職業集団としての内容の充実によらなければならない。この綱領は、その内容の充実を目標とし、図書館員としての職責を明らかにすることによって、自らの姿勢をただすための自律的規範である。したがってこの綱領は、単なる徳目の列挙や権利の主張を目的とするものでなく、すべての館種に共通な図書館員のあり方を考え、共通な基盤を拡大することによって、図書館を社会の有用な機関たらしめようという、前向きでしかも活動的なものである。

この綱領でいう図書館員とは、図書館に働くすべての職員のことである。綱領の各条項の具体化に当たっては、図書館長の理解とすぐれた指導力が不可欠である。

二　綱領の内容はこれまでの図書館活動の実践の中から生まれたものである。それを倫理綱領という形にまとめたのは、今や個人の献身や一館の努力だけでは図書館本来の役割を果すことができず、図書館員という職業集団の総合的な努力が必要となり、かつ図書館員のあるべき姿を、図書館員と、利用者と、図書館を設置する機関または団体との三者が、共に考えるべき段階に立ち至ったからである。

三　この綱領は、われわれの図書館員としての自覚の上に成立する。したがってその自覚以外にはいかなる拘束力もない。しかしながら、これを公表することによって、われわれの共通の目的と努力、さらにひとつの職業集団としての判断と行動とを社会に誓約することになる。その結果、われわれはまず図書館に大きな期待を持つ人びとから、ついで社会全体からのきびしい批判に自らをさらすことになる。

この批判の下での努力こそが、図書館員という職業集団への信頼を生む。図書館員の専門性は、この信頼によってまず利用者に支えられ、さらに司書職制度という形で確認され、充実されねばならない。そしてその専門性がもたらす図書館奉仕の向上は、すべて社会に還元される。そうした方向へわれわれ図書館員全体が進む第一歩がこの倫理綱領の制定である。

四　この綱領は、すべての図書館員が館種、館内の地位、職種及び司書資格の有無にかかわらず、綱領を通して図書館の役割を理解し、綱領実現への努力に積極的に参加することを期待している。さらに、図書館に働くボランティアや図書館同種施設に働く人びと、地域文庫にかかわる人びと等による理解をも望んでいる。

五　綱領の構成は、図書館員個人の倫理規定にはじまり、組織体の一員としての図書館員の任務を考え、ついで図書館間および図書館以外の人びととの協力に及び、ひろく社会における図書館員の果すべき任務に至っている。

（図書館員の基本的態度）

第一　図書館員は、社会の期待と利用者の要求を基本的なよりどころとして職務を遂行する。

図書館は社会の期待と利用者の要求の上に成立する。そして、ここから国民の知る自由の保障という図書館の目的も、またすべての国民への資料提供という基本機能も導き出される。したがって、図書館へのあらゆる期待と要求とを的確に把握し、分析し、かつ予測して、期待にこたえ、要求を実現するように努力することこそ、図書館員の基本的な態度である。

（利用者に対する責任）

第二　図書館員は利用者を差別しない。

国民の図書館を利用する権利は平等である。図書館員は、常に自由で公正で積極的な資料提供に心がけ、利用者をその国籍、信条、性別、年齢等によって差別してはならないし、図書館に対するさまざまな圧力や干渉によって利用者を差別してはならない。また、これまでサービスを受けられなかった人びとに対しても、平等なサービスがゆきわたるように努力すべきである。

第三　図書館員は利用者の秘密を漏らさない。

図書館員は、国民の読書の自由を保障するために、資料や施設の提供を通じて知りえた利用者の個人名や資料名等をさまざまな圧力や干渉に屈して明かしたり、または不注意に漏らすなど、利用者のプライバシーを侵す行為をしてはならない。このことは、図書館活動に従事するすべての人びとに課せられた責務である。

（資料に関する責任）

第四　図書館員は図書館の自由を守り、資料の収集、保存および提供につとめる。

図書館員は、専門的知識と的確な判断とに基づいて資料を収集し、組織し、保存し、積極的に提供する。そのためには、資料の収集・提供の自由を侵すいかなる圧力・検閲をも受け入れてはならないし、個人的な関心や好みによる資料の収集、提供をしてはならない。

図書館員は、私的報酬や個人的利益を求めて、資料の収集・提供を行ってはならない。

第五　図書館員は常に資料を知ることにつとめる。

資料のひとつひとつについて知るということは決して容易ではないが、図書館員は常に資料を知る努力を怠ってはならない。資料についての十分な知識は、これまでにも図書館員に対する最も大きな期待のひとつであった。図書館に対する要求が飛躍的に増大している今日、この期待もいちだんと高まっていることを忘れてはならない。さらに、この知識を前提としてはじめて、潜在要求をふくむすべての要求に対応し、資料の収集・提供活動ができることを自覚すべきである。

（研修につとめる責任）

第六　図書館員は個人的、集団的に、不断の研修につとめる。

図書館員が専門性の要件をみたすためには、①利用者を知り、②資料を知り、③利用者と資料を結びつけるための資料の適切な組織化と提供の知識・技術を究明しなければならない。そのためには、個人的、集団的に日常不断の研修が必要であり、これらの研修の成果が、図書館活動全体を発展させる専門知識として集積されていくのである。その意味で、研修は図書館員の義務であり権利である。したがって図書館員は、自主的研修にはげむと共に研修条件の改善に努力し、制度としての研修を確立するようつとめるべきである。

（組織体の一員として）

第七　図書館員は、自館の運営方針や奉仕計画の策定に積極的に参

画する。

個々の図書館員が積極的な姿勢をもたなければ、図書館は適切・円滑に運営することができない。図書館員は、その図書館の設置目的と利用者の要求をよく理解し、全員が運営方針や奉仕計画等を十分理解していなければならない。そのためには、図書館員は計画等の策定にたえず関心をもち、積極的に参加するようつとめるべきである。

第八　図書館員は、相互の協力を密にして、集団としての専門的能力の向上につとめる。

図書館がその機能を十分に果すためには、ひとりの図書館員の力だけでなく、職員集団としての力が発揮されなければならない。このためには、図書館員は同一職種内の協調と共に、他職種の役割をも正しく理解し、さらに、地域及び全国規模の図書館団体に結集して図書館に働くすべての職員の協力のもとに、それぞれの専門的知識と経験を総合する必要がある。図書館員の専門性は、現場での実践経験と不断の研修及び職員集団の協力によって高められるのであるから、図書館員は、経験の累積と専門知識の定着が、頻繁すぎる人事異動や不当配転等によって妨げられないようつとめるべきである。

第九　図書館員は、図書館奉仕のため適正な労働条件の確保につとめる。

組織体の一員としての図書館員の自覚がいかに高くても、劣悪な労働条件のもとでは、利用者の要求にこたえる十分な活動ができないばかりか、図書館員の健康そのものをも維持しがたい。適正数の職員配置をはじめ、労働災害や職業病の防止、婦人図書館員の母性保護等、適切な図書館奉仕が可能な労働条件を確保し、働きやすい職場づくりにつとめる必要がある。

図書館員は図書館奉仕の向上のため、図書館における労働の独自性について自ら追求すべきである。

(図書館間の協力)

第十　図書館員は図書館間の理解と協力につとめる。

図書館が本来の目的を達成するためには、一館独自の働きだけでなく、組織的に活動する必要がある。各図書館は館種・地域・設置者の別をこえ、理解と協力につとめるべきである。図書館員はこのことをすべて制度上の問題に帰するのでなく、自らの職業上の姿勢としてとらえなければならない。図書館間の相互協力は、自館における十分な努力が前提となることを忘れてはならない。

(文化創造への寄与)

第十一　図書館員は住民や他団体とも協力して、社会の文化環境の醸成につとめる。

図書館は孤立した存在であってはならない。地域社会に対する図書館の協力は、健康で民主的な文化環境を生み出す上に欠くことができない。他方、この文化環境によって図書館の本来の機能は著しい発達をうながされる。

図書館員は住民の自主的な読書運動や文庫活動等をよく理解し、図書館の増設やサービス改善を求める要求や批判に、謙虚かつ積極的にこたえなければならない。さらに、地域の教育・社会・文化諸機関や団体とも連携を保ちながら、地域文化の向上に寄与すべきである。

第十二　図書館員は、読者の立場に立って出版文化の発展に寄与するようつとめる。

出版の自由は、単に資料・情報の送り手の自由を意味するのではなく、より根本的に受け手の知る自由に根ざしている。この意味で図書館は、読者の立場に立って、出版物の生産・流通の問題に積極的に対処する社会的役割と責任をもつ。また図書館員は、「図書館の自由に関する宣言」の堅持が、出版・新聞・放送等の分野における表現の自由を守る活動と深い関係をもつことを自覚し、常に読者の立場に立ってこれら関連諸分野との協力につとめるべきである。

日本図書館協会は、わが国の図書館の現状にかんがみこの倫理綱領を作成し、提唱する。本協会はこの綱領の維持発展につとめると共に、この綱領と相いれない事態に対しては、その改善に向って不断に努力する。

〔参考〕「これは、その責任を日常業務の中で果していく役割をになう個々の図書館員の職務遂行上守るべき事項をまとめ、自律的規範として社会に発表し、誓約したものであります。」（昭和五五年度全国図書館大会「『図書館員の倫理綱領』を支持する決議」より）

◎行政機関の保有する情報の公開に関する法律（情報公開法）

〔平成一一年五月一四日　法律第四二号〕

最近改正　平成一一年一二月二二日　法律第一六〇号

目次

第一章　総則

（目的）

第一条　この法律は、国民主権の理念にのっとり、行政文書の開示を請求する権利につき定めること等により、行政機関の保有する情報の一層の公開を図り、もって政府の有するその諸活動を国民に説明する責務が全うされるようにするとともに、国民の的確な理解と批判の下にある公正で民主的な行政の推進に資することを目的とする。

（定義）

第二条　この法律において「行政機関」とは、次に掲げる機関をいう。

一　法律の規定に基づき内閣に置かれる機関（内閣府を除く。）及び内閣の所轄の下に置かれる機関

二　内閣府、宮内庁並びに内閣府設置法（平成十一年法律第八十九号）第四十九条〔設置〕第一項及び第二項に規定する機関（これらの機関のうち第四号の政令で定める機関が置かれる機関にあっては、当該政令で定める機関を除く。）

三　国家行政組織法（昭和二十三年法律第百二十号）〔別掲〕第三条〔行政機関の設置、廃止、任務及び所掌事務〕第二項に規定する機関（第五号の政令で定める機関が置かれる機関にあっては、当該政令で定める機関を除く。）

四　内閣府設置法第三十九条及び第五十五条〔施設等機関〕並びに宮内庁法（昭和二十二年法律第七十号）第十六条第二項の機関並びに内閣府設置法第四十条及び第五十六条〔特別の機関〕（宮内庁法第十八条第一項において準用する場合を含む。）の特別の機関で、政令で定めるもの

五　国家行政組織法第八条の二の施設等機関及び同法第八条の三の特別の機関で、政令で定めるもの

六　会計検査院

2　この法律において「行政文書」とは、行政機関の職員が職務上作成し、又は取得した文書、図画及び電磁的記録（電子的方式、磁気的方式その他人の知覚によっては認識することができない方式で作られた記録をいう。以下同じ。）であって、当該行政機関の職員が組織的に用いるものとして、当該行政機関が保有しているものをいう。ただし、次に掲げるものを除く。

一　官報、白書、新聞、雑誌、書籍その他不特定多数の者に販売することを目的として発行されるもの

二　政令で定める公文書館その他の機関において、政令で定めるところにより、歴史的若しくは文化的な資料又は学術研究用の資料として特別の管理がされているもの

第二章　行政文書の開示

（開示請求権）

第三条　何人も、この法律の定めるところにより、行政機関の長（前条第一項第四号及び第五号の政令で定める機関にあっては、その機関ごとに政令で定める者をいう。以下同じ。）に対し、当該行政機関の保有する行政文書の開示を請求することができる。

（開示請求の手続）

第四条　前条の規定による開示の請求（以下「開示請求」という。）は、次に掲げる事項を記載した書面（以下「開示請求書」という。）を行政機関の長に提出してしなければならない。

一　開示請求をする者の氏名又は名称及び住所又は居所並びに法人その他の団体にあっては代表者の氏名

二　行政文書の名称その他の開示請求に係る行政文書を特定するに足りる事項

2　行政機関の長は、開示請求書に形式上の不備があると認めるときは、開示請求をした者（以下「開示請求者」という。）に対し、相当の期間を定めて、その補正を求めることができる。この場合において、行政機関の長は、開示請求者に対し、補正の参考となる情報を提供するよう努めなければならない。

（行政文書の開示義務）

第五条　行政機関の長は、開示請求があったときは、開示請求に係る行政文書に次の各号に掲げる情報（以下「不開示情報」とい

う。）のいずれかが記録されている場合を除き、開示請求者に対し、当該行政文書を開示しなければならない。
一　個人に関する情報（事業を営む個人の当該事業に関する情報を除く。）であって、当該情報に含まれる氏名、生年月日その他の記述等により特定の個人を識別することができるもの（他の情報と照合することにより、特定の個人を識別することができることとなるものを含む。）又は特定の個人を識別することはできないが、公にすることにより、なお個人の権利利益を害するおそれがあるもの。ただし、次に掲げる情報を除く。
イ　法令の規定により又は慣行として公にされ、又は公にすることが予定されている情報
ロ　人の生命、健康、生活又は財産を保護するため、公にすることが必要であると認められる情報
ハ　当該個人が公務員（国家公務員法（昭和二十二年法律第百二十号）〔別掲〕第二条〔一般職及び特別職〕第一項に規定する国家公務員及び地方公務員法（昭和二十五年法律第二百六十一号）〔別掲〕第二条〔この法律の効力〕に規定する地方公務員をいう。）である場合において、当該情報がその職務の遂行に係る情報であるときは、当該情報のうち、当該公務員の職及び当該職務遂行の内容に係る部分
二　法人その他の団体（国及び地方公共団体を除く。以下「法人等」という。）に関する情報又は事業を営む個人の当該事業に関する情報であって、次に掲げるもの。ただし、人の生命、健康、生活又は財産を保護するため、公にすることが必要であると認められる情報を除く。
イ　公にすることにより、当該法人等又は当該個人の権利、競争上の地位その他正当な利益を害するおそれがあるもの
ロ　行政機関の要請を受けて、公にしないとの条件で任意に提供されたものであって、法人等又は個人における通例として公にしないこととされているものその他の当該条件を付することが当該情報の性質、当時の状況等に照らして合理的であると認められるもの
三　公にすることにより、国の安全が害されるおそれ、他国若しくは国際機関との信頼関係が損なわれるおそれ又は他国若しくは国際機関との交渉上不利益を被るおそれがあると行政機関の長が認めることにつき相当の理由がある情報
四　公にすることにより、犯罪の予防、鎮圧又は捜査、公訴の維持、刑の執行その他の公共の安全と秩序の維持に支障を及ぼすおそれがあると行政機関の長が認めることにつき相当の理由がある情報
五　国の機関及び地方公共団体の内部又は相互間における審議、検討又は協議に関する情報であって、公にすることにより、率直な意見の交換若しくは意思決定の中立性が不当に損なわれるおそれ、不当に国民の間に混乱を生じさせるおそれ又は特定の者に不当に利益を与え若しくは不利益を及ぼすおそれがあるもの
六　国の機関又は地方公共団体が行う事務又は事業に関する情報であって、公にすることにより、次に掲げるおそれその他当該事務又は事業の性質上、当該事務又は事業の適正な遂行に支障を及ぼすおそれがあるもの
イ　監査、検査、取締り又は試験に係る事務に関し、正確な事実の把握を困難にするおそれ又は違法若しくは不当な行為を容易にし、若しくはその発見を困難にするおそれ
ロ　契約、交渉又は争訟に係る事務に関し、国又は地方公共団

体の財産上の利益又は当事者としての地位を不当に害するおそれ

ハ　調査研究に係る事務に関し、その公正かつ能率的な遂行を不当に阻害するおそれ

ニ　人事管理に係る事務に関し、公正かつ円滑な人事の確保に支障を及ぼすおそれ

ホ　国又は地方公共団体が経営する企業に係る事業に関し、その企業経営上の正当な利益を害するおそれ

（部分開示）

第六条　行政機関の長は、開示請求に係る行政文書の一部に不開示情報が記録されている場合において、不開示情報が記録されている部分を容易に区分して除くことができるときは、開示請求者に対し、当該部分を除いた部分につき開示しなければならない。ただし、当該部分を除いた部分に有意の情報が記録されていないと認められるときは、この限りでない。

2　開示請求に係る行政文書に前条第一号の情報（特定の個人を識別することができるものに限る。）が記録されている場合において、当該情報のうち、氏名、生年月日その他の特定の個人を識別することができることとなる記述等の部分を除くことにより、公にしても、個人の権利利益が害されるおそれがないと認められるときは、当該部分を除いた部分は、同号の情報に含まれないものとみなして、前項の規定を適用する。

（公益上の理由による裁量的開示）

第七条　行政機関の長は、開示請求に係る行政文書に不開示情報が記録されている場合であっても、公益上特に必要があると認めるときは、開示請求者に対し、当該行政文書を開示することができる。

（行政文書の存否に関する情報）

第八条　開示請求に対し、当該開示請求に係る行政文書が存在しているか否かを答えるだけで、不開示情報を開示することとなるときは、行政機関の長は、当該行政文書の存否を明らかにしないで、当該開示請求を拒否することができる。

（開示請求に対する措置）

第九条　行政機関の長は、開示請求に係る行政文書の全部又は一部を開示するときは、その旨の決定をし、開示請求者に対し、その旨及び開示の実施に関し政令で定める事項を書面により通知しなければならない。

2　行政機関の長は、開示請求に係る行政文書の全部を開示しないとき（前条の規定により開示請求を拒否するとき及び開示請求に係る行政文書を保有していないときを含む。）は、開示しない旨の決定をし、開示請求者に対し、その旨を書面により通知しなければならない。

（開示決定等の期限）

第十条　前条各項の決定（以下「開示決定等」という。）は、開示請求があった日から三十日以内にしなければならない。ただし、第四条〔開示請求の手続〕第二項の規定により補正を求めた場合にあっては、当該補正に要した日数は、当該期間に算入しない。

2　前項の規定にかかわらず、行政機関の長は、事務処理上の困難その他正当な理由があるときは、同項に規定する期間を三十日以内に限り延長することができる。この場合において、行政機関の長は、開示請求者に対し、遅滞なく、延長後の期間及び延長の理由を書面により通知しなければならない。

（開示決定等の期限の特例）

第十一条　開示請求に係る行政文書が著しく大量であるため、開示

請求があった日から六十日以内にそのすべてについて開示決定等をすることにより事務の遂行に著しい支障が生ずるおそれがある場合には、前条の規定にかかわらず、行政機関の長は、開示請求に係る行政文書のうちの相当の部分につき当該期間内に開示決定等をし、残りの行政文書については相当の期間内に開示決定等をすれば足りる。この場合において、行政機関の長は、同条第一項規定する期間内に、開示請求者に対し、次に掲げる事項を書面により通知しなければならない。

一　本条を適用する旨及びその理由

二　残りの行政文書について開示決定等をする期限

（事案の移送）

第十二条　行政機関の長は、開示請求に係る行政文書が他の行政機関により作成されたものであるときその他他の行政機関の長において開示決定等をすることにつき正当な理由があるときは、当該他の行政機関の長と協議の上、当該他の行政機関の長に対し、事案を移送することができる。この場合においては、移送をした行政機関の長は、開示請求者に対し、事案を移送した旨を書面により通知しなければならない。

2　前項の規定により事案が移送されたときは、移送を受けた行政機関の長において、当該開示請求についての開示決定等をしなければならない。この場合において、移送をした行政機関の長が移送前にした行為は、移送を受けた行政機関の長がしたものとみなす。

3　前項の場合において、移送を受けた行政機関の長が第九条（開示請求に対する措置）第一項の決定（以下「開示決定」という。）をしたときは、当該行政機関の長は、開示の実施をしなければならない。この場合において、移送をした行政機関の長は、当該開示の実施に必要な協力をしなければならない。

（第三者に対する意見書提出の機会の付与等）

第十三条　開示請求に係る行政文書に国、地方公共団体及び開示請求者以外の者（以下この条、第十九条及び第二十条において「第三者」という。）に関する情報が記録されているときは、行政機関の長は、開示決定等をするに当たって、当該情報に係る第三者に対し、開示請求に係る行政文書の表示その他政令で定める事項を通知して、意見書を提出する機会を与えることができる。

2　行政機関の長は、次の各号のいずれかに該当するときは、開示決定に先立ち、当該第三者に対し、開示請求に係る行政文書の表示その他政令で定める事項を書面により通知して、意見書を提出する機会を与えなければならない。ただし、当該第三者の所在が判明しない場合は、この限りでない。

一　第三者に関する情報が記録されている行政文書を開示しようとする場合であって、当該情報が第五条（行政文書の開示義務）第一号ロ又は同条第二号ただし書に規定する情報に該当すると認められるとき。

二　第三者に関する情報が記録されている行政文書を第七条（公益上の理由による裁量的開示）の規定により開示しようとするとき。

3　行政機関の長は、前二項の規定により意見書の提出の機会を与えられた第三者が当該行政文書の開示に反対の意思を表示した意見書を提出した場合において、開示決定をするときは、開示決定の日と開示を実施する日との間に少なくとも二週間を置かなければならない。この場合において、行政機関の長は、開示決定後直ちに、当該意見書（第十八条及び第十九条において「反対意見書」という。）を提出した第三者に対し、開示決定をした旨及びその理由並びに開示を実施する日を書面により通知しなければならない。

（開示の実施）

第十四条　行政文書の開示は、文書又は図画については閲覧又は写しの交付により、電磁的記録についてはその種別、情報化の進展状況等を勘案して政令で定める方法により行う。ただし、閲覧の方法による行政文書の開示にあっては、行政機関の長は、当該行政文書の保存に支障を生ずるおそれがあると認めるときその他正当な理由があるときは、その写しにより、これを行うことができる。

2　開示決定に基づき行政文書の開示を受ける者は、政令で定めるところにより、当該開示決定をした行政機関の長に対し、その求める開示の実施の方法その他の政令で定める事項を申し出なければならない。

3　前項の規定による申出は、第九条（開示請求に対する措置）第一項に規定する通知があった日から三十日以内にしなければならない。ただし、当該期間内に当該申出をすることができないことにつき正当な理由があるときは、この限りでない。

4　開示決定に基づき行政文書の開示を受けた者は、最初に開示を受けた日から三十日以内に限り、行政機関の長に対し、更に開示を受ける旨を申し出ることができる。この場合においては、前項ただし書の規定を準用する。

（他の法令による開示の実施との調整）

第十五条　行政機関の長は、他の法令の規定により、何人にも開示請求に係る行政文書が前条第一項本文に規定する方法と同一の方法で開示することとされている場合（開示の期間が定められている場合にあっては、当該期間内に限る。）には、同項本文の規定にかかわらず、当該行政文書については、当該同一の方法による開示を行わない。ただし、当該他の法令の規定に一定の場合には開示をしない旨の定めがあるときは、この限りでない。

2　他の法令の規定に定める開示の方法が縦覧であるときは、当該縦覧を前条第一項本文の閲覧とみなして、前項の規定を適用する。

（手数料）

第十六条　開示請求をする者又は行政文書の開示を受ける者は、政令で定めるところにより、それぞれ、実費の範囲内において政令で定める額の開示請求に係る手数料又は開示の実施に係る手数料を納めなければならない。

2　前項の手数料の額を定めるに当たっては、できる限り利用しやすい額とするよう配慮しなければならない。

3　行政機関の長は、経済的困難その他特別の理由があると認めるときは、政令で定めるところにより、第一項の手数料を減額し、又は免除することができる。

（権限又は事務の委任）

第十七条　行政機関の長は、政令（内閣の所轄の下に置かれる機関及び会計検査院にあっては、当該機関の命令）で定めるところにより、この章に定める権限又は事務を当該行政機関の職員に委任することができる。

第三章　不服申立て等

第一節　諮問等

（審査会への諮問）

第十八条　開示決定等について行政不服審査法（昭和三十七年法律第百六十号）（別掲）による不服申立てがあったときは、当該不服申立てに対する裁決又は決定をすべき行政機関の長は、次の各号のいずれかに該当する場合を除き、情報公開審査会（不服申立てに対する裁決又は決定をすべき行政機関の長が会計検査院の長である場合にあっては、別に法律で定める審査会。第三節において「審査会」と総称する。）に諮問しなければならない。

一　不服申立てが不適法であり、却下するとき。

二　裁決又は決定で、不服申立てに係る開示決定等（開示請求に係る行政文書の全部を開示する旨の決定を除く。以下この号及び第二十条において同じ。）を取り消し又は変更し、当該不服申立てに係る行政文書の全部を開示することとするとき。ただし、当該開示決定等について反対意見書が提出されているときを除く。

（諮問をした旨の通知）

第十九条　前条の規定により諮問をした行政機関の長（以下「諮問庁」という。）は、次に掲げる者に対し、諮問をした旨を通知しなければならない。

一　不服申立人及び参加人

二　開示請求者（開示請求者が不服申立人又は参加人である場合を除く。）

三　当該不服申立てに係る開示決定等について反対意見書を提出した第三者（当該第三者が不服申立人又は参加人である場合を除く。）

（第三者からの不服申立てを棄却する場合等における手続）

第二十条　第十三条（第三者に対する意見書提出の機会の付与等）第三項の規定は、次の各号のいずれかに該当する裁決又は決定をする場合について準用する。

一　開示決定に対する第三者からの不服申立てを却下し、又は棄却する裁決又は決定

二　不服申立てに係る開示決定等を変更し、当該開示決定等に係る行政文書を開示する旨の裁決又は決定（第三者である参加人が当該行政文書の開示に反対の意思を表示している場合に限る。）

第二節　情報公開審査会

（設置）

第二十一条　第十八条（審査会への諮問）の規定による諮問に応じ不服申立てについて調査審議するため、内閣府に、情報公開審査会を置く。

（組織）

第二十二条　情報公開審査会は、委員九人をもって組織する。

2　委員は、非常勤とする。ただし、そのうち三人以内は、常勤とすることができる。

（委員）

第二十三条　委員は、優れた識見を有する者のうちから、両議院の同意を得て、内閣総理大臣が任命する。

2　委員の任期が満了し、又は欠員を生じた場合において、国会の閉会又は衆議院の解散のために両議院の同意を得ることができないときは、内閣総理大臣は、前項の規定にかかわらず、同項に定める資格を有する者のうちから、委員を任命することができる。

3　前項の場合においては、任命後最初の国会で両議院の事後の承認を得なければならない。この場合において、両議院の事後の承認が得られないときは、内閣総理大臣は、直ちにその委員を罷免しなければならない。

4　委員の任期は、三年とする。ただし、補欠の委員の任期は、前任者の残任期間とする。

5　委員は、再任されることができる。

6　委員の任期が満了したときは、当該委員は、後任者が任命されるまで引き続きその職務を行うものとする。
7　内閣総理大臣は、委員が心身の故障のため職務の執行ができないと認めるとき、又は委員に職務上の義務違反その他委員たるに適しない非行があると認めるときは、両議院の同意を得て、その委員を罷免することができる。
8　委員は、職務上知ることができた秘密を漏らしてはならない。その職を退いた後も同様とする。
9　委員は、在任中、政党その他の政治的団体の役員となり、又は積極的に政治運動をしてはならない。
10　常勤の委員は、在任中、内閣総理大臣の許可がある場合を除き、報酬を得て他の職務に従事し、又は営利事業を営み、その他金銭上の利益を目的とする業務を行ってはならない。
11　委員の給与は、別に法律で定める。

（会長）

第二十四条　情報公開審査会に、会長を置き、委員の互選によりこれを定める。
2　会長は、会務を総理し、情報公開審査会を代表する。
3　会長に事故があるときは、あらかじめその指名する委員が、その職務を代理する。

（合議体）

第二十五条　情報公開審査会は、その指名する委員三人をもって構成する合議体で、不服申立てに係る事件について調査審議する。
2　前項の規定にかかわらず、情報公開審査会が定める場合においては、委員の全員をもって構成する合議体で、不服申立てに係る事件について調査審議する。

（事務局）

第二十六条　情報公開審査会の事務を処理させるため、情報公開審査会に事務局を置く。
2　事務局に、事務局長のほか、所要の職員を置く。
3　事務局長は、会長の命を受けて、局務を掌理する。

第三節　審査会の調査審議の手続

（審査会の調査権限）

第二十七条　審査会は、必要があると認めるときは、諮問庁に対し、開示決定等に係る行政文書の提示を求めることができる。この場合においては、何人も、審査会に対し、その提示された行政文書の開示を求めることができない。
2　諮問庁は、審査会から前項の規定による求めがあったときは、これを拒んではならない。
3　審査会は、必要があると認めるときは、諮問庁に対し、開示決定等に係る行政文書に記録されている情報の内容を審査会の指定する方法により分類又は整理した資料を作成し、審査会に提出するよう求めることができる。
4　第一項及び前項に定めるもののほか、審査会は、不服申立てに係る事件に関し、不服申立人、参加人又は諮問庁（以下「不服申立人等」という。）に意見書又は資料の提出を求めること、適当と認める者にその知っている事実を陳述させ又は鑑定を求めることその他必要な調査をすることができる。

（意見の陳述）

第二十八条　審査会は、不服申立人等から申立てがあったときは、当該不服申立人等に口頭で意見を述べる機会を与えなければならない。ただし、審査会が、その必要がないと認めるときは、この限りでない。
2　前項本文の場合においては、不服申立人又は参加人は、審査会の許可を得て、補佐人とともに出頭することができる。

（意見書等の提出）

第二十九条　不服申立人等は、審査会に対し、意見書又は資料を提出することができる。ただし、審査会が意見書又は資料を提出すべき相当の期間を定めたときは、その期間内にこれを提出しなければならない。

（委員による調査手続）

第三十条　審査会は、必要があると認めるときは、その指名する委員に、第二十七条〔審査会の調査権限〕第一項の規定により提示された行政文書を閲覧させ、同条第四項の規定による調査をさせ、又は第二十八条〔意見の陳述〕第一項本文の規定による不服申立人等の意見の陳述を聴かせることができる。

（提出資料の閲覧）

第三十一条　不服申立人等は、審査会に対し、審査会に提出された意見書又は資料の閲覧を求めることができる。この場合において、審査会は、第三者の利益を害するおそれがあると認めるときその他正当な理由があるときでなければ、その閲覧を拒むことができない。

2　審査会は、前項の規定による閲覧について、日時及び場所を指定することができる。

（調査審議手続の非公開）

第三十二条　審査会の行う調査審議の手続は、公開しない。

（不服申立ての制限）

第三十三条　この節の規定により審査会又は委員がした処分については、行政不服審査法による不服申立てをすることができない。

（答申書の送付等）

第三十四条　審査会は、諮問に対する答申をしたときは、答申書の写しを不服申立人及び参加人に送付するとともに、答申の内容を公表するものとする。

（政令への委任）

第三十五条　この節に定めるもののほか、審査会の調査審議の手続に関し必要な事項は、政令（第十八条〔審査会への諮問〕の別に法律で定める審査会にあっては、会計検査院規則）で定める。

第四節　訴訟の管轄の特例等

（訴訟の管轄の特例等）

第三十六条　開示決定等の取消しを求める訴訟及び開示決定等に係る不服申立てに対する裁決又は決定の取消しを求める訴訟（次項及び附則第三項において「情報公開訴訟」という。）については、行政事件訴訟法（昭和三十七年法律第百三十九号）第十二条〔管轄〕に定める裁判所のほか、原告の普通裁判籍の所在地を管轄する高等裁判所の所在地を管轄する地方裁判所（次項において「特定管轄裁判所」という。）にも提起することができる。

2　前項の規定により特定管轄裁判所に訴えが提起された場合であって、他の裁判所に同一又は同種若しくは類似の行政文書に係る情報公開訴訟が係属している場合においては、当該特定管轄裁判所は、当事者の住所又は所在地、尋問を受けるべき証人の住所、争点又は証拠の共通性その他の事情を考慮して、相当と認めるときは、申立てにより又は職権で、訴訟の全部又は一部について、当該他の裁判所又は行政事件訴訟法第十二条に定める裁判所に移送することができる。

第四章　補則

（行政文書の管理）

第三十七条　行政機関の長は、この法律の適正かつ円滑な運用に資するため、行政文書を適正に管理するものとする。

2　行政機関の長は、政令で定めるところにより行政文書の管理に関する定めを設けるとともに、これを一般の閲覧に供しなければならない。

3　前項の政令においては、行政文書の分類、作成、保存及び廃棄に関する基準その他の行政文書の管理に関する必要な事項について定めるものとする。

（開示請求をしようとする者に対する情報の提供等）

第三十八条　行政機関の長は、開示請求をしようとする者が容易かつ的確に開示請求をすることができるよう、当該行政機関が保有する行政文書の特定に資する情報の提供その他開示請求をしようとする者の利便を考慮した適切な措置を講ずるものとする。

2　総務大臣は、この法律の円滑な運用を確保するため、開示請求に関する総合的な案内所を整備するものとする。

（施行の状況の公表）

第三十九条　総務大臣は、行政機関の長に対し、この法律の施行の状況について報告を求めることができる。

2　総務大臣は、毎年度、前項の報告を取りまとめ、その概要を公表するものとする。

（行政機関の保有する情報の提供に関する施策の充実）

第四十条　政府は、その保有する情報の公開の総合的な推進を図るため、行政機関の保有する情報が適時に、かつ、適切な方法で国民に明らかにされるよう、行政機関の保有する情報の提供に関する施策の充実に努めるものとする。

（地方公共団体の情報公開）

第四十一条　地方公共団体は、この法律の趣旨にのっとり、その保有する情報の公開に関し必要な施策を策定し、及びこれを実施するよう努めなければならない。

（独立行政法人及び特殊法人の情報公開）

第四十二条　政府は、独立行政法人（独立行政法人通則法（平成十一年法律第百三号）〔別掲〕第二条〔定義〕第一項に規定する独立行政法人をいう。以下同じ。）及び特殊法人（法律により直接に設立された法人又は特別の法律により特別の設立行為をもって設立された法人であって、総務省設置法（平成十一年法律第九十一号）第四条〔所掌事務〕第十五号の規定の適用を受けるものをいう。以下同じ。）について、その性格及び業務内容に応じ、独立行政法人及び特殊法人の保有する情報の開示及び提供が推進されるよう、情報の公開に関する法制上の措置その他の必要な措置を講ずるものとする。

（政令への委任）

第四十三条　この法律に定めるもののほか、この法律の実施のため必要な事項は、政令で定める。

（罰則）

第四十四条　第二十三条〔委員〕第八項の規定に違反して秘密を漏らした者は、一年以下の懲役又は三十万円以下の罰金に処する。

附　則

1　この法律は、公布の日から起算して二年を超えない範囲内において政令で定める日（平成一三年四月一日＝平成一二年二月一六日政令第四〇号による）から施行する。ただし、第二十三条第一項中両議院の同意を得ることに関する部分、第四十条から第四十二条まで及び次項の規定は、公布の日から施行する。

2　政府は、独立行政法人及び特殊法人の保有する情報の公開に関し、この法律の公布後二年を目途として、第四十二条の法制上の措置を講ずるものとする。

3　政府は、この法律の施行後四年を目途として、この法律の施行の状況及び情報公開訴訟の管轄の在り方について検討を加え、その結果に基づいて必要な措置を講ずるものとする。

〔編者注〕本書採録基準日（平成一三年一一月三〇日）の後、校正作業もほぼ終わりの段階で、情報公開制度の趣旨を独立行政法人等に拡大する「独立行政法人等の保有する情報の公開に関する法律」（平成一三年一二月五日法律第一四〇号）が成立している。

○行政機関の保有する情報の公開に関する法律施行令

〔平成一二年二月一六日 政令第四一号〕

最近改正　平成一二年六月七日　政令第三〇三号

（法第二条第一項第四号及び第五号の政令で定める機関）

第一条　行政機関の保有する情報の公開に関する法律（以下「法」という。）第二条〔定義〕第一項第四号の政令で定める特別の機関は、警察庁とする。

2　法第二条第一項第五号の政令で定める施設等機関は、次に掲げる機関とする。

一　国立大学
二　大学共同利用機関
三　大学評価・学位授与機構
四　国立学校財務センター

3　法第二条第一項第五号の政令で定める特別の機関は、検察庁とする。

（法第二条第二項第二号の政令で定める機関）

第二条　法第二条〔定義〕第二項第二号の政令で定める機関は、次に掲げる機関とする。

一　国立民族学博物館
二　国立歴史民俗博物館
三　前二号に掲げるもののほか、公文書館、博物館、美術館、図書館その他これらに類する機関であって、保有する歴史的若しくは文化的な資料又は学術研究用の資料について次条の規定による適切な管理を行うものとして総務大臣が指定したもの

2　総務大臣は、前項第三号の規定により指定をしたときは、当該指定した機関の名称及び所在地を官報で公示するものとする。公示した事項に変更があったとき又は指定を取り消したときも、同様とする。

（法第二条第二項第二号の歴史的な資料等の範囲）

第三条　法第二条〔定義〕第二項第二号の歴史的若しくは文化的な資料又は学術研究用の資料は、次に掲げる方法により管理されているものとする。

一　当該資料が専用の場所において適切に保存されていること。

二　当該資料の目録が作成され、かつ、当該目録が一般の閲覧に供されていること。

三　次に掲げるものを除き、一般の利用の制限が行われていないこと。

イ　当該資料に法第五条〔行政文書の開示義務〕第一号から第三号までに掲げる情報が記録されていると認められる場合において、当該資料（当該情報が記録されている部分に限る。）の一般の利用を制限すること。

ロ　当該資料の全部又は一部を一定の期間公にしないことを条件に個人又は法第五条第二号に規定する法人等から寄贈又は寄託を受けている場合において、当該期間が経過するまでの間、当該資料の全部又は一部の一般の利用を制限すること。

ハ　当該資料の原本を利用させることにより当該原本の破損若しくはその汚損を生じるおそれがある場合又は当該資料を保有する機関において当該原本が現に使用されている場合において、当該原本の一般の利用の方法又は期間を制限すること。

四　当該資料の利用の方法及び期間に関する定めが設けられ、かつ、当該定めが一般の閲覧に供されていること。

2　前項に規定する資料は、他の機関（行政機関であるものに限る。）から移管を受けて管理しようとするものである場合には、当該他の機関において、第十六条〔行政文書の管理に関する定め〕第一項第八号に規定する保存期間が満了しているものでなければならない。

（法第三条の政令で定める者等）

第四条　法第三条〔開示請求権〕の政令で定める者は、次に掲げる者とする。

一　警察庁にあっては、警察庁長官

二　国立大学にあっては、その大学の学長

三　大学共同利用機関にあっては、その機関の長

四　大学評価・学位授与機構にあっては、その長

五　国立学校財務センターにあっては、その長

六　最高検察庁にあっては、検事総長

七　高等検察庁にあっては、その庁の検事長

八　地方検察庁にあっては、その庁の検事正

九　区検察庁にあっては、その庁の対応する裁判所の所在地を管轄する地方裁判所に対応する地方検察庁の検事正

2　前項第七号から第九号までに掲げる者が行った開示決定等についての審査請求は、検事総長に対してするものとする。

（開示請求書の記載事項）

第五条　開示請求書には、開示請求に係る行政文書について次に掲げる事項を記載することができる。

一　求める開示の実施の方法
二　事務所における開示（次号に規定する方法以外の方法による行政文書の開示をいう。以下この号、次条第一項第三号及び第二項第一号並びに第十一条第一項第三号において同じ。）の実施を求める場合にあっては、当該事務所における開示の実施を希望する日
三　写しの送付の方法による行政文書の開示の実施を求める場合にあっては、その旨

（法第九条第一項の政令で定める事項）
第六条　法第九条〔開示請求に対する措置〕第一項の政令で定める事項は、次に掲げる事項とする。
一　開示決定に係る行政文書について求めることができる開示の実施の方法
二　前号の開示の実施の方法ごとの開示の実施に係る手数料（以下「開示実施手数料」という。）の額（第十四条〔手数料の減免〕第四項の規定により開示実施手数料を減額し、又は免除すべき開示の実施の方法については、その旨を含む。）
三　事務所における開示を実施することができる日、時間及び場所並びに事務所における開示を希望する場合には法第十四条第二項の規定による申出をする際に当該事務所における開示を実施することができる日のうちから事務所における開示の実施を希望する日を選択すべき旨
四　写しの送付の方法による行政文書の開示を実施する場合における準備に要する日数及び郵送料の額
2　開示請求書に前条各号に掲げる事項が記載されている場合における法第九条第一項の政令で定める事項は、前項の規定にかかわらず、次の各号に掲げる場合の区分に応じ、当該各号に定める事項とする。
一　前条第一号の方法による行政文書の開示を実施することができる場合（事務所における開示については、同条第二号の日に実施することができる場合に限る。）　その旨並びに前項第一号、第三号及び第四号に掲げる事項（同条第一号の方法に係るものを除く。）並びに同項第二号に掲げる事項
二　前号に掲げる場合以外の場合　その旨及び前項各号に掲げる事項

（法第十三条第一項の政令で定める事項）
第七条　法第十三条〔第三者に対する意見書提出の機会の付与等〕第一項の政令で定める事項は、次に掲げる事項とする。
一　開示請求の年月日
二　開示請求に係る行政文書に記録されている当該第三者に関する情報の内容
三　意見書を提出する場合の提出先及び提出期限

（法第十三条第二項の政令で定める事項）
第八条　法第十三条〔第三者に対する意見書提出の機会の付与等〕第二項の政令で定める事項は、次に掲げる事項とする。
一　開示請求の年月日
二　法第十三条第二項第一号又は第二号の規定の適用の区分及び当該規定を適用する理由
三　開示請求に係る行政文書に記録されている当該第三者に関する情報の内容
四　意見書を提出する場合の提出先及び提出期限

（行政文書の開示の実施の方法）
第九条　次の各号に掲げる文書又は図画の閲覧の方法は、それぞれ当該各号に定めるものを閲覧することとする。

一　文書又は図画（次号から第四号まで又は第四項に該当するものを除く。）　当該文書又は図画（法第十四条〔開示の実施〕第一項ただし書の規定が適用される場合にあっては、次項第一号に定めるもの）

二　マイクロフィルム　当該マイクロフィルムを専用機器により映写したもの。ただし、これにより難い場合にあっては、当該マイクロフィルムを日本工業規格A列一番（以下「A一判」という。）以下の大きさの用紙に印刷したもの

三　写真フィルム　当該写真フィルムを印画紙（縦八十九ミリメートル、横百二十七ミリメートルのもの又は縦二百三ミリメートル、横二百五十四ミリメートルのものに限る。以下同じ。）に印画したもの

四　スライド（第五項に規定する場合におけるものを除く。次項第四号において同じ。）　当該スライドを専用機器により映写したもの

2　次の各号に掲げる文書又は図画の写しの交付の方法は、それぞれ当該各号に定めるものを交付することとする。

一　文書又は図画（次号から第四号まで又は第四項に該当するものを除く。）　当該文書又は図画を複写機により日本工業規格A列三番（以下「A三判」という。）以下の大きさの用紙に複写したもの。ただし、これにより難い場合にあっては、当該文書若しくは図画を複写機によりA一判若しくは日本工業規格A列二番（以下「A二判」という。）の用紙に複写したもの又は当該文書若しくは図画を撮影した写真フィルムを印画紙に印画したもの

二　マイクロフィルム　当該マイクロフィルムを日本工業規格A列四番（以下「A四判」という。）の用紙に印刷したもの。ただし、これにより難い場合にあっては、A一判、A二判又はA三判の用紙に印刷したもの

三　写真フィルム　当該写真フィルムを印画紙に印画したもの

四　スライド　当該スライドを印画紙に印画したもの

3　次の各号に掲げる電磁的記録についての法第十四条第一項の政令で定める方法は、それぞれ当該各号に定める方法とする。

一　録音テープ（第五項に規定する場合におけるものを除く。以下この号において同じ。）又は録音ディスク　次に掲げる方法

イ　当該録音テープ又は録音ディスクを専用機器により再生したものの聴取

ロ　当該録音テープ又は録音ディスクを録音カセットテープ（日本工業規格C五五六八に適合する記録時間百二十分のものに限る。別表第一の五の項ロにおいて同じ。）に複写したものの交付

二　ビデオテープ又はビデオディスク　次に掲げる方法

イ　当該ビデオテープ又はビデオディスクを専用機器により再生したものの視聴

ロ　当該ビデオテープ又はビデオディスクをビデオカセットテープ（日本工業規格C五五八一に適合する記録時間百二十分のものに限る。以下同じ。）に複写したものの交付

三　電磁的記録（前二号、次号又は次項に該当するものを除く。）　次に掲げる方法であって、行政機関がその保有するプログラム（電子計算機に対する指令であって、一の結果を得ることができるように組み合わされたものをいう。次号において同じ。）により行うことができるもの

イ　当該電磁的記録をA三判以下の大きさの用紙に出力したものの閲覧

ロ　当該電磁的記録を専用機器（開示を受ける者の閲覧又は視聴の用に供するために備え付けられているものに限る。別表第一の七の項ロにおいて同じ。）により再生したものの閲覧又は視聴

ハ　当該電磁的記録をA三判以下の大きさの用紙に出力したものの交付

ニ　当該電磁的記録をフレキシブルディスクカートリッジ（日本工業規格X六二二三に適合する幅九十ミリメートルのものに限る。別表第一の七の項ニにおいて同じ。）に複写したものの交付

ホ　当該電磁的記録を光ディスク（日本工業規格X〇六〇六及びX六二八一に適合する直径百二十ミリメートルの光ディスクの再生装置で再生することが可能なものに限る。別表第一の七の項ホにおいて同じ。）に複写したものの交付

四　電磁的記録（前号ニ又はホに掲げる方法による開示の実施をすることができない特性を有するものに限る。）　次に掲げる方法であって、行政機関がその保有する処理装置及びプログラムにより行うことができるもの

イ　前号イからハまでに掲げる方法

ロ　当該電磁的記録を幅十二・七ミリメートルのオープンリールテープ（日本工業規格X六一〇三、X六一〇四又はX六一〇五に適合する長さ七百三十一・五二メートルのものに限る。別表第一の七の項へおいて同じ。）に複写したものの交付

ハ　当該電磁的記録を幅十二・七ミリメートルの磁気テープカートリッジ（日本工業規格X六一二三、X六一三二若しくはX六一三五又は国際標準化機構及び国際電気標準会議の規格（以下「国際規格」という。）一四八三三、一五八九五若しくは一五三〇七に適合するものに限る。別表第一の七の項トにおいて同じ。）に複写したものの交付

ニ　当該電磁的記録を幅八ミリメートルの磁気テープカートリッジ（日本工業規格X六一四一若しくはX六一四二又は国際規格一五七五七に適合するものに限る。別表第一の七の項チにおいて同じ。）に複写したものの交付

ホ　当該電磁的記録を幅三・八一ミリメートルの磁気テープカートリッジ（日本工業規格X六一二七、X六一二九、X六一三〇又はX六一三七に適合するものに限る。別表第一の七の項リにおいて同じ。）に複写したものの交付

4　映画フィルムの開示の実施の方法は、次に掲げる方法とする。

一　当該映画フィルムを専用機器により映写したものの視聴

二　当該映画フィルムをビデオカセットテープに複写したものの交付

5　スライド及び当該スライドの内容に関する音声を記録した録音テープを同時に視聴する場合における開示の実施の方法は、次に掲げる方法とする。

一　当該スライド及び当該録音テープを専用機器により再生したものの視聴

二　当該スライド及び当該録音テープをビデオカセットテープに複写したものの交付

（開示の実施の方法等の申出）

第十条　法第十四条（開示の実施）第二項の規定による申出は、書面により行わなければならない。

2　第六条第二項第一号の場合に該当する旨の法第九条（開示請求に対する措置）第一項に規定する通知があった場合（開示実施手数料が無料である場合に限る。）において、第五条（開示請求書の

記載事項）各号に掲げる事項を変更しないときは、法第十四条第二項の規定による申出を改めて行うことを要しない。

（法第十四条第二項の政令で定める事項）

第十一条　法第十四条（開示の実施）第二項の政令で定める事項は、次に掲げる事項とする。

一　求める開示の実施の方法（開示決定に係る行政文書の部分ごとに異なる開示の実施の方法を求める場合にあっては、その旨及び当該部分ごとの開示の実施の方法）

二　開示決定に係る行政文書の一部について開示の実施を求める場合にあっては、その旨及び当該部分

三　事務所における開示の実施を求める場合にあっては、当該事務所における開示の実施を希望する日

四　写しの送付の方法による行政文書の開示の実施を求める場合にあっては、その旨

2　第六条第二項第一号の場合に該当する旨の法第九条（開示請求に対する措置）第一項に規定する通知があった場合（開示実施手数料が無料である場合を除く。）における法第十四条第二項の政令で定める事項は、前項の規定にかかわらず、行政文書の開示を受ける旨とする。

（更なる開示の申出）

第十二条　法第十四条（開示の実施）第四項の規定による申出は、次に掲げる事項を記載した書面により行わなければならない。

一　法第九条（開示請求に対する措置）第一項に規定する通知があった日

二　最初に開示を受けた日

三　前条第一項各号に掲げる事項

2　前項の場合において、既に開示を受けた行政文書（その一部につき開示を受けた場合にあっては、当該部分）につきとられた開示の実施の方法と同一の方法を当該行政文書について求めることはできない。ただし、当該同一の方法を求めることにつき正当な理由があるときは、この限りでない。

（手数料の額等）

第十三条　法第十六条（手数料）第一項の手数料の額は、次の各号に掲げる手数料の区分に応じ、それぞれ当該各号に定める額とする。

一　開示請求に係る手数料（以下「開示請求手数料」という。）　開示請求に係る行政文書一件につき三百円

二　開示実施手数料　開示を受ける行政文書一件につき、別表第一の上欄に掲げる行政文書の種別（第十六条第一項第五号において単に「種別」という。）ごとに、同表の中欄に掲げる開示の実施の方法に応じ、それぞれ同表の下欄に定める額（複数の実施の方法により開示を受ける場合にあっては、その合算額。以下この号及び次項において「基本額」という。）。ただし、基本額（法第十四条（開示の実施）第四項の規定により更に開示を受ける場合にあっては、当該開示を受ける場合の基本額に既に開示の実施を求めた際の基本額を加えた額）が三百円に達するまでは無料とし、三百円を超えるとき（同項の規定により更に開示を受ける場合であって既に開示の実施を求めた際の基本額が三百円を超えるときを除く。）は当該基本額から三百円を減じた額とする。

2　開示請求者が次の各号のいずれかに該当する複数の行政文書の開示請求を一の開示請求書によって行うときは、前項第一号の規定の適用については、当該複数の行政文書を一件の行政文書とみなし、かつ、当該複数の行政文書である行政文書の開示を受ける

場合における同項第二号ただし書の規定の適用については、当該複数の行政文書である行政文書に係る基本額に先に開示の実施を求めた当該複数の行政文書である他の行政文書に係る基本額を順次加えた額を基本額とみなす。

一　一の行政文書ファイル（能率的な事務又は事業の処理及び行政文書の適切な保存の目的を達成するためにまとめられた、相互に密接な関連を有する行政文書（保存期間が一年以上のものであって、当該保存期間を同じくすることが適当であるものに限る。）の集合物をいう。第十六条第一項第十号において同じ。）にまとめられた複数の行政文書

二　前号に掲げるもののほか、相互に密接な関連を有する複数の行政文書

3　開示請求手数料又は開示実施手数料は、次の各号のいずれかに掲げる場合を除いて、それぞれ開示請求書又は第十条（開示の実施の方法等の申出）第一項若しくは前条第一項に規定する書面に収入印紙をはって納付しなければならない。

一　次に掲げる行政機関又は部局若しくは機関が保有する行政文書に係る開示請求手数料又開示実施手数料を納付する場合

イ　郵政事業庁

ロ　国立大学、大学共同利用機関、大学評価・学位授与機構及び国立学校財務センター

ハ　社会保険庁

ニ　特許庁

ホ　イからニまでに掲げるもののほか、その長が第十五条（権限又は事務の委任第一項の規定よる委任を受けることができる部局又は機関（開示請求手数料については、当該委任を受けた部局は機関に限る。）であって、当該部局又は機関が保有する行政文書に係る開示請求手数料又は開示実施手数料の納付について収入印紙によることが適当でないものとして行政機関の長が官報に公示したもの

二　行政機関又はその部局若しくは機関（前号イからホまでに掲げるものを除く。）の事務所において開示請求手数料又は開示実施手数料の納付を現金ですることが可能である旨及び当該事務所の所在地を当該行政機関の長が官報で公示した場合において、当該行政機関が保有する行政文書に係る開示請求手数料又は開示実施手数料を当該事務所において現金で納付する場合

4　行政文書の開示を受ける者は、開示実施手数料のほか郵送料を納付して、行政文書の写しの送付を求めることができる。この場合において、当該郵送料は、郵便切手で納付しなければならない。

（手数料の減免）

第十四条　行政機関の長（法第十七条（権限又は事務の委任）の規定により委任を受けた職員があるときは、当該職員。以下この条において同じ。）は、行政文書の開示を受ける者が経済的困難により開示実施手数料を納付する資力がないと認めるときは、開示請求一件につき二千円を限度として、開示実施手数料を減額し、又は免除することができる。

2　前項の規定による開示実施手数料の減額又は免除を受けようとする者は、法第十四条（開示の実施）第二項又は第四項の規定による申出を行う際に、併せて当該減額又は免除を求める額及びその理由を記載した申請書を行政機関の長に提出しなければならない。

3　前項の申請書には、申請人が生活保護法（昭和二十五年法律第百四十四号）第十一条（種類）第一項各号に掲げる扶助を受けていることを理由とする場合にあっては当該扶助を受けていること

を証明する書面を、その他の事実を理由とする場合にあっては当該事実を証明する書面を添付しなければならない。

4　第一項の規定によるもののほか、行政機関の長は、開示決定に係る行政文書を一定の開示の実施の方法により一般に周知させることが適当であると認めるときは、当該開示の実施の方法に係る開示実施手数料を減額し、又は免除することができる。

（権限又は事務の委任）

第十五条　行政機関の長（第四条第一項に規定する者を除く。）は、法第十七条（権限又は事務の委任）の規定により、内閣総務官、内閣官房副長官補、内閣広報官若しくは内閣情報官、内閣府設置法（平成十一年法律第八十九号）第十七条（内部部局等）若しくは第五十三条（庁の内部部局）の官房、局若しくは部の長、同法第十七条第一項若しくは第六十二条（官房及び局の所掌に属しない事務をつかさどる職等）第一項若しくは第二項の職、同法第十八条の重要政策に関する会議の長、同法第三十七条若しくは第五十四条の審議会等若しくはその事務局の長、同法第三十九条若しくは第五十五条の施設等機関の長、同法第四十条若しくは第五十六条（宮内庁法（昭和二十二年法律第七十号）第十八条第一項において準用する場合を含む。）の特別の機関若しくはその事務局の長、内閣府設置法第四十三条若しくは第五十七条（宮内庁法第十八条第一項において準用する場合を含む。）の地方支分部局の長、内閣府設置法第五十二条の委員会の事務局若しくはその官房若しくは部の長、同条の委員会の事務総局の長、宮内庁法第三条の長官官房、侍従職等若しくは部の長、同法第十四条第一項の職、同法第十六条第一項の機関若しくはその事務局の長、同条第二項の機関の長若しくは同法第十七条の地方支分部局の長又は国家行政組織法（昭和二十三年法律第百二十号）〔別掲〕第七条（内部部局）の官房、局若しくは部の長、同条の委員会の事務局若しくはその官房若しくは部の長、同条の委員会の事務総局若しくはその官房、局、部若しくは地方事務所若しくはその支所の長、同法第八条の審議会等若しくはその事務局の長、同法第八条の二の施設等機関の長、同法第八条の三の特別の機関若しくはその事務局の長、同法第九条の地方支分部局の長若しくは同法第二十条第一項若しくは第二項の職に法第二章（行政文書の開示）に定める権限又は事務のうちその所掌に係るものを委任することができる。

2　国立大学の学長は、法第十七条の規定により、学部（学群を含む。）、教養部、大学院に置く研究科、附置する研究所、学部附属の病院又は附属図書館の長に法第二章に定める権限又は事務のうちその所掌に係るものを委任することができる。

3　警察庁長官は、法第十七条の規定により、警察法（昭和二十九年法律第百六十二号）第十九条（内部部局）第一項の長官官房若しくは局、同条第二項の部、同法第二十七条（警察大学校）第一項、第二十八条（科学警察研究所）第一項若しくは第二十九条（皇宮警察本部）第一項の附属機関又は同法第三十条（管区警察局の設置）第一項若しくは第三十三条（東京都警察通信部及び北海道警察通信部）第一項の地方機関の長に法第二章に定める権限又は事務のうちその所掌に係るものを委任することができる。

4　行政機関の長は、前三項の規定により権限又は事務を委任しようとするときは、委任を受ける職員の官職、委任する権限又は事務及び委任の効力の発生する日を官報で公示しなければならない。

（行政文書の管理に関する定め）

第十六条　法第三十七条（行政文書の管理）第二項の行政文書の管理に関する定めは、次に掲げる要件を満たすものでなければならない。

一　当該行政機関の事務及び事業の性質、内容等に応じた系統的な行政文書の分類の基準を定めるものであること。この場合において、当該行政文書の分類の基準については、毎年一回見直しを行い、必要と認める場合にはその改定を行うこととするものであること。

二　当該行政機関の意思決定に当たっては文書（図画及び電磁的記録を含む。以下この号において同じ。）を作成して行うこと並びに当該行政機関の事務及び事業の実績について文書を作成することを原則とし、次に掲げる場合についてはこの限りでないこととするものであること。ただし、イの場合においては、事後に文書を作成することとするものであること。

イ　当該行政機関の意思決定と同時に文書を作成することが困難である場合

ロ　処理に係る事案が軽微なものである場合

三　行政文書を専用の場所において適切に保存することとするものであること。

四　当該行政機関の事務及び事業の性質、内容等に応じた行政文書の保存期間の基準を定めるものであること。この場合において、当該行政文書の保存期間の基準は、別表第二の上欄に掲げる行政文書の区分に応じ、それぞれの作成又は取得の日（これらの日以後の特定の日を起算日とすることが行政文書の適切な管理に資すると行政機関の長が認める場合にあっては、当該特定の日）から起算して同表の下欄に定める期間以上の期間とすること。

五　行政文書を作成し、又は取得したときは、前号の行政文書の保存期間の基準に従い、当該行政文書について保存期間の満了する日を設定することとともに、当該行政文書を当該保存期間の満了する日までの間保存することとするものであること。この場合において、保存の必要に応じ、当該行政文書に代えて、内容を同じくする同一又は他の種別の行政文書を作成することとするものであること。

六　次に掲げる行政文書については、前号の保存期間の満了する日後においても、その区分に応じてそれぞれ次に定める期間が経過する日までの間保存期間を延長することとするものであること。この場合において、一の区分に該当する行政文書が他の区分にも該当するときは、それぞれの期間が経過する日のいずれか遅い日までの間保存することとするものであること。

イ　現に監査、検査等の対象になっているもの　当該監査、検査等が終了するまでの間

ロ　現に係属している訴訟における手続上の行為をするために必要とされるもの　当該訴訟が終結するまでの間

ハ　現に係属している不服申立てにおける手紙上の行為をするために必要とされるもの　当該不服申立てに対する裁決又は決定の日の翌日から起算して一年間

ニ　開示請求があったもの　法第九条（開示請求に対する措置）各項の決定の日の翌日から起算して一年間

七　保存期間が満了した行政文書について、職務の遂行上必要があると認めるときは、一定の期間を定めて当該保存期間を延長することとするものであること。この場合において、当該延長に係る保存期間が満了した後にこれを更に延長しようとするときも、同様とすることとするものであること。

八　保存期間（延長された場合にあっては、延長後の保存期間。次号において同じ。）が満了した行政文書については、国立公文

書館法（平成十一年法律第七十九号）〔別掲〕第十五条第二項の規定により内閣総理大臣に移管することとするもの及び第二条〔定義〕第一項に規定する機関に移管することとするものを除き、廃棄することとするものであること。

九　行政文書を保存期間が満了する前に廃棄しなければならない特別の理由があるときに当該行政文書を廃棄することができることとする場合にあっては、廃棄する行政文書の名称、当該特別の理由及び廃棄した年月日を記載した記録を作成することとするものであること。

十　行政文書ファイル及び行政文書（単独で管理することが適当なものであって、保存期間が一年以上のものに限る。）の管理を適切に行うため、これらの名称その他の必要な事項（不開示情報に該当するものを除く。）を記載した帳簿を磁気ディスク（これに準ずる方法により一定の事項を確実に記録しておくことができる物を含む。）をもって調製することとするものであること。

十一　職員の中から指名する者に、その保有する行政文書の管理に関する事務の運営につき監督を行わせることとするものであること。

十二　法律及びこれに基づく命令の規定により、行政文書の分類、作成、保存、廃棄その他の行政文書の管理に関する事項について特別の定めが設けられている場合にあっては、当該事項については、当該法律及びこれに基づく命令の定めるところによることとするものであること。

2　行政機関の長は、行政文書の管理に関する定めを記載した書面及び前項第十号の帳簿を一般の閲覧に供するため、当該書面及び帳簿の閲覧所を設けるとともに、当該閲覧所の場所を官報で公示しなければならない。公示した閲覧所の場所を変更したときも、同様とする。

3　行政機関の長は、開示請求の提出先とされている機関の事務所において、第一項第十号の帳簿の全部又は一部の写しを一般の閲覧に供するよう努めるものとする。

附　則

この政令は、法の施行の日（平成十三年四月一日）から施行する。

別表第一（第十三条関係）

行政文書の種別	開示の実施の方法	開示実施手数料の額
一　文書又は図画（二の項から四の項まで又は八の項に該当するものを除く。）	イ　閲覧	百枚までごとにつき百円
	ロ　撮影した写真フィルムを印画紙に印画したものの閲覧	一枚につき百円に十二枚までごとに七百五十円を加えた額
	ハ　複写機により複写したものの交付	用紙一枚につき二十円（A二判については六十円、A一判については百十円）
	ニ　撮影した写真フィルムを印画紙に印画したものの交付	一枚につき百三十円（縦二百三ミリメートル、横二百五十四ミリメートルのものについては、五百三十円）に十二枚までごとに七百五十円を加えた額
二　マイクロフィルム	イ　用紙に印刷したものの閲覧	用紙一枚につき十円

	ロ　専用機器により映写したものの閲覧	一巻につき三百円
	ハ　用紙に印刷したものの交付	用紙一枚につき七十円（A三判については百三十円、A二判については二百五十円、A一判については五百十円）
三　写真フィルム	イ　印画紙に印画したものの閲覧	一枚につき十円
	ロ　印画紙に印画したものの交付	一枚につき三十円（縦二百三ミリメートル、横二百五十四ミリメートルのものについては、四百四十円）
四　スライド（九の項に該当するものを除く。）	イ　専用機器により映写したものの閲覧	一巻につき四百円
	ロ　印画紙に印画したものの交付	一枚につき百二十円（縦二百三ミリメートル、横二百五十四ミリメートルのものについては、千五百円）
五　録音テープ（九の項に該当するものを除く。）又は録音ディスク	イ　専用機器により再生したものの聴取	一巻につき三百円
	ロ　録音カセットテープに複写したものの交付	一巻につき六百円

六　ビデオテープ又はビデオディスク	イ　専用機器により再生したものの視聴	一巻につき三百円
	ロ　ビデオカセットテープに複写したものの交付	一巻につき七百円
七　電磁的記録（五の項、六の項又は八の項に該当するものを除く。）	イ　用紙に出力したものの閲覧	用紙百枚までごとにつき二百円
	ロ　専用機器により再生したものの閲覧又は視聴	〇・五メガバイトまでごとにつき五百五十円
	ハ　用紙に出力したものの交付	用紙一枚につき二十円
	ニ　フレキシブルディスクカートリッジに複写したものの交付	一枚につき八十円に〇・五メガバイトまでごとに二百二十円を加えた額
	ホ　光ディスクに複写したものの交付	一枚につき二百円に〇・五メガバイトまでごとに二百二十円を加えた額
	ヘ　幅十二・七ミリメートルのオープンリールテープに複写したものの交付	一巻につき四千円に一メガバイトまでごとに二百二十円を加えた額
	ト　幅十二・七ミリメートルの磁気テープカートリッジ	一巻につき千九百円（日本工業規格X六一三五に適合するものについては二千八

	トリッジに複写したものの交付	百円、国際規格一四八三三、一五八九五又は一五三〇七に適合するものについてはそれぞれ七千二百円、九千八百円又は一万六千八百円）に一メガバイトまでごとに二百二十円を加えた額
	チ　幅八ミリメートルの磁気テープカートリッジに複写したものの交付	一巻につき千二百五十円（日本工業規格X六一四二に適合するものについては二千四百五十円、国際規格一五七五七に適合するものについては一万三千四百円）に一メガバイトまでごとに二百二十円を加えた額
	リ　幅三・八一ミリメートルの磁気テープカートリッジに複写したものの交付	一巻につき九百八十円（日本工業規格X六一二九、X六一三〇又はX六一三七に適合するものについてはそれぞれ二千円、四千百五十円又は六千円）に一メガバイトまでごとに二百二十円を加えた額
八　映画フィルム	イ　専用機器により映写したものの視聴	一巻につき四百円
	ロ　ビデオカセットテープに複写したものの交付	三千三百円（十六ミリメートル映画フィルムについては一万二千三百円、三十五ミリメートル映画フィルムについては一万四千円）に記録時間十分までごとに千

		五百五十円（十六ミリメートル映画フィルムについては三千六百五十円、三十五ミリメートル映画フィルムについては四千四百五十円）を加えた額
九　スライド及び録音テープ（第九条第五項に規定する場合におけるものに限る。）	イ　専用機器により再生したものの視聴	一巻につき七百円
	ロ　ビデオカセットテープに複写したものの交付	五千二百円（スライド二十枚を超える場合にあっては、五千二百円にその超える枚数一枚につき百十円を加えた額）
備考　一の項ハ、二の項ハ又は七の項ハの場合において、画面印刷の用紙を用いるときは、片面を一枚として額を算定する。		

別表第二（第十六条関係）

行政文書の区分	保存期間
一	
イ　法律又は政令の制定、改正又は廃止その他の案件を閣議にかけるための決裁文書 ロ　特別の法律により設立され、かつ、その設立に関し行政官庁の認可を要する法人（以下「認可法人」という。）の新設又は廃止に係る意思決定を行うための決裁文書 ハ　イ又はロに掲げるもののほか、国政上の重要な事項に係る意思決定を行うための決裁文書 ニ　内閣府令、省令その他の規則の制定、改正又は廃止のための決裁文書 ホ　行政手続法（平成五年法律第八十八号）第二	三十年

	条第三号に規定する許認可等（以下単に「許認可等」という。）をするための決裁文書であって、当該許認可等の効果が三十年間存続するもの ヘ 国又は行政機関を当事者とする訴訟の判決書 ト 国有財産法（昭和二十三年法律第七十三号）第三十二条に規定する台帳 チ 決裁文書の管理を行うための帳簿 リ 第十六条第一項第十号の帳簿 ヌ 公印の制定、改正又は廃止を行うための決裁文書 ル イからヌまでに掲げるもののほか、行政機関の長がこれらの行政文書と同程度の保存期間が必要であると認めるもの	
二	イ 内閣府設置法第三十七条若しくは第五十四条、宮内庁法第十六条第一項又は国家行政組織法第八条の機関の答申、建議又は意見が記録されたもの ロ 行政手続法第五条第一項の審査基準、同法第十二条第一項の処分基準その他の法令の解釈又は運用の基準を決定するための決裁文書 ハ 許認可等をするための決裁文書であって、当該許認可等の効果が十年間存続するもの（一の項ホに該当するものを除く。） ニ イからハまでに掲げるもののほか、所管行政上の重要な事項に係る意思決定を行うための決裁文書（一の項に該当するものを除く。） ホ 不服申立てに対する裁決又は決定その他の処分を行うための決裁文書 ヘ 栄典又は表彰を行うための決裁文書 ト イからヘまでに掲げるもののほか、行政機関の長がこれらの行政文書と同程度の保存期間が必要であると認めるもの（一の項に該当するものを除く。）	十年
三	イ 法律又はこれに基づく命令により作成すべきものとされる事務及び事業の基本計画書若しくは年度計画書又はこれらに基づく実績報告書 ロ 独立行政法人、特殊法人、認可法人又は民法（明治二十九年法律第八十九号）第三十四条の規定により設立された法人の業務の実績報告書 ハ 許認可等をするための決裁文書であって、当該許認可等の効果が五年間存続するもの（一の項ホ又は二の項ハに該当するものを除く。） ニ 行政手続法第二条第四号の不利益処分（その性質上、それによって課される義務の内容が軽微なものを除く。）をするための決裁文書 ホ イからニまでに掲げるもののほか、所管行政に係る意思決定を行うための決裁文書（一の項、二の項、四の項又は五の項に該当するものを除く。） ヘ 予算決算及び会計令（昭和二十二年勅令第百六十五号）第二十二条に規定する書類又はその写し ト 取得した文書の管理を行うための帳簿又は行政文書の廃棄若しくは移管の状況が記録された帳簿（第十六条第一項第九号の記録を含む。） チ イからトまでに掲げるもののほか、行政機関の長がこれらの行政文書と同程度の保存期間が必要であると認めるもの（一の項又は二の項に該当するものを除く。）	五年
四	イ 許認可等をするための決裁文書であって、当該許認可等の効果が三年間存続するもの（一の項ホ、二の項ハ又は三の項ハに該当するものを除く。） ロ 所管行政上の定型的な事務に係る意思決定を行うための決裁文書（五の項に該当するものを除く。） ハ 調査又は研究の結果が記録されたもの	三年

	ニ　ハに掲げるもののほか、所管行政に係る政策の決定又は遂行上参考とした事項が記録されたもの ホ　職員の勤務の状況が記録されたもの ヘ　イからホまでに掲げるもののほか、行政機関の長がこれらの行政文書と同程度の保存期間が必要であると認めるもの（一の項から三の項までに該当するものを除く。）	
五	イ　許認可等をするための決裁文書（一の項ホ、二の項ハ、三の項ハ又は四の項イに該当するものを除く。） ロ　所管行政上の軽易な事項に係る意思決定を行うための決裁文書 ハ　所管行政に係る確認を行うための決裁文書（一の項から四の項までに該当するものを除く。）	一年
六	その他の行政文書	事務処理上必要な一年未満の期間

備考　決裁文書とは、行政機関の意思決定の権限を有する者が押印、署名又はこれらに類する行為を行うことにより、その内容を行政機関の意思として決定し、又は確認した行政文書をいう。

◎行政機関の保有する電子計算機処理に係る個人情報の保護に関する法律　抄（個人情報保護法）

〔昭和六三年一二月一六日　法律第九五号〕

最近改正　平成一一年一二月二二日　法律第一六〇号

第一章　総則

（目的）

第一条　この法律は、行政機関における個人情報の電子計算機による処理の進展にかんがみ、行政機関の保有する電子計算機処理に係る個人情報の取扱いに関する基本的事項を定めることにより、行政の適正かつ円滑な運営を図りつつ、個人の権利利益を保護することを目的とする。

（定義）

第二条　この法律において、次の各号に掲げる用語の意義は、当該各号に定めるところによる。

一　行政機関　次に掲げる機関をいう。

イ　内閣府、宮内庁、内閣府設置法（平成十一年法律第八十九号）第四十九条第一項及び第二項に規定する機関並びに国家行政組織法（昭和二十三年法律第百二十号）〔別掲〕第三条〔行政機関の設置、廃止、任務及び所掌事務〕第二項に規定する機関（これらの機関のうちロの政令で定める特別の機関が置

かれる機関にあっては、当該特別の機関を除く。）及び法律の規定に基づき内閣の所轄の下に置かれる機関

ロ　内閣府設置法第四十条及び第五十六条〔特別の機関〕（宮内庁法（昭和二十二年法律第七十号）第十八条第一項において準用する場合を含む。）並びに国家行政組織法第八条の三〔特別の機関〕の特別の機関のうち政令で定めるもの

二　個人情報　生存する個人に関する情報であって、当該情報に含まれる氏名、生年月日その他の記述又は個人別に付された番号、記号その他の符号により当該個人を識別できるもの（当該情報のみでは識別できないが、他の情報と容易に照合することができ、それにより当該個人を識別できるものを含む。）をいう。ただし、法人その他の団体に関して記録された情報に含まれる当該法人その他の団体の役員に関する情報を除く。

三　電子計算機処理　電子計算機を使用して行われる情報の入力、蓄積、編集、加工、修正、更新、検索、消去、出力又はこれらに類する処理をいう。ただし、専ら文章を作成し、又は文書図画の内容を記録するための処理その他の政令で定める処理を除く。

四　個人情報ファイル　一定の事務の目的を達成するために体系的に構成された個人情報の集合物であって、電子計算機処理を行うため磁気テープ、磁気ディスクその他これらに準ずる方法により一定の事項を確実に記録しておくことができる物（以下「磁気テープ等」という。）に記録されたものをいう。

五　処理情報　個人情報ファイルに記録されている個人情報をいう。

六　処理情報の本人　処理情報において識別される個人のうち、電子計算機処理上他の個人の氏名、生年月日その他の記述又は他の個人別に付された番号、記号その他の符号によらないで検索し得るものをいう。

（適用除外）

第三条　統計法（昭和二十二年法律第十八号）〔別掲〕第二条〔指定統計〕に規定する指定統計を作成するために集められた個人情報及び同法第八条〔指定統計調査以外の統計調査〕第一項の規定により総務大臣に届け出られた統計調査によって集められた個人情報並びに統計報告調整法（昭和二十七年法律第百四十八号）の規定により総務大臣の承認を受けた統計報告（同法第四条〔統計報告の徴収についての承認〕第二項に規定する申請書に記載された専ら統計を作成するために用いられる事項に係る部分に限る。）の徴集によって得られた個人情報については、この法律の規定は、適用しない。

第二章　個人情報の電子計算機処理

（個人情報ファイルの保有）

第四条　行政機関は、個人情報ファイルを保有する（自らの事務の用に供するため個人情報ファイルを作成し、又は取得し、及び維持管理することをいい、個人情報の電子計算機処理の全部又は一部を他に委託してする場合を含み、他からその委託を受けてする場合を含まない。以下同じ。）に当たっては、法律の定める所掌事務を遂行するため必要な場合に限り、かつ、できる限りその目的を特定しなければならない。

2　個人情報ファイルに記録される項目（以下「ファイル記録項目」という。）の範囲及び処理情報の本人として個人情報ファイルに記録される個人の範囲（以下「ファイル記録範囲」という。）は、前項の規定により特定された個人情報ファイルを保有する目的（以下「ファイル保有目的」という。）を達成するため必要な限度

を超えないものでなければならない。

（個人情報の安全確保等）

第五条　行政機関が個人情報の電子計算機処理又はせん孔業務その他の情報の入力のための準備作業若しくは磁気テープ等の保管（以下「個人情報の電子計算機処理等」という。）を行うに当たっては、当該行政機関の長（第二条（定義）第一号ロの政令で定める特別の機関にあっては、その機関ごとに政令で定める者をいう。以下同じ。）は、個人情報の漏えい、滅失、き損の防止その他の個人情報の適切な管理のために必要な措置（以下「安全確保の措置」という。）を講ずるよう努めなければならない。

2　個人情報ファイルを保有する行政機関（以下「保有機関」という。）の長は、ファイル保有目的に必要な範囲内で、処理情報が過去又は現在の事実と合致するよう努めなければならない。

（個人情報ファイルの保有等に関する事前通知）

第六条　行政機関が個人情報ファイルを保有しようとするときは、当該行政機関の長は、あらかじめ、総務大臣に対し、次の各号に掲げる事項を通知しなければならない。通知した事項を変更しようとするときは、変更する事項についても、同様とする。

一　個人情報ファイルの名称

二　保有機関の名称及び個人情報ファイルが使用に供される事務をつかさどる組織の名称

三　ファイル保有目的

四　ファイル記録項目及びファイル記録範囲

五　処理情報の収集方法

六　処理情報を保有機関以外の者に経常的に提供する場合には、その提供先

七　次条第一項の規定により個人情報ファイル簿に掲載される個人情報ファイル（第十三条（処理情報の開示）第一項ただし書に掲げるもの及び第十九条（他の法律との関係）の規定により全部の処理情報について第十三条第一項本文の規定が適用されないこととなるものを除く。）にあっては、第十三条第一項本文の規定による請求を受理する組織の名称及び所在地

八　次条第二項の規定に基づきファイル記録項目の一部若しくは第五号若しくは第六号に掲げる事項を個人情報ファイル簿に記載しないこととするとき、又は同条第三項の規定に基づき個人情報ファイルを個人情報ファイル簿に掲載しないこととするときは、その旨

九　第十三条第一項ただし書に該当するため同項本文の請求ができない個人情報ファイルにあっては、その旨

十　他の法律又はこれに基づく命令の規定により、処理情報の内容の全部若しくは一部が免許証、許可証、通知書その他の書類に記載され、これらが既に処理情報の本人に交付されているとき、処理情報の内容の全部若しくは一部が公表され若しくは閲覧に供されているとき、処理情報の本人が処理情報の内容の全部若しくは一部を知らせるべき旨の請求をすることができるとき、又は第十三条第一項本文の規定が適用される処理情報について その内容の全部若しくは一部の訂正、追加若しくは削除（以下「訂正等」という。）に関し特別の手続が定められているときは、その旨及び当該法律又は命令の名称

十一　その他政令で定める事項

2　前項の規定は、次の各号に掲げる個人情報ファイルについては、適用しない。

一　国の安全、外交上の秘密その他の国の重大な利益に関する事項を記録する個人情報ファイル

二　犯罪の捜査、租税に関する法律の規定に基づく犯則事件の調査又は公訴の提起若しくは維持のために作成し、又は取得する個人情報ファイル

三　行政機関の職員又は職員であつた者に係る個人情報ファイルであつて、専らその人事、給与若しくは福利厚生に関する事項又はこれらに準ずる事項を記録するもの（行政機関が行う職員の採用試験に関する個人情報ファイルを含む。）

四　専ら試験的な電子計算機処理の用に供するための個人情報ファイル

五　前項の規定による通知に係る個人情報ファイルに記録されている処理情報の全部又は一部を記録した個人情報ファイルであつて、そのファイル保有目的、ファイル記録項目及びファイル記録範囲が当該通知に係るこれらの事項の範囲内のもの

六　一年以内に消去することとなる処理情報のみを記録する個人情報ファイル

七　資料その他の物品若しくは金銭の送付又は業務上必要な連絡のために利用する処理情報を記録した個人情報ファイルであつて、送付又は連絡の相手方の氏名、住所その他の送付又は連絡に必要な事項のみを記録するもの

八　職員が単独で作成する個人情報ファイルであつて、処理情報を専ら自己の職務の遂行のために保有機関の内部で使用するもの

九　職員が学術研究の用に供するためその発意に基づき作成し、又は取得する個人情報ファイルであつて、処理情報を専ら当該学術研究の目的のために使用するもの

十　処理情報の本人の数が政令で定める数に満たない個人情報ファイルであつて、処理情報を保有機関以外の者に提供することが予定されていないもの

十一　第三号から前号までに掲げる個人情報ファイルに準ずるものとして政令で定める個人情報ファイル

3　保有機関の長（第二条〔定義〕第一号ロの政令で定める特別の機関にあつては、第五条〔個人情報の安全確保等〕第一項の政令で定める者をいう。以下同じ。）は、第一項に規定する事項を通知した個人情報ファイルについて、当該保有機関がその保有をやめたとき、又はその個人情報ファイルが前項第十号に該当するに至つたときは、遅滞なく、総務大臣に対しその旨を通知しなければならない。

（個人情報ファイル簿の作成及び閲覧）

第七条　保有機関の長は、政令で定めるところにより、当該保有機関が保有している個人情報ファイル（前条第二項各号に掲げるものを除く。）について、それぞれ同条第一項第一号から第七号まで、第九号及び第十号に掲げる事項を記載した帳簿（以下「個人情報ファイル簿」という。）を作成し、一般の閲覧に供しなければならない。

2　前項の規定にかかわらず、保有機関の長は、ファイル記録項目の一部又は前条第一項第五号若しくは第六号に掲げる事項を個人情報ファイル簿に記載することにより、ファイル保有目的に係る事務の適正な遂行を著しく阻害するおそれがあると認めるときは、そのファイル記録項目の一部又は事項を記載しないことができる。

3　第一項の規定にかかわらず、保有機関の長は、次の各号に掲げる事務のいずれかに使用される個人情報ファイルについて、当該個人情報ファイルを個人情報ファイル簿に掲載することにより、ファイル保有目的に係る事務の適正な遂行を著しく阻害するおそ

れがあると認めるときは、これを個人情報ファイル簿に掲載しないことができる。

一　犯罪の予防に関する事務

二　国際捜査共助に関する事務

三　勾《こう》留の執行、矯正又は更生保護に関する事務

四　出入国の管理若しくは難民の認定又は査証に関する事務

五　租税の賦課又は徴収に関する事務

六　前各号に掲げる事務に準ずるものとして政令で定める事務

（個人情報ファイルの公示）

第八条　総務大臣は、第六条（個人情報ファイルの保有等に関する事前通知）第一項の規定による通知を受けた個人情報ファイルについて、少なくとも毎年一回、同項第一号から第七号まで、第九号及び第十号に掲げる事項を官報で公示するものとする。ただし、同条第三項の規定による通知があった個人情報ファイルについては、この限りでない。

2　前項の規定にかかわらず、総務大臣は、次の各号に掲げる個人情報ファイルについては、当該各号に掲げるファイル記録項目の一部又は事項の公示をしないものとする。

一　前条第二項の規定に基づきファイル記録項目の一部又は第六条第一項第五号若しくは第六号に掲げる事項を個人情報ファイル簿に記載しないこととされた個人情報ファイル　当該記載しないこととされたファイル記録項目の一部又は事項

二　前条第三項の規定に基づき個人情報ファイル簿に掲載しないこととされた個人情報ファイル　前項に規定する事項

3　第一項の規定にかかわらず、総務大臣は、前回の公示後、第六条第一項の規定による変更する事項の通知がないときは、その個人情報ファイルについては、第一項の規定による公示をしないことができる。

4　総務大臣は、第一項の規定による公示を行った個人情報ファイルについて、前回の公示後、第六条第三項の規定による通知を受けたときは、第一項の規定による公示の際当該通知の内容を併せて公示するものとする。

（処理情報の利用及び提供の制限）

第九条　処理情報は、法律の規定に基づき、保有機関の内部において利用し、又は保有機関以外の者に提供しなければならないときを除き、ファイル保有目的以外の目的のために利用し、又は提供してはならない。

2　前項の規定にかかわらず、保有機関の長は、次の各号のいずれかに該当すると認めるときは、ファイル保有目的以外の目的のために処理情報を利用し、又は提供することができる。ただし、処理情報をファイル保有目的以外の目的のために利用し、又は提供することによって、処理情報の本人又は第三者の権利利益を不当に侵害するおそれがあると認められるときは、この限りでない。

一　処理情報の本人の同意があるとき、又は処理情報の本人に提供するとき。

二　保有機関が法律の定める所掌事務の遂行に必要な限度で処理情報を内部で利用する場合であって、当該処理情報を利用することについて相当な理由のあるとき。

三　保有機関以外の行政機関、地方公共団体又は独立行政法人（独立行政法人通則法（平成十一年法律第百三号）〔別掲〕第二条（定義）第一項に規定する独立行政法人をいう。以下同じ。）若しくは特殊法人（法律により直接に設立された法人又は特別の法律により特別の設立行為をもって設立された法人であって、総務省設置法（平成十一年法律第九十一号）第四条（所掌事務）

第十五号の規定の適用を受けるものをいう。以下同じ。）に処理情報を提供する場合において、処理情報の提供を受ける者（以下「受領者」という。）が、法律の定める事務又は業務の遂行に必要な限度で処理情報を使用し、かつ、当該処理情報を使用することについて相当な理由のあるとき。

四　前三号に掲げる場合のほか、専ら統計の作成又は学術研究の目的のために処理情報を提供するとき、処理情報の本人以外の者に提供することが明らかに処理情報の本人の利益になるときその他処理情報を提供することについて特別の理由のあるとき。

3　前項の規定は、処理情報の利用又は提供を制限する他の法律の規定の適用を妨げるものではない。

4　保有機関の長は、個人の権利利益を保護するため特に必要があると認めるときは、処理情報のファイル保有目的以外の目的のための保有機関の内部における利用を特定の部局又は機関に限るものとする。

（受領者に対する措置要求）

第十条　保有機関の長は、前条第二項の規定に基づき、処理情報を同項第三号又は第四号に掲げる者に提供する場合において、必要があると認めるときは、受領者に対し、提供に係る処理情報について、その使用目的若しくは使用方法の制限その他必要な制限を付し、又は安全確保の措置を講ずることを求めるものとする。

2　前項の規定により、前条第二項第三号に掲げる者に対し制限を付し、又は必要な措置を講ずることを求めるに当たっては、保有機関の長は、これらの者の事務又は業務の遂行を不当に阻害することのないよう留意するものとする。

（個人情報の電子計算機処理等の受託者の責務）

第十一条　第五条（個人情報の安全確保等）第一項の規定は、行政機関から個人情報の電子計算機処理等の委託を受けた者が受託した業務を行う場合について準用する。

（個人情報の電子計算機処理等に従事する者の義務）

第十二条　個人情報の電子計算機処理等を行う行政機関の職員若しくは職員であった者又は前条の受託業務に従事している者若しくは従事していた者は、その業務に関して知り得た個人情報の内容をみだりに他人に知らせ、又は不当な目的に使用してはならない。

第三章　処理情報の開示及び訂正等

（処理情報の開示）

第十三条　何人も、保有機関の長に対し、自己を処理情報の本人とする処理情報（個人情報ファイル簿に掲載されていない個人情報ファイルに記録されているもの及び第七条（個人情報ファイル簿の作成及び閲覧）第二項の規定に基づき個人情報ファイル簿に記載しないこととされたファイル記録項目を除く。）について、書面により、その開示（処理情報が存在しないときにその旨を知らせることを含む。以下同じ。）を請求することができる。ただし、学校教育法（昭和二十二年法律第二十六号）（別掲）に規定する学校における成績の評価又は入学者の選抜に関する事項を記録する個人情報ファイル、病院、診療所又は助産所における診療に関する事項を記録する個人情報ファイル及び刑事事件に係る裁判若しくは検察官、検察事務官若しくは司法警察職員が行う処分又は刑の執行に関する事項を記録する個人情報ファイルについては、この限りでない。

2　未成年者又は成年被後見人の法定代理人は、本人に代わって前項の開示の請求（以下「開示請求」という。）をすることができる。

3　保有機関の長は、開示請求があったときは、次条第一項に掲げる場合を除き、開示請求をした者（以下「開示請求者」という。）に対し、書面により、当該開示請求に係る処理情報について開示をしなければならない。ただし、開示請求者の同意があるときは、書面以外の方法により開示をすることができる。

（処理情報の不開示）

第十四条　保有機関の長は、開示請求に係る処理情報について開示をすることにより、次の各号のいずれかに該当することとなると認める場合には、当該処理情報の全部又は一部について開示をしないことができる。

一　次に掲げる事務のいずれかの適正な遂行に支障を及ぼすこと。

イ　第七条〔個人情報ファイル簿の作成及び閲覧〕第三項第一号から第五号までに掲げる事務

ロ　犯罪の捜査、租税に関する法律の規定に基づく犯則事件の調査又は公訴の提起若しくは維持に関する事務

ハ　立入検査その他の法律の規定に基づく調査権の行使に関する事務

ニ　学識技能に関する試験、資格等の審査、補償金、給付金等の算定その他これらに準ずる評価又は判断に関する事務

ホ　イからニまでに掲げる事務に準ずるものとして政令で定める事務

二　処理情報が第三者から取得した情報に係るものである場合において、保有機関と当該第三者との協力関係又は信頼関係を損なうこと。

三　個人の生命、身体、財産その他の利益を害すること。

2　保有機関の長は、前項の規定に基づき処理情報の全部又は一部について開示をしない旨の決定（以下「不開示決定」という。）をしたときは、その旨及び理由を記載した書面を開示請求者に交付しなければならない。

（処理情報の訂正等）

第十七条　保有機関の長は、第十三条〔処理情報の開示〕第三項の規定による開示を受けた者から、書面により、開示に係る処理情報の訂正等の申出があったときは、申出に係る処理情報の内容の訂正等に関して他の法律又はこれに基づく命令の規定により特別の手続が定められている場合を除き、ファイル保有目的の達成に必要な範囲内において遅滞なく調査を行い、その結果を申出をした者に対し、書面で通知するものとする。

2　前項の規定に基づき訂正等の申出をした者は、同項の通知の内容に不服があるときは、保有機関の長に対し、再調査の申出をすることができる。

3　第一項の規定は、前項の申出があった場合について準用する。

第四章　雑則

（苦情処理）

第二十条　保有機関の長は、処理情報の利用、提供若しくは開示又は処理情報の訂正等の申出に係る苦情その他処理情報の取扱いに関する苦情の適切かつ迅速な処理に努めるものとする。

（権限又は事務の委任）

第二十三条　保有機関の長は、政令（内閣の所轄の下に置かれる機関にあっては、当該機関の命令）で定めるところにより、第九条〔処理情報の利用及び提供の制限〕第二項、第十条〔受領者に対する措置要求〕第一項、第十三条〔処理情報の開示〕、第十四条〔処理情報の不開示〕、第十五条〔開示等の期限〕第二項及び第十七条〔処理情報の訂正等〕第一項に規定する権限又は事務を当該保有

機関の職員に委任することができる。

（政令への委任）

第二十四条 この法律に定めるもののほか、この法律の実施のため必要な事項は、政令で定める。

（罰則）

第二十五条 偽りその他不正の手段により、第十三条〔処理情報の開示〕第三項の規定による開示を受けた者は、十万円以下の過料に処する。

（地方公共団体の施策）

第二十六条 地方公共団体は、個人情報の電子計算機処理等を行う場合には、この法律の規定に基づく国の施策に留意しつつ、個人情報の適切な取扱いを確保するため必要な施策を策定し、及びこれを実施するよう努めなければならない。

（独立行政法人及び特殊法人の講ずる措置）

第二十七条 独立行政法人及び特殊法人は、個人情報の電子計算機処理等を行う場合には、この法律の規定に基づく国の施策に留意しつつ、個人情報の適切な取扱いを確保するため必要な措置を講ずるよう努めなければならない。

附　則〔略〕

○行政機関の保有する電子計算機処理に係る個人情報の保護に関する法律施行令　抄

〔平成元年九月一三日 政令第二六〇号〕

最近改正　平成一二年六月七日　政令第三〇四号

（法第二条第一号ロの政令で定める特別の機関）

第一条 行政機関の保有する電子計算機処理に係る個人情報の保護に関する法律（以下「法」という。）第二条〔定義〕第一号ロの政令で定める特別の機関は、次に掲げる機関とする。

一　警察庁

二　検察庁

（法第二条第三号の政令で定める処理）

第二条 法第二条〔定義〕第三号の政令で定める処理は、次に掲げる処理とする。

一　専ら文章を作成するための処理

二　専ら文書図画の内容を記録するための処理

三　製版その他の専ら印刷物を製作するための処理

四　専ら文書図画の内容の伝達を電気通信の方法により行うための処理

（法第五条第一項の政令で定める者）

第三条　法第五条〔個人情報の安全確保等〕第一項の政令で定める者は、次に掲げる者とする。
一　警察庁にあっては、警察庁長官
二　最高検察庁にあっては、検事総長
三　高等検察庁にあっては、その庁の検事長
四　地方検察庁にあっては、その庁の検事正
五　区検察庁にあっては、その庁の対応する裁判所の所在地を管轄する地方裁判所に対応する地方検察庁の検事正

（個人情報ファイルの保有等に関する事前通知）

第四条　法第六条〔個人情報ファイルの保有等に関する事前通知〕第一項第十一号の政令で定める事項は、次に掲げる事項とする。
一　個人情報ファイルの保有開始の予定年月日
二　その他参考となるべき事項

2　法第六条第一項の規定により通知した事項を変更しようとするときは、当該行政機関の長は、あらかじめ、総務大臣に対し、当該変更の予定年月日を通知しなければならない。

（法第六条第二項第十号の政令で定める数）

第五条　法第六条〔個人情報ファイルの保有等に関する事前通知〕第二項第十号の政令で定める数は、千人とする。

（法第六条第二項第十一号の政令で定める個人情報ファイル）

第六条　法第六条〔個人情報ファイルの保有等に関する事前通知〕第二項第十一号の政令で定める個人情報ファイルは、次に掲げる個人情報ファイルとする。
一　次のいずれかに該当する者に係る個人情報ファイルであって、専らその人事、給与若しくは福利厚生に関する事項又はこれらに準ずる事項を記録するもの（イに掲げる者の採用又は選定のための試験に関する個人情報ファイルを含む。）
イ　行政機関の職員以外の国家公務員であって行政機関若しくは行政機関の長の任命に係る者、国以外のもののために労務に服する者であって行政機関が雇い入れる者若しくは行政機関若しくは行政機関の長から一年以上にわたり専ら従事すべきものとして委託された事務に従事する者又はこれらの者であった者
ロ　法第六条第二項第三号又はイに掲げる者の被扶養者（国家公務員共済組合法（昭和三十三年法律第百二十八号）第二条〔定義〕第一項第二号に規定する被扶養者又はこれに相当する者をいう。）又は遺族（国家公務員災害補償法（昭和二十六年法律第百九十一号）第十六条〔遺族補償年金〕第一項に規定する遺族又はこれに相当する者をいう。）
二　法第六条第二項第三号、前号イ又は同号ロのうちいずれか二以上の規定に掲げる者を併せて記録する個人情報ファイルであって、専らその人事、給与若しくは福利厚生に関する事項又はこれらに準ずる事項を記録するもの
三　処理情報の本人の数が前条に規定する数に満たない個人情報ファイルであって、処理情報を法第九条〔処理情報の利用及び提供の制限〕第二項第三号に掲げる者のうち保有機関の長の監督を受けるもの以外の者に提供することが予定されていないもの

（個人情報ファイル簿の作成及び閲覧）

第七条　保有機関の長は、個人情報ファイルを保有するに至ったときは、直ちに、法第七条〔個人情報ファイル簿の作成及び閲覧〕の規定による個人情報ファイル簿を作成しなければならない。

2　個人情報ファイル簿は、保有機関が保有している個人情報ファイルを通じて一の帳簿とする。

3　保有機関の長は、個人情報ファイル簿を作成した後、新たに個人情報ファイル（法第六条〔個人情報ファイルの保有等に関する事前通知〕第二項各号に掲げるもの及び法第七条第三項の規定により個人情報ファイル簿に掲載されないこととなるものを除く。以下この条において同じ。）を保有するに至ったときは、直ちに、当該個人情報ファイルを個人情報ファイル簿に掲載しなければならない。

4　保有機関の長は、個人情報ファイル簿に記載すべき事項に変更があったときは、直ちに、当該個人情報ファイル簿を修正しなければならない。

5　保有機関の長は、個人情報ファイル簿に掲載した個人情報ファイルの保有をやめたとき、又はその個人情報ファイルが法第六条第二項第十号に該当するに至ったときは、遅滞なく、当該個人情報ファイルについての記載を消除しなければならない。

6　保有機関の長は、個人情報ファイル簿を作成したときは、これを一般の閲覧に供するため、遅滞なく、当該個人情報ファイル簿の閲覧所を設けるとともに、当該閲覧所の場所を官報で公示しなければならない。公示した閲覧所の場所を変更したときも、同様とする。

7　保有機関の長は、個人情報ファイルが使用に供される事務をつかさどる組織又は法第六条第一項第七号に規定する組織の事務所において、個人情報ファイル簿の全部又は一部の写しを一般の閲覧に供するよう努めるものとする。

（法第七条第三項第六号の政令で定める事務）

第八条　法第七条〔個人情報ファイル簿の作成及び閲覧〕第三項第六号の政令で定める事務は、刑事訴訟法（昭和二十三年法律第百三十一号）その他の法令の規定により逮捕されその他身体の拘束を受けた者の収容又は留置に関する事務（法第七条第三項第三号に掲げるもの及び出入国の管理に関するものを除く。）とする。

（法第十三条第一項の書面の記載事項等）

第九条　法第十三条〔処理情報の開示〕第一項の書面（同条第二項において法定代理人が開示請求をする場合におけるものを含む。第十五条第二項において同じ。）には、次に掲げる事項を記載しなければならない。

一　開示請求の年月日

二　開示請求をする者の氏名及び住所

三　開示請求に係る個人情報ファイルの名称

四　開示請求に係るファイル記録項目

五　処理情報の本人の氏名（第二号に掲げる氏名と異なる場合に限る。）、生年月日及び性別

六　氏名、生年月日及び性別のみでは処理情報の本人を検索することが困難であるものとして保有機関の長が指定する個人情報ファイルにあっては、処理情報の本人の検索に資するためのものとして保有機関の長が指定して官報に公示した符号又は記述

2　個人情報ファイルのうち、一定の期間ごと、物ごと又はその他の事項ごとに分別して構成されているものについて開示請求をする場合にあっては、当該期間、物又はその他の事項の一部を指示して処理情報の一部のみの開示請求をすることを妨げない。

（法定代理人の開示請求に必要な書類等）

第十条　法第十三条〔処理情報の開示〕第二項の規定により法定代理人が開示請求をする場合にあっては、当該法定代理人は、戸籍謄本その他その資格を証明する書類を保有機関の長（法第二十三条〔権限又は事務の委任〕の規定により委任を受けた職員があるときは、当該職員。次項、次条第一項及び第十六条第二項におい

て同じ。）に提出しなければならない。

2　開示請求をした法定代理人は、開示又は不開示決定（第十四条において「開示等」という。）の前にその資格を喪失したときは、直ちに書面でその旨を当該開示請求を受理した保有機関の長に届け出なければならない。

（処理情報の本人であることの確認に必要な手続等）

第十一条　保有機関の長は、開示をするに当たり、自己を処理情報の本人とする処理情報に係る開示請求者に対し、次に掲げる書類のいずれかであって、その者の氏名が記載されているものの提示を求めなければならない。ただし、当該開示請求者が、法第十六条（手数料等）第三項の書面の送付を請求している場合においては、次に掲げる書類のいずれかであって住所が記載されているもの、住民票の写し若しくは住民票に記載をした事項に関する証明書（住所が記載されているものに限る。）又はこれらの書類を複写機により複写したものにより当該開示請求者の住所が真正であることを確認した上、当該住所に送付することをもって足りる。

一　運転免許証、健康保険の被保険者証、外国人登録証明書その他法律又はこれに基づく命令の規定により交付された書類であって当該開示請求者が処理情報の本人であることを確認するに足りるもの

二　前号に掲げる書類をやむを得ない理由により提示することができない場合には、当該開示請求者が処理情報の本人であることを確認するため保有機関の長が適当と認める書類

2　前項の規定は、法第十三条第二項の規定による開示請求者に対し開示をする場合に準用する。この場合において、前項中「自己を処理情報の本人とする処理情報に係る」とあるのは「法定代理人である」と、同項各号中「処理情報の本人である」とあるのは「人違いでない」と読み替えるものとする。

（法第十四条第一項第一号ホの政令で定める事務）

第十二条　法第十四条（処理情報の不開示）第一項第一号ホの政令で定める事務は、第八条に掲げる事務とする。

（法第十四条第二項の書面の記載事項）

第十三条　法第十四条第二項の書面には、次に掲げる事項を記載しなければならない。

一　開示請求者の氏名

二　開示請求を受理した年月日

三　開示請求に係る個人情報ファイルの名称

四　法定代理人が開示請求者である場合にあっては、当該開示請求に係る処理情報の本人の氏名

五　処理情報の全部又は一部について開示をしない旨及びその理由

六　決定に不服があるときは、不服申立てをすることができる旨

（法第十七条第一項の書面の記載事項等）

第十六条　法第十七条（処理情報の訂正等）第一項に規定する処理情報の訂正等の申出をする書面には、次に掲げる事項を記載するものとする。

一　訂正等の申出の年月日

二　訂正等の申出をする者の氏名及び住所

三　訂正等の申出に係る個人情報ファイルの名称

四　訂正等の申出に係るファイル記録項目及び申出の内容

五　開示を受けた年月日

2　訂正等の申出をする者は、当該申出に関し参考となる資料を保有機関の長に提出することができる。

3　法第十七条第一項に規定する調査の結果を通知する書面には、次に掲げる事項を記載するものとする。
一　訂正等の申出をした者の氏名
二　訂正等の申出に係る個人情報ファイルの名称
三　調査結果の内容
四　調査結果の内容に不服があるときは、再調査の申出をすることができる旨

（再調査の申出をする書面の記載事項等）

第十七条　法第十七条第三項において準用する同条第一項の書面で同条第二項の再調査の申出をするものには、次に掲げる事項を記載するものとする。
一　再調査の申出の年月日
二　再調査の申出をする者の氏名及び住所
三　再調査の申出に係る個人情報ファイルの名称
四　調査結果に対する不服の内容
五　調査結果の通知を受けた年月日

2　再調査の申出をする者は、当該申出に関し参考となる資料を保有機関の長に提出することができる。

3　法第十七条第三項において準用する同条第一項の書面で同条第二項の再調査の結果を通知するものには、次に掲げる事項を記載するものとする。
一　再調査の申出をした者の氏名
二　再調査の申出に係る個人情報ファイルの名称
三　再調査の結果の内容

（権限又は事務の委任）

第十八条　保有機関の長（第三条〔政令で定める者〕に規定する者を除く。）は、法第二十三条〔権限又は事務の委任〕の規定により、内閣府設置法（平成十一年法律第八十九号）第十七条〔内部部局等〕若しくは第五十三条〔庁の内部部局〕の官房、局若しくは部の長、同法第十七条第一項若しくは第六十二条〔官房及び局の所掌に属しない事務をつかさどる職等〕第一項若しくは第二項の職、同法第三十九条若しくは第五十五条の施設等機関の長、同法第四十条〔設置〕若しくは第五十六条〔特別の機関〕（宮内庁法（昭和二十二年法律第七十号）第十八条第一項において準用する場合を含む。）の特別の機関の長、内閣府設置法第四十三条若しくは第五十七条〔地方支分部局〕（宮内庁法第十八条第一項において準用する場合を含む。）の地方支分部局の長、内閣府設置法第五十二条〔委員会の内部部局〕の委員会の事務局若しくはその官房若しくは部の長、同条の委員会の事務総局の長、宮内庁法第三条第一項の長官官房、侍従職等若しくは部の長、同法第十四条第一項の職、同法第十六条第二項の機関の長若しくは同法第十七条第一項の地方支分部局の長又は国家行政組織法（昭和二十三年法律第百二十号）第七条〔内部部局〕の官房、局若しくは部の長、同条の委員会の事務局若しくはその官房若しくは部の長、同条の委員会の事務総局若しくはその官房、局若しくは部の長、同法第八条の二〔施設等機関〕の施設等機関の長、同法第八条の三〔特別の機関〕の特別の機関の長、同法第九条〔地方支分部局〕の地方支分部局の長若しくは同法第二十条〔官房及び局の所掌に属しない事務をつかさどる職等〕第一項若しくは第二項の職に法第九条〔処理情報の利用及び提供の制限〕第二項、第十条〔受領者に対する措置要求〕第一項、第十三条〔処理情報の開示〕、第十四条〔処理情報の不開示〕、第十五条〔開示等の期限〕第二項及び第十七条〔処理情報の訂正等〕第一項に規定する権限又は事務のうちその所掌に係るものを委任することができる。

貸出業務へのコンピュータ導入に伴う個人情報の保護に関する基準

〔一九八四年五月二五日
社団法人日本図書館協会総会議決〕

私たちは「図書館の自由に関する宣言　一九七九年改訂」において、「図書館は利用者の秘密を守る」ことを誓約した。さらに、一九八〇年五月に採択した「図書館員の倫理綱領」においても、このことを図書館員個々の共通の責務として明らかにした。

近年、各図書館においてコンピュータがひろく導入され、貸出業務の機械化が進行している。これに伴って他の行政分野におけると同様、個人情報がコンピュータによって記録・蓄積されることに、利用者の関心が向けられつつある。

コンピュータによる貸出しに関する記録は、図書館における資料管理の一環であって、利用者の管理のためではないことを確認し、そのことに必要な範囲の記録しか図書館には残さないことを明らかにして、利用者の理解を得るよう努めなければならない。さらに、コンピュータのデータは図書館の責任において管理され、それが目的外に流用されたり、外部に漏らされたりしないこと、そのために必要な方策を十分整理することがぜひ必要である。

コンピュータ導入は、大量の事務処理を効率的に行う手段であって、この手段をいかに運用するかは図書館の責任である。いかなる貸出方式をとるにせよ、利用者ひいては国民の読書の自由を守ることが前提でなければならないことを再確認し、その具体化にあたっては、以下の基準によるべきことを提言する。

一　貸出しに関する記録は、資料を管理するためのものであり、利用者を管理するためのものではないことを前提にし、個人情報が外部に漏れることのないコンピュータ・システムを構成しなければならない。

二　データの処理は、図書館内部で行うことが望ましい。

三　貸出記録のファイルと登録者のファイルの連結は、資料管理上必要な場合のみとする。

四　貸出記録は、資料が返却されたらできるだけすみやかに消去しなければならない。

五　登録者の番号は、図書館で独自に与えるべきである。住民基本台帳等の番号を利用することはしない。

六　登録者に関するデータは、必要最小限に限るものとし、その内容およびそれを利用する範囲は、利用者に十分周知しなければならない。

利用者の求めがあれば、当人に関する記録を開示しなければならない。

(附)「貸出業務へのコンピュータ導入に伴う個人情報の保護に関する基準」についての委員会の見解

日本図書館協会図書館の自由に関する調査委員会

〔『図書館と自由 第六集』日本図書館協会 昭和五九年一〇月二五日で公表〕

日本図書館協会は、一九八四年五月二十五日の総会において「貸出業務へのコンピュータ導入に伴う個人情報の保護に関する基準」を採択した。

この基準の検討過程で問題となった論点について、委員会の見解を表明しておきたい。

一 データ処理の外部委託について

貸出しが図書館奉仕の中核的業務として確認されてきたなかで、貸出記録が資料の貸借関係終了後は図書館に残らない方式が、利用者の読書の自由を保障するために重要であることが確認され、ひろく利用者の支持を得てきた。

この利用者のプライバシー保護の原則は、コンピュータが貸出業務に導入されることになっても、これまでと同様に守られなければならない。したがって、貸出記録が外部に漏れるのを防ぐためコンピュータによる貸出記録の処理は、本来図書館内で行なわれるべきものである。

しかしながら、コンピュータの急激な普及に伴い、その保守・運用にあたる態勢が十分に整わないとか、大型機器採用の経済性を重視するなどの理由から、データ処理業務の一部を外部機関にゆだねたり、民間業者に委託したりする事例が生じている。さきに述べた理由から、貸出の処理を委託することは望ましいことではないが、過渡期において一時的にそうした方式を採用することが起こりうる。

委員会としては、貸出記録の処理は図書館の責任において館内で行うことを原則とし、これを可能にする方式を追求すべきであると考える。

もし、やむを得ず委託する場合には、委託契約等に厳格な守秘義務を明記することを条件とし、できるだけ早い機会に館内処理に移行するよう措置することを希望する。

二 貸出利用者のコードの決め方について

貸出業務のなかでは、利用者をコードで表示するのが一般的であるが、基準ではそのコードには図書館が独自にあたえたものを採用することにしている。

これは、貸出記録を資料管理の目的以外には使用せず、また貸出記録のファイルを他の個人別データ・ファイルと連結利用することを不可能として、利用者のプライバシーを最大限に保護しようという趣旨である。

基準検討のさい論議された大学図書館等において学籍番号を利用者コードとして利用することは、この番号が教務記録その他学生管理に使用することを目的としたものである点からみて、委員会としては上記の趣旨にそわないものであると考える。

◎不正アクセス行為の禁止等に関する法律

〔平成一一年八月一三日
法律第一二八号〕

最近改正　平成二一年一二月二二日　法律第一六〇号

（目的）

第一条　この法律は、不正アクセス行為を禁止するとともに、これについての罰則及びその再発防止のための都道府県公安委員会による援助措置等を定めることにより、電気通信回線を通じて行われる電子計算機に係る犯罪の防止及びアクセス制御機能により実現される電気通信に関する秩序の維持を図り、もって高度情報通信社会の健全な発展に寄与することを目的とする。

（定義）

第二条　この法律において「アクセス管理者」とは、電気通信回線に接続している電子計算機（以下「特定電子計算機」という。）の利用（当該電気通信回線を通じて行うものに限る。以下「特定利用」という。）につき当該特定電子計算機の動作を管理する者をいう。

2　この法律において「識別符号」とは、特定電子計算機の特定利用をすることについて当該特定利用に係るアクセス管理者の許諾を得た者（以下「利用権者」という。）及び当該アクセス管理者（以下この項において「利用権者等」という。）に、当該アクセス管理者において当該利用権者等を他の利用権者等と区別して識別することができるように付される符号であって、次のいずれかに該当するもの又は次のいずれかに該当する符号とその他の符号を組み合わせたものをいう。

一　当該アクセス管理者によってその内容をみだりに第三者に知らせてはならないものとされている符号

二　当該利用権者等の身体の全部若しくは一部の影像又は音声を用いて当該アクセス管理者が定める方法により作成される符号

三　当該利用権者等の署名を用いて当該アクセス管理者が定める方法により作成される符号

3　この法律において「アクセス制御機能」とは、特定電子計算機の特定利用を自動的に制御するために当該特定利用に係るアクセス管理者によって当該特定電子計算機又は当該特定電子計算機に電気通信回線を介して接続された他の特定電子計算機に付加されている機能であって、当該特定利用をしようとする者により当該機能を有する特定電子計算機に入力された符号が当該特定利用に係る識別符号（識別符号を用いて当該アクセス管理者の定める方法により作成される符号と当該識別符号の一部を組み合わせた符号を含む。次条第二項第一号及び第二号において同じ。）であることを確認して、当該特定利用の制限の全部又は一部を解除するものをいう。

（不正アクセス行為の禁止）

第三条　何人も、不正アクセス行為をしてはならない。

2　前項に規定する不正アクセス行為とは、次の各号の一に該当する行為をいう。

一　アクセス制御機能を有する特定電子計算機に電気通信回線を通じて当該アクセス制御機能に係る他人の識別符号を入力して当該特定電子計算機を作動させ、当該アクセス制御機能により制限されている特定利用をし得る状態にさせる行為（当該アクセス制御機能を付加したアクセス管理者がするもの及び当該アクセス管理者又は当該識別符号に係る利用権者の承諾を得てするものを除く。）

二　アクセス制御機能を有する特定電子計算機に電気通信回線を通じて当該アクセス制御機能による特定利用の制限を免れることができる情報（識別符号であるものを除く。）又は指令を入力して当該特定電子計算機を作動させ、その制限されている特定利用をし得る状態にさせる行為（当該アクセス制御機能を付加したアクセス管理者がするもの及び当該アクセス管理者の承諾を得てするものを除く。次号において同じ。）

三　電気通信回線を介して接続された他の特定電子計算機が有するアクセス制御機能によりその特定利用を制限されている特定電子計算機に電気通信回線を通じてその制限を免れることができる情報又は指令を入力して当該特定電子計算機を作動させ、その制限されている特定利用をし得る状態にさせる行為

（不正アクセス行為を助長する行為の禁止）

第四条　何人も、アクセス制御機能に係る他人の識別符号を、その識別符号がどの特定電子計算機の特定利用に係るものであるかを明らかにして、又はこれを知っている者の求めに応じて、当該アクセス制御機能に係るアクセス管理者及び当該識別符号に係る利用権者以外の者に提供してはならない。ただし、当該アクセス管理者がする場合又は当該アクセス管理者若しくは当該利用権者の承諾を得てする場合は、この限りでない。

（アクセス管理者による防御措置）

第五条　アクセス制御機能を特定電子計算機に付加したアクセス管理者は、当該アクセス制御機能に係る識別符号又はこれを当該アクセス制御機能により確認するために用いる符号の適正な管理に努めるとともに、常に当該アクセス制御機能の有効性を検証し、必要があると認めるときは速やかにその機能の高度化その他当該特定電子計算機を不正アクセス行為から防御するため必要な措置を講ずるよう努めるものとする。

（都道府県公安委員会による援助等）

第六条　都道府県公安委員会（道警察本部所在地を包括する方面（警察法（昭和二十九年法律第百六十二号）第五十一条（方面本部）第一項本文に規定する方面をいう。以下この項において同じ。）を除く方面にあっては、方面公安委員会。以下この条において同じ。）は、不正アクセス行為が行われたと認められる場合において、当該不正アクセス行為に係る特定電子計算機に係るアクセス管理者から、その再発を防止するため、当該不正アクセス行為が行われた際の当該特定電子計算機の作動状況及び管理状況その他の参考となるべき事項に関する書類その他の物件を添えて、援助を受けたい旨の申出があり、その申出を相当と認めるときは、当該アクセス管理者に対し、当該不正アクセス行為の手口又はこれが行われた原因に応じ当該特定電子計算機を不正アクセス行為から防御するため必要な応急の措置が的確に講じられるよう、必要な資料の提供、助言、指導その他の援助を行うものとする。

2　都道府県公安委員会は、前項の規定による援助を行うため必要な事例分析（当該援助に係る不正アクセス行為の手口、それが行われた原因等に関する技術的な調査及び分析を行うことをいう。次項において同じ。）の実施の事務の全部又は一部を国家公安委員会規則で定める者に委託することができる。

3　前項の規定により都道府県公安委員会が委託した事例分析の実施の事務に従事した者は、その実施に関して知り得た秘密を漏らしてはならない。

4　前三項に定めるもののほか、第一項の規定による援助に関し必要な事項は、国家公安委員会規則で定める。

第七条　国家公安委員会、総務大臣及び経済産業大臣は、アクセス制御機能を有する特定電子計算機の不正アクセス行為からの防御に資するため、毎年少なくとも一回、不正アクセス行為の発生状況及びアクセス制御機能に関する技術の研究開発の状況を公表するものとする。

2　前項に定めるもののほか、国は、アクセス制御機能を有する特定電子計算機の不正アクセス行為からの防御に関する啓発及び知識の普及に努めなければならない。

（罰則）

第八条　次の各号の一に該当する者は、一年以下の懲役又は五十万円以下の罰金に処する。

一　第三条〔不正アクセス行為の禁止〕第一項の規定に違反した者

二　第六条〔都道府県公安委員会による援助等〕第三項の規定に違反した者

第九条　第四条〔不正アクセス行為を助長する行為の禁止〕の規定に違反した者は、三十万円以下の罰金に処する。

附　則

この法律は、公布の日から起算して六月を経過した日から施行する。ただし、第六条及び第八条第二号の規定は、公布の日から起算して一年を超えない範囲内において政令で定める日〔平成一二年七月一日＝平成一一年一一月一九日政令第三七四号による〕から施行する。

図書館・情報学教育に関する基準およびその実施方法

〔昭和二九年四月二七日　大学基準協会決定〕

最近改正　昭和五七年六月一五日

I　図書館・情報学教育に関する基準

一　目的

図書館・情報学教育は、図書館・情報学に関する学理および技術を教授し、あわせてその応用能力を展開させることを目的とする。

二　専門教育科目

専門教育科目は、専攻科目と関連科目とに分けて偏りのないよう履修させるものとする。

三　その他の事項

その他の事項に関しては、大学基準および大学設置基準によるものとする。

備考

1　本基準は、図書館・情報学教育基準（昭和五十二年二月十五日改訂）を改訂したものである。

2　本基準は、図書館・情報学部における教育基準であるが、大学の学部において、図書館・情報学科を設けた場合にも本基準によるものとする。

II　図書館・情報学教育の実施方法

図書館・情報学の教育に関しては、次のような事項に留意して実施することが望ましい。

一　専門教育科目

専門教育科目は専攻科目と関連科目に分ける。

1　専攻科目は次の四部門に分ける。

(1)　基礎部門（六単位以上）必要に応じ演習を行うものとする。

(2)　メディア・利用部門（八単位以上）必ず実験または演習を行うものとする。

(3)　情報組織部門（八単位以上）必ず実験または演習を行うものとする。

(4)　情報システム部門（八単位以上）必ず実験または演習を行うものとする。

2　右の他に図書館・情報学実習（二単位以上）は必ず行うものとする。

3　専攻科目は実習を含め、各部門を通じて合計三十八単位以上を履修するものとする。

4　関連科目は、広く人文・社会・自然・応用の諸科学から選択して履修するものとする。

以上のような趣旨に基づいて図書館情報学教育に必要な専門教育科目を例示すれば、別表のとおりである。

二　専攻科目の専任教員数

専攻科目の各部門ごとに最少限一名の専任教員を置き、その他適当数の助手を置くものとする。

三　授業方法

授業は、講義、実験、演習および実習のいずれかにより、またはこれらの併用により行うものとする。

四　施設設備等

教育と研究に不可欠な図書・雑誌その他の資料および施設設備を用意し、またそれに必要な機器材を備えるものとする。

［別表］

図書館・情報学教育に関する専門教育科目

専攻科目	
基礎部門	図書館・情報学概論、図書館史、社会と図書館、学術の発達・普及と図書館等
メディア利用部門	情報メディア論、参考調査資料論、参考調査演習、情報要求調査等
情報組織部門	情報組織論、分類・目録法、情報検索、情報流通技術論等
情報システム部門	情報システム論、情報システム管理、図書館建築、図書館機械化論等
関連科目	
哲学、論理学、言語学、文学史、教育学、社会学、経営学、数学、自然科学通論、生理学、心理学、情報工学等	

（付記）昭和二十九年四月二十七日決定の図書館学教育基準は、昭和五十二年二月十五日図書館・情報学教育基準に改訂されたが、その審議経過については、「昭和五十一年度事業報告書」中「図書館学教育研究委員会報告」を参照のこと（会報第三十五号所載）。

Ⅱ 公共図書館・生涯学習

〔目次〕

(1) 公共図書館

(2) 社会教育（公民館・博物館）、生涯学習

(1) 公共図書館

◎図書館法

〔昭和二五年四月三〇日
法律第一一八号〕

改正経過
昭和二七年　六月一二日法律第一八五号
昭和二七年　七月三一日法律第二七〇号
昭和二七年　八月一四日法律第三〇五号
昭和三一年　六月一二日法律第一四八号
昭和三一年　六月三〇日法律第一六三号
昭和三四年　四月三〇日法律第一五八号
昭和三六年　六月一七日法律第一四五号
昭和三七年　五月一五日法律第一三三号
昭和四〇年　三月三一日法律第　一五号
昭和四二年　八月　一日法律第一二〇号
昭和六〇年　七月一二日法律第　九〇号
平成一〇年　六月一二日法律第一〇一号
平成一一年　七月一六日法律第　八七号
平成一一年一二月二二日法律第一六〇号

〔注＝〔　〕の中および小さい活字の部分は編者注記である。〕

図書館法をここに公布する。

図書館法

目次
第一章　総則（第一条―第九条）
第二章　公立図書館（第一〇条―第二三条）
第三章　私立図書館（第二四条―第二九条）
附則

〔「現行図書館法」と「制定当時の図書館法」とは、上下対照として比較できるように配列してある＝編者〕

〔制定当時の〕図書館法〔官報どおり完全に収録〕

図書館法をここに公布する。

御名　御璽

昭和二十五年四月三十日
内閣総理大臣　吉田　茂

法律第百十八号

図書館法

目次
第一章　総則（第一條―第九條）
第二章　公立図書館（第十條―第二十三條）
第三章　私立図書館（第二十四條―第二十九條）
附則

第一章　総則

(この法律の目的)

第一条　この法律は、社会教育法（昭和二十四年法律第二百七号）の精神に基き、図書館の設置及び運営に関して必要な事項を定め、その健全な発達を図り、もつて国民の教育と文化の発展に寄与することを目的とする。

(定義)

第二条　この法律において「図書館」とは、図書、記録その他必要な資料を収集し、整理し、保存して、一般公衆の利用に供し、その教養、調査研究、レクリエーション等に資することを目的とする施設で、地方公共団体、日本赤十字社又は民法（明治二十九年法律第八十九号）第三十四条の法人が設置するもの（学校に附属する図書館又は図書室を除く。）をいう。

2　前項の図書館のうち、地方公共団体の設置する図書館を公立図書館といい、日本赤十字社又は民法第三十四条の法人の設置する図書館を私立図書館という。

一部改正（昭和二七年八月法律三〇五号）

(図書館奉仕)

第三条　図書館は、図書館奉仕のため、土地の事情及び一般公衆の希望にそい、更に学校教育を援助し得るように留意し、おおむね左の各号に掲げる事項の実施に努めなければならない。

一　郷土資料、地方行政資料、美術品、レコード、フィルムの収集にも十分留意して、図書、記録、視覚聴覚教育の資料その他必要な資料（以下「図書館資料」という。）を収集し、一般公衆の利用に供すること。

二　図書館資料の分類排列を適切にし、及びその目録を整備すること。

三　図書館の職員が図書館資料について十分な知識を持ち、その利用のための相談に応ずるようにすること。
四　他の図書館、国立国会図書館、地方公共団体の議会に附置する図書室及び学校に附属する図書館又は図書室と緊密に連絡し、協力し、図書館資料の相互貸借を行うこと。
五　分館、閲覧所、配本所等を設置し、及び自動車文庫、貸出文庫の巡回を行うこと。
六　読書会、研究会、鑑賞会、映写会、資料展示会等を主催し、及びその奨励を行うこと。
七　時事に関する情報及び参考資料を紹介し、及び提供すること。
八　学校、博物館、公民館、研究所等と緊密に連絡し、協力すること。

（司書及び司書補）

第四条　図書館に置かれる専門的職員を司書及び司書補と称する。
2　司書は、図書館の専門的事務に従事する。
3　司書補は、司書の職務を助ける。

（司書及び司書補の資格）

第五条　左の各号の一に該当する者は、司書となる資格を有する。
一　大学又は高等専門学校を卒業した者で第六条（司書及び司書補の講習）の規定による司書の講習を修了したもの
二　大学を卒業した者で大学において図書館に関する科目を履修したもの
三　三年以上司書補（国立国会図書館又は大学若しくは高等専門学校の附属図書館の職員で司書補に相当するものを含む。）として勤務した経験を有する者で第六条の規定による司書の講習を修了したもの

三　図書館の職員が図書館資料について十分な知識を持ち、その利用のための相談に応ずるようにすること。
四　他の図書館、国立国会図書館、地方公共団体の議会に附置する図書室及び学校に附属する図書館又は図書室と緊密に連絡し、協力し、図書館資料の相互貸借を行うこと。
五　分館、閲覧所、配本所等を設置し、及び自動車文庫、貸出文庫の巡回を行うこと。
六　読書会、研究会、鑑賞会、映写会、資料展示会等を主催し、及びその奨励を行うこと。
七　時事に関する情報及び参考資料を紹介し、及び提供すること。
八　学校、博物館、公民館、研究所等と緊密に連絡し、協力すること。

（司書及び司書補）

第四條　図書館に置かれる専門的職員を司書及び司書補と称する。
2　司書は、図書館の専門的事務に従事する。
3　司書補は、司書の職務を助ける。

（司書及び司書補の資格）

第五條　左の各号の一に該当する者は、司書となる資格を有する。
一　大学を卒業した者で第六條の規定による司書の講習を修了したもの
二　大学を卒業した者で大学において図書館に関する科目を履修したもの
三　三年以上司書補（国立国会図書館又は大学の附属図書館の職員で司書補に相当するものを含む。）として勤務した経験を有する者で第六條の規定による司書の講習を修了したもの

2　次の各号のいずれかに該当する者は、司書補となる資格を有する。

一　司書の資格を有する者

二　高等学校若しくは中等教育学校を卒業した者又は高等専門学校第三学年を修了した者で第六条の規定による司書補の講習を修了したもの

一部改正〔昭和三六年六月法律一四五号・平成一〇年六月法律一〇一号〕

（司書及び司書補の講習）

第六条　司書及び司書補の講習は、大学が、文部科学大臣の委嘱を受けて行う。

2　司書及び司書補の講習に関し、履修すべき科目、単位その他必要な事項は、文部科学省令〔別掲〕で定める。ただし、その履修すべき単位数は、十五単位を下ることができない。

一部改正〔昭和二七年六月法律一八五号・平成一一年一二月法律一六〇号〕

第七条　削除〔昭和三一年六月法律一六三号〕

（協力の依頼）

第八条　都道府県の教育委員会は、当該都道府県内の図書館奉仕を促進するために、市（特別区を含む。以下同じ。）町村の教育委員会に対し、総合目録の作製、貸出文庫の巡回、図書館資料の相互貸借等に関して協力を求めることができる。

一部改正〔昭和三一年六月法律一六三号〕

（公の出版物の収集）

第九条　政府は、都道府県の設置する図書館に対し、官報その他一般公衆に対するこう報の用に供せられる印刷局発行の刊行物を二

2　左の各号の一に該当する者は、司書補となる資格を有する。

一　司書の資格を有する者

二　高等学校を卒業した者で第六條の規定による司書補の講習を修了したもの

（司書及び司書補の講習）

第六條　司書及び司書補の講習は、教育学部又は学芸学部を有する大学が、文部大臣の委嘱を受けて行う。

2　司書及び司書補の講習に関し、履修すべき科目、單位その他必要な事項は、文部省令で定める。但し、その履修すべき單位数は、十五單位を下ることができない。

（指導、助言）

第七條　文部大臣は、都道府県の教育委員会に対し、都道府県の教育委員会は、市（特別区を含む。以下同じ。）町村の教育委員会及び私立図書館に対し、その求めに応じて、図書館の設置及び運営に関して、専門的技術的指導又は助言を与えることができる。

（協力の依頼）

第八條　都道府県の教育委員会は、当該都道府県内の図書館奉仕を促進するために、市町村の教育委員会に対し、総合目録の作製、貸出文庫の巡回、図書館資料の相互貸借等に関して協力を求めることができる。

（公の出版物の収集）

第九條　政府は、都道府県の設置する図書館に対し、官報その他一般公衆に対するこう報の用に供せられる印刷庁発行の刊行物を二

部提供するものとする。

2　国及び地方公共団体の機関は、公立図書館の求めに応じ、これに対して、それぞれの発行する刊行物その他の資料を無償で提供することができる。

一部改正〔昭和二七年七月法律二七〇号〕

第二章　公立図書館

（設置）

第十条　公立図書館の設置に関する事項は、当該図書館を設置する地方公共団体の条例で定めなければならない。

一部改正〔昭和三一年六月法律一六三号〕

第十一条及び第十二条　削除〔第一一条・昭和四二年八月法律一二〇号、第一二条・昭和六〇年七月法律九〇号〕

（職員）

第十三条　公立図書館に館長並びに当該図書館を設置する地方公共団体の教育委員会が必要と認める専門的職員、事務職員及び技術職員を置く。

2　館長は、館務を掌理し、所属職員を監督して、図書館奉仕の機

部提供するものとする。

2　国及び地方公共団体の機関は、公立図書館の求めに応じ、これに対して、それぞれの発行する刊行物その他の資料を無償で提供することができる。

第二章　公立図書館

（設置）

第十條　公立図書館の設置に関する事項は、当該図書館を設置する地方公共団体の條例で定めなければならない。

2　前項の條例に関する議案の作成及び提出については、教育委員会法（昭和二十三年法律第百七十号）第六十一條に規定する事件の例による。

（報告）

第十一條　市町村は、図書館を設置し、廃止し、又はその設置者を変更したときは、その旨を都道府県の教育委員会に報告しなければならない。

2　前項の報告に関し必要な事項は、都道府県の教育委員会の規則で定める。

第十二條　都道府県の教育委員会は、文部大臣の求めに応じ、これに対して、当該都道府県及び当該都道府県内の市町村の設置する図書館の設置、廃止及び設置者の変更に関し、報告を提出しなければならない。

（職員）

第十三條　公立図書館に館長並びに当該図書館を設置する地方公共団体の教育委員会が必要と認める専門的職員、事務職員及び技術職員を置く。

2　館長は、館務を掌理し、所属職員を監督して、図書館奉仕の機

能の達成に努めなければならない。

3　〔削除〕〔平成一一年七月法律八七号〕

一部改正〔昭和三一年六月法律一四八号・昭和三六年六月法律一四五号・昭和三七年五月法律一三三号〕

（図書館協議会）

第十四条　公立図書館に図書館協議会を置くことができる。

2　図書館協議会は、図書館の運営に関し館長の諮問に応ずるとともに、図書館の行う図書館奉仕につき、館長に対して意見を述べる機関とする。

第十五条　図書館協議会の委員は、学校教育及び社会教育の関係者並びに学識経験のある者の中から、教育委員会が任命する。

一部改正〔平成一一年七月法律八七号〕

能の達成に努めなければならない。

3　国から第二十條の規定による補助金の交付を受ける地方公共団体の設置する公立図書館の館長となる者は、司書となる資格を有する者でなければならない。但し、当該図書館の館長となる者のうち、都道府県又は地方自治法（昭和二十二年法律第六十七号）第百五十五條第二項の市（以下「五大市」という。）の設置する図書館の館長となる者及び五大市以外の市の設置する図書館の館長となる者は、更にそれぞれ三年以上又は一年以上図書館の館長又は司書（国立国会図書館又は大学の附属図書館の職員でこれらの職員に相当するものを含む。）として勤務した経験を有する者でなければならない。

（図書館協議会）

第十四條　公立図書館に図書館協議会を置くことができる。

2　図書館協議会は、図書館の運営に関し館長の諮問に応ずるとともに、図書館の行う図書館奉仕につき、館長に対して意見を述べる機関とする。

第十五條　図書館協議会の委員は、左の各号に掲げる者のうちから、教育委員会が任命する。

一　当該図書館を設置する地方公共団体の区域内に設置された学校が推薦した当該学校の代表者

二　当該図書館を設置する地方公共団体の区域内に事務所を有する社会教育関係団体（社会教育法第十條に規定する社会教育関係団体をいう。）が選挙その他の方法により推薦した当該団体の代表者

三　社会教育委員

四　公民館運営審議会の委員

第十六条　図書館協議会の設置、その委員の定数、任期その他必要な事項については、当該図書館を設置する地方公共団体の条例で定めなければならない。

一部改正〔昭和三一年六月法律一六三号・昭和三四年四月法律一五八号・平成一一年七月法律八七号〕

（入館料等）

第十七条　公立図書館は、入館料その他図書館資料の利用に対するいかなる対価をも徴収してはならない。

（公立図書館の基準）

第十八条　文部科学大臣は、図書館の健全な発達を図るために、公立図書館の設置及び運営上望ましい基準〔別掲〕を定め、これを教育委員会に提示するとともに一般公衆に対して示すものとする。

一部改正〔平成一一年一二月法律一六〇号〕

第十九条　削除〔平成一一年七月法律八七号〕

（図書館の補助）

第二十条　国は、図書館を設置する地方公共団体に対し、予算の範囲内において、図書館の施設、設備に要する経費その他必要な経費の一部を補助することができる。

2　前項の補助金の交付に関し必要な事項は、政令〔別掲〕で定める。

全部改正〔昭和三四年四月法律一五八号〕

第二十一条及び第二十二条　削除〔第二一条・平成一一年七月法律八七号、第二二条・昭和三四年四月法律一五八号〕

五　学識経験のある者

第十六條　図書館協議会の設置、その委員の定数、任期その他必要な事項については、当該図書館を設置する地方公共団体の條例で定めなければならない。

2　第十條第二項の規定は、前項の條例について、準用する。

3　社会教育法第十五條第三項及び第四項並びに第十九條の規定は、図書館協議会の委員について、準用する。

（入館料等）

第十七條　公立図書館は、入館料その他図書館資料の利用に対するいかなる対価をも徴収してはならない。

（公立図書館の基準）

第十八條　文部大臣は、図書館の健全な発達を図るために、公立図書館の設置及び運営上望ましい基準を定め、これを教育委員会に提示するとともに一般公衆に対して示すものとする。

（国庫補助を受けるための公立図書館の基準）

第十九條　国から第二十條の規定による補助金の交付を受けるために必要な公立図書館の設置及び運営上の最低の基準は、文部省令で定める。

（公立図書館に対する補助その他の援助）

第二十條　国は、図書館を設置する地方公共団体に対し、予算の定めるところに従い、その設置及び運営に要する経費について補助金を交付し、その他必要な援助を行う。

第二十一條　文部大臣は、前條の規定による補助金を交付する場合においては、当該補助金を受ける地方公共団体の設置する図書館

第二十三条　国は、第二十条〔図書館の補助〕の規定による補助金の交付をした場合において、左の各号の一に該当するときは、当該年度におけるその後の補助金の交付をやめるとともに、既に交付した当該年度の補助金を返還させなければならない。

一　図書館がこの法律の規定に違反したとき。

二　地方公共団体が補助金の交付の条件に違反したとき。

三　地方公共団体が虚偽の方法で補助金の交付を受けたとき。

第三章　私立図書館

第二十四条　削除〔昭和四二年八月法律一二〇号〕

（都道府県の教育委員会との関係）

第二十五条　都道府県の教育委員会は、私立図書館に対し、指導資料の作製及び調査研究のために必要な報告を求めることができ

が、第十九条に規定する最低の基準に達しているかどうかを審査し、その基準に達している場合にのみ、当該補助金の交付をしなければならない。

第二十二條　第二十條の規定による補助金の交付は、図書館を設置する地方公共団体の各年度における図書館に備えつける図書館資料に要する経費等の前年度における精算額を勘案して行うものとする。

2　前項の経費の範囲及び補助金交付の手続きに関し必要な事項は、政令で定める。

第二十三條　国は、第二十條の規定による補助金の交付をした場合において、左の各号の一に該当するときは、当該年度におけるその後の補助金の交付をやめるとともに、既に交付した当該年度の補助金を返還させなければならない。

一　図書館がこの法律の規定に違反したとき。

二　地方公共団体が補助金の交付の條件に違反したとき。

三　地方公共団体が虚偽の方法で補助金の交付を受けたとき。

第三章　私立図書館

（届出）

第二十四條　図書館を設置しようとする法人又は設置する法人は、図書館を設置し、又は廃止し、若しくは設置者を変更しようとするときは、あらかじめ、その旨を都道府県の教育委員会に届け出なければならない。

2　前項の届出に関し必要な事項は、都道府県の教育委員会の規則で定める。

（都道府県の教育委員会との関係）

第二十五條　都道府県の教育委員会は、私立図書館に対し、指導資料の作製及び調査研究のために必要な報告を求めることができ

る。

2　都道府県の教育委員会は、私立図書館に対し、その求めに応じて、私立図書館の設置及び運営に関して、専門的、技術的の指導又は助言を与えることができる。

一部改正〔昭和三一年六月法律一六三号〕

（国及び地方公共団体との関係）

第二十六条　国及び地方公共団体は、私立図書館の事業に干渉を加え、又は図書館を設置する法人に対し、補助金を交付してはならない。

第二十七条　国及び地方公共団体は、私立図書館に対し、その求めに応じて、必要な物資の確保につき、援助を与えることができる。

（入館料等）

第二十八条　私立図書館は、入館料その他図書館資料の利用に対する対価を徴収することができる。

（図書館同種施設）

第二十九条　図書館と同種の施設は、何人もこれを設置することができる。

2　第二十五条〔都道府県の教育委員会との関係〕第二項の規定は、前項の施設について準用する。

一部改正〔昭和三一年六月法律一六三号〕

附　則

1　この法律は、公布の日から起算して三月を経過した日〔昭和二十五年七月三十日〕から施行する。但し、第十七条〔入館料等〕の規定は、昭和二十六年四月一日から施行する。

2　図書館令（昭和八年勅令第百七十五号）、公立図書館職員令（昭和八年勅令第百七十六号）及び公立図書館司書検定試験規程（昭和十一年文部省令第十八号）は、廃止する。

る。

（国及び地方公共団体との関係）

第二十六條　国及び地方公共団体は、私立図書館の事業に干渉を加え、又は図書館を設置する法人に対し、補助金を交付してはならない。

第二十七條　国及び地方公共団体は、私立図書館に対し、その求めに応じて、必要な物資の確保につき、援助を與えることができる。

（入館料等）

第二十八條　私立図書館は、入館料その他図書館資料の利用に対する対価を徴収することができる。

（図書館同種施設）

第二十九條　図書館と同種の施設は、何人もこれを設置することができる。

2　第七條の規定は、前項の施設について準用する。

附　則

1　この法律は、公布の日から起算して三月を経過した日から施行する。但し、第十七條の規定は、昭和二十六年四月一日から施行する。

2　図書館令（昭和八年勅令第百七十五号）、公立図書館職員令（昭和八年勅令第百七十六号）及び公立図書館司書検定試験規程（昭和十一年文部省令第十八号）は、廃止する。

3　この法律施行の際、現に都道府県又は五大市の設置する図書館の館長である者及び五大市以外の市の設置する図書館の館長である者は、第十三条〔職員〕第三項の規定にかかわらず、この法律施行後五年間は、それぞれ都道府県若しくは五大市の設置する図書館の館長又は五大市以外の市の設置する図書館の館長となる資格を有するものとする。

4　この法律施行の際、現に公立図書館、旧図書館令〔別掲〕第四条若しくは第五条の規定により設置された図書館、国立国会図書館又は学校に附属する図書館において館長若しくは司書又は司書補の職務に相当する職務に従事する職員（大学以外の学校に附属する図書館の職員にあつては、教育職員免許法（昭和二十四年法律第百四十七号）〔別掲〕第四条〔種類〕に規定する普通免許状若しくは仮免許状を有する者又は教育職員免許法施行法（昭和二十四年法律第百四十八号）第一条の規定により普通免許状若しくは仮免許状を有するものとみなされる者に限る。）は、第五条〔司書及び司書補の資格〕の規定にかかわらず、この法律施行後五年間は、それぞれ司書又は司書補となる資格を有するものとする。

一部改正〔昭和二七年六月法律一八五号〕

5　この法律施行の際、現に公立図書館又は私立図書館において館長、司書又は司書補の職務に相当する職務に従事する職員は、別に辞令を発せられない限り、それぞれ館長、司書又は司書補となつたものとする。

6　第四項の規定により司書又は司書補となる資格を有する者は、この法律施行後五年間に第六条〔司書及び司書補の講習〕の規定による司書又は司書補の講習を受けた場合においては、この法律施行後五年を経過した日以後においても、第五条〔司書及び司書補の資格〕の規定にかかわらず、司書又は司書補となる資格を有

3　この法律施行の際、現に都道府県又は五大市の設置する図書館の館長である者及び五大市以外の市の設置する図書館の館長である者は、第十三條第三項の規定にかかわらず、この法律施行後五年間は、それぞれ都道府県若しくは五大市の設置する図書館の館長又は五大市以外の市の設置する図書館の館長となる資格を有するものとする。

4　この法律施行の際、現に公立図書館、旧図書館令第四條若しくは第五條の規定により設置された図書館、国立国会図書館又は大学の附属図書館において館長若しくは司書又は司書補の職務に相当する職務に従事する職員は、第五條の規定にかかわらず、この法律施行後五年間は、それぞれ司書又は司書補となる資格を有するものとする。

5　この法律施行の際、現に公立図書館又は私立図書館において館長、司書又は司書補の職務に相当する職務に従事する職員は、別に辞令を発せられない限り、それぞれ館長、司書又は司書補となつたものとする。

6　第四項の規定により司書又は司書補となる資格を有する者は、この法律施行後五年間に第六條の規定による司書又は司書補の講習を受けた場合においては、この法律施行後五年を経過した日以後においても、第五條の規定にかかわらず、司書又は司書補となる資格を有するものとする。但し、第四項の規定により司書補と

するものとする。但し、第四項の規定により司書補となる資格を有する者（大学を卒業した者を除く。）が司書の講習を受けた場合においては、第五条第一項第三号の規定の適用があるものとする。

7　旧図書館職員養成所を卒業した者は、第五条の規定にかかわらず、司書となる資格を有するものとする。

一部改正〔昭和四〇年三月法律一五号〕

8　旧国立図書館附属図書館職員養成所又は旧文部省図書館講習所を卒業した者及び旧公立図書館司書検定試験規程による検定試験に合格した者は、第六条の規定による司書の講習を受けた場合においては、第五条の規定にかかわらず、司書となる資格を有するものとする。

9　教育委員会は、この法律施行後三年間に限り、公立図書館の館長となる資格を有する者が得られないときは、図書館に関し学識経験のある者のうちから、館長を任命することができる。但し、その者は、当該期間内に公立図書館の館長となる資格が得られない限り、この法律施行後三年を経過した日以後は、館長として在任することができない。

10　第二条〔定義〕第一項、第三条〔図書館奉仕〕及び第十五条の学校には学校教育法（昭和二十二年法律第二十六号）〔別掲〕第九十八条の従前の規定による学校を、第五条第一項並びに附則第四項及び第六項の大学には旧大学令（大正七年勅令第三百八十八号）、旧高等学校令（大正七年勅令第三百八十九号）、旧専門学校令（明治三十六年勅令第六十一号）又は旧教員養成諸学校官制（昭和二十一年勅令第二百八号）の規定による大学、大学予科、高等学校高等科、専門学校及び教員養成諸学校並びに文部省令で定めるこれらの学校に準ずる学校を、第五条第二項の高等学校には、旧中等学校令（昭和十八年勅令第三十六号）、旧高等学校令又は旧青年

なる資格を有する者（大学を卒業した者を除く。）が司書の講習を受けた場合においては、第五條第一項第三号の規定の適用があるものとする。

7　図書館職員養成所を卒業した者は、第五條の規定にかかわらず、司書となる資格を有するものとする。

8　旧国立図書館附属図書館職員養成所又は旧文部省図書館講習所を卒業した者及び旧公立図書館司書検定試験規程による検定試験に合格した者は、第六條の規定による司書の講習を受けた場合においては、第五條の規定にかかわらず、司書となる資格を有するものとする。

9　教育委員会は、この法律施行後三年間に限り、公立図書館の館長となる資格を有する者が得られないときは、図書館に関し学識経験のある者のうちから、館長を任命することができる。但し、その者は、当該期間内に公立図書館の館長となる資格が得られない限り、この法律施行後三年を経過した日以後は、館長として在任することができない。

10　第二條第一項、第三條及び第十五條の学校には学校教育法（昭和二十二年法律第二十六号）第九十八條の従前の規定による学校を、第五條第一項、第十三條第三項並びに附則第四項及び第六項の大学には旧大学令（大正七年勅令第三百八十八号）、旧高等学校令（大正七年勅令第三百八十九号）、旧専門学校令（明治三十六年勅令六十一号）又は旧教員養成諸学校官制（昭和二十一年勅令第二百八号）の規定による大学、大学予科、高等学校高等科、専門学校及び教員養成諸学校並びに文部省令で定めるこれらの学校に準ずる学校を、第五條第二項の高等学校には、旧中等学校令（昭和十八年勅令第三十六号）、旧高等学校令又は旧青年学校令（昭和

学校令（昭和十四年勅令第二百五十四号）の規定による中等学校、高等学校尋常科及び青年学校本科並びに文部科学省令で定めるこれらの学校に準ずる学校を含むものとする。

一部改正〔平成一一年一二月法律一六〇号〕

11　この法律施行の際、現に市町村の設置する図書館に勤務する職員で地方自治法（昭和二十二年法律第六十七号）施行の際官吏であつたものは、別に辞令を発せられない限り、当該図書館を設置する市町村の職員に任命されたものとする。

一部改正〔平成一一年七月法律八七号〕

12　この法律施行の際、現に教育委員会の置かれていない市町村にあつては、教育委員会が設置されるまでの間、第七条、第八条、第十三条第一項、第十五条、第十八条及び附則第九項中「市（特別区を含む。以下同じ。）町村の教育委員会」、「市町村の教育委員会」又は「教育委員会」とあるのは、「市町村長」と読み替えるものとする。

13　文部省設置法（昭和二十四年法律第百四十六号）の一部を次のように改正する。

附則第十四項中「別に図書館に関して規定する法律が制定施行されるまで、」を「当分の間、」に改める。

附　則〔昭和二七年六月一二日法律第一八五号〕

この法律は、公布の日から施行する。

附　則〔昭和二七年七月三一日法律第二七〇号〕〔抄〕

1　この法律は、昭和二十七年八月一日から施行する。〔後略〕

附　則〔昭和二七年八月一四日法律第三〇五号〕〔抄〕

（施行期日）

十四年勅令第二百五十四号）の規定による中等学校、高等学校尋常科及び青年学校本科並びに文部省令で定めるこれらの学校に準ずる学校を含むものとする。

11　この法律施行の際、現に市町村の設置する図書館に勤務する職員で地方自治法施行の際官吏であつたものは、別に辞令を発せられない限り、当該図書館を設置する市町村の職員に任命されたものとする。

12　この法律施行の際、現に教育委員会の置かれていない市町村にあつては、教育委員会が設置されるまでの間、第七條、第八條、第十三條第一項、第十五條、第十八條及び附則第九項中、「市（特別区を含む。以下同じ。）町村の教育委員会」、「市町村の教育委員会」又は「教育委員会」とあるのは、「市町村長」と読み替えるものとする。

13　文部省設置法（昭和二十四年法律第百四十六号）の一部を次のように改正する。

附則第十四項中「別に図書館に関して規定する法律が制定施行されるまで、」を「当分の間、」に改める。

文部大臣　高瀬　荘太郎
内閣総理大臣　吉田　茂

1　この法律は、附則第六項及び附則第十六項から附則第二十六項までの規定を除き、公布の日から施行し、附則第六項及び附則第十六項から附則第二十六項までの規定は、公布の日から起算して六箇月をこえない期間内において政令で定める日から施行する。
〔後略〕

附　則〔昭和三一年六月一二日法律第一四八号〕

1　この法律は、地方自治法の一部を改正する法律（昭和三十一年法律第百四十七号）の施行の日〔昭和三十一年九月一日〕から施行する。

2　この法律の施行の際海区漁業調整委員会の委員又は農業委員会の委員の職にある者の兼業禁止及びこの法律の施行に伴う都道府県又は都道府県知事若しくは都道府県の委員会その他の機関が処理し、又は管理し、及び執行している事務の地方自治法第二百五十二条の十九第一項の指定都市（以下「指定都市」という。）又は指定都市の市長若しくは委員会その他の機関への引継に関し必要な経過措置は、それぞれ地方自治法の一部を改正する法律（昭和三十一年法律第百四十七号）附則第四項及び第九項から第十五項までに定めるところによる。

附　則〔昭和三一年六月三〇日法律第一六三号〕〔抄〕

（施行期日）

1　この法律は、昭和三十一年十月一日から施行する。〔後略〕

附　則〔昭和三四年四月三〇日法律第一五八号〕〔抄〕

（施行期日）

1　この法律は、公布の日から施行する。

附　則〔昭和三六年六月一七日法律第一四五号〕〔抄〕

この法律は、学校教育法の一部を改正する法律（昭和三十六年法律第百四十四号）の施行の日〔昭和三十六年六月十七日〕から施行

する。〔後略〕

附　則〔昭和三七年五月一五日法律第一三三号〕〔抄〕

（施行期日）

1　この法律は、公布の日から施行する。

附　則〔昭和四〇年三月三一日法律第一五号〕〔抄〕

1　この法律は、昭和四十年四月一日から施行する。〔後略〕

（施行期日）

附　則〔昭和四二年八月一日法律第一二〇号〕〔抄〕

1　この法律は、公布の日から施行する。

附　則〔昭和六〇年七月一二日法律第九〇号〕〔抄〕

（施行期日）

第一条　この法律は、公布の日から施行する。〔後略〕

附　則〔平成一〇年六月一二日法律第一〇一号〕〔抄〕

（施行期日）

第一条　この法律は、平成十一年四月一日から施行する。〔後略〕

附　則〔平成一一年七月一六日法律第八七号〕〔抄〕

（施行期日）

第一条　この法律は、平成十二年四月一日から施行する。〔後略〕

附　則〔平成一一年一二月二二日法律第一六〇号〕〔抄〕

（施行期日）

第一条　この法律〔中略〕は、平成十三年一月六日から施行する。〔後略〕

○図書館法施行令

〔昭和三四年四月三〇日
政令第一五八号〕

図書館法第二十条〔図書館の補助〕第一項に規定する図書館の施設、設備に要する経費の範囲は、次に掲げるものとする。

一　施設費　施設の建築に要する本工事費、附帯工事費及び事務費

二　設備費　図書館に備え付ける図書館資料及びその利用のための器材器具の購入に要する経費

附　則〔略〕

〔注＝図書館法施行令（昭和二五年政令二九三号）の全部を改正したものである＝編者〕

○図書館法施行規則

〔昭和二五年九月六日
文部省令第二七号〕

最近改正　平成一二年一〇月三一日　文部省令第五三号

第一章　司書及び司書補の講習

〔適用〕

第一条　図書館法（以下「法」という。）第六条に規定する司書及び司書補の講習については、この章の定めるところによる。

〔司書講習の受講資格〕

第二条　司書の講習を受けることができる者は、左の各号の一に該当するものとする。

一　大学に二年以上在学して、六十二単位以上を修得した者又は高等専門学校若しくは法附則第十項の規定により大学に含まれる学校を卒業した者

二　二年以上司書補（国立国会図書館又は大学若しくは高等専門学校の附属図書館の職員で司書補に相当するものを含む。）として勤務した経験を有する者

三　法附則第八項の規定に該当する者

〔司書補講習の受講資格〕

第三条　司書補の講習を受けることができる者は、高等学校、中等教育学校若しくは法附則第十項の規定により高等学校に含まれる学校を卒業した者又は高等専門学校第三学年を修了した者とする。

〔司書資格の修得科目〕

第四条　司書の講習において司書となる資格を得ようとする者は、次の表の甲群に掲げるすべての科目及び乙群に掲げる科目のうち二以上の科目について、それぞれ単位数の欄に掲げる単位を修得しなければならない。

群	科目	単位数
甲群	生涯学習概論	一
	図書館概論	二
	図書館経営論	一
	図書館サービス論	二
	情報サービス概説	二
	レファレンスサービス演習	一
	情報検索演習	一
	図書館資料論	二
	専門資料論	一
	資料組織概説	二
	資料組織演習	二
	児童サービス論	一
乙群	図書及び図書館史	一
	資料特論	一
	コミュニケーション論	一
	情報機器論	一
	図書館特論	一

2　司書の講習を受ける者がすでに大学（法附則第十項の規定により大学に含まれる学校を含む。）において修得した科目の単位であつて、前項の科目の単位に相当するものとして文部科学大臣が認めたものは、これをもつて前項の規定により修得した科目の単位とみなす。

3　文部科学大臣が別に定めるところにより、司書の講習を受ける者が、第一項の科目の単位の修得に相当する勤務経験又は資格等を有する場合には、これをもつて前項のこれに相当する科目の単位を修得したものとみなす。

〔司書補資格の修得科目〕

第五条　司書補の講習において司書補となる資格を得ようとする者は、次の表に掲げるすべての科目について、それぞれ単位数の欄に掲げる単位を修得しなければならない。

科目	単位数
生涯学習概論	一
図書館の基礎	二
図書館サービスの基礎	二
レファレンスサービス	一
レファレンス資料の解題	一
情報検索サービス	一
図書館の資料	二
資料の整理	二
資料の整理演習	一
児童サービスの基礎	一
図書館特講	一

2　文部科学大臣が別に定めるところにより、司書補の講習を受ける者が、前項の科目の単位の修得に相当する勤務経験又は資格等を有する場合には、これをもつて前項のこれに相当する科目の単

位を修得したものとみなす。

〔単位の計算〕

第六条 この章における単位の計算方法は、大学設置基準（昭和三十一年文部省令第二十八号）第二十一条第二項に定める基準によるものとする。

〔単位認定〕

第七条 単位修得の認定は、講習を行う大学が、試験、論文、報告書その他による成績審査に合格した受講者に対して行う。

〔修了証書〕

第八条 講習を行う大学の長は、第四条又は第五条の規定により、司書の講習又は司書補の講習について、所定の単位を修得した者に対して、それぞれの修了証書を与えるものとする。

2 講習を行う大学の長は、前項の規定により修了証書を与えたときは、修了者の氏名等を文部科学大臣に報告しなければならない。

〔講習細目〕

第九条 受講者の人数、選定の方法及び講習の期間その他講習実施の細目については、毎年官報で公告する。但し、特別の事情がある場合には、適宜な方法によつて公示するものとする。

〔第二章　公立図書館の最低基準（第一〇条～第二〇条）削除〕（平成一二年二月二九日文部省令第六号）

第三章　準ずる学校

〔大学に準ずる学校〕

第十条 法附則第十項の規定による大学に準ずる学校は、左の各号に掲げるものとする。

一 大正七年旧文部省令第三号第二条第二号により指定した学校

二 その他文部科学大臣が大学と同程度以上と認めた学校

〔高等学校に準ずる学校〕

第十一条 法附則第十項の規定による高等学校に準ずる学校は、左の各号に掲げるものとする。

一 旧師範教育令（明治三十年勅令第三百四十六号）の規定による師範学校

二 旧青年学校教育養成所令（昭和十年勅令第四十七号）の規定による青年学校教員養成所

三 旧専門学校入学者検定規程（大正十二年文部省令第二十二号）第十一条の規定により指定した学校

四 大正七年旧文部省令第三号第一条第五号により指定した学校

五 その他文部科学大臣が高等学校と同程度以上と認めた学校

附　則

この省令は、公布の日から施行する。

附　則（昭和二九年六月一日文部省令第一三号）〔略〕

附　則（平成八年八月二八日文部省令第二七号）

1 この省令は、平成九年四月一日から施行する。

2 この省令の施行の日前に、改正前の図書館法施行規則（以下「旧規則」という）の規定により司書の講習を修了した者は、改正後の図書館法施行規則（以下「新規則」という）の規定により司書の講習を修了したものとみなす。

3 この省令の施行の日前に、旧規則第四条の科目のうち一部の科目の単位を修得した者は、第八条の規定による修了証書の授与に関しては、この省令の施行の日から起算して三年間は、新規則第四条のこれに相当する科目の単位を同条の規定により修得したものとみなす。

4 附則第二項及び第三項の規定は、司書補の講習について準用する。この場合において、附則第二項及び第三項中「司書」とあるのは「司書補」と、「旧規則第四条」とあるのは「旧規則第五条」と、「新規則第四条」とあるのは「新規則第五条」と、それぞれ読み替えるものとする。

附　則（平成一二年二月二九日文部省令第六号）

この省令は、平成十二年四月一日から施行する。

附　則（平成一二年一〇月三一日文部省令第五三号）

（施行期日）

第一条　この省令は、内閣法の一部を改正する法律（平成十一年法律第八十八号）の施行の日（平成十三年一月六日）から施行する。

司書及び司書補の講習において履修すべき科目の単位の修得に相当する勤務経験及び資格等〔告示〕

（平成八年八月二八日文部省告示第一四九号）

図書館法施行規則（昭和二十五年文部省令第二十七号）第四条第三項及び第五条第二項の規定に基づき、司書及び司書補の講習において履修すべき科目の単位の修得に相当する勤務経験及び資格等を次のとおり定める。

第一条　司書の講習を受ける者が、次の表の上欄の勤務経験を有する場合には、それぞれ、中欄に掲げる講習の科目について、下欄に掲げる数の単位を修得したものとみなす。

二年以上図書館法（昭和二十五年法律第百十八号）による図書館に勤務した経験（単純な労務に雇用されたものを除く）	図書館サービス論	二
二年以上国立国会図書館又は大学若しくは高等専門学校の附属図書館に勤務した経験（単純な労務に雇用された者を除く）	資料組織概説	二
二年以上図書館法（昭和二十五年法律第百十八号）による図書館に司書補として勤務した経験	生涯学習概論 図書館サービス論	一 二

	資料組織概説	二
	資料組織演習	二
二年以上国立国会図書館又は大学若しくは高等専門学校の附属図書館で司書補に相当する職員として勤務した経験	生涯学習概論	一
	資料組織概説	二
	資料組織演習	二

2 司書の講習を受ける者が、次の表の上欄の資格を有する場合には、それぞれ、中欄に掲げる講習の科目について、下欄に掲げる数の単位を修得したものとみなす。

図書館法（昭和二十五年法律第百十八号）の規定により司書補となる資格	生涯学習概論	一
	資料組織概説	二
学校図書館法（昭和二十八年法律第百八十五号）の規定により司書教諭となる資格	児童サービス論	一
	コミュニケーション論	一
社会教育法（昭和二十四年法律第二百七号）の規定により社会教育主事となる資格	生涯学習概論	一
博物館法（昭和二十六年法律第二百八十五号）の規定により学芸員となる資格	生涯学習概論	一
	情報機器論	一

3 司書の講習を受ける者が、人事院規則八—一八（採用試験）第三条に規定する国家公務員採用Ⅱ種試験に、同規則第四条に規定する図書館学の区分で合格している場合において、合格後三年を経過した日以降における最初の三月三十一日までの間に司書となる資格を取得するときは、図書館概論、図書館資料論、資料組織概説の各科目について、それぞれ二単位を修得したものとみなす。

第二条 司書補の講習を受ける者が、次の表の上欄の勤務経験を有

する場合には、それぞれ、中欄に掲げる講習の科目について、下欄に掲げる数の単位を修得したものとみなす。

二年以上図書館法（昭和二十五年法律第百十八号）による図書館に勤務した経験（単純な労務に雇用されたものを除く）	図書館サービスの基礎	二
二年以上国立国会図書館又は大学若しくは高等専門学校の附属図書館に勤務した経験（単純な労務に雇用された者を除く）	資料の整理	二

2 司書補の講習を受ける者が、次の表の上欄の資格を有する場合には、それぞれ、中欄に掲げる講習の科目について、下欄に掲げる数の単位を修得したものとみなす。

学校図書館法（昭和二十八年法律第百八十五号）の規定により司書教諭となる資格	児童サービスの基礎	一
社会教育法（昭和二十四年法律第二百七号）の規定により社会教育主事となる資格	生涯学習概論	一
博物館法（昭和二十六年法律第二百八十五号）の規定により学芸員となる資格	生涯学習概論	一

3 司書補の講習を受ける者が、人事院規則八—一八（採用試験）第三条に規定する国家公務員採用Ⅱ種試験に、同規則第四条に規定する図書館学の区分で合格している場合において、合格後三年を経過した日以降における最初の三月三十一日までの間に司書補となる資格を取得するときは、図書館の基礎、図書館の資料、資料の整理の各科目について、それぞれ二単位を修得したものとみなす。

図書館法施行規則の一部を改正する省令の制定並びに司書及び司書補の講習において履修すべき科目の単位の修得に相当する勤務経験及び資格等を定める告示の公示等について（通知）　抄

〔平成八年九月六日文生学第一八〇号
各国公私立大学長・放送大学長あて
文部省生涯学習局長〕

このたび、平成八年八月二十八日文部省令第二十七号をもって、別添一〔略〕のとおり図書館法施行規則の一部を改正する省令が制定・公布され、また、同日文部省告示第百四十九号をもって、別添二〔略〕のとおり司書及び司書補の講習において履修すべき科目の単位の修得に相当する勤務経験及び資格等を定める告示が公示されました。これらは、いずれも平成九年四月一日から施行・適用されます。〔以下略〕

記

Ⅰ　省令の改正及び告示の概要等

1　司書〔略　省令第二十七号によって改定されたカリキュラム、告示第百四十九号の内容を通知している〕

2～4〔略〕

Ⅱ　新規則第四条第二項に基づく司書講習の相当科目の単位の認定

〔略〕

Ⅲ　旧規則第四条第二項に基づき司書講習の相当科目の単位の認定を受けている科目の単位の再認定及び経過措置〔略〕

（別添三）　司書の講習科目のねらいと内容

科目名・単位数	ねらい	内容
必修科目 生涯学習概論〔一単位〕	生涯学習及び社会教育の本質について理解を図る。	(1) 生涯学習の意義 (2) 生涯学習と家庭教育、学校教育、社会教育 (3) 生涯学習関連施策の動向 (4) 社会教育の意義 (5) 社会教育の内容・方法・形態 (6) 社会教育指導者 (7) 社会教育施設の概要 (8) 学習情報提供と学習相談の意義
図書館概論〔二単位〕	図書館の意義、図書館の種類、図書館の機能・課題・動向、図書館政策、関係法規、図書館と類縁機関等との関係について解説する。	(1) 図書館の意義（生涯学習と図書館、社会の変化と図書館を含む） (2) 図書館の種類 (3) 図書館の機能と課題（館種別） (4) 図書館の動向（図書館の現状と歴史、情報技術の図書館への影響、外国の図書館事情を含む）

		(5) 図書館行政（図書館政策、図書館法、社会教育法、地方自治法、著作権法等を含む） (6) 他の図書館及び類縁機関等との関係（図書館相互協力・ネットワークを含む） (7) 図書館の自由、図書館関係団体等
図書館経営論 ［二単位］	生涯学習社会における図書館という視点を重視して、図書館経営にかかわる組織、管理・運営、各種計画について解説する。	(1) 図書館経営の在り方 (2) 自治体行政と図書館（他部局等との関係を含む） (3) 図書館の組織と管理・運営 (4) 図書館長・館員の責務及び養成・研修（ボランティアの養成・活用を含む） (5) 図書館サービス計画の意義と方法（各種調査、広報を含む） (6) 図書館の整備計画と施設、設備、備品 (7) 図書館業務・サービスの評価 (8) 情報ネットワーク形成の意義と方法（類縁機関等との連携を含む）
図書館サービス論 ［二単位］	利用者と直接関わる図書館サービスの意義、特質、方法について解説するとともに各種サービスの特質を明らかにする。	(1) 図書館サービスの意義と種類（貸出、読書案内、情報サービス、利用者援助、教育・文化活動など） (2) 利用者理解と利用対象別サービス（多文化サービスを含む） (3) 図書館サービスと著作権 (4) 図書館サービスとボランティア (5) 図書館サービスの協力（他の図書館、関連機関との連携・協力等）
情報サービス概説 ［二単位］	図書館における情報サービスの意義を明らかにし、レファレンスサービス、情報検索サービス等について総合的に解説する。	(1) 情報サービス一般の広がりと図書館が行う情報サービスの位置付け (2) 図書館における情報サービスの意義と種類（レファレンスサービス、レフェラルサービス、カレントアウェアネスサービス等） (3) 情報及び情報探索行動についての基本的理解 (4) レファレンスプロセス（レファレンス質問の受付から回答まで、マニュアル検索とコンピュータ検索を含む） (5) 情報検索サービス方法・プロセス・評価 (6) 主要な参考図書、データベースの解説と評価 (7) 参考図書及びその他の情報源の組織（二次資料の作成にも触れる） (8) 各種情報源の特質と利用法

レファレンスサービス演習［一単位］	参考図書その他の情報源の利用や作成、レファレンス質問の回答処理の演習を通して、実践的な能力の養成を図る。	(1) レファレンスサービスの方法と実際 (2) 参考図書評価の実際 (3) レファレンスコレクション構築の実際 (4) インフォメーションファイルの編成の実際 (5) 二次資料作成の実際 (6) レファレンスインタビュー・質問回答の実際
情報検索演習［一単位］	データベースの検索の演習を通して、実践的な能力の養成を図る。	(1) データベース検索の実際（オンラインの他、オンディスクの演習も含む）
図書館資料論［二単位］	図書館資料全般の特質を論じ、その出版と流通、選択、選書ツール、保存管理について解説する。新しいメディアの特質やその利用等についても触れる。	(1) 情報と資料、資料の類型とその特質（資料の歴史、一次資料・二次資料についても触れる） (2) 資料の出版と流通（外国事情にも触れる） (3) 蔵書構築の方針・評価（資料選択の基準を含む） (4) 選書ツールの利用法 (5) 資料の受入・除籍・保存・管理（紙の劣化防止、共同保管等を含む） (6) 新しいメディアの収集、整理、利用等及び留意点
専門資料論［一単位］	人文科学、社会科学、自然科学・技術の各分野における知識の構造と資料との関係についての理解を図るために、それぞれの分野の資料の特性とその分野を代表する資料について解説する。	(1) 専門分野の特性 (2) 主題文献の特性と種類 (3) 主要な一次・二次資料
資料組織概説［二単位］	資料組織の意義・目的と方法、図書館資料の組織化について解説し、併せてコンピュータ目録について言及する。	(1) 書誌コントロール・資料組織の意義、資料組織と利用者 (2) 目録の意義・機能・種別、目録規則の解説と適用（主題目録形成を含む） (3) 分類の意義、日本十進分類法（NDC）等の解説と適用 (4) 件名標目表の解説と適用 (5) コンピュータ目録の意義と構成、管理・運用（書誌ユーティリティの利用を含む） (6) 機械的処理の方法（情報処理機器の種類と概要を含む）

資料組織演習［一単位］	資料組織の演習を通して、実践的な能力の養成を図る。	(1) 目録記入・資料分類・件名目録作成の実際 (2) 書誌ユーティリティ利用の実際 (3) データの収集と編集、データの入力・加工
児童サービス論［一単位］	児童を対象とする各種のサービス、児童室の運営、児童図書等について総合的に解説する。併せてヤングアダルトサービスについても解説する。	(1) 児童室サービスの意義及びその企画・立案 (2) 児童室の運営 (3) 集会・展示サービス (4) 児童サービスの実際と技術（ストーリーテリング、読み聞かせ、ブックトーク等） (5) 児童図書の収集・整理、利用上の留意点 (6) 児童資料の特色と主要な資料の解説 (7) ヤングアダルトサービスの意義及びその企画・立案等 (8) 学校図書館等との連携・協力
必修科目　小計十八単位		
選択科目 図書及び図書館史［一単位］	図書の形態、印刷、普及、流通等に関し概説し、併せて図書館の歴史的発展について解説する。	

資料特論［一単位］	郷土資料、行政資料、視聴覚資料などの各種資料の特質を論じ、その生産と流通、評価、選択・収集、利用等について解説する。	
コミュニケーション論［一単位］	インターパーソナルなコミュニケーションを中心に、現代におけるコミュニケーションの特性とその概要について解説する。	
情報機器論［一単位］	各種情報機器の機能、種類、利用等について解説する。	
図書館特論［一単位］	図書館における今日的な諸課題について取り上げ解説する。	

選択科目　小計	二単位
合　　計	二十単位

（別添四）　司書補の講習科目とねらい

科目名・単位数	ね　ら　い
生涯学習概論［一単位］	生涯学習及び社会教育の本質について理解を図る。
図書館の基礎［二単位］	図書館の意義、種類、機能及び図書館の組織、運営、計画等について基礎的事項を中心に解説し、併せて図書館員の責務、図書館協力、図書館の課題・動向、図書館の歴史、図書館政策、関係法規等についても言及する。
図書館サービスの基礎［二単位］	図書館サービスの意義、特質、方法や図書館における情報サービス等について基礎的事項を中心に解説し、図書館サービスと著作権にも言及する。
レファレンスサービス［一単位］	レファレンスの意義、レファレンス質問の受付から回答に至るレファレンスプロセス、レファレンスコレクション構築等の情報源の組織について解説する。
レファレンス資料の解題［一単位］	参考図書のほか、電子形態やマイクロ形態の二次資料を中心に、その種類と特質を解説し、代表的なレファレンス資料を解題する。
情報検索サービス［一単位］	情報検索サービスの意義、方法等や情報検索の実際等について解説する。
図書館の資料［二単位］	図書館の資料全般について、その特質を論じ、出版と流通、選択と蔵書構築、保存管理と利用方法等について解説する。
資料の整理［二単位］	図書館における資料組織の意義・目的と方法について基礎的事項を中心に解説する。
資料の整理演習［一単位］	図書、視聴覚メディアの各資料の整理・組織化について演習を行い、実践的な能力の養成を図る。
児童サービスの基礎［一単位］	児童を対象とする各種のサービス、児童室の運営、児童図書等について解説し、併せてヤングアダルトサービスについても解説する。
図書館特講［一単位］	図書館業務に係る基礎的な内容や、図書館における今日的な諸課題について広く取り上げ解説する。
合　計　十五単位	

図書館法に基づく図書館協議会の法的性格について

〔昭和四〇年九月六日委社第五九号
東京都教育委員会教育長あて
文部省社会教育局長回答〕

照会

図書館法（昭和二十五年法律第百十八号）第十四条第一項に基づき設置する図書館協議会は、地方自治法（昭和二十二年法律第六十七号）第百三十八条の四第三項に規定する附属機関と解してよいか。

回答

お見込みのとおり。

〔解説〕 地自法第一三八条の四第三項の附属機関は、「執行機関」の附属機関とされているが、図書館協議会は教育委員会直属でなく、公の施設たる公立図書館に置かれ、館長の諮問に応ずる等の機能を有している（図書館法第一四条）ところから、本件疑義が生ずる。

しかし、図書館協議会の設置態様、機能等は、図書館法の規定に照らしても、地自法上の附属機関と同一であり、かつ、図書館協議会も観念的には教育委員会に附属しており、単にその機能が、法律によつて、館長に意見具申することを通じてそれを教育委員会に尊重させるというふうに制限されていることにすぎないと解されるので、回答のごとくなつたものであろう。また、かく解さないと、図書館協議会のごとく図書館法により条例で設置すべきものとされているものはともかく、一般的には公の施設に置かれる各種協議会、委員会等は条例が不要となり、これは地自法第一三八条の四第三項の趣旨に反することとなる。

なお、同種の機関としては、保健所運営審議会があり、これは地方公共団体に必置の附属機関として地自法別表第七に掲げられている。図書館協議会、公民館運営審議会、博物館協議会等が同別表にないのは、必置の附属機関ではないからであると思われる。(『解説・教育関係行政実例集』文部省地方課法令研究会編、学陽書房、昭和四六年三月より)

司書講習の修了証書の交付について

〔昭和三六年四月一日文社施第一四一号
国公私立大学事務局長（短期大学を含む）、都道府県教育長あて　文部省社会教育局長通知〕

このことについては、昭和三十五年度後期（昭和三十五年十月一日～三十六年三月三十一日）分以降、下記のように処理したいと思いますので御了承のうえ貴管下に周知くださるようにお取りはからいください。

記

1　図書館法第五条第一項第三号により、司書補として三ヵ年以上の経験年数を要すると規定されている者が、司書講習を受講し所定の単位を履修した場合には、当該講習の修了時までに経験年数が三ヵ年にみたないときにも修了証書を交付するものとする。

2　上記の者については、修了証書表記の「司書の資格」が生じていないので、別紙のとおり裏書き（捺印）した修了証書を交付する。

3　この裏書き（捺印）のある修了証書の交付を受けた者の司書資格は、所属長（図書館長等）による三ヵ年以上の勤務経験を有することを証する証明書を、当該修了証書に添えることによつて明らかにされるものである。

4　講習の実施大学においては、講習終了後なるべくすみやかに上記該当者（司書補の資格で受講した者）分についても一般の修了者分と併せて修了証書の交付申請の手続をとるものとする。

修了証書裏書（捺印）の様式

契印

表記の者の資格は、図書館法第五条第一項第三号の規定により、三年以上司書補（国立国会図書館又は大学の附属図書館の職員で司書補に相当するものを含む）として勤務した経験を有した後に生ずるものとする

契印

平成十三年度司書及び司書補講習委嘱の告示

（平成一三年三月三〇日　文部科学省告示第四二号）

図書館法施行規則（昭和二十五年文部省令第二十七号）第九条の規定に基づき、平成十三年度に実施する司書及び司書補の講習について、受講者の人数、選定の方法、及び講習の期間等を次のとおり告示する。

実施大学	講習の別	講習の期間	昼夜の別	受講者の人数	受講申込期間	受講者の選定の方法	講習実施の場所
富士大学	司書	七月二日～九月十四日	昼間	七十名	五月七日～六月二十六日	作文及び書類審査	岩手県花巻市下根子四五〇の三　富士大学校舎　電話　〇一九八（二三）六二二一
	司書補	七月三日～八月二十一日	昼間	四十名			
図書館情報大学	司書	七月三十日～九月二十一日	昼間	三十五名	五月二十八日～六月八日	書類審査	茨城県つくば市春日一の二　図書館情報大学校舎　電話　〇二九八（五九）一〇七〇
聖学院大学	司書	七月九日～九月二十五日	昼間	百二十名	五月一日～五月三十一日	作文及び書類審査	埼玉県上尾市戸崎一の一　聖学院大学本館図書館棟　電話　〇四八（七八一）〇九二五
聖徳大学	司書	七月九日～九月七日	昼間	百名	四月九日～五月十八日	作文及び書類審査	千葉県松戸市岩瀬字向山五五〇　聖徳大学校舎　電話　〇四七（三六五）一一一一
	司書補	七月十二日～八月二十一日	昼間	五十名			

亜細亜大学	司書	七月二十七日～九月二十二日	昼間	百二十名	四月九日～五月三十一日	作文及び書類審査	東京都武蔵野市境五の二四の一〇 亜細亜大学校舎 電話〇四二二（三六）三三三六
鶴見大学	司書	七月二日～九月二十八日	昼間	百二十名	五月九日～六月四日	作文及び書類審査	神奈川県横浜市鶴見区鶴見二の一の三 鶴見大学校舎 電話〇四五（五八一）一〇〇一
	司書補	七月二日～九月二十八日	昼間	五十名			
愛知学院大学	司書	七月十七日～九月十四日	昼間	二百名	四月九日～五月八日	作文及び書類審査	愛知県日進市岩崎町阿良池一二 愛知学院大学校舎 電話〇五六一（七三）一一一一
	司書補	七月十八日～八月三十一日	昼間	五十名			
滋賀文教短期大学	司書	七月十日～九月六日	昼間	五十名	五月一日～五月十六日	作文及び書類審査	滋賀県長浜市田村町三三五 滋賀文教短期大学校舎 電話〇七四九（六三）五八一五
桃山学院大学	司書	六月十一日～八月二十九日	昼間	二百名	四月二日～五月十八日	書類審査	大阪府大阪市阿倍野区昭和町三の一の六四 桃山学院大学昭和町学舎 電話〇六（六二一）二一八一
広島文教女子大学	司書	七月十二日～九月十三日	昼間	八十名	五月十四日～五月二十五日	作文及び書類審査	広島県広島市安佐北区可部東一の二の一 広島文教女子大学校舎 電話〇八二（八一四）三一九一
別府大学	司書	七月十六日～九月八日	昼間	百六十名	四月二日～六月十一日	書類審査	大分県別府市大字北石垣八二 別府大学校舎 電話〇九七七（六六）九六六六 〇九七七（六六）九六三三
	司書補	七月十六日～八月二十三日	昼間	五十名			
鹿児島国際大学	司書	七月二日～九月六日	昼間	五十名	四月二日～五月三十一日	書類審査	鹿児島県鹿児島市下福元町八八五〇 鹿児島国際大学校舎 電話〇九九（二六一）三二一一

備考　受講の申込手続は、各大学において行う。詳細は、各大学へ直接問い合わせること。

司書および司書補の職務内容

〔昭和二五年九月　文社視第三七〇号　文部事務次官通牒〕

〔編者注＝この事務次官通牒は平成一〇年一二月一〇日文総審八〇号で廃止されたが、参考資料として掲げる〕

一　司書および司書補の定義

司書は、館の大小に応じてその所掌する職務の広狭を伴うが、次にかかげるそれぞれの職務を、自己の責任と判断によって処理する能力あるものとする。

司書補は、次にかかげる職務の中の〇印あるものは自主的に、他はそれぞれ司書の事前の指示と事後の検査を受けて助手的処理をする能力ある者とする。

二　職務内容

職務を総務、整理および奉仕の三種に大別して詳記すれば次のとおりである。

A　総務的職務

1　教育委員会との連絡
2　諸報告書類の立案
3　事務分掌の立案
4　諸規則の立案
5　全般的諸統計の立案実施と吟味解析
6　基礎（社会）調査の立案と実施
7　館の総合運営計画の立案
8　資料総合運用計画の立案

9 館外奉仕計画の立案
10 広報と宣伝
11 図書及び図書館利用法並びに図書館技術の指導と普及のための講習会の開催
12 総合目録の立案と作製（目録係と協調）
13 印刷カード目録のあっせん又は作製
14 予算の編成
15 支出の調整
16 人事の管理並びに記録の処理
17 新規採用者の選考と給与の審査
18 職員の養成と研修
19 厚生とレクリエーション
20 図書館協議会の運営
21 他館（法第三条第四号）との連絡協力と相互貸借
22 学校、博物館、公民館、研究所等との連絡協力
23 図書館関係団体及び友好団体との連絡協調
24 総合評価資料の収集と検討

B 整理的職務

（イ）図書の選択
1 蔵書統計の作製と観察
2 図書購入予算資料の作製
3 購入又は寄贈を申込むべき図書の選択
4 公の出版物（法第九条）の選択
5 複本、代用本の決定
6 端本、欠本の調査と補充
7 見計本、売込本の取捨
8 寄贈本の登録、不登録の決定
9 廃棄図書の調査
10 視聴覚資料係との連絡

（ロ）註文、受入
1 見積合せと註文先の決定
○2 註文カードの整理
○3 註文リストの作製
○4 交換寄贈の申込
○5 謝状発送と記録
○6 図書の検収（註文書類又は寄贈申込書との照合）
○7 続刊物の受付と記録
8 寄贈本の評価
○9 図書の保護（正誤表の処理、はさみ込みものの張りつけ、事前製本の決定等）
○10 受入作業
登録番号、日付を入れる、押印、ラベル張り付、図書カード及図書袋の作製と張り付
○11 図書原簿記入

（ハ）分類と目録
1 図書の分類
2 視聴覚資料の分類
3 件名標目と参照の決定
4 図書記号（著者記号）の決定
○5 書架簿の記入
6 事務用（基本）カードの作成
○7 印刷カードの註文
○8 副出（分出を含む）参照カードの作製
○9 印刷カードの加筆

10　前二項のカードの校閲
○11　各種カードの組込み
12　組込カードの検閲
13　視聴覚目録との総合調整
(ニ)　蔵書、保管
○1　排架（閲覧室、書庫内共）
○2　架上の点検と整備
3　破損除籍図書の調査と処理
4　製本図書の調査と処理
5　製本種別の材料の指示及び納品の検査
○6　簡易な製本と修理
○7　法規の加除
8　貴重図書の保管
(ホ)　新聞、雑誌
1　選択（登録保管の要否をも含めて）
○2　受付と記録
○3　現品の保護（つづり込み、仮表紙をつける等）
○4　既刊（未製本）分の保管と製本準備
○5　欠号調査と補充
6　製本標題の決定
7　クリッピングのチェックと分類又は件名の標出
○8　クリッピングの張り込と組込
9　記事索引の作製
(ヘ)　特殊資料
範囲：郷土資料、地方行政資料、時事に関する情報資料、小冊子一枚物等、マイクロフイルム（フォトスタット、写真印画による複製等は一般図書と同様に扱う）

1　収集方針の立案
2　購入予算資料の作製
3　選択と註文
○4　受入と保管
5　分類と目録
6　図書目録との総合調整
7　主題目録又はリストの編纂
○8　ヴアチカルフアイルによる整理
9　インフオーメーションフアイルの用意
10　マイクロフイルムの管理（目録は一般図書と同様）
(ト)　視聴覚資料
範囲：美術品、模型、展示物（博物資料を含む）、映画フイルム、紙芝居、幻灯スライド、スライドフイルム、写真、掛図、ポスター、図表、グラフ、地図、レコード及びこれらと同類のもの
1　収集方針の立案
2　購入予算資料の作製
3　選択と註文
4　分類と保管
5　図書目録及び特殊資料目録との総合調整
○6　修理
7　交換又は廃棄
○8　映写機及び附属物の操作と管理
○9　幻灯機の操作と管理
○10　蓄音器の操作と管理
○11　人形劇の演技と装置の管理
○12　紙芝居の操作

C　奉仕的職務

（イ）館内奉仕
○1　資料の出納
○2　帯出者の登録
3　苦情と要求の処理
4　事故の対策処理（汚破損、紛失等）
○5　延滞処理
6　郷土資料利用の案内
7　地方行政資料利用の案内
8　時事に関する情報の紹介
9　時事に関する資料の提供
10　視聴覚資料利用の案内
11　クリッピング利用の案内
○12　目録検索の案内
13　読書相談（一般及び部門別）
14　資料調製の指導助言
15　各種索引及び書誌の整備と利用案内
16　雑誌索引の整備と利用案内
17　館内利用統計の作製と観察
18　新利用者の開拓
（ロ）館外奉仕（集会、展観の項を参照）
1　分館との連絡調整
2　出張所、閲覧所、配本所との連絡調整
3　貸出文庫（視聴覚資料を含む）の編成と巡回
4　自動車文庫（視聴覚資料を含む）の編成と巡回
（ハ）集会、展観（館外奉仕の場合をも含む）
1　読書会（常置又は随時）の主催又はあっせん
2　文学その他同好会の主催又はあっせん
3　各種研究会の主催又はあっせん
4　美術品の展観、レコード及び映画鑑賞会の主催又はあっせん
5　幻灯、紙芝居、人形劇及び展示物等利用の集会の主催又はあっせん
6　新刊図書又は主題別図書の展示会の主催又はあっせん
7　各種資料模型等の展示会の主催又はあっせん
8　時事解説のための展示と集会（常置又は随時）
（ニ）児童、生徒
1　お話時間の指導
2　本の読方の指導
○3　図書館利用法の指導
4　学校との連絡
○5　子供の集りの世話
6　児童室の経営管理

公立図書館の設置及び運営上の望ましい基準〔告示〕

（平成一三年七月一八日 文部科学省告示第一三二号）

図書館法（昭和二十五年法律第百十八号）第十八条の規定に基づき、公立図書館の設置及び運営上の望ましい基準を次のように定め、平成十三年七月十八日から施行する。

平成十三年七月十八日

文部科学大臣　遠山　敦子

公立図書館の設置及び運営上の望ましい基準

目次

一　総則

(一) 趣旨

① この基準は、図書館法（昭和二十五年法律第百十八号）〔別掲〕第十八条に基づく公立図書館の設置及び運営上の望ましい基準であり、公立図書館の健全な発展に資することを目的とする。

② 公立図書館の設置者は、この基準に基づき、同法第三条に掲げる事項などの図書館サービスの実施に努めなければならない。

(二) 設置

① 都道府県は、都道府県立図書館の拡充に努め、住民に対し適切な図書館サービスを行うとともに、図書館未設置の町村が多く存在することも踏まえ、当該都道府県内の図書館サービスの全体的な進展を図る観点に立って、市（特別区を含む。以下同じ。）町村立図書館の設置及び運営に対する指導・助言等を計画的に行うものとする。

② 市町村は、住民に対して適切な図書館サービスを行うことができるよう、公立図書館の設置（適切な図書館サービスを確保できる場合には、地域の実情により、複数の市町村により共同で設置することを含む。）に努めるとともに、住民の生活圏、図書館の利用圏等を十分に考慮し、必要に応じ分館等の設置や移動図書館の活用により、当該市町村の全域サービス網の整備に努めるものとする。

③ 公立図書館の設置に当たっては、サービス対象地域の人口分布と人口構成、面積、地形、交通網等を勘案して、適切な位置及び必要な図書館施設の床面積、蔵書収蔵能力、職員数等を確保するよう努めるものとする。

㈢ 図書館サービスの計画的実施及び自己評価等

① 公立図書館は、そのサービスの水準の向上を図り、当該図書館の目的及び社会的使命を達成するため、そのサービスについて、各々適切な「指標」を選定するとともに、これらに係る「数値目標」を設定し、その達成に向けて計画的にこれを行うよう努めなければならない。

② 公立図書館は、各年度の図書館サービスの状況について、図書館協議会の協力を得つつ、前項の「数値目標」の達成状況等に関し自ら点検及び評価を行うとともに、その結果を住民に公表するよう努めなければならない。

㈣ 資料及び情報の収集、提供等

① 資料及び情報の収集に当たっては、住民の学習活動等を適切に援助するため、住民の高度化・多様化する要求に十分配慮するものとする。

② 資料及び情報の整理、保存及び提供に当たっては、広く住民の利用に供するため、情報処理機能の向上を図り、有効かつ迅速なサービスを行うことができる体制を整えるよう努めるものとする。

③ 地方公共団体の政策決定や行政事務に必要な資料及び情報を積極的に収集し、的確に提供するよう努めるものとする。

④ 都道府県立図書館と市町村立図書館は、それぞれの図書館の役割や地域の特色を踏まえつつ、資料及び情報の収集、整理、保存及び提供について計画的に連携・協力を図るものとする。

㈤ 他の図書館及びその他関係機関との連携・協力

公立図書館は、資料及び情報の充実に努めるとともに、それぞれの状況に応じ、高度化・多様化する住民の要求に対応するため、資料や情報の相互利用等の協力活動の積極的な実施に努めるものとする。その際、公立図書館相互の連携（複数の市町村による共同事業を含む。）のみならず、学校図書館、大学図書館等の館種の異なる図書館や公民館、博物館等の社会教育施設、官公署、民間の調査研究施設等との連携にも努めるものとする。

㈥ 職員の資質・能力の向上等

① 教育委員会及び公立図書館は、館長、専門的職員、事務職員及び技術職員の資質・能力の向上を図るため、情報化・国際化の進展等に配慮しつつ、継続的・計画的な研修事業の実

施、内容の充実など職員の各種研修機会の拡充に努めるものとする。

② 都道府県教育委員会は、当該都道府県内の公立図書館の職員の資質・能力の向上を図るために、必要な研修の機会を用意するものとし、市町村教育委員会は、当該市町村の所管に属する公立図書館の職員をその研修に参加させるように努めるものとする。

③ 教育委員会は、公立図書館における専門的職員の配置の重要性に鑑み、その積極的な採用及び処遇改善に努めるとともに、その資質・能力の向上を図る観点から、計画的に他の公立図書館及び学校、社会教育施設、教育委員会事務局等との人事交流（複数の市町村及び都道府県の機関等との人事交流を含む。）に努めるものとする。

二 市町村立図書館

(一) 運営の基本

市町村立図書館は、住民のために資料や情報の提供等直接的な援助を行う機関として、住民の需要を把握するよう努めるとともに、それに応じ地域の実情に即した運営に努めるものとする。

(二) 資料の収集、提供等

① 住民の要求に応えるため、新刊図書及び雑誌の迅速な確保並びに他の図書館との連携・協力により図書館の機能を十分発揮できる種類及び量の資料の整備に努めるものとする。また、地域内の郷土資料及び行政資料、新聞の全国紙及び主要な地方紙等多様な資料の整備に努めるものとする。

② 多様な種類・内容の視聴覚資料の収集に努めるものとする。

③ 電子資料の作成、収集及び提供並びに外部情報の入手に関するサービス等に努めるものとする。

④ 本館、分館、移動図書館等の資料の書誌データの統一的な整備や、インターネット等を活用した正確かつ迅速な検索システムの整備に努めるものとする。また、貸出の充実を図り、予約制度などにより住民の多様な資料要求に応じるよう努めるものとする。

⑤ 資料の提供等に当たっては、複写機やコンピュータ等の情報・通信機器等の利用の拡大に伴い、職員や利用者による著作権等の侵害が発生しないよう、十分な注意を払うものとする。

(三) レファレンス・サービス等

他の図書館等と連携しつつ、電子メール等の通信手段の活用や外部情報の利用にも配慮しながら、住民の求める事項について、資料及び情報の提供又は紹介などを行うレファレンス・サービスの充実・高度化に努めるとともに、地域の状況に応じ、学習機会に関する情報その他の情報の提供を行うレフェラル・サービスの充実にも努めるものとする。

(四) 利用者に応じた図書館サービス

① 成人に対するサービスの充実に資するため、科学技術の進展や産業構造・労働市場の変化等に的確に対応し、就職、転職、職業能力開発、日常の仕事等のための資料及び情報の収集・提供に努めるものとする。

② 児童・青少年に対するサービスの充実に資するため、必要なスペースを確保するとともに、児童・青少年用図書の収集・提供、児童・青少年の読書活動を推進するための読み聞かせ等の実施、情報通信機器の整備等による新たな図書館

サービスの提供、学校等の教育施設との連携の強化等に努めるものとする。

③　高齢者に対するサービスの充実に資するため、高齢者に配慮した構造の施設の整備とともに、大活字本、拡大読書器などの資料や機器・機材の整備・充実に努めるものとする。また、関係機関・団体と連携を図りながら、図書館利用の際の介助、対面朗読、宅配サービス等きめ細かな図書館サービスの提供に努めるものとする。

④　障害者に対するサービスの充実に資するため、障害のある利用者に配慮した構造の施設の整備とともに、点字資料、録音資料、手話や字幕入りの映像資料の整備・充実、資料利用を可能にする機器・器材の整備・充実に努めるものとする。また、関係機関・団体と連携を図りながら手話等による良好なコミュニケーションの確保に努めたり、図書館利用の際の介助、対面朗読、宅配サービス等きめ細かな図書館サービスの提供に努めるものとする。

⑤　地域に在留する外国人等に対するサービスの充実に資するため、外国語資料の収集・提供、利用案内やレファレンス・サービス等に努めるものとする。

㈤　多様な学習機会の提供

①　住民の自主的・自発的な学習活動を援助するため、読書会、研究会、鑑賞会、映写会、資料展示会等を主催し、又は他の社会教育施設、学校、民間の関係団体等と共催するなど、多様な学習機会の提供に努めるとともに、学習活動の場の提供、設備や資料の提供などによりその奨励に努めるものとする。

②　住民の情報活用能力の向上を支援するため、講座等学習機会の提供に努めるものとする。

㈥　ボランティアの参加の促進

国際化、情報化等社会の変化へ対応し、児童・青少年、高齢者、障害者等多様な利用者に対する新たな図書館サービスを展開していくため、必要な知識・技能等を有する者のボランティアとしての参加を一層促進するよう努めるものとする。そのため、希望者に活動の場等に関する情報の提供やボランティアの養成のための研修の実施など諸条件の整備に努めるものとする。なお、その活動の内容については、ボランティアの自発性を尊重しつつ、あらかじめ明確に定めておくことが望ましい。

㈦　広報及び情報公開

住民の図書館に対する理解と関心を高め新たな利用者の拡大を図るため、広報紙等の定期的な刊行やインターネット等を活用した情報発信など、積極的かつ計画的な広報活動及び情報公開に努めるものとする。

㈧　職員

①　館長は、図書館の管理運営に必要な知識・経験を有し、図書館の役割及び任務を自覚して、図書館機能を十分発揮させられるよう不断に努めるものとする。

②　館長となる者は、司書となる資格を有する者が望ましい。

③　専門的職員は、資料の収集、整理、保存、提供及び情報サービスその他の専門的業務に従事し、図書館サービスの充実・向上を図るとともに、資料等の提供及び紹介等の住民の高度で多様な要求に適切に応えるよう努めるものとする。

④　図書館には、専門的なサービスを実施するに足る必要な数の専門的職員を確保するものとする。

⑤　専門的職員のほか、必要な数の事務職員又は技術職員を置

くものとする。

⑥ 専門的分野に係る図書館サービスの向上を図るため、適宜、外部の専門的知識・技術を有する者の協力を得るよう努めるものとする。

(九) 開館日時等

住民の利用を促進するため、開館日・開館時間の設定にあたっては、地域の状況や住民の多様な生活時間等に配慮するものとする。また、移動図書館については、適切な周期による運行などに努めるものとする。

(十) 図書館協議会

① 図書館協議会を設置し、地域の状況を踏まえ、利用者の声を十分に反映した図書館の運営がなされるよう努めるものとする。

② 図書館協議会の委員には、地域の実情に応じ、多様な人材の参画を得るよう努めるものとする。

(十一) 施設・設備

本基準に示す図書館サービスの水準を達成するため、開架・閲覧、収蔵、レファレンス・サービス、集会・展示、情報機器・視聴覚機器、事務管理などに必要な施設・設備を確保するよう努めるとともに、利用者に応じて、児童・青少年、高齢者及び障害者等に対するサービスに必要な施設・設備を確保するよう努めるものとする。

三 都道府県立図書館

(一) 運営の基本

① 都道府県立図書館は、住民の需要を広域的かつ総合的に把握して資料及び情報を収集、整理、保存及び提供する立場から、市町村立図書館に対する援助に努めるとともに、都道府県内の図書館間の連絡調整等の推進に努めるものとする。

② 都道府県立図書館は、図書館を設置していない市町村の求めに応じて、図書館の設置に関し必要な援助を行うよう努めるものとする。

③ 都道府県立図書館は、住民の直接的利用に対応する体制も整備するものとする。

④ 都道府県立図書館は、図書館以外の社会教育施設や学校等とも連携しながら、広域的な観点に立って住民の学習活動を支援する機能の充実に努めるものとする。

(二) 市町村立図書館への援助

市町村立図書館の求めに応じて、次の援助に努めるものとする。

ア 資料の紹介、提供を行うこと。

イ 情報サービスに関する援助を行うこと。

ウ 図書館の資料を保存すること。

エ 図書館運営の相談に応じること。

オ 図書館の職員の研修に関し援助を行うこと。

(三) 都道府県立図書館と市町村立図書館とのネットワーク

都道府県立図書館は、都道府県内の図書館の状況に応じ、コンピュータ等の情報・通信機器や電子メディア等を利用して、市町村立図書館との間に情報ネットワークを構築し、情報の円滑な流通に努めるとともに、資料の搬送の確保にも努めるものとする。

(四) 図書館間の連絡調整等

① 都道府県内の図書館の相互協力の促進や振興等に資するため、都道府県内の図書館で構成する団体等を活用して、図書館間の連絡調整の推進に努めるものとする。

②　都道府県内の図書館サービスの充実のため、学校図書館、大学図書館、専門図書館、他の都道府県立図書館、国立国会図書館等との連携・協力に努めるものとする。

(五)　調査・研究開発

都道府県立図書館は、図書館サービスを効果的・効率的に行うための調査・研究開発に努めるものとする。特に、図書館に対する住民の需要や図書館運営にかかわる地域の諸条件の調査・分析・把握、各種情報機器の導入を含めた検索機能の強化や効率的な資料の提供など住民の利用促進の方法等の調査・研究開発に努めるものとする。

(六)　資料の収集、提供等

都道府県立図書館は、三の(九)により準用する二の(二)に定める資料の収集、提供等のほか、次に掲げる事項の実施に努めるものとする。

ア　市町村立図書館等の要求に十分応えられる資料の整備

イ　高度化・多様化する図書館サービスに資するための、郷土資料その他の特定分野に関する資料の目録、索引等の作成、編集及び配布

(七)　職員

都道府県立図書館は、三の(九)により準用する二の(八)に定める職員のほか、三の(二)から(六)までに掲げる機能に必要な職員を確保するよう努めるものとする。

(八)　施設・設備

都道府県立図書館は、三の(九)により準用する二の(十)に定める施設・設備のほか、次に掲げる機能に必要な施設・設備を備えるものとする。

ア　研修

イ　調査・研究開発

ウ　市町村立図書館の求めに応じた資料保存等

(九)　準用

市町村立図書館に係る二の(二)から(十)までの基準は、都道府県立図書館に準用する。

「公立図書館の設置及び運営上の望ましい基準」の告示について（通知）

〔平成一三年七月一八日文科生第三〇二号
各都道府県教育委員会教育長あて
文部科学省生涯学習政策局長通知〕

このたび、別添（別掲）のとおり、平成十三年七月十八日付けをもって、図書館法（昭和二十五年法律第百十八号）（別掲）第十八条に基づく「公立図書館の設置及び運営上の望ましい基準」を定める告示（文部科学省〔告示〕第百三十二号）が公布され、同日から施行されました。

各都道府県教育委員会においては、特に下記の点に御留意の上、本基準を今後の公立図書館行政を推進するに当たっての指針として活用され、公立図書館の一層の整備・充実に努められるようお願いします。

併せて、このことについて、域内の市町村教育委員会及び公立図書館等関係機関に周知していただくようお願いします。

なお、「生涯学習審議会社会教育分科審議会施設部会図書館専門委員会の「公立図書館の設置及び運営に関する基準について（報告）」の送付について」（平成四年六月十七日付け文生学第百八十二号文部省生涯学習局長通知）は、廃止します。

記

一　図書館の設置促進

都道府県は、図書館未設置の町村が多く存在することを踏まえ、域内の図書館サービスの全体的な進展を図る観点に立って、市町村立図書館の設置及び運営に対する指導・助言等を計画的に行うこと。

市町村は、住民に対して適切な図書館サービスを行うことができるよう、公立図書館の設置（適切な図書館サービスを確保できる場合には、地域の実情により、複数の市町村により共同で設置することを含む。）に努めること。

二　図書館サービスの計画的実施及び自己評価等

公立図書館は、図書館サービスについて、適切な「指標」を選定するとともに、これらに係る「数値目標」を設定し、「数値目標」の達成状況等を自ら点検・評価し、その結果を住民に公表するよう努めること。

三　豊かな図書館サービスの展開

公立図書館は、情報通信機器の整備による新たな図書館サービスの提供、子どもの読書活動推進のための読み聞かせの実施、高齢者や障害者に配慮した図書館サービスの充実、ボランティアの参加の促進等により、豊かな図書館サービスの展開に努めること。

公立図書館の設置及び運営上の望ましい基準について（報告）

〔平成一二年一二月八日
生涯学習審議会社会教育分科審議会
計画部会図書館専門委員会〕

参考＝この基準については、次の送付文書が都道府県・指定都市教育委員会教育長あてに出された＝編者

「公立図書館の設置及び運営上の望ましい基準について（報告）」について（送付）

〔平成一二年一二月二二日
文生学第三五八号
文部省生涯学習局長〕

生涯学習審議会社会教育分科審議会計画部会図書館専門委員会では、平成一〇年九月の生涯学習審議会答申「社会の変化に対応した今後の社会教育行政の在り方について」において検討することが必要とされた図書館法第一八条に基づく「公立図書館の設置及び運営上の望ましい基準」について、平成四年五月の生涯学習審議会社会教育分科審議会施設部会図書館専門委員会報告「公立図書館の設置及び運営に関する基準について」を踏まえ、新たな情勢に対応すべく、平成一〇年一二月から調査・審議を進めてきましたが、このたび一二月八日に標記報告をとりまとめましたので、参考までに送付いたします。

今後、文部省では本報告中の「Ⅲ　基準の内容」について、図書館法第一八条に定める「公立図書館の設置及び運営上望ましい基準」として告示する予定です。

貴教育委員会におかれては、域内の市町村教育委員会（域内に指定都市がある場合は指定都市教育委員会を除く。）に対して、別紙のとおり送付していただきますようお願いします。

また、次のような送付文書が各公立図書館長に出された＝編者

「公立図書館の設置及び運営上の望ましい基準について（報告）」について（送付）

〔平成一二年一二月二五日
生涯学習審議会社会教育分科審議会
計画部会図書館専門委員会〕

当専門委員会は、平成一〇年九月の生涯学習審議会答申「社会の変化に対応した今後の社会教育行政の在り方について」において検討することが必要とされた図書館法第一八条に基づく「公立図書館の設置及び運営上の望ましい基準」について、平成四年五月の生涯学習審議会社会教育分科審議会施設部会図書館専門委員会報告「公立図書館の設置及び運営に関する基準について」を踏まえ、新たな情勢に対応すべく、平成一〇年一二月から調査・審議を進めてきましたが、このたび一二月八日に標記報告としてとりまとめ、文部省に提出しましたので、参考までに送付いたします。

この報告の「Ⅲ　基準の内容」で提言した基準は、基本的には「公立図書館」を対象としたものであり、各公立図書館自身が設置者である都道府県・市区町村の財政当局との折衝等を通じて自ら達成すべきものですが、一部には「設置者」を対象としたものも含まれていますので、両者の差異に御留意ください。

（目次）

I 審議の経過

図書館は、生涯学習の振興を図る上で、住民の身近にあって学習活動を支援する極めて重要な社会教育施設である。今日、社会の様々な変化に伴って高度化・多様化する住民の学習要求に適切に対応するため、生涯学習の振興や地方分権の推進等が進められているが、平成十年九月の生涯学習審議会答申においては、図書館法第十八条の「公立図書館の設置及び運営上望ましい基準」を検討することが必要とされた。

これを受けて本専門委員会は、平成十年十二月から、平成四年五月に生涯学習審議会社会教育分科審議会施設部会図書館専門委員会が報告した「公立図書館の設置及び運営に関する基準」を踏まえ、新たな情勢に対応すべく公立図書館からのヒアリングや実地調査等を重ねて検討を進めてきた。平成十二年八月に中間まとめを公表し、関係機関からの意見を参考にさらに協議を重ねてきた。このたび、この審議の結果を「公立図書館の設置及び運営上の望ましい基準について」報告としてとりまとめた。なお、本報告の内容は、今後の社会状況等の変化にあわせ、適時適切に改訂されるべきものである。

II これからの公立図書館の在り方

一 図書館利用者の拡大に向けて

我が国の公立図書館は、毎年相当数が新たに設置され、各種のサービスも一層の充実・高度化が行われるなど、住民の身近な生涯学習関連施設として各地でその整備が進められつつある。

しかし、図書館を設置していない町村がなお多数存在することや、図書館が設置されていても時間的・地理的条件により十分な図書館サービスを享受できない住民も存在するなど、図書館の利用者の拡大については残された課題も少なくない。このため、図書館を設置していない地方公共団体については、図書館設置に向けたさらなる努力が必要であり、また、既存の図書館についても、利用者の拡大に向けた様々な工夫が期待される。

特に、新しい情報通信技術の開発・普及は、図書館から離れた地域の住民や障害のある人々など、図書館を利用しにくい状況に置かれた住民について、きめ細かな図書館サービスを提供できる可能性を拡大しつつある。

例えば、地方公共団体の区域を超えて住民が相互に利用ができるようにしたり、外部の電子化された情報（以下「外部情報」という。）の入手に関するサービスを行うなど、住民の需要を踏まえた様々な新しい試みを行うことにより、図書館利用者の拡大を図ることも考えられる。

各図書館は、地域の実情を考慮しつつ、より多くの住民に図書館サービスを提供するための方策を創造的に展開していくべきである。

二　豊かな図書館サービスの展開に向けて

情報化、国際化、高学歴化、高齢化、産業構造・労働市場の変化、住民の学習要求の高度化・多様化など、図書館を取り巻く環境は近年急速に変化しつつあるが、各図書館は、こうした変化への適切な対応という課題に直面する一方で、新たな図書館サービスを展開していく好機を迎えている。このような新たな図書館サービスの例としては、次のようなものを挙げることができよう。

（新しい情報通信技術の活用）

コンピュータの整備、インターネットへの接続、衛星通信受信設備の整備など、新しい情報通信技術の導入・活用を積極的に進めるとともに、既存の図書館資料（以下「資料」という。）の電子化・データベース化や新しい電子資料の収集、提供等を行うことにより、従来の図書館サービスの大幅な拡大・高度化が期待される。

また、外部情報の入手に関するサービスなども、新しいサービスとして実施することが望まれる。なお、その際の対価徴収の在り方については、それぞれのサービスの態様に即して、利用者の情報入手に著しい格差が生じることのないよう配慮しつつ、図書館の設置者の裁量によるものとする。

（国際化への対応）

国際化が急速に進展する中、我が国に在留する外国人も増加しており、外国語資料の収集・提供、多言語による利用案内やレファレンス・サービスの実施など、従来の図書館サービスについて、国際的視野に立った充実・拡大が期待される。

また、住民が異文化に対する理解を深めたり、異なる文化を持つ人々と共に生きていく資質・能力を身につけられるよう、諸外国や我が国の文化等に関する資料の収集、提供等についても一層充実することが望まれる。

（高齢化への対応）

急速に進展する高齢化に対応するため、高齢者にも配慮した構造の施設を整備することや、拡大読書器など高齢者の利用に資する設備等の適切な整備が期待される。

また、老人福祉施設等関係機関・団体と連携を図りながら、図書館利用の際の介助や対面朗読、宅配サービスなど、高齢者の立場に立ったきめ細かな図書館サービスの拡充を図ることが望まれる。

（子どもの読書活動の振興）

「子ども読書年」等を契機として、子どもたちにとっての読書の意義・価値が改めて見直されているが、このような動きを踏まえ、子どもたちのために必要な資料やスペースの整備・確保、読み聞かせ等の様々な活動の展開など、子どもを対象としたサービスの充実・拡大が期待される。

また、学校教育においても児童生徒の読書活動が振興されていることから、司書・司書補（以下「専門的職員」という。）を学校に派遣し、読み聞かせ等を行うことにより図書館への関心を高め図書館利用の促進を図るなど、学校との連携・協力の拡充を図ることが望まれる。

（職業能力開発のための要求への対応）

産業構造・労働市場の変化等により、就職、転職、能力開発、日常の仕事等のために、図書館から必要な情報や知識を得たいという要求が高まりつつあり、こうした利用者に対応するための資料の収集・提供や、適切なレファレンス・サービスの実施など、職業あるいは職業能力の開発に関係するサービスを充実・拡大することが期待される。

また、勤務時間等による制約を持つ利用者に対応するため、夜間や祝日の開館など、開館時間について弾力的に運営することが望まれる。

（ボランティア活動の推進）

住民の参加を得つつ、図書館サービスの充実を図る観点から、ボランティアの積極的な受け入れは有意義であり、子どもたちの読書活動を支援するボランティアや情報機器の利用支援等に携わる「情報ボランティア」など、ボランティアの活動の場を提供することについて、十分な配慮が期待される。

また、ボランティア活動への参加を促進する観点から、希望者に対し活動の場に関する情報の提供、養成・研修の実施など、諸条件の整備を行うことが望まれる。

三 今後の課題

(1) 体制の整備

上記のような図書館サービスの新たな展開を実現するためには、専門的職員の適切な配置や施設設備の充実など、必要な体制の整備を推進することが必要であり、図書館の設置者には、新たな図書館サービスの展開に関する政策決定とともに、こうした体制の整備について十分な配慮を行うことが望まれる。

一方、専門的職員は、利用者である住民の需要に対応して図書館サービスのさらなる高度化を図るため、図書館に関する研修はもとより、国、都道府県、関係団体等が実施する行政サービスに関する各種の研修にも積極的に参加するなどさらに研鑽を重ね、その能力を高めて住民から「プロフェッショナル」としての信頼を得るように努めなければならない。

(2) 住民の意思に基づく図書館の運営

地方分権、規制緩和等が進められつつある今日、図書館の設置・運営は、住民の意思を十分に尊重して行われる必要がある。このため図書館は、住民の需要等に関する調査の実施や図書館協議会の活性化を進めること等により、住民の意思を図書館の運営に最大限に反映させるよう努めなければならない。

Ⅲ 基準の内容

一 総則

(1) 趣旨

① この基準は、図書館法（昭和二十五年法律第百十八号）第二条第二項に規定する公立図書館の設置及び運営上の望ましい基準を定め、もって公立図書館の健全な発展に資することを目的とする。

② 公立図書館の設置者は、この基準に基づき、同法第三条に

掲げる事項などの図書館サービスの実施に努めなければならない。

(2)　設置

①　都道府県は、都道府県立図書館の拡充に努め、住民に対し適切な図書館サービスを行うとともに、図書館未設置の町村が多く存在することも踏まえ、当該都道府県内の図書館サービスの全体的な進展を図る観点に立って、市（特別区を含む。以下同じ。）町村立図書館の設置及び運営に対する指導・助言等を計画的に行うものとする。

②　市町村は、住民に対して適切な図書館サービスを行うことができるよう、公立図書館の設置（適切な図書館サービスを確保できる場合には、地域の実情により、複数の市町村により共同で設置することを含む。）に努めるとともに、住民の生活圏、図書館の利用圏等を十分に考慮し、必要に応じ分館や移動図書館等の設置を行うことにより、全域サービス網の整備に努めるものとする。

③　公立図書館の設置に当たっては、サービス対象地域の人口分布と人口構成、面積、地形、交通網等を勘案して、適切な位置及び必要な図書館施設の床面積、蔵書収蔵能力、職員数等を確保するよう努めるものとする。

(3)　図書館サービスの計画的実施及び自己評価等

①　公立図書館は、そのサービスの水準の向上を図り、当該図書館の目的及び社会的使命を達成するため、その図書館サービスについて、各々適切な「指標」を選定するとともに、これらに係る「数値目標」を設定し、その達成に向けて計画的にこれを行うよう努めなければならない。

②　公立図書館は、各年度の図書館サービスの状況について、図書館協議会の協力を得つつ、前項の「数値目標」の達成状況等に関し自ら点検及び評価を行うとともに、その結果を住民に公表するよう努めなければならない。

(4)　資料及び情報の収集、提供等

①　資料及び情報の収集に当たっては、住民の学習活動等を適切に援助するため、住民の高度化・多様化する要求に十分配慮するものとする。

②　資料及び情報の整理、保存及び提供に当たっては、広く住民の利用に供するため、情報処理機能の向上を図り、有効かつ迅速なサービスを行うことができる体制を整えるよう努めるものとする。

③　地方公共団体の政策決定や行政事務に必要な資料及び情報を積極的に収集し、的確に提供するよう努めるものとする。

④　都道府県立図書館と市町村立図書館との間においては、それぞれの図書館の役割や地域の特色を踏まえつつ、資料及び情報の収集、整理、保存及び提供について計画的に連携・協力を図るものとする。

(5)　他の図書館及びその他関係機関との連携・協力

公立図書館は、資料及び情報の充実に努めるとともに、それぞれの状況に応じ、高度化・多様化する住民の要求に対応するため、資料や情報の相互利用等の協力活動の積極的な実施に努めるものとする。その際、公立図書館相互の連携（複数の市町村による共同事業を含む。）のみならず、学校図書館、大学図書館等の館種の異なる図書館や公民館、博物館等の社会教育施設、官公署、民間の調査研究施設等との連携にも努めるものとする。

(6)　職員の資質・能力の向上等

① 教育委員会及び公立図書館は、館長、専門的職員、事務職員及び技術職員の資質・能力の向上を図るため、情報化・国際化の進展等に配慮しつつ、継続的・計画的な研修事業の実施、内容の充実など職員の各種研修機会の拡充に努めるものとする。

② 都道府県教育委員会は、当該都道府県内の公立図書館の職員の資質・能力の向上を図るために、必要な研修の機会を用意するものとし、市町村教育委員会は、当該市町村の所管に属する公立図書館の職員をその研修に参加させるように努めるものとする。

③ 教育委員会は、公立図書館における専門的職員の配置の重要性に鑑み、その積極的な採用及び処遇改善に努めるとともに、その資質・能力の向上を図る観点から、計画的に他の公立図書館及び学校、社会教育施設、教育委員会事務局等との人事交流（複数の市町村及び都道府県との間の人事交流を含む。）に努めるものとする。

二 市町村立図書館

(1) 運営の基本

市町村立図書館は、住民のために資料や情報の提供等直接的な援助を行う機関として、住民の需要を把握するよう努めるとともに、それに応じ地域の実情に即した運営に努めるものとする。

(2) 資料の収集、提供等

① 住民の要求に応えるため、新刊図書及び雑誌の迅速な確保並びに他の図書館との連携・協力により図書館の機能が十分発揮できる種類及び量の資料の整備に努めるものとする。また、地域内の郷土資料及び行政資料、新聞の全国紙及び主要な地方紙等多様な資料の整備に努めるものとする。

② 多様な種類・内容の視聴覚資料の収集に努めるものとする。

③ 電子資料の作成、収集及び提供並びに外部情報の入手に関するサービス等に努めるものとする。

④ 本館、分館、移動図書館等の資料の書誌データの統一的な整備や、インターネット等を活用して、正確かつ迅速な検索システムの整備に努めるものとする。また、貸出の充実を図り、予約制度などにより住民の多様な資料要求に的確に応じるよう努めるものとする。

(3) レファレンス・サービス等

他の図書館等と連携しつつ、電子メール等の通信手段の活用や外部情報の利用にも配慮しながら、住民の求める事項について、資料及び情報の提供又は紹介などを行うレファレンス・サービスの充実・高度化に努めるとともに、地域の状況に応じ、学習機会に関する情報その他の情報の提供を行うレフェラル・サービスの充実にも努めるものとする。

(4) 利用者に応じた図書館サービス

① 成人に対するサービスの充実に資するため、科学技術の進展や産業構造・労働市場の変化等に的確に対応し、就職、転職、職業能力開発、日常の仕事等のための資料及び情報の収集・提供に努めるものとする。

② 児童・青少年に対するサービスの充実に資するため、必要なスペースを確保するとともに、児童・青少年用図書の収集・提供、児童・青少年の読書活動を推進するための読み聞かせ等の実施、情報通信機器の整備等による新たな図書館サービスの提供、学校等の教育施設との連携の強化等に努め

るものとする。

③　高齢者に対するサービスの充実に資するため、高齢者に配慮した構造の施設の整備とともに、大活字本、拡大読書器などの資料や機器・機材の整備・充実に努めるものとする。また、関係機関・団体と連携を図りながら、図書館利用の際の介助、対面朗読、宅配サービス等きめ細かな図書館サービスの提供に努めるものとする。

④　障害者に対するサービスの充実に資するため、障害のある利用者に配慮した構造の施設の整備とともに、点字資料、録音資料、手話や字幕入りの映像資料の整備・充実、資料利用を可能にする機器・機材の整備・充実に努めるものとする。また、関係機関・団体と連携を図りながら手話等による良好なコミュニケーションの確保に努めたり、図書館利用の際の介助、対面朗読、宅配サービス等きめ細かな図書館サービスの提供に努めるものとする。

⑤　地域に在留する外国人等に対するサービスの充実に資するため、外国語資料の収集・提供、利用案内やレファレンス・サービス等に努めるものとする。

(5)　多様な学習機会の提供

①　住民の自主的・自発的な学習活動を援助するため、読書会、研究会、鑑賞会、映写会、資料展示会等を主催し、又は他の社会教育施設、学校、民間の関係団体等と共催するなど、多様な学習機会の提供に努めるとともに、学習活動の場の提供、設備や資料の提供などによりその奨励に努めるものとする。

②　住民の情報活用能力の向上を支援するため、講座等学習機会の提供に努めるものとする。

(6)　ボランティアの参加の促進

国際化、情報化等社会の変化へ対応し、児童・青少年、高齢者、障害者等多様な利用者に対する新たな図書館サービスを展開していくため、必要な知識・技能等を有する者のボランティアとしての参加を一層促進するよう努めるものとする。そのため、希望者に活動の場等に関する情報の提供やボランティアの養成のための研修の実施など諸条件の整備に努めるものとする。なお、その活動の内容については、ボランティアの自発性を尊重しつつ、あらかじめ明確に定めておくことが望ましい。

(7)　広報及び情報公開

住民の図書館に対する理解と関心を高め新たな利用者の拡大を図るため、広報紙等の定期的な刊行やインターネット等を活用した情報発信など、積極的かつ計画的な広報活動及び情報公開に努めるものとする。

(8)　職員

①　館長は、図書館の管理運営に必要な知識・経験を有し、図書館の役割及び任務を自覚して、図書館機能を十分発揮できるよう不断に努めるものとする。

館長となる者は、司書となる資格を有する者が望ましい。

②　専門的職員は、資料の収集、整理、保存及び提供、情報サービスその他の専門的業務に従事し、図書館サービスの充実・向上を図るとともに、資料等の提供、紹介等の住民の高度で多様な要求に適切に応えるよう努めるものとする。

図書館には、専門的なサービスを実施するに足る必要な数の専門的職員を確保するものとする。

③　専門的職員のほか、必要な数の事務職員又は技術職員を置くものとする。

④ 専門的分野に係る図書館サービスの向上を図るため、適宜、外部の専門的知識・技術を有する者の協力を得るよう努めるものとする。

(9) 開館日時等

住民の利用を促進するため、開館日・開館時間の設定にあたっては、地域の状況や住民の多様な生活時間等に配慮するものとする。また、移動図書館については、その適切な周期による運用などに努めるものとする。

(10) 図書館協議会

① 図書館協議会を設置し、地域の状況を踏まえ、利用者の声を十分に反映した図書館の運営ができるよう努めるものとする。

② 図書館協議会の委員には、地域の実情に応じ、多様な人材の参画を得るよう努めるものとする。

(11) 施設・設備

本基準に示す図書館サービスの水準を達成するため、開架・閲覧、収蔵、レファレンス・サービス、集会・展示、情報機器・視聴覚機器、事務管理などに必要な施設・設備、また利用者に応じて、児童・青少年、高齢者、障害者等に対するサービスに必要な施設・設備を確保するよう努めるものとする。

三 都道府県立図書館

(1) 運営の基本

① 都道府県立図書館は、住民の需要を広域的かつ総合的に把握して資料及び情報を収集、整理、保存及び提供する立場から、市町村立図書館に対する援助に努めるとともに、都道府県内の図書館間の連絡調整等の推進に努めるものとする。

② 都道府県立図書館は、図書館を設置していない市町村の求めに応じて、図書館の設置に関し必要な援助を行うよう努めるものとする。

③ 都道府県立図書館は、住民の直接的利用に対応する体制も整備するものとする。

④ 都道府県立図書館は、図書館以外の社会教育施設や学校等とも連携しながら、広域的な観点に立って住民の学習活動を支援する機能の充実に努めるものとする。

(2) 市町村立図書館への援助

市町村立図書館の求めに応じて、次の援助に努めるものとする。

ア 資料の紹介、提供を行うこと。

イ 情報サービスに関する援助を行うこと。

ウ 図書館の資料を保存すること。

エ 図書館運営の相談に応じること。

オ 図書館の職員の研修に関し援助を行うこと。

(3) 都道府県立図書館と市町村立図書館とのネットワーク

都道府県立図書館は、都道府県内の図書館の状況に応じ、コンピュータ等の情報・通信機器や電子メディア等を利用して、市町村立図書館との間に情報ネットワークを構築し、情報の円滑な流通に努めるとともに、資料の搬送の確保にも努めるものとする。

(4) 図書館間の連絡調整等

① 都道府県内の図書館の相互協力の促進や振興等に資するため、都道府県内の図書館で構成する団体等を活用して、図書館間の連絡調整の推進に努めるものとする。

② 都道府県内の図書館サービスの充実のため、学校図書館、大学図書館、専門図書館、他の都道府県立図書館、国立国会

図書館等との連携・協力に努めるものとする。

(5)　調査・研究開発

都道府県立図書館は、図書館サービスを効果的・効率的に行うための調査・研究開発に努めるものとする。特に、図書館に対する住民の需要や図書館運営にかかわる地域の諸条件の調査・分析・把握、各種情報機器の導入を含めた検索機能の強化や効率的な資料の提供など住民の利用促進の方法等の調査・研究開発に努めるものとする。

(6)　資料の収集、提供等

都道府県立図書館は、三の(9)により準用する二の(2)に定める資料の収集、提供等のほか、次に掲げる事項の実施に努めるものとする。

ア　市町村立図書館等の要求に十分応えられる資料の整備

イ　高度化・多様化する図書館サービスに資するための、郷土資料その他の特定分野に関する資料の目録、索引等の作成、編集及び配布

(7)　職員

都道府県立図書館は、三の(9)により準用する二の(8)に定める職員のほか、三の(2)から(6)までに掲げる機能に必要な職員を確保するよう努めるものとする。

(8)　施設・設備

都道府県立図書館は、三の(9)により準用する二の(11)に定める施設・設備のほか、次に掲げる機能に必要な施設・設備を備えるものとする。

ア　研修

イ　調査・研究開発

ウ　市町村立図書館の求めに応じた資料保存等

(9)　準用

市町村立図書館の章中、次に掲げる規定は、都道府県立図書館に準用する。

二(2)　資料の収集、提供等

(3)　レファレンス・サービス等

(4)　利用者に応じた図書館サービス

(5)　多様な学習機会の提供

(6)　ボランティアの参加の促進

(7)　広報及び情報公開

(8)　職員

(9)　開館日時等

(10)　図書館協議会

(11)　施設・設備

〔参考資料〕

この報告の基準の内容においては、図書館サービスの計画的実施及び自己評価等のため、各図書館が各々適切な「指標」を選定するとともに、これらに係る「数値目標」を設定して、計画的に図書館サービスの実施を行うよう努めることとしている。

このような「指標」や「数値目標」の例としては、次のようなものをあげることができる。

(1)　「指標」の例

○　蔵書冊数　　○　来館者数、来館回数
○　開架冊数　　○　リクエスト（予約）件数
○　開架に占める新規図書比　　○　レファレンス質問件数
○　視聴覚資料点数　　○　集会・行事参加者数
○　年間購入雑誌点数　　○　集会・行事参加回数
○　貸出冊数　　○　利用者満足度

表：貸出活動上位の公立図書館における整備状況

人口段階別	1万人未満	1～3万人	3～10万人	10～30万人	30万人以上
平均人口	6,500	17,900	49,800	140,800	403,700
延床面積㎡	896	1,591	2,937	5,437	8,853
蔵書冊数	53,067	93,373	213,984	547,353	850,812
開架冊数（内数）	44,615	73,657	153,181	335,203	558,362
開架に占める新規図書比	9.8%	9.2%	10.9%	10.9%	9.1%
視聴覚資料点数	1,582	3,277	8,299	18,809	47,400
年間購入雑誌点数	124	130	255	615	955
資料費（千円）＊	9,841	17,635	35,398	74,629	143,361
人口1人概算（円）	1,500	1,000	700	550	350
人口1人年間貸出点数	14.4	13.8	11.4	10.0	7.8
職員数(有資格者)＊＊	5(3)	8(4)	19(11)	53(25)	98(58)

注：上記の表は「日本の図書館　1999」（日本図書館協会編）をもとに同協会により作成したものである。数値については，全国の市町村（政令指定都市及び特別区を除く）の公立図書館のうち，人口1人あたりの「資料貸出」点数の多い上位10％の図書館の平均数値を算出したものである。ここで示した数値も参考にしながら，各図書館において各々が選定した「指標」に係る「数値目標」を定め，時系列比較や同規模自治体などとの比較検討によって自己評価に活用し，図書館運営の一層の発展に資することが望まれる。なお，ここで示した数値を上回るサービスを展開している図書館にあっては，さらに高い水準を目指して図書館サービスの充実を図ることが期待される。

＊　1998年度決算額

＊＊ 非常勤，臨時職員を含むフルタイム相当人数

○　登録者数

なお、これらの「指標」に係る具体的な「数値目標」の設定については、総数、人口一人あたりの数、人口に対する比率、登録者一人あたりの数、職員一人あたりの数などとするような工夫も考えられよう。

(2)「数値目標」の例

具体的な「数値目標」を設定する際の参考として、以下の表〔上記〕を示す。

生涯学習審議会社会教育分科審議会計画部会図書館専門委員会委員名簿

磯野　嘉子　千葉経済大学短期大学部助教授
糸賀　雅児　慶應義塾大学教授
岡部　一邦　東京都立中央図書館長、全国公共図書館協議会会長
（平成十一年六月十日～）
越塚　美加　学習院女子大学助教授
酒川　玲子　社団法人日本図書館協会事務局長
作花　文雄　横浜国立大学助教授
島田　好正　栃木県教育委員会生涯学習課長
鈴木　勝男　元東京都立中央図書館長、元全国公共図書館協議会会長
（～平成十一年五月三十一日）
○田中　久文　日本大学教授
村田　文生　亜細亜大学非常勤講師、東京国際大学非常勤講師
山本　宏義　相模原市教育委員会生涯学習課長（～平成十二年五月三十一日）

（五十音順、○は主査）

公立図書館の任務と目標

〔一九八九年一月　確定公表
日本図書館協会図書館政策特別委員会〕

最近改正　二〇〇〇年一二月公表

目次

はじめに

日本図書館協会は、一九七九年の総会において採択した「図書館の自由に関する宣言　一九七九年改訂」において、「すべての国民は、いつでもその必要とする資料を入手し利用する権利を有する」こと、そして「この権利を社会的に保障することに責任を負う機関」が図書館であることを表明した。また、「すべての国民は、図書館利用に公平な権利をもっており、人種、信条、性別、年齢やそのおかれている条件等によっていかなる差別もあってはならない」とも述べており、われわれは、これらのことが確実に実現されるよう、図書館サービスの充実に努めなければならない。

日本の公立図書館サービスは、一九五〇年の図書館法によって「図書館奉仕」の理念を掲げはしたものの、その具現化には相当の年月を要し、ようやく一九六〇〜七〇年代に、『中小都市における公共図書館の運営』（一九六三年）、『市民の図書館』（一九七〇年）を指針として発展の方向を見いだした。図書館を真に住民のものにしようという意欲的な図書館員の努力、読書環境の整備充実を求める住民要求の高まり、それを受け止める自治体の積極的な施策と対応によって、図書館サービスは顕著な発展を遂げてきた。

一九八〇年代になると、いわゆる行政改革により、図書館はつくっても十分な職員を配置せず、その不足を嘱託、臨時職員などで補う自治体、さらには図書館法の精神に反して、公立図書館の管理運営を公社・財団等に委託するケースや司書を派遣会社に求める自治体が現れる。その上、一九九〇年代には、生涯学習体系への移行、情報ネットワークの整備という国の政策レベルの動向から、図書館経営に一段と複雑な様相が広がっている。

先に述べたとおり、すべての国民に図書館利用の権利を保障することは、民主主義国家においては必須の条件であり、それは公の責任で果たされなければならない。こうした観点から、地方自治体が無料公開の図書館を設置し、管理運営することは、欧米先進諸国においては十九世紀半ばに確立された伝統である。日本は、いまだこの原理に則った近代図書館を整備する途上にある。今なお図書館をもたない町村が七割にも及ぶという事実があるし、先進的な市町村といえども、すべての住民のニーズにこたえられるという域には遠く、あるべき図書館サービスは形成過程だと認識することが至当である。

もちろん、公立図書館の維持発展を図ることは、地方自治体及び地域住民の発意と責任に帰することであるが、「図書館事業の進歩発展を図り、わが国文化の進展に寄与する」という本協会の目的に照らして、協会会員の関心を喚起するとともに、それぞれの地域・職域における図書館サービス計画の立案に資することを願って「公立図書館の任務と目標」を策定し公表することにした。

当初、この文書の策定は、公立図書館である以上、少なくともこのレベル程度の活動は、という「基準」を提起することを意図して始められた。しかし、「基準」といえば図書館法にいう基準との混同を招く恐れもあること、さらに「基準」という言葉には数量的なものが意識される傾向が強いので、この語を使用しないことにした。

すべての図書館が、この内容を達成し、さらに高いレベルの新たな目標を掲げ得る状況の速やかな到来を強く望むものである。

第一章　基本的事項

（公立図書館の役割と要件）

一　人間は、情報・知識を得ることによって成長し、生活を維持していくことができる。また、人間は文化的な、うるおいのある生活を営む権利を有する。公立図書館は、住民がかかえているこれらの必要と欲求にこたえるために自治体が設置し運営する図書館である。公立図書館は、幼児から高齢者まで、住民すべての自己教育に資するとともに、住民が情報を入手し、芸術や文学を鑑賞し、地域文化の創造にかかわる場である。公立図書館は、公費によって維持される公の施設であり、住民はだれでも無料でこれを利用することができる。

公立図書館は、図書館法に基づいて地方公共団体が設置する図書館であり、教育委員会が管理する機関であって、図書館を設置し図書館サービスを実施することは、地方公共団体の責務である。また、公立図書館は住民の生活・職業・生存と精神的自由に深くかかわる機関である。このような基本的性格にてらして、公立図書館は地方公共団体が直接に経営すべきものであり、図書館の運営を他へ委託することはできない。

（知る自由の保障）

二　住民は、あらゆる表現の記録（資料）に接する権利を有しており、この住民の知る自由を保障することは、公立図書館の重要な責務である。この責務を果たすため、公立図書館は、住民の意思を受けて図書その他の資料を収集し、収集した資料を住民に提供する自由を有する。住民のなかには、いろいろな事情で図書館利用から疎外されている人びとがおり、図書館は、すべての住民の知る自由の拡大に努めなければならない。

（図書館の利用）

三　住民は、図書館の利用を通じて学習し、情報を入手し、文化的な生活を営むことができる。図書館の活用によって達成できることは多様であり、限りない可能性をもっているが、おおむね次のようなことである。

(1)　日常生活または仕事のために必要な情報・知識を得る。

(2)　関心のある分野について学習する。

(3)　政治的、社会的な問題などに対するさまざまな思想・見解に接し、自分の考えを決める糧にする。
(4)　自らの住む地域における行政・教育・文化・産業などの課題解決に役立つ資料に接し、情報を得る。
(5)　各自の趣味を伸ばし、生活にくつろぎとうるおいをもたらす。
(6)　子どもたちは、読書習慣を培い、本を読む楽しさを知り、想像力を豊かにする。
(7)　講演会・読書会・鑑賞会・展示会などに参加し、文化的な生活を楽しむ。
(8)　人との出会い、語りあい、交流が行われ、地域文化の創造に参画する。

(図書館計画)

四　公立図書館は、本来住民のために住民の意思を受けて設置され運営される民主的な機関であり、住民要求の多様化と増大、それにこたえる資料の増加にともなって成長発展するものである。したがって、図書館は長期・短期の計画を立案作成し、その計画が自治体の施策として実行されなければならない。

(住民参加)

五　公立図書館は、住民の要求あるいはニーズにこたえる機関であって、その創設・増改築にあたっては、地域の住民の意向が十分に反映されなければならない。単に施設の面ばかりではなく、年次計画の策定、日常の図書館活動の企画についても、住民の参加が欠かせない。

図書館の発展をはかることは、まず図書館員の責任であるが、それとともに、住民の提起が図書館をより有意義な機関に育て、図書館の可能性を拡大していく。住民の制度的参加としては、図書館協議会が活用されるべきである。そういう公的な場も重要であるが、日常的な活動のなかでの利用者との対話、あるいは利用者との懇談会などを通じて、住民の要求をとらえ、その提案をいかす努力と工夫が肝要である。

図書館員は、住民参加の意義を正しく認識し、住民の要望・提案に誠実に対応しなければならない。

(図書館相互の協力)

六　住民が必要とする資料は多種多様であるために、単独の図書館が所蔵する資料だけでは、要求にこたえられないことがある。一自治体の図書館はもちろんのこと、設置者を異にする図書館が相互に補完し協力することによって、住民の多様な要求を充足することが可能となる。

(図書館職員)

七　住民と資料を結びつけるための知識と技術を習得している専門職員を配置することは、図書館として不可欠の条件である。

図書館職員は、「図書館の自由に関する宣言」及び「図書館員の倫理綱領」を十分によく理解し、これらの宣言・綱領に則って業務を遂行することによって、住民の信頼を獲得し図書館の発展をはかることができる。

第二章　市（区）町村立図書館

1　図書館システム

八　住民はだれでも、どこに住んでいても、図書館サービスを受ける権利を持っている。自治体は、その区域のすみずみまで図書館サービスが均質に行きわたるように努めなければならない。

九　一つの自治体が設置する複数の図書館施設は、図書その他の資料の利用または情報入手に関する住民の要求を満たすために有機的に結ばれた組織体でなければならない。このような組織を図書館システムという。

図書館は、地域図書館（以下「地域館」という）と移動図書館、これらの核となる中央図書館（以下「中央館」という）から成る。

自治体は、すべての住民の身近に図書館のサービス・ポイントを配置する。

一〇 住民はだれでも、身近にあるサービス・ポイントを窓口として、必要とする図書その他の資料を利用することができる。

一一 住民はだれでも、身近なサービス・ポイントを通じて、レファレンス・サービスを受け、生活に必要な情報や文化情報などを得る。

一二 図書館システムを構成するそれぞれは、独自に活動するのではなく、中央館をかなめとし、統一されたサービス計画のもとに、組織全体として最大の効果をあげるように活動する。

一三 住民の大多数が地域館または中央館のサービス圏内におさまるように、必要数の図書館を設置しなければならない。その規模は、サービス圏内の人口に応じて定められる。

地域館及び中央館のサービス圏内に含まれない地域の住民に対しては、移動図書館の巡回を行う。

移動図書館は、図書館の働きを住民にとって身近なものとし、図書館システムの形成を促進するために重要な役割をもっている。

一四 図書館は、地域館と中央館及び地域館相互間の図書館資料の円滑な流れを確保するとともに、事務連絡を密にするため、連絡配本車を運行する。

2 図書館サービス

一五 図書館サービスの基本は、資料提供である。そして資料提供は、貸出とレファレンス・サービスによって成り立つ。貸出とレファレンス・サービスは不可分のものであり、レファレンス・サービスに力を入れるあまり、貸出を軽視してはならない。

一六 図書館は、資料提供の機能の展開として、集会・行事を行うとともに、図書館機能の宣伝、普及をはかるための活動や、利用案内を行う。

席借りのみの自習は図書館の本質的機能ではない。自習席の設置は、むしろ図書館サービスの遂行を妨げることになる。

一七 さまざまな生活条件を担っている地域住民がひとしく図書館を利用できるためには、その様態に応じてサービスの上で格別の工夫と配慮がなされなければならない。

一八 児童・青少年の人間形成において、豊かな読書経験の重要性はいうまでもない。生涯にわたる図書館利用の基礎を形づくるためにも、児童・青少年に対する図書館サービスは重視されなければならない。また、学校図書館との連携をすすめ、学校の児童・生徒に対して利用案内を行う。

一九 高齢者についても、その人口比率が年々高まってきていることからも、特に資料や設備などの配慮を必要とする。

二〇 障害者をはじめとして図書館の利用を疎外されてきた人びとに対して、種々の方途を講じて図書館を利用する権利を保障することは、図書館の当然の任務である。

二一 被差別部落の住民への図書館サービスは、文化的諸活動や識字学級に対する援助などによってその範囲を広げる。

二二 アイヌ等少数民族並びに在日朝鮮・韓国人その他の在日外国人にとって、それぞれの民族文化、伝統の継承、教育、その人びとが常用する言語による日常生活上の情報・資料の入手は重要である。図書館は、これらの人びとへの有効なサービスを行う。

二三 開館日、開館時間は、地域住民が利用しやすい日時を設定する。

〔貸出〕

二四　貸出は、資料提供という図書館の本質的機能を最も素朴に実現したものであり、住民が図書館の働きを知り、図書館サービスを享受し得る最も基本的な活動である。したがって図書館は、すべての住民が個人貸出を受けられるように条件を整える。そのために利用手続は簡単で、どのサービス・ポイントでも貸出・返却ができるようにする。貸出方式は、利用者の秘密が守られるものにする。一人に貸出す冊数は、各人が貸出期間内に読み得る範囲で借りればよいので、制限を設ける必要はない。

　貸出には、読書案内と予約業務が不可分のものとして含まれる。

二五　図書館は、一人ひとりの利用者と適切な資料を結びつけるために読書案内を行う。その一環として、フロア・サービスが有効である。

二六　図書館は、住民が求めるどんな資料でも提供する。そのためには、所蔵していない資料も含めて予約に対応できる体制を整える。

二七　求めに応じて、読書グループや文庫などの団体や施設に対して貸出を行う。

〔レファレンス・サービス〕

二八　図書館は、住民の日常生活上の疑問にこたえ、調査研究を援助するためにレファレンス・サービスを行う。

二九　中央館や大きな地域館には、参考資料室を設ける。他のサービス・ポイントもレファレンス・サービスの窓口を開く。

三〇　レファレンス・サービスは、図書館システム全体で、また相互協力組織を通じてあたるほかに、類縁機関、専門機関と連携して行う。

三一　資料に基づく援助のほか、レファレンス・サービスの制限事項とされることが多い医療・法律相談などや資料提供を超える情報サービスも、専門機関や専門家と連携することによって解決の手がかりを供することができる。

〔複写〕

三二　図書館は、資料提供の一環として複写サービスを行う。

〔集会・行事〕

三三　資料提供の機関である図書館が、住民の自主的な学習活動を援助するために集会機能を持つことの意義は大きい。自由な談話の場、グループ活動の場と、学習を発展させるための設備、用具を提供する。

三四　資料提供の機能の展開として、展示、講座、講演会その他の行事を行う。

〔広報〕

三五　図書館の役割を住民に周知するため、館報、広報等によって宣伝するとともに、マスコミ等を通じて住民の理解を深めるよう努める。

3　図書館資料

〔資料構成〕

三六　図書、逐次刊行物、視聴覚資料などは、人類の知識や想像力の成果を集積したものであり、人びとの生活に欠くことのできない情報伝達の手段である。図書館は、すべての住民の多様な資料要求にこたえるため、これらの資料を幅広く、豊富に備える。

三七　資料構成は、有機的なつながりをもち、住民のニーズと地域社会の状況を反映したものでなければならない。特に地域館では、児童用資料を豊富に備える必要がある。

〔収集方針・選択基準〕

三八　資料は、図書館の責任において選択され、収集される。
図書館は、資料の収集を組織的、系統的に行うため、その拠りどころとなる収集方針及び選択基準を作成する。これらは、資料収集の面から図書館サービスのあり方を規定するものであり、教育委員会の承認を得ておくことが望ましい。
収集方針及び選択基準は、図書館のあり方について住民の理解を求め、資料構成への住民の参加と協力を得るために公開される。

〔資料収集の自由〕

三九　住民に適切な判断材料を提供するため、政治的、社会的に対立する意見のある問題については、それぞれの立場の資料を収集するよう努める。図書館の収集した資料がどのような思想や主張をもっていようとも、それを図書館が支持することを意味するものではない。

四〇　地域館では、住民の身近な図書館として、日常の問題解決に役立つ参考図書、教養書、実用書、読み物など、その地域に適した図書を備える。また地域の事情に応じて外国語図書を収集する。

四一　図書館は、住民の関心に沿って、幅広く多様な雑誌を選んで備える。また、地域の状況に応じて外国雑誌も備える。

〔地域資料〕

四二　図書館は、全国紙、地方紙、政党機関紙のほか、それぞれの地域の状況に応じて専門紙を備える。

四三　図書館は、図書、雑誌、新聞のほか、レコード、フィルム、録音テープ、ビデオソフト、写真、地図などを備える。また、視覚・聴覚障害者のために、点字図書、録音図書、大活字本、字幕付ビデオソフトなどの資料の収集にも努める。

四四　それぞれの地域に関する資料の収集・提供は、図書館が住民に対して負っている責務である。そのため図書館は、設置自治体の刊行物及びその地域に関連のある資料を網羅的に収集するほか、その地域にかかわりのある機関・団体等の刊行物の収集にも努める。また、その地方で刊行される一般の出版物についても収集に努める。

〔資料の組織化〕

四五　住民の多様な資料及び情報の要求にこたえるためには、公刊される資料の収集だけでは不十分である。図書館は、フィルム資料、写真資料、録音・録画資料を作成し、図書・小冊子などを出版する。また、障害者のために、それぞれの障害に適した資料の製作に努める。

四六　図書館は、すべての資料が利用者の求めに応じて迅速、的確に提供できるよう、統一的にその組織化を行う。

〔総合目録〕

四七　図書館は、住民がどのサービス・ポイントからでも、そのすべての所蔵資料を検索できるよう、総合目録を備える。総合目録は、常に最新の書誌情報を提供できるよう維持されなければならない。

〔開架制〕

四八　利用者が直接、自由に求める資料を手にすることができるよう、日常的に利用される資料を中心に、可能な限り多くの資料を開架にする。その排列にあたっては、利用者が資料をみつけやすく、利用しやすいような配慮が必要である。

〔資料の維持管理〕

四九　図書館は、常に新鮮で適切な資料構成を維持し、充実させるために資料の更新及び除籍を行う。広域的に再利用が見込める資料については、県立図書館等への譲渡によって活用をはかる。

4　相互協力

五〇　図書館は、住民の要求する資料を必ず提供するために、一自治体を超えて各市町村の図書館システムが相互に協力しあうことが必要である。

相互協力は、まず最も緊密な関係にある市町村の間で行う。

五一　相互協力は、資料の相互貸借、複写、レファレンス業務などサービス面で協力するほかに、資料の分担収集、保存及び索引の作成なども協同で行うものである。時には職員研修、採用試験などにも及ぼすことができる。

五二　図書館はまた、同じ地域内の他館種の図書館や類縁機関、専門機関と連携して、住民の資料要求にこたえるよう努める。

第三章　都道府県立図書館

1　役割と機能

五三　都道府県立図書館（以下「県立図書館」という）は、市町村立図書館と同様に住民に直接サービスするとともに、市町村立図書館の求めに応じてそのサービスを支援する。

大多数の住民にとって、身近にあって利用しやすいのは市町村立図書館である。したがって県立図書館は市町村立図書館への援助を第一義的な機能と受けとめるべきである。

県立図書館であるということを理由に、全く個人貸出を行わないとか、児童サービスを実施しないということがあってはならない。

五四　県立図書館が有する資料と機能は、多くの場合、市町村立図書館を通じて住民に提供される。

五五　市町村立図書館を利用するか、直接に県立図書館を利用するかは、住民各自がそのときの事情に応じて選択することであって、住民がいずれの方法をとった場合にも、図書館は十全に対応すべきである。

五六　県立図書館と市町村立図書館との関係は、前者が後者を指導するとか調整するという関係ではない。

五七　県ないし県教育委員会が図書館振興のための施策を立案する際には、県立図書館は、県下図書館の現状に関する資料及び図書館振興に関する資料を提供し、県としての政策立案に協力する。

五八　県立図書館は、県内公立図書館の協議機関に加わり、その活動を援助する。

2　市町村立図書館への援助

五九　県立図書館は、市町村立図書館の求めに応じて、資料を貸出す。この場合、原則として要求された資料は、すべて貸出すべきである。

貸出期間は、市町村立図書館の貸出に支障がないように定める。貸出す冊数は無制限とすることが望ましい。

六〇　求められた資料を県立図書館が所蔵せず、しかも入手不可能な場合は、可能な範囲で所蔵館を調査し、請求館に通知する。

六一　小図書館または創立時の図書館に対しては、一括して相当量の図書を貸出す。

六二　市町村立図書館において調査不可能な参考質問を、県立図書館は調査し回答する。

六三　県立図書館においても調査不可能な参考質問で、他館または類縁機関において回答可能と思われる場合は、その館・機関を紹介する。

六四　市町村立図書館の児童サービスの発展のために、県立図書館は、選択のための児童書常設展示、児童サービスに関する情報の収集と伝達などの援助を行う。

六五　県立図書館は、県域に関する書誌・索引を作成し、市町村立図書館に配布する。

六六　市町村立図書館の相互協力のために、市町村立図書館の求めに応じて、県立図書館はあらゆる援助を行う。

六七　県立図書館は資料の提供、市町村立図書館間協力への援助、県内資料の収集、そうして市町村立図書館を知るために、定期的に巡回車を運行する。

六八　県立図書館は資料保存の責任を果たすため、市町村立図書館の求めに応じて、それらの館の蔵書の一部を譲り受けて、保存し、提供する。

六九　県立図書館は、県の刊行物を市町村立図書館に配布する。

七〇　県内公立図書館職員の資質・能力向上のため、県立図書館は、研究資料、研修の場を提供し、可能なかぎり経費を負担する。

七一　県立図書館は、求めに応じて図書館、読書、郷土研究、その他の全県的な団体の活動を援助する。

3　図書館資料

七二　県立図書館は、住民のあらゆる資料要求にこたえる責任と、市町村立図書館の活動を支える資料センターとしての役割を果たすため、図書、逐次刊行物、視聴覚資料のほか、障害者用資料、マイクロ資料など、多様な資料を豊富に収集し、保存する。

七三　県立図書館の資料は、児童用資料を含み、すべての主題分野を包括するとともに、それぞれの分野では有機的なつながりをもった構成でなければならない。

七四　県立図書館は、資料の収集を組織的、系統的に行うため、収集方針及び選択基準を作成し、公開する。

七五　県立図書館は、国内で出版される図書、とりわけ県内の出版物を網羅的に収集するほか、外国で発行される図書についても広く収集に努める。

七六　県立図書館は、外国で発行のものを含め、あらゆる主題の雑誌を収集する。また、新聞についても、全国紙、地方紙、政党機関紙のほか、専門紙をできる限り幅広く収集するとともに、外国の新聞の収集にも努める。

これら逐次刊行物の保存については、県立図書館は特に留意する必要がある。

七七　県立図書館は、その県及び関係機関、団体の発行する資料の収集に責任をもつほか、市町村立図書館の協力を得て、各地の地域資料も収集する。

七八　県立図書館は、地域の要求にこたえるため、ファイル資料、写真資料、録音・録画資料を作成し、図書、小冊子などを出版する。また、障害者のための資料の製作にも努める。

七九　日々の増加図書を含むすべての所蔵資料の検索を容易にして、その円滑な利用をはかるため、県立図書館は蔵書目録を作成し、維持する。また、郷土資料目録など必要な総合目録の作成にも努める。

八〇　県立図書館は、所蔵資料の充実に努め、除籍は最小限にとどめる。

4　相互協力

八一　県立図書館は、市町村立図書館に充実した援助ができるように、近隣の県立図書館及び類縁機関、専門機関と常に連絡を保ち、協力する態勢をつくる。

八二　県立図書館は、全国の県立図書館と蔵書目録を交換する。

八三　県立図書館は、関連する近隣地域の情報を提供できるように、近隣の県立図書館及び類縁機関と、それぞれの地域に関する資料及び書誌、索引を交換、収集する。

八四　県立図書館は、住民の資料要求に備えて、専門機関の所蔵資料、保有情報の実態を把握し、協力を得られるよう常に連絡を保つ。

第四章　公立図書館の経営

1　職員

八五　公立図書館の職員は、住民の知る自由を保障し、資料と人とをむすびつける使命を自覚し、住民の資料に対する要求にこたえ、資料要求を拡大するために、最善の努力をはらう。

八六　職員は、図書館運営に参画し、自由に意見を述べるよう努める。館長は、職員のさまざまな意見・発想をまとめ、館運営に生かすよう努めなければならない。

八七　専門的な資質・能力をもった専門職員が中心となって運営することによって、図書館は住民の生活に不可欠な施設となることができる。

図書館を設置する自治体は、司書（司書補）を専門職種として制度化すべきである。その内容は次のとおりである。

(1)　司書（司書補）資格をもつ者を、公開公募によって採用する。

(2)　専門職員は、本人の希望または同意によるほかは、他職種へ異動されない。

(3)　専門職員には、昇任の機会が適正に与えられる。

八八　館長は、公立図書館の基本的任務を自覚し、住民へのサービスを身をもって示し、職員の意見をくみあげるとともに、職員を指導してその資質・能力・モラールの向上に努める。

このため、館長は専任の経験豊かな専門職でなければならない。

八九　図書館の専門職員となろうとするもののため、資格取得に多様な道が開かれていることが望ましい。

養成教育の内容は、専門技術のみではなく、公立図書館の任務、職員の倫理、図書館の管理運営などに、いっそうの重点をかけるべきである。

九〇　図書館職員としての能力を高めるため、すべての職員に研修の機会が与えられる。特に専門職員は自ら学習に努め、基礎的教養と専門的技量を高める努力を怠ってはならない。

館長は研修・学習のための便宜をはかり、各専門団体の行う研究会等への職員の参加を奨励する。

九一　開館時間、開館日などへの住民の要求にこたえるために、図書館職員の勤務時間及び休日が通常の勤務形態と異なる場合が多い。この場合図書館職員であることによって、他職種に比して不利益にならないよう、任命権者は配慮しなければならない。

2　経費

九二　公立図書館の予算は、その果たすべき任務に比して、一般にあまりにも過少である。予算の拡大充実は住民の要求と支持、それを背景にした図書館の強い確信と実践によって達せられる。

九三　公立図書館は、住民の納める税によって維持される。したがって図書館の予算は最大限に効果をあげるよう編成されるべきである。

九四　過少な経費は、住民に失望感を与える図書館をつくり、結果として無駄となる。一定水準以上のサービスを維持するに足る経費を予算化することによって、住民に役立つ図書館となることができる。

九五　委託などによって、予算額が縮小し、節約されたかのようにみえる場合がある。しかし現実にはサービスの遅れや質の低下が現れたりする例が多い。

予算の効率は、住民サービスの質と量を基準に測るべきであり、最終的には住民の評価がその適否を決定する。

3　施設

九六　図書館建築には、図書館側の構想が反映されていなければならない。そのためには、住民の意向もとりいれた図書館建築計画書を設計者に提示することが不可欠である。

九七　図書館は、単独施設であることが望ましい。地域館などで、やむを得ず複合施設に入る場合であっても、図書館部分はその位置が明確で、独立して管理・運営ができるようにする。

九八　図書館は住民の生活動線上にあり、立地条件のよいことが重要である。建物は明るく、親しみやすく、利用者が気軽に使える施設でなければならない。

九九　館内は、利用者にとってわかりやすい構成であり、図書館員にとっても働きやすい施設でなければならない。また、館内全体にわたって障害者が利用できる施設にすべきである。

第五章　都道府県の図書館振興策

〔県下図書館振興行政は県の責務〕

一〇〇　すべての市町村に、計画性に裏づけられた公立図書館サービスの実態をつくりだすことは、それぞれの自治体の責任であり、広域自治体である都道府県及び都道府県教育委員会（以下「県」という）は、すべての県民が十分な図書館サービスを享受できるよう、その振興をはかる責務を負っている。

県としての的確な振興策によって県下の図書館サービスが飛躍的に発展した例として、一九七〇年代の東京都、八〇年代の滋賀県などの場合がある。県をしてそうした振興策を策定せしめる気運を醸成し、その実現を働きかけることは、「公立図書館の任務と目標」の達成と切り離すことのできない課題である。そのためには、既存の図書館がサービス活動を充実させることで県民の図書館への関心を強めることがまず必要であり、期待にこたえる施策の策定を県に迫る主体として、県図書館協会など県下の専門職集団の役割が大きい。

〔振興行政の所管〕

一〇一　県は、県下の図書館振興をはかる行政の所管を明確にし、施策にあたっては県立図書館との連絡を密にし、県図書館協会などの協力を得る。

〔振興策策定の方法〕

一〇二　県は、県下すべての市町村に図書館が設置され、そのサービスが一定の水準以上に達するよう助成する県としての図書館振興策を策定する。

振興策の策定にあたっては、県下の図書館専門職員、専門家、市町村関係者の協力を得るとともに、住民の意思を反映したものとなるよう努める。

〔振興策の内容・補助の要件〕

一〇三　県が策定する図書館振興策には、おおむね次のような内容が含まれていることが必要である。

(1)　市町村における図書館サービスの望ましい目標の設定。

(2)　市町村に対する図書館施設（移動図書館を含む）整備補助制度の設定。その実施にあたっては、図書館法に基づく国の基準や県が独自に設定する目標値など一定の要件を市町村が満たしていることを条件として、補助を行う。

(3)　市町村立図書館の活動が一定の水準以上を達成できるための資料購入費補助制度の設定。

(4)　市町村立図書館の活動の充実に役立つ設備・機器等の購入の助成。

(5)　県下公立図書館職員の研修と交流の機会の設定とそれに要する経費助成。

(6)　県民に対する図書館に関する情報・資料の提供。
(7)　公立図書館未設置自治体に対する啓蒙、情報・資料の提供。
(8)　市町村立図書館の活動を援助するための県立図書館の整備・充実。

〔未設置町村の解消・県立図書館の補完サービス〕

一〇四　県下の図書館振興のために県立図書館は、第三章第二節に掲げる援助を行うとともに、図書館についての情報・資料を県民、市町村及び市町村立図書館に提供する。

一〇五　未設置自治体、とりわけ設置率が低位にとどまる町村に対して県立図書館は、図書館設置を促すような計画的働きかけを行う。未設置自治体の住民を対象とする補完的サービスを行う場合は、それが県の振興策の一環としての位置づけをもち、市町村独自の図書館サービスの始動によい刺激となるようなものでなければならない。

一〇六　県または県立図書館が、子ども文庫など県民の読書活動を助成する場合は、当該の市町村または市町村立図書館と連携して行う。

付　録　数量的な目標〔略〕

〔参考〕「どの水準のものを『目標』として示すかということについて、委員全員の合意を得ることができなかった。そこで、委員会の了承を得た上で、『数量的な目標』に関しては、一委員の試案を『付録』として掲げることにした。」（『公立図書館の任務と目標　解説　増補修訂版』日本図書館協会図書館政策特別委員会編、日本図書館協会発行、八三頁より）

（旧）図書館令

（明治三二年一一月一一日）
（勅令第四二九号）

〔旧漢字は常用漢字に改めた＝編者〕

第一条　北海道府県郡市町村（北海道及沖縄県ノ区含ム）ニ於テハ図書ヲ収集シ公衆ノ閲覧ニ供セムカ為図書館ヲ設置スルコトヲ得

第二条　明治二十六年勅令第三十三号ノ規定ハ図書館ニ関シ之ヲ準用ス

第三条　私人ハ本令ノ規定ニ依リ図書館ヲ設置スルコトヲ得

第四条　図書館ハ公立学校又ハ私立学校ニ附設スルコトヲ得

第五条　図書館ノ設置廃止ハ其ノ公立ニ係ルモノハ文部大臣ノ認可ヲ受ケ其ノ私立ニ係ルモノハ文部大臣に開申スヘシ

第六条　公立図書館ニハ館長及書記ヲ置キ地方長官之ヲ任免ス

館長書記ハ判任文官ト同一ノ待遇ヲ受ク其ノ等級配当ニ関シテハ館長ニハ明治二十五年勅令第三十九号中判任文官ト同一ノ待遇ヲ受クル公立中学校教諭ニ関スル規定、書記ニハ公立中学校書記ニ関スル規定ヲ準用ス

第七条　公立図書館ニ於テハ図書閲覧料ヲ徴収スルコトヲ得

附　則

第八条　諸学校通則第三条中及小学校令中書籍館及図書館ニ関スル規定ハ之ヲ廃止ス

(旧)図書館令

(昭和八年七月一日
勅令第一七五号)

(旧漢字は常用漢字に改めた=編者)

第一条　図書館ハ図書記録ノ類ヲ収集保存シテ公衆ノ閲覧ニ供シ其ノ教養及学術研究ニ資スルヲ以テ目的トス

図書館ハ社会教育に関シ附帯施設ヲ為スコトヲ得

第二条　北海道府県、市町村、市町村学校組合、町村学校組合並ニ町村制ヲ施行セザル地域ニ於ケル町村ニ準ズベキ公共団体及其ノ組合ハ図書館ヲ設置スルコトヲ得

第三条　道府県立図書館ハ地方長官、市町村立図書館ハ市町村長之〔これ〕ヲ管理ス

前項中市町村ノ図書館ニ関スル規定ハ市町村学校組合、町村学校組合並ニ町村制ヲ施行セザル地域ニ於ケル町村ニ準ズベキ公共団体及其ノ組合ノ図書館ニ関シ之ヲ準用ス

第四条　商工会議所、農会其ノ他ノ公共団体ハ図書館ヲ設置スルコトヲ得

前項ノ規定ニ依リ設置シタル図書館ハ私立トス

第五条　私人ハ図書館ヲ設置スルコトヲ得

第六条　図書館ハ公立又ハ私立ノ学校、博物館等ニ附設スルコトヲ得

第七条　図書館ノ設置廃止ハ道府県立ノモノニ在リテハ文部大臣、其ノ他ノモノニ在リテハ地方長官ノ認可ヲ受クベシ

図書館ノ設置廃止ニ関スル規定ハ文部大臣之ヲ定ム

第八条　図書館ニハ分館ヲ設置スルコトヲ得前条ノ規定ハ分館ノ設置廃止ニ之ヲ準用ス

第九条　図書館ノ設備及経営ニ関シ必要ナル事項ハ文部大臣之ヲ定ム

第十条　地方長官ハ管内ニ於ケル図書館ヲ指導シ其ノ連絡統一ヲ図リ之ガ機能ヲ全カラシムル為文部大臣ノ認可ヲ受ケ公立図書館中ノ一館ヲ中央図書館ニ指定スベシ

中央図書館ノ職能ニ関シ必要ナル事項ハ文部大臣之ヲ定ム

第十一条　図書館ニハ館長並ニ相当員数ノ司書及書記ヲ置クベシ

第十二条　文部大臣ハ図書館事業ノ奨励上必要アリト認ムルトキハ公立又ハ私立ノ図書館ニ対シ毎年度予算ノ定ムル所ニ依リ奨励金ヲ交付ス

第十三条　公立図書館ニ於テハ閲覧料又ハ附帯施設ノ使用料ヲ徴収スルコトヲ得

第十四条　私立学校令第一条、第三条、第七条及第十条乃至第十二条ノ規定ハ私立図書館ニ関シ之ヲ準用ス

附　則

本令ハ昭和八年八月一日ヨリ之ヲ施行ス

本令施行ノ際現ニ存スル私立図書館ニシテ従前ノ規定ニ依リ其ノ設置ヲ開申シタルモノハ本令ニ依リ其ノ設置ニ付認可ヲ受ケタルモノト看做〔みな〕ス

前項ニ規定スル図書館ノ館長ニシテ本令施行ノ際現ニ其ノ職ニ在ル者ハ本令施行後一月内ニ其ノ住所及氏名ヲ地方長官ニ届出デタル者ニ限リ本令ニ依ル認可ヲ受ケタル者ト看做ス

（旧）図書館令施行規則

〔昭和八年七月二六日
文部省令第一四号〕

〔旧漢字は常用漢字に改めた＝編者〕

第一条　図書館ノ設置ニ就キ認可ヲ受ケントスルトキハ左ノ事項ヲ具シ道府県立ノモノニ在リテハ文部大臣ニ、其ノ他ノモノニ在リテハ地方長官ニ申請スベシ

(一)　名称
(二)　位置
(三)　用地建物ノ面積及図面（他ノ建物ヲ充当スル場合ハ其ノ使用スベキ場所ノ面積及図面）
(四)　開館年月
(五)　館則
(六)　閲覧所ノ設備ナキモノハ其ノ事由
(七)　経費及維持ノ方法

前項第一号乃至〔ないし〕第五号ノ変更ハ道府県立ノモノニ在リテハ文部大臣ニ、其ノ他ノモノニ在リテハ地方長官ニ開申スベシ

第二条　図書館ノ廃止ニ就キ認可ヲ受ケントスルトキハ其ノ事由ヲ具シ道府県立ノモノニ在リテハ文部大臣ニ、其ノ他ノモノニ在リテハ地方長官ニ申請スベシ

第三条　図書館ノ設置者ヲ変更セントスルトキハ第一条第一項ノ事項並ニ変更ノ事由ヲ具シ新旧設置者連署ノ上道府県立図書館ニ関係アル場合ニ在リテハ文部大臣、其ノ他ノ場合ニ在リテハ地方長官ノ認可ヲ受クベシ

第四条　第一条及第二条ノ規定ハ分館ノ設置廃止ニ之ヲ準用ス

第五条　館則ニハ凡〔およ〕ソ左ノ事項ヲ記載スベシ

(一)　開館及休館ニ関スル事項
(二)　図書記録ノ類ノ館外貸出並ニ貸出文庫等ニ関スル事項
(三)　図書記録ノ類ノ受贈及受託ニ関スル事項
(四)　閲覧者心得ニ関スル事項
(五)　附帯施設ニ関スル事項
(六)　閲覧料其ノ他使用料ニ関スル事項

第六条　中央図書館ノ指定ニ就キ認可ヲ受ケントスルトキハ其ノ図書館ニ関シ左ノ事項ヲ具シ文部大臣ニ申請スベシ

(一)　名称及位置
(二)　中央図書館トシテ適当ナル理由
(三)　職員調並ニ館長ノ経歴
(四)　蔵書数
(五)　経費予算
(六)　当該道府県内ノ図書館数並ニ図書館未設置ノ市町村数

道府県立図書館以外ノ公立図書館ヲ中央図書館ニ指定セントスルトキハ前項各号ノ外左ノ事項ヲ具スベシ

一　北海道府県ヨリ当該図書館ニ対スル補助金交付ニ関スル事項
二　第一条第一項第三号及第五号に掲グル事項

第七条　中央図書館ニ於テハ凡ソ左ノ事項ヲ実施スベシ

(一)　貸出文庫等ノ施設
(二)　図書館経営ニ関スル調査研究及指導
(三)　図書館書籍標準目録ノ編纂〔さん〕頒布
(四)　図書館ニ関スル機関紙類ノ発行
(五)　図書館ニ関スル研究会、協議会、展覧会等ノ開催並ニ其ノ開催ノ斡旋〔あっせん〕
(六)　図書及図書館用品ノ共同購入ノ斡旋

(七) 郷土資料ノ収集其ノ他適当ナル附帯施設
(八) 前各号ノ外図書館ノ指導連絡統一上必要ナル事項

第八条 道府県立図書館及中央図書館以外ノ図書館ノ設備及経営ニ関シ必要ナル事項ハ文部大臣ノ認可ヲ受ケ地方長官之ヲ定ム

第九条 地方長官ハ図書館員又ハ図書館員タラントスル者ノ為必要ナル教習施設ヲ中央図書館ニ附設スルコトヲ得

第十条 道府県立図書館及中央図書館ニ於テハ毎会計年度開始前収支予算ヲ、毎会計年度終了後収支決算ヲ文部大臣ニ開申スベシ

附　則

本令ハ昭和八年八月一日ヨリ之ヲ施行ス

〔参考〕 前の図書館令及びこの図書館令施行規則自体の改正ではないが、「文部省関係許可認可等臨時措置令施行規則（昭和一九年五月二九日文部省第二四号）第一条第一号本文及び(七)の規定によって、この図書館令第十条及び次の図書館令施行規則第八条に規定されていた「文部大臣ノ認可」は、「之ヲ受クルコトヲ要セス文部大臣ニ報告スルヲ以テ足ル」こととなった。＝編者

◎子どもの読書活動の推進に関する法律

〔平成一三年一二月一二日法律第一五四号〕

（目的）

第一条 この法律は、子どもの読書活動の推進に関し、基本理念を定め、並びに国及び地方公共団体の責務等を明らかにするとともに、子どもの読書活動の推進に関する必要な事項を定めることにより、子どもの読書活動の推進に関する施策を総合的かつ計画的に推進し、もって子どもの健やかな成長に資することを目的とする。

（基本理念）

第二条 子ども（おおむね十八歳以下の者をいう。以下同じ。）の読書活動は、子どもが、言葉を学び、感性を磨き、表現力を高め、創造力を豊かなものにし、人生をより深く生きる力を身に付けていく上で欠くことのできないものであることにかんがみ、すべての子どもがあらゆる機会とあらゆる場所において自主的に読書活動を行うことができるよう、積極的にそのための環境の整備が推進されなければならない。

（国の責務）

第三条 国は、前条の基本理念（以下「基本理念」という。）にのっとり、子どもの読書活動の推進に関する施策を総合的に策定し、及び実施する責務を有する。

（地方公共団体の責務）

第四条 地方公共団体は、基本理念にのっとり、国との連携を図り

つつ、その地域の実情を踏まえ、子どもの読書活動の推進に関する施策を策定し、及び実施する責務を有する。

（事業者の努力）

第五条　事業者は、その事業活動を行うに当たっては、基本理念にのっとり、子どもの読書活動が推進されるよう、子どもの健やかな成長に資する書籍等の提供に努めるものとする。

（保護者の役割）

第六条　父母その他の保護者は、子どもの読書活動の機会の充実及び読書活動の習慣化に積極的な役割を果たすものとする。

（関係機関等との連携強化）

第七条　国及び地方公共団体は、子どもの読書活動の推進に関する施策が円滑に実施されるよう、学校、図書館〔傍線＝編者〕その他の関係機関及び民間団体との連携の強化その他必要な体制の整備に努めるものとする。

（子ども読書活動推進基本計画）

第八条　政府は、子どもの読書活動の推進に関する施策の総合的かつ計画的な推進を図るため、子どもの読書活動の推進に関する基本的な計画（以下「子ども読書活動推進基本計画」という。）を策定しなければならない。

2　政府は、子ども読書活動推進基本計画を策定したときは、遅滞なく、これを国会に報告するとともに、公表しなければならない。

3　前項の規定は、子ども読書活動推進基本計画の変更について準用する。

（都道府県子ども読書活動推進計画等）

第九条　都道府県は、子ども読書活動推進基本計画を基本とするとともに、当該都道府県における子どもの読書活動の推進の状況等を踏まえ、当該都道府県における子どもの読書活動の推進に関する施策についての計画（以下「都道府県子ども読書活動推進計画」という。）を策定するよう努めなければならない。

2　市町村は、子ども読書活動推進基本計画（都道府県子ども読書活動推進計画が策定されているときは、子ども読書活動推進基本計画及び都道府県子ども読書活動推進計画）を基本とするとともに、当該市町村における子どもの読書活動の推進の状況等を踏まえ、当該市町村における子どもの読書活動の推進に関する施策についての計画（以下「市町村子ども読書活動推進計画」という。）を策定するよう努めなければならない。

3　都道府県又は市町村は、都道府県子ども読書活動推進計画又は市町村子ども読書活動推進計画を策定したときは、これを公表しなければならない。

4　前項の規定は、都道府県子ども読書活動推進計画又は市町村子ども読書活動推進計画の変更について準用する。

（子ども読書の日）

第十条　国民の間に広く子どもの読書活動についての関心と理解を深めるとともに、子どもが積極的に読書活動を行う意欲を高めるため、子ども読書の日を設ける。

2　子ども読書の日は、四月二十三日とする。

3　国及び地方公共団体は、子ども読書の日の趣旨にふさわしい事業を実施するよう努めなければならない。

（財政上の措置等）

第十一条　国及び地方公共団体は、子どもの読書活動の推進に関する施策を実施するため必要な財政上の措置その他の措置を講ずるよう努めるものとする。

附　則

この法律は、公布の日から施行する。

事例 一—一

東村山市立図書館設置条例

〔昭和四九年三月三〇日 東村山市条例第一八号〕

最近改正 平成一二年三月二九日 東村山市条例第一四号

（設置）

第一条 東村山市は、市民の図書その他の図書館資料に対する要求にこたえ、自由で公平な資料の提供を中心とする諸活動によって、市民の教養・調査・レクリエーション等に資するため、東村山市立図書館（以下「図書館」という。）を設置する。

（構成）

第二条 図書館は、中央図書館・地区館・分室及び移動図書館をもって構成する。

（名称及び位置）

第三条 中央図書館・地区館及び分室の名称並びに位置は、別表〔略〕のとおりとする。

（職員）

第四条 図書館に次の職員を置く。

(1) 館長
(2) 地区館長
(3) 司書
(4) 司書補
(5) その他必要な職員

2 図書館の館長は、図書館法（昭和二五年法律第一一八号）第四条に規定する司書の資格を有する者とする。

3 図書館職員の定数は、東村山市職員定数条例（昭和三二年東村山市条例第二号）の定めるところによる。

（資料の選択・収集及び廃棄処理）

第五条 図書館資料の選択・収集及び廃棄処理については、図書館長がこれを決定する。

（利用者の秘密を守る義務）

第六条 図書館は、資料の提供活動を通じて知り得た利用者の個人的な秘密を漏らしてはならない。

（地域図書館活動に対する援助）

第七条 図書館は、東村山市内で地域図書館活動を行う者に対し、これを援助する。

（委任）

第八条 この条例に定めるもののほか、この条例の施行に関し必要な事項は、東村山市教育委員会規則で定める。

附　則〔略〕

事例　一―二

東村山市立図書館協議会設置条例

〔昭和四九年三月三〇日
東村山市条例第一九号〕

最近改正　平成一二年三月二九日　東村山市条例第一四号

（設置）

第一条　東村山市立図書館（以下「図書館」という。）の適正な運営を図るため、図書館法（昭和二五年法律第一一八号）第十四条の規定により、東村山市立図書館協議会（以下「協議会」という。）を置く。

（所掌事項）

第二条　協議会は、図書館の運営に関し東村山市立図書館長（以下「館長」という。）の諮問に応ずる。

2　協議会は、図書館の行う図書館奉仕について館長に対して意見を述べることができる。

（組織）

第三条　協議会は、次の各号に掲げる者で、東村山市教育委員会が委嘱する委員一〇人以内をもって組織する。

(1)　学校教育関係者　二人以内

(2)　社会教育関係者　二人以内

(3)　学識経験者　六人以内

（任期）

第四条　委員の任期は、二年とし、再任を妨げない。ただし、補欠委員の任期は、前任者の残任期間とする。

（会長）

第五条　協議会に会長を置く。

2　会長は、委員の互選によって定める。

3　会長は、協議会を代表し、会務を総理する。

4　会長に事故があるときは、あらかじめ会長の指名する委員がその職務を代理する。

（会議）

第六条　協議会は、会長が招集する。ただし、委員の三分の一以上の請求がある場合は、臨時に招集することができる。

2　協議会は、委員の過半数が出席しなければ会議を開くことができない。

3　会議の議長は、会長が務める。

4　協議会の議事は、出席委員の過半数で決し、可否同数のときは会長の決するところによる。

（庶務）

第七条　協議会の庶務は、図書館において処理する。

（委任）

第八条　この条例の施行について必要な事項は、東村山市教育委員会が定める。

附　則〔略〕

事例 一―三

東村山市立図書館運営規則 抄

（昭和四九年五月二四日 東村山市教育委員会規則第七号）

最近改正 平成一三年一月一〇日 東村山市教育委員会規則第一号

第一章 総則

（目的）

第一条 この規則は、東村山市立図書館設置条例（昭和四九年東村山市条例第一八号）第八条の規定に基づき、東村山市立図書館（以下「図書館」という。）の運営に関し、必要な事項を定めることを目的とする。

第二章 図書館奉仕

第一節 通則

（事業）

第二条 図書館は、図書館法（昭和二五年法律第一一八号）第三条の規定に基づき、次の事業を行う。

(1) 図書館資料の収集、整理及び保存
(2) 貸出し
(3) 読書案内
(4) レファレンス
(5) 読書会、研究会、講演会、鑑賞会、映写会、資料展示会等の主催及び奨励
(6) 集会施設の提供
(7) 館報その他の読書資料の発行及び頒布
(8) 出版活動
(9) 時事に関する情報、参考資料の紹介及び提供
(10) 他の図書館、学校、公民館、研究所との連絡及び協力
(11) 図書館資料の図書館間相互貸借
(12) 市内学校図書館との連絡提携
(13) 読書団体との連絡、協力並びに団体活動の促進
(14) 地域図書館活動に対する援助
(15) 朗読ボランティアの育成に関すること。
(16) 地方行政資料の収集及び貸出し
(17) 視聴覚資料の収集及び貸出し
(18) 移動図書館の運営
(19) 地区館及び分室の運営
(20) その他図書館の目的達成のため必要な事項

（奉仕を受けることができる場所と時）

第三条 東村山市内に居住又は通勤・通学する者並びに小平市、清瀬市、東久留米市及び西東京市に居住する者は、中央図書館、地区館、分室、移動図書館駐車場のどこにおいても図書館奉仕を受けることができる。

（利用の制限）

第四条 この規則若しくは館長の指示に従わない者に対して、館長は図書館資料及び施設の利用を禁止することができる。

（損害の弁償）

第五条 利用者が図書館資料若しくは設備、器具等を著しく汚し又は傷め若しくは無くしたときは、現品又は相当の代価をもって弁償しなければならない。

第二節 個人貸出し

（貸出しの手続）

第六条　図書館が発行し、交付した利用カードを所持する者は、図書館の図書資料を借り受けることができる。

2　前項の利用カードは、第三条第一項に規定する図書館奉仕を受けることができる者で、貸出登録したものに交付する。

3　前項に該当しない者でも図書館奉仕に支障のない範囲で適当と認められるものに対し、館長は利用カードを交付することができる。

4　利用カードは、一枚交付する。

（利用カードの紛失）

第七条　利用カードを無くしたときは、すみやかにこれを届け出なければならない。

2　利用カードが登録者本人以外によって使用され、損害が生じた場合、その責は登録者本人に帰するものとする。

（資料の貸出冊数並びに期間）

第八条　資料の貸出しは、一人六冊以内とし、貸出期間は二二日以内（移動図書館は二九日以内）とする。ただし、館長が特に必要と認めたときは、その冊数及び期間を別に指定することができる。

（資料の返納）

第九条　資料を返納期間内に返納しなかった者に対し、館長は状況により一定期間資料の利用を停止することができる。

2　資料を貸出期間後引き続き利用しようとする者は、館長の承認を受けなければならない。ただし、継続利用は返納期間から二二日を限度とする。

第三節　団体貸出し

（貸出しの手続）

第十条　団体で図書館の図書資料を利用できるものは、機関、学校又は団体等で、図書館に登録するものとする。

2　団体で図書館の図書資料を利用しようとするものは、登録し団体利用カードの交付を受けなければならない。

（資料の貸出冊数並びに期間）

第十一条　団体で利用する図書資料の貸出冊数は、団体の成員数に応じ一回三〇〇冊を限度とし館長がこれを指定する。利用期間は、六月以内とする。ただし、館長が特に必要と認めた場合は、その冊数及び期間を別に指定することができる。

（利用カードの紛失並びに資料の返納）

第十二条　利用カードの紛失並びに資料の返納に関しては、第七条並びに第九条の規定をそれぞれ準用する。

第四節　郵送貸出し

（貸出しの手続）

第十三条　郵送により図書館の図書資料（録音テープ図書を含む。）を利用できる者は、次に掲げる市内在住の在宅者で図書館に郵送貸出利用登録をしたものとする。

(1)　身体障害者福祉法（昭和二四年法律第二八三号）第十五条に定める身体障害者手帳（以下「身体障害者手帳」という。）の交付を受けている者で視力障害一級から六級までのもの

(2)　身体障害者手帳の交付を受けている者で肢体不自由一級から六級までのもの

(3)　東村山市老人福祉手当条例施行規則（昭和四七年東村山市規則第一三号）第六条第一項に定める老人福祉手当認定通知書の交付を受けている者

(4)　その他前各号に準ずる者で郵送による以外に図書館利用が困難と館長が認めるもの

2 前項第一号より第三号までに定める者で郵送貸出しを利用しようとするもの又はその代理人は、筆記を要しない方法により郵送貸出利用登録をすることができる。ただし、図書館は、登録者の身体障害者手帳又は老人福祉手当認定通知書を確認しなければならない。

3 第一項第四号に定める者で郵送貸出しを利用しようとするもの又はその代理人は、郵送貸出利用登録をしなければならない。

（郵送料）

第十四条 前条による貸出しに必要な図書資料の郵送に伴う経費は、図書館が負担する。

（貸出冊数及び期間）

第十五条 図書資料の貸出しは、一回六冊（録音テープ図書にあっては図書六冊に相当する巻数）までとし、貸出期間は一か月とする。

（資料の返納及び紛失）

第十六条 資料の返納並びに紛失に関しては、第五条並びに第九条の規定をそれぞれ準用する。

第五節 集会施設の利用

（利用手続）

第十七条 集会施設を利用しようとする者は、館長の承認を受けなければならない。

（利用の不承認）

第十八条 館長は、集会施設の利用について、次の各号の一に当てはまると認めるときは、利用を承認しない。

(1) 図書館事業と目的を異にするとき。
(2) 風紀を害し、秩序を乱すとき。
(3) 営利を目的とするとき。
(4) 管理上支障があるとき。

（利用の制限）

第十九条 館長は、集会施設の利用について、次の各号の一に当てはまると認めるときは、その利用条件を変更し、又は利用を停止し、若しくは利用の承認を取り消すことができる。

(1) 利用者がこの規則に違反したとき。
(2) 利用目的が承認の時と違ったとき。
(3) 災害その他の事故により集会施設の利用ができなくなったとき。
(4) 館長が図書館運営上特に必要と認めたとき。

第三章 資料の寄贈及び受託

（資料の寄贈）

第二十条 図書館は、図書館資料の寄贈を受けたときは、他の図書と同様の取扱いにより一般の利用に供することができる。

（資料の受託）

第二十一条 図書館は、図書館資料の委託を受けることができる。

2 受託資料は、図書館所有の資料と同様の取扱いをする。

3 図書館は、受託資料を無くし、傷めたことについてその責を負わない。

附　則〔略〕

事例　二―一

吉田町立図書館設置条例

〔平成一〇年三月二〇日　条例第一五号〕

（設置）

第一条　町民の資料や情報に対する要求にこたえ、自由で公平な資料の提供を中心とする諸活動によって、町民の文化、教養、調査、研究、レクリエーション等の生涯にわたる学習活動を積極的に援助し、かつ、人々の交流とコミュニティ活動の推進に寄与するため、図書館法（昭和二五年法律第一一八号。以下「法」という。）の定めるところにより、図書館を設置する。

（名称及び位置）

第二条　図書館の名称および位置は、次のとおりとする。

名　称	位　置
吉田町立図書館	吉田町片岡四〇四番地

2　図書館は、必要に応じて分館又は自動車図書館を置くことができる。

（職員）

第三条　図書館に館長、司書その他必要な職員を置く。

2　館長は、司書となる資格を有し、図書館及び図書館の運営に関して識見を有する者のうちから吉田町教育委員会が任命する。

（利用者の秘密を守る義務）

第四条　図書館は、利用者の読書事実、利用事実その他図書館が業務上知り得た利用者個人又は団体に関する情報を他に漏らしてはならない。

（納本制度）

第五条　町（行政委員会及び教育機関を含む。）が、出版物を発行したときは別に定めるところにより、その出版物を図書館に納入しなければならない。

2　前項の規定に基づいて納入する出版物は、無償とする。

（図書館協議会）

第六条　法第十四条の規定に基づき、吉田町図書館協議会（以下「協議会」という。）を置く。

2　協議会の委員（以下「委員」という。）の定数は、一〇人とする。

3　委員の任期は、二年とする。ただし、委員が欠けたときの補欠委員の任期は、前任者の残任期間とする。

4　委員の再任は妨げない。

（委任）

第七条　この条例に定めるもののほか、図書館の管理及び運営に関し必要な事項は、教育委員会規則で定める。

附　則

この条例は、平成一〇年四月一から施行する。

事例 二―二

町が発行する出版物の町立図書館への納入に関する規則

〔平成一一年四月三〇日
教委規則第三号〕

（趣旨）

第一条 この規則は、吉田町立図書館設置条例（平成一〇年条例第一五号。）第五条第一項の規定に基づいて、町が発行する出版物（以下「出版物」という。）の吉田町立図書館（以下「図書館」という。）への納入に関し、必要な事項を定めるものとする。

（納入すべき出版物）

第二条 この規則に基づいて納入すべき出版物は、次の各号に掲げるとおりとする。

(1) 図書
(2) 小冊子
(3) 逐次刊行物
(4) 楽譜
(5) 地図
(6) 映画又はビデオによる著作物
(7) カセット・テープ、レコード、コンパクト・ディスク等による著作物

2 前項の規定は、同項に規定する出版物の再版についてもこれを適用する。ただし、その再版の内容が初版又は前版の内容に比して増減又は変更がなく、かつ、その初版又は前版がこの規則に基づいて既に納入されている場合は、この限りでない。

（納入する部数）

第三条 納入する部数は、二部とする。

（委任）

第四条 この規則に定めるもののほか、出版物の図書館への納入に関して必要な事項は、教育委員会の承認を得て館長が定める。

附 則

この規則は、平成一一年六月一日から施行する。

事例　二―三

吉田町立図書館資料収集方針

〔平成一一年四月三〇日　教委告示第四号〕

吉田町立図書館で収集する図書資料の選定に当たっては、この基準により行う。

一　資料収集基本方針

(1)　資料は、幅広く収集する。

(2)　資料は、著者の思想的、党派的立場にとらわれることなく収集する。

(3)　対立する意見のある資料は、それぞれの観点に立つ資料を幅広く収集する。

(4)　図書館員個人の関心や好みによって選択をしない。

(5)　児童、青少年のための資料に重点を置いて収集する。

二　資料別収集基準

(1)　一般書

ア　全分野にわたり、基本的なもの、入門的なものから専門的な図書まで幅広く収集する。ただし、学習参考書、各種試験問題等は原則として収集しない。

イ　文化的、経済的、社会的領域への新しい興味を開くような図書と並んで、町民の要求や興味にあった図書を収集する。

(2)　児童書

ア　児童の想像力を高め、豊かな心を育てるような資料を収集する。

イ　児童が、それぞれの年齢に応じて読書の楽しみを発見できるような資料を収集する。

ウ　普遍的な価値あるものと新刊の最良書をともに収集する。（普遍的な価値あるもの、利用者の要求が多いものは複本をそろえる。）

エ　内容はもとよりタイトル、製本、装丁、色彩にも十分配慮して収集する。

オ　紙芝居は、絵の表現がすぐれ、豊かな心を育てる内容のものを収集する。

(3)　参考図書

ア　あらゆる分野にわたって最新のもの、学術的、書誌的に価値があるものから収集する。

イ　町民の日常の調べものに参考となる資料を幅広く収集する。

ウ　政府刊行物（白書、統計類）は網羅的に、年鑑、便覧等は基本的なものを収集する。

エ　蔵書目録、索引等は必要に応じて収集する。

(4)　郷土資料

ア　吉田町を中心として、静岡県内の資料を重点的に収集する。

イ　地方行政資料は、吉田町及び県内の行政機関で発行する資料を収集する。

(5)　外国語資料

ア　児童書を中心に収集し、収集に当たっては(2)の基準にならうものとする。

イ　一般書、新聞、雑誌等は英語、ポルトガル語を主要言語とし、利用者の状況に応じて収集する。

(6) 逐次刊行物

〈新聞〉

全国紙を中心として選定し、地方紙も含めて収集する。

〈雑誌〉

ア 各分野における代表的な雑誌を中心に収集する。

イ 専門誌、娯楽誌等は、必要性及び利用度に応じて収集する。

ウ 漫画誌、コミック誌は、参考資料として収集する場合を除いて、原則として収集しない。

(7) 視聴覚資料

〈映像資料〉

ア 各ジャンルにおいて、価値の高い資料を収集する。

イ 郷土の芸能、産業、文化に関して収録されたものを収集する。

〈音声・音響資料〉

ア 各ジャンルにおいて、価値の高い資料を収集する。

イ あらゆる年代の利用者に対応できるように収集する。

(8) 視覚障害者用資料

点字資料、大型活字本、録音図書等を利用者の要求にそって収集する。

(9) 寄贈図書

内容、出版年、利用度、保存状態等を十分考慮して選定し、受け入れる。

三 資料選択の決定

(1) 資料の選択にあたっては、次に掲げる出版等流通情報を参考にする。

ア 新刊書等出版情報案内

イ 出版社（地方中小出版社を含む。）の発行する解説目録

ウ 刊行物展示会又は見本による見計らい

エ 新聞の書評及び広告

オ その他店頭販売情報等

(2) 資料の選択は、担当する司書が選定し、選書会議の合議を経たのち館長が決定する。

四 館長の責務

館長は、この資料収集方針に基き常に適正な資料収集と蔵書管理に務《ママ》めるとともに、利用者の資料に対する要求にできるかぎり応えるように努力しなければならない。

五 改正

この資料収集方針の改正は、町立図書館司書の過半数の賛成によって選書会議において起案し、吉田町図書館協議会の意見を参考にして吉田町教育委員会が決定するものとする。

事例　二―四

吉田町立図書館資料除籍基準

〔平成一一年四月二〇日　教委告示第五号〕

吉田町立図書館でその所蔵する資料を除籍しようとするときは、この基準により行う。

一　除籍の種類

(1)　亡失
(2)　き損
(3)　不要

二　除籍の基準

(1)　亡失
ア　蔵書点検後、二年以上所在不明のもの
イ　貸出資料で回収不能となり、今後も回収の見込みがないと判断されるもの
ウ　災害等不可抗力と認められる事由により、滅失したもの
(2)　き損
修理不能若しくは補修する価値がないと判断されるもの
(3)　不要
ア　新版、改訂版の発行、法律の改正等より利用価値がなくなったもの
イ　今後利用される見込みが少ない複本図書
ウ　一般書、児童書、参考図書その他の資料の各保存年限は、おおむね次のとおりとする。

一般書	五年
児童図書	五年
参考図書	一〇年
新聞	一年
雑誌	一～三年
その他の資料	五年

三　除籍の対象としないもの

(1)　特殊資料（新聞縮刷版など保存を考慮した資料）
(2)　絶版等の理由により、今後入手することが困難で保存の必要があるもの

四　除籍の決定

資料の除籍は、担当する司書が起案し、選書会議の合議を経たのち館長が決定する。

事例　二―五

吉田町立図書館の予約制度に関する要綱

〔平成一一年四月三〇日　教委要綱第二号〕

（趣旨）

第一条　この要綱は、吉田町立図書館（以下「図書館」という。）が行う予約制度に関し必要な事項を定めるものとする。

（定義）

第二条　この要綱において予約制度とは、利用者（図書館の利用登録をした者をいう。）が、貸出中の資料について貸出しの予約（以下「予約」という。）を行い、又は図書館が所蔵していない資料について図書館に対して購入し、若しくは借入れをして提供するように求めること（以下「リクエスト」という。）ができる制度をいう。

（対象資料）

第三条　予約は、図書館が貸出すこととしているすべての資料について行うことができるものとする。

2　リクエストは、当分の間、図書に限るものとする。

（手続き）

第四条　予約又はリクエストをしようとする者は、予約・リクエスト申込書（様式第一号〔略〕）に資料名その他必要事項を記載して館長に提出しなければならない。

2　予約された資料について、貸出し可能の連絡が行われた日の翌日から七日以内に貸出し手続きが完了されないときは、当該予約は取り消されたものとみなす。

（資料の購入）

第五条　リクエストされた資料の購入は、吉田町立図書館資料収集方針に基づき、図書館の選書会議の合議を経て館長が決定する。

（委任）

第六条　この要綱に定めるもののほか、予約制度に関して必要な事項は館長が別に定める。

附　則

この要綱は、平成一一年六月一日から施行する。

様式第一号〔略〕

事例　二―六

吉田町立図書館職員研修基本計画

（平成一〇年四月一日
吉田町立図書館）

一　目的

吉田町は、町民の図書その他の図書館資料に対する要求にこたえ、自由で公平な資料の提供を中心とする諸活動によって、町民の文化、教養、調査研究、レクリエーション等に資するため、図書館を設置しました。（参照　吉田町立図書館設置条例（平成一〇年吉田町条例第一五号）第一条）

図書館員は、常に自由かつ公平な立場で、図書館資料と利用者とを結ぶ重大な責任を負っており、不断の学習によって自らの能力を磨き、その責任を全うすることを期待されております。

吉田町立図書館職員は、平素から自己啓発につとめ図書館員としての責任を深く認識して、町民の厚い信頼を得るように努力しなければなりません。そしてこのような努力の積み重ねが、専門職として社会的にも認められることになるのであります。

吉田町立図書館職員研修基本計画は、図書館職員の自己啓発のための学習に対する支援計画であります。すべての職員が、町民の町立図書館に対する期待と要求をよりどころとして、さらによりよい図書館をめざすためにこの研修計画を定めます。

二　職員研修体系

信頼される図書館員
- 自己啓発
- 職場研修（別表一）
- 集合研修
  - 新規採用職員研修
  - 一般職員研修
    - （新規採用職員研修・一般職員研修）― 地方自治研修所研修
  - 図書館職員専門研修（別表二）
- 研究集会等 ― 図書館大会、視察研修、研究会

（別表一）職場研修

区分	内容	対象	教材	方法
町を知る	町の歴史、地理、産業、文化を知る	新規採用職員	吉田町史、吉田町の文化財、統計要覧、わたしたちの吉田町（副読本）施設・企業訪問、町内めぐり	一般職員研修、自習、訪問・説明会等による利用案内など
人を知る	あらゆる立場の人を知る	経験五年まで	保育園、幼稚園、学校、福祉施設	訪問、派遣等による交流
町の仕事	役場の仕事、例規を知る	新規採用職員	吉田町役場組織図、事務分掌、教育委員会・図書館例規	講習
一般教養	接遇を中心に一般的教養	新規採用職員	電話のかけ方・応対事例集、施設・企業訪問	ＯＪＴ等

（別表二）図書館職員専門研修

区分		内容	対象	主催・場所等
基礎研修	一般研修	図書館業務、事例研究	新規採用職員	県教委、県立図書館等
基礎研修	実習	図書館業務の実務実習や各図書館が行う研究会等への参加	経験五年まで	近隣図書館等
専門研修	一般サービス	講義、演習	経験に応じて	県教委、県立図書館等
専門研修	児童サービス	講義、事例研究	同上	県教委、県立図書館等
専門研修	レファレンス・サービス	講義、事例研究	同上	県教委、県立図書館等
応用研修		司書専門講座	経験五年まで	文部省等が行う専門講座
管理職等研修		館長、中堅職員の研修	係長以上	県教委、県立図書館等

(1) 公共図書館

(2) 社会教育(公民館・博物館)、生涯学習

◎社会教育法

〔昭和二四年六月一〇日法律第二〇七号〕

最近改正　平成一三年七月一一日　法律第一〇六号

第一章　総則

（この法律の目的）

第一条　この法律は、教育基本法（昭和二十二年法律第二十五号）〔別掲〕の精神に則り、社会教育に関する国及び地方公共団体の任務を明らかにすることを目的とする。

（社会教育の定義）

第二条　この法律で「社会教育」とは、学校教育法（昭和二十二年法律第二十六号）〔別掲〕に基き、学校の教育課程として行われる教育活動を除き、主として青少年及び成人に対して行われる組織的な教育活動（体育及びレクリエーションの活動を含む。）をいう。

（国及び地方公共団体の任務）

第三条　国及び地方公共団体は、この法律及び他の法令の定めるところにより、社会教育の奨励に必要な施設の設置及び運営、集会の開催、資料の作製、頒布その他の方法により、すべての国民があらゆる機会、あらゆる場所を利用して、自ら実際生活に即する文化的教養を高め得るような環境を醸成するように努めなければならない。〔関係省令に「青少年及び成人の学習活動に係る知識・技能審査事業の認定に関する規則」（平成一二年三月二九日文部省令第二五号）がある＝編者〕

2　国及び地方公共団体は、前項の任務を行うに当たつては、社会教育が学校教育及び家庭教育との密接な関連性を有することにかんがみ、学校教育との連携の確保に努めるとともに、家庭教育の向上に資することとなるよう必要な配慮をするものとする。

（国の地方公共団体に対する援助）

第四条　前条第一項の任務を達成するために、国は、この法律及び他の法令の定めるところにより、地方公共団体に対し、予算の範囲内において、財政的援助並びに物資の提供及びそのあつせんを行う。

（市町村の教育委員会の事務）

第五条　市（特別区を含む。以下同じ。）町村の教育委員会は、社会教育に関し、当該地方の必要に応じ、予算の範囲内において、次の事務を行う。

一　社会教育に必要な援助を行うこと。

二　社会教育委員の委嘱に関すること。

三　公民館の設置及び管理に関すること。

四　所管に属する図書館、博物館、青年の家その他社会教育に関する施設の設置及び管理に関すること。

五　所管に属する学校の行う社会教育のための講座の開設及びその奨励に関すること。

六　講座の開設及び討論会、講習会、講演会、展示会その他の集会の開催並びにこれらの奨励に関すること。

七　家庭教育に関する学習の機会を提供するための講座の開設及び集会の開催並びにこれらの奨励に関すること。

八　職業教育及び産業に関する科学技術指導のための集会の開催及びその奨励に関すること。
九　生活の科学化の指導のための集会の開催及びその奨励に関すること。
十　運動会、競技会その他体育指導のための集会の開催及びその奨励に関すること。
十一　音楽、演劇、美術その他芸術の発表会等の開催及びその奨励に関すること。
十二　青少年に対しボランティア活動など社会奉仕体験活動、自然体験活動その他の体験活動の機会を提供する事業の実施及びその奨励に関すること。
十三　一般公衆に対する社会教育資料の刊行配布に関すること。
十四　視聴覚教育、体育及びレクリエーションに必要な設備、器材及び資料の提供に関すること。
十五　情報の交換及び調査研究に関すること。
十六　その他第三条〔国及び地方公共団体の任務〕第一項の任務を達成するために必要な事務

（都道府県の教育委員会の事務）

第六条　都道府県の教育委員会は、社会教育に関し、当該地方の必要に応じ、予算の範囲内において、前条各号の事務（第三号の事務を除く。）を行う外、左の事務を行う。
一　公民館及び図書館の設置及び管理に関し、必要な指導及び調査を行なうこと。
二　社会教育を行う者の研修に必要な施設の設置及び運営、講習会の開催、資料の配布等に関すること。
三　社会教育に関する施設の設置及び運営に必要な物資の提供及びそのあっせんに関すること。
四　市町村の教育委員会との連絡に関すること。
五　その他法令によりその職務権限に属する事項

（教育委員会と地方公共団体の長との関係）

第七条　地方公共団体の長は、その所掌事項に関する必要な広報宣伝で視聴覚教育の手段を利用しその他教育の施設及び手段によることを適当とするものにつき、教育委員会に対し、その実施を依頼し、又は実施の協力を求めることができる。
2　前項の規定は、他の行政庁がその所掌に関する必要な広報宣伝につき、教育委員会に対し、その実施を依頼し、又は実施の協力を求める場合に準用する。

第八条　教育委員会は、社会教育に関する事務を行うために必要があるときは、当該地方公共団体の長及び関係行政庁に対し、必要な資料の提供その他の協力を求めることができる。

（図書館及び博物館）

第九条　図書館及び博物館は、社会教育のための機関とする。
2　図書館及び博物館に関し必要な事項は、別に法律をもって定める。〔傍線＝編者〕

第二章　社会教育主事及び社会教育主事補

（社会教育主事及び社会教育主事補の設置）

第九条の二　都道府県及び市町村の教育委員会の事務局に、社会教育主事を置く。
2　都道府県及び市町村の教育委員会の事務局に、社会教育主事補を置くことができる。

（社会教育主事及び社会教育主事補の職務）

第九条の三　社会教育主事は、社会教育を行う者に専門的技術的な助言と指導を与える。但し、命令及び監督をしてはならない。
2　社会教育主事補は、社会教育主事の職務を助ける。

（社会教育主事の資格）
第九条の四　次の各号のいずれかに該当する者は、社会教育主事となる資格を有する。
一　大学に二年以上在学して六十二単位以上を修得し、又は高等専門学校を卒業し、かつ、次に掲げる期間を通算した期間が三年以上になる者で、次条の規定による社会教育主事の講習を修了したもの
イ　社会教育主事補の職にあつた期間
ロ　官公署又は社会教育関係団体における社会教育に関係のある職で文部科学大臣の指定するものにあつた期間
ハ　官公署又は社会教育関係団体が実施する社会教育に関係のある事業における業務であつて、社会教育主事として必要な知識又は技能の習得に資するものとして文部科学大臣が指定するものに従事した期間（イ又はロに掲げる期間に該当する期間を除く。）
二　教育職員の普通免許状を有し、かつ、五年以上文部科学大臣の指定する教育に関する職にあつた者で、次条の規定による社会教育主事の講習を修了したもの
三　大学に二年以上在学して、六十二単位以上を修得し、かつ、大学において文部科学省令で定める社会教育に関する科目の単位を修得した者で、第一号イからハまでに掲げる期間を通算した期間が一年以上になるもの
四　次条の規定による社会教育主事の講習を修了した者（第一号及び第二号に掲げる者を除く。）で、社会教育に関する専門的事項について前三号に掲げる者に相当する教養と経験があると都道府県の教育委員会が認定したもの

（社会教育主事の講習）
第九条の五　社会教育主事の講習は、文部科学大臣の委嘱を受けた大学その他の教育機関が行う。
2　受講資格その他社会教育主事の講習に関し必要な事項は、文部科学省令で定める。

（社会教育主事及び社会教育主事補の研修）
第九条の六　社会教育主事及び社会教育主事補の研修は、任命権者が行うもののほか、文部科学大臣及び都道府県が行う。

第三章　社会教育関係団体

（社会教育関係団体の定義）
第十条　この法律で「社会教育関係団体」とは、法人であると否とを問わず、公の支配に属しない団体で社会教育に関する事業を行うことを主たる目的とするものをいう。

（文部科学大臣及び教育委員会との関係）
第十一条　文部科学大臣及び教育委員会は、社会教育関係団体の求めに応じ、これに対し、専門的技術的指導又は助言を与えることができる。
2　文部科学大臣及び教育委員会は、社会教育関係団体の求めに応じ、これに対し、社会教育に関する事業に必要な物資の確保につき援助を行う。

（国及び地方公共団体との関係）
第十二条　国及び地方公共団体は、社会教育関係団体に対し、いかなる方法によつても、不当に統制的支配を及ぼし、又はその事業に干渉を加えてはならない。

（審議会等への諮問）
第十三条　国又は地方公共団体が社会教育関係団体に対し補助金を交付しようとする場合には、あらかじめ、国にあつては文部科学大臣が審議会等（国家行政組織法（昭和二十三年法律第百二十号）

第八条〔審議会等〕に規定する機関をいう。第五十一条第三項において同じ。）で政令で定めるものの、地方公共団体にあつては教育委員会が社会教育委員の会議の意見を聴いて行わなければならない。

（報告）

第十四条 文部科学大臣及び教育委員会は、社会教育関係団体に対し、指導資料の作製及び調査研究のために必要な報告を求めることができる。

第四章 社会教育委員

（社会教育委員の構成）

第十五条 都道府県及び市町村に社会教育委員を置くことができる。

2 社会教育委員は、学校教育及び社会教育の関係者、家庭教育の向上に資する活動を行う者並びに学識経験のある者の中から、教育委員会が委嘱する。

第十六条 削除

（社会教育委員の職務）

第十七条 社会教育委員は、社会教育に関し教育長を経て教育委員会に助言するため、左の職務を行う。

一 社会教育に関する諸計画を立案すること。

二 定時又は臨時に会議を開き、教育委員会の諮問に応じ、これに対して、意見を述べること。

三 前二号の職務を行うために必要な研究調査を行うこと。

2 社会教育委員は、教育委員会の会議に出席して社会教育に関し意見を述べることができる。

3 市町村の社会教育委員は、当該市町村の教育委員会から委嘱を受けた青少年教育に関する特定の事項について、社会教育関係団体、社会教育指導者その他関係者に対し、助言と指導を与えることができる。

（社会教育委員の定数等）

第十八条 社会教育委員の定数、任期その他必要な事項は、当該地方公共団体の条例で定める。

第十九条 削除

第五章 公民館

（目的）

第二十条 公民館は、市町村その他一定区域内の住民のために、実際生活に即する教育、学術及び文化に関する各種の事業を行い、もつて住民の教養の向上、健康の増進、情操の純化を図り、生活文化の振興、社会福祉の増進に寄与することを目的とする。

（公民館の設置者）

第二十一条 公民館は、市町村が設置する。

2 前項の場合を除く外、公民館は、公民館設置の目的をもつて民法〔別掲〕第三十四条の規定により設立する法人（この章中以下「法人」という。）でなければ設置することができない。

3 公民館の事業の運営上必要があるときは、公民館に分館を設けることができる。

（公民館の事業）

第二十二条 公民館は、第二十条〔目的〕の目的達成のために、おおむね、左の事業を行う。但し、この法律及び他の法令によつて禁じられたものは、この限りでない。

一 定期講座を開設すること。

二 討論会、講習会、講演会、実習会、展示会等を開催すること。

三 図書、記録、模型、資料等を備え、その利用を図ること。

四 体育、レクリエーション等に関する集会を開催すること。

五 各種の団体、機関等の連絡を図ること。
六 その施設を住民の集会その他の公共的利用に供すること。

(公民館の運営方針)

第二十三条 公民館は、次の行為を行つてはならない。
一 もつぱら営利を目的として事業を行い、特定の営利事業に公民館の名称を利用させその他営利事業を援助すること。
二 特定の政党の利害に関する事業を行い、又は公私の選挙に関し、特定の候補者を支持すること。
2 市町村の設置する公民館は、特定の宗教を支持し、又は特定の教派、宗派若しくは教団を支援してはならない。

(公民館の基準)

第二十三条の二 文部科学大臣は、公民館の健全な発達を図るために、公民館の設置及び運営上必要な基準〔別掲〕を定めるものとする。
2 文部科学大臣及び都道府県の教育委員会は、市町村の設置する公民館が前項の基準に従つて設置され及び運営されるように、当該市町村に対し、指導、助言その他の援助に努めるものとする。

(公民館の設置)

第二十四条 市町村が公民館を設置しようとするときは、条例で、公民館の設置及び管理に関する事項を定めなければならない。

第二十五条及び第二十六条 削除

(公民館の職員)

第二十七条 公民館に館長を置き、主事その他必要な職員を置くことができる。
2 館長は、公民館の行う各種の事業の企画実施その他必要な事務を行い、所属職員を監督する。
3 主事は、館長の命を受け、公民館の事業の実施にあたる。

第二十八条 市町村の設置する公民館の館長、主事その他必要な職員は、教育長の推薦により、当該市町村の教育委員会が任命する。

(公民館の職員の研修)

第二十八条の二 第九条の六〔社会教育主事及び社会教育主事補の研修〕の規定は、公民館の職員の研修について準用する。

(公民館運営審議会)

第二十九条 公民館に公民館運営審議会を置くことができる。
2 公民館運営審議会は、館長の諮問に応じ、公民館における各種の事業の企画実施につき調査審議するものとする。

第三十条 市町村の設置する公民館にあつては、公民館運営審議会の委員は、学校教育及び社会教育の関係者、家庭教育の向上に資する活動を行う者並びに学識経験のある者の中から、市町村の教育委員会が委嘱する。
2 前項の公民館運営審議会の委員の定数、任期その他必要な事項は、市町村の条例で定める。

第三十一条 法人の設置する公民館に公民館運営審議会を置く場合にあつては、その委員は、当該法人の役員をもつて充てるものとする。

第三十二条 削除

(基金)

第三十三条 公民館を設置する市町村にあつては、公民館の維持運営のために、地方自治法（昭和二十二年法律第六十七号）〔別掲〕第二百四十一条〔基金〕の基金を設けることができる。

(特別会計)

第三十四条 公民館を設置する市町村にあつては、公民館の維持運営のために、特別会計を設けることができる。

(公民館の補助)

第三十五条　国は、公民館を設置する市町村に対し、予算の範囲内において、公民館の施設、設備に要する経費その他必要な経費の一部を補助することができる。

2　前項の補助金の交付に関し必要な事項は、政令で定める。

第三十六条　削除

第三十七条　都道府県が地方自治法第二百三十二条の二〔寄附又は補助〕の規定により、公民館の運営に要する経費を補助する場合において、文部科学大臣は、政令の定めるところにより、その補助金の額、補助の比率、補助の方法その他必要な事項につき報告を求めることができる。

第三十八条　国庫の補助を受けた市町村は、左に掲げる場合においては、その受けた補助金を国庫に返還しなければならない。

一　公民館がこの法律若しくはこの法律に基く命令又はこれらに基いてした処分に違反したとき。

二　公民館がその事業の全部若しくは一部を廃止し、又は第二十条〔目的〕に掲げる目的以外の用途に利用されるようになつたとき。

三　補助金交付の条件に違反したとき。

四　虚偽の方法で補助金の交付を受けたとき。

（法人の設置する公民館の指導）

第三十九条　文部科学大臣及び都道府県の教育委員会は、法人の設置する公民館の運営その他に関し、その求めに応じて、必要な指導及び助言を与えることができる。

（公民館の事業又は行為の停止）

第四十条　公民館が第二十三条〔公民館の運営方針〕の規定に違反する行為を行つたときは、市町村の設置する公民館にあつては市町村の教育委員会、法人の設置する公民館にあつては都道府県の教育委員会は、その事業又は行為の停止を命ずることができる。

2　前項の規定による法人の設置する公民館の事業又は行為の停止命令に関し必要な事項は、都道府県の条例で定めることができる。

（罰則）

第四十一条　前条第一項の規定による公民館の事業又は行為の停止命令に違反する行為をした者は、一年以下の懲役若しくは禁錮《こ》又は三万円以下の罰金に処する。

（公民館類似施設）

第四十二条　公民館に類似する施設は、何人もこれを設置することができる。

2　前項の施設の運営その他に関しては、第三十九条〔法人の設置する公民館の指導〕の規定を準用する。

第六章　学校施設の利用

（適用範囲）

第四十三条　社会教育のためにする国立又は公立の学校（この章中以下「学校」という。）の施設の利用に関しては、この章の定めるところによる。

（学校施設の利用）

第四十四条　学校の管理機関は、学校教育上支障がないと認める限り、その管理する学校の施設を社会教育のために利用に供するように努めなければならない。

2　前項において「学校の管理機関」とは、国立学校にあつては文部科学大臣、公立の大学にあつては設置者である地方公共団体の長、大学以外の公立学校にあつては設置者である地方公共団体に設置されている教育委員会をいう。

（学校施設利用の許可）

第四十五条　社会教育のために学校の施設を利用しようとする者は、当該学校の管理機関の許可を受けなければならない。
2　前項の規定により、学校の管理機関が学校施設の利用を許可しようとするときは、あらかじめ、学校の長の意見を聞かなければならない。
第四十六条　国又は地方公共団体が社会教育のために、学校の施設を利用しようとするときは、前条の規定にかかわらず、当該学校の管理機関と協議するものとする。
第四十七条　第四十五条〔学校施設利用の許可〕の規定による学校施設の利用が一時的である場合には、学校の管理機関は、同条第一項の許可に関する権限を学校の長に委任することができる。
2　前項の権限の委任その他学校施設の利用に関し必要な事項は、学校の管理機関が定める。

（社会教育の講座）
第四十八条　学校の管理機関は、それぞれの管理に属する学校に対し、その教育組織及び学校の施設の状況に応じ、文化講座、専門講座、夏期講座、社会学級講座等学校施設の利用による社会教育のための講座の開設を求めることができる。
2　文化講座は、成人の一般的教養に関し、専門講座は、成人の専門的学術知識に関し、夏期講座は、夏期休暇中、成人の一般的教養又は専門的学術知識に関し、それぞれ大学、高等専門学校又は高等学校において開設する。
3　社会学級講座は、成人の一般的教養に関し、小学校又は中学校において開設する。
4　第一項の規定する講座を担当する講師の報酬その他必要な経費は、予算の範囲内において、国又は地方公共団体が負担する。

第七章　通信教育

（適用範囲）
第四十九条　学校教育法第四十五条、第五十一条の九第一項、第五十二条の二及び第七十六条の規定により行うものを除き、通信による教育に関しては、この章の定めるところによる。

（通信教育の定義）
第五十条　この法律において「通信教育」とは、通信の方法により一定の教育計画の下に、教材、補助教材等を受講者に送付し、これに基き、設問解答、添削指導、質疑応答等を行う教育をいう。
2　通信教育を行う者は、その計画実現のために、必要な指導者を置かなければならない。

（通信教育の認定）
第五十一条　文部科学大臣は、学校又は民法第三十四条の規定による法人の行う通信教育で社会教育上奨励すべきものについて、通信教育の認定（以下「認定」という。）を与えることができる。
2　認定を受けようとする者は、文部科学大臣の定めるところにより、文部科学大臣に申請しなければならない。
3　文部科学大臣が、第一項の規定により、認定を与えようとするときは、あらかじめ、第十三条〔審議会等への諮問〕の政令で定める審議会等に諮問しなければならない。

（認定手数料）
第五十二条　文部科学大臣は、認定を申請する者から実費の範囲内において文部科学省令で定める額の手数料を徴収することができる。ただし、国立又は公立の学校が行う通信教育に関しては、この限りでない。
第五十三条　削除

（郵便料金の特別取扱）
第五十四条　認定を受けた通信教育に要する郵便料金については、

郵便法（昭和二十二年法律第百六十五号）の定めるところにより、特別の取扱を受けるものとする。

（通信教育の廃止）

第五十五条　認定を受けた通信教育を廃止しようとするとき、又はその条件を変更しようとするときは、文部科学大臣の定めるところにより、その許可を受けなければならない。

２　前項の許可に関しては、第五十一条〔通信教育の認定〕第三項の規定を準用する。

（報告及び措置）

第五十六条　文部科学大臣は、認定を受けた者に対し、必要な報告を求め、又は必要な措置を命ずることができる。

（認定の取消）

第五十七条　認定を受けた者がこの法律若しくはこの法律に基く命令又はこれらに基いてした処分に違反したときは、文部科学大臣は、認定を取り消すことができる。

２　前項の認定の取消に関しては、第五十一条〔通信教育の認定〕第三項の規定を準用する。

附　則〔抄〕

１　この法律は、公布の日から施行する。

４　図書館に関する法律が施行されるまでの間、図書館に関しては、第九条〔図書館及び博物館〕第二項の規定にかかわらず、なお従前の例による。

附　則〔昭和二六年三月一二日法律第一七号〕〔抄〕

最近改正　昭和三四年四月三〇日　法律第一五八号

２　改正後の社会教育法第九条の四の規定の適用については、旧大学令（大正七年勅令第三百八十八号）、旧高等学校令（大正七年勅令第三百八十九号）、旧専門学校令（明治三十六年勅令第六十一号）若しくは旧教員養成諸学校官制（昭和二十一年勅令第二百八号）の規定による大学、大学予科、高等学校高等科、専門学校若しくは教員養成諸学校又は文部省令で定めるこれらの学校に準ずる学校を卒業し、又は修了した者は、大学に二年以上在学して、六十二単位以上を修得した者とみなす。

附　則〔以下略〕

○社会教育法施行令

〔昭和二四年七月二二日 政令第二八〇号〕

最近改正 平成一二年六月七日 政令第三〇八号

（広報宣伝に要する経費についての協議）

第一条 社会教育法（以下「法」という。）第七条〔教育委員会と地方公共団体の長との関係〕の規定により、地方公共団体の長又は他の行政庁が教育委員会に対し、広報宣伝の実施を依頼し、又は実施の協力を求める場合には、その教育委員会と協議して、これらに要する経費について必要な措置を講じなければならない。

（審議会等で政令で定めるもの）

第一条の二 法第十三条〔審議会等への諮問〕の審議会等で政令で定めるものは、中央教育審議会とする。

（公民館の施設、設備に要する経費の範囲）

第二条 法第三十五条〔公民館の補助〕第一項に規定する公民館の施設、設備に要する経費の範囲は、次に掲げるものとする。

一　施設費　施設の建築に要する本工事費、附帯工事費及び事務費

二　設備費　公民館に備え付ける図書及び社会教育のための器材器具の購入に要する経費

（公民館に対する都道府県補助についての報告）

第三条 都道府県が法第三十七条に規定する補助をする場合には、文部科学大臣は、同条の規定により、当該都道府県の教育委員会に対して、次に掲げる事項について報告を求めることができる。

一　公民館の設置運営の概況

二　公民館運営費補助額の明細

三　公民館運営費補助に関する都道府県の条例又は補助の方法

附　則〔略〕

附　則〔昭和三四年四月三〇日政令第一五七号〕

（施行期日）

1　この政令は、公布の日から施行する。

（町村の社会教育主事の設置に関する経過規定）

2　社会教育法等の一部を改正する法律（昭和三十四年法律第百五十八号）の施行の際、現に社会教育主事の置かれていない町村にあつては、次の各号に掲げる区分に従い、当該各号に定める間、社会教育主事を置かないことができる。

一　人口一万五千以上の町村にあつては、昭和三十七年三月三十一日までの間

二　人口一万以上一万五千未満の町村にあつては、昭和三十八年三月三十一日までの間

三　人口一万未満の町村にあつては、当分の間

附　則〔以下略〕

○社会教育主事講習等規程

〔昭和二六年六月二一日
文部省令第一二号〕

最近改正　平成一三年八月三〇日　文部科学省令第七五号

第一章　社会教育主事の講習

〔趣旨〕

第一条　社会教育法（昭和二十四年法律第二百七号。以下「法」という。）第九条の五に規定する社会教育主事の講習（この章中以下「講習」という。）については、この章の定めるところによる。

〔受講資格〕

第二条　講習を受けることができる者は、左の各号の一に該当するものとする。

一　大学に二年以上在学して六十二単位以上を修得した者、高等専門学校を卒業した者又は社会教育法の一部を改正する法律（昭和二十六年法律第十七号。以下「改正法」という。）附則第二項（別掲）の規定に該当する者

二　教育職員の普通免許状を有する者

三　四年以上法第九条の四第一号イ及びロに規定する職にあった者又は同号ハに規定する業務に従事した者

四　四年以上法第九条の四第二号に規定する職にあった者

五　前各号に相当するものとして文部科学大臣の認める者

〔受講手続〕

第二条の二　講習を受講しようとする者は、講習を実施する大学その他の教育機関に申込書を提出しなければならない。

〔講習の科目と単位〕

第三条　社会教育主事となる資格を得ようとする者は、講習において次の表に掲げるすべての科目の単位を修得しなければならない。

科目	単位数
生涯学習概論	二
社会教育計画	二
社会教育演習	二
社会教育特講	三

備考

一　生涯学習概論は、おおむね、生涯学習の意義、学習者の特性と学習の継続発展、生涯学習と家庭教育、生涯学習と学校教育、生涯学習と社会教育、生涯学習社会における各教育機能相互の連携と体系化、生涯学習社会の学習システム、生涯学習関連施策の動向、社会教育の意義、社会教育と社会教育行政、社会教育の内容、社会教育の方法・形態、社会教育指導者、社会教育施設の概要、学習情報提供と学習相談の意義等の事項について授業を行うものとする。

二　社会教育計画は、おおむね、地域社会と社会教育、社会教育調査とデータの活用、社会教育事業計画、社会教育の対象の理解と組織化、学習情報の収集整理と提供のためのシステムの構築と運用、学習相談の方法、社会教育の広報・広聴、社会教育施設の経営、社会教育の評価等の事項について授業を行うもの

とする。

三　社会教育特講は、国際化と社会教育、高齢化と社会教育、情報化と社会教育、家庭教育と社会教育、青少年問題と社会教育、婦人問題と社会教育、環境問題と社会教育、同和問題と社会教育、社会教育行政、視聴覚教育、学校開放、ボランティア活動、社会体育、健康教育、消費者教育、文化財の保護、社会福祉と社会教育、企業内教育・職業訓練、民間の教育・学習機関等の事項のうちから選択して授業を行うものとする。

第四条及び第五条　削除

〔単位の計算〕

第六条　講習における単位の計算方法は、大学設置基準（昭和三十一年文部省令第二十八号）〔別掲〕第二十一条〔単位〕第二項各号及び大学通信教育設置基準（昭和五十六年文部省令第三十三号）〔別掲〕第五条〔単位の計算方法〕第一項第二号に定める基準によるものとする。

〔単位修得の認定〕

第七条　単位修得の認定は、講習を行う大学その他の教育機関が試験、論文、報告書その他による成績審査に合格した受講者に対して行う。

2　講習を行う大学その他の教育機関は、受講者がすでに大学において第三条の規定により受講者が修得すべき科目に相当する科目の単位を修得している場合には、その単位修得をもつて同条の規定により受講者が修得すべき科目の単位を修得したものと認定することができる。

3　講習を行う大学その他の教育機関は、受講者が、文部科学大臣が別に定める学修で、第三条に規定する科目の全部又は一部の履修に相当するものを行つている場合には、当該学修を当該科目の全部又は一部の履修とみなし、当該科目の単位の認定をすることができる。

〔修了証書〕

第八条　講習を行う大学その他の教育機関の長は、第三条の定めるところに従い九単位以上の単位を修得した者に対して、講習の修了証書を与えるものとする。

2　講習を行なう大学その他の教育機関の長は、前項の規定により講習の修了証書を与えたときは、その者の氏名を文部科学大臣に報告しなければならない。

〔講習の委嘱〕

第八条の二　法第九条の五第一項の規定により文部科学大臣が大学その他の教育機関に講習を委嘱する場合には、その職員組織、施設及び設備の状況並びに受講者に係る地域の状況等を勘案し、講習を委嘱するのに適当と認められるものについて、講習の科目、期間その他必要な事項を指定して行うものとする。

〔実施細目〕

第九条　受講者の人数、選定の方法並びに講習を行う大学その他の教育機関、講習の期間その他講習実施の細目については、毎年官報で告示する。但し、特別の事情がある場合には、適宜な方法によつて公示するものとする。

第二章　準ずる学校

第十条　改正法附則第二項〔昭和二六年改正法附則＝別掲〕の規定において、文部科学省令で定めるべきものとされている学校は、左の各号に掲げるものとする。

一　大正七年文部省令第三号第二条第二号により指定した学校

二　旧臨時教員養成所官制（明治三十五年勅令第百号）の規定による臨時教員養成所

三　その他文部科学大臣が短期大学と同程度以上と認めた学校

第三章　社会教育に関する科目の単位

第十一条　法第九条の四第三号の規定により、大学において修得すべき社会教育に関する科目の単位は、次の表に掲げるものとする。

科目	単位数
生涯学習概論	四
社会教育計画	四
社会教育演習、社会教育実習又は社会教育課題研究のうち一以上の科目	四
社会教育特講 社会教育特講Ⅰ（現代社会と社会教育） 社会教育特講Ⅱ（社会教育活動・事業・施設） 社会教育特講Ⅲ（その他必要な科目）	十二

備考　社会教育特講は、Ⅰ、Ⅱ及びⅢにわたつて開設し履修させることが望ましい。

2　前項の規定により修得すべき科目の単位のうち、すでに大学において修得した科目の単位（これに準ずる科目の単位を含む。）は、これをもつて、前項の規定により修得すべき科目の単位に替えることができる。

附　則〔略〕

附　則〔平成八年八月二八日文部省令第二六号〕

1　この省令は、平成九年四月一日から施行する。

2　この省令の施行の日前に、改正前の社会教育主事講習等規程（以下「旧規程」という。）の規定により社会教育主事の講習を修了した者は、改正後の社会教育主事講習等規程（以下「新規程」という。）の規定により社会教育主事の講習を修了したものとみなす。

3　この省令の施行の日前に、旧規程第十一条第一項に規定する社会教育の基礎（社会教育概論）の単位を修得した者は、新規程第十一条第一項に規定する生涯学習概論の単位を修得したものとみなす。

社会教育主事講習等規程に規定する学修を定める件〔告示〕

〔平成八年八月二八日　文部省告示第一四七号〕

最近改正　平成一二年一二月一一日　文部省告示第一八一号

社会教育主事講習等規程（昭和二十六年文部省令第十二号）〔別掲〕第七条〔単行修得の認定〕第三項に規定する学修を次のとおり定める。

一　文部科学省（国立オリンピック記念青少年総合センター、国立女性教育会館、国立青年の家及び国立少年自然の家を含む。）又は国立教育会館が実施する研修における学修

二　地方公共団体が実施する研修における学修

三　博物館法施行規則（昭和三十年文部省令第二十四号）〔別掲〕による学芸員の試験認定に係る学修（当該試験認定の試験科目について合格点を得ている場合に限る。）

四　図書館法（昭和二十五年法律第百十八号）〔別掲〕第六条〔司書及び司書補の講習〕の規定により文部科学大臣の委嘱を受けて大学が行う司書及び司書補の講習における学修

五　学校教育法（昭和二十二年法律第二十六号）〔別掲〕第八十二条の二に規定する専修学校の専門課程のうち修業年限が二年以上のものにおける学修

六　青少年及び成人の学習活動に係る知識・技能審査事業の名称等に関する省令（平成十二年文部省令第四十九号）に規定する認定技能審査に係る学修（当該認定技能審査に合格している場合に限る。）

七　社会教育法（昭和二四年法律第二〇七号）〔別掲〕第五十一条〔通信教育の認定〕第一項の規定により文部科学大臣の認定を受けた通信教育における学修

八　大学が行う公開講座における学修

附　則

この告示は、平成九年四月一日から適用する。

社会教育に関係のある職及び社会教育に関係のある事業における業務であって、社会教育主事として必要な知識又は技能の習得に資するもの並びに教育に関する職の指定〔告示〕抄

〔平成八年八月二八日
文部省告示第一四八号〕

最近改正　平成一三年八月三〇日　文部科学省告示第一四六号

社会教育法（昭和二十四年法律第二百七号）〔別掲〕第九条の四（社会教育主事の資格）第一号及び第二号の規定に基き、社会教育に関係のある職及び教育に関する職を次のとおり指定する。

一　社会教育法第九条の四第一号ロに規定する社会教育に関係のある職は次のとおりとする。

1　文部科学省（文化庁、国立学校及び国立教育政策研究所を含む。）、日本芸術文化振興会、宇宙開発事業団、放送大学学園、日本体育・学校健康センター、科学技術振興事業団、独立行政法人国立特殊教育総合研究所、独立行政法人国立オリンピック記念青少年総合センター、独立行政法人国立女性教育会館、独立行政法人国立青年の家、独立行政法人国立少年自然の家、独立行政法人国立科学博物館、独立行政法人国立美術館、独立行政法人文化財研究所において社会教育に係る学習又は文化活動その他の生涯学習に資する諸活動の機会の提供に関する事務に従事する者の職

2　内閣府及び文部科学省において青少年の健全な育成に関する事項の企画及び立案又は総合調整に関する事務に従事する者の職

3　地方公共団体の教育委員会（事務局及び教育機関を含む。以下同じ。）において社会教育に係る学習又は文化活動その他の生涯学習に資する諸活動の機会の提供に関する事務に従事する者の職

4　官公署の職で、一の1から一の3までに規定する職に相当すると文部科学大臣の認定を受けたもの

5　博物館法（昭和二十六年法律第二百八十五号）〔別掲〕第四条〔館長、学芸員その他の職員〕第四項に規定する学芸員の職

6　図書館法（昭和二十五年法律第百十八号）〔別掲〕第四条〔司書及び司書補〕に規定する司書の職

7　社会教育関係団体の役員及び職員（常時勤務する者に限る。）の職で、一の1から一の3までに規定する職に相当すると文部科学大臣の認定を受けたもの

二　社会教育法第九条の四第一号ハに規定する社会教育に関係のある事業における業務であって、社会教育主事として必要な知識又は技能の習得に資するものは次のとおりとする。

1　国立民族学博物館、国立歴史民俗博物館、国立教育政策研究所、日本芸術文化振興会、宇宙開発事業団、日本体育・学校健康センター、科学技術振興事業団、独立行政法人国立特殊教育総合研究所、独立行政法人国立オリンピック記念青少年総合セ

ンター、独立行政法人国立女性教育会館、独立行政法人国立青年の家、独立行政法人国立少年自然の家、独立行政法人国立科学博物館、独立行政法人国立美術館、独立行政法人国立博物館及び独立行政法人文化財研究所が実施する社会教育に係る学習又は文化活動その他の生涯学習に資する諸活動の機会の提供に関する事業の企画及び立案並びに当該事業において実施される学習又は諸活動の指導

2　地方公共団体の教育委員会が実施する社会教育に係る学習又は文化活動その他の生涯学習に資する諸活動の機会の提供に関する事業の企画及び立案並びに当該事業において実施される学習又は諸活動の指導

3　社会教育関係団体が実施する社会教育に係る学習又は文化活動その他の生涯学習に資する諸活動の機会の提供に関する事業の企画及び立案並びに当該事業において実施される学習又は諸活動の指導

4　国際協力事業団法（昭和四十九年法律第六十二号）第二十一条〔業務の範囲〕第一項第二号に規定する海外協力活動

三　社会教育法第九条の四第二号に規定する教育に関する職は次のとおりとする。

1　学校教育法（昭和二十二年法律第二十六号）〔別掲〕第一条に規定する学校の学長、校長（園長を含む。）、副学長、学部長、教授、助教授、助手、講師（常時勤務する者に限る。）、教頭、教諭、助教諭、養護教諭、養護助教諭、実習助手、寄宿舎指導員、事務職員（常時勤務する者に限り、単純な労務に雇用される者を除く。）及び学校栄養職員（学校給食法（昭和二十九年法律第百六十号）第五条の三に規定する職員をいい、同法第五条の二に規定する施設の当該職員を含む。）の職

2　学校教育法第八十二条の二に規定する専修学校の校長及び教員の職

3　少年院法（昭和二十三年法律第百六十九号）第一条に規定する少年院又は児童福祉法（昭和二十二年法律第百六十四号）第四十四条に規定する児童自立支援施設において教育を担当する者の職

4　三の1から三の3までに規定する職に相当すると文部科学大臣の認定を受けた職

附　則〔略〕

社会教育法における民間営利社会教育事業者に関する解釈について〔通知〕

〔平成七年九月二二日委生第一五号
各都道府県教育委員会教育長あて
文部省生涯学習局長〕

標記のことについて、広島県教育委員会教育長から別紙一のとおり照会があり、別紙二のとおり回答しましたので通知します。

(別紙一)

広教委社第十六号
平成七年九月二十一日

文部省生涯学習局長　殿

広島県教育委員会教育長

社会教育法における民間営利社会教育事業者に関する解釈について（照会）

標記に関して疑義がありますので、下記について御教示願います。

記

1　社会教育法第二条の「社会教育」には、民間の事業者が行う組織的な教育活動（学校教育法に基づき学校の教育課程として行われる教育活動を除く。）も含まれると解してよいか。

2　公民館がその事業として、いわゆる民間営利社会教育事業者による営利目的の事業にその施設の使用を認めることは、当該事業が社会教育法第二十条の目的に合致し、当該事業者の利用内容が同法第二十二条第七号に規定する「公共的利用」とみなすことができるとともに、当該公民館の行為が同法第二十三条第一項第一号に規定する「営利事業を援助すること」に該当しない限り、差し支えないと解してよいか。

また、この場合において、「営利事業を援助すること」とは、一般的には「特定の営利事業者に対し、公民館の使用について特に便宜を図り、もって当該事業者に利益を与え、その営業を助けること」をいうと解してよいか。

(別紙二)

委生第十五号
平成七年九月二十二日

広島県教育委員会教育長　殿

文部省生涯学習局長

社会教育法における民間営利社会教育事業者に関する解釈について（回答）

平成七年九月二十一日付け広教委社第十六号で照会のありました標記のことについて、下記のとおり回答します。

記

1について
お見込みのとおり。

2について
お見込みのとおり。
なお、昭和三十二年二月二十二日付け法制局一発第八号「憲法第八十九条にいう教育の事業について」〔別掲〕の内容に十分留意する必要〔が〕ある。

〔参考〕

憲法第八十九条にいう教育の事業について

〔昭和三二年二月二二日法制局一発第八号 文部省社会教育局長あて　法政局第一部長回答〕

一　問題

(イ)　社会教育法（昭和二十四年法律第二百七号）第十条に規定する社会教育関係団体の行う次の事業は、憲法第八十九条にいう教育の事業（以下単に「教育の事業」という。）に該当するか。

一　図書・記録、視聴覚教育等の資料を収集し、作成し、社会教育関係団体相互の間で貸借する事業

二　社会教育（社会教育法第二条に規定する「社会教育」をいう。以下同じ。）活動の普及、向上又は奨励のためにする社会教育関係団体若しくは一般人に対する援助若しくは助言又は社会教育関係団体間の連絡調整

三　機関誌の発行若しくは資料の作成配布の方法による社会教育に関する宣伝啓発の活動又は社会教育に関し相談に応ずる事業

四　図書・記録・視聴覚教育資料を公衆の利用に供する事業又は資料展示会若しくは展覧会の開催

五　競技会、体育大会又はレクリエーション大会の開催

六　研究会、読書会、鑑賞会、講演会又は講習会の開催

七　社会教育に必要な専門的、技術的指導者の養成

(ロ)　青年団又は婦人会等の団体において、会員が、相互に問題をもちより、自主的に学習する活動は、教育の事業に該当するか。

(ハ)　宗教上の組織又は団体以外の団体で公の支配に属しないものが、その事業の一部として附随的に教育の事業を行っている場合、その団体の行う教育の事業以外の事業に対して国又は地方公共団体が補助金を支出することは、憲法第八十九条に抵触するか。

二　意見及び理由

(イ)　教育の事業とは、人の精神的又は肉体的な育成をめざして、人を教え導くことを目的とする事業であって、教育する者と教育される者との存在を離れてこれを考えることはできない（昭和二十四年五月三十日法務庁調意一発第三十一号（法務総裁意見年報第二巻百三頁）参照）。すなわち、教育される者についてその精神的又は肉体的な育成を図るべき目標があり、教育する者が教育される者を教え導いて計画的にその目標の達成を図る事業でなければ教育の事業ということはできないのであって、もともと人を教える行為が介在せず、したがってまた教育する者及び教育される者の存在しない事業はむろんのこと、人を教える行為が介在していても、単に人の知識を豊富にしたり、その関心をたかめたりすることを目的とするだけの事業であって、教育される者について、その精神的又は肉体的な育成を図るべき目標があって計画的にその達成を図るのでないものは、教育の事業に該当しないものと解される。

　ところで、社会教育関係団体の行う事業であることの故をもって、その事業がただちに右にいう教育の事業に該当するものと解すべき特段の理由は存在しないから、社会教育関係団体の行う事業が教育の事業に該当するかどうかは、それぞれの事業について個々に判断するほかないものといわなければならない。この観点からお尋ねの問題を検討してみると、

(1)　一から五までに掲げる事業は、あるいは、もともと人を教える行為の介在を欠き、あるいは、その行為の介在はあっても、教育される者についてその精神的又は肉体的な育成を図るべき目標及びその計画的な達成という要件を欠いてるが故に、社会教育関係団体によって行われる場合であっても、いずれも、教育の事業に該当しないものと解してよいであろう。

(2)　六及び七に掲げる事業は、種々の形態で行われることがありうるので、前記の教育の事業の観念にてらし、それぞれ具体の場合について判定すべきもので、一律に決定することはできないが、たとえば、社会教育関係団体が特定の受講者についてその精神的又は肉体的な育成を図るべき目標を定め、講師を委嘱して受講者を指導させる等の方法により、計画的にその目標の達成を図るものであれば、研究、読書、鑑賞を指導させる等の方法をとると、研究会、読書会、鑑賞会、講演会、講習会その他いかなる名称を用いるとを問わず、教育の事業に該当するものと解すべきであろう。

(ロ)　青年団又は婦人会において会員が相互に問題をもちより自主的に学習する活動は、(イ)の六に掲げる事業とおおむね同様に考えてよいであろう。すなわち、前記の教育の事業の観念にてらし、それぞれ具体の場合について判定すべきであるが、たとえば青年団又は婦人会が会員についてその精神的又は肉体的な育成を図るべき目標を定め、その目標を達成する手段として自主的な学習活動という方法を選び、その方法を指導しつつ計画的に右の目標達成に導くような場合には、その事

業は、教育の事業に該当するものと解すべきであろう。けだし、人を教え導く行為とは、必ずしも講義をし、問題を提起し、解答を与えるというような形態によるもののみをいうものではなく、その他の形態によるものであっても、それ自体に教え導くという積極的な意義の認められるものは、これに含まれると解するのを相当とすると考えられるからである。

(八) 憲法第八十九条は、宗教上の組織又は団体については、その事業のいかんを問わず、公金を当該組織又は団体の使用、便益又は維持そのもののために支出する等のことを禁止しているのに反し、公の支配に属しない慈善、教育又は博愛の事業については、事業そのものに着目して同様の財産上の援助を禁止している。したがって、お示しの団体が宗教上の組織又は団体でないことが明らかである以上、その団体の行う慈善、教育及び博愛の事業以外の事業に対して、国又は地方公共団体が補助金を支出することは、憲法第八十九条の禁止するところではないと解される。

社会教育法の一部を改正する法律について（通知）

〔平成一三年七月一一日文科生第二七九号
各都道府県知事・教育長等あて
文部科学事務次官通知〕

先の第百五十一回国会において「社会教育法の一部を改正する法律」が成立し、別添のとおり、平成十三年七月十一日付けをもって、法律第百六号として公布され、同日から施行されました。

今回の改正は、家庭教育の向上のため、家庭教育に関する学習の機会を提供するための講座の開設等を教育委員会の事務として規定するとともに、社会教育委員及び公民館運営審議会の委員に家庭教育の向上に資する活動を行う者を委嘱できるようにするものであります。また、青少年の社会性や豊かな人間性をはぐくむ観点から、ボランティア活動など社会奉仕体験活動、自然体験活動等の体験活動を促進するため、様々な体験活動の機会の提供等を教育委員会の事務として規定するとともに、社会教育行政の活性化を図るため、社会教育主事となるための実務経験の要件を緩和する等、所要の改正を行うものであります。

その概要等は下記のとおりですので、十分に御了知の上、適切に御対処くださるようお願いいたします。

各都道府県教育委員会及び都道府県知事におかれては、域内の市町村教育委員会、市町村長等に対しても、改正の趣旨について周知を図るとともに、必要な指導、助言又は援助をお願いいたします。

なお、今回の改正事項にかかる社会教育主事の実務経験に関する告示の制定については、追ってこれを行い、別途通知する予定ですので、予め御承知おき下さい。

記

一、家庭教育に関する学習機会の充実等（第五条第七号関係）

(1) 改正内容の概要

家庭教育に関する学習機会の充実を図るため、「家庭教育に関する学習の機会を提供するための講座の開設及び集会の開催並びにこれらの奨励に関すること」を教育委員会の事務として規定したこと。

(2) 基本的な留意点

① 今回の改正の趣旨は、家庭教育の向上を図るため、教育委員会や公民館等の社会教育施設が自ら講座や集会を開催すること、及び民間の社会教育団体等が開催する講座や集会を奨励することを教育委員会の事務として規定するものであること。

② 「家庭教育に関する学習の機会を提供するための講座の開設及び集会の開催」については、各教育委員会において、従前より、家庭教育学級・講座の開設などにより取り組まれてきたところであるが、今後、就学時健康診断や乳幼児健康診断のほか、学校説明会や学校への体験入学、ＰＴＡの会合など、できる限り多くの親が集まる機会に講座等を開設することや、企業等の職場内で講座を開設することなど、参加者の学習要求や地域の実情に応じた多様な学習機会がより多く提供されるよう、一層の充実を図ること。

③ ＰＴＡや子育てサークル等が行う家庭教育に関する学習機会の提供について、公民館等の社会教育施設や学校施設の利用に当たって便宜を図ること、指導者の養成を図ること、日頃から情報交換を密に行うことなどにより、これらの団体等が実施する家庭教育の講座や集会の奨励に努めること。

④ 各教育委員会における家庭教育に関する学習機会の提供に当たっては、事業の円滑な実施が図られるよう、学校、母子保健部局、ＰＴＡをはじめとする関係機関・団体等との連携協力に努めるとともに、乳幼児を持つ親や仕事を持つ親なども参加しやすいものとなるよう、託児への対応や講座等の実施日・時間帯などに配慮すること。

二、ボランティア活動など社会奉仕体験活動、自然体験活動その他の体験活動の充実（第五条第十二号関係）

(1) 改正内容の概要

青少年の社会性や豊かな人間性をはぐくむため、「青少年に対しボランティア活動など社会奉仕体験活動、自然体験活動その他の体験活動の機会を提供する事業の実施及びその奨励に関すること」を教育委員会の事務として規定したこと。

(2) 基本的な留意点

① 今回の改正の趣旨は、教育委員会や公民館等の社会教育施設が自ら体験活動の機会を提供する事業を実施すること、及び民間の社会教育団体等が実施する事業を奨励することを教育委員会の事務として規定するものであること。

② 併せて学校教育法を改正し、小学校、中学校、高等学校、中等教育学校、盲学校、聾学校及び養護学校において、児童生徒の「体験的な学習活動、特にボランティア活動など社会奉仕体験活動、自然体験活動その他の体験活動の充実に努めるものとする」とともに、「社会教育団体その他の関係団体及び関係機関との連携に十分配慮しなければならない」としており、これは、学校教育と社会教育とがあいまって体験活動を促進していく趣

旨であること。

③　体験活動の実施に当たってのその他の留意点については、別途通知する予定であること。

三、社会教育主事の資格要件の緩和（第九条の四関係）

(1)　改正内容の概要

①　大学に二年以上在学等の基礎資格を有する者が社会教育主事となるための実務経験の要件を緩和し、「官公署又は社会教育関係団体が実施する社会教育に関係のある事業における業務であって、社会教育主事として必要な知識又は技能の習得に資するものとして文部科学大臣が指定するものに従事した期間」を通算できるようにしたこと。（第一号）

②　大学において社会教育関係科目の単位を修得した者が社会教育主事となるための実務経験の要件を緩和し、「官公署又は社会教育関係団体における社会教育に関係のある職で文部科学大臣の指定するものにあった期間」及び「官公署又は社会教育関係団体が実施する社会教育に関係のある事業における業務であって、社会教育主事として必要な知識又は技能の習得に資するものとして文部科学大臣が指定するものに従事した期間」を通算できるようにしたこと。（第三号）

(2)　基本的な留意点

①　第一号の改正の趣旨は、従来は「社会教育主事補」又は「社会教育に関係ある職」の経験に限られていた社会教育主事となるための実務経験の範囲を、「社会教育に関係のある事業における業務」に拡大することによって、地域における社会教育関係団体の事業の企画・立案や指導等の重要な業務にボランティアとして携わっている人材等を社会教育主事として登用しやすくすることにより、社会教育行政の一層の活性化を図るものであること。

②　第三号の改正の趣旨は、従来は「社会教育主事補」の経験のみに限られていた社会教育主事となるための実務経験の範囲を、「社会教育に関係のある職」及び「社会教育に関係のある事業における業務」に拡大することにより、大学において専門科目を修得した者を社会教育主事として登用しやすくするものであること。

③　社会教育主事の果たす役割の重要性にかんがみ、社会教育主事を配置していない市町村においては、今回の改正による実務経験の要件の緩和も踏まえ、社会教育主事の積極的な配置に努めること。特に、未配置市町村のうち、社会教育法第九条の二の規定に基づき社会教育主事が必置とされている市町村については、できる限り早く社会教育主事を配置すること。

④　今回の改正事項に係る「社会教育に関係のある事業における業務であって、社会教育主事として必要な知識又は技能の習得に資するもの」及び「社会教育に関係のある職」に関する文部科学大臣の指定については、追って告示するものであること。

四、社会教育委員及び公民館運営審議会の委員の委嘱範囲の拡大（第十五条第一項及び第三十条第一項関係）

(1)　改正内容の概要

社会教育委員及び公民館運営審議会の委員に「家庭教育の向上に資する活動を行う者」を委嘱できるようにしたこと。

(2)　基本的な留意点

①　今回の改正の趣旨は、従来の「学校教育及び社会教育の関係者」及び「学識経験のある者」に加えて、「家庭教育の向上に資する活動を行う者」を、社会教育委員や公民館運営審議会の委員に委嘱できることとすることにより、家庭教育の向上のため

(2)　社会教育（公民館・博物館）、生涯学習

の施策の一層の充実を図るものであること。

② 「家庭教育の向上に資する活動を行う者」とは、例えば、以下のような者を指すものであること。

ア　子育てサークル（子育て中の親が任意に集まり、親子のふれあいや仲間づくり等を目的に活動を行うサークル）のリーダー

イ　子育てサポーター等、自らの子育て経験を活かすことなどにより、家庭教育に関する悩みや不安を抱く親からの相談に対応したり、情報提供を行う者

ウ　家庭教育に関する相談員や児童福祉司等、子育てに関する親からの相談に対応している者

③ 各教育委員会においては、今回の改正の趣旨を踏まえ、家庭教育の向上に資する活動を行う者を社会教育委員及び公民館運営審議会の委員に委嘱し、これらの者の意見を積極的に家庭教育の向上のための諸施策に反映させるよう努めること。そのためにも、社会教育委員の会議等を活性化し、各種審議、提言活動、調査研究等をこれまで以上に積極的に行っていくよう努めること。

五、国及び地方公共団体の任務に関する規定の改正（第三条第二項関係）

(1) 改正内容の概要

国及び地方公共団体が、社会教育に関する任務を行うに当たって、「社会教育が学校教育及び家庭教育との密接な関連性を有することにかんがみ、学校教育との連携の確保に努めるとともに、家庭教育の向上に資することとなるよう必要な配慮をするものとする」こととしたこと。

(2) 基本的な留意点

① 今回の改正の趣旨は、生涯学習社会を構築するという観点からも、また、青少年の健全育成を図るという観点からも、社会教育と学校教育が相互に協力し、連携していくことが重要であること、さらに、社会教育行政として今後より一層積極的に家庭教育の向上に取り組んでいく必要があることにかんがみて、社会教育行政の果たすべき任務を遂行するに当たって、特に学校教育との連携の確保及び家庭教育の向上について配慮すべきことを規定するものであること。

② 今後、社会教育と学校教育が協力し、双方の施設や指導者・教員を相互に有効に活用したり、両者が連携して様々な学習や体験活動の充実を図ることなど、これまで以上に社会教育と学校教育との連携に努めること。

③ 今後、社会教育委員等に家庭教育の向上に資する活動を行う者の登用を進めることや、社会教育に関する諸計画に家庭教育の向上に資する施策を積極的に位置づけることなどにより、家庭教育に関する学習機会や情報提供の充実、相談体制の整備、地域で子育てを支援する体制の整備など、家庭教育の向上のための諸施策の充実に努めること。

社会教育関係団体に対する助成について〔通知〕

〔昭和三四年一二月一四日文社社第二三三号
各都道府県教育委員会教育長あて
社会教育局長通知〕

社会教育法の一部改正に伴い、社会教育関係団体に対する助成の方針について、さきに文部大臣より社会教育審議会に対して、諮問していたところ昭和三十四年十二月九日別紙のとおり答申がありましたので、参考までに送付します。

別紙

社会教育関係団体の助成について

〔昭和三四年一二月九日答申〕

一　補助の基本方針

社会教育の領域における各種の社会教育関係団体の活動が、わが国の社会教育の振興上重要な地位を占めているので、これらの団体が健全にしてかつ適切な事業活動を行なうことが望ましい。しかるに社会教育関係団体のうちには、その経済的理由によってじゅうぶんな活動を行ない得ないものが少なくない現状にある。これらの点にかんがみ、憲法でいう「教育の事業」に該当しない事業であって公共性のある適切な緊要な事業を行なう社会教育関係団体に対して、その自主性を尊重しつつ積極的に助成を行ない、わが国の社会教育のいっそうの振興発展を期すべきである。

二　補助対象とする団体の範囲

一　社会教育に関する事業を行なうことを主たる目的とする民法法人であること。

二　法人格を有しない社会教育関係団体であっても、地域的普遍性を有するか、または過去に堅実な実績等を有する団体で、おおむね次の実体を備え、かつ確実なものであること。

ア　定款寄付行為に類する規約を有すること。

イ　団体意思を決定し、執行し、代表する機構または機関が確立していること。

ウ　自ら経理し、監査する等会計機構を有すること。

エ　団体活動の本拠としての事務所を有すること。

オ　主として社会教育に関する事業を行ないその成果が期待できる団体であること。

三　上記一および二の団体であっても政治活動、宗教活動および営利事業を行なう団体は除外するものとする。

四　上記一および二の団体は、おおむね次にかかげる団体を標準とする。

ア　青少年教育に関する団体

イ　成人教育に関する団体

ウ　社会教育施設関係の団体

エ　視聴覚教育に関する団体

オ　体育、運動競技またはレクリエーションに関する団体

カ　社会通信教育に関する団体

キ　芸術文化に関する団体

ク　その他主として社会教育に関する事業を行なう団体

三　補助事業の範囲

一　憲法にいう「教育の事業」に該当しない、おおむね次の事業であること。

ア　図書、記録、視聴覚教育の資料等を収集し、作成しまたは提供する事業

イ　社会教育の普及、向上または奨励のための援助、助言の事業

ウ　社会教育関係団体間の連絡調整の事業

エ　機関紙の発行、資料の作成配布の方法による社会教育に関する宣伝啓発の事業

オ　体育、運動競技またはレクリエーションに関する催しの開催、またはこれに参加する事業

カ　社会教育に関する研究調査の事業

キ　社会教育施設の建設および設備の整備に関する事業

ク　その他社会教育の振興に寄与する公共的意義ある適切な事業

二　政治活動、宗教活動または営利事業は、除外するものとする。

四　補助対象とする経費の範囲および限度

団体に対して行なう補助は、予算の範囲内においておおむね次に掲げる経費について行なうものとする。

一　社会教育に関する事業の実施に要する経費とする。ただし団体の性格、事業等の特殊性により必要と認められる場合は、運営費についても補助するものとする。

二　国際的事業に要する経費については、積極的に補助を行なうよう考慮するものとする。

五　地方社会教育関係団体に対する補助の取り扱い

地方社会教育関係団体について、その行なう事業が健全な全国的団体の組織活動に大いに寄与することが期待できる場合においては、都道府県単位の団体、二都道府県以上にまたがる団体およびブロック単位の団体に対して補助を行なうものとする。この場合には上記**一**から**四**までに掲げる基準によるほか、次に掲げる条件に合致するものについて補助を行なうものとする。

一　都道府県教育委員会が国の補助を受けるに適当であると認める団体であること。

二　当該団体の下部組織が整備されていること。

三　補助対象とする事業は、健全な全国的団体の組織活動に寄与するような事業であること。

四　補助対象とする事業は、都道府県教育委員会が援助または助成する事業であること。

六　補助手続き

補助するに当たっては、「補助金等に係る予算の執行の適正化に関する法律」（昭和三十年八月二十八日法律第百七十九号）等の法令の諸手続きに従って厳正公平に行なわなければならない。

民間社会教育活動振興費補助金交付要綱

〔昭和五〇年八月二八日 文部大臣裁定〕

最近改正 平成一三年一月六日

（通則）

第一条 民間社会教育活動振興費補助金（以下「補助金」という。）の交付については、補助金等に係る予算の執行の適正化に関する法律（昭和三十年法律第百七十九号）同法施行令（昭和三十年政令第二百五十五号）に定めるもののほか、この要綱の定めるところによる。

（交付の目的）

第二条 補助金は、我が国の社会教育の振興発展に資するため、社会教育関係団体（以下「団体」という。）が行う社会公共的意義のある事業に対して、団体の自主性を尊重しつつ、当該事業に要する経費の一部を補助することを目的とする。

（交付の対象団体の範囲）

第三条 補助金交付の対象となる団体は、社会教育に関する事業を行うことを主たる目的とする民法第三十四条の法人、特定非営利活動促進法による特定非営利活動法人又は次の各号に掲げる要件を満たす任意団体とする。

(1) 定款又は寄附行為に類する規約を有すること。

(2) 団体の意思を決定し、執行し、代表する機構又は機関が確立していること。

(3) 自ら経理し、監査する等会計機構を有すること。

(4) 団体活動の本拠としての事務所を有すること。

2 次の各号の一に該当する団体は、前項に該当するものであっても、交付の対象としない。

(1) 一党一派に偏する事業、宗教活動又は営利事業を行う団体

(2) その目的とする事業が一都道府県に限られる団体

（交付対象範囲及び補助金の額）

第四条 補助対象事業は、補助金交付の対象となる団体が実施する次の各号に掲げる事業（以下「補助事業」という。）とする。

(1) 大会・研究協議会等の事業

(2) 展示会等の事業

(3) 調査・研究の事業

(4) 資料作成配布の事業

(5) 野外活動の事業

(6) 施設・設備の整備事業

(7) 社会奉仕活動の事業

(8) 海外派遣事業

(9) 海外からの受入事業

(10) 海外における調査研究事業

(11) 映画等製作配布事業

(12) 広報事業

(13) 国際交流事業担当員給与費

(14) 他の団体が行う前各号に掲げる事業に対し補助する事業

2 補助対象経費の範囲は別表に定めるとおりとし、補助金の額は予算の範囲内で定額とする。ただし、補助金の額が三百万円未満の場合は、原則として交付しない。

（申請手続）

第五条　団体は、補助金の交付を受けようとするときは、様式一〔略〕による補助金交付申請書正副二部を文部科学大臣に提出しなければならない。

（交付の決定等）

第六条　文部科学大臣は、前条の規定による補助金交付申請書の提出があったときは、審査の上、交付の決定を行い、補助金交付決定通知書を団体に送付するものとする。

2　前項により交付の決定をする場合において、補助金の交付の目的を達成するため必要があるときは、条件を付するものとする。

3　交付の決定を行うまでに通常要すべき標準的な期間は、補助金交付申請書が到達してから三十日とする。

（申請の取下げ）

第七条　団体は、交付の決定の内容又はこれに付した条件に対して不服があることにより、補助金交付の申請を取り下げようとするときは、交付の決定の通知を受けた日から二十日以内にその旨を記載した書面を文部科学大臣に提出しなければならない。

（契約等）

第八条　団体は、補助事業を遂行するため、契約締結及び支払を行う場合には、契約及び支払に関する法令の規定の趣旨に従い、公正かつ最少の費用で最大の効果をあげるよう経費の効率的使用に努めなければならない。

（計画変更の承認）

第九条　団体は、次の各号の一に該当するときは、あらかじめ様式二〔略〕による申請書を文部科学大臣に提出し、その承認を受けなければならない。

(1)　補助対象経費の科目ごとに配分された額を変更するとき。ただし、科目ごとに配分された経費の二〇パーセント以内の変更（二〇パーセントを超える変更であっても、その金額が五万円に満たないときを含む。）はこの限りでない。

(2)　補助事業の内容を変更しようとするとき。ただし、補助金の額を変更せず、かつ、補助金交付の目的及び条件に違反しない場合において、その変更が補助目的の達成をより効率的にする場合を除く。

2　文部科学大臣は、前項の承認をする場合において、必要に応じ交付の決定の内容を変更し、又は条件を付することができる。

（補助事業の中止又は廃止）

第十条　団体は、補助事業を中止又は廃止しようとするときは、その旨を記載した書面を文部科学大臣に提出し、その承認を受けなければならない。

（事業遅延等の届出）

第十一条　補助事業は、補助金を受けた年度の終了する日（三月三十一日）までに完了しなければならない。

2　補助事業が前項の期間内に完了することができないと見込まれるとき、又は補助事業の遂行が困難となったときは、速やかに様式三〔略〕による報告書を文部科学大臣に提出し、その指示を受けなければならない。

（状況報告）

第十二条　団体は、補助事業の遂行及び支出の状況について文部科学大臣から報告を求められたときは、速やかに様式四〔略〕による状況報告書を文部科学大臣に提出しなければならない。

（実績報告）

第十三条　団体は、補助事業を完了したとき（中止又は廃止の承認を受けたときを含む。）は、その日から一か月を経過した日又は翌年度の四月十日のいずれか早い日までに様式五〔略〕による実績報告書正副二部を作成し、文部科学大臣に提出しなければならない。

（補助金の額の確定等）

第十四条　文部科学大臣は、前条の報告を受けた場合には、報告書の審査及び必要に応じて実地調査等を行い、その報告に係る補助事業の実施結果が補助金の交付の決定の内容（第九条に基づく承認をしたときは、その承認された内容）及びこれに付した条件に適合すると認めたときは、交付すべき補助金の額を確定し、団体に通知する。

（交付決定の取消等）

第十五条　文部科学大臣は、第十条の補助事業の中止又は廃止の申請があった場合及び次の各号に掲げる場合には、第六条の交付の決定の全部若しくは一部を取り消し、又は変更することができる。

(1)　団体が法令、この要綱又は法令若しくはこの要綱に基づく文部科学大臣の処分若しくは指示に違反した場合

(2)　団体が、補助金を補助事業以外の用途に使用した場合

(3)　団体が、補助事業に関して不正、怠慢その他不適当な行為をした場合

(4)　交付の決定後に生じた事情により、補助事業の全部又は一部を継続する必要がなくなった場合

（財産の管理）

第十六条　補助事業により取得した財産については、補助事業の完了した後においても善良な管理者の注意をもって管理するとともに補助金交付の目的に従って使用し、その効率的な運用を図らなければならない。

（財産の処分の制限）

第十七条　前条の財産のうち、不動産及びその従物並びに取得価格が一個又は一組五十万円以上の設備については、別に定める期間内は文部科学大臣の承認を受けないで補助金交付の目的に反して使用し、譲渡し、交換し、貸し付け、又は担保に供してはならない。

2　前項に従い文部科学大臣の承認を得て当該財産を処分したことにより収入のあったときは、交付した補助金の全部又は一部に相当する金額を国に納付させることがある。

（補助金の経理）

第十八条　団体は、補助事業に要する経費について、その収入及び支出を記載した帳簿を備え、経理の状況を常に明確にし、関係証拠書類とともに補助事業を廃止した日又は完了した日の属する年度の翌年度から五か年間保管しておかなければならない。

（間接補助事業）

第十九条　第四条第一項第十四号の事業を行うために国から補助金の交付を受けた団体（次項において「甲」という。）が、当該補助金を財源として他の団体（次項において「乙」という。）が行う第四条第一項第一号から第十三号までに掲げる事業に要する経費について補助金を交付するときは、第七条から第十八条までの規定に準じて条件を付さなければならない。

2　甲が、前項の規定に基づき付した条件により、乙に承認又は指示を与える場合は、あらかじめ文部科学大臣の承認又は指示を受けなければならない。

別表（第四条関係）　**補助対象経費の範囲**

区分	科目／事業類型	謝金	旅費 講師等	旅費 職員	借損料	施設設備費	消耗品費	印刷製本費	通信運搬費	賃金	渡航費	滞在費	会議費	広告費	賞牌費	雑役務費（注1）	給与費（注2）
1	大会・研究協議会等の事業	○	○	○	○		○	○	○	○			○	○	○	○	
2	展示会等の事業	○	○	○	○		○	○	○	○			○	○		○	
3	調査・研究の事業	○	○	○	○		○	○	○	○			○			○	
4	資料作成配布の事業	○		○	○		○	○	○	○			○		○	○	
5	野外活動の事業	○	○	○	○	○	○	○	○	○			○			○	
6	施設・設備の整備事業					○											
7	社会奉仕活動の事業	○	○	○	○	○	○	○	○	○			○			○	
8	海外派遣事業	○	○		○		○	○	○		○	○	○			○	
9	海外からの受入れ事業	○	○	○	○		○	○	○		○	○	○			○	
10	海外における調査研究事業	○	○	○	○		○	○	○	○	○	○	○			○	
11	映画等製作配布事業	○	○	○	○		○	○	○	○			○			○	
12	広報事業												○	○	○	○	
13	国際交流事業担当員給与費補助																○
14	他の団体が行う上記1から13までの事業に対し補助する事業	他の団体が行う上記1から13までの事業ごとに該当する科目に対して補助する補助金とする。															

（注1）　雑役務費は会場設営費，フィルム現像・焼付費等とする。
（注2）　給与費は中央青少年団体連絡協議会に要する経費とする。

様式〔略〕

文部省所管の補助金等の交付に関する事務を都道府県教育委員会が行うこととなった件〔平成一二年四月三日 文部省告示第一五八号〕

最近改正　平成一三年九月二五日　文部科学省告示第一五四号

補助金等に係る予算の執行の適正化に関する法律（昭和三十年法律第百七十九号。以下「法」という。）第二十六条第二項及び補助金等に係る予算の執行の適正化に関する法律施行令（昭和三十年政令第二百五十五号）第十七条第一項の規定により、文部省所管の補助金等のうち次に掲げるもの（教育研修活動費補助金（教員海外派遣費に限る。）、国宝重要文化財等保存整備費補助金、国宝重要文化財等保存施設整備費補助金及び史跡等購入費補助金にあっては都道府県以外の補助事業者、その他の補助金、負担金及び補助率差額にあっては市（東京都の特別区を含む。以下同じ。）町村（市町村の組合を含む。）に係るものに限る。）の交付に関する当該各号に掲げる事務を、都道府県教育委員会が行うこととなったので、同条第四項の規定により、次のとおり告示する。

一　幼稚園就園奨励費補助金、要保護及準要保護児童生徒援助費補助金、特殊教育就学奨励費補助金、新産業都市等事業補助率差額、へき地児童生徒援助費等補助金、社会参加促進費補助金、社会体育施設整備費補助金、公立学校施設整備費補助金、公立学校施設整備費補助金（高等学校産業教育施設整備費を除く。）、公立学校施設整備費負担金、公立諸学校建物其他災害復旧費補助金、公立諸学校建物其他災害復旧費負担金、公立社会教育施設災害復旧費補助金、公立社会体育施設災害復旧費補助金、国宝重要文化財等保存整備費補助金、国宝重要文化財等保存活用施設整備費補助金、国宝重要文化財等保存施設整備費補助金及び史跡等購入費補助金　次に掲げる事務

(一) 法第五条による交付申請の受理
(二) 法第七条第一項第一号による補助事業等に要する経費の配分の変更の承認に係る申請の受理
(三) 法第七条第一項第三号による補助事業等の内容の変更の承認に係る申請の受理
(四) 法第七条第一項第四号による補助事業等を中止し、又は廃止する場合における承認に係る申請の受理
(五) 法第七条第一項第五号による補助事業等が予定の期間内に完了しない場合又は補助事業等の遂行が困難となった場合の報告の受理
(六) 法第八条による交付決定の通知（法第十条第四項において準用する場合を含む。）
(七) 法第九条第一項による交付申請の取下げの受理
(八) 法第十二条による状況報告の受理
(九) 法第十三条による補助事業等の遂行命令及び一時停止命令
(十) 法第十四条による実績報告の受理（法第十六条第二項において準用する場合を含む。）
(十一) 法第十五条による補助金等の額の確定及び通知
(十二) 法第十六条第一項による補助事業等の是正措置命令
(十三) 法第十八条第二項による補助金等の返還命令
(十四) 法第二十三条第一項による立入検査等

二　教育研修活動費補助金（教員海外派遣費に限る。）　次に掲げる事務

(一) 法第八条による交付決定の通知（法第十条第四項において準用する場合を含む。）
(二) 法第九条第一項による交付申請の取下げの受理
(三) 法第十四条による実績報告の受理（法第十六条第二項において準用する場合を含む。）
(四) 法第十五条による補助金等の額の確定及び通知
(五) 法第十六条第一項による補助事業等の是正措置命令
(六) 法第十八条第二項による補助金等の返還命令

三　学校教育設備整備費等補助金、情報教育等設備整備費補助金、公立学校施設整備費補助金（高等学校産業教育施設整備費に限る。）　次に掲げる事務

(一) 法第五条による交付申請の受理
(二) 法第七条第一項第一号による補助事業等に要する経費の配分の変更の承認に係る申請の受理
(三) 法第七条第一項第三号による補助事業等の内容の変更の承認に係る申請の受理
(四) 法第七条第一項第四号による補助事業等を中止し、又は廃止する場合における承認に係る申請の受理
(五) 法第七条第一項第五号による補助事業等が予定の期間内に完了しない場合又は補助事業等の遂行が困難となった場合の報告の受理
(六) 法第八条による交付決定の通知（法第十条第四項において準用する場合を含む。）
(七) 法第九条第一項による交付申請の取下げの受理
(八) 法第十二条による状況報告の受理
(九) 法第十三条による補助事業等の遂行命令及び一時停止命令

(十) 法第十四条による実績報告の受理（法第十六条第二項において準用する場合を含む。）
(十一) 法第十五条による補助金等の額の確定及び通知
(十二) 法第十六条第一項による補助事業等の是正措置命令
(十三) 法第十八条第二項による補助金等の返還命令
(十四) 法第二十三条第一項による立入検査等

公民館の設置及び運営に関する基準〔告示〕

〔昭和三四年一二月二八日 文部省告示第九八号〕

〔**根拠**＝社会教育法第二三条の二〕

最近改正 平成一〇年一二月七日 文部省告示第一六〇号

（趣旨）

第一条 この規程に定める基準は、公民館を設置し、及び運営するのに必要な基準を示すものであるから、公民館の設置者は、この基準に従い、公民館の水準の維持、向上を図ることに努めなければならない。

（対象区域）

第二条 公民館を設置する市町村は、公民館活動の効果を高めるため、当該市町村の小学校又は中学校の通学区域（児童又は生徒の就学すべき学校の指定の基準とされている区域をいう。）、人口、人口密度、地形、交通条件、社会教育関係団体の活動状況等を勘案して、当該市町村の区域内において、公民館の事業の主たる対象となる区域（以下「対象区域」という。）を定めるものとする。

（施設）

第三条 公民館の建物の面積は、三百三十平方メートル以上とする。ただし、講堂を備える場合には、講堂以外の建物の面積は、二百三十平方メートルを下らないものとする。

2 公民館には、少くとも次の各号に掲げる施設を備えるものとする。

一　会議及び集会に必要な施設(講堂又は会議室等)
二　資料の保管及びその利用に必要な施設(図書室〔傍線＝編者〕、児童室又は展示室等)
三　学習に必要な施設(講義室又は実験・実習室等)
四　事務管理に必要な施設(事務室、宿直室又は倉庫等)
3　公民館には、前二項に規定するもののほか、体育及びレクリエーションに必要な広場等を備えるように努めるものとする。
4　第一項及び第二項に規定する施設は、公民館の専用の施設として備えるように努めるものとする。

(設備)

第四条　公民館には、その事業に応じ、次の各号に掲げる設備を備えるものとする。
一　机、椅子、黒板及びその他の教具
二　写真機、映写機、テープ式磁気録音再生機、蓄音器、テレビジョン受像機、幻灯機、ラジオ聴取機、拡声用増幅器及びその他の視聴覚教育用具
三　ピアノ又はオルガン及びその他の楽器
四　図書及びその他の資料並びにこれらの利用のための器材器具
五　実験・実習に関する器材器具
六　体育及びレクリエーションに関する器材器具

(職員)

第五条　公民館には、館長及び主事を置き、公民館の規模及び活動状況に応じて主事の数を増加するように努めるものとする。
2　公民館の館長及び主事は、社会教育に関し識見と経験を有し、かつ公民館の事業に関する専門的な知識と技術を有する者をもって充てるように努めるものとする。

(他の施設等との連絡協力)

第六条　公民館は、その事業の実施にあたっては、他の公民館、図書館〔傍線＝編者〕、博物館、学校その他の教育機関及び社会教育関係団体等と緊密に連絡し、協力するものとする。
2　公民館は、その対象区域内に公民館に類似する施設がある場合には、必要な協力と援助を与えるように努めるものとする。

(連絡等にあたる公民館)

第七条　二以上の公民館を設置する市町村は、その設置する公民館のうち、一の公民館を定めて、当該公民館の事業のほか、市町村の全地域にわたる事業、公民館相互の連絡調整に関する事業、その他個々の公民館で処理することが不適当と認められる事業を実施させることができる。
2　前項に規定する公民館の講堂以外の建物の面積は、三百三十平方メートル以上とするように努めるものとする。
3　第一項に規定する公民館は、第四条に規定する設備のほか、当該公民館の館外活動及び第一項の事業の実施に必要な自動車その他の設備を備えるものとする。

(公民館運営審議会)

第八条　市町村は、社会教育法(昭和二十四年法律第二百七号)第二十九条第一項ただし書の規定により、二以上の公民館について一の公民館運営審議会をおくときは、これを前条に規定する公民館に置くようにするものとする。

(分館)

第九条　公民館の事業の円滑な実施を図るため、必要がある場合には、公民館に分館を設け、当該公民館の対象区域内における第二条の条件又は当該公民館の事業の内容に応じて分館の事業を定めるものとする。

「公民館の設置及び運営に関する基準」の取扱について　抄

〔昭和三五年二月四日
文社施第五四号
各都道府県教育委員会あて
社会教育局長通達〕

　さきに告示された「公民館の設置及び運営に関する基準」（昭和三四年文部省告示第九八号）は一月二〇日付で送付いたしましたが、この基準の取扱にあたつては別紙の各事項を十分留意の上、周知徹底をはかり、基準施行に遺憾のないよう適切な指導をお願いします。

別紙

「公民館の設置及び運営に関する基準」の取扱について

1　**趣旨**

　この基準は、現段階において公民館の事業の達成と遂行上少なくとも必要とする内容を示したもので理想的水準を規定したものではない。したがつて設置者はその設置する公民館の内容が、この基準に達するように計画を立てて、その実現に努めることはもとより、すすんで水準の向上を図るように努められたい。

　なお、都道府県の教育委員会は、この基準に基いて都道府県の実情に適応した基準を設定し、適切な指導援助を行うなど具体的で有効な措置を講ぜられたい。

2　**公民館の対象区域**

(1)　公民館は市町村その他一定区域内の住民に対してその事業のしん透を図らなければならない。そのためには、基準に示したもののほか集落の形態、生活様式、産業構造などの諸条件を十分考慮して事業の主たる対象となる区域を定め住民の利用度を高めるとともにその便宜を図る必要がある。

　公民館の事業の主たる対象となる区域については、一般的にいえば、市にあつては中学校の通学区域、町村にあつては小学校の通学区域を考慮することが実態に即すると思われる。しかし市にあつても農村地帯などについては小学校の通学区域とし、市街地などについては人口密度ないし利用者数に応じて中学校の通学区域より狭い区域とするなど他の諸条件をも勘案し実情に即して定めることが望ましい。

　なお、いままでの公民館活動の実績によれば、公民館を中心として対象区域の面積が一六平方キロメートル以内の場合に利用上の効率が最も高くなつている。

(2)　新市町村建設などに当り、公民館の統廃合が行われる場合には、住民の利用上の便宜をそこなわない公民館活動の進展を妨げるような統廃合を行わないよう十分に留意されたい。

3　**公民館の施設**

(1)　設置者は、公民館の事業および住民の要望に応じて専ら公民館の用に供する施設を整備することが必要である。しかし、他の施設を転用する場合には必要な増改築、補修等を行い、公民館の活動に適応するようにされたい。

(2) 公民館の施設の内容は、各種の教育活動のできるもので、少なくとも基準に示されているようなものでなければならない。なお、基準第三条第二項各号の括弧内はいずれも代表的な施設の例示であつて、例えば「講堂または会議室」は、講堂または会議室のいずれか一つがあればよいことを意味したものではない。

(3) 「資料の保管およびその利用に必要な施設」とは、図書室、展示室、資料室等を意味し、図書、雑誌を閲覧に供し、図表、絵画、実物、模型、標本等を展示し、保管する施設をいう。

「児童室」とは、主として児童向の資料を整備して児童の利用に供するものをいう。

「学習に必要な施設」とは、青年学級、婦人学級、各種の定期講座等の開設とこれに伴う実験実習等に必要な施設をいう。

(4) 公民館の事業の遂行上最低必要とみなされる専用の建物の面積は三三〇平方メートル以上であるが、利用者の増大等に応じて面積を拡大することが望ましい。

なお、この最低の面積によつて基準に示されている必要な施設を備えようとする場合には例えば廊下を展示場とし、図書室と児童室を兼ねさせ、講堂を間仕切りすることによつて講義室として使えるようにするなど設計に十分工夫されたい。

また、講堂の面積については地域の人口数を対象として定めることが適当と認められるが、近くに学校の講堂、公会堂、体育館等の施設がある場合にはそれらの利用状況、設備状況などを勘案して、その面積を定めるようにされたい。

(5) 公民館は上記の施設のほか、体育及びレクリエーションの用に供する広場その他実験実習に必要な農場、農園等の屋外施設を備えるかまたは借用等によつて利用できるように配慮されたい。

4 公民館の設備

(1) 公民館は各種の必要な施設を備えるとともに、基準に例示されている設備を充実するように努めなければならない。ただし、実験実習に関する器材器具、体育及びレクリエーションに関する器材器具その他の設備および、各種の設備の数量については、地域の実情、公民館の施設の内容ならびに公民館の事業に応じて充実をはかることが必要である。

(2) 基準第四条第四号のうち「その他の資料」とは、郷土資料、実物、模型、参考品等をいう。

5 連絡等にあたる公民館

市町村内に公民館が二以上ありその何れもが市町村の一定区域を対象とする場合には、そのうちの一に、その公民館の事業に加えて展覧会、講演会その他市町村の全地域におよぶ規模の大きな事業、色刷ポスターあるいは教材映画の製作など特殊な設備と技術を要し、個々の公民館で処理することが不適当と認められる事業その他公民館の事業の実施に関し相互の連絡調整を必要とする事項について主としてその処理に当らせ、市町村における公民館活動の充実と効果の増大に努められたい。

なお、連絡調整にあたる公民館が上記の事業に応ずるためにはその施設ならびに設備についておよそ次のような配慮が必要である。

(イ) 建物の面積は講堂を除いて三三〇平方メートル以上とし、講堂については、市町村の学校の講堂、公会堂、体育館など利用可能な施設の状況を勘案し市町村全体の人口数に応じた規模のものを設けること。

(ロ) 設備は、基準第四条に示すもののほか、図書、資料、視聴覚教材、搬出できる各種の実験実習用具等各公民館において共通に利用できるもの、または運搬、連絡に用いられる自動車、その他個々の公民館の特性を損うことなくその各々に設置することが適当でないと思われるものを整備すること。

6　公民館運営審議会

市町村が社会教育法第二九条第一項ただし書の規定により共通の公民館運営審議会を置く場合には、条例で共通の公民館運営審議会を置く公民館名、公民館運営審議会を共有する公民館名等を定めるものとする。また、審議事項については、公民館運営審議会を共有する公民館の問題が平等に扱われるよう留意するとともに住民の意志が十分反映されるようその運営はもとより、委員の選出、任命に慎重な考慮を払うようにされたい。

7　分　館

(1)　公民館の対象区域が広範囲にわたる場合等には、分館を設けるようにされたい。ここにいう「分館」とは、条例等で市町村立の公民館の分館として定め市町村によって維持管理されるものを意味する。

(2)　分館の施設は、公民館の対象区域の状況と本館の事業との関係に応じてその面積と施設の内容を定めることが望ましい。

なお、いままでの実績によれば、すぐれた成果をあげている公民館には、いくつかの分館を設置しているものが多く、公民館までの距離が二キロメートルに満たない場合でも分館の設置によって利用上の効率を増大している事例が数多くみられる。

(3)　部落、町内等対象区域内に設けられた公民館類似施設の取扱については、なるべく市町村立とするよう努めることが望ましい。ただし、このことは公民館類似施設を排除することを意味するものではない。したがって、公民館は公民館類似施設に対し、その運営について必要な協力と援助を与え、対象区域内の公民館活動の普及徹底を図るとともに住民の利便に寄与するようとくに配慮されたい。

8　職　員

公民館の施設、設備を有効に運用して公民館活動の成果を挙げるには専任の館長、専任の主事、その他専任の事務職員、技術職員等の職員を充実することが必要であるがとくに次の事項について留意されたい。

(1)　館長、主事は公民館運営の中心となる職員であるから、その採用に当つては、慎重を期することはもとより、公民館の事業についての専門的知識、技術、経験を有する等必要な資質を備えた者のうちから任用するよう努めること。

(2)　都道府県の教育委員会は館長、主事について十分研修できる機会を作り、市町村はこれに参加させるなど便宜を供与するよう努めること。

9　その他

以上のほか次の諸点について留意されたい。

(1)　公民館の呼称〔略〕

(2)　報　告〔略〕

(3)　運　営

公民館の運営については、次のことに留意してその利用上の効率を増大するよう努めなければならない。

(イ)　公民館の事業は教育委員会の教育計画を考慮するとともに公民館運営審議会の活用をはかり、できるだけ重点的、計画的に実施するようにすること。

(ロ)　事業の実施にあたつては、社会教育委員、公民館運営審議会委員、体育指導委員、その他地域内の学識経験者、団体役員等ひろく住民の協力によるように努めること。

(八) 同一市町村内にある公民館はもとより、他の市町村の公民館も相互に緊密な連絡を保ち、施設、設備、教材を効果的に利用するように努めるほか、図書館、博物館、学校等との連携を強化して職員の協力、資料の提供を受けるとともにすすんでそれらの館外活動、校外活動に協力するなど公民館活動の充実を図るよう努めること。

◎博物館法

〔昭和二六年一二月一日 法律第二八五号〕

最近改正 平成一三年七月一一日 法律第一〇五号

第一章 総則

（この法律の目的）

第一条 この法律は、社会教育法（昭和二十四年法律第二百七号）〔別掲〕の精神に基き、博物館の設置及び運営に関して必要な事項を定め、その健全な発達を図り、もつて国民の教育、学術及び文化の発展に寄与することを目的とする。

（定義）

第二条 この法律において「博物館」とは、歴史、芸術、民俗、産業、自然科学等に関する資料を収集し、保管（育成を含む。以下同じ。）し、展示して教育的配慮の下に一般公衆の利用に供し、その教養、調査研究、レクリエーション等に資するために必要な事業を行い、あわせてこれらの資料に関する調査研究をすることを目的とする機関（社会教育法による公民館及び図書館法（昭和二十五年法律第百十八号）〔別掲〕による図書館を除く。）のうち、地方公共団体、民法（明治二十九年法律第八十九号）第三十四条の法人、宗教法人又は政令で定めるその他の法人（独立行政法人（独立行政法人通則法（平成十一年法律第百三号）〔別掲〕第二条〔定義〕第一項に規定する独立行政法人をいう。第二十九条において同じ。）を除く。）が設置するもので第二章〔登録〕の規定による登録を受けたものをいう。

2　この法律において、「公立博物館」とは、地方公共団体の設置する博物館をいい、「私立博物館」とは、民法第三十四条の法人、宗教法人又は前項の政令で定める法人の設置する博物館をいう。
3　この法律において「博物館資料」とは、博物館が収集し、保管し、又は展示する資料をいう。

（博物館の事業）
第三条　博物館は、前条第一項に規定する目的を達成するため、おおむね左に掲げる事業を行う。
一　実物、標本、模写、模型、文献、図表、写真、フィルム、レコード等の博物館資料を豊富に収集し、保管し、及び展示すること。
二　分館を設置し、又は博物館資料を当該博物館外で展示すること。
三　一般公衆に対して、博物館資料の利用に関し必要な説明、助言、指導等を行い、又は研究室、実験室、工作室、図書室等を設置してこれを利用させること。
四　博物館資料に関する専門的、技術的な調査研究を行うこと。
五　博物館資料の保管及び展示等に関する技術的研究を行うこと。
六　博物館資料に関する案内書、解説書、目録、図録、年報、調査研究の報告書等を作成し、及び頒布すること。
七　博物館資料に関する講演会、講習会、映写会、研究会等を主催し、及びその開催を援助すること。
八　当該博物館の所在地又はその周辺にある文化財保護法（昭和二十五年法律第二百十四号）の適用を受ける文化財について、解説書又は目録を作成する等一般公衆の当該文化財の利用の便を図ること。
九　他の博物館、博物館と同一の目的を有する国の施設等と緊密に連絡し、協力し、刊行物及び情報の交換、博物館資料の相互貸借等を行うこと。
十　学校、図書館（傍線＝編者）、研究所、公民館等の教育、学術又は文化に関する諸施設と協力し、その活動を援助すること。
2　博物館は、その事業を行うに当つては、土地の事情を考慮し、国民の実生活の向上に資し、更に学校教育を援助し得るようにも留意しなければならない。

（館長、学芸員その他の職員）
第四条　博物館に、館長を置く。
2　館長は、館務を掌理し、所属職員を監督して、博物館の任務の達成に努める。
3　博物館に、専門的職員として学芸員を置く。
4　学芸員は、博物館資料の収集、保管、展示及び調査研究その他これと関連する事業についての専門的事項をつかさどる。
5　博物館に、館長及び学芸員のほか、学芸員補その他の職員を置くことができる。
6　学芸員補は、学芸員の職務を助ける。

（学芸員の資格）
第五条　次の各号の一に該当する者は、学芸員となる資格を有する。
一　学士の学位を有する者で、大学において文部科学省令で定める博物館に関する科目の単位を修得したもの
二　大学に二年以上在学し、前号の博物館に関する科目の単位を含めて六十二単位以上を修得した者で、三年以上学芸員補の職にあつたもの
三　文部科学大臣が、文部科学省令で定めるところにより、前各

号に掲げる者と同等以上の学力及び経験を有する者と認めた者

2　前項第二号の学芸員補の職には、博物館の事業に類する事業を行う施設における職で、学芸員補の職に相当する職又はこれと同等以上の職として文部科学大臣が指定するものを含むものとする。

（学芸員補の資格）

第六条　学校教育法（昭和二十二年法律第二十六号）〔別掲〕第五十六条第一項の規定により大学に入学することのできる者は、学芸員補となる資格を有する。

第七条　削除

（設置及び運営上望ましい基準）

第八条　文部科学大臣は、博物館の健全な発達を図るために、博物館の設置及び運営上望ましい基準を定め、これを教育委員会に提示するとともに一般公衆に対して示すものとする。

第九条　削除

第二章　登録

（登録）

第十条　博物館を設置しようとする者は、当該博物館について、当該博物館の所在する都道府県の教育委員会に備える博物館登録原簿に登録を受けるものとする。

（登録の申請）

第十一条　前条の規定による登録を受けようとする者は、設置しようとする博物館について、左に掲げる事項を記載した登録申請書を都道府県の教育委員会に提出しなければならない。

一　設置者の名称及び私立博物館にあつては設置者の住所

二　名称

三　所在地

2　前項の登録申請書には、左に掲げる書類を添附しなければならない。

一　公立博物館にあつては、設置条例の写、館則の写、直接博物館の用に供する建物及び土地の面積を記載した書面及びその図面、当該年度における事業計画書及び予算の歳出の見積に関する書類、博物館資料の目録並びに館長及び学芸員の氏名を記載した書面

二　私立博物館にあつては、当該法人の定款若しくは寄附行為の写又は当該宗教法人の規則の写、館則の写、直接博物館の用に供する建物及び土地の面積を記載した書面及びその図面、当該年度における事業計画書及び収支の見積に関する書類、博物館資料の目録並びに館長及び学芸員の氏名を記載した書面

（登録要件の審査）

第十二条　都道府県の教育委員会は、前条の規定による登録の申請があつた場合においては、当該申請に係る博物館が左に掲げる要件を備えているかどうかを審査し、備えていると認めたときは、同条第一項各号に掲げる事項及び登録の年月日を博物館登録原簿に登録するとともに登録した旨を当該登録申請者に通知し、備えていないと認めたときは、登録しない旨をその理由を附記した書面で当該登録申請者に通知しなければならない。

一　第二条〔定義〕第一項に規定する目的を達成するために必要な博物館資料があること。

二　第二条第一項に規定する目的を達成するために必要な学芸員その他の職員を有すること。

三　第二条第一項に規定する目的を達成するために必要な建物及び土地があること。

四　一年を通じて百五十日以上開館すること。

（登録事項等の変更）

第十三条　博物館の設置者は、第十一条〔登録の申請〕第一項各号に掲げる事項について変更があつたとき、又は同条第二項に規定する添付書類の記載事項について重要な変更があつたときは、その旨を都道府県の教育委員会に届け出なければならない。

2　都道府県の教育委員会は、第十一条第一項各号に掲げる事項に変更があつたことを知つたときは、当該博物館に係る登録事項の変更登録をしなければならない。

（登録の取消）

第十四条　都道府県の教育委員会は、博物館が第十二条〔登録要件の審査〕各号に掲げる要件を欠くに至つたものと認めたとき、又は虚偽の申請に基いて登録した事実を発見したときは、当該博物館に係る登録を取り消さなければならない。但し、博物館が天災その他やむを得ない事由により要件を欠くに至つた場合においては、その要件を欠くに至つた日から二年間はこの限りでない。

2　都道府県の教育委員会は、前項の規定により登録の取消しをしたときは、当該博物館の設置者に対し、速やかにその旨を通知しなければならない。

（博物館の廃止）

第十五条　博物館の設置者は、博物館を廃止したときは、すみやかにその旨を都道府県の教育委員会に届け出なければならない。

2　都道府県の教育委員会は、博物館の設置者が当該博物館を廃止したときは、当該博物館に係る登録をまつ消しなければならない。

（規則への委任）

第十六条　この章に定めるものを除くほか、博物館の登録に関し必要な事項は、都道府県の教育委員会の規則で定める。

第十七条　削除

第三章　公立博物館

（設置）

第十八条　公立博物館の設置に関する事項は、当該博物館を設置する地方公共団体の条例で定めなければならない。

（所管）

第十九条　公立博物館は、当該博物館を設置する地方公共団体の教育委員会の所管に属する。

（博物館協議会）

第二十条　公立博物館に、博物館協議会を置くことができる。

2　博物館協議会は、博物館の運営に関し館長の諮問に応ずるとともに、館長に対して意見を述べる機関とする。

第二十一条　博物館協議会の委員は、学校教育及び社会教育の関係者並びに学識経験のある者の中から、当該博物館を設置する地方公共団体の教育委員会が任命する。

第二十二条　博物館協議会の設置、その委員の定数及び任期その他博物館協議会に関し必要な事項は、当該博物館を設置する地方公共団体の条例で定めなければならない。

（入館料等）

第二十三条　公立博物館は、入館料その他博物館資料の利用に対する対価を徴収してはならない。但し、博物館の維持運営のためにやむを得ない事情のある場合は、必要な対価を徴収することができる。

（博物館の補助）

第二十四条　国は、博物館を設置する地方公共団体に対し、予算の範囲内において、博物館の施設、設備に要する経費その他必要な経費の一部を補助することができる。

2　前項の補助金の交付に関し必要な事項は、政令で定める。

第二十五条　削除

（補助金の交付中止及び補助金の返還）

第二十六条　国は、博物館を設置する地方公共団体に対し第二十四条〔博物館の補助〕の規定による補助金の交付をした場合において、左の各号の一に該当するときは、当該年度におけるその後の補助金の交付をやめるとともに、第一号の場合の取消が虚偽の申請に基いて登録した事実の発見に因るものである場合には、既に交付した補助金を、第三号及び第四号に該当する場合には、既に交付した当該年度の補助金を返還させなければならない。

一　当該博物館について、第十四条〔登録の取消〕の規定による登録の取消があつたとき。

二　地方公共団体が当該博物館を廃止したとき。

三　地方公共団体が補助金の交付の条件に違反したとき。

四　地方公共団体が虚偽の方法で補助金の交付を受けたとき。

第四章　私立博物館

（都道府県の教育委員会との関係）

第二十七条　都道府県の教育委員会は、博物館に関する指導資料の作成及び調査研究のために、私立博物館に対し必要な報告を求めることができる。

2　都道府県の教育委員会は、私立博物館に対し、その求めに応じて、私立博物館の設置及び運営に関して、専門的、技術的の指導又は助言を与えることができる。

（国及び地方公共団体との関係）

第二十八条　国及び地方公共団体は、私立博物館に対し、その求めに応じて、必要な物資の確保につき援助を与えることができる。

第五章　雑則

（博物館に相当する施設）

第二十九条　博物館の事業に類する事業を行う施設で、国又は独立行政法人が設置する施設にあつては文部科学大臣が、その他の施設にあつては当該施設の所在する都道府県の教育委員会が、文部科学省令で定めるところにより、博物館に相当する施設として指定したものについては、第二十七条〔都道府県の教育委員会との関係〕第二項の規定を準用する。

附　則〔略〕

○博物館法施行令

〔昭和二七年三月二〇日　政令第四七号〕

最近改正　昭和三四年四月三〇日　政令第一五七号

（政令で定める法人）

第一条　博物館法（以下「法」という。）第二条〔定義〕第一項の政令で定める法人は、次に掲げるものとする。

一　日本赤十字社

二　日本放送協会

（施設、設備に要する経費の範囲）

第二条　法第二十四条〔博物館の補助〕第一項に規定する博物館の施設、設備に要する経費の範囲は、次に掲げるものとする。

一　施設費　施設の建築に要する本工事費、附帯工事費及び事務費

二　設備費　博物館に備え付ける博物館資料及びその利用のための器材器具の購入に要する経費

附　則〔略〕

○博物館法施行規則

〔昭和三〇年一〇月四日　文部省令第二四号〕

最近改正　平成一二年一〇月三一日　文部省令第五三号

第一章　大学において修得すべき博物館に関する科目の単位

（博物館に関する科目の単位）

第一条　博物館法（昭和二十六年法律第二百八十五号。以下「法」という。）第五条〔学芸員の資格〕第一項第一号の規定により大学において修得すべき博物館に関する科目の単位は、次の表に掲げるものとする。

科目	単位数
生涯学習概論	一
博物館概論	二
博物館経営論	一
博物館資料論	二
博物館情報論	一
博物館実習	三
視聴覚教育メディア論	一
教育学概論	一

備考

一　博物館概論、博物館経営論、博物館資料論及び博物館情報論の単位は、これらの科目の内容を統合した科目である博物

館学の単位をもって替えることができる。ただし、当該博物館学の単位数は、六を下ることはできないものとする。

二　博物館経営論、博物館資料論及び博物館情報論の単位は、これらの科目の内容を統合した科目である博物館学各論の単位をもって替えることができる。ただし、当該博物館学各論の単位数は、四を下ることはできないものとする。

三　博物館実習は、博物館（法第二条第一項に規定する博物館をいう。以下同じ。）又は法第二十九条の規定に基づき文部科学大臣若しくは都道府県の教育委員会の指定した博物館に相当する施設（大学においてこれに準ずると認めた施設を含む。）における実習により修得するものとする。

四　博物館実習の単位数には、大学における博物館実習に係る事前及び事後の指導の一単位を含むものとする。

第二条　削除

第二章　学芸員の資格認定

（資格認定）

第三条　法第五条〔学芸員の資格〕第一項第三号の規定により学芸員となる資格を有する者と同等以上の学力及び経験を有する者と認められる者は、この章に定める試験認定又は無試験認定（以下「資格認定」という。）の合格者とする。

第四条　資格認定は、毎年少くとも各一回、文部科学大臣が行う。

2　資格認定の施行期日、場所及び出願の期限等は、あらかじめ、官報で告示する。

（試験認定の受験資格）

第五条　左の各号の一に該当する者は、試験認定を受けることができる。

一　学士の学位を有する者

二　大学に二年以上在学し、六十二単位以上を修得した者で三年以上学芸員補の職（学芸員補に相当する職又はこれと同等以上の職として文部科学大臣が指定するものを含む。以下同じ。）にあった者

三　教育職員の普通免許状を有し、三年以上教育職員の職にあった者

四　五年以上学芸員補の職にあった者

五　その他文部科学大臣が前各号に掲げる者と同等以上の資格を有すると認めた者

（試験認定の方法及び試験科目）

第六条　試験認定は、大学卒業の程度において、筆記及び口述の方法により行う。

2　試験科目及び各試験科目についての試験の方法は、次表第一欄及び第二欄に定めるとおりとする。

第一欄			第二欄
試験科目		試験認定の必要科目	試験の方法
必須科目	生涯学習概論	上記科目の全科目	筆記
	博物館学		筆記及び口述
	視聴覚教育メディア論		筆記
	教育学概論		筆記
	文化史	上記科目のうちから	筆記
	美術史		筆記
	考古学		筆記
	民俗学		筆記

選択科目	自然科学史	受験者の選択する二科目	筆記
	物理		筆記
	化学		筆記
	生物学		筆記
	地学		筆記

（試験科目の免除）

第七条　大学又は文部科学大臣の指定する講習等において、前条に規定する試験科目に相当する科目の単位を一単位（博物館学にあつては六単位）以上修得した者又は講習等を修了した者に対しては、その願い出により、当該科目についての試験を免除する。

2　前項の文部科学大臣の指定する講習等における単位の計算方法は、大学設置基準（昭和三十一年文部省令第二十八号）〔別掲〕第二十一条〔単位〕第二項に定める基準によるものとする。

（二回以上の受験）

第八条　試験認定は、二回以上にわたり、それぞれ一以上の試験科目について受けることができる。

（無試験認定の受験資格）

第九条　左の各号の一に該当する者は、無試験認定を受けることができる。

一　学位規則（昭和二十八年文部省令第九号）による修士又は博士の学位を有する者

二　大学において博物館に関する科目に関し二年以上教授、助教授又は講師の職にあつた者

三　十年以上学芸員補の職にあつた者で都道府県の教育委員会の推薦する者

四　その他文部科学大臣が前各号に掲げる者と同等以上の資格を有すると認めた者

（無試験認定の方法）

第十条　無試験認定は、次条の規定により願い出た者について、博物館に関する学識及び業績を審査して行うものとする。

（受験の手続）

第十一条　資格認定を受けようとする者は、受験願書（別記第一号様式〔略〕により作成したもの）に左の各号に掲げる書類等を添えて、文部科学大臣に願い出なければならない。

一　受験資格を証明する書類

二　履歴書（別記第二号様式〔略〕により作成したもの）

三　住民票の写し（出願前六月以内に交付を受けたもの）

四　写真（出願前一年以内に脱帽して撮影した手札形の写真を葉書大の厚紙にはり付け、裏面に住所、氏名（ふりがなをつける。）及び生年月日を記載したもの）

五　試験認定の試験科目の免除を願い出る者については、その免除を受ける資格を証明する書類

六　無試験認定を願い出る者については、博物館に関する学識及び業績を明示する書類及び資料

（試験認定合格者及び試験認定科目合格者）

第十二条　試験科目（試験科目の免除を受けた者については、その免除を受けた科目を除く。）のすべてについて合格点を得た者（試験科目の全部について試験の免除を受けた者を含む。）を試験認定合格者とする。ただし、第五条第一号の規定に該当する者については、一年間学芸員補の職の職務に従事した後に、試験認定合格者となるものとする。

2　試験認定合格者ではないが、一以上の試験科目について合格点を得た者を試験認定科目合格者とする。

（無試験認定合格者）

第十三条　第十条の規定による審査に合格した者を無試験認定合格者とする。

（合格証書の授与等）

第十四条　試験認定合格者（第十二条第一項ただし書に規定する者を含む。）及び無試験認定合格者に対しては、合格証書（別記第三号様式〔略〕によるもの）を授与する。

2　合格証書を有する者が、その氏名を変更し、又は合格証書を破損し、若しくは紛失した場合において、その事由をしるして願い出たときは、合格証書を書き換え又は再交付する。

（合格証明書の交付等）

第十五条　試験認定合格者又は無試験認定合格者が、その合格の証明を願い出たときは、合格証明書（別記第四号様式〔略〕によるもの）を交付する。

2　試験認定科目合格者がその科目合格の証明を願い出たときは、科目合格証明書（別記第五号様式〔略〕によるもの）を交付する。

（手数料）

第十六条　次表の上欄に掲げる者は、それぞれその下欄に掲げる額の手数料を納付しなければならない。

上　欄	下　欄
一　試験認定を願い出る者	一科目につき千二百円
二　無試験認定を願い出る者	三千七百円
三　合格証書の書換又は再交付を願い出る者	七百円
四　合格証明書の交付を願い出る者	七百円
五　科目合格証明書の交付を願い出る者	七百円

2　前項の規定によって納付すべき手数料は、収入印紙を用い、収入印紙は、各願書にはるものとする。

3　納付した手数料は、どういう事由があっても返還しない。

（不正の行為を行った者等に対する処分）

第十七条　虚偽若しくは不正の方法により資格認定を受け、又は資格認定を受けるにあたり不正の行為を行った者に対しては、受験を停止し、既に受けた資格認定の成績を無効にするとともに、期間を定めてその後の資格認定を受けさせないことができる。

2　試験認定合格者、無試験認定合格者又は試験認定科目合格者について前項の事実があったことが明らかになったときは、その合格を無効にするとともに、既に授与又は交付した合格証書その他当該合格を証明する書類を取り上げ、かつ、期間を定めてその後の資格認定を受けさせないことができる。

3　前二項の処分をしたときは、処分を受けた者の氏名及び住所を官報に公告する。

第三章　博物館に相当する施設の指定

（申請の手続）

第十八条　法第二十九条〔博物館に相当する施設〕の規定により博物館に相当する施設として文部科学大臣又は都道府県の教育委員会の指定を受けようとする場合は、博物館相当施設指定申請書（別記第六号様式〔略〕により作成したもの）に次に掲げる書類等を添えて、国立の施設にあっては当該施設の長（大学に附属する施設にあつては当該大学の長）が文部科学大臣に、都道府県立の施設にあつては当該施設の長（大学に附属する施設にあつては当該施設を設置する者（大学に附属する施設にあつては当該大学の長）が当該施設の所在する都道府県の教育委員会に、それぞれ提出しなければならない。

一　当該施設の有する資料の目録
二　直接当該施設の用に供する建物及び土地の面積を記載した書面及び図面
三　当該年度における事業計画書及び予算の収支の見積に関する書類
四　当該施設の長及び学芸員に相当する職員の氏名を記載した書類

（指定要件の審査）
第十九条　文部科学大臣又は都道府県の教育委員会は、博物館に相当する施設として指定しようとするときは、申請に係る施設が、次の各号に掲げる要件を備えているかどうかを審査するものとする。

一　博物館の事業に類する事業を達成するために必要な資料を整備していること。
二　博物館の事業に類する事業を達成するために必要な専用の施設及び設備を有すること。
三　学芸員に相当する職員がいること。
四　一般公衆の利用のために当該施設及び設備を公開すること。
五　一年を通じて百日以上開館すること。

2　前項に規定する指定の審査に当つては、必要に応じて当該施設の実地について審査するものとする。

第二十条　削除

第二十一条　文部科学大臣又は都道府県の教育委員会の指定する博物館に相当する施設（以下「博物館相当施設」という。）が第十九条第一項に規定する要件を欠くに至つたときは、直ちにその旨を、国立の施設にあつては当該施設の長（大学に附属する施設にあつては当該大学の長）が文部科学大臣に、都道府県立の施設にあつては当該施設の長（大学に附属する施設にあつては当該大学の長）が、その他の施設にあつては当該施設を設置する者（大学に附属する施設にあつては当該大学の長）が当該施設の所在する都道府県の教育委員会に、それぞれ報告しなければならない。

第二十二条　削除

第二十三条　文部科学大臣又は都道府県の教育委員会は、その指定した博物館相当施設に対し、第十九条第一項に規定する要件に関し、必要な報告を求めることができる。

（指定の取消）
第二十四条　文部科学大臣又は都道府県の教育委員会は、その指定した博物館相当施設が第十九条第一項に規定する要件を欠くに至つたものと認めたとき、又は虚偽の申請に基いて指定した事実を発見したときは、当該指定を取り消すものとする。

2　文部科学大臣又は都道府県の教育委員会は、前項の取消しに当たつては、あらかじめ、当該施設を設置する者に対し、陳述する機会を与えるものとする。

第四章　雑則

（従前の規程による学校の卒業者等）
第二十五条　第五条第一号に規定する学士の学位を有する者には、旧大学令（大正七年勅令第三百八十八号）による学士の称号を有する者を含むものとする。

第二十六条　第五条第二号に規定する大学に二年以上在学し、六十二単位以上を修得した者には、旧大学令、旧高等学校令（大正七年勅令第三百八十九号）、旧専門学校令（明治三十六年勅令第六十一号）又は旧教員養成諸学校官制（昭和二十一年勅令第二百八号）の規定による大学予科、高等学校高等科、専門学校又は教員養成諸学校を修了し、又は卒業した者を含むものとする。

第二十七条　第九条第一号に規定する博士の学位を有する者には、旧学位令（大正九年勅令第二百号）による博士の称号を有する者を含むものとする。

附　則〔略〕

附　則〔平成八年八月二八日文部省令第二八号〕

1　この省令は、平成九年四月一日から施行する。

2　この省令の施行の日前に、改正前の博物館法施行令《ママ》規則（以下「旧規則」という。）第一条第一項に規定する科目の単位の全部を修得した者は、改正後の博物館法施行規則（以下「新規則」という。）第一条に規定する科目の単位の全部を修得したものとみなす。

3　この省令の施行の日前に、次の表の上欄に掲げる旧規則第一条第一項に規定する試験科目の単位を修得した者は、下欄に掲げる新規則第一条に規定する科目の単位を修得したものとみなす。

社会教育概論	一単位	生涯学習概論	一単位
博物館学	四単位	博物館概論	二単位
		博物館経営論	二単位
		博物館資料論	一単位
		博物館情報論	一単位
視聴覚教育	一単位	視聴覚教育メディア論	一単位
教育原理	一単位	教育学概論	一単位

4　この省令の施行の日前に、次の表の上欄に掲げる旧規則第六条第二項に規定する科目に合格した者は、下欄に掲げる新規則第六条第二項に規定する科目に合格したものとみなす。

社会教育概論	生涯学習概論
視聴覚教育	視聴覚教育メディア論
教育原理	教育学概論

学芸員の試験認定の試験科目に相当する科目の試験を免除する講習等の指定〔告示〕抄

〔昭和三〇年一二月二八日
文部省告示第一一〇号〕

最近改正　平成一二年一二月一一日　文部省告示第一八一号

博物館法施行規則（昭和三十年文部省令第二十四号）〔別掲〕第七条〔試験科目の免除〕第一項の規定により、同規則第六条〔試験認定の方法及び試験科目〕第二項に規定する試験認定の試験科目についての試験を免除する講習等を次のように指定する。

一　社会教育主事講習等規程（昭和二十六年文部省令第十二号）〔別掲〕の規定による社会教育主事の講習

二　図書館法施行規則（昭和二十五年文部省令第二十七号）〔別掲〕の規定による司書の講習

三　〔以下略〕

学芸員補の職に相当する職又はこれと同等以上の職の指定〔告示〕抄

〔平成八年八月二八日
文部省告示第一五一号〕

最近改正　平成一二年一二月一一日　文部省告示第一八一号

博物館法（昭和二十六年法律第二百八十五号）〔別掲〕第五条〔学芸員の資格〕第二項及び博物館法施行規則（昭和三十年文部省令第二十四号）〔別掲〕第五条〔試験認定の受験資格〕第二号の規定により、学芸員補の職に相当する職又はこれと同等以上の職を次のとおり指定する。

五　社会教育法（昭和二十四法律第二百七号）〔別掲〕第九条の二〔社会教育主事及び社会教育主事補の設置〕に定める社会教育主事の職

六　図書館法（昭和二十五年法律第百十八号）〔別掲〕第四条〔司書及び司書補〕に定める司書の職

私立博物館における青少年に対する学習機会の充実に関する基準〔告示〕抄

〔平成九年三月三一日文部省告示第五四号〕

最近改正　平成一二年一二月一一日　文部省告示第一八一号

博物館法（昭和二十六年法律第二百八十五号）〔別掲〕第八条（設置及び運営上の望ましい基準）の規定に基づき、博物館の健全な発達を図るため、私立博物館における青少年に対する学習機会の充実に関する基準について次のように定める。

（目的）

第一条　博物館法（昭和二十六年法律第二百八十五号）第八条の規定に基づき、博物館の健全な発達に資するため、博物館法第二条〔定義〕第二項に規定する私立博物館（以下「博物館」という。）が青少年に対する魅力的な学習機会の提供を円滑に進めていくための望ましい基準等を定める。

（望ましい基準）

第二条　博物館は、青少年に対する魅力的な学習機会の提供を円滑に進めていくため、次に掲げる基準を満たすことが望ましい。

一　一年を通じた開館日数が原則として二百五十日以上であること。

二　公立学校が休業日となる土曜日の児童・生徒の入場を無料にするなど、青少年、親子等の利用に対する優遇措置を講じること。

（期待される取組）

第三条　博物館は、青少年に対する魅力的な学習機会の提供をより一層円滑に進めるため、次に掲げる取組を充実することが期待される。

一　授業の一環として博物館を利用する際の基準を明確にするなど、学校教育の一環としての青少年の受け入れに係る取組を充実すること。

二　青少年の利用促進のための相談窓口を設置するなど、青少年にとって博物館がより魅力的な学習の場として機能を発揮していくための取組を充実すること。

（告示等）

第四条　〔略〕

◎生涯学習の振興のための施策の推進体制等の整備に関する法律（生涯学習振興法）

〔平成二年六月二九日 法律第七一号〕

最近改正　平成一一年一二月二二日　法律第一六〇号

（目的）

第一条　この法律は、国民が生涯にわたって学習する機会があまねく求められている状況にかんがみ、生涯学習の振興に資するための都道府県の事業に関しその推進体制の整備その他の必要な事項を定め、及び特定の地区において生涯学習に係る機会の総合的な提供を促進するための措置について定めるとともに、都道府県生涯学習審議会の事務について定める等の措置を講ずることにより、生涯学習の振興のための施策の推進体制及び地域における生涯学習に係る機会の整備を図り、もって生涯学習の振興に寄与することを目的とする。

（施策における配慮等）

第二条　国及び地方公共団体は、この法律に規定する生涯学習の振興のための施策を実施するに当たっては、学習に関する国民の自発的意思を尊重するよう配慮するとともに、職業能力の開発及び向上、社会福祉等に関し生涯学習に資するための別に講じられる施策と相まって、効果的にこれを行うよう努めるものとする。

（生涯学習の振興に資するための都道府県の事業）

第三条　都道府県の教育委員会は、生涯学習の振興に資するため、おおむね次の各号に掲げる事業について、これらを相互に連携させつつ推進するために必要な体制の整備を図りつつ、これらを一体的かつ効果的に実施するよう努めるものとする。

一　学校教育及び社会教育に係る学習（体育に係るものを含む。以下この項において「学習」という。）並びに文化活動の機会に関する情報を収集し、整理し、及び提供すること。

二　住民の学習に対する需要及び学習の成果の評価に関し、調査研究を行うこと。

三　地域の実情に即した学習の方法の開発を行うこと。

四　住民の学習に関する指導者及び助言者に対する研修を行うこと。

五　地域における学校教育、社会教育及び文化に関する機関及び団体に対し、これらの機関及び団体相互の連携に関し、照会及び相談に応じ、並びに助言その他の援助を行うこと。

六　前各号に掲げるもののほか、社会教育のための講座の開設その他の住民の学習の機会の提供に関し必要な事業を行うこと。

2　都道府県の教育委員会は、前項に規定する事業を行うに当たっては、社会教育関係団体その他の地域において生涯学習に資する事業を行う機関及び団体との連携に努めるものとする。

（都道府県の事業の推進体制の整備に関する基準）

第四条　文部科学大臣は、生涯学習の振興に資するため、都道府県の教育委員会が行う前条第一項に規定する体制の整備に関し望ましい基準（別掲）を定めるものとする。

2　文部科学大臣は、前項の基準を定めようとするときは、あらかじめ、審議会等（国家行政組織法（昭和二十三年法律第百二十号）第八条に規定する機関をいう。以下同じ。）で政令で定めるものの意見を聴かなければならない。これを変更しようとするときも、同様とする。

（地域生涯学習振興基本構想）

第五条　都道府県は、当該都道府県内の特定の地区において、当該地区及びその周辺の相当程度広範囲の地域における住民の生涯学習の振興に資するため、社会教育に係る学習（体育に係るものを含む。）及び文化活動その他の生涯学習に資する諸活動の多様な機会の総合的な提供を民間事業者の能力を活用しつつ行うことに関する基本的な構想（以下「基本構想」という。）を作成することができる。

2　基本構想においては、次に掲げる事項について定めるものとする。

一　前項に規定する多様な機会（以下「生涯学習に係る機会」という。）の総合的な提供の方針に関する事項

二　前項に規定する地区の区域に関する事項

三　総合的な提供を行うべき生涯学習に係る機会（民間事業者により提供されるものを含む。）の種類及び内容に関する基本的な事項

四　前号に規定する民間事業者に対する資金の融通の円滑化その他の前項に規定する地区において行われる生涯学習に係る機会の総合的な提供に必要な業務であって政令で定めるものを行う者及び当該業務の運営に関する事項

五　その他生涯学習に係る機会の総合的な提供に関する重要事項

3　都道府県は、基本構想を作成しようとするときは、あらかじめ、関係市町村に協議しなければならない。

4　都道府県は、基本構想を作成しようとするときは、前項の規定による協議を経た後、文部科学大臣及び経済産業大臣に協議することができる。

5　文部科学大臣及び経済産業大臣は、前項の規定による協議を受けたときは、都道府県が作成しようとする基本構想が次の各号に該当するものであるかどうかについて判断するものとする。

一　当該基本構想に係る地区が、生涯学習に係る機会の提供の程度が著しく高い地域であって政令で定めるもの以外の地域のうち、交通条件及び社会的自然的条件からみて生涯学習に係る機会の総合的な提供を行うことが相当と認められる地区であること。

二　当該基本構想に係る生涯学習に係る機会の総合的な提供が当該基本構想に係る地区及びその周辺の相当程度広範囲の地域における住民の生涯学習に係る機会に対する要請に適切にこたえるものであること。

三　その他文部科学大臣及び経済産業大臣が判断に当たっての基準として次条の規定により定める事項（以下「判断基準」という。）に適合するものであること。

6　文部科学大臣及び経済産業大臣は、基本構想につき前項の判断をするに当たっては、あらかじめ、関係行政機関の長に協議するとともに、文部科学大臣にあっては前条第二項の政令で定める審議会等の意見を、経済産業大臣にあっては産業構造審議会の意見をそれぞれ聴くものとし、前項各号に該当するものであると判断するに至ったときは、速やかにその旨を当該都道府県に通知するものとする。

7　都道府県は、基本構想を作成したときは、遅滞なく、これを公表しなければならない。

8　第三項から前項までの規定は、基本構想の変更（文部科学省令、経済産業省令で定める軽微な変更を除く。）について準用する。

（判断基準）

第六条　判断基準においては、次に掲げる事項を定めるものとする。

一　生涯学習に係る機会の総合的な提供に関する基本的な事項

二　前条第一項に規定する地区の設定に関する基本的な事項

三　総合的な提供を行うべき生涯学習に係る機会（民間事業者により提供されるものを含む。）の種類及び内容に関する基本的な事項

四　生涯学習に係る機会の総合的な提供に必要な事業に関する基本的な事項

五　生涯学習に係る機会の総合的な提供に際し配慮すべき重要事項

2　文部科学大臣及び経済産業大臣は、判断基準を定めるに当たっては、あらかじめ、総務大臣その他関係行政機関の長に協議するとともに、文部科学大臣にあっては第四条第二項の政令で定める審議会等の意見を、経済産業大臣にあっては産業構造審議会の意見をそれぞれ聴かなければならない。

3　文部科学大臣及び経済産業大臣は、判断基準を定めたときは、遅滞なく、これを公表しなければならない。

4　前二項の規定は、判断基準の変更について準用する。

第七条　削除

（基本構想の実施等）

第八条　都道府県は、関係民間事業者の能力を活用しつつ、生涯学習に係る機会の総合的な提供を基本構想に基づいて計画的に行うよう努めなければならない。

2　文部科学大臣は、基本構想の円滑な実施の促進のため必要があると認めるときは、社会教育関係団体及び文化に関する団体に対し必要な協力を求めるものとし、かつ、関係地方公共団体及び関係事業者等の要請に応じ、その所管に属する博物館資料の貸出しを行うよう努めるものとする。

3　経済産業大臣は、基本構想の円滑な実施の促進のため必要があると認めるときは、商工会議所及び商工会に対し、これらの団体及びその会員による生涯学習に係る機会の提供その他の必要な協力を求めるものとする。

4　前二項に定めるもののほか、文部科学大臣及び経済産業大臣は、基本構想の作成及び円滑な実施の促進のため、関係地方公共団体に対し必要な助言、指導その他の援助を行うよう努めなければならない。

5　前三項に定めるもののほか、文部科学大臣、経済産業大臣、関係行政機関の長、関係地方公共団体及び関係事業者は、基本構想の円滑な実施が促進されるよう、相互に連携を図りながら協力しなければならない。

（負担金についての損金算入の特例）

第九条　第五条〔地域生涯学習振興基本構想〕第二項第四号に規定する者（その者が民法（明治二十九年法律第八十九号）第三十四条の規定により設立された法人である場合に限る。）が行う同号に規定する業務であって基本構想（第五条第六項（同条第八項において準用する場合を含む。）の規定による通知があったものに限る。）に係るものに係る基金に充てるための負担金を支出した場合には、租税特別措置法（昭和三十二年法律第二十六号）で定めるところにより、損金算入の特例の適用があるものとする。

（都道府県生涯学習審議会）

第十条　都道府県に、都道府県生涯学習審議会（以下「都道府県審議会」という。）を置くことができる。

2　都道府県審議会は、都道府県の教育委員会又は知事の諮問に応じ、当該都道府県の処理する事務に関し、生涯学習に資するための施策の総合的な推進に関する重要事項を調査審議する。

3　都道府県審議会は、前項に規定する事項に関し必要と認める事項を当該都道府県の教育委員会又は知事に建議することができる。

4　前三項に定めるもののほか、都道府県審議会の組織及び運営に関し必要な事項は、条例で定める。

（市町村の連携協力体制）

第十一条　市町村（特別区を含む。）は、生涯学習の振興に資するため、関係機関及び関係団体等との連携協力体制の整備に努めるものとする。

〔**編者注**〕第一〇条〔生涯学習審議会〕が廃止され、第一一条、第一二条がそれぞれ繰り下がった（平成一一年七月法律一〇二号）。施行は平成一三年一月六日である。

附　則〔略〕

○生涯学習の振興のための施策の推進体制等の整備に関する法律施行令

〔平成二年六月二九日 政令第一九四号〕

最近改正　平成一二年六月七日　政令第三〇八号

（生涯学習に係る機会の総合的な提供に必要な業務）

第一条　生涯学習の振興のための施策の推進体制等の整備に関する法律（以下「法」という。）第五条〔地域生涯学習振興基本構想〕第二項第四号の政令で定める業務は、次のとおりとする。

一　法第五条第二項第三号に規定する民間事業者に対し、生涯学習に係る機会の提供を行うために必要な資金の借入れに係る債務の保証を行うこと。

二　生涯学習に係る機会の提供に従事する者に対する研修を行うこと。

三　生涯学習に係る機会に関する広報活動を行うこと。

四　生涯学習に係る機会に対する需要に関する調査研究を行うこと。

五　前各号に掲げる業務に附帯する業務を行うこと。

（生涯学習に係る機会の提供の程度が著しく高い地域）

第二条　法第五条〔地域生涯学習振興基本構想〕第五項第一号の政令で定める地域は、平成二年六月一日における東京都の特別区の存する区域、大阪市の区域及び名古屋市の区域とする。

（審議会等で政令で定めるもの）
第三条　法第四条〔都道府県の事業の推進体制の整備に関する基準〕第二項の審議会等で政令で定めるものは、中央教育審議会とする。

附　則〔略〕

○中央教育審議会令

〔平成一二年六月七日　政令第二八〇号〕

（組織）
第一条　中央教育審議会（以下「審議会」という。）は、委員三十人以内で組織する。
2　審議会に、特別の事項を調査審議させるため必要があるときは、臨時委員を置くことができる。
3　審議会に、専門の事項を調査させるため必要があるときは、専門委員を置くことができる。

（委員等の任命）
第二条　委員は、学識経験のある者のうちから、文部科学大臣が任命する。
2　臨時委員は、当該特別の事項に関し学識経験のある者のうちから、文部科学大臣が任命する。
3　専門委員は、当該専門の事項に関し学識経験のある者のうちから、文部科学大臣が任命する。

（委員の任期等）
第三条　委員の任期は、二年とする。ただし、補欠の委員の任期は、前任者の残任期間とする。
2　委員は、再任されることができる。
3　臨時委員は、その者の任命に係る当該特別の事項に関する調査審議が終了したときは、解任されるものとする。
4　専門委員は、その者の任命に係る当該専門の事項に関する調査が終了したときは、解任されるものとする。

5　委員、臨時委員及び専門委員は、非常勤とする。

（会長）

第四条　審議会に、会長を置き、委員の互選により選任する。

2　会長は、会務を総理し、審議会を代表する。

3　会長に事故があるときは、あらかじめその指名する委員が、その職務を代理する。

（分科会）

第五条　審議会に、次の表の上欄に掲げる分科会を置き、これらの分科会の所掌事務は、審議会の所掌事務のうち、それぞれ同表の下欄に掲げるとおりとする。

名称	所掌事務
教育制度分科会	一　豊かな人間性を備えた創造的な人材の育成のための教育改革に関する重要事項を調査審議すること。 二　地方教育行政に関する制度に関する重要事項を調査審議すること。
生涯学習分科会	一　生涯学習に係る機会の整備に関する重要事項を調査審議すること。 二　社会教育の振興に関する重要事項を調査審議すること（スポーツ・青少年分科会の所掌に属するものを除く。）。 三　視聴覚教育に関する重要事項を調査審議すること。 四　生涯学習の振興のための施策の推進体制等の整備に関する法律（平成二年法律第七十一号）の規定に基づき審議会の権限に属させられた事項及び社会教育法（昭和二十四年法律第二百七号）の規定に基づき審議会の権限に属させられた事項（スポーツ・青少年分科会の所掌に属するものを除く。）を処理すること。
初等中等教育分科会	一　初等中等教育（小学校、中学校、高等学校、中等教育学校、盲学校、聾《ろう》学校、養護学校及び幼稚園における教育をいう。次号において同じ。）の振興に関する重要事項を調査審議すること（生涯学習分科会及びスポーツ・青少年分科会の所掌に属するものを除く。）。 二　初等中等教育の基準に関する重要事項を調査審議すること。 三　教育職員の養成並びに資質の保持及び向上に関する重要事項を調査審議すること。 四　理科教育振興法（昭和二十八年法律第百八十六号）第九条第一項、産業教育振興法（昭和二十六年法律第二百二十八号）及び教育職員免許法（昭和二十四年法律第百四十七号）の規定に基づき審議会の権限に属させられた事項を処理すること。 五　理科教育振興法施行令（昭和二十九年政令第三百十一号）第二条第二項及び産業教育振興法施行令（昭和二十七年政令第四百五号）第二条第三項の規定により審議会の権限に属させられた事項を処理すること。
大学分科会	一　大学及び高等専門学校における教育の振興に関する重要事項を調査審議すること（スポーツ・青少年分科会の所掌に属するものを除く。）。 二　学校教育法（昭和二十二年法律第二十六号）

	の規定に基づき審議会の権限に属させられた事項を処理すること。
スポーツ・青少年分科会	一　学校保健（学校における保健教育及び保健管理をいう。）、学校安全（学校における安全教育及び安全管理をいう。）及び学校給食に関する重要事項を調査審議すること。 二　青少年教育の振興に関する重要事項を調査審議すること。 三　青少年の健全な育成に関する重要事項を調査審議すること。 四　体力の保持及び増進に関する重要事項を調査審議すること。 五　スポーツの振興に関する重要事項を調査審議すること。 六　スポーツ振興法（昭和三十六年法律第百四十一号）、スポーツ振興投票の実施等に関する法律（平成十年法律第六十三号）第三十一条第三項及び日本体育・学校健康センター法（昭和六十年法律第九十二号）第二十九条第二項の規定に基づき審議会の権限に属させられた事項並びに社会教育法第十三条の規定に基づき審議会の権限に属させられた事項（青少年教育に係るものに限る。）を処理すること。

2　前項の表の上欄に掲げる分科会に属すべき委員、臨時委員及び専門委員は、文部科学大臣が指名する。
3　分科会に、分科会長を置き、当該分科会に属する委員の互選により選任する。
4　分科会長は、当該分科会の事務を掌理する。
5　分科会長に事故があるときは、当該分科会に属する委員のうちから分科会長があらかじめ指名する者が、その職務を代理する。
6　審議会は、その定めるところにより、分科会の議決をもって審議会の議決とすることができる。

（部会）

第六条　審議会及び分科会は、その定めるところにより、部会を置くことができる。
2　部会に属すべき委員、臨時委員及び専門委員は、会長（分科会に置かれる部会にあっては、分科会長）が指名する。
3　部会に、部会長を置き、当該部会に属する委員の互選により選任する。
4　部会長は、当該部会の事務を掌理する。
5　部会長に事故があるときは、当該部会に属する委員のうちから部会長があらかじめ指名する者が、その職務を代理する。
6　審議会（分科会に置かれる部会にあっては、分科会。以下この項において同じ。）は、その定めるところにより、部会の議決をもって審議会の議決とすることができる。

（幹事）

第七条　審議会に、幹事を置く。
2　幹事は、関係行政機関の職員のうちから、文部科学大臣が任命する。
3　幹事は、審議会の所掌事務のうち、第五条第一項の表生涯学習分科会の項下欄の第一号に掲げる重要事項及び第四号に掲げる事項（生涯学習の振興のための施策の推進体制等の整備に関する法律の規定に基づき審議会の権限に属させられた事項に限る。）について、委員を補佐する。
4　幹事は、非常勤とする。

（議事）

第八条　審議会は、委員及び議事に関係のある臨時委員の過半数が出席しなければ、会議を開き、議決することができない。
2　審議会の議事は、委員及び議事に関係のある臨時委員で会議に出席したものの過半数で決し、可否同数のときは、会長の決するところによる。
3　前二項の規定は、分科会及び部会の議事について準用する。

（資料の提出等の要求）

第九条　審議会は、その所掌事務を遂行するため必要があると認めるときは、関係行政機関の長に対し、資料の提出、意見の開陳、説明その他必要な協力を求めることができる。

（庶務）

第十条　審議会の庶務は、文部科学省生涯学習政策局政策課において総括し、及び処理する。ただし、初等中等教育分科会に係るものについては文部科学省初等中等教育局初等中等教育企画課において、大学分科会に係るものについては文部科学省高等教育局高等教育企画課において、スポーツ・青少年分科会に係るものについては文部科学省スポーツ・青少年局企画・体育課において処理する。

（雑則）

第十一条　この政令に定めるもののほか、議事の手続その他審議会の運営に関し必要な事項は、会長が審議会に諮って定める。

附　則

この政令は、平成十三年一月六日から施行する。

生涯学習の振興に資するための都道府県の事業の推進体制の整備に関する基準〔告示〕

〔平成三年二月七日 文部省告示第五号〕

〔**根拠**＝生涯学習の振興のための施策の推進体制等の整備に関する法律第四条第一項〕

一　目的

この基準は、生涯学習の振興のための施策の推進体制等の整備に関する法律（平成二年法律第七十一号。以下「法」という。）第三条第一項各号に掲げる事業の推進体制の整備（以下「推進体制の整備」という。）に関し望ましい基準を定め、各都道府県がその判断に基づいて体制を整備する場合の参考に供し、生涯学習の振興に資することを目的とする。

二　推進体制の整備

都道府県の教育委員会は、法第三条第一項各号に掲げる事業の充実を図るとともに、当該都道府県における生涯学習の振興に資するためにこの基準の定めるところに従い、推進体制の整備に努めるものとする。

その際、各都道府県の実情に応じ、教育委員会の事務分担や各施策担当部門間の連携の在り方の見直しを図ることなどにより、法第三条第一項各号に掲げる諸事業の一体的かつ効果的な実施ができるよう推進体制の整備に努めるものとする。

三　地域の実情に即した事業の実施

都道府県の教育委員会は、推進体制の整備に当たっては、当該都道府県の住民の年齢構成、住民の学校教育及び社会教育に係る学習（体育に係るものを含む。以下「学習」という。）に対する需要、職員及び施設の現状、交通条件、財政事情等に配慮し、地域の実情に即した事業を実施することができるようにするものとする。

四　一体的かつ効果的な事業の実施

都道府県の教育委員会は、推進体制の整備に当たっては、法第三条第一項各号に掲げる諸事業を一体的に実施し、もってそれらの事業を相互に連携させつつ効果的に実施することができるようにするものとする。

五　他部局との連携

都道府県の教育委員会は、推進体制の整備に当たっては、教育委員会以外の部局との連携に努めるものとする。

六　地域において生涯学習に資する事業を行う機関及び団体との連携

都道府県の教育委員会は、推進体制の整備に当たっては、社会教育関係団体その他の地域において生涯学習に資する事業を行う機関及び団体との連携に努めるものとする。

七　事業の具体的内容

法第三条第一項各号に掲げる事業の具体的な内容はおおむね次のとおりである。

(1)　学習情報の収集、整理及び提供

住民の学習及び文化活動の機会に関する情報（以下「学習情報」という。）を収集し、住民の利用の便宜に即して整理を行い、様々な方法で住民に対して提供すること。また、学習する意欲を有する住民の学習に関する相談に適切に応ずること。

(2)　住民の学習に対する需要及び学習の成果の評価に関する調査研究

住民の学習に対する意欲、学習の機会の内容方法等学習に対する需要について調査し、必要な学習の機会の在り方について研究すること。

また、都道府県、市町村及び公民館等の機関において実施されている住民の学習の成果の評価の実態又は評価の結果を地域における住民の学習に関する指導者及び助言者の採用又は登録の参考にするなど評価の活用の実態について調査し、その在り方について研究すること。

(3)　地域の実情に即した学習の方法の開発

住民の年齢構成、学習に対する需要、当該地域の地理的事情等の諸条件に適合した学習のカリキュラム、教材、指導方法等を開発すること。

(4)　住民の学習に関する指導者及び助言者に対する研修

住民の学習に関する指導者及び助言者を広く対象として、生涯学習の振興のための施策、住民の学習に対する需要、学習の機会の在り方、学習の成果の活用等に関する研修を行うこと。

(5)　地域における学校教育、社会教育及び文化に関する機関及び団体相互の連携に関する照会、相談への対応及び助言その他の援助

学校、公民館、博物館、美術館、体育施設等の学校教育、社会教育及び文化に関する機関及びＰＴＡ、青少年団体、文化団体等の学校教育、社会教育及び文化に関する団体の相互の連携を図るため、関係者からの照会及び相談に応ずること、また、必要な助言、あっせん、事例集の作成、連携のための協議の場

の設定等の援助を行うこと。

(6) 社会教育のための講座の開設その他の住民の学習の機会の提供に関し必要な事業

社会教育のための高度で体系的な講座の開設、法第三条第一項第三号の事業により開発されたカリキュラム、教材、指導方法等を導入した先導的な講座の開設、住民の各種の学習に対する施設の提供、生涯学習に関する集会の開催等を行うこと。

社会参加促進費補助金交付要綱 抄

〔平成九年四月一日文生生第一三〇号
文部大臣裁定〕

最近改正 平成一三年四月一八日

（通則）

第一条 社会参加促進費補助金（以下「補助金」という。）の交付については、補助金等に係る予算の執行の適正化に関する法律（昭和三十年法律第百七十九号。以下「適正化法」という。）及び補助金等に係る予算の執行の適正化に関する法律施行令（昭和三十年政令第二百五十五号。以下「適正化法施行令」という。）に定めるもののほか、この要綱の定めるところによる。

（交付の目的）

第二条 この補助金は、地方公共団体が人々の生涯にわたる学習活動を通じた社会参加活動を促進するために行う事業に要する経費の一部を国が補助し、もって人々の社会参加活動を促進することを目的とする。

（交付の対象及び補助額等）

第三条 文部科学大臣（以下「大臣」という。）は、次に掲げる事業（以下「補助事業」という。）を地方公共団体（以下「補助事業者」という。）が実施するために必要な経費のうち、補助金交付の対象として大臣が認める経費（以下「補助対象経費」という。）について、予算の範囲内で補助金を交付する。

社会参加促進費

社会参加促進事業
（内訳）
(4)　社会教育研修支援事業

2　補助対象経費及び補助金の額は、別記の補助実施要領に定めるところによる。

3　補助金の額が都道府県及び政令指定都市にあっては一、〇〇〇万円未満、市については二五〇万円未満、町村については二〇〇万円未満の場合は原則として交付しない。

（申請手続）

第四条　補助金の交付を受けようとする補助事業者は、様式一〔略〕による補助金交付申請書を大臣（補助事業者が市町村である場合は、都道府県教育委員会（以下「大臣等」という。）に提出しなければならない。

2　都道府県教育委員会は、市町村から前項の規定による書面を受理してから三十日以内に大臣に提出しなければならない。

（交付決定の通知）

第五条　大臣は、前条の規定による補助金交付申請の提出があった場合には、書類を審査の上、交付すべきものと認めたときは交付の決定を行い、様式二〔略〕による補助金交付決定通知書を補助事業者に送付するものとする。ただし、市町村に対する交付決定通知は次項及び第三項に定めるところによる。

2　大臣は、都道府県教育委員会に様式三〔略〕による補助金交付決定一覧表を送付する。

3　都道府県教育委員会は、前項の規定による補助金交付決定一覧表を受理したときは、速やかに市町村に補助金交付決定通知書を作成の上通知するものとする。

4　交付の決定を行うまでに通常要すべき標準的な期間は、補助金交付申請書が文部科学省に到達してから三十日とする。

（状況報告）

第十条　補助事業者は、補助事業の遂行及び支出状況について大臣等の要求があったときは、速やかに様式九〔略〕による報告書を大臣等に提出しなければならない。

2　都道府県教育委員会は、市町村から前項の規定による報告書を受理したときは、速やかに大臣に提出しなければならない。

（実績報告）

第十一条　補助事業者は、補助事業を完了したとき（廃止の承認を受けたときを含む。）は、その日から三十日を経過した日又は翌年度の四月十日のいずれか早い日までに様式十〔略〕による報告書を大臣等に提出しなければならない。

2　都道府県教育委員会は、市町村から前項の規定による報告書を受理したときは、速やかに大臣に提出しなければならない。

3　第一項の場合において報告書の提出期限について、大臣の別段の承認を受けたときは、その期間によることができる。

（補助金の額の確定等）

第十二条　大臣等は、前条第一項の報告を受けた場合には、実績報告書、その他の書類の審査及び必要に応じて現地調査等を行い、その報告に係る補助事業の実施結果が補助金の交付の決定の内容（第七条の規定に基づく承認をした場合は、その承認された内容）及びこれに付した条件に適合すると認めたときは、交付すべき補助金の額を確定し、様式十一〔略〕による補助金確定通知書により補助事業者に通知するものとする。

2　都道府県教育委員会は、市町村に係る補助金の額を確定したときは、速やかに様式十二〔略〕による確定報告書を大臣に提出するものとする。

3 大臣等は、補助事業者に交付すべき補助金の額を確定した場合において、既にその額を超える補助金が交付されているときは、その超える部分の補助金の返還を命ずる。

（財産の管理等）

第十四条 補助事業者は、補助対象経費（補助事業を他の者に実施させた場合には、その対応経費を含む。）により取得し、又は効用の増加した財産（以下「取得財産等」という。）については、補助事業の完了後においても、善良な管理者の注意をもって管理し、補助金交付の目的に従って、その効率的運用を図らなければならない。

2 補助事業者が取得財産等を処分することにより、収入があり又はあると見込まれるときは、その収入の全部又は一部を国に納付させることがある。

（補助金の経理）

第十六条 補助事業者は、補助事業についての収支簿を備え、他の経理と区分して補助事業の収入額及び支出額を記載し、補助金の使途を明らかにしておかなければならない。

2 補助事業者は、前項の支出額について、その支出内容を証する書類を整備して前項の収支簿とともに補助事業の完了の日の属する年度の終了後五年間保存しなければならない。

（補助金調書）

第十七条 補助事業者は、当該補助事業に係る歳入歳出の予算書並びに決算書における計上科目及び科目別計上金額を明らかにする様式十三〔略〕による補助金調書を作成しておかなければならない。

別記（第三条関係）

社会参加促進費補助実施要領　抄

1 補助対象事業の内容、補助事業者及び補助対象経費は次のとおりとする。なお、市町村（特別区及び市町村の一部事務組合を含む。）が、専修学校開放講座、学習活動支援設備整備事業、人権教育促進事業、青少年の野外教室モデル事業、子育て支援ネットワークの充実、余裕教室等を活用した「地域ふれあい交流事業」の推進及び子育て学習の全国展開を間接補助事業として行う場合並びに学校法人及び準学校法人が、専修学校開放講座を間接補助事業として行う場合も含まれる。

事業名	補助対象事業の内容	補助事業者	補助対象経費
社会教育研修支援事業	社会教育主事、学芸員、司書、公民館主事等の社会教育に関する専門的職員及び青少年教育指導者、女性教育指導者、ＰＴＡ指導者、視聴覚教育指導者等の民間教育指導者を対象に、その資質向上を図る事業 ただし、補助事業者が指定都市にあっては、社会教育主事、学芸員、司書、公民館主事等の社会教育に関す	都道府県・指定都市	諸謝金、旅費（参加者旅費については、社会教育主事等海外派遣研修に限る。）、消耗品費、印刷製本費、通信運搬費、借料及び損料、会議費、保険料（社会教育主事等海外派遣研修の参加者に係る

	る専門的職員を対象とした研修を除く。		団体保険料に限る。）、委託費（内容は、諸謝金、旅費、消耗品費、印刷製本費、通信運搬費、借料及び損料、会議費とする。）

備考　旅費及び保険料については、ただし書きがあるものを除き、参加者分を除く。

2　補助金の額は、定額とする。

ただし、地方交付税法（昭和二十五年法律第二百十一号）第十四条により算定した基準財政収入額を同法第十一条の規定により算定した基準財政需要額で除して得た数値で当該年度の前々年度以前の過去三ヶ年度内の各年度に係るものを合算したものの三分の一の数値（以下「財政力指数」という。）が、一・〇〇を超える都道府県及び指定都市にあっては、補助金の額は、この額に財政力指数の逆数を乗じて得た額とする。

ものづくり基盤技術基本計画〔告示〕抄

〔平成一二年九月一二日大蔵省、文部省、厚生省、農林水産省、通商産業省、運輸省、労働省告示第一号〕

〔**根拠**＝ものづくり基盤技術振興基本法（平成一一年法律第二号）第九条第一項〕

第五章　ものづくり基盤技術に係る学習の振興に関する事項

第二節　ものづくりに係る生涯学習の振興

3　公民館、博物館等における多様な事業の展開

博物館・科学館・美術館における参加体験型の展示の開発やハンズ・オン活動（見て、触って、試して、考える）、公民館や科学館、教室開放における科学実験教室、遊びを通じて先端科学技術に親しむロボット技術を競うイベント等の体験型イベントの積極的な開催・支援の推進に努める。また、地域の商店街や地場産業等における子どもたちの商業活動体験の充実のための環境整備に努める。

5　文化活動の機会の提供

子どもたちを心豊かに育む環境を醸成していく観点から、将来の文化立国を担う子どもたちに対し、美術品や文化財に親しむとともにものづくりの楽しさ、素晴らしさ等を学ぶことのできる機会の提供に努める。

(3) 点字図書館、児童館、その他の図書室

◎障害者基本法　抄

〔昭和四五年五月二一日　法律第八四号〕

最近改正　平成一一年一二月二二日　法律第一六〇号

(目的)

第一条　この法律は、障害者のための施策に関し、基本的理念を定め、及び国、地方公共団体等の責務を明らかにするとともに、障害者のための施策の基本となる事項を定めること等により、障害者のための施策を総合的かつ計画的に推進し、もつて障害者の自立と社会、経済、文化その他あらゆる分野の活動への参加を促進することを目的とする。

(定義)

第二条　この法律において「障害者」とは、身体障害、知的障害又は精神障害（以下「障害」と総称する。）があるため、長期にわたり日常生活又は社会生活に相当な制限を受ける者をいう。

(基本的理念)

第三条　すべて障害者は、個人の尊厳が重んぜられ、その尊厳にふさわしい処遇を保障される権利を有するものとする。

2　すべて障害者は、社会を構成する一員として社会、経済、文化その他あらゆる分野の活動に参加する機会を与えられるものとする。

(国及び地方公共団体の責務)

第四条　国及び地方公共団体は、障害者の福祉を増進し、及び障害を予防する責務を有する。

(国民の責務)

第五条　国民は、社会連帯の理念に基づき、障害者の福祉の増進に協力するよう努めなければならない。

(自立への努力)

第六条　障害者は、その有する能力を活用することにより、進んで社会経済活動に参加するよう努めなければならない。

2　障害者の家庭にあつては、障害者の自立の促進に努めなければならない。

(障害者の日)

第六条の二　国民の間に広く障害者の福祉についての関心と理解を深めるとともに、障害者が社会、経済、文化その他あらゆる分野の活動に積極的に参加する意欲を高めるため、障害者の日を設ける。

2　障害者の日は、十二月九日とする。

3　国及び地方公共団体は、障害者の日の趣旨にふさわしい事業を実施するよう努めなければならない。

(施策の基本方針)

第七条　障害者の福祉に関する施策は、障害者の年齢並びに障害の種別及び程度に応じて、かつ、有機的連携の下に総合的に、策定され、及び実施されなければならない。

（障害者基本計画等）

第七条の二 政府は、障害者の福祉に関する施策及び障害の予防に関する施策の総合的かつ計画的な推進を図るため、障害者のための施策に関する基本的な計画（以下「障害者基本計画」という。）を策定しなければならない。

2 都道府県は、障害者基本計画を基本とするとともに、当該都道府県における障害者の状況等を踏まえ、当該都道府県における障害者のための施策に関する基本的な計画（以下「都道府県障害者計画」という。）を策定するよう努めなければならない。

3 市町村は、障害者基本計画（都道府県障害者計画が策定されているときは、障害者基本計画及び都道府県障害者計画）を基本とするとともに、地方自治法（昭和二十二年法律第六十七号）第二条第四項の基本構想に即し、かつ、当該市町村における障害者の状況等を踏まえ、当該市町村における障害者のための施策に関する基本的な計画（以下「市町村障害者計画」という。）を策定するよう努めなければならない。

4 内閣総理大臣は、関係行政機関の長に協議するとともに、中央障害者施策推進協議会の意見を聴いて、障害者基本計画の案を作成し、閣議の決定を求めなければならない。

5 都道府県は、都道府県障害者計画を策定するに当たつては、地方障害者施策推進協議会の意見を聴かなければならない。地方障害者施策推進協議会を設置している市町村が市町村障害者計画を策定する場合においても、同様とする。

6 政府は、障害者基本計画を策定したときは、これを国会に報告するとともに、その要旨を公表しなければならない。

7 都道府県又は市町村は、都道府県障害者計画又は市町村障害者計画を策定したときは、その要旨を公表しなければならない。

8 第四項及び第六項の規定は障害者基本計画の変更について、第五項及び前項の規定は都道府県障害者計画又は市町村障害者計画の変更について準用する。

（法制上の措置等）

第八条 政府は、この法律の目的を達成するため、必要な法制上及び財政上の措置を講じなければならない。

（教育）

第十二条 国及び地方公共団体は、障害者がその年齢、能力並びに障害の種別及び程度に応じ、充分な教育が受けられるようにするため、教育の内容及び方法の改善及び充実を図る等必要な施策を講じなければならない。

2 国及び地方公共団体は、障害者の教育に関する調査研究及び環境の整備を促進しなければならない。

（雇用の促進等）

第十五条 国及び地方公共団体は、障害者の雇用を促進するため、障害者に適した職種又は職域について障害者の優先雇用の施策を講じなければならない。

2 事業主は、社会連帯の理念に基づき、障害者の雇用に関し、その有する能力を正当に評価し、適当な雇用の場を与えるとともに適正な雇用管理を行うことによりその雇用の安定を図るよう努めなければならない。

3 国及び地方公共団体は、障害者を雇用する事業主に対して、障害者の雇用のための経済的負担を軽減し、もつてその雇用の促進及び継続を図るため、障害者が雇用されるのに伴い必要となる施設又は設備の整備等に要する費用の助成その他必要な施策を講じなければならない。

（施設の整備）

第十八条　国及び地方公共団体は、第十条〔医療〕第二項、第十条の二〔施設への入所、在宅障害者への支援等〕第一項及び第四項、第十二条〔教育〕並びに第十四条〔職業指導等〕の規定による施策を実施するために必要な施設を整備するよう必要な措置を講じなければならない。

2　前項の施設の整備に当たつては、同項の各規定による施策が有機的かつ総合的に行なわれるよう必要な配慮がなされなければならない。

（公共的施設の利用）

第二十二条の二　国及び地方公共団体は、自ら設置する官公庁施設、交通施設その他の公共的施設を障害者が円滑に利用できるようにするため、当該公共的施設の構造、設備の整備等について配慮しなければならない。

2　交通施設その他の公共的施設を設置する事業者は、社会連帯の理念に基づき、当該公共的施設の構造、設備の整備等について障害者の利用の便宜を図るよう努めなければならない。

3　国及び地方公共団体は、事業者が設置する交通施設その他の公共的施設の構造、設備の整備等について障害者の利用の便宜を図るための適切な配慮が行われるよう必要な施策を講じなければならない。

（情報の利用等）

第二十二条の三　国及び地方公共団体は、障害者が円滑に情報を利用し、及びその意思を表示できるようにするため、電気通信及び放送の役務の利用に関する障害者の利便の増進、障害者に対して情報を提供する施設の整備等が図られるよう必要な施策を講じなければならない。

2　電気通信及び放送の役務の提供を行う事業者は、社会連帯の理念に基づき、当該役務の提供に当たつては、障害者の利用の便宜を図るよう努めなければならない。

（文化的諸条件の整備等）

第二十五条　国及び地方公共団体は、障害者の文化的意欲を満たし、若しくは障害者に文化的意欲を起こさせ、又は障害者が自主的かつ積極的にレクリエーションの活動をし、若しくはスポーツを行うことができるようにするため、施設、設備その他の諸条件の整備、文化、スポーツ等に関する活動の助成その他必要な施策を講じなければならない。

（国民の理解）

第二十六条　国及び地方公共団体は、国民が障害者について正しい理解を深めるよう必要な施策を講じなければならない。

◎身体障害者福祉法　抄

〔昭和二四年一二月二六日〕
〔法律第二八三号〕

最近改正　平成一二年六月七日　法律第一一一号
〔本改正の施行日＝平成一五年四月一日〕

（法の目的）

第一条　この法律は、身体障害者の自立と社会経済活動への参加を促進するため、身体障害者を援助し、及び必要に応じて保護し、もつて身体障害者の福祉の増進を図ることを目的とする。

（自立への努力及び機会の確保）

第二条　すべて身体障害者は、自ら進んでその障害を克服し、その有する能力を活用することにより、社会経済活動に参加することができるように努めなければならない。

2　すべて身体障害者は、社会を構成する一員として社会、経済、文化その他あらゆる分野の活動に参加する機会を与えられるものとする。

（国、地方公共団体及び国民の責務）

第三条　国及び地方公共団体は、前条に規定する理念が実現されるように配慮して、身体障害者の自立と社会経済活動への参加を促進するための援助と必要な保護（以下「更生援護」という。）を総合的に実施するように努めなければならない。

2　国民は、社会連帯の理念に基づき、身体障害者がその障害を克服し、社会経済活動に参加しようとする努力に対し、協力するように努めなければならない。

（身体障害者）

第四条　この法律において、「身体障害者」とは、別表〔略〕に掲げる身体上の障害がある十八歳以上の者であつて、都道府県知事から身体障害者手帳の交付を受けたものをいう。

（施設等）

第五条　この法律において、「身体障害者更生援護施設」とは、身体障害者更生施設、身体障害者療護施設、身体障害者福祉ホーム、身体障害者授産施設、身体障害者福祉センター、補装具製作施設、盲導犬訓練施設及び視聴覚障害者情報提供施設をいう。

2　この法律において、「身体障害者施設支援」とは、身体障害者更生施設支援、身体障害者療護施設支援及び身体障害者授産施設支援をいう。

3　この法律において、「身体障害者更生施設支援」とは、身体障害者更生施設に入所する身体障害者に対して行われる治療又は指導及びその更生に必要な訓練をいう。

4　この法律において、「身体障害者療護施設支援」とは、身体障害者療護施設に入所する身体障害者に対して行われる治療及び養護をいう。

5　この法律において、「身体障害者授産施設支援」とは、特定身体障害者授産施設（身体障害者授産施設のうち政令で定めるものをいう。以下同じ。）に入所する身体障害者に対して行われる必要な訓練及び職業の提供をいう。

6　この法律において、「医療保健施設」とは、厚生労働省設置法（平成十一年法律第九十七号）に基づく国立病院及び国立療養所、地域保健法（昭和二十二年法律第百一号）に基づく保健所並びに医療法（昭和二十三年法律第二百五号）に規定する病院及び診療所をいう。

（社会参加を促進する事業の実施）

第二十一条の四　地方公共団体は、視覚障害のある身体障害者及び聴覚障害のある身体障害者の意思疎通を支援する事業、身体障害者のスポーツ活動への参加を促進する事業その他の身体障害者の社会、経済、文化その他あらゆる分野の活動への参加を促進する事業を実施するよう努めなければならない。

（施設の設置等）

第二十七条　国は、身体障害者更生援護施設を設置しなければならない。

2　都道府県は、身体障害者更生援護施設を設置することができる。

3　市町村は、あらかじめ厚生労働省令で定める事項を都道府県知事に届け出て、身体障害者更生援護施設を設置することができる。

4　社会福祉法人その他の者は、社会福祉法の定めるところにより、身体障害者更生援護施設を設置することができる。

5　身体障害者更生援護施設には、身体障害者の更生援護の事務に従事する者の養成施設（以下「養成施設」という。）を附置することができる。ただし、市町村がこれを附置する場合には、あらかじめ、厚生労働省令で定める事項を都道府県知事に届け出なければならない。

6　前各項に定めるもののほか、身体障害者更生援護施設の設置、廃止又は休止に関し必要な事項は、政令で定める。

（施設の基準）

第二十八条　厚生労働大臣は、身体障害者更生援護施設及び養成施設の設備及び運営について、基準を定めなければならない。

2　社会福祉法人その他の者が設置する身体障害者更生援護施設については、前項の規定による基準を社会福祉法第六十五条〔施設の最低基準〕第一項の規定による最低基準とみなして、同法第六十二条〔施設の設置〕第四項、第六十五条第二項及び第七十一条〔改善命令〕の規定を適用する。

（身体障害者更生施設）

第二十九条　身体障害者更生施設は、身体障害者を入所させて、その更生に必要な治療又は指導を行い、及びその更生に必要な訓練を行う施設とする。

（身体障害者療護施設）

第三十条　身体障害者療護施設は、身体障害者であって常時の介護を必要とするものを入所させて、治療及び養護を行う施設とする。

（身体障害者福祉ホーム）

第三十条の二　身体障害者福祉ホームは、低額な料金で、身体上の障害のため家庭において日常生活を営むのに支障のある身体障害者に対し、その日常生活に適するような居室その他の設備を利用させるとともに、日常生活に必要な便宜を供与する施設とする。

（身体障害者授産施設）

第三十一条　身体障害者授産施設は、身体障害者で雇用されることの困難なもの又は生活に困窮するもの等を入所させて、必要な訓練を行い、かつ、職業を与え、自活させる施設とする。

（身体障害者福祉センター）

第三十一条の二　身体障害者福祉センターは、無料又は低額な料金で、身体障害者に関する各種の相談に応じ、身体障害者に対し、機能訓練、教養の向上、社会との交流の促進及びレクリエーションのための便宜を総合的に供与する施設とする。

（補装具製作施設）

第三十二条　補装具製作施設は、無料又は低額な料金で、補装具の製作又は修理を行う施設とする。

（視聴覚障害者情報提供施設）

第三十四条　視聴覚障害者情報提供施設は、無料又は低額な料金で、点字刊行物、視覚障害者用の録音物、聴覚障害者用の録画物その他各種情報を記録した物であつて専ら視聴覚障害者が利用するものを製作し、若しくはこれらを視聴覚障害者の利用に供し、又は点訳（文字を点字に訳すことをいう。）若しくは手話通訳等を行う者の養成若しくは派遣その他の厚生労働省令で定める便宜を供与する施設とする。

○身体障害者更生援護施設の設備及び運営に関する基準　抄

〔平成一二年三月三〇日厚生省令第五四号〕

最近改正　平成一三年三月二七日　厚生労働省令第三九号

〔**根拠**＝身体障害者福祉法〔別掲〕第二八条第一項〕

第一章　総則

（趣旨）

第一条　身体障害者福祉法（昭和二十四年法律第二百八十三号。以下「法」という。）第二十八条〔施設の基準〕第一項の規定による身体障害者更生援護施設の設備及び運営に関する基準は、この省令の定めるところによる。

（基本方針）

第二条　身体障害者更生援護施設は、入所者又は利用者（以下この章において「入所者等」という。）に対し、健全な環境の下で、社会福祉事業に関する熱意及び能力を有する職員による適切な処遇を行うよう努めなければならない。

（構造設備の一般原則）

第三条　身体障害者更生援護施設の配置、構造及び設備は、入所者等の特性に応じて工夫され、かつ、日照、採光、換気等の入所者等の保健衛生に関する事項及び防災について十分考慮されたものでなければならない。

2 身体障害者更生援護施設（身体障害者福祉センター（第三十六条に規定する障害者更生センターを除く。）を除く。）の建物（入所者等の日常生活のために使用しない附属の建物を除く。）は、建築基準法（昭和二十五年法律第二百一号）第二条〔用語の定義〕第九号の二に規定する耐火建築物又は同条第九号の三に規定する準耐火建築物でなければならない。ただし、通所による入所者のみを対象とする施設にあっては、この限りでない。

（設備の専用）

第四条 身体障害者更生援護施設の設備は、専ら当該身体障害者更生援護施設の用に供するものでなければならない。ただし、入所者等の処遇に支障がない場合は、この限りでない。

（職員の専従）

第五条 身体障害者更生援護施設の職員は、専ら当該身体障害者更生援護施設の職務に従事する者でなければならない。ただし、入所者等の処遇に支障がない場合は、この限りでない。

第二章 身体障害者更生施設

（規模）

第八条 身体障害者更生施設は、三十人以上の人員を入所させることができる規模を有するものでなければならない。

（設備の基準）

第九条 身体障害者更生施設には、次の各号に掲げる設備を設けなければならない。ただし、他の社会福祉施設等の設備を利用することにより当該身体障害者更生施設の効果的な運営を期待することができる場合であって、入所者の処遇に支障がないときは、次の各号〔略〕に掲げる設備の一部を設けないことができる。

4 視覚障害者更生施設（身体障害者更生施設のうち視覚障害者を入所させるものをいう。以下同じ。）には、第一項各号に掲げる設備のほか、医務室、職業訓練室、図書室〔傍線＝編者〕及び野外運動場を設け、治療及び訓練に必要な機械器具及び点字図書等を備えなければならない。

（管理規程）

第十二条 身体障害者更生施設は、入所者に対する処遇方法、入所者が守るべき規律その他施設の管理についての重要事項に関する規程を定めておかなければならない。

第六章 身体障害者福祉センター

（建築面積）

第三十五条 身体障害者福祉センターは、次の各号の区分に従い、それぞれ当該各号に規定する建築面積を有するものでなければならない。

一 身体障害者福祉センターA型（身体障害者福祉センターのうち更生相談、機能訓練、スポーツ及びレクリエーションの指導、ボランティアの養成、身体障害者更生援護施設の職員に対する研修その他身体障害者の福祉の増進を図る事業を総合的に行うものをいう。以下同じ。） 二千七百平方メートル以上

二 身体障害者福祉センターB型（身体障害者福祉センターのうち身体障害者デイサービス事業を行うとともに、ボランティアの養成その他身体障害者の福祉の増進を図る事業を行うものをいう。以下同じ。） 四百二十四平方メートル以上

（設備の基準）

第三十七条 身体障害者福祉センターA型には、おおむね次の各号に掲げる設備を設けなければならない。

一 相談室

二 機能訓練回復室

三 社会適応訓練室

四　図書室〔傍線＝編者〕
五　書庫
六　研修室
七　会議室
八　日常生活用具展示室
九　体育館
十　プール
十一　更衣室
十二　宿泊室
十三　食堂
十四　調理室
十五　事務室

2　身体障害者福祉センターB型には、おおむね次の各号に掲げる設備を設けなければならない。
一　相談室
二　日常生活訓練室
三　社会適応訓練室兼集会室
四　作業室
五　図書室〔傍線＝編者〕
六　事務室

第九章　視聴覚障害者情報提供施設

（設備の基準）

第四十九条　点字図書館〔傍線＝編者〕（視聴覚障害者情報提供施設のうち点字刊行物及び視覚障害者用の録音物の貸出しその他利用に係る事業を主として行うものをいう。以下同じ。）には、おおむね次の各号に掲げる設備を設けなければならない。
一　閲覧室
二　録音室
三　印刷室
四　聴読室
五　発送室
六　書庫
七　研修室
八　相談室
九　事務室

2　点字出版施設（視聴覚障害者情報提供施設のうち点字刊行物の出版に係る事業を主として行うものをいう。以下同じ。）には、おおむね次の各号に掲げる設備を設けなければならない。
一　製版室
二　校正室
三　印刷室
四　製本室
五　事務室
六　倉庫

3　聴覚障害者情報提供施設（視聴覚障害者情報提供施設のうち聴覚障害者用の録画物の製作及び貸出しに係る事業を主として行うものをいう。以下同じ。）には、おおむね次の各号に掲げる設備を設けなければならない。
一　貸出利用室
二　試写室
三　情報機器利用室
四　製作室
五　発送室
六　相談室

七　研修室兼会議室
八　事務室
4　前三項に規定するもののほか、視聴覚障害者情報提供施設の設備の基準は、次に定めるところによる。
一　点字図書館には、点字刊行物及び視覚障害者用の録音物の利用に必要な機械器具等を備えること。
二　点字出版施設には、点字刊行物の出版等に必要な機械器具等を備えること。
三　聴覚障害者情報提供施設には、試写等に必要な機械器具等を備えること。

(職員の配置の基準)

第五十条　点字図書館には、次の各号に掲げる職員を置かなければならない。
一　施設長
二　司書
三　点字指導員
四　貸出閲覧員
五　校正員
2　点字出版施設には、次の各号に掲げる職員を置かなければならない。
一　施設長
二　編集員
三　製版員
四　校正員
五　印刷員
六　製本員
3　聴覚障害者情報提供施設には、施設長その他当該聴覚障害者情報提供施設の運営に必要な職員を置かなければならない。

(職員の資格要件)

第五十一条　点字図書館の施設長は、司書として三年以上勤務した者、社会福祉事業に五年以上従事した者又はこれらと同等以上の能力を有すると認められる者でなければならない。
2　点字出版施設の施設長は、社会福祉事業に五年以上従事した者又はこれと同等以上の能力を有すると認められる者でなければならない。

(準用)

第五十二条　第十二条〔管理規程〕の規定は、視聴覚障害者情報提供施設について準用する。

附　則

この省令は、平成十二年四月一日から施行する。

(3)　点字図書館、児童館、その他の図書室

身体障害者更生援護施設の設備及び運営について　抄

〔平成一二年六月一三日障第四六四号
各都道府県知事・各指定都市市長等あて
厚生省大臣官房障害保健福祉部長通知〕

〔根拠＝身体障害者福祉法〔別掲〕第二九条ほか〕

「身体障害者更生援護施設の設備及び運営に関する基準」については、平成一二年三月三〇日に厚生省令第五四号として公布され、平成一二年四月一日から施行されたところであり、その制定趣旨等については、平成一二年三月三一日厚生省大臣官房障害保健福祉部長通知「身体障害者更生援護施設の設備及び運営に関する基準の施行について」により示したところであるが、この中で留意事項として、当該省令の制定は、一部を除き改正前の通知による取扱いを変更するものではないことを示したところである。

ついては、今後の身体障害者更生援護施設の整備及び運営に当たっては、当該省令において定める基準を遵守するとともに、本通知の別紙「身体障害者更生援護施設の設備及び運営に関する指針」を参酌の上、身体障害者更生援護施設の適正かつ円滑な運営にご配慮願いたい。

（別紙）

身体障害者更生援護施設の設備及び運営に関する指針　抄

第一章　身体障害者更生施設

第一節　総則

4　生活指導

(1)　入所者には、教養の時間を設けるとともに、自由に利用できる新聞、雑誌、テレビ、ラジオ、図書等（特に視覚障害者更生施設にあっては、点字図書等）を備えて社会適応性を助成するように努めること。

(2)　入所中の情操の陶冶に注意し、雑誌、ニュースの発行及びスポーツ、映画、演劇、音楽会等を適宜実施するとともに、適当な娯楽用品を備えつけること。

第五章　身体障害者福祉センター

1　定義

身体障害者福祉センターは、身体障害者に関する各種の相談に応じ、身体障害者に対し、機能訓練、教養の向上、社会との交流の促進及びレクリエーションのための便宜を総合的に供与する施設とする。

2　設置経営主体

身体障害者福祉センターの設置主体及び経営主体は、原則として地方公共団体とする。ただし、経営を社会福祉法人等に委託できるものとする。

3　設置要件

(1)　原則として、身体障害者福祉センターA型は都道府県及び指定都市単位に、身体障害者福祉センターB型及び在宅障害者デイサービス施設は地域の在宅の身体障害者数等を勘案し、設置するものとする。

(2) 身体障害者福祉センターA型及び身体障害者福祉センターB型は、身体障害者の各種相談、講習、訓練、情報、文化、教養、スポーツ、レクリエーション等の便宜を供与するとともに、ボランティアの養成、住民の啓発等を総合的に行う施設であるが、その形態等についてはそれぞれの地域における身体障害者の実情等を十分に考慮して設置するものとする。

(3) 障害者更生センターは、広域的利用施設として設置するものとする。

第七章 視聴覚障害者情報提供施設

第一節 総則

1 立地条件

視聴覚障害者情報提供施設の設置に当たっては、安全の保持、交通の便等利用上の便宜を十分考慮し、効果的活用がなされる地を選定すること。

2 土地及び建物

視聴覚障害者情報提供施設に係る土地及び建物については、次の要件を満たすときは、貸与を受けたものでも差し支えないこと。

(1) 継続的かつ安定的に事業が実施できる程度の期間の利用が確実であること。

(2) 賃借料が適正な額であり、その賃借料を払いうる確実な財源があること。

第二節 点字図書館

1 業務

(1) 点字図書館は、点字刊行物及び視覚障害者用の録音物（以下「図書」という。）の貸出し及び閲覧事業を主たる業務とし、併せて点訳・朗読奉仕事業等の指導育成、図書の奨励及び相談事業を行うものであること。

(2) 関係行政機関及び障害者団体等と協力し、視覚障害者の文化、レクリエーション活動等を援助するとともに、その推進に努めること。

2 管理運営

(1) 点字図書館は、図書を七千冊以上備え、教養、娯楽、学術の諸部門を網羅し、かつ、常に新刊書を整備するように努め、図書の閲覧及び貸出しに関する出納を明確にすること。

(2) 他の点字図書館等と緊密に協力し、図書の相互貸借を行い、公共図書館（図書館法（昭和二十五年法律第百十八号）〔別掲〕第二条にいう図書館）等の協力を得て視覚障害者の読書範囲の拡充を図るとともに、図書館資料の利用のための相談に応じ読書の指導及び奨励に努め図書目録の配布等により最も効率的な利用に努めること。

3 職員

(1) 司書は、図書館法第五条に定める資格を有する者を原則とするが、専門的業務に関し、相当の学識経験を有する者をもって、これに代えることができること。

(2) 点字指導員、貸出閲覧員及び校正員は、それぞれの専門的業務に関し、相当の知識又は経験を有する者であること。

4 閲覧料等

(1) 閲覧料

ア 公立の点字図書館については、無料とすること。

イ その他の点字図書館については、原則として無料とするが、やむを得ない場合は最少限度の実費を徴収することができること。

(2) 郵送料

郵便法（昭和二十二年法律第百六十五号）〔別掲〕第二十六条第一項第三号に規定する盲人の福祉を増進することを目的とする施設の指定を受け、利用者の負担の軽減を図ること。

なお、これによりがたい場合は、次のとおりとすること。

ア　公立の点字図書館が図書を郵送貸出する場合における発送料金は、点字図書館の負担とし、返送料金は貸出しを受ける者の負担とすること。

イ　その他の点字図書館については、原則として公立の点字図書館の場合と同様とするが、やむを得ない場合は発送料金を徴収して差し支えないこと。

第三節　点字出版施設

1　業務

(1) 点字出版施設は、点字刊行物の出版を主たる業務とし、年間少なくとも三十種以上の点字図書を製版及び印刷するよう努めること。

(2) 常に新刊図書の発刊に留意するとともに、教養、娯楽、学術の諸部門の図書の発刊を行うよう努めること。

(3) 発刊を予定している図書目録を点字図書館、盲学校、盲人福祉団体等に配布し、点字図書の普及に努めること。

(4) 点字図書館、盲学校、盲人福祉団体等と緊密な連絡をとり随時関係者による座談会、講演会等を開催して、出版計画及び出版図書等に対する意見を聴取し、これを出版事業に反映せしめるよう努めること。

2　管理運営

(1) 出版に当たっては、学識経験者等からなる出版図書選定委員会を少なくとも四半期毎に開催し、会議は、点字出版施設の施設長が議長となり、編集員又は校正員を参加させて出版の方針を決定すべきであること。

(2) 出版に当たっては、著作権、出版権等に留意し、著作権者に無断で翻訳し、発行することのないよう十分注意すること。

(3) 製作に当たっては、十分校正し、誤字、脱字等のないように努めるとともに、製本はなるべく堅牢なものとすること。

(4) 発行所及び発行責任者は、当該点字出版施設の施設長とすること。

3　職員

編集員、製版員、校正員、印刷員及び製本員は、それぞれの専門的業務に関し、相当の知識又は経験を有する者であること。

4　郵送料

郵便法（昭和二十二年法律第百六十五号）第二十六条第一項第三号に規定する盲人の福祉を増進することを目的とする施設の指定を受け、利用者の負担の軽減を図ること。

5　価格

点字出版施設において点字図書を出版する場合の価格は、用紙代、印刷及び製本に要する実費に、製版に要する実費（亜鉛原板代を含めた額を印刷部数で除して得た額）を加えた額に、更にその一割程度を雑費として加算した額を点字図書一冊の価格とすること。

第四節　聴覚障害者情報提供施設

1　業務

(1) 聴覚障害者情報提供施設は、聴覚障害者用字幕（手話）入ビデオカセット（以下「ビデオカセット」という。）の製作及び貸出事業を主たる業務とし、併せて手話通訳者の派遣、情報機器の貸出し等コミュニケーション支援事業及び聴覚障害者に対する相談事業を行うものであること。

(2) 関係行政機関及び障害者団体等と協力し、聴覚障害者の文化、学習、レクリエーション活動等を援助するとともに、その推進に努めること。

2 管理運営

(1) 聴覚障害者情報提供施設は、教養、娯楽、学術等広く各分野にわたるビデオカセットを備え、かつ、常に新しいビデオカセットを整備するように努めること。

(2) 他の聴覚障害者情報提供施設等と緊密に協力し、ビデオカセットの相互貸借を行う等、聴覚障害者に対する利用の便宜に努めること。

(3) ビデオカセットの目録の作成配布等を行い、利用の促進を図ること。

3 職員

聴覚障害者情報提供施設の施設長は、聴覚障害者の福祉の増進に熱意があり、かつ、聴覚障害者の情報対策や文化活動等に幅広い識見を有する者とすること。

4 利用料等

(1) 利用料

利用料は、無料又は低額な料金とすること。

(2) 郵送料

郵便規則（昭和二十二年逓信省令第三十四号）〔別掲〕第三十九条の六の二に規定する聴覚障害者の福祉を増進することを目的とする施設の指定を受け、利用者の負担の軽減を図ること。

(3) 点字図書館、児童館、その他の図書室

◎児童福祉法　抄

〔昭和二二年一二月一二日
法律第一六四号〕

最近改正　平成一三年一一月三〇日　法律第一三五号

〔国民の責務と児童福祉の理念〕

第一条 すべて国民は、児童が心身ともに健やかに生まれ、且つ、育成されるよう努めなければならない。

② すべて児童は、ひとしくその生活を保障され、愛護されなければならない。

〔国及び地方公共団体の責任〕

第二条 国及び地方公共団体は、児童の保護者とともに、児童を心身ともに健やかに育成する責任を負う。

〔福祉保障の原理〕

第三条 前二条に規定するところは、児童の福祉を保障するための原理であり、この原理は、すべて児童に関する法令の施行にあたつて、常に尊重されなければならない。

〔児童〕

第四条 この法律で、児童とは、満十八歳に満たない者をいい、児童を左のように分ける。

一 乳児 満一歳に満たない者

二 幼児 満一歳から、小学校就学の始期に達するまでの者

三 少年 小学校就学の始期から、満十八歳に達するまでの者

〔児童福祉施設〕

第七条 この法律で、児童福祉施設とは、助産施設、乳児院、母子

生活支援施設、保育所、児童厚生施設、児童養護施設、知的障害児施設、知的障害児通園施設、盲ろうあ児施設、肢体不自由児施設、重症心身障害児施設、情緒障害児短期治療施設、児童自立支援施設及び児童家庭支援センターとする。

〔児童福祉施設の設置等〕

第三十五条　国は、政令の定めるところにより、児童福祉施設（助産施設、母子生活支援施設及び保育所を除く。）を設置するものとする。

② 都道府県は、政令の定めるところにより、児童福祉施設を設置しなければならない。

③ 市町村は、厚生労働省令の定めるところにより、あらかじめ、厚生労働省令で定める事項を都道府県知事に届け出て、児童福祉施設を設置することができる。

④ 国、都道府県及び市町村以外の者は、厚生労働省令の定めるところにより、都道府県知事の認可を得て、児童福祉施設を設置することができる。

⑤ 児童福祉施設には、児童福祉施設の職員の養成施設を附置することができる。

⑥ 市町村は、児童福祉施設を廃止し、又は休止しようとするときは、その廃止又は休止の日の一月前までに、厚生労働省令で定める事項を都道府県知事に届け出なければならない。

⑦ 国、都道府県及び市町村以外の者は、児童福祉施設を廃止し、又は休止しようとするときは、厚生労働省令の定めるところにより、都道府県知事の承認を受けなければならない。

〔助産施設〕

第三十六条　助産施設は、保健上必要があるにもかかわらず、経済的理由により、入院助産を受けることができない妊産婦を入所させて、助産を受けさせることを目的とする施設とする。

〔乳児院〕

第三十七条　乳児院は、乳児（保健上その他の理由により特に必要のある場合には、おおむね二歳未満の幼児を含む。）を入院させて、これを養育することを目的とする施設とする。

〔母子生活支援施設〕

第三十八条　母子生活支援施設は、配偶者のない女子又はこれに準ずる事情にある女子及びその者の監護すべき児童を入所させて、これらの者を保護するとともに、これらの者の自立の促進のためにその生活を支援することを目的とする施設とする。

〔保育所〕

第三十九条　保育所は、日日保護者の委託を受けて、保育に欠けるその乳児又は幼児を保育することを目的とする施設とする。

② 保育所は、前項の規定にかかわらず、特に必要があるときは、日日保護者の委託を受けて、保育に欠けるその他の児童を保育することができる。

〔児童厚生施設〕

第四十条　児童厚生施設は、児童遊園、児童館等児童に健全な遊びを与えて、その健康を増進し、又は情操をゆたかにすることを目的とする施設とする。

〔児童養護施設〕

第四十一条　児童養護施設は、乳児を除いて、保護者のない児童、虐待されている児童その他環境上養護を要する児童を入所させて、これを養護し、あわせてその自立を支援することを目的とする施設とする。

〔知的障害児施設〕

第四十二条　知的障害児施設は、知的障害のある児童を入所させて、これを保護するとともに、独立自活に必要な知識技能を与えることを目的とする施設とする。

〔知的障害児通園施設〕

第四十三条　知的障害児通園施設は、知的障害のある児童を日々保護者の下から通わせて、これを保護するとともに、独立自活に必要な知識技能を与えることを目的とする施設とする。

〔盲ろうあ児施設〕

第四十三条の二　盲ろうあ児施設は、盲児（強度の弱視児を含む。）又はろうあ児（強度の難聴児を含む。）を入所させて、これを保護するとともに、独立自活に必要な指導又は援助をすることを目的とする施設とする。

〔肢《し》体不自由児施設〕

第四十三条の三　肢体不自由児施設は、上肢《し》、下肢《し》又は体幹の機能の障害（以下「肢《し》体不自由」という。）のある児童を治療するとともに、独立自活に必要な知識技能を与えることを目的とする施設とする。

〔重症心身障害児施設〕

第四十三条の四　重症心身障害児施設は、重度の知的障害及び重度の肢体不自由が重複している児童を入所させて、これを保護するとともに、治療及び日常生活の指導をすることを目的とする施設とする。

〔情緒障害児短期治療施設〕

第四十三条の五　情緒障害児短期治療施設は、軽度の情緒障害を有する児童を、短期間、入所させ、又は保護者の下から通わせて、その情緒障害を治すことを目的とする施設とする。

〔児童自立支援施設〕

第四十四条　児童自立支援施設は、不良行為をなし、又はなすおそれのある児童及び家庭環境その他の環境上の理由により生活指導等を要する児童を入所させ、又は保護者の下から通わせて、個々の児童の状況に応じて必要な指導を行い、その自立を支援することを目的とする施設とする。

〔児童家庭支援センター〕

第四十四条の二　児童家庭支援センターは、地域の児童の福祉に関する各般の問題につき、児童、母子家庭その他の家庭、地域住民その他からの相談に応じ、必要な助言を行うとともに、第二十六条〔略〕第一項第二号及び第二十七条〔略〕第一項第二号の規定による指導を行い、あわせて児童相談所、児童福祉施設等との連絡調整その他厚生労働省令の定める援助を総合的に行うことを目的とする施設とする。

② 児童家庭支援センターは、厚生労働省令の定める児童福祉施設に附置するものとする。

③ 児童家庭支援センターの職員は、その職務を遂行するに当たっては、個人の身上に関する秘密を守らなければならない。

〔最低基準〕

第四十五条　厚生労働大臣は、児童福祉施設の設備及び運営、里親の行う養育並びに保護受託者の行う保護について、最低基準〔別掲〕を定めなければならない。この場合において、その最低基準は、児童の身体的、精神的及び社会的な発達のために必要な生活水準を確保するものでなければならない。

② 児童福祉施設の設置者並びに里親及び保護受託者は、前項の最低基準を遵守しなければならない。

③ 児童福祉施設の設置者は、児童福祉施設の設備及び運営についての水準の向上を図ることに努めるものとする。

〔最低基準維持のための監督〕

第四十六条　都道府県知事は、前条の最低基準を維持するため、児童福祉施設の設置者、児童福祉施設の長、里親及び保護受託者に対して、必要な報告を求め、児童の福祉に関する事務に従事する職員に、関係者に対して質問させ、若しくはその施設に立ち入り、設備、帳簿書類その他の物件を検査させることができる。

②　第十八条の十六〔略〕第二項及び第三項の規定は、前項の場合について準用する。

③　都道府県知事は、児童福祉施設の設備又は運営が前条の最低基準に達しないときは、その施設の設置者に対し、必要な改善を勧告し、又はその施設の設置者がその勧告に従わず、かつ、児童福祉に有害であると認められるときは、必要な改善を命ずることができる。

④　都道府県知事は、児童福祉施設の設備又は運営が前条の最低基準に達せず、かつ、児童福祉に著しく有害であると認められるときは、都道府県児童福祉審議会（第八条第一項ただし書に規定する都道府県にあつては、地方社会福祉審議会とする。第五十九条第五項及び第六項において同じ。）の意見を聴き、その施設の設置者に対し、その事業の停止を命ずることができる。

〔児童福祉施設の長の受託義務〕

第四十六条の二　児童福祉施設の長は、都道府県知事又は市町村長からこの法律の規定に基づく措置又は保育の実施等のための委託を受けたときは、正当な理由がない限り、これを拒んではならない。

〔児童福祉施設の長の親権の行使〕

第四十七条　児童福祉施設の長は、入所中の児童で親権を行う者又は未成年後見人のないものに対し、親権を行う者又は未成年後見人があるに至るまでの間、親権を行う。ただし、民法第七百九十七条の規定による縁組の承諾をするには、厚生労働省令の定めるところにより、都道府県知事の許可を得なければならない。

②　児童福祉施設の長は、入所中の児童で親権を行う者又は未成年後見人のあるものについても、監護、教育及び懲戒に関し、その児童の福祉のため必要な措置をとることができる。

〔入所児童の教育〕

第四十八条　児童養護施設、知的障害児施設、盲ろうあ児施設、肢体不自由児施設、情緒障害児短期治療施設及び児童自立支援施設の長は、学校教育法に規定する保護者に準じて、その施設に入所中の児童を就学させなければならない。

〔保育所の地域住民への情報提供等〕

第四十八条の二　保育所は、当該保育所が主として利用される地域の住民に対してその行う保育に関し情報の提供を行い、並びにその行う保育に支障がない限りにおいて、乳児、幼児等の保育に関する相談に応じ、及び助言を行うよう努めなければならない。

②　保育所に勤務する保育士は、乳児、幼児等の保育に関する相談に応じ、及び助言を行うために必要な知識及び技能の修得、維持及び向上に努めなければならない。

〔命令への委任〕

第四十九条　この法律で定めるもののほか、児童居宅生活支援事業等及び放課後児童健全育成事業並びに児童福祉施設の職員その他児童福祉施設に関し必要な事項は、命令で定める。

○児童福祉施設最低基準　抄

〔昭和二三年一二月二九日
厚生省令第六三号〕

最近改正　平成一二年一〇月二三日　厚生省令第一二八号

〔根拠＝児童福祉法〔別掲〕第四五条ほか〕

第一章　総則

（この省令の趣旨）

第一条　児童福祉法（昭和二十二年法律第百六十四号。以下「法」という。）第四十五条の規定による児童福祉施設の設備及び運営についての最低基準（以下最低基準という。）は、この省令の定めるところによる。

（最低基準の目的）

第二条　最低基準は、児童福祉施設に入所している者が、明るくて、衛生的な環境において、素養があり、かつ、適切な訓練を受けた職員（児童福祉施設の長を含む。以下同じ。）の指導により、心身ともに健やかにして、社会に適応するように育成されることを保障するものとする。

（最低基準の向上）

第三条　都道府県知事は、その管理に属する法第八条第四項に規定する都道府県児童福祉審議会（社会福祉法（昭和二十六年法律第四十五号）第十二条第一項の規定により同法第七条第一項に規定する地方社会福祉審議会（以下この項において「地方社会福祉審議会」という。）に児童福祉に関する事項を調査審議させる都道府県にあっては、地方社会福祉審議会）の意見を聴き、その監督に属する児童福祉施設に対し、最低基準を超えて、その設備及び運営を向上させるように勧告することができる。

2　地方自治法（昭和二十二年法律第六十七号）第二百五十二条の十九第一項の指定都市（以下「指定都市」という。）にあっては、前項中「都道府県知事」とあるのは「指定都市の市長」と、「都道府県」とあるのは「指定都市」と読み替えるものとする。

3　地方自治法第二百五十二条の二十二第一項の中核市（以下「中核市」という。）にあっては、第一項中「都道府県知事」とあるのは「都道府県知事（助産施設、母子生活支援施設又は保育所（以下「特定児童福祉施設」という。）については、中核市の市長とする。）」と、「都道府県」とあるのは「都道府県（特定児童福祉施設については、中核市）」と読み替えるものとする。

4　厚生労働大臣は、最低基準を常に向上させるように努めるものとする。

（最低基準と児童福祉施設）

第四条　児童福祉施設は、最低基準を超えて、常に、その設備及び運営を向上させなければならない。

2　最低基準を超えて、設備を有し、又は運営をしている児童福祉施設においては、最低基準を理由として、その設備又は運営を低下させてはならない。

（児童福祉施設の構造設備の一般原則）

第五条　児童福祉施設には、法に定めるそれぞれの施設の目的を達成するために必要な設備を設けなければならない。

2　児童福祉施設の構造設備は、採光、換気等入所している者の保健衛生及びこれらの者に対する危害防止に十分な考慮を払って設けられなければならない。

第六章　児童厚生施設

（設備の基準）

第三十七条　児童厚生施設の設備の基準は、次のとおりとする。

一　児童遊園等屋外の児童厚生施設には、広場、遊具及び便所を設けること。

二　児童館等屋内の児童厚生施設には、集会室、遊戯室、図書室〔傍線＝編者〕及び便所を設けること。

第九章の三　肢体不自由児施設

（設備の基準）

第六十八条　肢体不自由児施設の設備の基準は、次のとおりとする。

一　肢体不自由児施設（次号〔略〕及び第三号〔略〕に掲げる施設を除く。次条〔略〕第一項から第三項までにおいて同じ。）には、医療法に規定する病院として必要な設備のほか、ギブス室、訓練室、屋外訓練場、講堂、図書室〔傍線＝編者〕、特殊手工芸等の作業を指導するに必要な設備、義肢装具を製作する設備及び浴室を設けること。ただし、義肢装具を製作する設備は、他に適当な施設があるときは、これを設けることを要しないこと。

第十章　児童自立支援施設

（設備の基準）

第七十九条　児童自立支援施設の学科指導に関する設備については、小学校、中学校又は養護学校の設備の設置基準に関する学校教育法〔別掲〕の規定を準用する。ただし、学科指導を行わない場合にあつてはこの限りでない。

2　前項に規定する設備以外の設備については、第四十一条の規定を準用する。ただし、男子と女子の居室は、これを別にしなければならない。

（生活指導、職業指導、学科指導及び家庭環境の調整）

第八十四条　児童自立支援施設における生活指導及び職業指導は、すべて児童がその適性及び能力に応じて、自立した社会人として健全な社会生活を営んでいくことができるよう支援することを目的としなければならない。

2　学科指導については、学校教育法の規定による学習指導要領〔別掲〕を準用する。ただし、学科指導を行わない場合にあつてはこの限りでない。

3　生活指導、職業指導及び家庭環境の調整については、第四十四条〔略〕及び第四十五条〔略〕の規定を準用する。

児童館の設置運営について　抄

〔平成二年八月七日発児第一二三号
各都道府県知事、各指定都市市長あて
厚生事務次官通知〕

最近改正　平成一一年六月九日　発児第九七号

〔**根拠**＝児童福祉法〔別掲〕第四〇条ほか〕

近年、都市化、核家族化の進展、婦人の就労の増加等により、児童を取り巻く環境が大きく変化し、さらに出生率の低下、遊び場の不足、交通事故の増加等家庭や地域における児童健全育成上憂慮すべき事態が進行しており、次代を担う児童が健やかに生まれ育つための環境づくりが、児童福祉の立場から緊急の課題となっている。

これらに対処するため、従来から、地域の健全育成の拠点としての児童館の計画的な整備を図ってきたところである。

このたび、豊かな自然の中で、児童が宿泊し、野外活動を行う新しい児童館の整備を図るとともに、児童館体系の見直しを図ることとし、別紙のとおり「児童館の設置運営要綱」を定めたので、その適切な実施を図られたく通知する。

なお、本通知の施行に伴い、昭和六十三年一月二十八日付け厚生省発児第八号本職通知「児童館の設置運営について」は廃止する。

(別紙)

児童館の設置運営要綱　抄

第一　総則

一　目的

児童館は、児童福祉法（昭和二十二年法律第百六十四号）に基づく児童厚生施設であって、児童に健全な遊びを与えて、その健康を増進し、情操を豊かにすることを目的とするものであること。

二　種別

児童館の種別は次のとおりとする。

(一)　小型児童館

小地域の児童を対象とし、一定の要件を具備した児童館。

(二)　児童センター

(一)の小型児童館の機能に加えて、児童の体力増進に関する指導機能を併せ持つ児童館。

（特に、前記機能に加えて中学生、高校生等の年長児童（以下「年長児童」という。）の情操を豊かにし、健康を増進するための育成機能を有する児童センターを「大型児童センター」という。）

(三)　大型児童館

原則として、都道府県内又は広域の児童を対象とし、一定の要件を具備した児童館をいい、次のとおり区分する。

ア　A型児童館

イ　B型児童館

ウ　C型児童館

(四)　その他の児童館

(一)、(二)及び(三)以外の児童館。

三　設備及び運営

児童館の設備及び運営については、児童福祉施設最低基準（昭和二十三年厚生省令第六十三号〔別掲〕。以下「最低基準」という。）に定めるところによるものであること。

なお、小型児童館、児童センター及び大型児童館については最低基準によるほか、次の第二から第四までに定めるところによること。

第二　小型児童館

一　機能

小地域を対象として、児童に健全な遊びを与え、その健康を増進し、情操を豊かにするとともに、母親クラブ、子ども会等の地域組織活動の育成助長を図る等児童の健全育成に関する総合的な機能を有するものであること。

二　設置及び運営の主体

設置及び運営の主体は、市町村（特別区を含む。以下同じ。）並びに民法（明治二十九年法律第八十九号）第三十四条の規定により設立された法人（以下「民法法人」という。）及び社会福祉法人とすること。

三　設備及び運営

㈠　設備

ア　建物の広さは、原則として、百八十五・一二平方メートル以上（都市部で児童館用地の取得が困難と認められる場合等においては、百二十八・八四平方メートル以上）とし、適当な広場を有すること。

イ　建物には、集会室、遊戯室、図書室（傍線＝編者）及び事務執行に必要な設備のほか、必要に応じ、静養室及び放課後児童クラブ室等を設けること。

ただし、他の社会福祉施設等を併設する場合で、施設の効率的な運営を期待することができ、かつ、利用する児童の処遇に支障がない場合には、原則として、遊戯室、図書室及び放課後児童クラブ室以外の設備について、他の社会福祉施設等の設備と共用することができる。

㈡　職員

二人以上の最低基準第三十八条に規定する児童の遊びを指導する者（以下「児童厚生員」という。）を置くほか、必要に応じ、その他の職員を置くこと。

㈢　運営

ア　開館時間、開館日数等については、設置された地域の実情を勘案して設定すること。

イ　運営管理の責任者を定めるとともに、指導する児童の把握、保護者との連絡、事故防止等に関する事項を規定する運営管理規定を定めること。

ウ　運営委員会を設置し、その運営管理について意見を徴すること。

㈣　その他

小型児童館が、児童福祉法第二十四条第一項ただし書に基づいて使用される場合には、最低基準の保育所に関する規定の趣旨を尊重すること。

四　国の助成

国は、予算の範囲内において、小型児童館の整備及び民営の小型児童館の運営に要する費用を、別に定めるところにより補助するものであること。

第三　児童センター

一　機能

第二の一に掲げる機能に加えて、遊び（運動を主とする。）を通して体力増進を図ることを目的とした指導機能を有し、必要に応じて年長児童に対する育成機能を有するものであること。

二　設置及び運営の主体
設置及び運営の主体は、市町村並びに民法法人及び社会福祉法人とすること。
三　設備及び運営
(一)　設備
第二の三の(一)に掲げる設備（建物の広さに係る部分を除く。）〔この中に図書室が含まれている＝編者〕に加えて、次によるものであること。
ア　建物の広さは、原則として、二百九十七平方メートル以上、大型児童センターにあっては、五百平方メートル以上とし、野外における体力増進指導を実施するために要する適当な広場を有すること。
エ　大型児童センターにあっては、必要に応じてスタジオ、アトリエ、トレーニング室、小ホール、映画ライブラリー、喫茶室等年長児童を育成するための設備及び社会参加活動の拠点として活用するための設備等を設けること。
(二)　職員
第二の三の(二)に掲げるところによるものとすること。また、必要に応じ、その他の職員を置く場合にあっては、体力増進指導に関し知識技能を有する者、年長児童指導に関し専門的知識を有する者等を置くことが望ましいこと。
(三)　運営
第二の三の(三)に掲げるところによるほか、次〔略〕によるものであること。
四　国の助成
国は、予算の範囲内において、児童センターの整備及び民営の児童センターの運営に要する費用を、別に定めるところにより補助するものであること。

第四　大型児童館
一　A型児童館
(一)　機能
第三の一に掲げる機能に加えて、都道府県内の小型児童館、児童センター及びその他の児童館（以下「県内児童館」という。）の指導及び連絡調整等の役割を果たす中枢的機能を有するものとすること。
(二)　設置及び運営の主体
設置及び運営の主体は、都道府県とする。ただし、経営については民法法人及び社会福祉法人に委託することができるものであること。
(三)　設備及び運営
ア　設備
第三の三の(一)に掲げる設備（建物の広さに係る部分を除く。）に加えて、次によるものであること。
(ア)　建物の広さは、原則として、二千平方メートル以上とし、適当な広場を有すること。
(イ)　必要に応じて研修室、展示室、多目的ホール、ギャラリー等を設けるほか、移動型児童館用車両を備えること。
イ　職員
第三の二の(二)に掲げるところによるものとし、必要に応じ、その他の職員を置くこと。
ウ　運営〔略〕
二　B型児童館
(一)　機能

B型児童館は、豊かな自然環境に恵まれた一定の地域（以下「こども自然王国」という。）内に設置するものとし、児童が宿泊をしながら、自然をいかした遊びを通して協調性、創造性、忍耐力等を高めることを目的とした児童館であり、第二の一に掲げる機能に加えて、自然の中で児童を宿泊させ、野外活動が行える機能を有するものであること。

(二)　設置及び運営の主体

設置及び運営の主体は、原則として、都道府県とする。ただし、経営については民法法人及び社会福祉法人並びに市町村に委託することができるものであること。

(三)　設備及び運営

ア　設備

第二の三の(一)に掲げる設備（建物の広さに係る部分を除く。）に加えて、次によるものであること。

また、A型児童館に併設（こども自然王国内に独立して設置する場合を含む。以下同じ。）する場合には、第二の三の(一)に掲げる設備を設置しないことができる。

(ア)　定員百人以上の宿泊設備を有し、建物の広さは、原則として千五百平方メートル以上の広さ（A型児童館に併設する場合は厚生大臣が必要と認める広さ）を有すること。

なお、障害のある児童の利用にも資する設備を備えること。

(イ)　宿泊室、食堂・厨房、脱衣・浴室等を設けること。

(ウ)　キャンプ等の野外活動ができる設備を設けること。

(エ)　必要に応じて、移動型児童館用車両を備えること。

イ　職員

第二の三の(二)に掲げるところによるものとすること。

ウ　運営〔略〕

三　C型児童館

C型児童館は、広域を対象として児童に健全な遊びを与え、児童の健康を増進し、又は情操を豊かにする等の機能に加えて芸術、体育、科学等の総合的な活動ができるように、劇場、ギャラリー、屋内プール、コンピュータプレイルーム、歴史・科学資料展示室、宿泊研修室、児童遊園等が適宜附設され、多様な児童のニーズに総合的に対応できる体制にある児童館である。

なお、職員については、児童厚生員を置くほか、各種の設備、機能が十分活用されるよう必要な職員の配置を行うこと。

四　国の助成

国は、予算の範囲内において、A型児童館及びB型児童館の整備に要する費用を、別に定めるところにより補助するものであること。

第五　その他の児童館

その他の児童館は、公共性及び永続性を有するものであって、設備及び運営については、第二の三〔この中に図書室が含まれている＝編者〕に準ずることとし、それぞれ対象地域の範囲、特性及び対象児童の実態等に相応したものであること。

◎勤労青少年福祉法　抄

〔昭和四五年五月二五日 法律第九八号〕

最近改正　平成一一年一二月二二日　法律第一六〇号

(目的)

第一条　この法律は、勤労青少年の福祉に関する原理を明らかにするとともに、勤労青少年について、職業指導の充実、職業訓練の奨励、福祉施設の設置等の措置を計画的に推進し、もつて勤労青少年の福祉の増進を図ることを目的とする。

(基本的理念)

第二条　すべて勤労青少年は、心身の成長過程において勤労に従事する者であり、かつ、特に将来の産業及び社会をになう者であることにかんがみ、勤労青少年が充実した職業生活を営むとともに、有為な職業人としてすこやかに成育するように配慮されるものとする。

第三条　勤労青少年は、勤労に従事する者としての自覚をもち、みずからすすんで有為な職業人として成育するように努めなければならない。

(勤労青少年ホーム)

第十五条　地方公共団体は、必要に応じ、勤労青少年ホームを設置するように努めなければならない。

2　勤労青少年ホームは、勤労青少年に対して、各種の相談に応じ、及び必要な指導を行ない、並びにレクリエーション、クラブ活動その他勤労の余暇に行なわれる活動のための便宜を供与する等勤労青少年の福祉に関する事業を総合的に行なうことを目的とする施設とする。

3　厚生労働大臣は、勤労青少年ホームの設置及び運営についての望ましい基準〔別掲〕を定めるものとする。

(勤労青少年ホーム指導員)

第十六条　勤労青少年ホームには、勤労青少年に対する相談及び指導の業務を担当する職員（以下「勤労青少年ホーム指導員」という。）を置くように努めなければならない。

2　勤労青少年ホーム指導員は、その業務について熱意と識見を有し、かつ、厚生労働大臣が定める資格を有する者のうちから、選任するものとする。

勤労青少年ホームの設置及び運営についての望ましい基準〔告示〕抄

〔昭和四八年六月一日　労働省告示第三六号〕

最近改正　平成一〇年三月二七日　労働省告示第三八号

〔根拠＝勤労青少年福祉法〔別掲〕第一五条〕

（設置）

第一条　地方公共団体は、勤労青少年の福祉の増進を図るため、勤労青少年の数及びそのうちの中小企業に雇用されている勤労青少年の数、勤労青少年ホームについての欲求等を考慮して、勤労青少年ホームを設置するものとする。

（施設及び設備）

第六条　勤労青少年ホームには、次の各号に掲げる施設及び設備を備えるものとする。

一　レクリエーション等に必要な施設及び設備
二　集会及び会議に必要な施設及び設備
三　教養の向上に必要な施設及び設備
四　事務及び管理に必要な施設及び設備
五　前各号に掲げるもののほか、勤労青少年ホームの事業の実施に必要な施設及び設備

2　前項各号に掲げる施設及び設備の設置及び整備にあたつては、勤労青少年の欲求に応ずることができるように配慮するものとする。

（他の福祉施設等との連絡協力等）

第十一条　勤労青少年ホームは、その事業の効果的な実施を図るため、当該地域における他の労働福祉に関する施設、社会教育に関する施設等と密接に連絡し、その協力を得るように努めるものとする。

2　勤労青少年ホームは、勤労青少年福祉推進者その他勤労青少年の育成指導に当たる者に対し、勤労青少年の福祉の増進に関する活動のための場と機会を提供する等必要な援助を行なうように努めるものとする。

「勤労青少年ホームの設置及び運営についての望ましい基準」の運用について　抄

（昭和六二年一月二八日基発第三六号　各都道府県知事あて　労働省労働基準局長通達）

〔根拠＝勤労青少年福祉法〔別掲〕第一五条ほか〕

勤労青少年福祉法第十五条第三項の規定に基づく「勤労青少年ホームの設置及び運営についての望ましい基準」（昭和四十八年労働省告示第三十六号。以下「告示」という。）は、勤労青少年ホームを設置し又は運営するに当たつての指針を定めたものである。

告示の運用については、昭和四十八年六月一日付け婦発第百七十七号（「勤労青少年ホームの設置及び運営についての望ましい基準」の取扱について）をもつて実施してきたところであるが、会館等公共施設に係る臨時行政調査会の答申及び臨時行政改革推進審議会の意見並びに勤労青少年福祉の多様化等の現状を考慮し、勤労青少年ホームの機能の充実並びにその効率的な設置及び運営を図るため、新たに左記により告示の適切な運用を図ることとした。

ついては、貴管内において勤労青少年ホームを設置・運営し又は設置・運営しようとする地方公共団体に対し、この基準の周知徹底を図るとともに、その設置及び運営に関して、左記事項に十分留意のうえ、適切な指導を行われるよう特段のご配慮をお願いする。

なお、「勤労青少年ホームの設置及び運営についての望ましい基準」の取扱について（昭和四十八年六月一日付け婦発第百七十七号）は、廃止する。

記

一　告示制定の趣旨について

告示は、勤労青少年福祉法第十五条第二項に定める目的の下に、勤労青少年ホームが、勤労青少年の福祉の増進を図る公共的労働福祉施設として、十分にその機能を発揮できるようにするための望ましい水準を示したものである。

現在、告示の水準を下回る勤労青少年ホームについては、その設置又は運営を行う者は、告示の水準に到達するために必要な措置を講ずるように努め、また、今後勤労青少年ホームを設置し又は運営する者は、告示に沿つた設置及び運営を行うように配慮すべきものである。

六　施設及び設備について

告示第六条に掲げる施設及び設備の種類は、次のとおりである。

(一)　施設

ホール、講習室、図書室又は図書コーナー〔傍線＝編者〕、音楽室、集会室、娯楽談話室、料理実習室、相談室又は相談コーナー、軽運動室、浴室又はシャワー設備等の施設

ただし、勤労青少年ホームの事業が効果的に行われると考えられる場合については、施設の一部を設けないとして差し支えないものとする。

(二)　設備

スポーツのための設備、料理、茶道、華道、絵画等の実習、講習等のための設備、楽器、映写器、図書その他の資料、机、椅子等の設備

⑶　点字図書館、児童館、その他の図書室

十一　他の福祉施設等との連絡、協力等

(一)　告示第十一条第一項により、密接に連絡し、協力を得べき施設には、勤労者体育施設、勤労者福祉会館等の労働福祉施設及び青年の家、公民館等の社会教育施設であり、そのほか事業内余暇施設を含むものである。また、勤労青少年の相互交流の拠点として勤労青少年フレンドシップセンター及び全国勤労青少年会館を十分活用し、勤労青少年ホームの活動を幅広く展開するように配慮されたい。

◎老人福祉法　抄

〔昭和三八年七月一一日
法律第一三三号〕

最近改正　平成一三年六月二二日　法律第五九号

（目的）

第一条　この法律は、老人の福祉に関する原理を明らかにするとともに、老人に対し、その心身の健康の保持及び生活の安定のために必要な措置を講じ、もつて老人の福祉を図ることを目的とする。

（基本的理念）

第二条　老人は、多年にわたり社会の進展に寄与してきた者として、かつ、豊富な知識と経験を有する者として敬愛されるとともに、生きがいを持てる健全で安らかな生活を保障されるものとする。

第三条　老人は、老齢に伴つて生ずる心身の変化を自覚して、常に心身の健康を保持し、又は、その知識と経験を活用して、社会的活動に参加するように努めるものとする。

2　老人は、その希望と能力とに応じ、適当な仕事に従事する機会その他社会的活動に参加する機会を与えられるものとする。

（老人福祉増進の責務）

第四条　国及び地方公共団体は、老人の福祉を増進する責務を有する。

2　国及び地方公共団体は、老人の福祉に関係のある施策を講ずるに当たつては、その施策を通じて、前二条に規定する基本的理念が具現されるように配慮しなければならない。

3　老人の生活に直接影響を及ぼす事業を営む者は、その事業の運営に当たつては、老人の福祉が増進されるように努めなければならない。

（老人の日及び老人週間）

第五条　国民の間に広く老人の福祉についての関心と理解を深めるとともに、老人に対し自らの生活の向上に努める意欲を促すため、老人の日及び老人週間を設ける。

2　老人の日は九月十五日とし、老人週間は同日から同月二十一日までとする。

3　国は、老人の日においてその趣旨にふさわしい事業を実施するよう努めるものとし、国及び地方公共団体は、老人週間において老人の団体その他の者によつてその趣旨にふさわしい行事が実施されるよう奨励しなければならない。

（定義）

第五条の三　この法律において、「老人福祉施設」とは、老人デイサービスセンター、老人短期入所施設、養護老人ホーム、特別養護老人ホーム、軽費老人ホーム、老人福祉センター及び老人介護支援センターをいう。

（老人福祉の増進のための事業）

第十三条　地方公共団体は、老人の心身の健康の保持に資するための教養講座、レクリエーションその他広く老人が自主的かつ積極的に参加することができる事業（以下「老人健康保持事業」という。）を実施するように努めなければならない。

2　地方公共団体は、老人の福祉を増進することを目的とする事業の振興を図るとともに、老人クラブその他当該事業を行う者に対して、適当な援助をするように努めなければならない。

(3)　点字図書館、児童館、その他の図書室

（施設の設置）

第十五条　都道府県は、老人福祉施設を設置することができる。

5　国及び都道府県以外の者は、社会福祉法の定めるところにより、軽費老人ホーム又は老人福祉センターを設置することができる。

（老人デイサービスセンター）

第二十条の二の二　老人デイサービスセンターは、第十条の四（居宅における介護等）〔略〕第一項第二号の措置に係る者又は介護保険法の規定による通所介護に係る居宅介護サービス費若しくは居宅支援サービス費の支給に係る者その他の政令で定める者（その者を現に養護する者を含む。）を通わせ、第五条の二〔略〕第三項の厚生労働省令で定める便宜を供与することを目的とする施設とする。

（老人短期入所施設）

第二十条の三　老人短期入所施設は、第十条の四（居宅における介護等）〔略〕第一項第三号の措置に係る者又は介護保険法の規定による短期入所生活介護に係る居宅介護サービス費若しくは居宅支援サービス費の支給に係る者その他の政令で定める者を短期間入所させ、養護することを目的とする施設とする。

（養護老人ホーム）

第二十条の四　養護老人ホームは、第十一条（老人ホームへの入所等）〔略〕第一項第一号の措置に係る者を入所させ、養護することを目的とする施設とする。

（特別養護老人ホーム）

第二十条の五　特別養護老人ホームは、第十一条（老人ホームへの入所等）〔略〕第一項第二号の措置に係る者又は介護保険法の規定による介護福祉施設サービスに係る施設介護サービス費の支給に

係る者その他の政令で定める者を入所させ、養護することを目的とする施設とする。

（軽費老人ホーム）

第二十条の六　軽費老人ホームは、無料又は低額な料金で、老人を入所させ、食事の提供その他日常生活上必要な便宜を供与することを目的とする施設（第二十条の二の二から前条までに定める施設を除く。）とする。

（老人福祉センター）

第二十条の七　老人福祉センターは、無料又は低額な料金で、老人に関する各種の相談に応ずるとともに、老人に対して、健康の増進、教養の向上及びレクリエーションのための便宜を総合的に供与することを目的とする施設とする。

（老人介護支援センター）

第二十条の七の二　老人介護支援センターは、第六条の二〔略〕に規定する情報の提供並びに相談及び指導、主として居宅において介護を受ける老人又はその者を現に養護する者と市町村、老人居宅生活支援事業を行う者、老人福祉施設、医療施設、老人クラブその他老人の福祉を増進することを目的とする事業を行う者等との連絡調整その他の厚生労働省令で定める援助を総合的に行うことを目的とする施設とする。

老人福祉法による老人福祉センターの設置及び運営について　抄

〔昭和五二年八月一日社老第四八号
各都道府県知事・各指定都市市長あて
厚生省社会局長通達〕

最近改正　昭和六〇年八月二六日　社施第九〇号

老人福祉法〔別掲〕第十四条〔現行第二〇条の七＝編者〕に規定する老人福祉センターについては、これに対する社会的要望の変化等に対応するため、今般、昭和四十年四月一日社老第七十一号本職通知「老人福祉法による老人福祉センターの設置及び運営について」を廃止し、別紙一のとおり、「老人福祉センター設置運営要綱」を定め、従来の老人福祉センターを老人福祉センター（A型）とするとともに、老人福祉センターの種別に新たに老人福祉センター（B型）を加えることとしたので、今後における老人福祉センターの整備、運営の指導にあたり、遺憾のないよう努められたい。〔後略〕

別紙一

老人福祉センター設置運営要綱　抄

第一　総則

一　目的

老人福祉センターは、地域の老人に対して、各種の相談に応ずるとともに、健康の増進、教養の向上及びレクリエーションのための便宜を総合的に供与し、もつて老人に健康で明るい生活を営ませることを目的とする。

三　運営主体

老人福祉センター（特A型）は、市（区）町村が、その他にあつては地方公共団体又は社会福祉法人が運営することを原則とする。

第二　老人福祉センター（特A型）

二　建物等

(1) 建物の構造、規模

イ　老人福祉センター（特A型）には、もつぱら当該施設の用に供する次の設備を設けなければならない。ただし、他の社会福祉施設等と設備の一部を共用すること等により、当該施設の運営上支障が生じない場合にはこの限りでない。

所長室、事務室、生活相談室、健康相談室、診察室、検査室、栄養指導室、保健資料室、機能回復訓練室、集会及び運動指導室、教養娯楽室、図書室〔傍線＝編者〕、浴場、便所

(2) 立地条件

老人の利用上の便宜を図ることが可能であり、かつ、事業を円滑に行うことのできる場所に設置するものとする。

第三　老人福祉センター（A型）

二　建物等

(1) 建物の構造、規模

イ　老人福祉センター（A型）には、もつぱら当該施設の用に供する次の設備を設けなければならない。ただし、他の社会福祉施設等と設備の一部を共用すること等により、当該施設の運営上支障が生じない場合にはこの限りでない。

所長室、事務室、生活相談室、健康相談室、機能回復訓練室、集会室、教養娯楽室、図書室〔傍線＝編者〕、浴場、便所

(2) 立地条件

老人の利用上の便宜を図ることが可能であり、かつ、事業を円滑に行うことのできる場所に設置するものとする。

第四　老人福祉センター（B型）〔略〕

(3) 点字図書館、児童館、その他の図書室

◎医療法　抄

〔昭和二三年七月三〇日
　法律第二〇五号〕

最近改正　平成一三年七月四日　法律第一〇一号

（病院、診療所等の定義）

第一条の五　この法律において、「病院」とは、医師又は歯科医師が、公衆又は特定多数人のため医業又は歯科医業を行う場所であつて、二十人以上の患者を入院させるための施設を有するものをいう。病院は、傷病者が、科学的でかつ適正な診療を受けることができる便宜を与えることを主たる目的として組織され、かつ、運営されるものでなければならない。

2　この法律において、「診療所」とは、医師又は歯科医師が、公衆又は特定多数人のため医業又は歯科医業を行う場所であつて、患者を入院させるための施設を有しないもの又は患者十九人以下の患者を入院させるための施設を有するものをいう。

（地域医療支援病院の要件・名称の使用制限）

第四条　国、都道府県、市町村、第四十二条第二項に規定する特別医療法人その他厚生労働大臣の定める者の開設する病院であつて、地域における医療の確保のために必要な支援に関する次に掲げる要件に該当するものは、その所在地の都道府県知事の承認を得て地域医療支援病院と称することができる。

一　他の病院又は診療所から紹介された患者に対し医療を提供し、かつ、当該病院の建物の全部若しくは一部、設備、器械又は器具を、当該病院に勤務しない医師、歯科医師、薬剤師、看護婦その他の医療従事者の診療、研究又は研修のために利用させるための体制が整備されていること。

二　救急医療を提供する能力を有すること。

三　地域の医療従事者の資質の向上を図るための研修を行わせる能力を有すること。

四　厚生労働省令で定める数以上の患者を入院させるための施設を有すること。

五　第二十一条〔略〕第一項第二号から第八号まで及び第十号から第十二号まで並びに第二十二条第一号及び第四号から第九号までに規定する施設を有すること。

六　その施設の構造設備が第二十一条第一項及び第二十二条の規定に基づく厚生労働省令で定める要件に適合するものであること。

2　都道府県知事は、前項の承認をするに当たつては、あらかじめ、都道府県医療審議会の意見を聴かなければならない。

3　地域医療支援病院でないものは、これに地域医療支援病院又はこれに紛らわしい名称を付けてはならない。

（地域医療支援病院の施設の基準）

第二十二条　地域医療支援病院は、前条〔略〕第一項（第九号を除く。）に定めるもののほか、厚生労働省令の定めるところにより、次に掲げる施設を有し、かつ、記録を備えて置かなければならない。

一　集中治療室

二　診療に関する諸記録

三　病院の管理及び運営に関する諸記録

四　化学、細菌及び病理の検査施設

五　病理解剖室

六　研究室
七　講義室
八　図書室〔傍線＝編者〕
九　その他厚生労働省令で定める施設
〔罰則〕
第七十四条　次の各号のいずれかに該当する者は、これを二十万円以下の罰金に処する。
一　第三条、第四条第三項、〔中略〕第二十二条第一号若しくは第四号から第八号まで〔中略〕又は第二十七条の規定に違反した者

(3)　点字図書館、児童館、その他の図書室

(4) 公共図書館と諸法令

◎郵便法 抄

（昭和二二年一二月一二日 法律第一六五号）

最近改正 平成一三年一一月一六日 法律第一二〇号

第一条（この法律の目的） この法律は、郵便の役務をなるべく安い料金で、あまねく、公平に提供することによつて、公共の福祉を増進することを目的とする。

第二条（郵便の国営） 郵便は、国の行う事業であつて、総務大臣が、これを管理する。

第十六条（郵便物の種類） 郵便物は、通常郵便物及び小包郵便物とし、通常郵便物は、第一種郵便物、第二種郵便物、第三種郵便物及び第四種郵便物とする。

第十七条（大きさ等の制限） 通常郵便物は、次に掲げる大きさ及び重量を超えることができない。

一 大きさ

長さ 六十センチメートル

長さ、幅及び厚さの合計 九十センチメートル

二 重量

イ 第一種郵便物 四キログラム

ロ 第三種郵便物及び第四種郵便物（ハに掲げるものを除く。） 一キログラム

ハ 第四種郵便物のうち第二十六条第一項第二号又は第三号に掲げるもの 三キログラム

② 通常郵便物の大きさは、左に掲げる最小限の制限を下ることができない。ただし、厚紙又は耐力のある紙若しくは布で作成した長さ十二センチメートル、幅六センチメートルを下らない大きさのあて名札をつけたものについては、この限りでない。

一 円筒形又はこれに類する形状のもの

長さ 十四センチメートル

直径若しくは短径又はこれらに類する部分 三センチメートル

二 前号に規定する形状のもの以外のもの

長さ 十四センチメートル

幅 九センチメートル

③ 郵政事業庁長官は、第一項の規定にかかわらず、同項に規定する大きさ又は重量の制限を超える通常郵便物（第二種郵便物を除く。）であつて郵便物の取扱上支障がないものとして総務省令で定めるものを、総務省令で定めるところにより、取り扱うことができる。

④ 小包郵便物は、省令で定める大きさ及び重量の最大限及び最小限の制限の範囲内のものでなければならない。

第二十六条（第四種郵便物） 次の郵便物で開封とするものは、第四種郵便物とする。蚕種を内容とする郵便物で差出郵便局の承認のもとに密閉したものも、同様とする。

一 法令に基づき監督庁の認可又は認定を受け通信による教育を行う学校又は法人とその受講者との間に当該通信教育を行うために発受する郵便物（筆書した書状を内容とするものを除く。）

で省令の定めるところにより差し出されるもの

二　盲人用点字のみを掲げたものを内容とするもの

三　盲人用の録音物又は点字用紙を内容とする郵便物で、省令の定めるところにより、点字図書館、点字出版施設等盲人の福祉を増進することを目的とする施設（郵政大臣の指定するものに限る。）から差し出し、又はこれらの施設にあてて差し出されるもの

四　植物種子、苗、苗木、茎若しくは根で栽植の用に供するもの又は蚕種で繁殖の用に供するものを内容とするもの

五　学術に関する団体がその目的を達成するため継続して年一回以上発行する学術に関する刊行物（郵政大臣の指定するものに限る。）を内容とする郵便物で、発行人又は売りさばき人から省令の定めるところにより差し出されるもの

②　第四種郵便物（前項第二号及び第三号に掲げるものを除く。）の料金は、総務大臣が審議会に諮問したうえ総務省令で定める。この場合において、その額は、同一重量の第一種郵便物の第二十一条〔第一種郵便物〕〔略〕第二項及び第三項に規定する料金の額より低いものでなければならない。

③　第四種郵便物で第一項第二号及び第三号に掲げるものは、無料とする。

第二十八条（第三種郵便物及び第四種郵便物の記載事項等の制限）　第三種郵便物及び第四種郵便物の外部には、差出人及び受取人の氏名及び住所又は居所以外の事項を記載し、又は他の物を添付することができない。但し、総務大臣は、総務省令で別段の定をすることができる。

②　前項に規定する郵便物の内容たる物には、総務省令の定めるところにより、その物の送付にあたり必要な事項を記載し、又は他の物を添附することができる。

③　前項の規定に違反して差し出された郵便物は、これを異種の通常郵便物をともに包装したものとみなす。

第二十九条（異種合装）　異種の通常郵便物をともに包装したものは、これをその種類中の最高料金を納付すべき郵便物として取り扱う。但し、定形郵便物、郵便書簡又は第二種郵便物を他種の郵便物とともに包装した郵便物は、総務省令の定めるところにより、第一種郵便物として取り扱う。

第三十条（〔小包郵便物の〕要件）　信書以外の物を内容とする郵便物で、その包装の表面のみやすい所に小包なる文字を掲げたものは、小包郵便物とする。

②　小包郵便物には、第二十八条第一項及び第二項の規定を準用する。この場合において、同条第一項中「他の物」とあるのは、「小包葉書以外の物」と読み替えるものとする。

第三十一条（〔小包郵便物の〕料金）　小包郵便物の料金は、小包郵便物に係る役務の提供に要する費用、物価その他の経済事情を参酌して、総務大臣が審議会に諮問した上総務省令で定める。

第四十条（引受の際の申告及び開示）　総務省は、郵便物引受の際、郵便物の内容たる物の種類及び性質につき、差出人に申告を求めることができる。

②　前項の場合において、郵便物が差出人の申告と異なりこの法律又はこの法律に基く省令の規定に違反して差し出された疑があるときは、総務省は、差出人にその開示を求めることができる。

③　差出人が第一項の申告又は前項の開示を拒んだときは、総務省は、その郵便物の引受をしないことができる。

○郵便規則　抄

（昭和二二年一二月二九日 逓信省令第三四号）

最近改正　平成一三年九月二八日　総務省令第一三三号

〔定期刊行物〕

第三十一条　定期刊行物には、本紙の重量を超えず（官報の場合は、この限りでない。）、かつ、本紙と同性質の記事、写真、書、画又は図をその大部分に掲載し又は録音若しくは録画したもので、本紙の題号、逐号番号、発行年月日及び「付録」の文字を記載したもの（冊子としたものにあつては、紙面の大きさが本紙の紙面の大きさを超えないもの二部以内に限る。）を付録として添付することができる。

② 定期刊行物には、発行人において、その記事に関する物で、前項の附録と合して本紙の重量を超えないものを綴り込み、又ははりつけることができる。

③ 定期刊行物には、発行の際、通常葉書、封筒又は郵便振替払込書用紙若しくはこれに類する物（以下この項において「通常葉書等」という。）をつづり込み、又ははり付けることができる。この場合において、通常葉書等は、第二十条の三第二号〔略〕に規定する広告の紙面と合して、定期刊行物全体の紙面の百分の五十を超えてはならない。

④ 定期刊行物には、差出しの際、注文用又は返信用に充てるため、郵便振替払込書用紙又はこれに類する物一枚並びに受取人の氏名及び住所又は居所を記載した郵便葉書又は封筒一枚を添付することができる。

⑤ 前二項の封筒及び私製葉書には、料金相当の郵便切手をはりつけることができ、又、通常葉書には、返信に要する事項を記載することができる。

〔第三種郵便物料金の割引〕

第三十一条の二　次の各号に掲げる条件を具備する第三種郵便物の料金については、その合計額（同時に差し出された当該第三種郵便物について附属料金表第四表の規定によるそれぞれの郵便物の料金の額を合計した額をいう。以下この条において同じ。）に別表一に掲げる率を乗じて得た額を、合計額から減額する。

一 同時に二千通以上差し出されたものであること。

二 同一差出人から形状、重量、取扱い及び料金が同一のものを差し出されたものであること。

三 郵便物の受取人の住所又は居所の郵便区番号ごとに分けたものであること。

四 当該郵便物を差し出そうとする郵便局の長が交付する用紙に、前号の規定により分けられた郵便区番号を記載し、及び次に掲げる区分に従い、それぞれ次に掲げる事項を朱記して、これを郵便物とともに把束し、又は当該郵便局の長が適当であると認める場合には郵便物を納入した容器（当該郵便局の長が指定するものに限る。）に添付したものであること。

イ 当該郵便物の送達について、郵政事業庁の定めるところにより、これと同種の他の郵便物と異なる取扱いをすることを承諾したとき

(イ) 郵政事業庁の定めるところにより、一定の期間を経過した後に配達することがあることを承諾したとき　「特特」

(ロ) (イ)に規定するとき以外のとき　「特割」

ロ イに規定するとき以外のとき「割引」

② 前項第二号に規定する条件のほか、次の各号に掲げる条件を具備する第三種郵便物の料金については、その合計額に四％を乗じて得た額を、合計額から減額する。

一 別に告示する郵便局に差し出されたものであること。

二 同時に五千通以上差し出されたものであること。

③ 第一項第二号から第四号及び前項各号に規定する条件を具備する第三種郵便物の料金については、前二項の規定にかかわらず、その合計額に別表一に掲げる率に四％を加算した率を乗じて得た額を、合計額から減額する。

〔施設指定〕

第三十四条の二 点字図書館、点字出版施設等盲人の福祉を増進することを目的とする施設であって郵便法第二十六条第一項第三号の規定による指定を受けようとするものは、附録様式六〔略〕による申請書を郵政事業庁長官に提出しなければならない。

② 前項の申請書には、定款、寄附行為その他盲人の福祉を増進することを目的とする施設であることを証明することができる書類を添付しなければならない。

③ 郵政事業庁長官が指定した第一項の施設の名称及び所在地は、告示する。

④ 前項の施設が、その名称若しくは所在地を変更しようとするとき又は郵便法第二十六条第一項第三号に掲げる郵便物を差し出す必要がなくなったときは、直ちに付録様式六の二〔略〕による届書を次条第一項の郵便局に提出しなければならない。

〔差し出し局〕

第三十四条の三 前条の規定により指定を受けた施設から差し出す郵便法第二十六条第一項第三号に掲げる郵便物は、当該施設の所在地の郵便物配達を受け持つ郵便局又は当該郵便局の郵便物配達受持区域内にある郵便局であって地方郵政局長の指定したものに差し出さなければならない。

② 前項の郵便局の長は、必要があると認めるときは、差出人に同項の郵便物を適当な区域又は受取人の住所若しくは居所の郵便区番号ごとに分けて差し出させることができる。

〔表示と様式〕

第三十四条の四 郵便法第二十六条第一項第二号及び第三号に掲げる郵便物（次項に規定するものを除く。）には、その表面の左上部（横に長いものにあっては、右上部）に「盲人用」と記載しなければならない。

② 郵便法第二十六条第一項第三号に掲げる郵便物で第三十四条の二第三項の施設から差し出されるものには、その表面の左上部（横に長いものにあっては、右上部）に次の表示をし、かつ、その外部に当該施設の名称及び所在地を記載しなければならない。

差出局名
盲人用 郵便

径は、二センチメートルから三センチメートルまでとし、差出局名は省略することができる。

③ 前二項の規定による記載又は表示がない郵便物は、郵便法第二十六条第一項第二号及び第三号に規定する郵便物でないものとして取り扱う。

④ 郵便法第二十六条第一項第三号に掲げる郵便物には、当該郵便物を特殊取扱いとするためにはりつけられた郵便切手を消印する場合を除いて、通信日付印を押印しない。

〔団体の指定〕

第三十四条の五　郵便法第二十六条第一項第五号に掲げる学術に関する刊行物（以下「学術刊行物」という。）の指定を受けようとする団体は、付録様式六の三〔略〕による申請書に見本として最近発行に係る当該刊行物二部及び定款、寄附行為その他当該団体が学術に関する団体であることを証明することができる資料を添えて、郵政事業庁長官に提出しなければならない。

② 郵政事業庁長官は、学術刊行物を指定した場合においては、その題号、発行人名、団体名及び団体の所在地を告示する。

〔指定の変更〕

第三十四条の五の二　郵政事業庁長官は、学術刊行物の指定を受けた団体が学術刊行物の題号又は団体名を変更する場合において、当該変更が団体の目的及び掲載事項の種類の変更を伴わないと認めるときは、指定の変更を行う。

② 前項の指定を受けようとする団体は、付録様式六の三の二〔略〕による申請書を郵政事業庁長官に提出しなければならない。

③ 前条第二項の規定は、第一項の指定の変更について準用する。

〔見本の提出〕

第三十四条の六　学術刊行物を発行したときは、発行人は、その都度直ちに、見本として当該刊行物一部を郵政事業庁長官に提出しなければならない。

② 前項の規定による見本の提出がなかつたときは、当該見本の学術刊行物が発行されなかつたものと推定する。

〔事前届出〕

第三十四条の七　学術刊行物を内容とする郵便物を差し出そうとする発行人又は売りさばき人は、あらかじめ、これを差し出そうとする郵便局（郵便物の配達事務を取り扱う郵便局又は地方郵便局長の指定した郵便局に限る。）の長に学術刊行物を差し出す旨を付録様式六の四〔略〕による届書により届け出なければならない。この場合において、届け出る者が売りさばき人であるときは、売りさばき人であることを証明することができる書類を添付しなければならない。

〔差し出し局〕

第三十四条の八　学術刊行物を内容とする郵便物は、前条の規定により届け出た郵便局に差し出さなければならない。この場合において、同時に五十通以上あるときは、料金別納、料金計器別納又は料金後納としなければならない。

② 前項の郵便局の長は、必要があると認めるときは、差出人に当該郵便物を料金ごとに又は適当な区域若しくは受取人の住所若しくは居所の郵便区番号ごとに分けて差し出させることができる。

〔変更廃止届〕

第三十四条の九　第三十四条の七の規定による届出を行つた者は、差出人を変更したとき、住所若しくは居所を変更したとき、若しくは発行団体の所在地を変更したとき、又は学術刊行物を内容とする郵便物を差し出す必要がなくなつたときは、直ちに付録様式六の五〔略〕による届書を差出郵便局の長に提出しなければならない。

〔記載事項〕

第三十四条の十　学術刊行物を内容とする郵便物には、その表面に学術刊行物なる文字を記載し、かつ、その外部に差出人たる発行人又は売りさばき人の資格及び氏名を記載しなければならない。

② 前項の規定による記載がない郵便物は、学術刊行物を内容とする郵便物でないものとして取り扱う。

〔書留としない小包郵便物〕

第三十八条の二　書留としない小包郵便物（第三十九条に規定する

冊子小包郵便物を除く。）の取扱いは、次の各号により、これをする。

一　引き受けたときは、差出人に郵便物の受領の証を交付すること。

二　受取人に配達し、若しくは交付し、又は差出人に還付するときは、郵便物の配達の証に受取人又は差出人の受領の証印又は署名を受けること。

三　受取人若しくは差出人の代人又は官公署、学校、会社、旅館その他多人数の集合する場所の受付に配達し、又は還付するときは、郵便物の配達の証に代人又は受付の資格及び氏名の記載並びに受領の証印又は署名を受けること。

四　受取人不在又は差出人不在その他の事由によって第二号又は第三号に規定する取扱いをすることができなかった郵便物を受取人又は差出人が指定した場所に配達し、又は還付するときは、郵便物の配達の証に当該郵便物を配達する者が配達場所及び配達日時を記載し、並びに配達の証印又は署名をすること。

〔小包郵便物の差出証明〕

第三十八条の三　小包郵便物（郵便法第十九条の三第一項の規定により料金の免除を受ける小包郵便物、冊子小包郵便物、盲人用点字小包郵便物、聴覚障害者用小包郵便物及び附属料金表第六表〔略〕一の項に規定する料金が適用される小包郵便物以外のものであって、第三十九条の八の規定により料金の合計額又は総計額の減額を受けないもの（同法第三十二条の二第一項又は第二項の規定による差し出されるものを除く。）に限る。以下この条において同じ。）が差し出されたときは、差出人の申出により、差出郵便局（第六十四条第二項ただし書又は第六十四条第三項の規定により差し出された場合にあっては、その差し出された場所。次項において同じ。）において、当該小包郵便物が差し出されたことを証した用紙に差出年月日を記載した上、これを交付する。

②　小包郵便物の差出人があらかじめ前項の用紙を提示してこれを差し出す場合には、差出郵便局において、当該用紙に当該小包郵便物が差し出されたことを証する。

〔小包郵便物の特殊取扱〕

第三十八条の四　附属料金表第六表二〔略〕の項に規定する料金が適用される小包郵便物を特殊取扱とする場合にあっては、これを料金別納としなければならない。

〔冊子小包郵便物〕

第三十九条　冊子とした印刷物を内容とし、かつ、重量が三キログラムを超えない小包郵便物であって、第三十九条の五の規定により差し出されるものは、冊子小包郵便物として取り扱う。

②　冊子小包郵便物の内部には、当該郵便物の内容たる物に係るもので、次の各号に掲げるものを添付することができる。

一　内容たる冊子とした印刷物の重量を超えず、かつ、当該冊子とした印刷物の題号及び「付録」の文字を記載したもの

二　注文用に充てるための郵便振替払込書用紙、返信に必要な事項を記載した用紙その他これらに類するもの

三　注文用又は返信用に充てるための受取人の氏名及び住所又は居住を記載した封筒又は郵便葉書

四　前二号に規定するもののほか、注文又は返信を促すためのものその他これに類するもの

〔心身障害者用冊子小包郵便物〕

第三十九条の二　前条に規定する冊子小包郵便物であって、図書館法（昭和二十五年法律第百十八号）第二条第一項に規定する図書館と身体に重度の障害がある者又は知的障害の程度が重い者との

間に郵便による図書の閲覧のために次条から第三十九条の五までの規定により発受するものは、心身障害者用冊子小包郵便物として取り扱う。

〔利用届〕

第三十九条の三　心身障害者用冊子小包郵便物を発受しようとする図書館は、あらかじめ、付録様式六の七による届書に郵便による図書の閲覧業務に関する資料を添えて、その所在地の郵便物配達を受け待つ郵便局又は当該郵便局の郵便物配達受持区域内にある郵便局であつて地方郵政局長の指定したものの長に提出しなければならない。図書館の名称又は所在地を変更するときも、同様とする。

② 心身障害者用冊子小包郵便物を発受する図書館が郵便による図書の閲覧に関する業務をやめたときは、直ちに付録様式六の六〔略〕による届書を前項の規定により届け出た郵便局の長に提出しなければならない。

〔差し出し局〕

第三十九条の四　心身障害者用冊子小包郵便物を差し出そうとする図書館は、前条第一項の規定により届け出た郵便局にこれを差し出さなければならない。

〔包装・記載事項〕

第三十九条の五　冊子小包郵便物は、その内容品の見本を提示して差し出す場合を除き、次の各号の定めるところに従い、その内容品が冊子とした印刷物であることが容易に認定できるように包装して差し出さなければならない。

一　封筒又は袋に納めるものにあつては、その納入口若しくはこれに相当する部分の一部を開き、又はその内容品の大部分を透視することができるようにすること。

二　前号以外の包装をするものにあつては、包装の外部に無色透明の部分を設けること。

② 前項の郵便物には、その表面の見やすい所に次の区分に従い、当該各号に掲げる事項又は郵政事業庁が定めて公示したものを記載しなければならない。

一　冊子小包郵便物　冊子小包の文字

二　心身障害者用冊子小包郵便物

イ　図書館から差し出されるもの　図書館用冊子小包の文字並びに図書館の名称及び所在地

ロ　図書館にあてて差し出されるもの　図書館用冊子小包の文字

〔盲人用点字小包郵便物〕

第三十九条の六　盲人用点字のみを掲げたものを内容とする小包郵便物は、盲人用点字小包郵便物として取り扱う。

② 盲人用点字小包郵便物は、前条第一項に規定する包装をし、その表面に「盲人用点字小包」と記載して差し出さなければならない。

〔聴覚障害者用小包郵便物〕

第三十九条の六の二　聴覚障害者用のビデオテープを内容とし、かつ、重量が三キログラムを超えない小包郵便物であつて、聴覚障害のある者（以下「聴覚障害者」という。）の福祉を増進することを目的とする施設（郵政事業庁長官の指定するものに限る。）と聴覚障害者との間に郵便によるビデオテープの貸出し又は返却のために次条から第三十九条の六の五までの規定により発受するものは、聴覚障害者用小包郵便物として取り扱う。

〔施設指定〕

第三十九条の六の三　聴覚障害者の福祉を増進することを目的とす

る施設であって前条の規定による指定を受けようとするものは、付録様式六の七の二〔略〕による申請書を郵政事業庁長官に提出しなければならない。

② 前項の申請書には、定款、寄附行為その他聴覚障害者の福祉を増進することを目的とする施設であることを証明することができる書類を添付しなければならない。

③ 郵政事業庁長官が指定した第一項の施設の名称及び所在地は、告示する。

④ 前項の施設が、その名称若しくは所在地を変更しようとするとき又は聴覚障害者用小包郵便物を差し出す必要がなくなったときは、直ちに付録様式六の七の三〔略〕による届書を次条の郵便局に提出しなければならない。

〔差し出し局〕

第三十九条の六の四 前条の規定により指定を受けた施設から差し出す聴覚障害者用小包郵便物は、当該施設の所在地の郵便物配達を受け持つ郵便局又は当該郵便局の郵便物配達受持区域内にある郵便局であって地方郵政局長の指定したものに差し出さなければならない。

〔記載事項〕

第三十九条の六の五 聴覚障害者用小包郵便物は、第三十九条の五第一項に規定する包装をし、その表面の見やすい所に聴覚障害者用小包の文字（第三十九条の六の三の規定により指定を受けた施設から差し出されるものにあっては、聴覚障害者用小包の文字並びに当該施設の名称及び所在地）を記載して差し出さなければならない。

（郵便物の料金）

第百二十条の三十一 郵便法の規定により省令で定めることとされている郵便物の料金、特殊取扱の料金その他の郵便に関する料金の額は、附属料金表〔抄〕のとおりとする。

付録様式六の七（第三十九条の三関係）〔原本は横組になっている＝編者〕

> 心身障害者用冊子小包郵便物利用（　）届
>
> 平成　年　月　日
>
> 郵便局長殿
>
> 届出人
> 住所又は居所
> 氏　　名
>
> 心身障害者用冊子小包郵便物利用（　）をしたいので、郵便規則第三十九条の三の規定により（郵便による図書の閲覧業務に関する資料を添えて）届け出ます。
>
> 1 図書館の名称及び住所地
> 2 図書館の設置の根拠となる法令（又は定款若しくは寄附行為）
> 3 年月日
> 4 変更内容

備考

1 括弧内には、届の区別に従い、次の文字を記載すること。

(1) 開始届け「開始」の文字

(2) 廃止届「廃止」の文字

(3) 施設の名称変更届「施設の名称変更」の文字

(4) 施設の所在地変更届「施設の所在地変更」の文字

2 届出文中の括弧内の字句は、開始届及び廃止届けに限り記載すること。

3 「変更の内容」欄には、施設の名称変更届及び施設の所在地変更届に限り、変更前の名称又は所在地と変更後の名称又は所在地とを記入すること。

4 この用紙は、日本工業規格A4とすること。

附属料金表（第百二十条の三十一関係）〔抄〕

第七表　冊子小包郵便物（心身障害者用冊子小包郵便物を除く。）の料金

一 基本料金

料金額	
イ 重量百五十グラムまでのもの	百八十円
ロ 重量百五十グラムを超え二百グラムまでのもの	二百十円
ハ 重量二百グラムを超え二百五十グラムまでのもの	二百四十円
ニ 重量二百五十グラムを超え五百グラムまでのもの	三百十円
ホ 重量五百グラムを超え七百五十グラムまでのもの	三百四十円
ヘ 重量七百五十グラムを超え一キログラムまでのもの	三百八十円
ト 重量一キログラムを超え千五百グラムまでのもの	四百五十円
チ 重量千五百グラムを超え二キログラムまでのもの	五百二十円
リ 重量二キログラムを超え二千五百グラムまでのもの	五百九十円
ヌ 重量二千五百グラムを超え三キログラムまでのもの	六百六十円

第八表　心身障害者用冊子小包郵便物等の料金

料金の区別	料金額	
一 心身障害者用冊子小包郵便物	第七表一の項の表の規定により算出した額の半額	
二 盲人用点字小包郵便物	重量三キログラムまでのもの	第七表一の項の表の規定により算出した額の半額
	重量三キログラムを超えるもの	第六表一の項の表の規定により算出した額の半額
三 聴覚障害者用小包郵便物	第七表一の項の表の規定により算出した額の半額	

盲人用の録音物及び点字用紙を発受することができる点字図書館、点字出版施設等盲人の福祉を増進することを目的とする施設を指定〔告示〕抄

〔昭和三六年六月一六日 郵政省告示第四〇二号〕

最近告示 平成一三年九月七日 郵政事業庁告示第三一七号

郵便法（昭和二十二年法律第百六十五号）第二十六条第一項第三号の規定に基づき、盲人用の録音物及び点字用紙を発受することができる点字図書館、点字出版施設等盲人の福祉を増進することを目的とする施設を次表のとおり指定する。

都道府県名	名称	所在地
北海道	旭川市立図書館	郵便番号〇七〇―〇〇四四 旭川市常盤公園一九七一番地の五

〔以下略・数百の施設が指定されている＝編者〕

図書館が重度身体障害者に貸し出す図書の郵送について

〔昭和五一年一月二三日国社第七号 各都道府県教育委員会教育長あて 文部省社会教育局長通知〕

このたび、郵便規則（昭和二十二年逓信省令第三十四号）の一部が改正され、図書館法（昭和二十五年法律第百十八号）第二条第一項に規定する図書館が重度身体障害者を対象として郵便による図書の貸出業務を行う場合には、身体障害者用書籍小包郵便物として別添のとおり取り扱われることになり、このほど、その周知方について郵政省郵務局長から依頼がありましたのでお知らせします。ついては、管下の図書館に対し、周知方よろしく願います。

別添

郵便法及び郵便規則の一部改正について（依命通達）抄

〔昭和五一年一月二〇日郵郵業第一〇号 郵政局長、沖縄郵政管理事務所長、郵便局長あて 郵務局長、経理局長名〕

5 身体障害者用書籍小包郵便物に関する規定の創設

図書館法（昭和二十五年法律第百十八号）第二条第一項に規定する図書館（以下「図書館」という。）において重度身体障害者と

の間に郵便による図書の閲覧の業務が行われる場合には、次により料金の割安な身体障害者用書籍小包郵便物として取り扱われる道が開かれたこと。（則〔郵便規則〔別掲〕＝編者〕第三十九条の二）

（注１）図書館法第二条第一項の図書館は、地方公共団体、日本赤十字社又は公益法人が設置するもの（学校図書館を除く。）である。

（注２）重度身体障害者としては、公職選挙法上、郵便による在宅投票が認められる程度のものを予定している。

(1)　発受届の提出

ア　身体障害者用書籍小包郵便物を発受しようとする図書館は、あらかじめその所在地の郵便物配達受持郵便局に、付録様式第六の六〔略〕による届書を提出しなければならないこと。（則第三十九条の三）

この場合において、発受届には、郵便による図書の閲覧業務に関する資料を添付しなければならないこととされているが、その資料としては、郵便による図書の閲覧業務を行う旨の根拠法令（条例、規則、定款等）、貸出手続、閲覧者名簿（整備された後でもよい。）等を提出させること。

イ　郵便局が発受届を受理したときは、その旨を地方郵政局を経由して本省郵務局業務課へ報告すること。

(2)　差出し方

身体障害者用書籍小包郵便物は、発受届をした郵便局に差し出さなければならないこと。（則第三十九条の四）

(3)　身体障害者用書籍小包郵便物の包装方等

身体障害者用書籍小包郵便物は、書籍小包の例によって開封とし、その表面のみやすい所に次の区別に従って記載等して差し出さなければならないこととされたこと。（則第三十九条の五）

ア　図書館から差し出されるもの

図書館用書籍小包の文字を記載すること。

イ　図書館にあてて差し出されるもの

図書館から送付を受けた次の文字を記載した票符をはり付けること。

図書館用書籍小包 図書館名

なお、図書館において大郵袋票札に類するあて名札（裏面を活用するもの）を使用して返送されるような場合には、そのあて名札に「図書館用書籍小包」なる旨の表示があれば、票符のはり付けは要しないものとする。

〔参考〕

この後、次の通知が出されている＝編者

「身体障害者用書籍小包郵便物」の制度の改正等について（通知）

〔平成五年一二月二四日国生第一六号
各都道府県教育委員会教育長あて
文部省生涯学習局長〕

「身体障害者用書籍小包郵便物」の制度は、図書館と身体に重度の障害がある者との間に発受する書籍を内容とする郵便物について、一般の書籍小包郵便物よりも低い料金で取り扱われるもので、この詳細に関しては、昭和五一年一月二三日付国社第七号文部省社会教育局長名で通知しているところですが、このたび、郵便規則（昭和二二年逓信省令第三四号）の一部が別添のように改正され、平成六年一月二四日から身体障害者用書籍小包郵便物の利用対象者が拡大されることになり、その周知方について郵政省郵便局長から依頼がありました。

ついては、管下の公立図書館及び公益法人が設置する私立図書館に対し、これまでの制度と併せて周知方よろしくお願いします。

（別添） 郵便規則等の一部改正等について（依命通達）（抜粋）
〔平成五年一二月二四日郵郵企第四一号
地方郵政局長等あて　大臣官房財務部長〕

第二　制度の改正又は廃止
1　規則の改正
(4)　身体障害者用書籍小包郵便物の利用対象者の拡大
身体障害者用書籍小包郵便物については、図書館法（昭和二五年法律第一一八号）第二条第一項に規定する図書館（以下「図書館」という。）と身体に重度の障害がある者との間に郵便による閲覧のために発受するものについて取り扱うこととされているが、図書館と精神薄弱の程度が重い者との間に郵便による閲覧のために発受するものについても、当該郵便物の取扱いをすることとされたこと。これに伴い、「身体障害者用書籍小包郵便物」の名称を「心身障害者用書籍小包郵便物」とすることとされたこと（規則第三九条の二から第三九条の五まで、附属料金表第六表三の項及び付録様式六の七）。
なお、これに伴い、改正前の規則第三九条の三の規定により身体障害者用書籍小包郵便物利用開始届を郵便局に提出している図書館については、改正後の規則第三九条の三の規定により心身障害者用書籍小包郵便物利用開始届を提出したものとみなすこととされることから、当該図書館においては、本件改正に伴う新たな手続き等は要しないものであるので念のため（附則第三項）。

なお、平成一〇年九月、郵便規則の改正により、「心身障害者用書籍小包郵便物」は「**心身障害者用冊子小包郵便物**」と**名称を変更**している。

郵便規則第三十九条の六の二に規定する聴覚障害者の福祉を増進することを目的とする施設の指定〔告示〕抄

〔聴覚障害者用小包郵便物取扱施設の指定〔告示〕〕
〔平成元年一二月二五日郵政省告示第七九八号〕

最近告示　平成一三年七月二三日　郵政事業庁告示第二七〇号

郵便規則（昭和二十二年逓信省令第三十四号）第三十九条の六の二に規定する聴覚障害者の福祉を増進することを目的とする施設を指定したので、同令第三十九条の六の三第三項の規定に基づき、次表〔抄〕のとおり告示する。

〔指定施設は多数あり、聴覚障害者ビデオライブラリーとそれに類する施設が大部分であるが、この中の図書館の名称だけを抄録しておく＝編者〕

・宮城　宮城県図書館
せんだいメディアテーク
仙台市泉図書館
仙台市太白図書館
仙台市宮城野図書館
仙台市若林図書館
・茨城　龍ケ崎市立中央図書館
・埼玉　上福岡市立市民図書館

鶴ケ島市立中央図書館
・東京 聴力障害者情報文化センター
清瀬市立中央図書館
町田市立中央図書館
・岐阜 大垣市立図書館
・愛知 瀬戸市立図書館
豊田市中央図書館
・大阪 大阪府立中央図書館
堺市立点字図書館
・奈良 橿原市立図書館
大和郡山市立図書館
新庄町立図書館
・岡山 新見市立図書館
・広島 広島県立図書館
はつかいち市民図書館
三原市立図書館
三和町立図書館

◎土地収用法 抄

（昭和二六年六月九日 法律第二一九号）

最近改正 平成一三年七月一一日 法律第一〇三号

第一章 総則

（この法律の目的）

第一条 この法律は、公共の利益となる事業に必要な土地等の収用又は使用に関し、その要件、手続及び効果並びにこれに伴う損失の補償等について規定し、公共の利益の増進と私有財産との調整を図り、もつて国土の適正且つ合理的な利用に寄与することを目的とする。

（土地の収用又は使用）

第二条 公共の利益となる事業の用に供するため土地を必要とする場合において、その土地を当該事業の用に供することが土地の利用上適正且つ合理的であるときは、この法律の定めるところにより、これを収用し、又は使用することができる。

（土地を収用し、又は使用することができる事業）

第三条 土地を収用し、又は使用することができる公共の利益となる事業は、次の各号のいずれかに該当するものに関する事業でなければならない。

二十一 学校教育法（昭和二十二年法律第二十六号）第一条（学校の範囲）に規定する学校又はこれに準ずるその他の教育若しくは学術研究のための施設

二十二 社会教育法（昭和二十四年法律第二百七号）による公民

館（同法第四十二条（公民館類似施設）に規定する公民館類似施設を除く。）若しくは博物館又は図書館法（昭和二十五年法律第百十八号）による図書館〔傍線＝編者〕（同法第二十九条（図書館同種施設）に規定する図書館同種施設を除く。）

◎都市計画法　抄

（昭和四三年六月一五日 法律第一〇〇号）

最近改正　平成一二年五月一九日　法律第七三号

（目的）

第一条　この法律は、都市計画の内容及びその決定手続、都市計画制限、都市計画事業その他都市計画に関し必要な事項を定めることにより、都市の健全な発展と秩序ある整備を図り、もつて国土の均衡ある発展と公共の福祉の増進に寄与することを目的とする。

（都市計画の基本理念）

第二条　都市計画は、農林漁業との健全な調和を図りつつ、健康で文化的な都市生活及び機能的な都市活動を確保すべきこと並びにこのためには適正な制限のもとに土地の合理的な利用が図られるべきことを基本理念として定めるものとする。

（国、地方公共団体及び住民の責務）

第三条　国及び地方公共団体は、都市の整備、開発その他都市計画の適切な遂行に努めなければならない。

2　都市の住民は、国及び地方公共団体がこの法律の目的を達成するため行なう措置に協力し、良好な都市環境の形成に努めなければならない。

3　国及び地方公共団体は、都市の住民に対し、都市計画に関する知識の普及及び情報の提供に努めなければならない。

（定義）

第四条　この法律において「都市計画」とは、都市の健全な発展と秩序ある整備を図るための土地利用、都市施設の整備及び市街地開発事業に関する計画で、次章の規定に従い定められたものをいう。

２　この法律において「都市計画区域」とは次条の規定により指定された区域を、「準都市計画区域」とは第五条の二の規定により指定された区域をいう。

５　この法律において「都市施設」とは、都市計画において定められるべき第十一条（都市施設）第一項各号に掲げる施設をいう。

６　この法律において「都市計画施設」とは、都市計画において定められた第十一条第一項各号に掲げる施設をいう。

（都市計画区域）

第五条　都道府県は、市又は人口、就業者数その他の事項が政令で定める要件に該当する町村の中心の市街地を含み、かつ、自然的及び社会的条件並びに人口、土地利用、交通量その他国土交通省令で定める事項に関する現況及び推移を勘案して、一体の都市として総合的に整備し、開発し、及び保全する必要がある区域を都市計画区域として指定するものとする。この場合において、必要があるときは、当該市町村の区域外にわたり、都市計画区域を指定することができる。

２　都道府県は、前項の規定によるもののほか、首都圏整備法（昭和三十一年法律第八十三号）による都市開発区域、近畿圏整備法（昭和三十八年法律第百二十九号）による都市開発区域、中部圏開発整備法（昭和四十一年法律第百二号）による都市開発区域その他新たに住居都市、工業都市その他の都市として開発し、及び保全する必要がある区域を都市計画区域として指定するものとする。

（準都市計画区域）

第五条の二　市町村は、都市計画区域外の区域のうち、相当数の住居その他の建築物の建築又はその敷地の造成が現に行われ、又は行われると見込まれる一定の区域で、当該区域の自然的及び社会的条件並びに農業振興地域の整備に関する法律（昭和四十四年法律第五十八号）その他の法令による土地利用の規制の状況を勘案して、そのまま土地利用を整序することなく放置すれば、将来における都市としての整備、開発及び保全に支障が生じるおそれがあると認められる区域を、準都市計画区域として指定することができる。

（都市計画区域の整備、開発及び保全の方針）

第六条の二　都市計画区域については、都市計画に、当該都市計画区域の整備、開発及び保全の方針を定めるものとする。

２　都市計画区域の整備、開発及び保全の方針には、次に掲げる事項を定めるものとする。

一　都市計画の目標

二　次条第一項に規定する区域区分の決定の有無及び当該区域区分を定めるときはその方針

三　前号に掲げるもののほか、土地利用、都市施設の整備及び市街地開発事業に関する主要な都市計画の決定の方針

（区域区分）

第七条　都市計画区域について無秩序な市街化を防止し、計画的な市街化を図るため必要があるときは、都市計画に、市街化区域及び市街化調整区域との区分（以下「区域区分」という。）を定めることができる。ただし、次に掲げる都市計画区域については、区域区分を定めるものとする。

一　次に掲げる土地の区域の全部又は一部を含む都市計画区域

イ　首都圏整備法第二条第三項に規定する既成市街地又は同条第四項に規定する近郊整備地帯
ロ　近畿圏整備法第二条第三項に規定する既成都市区域又は同条第四項に規定する近郊整備区域
ハ　中部圏開発整備法第二条第三項に規定する都市整備区域
二　前号に掲げるもののほか、大都市に係る都市計画区域として政令で定めるもの
2　市街化区域は、すでに市街地を形成している区域及びおおむね十年以内に優先的かつ計画的に市街化を図るべき区域とする。
3　市街化調整区域は、市街化を抑制すべき区域とする。

（都市再開発方針等）

第七条の二　都市計画区域については、都市計画に、次に掲げる方針（以下「都市再開発方針等」という。）で必要なものを定めるものとする。
一　都市再開発法（昭和四十四年法律第三十八号）第二条の三第一項又は第二項の規定による都市再開発の方針
二　大都市地域における住宅及び住宅地の供給の促進に関する特別措置法（昭和五十年法律第六十七号）第三条の六第一項の規定による住宅市街地の開発整備の方針
三　地方拠点都市地域の整備及び産業業務施設の再配置の促進に関する法律（平成四年法律第七十六号）第三十条の規定による拠点業務市街地の開発整備の方針
四　密集市街地における防災街区の整備の促進に関する法律（平成九年法律第四十九号）第三条第一項の規定による防災再開発の方針

（都市施設）

第十一条　都市計画区域については、都市計画に次に掲げる施設で必要なものを定めるものとする。この場合において、特に必要があるときは、当該都市計画区域外においても、これらの施設を定めることができる。
五　学校、図書館〔傍線＝編者〕、研究施設その他の教育文化施設
2　都市施設については、都市施設の種類、名称、位置及び区域その他政令で定める事項を都市計画に定めるものとする。

（開発行為の許可）

第二十九条　都市計画区域又は準都市計画区域内において開発行為をしようとする者は、あらかじめ、国土交通省令で定めるところにより、都道府県知事（地方自治法（昭和二十二年法律第六十七号）第二百五十二条の十九第一項の指定都市、同法第二百五十二条の二十二第一項の中核市又は同法第二百五十二条の二十六の三第一項の特例市（以下「指定都市等」という。）の区域内にあっては、当該指定都市等の長。以下この節において同じ。）の許可を受けなければならない。ただし、次に掲げる開発行為については、この限りではない。
三　駅舎その他の鉄道の施設、社会福祉施設、医療施設、学校教育法（昭和二十二年法律第二十六号）による学校（大学、専修学校及び各種学校を除く。）、公民館、変電所その他これらに類する政令〔別掲〕で定める公益上必要な建築物の建築の用に供する目的で行う開発行為

○都市計画法施行令 抄

〔昭和四四年六月一三日 政令第一五八号〕

最近改正 平成一三年三月三〇日 政令第一四九号

（法第二十九条第一項第三号の政令で定める公益上必要な建築物）

第二十一条 法第二十九条〔開発行為の許可〕第一項第三号の政令で定める公益上必要な建築物は、次に掲げるものとする。

十八 図書館法（昭和二十五年法律第百十八号）第二条〔定義〕第一項に規定する図書館〔傍線＝編者〕の用に供する施設である建築物又は博物館法（昭和二十六年法律第二百八十五号）第二条〔定義〕第一項に規定する博物館の用に供する施設である建築物

◎都市公園法 抄

〔昭和三一年四月二〇日 法律第七九号〕

最近改正 平成一一年一二月二二日 法律第一六〇号

（目的）

第一条 この法律は、都市公園の設置及び管理に関する基準等を定めて、都市公園の健全な発達を図り、もつて公共の福祉の増進に資することを目的とする。

（定義）

第二条 この法律において「都市公園」とは、次に掲げる〔「次に掲げる」は略〕公園又は緑地で、その設置者である地方公共団体又は国が当該公園又は緑地に設ける公園施設を含むものとする。

2 この法律において「公園施設」とは、都市公園の効用を全うするため当該都市公園に設けられる次の各号に掲げる施設をいう。

六 植物園、動物園、野外劇場その他の教養施設で政令〔別掲〕で定めるもの

○都市公園法施行令　抄

〔昭和三一年九月一一日　政令第二九〇号〕

最近改正　平成一二年六月七日　政令第三一二号

（公園施設の種類）

第四条　5　法第二条第二項第六号の政令で定める教養施設は、植物園、温室、分区園、動物園、動物舎、水族館、自然生態園、野鳥観察所、動物園の保護繁殖施設、野外劇場、野外音楽堂、図書館〔傍線＝編者〕、陳列館、天体又は気象観測施設、体験学習施設、記念碑その他これらに類するもの並びに古墳、城跡、旧宅その他の遺跡及びこれらを復原したもので歴史上又は学術上価値の高いものとする。

◎建築基準法　抄

〔昭和二五年五月二四日　法律第二〇一号〕

最近改正　平成一二年六月二日　法律第一〇六号

〔図書館という建物の建築に当って準拠すべき法令は数多くあるが、その中の基本法令である建築基準法について「図書館」と明記された箇所に関連する条文だけを例示として収録した。＝編者〕

（目的）

第一条　この法律は、建築物の敷地、構造、設備及び用途に関する最低の基準を定めて、国民の生命、健康及び財産の保護を図り、もつて公共の福祉の増進に資することを目的とする。

（用語の定義）

第二条　この法律において次の各号に掲げる用語の意義は、それぞれ当該各号に定めるところによる。

二　特殊建築物　学校（専修学校及び各種学校を含む。以下同様とする。）、体育館、病院、劇場、観覧場、集会場、展示場、百貨店、市場、ダンスホール、遊技場、公衆浴場、旅館、共同住宅、寄宿舎、下宿、工場、倉庫、自動車車庫、危険物の貯蔵場、と畜場、火葬場、汚物処理場その他これらに類する用途に供する建築物をいう。

（建築物の建築等に関する申請及び確認）

第六条　建築主は、第一号から第三号までに掲げる建築物を建築しようとする〔中略〕場合においては、当該工事に着手する前に、その計画が建築基準関係規定（この法律並びにこれに基づく命令及び条例の規定（以下「建築基準法令の規定」という。）その他建築物の敷地、構造又は建築設備に関する法律並びにこれに基づく命令及び条例の規定で政令で定めるものをいう。以下同じ。）に適合するものであることについて、確認の申請書を提出して建築主事の確認を受け、確認済証の交付を受けなければならない。当該確認を受けた建築物の計画の変更（国土交通省令で定める軽微な変更を除く。）をして、第一号から第三号までに掲げる建築物を建築しようとする場合（増築しようとする場合においては、建築物が増築後において第一号から第三号までに掲げる規模のものとなる場合を含む。）、これらの建築物の大規模の修繕若しくは大規模の模様替をしようとする場合又は第四号に掲げる建築物を建築しようとする場合も、同様とする。

一　別表第一(い)欄に掲げる用途に供する特殊建築物で、その用途に供する部分の床面積の合計が百平方メートルを超えるもの

2　前項の規定は、防火地域及び準防火地域外において建築物を増築し、改築し、又は移転しようとする場合で、その増築、改築又は移転に係る部分の床面積の合計が十平方メートル以内であるときについては、適用しない。

（耐火建築物又は準耐火建築物としなければならない特殊建築物）

第二十七条　次の各号の一に該当する特殊建築物は、耐火建築物としなければならない。ただし、地階を除く階数が三で、三階を下宿、共同住宅又は寄宿舎の用途に供するもの（三階の一部を別表第一(い)欄に掲げる用途（下宿、共同住宅及び寄宿舎を除く。）に供するもの及び第二号又は第三号に該当するものを除く。）のうち防火地域以外の区域内にあるものにあつては、第二条第九号の三イに該当する準耐火建築物（主要構造部の準耐火性能その他の事項について、準防火地域の内外の別に応じて政令で定める技術的基準に適合するものに限る。）とすることができる。

一　別表第一(ろ)欄に掲げる階を同表(い)欄の当該各項に掲げる用途に供するもの

2　次の各号の一に該当する特殊建築物は、耐火建築物又は準耐火建築物（中略）としなければならない。

一　別表第一(い)欄に掲げる用途に供するもので、その用途に供する部分（中略）の床面積の合計が同表(に)欄の当該各項に該当するもの

（特殊建築物等の避難及び消火に関する技術的基準）

第三十五条　別表第一(い)欄㈠項から㈣項までに掲げる用途に供する特殊建築物、階数が三以上である建築物、政令で定める窓その他の開口部を有しない居室を有する建築物又は延べ面積（同一敷地内に二以上の建築物がある場合においては、その延べ面積の合計）が千平方メートルをこえる建築物については、廊下、階段、出入口その他の避難施設、消火栓《せん》、スプリンクラー、貯水槽《そう》その他の消火設備、排煙設備、非常用の照明装置及び進入口並びに敷地内の避難上及び消火上必要な通路は、政令で定める技術的基準に従って、避難上及び消火上支障がないようにしなければならない。

（特殊建築物等の内装）

第三十五条の二　別表第一(い)欄に掲げる用途に供する特殊建築物（中略）は、政令で定めるものを除き、政令（略）で定める技術的基準に従って、その壁及び天井（天井のない場合においては、屋根）の室内に面する部分の仕上げを防火上支障がないようにしなければならない。

（用途地域）

第四十八条　第一種低層住居専用地域内においては、別表第二(い)項

に掲げる建築物以外の建築物は、建築してはならない。ただし、特定行政庁が第一種低層住居専用地域における良好な住居の環境を害するおそれがないと認め、又は公益上やむを得ないと認めて許可した場合においては、この限りでない。

12　工業専用地域内においては、別表第二(を)項に掲げる建築物は、建築してはならない。ただし、特定行政庁が工業の利便を害するおそれがないと認め、又は公益上やむを得ないと認めて許可した場合においては、この限りでない。

〔解説〕　非常にわかりにくい条文だが、政令〔百十五条の三第二号＝別掲〕と併せて読めば、結局次のとおりになると考えられる。＝編者

第六条第一項第一号は「床面積が百平方米を超える図書館を建築しようとする場合は、工事着手前に建築主事の確認を受けなければならない。」ということ。

第二七条第一項第一号は「三階以上の階を図書館の用途に供するものは耐火建築物としなければならない。」ということ。

第二七条第二項第一号は「図書館の用途に供する部分（階の位置を問わない）の床面積の合計が二千平方米以上の建物は耐火建築物又は準耐火建築物としなければならない。」ということ。

第三五条は「図書館は、避難施設、消火設備、排煙設備、非常用照明、通路など、避難・消火上支障がないようにしなければならない。」ということ。

第三五条の二は「図書館は、壁・天井の室内に面する部分の仕上げを防火上支障がないようにしなければならない。」ということ。

第四八条は「図書館は第一種低層住居専用地域内に建築することができるが、工業専用地域内に建築することは特に許可された場合以外建築できない。」ということ。

別表第一　耐火建築物又は準耐火建築物としなければならない特殊建築物（第六条、第二十七条、第二十八条、第三十五条—第三十五条の三、第九十条の三関係）〔抄〕

	(い)	(ろ)	(は)	(に)
	用途	(い)欄の用途に供する階	(い)欄の用途に供する部分（(一)項の場合にあっては客席、(五)項の場合にあっては三階以上の部分に限る。）の床面積の合計	(い)欄の用途に供する部分（(一)項及び(四)項の場合にあっては二階の部分に限り、かつ、病院及び診療所についてはその部分に患者の収容施設がある場合に限る。）の床面積の合計
(三)	学校、体育館その他これらに類するもので政令〔別掲〕で定めるもの	三階以上の階		二千平方メートル以上

別表第二　用途地域内の建築物の制限（第二十七条、第四十八条関係）〔抄〕

(い)	(を)
第一種低層住居専用地域内に建築することができる建築物	工業専用地域内に建築してはならない建築物
四　学校（大学、高等専門学校、専修学校及び各種学校を除く。）、図書館その他これらに類するもの 十　前各号の建築物に附属するもの（政令〔略〕で定めるものを除く。）	五　図書館、博物館その他これらに類するもの

○建築基準法施行令　抄

〔昭和二五年一一月一六日　政令第三三八号〕

最近改正　平成一三年七月一一日　政令第二三九号

（耐火建築物又は準耐火建築物としなければならない特殊建築物）

第百十五条の三　法別表第一(い)欄の(二)項から(四)項まで及び(六)項（法第八十七条第三項において法第二十七条の規定を準用する場合を含む。）に掲げる用途に類するもので政令で定めるものは、それぞれ次の各号に掲げるものとする。

二　(三)項の用途に類するもの　博物館、美術館、図書館〔傍線＝編者〕、ボーリング場、スキー場、スケート場、水泳場又はスポーツの練習場

◎建築物の耐震改修の促進に関する法律　抄

〔平成七年一〇月二七日　法律第一二三号〕

最近改正　平成一一年一二月二二日　法律第一六〇号

第一章　総則

（目的）

第一条　この法律は、地震による建築物の倒壊等の被害から国民の生命、身体及び財産を保護するため、建築物の耐震改修の促進のための措置を講ずることにより建築物の地震に対する安全性の向上を図り、もって公共の福祉の確保に資することを目的とする。

第二章　特定建築物に係る措置

（特定建築物の所有者の努力）

第二条　学校、体育館、病院、劇場、観覧場、集会場、展示場、百貨店、事務所その他多数の者が利用する建築物で政令〔別掲〕で定めるものであって政令で定める規模以上のもののうち、地震に対する安全性に係る建築基準法（昭和二十五年法律第二百一号）又はこれに基づく命令若しくは条例の規定（第五条〔略〕において「耐震関係規定」という。）に適合しない建築物で同法第三条第二項の規定の適用を受けているもの（以下この章において「特定建築物」という。）の所有者は、当該特定建築物について耐震診断（地震に対する安全性を評価することをいう。以下同じ。）を行い、必要に応じ、当該特定建築物について耐震改修（地震に対する安全性の向上を目的とした増築、改築、修繕又は模様替をいう。以

下同じ。）を行うよう努めなければならない。

（耐震診断及び耐震改修の指針）

第三条 国土交通大臣は、特定建築物の耐震診断及び耐震改修の促進を図るため、特定建築物の耐震診断及び耐震改修に関する指針を定め、これを公表するものとする。

（指導及び助言並びに指示等）

第四条 所管行政庁（建築主事を置く市町村又は特別区の区域については当該市町村又は特別区の長をいい、その他の市町村又は特別区の区域については都道府県知事をいう。ただし、建築基準法第九十七条の二第一項又は第九十七条の三第一項の規定により建築主事を置く市町村又は特別区の区域内の政令で定める建築物については、都道府県知事とする。以下同じ。）は、特定建築物の耐震診断及び耐震改修の適確な実施を確保するため必要があると認めるときは、特定建築物の所有者に対し、前条の指針を勘案して、特定建築物の耐震診断及び耐震改修について必要な指導及び助言をすることができる。

2 所管行政庁は、病院、劇場、観覧場、集会場、展示場、百貨店その他不特定かつ多数の者が利用する特定建築物のうち、地震に対する安全性の向上を図ることが特に必要なものとして政令〔別掲〕で定めるものであって政令で定める規模以上のものについて必要な耐震診断又は耐震改修が行われていないと認めるときは、特定建築物の所有者に対し、前条の指針を勘案して、必要な指示をすることができる。

3 所管行政庁は、前項の規定の施行に必要な限度において、政令で定めるところにより、特定建築物の所有者に対し、特定建築物の地震に対する安全性に係る事項に関し報告させ、又はその職員に、特定建築物、特定建築物の敷地若しくは特定建築物の工事現場に立ち入り、特定建築物、特定建築物の敷地、建築設備、建築材料、書類その他の物件を検査させることができる。

4 前項の規定により立入検査をする職員は、その身分を示す証明書を携帯し、関係人に提示しなければならない。

5 第三項の規定による立入検査の権限は、犯罪捜査のために認められたものと解釈してはならない。

第五章 罰則

第十四条 第四条〔指導及び助言並びに指示等〕第三項の規定による報告をせず、若しくは虚偽の報告をし、又は同項の規定による検査を拒み、妨げ、若しくは忌避した者は、三十万円以下の罰金に処する。

第十五条 第七条〔報告の徴収〕の規定による報告をせず、又は虚偽の報告をした者は、二十万円以下の罰金に処する。

第十六条 法人の代表者又は法人若しくは人の代理人、使用人その他の従業者が、その法人又は人の業務に関し、前二条の違反行為をしたときは、行為者を罰するほか、その法人又は人に対しても各本条の刑を科する。

附 則

（施行期日）

1 この法律は、公布の日から起算して三月を超えない範囲内において政令で定める日〔平成七年一二月二五日〕から施行する。〔以下略〕

○建築物の耐震改修の促進に関する法律施行令　抄

〔平成七年一二月二二日
政令第四二九号〕

最近改正　平成一一年一一月一〇日　政令第三五二号

（特定建築物の要件）

第一条　建築物の耐震改修の促進に関する法律（以下「法」という。）第二条〔特定建築物の所有者の努力〕の政令で定める建築物は、次に掲げるものとする。

十　博物館、美術館又は図書館〔傍線＝編者〕

2　法第二条の政令で定める規模は、階数が三で、かつ、床面積の合計が千平方メートルとする。

（所管行政庁による指示の対象となる特定建築物の要件）

第三条　法第四条〔指導及び助言並びに指示等〕第二項の政令で定める特定建築物は、次に掲げるものとする。

九　博物館、美術館又は図書館〔傍線＝編者〕

2　法第四条第二項の政令で定める規模は、床面積の合計二千平方メートルとする。

◎高齢者、身体障害者等が円滑に利用できる特定建築物の建築の促進に関する法律（ハートビル法）　抄

〔平成六年六月二九日
法律第四四号〕

最近改正　平成一一年一二月二二日　法律第一六〇号

第一章　総則

（目的）

第一条　この法律は、高齢者で日常生活又は社会生活に身体の機能上の制限を受けるもの、身体障害者その他日常生活又は社会生活に身体の機能上の制限を受ける者が円滑に利用できる建築物の建築の促進のための措置を講ずることにより建築物の質の向上を図り、もって公共の福祉の増進に資することを目的とする。

第二章　特定建築物に係る措置等

（特定建築主の努力）

第二条　病院、劇場、観覧場、集会場、展示場、百貨店その他の不特定かつ多数の者が利用する政令〔別掲〕で定める建築物（建築物の部分を含む。以下「特定建築物」という。）を建築しようとする者（建築物の用途を変更して特定建築物としようとする者を含む。以下「特定建築主」という。）は、出入口、廊下、階段、昇降機、便所その他の国土交通省令で定める施設（以下「特定施設」

という。）を高齢者で日常生活又は社会生活に身体の機能上の制限を受けるもの、身体障害者その他日常生活又は社会生活に身体の機能上の制限を受ける者（以下単に「高齢者、身体障害者等」という。）が円滑に利用できるようにするための措置を講ずるよう努めなければならない。

（特定建築主の判断の基準となるべき事項）

第三条　国土交通大臣は、高齢者、身体障害者等が円滑に利用できる特定建築物の建築の促進を図るため、特定施設を高齢者、身体障害者等が円滑に利用できるようにするための措置に関し特定建築主の判断の基準となるべき事項を定め、これを公表するものとする。

（指導及び助言並びに指示等）

第四条　都道府県知事は、特定建築物について第二条に規定する措置の適確な実施を確保するため必要があると認めるときは、特定建築主に対し、前条に規定する判断の基準となるべき事項を勘案して、特定建築物の設計及び施工に係る事項について必要な指導及び助言をすることができる。

2　都道府県知事は、特定建築物のうち政令で定める規模以上のものの特定施設を高齢者、身体障害者等が円滑に利用できるようにするための措置が前条に規定する判断の基準となるべき事項に照らして著しく不十分であると認めるときは、特定建築主に対し、その判断の根拠を示して、当該特定建築物の設計及び施工に係る事項のうち特定施設を高齢者、身体障害者等が円滑に利用できるようにするための措置に関するものについて必要な指示をすることができる。

3　都道府県知事は、前項の規定の施行に必要な限度において、政令で定めるところにより、特定建築主に対し、特定建築物の設計及び施工に係る事項に関し報告させ、又はその職員に、特定建築物若しくは特定建築物の工事現場に立ち入り、特定建築物、建築設備、書類その他の物件を検査させることができる。

4　前項の規定により立入検査をする職員は、その身分を示す証明書を携帯し、関係人に提示しなければならない。

5　第三項の規定による立入検査の権限は、犯罪捜査のために認められたものと解釈してはならない。

第三章　雑則

（大都市等の特例）

第十六条　この法律中都道府県知事の権限に属する事務は、地方自治法（昭和二十二年法律第六十七号）第二百五十二条の十九第一項の指定都市（以下この条において「指定都市」という。）及び同法第二百五十二条の二十二第一項の中核市（以下この条において「中核市」という。）においては、当該指定都市又は中核市（以下この条において「指定都市等」という。）の長が行うものとする。この場合においては、この法律中都道府県知事に関する規定は、指定都市等の長に関する規定として指定都市等の長に適用があるものとする。

附　則〔抄〕

（施行期日）

1　この法律は、公布の日から起算して三月を超えない範囲内において政令で定める日〔平成六年九月二八日〕から施行する。

○高齢者、身体障害者等が円滑に利用できる特定建築物の建築の促進に関する法律施行令　抄

〔平成六年九月二六日政令第三一一号〕

（特定建築物）

第一条　高齢者、身体障害者等が円滑に利用できる特定建築物の建築の促進に関する法律（以下「法」という。）第二条（特定建築主の努力）の政令で定める建築物は、次に掲げるもの（建築基準法（昭和二十五年法律第二百一号）第三条第一項に規定するもの及び文化財保護法（昭和二十五年法律第二百十四号）第八十三条の三第一項又は第二項の伝統的建築物群保存地区内における同法第二条第一項第五号の伝統的建造物群を構成しているものを除く。）とする。

九　博物館、美術館又は図書館〔傍線＝編者〕〔以下略〕

◎騒音規制法　抄

〔昭和四三年六月一〇日法律第九八号〕

最近改正　平成一二年五月三一日　法律第九一号

（目的）

第一条　この法律は、工場及び事業場における事業活動並びに建設工事に伴って発生する相当範囲にわたる騒音について必要な規制を行なうとともに、自動車騒音に係る許容限度を定めること等により、生活環境を保全し、国民の健康の保護に資することを目的とする。

（定義）

第二条　2　この法律において「規制基準」とは、特定施設を設置する工場又は事業場（以下「特定工場等」という。）において発生する騒音の特定工場等の敷地の境界線における大きさの許容限度をいう。

（地域の指定）

第三条　都道府県知事は、住居が集合している地域、病院又は学校の周辺の地域その他の騒音を防止することにより住民の生活環境を保全する必要があると認める地域を、特定工場等において発生する騒音及び特定建設作業に伴って発生する騒音について規制する地域として指定しなければならない。

2　都道府県知事は、前項の規定により地域を指定しようとするときは、関係市町村長の意見をきかなければならない。これを変更し、又は廃止しようとするときも、同様とする。

3　都道府県知事は、第一項の規定により地域を指定するときは、環境省令で定めるところにより、公示しなければならない。これを変更し、又は廃止するときも、同様とする。

（規制基準の設定）

第四条　都道府県知事は、前条第一項の規定により地域を指定するときは、環境大臣が特定工場等において発生する騒音について規制する必要の程度に応じて昼間、夜間その他の時間の区分及び区域の区分ごとに定める基準〔別掲〕の範囲内において、当該地域について、これらの区分に対応する時間及び区域の区分ごとの規制基準を定めなければならない。

2　市町村は、前条第一項の規定により指定された地域（以下「指定地域」という。）の全部又は一部について、当該地域の自然的、社会的条件に特別の事情があるため、前項の規定により定められた規制基準によつては当該地域の住民の生活環境を保全することが十分でないと認めるときは、条例で、環境大臣の定める範囲内において、同項の規制基準にかえて適用すべき規制基準を定めることができる。

3　前条第三項の規定は、第一項の規定による規制基準の設定並びにその変更及び廃止について準用する。

（規制基準の遵守義務）

第五条　指定地域内に特定工場等を設置している者は、当該特定工場等に係る規制基準を遵守しなければならない。

特定工場等において発生する騒音の規制に関する基準〔告示〕抄

（昭和四三年一一月二七日 厚生省 農林省 通商産業省 運輸省 告示第一号）

最近改正　平成一三年三月五日　環境省告示第九号

（基準）

第一条　騒音規制法（昭和四十三年法律第九十八号。以下「法」という。）第四条第一項に規定する時間の区分及び区域の区分ごとの基準は、次の表のとおりとする。ただし、同表に掲げる第二種区域、第三種区域又は第四種区域の区域内に所在する学校教育法（昭和二十二年法律第二十六号）第一条に規定する学校、児童福祉法（昭和二十二年法律第百六十四号）第七条に規定する保育所、医療法（昭和二十三年法律第二百五号）第一条の五第一項に規定する病院及び同条第二項に規定する診療所のうち患者を入院させるための施設を有するもの、図書館法（昭和二十五年法律第百十八号）第二条第一項に規定する図書館〔傍線＝編者〕並びに老人福祉法（昭和三十八年法律第百三十三号）第五条の三に規定する特別養護老人ホームの敷地の周囲おおむね五十メートルの区域内における当該基準は、都道府県知事又は騒音規制法施行令（昭和四十三年政令第三百二十四号）第四条に規定する市の長が規制基準として同表の時間の区分及び区域の区分に応じて定める値以下当該値から五デシベルを減じた値以上とすることができる。

区域の区分 ＼ 時間の区分	昼間	朝・夕	夜間
第一種区域	四十五デシベル以上 五十デシベル以下	四十デシベル以上 四十五デシベル以下	四十デシベル以上 四十五デシベル以下
第二種区域	五十デシベル以上 六十デシベル以下	四十五デシベル以上 五十デシベル以下	四十デシベル以上 五十デシベル以下
第三種区域	六十デシベル以上 六十五デシベル以下	五十五デシベル以上 六十五デシベル以下	五十デシベル以上 五十五デシベル以下
第四種区域	六十五デシベル以上 七十デシベル以下	六十デシベル以上 七十デシベル以下	五十五デシベル以上 六十五デシベル以下

備考

1　昼間とは、午前七時又は八時から午後六時、七時又は八時までとし、朝とは、午前五時又は六時から午前七時又は八時までとし、夕とは、午後六時、七時又は八時から午後九時、十時又は十一時までとし、夜間とは、午後九時、十時又は十一時から翌日の午前五時又は六時までとする。

2　デシベルとは、計量法（平成四年法律第五十一号）別表第二に定める音圧レベルの計量単位をいう。

3　騒音の測定は、計量法第七十一条の条件に合格した騒音計を用いて行うものとする。この場合において、周波数補正回路はA特性を、動特性は速い動特性（FAST）を用いることとする。

4　騒音の測定方法は、当分の間、日本工業規格Z八七三一に定める騒音レベル測定方法によるものとし、騒音の大きさの決定は、次のとおり〔「次のとおり」は略〕とする。

2　前項に規定する第一種区域、第二種区域、第三種区域及び第四種区域とは、それぞれ次の各号に掲げる区域をいう。

一　第一種区域　良好な住居の環境を保全するため、特に静穏の保持を必要とする区域

二　第二種区域　住居の用に供されているため、静穏の保持を必要とする区域

三　第三種区域　住居の用にあわせて商業、工業等の用に供されている区域であって、その区域内の住民の生活環境を保全するため、騒音の発生を防止する必要がある区域

四　第四種区域　主として工業等の用に供されている区域であって、その区域内の住民の生活環境を悪化させないため、著しい騒音の発生を防止する必要がある区域

（範囲）

第二条　市町村が、法第四条第二項の規定に基づき、同条第一項の規制基準にかえて適用すべき規制基準を定めることができる範囲は、前条第一項に定める時間の区分及び区域の区分ごとの基準の下限値以上とする。

◎風俗営業等の規制及び業務の適正化等に関する法律（風営法）抄

〔昭和二三年七月一〇日 法律第一二二号〕

最近改正 平成一三年六月二〇日 法律第五二号

（目的）

第一条 この法律は、善良の風俗と清浄な風俗環境を保持し、及び少年の健全な育成に障害を及ぼす行為を防止するため、風俗営業及び性風俗関連特殊営業等について、営業時間、営業区域等を制限し、及び年少者をこれらの営業所に立ち入らせること等を規制するとともに、風俗営業の健全化に資するため、その業務の適正化を促進する等の措置を講ずることを目的とする。

（用語の意義）

第二条 6 この法律において「店舗型性風俗特殊営業」とは、次の各号のいずれかに該当する営業をいう。

一 浴場業（公衆浴場法（昭和二十三年法律第百三十九号）第一条第一項に規定する公衆浴場を業として経営することをいう。）の施設として個室を設け、当該個室において異性の客に接触する役務を提供する営業

二 個室を設け、当該個室において異性の客の性的好奇心に応じてその客に接触する役務を提供する営業（前号に該当する営業を除く。）

三 専ら、性的好奇心をそそるため衣服を脱いだ人の姿態を見せる興行その他の善良の風俗又は少年の健全な育成に与える影響が著しい興行の用に供する興行場（興行場法（昭和二十三年法律第百三十七号）第一条第一項に規定するものをいう。）として政令で定めるものを経営する営業

四 専ら異性を同伴する客の宿泊（休憩を含む。以下この条において同じ。）の用に供する政令で定める施設（政令で定める構造又は設備を有する個室を設けるものに限る。）を設け、当該施設を当該宿泊に利用させる営業

五 店舗を設けて、専ら、性的好奇心をそそる写真、ビデオテープその他の物品で政令で定めるものを販売し、又は貸し付ける営業

六 前各号に掲げるもののほか、店舗を設けて営む性風俗に関する営業で、善良の風俗、清浄な風俗環境又は少年の健全な育成に与える影響が著しい営業として政令で定めるもの

9 この法律において「店舗型電話異性紹介営業」とは、店舗を設けて、専ら、面識のない異性との一時の性的好奇心を満たすための交際（会話を含む。次項において同じ。）を希望する者に対し、会話（伝言のやり取りを含むものとし、音声によるものに限る。以下同じ。）の機会を提供することにより異性を紹介する営業で、その一方の者からの電話による会話の申込みを電気通信設備を用いて当該店舗内に立ち入らせた他の一方の者に取り次ぐことによって営むもの（その一方の者が当該営業に従事する者である場合におけるものを含む。）をいう。

（店舗型性風俗特殊営業の禁止区域等）

第二十八条 店舗型性風俗特殊営業は、一団地の官公庁施設〔中略〕、学校〔中略〕、図書館〔傍線＝編者〕（図書館法（昭和二十五年法

律第百十八号）第二条（定義）第一項に規定するものをいう。）若しくは児童福祉施設（中略）又はその他の施設でその周辺における善良の風俗若しくは清浄な風俗環境を害する行為若しくは少年の健全な育成に障害を及ぼす行為を防止する必要のあるものとして都道府県の条例で定めるものの敷地（これらの用に供するものと決定した土地を含む。）の周囲二百メートルの区域内においては、これを営んではならない。

3　第一項の規定又は前項の規定に基づく条例の規定は、これらの規定の施行又は適用の際現に前条第一項の届出書を提出して店舗型性風俗特殊営業を営んでいる者の当該店舗型性風俗特殊営業については、適用しない。

5　店舗型性風俗特殊営業を営む者は、その営業につき、次に掲げる方法で広告又は宣伝をしてはならない。

一　次に掲げる区域又は地域（以下この条において「広告制限区域等」という。）において、広告物（常時又は一定の期間継続して公衆に表示されるものであって、看板、立看板、はり紙及びはり札並びに広告塔、広告板、建物その他の工作物等に掲出され、又は表示されたもの並びにこれらに類するものをいう。以下同じ。）を表示すること。

イ　第一項に規定する敷地（同項に規定する施設の用に供するものと決定した土地を除く。）の周囲二百メートルの区域

ロ　第二項の規定に基づく条例で定める地域のうち当該店舗型性風俗特殊営業の広告又は宣伝を制限すべき地域として条例で定める地域

二　広告制限区域等において、人の住居にビラ等（ビラ、パンフレット又はこれらに類する広告若しくは宣伝の用に供される文書図画をいう。以下同じ。）を配り、又は差し入れること。

三　前号に掲げるもののほか、広告制限区域等において、ビラ等を頒布すること。

四　広告制限区域等以外の地域において、人の住居（十八歳未満の者が居住していないものを除く。）にビラ等を配り、又は差し入れること。

五　前号に掲げるもののほか、広告制限区域等以外の地域において、十八歳未満の者に対してビラ等を頒布すること。

六　前各号に掲げるもののほか、清浄な風俗環境を害するおそれのある方法

（店舗型電話異性紹介営業の禁止区域等）

第三十一条の十三　第二十八条第一項から第九項までの規定は、店舗型電話異性紹介営業について準用する。この場合において、同条第三項中「前条第一項」とあるのは「第三十一条の十二第一項」と、同条第四項中「店舗型性風俗特殊営業（第二条第六項第四号の営業その他国家公安委員会規則で定める店舗型性風俗特殊営業を除く。）」とあるのは「店舗型電話異性紹介営業」と、同条第七項中「前条第一項」とあるのは「第三十一条の十二第一項」と、同条第八項中「ならない旨」とあるのは「ならない旨及び十八歳未満の者が第三十一条の十二第一項第三号に掲げる電話番号に電話をかけてはならない旨」と読み替えるものとする。

◎旅館業法　抄

（昭和二三年七月一二日 法律第一三八号）

最近改正　平成一二年五月三一日　法律第九一号

〔法律の目的〕

第一条　この法律は、旅館業の業務の適正な運営を確保すること等により、旅館業の健全な発達を図るとともに、旅館業の分野における利用者の需要の高度化及び多様化に対応したサービスの提供を促進し、もつて公衆衛生及び国民生活の向上に寄与することを目的とする。

〔定義〕

第二条　この法律で「旅館業」とは、ホテル営業、旅館営業、簡易宿所営業及び下宿営業をいう。

〔営業の許可〕

第三条　旅館業を経営しようとする者は、都道府県知事（保健所を設置する市又は特別区にあつては、市長又は区長。第九条の二〔大都市の特例〕を除き、以下同じ。）の許可を受けなければならない。ただし、ホテル営業、旅館営業又は簡易宿所営業の許可を受けた者が、当該施設において下宿営業を経営しようとする場合は、この限りでない。

2　都道府県知事は、前項の許可の申請があつた場合において、その申請に係る施設の構造設備が政令で定める基準に適合しないと認めるとき、当該施設の設置場所が公衆衛生上不適当であると認めるとき、又は申請者が次の各号〔略〕の一に該当するときは、同項の許可を与えないことができる。

3　第一項の許可の申請に係る施設の設置場所が、次の各号に掲げる施設の敷地（これらの用に供するものと決定した土地を含む。以下同じ。）の周囲おおむね百メートルの区域内にある場合において、その設置によつて当該施設の清純な施設環境が著しく害されるおそれがあると認めるときも、前項と同様とする。

一　学校教育法（昭和二十二年法律第二十六号）第一条に規定する学校（大学を除くものとし、以下単に「学校」という。）

二　児童福祉法（昭和二十二年法律第百六十四号）第七条に規定する児童福祉施設（以下単に「児童福祉施設」という。）

三　社会教育法（昭和二十四年法律第二百七号）第二条に規定する社会教育に関する施設（図書館も含まれる＝編者）その他の施設で、前二号に掲げる施設に類するものとして都道府県の条例で定めるもの

4　都道府県知事は、前項各号に掲げる施設の敷地の周囲おおむね百メートルの区域内の施設につき第一項の許可を与える場合には、あらかじめ、その施設の設置によつて前項各号に掲げる施設の清純な施設環境が著しく害されるおそれがないかどうかについて、学校については、当該学校が大学附置の国立学校であるときは当該大学の学長、その他の国立学校又は公立若しくは私立の高等専門学校であるときは当該学校の校長、高等専門学校以外の公立学校であるときは当該学校を設置する地方公共団体の教育委員会、高等専門学校以外の私立学校であるときは学校教育法に定めるその所管庁の意見を、児童福祉施設については、児童福祉法第四十六条に規定する行政庁の意見を、同項第三号の規定により都道府県の条例で定める施設については、当該条例で定める者の意見を求めなければならない。

◎地方税法　抄

〔昭和二五年七月三一日　法律第二二六号〕

最近改正　平成一三年一一月三〇日　法律第一三三号
〔本改正の施行日＝平成一五年一月一日〕

（国等に対する不動産取得税の非課税）

第七十三条の三　道府県は、国及び非課税独立行政法人並びに都道府県、市町村、特別区、地方公共団体の組合、財産区及び地方開発事業団に対しては、不動産取得税を課することができない。

（用途による不動産取得税の非課税）

第七十三条の四　道府県は、次の各号に規定する者が不動産をそれぞれ当該各号に掲げる不動産として使用するために取得した場合においては、当該不動産の取得に対しては、不動産取得税を課することができない。

三　学校法人又は私立学校法第六十四条〔私立専修学校等〕第四項の法人（以下本号において「学校法人等」という。）がその設置する学校において直接保育又は教育の用に供する不動産、学校法人等がその設置する寄宿舎で学校教育法（昭和二十二年法律第二十六号）第一条〔学校の範囲〕の学校又は同法第八十二条の二〔専修学校〕の専修学校に係るものにおいて直接その用に供する不動産、民法第三十四条〔公益法人の設立〕の法人、宗教法人又は社会福祉法人がその設置する幼稚園において直接保育の用に供する不動産、〔中略〕並びに民法第三十四条の法人がその設置する図書館〔傍線＝編者〕において直接その用に供する不動産及び民法第三十四条の法人又は宗教法人がその設置する博物館法第二条〔定義〕第一項の博物館において直接その用に供する不動産

（固定資産税の非課税の範囲）

第三百四十八条　市町村は、国並びに都道府県、市町村、特別区、これらの組合、財産区及び地方開発事業団に対しては、固定資産税を課することができない。

2　固定資産税は、次に掲げる固定資産に対しては課することができない。ただし、固定資産を有料で借り受けた者がこれを次に掲げる固定資産として使用する場合においては、当該固定資産の所有者に課することができる。

一　国並びに都道府県、市町村、特別区、これらの組合及び財産区が公用又は公共の用に供する固定資産

九　学校法人又は私立学校法第六十四条〔私立専修学校等〕第四項の法人（以下本号において「学校法人等」という。）がその設置する学校において直接保育又は教育の用に供する固定資産、学校法人等がその設置する寄宿舎で学校教育法第一条〔学校の範囲〕の学校又は同法第八十二条の二〔専修学校〕の専修学校に係るものにおいて直接その用に供する固定資産、民法第三十四条〔公益法人の設立〕の法人、宗教法人又は社会福祉法人がその設置する幼稚園において直接保育の用に供する固定資産〔中略〕並びに民法第三十四条の法人がその設置する図書館〔傍線＝編者〕において直接その用に供する固定資産及び民法第三十四条の法人又は宗教法人がその設置する博物館法第二条〔定義〕第一項の博物館において直接その用に供する固定資産

6　市町村は、非課税独立行政法人が所有する固定資産（当該固定資産を所有する非課税独立行政法人以外の者が使用しているもの

その他の政令で定めるものを除く。）に対しては、固定資産税を課することができない。

（特別土地保有税の納税義務者等）

第五百八十五条　特別土地保有税は、土地又はその取得に対し、当該土地所在の市町村において、当該土地の所有者又は取得者（以下本節において「土地の所有者等」という。）に課する。

〔第二項以下略〕

（特別土地保有税の非課税）

第五百八十六条　2　市町村は、次に掲げる土地又はその取得に対しては、特別土地保有税を課することができない。

二十九　土地でその取得が第七十三条の四第一項又は第七十三条の五の規定の適用がある取得に該当するもの〔以下略〕

〔注〕第七十三条の四第一項第三号〔**別掲**〕には「民法第三十四条の法人〔公益法人〕がその設置する**図書館**において直接その用に供する不動産」という文言があるので、この不動産に対する特別土地保有税は非課税となる＝編者

（事業所税の非課税の範囲）

第七百一条の三十四　指定都市等は、国及び法人税法第二条第五号の公共法人に対しては、事業所税を課することができない。

3　指定都市等は、次に掲げる施設に係る事業所床面積及び従業者給与総額に対しては事業に係る事業所税を、事業所用家屋で当該施設に係るものの新築又は増築で当該施設に係る事業を行う者が建築主であるものに係る新増設事業所床面積に対しては新増設に係る事業所税を課することができない。

三　博物館法第二条第一項に規定する博物館その他政令〔**別掲**〕で定める教育文化施設

（事業所税の使途）

第七百一条の七十三　指定都市等は、当該指定都市等に納付された事業所税額に相当する額から事業所税の徴収に要する費用として総務省令で定める額を控除して得た額を、次に掲げる事業に要する費用に充てなければならない。

五　学校、図書館〔傍線＝編者〕その他の教育文化施設の整備事業

九　前各号に掲げるもののほか、市街地開発事業その他の都市環境の整備及び改善に必要な事業で政令で定めるもの

（都市計画税の非課税の範囲）

第七百二条の二　市町村は、国及び非課税独立行政法人並びに都道府県、市町村、特別区、これらの組合、財産区及び地方開発事業団に対しては、都市計画税を課することができない。

2　前項に規定するもののほか、市町村は、第三百四十八条〔固定資産税の非課税の範囲〕第二項〔**別掲**〕から第五項まで若しくは第七項又は第三百五十一条〔固定資産税の免税点〕の規定により固定資産税を課することができない土地又は家屋に対しては、都市計画税を課することができない。

○地方税法施行令　抄

〔昭和二五年七月三一日政令第二四五号〕

最近改正　平成一三年一一月三〇日　政令第三八三号

（法第七百一条の三十四第三項第三号の教育文化施設）

第五十六条の二十四　法第七百一条の三十四〔事業所税の非課税の範囲〕第三項第三号に規定する政令で定める教育文化施設は、次に掲げる施設とする。

一　図書館法（昭和二十五年法律第百十八号）第二条〔定義〕第一項に規定する図書館〔傍線＝編者〕

二　学校教育法第百二条〔学校の設置者の特例〕の規定により設置された幼稚園

◎租税特別措置法　抄

〔昭和三二年三月三一日法律第二六号〕

最近改正　平成一三年一一月三〇日　法律第一三四号
〔本改正の施行日＝平成一五年一月一日〕

（国等に対して相続財産を贈与した場合等の相続税の非課税等）

第七十条　相続又は遺贈により財産を取得した者が、当該取得した財産をその取得後当該相続又は遺贈に係る相続税法第二十七条第一項又は第二十九条第一項の規定による申告書〔中略〕の提出期限までに国若しくは地方公共団体又は民法第三十四条の規定により設立された法人その他の公益を目的とする事業を営む法人のうち、教育若しくは科学の振興、文化の向上、社会福祉への貢献その他公益の増進に著しく寄与するものとして政令〔別掲〕で定めるものに贈与をした場合には、当該贈与により当該贈与をした者又はその親族その他これらの者と相続税法第六十四条第一項に規定する特別の関係がある者の相続税又は贈与税の負担が不当に減少する結果となると認められる場合を除き、当該贈与をした財産の価額は、当該相続又は遺贈に係る相続税の課税価格の計算の基礎に算入しない。

○租税特別措置法施行令　抄

（昭和三二年三月三一日 政令第四三号）

最近改正　平成一三年一一月三〇日　政令第三七五号

（科学又は教育の振興に寄与するところが著しい公益法人等の範囲）

第四十条の三　法第七十条（国等に対して相続財産を贈与した場合等の相続税の非課税等）第一項に規定する政令で定める法人は、次に掲げる法人とする。

一　独立行政法人

三　民法法人（前号に掲げるものを除く。）のうち次に掲げるもので当該民法法人の主たる目的である業務に関し、その運営組織及び経理が適正であると認められること、相当と認められる業績が持続できること、法第七十条第一項に規定する贈与に係る財産によりその役員又は使用人が特別の利益を受けないことその他適正な運営がされているものであることにつき当該法人に係る主務大臣（イからニまで、ヘ、ト、ヌからワまで、ヨ、ツからナまで、ム及びノに掲げる法人（財務省令で定める法人を除く。）のうち民法第八十三条ノ三その他の法令の規定により当該法人に係る主務官庁の権限に属する事務を行うこととされた都道府県の知事その他の執行機関があるものにあっては、当該都道府県の知事その他の執行機関）の認定を受け、かつ、その認定を受けた日の翌日から二年（ハに掲げる法人にあっては、五年）を経過していないもの

イ　科学技術（自然科学に係るものに限る。以下この号において同じ。）に関する試験研究を主たる目的とする法人

ニ　人文科学に関する研究を主たる目的とする法人で、自然科学に関する研究を行う登録学術研究団体（日本学術会議法（昭和二十三年法律第百二十一号）第十八条第四項に規定する登録学術研究団体をいう。以下この号において同じ。）を含む複数の登録学術研究団体と連携して研究を行うもの

ル　図書館法（昭和二十五年法律第百十八号）第二条（定義）第一項に規定する図書館〔傍線＝編者〕の設置運営を主たる目的とする法人

ヲ　博物館法（昭和二十六年法律第二百八十五号）第二条（定義）第一項に規定する博物館の設置運営を主たる目的とする法人

四　私立学校法（昭和二十四年法律第二百七十号）第三条（学校法人）に規定する学校法人で学校の設置若しくは学校及び専修学校（学校教育法第八十二条の二に規定する専修学校で財務省令で定めるものをいう。以下この号において同じ。）の設置を主たる目的とするもの又は私立学校法第六十四条第四項の規定により設立された法人で専修学校の設置を主たる目的とするもの

(5) 地域開発等と公共図書館

① 大都市圏等整備関係

〔大都市圏等整備関係法の一般的骨子
圏域を定め、その圏域の整備計画を決定し（この中に図書館整備が明記されている）、関係者の協力及び国の援助が定められる。＝編者〕

◎首都圏整備法　抄

〔昭和三一年四月二六日
法律第八三号〕

最近改正　平成一一年一二月二二日　法律第一六〇号

（目的）
第一条　この法律は、首都圏の整備に関する総合的な計画を策定し、その実施を推進することにより、わが国の政治、経済、文化等の中心としてふさわしい首都圏の建設とその秩序ある発展を図ることを目的とする。

（定義）
第二条　この法律で「首都圏」とは、東京都の区域及び政令で定めるその周辺の地域を一体とした広域をいう。

2　この法律で「首都圏整備計画」とは、首都圏の建設とその秩序ある発展を図るため必要な首都圏の整備に関する計画をいう。

3　この法律で「既成市街地」とは、東京都及びこれと連接する枢要な都市を含む区域のうち政令で定める市街地の区域をいう。

4　この法律で「近郊整備地帯」とは、既成市街地の近郊で、第二十四条第一項〔近郊整備地帯の指定〕の規定により指定された区域をいう。

5　この法律で「都市開発区域」とは、既成市街地及び近郊整備地帯以外の首都圏の地域のうち第二十五条第一項〔都市開発区域の指定・略〕の規定により指定された区域をいう。

（首都圏整備計画の内容）
第二十一条　首都圏整備計画は、基本計画、整備計画及び事業計画とする。

2　基本計画には、首都圏内の人口規模、土地利用その他整備計画の基本となるべき事項について定めるものとする。

3　整備計画には、首都圏の整備に関する事項で次の各号に掲げるものについて、政令の定めるところにより、各事項ごとにそれぞれその根幹となるべきものを定めるものとする。ただし、首都圏の建設とその秩序ある発展を図るため特に必要があると認められるときは、首都圏の地域外にわたり定めることができる。

一　既成市街地、近郊整備地帯及び都市開発区域の整備に関する事項で次に掲げるもの

リ　学校等の教育文化施設の整備に関する事項

（首都圏整備計画の決定）
第二十二条　首都圏整備計画は、国土交通大臣が関係行政機関の長、関係都県及び〔国土〕審議会の意見を聴いて決定するものとする。この場合において、国土交通大臣は、関係都県から意見の申出を受けたときは、遅滞なくこれに回答するものとする。

3　国土交通大臣は、首都圏整備計画を決定したときは、これを関

係行政機関の長及び関係地方公共団体に送付するとともに、国土交通省令の定めるところにより公表〔別掲〕しなければならない。

（事業の実施）

第二十八条　事業計画に基く事業は、この法律に定めるもののほか、当該事業に関する法律（これに基く命令を含む。）の規定に従い、国、地方公共団体又は関係事業者が実施するものとする。

（協力及び勧告）

第二十九条　関係行政機関の長、関係地方公共団体及び関係事業者は、整備計画及び事業計画の実施に関し、できる限り協力しなければならない。

（国の普通財産の譲渡）

第三十一条　国は、事業計画に基く事業の用に供するため必要があると認めるときは、その事業の執行に要する費用を負担する地方公共団体に対し、普通財産を譲渡することができる。

（資金の融通等）

第三十二条　国は、別に法律で定める場合のほか、整備計画又は事業計画に基く事業を実施する地方公共団体又は関係事業者に対し、必要な資金の融通又はあつせんに努めなければならない。

○首都圏整備法施行令　抄

〔昭和三二年一二月六日　政令第三三三号〕

最近改正　平成一二年六月七日　政令第三三四号

（教育文化施設の整備に関する事項で根幹となるべきものの範囲）

第十二条　学校等の教育文化施設の整備に関する事項で根幹となるべきものの範囲は、次の各号に掲げる事項とする。

一　学校教育法（昭和二十二年法律第二十六号）の規定による学校（専修学校及び各種学校を除く。）で国又は地方公共団体が設置するもののうち主要なもの及び研究所、試験所その他これに類する施設のうち主要なものの建設計画に関する事項

二　図書館法（昭和二十五年法律第百十八号）の規定による公立図書館〔傍線＝編者〕、博物館法（昭和二十六年法律第二百八十五号）の規定による公立博物館、社会教育法（昭和二十四年法律第二百七号）の規定による公民館（市町村が設置するものに限る。）その他社会教育又は文化活動のための施設で国又は地方公共団体が設置するもののうち主要なものの建設計画に関する事項

首都圏基本計画　抄

〔平成一一年四月七日
総理府告示第一二号〕

〔根拠＝首都圏整備法第二一条第三項〕

第三章　首都圏の将来像実現のための施策

第四節　安全、快適で質の高い生活環境を備えた地域の整備

2　良好な市街地や住宅・住環境整備等による魅力ある居住環境の整備

(4)　教育・文化施設の整備

学校施設については、ゆとりがあり、かつ、一人一人の個性を尊重し、それを伸ばす教育内容・方法に対応した教育環境づくりが重要であり、そのための施設整備を推進する。また、児童生徒の減少による余裕教室の増加や高齢化の進展等により、地域住民の学習活動の場等、学校以外の施設利用への解放が一層求められており、生涯学習施設や高齢者福祉施設あるいは災害時の防災拠点等、施設の多目的利用や複合化を推進する。

美術館・博物館等の文化施設やスポーツ施設等については、施設の運営や芸術文化活動を支える人材の育成等ソフト面を重視し、また、国際化・情報化への対応、地域連携による広域的観点、学校施設等の既存施設の活用等を考慮しつつ、整備を推進する。

〔**編者注**①本計画の期間は平成一一年度（一九九九）から平成二七年度（二〇一五）までの一七箇年間。
②先行計画（昭和六一年六月二四日総理府告示第一二号）にあった「図書館」という語句が、本計画では消えている。〕

◎近畿圏整備法 抄

〔昭和三八年七月一〇日
法律第一二九号〕

最近改正 平成一一年一二月二二日 法律第一六〇号

（目的）

第一条 この法律は、近畿圏の整備に関する総合的な計画を策定し、その実施を推進することにより、首都圏と並ぶわが国の経済、文化等の中心としてふさわしい近畿圏の建設とその秩序ある発展を図ることを目的とする。

（定義）

第二条 この法律で「近畿圏」とは、福井県、三重県、滋賀県、京都府、大阪府、兵庫県、奈良県及び和歌山県の区域（政令で定める区域を除く。）を一体とした広域をいう。

2 この法律で「近畿圏整備計画」とは、近畿圏の建設とその秩序ある発展を図るため必要な近畿圏の整備及び開発に関する計画をいう。

3 この法律で「既成都市区域」とは、大阪市、神戸市及び京都市の区域並びにこれらと連接する都市の区域のうち、産業及び人口の過度の集中を防止し、かつ、都市の機能の維持及び増進を図る必要がある市街地の区域で、政令で定めるものをいう。

4 この法律で「近郊整備区域」とは、既成都市区域の近郊で、第十一条〔近郊整備区域の指定・略〕第一項の規定により指定された区域をいう。

5 この法律で「都市開発区域」とは、既成都市区域及び近郊整備区域以外の近畿圏の地域のうち第十二条〔都市開発区域の指定・略〕第一項の規定により指定された区域をいう。

6 この法律で「保全区域」とは、近畿圏の地域内において文化財を保存し、緑地を保全し、又は観光資源を保全し、若しくは開発する必要がある区域で、第十四条〔保全区域の指定・略〕第一項の規定により指定されたものをいう。

（近畿圏整備計画の内容）

第八条 近畿圏整備計画は、基本整備計画及び事業計画とする。

2 基本整備計画には、近畿圏における人口の規模及び配分、産業の配置、土地、水その他の資源の保全及び開発、都市の整備及び開発、交通体系の確立等に関する総合的、かつ、基本的な方針を定めるとともに、当該方針に基づき、近郊整備区域、都市開発区域及び保全区域の指定に関する事項並びに産業基盤施設、国土保全施設、住宅及び生活環境施設、教育施設、観光施設その他の施設で、広域性を有し、かつ、根幹となるべきものとして政令で定めるものに関する整備及び開発に関する計画を定めるものとする。

（近畿圏整備計画の決定）

第九条 近畿圏整備計画は、国土交通大臣が、関係府県、関係指定都市（地方自治法（昭和二十二年法律第六十七号）第二百五十二条の十九第一項の指定都市をいう。以下この項において同じ。）及び〔国土〕審議会の意見を聴くとともに、関係行政機関の長に協議して決定するものとする。この場合において、国土交通大臣は、関係府県及び関係指定都市から意見の申出を受けたときは、遅滞なくこれに回答するとともに、関係府県、関係指定都市及び審議会の意見に基づく必要な措置について、適切な考慮を払わなければならない。

3　国土交通大臣は、近畿圏整備計画を決定したときは、これを関係行政機関の長及び関係地方公共団体に送付するとともに、国土交通省令の定めるところにより公表〔別掲〕しなければならない。

（事業の実施）

第十六条　事業計画に基づく事業は、この法律に定めるもののほか、当該事業に関する法律（これに基づく命令を含む。）の規定に従い、国、地方公共団体又は関係事業者が実施するものとする。

（協力及び勧告）

第十七条　関係行政機関の長、関係地方公共団体及び関係事業者は、基本整備計画及び事業計画の実施に関し、できる限り協力しなければならない。

（国の普通財産の譲渡）

第十九条　国は、事業計画に基づく事業の用に供するため必要があると認めるときは、その事業の執行に要する費用を負担する地方公共団体に対し、普通財産を譲渡することができる。

（近畿圏整備計画の実施に要する経費）

第二十条　政府は、近畿圏整備計画を実施するため必要な資金の確保を図り、かつ、国の財政の許す範囲内において、その実施を促進することに努めなければならない。

○近畿圏整備法施行令　抄

〔昭和四〇年五月一五日
政令第一五九号〕

最近改正　平成一二年六月七日　政令第三三四号

（広域性を有し、かつ、根幹となるべき施設）

第二条　法第八条〔近畿圏整備計画の内容〕第二項に規定する広域性を有し、かつ、根幹となるべき施設として政令で定めるものは、次の各号に掲げるものとする。

三　次に掲げる施設のうち、広域的な見地から配置及び規模を定める必要があるもの

ト　学校教育法（昭和二十二年法律第二十六号）の規定による大学又は高等専門学校で国又は地方公共団体が設置するもの

チ　図書館法（昭和二十五年法律第百十八号）の規定による公立図書館〔傍線＝編者〕、博物館法（昭和二十六年法律第二百八十五号）の規定による公立博物館その他社会教育又は文化活動のための施設で国又は地方公共団体が設置するもの

近畿圏基本整備計画　抄

〔平成一二年四月五日
総理府告示第二二号〕

〔**根拠**＝近畿圏整備法第九条第三項〕

第一部　近畿圏整備の基本方針

第三章　近畿圏整備の主要施策

第六節　地域特性を踏まえた安全で快適な生活空間の形成

3　教育・文化の充実

（文化活動等の場の整備）

住民に質の高い芸術文化を提供するとともに、住民による新たな芸術文化の創造を支援する美術館、博物館等の文化施設については、その活動を支える人材の育成等のソフト面を重視し、また、地域連携、既存施設の活用等に留意しつつ、地域住民が誇りうる施設として、その整備・運営を図る。

23　教育・文化施設

生涯学習時代における人々の学習活動の拠点、美術作品や音楽、演劇等の鑑賞機会及び文化活動の成果の発表の場などを充実させ、地域における教育的及び文化的環境の向上を図るため、国立国会図書館関西館（仮称）、福井県立図書館・公文書館（仮称）、兵庫県芸術文化センター（仮称）、奈良県新県立図書館（総合情報センター）等を始めとして、地域の自然、歴史、風土等を背景にした特色ある教育・文化施設の整備を図る。〔以下略〕

〔**編者注**＝本計画の期間はおおむね一五箇年間〕

◎中部圏開発整備法　抄

〔昭和四一年七月一日
法律第一〇二号〕

最近改正　平成一一年一二月二二日　法律第一六〇号

（目的）

第一条　この法律は、中部圏の開発及び整備に関する総合的な計画を策定し、その実施を推進することにより、東海地方、北陸地方等相互間の産業経済等の関係の緊密化を促進するとともに、首都圏と近畿圏の中間に位する地域としての機能を高め、わが国の産業経済等において重要な地位を占めるにふさわしい中部圏の建設とその均衡ある発展を図り、あわせて社会福祉の向上に寄与することを目的とする。

（定義）

第二条　この法律で「中部圏」とは、富山県、石川県、福井県、長野県、岐阜県、静岡県、愛知県、三重県及び滋賀県の区域を一体とした広域をいう。

2　この法律で「中部圏開発整備計画」とは、中部圏の建設とその均衡ある発展を図るため必要な中部圏の開発及び整備に関する計画をいう。

3　この法律で「都市整備区域」とは、中部圏の地域のうち第十三条第一項〔都市整備区域の指定・略〕の規定により指定された区域をいう。

4　この法律で「都市開発区域」とは、都市整備区域以外の中部圏の地域のうち第十四条第一項〔都市開発区域の指定・略〕の規定により指定された区域をいう。

5 この法律で「保全区域」とは、中部圏の地域内において観光資源を保全し、若しくは開発し、緑地を保全し、又は文化財を保存する必要がある区域で、第十六条第一項〔保全区域の指定・略〕の規定により指定された区域をいう。

（中部圏開発整備計画の内容）

第九条 中部圏開発整備計画は、基本開発整備計画及び事業計画とする。

2 基本開発整備計画（以下「基本計画」という。）には、次に掲げる事項を定めるものとする。この場合において、第二号及び第三号に掲げる事項については、第一号に規定する方針に基づいて定めるものとする。

一 中部圏における人口の規模及び配分、産業の配置、土地、水その他の資源の保全及び開発、都市の開発及び整備、交通体系の確立、教育の振興その他中部圏の開発及び整備に関する総合的かつ基本的な方針

二 都市整備区域、都市開発区域及び保全区域の指定に関する事項

三 次に掲げる事項で根幹となるべきものとして政令で定めるもの

ト 教育文化施設の整備に関する事項

（中部圏開発整備計画の作成及び決定）

第十一条 基本計画は、前条の規定により提出された案に基づいて作成するものとする。

3 中部圏開発整備計画は、国土交通大臣が、〔国土〕審議会（事業計画については、審議会及び関係県）の意見を聴くとともに、関係行政機関の長に協議して、決定するものとする。この場合において、国土交通大臣は、関係県から意見の申出を受けたときは、遅滞なくこれに回答するものとする。

5 国土交通大臣は、中部圏開発整備計画を決定したときは、これを関係行政機関の長及び関係地方公共団体に送付するとともに、国土交通省令の定めるところにより公表〔別掲〕しなければならない。

（事業の実施）

第十七条 事業計画に基づく事業は、この法律に定めるもののほか、当該事業に関する法律（これに基づく命令を含む。）の規定に従い、国、地方公共団体又は関係事業者が実施するものとする。

（協力及び勧告）

第十八条 関係行政機関の長、関係地方公共団体及び関係事業者は、基本計画及び事業計画の実施に関し、できる限り協力しなければならない。

（国の普通財産の譲渡）

第二十条 国は、事業計画に基づく事業の用に供するため必要があると認めるときは、その事業の執行に要する費用を負担する地方公共団体に対し、普通財産を譲渡することができる。

（中部圏開発整備計画の実施に要する経費）

第二十一条 政府は、中部圏開発整備計画を実施するため必要な資金の確保を図り、かつ、国の財政の許す範囲内において、その実施を促進することに努めなければならない。

○中部圏開発整備法施行令　抄

〔昭和四二年二月二一日
政令第二〇号〕

最近改正　平成一二年六月七日　政令第三三四号

（教育文化施設の整備に関する事項で根幹となるべきもの）

第七条　教育文化施設の整備に関する事項で根幹となるべきものは、次の各号に掲げる施設のうち広域的な見地から配置及び規模を定める必要があるものの整備に関する事項とする。

一　学校教育法（昭和二十二年法律第二十六号）の規定による大学又は高等専門学校で国又は地方公共団体が設置するもの

二　図書館法（昭和二十五年法律第百十八号）の規定による公立図書館〔傍線＝編者〕、博物館法（昭和二十六年法律第二百八十五号）の規定による公立博物館その他社会教育又は文化活動のための施設で国又は地方公共団体が設置するもの

中部圏基本開発整備計画　抄

〔平成一二年四月五日
総理府告示第二三号〕

〔**根拠**＝中部圏開発整備法第一一条第五項〕

第一部　中部圏開発整備の基本方針

第三章　中部圏開発整備主要施策

第四節　創造性豊かな諸活動の展開

4　個性豊かな文化・芸術活動の振興

〔前略〕住民に質の高い芸術文化を提供するとともに、住民による新たな文化の創造を支援する美術館、博物館等の文化施設については、その活動を支える人材の育成等のソフト面を重視し、また、地域連携、既存施設の活用等に留意しつつ、地域住民が誇りうる施設として、その整備・運営を図る。

第二部　施設計画及び区域の指定

第一章　施設計画

23　教育・文化施設

生涯学習時代における人々の学習活動の拠点、〔中略〕文化活動の成果の発表の場等を充実させ、地域における教育的及び文化的環境の向上を図るため、石川コンサートホール・邦楽会館（仮称）、福井県立図書館・公文書館（仮称）、飛騨・世界生活文化センター、静岡県立総合武道館（仮称）等を始めとして、地域の自然、歴史、風土等を背景とした特色ある教育・文化施設の整備を図る。

〔**編者注**＝本計画の期間はおおむね一五箇年間〕

◎筑波研究学園都市建設法　抄

〔昭和四五年五月一九日
法律第七三号〕

最近改正　平成一一年一二月二二日　法律第一六〇号

（この法律の目的）

第一条　この法律は、筑波研究学園都市の建設に関する総合的な計画を策定し、その実施を推進することにより、試験研究及び教育を行なうのにふさわしい研究学園都市を建設するとともに、これを均衡のとれた田園都市として整備し、あわせて首都圏の既成市街地における人口の過度集中の緩和に寄与することを目的とする。

（定義）

第二条　この法律で「筑波研究学園都市」とは、つくば市及び茨城県稲敷郡茎崎町の区域を地域とし、当該地域内に、首都圏の既成市街地にある試験研究機関及び大学並びに前条の目的に照らし設置することが適当であると認められる機関の施設を移転し、又は新設し、かつ、研究学園都市にふさわしい公共施設、公益的施設及び一団地の住宅施設を一体的に整備するとともに、当該地域を均衡のとれた田園都市として整備することを目的として建設する都市をいう。

2　この法律で「首都圏の既成市街地」とは、首都圏整備法（昭和三十一年法律第八十三号）〔別掲〕第二条〔定義〕第三項に規定する区域をいう。

3　この法律で「研究学園地区」とは、筑波研究学園都市の地域のうち、移転し、又は新設する機関の施設を建設し、並びにこれらと一体として公共施設、公益的施設及び一団地の住宅施設を整備すべき区域であって政令で定めるものをいい、「周辺開発地区」とは、筑波研究学園都市の地域のうち研究学園地区以外の区域をいう。

4　この法律で「研究学園地区建設計画」とは、研究学園地区内に移転し、又は新設する機関の施設の建設並びにこれらと一体として整備することが必要な研究学園地区における公共施設、公益的施設及び一団地の住宅施設の整備に関する計画をいう。

5　この法律で「周辺開発地区整備計画」とは、周辺開発地区における公共施設、公益的施設及び農業の近代化のための施設の整備に関する計画をいう。

6　この法律で「公共施設」とは、道路、河川、水道、下水道、公園その他政令で定める公共の用に供する施設をいう。

7　この法律で「公益的施設」とは、学校、保育所、病院、診療所その他政令で定める施設〔別掲〕で筑波研究学園都市の居住者の共同の福祉又は利便のため必要なものをいう。

8　この法律で「一団地の住宅施設」とは、一ヘクタール以上の一団地における五十戸以上の集団住宅及びこれらに附帯する通路その他の施設をいう。

第二章　研究学園地区建設計画

（研究学園地区建設計画の内容）

第三条　研究学園地区建設計画には、次の各号に掲げる事項を定めるものとする。

一　人口の規模及び土地の利用に関する事項

二　移転し、又は新設する試験研究機関及び大学並びに第一条

〔この法律の目的〕の目的に照らし設置することが適当であると認められる機関の施設の建設に関する事項

三　前号の機関の施設と一体として整備することが必要な公共施設、公益的施設及び一団地の住宅施設の整備に関する事項

2　研究学園地区建設計画は、公害の防止について適切な考慮が払われたものでなければならない。

（研究学園地区建設計画の決定）

第四条　研究学園地区建設計画は、国土交通大臣が、関係地方公共団体の意見を聴くとともに関係行政機関の長に協議して、決定するものとする。この場合において、国土交通大臣は、関係地方公共団体から意見の申出を受けたときは、遅滞なくこれに回答するものとする。

3　国土交通大臣は、研究学園地区建設計画を決定したときは、これを関係行政機関の長及び関係地方公共団体に送付するとともに、国土交通省令の定めるところにより公表〔別掲〕しなければならない。

（事業の実施）

第九条　研究学園地区建設計画及び周辺開発地区整備計画に基づく事業（以下「筑波研究学園都市建設事業」という。）は、当該事業に関する法律（これに基づく命令を含む。）の規定に従い、国、地方公共団体又は住宅・都市整備公団その他の関係事業者が実施するものとする。

（協力）

第十条　関係行政機関の長、関係地方公共団体及び住宅・都市整備公団その他の関係事業者は、研究学園地区建設計画及び周辺開発地区整備計画の実施に関し、できる限り協力しなければならない。

（資金の確保等）

第十三条　政府は、筑波研究学園都市建設事業を実施するため必要な資金の確保を図り、かつ、国の財政の許す範囲内において、その実施を促進することに努めなければならない。

2　国は、筑波研究学園都市建設事業の実施を促進するため必要があると認めるときは、関係地方公共団体に対し、財政上、金融上及び技術上の援助を与えるものとする。

○筑波研究学園都市建設法施行令　抄

〔昭和四五年八月一一日　政令第二四〇号〕

最近改正　平成一一年一〇月二九日　政令第三四六号

（公益的施設）

第三条　法第二条〔定義〕第七項の政令で定める施設は、図書館〔傍線＝編者〕、公民館、青年の家〔中略〕又は購買施設とする。

研究学園地区建設計画　抄

〔平成一〇年四月二七日　総理府告示第一五号〕

〔根拠＝筑波研究学園都市建設法第四条第三項〕

序章

1　計画の性格

この計画は、筑波研究学園都市建設法に基づいて作成したもので、同法に基づいて作成される周辺開発地区整備計画とあいまって、筑波研究学園都市の建設に関する総合的な計画となるものである。

2　計画の対象区域

この計画は、筑波研究学園都市の地域のうち、筑波研究学園都市建設法施行令第一条〔略〕に定める区域を対象とする。

第一章　都市整備の基本目標

1　科学技術中枢拠点都市〔略〕

2　広域自立都市圏中核都市〔略〕

3　エコ・ライフ・モデル都市〔略〕

第三章　研究・教育機関等の集積と整備

1　研究・教育機関等の集積及び敷地

研究学園地区に立地させる研究・教育機関等とその敷地は下表〔抄〕のとおりとする。

機関名	面積（ヘクタール）
一　文教系	
(1) 国立公文書館つくば分館	三
(2) 図書館情報大学	一一
(3) 筑波大学	二四六
(4) 筑波技術短期大学	八
(5) 高エネルギー加速器研究機構	一九九
(6) 国立科学博物館筑波研究資料センター	一四
(7) 国際協力事業団筑波国際センター	五
(8) 国立教育会館学校教育研修所	七
二　建設系	
(5) ＮＴＴアクセス網研究所	二二

注１　各機関の面積は、小数点第一位を四捨五入して表示した。
注２　将来公共施設等の整備に関連して若干の変動のある場合がある。

〔**編者注**＝図書館情報大学と筑波大学は、平成一四年一〇月に統合される予定である。〕

２　施設の維持・充実等

(1)　科学技術基本計画に沿って、研究内容に対応した研究施設・設備の維持保全や計画的更新・高度化を図る。

(2)　研究情報の流通を促進するため、高度情報通信基盤の整備を図り、国際的な研究情報の受発信拠点を目指す。

第五章　都市機能の充実

４　公共・公益施設の維持・充実等

モデル都市として計画的に導入・整備された先端的都市施設、公共施設の適切な維持管理、計画的更新を図る。

また、住民のニーズに対応した公益的施設の段階的な充実を図る。

②特別施設周辺整備関係

〔特別施設周辺整備関係法の一般的骨子〕
特別の事情をもつ施設の周辺住民に対する民生安定施設として、教育文化施設等の施設を整備する地方公共団体に対し、補助金又は交付金その他の財政援助を行う。（これらの交付金で図書館建設をした地方公共団体もある）＝編者

◎防衛施設周辺の生活環境の整備等に関する法律　抄

〔昭和四九年六月二七日　法律第一〇一号〕

最近改正　平成一一年一二月二二日　法律第一六〇号

（目的）

第一条　この法律は、自衛隊等の行為又は防衛施設の設置若しくは運用により生ずる障害の防止等のため防衛施設周辺地域の生活環境等の整備について必要な措置を講ずるとともに、自衛隊の特定の行為により生ずる損失を補償することにより、関係住民の生活の安定及び福祉の向上に寄与することを目的とする。

（定義）

第二条　この法律において「自衛隊等」とは、自衛隊法（昭和二十九年法律第百六十五号）第二条〔定義〕第一項に規定する自衛隊（以下「自衛隊」という。）又は日本国とアメリカ合衆国との間の相互協力及び安全保障条約〔昭和三五年六月条約第六号〕に基づき日本国にあるアメリカ合衆国の軍隊をいう。

2　この法律において「防衛施設」とは、自衛隊の施設又は日本国とアメリカ合衆国との間の相互協力及び安全保障条約第六条に基づく施設及び区域並びに日本国における合衆国軍隊の地位に関する協定〔昭和三五年六月条約第七号〕第二条第一項の施設及び区域をいう。

（民生安定施設の助成）

第八条　国は、防衛施設の設置又は運用によりその周辺地域の住民の生活又は事業活動が阻害されると認められる場合において、地方公共団体が、その障害の緩和に資するため、生活環境施設又は事業経営の安定に寄与する施設の整備について必要な措置を採るときは、当該地方公共団体に対し、政令〔別掲〕で定めるところにより、予算の範囲内において、その費用の一部を補助することができる。

（特定防衛施設周辺整備調整交付金）

第九条　内閣総理大臣は、次に掲げる防衛施設のうち、その設置又は運用がその周辺地域における生活環境又はその周辺地域の開発に及ぼす影響の程度及び範囲その他の事情を考慮し、当該周辺地域を管轄する市町村がその区域内において行う公共用の施設の整備について特に配慮する必要があると認められる防衛施設があるときは、当該防衛施設を特定防衛施設として、また、当該市町村を特定防衛施設関連市町村として、それぞれ指定することができる。この場合には、内閣総理大臣は、あらかじめ、関係行政機関の長と協議するものとする。

一　ターボジェット発動機を有する航空機の離陸又は着陸が実施

される飛行場
二 砲撃又は航空機による射撃若しくは爆撃が実施される演習場
三 港湾
四 その他政令〔別掲〕で定める施設
2 国は、特定防衛施設関連市町村に対し、政令〔別掲〕で定める公共用の施設の整備を行うための費用に充てさせるため、特定防衛施設の面積、運用の態様等を考慮して政令で定めるところにより、予算の範囲内において、特定防衛施設周辺整備調整交付金を交付することができる。

○防衛施設周辺の生活環境の整備等に関する法律施行令 抄

〔昭和四九年六月二七日 政令第二二八号〕

最近改正 平成一二年六月七日 政令第三三四号

（民生安定施設の範囲及び補助の割合等）

第十二条 法第八条〔民生安定施設の助成〕の規定による補助に係る施設は、次の表の第二欄に掲げる施設とし、これらの施設に係る補助の割合又は額は、それぞれ同表の第三欄に掲げる割合の範囲内で防衛施設庁長官が定める割合又は同表の第三欄に掲げる額とする。

項	補助に係る施設	補助の割合又は額
十三	一般住民の学習、保育、休養又は集会の用に供するための施設（学校の施設を除く。）	防衛施設庁長官が定める額

（特定防衛施設として指定することができる防衛施設）

第十三条 法第九条〔特定防衛施設周辺整備調整交付金〕第一項第四号の政令で定める防衛施設は、次に掲げる防衛施設とする。
一 大規模な弾薬庫
二 市街地又は市街化しつつある地域に所在する防衛施設（法第

九条第一項第一号から第三号までに掲げるもの及び前号に掲げるものを除く。）で、その面積がその所在する市町村の面積に占める割合（当該防衛施設が二以上の市町村にわたつて所在している場合には、当該市町村ごとの割合のうち、最も高い割合）が著しく高いもの

（特定防衛施設周辺整備調整交付金による整備の対象となる公共用の施設）

第十四条　法第九条〔特定防衛施設周辺整備調整交付金〕第二項の政令で定める公共用の施設は、次に掲げる公共用の施設（国が設置するもの及び国の補助を受けて設置するものを除く。）とする。

四　教育文化施設〔図書館を除外する規定なし。図書館建設の実例あり＝編者〕

（特定防衛施設周辺整備調整交付金の額）

第十五条　法第九条〔特定防衛施設周辺整備調整交付金〕第二項の規定により特定防衛施設関連市町村（以下「関連市町村」という。）に対し交付すべき特定防衛施設周辺整備調整交付金（以下「交付金」という。）の額は、次に掲げる事項を基礎として、内閣府令〔略〕で定めるところにより、算定した額とする。

一　法第九条第一項の規定により指定された特定防衛施設（以下「特定防衛施設」という。）の交付金を交付する年度（以下「交付年度」という。）の四月一日現在における面積

二　当該関連市町村に係る特定防衛施設の交付年度の四月一日現在における面積（当該特定防衛施設の周辺の区域に法第五条〔移転の補償等〕第一項に規定する第二種区域があるときは、当該区域の同日現在における面積を当該特定防衛施設の同日現在における面積に加えた面積）が、当該関連市町村の同日現在における面積に占める割合

三　関連市町村の交付年度の四月一日現在における人口及び当該人口と当該関連市町村の同日の五年前の日における人口との比率

四　関連市町村の交付年度の四月一日現在における人口の当該関連市町村の同日現在における面積（防衛施設庁長官が定める防衛施設の面積を除く。）に対する割合

五　次に掲げる特定防衛施設別の運用の態様

ア　飛行場又は航空機による射撃若しくは爆撃が実施される演習場　航空機の種類及び交付年度の前年度の末日から起算して過去三年間の航空機の離陸、着陸、急降下又は低空における飛行の総回数を三で除して得た回数

イ　砲撃が実施される演習場　交付年度の前年度の末日から起算して過去三年間の砲撃の総日数を三で除して得た日数並びに交付年度の前年度の末日から起算して過去三年間に当該演習場を使用した自衛隊法（昭和二十九年法律第百六十五号）第二条〔定義〕第五項に規定する隊員及び日本国とアメリカ合衆国との間の相互協力及び安全保障条約に基づき日本国にあるアメリカ合衆国の軍隊の構成員の総人数を三で除して得た人数

ウ　港湾　自衛隊等が使用する係留施設が港湾法第二条〔定義〕第五項第三号に掲げる係留施設に占める割合並びに交付年度の前年度の末日から起算して過去三年間に係留施設を使用した自衛隊等の艦船及び舟艇の総数を三で除して得た数

六　特定防衛施設に配備される艦船、航空機等の著しい変更、特定防衛施設に設置される建物その他の工作物及び特定防衛施設を使用する人員の著しい増加その他特定防衛施設の周辺の地域における生活環境又は開発に影響を及ぼすと認められる特定防衛施設の運用の態様の変更

◎公共用飛行場周辺における航空機騒音による障害の防止等に関する法律　抄

〔昭和四二年八月一日法律第一一〇号〕

最近改正　平成一一年一二月二二日　法律第一六〇号

（目的）

第一条　この法律は、公共用飛行場の周辺における航空機の騒音により生ずる障害の防止、航空機の離着陸のひん繁な実施により生ずる損失の補償その他必要な措置について定めることにより、関係住民の生活の安定及び福祉の向上に寄与することを目的とする。

（定義）

第二条　この法律において「特定飛行場」とは、国土交通大臣が設置する公共用飛行場であつて、当該飛行場における航空機の離陸又は着陸のひん繁な実施により生ずる騒音等による障害が著しいと認めて政令〔別掲〕で指定するもの及び新東京国際空港をいう。

（共同利用施設の助成）

第六条　特定飛行場の設置者は、当該飛行場の周辺地域をその区域とする市（特別区を含む。以下同じ。）町村で航空機の騒音によりその周辺地域の住民の生活が著しく阻害されていると認められるものが、その障害の緩和に資するため、学習、集会等の用に供するための施設その他の一般住民の生活に必要な共同利用施設で政令〔別掲〕で定めるものの整備について必要な措置をとるときは、当該市町村に対し、政令で定めるところにより、予算の範囲内において、その費用の一部を補助することができる。

（資金の融通等）

第七条　国は、第五条〔学校等の騒音防止工事の助成・略〕の工事を行なう者又は前条の措置をとる市町村に対し、必要な資金の融通又はあつせんその他の援助に努めるものとする。

（国の普通財産の譲渡等）

第八条　国は、第五条〔学校等の騒音防止工事の助成・略〕の工事又は第六条〔共同利用施設の助成〕の措置に係る事業の用に供するため必要があると認めるときは、地方公共団体その他の者に対し、普通財産を譲渡し、又は貸し付けることができる。

○公共用飛行場周辺における航空機騒音による障害の防止等に関する法律施行令　抄

（昭和四二年九月七日政令第二八四号）

最近改正　平成一三年三月三〇日　政令第九八号

（特定飛行場）

第一条　公共用飛行場周辺における航空機騒音による障害の防止等に関する法律（以下「法」という。）第二条〔定義〕の政令で指定する公共用飛行場は、函館空港、仙台空港、東京国際空港、新潟空港、名古屋空港、大阪国際空港、松山空港、高知空港、福岡空港、熊本空港、大分空港、宮崎空港、鹿児島空港及び那覇空港とする。

（共同利用施設の範囲及び補助の額等）

第五条　法第六条〔共同利用施設の助成〕の規定による補助に係る施設は、次の表の上欄に掲げる施設とし、これらの施設に係る補助の額又は割合は、それぞれ同表の下欄に掲げる額又は同表の下欄に掲げる割合の範囲内で国土交通大臣が定める割合とする。

補助に係る施設	補助の額又は割合
一般住民の学習、保育、休養又は集会の用に供するための施設（学校の施設を除く。）	国土交通大臣が定める額
その他国土交通大臣が指定〔昭和五一年運輸省告示第四九三号＝別掲〕する施設	十分の七・五

（告示）

第十三条　第二条〔学校等の騒音防止工事の補助を行う場合〕及び第四条〔学校等の騒音防止工事の対象となる施設〕第五号の規定による国土交通大臣の定め並びに第五条〔共同利用施設の範囲及び補助の額等〕、法第八条の二〔住宅の騒音防止工事の助成〕、法第九条〔移転の補償等〕第一項及び法第九条の二〔緑地帯等の整備〕第一項の規定による国土交通大臣の指定は、告示によつて行う。

公共用飛行場周辺における航空機騒音による障害の防止等に関する法律施行令第五条の補助に係る施設の指定に関する告示

〔昭和五一年一〇月二六日
運輸省告示第四九三号〕

最近改正　平成三年五月三一日　運輸省告示第二八九号

公共用飛行場周辺における航空機騒音による障害の防止等に関する法律施行令（昭和四十二年政令第二百八十四号）第五条の運輸大臣が指定する施設は、次に掲げるとおりとする。

一　老人福祉法（昭和三十八年法律第百三十三号）第五条の三に規定する老人デイサービスセンター、養護老人ホーム、軽費老人ホーム及び老人福祉センター

二　地域改善対策特定事業に係る国の財政上の特別措置に関する法律（昭和六十二年法律第二十二号）第二条に規定する地域改善対策特定事業として整備等の措置が講ぜられる社会教育のための集会所及び隣保館

三　図書館法（昭和二十五年法律第百十八号）第二条第一項に規定する図書館〔傍線＝編者〕

四　社会教育法（昭和二十四年法律第二百七号）第五条第四号に規定する青年の家

◎発電用施設周辺地域整備法　抄

〔昭和四九年六月六日
法律第七八号〕

最近改正　平成一一年一二月二二日　法律第一六〇号

（目的）

第一条　この法律は、電気の安定供給の確保が国民生活と経済活動にとつてきわめて重要であることにかんがみ、発電用施設の周辺の地域における公共用の施設の整備を促進することにより、地域住民の福祉の向上を図り、もつて発電用施設の設置の円滑化に資することを目的とする。

（定義）

第二条　この法律において「発電用施設」とは、原子力発電施設、火力発電施設又は水力発電施設で、政令で定める者が設置する政令で定める規模以上のもの及び原子力発電に使用される核燃料物質の再処理施設その他の原子力発電と密接な関連を有する施設で政令で定めるものをいう。

（地点の指定）

第三条　主務大臣は、発電用施設の設置が予定されている地点のうち、次の各号〔略〕に該当するものを指定し、これを公示するものとする。

（整備計画）

第四条　都道府県知事は、前条第一項の規定により指定された地点が属する市町村の区域及びこれに隣接する市町村の区域（その地

点に水力発電施設の設置が予定されている場合にあっては、その地点が属する市町村の区域。以下「周辺地域」という。）について道路、港湾、漁港、都市公園、水道その他政令〔別掲〕で定める公共用の施設（以下「公共用施設」という。）の整備に関する計画（以下「整備計画」という。）を作成し、主務大臣に協議し、その同意を求めることができる。この場合において、その地点における発電用施設の設置の円滑化に資するため特に必要があると認められるときは、当該周辺地域に隣接する市町村の区域に係る整備計画を含めて一の整備計画を作成することができる。

（事業の実施）

第五条　前条第七項の規定による同意を得た整備計画（同条第九項において準用する同条第七項の規定による同意があつたときは、その同意後のもの。以下「同意整備計画」という。）に基づく事業は、この法律に定めるもののほか、当該事業に関する法律（これに基づく命令を含む。）の規定に従い、国、地方公共団体その他の者が行うものとする。

（発電用施設を設置する者の協力）

第六条　発電用施設を設置する者は、同意整備計画に基づく事業が円滑に実施されるように協力しなければならない。

（交付金）

第七条　国は、予算の範囲内において、政令で定めるところにより、地方公共団体（港湾法（昭和二十五年法律第二百十八号）第四条〔設立等〕第一項の規定による港務局を含む。次条において同じ。）に対し、同意整備計画に基づく事業に係る経費に充てるため、交付金を交付することができる。

（国の普通財産の譲渡）

第八条　国は、同意整備計画に基づく事業の用に供するため必要があると認めるときは、その事業に係る経費を負担する地方公共団体に対し、普通財産を譲渡することができる。

（国の財政上及び金融上の援助）

第九条　国は、前二条に定めるもののほか、同意整備計画を達成するため必要があると認めるときは、同意整備計画に基づく事業を実施する者に対し、財政上及び金融上の援助を与えるものとする。

○発電用施設周辺地域整備法施行令　抄

（昭和四九年八月一九日　政令第二九三号）

最近改正　平成一二年六月七日　政令第三三一号

（公共用の施設）

第五条　法第四条（整備計画）第一項の政令で定める公共用の施設は、次のとおりとする。

四　教育文化施設（図書館を含み、この規定に基づき図書館建設が行われることがある＝編者）

電源地域産業再配置促進費補助金交付規則　抄

（平成三年三月一三日　通商産業省告示第七六号）

最近改正　平成一三年一月二九日　経済産業省告示第五〇号

（交付の対象等）

第三条　経済産業大臣は、製造事業を営む者又は特定事業を行う者（以下「製造事業者等」という。）が、〔工業再配置促進法（昭和四七年法律第七三号）第二条第一項に規定する〕移転促進地域内にある工場等の全部又は一部を〔発電用施設周辺地域整備法（昭和四九年法律第七八号）第四条第一項後段に規定する市町村に該当する市町村を含む〕電源地域に移転する場合であって、当該移転が工場にあっては次の各号、特定事業に係る事務所又は事業所（以下「特定事業事業所等」という。）にあっては第二号から第五号まで〔略〕に掲げる要件に該当し、かつ、当該製造事業者等が行う別表第二上欄に掲げる事業（以下「補助事業」という。）の内容が適当であると認められるときは、予算の範囲内において、当該移転により電源地域に新設され、又は増設される工場等（以下「移転工場等」という。）において製造事業を営む者又は特定事業を行う者に対し、当該補助事業に要する経費の全部又は一部に相当する金額を補助金として交付する。

別表第二（第三条及び第十四条関係）〔抄〕

補助金の交付の対象となる事業	補助事業に要する経費の配分の区分
2　市町村が行う事業であって、工場等の移転又は新増設と密接な関係を有する次のもの（当該事業に対し、国の補助が行われたもの及び現に行われることとなっているもの並びに公害防止事業費事業者負担法（昭和四十五年法律第百三十三号）第五条の規定により事業者が負担することとなった額に相当する部分を除く。）。ただし、産業業務施設の移転又は新増設に係る補助金にあっては、ハ～ニ及びト～リの事業に限る。 ニ　図書館等の社会教育施設、児童館等の児童福祉施設及び産業展示館の設置	1　上欄1のイ～カ又は二2のイ～ヌに掲げる事業に必要な経費（以下「事業費」という。） ①　工事費及び設備費 ②　用地費及び補償費 ③　調査設計費 ④　附帯雑費 2　上欄一のヨ～ツ又は二のル～ヨに掲げる事業に必要な経費（以下「出資等」という。）

産業再配置促進施設整備費補助金交付規則　抄

〔平成四年七月二七日
通商産業省告示第三五一号〕

最近改正　平成一三年一月二九日　経済産業省告示第四九号

（交付の対象等）

第三条　経済産業大臣は、製造事業を営む者（以下「製造事業者」という。）若しくは特定事業を行う者（以下「特定事業事業者」という。）が〔工業再配置促進法（昭和四七年法律第七三号）第二条第一項に規定する〕移転促進地域内にある工場若しくは特定事業事業所等の全部若しくは一部を〔同法同条第二項に規定する〕誘導地域に移転する場合又は〔地方拠点都市地域の整備及び産業業務施設の再配置の促進に関する法律（平成四年法律第七六号）第三三条第一項に規定する〕過度集積地域内に産業業務施設を設置している者（以下「産業業務施設設置者」という。）が当該施設の全部又は一部を〔同法第六条第三項の規定に基づき設定された〕拠点地区へ移転する場合であって、当該移転が工場にあっては、次の各号〔略〕、特定事業事業所等及び産業業務施設にあっては、第二号から第五号まで〔略〕に掲げる要件に該当し、かつ、別表第二上欄に掲げる事業（以下「補助事業」という。）の内容が適当であると認められるときは、予算の範囲内において、当該移転により誘導地域に新設され若しくは増設される工場若しくは特定事業事業所等又は拠点地区に新設され若しくは増設される産業業務施設（以下「移転工場等」という。）の所在地を管轄区域とする市町村に対し、当該補助事業に要する経費の全部又は一部に相当する金額を補助金として交付する。

別表第二（第三条及び第十四条関係）〔抄〕

補助金の交付の対象となる事業	補助事業に要する経費の配分の区分
工場等の移転又は新増設と密接な関係を有し、かつ同一行政区域内に同種の施設が設置されていない次の施設（これら施設と一体的に整備される設備を含む。）の設置。（当該事業に対し、国の補助が行われたもの及び現に行われることとなっているものを除く。） 1 教育文化施設 イ 社会教育施設（図書館、展示館、研修館、その他これに準ずる施設）	1 工事費 2 調査設計費 3 附帯雑費

③地域振興等と図書館・公民館

一 これらの法令の一般的な骨子としては、まず、対象地域・市町村・地区などの指定がある。次に指定された地域等に関する振興計画が決められる。国はこの計画の実施に対して財政的措置をとることを定める。という形になっているのが多い。

二 この振興計画の内容には、「教育・文化に関する事項」という項目がある。中には、具体的に図書館や公民館を明示している場合もある。明示されていなくとも、地元の熱意によっては図書館・公民館をこの計画に含めることは不可能ではない。

三 これに類する法律等で収録しなかったものは次のとおり。

①辺地に係る公共的施設の総合整備のための財政上の特別措置等に関する法律・同施行令（二条）
②離島振興法（九条ほか）
③半島振興法（四条ほか）
④山村振興法（三条ほか）

＝編者

◎豪雪地帯対策特別措置法 抄

〔昭和三七年四月五日 法律第七三号〕

最近改正 平成一一年一二月二二日 法律第一六〇号

（目的）

第一条 この法律は、積雪が特にはなはだしいため、産業の発展が停滞的で、かつ、住民の生活水準の向上が阻害されている地域について、雪害の防除その他産業等の基礎条件の改善に関する総合的な対策を樹立し、その実施を推進することにより、当該地域における産業の振興と民生の安定向上に寄与することを目的とする。

（豪雪地帯及び特別豪雪地帯の指定）

第二条　国土交通大臣、総務大臣及び農林水産大臣は、前条に規定する地域について、積雪の度その他の事情を勘案して政令で定める基準に従い、かつ、国土審議会の意見を聴いて、道府県の区域の全部又は一部を豪雪地帯として指定する。

2　国土交通大臣、総務大臣及び農林水産大臣は、前項の豪雪地帯のうち、積雪の度が特に高く、かつ、積雪により長期間自動車の交通が途絶する等により住民の生活に著しい支障を生ずる地域について、国土審議会の議決を経て国土交通大臣、総務大臣及び農林水産大臣が定める基準に従つて、豪雪地帯として指定された道府県の区域の一部を特別豪雪地帯として指定する。

3　国土交通大臣、総務大臣及び農林水産大臣は、豪雪地帯又は特別豪雪地帯の指定をしたときは、これを公示しなければならない。

（豪雪地帯対策基本計画の樹立）

第三条　国土交通大臣、総務大臣及び農林水産大臣は、関係行政機関の長に協議し、かつ、関係道府県知事及び国土審議会の意見を聴いて、豪雪地帯における雪害の防除その他積雪により劣つている産業等の基礎条件の改善に関する施策（以下「豪雪地帯対策」という。）の基本となるべき豪雪地帯対策基本計画（以下「基本計画」という。）を決定しなければならない。

2　国土交通大臣、総務大臣及び農林水産大臣が基本計画の決定をするには、閣議の決定を経なければならない。

3　国土交通大臣、総務大臣及び農林水産大臣は、基本計画を決定したときは、これを公示〔別掲〕するとともに、関係道府県知事に通知しなければならない。

4　前三項の規定は、基本計画を変更しようとする場合について準用する。

（基本計画の内容）

第四条　基本計画には、次に掲げる事項について、それぞれその基本的なものを定めるものとする。

三　豪雪地帯の特殊事情に即応する教育施設、保健衛生施設及び社会福祉施設の整備に関する事項

（事業の実施）

第九条　基本計画及び道府県計画に基づく事業は、この法律に定めるもののほか、当該事業に関する法律（これに基づく命令を含む。）の規定に従い、国、地方公共団体その他の者が実施するものとする。

（基本計画の実施に要する経費）

第十一条　国は財政の許す範囲内において、基本計画の実施を促進するよう努めなければならない。

（資金の確保等）

第十一条の三　国は、基本計画及び道府県計画に基づいて行う事業の実施に関し、必要な資金の確保その他の援助に努めなければならない。

（関係機関等の協力）

第十二条　関係行政機関の長、関係地方公共団体及び関係事業者は、基本計画及び道府県計画の円滑な実施が促進されるように協力しなければならない。

豪雪地帯対策基本計画　抄

〔平成一一年三月一〇日 総理府告示第一〇号〕

〔昭和六三年四月五日総理府告示第一〇号「豪雪地帯対策基本計画」を全文変更したもの＝編者〕

〔**根拠**＝豪雪地帯対策特別措置法第三条第三項〕

1 基本計画の目的〔略〕

2 基本計画の性格

本計画は、豪雪地帯における雪害の防除、産業の振興、生活環境の整備・改善等に関する恒久的な諸対策の基本となるべきものである。したがって、本計画は、豪雪地帯における治山、治水、交通、通信、農林業等の産業の振興、生活環境等に関する長期計画に反映され、その他のあらゆる施策を行うに当たって尊重されなければならない。

3 基本計画の重点〔略〕

4 基本計画の内容

I 豪雪地帯に関する事項

(1) 交通、通信の確保に関する事項〔略〕

(2) 農林業等の振興に関する事項〔略〕

(3) 生活環境施設等の整備に関する事項

豪雪地帯における冬期の生活は、著しい降積雪等により、地域社会の機能が様々な面において低下するとともに、屋根雪下ろし等の除排雪活動に追われるなど幾多の制約を受けている。

このような状況に対処し、雪に強く、安全で快適な生活環境の形成を図るため、教育、保健衛生、医療、介護・福祉サービス、消防防災等の住民生活に密着した各分野における施設等の整備と克雪対策の充実を図るとともに、克雪住宅の普及・促進、克雪用水の確保、安定的な電力供給の確保やエネルギーの有効利用等に努める。また、地域における克雪・防災機能等の向上を図るため、地域住民のコミュニティー活動や組織づくりを積極的に進めるとともに、マルチメディア等を利用した総合的な雪国情報システムの整備を推進する。

さらに、個性豊かで魅力的な地域づくりを進めるため、これらの施設の整備等に加え、新たな雪国文化の形成や雪国景観の創造・保全に努める。

ア 教育環境の向上

(学校教育施設の整備)

(ア) 学校教育施設については、耐雪耐寒構造化の推進等により、積雪、寒冷の程度に応じた施設の整備を図るとともに、危険建物の解消及び屋内運動場等の整備を進める。

また、学校における教育用コンピュータやソフトウェアの着実な整備を進めるとともに、インターネットへの接続を進めるなど情報教育の一層の充実を図る。

(学校教育施設の適正配置等)

(イ) 積雪等のために通学の困難な地域においては、冬期分校、へき地における冬期寄宿舎等の学校教育施設の適正配置に努める。

また、積雪期における教職員の通勤困難を緩和するため、へき地における教職員宿舎の整備を促進する。

（通学の安全の確保）

(ウ) 積雪期における通学の安全を確保するため、通学路の歩道、交通安全施設等の整備及び歩道除雪の強化に努める。

また、へき地における遠距離通学者については、安全で円滑な登下校が行えるようスクールバス等の整備を促進する。

（雪に親しむ教育と生涯学習等の充実）

(エ) 地域の実情に応じて、雪を教材とした自然学習、雪国の生活スタイルを学ぶプログラムなどの雪に親しみ、雪に関する意識の高揚を図るための教育及び人材育成を推進する。

(オ) 生涯学習体系への移行に向け、専修学校（専門課程）を含めた高等教育機関等の整備を図るとともに、地域社会との連携を進め、地域における学習機会の充実に努める。

（社会教育施設等の整備）

(カ) 高齢化の進行等の地域の実情に対応し、地域のコミュニティー活動等の促進及び地域住民の冬期における健康・体力の増進に資するため、人づくり、組織づくりを推進するとともに、図書館〔傍線＝編者〕、公民館等社会教育施設の設備の充実、屋根付多目的広場等の交流・レクリエーション施設の整備に努める。

イ 保健衛生施設の整備

〔以下略〕

◎激甚《じん》災害に対処するための特別の財政援助等に関する法律 抄

〔昭和三七年九月六日 法律第一五〇号〕

最近改正 平成一二年五月三一日 法律第九九号

（趣旨）

第一条 この法律は、災害対策基本法（昭和三十六年法律第二百二十三号）に規定する著しく激甚《じん》である災害が発生した場合における国の地方公共団体に対する特別の財政援助又は被災者に対する特別の助成措置について規定するものとする。

（激甚《じん》災害及びこれに対し適用すべき措置の指定）

第二条 国民経済に著しい影響を及ぼし、かつ、当該災害による地方財政の負担を緩和し、又は被災者に対する特別の助成を行なうことが特に必要と認められる災害が発生した場合には、当該災害を激甚《じん》災害として政令で指定するものとする。

2 前項の指定を行なう場合には、次章以下に定める措置のうち、当該激甚《じん》災害に対して適用すべき措置を当該政令で指定しなければならない。

3 前二項の政令の制定又は改正の立案については、内閣総理大臣は、あらかじめ中央防災会議の意見をきかなければならない。

（公立社会教育施設災害復旧事業に対する補助）

第十六条 国は、激甚《じん》災害を受けた公立の公民館、図書館〔傍線＝編者）、体育館その他の社会教育（社会教育法（昭和二十四年法律第二百七号）第二条〔社会教育の定義〕に規定する社会教育をいう。）に関する施設であつて政令〔別掲〕で定めるものの建物、建物以外の工作物、土地及び設備（以下次項及び次条において「建物等」という。）の災害の復旧に要する本工事費、附帯工事費（買収その他これに準ずる方法により建物を取得する場合にあつては、買収費）及び設備費（以下次項及び次条において「工事費」と総称する。）並びに事務費について、政令で定めるところにより、予算の範囲内において、その三分の二を補助することができる。

2　前項に規定する工事費は、当該施設の建物等を原形に復旧する（原形に復旧することが不可能な場合において当該建物等の従前の効用を復旧するための施設をすること及び原形に復旧することが著しく困難であるか又は不適当である場合において当該建物等に代わるべき必要な施設をすることを含む。）ものとして算定するものとする。この場合において、設備費の算定については、政令で定める基準によるものとする。

3　国は、政令で定めるところにより、都道府県の教育委員会が文部科学大臣の権限に属する第一項の補助の実施に関する事務を行なうために必要な経費を都道府県に交付するものとする。

（私立学校施設災害復旧事業に対する補助）

第十七条　国は、激甚《じん》災害を受けた私立の学校（学校教育法（昭和二十二年法律第二十六号）第一条に規定する学校をいう。以下同じ。）の用に供される建物等であつて政令で定めるものの災害の復旧に要する工事費及び事務費について、当該私立の学校の設置者に対し、政令で定めるところにより、予算の範囲内において、その二分の一を補助することができる。

2　前条第二項及び第三項の規定は、前項の規定により国が補助する場合について準用する。この場合において、同条第二項中「当該施設の建物等」とあるのは「当該私立の学校の用に供される建物等」と、同条第三項中「都道府県の教育委員会」とあるのは「都道府県知事」とそれぞれ読み替えるものとする。

3　私立学校振興助成法（昭和五十年法律第六十一号）第十二条〔所轄庁の権限〕から第十三条〔意見の聴取等〕まで並びにこれらの規定に係る同法附則第二条〔学校法人以外の私立の学校の設置者に対する措置〕第一項及び第二項の規定は、第一項の規定により国が補助する場合について準用する。

○激甚《じん》災害に対処するための特別の財政援助等に関する法律施行令　抄

（昭和三七年一〇月一〇日
政令第四〇三号）

最近改正　平成一二年一二月二七日　政令第五五三号

（公立社会教育施設災害復旧事業に対する補助）

第三十三条　法第十六条（公立社会教育施設災害復旧事業に対する補助）第一項の政令で定める施設は、法第三条（特別の財政援助及びその対象となる事業）第一項の特定地方公共団体である都道府県又は市町村（当該市町村が加入している市町村の組合を含む。）が設置する公民館、図書館（傍線＝編者）、体育館、運動場、水泳プールその他文部科学大臣が財務大臣と協議して定める施設（以下次条、第三十五条（都道府県の事務費）及び別表第一において「公立社会教育施設」という。）とする。

第三十四条　法第十六条（公立社会教育施設災害復旧事業に対する補助）第一項の規定による国の補助は、公立社会教育施設の建物等（同項に規定する建物等をいう。以下第三十六条（私立学校施設災害復旧事業に対する補助）において同じ。）のうち、その災害の復旧に要する経費（以下この条、次条、第三十七条（私立学校施設災害復旧事業に対する補助）及び第三十八条（都道府県の事務費）において「復旧事業費」という。）の額が一の公立社会教育施設ごとに六十万円以上のものについて行うものとする。ただし、明らかに設計の不備若しくは工事施行の粗漏に基づいて生じたと認められる被害に係るもの又は著しく維持管理の義務を怠つたことに基づいて生じたと認められる被害に係るものについては、補助を行わないものとする。

2　法第十六条第一項の規定により国が補助する公立社会教育施設の復旧事業費のうち事務費の額は、法第十六条第一項に規定する工事費（以下第三十六条及び第三十七条において同じ。）に百分の一を乗じて算定した額とする。

3　公立社会教育施設の復旧事業費のうち設備費の額は、別表第一上欄に掲げる公立社会教育施設の種類に応じて同表下欄に掲げる建物一坪当たりの基準額に、当該施設の別表第二上欄に掲げる建物の被害の程度の区分に応じて同表下欄に掲げる割合及び災害を受けた建物の面積を乗じて算定するものとする。

4　前項の場合において、当該建物の被害の程度に比して設備の被害の程度が著しく大きかつたことその他特別の理由により、当該算定方法によることが著しく不適当であると認められるときは、文部科学大臣は、財務大臣と協議して当該設備費の額を算定することができる。

（都道府県の事務費）

第三十五条　法第十六条（公立社会教育施設災害復旧事業に対する補助）第三項の規定により国が都道府県に交付する経費は、当該都道府県の区域内に存する市町村が当該年度中に行なう公立社会教育施設の災害の復旧に係る復旧事業費の総額、当該災害の復旧を行なう市町村の分布状況等を考慮して、文部科学大臣が交付する。

（私立学校施設災害復旧事業に対する補助）

第三十六条　法第十七条（私立学校施設災害復旧事業に対する補

助）第一項の政令で定める建物等は、激甚災害を受けた一の私立の学校の用に供される建物等の復旧に要する工事費の額を被災時における当該私立の学校の幼児、児童、生徒又は学生（以下次条並びに別表第三及び別表第四〔略〕において「児童等」という。）の数で除して得た額が七百五十円以上のものとする。

第三十七条　法第十七条（私立学校施設災害復旧事業に対する補助）第一項の規定による国の補助は、被災私立学校施設（同項に規定する被災私立学校施設をいう。以下この条及び次条において同じ。）のうち、その災害の復旧に要する一の私立の学校当たりの工事費の額が、幼稚園にあっては六十万円以上、盲学校、聾《ろう》学校及び養護学校にあっては九十万円以上、小学校及び中学校（中等教育学校の前期課程を含む。）にあっては百五十万円以上、高等学校（中等教育学校の後期課程を含む。）にあっては二百十万円以上、短期大学にあっては二百四十万円以上、大学（短期大学を除く。）にあっては三百万円以上であるものについてそれぞれ行うものとする。ただし、明らかに設計の不備若しくは工事施行の粗漏に基づいて生じたと認められる被害に係るもの又は著しく維持管理の義務を怠ったことに基づいて生じたと認められる被害に係るものについては、補助を行わないものとする。

2　法第十七条第一項の規定により国が補助する被災私立学校施設の復旧事業費のうち事務費の額は、工事費に百分の一を乗じて算定した額とする。

3　被災私立学校施設の復旧事業費のうち設備費の額は、別表第三上欄に掲げる学校の種類に応じて同表下欄に掲げる児童等一人当たりの基準額に被災時における当該学校の児童等の数（別表第四〔略〕に定めるところにより、補正を行なうものとする。）を乗じて得た額に、当該学校の別表第二上欄に掲げる建物の被害の程度の区分に応じて同表下欄に掲げる割合及び災害を受けた建物の同表上欄に掲げる区分による被害の程度ごとの面積の当該学校の建物の全面積に対する割合を乗じて算定するものとする。

4　第三十四条（公立社会教育施設災害復旧事業に対する補助）第四項の規定は、前項の場合について準用する。

（都道府県の事務費）

第三十八条　法第十七条（私立学校施設災害復旧事業に対する補助）第二項において準用する同法第十六条（公立社会教育施設災害復旧事業に対する補助）第三項の規定により国が都道府県に交付する経費は、当該都道府県の区域内に私立の学校を設置する学校法人又は学校法人以外の私立の学校の設置者が当該年度中に行なう被災私立学校施設の復旧事業費の総額、当該災害の復旧に係る私立の学校の分布状況等を考慮して、文部科学大臣が交付する。

別表第一（第三四条）

公立社会教育施設の種類		建物一坪当たりの基準額
公民館		三、五〇〇円
図書館	都道府県が設置するもの	二五、〇〇〇円
	市が設置するもの	二〇、〇〇〇円
	町村が設置するもの	一一、〇〇〇円
体育館		三、〇〇〇円

文部科学大臣が財務大臣と協議して定める施設	文部科学大臣が財務大臣と協議して定める金額

〔表中のゴチック＝編者〕

別表第二〔第三四条・第三七条〕

建物の被害の程度の区分	設備費の基準額に乗ずべき割合
流失の場合	十分の十
全壊又は全焼の場合	十分の九
各階につき床上二メートル以上の浸水の場合	十分の八
各階につき床上一・二メートル以上二メートル未満の浸水の場合	十分の七
土砂崩壊による半壊の場合	十分の五
各階につき床上〇・七メートル以上一・二メートル未満の浸水の場合及び半壊（土砂崩壊による半壊を除く。）又は半焼の場合	十分の三
各階につき床上〇・三メートル以上〇・七メートル未満の浸水の場合及び土砂崩壊による大破の場合	十分の一

別表第三〔第三六条・第三七条〕

学校の種類		児童等一人当たりの基準額
幼稚園		四、〇〇〇円
小学校		五、五〇〇円
中学校（中等教育学校の前期課程を含む。）		七、五〇〇円
盲学校		一三、五〇〇円
聾《ろう》学校及び養護学校		一四、五〇〇円
高等学校（中等教育学校の後期課程を含む。）	普通科及び商業に関する学科	九、五〇〇円
	農業に関する学科	一三、五〇〇円
	水産に関する学科	一八、五〇〇円
	工業に関する学科	二八、〇〇〇円
	家庭に関する学科	一〇、五〇〇円
大学		学部に応じ、実習、実験その他の教育を行うのに必要と認められる設備の基準額で、文部科学大臣が財務大臣と協議して定めたもの

◎過疎地域自立促進特別措置法 抄

〔平成一二年三月三一日
法律第一五号〕

最近改正 平成一一年一二月二二日 法律第一六〇号

第一章 総則

（目的）

第一条 この法律は、人口の著しい減少に伴って地域社会における活力が低下し、生産機能及び生活環境の整備等が他の地域に比較して低位にある地域について、総合的かつ計画的な対策を実施するために必要な特別措置を講ずることにより、これらの地域の自立促進を図り、もって住民福祉の向上、雇用の増大、地域格差の是正及び美しく風格ある国土の形成に寄与することを目的とする。

（過疎地域）

第二条 この法律において「過疎地域」とは、次に掲げる要件に該当する市町村（地方税の収入以外の政令で定める収入の額が政令で定める金額を超える市町村を除く。）の区域をいう。

一 次のいずれかに該当すること。ただし、イ、ロ又はハに該当する場合においては、国勢調査の結果による市町村人口に係る平成七年の人口から当該市町村人口に係る昭和四十五年の人口を控除して得た人口を当該市町村人口に係る同年の人口で除して得た数値が〇・一未満であること。

イ 国勢調査の結果による市町村人口に係る昭和三十五年の人口から当該市町村人口に係る平成七年の人口を控除して得た人口を当該市町村人口に係る昭和三十五年の人口で除して得た数値（以下「三十五年間人口減少率」という。）が〇・三以上であること。

ロ 三十五年間人口減少率が〇・二五以上であって、国勢調査の結果による市町村人口に係る平成七年の人口のうち六十五歳以上の人口を当該市町村人口に係る同年の人口で除して得た数値が〇・二四以上であること。

ハ 三十五年間人口減少率が〇・二五以上であって、国勢調査の結果による市町村人口に係る平成七年の人口のうち十五歳以上三十歳未満の人口を当該市町村人口に係る同年の人口で除して得た数値が〇・一五以下であること。

ニ 国勢調査の結果による市町村人口に係る昭和四十五年の人口から当該市町村人口に係る平成七年の人口を控除して得た人口を当該市町村人口に係る昭和四十五年の人口で除して得た数値が〇・一九以上であること。

二 地方交付税法（昭和二十五年法律第二百十一号）〔別掲〕第十四条〔基準財政収入額の算定方法〕の規定により算定した市町村の基準財政収入額を同法第十一条〔基準財政需要額の算定方法〕の規定により算定した当該市町村の基準財政需要額で除して得た数値で平成八年度から平成十年度までの各年度に係るものを合算したものの三分の一の数値が〇・四二以下であること。

（過疎地域自立促進のための対策の目標）

第三条 過疎地域の自立促進のための対策は、第一条〔目的〕の目的を達成するため、地域における創意工夫を尊重し、次に掲げる目標に従って推進されなければならない。

三　生活環境の整備、高齢者等の保健及び福祉の向上及び増進、医療の確保並びに教育の振興を図ることにより、住民の生活の安定と福祉の向上を図ること。

四　美しい景観の整備、地域文化の振興等を図ることにより、個性豊かな地域社会を形成すること。

第二章　過疎地域自立促進計画

（過疎地域自立促進方針）

第五条　都道府県は、当該都道府県における過疎地域の自立促進を図るため、過疎地域自立促進方針（以下「自立促進方針」という。）を定めるものとする。

2　自立促進方針は、次に掲げる事項について定めるものとする。

一　過疎地域の自立促進に関する基本的な事項

七　過疎地域における教育の振興に関する事項

八　過疎地域における地域文化の振興等に関する事項

（過疎地域自立促進市町村計画）

第六条　過疎地域の市町村は、自立促進方針に基づき、当該市町村の議会の議決を経て過疎地域自立促進市町村計画（以下「市町村計画」という。）を定めなければならない。この場合において、当該市町村は、あらかじめ、都道府県に協議しなければならない。

2　市町村計画は、次に掲げる事項について定めるものとする。

一　地域の自立促進の基本的方針に関する事項

七　教育の振興に関する事項

八　地域文化の振興等に関する事項

第三章　過疎地域自立促進のための財政上の特別措置

（過疎地域自立促進のための地方債）

第十二条　過疎地域の市町村が市町村計画に基づいて行う地場産業に係る事業又は観光若しくはレクリエーションに関する事業を行う者で政令で定めるものに対する出資及び次に掲げる施設の整備につき当該市町村が必要とする経費については、地方財政法（昭和二十三年法律第百九号）〔別掲〕第五条〔地方債の制限〕各号に規定する経費に該当しないものについても、地方債をもってその財源とすることができる。

五　電気通信に関する施設

七　公民館その他の集会施設

十三　地域文化の振興等を図るための施設

（情報の流通の円滑化及び通信体系の充実）

第二十一条　国及び地方公共団体は、過疎地域における住民の生活の利便性の向上、産業の振興、地域間交流の促進等を図るため、情報の流通の円滑化及び通信体系の充実について適切な配慮をするものとする。

（教育の充実）

第二十二条　国及び地方公共団体は、過疎地域において、その教育の特殊事情にかんがみ、学校教育及び社会教育の充実に努めるとともに、地域社会の特性に応じた生涯学習の振興に資するための施策の充実について適切な配慮をするものとする。

（地域文化の振興等）

第二十三条　国及び地方公共団体は、過疎地域において伝承されてきた文化的所産の保存及び活用について適切な措置が講ぜられるよう努めるとともに、地域における文化の振興について適切な配慮をするものとする。

III　大学・学校図書館

〔目次〕

(1)学校教育法と設置基準

(2)国立学校・公立学校等

(3)私立学校

(4) 大学図書館

(5) 学校図書館

(1)学校教育法と設置基準

◎学校教育法

（昭和二二年三月三一日法律第二六号）

最近改正　平成一三年七月一一日　法律第一〇五号

目次

第一章　総則

〔学校の範囲〕

第一条　この法律で、学校とは、小学校、中学校、高等学校、中等教育学校、大学、高等専門学校、盲学校、聾《ろう》学校、養護学校及び幼稚園とする。

〔学校の設置者〕

第二条　学校は、国、地方公共団体及び私立学校法（昭和二四年一二月法律第二七〇号）第三条に規定する学校法人（以下学校法人と称する。）のみが、これを設置することができる。

② この法律で、国立学校とは、国の設置する学校を、公立学校とは、地方公共団体の設置する学校を、私立学校とは、学校法人の設置する学校をいう。

③ 第一項の規定にかかわらず、放送大学学園は、大学を設置することができる。

〔設置基準〕

第三条　学校を設置しようとする者は、学校の種類に応じ、文部科学大臣の定める設備、編制その他に関する設置基準に従い、これを設置しなければならない。

〔設置廃止等〕

第四条　国立学校、この法律によつて設置義務を負う者の設置する学校及び都道府県の設置する学校（大学及び高等専門学校を除く。）のほか、学校（高等学校（中等教育学校の後期課程を含む。）の通常の課程（以下全日制の課程という。）、夜間その他特別の時間又は時期において授業を行う課程（以下定時制の課程という。）及び通信による教育を行う課程（以下通信制の課程という。）、大学の学部、大学院及び大学院の研究科並びに第六十九条の二第二項の大学の学科についても同様とする。）の設置廃止、設置者の変更その他政令で定める事項は、次の各号に掲げる学校の区分に応じ、それぞれ当該各号に定める者の認可を受けなければならない。

一　公立又は私立の大学及び高等専門学校並びに放送大学学園の設置する大学　文部科学大臣

二　市町村の設置する高等学校、中等教育学校、盲学校、聾《ろう》学校、養護学校及び幼稚園　都道府県の教育委員会

三　私立の小学校、中学校、高等学校、中等教育学校、盲学校、聾《ろう》学校、養護学校及び幼稚園　都道府県知事

②　地方自治法（昭和二十二年法律第六十七号）第二百五十二条の十九第一項の指定都市の設置する幼稚園については、前項の規定は、適用しない。

③　前項の幼稚園を設置する者は、第一項に規定する事項を行うときは、あらかじめ、都道府県の教育委員会に届け出なければならない。

〔学校の管理、経費負担〕

第五条　学校の設置者は、その設置する学校を管理し、法令に特別の定のある場合を除いては、その学校の経費を負担する。

〔授業料〕

第六条　学校においては、授業料を徴収することができる。ただし、国立又は公立の小学校及び中学校、これらに準ずる盲学校、聾《ろう》学校及び養護学校又は中等教育学校の前期課程における義務教育については、これを徴収することができない。

〔校長、教員〕

第七条　学校には、校長及び相当数の教員を置かなければならない。

〔校長、教員の資格〕

第八条　校長及び教員（教育職員免許法（昭和二十四年法律第百四十七号）の適用を受ける者を除く。）の資格に関する事項は、別に法律で定めるもののほか、文部科学大臣がこれを定める。

〔校長、教員の欠格事由〕

第九条　次の各号のいずれかに該当する者は、校長又は教員となることができない。

一　成年被後見人又は被保佐人

二　禁錮《こ》以上の刑に処せられた者

三　免許状取上げの処分を受け、二年を経過しない者

四　日本国憲法施行の日以後において、日本国憲法又はその下に成立した政府を暴力で破壊することを主張する政党その他の団体を結成し、又はこれに加入した者

〔私立学校の校長届出義務〕

第十条　私立学校は、校長を定め、大学及び高等専門学校にあつては文部科学大臣に、大学及び高等専門学校以外の学校にあつては都道府県知事に届け出なければならない。

〔学生、生徒、児童の懲戒〕

第十一条　校長及び教員は、教育上必要があると認めるときは、文部科学大臣の定めるところにより、学生、生徒及び児童に懲戒を加えることができる。ただし、体罰を加えることはできない。

〔健康診断等〕

第十二条　学校においては、別に法律で定めるところにより、学生、生徒、児童及び幼児並びに職員の健康の保持増進を図るため、健康診断を行い、その他その保健に必要な措置を講じなければならない。

〔学校閉鎖命令〕

第十三条　第四条第一項各号に掲げる学校が次の各号のいずれかに該当する場合においては、それぞれ同項各号に定める者は、当該学校の閉鎖を命ずることができる。

一　法令の規定に故意に違反したとき
二　法令の規定によりその者がした命令に違反したとき
三　六箇月以上授業を行わなかつたとき

〔設備、授業等の変更命令〕
第十四条　公立又は私立の大学及び高等専門学校並びに放送大学学園の設置する大学については文部科学大臣、大学及び高等専門学校以外の市町村の設置する学校については都道府県の教育委員会、大学及び高等専門学校以外の私立学校については都道府県知事は、当該学校が、設備、授業その他の事項について、法令の規定又は都道府県の教育委員会若しくは都道府県知事の定める規程に違反したときは、その変更を命ずることができる。

第十五条　削除

〔子女使用者の義務〕
第十六条　子女を使用する者は、その使用によつて、子女が、義務教育を受けることを妨げてはならない。

第二章　小学校

〔目的〕
第十七条　小学校は、心身の発達に応じて、初等普通教育を施すことを目的とする。

〔目標〕
第十八条　小学校における教育については、前条の目的を実現するために、次の各号に掲げる目標の達成に努めなければならない。
一　学校内外の社会生活の経験に基き、人間相互の関係について、正しい理解と協同、自主及び自律の精神を養うこと。
二　郷土及び国家の現状と伝統について、正しい理解に導き、進んで国際協調の精神を養うこと。
三　日常生活に必要な衣、食、住、産業等について、基礎的な理解と技能を養うこと。
四　日常生活に必要な国語を、正しく理解し、使用する能力を養うこと。
五　日常生活に必要な数量的な関係を、正しく理解し、処理する能力を養うこと。
六　日常生活における自然現象を科学的に観察し、処理する能力を養うこと。
七　健康、安全で幸福な生活のために必要な習慣を養い、心身の調和的発達を図ること。
八　生活を明るく豊かにする音楽、美術、文芸等について、基礎的な理解と技能を養うこと。

〔体験的な学習活動〕
第十八条の二　小学校においては、前条各号に掲げる目標の達成に資するよう、教育指導を行うに当たり、児童の体験的な学習活動、特にボランティア活動など社会奉仕体験活動、自然体験活動その他の体験活動の充実に努めるものとする。この場合において、社会教育関係団体その他の関係団体及び関係機関との連携に十分配慮しなければならない。

〔修業年限〕
第十九条　小学校の修業年限は、六年とする。

〔教科〕
第二十条　小学校の教科に関する事項は、第十七条及び第十八条の規定に従い、文部科学大臣が、これを定める。

〔教科用図書・その他の教材〕
第二十一条　小学校においては、文部科学大臣の検定を経た教科用図書又は文部科学省が著作の名義を有する教科用図書を使用しなければならない。

② 前項の教科用図書以外の図書その他の教材で、有益適切なものは、これを使用することができる。
③ 第一項の検定の申請に係る教科用図書に関し調査審議させるための審議会等（国家行政組織法（昭和二十三年法律第百二十号）第八条に規定する機関をいう。以下同じ。）については、政令で定める。

〔就学させる義務〕
第二十二条　保護者（子女に対して親権を行う者、親権を行う者のないときは、未成年後見人をいう。以下同じ。）は、子女の満六才に達した日の翌日以後における最初の学年の初めから、満十二才に達した日の属する学年の終わりまで、これを小学校又は盲学校、聾《ろう》学校若しくは養護学校の小学部に就学させる義務を負う。ただし、子女が、満十二歳に達した日の属する学年の終わりまでに小学校又は盲学校、聾《ろう》学校若しくは養護学校の小学部の課程を修了しないときは、満十五歳に達した日の属する学年の終わり（それまでの間において当該課程を修了したときは、その修了した日の属する学年の終わり）までとする。
② 前項の義務履行の督促その他義務に関し必要な事項は、政令でこれを定める。

〔就学義務の猶予又は免除〕
第二十三条　前条の規定によつて、保護者が就学させなければならない子女（以下学齢児童と称する。）で、病弱、発育不完全その他やむを得ない事由のため、就学困難と認められる者の保護者に対しては、市町村の教育委員会は、文部科学大臣の定める規程により、前条第一項に規定する義務を猶予又は免除することができる。

第二十四条　削除

〔保護者に対する援助〕
第二十五条　経済的理由によつて、就学困難と認められる学齢児童の保護者に対しては、市町村は、必要な援助を与えなければならない。

〔児童の出席停止〕
第二十六条　市町村の教育委員会は、次に掲げる行為の一又は二以上を繰り返し行う等性行不良であつて他の児童の教育に妨げがあると認める児童があるときは、その保護者に対して、児童の出席停止を命ずることができる。
一　他の児童に傷害、心身の苦痛又は財産上の損失を与える行為
二　職員に傷害又は心身の苦痛を与える行為
三　施設又は設備を損壊する行為
四　授業その他の教育活動の実施を妨げる行為
② 市町村の教育委員会は、前項の規定により出席停止を命ずる場合には、あらかじめ保護者の意見を聴取するとともに、理由及び期間を記載した文書を交付しなければならない。
③ 前項に規定するもののほか、出席停止の命令の手続に関し必要な事項は、教育委員会規則で定めるものとする。
④ 市町村の教育委員会は、出席停止の命令に係る児童の出席停止の期間における学習に対する支援その他の教育上必要な措置を講ずるものとする。

〔学齢未満子女の入学禁止〕
第二十七条　学齢に達しない子女は、これを小学校に入学させることができない。

〔校長・教頭・教諭その他の職員〕
第二十八条　小学校には、校長、教頭、教諭、養護教諭及び事務職員を置かなければならない。ただし、特別の事情のあるときは、

教頭又は事務職員を置かないことができる。

② 小学校には、前項のほか、必要な職員を置くことができる。

③ 校長は、校務をつかさどり、所属職員を監督する。

④ 教頭は、校長を助け、校務を整理し、及び必要に応じ児童の教育をつかさどる。

⑤ 教頭は、校長に事故があるときはその職務を代理し、校長が欠けたときはその職務を行なう。この場合において教頭が二人以上あるときは、あらかじめ校長が定めた順序で、その職務を代理し、又は行なう。

⑥ 教諭は、児童の教育をつかさどる。

⑦ 養護教諭は、児童の養護をつかさどる。

⑧ 事務職員は、事務に従事する。

⑨ 助教諭は、教諭の職務を助ける。

⑩ 講師は、教諭又は助教諭を準ずる職務に従事する。

⑪ 養護助教諭は、養護教諭の職務を助ける。

⑫ 特別の事情のあるときは、第一項の規定にかかわらず、教諭に代えて助教諭又は講師を、養護教諭に代えて養護助教諭を置くことができる。

〔小学校設置義務〕

第二十九条 市町村は、その区域内にある学齢児童を就学させるに必要な小学校を設置しなければならない。

〔市町村学校組合〕

第三十条 市町村は、適当と認めるときは、前条の規定による事務の全部又は一部を処理するため、市町村の組合を設けることができる。

〔教育事務の委託〕

第三十一条 市町村は、前二条の規定によることを不可能又は不適当と認めるときは、小学校の設置に代え、学齢児童の全部又は一部の教育事務を、他の市町村又は前条の市町村の組合に委託することができる。

② 前項の場合においては、地方自治法（昭和二十二年法律第六十七号）第二百五十二条の十四第三項において準用する同法第二百五十二条の二第二項中「都道府県知事」とあるのは、「都道府県知事及び都道府県の教育委員会」と読み替えるものとする。

〔都道府県の補助〕

第三十二条 町村が、前二条の規定による負担に堪えないと都道府県の教育委員会が認めるときは、都道府県は、その町村に対して、必要な補助を与えなければならない。

第三十三条 削除

〔私立小学校の所管庁〕

第三十四条 私立の小学校は、都道府県知事の所管に属する。

第三章　中学校

〔目的〕

第三十五条 中学校は、小学校における教育の基礎の上に、心身の発達に応じて、中等普通教育を施すことを目的とする。

〔目標〕

第三十六条 中学校における教育については、前条の目的を実現するために、次の各号に掲げる目標の達成に努めなければならない。

一 小学校における教育の目標をなお充分に達成して、国家及び社会の形成者として必要な資質を養うこと。

二 社会に必要な職業についての基礎的な知識と技能、勤労を重んずる態度及び個性に応じて将来の進路を選択する能力を養うこと。

三　学校内外における社会的活動を促進し、その感情を正しく導き、公正な判断力を養うこと。

〔修業年限〕

第三十七条　中学校の修業年限は、三年とする。

〔教科〕

第三十八条　中学校の教科に関する事項は、第三十五条及び第三十六条の規定に従い、文部科学大臣が、これを定める。

〔就学義務〕

第三十九条　保護者は、子女が小学校又は盲学校、聾《ろう》学校若しくは養護学校の小学部の課程を修了した日の翌日以後における最初の学年の初めから、満十五才に達した日の属する学年の終わりまで、これを、中学校、中等教育学校の前期課程又は盲学校、聾《ろう》学校若しくは養護学校の中学部に就学させる義務を負う。

② 前項の規定によって保護者が就学させなければならない子女は、これを学齢生徒と称する。

③ 第二十二条第二項及び第二十三条の規定は、第一項の規定による義務に、これを準用する。

〔準用規定〕

第四十条　第十八条の二、第二十一条、第二十五条、第二十六条、第二十八条から第三十二条まで及び第三十四条の規定は、中学校に、これを準用する。この場合において、第十八条の二中「前条各号」とあるのは、「第三十六条各号」と読み替えるものとする。

第四章　高等学校

〔目的〕

第四十一条　高等学校は、中学校における教育の基礎の上に、心身の発達に応じて、高等普通教育及び専門教育を施すことを目的とする。

〔目標〕

第四十二条　高等学校における教育については、前条の目的を実現するために、次の各号に掲げる目標の達成に努めなければならない。

一　中学校における教育の成果をさらに発展拡充させて、国家及び社会の有為な形成者として必要な資質を養うこと。

二　社会において果さなければならない使命の自覚に基き、個性に応じて将来の進路を決定させ、一般的な教養を高め、専門的な技能に習熟させること。

三　社会について、広く深い理解と健全な批判力を養い、個性の確立に努めること。

〔学科及び教科〕

第四十三条　高等学校の学科及び教科に関する事項は、前二条の規定に従い、文部科学大臣が、これを定める。

〔定時制の課程〕

第四十四条　高等学校には、全日制の課程のほか、定時制の課程を置くことができる。

② 高等学校には、定時制の課程のみを置くことができる。

〔通信制の課程〕

第四十五条　高等学校には、全日制の課程又は定時制の課程のほか、通信制の課程を置くことができる。

② 高等学校には、通信制の課程のみを置くことができる。

③ 市町村の設置する高等学校については都道府県の教育委員会、私立の高等学校については都道府県知事は、高等学校の通信制の課程のうち、当該高等学校の所在する都道府県の区域内に住所を有する者のほか、全国的に他の都道府県の区域内に住所を有する者を併せて生徒とするものその他政令で定めるもの（以下この項

において「広域の通信制の課程」という。）に係る第四条第一項に規定する認可（政令で定める事項に係るものに限る。）を行うときは、あらかじめ、文部科学大臣に届け出なければならない。都道府県の設置する高等学校の広域の通信制の課程について、当該都道府県の教育委員会がこの項前段の政令で定める事項を行うときも、同様とする。

④　通信制の課程に関し必要な事項は、文部科学大臣が、これを定める。

〔技能教育〕

第四十五条の二　高等学校の定時制の課程又は通信制の課程に在学する生徒が、技能教育のための施設で当該施設の所在地の都道府県の教育委員会の指定するものにおいて教育を受けているときは、校長は、文部科学大臣の定めるところにより、当該施設における学習を当該高等学校における教科の一部の履修とみなすことができる。

②　前項の施設の指定に関し必要な事項は、政令で、これを定める。

〔修業年限〕

第四十六条　高等学校の修業年限は、全日制の課程については、三年とし、定時制の課程及び通信制の課程については、三年以上とする。

〔入学資格〕

第四十七条　高等学校に入学することのできる者は、中学校若しくはこれに準ずる学校を卒業した者若しくは中等教育学校の前期課程を修了した者又は文部科学大臣の定めるところにより、これと同等以上の学力があると認められた者とする。

〔専攻科、別科〕

第四十八条　高等学校には、専攻科及び別科を置くことができる。

②　高等学校の専攻科は、高等学校若しくはこれに準ずる学校若しくは中等教育学校を卒業した者又は文部科学大臣の定めるところにより、これと同等以上の学力があると認められた者に対して、精深な程度において、特別の事項を教授し、その研究を指導することを目的とし、その修業年限は、一年以上とする。

③　高等学校の別科は、前条に規定する入学資格を有する者に対して、簡易な程度において、特別の技能教育を施すことを目的とし、その修業年限は、一年以上とする。

〔入学、退学、転学等〕

第四十九条　高等学校に関する入学、退学、転学その他必要な事項は、文部科学大臣が、これを定める。

〔校長・教頭・教諭その他の職員〕

第五十条　高等学校には、校長、教頭、教諭及び事務職員を置かなければならない。

②　高等学校には、前項のほか、養護教諭、養護助教諭、実習助手、技術職員その他必要な職員を置くことができる。

③　実習助手は、実験又は実習について、教諭の職務を助ける。

④　特別の事情のあるときは、第一項の規定にかかわらず、教諭に代えて助教諭又は講師を置くことができる。

⑤　技術職員は、技術に従事する。

〔課程別教頭〕

第五十条の二　高等学校に、全日制の課程、定時制の課程又は通信制の課程のうち二以上の課程を置くときは、それぞれの課程に関する校務を分担して整理する教頭を置かなければならない。

〔準用規定〕

第五十一条　第十八条の二、第二十一条、第二十八条第三項から第十一項まで及び第三十四条の規定は、高等学校に、これを準用する。この場合において、第十八条の二中「前条各号」とあるのは、「第四十二条各号」と読み替えるものとする。

第四章の二　中等教育学校

〔目的〕

第五十一条の二　中等教育学校は、小学校における教育の基礎の上に、心身の発達に応じて、中等普通教育並びに高等普通教育及び専門教育を一貫して施すことを目的とする。

〔目標〕

第五十一条の三　中等教育学校における教育については、前条の目的を実現するために、次に掲げる目標の達成に努めなければならない。

一　国家及び社会の有為な形成者として必要な資質を養うこと。

二　社会において果たさなければならない使命の自覚に基づき、個性に応じて将来の進路を決定させ、一般的な教養を高め、専門的な技能に習熟させること。

三　社会について、広く深い理解と健全な批判力を養い、個性の確立に努めること。

〔修業年限〕

第五十一条の四　中等教育学校の修業年限は、六年とする。

〔課程の区分〕

第五十一条の五　中等教育学校の課程は、これを前期三年の前期課程及び後期三年の後期課程に区分する。

〔前期課程、後期課程〕

第五十一条の六　中等教育学校の前期課程における教育については、第五十一条の二に掲げる目的のうち、小学校における教育の基礎の上に、心身の発達に応じて、中等普通教育を施すことを実現するために、第三十六条各号に掲げる目標の達成に努めなければならない。

②　中等教育学校の後期課程における教育については、第五十一条の二に掲げる目的のうち、心身の発達に応じて、高等普通教育及び専門教育を施すことを実現するために、第五十一条の三各号に掲げる目標の達成に努めなければならない。

〔学科及び教科〕

第五十一条の七　中等教育学校の前期課程の教科に関する事項並びに後期課程の学科及び教科に関する事項は、第五十一条の二、第五十一条の三及び前条の規定に従い、文部科学大臣が、これを定める。

〔校長・教頭・教諭その他の職員〕

第五十一条の八　中等教育学校には、校長、教頭、教諭、養護教諭及び事務職員を置かなければならない。

②　中等教育学校には、前項に規定するもののほか、実習助手、技術職員その他必要な職員を置くことができる。

③　特別の事情のあるときは、第一項の規定にかかわらず、教諭に代えて助教諭又は講師を、養護教諭に代えて養護助教諭を置くことができる。

〔準用規定〕

第五十一条の九　第十八条の二、第二十一条、第二十八条第三項から第十一項まで、第三十四条、第四十九条並びに第五十条第三項及び第五項の規定は中等教育学校に、第四十四条から第四十五条の二まで、第四十八条及び第五十条の二の規定は中等教育学校の後期課程に、これを準用する。この場合において、第十八条の二中「前条各号」とあるのは、「第五十一条の三各号」と読み替えるものとする。

②　前項において準用する第四十四条又は第四十五条の規定により

後期課程に定時制の課程又は通信制の課程を置く中等教育学校については、第五十一条の四の規定にかかわらず、当該定時制の課程又は通信制の課程に係る修業年限は、六年以上とする。この場合において、第五十一条の五中「後期三年の後期課程」とあるのは、「後期三年以上の後期課程」とする。

〔中学校・高等学校の一貫教育〕

第五十一条の十　同一の設置者が設置する中学校及び高等学校においては、文部科学大臣の定めるところにより、中等教育学校に準じて、中学校における教育と高等学校における教育を一貫して施すことができる。

第五章　大学

〔目的〕

第五十二条　大学は、学術の中心として、広く知識を授けるとともに、深く専門の学芸を教授研究し、知的、道徳的及び応用的能力を展開させることを目的とする。

〔通信教育〕

第五十二条の二　大学は、通信による教育を行うことができる。

〔学部と学部以外の教育研究組織〕

第五十三条　大学には、学部を置くことを常例とする。ただし、当該大学の教育研究上の目的を達成するため有益かつ適切である場合においては、学部以外の教育研究上の基本となる組織を置くことができる。

〔夜間学部・通信教育学部〕

第五十四条　大学には、夜間において授業を行う学部又は通信による教育を行う学部を置くことができる。

〔修業年限〕

第五十五条　大学の修業年限は、四年とする。ただし、特別の専門事項を教授研究する学部及び前条の夜間において授業を行う学部については、その修業年限は、四年を超えるものとすることができる。

②　医学、歯学又は獣医学を履修する課程については、前項本文の規定にかかわらず、その修業年限は、六年とする。

〔修得単位の通算〕

第五十五条の二　大学の学生以外の者として一の大学において一定の単位を修得した者が当該大学に入学する場合において、当該単位の修得により当該大学の教育課程の一部を履修したと認められるときは、文部科学大臣の定めるところにより、修得した単位数その他の事項を勘案して大学が定める期間を修業年限に通算することができる。ただし、その期間は、当該大学の修業年限の二分の一を超えてはならない。

〔特別卒業〕

第五十五条の三　大学は、文部科学大臣の定めるところにより、当該大学の学生（第五十五条第二項に規定する課程に在学するものを除く。）で当該大学に三年（同条第一項ただし書の規定により修業年限を四年を超えるものとする学部の学生にあっては、三年以上で文部科学大臣の定める期間）以上在学したもの（これに準ずるものとして文部科学大臣の定める者を含む。）が、卒業の要件として当該大学の定める単位を優秀な成績で修得したと認める場合には、同項の規定にかかわらず、その卒業を認めることができる。

〔入学資格〕

第五十六条　大学に入学することのできる者は、高等学校若しくは中等教育学校を卒業した者若しくは通常の課程による十二年の学校教育を修了した者（通常の課程以外の課程によりこれに相当する学校教育を修了した者を含む。）又は文部科学大臣の定めるところにより、これと同等以上の学力があると認められた者とする。

② 前期の規定にかかわらず、次の各号に該当する大学は、文部科学大臣の定めるところにより、高等学校に文部科学大臣の定める年数以上在学した者（これに準ずる者として文部科学大臣が定める者を含む。）であつて、当該大学の定める分野において特に優れた資質を有すると認めるものを、当該大学に入学させることができる。

一　当該分野に関する教育研究が行われている大学院が置かれていること。

二　当該分野における特に優れた資質を有する者の育成を図るのにふさわしい教育研究上の実績及び指導体制を有すること。

〔専攻科及び別科〕

第五十七条　大学には、専攻科及び別科を置くことができる。

② 大学の専攻科は、大学を卒業した者又は文部科学大臣の定めるところにより、これと同等以上の学力があると認められた者に対して、精深な程度において、特別の事項を教授し、その研究を指導することを目的とし、その修業年限は、一年以上とする。

③ 大学の別科は、前条第一項に規定する入学資格を有する者に対して、簡易な程度において、特別の技能教育を施すことを目的とし、その修業年限は、一年以上とする。

〔学長・教授その他の職員〕

第五十八条　大学には学長、教授、助教授、助手及び事務職員を置かなければならない。

② 大学には、前項のほか、副学長、学部長、講師、技術職員その他必要な職員を置くことができる。

③ 学長は、校務をつかさどり、所属職員を統督する。

④ 副学長は、学長の職務を助ける。

⑤ 学部長は、学部に関する校務をつかさどる。

⑥ 教授は、学生を教授し、その研究を指導し、又は研究に従事する。

⑦ 助教授は、教授の職務を助ける。

⑧ 助手は、教授及び助教授の職務を助ける。

⑨ 講師は、教授又は助教授に準ずる職務に従事する。

〔教授会〕

第五十九条　大学には、重要な事項を審議するため、教授会を置かなければならない。

② 教授会の組織には、助教授その他の職員を加えることができる。

〔大学設置基準についての諮問〕

第六十条　大学について第三条に規定する設置基準を定める場合には、文部科学大臣は、審議会等で政令で定めるものに諮問しなければならない。

〔大学設置の認可についての諮問〕

第六十条の二　大学の設置の認可を行う場合には、文部科学大臣は、審議会等で政令で定めるものに諮問しなければならない。

〔研究施設の附置〕

第六十一条　大学には、研究所その他の研究施設を附置することができる。

〔大学院の設置〕

第六十二条　大学には、大学院を置くことができる。

第六十三条　削除

〔公私立大学の所轄庁〕

第六十四条　公立若しくは私立の大学又は放送大学学園の設置する

大学は、文部科学大臣の所轄とする。

〔大学院の目的〕

第六十五条 大学院は、学術の理論及び応用を教授研究し、その深奥をきわめて、文化の進展に寄与することを目的とする。

〔大学院の研究科〕

第六十六条 大学院を置く大学には、研究科を置くことを常例とする。ただし、当該大学の教育研究上の目的を達成するため有益かつ適切である場合においては、文部科学大臣の定めるところにより、研究科以外の教育研究上の基本となる組織を置くことができる。

〔夜間大学院〕

第六十六条の二 大学院を置く大学には、夜間において授業を行う研究科又は通信による教育を行う研究科を置くことができる。

〔大学院の入学資格〕

第六十七条 大学院に入学することのできる者は、第五十二条の大学を卒業した者又は文部科学大臣の定めるところにより、これと同等以上の学力があると認められた者とする。ただし、研究科の教育研究上必要がある場合においては、当該研究科に係る入学資格を、修士の学位を有する者又は文部科学大臣の定めるところにより、これと同等以上の学力があると認められた者とすることができる。

② 前項本文の規定にかかわらず、大学院を置く大学は、文部科学大臣の定めるところにより、第五十二条の大学に文部科学大臣の定める年数以上在学した者（これに準ずる者として文部科学大臣が定める者を含む。）であって、当該大学院を置く大学の定める単位を優秀な成績で修得したと認めるものを、当該大学院に入学させることができる。

〔大学院大学〕

第六十八条 教育研究上特別の必要がある場合においては、第五十二条の規定にかかわらず、学部を置くことなく大学院を置くものを大学とすることができる。

〔学位〕

第六十八条の二 大学（第五十二条の大学に限る。以下この条において同じ。）は、文部科学大臣の定めるところにより、大学を卒業した者に対し学士の学位を、大学院の課程を修了した者に対し修士又は博士の学位を授与するものとする。

② 大学は、文部科学大臣の定めるところにより、前項の規定により博士の学位を授与された者と同等以上の学力があると認める者に対し、博士の学位を授与することができる。

③ 国立学校設置法（昭和二十四年法律第百五十号）第三章の五に規定する大学評価・学位授与機構は、文部科学大臣の定めるところにより、次の各号に掲げる者に対し、当該各号に定める学位を授与するものとする。

一 短期大学若しくは高等専門学校を卒業した者又はこれに準ずる者で、大学における一定の単位の修得又はこれに相当するものとして文部科学大臣の定める学習を行い、大学を卒業した者と同等以上の学力を有すると認める者　学士

二 学校以外の教育施設で学校教育に類する教育を行うもののうち当該教育を行うにつき他の法律に特別の規定があるものに置かれる課程で、大学又は大学院に相当する教育を行うと認めるものを修了した者　学士、修士又は博士

④ 学位に関する事項を定めるについては、文部科学大臣は、第六十条の政令で定める審議会に諮問しなければならない。

〔名誉教授〕

第六十八条の三　大学は、当該大学に学長、副学長、学部長、教授、助教授又は講師として勤務した者であつて、教育上又は学術上特に功績のあつた者に対し、当該大学の定めるところにより、名誉教授の称号を授与することができる。

〔公開講座〕

第六十九条　大学においては、公開講座の施設を設けることができる。

② 公開講座に関し必要な事項は、文部科学大臣が、これを定める。

〔短期大学〕

第六十九条の二　大学は、第五十二条に掲げる目的に代えて、深く専門の学芸を教授研究し、職業又は実際生活に必要な能力を育成することをおもな目的とすることができる。

② 前項に掲げる目的をその目的とする大学は、第五十五条第一項の規定にかかわらず、その修業年限を二年又は三年とする。

③ 前項の大学は、短期大学と称する。

④ 第二項の大学には、第五十三条及び第五十四条の規定にかかわらず、学部を置かないものとする。

⑤ 第二項の大学には、学科を置く。

⑥ 第二項の大学には、夜間において授業を行う学科又は通信による教育を行う学科を置くことができる。

⑦ 第二項の大学を卒業した者は、準学士と称することができる。

⑧ 第二項の大学を卒業した者は、文部科学大臣の定めるところにより、第五十二条の大学に編入学することができる。

⑨ 第六十二条の規定は、第二項の大学については適用しない。

〔準用規定〕

第七十条　第二十八条第八項及び第五十条第五項の規定は、大学に、これを準用する。

第五章の二　高等専門学校

〔目的〕

第七十条の二　高等専門学校は、深く専門の学芸を教授し、職業に必要な能力を育成することを目的とする。

〔学科〕

第七十条の三　高等専門学校には、学科を置く。

② 前項の学科に関し必要な事項は、文部科学大臣が、これを定める。

〔修業年限〕

第七十条の四　高等専門学校の修業年限は、五年とする。ただし、商船に関する学科については、五年六月とする。

〔入学資格〕

第七十条の五　高等専門学校に入学することのできる者は、第四十七条に規定する者とする。

〔専攻科〕

第七十条の六　高等専門学校には、専攻科を置くことができる。

② 高等専門学校の専攻科は、高等専門学校を卒業した者又は文部科学大臣の定めるところにより、これと同等以上の学力があると認められた者に対して、精深な程度において、特別の事項を教授し、その研究を指導することを目的とし、その修業年限は、一年以上とする。

〔校長・教授その他の職員〕

第七十条の七　高等専門学校には、校長、教授、助教授、助手及び事務職員を置かなければならない。

② 高等専門学校には、前項のほか、講師、技術職員その他必要な職員を置くことができる。

③ 校長は、校務を掌り、所属職員を監督する。

④ 教授及び助教授は、学生を教授する。
⑤ 助手は、教授又は助教授の職務を助ける。
⑥ 講師は、教授又は助教授に準ずる職務に従事する。

〔準学士〕
第七十条の八　高等専門学校を卒業した者は、準学士と称することができる。

〔大学への編入学〕
第七十条の九　高等専門学校を卒業した者は、文部科学大臣の定めるところにより、大学に編入学することができる。

〔準用規定〕
第七十条の十　第二十八条第八項、第四十九条、第五十条第五項、第六十条、第六十条の二、第六十四条、第六十八条の三及び第六十九条の規定は、高等専門学校に、これを準用する。

第六章　特殊教育

〔盲、聾、養護学校の目的〕
第七十一条　盲学校、聾《ろう》学校又は養護学校は、それぞれ盲者（強度の弱視者を含む。以下同じ。）、聾《ろう》者（強度の難聴者を含む。以下同じ。）又は知的障害者、肢《し》体不自由者若しくは病弱者（身体虚弱者を含む。以下同じ。）に対して、幼稚園、小学校、中学校又は高等学校に準ずる教育を施し、あわせてその欠陥を補うために、必要な知識技能を授けることを目的とする。

〔心身の故障の程度の政令委任〕
第七十一条の二　前条の盲者、聾《ろう》者又は知的障害者、肢《し》体不自由者若しくは病弱者の心身の故障の程度は、政令で、これを定める。

〔小学部・中学部・幼稚部・高等部〕
第七十二条　盲学校、聾《ろう》学校及び養護学校には、小学部及び中学部を置かなければならない。ただし、特別の必要のある場合においては、その一のみを置くことができる。
② 盲学校、聾《ろう》学校及び養護学校には、小学部及び中学部のほか、幼稚部又は高等部を置くことができ、また、特別の必要のある場合においては、前項の規定にかかわらず、小学部及び中学部を置かないで幼稚部又は高等部のみを置くことができる。

〔盲・聾《ろう》・養護学校の学科・教科〕
第七十三条　盲学校、聾《ろう》学校及び養護学校の小学部及び中学部の教科、高等部の学科及び教科又は幼稚部の保育内容は、小学校、中学校、高等学校又は幼稚園に準じて、文部科学大臣が、これを定める。

〔寄宿舎の設置〕
第七十三条の二　盲学校、聾《ろう》学校及び養護学校には、寄宿舎を設けなければならない。ただし、特別の事情のあるときは、これを設けないことができる。

〔寄宿舎指導員〕
第七十三条の三　寄宿舎を設ける盲学校、聾《ろう》学校及び養護学校には、寄宿舎指導員を置かなければならない。
② 寄宿舎指導員は、寄宿舎における児童、生徒又は幼児の日常生活上の世話及び生活指導に従事する。

〔盲・聾《ろう》・養護学校の設置義務〕
第七十四条　都道府県は、その区域内にある学齢児童及び学齢生徒のうち、盲者、聾《ろう》者又は知的障害者、肢《し》体不自由者若しくは病弱者で、その心身の故障が、第七十一条の二の政令で定める程度のものを就学させるに必要な盲学校、聾《ろう》学校又は養護学校を設置しなければならない。

〔特殊学級〕
第七十五条　小学校、中学校、高等学校及び中等教育学校には、次の各号のいずれかに該当する児童及び生徒のために、特殊学級を置くことができる。

一 知的障害者
二 肢体不自由者
三 身体虚弱者
四 弱視者
五 難聴者
六 その他心身に故障のある者で、特殊学級において教育を行うことが適当なもの

② 前項に掲げる学校は、疾病により療養中の児童及び生徒に対して、特殊学級を設け、又は教員を派遣して、教育を行うことができる。

〔準用規定〕

第七十六条 第十八条の二（第四十条及び第五十一条において読み替えて準用する場合を含む。）、第十九条、第二十一条（第四十条及び第五十一条において準用する場合を含む。）、第二十七条、第二十八条（第四十条、第五十一条及び第八十二条において準用する場合を含む。）、第三十四条、第三十七条、第四十六条から第五十条まで、第八十条及び第八十一条の規定は、盲学校、聾《ろう》学校及び養護学校に、第五十二条の二の規定は、盲学校、聾《ろう》学校及び養護学校の高等部に、これを準用する。

第七章 幼稚園

〔目的〕

第七十七条 幼稚園は、幼児を保育し、適当な環境を与えて、その心身の発達を助長することを目的とする。

〔目標〕

第七十八条 幼稚園は、前条の目的を実現するために、次の各号に掲げる目標の達成に努めなければならない。

一 健康、安全で幸福な生活のために必要な日常の習慣を養い、身体諸機能の調和的発達を図ること。
二 園内において、集団生活を経験させ、喜んでこれに参加する態度と協同、自主及び自律の精神の芽生えを養うこと。
三 身辺の社会生活及び事象に対する正しい理解と態度の芽生えを養うこと。
四 言語の使い方を正しく導き、童話、絵本等に対する興味を養うこと。
五 音楽、遊戯、絵画その他の方法により、創作的表現に対する興味を養うこと。

〔保育内容〕

第七十九条 幼稚園の保育内容に関する事項は、前二条の規定に従い、文部科学大臣が、これを定める。

〔入園資格〕

第八十条 幼稚園に入園することのできる者は、満三才から、小学校就学の始期に達するまでの幼児とする。

〔園長・教頭・教諭その他の職員〕

第八十一条 幼稚園には、園長、教頭及び教諭を置かなければならない。ただし、特別の事情のあるときは、教頭を置かないことができる。

② 幼稚園には、前項のほか、養護教諭、養護助教諭その他必要な職員を置くことができる。

③ 園長は、園務をつかさどり、所属職員を監督する。

④ 教頭は、園長を助け、園務を整理し、及び必要に応じ幼児の保育をつかさどる。

⑤ 特別の事情のあるときは、第一項の規定にかかわらず、教諭に

代えて助教諭又は講師を置くことができる。

⑥ 教諭は、幼児の保育をつかさどる。

〔準用規定〕

第八十二条 第二十八条第五項、第七項及び第九項から第十一項まで並びに第三十四条の規定は、幼稚園に、これを準用する。

第七章の二 専修学校

〔専修学校〕

第八十二条の二 第一条に掲げるもの以外の教育施設で、職業若しくは実際生活に必要な能力を育成し、又は教養の向上を図ることを目的として次の各号に該当する組織的な教育を行うもの（当該教育を行うにつき他の法律に特別の規定があるもの及び我が国に居住する外国人を専ら対象とするものを除く。）は、専修学校とする。

一 修業年限が一年以上であること。

二 授業時数が文部科学大臣の定める授業時数以上であること。

三 教育を受ける者が常時四十人以上であること。

〔高等課程・専門課程・一般課程〕

第八十二条の三 専修学校には、高等課程、専門課程又は一般課程を置く。

② 専修学校の高等課程においては、中学校若しくはこれに準ずる学校を卒業した者若しくは中等教育学校の前期課程を修了した者又は文部科学大臣の定めるところによりこれと同等以上の学力があると認められた者に対して、中学校における教育の基礎の上に、心身の発達に応じて前条の教育を行うものとする。

③ 専修学校の専門課程においては、高等学校若しくはこれに準ずる学校若しくは中等教育学校を卒業した者又は文部科学大臣の定めるところによりこれに準ずる学力があると認められた者に対して、高等学校における教育の基礎の上に、前条の教育を行うものとする。

④ 専修学校の一般課程においては、高等課程又は専門課程の教育以外の前条の教育を行うものとする。

〔高等専修学校・専門学校〕

第八十二条の四 高等課程を置く専修学校は、高等専修学校と称することができる。

② 専門課程を置く専修学校は、専門学校と称することができる。

〔設置者の制限〕

第八十二条の五 専修学校は、国及び地方公共団体のほか、次の各号に該当する者でなければ、設置することができない。

一 専修学校を経営するために必要な経済的基礎を有すること。

二 設置者（設置者が法人である場合にあつては、その経営を担当する当該法人の役員とする。次号において同じ。）が専修学校を経営するために必要な知識又は経験を有すること。

三 設置者が社会的信望を有すること。

〔設置基準〕

第八十二条の六 専修学校は、次の各号に掲げる事項について文部科学大臣の定める基準に適合していなければならない。

一 目的、生徒の数又は課程の種類に応じて置かなければならない教員の数

二 目的、生徒の数又は課程の種類に応じて有しなければならない校地及び校舎の面積並びにその位置及び環境

三 目的、生徒の数又は課程の種類に応じて有しなければならない設備

四 目的又は課程の種類に応じた教科及び編制の大綱

〔校長及び教員〕

第八十二条の七　専修学校には、校長及び相当数の教員を置かなければならない。

② 専修学校の校長は、教育に関する識見を有し、かつ、教育、学術又は文化に関する業務に従事した者でなければならない。

③ 専修学校の教員は、その担当する教育に関する専門的な知識又は技能に関し、文部科学大臣の定める資格を有する者でなければならない。

〔**所轄庁の認可**〕

第八十二条の八　国又は都道府県が設置する専修学校を除くほか、専修学校の設置廃止（高等課程、専門課程又は一般課程の設置廃止を含む。）、設置者の変更及び目的の変更は、市町村の設置する専修学校にあつては都道府県の教育委員会、私立の専修学校にあつては都道府県知事の認可を受けなければならない。

② 都道府県の教育委員会又は都道府県知事は、専修学校の設置（高等課程、専門課程又は一般課程の設置を含む。）の認可の申請があつたときは、申請の内容が第八十二条の二、第八十二条の三及び前三条の基準に適合するかどうかを審査した上で、認可に関する処分をしなければならない。

③ 前項の規定は、専修学校の設置者の変更及び目的の変更の認可の申請があつた場合について準用する。

④ 都道府県の教育委員会又は都道府県知事は、第一項の認可をしない処分をするときは、理由を付した書面をもつて申請者にその旨を通知しなければならない。

〔**名称、位置又は学則変更等の届出**〕

第八十二条の九　国又は都道府県が設置する専修学校を除くほか、専修学校の設置者は、その設置する専修学校の名称、位置又は学則を変更しようとするときその他政令で定める場合に該当するときは、市町村の設置する専修学校にあつては都道府県の教育委員会に、私立の専修学校にあつては都道府県知事に届け出なければならない。

〔**大学への編入学**〕

第八十二条の十　専修学校の専門課程（修業年限が二年以上であることその他の文部科学大臣の定める基準を満たすものに限る。）を修了した者（第五十六条第一項に規定する者に限る。）は、文部科学大臣の定めるところにより、大学に編入学することができる。

〔**準用規定**〕

第八十二条の十一　第五条、第六条、第九条から第十四条まで及び第三十四条の規定は、専修学校に準用する。この場合において、第十条中「大学及び高等専門学校にあつては文部科学大臣に、大学及び高等専門学校以外の学校にあつては都道府県知事に」とあるのは「都道府県知事に」と、第十三条中「第四条第一項各号に掲げる学校」とあるのは「市町村の設置する専修学校又は私立の専修学校」と、「同項各号に定める者」とあるのは「都道府県の教育委員会又は都道府県知事」と、同条第二号中「その者」とあるのは「当該都道府県の教育委員会又は都道府県知事」と、第十四条中「公立又は私立の大学及び高等専門学校並びに放送大学学園の設置する大学については文部科学大臣、大学及び高等専門学校以外の市町村の設置する学校については都道府県の教育委員会、大学及び高等専門学校以外の私立学校については都道府県知事」とあるのは「市町村の設置する専修学校については都道府県の教育委員会、私立の専修学校については都道府県知事」と読み替えるものとする。

② 都道府県の教育委員会又は都道府県知事は、前項において準用

する第十三条の規定による処分をするときは、理由を付した書面をもつて当該専修学校の設置者にその旨を通知しなければならない。

第八章　雑則

〔各種学校〕

第八十三条　第一条に掲げるもの以外のもので、学校教育に類する教育を行うもの（当該教育を行うにつき他の法律に特別の規定があるもの及び第八十二条の二に規定する専修学校の教育を行うものを除く。）は、これを各種学校とする。

②　第四条第一項、第五条から第七条まで、第九条から第十一条まで、第十三条、第十四条及び第三十四条の規定は、各種学校に、これを準用する。この場合において、第四条第一項中「次の各号に掲げる学校の区分に応じ、それぞれ当該各号に定める者」とあるのは「市町村の設置する各種学校にあつては都道府県の教育委員会、私立の各種学校にあつては都道府県知事」と、第十条中「大学及び高等専門学校にあつては文部科学大臣に、大学及び高等専門学校以外の学校にあつては都道府県知事に」とあるのは「都道府県知事に」と、第十三条中「第四条第一項各号に掲げる学校」とあるのは「市町村の設置する各種学校又は私立の各種学校」と、「同項各号に定める者」とあるのは「都道府県の教育委員会又は都道府県知事」と、同条第二号中「その者」とあるのは「当該都道府県の教育委員会又は都道府県知事」と、第十四条中「公立又は私立の大学及び高等専門学校並びに放送大学学園の設置する大学については文部科学大臣、大学及び高等専門学校以外の市町村の設置する学校については都道府県の教育委員会、大学及び高等専門学校以外の私立学校については都道府県知事」とあるのは「市町村の設置する各種学校については都道府県の教育委員会、私立の各種学校については都道府県知事」と読み替えるものとする。

③　前項のほか、各種学校に関し必要な事項は、文部科学大臣が、これを定める。

〔名称の使用制限〕

第八十三条の二　専修学校、各種学校その他第一条に掲げるもの以外の教育施設は、同条に掲げる学校の名称又は大学院の名称を用いてはならない。

②　高等課程を置く専修学校以外の教育施設は高等専修学校の名称を、専門課程を置く専修学校以外の教育施設は専門学校の名称を、専修学校以外の教育施設は専修学校の名称を用いてはならない。

〔専修学校・各種学校設置の勧告及び教育の停止命令〕

第八十四条　都道府県の教育委員会（私人の経営に係るものにあつては、都道府県知事）は、学校以外のもの又は専修学校若しくは各種学校以外のものが専修学校又は各種学校の教育を行うものと認める場合においては、関係者に対して、一定の期間内に専修学校設置又は各種学校設置の認可を申請すべき旨を勧告することができる。ただし、その期間は、一箇月を下ることができない。

②　都道府県の教育委員会（私人の経営に係るものにあつては、都道府県知事）は、前項に規定する関係者が、同項の規定による勧告に従わず引き続き専修学校若しくは各種学校の教育を行つているとき、又は専修学校設置若しくは各種学校設置の認可を申請したがその認可が得られなかつた場合において引き続き専修学校若しくは各種学校の教育を行つているときは、当該関係者に対して、当該教育をやめるべき旨を命ずることができる。

③　都道府県知事は、前項の規定による命令をなす場合においては、あらかじめ私立学校審議会の意見を聞かなければならない。

〔学校施設の社会教育への利用〕
第八十五条　学校教育上支障のない限り、学校には、社会教育に関する施設を附置し、又は学校の施設を社会教育その他公共のために、利用させることができる。

〔行政手続法との関係〕
第八十五条の二　第二十二条第二項（第三十九条第三項において準用する場合を含む。）の政令で定める事項のうち第二十二条第一項又は第三十九条第一項の規定による義務の履行に関する処分に該当するもので政令で定めるものについては、行政手続法（平成五年法律第八十八号）〔別掲〕第三章の規定は、適用しない。

〔不服申立ての制限〕
第八十六条　文部科学大臣がした大学又は高等専門学校の設置の認可に関する処分については、行政不服審査法（昭和三十七年法律第百六十号）〔別掲〕による不服申立てをすることができない。

〔東京都の区の取扱い〕
第八十七条　この法律における市には、東京都の区を含むものとする。

〔学部に含まれる組織〕
第八十七条の二　この法律（第五十三条及び第六十六条を除く。）及び他の法令（教育公務員特例法（昭和二十四年法律第一号）及び国立学校設置法並びに当該法令に特別の定めのあるものを除く。）において、大学の学部には第五十三条ただし書に規定する組織を含み、大学の大学院の研究科には第六十六条ただし書に規定する組織を含むものとする。

〔政令への委任〕
第八十八条　この法律に規定するもののほか、この法律施行のため必要な事項で、地方公共団体の機関が処理しなければならないものについては政令で、その他のものについては文部科学大臣が、これを定める。

第九章　罰則

〔学校閉鎖命令違反〕
第八十九条　第十三条の規定（第八十二条の十一第一項及び第八十三条第二項において準用する場合を含む。）による閉鎖命令又は第八十四条第二項の規定による命令に違反した者は、これを六月以下の懲役若しくは禁錮《こ》又は二十万円以下の罰金に処する。

〔子女使用者の義務違反〕
第九十条　第十六条の規定に違反した者は、これを十万円以下の罰金に処する。

〔保護者の就学義務違反〕
第九十一条　第二十二条第一項又は第三十九条第一項の規定による義務履行の督促を受け、なお履行しない者は、これを十万円以下の罰金に処する。

〔学校の名称専用違反〕
第九十二条　第八十三条の二の規定に違反した者は、これを十万円以下の罰金に処する。

附　則〔抄〕

第九十三条　この法律は、昭和二十二年四月一日から、これを施行する。〔後略〕

〔法令の廃止〕
第九十四条　次に掲げる法律及び勅令は、これを廃止する。
　公立学校職員年功加俸国庫補助法
　現役国民学校職員俸給費国庫補助法
　現役青年学校職員俸給費国庫補助法
　青年学校教育費国庫補助法

国民学校令
青年学校令
中等学校令
師範教育令
専門学校令
高等学校令
大学令
盲学校及聾唖学校令
幼稚園令
私立学校令
教員免許令
学位令
国立総合大学等の名誉教授に関する勅令
水産講習所の名誉教授に関する勅令
高等商船学校の名誉教授に関する勅令

〔従前の規定による学校〕

第九十七条 この法律施行の際、現に存する従前の規定による国民学校、国民学校に類する各種学校及び国民学校に準ずる各種学校並びに幼稚園は、それぞれこれらをこの法律によつて設置された小学校及び幼稚園とみなす。

第九十八条 この法律施行の際、現に存する従前の規定（国民学校令を除く。）による学校は、従前の規定による学校として存続することができる。

② 前項に規定する学校は、文部大臣の定めるところにより、従前の規定による他の学校となることができる。

③ 前二項の規定による学校に関し、必要な事項は、文部科学大臣が、これを定める。

第百条 従前の規定による学校が、第一条に掲げる学校になつた場合における在学者に関し必要な事項は、文部大臣の定めるところによる。

第百一条 従前の規定による学校の卒業者の資格に関し必要な事項は、文部科学大臣の定めるところによる。

〔養護教諭〕

第百三条 小学校、中学校及び中等教育学校には、第二十八条（第四十条において準用する場合を含む。）及び第五十一条の八の規定にかかわらず、当分の間、養護教諭は、これを置かないことができる。

〔教科用図書〕

第百七条 高等学校、中等教育学校の後期課程、盲学校、聾《ろう》学校及び養護学校並びに特殊学級においては、当分の間、第二十一条第一項（第四十条、第五十一条、第五十一条の九第一項及び第七十六条において準用する場合を含む。）の規定にかかわらず、文部科学大臣の定めるところにより、第二十一条第一項に規定する教科用図書以外の教科用図書を使用することができる。

〔学位〕

第百八条 従前の学位令による学位は、第九十四条の規定にかかわらず、第九十八条の規定による大学において、文部大臣の定めるもののほか、なお従前の例により、これを授与することができる。

〔名誉教授〕

第百八条の二 第六十八条の三の規定により名誉教授の称号を授与する場合においては、当分の間、旧大学令、旧高等学校令、旧専門学校令又は旧教員養成諸学校官制の規定による大学、大学予科、高等学校高等科、専門学校及び教員養成諸学校並びに文部科学大臣の指定するこれらの学校に準ずる学校の校長（総長及び学長を含む。以下本条において同じ。）又は教員としての勤務を考慮することができるものとする。

② 前項に掲げる学校は、当該学校の校長又は教員として勤務した者に対し、第六十八条の三の規定に準じて名誉教授の称号を授与することができる。

附　則〔平成三年四月二日法律第二三号〕〔抄〕

（学士の学位に関する経過措置）

4 改正前の学校教育法第六十三条第一項の規定による学士の称号は、改正後の学校教育法第六十八条の二第一項の規定による学士の学位とみなす。

附　則〔平成三年四月二日法律第二五号〕〔抄〕

（施行期日）

1 この法律は、平成三年七月一日から施行する。

（準学士の称号に関する規定の適用）

2 第一条の規定による改正後の学校教育法（以下「新学校教育法」という。）第六十九条の二第七項及び第七十条の八の規定は、この法律の施行の日（以下「施行日」という。）前に学校教育法第六十九条の二第二項の大学又は高等専門学校を卒業した者についても適用があるものとする。

附　則〔平成一三年七月一一日法律第一〇五号〕〔抄〕

（施行期日）

第一条 この法律は、公布の日から施行する。ただし、次の各号に掲げる規定は、当該各号に定める日から施行する。

一 第二十六条の改正規定　公布の日から起算して六月を経過した日

二 第五十六条に一項を加える改正規定、第五十七条第三項の改正規定、第六十七条に一項を加える改正規定並びに第七十三条の三及び第八十二条の十の改正規定並びに次条及び附則第五条から第十六条までの規定　平成十四年四月一日〔以下略〕

○学校教育法施行令　抄

（昭和二八年一〇月三一日 政令第三四〇号）

最近改正　平成一二年六月七日　政令第三〇八号

第一章　就学義務〔略〕

第二章　盲者等の心身の故障の程度〔略〕

第三章　認可、届出等

第一節　認可及び届出等

（法第四条第一項の政令で定める事項）

第二十三条　法第四条第一項（法第八十三条第二項において準用する場合を含む。）の政令で定める事項は、次のとおりとする。

一　盲学校、聾《ろう》学校又は養護学校の位置の変更

二　高等学校（中等教育学校の後期課程を含む。第九号及び次条において同じ。）の学科又は盲学校、聾《ろう》学校若しくは養護学校の高等部の学科、専攻科若しくは別科の設置及び廃止

三　私立の大学の学部の学科の設置及び廃止

四　高等専門学校の学科の設置及び廃止

五　大学又は盲学校、聾《ろう》学校若しくは養護学校の高等部における通信教育の開設及び廃止

六　盲学校、聾《ろう》学校又は養護学校の小学部、中学部、高等部又は幼稚部の設置及び廃止

七　盲学校、聾《ろう》学校又は養護学校の高等部の学級の編制及びその変更

八　高等学校、中等教育学校、盲学校、聾《ろう》学校、養護学校又は幼稚園（指定都市の設置するものを除く。）の分校の設置及び廃止

九　高等学校の広域の通信制の課程（法第四十五条第三項（法第五十一条の九第一項において準用する場合を含む。次条及び第二十四条の二において同じ。）に規定する広域の通信制の課程をいう。以下同じ。）に係る学則の変更

十　私立の学校又は私立の各種学校の収容定員に係る学則の変更

（法第四十五条第三項の政令で定める通信制の課程）

第二十四条　法第四十五条第三項の政令で定める高等学校の通信制の課程（法第四条第一項に規定する通信制の課程をいう。以下同じ。）は、当該高等学校の所在する都道府県の区域内に住所を有する者のほか、他の二以上の都道府県の区域内に住所を有する者を併せて生徒とするものとする。

（法第四十五条第三項の政令で定める事項）

第二十四条の二　法第四十五条第三項の政令で定める事項は、次のとおりとする。

一　学校の設置及び廃止

二　通信制の課程の設置及び廃止

三　設置者の変更

四　学則の記載事項のうち文部科学省令で定めるものに係る変更

（法第八十二条の九の政令で定める場合）

第二十四条の三　法第八十二条の九の政令で定める場合は、市町村の設置する専修学校にあつては第一号に掲げる場合とし、私立の専修学校にあつては第一号及び第二号に掲げる場合とする。

一　分校を設置し、又は廃止しようとするとき。

二　校地、校舎その他直接教育の用に供する土地及び建物に関す

る権利を取得し、若しくは処分しようとするとき、又は用途の変更、改築等によりこれらの土地及び建物の現状に重要な変更を加えようとするとき。

（市町村立小中学校等の設置廃止等についての届出）

第二十五条　市町村の教育委員会は、当該市町村の設置する小学校又は中学校（第五号の場合にあつては、盲学校、聾《ろう》学校又は養護学校の小学部及び中学部を含む。）について次に掲げる事由があるときは、その旨を都道府県の教育委員会に届け出なければならない。

一　設置し、又は廃止しようとするとき。

二　新たに設置者となり、又は設置者たることをやめようとするとき。

三　名称又は位置を変更しようとするとき。

四　分校を設置し、又は廃止しようとするとき。

五　二部授業を行おうとするとき。

（市町村立高等学校等の名称の変更等についての届出等）

第二十六条　次に掲げる場合においては、市町村の教育委員会は、当該市町村の設置する高等学校、中等教育学校、盲学校、聾《ろう》学校、養護学校及び幼稚園（第二号の場合にあつては、盲学校、聾《ろう》学校及び養護学校を除く。）について都道府県の教育委員会に対し、市町村及び都道府県の教育委員会は、当該市町村又は都道府県の設置する高等専門学校について文部科学大臣に対し、市町村長及び都道府県知事は、当該市町村又は都道府県の設置する大学について文部科学大臣に対し、それぞれその旨を届け出なければならない。

一　名称を変更しようとするとき。

二　位置を変更しようとするとき。

三　学則（高等学校（中等教育学校の後期課程を含む。以下この条及び第二十七条の二において同じ。）の広域の通信制の課程に係るものを除く。）を変更したとき。

2　市町村の教育委員会は、当該市町村の設置する高等学校の専攻科若しくは別科を設置し、又は廃止しようとするときは、その旨を都道府県の教育委員会に届け出なければならない。

3　指定都市の教育委員会は、当該指定都市の設置する幼稚園の分校を設置し、又は廃止しようとするときは、その旨を都道府県の教育委員会に届け出なければならない。

4　都道府県の教育委員会は、市町村の設置する高等学校で広域の通信制の課程を置くものについて第一項第一号の届出又は同項第二号の届出（当該課程に係るものに限る。）を受けたときは、その旨を文部科学大臣に報告しなければならない。都道府県の教育委員会が当該都道府県の設置する高等学校で広域の通信制の課程を置くものについて名称又は当該課程に係る位置を変更したときも、同様とする。

（市町村立各種学校の目的等の変更についての届出）

第二十六条の二　次に掲げる場合においては、市町村の教育委員会は、当該市町村の設置する各種学校について都道府県の教育委員会に対し、その旨を届け出なければならない。

一　目的、名称又は位置を変更しようとするとき。

二　分校を設置し、又は廃止しようとするとき。

三　学則を変更したとき。

（通信教育に関する規程の変更についての届出）

第二十七条　市町村若しくは都道府県の設置する大学又は市町村の設置する盲学校、聾《ろう》学校若しくは養護学校の高等部における通信教育に関する規程を変更しようとするときは、市町村長又は都道府県知事は、当該市町村又は都道府県の設置する大学について文部科学大臣に対し、市町村の教育委員会は、当該市町村の設置する盲学校、聾《ろう》学校又は養護学校の高等部について都道府県の教育委員会に対し、それぞれその旨を届け出なければならない。

（私立学校の目的の変更等についての届出等）

第二十七条の二 私立の学校の設置者は、その設置する学校（大学及び高等専門学校を除く。）について次に掲げる事由があるときは、その旨を都道府県知事に届け出なければならない。

一 目的、名称、位置又は学則（高等学校の広域の通信制の課程に係るもの及び収容定員に係るものを除く。）を変更しようとするとき。

二 高等学校の専攻科若しくは別科又は盲学校、聾《ろう》学校若しくは養護学校の高等部の学科、専攻科若しくは別科を設置し、又は廃止しようとするとき。

三 分校を設置し、又は廃止しようとするとき。

四 盲学校、聾《ろう》学校又は養護学校の高等部における通信教育に関する規程を変更しようとするとき。

五 経費の見積り及び維持方法を変更しようとするとき。

六 校地、校舎その他直接保育若しくは教育の用に供する土地及び建物に関する権利を取得し、若しくは処分しようとするとき、又は用途の変更、改築等によりこれらの土地及び建物の現状に重要な変更を加えようとするとき。

2 都道府県知事は、広域の通信制の課程を置く私立の高等学校について前項第一号の届出で名称の変更又は位置の変更（当該課程に係るものに限る。）に係るものを受けたときは、その旨を文部科学大臣に報告しなければならない。

（私立各種学校の目的の変更等についての届出）

第二十七条の三 私立の各種学校の設置者は、その設置する各種学校について次に掲げる事由があるときは、その旨を都道府県知事に届け出なければならない。

一 目的、名称、位置又は学則（収容定員に係るものを除く。）を変更しようとするとき。

二 分校を設置し、又は廃止しようとするとき。

三 校地、校舎その他直接教育の用に供する土地及び建物に関する権利を取得し、若しくは処分しようとするとき、又は用途の変更、改築等によりこれらの土地及び建物の現状に重要な変更を加えようとするとき。

（文部科学省令への委任）

第二十八条 法及びこの節の規定に基づいてなすべき認可の申請、届出及び報告の手続その他の細則については、文部科学省令で定める。

第二節 学期、休業日及び学校廃止後の書類の保存

（学期及び休業日）

第二十九条 公立の学校（大学を除く。）の学期及び夏季、冬季、学年末、農繁期等における休業日は、当該学校を設置する市町村又は都道府県の教育委員会が定める。

（学校廃止後の書類の保存）

第三十一条 公立又は私立の学校（私立の大学及び高等専門学校を除く。）が廃止されたときは、大学以外の公立の学校については当該学校を設置していた市町村又は都道府県の教育委員会が、公立の大学については当該大学を設置していた市町村又は都道府県の長が、私立の学校については当該学校の所在していた都道府県の知事が、文部科学省令で定めるところにより、それぞれ当該学校に在学し、又はこれを卒業した者の学習及び健康の状況を記録し

た書類を保存しなければならない。

第四章　技能教育施設の指定〔略〕

第五章　審議会等

（法第二十一条第三項の審議会等）

第四十条　法第二十一条第三項（法第四十条、第五十一条、第五十一条の九第一項及び第七十六条において準用する場合を含む。）に規定する審議会等は、教科用図書検定調査審議会とする。

（法第六十条の審議会等で政令で定めるもの）

第四十一条　法第六十条（法第七十条の十において準用する場合を含む。）の審議会等で政令で定めるものは、中央教育審議会とする。

（法第六十条の二の審議会等で政令で定めるもの）

第四十二条　法第六十条の二（法第七十条の十において準用する場合を含む。）の審議会等で政令で定めるものは、大学設置・学校法人審議会とする。

附　則〔略〕

○学校教育法施行規則　抄

〔昭和二二年五月二三日　文部省令第一一号〕

最近改正　平成一三年一一月二七日　文部科学省令第八〇号

第一章　総則

第一節　設置廃止等

（図書館等の設備及び環境）

第一条　学校には、その学校の目的を実現するために必要な校地、校舎、校具、運動場、図書館又は図書室〔傍線＝編者〕、保健室その他の設備を設けなければならない。

② 学校の位置は、教育上適切な環境に、これを定めなければならない。

（私立学校の届出）

第二条　私立学校の設置者は、その設置する大学又は高等専門学校について次に掲げる事由があるときは、その旨を文部科学大臣に届け出なければならない。

一　目的、名称、位置又は学則（収容定員に係るものを除く。）を変更しようとするとき。

二　分校を設置し、又は廃止しようとするとき。

三　大学における通信教育に関する規程を変更しようとするとき。

四　経費の見積り及び維持方法を変更しようとするとき。

五　校地、校舎その他直接教育の用に供する土地及び建物に関する権利を取得し、若しくは処分しようとするとき、又は用途の変更、改築等によりこれらの土地及び建物の現状に重要な変更を加えようとするとき。

〔放送大学学園の届出〕

第二条の二　放送大学学園は、その設置する大学について、次の事由があるときは、文部科学大臣に対し、その旨を届け出なければならない。

一　目的、名称、位置又は学則を変更しようとするとき。

二　校地、校舎その他直接教育の用に供する土地及び建物に関する権利を取得し、若しくは処分しようとするとき、又は用途の変更、改築等によりこれらの土地及び建物の現状に重要な変更を加えようとするとき。

〔学校設置認可の申請等〕

第三条　学校の設置についての認可の申請又は届出は、それぞれ認可申請書又は届出書に、次の事項（市（特別区を含む。以下同じ。）町村立の小学校及び中学校については、第四号及び第五号の事項を除く。）を記載した書類及び校地、校舎その他直接保育又は教育の用に供する土地及び建物（以下「校地校舎等」という。）の図面を添えてしなければならない。

一　目的

二　名称

三　位置

四　学則

五　経費の見積り及び維持方法

六　開設の時期

〔学則記載事項〕

第四条　前条の学則中には、少くとも、次の事項を記載しなければならない。

一　修業年限、学年、学期及び授業を行わない日（以下「休業日」という。）に関する事項

二　部科及び課程の組織に関する事項

三　教育課程及び授業日時数に関する事項

四　学習の評価及び課程修了の認定に関する事項

五　収容定員及び職員組織に関する事項

六　入学、退学、転学、休学及び卒業に関する事項

七　授業料、入学料その他の費用徴収に関する事項

八　賞罰に関する事項

九　寄宿舎に関する事項

②　前項各号に掲げる事項のほか、通信制の課程を置く高等学校（中等教育学校の後期課程を含む。以下この項において同じ。）については、前条の学則中に、次の事項を記載しなければならない。

一　通信教育を行う区域に関する事項

二　通信教育について協力する高等学校に関する事項

〔学校の目的等の変更の認可の申請等〕

第四条の二　学校の目的、名称、位置、学則又は経費の見積り及び維持方法の変更についての認可の申請又は届出は、それぞれ認可申請書又は届出書に、変更の事由及び時期を記載した書類を添えてしなければならない。

②　私立学校の収容定員に係る学則の変更についての認可の申請は、認可申請書に、前項の書類のほか、経費の見積り及び維持方法を記載した書類並びに当該変更後の収容定員に必要な校地校舎等の図面を添えてしなければならない。

〔学校の校地校舎等に関する届出〕

第五条　学校の校地校舎等に関する権利を取得し、若しくは処分し、又は用途の変更、改築等によりこれらの現状に重要な変更を加えることについての届出は、届出書に、その事由及び時期を記載した書類並びに当該校地校舎等の図面を添えてしなければならない。

〔分校の設置認可の申請等〕

第六条　分校（私立学校の分校を含む。第七条の七において同じ。）の設置についての認可の申請又は届出は、それぞれ認可申請書又は届出書に、次の事項（市町村立の小学校及び中学校については、第四号及び第五号の事項を除く。）を記載した書類及び校地校舎等の図面を添えてしなければならない。

一　事由
二　名称
三　位置
四　学則の変更事項
五　経費の見積り及び維持方法
六　開設の時期

〔二部授業の届出〕

第七条　二部授業を行うことについての届出は、届出書に、その事由、期間及び実施方法を記載した書類を添えてしなければならない。

〔学級編制の認可申請等〕

第七条の二　学級の編制についての認可の申請は、認可申請書に、各学年ごとの各学級別の生徒の数（数学年の生徒を一学級に編制する場合にあつては、各学級ごとの各学年別の生徒の数とする。本条中以下同じ。）を記載した書類を添えてしなければならない。

②　学級の編制の変更についての認可の申請は、認可申請書に、変更の事由及び時期並びに変更前及び変更後の各学年ごとの各学級別の生徒の数を記載した書類を添えてしなければならない。

〔高等学校の全日制課程等の設置認可の申請等〕

第七条の三　高等学校（中等教育学校の後期課程を含む。）の全日制の課程、定時制の課程、通信制の課程、学科、専攻科若しくは別科、大学の学部、学部の学科、大学院若しくは大学院の研究科、短期大学の学科、高等専門学校の学科又は盲学校、聾《ろう》学校若しくは養護学校の高等部の学科、専攻科若しくは別科の設置についての認可の申請又は届出は、それぞれ認可申請書又は届出書に、第六条各号の事項を記載した書類及びその使用に係る部分の校地校舎等の図面を添えてしなければならない。

〔学則の記載事項〕

第七条の八　学校教育法施行令（昭和二十八年政令第三百四十号）第二十四条の二第四号の文部科学省令で定める学則の記載事項は、第四条第一項第一号（修業年限に関する事項に限る。）及び第五号並びに同条第二項第一号及び第二号に掲げる事項とする。

②　学校教育法施行令第二十四条の二に規定する事項についての認可の届出は、認可申請書に係る書類の写しを添えてしなければならない。

第七条の八の二　学校教育法施行令第二十六条第四項の規定による都道府県の教育委員会の報告は、報告書に、市町村の教育委員会からの届出に係るものについては当該届出に係る書類の写しを、当該都道府県の設置する高等学校に係るものについては変更の事由及び時期を記載した書類を添えてしなければならない。

第七条の八の三　学校教育法施行令第二十七条の二第二項の規定による都道府県知事の報告は、報告書に当該届出に係る書類の写しを添えてしなければならない。

〔所轄庁への委任〕

第七条の九　学校教育法（昭和二十二年法律第二十六号）、学校教育法施行令及びこの省令の規定に基づいてなすべき認可の申請、届出及び報告の手続その他の細則については、文部科学省令で定めるもののほか、公立又は私立の大学及び高等専門学校並びに放送大学学園の設置する大学に係るものにあつては文部科学大臣、大学及び高等専門学校以外の市町村の設置する学校に係るものにあつては都道府県の教育委員会、大学及び高等専門学校以外の私立学校に係るものにあつては都道府県知事が、これを定める。

第二節　校長及び教頭の資格〔略〕

第三節　管理

〔表簿〕

第十五条　学校において備えなければならない表簿は、概ね次のとおりとする。

一　学校に関係のある法令

二　学則、日課表、教科用図書配当表、学校医執務記録簿、学校歯科医執務記録簿、学校薬剤師執務記録簿及び学校日誌

三　職員の名簿、履歴書、出勤簿並びに担任学級、担任の教科又は科目及び時間表

四　指導要録、その写し及び抄本並びに出席簿及び健康診断に関する表簿

五　入学者の選抜及び成績考査に関する表簿

六　資産原簿、出納簿及び経費の予算決算についての帳簿並びに図書機械器具、標本、模型等の教具の目録〔傍線＝編者〕

七　往復文書処理簿

②　前項の表簿（第十二条の三第二項の抄本又は写しを除く。）は、別に定めるもののほか、五年間、これを保存しなければならない。ただし、指導要録及びその写しのうち入学、卒業等の学籍に関する記録については、その保存期間は、二十年間とする。

③　学校教育法施行令第三十一条〔学校廃止後の書類の保存〕の規定により指導要録及びその写しを保存しなければならない期間は、前項のこれらの書類の保存期間から当該学校においてこれらの書類を保存していた期間を控除した期間とする。

第二章　小学校

第一節　設備編制

〔小学校設置基準〕

第十六条　小学校の設置基準は、この節に規定するもののほか、別にこれを定める。

〔専任教諭〕

第二十二条　小学校においては、校長のほか、各学級毎に専任の教諭一人以上を置かなければならない。ただし、特別の事情のあるときは、校長又は教頭が教諭を兼ねることができる。

〔校務分掌〕

第二十二条の二　小学校においては、調和のとれた学校運営が行われるためにふさわしい校務分掌の仕組みを整えるものとする。

〔教務主任及び学年主任〕

第二十二条の三　小学校には、教務主任及び学年主任を置くものとする。ただし、特別の事情のあるときは、教務主任又は学年主任を置かないことができる。

②　教務主任及び学年主任は、教諭をもつて、これに充てる。

③　教務主任は、校長の監督を受け、教育計画の立案その他の教務に関する事項について連絡調整及び指導、助言に当たる。

④　学年主任は、校長の監督を受け、当該学年の教育活動に関する事項について連絡調整及び指導、助言に当たる。

〔保健主事〕

第二十二条の四　小学校においては、保健主事を置くものとする。ただし、特別の事情のあるときは、これを置かないことができる。

②　保健主事は、教諭又は養護教諭をもつて、これに充てる。

③　保健主事は、校長の監督を受け、小学校における保健に関する事項の管理に当る。

〔事務主任〕

第二十二条の五　小学校には、事務主任を置くことができる。

②　事務主任は、事務職員をもつて、これに充てる。

③　事務主任は、校長の監督を受け、事務をつかさどる。

〔校務分担主任等の設置〕

第二十二条の六　小学校においては、前三条に規定する教務主任、学年主任、保健主事及び事務主任のほか、必要に応じ、校務を分担する主任等を置くことができる。

〔特定教科担任教員〕

第二十三条　小学校においては、特定の教科を担任するため、必要な数の教員を置くことができる。

〔職員会議〕

第二十三条の二　小学校には、設置者の定めるところにより、校長の職務の円滑な執行に資するため、職員会議を置くことができる。

2　職員会議は、校長が主宰する。

〔学校評議員〕

第二十三条の三　小学校には、設置者の定めるところにより、学校評議員を置くことができる。

2　学校評議員は、校長の求めに応じ、学校運営に関し意見を述べることができる。

3　学校評議員は、当該小学校の職員以外の者で教育に関する理解及び識見を有するもののうちから、校長の推薦により、当該小学校の設置者が委嘱する。

第二節　教科

〔小学校学習指導要領〕

第二十五条　小学校の教育課程については、この節に定めるもののほか、教育課程の基準として文部科学大臣が別に公示する小学校学習指導要領〔別掲〕によるものとする。

第三節　就学〔略〕

第四節　学年及び授業日

〔学年〕

第四十四条　小学校の学年は、四月一日に始まり、翌年三月三十一日に終る。

〔授業終始時刻〕

第四十六条　授業終始の時刻は、校長が、これを定める。

〔休業日〕

第四十七条　公立小学校における休業日は、次のとおりとする。ただし、第三号に掲げる日を除き、特別の必要がある場合は、この限りでない。

一　国民の祝日に関する法律（昭和二十三年法律第百七十八号）に規定する日

二　日曜日及び土曜日

三　学校教育法施行令第二十九条〔学期及び休業日〕の規定により教育委員会が定める日

第四十七条の二　私立小学校における学期及び休業日は、当該学校の学則で定める。

〔臨時休業〕

第四十八条　非常変災その他急迫の事情があるときは、校長は、臨時に授業を行わないことができる。この場合において、公立小学校についてはこの旨を教育委員会に報告しなければならない。

第五節　職員

〔講師〕

第四十八条の二　講師は、常時勤務に服しないことができる。

〔学校用務員〕

第四十九条　学校用務員は、学校の環境の整備その他の用務に従事する。

第三章　中学校

〔中学校設置基準〕

第五十一条　中学校の設置基準は、この章に定めるもののほか、別にこれを定める。

〔教諭の配置基準〕

第五十二条　中学校においては、一学級当り教諭二人を置くことを基準とする。

〔生徒指導主事〕

第五十二条の二　中学校には、生徒指導主事を置くものとする。ただし、特別の事情のあるときは、これを置かないことができる。

② 生徒指導主事は、教諭をもつて、これに充てる。

③ 生徒指導主事は、校長の監督を受け、生徒指導に関する事項をつかさどり、当該事項について連絡調整及び指導、助言に当たる。

〔進路指導主事〕

第五十二条の三　中学校には、進路指導主事を置くものとする。

② 進路指導主事は、教諭をもつて、これにあてる。校長の監督を受け、生徒の職業選択の指導その他の進路の指導に関する事項をつかさどり、当該事項について連絡調整及び指導、助言に当たる。

〔中学校学習指導要領〕

第五十四条の二　中学校の教育課程については、この章に定めるもののほか、教育課程の基準として文部科学大臣が別に公示する中学校学習指導要領〔別掲〕によるものとする。

〔連携型中学校の教育課程の編成〕

第五十四条の三　中学校（併設型中学校を除く。）においては、高等学校における教育との一貫性に配慮した教育を施すため、当該中学校の設置者が当該高等学校の設置者との協議に基づき定めるところにより、教育課程を編成することができる。

② 前項の規定により教育課程を編成する中学校（以下「連携型中学校」という。）は、第五十七条の四第一項の規定により教育課程を編成する高等学校と連携し、その教育課程を実施するものとする。

〔準用規定〕

第五十五条　第十七条から第二十条まで、第二十二条ただし書、第二十二条の二から第二十三条の三まで、第二十四条第二項、第二十六条から第二十八条まで、第四十二条から第四十四条まで及び第四十六条から第四十九条までの規定は、中学校に、これを準用する。この場合において、第十八条中「五学級」とあるのは「二学級」と読み替えるものとする。

第四章　高等学校

第一節　設備、編制、学科及び教科

〔高等学校設置基準〕

第五十六条　高等学校の設備、編制及び学科の種類は、高等学校設置基準（昭和二十三年文部省令第一号）〔別掲〕の定めるところによる。

〔学科主任等〕

第五十六条の二　二以上の学科を置く高等学校には、専門教育を主とする学科ごとに学科主任を置き、農業に関する専門教育を主とする学科を置く高等学校には、農場長を置くものとする。ただし、特別の事情のあるときは、学科主任又は農場長を置かないことができる。
② 学科主任及び農場長は、教諭をもつて、これに充てる。
③ 学科主任は、校長の監督を受け、当該学科の教育活動に関する事項について連絡調整及び指導、助言に当たる。
④ 農場長は、校長の監督を受け、農業に関する実習地及び実習施設の運営に関する事項をつかさどる。

〔事務長〕

第五十六条の三　高等学校には、事務長を置くものとする。
② 事務長は、事務職員をもつて、これに充てる。
③ 事務長は、校長の監督を受け、事務をつかさどる。

〔高等学校学習指導要領〕

第五十七条の二　高等学校の教育課程については、この章に定めるもののほか、教育課程の基準として文部科学大臣が別に公示する高等学校学習指導要領（別掲）によるものとする。

第五十七条の三　高等学校の教育課程に関し、その改善に資する研究を行なうため特に必要があり、かつ、生徒の教育上適切な配慮がなされていると文部科学大臣が認める場合においては、文部科学大臣が別に定めるところにより、前二条の規定によらないことができる。

第五十七条の四　高等学校（学校教育法第五十一条の十の規定により中学校における教育と一貫した教育を施すもの（以下「併設型高等学校」という。）を除く。）においては、中学校における教育との一貫性に配慮した教育を施すため、当該高等学校の設置者が当該中学校の設置者との協議に基づき定めるところにより、教育課程を編成することができる。
② 前項の規定により教育課程を編成する高等学校（第五十九条第四項において「連携型高等学校」という。）は、連携型中学校と連携し、その教育課程を実施するものとする。

〔教科用図書〕

第五十八条　高等学校においては、文部科学大臣の検定を経た教科用図書又は文部科学省が著作の名義を有する教科用図書のない場合には、当該高等学校の設置者の定めるところにより、他の適切な教科用図書を使用することができる。

第二節　入学、退学、転学、留学、休学及び卒業等

〔修得単位〕

第六十三条の二　校長は、生徒の高等学校の全課程の修了を認めるに当たつては、高等学校学習指導要領の定めるところにより、七十四単位以上を修得した者について、これを行わなければならない。ただし、第五十七条の三の規定により、高等学校の教育課程に関し第五十七条又は第五十七条の二の規定によらない場合においては、文部科学大臣が別に定めるところにより、これを行うものとする。

〔他校単位の修得・加算等〕

第六十三条の三　校長は、教育上有益と認めるときは、生徒が当該校長の定めるところにより他の高等学校又は中等教育学校の後期課程において一部の科目の単位を修得したときは、当該修得した単位数を当該生徒の在学する高等学校が定めた全課程の修了を認めるに必要な単位数のうちに加えることができる。
2　前項の規定により、生徒が他の高等学校又は中等教育学校の後期課程において一部の科目の単位を修得する場合においては、当

該他の高等学校又は中等教育学校の校長は、当該生徒について一部の科目の履修を許可することができる。

3　同一の高等学校に置かれている全日制の課程、定時制の課程及び通信制の課程相互の間の併修については、前二項の規定を準用する。

〔特定学修の単位認定〕

第六十三条の四　校長は、教育上有益と認めるときは、当該校長の定めるところにより、生徒が行う次に掲げる学修を当該生徒の在学する高等学校における科目の履修とみなし、当該科目の単位を与えることができる。

一　大学、高等専門学校又は専修学校の高等課程若しくは専門課程における学修その他の教育施設等における学修で文部科学大臣が別に定めるもの

二　知識及び技能に関する審査で文部科学大臣が別に定めるものの合格に係る学修

三　ボランティア活動その他の継続的に行われる活動（当該生徒の在学する高等学校の教育活動として行われるものを除く。）に係る学修で文部科学大臣が別に定めるもの

〔特定学修の単位数の上限〕

第六十三条の五　第六十三条の三の規定に基づき加えることのできる単位数及び前条の規定に基づき与えることのできる単位数の合計数は二十を超えないものとする。

第三節　定時制の課程及び通信制の課程並びに学年による教育課程の区分を設けない場合その他

〔高等学校通信教育規程〕

第六十四条　通信制の課程の設備、編制その他に関し必要な事項は、この章に定めるもののほか、高等学校通信教育規程（昭和三十七年文部省令第三十二号）〔別掲〕の定めるところによる。

2　第五十六条（学科の種類に係るものを除く。）並びに第六十五条で準用する第四十四条、第四十七条から第四十八条までの規定は、通信制の課程に適用しない。

〔高等学校の定時制・通信制課程の修業年限〕

第六十四条の二　高等学校の定時制の課程又は通信制の課程の修業年限を定めるに当たつては、勤労青年の教育上適切な配慮をするよう努めるものとする。

〔高等学校の定時制・通信制課程の特例〕

第六十四条の三　高等学校においては、第六十五条第一項で準用する第二十七条（各学年の課程の修了に係る部分に限る。）の規定にかかわらず、学年による教育課程の区分を設けないことができる。

2　前項の規定により学年による教育課程の区分を設けない場合における入学等に関する特例その他必要な事項は、単位制高等学校教育規程（昭和六十三年文部省令第六号）の定めるところによる。

〔準用規定〕

第六十五条　第二十二条の二から第二十二条の四まで、第二十二条の六、第二十三条の二、第二十三条の三、第二十六条から第二十八条まで（第二十六条の二を除く。）、第四十四条、第四十六条から第四十九条まで、第五十二条の二及び第五十二条の三の規定は、高等学校に、これを準用する。

②　前項の規定において準用する第四十四条の規定にかかわらず、修業年限が三年を超える定時制の課程を置く場合は、その最終の学年は、四月一日に始まり、九月三十日に終わるものとすることができる。

③　校長は、特別の必要があり、かつ、教育上支障がないときは、

第一項において準用する第四十四条に規定する学年の途中においても、学期の区分に従い、入学（第六十条に規定する入学を除く。）を許可し並びに各学年の課程の修了及び卒業を認めることができる。

第四章の二　中等教育学校並びに併設型中学校及び併設型高等学校

第一節　中等教育学校

〔中等教育学校の設置基準〕

第六十五条の二　中等教育学校の設置基準は、この章に定めるもののほか、別にこれを定める。

〔準用規定〕

第六十五条の三　中等教育学校の後期課程の設備、編制及び学科の種類については、高等学校設置基準〔別掲〕の規定を準用する。

〔授業時数〕

第六十五条の四　次条第一項において準用する第五十三条に規定する中等教育学校の前期課程の各学年における必修教科、道徳、特別活動及び総合的な学習の時間のそれぞれの授業時数、各学年における選択教科等に充てる授業時数並びに各学年におけるこれらの総授業時数は、別表第三の二〔略〕に定める授業時数を標準とする。

〔準用規定〕

第六十五条の五　中等教育学校の前期課程の教育課程については、第二十四条第二項、第二十六条の二及び第五十三条の規定並びに第五十四条の二の規定に基づき文部科学大臣が公示する中学校学習指導要領〔別掲〕の規定を準用する。

②　中等教育学校の後期課程の教育課程については、第五十七条及び第五十七条の三の規定並びに第五十七条の二の規定に基づき文部科学大臣が公示する高等学校学習指導要領〔別掲〕の規定を準用する。

〔教育課程基準の特例〕

第六十五条の六　中等教育学校の教育課程については、この章に定めるもののほか、教育課程の基準の特例として文部科学大臣が別に定めるところによるものとする。

〔入学許可〕

第六十五条の七　中等教育学校の入学は、設置者の定めるところにより、校長が、これを許可する。

②　前項の場合において、公立の中等教育学校については、学力検査を行わないものとする。

〔通信制後期課程〕

第六十五条の八　中等教育学校の後期課程の通信制の課程の設備、編制その他に関し必要な事項は、この章に定めるもののほか、高等学校通信教育規程〔別掲〕の規定を準用する。

〔無学年教育課程の入学等〕

第六十五条の九　次条第三項において準用する第六十四条の三第一項の規定により学年による教育課程の区分を設けない場合における入学等に関する特例その他必要な事項は、単位制高等学校教育規程の規定を準用する。

〔準用規定〕

第六十五条の十　第二十二条の二から第二十二条の四まで、第二十二条の六、第二十三条から第二十三条の三まで、第二十六条、第二十七条、第二十八条、第四十四条、第四十六条から第四十九条まで、第五十二条の二、第五十二条の三、第五十六条の三、第六十条及び第六十二条の規定は、中等教育学校に、これを準用する。

②　第十九条、第二十条、第五十二条及び第五十四条の四の規定は、

中等教育学校の前期課程に、これを準用する。

③ 第五十六条の二、第五十八条、第六十一条、第六十一条の二、第六十三条の二から第六十三条の五まで、第六十四条第二項、第六十四条の二、第六十四条の三第一項及び第六十五条第二項の規定は、中等教育学校の後期課程に、これを準用する。

第二節 併設型中学校及び併設型高等学校の教科及び入学

〔併設型中学・高校の教育課程基準〕

第六十五条の十一 併設型中学校の教育課程については、第三章に定めるもののほか、教育課程の基準の特例として文部科学大臣が別に定めるところによるものとする。

② 併設型高等学校の教育課程については、第四章に定めるもののほか、教育課程の基準の特例として文部科学大臣が別に定めるところによるものとする。

〔併設型中学・高校の教育課程の編成〕

第六十五条の十二 併設型中学校及び併設型高等学校においては、中学校における教育と高等学校における教育を一貫して施すため、設置者の定めるところにより、教育課程を編成するものとする。

〔入学者選抜の排除〕

第六十五条の十三 第五十九条第一項の規定にかかわらず、併設型高等学校においては、当該高等学校に係る併設型中学校の生徒については入学者の選抜は行わないものとする。

〔準用規定〕

第六十五条の十四 第六十五条の四及び第六十五条の七の規定は、併設型中学校に、これを準用する。

第五章 大学

第一節 設備、編制、学部及び学科

〔大学設置基準等〕

第六十六条 大学（大学院を含み、短期大学を除く。以下この項において同じ。）の設備、編制、学部及び学科に関する事項、教員の資格に関する事項、通信教育に関する事項その他大学の設置に関する事項は、大学設置基準（昭和三十一年文部省令第二十八号）〔別掲〕、大学通信教育設置基準（昭和五十六年文部省令第三十三号）〔別掲〕及び大学院設置基準（昭和四十九年文部省令第二十八号）〔別掲〕の定めるところによる。

② 短期大学の設備、編制、学科、教員の資格、通信教育に関する事項その他短期大学の設置に関する事項は、短期大学設置基準（昭和五十年文部省令第二十一号）〔別掲〕及び短期大学通信教育設置基準（昭和五十七年文部省令第三号）〔別掲〕の定めるところによる。

〔代議員会〕

第六十六条の二 教授会は、その定めるところにより、教授会に属する職員のうちの一部の者をもって構成される代議員会、専門委員会等（次項において「代議員会等」という。）を置くことができる。

2 教授会は、その定めるところにより、代議員会等の議決をもって、教授会の議決とすることができる。

第二節 入学、退学、転学、留学、休学、卒業その他

〔入・退学、卒業等〕

第六十七条 学生の入学、退学、転学、留学、休学及び卒業は、教授会の議を経て、学長が、これを定める。

〔学位〕

第六十八条 学位に関する事項は、学位規則（昭和二十八年文部省令第九号）の定めるところによる。

〔修業年限の通算〕

第六十八条の二　学校教育法第五十五条の二に規定する修業年限の通算は、大学の定めるところにより、大学設置基準第三十一条又は短期大学設置基準第十七条に規定する科目等履修生（大学の学生以外の者に限る。）として一の大学において一定の単位（学校教育法第五十六条の規定により入学資格を有した後、修得したものに限る。）を修得した者に対し、大学設置基準第三十条第一項又は短期大学設置基準第十六条第一項の規定により当該大学に入学した後に修得したものとみなすことのできる当該単位数、その修得に要した期間その他大学が必要と認める事項を勘案して行うものとする。

〔特例卒業の認定〕

第六十八条の三　学校教育法第五十五条の三に規定する卒業の認定は、次の各号に掲げる要件のすべてに該当する場合（学生が薬学を履修する課程その他授業科目の構成等の特別の事情を考慮して文部科学大臣が別に定める課程に在学する場合を除く。）に限り行うことができる。

一　大学が、学修の成果に係る評価の基準その他の学校教育法第五十五条の三に規定する卒業の認定の基準を定め、それを公表していること。

二　大学が、大学設置基準第二十七条の二に規定する履修科目として登録することができる単位数の上限を定め、適切に運用していること。

三　学校教育法第五十五条第一項に定める学部の課程を履修する学生が、卒業の要件として修得すべき単位を修得し、かつ、当該単位を優秀な成績をもつて修得したと認められること。

四　学生が、学校教育法第五十五条の三に規定する卒業を希望していること。

〔特定学部・夜間学部の在学期間〕

第六十八条の四　学校教育法第五十五条第一項ただし書の規定により修業年限を四年を超えるものとする学部に在学する学生にあつては、学校教育法第五十五条の三の規定により在学すべき期間は、四年とする。

〔特例卒業の在学期間の計算〕

第六十八条の五　学校教育法第五十五条の三の規定により、一の大学（短期大学を除く。以下この条において同じ。）に三年以上在学したものに準ずる者を、次の各号の一に該当する者であつて、在学期間が通算して三年以上となつたものと定める。

一　第六十八条の三第一号及び第二号の要件を満たす一の大学から他の当該各号の要件を満たす大学へ転学した者

二　第六十八条の三第一号及び第二号の要件を満たす大学を退学した者であつて、当該大学における在学期間以下の期間を別の当該各号の要件を満たす大学の修業年限に通算されたもの

三　第六十八条の三第一号及び第二号の要件を満たす大学を卒業した者であつて、当該大学における修業年限以下の期間を別の当該各号の要件を満たす大学の修業年限に通算されたもの

〔編入学〕

第七十条の七　短期大学を卒業した者は、編入学しようとする大学（短期大学を除く。）の定めるところにより、当該大学の修業年限から、卒業した短期大学における修業年限に相当する年数以下の期間を控除した期間を在学すべき期間として、当該大学に編入学することができる。

〔公開講座〕

第七十一条　公開講座に関する事項は、別にこれを定める。

〔準用規定〕

第七十二条　第二十八条及び第四十四条の規定は、大学に、これを準用する。

②　大学は、前項において準用する第四十四条に規定する学年の途中においても、学期の区分に従い、学生を入学させ及び卒業させることができる。

第五章の二　高等専門学校

〔高等専門学校設置基準〕

第七十二条の二　高等専門学校の設備、編制、学科、教育課程、教員の資格に関する事項その他高等専門学校の設置に関する事項については、高等専門学校設置基準（昭和三十六年文部省令第二十三号）〔別掲〕の定めるところによる。

〔教務主事及び学生主事〕

第七十二条の三　高等専門学校には、教務主事及び学生主事を置くものとする。

②　高等専門学校には、寮務主事を置くことができる。

③　教務主事は、校長の命を受け、教育計画の立案その他教務に関することを掌理する。

④　学生主事は、校長の命を受け、学生の厚生補導に関すること（寮務主事を置く高等専門学校にあつては、寮務主事の所掌に属するものを除く。）を掌理する。

⑤　寮務主事は、校長の命を受け、寄宿舎における学生の厚生補導に関することを掌理する。

〔編入学〕

第七十二条の六　高等専門学校を卒業した者は、編入学しようとする大学の定めるところにより、当該大学の修業年限から、二年以下の期間を控除した期間を在学すべき期間として、当該大学に編入学することができる。

〔準用規定〕

第七十二条の七　第二十七条、第二十八条、第四十四条、第四十六条から第四十七条の二まで、第五十九条第一項及び第二項、第六十条、第六十一条第一項、第六十二条、第六十三条、第六十五条第三項並びに第七十一条の規定は、高等専門学校に、これを準用する。

第六章　特殊教育

〔盲、聾《ろう》、養護学校の設置基準並びに特殊学級の設備編制〕

第七十三条　盲学校、聾《ろう》学校及び養護学校の設置基準並びに特殊学級の設備編制は、この章に規定するもののほか、別にこれを定める。

〔盲、聾《ろう》、養護学校の教育課程の基準〕

第七十三条の十　盲学校、聾《ろう》学校及び養護学校の教育課程については、この章に定めるもののほか、教育課程の基準として文部科学大臣が別に公示する盲学校、聾《ろう》学校及び養護学校幼稚部教育要領、盲学校、聾《ろう》学校及び養護学校小学部・中学部学習指導要領〔別掲〕及び盲学校、聾《ろう》学校及び養護学校高等部学習指導要領〔別掲〕によるものとする。

第七章　幼稚園

〔幼稚園設置基準〕

第七十四条　幼稚園の設備、編制その他設置に関する事項は、幼稚園設置基準（昭和三十一年文部省令第三十二号）〔別掲〕の定めるところによる。

〔幼稚園教育要領〕

第七十六条　幼稚園の教育課程については、この章に定めるもののほか、教育課程の基準として文部科学大臣が別に公示する幼稚園教育要領によるものとする。

〔準用規程〕

第七十七条　第二十三条の二、第二十三条の三、第二十六条、第四十四条及び第四十六条から第四十九条までの規定は、幼稚園に、これを準用する。

第七章の二　専修学校

〔専修学校設置基準〕

第七十七条の二　専修学校の設備、編制、授業、教員の資格その他専修学校の設置に関する事項は、専修学校設置基準（昭和五十一年文部省令第二号）〔別掲〕の定めるところによる。

〔修業年限・編入学等〕

第七十七条の八　学校教育法第八十二条の十に規定する文部科学大臣の定める基準は、次のとおりとする。

一　修業年限が二年以上であること。

二　課程の修了に必要な総授業時数が別に定める授業時数以上であること。

2　前項の基準を満たす専修学校の専門課程を修了した者は、編入学しようとする大学の定めるところにより、当該大学の修業年限から、修了した専修学校の専門課程における修業年限に相当する年数以下の期間を控除した期間を在学すべき期間として、当該大学に編入学することができる。ただし、在学すべき期間は、一年を下つてはならない。

〔準用規定〕

第七十七条の九　第三条及び第四条の規定は、専修学校の設置（高等課程、専門課程又は一般課程の設置を含む。）の認可の申請について準用する。

第八章　雑則

〔各種学校規程〕

第七十九条　前条に規定するもののほか、各種学校に関し必要な事項は、各種学校規程（昭和三十一年文部省令第三十一号）〔別掲〕の定めるところによる。

附　則〔略〕

附　則〔平成一一年三月二九日文部省令第七号　一部改正＝平成一一年六月三日文部省令第三〇号〕〔抄〕

1　この省令の規定は、次の各号に掲げる区分に従い、それぞれ当該各号に定める日から施行する。

三　第四十七条、第六十三条の二、第六十五条の四、第七十二条の七、第七十三条の七、第七十三条の八、第七十三条の十一及び別表第三の二の改正規定　平成十四年四月一日

四　第五十七条、第七十三条の九、別表第三及び別表第四の改正規定、別表第五及び別表第六を削る改正規定並びに次項、附則第三項、第十項及び第十一項の規定　平成十五年四月一日

〔別表　略〕

学校週五日制の実施について（通知）抄

〔平成四年三月二三日文初小第二九六号
各都道府県教育委員会教育長あて
初等中等教育局長、生涯学習局長通知〕

このたび、平成四年三月二十三日付け文初小第百十九号で通達したとおり、学校教育法施行規則の一部を改正し、幼稚園、小学校、中学校、高等学校並びに盲学校、聾学校及び養護学校において、平成四年九月一日から毎月の第二土曜日を休業日とする学校週五日制を実施することとしました。

ついては、下記の事項に留意するとともに、別添〔略〕の「社会の変化に対応した新しい学校運営等の在り方について（審議のまとめ）」（平成四年二月二十日、社会の変化に対応した新しい学校運営等に関する調査研究協力者会議）を参考にし、学校週五日制が円滑に実施されるようお願いします。

なお、所管の学校及び管下の市町村教育委員会に対して、この趣旨を徹底されるようお願いします。

記

一　教育課程上及び学校運営上の対応〔抄〕

(2)　学校運営上の対応

ア　各学校及び教育委員会においては、教育課程上の対応にとどまらず、地域に開かれた学校づくり、学級経営、生徒指導、教員の研修や教材研究、休業日となる土曜日の対応など学校運営全般にわたり適切に対応すること。

イ　各学校及び教育委員会においては、次の例を参考にしながら、地域や学校の実態に応じて地域に開かれた学校づくりを推進すること。

(ア)　幼児児童生徒を含め地域住民が遊び、スポーツ、文化活動などを行う場として、校庭、体育館、図書室〔傍線＝編者〕、特別教室などの学校施設を積極的に開放すること。

(イ)　教育活動について地域の人々の理解と協力を求めたり、家庭や地域社会の学校に対する要望なども考慮したりすること。

(ウ)　地域に開かれた学校づくりを進めるために、教員の意識や発想の転換を図ること。

キ　休業日となる土曜日には教員は休みとするのを原則とするが、上記カの(イ)〔略〕と対応して、当面、遊び、スポーツ、文化活動などを行う場合には、教員も、必要に応じて、適切に対応すること。

二　家庭や地域社会における幼児児童生徒の体験等の充実

(1)　教育委員会は、次の事項に配慮して、幼児児童生徒の生活体験、自然体験、社会体験などの豊かな体験に資するよう、遊び、スポーツや文化活動、自然と触れ合う活動、社会参加活動などの多様な活動を促進するための関係事業を推進すること。

イ　学校施設の開放のほか、公民館、図書館〔傍線＝編者〕、博物館、青少年教育施設等の社会教育施設や社会体育施設、文化施設など幼児児童生徒の利用できる場所の確保に努めるとともに、これらの施設において、幼児児童生徒の活動等に配慮した事業を展開するなどその活用の促進に努めること。

エ　家庭や幼児児童生徒に対し、遊びや多様な活動に参加できる機会や場に関する情報提供を積極的に進めること。

三　関係者に対する要請等〔略〕

○大学設置・学校法人審議会令

〔昭和六二年九月一〇日 政令第三〇二号〕

最近改正 平成一二年六月七日 政令第三〇八号

〔根拠＝学校教育法〔別掲〕第六〇条の二 私立学校法〔別掲〕第八条〕

（組織）

第一条 大学設置・学校法人審議会（以下「審議会」という。）は、委員二十九人以内で組織する。

2 審議会に、特別の事項を調査審議させるため必要があるときは、特別委員を置くことができる。

3 審議会に、専門の事項を調査させるため必要があるときは、専門委員を置くことができる。

（委員等の任命）

第二条 委員は、次に掲げる者のうちから、文部科学大臣が任命する。

一 大学又は高等専門学校の職員（次号に掲げる者を除く。）

二 私立大学若しくは私立高等専門学校の職員又はこれらを設置する学校法人の理事

三 学識経験のある者

2 特別委員は、当該特別の事項に関し学識経験のある者のうちから、文部科学大臣が任命する。

3 専門委員は、当該専門の事項に関し学識経験のある者のうちから、文部科学大臣が任命する。

（委員の任期等）

第三条 委員の任期は、二年とする。ただし、補欠の委員の任期は、前任者の残任期間とする。

2 委員は、再任されることができる。

3 特別委員は、その者の任命に係る当該特別の事項に関する調査審議が終了したときは、解任されるものとする。

4 専門委員は、その者の任命に係る当該専門の事項に関する調査が終了したときは、解任されるものとする。

5 委員、特別委員及び専門委員は、非常勤とする。

（会長）

第四条 審議会に、会長を置き、委員の互選により選任する。

2 会長は、会務を総理し、審議会を代表する。

3 会長に事故があるときは、あらかじめその指名する委員が、その職務を代理する。

（分科会）

第五条 審議会に、次に掲げる分科会を置く。

大学設置分科会

学校法人分科会

2 大学設置分科会は、審議会の所掌事務のうち、学校教育法（昭和二十二年法律第二十六号）〔別掲〕の規定に基づき審議会の権限に属させられた事項を処理することをつかさどる。

3 学校法人分科会は、審議会の所掌事務のうち、私立学校法（昭和二十四年法律第二百七十号）〔別掲〕及び私立学校振興助成法（昭和五十年法律第六十一号）〔別掲〕の規定に基づき審議会の権限に属させられた事項を処理することをつかさどる。

4 第一項に掲げる分科会に属すべき委員、特別委員及び専門委員は、文部科学大臣が指名する。

第六条 文部科学大臣は、前条第四項の規定により学校法人分科会に属すべき委員を指名するに当たつては、私立大学等関係委員（第二条第一項第二号に掲げる者のうちから任命された委員であつて、同分科会に属するものをいう。以下この条において同じ。）に関し次に掲げる要件を満たすように行わなければならない。

一 私立大学等関係委員の数が学校法人分科会に属する委員の総数の四分の三以上であること。

二 私立大学等関係委員のうち、私立大学の学長、私立高等専門学校の校長又はこれらの学校の教員である理事以外の理事である委員の数が、私立大学等関係委員の数の二分の一以下であること。

2 私立大学等関係委員は、次の各号のいずれにも該当する団体があるときは、当該団体から推薦された者でなければならない。

一 私立大学及び私立高等専門学校の教育一般の改善振興を図ることを目的としていること。

二 私立大学及び私立高等専門学校の総数の三分の二以上をもつて組織されていること。

三 在籍する学生の数が私立大学又は私立高等専門学校に在籍する学生の総数の三分の二を超える私立大学又は私立高等専門学校で組織されていること。

3 前項の推薦に関し必要な事項は、文部科学省令で定める。

第七条 分科会に、分科会長を置き、当該分科会に属する委員の互選により選任する。

2 分科会長は、当該分科会の事務を掌理する。

3 分科会長に事故があるときは、その分科会に属する委員のうちから分科会長のあらかじめ指名する者が、その職務を代理する。

第八条 審議会は、その定めるところにより、分科会の議決をもつて審議会の議決とすることができる。

（議事）

第九条 審議会は、委員の過半数が出席しなければ、会議を開き、議決することができない。

2 審議会の議事は、会議に出席した委員の過半数で、可否同数のときは、会長の決するところによる。

3 前二項の規定は、分科会の議事について準用する。

第十条 審議会の委員は、自己、配偶者若しくは三親等以内の親族の一身上に関する事件又は自己の関係する学校若しくは学校法人に関する事件については、その議事の議決に加わることができない。ただし、会議に出席し、発言することを妨げない。

（庶務）

第十一条 審議会の庶務は、文部科学省高等教育局高等教育企画課において総括し、及び処理する。ただし、学校法人分科会に係るものについては、文部科学省高等教育局私学部私学行政課において処理する。

（雑則）

第十二条 この政令に定めるもののほか、議事の手続その他審議会の運営に関し必要な事項は、会長が審議会に諮つて定める。

附 則〔略〕

○大学設置基準

〔昭和三一年一〇月二二日
文部省令第二八号〕

最近改正　平成一三年三月三〇日　文部科学省令第四四号

目次

第一章　総則

（趣旨）

第一条　大学（短期大学を除く。以下同じ。）は、学校教育法（昭和二十二年法律第二十六号）〔別掲〕その他の法令の規定によるほか、この省令の定めるところにより設置するものとする。

2　この省令で定める設置基準は、大学を設置するのに必要な最低の基準とする。

3　大学は、この省令で定める設置基準より低下した状態にならないようにすることはもとより、その水準の向上を図ることに努めなければならない。

（自己評価等）

第二条　大学は、その教育研究水準の向上を図り、当該大学の目的及び社会的使命を達成するため、当該大学における教育研究活動等の状況について自ら点検及び評価を行い、その結果を公表するものとする。

2　前項の点検及び評価を行うに当たつては、同項の趣旨に即し適切な項目を設定するとともに、適当な体制を整えて行うものとする。

3　大学は、第一項の点検及び評価の結果について、当該大学の職員以外の者による検証を行うよう努めなければならない。

（情報の積極的な提供）

第二条の二　大学は、当該大学における教育研究活動等の状況について、刊行物への掲載その他広く周知を図ることができる方法によつて、積極的に情報を提供するものとする。

第二章　教育研究上の基本組織

（学部）

第三条　学部は、専攻により教育研究の必要に応じ組織されるものであつて、教育研究上適当な規模内容を有し、学科目又は講座の種類及び数、教員数その他が学部として適当な組織をもつと認められるものとする。

（学科）

第四条　学部には、専攻により学科を設ける。

2　前項の学科は、それぞれの専攻分野を教育研究するに必要な組織を備えたものとする。

（課程）

第五条　学部の教育上の目的を達成するため有益かつ適切であると認められる場合には、学科に代えて学生の履修上の区分に応じて組織される課程を設けることができる。

（学部以外の基本組織）

第六条　学校教育法第五十三条ただし書に規定する学部以外の教育研究上の基本となる組織（以下「学部以外の基本組織」という。）は、当該大学の教育研究上の目的を達成するため有益かつ適切であると認められるものであつて、次の各号に掲げる要件を備えるものとする。

一　教育研究上適当な規模内容を有すること。

二　教育研究上必要な教員組織、施設設備その他の諸条件を備えること。

三　教育研究を適切に遂行するためにふさわしい運営の仕組みを有すること。

2　学部以外の基本組織に係る専任教員数、校地及び校舎の面積並びに学部以外の基本組織の教育研究に必要な附属施設の基準は、当該学部以外の基本組織の教育研究上の分野に相当すると認められる分野の学部又は学科に係るこれらの基準に準ずるものとする。

3　この省令において、この章、第十三条、第三十九条、附則第二項及び第四項、別表第一並びに別表第二を除き、「学部」には学部以外の基本組織を、「学科」には学部以外の基本組織を置く場合における相当の組織を含むものとする。

第三章　教員組織

（教員組織）

第七条　大学は、その教育研究上の目的を達成するため、学科目制、講座制又は大学の定めるところにより、必要な教員を置くものとする。

2　学科目制は、教育上必要な学科目を定め、その教育研究に必要な教員を置く制度とする。

3　講座制は、教育研究上必要な専攻分野を定め、その教育研究に必要な教員を置く制度とする。

（学科目制）

第八条　教育上主要と認められる学科目（以下「主要学科目」という。）は、原則として専任の教授又は助教授が担当するものとし、主要学科目以外の学科目については、なるべく専任の教授、助教授又は講師が担当するものとする。

2　演習、実験、実習又は実技を伴う学科目には、なるべく助手を置くものとする。

（講座制）

第九条　講座には、教授、助教授及び助手を置くものとする。ただし、講座の種類により特別な事情があるときは、講師を置き、又は助教授若しくは助手を欠くことができる。

2　講座は、原則として専任の教授が担当するものとする。

第十条　削除

（授業を担当しない教員）

第十一条　大学には、教育研究上必要があるときは、授業を担当しない教員を置くことができる。

（専任教員）

第十二条　教員は、一の大学に限り、専任教員となるものとする。

（専任教員数）

第十三条　大学における専任教員の数は、別表第一により当該大学に置く学部の種類に応じ定める数と別表第二により大学全体の収容定員に応じ定める数を合計した数以上とする。

第四章　教員の資格

（教授の資格）

第十四条　教授となることのできる者は、次の各号のいずれかに該当し、かつ、大学における教育を担当するにふさわしい教育上の能力を有すると認められる者とする。

一　博士の学位（外国において授与されたこれに相当する学位を含む。）を有し、研究上の業績を有する者

二　研究上の業績が前号の者に準ずると認められる者

三　大学において教授、助教授又は専任の講師の経歴（外国におけるこれらに相当する教員としての経歴を含む。）のある者

四　芸術、体育等については、特殊な技能に秀でていると認められる者

五　専攻分野について、特に優れた知識及び経験を有すると認められる者

（助教授の資格）

第十五条　助教授となることのできる者は、次の各号のいずれかに該当し、かつ、大学における教育を担当するにふさわしい教育上の能力を有すると認められる者とする。

一　前条各号のいずれかに該当する者

二　大学において助手又はこれに準ずる職員としての経歴（外国におけるこれらに相当する職員としての経歴を含む。）のある者

三　修士の学位（外国において授与されたこれに相当する学位を含む。）を有する者

四　研究所、試験所、調査所等に在職し、研究上の業績を有する者

五　専攻分野について、優れた知識及び経験を有すると認められる者

（講師の資格）

第十六条　講師となることのできる者は、次の各号のいずれかに該当する者とする。

一　第十四条又は前条に規定する教授又は助教授となることのできる者

二　その他特殊な専攻分野について、大学における教育を担当するにふさわしい教育上の能力を有すると認められる者

（助手の資格）

第十七条　助手となることのできる者は、次の各号のいずれかに該当する者とする。

一　学士の学位（外国において授与されたこれに相当する学位を含む。）を有する者

二　前号の者に準ずる能力を有すると認められる者

第五章　収容定員

（収容定員）

第十八条　収容定員は、学科又は課程を単位とし、学部ごとに学則で定められるものとする。この場合において、第二十六条の規定による昼夜開講制を実施するときはこれに係る収容定員を、編入学定員を設けるときは入学定員及び編入学定員を、それぞれ明示するものとする。

2　収容定員は、教員組織、校地、校舎等の施設、設備その他の教育上の諸条件を総合的に考慮して定めるものとする。

第六章　教育課程

（教育課程の編成方針）

第十九条　大学は、当該大学、学部及び学科又は課程等の教育上の目的を達成するために必要な授業科目を開設し、体系的に教育課

程を編成するものとする。

2　教育課程の編成に当たつては、大学は、学部等の専攻に係る専門の学芸を教授するとともに、幅広く深い教養及び総合的な判断力を培い、豊かな人間性を涵《かん》養するよう適切に配慮しなければならない。

（教育課程の編成方法）

第二十条　教育課程は、各授業科目を必修科目、選択科目及び自由科目に分け、これを各年次に配当して編成するものとする。

（単位）

第二十一条　各授業科目の単位数は、大学において定めるものとする。

2　前項の単位数を定めるに当たつては、一単位の授業科目を四十五時間の学修を必要とする内容をもつて構成することを標準とし、授業の方法に応じ、当該授業による教育効果、授業時間外に必要な学修等を考慮して、次の基準により単位数を計算するものとする。

一　講義及び演習については、十五時間から三十時間までの範囲で大学が定める時間の授業をもつて一単位とする。

二　実験、実習及び実技については、三十時間から四十五時間までの範囲で大学が定める時間の授業をもつて一単位とする。ただし、芸術等の分野における個人指導による実技の授業については、大学が定める時間の授業をもつて一単位とすることができる。

3　前項の規定にかかわらず、卒業論文、卒業研究、卒業制作等の授業科目については、これらの学修の成果を評価して単位を授与することが適切と認められる場合には、これらに必要な学修等を考慮して、単位数を定めることができる。

（一年間の授業期間）

第二十二条　一年間の授業を行う期間は、定期試験等の期間を含め、三十五週にわたることを原則とする。

（各授業科目の授業期間）

第二十三条　各授業科目の授業は、十週又は十五週にわたる期間を単位として行うものとする。ただし、教育上特別の必要があると認められる場合は、これらの期間より短い特定の期間において授業を行うことができる。

（授業を行う学生数）

第二十四条　大学が一の授業科目について同時に授業を行う学生数は、授業の方法及び施設、設備その他の教育上の諸条件を考慮して、教育効果を十分にあげられるような適当な人数とするものとする。

（授業の方法）

第二十五条　授業は、講義、演習、実験、実習若しくは実技のいずれかにより又はこれらの併用により行うものとする。

2　大学は、文部科学大臣が別に定めるところにより、前項の授業を、多様なメディアを高度に利用して、当該授業を行う教室等以外の場所で履修させることができる。

3　大学は、第一項の授業を、外国において履修させることができる。前項の規定により、多様なメディアを高度に利用して、当該授業を行う教室等以外の場所で履修させる場合についても、同様とする。

（教育内容等の改善のための組織的な研修等）

第二十五条の二　大学、当該大学の授業の内容及び方法の改善を図るための組織的な研修及び研究の実施に努めなければならない。

（昼夜開講制）

第二十六条　大学は、教育上必要と認められる場合には、昼夜開講制（同一学部において昼間及び夜間の双方の時間帯において授業を行うことをいう。）により授業を行うことができる。

第七章　卒業の要件等

（単位の授与）

第二十七条　大学は、一の授業科目を履修した学生に対しては、試験の上単位を与えるものとする。ただし、第二十一条第三項の授業科目については、大学の定める適切な方法により学修の成果を評価して単位を与えることができる。

（履修科目の登録の上限）

第二十七条の二　大学は、学生が各年次にわたつて適切に授業科目を履修するため、卒業の要件として学生が修得すべき単位数について、学生が一年間又は一学期に履修科目として登録することができる単位数の上限を定めるよう努めなければならない。

2　大学は、その定めるところにより、所定の単位を優れた成績をもつて修得した学生については、前項に定める上限を超えて履修科目の登録を認めることができる。

（他の大学又は短期大学における授業科目の履修等）

第二十八条　大学は、教育上有益と認めるときは、学生が大学の定めるところにより他の大学又は短期大学において履修した授業科目について修得した単位を、六十単位を超えない範囲で当該大学における授業科目の履修により修得したものとみなすことができる。

2　前項の規定は、学生が、外国の大学又は短期大学に留学する場合及び外国の大学又は短期大学が行う通信教育における授業科目を我が国において履修する場合について準用する。

（大学以外の教育施設等における学修）

第二十九条　大学は、教育上有益と認めるときは、学生が行う短期大学又は高等専門学校の専攻科における学修その他文部科学大臣が別に定める学修を、当該大学における授業科目の履修とみなし、大学の定めるところにより単位を与えることができる。

2　前項により与えることができる単位数は、前条第一項及び第二項により当該大学において修得したものとみなす単位数と合わせて六十単位を超えないものとする。

（入学前の既修得単位等の認定）

第三十条　大学は、教育上有益と認めるときは、学生が当該大学に入学する前に大学又は短期大学において履修した授業科目について修得した単位（次条の規定により修得した単位を含む。）を、当該大学に入学した後の当該大学における授業科目の履修により修得したものとみなすことができる。

2　大学は、教育上有益と認めるときは、学生が当該大学に入学する前に行つた前条第一項に規定する学修を、当該大学における授業科目の履修とみなし、大学の定めるところにより単位を与えることができる。

3　前二項により修得したものとみなし、又は与えることのできる単位数は、編入学、転学等の場合を除き、当該大学において修得した単位以外のものについては、第二十八条第一項及び第二項並びに前条第一項により当該大学において修得したものとみなす単位数と合わせて六十単位を超えないものとする。

（科目等履修生）

第三十一条　大学は、大学の定めるところにより、当該大学の学生以外の者で一又は複数の授業科目を履修する者（以下「科目等履修生」という。）に対し、単位を与えることができる。

2　科目等履修生に対する単位の授与については、第二十七条の規定を準用する。

（卒業の要件）

第三十二条　卒業の要件は、大学に四年以上在学し、百二十四単位以上を修得することとする。

2　前項の規定にかかわらず、医学又は歯学に関する学科に係る卒業の要件は、大学に六年以上在学し、百八十八単位以上を修得することとする。ただし、教育上必要と認められる場合には、大学は、修得すべき単位の一部の修得について、これに相当する授業時間の履修をもつて代えることができる。

3　第一項の規定にかかわらず、獣医学に関する学科に係る卒業の要件は、大学に六年以上在学し、百八十二単位以上を修得することとする。

4　第一項の規定により卒業の要件として修得すべき百二十四単位のうち、第二十五条第二項の授業の方法により修得する単位数は六十単位を超えないものとする。

（授業時間制をとる場合の特例）

第三十三条　前条第二項ただし書により授業時間の履修をもつて単位の修得に代える授業科目に係る第二十一条第一項又は第二十七条の規定の適用については、第二十一条第一項中「単位数」とあるのは「授業時間数」と、第二十七条中「一の授業科目」とあるのは「授業科目」と、「単位を与えるものとする」とあるのは「修了を認定するものとする」とする。

2　授業時間数を定めた授業科目については、当該授業科目の授業時間数をこれに相当する単位数とみなして第二十八条第一項（同条第二項において準用する場合を含む。）、第二十九条第一項又は第三十条第一項若しくは第二項の規定を適用することができる。

第八章　校地、校舎等の施設及び設備

（校地）

第三十四条　校地は、教育にふさわしい環境をもち、校舎の敷地には、学生が休息その他に利用するのに適当な空地を有するものとする。

（運動場）

第三十五条　運動場は、教育に支障のないよう、原則として校舎と同一の敷地内又はその隣接地に設けるものとし、やむを得ない場合には適当な位置にこれを設けるものとする。

（校舎等施設）

第三十六条　大学は、その組織及び規模に応じ、少なくとも次に掲げる施設を備えた校舎を有するものとする。

一　学長室、会議室、事務室

二　研究室、教室（講義室、演習室、実験・実習室等とする。）

三　図書館、医務室、学生自習室、学生控室

2　研究室は、専任の教員に対しては必ず備えるものとする。

3　教室は、学科又は課程に応じ必要な種類と数を備えるものとする。

4　校舎には、第一項に掲げる施設のほか、なるべく情報処理及び語学の学習のための施設を備えるものとする。

5　大学は、校舎のほか、原則として体育館を備えるとともに、なるべく体育館以外のスポーツ施設及び講堂並びに寄宿舎、課外活動施設その他の厚生補導に関する施設を備えるものとする。

6　夜間において授業を行う学部（以下「夜間学部」という。）を置く大学又は昼夜開講制を実施する大学にあつては、研究室、教室、図書館その他の施設の利用について、教育研究に支障のないようにするものとする。

（校地及び校舎の面積）

第三十七条　校地及び校舎の面積については、別に定める。

（図書等の資料及び図書館）

第三十八条　大学は、学部の種類、規模等に応じ、図書、学術雑誌、視聴覚資料その他の教育研究上必要な資料を、図書館を中心に系統的に備えるものとする。

2　図書館は、前項の資料の収集、整理及び提供を行うほか、情報の処理及び提供のシステムを整備して学術情報の提供に努めるとともに、前項の資料の提供に関し、他の大学の図書館等との協力に努めるものとする。

3　図書館には、その機能を十分に発揮させるために必要な専門的職員その他の専任の職員を置くものとする。

4　図書館には、大学の教育研究を促進できるような適当な規模の閲覧室、レファレンス・ルーム、整理室、書庫等を備えるものとする。

5　前項の閲覧室には、学生の学習及び教員の教育研究のために十分な数の座席を備えるものとする。

〔参考　平成三年以前の大学設置基準抜粋〕

第三十七条、第四〇条は、平成三年六月三日文部省令第二四号で大幅に改正された。参考までに改正前の条文を掲げる＝編者

（校舎等施設）

旧第三十七条

4　図書館の閲覧室には、収容定員の百分の五以上の座席を備えるものとする。

（図書及び学術雑誌）

旧第四十条　大学は、授業科目の種類に応じ、次の各号に掲げる冊数及び種類数の図書及び学術雑誌（マイクロフィルムによるものを含む。以下同じ。）を系統的に整理して備えるものとする。

一　一般教育科目に関する図書

人文、社会及び自然の各分野についてそれぞれ八百冊以上、合計三千冊以上

二　外国語科目に関する図書

一の外国語について、千冊以上ただし、特別の外国語については、教育に支障のない限度において、この冊数を減ずることができる。

三　保健体育科目に関する図書

三百冊以上

四　専門教育科目に関する図書及び学術雑誌

学部名	図書の冊数	二以上の学科で組織する場合の一学科の図書の冊数	学術雑誌の種類数
文学部	八、〇〇〇以上	二、〇〇〇以上	三〇以上
法学部	一〇、〇〇〇以上	五、〇〇〇以上	五〇以上
経済学部	一〇、〇〇〇以上	五、〇〇〇以上	五〇以上
商学部	一〇、〇〇〇以上	五、〇〇〇以上	五〇以上
理学部	八、〇〇〇以上	二、〇〇〇以上	五〇以上
医学部	三〇、〇〇〇以上	―	三〇〇以上
歯学部	一〇、〇〇〇以上	―	二〇〇以上
工学部	八、〇〇〇以上	二、〇〇〇以上	五〇以上
農学部	八、〇〇〇以上	二、〇〇〇以上	五〇以上
薬学に関する学部	四、〇〇〇以上	二、〇〇〇以上	三〇以上
家政に関する学部	五、〇〇〇以上	一、五〇〇以上	二〇以上
美術に関する学部	五、〇〇〇以上	一、五〇〇以上	二〇以上
音楽に関する学部	五、〇〇〇以上	一、五〇〇以上	二〇以上
体育に関する学部	五、〇〇〇以上	二、〇〇〇以上	二〇以上

備考

この表に掲げる学部以外の学部において備えるべき図書及び学術雑誌の冊数及び種類数については、当該学部に類似するこの表に掲げる学部の例によるものとする。

（附属施設）

第三十九条　次の表の上欄に掲げる学部を置き、又は学科を設ける大学には、その学部又は学科の教育研究に必要な施設として、それぞれ下欄に掲げる附属施設を置くものとする。

学部又は学科	附属施設
教員養成に関する学部又は学科	附属学校
医学又は歯学に関する学部	附属病院

農学に関する学部	農場
林学に関する学科	演習林
獣医学に関する学部又は学科	家畜病院
畜産学に関する学部又は学科	飼育場又は牧場
水産学又は商船に関する学部	練習船（共同利用による場合を含む。）
水産増殖に関する学科	養殖施設
薬学に関する学部又は学科	薬用植物園（薬草園）
体育に関する学部又は学科	体育館

2 工学に関する学部を置く大学には、原則として実験・実習工場を置くものとする。

（機械、器具等）

第四十条 大学は、学部又は学科の種類、教員数及び学生数に応じて必要な種類及び数の機械、器具及び標本を備えるものとする。

第九章 事務組織等

（事務組織）

第四十一条 大学は、その事務を処理するため、専任の職員を置く適当な事務組織を設けるものとする。

（厚生補導の組織）

第四十二条 大学は、学生の厚生補導を行うため、専任の職員を置く適当な組織を設けるものとする。

第十章 雑則

（学校教育法第六十八条に定める大学についての適用除外）

第四十三条 第三十四条、第三十五条、第三十六条第四項及び第五項並びに第三十七条の規定は、学校教育法第六十八条に定める大学には適用しない。

（その他の基準）

第四十四条 大学院その他に関する基準は、別に定める。

附 則〔抄〕

1 この省令は、公布の日（昭和三一年一〇月二二日）から施行する。

5 この省令施行の際、現に設置されている大学に在職する教員については、その教員が現に在職する教員の職にある限り、この省令の教員の資格に関する規定は、適用しない。（昭和五八年文部省令第二三号で繰下げ）

6 この省令施行の際、現に設置されている大学の組織、編制、施設及び設備でこの省令施行の日前に係るものについては、当分の間、なお従前の例によることができる。（昭和五八年文部省令第二三号で繰下げ）

7 昭和六十一年度から平成四年度までの間に期間（昭和六十一年度から平成十一年度までの間の年度間に限る。）を付して入学定員を増加する大学（次項において「期間を付して入学定員を増加する大学」という。）の専任教員数については、第十三条の規定により算定し、当該入学定員の増加に伴い必要とされる専任教員数が増加することとなるときは、当該増加することとなる専任教員数は、教育に支障のない限度において、兼任の教員をもつて充てることができるものとする。（昭和五九年文部省令第四六号、及び平成三年文部省令第二四号で改正）

8 期間を付して入学定員を増加する大学の校地の面積の算定については、当該入学定員の増加はないものとみなして附則第二項の規定を適用する。（昭和五九年文部省令第四六号で追加）

9 昭和六十一年度以降に期間（平成十一年度を終期とするものに

限る。）を付して入学定員を増加又は設定した大学であって、当該期間の経過後引き続き、当該入学定員の範囲内で期間（平成十二年度から平成十六年度までの間の年度間に限る。）を付して入学定員を増加するものの専任教員数及び校地の面積の算定については、前二項の例による。（平成九年文部省令第二七号で追加）

附　則〔平成一三年三月三〇日文部科学省令第四四号〕〔抄〕

1　この省令は公布の日から施行する。〔以下略〕

別表第一　学部の種類に応じ定める専任教員数（第十三条関係）

イ　医学又は歯学に関する学部以外の学部に係るもの

学部の種類	一学科で組織する場合の専任教員数		二以上の学科で組織する場合の一学科の収容定員並びに専任教員数	
	収容定員	専任教員数	収容定員	専任教員数
文学関係	三二〇－六〇〇	一〇	二〇〇－四〇〇	六
教育関係	三二〇－六〇〇	一〇	二〇〇－四〇〇	六
法学関係	四〇〇－八〇〇	一四	四〇〇－六〇〇	一〇
経済学関係	四〇〇－八〇〇	一四	四〇〇－六〇〇	一〇
商学関係	四〇〇－八〇〇	一四	四〇〇－六〇〇	一〇
理学関係	二〇〇－四〇〇	一四	一六〇－三二〇	八
工学関係	二〇〇－四〇〇	一四	一六〇－三二〇	八
農学関係	二〇〇－四〇〇	一四	一六〇－三二〇	八
薬学関係	二〇〇－四〇〇	一四	一六〇－二四〇	八
家政関係	二〇〇－四〇〇	一〇	一六〇－二四〇	六
美術関係	二〇〇－四〇〇	一〇	一六〇－二四〇	六
音楽関係	二〇〇－四〇〇	一〇	一六〇－二四〇	六
体育関係	二〇〇－四〇〇	一二	一六〇－三二〇	八

備考

一　この表に定める教員数は教授、助教授又は講師の数を示し、その合計数の半数以上は原則として教授とする（以下別表第二において同じ。）。

二　収容定員が、この表に定める数に満たない場合の専任教員数は、その二割の範囲内において兼任の教員に代えることができる。

三　収容定員がこの表に定める数を超える場合は、その超える収容定員に応じて相当数の教員を増加するものとする（以下ロ及び別表第二において同じ。）。

四　夜間学部がこれと同じ種類の昼間において授業を行う学部（以下「昼間学部」という。）と同一の施設等を使用する場合の教員数は、この表に定める教員数の三分の一以上とする。ただし、夜間学部の収容定員が当該昼間学部の収容定員を超える場合は、その超える収容定員に応じて相当数の教員を増加するものとする（以下別表第二において同じ。）。

五　昼夜開講制を実施する場合は、これに係る収容定員、履修方法、授業の開設状況等を考慮して、教育に支障のない限度において、この表に定める教員数を減ずることができる（以下別表第二において同じ。）。

六　この表に掲げる学部以外の学部に係る教員数については、当該学部に類似するこの表に掲げる学部の例によるものとする。ただし、教員養成に関する学部については、免許状の種類に応じ、教育職員免許法（昭和二十四年法律第百四十七号）

〔別掲〕及び教育職員免許法施行規則（昭和二十九年文部省令第二十六号）に規定する教科及び教職に関する科目の所要単位を修得させるのに必要な数の教員を置くものとするほか、この表によることが適当でない場合については、別に定める。

ロ　医学又は歯学に関する学部に係るもの

学部の種類＼収容定員	収容定員四八〇人の場合の専任教員数	収容定員七二〇人の場合の専任教員数	収容定員九六〇人の場合の専任教員数
医学関係	一四〇	一四〇	—
歯学関係	八五	九九	一一三

備考

一　この表に定める医学に関する学部に係る専任教員数のうち教授、助教授又は講師の合計数は、六十人以上とし、そのうち三十人以上は教授とする。

二　この表に定める歯学に関する学部に係る専任教員数のうち、教授、助教授又は講師の合計数は三十六人以上とし、そのうち十八人以上は教授とする。

三　収容定員がこの表に定める数に満たない場合は、専任教員数の一部を減ずることができる。

四　附属病院における教育、研究及び診療に主として従事する相当数の専任教員を別に置くものとする。

五　この表に定める専任教員数は、医学又は歯学に関する学科のみを置く場合に係る専任教員数とし、その他の学科を置く場合に係る専任教員数については、別に定める。

別表第二　大学全体の収容定員に応じ定める専任教員数（第十三条関係）

大学全体の収容定員	四〇〇人	八〇〇人	一、二〇〇人
専任教員数	七	一二	一五

備考

一　この表に定める収容定員は、医学又は歯学に関する学部以外の学部の収容定員を合計した数とする。

二　収容定員がこの表に定める定める数に満たない場合は、専任教員数の一部を減ずることができるものとする。

三　医学又は歯学に関する学部を置く場合（当該学部に医学又は歯学に関する学科のみを置く場合に限る。）においては、当該学部の収容定員が四八〇人の場合にあつては七人、七二〇人の場合にあつては八人をこの表に定める数に加えるものとする。ただし、当該学部の収容定員が四八〇人未満の場合には、その加える数を六人とすることができる。

四　医学又は歯学に関する学部を置く場合で当該学部に医学又は歯学に関する学科以外の学科を置く場合においては、別に定める数をこの表に定める数に加えるものとする。

大学設置基準の一部を改正する省令の施行等について（通知）抄

（平成三年六月二四日文高第一八四号　各国公私立大学長ほかあて　文部事務次官通知）

このたび、別添一〜三〔略〕のとおり、「大学設置基準の一部を改正する省令（平成三年文部省令第二十四号）」、「大学院設置基準の一部を改正する省令（平成三年文部省令第二十五号）」及び「大学通信教育設置基準の一部を改正する省令（平成三年文部省令第二十六号）」が平成三年六月三日に公布され、いずれも平成三年七月一日から施行されることとなりました。また、これらの省令に関連し、別添四〔略〕及び五〔略〕のとおり平成三年文部省告示第六十八号及び第七十号が平成三年六月五日に告示され、七月一日から施行されることになりました。

今回の改正の趣旨は、個々の大学が、その教育理念・目的に基づき、学術の進展や社会の要請に適切に対応しつつ、特色ある教育研究を展開し得るよう、大学設置基準の大綱化により制度の弾力化を図るとともに、生涯学習の振興の観点から大学における学習機会の多様化を図り、併せて、大学の水準の維持向上のため自己点検・評価の実施を期待するものであります。

これらの省令等の概要及び留意点等は、下記のとおりですので、それぞれ関係のある事項について十分御留意の上、その運用に当たって遺憾のないようお取り計らい下さい。

記

第一　大学設置基準（昭和三十一年文部省令第二十八号）の一部改正

八　校地、校舎等の施設及び設備について

(1)　校舎等施設について

①　学生の情報処理能力及び外国語能力の育成を図るため、校舎には、なるべく情報処理及び語学の学習のための施設を備えるものとしたこと。（改正後の第三十六条第四項関係）

②　大学は、学生の心身の健康の保持・増進及び学習環境の整備を図るため、校舎のほか原則として体育館を備えるとともに、なるべく体育館以外のスポーツ施設及び講堂並びに寄宿舎、課外活動施設その他の厚生補導に関する施設を備えるものとしたこと。（改正後の第三十六条第五項関係）

③　夜間において授業を行う学部を置く大学又は昼夜開講制を実施する大学にあたっては、研究室、教室、図書館その他の施設の利用について、教育研究に支障のないようにするものとしたこと。（改正後の第三十六条第六項関係）

④　校舎面積に係る附則第四項の第一表及び第二表について、編入学定員の設定を可能にするため、入学定員に基づき算定する方式から収容定員に基づき算定する方式に改めるとともに、学部の種類の例示の廃止、授業科目の区分の廃止、昼夜開講制に対応した規定の整備を行ったこと。

(2)　図書等の資料及び図書館について

①　図書等については、質的な面にも十分留意し、実際の教育研究活動に即して必要な整備が行われるよう、従来の図書及び学術雑誌の冊数及び種類数についての規定を廃止し、新たに、大学は、学部の種類、規模等に応じ、図書、学術雑誌、視聴覚資料その他の教育研究上必要な資料を、図書館を中心

に系統的に備えるものとすることを規定したこと。（改正後の第三十八条第一項及び改正前の第四十条関係）

② 大学における図書館の重要性にかんがみ、図書館に関し、次のように規定を整備したこと。

⑴ 図書館は、図書等の資料の収集、整理及び提供を行うほか、情報の処理及び提供のシステムを整備して学術情報の提供に努めるとともに、図書等の資料の提供に関し、他の大学の図書館等との協力に努めるものとしたこと。（改正後の第三十八条第二項関係）

⑵ 図書館には、その機能を十分に発揮させるために必要な専門的職員その他の専任の職員を置くものとしたこと。（改正後の第三十八条第三項関係）

⑶ 図書館には、大学の教育研究を促進できるような適当な規模の閲覧室、レファレンス・ルーム、整理室、書庫等を備えるものとしたこと。（改正後の第三十八条第四項関係）

⑷ 閲覧室には、学生の学習及び教員研究のために十分な数の座席を備えるものとしたこと。（改正後の第三十八条第五項関係）

第二 大学院設置基準（昭和四十九年文部省令第二十八号）の一部改正

三 図書等の資料について

上記第一の八の⑵の①に関連して、図書等に関する規定を改め、大学院には、研究科及び専攻の種類に応じ、図書、学術雑誌、視聴覚資料その他の教育研究上必要な資料を系統的に整理して備えるものとしたこと。（第二十一条関係）

第三 大学通信教育設置基準（昭和五十六年文部省令第三十三号）の一部改正〔略〕

大学の自己点検・評価の手引き 抄

〔平成四年三月二三日 (財)大学基準協会臨時理事会承認〕

〔「はしがき」より〕

昭和六十一年四月の臨時教育審議会第二次答申並びに平成三年二月の大学審議会答申は、大学、大学教育改革の方向を具体的に提示した。そして、この大学審議会答申の趣旨に沿って大学設置基準が改正され、設置基準の簡素化、大綱化が図られた。それぞれの大学は自主的な判断と努力によって自由に多様で個性ある教育を展開し、大学並びに大学教育の改革を行うことが可能となった。いまや、それぞれの大学が最大限の努力をはらいながら、教育水準を向上させ活性化することが最重要の課題であり、そのことによって学問と文化を伝承し、発展させるという大学の社会的責任を果たすことが社会的に期待されている。

こうした大学が負っている最重要の課題を自主的に遂行し、社会的責任を果たしてゆくために、大学は不断に教育研究活動等の現状を把握し、点検し、評価し、それに基づいてそれぞれの大学とその大学の教育の改善、改革を行うことが必要である。それが大学の自己点検・評価である。

ところで、この大学の自己点検・評価はそれぞれの大学の内部で自主的、自律的に行われるものである。その一方で、それはともすれば恣意に流れ、独善に陥る危険性が伴うことも予測される。そこで、自己点検・評価の客観性、妥当性をなんらかの方法で保障する必要がある。こうした客観性と妥当性を保障するために、国公私立大学の自主的団体であり、そうした役割を任務と

する大学基準協会が一定の役割を果たすべきであると考えられる。〔中略〕

　この手引書は、それぞれの大学が自己点検・評価を行う際の参考に供するという目的のもとに編纂されたものであって、いかなる組織・体制でいかなる項目について点検・評価を実施するかは、もとより各大学の自主的判断に任されている。さらにこの手引書が自己点検・評価のための組織・体制として例示した各種委員会は、あくまでも当該大学自身の改善・向上のための役割を果たすことを想定したもので、それが、個々の教職員の勤務評定的な機能を営んだり、逆に自己改革を棚に上げて教学条件のみの改善を求める場として機能するものであってはならないことはあらためていうまでもない。

　本書がわが国の大学に体系的、組織的な自己点検・評価を定着させるためにいくらかでも役割を果たすことができればと願う次第である。〔後略〕

目次

一、大学の自己点検、評価の意義

　大学は、最高の教育機関として、また学術文化の研究機関として、自主的・自律的な判断と努力によって教育研究活動を展開し、学問と文化を伝承し、発展させる社会的責任を負う。こうした社会的責任を果たすために、大学は常に教育・研究水準の向上や活性化に努めることが必要である。

　平成三年大学設置基準の改正によって、細部にわたって、かつ定量的に大学教育のあり方まで規制していた大学設置基準の一層の大綱化・簡素化が図られた。各大学は、それぞれ自主的・自律的判断と努力によって教育水準の向上や活性化を目指して、自由に多様で個性的な教育を展開することが可能になった。いまや各大学は、そのために最大限の努力をはらうことが、最重要の課題であり、それを果たすことが社会的に期待されている。

　こうした、大学が負っている最重要課題を自主的に遂行し社会的責任を果たしていくためには、大学自らが不断の自己点検・評価を行い、改善・改革への努力を行うことが重要である。すなわち、大学が常に教育研究活動の現状を客観的に把握するとともに、それぞれの大学・学部などの理念・目的との関連において、その現状を点検・評価し、改善されるべき点を明らかにし、さらには、将来的改革の方向をも検討し、それに沿って、不断に改善・改革を行うことが必要である。また、大学の誇るべき長所を明らかにし、これを維持・伸長していくことも自己点検・評価の重要な役割である。

本来、どのような組織体であっても、その機能を正常に維持し、発展させていくためには、絶えず現状を把握・点検し、評価し、その結果に基づいて必要な改善などの施策を決定し、実行するという過程が不可欠である。そのことは、教育研究活動を使命とする大学についても例外ではない。

このように、大学の教育研究活動等の現状の体系的点検とその評価、それに基づく改善・改革の努力は、本来大学に求められているはずのものである。わが国の大学の中には、既にこのような方法をとっている大学もあるが、このような慣行はわが国の大学では、必ずしも一般化しているとはいい難いのが現状である。しかし、平成三年の大学設置基準の改正により、設置基準上の教育課程に関する法的規制が緩和されたこととも相俟って、各大学が「その教育研究水準の向上を図り、(中略)当該大学における教育研究活動等の状況について自ら点検及び評価を行うことに努め」ることが要請されるに至った(大学設置基準第二条第一項)。そして、点検・評価の項目、体制は各大学の自主的判断に委ねられている(同第二項)。このことは、本来大学に基本的に要請されていたことをあらためて明確化したものであるとともに、その点検と評価の方法に関しては当該大学の「自主的」な点検・評価を要請することにより、各大学の理念・目的に応じた自主的な向上努力が行われるべきことを大学の責務としようとするものである。

大学の点検・評価が「自主的」に行われるべきことが制度的に要請されたことは、学問の自由とこれを確保するための大学の自治を基本的要素とする大学として、至当な要請である。大学が真に責任をもってこの要請に応えることは、学問の自由や大学の自治を形骸化しないためにも、また、大学に対する国民の信頼を一層高めるためにも不可欠となっていることを示すものである。この意味において、大学の自己点検と評価は、文字通り、大学が教育研究の中心的機関として、主体的に存在していくための不可欠の要素となっているといって過言ではない。

しかし、同時に点検・評価が各大学の内部のみで行われる場合には、その内容はともすれば恣意に流れ、独善に陥る危険性を伴うことも認識しなくてはならない。各大学の自己点検・評価が適切に行われなければ、大学設置基準等の大綱化の趣旨が全く生かされないのみならず、国民の大学に対する信頼を損ないかねない。従って、自己点検・評価の客観性、妥当性を確保することは各大学が自己点検・評価を行うにあたっての不可欠な課題であると考える。

二、自己点検・評価のあり方

このように大学の点検・評価は、それぞれの大学によって主体的に行われるべきものであり、また、どのような事項につきどのような方法でこれを行うかも、各大学の自主的な決定に委ねられるべきものである。しかし、その際、一般的に留意されるべき視点とそのあり方や具体的自己点検・評価項目を参考までに示すことは、わが国の大学の一般的状況に鑑み有益であろう。ここでは基本的な評価の視点とあり方を一、二例示するとともに点検・評価の対象となる事項の大綱を示し、参考に供することとしたい。

自己点検・評価に際して、まず問題となるのは、各大学・学部などの理念と目的である。自己点検・評価は、基本的にはこの理念・

目的に照らして行われることになるからである。

従って、自己点検・評価の前提として必要なことは、大学・学部が、その理念・目的を確認することである。まず大学全体の理念・目的を確認し、それに沿って学部、学科などの組織の理念・目的が、具体的かつ明確に定められなければならない。

個別の項目の点検・評価は基本的には、この理念・目的との関係で具体的に行われることとなる。

例えば学部・学科の教育課程の編成についていえば、学部・学科について具体的かつ明確に設定された理念・目的を具体的に実現するために、最も妥当で適切な教育課程が編成されているかどうか、さらに、それぞれの「学部等の専攻に係る専門の学芸を教授するとともに、幅広く深い教養及び総合的な判断力を培い、豊かな人間性を涵養するよう適切に」(大学設置基準第十九条第二項)配慮されているかどうかが点検・評価されることになる。さらに、そのような教育課程の編成と同時に、その教育内容も点検・評価されなければならない。教育課程がいかに適切に編成されていても、各々の授業科目についての教育内容が、その理念・目的を具体的に実現するものでなければ所詮「画に描いた餅」にほかならないからである。学部・学科などの理念・目的に適合した教育内容を確保するためには、授業内容を理念・目的との関連で検討し、各授業科目についてそれぞれ授業計画(シラバス)を作成し、公表することも必要である。

また、教員組織についても、それぞれの学部・学科の教育課程にふさわしいものであり、主要な授業科目については、十分な数の専任教員が配置されているか、さらに、それぞれの教員がそれぞれの授業科目を担当するのに適切であるか、その能力が十分機能しうるよう配慮されているかも重要な点検・評価の対象である。また、従来、教員の能力は研究業績を中心に評価されてきたが、学生の学習を充実させ、教育の高度化、個性化を図っていくために、教育面での能力を重視した点検・評価への取組みが今後はより重要である。

このように点検・評価されるべき項目の大綱としては概ね次のような事項を考えることができよう。

① 大学・学部などの理念・目的

これは、各大学の存在根拠を明らかにし、点検・評価の基準を提供する。

② 教育研究上の組織

各大学が、その教育研究活動を遂行するための単位として設ける教育・研究上の組織の状況。

③ 学生の受入れ

大学の教育組織への学生の受入れとその定員の充足等の状況。

④ 教育課程

大学が学生の教育のために設ける教育課程の状況。

⑤ 教員組織及び教育研究活動

大学が設ける教育・研究単位における教員の配置状況と教育研究活動状況。

⑥ 校地・施設・設備

大学が設ける教育・研究のための校地・施設・設備の状況。

⑦ 図書館

大学の教育研究活動を実質的に支えることとなる図書館の状況。

⑧ 学生生活への配慮

大学が教育課程による教育以外に学生に提供する各種の配慮の状況。

⑨ 管理・運営

大学がその本来の目的を有効に達成するための管理・運営の状

況。

⑩ 事務組織

大学の教育研究活動を支援する事務職員その他の職員の状況。

⑪ 財政

大学の教育研究活動の実質的裏付けとなる大学財政の状況。

⑫ 自己点検・評価の組織

大学の自己点検・評価活動の状況及び点検・評価に基づく計画策定活動の状況。

このように、自己点検・評価の対象は、大学の教育・研究、管理・運営、施設・設備など、あらゆる面に及びうるものである。そして、大学・学部の調和のとれた発展のためにはその点検・評価は、大学全体について包括的に、かつ適当な周期で定期的に行うことが本来望ましい姿である。しかし、自己点検・評価の経験を十分に持たないわが国の大学において、いまただちに周期的、包括的点検を実施することは、種々の困難が予測される。従って、それぞれの大学の実状に対応して、これを項目別、部分的に実施して点検・評価の活動と結果を積上げ、周期的、包括的自己点検・評価へ向けて、体制の整備と点検・評価作業の定着を図っていくことも一つの方法である。それぞれの大学が自己点検・評価を行うにあたっては、その目的や範囲、将来的方針等を明らかにしておく必要があろう。

自己点検・評価を周期的、包括的に実施するにしても、あるいは項目別、部分的点検・評価を積上げ的に実施するにしても、いずれにしても点検・評価の基礎となる様々な年次統計などの基礎データを蓄積・整備しておくことが必要であることはいうまでもない。

以上のような自己点検・評価を行うことによって、大学の水準を維持し、自らの長所を明らかにし、向上・発展させるための改革ないし改善点が的確に指摘されることになるが、このような自己点検・評価に増して、さらに重要なことは、点検・評価の結果の活用をいかに図るか、すなわち、指摘された問題点に関し、どのような改革・改善策を策定し、それをどのような体制でいかに具体的に実現するかである。大学の自主的発展にとっては、自己点検・評価はそれ自体が目的ではなく、その結果の活用が十分図られてはじめて、その本来の意義を達成することができるものであることを忘れてはならないであろう。

なお、さきに示した自己点検・評価項目の大綱の具体的内容については、「四、自己点検・評価の項目とその視点」で詳細に記し参考に供することとした。

四、自己点検・評価の項目とその視点

7 図書館

大学はその理念・目的を達成し、学生、教員に学習研究のための十分な機会を提供するために、学部の種類や教育課程の要請に応じて、中央図書館を中心として、質・量ともに適切な水準の図書館資料を系統的に収集・維持し、その充実のために不断の努力を行わなければならない。その際、「図書館資料」としては、図書、学術雑誌等の印刷資料のほか、各種の写本、マイクロ資料、視聴覚資料、磁気テープ並びにこれらを総合した資料等、図書館が収集する全ての資料形態を含めて考えることが妥当である。

また、図書館資料は、現在及び将来の教育研究計画を促進するに十分な規模・内容を備え、学生の学習に主として供する資料、教員の教育研究に主として当てられるべき資料、学部等の専攻に係る専門的教育・研究のために必要な資料、学生の幅広い教養と総合的判断力を培うために必要な資料の収集等の区分に十分留意した調和の

とれた内容をもったものであることが要請される。

図書館資料の選定は、大学・学部などの理念・目的に応じて決定される収集方針に基づいて系統的に行われるとともに、図書館利用者の要望を反映させることのできる組織的選定収集体制をとることが必要である。特に、教員が授業の実施のために指定する参考図書の整備については、教員の指示を十分反映できる体制を配慮することが必要である。上記の図書館資料の内容に関する区分は収集方針の中で具体的に考慮されるべきものである。

図書館には、必要かつ十分な職員を適正に配置しなければならない。特に、専門的図書館業務を担当するスタッフとして、相当数の専門的職員を置くことが必要である。その際、従来から必要とされてきた司書職員等にとどまらず、広く情報処理の専門職員にまで、その必要とされる範囲が拡大してきていることに留意すべきである。

図書館資料の多面的かつ迅速な検索を可能とするため、日本国内ないしは国際的な書誌事業の成果を活用し、整理業務の能率化・標準化を図り、迅速・的確な情報検索システムを開発し、これを広く活用可能な状態に置くことが必要である。

図書館の効果的利用を可能とするため、図書館利用方法についての情報の提供、閲覧、貸出業務、参考調査業務（レファレンス）等の役務の迅速かつ適切な提供が行われるよう適切な配慮が行われることが必要である。図書館資料の記録形態によっては、年次的に質的な劣化が生じて原資料の保存そのものや、閲覧、貸出等に支障が生じる場合があることを考慮して、原資料の保存とその利用に特別な配慮をする必要があることも、今後の図書館機能を維持するための重要な留意事項であろう。

図書館の施設は、その機能を発揮できるよう設計され、大学内の適切な位置に配置されることが必要である。その施設には、利用、収蔵、補助業務その他の機能に必要な空間が有機的に配置されているとともに、将来的な要求に柔軟に対処しうるよう、空間の相互互換性や拡張の可能性についても配慮されたものであることが必要である。図書館には、学生に十分な図書閲覧の機会を提供することのできる余裕のある閲覧施設を設ける必要があるほか、主体的な学習を促進しうるような設備を設けることが望ましい。

大学内に複数の図書館施設を設ける場合には、当該図書館施設が設置されている施設の要請に十分応じることができるよう配慮するとともに、中央図書館機能の整備充実を基本的前提として、相互の有機的整備・利用の確保に留意する必要がある。

各大学の図書館資料の収集には相対的限界があるところから、各大学の学生・教員の学習研究上の便宜を図るため、他大学の附属図書館や国・公立図書館、学術情報センター等との連携を図り、相互に資料の交換をする等の役務の提供を行う必要がある。そのために、学術情報システムの整備が必要である。

これらの点検と評価を行う場合に留意すべき具体的重要項目としては、次のものを考えることができる。

・中央図書館を中心にした図書館資料の体系的収集、維持。
・図書館資料の構成（種類、冊数等）と大学・学部などの理念・目的、学部・学科等の教育課程との関連。
・図書館資料の収集方針の明確性、収集の系統性、収集の組織性。図書館利用者からの収集に関する要求への対応。
・図書館への専門的職員の配置。
・図書館資料の整理業務の能率化・標準化、情報検索システムの整備。

・図書館利用方法についての情報提供、閲覧、貸出業務、参考調査業務等の役務の提供。
・図書館資料の保存のための特別な配慮。
・図書館施設の位置、規模、用途別の空間等の状況。これらの状況と図書館機能に対する将来的な要求への配慮。学生用閲覧施設の整備状況。
・中央図書館機能の整備と中央図書館とそれ以外の図書館施設との相互関係。
・他大学の附属図書館、国・公立図書館、学術情報センター等との連携、協力関係。

年次統計項目及び整備すべき資料等の例

5　図書館

（詳細は別途年次報告書を作成）
・図書館総経費
・職員数：一般職員数、専門職職員数
・施設面積
・座席数
・教員用座席数
・書架収容力
・蔵書数
・年間受入れ数：図書、雑誌
・視聴覚資料の保有数、年間受入れ数
・コンピュータの利用状況
・利用状況：開館日数、時間数、利用者数、利用の形態
・図書館相互協力：実施状況、利用件数
・図書館の公開状況

○大学通信教育設置基準　抄

〔昭和五六年一〇月二九日
文部省令第三三号〕

最近改正　平成一三年一一月二七日　文部科学省令第八一号

（趣旨）

第一条　大学（短期大学を除く。以下同じ。）が行う通信教育に係る設置基準は、この省令の定めるところによる。

2　この省令で定める設置基準は、通信教育を行う大学を設置し、又は大学において通信教育を開設するのに必要な最低の基準とする。

3　大学は、この省令で定める設置基準より低下した状態にならないようにすることはもとより、その水準の向上を図ることに努めなければならない。

（自己評価等）

第一条の二　大学は、通信教育に関し、大学設置基準（昭和三十一年文部省令第二十八号）〔別掲〕第二条第一項及び第二項の定めるところにより自ら点検及び評価を行い、その結果を公表するものとする。

2　大学は、通信教育に関し、大学設置基準第二条第三項の定めるところにより、前項の点検及び評価の結果について、当該大学の職員以外の者による検証を行うよう努めなければならない。

（通信教育を行い得る専攻分野）

第二条　大学は、通信教育によって十分な教育効果が得られる専攻分野について、通信教育を行うことができるものとする。

（授業の方法等）

第三条　授業は、印刷教材その他これに準ずる教材を送付若しくは指定し、主としてこれにより学修させる授業（以下「印刷教材等による授業」という。）、主として放送その他これに準ずるものの視聴により学修させる授業（以下「放送授業」という。）、大学設置基準第二十五条第一項の方法による授業（以下「面接授業」という。）若しくは同条第二項の方法による授業（以下「メディアを利用して行う授業」という。）のいずれかにより又はこれらの併用により行うものとする。

2　印刷教材等による授業及び放送授業の実施に当たつては、添削等による指導を併せ行うものとする。

3　大学は、第一項の授業を、外国において履修させることができる。

第四条　授業は、定期試験等を含め、年間を通じて適切に行うものとする。

（単位の計算方法）

第五条　各授業科目の単位数は、一単位の授業科目を四十五時間の学修を必要とする内容をもつて構成することを標準とし、次の基準により計算するものとする。

一　印刷教材等による授業については、四十五時間の学修を必要とする印刷教材等の学修をもつて一単位とする。

二　放送授業については十五時間の放送授業をもつて一単位とする。

三　面接授業及びメディアを利用して行う授業については、大学設置基準第二十一条第二項各号の定めるところによる。

2　前項の規定にかかわらず、卒業論文、卒業研究、卒業制作等の授業科目については、大学設置基準第二十一条第三項の定めるところによる。

（卒業の要件）

第六条　卒業の要件は、大学設置基準第三十二条第一項の定めるところによる。

2　前項の規定により卒業の要件として修得すべき単位数百二十四単位のうち三十単位以上は、面接授業又はメディアを利用して行う授業により修得するものとする。ただし、当該三十単位のうち十単位までは、放送授業により修得した単位で代えることができる。

（大学以外の教育施設等における学修）

第七条　大学は、大学設置基準第二十九条の定めるところにより単位を与えるほか、あらかじめ当該大学が定めた基準に照らして教育上適当であると認めるときは、通信教育の特性等を考慮して文部科学大臣が別に定める学修を当該大学における履修とみなし、その成果について単位を与えることができる。

（専任教員数）

第九条　学校教育法（昭和二十二年法律第二十六号）〔別掲〕第五十四条に規定する通信による教育を行う学部（以下「通信教育学部」という。）における専任教員の数は、別表第一〔略〕のとおりとする。

2　昼間又は夜間において授業を行う学部が通信教育を併せ行う場合においては、当該学部が行う通信教育に係る収容定員四千人につき四人の専任教員を増加するものとする。ただし、当該増加する専任教員の数が当該学部の通信教育に係る学科又は課程における大学設置基準第十三条の規定による専任教員の数の二割に満たない場合には、当該専任教員の数の二割の専任教員を増加するものとする。

3　大学は、大学設置基準第三十一条の科目等履修生を前二項の学部の収容定員を超えて相当数受け入れる場合においては、教育に支障のないよう相当数の専任教員を増加するものとする。

（校舎等の施設）

第十条　通信教育学部を置く大学は、当該学部に係る大学設置基準第三十六条第一項に規定する校舎を有するほか、特に添削等による指導並びに印刷教材等の保管及び発送のための施設（第三項において「通信教育関係施設」という。）について、教育に支障のないようにするものとする。

2　前項の校舎等の施設の面積は、別表第二〔略〕のとおりとする。

3　昼間又は夜間において授業を行う学部が通信教育を併せ行う場合にあつては、大学は、通信教育関係施設及び面接授業を行う施設について、教育に支障のないようにするものとする。

4　図書館の閲覧室には、通信教育を受ける学生の利用に支障のないよう相当数の座席を備えるものとする。

（その他の基準）

第十三条　通信教育を行う大学の組織、編制、施設、設備その他通信教育を行う大学の設置又は大学における通信教育の開設に関する事項で、この省令に定めのないものについては、大学設置基準（第二十三条を除く。）の定めるところによる。

附　則〔略〕

別　表〔略〕

○大学院設置基準　抄

〔昭和四九年六月二〇日　文部省令第二八号〕

最近改正　平成一三年三月三〇日　文部科学省令第四四号

第一章　総則

（趣旨）

第一条　大学院は、学校教育法（昭和二十二年法律第二十六号）〔別掲〕その他の法令の規定によるほか、この省令の定めるところにより設置するものとする。

（自己評価等）

第一条の二　大学院は、その教育研究水準の向上を図り、当該大学院の目的及び社会的使命を達成するため、当該大学院における教育研究活動等の状況について自ら点検及び評価を行い、その結果を公表するものとする。

2　前項の点検及び評価を行うに当たつては、同項の趣旨に則し適切な項目を設定するとともに、適当な体制を整えて行うものとする。

3　大学院は、第一項の点検及び評価の結果について、当該大学院を置く大学の職員以外の者による検証を行うよう努めなければならない。

（大学院の課程）

第二条　大学院における課程は、修士課程及び博士課程とする。

2　大学院には、修士課程及び博士課程を併せ置き、又はそのいずれかを置くものとする。

（専ら夜間において教育を行う大学院の課程）

第二条の二　大学院には、専ら夜間において教育を行う修士課程及び博士課程を併せ置き、又はそのいずれかを置くことができる。

（修士課程）

第三条　修士課程は、広い視野に立って精深な学識を授け、専攻分野における研究能力又は高度の専門性を要する職業等に必要な高度の能力を養うことを目的とする。

2　修士課程の標準修業年限は、二年とする。ただし、教育研究上の必要があると認められる場合には、研究科、専攻又は学生の履修上の区分に応じ、その標準修業年限は、二年を超えるものとすることができる。

3　前項の規定にかかわらず、修士課程においては、主として実務の経験を有する者に対して教育を行う場合であって、教育研究上の必要があり、かつ、昼間と併せて夜間その他特定の時間又は時期において授業又は研究指導を行う等の適切な方法により教育上支障を生じないときは、研究科、専攻又は学生の履修上の区分に応じ、標準修業年限を一年以上二年未満の期間とすることができる。

（博士課程）

第四条　博士課程は、専攻分野について、研究者として自立して研究活動を行い、又はその他の高度に専門的な業務に従事するに必要な高度の研究能力及びその基礎となる豊かな学識を養うことを目的とする。

2　博士課程の標準修業年限は、五年とする。ただし、第二条の二の博士課程については、その標準修業年限は、五年を超えるものとすることができる。

3　博士課程は、これを前期二年及び後期三年の課程に区分し、又はこの区分を設けないものとする。ただし、第二条の二の博士課程において前期及び後期の課程に区分するときは、前期の課程については二年を、後期の課程については三年を超えるものとすることができる。

4　前期二年及び後期三年の課程に区分する博士課程においては、その前期二年の課程は、これを修士課程として取り扱うものとする。前項ただし書の規定により二年を超えるものとした前期の課程についても、同様とする。

5　第二項及び第三項の規定にかかわらず、教育研究上必要がある場合においては、同項に規定する後期三年の課程のみの博士課程を置くことができる。この場合において、当該課程の標準修業年限は、三年とする。ただし、第二条の二の博士課程については、その標準修業年限は、三年を超えるものとすることができる。

第二章　教育研究上の基本組織

（研究科）

第五条　研究科は、専門分野に応じて、教育研究上の目的から組織されるものであって、専攻の種類及び数、教員数その他が大学院の基本となる組織として適当な規模内容を有すると認められるものとする。

（専攻）

第六条　研究科には、それぞれの専攻分野の教育研究を行うため、数個の専攻を置くことを常例とする。ただし、教育研究上適当と認められる場合には、一個の専攻のみを置くことができる。

（研究科と学部等の関係）

第七条　研究科を組織するに当たっては、学部、大学附置の研究所等と適切な連携を図る等の措置により、当該研究科の組織が、その目的にふさわしいものとなるよう配慮するものとする。

（研究科以外の基本組織）

第七条の二　学校教育法第六十六条ただし書に規定する研究科以外の教育研究上の基本となる組織（以下「研究科以外の基本組織」という。）は、当該大学の教育研究上の目的を達成するため有益かつ適切であると認められるものであつて、次の各号に掲げる要件を備えるものとする。

一　教育研究上適当な規模内容を有すること。

二　教育研究上必要な相当規模の教員組織その他諸条件を備えること。

三　教育研究を適切に遂行するためにふさわしい運営の仕組みを有すること。

2　研究科以外の基本組織に係る第九条に規定する教員の配置の基準は、当該研究科以外の基本組織における専攻に相当する組織の教育研究上の分野に相当すると認められる分野の専攻に係るこれらの基準に準ずるものとする。

3　この省令において、この章及び第九条を除き、「研究科」には研究科以外の基本組織を、「専攻」には研究科以外の基本組織を置く場合における相当の組織を含むものとする。

第三章　教員組織

（教員組織）

第八条　大学院には、研究科及び専攻の種類及び規模に応じ、教育研究上必要な教員を置くものとする。

2　大学院の教員は、教育研究上支障を生じない場合には、学部、研究所等の教員等がこれを兼ねることができる。

第九条　大学院には、第八条第一項に規定する教員のうち次の各号に掲げる資格を有する教員を、専攻ごとに、文部科学大臣が別に定める数置くものとする。

一　修士課程を担当する教員にあつては、次の一に該当し、かつ、その担当する専門分野に関し高度の教育研究上の指導能力があると認められる者

イ　博士の学位を有し、研究上の業績を有する者

ロ　研究上の業績がイの者に準ずると認められる者

ハ　芸術、体育等特定の専門分野について高度の技術・技能を有する者

ニ　専攻分野について、特に優れた知識及び経験を有する者

二　博士課程を担当する教員にあつては、次の一に該当し、かつ、その担当する専門分野に関し、極めて高度の教育研究上の指導能力があると認められる者

イ　博士の学位を有し、研究上の顕著な業績を有する者

ロ　研究上の業績がイの者に準ずると認められる者

ハ　専攻分野について、特に優れた知識及び経験を有する者

（一定規模数以上の入学定員の大学院研究科の教員組織）

第九条の二　研究科の基礎となる学部の学科の数を当該研究科の専攻の数とみなして算出される一個の専攻当たりの入学定員が、専門分野ごとに文部科学大臣が別に定める数（以下「一定規模数」という。）以上の場合には、当該研究科に置かれる前条に規定する教員のうち、一定規模数を超える部分について当該一定規模数ごとに一人を、大学設置基準第十三条に定める専任教員の数に算入できない教員とする。

第四章　収容定員〔略〕

第五章　教育方法等

（授業及び研究指導）

第十一条　大学院の教育は、授業科目の授業及び学位論文の作成等に対する指導（以下「研究指導」という。）によつて行うものとす

る。

（授業科目）

第十二条　大学院には、専攻に応じ、教育上必要な授業科目を開設するものとする。

（研究指導）

第十三条　研究指導は、第九条の規定により置かれる教員が行うものとする。

2　大学院は、教育上有益と認めるときは、学生が他の大学院又は研究所等において必要な研究指導を受けることを認めることができる。ただし、修士課程の学生について認める場合には、当該研究指導を受ける期間は、一年を超えないものとする。

（教育方法の特例）

第十四条　大学院の課程においては、教育上特別の必要があると認められる場合には、夜間その他特定の時間又は時期において授業又は研究指導を行う等の適当な方法により教育を行うことができる。

（大学設置基準の準用）

第十五条　大学院の各授業科目の単位、授業日数、授業期間、授業の方法及び単位の授与、他の大学院における授業科目の履修等、入学前の既修得単位等の認定並びに科目等履修生については、大学設置基準第二十一条から第二十三条まで、第二十五条、第二十七条、第二十八条第一項（同条第二項において準用する場合を含む。）、第三十条第一項及び第三項並びに第三十一条の規定を準用する。この場合において、第二十八条第一項中「六十単位」とあるのは「十単位」と、第三十条第三項中「前二項」とあるのは「第一項」と、同項中「第二十八条第一項及び第二項並びに前条第一項により当該大学において修得したものとみなす単位数と合わせて六十単位」とあるのは「十単位」と読み替えるものとする。

第六章　課程の修了要件等〔略〕

第七章　施設及び設備

（講義室等）

第十九条　大学院には、当該大学院の教育研究に必要な講義室、研究室、実験・実習室、演習室等を備えるものとする。

（機械、器具等）

第二十条　大学院には、研究科又は専攻の種類、教員数及び学生数に応じて必要な種類及び数の機械、器具及び標本を備えるものとする。

（図書等の資料）

第二十一条　大学院には、研究科及び専攻の種類に応じ、図書、学術雑誌、視聴覚資料その他の教育研究上必要な資料を系統的に整理して備えるものとする。

（学部等の施設及び設備の共用）

第二十二条　大学院は、教育研究上支障を生じない場合には、学部、大学附置の研究所等の施設及び設備を共用することができる。

第八章　独立大学院

（独立大学院）

第二十三条　学校教育法第六十八条に定める大学に置く大学院（以下「独立大学院」という。）の研究科の種類及び数、教員数その他は、当該大学院の教育研究上の目的に応じ適当な規模内容を有すると認められるものとする。

第二十四条　独立大学院は、当該大学院の教育研究上の必要に応じた十分な規模の校舎等の施設を有するとともに、校地については高度の教育研究にふさわしい環境を有するものとする。

2　独立大学院が研究所等との緊密な連係及び協力の下に教育研究

を行う場合には、当該研究所等の施設及び設備を共用することができる。ただし、その利用に当たつては、十分な教育上の配慮等を行うものとする。

第九章　通信教育を行う修士課程を置く大学院

（通信教育を行う修士課程）
第二十五条　大学院には、通信教育を行う修士課程を置くことができる。

（通信教育を行い得る専攻分野）
第二十六条　大学院は、通信教育によつて十分な教育効果が得られる専攻分野について、通信教育を行うことができるものとする。

（通信教育を併せ行う場合の教員組織）
第二十七条　昼間又は夜間において授業を行う大学院が通信教育を併せ行う場合においては、通信教育を行う専攻ごとに、第九条第一号に規定する教員を、教育に支障のないよう相当数増加するものとする。

（大学通信教育設置基準の準用）
第二十八条　通信教育を行う修士課程の授業の方法及び単位の計算方法については、大学通信教育設置基準（昭和五十六年文部省令第三十三号）〔別掲〕第三条から第五条までの規定を準用する。

（通信教育を行う修士課程を置く大学院の施設）
第二十九条　通信教育を行う修士課程を置く大学院は、添削等による指導並びに印刷教材等の保管及び発送のための施設について、教育に支障のないようにするものとする。

（添削等のための組織等）
第三十条　通信教育を行う修士課程を置く大学院は、添削等による指導及び教育相談を円滑に処理するため、適当な組織等を設けるものとする。

第十章　高度の専門性を要する職業等に必要な高度の能力を専ら養うことを目的とする修士課程

（専門大学院）
第三十一条　大学院には、高度の専門性を要する職業等に必要な高度の能力を専ら養うことを目的として、特に必要と認められる専攻分野について教育を行う修士課程を置くことができる。
2　前項に規定する修士課程を置く大学院は、当該修士課程に関し、専門大学院と称することができる。
3　第一項に規定する修士課程は、前期二年及び後期三年の課程に区分した博士課程の前期二年の課程として置くことができる。
4　第三条第三項の規定は、第一項に規定する修士課程については適用しない。

（専門大学院の教員組織）
第三十二条　前条第一項に規定する修士課程を置く大学院（以下「専門大学院」という。）には、専攻ごとに、文部科学大臣が別に定める数の大学設置基準第十三条に定める専任教員の数に算入できない第九条第一号に規定する教員を置くものとする。
2　前項の教員のうち相当数は、専攻分野における実務の経験を有する者となるよう配慮しなければならない。

（専門大学院の教育課程）
第三十三条　専門大学院は、その教育上の目的を達成するために専攻分野に応じ必要な授業科目を開設し、体系的に教育課程を編成するものとする。
2　専門大学院においては、その目的を達成し得る実践的な教育を行うよう専攻分野に応じ事例研究、討論、現地調査その他の適切な方法により授業を行うなど適切に配慮しなければならない。

（専門大学院の諸条件等）

第三十四条　前三条に定めるもののほか、専門大学院の専攻分野、教員組織、教育課程並びに専用の施設及び設備その他諸条件は、専門大学院の目的に照らし十分な教育効果をあげることができると認められるものとする。

（課程の修了要件の特例）

第三十五条　第三十一条第一項に定める修士課程に対する第十六条の規定の適用については、同条第一項中「修士論文の審査」とあるのは「特定の課題についての研究の成果の審査」と、同条第二項中「特定の課題についての研究の審査をもつて修士論文の審査に」とあるのは「修士論文の審査をもつて特定の課題についての研究の審査に」とする。

（専門大学院の評価）

第三十六条　専門大学院は、第一条の二に規定するもののほか、当該専門大学院を置く大学の職員以外の者による評価を行うものとする。

2　前項に規定する大学の職員以外の者には、当該専門大学院の専攻分野に係る高度の専門性を要する職業等に従事し専門大学院に関し広くかつ高い識見を有する者を加えるものとする。

第十一章　雑則

（事務組織）

第三十七条　大学院を置く大学には、大学院の事務を処理するため、適当な事務組織を設けるものとする。

（医学、歯学又は獣医学を履修する博士課程に関する特例）

第三十八条　医学、歯学又は獣医学を履修する博士課程については、第四条第二項中「五年」とあるのは「四年」と、第十七条第一項中「五年（修士課程に二年以上在学し、当該課程を修了した者にあつては、当該課程における二年の在学期間を含む。）」とあるのは「四年」と、「三年（修士課程に二年以上在学し、当該課程を修了した者にあつては、当該課程における二年の在学期間を含む。）」とあるのは「三年」と読み替えて、これらの規定を適用し、第四条第三項から第五項まで並びに第十七条第二項及び第三項の規定は、適用しない。

附　則〔略〕

大学院設置審査基準要項　抄

（昭和四九年九月二七日
大学設置審議会大学設置分科会決定）

最近改正　平成一一年九月二八日

一　大学院設置審査の基準

大学院等の設置認可申請及び専攻等の設置協議（通信教育の開設を含む。）に係る審査に当たっては、大学院設置基準（昭和四十九年文部省令第二十八号）、大学院に専攻ごとに置くものとする教員の数について定める件（平成十一年文部省告示第百七十五号。以下、「告示第百七十五号」という。）、大学院の研究科における一個の専攻当たりの入学定員の一定規模数を専門分野ごとに定める件（平成十一年文部省告示第百七十六号。以下、「告示第百七十六号」という。）及び高度の専門性を要する職業等に必要な高度の能力を専ら養うことを目的とする修士課程に専攻ごとに置くものとする教員の数について定める件（平成十一年文部省告示第百七十七号。以下、「告示第百七十七号」という。）に定めるもののほか、この要項の定めるところによる。

五　教育方法等

(一)　教育課程については、大学院設置基準に適合し、かつ、当該研究科及び専攻の目的に照らし適切であるかどうかを総合的に審査するものとする。

(二)　専ら夜間において教育を行う大学院の課程及び大学院の課程における教育方法の特例の実施については、修業年限、履修方法、授業の実施方法、教員の負担の程度、図書館・情報処理施設等の利用の確保や学生の厚生に対する配慮、必要な職員の配置、学生確保の見通し、入学者選抜方法等の点について、また、特に博士課程の場合は、必要とされる分野であることや大学院を専ら担当する専任教員を配置するなどの教員組織の整備状況等についても審査を行い、修士課程又は博士課程としての水準の確保について十分な配慮がなされている場合において認めるものとする。〔以下略〕

六　施設、設備等

(一)　講義室、研究室、実験・実習室、演習室、図書館（室）等の施設並びに機械、器具、標本、図書及び学術雑誌が当該大学院の教育研究上の必要に応じ質量ともに十分整備され、かつ、十分な研究費が計上されていなければならない。

(二)　大学院専用の施設及び設備の整備に当たっては、教育研究に支障を生じない範囲内において、開設時六十パーセント、第二年次の始まるまで四十パーセントの割合で年次計画による整備を認めることができる。

(三)　既設の学部等の施設及び設備を当該学部等と共用する場合には、当該施設及び設備は、大学設置基準に定めるところを上回って整備されていなければならない。

(四)　通信教育を行う修士課程については、教育研究のための情報通信機器等の整備について配慮がなされていることが望ましく、また、マルチメディア技術を活用して授業を行う場合などにおいては、当該システムの管理運営等を行う者が配置されていることが望ましい。

○短期大学設置基準　抄

〔昭和五〇年四月二八日
文部省令第二一号〕

最近改正　平成一三年三月三〇日　文部科学省令第四六号

第一章　総則

（趣旨）

第一条　短期大学は、学校教育法（昭和二十二年法律第二十六号）〔別掲〕その他の法令の規定によるほか、この省令の定めるところにより設置するものとする。

2　この省令で定める設置基準は、短期大学を設置するのに必要な最低の基準とする。

3　短期大学は、この省令で定める設置基準より低下した状態にならないようにすることはもとより、その水準の向上を図ることに努めなければならない。

（自己評価等）

第二条　短期大学は、その教育研究水準の向上を図り、当該短期大学の目的及び社会的使命を達成するため、当該短期大学における教育研究活動等の状況について自ら点検及び評価を行い、その結果を公表するものとする。

2　前項の点検及び評価を行うに当たつては、同項の趣旨に即し適切な項目を設定するとともに、適当な体制を整えて行うものとする。

3　短期大学は、第一項の点検及び評価の結果について、当該短期大学の職員以外の者による検証を行うよう努めなければならない。

（情報の積極的な提供）

第二条の二　短期大学は、当該短期大学における教育研究活動等の状況について、刊行物への掲載その他広く周知を図ることができる方法によつて、積極的に情報を提供するものとする。

第二章　学科

（学科）

第三条　学科は、教育研究上の必要に応じ組織されるものであつて、教員組織その他が学科として適当な規模内容をもつと認められるものとする。

2　学科には、教育上特に必要があるときは、専攻課程を置くことができる。

第三章　学生定員〔略〕

第四章　教育課程

（教育課程の編成方針）

第五条　短期大学は、当該短期大学及び学科の教育上の目的を達成するために必要な授業科目を開設し、体系的に教育課程を編成するものとする。

2　教育課程の編成に当たつては、短期大学は、学科に係る専門の学芸を教授し、職業又は実際生活に必要な能力を育成するとともに、幅広く深い教養及び総合的な判断力を培い、豊かな人間性を涵《かん》養するよう適切に配慮しなければならない。

（教育課程の編成方法）

第六条　教育課程は、各授業科目を必修科目及び選択科目に分け、これを各年次に配当して編成するものとする。

（単位）

第七条　各授業科目の単位数は、短期大学において定めるものとする。

2　前項の単位数を定めるに当たつては、一単位の授業科目を四十五時間の学修を必要とする内容をもつて構成することを標準とし、授業の方法に応じ、当該授業による教育効果、授業時間外に必要な学修等を考慮して、次の基準により単位数を計算するものとする。

一　講義及び演習については、十五時間から三十時間までの範囲で短期大学が定める時間の授業をもつて一単位とする。

二　実験、実習及び実技については、三十時間から四十五時間までの範囲で短期大学が定める時間の授業をもつて一単位とする。ただし、芸術等の分野における個人指導による実技の授業については、短期大学が定める時間の授業をもつて一単位とすることができる。

3　前項の規定にかかわらず、卒業研究、卒業制作等の授業科目については、これらの学修の成果を評価して単位を授与することが適切と認められる場合には、これらに必要な学修等を考慮して、単位数を定めることができる。

（一年間の授業期間）

第八条　一年間の授業を行う期間は、定期試験等の期間を含め、三十五週にわたることを原則とする。

（各授業科目の授業期間）

第九条　各授業科目の授業は、十週又は十五週にわたる期間を単位として行うものとする。ただし、教育上特別の必要があると認められる場合は、これらの期間より短い特定の期間において授業を行うことができる。

（授業を行う学生数）

第十条　一の授業科目について同時に授業を行う学生数は、授業の方法及び施設設備その他の教育上の諸条件を考慮して、教育効果を十分にあげられるような適当な人数とするものとする。

（授業の方法）

第十一条　授業の方法は、講義、演習、実験、実習又は実技とする。

2　短期大学は、文部科学大臣が別に定めるところにより、前項の授業を、多様なメディアを高度に利用して、当該授業を行う教室等以外の場所で履修させることができる。

3　短期大学は、第一項の授業を、外国において履修させることができる。前項の規定により、多様なメディアを高度に利用して、当該授業を行う教室等以外の場所で履修させる場合についても、同様とする。

（教育内容等の改善のための組織的な研修等）

第十一条の二　短期大学は、当該短期大学の授業の内容及び方法の改善を図るための組織的な研修及び研究の実施に努めなければならない。

（昼夜開講制）

第十二条　短期大学は、教育上必要と認められる場合には、昼夜開講制（同一学科において昼間及び夜間の双方の時間帯において授業を行うことをいう。）により授業を行うことができる。

第五章　卒業の要件等

（単位の授与）

第十三条　短期大学は、一の授業科目を履修した学生に対し、試験の上単位を与えるものとする。ただし、第七条第三項の授業科目については、短期大学の定める適切な方法により学修の成果を評価して単位を与えることができる。

（履修科目の登録の上限）

第十三条の二　短期大学は、学生が各年次にわたつて適切に授業科目を履修するため、卒業の要件として学生が修得すべき単位数について、学生が一年間又は一学期に履修科目として登録することができる単位数の上限を定めるよう努めなければならない。

2　短期大学は、その定めるところにより、所定の単位を優れた成績をもつて修得した学生については、前項に定める上限を超えて履修科目の登録を認めることができる。

（他の短期大学又は大学における授業科目の履修等）

第十四条　短期大学は、教育上有益と認めるときは、学生が短期大学の定めるところにより他の短期大学又は大学において履修した授業科目について修得した単位を、修業年限が二年の短期大学にあつては三十単位、修業年限が三年の短期大学にあつては四十六単位（第十九条の規定により卒業の要件として六十二単位以上を修得することとする短期大学にあつては三十単位）を超えない範囲で当該短期大学における授業科目の履修により修得したものとみなすことができる。

2　前項の規定は、学生が、外国の短期大学又は大学に留学する場合及び外国の短期大学又は大学が行う通信教育における授業科目を我が国において履修する場合について準用する。

（短期大学又は大学以外の教育施設等における学修）

第十五条　短期大学は、教育上有益と認めるときは、学生が行う短期大学又は高等専門学校の専攻科における学修その他文部科学大臣が別に定める学修を、当該短期大学における授業科目の履修とみなし、短期大学の定めるところにより単位を与えることができる。

2　前項により与えることができる単位数は、修業年限が二年の短期大学にあつては前条第一項及び第二項により当該短期大学において修得したものとみなす単位数と合わせて三十単位、修業年限が三年の短期大学にあつては前条第一項及び第二項により当該短期大学において修得したものとみなす単位数と合わせて四十六単位（第十九条の規定により卒業の要件として六十二単位以上を修得することとする短期大学にあつては三十単位）を超えないものとする。

（入学前の既修得単位等の認定）

第十六条　短期大学は、教育上有益と認めるときは、学生が当該短期大学に入学する前に短期大学又は大学において履修した授業科目について修得した単位（次条の規定により修得した単位を含む。）を、当該短期大学に入学した後の当該短期大学における授業科目の履修により修得したものとみなすことができる。

2　短期大学は、教育上有益と認めるときは、学生が当該短期大学に入学する前に行つた前条第一項に規定する学修を、当該短期大学における授業科目の履修とみなし、短期大学の定めるところにより単位を与えることができる。

3　前二項により修得したものとみなし、又は与えることのできる単位数は、転学等の場合を除き、当該短期大学において修得した単位以外のものについては、第十四条第一項及び前条第一項により当該短期大学において修得したものとみなす単位数と合わせて、修業年限が二年の短期大学にあつては、三十単位、修業年限が三年の短期大学にあつては、四十六単位（第十九条の規定により卒業の要件として六十二単位以上を修得することとする短期大学にあつては、三十単位）を超えないものとする。この場合において、第十四条第二項により当該短期大学において修得したものとみなす単位数と合わせるときは、修業年限が二年の短期大学にあっては、四十五単位、修業年限が三年の短期大学にあっては、五十三単位（第十九条の規定により卒業の要件として六十二単位以上を修得することとする短期大学にあっては四十五単位）を超えないものとする。

（科目等履修生）

第十七条　短期大学は、短期大学の定めるところにより、当該短期大学の学生以外の者で一又は複数の授業科目を履修する者（以下「科目等履修生」という。）に対し、単位を与えることができる。

2　科目等履修生に対する単位の授与については、第十三条の規定を準用する。

（卒業の要件）

第十八条　修業年限が二年の短期大学の卒業の要件は、短期大学に二年以上在学し、六十二単位以上を修得することとする。

2　修業年限が三年の短期大学の卒業の要件は、短期大学に三年以上在学し、九十三単位以上を修得することとする。

3　前二項の規定により卒業の要件として修得すべき単位数のうち、第十一条第二項の授業の方法により修得する単位数は、修業年限が二年の短期大学にあっては三十単位、修業年限が三年の短期大学にあっては四十六単位（第十九条の規定により卒業の要件として六十二単位以上を修得することとする短期大学にあっては三十単位）を超えないものとする。

（卒業の要件の特例）

第十九条　夜間において授業を行う学科その他授業を行う時間について教育上特別の配慮を必要とする学科（以下「夜間学科等」という。）に係る修業年限が三年の短期大学の卒業の要件は、前条第二項の規定にかかわらず、短期大学に三年以上在学し、六十二単位以上を修得することとすることができる。

第六章　教員組織

（授業科目の担当）

第二十条　教育上主要と認められる授業科目（以下「主要授業科目」という。）は、原則として専任の教授又は助教授が担当するものとし、主要授業科目以外の授業科目についてもなるべく専任の教授、助教授又は講師がこれを担当するものとする。

2　演習、実験、実習又は実技については、なるべく助手に補助させるものとする。

（授業を担当しない教員）

第二十一条　短期大学には、教育研究上必要があるときは、授業を担当しない教員を置くことができる。

（専任教員数）

第二十二条　専任教員の数は、別表第一〔略〕に定める数以上とする。

第七章　教員の資格〔略〕

第八章　校地、校舎等の施設及び設備

（校地）

第二十七条　校地は、教育にふさわしい環境をもち、校舎の敷地には、学生が休息その他に利用するのに適当な空地を有するものとする。

2　運動場は、教育に支障のないよう、原則として校舎と同一の敷地内又はその隣接地に設けるものとし、やむを得ない場合には適当な位置にこれを設けるものとする。

（校舎等）

第二十八条　校舎には、短期大学の組織及び規模に応じ、少なくとも次の各号に掲げる施設を備えるものとする。

一　学長室、会議室、事務室

二　教室（講義室、演習室、実験室、実習室等とする。）、研究室
三　図書館、保健室
2　教室は、学科の種類及び学生数に応じ、必要な種類と数を備えるものとする。
3　研究室は、専任の教員に対しては必ず備えるものとする。
4　校舎には、第一項に掲げる施設のほか、なるべく情報処理及び語学の学習のための施設を備えるものとする。
5　短期大学は、第一項及び前項に掲げる施設のほか原則として体育館を備えるとともに、なるべく体育館以外のスポーツ施設、講堂、学生自習室及び学生控室並びに寄宿舎、課外活動施設その他の厚生補導に関する施設を備えるものとする。
6　夜間学科等を置く短期大学又は昼夜開講制を実施する短期大学にあっては、研究室、教室、図書館その他の施設の利用について、教育研究に支障のないようにするものとする。

（図書等の資料及び図書館）

第二十九条　短期大学は、学科の種類、規模等に応じ、図書、学術雑誌、視聴覚資料その他の教育研究上必要な資料を、図書館を中心に系統的に備えるものとする。
2　図書館は、前項の資料の収集、整理及び提供を行うほか、情報の処理及び提供のシステムを整備して学術情報の提供に努めるとともに、前項の資料の提供に関し、他の短期大学の図書館等との協力に努めるものとする。
3　図書館には、その機能を十分に発揮させるために必要な専門的職員その他の専任の職員を置くものとする。
4　図書館には、短期大学の教育研究を促進できるような適当な規模の閲覧室、レファレンス・ルーム、整理室、書庫等を備えるものとする。
5　前項の閲覧室には、学生の学習及び教員の教育研究のために十分な数の座席を備えるものとする。

（校地の面積）

第三十条　校地の面積（寄宿舎その他附属施設用地の面積を除く。）は、別表第二〔略〕に定める面積に次条の規定により算定した面積の四分の一に相当する面積を加えた面積以上とする。

（校舎の面積）

第三十一条　校舎の面積は、一の分野についてのみ学科を置く短期大学にあっては、別表第三イの表〔略〕に定める面積以上とし、二以上の分野についてそれぞれ学科を置く短期大学にあっては、当該二以上の分野のうち同表の同一分野に属する学科の収容定員の百人までの欄の基準校舎面積が最大である分野についての同表に定める面積に当該分野以外の分野についてのそれぞれ別表第三ロの表〔略〕に定める面積を合計した面積を加えた面積以上とする。

（附属施設）

第三十二条　短期大学には、学科の種類に応じ、教育研究上必要な場合は、適当な規模内容を備えた附属施設を置くものとする。

（機械、器具等）

第三十三条　短期大学には、学科の種類、学生数及び教員数に応じて必要な種類及び数の機械、器具及び標本を備えるものとする。

第九章　事務組織等

（事務組織）

第三十四条　短期大学には、その事務を処理するため、専任の職員を置く適当な事務組織を設けるものとする。

（厚生補導の組織）

第三十五条　短期大学には、学生の厚生補導を行うため、専任の職

員を置く適当な組織を設けるものとする。

第十章　雑則

（その他の基準）

第三十六条　専攻科及び別科に関する基準は、別に定める。

附　則〔略〕

〔参考　平成三年以前の短期大学設置基準抜粋〕

次に掲げるのは、平成三年六月三日文部省令第二八号で大幅に改正された部分の改正前の条文である＝編者

（校舎等）

旧第二十五条　校舎には、短期大学の組織及び規模に応じ、少なくとも次の各号に掲げる施設を備えるものとする。

一　学長室、会議室、事務室

二　教室（講義室、演習室、実験室、実習室等とする。）、研究室

三　図書館〔傍線＝編者〕、保健室

4　図書館〔傍線＝編者〕には、短期大学の教育研究を促進できるような適当な規模の閲覧室、レファレンス・ルーム、整理室、書庫等を備えるものとする。

5　閲覧室の座席数は、別表第二に定める数以上とする。

（図書及び学術雑誌）

旧第二十九条　短期大学には、授業科目の種類に応じ、別表第五に定める冊数及び種類数以上の図書及び学術雑誌（マイクロフィルム等によるものを含む。同表において同じ。）を系統的に整理して備えるものとする。

（図書館の専任職員）

旧第三十三条　図書館には、その機能を十分発揮させるために必要な専任の職員を置くものとする。

別表第二（旧第二十五条関係）

学生総定員	二〇〇人まで	四〇〇人まで	六〇〇人まで	一、〇〇〇人まで
閲覧室の座席数	二〇	三〇	四〇	五〇

備考

一　学生総定員が一、〇〇〇人を超える場合の座席数は、学生総定員の一〇〇分の五以上とする。

二　夜間学科等を併せ置く場合の座席数については、別に定める。

別表第五（旧第二十九条関係）

イ　一般教育科目、外国語科目及び保健体育科目に関する図書の冊数の表

授業科目の区分	図書の冊数
一般教育科目	人文、社会及び自然の各分野についてそれぞれ四〇〇以上、合計　一、五〇〇
外国語科目	五〇〇
保健体育科目	二〇〇

ロ　専門教育科目に関する図書の冊数及び学術雑誌の種類数の表

学科の属する分野の区分	一学科の図書の冊数	一学科の学術雑誌の種類数
文学関係又は宗教関係	四、〇〇〇	一五
法律関係、商業関係又は経済関係	五、〇〇〇	二五
教養関係	五、〇〇〇	二五
家政関係	三、〇〇〇	一〇
教員養成関係	四、〇〇〇	一五
工業関係又は農業関係	四、〇〇〇	二五
医療技術関係又は保健関係	四、〇〇〇	二五
看護関係	三、〇〇〇	二〇
体育関係	三、〇〇〇	一〇
美術関係	三、〇〇〇	一〇
音楽関係	三、〇〇〇	一〇

備考

一　この表に定める図書の冊数及び学術雑誌の種類数は、学科に専攻課程を置く場合については、専攻課程の図書の冊数及び学術雑誌の種類数とする。

二　同一分野に属する学科を二以上置く場合には、一学科についてはこの表に定めるところにより、他の学科についてはこの表に定める図書の冊数及び学術雑誌の種類数のそれぞれ三割以上とする。

三　〔旧〕第十五条第二項の短期大学の学科については、この表に定める図書の冊数及び学術雑誌の種類数にそれぞれその三割以上を加えたものとする。

四　同一分野に属する学科を二以上置く場合で、〔旧〕第十五条第二項の短期大学

の学科を含むときには、一の同項の学科については、この表に定める図書の冊数及び学術雑誌の種類数にそれぞれその三割以上を加えたものとし、他の学科については、この表に定める図書の冊数及び学術雑誌の種類数のそれぞれ三割以上とする。

五　この表に掲げる分野以外の分野に属する学科の図書の冊数及び学術雑誌の種類数については、当該学科の分野に類似するこの表に掲げる分野の例によるものとする。ただし、これにより難い場合は別に定める。

短期大学設置基準の一部を改正する省令の施行等について（通知）抄

〔平成三年七月一日文高専第一八〇号　各国公私立大学長ほかあて　文部事務次官通知〕

このたび、別添一〔略〕及び二〔略〕のとおり、「短期大学設置基準の一部を改正する省令（平成三年省令第二十八号）」及び「短期大学通信教育設置基準の一部を改正する省令（平成三年省令第二十九号）」が平成三年六月三日に公布され、それぞれ平成三年七月一日から施行されることとなりました。また、これらの省令に関連し、別添三〔略〕及び四〔略〕のとおり平成三年文部省告示第六十九号及び第七十一号が平成三年六月五日に告示され、七月一日から施行されました。

今回の改正の趣旨は、個々の短期大学が、その教育理念・目的に基づき、学術の進展や社会の要請に適切に対応しつつ、特色ある教育研究を展開し得るよう、短期大学設置基準の大綱化により制度の弾力化を図るとともに、生涯学習の振興の観点から短期大学における学習機会の多様化を図り、併せて、短期大学の水準の維持向上のため自己点検・評価の実施を期待するものであります。

これらの省令等の概要及び留意点等は、下記のとおりですので、それぞれ関係のある事項について十分御留意の上、その運用に当たって遺憾のないようお取り計らい下さい。

記

第一 短期大学設置基準（昭和五十年文部省令第二十一号）の一部改正

七 校地、校舎等の施設及び設備について

(1) 校舎等について

① 学生の情報処理能力及び外国語能力の育成を図るため、校舎には、なるべく情報処理及び語学の学習のための施設を備えるものとしたこと。（改正後の第二十八条第四項関係）

② 短期大学は、学生の心身の健康の保持・増進及び学習環境の整備を図るため、原則として体育館を備えるとともに、なるべく体育館以外のスポーツ施設、講堂、学生自習室及び学生控室並びに寄宿舎、課外活動施設その他の厚生補導に関する施設を備えるものとしたこと。（改正後の第二十八条第五項関係）

③ 夜間学科等を置く短期大学又は昼夜開講制を実施する短期大学にあっては、研究室、教室、図書館その他の施設の利用について、教育研究に支障のないようにするものとしたこと。（改正後の第二十八条第六項関係）

④ 校舎面積に係る現行の別表について、昼夜開講制に対応した規定の整備を行ったこと。

(2) 図書等の資料及び図書館について

① 図書等については、質的な面にも十分留意し、実際の教育研究活動に即して必要な整備が行われるよう、従来の図書及び学術雑誌の冊数及び種類数について規定を廃止し、新たに、短期大学は、学科の種類、規模等に応じ、図書、学術雑誌、視聴覚資料その他の教育研究上必要な資料を、図書館を中心に系統的に備えるものとすることを規定したこと。（改正後の第二十九条第一項及び改正前第二十九条関係）

② 短期大学における図書館の重要性にかんがみ、図書館に関し、次のように規定を整備したこと。

(1) 図書館は、図書等の資料の収集、整理及び提供を行うほか、情報の処理及び提供のシステムを整備して学術情報の提供に努めるとともに、図書等の資料の提供に関し、他の短期大学の図書館等との協力に努めるものとしたこと。（改正後の第二十九条第二項関係）

(2) 図書館には、その機能を十分に発揮させるために必要な専門的職員その他の専任の職員を置くものとしたこと。（改正後の第二十九条第三項関係）

(3) 閲覧室には、学生の学習及び教員の教育研究のために十分な数の座席を備えるものとしたこと。（改正後の第二十九条第五項関係）

第二 短期大学通信教育設置基準（昭和五十七年文部省令第三号）の一部改正〔略〕

○短期大学通信教育設置基準　抄

〔昭和五七年三月二三日文部省令第三号〕

最近改正　平成一三年三月三〇日　文部科学省令第四七号

（趣旨）

第一条　短期大学が行う通信教育に係る設置基準は、この省令の定めるところによる。

2　この省令で定める設置基準は、通信教育を行う短期大学を設置し、又は短期大学において通信教育を開設するのに必要な最低の基準とする。

3　短期大学は、この省令で定める設置基準より低下した状態にならないようにすることはもとより、その水準の向上を図ることに努めなければならない。

（自己評価等）

第一条の二　短期大学は、通信教育に関し、短期大学設置基準（昭和五十年文部省令第二十一号）〔別掲〕第二条第一項及び第二項に定めるところにより自ら点検及び評価を行い、その結果を公表するものとする。

2　短期大学は、通信教育に関し、短期大学設置基準第二条第三項の定めるところにより、前項の点検及び評価の結果について、当該短期大学の職員以外の者による検証を行うよう努めなければならない。

（通信教育を行い得る専攻分野）

第二条　短期大学は、通信教育によつて十分な教育効果が得られる専攻分野について、通信教育を行うことができるものとする。

（授業の方法等）

第三条　授業は、印刷教材その他これに準ずる教材を送付若しくは指定し、主としてこれにより学修させる授業（以下「印刷教材等による授業」という。）、主として放送その他これに準ずるものの視聴により学修させる授業（以下「放送授業」という。）、短期大学設置基準第十一条第一項の方法による授業（以下「面接授業」という。）若しくは同条第二項の方法による授業（以下「メディアを利用して行う授業」という。）のいずれかにより又はこれらの併用により行うものとする。

2　印刷教材等による授業及び放送授業の実施に当たつては、添削等による指導を併せ行うものとする。

3　短期大学は、第一項の授業を、外国において履修させることができる。

第四条　授業は、定期試験等を含め、年間を通じて適切に行うものとする。

（単位の計算方法）

第五条　各授業科目の単位数は、一単位の授業科目を四十五時間の学修を必要とする内容をもつて構成することを標準とし、次の基準により計算するものとする。

一　印刷教材等による授業については、四十五時間の学修を必要とする印刷教材等の学修をもつて一単位とする。

二　放送授業については、十五時間の放送授業をもつて一単位とする。

三　面接授業及びメディアを利用して行う授業については、短期大学設置基準第七条第二項各号の定めるところによる。

2　前項の規定にかかわらず、卒業研究、卒業制作等の授業科目については、短期大学設置基準第七条第三項の定めるところによる。

（卒業の要件）

第六条　卒業の要件は、短期大学設置基準第十八条又は第十九条の定めるところによる。

2　前項の規定により卒業の要件として修得すべき単位について、修業年限二年の短期大学にあつては十五単位以上、修業年限三年の短期大学にあつては二十三単位以上（短期大学設置基準第十九条の規定により卒業の要件として六十二単位以上を修得することとする短期大学にあつては十五単位以上）は、面接授業又はメディアを利用して行う授業により修得するものとする。ただし、当該十五単位又は二十三単位のうちそれぞれ五単位又は八単位までは、放送授業により修得した単位で代えることができる。

（短期大学又は大学以外の教育施設等における学修）

第七条　短期大学は、短期大学設置基準第十五条に定めるところにより単位を与えるほか、あらかじめ当該短期大学が定めた基準に照らして教育上適当であると認めるときは、通信教育の特性等を考慮して文部科学大臣が別に定める学修を当該短期大学における履修とみなし、単位を与えることができる。

（専任教員数）

第九条　学校教育法（昭和二十二年法律第二十六号）〔別掲〕第六十九条の二第六項に規定する通信による教育を行う学科（以下「通信教育学科」という。）における専任教員の数は、別表第一〔略〕のとおりとする。

2　昼間又は夜間において授業を行う学科が通信教育を併せ行う場合においては、短期大学設置基準第二十二条の規定による専任教員の数に当該学科が行う通信教育に係る入学定員千人につき二人の専任教員を加えたものとする。ただし、当該加える専任教員の数が当該学科における同条の規定による専任教員の数の二割に満たない場合には、当該専任教員の数の二割の専任教員の数を加えたものとする。

3　短期大学は、短期大学設置基準第十七条の科目等履修生を前二項の学科の収容定員を超えて相当数受け入れる場合においては、教育に支障のないよう前二項の規定による専任教員の数に相当数の専任教員を加えたものとする。

（校舎等の施設）

第十条　通信教育学科を置く短期大学は、当該学科に係る短期大学設置基準第二十八条第一項に規定する校舎を有するほか、特に添削等による指導並びに印刷教材等の保管及び発送のための施設（第三項において「通信教育関係施設」という。）について、教育に支障のないようにするものとする。

2　前項の校舎等の施設の面積は、別表第二〔略〕のとおりとする。

3　昼間又は夜間において授業を行う学科が通信教育を併せ行う場合にあつては、短期大学は、通信教育関係施設及び面接授業を行う施設について、教育に支障のないようにするものとする。

4　図書館の閲覧室には、通信教育を受ける学生の利用に支障のないよう相当数の座席を備えるものとする。

（その他の基準）

第十三条　通信教育を行う短期大学の組織、編制、施設、設備その他通信教育を行う短期大学の設置又は短期大学における通信教育の開設に関する事項で、この省令に定めのないものについては、短期大学設置基準（第九条を除く。）の定めるところによる。

附　則〔略〕

○高等専門学校設置基準　抄

〔昭和三六年八月三〇日
文部省令第二三号〕

最近改正　平成一三年三月三〇日　文部科学省令第四八号

第一章　総則

（趣旨）

第一条　高等専門学校は、学校教育法（昭和二十二年法律第二十六号）〔別掲〕その他の法令の規定によるほか、この省令の定めるところにより設置するものとする。

（教育水準の維持向上）

第二条　高等専門学校は、その組織編制、施設、設備等がこの省令で定める設置基準より低下した状態にならないようにすることはもとより、常にその充実を図り、もつて教育水準の維持向上に努めなければならない。

2　前項の場合において、高等専門学校は、その教育内容を学術の進展に即応させるため、必要な研究が行なわれるように努めるものとする。

（自己評価等）

第三条　高等専門学校は、その教育水準の向上を図り、当該高等専門学校の目的及び社会的使命を達成するため、当該高等専門学校における教育研究活動等の状況について自ら点検及び評価を行い、その結果を公表するものとする。

2　前項の点検及び評価を行うに当たつては、同項の趣旨に即し適切な項目を設定するとともに、適当な体制を整えて行うものとする。

3　高等専門学校は、第一項の点検及び評価の結果について、当該高等専門学校の職員以外の者による検証を行うよう努めなければならない。

（情報の積極的な提供）

第三条の二　高等専門学校は、当該高等専門学校における教育研究活動等の状況について、刊行物への掲載その他広く周知を図ることができる方法によつて、積極的に情報を提供するものとする。

第二章　組織編制

（学科）

第四条　高等専門学校の学科は、専攻分野を教育するために組織されるものであつて、その規模内容が学科として適当と認められるものとする。

（学級）

第五条　高等専門学校においては、同一の学科につき同一の学年の学生をもつて一又は数個の学級を編制するものとする。ただし、教育上有益と認めるときには、異なる学科の学生をもつて学級を編制することができる。

2　一学級の学生の数は、四十人を標準とする。

（教員組織）

第六条　高等専門学校には、学科の種類及び学級数に応じ、各授業科目を教授するために必要な相当数の教員（助手を除く。以下この条において同じ。）を置かなければならない。

2　教員のうち、第十六条に規定する一般科目を担当する専任者の数は、次の各号に掲げる数を下つてはならない。

一 入学定員に係る学生を一の学級に編制する場合は、十人
二 入学定員に係る学生を二の学級に編制する場合は、十二人
三 入学定員に係る学生を三の学級に編制する場合は、十四人
四 入学定員に係る学生を四の学級から六の学級までに編制する場合は、十四人に三学級を超えて一学級を増すごとに四人を加えた数
五 入学定員に係る学生を七以上の学級に編制する場合は、二十六人に六学級を超えて一学級を増すごとに三人を加えた数

3 教員のうち、工業又は商船に関する学科において第十六条に規定する専門科目を担当する専任者の数は、当該学校に一の学科を置くときは八人、二以上の学科を置くときは八人に一学科を超えて一学科を増すごとに七人を加えた数を下ってはならない。この場合において、一学科の入学定員に係る学生を二以上の学級に編制するときは、これらに一学級を超えて一学級を増すごとに五人を加えるものとする。

4 工業又は商船に関する学科以外の学科において第十六条に規定する専門科目を担当する専任者の数は、別に定める。

第七条 高等専門学校には、演習、実験・実習又は実技について補助させるために必要な相当数の専任の助手を置かなければならない。

第八条 専門科目を担当する専任の教授及び助教授の数は、一般科目を担当する専任教員数と専門科目を担当する専任教員数との合計数の二分の一を下ってはならない。

第九条 教員は、一の高等専門学校に限り、専任教員となるものとする。

(事務職員等)

第十条 高等専門学校には、その運営のために必要な相当数の事務職員その他の職員を置かなければならない。

第三章 教員の資格〔略〕

第四章 教育課程

(一年間の授業期間)

第十五条 一年間の授業を行う期間は、定期試験等の期間を含め、三十五週にわたることを原則とする。

(授業科目)

第十六条 高等専門学校の授業科目は、その内容により、各学科に共通する一般科目及び学科ごとの専門科目に分ける。

(教育課程の編成)

第十七条 高等専門学校は、当該高等専門学校及び学科の教育上の目的を達成するために必要な授業科目を開設し、体系的に教育課程を編成するものとする。

2 教育課程は、各授業科目を各学年に配当して編成するものとする。

3 各授業科目の単位数は、三十単位時間(一単位時間は、標準五十分とする。第五項において同じ。)の履修を一単位として計算するものとする。

4 前項の規定にかかわらず、卒業研究、卒業制作等の授業科目については、これらの学修の成果を評価して単位の修得を認定することが適切と認められる場合には、これらに必要な学修等を考慮して、単位数を定めることができる。

5 第一項に定める授業科目のほか、高等専門学校においては、特別活動を九十単位時間以上実施するものとする。

(授業の方法)

第十七条の二 高等専門学校は、文部科学大臣が別に定めるところにより、授業を、多様なメディアを高度に利用して、当該授業を

行う教室等以外の場所で履修させることができる。

2　高等専門学校は、授業を、外国において履修させることができる。前項の規定により、多様なメディアを高度に利用して、当該授業を行う教室等以外の場所で履修させる場合についても、同様とする。

（教育内容等の改善のための組織的な研修等）

第十七条の三　高等専門学校は、当該高等専門学校の授業の内容及び方法の改善を図るための組織的な研修及び研究の実施に努めなければならない。

第五章　課程修了の認定等

（課程修了の認定）

第十八条　全課程の修了の認定に必要な単位数は、百六十七単位以上（そのうち、一般科目については七十五単位以上、専門科目については八十二単位以上とする。）とする。ただし、商船に関する学科にあつては練習船実習を除き百四十七単位以上（そのうち、一般科目については七十五単位以上、専門科目については六十二単位以上とする。）とする。

2　前項の規定により卒業の要件として修得すべき単位数のうち、第十七条の二の授業の方法により修得する単位数は三十単位を超えないものとする。

（他の高等専門学校における授業科目の履修）

第十九条　高等専門学校は、教育上有益と認めるときは、学生が高等専門学校の定めるところにより他の高等専門学校において履修した授業科目について修得した単位を、三十単位を超えない範囲で当該高等専門学校における授業科目の履修により修得したものとみなすことができる。

（高等専門学校以外の教育施設等における学修等）

第二十条　高等専門学校は、教育上有益と認めるときは、学生が行う大学における学修その他文部科学大臣が別に定める学修を、当該高等専門学校における授業科目の履修とみなし、高等専門学校の定めるところにより単位の修得を認定することができる。

2　前項により認定することができる単位数は、前条により当該高等専門学校において修得したものとみなす単位数と合わせて三十単位を超えないものとする。

3　第一項の規定は、学生が、外国の大学又は高等学校に留学する場合及び外国の大学が行う通信教育における授業科目を我が国において履修する場合について準用する。この場合において認定することができる単位数の合計数は三十単位を超えないものとする。

（科目等履修生）

第二十一条　高等専門学校は、高等専門学校の定めるところにより、当該高等専門学校の学生以外の者で一又は複数の授業科目を履修する者に対し、単位の修得を認定することができる。

第六章　施設及び設備

（校地）

第二十二条　校地は、教育にふさわしい環境をもち、校舎の敷地には、学生が休息その他に利用するのに適当な空地を有するものとする。

2　運動場は、校舎と同一の敷地内又はその隣接地に設けるものとし、やむを得ない場合に限り、その他の適当な位置にこれを設けるものとする。

（校舎等）

第二十三条　校舎には、少なくとも次に掲げる施設を備えるものとする。

一 校長室、教員室、会議室、事務室
二 教室（講義室、演習室、実験・実習室等とする。）、研究室
三 図書館、保健室、学生控室

2 校舎には第一項に掲げる施設のほかなるべく情報処理及び語学の学習のための施設を備えるものとする。

3 高等専門学校には、校舎のほか、なるべく体育館及び講堂並びに寄宿舎、課外活動施設その他の厚生補導に関する施設を備えるものとする。

（校地及び校舎の面積）

第二十四条 校地（寄宿舎その他附属施設用地の面積を除く。）の面積は、校舎の面積の五倍とする。ただし、教育に支障のないと認められる場合においては、その一部を減ずることができる。〔後略〕

（図書等の資料及び図書館）

第二十五条 高等専門学校には、学科の種類、教員数及び学生数に応じ、図書、学術雑誌、視聴覚資料その他の教育研究上必要な資料を、図書館を中心に系統的に備えるものとする。

2 図書館には、その機能を十分に発揮させるために必要な専門的職員その他の専任の職員を置くとともに、適当な規模の閲覧室、レファレンス・ルーム、整理室、書庫等を備えるものとする。

（附属施設）

第二十六条 高等専門学校には、教育上必要な場合は、学科の種類に応じ、実験・実習工場、練習船その他の適当な規模内容を備えた附属施設を置くものとする。

（機械、器具等）

第二十七条 高等専門学校には、学科の種類、教員数及び学生数に応じて必要な種類及び数の機械、器具及び標本その他の設備を備えるものとする。

第七章 雑則

（その他の基準）

第二十八条 専攻科に関する基準は、別に定める。

附 則〔略〕

高等専門学校設置基準の一部を改正する省令の施行等について（通知）抄

（平成三年七月一八日文高専第二〇五号　各国公私立大学長　各国公私立高等専門学校長ほかあて　文部事務次官通知）

このたび、別添一〔略〕のとおり、「高等専門学校設置基準の一部を改正する省令（平成三年文部省令第二十六号）」が平成三年六月二十五日に公布され、同年七月一日から施行されました。

また、この省令に関連し、別添二〔略〕のとおり平成三年文部省告示第八十五号が平成三年六月二十八日告示され、同年七月一日から施行されました。

今回の改正の趣旨は、個々の高等専門学校が、その教育理念・目的に基づき、社会の要請に適切に対応しつつ、特色ある教育を展開し得るよう、高等専門学校設置基準の大綱化により制度の弾力化を図るとともに、生涯学習の振興の観点から高等専門学校における学習機会の多様化を図り、併せて、高等専門学校の水準の維持向上のため自己点検・評価の実施を期待するものであります。

これらの省令等の概要及び留意点等は、下記のとおりですので、十分御留意の上、その運用に当たって遺憾のないようお取り計らい下さい。

記

六　施設及び設備について

(1)　校舎等について

①　教室のうち、学科の種類に応じ専門科目の教育に必要な演習室、実験・実習室等の施設に関する規定を廃止したこと。（改正前の第十七条第二項関係）

②　学生の情報処理能力及び外国語能力の育成を図るため、校舎には、なるべく情報処理及び語学の学習のための施設を備えるものとしたこと。（改正後の第二十三条第二項関係）

③　高等専門学校は、校舎のほか、なるべく体育館及び講堂並びに寄宿舎、課外活動施設その他の厚生補導に関する施設を備えるものとしたこと。（改正後の第二十三条第三項関係）

(2)　校舎の面積について

高等専門学校の工業又は商船に関する学科以外の学科に関する校舎の面積については、別に定めることとしたこと。（改正後の第二十四条関係）

(3)　図書等の資料及び図書館について

①　学科の種類、教員数及び学生数に応じ、図書、学術雑誌、視聴覚資料その他の教育研究上必要な資料を、図書館を中心に系統的に備えるものとしたこと。（改正後の第二十五条第一項関係）

②　図書館には、その機能を十分に発揮させるために必要な専門的職員その他の専任の職員を置くとともに、適当な規模の閲覧室、レファレンス・ルーム、整理室、書庫等を備えるものとしたこと。（改正後の第二十五条第二項関係）

○高等学校設置基準　抄

〔昭和二三年一月二七日 文部省令第一号〕

最近改正　平成一二年三月九日　文部省令第一〇号

第一章　総則

〔趣旨〕

第一条　高等学校設置基準は、この省令の定めるところによる。

〔学科の編制・整備〕

第二条　公立の高等学校については都道府県の教育委員会、私立の高等学校については都道府県知事（以下「都道府県教育委員会等」という。）は、普通科、農業に関する学科、水産に関する学科、工業に関する学科、商業に関する学科若しくは家庭に関する学科を置く高等学校以外の高等学校、又は二以上の学科を置く高等学校の編制及び整備について、この省令の規定が適用されず又はその適用が不適当と認められる事項については、この省令に示す基準に基づいて、必要な定めをなすことができる。

〔専攻科・別科〕

第三条　専攻科及び別科の編制及び設備については、その学科に応じ、この省令に示す基準によらなければならない。ただし、この省令の規定が適用されず又はその適用が不適当と認められる事項については、都道府県教育委員会等は、この省令に示す基準に基づいて、必要な定めをなすことができる。

第二章　学科

〔学科種別〕

第五条　高等学校の学科は、次の通りとする。

一　普通教育を主とする学科

二　専門教育を主とする学科

三　普通教育及び専門教育を選択履修を旨として総合的に施す学科

〔学科名称〕

第六条　前条第一号に定める学科は、普通科とする。

②　前条第二号に定める学科は、左の通り〔略〕とする。

③　前条第三号に定める学科は、総合学科とする。

第三章　編制

〔学級規模〕

第七条　同時に授業を受ける一学級の生徒数は、四十人以下とする。但し、特別の事由があるときは、この数をこえることができる。

〔合併授業〕

第八条　教育上必要あるときは、同じ学年の学科を異にする生徒、又は学年の異なる生徒を合わせて、授業を行うことができる。

〔教頭・教諭の数〕

第九条　教頭及び教諭の数は、第一号表甲〔略〕によって定められた数以上とする。ただし、その数が十二人未満のときは十二人以上とする。

②　教頭及び教諭のうち、その半数以上は、他の職を兼ねず、また他の職から兼ねない者でなければならない。

〔助教諭による代替〕

第十条　特別の事由があるときは、前条の教諭は、その三分の一以内の範囲で、助教諭をもってこれに代えることができる。

〔事務職員の数〕

第十一条　事務職員の数は、生徒数百二十人以下の高等学校においては二人以上とし、生徒数百二十人をこえる場合は、二百四十人までを加えるごとに一人以上を増加しなければならない。

② 定時制の課程においては、前項の規定にかかわらず、相当数の事務職員をおかなければならない。

〔組織〕

第十二条　高等学校には、校長、教頭、教諭、事務職員のほか、実習助手及び養護教諭その他の生徒の養護をつかさどる職員を置かなければならない。

〔実習助手〕

第十三条　実習助手の数は、生徒数百二十人以下の場合は二人以上とし、百二十人をこえる場合は、百二十人までを加えるごとに一人以上を増加しなければならない。

② 前項のほか農業、水産又は工業に関する学科においては、一学科ごとに二人以上をおかなければならない。

③ 定時制の課程においては、前二項の規定にかかわらず、相当数の実習助手をおかなければならない。

〔養護職員〕

第十四条　高等学校には、生徒の養護をつかさどる職員一人以上を置き、そのうちの一人は他の職を兼ねず、又他の職から兼ねない者でなければならない。

第四章　設備

〔校舎〕

第十六条　校舎は、堅ろうで、学習上、保健衛生上及び管理上適切なものでなければならない。

〔面積基準〕

第十七条　校地、運動場、校舎その他の面積に関する基準は、第二号表〔略〕による。

〔夜間高校の校地等の面積〕

第十八条　夜間においてのみ授業を行う高等学校の校地及び運動場の面積は、前条の規定によらなくてもよい。

〔施設〕

第十九条　校舎には、左に掲げる施設を備え、且つそれらの施設は常に改善されなければならない。但し、やむをえない事由がある場合で教育上支障のないときは、一つの施設をもって二つ以上に兼用することができる。

一　校長室、会議室、教員室、事務室
二　相当数の普通教室（普通教室と特別教室との合計数は少くとも同時に授業を行う学級の数を下ってはならない。）
三　地理歴史科・公民科教室及びその標本室
四　物理、化学、生物、地学のそれぞれの実験室、標本室及び準備室
五　音楽教室、図画教室、製図教室、工作教室及びそれぞれの準備室及び書道教室
六　図書室、講堂、体育館
七　教員研究室
八　保健室、休養室

② 専門教育に必要な施設の基準は、第三号表〔略〕による。

〔校具〕

第二十条　高等学校には、学習用、体育用及び保健衛生用の図書、機械、器具、標本、模型、その他の校具を備えなければならない。

② 前項の校具は、学習上、保健衛生上、有効適切なものであり、

且つ常に改善し、補充されなければならない。

〔教室等備え付け校具等〕

第二十一条　第十九条〔施設〕の教室、実験室及び実習施設には、同時に授業を受ける一学級の生徒が学習するに必要な相当の校具その他の設備を備えなければならない。

〔給水設備・水質〕

第二十二条　高等学校には、学校の規模に従い、保健衛生上必要な給水設備を備え、その水質は、衛生上無害であることが証明されたものでなければならない。

〔防火設備〕

第二十三条　高等学校には、学校の規模に応じて、防火及び消火に必要な設備を備えなければならない。

〔夜間高校の給食施設〕

第二十四条　夜間において授業を行う高等学校には、生徒数に応じて、必要な給食施設を備えなければならない。

〔夜間高校の図書室等の照度〕

第二十五条　夜間において授業を行う高等学校の図書室及び教室の机上面及び黒板面の照度は、五〇ルクスを下ってはならない。

〔望ましい施設〕

第二十六条　高等学校には、必要に応じてなるべく左の施設〔略〕を置かなければならない。

附　則

〔施行日〕

第二十七条　この省令は、公布の日からこれを施行する。

〔定時制課程の特例〕

第二十八条　定時制の課程のみを置く高等学校を設置する場合又はこの省令施行の際、現に存する従前の規定による学校が高等学校となる場合においては、第七条、第九条第一項及び第十九条に規定する事項については、当分の間、第二十九条から第三十一条までの規定による。〔後略〕

〔定時制課程の学級規模〕

第二十九条　同時に授業を受ける一学級の生徒数は、五十人以下とする。

〔定時制課程の教員の数〕

第三十条　教員の数は、第一号表乙〔略〕によって定められた数を下ってはならない。但し、その数が十二人未満のときは十二人以上とする。

②　前項の規定にかかわらず、特別の事由があるときは、都道府県教育委員会等は、同項に規定する教員数を変更することができる。

〔定時制課程の施設〕

第三十一条　校舎には、少くとも左に掲げる施設を備えなければならない。但し、やむをえない事由がある場合で教育上支障のないときは、一つの施設をもって二つ以上に兼用することができる。

一　校長室、会議室、教員室、事務室

二　同時に授業を行う学級の数と同数以上の教室

三　理科実験室

四　図書室

五　保健室兼休養室

②　専門教育に必要な施設の基準は第四号表〔略〕による。

○高等学校通信教育規程　抄

〔昭和三七年九月一日
文部省令第三二号〕

最近改正　平成一〇年一一月一七日　文部省令第三八号

（趣旨）

第一条　高等学校の通信制の課程については、学校教育法施行規則（昭和二十二年文部省令第十一号）〔別掲〕に規定するもののほか、この省令の定めるところによる。

（通信教育の方法等）

第二条　高等学校の通信制の課程で行なう教育（以下「通信教育」という。）は、添削指導、面接指導及び試験の方法により行なうものとする。

2　通信教育においては、前項に掲げる方法のほか、放送による指導等の方法を加えて行なうことができる。

3　通信教育においては、生徒に通信教育用学習図書その他の教材を使用して学習させるものとする。

（教諭等及び事務職員の数）

第五条　実施校において通信制の課程に関する校務を整理する専任の教頭並びに通信教育を担当する専任の教諭、助教諭及び講師（常時勤務の者に限る。）（以下「教員」という。）の数は、次の各号に掲げる数を基準とする。

一　通信制の課程の生徒の数（以下「生徒数」という。）が三百人から千二百人までの場合は、五人に、生徒数が三百人をこえて百人までを増すごとに一人を加えた数

二　生徒数が千二百一人から五千人までの場合は、十四人に、生徒数が千二百人をこえて百五十人までを増すごとに一人を加えた数

三　生徒数が五千一人以上の場合は、四十人に、生徒数の増加に応じ、相当数を加えた数

2　実施校において通信制の課程の事務に従事する専任の事務職員の数は、次の各号に掲げる数を基準とする。

一　生徒数が三百人から五千人までの場合は、二人に、生徒数が三百人をこえて四百人までを増すごとに一人を加えた数

二　生徒数が五千一人以上の場合は、十四人に、生徒数の増加に応じ、相当数を加えた数

（施設）

第六条　実施校の校舎には、通信教育の用に供する次の各号に掲げる施設を備えなければならない。

一　教頭室（通信制の課程のみを置く高等学校（以下「独立校」という。）にあつては、校長室）、会議室、教員室

二　事務室、教材等保管室

三　普通教室、特別教室

四　図書室、展示室

五　保健室、休養室

六　生徒集会室

2　前項第一号から第五号までに掲げる施設については、やむを得ない事情がある場合で教育上支障がないときは、各号に掲げる一の施設をもつて当該各号に掲げる他の施設に兼用することができる。

3 全日制の課程又は定時制の課程を併置する実施校における第一項第三号から第六号までに掲げる施設については、当該各号に掲げる施設に相当する全日制の課程又は定時制の課程で行なう教育の用に供する施設を兼用することができる。

4 独立校における第一項第三号から第六号までに掲げる施設については、当該独立校と同一の敷地内又は当該独立校の敷地の隣接地に所在する他の高等学校の教育の用に供する当該各号に掲げる施設に相当する施設を兼用することができる。

（校舎の面積）

第七条 独立校の校舎の面積は、一、二五〇平方メートルを下つてはならない。ただし、前条第四項の規定により、他の高等学校（中等教育学校の後期課程を含む。）の教育の用に供する施設を兼用する独立校にあつては、この限りでない。

（設備）

第八条 実施校には、通信教育の用に供する図書、機械、器具、標本、模型その他の校具を備えなければならない。

○専修学校設置基準 抄

〔昭和五一年一月一〇日 文部省令第二号〕

最近改正 平成一二年一〇月三一日 文部省令第五三号

第一章 総則

（趣旨）

第一条 専修学校は、学校教育法（昭和二十二年法律第二十六号）（別掲）その他の法令の規定によるほか、この省令の定めるところにより設置するものとする。

2 この省令で定める設置基準は、専修学校を設置するのに必要な最低の基準とする。

3 専修学校は、この省令で定める設置基準より低下した状態にならないようにすることはもとより、広く社会の要請に応じ、専修学校の目的を達成するため多様な分野にわたり組織的な教育を行うことをその使命とすることにかんがみ、常にその教育水準の維持向上に努めなければならない。

第二章 組織編制

（教育上の基本組織）

第二条 専修学校の高等課程、専門課程又は一般課程には、専修学校の目的に応じた分野の区分ごとに教育上の基本となる組織を置くものとする。

2 前項の組織には、教育上必要な教員組織その他を備えなければならない。

（学科）

第三条　前条第一項の組織には、一又は二以上の学科を置くものとする。

2　前項の学科は、専修学校の教育を行うため適当な規模及び内容があると認められるものでなければならない。

第四条　第二条第一項の組織には、夜間その他特別な時間において授業を行う学科（以下「夜間学科等」という。）を置くことができる。

（授業時数）

第五条　専修学校の授業時数は、学科ごとに、一年間にわたり八百時間以上とする。

2　前項の規定にかかわらず、夜間学科等にあつては、当該夜間学科等に係る修業年限に応じて前項の授業時数を減ずるものとする。ただし、この場合において一年間の授業時数は、四百五十時間を下ることができない。

（同時に授業を行う生徒）

第六条　専修学校において、一の授業科目について同時に授業を行う生徒数は、四十人以下とする。ただし、特別の事由があり、かつ、教育上支障のない場合は、この限りでない。

第七条　専修学校において、教育上必要があるときは、学年又は学科を異にする生徒を合わせて授業を行うことができる。

第三章　教科等

（授業科目）

第八条　専修学校の高等課程においては、中学校における教育の基礎の上に、心身の発達に応じて専修学校の教育を施すにふさわしい授業科目を開設しなければならない。

2　専修学校の専門課程においては、高等学校における教育の基礎の上に、深く専門的な程度において専修学校の教育を施すにふさわしい授業科目を開設しなければならない。

3　前項の専門課程の授業科目の開設に当たつては、豊かな人間性を涵《かん》養するよう適切に配慮しなければならない。

4　専修学校の一般課程においては、その目的に応じて専修学校の教育を施すにふさわしい授業科目を開設しなければならない。

（他の専修学校における授業科目の履修等）

第九条　専修学校の高等課程においては、教育上有益と認めるときは、専修学校の定めるところにより、生徒が行う他の専修学校の高等課程又は専門課程における授業科目の履修を、当該高等課程の修了に必要な総授業時数の二分の一を超えない範囲で、当該高等課程における授業科目の履修とみなすことができる。

2　専修学校の専門課程においては、教育上有益と認めるときは、専修学校の定めるところにより、生徒が行う他の専修学校の専門課程における授業科目の履修を、当該専門課程の修了に必要な総授業時数の二分の一を超えない範囲で、当該専門課程における授業科目の履修とみなすことができる。

（専修学校以外の教育施設等における学修）

第十条　専修学校の高等課程においては、教育上有益と認めるときは、専修学校の定めるところにより、生徒が行う高等学校又は中等教育学校の後期課程における科目の履修その他文部科学大臣が別に定める学修を、当該高等課程における授業科目の履修とみなすことができる。

2　前項により当該高等課程における授業科目の履修とみなすことができる授業時数は、前条第一項により当該高等課程における授業科目の履修とみなす授業時数と合わせて当該高等課程の修了に必要な総授業時数の二分の一を超えないものとする。

3　専修学校の専門課程においては、教育上有益と認めるときは、専修学校の定めるところにより、生徒が行う大学又は短期大学における学修その他文部科学大臣が別に定める学修を、当該専門課程における授業科目の履修とみなすことができる。

4　前項により当該専門課程における授業科目の履修とみなすことができる授業時数は、前条第二項により当該専門課程における授業科目の履修とみなす授業時数と合わせて当該専門課程の修了に必要な授業時数の二分の一を超えないものとする。

5　第一項及び第二項の規定は、専修学校において、当該専修学校の高等課程に相当する教育を行っていると認めた外国の教育施設に生徒が留学する場合について、前二項の規定は、専修学校において、当該専修学校の専門課程に相当する教育を行っていると認めた外国の教育施設に生徒が留学する場合について、それぞれ準用する。

（入学前の授業科目の履修等）

第十一条　専修学校の高等課程においては、教育上有益と認めるときは、専修学校の定めるところにより、生徒が当該高等課程に入学する前に行った専修学校の高等課程又は専門課程における授業科目の履修（第十四条の規定により行った授業科目の履修を含む。）並びに生徒が当該高等課程に入学する前に行った前条第一項及び第五項に規定する学修を、当該高等課程における授業科目の履修とみなすことができる。

2　前項により当該高等課程における授業科目の履修とみなすことができる授業時数は、転学等の場合を除き、当該高等課程において履修した授業時数以外のものについては、第九条第一項並びに前条第一項及び第五項により当該高等課程における授業科目の履修とみなす授業時数と合わせて当該高等課程の修了に必要な総授業時数の二分の一を超えないものとする。

3　専修学校の専門課程においては、教育上有益と認めるときは、専修学校の定めるところにより、生徒が当該専門課程に入学する前に行った専修学校の専門課程における授業科目の履修（第十四条の規定により行った授業科目の履修を含む。）並びに生徒が当該専門課程に入学する前に行った前条第三項及び第五項に規定する学修を、当該専門課程における授業科目の履修とみなすことができる。

4　前項により当該専門課程における授業科目の履修とみなすことができる授業時数は、転学等の場合を除き、当該専門課程において履修した授業時数以外のものについては、第九条第二項並びに前条第三項及び第五項により当該専門課程における授業科目の履修とみなす授業時数と合わせて当該専門課程の修了に必要な総授業時数の二分の一を超えないものとする。

（授業の方法）

第十二条　専修学校は、文部科学大臣が別に定めるところにより、授業を、多様なメディアを高度に利用して、当該授業を行う教室等以外の場所で履修させることができる。

2　前項の授業の方法による授業科目の履修は、専修学校の課程の修了に必要な総授業時数のうち二分の一を超えないものとする。

（昼夜開講制）

第十三条　専修学校は、教育上必要と認められる場合には、昼夜開講制（同一学科において昼間及び夜間の双方の時間帯において授業を行うことをいう。）により授業を行うことができる。

（科目等履修生）

第十四条　専修学校は、専修学校の定めるところにより、当該専修学校の生徒以外の者に、当該専修学校において、一又は複数の授業科目を履修させることができる。

（授業時数の単位数への換算）

第十五条　専修学校の高等課程の授業科目の授業時数を単位数に換算する場合においては、三十五時間をもつて一単位とする。

第十六条　専修学校の専門課程の授業科目の授業時数を単位数に換算する場合においては、四十五時間の学修を必要とする内容の授業科目を一単位とすることを標準とし、授業の方法に応じ、当該授業による教育効果、授業時間外に必要な学修等を考慮して、次の基準により単位数に換算するものとする。

一　講義及び演習については、十五時間から三十時間までの範囲で専修学校が定める授業時数をもつて一単位とする。

二　実験、実習及び実技については、三十時間から四十五時間までの範囲で専修学校が定める授業時数をもつて一単位とする。ただし、芸術等の分野における個人指導による実技の授業については、専修学校が定める授業時数をもつて一単位とすることができる。

2　前項の規定にかかわらず、卒業研究、卒業制作等の授業科目の授業時数については、これらに必要な学修等を考慮して、単位数に換算するものとする。

第四章　教員

（教員数）

第十七条　専修学校に置かなければならない教員の数は、別表第一〔略〕に定めるところによる。

2　前項の教員の数の半数以上は、専任の教員（常勤の校長が教員を兼ねる場合にあつては、当該校長を含む。）でなければならない。ただし、専任の教員の数は、三人を下ることができない。

3　夜間学科等を併せ置く場合にあつては、相当数の教員を増員するものとする。

第五章　施設及び設備等

（位置及び環境）

第二十一条　専修学校の校地及び校舎の位置及び環境は、教育上及び保健衛生上適切なものでなければならない。

（校地等）

第二十二条　専修学校は、次条に定める校舎等を保有するに必要な面積の校地を備えなければならない。

2　専修学校は、前項の校地のほか、目的に応じ、運動場その他必要な施設の用地を備えなければならない。

（校舎等）

第二十三条　専修学校の校舎には、目的、生徒数又は課程に応じ、教室（講義室、演習室、実習室等とする。）、教員室、事務室その他必要な附帯施設を備えなければならない。

2　専修学校の校舎には、前項の施設のほか、なるべく図書室、保健室、教員研究室等を備えるものとする。

3　専修学校は、目的に応じ、実習場その他の必要な施設を確保しなければならない。

（校舎の面積）

第二十四条　専修学校の校舎の面積は、次の各号〔略〕に定める面積以上とする。

（設備）

第二十五条　専修学校は、目的、生徒数又は課程に応じ、必要な種類及び数の機械、器具、標本、図書その他の設備を備えなければならない。

第二十六条　夜間において授業を行う専修学校は、適当な照明設備を備えなければならない。

（名称）
第二十七条　専修学校の名称は、専修学校として適当であるとともに、当該専修学校の目的にふさわしいものでなければならない。

○幼稚園設置基準　抄〔昭和三一年一二月一三日 文部省令第三二号〕

最近改正　平成七年二月八日　文部省令第一号

第一章　総則

（趣旨）
第一条　幼稚園設置基準は、学校教育法施行規則（昭和二十二年文部省令第十一号）〔別掲〕に定めるもののほか、この省令の定めるところによる。

（基準の向上）
第二条　この省令で定める設置基準は、幼稚園を設置するのに必要な最低の基準を示すものであるから、幼稚園の設置者は、幼稚園の水準の向上を図ることに努めなければならない。

第二章　編制

（一学級の幼児数）
第三条　一学級の幼児数は、三十五人以下を原則とする。

（学級の編制）
第四条　学級は、学年の初めの日の前日において同じ年齢にある幼児で編制することを原則とする。

（教職員）
第五条　幼稚園には、園長のほか、各学級ごとに少なくとも専任の教諭一人を置かなければならない。

2　特別の事情があるときは、前項の教諭は、専任の教頭が兼ね、又は当該幼稚園の学級数の三分の一の範囲内で、専任の助教諭若しくは講師をもつてこれに代えることができる。

3　専任でない園長を置く幼稚園にあつては、前二項の規定により置く教諭、助教諭又は講師のほか、教頭、教諭、助教諭又は講師一人を置くことを原則とする。

第六条　幼稚園には、養護教諭又は養護助教諭及び事務職員を置くように努めなければならない。

第三章　施設及び設備等

（一般的基準）

第七条　幼稚園の位置は、幼児の教育上適切で、通園の際安全な環境にこれを定めなければならない。

2　幼稚園の施設及び設備等は、指導上、保健衛生上及び管理上適切なものでなければならない。

第十条　幼稚園には、学級数及び幼児数に応じ、教育上及び保健衛生上必要な種類及び数の園具及び教具を備えなければならない。

2　前項の園具及び教具は、常に改善し、補充しなければならない。

第十一条　幼稚園には、次の施設及び設備を備えるように努めなければならない。

一　放送聴取設備
二　映写設備
三　水遊び場
四　幼児清浄用設備
五　給食施設
六　図書室
七　会議室

（他の施設及び設備等の使用）

第十二条　幼稚園の施設及び設備等（保育室を除く。）の一部は、特別の事情があるときは、教育上支障のない限り、他の学校等の施設又は設備等を使用することができる。

○各種学校規程　抄

〔昭和三一年一二月五日
文部省令第三一号〕

最近改正　昭和四一年三月三一日　文部省令第一五号

（趣旨）

第一条　各種学校に関し必要な事項は、学校教育法（昭和二十二年法律第二十六号）〔別掲〕その他の法令に規定するもののほか、この省令の定めるところによる。

（水準の維持、向上）

第二条　各種学校は、この省令に定めるところによることはもとより、その水準の維持、向上を図ることに努めなければならない。

（入学資格の明示）

第六条　各種学校は、課程に応じ、一定の入学資格を定め、これを適当な方法によつて明示しなければならない。

（校長）

第七条　各種学校の校長は、教育に関する識見を有し、かつ、教育、学術又は文化に関する職又は業務に従事した者でなければならない。

（教員）

第八条　各種学校には、課程及び生徒数に応じて必要な数の教員を置かなければならない。ただし、三人を下ることができない。

2　各種学校の教員は、その担当する教科に関して専門的な知識、技術、技能等を有する者でなければならない。

3　各種学校の教員は、つねに前項の知識、技術、技能等の向上に努めなければならない。

（設備）

第十一条　各種学校は、課程及び生徒数に応じ、必要な種類及び数の校具、教具、図書その他の設備を備えなければならない。

2　前項の設備は、学習上有効適切なものであり、かつ、つねに補充し、改善されなければならない。

3　夜間において授業を行う各種学校は、適当な照明設備を備えなければならない。

（標示）

第十三条　各種学校は、設置の認可を受けたことを、公立の各種学校については都道府県教育委員会、私立の各種学校については都道府県知事の定めるところにより標示することができる。

（各種学校の経営）

第十四条　各種学校の経営は、その設置者が学校教育以外の事業を行う場合には、その事業の経営と区別して行われなければならない。

2　各種学校の設置者が個人である場合には、教育に関する識見を有し、かつ、各種学校を経営するにふさわしい者でなければならない。

(2)国立学校・公立学校等

◎国立学校設置法　抄

〔昭和二四年五月三一日　法律第一五〇号〕

最近改正　平成一三年六月二九日　法律第七六号

第一章　総則

（設置及び所轄）

第一条　文部科学省に、国立学校を設置する。

2　国立学校は、文部科学大臣の所轄に属する。

（国立学校）

第二条　この法律で「国立学校」とは、学校教育法（昭和二十二年法律第二十六号）〔別掲〕第一条に定める学校で国が設置するものをいい、第三章の三、第三章の五及び第三章の六に定める機関を含むものとする。

2　国立の小学校、中学校、高等学校、中等教育学校、盲学校、聾《ろう》学校、養護学校及び幼稚園は、この法律に特別の定めをするもののほか、政令で定めるところにより、国立大学若しくは国立大学の学部又は国立短期大学に附属して設置するものとする。

第二章　国立大学

（名称及び位置）

第三条　国立大学（第三条の三に定めるものを除く。）の名称及び位置は、次の表〔略〕に掲げるとおりとする。

2　前項の国立大学（筑波大学を除く。）に置く学部の名称は、政令で定める。

3　文部科学省令で定める数個の学部を置く国立大学に、各学部に共通する一般教養に関する教育を一括して行うための組織として、教養部を置く。

（大学院を置く大学）

第三条の二　前条第一項の表に掲げる国立大学で政令で定めるものに、大学院を置く。

2　前項の国立大学（大学院に第三条の四に定める教育部及び研究部のみを置くものを除く。）の大学院に置く研究科の名称及び課程は、政令で定める。

（学校教育法第六十八条に定める国立大学）

第三条の三　学校教育法第六十八条に定める国立大学として、次に掲げる大学を置く。

政策研究大学院大学
北陸先端科学技術大学院大学
奈良先端科学技術大学院大学
総合研究大学院大学

3　総合研究大学院大学は、第九条の二に定める大学共同利用機関で政令で定めるものとの緊密な連係及び協力の下に教育研究を行うものとする。

（教育部及び研究部）

第三条の四　第三条の二第一項及び前条第一項の国立大学で政令で定めるものの大学院に、学校教育法第六十六条ただし書に定める組織として、教育部及び研究部を置く。

2 前項の教育部は、教育上の目的に応じて組織するものとし、その種類及び課程は、政令で定める。

3 第一項の研究部は、研究上の目的に応じ、かつ、教育上の必要性を考慮して組織するものとし、その種類その他必要な事項は、文部科学省令で定める。

(国立短期大学の名称及び位置等)

第三条の五 国立短期大学(国立大学に併設されるものを除く。)の名称及び位置は、次の表〔略〕に掲げるとおりとする。

2 国立大学に併設される国立短期大学の名称及び位置並びにその国立短期大学を併設する国立大学の名称は、次の表〔略〕に掲げるとおりとする。

(大学附置の研究所)

第四条 政令で定める国立大学に、研究所を附置する。

2 前項の国立大学に附置する研究所の名称及び目的は政令で、その位置は文部科学省令で定める。

3 第一項の国立大学に附置する研究所で政令で定めるものは、国立大学の教員その他の者で当該研究所の目的たる研究と同一の研究に従事するものに利用させるものとする。

(学部附属の教育研究施設等)

第五条 国立大学の学部及び大学院に置く研究科並びに大学附置の研究所に、文部科学省令で定めるところにより、附属の教育施設又は研究施設を置く。

2 前項の教育施設又は研究施設の名称及び内部組織は、同項の文部科学省令で定めるものを除くほか、当該大学が定める。

(附属図書館)

第六条 国立大学に、附属図書館を置く。

(学科及び課程)

第七条 国立大学の学部に、文部科学省令で定めるところにより、学科又は課程を置く。

(運営諮問会議)

第七条の二 国立大学(国立短期大学(国立大学に併設されるものを除く。)を含む。次項において同じ)に、運営諮問会議を置く。

2 運営諮問会議は、委員若干人で組織し、その委員は、当該国立大学の職員以外の者で大学に関し広くかつ高い識見を有するもののうちから、学長の申出を受けて文部科学大臣が任命する。

3 運営諮問会議は、次に掲げる事項について、学長の諮問に応じて審議し、及び学長に対して助言を行う。

一 大学の教育研究上の目的を達成するための基本的な計画に関する重要事項

二 大学の教育研究活動等の状況について当該大学が行う評価に関する重要事項

三 その他大学の運営に関する重要事項

(評議会)

第七条の三 国立大学に、評議会を置く。ただし、一個の学部のみを置く国立大学(当該学部以外に次項第二号の文部科学省令で定める大学院の研究科又は大学附置の研究所を置くものを除く。)及び第三条の三第一項の国立大学(以下「国立大学院大学」という。)で一個の研究科のみを置くもの(当該研究科以外に大学附置の研究所を置くものを除く。)にあっては、この限りでない。

2 評議会の評議員は、次に掲げる者をもって充てる。

一 学長

二 学部長、国立大学院大学の大学院の研究科その他の文部科学省令で定める大学院の研究科の長、教養部の長及び大学附置の研究所の長

三　教育公務員特例法（昭和二十四年法律第一号）〔別掲〕第二条第三項に規定する部局長（前号に掲げるものを除く。）のうち文部科学省令で定めるところにより当該国立大学が定める者

3　前項各号に掲げる者のほか、評議会の定めるところにより、次に掲げる者を評議員に加えることができる。

一　学部、前項第二号の文部科学省令で定める大学院の研究科、教養部及び大学附置の研究所のうち評議会が定めるものごとに当該組織から選出される教授

二　評議会の議に基づいて学長が指名する教員

4　第二項第三号及び前項の評議員は、学長の申出に基づいて文部科学大臣が任命する。

5　評議会は、次に掲げる事項について審議し、並びにこの法律及び教育公務員特例法の規定によりその権限に属させられた事項を行う。

一　大学の教育研究上の目的を達成するための基本的な計画に関する事項

二　学則その他重要な規則の制定又は改廃に関する事項

三　大学の予算の見積りの方針に関する事項

四　学部、学科その他の重要な組織の設置又は廃止及び学生の定員に関する事項

五　教員人事の方針に関する事項

六　大学の教育課程の編成に関する方針に係る事項

七　学生の厚生及び補導に関する事項

八　学生の入学、卒業又は課程の修了その他その在籍に関する方針及び学位の授与に関する方針に係る事項

九　大学の教育研究活動等の状況について当該大学が行う評価に関する事項

十　その他大学の運営に関する重要事項

6　評議会に議長を置き、学長をもって充てる。

7　議長は、評議会を主宰する。

（教授会）

第七条の四　次に掲げる国立大学の組織に、教授会を置く。

一　学部

二　国立大学院大学の大学院の研究科

三　前条第二項の文部科学省令で定める大学院の研究科（前号に掲げるものを除く。）

四　教養部

五　大学附属の研究所

2　次に掲げる国立大学の組織に、当該国立大学の定めるところにより、教授会を置くことができる。

一　大学院の研究科（前項第二号及び第三号に掲げるものを除く。）で専任の教授を置くもの

二　第十三条の規定に基づき置かれる組織で専任の教授を置くもの

3　前項各号に掲げる組織に教授会を置かない場合にあっては、当該組織の専任の教授は、第一項各号に掲げる組織のうち当該国立大学が定めるものに置かれる教授会に所属するものとする。

4　第一項及び第二項の教授会は、次の各号（第一項第四号及び第五号並びに第二項第二号に掲げる組織に置かれる教授会にあっては、第三号）に掲げる事項について審議し、及び教育公務員特例法の規定によりその権限に属させられた事項を行う。

一　学部又は研究科の教育課程の編成に関する事項

二　学生の入学、卒業又は課程の修了その他その在籍に関する事項及び学位の授与に関する事項

三　その他当該教授会を置く組織（前項の規定により第二項各号に掲げる組織の教授が所属することとされた教授会を置く組織にあつては、当該各号に掲げる組織を含む。）の教育又は研究に関する重要事項

5　評議会を置かない国立大学にあつては、第一項第一号又は第二号に掲げる組織に置かれる教授会は、前項各号に掲げる事項のほか、前条第五項各号（第六号及び第八号を除く。）に掲げる事項について審議する。

6　教授会に議長を置き、当該教授会を置く組織の長（評議会を置かない国立大学の第一項第一号又は第二号に掲げる組織でその長を置かないものにあつては、学長）をもつて充てる。

7　議長は、教授会を主宰する。

（国立短期大学の教授会）

第七条の五　国立短期大学に、教授会を置く。

2　前項の教授会は、次に掲げる事項について審議し、及び教育公務員特例法の規定によりその権限に属させられた事項を行う。

一　短期大学の教育課程の編成に関する事項

二　学生の入学、卒業その他その在籍に関する事項

三　その他短期大学の教育及び研究に関する重要事項

3　第一項の教授会については、前条第五項から第七項までの規定を準用する。この場合において、同条第六項中「当該教授会を置く組織の長（評議会を置かない国立大学の第一項第一号又は第二号に掲げる組織でその長を置かないものにあつては、学長）」とあるのは、「学長」と読み替えるものとする。

（議事の手続等）

第七条の六　前四条に定めるもののほか、運営諮問会議、評議会及び教授会の議事の手続その他これらの組織に関し必要な事項は、文部科学省令で定める。

（教育部及び研究部を置く国立大学の評議会及び教授会の特例）

第七条の七　第三条の四に定める教育部及び研究部を置く国立大学に対する第七条の三及び第七条の四の規定（大学院に係る部分に限る。）の適用については、第七条の三第一項ただし書中「大学院の研究科」とあるのは「大学院の研究科（大学院の教育部及び大学院の研究部を含む。）」と、「研究科以外に」とあるのは「研究科以外に教育部及び研究部又は」と、同条第二項第二号中「研究科その他の」とあるのは「研究科（教育部及び研究部を含む。）その他の」と、「研究科の」とあるのは「研究科（大学院の教育部及び大学院の研究部を含む。）の」と、同条第三項第一号中「研究科」とあるのは「研究科（大学院の教育部及び大学院の研究部を含む。）」と、第七条の四第一項第二号中「研究科」とあるのは「研究科（教育部及び研究部を含む。）」と、同項第三号中「研究科」とあるのは「研究科（大学院の教育部及び大学院の研究部を含む。）」と、同条第二項第一号中「研究科」とあるのは「研究科（教育部及び研究部を含む。）」と、同条第四項中「次の各号（」とあるのは「次の各号（大学院の研究部並びに」と、同項第一号中「研究科」とあるのは「研究科」（教育部を含む。）」とする。

（国立大学等の運営の基準）

第七条の八　国立大学及び国立短期大学は、当該国立大学又は国立短期大学の教育研究上の目的を達成するため、学部その他の組織の一体的な運営により、その機能を総合的に発揮するようにしなければならない。

（教育研究等の状況の公表）

第七条の九　国立大学及び国立短期大学は、文部科学省令で定めるところにより、当該国立大学又は国立短期大学の教育及び研究並

びに組織及び運営の状況を公表しなければならない。

第二章の二　筑波大学の組織

（学群、学系及び学類）

第七条の十　筑波大学に、学校教育法第五十三条ただし書に定める組織として学群及び学系を置く。

2　前項の学群は、教育上の目的に応じて組織するものとし、その種類は、政令で定める。

3　第一項の学群で政令で定めるものに、文部科学省令で定めるところにより、それぞれ数個の学類を置く。

4　第一項の学系は、研究上の目的に応じ、かつ、教育上の必要性を考慮して組織するものとし、その種類その他必要な事項は、文部科学省令で定める。

第二章の三　国立高等専門学校

（名称及び位置）

第七条の十三　国立高等専門学校の名称及び位置は、次の表〔略〕に掲げるとおりとする。

第三章　削除

第三章の二　国立養護学校

（国立久里浜養護学校）

第九条　独立行政法人国立特殊教育総合研究所との相互協力の下に教育を行う養護学校として、神奈川県に、国立久里浜養護学校を置く。

第三章の三　大学共同利用機関

（大学共同利用機関）

第九条の二　大学における学術研究の発展その他政令で定める目的に資するため、大学の共同利用の機関として、政令で定めるところにより、研究所その他の機関（以下「大学共同利用機関」という。）を置く。

2　大学共同利用機関は、大学の教員その他の者で当該大学共同利用機関の目的たる研究その他の事項と同一の事項に従事するものの利用に供するものとする。

3　大学共同利用機関は、大学の要請に応じ、大学院における教育その他その大学における教育に協力することができる。

第三章の四　削除

第九条の三　削除

第三章の五　大学評価・学位授与機構

（大学評価・学位授与機構）

第九条の四　大学等（大学及び大学共同利用機関をいう。以下この項において同じ。）の評価及び学位の授与に関し、次に掲げる業務を行う機関として、大学評価・学位授与機構を置く。

一　大学等の教育研究水準の向上に資するため、大学等の教育研究活動等の状況について評価を行い、その結果について、当該大学等及びその設置者に提供し、並びに公表すること。

二　学校教育法第六十八条の二第三項に定めるところにより、学位を授与すること。

三　大学等の教育研究活動等の状況についての評価に関する調査研究及び学位の授与を行うために必要な学習の成果の評価に関する調査研究を行うこと。

四　大学等の教育研究活動の状況についての評価及び大学における各種の学習の機会に関する情報の収集、整理及び提供を行うこと。

2　前項第一号の評価の実施の手続その他同号の評価に関し必要な事項は、文部科学省令で定める。

第三章の六　国立学校財務センター

（国立学校財務センター）

第九条の五　国立学校の財務の改善に資するため、次に掲げる業務を行う機関として、国立学校財務センターを置く。

一　国立学校特別会計に属する国有財産（以下この号において「国立学校財産」という。）の適切かつ有効な活用について他の国立学校に対する協力及び専門的、技術的助言並びに特定学校財産（国立学校財産のうち、国立学校の移転、施設の高層化その他政令で定める事由に伴い不用となるもので、国立学校財務センターに所属替をするものとして政令で定めるところにより文部科学大臣が指定するものをいう。附則第三項において同じ。）の管理及び処分を行うこと。

二　国立学校における教育研究環境の整備充実を図るため、総合的かつ計画的に実施することが特に必要な整備事業に関する調査を行うこと。

三　国立学校における奨学を目的とする寄附金で特定の国立学校に係るもの以外のものの受入れ及び当該寄附金に相当する金額の配分に関する業務を行うこと。

四　高等教育に係る財政及び国立学校の財務に関する研究を行うこと。

五　国立学校における財務に関する事務の改善に関し、情報提供、連絡調整その他必要な業務を行うこと。

第四章　職及び職員

（国立学校の職）

第十条　各国立学校に置かれる職の種類は、文部科学省令で定める。

（国立学校に置かれる職員の任免等）

第十一条　国立学校に置かれる職員の任免、懲戒その他人事管理に関する事項については、国家公務員法（昭和二十二年法律第百二十号）〔別掲〕及び教育公務員特例法〔別掲〕の定めるところによる。

第五章　雑則

（国立学校における授業料その他の費用の免除及び猶予）

第十二条　国立学校の校長（国立大学若しくは国立大学の学部又は国立短期大学に附属して設置される学校にあっては、当該国立大学又は当該国立短期大学の学長）は、経済的理由によって納付が困難であると認められ、かつ、学業優秀と認めるときその他やむを得ない事情があると認めるときは、政令で定めるところにより、授業料その他の費用の全部若しくは一部を免除し、又はその徴収を猶予することができる。

（文部科学省令への委任）

第十三条　この法律又は他の法律に別段の定めのあるものを除くほか、国立学校の位置並びに組織及び運営の細目については、文部科学省令で定める。

附　則

1　この法律は、公布の日から施行する。但し、第一条〔設置及び所轄〕の規定は、学校の修業年限及び学年の進行に関しては、昭和二十四年四月一日から適用があるものとする。

3　国立学校財務センターは、当分の間、第九条の五第二号に規定する調査に基づき、同号に規定する整備事業のうち、施設が老朽化したため又は狭いため教育研究を行うのに著しく不適当である状態を解消することを目的として、特定学校財産の処分収入を財源として緊急に実施される国立学校の施設の警備（国立学校の移転による整備及び特定学校財産に指定された土地の信託により整備された施設の取得又は賃借を含む。）に係る事業であって、文部科学省令で定めるものについて、その実施に関する計画の策定に参考となる資料の作成を行うものとする。
4　国立大学及び国立高等学校は、それぞれその包括する学校の課程を存置するものとし、それらの課程の履修、卒業及びそれらの課程を担当する教職員の身分等に関する事項並びに国立大学に包括する学校に附置される学校については、なお従前の例により取り扱うものとする。
5　前項の規定の実施に関し必要な事項は、文部省令で定める。
6　従前の規定により国立の大学の大学院は、当分の間、なお従前の例により取り扱うものとする。
〔以下略〕

○国立学校設置法施行令　抄

〔昭和五九年六月二八日
政令第二三〇号〕

最近改正　平成一三年三月三一日　政令第一五一号

（国立大学の附属の学校）

第一条　次の表〔略〕の上欄に掲げる国立大学の同表の中欄に掲げる学部に附属して、それぞれ同表の下欄に定める学校を設置する。

2　次の表〔略〕の上欄に掲げる国立大学に附属して、それぞれ同表の下欄に定める学校を設置する。

3　前二項の附属の学校の名称は、文部科学省令で定める。

（法第三条第一項の国立大学に置く学部の名称）

第一条の二　次の表〔略〕の上欄に掲げる国立学校設置法（以下「法」という。）第三条〔名称及び位置〕第一項の国立大学（筑波大学を除く。）に置く学部の名称は、それぞれ同表の下欄に定めるとおりとする。

（大学院を置く国立大学の指定等）

第二条　法第三条の二〔大学院を置く大学〕第一項の政令で定める国立大学は、次の表〔略〕の上欄に掲げる国立大学とし、当該国立大学（九州大学を除く。）の大学院に置く研究科の名称及び課程は、それぞれ同表の中欄及び下欄に定めるとおりとする。

（総合研究大学院大学と緊密な連係及び協力を行う大学共同利用

機関）

第二条の二　法第三条の三〔学校教育法第六十八条に定める国立大学〕第三項の政令で定める法第九条の二〔大学共同利用機関〕に定める大学共同利用機関は、国立極地研究所、国立遺伝学研究所、統計数理研究所、国際日本文化研究センター、国立天文台、核融合科学研究所、岡崎国立共同研究機構、高エネルギー加速器研究機構、国立民族学博物館、国立歴史民俗博物館及びメディア教育開発センターとする。

（法第三条の三第一項の国立大学の大学院に置く研究科の名称及び課程）

第二条の三　次の表〔略〕の上欄に掲げる法第三条の三第一項の国立大学の大学院に置く研究科の名称及び課程は、それぞれ同表の中欄及び下欄に定めるとおりとする。

（大学院に教育部及び研究部を置く国立大学の指定等）

第二条の四　法第三条の四〔教育部及び研究部〕第一項の政令で定める国立大学は、次の表〔略〕の上欄に掲げる国立大学とし、当該国立大学の大学院に置く教育部の種類及び課程は、それぞれ同表の中欄及び下欄に定めるとおりとする。

（研究所を附置する国立大学の指定等）

第三条　法第四条〔大学附置の研究所〕第一項の政令で定める国立大学は、次の表〔略〕の上欄に掲げる国立大学とし、当該国立大学に附置する研究所の名称及び目的は、それぞれ同表の中欄及び下欄に定めるとおりとする。

２　法第四条第三項の政令で定める研究所は、前項の表〔略〕に掲げる研究所のうち、次の表〔略〕の上欄に掲げる国立大学に附置される同表の下欄に掲げる研究所とする。〔別掲の「国立大学附置全国共同利用研究所一覧」を参照＝編者〕

（筑波大学に置く学群の種類等）

第四条　筑波大学に置く学群の種類は、第一学群（人文、社会及び自然の各基礎的分野に関する教育を行う学群）、第二学群（比較文化、人間、生物及び農林の各分野に関する教育を行う学群）、第三学群（社会工学、国際関係、情報及び基礎工学の各分野に関する教育を行う学群）、医学専門学群、体育専門学群及び芸術専門学群とする。

２　法第七条の十〔学群、学系及び学類〕第三項の政令で定める学群は、第一学群、第二学群及び第三学群とする。

（大学共同利用機関）

第五条　法第九条の二〔大学共同利用機関〕第一項の政令で定める目的は、資料の公開等一般公衆に対する教育活動の推進及び大学における教育の発展とする。

第六条　大学における学術研究の発展に資するための法第九条の二に定める大学共同利用機関（以下単に「大学共同利用機関」という。）として、次の表〔一部省略〕の上欄に掲げる機関を置き、当該機関の目的は、それぞれ同表の下欄に定めるとおりとする〔他に国立極地研究所、宇宙科学研究所、国立遺伝学研究所、統計数理研究所、国際日本文化研究センター、国立天文台、核融合科学研究所、統合地球環境学研究所があげられている＝編者〕。

大学共同利用機関の名称	目的
国文学研究資料館	国文学に関する文献その他の資料の調査研究、収集、整理及び保存
国立情報学研究所	情報学に関する総合研究並びに学術情報の流通のための先端的な基盤の開発及び整備

第七条　前条の表に掲げるもののほか、大学における学術研究の発展に資するための大学共同利用機関として、次項の表に掲げる研究所を一体的に運営して同表に掲げる研究を行うため岡崎国立共同研究機構を、第三項の表に掲げる研究所を一体的に運営して同表に掲げる研究を行うため高エネルギー加速器研究機構を置く。

第八条　大学における学術研究の発展及び資料の公開等一般公衆に対する教育活動の推進に資するための大学共同利用機関として、次の表の上欄に掲げる機関を置き、当該機関の目的は、それぞれ同表の下欄に定めるとおりとする。

大学共同利用機関の名称	目　　　的
国立民族学博物館	世界の諸民族に関する資料の収集、保管及び公衆への供覧並びに民族学に関する調査研究
国立歴史民俗博物館	我が国の歴史資料、考古資料及び民俗資料の収集、保管及び公衆への供覧並びに歴史学、考古学及び民俗学に関する調査研究

第九条　大学における教育の発展に資するための大学共同利用機関として、次の表の上欄に掲げる機関を置き、当該機関の目的は、同表の下欄に定めるとおりとする。

大学共同利用機関の名称	目　　　的
メディア教育開発センター	多様なメディアを高度に利用して行う教育の内容、方法等の研究及び開発並びにその成果の提供

（国立学校における授業料等の免除又は徴収の猶予）

第十条　法第十二条の規定による授業料その他の費用（これらに係る延滞金を含む。以下「授業料等」という。）の免除で、経済的理由によって納付が困難であり、かつ、学業優秀と認められる場合に係るもの又は同条の規定による授業料等の徴収の猶予は、各年度ごとに、当該年度に係る授業料等について、免除又は徴収の猶予を受けようとする者の申請に基づき行うものとする。この場合において、徴収の猶予の期間は、当該年度の末日以前の期日までとしなければならない。

〔以下略〕

○国立学校設置法施行規則　抄

〔昭和三九年四月一日
文部省令第一一号〕

最近改正　平成一三年三月三一日　文部科学省令第五七号

第一章　国立大学及び国立短期大学

第一節　職員の種類

（職員の種類）

第一条　国立大学及び国立短期大学の職員の種類は、次のとおりとする。

学長　教授　助教授　講師　助手　事務職員　技術職員　教務職員

2　国立学校設置法施行令（昭和五十九年政令第二百三十号）〔別掲〕第一条〔国立大学の附属の学校〕の規定により附属の学校（以下「附属学校」という。）を置く国立大学にあつては、職員の種類は、前項に定めるもののほか、教頭、教諭、養護教諭、実習助手及び寮母とする。

3　事務職員は、庶務、会計等の事務に従事する。

4　技術職員は、技術に関する職務に従事する。

5　教務職員は、教授研究の補助その他教務に関する職務に従事する。

（副学長）

第二条　前条に規定するもののほか、別表第一〔略〕の上欄に掲げる国立大学及び国立短期大学に、同表の下欄に掲げる数の副学長を置く。

2　前項の副学長で別表第一の二〔略〕の上欄に掲げる国立大学に置かれるもののうち、下欄に掲げる数のものは、その大学の教授をもつて充てる。

第二節　学部、教養部及び分校等

（学部長）

第三条　国立大学の学部（以下「学部」という。）に学部長を置き、その大学の教授をもつて充てる。ただし、一個の学部を置く国立大学（以下「単科大学」という。）にあつては、学部長を置かないものとする。

（学部主事）

第三条の二　別表第一の三〔略〕の上欄に掲げる単科大学の教育学部又は学校教育学部に、同表の下欄に掲げる数の学部主事を置き、その大学の教授をもつて充てる。

2　学部主事は、学長の命を受け、学部の運営に関する校務を整理する。

（附属学校部長）

第三条の三　別表第二〔略〕に掲げる大学又は学部に、附属学校部長を置き、その大学の教授をもつて充てる。

2　附属学校部長は、大学又は学部の附属学校の運営に関する校務を整理する。

（夜間学部主事）

第四条　別表第三〔略〕に掲げる夜間において授業を行なう学部に夜間学部主事を置き、その大学の教授をもつて充てる。

2　夜間学部主事は、学部長（単科大学にあつては、学長とする。）の職務を助け、夜間における授業に関する学部の校務を整理する。

（教養部及び教養部長）

第五条 教養部を置く国立大学は、次のとおり〔「次のとおり」は略〕とする。

2 前項の国立大学の教養部に教養部長を置き、その大学の教授をもつて充てる。

（分校及び分校主事）

第六条 国立大学又は学部に、文部科学大臣が別に定めるところにより、分校を置く。

2 分校に、その長として、分校主事を置き、その大学の教授をもつて充てる。

（学科及び課程等並びに学科長）

第七条 学部に置く学科及び課程、学部又は学科に置く講座及び学科目、国立大学の教養部に置く学科目並びに国立大学の大学院の研究科（以下「研究科」という。）で講座を置くもの及び当該研究科に置く講座については、国立大学の学科及び課程並びに講座及び学科目に関する省令（昭和三十九年文部省令第三号）の定めるところによる。

2 前項の学科で文部科学大臣が指定するものに学科長を置き、その大学の教授をもつて充てる。

（研究科長）

第八条 次に掲げる〔「次に掲げる」は略〕研究科に研究科長を置き、その大学の教授をもつて充てる。

第二節の二 教育部及び研究部

（教育部長）

第八条の七 国立大学の大学院に置かれる教育部に教育部長を置き、その大学の教授をもつて充てる。

（研究部及び研究部長）

第八条の八 次の表〔略〕の上欄に掲げる国立学校設置法施行令第二条の四〔大学院に教育部及び研究部を置く国立大学の指定等〕の国立大学の大学院に置く研究部は、それぞれ同表の下欄に定めるとおりとする。

2 前項の研究部に研究部長を置き、その大学の教授をもつて充てる。

第三節 附置研究所、附属図書館及び附属病院その他の教育研究施設

（附置研究所の位置）

第九条 国立大学の大学附置の研究所（以下「附置研究所」という。）の位置は、次の表〔略〕に掲げるものを除き、当該附置研究所が附置される国立大学の位置とする。

（附置研究所の所長）

第十条 附置研究所に所長を置き、その大学の教授をもつて充てる。

（研究部門）

第十一条 附置研究所に置く研究部門については、国立大学の大学附置の研究所の研究部門に関する省令（昭和三十九年文部省令第四号）の定めるところによる。

（技術室及び技術室長）

第十一条の二 文部科学大臣が指定する附置研究所に、当該附置研究所の技術に関する専門的業務を処理させるため、技術室を置く。

2 技術室に技術室長を置き、技術職員をもつて充てる。

（附属図書館の館長）

第十二条 国立大学の附属図書館（以下「附属図書館」という。）に館長を置き、その大学の教授（図書館情報大学にあつては、副学長とする。）をもつて充てる。ただし、必要がある場合には、事務職員をもつて充てることができる。

（分館及び分館長）

第十三条　附属図書館に、文部科学大臣が別に定める〔別掲〕ところにより、分館を置く。

2　分館に分館長を置き、その大学の教授又は助教授をもつて充てる。ただし、必要がある場合には、事務職員をもつて充てることができる。

（大学附属及び学部附属の病院並びに病院長）

第十四条　筑波大学及び富山医科薬科大学に、附属の教育研究施設として、附属病院を置く。

2　国立大学の医学部（富山医科薬科大学の医学部を除く。）及び歯学部に、附属の教育研究施設として、附属病院を置く。

3　前二項の附属病院に病院長を置き、その附属病院が附属する国立大学又は学部の教授（単科大学及び富山医科薬科大学にあつては、副学長とする。）をもつて充てる。

（分院及び分院長）

第十五条　前条の学部の附属病院に、別表第四〔略〕のとおり、分院を置く。

2　前項の分院に分院長を置き、その学部の教授又は助教授をもつて充てる。

（附置研究所附属の病院及び病院長）

第十六条　別表第五〔略〕に掲げる附置研究所に、附属の研究施設として、附属病院を置く。

2　前項の附属病院に病院長を置き、その附置研究所の教授又は助教授をもつて充てる。

（学部附属の教育研究施設等及びその長）

第二十条　第十四条第二項に規定するもののほか、別表第六〔略〕のとおり、学部附属の教育施設又は研究施設を置く。

2　別表第六の二〔略〕のとおり、研究科（教育部及び研究部を含む。）附属の教育施設又は研究施設を置く。

3　第十六条第一項に規定するもののほか、別表第七〔略〕のとおり、附置研究所附属の研究施設を置く。

4　前三項の教育施設及び研究施設に長を置き、当該学部、当該研究科（教育部及び研究部を含む。）又は当該附置研究所の教授又は助教授をもつて充てる。ただし、必要がある場合には、練習船については当該学部の講師をもつて、研究船については技術職員をもつて充てることができる。

（学内共同教育研究施設及びその長）

第二十条の三　国立大学に、当該大学における教員その他の者が共同して教育若しくは研究を行なう施設又は教育若しくは研究のため共用する施設として、別表第七の二〔図書館情報大学のほかは略〕のとおり、学内共同教育研究施設を置く。

2　前項の施設に長を置き、その大学の教授又は助教授をもつて充てる。

（全国共同利用施設及びその長）

第二十条の四　別表第七の三〔略〕の上欄に掲げる国立大学に、学術研究の発展に資するための全国共同利用施設として、同表の中欄に掲げる施設を置き、当該施設の目的は、それぞれ同表の下欄に掲げるとおりとする。

2　前項の施設は、国立大学の教員その他の者で、当該施設の目的たる研究と同一の分野の研究に従事するものに利用させるものとする。

3　第一項の施設に長を置き、その施設の置かれる大学の教授をもって充てる。

（全国共同利用の大型計算機センター及びその長）

第二十条の四の四　次に掲げる国立大学に、大学の教員その他の者に研究、教育等のため共用させる施設として、全国共同利用の大型計算機センターを置く。
北海道大学　名古屋大学　京都大学
2　前項の施設に長を置き、その大学の教授をもつて充てる。

（情報基盤センター及びその長）
第二十条の四の五　次に掲げる国立大学に、研究、教育等に係る情報化を推進するための実践的調査研究、基盤となる設備等の整備及び提供その他必要な専門的業務を行う全国共同利用施設として、情報基盤センターを置く。
東北大学　東京大学　大阪大学　九州大学
4　第一項の施設は、大学の教員その他の者に研究、教育等のために利用させるものとする。
5　第二十条の四第三項の規定は、第一項の施設について準用する。

（大規模集積システム設計教育研究センター及びその長）
第二十条の四の六　東京大学に、大規模集積システムの設計及びその教育に関する実践的調査研究、情報の提供その他必要な専門的業務を行う全国共同利用施設として、大規模集積システム設計教育研究センターを置く。
2　前項の施設は、大学の教員その他の者で、前項に掲げる分野の教育又は実践的調査研究に従事するものに利用させるものとする。
3　第二十条の四第三項の規定は、第一項の施設について準用する。

第三節の二　国立大学等の運営

（運営諮問会議）
第二十条の六　国立大学（国立短期大学（国立大学に併設されるものを除く。）を含む。）に置かれる運営諮問会議の委員の任期は、二年とし、その欠員が生じた場合の補欠の委員の任期は、前任者の残任期間とする。
2　委員は、非常勤とする。

（評議会）
第二十条の七　国立学校設置法第七条の三〔評議会〕第二項第二号の文部科学省令で定める研究科は、教育公務員特例法施行令第一条の規定に基づき大学院に置かれる研究科の長を定める省令（昭和五十年文部省令第十二号）で規定する研究科長が置かれる研究科（第八条の三に定めるものを除く。）とする。
2　国立学校設置法第七条の三第二項第三号の評議員は、同項第一号及び第二号に規定する者で構成する会議の議を経て学長が定める。ただし、大学の定めるところにより、評議会の議を経て学長が定めることができる。
3　国立学校設置法第七条の三第三項の評議員の任期は、二年とし、そのも欠員が生じた場合の補欠の評議員の任期は、前任者の残任期間とする。
4　評議員は、非常勤とする。
5　評議会は、半数以上であつて大学の定める割合以上の評議員が出席しなければ、議事を開き、議決することができない。
6　評議会の議事は、出席した評議員の過半数をもつて決し、可否同数のときは、議長の決するところによる。ただし、特別の必要があると認められるときは、半数以上であつて大学の定める割合以上の多数をもつて議決しなければならないとすることができる。

（教授会）
第二十条の八　国立大学及び国立短期大学の教授会の議事の手続に

ついては、前条第五項及び第六項の規定を準用する。この場合において、「評議会」とあるのは「教授会」と、「評議員」とあるのは「構成員」と読み替えるものとする。

（学長補佐体制の整備）

第二十条の十一 国立大学及び国立短期大学は、円滑な大学運営に資するため、副学長、事務局長その他の職員による学長を補佐する体制の整備に努めなければならない。

（教育研究等の状況の公表）

第二十条の十二 国立学校設置法第七条の九（教育研究等の状況の公表）の規定による公表は、教育課程その他教育及び研究の状況並びに運営諮問会議の審議その他組織及び運営の状況を、刊行物への掲載その他広く周知を図ることができる方法によつて行うものとする。

第三節の三 筑波大学の内部組織等〔略〕

第四節 短期大学及び附属学校

（併設短期大学の学長）

第二十一条 国立学校設置法第三条の五（国立短期大学の名称及び位置等）第二項の表に掲げる国立短期大学（以下「併設短期大学」という。）の学長は、その併設短期大学が併設される国立大学の学長をもつて充てる。

（短期大学部長）

第二十二条 併設短期大学に短期大学部長を置き、その併設短期大学の教授をもつて充てる。

2 短期大学部長は、学長の職務を助け、併設短期大学の校務を整理する。

（国立短期大学の学科）

第二十三条 各国立短期大学に、別表第八〔略〕のとおり、学科を置く。

（附属学校の名称）

第二十四条 附属学校の名称は、別表第九〔略〕の上欄の国立大学又は学部の名称に同表下欄の学校の名称を附したものとする。

（附属学校の校長等）

第二十五条 附属学校に校長（幼稚園にあつては、園長とする。）を置き、その附属学校が附属する国立大学又は学部（当該学部の教育研究に関する国立学校設置法第十三条〔文部科学省令への委任〕の規定に基づき置かれる組織を含む。）の教授をもつて充てる。

2 附属学校の校長及び園長は、その附属学校が附属する国立大学の学長又はその附属学校が附属する学部（当該学部の教育研究に関する国立学校設置法第十三条の規定に基づき置かれる組織を含む。）の学部長（単科大学にあつては、学長とする。）の監督の下に、その職務に従事する。

（附属学校の教頭）

第二十六条 附属学校に、教頭を置く。

2 文部科学大臣は、前条第一項の規定による附属学校（幼稚園を除く。）の校長があらかじめ定める範囲内において校長の職務の一部を処理する教頭について、適当と認めるときは、当該教頭に対しては、副校長を称せしめることができる。

3 前項の規定は、幼稚園について準用する。

（附属学校の主任等）

第二十六条の二 別表第九の二〔略〕の上欄に掲げる附属学校に、同表の下欄に掲げる主任等を置く。

2 前項の附属学校に、同項に規定するもののほか、研究主任及び教育実習主任を置き、その附属学校の教諭をもつて充てる。

3 研究主任及び教育実習主任は、校長の監督を受け、それぞれ、次条の規定により附属学校が行う研究協力又は教育実習の実施に関する事項について連絡調整及び指導、助言に当たる。
4　附属学校に、第一項及び第二項に規定するもののほか、必要に応じ、校務を分担する主任等を置くことができる。

〔附属学校職員会議〕

第二十六条の三　附属学校に、その附属学校が附属する国立大学（学部の附属学校にあつては、当該学部を置く国立大学とする。次条において同じ。）の学長の定めるところにより、職員会議を置くことができる。

〔附属学校評議員〕

第二十六条の四　附属学校に、その附属学校が附属する国立大学の学長の定めるところにより、学校評議員を置くことができる。

（附属学校のその附属する国立大学への協力）

第二十七条　附属学校は、その附属学校が附属する国立大学又は学部における児童、生徒又は幼児の教育又は保育に関する研究に協力し、及び当該国立大学又は学部の計画に従い学生の教育実習の実施に当たるものとする。

第五節　事務組織等

（事務局及び厚生補導に関する部）

第二十八条　国立大学に、庶務、会計及び施設等に関する事務を処理させるため事務局を、及び学生の厚生補導に関する事務を処理させるため厚生補導に関する部を置く。
2　事務局に、その所掌事務を分掌させるため、文部科学大臣が別に定めるところにより、部、課又は室を置く。
3　厚生補導に関する部に、その所掌事務を分掌させるため、文部科学大臣が別に定めるところにより、課又は室を置く。
4　事務局、部、課及び室に、それぞれ事務局長、部長、課長及び室長を置く。
5　事務局長は事務職員をもつて、事務局の部長、課長及び室長は事務職員又は技術職員をもつて、並びに厚生補導に関する部の部長にあつてはその大学の教授又は事務職員をもつて、課長及び室長にあつては事務職員又はその大学の教授、助教授若しくは講師をもつて充てる。
6　事務局長及び厚生補導に関する部の部長は、学長の監督の下に、それぞれ、事務局の事務又は厚生補導に関する部の事務を掌理し、並びに第二十九条第一項に規定する事務部及び事務室並びに併設短期大学の事務部の事務について総括し、及び調整する。
7　部長（厚生補導に関する部の部長を除く。）、課長及び室長は、それぞれ部、課又は室の事務を処理する。
8　文部科学大臣が指定する国立大学の事務局に事務局次長を置き、事務職員をもつて充てる。
9　事務局次長は、事務局長の職務を助け、事務局の事務を整理する。
10　文部科学大臣が指定する国立大学の事務局に企画調整官を置き、事務職員をもつて充てる。
11　企画調整官は、上司の命を受け、教育研究体制その他の管理運営に関する重要事項に関し、企画し、及び総括整理する。
12　文部科学大臣が指定する国立大学の事務局に学務調整官を置き、事務職員をもつて充てる。
13　学務調整官は、上司の命を受け、教務及び厚生補導に関する重要事項に関し、企画し、及び総括整理する。
14　文部科学大臣が指定する国立大学の厚生補導に関する部に次長を置き、事務職員をもつて充てる。

15　次長は、厚生補導に関する部の部長の職務を助け、厚生補導に関する部の事務を整理する。
16　文部科学大臣が指定する国立大学の事務局若しくは事務局の部又は厚生補導に関する部に入学主幹を置き、事務職員をもつて充てる。
17　入学主幹は、上司の命を受け、入学者選抜に関する事務を処理する。
18　文部科学大臣が指定する国立大学の事務局の部又は厚生補導に関する部に留学生主幹を置き、事務職員をもつて充てる。
19　留学生主幹は、上司の命を受け、留学生に関する事務を処理する。
20　文部科学大臣が指定する国立大学の事務局の部に国際主幹を置き、事務職員をもつて充てる。
21　国際主幹は、上司の命を受け、教育及び研究に係る国際関係事務を処理する。
22　文部科学大臣が指定する国立大学の事務局の部に研究協力主幹を置き、事務職員をもつて充てる。
23　研究協力主幹は、上司の命を受け、研究協力に関する事務を処理する。

（学部等の事務組織）

第二十九条　国立大学の学部、研究科（教育部及び研究部を含む。以下同じ。）、教養部、分校、附置研究所、附属図書館及びその分館、学部附属又は研究科附属の教育施設及び研究施設、附置研究所附属の研究施設、学内共同教育研究施設及び全国共同利用施設並びに附属学校その他国立大学の教育研究施設（以下「学部等」という。）に、その事務を処理させるため、規模に応じて、それぞれ事務部又は事務室を置くことができる。ただし、必要と認められる場合には数個の学部等の事務を併せて処理する事務部を当該学部等を置く国立大学又は一個の学部等に置くことができる。
2　国立大学の医学部の附属病院及びその他の学部等の事務部（前項ただし書の事務部を含む。以下この条において同じ。）に、文部科学大臣が別に定めるところにより、課又は室を置く。
3　事務部、事務室、課及び室に、それぞれ事務長（前項の規定により課又は室を置く事務部にあつては、事務部長とする。）、事務主任、課長及び室長を置き、事務職員をもつて充てる。
4　事務部長、事務長及び事務主任は、それぞれ事務部又は事務室の事務を処理し、課長及び室長は、それぞれ課又は室の事務を処理する。
5　文部科学大臣が指定する第二項の規定により課を置く事務部に事務部次長を置き、事務職員をもつて充てる。
6　事務部次長は、事務部長の職務を助け、事務部の事務を整理する。

（事務局の特例）

第二十九条の二　次に掲げる〔「次に掲げる」は略〕国立大学の事務局にあつては、第二十八条第一項及び第二十九条第一項の規定にかかわらず、庶務、会計、施設、学生の厚生補導等に関する事務を併せて処理させるものとする。

第六節　雑則

（勤務の契約による外国人の教員）

第三十条の三　国立大学又は国立短期大学の学長は、国家公務員法（昭和二十二年法律第百二十号）〔別掲〕第二条（一般職及び特別職）第七項に規定する勤務の契約により、外国人を教授又は研究に従事させることができる。
2　前項の規定の実施に関し必要な事項については、別に文部科学大臣が定める。

（客員教授等）

第三十条の四　国立大学又は国立短期大学の学長は、常時勤務の教員以外の職員で当該大学若しくは短期大学の教授若しくは研究に従事する者又は前条第一項の規定により教授若しくは研究に従事する外国人のうち、適当と認められる者に対しては、客員教授又は客員助教授を称せしめることができる。

2　前項の規定の実施に関し必要な事項については、別に文部科学大臣が定める。

（寄附講座）

第三十条の五　学部、学部に置く学科その他国立大学に置く教育研究を行う組織に、寄附講座を設けることができる。

2　寄附講座に係る経費は、国立学校特別会計法（昭和三十九年法律第五十五号）〔別掲〕第十七条〔委任経理〕の規定により国立大学の学長に経理を委任された金額をもって支弁するものとする。

3　前二項の規定の実施に関し必要な事項については、別に文部科学大臣が定める。

（寄附研究部門）

第三十条の六　附置研究所その他国立大学に置く研究を行う組織に、寄附研究部門を設けることができる。

2　寄附研究部門に係る経費は、国立学校特別会計法第十七条〔委任経理〕の規定により国立大学の学長に経理を委任された金額をもって支弁するものとする。

3　前二項の規定の実施に関し必要な事項については、別に文部科学大臣が定める。

（内部組織に関する委任）

第三十一条　この省令又は他の法令に別段の定めのあるものを除くほか、国立大学及び国立短期大学の内部組織については、その大学又は短期大学が定める。

第二章　国立高等専門学校

（職員の種類）

第三十二条　国立高等専門学校の職員の種類は、次のとおりとする。

校長　教授　助教授　講師　助手　事務職員　技術職員

（学科及び学級数）

第三十四条　各国立高等専門学校の学科及び第一学年の学生をもって編制する学科ごとの学級の数は、別表第十〔略〕のとおりとする。

（教務主事、学生主事及び寮務主事）

第三十五条　国立高等専門学校に教務主事、学生主事及び寮務主事を置く。

2　教務主事は教授をもって、学生主事及び寮務主事は教授又は助教授をもって充てる。

（事務部及び事務部長等）

第三十六条　国立高等専門学校に、庶務、会計及び学生の厚生補導に関する事務を処理させるため事務部を置く。

2　事務部に、その所掌事務を分掌させるため、文部科学大臣が別に定めるところにより、課を置く。

3　事務部及び課に、それぞれ事務部長及び課長を置き、事務職員をもって充てる。

4　事務部長は、事務部の事務を処理する。

5　課長は、課の事務を処理する。

6　文部科学大臣が指定する国立高等専門学校の事務部に入学主幹

を置き、事務職員をもって充てる。

7 入学主幹は、上司の命を受け、入学者選抜に関する事務を処理する。

（勤務の契約による外国人の教員）

第三十六条の二 国立高等専門学校の校長は、国家公務員法第二条〔一般職及び特別職〕第七項に規定する勤務の契約により、外国人を教授に従事させることができる。

2 前項の規定の実施に関し必要な事項については、別に文部科学大臣が定める。

（内部組織に関する委任）

第三十七条 この省令又は他の法令に別段の定めがあるものを除くほか、国立高等専門学校の内部組織については、その学校の校長が定める。

（準用規定）

第三十八条 第一条第三項及び第四項の規定は、国立高等専門学校に、これを準用する。

第三章 削除

第三章の二 国立養護学校〔略〕

第四章 大学共同利用機関

（位置）

第四十六条 大学共同利用機関の位置は、次の表に掲げるとおりとする。

大学共同利用機関の名称	位置
国文学研究資料館	東京都
国立極地研究所	東京都
宇宙科学研究所	神奈川県
国立遺伝学研究所	静岡県
統計数理研究所	東京都
国際日本文化研究センター	京都府
国立天文台	東京都
核融合科学研究所	岐阜県
国立情報学研究所	東京都
総合地球環境学研究所	京都府
岡崎国立共同研究機構	愛知県
高エネルギー加速器研究機構	茨城県
国立民族学博物館	大阪府
国立歴史民俗博物館	千葉県
メディア教育開発センター	千葉県

（組織及び運営等）

第四十七条 大学共同利用機関に置かれる職の種類並びに大学共同利用機関の組織及び運営の細目については、大学共同利用機関組織運営規則（昭和五十二年文部省令第十二号）〔別掲〕の定めるところによる。

第五章 削除

第六章 大学評価・学位授与機構〔略〕

第七章 国立学校財務センター〔略〕

第八章 国立学校における授業料その他の費用〔略〕

附　則〔略〕

○国立大学の附属図書館に置く分館を定める訓令　抄

〔昭和三九年四月一日　文部省訓令〕

最近改正　平成九年三月二六日　文部省訓令第三号

〔**根拠**＝国立大学設置法施行規則第一三条〕

国立学校設置法施行規則第十三条第一項の規定により国立大学の附属図書館に置く分館は、次の表に掲げるとおりとする。

国立大学の名称	上欄の国立大学の附属図書館を置く分館
北海道大学	北分館
北海道教育大学	函館分館、旭川分館、釧路分館、岩見沢分館
弘前大学	医学部分館
東北大学	医学分館、北青葉山分館、工学分館、農学分館
秋田大学	医学部分館
山形大学	医学部分館、工学部分館、農学部分館
茨城大学	工学部分館、農学部分館
宇都宮大学	工学部分館
群馬大学	医学分館、工学部分館
千葉大学	亥鼻分館、園芸学部分館
東京医科歯科大学	国府台分館
東京農工大学	小金井分館
東京工業大学	長津田分館
新潟大学	旭町分館
金沢大学	医学部分館、工学部分館
信州大学	教育学部分館、医学部分館、工学部分館、農学部分館、繊維学部分館
岐阜大学	医学部分館
静岡大学	浜松分館
名古屋大学	医学部分館
滋賀大学	教育学部分館、経済学部分館
大阪大学	生命科学分館、吹田分館
大阪教育大学	天王寺分館
神戸大学	医学部分館
鳥取大学	医学部分館
岡山大学	鹿田分館、資源生物科学研究所分館
広島大学	医学分館
山口大学	医学部分館、工学部分館

徳島大学	蔵本分館
香川大学	農学部分館
愛媛大学	医学部分館、農学部分館
高知大学	農学部分館
九州大学	医学分館、六本松分館
九州工業大学	情報工学部分館
長崎大学	医学分館、経済学部分館
熊本大学	医学部分館、薬学部分館
鹿児島大学	桜ヶ丘分館、水産学部分館
琉球大学	医学部分館

国立大学の附属図書館に置く分館の設置、廃止、統合および名称変更について 抄

〔昭和四四年一月一一日大情第四号 各国立大学庶務部（課）長あて 文部省大学学術局情報図書館課長〕

附属図書館がその使命をじゅうぶん果たすためには、その管理、運営を改善し、組織機構の整備、統合を行なうことが急務となっております。貴学において標記に該当する事項がある場合には、国立学校設置法施行規則（昭和三十九年文部省令第十一号）第十三条〔分館及び分館長〕第一項に基づく「国立大学の附属図書館に置く分館を定める訓令」の改正が必要です。その際には中央館の総合的管理・運営機構の整備充実をはかり、中央館と分館が同一地区内に併置されている場合は可能なかぎり、中央館に吸収統合し、同一地区内の最低規模に達しない小規模分館が二以上存在する場合は可能なかぎり統合すること等についてじゅうぶん留意され、下記Ⅰの分館設置等についての原則にしたがいⅡ〔略〕の申請書を昭和四十四年二月二十日（木）までに情報図書館課に必着するよう、文部大臣あて申請してください。

なお、原則として、上記訓令の改正は年一回（各年四月一日付け実施）です。

記

Ⅰ 分館設置等についての原則

1　分館設置要件
(イ)　大学の団地が各地に分散している場合
(ロ)　団地が一か所であっても、その団地が非常に広大で、部局数が多く、図書館施設を一か所にまとめるとサービスが団地内において著しく不均等を生ずる（この場合でもなるべく二以上の部局をまとめて分館を設置することが望ましい――複合分館という。）場合
(ハ)　全学的規模で、部局の枠をこえた部門別、または機能別の分館をおくのが適当な場合（複合分館という。）

2　最低規模
1の(イ)の場合を除き原則として次のとおりとする。
(1)　職員数は専任職員六名以上（うち図書館職員三名以上）
(2)　蔵書数は四万冊以上

3　名称の原則
(1)　複合分館および分校を対象部局としている分館の名称は地名を冠する分館名とする。ただし、同一大学内で複合分館と分校を対象部局としている分館が併置される場合には、分校を対象部局としている分館の名称は○○分校分館とする。
(2)　複合分館のうち、部局の枠をこえた部門別または機能別の分館の名称については、部門名または機能名を分館名に冠することもできる。
(3)　複合分館が同一団地内に二以上おかれる場合に、地名、部門名または機能名で処理できないときは、対象部局名を列記する。
(4)　単一部局を奉仕対象とする分館はできるかぎり認めないが、この場合には、部局名を分館名に冠する。

4　分館の順序
同一大学内の分館の記載順は次のとおりとする。
(1)　複合分館　その対象となる部局の構成により人文社会・自然科学の分野を含む順とする。
(2)　学部分館　国立学校設置法の順
(3)　教養部分館
(4)　研究所分館　国立学校設置法の順
(5)　病院分館　学部附属病院、研究所附属病院、附属病院におく分院の順（二以上である場合は国立学校設置法施行規則の順）
(6)　分校分館　国立大学または国立大学の学部に置く分校を定める訓令の順
(7)　その他の分館

Ⅱ　**申請書の内容**〔略〕

国立大学の図書館専門員の配置について（通知）

〔昭和五八年九月二二日文人審第一五〇号
文部省大臣官房人事課長発〕

このたび、国立大学の附属図書館（分館を含む。以下同じ）の事務組織の充実、事務の効率化等を図るため、附属図書館に図書館専門員を配置することとし、昭和五十八年十月一日以降下記により実施することとしたので、通知します。

記

一、配置

図書館専門員は、定数の範囲内で、附属図書館の事務部（課を置く事務部にあっては課）又は事務室に配置するものとする。

二、任用資格

図書館専門員は専任とし、図書館職員（昭和四十三年三月二十六日付け文人給第五十二号の記の2の二の(2)に該当する者をいう。）をもってあてるものとする。

三、職務内容

図書館専門員は、上司の命を受け、附属図書館の事務のうち図書館業務に関する極めて高度又は特殊な専門的知識・経験等を必要とする特定の分野の事務を直接処理するものとする。

四、定数

図書館専門員の定数は、昭和五十八年十月一日以降一とする。

五、等級別定数上の職名

図書館専門員の等級別定数上の職名は、「図書館職員（図書館専門員）」とする。

六、配置手続

図書館専門員の配置に当たっては、あらかじめ別紙様式〔略〕により大臣官房人事課長に協議すること。

なお、この協議は、新たに図書館専門員を配置する場合のほか、当該職員が異動し、その後任を補充する場合についてもその都度行うこと。

七、事務分掌規程等の整備

図書館専門員を配置する場合は、学内の事務分掌規程等を整備し、図書館専門員の事務組織上の位置付け、職務内容等を明確にしておくこと。

八、その他

上記一～七のほか、図書館専門員の配置等に関し必要な事項は、大臣官房人事課長に協議すること。

◎国立学校特別会計法　抄

〔昭和三九年四月三日
法律第五五号〕

最近改正　平成一二年五月三一日　法律第九九号

（設置）

第一条　国立学校（国立学校設置法（昭和二十四年法律第百五十号）〔別掲〕第二条〔国立学校〕第一項に規定する国立学校をいう。以下同じ。）の充実に資するとともに、その経理を明確にするため、特別会計を設置し、一般会計と区分して経理する。

（管理）

第二条　この会計は、文部科学大臣が、法令で定めるところに従い、管理する。

（歳入及び歳出）

第三条　この会計においては、一般会計からの繰入金、授業料、入学料、検定料、病院収入、積立金からの受入金、借入金、財産処分収入、寄附金及び附属雑収入をもつてその歳入とし、国立学校の運営費、施設費、奨学交付金、借入金の償還金及び利子、一時借入金の利子その他の諸費をもつて歳出とする。

2　前項に規定する一般会計からの繰入金は、予算で定めるところにより、繰り入れるものとする。

（歳入歳出予定計算書の作成及び送付）

第四条　文部科学大臣は、毎会計年度、この会計の歳入歳出予定計算書を作成し、財務大臣に送付しなければならない。

（歳入歳出予算の区分）

第五条　この会計の歳入歳出予算は、歳入にあつては、その性質に従つて款及び項に、歳出にあつては、その目的に従つて項に区分する。

（予算の作成及び提出）

第六条　内閣は、毎会計年度、この会計の予算を作成し、一般会計の予算とともに、国会に提出しなければならない。

（歳入歳出決算の作成及び提出）

第十四条　内閣は、毎会計年度、この会計の歳入歳出決算を作成し、一般会計の歳入歳出決算とともに、国会に提出しなければならない。

（支出未済額の繰越し）

第十六条　この会計において、支払義務の生じた歳出金で、当該年度の出納の完結までに支出済みとならなかつたものに係る歳出予算は、翌年度に繰り越して使用することができる。

2　文部科学大臣は、前項の規定による繰越しをしたときは、財務大臣及び会計検査院に通知しなければならない。

3　第一項の規定により繰越しをしたときは、当該経費については、財政法（昭和二十二年法律第三十四号）〔別掲〕第三十一条〔予算の配賦〕第一項の規定による予算の配賦があつたものとみなす。この場合においては、同条第三項の規定による通知は、必要としない。

（委任経理）

第十七条　国立学校における奨学を目的とする寄附金を受けた場合において、必要があるときは、文部科学大臣は、当該寄附金に相当する金額を国立学校の長に交付し、その経理を委任することができる。

（実施規定）

第十八条　この法律の実施のための手続その他その執行について必要な事項は、政令で定める。

◎公立義務教育諸学校の学級編制及び教職員定数の標準に関する法律　抄

〔昭和三三年五月一日
法律第一一六号〕

最近改正　平成一三年七月一一日　法律第一〇五号

（この法律の目的）

第一条　この法律は、公立の義務教育諸学校に関し、学級規模と教職員の配置の適正化を図るため、学級編制及び教職員定数の標準について必要な事項を定め、もつて義務教育水準の維持向上に資することを目的とする。

（定義）

第二条　この法律において「義務教育諸学校」とは、学校教育法（昭和二十二年法律第二十六号）（別掲）に規定する小学校、中学校、中等教育学校の前期課程又は盲学校、聾《ろう》学校若しくは養護学校の小学部若しくは中学部をいう。

2　この法律において「特殊教育諸学校」とは、学校教育法に規定する盲学校、聾《ろう》学校又は養護学校で小学部又は中学部を置くものをいう。

3　この法律において「教職員」とは、校長及び教頭（中等教育学校の前期課程にあつては、当該課程の属する中等教育学校の校長及び教頭とし、特殊教育諸学校の小学部又は中学部にあつては、当該部の属する特殊教育諸学校の校長及び教頭とする。）、教諭、養護教諭、助教諭、養護助教諭、講師、寄宿舎指導員、学校栄養職員（学校給食法（昭和二十九年法律第百六十号）第五条の三に規定する職員をいう。以下同じ。）並びに事務職員（地方自治法（昭和二十二年法律第六十七号）〔別掲〕第百七十二条第一項に規定する吏員に相当する者及びこれに準ずる者として政令で定める者をいう。以下同じ。）（それぞれ常勤の者に限る。第十七条を除き以下同じ。）をいう。

（学級編制の標準）

第三条　公立の義務教育諸学校の学級は、同学年の児童又は生徒で編制するものとする。ただし、当該義務教育諸学校の児童又は生徒の数が著しく少いかその他特別の事情がある場合においては、政令で定めるところにより、数学年の児童又は生徒を一学級に編制することができる。

2　各都道府県ごとの、公立の小学校又は中学校（中等教育学校の前期課程を含む。）の一学級の児童又は生徒の数の基準は、次の表の上欄に掲げる学校の種類及び同表の中欄に掲げる学級編制の区分に応じ、同表の下欄に掲げる数を標準として、都道府県の教育委員会が定める。ただし、都道府県の教育委員会は、当該都道府県における児童又は生徒の実態を考慮して特に必要があると認める場合については、この項本文の規定により定める数を下回る数を、当該場合に係る一学級の児童又は生徒の数の基準として定めることができる。

学校の種類	学級編制の区分	一学級の児童又は生徒の数
小学校	同学年の児童で編制する学級	四十人
	二の学年の児童で編制する学級	十六人（第一学年の児童を含む学級にあっては、八人）
	学校教育法第七十五条に規定する特殊学級	八人
中学校（中等教育学校の前期課程を含む。）	同学年の生徒で編制する学級	四十人
	二の学年の生徒で編制する学級	八人
	学校教育法第七十五条に規定する特殊学級	八人

3　各都道府県ごとの、公立の特殊教育諸学校の小学部又は中学部の一学級の児童又は生徒の数の基準は、六人（文部科学大臣が定める心身の故障を二以上併せ有する児童又は生徒で学級を編制する場合にあっては、三人）を標準として、都道府県の教育委員会が定める。ただし、都道府県の教育委員会は、当該都道府県における児童又は生徒の実態を考慮して特に必要があると認める場合については、この項本文の規定により定める数を下回る数を、当該場合に係る一学級の児童又は生徒の数の基準として定めることができる。

（学級編制）

第四条　公立の義務教育諸学校の学級編制は、前条第二項又は第三項の規定により都道府県の教育委員会が定めた基準に従い、当該学校を設置する地方公共団体の教育委員会が行う。

（学級編制についての都道府県の教育委員会の同意）

第五条　市（特別区を含む。第八条第三号並びに第八条の二第一号及び第二号において同じ。）町村の教育委員会は、毎学年、当該市町村の設置する義務教育諸学校に係る前条の学級編制について、あらかじめ、都道府県の教育委員会に協議し、その同意を得なければならない。同意を得た学級編制の変更についても、また同様とする。

（小中学校等教職員定数の標準）

第六条　各都道府県ごとの、公立の小学校及び中学校並びに中等教育学校の前期課程（学校給食法第五条の二に規定する施設を含む。）に置くべき教職員の総数（以下「小中学校等教職員定数」という。）は、次条、第七条第一項及び第二項並びに第八条から第九条までに規定する数を合計した数を標準として定めるものとする。この場合においては、それぞれ、当該各条に規定する数を標準として、当該各条に定める教職員の職の種類の区分ごとの総数を定めなければならない。

（校長の数）

第六条の二　校長の数は、小学校及び中学校並びに中等教育学校の前期課程の数の合計数に一を乗じて得た数とする。

（教頭及び教諭等の数）

第七条　教頭、教諭、助教諭及び講師（以下「教頭及び教諭等」という。）の数は、次に定める〔「次に定める」は略〕ところにより算定した数を合計した数とする。

（養護教諭等の数）

第八条　〔略〕

（学校栄養職員の数）

第八条の二　〔略〕

（事務職員の数）

第九条　事務職員の数は、次に定めるところにより算定した数を合計した数とする。

一　四学級以上の小学校及び中学校並びに中等教育学校の前期課程の数の合計数に一を乗じて得た数

二　三学級の小学校及び中学校並びに中等教育学校の前期課程の数の合計数に四分の三を乗じて得た数

三　二十七学級以上の小学校の数に一を乗じて得た数と二十一学級以上の中学校（中等教育学校の前期課程を含む。）の数に一を乗じて得た数との合計数

四　就学困難な児童及び生徒に係る就学奨励についての国の援助に関する法律（昭和三十一年法律第四十号）第二条に規定する保護者の児童又は生徒の数が著しく多い小学校若しくは中学校又は中等教育学校の前期課程で政令で定めるものの数の合計数に一を乗じて得た数

（特殊教育諸学校教職員定数の標準）

第十条　各都道府県ごとの、公立の特殊教育諸学校の小学部及び中学部に置くべき教職員の総数（以下「特殊教育諸学校教職員定数」という。）は、次条、第十一条第一項及び第十二条から第十四条までに規定する数を合計した数を標準として定めるものとする。

（校長の数）

第十条の二　校長の数は、特殊教育諸学校の数に一を乗じて得た数とする。

（教頭及び教諭等の数）

第十一条　教頭及び教諭等の数は、次に定める〔「次に定める」は略〕ところにより算定した数を合計した数とする。

（養護教諭等の数）

第十二条　〔略〕

〔寄宿舎指導員の数〕

第十三条　〔略〕

〔学校栄養職員の数〕

第十三条の二　〔略〕

〔事務職員の数〕

第十四条　事務職員の数は、特殊教育諸学校の小学部及び中学部の部の数の合計数に一を乗じて得た数とする。

〔教職員定数の算定に関する特例〕

第十五条　第七条から第九条まで及び第十一条から前条までの規定により教頭及び教諭等、養護教諭等、寄宿舎指導員、学校栄養職員並びに事務職員の数を算定する場合において、次に掲げる事情があるときは、これらの規定により算定した数に、それぞれ政令で定める数を加えるものとする。

一　小学校若しくは中学校又は中等教育学校の前期課程の存する地域の社会的条件についての政令で定める教育上特別の配慮を必要とする事情

二　小学校若しくは中学校又は中等教育学校の前期課程（第八条の二第三号の規定により学校栄養職員の数を算定する場合にあつては、共同調理場に係る小学校若しくは中学校又は中等教育学校の前期課程とする。）又は聾《ろう》学校の小学部若しくは中学部において教育上特別の配慮を必要とする児童又は生徒に対する特別の指導であつて政令で定めるものが行われていること。

三　小学校若しくは中学校又は中等教育学校の前期課程において多様な教育を行うための諸条件の整備に関する事情であつて事務処理上特別の配慮を必要とするものとして政令で定めるもの

四　当該学校の教職員が教育公務員特例法（昭和二十四年法律第一号）〔別掲〕第二十条第三項に規定する長期にわたる研修を受けていること、当該学校において教育指導の改善に関する特別な研究が行われていることその他の政令で定める特別の事情

〔分校等についての適用〕

第十六条　〔略〕

〔教職員定数の短時間勤務の職を占める者等の数への換算〕

第十七条　〔略〕

〔教職員定数に含まない数〕

第十八条　第六条及び第十条の規定による小中学校等教職員定数及び特殊教育諸学校教職員定数には、次に掲げる者に係るものを含まないものとする。

一　休職者

二　教育公務員特例法第二十条の三第一項の規定により同項に規定する大学院修学休業をしている者

三　女子教職員の出産に際しての補助教職員の確保に関する法律（昭和三十年法律第百二十五号）第三条第一項（同条第三項において準用する場合を含む。）の規定により臨時的に任用される者

四　地方公務員の育児休業等に関する法律（平成三年法律第百十号）第六条第一項の規定により臨時的に任用される者

〔報告及び指導又は助言〕

第十九条　文部科学大臣は、公立の義務教育諸学校における学級規模と教職員の配置の適正化を図るため必要があると認めるときは、都道府県に対し、学級編制の基準又は公立の義務教育諸学校に置かれている教職員の総数について、報告を求め、及びあらかじめ総務大臣に通知して、指導又は助言をすることができる。

〔政令への委任〕

第二十条　この法律に特別の定があるもののほか、この法律の実施

のための手続その他その執行について必要な事項は、政令で定める。

附　則〔平成五年三月三一日法律第一四号〕〔抄〕

（義務教育諸学校の学級編制に関する経過措置）

2　公立の義務教育諸学校の学級編制（小学校若しくは中学校又は中等教育学校の前期課程の学級編制で同学年の児童又は生徒で編制するもの及び特殊教育諸学校の小学部又は中学部の学級編制で公立義務教育諸学校の学級編制及び教職員定数の標準に関する法律（以下この項において「法」という。）第三条第三項に規定する心身の故障を二以上併せ有する児童又は生徒で編制するものを除く。）については、平成十二年三月三十一日までの間は、第一条の規定による改正後の法（以下「新標準法」という。）第三条の規定にかかわらず、児童又は生徒の数の推移及び学校施設の整備の状況を考慮し、同条の規定による学級編制の標準に漸次近づけることを旨として、都道府県の教育委員会がその基準を定める。

附　則〔平成一三年三月三一日法律第一二号〕〔抄〕

（施行期日）

1　この法律は、平成十三年四月一日から施行する。

（義務教育諸学校の教職員定数の標準に関する経過措置）

2　第一条の規定による改正後の公立義務教育諸学校の学級編制及び教職員定数の標準に関する法律（以下この項において「新標準法」という。）第六条に規定する小中学校等教職員定数又は新標準法第十条に規定する特殊教育諸学校教職員定数の標準については、平成十七年三月三十一日までの間は、これらの規定にかかわらず、公立の小学校及び中学校並びに中等教育学校の前期課程又は特殊教育諸学校の児童又は生徒の数及び教職員の総数の推移等を考慮し、これらの規定に定めるところにより算定した標準となる数に漸次近づけることを旨として、毎年度、政令で定める。

◎公立高等学校の適正配置及び教職員定数の標準等に関する法律　抄

〔昭和三六年一一月六日法律第一八八号〕

最近改正　平成一三年七月一一日　法律第一〇五号

第一章　総則

（目的）

第一条　この法律は、公立の高等学校に関し、配置、規模及び学級編制の適正化並びに教職員定数の確保を図るため、学校の適正な配置及び規模並びに学級編制及び教職員定数の標準について必要な事項を定めるとともに、公立の中等教育学校の後期課程及び特殊教育諸学校の高等部に関し、学級編制の適正化及び教職員定数の確保を図るため、学級編制及び教職員定数の標準について必要な事項を定め、もつて高等学校、中等教育学校の後期課程及び特殊教育諸学校の高等部の教育水準の維持向上に資することを目的とする。

（定義）

第二条　この法律において、「教職員」とは、校長（中等教育学校の校長を除き、特殊教育諸学校の高等部にあつては、当該部のみを置く特殊教育諸学校の校長とする。以下同じ。）、教頭、教諭、養護教諭、助教諭、養護助教諭、講師、実習助手、寄宿舎指導員及び事務職員（地方自治法（昭和二十二年法律第六十七号）〔別掲〕第百七十二条第一項に規定する吏員に相当する者をいう。以下同じ。）（それぞれ常勤の者に限る。第二十三条を除き、以下同じ。）をいう。

2　この法律において、「特殊教育諸学校」とは、学校教育法（昭和二十二年法律第二十六号）〔別掲〕第一条に規定する盲学校、聾《ろう》学校又は養護学校をいう。

3　この法律において、「全日制の課程」とは学校教育法第四条第一項に規定する全日制の課程をいい、「定時制の課程」とは同項に規定する定時制の課程をいい、「通信制の課程」とは同項に規定する通信制の課程をいう。

4　この法律において、「農業に関する学科」とは農業に関する専門教育を主とする学科をいい、「水産に関する学科」とは水産に関する専門教育を主とする学科をいい、「工業に関する学科」とは工業に関する専門教育を主とする学科をいい、「商業に関する学科」とは商業に関する専門教育を主とする学科をいい、「家庭に関する学科」とは家庭に関する専門教育を主とする学科をいう。

第二章　削除

第三条　削除

第三章　公立の高等学校の適正な配置及び規模

（公立の高等学校の適正な配置及び規模）

第四条　都道府県は、高等学校の教育の普及及び機会均等を図るため、その区域内の公立の高等学校の配置及び規模の適正化に努めなければならない。この場合において、都道府県は、その区域内の私立の高等学校並びに公立及び私立の中等教育学校の配置状況を充分に考慮しなければならない。

第五条　公立の高等学校における学校規模は、その生徒の収容定員が、本校又は分校の別に従い、本校にあつては二百四十人、分校にあつては政令で定める数を下らないものとする。ただし、本校における生徒の収容定員については、夜間において授業を行う定時制の課程のみを置くものである場合その他政令で定める特別の理由がある場合は、この限りでない。

第四章　公立の高等学校等の学級編制の標準

（学級編制の標準）

第六条　公立の高等学校（中等教育学校の後期課程を含む。以下この条において同じ。）の全日制の課程又は定時制の課程における一学級の生徒の数は、四十人を標準とする。ただし、やむを得ない事情がある場合及び高等学校を設置する都道府県又は市町村の教育委員会が当該都道府県又は市町村における生徒の実態を考慮して特に必要があると認める場合については、この限りでない。

第五章　公立の高等学校等の教職員定数の標準

（教職員定数の標準）

第七条　公立の高等学校（中等教育学校の後期課程を含む。以下この条において同じ。）に置くべき教職員の当該高等学校を設置する都道府県又は市町村ごとの総数（以下「高等学校等教職員定数」という。）は、次条から第十二条までに規定する数を合計した数を標準として定めるものとする。

（校長の数）

第八条　校長の数は、学校（中等教育学校を除く。）の数に一を乗じて得た数とする。

（教諭等の数）

第九条　教頭、教諭、助教諭及び講師（以下「教諭等」という。）の数は、次に定めるところ〔「次に定める」は略〕により算定した数を合計した数とする。

（養護教諭等の数）

第十条　〔略〕
（実習助手の数）
第十一条　〔略〕
（事務職員の数）
第十二条　事務職員の数は、次に定めるところにより算定した数を合計した数とする。
一　全日制の課程及び定時制の課程の数の合計数に一を乗じて得た数と生徒の収容定員が二百一人以上の全日制の課程又は定時制の課程ごとに当該課程の生徒の収容定員の数から二百を減じて得た数を三百六十で除して得た数の合計数とを合計した数
二　生徒の収容定員が四百四十一人以上の全日制の課程及び定時制の課程の数の合計数に一を乗じて得た数
三　全日制の課程又は定時制の課程で、当該課程に置かれる農業、水産又は工業に関する学科の生徒の収容定員の合計数が二百一人以上のものの数に一を乗じて得た数
四　通信制の課程を置く学校について、当該課程の生徒の数を四百で除して得た数を合算した数

第六章　公立の特殊教育諸学校の高等部の学級編制の標準

（学級編制の標準）
第十四条　公立の特殊教育諸学校の高等部の一学級の生徒の数は、重複障害生徒（文部科学大臣が定める心身の故障を二以上併せ有する生徒をいう。以下この条において同じ。）で学級を編制する場合にあっては三人、重複障害生徒以外の生徒で学級を編制する場合にあっては八人を標準とする。ただし、やむを得ない事情がある場合及び高等部を置く特殊教育諸学校を設置する都道府県又は市町村の教育委員会が当該都道府県又は市町村における生徒の実態を考慮して特に必要があると認める場合については、この限りでない。

第七章　公立の特殊教育諸学校の高等部の教職員定数の標準

（教職員定数の標準）
第十五条　公立の特殊教育諸学校の高等部に置くべき教職員の当該特殊教育諸学校を設置する都道府県又は市町村ごとの総数（以下「特殊教育諸学校高等部教職員定数」という。）は、次条から第二十一条まで〔略〕に規定する数を合計した数を標準として定めるものとする。
（校長の数）
第十六条　校長の数は、高等部のみを置く特殊教育諸学校の数に一を乗じて得た数とする。
（教諭等の数）
第十七条　教諭等の数は、次に定めるところ〔「次に定める」は略〕により算定した数を合計した数とする。
（養護教諭等の数）
第十八条　〔略〕
（実習助手の数）
第十九条　〔略〕
（寄宿舎指導員の数）
第二十条　〔略〕
（事務職員の数）
第二十一条　事務職員の数は、特殊教育諸学校の高等部の数に一を乗じて得た数とする。

第八章　雑則

（教職員定数の算定に関する特例）
第二十二条　第九条から第十二条まで及び第十七条から前条までの規定により教諭等、養護教諭等、実習助手、寄宿舎指導員及び事

務職員の数を算定する場合において、次に掲げる事情があるときは、これらの規定により算定した数にそれぞれ政令で定める数を加え、又はこれらの規定により算定した数からそれぞれ政令で定める数を減ずるものとする。
一　農業、水産又は工業に関する学科を置く公立の高等学校（中等教育学校の後期課程を含む。以下この条において同じ。）についての政令で定める特別の事情
二　公立の高等学校又は特殊教育諸学校の高等部にそれぞれ政令で定める学科を置くこと。
三　公立の高等学校において教育上特別の配慮を必要とする生徒に対する特別の指導であつて政令で定めるものが行われていること。
四　公立の高等学校において多様な教育を行うための教育課程の編成についての政令で定める特別の事情
五　当該学校の教職員が教育公務員特例法（昭和二十四年法律第一号）〔別掲〕第二十条第三項に規定する長期にわたる研修を受けていること、当該学校において教育指導の改善に関する特別な研究が行われていることその他の政令で定める特別の事情

（教職員定数の短時間勤務の職を占める者等の数への換算）
第二十三条　〔略〕

（教職員定数に含まない数）
第二十四条　第七条及び第十五条に規定する高等学校等教職員定数及び特殊教育諸学校高等部教職員定数には、次に掲げる者に係るものを含まないものとする。
一　休職者
二　教育公務員特例法第二十条の三第一項の規定により同項に規定する大学院修学休業をしている者
三　女子教職員の出産に際しての補助教職員の確保に関する法律（昭和三十年法律第百二十五号）第三条第一項の規定により臨時的に任用される者
四　地方公務員の育児休業等に関する法律（平成三年法律第百十号）第六条第一項の規定により臨時的に任用される者

附　則〔平成五年三月三一日法律第一四号〕〔抄〕

（高等学校の学級編制に関する経過措置）
4　公立の高等学校（中等教育学校の後期課程を含む。）の全日制の課程の学級編制（第二条の規定による改正前の公立高等学校の設置、適正配置及び教職員定数の標準等に関する法律第六条の規定により一学級の生徒の数の標準が四十人とされている学科の生徒で編制するものを除く。）又は公立の特殊教育諸学校の高等部の学級編制（公立高等学校の設置、適正配置及び教職員定数の標準等に関する法律（以下この項において「法」という。）第十四条に規定する心身の故障を二以上併せ有する生徒で編制するものを除く。）については、平成十二年三月三十一日までの間は、第二条の規定による改正後の法（以下「新高校標準法」という。）第六条又は第十四条の規定にかかわらず、生徒の数及び学校施設の整備の状況等を考慮し、これらの規定による学級編制の標準に漸次近づけることを旨として、当該高等学校、中等教育学校又は高等部を置く特殊教育諸学校を設置する都道府県又は市町村の教育委員会がその基準を定める。

附　則〔平成一三年三月三一日法律第二二号〕〔抄〕

（施行期日）
1　この法律は、平成十三年四月一日から施行する。

（高等学校等の教職員定数の標準に関する経過措置）
3　第二条の規定による改正後の公立高等学校の適正配置及び教職

員定数の標準等に関する法律(以下この項において「新高校標準法」という。)第七条に規定する高等学校等教職員定数又は新高校標準法第十五条に規定する特殊教育諸学校高等部教職員定数の標準については、平成十七年三月三十一日までの間は、これらの規定にかかわらず、公立の高等学校(中等教育学校の後期課程を含む。)又は特殊教育諸学校の高等部の生徒の数及び教職員の総数の推移等を考慮し、これらの規定に定めるところにより算定した標準となる数に漸次近づけることを旨として、毎年度、政令で定める。

公立義務教育諸学校の学級編制及び教職員定数の標準に関する法律及び公立高等学校の設置、適正配置及び教職員定数の標準等に関する法律の一部改正等について〔通知〕抄

〔平成五年四月一日文教財第二〇六号　各都道府県教育委員会あて　文部省教育助成局長通知〕

このたび、別添(別添は略)のとおり、「公立義務教育諸学校の学級編制及び教職員定数の標準に関する法律及び公立高等学校の設置、適正配置及び教職員定数の標準等に関する法律の一部を改正する法律」(以下「改正法」という。)が平成五年三月三十一日法律第十四号をもって公布され、平成五年四月一日から施行されました。

また、「公立義務教育諸学校の学級編制及び教職員定数の標準に関する法律施行令の一部を改正する政令」(以下「義務改正令」という。)及び「公立高等学校の設置、適正配置及び教職員定数の標準等に関する法律施行令の一部を改正する政令」(以下「高校改正令」という。)が、それぞれ平成五年三月三十一日政令第九十号及び政令第九十一号をもって公布され、いずれも平成五年四月一日から施行されるとともに、あわせて「公立義務教育諸学校の学級編制及び教職

員定数の標準に関する法律等に基づく文部大臣の定めについて（昭和四十四年八月七日文部大臣裁定）」（以下「義務文部大臣の定め」という。）及び「公立高等学校の設置、適正配置及び教職員定数の標準等に関する法律等に基づく文部大臣の定めについて（昭和四十九年七月十三日文部大臣裁定）」（以下「高校文部大臣の定め」という。）の一部が改正されました。

これらの法令等の改正は、公立の小学校、中学校、高等学校及び特殊教育諸学校の学級規模と教職員配置の適正化を図るため、その学級編制及び教職員定数の標準を改め、もって学校教育の水準の向上に資することを目的としたものであります。

改正法令等の内容の概要は下記のとおりですので、各都道府県においては、今後、これらの改正法令等の趣旨に沿って学級規模の適正化と教職員定数の確保及び適正配置に努めるよう願います。

なお、学級編制の認可については、昭和六十年十二月二十三日付け文部省教育助成局長通知において弾力的対応ができるよう工夫をお願いしたところですが、今後、各都道府県教育委員会において年度当初の学級編制の認可を行うに当たっては、市町村教育委員会及びその管下の学校と十分連絡調整し、学年当初の児童生徒数及び学級数の見込みについて可能な限り正確を期するとともに、学級編制の認可基準日の適切な設定、基準日以後の変更認可の運用、教職員配置の弾力的取扱いの工夫等について、市町村教育委員会とも協議の上、各都道府県の実態に即して適切に検討され、教育上支障の生ずることのない対応をとられるよう願います。なお、このことは、現行の教職員定数の算定の仕組みを変更するものではないことに留意願います。

おって、貴管下の各市町村教育委員会に対してこれらのことを通知し、改正法令等の趣旨を徹底されるよう御配慮願います。

記

第一　公立義務教育諸学校の学級編制及び教職員定数の標準の改正関係（改正法第一条、附則第二項及び附則第三項）

1　改正の趣旨

公立義務教育諸学校の学級編制及び教職員定数の標準については、昭和三十四年度以降五回にわたり、計画的に改善を図ってきたところであるが、情報化、国際化等社会の変化に対応して、教育の一層の個性化を推進するため、複数の教員の協力による指導などの新しい指導方法の工夫改善を行うための教職員配置を行うこと、きめ細かな生徒指導や通級指導のための教職員配置など効果的な教育指導を行うための教職員配置を行うこと、大規模校への教頭の複数配置など学校運営の円滑化のための教職員配置を行うこと等を中心として、平成五年度から平成十年度までの六年間で、さらに計画的に改善を図ることとしたものであること。

2　改正の内容の概要

一　小学校及び中学校の学級編制の標準に関する事項〔略〕

二　小学校及び中学校の教職員定数の標準に関する事項

ア　校長の定数〔略〕

イ　教頭及び教諭等の定数〔略〕

ウ　養護教諭等の定数〔略〕

エ　学校栄養職員の定数〔略〕

オ　事務職員の定数

事務職員の定数について、学校図書館の重要性と事務量を考慮し、事務職員が図書館事務を分担できるよう複数配置の基準を引き下げ（傍線＝編者）、二十七学級以上の小学校及び二十一学級以上の中学校に二人を配置できるよう措置したこと（新義務標準法第九条第三号）。

カ 教職員の数の加算〔略〕

三 特殊教育諸学校の小学部及び中学部の学級編制の標準に関する事項〔略〕

四 特殊教育諸学校の小学部及び中学部の教職員定数の標準に関する事項〔略〕

五 経過措置に関する事項〔抄〕

ア〔略〕

イ 義務教育諸学校の教職員定数の標準については、平成十年三月三十一日までの間は、児童又は生徒の数及び教職員の総数の推移等を考慮し、新義務標準法に規定する標準となる数に漸次近づけることを旨として、毎年度、政令で定めることとしたこと（改正法附則第三項）。

平成五年度については、改正法による改正前の公立義務教育諸学校の学級編制及び教職員定数の標準に関する法律に基づく定数に対する新義務標準法に基づく定数の改善割合を六年間で充足する方針のもとに、その改善割合の六分の一に相当する教職員の数を充足することとしたこと。

(ア) 平成五年度の小学校及び中学校の教職員定数の標準となる数は、次の㋐から㋓までに定める数の合計数としたこと（義務改正令附則第二項）。〔㋐㋑㋒略〕

㋓ 事務職員の定数

義務改正令附則別表の四の項に掲げる算式により算定した数〔平成一二年現在の義務改正令附則第八項〔注一〕及び附則別表の四の項〔注二〕に該当する。〕

(イ)〔略〕

〔注一〕 義務改正法施行令附則第八項は、次のとおりである＝編者

8 公立の小学校及び中学校に置くべき事務職員の数は、附則別表の四の項に掲げる算式により算定した数とする。

〔注二〕 義務改正法施行令附則別表の四の項は、次のとおりである＝編者

附則別表

項	算式
四	小中学校事務職員新法定数$\times\left\{\frac{d}{D}+\left(1-\frac{d}{D}\right)\times\frac{17}{18}\right\}$

備考

1 この表における算式中次に掲げる用語又は記号の意義は、それぞれ次に定めるとおりとする。

十 小中学校事務職員新法定数 法第九条に規定するところにより算定した数から小学校及び中学校並びに中等教育学校の前期課程の事務職員に係る研修等定数を減じて得た数

十一 D 平成五年五月一日現在により法第九条に規定するところにより算定した数

十二 d 平成五年五月一日現在により旧法第九条に規定するところにより算定した数

2 1の一、二、四、五、十及び十一に掲げる数を算定する場合においては、学級の数は、法第三条第一項及び第二項の規定による学級編制の標準により算定した学級数によるものとし、1の三、六及び十二に掲げる数を算定する場合においては、学級の数は、旧法第三条第一項及び第二項の規定による学級編制の標準により算定した学級数によるものとする。

第二 公立高等学校及び公立特殊教育諸学校の高等部の学級編制及び教職員定数の標準の改正関係（改正法第二条、附則第四項及び附則第五項）

1 改正の趣旨

公立高等学校及び公立特殊教育諸学校の高等部の学級編制及び教職員定数の標準については、昭和三十七年度以降四回にわたり、計画的に改善を図ってきたところであるが、情報化、国際化

等社会の変化に対応して、教育の一層の個性化を推進するため、すべての学校で「四十人学級」を実施すること、多様な教科科目を開設し選択履修を認めるなど多様な高等学校教育を行うための教職員配置を行うこと、生徒指導を充実するなど効果的な教育指導を行うための教職員配置を行うこと、大規模校への教頭の複数配置など学校運営の円滑化のための教職員配置を行うこと等を中心として、平成五年度から平成十年度までの六年間で、さらに計画的に改善を図ることとしたものであること。

2　改正の内容の概要

一　高等学校の学級編制の標準に関する事項

全日制の課程の普通科等の一学級の生徒の数の標準を四十人に引き下げるとともに、高等学校の本校における学級規模はその生徒の収容定員が二百四十人を下らないものとすることとし、これに伴う規定の整備を行ったこと（新高校標準法第五条及び第六条）。

二　高等学校の教職員定数の標準に関する事項

ア　教諭等の定数〔略〕

イ　養護教諭等の定数〔略〕

ウ　事務職員の定数

事務職員の定数について、学校図書館の機能の充実に資するため学校図書館担当の事務職員の配置基準を引き下げ（傍線＝編者）、十二学級以上の全日制の課程及び定時制の課程に一人を配置できるよう措置したこと（新高校標準法第十二条第二号）。

エ　教職員の数の加算〔略〕

三　特殊教育諸学校の高等部の学級編制の標準に関する事項〔略〕

四　特殊教育諸学校の高等部の教職員定数の標準に関する事項〔略〕

五　経過措置に関する事項〔抄〕

ア　高等学校の全日制の課程の普通科等の学級編制又は特殊教育諸学校の高等部の学級編制（重複障害生徒で編制するものを除く。）については、平成十年三月三十一日までの間は、生徒の数及び学校施設の整備の状況等を考慮し、新高校標準法第六条又は第十四条に規定する学級編制の標準に漸次近づけることを旨として、当該高等学校又は高等部を置く特殊教育諸学校を設置する都道府県又は市町村の教育委員会がその基準を定めることとしたこと（改正法附則第四項）。

イ　高等学校又は特殊教育諸学校の高等部の教職員定数の標準については、平成十年三月三十一日までの間は、生徒の数及び教職員数の総数の推移等を考慮し、新高校標準法に規定する標準となる数に漸次近づけることを旨として、毎年度、政令で定めることとしたこと（改正法附則第五項）。

平成五年度については、旧高校標準法に基づく定数に対する新高校標準法に基づく定数の改善割合を六年間で充足する方針のもとに、高等学校の全日制の課程及び定時制の課程の教職員定数についてはその改善割合の十八分の五に相当する教職員の数を、高等学校の通信制の課程及び特殊教育諸学校の高等部の教職員定数については、それぞれその改善割合の六分の一に相当する教職員の数を充足することとしたこと。

〔後略〕

〔編者注〕高校改正令附則には、義務改正令附則に見られるような「事務職員」について明記した規定は含まれていない。

◎放送大学学園法　抄

〔昭和五六年六月一一日法律第八〇号〕

最近改正　平成一一年一二月二二日　法律第一六〇号

第一章　総則

（目的）

第一条　放送大学学園は、放送等により教育を行う大学を設置し、当該大学における教育に必要な放送を行うこと等により、大学教育の機会に対する広範な国民の要請にこたえるとともに、大学教育のための放送の普及発達を図ることを目的とする。

（法人格）

第二条　放送大学学園（以下「学園」という。）は、法人とする。

第四章　業務

（業務）

第二十条　学園は、第一条〔目的〕の目的を達成するため、次の業務を行う。

一　放送等により教育を行う大学を設置すること。

二　前号の大学における教育に必要な放送を行うこと。

三　前二号に掲げる業務に附帯する業務を行うこと。

2　学園は、前項各号に掲げる業務を行うほか、放送法第二条〔定義〕第三号の五に規定する委託放送業務（前項第二号の業務に係る放送番組を委託して放送させるものに限る。）を行うことができる。

3　学園は、前二項に規定する業務を行うほか、第一項第一号の大学における教育及び研究に支障のない限り、その施設、設備（放送のための無線設備（電波法（昭和二十五年法律第百三十一号）第二条〔定義〕第四号に規定する無線設備をいう。）を除く。）及び教材を当該大学以外の大学における通信による教育その他の教育又は研究のための利用に供することができる。

4　学園は、主務大臣の認可を受けて、前三項に規定する業務のほか、第一条の目的を達成するため必要な業務を行うことができる。

第五章　放送大学の組織等

（学長、副学長及び教員の任免等）

第二十一条　学園が設置する大学（以下「放送大学」という。）に、学校教育法第五十八条に規定する学長、副学長、教授その他の職員を置く。

2　学長は、理事長の申出に基づいて、文部科学大臣が任命する。

3　副学長の定数は、二人以内とする。

4　副学長は、学長の申出に基づいて、理事長が任命する。

5　教員（教授、助教授、講師及び助手をいう。以下同じ。）は、学長の申出に基づいて、理事長が任命する。

6　第二項及び前項の申出は、評議会の議に基づいて行われなければならない。

7　第二項及び前項の規定は学長の免職について、第四項の規定は副学長の免職について、前二項の規定は教員の免職及び降任について準用する。

（人事の基準）

第二十二条　前条に定めるもののほか、学長、副学長及び教員の任免の基準、任期、停年その他人事の基準に関する事項は、評議会の議に基づいて、学長が定める。

（他大学の教員等の参加）

第二十四条　放送大学においては、その教育及び研究の充実を図るため、他大学その他の教育研究機関と緊密に連携し、これらの機関の教員その他の職員の参加を求めるように努めなければならない。

第七章　監督等

（監督命令）

第三十六条　主務大臣は、この法律を施行するため必要があると認めるときは、学園に対して、その財務又は会計に関し監督上必要な命令をすることができる。

第八章　雑則

（放送大学についての教育基本法の適用）

第四十条　放送大学は、教育基本法（昭和二十二年法律第二十五号）〔別掲〕第九条〔宗教教育〕第二項の適用については、国が設置する学校とみなす。

（主務大臣及び主務省令）

第四十二条　この法律において主務大臣は、文部科学大臣及び総務大臣とする。

2　この法律において主務省令は、主務大臣の発する命令とする。

附　則〔略〕

(3) 私立学校

◎私立学校法　抄

（昭和二四年一二月一五日　法律第二七〇号）

最近改正　平成一三年七月一一日　法律第一〇五号

第一章　総則

（この法律の目的）

第一条　この法律は、私立学校の特性にかんがみ、その自主性を重んじ、公共性を高めることによつて、私立学校の健全な発達を図ることを目的とする。

（定義）

第二条　この法律において「学校」とは、学校教育法（昭和二十二年法律第二十六号）（別掲）第一条に規定する学校をいう。

2　この法律において、「専修学校」とは学校教育法第八十二条の二に規定する専修学校をいい、「各種学校」とは同法第八十三条第一項に規定する各種学校をいう。

3　この法律において「私立学校」とは、学校法人の設置する学校をいう。

第三条　この法律において「学校法人」とは、私立学校の設置を目的として、この法律の定めるところにより設立される法人をいう。

（所轄庁）

第四条　この法律中「所轄庁」とあるのは、第一号、第三号及び第五号に掲げるものにあつては文部科学大臣とし、第二号及び第四号に掲げるものにあつては都道府県知事とする。

一　私立大学及び私立高等専門学校

二　前号に掲げる私立学校以外の私立学校並びに私立専修学校及び私立各種学校

三　第一号に掲げる私立学校を設置する学校法人

四　第二号に掲げる私立学校を設置する学校法人及び第六十四条第四項の法人

五　第一号に掲げる私立学校と第二号に掲げる私立学校、私立専修学校又は私立各種学校とを併せて設置する学校法人

第二章　私立学校に関する教育行政

（所轄庁の権限）

第五条　所轄庁は、私立学校について学校教育法第四条第一項及び第十三条の規定にかかわらず、次に掲げる権限を有する。

一　私立学校の設置廃止（高等学校（中等教育学校の後期課程を含む。）の学科、全日制の課程（学校教育法第四条第一項に規定する全日制の課程をいう。）、定時制の課程（同項に規定する定時制の課程をいう。）及び通信制の課程（同項に規定する通信制の課程をいう。以下同じ。）、大学の学部、学部の学科、大学院及び大学院の研究科、短期大学の学科、高等専門学校の学科並びに盲学校、聾《ろう》学校及び養護学校の小学部、中学部、高等部及び幼稚部の設置廃止並びに同法第五十二条の二（同法第七十六条において準用する場合を含む。）の規定による通信教育の開設廃止を含む。）及び設置者の変更並びに収容定員及び私立高等学校（私立中等教育学校の後期課程を含む。）の通信制の課程

で同法第四十五条第三項に規定するもの（以下「広域の通信制の課程」という。）に係る学則の変更の認可を行うこと。

二　私立学校が、法令の規定に違反したとき、法令の規定に基く所轄庁の命令に違反したとき、又は六月以上授業を行わなかつたとき、その閉鎖を命ずること。

2　学校教育法第十四条は、私立学校に適用しない。

（報告書の提出）

第六条　所轄庁は、私立学校に対して、教育の調査、統計その他に関し必要な報告書の提出を求めることができる。

（私立学校審議会等に対する諮問）

第八条　都道府県知事は、私立大学及び私立高等専門学校以外の私立学校について、第五条〔所轄庁の権限〕第一項各号に掲げる事項を行う場合においては、あらかじめ、私立学校審議会の意見を聴かなければならない。

2　文部科学大臣は、私立大学又は私立高等専門学校について、第五条第一項第一号に掲げる事項のうち私立学校の廃止、設置者の変更若しくは収容定員に係る学則の変更の認可を行う場合又は同項第二号の閉鎖を命ずる場合においては、あらかじめ、学校教育法第六十条の二に規定する審議会等の意見を聴かなければならない。

（私立学校審議会）

第九条　この法律の規定によりその権限に属せしめられた事項を審議させるため、都道府県に、私立学校審議会を置く。

2　私立学校審議会は、私立大学及び私立高等専門学校以外の私立学校並びに私立専修学校及び私立各種学校に関する重要事項について、都道府県知事に建議することができる。

（委員）

第十条　私立学校審議会は、十人以上二十人以内において都道府県知事の定める員数の委員をもつて、組織する。

2　委員は、次に掲げる者のうちから、都道府県知事が任命する。

一　当該都道府県の区域内にある私立の小学校、中学校、高等学校若しくは中等教育学校の校長、私立幼稚園の園長、私立専修学校の校長、これらの学校若しくは専修学校の教員又はこれらの学校若しくは専修学校を設置する学校法人若しくは第六十四条〔私立専修学校等〕第四項の法人の理事

二　学識経験のある者

3　都道府県知事は、前項第二号に規定する者のうちから任命される委員の数が同項第一号に規定する者のうちから任命される委員の数の三分の一以内になるように、それぞれの定数を定めなければならない。

4　都道府県知事は、第二項第一号に規定する者のうちから任命される委員の定数のうちの一人を、同号の規定にかかわらず、当該都道府県の区域内にある私立の盲学校、聾《ろう》学校、養護学校若しくは各種学校の校長若しくは教員又はこれらの学校若しくは各種学校を設置する学校法人若しくは第六十四条第四項の法人の理事のうちから任命することができる。

5　第二項第一号又は前項に規定する者のうちから任命される委員のうち、校長若しくは園長又は教員である理事以外の理事のうちから任命される委員の数は、第二項第一号に規定する者のうちから任命される委員の定数の半数以内とする。

（委員の任期）

第十二条　私立学校審議会の委員の任期は、四年とする。ただし、欠員が生じた場合の補欠委員の任期は、前任者の残任期間とする。

2 委員は、再任されることができる。

（会長）

第十三条 私立学校審議会に、会長を置く。

2 会長は、委員が互選した者について、都道府県知事が任命する。

3 会長は、私立学校審議会の会務を総理する。

（委員の解任）

第十四条 都道府県知事は、私立学校審議会の委員が心身の故障のため職務の執行ができないと認めるときその他委員として必要な適格性を欠くに至つたと認めるときは、私立学校審議会の議を経て、これを解任することができる。

（議事参与の制限）

第十五条 私立学校審議会の委員は、自己、配偶者若しくは三親等以内の親族の一身上に関する事件又は自己の関係する学校、専修学校、各種学校、学校法人若しくは第六十四条（私立専修学校等）第四項の法人に関する事件については、その議事の議決に加わることができない。ただし、会議に出席し、発言することを妨げない。

第三章 学校法人

第一節 通則

（資産）

第二十五条 学校法人は、その設置する私立学校に必要な施設及び設備又はこれらに要する資金並びにその設置する私立学校の経営に必要な財産を有しなければならない。

2 前項に規定する私立学校に必要な施設及び設備についての基準は、別に法律で定めるところによる。

（収益事業）

第二十六条 学校法人は、その設置する私立学校の教育に支障のない限り、その収益を私立学校の経営に充てるため、収益を目的とする事業を行うことができる。

2 前項の事業の種類は、私立学校審議会又は学校教育法第六十条の二に規定する審議会等（以下「私立学校審議会等」という。）の意見を聴いて、所轄庁が定める。所轄庁は、その事業の種類を公告しなければならない。

3 第一項の事業に関する会計は、当該学校法人の設置する私立学校の経営に関する会計から区分し、特別の会計として経理しなければならない。

（住所）

第二十七条 学校法人の住所は、その主たる事務所の所在地にあるものとする。

（登記）

第二十八条 学校法人は、政令の定めるところにより、登記しなければならない。

2 前項の規定により登記しなければならない事項は、登記の後でなければ、これをもつて第三者に対抗することができない。

3 登記した事項は、登記所において、遅滞なく公告しなければならない。

（準用規定）

第二十九条 民法（明治二十九年法律第八十九号）第四十三条及び第四十四条の規定は、学校法人について準用する。

第二節 設立

（申請）

第三十条 学校法人を設立しようとする者は、その設立を目的とする寄附行為をもつて少なくとも次に掲げる事項を定め、文部科学省令で定める手続に従い、当該寄附行為について所轄庁の認可を申請しなければならない。

一　目的

二　名称

三　その設置する私立学校の名称及び当該私立学校に課程、学部、大学院、大学院の研究科、学科又は部を置く場合には、その名称又は種類（私立高等学校（私立中等教育学校の後期課程を含む。）に広域の通信制の課程を置く場合には、広域の通信制の課程である旨を含む。）

四　事務所の所在地

五　役員に関する規定

六　評議員会及び評議員に関する規定

七　資産及び会計に関する規定

八　収益を目的とする事業を行う場合には、その事業の種類その他その事業に関する規定

九　解散に関する規定

十　寄附行為の変更に関する規定

十一　公告の方法

2　学校法人の設立当初の役員は、寄附行為をもつて定めなければならない。

3　第一項第九号に掲げる事項中に残余財産の帰属すべき者に関する規定を設ける場合には、その者は、学校法人その他教育の事業を行う者のうちから選定されるようにしなければならない。

（認可）

第三十一条　所轄庁は、前条第一項の規定による申請があつた場合には、当該申請に係る学校法人の資産が第二十五条〔資産〕の要件に該当しているかどうか、その寄附行為の内容が法令の規定に違反していないかどうか等を審査した上で、当該寄附行為の認可を決定しなければならない。

2　所轄庁は、前項の規定により寄附行為の認可をする場合には、あらかじめ、私立学校審議会等の意見を聴かなければならない。

（設立の時期）

第三十三条　学校法人は、その主たる事務所の所在地において政令の定めるところにより設立の登記をすることによつて成立する。

第三節　管理

（役員）

第三十五条　学校法人には、役員として、理事五人以上及び監事二人以上を置かなければならない。

2　理事のうち一人は、寄附行為の定めるところにより、理事長となる。

（業務の決定）

第三十六条　学校法人の業務は、寄附行為に別段の定がないときは、理事の過半数をもつて決する。

（役員の職務）

第三十七条　理事は、すべて学校法人の業務について、学校法人を代表する。ただし、寄附行為をもつてその代表権を制限することができる。

2　理事長は、この法律に規定する職務を行い、その他学校法人内部の事務を総括する。

3　理事長に事故があるとき、又は理事長が欠けたときは、寄附行為の定めるところにより、他の理事が、理事長の職務を代理し、又は理事長の職務を行う。

4　監事の職務は、次の通りとする。

一　学校法人の財産の状況を監査すること。

二　理事の業務執行の状況を監査すること。

三　学校法人の財産の状況又は理事の業務執行の状況について監査した結果不整の点のあることを発見したとき、これを所轄庁又は評議員会に報告すること。
四　前号の報告をするために必要があるとき、理事長に対して評議員会の招集を請求すること。
五　学校法人の財産の状況又は理事の業務執行の状況について、理事に意見を述べること。

第四十二条　次に掲げる事項については、理事長において、あらかじめ、評議員会の意見を聞かなければならない。
一　予算、借入金（当該会計年度内の収入をもつて償還する一時の借入金を除く。）及び重要な資産の処分に関する事項
二　寄附行為の変更
三　合併
四　第五十条〔解散事由〕第一項第一号（評議員会の議決を要する場合を除く。）及び第三号に掲げる事由による解散
五　収益を目的とする事業に関する重要事項
六　その他学校法人の業務に関する重要事項で寄附行為をもつて定めるもの
2　前項各号に掲げる事項は、寄附行為をもつて評議員会の議決を要するものとすることができる。

第四十三条　評議員会は、学校法人の業務若しくは財産の状況又は役員の業務執行の状況について、役員に対して意見を述べ、若しくはその諮問に答え、又は役員から報告を徴することができる。

（寄附行為変更の認可）

第四十五条　寄附行為の変更は、所轄庁の認可を受けなければ、その効力を生じない。

（評議員会に対する決算の報告）

第四十六条　決算は、毎会計年度終了後二月以内に、理事長において、評議員会に報告し、その意見を求めなければならない。

（財産目録等の備付）

第四十七条　学校法人は、毎会計年度終了後二月以内に財産目録、貸借対照表及び収支計算書を作り、常にこれを各事務所に備え置かなければならない。

（会計年度）

第四十八条　学校法人の会計年度は、四月一日に始まり、翌年三月三十一日に終るものとする。

第四節　解散

（解散事由）

第五十条　学校法人は、次の事由によつて解散する。
一　理事の三分の二以上の同意及び寄附行為で更に評議員会の議決を要するものと定められている場合には、その議決
二　寄附行為に定めた解散事由の発生
三　目的たる事業の成功の不能
四　学校法人又は第六十四条〔私立専修学校等〕第四項の法人との合併
五　破産
六　第六十二条〔解散命令〕第一項の規定による所轄庁の解散命令
2　前項第一号及び第三号に掲げる事由による解散は、所轄庁の認可又は認定を受けなければ、その効力を生じない。
3　第三十一条〔認可〕第二項の規定は、前項の認可又は認定の場合に準用する。
4　清算人は、第一項第二号又は第五号に掲げる事由によつて解散した場合には、所轄庁にその旨を届け出なければならない。

（残余財産の帰属）

第五十一条　解散した学校法人の残余財産は、合併及び破産の場合を除くほか、所轄庁に対する清算結了の届出の時において、寄附行為の定めるところにより、その帰属すべき者に帰属する。

2　前項の規定により処分されない財産は、国庫に帰属する。

第五節　助成及び監督

（助成）

第五十九条　国又は地方公共団体は、教育の振興上必要があると認める場合には、別に法律で定めるところにより、学校法人に対し、私立学校教育に関し必要な助成をすることができる。

（収益事業の停止）

第六十一条　所轄庁は、第二十六条〔収益事業〕第一項の規定により収益を目的とする事業を行う学校法人につき、次の各号の一に該当する事由があると認めるときは、当該学校法人に対して、その事業の停止を命ずることができる。

一　当該学校法人が寄附行為で定められた事業以外の事業を行うこと。

二　当該学校法人が当該事業から生じた収益をその設置する私立学校の経営の目的以外の目的に使用すること。

三　当該事業の継続が当該学校法人の設置する私立学校の教育に支障があること。

2　所轄庁は、前項の規定による停止命令をしようとする場合には、あらかじめ、私立学校審議会等の意見を聴かなければならない。

4　私立学校審議会等は、当該学校法人が私立学校審議会等による弁明の機会の付与を求めたときは、所轄庁に代わって弁明の機会を付与しなければならない。

7　第四項の規定により私立学校審議会等が弁明の機会を付与する場合には、行政手続法〔別掲〕第三章（第十二条及び第十四条を除く。）の規定は、適用しない。

8　第一項の規定による停止命令については、行政不服審査法（昭和三十七年法律第百六十号）〔別掲〕による不服申立てをすることができない。

（解散命令）

第六十二条　所轄庁は、学校法人が法令の規定に違反し、又は法令の規定に基く所轄庁の処分に違反した場合においては、他の方法により監督の目的を達することができない場合に限り、当該学校法人に対して、解散を命ずることができる。

2　所轄庁は、前項の規定による解散命令をしようとする場合には、あらかじめ、私立学校審議会等の意見を聴かなければならない。

4　私立学校審議会等は、当該学校法人が私立学校審議会等による意見の聴取を求めたときは、所轄庁に代わって意見の聴取を行わなければならない。

7　第四項の規定により私立学校審議会等が意見の聴取を行う場合には、行政手続法第三章（第十二条及び第十四条を除く。）の規定は、適用しない。

8　第一項の規定による解散命令については、行政不服審査法による不服申立てをすることができない。

第四章　雑則

（私立専修学校等）

第六十四条　2　学校法人は、学校のほかに、専修学校又は各種学校を設置することができる。

3　前項の規定により専修学校又は各種学校を設置する学校法人に

対して第三章の規定を適用する場合には、同章の規定中私立学校のうちには、私立専修学校又は私立各種学校を含むものとする。

4　専修学校又は各種学校を設置しようとする者は、専修学校又は各種学校の設置のみを目的とする法人を設立することができる。

（類似名称の使用禁止）

第六十五条　学校法人でない者は、その名称中に、学校法人という文字を用いてはならない。ただし、第六十四条第四項の法人は、この限りでない。

（実施規定）

第六十五条の二　この法律に規定するものを除くほか、この法律の施行に関し必要な事項で、都道府県知事が処理しなければならないものは政令で、その他のものは文部科学省令で定める。

（事務の区分）

第六十五条の三　第二十六条第二項（第六十四条第五項において準用する場合を含む。）、第三十一条第一項（第六十四条第五項及び第七項において準用する場合を含む。）及び第二項（第三十二条第二項、第五十条第三項並びに第六十四条第五項及び第七項において準用する場合を含む。）、第三十二条第一項（第六十四条第五項において準用する場合を含む。）、第三十七条第四項（第一号、第二号、第四号及び第五号を除き、第六十四条第五項において準用する場合を含む。）、第四十五条（第六十四条第五項において準用する場合を含む。）、第五十条第二項（第六十四条第五項において準用する場合を含む。）及び第四項（第六十四条第五項において準用する場合を含む。）、第五十二条第二項（第六十四条第五項において準用する場合を含む。）、第六十一条第一項から第三項まで（第六十四条第五項において準用する場合を含む。）並びに第六十二条第一項から第三項まで（第六十四条第五項において準用する場合を含む。）並びに第四十九条（第六十四条第五項において準用する場合を含む。）において準用する民法第五十六条並びに第五十八条（第六十四条第五項において準用する場合を含む。）において準用する同法第七十七条第二項（届出に関する部分に限る。）及び第八十三条並びに非訟事件手続法第百三十六条ノ二において準用する同法第百三十五条ノ二十五第二項及び第三項の規定により都道府県が処理することとされている事務は、地方自治法（昭和二十二年法律第六十七号）〔別掲〕第二条第九項第一号に規定する第一号法定受託事務とする。

第五章　罰則

第六十六条　次の各号の一に該当する場合においては、学校法人の理事、監事又は清算人は、一万円以下の過料に処する。

一　この法律に基く政令の規定による登記を怠り、又は不実の登記をしたとき。

二　第三十四条〔準用規定〕において準用する民法第五十一条第一項の規定による財産目録の備付を怠り、又はこれに記載すべき事項を記載せず、若しくは不実の記載をしたとき。

三　第四十七条〔財産目録等の備付〕の規定による書類の備付を怠り、その書類に記載すべき事項を記載せず、又は不実の記載をしたとき。

四　第五十三条及び第五十四条第二項の規定に違反したとき。

五　第五十八条〔準用規定〕において準用する民法第七十条又は第八十一条第一項の規定による破産宣告の請求を怠ったとき。

六　第五十八条において準用する民法第七十九条第一項又は第八十一条第一項の規定による公告を怠り、又は不実の公告をしたとき。

七　第六十一条第一項〔収益事業の停止〕の規定による命令に違

反して事業を行つたとき。

第六十七条　第六十五条〔類似名称の使用禁止〕の規定に違反した者は、五千円以下の過料に処する。

附　則〔略〕

○私立学校法施行令

〔昭和二五年三月一四日
政令第三一号〕

最近改正　平成一二年六月七日　政令第三〇八号

（登記の届出等）

第一条　都道府県知事を所轄庁とする学校法人又は私立学校法（以下「法」という。）第六十四条第四項の法人は、組合等登記令（昭和三十九年政令第二十九号）の規定により登記をしたときは、遅滞なく、登記簿の謄本又はその登記した事項に係る抄本を添えて、その旨を都道府県知事に届け出なければならない。

2　都道府県知事を所轄庁とする学校法人又は法第六十四条第四項の法人は、理事長又は監事が就任し、又は退任したときは、遅滞なく、文部科学省令で定める事項を都道府県知事に届け出なければならない。法第三十七条第三項の規定により他の理事が理事長の職務を代理し、又は理事長の職務を行うこととなつたとき及び理事長の職務を代理する理事が当該職務の代理をやめたときも、同様とする。

（都道府県知事を経由する申請）

第二条　法の規定に基づき文部科学大臣に対してする申請のうち、次に掲げるものは、当該都道府県知事を経由してしなければならない。

一　文部科学大臣を所轄庁とする学校法人で都道府県知事を所轄庁とする私立学校、私立専修学校又は私立各種学校を設置するものがする法第三十条、第四十五条（当該私立学校、私立専修学校又は私立各種学校に係る場合に限る。）第五十条第二項、第五十二条第二項又は第六十四条第六項の規定による認可又は認定の申請

二　都道府県知事を所轄庁とする学校法人又は法第六十四条第四項の法人が、寄附行為の変更により、文部科学大臣を所轄庁とする学校法人となる場合における法第四十五条又は第六十四条第六項の規定による認可の申請

三　合併の当事者の一方又は双方が都道府県知事を所轄庁とする学校法人又は法第六十四条第四項の法人であつて、その合併後存続する法人又は合併により設立する法人が文部科学大臣を所轄庁とする学校法人である場合における法第五十二条第二項（法第六十四条第五項において準用する場合を含む。）の規定による認可の申請

2　都道府県知事は、前項に掲げる申請を受理したときは、これにその意見を付して、速やかに、文部科学大臣に進達しなければならない。

（文部科学大臣に対する協議）

第三条　都道府県知事は、左に掲げる場合においては、あらかじめ、文部科学大臣に協議しなければならない。

一　文部科学大臣を所轄庁とする学校法人が、寄附行為の変更により、都道府県知事を所轄庁とする学校法人又は法第六十四条第四項の法人となる場合における法第四十五条又は法第六十四条第六項の規定による認可をするとき。

二　合併の当事者の一方又は双方が文部科学大臣を所轄庁とする学校法人であつて、その合併後存続する法人又は合併により設立する法人が都道府県知事を所轄庁とする学校法人又は法第六十四条第四項の法人である場合における法第五十二条第二項（法第六十四条第五項において準用する場合を含む。）の規定による認可をするとき。

（学校法人及び法第六十四条第四項の法人の台帳の調製等）

第四条　都道府県知事は、文部科学省令で定める様式により、その所轄に属する学校法人及び法第六十四条第四項の法人の台帳を調製しなければならない。

2　都道府県知事は、前項の台帳の記載事項に異動を生じたときは、すみやかに、加除訂正をしなければならない。

3　都道府県知事の所轄に属する学校法人又は法第六十四条第四項の法人の所轄庁に異動を生じた場合には、旧所轄庁は、当該学校法人又は法第六十四条第四項の法人の関係書類及び台帳を新所轄庁に送付しなければならない。

（台帳等の保存）

第五条　都道府県知事は、その所轄に属する学校法人又は法第六十四条第四項の法人で解散したものの関係書類及び台帳をその解散の日から五年間保存しなければならない。

（事務の区分）

第六条　第一条、第二条第二項及び第三条から前条までの規定により都道府県が処理することとされている事務は、地方自治法（昭和二十二年法律第六十七号）〔別掲〕第二条第九項第一号に規定する第一号法定受託事務とする。

附　則〔略〕

○私立学校法施行規則　抄

〔昭和二五年三月一四日
文部省令第一二号〕

最近改正　平成一三年三月三〇日　文部科学省令第二七号

（収益事業の種類）

第一条　私立学校法（以下「法」という。）第二十六条第二項の事業の種類は、文部科学大臣の所轄に属する学校法人については文部科学省告示で定める。

（寄附行為認可申請手続）

第二条　法第三十条の規定により文部科学大臣の所轄に属する学校法人の設立を目的とする寄附行為の認可を受けようとするときは、寄附行為をもつて定める事項を記載した学校法人寄附行為認可申請書に次の各号に掲げる書類を添付して当該学校法人の設置する私立大学又は私立高等専門学校を開設しようとする年度（以下「開設年度」という。）の前年度の四月三十日までに文部科学大臣に申請するものとする。

一　設立趣意書

二　当該学校法人の設置する私立大学又は私立高等専門学校の設置に係る基本計画を記載した書類

三　設立決議録

四　役員の就任承諾書、履歴書及び身分証明書

五　設立者の履歴書及び身分証明書

六　その他文部科学大臣が定める書類

2　前項の申請をした者は、次の各号に掲げる書類を開設年度の前年度の七月三十一日までに文部科学大臣に提出するものとする。

一　財産目録

二　不動産の権利の所属についての登記所の証明書類等

三　不動産その他の主なる財産については、その評価をする十分な資格を有する者の作成した価格評価書

四　寄附申込書

五　当該学校法人の設置する私立大学又は私立高等専門学校の位置及び校地の状況を明らかにする図面並びに校舎その他の建物の配置図及び平面図

六　設立後二年の事業計画及びこれに伴う予算書

七　役員のうちに、各役員について、その配偶者又は三親等以内の親族が一人を超えて含まれていないことを証する書類

八　その他文部科学大臣が定める書類

3　法第三十条の規定により都道府県知事の所轄に属する学校法人の設立を目的とする寄附行為の認可を受けようとするときは、寄附行為をもつて定める事項を記載した学校法人寄附行為認可申請書に第一項第一号及び第三号から第五号までに掲げる書類及び前項各号に掲げる書類を添付して所轄庁が定める日までに所轄庁に申請するものとする。この場合において、前項第五号中「私立大学又は私立高等専門学校」とあるのは、「私立学校」と、同項第八号中「文部科学大臣」とあるのは、「所轄庁」と、それぞれ読み替えるものとする。

4　〔略〕

5　〔略〕

（認可の手続等）

第三条　前条第一項の申請があつた場合には、文部科学大臣は、開設年度の前年度の三月三十一日までに当該申請について認可するかどうかを決定し、その旨を速やかに通知するものとする。

（寄附行為変更認可申請手続等）

第四条　法第四十五条の規定により寄附行為の変更の認可を受けようとするときは、寄附行為変更の条項（当該条項に係る新旧の比較対照表を含む。）及び事由を記載した学校法人寄附行為変更認可申請書に次の各号に掲げる書類を添付して所轄庁に申請するものとする。

一　寄附行為所定の手続（法第四十二条に規定する手続を含む。）を経たことを証する書類

二　その他所轄庁が定める書類

2　前項の寄附行為の変更が、学校法人が新たに私立大学を設置する場合若しくは設置している私立大学に新たに学部若しくは学科（以下「学部等」という。）を設置する場合又は学校法人が新たに私立高等専門学校を設置する場合若しくは設置している私立高等専門学校に新たに学科を設置する場合に係るものであるときは、同項の規定にかかわらず、同項第一号に掲げる書類及び第二条第一項第二号に掲げる書類その他文部科学大臣が定める書類を添付して当該学校法人の設置する私立大学若しくは学部等又は私立高等専門学校若しくは私立高等専門学校の学科を開設しようとする年度（以下「学部等開設年度」という。）の前年度の四月三十日までに文部科学大臣に申請するものとする。

3　前項の申請をした者は、第二条第二項第一号から第三号まで、第五号及び第六号に掲げる書類並びに次の各号に掲げる書類を学部等開設年度の前年度の七月三十一日までに文部科学大臣に提出するものとする。この場合において、同項第二号及び第三号中「不動産」とあるのは、「設置する私立大学若しくは学部等又は設置する私立高等専門学校若しくは私立高等専門学校の学科に係る不動産」と、同項第六号中「設立後」とあるのは、「寄附行為変更後」と、それぞれ読み替えるものとする。

一　申請年度の前年度の財産目録、貸借対照表及び収支決算書並びに申請年度の予算書

二　負債がある場合は、その償還計画書

三　その他文部科学大臣が定める書類

〔以下略〕

○学校法人会計基準　抄

〔昭和四六年四月一日
文部省令第一八号〕

最近改正　平成一二年一〇月三一日　文部省令第五三号

〔根拠＝私立学校振興助成法
〔別掲〕第一四条第一項〕

第一章　総則

（学校法人会計の基準）

第一条　私立学校振興助成法（昭和五十年法律第六十一号〔別掲〕。以下「法」という。）第十四条第一項に規定する学校法人（法附則第二条第一項に規定する学校法人以外の私立の学校の設置者にあつては、同条第三項の規定による特別の会計の経理をするものに限るものとし、以下「学校法人」という。）は、この省令で定めるところに従い、会計処理を行い、財務計算に関する書類（以下「計算書類」という。）を作成しなければならない。

2　学校法人は、この省令に定めのない事項については、一般に公正妥当と認められる学校法人会計の原則に従い、会計処理を行ない、計算書類を作成しなければならない。

（会計の原則）

第二条　学校法人は、次に掲げる原則によつて、会計処理を行ない、計算書類を作成しなければならない。

一　財政及び経営の状況について真実な内容を表示すること。

二　すべての取引について、複式簿記の原則によつて、正確な会計帳簿を作成すること。

三　財政及び経営の状況を正確に判断することができるように必要な会計事実を明りように表示すること。

四　採用する会計処理の原則及び手続並びに計算書類の表示方法については、毎会計年度継続して適用し、みだりにこれを変更しないこと。

（収益事業会計）

第三条　私立学校法（昭和二十四年法律第二百七十号）〔別掲〕第二十六条第一項に規定する事業に関する会計（次項において「収益事業会計」という。）に係る会計処理及び計算書類の作成は、一般に公正妥当と認められる企業会計の原則〔別掲〕に従つて行わなければならない。

2　収益事業会計については、前二条及び前項の規定を除き、この省令の規定は、適用しない。

（計算書類）

第四条　学校法人が作成しなければならない計算書類は、次に掲げるものとする。

一　資金収支計算書及びこれに附属する次に掲げる内訳表

イ　資金収支内訳表

ロ　人件費支出内訳表

二　消費収支計算書及びこれに附属する消費収支内訳表

三　貸借対照表及びこれに附属する次に掲げる明細表

イ　固定資産明細表

ロ　借入金明細表

ハ　基本金明細表

第二章　資金収支計算及び資金収支計算書

（資金収支計算の目的）

第六条　学校法人は、毎会計年度、当該会計年度の諸活動に対応するすべての収入及び支出の内容並びに当該会計年度における支払資金（現金及びいつでも引き出すことができる預貯金をいう。以下同じ。）の収入及び支出のてん末を明らかにするため、資金収支計算を行なうものとする。

（勘定科目）

第八条　学校法人は、この章の規定の趣旨に沿つて資金収支計算を行なうため必要な勘定科目を設定するものとする。

（資金収支計算書の記載科目）

第十条　資金収支計算書に記載する科目は、別表第一のとおりとする。

第三章　消費収支計算及び消費収支計算書

（消費収支計算の目的）

第十五条　学校法人は、毎会計年度、当該会計年度の消費収入及び消費支出の内容及び均衡の状態を明らかにするため、消費収支計算を行なうものとする。

（勘定科目）

第十七条　学校法人は、この章の規定の趣旨に沿って消費収支計算を行なうため必要な勘定科目を設定するものとする。

（消費収支計算書の記載科目）

第十九条　消費収支計算書に記載する科目は、別表第二のとおりとする。

第四章　貸借対照表

（貸借対照表の記載方法）

第三十二条　貸借対照表には、資産の部、負債の部、基本金の部及び消費収支差額の部を設け、資産、負債、基本金又は消費収支差額の科目ごとに、当該会計年度末の額を前会計年度末の額と対比して記載するものとする。

（貸借対照表の記載科目）

第三十三条　貸借対照表に記載する科目は、別表第三のとおりとする。

別表第１　資金収支計算書記載科目（第10条関係）

収入の部		
科目		備考
大科目	小科目	
学生生徒等納付金収入		
	授業料収入	聴講料、補講料等を含む。
	入学金収入	
	実験実習料収入	教員資格その他の資格を取得するための実習料を含む。
	施設設備資金収入	施設拡充費その他施設・設備の拡充等のための資金として徴収する収入をいう。
手数料収入		
	入学検定料収入	その会計年度に実施する入学試験のために徴収する収入をいう。
	試験料収入	編入学、追試験等のために徴収する収入をいう。
	証明手数料収入	在学証明、成績証明等の証明のために徴収する収入をいう。
寄付金収入		土地、建物等の現物寄付金を除く。
	特別寄付金収入	用途指定のある寄付金をいう。
	一般寄付金収入	用途指定のない寄付金をいう。
補助金収入		
	国庫補助金収入	日本私学振興財団〔注〕からの補助金を含む。
	地方公共団体補助金収入	
資産運用収入		
	奨学基金運用収入	奨学基金の運用により生ずる収入をいう。
	受取利息・配当金収入	預金、貸付金等の利息、株式の配当金等をいい、奨学基金運用収入を除く。
	施設設備利用料収入	
資産売却収入		固定資産に含まれない物品の売却収入を除く。
	不動産売却収入	
	有価証券売却収入	
事業収入		
	補助活動収入	食堂、売店、寄宿舎等教育活動に付随する活動に係る事業の収入をいう。
	附属事業収入	附属機関（病院、農場、研究所等）の事業の収入をいう。
	受託事業収入	外部から委託を受けた試験、研究等による収入をいう。

	収益事業収入	収益事業会計からの繰入収入をいう。
雑収入		固定資産に含まれない物品の売却収入その他学校法人に帰属する上記の各収入以外の収入をいう。
	廃品売却収入	
借入金等収入		
	長期借入金収入	その期限が貸借対照表日後１年を超えて到来するものをいう。
	短期借入金収入	その期限が貸借対照表日後１年以内に到来するものをいう。
	学校債収入	
前受金収入		翌年度入学の学生、生徒等に係る学生生徒等納付金収入その他の前受金収入をいう。
	授業料前受金収入	
	入学金前受金収入	
	実験実習料前受金収入	
	施設設備資金前受金収入	
その他の収入		上記の各収入以外の収入をいう。
	（何）引当特定預金からの繰入収入	
	前期末未収入金収入	前会計年度末における未収入金の当該会計年度における収入をいう。
	貸付金回収収入	
	預り金受入収入	

支出の部

科目		備考
大科目	小科目	
人件費支出		
	教員人件費支出	教員（学長、校長又は園長を含む。以下同じ。）に支給する本俸、期末手当及びその他の手当並びに所定福利費をいう。
	職員人件費支出	教員以外の職員に支給する本俸、期末手当及びその他の手当並びに所定福利費をいう。
	役員報酬支出	理事及び監事に支払う報酬をいう。
	退職金支出	
教育研究経費支出		教育研究のために支出する経費（学生、生徒等を募集するために支出する経費を除く。）をいう。
	消耗品費支出	
	光熱水費支出	電気、ガス又は水の供給を受けるために支出する経費をいう。

	旅費交通費支出	
	奨学費支出	貸与の奨学金を除く。
管理経費支出		
	消耗品費支出	
	光熱水費支出	
	旅費交通費支出	
借入金等利息支出		
	借入金利息支出	
	学校債利息支出	
借入金等返済支出		
	借入金返済支出	
	学校債返済支出	
施設関係支出		整地費、周旋料等の施設の取得に伴う支出を含む。
	土地支出	
	建物支出	建物に附属する電気、給排水、暖房等の設備のための支出を含む。
	構築物支出	プール、競技場、庭園等の土木設備又は工作物のための支出をいう。
	建設仮勘定支出	建物及び構築物が完成するまでの支出をいう。
設備関係支出		
	教育研究用機器備品支出	標本及び模型の取得のための支出を含む。
	その他の機器備品支出	
	図書支出	〔下線＝編者〕
	車輛支出	
資産運用支出		
	有価証券購入支出	
	(何)引当特定預金への繰入支出	
	収益事業元入金支出	収益事業に対する元入額の支出をいう。
	第3号基本金引当資産支出	
その他の支出		
	貸付金支払支出	収益事業に対する貸付金の支出を含む。
	手形債務支払支出	
	前期末未払金支払支出	
	預り金支払支出	

	前払金支払支出	

〔注〕1　小科目については、適当な科目を追加し、又は細分することができる。

2　小科目に追加する科目は、形態分類による科目でなければならない。ただし、形態分類によることが困難であり、かつ、金額がきん少なものについては、この限りでない。

3　大科目と小科目の間に適当な中科目を設けることができる。

4　都道府県知事を所轄庁とする学校法人にあつては、教育研究経費支出の科目及び管理経費支出の科目に代えて、経費支出の科目を設けることができる。

5　都道府県知事を所轄庁とする学校法人にあつては、教育研究用機器備品支出の科目及びその他の機器備品支出の科目に代えて、機器備品支出の科目を設けることができる。

〔注〕現在は、日本私立学校振興・共済事業団＝編者

（参考＝国庫補助対象に含まれる研究設備としての図書は1個又は1組100万円以上のもの、情報処理関係設備は同じく1000万円以上のものとされている（私立大学等研究設備整備費等補助金（私立大学等研究設備等整備費）交付要綱第3条第1項）。＝編者）

別表第2　消費収支計算書記載科目（第19条関係）

消費収入の部		
科目		備考
大科目	小科目	
学生生徒等納付金		
	授業料	聴講料、補講料等を含む。
	入学金	
	実験実習料	教員資格その他の資格を取得するための実習料を含む。
	施設設備資金	施設拡充費その他施設・設備の拡充等のための資金として徴収する収入をいう。
手数料		
	入学検定料	その会計年度に実施する入学試験のために徴収する収入をいう。
	試験料	編入学、追試験等のために徴収する収入をいう。
	証明手数料	在学証明、成績証明等の証明のために徴収する収入をいう。
寄付金		
	特別寄付金	用途指定のある寄付金をいう。
	一般寄付金	用途指定のない寄付金をいう。
	現物寄付金	土地、建物等の受贈額をいう。
補助金		
	国庫補助金	日本私立学校振興・共済事業団からの補助金を含む。
	地方公共団体補助金	

資産運用収入		
	奨学基金運用収入	奨学基金の運用により生ずる収入をいう。
	受取利息・配当金	預金、貸付金等の利息、株式の配当金等をいい、奨学基金運用収入を除く。
	施設設備利用料	
資産売却差額		資産売却収入が当該資産の帳簿残高を超える場合のその超過額をいう。
事業収入		
	補助活動収入	食堂、売店、寄宿舎等教育活動に付随する活動に係る事業の収入をいう。
	附属事業収入	附属機関（病院、農場、研究所等）の事業の収入をいう。
	受託事業収入	外部から委託を受けた試験、研究等による収入をいう。
	収益事業収入	収益事業会計からの繰入収入をいう。
雑収入		固定資産に含まれない物品の売却収入その他学校法人に帰属する上記の各収入以外の収入をいう。
	廃品売却収入	売却する物品に帳簿残高がある場合には、売却収入が帳簿残高を超える額をいう。

支出の部

科目		備考
大科目	小科目	
人件費		
	教員人件費	教員（学長、校長又は園長を含む。以下同じ。）に支給する本俸、期末手当及びその他の手当並びに所定福利費をいう。
	職員人件費	教員以外の職員に支給する本俸、期末手当及びその他の手当並びに所定福利費をいう。
	役員報酬	理事及び監事に支払う報酬をいう。
	退職給与引当金繰入額（又は退職金）	退職給与引当金への繰入れを行っていない場合には、当該会計年度における退職金支払額を退職金として記載するものとする。
教育研究経費		教育研究のために支出する経費（学生、生徒等を募集するために支出する経費を除く。）をいう。
	消耗品費	
	光熱水費	電気、ガス又は水の供給を受けるために支出する経費をいう。
	旅費交通費	
	奨学費	貸与の奨学金を除く。
	減価償却額	教育研究用減価償却資産に係る当該会計年度分の減価償却額をいう。
管理経費		
	消耗品費	
	光熱水費	

	旅費交通費	
	減価償却額	教育研究用減価償却資産以外の減価償却資産に係る当該会計年度分の減価償却額をいう。
借入金等利息		
	借入金利息	
	学校債利息	
資産処分差額		資産の帳簿残高が当該資産の売却収入金額を超える場合のその超過額をいい、除却損又は廃棄損を含む。
徴収不能引当金繰入額（又は徴収不能額）		徴収不能の見込額を徴収不能引当金に繰り入れていない債権について当該会計年度において徴収不能となつた場合には、当該徴収不能の金額を徴収不能額として記載するものとする。

（注）1　小科目については、適当な科目を追加し、又は細分することができる。

2　小科目に追加する科目は、形態分類による科目でなければならない。ただし、形態分類によることが困難であり、かつ、金額がきん少なものについては、この限りでない。

3　大科目と小科目の間に適当な科目を設けることができる。

4　都道府県知事を所轄庁とする学校法人にあつては、教育研究経費の科目及び管理経費の科目に代えて、経費の科目を設けることができる。

〔**参考**＝「教育研究経常費」には「学生の教育又は専任教員等が行う研究に直接必要な機械器具若しくは備品、図書又は消耗品の購入費」等が含まれ（私立学校振興助成法施行令〔**別掲**〕第1条第6号）、国庫補助対象事業の中にも含まれている（私立大学等経常費補助金交付要綱〔**別掲**〕第3条第6号）。＝編者〕

別表第3　貸借対照表記載科目（第33条関係）

資産の部			
科目			備考
大科目	中科目	小科目	
固定資産	有形固定資産		貸借対照表日後1年を超えて使用される資産をいう。耐用年数が1年未満になつているものであつても使用中のものを含む。
		土地	
		建物	建物に附属する電気、給排水、暖房等の設備を含む。
		構築物	プール、競技場、庭園等の土木設備又は工作物をいう。
		教育研究用機器備品	標本及び模型を含む。
		その他の機器備品	
		図書	〔下線＝編者〕
		車輛	

		建設仮勘定	建設中又は製作中の有形固定資産をいい、工事前払金、手付金等を含む。
	その他の固定資産		
		借地権	地上権を含む。
		電話加入権	専用電話、加入電話等の設備に要する負担金額をいう。
		施設利用権	
		有価証券	長期に保有する有価証券をいう。
		収益事業元入金	収益事業に対する元入額をいう。
		長期貸付金	その期限が貸借対照表日後1年を超えて到来するものをいう。
		(何)引当特定預金	
		第3号基本金引当資産	第3号基本金に係る預金等をいう。
流動資産			
		現金預金	
		未収入金	学生生徒等納付金、補助金等の貸借対照表日における未収額をいう。
		貯蔵品	減価償却の対象となる長期的な使用資産を除く。
		短期貸付金	その期限が貸借対照表日後1年以内に到来するものをいう。
		有価証券	一時的に保有する有価証券をいう。

負債の部

科目		備考
大科目	小科目	
固定負債		
	長期借入金	その期限が貸借対照表日後1年を超えて到来するものをいう。
	学校債	同上
	退職給与引当金	退職給与規程等による計算に基づく退職給与引当額をいう。
流動負債		
	短期借入金	その期限が貸借対照表日後1年以内に到来するものをいい、資金借入れのために振り出した手形上の債務を含む。
	学校債	その期限が貸借対照表日後1年後以内に到来するものをいう。
	手形債務	物品の購入のために振り出した手形上の債務に限る。
	未払金	
	前受金	
	預り金	教職員の源泉所得税、社会保険料等の預り

		金をいう。

基本金の部

科　　　目	備　　　考
第　1　号　基　本　金	第30条第1項第1号に掲げる額に係る基本金をいう。
第　2　号　基　本　金	第30条第1項第2号に掲げる額に係る基本金をいう。
第　3　号　基　本　金	第30条第1項第3号に掲げる額に係る基本金をいう。
第　4　号　基　本　金	第30条第1項第4号に掲げる額に係る基本金をいう。

消費収支差額の部

科　　　目	備　　　考
（何）年度消費支出準備金	特定の会計年度の消費支出に充当するために留保した額をいう。
翌年度繰越消費収入超過額（又は翌年度繰越消費支出超過額）	

（注）1　小科目については、適当な科目を追加し、又は細分することができる。

2　都道府県知事を所轄庁とする学校法人にあつては、教育研究用機器備品の科目及びその他の機器備品の科目に代えて、機器備品の科目を設けることができる。

◎私立学校振興助成法　抄

〔昭和五〇年七月一一日
法律第六一号〕

最近改正　平成一一年一二月二二日　法律第一六〇号

（目的）

第一条　この法律は、学校教育における私立学校の果たす重要な役割にかんがみ、国及び地方公共団体が行う私立学校に対する助成の措置について規定することにより、私立学校の教育条件の維持及び向上並びに私立学校に在学する児童、生徒、学生又は幼児に係る修学上の経済的負担の軽減を図るとともに私立学校の経営の健全性を高め、もつて私立学校の健全な発達に資することを目的とする。

（定義）

第二条　この法律において「学校」とは、学校教育法（昭和二十二年法律第二十六号）〔別掲〕第一条に規定する学校をいう。

2　この法律において「学校法人」とは、私立学校法（昭和二十四年法律第二百七十号）〔別掲〕第三条に規定する学校法人をいう。

3　この法律において「私立学校」とは、私立学校法第二条〔定義〕第三項に規定する学校をいう。

4　この法律において「所轄庁」とは、私立学校法第四条〔所轄庁〕に規定する所轄庁をいう。

（学校法人の責務）

第三条　学校法人は、この法律の目的にかんがみ、自主的にその財政基盤の強化を図り、その設置する学校に在学する児童、生徒、学生又は幼児に係る修学上の経済的負担の適正化を図るとともに、当該学校の教育水準の向上に努めなければならない。

（私立大学及び私立高等専門学校の経常的経費についての補助）

第四条　国は、大学又は高等専門学校を設置する学校法人に対し、当該学校における教育又は研究に係る経常的経費について、その二分の一以内を補助することができる。

2　前項の規定により補助することができる経常的経費の範囲、算定方法その他必要な事項は、政令で定める。

（補助金の減額等）

第五条　国は、学校法人又は学校法人の設置する大学若しくは高等専門学校が次の各号の一に該当する場合には、その状況に応じ、前条第一項の規定により当該学校法人に交付する補助金を減額して交付することができる。

一　法令の規定、法令の規定に基づく所轄庁の処分又は寄附行為に違反している場合

二　学則に定めた収容定員を超える数の学生を在学させている場合

三　在学している学生の数が学則に定めた収容定員に満たない場合

四　借入金の償還が適正に行われていない等財政状況が健全でない場合

五　その他教育条件又は管理運営が適正を欠く場合

第六条　国は、学校法人又は学校法人の設置する大学若しくは高等専門学校が前条各号の一に該当する場合において、その状況が著しく、補助の目的を有効に達成することができないと認めるとき

は、第四条（私立大学及び私立高等専門学校の経常的経費についての補助）第一項の規定による補助金を交付しないことができる。学校法人の設置する大学又は高等専門学校に、設置後学校教育法に定める修業年限に相当する年数を経過していない学部又は学科（短期大学及び高等専門学校の学科に限る。）がある場合においては、当該学部又は学科に係る当該補助金についても、同様とする。

（補助金の増額）

第七条　国は、私立大学における学術の振興及び私立大学又は私立高等専門学校における特定の分野、課程等に係る教育の振興のため特に必要があると認めるときは、学校法人に対し、第四条（私立大学及び私立高等専門学校の経常的経費についての補助）第一項の規定により当該学校法人に交付する補助金を増額して交付することができる。

（学校法人に対する都道府県の補助に対する国の補助）

第九条　都道府県が、その区域内にある小学校、中学校、高等学校、中等教育学校、盲学校、聾《ろう》学校、養護学校又は幼稚園を設置する学校法人に対し、当該学校における教育に係る経常的経費について補助する場合には、国は、都道府県に対し、政令で定めるところにより、その一部を補助することができる。

（その他の助成）

第十条　国又は地方公共団体は、学校法人に対し、第四条（私立大学及び私立高等専門学校の経常的経費についての補助）、第八条（学校法人が行う学資の貸与の事業についての助成）及び前条に規定するもののほか、補助金を支出し、又は通常の条件よりも有利な条件で、貸付金をし、その他の財産を譲渡し、若しくは貸し付けることができる。ただし、国有財産法（昭和二十三年法律第七十三号）並びに地方自治法（昭和二十二年法律第六十七号）（別掲）第九十六条及び第二百三十七条から第二百三十八条の五までの規定の適用を妨げない。

（間接補助）

第十一条　国は、日本私立学校振興・共済事業団法（平成九年法律第四十八号）（別掲）の定めるところにより、この法律の規定により助成で補助金の支出又は貸付金に係るものを日本私立学校振興・共済事業団を通じて行うことができる。

（所轄庁の権限）

第十二条　所轄庁は、この法律の規定により助成を受ける学校法人に対して、次の各号に掲げる権限を有する。

一　助成に関し必要があると認める場合において、当該学校法人からその業務若しくは会計の状況に関し報告を徴し、又は当該職員に当該学校法人の関係者に対し質問させ、若しくはその帳簿、書類その他の物件を検査させること。

二　当該学校法人が、学則に定めた収容定員を著しく超えて入学又は入園させた場合において、その是正を命ずること。

三　当該学校法人の予算が助成の目的に照らして不適当であると認める場合において、その予算について必要な変更をすべき旨を勧告すること。

四　当該学校法人の役員が法令の規定、法令の規定に基づく所轄庁の処分又は寄附行為に違反した場合において、当該役員の解職をすべき旨を勧告すること。

（意見の聴取等）

第十二条の二　所轄庁は、前条第二号の規定による是正命令をしようとする場合には、あらかじめ、私立学校審議会又は学校教育法第六十条の二に規定する審議会等（以下「私立学校審議会等」という。）の意見を聴かなければならない。

3 私立学校審議会等は、当該学校法人が私立学校審議会等による弁明の機会の付与を求めたときは、所轄庁に代わって弁明の機会を付与しなければならない。

6 第三項の規定により私立学校審議会等が弁明の機会を付与する場合には、行政手続法〔別掲〕第三章（第十二条及び第十四条を除く。）の規定は、適用しない。

7 前条第二号の規定による是正命令については、行政不服審査法（昭和三十七年法律第百六十号）〔別掲〕による不服申立てをすることができない。

第十三条 所轄庁は、第十二条〔所轄庁の権限〕第三号又は第四号までの規定による措置をしようとする場合においては、あらかじめ、当該学校法人の理事又は解職しようとする役員に対して弁明の機会を付与するとともに、私立学校審議会等の意見を聴かなければならない。

2 行政手続法第三章第三節の規定及び前条第二項から第五項までの規定は、前項の規定による弁明について準用する。

（書類の作成等）

第十四条 第四条〔私立大学及び私立高等専門学校の経常的経費についての補助〕第一項又は第九条〔学校法人に対する都道府県の補助に対する国の補助〕に規定する補助金の交付を受ける学校法人は、文部科学大臣の定める基準に従い、会計処理を行い、貸借対照表、収支計算書その他の財務計算に関する書類を作成しなければならない。

2 前項に規定する学校法人は、同項の書類のほか、収支予算書を所轄庁に届け出なければならない。

3 前項の場合においては、第一項の書類については、所轄庁の指定する事項に関する公認会計士又は監査法人の監査報告書を添付しなければならない。ただし、補助金の額が寡少であって、所轄庁の許可を受けたときは、この限りでない。

（税制上の優遇措置）

第十五条 国又は地方公共団体は、私立学校教育の振興に資するため、学校法人が一般からの寄附金を募集することを容易にするための措置等必要な税制上の措置を講ずるよう努めるものとする。

（準学校法人への準用）

第十六条 第三条〔学校法人の責務〕、第十条〔その他の助成〕及び第十二条から第十三条まで〔所轄庁の権限・意見の聴取等〕の規定は、私立学校法第六十四条〔私立専修学校等〕第四項の法人に準用する。

（事務の区分）

第十七条 第十二条（第十六条において準用する場合を含む。）、第十二条の二第一項（第十六条において準用する場合を含む。）及び第二項（第十三条第二項及び第十六条において準用する場合を含む。）、第十三条第一項（第十六条において準用する場合を含む。）並びに第十四条第二項及び第三項の規定により都道府県が処理することとされている事務は、地方自治法第二条第九項第一号に規定する第一号法定受託事務とする。

附　則〔略〕

○私立学校振興助成法施行令　抄

〔昭和五一年一一月九日
政令第二八九号〕

最近改正　平成一二年六月七日　政令第三〇八号

（法第四条第二項の経常的経費の範囲）

第一条　私立学校振興助成法（以下「法」という。）第四条〔私立大学及び私立高等専門学校の経常的経費についての補助〕第二項の政令で定める経常的経費の範囲は、次に掲げる経費とする。

六　学生の教育又は専任教員等が行う研究に直接必要な機械器具若しくは備品、図書又は消耗品の購入費、光熱水料その他の経費で文部科学大臣が定めるもの

七　学生の厚生補導に直接必要な備品、図書又は消耗品の購入費、光熱水料、謝金、旅費その他の経費で文部科学大臣が定めるもの

（法第四条第二項の経常的経費の算定方法）

第二条　法第四条〔私立大学及び私立高等専門学校の経常的経費についての補助〕第一項の経常的経費は、各私立大学等について、前条第一項各号に掲げる経費ごとに、当該私立大学等を設置する学校法人が支出した金額を限度とし、次に定めるところにより算定するものとする。

三　前条第一項第六号に掲げる経費については、当該経費に係る補助金の額の算定の基礎となる額として文部科学大臣が定める専任教員等一人当たりの金額及び学生一人当たりの金額に、それぞれ当該私立大学等の専任教員等の数及び学則で定めた収容定員（在学している学生の数が当該収容定員に満たない場合には、在学している学生の数とする。）を乗じて得た金額を合計して算定する。

2　前項第一号〔略〕及び第三号の専任教員等の数、同項第二号〔略〕の専任職員の数並びに同項第三号の学生の数の算定については、文部科学大臣の定めるところによるものとする。

（法第四条第一項の補助金の額）

第三条　法第四条〔私立大学及び私立高等専門学校の経常的経費についての補助〕第一項の規定により行う補助の金額は、次に掲げる金額を合計した金額とする。

一　前条第一項第一号〔略〕の規定により算定した金額に十分の五を乗じて得た金額

二　前条第一項第二号〔略〕の規定により算定した金額に十分の五を乗じて得た金額

三　前条第一項第三号の規定により算定した金額に十分の五を乗じて得た金額

四　前条第一項第四号〔略〕の規定により算定した金額の範囲内でそれぞれ文部科学大臣の定めるところにより算定した金額

2　法第五条〔補助金の減額等〕又は第七条〔補助金の増額〕の規定による補助金の額の減額又は増額については、文部科学大臣の定めるところによるものとする。

◎私立学校教職員共済法　抄

〔昭和二八年八月二一日／法律第二四五号〕

最近改正　平成一三年七月四日　法律第一〇一号

（目的）

第一条　この法律は、私立学校教職員の相互扶助事業として、私立学校教職員の病気、負傷、出産、休業、災害、退職、障害若しくは死亡又はその被扶養者の病気、負傷、出産、死亡若しくは災害に関する給付及び福祉事業を行う共済制度（以下「私立学校教職員共済制度」という。）を設け、私立学校教職員の福利厚生を図り、もつて私立学校教育の振興に資することを目的とする。

（管掌）

第二条　私立学校教職員共済制度は、日本私立学校振興・共済事業団（以下「事業団」という。）が、管掌する。

（共済規程）

第四条　事業団は、共済規程をもつて次に掲げる事項を規定しなければならない。

一　共済運営委員会に関する事項

二　加入者に関する事項

三　共済業務（日本私立学校振興・共済事業団法（平成九年法律第四十八号〔別掲〕。以下「事業団法」という。）第十七条〔運営審議会〕第二項に規定する共済業務をいう。以下同じ。）及びその執行に関する事項

四　掛金に関する事項

五　共済審査会に関する事項

六　共済業務に係る資産の管理その他財務に関する事項

七　共済業務に係る会計に関する事項

八　その他共済業務に関する重要事項

2　共済規程の変更は、文部科学大臣の認可を受けなければ、その効力を生じない。

◎日本私立学校振興・共済事業団法　抄

〔平成九年五月九日
法律第四八号〕

最近改正　平成一二年三月三一日　法律第二三号

第一章　総則

（設立の目的）
第一条　日本私立学校振興・共済事業団は、私立学校の教育の充実及び向上並びにその経営の安定並びに私立学校教職員の福利厚生を図るため、補助金の交付、資金の貸付けその他私立学校教育に対する援助に必要な業務を総合的かつ効率的に行うとともに、私立学校教職員共済法（昭和二十八年法律第二百四十五号〔別掲〕。以下「共済法」という。）の規定による共済制度を運営し、もって私立学校教育の振興に資することを目的とする。

（定義）
第二条　この法律において、次の各号に掲げる用語の意義は、当該各号に定めるところによる。
一　私立学校　学校教育法（昭和二十二年法律第二十六号）〔別掲〕第二条第二項に規定する私立学校をいう。
二　学校法人　私立学校法（昭和二十四年法律第二百七十号）〔別掲〕第三条に規定する学校法人をいう。
三　準学校法人　私立学校法第六十四条第四項の法人をいう。
四　専修学校　学校教育法第八十二条の二に規定する専修学校をいう。
五　各種学校　学校教育法第八十三条第一項に規定する各種学校をいう。

（法人格）
第三条　日本私立学校振興・共済事業団（以下「事業団」という。）は、法人とする。

（事務所）
第四条　事業団は、主たる事務所を東京都に置く。
2　事業団は、文部科学大臣の認可を受けて、必要な地に従たる事務所を置くことができる。

（資本金）
第五条　事業団の資本金は、附則第六条第四項〔略〕の規定により政府から出資があったものとされた金額とする。
2　政府は、必要があると認めるときは、予算で定める金額の範囲内において、事業団に追加して出資することができる。
3　事業団は、前項の規定による政府の出資があったときは、その出資額により資本金を増加するものとする。

（登記）
第六条　事業団は、政令で定めるところにより、登記しなければならない。
2　前項の規定により登記しなければならない事項は、登記の後でなければ、これをもって第三者に対抗することができない。

（名称の使用制限）
第七条　事業団でない者は、日本私立学校振興・共済事業団という名称を用いてはならない。

（民法の準用）
第八条　民法（明治二十九年法律第八十九号）第四十四条及び第五十条の規定は、事業団について準用する。

第二章　役員等

（役員）

第九条　事業団に、役員として、理事長一人、理事十二人以内及び監事二人以内を置く。

（役員の職務及び権限）

第十条　〔略〕

（役員の任命）

第十一条　理事長及び監事は、文部科学大臣が任命する。

2　理事は、文部科学大臣の認可を受けて、理事長が任命する。

（役員の任期）

第十二条　役員の任期は、二年とする。ただし、補欠の役員の任期は、前任者の残任期間とする。

2　役員は、再任されることができる。

（役員の欠格条項）

第十三条　政府又は地方公共団体の職員（非常勤の者を除く。）は、役員となることができない。

（役員の兼職禁止）

第十五条　役員（非常勤の者を除く。）は、営利を目的とする団体の役員となり、又は自ら営利事業に従事してはならない。ただし、文部科学大臣の承認を受けたときは、この限りでない。

（運営審議会）

第十七条　事業団に、運営審議会（以下「審議会」という。）を置く。

2　審議会は、理事長の諮問に応じ、事業団の業務の運営に関する基本的事項（共済業務（第二十二条第一項第六号から第八号まで、同条第二項並びに同条第三項第一号及び第二号の業務をいう。以下同じ。）のみに係るものを除く。）について審議する。

3　審議会は、前項の事項に関し、理事長に対して意見を述べることができる。

4　審議会は、十人以内の委員で組織する。

5　委員は、事業団の業務の適正な運営に必要な学識経験を有する者のうちから、文部科学大臣の承認を受けて、理事長が任命する。

6　第十二条の規定は、委員について準用する。

7　委員の互選により会長として定められた者は、審議会の会務を総理する。

8　前各項に定めるもののほか、審議会の運営に関し必要な事項は、審議会が定める。

（共済運営委員会）

第十八条　共済業務の適正な運営を図るため、共済法の定めるところにより、事業団に共済運営委員会を置く。

（共済審査会）

第十九条　共済法第十四条第一項に規定する加入者の資格に関する決定等に対する不服を審査するため、共済法の定めるところにより、事業団に共済審査会を置く。

第三章　業務

（業務）

第二十二条　事業団は、第一条の目的を達成するため、次の業務を行う。

一　私立学校の教育に必要な経費に対する国の補助金で政令で定めるものの交付を受け、これを財源として、学校法人に対し、補助金を交付すること。

二　学校法人又は準学校法人に対し、その設置する私立学校又は職業に必要な技術の教授を目的とする私立の専修学校若しくは各種学校で政令で定めるものの施設の整備その他経営のため必要な資金を貸し付け、及び私立学校教育（私立の専修学校及び各種学校の教育を含む。以下この項において同じ。）に関連してその振興上必要と認められる事業を行う者に対し、その事業について必要な資金を貸し付けること。

三 私立学校教育の振興上必要と認められる事業を行う学校法人、準学校法人その他の者に対し、その事業について助成金を交付すること。

四 私立学校教育の振興のための寄付金を募集し、管理し、及び学校法人、準学校法人その他私立学校教育の振興上必要と認められる事業を行う者に対し、その配付を行うこと。

五 私立学校の教育条件及び経営に関し、情報の収集、調査及び研究を行い、並びに関係者の依頼に応じてその成果の提供その他の指導を行うこと。

六 共済法第二十条第一項に規定する短期給付を行うこと。

七 共済法第二十条第二項に規定する長期給付を行うこと。

八 共済法第二十六条第一項に規定する福祉事業を行うこと。

九 第一号から第五号までの業務に附帯する業務を行うこと。

2 事業団は、前項の規定により行う業務のほか、老人保健法（昭和五十七年法律第八十号）の規定による拠出金、国民健康保険法（昭和三十三年法律第百九十二号）の規定による拠出金、介護保険法（平成九年法律第百二十三号）の規定による納付金及び国民年金法（昭和三十四年法律第百四十一号）の規定による基礎年金拠出金の納付に関する業務を行う。

3 事業団は、前二項の規定により行う業務のほか、次の業務を行うことができる。

一 共済法第二十条第三項に規定する短期給付を行うこと。

二 共済法第二十六条第二項に規定する福祉事業を行うこと。

三 私立学校の教育の充実及び向上並びにその経営の安定を図るため必要な業務を行うこと。

4 第一項第三号の規定による助成金の交付は、前事業年度における損益計算上の利益金に係る第三十二条第一項に規定する残余の額の範囲内において行うものとする。

5 事業団は、第三項第三号の業務を行おうとするときは、文部科学大臣の認可を受けなければならない。

（共済規程）

第二十三条 事業団は、共済法の定めるところにより、共済業務に関する重要事項について、共済規程を定めなければならない。

（助成業務方法書及び共済運営規則）

第二十四条 事業団は、助成業務（第二十二条第一項第一号から第五号まで及び第九号並びに同条第三項第三号の業務をいう。以下同じ。）の執行に関して必要な事項を助成業務方法書で定めなければならない。

2 事業団は、共済業務の執行に関して必要な事項を共済運営規則で定めなければならない。

3 事業団は、助成業務方法書又は共済運営規則を変更しようとするときは、文部科学大臣の認可を受けなければならない。

4 助成業務方法書及び共済運営規則に記載すべき事項は、文部科学省令で定める。

第四章 財務及び会計

（事業年度）

第二十七条 事業団の事業年度は、毎年四月一日に始まり、翌年三月三十一日に終わる。

（事業計画等の認可）

第二十八条 事業団は、毎事業年度、事業計画、予算及び資金計画を作成し、当該事業年度の開始前に、文部科学大臣の認可を受けなければならない。これを変更しようとするときも、同様とする。

（決算）

第二十九条　事業団は、毎事業年度の決算を翌年度の五月三十一日までに完結しなければならない。

（財務諸表等）

第三十条　事業団は、毎事業年度、財産目録、貸借対照表及び損益計算書（以下「財務諸表」という。）を作成し、これに当該事業年度の業務報告書及び予算の区分に従い作成した決算報告書（以下この条において「業務報告書等」という。）を添え、監事の意見を付けて、決算完結後二月以内に文部科学大臣に提出し、その承認を受けなければならない。

2　理事長は、財務諸表及び業務報告書等に監事の意見を付けて、決算完結後一月以内に、これを審議会及び共済運営委員会に提出しなければならない。

3　事業団は、第一項の規定による文部科学大臣の承認を受けたときは、遅滞なく、財務諸表を官報に公告し、かつ、財務諸表、附属明細書及び業務報告書等並びに同項の監事の意見を記載した書面を、各事務所に備えて置き、文部科学省令で定める期間、一般の閲覧に供しなければならない。

第五章　監督

（監督）

第三十八条　事業団は、文部科学大臣が監督する。

2　文部科学大臣は、この法律又は共済法を施行するため必要があると認めるときは、事業団に対して、その業務に関し監督上必要な命令をすることができる。

（報告及び検査）

第三十九条　文部科学大臣は、この法律又は共済法を施行するため必要があると認めるときは、事業団に対してその業務及び資産の状況に関し報告をさせ、又はその職員に、事業団の事務所その他の施設に立ち入り、業務の状況若しくは帳簿、書類その他必要な物件を検査させることができる。

2　前項の規定により職員が立入検査をする場合には、その身分を示す証明書を携帯し、関係人にこれを提示しなければならない。

3　第一項の規定による立入検査の権限は、犯罪捜査のために認められたものと解してはならない。

4　厚生労働大臣は、事業団に対し、随時、共済業務及びこれに係る資産の状況について報告をさせることができる。

第六章　雑則

（解散）

第四十条　事業団の解散については、別に法律で定める。

（財務大臣との協議）

第四十一条　文部科学大臣は、次の場合には、あらかじめ、財務大臣に協議しなければならない。

一　第二十二条第五項、第二十四条第三項、第二十六条第一項、第二十八条、第三十三条第一項、第二項ただし書若しくは第八項又は第三十四条の規定による認可（第二十四条第三項の規定による認可にあっては助成業務方法書に係るものに、第二十八条の規定による認可にあっては第三十一条第一項第一号、第三号又は第五号の経理に係るものに、第三十四条の規定による認可にあっては第三十一条第一項第一号の経理に係るものに限る。）をしようとするとき。

二　第二十四条第四項の規定により助成業務方法書に記載すべき事項について文部科学省令を定めようとするとき、又は第三十二条第四項若しくは第三十七条の規定により文部科学省令を定めようとするとき。
三　第三十条第一項又は第三十六条の規定による承認（第三十条第一項の規定による承認にあっては、第三十一条第一項第一号、第三号又は第五号の経理に係るものに限る。）をしようとするとき。
四　第三十五条第一項第一号又は第二号の規定による指定をしようとするとき。

第七章　罰則〔略〕

附　則〔抄〕

（施行期日）
第一条　この法律は、平成十年一月一日から施行する。〔後略〕

（私立学校教職員共済組合の解散等）
第五条　私立学校教職員共済組合は、事業団の成立の時において解散するものとし、その一切の権利及び義務は、その時において事業団が承継する。

（日本私学振興財団の解散等）
第六条　日本私学振興財団は、事業団の成立の時において解散するものとし、その一切の権利及び義務は、その時において事業団が承継する。

（日本私学振興財団法の廃止）
第十五条　日本私学振興財団法（昭和四十五年法律第六十九号）は、廃止する。

○日本私立学校振興・共済事業団法施行令　抄

〔平成九年一二月一〇日政令第三五四号〕

最近改正　平成一三年六月二九日　政令第二二三号

（国から交付を受ける補助金）
第一条　日本私立学校振興・共済事業団法（以下「法」という。）第二十二条〔業務〕第一項第一号の政令で定める国の補助金は、私立大学及び私立高等専門学校の経常的経費に対する補助金で文部科学省令で定めるものとする。

（日本私立学校振興・共済事業団の資金貸付けの対象となる専修学校又は各種学校の範囲）
第二条　法第二十二条〔業務〕第一項第二号の政令で定める私立の専修学校又は各種学校は、機械又は装置の修理、保守又は操作、製造、加工、建設、医療、栄養の指導、保育、経理その他これらに類する職業に必要な技術の教授を目的とするものであって、文部科学省令で定める課程を有するものとする。ただし、医学又は歯学の学部を置く大学を設置する学校法人が開設する病院又は診療所の運営に関し必要な附属施設である専修学校又は各種学校を除く。

附　則〔略〕

○日本私立学校振興・共済事業団法施行規則　抄

〔平成九年一二月一八日　文部省令第四一号〕

最近改正　平成一二年一〇月三一日　文部省令第五三号

（国から交付を受ける補助金）

第一条　日本私立学校振興・共済事業団法施行令（以下「令」という。）第一条の文部科学省令で定める国の補助金は、私立大学等経常費補助金及び政府開発援助私立大学等経常費補助金とする。

（資金貸付けの対象となる専修学校又は各種学校の課程）

第二条　令第二条の文部科学省令で定める専修学校の課程は、工業関係、農業関係、医療関係、衛生関係、教育・社会福祉関係又は商業実務関係の分野に属する専修学校の学科及び服飾、デザイン、写真、外国語、音楽又は美術に関する専修学校の学科であって、その授業が年二回を超えない一定の時期に開始され、かつ、その終期が明確に定められているものとする。

第三条　令第二条の文部科学省令で定める各種学校の課程は、機械、自動車整備、電気、電子、ラジオ、テレビジョン、放送装置、無線装置、造船、応用化学、金属加工、工業化学、写真、服飾、建築、土木、機械設計、建築設計、機械製図、建築製図、測量又は経理に関する各種学校の課程及び診療エックス線技師、衛生検査技師、歯科技工士、歯科衛生士、看護婦、准看護婦、あん摩マッサージ指圧士、はり師、きゅう師、柔道整復士、栄養士、調理師、小学校教諭、中学校教諭、養護教諭、幼稚園教諭又は保母の養成を行う各種学校の課程であって、次の各号に掲げる要件を備えたものとする。

一　その修業期間（普通科、専攻科その他これらに類する名称を付して修業期間、入学資格等により区分された課程があり、その修業期間がそれぞれ一年以上であって、一の課程に他の課程が継続する場合においては、これらの課程の修業期間を通算した期間を含む。）が一年以上であること。

二　その一年間の授業時間数（普通科・専攻科その他これらに類する名称を付して修業期間、入学資格等により区分された課程がある場合には、それぞれの授業時間数）が七百五十時間以上であること。

三　その教員数が同時に授業を受ける生徒数に比し十分であり、教育上著しい支障がないと認められること。

四　その授業が年二回を超えない一定の時期に開始され、かつ、その終期が明確に定められていること。

五　その生徒について学年又は学期ごとに成績の評価が行われ、その結果が表簿に記録されていること。

六　その生徒に対し、所定の技術の修得についての評価を行ったうえで卒業証明書又は修了証書が授与されていること。

（助成業務方法書に記載すべき事項）

第四条　日本私立学校振興・共済事業団法（以下「法」という。）第二十四条第四項の文部科学省令で定める助成業務方法書に記載すべき事項は、次の各号に掲げるとおりとする。

一　日本私立学校振興・共済事業団（以下「事業団」という。）の助成業務運営の基本方針

二　法第二十二条第一項第一号に規定する補助金の交付の対象、

手続その他補助金の交付に関する事項
三　法第二十二条第一項第二号に規定する資金の貸付けの対象、条件その他資金の貸付けに関する事項
四　法第二十二条第一項第三号に規定する助成金の交付の対象、手続その他助成金の交付に関する事項
五　法第二十二条第一項第四号に規定する寄付金の募集、管理及び配付に関する事項
六　法第二十二条第一項第五号に規定する情報の収集、調査及び研究並びにその成果の提供その他の指導に関する事項
七　前各号に掲げる事項のほか、私立学校の教育の充実及び向上並びにその経営の安定を図るために必要な業務に関する事項

（共済運営規則に記載すべき事項）

第五条　法第二十四条第四項の文部科学省令で定める共済運営規則に記載すべき事項は、次に掲げる事項とする。
一　医療機関又は薬局との契約に関する事項
二　福祉事業に関する事項
三　その他共済業務の執行に関して必要な事項

附　則〔略〕

◎私立大学の研究設備に対する国の補助に関する法律　抄

〔昭和三二年三月三〇日　法律第一八号〕

最近改正　平成五年一一月一二日　法律第八九号

（国の補助）

第二条　国は、学校法人に対し、予算の範囲内において、政令で定めるところにより、その学校法人の設置する大学（短期大学を除く。）が行う学術の基礎的研究に必要な機械、器具、標本、図書その他の設備の購入に要する経費の三分の二以内を補助することができる。

（私立学校振興助成法の適用）

第四条　第二条〔国の補助〕の規定により国が学校法人に対し補助をする場合においては、私立学校振興助成法（昭和五十年法律第六十一号）〔別掲〕第十二条〔所轄庁の権限〕から第十三条〔意見の聴取等〕までの規定の適用があるものとする。

○私立大学の研究設備に対する国の補助に関する法律施行令

〔昭和三二年一二月一九日 政令第三四一号〕

最近改正　昭和五三年五月一九日　政令第一七一号

国が私立大学の研究設備に対する国の補助に関する法律第二条（国の補助）の規定により行う補助は、当該大学の教授、助教授その他研究に従事する職員が職務として行う学術の基礎的研究活動の基盤を培うに必要な機械、器具、標本、図書その他の設備であつて、一個又は一組の価額五百万円（図書にあつては、百万円）以上のものについてするものとする。

私立大学等研究設備整備費等補助金（私立大学等研究設備等整備費）交付要綱　抄

〔昭和五一年八月一〇日 文部大臣裁定〕

最近改正　平成一三年四月一日

第一章　通則

（通則）

第一条　私立大学等研究設備整備費等補助金（私立大学等研究設備等整備費）（以下「補助金」という。）の交付については、補助金等に係る予算の執行の適正化に関する法律（昭和三〇年法律第一七九号。以下「適正化法」という。）、私立大学の研究設備に対する国の補助に関する法律（昭和三二年法律第一八号）、補助金等に係る予算の執行の適正化に関する法律施行令（昭和三〇年政令第二五五号。以下「施行令」という。）及び私立大学の研究設備に対する国の補助に関する法律施行令（昭和三二年政令第三四一号）に定めるもののほか、この要綱の定めるところによる。

（交付の目的）

第二条　この補助金は、私立の大学（短期大学を除く。以下同じ。）における学術の研究並びに私立の大学・短期大学・高等専門学校（以下「私立大学等」という。）及び専修学校（専門課程に限る。以下同じ。）における情報処理教育を促進するため、私立の大学の研究設備並びに私立大学等及び専修学校の情報処理関係設備の整備に要する経費の一部を予算の範囲内で補助することにより、我が国の学術及び情報処理教育の振興に寄与することを目的とする。

（交付の対象及び補助率）

第三条　文部科学大臣は、学校法人又は準学校法人（以下「学校法人等」という。）に対し、当該学校法人の設置する私立大学等並びに学校法人等の設置する専修学校が次に掲げる設備の整備を行う場合に、これに必要な経費について補助金を交付する。

(1)　研究設備

私立の大学の教授、助教授その他研究に従事する職員が職務として行う学術の基礎的研究に必要な機械、器具、標本、図書その他の設備であって、一個又は一組の価額が五〇〇万円（図書にあっては一〇〇万円）以上のもの（次に掲げる情報処理関係設備を除く。）

(2)　情報処理関係設備

私立の大学の教授、助教授その他研究に従事する職員が職務として行う学術の基礎的研究又は私立大学等及び専修学校が行う情報処理教育に必要な電子計算機その他の情報処理関係設備であって、一個又は一組の価額が一、〇〇〇万円以上のもの

2　補助率は、次のとおりとする。

(1)　研究設備

設備の購入に要する経費の三分の二以内

(2)　情報処理関係設備

設備の購入に要する経費の二分の一以内

（選定基準）

第四条　補助金の交付対象となる設備の選定に当たっては、次の事項を考慮し決定するものとする。

(3)　私立学校

(1)　研究設備

イ　設備の購入計画の内容及び研究上の利用計画

ロ　設備の研究上の効果

ハ　学部学科等の種類、規模及び研究者数

ニ　設備の適正な維持・管理及び有効な利用に関する大学の管理運営の状況

(2)　情報処理関係設備

イ　設備の購入計画の内容及び研究又は教育上の利用計画

ロ　設備の研究又は教育上の効果

ハ　学部学科等の種類、規模並びに研究者数及び学生又は生徒数

ニ　設備の適正な維持・管理及び有効な利用に関する大学等又は専修学校の管理運営の状況

第二章　私立大学等

（意見の聴取）

第五条　私立大学等における前条の選定については、学識経験者及び私立大学等の学長若しくは教員又は学校法人の理事のうちから高等教育局長の依頼した者の意見を聴くものとする。

（申請手続）

第六条　学校法人が補助金の交付を受けようとするときは、別紙様式第一〔略〕による交付申請書を文部科学大臣に提出しなければならない。

（交付決定の通知）

第七条　文部科学大臣は、前条による交付申請書の提出があったときは、審査の上、補助金を交付すべきものと認めたものについて交付決定を行い、私立大学等研究設備整備費等補助金交付決定通知書（以下「交付決定通知書」という。）を当該学校法人に送付す

るものとする。

（申請の取下げ）

第八条　補助金の交付決定を受けた学校法人は、当該交付決定の内容又はこれに付された条件に不服があることにより、補助金交付の申請を取り下げようとするときは、交付決定通知書に示された期日までに、その旨を記載した書面を文部科学大臣に提出しなければならない。

（補助事業の遂行）

第九条　補助金の交付決定を受けて第三条第一項に掲げる設備の整備に係る事業（以下「補助事業」という。）を行う学校法人（以下この章において「補助事業者」という。）が、補助事業を遂行するため契約を締結し、支払を行う場合は、国の契約及び支払に関する規定の趣旨に従い、公正かつ最少の費用で最大の効果をあげ得るように経費の効率的使用に努めなければならない。

（事業計画変更の承認）

第一〇条　補助事業者は、補助事業の内容を変更しようとする場合は、別紙様式第二〔略〕による内容変更承認申請書をあらかじめ文部科学大臣に提出し、その承認を受けなければならない。ただし、別に定める軽微な変更については、この限りではない。

2　文部科学大臣は、前項の承認をする場合において、必要に応じ交付決定の内容を変更し、又は条件を付することがある。

（補助事業の中止又は廃止）

第一一条　補助事業者は、補助事業を中止又は廃止しようとするときは、その旨を記載した書面を文部科学大臣に提出し、その承認を受けなければならない。

（補助事業の遅延の届出）

第一二条　補助事業者は、補助事業が当該会計年度内に完了することができないと見込まれる場合又は補助事業の遂行が困難となった場合には、速やかにその旨を記載した書面を文部科学大臣に提出し、その指示を受けなければならない。

（状況報告）

第一三条　補助事業者は、補助事業の遂行及び支出の状況について、当該会計年度の二月一〇日までに別紙様式第三〔略〕による状況報告書を文部科学大臣に提出しなければならない。

（実績報告）

第一四条　補助事業者は、補助事業を完了したとき（補助事業の廃止の承認を受けたときを含む。）は、その日から三〇日を経過した日又は翌年度の四月一〇日のいずれか早い日までに、別紙様式第四〔略〕による実績報告書を文部科学大臣に提出しなければならない。

（補助金の額の確定）

第一五条　文部科学大臣は、前条の報告を受けた場合には、報告書等の書類の審査及び必要に応じて現地調査等を行い、その報告に係る補助事業の実施結果が補助金の交付決定の内容（第一〇条に基づく承認をした場合は、その承認された内容）及びこれに付した条件に適合すると認めたときは、交付すべき補助金の額を確定し、補助事業者に通知する。

2　文部科学大臣は、補助事業者に交付すべき補助金の額を確定した場合において、既にその額を超える補助金が交付されているときは、その超える部分の補助金の返還を命ずる。

第三章　専修学校〔略〕

第四章　補助金の返還

（交付決定の取消し等）

第二六条　文部科学大臣は、第一一条又は第二一条の補助事業の中止又は廃止の承認をした場合及び次に掲げる場合には、第七条又は第一七条の交付決定の全部又は一部を取消し又は変更することができる。

(1) 補助事業を行う学校法人等(以下「補助事業者」という。)が、適正化法、施行令その他の法令若しくはこの要綱又はこれらに基づく文部科学大臣の処分若しくは指示に違反した場合

(2) 補助事業者が、補助金を補助事業以外の用途に使用した場合

(3) 補助事業者が、補助事業に関して不正、怠慢、その他不適当な行為をした場合

(4) 交付決定後に生じた事情の変更等により、補助事業の全部又は一部を継続する必要がなくなった場合

2 文部科学大臣は、前項の取消しをした場合において、既に当該取消しに係る部分に対する補助金が交付されているときは、期限を付して当該補助金の全部又は一部の返還を命ずる。

第五章 雑則

(財産の管理)

第二七条 補助事業者は、補助事業により取得し又は効用の増加した財産(以下「取得財産等」という。)については、補助事業の完了後においても善良な管理者の注意をもって管理し、補助金交付の目的に従ってその効率的運用を図らなければならない。

2 取得財産等を処分することにより、収入があり又はあると見込まれるときは、文部科学大臣はその収入の全部又は一部を国に納付させることがある。

(財産処分の制限)

第二八条 取得財産等のうち施行令第一三条第四号及び第五号に規定する財産は、一個又は一組の取得価額が五〇万円以上の設備とする。

2 適正化法第二二条に定める財産の処分を制限する期間は、補助金の交付の目的及び減価償却資産の耐用年数等に関する省令(昭和四〇年大蔵省令第一五号)を勘案して、文部科学大臣が別に定める期間とする。

3 補助事業者は、前項の規定により定められた期間内において、処分を制限された取得財産等を処分しようとするときは、あらかじめ文部科学大臣の承認を受けなければならない。ただし、専修学校に係るものについては、都道府県知事を経由して文部科学大臣の承認を受けなければならない。

4 前条第二項の規定は、前項の承認をする場合において準用する。

(補助金の経理)

第二九条 補助事業者は、補助事業についての収支簿を備え、他の経理と区分して補助事業の収入額及び支出額を記載し、補助金の使途を明らかにしておかなければならない。

2 補助事業者は、前項の支出額について、その支出内容を証する書類を整備して前項の収支簿とともに補助事業の完了する日の属する年度の終了後五年間保存しなければならない。

（私立大学等経常費補助金 政府開発援助私立大学等経常費補助金）交付要綱　抄

〔昭和五二年一一月三〇日 文部大臣裁定〕

最近改正　平成一三年二月二八日

（通則）

第一条　私立大学等経常費補助金及び政府開発援助私立大学等経常費補助金（以下「国庫補助金」という。）の交付については、私立学校振興助成法（昭和五〇年法律第六一号）及び同法施行令（昭和五一年政令第二八九号）並びに補助金等に係る予算の執行の適正化に関する法律（昭和三〇年法律第一七九号）及び同法施行令（昭和三〇年政令第二五五号）に定めるところによるほか、この要綱の定めるところによる。

（趣旨）

第二条　国庫補助金は、私立の大学、短期大学及び高等専門学校（以下「私立大学等」という。）の教育条件の維持及び向上並びに私立大学等に在学する学生に係る修学上の経済的負担の軽減を図るとともに、私立大学等の経営の健全性を高め、もって私立大学等の健全な発達に資するため、日本私立学校振興・共済事業団（以下「事業団」という。）が学校法人に対し私立大学等の経常的経費について補助するための財源として、国から事業団に交付するものである。

（補助対象事業）

第三条　この補助の対象となる事業は、事業団が国庫補助金を財源として、私立大学等を設置する学校法人に対し、私立大学等の経常的経費で次に掲げるもの（ただし、国又は地方公共団体等の他の補助金及び委託費等の対象となる事業に要する経費を除く。）を対象とする補助金（以下「補助金」という。）を交付する事業とする。

(1)　専任教員等の給与に要する経費（以下「専任教員等給与費」という。）

(2)　専任職員の給与に要する経費（以下「専任職員給与費」という。）

(3)　専任でない教授、助教授及び講師の給与に要する経費（以下「非常勤教員給与費」という。）

(4)　専任教員等及び専任職員についての労働者災害補償保険の保険給付に係る保険料として負担する経費

(5)　専任教員等及び専任職員についての私立学校教職員共済法（昭和二八年法律第二四五号）による長期給付に係る掛金（厚生年金保険の保険給付に係る保険料を含む。）として負担する経費（以下第四号とあわせ「教職員福利厚生費」という。）

(6)　学生の教育又は専任教員等が行う研究に直接必要な機械器具若しくは備品、図書又は消耗品の購入費、光熱水料その他の経費

(7)　学生の厚生補導に直接必要な備品、図書又は消耗品の購入費、光熱水料、謝金、旅費その他の経費（以下「厚生補導費」という。）

(8)　専任教員等の研究のための内国旅行に要する旅費（以下「研究旅費」という。）

(9)　専任教員等及び専任職員の研究のための外国旅行に要する旅

費

⑽ 前各号に掲げるもののほか、私立大学等における教育又は研究に直接必要な謝金その他の経費（以下第六号、第九号とあわせ「教育研究経常費」という。）

2 前項に定める経常的経費の範囲は、別添「（私立大学等経常費補助金 政府開発援助私立大学等経常費補助金）取扱要領」で定める。

（国庫補助金の額）

第四条 国庫補助金の額は、予算の範囲内とし、事業団が学校法人ごとに交付する補助金の合計額とする。

2 事業団が交付する補助金の額の算定方法は、別添「（私立大学等経常費補助金 政府開発援助私立大学等経常費補助金）取扱要領」で定める。

（国庫補助金の交付の申請）

第五条 事業団は、国庫補助金の交付を受けようとするときは、別紙様式⑴〔略〕による交付申請書を文部科学大臣に提出しなければならない。

（国庫補助金の交付等）

第六条 国庫補助金は、その所要額を必要に応じ概算をもって交付することができる。

2 事業団は、国庫補助金の交付を受けたときは、交付された国庫補助金の額に相当する金額を速やかに補助金の交付をすべき学校法人に交付しなければならない。

（実績報告）

第七条 事業団は、補助対象事業が完了した日の属する年度の翌年度の九月一日（廃止の承認を受けたときは、そのときから一か月以内）までに、別紙様式⑵〔略〕により事業の成果を記載した実績報告書に関係書類を添えて文部科学大臣に提出しなければならない。

（補助対象事業の実施期間）

第八条 事業団は、補助対象事業を毎年四月一日から翌年三月三一日までの間に実施するものとする。

（帳簿、関係書類等の整備）

第九条 事業団は、国庫補助金の収支に関する帳簿及び関係書類並びに補助金の配分・交付等に関する資料を整備し、国庫補助金の交付を受けた年度の終了後五年間保存しておかなければならない。

（調査及び報告等）

第一〇条 事業団は、補助対象事業の適正な執行を図るため必要があるときは、補助金に係る事業の実施状況等について学校法人から報告を徴し、又は実地に調査するものとし、その結果を文部科学大臣に報告するものとする。

2 事業団は、国庫補助金の交付の決定を受けた後において、学校法人ごとに交付する補助金の額及びその内訳となる私立大学等ごとの補助金の額を変更しようとするときは、別紙様式⑶〔略〕によりあらかじめ文部科学大臣の承認を受けなければならない。

5 事業団は、学校法人に対する補助金の交付の決定後、その全部又は一部について取消しを行った場合及び当該補助金の返還をさせた場合においては、その内容並びに加算金及び延滞金に関する事項について、別紙様式⑸〔略〕又は別紙様式⑹〔略〕により、速やかに文部科学大臣に報告し、国庫補助金並びに加算金及び延滞金に関する文部科学大臣の指示に従わなければならない。

（寄付金支出の届出）

第一一条 事業団は、補助対象事業の適正な執行を図るため、寄付金（学校教育法（昭和二二年法律第二六号）〔別掲〕に定める学校における教育又は研究に関する事業（外国におけるこれに相当する事業を含む。）に係るもの及び五〇〇万円未満のものを除く。）の支出について学校法人からあらかじめ届出を受けるものとし、その内容を文部科学大臣に報告するものとする。

（補助金取扱要領）

第一二条　前各条に定めるもののほか、事業団が学校法人に交付する補助金に係る申請、配分、交付その他の取扱いに関する細目は、別添「（私立大学等経常費補助金／政府開発援助私立大学等経常費補助金）取扱要領」で定めるところによるものとする。

附　則〔略〕

別添

（私立大学等経常費補助金／政府開発援助私立大学等経常費補助金）取扱要領　抄

（目的）

第一条　この取扱要領は、（私立大学等経常費補助金／政府開発援助私立大学等経常費補助金）交付要綱（昭和五二年一一月三〇日文部大臣裁定）により、日本私立学校振興・共済事業団（以下「事業団」という。）が国から私立大学等経常費補助金及び政府開発援助私立大学等経常費補助金（以下「国庫補助金」という。）の交付を受け、これを財源として私立の大学、短期大学及び高等専門学校（以下「私立大学等」という。）を設置する学校法人に対して交付する補助金（以下「補助金」という。）について補助の対象となる経常的経費の範囲及びその額の算定方法を定めるとともに、補助金に係る申請、配分、交付その他の取扱いに関する細目を定め、もって補助金事務の適正かつ効率的な執行を図ることを目的とするものである。

（補助金の交付の対象）

第二条　補助金の交付の対象となる者は、私立大学等を設置する学校法人とすること。

（補助対象外法人等）

第三条　次の各号の一に該当する学校法人は、原則として補助金の交付の対象から除外すること。

(1)　法令の規定、法令の規定に基づく所轄庁の処分又は寄附行為に違反したもの

(2)　事業団からの借入金の償還（利息・延滞金の支払いを含む。）又は公租・公課（私立学校教職員共済法（昭和二八年法律第二四五号）による掛金を含む。）の納付を一年以上怠っているもの

(3)　破産宣告を受け、若しくは負債総額が資産総額を上回り、又は銀行取引停止処分を受ける等、財政事情が極度に窮迫しているもの

(4)　経理その他の事務処理が著しく適正を欠いているもの

(5)　役員若しくは教職員の間又はこれらの者の間において、訴訟その他の紛争があるもの

(6)　第七条第五項第三号の補助金の減額（私立学校振興助成法第五条第四号の事由に基づく減額を除く。以下この号において「補助金の減額」という。）事由に該当するもので、補助事業を実施する年度（以下「当該年度」という。）の前年度まで引き続き三か年度にわたり補助金の減額を受けたもの

(7)　その他管理運営が著しく適正を欠いているもの

2　学校法人の設置する私立大学等又は私立大学等に所属する学部等（大学の学部、短期大学及び高等専門学校の学科、分校、大学院の研究科並びに附属研究所、所属病院、同分院その他の附属機

関をいう。以下同じ。）で、次の各号の一に該当するものについては、原則として当該私立大学等又は学部等に係る補助金を交付しないこととすること。

(1) 設置後完成年度を超えていないもの

(2) 教職員の争議行為等により、教育・研究その他の学校運営が著しく阻害され、その期間が長期に及ぶもの

(3) 施設の占拠又は封鎖、授業放棄その他の学生による正常でない行為により、教育及び研究に関する機能の全部又は一部を長期間休止しているもの

(4)ア 在籍学生数の収容定員に対する状況又は入学者数の入学定員に対する状況が次のいずれかに該当するもの

(ア) 私立大学等に係る補助金を交付しないもの

当該年度の一〇月三一日現在の在籍学生数の収容定員に対する割合が一・七二倍以上（学校教育法第六八条に定める「学部を置くことなく大学院を置く大学」（以下「大学院大学」という。）は一・五九倍以上）のもの又は当該年度の五月一日現在の入学者数が当該私立大学等に所属する学部等ごとの入学定員に一・四七（医歯学部は一・一）を乗じた人数を合計した数以上のもの

ただしこの取扱いは、夜間部、通信教育部並びに短期大学設置基準第一九条に定める「授業を行う時間について教育上特別の配慮を必要とする学科」を除いて適用するものとする。

(イ) 学部等に係る補助金を交付しないもの

学部等の当該年度の一〇月三一日現在の在籍学生数の収容定員に対する割合が一・七二倍以上（大学院大学の研究科は一・五九倍以上）のもの又は当該年度の五月一日現在の入学者数の入学定員に対する割合が一・四七倍以上（医歯学部は一・一倍以上）のもの

ただし、この取扱いは、通信教育部を除いて適用するものとする。

イ 当該年度の一〇月三一日現在の在籍学生数の収容定員に対する割合が五〇％以下のもの

ウ その他教育研究条件が極めて低いもの

(5) 入学に関する寄附金の収受等により入学者選抜の公正が害されたと認められるもの

(6) 学生募集が停止されているもの

(7) 第七条第五項第二号及び第三号の補助金の減額（私立学校振興助成法第五条第四号の事由に基づく減額を除く。以下この号において「補助金の減額」という。）事由に該当するもので、当該年度の前年度まで引き続き三カ年度にわたり補助金の減額を受けたもの

(8) その他管理運営が著しく適正を欠いているもの

3 第一項（第二号及び第三号を除く。）に規定する事由に該当することにより、補助金の交付の対象から除外された学校法人及び前項（第一号、第四号及び第六号を除く。）に規定する事由に該当し補助金を交付しないこととされた私立大学等又は学部等に係る翌年度以降の補助金の取扱いについては、別記一〔略〕に定めるところによる。

（経常的経費の範囲）

第四条 私立大学等の経常的経費は、次に掲げる〔(5)(6)のほかは略〕経費で、当該年度の四月一日から三月三一日までに当該学校法人が支出したもの（第五号ア及びウ並びに第六号のア及びウの経費については納入その他の相手方の給付が完了したもの）とするこ

と。

ただし、国又は地方公共団体等の他の補助金及び委託費等の対象となる事業に要する経費は除く。

(5) 教育研究経常費

ア　学生の教育又は専任教員等が行う研究に直接必要な機械、器具及び備品（一個又は一組の価格が五〇〇万円以上のものを除く。以下この号について同じ。）、図書、消耗品、燃料等の購入費並びに賃金、印刷製本費、光熱水料、通信運搬費その他の経常的経費

イ　専任教員等及び専任職員の研究のための外国旅行（外国の大学、研究所等で調査研究を行うものに限る。）に要する船賃、航空賃、日当及び宿泊料

ウ　上記ア及びイに掲げるもののほか、社会人に対する教育、非常勤教員が行う研究等に直接必要な機械、器具及び備品、図書、消耗品、燃料等の購入費並びに賃金、謝金、印刷製本費、光熱水料、通信運搬費その他の経常的経費

(6) 厚生補導費

ア　備品（一個又は一組の価格が五〇〇万円以上のものを除く。以下この号において同じ。）、図書、消耗品等の購入費及び賃金、謝金、印刷製本費、光熱水料、通信運搬費等私立大学等における学生指導、課外教育又は保健管理に要する経常的経費

イ　専任教員等及び専任職員の学生指導又は課外教育のための内国旅行並びに学生指導に係る研修会の講師の当該研修会のための内国旅行に要する鉄道賃、船賃、航空賃、日当及び宿泊料

ウ　学校法人が事業団から資金を借り入れて行う私立大学奨学事業（「日本私立学校振興・共済事業団融資取扱規程別表一教育環境整備費中㈢をいう。以下「私立大学奨学事業」という。）に係る利息軽減措置額（学校法人が事業団との間で締結した貸付契約に基づき当該年度に当該学校法人が事業団に対し支払う利息のうち事業団が定める額をいう。以下同じ。）及び事務費（内国旅行に要する鉄道賃、船賃、航空賃、日当、宿泊料並びに備品、図書、消耗品等の購入費及び賃金、謝金、印刷製本費、光熱水料、通信運搬費等当該私立大学奨学事業に要する経常的経費をいう。以下同じ。）

（経常的経費の算定方法）

第五条　補助金算定の基礎となる私立大学等ごとの経常的経費は、次に定める〔(5)(6)のほか略〕ところにより算定することとする。

(5) 教育研究経常費

補助対象となる学部等ごとに第一号の専任教員等の数及び当該年度の一〇月三一日現在の学則で定めた収容定員（在学している学生の数が当該収容定員に満たない場合には、在学している学生の数とする。ただし、編入学定員を設けている学部にあっては、当該収容定員から編入学に係る収容定員を除いた収容定員（在学している学生の数から編入学により在学している学生の数を除いた学生の数が当該収容定員に満たない場合には、在学している学生の数から編入学により在学している学生の数を除いた学生の数とする。）に編入学に係る収容定員（編入学により在学している学生の数が当該収容定員に満たない場合には、編入学により在学している学生の数とする。）を加えた数とする。次号において「学生定員数」という。）にそれぞれ別表一の専任教員等一人当たりの金額及び別表二の学生一人当たりの金額を乗じて得た金額の合計額と学部等ごとの実支出額との

いずれか低い額とする。

(6) 厚生補導費

ア 前条第六号のア及びイに係る経常的経費については、補助対象となる私立大学等ごとに当該年度の一〇月三一日現在の学生定員数に三、九〇〇円（通信教育を行う学部・学科の学生は一、〇〇〇円）を乗じて得た金額と、私立大学等ごとの実支出額とのいずれか低い額とする。

イ 前条第六号のウに係る経常的経費については、補助対象となる私立大学ごとに利息軽減措置額に当該年度において学校法人が新たに私立大学奨学事業の対象とした学生数（当該年度の一〇月三一日現在の学生定員数から当該年度の前年度以前に私立大学奨学事業の対象とした者のうち当該年度の一〇月三一日現在において在学している学生数を差し引いた学生数を限度とする。）に八〇〇円を乗じて得た額と事務費に係る実支出額のいずれか低い額を加算して得た合計額とする。

（補助金の基準額）

第六条 私立大学等を設置する学校法人に対する補助金の基準となる額は、次に掲げる〔(5)(6)のほかは略〕金額の合計額とする。

(5) 教育研究経常費

前条第五号により算定した金額に一〇分の五を乗じて得た金額

(6) 厚生補導費

前条第六号により算定した金額に一〇分の五を乗じて得た金額

（補助金の基準額の調整）

第七条 事業団は、前条第一号（第五条第一号のイ〔略〕の金額を除く。）、第二号（第五条第二号のイ〔略〕の金額を除く。）、第三号、第五号、第六号（第五条第六号のイの金額を除く。）及び第七号の金額を、次に掲げる要素〔「次に掲げる」は略〕を勘案し、一三五％から六％までの範囲内に調整するものとする。

2 事業団は、前項で調整した前条第一号の金額を別記二〔略〕に定めるところにより事業団が認定した専任教員等ごとの年間給与費の額の状況に応じ、また前項で調整した前条第二号の金額を別記三〔略〕に定めるところにより事業団が認定した専任職員ごとの年間給与費の額の状況及び当該学校法人が私立学校法第三五条に規定する役員（以下「役員」という。）に対して支払った役員報酬等の額の状況に応じ、それぞれ別記五〔略〕に定めるところにより調整するものとする。

3 事業団は、補助事業を行う学校法人（以下「補助事業者」という。）が当該年度の前年度の四月一日から三月三一日までに支出した寄付金で、第一五条に基づき届出のあったもの（国又は地方公共団体に対するものを除く。）の合計額が、三、〇〇〇万円を超える場合は、当該寄付金の合計額から三、〇〇〇万円を控除した額を、前二項で調整した前条の補助金の基準額から減額することができるものとする。

4 事業団は、私立大学における学術の振興及び私立大学等における特定の分野、課程等に係る教育の振興のため特に必要があると認められるときは、文部科学大臣の承認を得て、前条第六号（第五条第六号のアの金額を除く。）の金額及び前三項で調整した前条第五号の金額を増額できるものとする。

5 事業団は、前四項で調整した前条の補助金の基準額を次に定めるところ〔「次に定める」は略〕により調整するものとする。

（補助金の額）

第八条 事業団が私立大学等を設置する学校法人に対し交付する補

助金の額は前二条の規定により算出した額とする。

（補助金の取扱要領）

第九条 事業団は、第五条から第七条までの規定による経常的経費の算定方法、補助金の基準額、及び補助金の基準額の調整に関して、あらかじめ文部科学大臣の承認を得て補助金の取扱要領を定めるものとする。

（補助金の交付の申請）

第一〇条 〔以下略〕

別表1

専任教員等1人当たり校費

区分				金額
				千円
大学	大学院あり	実験	教授	(1,999)
			助教授	〔1,708〕
			助手	1,416
		非実験	教授 助教授 助手	450
	大学院なし及び一般教育等	実験	教授	(1,999)
			助教授	
			助手	1,217
		非実験	教授 助教授 助手	412
短大・高専		実験	教授 助教授 助手	852
		非実験	教授 助教授 助手	288

注）1 大学の（ ）内は医・歯学部の教員のうち、一般教育等担当教員及び看護学科所属教員以外の教員に適用する単価である。

2 〔 〕内は、理工系学部のうち、大学院博士課程を置く学部について当該大学院の研究科と関連する学科ごとにあらかじめ割り振られている教員（一般教育等担当教員は除く。）に適用する単価である。

別表2

学生1人当たり校費

区分				金額
				千円
大学	医歯学部	大学院	博士	257
		学部	専門	61
			一般	42
	理工系学部	大学院	博士	257
			修士	182
		学部	専門	57
			一般	42
	その他の学部	大学院	博士	142
			修士	101
		学部	専門	31
			一般	42
短大・高専		理工系学科	専門	57
			一般	42
		その他の学科	専門	31
			一般	42

注）1 通信教育を行う学部・学科の学生1人当たり校費は8千円とする。

2 獣医学を履修する課程の学生1人当たり校費は医歯学部の単価を適用する。

3 医歯学部の大学院修士課程の学生1人当たり校費は理工系学部の大学院修士課程の単価を適用する。

文部省所管の補助金等の交付に関する事務を都道府県知事が行うこととなった件

〔平成一二年四月三日 文部省告示第五七号〕

最近改正 平成一三年九月二五日 文部科学省告示第一五三号

補助金等に係る予算の執行の適正化に関する法律（昭和三十年法律第百七十九号。以下「法」という。）第二十六条第二項及び補助金等に係る予算の執行の適正化に関する法律施行令（昭和三十年政令第二百五十五号）第十七条第一項の規定により、文部省所管の補助金等のうち次の各号に掲げるもの（私立学校に係るものに限る。）の交付に関する当該各号に掲げる事務を、都道府県知事が行うこととなったので、同条第四項の規定により、次のとおり告示する。

一 私立大学等研究設備整備費等補助金（大学分及び高等専門学校分を除く。）、私立学校建物其他災害復旧費補助金及び私立学校施設整備費補助金（私立幼稚園施設整備費、私立学校体育等諸施設整備費、私立学校教育研究装置等施設整備費（私立大学・大学院等教育研究装置施設整備費（専修学校分に限る。）及び私立高等学校等施設高機能化整備費に限る。）に限る。） 次に掲げる事務

(一) 法第五条による交付申請の受理

(二) 法第七条第一項第一号による補助事業等に要する経費の配分の変更の承認に係る申請の受理

(三) 法第七条第一項第三号による補助事業等の内容の変更の承認に係る申請の受理

(四) 法第七条第一項第四号による補助事業等を中止し、又は廃止する場合におけれ承認に係る申請の受理

(五) 法第七条第一項第五号による補助事業等が予定の期間内に完了しない場合又は補助事業等の遂行が困難となった場合の報告の受理

(六) 法第八条による交付決定の通知（法第十条第四項において準用する場合を含む。）

(七) 法第九条第一項による交付申請の取下げの受理

(八) 法第十二条による状況報告の受理

(九) 法第十三条による補助事業等の遂行命令及び一時停止命令

(十) 法第十四条による実績報告の受理（法第十六条第二項において準用する場合を含む。）

(十一) 法第十五条による補助金等の額の確定及び通知

(十二) 法第十六条第一項による補助事業等の是正措置命令

(十三) 法第十八条第二項による補助金等の返還命令

(十四) 法第二十三条第一項による立入検査等

二 学校教育設備整備費等補助金及び私立学校施設整備費補助金（私立高等学校産業教育施設整備費に限る。） 次に掲げる事務

(一) 法第五条による交付申請の受理

(二) 法第七条第一項第一号による補助事業等に要する経費の配分の変更の承認に係る申請の受理

(三) 法第七条第一項第三号による補助事業等の内容の変更の承認

(四) 法第七条第一項第四号による補助事業等を中止し、又は廃止する場合における承認に係る申請の受理

(五) 法第七条第一項第五号による補助事業等が予定の期間内に完了しない場合又は補助事業等の遂行が困難となった場合の報告

の受理

㈥　法第八条による交付決定の通知（法第十条第四項において準用する場合を含む。）

㈦　法第九条第一項による交付申請の取下げの受理

㈧　法第十二条による状況報告の受理

㈨　法第十三条による補助事業等の遂行命令及び一時停止命令

㈩　法第十四条による実績報告の受理（法第十六条第二項において準用する場合を含む。）

⑾　法第十五条による補助金等の額の確定及び通知

⑿　法第十六条第一項による補助事業等の是正措置命令

⒀　法第十八条第二項による補助金等の返還命令

⒁　法第二十三条第一項による立入検査等

(4) 大学図書館

「大学図書館がどのような活動を行い、その運営はどうあるべきかについては、法令的には何も示されていないので、各種の組織で基準に当るものが作成された。その最初は、戦後の大学のあるべき基準を自主的に検討するため、大学基準協会が各種の基準を設けたが、そのひとつとして大学図書館基準が一九五二年に発表された。しかしこの基準じたい〝図書館の最低の基準を示すもの〟と述べているとおり、最低基準であって、あるべき姿を示すものではなかった。それで、国、公、私ごとの基準が、その後あいついで作られていく。その最初が一九五三年に文部省から発表された国立大学図書館改善要項である。これが一つの指針となって、一九五六年私立大学図書館協会によって、私立大学図書館改善要項（本書には一九九六年版を収録＝編者）が、一九六一年には公立大学協会図書館協議会が公立大学図書館改善要項を、さらに同年日本私立短期大学協会が私立短期大学図書館改善要項（一九七四年改訂（本書には一九九八年版を収録＝編者））を作成し、活動・運営上の指針とした。」（『新・図書館学ハンドブック』（雄山閣出版）二六頁所載「図書館の種類、大学図書館」（岩猿敏生）より）

（参考） 大学図書館関係法規基準体系図 〔本図記載法令等は本総覧に収録（※印を除く）〕

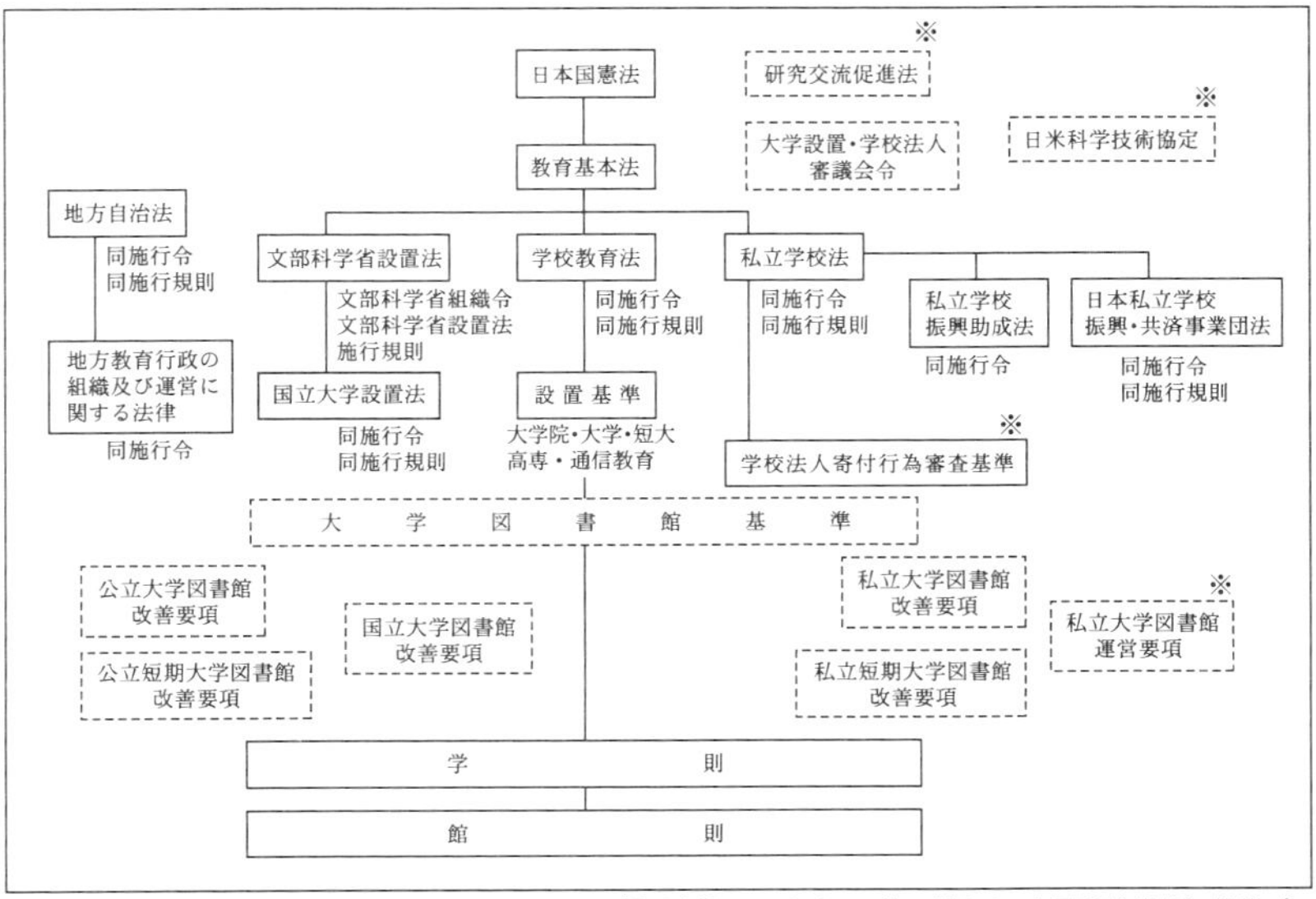

〔『図書館ハンドブック第５版』（日本図書館協会）収載の「大学図書館の運営」（松井博）より転載〔一部補正〕〕

大学図書館基準

（昭和二七年六月一七日
大学基準協会決定）

最近改正　昭和五七年五月一八日

（**大学基準協会**＝文部大臣によって設置され又は設置を認可された大学の過半数をもって組織された民間の団体。昭和二二年七月に設立、会員の自主的努力と相互的援助により、大学の質的向上を図るとともに、大学教育の国際的協力に貢献することを目的とする。（『新法律学辞典第三版』（有斐閣）より）

一　総論

(一)　趣旨

(1)　この基準は、大学における研究・教育にとって図書館の果たすべき役割の重要性にかんがみ、その向上基準を定めることを目的とする。

(2)　大学の設置者は、当該大学に置かれている学部・研究所等に関連する学問・技術等の研究を国際的水準において維持し、その発展をはかり、また大学の行う教育活動を充実させ、学生に学修と教養向上の十分な機会を提供するために、その使命達成の枢要な基盤である図書館の整備充実とその発展に対して積極的に関心を払い、的確な施策を講じなければならない。

(二)　用語

(1)　この基準で、大学図書館とは、いわゆる中央図書館、分館ならびに学部・研究所等に置かれる図書館・図書室の総体をいう。

(2)　図書館資料とは、図書、逐次刊行物等のいわゆる印刷資料のほか、各種の写本、マイクロ資料、視聴覚資料、磁気テープ、さらにこれらを総合した資料等、図書館が収集するすべての資料をいう。

二　図書館の機能と業務

(1)　大学図書館は、大学の研究・教育に不可欠な図書館資料を効率的に収集・組織・保管し、利用者の研究・教育・学習等のための利用要求に対し、これを効果的に提供することを主要な機能とする。この機能を発揮するためには、(2)～(6)の諸点について格段の配慮をするとともに、その業務の改善を図るための研究・開発機能を併せもたなければならない。

(2)　大学図書館は、現在および将来の研究計画を促進するのに十分な規模・内容であり、かつ学習・教育上の要求に応じうる調和のとれた蔵書を計画的に構築するために、一定の方針のもとに図書館資料の脱漏のない収集に努めなければならない。

(3)　図書館資料の選択にあたっては、収集体制を確立し、利用者の積極的な協力を得るとともに、その要望をきく方途を講じなければならない。

(4)　図書館資料の多面的かつ迅速な検索を可能にするために、全国的もしくは国際的な書誌事業の成果を活用し、整理業務の能率化・標準化を図るとともに、迅速・的確な処理に努めなければならない。

(5)　図書館資料の利用が効果的に行われるよう閲覧・貸出し業務のほか、参考調査業務、その他のサービス業務によって、個人ならびにグループの利用者からの要求に迅速・的確に応じなければならない。

(6) 大学図書館は、絶えず変化しつつある利用者の要求をふまえ、常にその蔵書を適切に維持管理し、かつその利用の機会を最大限に確保しなければならない。

三 職員

(1) 大学図書館には、その使命の遂行と機能の発揮に必要かつ十分な職員を適正に配置しなければならない。

(2) 大学図書館に課せられた高度の専門的業務を処理するためには、特に専門職員を配置することが必要である。専門職員には、原則として大学院において図書館・情報学等を専攻した者を充てなければならない。

(3) 専門職員、その他図書館の専門的業務に従事する職員に対しては、広く研修または再教育の機会とともに、その資格、能力、経験等にふさわしい処遇が与えられなければならない。

四 施設・設備

(1) 大学図書館は、その機能を十分に発揮しうるよう設計されなければならない。

(2) 大学図書館は、大学構内の適切な位置に建設されなければならない。

(3) 大学図書館の性格および規模に応じて、利用スペース、収蔵スペース、業務スペース、その他のスペースが有機的に配置されていなければならない。

(4) 大学図書館の施設・設備は、すべての利用者が快適に図書館サービスを受けられるよう常に環境と条件が整備され、維持されるとともに、大学における研究・教育活動の進歩発展と図書館の行うべきサービスの拡大に伴い、随時改善がはかられなければならない。

(5) 大学図書館は、研究・教育・学習に必要十分な規模であり、かつその時代の趨勢に沿って柔軟に対応しうるようスペースの互換性や拡張の可能性について配慮したものでなければならない。

五 組織および管理運営

(1) 大学図書館は、原則として一大学一組織とする。

(2) 大学図書館に分館・部局図書館等を置く場合は、それぞれの大学および図書館の内容、規模、学内配置ならびに伝統等に基づいて、中央図書館と分館、部局図書館の役割とこれら相互の関係を明確化するとともに、利用者の要望にこたえ、また効率的な運営を図るため、必要かつ支障のない範囲で図書館資料の集中的な管理を行い、また中央図書館は十分な調整機能を果たさなければならないものとする。

(3) 大学図書館には、図書館長（以下館長という）を置くものとする。館長は当該大学における図書館の管理運営の最高責任者であり、大学の研究・教育において図書館の果たすべき役割を十分認識し、利用者の要望に常にこたえうるよう図書館の整備・充実を図り、その改善に努めなければならない。

(4) 館長には、大学図書館の果たすべき役割と館長としての職責に深い認識と理解をもち、かつ館長としての管理能力を有する教員をもって充てる。ただし、大学における研究と教育に十分な理解をもち、かつ高い見識と優れた管理能力をもつ専門職員を館長に充てることができる。館長の責務の重要性にかんがみ、大学内におけるその地位は学部長等と同等あるいはそれ以上でなければならない。

(5) 分館・部局図書館を置く場合は、必要に応じて分館長、部局図書館長（または主任等）を置くが、中央図書館の館長は全学図書館の統轄または連絡調整の責任を負う。

(6) 館長を補佐する職位として副館長（または次長）を置くことができる。

(7) 大学図書館には、効率的な管理運営を図るための業務組織を設け、それぞれの部門に必要な管理職位を置くものとする。

(8) 大学図書館には、学長または館長の諮問に応じて、図書館の運営に関する重要な事項を審議する図書館委員会またはこれに準ずる委員会を置くものとする。

六 予算

(1) 大学図書館の運営に関する予算は、図書館の使命を遂行するために、必要かつ十分な規模のものでなければならない。

(2) 大学図書館の予算のうち、経常的経費は、累年適切な規模での伸びが確保されるとともに、図書館が変化する諸条件に即応した活動を維持発展させるための諸経費を十分に組込んだものでなければならない。新規事業計画に伴う臨時的経費については、その計画立案の段階から大学（法人）当局と図書館との間で十分な協議を行ったうえで決定すべきである。

七 相互協力

(1) 大学図書館は、図書館資料の収集・組織・保管・提供等の諸機能にわたり、学内各種機関相互間の協力はいうまでもなく、地域的・全国的に図書館間の相互協力の体制を確立し、その維持に努めなければならない。

(2) 学術情報流通のためのネットワークの形成の必要性ならびに重要性にかんがみ、各大学図書館は、その一環として積極的に協力しなければならない。

(附) 大学図書館基準の解説

（以下の各項頭書の数字「一」、「(一)」、「(1)」等は、「基準」のそれぞれの頭書の数字に照応するものである〔原注〕）

一 総論

(一) 趣旨

この基準は、すべての大学図書館に適用されるものであるが、図書館の母体ともいうべき大学が規模や性格において多様化しており、またこの「基準」は大学基準協会の「基準」であるという性格からいって、「最低基準」ではなく、「向上基準」であるところから、今後における大学図書館の改善と充実を支えるのに必要な原則や理念を示すことに重点が置かれている。とはいえ、定量的基準値の設定を軽視しているのではなく、この点に関しては、図書館関係法令、大学設置基準、大学図書館改善要項、大学図書館施設計画要項等の関連する諸規定類によって補完されることを期待するものである。

大学の設置者（国立の場合は国、公立の場合はこれを設置する地方公共団体）ないし学長をはじめ大学全般の運営の責任者ならびに関係者はこの趣旨を的確に理解し、大学図書館が本来の機能を十分に発揮して、大学における研究・教育の進歩発展に貢献しうるよう積極的な施策を講ずることが強く望まれる。

(二) 用語

(1) この基準にいう大学図書館とは、大学内における全図書館組織を指す。大学の規模、敷地の条件等によって、複数の図書館が設置される場合には、全学の図書館の総合的管理運営にあたる中央図書館と、その分館、さらに学部・研究所等の図書館・図書室すなわち部局図書館を大学図書館に含めるものとする。小規模な範囲にその利用を限定し、かつ全学的な連絡調整のもとに置かれていない図書室はそれに含まれないものとする。

(2) 図書館の目的・利用対象等によって、収集する資料の種類および量は異なるが、この基準で、図書館資料とは、図書、新聞・雑誌等の印刷資料だけでなく、各種の写本、文書、記録、マイクロフィルム、マイクロフィッシュ、オープンリールテープ、カセットテープ、レコード（ディスク）、ビデオテープ、映画フィルム、電子計算機用磁気テープ、その他、情報の媒体として図書館が収集し、利用者に提供する必要のあるすべての資料をいう。

二 図書館の機能と業務

(1) 大学図書館は、研究図書館的機能と学習図書館的機能をあわせもっている。大学およびその図書館の性格によっては、これらいずれの機能に重点をおくのか、おのずから差異が生じるが、両者はいずれも大学図書館にとって不可欠な機能であるとともに、相互に不可分な関係にある。大学図書館はこれらの機能を勘案し、常に資料・情報の提供を究極の目的とする直接サービスを支えるに足りる収集・組織・保管等の間接サービスの効率化を図らなければならない。

なお、利用者の顕在的・潜在的要求を的確に把握し、有効な図書館サービスを展開するためには、利用実態調査、図書館資料の収集・組織・保管・情報検索システムの改善等、図書館業務に関する不断の調査・研究・開発を行なければならない。大学図書館は、そのための専任の担当者（係）を置くか、あるいは必要に応じてプロジェクトチームを組織する等の措置をとることが望ましい。

(2) 大学図書館は、図書、逐次刊行物のみならず、大学の研究・教育に必要なあらゆる形態の図書館資料にわたり、購入、受贈・交換等によって利用者の要求に即応した収集に努めるべきである。その際、利用者の顕在的要求にとどまらずその潜在的要求を把握し、また新しい主題領域、学際的領域など、脱漏を生じ易い領域の資料を敏速に調査し、長期的展望のもとに収集方針を確立しなければならない。

図書館資料は、その利用目的によっては必ずしも明確に区別することはできないが、比較的限られた研究者によって研究目的のために利用される資料を研究用資料と呼び、一般に学習・教育上の目的のために利用される資料を学習・教育用資料と呼ぶことにする。

研究用資料の選択方針の策定においては、後述の相互協力の体制づくりをふまえ、各図書館で特色のある蔵書の構築を目指す必要がある。

学習・教育用資料の収集方針の策定においては、大学のカリキュラムに基づく教員、学生の要求に応えるべきことはいうまでもないが、同時に各主題分野の資料の出版・流通状況を把握し、学術書、教養書等の基本資料の選択に十分配慮しなければならない。

資料購入費の効率的運用のためには、不必要な重複購入は極力避けなければならないが、利用者数、利用種別（例えば指定図書）等の条件を勘案し、量的な要求の面をも配慮しなければならない。

基本的な参考図書（書誌・索引・辞書・事典等）ならびに各主題分野の代表的な参考図書の収集には格段の考慮を払い、調和あるレファレンス・コレクションを構築し、全学共通の利用をはからなければならない。

(3)　組織的な図書館資料の収集は、大学図書館の重要な責務である。したがって、専門職員は、資料の出版流通情報を的確にとらえ、選択のトゥールとして利用できる各種の二次資料を活用して、利用者に各種の資料情報を積極的に流さなければならない。

研究資料については、研究者の要求を十分に受けとめて収集するよう努めなければならないが、個人的恣意に左右されることのないよう資料選択のための委員会等を設け、選定に関する適切な助言と協力を得るなど、全学的な収集体制を確立しなければならない。

なお、学習・教育用資料の収集については、教員のみならず、広く学生からの意見や希望を吸収できるような手段を講ずることが望ましい。

(4)　図書館資料が量的に増大し、形態的に多様化すれば、必然的にその検索手段を講ずるための人的・経済的な負担は累増する。個別分散的な整理業務を踏襲していたのでは整理に手間どり、迅速な検索要求に応じて資料を提供することはできない。したがって、可能なかぎり、資料の集中的な組織化を図ることによって、標準化された学内総合目録その他の検索トゥールの作製に心がけ、収集資料が速やかに利用できるよう配慮しなければならない。

その際、地域的、全国的さらには国際的な書誌事業の成果を活用するとともに、これらに積極的に参加協力することが望ましい。

(5)　大学図書館は、貸出し図書館的機能と参考調査図書館的機能を兼ね備えている。これらの機能はそれぞれの大学図書館が置かれている条件によって分化したとしても、一方に偏してはならない。

図書館サービスは、資料あるいは情報に対する要求に迅速・的確に応じ、その要求を満たすことを究極の目的としている。そのために、原則として開架制による自由な閲覧・貸出し方式を採用すべきであるが、それだけでは十分でない。たとえば、新着資料コーナー、テーマ別コーナーの設置等、適切な措置を講じなければならない。また、夜間開館等による開館時間の延長ならびに休日開館等による開館日数の増加を図るよう配慮しなければならない。

さらに、有能な担当者を配して参考調査業務を拡充し、利用者の要求に積極的に応じうる体制を整えなければならない。とくに研究者に対しては、その情報需要に即応した各種の情報検索サービスの提供に重点を置き、学生に対しては、組織的な利用者教育を通じて、文献ならびに情報の効率的な利用方法を修得させなければならない。

(6)　大学図書館は、利用者の利用要求に即応する蔵書の管理体制を確立し、常に蔵書の充実を図るとともに、その精選淘汰に努めなければならない。情報価値が著しく低下した資料、他に代替された資料等の移管、除籍等については、一定の基準を設け、その資料に関連する専門領域の特殊性、利用者の要求等を十分配慮したうえで、適切な措置を講じなければならない。

三 職　員

(1) 大学図書館の職員数は、原則的には蔵書冊数、年間増加冊数ならびに利用の総量に対応すべきものではあるが、キャンパスの配置条件、図書館管理と資料配置の集中度、施設の規模、利用者の特性、サービスの範囲、開館日数と時間帯、職員の専門的資質等の諸要因によって左右されるものでもある。

しかも、図書館業務の中核となる専門的業務は、数量的に計測し難い知的作業から成り立っているので、職員数の適正な算定基準を一律に設定することは困難である。大学当局は、図書館がサービスの拡充・改善に対して時として消極的にならざるをえないのは、慢性的な人員不足に由来する場合が多いことを認識し、職員の配置に関して十分に配慮する必要がある。この場合図書館においても、大量化・多様化する情報需要がもたらす業務量の増加を安易に増員に結びつけることなく、業務処理の標準化、集約化、効率化によって吸収するよう努める必要がある。

(2)

(3) 大学図書館の業務は多種多様であり、それらを処理するためには司書系職員のみならず、事務職員、技術職員等各種の職員が必要である。質的にも量的にもその中核となるのは専門的業務を処理する司書系職員であるが、大学図書館の利用者は知的水準のきわめて高い集団であるので、その要求に対応するためには特に高度の資質をもった専門職員をも必要とする。

司書系の専門職員の資格要件としては、大学の学部課程において一つの学問分野を学び、さらに大学院修士課程において図書館・情報学を修めることが一般に望ましい。いうまでもなく、わが国の大学における図書館・情報学教育、殊に大学院課程におけるそれは歴史も浅く、またそのような課程を置く大学の数も限られてはいるが、大学図書館が高度の専門職員を積極的に受け入れる姿勢を示さない限り、専門職員の養成は活潑化しないであろう。多様な専門的業務を遂行するに足る要員を確保するために専門職員を受け入れる体制を整えるかたわら、現職者の研修や再教育を重視しなければならない。

なお、過渡的には、学部課程等において図書館・情報学その他の分野を専攻した現職者に対して充実した研修・再教育を行い、専門職員への道を開くことをはかるべきである。

また、大学図書館が必要とする専門職員は、いわゆる司書系にとどまらず、特定の主題領域や言語領域における高度の書誌的調査・研究に携わるビブリオグラファーや、古文献の処理を専門とするキュレータや、情報処理システムの分析・設計にあたるシステム・エンジニア等に及んでいる。これらのスペシャリストも専門職員として受け入れることが望ましい。

大学の研究・教育の進歩・発展に直接的なかかわりを持つ大学図書館業務の特性にかんがみ、専門職員をラインまたはスタッフのいずれにも任用できるよう措置するとともに、プロフェッションとしての専門性にふさわしい処遇を配慮すべきである。

四 施設・設備

(1) 図書館を建築するにあたっては、図書館の機能に対する配慮が基本となるべきことはいうまでもない。したがって、利用者ならびに図書館側の立場が設計の段階で十分尊重されなければならない。そのためには、図書館側でも建築計画のための綿密周到な基礎資料を用意すべきである。

(2)　大学図書館の建設位置は、その性格に応じてキャンパス内のできるだけ利用しやすい場所であることが必要である。その際、敷地の規模は将来の増築を可能とする余裕のあることが必要である。図書館が学部・研究所等の建物の中に併設される場合も、同じく利用の便や増築の可能性を考慮し、原則として建物の低層部分に設置することが望ましい。

(3)　建物の各スペースの配置は、利用者の便を最優先とした上で、職員の業務ならびに勤務の条件をも十分配慮し、業務動線を効率的に組込んだものとしなければならない。なお、資料は極力開架にする方向でスペース計画を考えるべきである。またスペースおよび諸設備（冷暖房・空気調節・搬送・照明等の設備）の計画に当っては、開館時間の延長や休日開館に対応して部分開館等の手段を講じられるよう配慮することが望ましい。

(4)　図書館の施設・設備ならびに調度・備品類は、大学の知的・文化的施設としてふさわしい雰囲気を醸成するに足る水準であることが大切である。特に閲覧用机・椅子、目録カードケース、カウンターその他の図書館用調度は、機能性・快適性ならびに堅ろう性において質の高いものを整備することが望ましい。また、これらの水準を高く保つためには、常に創意工夫を加え続けることも大切である。さらに、身体障害者の移動ならびに利用面について適切な配慮が望ましい。

また、図書館サービスの拡充に関連して、特に、学術情報処理その他の業務に必要な電子計算機、端末機器、通信機器等を積極的に導入することが望ましい。

(5)　大学図書館の必要面積の算定は、学部学生、大学院学生および教員の定員、蔵書数および年間増加冊数等を基礎として合理的に積算すべきである。また、蔵書量の年々の増大に対処する方策に意を払うことは特に重要であり、将来の増築計画の方向を当初から考慮するなどの点で格別の配慮が必要である。

五　組織および管理運営

(1)(2)　わが国の大学図書館組織には、自然発生的な細分化ないし分散化がしばしば見られるが、過度の細分化・分散化は大学図書館としての一体的管理や効率的・経済的な運営を阻害する危険性があり、ひいては有効なサービスに支障をきたす恐れがある。図書館組織が、中央図書館、分館、部局図書館等複数館によって構成される場合も、可能な限り過度の細分化・分散化を避け、その管理運営が分断されることのないよう全学的見地から有機的一体化をはからなければならない。

(3)～(5)　大学図書館の管理運営の最高責任者である図書館長には、全学的見地から適任者が選任されなければならない。教員が兼任のかたちで館長に就任する場合にも、館長の責務の重要性や図書館業務の複雑多様化を考えれば、本務とする学部等における授業その他の負担を軽減するなどの措置をとることにより、専任に近いかたちで館長の責任を果しうるよう配慮することが望ましい。館長については、一般に任期を定める例が多いが、頻繁な交替による弊害が生じないよう配慮する必要がある。分館長・部局図書館長の場合も同様である。

(6)　教員が兼任のかたちで就任する場合、その館長を補佐するため、専門職員をもって充てる専任の副館長（または次長）を置くことが考えられる。また、これとは別に教員をもって充てる館長補佐（副館長）を置くことも考えられる。

(7) 図書館業務組織の部門化には、機能別、主題別、資料形態別やその混合形があるが、大学の特性に応じ、研究と教育を支援するサービスの展開に適した部門化を選ぶことが肝要である。業務組織には、その規模に応じて管理職位を配置する必要がある。

また、大学図書館には情報需要の高度化・複雑化に対応できるよう、本解説二の(1)に掲げたような各種の調査・研究・開発にあたるスタッフを配置することが望ましい。

(8) 図書館委員会は、研究・教育の立場からの要請を図書館の運営に反映させるためのものであり、当該大学の部局等を代表する教員をもって組織し、必要に応じて職員を構成員または列席者とすることができる。

また、大学図書館には、前記委員会のほか、必要に応じて各種の専門委員会を設けることができる。

六 予算

(1) 大学図書館予算の基準値の設定にあたり、従来大学総経費に対する比率の設定方式が試みられてきたが、図書館の実状は、その性格、規模および伝統により千差万別であり、画一的な算定方式の設定は困難なので、本基準においてはこれを採用しなかった。したがって総経費に対する一定比率を明示することはできないが、大学はその研究・教育体制に十分即応するために、図書館業務の拡大・複雑化に伴う適正かつ十分な予算を設定する必要がある。

(2) 経常的経費は、図書館資料費、製本費、人件費、設備備品費、光熱水費等で構成される。

なかでも、図書館資料費については、資料の価格ないし為替価格の変動等に伴う予算措置を的確に講じるとともに、近時の学術情報サービスの重要性にかんがみ、関連の機器設備経費、通信費および各種情報サービスのために必要な経費を計上する必要がある。

また、図書館業務の遂行を円滑にするための人件費その他の諸経費を十分計上するとともに、前記の資料費以外の諸経費についても価格の変動等をも十分配慮しなければならない。臨時的経費は、まとまった図書館資料の一括購入、建物の新築や改修、新規の施設・設備ならびにそれらの更新、各種目録類の刊行等、臨時的で一時に多額の支出を必要とする経費であり、その計画については、事前に大学当局と十分な協議を必要とすることはいうまでもない。

七 相互協力

(1) 大学図書館は、自館の整備充実を図るべきことはいうまでもないが、単独の図書館では利用者が必要とするあらゆる資料を収集し、その利用に応じることは不可能であり、たとえ充実した蔵書を備えていても、孤立的な図書館運営によっては、研究者の要求を十分に満たすことは困難である。したがって、各大学図書館は学内の研究・教育関連施設、たとえば大学図書館組織に属さない各種のコレクション、文書館、博物館、資料館、情報処理センター等と相互に協力するとともに、あらゆる図書館活動の局面において、国・公・私立を通じて、地域的・全国的な相互協力の組織を確立し、その維持発展のために相応の分担をする責務を果たさなければならない。

各大学図書館は、学習・教育用資料については独自に充足すべきことは当然であるが、研究用資料の収集においては、全国的見地に立って特色ある蔵書の構築を目指し、分担収集、共同購入等の効率的方法を採用することによって、内外の一次情報を確保しなければならない。

組織面においては、共同目録作業、総合目録の編成など、各種の共同書誌事業を企画し、それに参加することが望ましい。

また、利用面においては、参考調査業務の協力体制を確立し、研究者が他館蔵書を利用する際に便宜を図るとともに、資料の相互貸借、複写サービスの面で相互の利用を制度的に保証しなければならない。

さらに、保管の面においては稀用資料の分担保管に協力するとともに、必要に応じて共同の保存図書館、あるいは共同利用図書館の設置にも積極的に取組む必要がある。

(2) 各大学図書館は、全国的な学術情報システムの形成においては、一次情報を蓄積・提供する機能とともに、学術ネットワークにおける窓口としての機能を果たすことによって、その重要不可欠な構成単位となることを認識し、学内利用者のみならず、広く研究者の情報需要に応じうるよう地域的・全国的さらに国際的な相互協力のネットワークの形成に努めなければならない。

薬学関係学部図書館設置基準

（昭和五六年五月一八日　日本薬学図書館協議会）

一　趣旨

本基準は薬学の教育と研究を効果的に行うために必要な薬学関係学部図書館の最低基準を示すものである。

ここにいう薬学関係学部図書館とは単科大学図書館、総合大学学部または単科の図書館・室をいう。

二　組織および運営

(1) 図書館の組織はその規模に応じ、かつその機能を発揮しうるように構成されなければならない。

(2) 館長（総合大学では分館長またはそれに準ずる者）は教授またはこれに相当する者をもってこれに当てる。

(3) 職員数は学生総数、年間増加冊数、蔵書冊数に応じて次のごとく定める。学生三〇〇人まで、大学院生一〇〇人まで、年間増加冊数一、〇〇〇冊（または蔵書冊数一〇、〇〇〇冊）までに対して四名とし、学生数三〇〇人、大学院生一〇〇人、年間増加冊数五〇〇冊（または蔵書冊数一〇、〇〇〇冊）を増すごとに一名増すものとする。

(4) 職員の中には司書及び薬学教育を受けた者若しくは、薬学関係の図書資料並びに情報科学の教育を受けた者を含まなければならない。

(5) 図書館には図書委員会をおく。図書委員会は図書館行政の根本方針およびその他の重要事項を審議する。

三　施設および設備

(1) 図書館はその機能を十分発揮できるように適切な位置および構造をもって設置されなければならない。

(2) 図書館には閲覧室、書庫、事務室を含めて資料の整理、保管、利用および情報の処理検索に必要な場所と施設を備える。

(3) 諸施設は利用者、館員、および資料の数量とその運用に応じた規模をもつものでなければならない。

Ⅰ 閲覧室は学生総数の二〇％以上の収容力を持ち、一人二㎡以上の床面積を必要とする。

Ⅱ 書架収容力は新設時において基準冊数および二〇年間の増加図書を収容できるものであり、以後は常に五年以上の増加図書収容余力を保つようにしなければならない。

Ⅲ 事務室は最低五〇㎡とし、職員一人増すごとに一〇㎡以上を必要とする。

(4) 施設は図書館を機能的に管理運営できるよう合理的に配置され、時勢の進展に応じた設備機器が整備されなければならない。

四　図書資料

(1) 図書館は大学の特色を生かし、薬学教育と研究が十分達成されるような内容の図書資料を備え、それらの中には基本図書、指定図書、主要学術雑誌等が含まれることが必要である。

(2) 図書および学術雑誌は学生入学定員八〇人以下の場合は（一般教育関係図書五、二〇〇冊以上）、専門教育関係図書は薬学関係図書と関連分野の図書を含め八、〇〇〇冊以上を備え、かつ程度の高い新刊の図書を系統的にととのえる必要があり、また学術雑誌は一五〇種類（半数以上は洋書）以上を継続購入しており、かつ主要な雑誌のバックナンバーをととのえることが必要である。

(3) 学生入学定員八〇人を越える場合は学生入学定員四〇人増すごとに専門教育関係図書八〇〇冊を増すものとする。

(4) 一般教育関係図書は学生数に応じ、概ね専門教育関係図書の増加の比率により増加するものとする。

(5) 図書は毎年次の標準により増加するものとする。

Ⅰ 主要学科目一科目当たり少なくとも年間二五冊以上。

Ⅱ 学生入学定員一人当たり少なくとも年間一冊以上（一般教育・専門教育関係を含む）。

(6) 図書館は視聴覚教材の視聴に必要な教材・施設を整備するものとする。

五　運用活動

図書館はその図書資料の運用または情報の収集について、次のような活動を積極的に行うことが必要である。

(1) 所蔵資料の整備と運用の改善
　目録の整備、配架・展示・出納の合理化

(2) 参考業務

(3) 資料利用のための機器の設置

(4) 学術情報の収集・管理・検索ならびに流布

(5) 他の図書館および情報機関との連携ならびに協同事業

六　研究活動

図書館は大学の研究活動の一翼として薬学資料ならびに薬学情報の情報科学的研究を行わねばならない。

七　経　費

この基準の趣旨が達成されるに十分な図書購入費、設備費、製本費その他の業務費および研究費、ならびに人件費が計上されなければならない。

大学図書館施設計画要項

〔大学図書館施設研究会議答申
一九六六年三月
文部省管理局教育施設部発表〕

大学図書館施設計画要項目次

まえがき

大学における教育や学術研究の進歩発展に対し、大学図書館が極めて重要な意義を持つものであることはいうまでもない。

我が国において、大学図書館は、組織、運営等の面においてのみならず施設、設備の面でも著しく立ち遅れている。大学の教育研究のレベルの低下を防ぎ、その質的向上をはかるためには、大学図書館の整備は急務とされるところであり、その整備拡充については、日本学術会議からも、かねて内閣総理大臣に対し、勧告が提出されて来た。このような事情で、我が国の大学図書館は今後ますますその重要性が認識され、整備が促進されねばならない段階であるので、この際、その施設の整備改善の方策を明確にすることはきわめて必要なことである。

昭和三十八年十一月、大学図書館施設の整備改善の方策について、文部大臣の諮問を受け、検討に着手したが、施設のあり方は組織、運営等のあり方と密接な関連があるので、それらの近代化の方策についても、あわせて検討すべき点が多く、施設の問題と平行して組織、運営等の問題についても、慎重な検討を進める必要があった。その関係から、昭和四十年八月、調査会の解散後においても、引続き大学図書館施設研究会議において、検討が進められ、本年〔昭和四十一年〕三月結論に到達したのである。

大学図書館は大学における教育研究の中核的存在であることにかんがみ、その施設の近代化と整備拡充が計られなければ、大学の教育研究の使命を達成することは不可能である。

この趣旨に基づいて、大学図書館の施設の重点的な整備が早急に進められることを要望する。

第一部　基本要項

一　大学図書館の使命および機構

一・一　使　命

大学図書館は、大学における教育・研究活動の重要な機関であるとともに、総合的教養の場としての役割をも果すものである。

一・二　機　構

(1) 大学図書館とは、中央図書館、分館または部局図書館ならびに「これに準ずるもの」を総括したものをいう。

a 中央図書館は、大学図書館活動の総合的管理および連絡調整にあたるものとする。

b 分館は、中央図書館の総合的管理の下に、また部局図書館は、その部局の業務管理の下に運営されるものであるが、ともに下記の場合に設置されるものとする。

一 大学の敷地が分散している場合。

二 部局の数が多く、図書館を一カ所にまとめるのが不適当な場合。（この場合でもなるべく二以上の部局をまとめて図書館を設置することが望ましい。）

三 全学的規模で、部局の枠をこえた部門別または機能別の図書館をおくのが適当な場合。

部局図書館については、中央図書館との間および部局図書館相互の間で、大学図書館活動に関し連絡調整を行ない、協力することを必須の条件として設置されるものとする。

c 「これに準ずるもの」とは、図書館（室）の奉仕対象が学科レベル以上であつて、かつ、全学的連絡調整の機能と図書館機能を発揮し得る規模の組織を有する図書館（室）をいう。

たゞし、施設に関する基準面積を算定する場合には、分館または部局図書館を最低単位とする。

(2) 大学図書館はとくに、下記の事項に留意して管理・運営されなければならない。

a 大学図書館は、全体として有機的、一体的に管理され運営されること。

b 大学図書館の長は、大学図書館の管理および運営の中心となつて全学的な連絡、調整を行なうこと。

c 大学図書館に、図書館管理に関する基本方針およびその他の重要事項を審議するため委員会をおくこと。

二　大学図書館の機能

大学図書館を機構上から分ければ、中央図書館、分館または部局図書館などになるが、これを機能上から分ければ、以下に述べるように、学習、研究、総合および保存図書館の四種類になる。これらは機能的性格であるから、大学の規模と学部の種類によつては、一つの図書館で兼ねることもありうる。

二・一　学習図書館

(1) 学習図書館は、学部学生の学習と教養の場としての役割を果すために、つぎのような奉仕活動を行なう。

a 適切な主題部門にもとづき適当量の蔵書を備える。

b 指定図書制度を採用する。

c 原則として開架方式を採用する。

d 参考図書を整備して、図書館資料の利用方法の指導、目録の検索指導、読書の案内指導、質問に対する回答などを行なう。

e 図書館の利用教育を行なう。

f　タイプライター、複写機類の整備をする。

(2)　学習図書館を中央図書館におくかどうかは、その大学の規模、地理的条件等によつてそれぞれ異なる。たとえば、一般教育関係の団地と専門学部関係の団地が隔たつている場合には、それぞれの団地に学習図書館としての機能をもつた図書館（必ずしも独立した施設を意味しない。）が必要である。

(3)　学習図書館は、現状では、学生の自習のための機能を含む必要がある。たゞし、図書館資料を利用しない自習専用室は図書館として特別に設けない。

二・二　研究図書館

(1)　研究図書館は、つぎのような奉仕活動を行なう。

a　図書館資料による研究活動を能率化するために、参考図書は不可欠のものであるからその整備充実に努める。

b　文献情報活動を拡充するために、熟達した書誌的能力の他に、高度の語学力と学問分野に対する専門的知識をもつた参考係員を配置する。

c　研究者が、全面的に接架できるようにするほか、なるべく閲覧用個席、個室等を備える。

(2)　研究図書館は、大学の規模や地理的条件などの事情により、集中化することの可能な場合と、分館または部局図書館に分化する場合とがあるが、分化する場合でも、研究の適正な交流を阻害するほどに分化されることは望ましくない。余り分化しすぎることは、適正な奉仕活動や管理運営を行なうことができなくなるおそれがある。少なくとも、人文社会系の分野では部局ごとに図書館を設けるよりもこれを統合することが望ましい。

自然科学系は部門別に分化される場合もあるが、なるべく全学的な規模で研究領域別にまとめられたセンター的な研究図書館を作ることが望ましい。

二・三　総合図書館

(1)　総合図書館はつぎのような総合的活動を行なう。

a　大学図書館活動の総合的管理および連絡調整を行なう。

b　数部局（学部、研究所等をいう）で構成される大学にあつては、二部局以上にまたがつて利用される図書館資料を収集保管して全学的な利用に供するとともに、全学的な蔵書構成上の間隙を補なう。

c　大学図書館の向上に関する調査研究を行なうとともに、全学の図書館関係職員の研修のための図書館学および関連の資料を豊富に整備して、図書館関係職員の研修のセンターの役割を果す。

d　各部局ごとの専門教育だけでは、不十分な点を積極的に補なう。

(2)　総合図書館はつぎのような奉仕活動を行なう。

a　全学の図書館資料の完全な総合目録を整備して、全学図書館資料の有効利用に資する。

b　総合的な情報管理を行ない、当該大学以外の図書館との相互協力のために積極的な活動を行なう。

c　一般的な参考図書を完備するとともに、参考係員を配置して教官および学生の質問、相談に応じる。

(3)　総合図書館の機能は、中央図書館が果すものとする。

二・四　保存図書館

(1)　保存図書館は、図書館資料の増加にともなつて、使用ひん度の相対的に低下した資料を集約的に収納するためのものである。

(2) この図書館資料の保存の機能は、その蔵書量に応じて、保存書架、保存書庫、保存図書館へとその施設を次第に大きくすべきである。

(3) 保存書庫は、中央図書館にある方が望ましい。

三 大学図書館の任務

大学図書館の任務は、基本的にはつぎのようになる。

そのうち、(1)と(2)は総合図書館のみが行なう任務である。

(1) 図書館活動の総合的管理
a 図書館運営に関する基本方針の立案
b 図書館資料の総合的収集計画の立案
c 予算計画の立案
d 図書館職員の人事管理
e 図書館運営の評価

(2) 図書館活動の連絡調整
a 総合目録の作成・管理
b 利用規則等の体系的統一
c 全学の図書館資料の利用の調整
d 情報管理活動の連絡調整

(3) 図書館資料の収集
a 図書館資料の選択
b 図書館資料の受入
c 図書館資料の更新

(4) 図書館資料の整理
a 目録
b 分類
c 配架
d 製本
e 保存

(5) 図書館資料の運用
a 利用（貸出、閲覧、学内資料の相互利用、複写、印刷）
b 参考奉仕（文献調査、書誌等の作成、検索指導、参考質問の回答、読書相談）
c 案内広報（展示、利用案内、月報、集会等）

(6) 情報管理
a 学術情報の収集
b 学術情報の整理
c 学術情報の提供（速報を含む）

(7) 他の図書館との相互協力
a 資料の収集
b 資料の整理
c 相互利用・貸借・交換
d 保存

(8) 調査研究および教育
a 資料および運営に関する調査研究
b 図書館利用に関する教育
c 図書館職員の研修

(9) 業務管理
人事、給与、文書、厚生
支出、予算、決算、用度
施設・設備の管理

四 大学図書館資料の管理方式

大学図書館における図書館資料の管理方式を類別するとつぎのようになる。

(1) 集中管理方式

全学の図書館資料が完全に集中管理される方式で、つぎの二つの場合である。

a　中央図書館のみの場合

b　中央図書館の他に分館がある場合

(2)　分散管理方式

図書館資料を中央図書館と部局図書館とで分散管理する方式でつぎの二つの場合がある。

a　連絡調整のある場合

総合目録の整備、館則の統一等全学の図書館資料に関する連絡調整は中央図書館が行ない、部局図書館の運営はその部局の定めるところによつて行なわれる。

b　連絡調整のない場合

中央図書館とは関係なく、部局図書館で図書館資料の購入、整理、保管などすべての管理を行なう。

近代的大学図書館の管理運営の問題を考える場合、これらのうち、(2)のbの方式は望ましくないから(1)または(2)のaの方式が採られるべきである。

たゞし、一般に大学図書館は、その図書館資料をできるだけ集中して管理運営することを原則とすべきである。

しかし、大学の敷地が分散している場合、または大学の規模が大きく学部数が多くて、図書館を一ケ所にまとめることが適当でない場合には、分館または連絡調整された部局図書館を設けることもできる。この場合でも利用上の共通性が高い点から、人文社会系の図書館資料または一般教育および専門コースの学生の参考図書・指定図書など（学習図書館にあたる）は、それぞれまとめて配置されることが好ましい。

自然科学系については、一本化された図書館または数個の部局をまとめた図書館あるいは各部局別の図書館などが考えられるが、この場合でも部局を超えた部門別の協調が必要である。したがつて、たとえば部局を超えて物理系、化学系、生物系などの部門別化が望ましい。

これらの分化に当つては、分館はもとより部局図書館が常に有効適切な奉仕活動を行なうことができるように考慮されねばならない。

五　図書館資料の配置および図書冊数の基準

(1)　図書館資料の配置

大学図書館における図書館資料の配置は、つぎのような形式がある。

現実の大学図書館は、このうちのたゞ一つの形式ではなく、いくつかの形式の複合になつている。

したがつて、これをどのように組み合わせているかは各大学の実情によつている。

配置原理	種類
利用者別	学部学生閲覧室、大学院学生閲覧室、教官閲覧室、特別閲覧室
資料形式別	一般図書閲覧室、新聞閲覧室、雑誌閲覧室、参考図書室、地図室、官庁刊行物室、指定図書室、貴重図書室、視聴覚資料室
主題別	人文科学閲覧室、社会科学閲覧室、自然科学閲覧室、特定主題閲覧室
接架形式別	完全開架図書、安全開架図書、準開架図書、開架図書、保存書庫用図書

(2) 指定図書冊数の基準

指定図書冊数は、全学部学生定員の四倍程度の数が適当である。

(3) 参考図書冊数の基準

総合図書館および学習図書館には、基本的な参考図書を集中して備える必要があり、さらに、専門的な参考図書は各研究図書館の構成単位ごとにあることが望ましい。

参考図書冊数は図書館の規模、性格等により異なるので、一概にきめることは困難であるが、利用者の利便を考慮して一ケ所に集中配置すべき基本的な参考図書としては五、〇〇〇冊程度が最低と考えられ、規模が大きくなるに伴い冊数を増す必要がある。

六 基本所要室

大学図書館として、基本的に必要な各室の種類はつぎのとおりである。

(1) 利用関係

ロビー　展示スペース・ロッカー室・軽読書スペース等を含む
出納ホール
目録スペース
喫煙休憩室
新聞閲覧室
雑誌閲覧室
参考図書室　（レファレンスルーム）サービススペースを含む
一般閲覧室
指定図書閲覧室
研究者閲覧室　個室、マイクロリーダースペースを含む
特殊資料室　各種資料センター、地図室、マイクロ関係資料室を含む
貴重図書室
視聴覚室　準備室を含み集会を兼ねる
グループ研究室
演習室
学生複写室
学生タイプライター室

(2) 収蔵関係

一般書庫
貴重書庫
保存書庫
視聴覚資料
（以上）キャレル、エレベーター、リフト等を含む

(3) 業務関係

館長室
各役職員室
一般事務室　庶務会計等
整理事務室
奉仕事務室
情報管理室　テレックス室、地域センター室を含む
印刷製本室
複写室　マイクロ複写スペースを含む
会議室
消毒室
更衣休養室
倉庫　荷解きスペースを含む

(4) その他

機械室

交通部分

注1 以上は基本となる名称をあげたものであるから、規模の大小や性格により省略されるもの、複合可能なもの、さらに追加する必要があるものがある。

2 当然必要な付属室は省略されている。

七 閲覧座席数

(1) 大学図書館の雑誌閲覧室、参考図書室、一般閲覧室、指定図書閲覧室の合計座席数は、学生閲覧座席数比によつて算出する。

大学図書館の研究者閲覧室、特殊資料室、書庫内キャレルの合計座席数は、大学院学生閲覧座席数比と教官閲覧座席数比によつて算出する。

(2) 学生閲覧座席数比

学部学生の閲覧座席数比は、蔵書構成が改善され、学生が図書館資料を容易に利用できるように運営を改善することを前提として、学部学生総数の二十%にする。

(3) 大学院学生閲覧座席数比

大学院学生の閲覧座席数比は、同じく大学院学生総数の三十%にする。なお、大学院学生の閲覧座席は、個席であることが望ましい。

(4) 教官閲覧座席数比

教官の閲覧座席数比はつぎのa～cまでの合計とする。

a 博士課程をおく学部については、その学部教官数の三十%

b 修士課程をおく学部については、その学部教官数の二十%

c 大学院をおかない学部についてはその学部教官数の十%

なお、教官の個室は、その図書館が何等かのセンター館であれば、その中心文献が長期に館外に持ち出されないためにも、個室は是非設けるべきである。しかし、一般の場合には、個席またはキャレルにしてもよい。

第二部　全体計画立案に関する指針

大学図書館の施設計画を作成するに当つては、個々の図書館施設を切り離して問題とすることなく、まず全学的見地から、理想的な全学図書館計画を樹立することが肝要である。その計画立案の基本方針は「基本要項」にも示されてはいるが、更にその要旨を明らかにするために解説を加えることにする。

図書館の施設計画と、その運営のあり方とは密接な関係があり、どんなに見た目に立派な施設が出来ても、内容がこれに伴わなくては良い図書館施設とはいえない。

基本的には、まず「大学図書館資料の管理方式」が望ましいシステムで行なわれることが必要である。そのためには「基本要項」の三―(1)～(2)「図書館活動の総合的管理」、「図書館活動の連絡調整」にかゝげられている諸任務をじゅう分に果し得る組織をもつものでなければならない。「総合的管理」や、「連絡調整」の機能を持たない大学図書館は、望ましい運営を行ない得ないものであることはいうまでもない。

一 中央図書館と総合図書館

大学図書館は基本的に「基本要項」三―(1)～(2)「図書館活動の総合的管理」「図書館活動の連絡調整」にかゝげられている諸任務をじゅう分に遂行する組織があり、全学の図書館活動が有機的一体的に管理され、運営される必要があるということはいうまでもない。この任務を果すものが総合図書館である。これらの任務がどの程度満足に遂行されているかは、その大学の図書館運営が近代化されているかどうかのバロメーターになるといってよい。そのほか、総合図書館の任務は「基本要項」二・三—(1)~(2)にかゝげられているような全学図書館活動の共通的またはセンター的な役割を適切に果すことが必要である。このような総合図書館の機能は、通常中央図書館の機構の中に含まれ、かつその根幹をなすものであるといってよい。「基本要項」二・三—(3)に「総合図書館の機能は、中央図書館が果すものとする。」とあるのは、このことをいっている。

もちろん、総合図書館の役割だけを持つ中央図書館も考え得られない訳ではない。しかし、現段階では、大学図書館の機構上から考えて、じゅう分にその機能を発揮することが困難となりやすく、また資料や、人的配置の面でも不経済となりやすいので、学習図書館と研究図書館、或いはその何れかと結合することが一般的な形態と考えられる。

二 集中管理方式と分散管理方式

次に「基本要項」四の「大学図書館資料の管理方式」にあげられている「集中管理方式」によるか、「分散管理方式」によるかは、それぞれの大学の事情によってきめられるべきものであるということはいうまでもないが、近代的大学図書館の運営を実現していくためには、次に述べるような配慮が必要である。

二・一 「集中管理方式a」が採用される場合

「基本要項」四にも述べられているように、「一般に大学図書館はその図書館資料をできるだけ集中して管理運営することを原則とすべきである」このことから考えれば、同一キャンパスの図書館はできるだけ一本化することが望ましいといえるであろう。しかし、同じく「基本要項」四—(2)にも述べられているように、「大学の規模が大きく、学部数が多くて、図書館を一ケ所にまとめることが適当でない場合」には、分館が設けられることになる。この大学の規模が大きく、学部数が多いということは、キャンパスが広大であることを意味し、キャンパスが広大な場合には、図書館を一ケ所にまとめることは、図書館への距離が遠くなり過ぎるため、図書館資料の利用上不便となり、研究能率の低下を来す部局が生じるおそれがあるので、そのような場合には分館が必要となる。たゞし、このことは研究図書館についていえることであって、学習図書館は大学の規模が大きくても、同一キャンパスについては、一ケ所にまとめることを原則とすべきである。もちろん、学習図書館といっても、必ずしも独立の施設を意味しないことはいうまでもない。

二・二 「集中管理方式b」および「分散管理方式」が採用される場合

大学の敷地が分散している場合と大学の規模が大きく、部局の数が多くて、図書館を一ケ所にまとめることが適当でない場合にこれらの方式のいずれかが採用される。

これらの場合でも、それは無制限に許されることではない。その条件は、次に述べられているので、それらを勘案して望ましい運営の可能な分化が図られねばならない。

(1) まず、分化の基本型として考えられるものは、「学習図書館」、「人文社会系」、「自然科学系」等である。分化する場合「基本要項」四に示されているように学習図書館※は同一キャンパスの中では一本にまとめることが望ましい。

これは、教育用の図書館資料を整備し、読書相談や夜間開館など学生に対するサービスを高度化するためには一本にまとめられていることが有利であるからである。また、学習図書館は総合図書館または何れかの研究図書館と結び付くことが実際上、運営上の利便が得られる。

※「基本要項」四に述べられている「一般教育」、「専門コースの学生の参考図書・指定図書」等は、学習図書館の内容をなすものである。

⑵　次に、「基本要項」四に、人文社会系は一本にまとめられることが望ましいことが示されている。人文社会系は学問の領域が互に交錯し、重複している部分が多いので一本化されることが利用上の便宜は非常に大きいからである。

⑶　自然科学系は理・工・農・医・薬その他であるが、これらの自然科学系といえども、それぞれに同じ分野の研究部門を含んでいるから、ひとつにまとまっていれば相互に研究上利益するところは大きいと考えられる。特に理学部は基礎科学の領域として、すべての自然科学系の学部の研究と大なり小なり関連性を持っている。従って、自然科学系の学部がひとつにまとまった図書館を持つことができればそれに越したことはないし、それができない場合でも、共通領域の多い学部はできるだけまとまることが望ましい。例えば、医・歯・薬の総合図書館など。また、理学部は何れかの自然科学系学部と連合することが望ましい。「基本要項」一・二―⑴―（b）―二においても、「この場合でもなるべく二以上の部局をまとめて図書館を設置することが望ましい。」と述べられている。

⑷　また、自然科学系の図書館の分化のあり方として望ましいのは部門別図書館であるとされる。すなわち、「基本要項」四に「部局を超えて物理系、化学系、生物系などの部門別化が望ましい。」とされている。

二・三　分化の条件

⑴　連絡調整が行われること

分散管理方式が採用される場合、それぞれの部局図書館が相互に連絡なく、閉鎖的に管理されることは、近代的大学図書館の運営として最も望ましくないことである。従って、分散管理方式の場合には、全学的な収集計画が立てられることや、総合目録が整備されることや、利用者が適切容易に利用できるような館則の体系が立てられることや、情報活動が相互に連絡を保って行なわれるなど部局図書館相互の連絡調整が行われる必要がある。「基本要項」一・二―⑴に「部局図書館については、中央図書館との間および部局図書館相互との間で、大学図書館活動に関し連絡調整を行ない、協力することを必須の条件として設置されるものとする。」とあるのは、このことを指すものである。

また、「基本要項」四―⑵―aに「総合目録の整備、館則の統一等全学の図書館資料に関する連絡調整は中央図書館が行ない」とあるように、このような連絡調整は中央図書館の重要な機能である。※

※「一」で述べたように、一般に中央図書館は総合図書館の機能を持つものであるという前提に立っている。

⑵　適切な管理活動が行われること。

分化のひとつの弱点は、分散化することによって管理能力が低下し、図書館資料の整理、運用が適切に行われず、情報活動が満足に遂行できなくなることである。これでは近代的大学図書館としての資格を欠くことになる。従って、満足な管理活動を遂行できないような分化は許さるべきではない。

その意味から、少なくとも学科レベル以上でなければ、このような資格要件を満たし得ないと考えられるので、「基本要項」一・二―⑴―c『「これに準ずるもの」とは、図書館

（室）の奉仕対象が学科レベル以上であって、かつ、全学的連絡調整の機能と図書館機能を発揮し得る規模の組織を有する図書館（室）をいう』とされているのである。学科レベル以上であっても、適切な管理活動を遂行するのに不満足な業務機構を持つものは、原則として部局図書館または「これに準ずるもの」とは認められないのである。

三　保存図書館

保存図書館は、利用ひん度の低くなった資料を集約的に収納するための施設であるが、ここにいう保存図書館とは、その規模や形態に応じて、簡易な保存書架や、比較的小規模の保存書庫から閲覧室まで備えた独立の保存図書室に至るまでを意味している。保存図書館を設ける目的は、主として次の理由による。

(1) 利用ひん度の低い資料を利用ひん度の高い資料と同じ場所に置く場合には、不必要に後者の利用上の能率を低下させることになるので、前者の資料は、後者から離して別置する。

(2) 利用ひん度の低い資料を利用ひん度の高い資料と同じ形式の書架に納めておくことは、スペース上不経済である。

一般に図書館の常時利用される資料の収蔵スペースは、無限に拡張されるものと考える必要はなく、利用ひん度の低くなった資料は、保存図書館（保存書架、保存書庫を含む）に収納することにすれば、比較的利用ひん度の高い資料の量には限度が想定し得られるので、図書館の拡張計画を予定する上にも、資料利用の合理化をはかる上にも有効である。

そのあり方は、それぞれの図書館で、図書館施設の中の比較的利用効率の悪い部分に書架や書庫を設ける場合もあるが、これは便宜的な方法であって、理想的には学内にまとめて保存書庫、保存図書館さらに他の大学と共用の地区的な保存図書館を設けることが望ましい。そのうち、保存書庫の位置については「基本要項」の二・四—(3)に「保存書庫は、総合図書館もしくは、中央図書館にある方が望ましい。」（基本要項には「総合図書館もしくは、」が入っていない＝編者）とされている。

四　図書館と学部施設との配置の関係

次に図書館のあり方から見た学部等の施設との配置の関係に触れて見よう。大学図書館は今後ますます大学における教育研究の中心的施設としての任務が重さを加えるものと考えられるから、大学の全体計画を立案する際の参考になると思われる。

四・一　集中管理方式のa

集中化される場合には、中央図書館はキャンパスの中心的位置に配置し、何れの部局からも使用に便利な位置を選ぶ必要があることはいうまでもない。特に人文社会系及び一般教育の学生の利用に便利な位置を選ぶべきことはいうまでもない。

四・二　集中管理方式のbと分散管理方式

これらの方式が採用され、分館または部局図書館の設置が計画される場合には、その運営や利用者へのサービスが望ましいあり方で遂行できるかどうかを考慮してきめる必要がある。

(1) 学習図書館

キャンパスの中心的な位置に配置し、すべての学生の利用に便利な位置を選ぶ必要がある。特に学生が気軽に近づける位置であって、アトラクティブな環境であることが望ましい。

また、基本要項四—(2)で述べられているように、学習図書館は総合図書館または研究図書館と結合することが望ましいが、この場合どの図書館と結び付くことが効果的であるか慎重な考慮が必要である。どちらかといえば人文社会系の結合や、自然科学系学部がウエイトを占める大学では理学部関係と結合することが広い教養の視野を養う面で有利であろう。

いずれにしても、図書館の位置は、学習図書館およびこれと結合する図書館との両者に好適な位置を選ぶ必要があるということはいうまでもない。

(2)　人文社会系図書館

人文社会系は基本要項四―(2)に、一本にまとめられることが望ましいことが示されている。この観点からすれば、人文社会系の校舎はできるだけひとまとまりの配置をとることが望ましく、図書館は人文社会系のどの部局からも利用に便利なように、その中心的な位置を選ぶことが望ましい。また、その中でも図書館と研究室とはできるだけ直結するように、相互の配置は計画される必要がある。

(3)　自然科学系図書館

二・二―(2)で自然科学系図書館のあり方について述べた。自然科学系すなわち、理、工、農、医、薬等の学部の図書館資料は、共通的要素は少ないから、それらの図書館は別々に分離していてもさしつかえないという考え方がある。自然科学系の資料に関しては、極めてスピーディなサービスが要求されるから、できるだけそれぞれの研究室に密接していることが望ましいといえる。

しかし、共通的要素が少ないから分離することを建て前と考えるのも行き過ぎであろう。例えば、理の他に工にも農にも医にも薬にも化学の領域がある。するとこれらの学部の図書館がひとつにまとまっていれば、共通的参考図書の整備や情報活動の高度化が可能となることはもちろん研究者にも利益することが大きいと考えられる。その意味で化学系の図書館とか生物系の図書館などの部門別図書館が望ましいとされるのである。たゞ、自然科学系学部は施設の配置にかなりの広がりがあるから、学部の数が少なく規模が小さい場合には、まとまった自然科学系図書館を作りやすいが、学部の数が多くなると、まとまった自然科学系図書館を作ることが困難になることが予想される。

特に、工、農等は実験室の性質からその施設は、かなりの広がりを持つのが普通であるから、他の学部との連合は困難な場合が多い。更に、大規模な場合には、工、農等は、その学部自身のまとまった図書館を作ることさえも困難視される場合があるが、少なくとも学部の資料を総合管理できる図書館を設けることは欠くべからざることである。

何れにしても、どのように分化するかは、それぞれの大学の実情により、二―二・二―(3)の条件などを勘案し決められるべきであろう。

たゞ、自然科学系の資料に関してはスピーディなサービスが必要であるから、連合するよりも分離独立することが望ましいという考え方は無条件には是認され得ない。

第三部　施設の計画

一　総説

大学図書館の施設はその運営と密接な関係がある。機能的な面で、図書館施設の計画は運営の方法によって左右されるばかりではなく、またその中味である運営の方法が遅れていては、どんなに立派な施設ができても、それは、じゅうぶんに活用できない。望ましい運営がなされることによって、はじめて施設は生きてくるのである。

図書館施設の配置計画については、「指針」で取り扱ったのでここでは触れない。

図書館施設の計画に当って考慮されねばならない原則は次の通りである。

(1) アトラクテイブであること。
(2) 近づきやすいこと。
(3) スペースの互換性があること。
(4) 拡張の可能性があること。
(5) 機能的であること。
(6) 経済的であること。

図書館施設はアトラクテイブな形態を持つ必要がある。機能的な面をおろそかにして、外観だけにとらわれることは邪道であるが、利用者が自然にひきつけられるような魅力あるものにすることはないがしろにできない重要な要件である。また、図書館は大学の教育研究の中心となる施設であるから、利用者の近づきやすい便利な位置に配置されねばならない。

図書館は大学の成長発展や教育の変化に応じて、その施設や機能は成長変化するものであるから、将来の発展に応じて拡張が可能であることや、スペースの互換性を持つことが大切である。

また、その施設の計画は利用、保存、整理、収集等の機能が最も効果的に実現されるように慎重に配慮されるとともに、スペースの面でも、コストの面でも経済的な考慮が払われねばならない。

さて、運営上の基本問題については、「基本要項」「指針」等に述べられているので、これらを念頭において、以下施設計画の要点を述べることとする。

一・一　接架の形式

図書館施設の計画を大きく左右する要素として、接架の形式の問題がある。それを分類すると次のようになる。

(1) 開　架

利用者が直接書架に接し、資料を利用することができる形式である。これに次の三種のタイプがある。

(a) 完全開架

閲覧スペースと書架スペースとは区別されておらず、書架スペースへの出入りは自由である。

(b) 安全開架

閲覧スペースと書架スペースとは区画されており、書架スペースへの出入りはチェックされる。

(c) 準開架

図書のタイトルが閲覧者に見えるように並べられているが、ネットスクリーンなどでへだてられていて、直接手にすることはできない。

(2) 閉　架

図書の借出し《ママ》は出納係員の手を経てなされるもので、閲覧者は書架に接することは出来ない。

閲覧者が図書館資料をできるだけ利用しやすくするたて前からは開架形式が望ましい。図書館利用をおっくうにさせるという原因のひとつは、閉架であるために、直接、資料の内容を知ることができずまた借出手続がめんどうで時間がかかるということにある。事実開架形式を採用したために図書館利用者が激増したという例が多い。しかし閲覧者の数が非常に多い場合には開架形式は管理上の困難さを増すので、その採用にも限度があり、学部学生を対象とする場合開架冊数の範囲は五〇、〇〇〇冊＊以内と考えられる。小規模な図書館の場合には、管理上の難点が少ないので全館開架とすることも可能であろう。
＊この冊数には参考図書、雑誌類は含まない。

完全接架形式は閲覧者に図書館資料を自由に利用させるため前から理想的であるが、管理上の難点が予想される場合には、チェックを経て接架させる安全開架形式が採用される。一般に参考図書、指定図書等や、教養図書、一般図書等のうち利用ひん度の高いものは完全開架とし、研究図書等は安全開架とすることが望ましい。

一・二　モデュラープランニング

モデュラープランニングというのは、簡単にいえば、図書館建築の閲覧室、書庫、事務室等の区別なく、これらの部分を一様の構造とし、スペースの転換変更を容易なものとする方法である。各部の用途を固定してしまう構造は、将来の変更に対して適応性が乏しい。図書館施設は成長を予想しなければならない場合が多いから、用途の転換や増築等が容易である点ではモデュラープランニングが有利であり、とくに開架形式に適している。そこでは閲覧スペースと書架スペースとの構造的な区別はない。

しかし、閉架形式では、一般に書庫は他の部分から構造的に区別され、通常積層式が採用される。収蔵という目的だけを考えれば積層式書庫が経済的であるからである。

モデュラープランニングを採用しない場合には他の方法で将来の成長や用途の変更に対して特別に考慮をする必要がある。

一・三　閲覧者の出入りのチェック

開架方式がとられる場合には閲覧者は自由に書架から図書を手にすることができるから紛失等の事故を防ぐために、閲覧者の持物のチェックが必要となる。チェックの方法を大別すると次のようになる。

(1)　退館するとき、出入口で所持品を検査する。

外国で一般に行われている方法である。しかし、我が国では国民性などから考えてやりにくいといわれる。

(2)　閲覧室に入る以前に所持品をロッカーに預ける。

我が国では一般にこの方法が採用される。

(a)　ロッカールームの位置

(ア)　図書館の出入口附近におかれる場合

これが最も普通である。この場合、鍵の受け渡しに便利なように鍵を管理するサービスデスクの近くに設けられる必要がある。しかし、全館共通のロッカールームを図書館の出入口附近に設けることは開架に出す図書冊数が少ない場合には不経済である。

(イ)　開架閲覧室の出入口附近に設けられる場合

(ア)のように、全館を対象とするロッカールームを設けることが不経済な場合には、開架閲覧室の出入口に設けられることになる。この場合、監視が容易であれば棚類で済ますこともできる。

二　利用関係施設

二・一　ロビー

閲覧者が玄関に入ると、まずロビーがある。ここは利用者が各室に通ずる通路である。また、利用者が図書館利用への興味をそそられるような展示等がなされる場所でもある。ロビーには、ロッカールーム、上階への階段、新聞閲覧などの軽読書スペースなどが開いている。また、視聴覚室などがある場合には、ここから通じる。

閲覧スペースへの関門であるサービスデスクは、ロビーから目につく場所に設けられる。

二・二　サービスデスク

サービスデスクは次のような種類に大別される。しかし、これらは必ずしも別々のデスクを必要とするとは限らず、閲覧スペースのあり方に応じ同じデスクで済まされる場合もある。

(a) 受付デスク
(1) 入館のチェック・案内・複写等の受付
(2) ロッカーの鍵の受渡し

(b) 出納デスク
(1) 図書館資料の館内貸出返却
(2) 図書館資料の館外貸出返却
(3) 書庫への出入りのチェック

(c) 参考奉仕デスク
(1) 図書館資料に関する照会
(2) 読書相談等

受付デスクは閲覧スペースの入口に設けられる。これは図書館の閲覧スペースのいわば関所に当るから、閲覧スペースがどんなに大きくても、また数階に分れていても、それらへの出入が監視できるように、一ケ所にしぼって設けられる必要がある。閲覧スペースへの出入口がいくつもあることは管理を困難にする。

出納デスクは閉架書庫の図書の貸出し、書庫に閲覧者の立入りを許す場合にはその出入りのチェック、また閉架、開架ともに図書の館外貸出し等の業務が行われる。従って、このデスクは閲覧スペースの中の書庫の出入口に接した部分に設けられる。ここでは単に図書館資料の受け渡しだけではなく、貸出票の整理・記録などの業務が含まれる。

二・三　目録スペース

サービスデスクの近くに目録スペースが設けられる。蔵書数の増加に伴い目録も増加するから、これを予想してスペースを用意しておく必要がある。中央図書館では、それ自身の収蔵図書の目録ばかりではなく、全学の図書館資料の総合目録が備えられるからそのスペースも準備する必要がある。

利用者は目録とあわせて、書誌（ビブリオグライフイ）を利用する場合も多い。書誌は参考図書スペースに置かれるから、目録スペースと参考図書スペースとは近接させる必要がある。

整備された目録を備えるため目録スペースの所要面積は単位面積として蔵書一、〇〇〇冊あたり〇・四一平方メートルを用意する必要がある。

二・四　参考図書スペース

参考図書はすべての図書館利用者によって利用されるものであるから、完全開架形式とし、どの閲覧室からも利用に便利な位置に設けられる必要がある。参考図書の量が少ない場合には、一般閲覧室の一部に置くことができるが、量が多くなれば独立の室とするのが普通である。必要な種類の参考図書を一応そろえるためには、最低五、〇〇〇冊程度が必要となる。

また、専門の参考係員がいる場合には参考図書スペースにサービスデスクを置くのが普通である。参考係員は目録や書誌を利用することも多いので係員がデスクを置く参考図書スペースは目録スペースの近くにあることが望ましいのである。参考係員のデスクには、電話で照会が来ることも多いので、電話での応答が閲覧者の邪魔にならないよう、電話は応答用ボックスの中に納めておくことが望ましい。

二・五　閲覧室

在来の図書館では、閲覧室は天井の高いモニユメンタルな形態をとる場合が多かつた。しかし、天井の高い大閲覧室は近代的図書館からは姿を消すようになつた。それはスペースの転換のために不利であるし、空気調整のためにも不経済であるからである。

図書館は図書館資料と利用者にとつてできるだけ利用しやすいように存在する施設であるから、その中心施設である閲覧室は原則として外部から最も入りやすい階に置かれるべきである。閲覧室が数階にわたる場合には、最も利用されることの多い閲覧室をこの階に置く必要がある。

図書館は大学の成長発展や教育の変化に応じて成長発展するものであるから、閲覧室もまた将来の変化に適応できるようにフレキシビリテイを持つことが必要である。従つて、固定間仕切で各種の閲覧室を固定してもらうことは望ましくなく、閲覧スペースを必要に応じ可動式の軽間仕切や書架等で区画して各種の閲覧スペースを設けるようにすることが望ましい。

(a)　学生閲覧スペースと研究者閲覧スペース

学習図書館と研究図書館とが結び付く場合には、学生（この場合学部学生）と研究者（大学院学生を含む）が同じ図書館を利用することになる。

小規模の図書館の場合には、両者の閲覧室を特に分ける必要はないであろう。その場合、研究者に対しては、若干の個席（キヤレル）および個室を用意しておく必要があろう。しかし、規模が大きくなると、両者を分ける必要が起る。一般に、学部学生と研究者とでは図書館資料の利用の仕方や研究の密度が異るので、学生の閲覧の場所と研究者のそれとは区別されていることが望ましいのである。研究者閲覧室には数人用閲覧机のほかに若干の個席および必要に応じ個室を設ける。個席のうちの若干および個室には簡易な書棚を設けておき、長期間予約して使用させる。

閲覧スペースの所要面積は学生閲覧席については一席当り一・八平方メートル研究者閲覧席については個席等を必要とするため一席当り二・五平方メートルを標準とする。

(b)　主題別閲覧スペース

図書館資料の収蔵量が大きい場合には、閲覧室を主題別に分けることも考えられる。例えば、人文科学閲覧室、社会科学閲覧室、自然科学閲覧室等のように学問の分野別に閲覧室を区別する方法であるが、これは開架方式の場合に採用される。この場合、それぞれの閲覧室を独立の室とする必要は必ずしもなく、スペースで分ければよい。独立の室とする場合でも将来の変更などを考慮し、簡易なパーテイションで区画することが望ましい。

(c)　指定図書閲覧スペース

指定図書閲覧スペースは開架形式をとる場合と、閉架形式をとる場合とがある。指定図書は学生には必読の図書であつて利用ひん度が高いためアメリカでは閉架形式が採用されるのが普通である。我が国では、学生が利用しやすい点を考慮して、開架形式をとるのが普通であるが、指定図書であることをはつきりさせるために、それらを別個の区画に配架することが望ましい。

(d)　学術雑誌閲覧室

学術雑誌閲覧室には、学術雑誌が開架で置かれ、利用者はこの室で閲読し新着のものは室外に貸し出さないのが普通である。従ってこの室は独立の室とすることが望ましい。自然科学の分野では、特にスピーデイな知識の吸収が重視されるので、学術雑誌閲覧室は利用に便利な位置に設けられる必要がある。

また、この室は複写室に接近させる必要がある。

(e) 新聞雑誌閲覧室

新聞閲覧は一般に勉学のための閲覧室から区別することが望ましく、普通ロビーにその閲覧スペースを設けている。また、大きな図書館では、新聞やポピュラーな雑誌、図書類を読む軽読書スペース（ブラウジングルーム）を勉学のための閲覧室から区別し、ロビーから直接通ずる場所に設けることもある。

(f) マイクロ関係閲覧スペース

それぞれの図書館では入手困難な図書館資料、貴重書等や、生まの形態では長期間保存困難な資料等を自由に利用に供するために、マイクロフィルム、マイクロカード、マイクロフイッシュ等が活用されるし、また図書館資料の収蔵スペースを節約するために、将来これらは益々利用される傾向にある。これらのマイクロ関係資料を利用するために、マイクロリーダーやマイクロプリンターを備えたマイクロ関係閲覧スペースが必要である。

(g) 特殊資料室

特殊資料とは、普通の図書館資料とは異つた特殊な取扱いを必要とする資料で、新聞、雑誌、パンフレット類とマイクロ関係資料及び地図その他の視聴覚資料等を総称することが多い。これらのうち、特殊資料室におく資料はつぎのとおりである。

(ア) マイクロ関係資料

今日の図書館では、書庫スペースの節約、絶版本、貴重書の複写、破損しやすい稿本、古文書の保存などのためにマイクロフイルム、マイクロカード、マイクロフイッシュ等が活用される。

(イ) 地　図

地図はその形態上の理由から一般の図書館資料とは別に保管される。その量が少ない時は書庫の一隅に収納するが、量が大きくなると、その収納及び利用のためとくに地図室を設ける必要がある。地図の利用は、コミユニケーシヨンの発達とともに、ますます増大しつつある。

(ウ) 特定の形式または主題の資料

大規模な図書館では、統計関係とか、外国法関係の資料とかいうような特定の形式または主題の資料のみを集めた資料センターとしての特殊資料室が作られることがある。

特殊資料室は、主階におく必要はないが、なるべく関連資料の近くに設けられる必要がある。

(h) 貴重図書室

貴重図書とは、和洋の手写本、古版本等のうち、書誌学的に貴重なもの、あるいは研究者が研究の上から貴重なもの等と判断したものをいう。これらは入手困難なものが大部分であるため、盗難及び火災等の予防の上から普通の図書とは隔離され、保管にも利用にも特別の配慮が払われる。貴重書の数が少ない場合は、金庫の中に収納したり、鍵つきの書棚におくことが多いが、この場合はとくに通風に注意しないとかえつて資料を傷めることがある。

貴重書の数が多くなれば、書庫の一隅を金網で仕切るなどして収蔵するが、さらに量が多くなれば書庫のある層を特に貴重書庫として、温度、湿度等に特別の配慮をした施設をする必要がある。貴重書庫は保管上の理由から地階や出口に近い場所はさけるべきである。

貴重書の閲覧は、特に毀損、紛失等の危険をさけるため一般の閲覧室ではなく、特別な場所を指定して利用させることが望ましい。規模の大きい図書館では貴重図書閲覧室を設ける。

(i) 演習室・グループ研究室

図書館資料を教材として行う演習や、図書館資料に基いてグループで討議等を行うために、必要に応じ演習室・グループ研究室等が設けられる。

二・六 喫煙休憩室

閲覧室では喫煙を許さないのが普通であるし、また長時間勉学の間には、頭を休めるために休息をとる必要も起る。それらの目的のために、閲覧室に近い場所に喫煙休憩室を設けておく。ここにはくつろぐことのできるソファーなどを置いておく。

二・七 複写スペース

図書館自身が利用者の要求に基いて、迅速に複写を提供することはもちろん、簡易なものは閲覧者が自身で複写を作ることのできるセルフサービスの設備を備えることが望ましい。特に学生の利用に便利なように、学生自身で操作する複写設備や欧文タイプライター室を設けることが望ましい。セルフサービスの複写機械は閲覧者の利用に便利なように、例えば、サービスデスクの近くにボックスを設けて利用させることなどが考えられる。

二・八 視聴覚施設

我が国の大学図書館では、視聴覚資料は図書館資料として、まだじゅう分に活用される段階に達していない。しかし将来は漸次整備の方向に向うことが予想される。視聴覚資料としてはフイルム、スライド、テープ、レコード等があるが、これらのためには必要に応じ資料室、視聴覚室、準備室などが設けられる。また視聴覚室には必要に応じて個人用の視聴スペース、多人数に視聴させる集会室等が設けられる。しかし、これらは視聴覚資料の整備されていない図書館では不可欠の施設ではない。

なお、大学図書館では、図書館利用の方法やルールについて利用者を教育する必要があるし、また今後は図書館職員の研修等も益々必要となるから、視聴覚用集会室が設けられる場合には、それらの目的にこれを利用することができて便利である。

三 収蔵関係施設

収蔵関係施設の計画に当って重要なことは、図書館資料の将来の増加について、じゅう分な見通しを立てることである。それらに対してどれ位の余裕を見込み、また将来の施設の拡張の可能性を考慮すればよいかを決定することである。収蔵スペースは図書館資料の増加に応じて、その都度増築を行うことは実際上困難であるから、新築に当っては、少くとも収蔵スペースのキャパシティーは十年ないし十五年間位の余裕を見込む必要がある。また、更にその後の拡張の可能性についても考慮しておく必要があることはいうまでもない。しかし図書館の収蔵スペースは、図書館資料の増加に応じて無限に拡張されるものと考える必要もない。というのは「指針」三でも述べられたように、利用ひん度の著しく低い資料を、利用頻度の高い資料と同じスペースに置いておくことは利用上の能率を低下させるし、スペース上も不経済であるから利用頻度の低い資料は保存書架、保存書庫あるいは保存図書館にまとめて収蔵する必要がある。従って一般の図書館の収蔵量については、その限界を想定することができる。なお、この目的のための保存用書架は、収蔵スペースの節約をはかるためコンパクトスタックを用いることも考えられる。

図書館施設のあり方は、資料の収納される場所と、閲覧される場所との関係によって決定されるといってもよい。すなわち、資料が閲覧の場所から隔離されるか、併置されるかによって施設の性格が決定される。

資料の収蔵の形式は一・一でも述べたように、開架形式と閉架形式とがあり、利用者の便利のためには、開架形式が望ましいことはいうまでもない。しかし、規模の大きい図書館では管理上の観点から、開架形式の採用には限界があるから、どれだけの量を開架にするかは、図書や閲覧者の種類、管理上の問題等を考慮してそれぞれの図書館できめられる必要がある。

しかし、図書館は図書館資料が利用者によってできるだけ利用しやすいように存在していることは明らかであるから、将来は開架形式が益々広汎に採用される方向に向うことが予想されるので、その方向への転換が可能なように計画される必要がある。

閉架式書庫には普通積層式書架が採用されるが、一方開架の場合には、閲覧室と同一スペースの中に自立式書架が採用され閲覧者は自由に図書を手にすることができるので、書架の間隔は閉架式の場合よりもゆつくりとる必要がある。従つて、完全開架の場合は、閉架の場合に比し、単位面積当りの収蔵量は落ちる。単位面積当りの収蔵量は図書の種類によって多少相違するが、平均的に見た場合、開架の場合一平方メートル当り一五〇冊、閉架の場合一八〇冊と考えられる。

閉架書庫に閲覧者の立入を許す場合には、検索、閲覧のため書庫内にキャレルを設ける必要がある。

出納デスクと書庫との能率的な連絡については「二・二」にのべられている。

四　業務関係施設

大学図書館の業務は一般業務管理部門、整理部門、運用部門、情報管理部門等に大別される。

一般業務管理については通常の場合と特に異るところはない。しかし整理部門の業務については特殊性があり、図書館のそれぞれ関連部分との連絡が考慮されない場合には業務の能率に支障を生ずるし、また業務スペースは図書資料を扱う関係上、書架、カードケース、ブックトラックなど諸種の設備によって占められる面積が大きいので、一般事務室に比し職員一人当りの面積ははるかに広い必要がある。

四・一　整理事務室

受入事務スペースでは購入図書の調査、発注、検収、登録などが行われる。また、ここでは図書の購入選択等のため、学部教官が来て打合わせも行われるのでそのためのスペースも必要である。荷解きスペースと連絡のよい位置に設ける。

目録事務スペースは受入事務スペースに接続して設けられ、図書の分類、目録の作業などが行われる。この業務は閲覧室の目録スペース、書誌スペースと関連があるので、それらと接続することが望ましい。また、書庫と連絡のよい位置に設けられる必要がある。

四・二　奉仕事務室

図書館の基本的な奉仕業務としては、閲覧貸出業務と参考業務の二つがある。これらの業務のうち、前者は出納デスク、後者は参考奉仕デスクでそれぞれ行なわれる。これらのサービスデスクは利用者がもっとも近づきやすい場所におかれるが、デスクのほかに閲覧貸出業務のための記録の整理、統計の作成や、参考質問に対する回答の調査等のための奉仕事務室、あるいはコーナーが必要である。奉仕事務室はサービスデスクの背後あるいは横に接近してあることが望ましい。

したがつて、規模の大きな図書館で出納デスクと参考奉仕デスクが遠くはなれたところ、あるいは階を異にするときは、閲覧、貸出の奉仕事務と参考業務の奉仕事務室とは別々におかれることになる。

四・三　情報管理室

情報管理業務が行われる図書館には担当係員の執務する情報管理室が設けられる。情報管理はもともと研究図書館において専門の分野の学術情報に関する資料の調査研究を行い、研究者に学術情報を提供する任務を有するものであるが、またその業務は大学図書館の相互協力によつて遂行されることが必要である。単独の大学図書館だけで研究図書資料のすべてを所蔵することは不可能であるから、近隣の大学間で資料の整備を分担し、相互に情報を交換する組織を作ることが望ましい。

このような場合には大学図書館の情報管理室はまた学術情報の地域的センターの役目を持つことになる。このような任務を持つ大学では、今後は検索用コンピューター等によつて情報管理機能の能率化、高度化をはかることが考えられるのでそのような場合にはそのためのスペースが必要となる。また、大学図書館相互間の協力を進めるためにテレックスなどのコミニュケーシヨン設備を持つことが望ましい。

四・四　複写室

近代的大学図書館の機能として、図書館が利用者に提供する複写サービスは不可欠の要件である。利用者の請求に応じ必要なページの複写を迅速に提供することや、学術情報に関する諸種の複写サービスを適切機敏に提供することは欠くことのできない任務である。

複写室のスペースはサービスの量や、そこに収容される複写機械の種類などできまる。またマイクロ関係資料や視聴覚資料の作製を行う図書館ではそのための写真撮影室、暗室等が必要となる。これらの施設は一般に中央図書館に設けられる。

四・五　印刷製本室

製本は業者に発注して、館内では製本を行なわない図書館が多いが、それでも簡単な修理製本や、傷みやすい資料を事前に補強することは館内で行なう必要がある。また新着図書目録、あるいは学術雑誌の内容速報等のような迅速性を必要とする印刷物は館内で印刷されることが多い。製本及び印刷関係の業務は騒音を伴うものであるから、なるべく一般の利用関係の各室からは離れたところにおくべきである。

しかも一般業務関係の各室とはなるべく近いところがいい。

四・六　更衣休憩室

図書館職員は閲覧者に対するサービス、書庫の内外の頻繁な往復などの業務や多量の図書館資料の間での作業等に従事するので、更衣や休憩の施設が設けられる必要がある。

四・七　倉庫（荷解きスペース）

図書館の倉庫は館外からの資料の搬入、館外への送達などが行われる荷解き室を兼ねる。大規模な図書館で図書館資料がトラック等で持ち込まれる場合には、この室の外部に接して、積下しのためトラックの床と同一レベルのプラットフォームを設けることが望ましい。この室には荷解き或いは包装等が行われるから、それらに必要な設備が設けられる。

五 機械諸設備

書庫の所蔵量が大きい場合には、できるだけ迅速に請求の図書が閲覧者の手に届くように、書庫と出納デスクとの連絡を機械化する必要がある。

図書の送達には必要に応じ、リフト、エレベーター、ブックコンベアー等の設備を設ける。また、請求票の書庫内係員のステーションへの迅速な送達に気送管が用いられる場合があり、また書庫と出納デスクとの緊密な連絡をはかるためにインターホーンが設けられることが望ましい。これらの設備は出納デスクの係員や、書庫内係員が作業しやすいように便利な位置に設けておくことが必要である。

また、開架閲覧室が数階にまたがる場合には、整理事務室との間にリフト、エレベーター等を設けてその間の連絡をはかる必要がある。書庫と整理事務室間の連絡についても同様である。その場合書庫と出納デスクとの連絡用の設備が兼ねられれば経済的である。

書庫内の収蔵資料については、空気調和設備によって温湿度を調節してその良好な維持保存をはかることが必要である。また開架形式が広汎に採用される図書館では、閲覧室内の快適な環境条件とそこに置かれる図書館資料の良好な保存をはかるために空気調和設備を設けることが望ましい。

国立大学図書館改善要項

〔昭和二八年一月 文部省大学学術局〕

大学図書館が、最高の教育と研究の機関である大学の使命を達成する上に、重要な役割を有していることはいうまでもないが、特に新学制における新しい使命に即応し、いっそうその機能を発揮することができるよう整備改善されなければならない。よって文部省に国立大学図書館改善研究会を設けて、昭和二十六年七月から研究した結果、一応本案のような結論に達した。

一 特に新学制における大学図書館の使命の達成について

イ 大学図書館は、大学における教育並びに研究活動の重要な基本的施設であるにもかかわらず、従来ややもすれば中央図書館と分館・部局図書室などとの関係も明確ではなく、大学図書館としての使命が充分に遂行されていない点が少くなかったので、まず新学制における大学図書館の使命を認識して、行政及び組織上の地位を確立しその徹底を図ること。

ロ 新学制における大学図書館は、教員にとっては研究と調査、学生にとっては学修と教養の場である。従って研究室並びに教室の延長またはその一部としての使命が、充分に発揮されるよう整備されるべきである。

二 大学図書館の機構と運営について

イ 大学図書館の使命を充分に遂行するためには、その機構と運営が全学的立場において確立されなければならない。

ロ このため、大学には原則として一つの中央図書館を置き、図書館機能の強化と施設の充実を図ることが望ましい。地域的に分散している場合は、その規模に応じて分館を設けることができ、また部局図書室は、当該部局の教官が必要とする特殊な研究図書のためにこれを設けることができる。

ハ　大学図書館の運営を円滑にするため、学長の下に図書館長をもって委員長とする図書館運営委員会を置き、図書館に関する重要事項を協議すること。その委員は、学部長並びに各部局から選ばれた一名ずつの教授をもって組織する。ただし事務局長・学生部長などの職員を加えることができる。

運営委員会は、特別の事項については部会または専門分科会を設けることができる。

ニ　大学図書館の館長は、図書館行政並びに学生の一般教養について深い理解を有する者から全学的に選ばれなければならない。図書館長は、図書館運営委員会において選挙して学長に推薦し、その任期は三年ないし四年とし、再任を妨げないこと。

図書館長は教授をもって充て、学長の下において図書館に関するいっさいの事を掌理し、その在任中は原則として授業は担任しないこととすること。

分館長は教授または助教授をもって充て、館長の下で分館に関することを掌理しその任期と任期中の授業については館長と同様にすること。

図書室には主任を置き、教授・助教授・講師の中から兼務し、館長または分館長の下にその図書室に関する事項を掌理すること。

分館長並びに主任は、当該部局の推薦に基き図書館運営委員会の承認を経て、館長が学長に推薦すること。

館長、分館長及び部局図書室主任は、必要ある場合司書職の職員をもってあてることができる。

ホ　大学図書館（分館、部局図書室を含む）の機構をその規模に応じて例示すれば別表のとおりである。

三　大学図書館の職員組織について

イ　大学図書館の職員は、庶務会計等の事務職員、資料の撮影や複製・映写などに従事する技術職員並びに労務職員のほかは、司書専門職とし、それぞれ職務内容に応じて職種を明確にすること。

ロ　大学図書館の職員には、その職務の特殊性にかんがみ、つとめて再教育と研修を受ける機会を与え、専門知識と技術の向上を図り職階職級の改善につとめること。

ハ　文部省は大学図書館職員の養成計画をたて、なるべく早く実施すること。

ニ　大学図書館に、授業を担当したり、学生に対する学修補導や学術研究に従事する教授・助教授・講師・助手の制度を設けること。

四　図書館学講座の設置について

イ　図書館に関する学術研究の発達を図り、かつ図書館学の授業を実施するため、大学に図書館学の講座または科目を設置すること。

五　大学図書館の図書の管理と記録について

イ　図書館長は全学の図書を管理するが、分館並びに部局図書室備付中の図書に対する保管の責任者は、分館長及び図書室の主任とすること。

ロ　図書の記録は図書館運用上の生命であるから、目録の整備と改善のためには、特に充分な経費と人員が確保されるようにすること。

ハ　中央図書館には全学の総合目録が完備され、しかもその目録の種類はなるべく多くして、図書の検索を多角的にし高度の利用を図ること。

ニ　単位カードの作製は中央図書館において行い、分館や部局図書室に備えつける図書の分は、中央図書館から配布するようにすること。

ホ　単位カードは、規模の大きな大学の図書館においてはなるべく活字印刷をもってし、将来においてはこのカードを大学相互間で交換したり、または有力な大学図書館から頒布して各大学の総合目録作製の際に支障のないよう計画すること。

六　大学図書館の学生に対する運営の改善について

イ　新学制における大学図書館は、教室の延長またはその一部として、学生が日夜これに親しみ充分に利用する気風をいっそう普及すること。

　特に夜間の開館はぜひとも実施するようにし、できるだけ日曜日においても開館し、学生の学修意欲を増進すること。従って大学図書館の勤務時間は一般官庁とは別個に定め、特に閲覧関係の職員については、現業勤務者としての特別の取扱をすること。

ロ　大学図書館の図書選択においては、教官用の高度の専門図書に集中することなく、学生用図書の充実につとめること。

ハ　学生用の図書に対しては、図書館運営委員会の部会として各学部から選出された教授または助教授をもって構成する図書委員会を設け、学術書、教養書全般にわたり図書の選択に協力すること。

ニ　図書館内には別に学生のための指定図書室を設け、学修上必読の基本的参考書を備えつけて自由に閲覧させ、これらの図書は必要に応じ同一のものも相当部数備えつけうるようにすること。

ホ　学生のための閲覧室座席は、学生総数に対する相当数（一〇%ないし二〇%）用意するようにつとめ、同時に採光・照明・換気などにつき充分考慮を払い、勉学に快適なふん囲気を作ること。特に夜間の勉学に親しめるように整備すること。

ヘ　図書及び図書館の利用法について、常に微細にわたって学生の補導に当ることのできる司書（Reference Librarian）の養成に心がけること。

七　大学図書館の教官に対する運営の改善について

イ　大学図書館は、教官用図書が当該教官の研究室に固定することを避け、これらの研究室相互間の円滑な利用は勿論、全学的な交流を図ること。

ロ　図書館内には必ず教官閲覧室を設け、常時閲覧できるようにすること。

ハ　図書館内には、なるべく教室における講義の延長として、演習室及び陳列室等を設け、教官が直接に図書や資料について実地に学生を教授することができるようにすること。

八　大学図書館の施設の充実について

イ　大学図書館の施設は、まず学生に対し前記のような座席が準備できるよう計画すること。

ロ　同一地区内においても、とかく小規模の施設に分散しがちであったが、将来はなるべく一か所に集中して、施設の充実整備と機能の強化を図ること。従って同一地区内に本館と分館とがある場合には、将来はなるべく本館の施設と一つに統合するよう計画すること。

ハ　利用度の頻繁な図書は、なるべく自由接架制を採ることができるような施設を行うこと。

ニ　新学制における予習、復習と夜間開館の不可分な関係を考慮し、夜間においても快適な条件のもとに勉学することができるよう施設の改善につとめること。

ホ　文献の撮影、複写、印刷などは図書館において行い、その他最新の諸施設や装置の整備につとめること。

九　大学図書館の蔵書の基準について

大学図書館は、大学院を置く大学と置かない大学、学部の種類及び数、あるいは附属施設を有するか否かなどの別と、職員数並びに学生数などを考慮して最低蔵書の基準を定め、年々充実を図るものとすること。

また大学図書館の蔵書に対しては、数量的な基準のみをもって律するわけには行かないが、新設の四年制大学としては、在籍学生一千名程度までは人文科学系で五万冊、自然科学系で三万冊を最低の基準とし、学生一千名を越えるごとに人文科学系で一万冊、自然科学系で五千冊を加算したもの、累年増加冊数は学生一人当り二冊以上とすること。

教官及び大学院学生については別途の考慮を払うこととする。

十　大学図書館の職員数について

大学図書館の職員は、図書の累年増加に伴って、特に管理運用面の人員を増加して行く必要があるため、その数を一定数に固定しておくことは不可能であり、またその大学の占める地位、奉仕面の範囲、図書館設備の規模などによって著しく相違を生ずるが、学生数及び蔵書数に基く職員の最低基準は、学生数と蔵書数並びに年間増加冊数に対して適当に増員すること。

十一　大学図書館の経理及び予算について

大学図書館の予算は、大学総経常費の少くとも一〇％を目標とする経常費と、臨時的な特殊経費をもってし、経常費は次の標準により計上してその実現を図ること。ただし、この場合における大学総経常費とは、附属病院、附置研究所及び大学院を除いた「国立学校」の経常費を指すものとする。

A　経常的な経費

イ　人件費と物件費は均等の比率におかれることが望ましい。

ロ　この改善要項を実施するために、図書館職員の定員増加に対する予算的措置を講ずること。なお図書館の特殊事情に基く非常勤職員の経費並びに役務費を相当額計上すること。

ハ　図書購入費及び製本費の予算を確立し、前記の標準に従って適正額の計上を図ること。

ニ　図書館の設備を整備し、常にこれを更新するための経費を計上すること。

ホ　図書の国際交換の重要性にかんがみ、その実現を可能ならしめる予算的並びに法的措置を考慮すること。

B　臨時的な特殊経費

イ　建物

(1)　中央図書館は各部局建築の中心部に、部局図書室は当該部局の中心部に位置し、なるべく周囲の騒音に煩わされることのないよう考慮すること。

(2)　図書館の設計は、各大学においては施設課、図書館、図書館運営委員会三者の共同研究によって行うようにすること。

なお文部省においても、これに関して基本的研究の行われることが望ましい。

(3)　図書館の建物は原則として耐震・耐火とし、特に書庫に対しては将来の拡張を考慮して充分な余裕を確保しておくこと。

(4)　書架は堅牢軽快でその収容力も多く、かつ火災の危険を伴わない金属製品を原則とすること。

ロ　施設及び設備

(1)　図書館の諸施設は、各室並びに施設相互の関係を考慮して、できるだけ機能的に管理することができるよう計画すること。

(2)　図書館の諸設備、特に備品類は多数の人々によって使用されるものであるから、単に便利と美観のみによらず、堅ろうなものを備えつけること。

十二　大学図書館の大学間における相互利用について

イ　大学図書館は、できる限り大学間において協議し、相互利用の方法を講ずること。

ロ　大学図書館の相互利用の前提となる総合目録の編さんについては、全国を適当な地区に分けそれぞれ中心館を設け、学術文献総合目録分科審議会と協力して、恒久的な事業をなしうるよう文部省において計画をたてること。

ハ　この趣旨を徹底させるため、定期的に連絡協議会を開き、その円滑な実現を容易ならしめる措置を講ずること。

十三　一般図書館の利用と大学図書館の一般への解放について

イ　学生の図書利用や充分ならしめるために、公共図書館などの連絡を緊密にすること。

ロ　大学図書館が教官、学生更に一般職員の利用に供しなお余力があるときは、大学外の希望者に対しても公開することが望ましい。

別表

国立大学図書館組織機構図
（第一表）

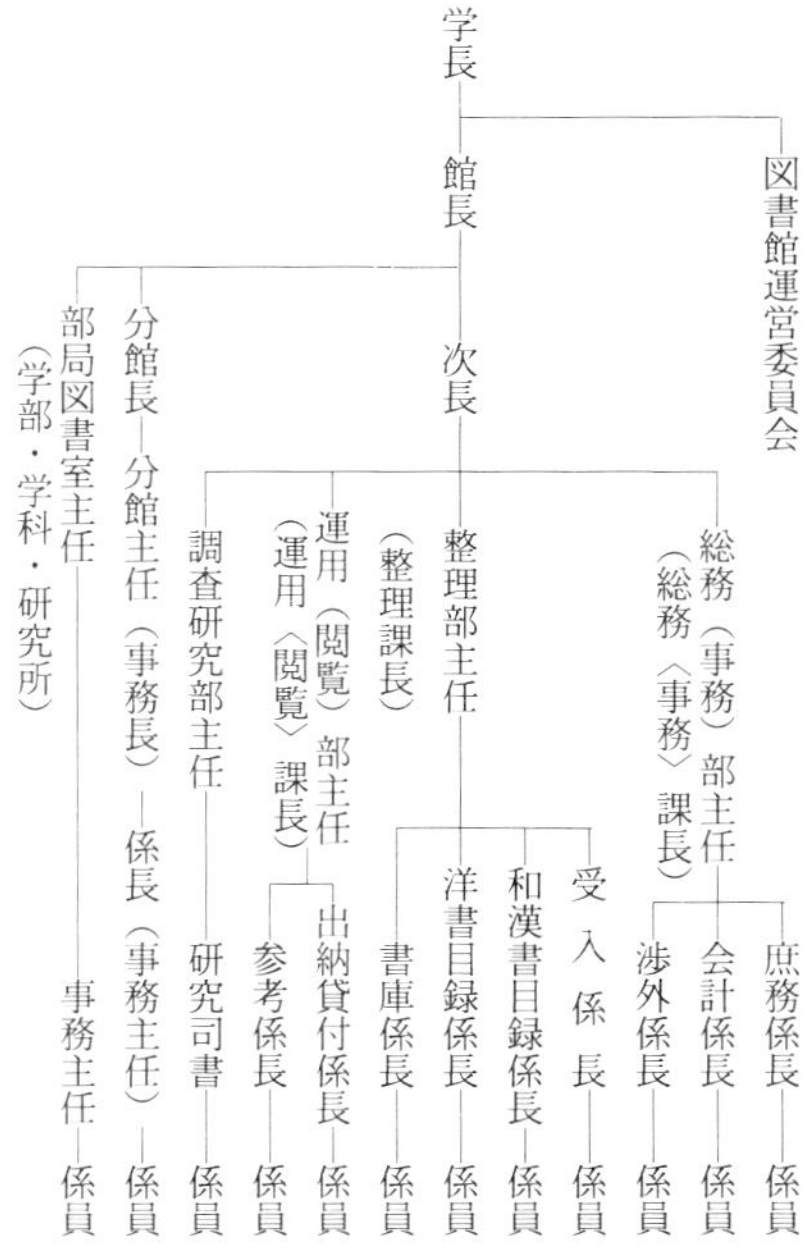

備考一、この表は、学部が六学部以上蔵書総数五十万冊以上（分館は含まない）の大学で、本館においてこれらの学部の蔵書を管理し、その総合目録の作成が行われているものに適用するものとする。

二、次長は、事情により館長補佐とすることもできる。

三、分館は、その規模が一学部以上に相当するものは、分館主任又は事務長をおくことができる。

四、その他規模に応じて適当に係を増減することができる。

（第二表）

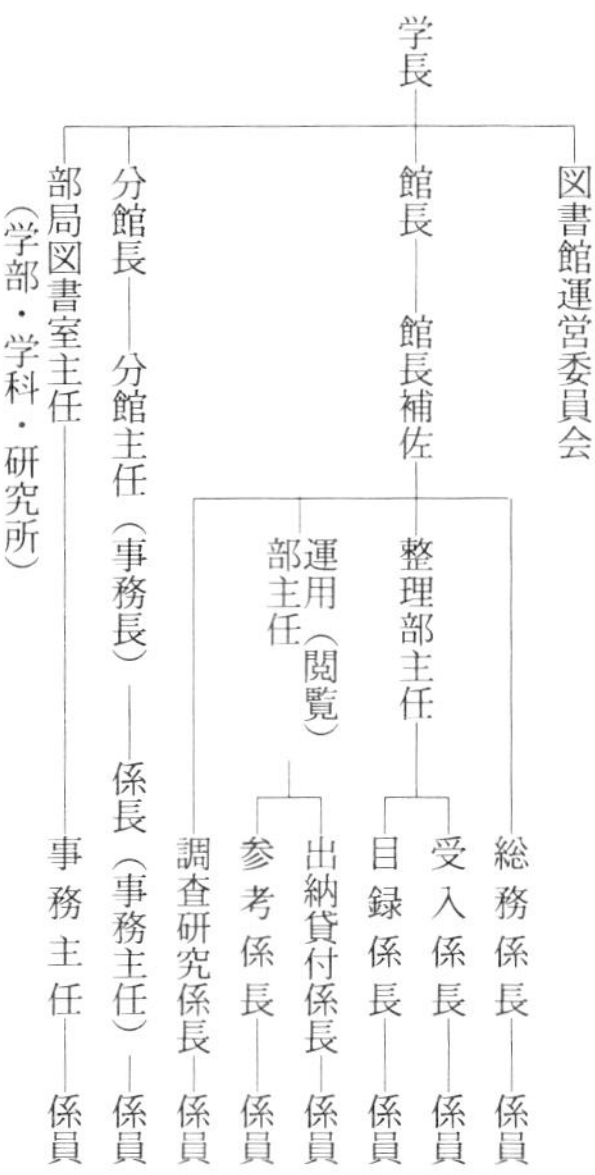

備考一、この表は学部が三学部以上、蔵書二十万冊以上（分館は含まない）の大学で、本館においてこれらの学部の蔵書を管理し、その総合目録の作成が行われているものに適用するものとする。

二、分館はその規模が一学部以上に相当するものは、分館主任または事務長をおくことができる。

三、その他規模に応じて適当に係を増減することができる。

（第三表）

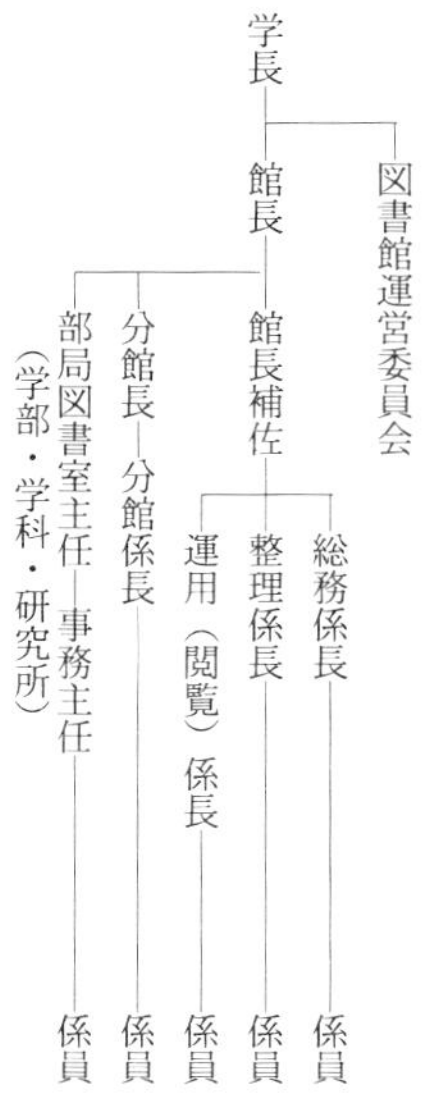

備考一、この表は第一表、第二表以外の大学に適用するものとする。

二、但し、本館が分館と同様の規模の場合か、または本館が単なる事務連絡上の機関にすぎず、本館としての充分な機構と施設をもたない間は、館長補佐をおかず、また係長は分館同様、一名とする。

（参考）

国立大学図書館事務分掌事項

一　第一表の大学図書館における各係の分掌する主たる事務は次のとおりとする。

(1)　庶務係

イ　文書の収受発送及び保管に関すること。

ロ　郵便物の収受発送に関すること。

ハ　官印の保管に関すること。

ニ　職員の勤務及び給与に関すること。

ホ　職員の身分進退に関すること。

ヘ　官庁その他外部からの調査照会に対する統計集成及び報告に関すること。

ト　館内の清掃・整頓及び火気の取締に関すること。

チ　分館及び部局図書室との連絡に関すること。

リ　受付事務に関すること。

ヌ　図書館運営委員会に関すること。

ル　その他他の係に属しない事項。

(2)　会計係

イ　図書雑誌その他一切の代金支払の手続に関すること。

ロ　備品・消耗品の出納保管に関すること。

ハ　建物・施設・備品の修理に関すること。

ニ　予算・決算に関すること。
ホ　会計事項に関する調査照会に関すること。
(3)　渉外係
イ　文献情報の国際交換に関すること。
ロ　文献情報の国内交換に関すること。
ハ　連絡協議会に関すること。（要項十二―ハ）
ニ　公共図書館との連絡に関すること。
ホ　本学学生の他館利用に関すること。
(4)　受入係
イ　購入図書の発注に関すること。
ロ　図書の受入（購入・寄贈・交換・寄託等一切）に関すること。
ハ　蔵書印の捺印及び登録に関すること。
ニ　受入図書の落丁、乱丁の検査に関すること。
ホ　製本に関すること。
ヘ　受入図書の調査に関すること。
(5)　和漢書目録係
イ　和漢書の目録作製に関すること。
ロ　和漢書の分類に関すること。
ハ　和漢書の印刷目録の作製に関すること。
ニ　和漢書の目録カードの配列に関すること。
ホ　和漢書の解題に関すること。
(6)　洋書目録係
イ　洋書の目録作製に関すること。
ロ　洋書の分類に関すること。
ハ　洋書の印刷目録の作製に関すること。
ニ　洋書の目録カードの配列に関すること。

ホ　洋書の解題に関すること。
(7)　書庫係
イ　図書の保存特に曝書消毒・防虫等に関すること。
ロ　書庫内の配架整頓及び防火に関すること。
ハ　貴重図書の出納に関すること。
ニ　図書の移動及び書架の増設・配置転換に関すること。
ホ　特殊図書並びに標本類の保管に関すること。
ヘ　映写機・幻燈機・録音機の管理と操作に関すること。
(8)　出納貸付係
イ　閲覧及び貸付に関すること。
ロ　雑誌新聞の整理配列に関すること。
ハ　閲覧室内における盗難・火災の防止及び衛生照明等に関すること。
ニ　閲覧・貸付についての調査に関すること。
(9)　参考係
イ　目録の検索指導に関すること。
ロ　読書の案内指導に関すること。
ハ　その他図書及び図書館についての指導に関すること。
ニ　指定図書に関すること。
ホ　教官閲覧室の図書に関すること。
ヘ　自由接架の図書に関すること。
ト　稀こう書などの展観・陳列替えに関すること。
チ　学術文献の速報などに関すること。
(10)　調査研究部
イ　文献の撮影・複写・印刷に関すること。
ロ　新刊図書目録の蒐集整理に関すること。
ハ　出版物の調査に関すること。

(4)　大学図書館

ニ　その他図書及び図書館についての調査研究に関すること。

二　第二表の大学図書館における事務分掌は次のとおりとする。

(1)　総務係
第一表における(1)庶務係(2)会計係(3)渉外係を総括した事項。
(2)　受入係
第一表における(4)受入係(7)書庫係を総括した事項。
(3)　目録係
第一表における(5)和漢書目録係(6)洋書目録係を総括した事項。
(4)　出納貸付係
第一表におけると同様。
(5)　参考係
第一表におけると同様。
(6)　調査研究係
第一表における(10)調査研究部と同様。

三　第三表の大学図書館における事務分掌は次のとおりとする。

(1)　総務係
第一表における(1)庶務係(2)会計係(3)渉外係(10)調査研究部を総括した事項。
(2)　整理係
第一表における(4)受入係(5)和漢書目録係(6)洋書目録係(7)書庫係を総括した事項
(3)　運用（閲覧）係
第一表における(8)出納貸付係(9)参考係を総括した事項。

(附)「国立大学図書館改善要項」の解説

この解説は「要項」において充分にその意味を表わし得なかったところを補足するとともに、特に運用上注意すべき個所やまだ一般には熟していないと考えられる図書館用語を説明するために作成されたものである。

一―イ　部局図書室

部局図書室とは、中央図書館とは別に、図書その他これに類する資料を所蔵しているところで、通常分館と区別して呼ばれ、現在では学部、分校、研究所並びに教室などにこの図書室が設けられている場合が多い。

中央図書館と部局図書室との関係は、大学図書館行政の中でも最も困難な問題の一つとされていることは諸外国においても同様であるが、これを明確にすることによって、図書の全学的な管理と整理面における能率と経済、同時に円滑な全学的利用が初めて期待される点も当改善要項においては特に重要視している。

二―ロ　分館

分館は、大学における中央図書館及び部局図書室に対するもので、中央図書館の事業を分担する。ここに「地域的に分散している場合は、その規模に応じて分館を設けることができる」とされているのは、新学制の発足によって遠隔の地に学部が分散している場合が特に多くなったためと、この場合においては、部局図書室のごとく、当該部局の教官が必要とする特殊な研究図書に対する業務のみに限らず、部局図書室が中央図書館に依存しうる面の業務を大きく負担し、中央図書館を補助する必要が生ずるからである。「その規模に応じ」とされているのは上述の業務を負担するためには、それに必要な規模（施設、蔵書、人員など）を具備することが条件となるからである。

三―ロ　職階職級の改善

職階制における職級の決定は固定的なものでないから、図書館の職員は、その職務の特殊性に基き、機会あるごとに研修に参加し、あるいは再教育をうけて学問的知識と専門技術の向上を図ることによって、いっそう困難にして重要な任務を遂行しうるように努め、もって職階職級の改善と向上を期待するとともに、大学の使命達成の上に更に大きく貢献するところがなければならない。

三―ニ　大学図書館における教授、助教授、講師、助手の制度

図書館の司書は、図書を物品としてでなく、生命ある思想として取り扱うものである。しかも大学が所蔵し又は受け入れる図書の中には、その大学の講座に含まれていない部門のものなどもあり、これが整理運用に当る司書業務の困難性は、その大学の大きさに比例して増大する。従って、この業務は同時に不断の学問的研究を必要とする点並びに学生補導の任務を負荷されている意味においてもむしろ教官的な要素を多分に包含しており、真に大学図書館の幹部職員に値する人を得ようとすれば、当然教官としても充分な学問的知識をあわせ有するものに求めねばならない。

このような人は当然大学の授業にも関係することにもなるであろうし、一方大学における図書館学講座の開設あるいは科目の設置も、いよいよ普及充実を緊急とする事情に立ち至っており、この面における授業並びに研究も当然図書館の職員が関係をもたねばならない事情にあり、更に図書館が所蔵する豊富な学術資料を基にして、学術研究に従事しうる研究職員を置くことが望ましい。従ってこれら三種の職員に対しては、それぞれ教授、助教授、講師、助手のごとく教官として取り扱う制度を設けようとするものである。

四　図書館講座又は科目の設置

図書館学は、図書記録の類を、まずその価値を充分に認識した上で収集し整理の上利用に供するために必要な知識と技術に関連する学問であるが、図書館員の資質いかんが直ちに一国文化の発達に、又大学においてはその研究と教育に重大な影響を有するため、優秀な専門職員を養成することは目下の急務である。

すでに図書館法は公共図書館の専門職員の資格を厳重に規定し、職員制度の革新に着手したが、その職員養成については、大学における図書館学講座あるいは科目の設置を前提とし、これを専攻又は履修したものをもって、将来における公共図書館職員の中核たらしめようとしている。大学図書館の専門職員に対してはまだ何らその資格に対する規定はないが、いずれにせよ図書館職員の養成を目的とし、同時に図書館学の発達を図るため、大学に図書館学の講座又は科目を設置することについては、急速にその実現を図るべきである。

五―ロ　目録の整備と改善

図書館の目録は、図書に対するいろいろな角度からの要求に対して、迅速にしかも満足しうる解答を与えるものでなければならない。そのためには目録の種類を多くすることと同時に目録作成に当っては、目録のもつ役目を充分に果しうるように、その目録についての科学的な考察が加えられ、しかも独善的な方法は避けねばならない。

日本における大学図書館の目録は、この二つの点においてまさ

に重大な段階に到達しており、その整備と改善は焦びの問題である。すなわち古い大学においては、司書業務に対する当初の無知と、人員が急激な蔵書の増大に伴わなかったなどの理由で、目録の数もわずかに一、二種類にとどまり、かつ技術面の革新も行われないままに放置されているものが多い。又多数の学校を包摂して出発した新制大学においても、従前の学校がそれぞれ異った方法において目録を作成していたため、中央図書館における総合目録の編成を阻害しているのが実情であろう。このような現状に対して「目録の整備」とは目録を多角的、立体的なものとすること、「改善」とは旧来の一館的で独善的な目録を、国際的な書誌調整にも応じうるようなものに改良して行くことであり、このためには特に職員の増員を必要とする点について充分の理解が払われねばならない。

五―ニ　単位カード

単位カードとは基本となる目録カードで、活版印版や謄写版などをもって作製し、その記入は最も詳細に行うものである。単位カード制はすなわち目録を編成するに必要なカードを一々別々に作製する手数を省略して、必要枚数を印刷複製して基本記入のものにはそのままを使用し、その他のものには必要な見出し（標目）を付け加えて使用するものである。大学における全図書の単位カードを中央図書館で作製し、分館や部局図書室に頒布することによって、整理面における能率と経済、更には技術上の統一が図られる。

六―イ　閲覧関係の職員に対する現業勤務者としての特別取扱

閲覧関係の職員は机上における事務とは異って、常時閲覧者に応待し、その要求に答え、第一線において図書の運用に奉仕するものであるから、過度の心労を伴い、特に出納式閲覧法を基本原則としている日本の図書館においては頻繁に書庫との往復を必要とするため、肉体的疲労も多大となり、更にその勤務時間も、当改善要項に示す夜間、日曜の開館を実施する場合には不規則な事情に置かれる。従って閲覧関係の勤務者に対しては、これらの特殊事情を考慮するとともに、時に出納を中心とする過激な労務に従事するものに対しては、被服等の現物給与あるいは現業労務手当支給の処置を考慮し、有能な人物確保に努める必要がある。

六―ニ　指定図書室

指定図書室とは教官の講義に関連して、学生に対し必読を求められた文献を図書館内に別置する図書室で、図書館は当該教官の要請に基いてこれらの図書を一定期間ここに備え付け、その期間中は貸出を禁止するが、この指定図書は時には同一図書を数部備え付ける必要も生ずる。

このように講義に直接関連をもつ学生の勉学への便宜を考慮することによって、教官、学生、図書館の一体的関係が確立される。

六―へ　Reference Librarian

参考事務（Reference Work）に当る司書のことで、参考事務というのは、まずその図書館にある研究資料について常時補導に当り、閲覧者の研究と調査を積極的に援助することであるが、この参考司書は単に当該図書館が所蔵しているものに限らず、広く他館のものに対しても案内に当り、あるいは関係文献の目録を調整して提供するなど、その任務は至って重要である。

わが国の大学図書館においても、この参考事務の重要性は充分に認識されておりながら、この司書が高度且つ広範な教養並びに専門的な知識と技術を必要とし、一方かかる司書を正当に遇する道が図書館職員に開かれていなかったことなどの理由で真にこれに値する人は僅少の現状であるが、今後においてはこの司書の育成に特に留意する必要がある。これによって学生や研究者と図書館のもつ資料とが緊密に結合される。

八―ロ　自由接架制（開架制）

書架に閲覧者を直接おもむかしめ、自由に書物を選択せしめるこの方法は、小図書館又は学校図書館などのごとく、蔵書数の少いところにおいては、その全蔵書に対しても行うことが適当であるが、大学図書館のごとく蔵書数も多く、更に貴重図書などを多数所蔵するところにおいては全接架制をとることは困難であり、従って閲覧室や出納室又は目録室などの一部に、利用度の頻繁な基本的な参考書、すなわち辞書、事典、年鑑類やその他新着図書などを置き、自由に閲覧せしめることによって研究欲を増進し、他面頻繁な出納による労力の軽減を図りうるものである。この方法は更に推し進めて書庫内に個人用の閲覧席（Carrel）を設け、教官、大学院学生など特定の研究者に対し書庫内における自由検索と勉学の便宜が与えられるよう漸次改善されねばならない。

九　蔵書の基準

文部省が昭和二十五年八月現在をもって国立大学七十一校について調査したところによると、その全蔵書数は一三、九八八、二四三冊で一校平均一九七、〇一七冊となり、又学生一人当りの冊数は八二・六三冊である。しかしながら蔵書数並びに学生一人当りの冊数ともに旧制の大学が大きくその比率を占めている関係より不充分な実情をもって出発した大学においては質量両面における蔵書の増加を図り、大学の研究と教育に支障のないよう早急にその措置が講ぜられねばならない。このため学生数に基く最低基礎基準としては人文科学系で一人当り五〇冊、自然科学系で三〇冊程度はなるべく早く備えつけるように努め、この基礎の上で累年増加されねばならない。大学院学生、教官を加えての一人当り冊数も、なおこの数字が最低基準として保持されねばならない。

十　職員数

図書館の職員数において他の部門と異る最も重大な特色は、固定的な定員をもって縛っておくことができない点である。すなわち蔵書は年々増加して行くため、自然利用率も高まり、従って特に管理運用面に携わる職員は、蔵書の増大に正比例して増加を必要とする。このことはたとえば米国における大学図書館の蔵書が二十世紀にはいってからは最初の二十年間に二倍ないし七・五倍、次の二十年間に更にその二倍ないし二・五倍増加しているが、これにほぼ正比例して職員数も一九二〇年から一九四〇年の間に倍加され、中でもコロンビヤ大学のごときは蔵書は二・五倍の増加に対して、職員数はそれよりも多い三・五倍の増員が行われている事例に徴しても明らかである。

日本の大学図書館の職員数に対してはかかる考慮が全く払われていない点については特に反省されなければならない。従って図書館に対して固定的な定員を設けることは不可能であり、図書の累年増加に正比例しての増員の措置が考慮されなければならない。

図書館職員数の中核となるものは、整理運用面であり、整理面の人員は増加冊数に、運用面は蔵書数と利用人員（学生及び教職員）に直接関係をもち、まず学生及び蔵書数に基く図書の整理と管理運用面に要する職員の最低基準数は学生一千名、蔵書五万冊の図書館で十人、学生数一千名を増すごとに二名、蔵書二万冊を増すごとに一名として算出し、年増加五千冊に対して職員一名を増加して行く程度が穏当であろう。

これに庶務、会計などの一般事務、調査研究や参考事務、並びに国際的な渉外事務などに必要な職員を、その大学の占める地位や規模に応じて適当に加算し、学外の利用を許しているところなどは更に考慮されなければならない。またこの図書館のもつ建物の大きさ、使用している部屋数と面積などに正比例して作業員の確保は特に注意を要する点である。

図書館職員総数に対する司書専門職員の比率はアメリカの大学では平均して三五％程度である。

十一　大学総経常費に対する図書館経常費の比率

大学図書館の経常費も、人件費といわゆる物件費の二つに分けられる点においては変りがないが、物件費のうち最も大きい比率を占めるものは図書購入費であり、次いで図書館維持費である。図書館維持費のうち、図書館特有のものとしては、製本費（図書修理費を含む）、カード購入費、カードケース購入費、新着図書月報（年報）などの出版費、図書の増加に伴う書架・書棚の新調費などがあり、これは蔵書数の累年増加数に比例する明確な積算基礎をもつ経費である。

ここにいう一〇％の比率は、中央図書館を始め、図書業務に携わる全職員の俸給と手当、図書購入費の総額、施設の維持に必要なあらゆる経費の合計であって「少なくとも」とされているのは、この比率はすでに相当充実した蔵書及び施設を有する大学の場合における最低の要求であるため、不充分な蔵書と施設をもって発足した大学に対しては、五カ年程度を限って、図書の購入と設備に要する経費の比率は特に高く保持され、急速にその充実が図られねばならないからである。

又ここにおいては、大学総経常費を「国立学校」のみの経常費に限定したのは、附属病院のごとき特に多額の経費を必要とする施設や多数の附置研究所、大学院その他学部に附属する諸種の教育並びに研究施設を有する大学と、このような施設を殆んど有しない大学とでは、その比率に非常に大きな相違が生じて来、従って一般的な基準比率を設けるごときはとうてい不可能なためである。

今それぞれ第一表のような規模の大学三つをとり、そのおのおのにおける昭和二十六年度歳出決算額に基いて参考までにこれらの関係を表示すれば第二表のとおりである。

又図書購入費は特に「教官研究費」と「学生経費」に密接な関係をもつものであるから、この面の経費から図書購入費の一般的な比率を求めて行く方法についても充分考慮する必要があると考えられる。今Ａ大学において附属病院と附置研究所を除き、両者の比率をとって見ると一五・二九％となっている。

図書充実費に対し従来何ら予算上の基礎が確立されていなかったことは大学予算における重大な欠陥であって、すみやかにこの予算は図書館維持費とともに、大学予算の上に明確な地位を与えられねばならない。しかして大学総経常費に対する人件費、図書充実費、図書館維持費などの比はほぼ次の基準を適当とする。

人件費　五％〜六％

図　書（雑誌を含む。）充実費　四％〜三％

維持費　一％

なお従来最も不安定な実情に放置されていた中央図書館経費は、その規模に応じ、上述の基準中に占める比率が明確にされねばならない。

十一〔つづき〕　特殊経費

大学図書館の特殊経費は、建物の新営や補修、大規模な修繕や模様替え、新規の施設や設備、蔵書目録・資料目録の刊行、稀こう書の複製出版など、臨時的で一時に多額の支出を必要とする経費である。

十一—A—ロ　大学図書館の特殊事情に基く非常勤職員の経費及び役務費

図書館が取り扱う学術資料は、各種の部門にわたり、その領域は大学の講座及び科目の範囲に即応して拡大するが、更にそれ以上に及ぶものである。なお学問の内容とともに言語の範囲も各国語に及び又時代的にも古今にわたっている。このような資料を少数の司書によって処理する困難性は全く大学図書館のもつ特殊事情であって、特殊な部門、特殊な言語に属する資料の整理に対しては、その面について専門的知識をもっているものを非常勤職員として任命し、図書館の司書を援助し、業務の円滑な処理を図る必要がある。又学内の教職員中適当なものを正式に「図書館業務担当」の形で兼務とする方法についても考慮されねばならない。

一方図書館は、図書の移動、運搬、虫ぼし、点検など、臨時的に多くの役務を必要とする場合が多く、又定員の増加が至って困難な現状においては、図書の登録、カードの繰込み排列、図書の出納などの面において、常勤労務者又は学生の臨時雇傭などによって、定員の不足を補う方法、並びに以上のような図書館の特殊事情に基く役務費の確保について、充分考慮が払われねばならない。

十一—A—ホ　図書の国際交換

一般市販によらない諸外国の大学や学会、研究機関、官庁等の刊行物を積極的に獲得するためには、活発な国際交換に待たねばならない。しかしながら諸外国と異り、日本の会計法は、図書を購入の上贈与する道をふさいでおり、交換に供しうるものは学内出版物と寄贈された図書のみに限定され、従ってとかく外国より一方的寄贈をうけるのみとなりがちであるため永続性をもたないとともに、国際的信用にも関係する実情におかれている。ここにいう「法的措置」とは、すなわち会計法上図書の贈与を可能にする措置であり、「予算的」とは、それに必要な経費を、図書充実費とは別個に計上確保することである。

十一—B—イ—(4)　書架

書架は歴史的にもいろいろな段階を経、その種類も多いが、現在では材料の面においては金属製と木製に、構造の面においては各階層ごとに設備するものと積層式のものとに大別される。ここに「金属製品を原則とすること」と記しているのは、特に新しく書庫が建造されあるいは増築されたりして書架の新設が行われる場合などには、積層式の金属製書架をぜひとも計画することの必要を述べているのである。

積層式の書架は、現在では鋼鉄又は鋳鉄をもって造られ、地上に立てた鉄柱をもって各層を貫き、この鉄柱に上下移動の自由な棚を取り付けるもので、この構造によるときは書架及び図書の全重量は各階の床には影響せず、最底部のみに作用するため、各階層はただ人の重量と運ぱん図書などを支えるのみで足り、従って薄い鋼板やガラス板などで造られる。

木製書架・金属製書架ともにそれぞれ長短はあるが、金属製書架が堅牢で永久的である点、棚の上下移動の装置が完全に行われて取扱上軽便であること、不燃性であり虫くいの危険がないこと、又棚の表面がなめらかであるため塵埃の排除が容易であることなどとともに、図書の収容力において木製書架の場合とは非常な相違がある。すなわち積層式の書架においては厚い階床を必要としないこと並びに鉄製書架の棚は薄い鉄板が用いられるため、この二つの点だけでも木製書架に比し三〇%程度空間の節約が行われ、それだけ図書の収容力が増大する。

ただ金属製書架の難点とするところは、土地によっては特に夏期夜間、書庫内の湿度が増大した場合、この湿気が冷い金属に触れて露を生じ、これが図書の保管上に悪い影響を残す点であるが、この事に対しては書架や塗料の材質並びに書庫に対する防湿上の一般的諸注意などによって防ぐよう計画されねばならない。

十二―イ　大学図書館相互の利用

大学図書館相互の利用には二つの面がある。すなわち直接その図書館におもむいて、他の大学の教官や学生が利用する場合と、他の大学より図書の送付を受けてこれを利用する場合との二つである。しかしてそのいずれの場合においても質量共に充実した有力な大学がもっぱら利用される結果となり、しかもこれらの大学は特に人員不足の面においてとうていその負担に堪え難いのが現状である。しかしながら多数の新制大学の発足と、これら大学の蔵書充実を早急には期待し得ない現段階においては、有力な大学図書館の利用の便宜は切実な要求であるから、これを充足するに必要な人員及び経験について考慮を払い、この相互利用の円滑を図らねばならない。

十二―ロ　学術文献総合目録分科審議会との協力

大学図書館相互の利用を円滑にするためには、蔵書の充実した有力な大学図書館を中核とした総合目録の編さんが行われなければならない。こうした学術文献の総合目録の編さんについての重要問題を審議するのが、文部省大学学術局内に置かれている学術文献総合目録分科審議会である。

しかしながらこの総合目録編さんの事業は莫大な経費と人員を必要とするものであるから、その中心となる大学図書館にはそれに要する経費や人員を確保できるようにするか、あるいは又この審議会に事務局を設置し、編さん員を各地区の中心館に派遣して、その事務に当らしめるなどの機構を確立しなければとうていこの事業の円満な遂行は不可能であり、恒久的な国家的事業として計画されなければならないものである。しかしいずれにせよまず大学図書館と審議会との緊密な協力によってのみこの事業の完成は初めて期待される。又この審議会の外に、国立国会図書館も「日本の図書館資料資源に関する総合目録」を作製することに対しても「あらゆる方策」を講じ、他の図書館及び一般公衆に対する奉仕を行うべきことが法律（国立国会図書館法第八章第二十一条第四項）をもって規定されている。この事業は現在国立国会図書館の編さん課が担当しているが、審議会と国会図書館との相互の協力もまた従って必要である。

第一表　大学の規模

区別／規模	学部数（分校を含む）	国立学校設置法第五条による研究所数	同法第四条による学部附属の研究及び教育施設	職員数 教官	職員数 職員	図書館員数（部局を含む）	学生数 新・旧学生	学生数 大学院	学生数 其の他	A・B・Cの大学種別
A大学	九	七	七	一四〇六	二〇〇五	一二〇	八三一〇	一三六九	三一一	総合大学〔旧・新制〕
B大学	一	六	一（高等学校）	五一一	四四八	一八	一八三〇	一二〇	四二五	自然科学系大学〔旧・新制〕
C大学	二（二年制分校一を含む）	○	三（小・中学校幼稚園）	一七七	一四三	九	八八〇	○	○	学芸大学〔新制〕

第二表　経常費の比率

区別／比率	人件費総額と図書館人件費との比率	物件費総額と図書購入費額との比率	全学経常費と図書館経常費との比率	「国立学校」経常費と図書館経常費との比率	備考
A大学	二・六九％	五・六六％	四・一七％	七・二三％	一　図書館には部局図書室を含む。
B大学	一・三六％	八・〇五％	四・七〇％	六・三七％	二　図書購入費は、科学研究費によるものを除く。
C大学	一・七四％	一三・六％	七・六七％	七・六七％	三　図書館経常費は人件費と図書購入費との合計で図書館維持費を含まない。

(4)　大学図書館

国立大学図書館における公開サービスに関する当面の方策について　抄

〔昭和六一年九月
国立大学図書館協議会〕

まえがき〔略〕
一　大学図書館に対する社会の要請〔略〕
二　大学図書館の対外的活動と特質〔略〕
三　大学図書館公開の現状と問題点〔略〕
四　大学図書館の公開に関する改善整備の方策

㈠　公開への基本的理解

国立大学図書館という言葉で表わされる機関の内容は決して単純ではない。専門的な学術資料が形式上図書館の蔵書となっていても、現実には教官研究（個）室に長期的に貸出されているものも多い。大学において収集された資料は、そのまわりを特定の利用者がとり囲んでいるという基本的構図をもっており、資料はこれらの利用者がその必要に応じて選択して収集したものである。大学図書館の主要な任務はこのように収集整備された資料を大学の構成員である研究者・学生の利用に対して適切に運用することである。この意味で、大学図書館は基本的性格において地域社会に対して公共図書館機能を代行するものではなく、また現実的にも不可能である。

一方、今日、生涯学習といわれる時代の中で、一般市民の高学歴化高齢化の進行、余暇時間の増加あるいは職業上の知識・技術の高度化などを背景として、放送大学をはじめ公共・民間の両部門における各種の成人のための学習機会が増大し、まさに学習社会と言うべき状況が見られる。また、民間機関においても調査・研究活動も活発である。情報化時代は、一方では過剰なまでの情報の生産・流通の状況を現出しているが、他方では情報の適切な蓄積と提供の社会的なシステムが十分に整備されていないこともあり、情報への飢餓感を生み出している。社会的状況の急速な変化・進展の中で、大学図書館がこれまでのように一般社会からの要求に対して消極的姿勢をとり続けることはできない。図書館の所蔵する図書や雑誌が他の学内研究施設における機器や装置などと異なり、一般市民の利用になじみやすいものであるところから大学内の他の部門に比して、特に公開を求める要請が強いのも自然の結果といえよう。

以上の認識に基づき、前節までに述べてきた社会の期待、国立大学図書館の特性及びサービスの現状や問題点等の諸条件をふまえ、本調査研究班は公開に対して各大学が当面共通にとるべき方策として以下のとおり提言する。

これらの方策は、国立大学図書館の現在のサービス体制の下における共通ミニマム・サービスとして実施されることを期待するものである。ただし、ここに示したこと以上の活動を実施している図書館も現に存在しており、それらの図書館のサービスのレベルがこの提言によってかえって後退するようなことがあるとすれば、本調査研究班の意図に反することである。

今回の調査に対する回答の中で、いくつかの図書館から、公開によって仕事が増えることを懸念する意見が寄せられたが、上記の大学図書館の基本的役割について、利用者に理解を求め、ここに提示した方策の範囲内で実施すれば、懸念するような事態には至らないと考えられる。

(二) 公開への当面の方策

(1) 共通的原則

大学図書館の公開の内容に関しては、次の原則を各図書館共通のものとすることが望ましい。

① 公開は大学等の関係者に限定せず、広く学術にかかわる学習または研究・調査を目的とする一般市民等に対して行う。

② 利用の対象とする資料は大学図書館特有のものとし、図書館・室に所在し、共同利用に供されている資料とする。

③ 利用の範囲は、館内閲覧を基本とし、その他文献複写、館外貸出等については、当該図書館の事情に応じて可能な範囲で実施する。ただし、例えば、試験期のように学内利用の極めて高い期間等図書館の事情に応じて制約をつけることができる。

④ 学術情報（資料）についてのレファレンス・サービスについても可能な範囲で行う。

⑤ 利用の手続は、すべての対象利用者にとって簡便なものとする。

(2) 実施すべき具体策

前述の共通的原則をもとにして、当面、次のことを実施することが望ましい。

① 公開に伴う諸業務の根拠となる規程又は内規・基準・取扱要領等を整備し、そのいずれかのレベルで次の各項目について明文化すること（附属資料三〔略〕参照）。

・公開の趣旨・目的　・対象となる利用者の範囲
・利用対象資料の範囲　・利用の範囲
・利用可能な期間・時間帯　・利用手続
・利用上の留意事項　・その他必要な事項

② 利用手続については、次の方式を考慮すること。

ア．利用申込は事前に往復葉書・電話等によって行う。申込方法を知らない利用者が予告なく来館した場合でも、身分証明書等の提示により当日は利用できるよう配慮する。

イ．長期間にわたる継続的な利用を必要と認める場合には、一定期間有効の閲覧証の発行を考慮する。

③ 公開の対象となる利用者向けの利用案内資料を作成すること。大学図書館の利用に不慣れな一般市民等に対する案内・指示にあたる職員の負担の軽減を図るためにも、適切な案内資料を作成しておく必要がある。

この資料には上記①の各項目のほか、次のような項目を盛り込むこと。

・当該図書館の目的・性格
・利用上の指示的案内（館内案内図、目録の検索方法、資料の借出手続き、その他）
・文献複写料金等　・当該図書館特有のコレクション
・利用可能な設備　・罰則
・図書館所在地見取図　・交通機関
・その他必要な事項

④ 図書館の窓口業務担当職員に対して、利用者に対する接遇についての教育・訓練を徹底すること。

⑤ 複合の組織からなる附属図書館にあっては、資料の所在調査、提供、複写サービス等が効率的に実施できるよう中央図書館（分館）と部局図書館・室との間の協力体制を整備して、相互補完が容易となるような方策を講ずること。例えば、学

科図書室など小規模館にあっては、初期手続をキャンパス内の中央図書館が行うことも考えられる。

⑥　公共図書館その他の機関との間で、相互の役割分担に基づき、利用者教育、遠隔地在住の利用者の扱い、相互貸借等を含む相互協力体制の整備を推進すること。ただし、特定の機関との間の相互協力協定の存在が、かえってその枠外となる他の利用者を疎外することとならないよう十分留意すること。

国立大学附属図書館指定図書制度実施要項

（昭和四三年三月一五日　文大情第三七号　文部省大学学術局）

（**参考**＝一九六八（昭和四三）年には文部省から「指定図書制度実施要項」が実施大学に配布され、現在もその趣旨がひき継がれている。ただ、近年、指定図書のための予算が学生用購入図書費として計上され、その運用は図書館によってさまざまなかたちをとっているのが実情である。（『新・図書館学ハンドブック』（雄山閣出版）二五五頁所載「指定図書制度」（三浦逸雄）より））

一　目　的

大学における教育は、原則として教室内の講義等と教室外の自学自習とによってなりたつ単位制教育である。この教室外の自学自習を効率的に促進するため、指定図書制度を実施し、これによって単位制教育の理念を生かし、教官と附属図書館が一体となって教育効果を高揚することを目的とする。

二　定　義

(1)　指定図書

教官が講義等に直接関連して、学生に必読すべきものとして指定し、多くの場合、試験、演習等の際には、その内容も出題の対象となる「教官指定学生専用図書」をいう。

指定図書の範囲には次のものは含まない。

(イ)　教科書（学生が自ら購入すべきもの）

(ロ)　参考書（指定図書よりも広い意味で参照利用するもので、

学生に必読を課するものではない。）

(ハ) 参考図書（通読を必要としない目録、索引、書誌、便覧辞典、事典、地図等。）

(2) 指定図書制度

教官が自らの講義等の内容にしたがって、開講に先立ち指定図書を附属図書館に備付けることを求め、附属図書館では、一般図書と区別して配架し、原則として開架閲覧方式に複本を準備して学生の利用に供するものである。これにより、教官は指定図書の内容を勘案しながら講義等を行なうもので、教官、学生および附属図書館の三者が一体的関係を保ちながら、教育効果を高めるものである。

(3) 複 本

指定図書は限られた期間内に、多数の学生が同一の図書を必読すべき性格のものであるから、同一の図書を重複して学生数に応じた一定の割合（複本率）で準備し備付けるものである。

三 実施対象

(1) 大 学

効果的に指定図書制度を実施し得る態勢がすべての大学に整備されているとはいい難いので、予算、大学の規模等を勘案のうえ、態勢が比較的整備されている大学から順次、入学定員に応じて指定図書購入費を配当し、この制度を実施する。

(2) 学 生

さしあたり、主として一般教育課程の第一学年および第二学年の学生を対象とする。

(3) 科 目

原則として一般教育課程（一般教育科目、外国語科目、保健体育科目）を主とする六二単位相当科目を対象とする。

(4) 大学図書館

(イ) 第一学年…一般教育課程の三一単位相当科目

(ロ) 第二学年…一般教育課程を主とする三一単位相当科目（基礎教育科目等を含む。）

(4) 備付け個所

原則として附属図書館の中央図書館（本館）とする。

四 指定図書購入費配当額

配当額は原則として次の方式により入学定員に応じて算出した金額とする。

配当額＝1冊単価1.000円×（入学定員×$\frac{1}{10}$）×（8 × 5）

（複本数：入学定員×$\frac{1}{10}$、1学年当り授業科目数：8、1授業科目当り指定種類数：5）

＝4.000円×入学定員

すなわち、一冊平均単価一、〇〇〇円の指定図書を、一学年当りの授業科目数を八科目（卒業するに必要な最低単位数一二四単位の一学年分三一単位を、一科目当り四単位とした場合の科目数）として、一授業科目当り五種類指定し、それぞれの種類について学生数十人につき一冊の割合で重複購入するに要する金額である。

五 指定図書制度実施についての留意事項

(1) 指定図書制度は、学内の理解と、積極的な熱意がなければ、効果的に実施できないので、学長をはじめ、附属図書館長、学部長、教養部長、事務局長等があらゆる機会をとらえて、この制度の趣旨の周知徹底をはかること。

(2) 実施にあたっては、一般教育担当の兼担、兼任の教官に対しても連絡を密にし、円滑な実施をはかること。

(3) 指定図書購入費は最低単位数を基礎として積算されているので、大学においては、その実情に応じ相当額を増額して実施することが望ましい。

また、将来にわたって、指定図書の内容が常に講義等の内容に密接に適合するよう、これを補充更新することが望ましいこと。

(4)　必要な施設、設備および職員等を、学内で措置すること。

(5)　運営を円滑にするためには、附属図書館と一般教育担当教官および関連部局との協力態勢を確立することが必要であり、このためには、たとえば「指定図書制度運営委員会（仮称）」等で、次の事項を行なうことが望ましいこと。

(イ)　指定図書の指定依頼

(ロ)　指定図書の調整

講義等への関連がうすく、かつ、個々の教官の研究動向を直接反映しているような図書の指定は望ましくないので、同一授業科目および同一系列を担当する教官が相互に連絡協議し、少なくとも数年間の利用にたえうる内容の基礎的な図書を指定するよう調整を行なう。

(ハ)　種類数、複本率の調整

指定図書購入費の積算基礎は、種類数を5種類、複本率を学生数十人に一冊の割合としているが、各大学においては、実情に応じ、自学自習の時間数等を勘案のうえ、この制度の趣旨を逸脱しない範囲内において適宜、種類数および複本率を変更しても差支えない。受講学生数が二百名をこえる科目に上記の複本率そのまま適用すると、複本数に比して有効に利用される割合がきわめて低い旨報告されているので、現段階では、これらの科目の複本数は一応二十～二十五冊程度にとどめる。なおこの冊数で不足を来たす場合にのみ、適宜増加することが望ましい。

(ニ)　外国語図書についての配慮

一般教育課程においては、指定した外国語図書（外国語で記述された図書）の利用率が甚だ低い旨報告されているので、担当教官の指導如何にもよるが、これらの図書の指定に際しては慎重な配慮が望ましい。

(ホ)　指定図書の範囲外の図書および学生が容易に購入し得る比較的低価格の図書の除外。

(ヘ)　担当教官の利用指導の促進

指定図書のうちには、ほとんど利用されないものもある旨報告されているので、定期的に担当教官に、その教官が指定した指定図書の利用状況を報告し、利用指導の促進を要請することが望ましいこと。

(ト)　施設・設備、経費および職員等の確保

(チ)　その他

六　教官の指定を円滑にするため、入手可能の指定図書に該当すると思われる図書に関する資料を附属図書館〔館＝編者〕から教官に提供し、古書、絶版図書等の指定を避けるとともに、納入の迅速化をはかること。

七　受入・整理・配架等については、可能なかぎり迅速に行ない利用可能となるまでの期間を短縮し、かつ、各指定図書に「指定」の旨を表示すること。

八　指定図書の管理については、現段階では閉架閲覧方式によると、いちじるしく利用率が低下する旨報告されているので、開架閲覧方式によることが望ましい。また、指定図書の閲覧室または書架は、もっとも便利な位置に配置するとともに、参考図書、参考書と可能なかぎり近接させることが望ましいこと。さらに、講義等の終了時間との関連から、通常の開館時間では、指定図書の

利用が不可能となる学生があるとも考えられるので、開館時間の延長短期貸出（一夜貸出等）の実施等によって利用の促進をはかることが望ましいこと。

九　学生に対して、この制度の趣旨についてじゅうぶん周知徹底をはかり、各学生に指定図書目録、指定図書の利用案内等を配布することが望ましいこと。

十　指定図書の種類別利用統計を整備すること。

公立大学図書館改善要項

〔昭和三六年一一月八日　公立大学図書館協議会〕

公立大学図書館改善要項について

新制大学発足以来すでに十年余りの年月が経過し、各公立大学の内容もしだいに充実してきた。しかしひとたび図書館の現状をみると、いまだに大学図書館というにはあまりに貧弱な状態にとどまっているところが少なくない。

いうまでもなく、大学図書館は大学における教育ならびに研究活動のための重要な基本的な施設であり、その使命を達成するためには、その機能を充分に発揮するに足る機構、職員、施設等を具備するとともに適切な管理運営がなされなければならない。このためにはこれらの各事項について各大学の実情に応じた具体的な基準が明確にされることが必要であり、このことは公立大学関係者の切実な要望となっている。

さきに文部省は国立大学図書館の整備改善を図るため、その指針として「国立大学図書館改善要項」（昭和二十八年一月同省大学学術局）を発表したがこの改善要項は国立大学図書館のあり方を基準の形で示したものということができよう。そしてこれらの基準の多くは、同時に公立大学図書館の場合にもあてはまるものである。

よって公立大学図書館協議会は、前述のような公立大学図書館関係者の要望に応え、前記改善要項に準じて「公立大学図書館改善要項」を設けて、公立大学図書館のあり方を具体的基準の形で示すこととした。

この改善要項は、このような意図のもとに作成され、第七回公立大学図書館協議会総会（昭和三六年一一月八日）において承認されたものであって、その実行はもとより各大学図書館の自主性にまかされているものである。各大学はこの改善要項に照らしてみずからの現状を評価するとともに自発的にその改善に努力されるよう望むしだいである。

第一　機構及び運営について

一　基本原則

大学図書館の使命を充分に遂行するためには、その機構及び運営は全学的立場において確立されなければならない。

二　機　構

(1)　中央図書館

大学には原則として中央図書館をおき、図書館機能の強化と施設の充実を図ること。

(2)　分館及び部局図書室

大学が地域的に分散している場合には、その規模に応じて分館を設けることができ、また、部局の教員が必要とする特殊な研究図書のために部局図書室を設けることができる。

(3)　管理者

イ　図書館長

大学図書館（分館のある場合には中央図書館）に館長をおき、教授をもってこれに充てること。

館長は、図書館行政及び学生の一般教養について深い理解を有する者のうちから全学的に選ばれなければならない。

館長の任期は二年ないし四年とし、再任を妨げないものとすること。

館長は、学長の命を受けて図書館に関するいっさいの事務を掌理し、その在任中は授業を担当しないものとすることが望ましい。

館長は、必要があるときは前各項にかかわらず、事務職員または、司書をもってこれに充てることができる。

ロ　分館長

分館には分館長をおき、教授または助教授をもってこれに充てること。

分館長は、当該部局の推せんに基づき、館長が学長に推せんし、学長がこれを命ずるものとすること。

分館長は、館長のもとで分館に関する事務を掌理し、その任期、任期中の授業及び事務職員または司書をもって充てることについては、館長と同様とする。

ハ　部局図書室主任

部局図書室に主任をおき、教授、助教授または講師をもってこれに充てること。

部局図書室主任は、館長または分館長のもとにその図書室に関する事務を掌理し、その任命及び事務職員または司書をもって充てうることについては、分館長と同様とする。

(4)　事務機構及び分掌事項

大学図書館の事務機構及び分掌事項を例示すれば、別表及び別掲のとおりである。

三　運　営

(1)　図書館運営委員会

大学図書館は、館長、分館長及び部局図書室主任等によって運営されるが、その運営の円滑を図るため、図書館長を委員長とする図書館運営委員会をおくこと。

運営委員会の委員は、各部局から選出された教員とし、学長がこれを命ずるものとすること。ただし、必要により事務局長、学生部長その他の職員を加えることができる。

前項により各部局から選出された委員の任期は、一年ないし二年とすること。

運営委員会は、館長の諮問に応じて図書館の運営に関する重要事項を協議するものとすること。

第二　職員について

一　職員の職種

大学図書館の職員（館長を除く）の職種は、司書および司書補、事務職員、技術職員並びに作業員とし、それぞれ職務内容に応じてその職種を明確にすること。

二　事務長

大学図書館（分館のある図書館では中央図書館）に事務長をおく。

事務長は一般事務に関する管理能力を有すると同時に図書館法（昭和二十五年法律第百十八号）による司書となる資格を有する者であることが望ましい。

三　司書及び司書補

司書及び司書補は、公立大学において主として専門的図書館業務に従事する職員で、それぞれ図書館法による司書及び司書補となる資格を有するものとすること。

司書及び司書補には、それぞれに応じた職階を定め、かつその職階職級の改善につとめること。

四　研　修

大学図書館の職員には、その職務の特殊性にかんがみ、つとめて再教育と研修を受ける機会を与え、専門知識と技術の向上を図ること。

五　厚　生

大学図書館の職員は職務の性質上その保健衛生について留意する必要があり、特に閲覧関係職員に対しては作業衣・履物等の貸与または給与を考慮すること。

六　職員数

図書館職員数を左右する最も重要なものは整理運用面であり、整理面の人員は年間図書整理冊数に、運用面の人員は蔵書数と利用人員に直接関係があるので、職員数の決定についてまずこれらの点を考慮に入れる必要がある。次に大学図書館における調査研究及び参考事務の重要性にかんがみ、これらに要する人員を考慮に入れる必要がある。さらに庶務、会計その他の事務に要する人員を適当に算出してこれを加算する必要がある。したがって、大学図書館の職員数の決定は、おおむね次の基準によることが適当である。

(1)　整理運用面について

図書の整理運用面に要する職員数は、学生数一、〇〇〇名、蔵書数五〇、〇〇〇冊の図書館で一〇名とし、これに学生一、〇〇〇名を増すごとに二名、蔵書数二〇、〇〇〇冊を増すごとに一名を増加し、さらに、年間整理冊数五、〇〇〇冊について一名の割合で加えたものを最低基準とする。このほか、整理運用面に要する職員数の決定にあたっては、図書の整理及び閲覧の方式、勤務時間などの点も考慮に入れる必要がある。

(2)　調査研究及び参考事務面について

調査研究及び参考事務に要する職員数は、その大学の規模及び図書館の奉仕面の範囲等に応じて適当に算出する。

(3)　庶務会計その他の面について

庶務会計などの一般事務、並びに国際的な渉外事務などに要する職員数はその大学の占める地位並びに図書館の規模等に応じて適当に算出する。ことに、作業員については、図書館の建物の大きさ、使用している部屋数及び面積等に正比例して確保する必要のあることに注意を要する。

第三　図書の管理及び記録について

一　図書の管理

図書館長は、全学の図書を管理するが、分館及び部局図書室備え付けの図書については、それぞれ分館長及び部局図書主任が管理すること。

二　目録の整備

中央図書館には全学の総合目録を整備し、かつその目録の種類をなるべく多くして図書の検索を多角的にし、高度の利用を図ること。

三　単位カードの作製

単位カードの作製は中央図書館において行い、分館及び部局図書室に備え付ける図書の分は、中央図書館から配付すること。単位カードは、規模の大きな大学の図書館においては、なるべく活字印刷とし、将来においてはこのカードを大学相互間で交換するなどの場合に支障のないよう計画すること。

四　収書目録の発行

中央図書館は、全学の収書目録を定期的に発行すること。

第四　蔵書の基準について

大学図書館は、大学院設置の有無、学部の種類及び数、附属施設の有無、職員数及び学生などを考慮して最低蔵書の基準を定め、年年充実を図ること。

大学図書館の蔵書については、数量的な基準のみをもって律することはできないが、四年制大学としては、在籍学生一、〇〇〇名程度までは、文科系で五〇、〇〇〇冊、理科系で三〇、〇〇〇冊を最低基準とし、学生数一、〇〇〇名を増すごとに文科系で一〇、〇〇〇冊、理科系で五、〇〇〇冊を加えるものとし、累年増加冊数は学生一人当り二冊以上とすること。

教員及び大学院学生については、別途考慮すること。

第五　利用者に対する奉仕について

一　学生に対する奉仕

(1)　学習意欲の増進への努力

大学図書館は、教室の延長またはその一部として学生がこれにたしみ充分に利用する気風をいっそう普及し、学生の学習意欲を増進するようにつとめること。

(2)　学生用図書の充実

大学図書館の図書選択においては、教員用の高度の専門図書に集中することなく、学生用の図書の充実にもつとめること。

(3)　学生閲覧室

学生のための閲覧室座席は、学生総数に対する相当数（一〇%ないし二〇%）を用意するようにつとめ、同時に採光、照明、換気などについて充分考慮を払い、勉学に快適な環境を作るように特に整備すること。

(4)　自由接架制の採用

参考図書及び利用度の高い図書については、自由接架制をとること。

二　教員に対する奉仕

(1)　図書館内に教員閲覧室を設け、常時閲覧できるようにすること。

(2) 教員用図書の全学的利用
教員用の図書がその教員の研究室に固定することを避け、これら研究室相互間の円滑な利用はもちろん、全学的な利用を図ること。

三 参考奉仕

(1) 参考係司書の養成
図書の利用について教員の研究と調査を援助し、かつ学生の指導にあたることのできる司書の養成に心がけること。

(2) 参考図書の充実
参考奉仕には参考図書及び資料が不可欠のものであるから、その充実を図ること。

(3) 文献調査
文献の重要性にかんがみ文献調査の組織を強化し、奉仕の万全を図ること。

第六 経理及び予算について

大学図書館の予算は、経常費と臨時的な特殊経費とに区分して計上し、その計上にあたってはそれぞれ次の事項に留意すること。

一 経常的な経費

(1) 図書館職員の定員増加に対する予算措置を講ずること。なお図書館の特殊事情に基づく非常勤職員の経費及び役務費を相当額を計上すること。

(2) 図書購入費及び製本費の予算を確立し、適当額の計上を図ること。

(3) 図書館の設備を整備し、常にこれを更新するための経費を計上すること。

(4) 図書の相互利用及び国際交換の重要性にかんがみ、その実現を可能ならしめる予算的措置を考慮すること。

二 臨時的な特殊経費

大学図書館の拡充、施設の改善等に要する特殊経費は、その事業計画の立案にあたって大学当局と図書館との共同研究のうえ決定しなければならない。

第七 施設について

一 図書館の設計

(1) 中央図書館は各部局建築の中心部に、部局図書室は当該部局の中心部に位置し、周囲の騒音に煩わされることのないよう考慮すること。

(2) 図書館の建物は原則として耐震、耐火とし、特に書庫に対しては将来の拡張を考慮して充分な余裕を確保しておくこと。

(3) 書架は堅牢軽快でその収容力も多く、かつ火災の危険を伴わない金属製品を原則とすること。

二 施設及び設備

(1) 図書館の諸施設は、各室並びに施設相互の関係を考慮して、できるだけ機能的に管理することができるよう計画すること。

(2) 視聴覚資料の調査、研究及び教育上に占める役割の重要性にかんがみ、視聴覚設備の充実を図ること。

(3) 文献の撮影、複写印刷等は図書館において行い、これらに要する最新の施設及び設備の整備につとめること。

(4) 図書館の諸設備、特に備品類は多数の人々によって使用されるものであるから、単に便利と美観のみによらず、堅牢なものを備え付けること。

第八 その他について

一 大学間における相互利用

大学図書館は、できるかぎり大学間において協議し、相互利用の方法を講ずることが望ましい。

二　一般図書館の利用

学生の図書利用を充分にするため、公共図書館などとの連絡を緊密にすることが望ましい。

三　一般への解放

公立大学図書館は、地方公共団体の設立にかかる大学に附属する施設である点にかんがみ教員、学生さらに一般職員の利用に供してなお余力があるときはつとめて地域内の住民及び研究機関の利用に供することが望ましい。

付

第二の六・職員数及び第四・蔵書の基準についてはなお研究を要するものがあるので引続き検討を要するものとする。

(別表)

公立大学図書館事務機構図

(第一表)

- 学長—館長
  - 図書館運営委員会
  - 事務長
    - 総務係長
    - 受入係長
    - 目録係長
    - 書庫係長
    - 出納貸出係長
    - 調査参考係長
  - 分館長—分館係長
  - 部局図書室主任（学部・学科・研究所）—事務主任

備考一、この表は、学部が三学部以上、蔵書数二十万冊（分館は含まない）の大学で、本館においてこれらの学部の蔵書を管理し、その総合目録の作製が行われているものに適用するものとする。

二、本館には、それぞれの事情により事務長補佐をおくことができる。

三、本館及び分館はその規模に応じて適当に係を増減することができる。

(第二表)

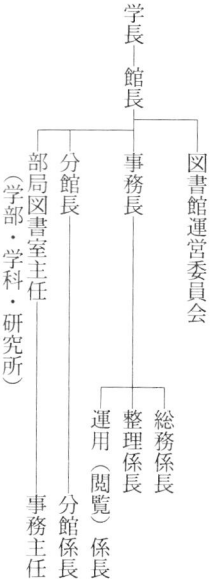

- 学長—館長
  - 図書館運営委員会
  - 事務長
    - 総務係長
    - 整理係長
    - 運用（閲覧）係長
  - 分館長—分館係長
  - 部局図書室主任（学部・学科・研究所）—事務主任

備考一、この表は、第一表以外の大学図書館に適用する。

二、本館が分館と同様の規模の場合か、または本館が単なる事務連絡上の機関にすぎず、本館としての充分な機構と施設をもたない間は、事務長をおかず、係長は分館同様一名とする。

新私立大学図書館改善要項

〔一九九六年七月二五日 私立大学図書館協会総会承認〕

まえがき（前文）

平成三（一九九一）年七月に、文部省令である「大学設置基準」〔別掲〕の一部が改正・施行された。この改正は、個々の大学がその教育理念・目的に基づき、特色ある教育研究を展開し得るよう、基準を大綱化して制度の弾力化を図り、学習を多様化するとともに、その水準を維持向上させるため、それぞれの大学が自己点検・自己評価を行うことを期待しているものである。

この改正の結果、各大学はそれぞれ自己点検・評価に取り組むことになったが、図書館においても、この改正で従来の定量的な基準が廃止されて、新しく定性的な基準が示され、とりわけ専門的職員の配置と、具体的な業務の明示などによって、従来の業務とは異なった観点から、それぞれ自己点検・評価の実施が必要となってきた。

そこで私立大学図書館協会では、このような情勢に基づき、自己点検・評価のガイドラインを作成することになり、平成五（一九九三）年度の総大会（関西大学）で、準備のための委員会の設置を確認した。

この準備委員会では、ガイドラインを策定するに際してもまずあるべき姿を提示し、それに基づいて点検・評価を加えるべきではないかと判断して、昭和三十一（一九五六）年に策定された「私立大学図書館改善要項」を改訂して新しい基準を提示すべきであるとの結論に達し、「新私立大学図書館改善要項」策定委員会の設置を提案し、平成六（一九九四）年度の総大会（中央大学）においてその決定を見たものである。

「旧改善要項」は、第二次大戦後新しい大学制度が発足して、それに基づく大学が多数誕生し、新しい大学図書館が作られ旧い図書館が改善されていくなかで、その基準・目標となるよう策定されたもので、個々の大学がこれを規範として改善に努め、結果として現在の充実を見るに至る大きな原動力となったものである。この諸先輩が心血を注いだ、五項数百か条に及ぶ詳細な事項と定量的規定は、今なお実現し得ない部分もかなり残しており、現在においても改善の基準となり得るものもある。

しかしながら、策定後既に四十年近くを経過し、内容的にはかなり古い印象を与えているのもまた否めない事実である。

今や時代の趨勢によって図書館も大学とともに大きく変わろうとしており、情報量の増大とそのメディアの変化、及びそれらを取り扱うエレクトロニクスの分野の発展は目を見張るものがあり、従来の大学図書館のイメージを大きく変化させている。

これらの情勢を適確に把握し、将来を見通してそれに対応するためには、新しい基準を設定し、それを実現していくなかで、個々の図書館が発展していく方策を講じなければならない。

いうまでもなく技術の進展は目覚ましく、図書館のシステムにおいても、今日のことは明日もう古くなっているという事態が起こるかもしれない。しかしながら、図書館の基本的役割である情報の収集・蓄積・提供が、図書館員によって利用者に対してなされるということは不変であると思われる。

我々はこの認識のもとに、まずサービスが存在し、それを充足するために資料と職員があり、それをマネージする組織と財政の確立を目指し、またその手段としてコンピュータとネットワークがあるとの確信のもとに、この「新改善要項」を策定した。

この「新改善要項」は今後の私立大学図書館のあるべき姿を想定し、寄るべきものとして策定したが、その実現については個々の大学図書館の努力に待たなければならない。この要項を超えた、更に充実した大学図書館の実現を期待して止まない。

極めて短時日の作業であったため、提示し得なかった重要事項が存在するかもしれない。この要項に基づいて策定されるであろう点検・評価のためのガイドラインで、補完されることを願うものである。

本　文

Ⅰ　サービス

一、サービスの基本的概念

一・一　図書館サービスの基本的な目的を確認し、図書館サービスの政策・綱領の立案を行い、それに則したサービスを展開する。

一・二　サービスの展開には、教育・研究現場とコミュニケーションを図り、そのニーズに応じたサービスを行う。

一・三　教育・研究活動及び学習活動への多様な支援サービスを行う。

一・四　大学における生涯学習支援のサービスを行う。

一・五　図書館資料の公開サービスを行う。

二、情報サービス

二・一　レファレンス・サービスの充実を図り、多様で高度な利用者支援サービスを展開する。

二・二　所在調査、事項調査、利用指導等、レファレンス・サービスの質を高めるため、主題知識を持った専門家の養成や、各種メディアに対応できる態勢を確立する。

二・三　外部データベースの利用等を通じ情報検索システムを確立し、利用者自身による検索方法や、課金の問題及び著作権の問題を検討し解決する。

二・四　電子情報の有効利用を通じ、情報発信基地としてのサービスを展開する。

三、図書館利用サービス

三・一　閲覧や貸出の方法と規則を周知し、閲覧エリアの環境を整備・維持する。

三・二　複写サービス業務をより充実させるために、料金の低廉化を図り、維持・管理についても合理的な方法を検討し実施する。

三・三　サービス時間の延長や日曜・休日開館実施にむけて努力する。

三・四　開架制も含めて資料への到達の容易さを保障し、機械化による貸出手続等の簡便化を促進して、図書館の利用率を高める。

三・五　サインを整備し、利用指導（ガイダンス等）を通じて図書館利用の促進を図る。

三・六　大学の生涯学習計画の一端を担うため、学外サービスおよび地域サービスを検討し実施する。

三・七　授業と図書館利用の連携をより強固なものにするために、指定図書サービス等を活用させる。

四、コンピュータ・サービス

四・一　利用者が検索しやすいＯＰＡＣシステムを構築する。

四・二　図書館資料をデータベース化し、受・発注情報をOPACに載せるようシステム化する。

四・三　パーソナルコンピュータを利用した、インターネット等での検索を援助し促進する。

四・四　各種データベースの利用を可能にするために、学術情報センター等の国内・外のネットワークとの接続を行う。

四・五　貸出業務の機械化によって、図書貸出量の増加、貸出手続きの簡素化、分散型大学の閲覧業務情報の一元化と共有化、貸出自動化システム等の実現を図る。

四・六　電子資料等の新しいメディアによる、情報検索サービスを提供する。

五、蔵書管理

五・一　資料の利用を促進するために、サービスの種類、利用者の要求に適した資料組織、資料管理、資料の環境整備を行う。

五・二　学内資料・情報の収集・処理・提供を一元的に図書館が行うことを検討する。

五・三　図書資料の装備・修理・修復を含めた書庫管理を行う。

六、図書館協力、協力態勢の整備、協力の内容

六・一　図書館協力を実施するにあたり、その基本的方針を策定する。

六・二　図書館協力は、図書館運営に関するすべての事項について行う。

六・三　図書館協力は、すべての館種、分野、地域の図書館、書誌ユーティリティ等と行う。

六・四　図書館協力に必要な業務組織を整備する。

六・五　図書館協力を推進するため、図書館運営及び業務等を標準化する。

六・六　内外の図書館協会等に加盟するとともに、その運営に協力する。

六・七　内外の図書館と資料の交換及び分担収集を行い、蔵書の充実を図る。

六・八　図書館資料の分担収集を推進し、共同保管を促進するために、共同保存機関等の設立及び充実を図る。

六・九　共同分担目録作業を行い、国内総合目録のデータベース構築に協力する。

六・十　蔵書目録、図書館資料、OPAC、施設・設備等を公開する。

七、利用者教育サービス

七・一　一般のオリエンテーション、ライブラリーツアーの充実と同時に、各主題に則したビブリオグラフィック・インストラクション（BI）を行う。

七・二　従来の文献探索の手法以外に、コンピュータを扱うことを中心にした、情報に関する知識を拡張する目的の、利用者教育を行う。

八、広報活動

八・一　図書館は、図書館活動の広報を行う。

八・二　広報活動の一環として、図書館員の研究・調査・意見を取り入れた出版物の発行も考慮にいれる。

八・三　広報活動を行うのに必要な部署を、積極的に組織する。

Ⅱ　情報資源

一、収集、蔵書構築

一・一　収集方針

一・一・一　広範な利用者サービスを提供するために、収集方針

を明文化する。

一・一・二　大学の特色・カリキュラムに応じた、重点的収集を行う。

一・一・三　特に、学生用資料が十分かどうかを考慮する。

一・一・四　非図書資料、ニューメディア、ネットワーク情報資源にも十分注意を払い、その収集および情報源へのアクセスを図る。

一・一・五　大学間の連携協力による計画的、重点的収集を行う。

一・一・六　図書館間相互貸借をも視野にいれた、効果的収集を行う。

一・二　収集の組織と運営

一・二・一　収集及び蔵書構築を担当する部署を確立する。

一・二・二　学内ニーズの把握と、その収集調整を行う選書委員会を設ける。

一・二・三　出版情報などの把握に努める。

一・二・四　利用者の購入希望には十分対処する。

一・二・五　寄贈・交換業務の整備に努める。

一・二・六　収集業務をシステム化し、ＯＰＡＣ等で収集情報を提供するよう努める。

一・三　蔵書構築

一・三・一　収集方針に基づく蔵書構築の系統性、継続性を重視する。

一・三・二　蔵書の質と量が適切かどうかの評価を、定期的に行う。

二、組織化

二・一　受入・登録・装備については、システム化を図り省力化に努める。

二・二　整理業務の標準化・効率化を図りシステム化する。

二・三　非図書資料並びに非ローマ字資料の組織化に努め、ＯＰＡＣでの提供を図る。

二・四　書誌ユーティリティー等の活用を図り、初期入力の委託なども考慮する。

二・五　ＯＰＡＣを提供し、外部への公開を促進する。

二・六　書誌データベースの品質管理を行い、典拠コントロールの充実に努める。

二・七　件名標目のデータ整備などにより、主題検索の充実を図る。

二・八　ＯＰＡＣで提供されていない資料の遡及入力を計画的に実施し、書誌データベースの拡充に努める。

二・九　大学独自のデータベースを構築する。

三、保存・除籍・廃棄

三・一　保存、除籍、廃棄について、それぞれ成文化した規程を設ける。

三・二　資料劣化に対する方策を講じる。

三・三　大学間での分担保存並びに共同保存を推進し、その共同利用を図る。

三・四　廃棄する資料については有効利用を図る。

三・五　電子メディアへの媒体変換を検討する。

Ⅲ　施設・設備

一、施設の設計

一・一　基本構想

一・一・一　新築または増・改築に際しては、基本構想（基本設計）について図書館側の原案に基づき検討されるのが望ましい。

一・一・二 学校法人、大学当局とも十分な合意形成がえられる推進組織体（委員会）を構成する。

一・一・三 キャンパス内の他の施設と有機的な関連を保てる、立地条件を設定する。

一・一・四 図書館諸施設の機能を明確にする。

一・二 設計

一・二・一 設計に当たっては、図書館利用者の便を最優先する。また、身体障害者の利用を十分配慮しなければならない。

一・二・二 将来を予測して、空間、配線、配管、電気容量等を設定する。

一・二・三 複合建築の場合は、管理運営上支障のないよう配慮する。

一・二・四 実施設計に当たっては、多くの関係者や専門家と十分な意見調整を図る。

二、利用者のための施設・設備

二・一 閲覧座席

二・一・一 学生や教職員数に応じた、必要かつ十分な座席を確保する。

二・一・二 大学図書館の一般公開に向けて、学外者受入用の閲覧座席を予定する。

二・一・三 試験期には、図書館外に臨時の自習室を設けるなどして、座席数不足の緩和を図る。

二・二 閲覧室

二・二・一 学部学生用、大学院学生用、教職員用に、それぞれの必要に応じて閲覧室、研究個室、グループ閲覧室等を確保し、その他用途別の利用スペース（室）を備える。

二・二・二 将来の座席増設等の余地を見込んでおく。

二・二・三 各室内の利用環境を整備し、空調、採光・照明、換気、防音等を配慮する。

二・三 設備等

二・三・一 ＯＰＡＣ、情報検索、ニューメディア、ＡＶ資料、マイクロ資料に対応する機器、及び複写機その他ＯＡ機器等設備の新設、更新については、利用者のニーズに基づき、かつ将来予測のうえにたって計画的に行う。

二・三・二 閲覧机は一般読書用のほか、資料利用目的に応じて配備する。

二・三・三 サービスカウンターは、その機能を十分吟味のうえ設定する。

二・三・四 サイン計画に基づいた、分かりやすく効果的な表示、掲示をする。

三、図書館活動のための施設・設備

三・一 蔵書の保全

三・一・一 年間増加冊数を考慮して、書架上の収容力（安全配架スペース）を確保する。

三・一・二 必要に応じて、保存図書館（保存書庫、デポジット）計画を策定する。

三・一・三 写本・文書、古典籍、印刷体図書等資料の特性にかなった書架を設備する。

三・一・四 換気、防火、防湿、防虫・菌（燻蒸）等により、蔵書の保全策を講じる。

三・二　設備等

三・二・一　図書館の利用案内やキャンパス情報を、ネットワークで提供できる機器等を設備する。

三・二・二　図書館内での自由な利用を保障すると共に、利用実態を把握するため、入退館システムを設置する。

四、図書館運営管理のための施設・設備と運用・維持改善

四・一　事務スペース及び設備

四・一・一　事務室は、サービスエリア、書庫エリア、搬入エリア等との効率のよい動線上に配置して、事務に必要なスペースを十分確保する。

四・一・二　業務の電算化を促進するため、必要な機器を整える。

四・一・三　ＯＡ機器や印刷・複写機等は十分な台数を確保する。

四・二　運用・維持改善

四・二・一　緊急時、定時案内等のための放送設備を備える。

四・二・二　建物、施設、設備の管理体制を明確にする。

四・二・三　施設、設備の保守計画を策定し、特に日常のメンテナンスに留意する。

四・二・四　設備の増設、更新に関わる予算は、利用者のニーズ及び運用する職員の意見が反映できるよう努め、計画的に計上し執行する。

Ⅳ　職員

一、図書館員の構成・配置

一・一　大学図書館には、その使命の遂行と機能の発揮のために、必要かつ十分な職員を適正に配置する。

一・二　運営責任者である図書館長、実務責任者（事務長、主任司書等）、実務担当者である司書を置き、必要に応じて事務員、技術員、その他の職種を求めることができる。

一・三　館長を補佐する職位として副館長を置くことができる。また、分館、部局図書館を置く場合は、必要に応じて分館長、部局図書館長を置くが、中央図書館の館長は全学図書館の統轄または連絡調整の責任を負う。

一・四　図書館長及び実務責任者は、図書館員に関する人事方針・計画を策定し、大学へ積極的な提案を行う。

一・五　図書館各業務責任者は、それぞれの担当において人事方針・計画を策定し、実務責任者へ提案する。

一・六　大学図書館に課せられた高度な専門的業務を担当し、また将来に必要とするより高度なサービス展開のための調査、企画、立案を担当する専門員を置くことができる。

一・七　専門員はライン職とは異なり、高度な専門的業務を担当するスタッフ職として実務責任者を補佐する。

二、図書館員の資質

二・一　図書館員は、大学または大学院において図書館・情報学を修めた者、或はその他の専門主題を修めた者であることが必要である。

二・二　情報利用環境の整備に、コンピュータ・サイエンスを修めた者を必要とする。

二・三　図書館員は、利用者のあらゆる図書館サービスへのニーズに応えられるよう、資料及び種々の情報資源に関する幅広い知識を修得し、これを常時更新する。また、情報利用環境の変化に対応した情報処理、ニューメディア等に関する知識・技術を会得する。

二・四　図書館員は、専門的に優れているばかりではなく、サー

ビス提供者として、利用者に対し豊かな理解の持ち主であることが期待される。

三、管理者

三・一 図書館長及び実務責任者等管理者は、長期的な図書館活動計画に則り、円滑な図書館運営に責任を持つ。さらに、改革、決定、実行並びに評価に責任を持つ。また、図書館委員会、大学内関連委員会等との連結・調整、及び学外機関との連携を図る。

三・二 館長には、大学図書館の果たすべき役割と館長としての職責に深い認識と理解を持ち、かつ館長としての管理能力を有する教員もしくは図書館員を充てる。

三・三 館長の責務の重要性において、大学内におけるその地位は学部長等と同等あるいはそれ以上でなければならない。

三・四 実務責任者は、図書館運営に関する幅広い知識と豊富な経験、並びに管理技能を併せ持つ。

四、図書館の自主性と図書館員の倫理

四・一 図書館員は、サービスの実行に当たって、図書館の自主性を尊重し、利用者の利用上の秘密を守る。

四・二 図書館員は専門職としての役割から、倫理性が要求される。

五、図書館員の教育・研修

五・一 情報資源の多様化と高度化、また情報利用環境の変化に対応できるよう、さらに利用者に対し的確に資料・情報が提供できるよう、図書館内に教育・研修機会を組織的かつ継続的に位置づける。

五・二 各種団体が主催する教育・研修に積極的に参加する。

五・三 図書館員は、図書館サービス、情報等に関する調査・研究を行い、図書館改革への情熱と創造性を持つ。

五・四 大学及び図書館管理者は、図書館員の教育・研修、調査・研究について理解を持ち、機会と援助を与える。

六、図書館員の地位

六・一 大学及び図書館管理者は、大学における図書館員の位置づけを確定し、その地位向上を図る。

六・二 大学及び図書館管理者は、今日の情報利用環境において図書館に高度な知識と技術を持つ職員が必要であることを認識し、その確保に努める。

V 組織・運営

一、大学における図書館の位置づけ

一・一 大学は、その組織図において図書館の位置を明確にし、大学の学術情報システム等の基本方針及び目標を策定する。

一・二 図書館長を図書館運営の最高責任者として任命する。

一・三 図書館運営に必要な職員、施設、予算等を保障する。

二、図書館運営の基本方針

二・一 運営の基本方針と目標を明記した図書館規程を制定する。

二・二 図書館規程を制定するにあたり、学内の学術情報システムの基本方針及び内外諸機関の定める宣言、要項、基準、ガイドライン等を尊重する。

二・三 運営の基本方針に基づき、短期・中期・長期計画を策定し、サービスの向上に努める。

二・四 運営の諸計画を実施するにあたり、学内諸機関との連携を図るとともに、大学及び利用者にその内容を明示す

る。

三、図書館運営体制の整備

三・一　図書館長

三・一・一　図書館長は、図書館運営に関する事項を統轄する。

三・一・二　図書館長は、大学の意思決定機関、関連委員会等に参画し、図書館運営に関する事項を報告するとともに、図書館運営に対する協力を要請する。

三・一・三　図書館長は、図書館委員会を運営する。

三・二　図書館委員会・専門委員会

三・二・一　図書館規程に基づき、図書館委員会を設置する。

三・二・二　図書館委員会は、大学から任命された委員で構成される。委員には、図書館職員を含むことが望ましい。

三・二・三　図書館委員会は、運営の基本方針及び実施計画について審議し、決定する。

三・二・四　図書館は、運営方針を実現するため、図書館委員会に対して短期・中期・長期計画等の諸施策及び財政計画等を提案する。

三・二・五　図書館委員会は、必要に応じて専門委員会を設けることができる。

三・三　図書館組織

三・三・一　図書館は、組織図においてその構成を明確にする。図書館が中央図書館及び分館または学部図書館からなる場合には、それらの関係を図書館規程等において明記する。

三・三・二　図書館運営に必要な業務組織を整備する。

三・四　業務管理

三・四・一　業務組織に基づき、業務規程及び事務分掌を明確にする。

三・四・二　業務規程及び事務分掌に基づき、業務マニュアルを整備する。

三・四・三　図書館業務を円滑に運営するにあたり、決定、指示、報告、調整等の方法を明確にし、指示系統の統一を図る。

三・四・四　業務組織、業務規程及び事務分掌等の点検を行い、目標管理の方法を明確にする。

四、図書館財政

四・一　予算（案）の編成・執行

四・一・一　図書館は、図書館予算（案）を編成する。

四・一・二　予算（案）は、短期・中期・長期計画に基づき編成する。

四・一・三　予算（案）には、図書館運営に必要なすべての経費を含む。

四・一・四　予算は、年度の途中であっても必要に応じて、大学の経理規程に基づきこれを補正する。

四・二　財源確保

四・二・一　図書館は、大学に対して図書館運営の重要性を説き、必要な財源を確保する。

四・二・二　有料サービス、手数料等による収入を図るとともに、各種助成金獲得、寄付金募集等によって財源の確保に努める。

四・三　予算の執行・決算

四・三・一　予算執行計画に基づき、適正かつ効率的に執行するとともに、執行にあたってはこれを記録し、定期的に関係機関に執行状況を報告する。

四・三・二　年度末に決算報告書を作成する。
四・三・三　予算執行の結果を、図書館運営実績とともに評価し、次年度以降の計画化に資する。

五、自己点検・評価

五・一　図書館運営の有効性及び効率性を図るために、定期的に自己点検・評価を行い、大学、利用者等にこれを公表する。
五・二　自己点検・評価委員会を設置し、点検・評価の項目及び方法等を検討のうえ、実施する。
五・三　自己点検・評価の公表結果は、学内外の学識経験者等によって再評価されることが望ましい。

参考資料〔略〕

公立短期大学図書館改善要項

〔昭和五三年三月三一日 公立短期大学図書館協議会〕

序章

短期大学の目的は、「学校教育法」により、「深く専門の学芸を教授研究し、職業または実際生活に必要な能力を育成する」ことにある。「短期大学設置基準」は、そうした短期大学の教育目的に沿って定められた設置当初における必要最低限の基準を示したものである。

わが国における短期大学の現状を眺めるとき、創設以来すでに四半世紀を過ぎて三十年に近く、その間大学数は公立短期大学四八校、国立短期大学三一校、私立短期大学四三三校と総計五〇〇校を超えて国公私立四年制大学四二三校をはるかに上まわり、さらに増加の傾向にある。その在学生数も三五万余、今や短期大学の存在は大学制度の一環として、一部の批判を越えてわが国の高等教育上の不可欠の位置を占めるにいたった。知性豊かな教養ある専門の職業人の育成に積極的に貢献した短期大学の役割は歴史的にも実績的にも確立し、短期大学に寄せる社会の要請のきわめて大なることを知ることができる。

「学校教育法」に示された短期大学の教育目的の意図するところは、深く専門の学術研究を身につけるとともに教養ある豊かな人間性を育成することによって、その職能または実際生活を通して社会の発展に寄与し得る人物を教育することにある。

今後短期大学のもつ教育的・社会的役割はきわめて複雑多様化して行くであろうが、専門の学術研究と人間形成の重要な二面を持つ短期大学独自の教育目的を明確に認識して、社会の要請と期待にこたえるべきである。

しかしながら今日短期大学の実態の一部には、単に職業上の必要な知識・技術の習得のみを重視して終わりとする短期の速成職業教育を意図するがごとき傾向、あるいは対照的に単に知識的教養的教育に終始するがごとき傾向が見られるが、これらの状況は改善されるべきである。

短期大学の目的を思うとき、その使命を達成する上に図書館の果たす役割の重要なることはおのずから明らかになってこよう。「国立大学図書館改善要項」に「大学図書館は大学における教育並びに研究活動の重要な基本的施設である」と述べているごとく、短期大学にあってもその図書館は当然そのいわば中心的存在であらねばならない。図書館の発展充実は、そのままにその大学の発展充実を示すものといえる。

短期大学における図書館の基本的な姿勢としては、次のような点が考えられる。

1　図書館は、その大学内において孤立した立場にあってはならない。短期大学教育の中枢的立場にあることの全学的理解のもとに、つねに学生・教職員の協力と支援によってその機能が有効に発揮され教育目的に寄与されなければならない。

2　短期大学における図書館は、単なる学術専門図書館または単なる教養図書館の役割に終わってはならない。短期大学本来の目的にそって、各短期大学の教育内容を充分に考慮しながら、学術的専門性と人間形成に資する教養面との適切なる調和がはかられるべきである。

3　図書館は、つねに教育・研究の場の一環として教室または研究室の延長であるとの配意のもとに、その親近性と利用の普及を積極的にはからなければならない。

4　図書館は、教職員の理解と協力のもとに研究室等の教官用研究図書の把握等をふくめてその全学的な利用交流の便をはかると共に、外に対しては地域の他大学、研究機関等との連携を密にして相互利用・情報交換の実をあげることによって、教職員の研究・調査、学生の学習勉学の上に便宜をはかるべきである。

5　短期大学における図書館は、大学における学問・研究の自由を維持するとともに、つねに読書の自由を尊重する。

6　とくに公立短期大学の図書館は、その公的性格の上からも、その地域における学術・文化の発展を促進させる役割の一端を担うものである。

以上の諸点については、本論各章において触れてあるが、公立短期大学の教育内容の相違、図書館の規模の大小にかかわらず当然つねに配慮されねばならぬことである。

ひるがえってわが国の公立短期大学の現状を眺めるとき、多くの図書館はなおその機能・組織・管理・施設設備・職員構成・予算編成等各部門にわたって不備・不統一・不足の面が見られるとともに各図書館間の較差が実態調査の上から痛感される。このことは、創設時における短期大学図書館の最低基準が「短期大学設置基準」において一応提示されているのみで、以後の図書館の成長発展のための一定の指針が示されぬまま、長い低迷と模索の中に各公立短期大学の図書館において適宜に処置されていた感がある。そうした点からくる矛盾・弱体・不統一が、実態調査の上に露呈されているというべきであろう。

われわれは各公立短期大学のもつそれぞれの条件・環境・性格等

を充分に考慮しつつも、なおその上にあるべき図書館の姿を目指し改善の実をあげるべく共々に努力すべきである。

この「公立短期大学図書館改善要項」は、以上の観点に立って、「短期大学設置基準」において示された設置のときにおける短期大学図書館の最低基準条件を基に、全国公立短期大学図書館の実態調査をふまえ、その全国平均値以上を目標におき、足らざるを補い望ましきを加えて、単なる理想案に終わることなく実現の可能性を志向しつつ当面の依拠すべき指針を定めたものである。われわれは、公立短期大学協会の強力な支援のもとに、その実現への前進を期すものである。

第一章　機　能

公立短期大学の図書館は、大学の教育・研究・学習活動をささえる重要な機関であり、図書館資料に関する奉仕をもって短期大学の使命を達成する任務をもっている。

図書館の任務は、その機能が教育的・文化的・社会的側面で充分に発揮されることによって果たされる。

短期大学図書館の機能を、まず基本的な活動からみると、次のような三点に分けられる。

一　図書館資料の提供

図書館資料（注1）の提供は、図書館の機能のなかでも最も重要なものである。学生・教職員等の必要に応じて迅速的確に資料を提供し得る機能なくしては、図書館の存在意義は考えられない。資料を収集し、組織化し、保存をはかることは、資料の有効性を増加させ、その利用をいっそう効果的にするものである。

二　学生・教職員等への援助

短期大学の教育目的にそって有用な図書館資料が整備され、その検索手段が設定されても、社会には大量の情報が溢れ、しかも学生・教職員等の資料に対する要求も多岐にわたっている。したがって求める資料を、直ちに提供できるとはかぎらない。ここに利用者と資料を結ぶ援助の機能の必然性がある。そのためには、読書相談、資料調査、その図書館に応じた二次資料（注2）の作成、その他情報の提供などがある。

三　施設・設備の提供

現在、短期大学の教育課程における単位制度（注3）は、教室内における学習とともに教室外における準備などのための学習を必要とすることによって成立している。教室外の学習の場の提供は、図書館の大きな機能である。図書館における学習の場は、学習形態として個人的なものと共同的なものとがあり、その二面を考慮することが肝要である。

図書館はまた、学生の学習のみならず、その全人的な人間形成を目指した読書を中心とする営みの場としての機能をもつ。

図書館資料の利用は、それに伴なう各種の設備・器材を必要とする場合があり、その提供もまた図書館の欠くことのできない機能の一つである。

図書館では、これら三つの機能を充分発揮することにより、学生の自学自習の学習活動の質を決定する要因の一つになり得るものである。しかし、単にそれのみでなく、さらに次の機能が求められる。

学生の教科学習にとどまらず、学生生活全般に対する情報提供、図書館報の発行や読書会の開催など文化的諸活動を通じて、学生の人格的・文化的な自主活動を促し、援助する機能をもたなければならない。

さらに公立短期大学の図書館は、その公的性格の面から、その資料等図書館活動についても大学の独占にとどめることなく、その図書館のもつ専門分野の面で、地域社会に奉仕する機能の一面を認識しなければならない。

注1　図書及び雑誌・新聞等の印刷記録やレコード・スライド・マイクロフィルム等の視聴覚資料で、図書館に収集されている資料。

注2　図書・論文等を入手するうえで必要な情報を集めて、これを組織的に配列し、容易に検索できるようにしたもの。目録・書誌・索引・抄録等。

注3　「短期大学設置基準」（文部省令第二十一号　昭和五十一年四月二十八日）第八条参照。〔現行の設置基準とは内容が異なる＝編者〕

第二章　組織・管理

図書館は、その存在が学生および教職員等にとって学習・教育・研究のための基本的機関であることの全学的認識に基づいて、その機能を充分発揮できるよう組織され管理されていなければならない。

一　学内における位置

短期大学組織の中での図書館の任務・機能および管理者の地位は、学則および行政組織規則等で明確にされなければならない。

(1)　組織上の位置

図書館は短期大学の付属機関として学長に直属し、他の部局とは並立した機関でなければならない。

(2)　図書館長

図書館には、前記の諸規則に基づく図書館長をおく。図書館長は図書館運営に関して最高管理者であり、学長に対して直接の責任を負うものである。

図書館長には教育的・学問的業績を有し、図書館行政およびその活動に深い理解を有する者が選出されるものとし、本来専任が望ましい。兼務の場合は、図書館長としての職に専念できるよう他の職務を時間的に軽減する学内体制がとられることが必要である。

なお、図書館学を専攻し、専門分野での経験と業績を有し、教育的識見をあわせもつ司書を図書館長に任用する道が開かれていることが望ましい。

図書館長は、図書館職員に関して人事服務についての権限を有するとともに、図書館運営・予算編成等に直接責任をもつものであり、同時に大学運営メンバーの重要な職である。したがって大学全体の運営・予算編成・企画等の会議に参画することはもちろんであるが、その職責上、教務、学生に関する委員会等にも関与することが望ましい。

図書館長の選出に関しては、学内規則により学内選挙または教授会選挙により選出され、学長を通して設置者に報告、公式にその職に任命されるべきである。図書館長の任期は、兼務の場合二年（再任は妨げない）が妥当であろう。

なお、図書館長が兼務になる場合、館長補佐役を置き、主席司書をもってこれにあてることが望ましい。その職は(注1)、短期大学の規模や学内部局組織に対応して定められるのが適当である。

二　図書館運営に関する委員会

図書館は全学的な目標のもとに、その運営を円滑に行うために図書館運営に関する委員会(注2)を設ける。

委員会は、図書館の任務と責任、学内組織上の位置などからみて、図書館長の諮問機関(注3)とすることが適当である。

委員会は、教授会によって選出された教員の委員と、図書館長が推薦する図書館職員(注4)によって構成され、図書館運営に関する重要事項について、図書館長の諮問にこたえる。

委員は、学内の意向を正しく反映し、図書館の全学的な発展をなし得る人物が選出されなければならない。その任期は一年ないし二年で更新されることが望ましい。

三　業務組織

図書館の組織を業務面からみると、次のごとくに分けられる。

(1) 資料提供に関する業務

ア、貸出・閲覧　イ、資料の相談・調査　ウ、複写　エ、資料および図書館の利用指導　オ、広報およびその他の活動

(2) 資料を組織化する業務

ア、資料の収集と保管　イ、資料の分類　ウ、目録の作成（カード目録および冊子目録）　エ、資料の装備（製本を含む）

(3) 総務的な業務

ア、企画・予算・運営　イ、人事・文書・経理・施設・設備の管理・環境保全　ウ、図書館活動の調査、評価　エ、渉外

小規模図書館の場合(3)のイの業務の事務的な部分が大学事務局に委任されることは、大学全体の事務能率、効用からみて合理的である。

業務分担については、職員の多い場合は分業して分担し、各業務の責任者には司書があたることが望ましい。少人数の場合には分業が不可能のため協業によるが、各業務の主たる責任分担は明らかにしておく。

なお、職員組織については、第四章において述べる。

注1　組織の大なる場合は、職制として副館長・事務長・課長・係長など、小なる場合は、館長代理を学内における共通見解として考慮することが望ましい。

注2　委員会の名称については各様であるが、図書館委員会・図書館運営委員会・図書館運営協議会などの名称が多く見られる。

注3　図書館運営に関する委員会についての調査の実態（昭和五十一年度山形県立米沢女子短期大学図書館のアンケート調査による）は、図書館長の諮問機関である場合と教授会のもとの協議機関等の場合とがほぼ半々である。しかし国公私立各大学および私立短期大学の各図書館改善要項においてはいずれも図書館長の諮問機関として位置づけられており、大学図書館の歴史的発展の過程においても、その方向に進んでいるとみられる。

注4　実態調査〈前記注3のアンケート調査〉によれば多くの図書館職員が委員会への委員参加を希望している。

第三章　業　務

本章で述べる業務とは、短期大学図書館活動の中枢をなすもので、これは利用者と直接的にかかわる業務であり、常に充分なる計画と資料整備をもとに積極的な奉仕活動が行われなくてはならない。

一　図書館運営計画

図書館運営に当っては、その大学の設置学科、教育方針に即した運営計画を、図書館運営に関する委員会にはかって確立する。

この計画作成に当っては、司書の専門性に根ざした積極性に負うところが多いので、日ごろから、諸種の統計類を用意し、現状を分析しつつ、常に綿密な検討が行われるべきである。

たとえば、具体的には、投書による意見や利用者との懇談会の声を計画に反映させることも重要である。

二　整理（資料の組織化）

収集された資料の整理に当っては、資料が利用者にとって容易に、かつ有効に利用できるよう資料の性格と利用者に応じた体系的な整理が必要である。

整理の仕方は、なるべく多くの図書館と共通した標準的で、永続性のある方法に基づくのがよい。

(1) 分　類

図書はその内容の類似性に基づき分類し、書架上の位置をきめる。一般的には、日本十進分類法（ＮＤＣ）が最も普及しているが、収書の特殊性によっては、特定部門のみ細分類するのがよい。

分類表の使用に当っては、解釈の統一をはかるため、分類コード（注）を作成する。

注　分類コードとは、図書館資料を分類するに当り、分類の不統一をなくし、能率を高めるための一種の約束ごと。

(2) 目　録

図書に対するいろいろな角度からの要求に対し、迅速に、しかも満足しうる解答を与えるため、目録は多種類作成するのが望ましい。

事務用目録としては、少なくとも書架目録（注1）を、閲覧用目録としては特定図書検索のために、書名目録と著者名目録を主題検索のためには分類目録、または件名目録を作成する。

目録作成に当っては、独善的な方法は避け、国会カードなどの利用によって作業の標準化、合理化をはかることがよい。

自館で目録を作成する場合は、目録規則使用上の統一見解をはかるため、細部におよぶコードを作成し、単位カード（注2）作成により能率化するのが好ましい。

できた単位カードの一部をもとにして蔵書目録を作成する。この蔵書目録は、文献検索ならびに相互協力業務をすすめる上で大切なものである。

また、必要に応じて、収書速報、増加図書目録あるいは特定主題などの冊子目録の作成・配布に努める。特に参考図書目録あるいは特別集書などの冊子目録の刊行に配慮する。

分館あるいは学科図書室を有する場合は、相互に総合目録を作成するか、中央図書館に総合目録を備える必要がある。

注1　書架上の図書と同一の排列（請求記号順）をとった目録のこと。

注2　基本カードをもとにして、必要枚数を複製し、それぞれに必要な標目を書き加えて、著者記入、書名記入などとして用いる。

(3) 二次資料の作成

収集された資料を有効に利用するため、特殊文献索引などの二次資料を作成する。特に収書の特殊性に合わせた独自の二次資料は有効である。

三　閲覧・貸出

短期大学の性格や専門領域による特殊性に合わせた閲覧・貸出計画をたて、閲覧・貸出に関する諸規定を制定する。

(1) 資料の配置

資料は必要な時に、適切な資料が容易に、かつ迅速に見いだせるよう配置する。この場合、資料は分類上の位置に関係なく、参考図書・新聞・雑誌・新着図書等をそれぞれの目的に適した位置に配置する。

書架は、全面開架が望ましいが、施設の構造上それが不可能な場合は、参考図書など利用頻度の高い本は、少なくとも開架とし、利用頻度の少ない資料、あるいは貴重な資料は書庫に別置する。

(2) 読書の自由

図書館業務に当っては、利用者のプライバシーを守るため、利用者の側に立って考える必要がある。貸出方式、リクエスト（予約）制度の処理、督促事務、複写図書の処理などに対し、多角的な視野から考慮し、細心の注意を払って一定の基準やシステムを確立する。

(3) 貸　出

特殊な資料、貴重な資料あるいは参考図書などを除き、資料はできるかぎり館外貸出しを行う。

貸出冊数ならびに貸出期間は、資料の性格や利用の仕方によって差異があるが、一般的には三～五冊、一～二週間が望ましく、特別貸出制度（長期貸出、短期貸出、一夜貸出など）を設け、資料の種類、利用の目的に合わせて利用の便をはかる。

(4) 予約制度

貸出に当っては、利用者の要求にできるだけこたえるため予約制度を設ける。これは利用者と図書館を結びつける絆となり重要である。

貸出中の本についても、申込みさえしておけば確実に手に入るよう処理し、自館にないものは新規に購入するか、他館から相互貸借で借りるか、処理は迅速に、他に優先して行う必要がある。

(5) 複　写

図書館資料の有効な利用と促進をはかるため、コピー・サービスをする。そのための複写器を図書館に備える。

複写に当っては、著作権法に従って行う。

(6) 開館時間

図書館を教室の延長、またはその一部として学生が常に親しみ、充分に利用できるよう、開館時間は、通常、最終授業時間後一～二時間の開館が望ましく、夜間部制ならびに近くに学生寮を備える大学にあっては、その実情に合わせた閉館時間を考慮すべきである。

四　資料に関する相談・調査

レファレンス・サービスに当っては、一定の課題や文献検索への適切な相談・援助が常に気易く受け入れられ、迅速な処理が行われるよう態勢を整える。

設備としては、カウンターの一部に相談コーナーを設け、開館時間中はいつでも質問に答えられるよう用意されていること。

資料としては、一定の収書計画に基づいた参考図書を備え、他館の目録類をも備え、他館にも質問を行い得るようにする。

学外からの質問に対しても、直ちに解答できるよう外部と直接通じる電話を備える。

五　図書館教育・広報活動

(1) 図書館教育

図書館が、学生たちの短期大学生活にとって、勉学に、研究に、自主的活動に必要不可欠であることを認識するよう、いろいろな手段を工夫してオリエンテーションを行う。

時期としては、入学当初に全学学生を対象として行い、さらに、早い時期（注）に第二次オリエンテーションを行う。この時は、学生にとって学習や研究活動をいっそう深化させるための文献検索の仕方について指導する。

注　入学当初のオリエンテーションとしては、学生も他のオリエンテーションなどで忙しいため、簡単な図書館の紹介と、図書借受けの手続き方法などにとどめ、第二次オリエンテーションとして、一年次夏休み前に、相当な時間をかけて、実際のカードの引き方、文献の探し方を指導する。

(2) 印刷物の発行

学生および教職員の図書館に対する関心をひき起し、利用を促進するため、図書館報、目録類、文献検索の手引き等、各種の印刷物を発行する。

このことは、利用者に、新しい情報を提供したり、学習や研究の手助けとなり重要である。

(3) 行　事

広報活動の一つとして、適当な機会と場所を得て、読書会、展示会、映写会、コンサート、講演会等を開催し、学生の学習意欲を刺激し、図書館の利用を高めるようにする。

(4) 掲示・展示・その他

大学新聞、パンフレット、ポスター、掲示板等を活用して、さらに積極的に図書館利用についての啓蒙に努める。

第四章　職　員

図書館業務は高い能力と資質をもった職員が維持・遂行することにより、図書館資料の有効性が発揮され、もって学生・教職員の学習・研究活動が援助されるのである。そのためには、専門職としての自覚と知識を身につけた充分な数の職員が配置されていなくてはならない。

一　職員構成

職員は、管理運営面を統括する図書館長と、専門的業務にたずさわる司書と、組織・施設の維持のための会計・事務全般にたずさわるその他の職員で構成する。

(1) 図書館長

図書館長については、第二章一に譲る。

(2) 司　書

司書は、資料の選定・収集・組織・利用の提供などを通じて、図書館の有効な運営に従事する。ことに、図書館員としての専門的知識、技術、経験を基礎にして、さらに学問分野の趨勢と学生・教員のおかれている立場と意識を的確に把握し、かつ、その傾向を熟知して、資料と利用者を結びつける任にある。

したがって、司書の資質としては、学問全般特にその短期大学の学科に関連する領域の文献について、絶えざる向学心と、真摯な態度と、資料に通暁するための努力をあわせもっていることが要求される。また、短期大学図書館にあっては、学生生活や学生の心理について深い関心と理解をもつことも要求される。

以上の点から、司書は図書館法上の司書の資格をもった者をあてることが必要である。

さらに、司書の専門性にかんがみ、行政組織上の規則等に裏づけられた独自の責任分担と、専門職としての身分が保障されなければならない。

(3) 事務・その他の職員

事務・その他の職員は、上記司書の専門的職務以外の会計事務や、施設・設備・備品の維持などの一般的事務に責任をもつ。

二　職員数

職員の数は、学生数・教育方針・開館時間・施設の構造・蔵書冊数・年間増加冊数および閲覧業務の範囲などに応じて、それにふさわしい定員が考慮されなければならない。しかし、図書館機能を維持・遂行するには規模の大小にかかわらず、最低・基礎的な職員数が確保されることが前提となる。

また、図書館資料は年ごとに増加累積し、それに伴って整理業務や利用が増大するので、職員数は蔵書の増加に比例して漸次増員が必要となる。

したがって、職員数を固定的に考えることは妥当でないが、日常業務量からみた基礎的職員数は、学生数三〇〇人までの規模で最低司書四名とする。(注1)

さらに、この業務量に基づく職員数を基礎として、実態から算出した規模別の最低職員数を参考までに掲げると次のとおりである。（注2）

学生＼職員	司書および事務・その他の職員
三〇〇人未満	4名
五〇〇人〃	5
七〇〇人〃	7
一、〇〇〇人〃	8

この職員数は、短期大学図書館として望ましい最低のもので、各短期大学によって業務形態などに応じて、増員されなければならない。

注1 業務量に基づく職員数基準

Ⅰ整理関係 年間受入図書冊数一、六〇〇冊に対し 二人
年間受入逐次刊行物種類数五〇〇種に対し 一人
Ⅱ閲覧関係 学生数 三〇〇名に対し 一人
計 四人

国立大学図書館の事務量に基づく職員数基準および私立大学図書館改善要項（館員数）による。

注2 定員の少ない館（最低五名までの図書館）では、一人の職員が各種の業務（専門的業務や一般的業務）を担当することになる。その場合、事務・その他の職員が一般的業務と並行して専門的業務にたずさわるよりは、司書が専門的業務と並行して一般的業務にたずさわったほうがよいと考えられる。

三 職員組織

職員組織は、第二章二で述べた業務組織に準じて形成されるのが常である。しかし職員数の少ない短期大学図書館では、複雑な組織化をするよりは、かえって単純化させて各人の事務分掌を定め、それぞれの権限と責任の範囲を明確にして、相互に協力・提携し業務を推進することが望ましい。

四 研修

図書館に従事する職員は、司書であると否とを問わず、図書館に関心をもち意欲を高めるよう、業務に関する科学技術の進展に即応した専門的知識と技術をたえず吸収するため、研修の機会と時間ならびに予算が確保される必要がある。

また、類縁機関等の対外組織と積極的に連携し、常に自己研鑽に努める必要がある。

第五章 予算

短期大学図書館が、その機能を充分に発揮し、もって短期大学教育に寄与するには、充分な予算的裏付けがなければならない。

一 予算の編成

予算の編成にあたっては、図書館として必要な経費を図書館運営費（予算項目の節に相当）として独立して要求し、図書館長が全学的予算編成会議に参加し、図書館職員の専門的立場からの意見が充分に反映できるよう配慮されることが望ましい。

二 図書館運営費

図書館運営費は、短期大学の規模・設置学科・教科課程・教授方法・将来計画など、その短期大学の独自性を考慮して、適正に組まれなければならない。

この図書館運営費の短期大学総経常経費（正規職員の給与等人件費は含まない）に占める比率を一概に規定することは困難であるが、一〇％以上が望ましい。また、文科系短期大学にあっては図書館資料による学習・研究に負うところが大きいので、そのための配慮がなされなければならない。

予算上の費目としては、次のものがある。
賃　金
旅　費
需用費（消耗品費・食糧費・印刷製本費・修繕料）
役務費（通信運搬費）
委託料
備品購入費
負担金補助及び交付金

三　経　費

図書館運営に要する固有の費用を経費の面からみると、
資料購入費（図書・逐次刊行物）
資料の修理・製本のための製本費
図書館報・目録など出版物の印刷費
図書整理に要する整理用品費
書架等図書館備品補充更新のための備品購入費
などがある。
その他、一般的なものとして、
一般事務用品のための消耗品費
各種学会・団体の負担金
交換資料郵送のための通信費
臨時的業務のための賃金
施設・設備・備品の保守・修理のための修繕費
各種会議のための経費
職員の研修および関連機関との連絡調整に要する旅費
などがあり、これらの一般的な経費は、本来、図書館運営に組み込まれるものであるが、移行的措置として、各短期大学の事情に応じて適宜、大学全体の予算の中に組み込まれていればよい。

(1)　図書購入費
学術研究の進歩発展に伴い、図書は常に補充しなければならない。また、価値の多様化や要求の複雑化・専門化に対応し得るような配慮がなされなければならない。そのためには、少なくとも次章で述べる年間増加冊数を維持できるだけの予算が組まれなければならない。

(2)　逐次刊行物購入費
逐次刊行物は、その論文数・カレント性・叙述の現代性において、優れた図書館資料であるので、充分な予算的配慮がなされなければならない。

また、設置学科の種類によって購入する逐次刊行物の種類数と経費は相当異なるので、資料費全体に占める図書費との割合は慎重に決めなければならない。

(3)　備品購入費
図書の増加に伴う書架・カードケースの補充をはじめ、図書館機能を円滑に遂行するため、備品類の補充更新にも配慮がなされなければならない。

四　変更時における予算的配慮

学科増設時は当然であるが、教科課程の変更・増大や定員の増加など、短期大学の教育施策の変更に際し、増改築を含むそれにふさわしい配慮がなされなければならない。

第六章　資　料

資料は図書館の生命である。したがって、図書館の資料は、当然その短期大学の教育活動をささえ得る必要にして充分な内容と質を保持しなければならない。同時に、そのためには、適切な選定のもとに収集が行われていることが肝要である。

一　収　書

(1) 収書目的

図書館資料の収集に際しては、学生および教職員の信頼にこたえ得るよう、次のような目的にそって、豊富でしかも的確な資料の収集に努める。

ア 短期大学教育の教科活動をささえる。

イ 学生の一般教養の向上を図る。

ウ 研究活動をささえる。

(2) 収書方針の設定と選定

方針の設定に当っては、図書館運営の将来計画に基づき年間計画をたて、特に力を入れる部門は何か、教養図書、一般教育関係図書、専門科目関係図書等の比率をどのようにするか、などを図書館に関する委員会にはかり設定する。

さらに計画策定に当っては、目録類、総合目録、書誌類ならびに索引類を用意する一方、平常から教科内容ならびに教育研究活動の実際についての調査を行っておく必要がある。

授業計画に基づく学習上必読の資料(注)は、必要に応じて複本で用意し、利用者が図書館利用の意欲を失わないようにする。

収集された資料を有効に利用し、しかも、学習・研究活動をより深化させるために、既成の二次資料の収集につとめて努力する。

購入図書ならびに寄贈図書の選定に当っては、各々選定基準を設け、図書館に関する委員会にはかって、慎重に審議する。

なお、受入資料の決定は、すべて図書館長が行う。

注 指定図書制度として別体系で整理するのもよい。

(3) 購 入

購入に当っては、学生・教員からの購入希望を考慮に入れ、教員用の高度な専門図書に集中しないよう留意し、図書館に関する委員会にはかって充分検討する。

職員は常に、出版目録、出版案内等により出版情報を把握するとともに、店頭に立って、本の出版情況に精通している必要がある。

(4) 寄 贈

官公庁、公私立の研究機関、協会、会社、工場などの出版物および個人の自費出版物には、文献として貴重なものが多い。これらは概して市販されず、非売品の場合が多いので、図書館では、常にその情報に注意し、必要なものについては積極的に収集する。

寄贈図書の選択に当っては、購入図書の選択と同様に、選定基準を作り慎重に選定する。ことに自発的に寄贈された図書については、無用なものを受入れて、整理の手数と書架の場ふさぎにならぬよう充分に取捨選択する。

(5) 交 換

学術資料については、国内はもとより海外の大学や研究機関と協定を結び、相互に交換する。

特に、国際交換は、学術研究資料を入手する重要なルートの一つなので、積極的に行う。

二 資 料

(1) 図 書

蔵書にたいしては、数量的な基準のみをもって律するわけにはいかないが、短期大学設置後、早い時点で、次のような内訳で二万冊は備えられていることが望ましい。(注)

一般教育図書 二〇%

専門教育図書 六〇%

参考図書　一〇%
教養図書　一〇%

二万冊を備えることで、まず基本的な図書は整備されたと考えられるので、それ以後の年間増加冊数は、少なくとも以下のような増加が望ましく、文科系にあっては、その学科の性格上、それより上回ることが望ましい。

学生数	年間増加冊数
三〇〇人以下	一、六〇〇冊
三〇一〜七〇〇人以下	一、六〇〇冊＋三〇〇人を越える学生の一人当り二冊
七〇一〜一、〇〇〇人以下	二、四〇〇冊＋七〇〇人を越える学生の一人当り一冊

注　一般教育図書とは、短期大学設置基準にいう一般教育に関連する図書をいい、教養図書とは、一般教育図書と専門教育関係図書、参考図書以外の図書をいう。

(2) 雑誌

学術研究の成果にしても、政治・経済の動きにしても、社会のできごとにしても、その最新の情報が収録される雑誌は、図書館の重要な資料である。

購入雑誌の選択に当っては、他館との相互協力を考慮に入れ、しかも、自館の維持管理上の能力をふまえて、ひとたび購入することに決めた雑誌は、できるだけ途中で中断することのないよう、次のような基準で備えつけられるのが望ましい。

一般教育関係　三五種以上
専門教育関係（一学科につき）　文科系　四〇種以上
理科系　五〇種以上

必要な雑誌で寄贈可能なものについては、寄贈図書と同じく、積極的に依頼をし収集する。

(3) 研究紀要・論文集・学会報告

研究紀要・学会報告の類は、学術研究の成果が最も早く発表されるので、図書館にとって重要な資料となる。したがって、この収集には特に力を入れる必要がある。

紀要類については、自学発行の紀要を送ることによって、積極的に他大学の資料を収集する。

記念論文集や学会報告は、ともすると学会出席者や会員のみの配布に終るきらいもあるので、関係諸学会・団体と連絡をとりながら、きめ細かく収集する。

(4) 新聞

時事ニュースを報じる全国紙、その地域で発行される地方紙、その大学の学科に関連ある学会紙、業界紙等を備えることにより最新のニュースを閲覧できるようにする。

(5) 特殊資料

必要なパンフレット、リーフレット、新聞・雑誌の切抜き、あるいは写真・図表・地図・古記録・古写本等について収集整理に努力する。

三　維持・管理

(1) 点検

蔵書点検は蔵書の現状を明確にするために、紛失本を調査するとともに、資料の更新、汚破損本の除去・修理等のために行うもので、定期的に、利用者の最も少ない時期に、一定の期間をかけて実施する。

日常的な点検としては、収集した資料につき、資料価値が損われていないか、利用されやすい状態にあるかどうかを点検する。

(2) 除籍・廃棄

資料利用の効率を高め、かつ収納スペースを効果的に活用するため、使えなくなった図書類は除籍して蔵書の更新をはかる。常に図書館の蔵書を利用しやすく、魅力ある状態に保つよう努める。

新聞・雑誌の類の保存には、書架のスペースをかなり必要とするので、永年、三年、一年保存等の保存基準を他館との協力の上で設定し、適切な廃棄を考慮する。

なお、除籍・廃棄の最終決定は、図書館長が行う。

(3) 研究室との連絡調整

研究室資料の有効利用のため、所在を明確にする所在目録を作成し、研究室相互間の円滑な利用をはかり、全学的な交流に努める。

第七章 施設・設備

短期大学図書館は、短期大学における教育研究活動の中心的存在であるから、組織・運営の改善と並行して、施設の整備拡充にも充分な配慮がなされなければならない。

一 施設の計画

施設の計画・設計にあたっては、専門的見地から図書館職員が主導的に参加し、その専門的立場からの意見が充分に反映されることが望ましい。

実際の設計にあたっては、次の点が配慮されなければならない。

(1) 親近性があること

構内における図書館の地理的位置は利用者にとって重要な条件である。構内の中心的位置、もしくは誰もが簡便に利用できる校門の近くに配置することが望まれる。

また、どんなに便利な場所にあっても利用者をひきつけない施設であってはならない。心情的に親近感を保持できる魅力を備えることも重要な要件である。そのためには、余裕のある設計にして、館内に植木鉢を置いたり、絵画を飾ったり、彫像をおくなど、ゆったりとくつろげる雰囲気をつくることも大切である。

(2) 機能的かつ効率的であること

資料の収集・整理・利用・保存等の機能が効果的に行われるとともに、利用者にとっては使いやすく、職員にとっては働きやすい施設でなければならない。それには、関連する場所と位置とが短い動線で結ばれるよう配慮されることがよい。

(3) 拡張の可能性・互換性があること

図書館自体の成長発展や短期大学の拡大進展、教育方法の変化、利用者意識の微妙な変化などに適応できるよう、拡張・改造の余地を残し、相互にスペースを交換できるように計画すべきである。

(4) 障害者への配慮

歩行・視力等に障害をもった利用者に対する資料提供を可能にする配慮が必要である。

(5) 通風・採光・温湿度・外部環境などへの配慮

快適な読書環境をつくるため、冷暖房・空調設備を備え、また照明・遮音・植樹などにも配慮する。

二 利用者と資料を結ぶ方式

利用者と資料を結ぶ方式としては、全面開架の自由接架方式(注1)が積極的にとり入れられることが望ましい。しかし、運用上これが不可能な場合は、安全開架方式(注2)として、利用者が直接資料に接することができるような設計にするのが望ましい。

ただし、資料の内容やその他の事情に応じては、開架しないこともあり得よう。

注1　利用者が書架群に接近する際、何のチェックも受けずに、自由に資料に接することができる方式。

注2　書架群への出入口で利用者はチェックを受けるが、資料にじかに接することができる方式。

三　座席数

閲覧室は、学生数の二〇%以上の座席が確保されなければならない。(注)

また、教員用の座席についても、適当数用意される必要がある。

注　短期大学図書館の利用実態からみると、閲覧室は昼休みや休講時、試験期に集中する。この点からも、学生数の二〇%以上の座席数が必要である。

四　必要スペース

短期大学図書館を機能的にみると、学習の場、研究の場、資料保存の場、コミュニケーションの場としての役割をもっている。このことから、基本的に必要なスペースとして、次の各室・コーナーが考えられる。

①閲覧室（学生・教職員用）　②新聞雑誌室　③参考図書コーナー　④参考事務コーナー　⑤貸出コーナー　⑥複写スペース　⑦目録スペース　⑧書架スペース　⑨グループ研究室　⑩ブラウジングルーム(注1)　⑪ロッカースペース　⑫館長室　⑬事務室　⑭作業室　⑮倉庫

これらのスペースを独立にするか、他のスペースと併用にするかは、各館によって異なるが、最低必要面積は約七〇〇平方メートル(注2)で、その他生活スペースの面積が不可欠である。

ただし、館の規模や短期大学の教育方法などに応じて、これ以上のスペースが必要になることもあろう。

注1　休憩、談話、くつろぎ等のための部屋で、軽い読物ないしは雑誌等を置いた部屋。

注2　必要面積　積算基礎

①閲　覧　室
②新聞雑誌室
③参考図書コーナー
④参考事務コーナー
} 一名あたりの床面積　二平方メートル
学生数　三〇〇名
教員利用者数　五名
〔の場合の例＝編者〕
(三〇〇×20/100＋五)×二平方メートル
＝一三〇平方メートル

⑤貸出コーナー……………………　一五平方メートル

⑥複写スペース……………………　二平方メートル

⑦目録スペース　五〇、〇〇〇冊
二二〇、〇〇〇枚
一ケース　七〇〇枚収納
三〇　引出使用
〔の場合の例＝編者〕
二二〇、〇〇〇÷七〇〇÷三〇×一・五平方メートル
＝一五平方メートル

⑧書架スペース

図　書　五〇、〇〇〇冊
一平方メートルあたり　一七〇冊収納
〔の場合の例＝編者〕
五〇、〇〇〇÷一七〇……(a)

雑誌・紀要　五〇〇種
年間分五連　保存分三〇連
一連一・五平方メートル
〔の場合の例＝編者〕
(五＋三〇)×一・五平方メートル……(b)

新　聞　五種
一年保存
〔の場合の例＝編者〕

三（連）×一・五平方メートル ……(c)

(a)+(b)+(c)=三五七平方メートル

⑨ グループ研究室……………………二〇平方メートル

⑩ ブラウジングルーム………………三五平方メートル

⑪ ロッカースペース　学生数の三分の一用意／一二人用ロッカー使用〔の場合の例＝編者〕…………二五平方メートル

⑫ 館長室……………………………二〇平方メートル

⑬ 事務室　職員四名〔の場合の例＝編者〕…………四〇平方メートル

⑭ 作業室……………………………二〇平方メートル

⑮ 倉庫………………………………二〇平方メートル

その他生活スペース

（ロビー、階段、廊下、洗面所、機械室、湯沸室など）…………α

①+②+……………………+⑮+α≒七〇〇平方メートル+α

五　視聴覚設備

視聴覚器材・資材の保管・利用を担当研究室で行うか、図書館で行うかによって、施設および設備面も大幅に変ってくるので、施設建設計画段階でそこまでの配慮がなされているべきである。

第八章　相互協力

近年の出版物の量的増大に対しては、もはやいかなる図書館でも単独で、そのすべての資料をもれなく収集することは不可能であり、利用者の多種多様な要求にこたえることはできない。

公立短期大学図書館では、各々自館の目的に最も合致した資料を選択・収集するのであるから、その専門性において、時には他の図書館ならびに利用者に利用の便をはかるとともに、時には他の図書館に協力を求めなくてはならない。特に地域内の各種図書館等との緊密な連絡協力が必要である。

図書館間の連絡協力活動としては、

1 資料収集上の協力……資料の分担収集や重複資料の交換など

2 整理上の協力…………共同目録作業や総合目録の作成など

3 利用上の協力…………相互利用、相互貸借、保管転換、文献複写など

4 保存上の協力…………分担保存、保存図書館の共同設置など

5 文献情報交換…………レファレンス・サービス、コンテンツ・サービスによる協力など

これらの業務を円滑に運ぶためには、自館にあっては細かな図書館諸規程を、図書館間にあっては諸種の協定が結ばれていなくてはならない。

第九章　学外者の利用

公立短期大学図書館は、地方公共団体の設置する公的施設である。したがってその地域の各学校・研究機関等はもちろん、地域住民に対して、原則としてその短期大学の設置学科に関連する学術的専門分野において図書館利用の便宜をはかり、地域文化の向上に協力貢献することが望ましい。

ただしその利用条件は各短期大学およびこれに属する図書館によって異なり、一律に規定することはできないであろうが、学内教職員および学生の本来の利用の便を阻害しないかぎりにおいて、できるだけ地域住民ならびに学外者の研究調査の希望の声に応えるべき配慮がなされなければならない。

以上の点については、それぞれの短期大学図書館において学外者の利用を可能にする規程を設ける必要がある。

第十章　対外組織との連携

各館はその活動を助長し改善するため、相互に連携する。さらに、自己啓発をはかると同時に、他の関連機関との連絡を密にし、その

活動に参加し、統一的な努力によって、自館の改善、また各館相互の協力の発展に努めなければならない。

その方法としては、情報交換・研修協力・実態調査・共通要望の実現の推進などがあり、その機関としては、公立短期大学図書館協議会、公立短期大学協会、日本図書館協会、同短期大学部会、都道府県図書館協会、各種専門図書館協議会等が考えられる。

〔編者注〕　本要項は現在、公立短期大学図書館協議会により見直し中である。

私立短期大学図書館改善要項（一九九八年版）

〔平成一〇年一月三〇日　日本私立短期大学協会図書館研究委員会〕

まえがき

平成三年（一九九一年）七月、文部省令による「短期大学設置基準」〔別掲〕の一部が改正・施行された。この新しい基準は細部を記述しない大綱化の方針で貫かれ、自主努力を期待するものとなっていることは周知の通りである。

この中における図書館に関わる部分も、昭和五十一年（一九七六年）の設置基準に比べ、閲覧室の座席数と収集資料の種類・冊数の最低基準表が省かれ、大綱化されたものに変わった。しかし一方において、この設置基準は図書館に関する新しい問題を盛り込み、以前の基準よりむしろ多くの事項を述べている。

その新しい問題は「視聴覚資料、情報の処理・提供のシステム、学術情報、相互協力、専門的職員、図書館を中心に……」といった文言で登場している。ただし、これらのキーワードのみで、これ以上の詳細な記述はない。これをどう受け止め、どう実現していくかは、各図書館の課題としているわけである。

「私立短期大学図書館改善要項」がこれまで、設置基準に則し、図書館の現状を踏まえながら、その運営・実務上の諸問題を具体的に詳述してきた。いわば「設置基準の実務用解説版」でもあったために、この改善要項は私立短期大学図書館の現実的な指針となり、その充実発展に大きく寄与してきた。

この意味で、新しい設置基準が施行された時点から、この改善要項の改定が必至であったと言える。基準が大綱化し、多くの新しい課題を提示しているだけに、関係者の大部分が当然の如く、基準の受け止め方を改善要項に求め、その改定を望んでいた。今回、改訂版を作成した契機がここにある。

この改善要項は、最初、昭和三十六年（一九六一年）に作成し、その後「昭和四十九年（一九七四年版）」、「一九八九年版」と改定してきた。いずれも、その時々の短期大学図書館を取り巻く社会環境の変化に対応して改定してきている。

今回の改定も、新設置基準の改正が直接の契機とはなったが、情報機器の浸透、ネットワークの普及、資料形状の多様化、著作権重視の傾向、十八歳人口の減少など環境に大きな変化が起こっていることを考慮すれば、その時期にきていた感がある。もとよりこの改訂版には、これらの変化も十分に織り込んだつもりである。

なお、今回の改善要項もこれまでと同様、私立短期大学専用の図書館を前提に記述してある。

第一章　機能

短期大学図書館は、教育と研究に必要な資料・情報を収集・組織し、これを有効に提供するとともに、適切なサービスを行うことによって、大学の教育目標の達成に寄与することを目的とする機関である。このために図書館は次の機能を果たして行くことが期待されている。

一、教育・学習に対する支援

大学の規模や学科構成に対応した十分な学習資料を整備するとともに、教育現場と意思の疎通を図りながら、有効なサービスを提供することによって、教員の教育活動と学生の学習活動が効果的に展開できるように支援する。

二、学術・研究に対する支援

教員・研究者の学術研究に必要な資料を組織的に整備するとともに、専門的な情報を随時収集・提供することによって、研究活動に対して有効な支援を行う。

三、学生生活に対する支援

豊かな教養を身につけるための資料を提供するとともに、学生生活を充実するために役立つ資料を提供する。さまざまなサービスや適切な図書館活動を行うことによって、学生にとってより身近なものとなるように努める。

四、多様な利用者への支援

学生・教職員に限らず、卒業生・留学生・地域住民など、多様な利用者に対してもサービスを提供することによって、生涯学習活動を支援し、地域文化の発展にも貢献する。また、障害を持つ利用者に対しては施設などについて十分に配慮する。

以上の機能を果たすために、次のような事項に留意する必要がある。

一、資料・情報の処理・提供システムの整備

資料・情報は、学内で一元的に収集・提供・管理することが望ましいため、図書館はその中心としての条件を整えるよう努める。コンピュータなどの情報機器も積極的に導入し、学内外の情報を提供するシステムを整備することが期待されている。

二、多様な資料の収集と提供

従来の印刷・活字メディアのほかに音声・映像メディアなど、多様な形態の資料を収集し提供する。

三、他の図書館との相互協力の推進

学外にある資料・情報の利用並びに学外への情報の公開・提供

を実現するために、他の図書館との相互協力を積極的に推進する。また、各種ネットワークにも積極的に参加する。

第二章　サービス

図書館の機能は、サービスによって具体化される。このため図書館は、図書館資料と施設が十分に活用されるようサービスの基本方針を定め、これを利用規程として成文化する。

サービス担当者は、利用者の多様な要求に迅速に対応するために、蔵書構成の熟知など、サービスに必要な知識と技能の向上に努めなければならない。サービスにあたっては、次のような事項に留意することが望ましい。

一、資料提供

(1) 館内の利用環境を整備し、資料の閲覧や利用のための案内を整える。
(2) 利用規程と利用方法を周知し、貸出を行う。
(3) 貸出、返却手続きの機械化を促進し、利用者の便宜を図るとともに、適切な貸出管理を行う。
(4) 教科目と図書館との連携を緊密にするため、教員の推薦や指定の資料を備える。
(5) 複製機器を整備・管理し、複製にあたっては著作権法を遵守する。
(6) 所蔵していない資料については、図書館の相互協力による借受と複写文献の入手により、これを提供するよう努める。

二、情報提供

(1) 図書館資料をデータベース化し、検索しやすいシステムを構築する。
(2) 学習・研究活動に必要な所在調査、事項調査のために、参考図書の充実を図る。
(3) 学習・研究活動に必要な調査・検索に対し、多様で高度なレファレンス・サービスを行う。
(4) 情報提供の一環として、外部データベースを利用した情報検索システムを整備し、併せて、システム利用の技術的支援を図る。
(5) オンディスク設備やオンライン設備による情報検索と閲覧のサービスを提供する。

三、利用教育

(1) 利用教育の基本的サービスとして、入学時のオリエンテーションや館内ツアーを行う。
(2) 入学直後から継続して、各学科の協力のもとに、書誌その他参考図書の利用方法を指導することが望ましい。
(3) 館内のオンディスク設備やオンライン設備による情報検索を実習する機会を設ける。
(4) 学生のレポートや論文の作成に必要な図書館資料は、教育的配慮から検索方法などを案内するに止める。

四、広報活動

(1) 利用者の関心をたかめ利用の促進を図るために、幅広い広報活動を行う。
(2) 有効な広報活動を展開するために、明確な方針を定め、適切な計画を立案し実施する。
(3) 掲示、印刷物、コンピュータ・ネットワークなど各種のメディアを積極的に活用する。
(4) 所蔵資料の展示等各種の行事も計画し実施するよう努める。

五、相互協力

(1) 相互協力を実施するために必要な業務態勢を整える。
(2) 相互協力は、館種、分野、地域を問わず、すべての図書館を対象とすることが望ましい。

(3) 相互協力のための貸出、文献複写、調査協力に関しては、業務手順を標準化し効率的に対応する。

(4) 分担収集、分担保存を視野に入れた資料収集を心掛け、特色のある蔵書の構築を図る。

第三章　資料

図書館資料は、科学技術の発達に伴い図書や雑誌を中心とした構成から、視聴覚資料やデータベースなども含むようになってきた。このため、その収集活動は図書館のサービスを大きく左右する要因となっている。したがって、資料の選択・収集・構成の担当者は、従来にも増してより広範な知識や経験を求められている。

一、資料の収集と構成

(1) 収集方針

① 資料の選定と収集は、図書館が主体性を持って行う。

② 収集体系との選定基準は、学内の合意を得て成文化する。

③ 大学内での資料の重複や脱漏を防ぐため、図書館において一定の方針に基づき系統的に収集するよう、その機能を確立する。

④ 収集計画にあたっては、情報を把握するための各種資料に加えて、ネットワークや外部データベースなどを活用する。

(2) 資料の選定

① 大学の特色に応じた収集を図るため、図書館内に教員の協力を含めた「選定委員会」などを設ける。

② 資料の選定は計画的に行い、選定した資料は常に把握できるようにする。

(3) 資料の構成

① 学術の進歩に即応した最新の資料構成を心掛ける。

② 学習・研究・情報・文化など、いずれの機能も果たす効果的な資料構成となるよう努める。

③ 資料の形状に関わりなく、印刷・活字メディアから、音声・映像メディアに至るまで幅広く体系的に収集する。

④ 他大学との相互協力を念頭におきながら、自館の収集分野の特色づくりを考慮する。

二、資料の組織化

(1) 資料の組織化

① 資料は、利用者に対するサービスを拡大できるよう組織化する。

② 業務の標準化・効率化を図り、そのマニュアルを作成する。

(2) データベースの構築と管理

① 書誌ユーティリティなどを活用し、データベース化を促進するとともに、典拠ファイルや書誌記述の品質管理を行う。

② データベースは、効果的な利用を促進させるために、図書館が一元的に管理する。

③ データベースは、ＯＰＡＣ（Online Public Access Catalog）による検索ができるシステムとし、他大学との相互協力を推進するため、積極的に外部機関へも公開することが望ましい。

三、資料の管理

(1) 資産管理

① 資料は、資産となる資料と消耗性資料とに区別して管理する。

② 資産となる資料は、資料管理規程により管理する。

③ 学内で購入する資料は、費用と利用の効率を図るために、

図書館が一元的に集中管理することが望ましい。

(2)　資料の保存・除籍・廃棄

①　資料は定期的に蔵書点検を行う。

②　資料は、常に良好な状態に保たれるように、保存のための環境を整備する。また、資料の劣化防止に留意し、装備・修理・製本などを行い、資料を保護する。

③　書架の余地や他大学との相互協力を考慮して、自館の特色とする分野の一次資料の保存に努める。

④　資料の保存・除籍・廃棄の判断は、大学の実情に即し、学内の合意を得て行う。その手続きは、規程などを策定し合理的で簡便なものとする。

第四章　施設設備

図書館の施設設備は、図書館の機能だけでなく、大学の機能に大きな影響を与える。したがって、図書館は、常に機能達成の観点から施設設備に留意しなければならない。

大学当局は、設備の更新あるいは施設の新築・増改築の必要が起った場合には、図書館および設計者と緊密に協議し、現在はもとより将来においても十分機能するよう施設設備の改善に配慮する。

一、基本的事項

(1)　施設設備の充実に関して、大学当局との協議機関を組織し、図書館長、図書館員も参加できるよう配慮する。

(2)　諸施設の機能を明確にし、地震、防火対策をたてるとともに、身体障害者の利用や地域社会への開放などにも対処できるようにする。

(3)　将来の拡張を考慮した施設を確保し、変更が可能な余裕のある設計をする。

(4)　利用者の便宜を考えた施設設備とする。

二、利用者のための施設設備

(1)　閲覧施設は、学生閲覧室、教員閲覧室、グループ閲覧室、ブラウジングルームなどの各種閲覧室を適切に配置し、十分な座席数を確保する。（資料一（略））

(2)　展示のための施設を設ける。

(3)　閲覧室の明るさや広さは、ＪＩＳその他に基づいて確保する。（資料二（略））

(4)　利用者や資料の状況に合わせた空調設備を整える。

(5)　複製機器などの設備を用意する。

(6)　利用者のためのロッカー施設を設けることが望ましい。

(7)　目録検索の設備は、入館者が利用しやすいような形で設置する。

(8)　時間外利用のための返却ポストなどを用意する。

三、新しいメディアに関する施設設備

(1)　各種メディアの利用が可能な設備を設けて、多様な資料が利用できるようにする。

(2)　教育用設備とは別に、図書館においても視聴覚設備を設けることが望ましい。

(3)　多様化する資料の収集、整理、保管、提供ができる設備を設ける。

四、資料保管のための施設設備

(1)　保管スペースは資料の保管に必要なスペース、床強度を確保する。

(2)　保管スペースの採光、空調についても配慮する。

(3)　災害時における防災施設設備を設けなければならない。

(4)　保管のための設備の中には装備・製本など各種の作業が可能な設備を考慮する。

五、コンピュータ設備

(1) 各種の図書館サービスを実現するために、また資料の一元的な管理のために、コンピュータを導入することが望ましい。

(2) サービス、資料管理、事務処理などのための機器として、十分な機能と能力を持つものを導入する。

(3) 外部のネットワークと接続して、学内外の研究室や関連機関との相互の連絡や検索などが可能になるようにする。

六、図書館業務のための施設設備

(1) 各種の業務の遂行に必要にして十分なスペースおよび施設設備を用意する。

(2) 館長室、事務室、会議室などを設ける。

(3) 業務に必要な各種の事務機器を用意する。

七、保守管理

(1) 施設設備の保守計画を立て、管理の責任を明確にする。

(2) 施設設備のトラブルに対しては迅速に対応する。

第五章　職員

図書館には、専門的な業務を遂行する能力をもった職員を適正な人数配置し、図書館全体として、その機能を十分に達成できるよう配慮する。

一、職員の構成と配置

(1) 図書館は、図書館長・専門的職員を中心に運営することが望ましい。その他必要に応じて事務職員・技術職員などを置くことができる。

(2) 専門的職員は、司書その他公的な資格を有し、かつ図書館員としての能力と経験を備える者を配置することが望ましい。

(3) 職員の採用・配置及び昇進については、図書館業務の専門性が十分に配慮されなければならない。

二、職員の条件

(1) 職員は、図書館の機能を明確に理解していなければならない。さらにサービス提供者として、利用者についても深く理解している必要がある。

(2) 職員は、図書館の自主性を自覚し、利用者に対する倫理性を持つことが求められる。

(3) 専門的職員は、業務遂行に必要な書誌的知識および情報処理の技術を備えていることが望ましい。

三、職員数及び職務

(1) 専任職員の定数は、大学の規模、設置学科、カリキュラム、図書館のサービス形態、利用者の範囲、開館時間、蔵書冊数、年間増加冊数、施設設備などを考慮して適正に定める必要がある。

(2) 各職員の業務の職務内容を明確にし、各職務についてのマニュアルを作成することが望ましい。

(3) 大学における図書館の機能を最大限に発揮できるよう開館時間などを考慮し、これに対応する職員の適切な勤務体制を定めなければならない。

四、研修

(1) 職員は、業務の発展と環境の変化に対応するため、常に知識・技術の修得および関係領域の調査研究に努めるよう要請される。

(2) 大学は、職員が業務に関する専門的な知識と技術を継続的に向上していけるよう配慮し、学内外における研修の機会と時間並びに経費を確保するよう努める。

第六章　組織・運営

図書館は、その大学の規模に応じ、機能を十分に発揮するよう最適な方法で組織・運営されなければならない。

一、大学組織における位置づけ

(1)　図書館は、教育機関として位置づけられる。

(2)　図書館は、大学の設置目的を遂行するのに重要な役割を果たす機関であることを認識し、一つの組織単位として、その機能および位置づけを学則及び学内諸規程などにおいて明確にする。

(3)　上記規程などに基づき、図書館の機能を遂行するのに必要な規則を成文化する。

二、組織

(1)　図書館長

①　図書館長は、図書館の管理運営について、全ての責任を負うとともに大学の執行機関の一員として大学の運営に参画する。

②　図書館長は、学内諸規程などに基づき、学長が任命し、任期は四年以上が望ましい。

③　図書館長は、学長から図書館の運営に関する権限の委譲を受け、これを執行する。

④　図書館長は、館務を掌握し、所属職員を監督して、図書館の機能の達成に努める。

(2)　図書館の職制

①　図書館の職制は、その大学の規模に応じて、学内他部局の職制を考慮して適正に定める。

②　図書館職員には、有資格者を配し、これを専門的職員とする。

(3)　運営に関する委員会

①　学内の規程により、図書館長の諮問機関として、図書館委員会を設ける必要がある。

②　図書館委員会は、図書館関係諸規程に定められた事項、その他図書館運営に関する重要事項を協議する。

③　図書館委員会は、図書館長、図書館委員および図書館長が必要と認めた図書館職員で構成する。

④　図書館委員会の委員は、学長と図書館長で協議の上、教授会の議を経て委嘱し、任期は二年とすることが望ましい。

三、運営の基本方針・計画

(1)　図書館運営の基本方針と目標を明記した図書館規程を制定する。

(2)　図書館規程の制定にあたっては、建学の精神および内外諸機関の定める宣言、要項、基準、ガイドラインなどを尊重する。

(3)　図書館運営の基本方針に基づき、将来計画を策定し、サービスの向上に努める。

四、業務管理

(1)　図書館業務を円滑に運営するため、分掌業務における任務分担と責任を明確にし、指示系統を明らかにする。

(2)　職務分掌を整備するとともに、必要に応じて適宜見直しを行う。

(3)　図書館業務に関する各種の統計など作成する。

五、財政

(1)　学内広報

①　図書館の活動状況の周知に努め、必要に応じて活動の効果を機能面から、あるいは費用面から強調する。

②　日常のサービスと広報活動を通じて、理事者、教職員など学内組織の各層に、図書館への理解を浸透させる。

(2)　図書館予算の編成

① サービスの目標に応じた予算を編成する。
② 同規模大学の事例を比較し予算の充実に努める。
(3) 図書館予算の執行と決算
① 事業計画と予算を常に照合し、必要がある場合には、早めに対策を講じる。
② 予算および決算は、図書館委員会に報告することが望ましい。

六、自己点検・評価

図書館は、次のような自己点検・評価を行う必要がある。
(1) 図書館の各種サービスについて、利用者はどの程度満足しているか。
(2) 図書館資料の構成は適切であるか。
(3) 図書館資料の組織化および検索システムは、有効に機能しているか。
(4) 施設設備は機能達成上問題はないか。
(5) 職員の配置は適切であるか。
(6) 図書館の組織・運営は機能を発揮するに適切であるか。

（参考）〔略〕

図書館研究委員会委員〔略〕

(4) 大学図書館

大学図書館視察委員規程

〔昭和四〇年五月一一日大臣裁定
文大情第二八九号〕

〔**根拠**＝文部科学省組織規則〔別掲〕第六二条〕

第一条 大学図書館視察委員（以下「視察委員」という。）は、上司の命を受け、大学の附属図書館及び文献センター等学術情報に関する研究施設の組織及び運営に関し、次の事項について、大学等に対し指導、助言に当たる。
一 組織及び運営の基本方針に関すること。
二 図書及び資料の構成、管理、利用等に関すること。
三 施設設備及びその管理に関すること。
2 前項の規程により指導、助言した場合には、視察委員は、その指導、助言の内容及び特に改善すべき事項があるときはその事項を、上司に対し報告しなければならない。
3 視察委員の職務を円滑に遂行させるため必要があるときは、指導、助言の方針に関する打合せ等のための会議を開くものとする。
第二条 視察委員の定数は、二十人とする。
第三条 視察委員は、次に掲げる者のうちから、文部大臣が任命する。
一 大学の学長、教授又は助教授
二 学識経験者

第四条　視察委員の任期は、二年とし、その欠員が生じた場合の補欠の視察委員の任期は、前任者の残任期間とする。
第五条　視察委員に関する庶務は、大学学術局情報図書館課において処理する。

事例

大阪府立大学総合情報センター図書公開要領

〔平成五年四月一日〕

最近改正　平成一一年四月一日

（趣旨）
第一条　この要領は、大阪府立大学総合情報センター図書館利用細則（平成五年四月一日所長決裁。以下「利用細則」という。）第四条第二項の規定に基づき、図書館の図書その他の資料（以下「図書」という。）の公開に関し必要な事項を定める。
（公開の原則）
第二条　図書の公開は、本学の教育研究活動及び学生の学修に支障のない範囲で開かれた大学の実現を図るため、実施するものとする。
（公開の対象者）
第三条　図書の公開は、次の各号に掲げるものに対して行うものとする。ただし、児童及び生徒並びに大学等の受験のために利用する者は、除くものとする。
(1)　大阪府内に居住する者
(2)　大阪府内の事業所等に勤務する者
(3)　大阪府内の大学に在学する者
(4)　その他所長が必要と認めるもの
（利用申込み）

第四条　図書の利用を希望する者（以下「希望者」という。）は、利用申込書に必要事項を記載して、総合情報センター所長（以下「所長」という。）に提出するものとする。

2　前項の利用申込書を提出するときは、住所及び氏名が確認できる書類を提示するものとする。

3　利用申込書の記載事項に変更があったときは、速やかに所長に届け出なければならない。

（利用者カードの交付）

第五条　所長は、希望者が図書の公開の対象者であると確認したときは、希望者に利用者カードを交付する。

（利用者カードの有効期間）

第六条　利用者カードの有効期間は、利用者カードの交付した日から三年を経過した日の属する年度の末日までの期間とする。

（図書の利用）

第七条　図書の利用は、総合情報センターの図書館の所蔵する図書の閲覧、帯出及び複写とする。

（利用の方法）

第八条　第五条の規定により利用者カードの交付を受けた者（以下「利用者」という。）は、入館の際に利用者カードを提示しなければならない。

（図書の帯出）

第九条　図書の帯出冊数は、五冊以内とし、その帯出期間は、二週間以内とする。

（図書の利用相談等）

第十条　利用者は、次に掲げる事項について、利用することができる。

(1)　図書の利用相談

(2)　情報（本学の図書のデータベースを含む。）の検索

(3)　設備（ＡＶコーナー及び蔵書検索端末機に限る。）の利用

（雑則）

第十一条　図書の公開に関し、この要領に定めのない事項については、総合情報センターの図書館の利用の例による。

附　則〔略〕

(5) 学校図書館

◎学校図書館法

〔昭和二八年八月八日　法律第一八五号〕

最近改正　平成一三年三月三〇日　法律第九号

（この法律の目的）

第一条　この法律は、学校図書館が、学校教育において欠くことのできない基礎的な設備であることにかんがみ、その健全な発達を図り、もつて学校教育を充実することを目的とする。

（定義）

第二条　この法律において「学校図書館」とは、小学校（盲学校、聾《ろう》学校及び養護学校の小学部を含む。）、中学校（中等教育学校の前期課程並びに盲学校、聾《ろう》学校及び養護学校の中学部を含む。）及び高等学校（中等教育学校の後期課程並びに盲学校、聾《ろう》学校及び養護学校の高等部を含む。）（以下「学校」という。）において、図書、視覚聴覚教育の資料その他学校教育に必要な資料（以下「図書館資料」という。）を収集し、整理し、及び保存し、これを児童又は生徒及び教員の利用に供することによつて、学校の教育課程の展開に寄与するとともに、児童又は生徒の健全な教養を育成することを目的として設けられる学校の設備をいう。

（設置義務）

第三条　学校には、学校図書館を設けなければならない。

（学校図書館の運営）

第四条　学校は、おおむね左の各号に掲げるような方法によつて、学校図書館を児童又は生徒及び教員の利用に供するものとする。

一　図書館資料を収集し、児童又は生徒及び教員の利用に供すること。

二　図書館資料の分類排列を適切にし、及びその目録を整備すること。

三　読書会、研究会、鑑賞会、映写会、資料展示会等を行うこと。

四　図書館資料の利用その他学校図書館の利用に関し、児童又は生徒に対し指導を行うこと。

五　他の学校の学校図書館、図書館、博物館、公民館等と緊密に連絡し、及び協力すること。

2　学校図書館は、その目的を達成するのに支障のない限度において、一般公衆に利用させることができる。

（司書教諭）

第五条　学校には、学校図書館の専門的職務を掌らせるため、司書教諭を置かなければならない。

2　前項の司書教諭は、教諭をもつて充てる。この場合において、当該教諭は、司書教諭の講習を修了した者でなければならない。

3　前項に規定する司書教諭の講習は、大学その他の教育機関が文部科学大臣の委嘱を受けて行う。

4　前項に規定するものを除くほか、司書教諭の講習に関し、履修すべき科目及び単位その他必要な事項は、文部科学省令で定める。

（設置者の任務）

第六条　学校の設置者は、この法律の目的が十分に達成されるようその設置する学校の学校図書館を整備し、及び充実を図ることに努めなければならない。

（国の任務）

第七条 国は、学校図書館を整備し、及びその充実を図るため、左の各号に掲げる事項の実施に努めなければならない。

一 学校図書館の整備及び充実並びに司書教諭の養成に関する総合的計画を樹立すること。

二 学校図書館（国立学校の学校図書館を除く。）の設置及び運営に関し、専門的、技術的な指導及び勧告を与えること。

三 前各号に掲げるものの外、学校図書館の整備及び充実のため必要と認められる措置を講ずること。

附 則〔抄〕

（施行期日）

1 この法律は、昭和二十九年四月一日から施行する。

（司書教諭の設置の特例）

2 学校には、平成十五年三月三十一日までの間（政令で定める規模以下の学校にあっては、当分の間）、第五条〔司書教諭〕第一項の規定にかかわらず、司書教諭を置かないことができる。

学校図書館法の一部を改正する法律案に対する附帯決議

〔平成九年六月三日 衆議院〕

政府及び地方公共団体は、次の事項について特段の配慮をすべきである。

1 学校図書館は次世代の知と生きる力を育む宝庫であり、政府及び地方公共団体は不断の努力でその充実に取り組み、学校教育における図書館の重要性を広く啓蒙するとともに、今後中長期の学校図書館の在り方を総合的に検討すること。

2 政府及び地方公共団体は、この法律の趣旨を体し、司書教諭の計画的養成・発令に努めるとともに、小規模校への設置についても配慮すること。

3 政府は、司書教諭講習について、講習内容の現代化及び教員免許状取得前の受講を可能にするなど受講資格の弾力化を図り、時代の進展に応じたものとなるよう努めること。

4 政府は、学校教育における学校図書館の意義・機能、司書教諭の果たす役割等を勘案し、司書教諭の教諭としての職務の在り方に関し、担当授業時間数の軽減や司書教諭の専任化を含め、検討を行い、その結果に基づいて所要の措置を講ずること。

5 政府及び地方公共団体は、司書教諭の設置及びその職務の検討に当たっては、現に勤務するいわゆる学校司書がその職を失う結果にならないよう配慮するとともに、職員配置を含めた、学校図書館整備のための地方公共団体独自の施策を、より一層充実するよう配慮すること。
6　政府及び地方公共団体は、ひきつづき、学校図書館資料の充実を図るとともに、マルチメディア時代に向けた学習情報センターとしての機能の充実に努めること。

〔編者注〕参議院でもほぼ同趣旨の附帯決議がなされた（平成九年五月九日）。

○学校図書館法附則第二項の学校の規模を定める政令

〔平成九年六月一一日　政令第一八九号〕

内閣は、学校図書館法（昭和二十八法律第百八十五号）附則第二項の規定に基づき、この政令を制定する。

学校図書館法附則第二項の政令で定める規模以下の学校は、学級の数（通信制の課程を置く高等学校にあっては、学級の数と通信制の課程の生徒の数を三百で除して得た数（一未満の端数を生じたときは、一に切り上げる。）とを合計した数）が十一以下の学校とする。

附　則

この政令は、公布の日から施行する。

学校図書館法の一部を改正する法律等の施行について（通知）

〔平成九年六月一一日文初小第四四七号
附属学校を置く各国立大学長等あて
文部省初等中等教育局長〕

このたび、別添（略）のとおり、「学校図書館法の一部を改正する法律」（以下「改正法」という。）が平成九年六月十一日法律第七十六号をもって公布され、同日から施行されました。

また、「学校図書館法附則第二項の学校の規模を定める政令」（以下「規模政令」という。）が、平成九年六月十一日政令第百八十九号をもって公布され、同日から施行されるとともに、あわせて「学校図書館司書教諭講習規程」（昭和二十九年文部省令第二十一号）の一部が改正されました。

これらの法令改正等は、学校図書館の重要性に鑑み、その運営の中心的な役割を担う司書教諭の計画的な養成・発令を促進し、もって学校図書館の一層の充実を図ることを目的としたものであります。

改正法令等の概要及び留意事項は下記のとおりですので、今後、これらの改正法令等の趣旨に沿って、司書教諭の計画的な養成・発令の促進等に努めるとともに、管下の学校に対して御指導願います。

また、各都道府県教育委員会におかれては、管下の市町村教育委員会に対しこれらのことを通知し、改正法令等の趣旨を徹底されますようご配慮願います。

記

一、改正法令等の趣旨

学校図書館は学校教育に欠くことのできないものであり、児童生徒の自発的、主体的な学習活動を支援し、教育課程の展開に寄与する学習情報センターとしての機能とともに、児童生徒の自由な読書活動や読書指導の場として、さらには創造力を培い学習に対する興味・関心等を呼び起こし豊かな心を育む読書センターとしての機能を果たし、学校教育の改革を進めるための中核的な役割を担うことが期待されている。特に、これからの学校教育においては、児童生徒が自ら考え、主体的に判断し、行動できる資質や能力等を育むことが求められており、学校図書館の果たす役割はますます重要になってきている。

学校図書館法（以下「法」という。）においては、学校図書館の中心的な役割を担う司書教諭の設置を当分の間猶予することとされてきたが、今後の学校図書館の役割の重要性に鑑み、司書教諭の養成・発令を一層促進するため、学校（法第二条の「学校」をいう。以下同じ。）における司書教諭設置の猶予期間を、政令で定める規模以下の学校を除き、平成十五年三月三十一日までの間とするとともに、司書教諭養成のための講習を行う機関の拡充を図ることとしたものである。

二、改正法令等の概要

(1) 司書教諭講習に関する事項（法第五条関係）

司書教諭講習については、これまで文部大臣の委嘱を受けた大学で行うこととされていたが、大学に加えて大学以外の教育機関も、文部大臣の委嘱を受けて司書教諭の講習を行うことができることとしたこと。

(2) 司書教諭設置の猶予期間に関する事項（法附則第二項及び規模

政令関係）

司書教諭設置の猶予期間が平成十五年三月三十一日までの間とされる学校を、学級の数（通信制の課程を置く高等学校にあっては、学級の数と通信制の生徒の数を三百で除して得た数とを合計した数）が十一以下の学校（以下、「十一学級以下の学校」という。）を除くすべての学校としたこと。

三、**留意事項**

(1)　司書教諭については、これまでも昭和三十二年五月二日付け委初第百六十五号、平成五年十月二十七日付け文初小第三百三十六号及び平成七年九月十八日文初小第三百五十七号等により発令の促進を促してきたところであるが、改正法の趣旨を踏まえ、今後は、司書教諭有資格者の養成・確保及びその発令をより一層計画的に推進するよう努めること。

(2)　改正法令等では、十一学級以下の学校においては当分の間司書教諭を置かないことができるとされているが、学校図書館における司書教諭の重要性に鑑み、これらの学校においても司書教諭の設置がなされるよう努めることが望まれること。

(3)　司書教諭がその職責を十分に果たせるよう、校内における教職員の協力体制の確立に努めること。その際、各学校の実情に応じ、校務分掌上の工夫を行い、司書教諭の担当授業時間数の減免を行うことは、従来と同様、可能であること。

(4)　司書教諭講習を実施する教育機関としては、例えば、各都道府県及び市町村の教育センター等が考えられること。

(5)　学校図書館担当の事務職員は、図書館サービスの提供及び学校図書館の庶務・会計等の職務に従事しているものであり、その役割は、司書教諭の役割とは別個のものであることに留意すること。

(6)　マルチメディア時代に対応した学校図書館のより一層の充実と利用の促進を図るため、図書館資料や視聴覚機器、情報機器の整備に努めるとともに、公共図書館との連携や地域のボランティアの活用等による開かれた学校図書館づくりを推進するよう努めること。

〔制定当時の〕

学校図書館法〔官報どおり完全に収録〕

学校図書館法をここに公布する。

御名　御璽

昭和二十八年八月八日
内閣総理大臣　吉田　茂

法律第百八十五号

学校図書館法

目次

第一章　総則

（この法律の目的）

第一条　この法律は、学校図書館が、学校教育において欠くことのできない基礎的な設備であることにかんがみ、その健全な発達を図り、もつて学校教育を充実することを目的とする。

（定義）

第二条　この法律において「学校図書館」とは、小学校（盲学校、ろう学校及び養護学校の小学部を含む。）、中学校（盲学校、ろう学校及び養護学校の中学部を含む。）及び高等学校（盲学校、ろう学校及び養護学校の高等部を含む。）（以下「学校」という。）において、図書、視覚聴覚教育の資料その他学校教育に必要な資料（以下「図書館資料」という。）を収集し、整理し、及び保存し、これを児童又は生徒及び教員の利用に供することによつて、学校の教育課程の展開に寄与するとともに、児童又は生徒の健全な教養を育成することを目的として設けられる学校の設備をいう。

（設置義務）

第三条　学校には、学校図書館を設けなければならない。

（学校図書館の運営）

第四条　学校は、おおむね左の各号に掲げるような方法によつて、学校図書館を児童又は生徒及び教員の利用に供するものとする。

一　図書館資料を収集し、児童又は生徒及び教員の利用に供すること。

二　図書館資料の分類排列を適切にし、及びその目録を整備すること。

三　読書会、研究会、鑑賞会、映写会、資料展示会等を行うこと。

四　図書館資料の利用その他学校図書館の利用に関し、児童又は生徒に対し指導を行うこと。

五　他の学校の学校図書館、図書館、博物館、公民館等と緊密に連絡し、及び協力すること。

2　学校図書館は、その目的を達成するのに支障のない限度において、一般公衆に利用させることができる。

（司書教諭）

第五条　学校には、学校図書館の専門的職務を掌らせるため、司書教諭を置かなければならない。

2　前項の司書教諭は、教諭をもつて充てる。この場合において、当該教諭は、司書教諭の講習を修了した者でなければならない。

3　前項に規定する司書教諭の講習は、大学が文部大臣の委嘱を受けて行う。

4　前項に規定するものを除く外、司書教諭の講習に関し、履修すべき科目及び単位その他必要な事項は、文部省令で定める。

（設置者の任務）

第六条　学校の設置者は、この法律の目的が十分に達成されるようその設置する学校の学校図書館を整備し、及び充実を図ることに努めなければならない。

（国の任務）

第七条　国は、学校図書館を整備し、及びその充実を図るため、左の各号に掲げる事項の実施に努めなければならない。

一　学校図書館の整備及び充実並びに司書教諭の養成に関する総合的計画を樹立すること。

二　学校図書館（国立学校の学校図書館を除く。）の設置及び運営に関し、専門的、技術的な指導及び勧告を与えること。

三　前各号に掲げるものの外、学校図書館の整備及び充実のため必要と認められる措置を講ずること。

第二章　学校図書館審議会

（設置）

第八条　文部省に学校図書館審議会（以下「審議会」という。）を置く。

（組織）

第九条　審議会は、二十人の委員で組織する。

2　委員は、学校図書館に関し学識経験のある者の中から、文部大臣が任命する。

3　委員の任期は、二年とする。但し、欠員が生じた場合の補欠の委員の任期は、前任者の残任期間とする。

4　委員は、再任されることができる。

（権限）

第十条　審議会は、第七条各号に掲げる事項、第十三条に規定する学校図書館の設備又は図書の基準その他学校図書館に関する重要事項について、文部大臣の諮問に応じて調査審議し、及びこれらの事項に関して文部大臣に建議する。

（委員の費用弁償等）

第十一条　委員は、非常勤とする。

2　委員は、その職務を行うために要する費用の弁償を受けることができる。

3　費用弁償の額及びその支給方法は、文部大臣が大蔵大臣と協議して定める。

（政令への委任）

第十二条　この法律に規定するものを除く外、審議会に関し必要な事項は、政令で定める。

第三章　国の負担

（国の負担）

第十三条　国は、地方公共団体が、その設置する学校の学校図書館の設備又は図書が審議会の議を経て政令で定める基準に達していない場合において、これを当該基準にまで高めようとするときは、これに要する経費の二分の一を負担する。但し、義務教育費国庫負担法（昭和二十七年法律第三百三号）の適用を妨げない。

（負担金の返還等）

第十四条　文部大臣は、前条の規定により負担金の交付を受けた者が左の各号の一に該当するときは、当該年度におけるその後の負担金の交付をやめるとともに、すでに交付した当該年度の負担金を返還させるものとする。

一 この法律又はこの法律に基く政令の規定に違反したとき。

二 負担金の交付の条件に違反したとき。

三 虚偽の方法によつて負担金の交付を受けたとき。

（政令への委任）

第十五条 前二条に規定するものを除く外、第十三条の規定による国の負担金の交付に関し必要な事項は、政令で定める。

附 則

（施行期日）

1 この法律は、昭和二十九年四月一日から施行する。

（司書教諭の設置の特例）

2 学校には、当分の間、第五条第一項の規定にかかわらず、司書教諭を置かないことができる。

（地方財政法の一部改正）

3 地方財政法（昭和二十三年法律第百九号）の一部を次のように改正する。

第十条第二十四号の次に次の一号を加える。

二十五 学校図書館の設備及び図書の充実に要する経費

（文部省設置法の一部改正）

4 文部省設置法（昭和二十四年法律第百四十六号）の一部を次のように改正する。

第二十七条第一項の表中中央産業教育審議会の項の次に次の一項を加える。

学校図書館審議会	学校図書館法（昭和二十八年法律第百八十五号）に基き文部大臣の諮問に応じ、学校図書館に関する重要事項を調査審議し、及び学校図書館に関する重要事項に関して文部大臣に建議すること。

内閣総理大臣 吉田 茂

大蔵大臣 小笠原 三九郎

文部大臣 大達 茂雄

○学校図書館司書教諭講習規程

〔昭和二九年八月六日
文部省令第二一号〕

最近改正　平成一二年一〇月三一日　文部省令第五三号

（この省令の趣旨）

第一条　学校図書館法第五条に規定する司書教諭の講習（以下「講習」という。）については、この省令の定めるところによる。

（受講資格）

第二条　講習を受けることができる者は、教育職員免許法（昭和二十四年法律第百四十七号）〔別掲〕に定める小学校、中学校、高等学校、盲学校、聾《ろう》学校若しくは養護学校の教諭の免許状を有する者又は大学に二年以上在学する学生で六十二単位以上を修得した者とする。

（履修すべき科目及び単位）

第三条　司書教諭の資格を得ようとする者は、講習において、次の表の上欄に掲げる科目について、それぞれ、下欄に掲げる数の単位を修得しなければならない。

科目	単位数
学校経営と学校図書館	二
学校図書館メディアの構成	二
学習指導と学校図書館	二
読書と豊かな人間性	二
情報メディアの活用	二

2　講習を受ける者が大学において修得した科目の単位又は図書館法（昭和二十五年法律第百十八号）〔別掲〕第六条に規定する司書の講習において修得した科目の単位であって、前項に規定する科目の単位に相当するものとして文部科学大臣が認めたものは、これをもって前項の規定により修得した科目の単位とみなす。

（単位計算の基準）

第四条　前条に規定する単位の計算方法は、大学設置基準（昭和三十一年文部省令第二十八号）〔別掲〕第二十一条第二項に定める基準によるものとする。

（単位修得の認定）

第五条　単位修得の認定は、講習を行う大学その他の教育機関が、試験、論文、報告書その他による成績審査に合格した受講者に対して行う。

（修了証書の授与）

第六条　文部科学大臣は、第三条の定めるところにより十単位を修得した者に対して、講習の修了証書を与えるものとする。

（雑則）

第七条　受講者の人数、選定の方法並びに講習を行う大学その他の教育機関、講習の期間その他講習実施の細目については、毎年官報で公告する。但し、特別の事情がある場合には、適宜な方法によって公示するものとする。

附　則

この省令は、公布の日から施行する。

附　則〔昭和四三年三月二九日文部省令第五号〕

この省令は、昭和四十三年四月一日から施行する。

附　則〔平成三年六月一九日文部省令第三四号〕

この省令は、平成三年七月一日から施行する。

附　則〔平成三年一一月一四日文部省令第四五号〕

1　この省令は公布の日から施行する。

2　〔略〕

附　則〔平成九年三月二六日文部省令第七号〕

この省令は、平成九年四月一日から施行する。

附　則〔平成九年六月一一日文部省令第二九号〕

この省令は、公布の日から施行する。

附　則〔平成一〇年三月一八日文令第一号〕

1　この省令は、平成十一年四月一日から施行する。ただし、第二条の改正規定は、平成十年四月一日から施行する。

2　この省令の施行の日（以下「施行日」という。）前に、改正前の学校図書館司書教諭講習規程（以下「旧規程」という。）の規定により講習を修了した者は、改正後の学校図書館司書教諭講習規程（以下「新規程」という。）の規定により講習を修了したものとみなす。

3　文部科学大臣は、平成十五年三月三十一日までは、施行日前に旧規程第三条第一項に規定する科目のうち一部の科目の単位を修得した者、平成九年三月三十一日以前に図書館法（昭和二十五年法律第百十八号）第六条に規定する司書の講習の科目の単位を修得した者（図書館法施行規則の一部を改正する省令（昭和四十三年文部省令第五号）による改正前の図書館法施行規則（昭和二十五年文部省令第二十七号）附則第二項の規定により修得を要しないものとされた者を含む。）、昭和二十四年度から昭和二十九年度までの間において文部省主催初等教育若しくは中等教育の研究集会に参加して学校図書館に関する課程を修了した者又は昭和二十四年四月一日以降、小学校、中学校、高等学校、中等教育学校、盲学校、聾学校若しくは養護学校（海外に在留する邦人の子女のための在外教育施設で、文部科学大臣が小学校、中学校又は高等学校の課程と同様の課程を有するものとして認定したものを含む。）において二年若しくは四年以上良好な成績で司書教諭に相当する職務に従事した旨の所轄庁の証明を有する者については、新規程第六条の規定による修了証書の授与に関しては、修得した単位その他の事項を勘案して、新規程第三条第一項に規定する科目の単位の一部又は全部を同項の規定により修得したものとみなすことができる。

附　則〔平成一二年一〇月三一日文部省令第五三号〕

（施行期日）

第一条　この省令は、内閣法の一部を改正する法律（平成十一年法律第八十八号）の施行の日（平成十三年一月六日）から施行する。

平成十三年度学校図書館司書教諭講習実施要項　抄

〔平成一三年四月三日文部科学省告示第五九号〕

一　受講資格
次の各号の一に該当する者であること。
(一)　教育職員免許法（昭和二十四年法律第百四十七号）に定める小学校、中学校、高等学校、盲学校、聾《ろう》学校又は養護学校の教諭の免許状を有する者
(二)　大学に二年以上在学する学生で六十二単位以上を修得した者

二　講習科目及び単位数
学校図書館司書教諭講習規程（昭和二十九年文部省令第二十一号。以下「規程」という。）第三条第一項に規定する次に掲げる講習科目のうち、講習実施機関が開設する科目及び単位数
(一)　学校経営と学校図書館　二単位
(二)　学校図書館メディアの構成　二単位
(三)　学習指導と学校図書館　二単位
(四)　読書と豊かな人間性　二単位
(五)　情報メディアの活用　二単位

三　講習実施機関
四　講習開催場所
五　講習期間
六　定員
七　講習実施事務局（受講申込先）
八　受講申込期間
九　開講科目

（三～九）別表Ｉ〔略〕記載のとおり

十　申込方法
(一)　受講希望者のうち記一(一)に該当する者はア及びイ、記一(二)に該当する者はア及びウに掲げる書類を申込受付期間中に講習を受けようとする講習実施事務局（受講申込先）へ提出すること。
ア　別表Ⅱ〔略〕の様式による学校図書館司書教諭講習申込書（以下「申込書」という。）
イ　記一(一)に定める教諭の免許状を有する旨の授与権者の証明書（現に小学校、中学校、高等学校、中等教育学校、盲学校、聾《ろう》学校又は養護学校（以下「学校」という。）の教諭の職にある者にあっては、有する教諭の免許状を複写し、それに所属する学校長の原本と相違ない旨の証明を付したもので替えることができる。）
ウ　記一(二)に定める大学に二年以上在学する学生で六十二単位以上を修得した旨の証明書
(二)　受講希望者のうち規程第三条第二項及び学校図書館司書教諭講習規程の一部を改正する省令（平成十年文部省令第一号。以下「改正省令」という。）附則第三項の規定により、規程第三条第一項の講習科目の一部の単位を修得したものとすることができる者で、規程第三条第二項及び改正省令附則第三項の規定の適用を受けようとする者は、次のアからウに従い、申込書に必要事項を記入の上提出すること。
ア　規程第三条第一項に規定する講習科目の単位に相当する単位を修得した場合には、その旨の証明書を添付すること。
イ　大学において前記アの当該証明書の交付を受ける場合には、当該大学が文部科学大臣に、単位修得の認定に係る資料を提出するよう、当該大学に申し出ること。
ウ　学校又は海外に在留する邦人の子女のための在外教育施設

で、文部科学大臣が小学校、中学校又は高等学校の課程と同等の課程を有するものとして認定したもの（以下「認定在外教育施設」という。）において昭和二十四年四月一日から平成十三年三月三十一日までの間に二年以上又は四年以上良好な成績で、司書教諭に相当する職務に従事した旨の所轄庁の証明を受ける場合には、前記の申込書の所定の欄に記入すること。

この場合の所轄庁は次のとおりとする。

(1) 大学附置の国立の学校の教員であった期間（認定在外教育施設の教員であった期間を含む。）については、その大学の学長

(2) 大学附置以外の国立の学校の教員であった期間（認定在外教育施設の教員であった期間を含む。）については、その学校の校長

(3) 公立の学校の教員であった期間（認定在外教育施設の教員であった期間を含む。）については、その学校を所管する教育委員会

(4) 私立の学校の教員であった期間（認定在外教育施設の教員であった期間を含む。）については、その学校を設置する学校法人の理事長（学校法人以外の者の設置する私立の盲学校、聾《ろう》学校及び養護学校にあっては、その学校の設置者（法人にあっては、その法人を代表する権限を有する者））

(5) 認定在外教育施設の教員であった期間については、文部科学大臣（(1)、(2)、(3)又は(4)の規定により証明を受けることができる者を除く。）

(三) 受講資格を有する者のうち、規程第三条第二項及び改正省令附則第三項の規定の適用を受けることにより規程第三条第一項に規定する講習科目の全部に相当する単位を修得したものとすることができる者で、規程第三条第二項及び改正省令附則第三項の規定の適用を受けようとする者は、前記(二)と同様な手続をすること。

十一 受講者選定方法

(一) 講習実施機関は受講者を選定し、その結果を受講希望者に通知する。

なお、受講者のうち記十(三)に該当する者は、記六の定員には含めないものとする。

(二) 講習実施機関は、本年度実施する講習科目の全部又は一部を修得することにより、規程第三条第一項の表に掲げる全ての科目について、同表に掲げる数の単位を修得することとなる教諭を優先的に選定するものとする。

十二 その他

以上のほか、講習の実施に関し、必要な事項については、講習実施機関が定め、受講者に直接通知する。

別表 〔略〕

「学校図書館図書標準」の設定について〔通知〕

（平成五年三月二九日文初小第二〇九号
各都道府県教育委員会教育長あて
文部省初等中等教育局長通知）

学校図書館は、児童生徒の知的活動を増進し、人間形成や情操を養う上で、学校教育上重要な役割を担っております。特に、今日、社会の情報化が進展する中で、多くの情報の中から児童生徒が自ら必要な情報を収集・選択し、活用する能力を育てることが求められている一方で、児童生徒の読書離れが指摘されており、学校図書館の果たす役割が一層大きなものとなっております。

このたび、学校図書館の図書の充実を図り、学校の教育課程の展開に寄与するとともに、児童生徒の健全な教養を育成するため、別添のとおり「学校図書館図書標準」を設定しましたので、下記事項に留意して学校図書館の図書を整備するようお願いします。

なお、貴管下市（区）町村教育委員会に対し、このことを周知し、公立義務教育諸学校において学校図書館の図書の整備が図られるよう指導願います。

記

1　「学校図書館図書標準」は、公立の義務教育諸学校において、学校図書館の図書の整備を図る際の目標として設定したものであること。

2　「学校図書館図書標準」に基づき、学校図書館の図書を整備するための所要の財源については、平成五年度を初年度とする五か年計画により地方交付税により措置される予定であること。（平成五年度地方交付税措置については別途通知〔平成一一年度について別掲〕すること。）

3　各学校においては、学校図書館の図書の整備状況や実情に応じ、計画的な図書の整備に努められたいこと。

（別紙）

ア　小学校

学級数	蔵書冊数
1	2,400
2	3,000
3－6	3,000＋520×（学級数－2）
7－12	5,080＋480×（学級数－6）
13－18	7,960＋400×（学級数－12）
19－30	10,360＋200×（学級数－18）
31－	12,760＋120×（学級数－30）

イ　中学校

学級数	蔵書冊数
1－2	4,800
3－6	4,800＋640×（学級数－2）
7－12	7,360＋560×（学級数－6）
13－18	10,720＋480×（学級数－12）
19－30	13,600＋320×（学級数－18）
31－	17,440＋160×（学級数－30）

ウ　盲学校　（小学部）

学級数	蔵書冊数
1	2,400
2	2,600
3—6	2,600＋173×（学級数－2）
7—12	3,292＋160×（学級数－6）
13—18	4,252＋133×（学級数－12）
19—30	5,050＋67×（学級数－18）
31—	5,854＋40×（学級数－30）

エ　盲学校　（中学部）

学級数	蔵書冊数
1—2	4,800
3—6	4,800＋213×（学級数－2）
7—12	5,652＋187×（学級数－6）
13—18	6,774＋160×（学級数－12）
19—30	7,734＋107×（学級数－18）
31—	9,018＋53×（学級数－30）

オ　聾学校　（小学部）

学級数	蔵書冊数
1	2,400
2	2,520
3—6	2,520＋104×（学級数－2）
7—12	2,936＋96×（学級数－6）
13—18	3,512＋80×（学級数－12）
19—30	3,992＋40×（学級数－18）
31—	4,472＋24×（学級数－30）

カ　聾学校　（中学部）

学級数	蔵書冊数
1—2	4,800
3—6	4,800＋128×（学級数－2）
7—12	5,312＋112×（学級数－6）
13—18	5,984＋96×（学級数－12）
19—30	6,560＋64×（学級数－18）
31—	7,328＋32×（学級数－30）

キ　養護学校　（小学部）

学級数	蔵書冊数
1	2,400
2	2,520
3—6	2,520＋104×（学級数－2）
7—12	2,936＋96×（学級数－6）
13—18	3,512＋80×（学級数－12）
19—30	3,992＋40×（学級数－18）
31—	4,472＋24×（学級数－30）

ク　養護学校　（中学部）

学級数	蔵書冊数
1—2	4,800
3—6	4,800＋128×（学級数－2）
7—12	5,312＋112×（学級数－6）
13—18	5,984＋96×（学級数－12）
19—30	6,550＋54×（学級数－18）
31—	7,328＋32×（学級数－30）

公立義務教育諸学校の学校図書館の整備について（通知）

（平成一一年四月一日一一初小第一一号
各都道府県教育委員会教育長あて
文部省初等中等教育局小学校課長）

児童生徒の主体的な学習活動を支えるとともに、読書活動を通じて子どもの人間形成や情操を育む場として学校図書館の役割は極めて重要であり、そのような役割を果たしていくために必要な図書の整備を図っていくことが必要です。

公立の義務教育諸学校の学校図書館の図書については、「学校図書館図書標準」（平成五年三月二十九日付け文初小第二百九号文部省初等中等教育局長通知）を踏まえ整備を進めてきたところであり、引き続きその整備を推進する必要があります。

つきましては、貴管内の市（区）町村教育委員会に対し、速やかにこのことを周知し、義務教育諸学校における学校図書館の図書の整備について適切な対応が図られますようお願いします。

なお、「地方交付税法等の一部を改正する法律」（平成十一年法律第十六号）が平成十一年三月三十一日をもって公布・施行され、平成十一年度の公立義務教育諸学校の学校図書館の図書購入に係る地方交付税措置については下記のとおり措置されることとなりましたので念のため申し添えます。

記

1　平成十一年度においては、学校図書館の図書整備のため、地方交付税の単位費用について以下のとおり見直しが図られ、約百億円の地方交付税措置が講じられること。

学校種別	測定単位	積算内容	経費
小学校	学級数	学校図書館図書（一八学級）	二九〇千円
中学校	学級数	学校図書館図書（一五学級）	五四八千円
特殊教育諸学校（養護学校）	学級数	学校図書館図書（義務制）（一二学級）	八四千円

公立義務教育諸学校の学校図書館の整備について

（平成一一年四月一日
各都道府県教育委員会図書館主管課あて
文部省初等中等教育局小学校課）

標題については平成十一年四月一日付け十一初小第十一号小学校課長通知（各都道府県教育委員会図書館主管課あて）により別途通知しておりますが、下記事項に留意の上、貴管内の市（区）町村教育委員会に対し、このことを速やかに周知し、公立義務教育諸学校における学校図書館の図書の整備について適切な対応が図られますようお願いします。

記

1　各教育委員会においては、平成十一年度の地方交付税措置が、学校図書館図書標準を踏まえて、学校図書館の図書購入に要する経費について、所要の財源措置が講じられるものであることを勘案し、各学校において学校の整備状況や実情に応じて図書の整備が積極的に進められるよう所要の経費の確保に努めること。

2 また、この財源措置は、学校図書館の図書以外に学校図書館用のCD、ビデオ等の視聴覚資料の購入経費として用いることをも含めたものであること。

小学校学習指導要領　抄

〔平成一〇年一二月一四日
文部省告示第一七五号〕

学校教育法施行規則（昭和二十二年文部省令第十一号）〔別掲〕第二十五条の規定に基づき、小学校学習指導要領（平成元年文部省告示第二十四号）の全部を次のように改正し、平成十四年四月一日から施行する。平成十二年四月一日から平成十四年三月三十一日までの間における小学校学習指導要領の必要な特例については、別に定める。〔「別に」は略〕

目次

第一章　総則

第一　教育課程編成の一般方針

1　各学校においては、法令及びこの章以下に示すところに従い、児童の人間として調和のとれた育成を目指し、地域や学校の実態及び児童の心身の発達段階や特性を十分考慮して、適切な教育課程を編成するものとする。

　学校の教育活動を進めるに当たっては、各学校において、児童に生きる力をはぐくむことを目指し、創意工夫を生かし特色ある教育活動を展開する中で、自ら学び自ら考える力の育成を図るとともに、基礎的・基本的な内容の確実な定着を図り、個性を生かす教育の充実に努めなければならない。

2　学校における道徳教育は、学校の教育活動全体を通じて行うものであり、道徳の時間をはじめとして各教科、特別活動及び総合的な学習の時間のそれぞれの特質に応じて適切な指導を行わなければならない。

　道徳教育は、教育基本法及び学校教育法に定められた教育の根本精神に基づき、人間尊重の精神と生命に対する畏《い》敬の念を家庭、学校、その他社会における具体的な生活の中に生かし、豊かな心をもち、個性豊かな文化の創造と民主的な社会及び国家の発展に努め、進んで平和的な国際社会に貢献し未来を拓《ひら》く主体性のある日本人を育成するため、その基盤としての道徳性を養うことを目標とする。

　道徳教育を進めるに当たっては、教師と児童及び児童相互の人間関係を深めるとともに、家庭や地域社会との連携を図りながら、ボランティア活動や自然体験活動などの豊かな体験を通して児童の内面に根ざした道徳性の育成が図られるよう配慮しなければならない。

3　学校における体育・健康に関する指導は、学校の教育活動全体を通じて適切に行うものとする。特に、体力の向上及び心身の健康の保持増進に関する指導については、体育科の時間はもとより、特別活動などにおいてもそれぞれの特質に応じて適切に行うよう努めることとする。また、それらの指導を通して、家庭や地域社会との連携を図りながら、日常生活において適切な体育・健康に関する活動の実践を促し、生涯を通じて健康・安全で活力ある生活を送るための基礎が培われるよう配慮しなければならない。

第二　内容等の取扱いに関する共通的事項

1　第二章以下に示す各教科、道徳及び特別活動の内容に関する事項は、特に示す場合を除き、いずれの学校においても取り扱わなければならない。

　学校において特に必要がある場合には、第二章以下に示していない内容を加えて指導することもできるが、その場合には、第二章以下に示す各教科、道徳、特別活動及び各学年の目標や内容の趣旨を逸脱したり、児童の負担過重となったりすることのないようにしなければならない。

2　第二章以下に示す各教科、道徳、特別活動及び各学年の内容に掲げる事項の順序は、特に示す場合を除き、指導の順序を示すものではないので、学校においては、その取扱いについて適切な工夫を加えるものとする。

3　学年の目標及び内容を二学年まとめて示した教科の内容は、二学年間かけて指導する事項を示したものである。各学校においては、これらの事項を地域や学校及び児童の実態に応じ、二学年間を見通して計画的に指導することとし、特に示す場合を除き、いずれかの学年に分けて指導したり、いずれの学年においても指導したりするものとする。

4　学校において二以上の学年の児童で編制する学級について特に必要がある場合には、各教科及び道徳の目標の達成に支障のない範囲内で、各教科及び道徳の目標及び内容について学年別の順序によらないことができる。

第三　総合的な学習の時間の取扱い

1　総合的な学習の時間においては、各学校は、地域や学校、児童の実態等に応じて、横断的・総合的な学習や児童の興味・関心等に基づく学習など創意工夫を生かした教育活動を行うものとする。

2　総合的な学習の時間においては、次のようなねらいをもって指導を行うものとする。

(1)　自ら課題を見付け、自ら学び、自ら考え、主体的に判断し、よりよく問題を解決する資質や能力を育てること。

(2)　学び方やものの考え方を身に付け、問題の解決や探究活動に主体的、創造的に取り組む態度を育て、自己の生き方を考えることができるようにすること。

3　各学校においては、2に示すねらいを踏まえ、例えば国際理解、情報、環境、福祉・健康などの横断的・総合的な課題、児童の興味・関心に基づく課題、地域や学校の特色に応じた課題などについて、学校の実態に応じた学習活動を行うものとする。

4　各学校における総合的な学習の時間の名称については、各学校において適切に定めるものとする。

5　総合的な学習の時間の学習活動を行うに当たっては、次の事項に配慮するものとする。

(1)　自然体験やボランティア活動などの社会体験、観察・実験、見学や調査、発表や討論、ものづくりや生産活動など体験的な学習、問題解決的な学習を積極的に取り入れること。

(2)　グループ学習や異年齢集団による学習などの多様な学習形態、地域の人々の協力も得つつ全教師が一体となって指導に当たるなどの指導体制、地域の教材や学習環境の積極的な活用などについて工夫すること。

(3)　国際理解に関する学習の一環としての外国語会話等を行うときは、学校の実態等に応じ、児童が外国語に触れたり、外国の生活や文化などに慣れ親しんだりするなど小学校段階にふさわしい体験的な学習が行われるようにすること。

第四　授業時数等の取扱い

1　各教科、道徳、特別活動及び総合的な学習の時間（以下「各教科等」という。ただし、1及び3において、特別活動については学級活動（学校給食に係るものを除く。）に限る。）の授業は、年間三十五週（第一学年については三十四週）以上にわたって行うよう計画し、週当たりの授業時数が児童の負担過重にならないようにするものとする。ただし、各教科等や学習活動の特質に応じ効果的な場合には、これらの授業を特定の期間に行うことができる。なお、給食、休憩などの時間については、学校において工夫を加え、適切に定めるものとする。

2　特別活動の授業のうち、児童会活動、クラブ活動及び学校行事については、それらの内容に応じ、年間、学期ごと、月ごとなどに適切な授業時数を充てるものとする。

3　各教科等のそれぞれの授業の一単位時間は、各学校において、各教科等の年間授業時数を確保しつつ、児童の発達段階及び各教科等や学習活動の特質を考慮して適切に定めるものとする。

4　各学校においては、地域や学校及び児童の実態、各教科等や学習活動の特質等に応じて、創意工夫を生かし時間割を弾力的に編成することに配慮するものとする。

第五　指導計画の作成等に当たって配慮すべき事項

1　各学校においては、次の事項に配慮しながら、学校の創意工夫を生かし、全体として、調和のとれた具体的な指導計画を作成するものとする。

(1)　各教科等及び各学年相互間の関連を図り、系統的、発展的な指導ができるようにすること。

(2)　学年の目標及び内容を二学年まとめて示した教科については、当該学年間を見通して、地域や学校及び児童の実態に応じ、児童の発達段階を考慮しつつ、効果的、段階的に指導するようにすること。

(3)　各教科の各学年の指導内容については、そのまとめ方や重点の置き方に適切な工夫を加えるとともに、教材等の精選を図り、効果的な指導ができるようにすること。

(4)　児童の実態等を考慮し、指導の効果を高めるため、合科的・関連的な指導を進めること。

2　以上のほか、次の事項に配慮するものとする。

(1)　学校生活全体を通して、言語に対する関心や理解を深め、言語環境を整え、児童の言語活動が適正に行われるようにすること。

(2)　各教科等の指導に当たっては、体験的な学習や問題解決的な学習を重視するとともに、児童の興味・関心を生かし、自主的、自発的な学習が促されるよう工夫すること。

(3)　日ごろから学級経営の充実を図り、教師と児童の信頼関係及び児童相互の好ましい人間関係を育てるとともに児童理解を深め、生徒指導の充実を図ること。

(4)　各教科等の指導に当たっては、児童が学習課題や活動を選択したり、自らの将来について考えたりする機会を設けるなど工夫すること。

(5)　各教科等の指導に当たっては、児童が学習内容を確実に身に付けることができるよう、学校や児童の実態に応じ、個別指導やグループ別指導、繰り返し指導、教師の協力的な指導など指導方法や指導体制を工夫改善し、個に応じた指導の充実を図ること。

(6)　障害のある児童などについては、児童の実態に応じ、指導内容や指導方法を工夫すること。特に、特殊学級又は通級による指導については、教師間の連携に努め、効果的な指導を行うこと。

(7)　海外から帰国した児童などについては、学校生活への適応を図るとともに、外国における生活経験を生かすなど適切な指導を行うこと。

(8)　各教科等の指導に当たっては、児童がコンピュータや情報通信ネットワークなどの情報手段に慣れ親しみ、適切に活用する学習活動を充実するとともに、視聴覚教材や教育機器などの教材・教具の適切な活用を図ること。

(9)　学校図書館〔傍線＝編者〕を計画的に利用しその機能の活用を図り、児童の主体的、意欲的な学習活動や読書活動を充実すること。

(10)　児童のよい点や進歩の状況などを積極的に評価するとともに、指導の過程や成果を評価し、指導の改善を行い学習意欲の向上に生かすようにすること。

(11)　開かれた学校づくりを進めるため、地域や学校の実態等に応じ、家庭や地域の人々の協力を得るなど家庭や地域社会との連携を深めること。また、小学校間や幼稚園、中学校、盲学校、聾《ろう》学校及び養護学校などとの間の連携や交流を図るとともに、障害のある幼児児童生徒や高齢者などとの交流の機会を設けること。

第二章　各教科

第一節　国語

第一　目標

国語を適切に表現し正確に理解する能力を育成し、伝え合う力を高めるとともに、思考力や想像力及び言語感覚を養い、国語に対する関心を深め国語を尊重する態度を育てる。

第二　各学年の目標及び内容〔略〕

第三　指導計画の作成と各学年にわたる内容の取扱い

1　指導計画の作成に当たっては、次の事項に配慮するものとする。

(3)　第二の各学年の内容の「A話すこと・聞くこと」、「B書くこと」及び「C読むこと」の言語活動の指導に当たっては、学校図書館〔傍線＝編者〕などを計画的に利用しその機能の活用を図るようにすること。

(6)　第二の各学年の内容の「C読むこと」に関する指導については、読書意欲を高め、日常生活において読書活動を活発に行うようにするとともに、他の教科における読書の指導や学校図書館〔傍線＝編者〕における指導との関連を考えて行うこと。なお、児童の読む図書については、人間形成のため幅広く、偏りがないように配慮して選定すること。

第二節　社会

第一　目標

社会生活についての理解を図り、我が国の国土と歴史に対する理解と愛情を育て、国際社会に生きる民主的、平和的な国家・社会の形成者として必要な公民的資質の基礎を養う。

第二　各学年の目標及び内容

〔第三学年及び第四学年〕

1　目標

(1)　地域の産業や消費生活の様子、人々の健康な生活や安全を守るための諸活動について理解できるようにし、地域社会の一員としての自覚をもつようにする。

2　内容

(1)　自分たちの住んでいる身近な地域や市（区、町、村）について、次のことを観察、調査したり白地図にまとめたりして調べ、地域の様子は場所によって違いがあることを考えるようにする。

ア　身近な地域や市（区、町、村）の特色ある地形、土地利用の様子、主な公共施設などの場所と働き、交通の様子など

第三　指導計画の作成と各学年にわたる内容の取扱い

1　指導計画の作成に当たっては、次の事項に配慮するものとする。

(3)　博物館や郷土資料館等の活用を図るとともに、身近な地域及び国土の遺跡や文化財などの観察や調査を行うようにすること。

(4)　学校図書館や公共図書館〔傍線＝編者〕、コンピュータなどを活用して、資料の収集・活用・整理などを行うようにすること。また、第四学年以降においては、教科用図書の地図を活用すること。

第四章　特別活動

第一　目標

望ましい集団活動を通して、心身の調和のとれた発達と個性の伸

長を図るとともに、集団の一員としての自覚を深め、協力してよりよい生活を築こうとする自主的、実践的な態度を育てる。

第二　内容

A　学級活動

学級活動においては、学級を単位として、学級や学校の生活の充実と向上を図り、健全な生活態度の育成に資する活動を行うこと。

(1)　学級や学校の生活の充実と向上に関すること。

学級や学校における生活上の諸問題の解決、学級内の組織づくりや仕事の分担処理など

(2)　日常の生活や学習への適応及び健康や安全に関すること。

希望や目標をもって生きる態度の形成、基本的な生活習慣の形成、望ましい人間関係の育成、学校図書館〔傍線＝編者〕の利用、心身ともに健康で安全な生活態度の形成、学校給食と望ましい食習慣の形成など

中学校学習指導要領　抄

〔平成一〇年一二月一四日　文部省告示第一七六号〕

学校教育法施行規則（昭和二十二年文部省令第十一号）〔別掲〕第五十四条の二及び別表第二の規定に基づき、中学校学習指導要領（平成元年文部省告示第二十五号）の全部を次のように改正し、平成十四年四月一日から施行する。平成十二年四月一日から平成十四年三月三十一日までの間における中学校学習指導要領の必要な特例については、別に定める。〔「別に」は略〕

目次

第三章　道徳〔略〕

第四章　特別活動〔抄〕

第一章　総則

第一　教育課程編成の一般方針

1　各学校においては、法令及びこの章以下に示すところに従い、生徒の人間として調和のとれた育成を目指し、地域や学校の実態及び生徒の心身の発達段階や特性等を十分考慮して、適切な教育課程を編成するものとする。

　学校の教育活動を進めるに当たっては、各学校において、生徒に生きる力をはぐくむことを目指し、創意工夫を生かし特色ある教育活動を展開する中で、自ら学び自ら考える力の育成を図るとともに、基礎的・基本的な内容の確実な定着を図り、個性を生かす教育の充実に努めなければならない。

2　学校における道徳教育は、学校の教育活動全体を通じて行うものであり、道徳の時間をはじめとして各教科、特別活動及び総合的な学習の時間のそれぞれの特質に応じて適切な指導を行わなければならない。

　道徳教育は、教育基本法及び学校教育法に定められた教育の根本精神に基づき、人間尊重の精神と生命に対する畏《い》敬の念を家庭、学校、その他社会における具体的な生活の中に生かし、豊かな心をもち、個性豊かな文化の創造と民主的な社会及び国家の発展に努め、進んで平和的な国際社会に貢献し未来を拓《ひら》く主体性のある日本人を育成するため、その基盤としての道徳性を養うことを目標とする。

　道徳教育を進めるに当たっては、教師と生徒及び生徒相互の人間関係を深めるとともに、生徒が人間としての生き方についての自覚を深め、家庭や地域社会との連携を図りながら、ボランティア活動や自然体験活動などの豊かな体験を通して生徒の内面に根ざした道徳性の育成が図られるよう配慮しなければならない。

3　学校における体育・健康に関する指導は、学校の教育活動全体を通じて適切に行うものとする。特に、体力の向上及び心身の健康の保持増進に関する指導については、保健体育科の時間はもとより、特別活動などにおいてもそれぞれの特質に応じて適切に行うよう努めることとする。また、それらの指導を通して、家庭や地域社会との連携を図りながら、日常生活において適切な体育・健康に関する活動の実践を促し、生涯を通じて健康・安全で活力ある生活を送るための基礎が培われるよう配慮しなければならない。

第二　必修教科、道徳及び特別活動の内容等の取扱い

1　第二章以下に示す各教科、道徳及び特別活動の内容に関する事項は、特に示す場合を除き、いずれの学校においても取り扱わなければならない。

　学校において特に必要がある場合には、第二章以下に示していない内容を加えて指導することもできるが、その場合には、第二章以下に示す各教科、道徳、特別活動及び各学年、各分野又は各言語の目標や内容の趣旨を逸脱したり、生徒の負担過重となったりすることのないようにしなければならない。

2　第二章以下に示す各教科、道徳、特別活動及び各学年、各分野又は各言語の内容に掲げる事項の順序は、特に示す場合を除き、指導の順序を示すものではないので、学校においては、その取扱いについて適切な工夫を加えるものとする。

3　学校において二以上の学年の生徒で編制する学級について特に必要がある場合には、各教科の目標の達成に支障のない範囲内

で、各教科の目標及び内容について学年別の順序によらないことができる。

第三 選択教科の内容等の取扱い

1 各学校においては、学校や生徒の実態を考慮し、必修教科や総合的な学習の時間などとの関連を図りつつ、選択教科の授業時数及び内容を適切に定め、選択教科の指導計画を作成するものとする。

2 選択教科の内容については、第二章の各教科に示すように課題学習、補充的な学習や発展的な学習など、生徒の特性等に応じた多様な学習活動が行えるよう各学校において適切に定めるものとする。その際、生徒の負担過重となることのないようにしなければならない。

3 生徒に履修させる選択教科の数は、第二学年においては一以上、第三学年においては二以上とし、生徒の特性等を十分考慮して、それぞれの生徒に適した選択教科を履修させるものとする。

4 各学校において開設することができる選択教科の種類は、各学年とも第二章に示す各教科とする。

5 各選択教科の授業時数は、第一学年については年間三十単位時間の範囲内、第二学年及び第三学年については年間七十単位時間の範囲内で当該選択教科の目的を達成するために必要な時数を各学校において適切に定めるものとする。

第四 総合的な学習の時間の取扱い

1 総合的な学習の時間においては、各学校は、地域や学校、生徒の実態等に応じて、横断的・総合的な学習や生徒の興味・関心等に基づく学習など創意工夫を生かした教育活動を行うものとする。

2 総合的な学習の時間においては、次のようなねらいをもって指導を行うものとする。

(1) 自ら課題を見付け、自ら学び、自ら考え、主体的に判断し、よりよく問題を解決する資質や能力を育てること。

(2) 学び方やものの考え方を身に付け、問題の解決や探究活動に主体的、創造的に取り組む態度を育て、自己の生き方を考えることができるようにすること。

3 各学校においては、2に示すねらいを踏まえ、例えば国際理解、情報、環境、福祉・健康などの横断的・総合的な課題、生徒の興味・関心に基づく課題、地域や学校の特色に応じた課題などについて、学校の実態に応じた学習活動を行うものとする。

4 各学校における総合的な学習の時間の名称については、各学校において適切に定めるものとする。

5 総合的な学習の時間の学習活動を行うに当たっては、次の事項に配慮するものとする。

(1) 自然体験やボランティア活動などの社会体験、観察・実験、見学や調査、発表や討論、ものづくりや生産活動など体験的な学習、問題解決的な学習を積極的に取り入れること。

(2) グループ学習や異年齢集団による学習などの多様な学習形態、地域の人々の協力も得つつ全教師が一体となって指導に当たるなどの指導体制、地域の教材や学習環境の積極的な活用などについて工夫すること。

第五 授業時数等の取扱い

1 各教科、道徳、特別活動及び総合的な学習の時間（以下「各教科等」という。ただし、1及び3において、特別活動については学級活動（学校給食に係るものを除く。）に限る。）の授業は、年間三十五週以上にわたって行うよう計画し、週当たりの授業時数が生徒の負担過重にならないようにするものとする。ただし、各教科等（特別活動を除く。）や学習活動の特質に応じ効果的な場合には、これらの授業を特定の期間に行うことができる。なお、給食、休憩などの時間については、学校において工夫を加え、適切に定めるものとする。

2　特別活動の授業のうち、生徒会活動及び学校行事については、それらの内容に応じ、年間、学期ごと、月ごとなどに適切な授業時数を充てるものとする。

3　各教科等のそれぞれの授業の一単位時間は、各学校において、各教科等の年間授業時数を確保しつつ、生徒の発達段階及び各教科等や学習活動の特質を考慮して適切に定めるものとする。

第六　指導計画の作成等に当たって配慮すべき事項

1　各学校においては、次の事項に配慮しながら、学校の創意工夫を生かし、全体として、調和のとれた具体的な指導計画を作成するものとする。

(1)　各教科等及び各学年相互間の関連を図り、系統的、発展的な指導ができるようにすること。

(2)　各教科の各学年、各分野又は各言語の指導内容については、そのまとめ方や重点の置き方に適切な工夫を加えるとともに、教材等の精選を図り、効果的な指導ができるようにすること。

2　以上のほか、次の事項に配慮するものとする。

(1)　学校生活全体を通して、言語に対する関心や理解を深め、言語環境を整え、生徒の言語活動が適正に行われるようにすること。

(2)　各教科等の指導に当たっては、体験的な学習や問題解決的な学習を重視するとともに、生徒の興味・関心を生かし、自主的、自発的な学習が促されるよう工夫すること。

(3)　教師と生徒の信頼関係及び生徒相互の好ましい人間関係を育てるとともに生徒理解を深め、生徒が自主的に判断、行動し積極的に自己を生かしていくことができるよう、生徒指導の充実を図ること。

(4)　生徒が自らの生き方を考え主体的に進路を選択することができるよう、学校の教育活動全体を通じ、計画的、組織的な進路指導を行うこと。

(5)　生徒が学校や学級での生活によりよく適応するとともに、現在及び将来の生き方を考え行動する態度や能力を育成することができるよう、学校の教育活動全体を通じ、ガイダンスの機能の充実を図ること。

(6)　各教科等の指導に当たっては、生徒が学習内容を確実に身に付けることができるよう、学校や生徒の実態に応じ、個別指導やグループ別指導、学習内容の習熟の程度に応じた指導、教師の協力的な指導など指導方法や指導体制を工夫改善し、個に応じた指導の充実を図ること。

(7)　障害のある生徒などについては、生徒の実態に応じ、指導内容や指導方法を工夫すること。特に、特殊学級又は通級による指導については、教師間の連携に努め、効果的な指導を行うこと。

(8)　海外から帰国した生徒などについては、学校生活への適応を図るとともに、外国における生活経験を生かすなど適切な指導を行うこと。

(9)　各教科等の指導に当たっては、生徒がコンピュータや情報通信ネットワークなどの情報手段を積極的に活用できるようにするための学習活動の充実に努めるとともに、視聴覚教材や教育機器などの教材・教具の適切な活用を図ること。

(10)　学校図書館〔傍線＝編者〕を計画的に利用しその機能の活用を図

り、生徒の主体的、意欲的な学習活動や読書活動を充実すること。

⑾ 生徒のよい点や進歩の状況などを積極的に評価するとともに、指導の過程や成果を評価し、指導の改善を行い学習意欲の向上に生かすようにすること。

⑿ 開かれた学校づくりを進めるため、地域や学校の実態等に応じ、家庭や地域の人々の協力を得るなど家庭や地域社会との連携を深めること。また、中学校間や小学校、高等学校、盲学校、聾《ろう》学校及び養護学校などとの間の連携や交流を図るとともに、障害のある幼児児童生徒や高齢者などとの交流の機会を設けること。

第二章 各教科

第八節 技術・家庭

第二 各分野の目標及び内容

〔技術分野〕

1 目標〔略〕

2 内容

B 情報とコンピュータ

(1) 生活や産業の中で情報手段の果たしている役割について、次の事項を指導する。

ア 情報手段の特徴や生活とコンピュータとのかかわりについて知ること。

イ 情報化が社会や生活に及ぼす影響を知り、情報モラルの必要性について考えること。

(2) コンピュータの基本的な構成と機能及び操作について、次の事項を指導する。

ア コンピュータの基本的な構成と機能を知り、操作ができること。

イ ソフトウェアの機能を知ること。

(3) コンピュータの利用について、次の事項を指導する。

ア コンピュータの利用形態を知ること。

イ ソフトウェアを用いて、基本的な情報の処理ができること。

(4) 情報通信ネットワークについて、次の事項を指導する。

ア 情報の伝達方法の特徴と利用方法を知ること。

情報を収集、判断、処理し、発信ができること。

(5) コンピュータを利用したマルチメディアの活用について、次の事項を指導する。

ア マルチメディアの特徴と利用方法を知ること。

イ ソフトウェアを選択して、表現や発信ができること。

(6) プログラムと計測・制御について、次の事項を指導する。

ア プログラムの機能を知り、簡単なプログラムの作成ができること。

イ コンピュータを用いて、簡単な計測・制御ができること。

3 内容の取扱い

(2) 内容の「B情報とコンピュータ」については、次のとおり取り扱うものとする。

ア (1)のアについては、身近な事例を通して情報手段の発展についても簡単に扱うこと。(1)のイについては、インターネット等の例を通して、個人情報や著作権の保護及び発信した情報に対する責任について扱うこと。

イ (3)のイについては、生徒の実態を考慮し文書処理、データベース処理、表計算処理、図形処理等の中から選択して取り上げること。

ウ　(4)については、コンピュータを利用したネットワークについて扱うこと。

エ　(6)のイについては、インタフェースの仕組み等に深入りしないこと。

第四章　特別活動

第一　目標

望ましい集団活動を通して、心身の調和のとれた発達と個性の伸長を図り、集団や社会の一員としてよりよい生活を築こうとする自主的、実践的な態度を育てるとともに、人間としての生き方についての自覚を深め、自己を生かす能力を養う。

第二　内容

A　学級活動

学級活動においては、学級を単位として、学級や学校の生活への適応を図るとともに、その充実と向上、生徒が当面する諸課題への対応及び健全な生活態度の育成に資する活動を行うこと。

(1)　学級や学校の生活の充実と向上に関すること。

学級や学校における生活上の諸問題の解決、学級内の組織づくりや仕事の分担処理、学校における多様な集団の生活の向上など

(2)　個人及び社会の一員としての在り方、健康や安全に関すること。

ア　青年期の不安や悩みとその解決、自己及び他者の個性の理解と尊重、社会の一員としての自覚と責任、男女相互の理解と協力、望ましい人間関係の確立、ボランティア活動の意義の理解など

イ　心身ともに健康で安全な生活態度や習慣の形成、性的な発達への適応、学校給食と望ましい食習慣の形成など

(3)　学業生活の充実、将来の生き方と進路の適切な選択に関すること。

学ぶことの意義の理解、自主的な学習態度の形成と学校図書館〔傍線＝編者〕の利用、選択教科等の適切な選択、進路適性の吟味と進路情報の活用、望ましい職業観・勤労観の形成、主体的な進路の選択と将来設計など

B　生徒会活動

生徒会活動においては、学校の全生徒をもって組織する生徒会において、学校生活の充実や改善向上を図る活動、生徒の諸活動についての連絡調整に関する活動、学校行事への協力に関する活動、ボランティア活動などを行うこと。

C　学校行事

学校行事においては、全校又は学年を単位として、学校生活に秩序と変化を与え、集団への所属感を深め、学校生活の充実と発展に資する体験的な活動を行うこと。

(1)　儀式的行事

学校生活に有意義な変化や折り目を付け、厳粛で清新な気分を味わい、新しい生活の展開への動機付けとなるような活動を行うこと。

(2)　学芸的行事

平素の学習活動の成果を総合的に生かし、その向上の意欲を一層高めるような活動を行うこと。

(3)　健康安全・体育的行事

心身の健全な発達や健康の保持増進などについての理解を深め、安全な行動や規律ある集団行動の体得、運動に親しむ態度の育成、責任感や連帯感の涵《かん》養、体力の向上などに資するような活動を行うこと。

(4)　旅行・集団宿泊的行事
　平素と異なる生活環境にあって、見聞を広め、自然や文化などに親しむとともに、集団生活の在り方や公衆道徳などについての望ましい体験を積むことができるような活動を行うこと。
(5)　勤労生産・奉仕的行事
　勤労の尊さや創造することの喜びを体得し、職業や進路にかかわる啓発的な体験が得られるようにするとともに、ボランティア活動など社会奉仕の精神を養う体験が得られるような活動を行うこと。

第三　指導計画の作成と内容の取扱い

1　指導計画の作成に当たっては、次の事項に配慮するものとする。
(1)　学校の創意工夫を生かすとともに、学校の実態や生徒の発達段階などを考慮し、教師の適切な指導の下に、生徒による自主的、実践的な活動が助長されるようにすること。また、家庭や地域の人々との連携、社会教育施設等の活用などを工夫すること。
(2)　生徒指導の機能を十分に生かすとともに、教育相談（進路相談を含む。）についても、生徒の家庭との連絡を密にし、適切に実施できるようにすること。
(3)　学校生活への適応や人間関係の形成、選択教科や進路の選択などの指導に当たっては、ガイダンスの機能を充実するよう学級活動等の指導を工夫すること。
2　第二の内容の取扱いについては、次の事項に配慮するものとする。
(1)　学級活動については、学校や生徒の実態に応じて取り上げる指導内容の重点化を図るようにすること。また、個々の生徒についての理解を深め、信頼関係を基礎に指導を行うとともに、指導内容の特質に応じて、教師の適切な指導の下に、生徒の自発的、自治的な活動が助長されるようにすること。
(2)　生徒会活動については、教師の適切な指導の下に、生徒の自発的、自治的な活動が展開されるようにすること。
(3)　学校行事については、学校や地域及び生徒の実態に応じて、各種類ごとに、行事及びその内容を重点化するとともに、行事間の関連や統合を図るなど精選して実施すること。また、実施に当たっては、幼児、高齢者、障害のある人々などとの触れ合い、自然体験や社会体験などを充実するよう工夫すること。
3　入学式や卒業式などにおいては、その意義を踏まえ、国旗を掲揚するとともに、国歌を斉唱するよう指導するものとする。

高等学校学習指導要領　抄

〔平成一一年三月二九日
文部省告示第五八号〕

学校教育法施行規則（昭和二十二年文部省令第十一号）〔別掲〕第五十七条の二及び第六十三条の二の規定に基づき、高等学校学習指導要領（平成元年文部省告示第二十六号）の全部を次のように改正する。この告示による改正後の高等学校学習指導要領が適用されるまでの高等学校学習指導要領の特例については、別に定める。〔別には略〕

目次

第一章　総則

第一款　教育課程編成の一般方針

1　各学校においては、法令及びこの章以下に示すところに従い、生徒の人間として調和のとれた育成を目指し、地域や学校の実態、課程や学科の特色、生徒の心身の発達段階及び特性等を十分考慮して、適切な教育課程を編成するものとする。

学校の教育活動を進めるに当たっては、各学校において、生徒に生きる力をはぐくむことを目指し、創意工夫を生かし特色ある教育活動を展開する中で、自ら学び自ら考える力の育成を図るとともに、基礎的・基本的な内容の確実な定着を図り、個性を生かす教育の充実に努めなければならない。

2　学校における道徳教育は、生徒が自己探求と自己表現に努め国家・社会の一員としての自覚に基づき行為しうる発達段階にあることを考慮し人間としての在り方生き方に関する教育を学校の教育活動全体を通じて行うことにより、その充実を図るものとし、各教科に属する科目、特別活動及び総合的な学習の時間のそれぞれの特質に応じて適切な指導を行わなければならない。

　道徳教育は、教育基本法及び学校教育法に定められた教育の根本精神に基づき、人間尊重の精神と生命に対する畏《い》敬の念を家庭、学校、その他社会における具体的な生活の中に生かし、豊かな心をもち、個性豊かな文化の創造と民主的な社会及び国家の発展に努め、進んで平和的な国際社会に貢献し未来を拓《ひら》く主体性のある日本人を育成するため、その基盤としての道徳性を養うことを目標とする。

　道徳教育を進めるに当たっては、特に、道徳的実践力を高めるとともに、自律の精神や社会連帯の精神及び義務を果たし責任を重んずる態度や人権を尊重し差別のないよりよい社会を実現しようとする態度を養うための指導が適切に行われるよう配慮しなければならない。

3　学校における体育・健康に関する指導は、学校の教育活動全体を通じて適切に行うものとする。特に、体力の向上及び心身の健康の保持増進に関する指導については、「体育」及び「保健」の時間はもとより、特別活動などにおいてもそれぞれの特質に応じて適切に行うよう努めることとする。また、それらの指導を通して、家庭や地域社会との連携を図りながら、日常生活において適切な体育・健康に関する活動の実践を促し、生涯を通じて健康・安全で活力ある生活を送るための基礎が培われるよう配慮しなければならない。

4　学校においては、地域や学校の実態等に応じて、就業やボランティアにかかわる体験的な学習の指導を適切に行うようにし、勤労の尊さや創造することの喜びを体得させ、望ましい勤労観、職業観の育成や社会奉仕の精神の涵《かん》養に資するものとする。

第二款　各教科・科目及び単位数等

1　卒業までに履修させる単位数等

　各学校においては、卒業までに履修させる下記2から5までに示す各教科に属する科目及びその単位数、特別活動及びそれらの授業時数並びに卒業までに行う総合的な学習の時間の授業時数及び単位数に関する事項を定めるものとする。この場合、各教科に属する科目（以下「各教科・科目」という。）及び総合的な学習の時間の単位数の計は、第三款の1、2及び3の(1)に掲げる各教科・科目の単位数並びに総合的な学習の時間の単位数を含めて七十四単位以上とする。

　単位については、一単位時間を五十分とし、三十五単位時間の授業を一単位として計算することを標準とする。ただし、通信制の課程においては、第八款の定めるところによるものとする。

2　普通教育に関する各教科・科目及び標準単位数

　各学校においては、教育課程の編成に当たって、生徒に履修させる普通教育に関する各教科・科目及びその単位数について、次の表に掲げる各教科・科目及び標準単位数を踏まえ適切に定めるものとする。ただし、生徒の実態等を考慮し、特に必要がある場合には、標準単位数の標準の限度を超えて単位数を増加して配当することができる。

教科	科目	標準単位数
国語	国語表現Ⅰ	二
	国語表現Ⅱ	二
	国語総合	四
	現代文	四

教科	科目	単位数
国語	古典	四
	古典講読	二
地理歴史	世界史A	二
	世界史B	四
	日本史A	二
	日本史B	四
	地理A	二
	地理B	四
公民	現代社会	二
	倫理	二
	政治・経済	二
数学	数学基礎	二
	数学I	三
	数学II	四
	数学III	三
	数学A	二
	数学B	二
	数学C	二
理科	理科基礎	二
	理科総合A	二
	理科総合B	二
	物理I	三
	物理II	三
	化学I	三
	化学II	三
	生物I	三
	生物II	三
	地学I	三
	地学II	三
保健体育	体育	七〜八
	保健	二
芸術	音楽I	二
	音楽II	二
	音楽III	二
	美術I	二
	美術II	二
	美術III	二
	工芸I	二
	工芸II	二
	工芸III	二
	書道I	二
	書道II	二
	書道III	二
外国語	オーラル・コミュニケーションI	二
	オーラル・コミュニケーションII	四
	英語I	三
	英語II	四
	リーディング	四
	ライティング	四
家庭	家庭基礎	二
	家庭総合	四
	生活技術	四
情報	情報A	二
	情報B	二
	情報C	二

3 専門教育に関する各教科・科目

各学校においては、教育課程の編成に当たって、生徒に履修させる専門教育に関する各教科・科目及びその単位数について、次の表に掲げる各教科・科目及び設置者の定める標準単位数を踏まえ適切に定めるものとする。

教科	科目
農業	農業科学基礎、環境科学基礎、課題研究、総合実習、農業情報処理、作物、野菜、果樹、草花、畜産、農業経営、農業機械、食品製造、食品化学、微生物基礎、植物バイオテクノロジー、動物・微生物バイオテクノロジー、農業経済、食品流通、森林科学、森林経営、林産加工、農業土木設計、農業土木施工、造園計画、造園技術、測量、生物活用、グリーンライフ
工業	工業技術基礎、課題研究、実習、製図、工業数理基礎、情報技術基礎、材料技術基礎、生産システム技術、工業技術英語、工業管理技術、機械工作、機械設計、原動機、電子機

工業	械、電子機械応用、自動車工学、自動車整備、電気基礎、電気機器、電力技術、電子技術、電子回路、電子計測制御、通信技術、電子情報技術、プログラミング技術、ハードウェア技術、ソフトウェア技術、マルチメディア応用、建築構造、建築施工、建築構造設計、建築計画、建築法規、設備計画、空気調和設備、衛生・防災設備、測量、土木施工、土木基礎力学、土木構造設計、社会基盤工学、工業化学、化学工学、地球環境化学、材料製造技術、工業材料、材料加工、セラミック化学、セラミック技術、セラミック工業、繊維製品、繊維・染色技術、染織デザイン、インテリア計画、インテリア装備、インテリアエレメント生産、デザイン史、デザイン技術、デザイン材料
商業	ビジネス基礎、課題研究、総合実践、商品と流通、商業技術、マーケティング、英語実務、経済活動と法、国際ビジネス、簿記、会計、原価計算、会計実務、情報処理、ビジネス情報、文書デザイン、プログラミング
水産	水産基礎、課題研究、総合実習、水産情報技術、漁業、航海・計器、漁船運用、船用機関、機械設計工作、電気工学、通信工学、電気通信理論、栽培漁業、水産生物、海洋環境、操船、水産食品製造、水産食品管理、水産流通、ダイビング
家庭	生活産業基礎、課題研究、家庭情報処理、消費生活、発達と保育、児童文化、家庭看護・福祉、リビングデザイン、服飾文化、被服製作、ファッションデザイン、服飾手芸、フードデザイン、食文化、調理、栄養、食品、食品衛生、公衆衛生
看護	基礎看護、看護基礎医学、成人、老人看護、母子看護、看護臨床実習、看護情報処理
情報	情報産業と社会、課題研究、情報実習、情報と表現、アルゴリズム、情報システムの開発、ネットワークシステム、モデル化とシミュレーション、コンピュータデザイン、図形と画像の処理、マルチメディア表現
福祉	社会福祉基礎、社会福祉制度、社会福祉援助技術、基礎介護、社会福祉実習、社会福祉演習、福祉情報処理
理数	理数数学Ⅰ、理数数学Ⅱ、理数数学探究、理数物理、理数化学、理数生物、理数地学
体育	体育理論、体つくり運動、スポーツⅠ、スポーツⅡ、スポーツⅢ、ダンス、野外活動
音楽	音楽理論、音楽史、演奏法、ソルフェージュ、声楽、器楽、作曲
美術	美術概論、美術史、素描、構成、絵画、版画、彫刻、ビジュアルデザイン、クラフトデザイン、映像メディア表現、環境造形、鑑賞研究
英語	総合英語、英語理解、英語表現、異文化理解、生活英語、時事英語、コンピュータ・LL演習

4 学校設定科目

学校においては、地域、学校及び生徒の実態、学科の特色等に応じ、特色ある教育課程の編成に資するよう、上記2及び3の表に掲げる教科について、これらに属する科目以外の科目（以下「学校設定科目」という。）を設けることができる。この場合において、学校設定科目の名称、目標、内容、単位数等については、その科目の属する教科の目標に基づき、各学校の定めるところによるものとする。

5 学校設定教科

⑴ 学校においては、地域、学校及び生徒の実態、学科の特色等に応じ、特色ある教育課程の編成に資するよう、上記2及び3の表に掲げる教科以外の普通教育又は専門教育に関する教科（以下「学校設定教科」という。）及び当該教科に関する科目を設けることができる。この場合において、学校設定教科及び当該教科に関する科目の名称、目標、内容、単位数等については、高等学校教育の目標及びその水準の維持等に十分配慮し、各学校の定めるところによるものとする。

⑵ 学校においては、学校設定教科に関する科目として「産業社会と人間」を設けることができる。この科目の目標、内容、単位数等を各学校において定めるに当たっては、産業社会における自己の在り方生き方について考えさせ、社会に積極的に寄与し、生涯にわたって学習に取り組む意欲や態度を養うとともに、生徒の主体的な各教科・科目の選択に資するよう、就業体験等の体験的な学習や調査・研究などを通して、次のような事項について指導することに配慮するものとする。

ア 社会生活や就業生活に必要な基本的な能力や態度及び望ましい勤労観、職業観の育成

イ 我が国の産業の発展とそれがもたらした社会の変化についての考察

ウ 自己の将来の生き方や進路についての考察及び各教科・科目の履修計画の作成

第四款 総合的な学習の時間

1 総合的な学習の時間においては、各学校は、地域や学校、生徒の実態等に応じて、横断的・総合的な学習や生徒の興味・関心等に基づく学習など創意工夫を生かした教育活動を行うものとする。

2 総合的な学習の時間においては、次のようなねらいをもって指導を行うものとする。

⑴ 自ら課題を見付け、自ら学び、自ら考え、主体的に判断し、よりよく問題を解決する資質や能力を育てること。

⑵ 学び方やものの考え方を身に付け、問題の解決や探究活動に主体的、創造的に取り組む態度を育て、自己の在り方生き方を考えることができるようにすること。

3 各学校においては、上記2に示すねらいを踏まえ、地域や学校の特色、生徒の特性等に応じ、例えば、次のような学習活動などを行うものとする。

ア 国際理解、情報、環境、福祉・健康などの横断的・総合的な課題についての学習活動

イ 生徒が興味・関心、進路等に応じて設定した課題について、知識や技能の深化、総合化を図る学習活動

ウ 自己の在り方生き方や進路について考察する学習活動

4 各学校における総合的な学習の時間の名称については、各学校において適切に定めるものとする。

5 総合的な学習の時間の学習活動を行うに当たっては、次の事項

に配慮するものとする。

(1) 自然体験やボランティア活動、就業体験などの社会体験、観察・実験・実習、調査・研究、発表や討論、ものづくりや生産活動など体験的な学習、問題解決的な学習を積極的に取り入れること。

(2) グループ学習や個人研究などの多様な学習形態、地域の人々の協力も得つつ全教師が一体となって指導に当たるなどの指導体制、地域の教材や学習環境の積極的な活用などについて工夫すること。

(3) 総合学科においては、総合的な学習の時間における学習活動として、原則として上記3のイに示す活動を含むこと。

6 職業教育を主とする学科においては、総合的な学習の時間における学習活動により、農業、工業、商業、水産、家庭若しくは情報の各教科に属する「課題研究」、「看護臨床実習」又は「社会福祉演習」（以下この項において「課題研究等」という。）の履修と同様の成果が期待できる場合においては、総合的な学習の時間における学習活動をもって課題研究等の履修の一部又は全部に替えることができる。また、課題研究等の履修により、総合的な学習の時間における学習活動と同様の成果が期待できる場合においては、課題研究等の履修をもって総合的な学習の時間における学習活動の一部又は全部に替えることができる。

第五款　各教科・科目、特別活動及び総合的な学習の時間の授業時数等

1 全日制の課程における各教科・科目、ホームルーム活動の授業は、年間三十五週行うことを標準とし、必要がある場合には、各教科・科目の授業を特定の学期又は期間に行うことができる。

2 全日制の課程（単位制による課程を除く。）における週当たりの授業時数は、三十単位時間を標準とする。

3 定時制の課程における授業日数の季節的配分又は週若しくは一日当たりの授業時数については、生徒の勤労状況と地域の諸事情等を考慮して、適切に定めるものとする。

4 ホームルーム活動の授業時数については、原則として、年間三十五単位時間以上とするものとする。

5 定時制の課程において、特別の事情がある場合には、ホームルーム活動の授業時数の一部を減ずることができる。

6 生徒会活動及び学校行事については、学校の実態に応じて、それぞれ適切な授業時数を充てるものとする。

7 総合的な学習の時間の授業時数については、卒業までに百五～二百十単位時間を標準とし、各学校において、学校や生徒の実態に応じて、適切に配当するものとする。

8 各教科・科目、特別活動及び総合的な学習の時間（以下「各教科・科目等」という。）のそれぞれの授業の一単位時間は、各学校において、各教科・科目等の授業時数を確保しつつ、生徒の実態及び各教科・科目等の特質を考慮して適切に定めるものとする。

第六款　教育課程の編成・実施に当たって配慮すべき事項

1 選択履修の趣旨を生かした適切な教育課程編成

教育課程の編成に当たっては、生徒の特性、進路等に応じた適切な各教科・科目の履修ができるようにし、このため、多様な各教科・科目を設け生徒が自由に選択履修することのできるよう配慮するものとする。また、教育課程の類型を設け、そのいずれかの類型を選択して履修させる場合においても、その類型において履修させることになっている各教科・科目以外の各教科・科目を履修させたり、生徒が自由に選択履修することのできる各教科・

科目を設けたりするものとする。

2 各教科・科目等の内容等の取扱い

(1) 学校においては、第二章以下に示していない事項を加えて指導することもできるが、その場合には、第二章以下に示す教科、科目及び特別活動の目標や内容の趣旨を逸脱したり、生徒の負担過重になったりすることのないようにするものとする。

(2) 第二章以下に示す各教科・科目及び特別活動の内容に掲げる事項の順序は、特に示す場合を除き、指導の順序を示すものではないので、学校においては、その取扱いについて適切な工夫を加えるものとする。

(3) 学校においては、あらかじめ計画して、各教科・科目の内容及び総合的な学習の時間における学習活動を学期の区分に応じて単位ごとに分割して指導することができる。

(4) 学校においては、特に必要がある場合には、第二章及び第三章に示す教科及び科目の目標の趣旨を損なわない範囲内で、各教科・科目の内容に関する事項について、基礎的・基本的な事項に重点を置くなどその内容を適切に選択して指導することができる。

3 指導計画の作成に当たって配慮すべき事項

各学校においては、次の事項に配慮しながら、学校の創意工夫を生かし、全体として、調和のとれた具体的な指導計画を作成するものとする。

(1) 各教科・科目等について相互の関連を図り、発展的、系統的な指導ができるようにすること。

(2) 各教科・科目の指導内容については、各事項のまとめ方及び重点の置き方に適切な工夫を加えて、効果的な指導ができるようにすること。

(5) 学校図書館

4 職業教育に関して配慮すべき事項

(1) 普通科においては、地域や学校の実態、生徒の特性、進路等を考慮し、必要に応じて、適切な職業に関する各教科・科目の履修の機会の確保について配慮するものとする。

(2) 職業教育を主とする学科においては、次の事項に配慮するものとする。

ア 職業に関する各教科・科目については、実験・実習に配当する授業時数を十分確保するようにすること。

イ 生徒の実態を考慮し、職業に関する各教科・科目の履修を容易にするため特別な配慮が必要な場合には、各分野における基礎的又は中核的な科目を重点的に選択し、その内容については基礎的・基本的な事項が確実に身に付くように取り扱い、また、主として実験・実習によって指導するなどの工夫をこらすようにすること。

(3) 学校においては、地域や学校の実態、生徒の特性、進路等を考慮し、就業体験の機会の確保について配慮するものとする。

(4) 職業に関する各教科・科目については、次の事項に配慮するものとする。

ア 職業に関する各教科・科目については、就業体験をもって実習に替えることができること。この場合、就業体験は、その各教科・科目の内容に直接関係があり、かつ、その一部としてあらかじめ計画されるものであることを要すること。

イ 家庭、農業及び水産に関する各教科・科目の指導に当たっては、ホームプロジェクト並びに学校家庭クラブ及び学校農業クラブなどの活動を活用して、学習の効果を上げるよう留意すること。この場合、ホームプロジェクトについては、その各教科・科目の授業時数の十分の二以内をこれに充てることができること。

ウ　定時制及び通信制の課程において、職業に関する各教科・科目を履修する生徒が、現にその各教科・科目と密接な関係を有する職業（家事を含む。）に従事している場合で、その職業における実務等が、その各教科・科目の一部を履修した場合と同様の成果があると認められるときは、その実務等をもってその各教科・科目の履修の一部に替えることができること。

5　教育課程の実施等に当たって配慮すべき事項

以上のほか、次の事項について配慮するものとする。

(1)　学校生活全体を通じて、言語に関する関心や理解を深め、言語環境を整え、生徒の言語活動が適正に行われるようにすること。

(2)　学校の教育活動全体を通じて、個々の生徒の特性等の的確な把握に努め、その伸長を図ること。また、生徒が適切な各教科・科目や類型を選択し学校やホームルームでの生活によりよく適応するとともに、現在及び将来の生き方を考え行動する態度や能力を育成することができるよう、ガイダンスの機能の充実を図ること。

(3)　教師と生徒の信頼関係及び生徒相互の好ましい人間関係を育てるとともに生徒理解を深め、生徒が主体的に判断、行動し積極的に自己を生かしていくことができるよう、生徒指導の充実を図ること。

(4)　生徒が自己の在り方生き方を考え、主体的に進路を選択することができるよう、学校の教育活動全体を通じ、計画的、組織的な進路指導を行うこと。

(5)　各教科・科目等の指導に当たっては、教師間の連携協力を密にするなど指導体制を確立するとともに、学校や生徒の実態に応じ、個別指導やグループ別指導、教師の協力的な指導、生徒の学習内容の習熟の程度等に応じた弾力的な学級の編成など指導方法や指導体制を工夫改善し、個に応じた指導の充実を図ること。

(6)　学習の遅れがちな生徒、障害のある生徒などについては、各教科・科目等の選択、その内容の取扱いなどについて必要な配慮を行い、生徒の実態に応じ、指導内容や指導方法を工夫すること。

(7)　海外から帰国した生徒などについては、学校生活への適応を図るとともに、外国における生活経験を生かすなど適切な指導を行うこと。

(8)　各教科・科目等の指導に当たっては、生徒がコンピュータや情報通信ネットワークなどの情報手段を積極的に活用できるようにするための学習活動の充実に努めるとともに、視聴覚教材や教育機器などの教材・教具の適切な活用を図ること。

(9)　学校図書館（傍線＝編者）を計画的に利用しその機能の活用を図り、生徒の主体的、意欲的な学習活動や読書活動を充実すること。

(10)　生徒のよい点や進歩の状況などを積極的に評価するとともに、指導の過程や成果を評価し、指導の改善を行い学習意欲の向上に生かすようにすること。

(11)　開かれた学校づくりを進めるため、地域や学校の実態等に応じ、家庭や地域の人々の協力を得るなど家庭や地域社会との連携を深めること。また、高等学校間や中学校、盲学校、聾《ろう》学校及び養護学校などとの間の連携や交流を図るとともに、障害のある幼児児童生徒や高齢者などとの交流の機会を設けること。

(5)　学校図書館

第七款　単位の修得及び卒業の認定

1　各教科・科目及び総合的な学習の時間における学習活動の単位の修得の認定

(1)　学校においては、生徒が学校の定める指導計画に従って各教科・科目を履修し、その成果が教科及び科目の目標からみて満足できると認められる場合には、その各教科・科目について履修した単位を修得したことを認定しなければならない。

(2)　学校においては、生徒が学校の定める指導計画に従って総合的な学習の時間において学習活動を行い、その成果が第四款に定めるねらいからみて満足できると認められる場合には、総合的な学習の時間における学習活動について、単位を修得したことを認定しなければならない。

(3)　学校においては、生徒が一科目を二以上の年次にわたって分割履修したとき又は総合的な学習の時間における学習活動を二以上の年次にわたって行ったときは、各年次ごとにその各教科・科目について履修した単位又は総合的な学習の時間における学習活動に係る単位を修得したことを認定するものとする。また、単位の修得の認定を学期の区分ごとに行うことができる。

2　卒業までに修得させる単位数

学校においては、卒業までに修得させる単位数を定め、校長は、当該単位数を修得した者で、特別活動の成果がその目標からみて満足できると認められるものについて、高等学校の全課程の修了を認定するものとする。この場合、卒業までに修得させる単位数は、七十四単位以上とする。なお、普通科においては、学校設定科目及び学校設定教科に関する科目に係る修得単位数は、合わせて二十単位までを卒業までに修得させる単位数に含めることができる。

3　各学年の課程の修了の認定

学校においては、各学年の課程の修了の認定については、単位制が併用されていることを踏まえ、弾力的に行うよう配慮するものとする。

4　大学入学資格検定合格科目の単位認定

学校においては、定時制又は通信制の課程に在学する生徒が、入学以前又は在学中に大学入学資格検定規程（昭和二十六年文部省令第十三号）の定めるところにより、その受検科目について合格点を得た場合には、それに相当する高等学校の各教科・科目の単位を修得したものとみなすことができる。

5　別科の科目の単位認定

学校においては、別科において、この高等学校学習指導要領に定めるところに準じて、別科の科目を生徒が修得した場合には、それに相当する高等学校の各教科・科目の単位を修得したものとみなすことができる。

第二章　普通教育に関する各教科

第一節　国語

第三款　各科目にわたる内容の取扱い

内容の取扱いに当たっては、次の事項に配慮するものとする。

(2)　学校図書館（傍線＝編者）を計画的に利用することを通して、読書意欲を喚起し読書力を高めるとともに情報を活用する能力を養うようにすること。また、音声言語や映像による教材、コンピュータや情報通信ネットワークなども適宜活用し、学習の効果を高めるようにすること。

第七節　芸術

第三款　各科目にわたる指導計画の作成と内容の取扱い

2　内容の取扱いに当たっては、次の事項に配慮するものとする。

(1)　各科目の特質を踏まえ、学校の実態に応じて学校図書館〔傍線＝編者〕を活用するとともに、コンピュータや情報通信ネットワークなどを指導に生かすこと。

(2)　各科目の特質を踏まえ、地域や学校の実態に応じて、地域の文化財、文化施設、社会教育施設等の活用を図ったり、地域の人材の協力を求めたりすること。

第十節　情報

第一款　目標

情報及び情報技術を活用するための知識と技能の習得を通して、情報に関する科学的な見方や考え方を養うとともに、社会の中で情報及び情報技術が果たしている役割や影響を理解させ、情報化の進展に主体的に対応できる能力と態度を育てる。

第二款　各科目

第一　情報A

1　目標

コンピュータや情報通信ネットワークなどの活用を通して、情報を適切に収集・処理・発信するための基礎的な知識と技能を習得させるとともに、情報を主体的に活用しようとする態度を育てる。

2　内容

(1)　情報を活用するための工夫と情報機器

ア　問題解決の工夫

問題解決を効果的に行うためには、目的に応じた解決手順の工夫とコンピュータや情報通信ネットワークなどの適切な活用が必要であることを理解させる。

イ　情報伝達の工夫

情報を的確に伝達するためには、伝達内容に適した提示方法の工夫とコンピュータや情報通信ネットワークなどの適切な活用が必要であることを理解させる。

(2)　情報の収集・発信と情報機器の活用

ア　情報の検索と収集

情報通信ネットワークやデータベースなどの活用を通して、必要とする情報を効率的に検索・収集する方法を習得させる。

イ　情報の発信と共有に適した情報の表し方

情報を効果的に発信したり、情報を共有したりするためには、情報の表し方に工夫や取決めが必要であることを理解させる。

ウ　情報の収集・発信における問題点

情報通信ネットワークやデータベースなどを利用した情報の収集・発信の際に起こり得る具体的な問題及びそれを解決したり回避したりする方法の理解を通して、情報社会で必要とされる心構えについて考えさせる。

(3)　情報の統合的な処理とコンピュータの活用

ア　コンピュータによる情報の統合

コンピュータの機能とソフトウェアとを組み合わせて活用することを通して、コンピュータは多様な形態の情報を統合できることを理解させる。

イ　情報の統合的な処理

収集した多様な形態の情報を目的に応じて統合的に処理する方法を習得させる。

(4)　情報機器の発達と生活の変化

ア　情報機器の発達とその仕組み

情報機器の発達の歴史に沿って、情報機器の仕組みと特性を理解させる。

イ　情報化の進展が生活に及ぼす影響

情報化の進展が生活に及ぼす影響を身のまわりの事例などを通して認識させ、情報を生活に役立て主体的に活用しようとする心構えについて考えさせる。

ウ　情報社会への参加と情報技術の活用

個人が情報社会に参加する上でコンピュータや情報通信ネットワークなどを適切に使いこなす能力が重要であること及び将来にわたって情報技術の活用能力を高めていくことが必要であることを理解させる。

3　内容の取扱い

(1)　内容の(1)の実習については、内容の(2)及び(3)とのつながりを考慮したものを扱うようにする。アについては、一つの問題に対し、複数の解決方法を試み、それらの結果を比較する実習を、イについては、プレゼンテーション用ソフトウェアなどを活用した実習を扱うようにする。

(2)　内容の(2)については、情報通信ネットワークなどを活用した実習を中心に扱うようにする。アについては、情報の検索・収集の工夫と情報を提供する側の工夫との関連性に触れるものとする。イについては、情報の利用の仕方に応じた表し方の選択や、情報の作成、利用にかかわる共通の取決めの必要性を扱うものとする。ウについては、情報の伝達手段の信頼性、情報の信憑《ぴょう》性、情報発信に当たっての個人の責任、プライバシーや著作権への配慮などを扱うものとする。

(3)　内容の(3)のアについては、周辺機器やソフトウェアなどの活用方法を扱うが、技術的な内容に深入りしないようにする。イについては、多様な形態の情報を統合的に活用することが必要な課題を設定し、文書処理、表計算、図形・画像処理、データベースなどのソフトウェアを目的に応じて使い分けたり組み合わせたりして活用する実習を中心に扱うようにする。

(4)　内容の(4)のアについては、いろいろな情報機器についてアナログとディジタルとを対比させる観点から扱うとともに、コンピュータと情報通信ネットワークの仕組みも扱うものとする。その際、技術的な内容に深入りしないようにする。イについては、情報化の進展に伴う生活スタイルや仕事の内容・方法などの変化を調べたり、討議したりする学習を取り入れるようにする。ウについては、内容の(1)から(4)のイまでの学習と関連させて扱うようにする。

第二　情報B

1　目標

コンピュータにおける情報の表し方や処理の仕組み、情報社会を支える情報技術の役割や影響を理解させ、問題解決においてコンピュータを効果的に活用するための科学的な考え方や方法を習得させる。

2　内容

(1)　問題解決とコンピュータの活用

ア　問題解決における手順とコンピュータの活用

問題解決においては、解決の手順と用いる手段の違いが結果に影響を与えること及びコンピュータの適切な活用が有効であることを理解させる。

イ　コンピュータによる情報処理の特徴

コンピュータを適切に活用する上で知っておくべきコンピュータによる情報処理の長所と短所を理解させる。

(2)　コンピュータの仕組みと働き
ア　コンピュータにおける情報の表し方
文字、数値、画像、音などの情報をコンピュータ上で表す方法についての基本的な考え方及び情報のディジタル化の特性を理解させる。
イ　コンピュータにおける情報の処理
コンピュータの仕組み、コンピュータ内部での基本的な処理の仕組み及び簡単なアルゴリズムを理解させる。
ウ　情報の表し方と処理手順の工夫の必要性
コンピュータを活用して情報の処理を行うためには、情報の表し方と処理手順の工夫が必要であることを理解させる。
(3)　問題のモデル化とコンピュータを活用した解決
ア　モデル化とシミュレーション
身のまわりの現象や社会現象などを通して、モデル化とシミュレーションの考え方や方法を理解させ、実際の問題解決に活用できるようにする。
イ　情報の蓄積・管理とデータベースの活用
情報を蓄積・管理するためのデータベースの概念を理解させ、簡単なデータベースを設計し、活用できるようにする。
(4)　情報社会を支える情報技術
ア　情報通信と計測・制御の技術
情報通信と計測・制御の仕組み及び社会におけるそれらの技術の活用について理解させる。
イ　情報技術における人間への配慮
情報技術を導入する際には、安全性や使いやすさを高めるための配慮が必要であることを理解させる。
ウ　情報技術の進展が社会に及ぼす影響
情報技術の進展が社会に及ぼす影響を認識させ、情報技術を社会の発展に役立てようとする心構えについて考えさせる。

3　内容の取扱い
(1)　内容の(1)については、(2)以降の内容の基礎となる体験ができるような実習を扱うようにする。アについては、問題解決の手順を明確に記述させる指導を取り入れるようにする。イについては、人間とコンピュータの情報処理を対比させて、コンピュータの処理の高速性を示す例や、人間にとっては簡単な情報処理がコンピュータでは必ずしも簡単ではない例などを体験できる実習を扱うようにする。
(2)　内容の(2)については、コンピュータや模型などを使った学習を取り入れるようにする。ア及びイについては、図を用いた説明などによって基本的な考え方を理解させることを重視するようにする。イのコンピュータ内部での基本的な処理の仕組みについては、一つ一つの命令がステップで動いていることを扱う程度とする。アルゴリズムの具体例については、並べ替えや探索などのうち、基本的なものにとどめるようにする。ウについては、生徒自身に工夫させることができる簡単な課題を用いて、実習を中心に扱い、結果を生徒同士で相互評価させるような学習を取り入れるようにする。
(3)　内容の(3)については、ソフトウェアやプログラミング言語を用い、実習を中心に扱うようにする。その際、ソフトウェアの利用技術やプログラミング言語の習得が目的とならないようにする。ア及びイについては、基本的な考え方は必ず扱うが、実習については、生徒の実態等に応じ、いずれかを選択して扱うことができる。アについては、内容の(2)のイ、ウ及び(4)のアと関連付けた題材や、時間経過や偶然性に伴って変化する現象などのうち、簡単にモデル化できる題材を扱い、数理的、技術的な内容に深入りしないようにする。

(4) 内容の(4)のアについては、動作を確認できるような学習を取り入れるようにする。ウについては、情報技術の進展が社会に及ぼす影響について、情報通信ネットワークなどを活用して調べたり、討議したりする学習を取り入れるようにする。

第三 情報C

1 目標

情報のディジタル化や情報通信ネットワークの特性を理解させ、表現やコミュニケーションにおいてコンピュータなどを効果的に活用する能力を養うとともに、情報化の進展が社会に及ぼす影響を理解させ、情報社会に参加する上での望ましい態度を育てる。

2 内容

(1) 情報のディジタル化

ア 情報のディジタル化の仕組み

コンピュータなどにおける、文字、数値、画像、音などの情報のディジタル化の仕組みを理解させる。

イ 情報機器の種類と特性

身のまわりに見られる情報機器について、その機能と役割を理解させるとともに、ディジタル化により多様な形態の情報が統合的に扱えることを理解させる。

ウ 情報機器を活用した表現方法

情報機器を活用して多様な形態の情報を統合することにより、伝えたい内容を分かりやすく表現する方法を習得させる。

(2) 情報通信ネットワークとコミュニケーション

ア 情報通信ネットワークの仕組み

情報通信ネットワークの仕組みとセキュリティを確保するための工夫について理解させる。

イ 情報通信の効率的な方法

情報伝達の速度や容量を表す単位について理解させるとともに、情報通信を速く正確に行うための基本的な考え方を理解させる。

ウ コミュニケーションにおける情報通信ネットワークの活用

電子メールや電子会議などの情報通信ネットワーク上のソフトウェアについて、コミュニケーションの目的に応じた効果的な活用方法を習得させる。

(3) 情報の収集・発信と個人の責任

ア 情報の公開・保護と個人の責任

多くの情報が公開され流通している実態と情報の保護の必要性及び情報の収集・発信に伴って発生する問題と個人の責任について理解させる。

イ 情報通信ネットワークを活用した情報の収集・発信

身のまわりの現象や社会現象などについて、情報通信ネットワークを活用して調査し、情報を適切に収集・分析・発信する方法を習得させる。

(4) 情報化の進展と社会への影響

ア 社会で利用されている情報システム

社会で利用されている代表的な情報システムについて、それらの種類と特性、情報システムの信頼性を高める工夫などを理解させる。

イ 情報化が社会に及ぼす影響

情報化が社会に及ぼす影響を様々な面から認識させ、望ましい情報社会の在り方を考えさせる。

3　内容の取扱い

(1)　内容の(1)のアについては、文字コード、二進数表現、標本化などについて、図を用いた説明などによって基本的な考え方を扱い、数理的、技術的な内容に深入りしないようにする。ウについては、実習を中心に扱い、生徒同士で相互評価させる学習を取り入れるようにする。

(2)　内容の(2)のアのセキュリティを確保するための工夫については、身近な事例を通して、個人認証や暗号化の必要性、情報通信ネットワークの保守・管理の重要性などを扱うものとする。イについては、誤り検出・訂正、情報の圧縮などの原理を平易に扱うものとする。ウについては、実習を中心に扱うようにする。

(3)　内容の(3)のアの情報の保護の必要性については、プライバシーや著作権などの観点から扱い、情報の収集・発信に伴って発生する問題については、誤った情報や偏った情報が人間の判断に及ぼす影響、不適切な情報への対処法などの観点から扱うようにする。イについては、適切な題材を選び、情報の収集から分析・発信までを含めた一連の実習を中心に扱うようにする。情報の分析については、表計算ソフトウェアなどの簡単な統計分析機能やグラフ作成機能などを扱うようにする。

(4)　内容の(4)のイについては、情報化が社会に及ぼす影響を、情報通信ネットワークなどを活用して調べたり、討議したりする学習を取り入れるようにする。

第三款　各科目にわたる指導計画の作成と内容の取扱い

1　指導計画の作成に当たっては、次の事項に配慮するものとする。

(1)　中学校での学習の程度を踏まえるとともに、情報科での学習が他の各教科・科目等の学習に役立つよう、他の各教科・科目等との連携を図ること。

(2)　各科目の目標及び内容等に即してコンピュータや情報通信ネットワークなどを活用した実習を積極的に取り入れること。原則として、「情報A」では総授業時数の二分の一以上を、「情報B」及び「情報C」では総授業時数の三分の一以上を、実習に配当すること。

(3)　情報機器を活用した学習を行うに当たっては、生徒の健康と望ましい習慣を身に付ける観点から、照明やコンピュータの使用時間などに留意すること。

2　内容の取扱いに当たっては、次の事項に配慮するものとする。

(1)　各科目の指導においては、内容の全体を通して情報モラルの育成を図ること。

(2)　授業で扱う具体例などについては、情報技術の進展に対応して適宜見直す必要があるが、技術的な内容に深入りしないよう留意すること。

第四章　特別活動

第一　目標

望ましい集団活動を通して、心身の調和のとれた発達と個性の伸長を図り、集団や社会の一員としてよりよい生活を築こうとする自主的、実践的な態度を育てるとともに、人間としての在り方生き方についての自覚を深め、自己を生かす能力を養う。

第二　内容

A　ホームルーム活動

ホームルーム活動においては、学校における生徒の基礎的な生活集団として編成したホームルームを単位として、ホームルームや学校の生活への適応を図るとともに、その充実と向上、生徒が当面する諸課題への対応及び健全な生活態度の育成に資する活動を行うこと。

(1) ホームルームや学校の生活の充実と向上に関すること。

ホームルームや学校における生活上の諸問題の解決、ホームルーム内の組織づくりと自主的な活動、学校における多様な集団の生活の向上など

(2) 個人及び社会の一員としての在り方生き方、健康や安全に関すること。

ア　青年期の悩みや課題とその解決、自己及び他者の個性の理解と尊重、社会生活における役割の自覚と自己責任、男女相互の理解と協力、コミュニケーション能力の育成と人間関係の確立、ボランティア活動の意義の理解、国際理解と国際交流など

イ　心身の健康と健全な生活態度や習慣の確立、生命の尊重と安全な生活態度や習慣の確立など

(3) 学業生活の充実、将来の生き方と進路の適切な選択決定に関すること。

学ぶことの意義の理解、主体的な学習態度の確立と学校図書館〔傍線＝編者〕の利用、教科・科目の適切な選択、進路適性の理解と進路情報の活用、望ましい職業観・勤労観の確立、主体的な進路の選択決定と将来設計など

B　生徒会活動

生徒会活動においては、学校の全生徒をもって組織する生徒会において、学校生活の充実や改善向上を図る活動、生徒の諸活動についての連絡調整に関する活動、学校行事への協力に関する活動、ボランティア活動などを行うこと。

C　学校行事

学校行事においては、全校若しくは学年又はそれらに準ずる集団を単位として、学校生活に秩序と変化を与え、集団への所属感を深め、学校生活の充実と発展に資する体験的な活動を行うこと。

(1) 儀式的行事

学校生活に有意義な変化や折り目を付け、厳粛で清新な気分を味わい、新しい生活の展開への動機付けとなるような活動を行うこと。

(2) 学芸的行事

平素の学習活動の成果を総合的に生かし、その向上の意欲を一層高めるような活動を行うこと。

(3) 健康安全・体育的行事

心身の健全な発達や健康の保持増進などについての理解を深め、安全な行動や規律ある集団行動の体得、運動に親しむ態度の育成、責任感や連帯感の涵《かん》養、体力の向上などに資するような活動を行うこと。

(4) 旅行・集団宿泊的行事

平素と異なる生活環境にあって、見聞を広め、自然や文化などに親しむとともに、集団生活の在り方や公衆道徳などについての望ましい体験を積むことができるような活動を行うこと。

(5) 勤労生産・奉仕的行事

勤労の尊さや創造することの喜びを体得し、職業観の形成や進路の選択決定などに資する体験が得られるようにするとともに、ボランティア活動など社会奉仕の精神を養う体験が得られるような活動を行うこと。

第三　指導計画の作成と内容の取扱い

1　指導計画の作成に当たっては、次の事項に配慮するものとする。

(1)　学校の創意工夫を生かすとともに、学校の実態や生徒の発達段階及び特性等を考慮し、教師の適切な指導の下に、生徒による自主的、実践的な活動が助長されるようにすること。その際、ボランティア活動や、就業体験など勤労にかかわる体験的な活動の機会をできるだけ取り入れるとともに、家庭や地域の人々との連携、社会教育施設等の活用などを工夫すること。

(2)　生徒指導の機能を十分に生かすとともに、教育相談（進路相談を含む。）についても、生徒の家庭との連絡を密にし、適切に実施できるようにすること。

(3)　学校生活への適応や人間関係の形成、教科・科目や進路の選択などの指導に当たっては、ガイダンスの機能を充実するようホームルーム活動等の指導を工夫すること。

(4)　人間としての在り方生き方の指導がホームルーム活動を中心として、特別活動の全体を通じて行われるようにすること。その際、他の教科、特に公民科との関連を図ること。

2　内容の取扱いについては、次の事項に配慮するものとする。

(1)　ホームルーム活動については、学校や生徒の実態に応じて取り上げる指導内容の重点化を図るようにすること。また、個々の生徒についての理解を深め、信頼関係を基礎に指導を行うとともに、指導内容の特質に応じて、教師の適切な指導の下に、生徒の自発的、自治的な活動が助長されるようにすること。

(2)　生徒会活動については、教師の適切な指導の下に、生徒の自発的、自治的な活動が展開されるようにすること。

(3)　学校行事については、学校や地域及び生徒の実態に応じて、各種類ごとに、行事及びその内容を重点化するとともに、行事間の関連や統合を図るなど精選して実施すること。また、実施に当たっては、幼児、高齢者、障害のある人々などとの触れ合い、自然体験や社会体験などを充実するよう工夫すること。

(4)　特別活動の一環として学校給食を実施する場合には、適切な指導を行うこと。

3　入学式や卒業式などにおいては、その意義を踏まえ、国旗を掲揚するとともに、国歌を斉唱するよう指導するものとする。

4　ホームルーム活動については、主としてホームルームごとにホームルーム担任の教師が指導することを原則とし、活動の内容によっては他の教師などの協力を得ることとする。

附　則〔抄〕

1　この告示は、平成十五年四月一日から施行する。ただし、改正後の高等学校学習指導要領は、同日以降高等学校の第一学年に入学した生徒（単位制による課程にあっては、同日以降入学した生徒（学校教育法施行規則（昭和二十二年文部省令第十一号）第六十条の規定により入学した生徒で同日前に入学した生徒に係る教育課程により履修するものを除く。））に係る教育課程及び全課程の修了の認定から適用する。

盲学校、聾《ろう》学校及び養護学校小学部・中学部学習指導要領　抄

〔平成一一年三月二九日文部省告示第六一号〕

学校教育法施行規則（昭和二十二年文部省令第十一号）〔別掲〕第七十三条の十の規定に基づき、盲学校、聾《ろう》学校及び養護学校小学部・中学部学習指導要領（平成元年文部省告示第百五十八号）の全部を次のように改正し、平成十四年四月一日から施行する。平成十二年四月一日から平成十四年三月三十一日までの間における盲学校、聾《ろう》学校及び養護学校小学部・中学部学習指導要領の必要な特例については、別に定める。〔「別に」は略〕

目次

第一章　総則

第一節　教育目標

小学部及び中学部における教育については、学校教育法第七十一条に定める目的を実現するために、児童及び生徒の障害の状態及び特性等を十分考慮して、次に掲げる目標の達成に努めなければならない。

1　小学部においては、学校教育法第十八条各号に掲げる教育目標

2　中学部においては、学校教育法第三十六条各号に掲げる教育目標

3　小学部及び中学部を通じ、児童及び生徒の障害に基づく種々の困難を改善・克服するために必要な知識、技能、態度及び習慣を養うこと。

第二節　教育課程の編成

第一　一般方針

1　各学校においては、法令及びこの章以下に示すところに従い、児童又は生徒の人間として調和のとれた育成を目指し、その障害の状態及び発達段階や特性等並びに地域や学校の実態を十分考慮して、適切な教育課程を編成するものとする。

学校の教育活動を進めるに当たっては、各学校において、児童又は生徒に生きる力をはぐくむことを目指し、創意工夫を生かし特色ある教育活動を展開する中で、自ら学び自ら考える力の育成を図るとともに、基礎的・基本的な内容の確実な定着を図り、個性を生かす教育の充実に努めなければならない。

2　学校における道徳教育は、学校の教育活動全体を通じて行うものであり、道徳の時間をはじめとして各教科、特別活動、自立活動及び総合的な学習の時間のそれぞれの特質に応じて適切な指導を行わなければならない。

道徳教育は、教育基本法及び学校教育法に定められた教育の根本精神に基づき、人間尊重の精神と生命に対する畏敬の念を家庭、学校、その他社会における具体的な生活の中に生かし、豊かな心をもち、個性豊かな文化の創造と民主的な社会及び国家の発展に努め、進んで平和的な国際社会に貢献し未来を拓《ひら》く主体性のある日本人を育成するため、その基盤としての道徳性を養うことを目標とする。

道徳教育を進めるに当たっては、教師と児童生徒及び児童生徒相互の人間関係を深めるとともに、家庭や地域社会との連携を図りながら、ボランティア活動や自然体験活動などの豊かな体験を通して児童生徒の内面に根ざした道徳性の育成が図られるよう配慮しなければならない。その際、中学部においては、生徒が人間としての生き方についての自覚を深めるよう配慮する必要がある。

3　学校における体育・健康に関する指導は、学校の教育活動全体を通じて適切に行うものとする。特に、体力の向上及び心身の健康の保持増進に関する指導については、小学部の体育科及び中学部の保健体育科の時間はもとより、特別活動、自立活動などにおいてもそれぞれの特質に応じて適切に行うよう努めることとする。また、それらの指導を通して、家庭や地域社会との連携を図りながら、日常生活において適切な体育・健康に関する活動の実践を促し、生涯を通じて健康・安全で活力ある生活を送るための基礎が培われるよう配慮しなければならない。

4　学校における自立活動の指導は、障害に基づく種々の困難を改善・克服し、自立し社会参加する資質を養うため、学校の教育活動全体を通じて適切に行うものとする。特に、自立活動の時間における指導は、各教科、道徳、特別活動及び総合的な学習の時間と密接な関連を保ち、個々の児童又は生徒の障害の状態や発達段階等を的確に把握して、適切な指導計画の下に行うよう配慮しなければならない。

第七　指導計画の作成等に当たって配慮すべき事項

2　以上のほか、次の事項に配慮するものとする。

(7)　各教科等の指導に当たっては、児童又は生徒がコンピュータや情報通信ネットワークなどの情報手段に慣れ親しみ、それを積極的に活用できるようにするための学習活動の充実に努めるとともに、視聴覚教材や教育機器などの教材・教具の適切な活用を図ること。なお、児童又は生徒の障害の状態や特性等に即した教材・教具を創意工夫し、それらを活用して指導の効果を高めるようにすること。

(8)　学校図書館（傍線＝編者）を計画的に利用しその機能の活用を図り、児童又は生徒の主体的、意欲的な学習活動や読書活動を充実すること。

盲学校、聾《ろう》学校及び養護学校高等部学習指導要領　抄

〔平成一一年三月二九日 文部省告示第六二号〕

学校教育法施行規則（昭和二十二年文部省令第十一号）〔別掲〕第七十三条の十及び第七十三条の十四の規定に基づき、盲学校、聾《ろう》学校及び養護学校高等部学習指導要領（平成元年文部省告示第百五十九号）の全部を次のように改正する。この告示による改正後の盲学校、聾《ろう》学校及び養護学校高等部学習指導要領が適用されるまでの盲学校、聾《ろう》学校及び養護学校高等部学習指導要領の特例については、別に定める。〔「別に」は略〕

目次

第一章　総則

第一節　教育目標

高等部における教育については、学校教育法第七十一条に定める目標を実現するために、生徒の障害の状態及び特性等を十分考慮して、次に掲げる目標の達成に努めなければならない。

1　学校教育法第四十二条各号に掲げる教育目標

2　生徒の障害に基づく種々の困難を改善・克服するために必要な知識、技能、態度及び習慣を養うこと。

第二節　教育課程の編成

第一款　一般方針

1　各学校においては、法令及びこの章以下に示すところに従い、生徒の人間として調和のとれた育成を目指し、その障害の状態、発達段階及び特性等、地域や学校の実態並びに学科の特色を十分考慮して、適切な教育課程を編成するものとする。

　学校の教育活動を進めるに当たっては、各学校において、生徒に生きる力をはぐくむことを目指し、創意工夫を生かし特色ある教育活動を展開する中で、自ら学び自ら考える力の育成を図るとともに、基礎的・基本的な内容の確実な定着を図り、個性を生かす教育の充実に努めなければならない。

2　学校における道徳教育は、生徒が自己探求と自己実現に努め、国家・社会の一員としての自覚に基づき行為し得る発達段階にあることを考慮し、人間としての在り方生き方に関する教育を学校の教育活動全体を通じて行うことにより、その充実を図るものとし、盲学校、聾《ろう》学校及び肢体不自由者又は病弱者を教育する養護学校においては、各教科に属する科目、特別活動、自立活動及び総合的な学習の時間において、また、知的障害者を教育する養護学校においては、道徳の時間をはじめとして、各教科、特別活動、

自立活動及び総合的な学習の時間において、それぞれの特質に応じて適切な指導を行わなければならない。

道徳教育は、教育基本法及び学校教育法に定められた教育の根本精神に基づき、人間尊重の精神と生命に対する畏《い》敬の念を家庭、学校、その他社会における具体的な生活の中に生かし、豊かな心をもち、個性豊かな文化の創造と民主的な社会及び国家の発展に努め、進んで平和的な国際社会に貢献し未来を拓《ひら》く主体性のある日本人を育成するため、その基盤としての道徳性を養うことを目標とする。

道徳教育を進めるに当たっては、特に、道徳的実践力を高めるとともに、自律の精神や社会連帯の精神及び義務を果たし責任を重んずる態度や人権を尊重し差別のないよりよい社会を実現しようとする態度を養うための指導が適切に行われるよう配慮しなければならない。

3　学校における体育・健康に関する指導は、学校の教育活動全体を通じて適切に行うものとする。特に、体力の向上及び心身の健康の保持増進に関する指導については、「体育」及び「保健」（知的障害者を教育する養護学校においては「保健体育」）の時間はもとより、特別活動、自立活動などにおいてもそれぞれの特質に応じて適切に行うよう努めることとする。また、それらの指導を通して、家庭や地域社会との連携を図りながら、日常生活において適切な体育・健康に関する活動の実践を促し、生涯を通じて健康・安全で活力ある生活を送るための基礎が培われるよう配慮しなければならない。

4　学校における自立活動の指導は、障害に基づく種々の困難を改善・克服し、自立し社会参加する資質を養うため、学校の教育活動全体を通じて適切に行うものとする。特に、自立活動の時間における指導は、各教科に属する科目、特別活動及び総合的な学習の時間（知的障害者を教育する養護学校においては、各教科、道徳、特別活動及び総合的な学習の時間）と密接な関連を保ち、個々の生徒の障害の状態や発達段階等を的確に把握して、適切な指導計画の下に行うよう配慮しなければならない。

5　学校においては、生徒の障害の状態、地域や学校の実態等に応じて、就業やボランティアにかかわる体験的な学習の指導を適切に行うようにし、勤労の尊さや創造することの喜びを体得させ、望ましい勤労観、職業観の育成や社会奉仕の精神の涵《かん》養に資するものとする。

第四款　教育課程の編成・実施に当たって配慮すべき事項

5　教育課程の実施等に当たって配慮すべき事項

以上のほか、次の事項について配慮するものとする。

(7)　各教科・科目等の指導に当たっては、生徒がコンピュータや情報通信ネットワークなどの情報手段を積極的に活用できるようにするための学習活動の充実に努めるとともに、視聴覚教材や教育機器などの教材・教具の適切な活用を図ること。なお、生徒の障害の状態や特性等に即した教材・教具を創意工夫し、それらを活用して指導の効果を高めるようにすること。

(8)　学校図書館〔傍線＝編者〕を計画的に利用しその機能の活用を図り、生徒の主体的、意欲的な学習活動や読書活動を充実すること。

第二章　各教科

第二節　知的障害者を教育する養護学校

第一款　普通教育に関する各教科の目標及び内容

［情報］

1 目標

コンピュータなどの操作の習得を図り、生活に必要な情報を適切に活用する基礎的な能力や態度を育てる。

2 内容

○ 一段階

(1) 日常生活の中で情報やコンピュータなどが果たしている役割に関心をもつ。

(2) コンピュータなどの基本操作に関心をもち、実習をする。

(3) 各種のソフトウェアに関心をもち、実習をする。

(4) コンピュータなどを利用した情報の収集、処理、発信に関心をもつ。

○ 二段階

(1) 生活の中で情報やコンピュータなどが果たしている役割を知り、それらの活用に関心をもつ。

(2) コンピュータなどの基本操作が分かり、実習をする。

(3) 各種のソフトウェアの操作に慣れ、生活の中で活用する。

(4) コンピュータなどを利用した情報の収集、処理、発信の方法が分かり、実際に活用する。

(5) 情報の取扱いに関するきまりやマナーについて理解し、実践する。

附 則〔抄〕

1 この告示は、平成十五年四月一日から施行する。ただし、改正後の盲学校、聾《ろう》学校及び養護学校高等部学習指導要領は、同日以降盲学校、聾《ろう》学校又は養護学校の高等部の第一学年に入学した生徒に係る教育課程及び全課程の修了の認定から適用する。

学校図書館憲章

〔一九九一年五月二二日 全国学校図書館協議会総会採択 一九九一年一〇月二七日発表〕

わが国は、いま生涯学習社会、国際化社会、高度情報社会、個性重視社会への変革を迫られている。これにともない教育もまた大きな転換を現実の課題としている。自己更新する能力、異文化を理解し多様な価値観を認める態度、情報を収集分析する能力、自己の意見や生きかたを大切にしながら他を認める態度の育成など、今日ほど教育に求められているときはない。

そのために、学校は学習を構造的に改革し、児童生徒が自ら課題を発見し、情報を探索し、発表し、討論して、創造的に知識を自己のものとするような学習を展開することが至上の命題となってきた。この学習は、とりも直さず生涯にわたる自己教育の方法を会得させ、自学能力を高める教育を推進することにほかならない。このような教育が展開され、児童生徒の主体的な学習が保障されたとき、児童生徒ははじめて学ぶ喜びや楽しさを知り、学校は通わされる場から、進んで通いたい場へと再生するに違いない。この時期に、なお、児童生徒に知識を詰め込み、その記憶度をテストによって定着を図るような学習を学校教育と考えているならば、もはや学校は時代の要請に応えることはできない。

また、今日児童生徒の読書離れは深刻なものがある。かつて読書は、教養を高め、娯楽を求め、情報を得ることのすべてを充足させていた。多様なメディアの出現によって、現代はその依存度を著しく減少させている。しかし、読書は、思考力を育成し、内部から自己改革を促すという他のメディアによって代えることのできない固有の機能を有している。民主主義の発展には、国民が思慮深く、英知あることが前提である。したがって読書教育は、民主主義社会における学校教育の基本的な使命である。

学校図書館は、学校の情報センターであり、学習センターであり、かつ、読書センターである。学校における中核的な機関として学校図書館は、その教育機能を存分に発揮しなければならない。学校図書館なくして、現代教育の展開はあり得ないからである。学校図書館の充実振興こそは、いま不可欠な緊急課題である。

全国学校図書館協議会は、創立四〇周年を迎えた。これを機に、われわれはこれまでの道程を点検し、学校図書館の新たなる進路を明確にしたいと考えた。われわれは、組織をあげてあるべき学校図書館像を追求し、その論議を学校図書館憲章に結実させた。本日総会にあたり、本憲章を採択し、その定めるところの実現に不断の努力を続けることを誓うものである。

理　念

一、学校図書館は、資料の収集・整理・保存・提供などの活動をとおし、学校教育の充実と発展および文化の継承と創造に努める。
二、学校図書館は、児童生徒に読書と図書館利用をすすめ、生涯にわたる自学能力を育成する。
三、学校図書館は、資料の収集や提供を主体的に行い、児童生徒の学ぶ権利・知る権利を保障する。
四、学校図書館は、他の図書館、文化施設等とネットワークを構成し、総合的な図書館奉仕を行う。
五、学校図書館は、児童生徒・教職員に対する図書館の奉仕活動・援助活動をとおして、教育の改革に寄与する。

機　能

一、学校図書館は、多様な資料と親しみやすい環境を整え、児童生徒の意欲的な利用に資する。
二、学校図書館は、図書館および資料・情報の利用法を指導し、主体的に学習する能力を育成する。
三、学校図書館は、読書教育を推進し、豊かな人間性を培う。
四、学校図書館は、適切な資料・情報を提供し、学習の充実を図る。
五、学校図書館は、教育に必要な資料・情報を提供し、教職員の教育活動を援助する。

職　員

一、学校図書館を担当する者は、専門性に立脚した高い識見を持ち、教育者としての自覚のもとに、その職務を遂行する。
二、学校図書館を担当する者は、専門職としての責任と権限を持ち、その運営をつかさどる。
三、学校図書館を担当する者は、専門的能力を高めるため、不断の研究と研鑽に努める。

資　料

一、学校図書館は、図書資料・逐次刊行資料・視聴覚資料・ソフトウェアなど広範な資料を備える。
二、学校図書館は、児童生徒・教職員の多様な要求に応えるために、必要にして、かつ、十分な資料を備える。
三、学校図書館は、選定基準に基づいた質の高い資料を選択し、収集する。

施　設

一、学校図書館は、利用しやすい場所に専用の施設として設置する。
二、学校図書館は、研究・調査・読書・視聴・討議・制作など多様な活動に応えるために、各種のスペースと設備を十分に確保する。

三、学校図書館は、快適で魅力的な環境を準備する。

運営

一、学校図書館は、全校の協力や支持を得て、運営する。

二、学校図書館は、学校運営上の重要な組織として位置づけられる。

三、学校図書館は、校内外のあらゆる資料や情報を効率的に利用できるように、システム化を図る。

四、学校図書館は、資料・情報の提供、学習・読書の場の提供、利用者の援助を行うなど、積極的な奉仕活動を展開する。

五、学校図書館は、その目的を果たすのに必要にして十分な経費を確保する。

六、学校図書館は他の図書館、文化施設等とのネットワークを活用し、資料・情報源の拡充を図る。

七、学校図書館は、地域住民の要望があり、人的・経費的に必要な措置がなされ、効果的な運営が期待できる場合には、地域に開放する。

学校図書館基準

〔昭和三四年一月発行　文部省編『学校図書館運営の手びき』第二章第二節より〕

参考＝戦後我が国に誕生した学校図書館が成長して行く過程で、学校図書館基準はいくつも作られた。それらの指導基準の中で、最もよく知られて影響も大きかったのは一九五九年（昭和三四年）、文部省刊行の「学校図書館運営の手びき」に載せられた「学校図書館基準」である。（『図書館用語辞典』図書館問題研究会編、角川書店より）

A **原則**

1　学校図書館は学校教育に欠くことのできない機関である。その目的は学校教育の基本的目的と一致する。

2　学校図書館を構成する基本的要素は次の三つである。

(1)　図書館職員、(2)　図書館資料、(3)　図書館施設。

3　学校図書館の設置および育成は、基本的には国および教育委員会の責任である。

B **機能**

1　学校図書館は奉仕機関である。

児童・生徒および教師の必要に応じて資料を提供し、教育課程の展開に寄与し、教養・趣味の助成にも役だたせなければならない。

2　学校図書館はまた指導機関である。

問題解決のために図書館を有効に利用する方法を会得させ、読書指導によって読書の習慣づけ・生活化を教え、図書館利用を通して社会的、民主的生活態度を経験させる。

C **学校図書館職員**

1 学校図書館に司書教諭および事務職員を置く。

(1) 司書教諭は児童・生徒数四五〇人未満の学校では兼任を一人、四五〇人以上の場合には専任を一人置く。

(2) 事務職員は児童・生徒数九〇〇人未満の学校では専任を一人、一、八〇〇人未満の場合は二人、それ以上の場合は三人を置く。事務職員は専門の知識技術を修得しなければならない。

2 兼任司書教諭の担当授業時間数は、週一〇時間以下とする。

D 学校図書館資料

1 資料の種類

学校図書館資料には、図書のほか、雑誌・新聞・パンフレット・リーフレット・切抜き・地図・絵図・絵はがき・写真・紙しばい・フィルム・スライド・レコードなどの視聴覚資料や児童・生徒の作品などを含む。

2 選択

(1) 信頼できる目録を参考にする。

(2) 一定の選択基準を設けて選択する。

(3) 一定の除籍基準を設けて、除籍し、更新する。

3 資料構成

(1) 児童・生徒および教師の各種の必要に応じられるように資料を集め、片寄りのない調和のある資料構成とする。

(2) 基本図書としては、必備の辞書、百科事典、年鑑、統計、人名・地名などの事典、地図、図鑑などを含めて、
小学校では、五〇〇種
中学校では、七〇〇種
高等学校では、一〇〇〇種
程度の図書が必要である。

(3) 図書の総冊数は、一般には児童・生徒一人当り五冊以上を必要とする。ただし、学校の種別と在籍数とに応じた図書冊数の基準は、別表I、「学校図書館の図書・設備に関する基準」によるものとする。

(4) 一年間の受入冊数は一人当り〇・五冊以上とする。

(5) 必要に応じて複本を用意する。

(6) 蔵書の配分比率は次の表を参考として、学校の課程、地域の実情などを考慮して設定する。

	小学校	中学校	高等学校
〇〇〇 総記	五	七	八
一〇〇 哲学宗教	二	三	五
二〇〇 歴史科学	一五	一四	一三
三〇〇 社会科学	九	一〇	一〇
四〇〇 自然科学	一三	一五	一五
五〇〇 工学工業	五	五	五
六〇〇 産業	五	五	五
七〇〇 芸術	五	七	七
八〇〇 語学	二	五	七
九〇〇 文学	二〇	二九	二五
絵本その他	一九		
	一〇〇%	一〇〇%	一〇〇%

(7) 雑誌は、児童・生徒数九〇一人以上の学校では小学校約一五種、中学校約二〇種、高等学校約三〇種が必要である。九〇〇人以下の学校では小学校約一〇種、中学校約一五種、高等学校約二〇種が必要である。

(8) 視聴覚資料の設備については、別表Ⅱ「視聴覚資料の設備に関する基準」〔略〕によるものとする。

E 学校図書館資料の整理

1 すべての図書館資料は児童・生徒および教師が、これを有効に利用できるように組織化する。

2 図書の分類は、日本十進分類法（ＮＤＣ）による。目録カードの記入は、日本目録規則（ＮＣＲ）による、ただしその適用については、学校の種別・規模などに応じて考慮する。

3 事務用として配架目録を整備する。

4 閲覧用としては件名・書名・著者目録などを整備する。なお作成にあたっては、件名目録をさきに作るのがよい。

5 件名標目は、学校図書館向きの件名標目表による。

F 建物・設備

1 建物

(1) 学校図書館は専用施設とし、教育活動に便利な場所がよい。

(2) 閲覧室の収容定員は、在籍児童・生徒数の一割とする。面積は収容定員一人当り二・一八平方メートルは必要である。最低一学級分の児童・生徒を入れられる広さがいる。

(3) 閲覧室のほかに、事務室・研究室を置く。余裕があれば別に視聴覚室を置く。換気・通風・採光・照明・色彩・色調・防音などに留意する。

2 設備

(1) 書架・閲覧机・いすのほかに、受付台・事務机・作業机・雑誌架・新聞架・展示書架・材料戸だな・陳列ケース・カードケース・ファイリングキャビネット・製本用具・視聴覚資料整理ケースなどを置く。

(2) 掲示板・黒板・流し・熱源・手洗などを設備する。

(3) 適当な装飾その他。

(4) 学校の種別と在籍数とに応じた設備の基準は、別表Ⅰ「学校図書館の図書・設備に関する基準」によるものとする。

G 経費

1 経費は公費で支弁されなければならない。

2 財源のいかんにかかわらず、別途会計とする。

3 経常経費は児童・生徒一人当り年額、
小学校では　二五〇円以上、
中学校では　三五〇円以上、
高等学校では四五〇円以上とする。
ただし人件費・特別施設費・視聴覚資料費はこれに含まない。

4 経常経費は次の割合で配分する。

図書費	五五
新聞雑誌費	一五
製本費	一八
備品費	五
消耗費	五
雑費	二
計	一〇〇%

H 運営

1 学校図書館の運営には、特に次の諸点に留意する。

(1) 学校図書館が学習活動の中心的機関となり、またレクリエーションの場ともなるように努める。

(2) 計画性・一貫性をもって運営する。

(3)　学校種別、規模、地域の特性などに即して運営する。
2　必要な委員会を設けて、学校図書館運営の円滑を期する。
3　児童・生徒の委員を選出して、積極的に運営・奉仕に参加させる。
4　閲覧の方式は開架式にする。
5　館外貸出は積極的に行う。
6　学級文庫・教室・研究室などの図書および、その他の資料は、学校図書館運営の一環として管理する。
7　各種の広報・集会活動を通じて宣伝啓発に努める。
8　学校経営に支障のないかぎり、学校図書館を地域の人々に公開する。
9　他の学校図書館・公共図書館・公民館・博物館・各種文化施設などと密接に連絡を保つ。
10　各種の評価を行い、具体的改善を図る。

Ⅰ　**図書館の利用指導**

1　図書および図書館の利用を高めるために、次のような事項について指導する。
(1)　学校図書館の概要
(2)　図書・図書館の歴史と現状
(3)　図書館道徳と読書衛生
(4)　図書の構成と取扱方
(5)　図書の選択
(6)　分類と配列
(7)　図書の目録
(8)　辞書・事典・索引類の利用
(9)　年鑑・統計類の利用
(10)　雑誌・新聞類の利用
(11)　インフォーメーションファイルの利用
(12)　視聴覚資料の取扱と利用
(13)　読書法
(14)　参考書目の作り方とノートのとり方
(15)　校外の読書施設・文化施設
2　これらの指導は、小・中・高等学校ごとに、教科および教科以外の諸指導を通して、計画的、組織的に行うことが必要である。
3　その指導は司書教諭が中心となり、各教師が協力して行う。

別表Ⅰ

学校図書館の図書・設備に関する基準

1 小学校

規模別 規格．単価 ＼ 品目		1 図書	2 書架	3 机	4 いす	5 カードケース	6 受付台	7 受付いす	8 製本用具	9 新聞架	10 雑誌架	11 バーチカルファイル
Ⅰ	1人～100人	(冊) 500	(個) 3	(個) 2	(個) 12	(引出し数) 2	(個) 1	(個) 1	(個) 1	(個) 1	(個) 1	(個) 1
Ⅱ	101人～1,000人	500＋3×(100人をこえた児童数) (3,200)	左の方法で算出した図書数÷200 (16)	2＋2×(100人をこえた児童数÷300) (8)	6×左の方法で算出した机の数 (48)	3×左の方法で算出した図書数÷800 (12)	2	2	1	1	1	1
Ⅲ	1,001人～2,000人	3,200＋2×(1,000人をこえた児童数) (5,200)	左の方法で算出した図書数÷200 (26)	8＋2×(1,000人をこえた児童数÷200) (18)	6×左の方法で算出した机の数 (108)	3×左の方法で算出した図書数÷800 (20)	3	3	1	1	2	2
Ⅳ	2,001人～3,000人	5,200＋1×(2,000人をこえた児童数) (6,000)	左の方法で算出した図書数÷200 (31)	18＋1×(2,000人をこえた児童数÷200) (23)	6×左の方法で算出した机の数 (138)	3×左の方法で算出した図書数÷800 (24)	4	4	2	1	3	3
Ⅴ	3,001人以上	6,200	31	23	138	24	4	4	2	1	3	3
規格			90cm 幅 5段書架	90cm×180cm		引出しの内規 36cm	90cm		1組			木製4引出し
単価		(円) 200	(円) 4,500	(円) 8,500	(円) 1,200	(円) 800	(円) 8,000	(円) 2,000	(円) 5,000	(円) 1,500	(円) 5,000	(円) 15,000
備考		上欄の3,2,1という数字は100人1,000人2,000人をこえた分の1人当りの冊数である	1段40冊 5段で200冊	6人用 (　)内は小数点以下切上	1人用	図書1冊につきカード3枚，1引出しに800枚収容 小数点以下切上			締機械 裁断用具 とじ具 接着用具 パッキング用具 目打			

(註) 上欄の(　)内の数字は，それと相当欄の規模内の最大規模（1,000，2,000，3,000）の数量を示す。

2　中　学　校

規模別 規格．単価 ＼ 品目		1 図書	2 書架	3 机	4 いす	5 カードケース	6 受付台	7 受付いす	8 製本用具	9 新聞架	10 雑誌架	11 バーチカルファイル
Ⅰ	1人～100人	(冊) 600	(個) 3	(個) 3	(個) 18	(引出し数) 3	(個) 1	(個) 1	(個) 1	(個) 1	(個) 1	(個) 1
Ⅱ	101人～1,000人	600＋4×(100人をこえた生徒数) (4,200)	左の方法で算出した図書数÷210 (20)	3＋2×(100人をこえた生徒数÷300) (9)	6×左の方法で算出した机の数 (54)	3×左の方法で算出した図書数÷800 (16)	2	2	1	1	1	1
Ⅲ	1,001人～2,000人	4,200＋2×(1,000人をこえた生徒数) (6,200)	左の方法で算出した図書数÷210 (30)	9＋2×(1,000人をこえた生徒数÷200) (19)	6×左の方法で算出した机の数 (114)	3×左の方法で算出した図書数÷800 (24)	3	3	1	1	2	2
Ⅳ	2,001人～3,000人	6,200＋1×(2,000人をこえた生徒数) (7,200)	左の方法で算出した図書数÷210 (35)	19＋1×(2,000人をこえた生徒数÷200) (24)	6×左の方法で算出した机の数 (144)	3×左の方法で算出した図書数÷800 (27)	4	4	2	1	3	3
Ⅴ	3,001人以上	7,200	35	24	144	27	4	4	2	1	3	3
規格			90cm 幅 6段書架	90cm×180cm		引出し内規 36cm	90cm		1　組	90cm	90cm	木製4引出し
単価		(円) 250	(円) 5,000	(円) 8,500	(円) 1,200	(円) 800	(円) 8,000	(円) 2,000	(円) 5,000	(円) 1,500	(円) 5,000	(円) 15,000
備考		上欄の4,2,1という数字は100人1,000人2,000人をこえた分の1人当りの冊数である	1段35冊 6段で210冊	6人用 (　)内は小数点以下切上	1人用	図書1冊につきカード3枚 1引出しに800枚収容，小数点以下切上			締機械 裁断用具 とじ具 接着用具 パッキング用具 目打			

（註）　上欄の(　)内の数字は，それと相当欄の規模内の最大規模（1,000，2,000，3,000）の数量を示す。

3 高 等 学 校

規模別 規格. 単価 ＼ 品目		1 図書	2 書架	3 机	4 いす	5 カードケース	6 受付台	7 受付いす	8 製本用具	9 新聞架	10 雑誌架	11 バーチカルファイル
Ⅰ	1人～200人	(冊) 1,400	(個) 8	(個) 5	(個) 30	(引出し数) 6	(個) 1	(個) 1	(個) 1	(個) 1	(個) 1	(個) 1
Ⅱ	201人～1,000人	1,400＋5×(200人をこえた生徒数) (5,400)	左の方法で算出した図書数÷180 (30)	5＋1×(200人をこえた生徒数÷200) (9)	6×左の方法で算出した机の数 (54)	3×左の方法で算出した図書数÷800 (21)	2	2	1	1	1	1
Ⅲ	1,001人～2,000人	5,400＋3×(1,000人をこえた生徒数) (8,400)	左の方法で算出した図書数÷180 (47)	9＋2×(1,000人をこえた生徒数÷200) (19)	6×左の方法で算出した机の数 (114)	3×左の方法で算出した図書数÷800 (32)	3	3	1	1	2	2
Ⅳ	2,001人～3,000人	8,400＋1×(2,000人をこえた生徒数) (9,400)	左の方法で算出した図書数÷180 (53)	19+1×(2,000人をこえた生徒数÷200) (24)	6×左の方法で算出した机の数 (144)	3×左の方法で算出した図書数÷800 (36)	4	4	2	1	3	3
Ⅴ	3,001人以上	9,400	53	24	144	36	4	4	2	1	3	3
規格			90cm 幅 6段書架	90cm×180cm		引出し内規 36cm	90cm		1 組	90cm	90cm	木製4引出し
単価		(円) 300	(円) 5,000	(円) 8,500	(円) 1,200	(円) 800	(円) 8,000	(円) 2.000	(円) 5,000	(円) 1,500	(円) 5,000	(円) 15,000
備考		上欄の5,3,1の数字は200人1,000人2,000人をこえた分の1人当りの冊数である	1段30冊 6段180冊収納			図書1冊につきカード3枚 1引出し800枚収容			締機械 裁断用具 とじ具 接着用具 パッキング用具 目打			

（註） 上欄の（ ）内の数字は，それと相当欄の規模内の最大規模（1,000，2,000，3,000）の数量を示す。

4 盲学校

規模別 規格，単価 ＼ 品目		1 図書	2 書架	3 机	4 いす	5 カードケース	6 受付台	7 受付いす	8 製本用具	9 新聞架	10 雑誌架	11 バーチカルファイル	12 点字用タイプライター	13 盲人用地図図表たな
Ⅰ	1人～50人	(冊) 1,000	(個) 10	(個) 3	(個) 12	(引出し数) 8	(個) 1	(個) 1	(個) 1	(個) 1	(個) 1	(個) 1	(個) 1	(個) 0
Ⅱ	51人～150人	1,000＋20×50人をこえた児童生徒数 (3,000)	左の方法で算出した図書数÷100 (30)	4	16	3×左の方法で算出した図書数÷400 (22)	2	2	1	1	1	1	1	1
Ⅲ	151人以上	3,000＋12×150人をこえた児童生徒数	左の方法で算出した図書数÷100	5	20	3×左の方法で算出した図書数÷400	2	2	1	1	1	1	1	1
規格			90cm×180cm	120cm×180cm		引出し内規36cm	90cm		1組	90cm幅	90cm幅	木製4引出し		90cm×90cm
単価		(円) 250	(円) 5,000	(円) 9,000	(円) 1,200	(円) 800	(円) 8,000	(円) 2,000	(円) 5,000	(円) 1,500	(円) 5,000	(円) 15,000	(円) 15,000	(円) 4,000
備考		上欄の20,12という数字は50人,150人をこえた分の1人当りの冊数である	1段20冊 5段100冊収納	机にみぞ及びサンを加え 4人用	1人用	図書1冊につきカード3枚 1引出し800枚収容			締機械 裁断用具 とじ具 接着用具 パッキング用具 目打					10段用

（註）1. 上欄の（ ）内の数字は，それと相当の規模内の最大の規模（150人）の数量を示す。

2. 小学校・中学校・高等学校，同一の図書館を利用する。

3. 図書の中には，点字書を含める。一般図書1冊は点字書4冊に相当するしくみで算出してある。点字書と一般書の冊数の比率は7：3である。

5　ろう学校

品目 / 規模別 規格, 単価	1 図書	2 書架	3 机	4 いす	5 カードケース	6 受付台	7 受付いす	8 製本用具	9 新聞架	10 雑誌架	11 バーチカルファイル	12 レコードケース	13 スライドフィルムケース	14 紙しばいケース	15 陳列ケース
Ⅰ　1人～100人	(冊) 1,200	(個) 6	(個) 6	(個) 36	(引出し数) 5	(個) 1	(個) 1	(個) 1	(個) 1	(個) 1	(個) 2	(個) 1	(個) 1	(個) 1	(個) 1
Ⅱ　101人～250人	1,200＋10×(100人をこえた児童生徒数)　(2,700)	左の方法で算出した図書数÷210　(13)	7	42	3×左の方法で算出した図書数÷800　(11)	2	2	1	2	2	2	1	1	1	1
Ⅲ　251人以上	2,700＋6×(250人をこえた児童生徒数)	左の方法で算出した図書数÷210	7	42	3×左の方法で算出した図書数÷800	2	2	1	2	2	2	1	1	1	1
規格		90cm 幅 6段書架	90cm×180cm		引出し内規 36cm	90cm		1組	90cm	90cm	木製 4引出し				90cm×90cm
単価	(円) 250	(円) 5,000	(円) 8,500	(円) 1,200	(円) 800	(円) 8,000	(円) 2,000	(円) 5,000	(円) 1,500	(円) 5,000	(円) 15,000	(円) 2,000	(円) 4,000	(円) 2,000	(円) 5,000
備考		1段　35冊 6段　210冊 収納 小数点以下切上			図書1冊につきカード3枚 1引出し800枚収納,小数点以下切上			締機械 裁断用具 とじ具 接着用具 パッキング用具 目打				100枚入	100本入	30組入	ガラス付

(註) 1.　上欄の（　）内の数字は，それと相当欄の規模内の最大の規模（250）の数字を示す。

2.　小学校・中学校・高等学校，同一図書館を利用する。

備考　(1)　養護学校については中学校に準ずるものとする。

別表Ⅱ

視聴覚資料の設備に関する基準〔略〕

(5)　学校図書館

（附）学校図書館基準の解説

〔昭和三四年一月発行 文部省編「学校図書館運営の手びき」第二章第三節より〕

以上の基準〔学校図書館基準〕について留意を要する点を若干解説しておこう。

(1) AおよびBについて――ここでは学校図書館のあり方の根本が示されている。Aの1の記述とBで学校図書館の機能に奉仕と指導の二面があるとしていることは特に重要である。

(2) Cについて――この項は、学校図書館が望ましい内容と活動とを持ちうる場合を予想して決められたものである。したがって、今日これがただちに実現されることは困難であるが、司書教諭の養成と発令が順次進んでおり、また教職員の定数や、学級人員の適正化についての制度上の措置も漸次整備されつつあるので、この問題が具体的な改善の方向に向っているということができよう。

(3) Dについて――a　学校図書館資料は、第一章〔略〕で述べたような理由からも、図書だけでは成りたち得ない。学校図書館では、Dで示されたようなさまざまな資料を含むことが必要で、学校図書館が、教材センターと呼ばれるのもこのためである。

b　また、ここに示されている基本図書は、学校図書館資料の中核となるものであって、この種の中核をまず作り上げることが、蔵書構成の根本である。

c　児童・生徒一人当りの冊数は、多くの学校の経験からぜひ必要と考えられた数字である。これに到達していない学校では、できるだけの努力をしてこの目標に達することが望まれる。

d　学校図書館の蔵書比率は、蔵書構成上の片寄りを避け、指導上の要求に合致するようにとの意図のもとに、一般的な参考として示されたものである。したがって、たとえば学校の課程の別や地方の事情などにより、特殊的な蔵書比率が研究されることが望ましい。

e　「視聴覚資料の設備に関する基準」〔略〕は、視聴覚教材の急速な進歩と教育上の必要とを考えて立案されたものである。このような設備の実現を期したいものである。

(4) Eについて――ここに示されたものは、資料整理の原則である。その中身については、第六章その他の章〔略〕を見られたい。

(5) Fについて――a　施設については、この基準の一人当り二・一七平方メートルをもとにして作成された本書第十章掲載の基準〔略〕を参考として、その設置・拡充を図ることが望ましい。なお二・一八平方メートルには、書架・受付台などの占める面積を含んでいる。

b　設備については、別表Ⅰ、Ⅱ〔Ⅱは略〕のほか、さらに進んで巻末の「学校図書館図書・設備必要基準」〔略〕を参考として、その充実を図ることが望ましい。

(6) GおよびHについて――Gについては本書の第十一章〔略〕、Hについては第三、四、七、十二～十六の各章〔略〕を見られたい。

(7) Iについて――昭和二十四年の学校図書館基準にはこの種の項目がなかったが、この項目が加えられるに至ったことは、学校図書館の内容や教育効果が充実してきた証左といえよう。この項に関しては特に第十三章〔略〕を参照されたい。これらの指導に要する時間は、かりに一主題一時間としても十五時間となるが、実際にはくり返しや応用の場面が必要であり、また教科や教科以外のさまざまの機会をとらえて指導を行うことも必要であるので、一概に時間数を規定することはむずかしい。要するに、教育課程全体の上から、学習効果を高めるための必要性に応じて、時間数をとることがたいせつである。

(8) 以上によっても知られるように、学校図書館基準には、数量で表わされるものと、内容的・質的なものとがある。発達の初期には、量的基準が主となっていたが、しだいに質的な基準が加えられてきているところに、学校図書館が充実し、教育的活動面が拡大されてきたあとをみることができる。

(9) なお、学校図書館基準は、個々の学校が自校図書館の現状をよく認識して、その改善を図っていくための評価の基礎ともなる。そこで、この基準の効用については、本書の第十六章〔略〕と対照されたい。

学校図書館数量基準

〔昭和五三年一月五日 全国学校図書館協議会発表〕

一 数量基準の基本原則

一・一 蔵書構成

蔵書は、辞典・事典・年鑑・図鑑・地図帳・年表・統計書・書誌・索引・概論・通論・伝記・古典などの基本図書群を中核とし、学校の教育目標達成に必要な図書群を加えて構成する。

一・二 蔵書数

各学校図書館における蔵書は、学校種別ごとに定めた基本図書最低基準量、および蔵書最低基準冊数をくだってはならない。

二 基本図書

二・一 基本図書最低基準量

校種別の基本図書最低基準量は、次のとおりとする。

小学校　六〇〇タイトル
中学校　七五〇タイトル
高等学校　一、〇〇〇タイトル

二・二 基本図書最低基準量の適用

基本図書最低基準量は、学校規模の大小（学級数、生徒数などの多少）にかかわらず、すべての学校に適用する。ただし、分校および定時制の課程は、それぞれ一校とみなす。また、専門教育を主とする学科を有する高等学校においては、設置されている一小学科ごとに二〇〇タイトルを加える。

三 蔵書最低基準冊数

校種別および学校規模に応じた蔵書最低基準冊数は、基本図書および複本を含め、次の表〔別掲一〕のとおりとする。

〔別掲一〕

小学校

学級数	単〜六	七〜一二	一三〜一八	一九〜二四	二五以上
冊数	五、〇〇〇	五、〇〇〇＋五〇〇×a（a＝六をこえた学級数）	八、〇〇〇＋四〇〇×b（b＝一二をこえた学級数）	一〇、四〇〇＋三〇〇×c（c＝一八をこえた学級数）	一二、二〇〇＋二〇〇×d（d＝二四をこえた学級数）

中学校

学級数	単〜三	四〜六	七〜九	一〇〜一二	一三〜一五	一六〜一八	一九〜二一	二二以上
冊数	七、〇〇〇	七、〇〇〇＋五〇〇×e（e＝三をこえた学級数）	八、五〇〇＋四五〇×f（f＝六をこえた学級数）	九、八五〇＋四〇〇×g（g＝九をこえた学級数）	一一、〇五〇＋三五〇×h（h＝一二をこえた学級数）	一二、一〇〇＋三〇〇×i（i＝一五をこえた学級数）	一三、〇〇〇＋二五〇×j（j＝一八をこえた学級数）	一三、七五〇＋二〇〇×k（k＝二一をこえた学級数）

高等学校

生徒数	一〜二七〇	二七一〜五四〇	五四一〜八一〇	八一一〜一〇八〇	一〇八一〜一三五〇	一三五一以上
冊数	一〇、〇〇〇	一〇、〇〇〇＋一五×l（l＝二七〇をこえた生徒数）	一四、〇五〇＋一三×m（m＝五四〇をこえた生徒数）	一七、五六〇＋一一×n（n＝八一〇をこえた生徒数）	二〇、五三〇＋九×o（o＝一、〇八〇をこえた生徒数）	二二、九六〇＋七×p（p＝一、三五〇をこえた生徒数）

四　蔵書の配分比率

四・一　標準配分比率

蔵書の配分比率は、次の表〔別掲二〕の数値を標準とし、学校の教育課程、地域の実情などを考慮して設定する。

配分比率の項目は、日本十進分類法主類表による一〇項目である。

配分比率は冊数比である。

四・二　標準配分比率の運用

標準配分比率は、校種別に応じて次の事項を考慮して運用する。

四・二・一　小学校

小学校にあっては、低学年向きの図書として蔵書の三〇〜四〇パーセントをあてることがのぞましく、また、低学年向きの図書が、文学のみにかたよることのないようにする。

四・二・二　高等学校

専門教育を主とする学科を有する高等学校においては、その専門領域の図書の配分比率についてじゅうぶんな配慮をしなければならない。

〔別掲二〕

項目＼校種	小学校	中学校	高等学校
0総記	五	五	五
1哲学	三	三	九
2歴史	一七	一七	一五
3社会科学	七	一〇	一〇
4自然科学	一四	一五	一五
5工学	四	四	四
6産業	四	三	三
7芸術	一〇	九	七
8語学	三	五	七
9文学	二三	二九	二五
合計	一〇〇%	一〇〇%	一〇〇%

五　年間購入の冊数と単価

五・一　年間購入冊数

年間に購入する図書の冊数は、校種別および学校規模に応じ、次の表〔別掲三〕の冊数をくだってはならない。

〔別掲三〕

小・中学校

学級数	単～六	七～一二	一三～一八	一九～二四	二五以上
冊数	五〇〇	七五〇	九〇〇	一、〇〇〇	一、〇〇〇＋四〇×（二四をこえた学級数）

高等学校

生徒数	一～五四〇	五四一～一、〇八〇	一、〇八一以上
冊数	八〇〇	一、〇八〇	一×生徒数

五・二　図書の単価

予算積算にあたり基準となる図書の単価は、それぞれの年度において、全国学校図書館協議会が発表する「学校図書館用図書平均単価」を適用する。

学校図書館施設基準

〔一九九〇年一二月一日
全国学校図書館協議会〕
最近改正　一九九九年二月二五日

学校図書館は、児童生徒および教職員が必要とする資料・情報を計画的に収集、整理し、これを提供するとともに、児童生徒に対し図書館や資料・情報の効果的な利用についての指導や助言を行い、また、教職員の教育活動にサービスと援助を行う任務をもっている。

今日、学校図書館が収集し、提供しようとしている資料・情報は、社会や科学技術の進展に伴って多様化しており、これまでのように活字を中心とした資料だけでなく、映像や音声を収録した資料、さらにコンピュータを利用する資料・情報にまで及んでいる。

したがって、学校図書館施設を考えるにあたっては、社会や科学技術の進展に積極的に対応しながら、学校図書館の活動を円滑に実施できるよう考慮して基本計画を作成する必要がある。

学校図書館において展開される活動を、サービスを提供する側であるスタッフの活動、およびサービスを受ける側である児童生徒・教職員の活動の二つの側面から考えると、およそ次のようにとらえることができる。

まず、学校図書館スタッフの活動としては、図書館の運営計画をはじめ予算、調査、統計、諸記録、施設設備の維持管理などの経営的活動、資料・情報の選択、収集、整理、点検、更新、検索トゥールの作成などの技術的活動、館内利用、館外利用、レファレンス、広報活動などのサービス活動、全校的な図書館の利用計画、利用指導、読書指導、児童生徒図書委員会の指導などの教育指導的活動があげられる。

次に、児童生徒の活動としては、個別に、あるいは学級やグループ単位で学習や読書・視聴活動、コンピュータを利用しての学習活動、あるいは自由な雰囲気での読書、教科や教科外活動に関連した各種の制作活動、文化活動、自主的な活動としての委員会活動などがあげられる。また、教職員の活動としては、教材等の調査や研究、あるいは制作活動があげられる。

このような諸活動を円滑に実施するためには、施設上どんな観点・配慮が必要とされるかについて示したのがこの基準である。基準は、「学校図書館施設の基本原則」、「スペースごとの最低必要面積」、「建築および設備の条件」の三部より構成されるが、この基準は、全国どの地域、どの学校においても、学校図書館の活動を達成するためには最低これだけの施設が必要であるという必要最低条件を示したものである。

なお、盲学校、聾学校、養護学校、および小学校と中学校の共用図書館、中学校と高等学校の共用図書館、全日制と定時制の共用図書館、また、地域開放を行う図書館などについても、原則としてこの基準を適用する。しかし、これらは、その図書館の特性を考慮して、機械的にこの基準を適用するのではなく、弾力的に対応することが望ましい。

一、学校図書館施設の基本原則

一・一　学校図書館は、専用の施設として設ける。

一・二　学校図書館の位置は、児童生徒の移動の実際を考慮し、校内の利用しやすい場所に設ける。

一・三　学校図書館施設は、次のような活動が展開できるスペースを設ける。
一・三・一　利用者が落ち着いて学習したり、読書したり、グループで学習したり、AV機器を利用して視聴することのできるスペース。(学習・読書・視聴スペース)
一・三・二　リラックスした雰囲気で自由に雑誌や新聞、軽い読み物などを読むことのできるスペース。(ブラウジング・スペース)
一・三・三　コンピュータ・ソフトやインターネットを使って検索したり、学習ソフトを利用するためのスペース。(コンピュータ利用スペース)
一・三・四　図書、逐次刊行物、ファイル資料、AV資料、コンピュータ資料などの図書館資料を配架するためのスペース。(配架スペース)
一・三・五　利用者に資料を貸し出したり、利用者が返却したり、利用相談などを行ったりするためのスペース。(受付スペース)
一・三・六　図書館スタッフが快適に仕事や生活ができるスペース。(スタッフ・スペース)
一・三・七　図書館内に配架された以外の資料で、貴重な資料や保存が必要な古い資料などを収納するスペース。(保存・収納スペース)
一・三・八　図書館に所蔵された各種資料を、カード目録やコンピュータを利用して検索するためのスペース。(検索スペース)
一・三・九　ポスター類、文集、発表資料、模型、テーマ図書などを掲示したり、展示したりするためのスペース。(展示スペース)
一・三・一〇　児童生徒図書委員会が日常的に活発な活動を展開するためのスペース。(図書委員会スペース)
一・三・一一　教職員が授業のために図書館で研究したり、図書館資料を使って教材研究したりするスペース。(教職員の研究スペース)
一・三・一二　児童生徒および教職員が図書館資料を利用して、授業などで使う発表物や教材を制作するためのスペース。(制作スペース)
一・三・一三　各スペースを利用するために往来する通路スペース。(交通部分)
一・四　学校図書館の面積は、小学校六学級、中学校三学級、高等学校三学級の規模の学校で、同時に二学級が利用できる広さとする。また、小学校一三学級以上の場合は二・五学級が同時に、中学校一九学級以上の場合は三・五学級、高等学校二二学級以上の場合は三・五学級が同時に利用できる広さとする。

二、スペースごとの最低必要面積

学校図書館の各スペースごとの最低必要面積は表I、表II、表IIIのとおりとする。ただし、表中の(1)から(7)のスペースは、学校規模の大小にかかわらず設けなければならないが、(8)から(12)のスペースは、一定規模以下の学校においては、他のスペースと共用してもよい。

それぞれのスペースは画一的に壁で仕切ることは避けて、将来の改造の余地を残して弾力的に計画する。

各スペースは、図書館としては一か所に集中して設置されることが望ましい。一か所への集中が不可能な場合でも、利用上の関連を考慮し、各スペースが有機的に利用できるよう配置する。

表Ⅰ　小学校の規模別各スペースの最低面積（㎡）

学級数	(1) 学習読書視聴	(2) ブラウジング	(3) コンピュータ	(4) 配架	(5) 受付	(6) スタッフ	(7) 保存収納	(8) 検索	(9) 展示	(10) 委員会	(11) 教員研究	(12) 制作	(13) ネット面積	(14) 交通部分	(15) 合計
五以下	七〇	一五	二〇	三五	二〇	二〇	一五	〇	〇	〇	〇	〇	一九五	八五	二八〇
六	九〇	一五	二五	三五	二〇	二〇	一五	〇	〇	〇	〇	〇	二二〇	九五	三一五
七〜一二	一一〇	二〇	三〇	六〇	二五	二五	二〇	〇	〇	一五	〇	〇	三〇五	一三〇	四三五
一三〜一八	一五五	二五	四〇	八〇	三〇	二五	二五	〇	一〇	一五	〇	一五	四二〇	一八〇	六〇〇
一九〜二四	一八五	三〇	五〇	一〇〇	三〇	三〇	二五	一〇	一〇	一五	一五	一五	五一五	二二〇	七三五
二五以上	二一〇	三五	五五	一二〇	三五	三五	三〇	一〇	一五	二〇	一五	一五	五九五	二五五	八五〇

表Ⅱ　中学校の規模別各スペースの最低面積（㎡）

学級数	(1) 学習読書視聴	(2) ブラウジング	(3) コンピュータ	(4) 配架	(5) 受付	(6) スタッフ	(7) 保存収納	(8) 検索	(9) 展示	(10) 委員会	(11) 教員研究	(12) 制作	(13) ネット面積	(14) 交通部分	(15) 合計
五以下	八〇	一五	二〇	四〇	二〇	二〇	一五	〇	〇	〇	〇	〇	二一〇	九〇	三〇〇
六	一一五	二〇	三〇	四五	二五	二〇	一五	〇	〇	〇	〇	〇	二七〇	一一五	三八五
七〜九	一三〇	二〇	三五	五〇	三〇	二五	二〇	〇	〇	〇	〇	〇	三一〇	一三五	四四五
一〇〜一二	一四五	二〇	四〇	八〇	三〇	二五	二〇	〇	〇	一五	〇	〇	三七五	一六〇	五三五
一三〜一五	一六〇	三〇	四五	八〇	三〇	二五	二五	〇	〇	一五	〇	一五	四二五	一八〇	六〇五
一六〜一八	一七五	三〇	五〇	八〇	三〇	二五	二五	一〇	一〇	一五	一五	一五	四八〇	二〇五	六八五
一九〜二一	二〇〇	三五	五五	一〇〇	三五	三〇	二五	一〇	一〇	一五	一五	一五	五四五	二三五	七八〇
二二以上	二一五	三五	六〇	一一〇	三五	三五	三〇	一五	一五	二〇	一五	一五	六〇〇	二五五	八五五

表Ⅲ　高等学校の規模別各スペースの最低面積（m²）

学級数	六以下	七〜一二	一三〜一五	一六〜一八	一九〜二一	二二〜二四	二五〜二七	二八以上
(1) 学習読書視聴	一三〇	一五〇	一六〇	一七五	一九〇	二二五	二四〇	二五五
(2) ブラウジング	一五	二〇	三〇	三〇	三五	三五	四〇	四〇
(3) コンピュータ	三五	四〇	四五	五〇	五五	六〇	六五	七〇
(4) 配架	六五	八〇	八五	九五	一〇〇	一一〇	一二〇	一二五
(5) 受付	二五	三〇	三〇	三〇	三五	三五	三五	四〇
(6) スタッフ	二五	三〇	三〇	三〇	三〇	三〇	三五	三五
(7) 保存収納	二〇	二五	三〇	三〇	三五	三五	三五	四〇
(8) 検索	〇	〇	一〇	一〇	一〇	一五	一五	一五
(9) 展示	〇	〇	〇	〇	〇	二〇	二〇	二〇
(10) 委員会	〇	〇	二〇	二〇	二五	二五	二五	三〇
(11) 教員研究	〇	〇	〇	〇	一五	一五	一五	二〇
(12) 制作	〇	〇	〇	二〇	二〇	二〇	二〇	二〇
(13) ネット面積	三一五	三七五	四四〇	四九〇	五五〇	六二五	六六五	七一〇
(14) 交通部分	一三五	一六〇	一九〇	二一〇	二三五	二七〇	二八五	三〇五
(15) 合計	四五〇	五三五	六三〇	七〇〇	七八五	八九五	九五〇	一〇一五

三、建築および設備の条件

学校図書館の建築および設備についての条件はつぎのとおりである。

三・一　建築および構造

三・一・一　空間構成とフレキシビリティ

各スペースは、それぞれ必要な機能を満たすとともに児童生徒に親しまれる空間とする。間仕切り・設備等は、現在、将来ともに配置が変化できる計画とする。

三・一・二　床および壁面

床の構造は、図書館資料の増加および利用の変化に対応できるよう床荷重を算入しておく。書架、ファイリング・キャビネット、AV機器等の設置・移動を考慮して、最低三〇〇kg／m²の床荷重を見込んだ構造とする。なお、図書館内は資料や機器の移動にブックトラック等が使われるので通路に段差を設けてはならない。

壁面は、掲示物の利用スペースとして確保する。

三・一・三　色彩と仕上げ

図書館内は、全体的に明るい色調、低い彩度を使用する。また、仕上げは、柔らか味のあるものとする。

三・二　設備

三・二・一　吸音と遮音

図書館内は、外部からの騒音を防ぎ、内部での騒音の発生を少なくするため、床はカーペット敷き等とし、天井は吸音性の高い材料とする。さらに、BGM装置を導入し、マスキング効果等で音環境の良化をはかる。

三・二・二　換気・暖房・空調

図書館は、常に適当な温湿度を保ち快適に利用できるよう、機械換気設備や空調設備を設ける。なお、個別に温湿度が調節できる設備が望ましい。

三・二・三　照明

図書館では、学習や読書、視聴、その他の活動に必要な明るさを確保する。人工照明による机上照度は三〇〇ルクス以上とする。光源は昼光色を採用する。照明器具は均等に分布し机や書架の配置を自由に変えられるようにする。天井の低い場合はまぶしさを避け、机上面に利用者自身の影ができないようにする。なお、窓面による自然採光の活用、局部的な補助採光等を十分考慮する。

三・二・四　搬　送

図書館が二層以上になる場合は、リフトもしくはエレベーターを設ける。

三・二・五　放送・通信

図書館は、館内放送設備および校内・校外に連絡できる電話・通信設備を設ける。

三・二・六　電源・コンセント

図書館は、コンピュータ、AV機器、補助採光のためのコンセントを十分に設け、将来の模様替えにも対応できるよう考慮する。コンピュータ、移動書架、コピー機器等には、専用電源を設け、図書館全体としては十分な電力容量を見込む。

三・二・七　給排水

図書館は、手洗い設備を設ける。また、スタッフ・スペースには、流しおよび湯沸かし等の設備を設ける。

◎高等学校の定時制教育及び通信教育振興法　抄

〔昭和二八年八月一八日法律第二三八号〕

最近改正　平成一三年三月三〇日　法律第九号

（この法律の目的）

第一条　この法律は、勤労青年教育の重要性にかんがみ、教育基本法（昭和二十二年法律第二十五号）〔別掲〕の精神にのつとり、働きながら学ぶ青年に対し、教育の機会均等を保障し、勤労と修学に対する正しい信念を確立させ、もつて国民の教育水準と生産能力の向上に寄与するため、高等学校（中等教育学校の後期課程を含む。以下同じ。）の定時制教育及び通信教育の振興を図ることを目的とする。

（定義）

第二条　この法律で、「定時制教育」とは、高等学校が学校教育法（昭和二十二年法律第二十六号）〔別掲〕第四条第一項に規定する定時制の課程（以下「定時制の課程」という。）で行う教育をいい、「通信教育」とは、高等学校が同項に規定する通信制の課程（以下「通信制の課程」という。）で行なう教育をいう。

（国及び地方公共団体の任務）

第三条　国は、この法律及び他の法令の定めるところにより、定時制教育及び通信教育の振興を図るとともに、地方公共団体が第二項各号に掲げるような方法によつて定時制教育及び通信教育の振興を図ることを奨励し、及びこれについて指導と助言とを与えなければならない。

2　地方公共団体は、次に掲げるような方法によって定時制教育及び通信教育の振興を図り、できるだけ多数の勤労青年が高等学校教育（中等教育学校の後期課程における教育を含む。）を受ける機会を持ち得るように努めなければならない。

一　その地方の実情に基き、定時制教育及び通信教育の適正な実施及び運営に関する総合計画を樹立すること。

二　定時制教育及び通信教育に関する施設又は設備を整備し、及びその充実を図ること。

三　定時制教育及び通信教育の内容及び方法の改善を図ること。

四　定時制教育及び通信教育に従事する教員の現職教育について、勤労青年教育の特殊性を考慮して、その計画を樹立し、及びその実施を図ること。

（公立学校の設備等についての国の補助）

第八条　国は、公立の高等学校の設置者が定時制教育又は通信教育の設備について、政令で定める基準にまで高めようとする場合においては、これに要する経費の全部又は一部を、当該設置者に対し、予算の範囲内において補助する。ただし、産業教育振興法（昭和二十六年法律第二百二十八号）第十五条（国の補助）又は第十六条（短期の産業教育）の規定により国が補助するものを除く。

2　国は、公立の高等学校の通信教育の運営に要する経費で政令で定めるものの全部又は一部を、当該高等学校の設置者に対し、予算の範囲内において補助する。

（私立学校の設備についての国の補助）

第九条　国は、私立の高等学校の設置者が定時制教育の設備について、政令で定める基準にまで高めようとする場合においては、これに要する経費の全部又は一部を、当該学校の設置者に対し、予算の範囲内において補助する。但し、産業教育振興法第十九条（私立学校に関する補助）において準用する同法第十五条又は第十六条の規定により国が補助するものを除く。

2　前項の規定により国が高等学校の設置者である学校法人に対し補助をする場合においては、私立学校振興助成法（昭和五十年法律第六十一号）〔別掲〕第十一条から第十三条までの規定の適用があるものとする。

（政令への委任）

第十条　第四条及び前二条に規定するもののほか、補助金の交付に関し必要な事項は、政令で定める。

○高等学校の定時制教育及び通信教育振興法施行令　抄

（昭和二九年一二月一六日
政令第三二二号）

最近改正　平成一二年六月七日　政令第三〇八号

（設備の基準）

第二条　法第八条（公立学校の設備等についての国の補助）第一項及び第九条（私立学校の設備についての国の補助）第一項の規定に基き定時制教育（法第二条（定義）に規定する「定時制教育」をいう。以下同じ。）の設備について政令で定める基準は、別表第一から第三まで（別表第一・第二は略）に掲げる設備で定時制教育のために通常必要なものとする。

2　法第八条第一項の規定に基き通信教育（法第二条に規定する「通信教育」をいう。以下同じ。）の設備について政令で定める基準は、別表第四（略）に掲げる設備で通信教育のために通常必要なものとする。

3　前二項の基準に関する細目は、文部科学省令で定める。

（補助の割合）

第四条　法第八条（公立学校の設備等についての国の補助）又は第九条（私立学校の設備についての国の補助）第一項の規定により国が補助する場合の補助の割合は、別表第一及び第四（略）に掲げる設備に要する経費並びに前条の経費については三分の一、その他の経費については二分の一とする。

（文部科学省令への委任）

第五条　この政令に定めるもののほか、この政令の実施のため必要な事項は、文部科学省令で定める。

別表（第二条関係）

第三　学校図書館における定時制教育のための設備

図書	教授用図書及び生徒用図書
その他の設備	学校図書館用具

○高等学校の定時制教育及び通信教育振興法施行規則　抄

〔昭和二九年一二月二八日 文部省令第三二号〕

最近改正　平成一二年一〇月三一日　文部省令第五三号

（設備の基準に関する細目）

第三条　高等学校の定時制教育及び通信教育振興法施行令（昭和二十九年政令第三百十二号）第二条〔設備の基準〕第三項の規定に基づき、同条第一項及び第二項に定める設備の基準について文部科学省令で定める細目は、それぞれ別表第一から別表第四まで〔別表一、二および四は略〕に定めるところによる。

別表第三　学校図書館における定時制教育のための設備の基準に関する細目

生徒数	図書	設備	
	生徒の学習用参考図書及び教養図書並びに教員の指導用参考図書（冊）	書架（m）	カードケース（cm）
100人以下	700	生徒数に対応する図書の冊数×0.030	生徒数に対応する図書の冊数×0.045
101人から600人まで	700＋5×（生徒数—100）		
601人から900人まで	3,200＋4×（生徒数—600）		
901人から1,500人まで	4,400＋3×（生徒数—900）		
1,501人以上	6,200＋1.5×（生徒数—1,500）		

備考

書架の長さ及びカードケースの長さは，それぞれ書架の各たな板の延間口の長さ又はカードケースの各ひきだしの内のりの延奥行の長さを表わすものとする。図書の冊数，書架の長さ及びカードケースの長さは，小数点以下を切り上げるものとする。

小・中・高等学校の図書館の司書および司書補の職務内容

（昭和二七年六月
文部省提示）

参考＝これは昭和二七年六月、文部省が、図書館法に基く暫定資格者調査のため、小、中、高等学校において、図書館の司書及び司書補に相当する職務内容として示したものである。学校図書館運営に要する専門的職務内容の輪郭を示したものとして、参考のため収録した。ここで司書とあるのはおおむね今日の司書教諭に、また司書補とあるのは、図書館事務職員に当るものとみることができる。（昭和三四年一月、文部省編『学校図書館の手びき』四五九頁より）

1　司書および司書補の定義

司書は、学校図書館の大小に応じて、そのつかさどる職務の内容に広狭の差があるが、次にかかげるそれぞれの職務を、自己の責任と判断によって処理する能力ある者とする。

司書補は、次にかかげる職務中○印のあるものは自主的に、他はそれぞれ司書の事前の指示と事後の検査を受けて助手的処理をする能力ある者とする。

2　職務内容

職務を総務・整理および奉仕、指導の三種に大別して詳記すれば次のとおりである。

A　総務的職務

①監督庁および所轄庁との連絡　②校長よりの監督および校長への報告　③諸報告書類の立案　④事務分掌の立案　⑤諸規則の立案　⑥諸統計調査の立案実施と吟味解析　⑦学校図書館の総合運営計画の立案　⑧学校の総合的教育計画への協力　⑨図書および図書館利用並びに読書指導に関する計画の立案　⑩学校全体の各事務分署との協力　⑪資料総合運用計画の立案　⑫館外奉仕計画の立案　⑬広報と宣伝　⑭総合目録の立案と作製　⑮予算の編成　⑯支出の調整　⑰学校図書館職員の研修　⑱児童生徒図書委員の指導計画の立案　⑲学校図書館職員及び児童生徒委員の厚生とレクリエーション　⑳学校図書館の運営　㉑他の学校図書館・公共図書館等との連絡協力と相互貸借　㉒児童会館、博物館、公民館、研究所等との連絡協力　㉓学校図書館関係団体及び友好団体との連絡協調　㉔閲覧室その他諸室の管理と整理　㉕諸備品、用品類の管理と整備　㉖総合評価資料の収集と検討

B　整理的職務

イ　図書の選択

①蔵書統計の作製と観察　②図書購入予算資料の作製　③教育課程に適応する図書の受入および除籍基準の作成　④購入図書の選択　⑤公の出版物（法第九条）の選択　⑥複本、代用本の決定　⑦端本、欠本の調査と補充　⑧見計本、売込本の取捨　⑨寄贈図書の依頼　⑩寄贈本の登録、不登録の決定　⑪除籍図書の調査　⑫視聴覚教材係との連絡および事務の調整

ロ　注文、受入

①見積合せと注文先の決定　②○注文カードの整理　③○注文リストの作製　④○交換寄贈の申込　⑤○謝状返送の記録　⑥○図書の検収（注文書類又は寄贈申込書との照合）　⑦○続刊物の受付と記録　⑧寄贈本の評価　⑨○正誤表の処理　⑩○は

さみ込みもの等の添付附録の処理　⑪○事前製本の決定　⑫○受入作業（登録番号、日付を入れる、押印、ラベル張り付、蔵書票張り付、図書カード及び図書袋の作製と張り付、ブック・ジャケットの利用、禁帯出の指定、参考図書等の表示）　⑬○図書原簿記入

ハ　分類と目録

①図書の分類　②視聴覚資料の分類　③件名標目と参照の決定　④図書記号の決定　⑤○書架目録の記入　⑥事務用（基本）カードの作成　⑦○印刷カードの注文　⑧ユニットカードの作成　⑨○副出（分出を含む）参照カードの作製　⑩○印刷カードの加筆　⑪前二項のカードの校閲　⑫○各種カードの編成　⑬編成カードの検閲　⑭視聴覚資料目録との総合調整

ニ　蔵書の保管

①○配架（閲覧室、書庫内共）　②○架上図書の点検と整備　③破損除籍図書の調査と処理　④製本図書の調査と処理　⑤製本種別の材料の指示及納品の検査　⑥○簡易な製本と修理　⑦○法規の加除　⑧貴重図書の保管

ホ　新聞、雑誌

①選択（登録保管の要否をも含めて）　②○受付と記録　③○現品の保護（つづり込み、仮表紙をつける等）　④○既刊（未製本）分の保管と製本準備　⑤○欠号調査と補充　⑥製本標題の決定　⑦クリッピングの指示と分類又は件名の標出　⑧○クリッピングの作成　⑨記事索引の作製

ヘ　視聴覚資料、特殊資料

範囲：　美術品、模型、展示物（博物資料を含む）　映画フィルム、紙芝居、スライド、フイルムストリップ、写真、掛図、ポスター、図表、グラフ、地図、レコード及びこれらと同類のもの、ラジオ、録音器、郷土資料、地方行政資料、時事に関する情報資料、小冊子一枚物等、マイクロフイルム（フォトスタット、写真印画による複製等は一般図書と同様に扱う）

①収集方針の立案　②購入予算資料の作製　③選択と注文　④○受入と保管　⑥分類と目録　⑥図書目録との総合調整　⑦主題目録又はリストの編さん　⑧○ヴァチカルファイルによる整理　⑨インフォーメーションファイルの用意（ヴォケーショナルファイル、ピクチュアファイル等）　⑩○マイクロフイルムの管理（目録は一般図書と同様）　⑪修理　⑫交換除籍　⑬○映写機及び附属物の操作と管理　⑭○幻燈機の操作と管理　⑮○蓄音器および録音器の操作と管理　⑯○人形劇の演技と装置の管理　⑰○紙芝居の操作

C　奉仕、指導の職務

イ　館内活動

①○資料の出納　②帯出者の登録　③苦情と要求の処理　④事故の対策処理（汚破損、紛失等）　⑤○延帯処理　⑥郷土資料利用の案内　⑦地方行政資料利用の案内　⑧時事に関する情報および資料の紹介　⑨新着資料の紹介　⑩題材、単元に関する資料の紹介　⑪視聴覚資料利用の案内　⑫クリッピング利用の案内　⑬○目録検索の案内　⑭読書相談（一般及び部門別）　⑮読書指導（読書カード及び読書記録の作成を含む）　⑯資料調整の指導助言　⑰各種索引及び書誌の整備と利用案内　⑱雑誌索引の整備と利用案内　⑲館内利用統計の作製と観察　⑳新利用者の開拓

ロ　館外活動（集会、展観の項を参照）

①学級文庫、研究室文庫、分校図書館等との連絡調整　②ＰＴＡ文庫、母親文庫等各種の貸出文庫（視聴覚資料を含む）

の編成と巡回　③緑陰文庫、臨海文庫等の編成

ハ　図書及び図書館利用の指導（館内及び館外を含む）

①図書館の紹介、案内　②図書館道徳の指導　③図書の構造と取扱い方の指導　④読書衛生の指導　⑤分類と配列に関する指導　⑥目録に関する指導　⑦辞書、百科事典、年鑑、統計等の利用の指導　⑧図書以外の資料の利用法の指導　⑨ノートの取り方と文献目録作製の指導　⑩校外の読続書施設利用の助言指導　⑪適書選択の指導

ニ　集会、展観（館内及び館外を含む）

①お話しの会及び読書会（常置又は随時）の主催又はあっせん　②文学その他同好会の主催又はあっせん　③各種研究会の主催又はあっせん　④美術品の展観、レコード及び映画鑑賞会の主催又はあっせん　⑤幻燈、紙芝居、人形劇及び展示物等利用の集会の主催又はあっせん　⑥新刊図書又は主題別図書の展示会の主催又はあっせん　⑦各種資料模型等の展示会の主催又はあっせん　⑧時事解説のための展示と集会（常置又は随時）

Ⅳ　国立国会図書館、専門図書館、図書館協力

〔目次〕

(1) 国立国会図書館

(2) 支部図書館・専門図書館

(3) 図書館協力

(1) 国立国会図書館

◎国会法　抄

（昭和二二年四月三〇日 法律第七九号）

最近改正　平成一二年一二月六日　法律第一三七号

第十七章　国立国会図書館、法制局、議員秘書及び議員会館

〔国立国会図書館〕

第百三十条　議員の調査研究に資するため、別に定める法律により、国会に国立国会図書館を置く。

◎国立国会図書館法

（昭和二三年二月九日 法律第五号）

最近改正　平成一二年四月七日　法律第三七号

目次

国立国会図書館は、真理がわれらを自由にするという確信に立つて、憲法の誓約する日本の民主化と世界平和とに寄与することを使命として、ここに設立される。

第一章　設立及び目的

〔設立〕
第一条　この法律により国立国会図書館を設立し、この法律を国立国会図書館法と称する。

〔目的〕
第二条　国立国会図書館は、図書及びその他の図書館資料を蒐集し、国会議員の職務の遂行に資するとともに、行政及び司法の各部門に対し、更に日本国民に対し、この法律に規定する図書館奉仕を提供することを目的とする。

〔構成〕
第三条　国立国会図書館は、中央の図書館並びにこの法律に規定されている支部図書館及び今後設立される支部図書館で構成する。

第二章　館長

〔任免・待遇〕
第四条　国立国会図書館の館長は、一人とする。館長は、両議院の議長が、両議院の議院運営委員会と協議の後、国会の承認を得て、これを任命する。

② 館長は、職務の執行上過失がない限り在職する。館長は、政治活動を慎み、政治的理由により罷免されることはない。館長は、両議院の議長の共同提議によつては罷免されることがある。館長の待遇は、国務大臣と同等とする。

〔権限〕
第五条　館長は、図書館事務を統理し、所属職員及び雇傭人の職務執行を監督する。

② 館長は、事前に、時宜によつては事後に、両議院の議院運営委員会の承認を経て図書館管理上必要な諸規程を定める。

③ 前項の規程は公示によつて施行される。

〔経営及び財政状態の報告〕
第六条　館長は、毎会計年度の始めに両議院の議長に対し、前会計年度の図書館の経営及び財政状態につき報告する。

〔出版物の目録又は索引の出版〕
第七条　館長は、一年を越えない定期間毎に、前期間中に、日本国内で刊行された出版物の目録又は索引の出版を行うものとする。

〔法律の索引の作成〕
第八条　館長は、出版に適する様式で日本の法律の索引を作るものとする。

第三章　副館長並びにその他の職員及び雇傭人

〔副館長の任免・待遇〕
第九条　国立国会図書館の副館長は、一人とする。副館長は、館長が両議院の議長の承認を得て、これを任免する。副館長は、図書館事務につき館長を補佐する。館長に事故があるとき、又は館長が欠けたときは、副館長が館長の職務を行う。副館長の待遇は、各省次官と同等とする。

〔その他の職員〕
第十条　国立国会図書館のその他の職員及び雇傭人は、職務を行うに適当な者につき、国会職員法〔昭和二二年四月法律第八五号〕の規定により館長が、これを任命する。その職員及び雇傭人の職責は館長が、これを定める。

② 図書館の職員は、国会議員と兼ねることができない。又、行政若しくは司法の各部門の地位を兼ねることができない。但し、行政又は司法の各部門の支部図書館の館員となることは、これを妨げない。

第四章　議院運営委員会及び国立国会図書館連絡調整委員会

〔議院運営委員会の審査〕

第十一条　両議院の議院運営委員会は、少くとも六箇月に一回以上これを開会し、図書館の経過に関する館長の報告、図書館の管理上館長の定める諸規程、図書館の予算及びその他の事務につき審査する。

② 各議院の議院運営委員長は前項の審査の結果をその院に報告する。

〔連絡調整委員会〕

第十二条　国立国会図書館に連絡調整委員会を設ける。この委員会は、四人の委員でこれを組織し、各議院の議院運営委員長、最高裁判所長官の任命する最高裁判所裁判官一人及び内閣総理大臣が任命する国務大臣一人をこれに充てる。委員長は委員の互選とする。

② 委員長及び委員は、その職務につき報酬を受けない。

③ 館長は、委員会に出席できるが、表決に加わることができない。

〔連絡調整委員会の勧告〕

第十三条　連絡調整委員会は、両議院の議院運営委員会に対し、国会並びに行政及び司法の各部門に対する国立国会図書館の奉仕の改善につき勧告する。

第五章　図書館の部局

〔部局その他の単位〕

第十四条　館長は、管理事務を効率化するに必要とする部局及びその他の単位を図書館に設ける。

第六章　調査及び立法考査局

〔調査及び立法考査局〕

第十五条　館長は、国立国会図書館内に調査及び立法考査局と名附ける一局を置く。この局の職務は、左の通りである。

一　要求に応じ、両議院の委員会に懸案中の法案又は内閣から国会に送付せられた案件を、分析又は評価して、両議院の委員会に進言し補佐するとともに、妥当な決定のための根拠を提供して援助すること。

二　要求に応じ、又は要求を予測して自発的に、立法資料又はその関連資料の蒐集、分類、分析、飜訳、索引、摘録、編集、報告及びその他の準備をし、その資料の選択又は提出には党派的、官僚的偏見に捉われることなく、両議院、委員会及び議員に役立ち得る資料を提供すること。

三　立法の準備に際し、両議院、委員会及び議員を補佐して、議案起草の奉仕を提供すること。但し、この補佐は委員会又は議員の要求ある場合に限つて提供され、調査及び立法考査局職員はいかなる場合にも立法の発議又は督促をしてはならない。

四　両議院、委員会及び議員の必要が妨げられない範囲において行政及び司法の各部門又は一般公衆に蒐集資料を提供して利用させること。

〔局長その他の職員〕

第十六条　この局に必要な局長、次長及びその他の職員は、政党に加入していても加入していなくても、その職務を行うに適当な者につき、国会職員法の規定により館長がこれを任命する。

② 館長は、更にこの局の職員に、両議院の常任委員会の必要とする広汎な関連分野に専門調査員を任命することができる。この専門調査員の待遇は、行政及び司法の各部門の一級官吏と同等とする。

第七章　行政及び司法の各部門への奉仕

〔行政・司法の各部門への権能〕

第十七条　館長は、行政及び司法の各部門に図書館奉仕の連繫をしなければならない。この目的のために館長は左の権能を有する。

一　行政及び司法の各部門の図書館長を、これらの部門を各々代表する連絡調整委員会の委員の推薦によって任命する。但し、国家公務員法〔昭和二二年一〇月法律第一二〇号〕の適用を受ける者については、同法の規定に従い、且つ、当該部門の長官の同意を得なければならない。

二　行政及び司法の各部門の図書館で使用に供するため、目録法、図書館相互間の貸出及び資料の交換、綜合目録及び綜合一覧表の作成等を含む図書館運営の方法及び制度を定めることができる。これによって国の図書館資料を行政及び司法の各部門のいかなる職員にも利用できるようにする。

三　行政及び司法の各部門の図書館長に年報又は特報の提出を要求することができる。

〔支部図書館の予算〕

第十八条　行政及び司法の各部門に在る図書館の予算は当該各部門の予算の中に「図書館」の費目の下に、明白に区分して計上する。この費目の経費は、行政及び司法の各部門を各々代表する連絡調整委員会の委員及び館長の承認を得なければ他の費目に流用し又は減額することができない。

〔支部図書館長〕

第十九条　行政及び司法の各部門の図書館長は、当該各部門に充分な図書館奉仕を提供しなければならない。当該各図書館長は、その職員を、国会職員法又は国家公務員法若しくは裁判所法〔昭和二二年四月法律第五九号〕の規定により任免することができる。当該各図書館長は、国立国会図書館長の定める規程に従い、図書及びその他の図書館資料を購入その他の方法による受入方を当該各部門の長官若しくは館長に勧告し、又は直接に購入若しくは受入をすることができる。

〔支部図書館の設置〕

第二十条　館長が最初に任命された後六箇月以内に、行政及び司法の各部門に現存するすべての図書館は、本章の規定による国立国会図書館の支部図書館となる。なお、現に図書館を有しない各庁においては一箇年以内に支部図書館を設置するものとする。

第八章　その他の図書館及び一般公衆に対する奉仕

〔日本国民への利用〕

第二十一条　国立国会図書館の奉仕及び収集資料は、直接に又は公立その他の図書館を経由して、両議院、委員会及び議員並びに行政及び司法の各部門からの要求を妨げない限り、日本国民にこれを最大限に利用させる。この目的のために、館長は次の権能を有する。

一　館長の定める諸規程に従い、図書館の収集資料を国立国会図書館建物内で若しくは図書館相互間の貸出しで、又は複写若しくは陳列によって、一般公衆の使用及び研究の用に供する。かつ、時宜に応じて図書館奉仕の改善上必要と認めるその他の奉仕を提供する。

二　あらゆる適切な方法により、図書館の組織及び図書館奉仕の改善につき、都道府県の議会その他の地方議会、公務員又は図書館人を援助する。

三　国立国会図書館で作成した出版物を他の図書館及び個人が、購入しようとする際には、館長の定める価格でこれを売り渡す。

四　日本の図書館資料資源に関する総合目録並びに全国の図書館資料資源の連係ある使用を実現するために必要な他の目録及び一覧表の作成のために、あらゆる方策を講ずる。

〔国際子ども図書館〕

第二十二条　おおむね十八歳以下の者が主たる利用者として想定される図書及びその他の図書館資料に関する図書館奉仕を国際的な連携の下に行う支部図書館として、国際子ども図書館を置く。

② 国際子ども図書館に国際子ども図書館長一人を置き、国立国会図書館の職員のうちから、館長がこれを任命する。

③ 国際子ども図書館長は、館長の命を受けて、国際子ども図書館の事務を掌理する。

第九章　蒐集資料

〔資料の受入・交換・処分〕

第二十三条　館長は、国立国会図書館の蒐集資料として図書及びその他の図書館資料を購入、納本、寄贈、遺贈若しくは交換によつて、又は行政及び司法の各部門からの移管によつて受入することができる。行政及び司法の各部門の長官は、その部門においては必ずしも必要としないが、館長が国立国会図書館においての使用には充て得ると認める図書及びその他の図書館資料を国立国会図書館に移管することができる。

② 館長は、国立国会図書館では必ずしも必要としない図書及びその他の図書館資料を、行政若しくは司法の各部門に移管し、又は交換用に利用し、若しくは処分することができる。

第十章　国、地方公共団体等の発行する出版物の納入

〔国の発行する出版物の納入〕

第二十四条　国の諸機関により又は国の諸機関のため、次の各号のいずれかに該当する出版物（機密扱いのもの及び書式、ひな形その他簡易なものを除く。以下同じ。）が発行されたときは、当該機関は、公用又は外国政府出版物との交換その他の国際的交換の用に供するために、館長の定めるところにより、三十部以下の部数を、直ちに国立国会図書館に納入しなければならない。

一　図書
二　小冊子
三　逐次刊行物
四　楽譜
五　地図
六　映画フィルム
七　前各号に掲げるもののほか、印刷その他の方法により複製した文書又は図画
八　蓄音機用レコード
九　電子的方法、磁気的方法その他の人の知覚によつては認識することができない方法により文字、映像、音又はプログラムを記録した物

② 前項の規定は、同項に規定する出版物の再版についてもこれを適用する。但し、その再版の内容が初版又は前版の内容に比し増減又は変更がなく、且つ、その初版又は前版がこの法律の規定により前に納入されている場合においては、この限りでない。

〔地方公共団体の発行する出版物の納入〕

第二十四条の二　都道府県若しくはこれに準ずるものの諸機関により又はこれらの諸機関のため、前条第一項に規定する出版物が発行されたときは、当該機関は、同項に規定する目的のため、館長の定めるところにより、五部以下の部数を直ちに国立国会図書館に納入するものとする。

② 市（特別区を含む。以下同じ。）町村若しくはこれに準ずるものの諸機関により又はこれらの諸機関のため、前条第一項に規定する出版物が発行されたときは、当該機関は、同項に規定する目的のため、館長の定めるところにより、市又はこれに準ずるものの場合にあつては五部以下の部数を、町村又はこれに準ずるものの

場合にあつては三部以下の部数を、直ちに国立国会図書館に納入するものとする。

③　前条第二項の規定は、前二項の場合に準用する。

第十一章　その他の者の発行する出版物の納入

〔私人の発行する出版物の納入〕

第二十五条　前二条に規定する者以外の者は、第二十四条第一項に規定する出版物を発行したときは、前二条の規定に該当する場合を除いて、文化財の蓄積及びその利用に資するため、発行の日から三十日以内に、最良版の完全なもの一部を国立国会図書館に納入しなければならない。但し、発行者がその出版物を国立国会図書館に寄贈若しくは遺贈したとき、又は館長が特別の事由があると認めたときは、この限りでない。

②　第二十四条第二項の規定は、前項の場合に準用する。この場合において、第二十四条第二項中「納入」とあるのは「納入又は寄贈若しくは遺贈」と読み替えるものとする。

③　第一項の規定により出版物を納入した者に対しては、館長は、その定めるところにより、当該出版物の出版及び納入に通常要すべき費用に相当する金額を、その代償金として交付する。

④　第一項但書の規定により出版物を寄贈した者及び出版物を遺贈した者の相続人に対して、館長は、定期に作成する全日本出版物の目録で当該出版物を登載したものを送付する。

〔罰則〕

第二十五条の二　発行者が正当の理由がなくて前条第一項の規定による出版物の納入をしなかつたときは、その出版物の小売価額（小売価額のないときはこれに相当する金額）の五倍に相当する金額以下の過料に処する。

②　発行者が法人であるときは、前項の過料は、その代表者に対し科する。

第十二章　金銭の受入及び支出並びに予算

〔金銭の受入〕

第二十六条　館長は、国立国会図書館に関し、その奉仕又は蒐集資料に関連し、直ちに支払に供し得る金銭の寄贈を受けることができる。

②　この場合には両議院の議院運営委員会の承認を得なければならない。

〔支出〕

第二十七条　国立国会図書館に充当されているあらゆる経費は、館長の監督の下に、その任命した支出官によつて支出される。

〔予算〕

第二十八条　国立国会図書館の予算は、館長がこれを調製し、両議院の議院運営委員会に提出する。委員会はこの予算を審査して勧告を附し、又は勧告を附さないで、両議院の議長に送付する。

附　則

〔施行期日・旧法廃止〕

第二十九条　この法律は、公布の日から、これを施行する。

②　昭和二十二年法律第八十四号国会図書館法は、これを廃止する。

〔移管〕

第三十条　この法律施行の日に、両議院の図書館は各〻分離した図書館としての存在を終止し、その蒐集資料は、国立国会図書館に移管される。

〔職員の臨時任用〕

第三十一条　国立国会図書館の各種の地位への任命に完全な有資格者が得られない場合には、館長は、二年を越えない期間内で、臨時にその職員を任命することができる。その期間終了の際、その地位に優れた有資格者が得られるならば、その臨時の任命は更新せられないものとする。

附　則〔昭和二四年六月六日法律第一九四号〕

1　この法律は、昭和二十四年七月一日から施行する。

2　この法律施行前に発行された出版物の納入又は納本については、なお従前の例による。

附　則〔昭和三〇年一月二八日法律第三号〕〔抄〕

1　この法律は、第二十二回国会の召集の日から施行する。

附　則〔平成一一年四月七日法律第一二一号〕〔抄〕

1　この法律は、平成十二年一月一日から施行する。ただし、第二十一条並びに同条第一号、同条第三号及び同条第四号の改正規定は、公布の日から施行する。

附　則〔平成一二年四月七日法律第三七号〕〔抄〕

1　この法律は、平成十二年十月一日から施行する。

2　この法律による改正後の国立国会図書館法第二十四条第一項第六号に該当する出版物については、当分の間、館長の定めるところにより、同条から第二十五条までの規定にかかわらず、その納入を免ずることができる。

3　この法律の施行前に発行された出版物の納入については、なお従前の例による。

○国立国会図書館組織規程

〔昭和六一年四月一四日　国立国会図書館規程第一号〕

最近改正　平成一二年四月七日　国立国会図書館規程第四号

目次

第一章　中央の図書館

（部局）

第一条　中央の図書館に、次の一局及び六部を置く。

一　総務部
二　調査及び立法考査局
三　収集部
四　図書部
五　逐次刊行物部
六　専門資料部
七　図書館協力部

2　総務部に、関西館準備室を置く。

（総務部の事務）

第二条　総務部においては、次の事務をつかさどる。
一　館務の企画及び総合調整並びに広報に関すること。
二　機密に関すること。
三　職員の職階、任免、分限、懲戒、服務その他の人事並びに教養、訓練及び福利厚生に関すること。
四　館長印及び館印の保管並びに公文書の接受、発送及び保存に関すること。
五　国立国会図書館法（昭和二十三年法律第五号。以下「館法」という。）その他の法規に関すること。
六　館法第六条に規定する報告に関すること。
七　両議院の議院運営委員会等との連絡に関すること。
八　国立国会図書館連絡調整委員会及び国立国会図書館建築委員会に関すること。
九　国会分館に関すること。
十　経費及び収入の予算、決算及び会計並びに会計の監査に関すること。
十一　国有財産、物品（図書館資料を除く。）及び債権の管理に関すること。
十二　館法第二十六条に規定する金銭の受贈に関すること。
十三　館法第二十五条の二に規定する過料処分に関すること。
十四　庁舎の新営その他営繕に関すること。
十五　庁舎内の秩序の維持に関すること。
十六　情報処理システムの開発及び電子計算機の運用に関すること。
十七　国際子ども図書館及び支部東洋文庫との連絡調整に関すること。
十八　前各号に掲げるもののほか、国立国会図書館の所掌事務で他部局及び他の機関の所掌に属しないものに関すること。
2　関西館準備室においては、館務の企画に関する事務及び庁舎の新営の企画に関する事務のうち国立国会図書館関西館（仮称）に関する事務をつかさどる。

（調査及び立法考査局の事務）
第三条　調査及び立法考査局においては、次の事務をつかさどる。
一　館法第十五条第一号から第三号までに掲げる事項に関すること。
二　館法第八条に規定する法律の索引の作成及び出版に関すること。
三　所属図書館資料の整備、保管及び利用に関すること。

（収集部の事務）
第四条　収集部においては、次の事務をつかさどる。
一　蔵書構成の方針、収集計画及び選書に関すること。
二　館法第二十三条に規定する図書館資料の購入、納本、寄贈、遺贈、交換又は移管による受入並びに移管、交換及び処分に関すること。
三　館法第二十四条から第二十五条までに規定する出版物の納入部数の指定及び納入の免除、代償金の金額の決定並びに目録の送付に関すること。
四　図書館資料の受理及び受理記録の作成に関すること。
五　図書館資料の資料区分、取扱区分及び整理区分の決定その他図書館資料の処理に関すること。
六　図書館資料の登録に関すること。
七　博士論文の整理並びに博士論文の目録の作成及び出版に関すること。
八　和図書（特に定めるものを除く。以下同じ。）の整理（主題分析の容易な和図書以外の和図書に係る整理に限る。）のうち記述並びにタイトル標目及び著者標目の付与に関すること。

九　洋図書（特に定めるものを除く。）の整理に関すること。

十　前号の資料の閲覧用目録の作成、維持及び管理に関すること。

十一　逐次刊行物（特に定めるものを除く。）の整理に関すること。

十二　逐次刊行物に係る館法第七条に規定する国内の出版物の目録又は索引（以下「全国書誌」という。）の作成及び出版に関すること。

十三　第十一号の資料の所蔵目録の作成及び出版並びに閲覧用目録の作成、維持及び管理に関すること。

十四　国際逐次刊行物データシステムに関すること。

十五　図書館資料の保存対策に関すること。

十六　図書館資料資源の保存に関する国内及び国外の図書館等との連絡及び協力に関すること。

十七　図書館資料その他の資料の製本に関すること。

十八　納本制度審議会の庶務に関すること。

（図書部の事務）

第五条　図書部においては、次の事務をつかさどる。

一　和図書の整理（収集部において行うものを除く。）に関すること。

二　電磁的資料（館法第二十四条第一項第九号に該当する出版物をいう。）の整理（専門資料部及び図書館協力部において行うものを除く。）に関すること。

三　図書館資料（逐次刊行物、音楽資料、映像資料及び地図を除く。）に係る全国書誌の作成及び出版に関すること。

四　第一号の資料及び第二号の資料（図書部において整理するものに限る。）の閲覧用目録の作成、維持及び管理に関すること。

五　全国書誌の作成及び出版の総括及び調整に関すること。

六　蔵書目録の作成及び出版に関すること。

七　館法第二十一条第四号に規定する総合目録等の作成及び出版に関すること。

八　貴重書、準貴重書その他特に定める古典籍の整理に関すること。

九　図書（他部局に所属するものを除く。）の保管及び利用に関すること。

（逐次刊行物部の事務）

第六条　逐次刊行物部においては、次の事務をつかさどる。

一　逐次刊行物（他部局に所属するものを除く。）の保管及び利用に関すること。

二　図書館資料その他の資料（国際子ども図書館に所属するものを除く。）の複写に関すること。

三　国内の逐次刊行物の記事、論文等の索引に関すること。

（専門資料部の事務）

第七条　専門資料部においては、次の事務をつかさどる。

一　レファレンス（他部局において行うものを除く。）に関すること。

二　書誌の作成及び出版（他部局において行うものを除く。）に関すること。

三　憲政資料、音楽資料、映像資料、地図その他特に定める図書館資料の整理に関すること。

四　音楽資料、映像資料及び地図に係る全国書誌の作成及び出版に関すること。

五　所属図書館資料の保管及び利用に関すること。

六　図書館資料（国会分館、国際子ども図書館及び支部東洋文庫に所属するものを除く。）の利用に関する事務の総括及び利用者に関すること。

（図書館協力部の事務）

第八条　図書館協力部においては、次の事務をつかさどる。

一　館法第十七条第二号及び第三号に規定する事務のほか、行政及び司法の各部門に対する図書館サービスの連絡調整に関すること。

二　図書館及び図書館情報学に関する調査及び研究並びに研修（国際子ども図書館において行うものを除く。）に関すること。

三　視覚障害者用図書館資料の整理に関すること。

四　所属図書館資料の保管及び利用に関すること。

五　館法第二十一条第二号に規定する地方議会等の援助に関すること。

六　図書館、図書館関係団体等との連絡及び協力（収集部及び国際子ども図書館において行うものを除く。）に関すること。

七　図書館による図書館資料（国際子ども図書館に所属するものを除く。）の利用に関すること。

八　出版物の国際交換に関する条約〔別掲〕に基づく出版物の交換並びにそのあっせん及び受託に関すること。

九　国家間における公の出版物及び政府の文書の交換に関する条約〔別掲〕に基づく出版物の交換に関すること。

（国会分館）

第九条　中央の図書館に、国会分館を置く。

2　国会分館は、議事堂内に置く。

3　国会分館においては、次の事務をつかさどる。

一　国会議員、国会職員その他国会関係者の図書館資料の利用に関すること。

二　所属図書館資料の整備及び保管に関すること。

第二章　国際子ども図書館及び支部東洋文庫

（国際子ども図書館）

第十条　国際子ども図書館は、東京都台東区上野公園に置く。

2　国際子ども図書館においては、次の事務をつかさどる。

一　館長の定める児童書（館法第二十二条第一項に規定する図書及びその他の図書館資料をいう。以下この項において同じ。）及びその関連資料の整備、保管及び利用に関すること。

二　前号の児童書及びその関連資料のうちアジア及び中東の諸言語による外国語資料の整理に関すること。

三　第一号の児童書及びその関連資料の複写に関すること。

四　児童書に係る目録及び書誌の作成及び出版に関すること。

五　児童書に関する図書館奉仕の調査及び研究並びに研修に関すること。

六　児童書に関する図書館奉仕に係る図書館、図書館関係団体等との連絡及び協力に関すること。

（支部東洋文庫）

第十一条　財団法人東洋文庫の委託に基づき、国立国会図書館に、支部図書館として、支部東洋文庫を置く。

2　支部東洋文庫は、東京都文京区本駒込に置く。

3　支部東洋文庫においては、館長の定める図書館資料の保管及び利用に関する事務をつかさどる。

第三章　職員等

（職員）

第十二条　国立国会図書館に、館長、副館長及び専門調査員のほか、次の職員を置く。

一　司書
二　調査員
三　参事
四　前三号に掲げる職員以外の職員

（専門調査員の職務）

第十三条　専門調査員は、各専門分野について、館法第十五条第一号から第三号までに規定する事務のうち、特に重要な事項をつかさどる。

（司書の職務）

第十四条　司書は、上司の命を受けて、図書館資料の収集、整理、利用、レファレンス等に関する事務をつかさどる。

（調査員の職務）

第十五条　調査員は、上司の命を受けて、調査、レファレンス等に関する事務をつかさどる。

（参事の職務）

第十六条　参事は、上司の命を受けて、管理運営等に関する事務又は技術をつかさどる。

（第十二条第四号の職員の職務）

第十七条　第十二条第四号に掲げる職員は、上司の命を受けて、事務に従事する。

（局長及び次長）

第十八条　局に、局長及び次長を置く。
2　局長は、上司の命を受けて、局務を掌理する。
3　次長は、局長を助けて、局務を整理する。

（部長）

第十九条　部に部長を置く。
2　部長は、上司の命を受けて、部務を掌理する。

（副部長）

第二十条　部に、副部長若干人を置くことができる。
2　副部長は、部長を助けて、部務を整理する。

（関西館準備室長）

第二十条の二　関西館準備室に、関西館準備室長を置く。
2　関西館準備室長は、上司の命を受けて、関西館準備室の事務を掌理する。

（主幹）

第二十一条　局に、主幹若干人を置く。
2　主幹は、上司の命を受けて、局の所掌する調査事務のうち、特に重要な事項の企画及び調整に参画し、その一部を総括整理し、又は特に重要な事項の調査をつかさどる。

（司書監）

第二十二条　部に、司書監若干人を置くことができる。
2　司書監は、上司の命を受けて、部の所掌事務のうち、特に重要な事項の企画及び調整に参画し、その一部を総括整理し、又は特に重要な事務をつかさどる。

（分館長）

第二十三条　国会分館に、分館長を置く。
2　分館長は、上司の命を受けて、分館の事務を掌理する。

（国際子ども図書館長）

第二十三条の二　館法第二十二条第二項の国際子ども図書館長は、司書のうちから命ずる。

（支部東洋文庫長）

第二十四条　支部東洋文庫に、支部東洋文庫長を置く。
2　支部東洋文庫長は、上司の命を受けて、支部東洋文庫の事務を掌理する。

（課及び課長）
第二十五条　局、部、国会分館及び国際子ども図書館に、課を置く。
2　課に、課長を置く。
3　課長は、上司の命を受けて、課務を掌理する。
（主任調査員）
第二十六条　局に、主任調査員若干人を置く。
2　主任調査員は、上司の命を受けて、局の所掌する調査事務のうち、重要な事項の企画及び調整に参画し、その一部を総括整理し、又は重要な事項の調査をつかさどる。
（主任参事）
第二十七条　総務部に、主任参事若干人を置く。
2　主任参事は、上司の命を受けて、総務部の所掌する事務のうち、重要な事項の企画及び調整に参画し、その一部を総括整理し、又は重要な事務をつかさどる。
（主任司書）
第二十八条　部に、主任司書若干人を置くことができる。
2　主任司書は、上司の命を受けて、部の所掌する事務のうち、重要な事項の企画及び調整に参画し、その一部を総括整理し、又は重要な事務をつかさどる。

第四章　雑則

（行政司法各部門の支部図書館）
第二十九条　行政及び司法の各部門の支部図書館の運営の方法及び制度については、別に定める。
（組織の細目）
第三十条　館法及びこの規程に定めるもののほか、組織の細目は、館長が定める。

附　則〔略〕

○国立国会図書館組織規則　抄

〔昭和六一年五月三〇日
国立国会図書館規則第二号〕

最近改正　平成一三年一二月一八日　国立国会図書館規則第五号

目次

第一章　中央の図書館

第一節　総務部

（総務部の分課）
第四条　総務部に、次の七課を置く。

一　総務課
二　企画課
三　人事課
四　会計課
五　厚生課
六　管理課
七　情報システム課

（総務課）

第五条　総務課においては、次の事務をつかさどる。
一　館務の総合調整に関すること。
二　機密に関すること。
三　国立国会図書館法（昭和二十三年法律第五号。以下「館法」という。）第六条に規定する報告に関すること。
四　両議院の議院運営委員会等との連絡に関すること。
五　国立国会図書館連絡調整委員会の庶務に関すること。
六　国会分館、国際子ども図書館及び支部東洋文庫との連絡調整に関すること。
七　館長印及び館印の保管に関すること。
八　公文書の接受、発送、整理及び保存に関すること。
九　官報掲載に関すること。
十　公文書室に関すること。
十一　館法その他の法規に関すること。
十二　国立国会図書館（以下「館」という。）が著作権を有する著作物の権利の保護及び当該著作物の使用許諾の調整に関すること。
十三　図書館資料の利用に係る著作権処理の調整に関すること。
十四　館法第二十五条の二に規定する過料処分に関すること。
十五　広報に関すること。
十六　館務の統計に関すること。
十七　庁舎（国際子ども図書館の庁舎を除く。第十条第一号において同じ。）内の秩序の維持に関すること。
十八　前各号に掲げるもののほか、館の所掌事務で他の所掌に属しないものに関すること。

（企画課）

第六条　企画課においては、次の事務をつかさどる。
一　館の将来計画の企画及び調査研究（関西館準備室において行うものを除く。）に関すること。
二　館務の合理化の企画、調整及び調査研究に関すること。
三　図書館資料の電子化（磁気ディスクその他これに準ずる方法により一定の事項を確実に記録しておくことができる物に記録することをいう。）の計画の策定に関すること。
四　館の情報システムに接続された電気通信回線を通じて提供する図書館奉仕に関する計画の策定に関すること。
五　前二号の計画の実施の調整に関すること。
2　企画課に、電子図書館推進室を置く。
3　電子図書館推進室は、企画課の所掌事務のうち、第一項第三号から第五号までに掲げる事務をつかさどる。
4　電子図書館推進室に、電子図書館推進室長を置く。
5　電子図書館推進室長は、上司の命を受けて、電子図書館推進室の事務を掌理する。

（情報システム課）

第十一条　情報システム課においては、次の事務をつかさどる。
一　情報システムに関する事務の総合調整に関すること。
二　情報システムの開発及び設計（他部局及び部内他課において

行うものを除く。）に関すること。

三　情報システムの運用及び管理（他部局及び部内他課において行うものを除く。）に関すること。

四　情報処理に係るデータの管理（他部局及び部内他課において行うものを除く。）に関すること。

（関西館準備室）

第十一条の二　関西館準備室においてつかさどる事務は、国立国会図書館組織規程（昭和六十一年国立国会図書館規程第一号。以下「規程」という。）第二条第二項に規定する事務とする。

第二節　調査及び立法考査局

（調査室）

第十二条　調査及び立法考査局（以下この節において「局」という。）に、局が行う調査の事務の水準を高め、かつ、その効率的遂行を図るため、特に次の十二の調査室（以下この節において「室」という。）を設ける。

一　総合調査室
二　法令議会資料調査室
三　政治議会調査室
四　行政法務調査室
五　外交防衛調査室
六　財政金融調査室
七　経済産業調査室
八　農林環境調査室
九　国土交通調査室
十　文教科学技術調査室
十一　社会労働調査室
十二　海外立法情報調査室

（室の主任及び専門調査員）

第十三条　室に、主任を置く。

2　主任には、専門調査員を充てる。

3　主任は、室務を掌理する。

4　室に、主任のほかに、専門分野に応じて専門調査員を置くことができる。

（主幹及び主任調査員）

第十四条　室に、専門調査員のほかに、主幹又は主任調査員を置くことができる。

2　主幹及び主任調査員は、主任の命を受けて、室務をつかさどる。

3　主任は、必要に応じ、主任調査員に課務の一部を処理させることができる。

（総合調査室）

第十五条　総合調査室においては、次の事務をつかさどる。

一　国政審議の対象となることが予測される特に重要な事項に係る長期的かつ総合的な調査の事務のうち重要なものに関すること。

二　調査の事務に係る総合的な企画に関すること。

三　依頼に基づき室において行う調査の調整に関すること。

四　依頼に基づく調査及びレファレンス（依頼に基づき図書館資料その他の情報を用いて局が行う国会議員等に対する奉仕で、容易に行うことができるものをいう。第三十一条第二号を除き、以下この節において同じ。）の総括に関すること。

五　国政審議の参考に供するために局が作成する刊行物その他の情報（館法第八条に規定する法律の索引を含む。以下この節において「局刊行物等」という。）の内容の審査に関すること。

2　総合調査室の主任は、調査企画課及び国会レファレンス課の事務につき、必要に応じ、調査企画課長及び国会レファレンス課長に対して、指示することができる。

（法令議会資料調査室）

第十六条　法令議会資料調査室においては、法令資料及び議会資料並びに内外の法令及び立法事情に関する調査の事務のうち重要なものをつかさどる（海外立法情報調査室において行うものを除く。）。

2　法令議会資料調査室の主任は、法令議会資料課の調査の事務につき、必要に応じ、法令議会資料課長に対して、指示することができる。

（政治議会調査室）

第十七条　政治議会調査室においては、次に掲げる事項に関する調査の事務のうち重要なものをつかさどる。

一　憲法に関すること（他の室の所掌に属する事項に係るものを除く。）。
二　両議院の憲法調査会の所掌に属する事項に関すること。
三　議会（地方議会を除く。）に関すること。
四　内閣に関すること。
五　政党に関すること。
六　選挙に関すること。
七　政治資金に関すること。
八　前各号に掲げる事項のほか、政治制度、政治過程及び政治一般に関すること。

2　政治議会調査室の主任は、政治議会課の調査の事務につき、必要に応じ、政治議会課長に対して、指示することができる。

（行政法務調査室）

第十八条　行政法務調査室においては、次に掲げる事項に関する調査の事務のうち重要なものをつかさどる。

一　行政組織、行政手続その他の行政制度一般に関すること。
二　行政の評価及び監視並びに政策評価一般に関すること。
三　公法人一般及び独立行政法人一般に関すること。
四　公務員制度に関すること。
五　栄典制度に関すること（他の室の所掌に属するものを除く。）。
六　地方議会、地方行政一般その他の地方自治（地方財政を除く。）に関すること。
七　消防に関すること。
八　警察に関すること。
九　民事法制及び刑事法制に関すること。
十　前号に掲げる事項のほか、法務行政に関すること。
十一　人権に関すること（他の室の所掌に属する事項に係るものを除く。）。
十二　司法制度に関すること。

2　行政法務調査室の主任は、行政法務課の調査の事務につき、必要に応じ、行政法務課長に対して、指示することができる。

（外交防衛調査室）

第十九条　外交防衛調査室においては、次に掲げる事項に関する調査の事務のうち重要なものをつかさどる。

一　外交及び国際政治に関すること。
二　国際法に関すること。
三　防衛その他の安全保障に関すること。
四　国際連合及び国際機関一般に関すること。

2　外交防衛調査室の主任は、外交防衛課の調査の事務につき、必要に応じ、外交防衛課長に対して、指示することができる。

（財政金融調査室）

第二十条 財政金融調査室においては、次に掲げる事項に関する調査の事務のうち重要なものをつかさどる。
一 予算、決算その他の財政（地方財政を含む。）に関すること。
二 租税（関税を除き、地方税を含む。）に関すること。
三 通貨及び外国為替並びに国際金融に関すること。
四 銀行、保険及び証券並びに郵便貯金及び簡易生命保険に関すること。
五 前二号に掲げる事項のほか、金融に関すること。
六 景気その他の短期の経済動向及び短期の経済運営に関すること。
七 物価に関すること。
八 会計制度に関すること。
九 他の室の所掌に属しない経済一般の理論に関すること。
2 財政金融調査室の主任は、財政金融課の調査の事務につき、必要に応じ、財政金融課長に対して、指示することができる。

（経済産業調査室）

第二十一条 経済産業調査室においては、次に掲げる事項に関する調査の事務のうち重要なものをつかさどる。
一 中長期の経済運営及び国民経済計算に関すること。
二 産業政策及び産業立地に関すること。
三 企業に関すること。
四 商鉱工業に関すること。
五 工業所有権及び工業標準に関すること。
六 第二号から前号までに掲げる事項のほか、他の室の所掌に属しない産業一般に関すること。
七 通商（関税を含む。）に関すること。
八 経済協力に関すること。
九 国際経済（国際金融を除く。）に関すること。
十 資源及びエネルギーに関すること。
十一 公正取引及び消費者保護に関すること。
2 経済産業調査室の主任は、経済産業課の調査の事務につき、必要に応じ、経済産業課長に対して、指示することができる。

（農林環境調査室）

第二十二条 農林環境調査室においては、次に掲げる事項に関する調査の事務のうち重要なものをつかさどる。
一 農業に関すること。
二 林業に関すること。
三 水産業に関すること。
四 農山漁村に関すること。
五 食料に関すること。
六 地球環境保全、公害及び自然環境の保護に関すること。
七 前号に掲げる事項のほか、環境に関すること。
2 農林環境調査室の主任は、農林環境課の調査の事務につき、必要に応じ、農林環境課長に対して、指示することができる。

（国土交通調査室）

第二十三条 国土交通調査室においては、次に掲げる事項に関する調査の事務のうち重要なものをつかさどる。
一 国土の利用、開発及び保全並びに社会資本の整備に関すること。
二 土地、水資源及び住宅に関すること。
三 自然災害に関すること。
四 前三号に掲げる事項のほか、国土及び建設に関すること。
五 交通体系、運輸その他の交通に関すること。

六　観光に関すること。
七　気象に関すること。
八　海上保安に関すること。
九　電気通信、放送その他の情報通信に関すること。
十　郵便（郵便貯金及び簡易生命保険を除く。）に関すること。
2　国土交通調査室の主任は、国土交通課の調査の事務につき、必要に応じ、国土交通課長に対して、指示することができる。

（文教科学技術調査室）

第二十四条　文教科学技術調査室においては、次に掲げる事項に関する調査の事務のうち重要なものをつかさどる。
一　学校教育、社会教育、生涯学習その他の教育に関すること。
二　学術の振興、研究者の養成その他の学術に関すること。
三　科学技術政策、科学技術に関する研究開発その他の科学技術に関すること。
四　スポーツに関すること。
五　芸術、著作権、文化財その他の文化に関すること。
六　宗教に関すること。
2　文教科学技術調査室の主任は、文教科学技術課の調査の事務につき、必要に応じ、文教科学技術課長に対して、指示することができる。

（社会労働調査室）

第二十五条　社会労働調査室においては、次に掲げる事項に関する調査の事務のうち重要なものをつかさどる。
一　社会保障に関すること。
二　社会福祉に関すること。
三　保健、医療、薬事その他公衆衛生に関すること。
四　前三号に掲げる事項のほか、厚生に関すること。
五　雇用及び労働市場に関すること。
六　労働条件及び労働災害に関すること。
七　労使関係及び労働組合に関すること。
八　前三号に掲げるもののほか、労働に関すること。
九　人口問題に関すること。
十　援護に関すること。
2　社会労働調査室の主任は、社会労働課の調査の事務につき、必要に応じ、社会労働課長に対して、指示することができる。

（海外立法情報調査室）

第二十六条　海外立法情報調査室においては、最新の海外の立法動向その他の立法事情及び政策動向その他の一般事情に関する調査の事務のうち重要なものをつかさどる。
2　海外立法情報調査室の主任は、海外立法情報課の調査の事務につき、必要に応じ、海外立法情報課長に対して、指示することができる。

（調査及び立法考査局の分課）

第二十七条　局に、次の十四課を置く。
一　調査企画課
二　国会レファレンス課
三　電子情報サービス課
四　法令議会資料課
五　政治議会課
六　行政法務課
七　外交防衛課
八　財政金融課
九　経済産業課
十　農林環境課

十一　国土交通課
十二　文教科学技術課
十三　社会労働課
十四　海外立法情報課

第三節　収集部

（収集企画室、資料調整室及び資料保存対策室）

第四十二条　収集部に、図書館資料の収集、整理及び保存に係る事務をそれぞれ総合的に調整し、これを効率的に処理するため、特に収集企画室、資料調整室及び資料保存対策室（以下この節において「室」という。）を設ける。

（収集企画室）

第四十三条　収集企画室においては、蔵書構成の方針、収集計画の策定、選書の総括その他図書館資料の収集に係る企画及び調整に関する事務を行う。

（資料調整室）

第四十四条　資料調整室においては、図書館資料の資料区分、取扱区分及び整理区分の決定その他図書館資料の処理に係る調整に関する事務を行う。

（資料保存対策室）

第四十五条　資料保存対策室においては、次の事務をつかさどる。

一　図書館資料の保存対策の企画及び調整並びに調査及び研究に関すること。
二　図書館資料資源の保存に関する国内及び国外の図書館等との連絡及び協力に関すること。
三　国際図書館連盟保存コア・プログラムのアジア地域センターに関すること。

（室の長）

第四十六条　室に、室長を置く。
2　室長には、司書監又は主任司書を充てる。
3　室長は、上司の命を受けて、室の事務を掌理する。

（室に置く職員）

第四十七条　室に、室長のほかに、職員を置くことができる。
2　前項の職員は、室長の命を受けて、室務をつかさどる。

（収集部の分課）

第四十八条　収集部に、次の四課を置く。

一　収集課
二　国内資料課
三　外国資料課
四　資料保存課

（収集課）

第四十九条　収集課においては、次の事務をつかさどる。

一　収集計画及び選書の実施に関すること。
二　前号の事務に必要な情報の収集及び調査に関すること。
三　館法第二十三条に規定する図書館資料の購入、納本、寄贈、遺贈、交換又は移管による受入れ並びに移管、交換及び処分に関すること。
四　図書館資料の受理に関すること。
五　図書館資料の資料区分及び取扱区分の決定に関すること。
六　図書館資料（逐次刊行物を除く。）の受理記録の作成及び維持に関すること。
七　図書館資料の登録に関すること。
八　博士論文の整理並びに博士論文の目録の作成及び出版に関すること。
九　館法第二十五条第四項に規定する目録の送付に関すること。

十　納本制度審議会の庶務に関すること。
十一　収集企画室及び資料調整室の事務に関すること。
十二　部内庶務の総括及び部務の調整に関すること。
十三　前各号に掲げるもののほか、部の所掌事務で他の所掌に属しないものに関すること。

（国内資料課）
第五十条　国内資料課においては、次の事務をつかさどる。
一　和図書（特に定めるものを除く。以下この条において同じ。）の整理区分及び和図書のうち主題分析の容易なものの選定に関すること。
二　和図書の整理（主題分析の容易な和図書以外の和図書に係る整理に限る。）のうち記述並びにタイトル標目及び著者標目の付与に関すること。
三　前号のタイトル標目及び著者標目に係る典拠データの作成に関すること。
四　国内の逐次刊行物の受理（収集課において行うものを除く。）に関すること。
五　国内の逐次刊行物（特に定めるものを除く。）の受理記録の作成及び維持に関すること。
六　和逐次刊行物の整理に関すること。
七　前号の資料の入力済書誌データの内容の維持及び管理に関すること。
八　第四号の資料に係る館法第七条に規定する国内の出版物の目録又は索引（以下「全国書誌」という。）の作成及び出版に関すること。
九　第六号の資料の所蔵目録の作成及び出版に関すること。
十　第六号の資料の閲覧用目録の作成、維持及び管理に関すること。
十一　国際逐次刊行物データシステムに関すること。

（外国資料課）
第五十一条　外国資料課においては、次の事務をつかさどる。
一　洋図書（特に定めるものを除く。）の整理区分に関すること。
二　前号の資料の整理に関すること。
三　第一号の資料の入力済書誌データの内容の維持及び管理に関すること。
四　外国の逐次刊行物の受理（収集課において行うものを除く。）に関すること。
五　外国の逐次刊行物（特に定めるものを除く。）の受理記録の作成及び維持に関すること。
六　洋逐次刊行物（特に定めるものを除く。）の整理に関すること。
七　前号の資料の入力済書誌データの内容の維持及び管理に関すること。
八　第六号の資料の所蔵目録の作成及び出版に関すること。
九　第一号及び第六号の資料の閲覧用目録の作成、維持及び管理に関すること。

（資料保存課）
第五十二条　資料保存課においては、次の事務をつかさどる。
一　図書館資料の保存計画の実施（他部局において行うものを除く。）に関すること。
二　図書館資料その他の資料の製本計画及び実施に関すること。
三　図書館資料の製本及び保存の技術的研究に関すること。
四　資料保存対策室の事務に関すること。

第四節　図書部

（図書部の分課）

第五十三条　図書部に、次の四課を置く。

一　図書整理課
二　書誌課
三　古典籍課
四　図書閲覧課

（図書整理課）

第五十四条　図書整理課においては、次の事務をつかさどる。

一　和図書（特に定めるものを除く。以下この条において同じ。）の整理（収集部において行うものを除く。）に関すること。
二　電磁的資料の整理（専門資料部及び図書館協力部において行うものを除く。）に関すること。
三　和図書の標目に係る典拠データの作成（収集部において行うものを除く。）及び電磁的資料（図書部において整理するものに限る。以下この条において同じ。）の標目に係る典拠データの作成に関すること。
四　和図書及び電磁的資料の標目に係る典拠ファイルの作成に関すること。
五　前号の典拠ファイルの内容の維持及び管理に関すること。
六　図書館資料（逐次刊行物、音楽資料、映像資料及び地図を除く。）に係る全国書誌の作成及び出版に関すること。
七　和図書及び電磁的資料の事務用基本目録の維持及び管理に関すること。
八　和図書及び電磁的資料の閲覧用目録の作成、維持及び管理に関すること。
九　部内庶務の総括及び部務の調整に関すること。
十　前各号に掲げるもののほか、部の所掌事務で他の所掌に属しないものに関すること。

（書誌課）

第五十五条　書誌課においては、次の事務をつかさどる。

一　全国書誌の作成及び出版の総括及び調整に関すること。
二　蔵書目録の作成及び出版に関すること。
三　和図書の書誌データの遡及入力に関すること。
四　総合目録の作成に関すること。

（古典籍課）

第五十六条　古典籍課においては、次の事務をつかさどる。

一　貴重書、準貴重書、古典籍その他特に定める図書館資料の整理、保管、利用及びレファレンス並びに書誌の作成及び出版に関すること。
二　前号の資料のマイクロ化、復刻及び翻刻に関すること。
三　古典籍資料室に関すること。

（図書閲覧課）

第五十七条　図書閲覧課においては、次の事務をつかさどる。

一　図書類（他部局及び古典籍課に所属するものを除く。）の保管及び利用に関すること。
二　前号の資料のマイクロ化に関すること。
三　第一閲覧室に関すること。
四　所属書庫の管理に関すること。

第五節　逐次刊行物部

（逐次刊行物部の分課）

第五十八条　逐次刊行物部に、次の四課を置く。

一　雑誌課
二　新聞課
三　複写課

四　索引課

（雑誌課）

第五十九条　雑誌課においては、次の事務をつかさどる。

一　雑誌類（他部局に所属するものを除く。）の保管、利用及びレファレンスに関すること。

二　前号の資料のマイクロ化に関すること。

三　新館の資料案内に関すること。

四　新館の入退館システムの管理に関すること。

五　第二閲覧室及び第三閲覧室に関すること。

六　所属書庫の管理に関すること。

七　部内庶務の総括及び部務の調整に関すること。

八　前各号に掲げるもののほか、他の所掌事務で他の所掌に属しないものに関すること。

（新聞課）

第六十条　新聞課においては、次の事務をつかさどる。

一　新聞類（他部局に所属するものを除く。）の保管、利用及びレファレンスに関すること。

二　新聞類に係る書誌の作成及び出版に関すること。

三　第一号の資料のマイクロ化に関すること。

四　新聞閲覧室に関すること。

五　所属書庫の管理に関すること。

（複写課）

第六十一条　複写課においては、次の事務をつかさどる。

一　図書館資料その他の資料（国際子ども図書館に所属するものを除く。）の複写に関すること。

二　図書館の複写と著作権に係る調査及び研究に関すること。

三　複写技術及びマイクロ写真技術の調査及び研究に関すること。

（索引課）

第六十二条　索引課においては、次の事務をつかさどる。

一　国内の逐次刊行物の記事、論文等の索引に係る入力書誌データの作成に関すること。

二　前号の索引の入力済書誌データの内容の維持及び管理並びに利用に関すること。

三　前号のデータに基づく索引の作成及び出版に関すること。

第六節　専門資料部

（専門資料部の分課）

第六十三条　専門資料部に、次の六課を置く。

一　参考課

二　官庁資料課

三　政治史料課

四　科学技術資料課

五　アジア資料課

六　特別資料課

（参考課）

第六十四条　参考課においては、次の事務をつかさどる。

一　レファレンス及び書誌事務の部内他課又は他部局との連絡及び調整に関すること。

二　人文科学及び社会科学分野の資料のレファレンス（部内他課又は他部局において行うものを除く。）に関すること。

三　前号の資料の書誌の作成及び出版（部内他課又は他部局において行うものを除く。）に関すること。

四　日本関係外国語資料の書誌の作成及び出版に関すること。

五　前三号の事務に必要な資料の整備に関すること。

六　所属図書館資料の整備、保管及び利用に関すること。
七　本館の資料案内に関すること。
八　閲覧事務（国会分館、国際子ども図書館及び支部東洋文庫において行うものを除く。）の総括及び調整に関すること。
九　入退館システムの総括及び調整並びに本館の入退館システムの管理に関すること。
十　参考図書室及び一般研究室に関すること。
十一　部内庶務の総括及び部務の調整に関すること。
十二　前各号に掲げるもののほか、部の所掌事務で他の所掌に属しないものに関すること。

（官庁資料課）

第六十五条　官庁資料課においては、次の事務をつかさどる。
一　官庁資料及び政府間国際機関資料のレファレンスに関すること。
二　前号の資料の書誌の作成及び出版に関すること。
三　前二号の事務に必要な資料の整備に関すること。
四　特に定める官庁資料及び政府間国際機関資料の整理、保管及び利用に関すること。
五　官庁・国際機関資料室に関すること。

（政治史料課）

第六十六条　政治史料課においては、次の事務をつかさどる。
一　日本の近代及び現代政治史料の収集に係る調査並びに整理、保管及び利用に関すること。
二　日本の近代及び現代政治史関係資料のレファレンスに関すること。
三　前号の資料の書誌の作成及び出版に関すること。
四　前二号の事務に必要な資料の整備に関すること。

五　憲政資料室に関すること。

（科学技術資料課）

第六十七条　科学技術資料課においては、次の事務をつかさどる。
一　科学技術関係資料のレファレンスに関すること。
二　前号の資料の書誌の作成及び出版に関すること。
三　前二号の事務に必要な資料の整備に関すること。
四　特に定める科学技術関係資料の整理、保管及び利用に関すること。
五　特に定める科学技術関係書誌情報の入力又は入力データの作成並びに入力済書誌データの内容の維持及び管理に関すること。
六　科学技術資料室に関すること。
七　科学技術関係資料整備審議会の庶務に関すること。

（アジア資料課）

第六十八条　アジア資料課においては、次の事務をつかさどる。
一　アジア・中東関係資料のレファレンスに関すること。
二　前号の資料の書誌の作成及び出版に関すること。
三　前二号の事務に必要な資料の整備に関すること。
四　アジア及び中東の諸言語による外国資料のうち特に定めるものの整理、保管及び利用に関すること。
五　アジア資料室に関すること。

（特別資料課）

第六十九条　特別資料課においては、次の事務をつかさどる。
一　日本移民資料等の特別のコレクション及び音楽資料、映像資料、地図その他の特に定める非図書資料のレファレンスに関すること。
二　電磁的資料（前号の資料及び部内他課又は他部局に所属する

資料を除く。）のレファレンスに関すること。
三　前二号の資料の書誌の作成及び出版に関すること。
四　前三号の事務に必要な資料の整備に関すること。
五　第一号及び第二号の資料の保管及び利用に関すること。
六　第一号の資料及び特に定める電磁的資料の整理に関すること。
七　第一号の非図書資料のうち国内刊行のものに係る入力書誌データの作成並びに入力済書誌データの維持及び管理に関すること。
八　音楽資料、映像資料及び地図に係る全国書誌の作成及び出版に関すること。
九　特別資料室、電子資料室、音楽・映像資料室及び地図室に関すること。

第七節　図書館協力部

（図書館研究所及び視覚障害者図書館協力室）

第七十条　図書館協力部に、各種図書館との協力関係の基盤を整備し、その円滑な連携協力を推進するため、特に図書館研究所及び視覚障害者図書館協力室（以下この節において「室等」という。）を設ける。

（図書館研究所）

第七十一条　図書館研究所においては、次の事務を行う。
一　図書館及び図書館情報学に関する情報の収集並びに調査及び研究（国際子ども図書館において行うものを除く。）に関すること。
二　職員及び図書館関係者に対する図書館及び図書館情報学に係る研修の企画及び立案に関すること。
三　図書館の管理運営の技術的援助に関すること。

（視覚障害者図書館協力室）

第七十二条　視覚障害者図書館協力室においては、次の事務を行う。
一　国内の図書館が行う視覚障害者図書館サービスに対する援助の企画及び立案に関すること。
二　前号に規定する図書館その他の関係諸機関との協力に関すること。
三　視覚障害者に対する書誌情報サービスの整備に係る調査及び研究に関すること。
四　学術文献を録音した磁気テープ又は光ディスク（以下この節において「学術文献録音テープ等」という。）の製作の企画及び調整に関すること。

（室等の長）

第七十三条　図書館研究所に所長を、視覚障害者図書館協力室に室長を置く。
2　所長及び室長には、司書監又は主任司書を充てる。
3　所長及び室長は、上司の命を受けて、室等の事務を掌理する。

（室等に置く職員）

第七十四条　室等に、所長又は室長のほかに、職員を置くことができる。
2　前項の職員は、所長又は室長の命を受けて、室等の事務をつかさどる。

（図書館協力部の分課）

第七十五条　図書館協力部に、次の三課を置く。
一　支部図書館課
二　国内協力課
三　国際協力課

（支部図書館課）

第七十六条　支部図書館課においては、次の事務をつかさどる。
一　館法第三条に規定する支部図書館のうち行政及び司法の各部門の支部図書館（以下「行政司法各部門の支部図書館」という。）の設立に関すること。
二　館法第十七条第二号に規定する行政司法各部門の支部図書館の運営の方法及び制度に関すること。
三　館法第十七条第三号に規定する年報その他の特別報告に関すること。
四　前三号に掲げるもののほか、行政及び司法の各部門に対する図書館サービスの連絡調整に関すること。
五　図書館及び図書館情報学関係分野の資料に係るレファレンス並びに書誌の作成及び出版に関すること。
六　前号の事務に必要な資料の整備に関すること。
七　図書館情報学関係資料の保管及び利用に関すること。
八　職員及び図書館関係者の研修（他部局において行うものを除く。）に関すること。
九　図書館研究所の事務に関すること。
十　図書館学資料室に関すること。
十一　部内庶務の総括及び部務の調整に関すること。
十二　前各号に掲げるもののほか、部の所掌事務で他の所掌に属しないものに関すること。

（国内協力課）

第七十七条　国内協力課においては、次の事務をつかさどる。
一　地方議会図書室等の援助に関すること。
二　国内の図書館、図書館関係団体等との連絡及び協力（収集部及び国際子ども図書館において行うものを除く。）に関すること。
三　国内の図書館による図書館資料（国際子ども図書館に所属するものを除く。）の利用に関すること。
四　視覚障害者用図書館資料の整理、保管、貸出し及びレファレンス並びに書誌の作成及び出版に関すること。
五　前号の資料のうち国内のものに係る入力書誌データの作成並びに入力済書誌データの内容の維持及び管理に関すること。
六　学術文献録音テープ等の製作、保管及び貸出し並びに書誌の作成及び出版に関すること。
七　点字図書及び視覚障害者用録音図書（第五号の資料を除く。）の入力書誌データの作成並びに入力済書誌データの維持及び管理に関すること。
八　前号のデータに基づく全国総合目録の作成及び出版に関すること。
九　視覚障害者図書館協力室の事務に関すること。

（国際協力課）

第七十八条　国際協力課においては、次の事務をつかさどる。
一　国際機関又は外国機関との図書館活動の連絡及び協力（収集部及び国際子ども図書館において行うものを除く。）に関すること。
二　外国との通信文書その他の公文書の翻訳に関すること。
三　図書館資料（国際子ども図書館に所属するものを除く。）の国際的利用に関すること。
四　出版物の国際交換に関する条約に基づく出版物の交換並びにそのあっせん及び受託に関すること。
五　国家間における公の出版物及び政府の文書の交換に関する条約に基づく出版物の交換に関すること。

六　前二号に規定するもののほか、国際的取決めに基づく出版物の国際交換に関すること。
七　図書館資料の国際的な寄贈及び寄託に関すること。

第八節　国会分館

（国会分館の課）
第七十九条　国会分館に、閲覧課を置く。
（閲覧課）
第八十条　閲覧課においては、次の事務をつかさどる。
一　所属図書館資料の整備、保管、利用及びレファレンスに関すること。
二　図書館資料の議事堂内における利用に関すること。
三　所属閲覧室に関すること。
四　所属書庫の管理に関すること。
五　国会分館内の庶務に関すること。

第二章　国際子ども図書館及び支部東洋文庫

第一節　国際子ども図書館

（国際子ども図書館の分課）
第八十一条　国際子ども図書館に、次の二課を置く。
一　企画協力課
二　資料情報課
（企画協力課）
第八十二条　企画協力課においては、次の事務をつかさどる。
一　国際子ども図書館の事務の企画及び調整並びに国際子ども図書館内の庶務の総括に関すること。
二　児童書（館法第二十二条第一項に規定する図書及びその他の図書館資料をいう。以下この節において同じ。）に関する図書館奉仕の調査及び研究に関すること。
三　職員及び図書館関係者に対する児童書に関する図書館奉仕に係る研修に関すること。
四　児童書に関する図書館奉仕に係る図書館、図書館関係団体等との連絡及び協力に関すること。
五　国際子ども図書館の庁舎の管理に関すること。
六　前各号に掲げるもののほか、国際子ども図書館の所掌事務で他の所掌に属しないものに関すること。
（資料情報課）
第八十三条　資料情報課においては、次の事務をつかさどる。
一　規程第十条第二項第一号の資料の整備、保管、閲覧、複写及び貸出しに関すること。
二　前号の資料のうちアジア及び中東の諸言語による外国語資料の整理に関すること。
三　児童書及びその関連資料のレファレンスに関すること。
四　児童書に係る目録及び書誌の作成及び出版に関すること。
五　国際子ども図書館において行う展示に関すること。
六　国際子ども図書館の閲覧室に関すること。

第二節　支部東洋文庫

（支部東洋文庫長）
第八十四条　支部東洋文庫の支部図書館長は、支部東洋文庫長とする。
（支部東洋文庫）
第八十五条　支部東洋文庫においてつかさどる事務は、規程第十一条第三項に規定する事務とする。

第三章　雑則

（課長補佐、係長等）
第八十六条　総務部の各課、調査及び立法考査局の調査企画課、国会レファレンス課、電子情報サービス課及び法令議会資料課、収集部の各課、図書部の各課、逐次刊行物部の各課、専門資料部の各課、図書館協力部の各課、国会分館の閲覧課並びに国際子ども図書館の各課に、それぞれ、課長補佐及び係長を置く。
2　支部東洋文庫に、支部東洋文庫長補佐及び係長を置く。
3　課長補佐又は支部東洋文庫長補佐は、上司の命を受けて、課長若しくは支部東洋文庫長の職務遂行を補佐し、又は課若しくは支部東洋文庫の事務を分担する。
4　係長は、上司の命を受けて、係の事務をつかさどる。

（主査及び副主査）

第八十七条　総務部の関西館準備室並びに調査及び立法考査局の政治議会課、行政法務課、外交防衛課、財政金融課、経済産業課、農林環境課、国土交通課、文教科学技術課、社会労働課及び海外立法情報課に、主査又は副主査を置く。
2　総務部の情報システム課、調査及び立法考査局の調査企画課、国会レファレンス課、電子情報サービス課及び法令議会資料課、収集部の各課、図書部の各課、逐次刊行物部の各課、専門資料部の各課、図書館協力部の各課、国会分館の閲覧課、国際子ども図書館の各課並びに支部東洋文庫に、課長補佐又は支部東洋文庫長補佐及び係長の所掌に属しない事務をつかさどらせるため、特に主査又は副主査を置く。
3　総務部の総務課、企画課、人事課、会計課、厚生課及び管理課に、電子図書館推進室長、課長補佐及び係長の所掌に属しない事務をつかさどらせるため、主査又は副主査を置くことができる。
4　主査は、上司の命を受けて、関西館準備室、課又は支部東洋文庫の高度な専門的事務及び特に命じられた事務をつかさどる。
5　副主査は、上司の命を受けて、関西館準備室、課又は支部東洋文庫の相当高度な専門的事務及び特に命じられた事務をつかさどる。

附　則〔略〕

(参考) 国立国会図書館組織図

(平成13年4月1日現在)

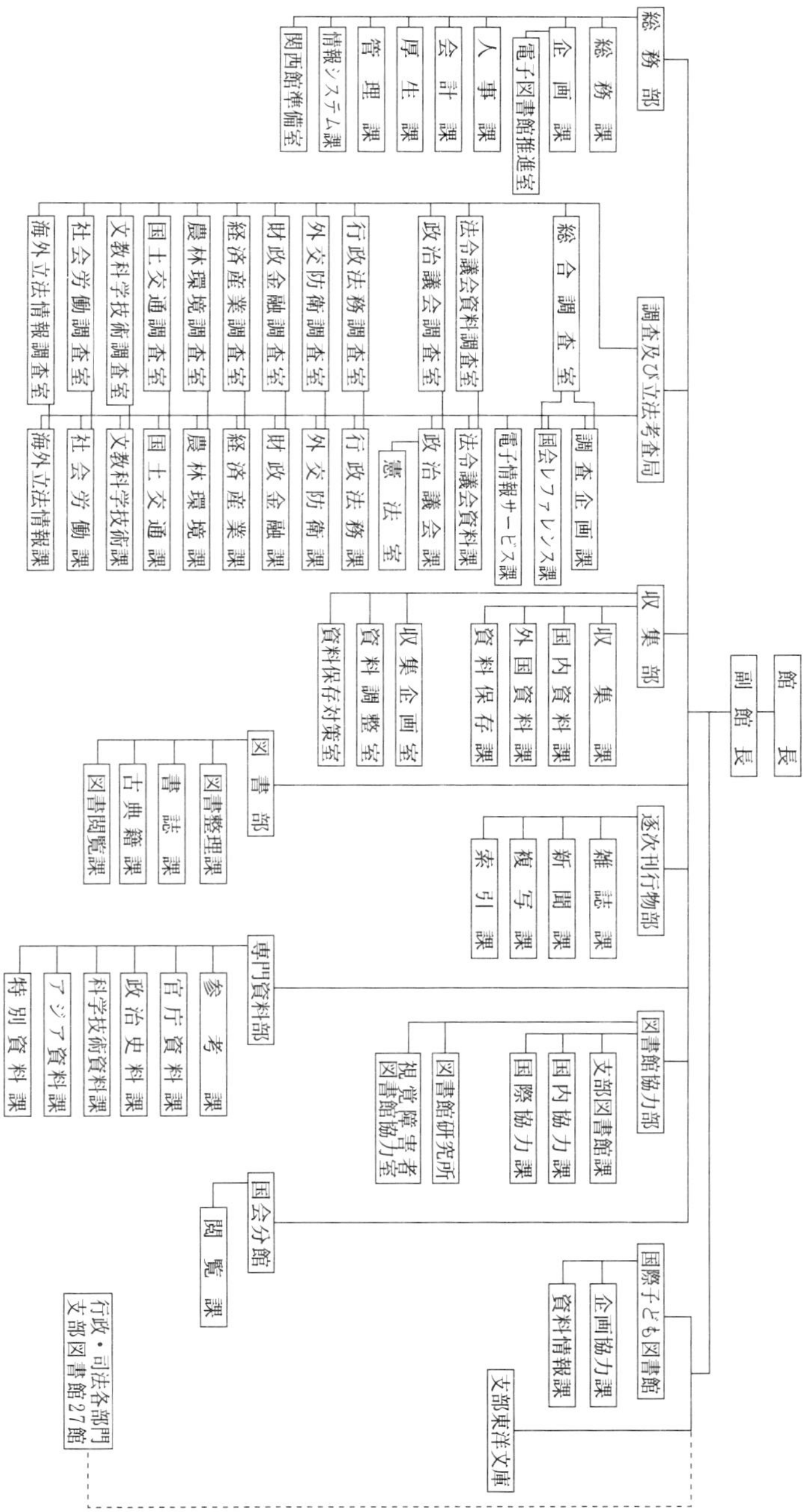

館長
副館長
総務部
総務課
企画課
電子図書館推進室
人事課
会計課
厚生課
管理課
情報システム課
関西館準備室
調査及び立法考査局
総合調査室
法令議会資料調査室
政治議会調査室
行政法務調査室
外交防衛調査室
財政金融調査室
経済産業調査室
農林環境調査室
国土交通調査室
文教科学技術調査室
社会労働調査室
海外立法情報調査室
調査企画課
国会レファレンス課
電子情報サービス課
法令議会資料課
政治議会課
憲法室
行政法務課
外交防衛課
財政金融課
経済産業課
農林環境課
国土交通課
文教科学技術課
社会労働課
海外立法情報課
収集部
収集課
国内資料課
外国資料課
資料保存課
収集企画室
資料調整室
資料保存対策室
逐次刊行物部
雑誌課
新聞課
複写課
索引課
図書部
図書整理課
書誌課
古典籍課
図書閲覧課
図書館協力部
支部図書館課
国内協力課
国際協力課
図書館研究所
視覚障害者図書館協力室
専門資料部
参考課
官庁資料課
政治史料課
科学技術資料課
アジア資料課
特別資料課
国会分館
閲覧課
国際子ども図書館
企画協力課
資料情報課
支部東洋文庫
行政・司法各部門支部図書館27館

国立国会図書館資料収集の指針

〔平成五年六月一一日　館長決定第二号〕

最近改正　平成一二年九月二二日　館長決定第八号

国立国会図書館図書収集の指針（昭和四十六年館長決定第二号）の全部を改正し、平成五年六月十一日から施行する。

（収集の目的及び基本方針）

1　図書その他の図書館資料（以下「資料」という。）の収集は、時代の進展に対応した蔵書の構築を図り、もって国立国会図書館法（以下「法」という。）第二条に規定する国立国会図書館（以下「館」という。）の目的の達成に資するため行うものとし、国内の資料については、わが国の文化財及び情報資源として広く収集し、外国の資料については、選択的に収集する。

（国内の資料）

2　新たに刊行される国内の資料は、発行者からの寄贈若しくは遺贈又は法第二十四条から第二十五条までの規定に基づく納入によるほか、利用と保存のため複数部数を必要とするものについては、購入その他の方法により収集し、未収の国内の資料は、購入、寄贈、寄託、マイクロフィルム化その他の方法により収集に努める。

（外国の資料）

3　外国の資料は、次に掲げる主題又は分野に特に留意して、媒体を問わず、購入、国際交換、寄贈その他の方法により選択的に収集する。

一　法令・議会資料
二　日本関係資料
三　参考図書
四　科学技術関係資料
五　国際機関及び外国政府関係資料
六　児童書及びその関連資料
七　アジアを主題とする資料

（国内のネットワーク電子出版物等）

4　国内において発信されたネットワーク系電子出版物（電気通信回線を通じて公表された文字、映像、音又はプログラムをいう。）は、館がその提供するサービスのために必要又は有用と認めるものを、納入以外の方法により選択的に収集する。

（立法関係資料等）

5　第二項から第四項までの規定によるもののほか、国会議員の職務の遂行に資するための資料又は情報は、その形態、種類等にかかわらずできる限り速やかに収集し、又は利用を図る。

（複製による蔵書の維持）

6　収集した国内の資料については、蔵書としての原資料の保存又は適切な利用を図る必要がある場合には、マイクロフィルム化、電子化その他の方法による複製を行う。

（図書館等との協力）

7　資料の収集にあたっては、全国の各種図書館又は資料所蔵機関と必要な情報を交換し、収集協力の体制の確立を図る。

（資料収集方針書の作成）

8　この指針に基づき、収集すべき資料の形態、種類、範囲、言語、主題及び優先順位並びにその他収集にあたって必要な事項を記載した資料収集方針書を別に定める。

（指針の改正）

9　この指針は、利用者の要請、出版物の多様化、印刷技術又は情報通信技術の発展等に対応して、おおむね五年毎に見直し、必要な改正を行う。

○国立国会図書館資料利用規則

〔昭和六一年八月二八日　国立国会図書館規則第五号〕

最近改正　平成一三年一二月一八日　国立国会図書館規則第四号

目次

第一章　総則

（適用範囲）

第一条　国立国会図書館（支部図書館及び国会分館を除く。以下「館」という。）における行政及び司法の各部門、国内の図書館、調査研究機関並びに一般公衆による図書その他の図書館資料（以下「資料」という。）の利用は、別に定めるものを除き、この規則の定めるところによる。

（利用の方法）

第二条　この規則による資料の利用の方法は、閲覧、複写、図書館間貸出及びレファレンスとする。

（一般公衆で利用できる者）

第三条　一般公衆で資料を利用することができる者は、満二十歳以上の者とする。ただし、満十八歳未満の者であつても、館長が特に認めた場合は、資料を利用することができる。

（利用の料金）

第四条　資料の利用は、別に定めるものを除き、無料とする。

（資料の利用に係る業務の休止）

第四条の二　館長は、特に必要があると認めるときは、臨時に、資料の一部又は全部について、その利用に係る業務の一部又は全部を休止することができる。この場合においては、やむを得ない事情があるときを除き、あらかじめ公示するものとする。

第二章　閲覧

第一節　通則

（閲覧室）

第五条　閲覧室は、次のとおりとする。

一　第一閲覧室
二　第二閲覧室
三　第三閲覧室
四　一般研究室
五　参考図書室
六　新聞閲覧室
七　科学技術資料室
八　法令議会資料室
九　官庁・国際機関資料室
十　特別資料室
十一　地図室
十二　図書館学資料室
十三　アジア資料室
十四　憲政資料室
十五　古典籍資料室
十六　音楽・映像資料室
十七　電子資料室

（一般研究室の利用）

第六条　一般研究室を利用することができる者は、次の各号に掲げる者とする。

一　公用の研究又は調査のため必要があると認められる者
二　学術研究又は調査のため必要があると認められる者
三　大学院に在学する学生で必要があると認められるもの
四　前三号に掲げる者のほか館長が特に認めた者

2　一般研究室を利用しようとする者は、あらかじめ、一般研究室利用申込書（別紙様式第一〔略〕）を提出し、承認を受けなければならない。

3　前項の承認を受けた者（以下「一般研究室の利用者」という。）には、一般研究室利用証（別紙様式第二〔略〕）を交付する。

（閲覧時間等）

第七条　各閲覧室における閲覧時間は、次のとおりとする。

一　第五条第一号から第三号まで及び第九号から第十七号までに掲げる閲覧室については、午前九時三十分から午後五時まで

二　第五条第四号から第八号までに掲げる閲覧室については、午前九時三十分から午後七時まで（土曜日にあつては、午前九時

三十分から午後五時まで）

2　第五条第四号から第八号までに掲げる閲覧室を午後五時以降利用することができる者は、一般研究室の利用者とする。

（閲覧業務を行わない日）

第八条　次の各号に掲げる日においては、閲覧業務を行わないものとする。

一　日曜日並びに毎月の第一土曜日及び第三土曜日を除く土曜日（第五条第十号、第十六号及び第十七号に掲げる閲覧室については、日曜日及び毎月の第三土曜日を除く土曜日）

二　国民の祝日に関する法律（昭和二十三年法律第百七十八号）に規定する休日（以下「休日」という。）

三　十二月二十八日から翌年の一月四日までの日（休日を除く。）

四　毎月の第一土曜日（休日及び前号に掲げる日を除く。）及び第三土曜日（休日を除く。）の直後の月曜日（その日が休日に当たるときは、その日の直後の休日でない日）

五　一月、四月、七月及び十月の第三土曜日の直前の水曜日

2　十二月二十八日が日曜日に当たるときは、前項第三号中「十二月二十八日」とあるのは「十二月二十六日」と、「一月四日」とあるのは「一月五日」とし、十二月二十八日が土曜日に当たるときは、同号中「十二月二十八日」とあるのは「十二月二十七日」と、「一月四日」とあるのは「一月六日」とする。

3　館長は、特に必要があると認めるときは、臨時に、第一項第四号又は第五号の閲覧業務を行わない日を変更することができる。この場合においては、やむを得ない事情があるときを除き、あらかじめ公示するものとする。

（閲覧の停止等）

第九条　館長は、この規則その他館が定める規定に違反した者、館の指示に従わない者その他不都合の行為をした者に対し、資料の閲覧を停止し、又は退館を命ずることができる。

（損害賠償）

第十条　館長は、閲覧中の資料を亡失し、若しくは損傷した者又は資料を閲覧するための機器を損傷した者に対し、別に定めるところにより、その損害の賠償を求めることができる。

第二節　入退館手続

（入館）

第十一条　資料を利用するため入館しようとする者は、国立国会図書館利用申込書（別紙様式第三（略））を利用者受付に提出し、国立国会図書館利用カード（別紙様式第四（略）。以下「利用カード」という。）の交付を受けなければならない。

2　館長は、必要があると認めるときは、年齢等を証明するに足りる書類の提示を求めることができる。

第十二条　一般研究室の利用者は、前条第一項の規定により利用カードの交付を受ける際、第六条第三項の規定により交付を受けた一般研究室利用証を提示しなければならない。

2　一般研究室の利用者は、入館の際、一般研究室利用者バッジ（別紙様式第五（略））の交付を受け、在館中、見やすいところに着けなければならない。

（退館）

第十三条　利用カード及び一般研究室利用者バッジは、退館の際、返却しなければならない。

（利用カードの紛失又は破損）

第十四条　利用カードを紛失し、又は破損した者は、直ちに、その旨を館に届け出なければならない。

2　館長は、前項の届け出に基づき、利用カードの再交付その他の

必要な措置をとるものとする。

3　利用カードの紛失又は破損により生じた損害については、第十条の規定を準用する。

（入館の制限）

第十五条　館長は、他人に迷惑を及ぼすおそれのある者に対し、入館を拒むことができる。

第三節　閲覧手続等

（資料の請求）

第十六条　資料を請求しようとするときは、資料請求票を、図書にあつては図書カウンターに、雑誌にあつては雑誌カウンターに、それぞれ提出し、利用カードによりその手続をしなければならない。

2　第五条第三号及び第六号から第十七号までに掲げる閲覧室において閲覧に供する資料を請求しようとするときは、前項の規定にかかわらず、当該閲覧室に備付けの資料請求票を当該閲覧室のカウンターに提出し、その手続をしなければならない。ただし、当該閲覧室の開架資料（閲覧するための機器にあらかじめ装着された機械可読資料を含む。）を閲覧しようとするときは、この限りでない。

3　資料請求票の様式は、別に定めるところによるものとする。

（資料の請求時間）

第十七条　資料の請求ができる時間は、午前九時三十分から午後四時までとする。

2　一般研究室の利用者が図書カウンター及び雑誌カウンター並びに第五条第六号から第八号までに掲げる閲覧室において行う資料の請求については、土曜日を除き、前項中「午後四時」とあるのは「午後六時三十分」とする。

（閲覧の許可を必要とする資料）

第十八条　貴重書、準貴重書、憲政資料、映像資料、録音資料、機械可読資料（館長が定めるものに限る。）その他館長が定める資料を閲覧しようとするときは、あらかじめ、閲覧許可申請書（別紙様式第六（略））を提出し、許可を受けなければならない。

2　前項の許可を受けた者には、閲覧許可証（別紙様式第七（略））を交付する。

（閲覧を制限する資料）

第十九条　館長は、人権の侵害等により閲覧させることが不適当と認められる資料の閲覧を制限することができる。

（請求資料の数）

第二十条　同時に請求することのできる資料の数は、次のとおりとする。

一　第十六条第一項の規定により請求する資料については、それぞれ三点以内とする。ただし、特に必要があると認めたときは、この限りでない。

二　第十六条第二項本文の規定により請求する資料については、別に定める。

（閲覧の場所）

第二十一条　資料は、所定の閲覧室において閲覧しなければならない。

（資料の返却）

第二十二条　資料を返却するときは、当該資料を借り受けたカウンターへ返却し、利用カードによりその手続をしなければならない。

2　第十六条第二項の規定により閲覧した資料を返却するときは、前項の規定にかかわらず、当該閲覧室における所定の手続をしなければならない。

第四節　入退館及び閲覧の手続の特例

（入館証による手続）

第二十二条の二　館長は、利用カードによる入退館及び閲覧の手続をすることができないと認めるときは、これらの手続を入館証（別紙様式第八〔略〕）による手続に替えることができる。

2　前項の場合において、資料を利用するため入館しようとする者は、第十一条第一項の規定にかかわらず、入館証の交付を受けなければならない。

3　第一項の場合において、第十一条第一項の規定により既に利用カードの交付を受けた者にはその利用カードに替えて入館証を交付する。

4　第十二条第一項、第十三条、第十四条、第十六条第一項及び前条第一項の規定は、入館証による手続について準用する。

第三章　複写

（複写）

第二十三条　国立国会図書館図書館複写規程（昭和二十八年国立国会図書館規程第三号）〔別掲〕の規定に基づく資料の複写は、別に定めるものを除き、この章の定めるところによる。

（複写を行う者）

第二十四条　資料の複写は、館が利用者の求めに応じて行うものとする。ただし、館長が特にやむを得ないと認めたときは、館内の所定の場所で、利用者が自ら複写することができる。

（複写することができない資料）

第二十五条　次の各号に掲げる資料は、複写することができない。

一　寄託資料で、その寄託契約の条件として複写が禁止されているもの

二　測量法（昭和二十四年法律第百八十八号）〔別掲〕及び水路業務法（昭和二十五年法律第百二号）〔別掲〕の規定により、複写することにつき関係機関の長の承認を必要とする資料で、当該承認を得ていないもの

三　第十九条の規定により閲覧を制限された資料その他館長が複写することを不適当と認めた資料

（複写の要件）

第二十六条　複写は、利用者の調査研究の用に供するために、館が収集した資料を用いて、公表された著作物の一部分について行うものとする。ただし、発行後相当期間を経過した逐次刊行物に掲載された個々の著作物については、その全部についても行うことができる。

2　前項のほか、複写は、館が収集した資料を用いて、次の各号に掲げる場合に行うことができる。

一　他の図書館等（著作権法（昭和四十五年法律第四十八号）〔別掲〕第三十一条に規定する図書館等をいう。）の求めに応じ、絶版その他これに準ずる理由により一般に入手することが困難な資料について行う場合

二　著作権者の利益を不当に害さない範囲で、裁判手続（行政庁が行う審判その他裁判に準ずる手続を含む。）のために必要と認められる限度で行う場合

三　利用者が複写に係る許諾を著作権者等から得た著作物について、その許諾の範囲内で行う場合

四　著作物が著作権の目的となっていない場合

五　著作権が消滅した著作物について、その原因となる事実を利用者が明らかにした場合

（複写の申込み）

第二十七条　複写を依頼しようとする者は、資料複写申込書（別紙様式第九〔略〕、別紙様式第十〔略〕又は別紙様式第十一〔略〕）により申し込まなければならない。

2　代理人が申し込む場合においては、委任を受けた者であることを証する書面を、資料複写申込書に添付しなければならない。

（特別複写の許可）

第二十八条　次の各号に掲げる複写を依頼しようとする者は、前条第一項の申込書のほか、特別複写許可申請書（別紙様式第十二〔略〕）を提出し、許可を受けなければならない。

一　貴重書、準貴重書及び特別の取扱いを必要とする資料の複写

二　第二十六条第一項第一号から第三号までの複写

三　第二十六条第二項第四号又は第五号の複写であって、著作物の全部について行うもの（逐次刊行物に掲載された個々の著作物、マイクロ資料として複製された著作物又は機械可読資料の複写を除く。）

2　第二十六条第二項第三号の複写を依頼しようとする者は、前項の特別複写許可申請書に著作権者等の許諾書を添付しなければならない。

3　第一項の許可には、次の各号に掲げる条件その他必要な条件を付することができる。

一　撮影によるフィルム・ネガを館に寄贈すること。

二　複写に伴い資料の解体、修復、再製本等を必要とする場合には、その経費は、申込みをした者が負担すること。

三　館の許可なくして複写物を譲渡し、又は複製して利用しないこと。

（申込みの不受理等）

第二十九条　複写の申込みは、申込みの書類が不備であるとき、又は当該申込みがこの規則に違反しているときは、これを受理しない。

2　館長は、資料の状態等により複写が不適当と認めたときは、当該申込みに係る複写の方法等の変更を求め、又は複写を行わないことができる。

（複写物の種類及び部数）

第三十条　複写物は、申込み一件につき、次の各号のいずれか一種類とし、その部数は一部とする。ただし、第二十六条第二項各号の複写については、その目的に照らして必要と認められる限度で、二種類又は二部以上の複写物を提供することができる。

一　撮影によるマイクロフィルム

二　フィルムからフィルムへのプリント（ロール・フィルム又はシート・フィルム）

三　マイクロフィルムからの引伸印画

四　マイクロフィッシュからの電子式引伸印画

五　電子式複写による印画

六　閲覧するための機器にあらかじめ装着された機械可読資料からの印刷出力による印画

（複写料金）

第三十一条　複写料金については、別に〔「別に」は別掲〕定める。

（自写の許可）

第三十二条　第二十四条ただし書の規定により資料を自ら複写しようとする者は、第二十七条第一項の規定による申込書のほか、自写許可申請書（別紙様式第十三〔略〕）を提出し、許可を受けなければならない。

2　第二十八条第二項及び第三項の規定は、前項の許可について準用する。

3　館長は、第一項の許可を受けた者が第九条に規定する行為を行つたときは、当該許可を取り消すことができる。

（複写物の利用上の責任）

第三十三条　複写物の利用による著作権法上の責任は、当該複写物の提供を受けた者が負うものとする。

第四章　図書館間貸出

（資料の図書館間貸出）

第三十四条　資料の図書館間貸出（以下「貸出」という。）は、別に定めるものを除き、この章の定めるところによる。

（貸出を受けることができる者）

第三十五条　資料の貸出を受けることができる者は、次の各号に掲げる図書館、調査研究機関等（以下「図書館等」という。）とする。

一　学校教育法（昭和二十二年法律第二十六号）〔別掲〕の規定に基づく大学、短期大学又は高等専門学校の図書館又は研究所

二　国立又は公立の調査研究機関又はこれに準ずる機関

三　図書館法（昭和二十五年法律第百十八号）〔別掲〕の規定に基づく図書館又はこれに準ずる機関

四　地方自治法（昭和二十二年法律第六十七号）〔別掲〕の規定に基づく地方議会の図書室

五　その他館長が適当と認める図書館又はこれに準ずる機関

2　資料の貸出を受けようとする図書館等は、あらかじめ、当該図書館等が定めた利用規則等を添えて、資料の貸出を受けることができる図書館等としての承認を受けなければならない。

（貸出をしない資料）

第三十六条　次の各号に掲げる資料は、貸出をしない。ただし、館長が特に必要があると認めたときは、この限りでない。

一　寄託資料（寄託契約において貸出が認められているものを除く。）、参考図書、小冊子、逐次刊行物、機械可読資料及びマイクロ資料（館が所蔵する明治期以後に刊行された図書のマイクロフィッシュを除く。）

二　第十八条第一項の規定により閲覧の許可を必要とする資料及び第十九条の規定により閲覧を制限された資料

三　容易に入手できる資料

四　輸送に困難がある資料及び特に亡失又は損傷しやすい資料

五　前四号に掲げる資料のほか、館長が、館の業務の遂行上支障があるため、貸し出すことを不適当と認めた資料

（貸出資料の数）

第三十七条　貸し出すことのできる資料の数は、未返却資料の数を含め十点以内とする。ただし、館長が特に必要があると認めたときは、この限りでない。

2　館長は、必要があると認めたときは、前項本文の数を制限することができる。

（貸出期間）

第三十八条　資料の貸出期間は、一月以内とする。ただし、資料の貸出を受けた図書館等が当該資料について、第四十一条第三項に規定する対面朗読又は点字若しくは録音による複製を行うときその他館長が特に必要があると認めたときは、この限りでない。

2　前項の期間は、館がその資料を発送する日から受領する日までの期間とする。

3　館長は、必要があると認めたときは、貸出期間内であつても、当該貸出資料の返却を求めることができる。

4　前項の規定により資料の返却を求められた図書館等は、直ちに、当該資料を返却しなければならない。

（貸出の手続）

第三十九条　資料の貸出を受けようとする図書館等は、資料貸出申込票（別紙様式第十四〔略〕）により申し込まなければならない。

2　貸出資料の発送は、当該図書館等の職員への直接手渡し又は書留郵便によるものとし、郵送に要する費用は、館が負担する。

3　図書館等が書留郵便により貸出資料を受領したときは、その旨を館に通知しなければならない。

（返却の手続）

第四十条　貸出を受けた資料の返却は、当該図書館等の職員の使送又は書留郵便によるものとし、その費用は、当該図書館等が負担する。

2　館が書留郵便により返却資料を受領したときは、その旨を当該図書館等に通知するものとする。

（貸出を受けた資料の管理及び利用）

第四十一条　資料の貸出を受けた図書館等は、当該資料を善良なる管理者の注意をもって管理しなければならない。

2　貸出を受けた資料は、当該図書館等が定めた利用規則等に基づいて、所定の閲覧室において閲覧させるものとし、複写その他の方法で利用させてはならない。

3　前項の規定は、資料の貸出を受けた図書館等が、当該資料について、視覚障害者の利用に供するために、その管理する施設において対面朗読又は点字による複製若しくは録音による複製（著作権の目的となっている著作物に係る資料にあっては、著作権者等の許諾を得た複製及び著作権法第三十七条第三項に規定する点字図書館等が行う複製に限る。）を行うことを妨げない。

（貸出を受けた資料の亡失又は損傷）

第四十二条　資料の貸出を受けた図書館等は、損傷した資料を受領したとき、受領した資料が亡失若しくは損傷したとき、又は返送中に亡失若しくは損傷したことを知ったときは、直ちに、その旨を館に通知しなければならない。

2　図書館等が貸出を受けた資料を受領した時から当該資料を返却するまでの間において、当該資料が亡失又は損傷したときは、館長は、別に定めるところにより、当該図書館等に対し、当該資料に相当する物の納付又はその損害の賠償を求めることができる。

（この規則に違反した場合の措置）

第四十三条　館長は、この規則に違反した図書館等に対し、資料の貸出を停止し、又は第三十五条第二項の承認を取り消すことができる。

第五章　レファレンス

（レファレンス）

第四十四条　レファレンスの依頼に対しては、主として資料に基づいて回答を行うものとする。

（レファレンスの範囲）

第四十五条　レファレンスの範囲は、次のとおりとする。

一　館の利用案内

二　資料の所蔵調査及び所蔵機関の紹介

三　資料の書誌的事項の調査

四　資料の検索方法に係る援助

五　特定主題に関する資料の紹介

六　適切な回答を得られる機関等の紹介

（回答を行わない事項等）

第四十六条　古文書、美術品等の鑑定、法律相談、医療相談、文献の解読、翻訳、学習課題の解答その他回答することが不適当と認められる事項に係るレファレンス及び第十九条の規定により閲覧を制限された資料に基づくレファレンスの依頼に対しては、回答を行わないものとする。

2　館長は、著しく経費又は時間を要し、他のレファレンス業務に支障を及ぼすおそれのある依頼に対し、回答を断ることができる。

（レファレンスの申込みの方法等）

第四十七条　レファレンスを依頼しようとする者は、口頭、電話、文書その他の方法により、申し込むことができる。

2　口頭又は電話によるレファレンスの申込みは、閲覧時間内に行わなければならない。ただし、電話による場合は、午後五時までとする。

第六章　雑則

（資料に関する証明）

第四十八条　訴訟、特許異議申立て等のため、資料（機械可読資料を除く。以下この条において同じ。）の受入年月日、掲載記事等について館の証明を受けようとする者は、証明申請書（別紙様式第十五〔略〕）に、証明を受ける資料の複写物を添付して提出しなければならない。

2　前項の添付すべき資料の複写物は、館が作成したものでなければならない。

（資料の復刻、翻刻等の許可）

第四十九条　資料を復刻又は翻刻しようとする者は、復刻・翻刻許可申請書（別紙様式第十六〔略〕）を提出し、許可を受けなければならない。

2　資料の複写物を掲載し、又は展示若しくは放映しようとする者は、掲載許可申請書（別紙様式第十七〔略〕）又は展示・放映許可申請書（別紙様式第十八〔略〕）を提出し、許可を受けなければならない。

3　著作権の目的となつている資料について前二項の許可を受けようとする者は、著作権者等の許諾書を添付しなければならない。

4　第一項及び第二項の許可には、必要な条件を付することができる。

附　則〔略〕

○国立国会図書館国際子ども図書館資料利用規則　抄

〔平成一二年五月二日　国立国会図書館規則第四号〕

最近改正　平成一三年一二月一八日　国立国会図書館規則第四号

目次

第一章　総則

（適用範囲）

第一条　国立国会図書館国際子ども図書館（以下「国際子ども図書館」という。）における行政及び司法の各部門、国内の図書館、調査研究機関並びに一般公衆による図書その他の図書館資料（以下「資料」という。）の利用は、別に定めるものを除き、この規則の定めるところによる。

（利用の方法）

第二条　この規則による資料の利用の方法は、閲覧、複写、図書館間貸出し及びレファレンスとする。

（利用の料金）

第三条　資料の利用は、別に定めるものを除き、無料とする。

（資料の利用に係る業務の休止）

第三条の二　国立国会図書館（以下「館」という。）の館長（以下「館長」という。）は、特に必要があると認めるときは、臨時に、資料の一部又は全部について、その利用に係る業務の一部又は全部を休止することができる。この場合においては、やむを得ない事情があるときを除き、あらかじめ公示するものとする。

第二章　閲覧

第一節　通則

（閲覧室）

第四条　閲覧室は、次のとおりとする。

一　資料室

二　ミュージアム

三　子どもの部屋

（閲覧時間）

第五条　資料の閲覧時間は、午前九時三十分から午後五時までとする。ただし、ミュージアム及び子どもの部屋について、十月一日から翌年の三月三十一日までの期間にあっては、午前九時三十分から午後四時までとする。

（閲覧業務を行わない日）

第六条　閲覧業務を行わない日は、次のとおりとする。

一　月曜日（資料室については、日曜日及び月曜日）

二　国民の祝日に関する法律（昭和二十三年法律第百七十八号）

に規定する「国民の祝日」及び休日

三　十二月二十八日から翌年の一月四日までの日

2　前項第一号及び第二号の規定にかかわらず、こどもの日は、閲覧業務を行う日とする。

第二節　閲覧手続等

(資料室の利用)

第九条　一般公衆で資料室を利用することができる者は、満十八歳以上の者とする。ただし、満十八歳未満の者で館長が特に認めたものは、この限りでない。

2　資料室を利用しようとする者は、国際子ども図書館資料室利用申込書（別紙様式第一〔略〕）を資料室受付に提出し、国際子ども図書館資料室利用証（以下「利用証」という。）の交付を受けなければならない。

(閲覧を制限する資料)

第十一条　館長は、人権の侵害等により閲覧させることが不適当と認められる資料の閲覧を制限することができる。

(閲覧の場所及び資料の返却)

第十二条　資料は、所定の閲覧室において閲覧し、所定の場所に返却しなければならない。

第三章　複写

(複写)

第十三条　国立国会図書館図書館複写規程（昭和二十八年国立国会図書館規程第三号）の規定に基づく資料の複写は、別に定めるものを除き、この章の定めるところによる。

(複写を行う者)

第十四条　資料の複写は、館が利用者の求めに応じて行うものとする。ただし、館長が特にやむを得ないと認めたときは、その指定する場所で、利用者が自ら複写することができる。

(複写業務を行わない日)

第十五条　複写業務は、資料室の閲覧業務を行わない日においては、行わないものとする。

(複写の要件)

第十六条　複写は、利用者の調査研究の用に供するために、館が収集した資料を用いて、公表された著作物の一部分について行うものとする。ただし、発行後相当期間を経過した逐次刊行物に掲載された個々の著作物については、その全部についても行うことができる。

2　前項のほか、複写は、館が収集した資料を用いて、次の各号に掲げる場合に行うことができる。

一　他の図書館等（著作権法（昭和四十五年法律第四十八号）〔別掲〕第三十一条に規定する図書館等をいう。）の求めに応じ、絶版その他これに準ずる理由により一般に入手することが困難な資料について行う場合

二　著作権者の利益を不当に害さない範囲で、裁判手続（行政庁が行う審判その他裁判に準ずる手続を含む。）のために必要と認められる限度で行う場合

三　利用者が複写に係る許諾を著作権者等から得た著作物について、その許諾の範囲内で行う場合

四　館が複写に係る許諾を著作権者等から得た機械可読資料で館長が定めるものについて、その許諾の範囲内で行う場合

五　著作物が著作権の目的となっていない場合

六　著作権が消滅した著作物について、その原因となる事実を利用者が明らかにした場合

3　寄託契約の条件として複写が禁止されている寄託資料、第十一

条の規定により閲覧を制限された資料その他館長が複写することを不適当と認めた資料は、複写することができない。

（複写の申込み）

第十七条　複写を依頼しようとする者は、資料複写申込書（別紙様式第三（略）、別紙様式第四（略）又は別紙様式第五（略））により申し込まなければならない。

2　代理人が申し込む場合においては、委任を受けた者であることを証する書面を、資料複写申込書に添付しなければならない。

（特別複写の許可）

第十八条　次の各号に掲げる複写を依頼しようとする者は、前条第一項の申込書のほか、特別複写許可申請書（別紙様式第六（略））を提出し、許可を受けなければならない。

一　特別の取扱いを必要とする資料の複写

二　第十六条第二項第一号から第三号までの複写

三　第十六条第二項第五号又は第六号の複写であって、著作物の全部について行うもの（逐次刊行物に掲載された個々の著作物、マイクロ資料として複製された著作物又は機械可読資料の複写を除く。）

2　第十六条第二項第三号の複写を依頼しようとする者は、前項の特別複写許可申請書に著作権者等の許諾書を添付しなければならない。

3　第一項の許可には、次の各号に掲げる条件その他必要な条件を付することができる。

一　撮影によるフィルム・ネガを館に寄贈すること。

二　複写に伴い資料の解体、修復、再製本等を必要とする場合には、その経費は、申込みをした者が負担すること。

三　館の許可なくして複写物を譲渡し、又は複製して利用しないこと。

（申込みの不受理等）

第十九条　複写の申込みは、申込みの書類が不備であるとき、又は当該申込みがこの規則に違反しているときは、これを受理しない。

2　国際子ども図書館長は、資料の状態等により複写が不適当と認めたときは、当該申込みに係る複写の方法等の変更を求め、又は複写を行わないことができる。国際子ども図書館の能力を超える複写の申込みがあったときも同様とする。

（複写物の種類及び部数）

第二十条　複写物は、申込み一件につき、次の各号のいずれか一種類とし、その部数は一部とする。ただし、第十六条第二項各号の複写については、その目的に照らして必要と認められる限度で、二種類又は二部以上の複写物を提供することができる。

一　撮影によるマイクロフィルム

二　マイクロフィルムからの引伸印画

三　マイクロフィッシュからの電子式引伸印画

四　電子式複写による印画

五　機械可読資料からの印刷出力による印画

（複写料金）

第二十一条　複写料金については、別に定める。

（自写の許可）

第二十二条　第十四条ただし書の規定により資料を自ら複写しようとする者は、第十七条第一項の規定による申込書のほか、自写許可申請書（別紙様式第七（略））を提出し、許可を受けなければならない。

2　第十六条第二項第三号の複写を自ら行おうとする者は、前項の自写許可申請書に著作権者等の許諾書を添付しなければならない。

3　第一項の許可には、撮影によるフィルム又はネガの館への寄贈、第十八条第三項各号に掲げる条件その他必要な条件を付することができる。

（複写物の利用上の責任）

第二十三条　複写物の利用による著作権法上の責任は、当該複写物の提供を受けた者が負うものとする。

第四章　図書館間貸出し

（資料の図書館間貸出し）

第二十四条　資料の図書館間貸出し（以下「貸出し」という。）は、別に定めるものを除き、この章の定めるところによる。

（貸出しを受けることができる者）

第二十五条　資料の貸出しを受けることができる者は、次の各号に掲げる図書館、調査研究機関等（以下「図書館等」という。）とする。

一　学校教育法（昭和二十二年法律第二十六号）〔別掲〕の規定に基づく大学、短期大学又は高等専門学校の図書館又は研究所

二　国立又は公立の調査研究機関又はこれに準ずる機関

三　図書館法（昭和二十五年法律第百十八号）〔別掲〕の規定に基づく図書館又はこれに準ずる機関

四　地方自治法（昭和二十二年法律第六十七号）〔別掲〕の規定に基づく地方議会の図書室

五　その他館長が適当と認める図書館又はこれに準ずる機関

2　資料の貸出しを受けようとする図書館等は、あらかじめ、当該図書館等が定めた利用規則等を添えて、資料の貸出しを受けることができる図書館等としての館長の承認を受けなければならない。

（貸出しをしない資料）

第二十六条　次の各号に掲げる資料は、貸出しをしない。ただし、館長が特に必要があると認めたときは、この限りでない。

一　寄託資料（寄託契約において貸出しが認められているものを除く。）、参考図書、小冊子、逐次刊行物、マイクロ資料、映像資料、録音資料及び機械可読資料

二　第十一条の規定により閲覧を制限された資料

三　容易に入手できる資料

四　輸送に困難がある資料及び特に亡失又は損傷しやすい資料

五　前各号に掲げる資料のほか、館長が、国際子ども図書館の業務の遂行上支障があるため、貸し出すことを不適当と認めた資料

（貸出資料の数）

第二十七条　貸し出すことのできる資料の数は、未返却資料の数を含め十点以内とする。ただし、館長が特に必要があると認めたときは、この数を増加し、又は制限することができる。

（貸出期間）

第二十八条　資料の貸出期間は、一月以内とする。ただし、資料の貸出しを受けた図書館等が当該資料について、第三十一条第三項に規定する対面朗読又は点字若しくは録音による複製を行うときその他館長が特に必要があると認めたときは、この限りでない。

（貸出しの手続）

第二十九条　資料の貸出しを受けようとする図書館等は、資料貸出申込票（別紙様式第八〔略〕）を国際子ども図書館に提出することにより、申し込まなければならない。

2　貸出しをする資料の発送は、当該図書館等の職員への直接手渡

し又は書留郵便によるものとし、郵送に要する費用は、館が負担する。

3　図書館等が書留郵便により前項の資料を受領したときは、その旨を国際子ども図書館に通知しなければならない。

（返却の手続）

第三十条　貸出しを受けた資料の返却は、当該図書館等の職員の使送又は書留郵便によるものとし、その費用は、当該図書館等が負担する。

（貸出しを受けた資料の管理及び利用）

第三十一条　資料の貸出しを受けた図書館等は、当該資料を善良なる管理者の注意をもって管理しなければならない。

2　貸出しを受けた資料は、当該図書館等が定めた利用規則等に基づいて、所定の閲覧室において閲覧させるものとし、複写その他の方法で利用させてはならない。

3　前項の規定は、資料の貸出しを受けた図書館等が、当該資料について、視覚障害者の利用に供するために、その管理する施設において対面朗読又は点字による複製若しくは録音による複製（著作権の目的となっている著作物に係る資料にあっては、著作権者等の許諾を得た複製及び著作権法第三十七条第三項に規定する点字図書館等が行う複製に限る。）を行うことを妨げない。

（貸出しを受けた資料の亡失又は損傷）

第三十二条　資料の貸出しを受けた図書館等は、損傷した資料を受領したとき、受領した資料が亡失若しくは損傷したとき、又は返送中に亡失若しくは損傷したことを知ったときは、直ちに、その旨を国際子ども図書館に通知しなければならない。

2　図書館等が貸出しを受けた資料を受領した時から当該資料を返却するまでの間において、当該資料が亡失又は損傷したときは、館長は、別に定めるところにより、当該図書館等に対し、当該資料に相当する物の納付又はその損害の賠償を求めることができる。

（この規則に違反した場合の措置）

第三十三条　館長は、この規則に違反した図書館等に対し、資料の貸出しを停止し、又は第二十五条第二項の承認を取り消すことができる。

第五章　レファレンス

（レファレンス）

第三十四条　レファレンスの依頼に対しては、主として資料に基づいて回答を行うものとする。

（レファレンスの範囲）

第三十五条　レファレンスの範囲は、次のとおりとする。

一　国際子ども図書館の利用案内

二　資料の所蔵調査及び所蔵機関の紹介

三　資料の書誌的事項の調査

四　資料の検索方法に係る援助

五　児童書に係る特定主題に関する資料の紹介

六　適切な回答を得られる機関等の紹介

（回答を行わない事項等）

第三十六条　古文書、美術品等の鑑定、法律相談、医療相談、文献の解読、翻訳、学習課題の解答その他回答することが不適当と認められる事項に係るレファレンス及び第十一条の規定により閲覧を制限された資料に基づくレファレンスの依頼に対しては、回答を行わないものとする。

2　国際子ども図書館長は、著しく経費又は時間を要し、他のレファレンス業務に支障を及ぼすおそれのある依頼に対し、回答を断ることができる。

（レファレンスの申込みの方法等）

第三十七条　レファレンスを依頼しようとする者は、口頭、電話、文書その他の方法により、申し込むことができる。

2　口頭又は電話によるレファレンスの申込みは、閲覧時間内に行わなければならない。

第六章　雑則

（資料に関する証明）

第三十八条　訴訟、特許異議申立て等のため、資料（機械可読資料を除く。以下この条において同じ。）の受入年月日、掲載記事等について館の証明を受けようとする者は、証明申請書（別紙様式第九〔略〕）に、証明を受ける資料の複写物を添付して提出しなければならない。

2　前項の添付すべき資料の複写物は、館が作成したものでなければならない。

（資料の復刻、翻刻等の許可）

第三十九条　資料を復刻又は翻刻しようとする者は、復刻・翻刻許可申請書（別紙様式第十〔略〕）を提出し、許可を受けなければならない。

2　資料の複写物を掲載し、又は展示若しくは放映しようとする者は、掲載許可申請書（別紙様式第十一〔略〕）又は展示・放映許可申請書（別紙様式第十二〔略〕）を提出し、許可を受けなければならない。

3　著作権の目的となっている資料について前二項の許可を受けようとする者は、著作権者等の許諾書を添付しなければならない。

4　第一項及び第二項の許可には、必要な条件を付することができる。

附　則

1　この規則は、平成十二年五月六日から施行する。

2　この規則の施行の際現に国立国会図書館資料利用規則（昭和六十一年国立国会図書館規則第五号）〔別掲〕第三十五条第二項の承認を受けている図書館等は、施行日において第二十五条第二項の承認を受けたものとみなす。

3　平成十四年五月六日は、第六条第一項第一号及び第二号の規定にかかわらず、閲覧業務を行う日とする。

〔様式　略〕

○国立国会図書館学術文献録音テープ等利用規則

〔昭和五〇年一〇月二〇日
国立国会図書館規則第三号〕

最近改正　平成一三年一二月一八日　国立国会図書館規則第五号

（目的）

第一条　この規則は、国立国会図書館（以下「館」という。）の所蔵する専門的な学術文献（以下「学術文献」という。）を視覚障害者の利用に供するため、その申込みに応じて、館が作成する学術文献を録音した磁気テープ又は光ディスク（以下「録音テープ等」という。）の貸出しについて定めることを目的とする。

（利用者の資格）

第二条　録音テープ等を利用することができる者は、身体障害者福祉法（昭和二十四年法律第二百八十三号）第十五条の規定により身体障害者手帳の交付を受けた視覚障害者で十八歳以上のものとする。

（貸出しを受けることができる者）

第三条　録音テープ等の貸出しを受けることができる者は、次の各号に掲げる図書館等（以下「図書館等」という。）とする。

一　学校教育法（昭和二十二年法律第二十六号）第一条に規定する大学又は高等専門学校に設置された図書館（点字刊行物及び視覚障害者用の録音物を視覚障害者の利用に供するものに限る。）

二　図書館法（昭和二十五年法律第百十八号）〔別掲〕第二条第一項に規定する図書館（点字刊行物及び視覚障害者用の録音物を視覚障害者の利用に供するものに限る。）

三　厚生労働省組織令（平成十二年政令第二百五十二号）第百三十五条に規定する国立光明寮及び国立身体障害者リハビリテーションセンター

四　その他点字刊行物及び視覚障害者用の録音物を視覚障害者の利用に供する図書館又はこれに準ずる機関で館長が適当と認めるもの

2　録音テープ等の貸出しを受けようとする図書館等は、あらかじめ、当該図書館等が定めた利用規則等を添えて、録音テープ等の貸出しを受けることができる図書館等として館長の承認を受けなければならない。

（貸出しの申込み等）

第四条　録音テープ等を利用しようとする者の申込みに応じ、当該録音テープ等の貸出しを受けようとする図書館等は、国立国会図書館学術文献録音テープ等貸出申込票（別紙様式〔略〕）により館に申し込まなければならない。

第五条　録音テープ等の利用の申込みは、一回の利用につき、原則として、図書にあっては一冊分、逐次刊行物にあっては一論文とする。

（録音テープ等を作成しない文献）

第六条　館は、貸出しの申込みを受けた文献が次の各号のいずれかに該当するときは、録音テープ等を作成しない。この場合には、速やかに、当該申込みを行った図書館等に通知するものとする。

一　小説、詩歌、戯曲の類

二　一般的な入門書、概説書、教養書の類

三　教科書、各種試験参考書の類
四　はり、きゆう、音曲その他の実技の指導書の類
五　辞書、事典、年鑑、目録書誌の類
（録音テープ等を作成できない場合の措置）
第七条　館は、貸出しの申込みを受けた学術文献が、次の各号のいずれかに該当し、録音テープ等を作成できないときは、速やかに、申込みを行った図書館等に通知するものとする。
一　著作権の目的となっているもので、著作権者の許諾が得られなかつたもの
二　人権の侵害等により利用させることが不適当と認められるため、館長がその利用を制限することを決定したもの
三　図、数表、写真等が多いため、録音作業が著しく困難と認められるもの
四　相当以上の録音時間を要するため、他の録音作業に著しく支障を来すと認められるもの
五　適当な朗読者が得られないもの
六　その他やむを得ない事情により録音テープ等を作成できないもの
（貸出期間）
第八条　録音テープ等の貸出期間は、二月以内とする。ただし、館長が特に必要があると認めるときは、この限りでない。
2　前項の期間は、館がその録音テープ等を発送する日から受領する日までの期間とする。
3　館長は、必要があると認めるときは、貸出期間内であっても、貸出しをした録音テープ等の返却を求めることができる。
4　前項の規定により録音テープ等の返却を求められた図書館等は、直ちに、当該録音テープ等を返却しなければならない。
（録音テープ等の発送）
第九条　貸出しをする録音テープ等の発送は、郵送によるものとし、その費用は、館が負担する。
（録音テープ等の返却）
第十条　貸出しを受けた録音テープ等の返却は、郵送によるものとし、その費用は、当該録音テープ等の貸出しを受けた図書館等が負担する。
（貸出しを受けた録音テープ等の管理）
第十一条　録音テープ等の貸出しを受けた図書館等は、当該録音テープ等を善良な管理者の注意をもつて管理しなければならない。
（貸出しを受けた録音テープ等の亡失又は損傷）
第十二条　録音テープ等の貸出しを受けた図書館等は、館から受領した当該録音テープ等に損傷を発見したとき、当該録音テープ等が亡失し、若しくは損傷したとき又は当該録音テープ等の返却中に当該録音テープ等が亡失し、若しくは損傷したことを知つたときは、直ちに、その旨を館に通知しなければならない。
2　録音テープ等が亡失し、又は損傷した場合において、その亡失又は損傷が当該録音テープ等の貸出しを受けた図書館等の責めに帰すべき事由によるものであるときは、館長は、別に定めるところにより、当該図書館等に対し、当該録音テープ等の修復又はその損害の賠償を求めることができる。
（録音テープ等の作成等に係る業務の休止）
第十三条　館長は、特に必要があると認めるときは、臨時に、録音テープ等の作成及び貸出しに係る業務の一部又は全部を休止することができる。この場合においては、やむを得ない事情があるときを除き、あらかじめ、第三条第二項の承認を受けた図書館等に

通知するものとする。

（この規則に違反した場合の措置）

第十四条　館長は、この規則に違反した図書館等に対し、録音テープ等の貸出しを停止し、又は第三条第二項の承認を取り消すことができる。

附　則〔略〕

○国立国会図書館中央館及び支部図書館資料相互貸出規則

〔昭和六一年一〇月二二日 国立国会図書館規則第八号〕

最近改正　平成一三年七月五日　国立国会図書館規則第三号

（趣旨）

第一条　国立国会図書館法（昭和二十三年法律第五号）第三条に規定する中央の図書館及び同法第二十二条に規定する国際子ども図書館（以下「中央館」と総称する。）が国立国会図書館法の規定により行政各部門に置かれる支部図書館及びその職員に関する法律（昭和二十四年法律第百一号）〔別掲〕の規定に基づく行政各部門の支部図書館及び裁判所法（昭和二十二年法律第五十九号）の規定に基づく最高裁判所図書館（以下「支部図書館」と総称する。）との間で相互に行う図書その他の図書館資料（以下「資料」という。）の貸出しは、この規則の定めるところによる。

（貸出の目的）

第二条　資料の貸出しは、国会議員の職務の遂行並びに国会職員又は行政及び司法各部門の職員の業務の遂行に資することを目的として行うものとする。

（貸出しをしない資料）

第三条　次の各号に掲げる資料は、貸出しをしない。ただし、資料を所管する中央館及び支部図書館（以下「図書館」という。）の館長が特に必要と認めたときは、この限りでない。
一　貴重書、準貴重書、寄託資料、参考図書、新聞、新聞切抜資料、最近号の雑誌、映像資料、録音資料、機械可読資料又はマイクロ資料（科学技術関係資料として特別な取扱いがなされている資料（以下「科学技術関係資料」と総称する。）に該当するものを除く。）
二　特に亡失又は損傷のおそれのある資料
三　前二号に掲げる資料のほか、資料を所管する図書館の館長が、貸出しをすることを不適当と認めた資料

（貸出資料の数）

第四条　貸出しをする資料（中央館にあっては、国際子ども図書館に所属する資料を除く。）の数は、次のとおりとする。ただし、貸出しをする図書館の館長が業務上特に必要があると認めたときは、この限りでない。
一　図書（科学技術関係資料に該当するものを除く。以下同じ。）一回に十点以内（未返却のものを含めて五十点以内）
二　雑誌（科学技術関係資料に該当するものを除く。以下同じ。）一回に五点以内（未返却のものを含めて十点以内）
三　科学技術関係資料　一回に十点以内（未返却のものを含めて二十点以内）
2　中央館が支部図書館に貸出しをする資料の数は、国際子ども図書館に所属する資料については、一回に五点以内（未返却のものを含めて十点以内）とする。
3　支部図書館の館長は、必要があると認めるときは、第一項の規定にかかわらず、別段の定めをおくことができる。

（貸出期間等）

第五条　資料の貸出期間は、図書及び雑誌（未製本雑誌を除く。以下この条において同じ。）については一月以内、未製本雑誌、科学技術関係資料及び国際子ども図書館に所属する資料については一週間以内とする。
2　前項の期間は、図書及び雑誌については、一月ごとに、現物を確認のうえ、二回まで更新することができる。
3　未製本雑誌、科学技術関係資料及び国際子ども図書館に所属する資料については、貸出期間を更新することはできない。
4　支部図書館の館長は、必要があると認めるときは、前各項の規定にかかわらず、別段の定めをおくことができる。

第六条　資料の貸出をした図書館の館長は、業務のため必要があると認めたときは、貸出期間中であっても、当該資料の返却を求めることができる。
2　前項の規定により資料の返却を求められた図書館は、直ちに、当該資料を返却しなければならない。

（相互貸出取扱責任者等）

第七条　各図書館に、貸出資料を取り扱わせるため、相互貸出取扱責任者（以下「責任者」という。）一人を置く。
2　責任者の事務を分担させるため、相互貸出取扱者（以下「取扱者」という。）を置くことができる。
3　責任者及び取扱者は、当該図書館の館長が命ずる。

（貸出し及び返却の手続）

第八条　資料の貸出し及び返却の手続は、国立国会図書館資料相互貸出票（別紙様式第一〔略〕。以下「貸出票」という。）によるものとする。ただし、支部図書館の館長が必要と認めたときは、当該支部図書館の定める様式によることができる。
2　中央館における科学技術関係資料（専門資料部科学技術資料課に所属する資料をいう。）の貸出し及び返却の手続は、前項の貸出

票のほか、国立国会図書館科学技術関係資料貸出票（別紙様式第二〔略〕）によるものとする。

3　中央館における逐次刊行物部雑誌課に所属する雑誌の貸出し及び返却の手続は、第一項の貸出票のほか、国立国会図書館中央館雑誌貸出票（別紙様式第三〔略〕）によるものとする。

4　中央館における前二項の資料を除く資料の貸出し及び返却の手続は、第一項の貸出票のほか、国立国会図書館中央館資料貸出票（別紙様式第四〔略〕）によるものとする。

（貸出を受けた資料の管理及び利用）

第九条　資料の貸出を受けた図書館は、当該資料を善良なる管理者の注意をもつて管理し、利用させなければならない。

（貸出を受けた資料の亡失又は損傷）

第十条　資料の貸出を受けた図書館は、当該資料が亡失又は損傷したときは、直ちに、当該資料の貸出をした図書館の館長に対し、資料亡失・損傷報告書（別紙様式第五〔略〕）を提出しなければならない。

2　前項の報告を受けた図書館の館長は、資料を亡失又は損傷した図書館に対し、当該資料に相当する物の納付又は相当の代価の弁償を求めることができる。

○国立国会図書館図書複写規程

（昭和二八年四月一日 国立国会図書館規程第三号）

最近改正　平成九年一二月一日　国立国会図書館規程第三号

（総則）

第一条　国立国会図書館法第二十一条第一号の規定により、国立国会図書館若しくはその指定する者が行い又は閲覧者が国立国会図書館の施設を利用して行う図書及びその他の図書館資料（以下図書という。）の複写（以下複写という。）に関しては、別に定めるものを除き、この規程の定めるところによる。

（複写の申込手続及び料金）

第二条　複写を依頼し又はみずから複写しようとする者は、複写の申込手続をしなければならない。

2　前項の規定により複写の申込をした者は、館長が別に定める料金を納めなければならない。

（特例）

第三条　館長が特別の事由があると認めたときは、図書の複写に関し、前条の規定によらないことができる。

（細部規定）

第四条　この規程の施行に関し必要な事項は、館長が別に定める。

国立国会図書館図書複写規程第二条の規定による複写料金に関する件

（昭和六一年八月二八日 国立国会図書館告示第一号）

最近改正 平成一二年五月二日 国立国会図書館告示第二号

（複写料金）

1 国立国会図書館図書複写規程（昭和二十八年国立国会図書館規程第三号。以下「規程」という。）第二条の規定により国立国会図書館（以下「館」という。）又はその指定する者に複写の申込みをした者は、次の表に掲げる複写料金を支払わなければならない。

撮影によるマイクロフィルム	35ミリメートル幅フィルム	一申込につき一コマ	百五十円
		一コマをこえるときは、一コマをこえる部分につき一コマごとに	四十五円
フィルムからフィルムへのプリント	35ミリメートル幅フィルム	一件につき三十センチメートルまで	百五十円
		三十センチメートルをこえるときは、三十センチメートルをこえる部分につき三十センチメートルごとに	八十円
	シート・フィルム	一シート	百九十円

マイクロフィルムからの引伸印画	A5	百四十八×二百十ミリメートル	印画紙一枚	八十円
	A4	二百十×二百九十七ミリメートル	印画紙一枚	百三十五円
			電子式引伸紙一枚	四十五円
	A3	二百九十七×四百二十ミリメートル	印画紙一枚	二百十円
			電子式引伸紙一枚	九十円
	A2	四百二十×五百九十四ミリメートル	印画紙一枚	五百円
マイクロフィッシュからの電子式引伸印画	B4	二百五十七×三百六十四ミリメートル	一枚	五十円
電子式複写による印画 カラー以外のもの	A4	二百十×二百九十七ミリメートル	一枚	三十円
	B4	二百五十七×三百六十四ミリメートル	一枚	三十円
	A3	二百九十七×四百二十ミリメートル	一枚	六十円
	A2	四百二十×五百九十四ミリメートル	一枚	二百五十円

		A1	五百九十四×八百四十一ミリメートル	一枚	六百円
電子式複写による印画	カラー	B4	二百五十七×三百六十四ミリメートル	一枚	二百五十円
		A3	二百九十七×四百二十ミリメートル	一枚	二百五十円
機械可読資料からの印刷出力による印画	カラー以外のもの	A4	二百十×二百九十七ミリメートル	一枚	六十円
		B4	二百五十七×三百六十四ミリメートル	一枚	六十円
	カラー	B4	二百五十七×三百六十四ミリメートル	一枚	二百五十円

（著作権使用料の負担）

2　図書館資料（館の定める機械可読資料に限る。）の複写を申し込もうとする者は、当該図書館資料が著作権者等との契約により著作権（出版権及び著作隣接権その他これに準ずるものを含む。）の使用料（以下「著作権使用料」という。）の支払を必要とする著作物である場合においては、当該図書館資料に係る著作権使用料を負担しなければならない。

（郵送等に要する費用）

3　郵送等（郵便又は宅配便による送付をいう。以下同じ。）により複写物の引渡しを受けようとする者は、郵送等に要する費用を負担しなければならない。

4　前項の郵送等に要する費用とは、送料（郵便料金又は宅配便料金をいう。）に、次の各号に掲げる区分に従い、当該各号に定める料金を加えたものをいう。

一　国内の郵送等の場合　郵送等一件につき、複写物の包装料百五十円

二　外国への郵送等の場合　郵送等一件につき、複写物の包装料に複写料金請求書の郵便料金を加えた額三百円

（複写料金等の支払）

5　第一項に規定する複写料金、第二項に規定する著作権使用料及び第三項に規定する郵送等に関する費用（以下「複写料金等」という。）は、館の指定する者に支払うものとする。

（消費税等の負担）

6　複写料金等を支払う者は、郵送等により外国で複写物の引渡しを受ける場合を除き、第一項に規定する複写料金、第二項に規定する著作権使用料及び第四項第一号に掲げる料金の合計額に消費税法（昭和六十三年法律第百八号）第二十九条に定める税率を乗じて得た金額（以下「消費税額」という。）及び消費税額に地方税法（昭和二十五年法律第二百二十六号）第七十二条の八十三に定める税率を乗じて得た金額の合計額（当該合計額に一円未満の端数があるときは、これを切り捨てるものとする。）を負担しなければならない。

（複写料金等の授受に係る手数料の負担）

7　郵便局又は銀行その他の金融機関を利用して前項の支払を行おうとする者は、郵便局又は銀行その他の金融機関における当該複写料金の授受に係る事務のために必要な手数料（銀行振込取扱手数料、為替取扱手数料、小切手買取手数料等）を負担するものと

する。

（自写料金）

8　規程第二条により自ら複写しようとする者には、当分の間、料金を免除する。

○国立国会図書館法による出版物の納入に関する規程

（昭和二四年七月五日　国立国会図書館規程第三号）

最近改正　平成一二年四月七日　国立国会図書館規程第三号

（国の諸機関の納入部数）

第一条　国立国会図書館法（昭和二十三年法律第五号。以下「法」という。）第二十四条第一項の規定により、国の諸機関が納入すべき出版物の部数は、特別の事由のない限り、館長の定める区分に応じ、五部以上三十部以下の範囲内で館長の定める部数とする。

（都道府県等の諸機関の納入部数）

第二条　法第二十四条の二第一項の規定により都道府県又はこれに準ずるものの諸機関が納入する出版物の部数は、特別の事由のない限り、五部とする。

（市町村等の諸機関の納入部数）

第三条　法第二十四条の二第二項の規定により市（特別区を含む。以下同じ。）町村又はこれに準ずるものの諸機関が納入する出版物の部数は、特別の事由のない限り、次の各号の区分に応じ、当該各号に掲げる部数とする。

一　地方自治法（昭和二十二年法律第六十七号）第二百五十二条の十九第一項に規定する指定都市又はこれに準ずるものの諸機関　五部

二　前号に掲げる指定都市以外の市又はこれに準ずるものの諸機関　三部
三　町村又はこれに準ずるものの諸機関　二部

（納入部数の上限）
第四条　前三条に規定する納入部数が当該出版物の発行部数の一割を超える場合の当該納入部数は、当該発行部数の一割とする。

（代償金額の決定手続）
第五条　法第二十五条第三項に規定する代償金につき、館長は、納本制度審議会に諮問し、その額を決定する。

（納入の免除）
第六条　法第二十四条第一項第六号に該当する出版物については、当分の間、その納入を免ずる。ただし、特別の事由のあるときは、この限りでない。

（委任）
第七条　この規程に定めるもののほか、出版物の納入に関し必要な事項は、館長が定める。

国立国会図書館法第二十五条の規定により納入する出版物の代償金額に関する件

〔昭和五〇年一月三〇日　国立国会図書館告示第一号〕

最近改正　平成一二年九月二七日　国立国会図書館告示第四号

1　国立国会図書館法（昭和二十三年法律第五号）第二十五条の規定により納入する出版物の代償金額は、次の各号の区分に従い国立国会図書館の館長が定める金額（当該出版物の出版に通常要すべき費用が当該各号に定める最高の割合の金額を超えるもの、小売価格の表示のないものその他当該各号の規定と異なる取扱いを要すると認めるものについては、その都度納本制度審議会に諮って定める金額）に、当該出版物の納入に要する金額を加算した金額とする。
一　図書（点字版のものを除く。）、蓄音機用レコード及びパッケージ系電子出版物（国立国会図書館法第二十四条第一項第九号に該当する出版物をいう。以下この号において同じ。）については、小売価格（パッケージ系電子出版物にあつては、電気通信回線に接続しない状態での使用に係る小売価格）の四割以上六割以下の金額。ただし、蓄音機用レコードについては、小売価格の四割未満の金額とすることができる。
二　マイクロ写真資料については、小売価格の五割以上七割以下の金額

三　図書、雑誌、新聞その他の出版物で点字版のものについては、小売価格の四割以上八割以下の金額
四　前三号に規定する出版物を除き、雑誌、新聞その他の出版物については、小売価格の四割以上五割以下の金額
2　前項の規定により加算することのできる当該出版物の納入に要する金額は、次の各号に掲げるものとする。
一　送付に要する金額　郵送に要する最低の料金に相当する金額
二　納入の一括代行事務に要する金額　図書一冊につき百二十円
3　前項第二号に規定する金額の加算は、出版物の納入事務を一括して代行する者として館長が指定するものに対して行う。

パッケージ系電子出版物の国立国会図書館法第二十五条第一項に規定する最良版の決定の基準及び方法に関する件

〔平成一二年九月二七日国立国会図書館告示第三号〕

（趣旨）
1　同一の内容のパッケージ系電子出版物（国立国会図書館法（昭和二十三年法律第五号）第二十四条第一項第九号に該当する出版物をいう。以下同じ。）が同一の発行者から同時期に複数の版で発行された場合における同法第二十五条第一項に規定する最良版（以下単に「最良版」という。）の決定の基準及び方法については、この告示の定めるところによる。
（決定の基準及び方法）
2　最良版の決定の基準は、次に掲げるとおりとし、前項の複数の版のうち当該各号に掲げる基準に該当する版を最良版とする。この場合において、第二号から第六号までに掲げる基準については、それぞれ、当該各号よりも前の各号に掲げる基準によっては最良版を決定することができない場合に限り、適用するものとする。
一　記録媒体の保存性が優れていること。

二 記録媒体を格納する容器があること。
三 保管のための特殊な施設又は設備を必要としないこと。
四 利用に係る説明書又は解説書が添付されていること。
五 記録媒体の規格又は当該パッケージ系電子出版物の当該版を利用するための機器の規格が普及していること。
六 特別の機能が付加されていること。ただし、特別の機能が特殊な目的のために付加されている場合には、特別の機能が付加されていないこと。

3 前項の規定によっては最良版を決定することができないときは、国立国会図書館の館長が、図書館資料としての保存及び利用の観点から、これを決定するものとする。

（補則）

4 第一項の「内容」には、広告及びこれに類するものを含まないものとし、主として映像を記録したパッケージ系電子出版物にあっては、映像の画面の横と縦の比並びに音声及び字幕に用いられる言語を含むものとする。

附　則

この告示は、平成十二年十月一日から施行する。

〇国立国会図書館国際交換出版物受託規則

〔昭和六〇年三月二八日 国立国会図書館規則第三号〕

最近改正　平成六年三月二三日　国立国会図書館規則第一号

（総則）

第一条　国立国会図書館（以下「館」という。）が、出版物の国際交換に関する条約（別掲）（以下「条約」という。）その他の国際的取決めに基づき国際交換のため出版物の送付を受託する場合には、この規則の定めるところによる。

（委託できる者）

第二条　出版物の送付を委託することができる者は、次の各号に掲げるものとする。

一 国又は地方公共団体の各機関
二 前号に規定する機関以外の学校、図書館及び国際間の学術文化の交流を行う非営利的団体であって、国立国会図書館長（以下「館長」という。）が認めたもの

（委託できる出版物）

第三条　委託することのできる出版物は、学術的又は文化的内容を有するものとする。

（委託の申込等）

第四条　出版物の送付を委託しようとする者は、あらかじめ、国際交換出版物委託申込書（別紙様式〔略〕）に所要の事項を記入して申し込み、館長の承認を受けなければならない。

2　館長は、館の業務上支障があると認めるときは、前項の規定による申込みを承認しないことができる。
（送付の経費）
第五条　受託した出版物を海外に送付する経費は、館において負担する。
（送付の停止）
第六条　館長は、館の予算上又は業務上必要があるときは、受託した出版物の一部又は全部の送付を停止することができる。
（細部事項）
第七条　この規則に定めるもののほか、必要な細部事項は、別に定める。

○国立国会図書館職員倫理規程　抄

〔平成一二年一二月一八日　国立国会図書館規則第五号〕

（目的）
第一条　この規程は、職員が国民全体の奉仕者であってその職務は国民から負託された公務であることにかんがみ、職員の職務に係る倫理の保持に資するため必要な措置を講ずることにより、職務の執行の公正さに対する国民の疑惑や不信を招くような行為の防止を図り、もって公務に対する国民の信頼を確保することを目的とする。
（職員が遵守すべき職務に係る倫理原則）
第三条　職員は、国民全体の奉仕者であり、国民の一部に対してのみの奉仕者ではないことを自覚し、職務上知り得た情報について国民の一部に対してのみ有利な取扱いをする等国民に対し不当な差別的取扱いをしてはならず、常に公正な職務の執行に当たらなければならない。
2　職員は、常に公私の別を明らかにし、いやしくもその職務や地位を自らや自らの属する組織のための私的利益のために用いてはならない。
3　職員は、その職務に利害関係を有する者からの贈与等を受けること等の国民の疑惑や不信を招くような行為をしてはならない。
（職員の職務に係る倫理の保持を図るために必要な事項）
第四条　国立国会図書館の館長（以下「館長」という。）は、前条に掲げる倫理原則を踏まえ、職員の職務に係る倫理の保持を図るために必要な事項を定めるものとする。この場合において、当該事項には、職員の職務に利害関係を有する者からの贈与等の禁止及び制限等職員の職務に利害関係を有する者との接触その他国民の疑惑や不信を招くような行為の防止に関し職員の遵守すべき事項が含まれていなければならない。

附　則〔抄〕

（施行期日）

1　この規程は、平成十三年一月一日から施行する。

(2) 支部図書館・専門図書館

（参考）専門図書館の概観—設置母体と法令

〔『図書館ハンドブック第五版』（日本図書館協会）所載「専門図書館の種類と運営」（高山正也）を参考にして作成＝編者〕

一　議会図書館
- 国立国会図書館…国立国会図書館法〔別掲〕
- 地方議会図書室…地方自治法〔別掲〕一〇〇条一四項

二　裁判所図書館
- 最高裁判所図書館…裁判所法〔別掲〕一四条の四

三　行政官公庁図書館
- 国立国会図書館支部図書館…国立国会図書館法の規定により行政各部門に置かれる支部図書館及びその職員に関する法律〔別掲〕
- 各省所轄の施設等機関の図書館（室）…各省設置法に基づく政令・省令・訓令等
  （例）文部科学省所轄施設等機関…文部科学省組織令〔別掲〕・文部科学省設置法施行規則〔別掲〕

四　公的機関・公益法人図書館
- 公的機関…それぞれの設置法
  （例）科学技術振興事業団法〔別掲〕・日本政策投資銀行法
- 公益法人…民法〔別掲〕三四条の公益法人の

五　営利企業内図書館
- 定款又は寄附行為に準拠する図書館
- その事業組織が業務上の必要から組織内部の一部署として設けるもの

六　民間団体図書館
- その団体固有の業務上の必要から設けると同時に、その会員等へのサービスの提供をも行う：NPO法人設置の図書館も存在しうる
  （例）社団法人東京銀行協会銀行図書館

七　調査・研究機関図書館
- シンク・タンクに代表される高度な情報サービスの提供機関
  （例）日本貿易振興会アジア経済研究所図書館

八　大学附設機関の図書館
- 大学附属図書館…国立学校設置法〔別掲〕六条・学校法人寄附行為に基づく規則など
- 国立大学附置全国共同利用研究所…国立学校設置法施行令〔別掲〕三条二項
- 大学共同利用機関…国立学校設置法施行令〔別掲〕五条～九条

◎国立国会図書館法の規定により行政各部門に置かれる支部図書館及びその職員に関する法律

〔昭和二四年五月二四日
法律第一〇一号〕

最近改正　平成一三年三月三〇日　法律第二号

〔支部図書館の設置〕

第一条　次の表の上欄に掲げる国立国会図書館支部図書館（以下支部図書館という。）は、国立国会図書館法（昭和二十三年法律第五号）の規定によりそれぞれ下欄に掲げる行政機関に置かれたものとする。

国立国会図書館支部会計検査院図書館	会計検査院
国立国会図書館支部人事院図書館	人事院
国立国会図書館支部内閣法制局図書館	内閣法制局
国立国会図書館支部内閣府図書館	内閣府
国立国会図書館支部宮内庁図書館	宮内庁
国立国会図書館支部警察庁図書館	警察庁
国立国会図書館支部防衛庁図書館	防衛庁
国立国会図書館支部金融庁図書館	金融庁
国立国会図書館支部総務省図書館	総務省
国立国会図書館支部総務省統計図書館	総務省
国立国会図書館支部日本学術会議図書館	総務省
国立国会図書館支部公正取引委員会図書館	公正取引委員会
国立国会図書館支部郵政事業庁図書館	郵政事業庁
国立国会図書館支部法務図書館	法務省
国立国会図書館支部外務省図書館	外務省
国立国会図書館支部財務省図書館	財務省
国立国会図書館支部文部科学省図書館	文部科学省
国立国会図書館支部厚生労働省図書館	厚生労働省
国立国会図書館支部農林水産省図書館	農林水産省
国立国会図書館支部林野庁図書館	林野庁
国立国会図書館支部経済産業省図書館	経済産業省
国立国会図書館支部特許庁図書館	特許庁
国立国会図書館支部国土交通省図書館	国土交通省
国立国会図書館支部気象庁図書館	気象庁
国立国会図書館支部海上保安庁図書館	海上保安庁
国立国会図書館支部環境省図書館	環境省

〔支部図書館長〕

第二条 各支部図書館に支部図書館の長各一人を置く。

2 支部図書館の長は、国立国会図書館法に従い、支部図書館の館務を掌理する。

〔専任職員〕

第三条 各支部図書館に、専任の職員を置く。

2 前項の職員は、当該行政機関の職員のうちから、国立国会図書館法第十九条の規定により、任免する。

〔定員〕

第四条 第一条に規定する行政機関の長は、前条に規定する職員の定数を、当該行政機関の職員の定員の範囲内において、支部図書館の状況に応じて、適当な数に定めなければならない。この場合において、当該行政機関の長は、国立国会図書館の館長に協議しなければならない。

附　則〔昭和三一年三月三一日法律第四七号〕

1 この法律は、昭和三十一年四月一日から施行する。

2 国立国会図書館支部防衛庁図書館及び国立国会図書館支部防衛施設庁図書館の長その他の職員の任免については、国立国会図書館法（昭和二十三年法律第五号）第十七条第一号ただし書及び第十九条中「国家公務員法」とあるのは、「自衛隊法」と読み替えるものとする。

〔参考〕 支部図書館としては、本法によるもののほか次の三館がある。
国際子ども図書館（国立国会図書館組織規程一〇条）
支部東洋文庫（国立国会図書館組織規程一一条）
最高裁判所図書館（裁判所法一四条の四）
＝編者

専門図書館協議会会員機関資料貸出要領

〔昭和六二年九月二五日 国立国会図書館長決定第一一号〕

最近改正 平成七年三月二九日　国立国会図書館長決定第一号

〔趣旨〕

一 専門図書館協議会会員機関（行政及び司法各部門の支部図書館を除く。以下「会員機関」という。）に対する国立国会図書館（以下「館」という。）が所蔵する図書その他の図書館資料（以下「資料」という。）の貸出は、国立国会図書館資料利用規則（昭和六十一年国立国会図書館規則第五号〔別掲〕。以下「規則」という。）第四章の規定に基づいて行い、同規定の解釈及び運用並びに貸出に係る事務は、この要領の定めるところによる。

〔貸出を受けることができる図書館等としての認定〕

二 会員機関で規則第三十五条第一項第一号から第四号までの規定に該当しないものについては、同条同項第五号の規定による館長が適当と認める図書館等とする。

〔図書館間貸出の承認申請〕

三 会員機関が規則第三十五条第二項に規定する承認を受けようとするときは、当該機関の専門図書館協議会（以下「協議会」という。）への入会手続をもって、同条同項に規定する承認の申請のために必要な書類の提出があったものとみなし、口頭による申し出で足りるものとする。

（借受機関番号の付与）

四　前項の申し出があったときは、当該会員機関に対し、借受機関番号を付与するものとする。

五　第三項の規定による申し出の受理及び前項の規定による借受機関番号の付与は、協議会の中央事務局（以下「中央事務局」という。）に代行させるものとする。

六　利用規則第三十五条第二項の規定に基づいて会員機関以外の図書館等と同一の手続に従って承認を得ている会員機関で、現にその承認に基づいて図書館間貸出を受け、又はこれを受けようとするものには、第四項の規定による借受機関番号を付与しない。

（資料借受責任者）

七　資料の貸出を受けようとする会員機関には、当該機関において指定した資料借受責任者の氏名を中央事務局に通知させるものとする。

（貸出票）

八　資料の貸出を受けようとする会員機関には、規則第三十九条第一項の規定にかかわらず、同条同項に規定する資料貸出申込票に代えて、専門図書館協議会会員機関資料貸出票（別紙様式〔略〕。以下「貸出票」という。）により、申し込ませるものとする。

（会員機関の確認）

九　資料の貸出を受けようとする会員機関には、貸出の手続を行う前に、その都度、貸出票に、当該機関が借受機関番号を付与されている会員機関であることを証明する中央事務局の責任者の押印を受けさせるものとする。

（貸出の手続）

十　来館による貸出の手続は、前項の押印を受けさせた後、貸出カウンターにおいて行うものとする。

十一　郵便（ファクシミリを含む。）による貸出の申込みの受理、貸出手続及び借受機関への資料の発送は、中央事務局の職員に代行させるものとする。

（郵便による返却の手続）

十二　返却資料の郵送による宛先は、中央事務局とし、返却の手続は、同事務局の職員に代行させるものとする。

（借受機関の退会）

十三　借受機関番号を付与されている会員機関が協議会を退会したときは、中央事務局に対しては、直ちに、その旨を館に通知させるとともに、当該機関に対しては、速やかに、その貸出を受けている資料を、同事務局を通じて、返却させるものとする。

（借受機関番号の付与されていない機関）

十四　第六項の規定により借受機関番号が付与されていない会員機関については、第七項から前項までの規定は適用しない。

（細部事項）

十五　この要領に定めるもののほか、会員機関に対する貸出に係る細部事項は、図書館協力部長が関係部局の長と協議して定める。

十六　専門図書館協議会に対する図書貸出要綱（昭和二十七年二月二十六日決定）は、廃止する。

〔様式　略〕

◎裁判所法　抄

〔昭和二二年四月一六日
法律第五九号〕

最近改正　平成一二年一一月六日　法律第一四二号

第十四条の四（最高裁判所図書館）　最高裁判所に国立国会図書館の支部図書館として、最高裁判所図書館を置く。

第五十六条の六（最高裁判所図書館長）　最高裁判所に最高裁判所図書館長一人を置き、裁判所の職員の中からこれを命ずる。

② 最高裁判所図書館長は、最高裁判所長官の監督を受けて最高裁判所図書館の事務を掌理し、最高裁判所図書館の職員を指揮監督する。

③ 前二項の規定は、国立国会図書館法〔昭和二十三年二月法律第五号〕〔別掲〕の規定の適用を妨げない。

○最高裁判所図書館規則

〔昭和二八年三月三日
最高裁判所規則第二号〕

最近改正　昭和五六年三月一八日　最高裁判所規則第一号

第一条　最高裁判所図書館に最高裁判所が定める員数の職員を置く。

第二条　最高裁判所図書館に副館長一人を置き、裁判所事務官をもってこれに充てる。

2 副館長は、最高裁判所図書館長を助け、最高裁判所図書館の事務を整理し、最高裁判所図書館の職員を監督する。

第三条　最高裁判所図書館の事務を分掌させるため、最高裁判所図書館に課を置く。

2 各課に課長を置き、裁判所事務官をもってこれに充てる。

3 課長は、上司の命を受けて、その課の事務を掌理する。

附　則〔略〕

○最高裁判所図書館分課規程

〔昭和三四年六月三〇日
最高裁判所規程第四号〕

最近改正　平成三年七月一七日　最高裁判所規程第三号

第一条　最高裁判所図書館に次の課を置く。
総務課
整理課

第二条　総務課においては、次の事務をつかさどる。
一　会議に関する事項
二　機密に関する事項
三　官印の保管に関する事項
四　文書の接受、及び発送並びに公文書類の編集及び保管に関する事項
五　図書、雑誌及び資料の閲覧に関する事項
六　参照に関する事項
七　他の図書館との相互貸借に関する事項
八　書庫の管理に関する事項
九　他の課に属しない事項

第三条　整理課においては、次の事務をつかさどる。
一　図書、雑誌及び資料の受入れに関する事項
二　図書、雑誌及び資料の配付に関する事項
三　図書、雑誌及び資料の交換に関する事項
四　図書、雑誌及び資料の保管に関する事項
五　図書、雑誌及び資料の製本に関する事項
六　図書、雑誌及び資料の整理に関する事項
七　図書目録、文献索引等の刊行に関する事項

第四条　最高裁判所図書館長において必要と認めるときは、一の課に属する事務を他の課において処理させることができる。

附　則〔略〕

◎科学技術基本法

〔平成七年一一月一五日
法律第一三〇号〕

最近改正　平成一一年一二月二二日　法律第一六〇号

第一章　総則

（目的）

第一条　この法律は、科学技術（人文科学のみに係るものを除く。以下同じ。）の振興に関する施策の基本となる事項を定め、科学技術の振興に関する施策を総合的かつ計画的に推進することにより、我が国における科学技術の水準の向上を図り、もって我が国の経済社会の発展と国民の福祉の向上に寄与するとともに世界の科学技術の進歩と人類社会の持続的な発展に貢献することを目的とする。

（科学技術の振興に関する方針）

第二条　科学技術の振興は、科学技術が我が国及び人類社会の将来の発展のための基盤であり、科学技術に係る知識の集積が人類にとっての知的資産であることにかんがみ、研究者及び技術者（以下「研究者等」という。）の創造性が十分に発揮されることを旨として、人間の生活、社会及び自然との調和を図りつつ、積極的に行われなければならない。

2　科学技術の振興に当たっては、広範な分野における均整のとれた研究開発能力の涵《かん》養、基礎研究、応用研究及び開発研究の調和のとれた発展並びに国の試験研究機関、大学（大学院を含む。以下同じ。）、民間等の有機的な連携について配慮されなければならず、また、自然科学と人文科学との相互のかかわり合いが科学技術の進歩にとって重要であることにかんがみ、両者の調和のとれた発展について留意されなければならない。

（国の責務）

第三条　国は、科学技術の振興に関する総合的な施策を策定し、及びこれを実施する責務を有する。

（地方公共団体の責務）

第四条　地方公共団体は、科学技術の振興に関し、国の施策に準じた施策及びその地方公共団体の区域の特性を生かした自主的な施策を策定し、及びこれを実施する責務を有する。

（国及び地方公共団体の施策の策定等に当たっての配慮）

第五条　国及び地方公共団体は、科学技術の振興に関する施策を策定し、及びこれを実施するに当たっては、基礎研究が新しい現象の発見及び解明並びに独創的な新技術の創出等をもたらすものであること、その成果の見通しを当初から立てることが難しく、また、その成果が実用化に必ずしも結び付くものではないこと等の性質を有するものであることにかんがみ、基礎研究の推進において国及び地方公共団体が果たす役割の重要性に配慮しなければならない。

（大学等に係る施策における配慮）

第六条　国及び地方公共団体は、科学技術の振興に関する施策で大学及び大学共同利用機関（以下「大学等」という。）に係るものを策定し、及びこれを実施するに当たっては、大学等における研究活動の活性化を図るよう努めるとともに、研究者等の自主性の尊重その他の大学等における研究の特性に配慮しなければならない。

（法制上の措置等）

第七条　政府は、科学技術の振興に関する施策を実施するため必要な法制上、財政上又は金融上の措置その他の措置を講じなければならない。

（年次報告）

第八条　政府は、毎年、国会に、政府が科学技術の振興に関して講じた施策に関する報告書を提出しなければならない。

第二章　科学技術基本計画

第九条　政府は、科学技術の振興に関する施策の総合的かつ計画的な推進を図るため、科学技術の振興に関する基本的な計画（以下「科学技術基本計画」という。）〔別掲〕を策定しなければならない。

2　科学技術基本計画は、次に掲げる事項について定めるものとする。

一　研究開発（基礎研究、応用研究及び開発研究をいい、技術の開発を含む。以下同じ。）の推進に関する総合的な方針

二　研究施設及び研究設備（以下「研究施設等」という。）の整備、研究開発に係る情報化の促進その他の研究開発の推進のための環境の整備に関し、政府が総合的かつ計画的に講ずべき施策

三　その他科学技術の振興に関し必要な事項

3　政府は、科学技術基本計画を策定するに当たっては、あらかじめ、総合科学技術会議の議を経なければならない。

4　政府は、科学技術の進展の状況、政府が科学技術の振興に関して講じた施策の効果等を勘案して、適宜、科学技術基本計画に検討を加え、必要があると認めるときには、これを変更しなければならない。この場合においては、前項の規定を準用する。

5　政府は、第一項の規定により科学技術基本計画を策定し、又は前項の規定によりこれを変更したときは、その要旨を公表しなければならない。

6　政府は、科学技術基本計画について、その実施に要する経費に関し必要な資金の確保を図るため、毎年度、国の財政の許す範囲内で、これを予算に計上する等その円滑な実施に必要な措置を講ずるよう努めなければならない。

第三章　研究開発の推進等

（多様な研究開発の均衡のとれた推進等）

第十条　国は、広範な分野における多様な研究開発の均衡のとれた推進に必要な施策を講ずるとともに、国として特に振興を図るべき重要な科学技術の分野に関する研究開発の一層の推進を図るため、その企画、実施等に必要な施策を講ずるものとする。

（研究者等の確保等）

第十一条　国は、科学技術の進展等に対応した研究開発を推進するため、大学院における教育研究の充実その他の研究者等の確保、養成及び資質の向上に必要な施策を講ずるものとする。

2　国は、研究者等の職務がその重要性にふさわしい魅力あるものとなるよう、研究者等の適切な処遇の確保に必要な施策を講ずるものとする。

3　国は、研究開発に係る支援のための人材が研究開発の円滑な推進にとって不可欠であることにかんがみ、その確保、養成及び資質の向上並びにその適切な処遇の確保を図るため、前二項に規定する施策に準じて施策を講ずるものとする。

（研究施設等の整備等）

第十二条　国は、科学技術の進展等に対応した研究開発を推進するため、研究開発機関（国の試験研究機関、大学等及び民間等における研究開発に係る機関をいう。以下同じ。）の研究施設等の整備に必要な施策を講ずるものとする。

2　国は、研究開発の効果的な推進を図るため、研究材料の円滑な

供給等研究開発に係る支援機能の充実に必要な施策を講ずるものとする。

（研究開発に係る情報化の促進）

第十三条　国は、研究開発の効率的な推進を図るため、科学技術に関する情報処理の高度化、科学技術に関するデータベースの充実、研究開発機関等の間の情報ネットワークの構築等研究開発に係る情報化の促進に必要な施策を講ずるものとする。

（研究開発に係る交流の促進）

第十四条　国は、研究開発機関又は研究者等相互の間の交流により研究者等の多様な知識の融合等を図ることが新たな研究開発の進展をもたらす源泉となるものであり、また、その交流が研究開発の効率的な推進にとって不可欠なものであることにかんがみ、研究者等の交流、研究開発機関による共同研究開発、研究開発機関の研究施設等の共同利用等研究開発に係る交流の促進に必要な施策を講ずるものとする。

（研究開発に係る資金の効果的使用）

第十五条　国は、研究開発の円滑な推進を図るため、研究開発の展開に応じて研究開発に係る資金を効果的に使用できるようにする等その活用に必要な施策を講ずるものとする。

（研究開発の成果の公開等）

第十六条　国は、研究開発の成果の活用を図るため、研究開発の成果の公開、研究開発に関する情報の提供等その普及に必要な施策及びその適切な実用化の促進等に必要な施策を講ずるものとする。

（民間の努力の助長）

第十七条　国は、我が国の科学技術活動において民間が果たす役割の重要性にかんがみ、民間の自主的な努力を助長することによりその研究開発を促進するよう、必要な施策を講ずるものとする。

第四章　国際的な交流等の推進

第十八条　国は、国際的な科学技術活動を強力に展開することにより、我が国の国際社会における役割を積極的に果たすとともに、我が国における科学技術の一層の進展に資するため、研究者等の国際的交流、国際的な共同研究開発、科学技術に関する情報の国際的流通等科学技術に関する国際的な交流等の推進に必要な施策を講ずるものとする。

第五章　科学技術に関する学習の振興等

第十九条　国は、青少年をはじめ広く国民があらゆる機会を通じて科学技術に対する理解と関心を深めることができるよう、学校教育及び社会教育における科学技術に関する学習の振興並びに科学技術に関する啓発及び知識の普及に必要な施策を講ずるものとする。

附　則

この法律は、公布の日から施行する。

科学技術基本計画　抄

（平成一三年五月二三日　内閣府、総務省、外務省、文部科学省、厚生労働省、農林水産省、経済産業省、国土交通省、環境省告示第一号）

はじめに

二〇世紀の最後の一〇年間に世界は大きく変貌した。冷戦の終結によって、局地的な紛争はなお一部に生じてはいるが、全世界的に見ると多くの人々が平和を享受することができるようになってきた。その結果、人の流れ、物の流れのみならず、情報、資本などの国境を越えた移動が活発となり、グローバリゼーションが一層進行した。それとともに、先進諸国の間での経済競争は激化し、メガコンペティションとよばれる状態が到来した。こうした経済競争の基礎としての情報通信技術、バイオテクノロジーの進歩は目覚ましく、各国は競って科学技術の振興を重要課題として取り上げ、政府による積極的な政策展開を図ってきている。

こうした国際環境の下にあって、我が国は第二次世界大戦後初めての長期的な経済不況を経験した。このため、一九九〇年代の前半には、我が国の研究開発投資の約八割を占める企業の研究開発投資が減少した。また、大学、国立試験研究機関などの研究環境は劣悪な状況におかれ、研究開発における産学官の連携が不十分であるなど、我が国の科学技術は憂慮すべき状態となり、我が国の産業競争力の低下も懸念された。平成七年、このような状況を打破し、真の科学技術創造立国の実現を目指して、科学技術基本法が制定された。この科学技術基本法に基づき、翌平成八年、我が国の科学技術活動を巡る環境を抜本的に改善し、研究開発能力の引き上げと成果の円滑な社会還元を図るための諸施策を内容とする第一期科学技術基本計画（以下、「第一期基本計画」という。）が策定された。その後五年を経た現在、この基本計画の効果もあって、我が国の研究開発水準は、ようやく改善しつつある状態に至っている。しかし、産業競争力の回復はまだ不十分であり、特に少子高齢化が進む中、我が国の経済成長の前途に不安も持たれている。したがって、新産業の創出につながる産業技術を強化し、強い国際競争力を回復することが重要である。

新しい世紀の幕開けを迎えた今日、我が国の科学技術には新たな展開が求められている。特に急速に発展している多くの分野において、依然として欧米の研究開発は我が国に比べ高い水準にあり、我が国もそれに匹敵しさらにそれを上回る研究成果を挙げる必要がある。新しい知識を創出する基礎研究については、一層その質を高め、国際的に高い評価を受ける成果を生み出し得る環境を整備していくとともに、経済的・社会的ニーズに対応する研究開発については、産学官がそれぞれの間にある見えない壁を取り除き、真に連携できる環境を整備していく必要がある。また、創造性の高い若手研究者が自らの能力を最大限に発揮できるような環境整備に努めていくことが必要である。さらに、科学技術に対する社会の期待に応えていくためにも、常に社会とのコミュニケーションを保つ必要がある。

今般、総合科学技術会議の新設や文部科学省の設置をはじめとする府省の再編と大半の国立試験研究機関の独立行政法人化が実施されることとなった。さらに、科学技術の中で中心的な役割を果たす大学についても改革が進められている。この一環として国立大学については独立行政法人化の検討が行われており、一層の改革が期待されている。今後は、総合科学技術会議が科学技術政策推進の司令塔として、重点分野に関する推進戦略、資源配分や評価の方針等を作成する等、その機能と役割を十全に発揮し、国際社会の発展にも貢献し得る質の高い科学技術活動の展開を図っていく。

　このような状況を踏まえ、以下、第一章においては、「知の世紀」といわれる二一世紀に、科学技術が、新たな知を生み出し、国民の生活や経済活動を持続的に発展させ、また、国際的な貢献を果たすべきものであるという視点に立って、我が国が目指すべき国の姿と理念を示し、その実現に向けて科学技術政策の基本方針を示した。第二章においては、基本方針に沿って、研究開発の重点的・戦略的な推進、科学技術システムの改革を中心に、重要政策について述べた。第三章においては、科学技術基本計画を実行するに当たっての総合科学技術会議の使命について見解を示した。

第一章　基本理念

一　科学技術を巡る諸情勢

(1)　二〇世紀を振り返って

　二〇世紀は科学技術の世紀といわれるように、科学技術の目覚しい進歩によって、世界は未曾有の変化をとげた。量子力学や分子生物学に代表される物理、化学、生命科学等の学問の急速な発展と技術の飛躍的進歩を基礎として、先進諸国の人々は、豊かで便利な生活と長寿を獲得した。他方で、科学技術の負の側面が明らかとなり、人間社会と地球環境を脅かす存在となりうることも明らかになった。

　我が国に目を向けると、二〇世紀に近代化に成功し、経済社会が目覚ましい発展を遂げた。特に、第二次世界大戦後、著しい産業の発展によって奇跡とまでいわれた高度経済成長を遂げ、国内総生産は米国に次いで世界第二位という経済大国となった。それとともに国民生活は豊かとなり、平均寿命は大幅に伸びて、世界一の長寿を達成した。しかし、一九九〇年代に入ると、我が国はこれまでにない長期的な経済不況の中で、いわゆる空白の一〇年といわれる厳しい時期を経験した。

(2)　二一世紀の展望

　二一世紀に入って、科学技術はさらに急速に発展し、人類の生活と福祉、経済社会の発展に一層貢献し、世界の持続的な発展の牽力車になることが期待される。

　今世紀は、知を基盤とした人類社会になることが予想されるが、我が国において、このような知識社会を実現し、経済社会を更に発展させるためには、解決しなければならない多くの課題が存在する。

　我が国の経済は、経済のグローバル化と激しさを増す国際的な競争の中で、産業競争力の低下、雇用創出力の停滞等の課題を抱えている。さらに、我が国が直面する少子高齢化は、労働力人口の減少と社会保障への支出の増大といった課題をもたらす。こうした中、国民生活を安定的に発展させるためには、絶えざる技術革新により高い生産性と国際競争力を持つ産業を育て、経済の活力を回復していくことが必要である。

　高齢社会においては、高齢者が、単に生活を楽しむだけでなく、経験や技術等を活かした社会への貢献を通して、生きがいを持ち、健康で活力に満ちた質の高い生活を送れるようにすることが重要である。とりわけ疾病の治療に加え、予防に力を入れ病気を未然に防ぐことで、健康を維持でき、生活の質を向上できるようにすることが必要である。

最近の情報通信革命は、経済、産業、教育、娯楽などの社会の隅々に浸透し、社会に大きな変化を急速にもたらしつつある。こうした大きな動きに対して、我が国としても機動的に対応し、新しい産業の創出や、更なる社会の利便性の向上を通じ、国民がその恩恵を享受できるようにしていくことが課題である。このため、情報通信革命の中核を担っている情報通信技術の研究開発を進めるとともに、情報格差（デジタル・ディバイド）の解消にも努める必要がある。

また、二一世紀の世界が地球規模で直面する諸問題、すなわち、人口の爆発的な増大、水や食料、資源エネルギーの不足、地球の温暖化、新しい感染症等に対処すると同時に、発展途上国を含めた世界全体の持続的な発展を実現するという困難な課題に挑戦し、人類の明るい未来を切り拓くためには、科学技術の力が不可欠である。これらは、資源、エネルギー及び食料を海外に依存する我が国にとっては、特に重要な問題である。その解決に向けて、供給力の向上等、適切な対応を図るため、国内外の英知を結集することが求められる。

このような二一世紀の世界と我が国が直面する課題を克服していくためには、人間の知的活動の成果としての幅広い知識の創出と蓄積、それを有効に活用するための英知が求められる。その際、科学技術への過信が、地球環境、人類の福祉や幸福をかえって損なう惧れがある。大量生産・消費・廃棄等によって二〇世紀に地球規模の問題が発生したことは、大きな教訓といえる。

二一世紀を中長期的に見れば、生命科学の発展に伴って生ずる人間の尊厳に関わる生命倫理の問題、遺伝子組換食品の安全性や、情報格差、さらに環境問題等、科学技術が人間と社会に与える影響はますます広く深くなることが予想される。こうした状況に先見性をもって対応するために、科学技術が社会に与える影響を解析、評価し、対応していく新しい科学技術の領域を拓いていく必要がある。このためには、自然科学のみならず人文・社会科学を総合した人類の英知が求められることを認識すべきである。

二　我が国が目指すべき国の姿と科学技術政策の理念

我が国が直面している諸課題を克服し今後の展望を拓いていくために、科学技術は重要な鍵を握っている。我が国は、科学技術創造立国の実現を基本とし、総合戦略及びこれに基づき策定される科学技術基本計画、これらに基づく具体的な施策を積極的に展開することにより、科学技術を振興し、直面する課題を適切に克服していく必要がある。先に述べた二〇世紀の総括と二一世紀の展望を踏まえ、我が国の科学技術政策の基本的な方向として目指すべき国の姿を、次に述べるように、「知の創造と活用により世界に貢献できる国」、「国際競争力があり持続的発展ができる国」、「安心・安全で質の高い生活のできる国」の三つとする。

(1)　知の創造と活用により世界に貢献できる国の実現に向けて―新しい知の創造―

「知の創造と活用により世界に貢献できる国」とは、科学を通じて、未知の現象の解明、新しい法則や原理の発見等、新しい知識を生み出し、その知識を活用して諸課題に対応する国である。さらに、そうした知識や知恵を世界に向けて発信し、人類共通の問題解決に資することによって、世界から信頼される国である。

こうした国を実現していくためには、我が国に科学を根付かせ、育て上げる取組みが必要である。そのため、科学的なものの見方・考え方、科学する心を大切にする社会的な風土を育むとともに、知の源泉である人材を育成し、知を国の基盤とする社会を構築していくことが必要である。

具体的には、例えば、投資に見合う多数の質の高い論文が発表され、国際的に評価の高い論文の比率が増えること、ノーベル賞に代表される国際的科学賞の受賞者を欧州主要国並に輩出すること（五〇年間にノーベル賞受賞者三〇人程度）、優れた外国人研究者が数多く集まる研究拠点が相当数できることなど、世界水準の質の高い研究成果を創出し、世界に広く発信することを目指す。

(2) 国際競争力があり持続的発展ができる国の実現に向けて―知による活力の創出―

「国際競争力があり持続的発展ができる国」とは、現下の経済社会が有する諸課題を克服し、付加価値の高い財・サービスを創出し、雇用機会を十分に確保することで、国際的な競争環境の中で我が国の経済が活力を維持し、持続的に発展を遂げ、国民の生活水準を向上させられる国である。

産業技術力は、我が国産業の国際競争力の源泉であり、国民生活を支えるあらゆる産業活動を活性化していく原動力でもある。また、産業技術は科学技術の成果を社会において活用する観点からも重要である。我が国経済の活力を維持し持続的な発展を可能とするため、技術の創造から市場展開までの各プロセスで絶え間なく技術革新が起きる環境を創成し、産業技術力の強化を図ることで、国際的な競争優位性を有する産業が育成されることが必要である。特に、研究開発に基盤を置いた新産業の創出が必要であり、このため、科学技術と産業とのインターフェースの改革が急務である。

具体的には、例えば、TLO等の技術移転機関が質的量的に充実し、公的研究機関からの特許の移転が進み、公的研究機関発の数多くのベンチャー企業が起こるなど、公的研究機関の研究成果が数多く産業へ移転される、国際標準が数多く提案される、国際的な特許の登録件数が増加する、産業の生産性が向上するなど強い国際競争力を持つことを目指す。

(3) 安心・安全で質の高い生活のできる国の実現に向けて―知による豊かな社会の創生―

「安心・安全で質の高い生活のできる国」とは、本格的に到来する高齢社会において国民が健康に生活できるよう疾病の治療・予防能力を飛躍的に向上させること、自然及び人為的な災害やそれによる被害を最小限にとどめること、人間活動の基盤をなす食料やエネルギーの安定供給を図ること、地球環境と調和した産業活動や経済的発展を実現すること、さらに、世界の中で安定した国際関係を維持するとともに、人々が安心して心豊かに、質の高い生活を営むことのできる国である。

こうした課題を根本的に解決するためには、科学技術の発展とその社会への適切な活用が重要である。すなわち、疾病や災害の発生や影響拡大の仕組みなどを解明し対策を立てていくことが必要であり、科学技術はこのための手段を提供する。同時に、科学技術には負の側面もあり、それへの対応も適切に行うことを忘れてはならない。また、科学技術の先進国として我が国が、発展途上国など国際社会が直面する多くの難問を解決するとともに、国際的地位と国の安全を維持するため、科学技術を活用する努力を行うことも当然である。

具体的には、例えば、様々な疾患遺伝子の解明とそれに基づくオーダーメイド医療を可能とする科学的・技術的基盤が形成されること、地震、台風等の自然災害の被害が最小限に抑えられること、バイオテクノロジー等の活用により良質な食料の安定的な供給が確保されること、科学技術の持つリスクが軽減されることなどを可能とすることを目指す。これらによって、発展途上国における感染症、災害対策にも貢献することが期待される。

以上の三つの国の姿の実現に当たっては、次の点に留意することが必要と考える。

○　我が国が二〇世紀に営々として築き上げた世界第一級の科学技術の蓄積を基盤に、これを二一世紀に持続し、力強く発展させていくことが必須である。これによって、我が国の直面する課題を解決するとともに、人類社会全体の発展に我が国が科学技術を基礎とした解決策を示し積極的に貢献していくことを、同時に達成する展望をもつことができる。

○　我が国は、西洋諸国以外では最も早くから近代化の道を歩み始めた国であり、科学技術文明と固有の文化との共存のあり方について苦悩してきた長い経験を有する。この経験を踏まえて、世界の人々が、それぞれの文化、価値観を維持しつつ、科学技術の恩恵を広く享受することのできる環境づくりに貢献することが重要である。

三　科学技術政策の総合性と戦略性

以上のような考え方に基づいて、目指すべき国の姿の実現を図るに当たり、我が国の科学技術政策には、広い視野と戦略的な取組みが必須であり、次のような視点から政策運営を行うこととする。

①　人間生活を支え、産業競争力の基盤となる新しい科学技術を一層発展させる必要がある。同時に、科学技術を総合的、俯瞰的に展望し、二一世紀の人間社会のあり方を見据えつつ、人間社会や自然環境との調和を図っていくことが必要である。二一世紀の初頭に当たり、新たに発足した総合科学技術会議において、自然科学と人文・社会科学を総合した科学技術を対象として、議論が行われることは大きな意義をもつ。

②　科学技術は尽きることのない知的資源であり、その振興は、未来への先行投資といえる。まず、基礎研究への継続的な投資は、知を基盤とする国の実現の基本であり、適切な評価を通して、一層推進していく必要がある。同時に、質の高い基礎研究や重点分野の研究の成果が社会や産業活動に速やかに還元され、それが次の投資につながりさらに大きな成果を育んでいくというダイナミックな循環システムを戦略的に構築する必要がある。

③　高度な科学技術に支えられ複雑化した現代社会では、科学技術の不適切な利用や管理により、人間の生命・身体の安全を脅かすなどの科学技術の負の側面が現れる状況が増している。こうした科学技術の両面性を踏まえて、「社会のための、社会の中の科学技術」という観点に立つことが必要である。そうした認識の下に、科学技術と社会とのコミュニケーションを確立するとともに、科学技術に携わる者は、社会と人類に対する責任を自覚し、高い倫理観をもたなければならない。

④　二一世紀に期待される社会、産業活動、人類と自然との共生にとって必要となる知の革新のために、総合科学技術会議は、総合的、戦略的な政策を作成し、政策推進の司令塔とな

らねばならない。そのための戦略として、重要分野への計画的投資、研究開発のための基盤整備、厳正な評価とそれに基づく資源の効果的・効率的配分の考え方を示すとともに、その実行に当たり使命を果たす。また、科学技術の負の側面への配慮と対応を重視する。

四　科学技術と社会の新しい関係の構築

我が国が目指すべき国の姿の実現に向けて科学技術の振興を図っていくに当たり、特に、社会との関係を考えて政策を展開していく必要がある。科学技術は社会に受容されてこそ意義を持つものであり、社会が科学技術をどのように捉え、判断し、受容していくかが重要な鍵となる。自然科学や技術の関係者はもとより、人文・社会科学の関係者にも、この点に関する十分な認識と努力が求められる。

(1) 科学技術と社会のコミュニケーション

「社会のための、社会の中の科学技術」という観点の下、科学技術と社会との間の双方向のコミュニケーションのための条件を整えることが不可欠である。

まず、科学技術の現状と将来に対する正しい情報が提供されなければならない。その前提として、科学技術に関する学校教育・社会教育の充実により、社会の側における情報の受容と理解の下地が十分作られることが必要である。その上で、科学技術の側から、高度化・複雑化する科学技術に関する情報が、日常的に、しかも分かりやすい形で提供されなければならない。

情報の提供については、科学技術の専門家が責任を負うことはいうまでもないが、専門的情報は、一般人の理解を越える場合も多いので、その解説者の存在が重要になる。研究者や技術者自らが、あるいは専門の解説者やジャーナリストが、最先端の科学技術の意義や内容を分かりやすい形で社会に伝え、知識や考え方の普及を行うことを責務とすべきである。また、社会から科学技術の側に意見や要望が適確に伝えられる機会や媒介機能を拡大するとともに、科学技術関係者がそれらをくみ取り真摯に対応することが必要である。

人文・社会科学の専門家は、科学技術に関心をもち、科学技術と社会の関係について研究を行い発言するとともに、社会の側にある意見や要望を科学技術の側に的確に伝えるという双方向のコミュニケーションにおいて重要な役割を担わねばならない。我が国の人文・社会科学は、これまで科学技術と社会の関係の課題に取り組む点で十分とはいえなかった。今後は、「社会のための科学技術、社会の中の科学技術」という観点に立った人文・社会科学的研究を推進し、その成果を踏まえた媒介的活動が活発に行われるべきである。

こうして、社会においても、科学技術のみならず社会を巡る様々な課題について、科学的・合理的・主体的な判断を行い得る基盤の形成を促す。

(2) 産業を通じた科学技術の成果の社会への還元

科学技術と社会との関係を考える際、もう一つ重要な点は、科学技術の成果を利用可能な形で社会へ還元することである。研究開発の成果の多くは、産業技術として活用されることにより現実に利用可能な財・サービスを生み出し、国民生活・経済社会に還元される。論文発表等による知の創造と蓄積・発信に加え、知を産業技術にまで結びつけ、その活用により社会に直接の利便をもたらすことができ、社会は科学技術の恩恵を享受することができる。こうした視点を重視して、優れた成果を生み出す研究開発の仕組みの追求、一層の産学官連携の強化等を通じ、産業技術力の強化を図ることが必要である。

五　第一期科学技術基本計画の成果と課題

第一期基本計画は平成八年度から平成一二年度の五年間の計画として、平成八年七月に閣議決定された。同基本計画では、社会的・経済的ニーズに対応した研究開発の強力な推進と人類が共有し得る知的資産を生み出す基礎研究の積極的な振興を基本的方向とし、これらを実現するために、新たな研究開発システムの構築、望ましい研究開発基盤の実現、科学技術に関する学習の振興と幅広い国民的合意の形成について講ずべき施策を取りまとめた。また、政府研究開発投資については、五年間の科学技術関係経費の総額の規模が約一七兆円必要とされる一方、厳しい財政事情を勘案することが必要とされ、これらの状況を踏まえ、毎年度の予算編成にあたって、第一期基本計画の推進に必要な経費の拡充を図っていくものとされた。

第一期基本計画の期間中の施策の進捗状況及び課題は以下のとおりである。

競争的かつ流動性のある研究開発環境の整備については、競争的資金はほぼ倍増し、若手研究者を対象とした研究資金も大幅に増加した。ポストドクター等一万人支援計画は、数値目標が四年目において達成され、我が国の若手研究者の層を厚くし、研究現場の活性化に貢献したが、ポストドクター期間中の研究指導者との関係、期間終了後の進路等に課題が残った。また、任期付任用制度、産学官連携の促進のための国家公務員の兼業緩和等の制度改善を行ったが、現在までの人材の流動性の向上は必ずしも十分ではない。

研究開発評価は、「国の研究開発全般に共通する評価の実施方法の在り方についての大綱的指針」（平成九年八月七日　内閣総理大臣決定）（以下、「研究開発評価に関する大綱的指針」という。）を策定し、研究機関や研究課題についての評価を本格的に導入した。大学については、自己点検・評価を義務化し、評価の一層の促進が図られた。しかしながら、評価結果の資源配分・処遇への反映や、評価プロセスの透明性は未だ不十分であるとされており、評価の実効性の向上が課題となっている。このため、評価の在り方や方法、結果の公表について、早急に改善が必要である。

また、産学官連携の推進のため、例えば、国の委託研究開発に係る特許権等の保有、民間企業から国への委託研究の弾力的受入れ等を可能とするなどの制度改革や公的研究機関における体制等の整備を行うことにより、研究成果の活用・企業化に向けた環境整備を行った。公的研究機関からの特許申請数や民間企業との共同研究の数は着実に増加しており、それらを産業に結びつけるための法律に基づく技術移転機関も全国各地で活動を始めた。また、国以外の者が国立大学等と共同して研究を行うために必要となる共同研究施設を国立大学等の敷地内に整備することを促進するための法改正を行った。

一方、施設、研究支援者数については十分な改善を行うことができなかった。特に、国立大学の施設については、大学院学生数が大幅に増加したこともあり、五年間で一兆円を超える資源を投入したものの、施設の老朽化・狭隘化問題の解消は全体として進んでいない。研究支援者の確保は、国立試験研究機関については若干の改善が見られたのみである。国立大学については、研究支援者数はむしろ減少傾向を示しているが、研究プロジェクトへの大学院学生の参画等により、研究支援体制の改善を図った。

また、第一期基本計画においては、策定時の時間的制約もあり、国として重点的に取り組むべき科学技術の目標について必ずしも明確に示し得なかったが、第二期基本計画においては、国家的・社会的課題に対応した研究開発の目標を分かりやすく定め、それに向かって戦略的・重点的に取り組むことが必要である。

平成八年度から一二年度までの間の科学技術関係経費は、厳しい財政事情下にあっても、補正予算を含めて、必要とされた一七兆円を超える額を実現した。

実質的に四年間しか経過していない現時点で投資の効果を十分に評価することは困難であるが、第一期基本計画に基づく上記の制度改善等の進展により、研究開発の現場は活性化されつつあると認められる。この期間中に、白川英樹博士が導電性高分子に関する独創的な研究を認められてノーベル化学賞を受賞したことをはじめとして、世界最高水準の科学雑誌へ発表される我が国の論文の占有率は増加傾向にあり、また、スーパーカミオカンデでの物質の起源に迫る研究成果やガン細胞の自殺機構の解明など基礎科学や人類未踏の分野で世界最高水準の成果が上がっている。

一方、投資の拡大に伴い、これまで以上に関係機関が適切な責任分担と連携の下で、質の高い研究開発をより効果的・効率的に進めていくことが求められてきている。

以上を踏まえ、今後は、第一期基本計画に盛り込まれた改革を更に継続するとともに、第一期基本計画の期間中に明らかとなってきた課題に適切に対処する必要がある。

六 科学技術振興のための基本的考え方

(1) 基本方針

前に述べた第一期科学技術基本計画の成果と課題を踏まえ、

我が国が目指すべき国の姿を実現していくため、以下の方針の下、科学技術の振興を図る。〔以下見出しのみ収録＝編者〕

① 研究開発投資の効果を向上させるための重点的な資源配分を行う。

② 世界水準の優れた成果の出る仕組みの追求と、そのための基盤への投資の拡充を行う。

③ 科学技術の成果の社会への一層の還元を徹底する。

④ 我が国の科学技術活動の国際化を推進する。

以上の方針の下、世界の動きの速さ、グローバル化の流れ等を踏まえ、可能な限り迅速かつ機動的に改革を進める。その際、不必要な重複や府省の縦割りによる弊害を排することとする。

なお、科学技術振興についての官民役割分担を明確化し、民間に期待し得るものについては、民間の研究開発を促進する環境を整備することで対応を図る。

(2) 政府の投資の拡充と効果的・効率的な資源配分

政府研究開発投資については、第一期基本計画期間中の対GDP比率の推移を見ると、欧米主要国は低下傾向が継続する一方、我が国は着実に増加し、現時点では、ほぼ同水準に達しつつある。しかしながら、今後とも欧米主要国の動向を意識し、かつ第一期基本計画の下での科学技術振興の努力を継続していくとの観点から、第二期基本計画期間中も対GDP比率で少なくとも欧米主要国の水準を確保することが求められている。この場合、平成一三年度より一七年度までの政府研究開発投資の総額の規模を約二四兆円とすることが必要である。

(注) 上記は、第二期基本計画期間中に政府研究開発投資の対GDP比率が一%、上記期間中のGDPの名目成長率が三・五%を前提としているものである。

他方、財政事情については、第一期基本計画期間中の財政赤字の対GDP比率の推移を見ると、主要先進国は黒字化するなど大幅に改善する一方、我が国はむしろ大幅に悪化し、主要先進国中最悪の水準となっている。このような巨額の財政赤字が我が国経済に好ましくない影響を与え、その発展を阻害することが懸念されており、活力ある二一世紀の社会経済を築いていくためには、財政を健全化させることが不可欠の課題となっている。

以上のような観点を踏まえ、毎年度の予算編成に当たって、今後の社会・経済動向、科学技術の振興の必要性、第一期基本計画期間中に比べて一層厳しさを増している財政事情等を勘案し、基本計画の研究システム改革による合理化効果や財源確保の動向等を踏まえつつ、資金の重点的・効率的配分を前提として基本計画に掲げる施策の推進に必要な経費の拡充を図っていくものとする。

その際、特に、第二章において主要な課題として掲げられた国家的・社会的課題に対応した研究開発分野、競争的環境の強化、科学技術基盤の整備に必要な資金を重点的に拡充する。また、資金の効果的・効率的な活用を図るため、各種の施策・制度、組織・機関について、不必要な重複や縦割りの排除を図るとともに、研究の効果を明確にした目標の作成、研究実態の情報公開、研究成果の国民への説明を責務として求め、研究評価・政策評価の徹底を図り、研究開発の質の向上を図る。更に、民間資金の導入、資産の売却など、一層の財源の確保に努める。

第二章　重要政策〔略〕

第三章　科学技術基本計画を実行するに当たっての総合科学技術会議の使命〔略〕

◎公文書館法

〔昭和六二年一二月一五日　法律第一一五号〕

最近改正　平成一一年一二月二二日　法律第一六一号

（目的）

第一条　この法律は、公文書等を歴史資料として保存し、利用に供することの重要性にかんがみ、公文書館に関し必要な事項を定めることを目的とする。

（定義）

第二条　この法律において「公文書等」とは、国又は地方公共団体が保管する公文書その他の記録（現用のものを除く。）をいう。

（責務）

第三条　国及び地方公共団体は、歴史資料として重要な公文書等の保存及び利用に関し、適切な措置を講ずる責務を有する。

（公文書館）

第四条　公文書館は、歴史資料として重要な公文書等（国が保管していた歴史資料として重要な公文書その他の記録を含む。次項において同じ。）を保存し、閲覧に供するとともに、これに関連する調査研究を行うことを目的とする施設とする。

2　公文書館には、館長、歴史資料として重要な公文書等についての調査研究を行う専門職員その他必要な職員を置くものとする。

第五条　公文書館は、国立公文書館法（平成十一年法律第七十九号）〔別掲〕の定めるもののほか、国又は地方公共団体が設置する。

2　地方公共団体の設置する公文書館の当該設置に関する事項は、

当該地方公共団体の条例で定めなければならない。

(資金の融通等)

第六条 国は、地方公共団体に対し、公文書館の設置に必要な資金の融通又はあっせんに努めるものとする。

(技術上の指導等)

第七条 内閣総理大臣は、地方公共団体に対し、その求めに応じて、公文書館の運営に関し、技術上の指導又は助言を行うことができる。

附 則〔抄〕

(施行期日)

1 この法律は、公布の日から起算して六月を超えない範囲内において政令で定める日〔昭和六三年六月一日〕から施行する。

(専門職員についての特例)

2 当分の間、地方公共団体が設置する公文書館には、第四条〔公文書館〕第二項の専門職員を置かないことができる。

○内閣府本府組織令 抄

〔平成一二年六月七日 政令第二四五号〕

最近改正 平成一三年七月三日 政令第二三一号

(大臣官房の所掌事務)

第二条 大臣官房は、次に掲げる事務をつかさどる。

四 法令案その他の公文書類の審査に関すること。

十 公文書類の接受、発送、編集及び保存に関すること。

十一 内閣府の保有する情報の公開に関すること。

二十六 官報及び法令全書の編集及び印刷並びに内閣所管の機密文書の印刷の指揮監督に関すること。

二十七 政府の重要な施策に関する広報その他内閣府の所掌事務に関して行う広報に関すること。

二十八 世論の調査に関すること。

二十九 公文書館に関する制度に関すること。

三十 前号に掲げるもののほか、歴史資料として重要な公文書その他の記録(国又は独立行政法人国立公文書館が保管するものに限り、現用のものを除く。)の保存及び利用に関すること(他の機関の所掌に属するものを除く。)。

三十六 国立国会図書館支部内閣府図書館に関すること。

◎国立公文書館法　抄

〔平成一一年六月二三日法律第七九号〕

最近改正　平成一一年一二月二二日　法律第一六一号

第一章　総則

（目的）

第一条　この法律は、公文書館法（昭和六十二法律第百十五号）〔別掲〕の精神にのっとり、独立行政法人国立公文書館の名称、目的、業務の範囲、国の機関の保管に係る公文書等の保存のために必要な措置等を定めることにより、独立行政法人国立公文書館又は国の機関の保管に係る歴史資料として重要な公文書等の適切な保存及び利用に資することを目的とする。

（定義）

第二条　この法律において「公文書等」とは、公文書その他の記録（国の機関において現用のものを除く。）をいう。

第二章　独立行政法人国立公文書館

第一節　通則

（名称）

第三条　この法律及び独立行政法人通則法（平成十一年法律第百三号〔別掲〕。以下「通則法」という。）の定めるところにより設立される通則法第二条第一項に規定する独立行政法人の名称は、独立行政法人国立公文書館とする。

（国立公文書館の目的）

第四条　独立行政法人国立公文書館（以下「国立公文書館」という。）は、第十五条第四項の規定により移管を受けた歴史資料として重要な公文書等を保存し、及び一般の利用に供すること等の事業を行うことにより、国立公文書館又は国の機関の保管に係る歴史資料として重要な公文書等の適切な保存及び利用を図ることを目的とする。

（特定独立行政法人）

第五条　国立公文書館は、通則法第二条第二項に規定する特定独立行政法人とする。

（事務所）

第六条　国立公文書館は、主たる事務所を東京都に置く。

（資本金）

第七条　国立公文書館の資本金は、国立公文書館法の一部を改正する法律（平成十一年法律第百六十一号）附則第五条第二項の規定により政府から出資があったものとされた金額とする。

2　政府は、必要があると認めるときは、予算で定める金額の範囲内において、国立公文書館に追加して出資することができる。

3　国立公文書館は、前項の規定による政府の出資があったときは、その出資額により資本金を増加するものとする。

第二節　役員

（役員）

第八条　国立公文書館に、役員として、その長である館長及び監事二人を置く。

2　国立公文書館に、役員として、理事一人を置くことができる。

（理事の職務及び権限等）

第九条　理事は、館長の定めるところにより、館長を補佐して国立公文書館の業務を掌理する。

2　通則法第十九条第二項の個別法で定める役員は、理事とする。

ただし、理事が置かれていないときは、監事とする。

3　前項ただし書の場合において、通則法第十九条第二項の規定により館長の職務を代理し又はその職務を行う監事は、その間、監事の職務を行ってはならない。

（役員の任期）

第十条　館長の任期は四年とし、理事及び監事の任期は二年とする。

第三節　業務等

（業務の範囲）

第十一条　国立公文書館は、第四条の目的を達成するため、次の業務を行う。

一　第十五条第四項の規定により移管を受けた歴史資料として重要な公文書等を保存し、及び一般の利用に供すること。

二　国立公文書館又は国の機関の保管に係る歴史資料として重要な公文書等（次号から第五号までにおいて「歴史資料として重要な公文書等」という。）の保存及び利用に関する情報の収集、整理及び提供を行うこと。

三　歴史資料として重要な公文書等の保存及び利用に関する専門的技術的な助言を行うこと。

四　歴史資料として重要な公文書等の保存及び利用に関する調査研究を行うこと。

五　歴史資料として重要な公文書等の保存及び利用に関する研修を行うこと。

六　前各号の業務に附帯する業務を行うこと。

2　国立公文書館は、前項の業務のほか、同項の業務の遂行に支障のない範囲内で、内閣総理大臣からの委託を受けて、公文書館法第七条に規定する技術上の指導又は助言を行うことができる。

第四節　雑則

（主務大臣等）

第十三条　国立公文書館に係る通則法における主務大臣、主務省及び主務省令は、それぞれ内閣総理大臣、内閣府及び内閣府令とする。

第三章　国の機関の保管に係る公文書等の保存のために必要な措置

第十五条　国の機関は、内閣総理大臣と当該国の機関とが協議して定めるところにより、当該国の機関の保管に係る歴史資料として重要な公文書等の適切な保存のために必要な措置を講ずるものとする。

2　内閣総理大臣は、前項の協議による定めに基づき、歴史資料として重要な公文書等について、国立公文書館において保存する必要があると認めるときは、当該公文書等を保存する国の機関との合意により、その移管を受けることができる。

3　前項の場合において、必要があると認めるときは、内閣総理大臣は、あらかじめ、国立公文書館の意見を聴くことができる。

4　内閣総理大臣は、第二項の規定により移管を受けた公文書等を国立公文書館に移管するものとする。

第四章　国立公文書館における公文書等の利用

第十六条　国立公文書館において保存する公文書等は、一般の利用に供するものとする。ただし、個人の秘密の保持その他の合理的な理由により一般の利用に供することが適当でない公文書等については、この限りでない。

国立公文書館利用規則

（昭和四七年四月二五日 総理府告示第一〇号）

最近改正　平成一二年九月二九日　総理府告示第五一号

（目的）

第一条　この規則は、国立公文書館（以下「公文書館」という。）の保存する歴史資料として重要な公文書その他の記録（以下「公文書等」という。）の有効な利用を図るため、公文書館が行う利用業務の内容、開館日、開館時間、利用手続等を定めることを目的とする。

（公文書館の業務）

第二条　公文書館は、公文書等の利用に関し、次に掲げる業務を行う。

一　閲覧
二　複写
三　参考調査
四　貸出し
五　展示

（公開）

第三条　公文書等は、一般の利用に供するものとする。ただし、次条に掲げる場合には、この限りでない。

第三条の二　国立公文書館長（以下「館長」という。）は、次に掲げる範囲内で、公文書等の一般の利用を制限することができる。

一　公文書等（その作成又は取得の日の属する年度の翌年度の四月一日から起算して三十年を経過していないものに限る。）に次に掲げる情報が記録されていると認められる場合において、当該公文書等（当該情報が記録されている部分に限る。）の一般の利用を制限すること。

イ　個人に関する情報（事業を営む個人の当該事業に関する情報を除く。）であって、当該情報に含まれる氏名、生年月日その他の記述等により特定の個人を識別することができるもの（他の情報と照合することにより、特定の個人を識別することができることとなるものを含む。）又は特定の個人を識別することはできないが、公にすることにより、なお個人の権利利益を害するおそれがあるもの。ただし、次に掲げる情報を除く。

(1)　法令の規定により又は慣行として公にされ、又は公にすることが予定されている情報
(2)　人の生命、健康、生活又は財産を保護するため、公にすることが必要であると認められる情報
(3)　当該個人が公務員（国家公務員法（昭和二十二年法律第百二十号）第二条第一項に規定する国家公務員及び地方公務員法（昭和二十五年法律第二百六十一号）第二条に規定する地方公務員をいう。）である場合において、当該情報がその職務の遂行に係る情報であるときは、当該情報のうち、当該公務員の職及び当該職務遂行の内容に係る部分

ロ　法人その他の団体（国及び地方公共団体を除く。以下「法人等」という。）に関する情報又は事業を営む個人の当該事業に関する情報であって、次に掲げるもの。ただし、人の生命、健康、生活又は財産を保護するため、公にすることが必要であると認められる情報を除く。

(1)　公にすることにより、当該法人等又は当該個人の権利、競争上の地位その他正当な利益を害するおそれがあるもの

(2)　移管元機関（公文書等を公文書館に移管した国の機関をいう。以下同じ。）の要請を受けて、公にしないとの条件で任意に提供されたものであって、法人等又は個人における通例として公にしないこととされているものその他の当該条件を付することが当該情報の性質、当時の状況等に照らして合理的であると認められるもの

ハ　公にすることにより、国の安全が害されるおそれ、他国若しくは国際機関との信頼関係が損なわれるおそれ又は他国若しくは国際機関との交渉上不利益を被るおそれがあると移管元機関の長が認めることにつき相当の理由がある情報

二　公文書等の全部又は一部を一定の期間公にしないことを条件に個人又は法人等から寄贈又は寄託を受けている場合において、当該期間が経過するまでの間、当該公文書等の全部又は一部の一般の利用を制限すること。

三　公文書等の原本を利用させることにより当該原本の破損若しくはその汚損を生じるおそれがある場合又は公文書館において当該原本が現に使用されている場合（公文書館における保存及び利用の開始のために必要な措置を行う場合を含む。）において、当該原本の一般の利用の方法又は期間を制限すること。

2　公文書等（その作成又は取得の日の属する年度の翌年度の四月一日から起算して三十年を経過していないものを除く。以下この条において同じ。）に前項第一号イに掲げる情報が記録されていると認められる場合には、館長は、別表に掲げる範囲内で、当該公文書等（当該情報が記録されている部分に限る。）の一般の利用を制限することができる。

3　公文書等に第一項第一号ロに掲げる情報が記録されていると認められる場合において、当該情報が次に掲げるものであると認められるときは、館長は、当該公文書等（当該情報が記録されている部分に限る。）の一般の利用を制限することができる。

一　公にすることにより、当該法人等又は当該個人の権利を害するおそれのあるもの

二　営業秘密（不正競争防止法（平成五年法律第四十七号）第二条第四項に規定する営業秘密をいう。）であって、当該情報を公にすることにより、当該法人等又は当該個人の利益を不当に害するおそれのあるもの（当該情報が記録されている公文書等の作成又は取得の日の属する年度の翌年度の四月一日から起算して八十年を経過していないものに限る。）

4　公文書等に第一項第一号ハに掲げる情報が記録されていると認められる場合において、次に掲げるおそれが明白にあると移管元機関の長が認めることにつき相当の理由があると認められるときは、館長は、当該公文書等（当該情報が記録されている部分に限る。）の一般の利用を制限することができる。

一　国の安全が不当に害されるおそれ

二　他国又は国際機関との信頼関係が不当に害されるおそれ

三　他国又は国際機関との交渉上重大な不利益を被るおそれ

（開館日）

第四条　公文書館は、次に掲げる日を除き、毎日開館する。

一　日曜日並びに毎月の第二土曜日及び第四土曜日

二　国民の祝日に関する法律（昭和二十三年法律第百七十八号）に規定する休日

三　十二月二十八日から翌年の一月四日までの日

四　その他国家的儀礼に係る日

2　館長は、前項の規定にかかわらず、公文書等の整理等のため特別な必要がある場合には、臨時に、公文書館の業務の一部又は全部を休止することができる。この場合には、館長は、事前にその旨を公示するものとする。

（開館時間）

第五条　公文書館の開館時間は、九時十五分から十七時までとする。ただし、入館は、十六時三十分までとする。

2　館長は、前項の規定にかかわらず、特別な必要がある場合には、臨時に、開館時間を変更することができる。この場合には、館長は、事前にその旨を公示するものとする。

（入館の拒否等）

第六条　館長は、他の利用者に迷惑を及ぼした者又は及ぼすおそれのある者に対して、退館を命じ、又は入館を拒否することができる。

2　館長は、この規則若しくはその他の規則に違反し、又は館長の指示に従わない者に対して、公文書等の利用を停止することができる。

（閲覧許可証）

第七条　満二十歳以上の者であって、学術研究又は調査のため公文書等の閲覧を希望するものは、所要事項を記入した閲覧許可申請書（別記様式第一号〔略〕）を閲覧受付に提出し、閲覧許可証（別記様式第二号〔略〕又は第二号の二〔略〕）の交付を受けなければならない。

2　閲覧許可証の有効期間は、一年を超えない範囲内で館長が定めるものとする。

3　館長は、第一項の規定にかかわらず、特別な必要があると認める場合には、二十歳未満の者の閲覧を許可することができるものとする。

（閲覧の請求）

第八条　閲覧の請求は、閲覧許可証及び所要事項を記入した閲覧請求票（別記様式第三号〔略〕又は第三号の二〔略〕）を閲覧受付に提出して行う。

2　閲覧の請求をすることができる部数は、原則として、一時に五部以内とする。

（閲覧の場所）

第九条　閲覧は、閲覧室内で行なわなければならない。

（返納）

第十条　返納は、必ず係員の確認を得て行なわなければならない。この際、翌日以降も引き続き閲覧を希望する公文書等については、その旨を申し出るものとする。

（複写の許可申請）

第十一条　公文書等の複写を希望する者は、所要事項を記入した複写許可申請書（別記様式第四号〔略〕）を複写受付に提出し、館長の許可を受けなければならない。

2　複写は、原則として、次に掲げる複製物の種類のうちの一種類に限り、その部数は一部とする。

一　フィルム・ネガ
二　フィルム・ポジ
三　引伸印画
四　電子式複写による印画〔現在は扱っていない＝編者〕
五　模写したもの

（複写を行う者及び複写の場所）

第十二条　複写は、原則として、公文書館の職員が行う。

2　前項の規定にかかわらず、館長が特に必要と認めた場合には、利用者は、自ら複写することができるものとする。

3　前項の複写は、館内の所定の場所で行わなければならない。ただし、館長は、特別の事情があると認める場合には、損失の防止に十分な配慮がなされていることを確認した上で、場所を指定し、館外での複写を許可することができるものとする。

（複写の費用）

第十三条　前条第一項の場合において、利用者は、複写に要する費用を公文書館に納入しなければならない。費用の額（実費）及び納入方法は、館長が別に定めるところによるものとする。

（複製物の出版等）

第十四条　複製物の全部又は一部を出版し、又は出版物に掲載しようとする者は、所要事項を記入した複写許可申請書（別記様式第四号〔略〕）又は出版掲載等許可申請書（別記様式第五号〔略〕）を複写受付に提出し、館長の許可を受けなければならない。

（参考調査）

第十五条　公文書館は、次に掲げる参考調査を行う。

一　公文書等の検索

二　特定公文書の内容に関する情報の提供

三　公文書等に関する参考文献、専門的調査機関等に関する情報の提供

（貸出し）

第十六条　学術研究、社会教育等の公共的目的を持つ展示会等に出品するため、公文書等の貸出しの依頼があった場合には、館長は、損失の防止に十分な配慮がなされていることを確認した上で、貸出しを行うことができるものとする。

（貸出期間）

第十七条　前条の規定による公文書等の貸出しの期間は、一月以内とする。

2　館長は、前項の規定にかかわらず、特に必要と認めた場合には、六月を越えない範囲内で貸出期間を延長することができるものとする。

（展示）

第十八条　公文書館は、随時、館内の展示場に公文書等を展示し、一般の観覧に供するものとする。

2　公文書館は、館外において、展示会を開催することができるものとする。

（弁償の責任）

第十九条　公文書館の利用者は、利用に係る公文書等を損失した場合には、相当の代価を弁償しなければならない。

附　則〔略〕

別表（第三条の二関係）

一般の利用を制限する公文書等に記録されている情報	該当する可能性のある情報の類型の例	経過年数
個人の秘密であって、当該情報を公にすることにより、当該個人の権利利益を不当に害するおそれのあるもの	イ　学歴又は職歴 ロ　財産又は所得 ハ　採用、選考又は任免 ニ　勤務評定又は服務	三十年以上五十年未満
個人の重大な秘密であって、当該情報を公にすることにより、当該個人の権利利益を不当に害するおそれのあるもの	イ　国籍、人種又は民族 ロ　家族、親族又は婚姻 ハ　信仰 ニ　思想 ホ　伝染性の疾病、身体の障害その他の健康状態	五十年以上八十年未満

個人の特に重大な秘密であって、当該情報を公にすることにより、当該個人及びその遺族の権利利益を不当に害するおそれのあるもの	イ　門地 ロ　遺伝性の疾病、精神の障害その他の健康状態 ハ　犯罪歴又は補導歴	八十年以上

備考

一　該当する可能性のある情報の類型の例とは、この表の左欄にいう「個人の秘密」、「個人の重大な秘密」又は「個人の特に重大な秘密」にそれぞれ該当する可能性が考えられる一般的な情報の類型を例示したものであって、公文書等に記録されている情報に対するこの表の適用に当たっては、当該情報の具体的性質、当該情報が記録された当時の状況等を総合的に勘案して個別に判断するものとする。

二　経過年数とは、当該情報が記録されている公文書等の作成又は取得の日の属する年度の翌年度の四月一日から起算して経過した年数をいう。

（参考）

国立大学附置全国共同利用研究所一覧

〔**根拠**＝国立学校設置法〔別掲〕四条三項
国立学校設置法施行令〔別掲〕三条二項〕

設置目的（国立学校設置法四条三項）	国立大学の名称	「附置する研究所で政令で定めるもの」の名称（同法施行令三条二項）
「第一項の国立大学に附置する研究所で政令で定めるものは、国立大学の教員その他の者で当該研究所の目的たる研究と同一の研究に従事するものに利用させるものとする。」	北海道大学	低温科学研究所
	東北大学	金属材料研究所、電気通信研究所
	東京大学	地震研究所、宇宙線研究所、物性研究所、海洋研究所
	東京外国語大学	アジア・アフリカ言語文化研究所
	東京工業大学	応用セラミックス研究所
	名古屋大学	太陽地球環境研究所
	京都大学	防災研究所、基礎物理学研究所、数理解析研究所、原子炉実験所、霊長類研究所
	大阪大学	たんぱく質研究所、溶接科学研究所
	九州大学	応用力学研究所
	長崎大学	熱帯医学研究所

〔**参考**＝『専門情報機関総覧』掲載のものが多い〕

（参考）

大学共同利用機関一覧

〔根拠＝国立学校設置法〔別掲〕二条一項後段、九条の二
国立学校設置法施行令〔別掲〕五条―九条
国立学校設置法施行規則〔別掲〕四六条、四七条
大学共同利用機関組織運営規則〔別掲〕〕

大学共同利用機関の設置目的〔国立学校設置法施行令五条〕
1 大学における学術情報の流通の促進 2 資料の公開等一般公衆に対する教育活動の促進 3 大学における教育の発展

国立学校設置法施行令の条名	大学共同利用機関の名称	目的とする研究その他の事項	位置〔国立学校設置法施行規則四六条〕
六条	国文学研究資料館	国文学に関する文献その他の資料の調査研究、収集、整理及び保存	東京都
	国立極地研究所	極地に関する科学の総合研究及び極地観測	東京都
	宇宙科学研究所	宇宙理学及び宇宙工学の学理及びその応用の研究	神奈川県
	国立遺伝学研究所	遺伝学に関する総合研究	静岡県
	統計数理研究所	統計に関する数理及びその応用の研究	東京都

	国際日本文化研究センター	日本文化に関する国際的及び学際的な総合研究並びに世界の日本研究者に対する研究協力	京都府
	国立天文台	天文学及びこれに関連する分野の研究、天象観測並びに暦書編製、中央標準時の決定及び現示並びに時計の検定に関する事務	東京都
	核融合科学研究所	核融合プラズマに関する学理及びその応用の研究	岐阜県
	国立情報学研究所	情報学に関する総合研究並びに学術情報の流通のための先端的な基盤の開発及び整備	東京都
	総合地球環境学研究所	地球環境学に関する総合研究	京都府
七条	岡崎国立共同研究機構　分子科学研究所	分子の構造、機能等に関する実験的研究及びこれに関連する理論的研究	愛知県
	岡崎国立共同研究機構　基礎生物学研究所	基礎生物学に関する総合研究	
	岡崎国立共同研究機構　生理学研究所	生理学に関する総合研究	
	高エネルギー加速器研究機構　素粒子原子核研究所	高エネルギー加速器による素粒子及び原子核に関する実験的研究並びにこれに関連する理論的研究	茨城県
	高エネルギー加速器研究機構　物質構造科学研究所	高エネルギー加速器による物質の構造及び機能に関する実験的研究並びにこれに関連する理論的研究	
	国立民族学博物館	世界の諸民族に関する資料の収集、保管及び公衆への供覧並びに民族学に関する調査研究	大阪府

八条	国立歴史民俗博物館	我が国の歴史資料、考古資料及び民俗資料の収集、保管及び公衆への供覧並びに歴史学、考古学及び民俗学に関する調査研究	千葉県
九条	メディア教育開発センター	多様なメディアを高度に利用して行う教育の内容、方法等の研究及び開発並びにその成果の提供	千葉県

〔参考＝専門図書館協議会加盟のものが多い〕

○大学共同利用機関組織運営規則　抄

〔昭和五二年四月一八日　文部省令第一二号〕

最近改正　平成一三年三月三一日　文部科学省令第六一号

第一章　総則

（機関の長等）

第一条　大学共同利用機関（以下「機関」という。）に、次の各号に掲げる区分に応じ、それぞれ当該各号に掲げる職員を置く。

一　岡崎国立共同研究機構及び高エネルギー加速器研究機構　機構長

二　国立極地研究所、宇宙科学研究所、国立遺伝学研究所、統計数理研究所、国際日本文化研究センター、核融合科学研究所、国立情報学研究所、総合地球環境学研究所、岡崎国立共同研究機構に置かれる分子科学研究所、基礎生物学研究所及び生理学研究所、高エネルギー加速器研究機構に置かれる素粒子原子核研究所及び物質構造科学研究所並びにメディア教育開発センター　所長

三　国文学研究資料館、国立民族学博物館及び国立歴史民俗博物館　館長

四　国立天文台　台長

2　機構長は、それぞれ岡崎国立共同研究機構又は高エネルギー加速器研究機構の業務を掌理する。

3 所長、館長又は台長は、それぞれ所務、館務又は台務を掌理する。

（職員の種類）

第二条 前条に掲げるもののほか、機関に次の職員を置く。
一 教授
二 助教授
三 助手
四 事務職員
五 技術職員

2 機関に、前項に掲げるもののほか、講師（非常勤の者に限る。以下同じ。）を置くことができる。
3 教授は、研究に従事し、及び国立大学その他の大学の大学院における教育に協力するための学生の研究指導（以下「研究指導」という。）を行う。
4 助教授は、教授の職務を助ける。
5 講師は、教授又は助教授に準ずる職務に従事する。
6 助手は、教授及び助教授の職務を助ける。
7 事務職員は、庶務、会計等の事務に従事する。
8 技術職員は、技術に関する職務に従事する。

（外国人研究員）

第三条 機関の長は、国家公務員法（昭和二十二年法律第百二十号）第二条第七項に規定する勤務の契約により、外国人を研究に従事させることができる。
2 前項の規定の実施に関し必要な事項については、別に文部科学大臣が定める。

（評議員会）

第四条 機関（岡崎国立共同研究機構及び高エネルギー加速器研究機構（以下本章において「機構」という。）に置かれる研究所を含む。以下この条において同じ。）に、それぞれ評議員会を置く。
2 評議員会は、それぞれ当該機関の事業計画その他の管理運営に関する重要事項について、当該機関の長に助言する。
3 評議員会は、評議員二十人以内（機構にあっては、十五人以内とする。）で組織し、評議員は、左の各号に掲げる者のうちから、文部科学大臣が任命する。
一 国立大学の学長
二 公立又は私立の大学の学長
三 その他学識経験のある者

4 前項の規定にかかわらず、岡崎国立共同研究機構の評議員は、岡崎国立共同研究機構に置かれる各研究所の評議員のうちから、高エネルギー加速器研究機構の評議員は、高エネルギー加速器研究機構に置かれる各研究所の評議員及び同項各号に掲げる者のうちから、それぞれ文部科学大臣が任命する。
5 評議員の任期は、二年とし、その欠員が生じた場合の補欠の評議員の任期は、前任者の残任期間とする。
6 評議員は、非常勤とする。
7 評議員会の運営に関し必要な事項は、別に文部科学大臣が定める。

（運営協議員会）

第五条 機関（機構に置かれる研究所を含む。以下この条において同じ。）に、それぞれ運営協議員会を置く。
2 運営協議員会は、それぞれ当該機関の共同研究計画に関する事項（国立極地研究所にあっては、極地観測の実施とする。）その他の機関の運営に関する重要事項で当該機関の長が必要と認めるものについて、当該機関の長の諮問に応じる。

3　運営協議員会は、運営協議員二十一人以内で組織し、運営協議員は、当該機関の職員及び当該機関の目的たる研究と同一の研究に従事する左の各号に掲げる者のうちから、文部科学大臣が任命する。
一　国立大学の教員
二　公立又は私立の大学の教員
三　前二号に掲げる者以外の者
4　前項の規定にかかわらず、機構の運営協議員は、機構に置かれる各研究所の運営協議員、機構の職員及び機構の目的たる研究と同一の研究に従事する同項各号に掲げる者のうちから、文部科学大臣が任命する。
5　運営協議員の任期は、二年とし、その欠員が生じた場合の補欠の運営協議員の任期は、前任者の残任期間とする。
6　運営協議員は、非常勤とする。
7　運営協議員会の運営に関し必要な事項は、別に文部科学大臣が定める。

（客員教授等）
第六条　機関の長は、常時勤務の者以外の職員で当該機関の研究に従事する者又は第三条第一項の規定により研究に従事する外国人のうち、適当と認められる者に対しては、客員教授又は客員助教授を称せしめることができる。
2　前項の規定の実施に関し必要な事項については、別に文部科学大臣が定める。

（名誉教授）
第七条　機関は、当該機関に機関の長（機構に置かれる研究所の長を含む。）、教授又は助教授として勤務した者であつて、当該機関の目的達成上特に功績のあつた者に対し、当該機関の定めるところにより、名誉教授の称号を授与することができる。

（寄附研究部門）
第八条　機関（機構に置かれる研究所を含む。）に、寄附研究部門を設けることができる。
2　寄附研究部門に係る経費は、国立学校特別会計法（昭和三十九年法律第五十五号）第十七条の規定により機関の長に経理を委任された金額をもつて支弁するものとする。
3　前二項の規定の実施に関し必要な事項については、別に文部科学大臣が定める。

（内部組織に関する委任）
第八条の二　この省令又は他の法令に別段の定めのあるものを除くほか、機関の内部組織については、その機関の長が定める。

第二章　国文学研究資料館

（内部組織）
第十条　国文学研究資料館に、次の四部を置く。
一　管理部
二　文献資料部
三　研究情報部
四　整理閲覧部
2　前項に掲げるもののほか、国文学研究資料館に史料館を置く。

（管理部）
第十一条　管理部においては、庶務、会計及び施設等に関する事務を処理する。
2　管理部に、その所掌事務を分掌させるため、文部科学大臣が別に定めるところにより、課を置く。
3　管理部及び課に、それぞれ部長及び課長を置き、事務職員をもつて充てる。

（文献資料部、研究情報部及び整理閲覧部）

第十二条　文献資料部においては、国文学に関する文献その他の資料の調査研究及び収集を行う（研究情報部、整理閲覧部及び史料館の所掌に属するものを除く。）。

2　研究情報部においては、国文学に関する研究文献及び研究に必要な情報の調査研究及び収集を行う（史料館の所掌に属するものを除く。）。

3　整理閲覧部においては、国文学に関する文献その他の資料の整理、保存及び閲覧を行い、並びにこれらに関し必要な調査研究を行う（史料館の所掌に属するものを除く。）。

（史料館）

第十三条　史料館においては、我が国の史料で主として近世のものの調査研究、収集、整理、保存及び閲覧を行う。

（各部及び史料館の連携）

第十四条　各部及び史料館においては、国文学研究資料館の目的を効果的に達成するため、相互に緊密に連携し、館務の一体的な処理に当たるものとする。

第十章　国立情報学研究所

（企画調整官）

第五十八条　国立情報学研究所に企画調整官一人を置き、教授をもつて充てる。

2　企画調整官は、所長の命を受け、国立情報学研究所の事業計画その他の管理運営に関する重要事項について総括整理する。

（内部組織）

第五十九条　国立情報学研究所に次の三部及び七研究系を置く。

一　管理部
二　国際・研究協力部
三　開発・事業部
四　情報学基礎研究系
五　情報基盤研究系
六　ソフトウェア研究系
七　情報メディア研究系
八　知能システム研究系
九　人間・社会情報研究系
十　学術研究情報研究系

2　前項に掲げるもののほか、国立情報学研究所に研究施設を置く。

（管理部、国際・研究協力部及び開発・事業部）

第六十条　管理部においては、庶務、会計及び施設等に関する事務を処理する。

2　国際・研究協力部においては、国際協力及び研究協力並びに研究開発成果の普及及び提供に関する事務を処理する。

3　開発・事業部においては、学術情報の流通のための先端的な基盤の開発及び整備に関する事務を処理する。

4　管理部及び開発・事業部に、その所掌事務を分掌させるため、文部科学大臣が別に定めるところにより、課を置く。

5　国際・研究協力部に、その所掌事務を分掌させるため、文部科学大臣が別に定めるところにより、課及び室を置く。

6　管理部及び課に、それぞれ部長及び課長を置き、事務職員をもつて充てる。

7　国際・研究協力部、課及び室に、それぞれ部長、課長及び室長を置き、部長は教授をもつて、課長は事務職員をもつて、室長は教授又は助教授をもつて充てる。

8　開発・事業部に部長及び次長を、開発・事業部に置かれる課にそれぞれ課長を置き、部長は教授をもって、次長及び課長は事務職員又は技術職員をもって充てる。

9　部長は、上司の命を受け、部の事務を掌理する。

10　次長は、部長の職務を助け、部の事務を整理する。

11　課長及び室長は、上司の命を受け、それぞれ課又は室の事務を処理する。

（研究総主幹）

第六十一条　研究系を総括するため、研究総主幹一人を置き、教授をもって充てる。

2　研究総主幹は、上司の命を受け、研究系における研究開発について調整する。

（研究系及び研究部門）

第六十一条の二　別表第十七の上欄に掲げる研究系に、それぞれ同表の下欄に掲げる研究部門を置く。

2　各研究系に研究主幹を置き、教授をもって充てる。

3　研究主幹は、上司の命を受け、当該研究系における研究及び研究指導に関し、総括し、及び調整する。

（研究施設）

第六十二条　研究施設の名称は、別表第十七の二に掲げるとおりとする。

2　研究施設に長を置き、教授をもって充てる。

3　前項の長は、当該研究施設の業務を掌理する。

第十四章　国立民族学博物館

（内部組織）

第七十九条　国立民族学博物館に次の五部を置く。

一　管理部

二　民族社会研究部

三　民族文化研究部

四　博物館民族学研究部

五　先端民族学研究部

2　前項に掲げるもののほか、国立民族学博物館に情報管理施設及び地域研究企画交流センターその他の研究施設を置く。

（研究部及び研究部門）

第八十一条　民族社会研究部、民族文化研究部、博物館民族学研究部及び先端民族学研究部においては、それぞれ次の第一号、第二号、第三号及び第四号に掲げる事項について、民族に関する資料を収集し、及び民族学に関する調査研究を行う。

一　世界の諸民族の社会に関する事項

二　世界の諸民族の文化に関する事項

三　博物館民族学に関する事項

四　民族学のうち特に先端的、学際的又は総合的課題に関する事項

（情報管理施設）

第八十二条　情報管理施設においては、展示事業に関する事務を処理し、世界の諸民族に関する資料を整備し、保管し、利用に供し、及びこれらに関する情報管理システムについて開発研究を行う。

（各部、情報管理施設及び地域研究企画交流センターその他の研究施設の連携）

第八十五条　各部、情報管理施設及び地域研究企画交流センターその他の研究施設においては、国立民族学博物館の展示業務を効果的に遂行するため、相互に緊密に連携し、当該業務の一体的な処理に当たるものとする。

第十五章　国立歴史民俗博物館

（内部組織）

第八十七条　国立歴史民俗博物館に、次の五部を置く。
一　管理部
二　情報資料研究部
三　歴史研究部
四　考古研究部
五　民俗研究部

（管理部）
第八十八条　管理部においては、庶務、会計及び施設等並びに歴史資料、考古資料及び民俗資料の管理及び展示事業に関する事務を処理する。

（研究部及び研究部門）
第八十九条　情報資料研究部においては、歴史資料、考古資料及び民俗資料の保存、展示、修復及び情報システムに関する調査研究を行う。
2　歴史研究部においては、歴史資料を収集し、整備し、及び歴史学に関する調査研究を行う。
3　考古研究部においては、考古資料を収集し、整備し、及び考古学に関する調査研究を行う。
4　民俗研究部においては、民俗資料を収集し、整備し、及び民俗学に関する調査研究を行う。

（各部の連携）
第九十条　各部においては、国立歴史民俗博物館における歴史資料、考古資料及び民俗資料の管理並びに展示に関する業務を効果的に遂行するため、相互に緊密に連携し、当該業務の一体的な処理に当たるものとする。

第十六章　メディア教育開発センター

（内部組織）
第九十一条　メディア教育開発センターに、次の三部を置く。
一　管理部
二　事業部
三　研究開発部

（管理部及び事業部）
第九十二条　管理部においては、庶務、会計及び施設等に関する事務を処理する。
2　事業部においては、多様なメディアを高度に利用して行う教育の内容、方法等の研究及び開発の協力並びにその成果の提供に関する事務を処理する。

（研究開発部）
第九十三条　研究開発部においては、多様なメディアを高度に利用して行う教育の内容、方法等の研究及び開発を行う。
2　研究開発部に次の三研究開発系を置く。
一　教育ネットワーク研究開発系
二　学習リソース研究開発系
三　メディア活用研究開発系

附　則〔略〕

（参考）国立情報学研究所組織図〔平成一三年度〕

（※は客員研究部門）

- 所長（評議員会／運営協議員会）
  - 企画調整官
  - 研究総主幹
    - 情報学基礎研究系
      - アルゴリズム基礎研究部門
      - 情報数理研究部門
      - 記号科学研究部門
      - 認知科学研究部門
      - ※生命情報科学研究部門
    - 情報基盤研究系
      - ネットワークアーキテクチャ研究部門
      - 高機能ネットワーク研究部門
      - 情報流通基盤研究部門
      - 計算機アーキテクチャ研究部門
      - ※ネットワークセキュリティ研究部門
    - ソフトウェア研究系
      - プログラミング言語研究部門
      - ソフトウェア工学研究部門
      - データ工学研究部門
      - 分散統合処理研究部門
      - ※大規模ソフトウェア研究部門
      - ※高信頼ソフトウェア研究部門
    - 情報メディア研究系
      - 画像情報処理研究部門
      - 統合メディア処理研究部門
      - 情報検索研究部門
      - ※コンピュータビジョン研究部門
    - 知能システム研究系
      - 知識処理研究部門
      - 人間機械協調研究部門
      - ※ロボティクス研究部門
      - 計算機能研究部門
    - 人間・社会情報研究系
      - 情報管理学研究部門
      - 情報利用学研究部門
      - 情報図書館学研究部門
      - 情報制度論研究部門
    - 学術研究情報研究系
      - 人文社会系研究情報研究部門
      - 理工系研究情報研究部門
      - 生物系研究情報研究部門
  - 実証研究センター
    - 実証研究推進室
    - 共同研究企画推進室
    - ※超高速ネットワーク研究室
    - ※高品質ネットワーキング研究室
    - ※フルテキストコンテンツ研究室
    - ※バーチャルライブラリ研究室
  - 情報学資源研究センター
    - 資源構築利用推進室
    - ※データコレクション研究室
  - 開発・事業部
    - 企画調整課
      - 企画調整係
      - 情報基盤整備係
      - 共同利用係
    - ネットワークシステム課
      - ネットワーク開発企画係
      - ネットワーク整備運用係
      - ネットワークセキュリティ係
    - コンテンツ課
      - コンテンツ形成管理係
      - 文字情報係
      - 画像コンテンツ係
      - 計量情報係
    - アプリケーション課
      - システム開発管理係
      - データ処理技術係
      - ネットワークソフトウェア技術係
  - 管理部
    - 総務課
      - 総務係
      - 企画法規係
      - 人事係
    - 会計課
      - 総務・監査係
      - 司計係
      - 管財係
      - 経理係
      - 用度係
      - 施設係
  - 国際・研究協力部
    - 研究成果普及推進室
    - 研究協力課
      - 研究協力係
      - 国際交流係
    - 広報調査課
      - 広報調査係
      - 情報資料係
      - 国際事業係
    - 成果普及課
      - 企画調査係
      - 成果普及係
      - 専門研修係

国立情報学研究所学術情報ネットワーク加入規程

〔平成一二年四月一日制定〕

最近改正　平成一三年一月六日

（目的）

第一条　この規程は、国立情報学研究所（以下「研究所」という。）が整備する学術情報ネットワーク（以下「ネットワーク」という。）への加入に関し必要な事項を定めることを目的とする。

（加入者の資格）

第二条　ネットワークへ加入できる者は、次の各号の一に該当する機関若しくは機関の部局等（以下「加入者」という。）とする。

一　国、公、私立等の大学、短期大学、高等専門学校、大学共同利用機関等

二　文部科学省及び文化庁並びに文部科学省及び文化庁の施設等機関等

三　その他所長が適当と認めた機関

（加入の申請）

第三条　加入しようとする者は、所長に所定の利用申請書により、加入の承認を求めなければならない。

2　加入の申請は、機関の長が行うものとする。

（加入の承認）

第四条　所長は、前条の申請について適当と認めた場合には、これを承認し、接続すべきノード（研究所が電気通信設備を設置した機関）を設定するものとする。

（変更の申請承認）

第五条　加入者は、承認を受けた事項を変更しようとする場合には所長に申請し、変更の承認を求めなければならない。

2　所長は、前項の申請について適当と認めた場合には、これを承認するものとする。

（加入の解除）

第六条　加入者は、加入の解除をしようとする場合は、速やかに所長に届け出なければならない。

（加入に当たっての遵守事項）

第七条　加入者は、次に掲げる事項を遵守しなければならない。

一　学術研究及び学術研究支援のための管理業務以外の目的にネットワークを利用しないこと。

二　営利を目的とした利用を行わないこと。

三　通信の秘密を侵害しないこと。

四　ネットワークの運用に支障を及ぼすような利用を行わないこと。

五　ネットワーク及び接続するコンピュータに対する不正行為等が発生しないよう最善の努力を払うこと。

六　その他所長が別に定める事項

（加入の取消し）

第八条　所長は、前条に違反したと認められる加入者に対して、加入の承認を取り消すことができる。

（調査・協力）

第九条　所長は、加入者に対して、ネットワークの利用状況、運用実態、障害時の対応、不正行為に対する情報収集等についての調

査・協力を求めることができる。

（**経費の負担**）

第十条　加入に係る経費は、加入者の負担とする。ただし、その負担の内容については、加入者及び当該ノードの長と協議して所長が定める。

（**実施細則**）

第十一条　この規程に定めるもののほか、ネットワークの加入について必要な事項は、別に定める。

附　則〔略〕

国立情報学研究所学術情報ネットワーク加入細則　抄

〔平成一二年四月一日制定〕

最近改正　平成一三年一月六日

（**趣旨**）

第一条　この細則は、学術情報ネットワーク加入規程第十一条の規定に基づき、国立情報学研究所（以下「研究所」という。）が整備する学術情報ネットワーク（以下「ネットワーク」という。）への加入を円滑に行うために必要な事項を定める。

（**加入機関の範囲**）

第二条　加入機関の範囲は、別表に定めるところによる。〔以下略〕

別表

区　分	学術情報ネットワーク加入機関の範囲
大学等	国、公、私立等の大学、短期大学、高等専門学校、大学共同利用機関等
文部科学省等	文部科学省及び文化庁並びに文部科学省及び文化庁の施設等機関等
その他	国公立試験研究機関 特殊法人の研究所 学術研究法人 大学に相当する教育施設 研究助成法人 学会 国立情報学研究所の目録所在情報サービスの加入が認められた機関 その他前各号に準ずると認められる機関 所長が特に認めた機関

国立情報学研究所情報検索サービス利用規程　抄

〔平成一二年四月一日制定〕

最近改正　平成一三年一月六日

(目的)

第一条　この規程は、国立情報学研究所（以下「研究所」という。）の情報検索サービスの利用について必要な事項を定めることを目的とする。

(利用の定義)

第二条　情報検索サービスの利用（以下「利用」という。）とは、学術研究及び学術研究支援を目的とし、研究所の提供するオンライン情報検索システム及びこれに係る支援システムを用いることをいう。

(利用者)

第三条　情報検索サービスを利用することのできる者は、次の各号の一に該当する者（以下「利用者」という。）とする。

一　国、公、私立等の大学、短期大学、高等専門学校、大学共同利用機関等の教職員、大学院学生等

二　文部科学省及び文化庁並びに文部科学省及び文化庁の施設等機関等の教職員

三　その他所長が適当と認めた者

(利用の申請)

第四条　利用しようとする者は、所長に所定の利用申請書により、利用の承認を求めるものとする。

(利用の承認)

第五条　所長は、前条の申請について適当と認めた場合には、これを承認し、利用者番号を与えるものとする。

(利用の期間等)

第六条　前条の利用者番号の利用期間は、承認の日から当該会計年度末までとする。ただし、会計年度末日において、承認事項の変更又は中止の申し出が無い限り、会計年度単位に継続するものとする。

(利用に当たっての遵守事項)

第七条　利用者は、次に掲げる事項を遵守しなければならない。

一　利用者番号を第三者に利用させないこと。

二　第二条の規定に違反してシステムを使用しないこと。

三　営利を目的とした使用を行わないこと。

四　著作権を侵害しないこと。

五　プライバシーを侵害しないこと。

六　著作権者等の定める使用条件に違反しないこと。

七　その他所長が別に定める事項

(届出)

第十一条　利用者は、次に掲げる事項に該当する事由が生じた場合は、速やかに所長に届け出るものとする。

一　利用を中止するとき。

二　申請書の記載事項に変更が生じたとき。

(経費の負担)

第十二条　利用者は、利用に係る経費を負担するものとする。

2　利用者が負担すべき料金及び負担の方法は、別に定める。

（実施細則）

第十三条　この規程に定めるもののほか、この規程の実施について必要な事項は、別に定める。

附　則〔略〕

国立情報学研究所情報検索サービス利用細則　抄

（平成一二年四月一日制定）

最近改正　平成一三年一月六日

（目的）

第一条　この細則は、国立情報学研究所情報検索サービス利用規程第十三条の規定に基づき、その運用を円滑に行うための必要な事項を定めることを目的とする。

（利用者の範囲）

第二条　利用者の範囲は、別表第一に定めるところによる。

（利用の制限）

第三条　別表第一の「その他」の利用者に対しては、利用できるデータベースに制限を加えることができる。

（経費の負担）

第七条　情報検索サービスの利用に係る経費は、次条〔略〕に定める経費負担責任者が、別表第二の定めるところにより負担しなければならない。

別表第一

区分	利用者の範囲
大学等	国、公、私立の大学、短期大学、高等専門学校の教職員 大学共同利用機関等の教職員 放送大学学園の教職員 大学院学生 大学院研究生 大学専攻科学生 大学等の医員 大学等の研究員
文部科学省等	文部科学省及び文化庁の職員 文部科学省及び文化庁の施設等機関等の職員 科学研究費補助金の研究代表者及び分担者
その他	国公立試験研究機関の職員 特殊法人の研究所の職員 学術研究法人の職員 大学に相当する教育施設の教職員 研究助成法人の研究助成担当職員 学会の正会員 大学等との研究協力関係を有する民間企業の研究者 海外の高等教育・研究機関の職員等 国立情報学研究所の事業に協力する者 所長が特に認めた者

別表第二 経費の負担

区分		接続料	ヒット料
(1)	A 導入データベース及び研究所作成データベース（下記に区分されるものを除く。）	データベースに接続している時間に対して 五〇円／分	接続された文献等について、その書誌情報、あるいは抄録等を端末に出力した件数に対して 一三円／件
(1)	B 目録系データベース及び受入データベース	データベースを呼び出す都度 三〇円／回	
(2)	利用に関わる経費は、(1)により算定した月ごとの合計額に百分の五を乗じて得た額を加算した額とする。		

国立情報学研究所電子図書館サービス利用規程 抄

（平成一二年四月一日制定）
最近改正 平成一三年一月六日

（目的）

第一条 この規程は、国立情報学研究所（以下「研究所」という。）の電子図書館サービスの利用について必要な事項を定めることを目的とする。

（利用の定義）

第二条 電子図書館サービスの利用（以下「利用」という。）とは、学術研究及び学術研究支援を目的とし、研究所の提供する電子図書館システム及びこれに係る支援システムを用いることをいう。

（利用者）

第三条 電子図書館サービスを利用することができる者は、次の各号の一に該当する者（以下「利用者」という。）とする。

一 国、公、私立の大学、短期大学、高等専門学校、大学共同利用機関等の教職員、大学院学生等

二 文部科学省及び文化庁並びに文部科学省及び文化庁の施設等機関等の教職員

三 その他所長が適当と認めた者

（利用の申請）

第四条 利用しようとする者は、所長に所定の利用申請書により、

利用の承認を求めるものとする。

（利用の承認）

第五条　所長は、前条の申請について適当と認めた場合には、これを承認し、利用者番号を与えるものとする。

（利用の期間等）

第六条　前条の利用者番号の利用期間は、承認の日から当該会計年度末までとする。ただし、会計年度末日において、承認事項の変更又は中止の申出が無い限り、会計年度単位に継続するものとする。

（利用に当たっての遵守事項）

第七条　利用者は、次に掲げる事項を遵守しなければならない。

一　利用者番号を第三者に利用させないこと。
二　第二条の規定に違反してシステムを使用しないこと。
三　営利を目的とした使用を行わないこと。
四　著作権を侵害しないこと。
五　プライバシーを侵害しないこと。
六　著作権者等の定める使用条件に違反しないこと。
七　その他所長が別に定める事項

（届出）

第十一条　利用者は、次に掲げる事項に該当する事由が生じた場合は、速やかに所長に届け出るものとする。

一　利用を中止するとき。
二　申請書の記載事項に変更が生じたとき。

（経費の負担）

第十二条　利用者は、利用に係る経費を負担するものとする。

2　利用者が負担すべき料金及び負担の方法は、別に定める。

（実施細則）

第十三条　この規程に定めるもののほか、この規程の実施について必要な事項は、別に定める。

附　則〔略〕

国立情報学研究所電子図書館サービス利用細則　抄

〔平成一二年四月一日制定〕
最近改正　平成一三年一月六日

（目的）

第一条　この細則は、国立情報学研究所電子図書館サービス利用規程第十三条の規定に基づき、その運用を円滑に行うための必要な事項を定めることを目的とする。

（利用者の範囲）

第二条　利用者の範囲は、別表に定めるところによる。

（経費の負担）

第六条　電子図書館サービスの利用に係る経費のうち、学協会の定める著作権使用料については、次条〔略〕に定める経費負担責任者が、権利者の当該学協会に対して、経費を負担しなければならない。

2　電子図書館サービスの利用に係る経費のうち、システム利用料金については、当分の間、無料とする。

別表

区分	利用者の範囲
大学等	国、公、私立の大学、短期大学及び高等専門学校の教職員 大学共同利用機関等の教職員 放送大学学園の教職員 大学院学生 大学院研究生 大学専攻科学生 大学等の医員 大学等の研究員
文部科学省等	文部科学省及び文化庁の職員 文部科学省及び文化庁の施設等機関等の職員 科学研究費補助金の研究代表者及び分担者
その他	国公立試験研究機関の職員 特殊法人の研究所職員 学術研究法人の職員 大学に相当する教育施設の教職員 研究助成法人の研究助成担当職員 学会の正会員 大学等との研究協力関係を有する民間企業の研究者 海外の高等教育・研究機関の職員等 国立情報学研究所の事業に協力する者 所長が特に認めた者

国立情報学研究所目録所在情報サービス利用規程 抄

〔平成一二年四月一日制定〕

最近改正 平成一三年一月六日

(目的)

第一条 この規程は、国立情報学研究所の目録所在情報サービスの利用について必要な事項を定めることを目的とする。

(利用の定義)

第二条 目録所在情報サービスの利用(以下「利用」という。)とは、図書館等が目録作成、目録検索及び図書館間相互貸借(以下「ＩＬＬ」という。)の業務等を行うことを目的とし、次に掲げるシステムを用いることをいう。

一 図書目録システム

二 雑誌目録システム

三 ＩＬＬシステム

四 上記に係る支援システム

(利用者)

第三条 目録所在情報サービスを利用できる者は、次に掲げる図書館等の組織であって、定常的に目録作業を行っている者(以下「利用者」という。)とする。

一 国、公、私立等の大学、短期大学、高等専門学校、大学共同利用機関等の図書館、図書室等

二　文部科学省及び文化庁並びに文部科学省及び文化庁の施設等機関等の図書室等
三　その他所長が適当と認めた図書館、図書室等

（利用の申請）
第四条　利用しようとする者は、所長に所定の利用申請書により、利用の承認を求めるものとする。

（利用の承認）
第五条　所長は、前条の申請について適当と認めた者には、承認書を交付してこれを承認するものとする。

（利用に当たっての遵守事項）
第六条　利用者は、次に掲げる事項を遵守しなければならない。
一　第二条の規定に違反してシステムを使用しないこと。
二　営利を目的とした利用を行わないこと。
三　著作権を侵害しないこと。
四　プライバシーを侵害しないこと。
五　著作権者等の定める使用条件に違反しないこと。
六　その他所長の定める事項

（届出）
第九条　利用者は、次に掲げる事項に該当する理由が生じた場合は、速やかに所長に届け出るものとする。
一　利用を中止するとき。
二　申請書の記載事項に変更が生じたとき。

（経費の負担）
第十条　利用者は、利用に係る経費の一部を負担するものとする。
2　利用者が負担すべき経費の額及び負担の方法は、別に定める。

（実施細則）
第十一条　この規程に定めるもののほか、この規程の実施について必要な事項は、別に定める。

附　則〔略〕

国立情報学研究所目録所在情報サービス利用細則

〔平成一二年四月一日制定〕
最近改正　平成一三年一月六日

（目的）
第一条　この細則は、国立情報学研究所目録所在情報サービス利用規程（以下「規程」という。）第十一条の規定に基づき、その運用を円滑に行うための必要な事項を定めることを目的とする。

（利用者の範囲）
第二条　利用者の範囲は、別表に定めるところによる。

（利用者の要件）
第三条　利用者は、規程第三条の規定に基づき、次の各号に掲げる業務を行う図書館等とする。
一　目録作成及び図書館間相互貸借（以下「ＩＬＬ」という。）受付を行うこと。
二　国立情報学研究所（以下「研究所」という。）が実施する目録講習会の修了者が責任をもち、総合目録データベースの品質管理を行うこと。
三　第十一条の規定に基づき届け出た配置場所名称（以下「配置コード」という。）に係る資料の閲覧等のサービスを行うこと。
2　前項第一号の規定にかかわらず、ＩＬＬ受付については、同一

機関の他の利用者に委ねることができる。

3　同一機関における複数利用者の設置に当たっては、当該機関の図書館等の調整を経るものとする。

4　利用者の名称は、当該利用者における図書館サービスの実施場所に対応するものでなければならない。

（利用の申請）

第四条　利用の申請は、機関の長又は図書館長が行うものとする。

2　利用の申請は、別記様式第一号〔略〕の利用申請書を所長に提出するものとする。

（担当者等の選定）

第五条　利用者は、次の各号に掲げる者を選定し、利用申請書に記載しなければならない。

一　連絡担当者（利用者における実務の責任を負う者）

二　ＩＬＬ担当者（ＩＬＬ業務について責任を負う者）

（連絡担当者及びＩＬＬ担当者）

第六条　連絡担当者は、次条に定める担当者の登録届出及び第十一条に定める配置コードの届出を行う者とし、研究所との連絡の責務を負うものとする。

2　ＩＬＬ担当者は、ＩＬＬ業務について利用者間の連絡調整を行う者とする。

（担当者の登録届出）

第七条　利用者は、目録所在情報サービスの利用の実務を行おうとする者（以下「担当者」という。）を別記様式第二号〔略〕の担当者登録届出書により、所長に届け出るものとする。

2　一利用者が登録できる業務名の数は、別に定める。

（担当者の承認と利用番号）

第八条　所長は、登録の届出のあった業務名等に利用番号を付し、これを通知するものとする。

（利用番号の管理）

第九条　担当者は、通知された利用番号を適切に管理し、その利用については責任を負うものとする。

（担当者等の変更の届出）

第十条　利用者は、担当者登録届出書の記載事項に変更が生じた場合は、速やかに所長に届け出なければならない。

（配置コードの届出及び登録）

第十一条　利用者は、所蔵資料の配置場所名称を別記様式第三号〔略〕の配置コード登録届出書により、所長に届け出るものとする。ただし、利用者の有する配置場所が一である場合は、これを必要としない。

2　利用者は、利用に先立ち、所長に届け出た配置コードをシステムに登録するものとする。

（配置コードの設定基準）

第十二条　利用者は、次の各号に従い、配置コードを設定するものとする。

一　配置コードは、一利用者内で一意であること。

二　配置コードは、九文字以内の漢字又は英数字の組合せであること。

2　一利用者の使用できる配置コードの数は、別に定める。

（配置コードの変更登録）

第十三条　配置コードに変更が生じた場合は、利用者は、速やかに所長に届出を行い、システムに配置コードの変更登録を行うものとする。

（業務運用）

第十四条　目録所在情報サービスの利用に係る目録業務及びＩＬＬ

業務は、別に定める要領に基づき、これを行わなければならない。

(データベースの維持)

第十五条 所長は、データベースの品質維持のため、データ等に係る回答、データの更新及びその他必要な措置を利用者に要請することができる。

2 所長は、瑕疵のあるデータについては、これを修正又は排除することができる。

(利用状況の点検)

第十六条 所長は、利用者の利用状況を年一回以上点検し、必要に応じて利用者に報告を求め、これに基づき指導又は助言を行うものとする。

附　則〔略〕

別表

区分	利用者の範囲
大学等	国、公、私立の大学、短期大学、高等専門学校の図書館、図書室等 放送大学学園の図書館、図書室等 大学共同利用機関等の図書館、図書室等
文部科学省等	文部科学省及び文化庁の図書館、図書室等 文部科学省及び文化庁の施設等機関等の図書館、図書室等
	国公立試験研究機関の図書館、図書室等 特殊法人の図書館、図書室等 学術研究法人の図書館、図書室等
その他	大学に相当する教育施設の図書館、図書室等 学会の図書館、図書室等 都道府県、政令指定都市立の図書館 国立情報学研究所の事業に協力する機関の図書館、図書室等 海外の高等教育機関、研究機関の図書館、図書室等 その他前各号に準ずると認められる機関の図書館、図書室等 所長が特に認めた図書館、図書室等

◎科学技術振興事業団法　抄

〔平成八年三月三一日
法律第二七号〕

最近改正　平成一一年一二月二二日　法律第一六〇号

（目的）

第一条　科学技術振興事業団は、我が国における科学技術情報に関する中枢的機関としての科学技術情報の流通に関する業務、研究交流の促進に関する業務等を行うことにより科学技術の振興のための基盤の整備を図るとともに、新技術の創製に資すると認められる基礎的研究及び新技術の開発を行い、並びにこれらの成果を普及し、もって科学技術の振興に寄与することを目的とする。

（定義）

第二条　この法律において「科学技術情報」とは、科学技術（人文科学のみに係るものを除く。以下同じ。）に関する情報をいう。

2　この法律において「研究交流」とは、科学技術に関する試験研究に係る交流のことをいう。

3　この法律において「新技術」とは、国民経済上重要な科学技術に関する試験研究の成果であって、企業化されていないものをいう。

4　この法律において「創製」とは、科学技術に関する試験研究を行うことにより、その成果としての新技術を生み出すことをいう。

5　この法律において「開発」とは、科学技術に関する試験研究の成果を企業的規模において実施することにより、これを企業として得るようにすることをいう。

（法人格）

第三条　科学技術振興事業団（以下「事業団」という。）は、法人とする。

（事務所）

第四条　事業団は、主たる事務所を埼玉県に置く。

2　事業団は、文部科学大臣の認可を受けて、必要な地に従たる事務所を置くことができる。

（業務の範囲）

第三十条　事業団は、第一条の目的を達成するため、次の業務を行う。

一　内外の科学技術情報を収集し、分類し、整理し、保管し、又は提供するほか、これらの業務を妨げない範囲内において、事業団が保管する科学技術情報を閲覧させること。

二　研究交流に関し、次に掲げる業務（文部科学省の所掌事務（大学における研究に係るものを除く。）に係るものに限る。）を行うこと。

イ　外国の研究者の受入れに係る支援、国内及び国外の試験研究機関への研究者の派遣、研究集会の開催、外国の研究者のための宿舎の設置及び運営その他の研究者の交流を促進するための業務

ロ　科学技術に関する試験研究を行う者が科学技術に関する試験研究を共同して行うこと（営利を目的とする団体が他の営利を目的とする団体との間で行う場合を除く。）についてあっせんする業務

三　科学技術に関する試験研究を行う者に対し、試験研究を効果

的かつ効率的に行うために必要な人的及び技術的援助を行い、並びに資材及び設備を提供する業務（文部科学省の所掌事務（大学における研究に係るものを除く。）に係るものに限る。）を行うこと。

四　科学技術に関し、知識を普及し、並びに国民の関心及び理解を増進すること。

五　新技術の創製に資することとなる初期的段階の技術に関する知見を探索することを内容とする基礎的研究を行い、その成果を普及すること。

六　企業化が著しく困難な新技術について企業等に委託して開発を実施し、その成果を普及するほか、新技術の開発について企業等にあっせんすること。

七　前各号に掲げる業務に附帯する業務を行うこと。

八　前各号に掲げるもののほか、第一条の目的を達成するために必要な業務を行うこと。

2　事業団は、前項第八号に掲げる業務を行おうとするときは、文部科学大臣の認可を受けなければならない。

（業務の委託）

第三十一条　事業団は、文部科学大臣の認可を受けて定める基準に従ってその業務の一部を委託することができる。

（業務方法書）

第三十二条　事業団は、業務の開始の際、業務方法書を作成し、文部科学大臣の認可を受けなければならない。これを変更しようとするときも、同様とする。

2　前項の業務方法書に記載すべき事項は、文部科学省令で定める。

◎独立行政法人通則法　抄

〔平成一一年七月一六日　法律第一〇三号〕

最近改正　平成一二年一一月二七日　法律第一二五号

目次

第一章　総則

第一節　通則

（目的等）
第一条　この法律は、独立行政法人の運営の基本その他の制度の基本となる共通の事項を定め、各独立行政法人の名称、目的、業務の範囲等に関する事項を定める法律（以下「個別法」という。）と相まって、独立行政法人制度の確立並びに独立行政法人が公共上の見地から行う事務及び事業の確実な実施を図り、もって国民生活の安定及び社会経済の健全な発展に資することを目的とする。

2　各独立行政法人の組織、運営及び管理については、個別法に定めるもののほか、この法律の定めるところによる。

（定義）
第二条　この法律において「独立行政法人」とは、国民生活及び社会経済の安定等の公共上の見地から確実に実施されることが必要な事務及び事業であって、国が自ら主体となって直接に実施する必要のないもののうち、民間の主体にゆだねた場合には必ずしも実施されないおそれがあるもの又は一の主体に独占して行わせることが必要であるものを効率的かつ効果的に行わせることを目的として、この法律及び個別法の定めるところにより設立される法人をいう。

2　この法律において「特定独立行政法人」とは、独立行政法人のうち、その業務の停滞が国民生活又は社会経済の安定に直接かつ著しい支障を及ぼすと認められるものその他当該独立行政法人の目的、業務の性質等を総合的に勘案して、その役員及び職員に国家公務員の身分を与えることが必要と認められるものとして個別法で定めるものをいう。

（業務の公共性、透明性及び自主性）
第三条　独立行政法人は、その行う事務及び事業が国民生活及び社会経済の安定等の公共上の見地から確実に実施されることが必要なものであることにかんがみ、適正かつ効率的にその業務を運営するよう努めなければならない。

2　独立行政法人は、この法律の定めるところによりその業務の内容を公表すること等を通じて、その組織及び運営の状況を国民に明らかにするよう努めなければならない。

3　この法律及び個別法の運用に当たっては、独立行政法人の業務運営における自主性は、十分配慮されなければならない。

（名称）
第四条　各独立行政法人の名称は、個別法で定める。

（目的）
第五条　各独立行政法人の目的は、第二条第一項の目的の範囲内で、個別法で定める。

（法人格）
第六条　独立行政法人は、法人とする。

（事務所）
第七条　各独立行政法人は、主たる事務所を個別法で定める地に置く。

2　独立行政法人は、必要な地に従たる事務所を置くことができる。

（財産的基礎）
第八条　独立行政法人は、その業務を確実に実施するために必要な資本金その他の財産的基礎を有しなければならない。

2　政府は、その業務を確実に実施させるために必要があると認めるときは、個別法で定めるところにより、各独立行政法人に出資することができる。

（登記）
第九条　独立行政法人は、政令で定めるところにより、登記しなければならない。
2　前項の規定により登記しなければならない事項は、登記の後でなければ、これをもって第三者に対抗することができない。
（名称の使用制限）
第十条　独立行政法人でない者は、その名称中に、独立行政法人という文字を用いてはならない。
（民法の準用）
第十一条　民法（明治二十九年法律第八十九号）第四十四条及び第五十条の規定は、独立行政法人について準用する。

第二節　独立行政法人評価委員会

（独立行政法人評価委員会）
第十二条　独立行政法人の主務省（当該独立行政法人を所管する内閣府又は各省をいう。以下同じ。）に、その所管に係る独立行政法人に関する事務を処理させるため、独立行政法人評価委員会（以下「評価委員会」という。）を置く。
2　評価委員会は、次に掲げる事務をつかさどる。
一　独立行政法人の業務の実績に関する評価に関すること。
二　その他この法律又は個別法によりその権限に属させられた事項を処理すること。
3　前項に定めるもののほか、評価委員会の組織、所掌事務及び委員その他の職員その他評価委員会に関し必要な事項については、政令で定める。

第二章　役員及び職員

（役員）
第十八条　各独立行政法人に、個別法で定めるところにより、役員として、法人の長一人及び監事を置く。
2　各独立行政法人には、前項に規定する役員のほか、個別法で定めるところにより、他の役員を置くことができる。
3　各独立行政法人の法人の長の名称、前項に規定する役員の名称及び定数並びに監事の定数は、個別法で定める。
（役員の任命）
第二十条　法人の長は、次に掲げる者のうちから、主務大臣が任命する。
一　当該独立行政法人が行う事務及び事業に関して高度な知識及び経験を有する者
二　前号に掲げる者のほか、当該独立行政法人が行う事務及び事業を適正かつ効率的に運営することができる者
2　監事は、主務大臣が任命する。
3　第十八条第二項の規定により置かれる役員は、第一項各号に掲げる者のうちから、法人の長が任命する。
4　法人の長は、前項の規定により役員を任命したときは、遅滞なく、主務大臣に届け出るとともに、これを公表しなければならない。
（役員の任期）
第二十一条　役員の任期は、個別法で定める。ただし、補欠の役員の任期は、前任者の残任期間とする。
2　役員は、再任されることができる。
（役員の欠格条項）
第二十二条　政府又は地方公共団体の職員（非常勤の者を除く。）は、役員となることができない。

第三章　業務運営

第一節　業務

（業務の範囲）
第二十七条　各独立行政法人の業務の範囲は、個別法で定める。

（業務方法書）

第二十八条　独立行政法人は、業務開始の際、業務方法書を作成し、主務大臣の認可を受けなければならない。これを変更しようとするときも、同様とする。

2　前項の業務方法書に記載すべき事項は、主務省令（当該独立行政法人を所管する内閣府又は各省の内閣府令又は省令をいう。以下同じ。）で定める。

3　主務大臣は、第一項の認可をしようとするときは、あらかじめ、評価委員会の意見を聴かなければならない。

4　独立行政法人は、第一項の認可を受けたときは、遅滞なく、その業務方法書を公表しなければならない。

第二節　中期目標等

（中期目標）

第二十九条　主務大臣は、三年以上五年以下の期間において独立行政法人が達成すべき業務運営に関する目標（以下「中期目標」という。）を定め、これを当該独立行政法人に指示するとともに、公表しなければならない。これを変更したときも、同様とする。

2　中期目標においては、次に掲げる事項について定めるものとする。

一　中期目標の期間（前項の期間の範囲内で主務大臣が定める期間をいう。以下同じ。）

二　業務運営の効率化に関する事項

三　国民に対して提供するサービスその他の業務の質の向上に関する事項

四　財務内容の改善に関する事項

五　その他業務運営に関する重要事項

3　主務大臣は、中期目標を定め、又はこれを変更しようとするときは、あらかじめ、評価委員会の意見を聴かなければならない。

（中期計画）

第三十条　独立行政法人は、前条第一項の指示を受けたときは、中期目標に基づき、主務省令で定めるところにより、当該中期目標を達成するための計画（以下「中期計画」という。）を作成し、主務大臣の認可を受けなければならない。これを変更しようとするときも、同様とする。

2　中期計画においては、次に掲げる事項を定めるものとする。

一　業務運営の効率化に関する目標を達成するためとるべき措置

二　国民に対して提供するサービスその他の業務の質の向上に関する目標を達成するためとるべき措置

三　予算（人件費の見積りを含む。）、収支計画及び資金計画

四　短期借入金の限度額

五　重要な財産を譲渡し、又は担保に供しようとするときは、その計画

六　剰余金の使途

七　その他主務省令で定める業務運営に関する事項

3　主務大臣は、第一項の認可をしようとするときは、あらかじめ、評価委員会の意見を聴かなければならない。

4　主務大臣は、第一項の認可をした中期計画が前条第二項第二号から第五号までに掲げる事項の適正かつ確実な実施上不適当となったと認めるときは、その中期計画を変更すべきことを命ずることができる。

5　独立行政法人は、第一項の認可を受けたときは、遅滞なく、その中期計画を公表しなければならない。

（年度計画）

第三十一条　独立行政法人は、毎事業年度の開始前に、前条第一項

の認可を受けた中期計画に基づき、主務省令で定めるところにより、その事業年度の業務運営に関する計画（次項において「年度計画」という。）を定め、これを主務大臣に届け出るとともに、公表しなければならない。これを変更したときも、同様とする。

2　独立行政法人の最初の事業年度の年度計画については、前項中「毎事業年度の開始前に、前条第一項の認可を受けた」とあるのは、「その成立後最初の中期計画について前条第一項の認可を受けた後遅滞なく、その」とする。

（各事業年度に係る業務の実績に関する評価）

第三十二条　独立行政法人は、主務省令で定めるところにより、各事業年度における業務の実績について、評価委員会の評価を受けなければならない。

2　前項の評価は、当該事業年度における中期計画の実施状況の調査をし、及び分析をし、並びにこれらの調査及び分析の結果を考慮して当該事業年度における業務の実績の全体について総合的な評定をして、行わなければならない。

3　評価委員会は、第一項の評価を行ったときは、遅滞なく、当該独立行政法人及び政令で定める審議会（以下「審議会」という。）に対して、その評価の結果を通知しなければならない。この場合において、評価委員会は、必要があると認めるときは、当該独立行政法人に対し、業務運営の改善その他の勧告をすることができる。

4　評価委員会は、前項の規定による通知を行ったときは、遅滞なく、その通知に係る事項（同項後段の規定による勧告をした場合にあっては、その通知に係る事項及びその勧告の内容）を公表しなければならない。

5　審議会は、第三項の規定により通知された評価の結果について、必要があると認めるときは、当該評価委員会に対し、意見を述べることができる。

（中期目標に係る事業報告書）

第三十三条　独立行政法人は、中期目標の期間の終了後三月以内に、主務省令で定めるところにより、当該中期目標に係る事業報告書を主務大臣に提出するとともに、これを公表しなければならない。

（中期目標に係る業務の実績に関する評価）

第三十四条　独立行政法人は、主務省令で定めるところにより、中期目標の期間における業務の実績について、評価委員会の評価を受けなければならない。

2　前項の評価は、当該中期目標の期間における中期目標の達成状況の調査をし、及び分析をし、並びにこれらの調査及び分析の結果を考慮して当該中期目標の期間における業務の実績の全体について総合的な評定をして、行わなければならない。

3　第三十二条第三項から第五項までの規定は、第一項の評価について準用する。

（中期目標の期間の終了時の検討）

第三十五条　主務大臣は、独立行政法人の中期目標の期間の終了時において、当該独立行政法人の業務を継続させる必要性、組織の在り方その他その組織及び業務の全般にわたる検討を行い、その結果に基づき、所要の措置を講ずるものとする。

2　主務大臣は、前項の規定による検討を行うに当たっては、評価委員会の意見を聴かなければならない。

3　審議会は、独立行政法人の中期目標の期間の終了時において、当該独立行政法人の主要な事務及び事業の改廃に関し、主務大臣に勧告することができる。

第四章　財務及び会計

（事業年度）

第三十六条　独立行政法人の事業年度は、毎年四月一日に始まり、翌年三月三十一日に終わる。

（企業会計原則）

第三十七条　独立行政法人の会計は、主務省令で定めるところにより、原則として企業会計原則によるものとする。

（財源措置）

第四十六条　政府は、予算の範囲内において、独立行政法人に対し、その業務の財源に充てるために必要な金額の全部又は一部に相当する金額を交付することができる。

第五章　人事管理

第一節　特定独立行政法人

（役員及び職員の身分）

第五十一条　特定独立行政法人の役員及び職員は、国家公務員とする。

（職員に係る他の法律の適用除外等）

第五十九条　次に掲げる法律の規定は、特定独立行政法人の職員（以下この条において単に「職員」という。）には適用しない。

一　労働者災害補償保険法（昭和二二年四月法律第五〇号）の規定

二　国家公務員法（昭和二十二年法律第百二十号）第十八条、第二十八条（第一項前段を除く。）、第二十九条から第三十二条まで、第六十二条から第七十条まで、第七十二条第二項及び第三項、第七十五条第二項並びに第百六条の規定

三　国家公務員の寒冷地手当に関する法律（昭和二十四年法律第二百号）の規定

四　一般職の職員の給与に関する法律（昭和二五年四月法律第九五号）の規定

五　国家公務員の職階制に関する法律（昭和二十五年法律第百八十号）の規定

六　国家公務員の育児休業等に関する法律（平成三年法律第百九号）第五条第二項、第七条の二、第八条及び第十一条の規定

七　一般職の職員の勤務時間、休暇等に関する法律（平成六年六月法律第三三号）の規定

八　一般職の任期付職員の採用及び給与の特例に関する法律（平成十二年法律第百二十五号）第七条から第九条までの規定

第二節　特定独立行政法人以外の独立行政法人

（役員の兼職禁止）

第六十一条　特定独立行政法人以外の独立行政法人の役員（非常勤の者を除く。）は、在任中、任命権者の承認のある場合を除くほか、営利を目的とする団体の役員となり、又は自ら営利事業に従事してはならない。

附　則〔平成一一年七月一六日法律第一〇三号〕〔抄〕

（施行期日）

第一条　この法律は、内閣法の一部を改正する法律（平成十一年法律第八十八号）の施行の日〔平成一三年一月六日〕から施行する。

〔以下略〕

◎独立行政法人国立オリンピック記念青少年総合センター法　抄

〔平成一一年一二月二二日 法律第一六七号〕

最近改正　平成一三年四月一一日　法律第二七号

第一章　総則

（目的）

第一条　この法律は、独立行政法人国立オリンピック記念青少年総合センターの名称、目的、業務の範囲等に関する事項を定めることを目的とする。

（名称）

第二条　この法律及び独立行政法人通則法（平成十一年法律第百三号〔別掲〕。以下「通則法」という。）の定めるところにより設立される通則法第二条第一項に規定する独立行政法人の名称は、独立行政法人国立オリンピック記念青少年総合センターとする。

（センターの目的）

第三条　独立行政法人国立オリンピック記念青少年総合センター（以下「センター」という。）は、青少年教育指導者その他の青少年教育関係者及び青少年（第十条第一項において「青少年教育関係者等」という。）に対する研修、青少年教育に関する施設及び団体相互間の連絡及び協力の促進、青少年教育に関する団体に対する助成金の交付等を行うことにより、青少年教育の振興及び健全な青少年の育成を図ることを目的とする。

（特定独立行政法人）

第四条　センターは、通則法第二条第二項に規定する特定独立行政法人とする。

（事務所）

第五条　センターは、主たる事務所を東京都に置く。

（資本金）

第六条　センターの資本金は、附則第五条〔略〕第二項の規定により政府から出資があったものとされた金額とする。

2　政府は、必要があると認めるときは、予算で定める金額の範囲内において、センターに追加して出資することができる。この場合において、政府は、当該出資した金額の全部又は一部が第十二条〔略〕第一項の基金に充てるべきものであるときは、その金額を示すものとする。

3　センターは、前項又は附則第六条〔略〕第一項の規定による政府の出資があったときは、その出資額により資本金を増加するものとする。

第二章　役員〔略〕

第三章　業務等

（業務の範囲）

第十条　センターは、第三条の目的を達成するため、次の業務を行う。

一　青少年教育関係者等に対する研修のための施設を設置すること。

二　前号の施設において青少年教育関係者等に対する研修を行うこと。

三　第一号の施設を青少年教育関係者等に対する研修のための利

用に供すること。

四　青少年教育関係者等に対する研修に関し、指導及び助言を行うこと。

五　青少年教育に関する施設及び団体相互間の連絡及び協力を促進すること。

六　青少年教育に関する専門的な調査及び研究を行うこと。

七　青少年教育に関する団体に対して当該団体が行う次に掲げる活動に必要な資金に充てるための助成金を交付すること。

イ　青少年のうちおおむね十八歳以下の者（以下この号において「子ども」という。）の自然体験活動、社会奉仕体験活動その他の体験活動の振興を図る活動

ロ　子どもを対象とする読書会の開催その他の子どもの読書活動の振興を図る活動

ハ　インターネットその他の高度情報通信ネットワークを通じて提供することができる子ども向けの教材の開発

八　前各号の業務に附帯する業務を行うこと。

2　センターは、前項の業務のほか、同項の業務の遂行に支障のない範囲内で、同項第一号の施設を一般の利用に供することができる。

第四章　雑則

（主務大臣等）

第十三条　センターに係る通則法における主務大臣、主務省及び主務省令は、それぞれ文部科学大臣、文部科学省及び文部科学省令とする。

第五章　罰則〔略〕

附　則〔略〕

◎独立行政法人国立科学博物館法抄

〔平成一一年一二月二二日　法律第一七二号〕

最近改正　平成一二年五月二六日　法律第八四号

第一章　総則

（目的）

第一条　この法律は、独立行政法人国立科学博物館の名称、目的、業務の範囲等に関する事項を定めることを目的とする。

（名称）

第二条　この法律及び独立行政法人通則法（平成十一年法律第百三号〔別掲〕。以下「通則法」という。）の定めるところにより設立される通則法第二条第一項に規定する独立行政法人の名称は、独立行政法人国立科学博物館とする。

（科学博物館の目的）

第三条　独立行政法人国立科学博物館（以下「科学博物館」という。）は、博物館を設置して、自然史に関する科学その他の自然科学及びその応用に関する調査及び研究並びにこれらに関する資料の収集、保管（育成を含む。第十一条第三号において同じ。）及び公衆への供覧等を行うことにより、自然科学及び社会教育の振興を図ることを目的とする。

（特定独立行政法人）

第四条　科学博物館は、通則法第二条第二項に規定する特定独立行

政法人とする。

（事務所）

第五条　科学博物館は、主たる事務所を東京都に置く。

第三章　業務等

（業務の範囲）

第十一条　科学博物館は、第三条の目的を達成するため、次の業務を行う。

一　博物館を設置すること。

二　自然史に関する科学その他の自然科学及びその応用に関する調査及び研究を行うこと。

三　自然史に関する科学その他の自然科学及びその応用に関する資料を収集し、保管して公衆の観覧に供するとともに、これらの業務に関連する調査及び研究（前号に掲げるものを除く。）を行うこと。

四　前号の業務に関連する講演会の開催、出版物の刊行その他の教育及び普及の事業を行うこと。

五　第一号の博物館を自然科学の振興を目的とする事業の利用に供すること。

六　第三号及び第四号の業務に関し、博物館その他これに類する施設の職員その他の関係者に対する研修を行うこと。

七　第三号及び第四号の業務に関し、博物館その他これに類する施設の求めに応じて援助及び助言を行うこと。

八　自然史に関する科学及びその応用に関する調査及び研究の指導、連絡及び促進を行うこと。

九　前各号の業務に附帯する業務を行うこと。

附　則〔略〕

◎独立行政法人国立美術館法　抄

〔平成一一年一二月二二日 法律第一七七号〕

最近改正　平成一二年五月二六日　法律第八四号

第一章　総則

（目的）

第一条　この法律は、独立行政法人国立美術館の名称、目的、業務の範囲等に関する事項を定めることを目的とする。

（名称）

第二条　この法律及び独立行政法人通則法（平成十一年法律第百三号〔別掲〕。以下「通則法」という。）の定めるところにより設立される通則法第二条第一項に規定する独立行政法人の名称は、独立行政法人国立美術館とする。

（国立美術館の目的）

第三条　独立行政法人国立美術館（以下「国立美術館」という。）は、美術館を設置して、美術（映画を含む。以下同じ。）に関する作品その他の資料を収集し、保管して公衆の観覧に供するとともに、これに関連する調査及び研究並びに教育及び普及の事業等を行うことにより、芸術その他の文化の振興を図ることを目的とする。

（特定独立行政法人）

第四条　国立美術館は、通則法第二条第二項に規定する特定独立行政法人とする。

（事務所）
第五条　国立美術館は、主たる事務所を東京都に置く。

第三章　業務等

（業務の範囲）
第十一条　国立美術館は、第三条の目的を達成するため、次の業務を行う。
一　美術館を設置すること。
二　美術に関する作品その他の資料を収集し、保管して公衆の観覧に供すること。
三　前号の業務に関連する調査及び研究を行うこと。
四　第二号の業務に関連する情報及び資料を収集し、整理し、及び提供すること。
五　第二号の業務に関連する講演会の開催、出版物の刊行その他の教育及び普及の事業を行うこと。
六　第一号の美術館を芸術その他の文化の振興を目的とする事業の利用に供すること。
七　第二号から第五号までの業務に関し、美術館その他これに類する施設の職員に対する研修を行うこと。
八　第二号から第五号までの業務に関し、美術館その他これに類する施設の求めに応じて援助及び助言を行うこと。
九　前各号の業務に附帯する業務を行うこと。

附　則　〔略〕

独立行政法人国立美術館業務方法書　抄

〔平成一三年六月四日　独立行政法人国立美術館公告〕

（美術館の設置）
第三条　国立美術館が設置する美術館（以下「各美術館」という。）は、次に掲げるものとする。
一　東京国立近代美術館
イ　本館
ロ　工芸館
ハ　フィルムセンター
ニ　フィルムセンター相模原分館
ホ　その他の施設
二　京都国立近代美術館
イ　本館
ロ　その他の施設
三　国立西洋美術館
イ　本館
ロ　新館
ハ　企画展示館
ニ　その他の施設
四　国立国際美術館
イ　本館
ロ　その他の施設

2　前項第三号の規定による国立西洋美術館は、別名をフランス美術松方コレクションと称する。

独立行政法人国立美術館中期計画　抄

〔平成一三年六月四日
独立行政法人国立美術館公表〕

（東京国立近代美術館）

近・現代美術に関する作品その他の資料を収集し、保管して公衆の観覧に供し、あわせてこれに関連する調査研究及び事業を行う。本館のほか、工芸館、フィルムセンターを設置する。フィルムセンターは、我が国における映画文化振興の中枢となる総合的な映画保存所を目指す。

（京都国立近代美術館）

近・現代美術に関する作品その他の資料を収集し、保管して公衆の観覧に供し、あわせてこれに関連する調査研究及び事業を行う。

（国立西洋美術館）

昭和三十年十月八日に日本国政府及びフランス政府間に成立した合意に基づきフランス政府から日本国政府に寄贈された美術に関する作品（松方コレクション）並びに西洋美術に関する作品及び資料を収集し、保管して公衆の観覧に供し、あわせてこれらに関連する調査研究及び事業を行う。

（国立国際美術館）

日本美術の発展と世界の美術との関連を明らかにするために必要な美術に関する作品その他の資料を収集し、保管して公衆の観覧に供し、あわせてこれに関連する調査研究及び事業を行う。

◎独立行政法人国立博物館法　抄

〔平成一一年一二月二二日
法律第一七八号〕

最近改正　平成一二年五月二六日　法律第八四号

第一章　総則

（目的）

第一条　この法律は、独立行政法人国立博物館の名称、目的、業務の範囲等に関する事項を定めることを目的とする。

（名称）

第二条　この法律及び独立行政法人通則法（平成十一年法律第百三号〔別掲〕。以下「通則法」という。）の定めるところにより設立される通則法第二条第一項に規定する独立行政法人の名称は、独立行政法人国立博物館とする。

（国立博物館の目的）

第三条　独立行政法人国立博物館（以下「国立博物館」という。）は、博物館を設置して、有形文化財（文化財保護法（昭和二十五年法律第二百十四号）第二条第一項第一号に規定する有形文化財をいう。以下同じ。）を収集し、保管して公衆の観覧に供するとともに、これに関連する調査及び研究並びに教育及び普及の事業等を行うことにより、貴重な国民的財産である文化財の保存及び活用を図ることを目的とする。

（特定独立行政法人）

第四条　国立博物館は、通則法第二条第二項に規定する特定独立行政法人とする。

（事務所）

第五条　国立博物館は、主たる事務所を東京都に置く。

第三章　業務等

（業務の範囲）

第十一条　国立博物館は、第三条の目的を達成するため、次の業務を行う。

一　博物館を設置すること。

二　有形文化財を収集し、保管して公衆の観覧に供すること。

三　前号の業務に関連する調査及び研究を行うこと。

四　第二号の業務に関連する情報及び資料を収集し、整理し、及び提供すること。

五　第二号の業務に関連する講演会の開催、出版物の刊行その他の教育及び普及の事業を行うこと。

六　第一号の博物館を有形文化財の保存又は活用を目的とする事業の利用に供すること。

七　第二号から第五号までの業務に関し、博物館その他これに類する施設の職員に対する研修を行うこと。

八　第二号から第五号までの業務に関し、博物館その他これに類する施設の求めに応じて援助及び助言を行うこと。

九　前各号の業務に附帯する業務を行うこと。

2　国立博物館は、前項の業務のほか、同項の業務の遂行に支障のない範囲内で、国際文化交流の振興を目的とする展覧会その他の催しを主催し、又は同項第一号の博物館をこれらの利用に供することができる。

附　則〔略〕

独立行政法人国立博物館業務方法書　抄

〔平成一三年四月二日文部科学大臣認可〕

（博物館の設置）

第三条　国立博物館が設置する博物館（以下「各博物館」という。）は、次に掲げるものとする。

(1)　東京国立博物館

イ　本館

ロ　平成館

ハ　東洋館

ニ　法隆寺宝物館

ホ　表慶館

ヘ　資料館

ト　その他の施設

(2)　京都国立博物館

イ　本館

ロ　新館

ハ　文化財保存修理所

ニ　その他の施設

(3)　奈良国立博物館

イ　本館

ロ　西新館

ハ　東新館

ニ　仏教美術資料研究センター

ホ　文化財保存修理所

ヘ　その他の施設

（博物館の整備）

第四条　国立博物館は、国、福岡県その他の協力を得て、福岡県太宰府市に設置を予定する博物館の整備を行う。

独立行政法人国立博物館中期計画　抄

〔平成一三年四月二日
文部科学大臣認可〕

（東京国立博物館）

我が国の総合的な博物館として、日本を中心として広く東洋諸地域にわたる文化財について、収集・保管・展示、調査研究、教育普及事業等を行う。

（京都国立博物館）

平安時代から江戸時代の京都文化を中心とした文化財について、収集・保管・展示、調査研究、教育普及事業等を行う。

（奈良国立博物館）

仏教美術を中心とした文化財について、収集・保管・展示、調査研究、教育普及事業等を行う。

Ⅱ　国民に対して提供するサービスその他の業務の質の向上に関する目標を達成するためにとるべき措置

5　新たな博物館の運営に向けた取り組み

法人本部に九州国立博物館（仮称）設置準備室を設置し、展示の企画・設計、展示に必要な作品収集、調査研究等の機能の整備など、開設に支障のないよう準備を推進する。

◎独立行政法人文化財研究所法　抄

〔平成一一年一二月二二日
法律第一七九号〕

最近改正　平成一二年五月二六日　法律第八四号

第一章　総則

（目的）

第一条　この法律は、独立行政法人文化財研究所の名称、目的、業務の範囲等に関する事項を定めることを目的とする。

（名称）

第二条　この法律及び独立行政法人通則法（平成十一年法律第百三号〔別掲〕。以下「通則法」という。）の定めるところにより設立される通則法第二条第一項に規定する独立行政法人の名称は、独立行政法人文化財研究所とする。

（文化財研究所の目的）

第三条　独立行政法人文化財研究所（以下「文化財研究所」という。）は、文化財（文化財保護法（昭和二十五年法律第二百十四号）第二条第一項に規定する文化財をいう。以下同じ。）に関する調査及び研究並びにこれに基づく資料の作成及びその公表等を行うことにより、貴重な国民的財産である文化財の保存及び活用を図ることを目的とする。

（特定独立行政法人）

第四条　文化財研究所は、通則法第二条第二項に規定する特定独立行政法人とする。

（事務所）

第五条　文化財研究所は、主たる事務所を奈良県に置く。

第三章　業務等

（業務の範囲）

第十一条　文化財研究所は、第三条の目的を達成するため、次の業務を行う。

一　文化財に関する調査及び研究を行うこと。

二　前号の調査及び研究に基づく資料の作成並びにその公表を行うこと。

三　文化財に関する情報及び資料を収集し、整理し、及び提供すること。

四　前三号の業務に関し、地方公共団体並びに文化財に関する調査及び研究を行う研究所その他これに類する施設（次号において「地方公共団体等」という。）の職員に対する研修を行うこと。

五　第一号から第三号までの業務に関し、地方公共団体等の求めに応じて援助及び助言を行うこと。

六　前各号の業務に附帯する業務を行うこと。

附　則〔略〕

◎独立行政法人教員研修センター法　抄

〔平成一二年五月二六日　法律第八八号〕

第一章　総則

（目的）

第一条　この法律は、独立行政法人教員研修センターの名称、目的、業務の範囲等に関する事項を定めることを目的とする。

（名称）

第二条　この法律及び独立行政法人通則法（平成十一年法律第百三号〔別掲〕。以下「通則法」という。）の定めるところにより設立される通則法第二条第一項に規定する独立行政法人の名称は、独立行政法人教員研修センターとする。

（センターの目的）

第三条　独立行政法人教員研修センター（以下「センター」という。）は、校長、教員その他の学校教育関係職員に対する研修等を行うことにより、その資質の向上を図ることを目的とする。

（事務所）

第四条　センターは、主たる事務所を茨城県に置く。

第三章　業務等

（業務の範囲）

第十条　センターは、第三条の目的を達成するため、次の業務を行う。

一　校長、教員その他の学校教育関係職員に対する研修を行うこと。
二　学校教育関係職員に対する研修に関し、指導、助言及び援助を行うこと。
三　前二号の業務に附帯する業務を行うこと。

附　則〔略〕

◎独立行政法人工業所有権総合情報館法　抄

〔平成一一年一二月二二日
法律第二〇一号〕

最近改正　平成一二年五月二六日　法律第八四号

第一章　総則

（目的）

第一条　この法律は、独立行政法人工業所有権総合情報館の名称、目的、業務の範囲等に関する事項を定めることを目的とする。

（名称）

第二条　この法律及び独立行政法人通則法（平成十一年法律第百三号〔別掲〕。以下「通則法」という。）の定めるところにより設立される通則法第二条第一項に規定する独立行政法人の名称は、独立行政法人工業所有権総合情報館とする。

（情報館の目的）

第三条　独立行政法人工業所有権総合情報館（以下「情報館」という。）は、発明、実用新案、意匠及び商標に関する公報等を収集し、及びこれらを閲覧させること等を行うことにより、工業所有権の保護及び利用の促進を図ることを目的とする。

（特定独立行政法人）

第四条　情報館は、通則法第二条第二項に規定する特定独立行政法人とする。

（事務所）

第五条　情報館は、主たる事務所を東京都に置く。

（資本金）

第六条　政府は、必要があると認めるときは、予算で定める金額の範囲内において、情報館に出資することができる。

2　情報館は、前項の規定による政府の出資があったときは、その出資額を資本金とし、又はその出資額により資本金を増加するものとする。

第三章　業務等

（業務の範囲）

第十条　情報館は、第三条の目的を達成するため、次の業務を行う。

一　発明、実用新案、意匠及び商標に関する公報、見本及びひな形を収集し、保管し、陳列し、及びこれらを閲覧させ、又は観覧させること。

二　審査、審判に関する図書及び書類その他必要な文献を収集し、保管し、及びこれらを閲覧させること。

三　工業所有権に関する相談に関すること。

四　工業所有権に関する情報の流通の促進を図るため必要な情報の収集、整理及び提供行うこと。

五　前各号の業務に附帯する業務を行うこと。

第四章　雑則

（主務大臣等）

第十二条　情報館に係る通則法における主務大臣、主務省及び主務省令は、それぞれ経済産業大臣、経済産業省及び経済産業省令とする。

第五章　罰則

第十三条　情報館の役員若しくは職員又はこれらの職にあった者がその職務に関して知得した特許出願中の発明、実用新案登録出願中の考案又は意匠登録出願中の意匠に関する秘密を漏らし、又は盗用したときは、一年以下の懲役又は五十万円以下の罰金に処する。

附　則〔略〕

◎独立行政法人統計センター法　抄

〔平成一一年一二月二二日　法律第二一九号〕

最近改正　平成一二年五月二六日　法律第八四号

第一章　総則

（目的）

第一条　この法律は、独立行政法人統計センターの名称、目的、業務の範囲等に関する事項を定めることを目的とする。

（名称）

第二条　この法律及び独立行政法人通則法（平成十一年法律第百三号〔別掲〕。以下「通則法」という。）の定めるところにより設立される通則法第二条第一項に規定する独立行政法人の名称は、独立行政法人統計センターとする。

（センターの目的）

第三条　独立行政法人統計センター（以下「センター」という。）は、国勢調査その他国勢の基本に関する統計調査（総務省設置法（平成十一年法律第九十一号）第四条第八十五号に規定するものをいう。以下「国勢調査等」という。）の製表、これに必要な統計技術の研究等を一体的に行うことにより、統計の信頼性の確保及び統計技術の向上に資することを目的とする。

（特定独立行政法人）

第四条　センターは、通則法第二条第二項に規定する特定独立行政法人とする。

（事務所）

第五条　センターは、主たる事務所を東京都に置く。

第三章　業務等

（業務の範囲）

第十条　センターは、第三条の目的を達成するため、次の業務を行う。

一　国勢調査等の製表を行うこと。

二　国の行政機関又は地方公共団体の委託を受けて統計調査の製表を行うこと。

三　統計の作成及び利用に必要な情報の蓄積、加工その他の処理を行うこと。

四　前三号に掲げる業務に必要な技術の研究を行うこと。

五　前各号に掲げる業務に附帯する業務を行うこと。

（緊急の必要がある場合の総務大臣の要求）

第十一条　総務大臣は、天災の発生、経済事情の急激な変動その他の事情が生じた場合において、関係行政機関の要請に応じ緊急に統計を作成することが必要であると認めるときは、センターに対し、前条第一号から第三号までに掲げる業務（これらに附帯する業務を含む。）に関し必要な措置をとることを求めることができる。

2　センターは、総務大臣から前項の規定による求めがあったときは、正当な理由がない限り、その求めに応じなければならない。

（地方公共団体との協力）

第十二条　センターは、国勢調査等の製表を適正かつ確実に行うため必要があると認めるときは、当該国勢調査等に関して統計法（昭和二十二年法律第十八号）〔別掲〕第十八条の規定により地方公共団体が処理することとされた事務（次項において「地方公共団体統計事務」という。）を処理する地方公共団体に対し、協力を求めることができる。

2　センターは、地方公共団体から地方公共団体統計事務の処理に関し協力を求められたときは、センターの業務の遂行に著しい支障がない限り、その求めに応じるよう努めるものとする。

第四章　雑則

（主務大臣等）

第十四条　センターに係る通則法における主務大臣、主務省及び主務省令は、それぞれ総務大臣、総務省及び総務省令とする。

（統計法の準用）

第十五条　統計法第十五条の三の規定は、センターが第十条に規定する業務において同法第十五条の三に規定する関係書類を管理する場合について準用する。

附　則〔略〕

地方議会図書室運営要綱

〔昭和四八年九月
全国都道府県議会議長会参与会決定〕

〔**根拠**＝地方自治法〔別掲〕第一〇〇条第一四項〕

一　基本方針

地方議会図書室は、議会が適切かつ効率的な活動を行ない、その機能を十分発揮しうるよう、議員の調査研究に対し情報提供を中心とする図書館奉仕を行なうものである。すなわち地方議会図書室は、議員が地方自治行政に対する適切な認識と理解をもって、地域住民の要請に応えるための議員活動を遂行するにあたり、その前提となる調査研究を行なう場である。

したがって、地方議会図書室の運営にあたっては、設置の趣旨および地方議会の活動範囲が経済、社会の進展に伴い、ますます拡大するとともに、内容も複雑多岐の一途をたどっている実情に即応し、常に先取り的に対処することを目途に、次によりその整備、充実に努めるものとする。

(1)　議会の参考図書館として、また地方行政専門図書館としてその機能を十分果たしうるよう、議会および議員の活動に必要な図書・資料を収集するとともに、レファレンス・サービスを中心に、図書館奉仕を充実する。

(2)　専門職員の配置等組織の充実をはかるとともに、施設、機器の整備、事務の能率化等を積極的に推進し、業務の近代化をはかる。

(3) 議会事務局における調査業務と不離一体の運営をはかる。

(4) 地方議会図書室相互間およびその他の関係機関との連係および協力体制を強化する。

(5) 議員の利用に支障を来たさない範囲内で、執行部職員および住民の利用に供することができるものとする。

二　図書・資料の収集

(1) 収集の方針

地方議会図書室としての機能を発揮するため、地方議会、地方行財政を中心とし、その他政治、経済、社会、文化部門に重点をおいて収集する。

政府の刊行する図書・資料については、地方自治法第百条第十二項の規定による確実な入手が実現されなければならない。なお、各地方議会図書室が共通して入手を希望する政府刊行物のうち、適当なものについては、マイクロシステム等による複製方法の活用をはかる。

執行部の発行する図書・資料は、すべて収集することを目途に、計画的、自動的に入手出来るようシステム化をはかる。

(2) 収集の対象

収集の対象を例示すれば、次のとおりである。

① 議会における議案およびその説明資料
② 議会の議事録等
③ 公報、広報紙、議会関係情報等
④ 各種選挙の記録
⑤ 執行部作成の図書・資料
⑥ 国会の議案および議事録
⑦ 官報および各省庁の公報
⑧ 法令集および法令解説書、判例集および判例解説書、自治省行政実例等
⑨ 国会、各省庁および公社公団、外郭団体等の刊行する図書・資料
⑩ 各政党刊行の図書・資料
⑪ 他の地方公共団体、各種団体、調査研究機関等の刊行する図書・資料
⑫ 国政、地方行財政ならびに住民福祉、産業経済、教育文化に関する単行図書および雑誌
⑬ 各種新聞（地元紙、中央紙、政党機関紙、専門紙等）および通信等
⑭ 書誌、目録、索引等
⑮ 各種統計、年報、年鑑、要覧、便覧、人名録、団体名簿等
⑯ 事典ならびに辞書、図鑑、地図等
⑰ 他の地方公共団体に関する図書・資料
⑱ 郷土の史誌、人物、文化財等に関する図書・資料
⑲ 外国の行政に関する図書・資料
⑳ 基礎的知識および教養に関する図書・資料

(3) 選定基準の設定等

図書・資料の計画的な整備をはかるため、選定基準を定めることとする。また国立国会図書館等の援助のもとに、各地方議会図書室が協力して、地方議会図書室に備えることが望ましい図書目録（基本図書目録）を作成するとともに、図書・資料選定速報を発行することとする。

(4) 収集先との連絡

地方議会図書室相互間における図書・資料の交換に努めるとともに、その他の図書・資料収集先とも常時緊密な連絡をと

り、情報の相互交換に努めることとする。

三　図書・資料の整理

収集した図書・資料の整理については、地方議会図書室の特殊性を考慮し、かつ地方自治あるいは社会情勢における新しい事態に即応した独自の整理方法の確立をはかるものとする。

四　図書・資料の保管

情報化社会の進行、行政の多様化に伴い、図書・資料はますます増加する傾向にあることから、これに対処するため、その保管および廃棄について新たな観点に立脚した基準を設ける。

長期保存または永久保存を要する図書・資料については、保管場所、検索の便等を考慮し、マイクロシステム等により管理することとする。

五　図書・資料の利用とレファレンス・サービス

(1)　利用の促進

地方議会図書室は、議員の調査研究の場として、活発に利用されなければならない。このため、次によりその利用促進策を講ずることとする。

①　議員の利用のための快適な環境を整備する。

②　新着図書・資料案内を発行するなど、常時新しい情報の提供をはかる。

③　議員の必要とする図書・資料の把握と入手につとめる。

④　配架をわかりよくするなど利用の便をはかる。

(2)　レファレンス・サービスの拡充

地方議会図書室の使命である議員の調査研究活動を補佐する機能を遺憾なく発揮するためには、図書・資料の情報価値を敏速かつ十分に活用できるよう、レファレンス・サービスの拡充が不可欠である。とくに行政の多元化、複雑化および情報化の進行する現状および将来においては、その必要性はますます増大するものとみられる。

このため、将来の課題として、これに即応する体制の整備について抜本的に検討する必要があるが、当面次により、その機能の充実に努めることとする。

①　計画的な収集

議員の調査研究に必要と考えられる図書・資料を常時積極的に収集するとともに、議会の動向に対応して、必要図書・資料の事前確保をはかる。

②　検索手段の整備

議員の要求に応じて、すみやかに必要な情報を検索できるよう、図書・資料、新聞、雑誌等の各般にわたって、行政別、問題別等の書誌、目録、索引等の整備に努める。

③　能動的サービス

議員の要求に応じて図書・資料を提供するにとどまらず必要と考えられる情報を自主的に議員に提供する。

六　調査業務との関連

現在、議員に対する地方議会事務局の情報提供は、図書室におけるレファレンス・サービスのほか、調査業務担当課における調査活動がある。

したがって、地方議会図書室の業務のあり方については、調査業務担当課の業務内容とあわせて検討する必要があるが、当面次により、議員に対する効果的な情報提供に努めることとする。

(1)　両者の機能の特質を生かすとともに、必要に応じ共同して業務に当たる体制を整える。

(2)　図書業務担当職員と調査業務担当職員は、それぞれの業務内容を相互に理解することに努める。

七　**図書室の相互協力**
図書・資料の広範な入手あるいは業務の改善等に資するため国立国会図書館等の援助協力のもとに、地方議会図書室相互間はもとより、公共図書館、大学図書館、特殊専門図書館等との連係強化をはかることとする。

また、地方議会図書室相互の共同事業として、次について逐次実施することとする。
(1)　図書業務の運営に関する情報の交換
(2)　図書・資料の交換、貸借、入手のあっせん、共同入手
(3)　基本図書・資料の選定
(4)　図書・資料の分類法の研究
(5)　書誌、目録、索引、抄録等の作成方法の研究および共同作成
(6)　職員の研修
(7)　その他業務の改善に関する研究

八　**図書室の管理**
(1)　施設
図書室の機能発揮は、図書・資料の蓄積とその活用によるのであるから、そのために必要な書庫、作業室の確保をはじめ、図書業務に固有の設備・備品等が整備されなければならない。特に最近の業務の機械化傾向にかんがみ、設備・備品の近代化に努める必要がある。

また、設備のレイアウトについても図書室としての機能を効果的に発揮しうるよう考慮することとする。
(2)　事務組織
図書室の事務は、図書・資料の収集、整理、保管、レファレンス・サービスおよび庶務に大別されるが、これらの能率的な処理のため、適切な分担組織を定めることが必要である。
(3)　職員
職員は、図書室の機能が十分発揮できるよう、専門職員を含む一定数の人員が、専任として確保されることが必要である。

（附）　地方議会図書室業務処理要領

〔昭和五〇年二月
全国都道府県議会議長会調査及び図書業務運営検討協議会決定〕

〔**根拠**＝地方自治法〔別掲〕一〇〇条一四項〕

一　**趣旨**
(1)　本要領は、地方議会図書室運営要綱〔**別掲**〕にもとづき図書業務の具体的な処理方法を定めたものである。
(2)　「要領」は、都道府県議会図書室において実現性があるかまたは実現性のある努力目標と考えられる程度の水準を目途として作成した。
(3)　「要領」は、標準的、例示的性格のものである。したがって各都道府県議会図書室においては、関係諸規程、従前の方法、実施のための諸条件等を考慮の上、漸進的に施行することが望ましい。

二　**図書・資料の収集**
(1)　収集の指針
議員の調査研究に対し、優れた情報源であるという地方議会図書室の使命と機能を全うするため、次の指針に即して図書・資料の充実をはかるものとする。
①　当面の審議に直接必要な図書・資料を迅速に入手すると

もに、将来審議の対象となると思われる主題に関する図書・資料を積極的に収集する。

② 行政および議会に関し、各都道府県内における最も充実した調査研究に資する機関であることを目途に関係図書・資料の収集に努める。

(2) 収集の基準

① 各部門にわたって体系的に収集する。なお、議会審議に必要な特定の部門ないし主題に関しては専門的、多角的に収集する。

② 官公庁出版物は、努めてこれを収集する。

③ 法律および行財政に関するものについては、専門的、実務的を問わず積極的に収集する。

④ 政治的あるいは社会的トピックスに関するものは努めて収集する。

三 図書・資料の整理

(1) 図書・資料の区分基準

① 図書

一般に「書籍」あるいは「本」と称せられる出版物であって、②にかかげる資料以外のものとする。

② 資料

(イ) 逐次刊行物（モノグラフシリーズを含み、年刊物は原則として含まない）

(ロ) 分冊刊行される継続出版物（加除式資料を含む）

(ハ) 小冊子

(ニ) 官公庁出版物（学術研究書を除く）

(ホ) 主として一時的利用価値のみを有するものなど、長期保存の必要がないと認められるもの（時事関係または季節関係のもので、雑報的性格のもの、短期間に更新されそのために価値を失うもの、広報、宣伝を主な内容とするなど）

(2) 図書・資料の分類法

① 図書については、「日本十進分類法」を使用する。

② 資料については、地方議会図書室共通の分類法を作成する。

(注) 資料についての地方議会図書室共通の分類法は、国会図書館の協力を得て別途検討することとする。

(3) 図書・資料の目録

「日本目録規則」に準拠する。

(4) 目録の種類

事務用兼閲覧用として、分類目録および書名目録を作成する。

四 図書・資料の保管

地方議会図書室の限られたスペースの中で、図書・資料を有効に活用するため、適正な保存年限を定めるとともに、不要な図書・資料を遅滞なく廃棄できるよう次により保存年限および廃棄基準を定めるものとする。

(1) 保存年限

図書の保存年限は原則として永久とし、資料については各都道府県の諸規程等で定められているほかは、次の基準（別表「資料保存年限」を指す＝編者）によるものとする。ただし、保存年限に達した資料であっても、なお保存を必要とする資料については保存年限を更新する。

なお、将来マイクロシステムが導入された場合は、その利用および保存の形態にあわせて、保存年限について再検討することとする。

資料保存年限

種別	資料名	保存年限
法規資料	○官報、自（都道府）県公報	永久
	○法令全書、法規集、六法全書、法制資料	永久
	○判例、行政実例	永久
	○他都道府県公報	一～三年
議会資料	○自（都道府）県議会会議録（本会議、委員会）、議案および同付属書、審議参考資料	永久
	○国会会議録、議案、予算書	永久
	○他都道府県議会会議録、議案	三～五年
	○各都道府県議会史	永久
	○自（都道府）県議会議員名簿、議員アルバム	永久
	○自（都道府）県議会関係規程、案内書、広報	永久
	○自（都道府）県および国会先例集、用語集、便覧	永久
	○その他	三年
選挙資料	○自（都道府）県および国会の選挙の記録、選挙公報	永久
	○その他	三～五年
政党資料	○綱領その他基本的なもの	永久
	○機関雑誌	一〇年
	○機関新聞	三年
	○その他	一～三年
行政資料（広報資料を含む）	○自（都道府）県関係　重要なもの	永久
	その他	三～五年
	○国の関係　重要なもの	永久
	その他	一～三年
	○他（都道府）県関係　特に重要なもの	永久
	その他	一～三年
監査資料	報告書など	永久
訴訟資料		永久
新聞・通信	○地元日刊紙	永久
	○その他の新聞	一～二年
	○製本した新聞・通信、縮刷版	永久
	○切抜	四年
雑誌・大学の紀要	○地方自治に関するもの	永久
	○総合月刊誌	三年
	○都道府県政に関係の深い専門誌	三年
	○上記以外の雑誌	一年
パンフレット（他の種別に含まれないもの）	○図書室の業務に関係があるもの	二～五年

いもの）	○その他	一年
地図、図面	○特に重要なもの	永久
	○一般的なもの	一～五年
その他の参考資料	○暦、講習会テキスト、執務参考資料	一～三年
図書目録・索引等の書誌		三年～永久

この基準に該当しないものは、基準から類推して適当に定めるか、またはあらかじめ保存対象から除外するものとする。

(2) 廃棄基準

資料の廃棄基準（保管転換を含む）は保存年限によるものとする。ただし、次に該当するものについては、保存年限にかかわらずこれを廃棄することができる。

① 利用価値が乏しいもの

(イ) 一定数以上の副本（ただし貴重書を除く）

(ロ) 議会図書室の業務に関係の少ないもの

(ハ) 内容が古くなり、実情にあわなくなったものおよび新版によって置換えられるもの（ただし、法律および行財政関係で、記録的価値のあるものを除く）

(ニ) 累積版が出たあとの従前の分冊版

(ホ) その他保存価値の乏しいもの

② 汚破損がいちじるしく、使用にたえないもの（ただし、文献価値のあるものを除く）

③ 亡失したもので、二年を経過したもの

④ その他特に廃棄することが適当と認められるもの

五 レファレンス・サービス

(1) レファレンス・ツールの整備

レファレンス・サービスを効果的かつ迅速に行なうため、次によりレファレンス・ブック、検索マニュアル等のレファレンス・ツールを整備する。

① 参考図書

辞書、事典、用語集、年鑑、年表、便覧、地図、図鑑、名簿、索引などを収集する。

② 図書（資料を含む）目録

(イ) 自図書室に関するものは、蔵書全般に関するものおよび議会審議に特に関連のある特定主題に関するものを作成する。

(ロ) 他の機関の図書目録などを収集する。

○他の地方議会図書室の図書目録

○国立国会図書館の図書目録

○各種図書館、資料機関などの図書目録、出版会社などの出版目録

○図書、雑誌、新聞記事などにおける文献リスト

③ 記事索引

(イ) 新聞記事索引を作成または収集する。

(ロ) 雑誌記事索引を作成または収集する。

(ハ) 図書・資料中の参考記事索引を作成する。

(ニ) 議会会議録の審議事項索引を作成する。

④ 新聞切抜きを作成し、またはこれと同じ機能をもつ雑誌などを収集する。

⑤ 抄録、書評を作成し、または収集する。

⑥ 非登録資料（主としてパンフレット、リーフレット）につき、主題別ファイリングを作成する。

⑦　レファレンス・サービスの記録を作成する。
○提供したものの控え
○調査方法、資料利用に関する留意事項など
(2)　レファレンス内容の充実
次によりレファレンス・サービスの充実に努める。
①　質問ないしもとめに応じた（応需）サービス
(イ)　議員等の質問事項につき、図書・資料の内容から検出して回答する。
(ロ)　議員等の図書資料検索に対して助言する。
(ハ)　議員等のもとめに対して適切な図書・資料または該当記事を提供し、さらに必要により追加提供、補充提供を行なう。
②　需要予測とサービスの準備
議員等の質問ないしもとめが予想される事項についてはこれに関する図書・資料の事前点検、事前入手をはかり、また、必要により、あらかじめそのリスト、索引などを別途作成する。
③　能動的サービス
議員等にとって必要または有益と考えられる主題、あるいは議員等がすでに関心を示している主題については、自主的に次に掲げる資料等の提供に努める。
(イ)　参考となる図書・資料またはそのコピー、抄録、抜粋
(ロ)　当該事項に関する図書・資料の書誌
④　レファレンス・サービスに関して特に留意すべき事項
(イ)　所蔵図書・資料に精通するとともに、レファレンス・ツールを整備、充実し、その迅速な活用に備えること。
(ロ)　議会における審議の動向を、努めて把握すること。
(ハ)　議員等の意図を的確に理解することに努めること。
(ニ)　サービスはできるかぎり迅速に行なうこと。
(ホ)　重要な主題について、専門的知識を利用できるよう随時学識経験者等の援助協力を求める体制を整えること。

六　調査業務との関連

図書室と調査担当課との連係協力の方法は、おおむね次のとおりとする。
(1)　図書・資料の入手
①　図書の選定に当たっては、議会の調査研究活動に必要なものを計画的に整備することができるよう、調査担当課の意見を十分とりいれる。
②　調査担当課において資料を入手する場合は、なるべく二部入手し、一部を図書室へ送付するよう申し入れる。
また、調査担当課において不用となった資料であっても図書室においてなお保存する価値があると認められるものは、原則として、図書室において保管する。
③　図書室で入手した図書・資料については、展示あるいは新着リストの送付などにより、すみやかに調査担当課に周知する。
(2)　レファレンス業務
①　図書室におけるレファレンス・ツールとしての索引類の作成に当たっては、主題の設定などについて、調査担当課の意見をもとめるほか、必要に応じ、図書室と調査担当課において協力してこれを作成する（例えば、新聞記事索引の共同作成、新聞記事索引と切抜きとの分担など）。
②　新着図書・資料については、調査担当課の刊行する定期刊行物（時報など）で紹介する。なお、特に必要があるものに

ついては、内容の概要紹介を行なう。

(3) 連係組織

① 図書室と調査担当課は、相互に意思の疎通をはかるとともに、それぞれの業務内容を理解するため、適宜連絡会を開く。

② 議員からの調査依頼は、原則として調査担当課を窓口とし、図書室は必要に応じて、図書・資料の提供の面でこれに協力する。なお、図書室が直接依頼を受けた場合は、図書室固有のレファレンス・サービスに属するものを除き、調査担当課と協力して処理に当たる。

七 図書室の相互協力

地方議会図書室相互間およびその他の関係機関との連係および協力方法は、おおむね次のとおりとする。

(1) 相互協力の内容

① 図書室の運営に関する情報の交換

○諸規程（設置条例、運営要綱、事務処理要領等）の交換

○運営方針および運営方法（運営委員会、事務分掌等）に関する意見および実例の交換

○予算、図書・資料購入方法、購入価格、無料入手等に関する実例交換

○図書室の設計、整備計画等に関する実例交換および助言

② 図書・資料の入手に関する相互協力

○貸借、コピー提供

○公報、議案書、会議録、議会時報等の交換

○政府刊行物の共同入手、自（都道府）県刊行物寄贈のあっせん

○資料収集方法に関する実例交換

③ 図書・資料の選定に関する相互協力

○基本図書目録の共同作成

○新刊図書・資料の選定に関する共同事業

○図書・資料選定の実例交換

④ 分類、目録の共同研究

○分類法、目録法作成に関する共同研究

○分類法、目録法実施に関する共同研究

⑤ 書誌（目録、索引、抄録等）の整備に関する相互協力

○目録、索引、抄録等の交換

○特に必要性の高い主題別書誌（図書・資料のほか、雑誌記事、新聞記事等を含む）の交換および共同作成

⑥ 事務改善

○執務基準の共同作成

○事務機械化に関する共同研究

○事務改善実例の交換

⑦ 職員の研修に関する相互協力

○業務に関する相互啓発および共同研修

(2) 相互協力の組織

(1)の相互協力を進めるため、おおむね次の組織体制を確立する。

① 都道府県組織

都道府県内における地方議会図書室で組織する。

② ブロック組織

ブロック内における地方議会図書室で組織する。なお、希望する市町村議会図書室を含める。

③ 全国組織

全国議長会事務局を中心として組織する。

(2) 支部図書館・専門図書館

八　図書室の管理

(1)　職員定数の基準

図書室の機能が完全に発揮できるよう図書室の規模に応じて専任職員を十分配置するとともに、少なくとも図書専門職員（司書）およびレファレンス・サービス適任者各一名を配置することが望ましい。

(2)　施設・設備の基準

①　位置

図書室は、議員控室ならびに事務局事務室（特に調査担当課）と近接し、かつ防音、採光などの環境条件の良好な場所に配置されることが望ましい。また、閲覧室、書庫、事務室、作業室などは事務が能率的に処理されるよう配置されることが必要である。

②　書庫

図書室においては、一万冊程度の図書・資料を開架式に配置するほか、数万冊の図書・資料を格納できる書庫（少なくとも二五〇㎡以上）を設置することが望ましい。

③　閲覧室

閲覧室には、閲覧者の便に供するため、個人用閲覧席を議員定数の一割以上配置するほか、一時的検索および閲覧あるいは新聞雑誌の閲覧のための大型の共同閲覧台を配置することが必要である。

④　備品

図書業務の能率化、迅速化をはかるため、書架、資料架、雑誌架、新聞架、カードケース等のほか、複写機、カード用タイプライター、電動穿孔機、裁断器、簡易製本機、除湿機、テープレコーダー、マイクロリーダーおよびリーダープリンター、小型映写機などの機器を備えつけることが必要である。

(3)　事務分掌

図書室の分掌事務は、おおむね次のとおりとする。

①　図書室運営のための企画および広報に関すること。
②　図書・資料の収集に関すること。
③　図書・資料の整理に関すること。
④　図書・資料の保管に関すること。
⑤　図書・資料の閲覧および貸出に関すること。
⑥　図書・資料のレファレンス・サービスに関すること。
⑦　図書・資料の除籍、廃棄に関すること。
※⑧　図書室運営委員会に関すること。
※⑨　図書選定委員会に関すること。
※⑩　専門図書館協議会その他関係団体に関すること。
⑪　前各号に掲げるもののほか、図書業務に関すること。

※印は、各都道府県の実情に応じ定めるものとする。

九　マイクロシステムの導入

図書・資料のうち、入手、保管あるいは利用の点から適当と認められるものは、マイクロ化することとし、その導入に当たっての検討および導入後の業務は、おおむね次のとおりとする。

(1)　マイクロシステム導入の検討

①　マイクロフィッシュおよびマイクロフィルム（以下「マイクロフィッシュ等」という）に適する図書・資料として議会会議録、地元新聞、官報など保管に大きなスペースをとり、かつ長期保存を必要とするもの、および政府刊行物など必要であるにかかわらず発行部数の関係などから入手しがたいものなどを中心にその種類、範囲を検討する。

② マイクロ化された図書・資料の利用頻度および利用形態を考慮し、これに適した検索方法を検討する。

③ 上記各号を勘案して、できれば全都道府県議会図書室共通のシステムを検討、決定する。

(2) マイクロシステム導入に伴う業務

① マイクロフィッシュ等の作成または購入

自（都道府）県議会関係の図書・資料については、それぞれ独自に専門業者に委託し、マイクロ化する。また、各都道府県議会図書室が共通して入手を希望する図書・資料については、全国議長会事務局を窓口として共同発注するか、もしくは既製品を共同購入する。

② マイクロフィッシュ等の分類

マイクロフィッシュ等は、原則として、もとの資料の分類にしたがって整理することとする。

③ マイクロフィッシュ等の利用

マイクロフィッシュ等を利用するため、リーダーおよびリーダー・プリンターを備える。また、これらの機器はマイクロフィッシュ等の共同発注および共同購入を容易にするため、全都道府県議会図書室が同一の機種に統一することが望ましい。

◎民間学術研究機関の助成に関する法律

（昭和二六年六月一一日 法律第二二七号）

最近改正 平成一一年一二月二二日 法律第一六〇号

（目的）

第一条 この法律は、民間学術研究機関がわが国の学術及び産業の振興上重要な使命を有することにかんがみ、これに対し現下の経済情勢に対処して財政的援助を行い、学術の研究の遂行を容易にすることを目的とする。

（定義）

第二条 この法律で「民間学術研究機関」（以下「研究機関」という。）とは、民法（明治二十九年法律第八十九号）第三十四条の規定により設立された法人で、学術の研究を目的とするものをいう。

（研究機関の助成）

第三条 国は、研究機関に対し、予算の範囲内で、その維持運営に要する経費の一部を補助することができる。

（補助の申請）

第四条 研究機関は、前条の規定による補助金の交付を受けようとするときは、主務大臣（当該研究機関を所管する大臣をいう。以下同じ。）に申請しなければならない。

（補助の決定）

第五条　主務大臣は、前条の申請があつたときは、左に掲げる要件を備えているかどうかを審査し、備えていると認めたときは当該研究機関に対する補助金の額及び使用の目的を決定し、備えていないと認めたときは補助をしない旨の決定をするものとする。

一　当該研究機関の行う研究が学術又は産業の振興上重要なものであること。

二　当該研究機関がその研究を遂行するために必要な研究者及び研究設備を有すること。

三　当該研究機関において補助を必要とする相当な事由があること。

2　主務大臣は、前項の規定により審査をするに当つては、審査の方針及び対象の範囲をあらかじめ日本学術会議に諮問してその意見を聞かなければならない。

（通知）

第六条　主務大臣は、前条第一項の決定をしたときは、すみやかに当該研究機関に対し、これを通知しなければならない。

（補助金の目的外流用の禁止）

第七条　研究機関は、交付を受けた補助金を第五条第一項（補助の決定）の決定により定められた目的以外の目的に使用してはならない。

（補助金の経理）

第八条　研究機関は、交付を受けた補助金については、他の収入支出と区別してその経理を明らかにしなければならない。

（公表義務）

第九条　補助金の交付を受けた研究機関は、その研究の成果を公表しなければならない。

（補助金の還付等）

第十条　主務大臣は、補助の決定を受けた研究機関が、左の各号の一に該当するときは、当該決定を取り消し、補助金の交付を停止し、又は交付した補助金の全部若しくは一部の還付を命ずるものとする。

一　第五条第一項各号の要件を欠くにいたつたとき。

二　前三条の規定に違反したとき。

2　前項の処分については、第五条第二項の規定を準用する。

（監督）

第十一条　主務大臣は、必要があると認めるときは、補助の決定を受けた研究機関に対して報告をさせ、又はその職員をして帳簿その他の物件を検査させることができる。

2　前項の規定により職員が検査をする場合においては、その身分を示す証票を携帯し、関係人にこれを呈示しなければならない。

（収支決算書）

第十二条　補助金の交付を受けた研究機関は、毎会計年度、収支決算書を作製し、主務大臣に提出しなければならない。

（委任規定）

第十三条　補助金の交付の申請手続、補助金の交付を受けた研究機関において備えつけるべき帳簿その他この法律施行のため必要な事項は、主務省令（主務大臣の発する命令をいう。）で定める。

附　則〔略〕

○民間学術研究機関の助成に関する法律施行規則　抄

〔昭和二六年八月三一日文部省令第二〇号〕

最近改正　平成一二年一〇月三一日　文部省令第五三号

（物品等の管理）
第四条　研究機関は、補助金により購入した設備及び図書その他の備品については、明確にその旨を表示するとともに、その使途及び所在を明らかにする物品出納簿を作成しなければならない。
2　前項の設備及び図書その他の備品は、譲渡し、又は担保に供してはならない。

科学研究費補助金取扱規程

〔昭和四〇年三月三〇日文部省告示第一一〇号〕

最近改正　平成一三年八月二日　文部科学省告示第一三三号

（趣旨）
第一条　科学研究費補助金の取扱いについては、補助金等に係る予算の執行の適正化に関する法律（昭和三十年法律第百七十九号）及び補助金等に係る予算の執行の適正化に関する法律施行令（昭和三十年政令第二百五十五号）に定めるもののほか、この規程の定めるところによる。
（定義）
第二条　この規程において「研究機関」とは、次に掲げるものをいう。
一　大学
二　大学共同利用機関、大学評価・学位授与機構、国立学校財務センター又は文部科学省の施設等機関のうち学術研究を行うもの
三　高等専門学校
四　国又は地方公共団体の設置する研究所その他の機関、法律により直接設立された法人又は民法（明治二十九年法律第八十九号）第三十四条の規定により設立された法人のうち学術研究を行うものとして別に定めるところにより文部科学大臣が指定す

るもの

（科学研究費補助金の交付の対象）

第三条　科学研究費補助金は、次の各号に掲げるものに交付するものとする。

一　学術上重要な基礎的研究（応用的研究のうち基礎的段階にある研究を含む。）で、研究者（日本学術振興会特別研究員を含む。以下同じ。）が一人で行うもの又は研究者二人以上が同一の研究課題について共同して行うもの（以下「科学研究」という。）

二　学術研究の成果の公開で、個人又は学術団体が行うもの（以下「研究成果の公開」という。）

三　その他文部科学大臣が別に定める学術研究に係る事業

2　日本学術振興会法（昭和四十二年法律第百二十三号）第二十条第二項の規定に基づき日本学術振興会が行う業務に対して、文部科学大臣が別に定めるところにより科学研究費補助金を交付する。

（補助金の交付申請者）

第四条　前条第一項第一号及び第二号に係る科学研究費補助金（前条第二項に係るものを除く。以下「補助金」という。）の交付の申請をすることができる者は、次のとおりとする。

一　科学研究に係る補助金にあっては、次に掲げる者

イ　研究機関に所属する研究者が一人で科学研究を行う場合は、当該研究機関の代表者

ロ　研究者二人以上が同一の研究課題について共同して科学研究を行う場合は、当該研究者の代表者又は当該研究者の代表者の所属する研究機関の代表者

二　研究成果の公開に係る補助金にあっては、研究成果の刊行を行う個人又は学術団体の代表者

（計画調書）

第五条　補助金の交付の申請をしようとする者は、あらかじめ科学研究又は研究成果の公開（以下「科学研究等」という。）に関する計画調書を別に定める様式〔略〕により文部科学大臣に提出するものとする。

2　前項の計画調書の提出期間については、毎年文部科学大臣が公表する。

（交付の決定）

第六条　文部科学大臣は、前条第一項の計画調書に基づいて、補助金を交付しようとする者及び交付しようとする予定額（以下「交付予定額」という。）を定め、その者に対し、あらかじめ交付予定額を通知するものとする。

2　前項により補助金を交付しようとする者及び交付予定額を定めるに当っては、文部科学大臣は科学技術・学術審議会の意見を聴くものとする。

第七条　前条第一項の通知を受けた者が補助金の交付の申請をしようとするときは、文部科学大臣の指示する時期までに、別に定める様式〔略〕による交付申請書を文部科学大臣に提出しなければならない。

2　文部科学大臣は、前項の交付申請書に基づいて、交付の決定を行ない、その決定の内容及びこれに条件を附した場合にはその条件を補助金の交付の申請をした者に通知するものとする。

（科学研究等の変更）

第八条　補助金の交付を受けた者が、科学研究等の内容及び経費の配分の変更（文部科学大臣が別に定める軽微な変更を除く。）をしようとするときは、あらかじめ文部科学大臣の承認を得なければ

ならない。

（補助金の使用制限）

第九条　補助金の交付を受けた者は、補助金を科学研究等に必要な経費にのみ使用しなければならない。

（実績報告書）

第十条　補助金の交付を受けた者は、科学研究等を完了したときは、すみやかに別に定める様式〔略〕による実績報告書を文部科学大臣に提出しなければならない。補助金の交付の決定に係る国の会計年度が終了した場合も、また同様とする。

2　前項の実績報告書には、補助金により購入した設備、備品又は図書（以下「設備等」という。）がある場合にあつては、別に定める様式〔略〕による購入設備等明細書を添付しなければならない。

（補助金の額の確定）

第十一条　文部科学大臣は、前条の規定による実績報告書の提出を受けた場合においては、その実績報告書の審査及び必要に応じて行なう調査により、科学研究等の成果が補助金の交付の決定の内容及びこれに附した条件に適合すると認めたときは、交付すべき補助金の額を確定し、補助金の交付を受けた者に通知するものとする。

（帳簿等の整理保管）

第十二条　補助金の交付を受けた者は、補助金の収支に関する帳簿を備え、領収証書等関係書類を整理し、並びにこれらの帳簿及び書類を補助金の交付を受けた年度終了後五年間保管しておかなければならない。

（経理の調査）

第十三条　文部科学大臣は、必要があると認めるときは、補助金の交付を受けた者に対し、その補助金の経理について調査し、若しくは指導し、又は報告を求めることができる。

（科学研究等の状況の調査）

第十四条　文部科学大臣は、必要があると認めるときは、補助金の交付を受けた者に対し、科学研究等の状況に関する報告書の提出を求め、又は科学研究等の状況を調査することができる。

（研究経過の公表）

第十五条　文部科学大臣は、科学研究に係る実績報告書及び前条の報告書のうち、研究経過に関する部分の全部又は一部を印刷その他の方法により公表することができる。

（設備等の寄付）

第十六条　第四条第一号イに係る補助金の交付を受けた者が、補助金により設備等を購入したときは、直ちにそれを研究者が所属する研究機関に寄付しなければならない。

2　第四条第一号ロに係る補助金の交付を受けた者が、補助金により設備等を購入したときは、直ちにそれを研究者が所属する研究機関のうちから適当な研究機関を一以上選定して、これを寄付しなければならない。

3　補助金の交付を受けた者が設備等を直ちに寄付することが研究上支障があると認める場合において、文部科学大臣の承認を得たときは、前二項の規定にかかわらず、研究上支障のなくなるまでの間、寄付しないことができる。

第十七条　第三条第一項第三号に係る科学研究費補助金に関し必要な事項は、別に文部科学大臣が定める。

（その他）

第十八条　この規程に定めるもののほか、補助金の取扱いに関し必要な事項は、そのつど文部科学大臣が定めるものとする。

附　則〔略〕

(3) 図書館協力

図書館協力部事務分掌内規

〔昭和六一年五月三一日
国立国会図書館内規第三号〕

最近改正　平成一三年三月三〇日　国立国会図書館内規第一号

〔「国立国会図書館事務分掌内規」から
「第七節図書館協力部」を抜粋＝編者〕

第七節　図書館協力部

第一款　支部図書館課

（支部図書館課の係）

第百九十八条　支部図書館課に、次の五係を置く。

一　庶務係
二　運営第一係
三　運営第二係
四　図書館情報係
五　研修係

（庶務係）

第百九十九条　庶務係においては、次の事務をつかさどる。

一　部務の総括及び調整に関すること。
二　行政及び司法の各部門の支部図書館長の推薦に係る庶務に関すること。
三　部内庶務及び他係に属しない事務に関すること。

（運営第一係）

第二百条　運営第一係においては、次の事務をつかさどる。

一　行政及び司法の各部門の支部図書館（以下この款において「行政司法各部門の支部図書館」という。）の設立並びに運営の方法及び制度に関すること。
二　行政司法各部門の支部図書館の年報、月報その他の特別報告に関すること。
三　行政司法各部門の支部図書館に対する図書館サービスの連絡調整及び図書館資料の利用に関すること。
四　行政司法各部門の支部図書館の職員の研修に関すること。
五　行政司法各部門の支部図書館の職員の執務参考資料等の編集に関すること。

（運営第二係）

第二百一条　運営第二係においては、次の事務をつかさどる。

一　前条第三号の事務に係る情報システムの企画及び調査研究に関すること。
二　前号の情報システムの運用及び管理に関すること。

（図書館情報係）

第二百二条　図書館情報係においては、次の事務をつかさどる。

一　図書館及び図書館情報学関係分野の資料に係るレファレンス並びに書誌の作成及び出版に関すること。
二　前号の事務に必要な資料の整備に関すること。
三　図書館情報学関係資料の保管、閲覧及び貸出に関すること。
四　図書館及び図書館情報学に係る刊行物の編集及び出版に関すること。

五　関係諸機関との連絡に関すること。
六　図書館研究所の事務（研修係において行うものを除く。）に関すること。
七　図書館学資料室の管理及び運営に関すること。
八　所属書庫の管理に関すること。

（研修係）

第二百三条　研修係においては、次の事務をつかさどる。
一　職員及び図書館関係者の研修（他部局において行うものを除く。）の実施に関すること。
二　図書館研究所の事務のうち研修に関すること。
三　他部局において行う研修の協力に関すること。

（支部図書館課の主査及び副主査）

第二百四条　支部図書館課の主査及び副主査は、次の事務をつかさどる。
一　行政司法各部門の支部図書館の設立並びに運営の方法及び制度の調査に関すること。
二　行政司法各部門の支部図書館、専門図書館等との広報連絡誌の編集及び出版に関すること。
三　図書館及び図書館情報学関係分野の情報の収集及び調査（国際子ども図書館において行うものを除く。）に関すること。
四　図書館及び図書館情報学に係る研修制度の調査及び研究（国際子ども図書館において行うものを除く。）に関すること。

第二百五条　削除

第二款　国内協力課

（国内協力課の係）

第二百六条　国内協力課に、次の四係を置く。
一　連絡係
二　資料係
三　図書館サービス係
四　視覚障害者図書館協力係

（連絡係）

第二百七条　連絡係においては、次の事務をつかさどる。
一　国内の図書館協力（収集部及び国際子ども図書館において行うものを除く。）に係る企画及び利用案内の作成その他の広報の実施に関すること。
二　地方議会図書室等の援助に関すること。
三　公共図書館、大学図書館及び専門図書館との連絡及び協力（収集部及び国際子ども図書館において行うものを除く。）に関すること。
四　図書館関係団体等との連絡及び協力（収集部及び国際子ども図書館において行うものを除く。）に関すること。
五　課内庶務及び他係に属しない事務に関すること。

（資料係）

第二百八条　資料係においては、次の事務をつかさどる。
一　国内の図書館等に配布する館の刊行物の配布基準の作成及び送付に関すること。
二　図書館協力用図書の受贈希望の調査、配布の決定及び送付に関すること。
三　国内の図書館における不用資料の情報交換に関すること。

（図書館サービス係）

第二百九条　図書館サービス係においては、次の事務をつかさどる。
一　国内の図書館による図書館資料（国際子ども図書館に所属するもの及び次条第一号に規定するものを除く。）の利用に係る申込みの受理、配布、処理及び記録に関すること。
二　国内の図書館に対する前号の資料の貸出し及びレファレンスに関すること。
三　国内の図書館による第一号の資料の複写の申込みの手続に関すること。
四　国内の図書館による国際子ども図書館に所属する図書館資料の利用に係る調整に関すること。

（視覚障害者図書館協力係）

第二百十条　視覚障害者図書館協力係においては、次の事務をつかさどる。
一　視覚障害者用図書館資料の整理、保管、貸出及びレファレンスに関すること。
二　国内刊行の視覚障害者用図書館資料の入力書誌データの記載及び校正に関すること。
三　前号の資料の入力済書誌データの内容の維持及び管理に関すること。
四　学術文献録音テープの製作、保管及び貸出並びに製作目録の作成及び出版に関すること。
五　点字図書及び視覚障害者用録音図書（第二号の資料を除く。）の入力書誌データの記載及び校正に関すること。
六　前号の資料の入力済書誌データの内容の維持及び管理に関すること。
七　前号のデータに基づく全国総合目録の作成及び出版に関すること。
八　関係諸機関との連絡に関すること。
九　視覚障害者図書館協力室の事務に関すること。
十　所属書庫の管理に関すること。

（国内協力課の主査及び副主査）

第二百十一条　国内協力課の主査及び副主査は、次の事務をつかさどる。
一　図書館協力用図書の配布の調整に関すること。
二　国内の図書館協力に関する調査及び研究に関すること。
三　学術文献録音テープの製作の専門的指導及び調整に関すること。
四　点字図書及び視覚障害者用録音図書の全国総合目録等の作成の専門的指導に関すること。
五　視覚障害者用図書館資料の整理の専門的指導に関すること。

第三款　国際協力課

第二百十二条　削除

（国際協力課の係）

第二百十三条　国際協力課に、次の四係を置く。
一　国際連絡係
二　国際広報収集係
三　国際サービス係
四　国際交換係

（国際連絡係）

第二百十四条　国際連絡係においては、次の事務をつかさどる。
一　国際機関及び外国の諸機関との図書館活動に係る協力（収集部及び国際子ども図書館において行うものを除く。）の企画及び調整に関すること。
二　国際機関及び外国の諸機関との連絡（収集部及び国際子ども図書館において行うものを除く。）に関すること。
三　外国との通信文書その他の公文書の翻訳に関すること。
四　外国人との連絡及びその接遇に関すること。

五　課内庶務及び他係に属しない事務に関すること。

（国際広報編集係）

第二百十五条　国際広報編集係においては、次の事務をつかさどる。

一　外国語による広報誌等の編集及び出版に関すること。

二　中央の図書館において行う図書館奉仕に関する外国語による利用案内の作成に関すること。

三　外国への書誌情報の提供に関すること。

（国際サービス係）

第二百十六条　国際サービス係においては、次の事務をつかさどる。

一　国外への図書館資料（国際子ども図書館に所属するものを除く。以下この号において同じ。）の貸出し、複写、レファレンスその他図書館資料の国際的利用に関すること。

二　国際子ども図書館に所属する図書館資料の国外への貸出し、複写、レファレンスその他図書館資料の国際的利用に係る調整に関すること。

（国際交換係）

第二百十七条　国際交換係においては、次の事務をつかさどる。

一　出版物の国際交換に関する条約に基づく出版物の交換並びにそのあっせん及び受託に関すること。

二　国際間における公の出版物及び政府の文書の交換に関する条約に基づく出版物の交換に関すること。

三　前二号に規定するもののほか、国際的取決めに基づく出版物の国際交換に関すること。

四　図書館資料の国際的な寄贈及び寄託に関すること。

（国際協力課の主査及び副主査）

第二百十八条　国際協力課の主査及び副主査は、次の事務をつかさどる。

一　外国語による広報誌等の編集及び出版に係る専門的指導に関すること。

二　公文書の翻訳の指導に関すること。

三　国際交換業務の促進に関すること。

四　出版物の国際交換に関する条約等に基づく年次報告に関すること。

公共図書館間資料相互貸借指針

〔平成一一年六月二三日〕
〔全国公共図書館協議会〕

（目的）

第一条　この指針は、各公共図書館（以下「図書館」という。）が所蔵する図書館資料（以下「資料」という。）の相互貸借を円滑に行い、図書館奉仕の充実向上を図るために必要な事項を定めるものとする。

（指針適用図書館の資格）

第二条　この指針を適用できる図書館は、図書館法（昭和二十五年法律第百十八号）〔別掲〕の規定に基づき設置した図書館とする（図書館法第十条の規定に基づかずに、地方公共団体が設置した図書館（室）を含む。）。

2　この指針を適用する図書館（以下「適用館」という。）は、自館の蔵書目録及び電子式目録の作成・配布に努めるものとする。

（指針の適用）

第三条　この指針は、地区（全公図規約別紙三「地区協議会都道府県協議会通則」第二条第二項に基づく別表の「地区協議会名」をいう。以下「地区」という。）を越える図書館間の相互貸借に適用する。

また、貸出館及び借受館双方で合意に達した場合は、その合意の内容によることができる。

（資料相互貸借の原則及び貸借資料の範囲）

第四条　この指針に基づく資料の相互貸借は、各適用館が平等互恵の精神に則り運営するものとする。

2　この指針に基づく相互貸借資料の範囲は、他の適用館から借受けをしようとする資料が、自館又は自館が属する都道府県内若しくは地区内の他の公共図書館において、原則として未所蔵の場合のみとする。

3　他の適用館から所蔵資料の借入申込みを受けた適用館は、自館の資料貸出規定に定める条件の範囲内及び自館の運営上支障のない限度において、申込みに応ずるよう努めなければならない。ただし、次の各号のいずれかに該当する場合は、申込みを断ることができるものとする。

一　輸送が困難な資料又は輸送中若しくは貸出期間中に損傷の恐れがあると判断される資料

二　その他貸出しが不適当と判断される資料

4　著作権の保護期間の切れた資料で、資料保存のために、貸出館が複製を貸し出すことが適当と判断する場合は、複製による利用を勧めることとする。

5　各適用館は、図書館法第三条第四項及びこの指針の趣旨に基づき、適用館に提供できる資料の範囲の拡大に努めるものとする。

（借入資料点数）

第五条　貸出館に対する資料の借入申込みの際の一回の資料点数は、貸出館の規定よる。ただし、あらかじめ貸出館の承認を受けた場合は、この限りではない。

（資料の貸出期間）

第六条　資料の貸出期間は、貸出館が資料を貸出した日（郵送等による場合は発送した日）から、当該資料が貸出館に到着する日までとし、資料の貸出期間は貸出館の規定による。

ただし、あらかじめ貸出館の承認を受けた場合は、この限りではない。
2　貸出館は、業務上の必要が生じたときには、貸出期間中であっても資料の返却を借受館に請求することができ、この請求に対し、借受館は速やかに返却しなければならない。
（資料貸借の手続）
第七条　借受館は、貸出館の所蔵（請求記号）を確認し、資料借受申込書（第一号様式（略））を貸出館に提出し、資料の借入れを申し込むものとする。
2　貸出館は、資料借受申込書を受理し、貸出しの諾否を決定したときは、その結果を資料貸出通知書（第二号様式（略））により借受館に通知するとともに、当該資料を借受館に発送するものとする。
3　借受館は、借受資料を貸出館に返却するときは、資料返却通知書（第三号様式（略））により貸出館へ通知するとともに、資料を貸出館へ発送するものとする。
4　貸出館が借受館に資料を送付したとき、又は借受館が貸出館に資料を返却したときの資料受領通知書は、簡易書留の通信ハガキ等をもって、受領通知に代えるものとする。
5　前各項に掲げる通知等は、文書、ファクシミリ、電子メール等により行うことができるものとする。
6　貸出館と借受館の双方が合意に達したときは、前各項に掲げる文書を他の帳票により代替し、又は省略することができる。
（資料の送付）
第八条　資料を送付する梱包に当たっては、資料保存の観点から破損しないように配慮する。
2　梱包の上書きには、「相互貸借資料」と朱書する。
3　資料の送付は、書留郵便扱い等、貸出館の指定する安全かつ確実な方法とする。
（経費の負担）
第九条　前条で定める資料の貸出し又は返却資料の送付に要する経費は、すべて借受館が負担するものとする。ただし、双方の図書館で合意に達した場合は、この限りでない。
2　経費精算については、資料借受申込の際にその方法について協議するものとする。
（資料の利用）
第十条　貸出館は、あらかじめ貸出資料の利用に関する条件を附すことができる。その場合、借受館は、その条件に従い利用しなければならない。
2　借受館は著作権法を遵守し、貸出しを受けた資料の複製をしてはならない。ただし、著作権法による保護がない資料で、かつ、貸出館の了承を得た場合には、この限りでない。
3　その他、借受資料の利用については、貸出館からあらかじめ条件が示されているときを除き、借受館の利用規定等により利用するものとする。
（借受館の責任）
第十一条　借受館は、資料を受領してから貸出館が当該資料を受領するまでの間、管理の責任を負うものとする。
2　借受館は、借り受けた資料を紛失し、又は汚損若しくは破損したときは、貸出館の指定する条件で損害を賠償するものとする。
（協議機関）
第十二条　この指針に定めのない事項及び管理・運営上で疑義が生じたときは、理事会において、協議決定するものとする。
2　この指針の改正は、理事会において協議の上、総会の議を経て行うものとする。

3　この指針の管理・運営上の事務を処理させるため、理事会は委員会を設置することができる。

附　則

この指針は、平成十一年六月二十三日から施行する。

別表

地区協議会名	都道府県名
北日本	北海道・青森・岩手・宮城・秋田・山形・福島
関東	茨城・栃木・群馬・埼玉・千葉・東京・神奈川・新潟・山梨・長野・静岡
東海北陸	富山・石川・福井・岐阜・愛知・三重
近畿	滋賀・京都・大阪・兵庫・奈良・和歌山
中国	鳥取・島根・岡山・広島・山口
四国	徳島・香川・愛媛・高知
九州	福岡・佐賀・長崎・熊本・大分・宮崎・鹿児島・沖縄

国立大学等図書館の文献複写について

（平成一一年三月三一日文学情第二三九号
文部省学術国際局長・文部省大臣官房会計課長通知
各国立学校長・各大学共同利用機関長あて）

国立大学、国立高等専門学校及び大学共同利用機関（以下「国立大学等」という。）の図書館（文献・資料センターを含む。）における文献複写の取扱いについては、平成一一年度以降左記によりお取扱いください。

なお、この通知に基づき、文献複写料金の額及び徴収方法等を学則その他の規則で国立大学等の長が定める場合は、国立学校における授業料その他の費用に関する省令（昭和三六年文部省令第九号）第一二条の規定による文部大臣の承認があったものとみなされることになりますので御承知ください。

また、平成元年三月一七日付け文学情第一〇六号事務次官通知「国立大学附属図書館の文献複写料金について」、同学術国際局長通知「国立高等専門学校図書館の文献複写料金について」、平成元年五月二四日付け文学情第一四五号事務次官通知「国立大学附属図書館における文献複写料金徴収猶予取扱要領について」、昭和四二年三月三一日付け文大情第二一七号大学学術局長通知「国立大学附属図書館文献複写規程準則およびその解説について」、平成元年五月二四日付け文学情第一四七号学術国際局長通知「国立高等専門学校図書館の文献複写料金について」及び昭和五三年一二月一九日付け文学情第三一七号学術国際局長・会計課長通知「国立大学等図書館間相互における文献複写業務の改善について」は廃止します。

おって、平成三年七月一日付け文学機第一七二号学術国際局長通知「大学共同利用機関における費用の徴収について」の記中、二を削り、三を二に、四を三に、五を四に改めることとしたので申し添えます。

記

I　文献複写料金について

一　文献複写料金の額は、次のとおりとする。

(一)　マイクロフィルム方式による文献複写料金

①　基本料(撮影の場合のみ)	一件につき		一〇五円
②　ネガフィルム撮影料	一コマにつき	学外者の場合	二〇円
		学内者の場合	一五円
③　特殊撮影料	一コマにつき		一〇円加算
④　複写用印画紙による引伸料			
A5判	一枚につき	学外者の場合	六五円
		学内者の場合	五〇円
B5判	一枚につき	学外者の場合	九五円
		学内者の場合	八五円
A4判	一枚につき	学外者の場合	一一五円
		学内者の場合	一〇五円
B4判	一枚につき	学外者の場合	一八〇円
		学内者の場合	一五五円

(二)　マイクロフィッシュフィルム方式による文献複写料金

①　フィルム撮影料	一シートにつき	学外者の場合	四五〇円
		学内者の場合	四〇〇円
②　タイトル撮影料	一件につき		二五円

(三)　リーダープリンターによる複写料金

A3判（A3判以下の用紙を使用する場合を含む。）	一枚につき	学外者の場合	三五円
		学内者の場合	二〇円

(四)　電子式複写方式による文献複写料金

A3判（A3判以下の用紙を使用する場合を含む。）	一枚につき	学外者の場合	三五円
		学内者の場合	二〇円

備考　一　「学内者の場合」とは、学内者（文献複写を行う図書館が設置されている国立大学等の教職員及び学生をいう。以下同じ。）からの、私費支弁による文献複写の申し込みを受託する場合をいう。

二　「学外者の場合」とは、学内者以外の者からの文献複写の申し込み受託する場合をいう。

三　「特殊撮影料」とは、筆写又は木版等の和紙の古文書、古記録類の撮影の際に加算する料金をいう。

二　文献複写料金は、「Ⅱ　文献複写料金の徴収猶予について」による場合を除き、文献複写の申込を受理するとき全額を徴収するものとする。また、既納の文献複写料金は還付しない。

三　前記一に掲げる複写方式以外の方式による文献複写料金の額及び徴収方法に関しては、従前のとおり文部大臣の承認を得て国立大学等の長が定めるものとする。

Ⅱ　文献複写業務の実施について

一　国立大学等の図書館間相互における文献複写業務であって、前記Ⅰ―一に掲げる複写方式によるものは次のとおり実施する。

二　依頼館、受付館の設定

㈠　定義

①　「依頼館」とは、当該学内の申込者から文献複写の申込みを受託し、他の国立大学等に文献複写を依頼する図書館をいう。

②　「受付館」とは、依頼館から文献複写の依頼を受付ける図書館をいう。

㈡　要件

依頼館又は受付館となることのできる図書館は、次の要件を満たす中央図書館、分館、部局図書館及び文館・資料センター等で、文部省が認めるものとする。

①　依頼館となる図書館の要件

ア　学内で予算の振替ができること。

イ　私費支弁による文献複写の申込みを受託する場合は、現金収納事務の機能を有すること。

②　受付館となる図書館の要件

文献複写に関する学内規程（以下「規程」という。）に従い、文献複写の依頼に応ずることができること。

㈢　図書館コードの付与

前記㈡の要件を満たす図書館には、別に定めるところにより、文部省が固有のコードを付与する。

三　依頼館における処理

㈠　文献複写の依頼

①　依頼館は、学術情報センターが運用する電子的手段による図書館間相互貸借システム（以下「ＩＬＬシステム」という。）により、受付館に対し文献複写の依頼を行う。

②　依頼館は、前記①により難い特段の事情がある場合には、別紙様式依頼書Ａ・Ｂ・Ｃにより、受付館に対し文献複写の依頼を行うことができる。

㈡　文献複写料金の徴収

私費支弁による申込みを受託した依頼館は、受付館からの次項に規定する複写経費の通知により、規程に定める料金（「学外者の場合」として徴収する料金をいう。）及び送料を申込者から徴収する。

四　受付館における処理

㈠　複写経費

複写経費は、規程に定める料金（「学外者の場合」として徴収する料金をいう。）を準用した額及び複写物の送料の合算額とする。

㈡　複写物の送付、複写経費の通知及び複写経費データの送付

①　受付館は、前記三―㈠―①により文献複写の依頼を受け

付けた場合は、依頼館に対し、複写物を送付するとともに、ＩＬＬシステムにより複写経費を通知する。

② 受付館は、前記三—(一)—②により文献複写の依頼を受け付けた場合は、依頼館に対し、複写物を送付し、別紙様式依頼書Ｃにより複写経費を通知するとともに、六—(一)に規定する複写データ処理センターに対し、別紙様式依頼書Ｂにより複写経費データを、上半期に係る分については当該年度の一〇月七日、下半期に係る分については翌年度の四月七日までに必着するよう送付する。

五 学術情報センターにおける処理

学術情報センターは、ＩＬＬシステムにより処理した複写経費データを、上半期に係る分については当該年度の一〇月七日、下半期に係る分については翌年度の四月七日までに、次項に規定する複写データ処理センターに必着するよう送付する。

六 複写データ処理センターにおける処理

(一) 複写データ処理センター

複写データ処理等の事務は、学術情報センターが、「複写データ処理センター」として行うものとする。

(二) 複写経費データの処理

複写データ処理センターは、前記四—(二)—②又は五により受付館又は学術情報センターから送付された複写経費データを処理し、上半期及び下半期ごとに取りまとめたうえ所定のリストを作成して、上半期の係る分については当該年度の一〇月三一日、下半期に係る分については翌年度の四月三〇日までに、文部省及び各国立大学等へそれぞれ送付する。

七 文部省における処理

文部省は、前記六—(二)により、複写データ処理センターから送付されたリストに基づき、国立大学等間における予算の振替等を行う。

Ⅲ 文献複写料金の徴収猶予について

一 文献複写料金の徴収猶予の対象となる機関

文献複写料金の徴収猶予の取扱いの対象となる機関は、次に掲げる機関とする。

(一) 公私立の大学図書館、短期大学図書館及び高等専門学校図書館並びに学校図書館法（昭和二八年法律第一八五号）〔別掲〕第二条に規定する学校図書館

(二) 図書館法（昭和二五年法律第一一八号）〔別掲〕第二条第一項に規定する図書館

二 文献複写料金の徴収猶予の許可

文献複写料金の徴収猶予の許可は、上記一の機関の長の申請に基づき、当該申請が研究者等への迅速な文献資料の提供を目的とすると認められる場合に、国立大学等の長がこれを行うものとすること。

また、許可に際しては、申請者に対し、次の条件を明示するとともに、許可条件に違背した機関については、特段の事由がない限りその後の許可を行わないこと。

(一) 料金の支払い及び支払期限を厳守すること。

(二) 料金は、複写物の引渡し（郵送の場合には発送。以下同じ。）を行った日の属する月の翌月の末日（引渡しが三月に行われたものについては翌月の二〇日。）までに支払うこと。

(三) 申請機関を設置している地方公共団体及び私立学校法（昭和二四年法律第二七〇号）〔別掲〕第三条に規定する学校法人又は民法（明治二九年法律第八九号）〔別掲〕第三四条の規定により設立された法人は、料金の未納及び支払の遅滞に対して

責任を負うこと。

(四)　文献複写料金の取扱いについては、国の法令及び徴収猶予の許可を行う国立大学等の定めによること。

三　文献複写料金の徴収猶予期間

文献複写料金の徴収猶予期間は、複写物の引渡しを行った日から当該日の属する月の翌月の一〇日（引渡しが三月に行われたものについては年度の末日。）までとすること。

四　債権発生手続

複写依頼を受け付けた場合には、速やかに債権発生の手続きを行うこと。

五　文献複写料金の納入の告知

文献複写料金の納入の告知は、徴収猶予の許可の対象となった機関ごとに一月分を整理し、翌月の一〇日（三月分については年度の末日。）までに行うこと。

六　その他

各国立大学等においては、この通知に基づき、文献複写料金の徴収猶予に関し、必要な事項を定めて実施すること。

文献複写依頼書Ａ

大図　対	依頼番号	受付番号	支払区分	複写経費	経費訂正
			0 私　1 学　2 研　3 病　4 産		0 不足　1 超過

文献複写依頼書Ａ

（所蔵箇所　　　　　　　　　　　　）

経費内訳			
種別		数量	金額
電子複写			
フィルム	基本料		
	ネガ		
	フィッシュ		
引伸			
送料			
合計			

上記のとおり依頼します。

大学附属図書館

ＴＥＬ　　　　　（内線　　）　担当者

申込者氏名	所属

依頼年月日	
受付年月日	
発送年月日	
受領年月日	

(3) **文献複写依頼書B**

文献複写依頼書B　複写経費通知書（控）

大図　　対	依頼番号	受付番号	支払区分	複写経費	経費訂正
			0 1 2 3 4 私 学 研 病 産		0　1 不足　超過

（所蔵箇所　　　　　　　　　　　）

経費内訳			
種別		数量	金額
電子複写			
フィルム	基本料		
	ネガ		
	フィッシュ		
引伸			
送料			
合計			
依頼年月日			
受付年月日			
発送年月日			
受領年月日			

上記のとおり依頼します。
大学附属図書館
TEL　　　　（内線　　）　担当者

申込者氏名		所属	

＊　支払区分費の「私」は私費、「学」は（項）国立学校、「研」は（項）研究所、「病」は（項）大学附属病院、「産」は、（項）産学連携等研究費を示す。

文献複写依頼書C

文献複写依頼書C　複写経費通知書（控）

大図　　対	依頼番号	受付番号	支払区分	複写経費	経費訂正
			0 1 2 3 4 私 学 研 病 産		0　1 不足　超過

（所蔵箇所　　　　　　　　　　　）

経費内訳			
種別		数量	金額
電子複写			
フィルム	基本料		
	ネガ		
	フィッシュ		
引伸			
送料			
合計			
依頼年月日			
受付年月日			
発送年月日			
受領年月日			

上記のとおり依頼します。
大学附属図書館
TEL　　　　（内線　　）　担当者

申込者氏名		所属	

＊　支払区分費の「私」は私費、「学」は（項）国立学校、「研」は（項）研究所、「病」は（項）大学附属病院、「産」は、（項）産学連携等研究費を示す。

郵便はがき

国公私立大学図書館間相互貸借に関する協定

〔平成一二年一〇月一二日実施　国公私立大学図書館協力委員会決定〕

(目的)

1　この協定は、国立大学図書館協議会、公立大学協会図書館協議会、及び私立大学図書館協会に加盟する図書館間の相互貸借の円滑化を図り、もって、わが国の学術研究・教育の進展に寄与することを目的とする。

(利用の範囲)

2　相互貸借は、現物貸借、文献複写からなり、相互貸借の資料の範囲、その他の事項については、受付館の規定するところによる。

(著作権)

3　文献複写の依頼及び受付に当たっては、著作権の保護に留意し、その運用に当たらなければならない。

(経費)

4　相互貸借に係る経費の支払いは、依頼館の責任とする。

(文献複写の手続等)

5　文献複写の手続き等に関する事項は、別に定める「国公私立大学図書館間文献複写マニュアル」により処理するものとする。

(付則)〔抄〕

1　大学共同利用機関、短期大学、高等専門学校等の図書館及び海外の大学図書館等との相互貸借については、当該機関からの要請に応じこの協定を準用できるものとする。

2　この協定の改廃は、国公私立大学図書館協力委員会において決定する。

3　この協定は平成十二年十月十二日より実施する。

（附）国公私立大学図書館間文献複写マニュアル

1　趣旨

このマニュアルは、国公私立大学図書館における文献複写業務に係る留意事項について定めたものである。

2　基本事項

(1)　文献複写に係る経費の支払は、依頼館の責任とする。

(2)　文献複写は、すべて著作権法の規定のもとに行うものとする。

3　依頼館における処理

(1)　依頼の方法

ア．NACSIS－ILL

イ．ファックス

ウ．封書（連絡用切手同封）

エ．往復はがき

(2)　依頼書の記入

ア．依頼する文献の自館未所蔵の確認を行う。

イ．依頼書は一通に一文献とする。

ウ．欧文はタイプ打ちが望ましい。（明瞭な手書きも可）（ファックス、封書、はがき）

エ．記入事項

正確な書誌事項、典拠と所蔵箇所を記入する。NACSIS－ILLによる場合は「国立情報学研究所ILLシステム操作マニュアル」（第四版、平成十一年三月三十一日発行）により必要データを入力する。

(ア)　図書

a．書名（副書名、叢書名も記入）

b．編、著者名

c．版（必要に応じて「刷」）

d．発行年

e．ページ（最初と最後）

f．出版社

g．論題・著者（図書の中の一部を複写）

h．ID（ISBN等）

(イ)　雑誌

a．誌名（原則として簡略化しない）

b．巻（号）

c．ページ（最初と最後）

d．発行年（月）

e．著者名（三名以上は最初の一名であとは他、et al）

f．論題（途中で省略可、同一論文が分かれているときは第何報を記入）

g．出版地、出版社（同一誌名のあるとき）

h．本文または論題の使用言語（必要である時）

i．ID（ISSN等）

(ウ)　複写方法

電子複写、マイクロフィルム、その他希望する方法

(エ)　共通事項

a．申込番号　　b．申込年月日
c．利用者の住所・氏名　　d．担当者氏名
e．支出区分（公、私）　　f．典拠
g．所蔵箇所　　h．請求番号
i．支出機関名称

(3) 複写経費の処理
ア．受付館の指定に従って、すみやかに複写経費の支払を行う。
イ．支払のとき次の事項を受付館へ通知する。
(ア) 申込番号　　(イ) 受付館の受付番号
(ウ) 金額（内訳）　　(エ) コピー枚数

(4) その他
複写に係わる問題があれば受付館へ通知する。

4 受付館における処理

(1) 受付館の処理
文献複写の依頼があれば、速やかに処理する。
ア．複写経費の算定
(ア) 複写料金
(イ) 郵送料
(ウ) その他
イ．複写料金通知
ウ．依頼書（返信用）
下記事項を記入。
(ア) 受付番号
(イ) 複写経費
(ウ) 経費内訳
(エ) 受付年月日
(オ) 発送年月日
(カ) 支払方法
エ．複写物送付
複写物に依頼書（写）等を同封して依頼館へ送付。
オ．謝絶
複写の依頼に応じられないとき、速やかに依頼館へ通知する。
謝絶の表示は次のとおりとする。
(ア) 所蔵なし
(イ) 複写不能
(ウ) 参照不備
(エ) 貸出中、製本中（　月　日頃から利用可能）
(オ) その他（具体的に）

(2) その他
複写に係る問題があれば依頼館に通知する。

国立大学図書館協議会現物貸借申合せ

(平成元年六月二九日採択 国立大学図書館協議会)

この申合せは、国立大学図書館協議会を構成する図書館間の現物貸借を円滑化するために平成元年六月二九日付で採択されたものである。

序文

相互貸借サービスは、利用者にとって利用可能な資料の範囲を大幅に拡大する手段として、館種や規模の大小を問わず図書館の機能を十全に発揮するうえで欠くことのできないものである。また、本協議会加盟大学の研究者・学生の利益にもかなうものであり、促進されるべきである。この申合せは、相互貸借サービスのうち現物貸借について、これを採用する各大学の自主的な判断を尊重しつつその現物貸借方針の適用をできるだけ寛大かつ容易にさせることを意図している。ただし、現物貸借業務は、個々の図書館における蔵書の整備充実を補完するものであって、取って代わるものではないことはいうまでもない。

一 定義

現物貸借とは、依頼に応じてある図書館がその責任において他大学図書館から図書館資料そのものを借用する業務をいう。

二 目的

この申合せに定義されている現物貸借の目的は、調査や高度な研究のために、それぞれの図書館では提供できない図書館資料そのものを入手することである。

三 範囲

資料の種類を問わず、別の図書館に対する資料の貸出の要求は、先方の図書館が公表している現物貸借に関する方針(レンディング・ポリシー:マニュアル・別紙四〔略〕を参照)に従って行うこと。特定の資料の提供の可否については、個々のケースごとに受付館が決定すること。

四 依頼館の責務

A. いずれの図書館も、自館蔵書への他館からの現物貸借の依頼に応ずること。

B. いずれの図書館も、本来の自館利用者の持つ研究上の、教育上の、情報を得るうえでの、そして通常の調査上のニーズに応じ得る資料を整備しておくこと。この申合せにもとづいて他館に要求する資料は、原則的には、その図書館の蔵書整備充実方針に合致しない資料か、同一の要求が以後も繰返し生ずることのない資料に限定すること。

C. 依頼館は、現物貸借に訴えるまえに学内の所蔵を調査しかつ利用できるよう全力を尽くすこと。

D. 各館の現物貸借担当者は、現物貸借関係の文書及び補助ツール類に精通しかつ利用すること。このなかには、この申合せ、マニュアル、主要図書館のレンディング・ポリシー及び標準的な書誌と書誌サービスが入る。

E. 各館は、自館の利用者に現物貸借の目的やその図書館における他館からの借用方針(ボロイング・ポリシー)の内容を周知させておくこと。依頼館のどの階層の利用者も現物貸借の利用資格者とすること。

F. 依頼館は、要求にあたってできるだけ複写で済ませること。

G．要求する資料については、一般に認められた書誌事項記入法に従って、完全かつ正確に記述すること。その資料が確認できない場合には、引用の情報源に関する完全な情報とともに、〝未確認〟という表示をしておくこと。

H．依頼館は、現物貸借の依頼内容すべてにわたって注意深く点検し、この申合せに適合しない依頼は謝絶すること。

I．資料の所蔵先を確定するために、総合目録、電算化されたデータベースやその他のリスト類のような標準的な書誌ツールを使用すること。特定の図書館に要求の負担が集中することのないよう注意すること。

J．要求にはすべて、その伝達方法を問わず原則として現物貸借用の標準フォーマットを使用すること。

K．借用資料の安全については、受付館からその資料が離れたときから受付館がそれを受け取るまで、依頼館側が責任を持つこと。依頼館は、良好な状態での資料返却を保証するように、資料の梱包に責任を持つこと。破損や紛失が生じた場合には、依頼館は受付館の申し出どおり、修理や弁償にかかる全経費を負担すること。

L．依頼館と利用者は、受付館の設定する貸出条件に従う必要があること。受付館が特に禁止していなければ、依頼館での複写は許される。ただし、著作権法上適法であること、ならびに原資料にいかなる損傷も加えられることのないことが条件となる。その他、利用に当っては依頼館の利用上の規則によること。

M．利用が広範囲の蔵書に及ぶ場合や資料自体が特別な取扱いを要するものの場合には、依頼館は、利用者にその図書館を訪問させ、資料に直接接するようすすめること。この場合、依頼館は、利用者に対し必要な手続きをする手助けをすること（委任状等の持参：マニュアル・別紙三〔略〕を参照）。

五　受付館の責務

A．現物貸出に応ずる資料の範囲等貸出についての決定は、受付館の裁量に委ねられる。とはいうものの、各図書館とも、本来の自館利用者の利害に十分配慮しつつも、レンディング・ポリシーをできるだけ寛大に解釈することが望ましい。少なくとも図書館（室）等の共同利用の場に配置されている資料については対象とすべきである。

B．現物貸借の方針及び経費についての説明資料を、依頼に応じ入手できるようにしておくこと。

C．受付館は、要求を迅速に処理すること。貸出条件は明示し、資料は丁寧に梱包すること。要求に応ずることができない場合には、受付館はその明確な理由を記載したうえで依頼館に通知すること。

D．この申合せの規定を明らかに履行できない点があれば、受付館はサービス対象館に周知させる責任を有すること。

六　費用

A．依頼館は、受付館より課金される費用すべてに対し責任を持つこと。費用は、送料等から成る。依頼館は、貸出を要求する当初の時点でこれらの経費を予期し承知しておくように心がけること。

B．料金が少額とはいえず依頼館側がそれを予測していないと思われる場合には、受付館は依頼館に通知して了承を求め、手続きをすすめること。

七　貸出期間

A．貸出期間は二〇日間とし、延長を認める場合には一〇日間とすること。ただし資料の種類によってはこれより短期間であってもよい。貸出期間とは、とくに受付館からの指示がないかぎり、資料が受付館から発送されてから返却されるまでの期間をいう。

B. 借用した資料は、利用がすみしだいすみやかに返却すること。

C. 依頼館が貸出期間の延長を申し出るのは、例外的な事情がある場合にかぎること。延長の申込みは、貸出期限内に受付館に到着するよう連絡すること。受付館より回答がない場合には、一〇日間延長が認められたものとみなす。

D. 貸出中の資料は、返却のくりあげ要請には従うことが条件であり、その場合には依頼館はただちに応ずること。

八 申合せ違反

各図書館ともに、この申合せの規定を誠実に実行する責任を持つこと。この申合せのいかなる規定をも無視しつづける場合には、借用の権利を停止するに十分な理由となる。

九 その他

A. この申合せの改廃は、総会で決定する。

B. この申合せは、平成元年六月二九日から適用する。

国立大学図書館間相互利用実施要項

〔昭和五六年六月二三日
国立大学図書館協議会〕

最近改正 平成一二年六月二八日 国立大学図書館協議会第四七回総会

一 目的

この要項は、国立大学に所属する研究者の研究・教育活動に資するため国立大学図書館に所蔵されている図書館資料の円滑な相互利用を促進することを目的とする。

二 対象

この要項は、国立大学図書館協議会に加盟している大学図書館間における研究者による相互利用に対して適用する。

三 定義

この要項における用語の定義は、次のとおりとする。

(1) 国立大学図書館:各大学において附属図書館を構成する中央図書館、分館、部局図書館・室等をいう。

(2) 研究者:国立大学に所属する教職員、大学院学生及びこれに準ずる者をいう。これに準ずる者は、その者が所属する大学の附属図書館長が認める者をいう。

(3) 相互利用:研究者が他国立大学図書館に出向いて、その所蔵資料を直接利用することを言う。

四 相互利用の範囲

相互利用の範囲は、館内における閲覧を原則とし、その方法は当該大学図書館の定めるところによるものとする。

五　**相互利用の手続**
　相互利用を希望する研究者は、利用時に身分証明書又は学生証を利用受入館に提示するものとする。

六　**相互利用の制限**
　利用受入館は、当該大学に所属する利用者の利用が著しく妨げられると判断した場合には、相互利用を制限することができる。

七　**相互利用マニュアル**
　各館の利用上の留意事項を盛り込んだ相互利用マニュアルを全館が所持するものとする。

国立大学図書館と大学共同利用機関等との相互利用実施要項

（平成一二年六月二八日　国立大学図書館協議会）

最近改正　平成一二年六月二八日　国立大学図書館協議会第四七回総会

一　**目的**
　この要項は、国立大学と大学共同利用機関等との図書館資料の円滑な相互利用を促進し、それぞれに所属する研究者の研究・教育活動に資することを目的とする。

二　**対象**
　この要項は、国立大学図書館協議会に加盟している大学図書館と大学共同利用機関等との間における研究者による相互利用に対して適用する。

三　**定義**
　この要項における用語の定義は、次のとおりとする。
(1)　国立大学図書館：各大学において附属図書館を構成する中央図書館、分館、部局図書館・室をいう。
(2)　大学共同利用機関等：大学共同利用機関及び文部省所轄研究所等のうち、国立大学図書館協議会が適当と認めた機関をいう。
(3)　研究者：国立大学及び大学共同利用機関等に所

属する教職員、大学院学生及びこれに準ずる者をいう。これに準ずる者は、その者が所属する大学の附属図書館長又は大学共同利用機関等の長が認める者をいう。

(4) 相互利用：研究者が国立大学図書館又は大学共同利用機関等に出向いて、その所属の図書館資料を直接利用することをいう。

四 相互利用の範囲

相互利用の範囲は、館内における閲覧を原則とし、その方法は当該大学図書館又は大学共同利用機関等の定めるところによるものとする。

五 相互利用の手続

相互利用を希望する研究者は、利用時に身分証明書又は学生証を利用受入館に提示するものとする。

六 相互利用の制限

利用受入館は、当該大学又は大学共同利用機関等に所属する利用者の利用が著しく妨げられると判断した場合には、相互利用を制限することができる。

七 相互利用マニュアル

各館の利用上の留意事項を盛り込んだ相互利用マニュアルを全館が所持するものとする。

公立大学図書館相互利用実施要項

〔昭和五八年五月二七日 公立大学協会図書館協議会〕

(目的)

一 この要項は、公立大学協会図書館協議会加盟館が、「公立大学間共通閲覧証により、相互に学術情報流通の円滑化をはかり、教育・研究活動に資するための必要な事項を定める。

(相互利用の対象)

二 公立大学に所属する教職員および学生に対して適用する。

(相互利用の範囲)

三 館内における閲覧を原則とし、各加盟館利用上の留意事項が一覧できる「相互利用の手びき」（毎年補足訂正）の定めるところによる。

(共通閲覧証の発行)

四 「共通閲覧証」（様式一〔略〕）は、公立大学協会図書館協議会会長館より、原則として各加盟館十枚宛（各分館も一館扱）発行ナンバーを付し、交付番号簿（様式二〔略〕）により協議会名で発行する。

有効期間は五年とし、各館で保管する。

紛失等の際には、直ちに会長館に届出、会長館は、すみやかに各加盟館に無効番号等の通知をする。

(相互利用の手続)

五 相互利用を希望する利用者は、所属大学の図書館にて、利用申込者名簿（様式三（略））に記入、「共通閲覧証」を借受け、身分証明書を添えて相手方図書館に提示する。

受入館では、利用（受入）者名簿（様式四（略））に記入する。利用後、利用者は、「共通閲覧証」を所属図書館に逆戻、所属館は利用申込者名簿の返却月日を記入整理する。

（実施開始日）

六　本要項は、昭和五十八年七月一日から実施する。

点字・録音・拡大資料等の相互貸借に関する申合せ

（昭和五六年一一月五日施行　全国点字図書館長会議承認）

最近改正　昭和六二年一〇月二〇日

図書館は、憲法に定められている生存権、教育を受ける権利、表現の自由、学問の自由など、あらゆる権利と自由を保障するために必要な資料を利用者の求めに応じて公正かつ迅速に提供する責務を担っている。

この責務を遂行するためには、図書館は、通常の印刷物を読むことが困難な利用者に対し、その求めに応じて利用できる形態に変換して提供するための最大限の努力をはらわなければならない。

しかし、この形態の変換には多くの手間と時間と費用を要し、現存する点字・録音・拡大等の資料は、利用者の資料要求を満たすにはあまりにも僅少であると言わざるを得ない。

そこで、行政区域を越えた、また館種を越えたすべての図書館が一体となって、これらの僅少な資料を有効に活用できる体制の確立を追求する必要がある。

一九八一年度より国立国会図書館が『点字図書・録音図書全国総合目録』を作成配布し、またいくつかの地域では、相互貸借の実践およびそのための検討が重ねられている。

このような状況にあって、ここに資料の相互貸借の実施に必要な最小限の約束ごとを定め、かつ提示する。なおこの中合せは、次の条件を前提とする。

1　各館相互に信頼関係が存すること。

2　参加館は相互に協力関係を深め、資料の製作開始情報を交換し、重複を避けるとともに、資料の質の向上に努めること。

3　当該館の行政区域内にある利用者または当該館が対象としている利用者の資料要求に対しては、最後まで責任をもって応えること。

4　一人の利用者の一つの資料要求に対して、参加館が一体となって総力を挙げて応えること。

5　参加館は所蔵する全ての資料を開放することを原則とし、国立国会図書館作成の『点字図書・録音図書全国総合目録』に参加するよう努力すること。

6　相互貸借の手続きを最大限簡素化すること。

（目的）

第一条　この申合せは、利用者が各図書館の窓口を通じて参加館の全蔵書を利用できる方法を実施し、利用者に対する図書館サービスをより一層充実強化するため、資料の相互貸借について必要な事項を定める。

（参加資格）

第二条　通常の印刷物を読むことができない利用者に対しサービスを行っている点字、公共、大学、学校等の図書館で、この申合せを遵守しうるすべての図書館とする。

（資料の範囲）

第三条　相互貸借をする資料の範囲は、各館が所蔵する全蔵書とする。ただし閲覧用辞書等、貸出館で貸出しを不適当とするものは除外する。

（資料の種類）

第四条　相互貸借をする資料の種類は、点字資料、録音資料、大活字または拡大資料、さわる絵本など、通常の印刷物を読むことができない利用者のために形態を変換したすべての資料とする。

（貸出期間）

第五条　資料の貸出期間は郵送に要する往復の日数を除き三〇日以内とする。

2　貸出期間の延長は、貸借相互館の協議による。

3　貸出館は、業務に必要があると認められるときは、期間内でも返却を求めることができる。

（貸出手続）

第六条　電話または手紙で申込む。なお借受申込書、発送通知、受領書等特別の書式をもうけないことを原則とする。

2　貸出館は、求められた資料をすぐに提供できない場合、すみやかにその旨を借受館へ連絡する。

3　相互貸借に参加する館は、原則として盲人用郵便物等発受施設および心身障害者用書籍小包郵便物発受施設の指定を受けて、郵送により資料を貸借する。ただし、その方法が困難な館については、借受館が貸出館に直接来館するか、通常の郵便料金を支払って貸出、返却の手続きを行うものとする。

（返却手続）

第七条　借受館は、貸出館に資料を返却する際、必ず資料の状態を点検する。（録音資料の巻戻し等）

（貸借に要する費用）

第八条　郵送料等、貸借に要する費用がかかる場合は、借受館の負担とする。

（資料の複製）

第九条　録音資料、サーモフォーム原版等複製可能な資料を複製する場合は、貸出館の承諾を得、さらにその旨を複製資料の冒頭に記載するものとする。ただし、録音資料の場合著作権法施行令第二条に定める施設以外の館は、著作権者の許諾を必要とする。

（事故の際の処理）

第十条　相互貸借資料に関する遅延・き損・忘失等の事故は、借受館において次のとおり処置するものとする。

(1)　自館製作の録音資料については生テープで、また市販テープについては現品をもって弁償する。

(2)　点訳図書については、原則として借受館が点訳し、また市販されている点字図書については、現品をもって弁償する。

(3)　上記以外の資料については借受館、貸出館協議の上、適宜弁償する。

（補則）　他の行政区域の利用者からリクエストがあった場合、その行政区域の図書館をとおして借りられることを利用者に誠意をもって伝える。ただし次のような場合には、この方法によらず直接貸出しできるものとする。

(1)　当該館が相互貸借を実施していないか、そのための協議が成立しない場合。

(2)　利用者の希望により緊急を要する場合。

（付則）　この申合せの改廃は館長会議の承認を得るものとする。

2．この申合せは、一九八一年一一月五日より施行する。

3．この申合せは、一九八七年一〇月二〇日より改正施行する。

事　例　一　　県内図書館ネットワークの場合

新潟県図書館等情報ネットワーク推進大綱

〔平成元年四月一日制定〕

第一　趣旨

この大綱は、新潟県立図書館（以下「県立図書館」という。）を中心とした新潟県図書館等情報ネットワーク（以下「ネットワーク」という。）の推進を円滑に進め、ネットワークを構成する機関（以下「構成機関」という。）が保有する資料及び書誌情報等情報（以下「情報」という。）の有効利用を促進し、県民に対する飛躍的なサービスの向上を図ることを目的に必要な条項を定めるものとする。

第二　構成機関

県立図書館と次に掲げる関係機関のうち構成機関としてネットワークの趣旨に賛同を得た機関は、協定等の締結によりネットワークを形成するものとする。

(1)　市町村立図書館及び公民館図書室

(2)　大学図書館

(3)　試験研究機関

(4)　国立国会図書館

(5)　他都道府県立図書館

(6)　併設機関

(7)　その他の機関等

第三　協定等

県立図書館と構成機関は、ネットワークの内容の範囲に応じ、次に掲げる事項のうち必要な事項について、協定を締結するものとする。

(1) 資料及び情報の相互利用
(2) 資料収集に関する分担、協力
(3) 資料保存に関する分担、協力
(4) ファクシミリ・サービス
(5) オンライン・ネットワーク・サービス
(6) その他ネットワークの形成に必要な事項

第四　県立図書館の役割

県立図書館は、ネットワークの中心的機関として自ら各種データベースの構築を進め、構成機関へ資料及び情報の提供を行うとともに、構成機関相互の連絡調整の役割を担うものとする。

第五　構成機関の協力

ネットワークが有効に機能を発揮するために、構成機関は、資料及び情報の提供を中心として、資料の収集及び保存に関する分担、協力等について、それぞれの機関の役割や活動の範囲において協力するものとする。

第六　ネットワーク推進計画

ネットワークは、別に定める「ネットワーク推進計画」に基づいて段階的に推進を図るものとし、構成機関は、それぞれのステップにおいて計画に合わせたネットワークの参加に努力し、充実したネットワーク形成に協力するものとする。

第七　関係団体との協力

ネットワークの推進に当たっては、新潟県図書館協会等の各種関係団体と緊密に連携するものとする。

第八　その他

この大綱に定めるもののほか、必要な事項は、別に定める。

〔編者注〕この「大綱」のもとに、「新潟県図書館等情報ネットワーク推進連絡会議設置要綱」（平成四年四月一日制定、最近改正＝平成六年六月九日）がある。

新潟県図書館・公民館ネットワーク整備実施要綱

〔平成元年四月一日制定〕

第一　趣旨

この要綱は、新潟県立図書館（以下「県立図書館」という。）と市町村図書館及び公民館（以下「市町村立図書館等」という。）の役割分担を明確にし、それぞれの役割に基づいて相互協力を行うことにより、図書館活動の一層の充実を図り、県民へのサービスを向上させることを目的とし、新潟県図書館等情報ネットワーク推進大綱を踏まえ、必要な事項を定める。

第二　県立図書館の役割

県立図書館は、新潟県図書館等情報ネットワーク（以下「ネットワーク」という。）の中心機関として、次の事項に留意し、市町村立図書館等と協力して、県民への図書館サービスの充実を図るものとする。

一　高度及び専門的な資料や市町村立図書館等で対応が不可能な資料の収集及び保存に努めること。

二　新潟県の自然、歴史等に関する郷土資料を収集及び保存すること。

三　市町村立図書館等相互間の連絡調整を行い、円滑な資料及び情報の相互利用を図ること。

四　大学図書館、試験研究機関等と協力し、市町村立図書館等で必要な資料及び情報の相互利用を図ること。

五　市町村立図書館等との協力のもとに、県内図書資料の総合目録化に努めるとともに、情報提供の迅速化を図ること。

六　市町村立図書館等の図書館活動の充実を図るため、情報提供活動、職員研修等への協力に努めること。

第三　市町村立図書館等の役割

市町村立図書館等は、地域住民の要求に対応し、実情に即した図書館活動を行うため、次の事項に留意し、県立図書館並びに他の市町村立図書館等と協力して、地域住民に対する図書館活動の向上に努めるものとする。

一　地域住民の要求に対応でき、かつ、その地域における図書館・公民館としての特色ある資料及び情報の収集及び保存に努めること。

二　ネットワークを通して、県立図書館はじめ、他の市町村立図書館等、大学図書館、試験研究機関等との資料及び情報の相互利用が可能であることを地域住民に周知し、図書館利用の活性化を図ること。

三　県立図書館と共同で進める総合目録化に積極的に参加するとともに、自館の資料整備にも努力すること。

第四　資料の収集及び保存の分担

県立図書館と市町村立図書館等は、前二条に定める相互の役割を踏まえ、効率的な資料の収集及び保存を図るため、原則として別記により分担して資料の収集及び保存を図るものとする。

第五　除籍資料の取扱い

市町村立図書館等は、除籍資料について県立図書館で有用と思われるもの以外で他の市町村立図書館等が必要とする場合は、当該市町村立図書館等へ寄贈し再活用を図るものとする。

第六　資料の相互利用

県立図書館及び市町村立図書館等は、第四条に基づいて収集、保存した資料及び情報について相互に利用し、全県民にサービスを提供するものとする。

なお、相互利用に係る取扱いについては、別に定める。

第七　ファクシミリ・サービス

県立図書館及び市町村立図書館等は、県民に対してより迅速に、より効率的に資料及び情報のサービスを提供するため、必要に応じてファクシミリによるサービスを提供するものとする。

なお、ファクシミリ・サービスに係る取扱いについては、別に定める。

第八　オンライン・ネットワーク・サービス

市町村立図書館等は、県立図書館が構築する各種データベースを検索し、かつ、総合目録化のため積極的にオンライン・ネットワークに参加し、地域住民に対する情報提供サービスの迅速化及び充実化を図るものとする。

なお、オンライン・ネットワーク・サービスに係る取扱いについては、別に定める。

第九　その他

この要綱に定めるもののほか、ネットワークの運用について必要な事項は、別に定める。

別記　資料の種別による収集・保存分担区分表

区分	県	市町村
一般資料	主に専門・学術的図書、マイクロ資料等	一般教養、娯楽、実用書、児童書等
郷土資料	県内郷土関係図書、県史一般等	各市町村郷土関係図書等
行政資料	県及びその出先・国及びその出先の発表資料、政府機関紙等	各市町村の行政計画、報告、広報資料等
調査研究資料	学協会の資料、報告、シンクタンクレポート等	地域的研究会報告、研究紀要等
地域関係紙	全国紙新潟版、県地方紙等	ローカル紙、企業案内等
保存協力誌	専門誌、学術誌、図書館関係誌、郷土研究誌等	一般雑誌、同人誌、学校誌、タウン誌、各市町村郷土誌等
特定主題資料	日本海	(例)　スキー(高田)、金属(三条)、良寛(出雲崎)

〔**編者注**〕　この「実施要綱」のもとに、「新潟県図書館等総合目録維持管理要綱」（平成四年六月一日制定、最近改正＝平成九年四月一日）および「総合目録維持管理会議設置要綱」（平成四年六月一日制定、最近改正＝平成九年四月一日）がある。

新潟県図書館等資料の相互貸借実施要領

〔平成四年六月一日制定〕

最近改正　平成七年一二月二一日

（目的）

第一条　この要領は、資料の相互貸借の実施に関する協定書に基づき、相互貸借を円滑に行い、図書館サービスの充実、向上を図るために必要な事項を定めるものとする。

（資料の範囲）

第二条　相互貸借を行う資料の範囲は、資料を貸し出す図書館等（以下「貸出館」という。）の利用規則等によるものとする。

（資料の複写）

第三条　資料の相互貸借が困難な場合は、協議の上、複写をもってこれにかえることができる。ただし、著作権法に抵触する資料は除くものとする。

（資料の冊数）

第四条　同時に貸借できる資料の冊数は、一〇冊以内とする。ただし、貸出館が利用規則等でその冊数を規定している場合は、この限りでない。

（貸借の期間）

第五条　資料の貸借期間は、現物発送の日から返納到着の日を含め三〇日以内とする。ただし、貸出館が利用規則等でその期間を規定している場合は、この限りでない。

2　貸出館は、業務上必要と認めたときは、貸借期間中に係わらず、資料の返納を求めることができる。

（資料の利用）

第六条　資料の利用は、貸出館の指示する条件のほか、借受館の利用規則等により利用するものとする。

2　前項の貸出館の利用上の条件は、貸出申込みを受けたとき、あらかじめ借受館に告げることとする。

（資料の貸借手続）

第七条　借受館は、図書館資料貸出申込書（別記様式（略））（以下「申込書」という。）により、資料の借受を申し込むものとする。

2　貸出館は、申込書を受理したときは、速やかに当該資料を借受館に送付するものとする。

3　借受館は、貸借資料を受け取ったときは、速やかに図書館資料借用書（別紙様式（略））を貸出館に送付するものとする。

4　貸出館は、資料の返納を受けたときは、速やかに図書館資料受領書（別紙様式（略））を借受館に送付するものとする。

5　貸出館と借受館の双方が合意したときは、前各項の文書は、他の帳票により代替えし、又はファクシミリによる送付若しくは省略することができる。

（資料の受渡し）

第八条　資料の受渡しは、直接又は郵送・宅配などによって行う。ただし、貸出館が特に直接又は書留等によると指示した場合には、その指示に従わなければならない。

なお、郵送・宅配による場合は、「相互貸借」と朱書きするものとする。

（経費）

第九条　資料の相互貸借に要する諸経費は、借受館の負担とする。

（借受館の責任）

第一〇条　相互貸借資料については、借受館がその資料を受領してから貸出館が再びその資料を受領するまでの間は、借受館が一切の責任を負うものとし、資料を紛失又は損傷した場合は、貸出館の規則等により弁償させることができるものとする。

新潟県図書館等情報ネットワークに関する各種協定　抄

相互協力に関する基本協定書

新潟県立図書館（以下「甲」という。）と（以下「乙」という。）とは、新潟県図書館等情報ネットワーク推進大綱（以下「推進大綱」という。）及び新潟県図書館・公民館ネットワーク整備実施要綱（以下「実施要綱」という。）の趣旨に賛同し、新潟県図書館等情報ネットワーク（以下「ネットワーク」という。）の推進を図るため、この協定を締結することとする。

第一条　甲と乙とは、推進大綱第二に掲げる構成機関（以下「他の構成機関」という。）と協力しながら、実施要綱に定められた役割を順守し、県民への図書館サービスの向上に努めるものとする。

第二条　甲は、ネットワークの中心的機関として構成機関間の連絡調整を行い、円滑なネットワークの推進を図るものとする。

第三条　乙は、甲と緊密な連絡をとりながら地域住民の要求に対応し、地域の実情に即した図書館活動を行い、サービスの向上に努めるものとする。

第四条　甲と乙とは、それぞれの役割に応じた自館にふさわしい資料の収集・保存に努めるものとする。

第五条　甲と乙とは、それぞれ資料の相互利用を図るとともに、他の構成機関の資料についても相互利用を図り、図書館サービスの向上に努めるものとする。

第六条　甲と乙とは、必要に応じてファクシミリを利用するなど、図書館サービスの迅速化、効率化を図るよう努めるものとする。

なお、乙は、他の構成機関に対しても同様に努めるものとする。

第七条　乙は、甲を中心としたオンライン・ネットワークに積極的に参加し、地域住民に対するサービスの向上に努めるものとする。

第八条　甲と乙とは、この協定の実施にあたっては、互いに相手館の制度及び利用規則等を尊重し、ネットワークについての具体的な運用については、別途協定するものとする。

第九条　この協定に関し疑義が生じたときは、その都度、甲と乙が協議するものとする。

第一〇条　この協定書は二通作成し、甲と乙とで一通ずつ保持するものとする。

第一一条　この協定は、締結の日から効力を有するものとする。

平成　年　月　日

甲　住　所　新潟市女池二〇六六番地
名　称　新潟県立図書館
代表者氏名　館長　岡﨑久次郎　印

乙　住　所
名　称
代表者氏名　印

〔**編者注**〕この「基本協定書」は新潟県内の公立図書館および公民館図書室を対象としたものである。他に新潟県立図書館と大学・短期大学図書館、試験研究機関を対象とする同旨の簡略な内容の「相互協力に関する基本協定書」の雛形がある。

〔新潟〕県立図書館データベース利用に関する規程

〔平成五年四月一日制定〕

（目的）

第一条　この規程は、新潟県郷土資料総合目録及び県立図書館所蔵目録（以下「県立図書館データベース」という。）の利用について必要な事項を定めるものとする。

（利用者）

第二条　県立図書館データベースを利用できる者（以下「利用者」という。）は、次の各号に該当する者とする。

(1)　市町村立図書館及び公民館図書室
(2)　大学図書館
(3)　試験研究機関
(4)　その他館長が適当と認めるもの

（利用申請）

第三条　オンラインにより県立図書館データベースを利用しようとする者は、オンライン接続申請書（別記様式第一号〔略〕）を県立図書館（以下「館長」という。）に提出するものとする。

2　館長は、第一項の申請について適当と認めたときは、申請者に承認の通知（別記様式第二号〔略〕）をするものとする。

3　利用者は、申請書の記載事項に変更が生じたときは、速やかに館長に届け出るものとする。

（遵守事項）

第四条　利用者は、県立図書館データベースの利用に当たり、次の事項を遵守するものとする。

(1)　営利を目的とした利用を行わないこと
(2)　著作権を侵害しないこと
(3)　プライバシーを侵害しないこと
(4)　ダウンロードするときは事前に申し出ること
(5)　データの改変はしないこと
(6)　その他館長が別に定める事項

（利用者、第三者間の紛争）

第五条　県立図書館データベースの利用に関し、利用者と第三者の間に紛争が生じても県立図書館はその責を負わないものとする。

（利用承認の取消等）

第六条　館長は、利用者が第四条に違反したときは、その利用の承認を取消し、又はその利用を停止することができるものとする。

（報告書の提出）

第七条　館長は、利用者に利用の結果等の報告を求めることができるものとする。

（経費）

第八条　県立図書館データベースの使用に係る経費は無料とする。ただし、通信に係る経費は利用者が負担するものとする。

（その他）

第九条　この規程に定めるもののほか、県立図書館データベースの利用に当たり必要な事項は館長が別に定めるものとする。

新潟県立図書館機関貸出取扱要領

〔平成六年四月一日制定〕

最近改正　平成八年三月二五日

一　趣旨

この要領は、新潟県立図書館規則（昭和三九年新潟県教育委員会規則第五号。以下「規則」という。）第一六条に定める図書館等の館外利用について、必要な事項を定める。

二　貸出対象

(1)　新潟県図書館等情報ネットワークに参加し、資料の相互貸借の実施に関する協定を締結した機関
(2)　関東甲信越静地区都県立図書館間資料相互貸借協定を締結した機関
(3)　その他規則第一六条第一項各号に掲げる機関

三　貸出資料の範囲

貸出しできる資料は次のものを除く資料とする。

(1)　文化財資料及び貴重資料
(2)　新聞、官報、公報、新着雑誌
(3)　寄託資料
(4)　マイクロフィルム、ビデオテープ及び録音テープ等

四　貸出冊数

貸出冊数は次のとおりとする。ただし、当館の業務遂行上必要なときは貸出冊数を制限する場合がある。

(2) (1) 二の(1)に該当する機関については、特に制限を設けない。
(1)以外の機関へ貸出すことのできる資料の総冊数は、五〇冊以内とする。

五 **貸出期間**

(1) 貸出期間は、資料を貸出した日から三〇日以内とする。ただし、次の資料は当館の業務遂行上一五日以内とする。

ア 参考図書（辞典、事典、年鑑等）

イ 逐次刊行物の最新版

ウ 複本を所蔵していない郷土資料

(2) 貸出期間の延長は、原則として認めない。ただし、館長が必要と認めるときは、この限りでない。

六 **貸出の停止**

貸出期間が満了しても資料を返済しないときは、当該資料が返済されるまでの間の貸出申込みは受け付けない。

七 **資料の利用**

貸出した資料の利用は、借受館の利用規則による。ただし、当館において個人貸出をしない資料は、館内利用のみの条件を付す。

八 **貸借手続**

(1) 貸出申込み

貸出の申込みは、協定館は協定で定めた申込書によるものとし、協定館以外の機関は図書館資料貸出申込書（新潟県立図書館施行細則（以下「施行細則」という。）別記第一四号様式（略））又は要件を満たす任意の申込書による。ただし、館長が認める場合は、これを省略させることができる。

(2) 資料の受渡し

資料の受渡しは、直接手渡し又は郵送若しくは宅配等により行う。

(3) 資料借用書の送付

貸受館が資料を受領したときは、速やかに図書館資料借用書（施行細則別記第一四号様式（略））又は要件を満たす任意の借用書を提出すること。ただし、館長が認める場合は、これを省略することができる。

(4) 資料受領書の送付

資料の返納を受けたときは、求めに応じて速やかに協定館には協定で定めた受領書を、協定館以外の機関には図書館資料受領書（施行細則別記第一四号様式（略））を借受館に送付する。

九 **経費**

経費は、すべて借受館が負担する。ただし、県内の公立図書館又は公民館へ貸出す場合の経費は、発送分を県立図書館が負担する。

一〇 **借受館の責任**

(1) 借受館が、資料を受領してから当館が再び当該資料を受領するまでの間は、借受館が一切の責任を負う。

(2) 借受館が資料を忘失又は損傷した場合は、規則第七条に基づき損害の賠償をさせる。

事例二　大学と公共図書館との協力の場合

相模原市内大学図書館等と相模原市立図書館との相互協力に関する協定書

〔平成六年三月二八日〕

相模原市内に所在する麻布大学附属図書館、和泉短期大学図書館、北里大学図書館（相模原キャンパス内各図書館）、相模女子大学附属図書館、女子美術大学図書館及び職業能力開発大学校図書館（以下「大学図書館等」という。）と相模原市立図書館（相武台分館を含む。）及び相模原市立相模大野図書館（以下「市立図書館」という。）は、図書館サービスの向上を図るため、相互協力について次のとおり協定を締結する。

（目的）

第一条　この協定は、相模原市内に所在する大学図書館等及び市立図書館（以下「協定館」という。）が各協定館の事情が許す範囲において、利用者の利便を図るため、図書館資料（以下「資料」という。）の閲覧、貸借及び複写等の相互協力を行うことを目的とする。

（利用規則等による制約）

第二条　図書館サービスの相互協力を行うにあたっては、それぞれの協定館の利用規則等の制約を受けるものとする。

2　この制約の範囲は、別に定める。

（閲覧等）

第三条　利用者が、大学図書館等の資料を閲覧及び複写利用する場合には、原則として協定館からの紹介状又は許可願を提出するものとする。ただし、大学図書館等が紹介状又は許可願を必要としないと認めた場合は、この限りではない。

（相互貸借）

第四条　資料の借受けを希望する協定館（以下「借受館」という。）は、資料の貸出を行う協定館（以下「貸出館」という。）に申込書を提出して資料の借受けを行うものとする。

2　相互貸借を行う資料の範囲、冊数、期間及び費用等は、貸出館の利用規則等の定めによるものとする。ただし、資料の貸出が行えない場合もある。

3　資料の相互貸借の方法は、郵送、連絡便及び来館のうち、適切な方法により行うものとする。

4　借受館は、借受資料が貸出館において必要が生じた場合は、速やかに返却するものとする。

5　借受期間中の借受資料の亡失、破損及び汚損等については、借受館が一切の責任を負うものとする。

（相互複写）

第五条　複写を依頼する場合は、著作権法及びそれぞれの協定館の複写規則等の定めにより行うものとする。

（資料検索及びレファレンス）

第六条　資料検索及びレファレンスは、原則として文書又はファクシミリにより行うものとする。ただし、協定館がその利用を受け入れられる範囲とする。

（相互協力連絡会）

第七条　図書館サービスによる相互協力の円滑な推進を図るため、

協定館の職員で構成する相互協力連絡会を設置する。

(協議)

第八条 この協定に関し定めのない事項又は疑義が生じた場合は、その都度協定館が協議して定めるものとする。

(発効)

第九条 この協定は、平成六年四月一日から発効するものとする。

〔以下略〕

事例三―一 地域内公共図書館協力の場合

東京都多摩地域市町村立図書館相互協力要綱

〔昭和六三年二月一〇日施行
東京都市町村立図書館長協議会〕

第一条 この要綱は東京都多摩地域市町村立図書館(以下「市町村立図書館」という。)相互の協力関係を促進し、図書館奉仕の向上発展に寄与するため、図書資料(以下「資料」と言う。)の相互貸借について必要な事項を定めることを目的とする。
(貸出資料)
第二条 貸出しできる資料は、市町村立図書館の所蔵する資料とする。ただし、利用に制限のある資料については、相互に協議して定める。
(貸出し数)
第三条 資料の貸出数については、これを制限しないものとする。
(貸出期間)
第四条 資料の貸出期間は、当該資料を貸出した日から四五日以内とする。
2 貸出期間の短縮または延長が必要なときは、相互に協議して定める。
(資料の利用)
第五条 相互貸借による資料の利用は、資料を借り受ける館(以下「借受館」という。)の利用規則による。ただし、あらかじめ資料を貸し出す館(以下「貸出館」という。)より利用上の条件を指示されたものについては、その条件による。

（貸出返却の手続き）

第六条　資料の貸出を受けようとするときは、あらかじめ電話、文書等で申し込むものとする。

2　資料の受渡しは、別に定める手続きにより行うものとする。

（経費の負担）

第七条　資料の受渡しに関し、経費を必要とするときは、借受館の負担とする。

2　借受けた資料を損傷または紛失したときは、貸出館の定めるところに従う。

（細目）

第八条　この要綱に定めるもののほか、実施に必要な細目は、東京都市町村立図書館長協議会で協議して定める。

附　則

この要綱は、昭和六三年二月一〇日から施行する。

事例　三—二

入間東部地区公共図書館の相互利用に関する協定書

〔平成六年三月三一日〕

（趣旨）

第一条　埼玉県首都近郊（入間東部）都市づくり協議会（以下「協議会」という。）を構成する富士見市、上福岡市、大井町及び三芳町（以下「構成市町」という。）は、協議会の目的に沿った広域的な見地にたって、構成市町の設置する図書館を相互利用することに関し、次のとおり協定を締結する。

（目的）

第二条　この協定は、構成市町が連携することにより、構成市町相互の図書館利用を促進し、その住民及び在勤、在学者（以下「住民等」という。）の利便を図り、公共図書館サービスと文化・教養の向上に寄与することを目的とする。

（相互協力）

第三条　構成市町の図書館は、連絡を密にし、相互に協力するものとする。

（相互利用）

第四条　構成市町の住民等は、平成六年十月一日から構成市町の図書館を、それぞれの図書館利用に関する条例・規則等（以下「条例等」という。）に基づき利用することができるものとする。

（無償利用）

第五条　構成市町の住民等が構成市町の図書館の資料を利用する場合における費用は、図書館法（昭和二十五年法律第百十八号）の規定に基づき無償とする。

（条例等改正の措置）

第六条　構成市町は、本協定の締結後、平成六年十月一日までに条例等の改正の措置を講じなければならない。

（協議）

第七条　この協定に定めのない事項若しくは協定変更の必要又は疑義が生じたときは、構成市町が協議して定める。

　この協定の証としては本書四通を作成し、構成市町長が記名押印のうえ、各一通を保有する。

入間東部地区公共図書館の相互利用に関する覚書

〔平成六年一〇月一日〕

（趣旨）

第一条　構成市町は、入間東部地区公共図書館の相互利用に関する協定書に基づき、必要な事項に関して定めるものとする。

（図書館）

第二条　構成市町の住民等が利用できる図書館は、次に掲げるものとする。

富士見市　富士見市立中央図書館　富士見市立鶴瀬西図書館　移動図書館

上福岡市　上福岡市立市民図書館　上福岡市立西公民館図書室

大井町　大井町立図書館

三芳町　三芳町立中央図書館　移動図書館

（利用の範囲）

第三条　構成市町の住民等が利用できる範囲は、次のとおりとする。

(1)　図書館資料の館内及び館外利用

(2)　図書館資料の複写サービス

(3)　予約、リクエストサービス

(4)　レファレンス・サービス

(5)　図書館主催の各種行事

(6)　その他館長が必要と認めるもの

（登録方法）

第四条　図書館資料の館外利用を受けようとする者は、利用図書館の利用券の発行を受けなければならない。

（図書館の利用）

第五条　構成市町の住民等の利用については、各図書館は、当該自治体の住民と同様に扱わなければならない。

（相互協力）

第六条　構成市町の図書館は、資料の有効的活用やサービスの向上を図るため常に相互協力に努めるものとする。

（協議）

第七条　この覚書に関し、定めのない事項及び変更の必要が生じたときは、構成市町の館長が協議して定めるものとする。

付　則〔略〕

事例 四―一 地域内大学図書館協力の場合

神奈川県内大学図書館相互利用実施要項

〔昭和五八年四月一日施行
神奈川県内大学図書館
相互協力協議会〕

一 目的
この要項は、神奈川県内大学図書館相互協力協議会会則〔後出〕の第四条第二項に基づき、県内の大学に所属する研究者の相互利用について必要な事項を定めるものとする。

二 対象
この要項は、神奈川県内大学図書館相互協力協議会に加盟している大学図書館間における研究者による相互利用に対して適用する。

三 定義
(1) 相互利用
相互利用とは、当該大学図書館に直接出向いて利用することをいう。
(2) 研究者
研究者とは、大学に所属する教職員、大学院生及びこれに準ずる者をいう。これに準ずる者とは、その者が所属する大学の図書館長が認める者をいう。

四 相互利用の範囲
館内における閲覧及び文献複写を原則とし、その方法は当該大学図書館の定めるところによるものとする。

五 相互利用の手続
相互利用を希望する研究者は、あらかじめ所属する大学の図書館長に申請し、「神奈川県内大学図書館共通閲覧証」の交付を受け、利用の際当該大学図書館に提出するものとする。

六 共通閲覧証
(1) 共通閲覧証の様式は別紙〔略〕による。
(2) 有効期間は当該年度とし、毎年度初めに発行館にて更新手続を行う。

七 相互利用マニュアル
各館の利用上の留意事項を盛りこんだ「相互利用マニュアル」を全館が所持するものとする。

八 相互利用の制限
相互利用により、自館に所属する利用者の利用が著しく妨げられると判断した場合は、これを制限することができる。

九 その他
この制度は、従来より実施中の他の方式による相互利用を除外するものではない。

付　則
この要項は、昭和五八年四月一日から施行する。

神奈川県内大学図書館相互協力協議会会則

〔昭和五七年五月二四日　神奈川県内大学図書館相互協力協議会総会決定〕

最近改正　平成四年五月一二日　総会決定

（名称）

第一条　本会は、神奈川県内大学図書館相互協力協議会（以下「協議会」という）と称する。

（目的）

第二条　協議会は、神奈川県内の大学図書館間の相互協力を通じて、情報提供機能を強固にし、図書館サービスの向上を図ると共に学術研究及び高等教育の発展に寄与することを目的とする。

（組織）

第三条　協議会は、前条の趣旨に賛同する神奈川県内に所在する大学、大学校及び短期大学の図書館（別紙〔略〕）により構成される。

（事業）

第四条　協議会は、本会の目的を達成するために次の事業を行う。

(1) 県内の大学に所属する研究者の相互利用の推進
(2) 図書館資料収集の調整に資するための調査研究
(3) 所蔵資料に関する情報及び書誌目録等の交換
(4) 相互協力に関する調査研究
(5) 相互協力に関する研修
(6) その他相互協力推進に必要な事項

2　事業についての必要な事項は別に定める。

（役員）

第五条　協議会に次の役員を置く。

(1) 会長館　一
(2) 連絡館　八

（役員の任務）

第六条　会長館は、協議会の会務を総括し、協議会を代表する。

2　連絡館は、相互協力連絡会（以下「連絡会」という）を組織し、協議会の運営に当たる。

（役員の選出及び任期）

第七条　会長館及び連絡館は総会において選出する。

2　役員の任期は二年とし、再選を妨げない。

3　役員に欠員が生じた場合の補欠役員の任期は、前任者の残任期間とする。

（会議）

第八条　会議は、総会及び連絡会とする。

2　会議は会長館が招集し、その議長となる。

3　会議の議事は、出席館の総意をもって決定する。

（総会）

第九条　総会は、定例総会及び臨時総会とする。

2　定例総会は、年一回開催し、臨時総会は、必要に応じて随時開催する。

3　総会は、会員館の過半数の出席により成立する。

（総会の審議事項）

第十条　総会は、次の事項を審議決定する。

(1) 事業計画及び予算に関する事項
(2) 事業報告及び決算に関する事項

(3)　会費に関する事項
(4)　会則の変更及び諸規程の制定・改廃
(5)　その他相互協力に必要な事項

（連絡会）

第十一条　連絡会は、年二回開催するものとし、必要に応じて臨時に開催することができる。
2　連絡会は、会長館及び連絡館全館の出席により成立する。
3　連絡会は、総会に提出する審議事項の原案作成に当たる。
4　連絡会は、総会において審議し決定した事項の執行に当たる。
5　連絡会は、その他相互協力活動に伴う実務上の諸問題の解決に当たる。

（会計）

第十二条　協議会の経費は、会費その他の収入をもって当てる。
2　会費は別に定める会則による。

第十三条　協議会の会計年度は毎年四月一日から翌年の三月三十一日までとする。

（事務局）

第十四条　協議会の事務局は、会長館に置く。

附　則〔略〕

神奈川県内大学図書館相互協力協議会現物貸借実施要項

（平成四年五月一二日制定 神奈川県内大学図書館相互協力協議会）

一　目　的

この要項は、神奈川県内大学図書館相互協力協議会会則の第四条二項に基づき、加盟館間における図書館資料の現物貸借による利用を円滑にし、かつ促進するため必要な事項を定めるものとする。

二　対　象

この要項は、上記目的に賛同し、神奈川県内大学図書館相互協力協議会現物貸借制度に加入した、加盟館間における現物貸借に対して適用する。

なお、神奈川県内大学図書館相互協力協議会現物貸借制度への加入は、「加入申請書」に「レンディング・ポリシー」を添えて、会長館あてに申請することで効力が発生する。

三　定　義

相互貸借とは、自館の未所蔵の資料を利用者の求めに応じ、その図書館の責任において、他館より借用して、当該利用者に提供することをいう。

四　範　囲

(1)　利用対象資料
対象となる資料の範囲は、貸出館が公表している現物貸借に関する方針（レンディング・ポリシー）に従うものとする。特定資料の提供の可否については、個々のケースごとに貸出館が決定することとする。

(2) 利用対象者

利用対象者は、神奈川県内大学図書館相互協力協議会現物貸借制度に加入した加盟館の大学に所属する教職員および学生とする。

(3) 貸出冊数

① 貸出冊数は、一加盟館に対して、未返却のものを含めて一〇冊以内とする。

② 神奈川県内大学図書館相互協力協議会現物貸借制度に加入した加盟館は、全館に対する貸出冊数の総枠を「レンディング・ポリシー」に明記することができる。

(4) 貸出期間

① 貸出期間は、郵送に要する日数も含めて一ヶ月以内とする。

② 貸出期間を延長することはできない。

(5) 利用者への資料提供

① 借用した資料は、借受館の館内での閲覧を原則とする。

② 借用した資料を、複写することはできない。

五　現物貸借の方法

現物貸借の方法としては次の三つがある。

なお、返却の方法は必ずしも貸出の方法と同一である必要はない。

(1) 郵送方式

利用者の求めを受けた館（借受館）が、所定の「神奈川県内大学図書館相互協力協議会所蔵調査現物貸借依頼書」（以下「依頼書」という）を相手館（貸出館）に送付して、貸出館から郵送等で資料を借り受け、当該利用者に提供する方式をいう。

(2) 職員来館方式

利用者の求めを受けた館（借受館）の職員が、「依頼書」を持参して相手館（貸出館）に出向き、貸与を受ける方式をいう。

(3) 代理人方式

利用者がその所属する館（借受館）より「依頼書」および「借受館長の委任状」の交付を受け、利用者本人が交付された文書を持参して相手館（貸出館）に出向き、直接貸与を受ける方式をいう。

なお、借受館は代理人として大学に所属する教職員および大学院生を選任し、借り受けを委任することができるものとする。

六　現物貸借の制限

(1) 貸出館は、「レンディング・ポリシー」に明記されていない現物貸借上の制限をすることができる。

(2) 貸出館は必要が生じた場合に、貸出期間内であっても借受館に貸し出した資料の返却を求めることができる。

七　諸経費の負担

現物貸借に伴う諸経費は、原則として利用者（受益者）がこれを負担し、借受館が責任を持つものとする。

八　責任の所在

(1) 貸借資料の紛失、破損、著作権等に対する責任は、貸出館の指示に従い借受館がこれを負うものとする。

(2) 借受館の貸借資料に対する責任は、その資料が貸出館を離れたときに生じ、貸出館に到着するときに消滅する。

(3) 借受館は、依頼書の発信から二週間以上経過しても貸出館から資料あるいは貸出不能通知が届かない場合は、貸出館に問い合わせる。

九　その他

(1)　この要項は、加盟館を拘束するものではないが各加盟館はこの要項に沿った現物貸借の実現に努めるものとする。

(2)　この制度は、従来より実施中の他の方式による、現物貸借を除外するものではない。

(3)　「レンディング・ポリシー」を変更する場合は、年度末までに会長宛に連絡するものとする。

附　則

本要項は平成四年五月十二日より実施する。

事例　四―二

山手線沿線私立大学図書館コンソーシアム協定書

〔二〇〇〇年三月一五日〕

〔編者注＝同コンソーシアムの参加館は、青山学院・学習院・國學院・東洋・法政・明治・明治学院・立教の各大学図書館である。〕

山手線沿線私立大学図書館コンソーシアム（以下「コンソーシアム」という）加盟の私立大学（以下「加盟校」という）図書館（以下「加盟図書館」）は、利用者へのサービス向上の精神に則り、加盟図書館間の相互協力を促進することを目的として、以下のように協定を締結する。

1　加盟図書館は、各加盟図書館の独自性の尊重と相互利益の原則に立ちつつ、次の事項につき相互の協力を促進する。

(1)　所蔵情報の提供
OPACのWWW検索の相互利用に便宜を図るものとする。

(2)　利用証等による加盟図書館の入館利用
加盟校が定める条件により、利用者は所属大学が発行する利用証等を持参することで入館し、利用することができる。

(3)　図書の貸出
図書の相互貸出は、当面、図書館所蔵資料に限定するが、詳細は別途に定めるものとする。

(4)　複写物の安価提供

「国公私立大学図書館間文献複写に関する協定」による通常の手続きあるいは複写料金とは別に、効率的かつ低経費で複写物を提供し合えるようにする。

(5) 相互利用経費の相殺
相互利用に関わる宅配便等の経費については、年度末に相殺する等の方法で事務手続きの軽減を図る。

(6) 新聞雑誌の分担収集

(7) 収書情報の提供
収書方針の情報交換あるいは収書調整を図るものとする。また、文部省の助成金による収集や大型コレクションの収集については、その情報を積極的に交換するものとする。

(8) 保存資料情報の提供
外国の大型新聞、外国雑誌、紀要類等の保存資料について情報交換するものとする。

(9) 職員の合同研修・研修職員の受け入れ
職員の研修について情報交換し、合同の研修会の開催あるいは研修派遣による職員の交流を図る。

(10) オンライン・ジャーナルや外部データベースの共同利用の推進

(11) その他必要と認めた事項

2 コンソーシアム運営のために、コンソーシアム会議及び役員館会議を置く。

3 上記の相互協力を遂行するために必要な事項は、加盟図書館を構成員とするコンソーシアム会議の議を経て取り決める。

4 本協定プログラムの実施にあたっては、加盟校の意志を尊重するものとする。

5 本協定は、加盟図書館以外の私立大学図書館の加盟を排除するものではない。

6 加盟図書館は、コンソーシアム会議に報告の上、コンソーシアムから脱退することができる。

7 本協定は、協定締結の日から効力を生じる。ただし、いかなる時点においても、コンソーシアム会議の協議により、協定内容の変更、協定の更新または廃棄をすることができる。

8 この協定書に定めのないことについては、コンソーシアム会議において協議する。

事例　四―三

東京西地区大学図書館相互協力連絡会要綱

〔昭和五八年三月一五日〕

最近改正　平成八年一一月二九日

〔編者注＝同連絡会には二〇〇〇年一〇月現在、国公私立三五大学の図書館が加盟している。〕

第一条　本会は、東京西地区大学図書館相互協力連絡会と称する。

第二条　本会は、東京西地区に所在する大学（短期大学を除く。）に設置された図書館（以下「大学図書館」という。）の相互協力の進展を図ることを目的とする。

第三条　本会は、前条の目的に賛同する大学図書館（以下「加盟館」という。）をもって組織する。

第四条　本会に、加盟館会議、実務担当者会議及び役員館会議を置く。

2　前項の運営に関する事項は、別に定める。

第五条　本会に、次の役員館を置く。

(1)　幹事館　一館
(2)　副幹事館　一館
(3)　会計担当館　一館
(4)　実務担当者会議代表担当館　一館
(5)　実務担当者会議副担当館　二館

2　役員館は原則として全加盟館の輪番制とする。その任期は二年とし、再任は妨げない。

第六条　幹事館に本会の事務局を置く。

第七条　本会に、必要に応じて、各種の委員会を置く。

2　前項の委員会の設置は、加盟館会議において決定する。

第八条　本会への加盟及び本会からの脱退は、加盟館会議の承認を得るものとする。

東京西地区大学図書館相互協力連絡会運営についての覚書

〔平成三年一二月一〇日〕

最近改正　平成一二年七月一四日

●連絡会の加盟および適用範囲に関する部分

1　東京西地区の範囲は、原則として多摩地区とする。

2　加盟は、相互協力可能な大学図書館の中央館、分館または学部図書館別に行うことができる。

3　複数館加盟した大学であっても、加盟館会議における議決権は大学ごととする。

4　相互協力のサービスは、加盟館の大学構成員（教職員・学生）に限り、適用する。

5　加盟を希望する図書館は、幹事館宛に図書館概要を付して所定の加盟申請書を提出する。幹事館は、加盟館会議に報告し承認の手続きをとる。

● **加盟館会議及び実務担当者会議に関する部分**

6 加盟館会議における承認方法は、できる限り全会一致によるものとする。ただし必要のある場合は、出席大学の多数決をもって決定するものとする。

7 加盟館会議の議長は、原則として開催会場館の図書館長が行う。

8 加盟館会議及び実務担当者会議を招集することが何らかの事由で困難であり、かつ事案について速やかな決定または意見聴取(以下「表決等」という)が必要とされる時、加盟館会議の場合は幹事館、実務担当者会議の場合は実務担当者会議代表担当館が発議し、表決すべき事案の内容、通信による表決等を採用する事由を明示して当該会議または役員館会議の了承を得れば、その事案についてFaxまたはE-mail等の通信による当該会議の表決を行うことができる。

9 加盟館会議及び実務担当者会議の議事要録は、それぞれ副幹事館・実務担当者会議担当館が作成して、幹事館に報告し、加盟館に配布する。

● **役員館に関する部分**

10 会計担当館は、会計及び財産管理を掌る。

11 実務担当者会議代表担当館は、実務に関する連絡・報告をを行う。

12 実務担当者会議担当館は、「相互協力実績調査」等各種調査および『相互協力便覧』等の出版・編集を行う。

13 外部より本連絡会を代表する講演、執筆および取材等の依頼があった場合は、幹事館がこれを受け付ける。

14 外部講師を招いて講演を依頼する場合は、その会を開催する可否について経費を含めて役員館会議で決定する。

● **その他に関する部分**

15 会費は、基本的に徴収せず、『相互協力便覧』頒布代金をもって充てる。

16 会計監査は、単年度ごとに役員館を除く加盟館の図書館長または事務責任者二名で行い、その結果を加盟館会議に提出し、承認を得る。

17 規約等の改正については、加盟館会議で審査し承認を得る。

東京西地区大学図書館相互協力連絡会加盟館間に於ける図書館資料の相互貸借に関する基準

〔昭和五九年六月二九日 加盟館会議制定〕

最近改正 平成三年一二月一〇日

東京西地区大学図書館相互協力連絡会は、加盟館間における図書館資料の相互貸借を促進するため、この基準を定める。

この基準は、加盟館を拘束するものではないが、各加盟館は、この基準に沿った相互貸借の実現に努めるものとする。

1 相互貸借は、加盟館間において、現物の貸借を行うものとする。

2 相互貸借は、加盟館大学所属の教職員、大学院学生が研究又は調査のため特に必要とする資料について行う。ただし、貸出館が学部学生を対象に貸し出すことを妨げない。
3　相互貸借を行う資料の範囲、貸出の冊数、期間、費用等は、貸出館の規定によるものとする。
4　申込館は、借り受けた資料を館内で閲覧に供し、貸出館に必要が生じた場合には、速やかに返却しなければならない。
5　申込館は、借り受けた資料を亡失、破損、汚損等した場合にはその責任を負うものとする。
6　相互貸借の方法は、郵送、宅配便、来館の三種類のうち、貸出館の指定する方法とする。
7　申込館は、所定の「相互貸借申込書」（以下「申込書」という。）により、貸出館から資料を借り受ける。
8　「申込書」の様式並びに貸出及び返却の手続きについては、貸借手続要領で定める。

外国新聞分担保存協定

（一九八九年七月六日）

最近改正　一九九三年七月二日

第一条（目的）　この協定は、東京西地区大学図書館相互協力（連絡）会加盟館（以下「加盟館」という）が外国新聞紙の分担保存を行い、その有効な利用を図ることによって、図書館相互協力を促進し、併せて加盟館の効率的書架管理に寄与することを目的とする。

第二条（参加）　加盟館は、参加館となる自由を有するものとする。なお、この協定により外国新聞紙の分担保存を行なう館を参加館という。

第三条（役員館）　この協定の円滑な執行を図るため、役員館を置く。
2　役員館は、幹事館及び実務担当者会議代表担当館をもってこれに充てる。

第四条（分担保存紙）　分担保存の対象紙は、加盟館が所蔵する外国の発行母体が発行している外国語の新聞（以下「分担保存紙」という）とする。
2　分担保存紙は、原則として原紙によるものとする。但し、縮刷版、マイクロ版等をもって充てることもできる。

第五条（選定及び調整）　参加館は、収集中または所蔵の外国新聞紙から分担保存紙を選定し登録するものとする。
2　役員館は分担保存紙について調整を行うことができる。

第六条（保存責任）　参加館は、分担保存紙を利用可能な状態で保存するものとする。

第七条（変更）　参加館が、分担保存紙の収集中止または休止、あるいは変更を希望するときは、役員館に連絡するものとする。役員館はこれを受けて再調整等必要な措置をとることができる。

第八条（欠号補充）　分担保存紙に欠号があるとき、または欠号が生じたとき、加盟館はその補充に協力するものとする。

第九条（利用）　加盟館は、「相互協力便覧」の手続き要領によって、分担保存紙の利用を行うものとする。

第十条（参加辞退）　参加館がやむを得ず参加を辞退するときは、事前に役員館に連絡するものとする。

第十一条（改正）　この協定の改正は、加盟館会議で承認を得るものとする。

第十二条（その他）　この協定を利用するに当たり、必要な事項は別に定めるものとする。

第十三条（附則）　この協定は、一九八九年七月七日から実施する。

〔以下略〕

外国新聞分担保存協定運営についての覚書

〔平成五年七月二日〕

● 参加を申し出る場合の手続き

1　参加を希望する館は、あらかじめ幹事館宛に分担保存候補紙名を通知し、役員館の調整を経て、所定の「参加申込書」を幹事館へ提出する。

2　分担保存紙は、原則的に将来に亘って継続するものとし、選定の基準としては、複数館が分担保存している場合は避けながら、自館のみに所蔵する新聞、或は分担保存紙とされていない新聞を申し出ることが望ましい。

● 分担保存紙に関する部分

3　外国語の新聞のうち、日本が発行母体で且つ日本で発行している新聞（Japan Times など）や、外国で発行する邦字新聞は含まない。但し、日本で発行している外国語の新聞（東亜日報など発行母体が外国）は含む。

4　新聞の定義は各館に委ねるものとし、それは他館を拘束するものではない。

● 保存責任に関する部分

5　新聞は加盟館の協力を得て欠号を補充し、できるだけ製本、マイクロ化等で長期保存に耐え得る状態にする。

● 利用に関する部分

6　新聞の特種性から、利用の際には事前に連絡をとり、所蔵館に出向いて利用することを原則とする。

● 分担保存紙の変更に関する手続き

7　分担保存紙が終刊になった場合、或は参加館が保存紙の継続受け入れを中止した場合は、過去の分をそのまま分担保存紙とすることができる。

8　参加館が分担保存紙を変更した場合は、幹事館に所定の「分担保存紙変更届」を提出する。

9　変更は、変更内容に従って一紙毎に記入する。

10　分担保存の参加、変更および辞退が生じた場合は、加盟館会議で報告する。

● 辞退する場合の手続き

11　参加を辞退する図書館は、用紙（書式は自由、但し、館長名・印は必要）に従来までの分担保存紙名を記入し、幹事館へ提出する。

事例　五―一

日本医学図書館協会相互利用規約

〔一九五六年七月一九日制定
日本医学図書館協会〕

最近改正　一九六七年一一月一〇日

一　日本医学図書館協会加盟館は、医学研究のための文献などの相互利用（以下相互利用という）を行う。

二　相互利用は閲覧、複写、貸借とし、この利用は加盟館の好意と特典であるが権利ではない。

三　研究者は他館の文献を閲覧することができる。

四　相互利用は原則として複写をもって行う。

五　文献を貸借する場合、下記の項目による。

イ　輸送途中の事故を防ぐため荷造りを厳重にし、必ず書留郵便で送付すること。

ロ　借用期間は現品発送の日から、返納到着の日を含め二〇日以内とする。

ハ　借用期間の延期を希望するときは、期限前にその旨を申し込むこと。

ニ　貸借または借用期間の延期に応じ難いときは、直ちに返送しなければならない。

ホ　借用期間中といえども返納を求められたときは、直ちに返送しなければならない。

ヘ　貸借の図書は、貸出館から発送して返送を受けるまでの間に、借受館において一切の責任を負うものとする。

ト　相互利用貸借の申込様式などはこれを別に（相互利用マニュアル（平八、一〇、三一改訂）目次のみ掲載＝編者）定める。

六　相互利用に伴う諸経費はすべて借受館の負担とする。

日本医学図書館協会相互利用マニュアル〔目次のみ掲載〕

〔平成八年一〇月三一日改訂
日本医学図書館協会〕

事例　五―二

日本薬学図書館協議会　相互貸借マニュアル　抄

〔一九八七年　日本薬学図書館協議会〕

利用上の注意

○この相互貸借マニュアルは、日本薬学図書館協議会の実行委員に当たる図書館および事務局の相互貸借実務者の話し合いにより、昭和六二年に作成されたもので、今後改訂されていくものである。

○参考例として掲載されているはがきの様式は、従来のものと異なるが、マニュアルの刊行と同じ時期に事務局で作成しているはがきの様式もこのマニュアルの様式に改訂される予定なので、あえて新様式に統一した。

○二次資料および所蔵目録については、現在刊行中の代表的なものにとどめた。

○この相互貸借マニュアルについての問い合わせ先は日本薬学図書館協議会事務局〔平成一三年一一月現在、帝京大学薬学部図書館内に設置＝編者〕とする。

目　次

一　相互貸借

1　相互貸借とは？

図書館間で、自館の蔵書の不備を補い合うために、他館の資料を図書館の責任に於いて借用*する制度である。借受館は、相手に迷惑をかけぬよう規則を厳守し、細心の注意を払わなければならない。また、貸出館は、速やかに要求に応じられるように体制を整えておかなければならない。

＊相互貸借は原則として複写をもって行なわれるが、この場合は現物を借りて借受館が複写する仕事を、貸出館が負担することを意味する。図書館間の複写サービスは、この点でいわゆるコピー代行業の複写サービスと大きく異なる。

2　相互貸借係

利用者は研究目的で情報の収集を図書館に依頼する。自館の資料でその要求を満たせない場合には、外部から資料を取り寄せる。この取り寄せに際しての問い合わせから料金支払い等に関する一切の業務は図書館の責任に於いて図書館員が行なうことが望ましい。図書館員は情報の流通に於いて書誌情報のスペシャリストとして関与しなければならない。

二　借受館の手続き

1　受付から書誌事項確認

(1)　受付

受付には「受付用紙」を用意する。

・利用者に「受付用紙」に必要事項を記入してもらう。（この受付用紙は図書館の控えとなる。）
・図書館員は記入にモレがないか、誤りがないか確認する。
・書誌事項があいまいな場合は必ずその出典を尋ねる。
・利用者の持っている情報はできるだけ詳細に聞き出す。
・国内にない場合、海外申込をするか、又急ぎの文献かどうかも確認する。

(2)　書誌事項確認

申し込み文献をより確実に入手するため、また申し込みを受けた館に迷惑をかけないために、申し込みの際には二次資料で書誌事項を確認する。

①　受付

②　二次資料による書誌事項確認

(i)　雑誌の略名をもとに Chemical Abstracts Service Source Index で掲載誌かどうか確認する。

(ii)　著者名をもとに Author Index を引く。

(iii)　巻数、抄録番号をもとに、Chemical Abstracts の本体に

(3) 借受館の手続き

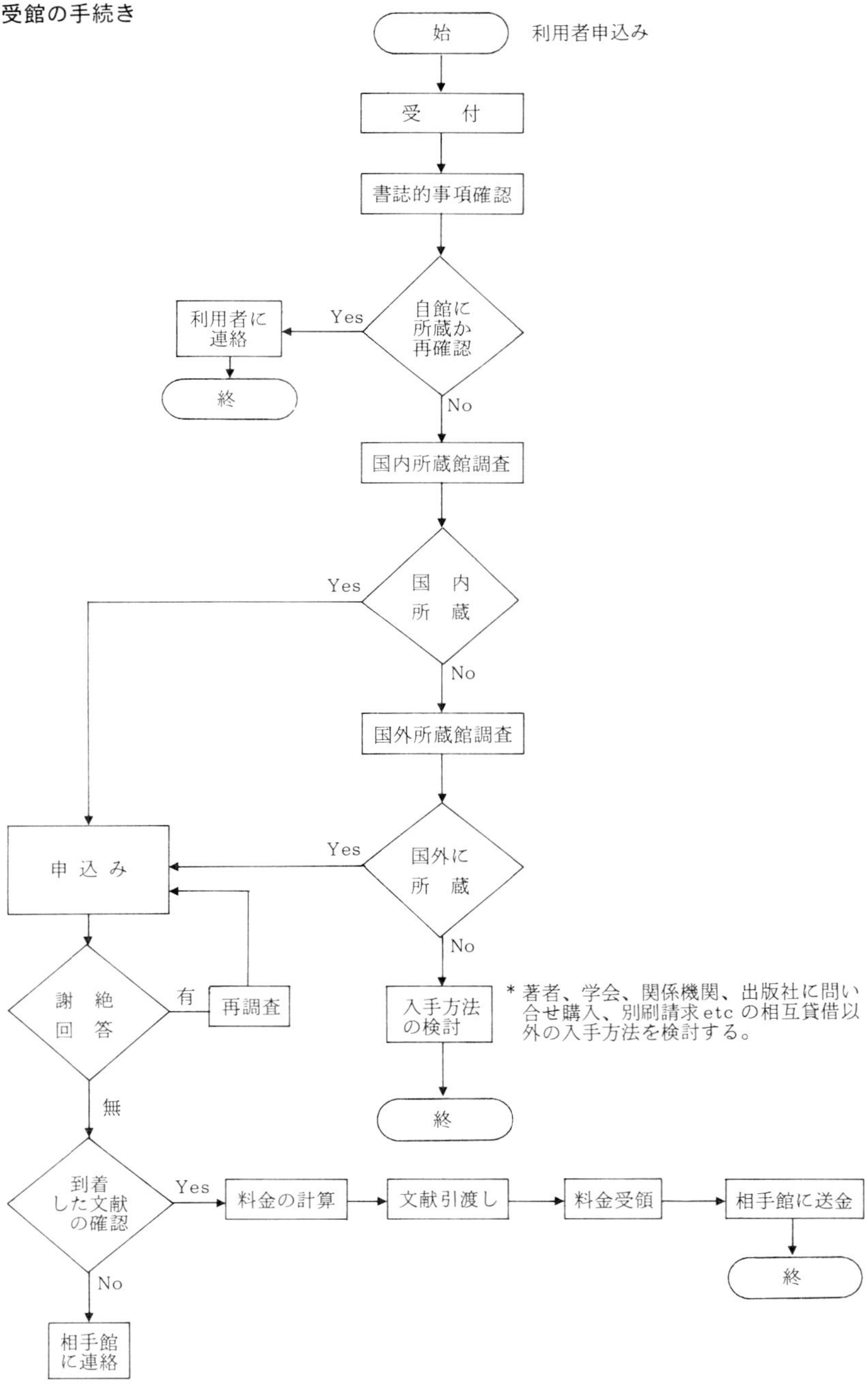
始
利用者申込み
受　付
書誌的事項確認
自館に所蔵か再確認
Yes
利用者に連絡
終
No
国内所蔵館調査
国　内　所　蔵
Yes
No
国外所蔵館調査
国外に所　蔵
Yes
申込み
No
謝　絶　回　答
有
再調査
入手方法の検討
* 著者、学会、関係機関、出版社に問い合せ購入、別刷請求 etc の相互貸借以外の入手方法を検討する。
終
無
到着した文献の確認
Yes
料金の計算
文献引渡し
料金受領
相手館に送金
終
No
相手館に連絡

戻る。

・冊子体二次資料を所蔵していない場合は、同様の手順でオンライン検索をすればよい。

・オンラインの出力例からの受付複写申込については、各ユーザーズマニュアルに詳しい例があるので参考にする。なお出力結果中のJN＝は必ずしも雑誌ではないので注意する。

2　所蔵館調査

・自館の所蔵を再確認し、所蔵している場合は、利用者に知らせる。

・各種目録で所蔵館を調査し、相手館を決める。

・申し込みは分散させて、特定の図書館に集中させない。

3　申込作業

(1)　複写申込

・日本薬学図書館協議会の定めた「相互利用はがき」（別添）を用意する。

・一論文ごとにはがき一枚を作成する。

・はがきは往信（申込書）を正、返信（通知書）を写として使用する。

・記入には原則として欧文はタイプライター、和文は手書き又はタイプライターを使用する。

・はがきの返信用（通知書）にも必ず切手を貼る。

記入項目は以下の通りとする。

①　共通部分の記入

申込先、申込番号、申込年月日、申込者所属、申込者氏名、担当者氏名、左側チェック欄（複写）

・どの二次資料で書誌的事項を確認したか典拠を入れる。

・不完全な書誌的事項はどこまで二次資料を使用したのか記入する。

②　雑誌類の記入

・雑誌名は省略しないことを原則とする。

・他に同一誌名のものがある場合は出版地も記入する。

・雑誌名に続けて巻、号、頁、年、著者、論題の順で明記する。

・著者は二名まではすべて記し、三名以上のときは最初の一名を記し、“et al”あるいは“他”とする。

③　図書の一部分の記入

・単行書であることを明記する。

・最初に編者を入れ、書名、出版地、出版社、出版年、必要とするページ数、著者、論題を記入する。

④　その他の記入

必要に応じて文章を付け加える。

(例)・複写物は速達にてお願い致します。

・CA 一九八一年―一九八六年 Author Index では確認できませんでした。

・製本用に使用します、など。

(2)　現物借用申込み

現物借用は原則として単行書に限る。

資料を貸借する場合、下記の項目による。

・はがきを作成し、左側チェック欄は「借用」にチェックする。

・借用期間は相手館の指定期日を厳守する。

・借用期間の延長を希望するときは期限前にその旨を申し込むこと。

（別添）　日本薬学図書館協議会の定めた「相互利用はがき」

JPLA 相互利用

□ 複写
□ 借用
□ 閲覧
□ 照会
□ その他
［　　］

申込書

（借受館）対（相手館）	申込No. 申込番号	日付 申込年月日	受付No.	日付	発送日付

誌名（書名）・巻号・頁・年・著者・論題・典拠

複写料金	
基本料金	円
枚	円
送料	円
合計	円
支払方法 現金書留・切手 銀行振込・為替 郵便振替・その他	
領収　年　月　日	印

著作権に関し一切の責任は申込者が負います。

申込者：所属（文献請求者）　氏名（文献請求者）

謝絶
□所蔵なし　□欠本　□欠号　□未着（　巻　号まで到着）
□貸出不能　□複写不能　□参照不完（理由：　）
□貸出中（　月　日頃返却予定）　□製本中（　月　日頃出来上り予定）
□行方不明　□その他（理由：　）

大学薬学部図書館○○県○○市○○番地（TEL）098－765－4321　内線111
担当者（申込や料金支払いに関する担当者氏名）

・借用期間中といえども返納を求められたときは、直ちに返送しなければならない。
・郵送の場合、輸送途中の事故を防ぐため、荷造りを厳重にし、必ず書留郵便で返送すること。
・借用した図書は、貸出館から発送して返納されるまでの間は、借受館において一切の責任を負うものとする。

直接訪問による方法
・所蔵館に連絡して資料の所在を確認し、訪問日を告げる。
・はがきを作成して利用者に渡し、借り出し及び返却は利用者にしてもらう。
・返却後、利用者からはがき（通知書）を受け取り、事務手続きを完了させる。

(3)　閲覧
・所蔵館に連絡して資料の所在を確認し、訪問日を告げる。その際、開館時間等も確認しておく。
・3―(1)の方法に準じてはがきを作成し、左側チェック欄は「閲覧」にチェックする。
・利用者にはがきを渡す。
・利用者から使用済みのはがき（通知書）を受け取り、事務手続きを完了させる。
・複写を希望する場合は、左側チェック欄の「複写」にもチェックする。

(4)　照会
・3―(1)の方法に準じてはがきを作成し、左側チェック欄は「照会」にチェックする。
・できるだけはがきによる。

［注意事項］

速達で申し込む場合は、返信用切手も速達分を貼りつけておき、その旨備考欄にも記入しておく。

はがきは必ず図書館員が作成して、図書館が責任を負う。

4　**支払業務**

支払いは料金通知後、なるべく早く行なう。送金内容（申込番号、受付番号、金額など）をはっきり示し、相手館の指定する方法により送金する。

［注意事項］

相手館からの問い合わせに答えられるよう、どこに何件申し込んだのか、いつ払い込んだのか必ず確認がとれる控えを保存しておく。

5　**統計**

現在ＪＰＬＡから求められる統計には以下のものがある。
・年間依頼件数（総数及び対ＪＰＬＡ加盟館に申し込んだ件数）
・現物借用件数（総数及び対ＪＰＬＡ加盟館に申し込んだ件数）
・複写依頼件数（総数及び対ＪＰＬＡ加盟館に申し込んだ件数）
・謝絶件数（総数及び対ＪＰＬＡ加盟館に申し込んだ件数）
・海外申込件数

統計の求められる項目には変更があるので、通知書（返信はがき）を控えとして残しておく。

三　貸出館の手続き

1　受付作業

(1)　複写
・はがきの申込書、通知書の双方に受付年月日、受付番号を記入し、現物にあたり、複写をする。
・申込みの該当文献が見当たらない場合は速やかに謝絶手続きをとる。

(2) 現物貸出
(2、謝絶の項を参照)
直接来館の場合
・利用者の持参したはがきに受付年月日、受付番号、返却期限日を記入し、利用者に単行書を渡す。はがきは返却されるまで保管する。
・単行書が返却されたら、はがき(通知書)に返却印を捺し、はがき(通知書)を利用者に渡し、はがきを発行した図書館に届けるよう付言する。
郵送の場合
・送付されたはがきに受付年月日、受付番号、返却期限日及び郵送料を記入し、申込館に送付する。
・現物は、破損、汚損のないように注意して包装し、書留にて送る。

(3) 閲覧
はがきを持参してもらい、帰る時に返却印を捺してはがき(通知書)を利用者に渡し、はがきを発行した図書館に届けるよう付言する。

(4) 照会
郵送されてきたはがきに、受付年月日、受付番号を記入し、照会内容に応じて調査、回答する。

2 謝絶
・謝絶の場合は速やかに返答し、申込館から再申込みがない限り、文献は送付しない。
・通信文は赤で記入する。
・謝絶理由は、なるべく下記の用語を使って詳細に記入する。

〈謝絶用語〉
所蔵なし…自館の目録上、所蔵が確認されていない誌名(書名)の場合
欠　本…巻単位で所蔵が確認されていない場合(所蔵巻を記入)
欠　号…号単位で所蔵が確認されていない場合(所蔵号を記入)
調査中…何らかの理由で、直ちに要求に応じられない場合(具体的理由を記入)
貸出不能…稀覯本や参考図書であったり、他部局の所有であるために利用できない状態にある場合(具体的理由を記入)
複写不能…破損、汚損のために複写が不可能な場合(具体的理由を記入)
参照不完…申込館の書誌的事項の記入が不確実で、該当文献が得られない場合(具体的理由を記入)
貸出中…現在貸出中の場合(返却予定日を記入)
製本中…現在製本中の場合(出来上り予定日を記入)
未　着…継続して受け入れしている雑誌のうち到着が確認されていないもの(何巻何号まで到着か記入)
行方不明…目録上所蔵が確認されているが、現在見当たらず、該当文献が得られない場合
その他…落丁、乱丁など上記以外の理由によるもの(具体的理由を記入)

(3) 図書館協力

貸出館の手続き

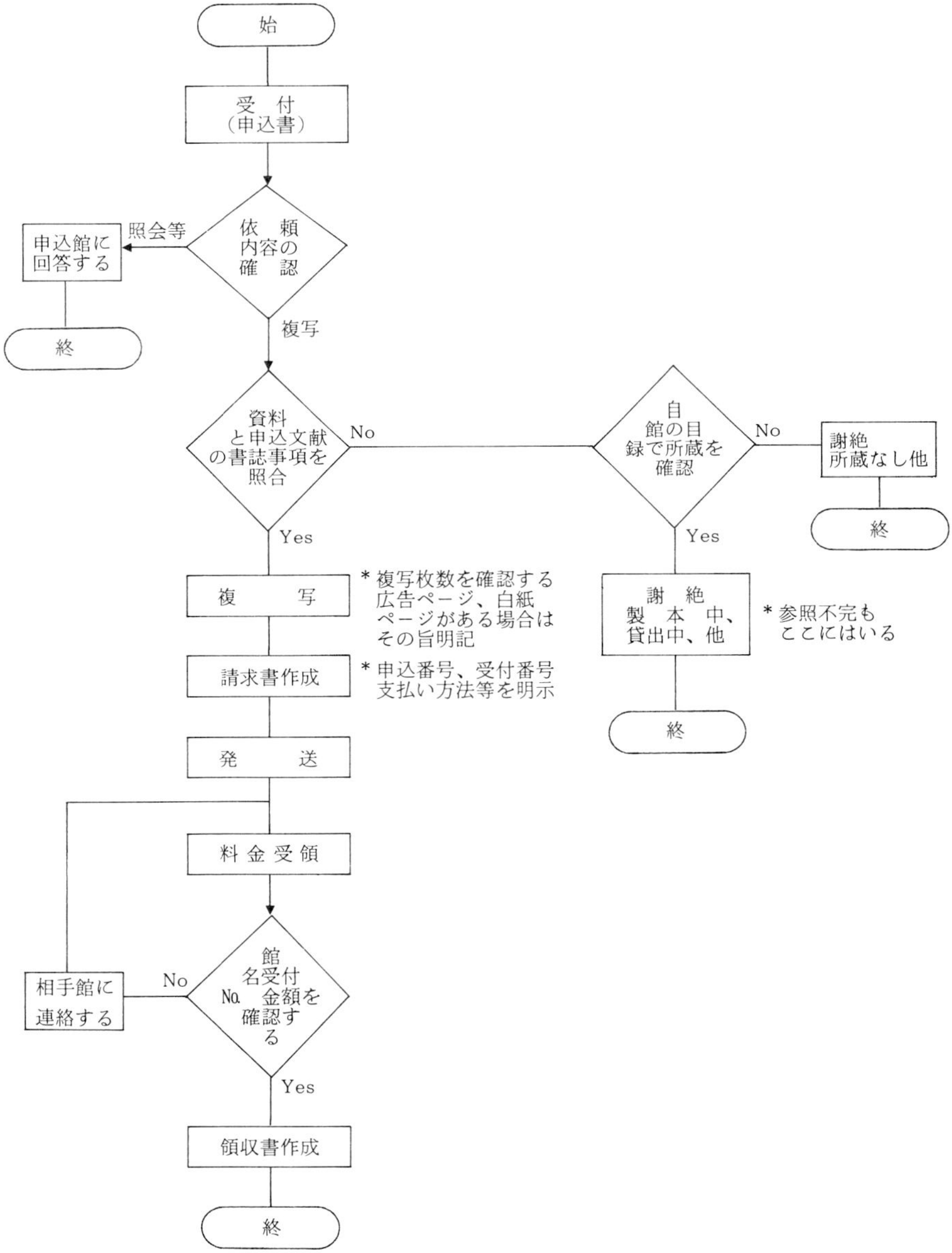
始
受　付
（申込書）
依　頼
内容の
確　認
照会等
申込館に
回答する
終
複写
資料
と申込文献
の書誌事項を
照合
No
自
館の目
録で所蔵を
確認
No
謝絶
所蔵なし他
終
Yes
謝　絶
製　本　中、
貸出中、他
* 参照不完も
ここにはいる
終
Yes
複　　　写
* 複写枚数を確認する
広告ページ、白紙
ページがある場合は
その旨明記
請求書作成
* 申込番号、受付番号
支払い方法等を明示
発　　　送
料 金 受 領
館
名受付
No. 金額を
確認す
る
No
相手館に
連絡する
Yes
領収書作成
終

3 発送作業
・複写文献の内容を確認し、はがき（通知書）に発送年月日、コピー枚数、請求金額を記入し、複写文献及び通知書を発送する。尚、その際、申込館に支払方法を指定する。（郵便振替、郵便為替、切手、銀行振込、納入告知書、現金書留、等）
・封筒の宛名に相互貸借係まで明記する。

4 文献発送後の処理
(1) 入金
どの文献の入金であるかを必ず確認し、請求金額との照合をする。
(2) 領収書の発行
・現金書留、郵便為替、切手による入金の場合は、同時に回送されたはがき（通知書）に受領年月日を記し、受領印を捺して、それを領収書として代用する。
・郵便振替、銀行振込による入金の場合は、領収書は原則として発行しない。

5 統計
現在JPLAから求めるれる統計には以下のものがある。
・年間受付件数（総数及び対JPLA加盟館から申し込まれた件数）
・現物貸出件数（総数及び対JPLA加盟館から申し込まれた件数）
・複写受付件数及び枚数（総数及び対JPLA加盟館から申し込まれた件数）
・謝絶件数（総数及び対JPLA加盟館から申し込まれた件数）
・海外からの受付件数及び枚数

(3) 図書館協力

統計の求められる項目には変更があるので、申込書（往信はがき）を控えとして残しておく。

参考文献
1) 日本医学図書館協会関東地区ＩＬＬ懇話会編：相互貸借マニュアル　日本医学図書館協会、一九八三。

〔参考〕　このマニュアルは、「日本薬学図書館協議会相互利用規約」（昭和四六年五月一〇日、日本薬学図書館協議会定期総会制定）に基いて、具体的手続を定めたものである。＝編者

日本薬学図書館協議会相互利用規約

〔昭和四六年五月一〇日　日本薬学図書館協議会定期総会制定〕

一　日本薬学図書館協議会加盟館は、学術研究のための文献等の相互利用を行なう。
二　相互利用は加盟館の好意と特典であるが、権利ではない。
三　相互利用は複写、閲覧、貸借とするが、原則として複写をもって行なう。
四　各図書館は利用の通常の諸要求に応じうる基本的資料を所蔵することを前提とする。
五　加盟館は、できるだけ相互利用に応じられるよう態勢を整備し、申し込みに応ずるものとする。もし、相互利用に応ずるのに限定があったり、閲覧及び複写規則等に変更が生じた場合には、あらかじめ協議会を通じその旨加盟館に周知させる。

六　相互利用の申し込みは、加盟館を通じて行なう。
七　相互利用の申込には協議会が制定した申込用紙を使用し、申込手続等は別に定める。
八　複写の場合、著作に関する一切の責任は、申込館複写依頼者が負う。
九　相互利用に伴う諸経費は、すべて申込館の負担とする。
十　相互利用の申込館は、必要な要件を不足なく正確に伝え、相手館に無駄な時間と労力を使わせないよう配慮する。
十一　資料を貸借する場合、下記の項目による。
a　郵送の場合、荷造りを厳重にし、必ず書留便で送付すること。
b　借用期間は現品発送の日から返納到着の日を含め二十日以内とする。
c　借用期間の延長を希望する時は、期限前にその旨申込むこと。
d　貸出館が借用期間の延期に応じ難い時は、借受館は直ち返送しなければならない。
e　借用期間中といえども返納を求められた時は直ち返送しなければならない。
f　貸出館から発送して返送を受けるまでの間は、借受館において一切責任を負う。
g　借受館から資料貸出依頼者（又はその代理）が、直接貸出館に出向いて借出し返納する場合、その者が借受館より手続、義務の履行の委託をうけたものとしてすべて以上の規約に準ずる。その際借用期限は、貸出館の内規に合わせることもできる。但し、この場合も借用期間中借受館において一切の責任を負う。

V 行財政と図書館、及び関連法令

〔目次〕

(1) 文部科学行政

(2) 地方行政

(3) 図書館の財務

(4) 図書館の労働法

(5) 著作権関係

(6) その他関連諸法令

(1) 文部科学行政

◎国家行政組織法

〔昭和二三年七月一〇日 法律第一二〇号〕

最近改正 平成一一年七月三〇日 法律第一一六号

〔参考＝本法は各省行政・各省設置法の根拠法である〕

（目的）

第一条 この法律は、内閣の統轄の下における行政機関で内閣府以外のもの（以下「国の行政機関」という。）の組織の基準を定め、もつて国の行政事務の能率的な遂行のために必要な国家行政組織を整えることを目的とする。

（組織の構成）

第二条 国家行政組織は、内閣の統轄の下に、内閣府の組織とともに、任務及びこれを達成するため必要となる明確な範囲の所掌事務を有する行政機関の全体によつて、系統的に構成されなければならない。

2 国の行政機関は、内閣の統轄の下に、その政策について、自ら評価し、企画及び立案を行い、並びに国の行政機関相互の調整を図るとともに、その相互の連絡を図り、すべて、一体として、行政機能を発揮するようにしなければならない。内閣府との政策についての調整及び連絡についても、同様とする。

（行政機関の設置、廃止、任務及び所掌事務）

第三条 国の行政機関の組織は、この法律でこれを定めるものとする。

2 行政組織のため置かれる国の行政機関は、省、委員会及び庁とし、その設置及び廃止は、別に法律の定めるところによる。

3 省は、内閣の統轄の下に行政事務をつかさどる機関として置かれるものとし、委員会及び庁は、省に、その外局として置かれるものとする。

4 第二項の国の行政機関として置かれるものは、別表第一〔略〕にこれを掲げる。

第四条 前条の国の行政機関の任務及びこれを達成するため必要となる所掌事務の範囲は、別に法律でこれを定める。

（行政機関の長）

第五条 各省の長は、それぞれ各省大臣とし、内閣法（昭和二十二年法律第五号）にいう主任の大臣として、それぞれ行政事務を分担管理する。

2 各省大臣は、国務大臣の中から、内閣総理大臣がこれを命ずる。但し、内閣総理大臣が、自らこれに当ることを妨げない。

第六条 委員会の長は、委員長とし、庁の長は、長官とする。

（内部部局）

第七条 省には、その所掌事務を遂行するため、官房及び局を置く。

2 前項の官房又は局には、特に必要がある場合においては、部を置くことができる。

3 庁には、その所掌事務を遂行するため、官房及び部を置くことができる。

4 官房、局及び部の設置及び所掌事務の範囲は、政令でこれを定める。

5　庁、官房、局及び部（その所掌事務が主として政策の実施に係るものである庁として別表第二〔略〕に掲げるもの（以下「実施庁」という。）並びにこれに置かれる官房及び部を除く。）には、課及びこれに準ずる室を置くことができるものとし、これらの設置及び所掌事務の範囲は、政令でこれを定める。

6　実施庁並びにこれに置かれる官房及び部には、政令の定める数の範囲内において、課及びこれに準ずる室を置くことができるものとし、これらの設置及び所掌事務の範囲は、省令でこれを定める。

7　委員会には、法律の定めるところにより、事務局を置くことができる。第三項から第五項までの規定は、事務局の内部組織について、これを準用する。

8　委員会には、特に必要がある場合においては、法律の定めるところにより、事務総局を置くことができる。

（審議会等）

第八条　第三条〔行政機関の設置、廃止、任務及び所掌事務〕の国の行政機関には、法律の定める所掌事務の範囲内で、法律又は政令の定めるところにより、重要事項に関する調査審議、不服審査その他学識経験を有する者等の合議により処理することが適当な事務をつかさどらせるための合議制の機関を置くことができる。

（施設等機関）

第八条の二　第三条〔行政機関の設置、廃止、任務及び所掌事務〕の国の行政機関には、法律の定める所掌事務の範囲内で、法律又は政令の定めるところにより、試験研究機関、検査検定機関、文教研修施設（これらに類する機関及び施設を含む。）、医療更生施設、矯正収容施設及び作業施設を置くことができる。

（特別の機関）

第八条の三　第三条〔行政機関の設置、廃止、任務及び所掌事務〕の国の行政機関には、特に必要がある場合においては、前二条に規定するもののほか、法律の定める所掌事務の範囲内で、法律の定めるところにより、特別の機関を置くことができる。

（地方支分部局）

第九条　第三条〔行政機関の設置、廃止、任務及び所掌事務〕の国の行政機関には、その所掌事務を分掌させる必要がある場合においては、法律の定めるところにより、地方支分部局を置くことができる。

（行政機関の長の権限）

第十条　各省大臣、各委員会の委員長及び各庁の長官は、その機関の事務を統括し、職員の服務について、これを統督する。

第十一条　各省大臣は、主任の行政事務について、法律若しくは政令の制定、改正又は廃止を必要と認めるときは、案をそなえて、内閣総理大臣に提出して、閣議を求めなければならない。

第十二条　各省大臣は、主任の行政事務について、法律若しくは政令を施行するため、又は法律若しくは政令の特別の委任に基づいて、それぞれその機関の命令として省令を発することができる。

2　各外局の長は、その機関の所掌事務について、それぞれ主任の各省大臣に対し、案をそなえて、省令を発することを求めることができる。

3　省令には、法律の委任がなければ、罰則を設け、又は義務を課し、若しくは国民の権利を制限する規定を設けることができない。

第十三条　各委員会及び各庁の長官は、別に法律の定めるところにより、政令及び省令以外の規則その他の特別の命令を自ら発することができる。

2 前条第三項の規定は、前項の命令に、これを準用する。

第十四条 各省大臣、各委員会及び各庁の長官は、その機関の所掌事務について、公示を必要とする場合においては、告示を発することができる。

2 各省大臣、各委員会及び各庁の長官は、その機関の所掌事務について、命令又は示達するため、所管の諸機関及び職員に対し、訓令又は通達を発することができる。

第十五条 各省大臣、各委員会及び各庁の長官は、その機関の任務を遂行するため政策について行政機関相互の調整を図る必要があると認めるときは、その必要性を明らかにした上で、関係行政機関の長に対し、必要な資料の提出及び説明を求め、並びに当該関係行政機関の政策に関し意見を述べることができる。

(副大臣)

第十六条 各省に副大臣を置く。

2 副大臣の定数は、それぞれ別表第三〔略〕の副大臣の定数の欄に定めるところによる。

3 副大臣は、その省の長である大臣の命を受け、政策及び企画をつかさどり、政務を処理し、並びにあらかじめその省の長である大臣の命を受けて大臣不在の場合その職務を代行する。

4 副大臣が二人置かれた省においては、各副大臣の行う前項の職務の範囲及び職務代行の順序については、その省の長である大臣の定めるところによる。

5 副大臣の任免は、その省の長である大臣の申出により内閣が行い、天皇がこれを認証する。

6 副大臣は、内閣総辞職の場合においては、内閣総理大臣その他の国務大臣がすべてその地位を失つたときに、これと同時にその地位を失う。

(大臣政務官)

第十七条 各省に大臣政務官を置く。

2 大臣政務官の定数は、それぞれ別表第三〔略〕の大臣政務官の定数の欄に定めるところによる。

3 大臣政務官は、その省の長である大臣を助け、特定の政策及び企画に参画し、政務を処理する。

4 大臣政務官の行う前項の職務の範囲については、その省の長である大臣の定めるところによる。

5 大臣政務官の任免は、その省の長である大臣の申出により、内閣がこれを行う。

6 前条第六項の規定は、大臣政務官について、これを準用する。

(事務次官及び庁の次長等)

第十八条 各省には、事務次官一人を置く。

2 事務次官は、その省の長である大臣を助け、省務を整理し、各部局及び機関の事務を監督する。

3 各庁には、特に必要がある場合においては、長官を助け、庁務を整理する職として次長を置くことができるものとし、その設置及び定数は、政令でこれを定める。

4 各省及び各庁には、特に必要がある場合においては、その所掌事務の一部を総括整理する職を置くことができるものとし、その設置、職務及び定数は、法律（庁にあつては、政令）でこれを定める。

(秘書官)

第十九条 各省に秘書官を置く。

2 秘書官の定数は、政令でこれを定める。

3 秘書官は、それぞれ各省大臣の命を受け、機密に関する事務を掌り、又は臨時命を受け各部局の事務を助ける。

(官房及び局の所掌に属しない事務をつかさどる職等)

第二十条　各省には、特に必要がある場合においては、官房及び局の所掌に属しない事務の能率的な遂行のためこれを所掌する職で局長に準ずるものを置くことができるものとし、その設置、職務及び定数は、政令でこれを定める。

2　各庁には、特に必要がある場合においては、官房及び部の所掌に属しない事務の能率的な遂行のためこれを所掌する職で部長に準ずるものを置くことができるものとし、その設置、職務及び定数は、政令でこれを定める。

3　各省及び各庁(実施庁を除く。)には、特に必要がある場合においては、前二項の職のつかさどる職務の全部又は一部を助ける職で課長に準ずるものを置くことができるものとし、その設置、職務及び定数は、政令でこれを定める。

4　実施庁には、特に必要がある場合においては、政令の定める数の範囲内において、第二項の職のつかさどる職務の全部又は一部を助ける職で課長に準ずるものを置くことができるものとし、その設置、職務及び定数は、省令でこれを定める。

(内部部局の職)

第二十一条　委員会の事務局並びに局、部、課及び課に準ずる室に、それぞれ事務局長並びに局長、部長、課長及び室長を置く。

2　官房には、長を置くことができるものとし、その設置及び職務は、政令でこれを定める。

3　局、部又は委員会の事務局には、次長を置くことができるものとし、その設置、職務及び定数は、政令でこれを定める。

4　官房、局若しくは部(実施庁に置かれる官房及び部を除く。)又は委員会の事務局には、その所掌事務の一部を総括整理する職又は課(課に準ずる室を含む。)の所掌に属しない事務の能率的な遂行のためこれを所掌する職で課長に準ずるものを置くことができるものとし、これらの設置、職務及び定数は、政令でこれを定める。官房又は部を置かない庁(実施庁を除く。)にこれらの職に相当する職を置くときも、同様とする。

5　実施庁に置かれる官房又は部には、政令の定める数の範囲内において、その所掌事務の一部を総括整理する職又は課(課に準ずる室を含む。)の所掌に属しない事務の能率的な遂行のためこれを所掌する職で課長に準ずるものを置くことができるものとし、これらの設置、職務及び定数は、省令でこれを定める。官房又は部を置かない実施庁にこれらの職に相当する職を置くときも、同様とする。

(現業の行政機関に関する特例)

第二十二条　現業の行政機関については、特に法律の定めるところにより、第七条〔内部部局〕及び前条の規定にかかわらず、別段の定めをすることができる。

(官房及び局の数)

第二十三条　第七条〔内部部局〕第一項の規定に基づき置かれる官房及び局の数は、内閣府設置法(平成十一年法律第八十九号)第十七条〔内部部局等〕第一項及び第五十三条〔庁の内部部局〕第二項の規定に基づき置かれる官房及び局の数と合わせて、九十六以内とする。

(組織上の職名)

第二十四条　この法律の規定に基づく職には、職階制による職級の名称の外、それぞれ当該組織上の名称を附するものとする。

(国会への報告等)

第二十五条　政府は、第七条〔内部部局〕第四項(同条第七項において準用する場合を含む。)、第八条(審議会等)、第八条の二(施設等機関)、第十八条(事務次官及び庁の次長等)第三項若しくは第四項、第二十条(官房及び局の所掌に属しない事務をつかさどる職等)第一項若しくは第二項又は第二十一条(内部部局の職)第二項若しくは第三項の規定により政令で設置される組織その他これらに準ずる主要な組織につき、その新設、改正及び廃止をしたときは、その状況を次の国会に報告しなければならない。

2　政府は、少なくとも毎年一回国の行政機関の組織の一覧表を官報で公示するものとする。

附　則(第二十三条から第二十五条まで　略)

別　表(略)(次の「国の組織機構図下欄に織込みずみ＝編者)

（参考）国の組織機構図

〔平成一一年七月一六日法律第九〇号現在で作成＝編者〕

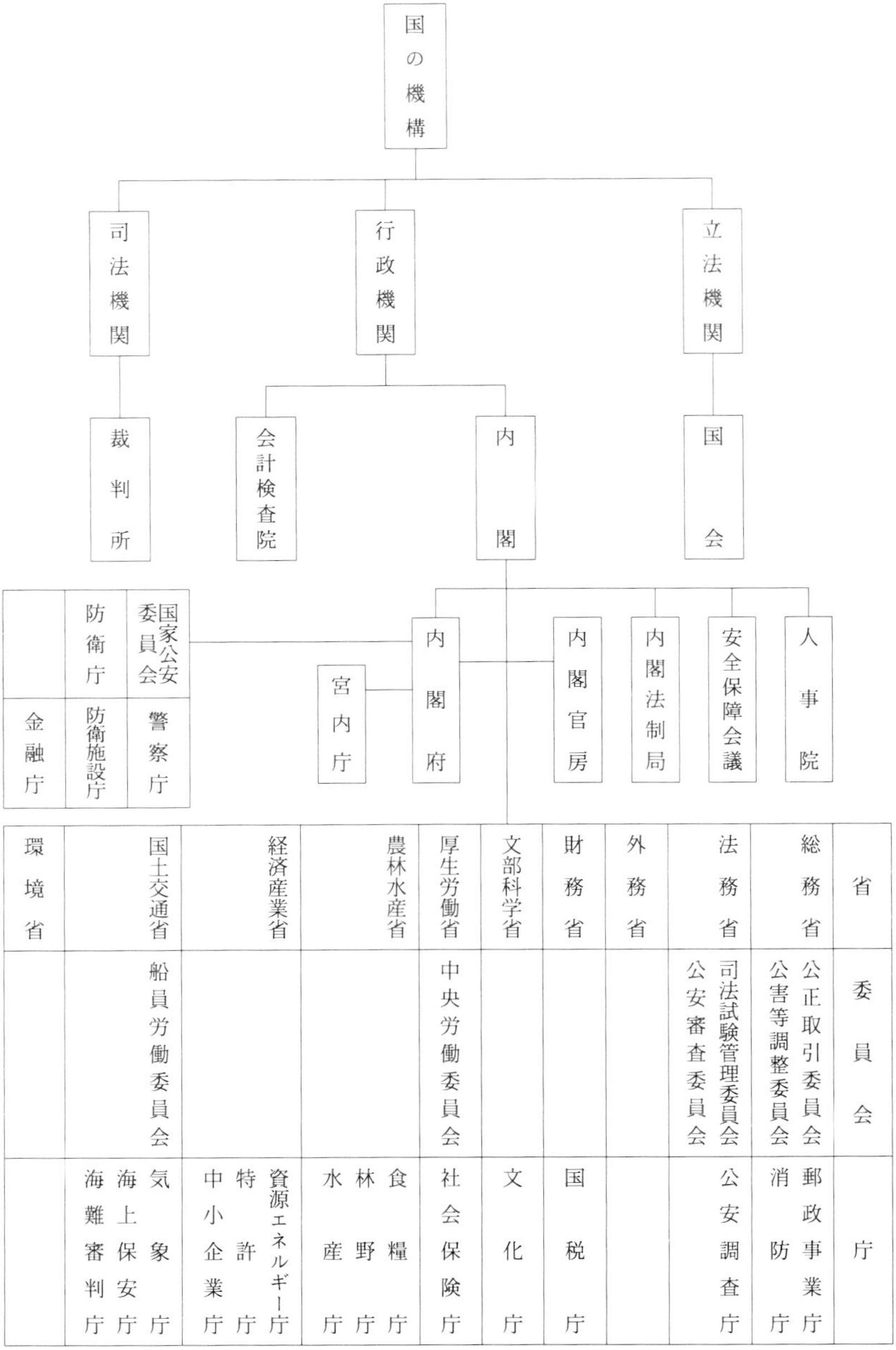

◎内閣府設置法 抄

〔平成一一年七月一六日 法律第八九号〕

最近改正 平成一二年一二月八日 法律第一四八号

第一章 総則

（目的）

第一条 この法律は、内閣府の設置並びに任務及びこれを達成するため必要となる明確な範囲の所掌事務を定めるとともに、その所掌する行政事務を能率的に遂行するため必要な組織に関する事項を定めることを目的とする。

第二章 内閣府の設置並びに任務及び所掌事務

（設置）

第二条 内閣に、内閣府を置く。

（任務）

第三条 内閣府は、内閣の重要政策に関する内閣の事務を助けることを任務とする。

2 前項に定めるもののほか、内閣府は、皇室、栄典及び公式制度に関する事務その他の国として行うべき事務の適切な遂行、男女共同参画社会の形成の促進、消費生活及び市民活動に関係する施策を中心とした国民生活の定定及び向上、沖縄の振興及び開発、北方領土問題の解決の促進、災害からの国民の保護、国の治安の確保、国の防衛を通じた国の安全の確保、金融の適切な機能の確保、政府の施策の実施を支援するための基盤の整備並びに経済その他の広範な分野に関係する施策に関する政府全体の見地から関係行政機関の連携の確保を図るとともに、内閣総理大臣が政府全体の見地から管理することがふさわしい行政事務の円滑な遂行を図ることを任務とする。

3 内閣府は、第一項の任務を遂行するに当たり、内閣官房を助けるものとする。

（所掌事務）

第四条 内閣府は、前条〔略〕第一項の任務を達成するため、行政各部の施策の統一を図るために必要となる次に掲げる事項の企画及び立案並びに総合調整に関する事務（内閣官房が行う内閣法（昭和二十二年法律第五号）第十二条第二項第二号に掲げる事務を除く。）をつかさどる。

四 科学技術の総合的かつ計画的な振興を図るための基本的な政策に関する事項

五 科学技術に関する予算、人材その他の科学技術の振興に必要な資源の配分の方針に関する事項

六 前二号に掲げるもののほか、科学技術の振興に関する事項

九 男女共同参画社会の形成（男女共同参画社会基本法（平成十一年法律第七十八号）〔別掲〕第二条〔定義〕第一号に規定するものをいう。以下同じ。）の促進を図るための基本的な政策に関する事項

十 前号に掲げるもののほか、男女共同参画社会の形成を阻害する要因の解消その他の男女共同参画社会の形成の促進に関する事項

十四 青少年の健全な育成に関する事項

3 前二項に定めるもののほか、内閣府は、前条第二項の任務を達成するため、次に掲げる事務をつかさどる。

三 民間資金等の活用による公共施設等の整備等の促進に関する

法律（平成十一年法律第百十七号）〔別掲〕第四条〔基本方針〕第一項に規定する特定事業の実施に関する基本的な方針の策定及び推進に関すること。
十六　男女共同参画基本計画（男女共同参画社会基本法第十三条〔男女共同参画基本計画〕第一項に規定するものをいう。）の作成及び推進に関すること。
十七　前号に掲げるもののほか、男女共同参画社会の形成の促進に関する事務のうち他省の所掌に属しないものの企画及び立案並びに実施に関すること。
二十七　青少年の健全な育成に関する関係行政機関の事務の連絡調整及びこれに伴い必要となる当該事務の実施の推進に関すること。
三十九　官報及び法令全書の編集及び印刷並びに内閣所管の機密文書の印刷の指揮監督に関すること。
四十　政府の重要な施策に関する広報に関すること。
四十一　世論の調査に関すること。
四十二　公文書館に関する制度に関すること。
四十三　前号に掲げるもののほか、歴史資料として重要な公文書その他の記録（国又は独立行政法人国立公文書館が保管するものに限り、現用のものを除く。）の保存及び利用に関すること（他の機関の所掌に属するものを除く。）。
五十三　行政機関の保有する情報の公開に関する法律（平成十一年法律第四十二号）〔別掲〕第二十一条〔設置〕に規定する調査審議に関すること。

第三章　組織

第二節　内閣府の長及び内閣府に置かれる特別な職

（内閣府の長）

第六条　内閣府の長は、内閣総理大臣とする。
2　内閣総理大臣は、内閣府に係る事項についての内閣法にいう主任の大臣とし、第四条第三項に規定する事務を分担管理する。

（内閣官房長官及び内閣官房副長官）

第八条　内閣官房長官は、内閣法に定める職務を行うほか、内閣総理大臣を助けて内閣府の事務を整理し、内閣総理大臣の命を受けて内閣府（法律で国務大臣をもってその長に充てることと定められている機関（以下「大臣庁等」という。）を除く。）の事務（次条第一項の特命担当大臣が掌理する事務を除く。）を統括し、職員の服務について統督する。
2　内閣官房副長官は、内閣法に定める職務を行うほか、内閣官房長官の命を受け、内閣府の事務のうち特定事項に係るものに参画する。

（特命担当大臣）

第九条　内閣総理大臣は、内閣の重要政策に関して行政各部の施策の統一を図るために特に必要がある場合においては、内閣府に、内閣総理大臣を助け、命を受けて第四条第一項及び第二項に規定する事務並びにこれに関連する同条第三項に規定する事務（これらの事務のうち大臣庁等の所掌に属するものを除く。）を掌理する職（以下「特命担当大臣」という。）を置くことができる。
2　特命担当大臣は、国務大臣をもって充てる。

第三節　本府

第二款　重要政策に関する会議

第一目　設置

第十八条　本府に、内閣の重要政策に関して行政各部の施策の統一を図るために必要となる企画及び立案並びに総合調整に資するため、内閣総理大臣又は内閣官房長官をその長とし、関係大臣及び学識経験を有する者等の合議により処理することが適当な事務をつかさどらせるための機関（以下「重要政策に関する会議」という。）として、次の機関を置く。

経済財政諮問会議

総合科学技術会議

2 前項に定めるもののほか、別に法律の定めるところにより内閣府に置かれる重要政策に関する会議で本府に置かれるものは、次の表の上欄に掲げるものとし、それぞれ同表の下欄に掲げる法律（これらに基づく命令を含む。）の定めるところによる。

中央防災会議	災害対策基本法
男女共同参画会議	男女共同参画社会基本法

第三款　審議会等

（設置）

第三十七条　本府に、国民生活審議会を置く。

2 前項に定めるもののほか、本府には、第四条〔所掌事務〕第三項に規定する所掌事務の範囲内で、法律又は政令の定めるところにより、重要事項に関する調査審議、不服審査その他学識経験を有する者等の合議により処理することが適当な事務をつかさどらせるための合議制の機関（次項において「審議会等」という。）を置くことができる。

3 第一項に定めるもののほか、別に法律の定めるところにより内閣府に置かれる審議会等で本府に置かれるものは、次の表〔抄〕の上欄に掲げるものとし、それぞれ同表の下欄に掲げる法律（これらに基づく命令を含む。）の定めるところによる。

民間資金等活用事業推進委員会	民間資金等の活用による公共施設等の整備等の促進に関する法律
独立行政法人評価委員会	独立行政法人通則法（平成十一年法律第百三号）
情報公開審査会	行政機関の保有する情報の公開に関する法律

附　則〔抄〕

（施行期日）

第一条　この法律は、内閣法の一部を改正する法律（平成十一年法律第八十八号）の施行の日〔平成一三年一月六日〕から施行する。ただし、第四条第三項第五十三号及び第三十七条第三項の表情報公開審査会の項の規定は行政機関の保有する情報の公開に関する法律の施行の日〔平成一三年四月一日〕又はこの法律の施行の日のいずれか遅い日から、附則第七条の規定は公布の日から施行する。

◎文部科学省設置法　抄

〔平成一一年七月一六日
法律第九六号〕

最近改正　平成一三年一二月七日　法律第一四八号

目次

第一章　総則

（目的）

第一条　この法律は、文部科学省の設置並びに任務及びこれを達成するため必要となる明確な範囲の所掌事務を定めるとともに、その所掌する行政事務を能率的に遂行するため必要な組織を定めることを目的とする。

第二章　文部科学省の設置並びに任務及び所掌事務

第一節　文部科学省の設置

（設置）

第二条　国家行政組織法（昭和二十三年法律第百二十号）〔別掲〕第三条〔行政機関の設置、廃止、任務及び所掌事務〕第二項の規定に基づいて、文部科学省を設置する。

2　文部科学省の長は、文部科学大臣とする。

第二節　文部科学省の任務及び所掌事務

（任務）

第三条　文部科学省は、教育の振興及び生涯学習の推進を中核とした豊かな人間性を備えた創造的な人材の育成、学術、スポーツ及び文化の振興並びに科学技術の総合的な振興を図るとともに、宗教に関する行政事務を適切に行うことを任務とする。

（所掌事務）

第四条　文部科学省は、前条の任務を達成するため、次に掲げる事務をつかさどる。

一 豊かな人間性を備えた創造的な人材の育成のための教育改革に関すること。

二 生涯学習に係る機会の整備の推進に関すること。

三 地方教育行政に関する制度の企画及び立案並びに地方教育行政の組織及び一般的運営に関する指導、助言及び勧告に関すること。

四 地方教育費に関する企画に関すること。

五 地方公務員である教育関係職員の任免、給与その他の身分取扱いに関する制度の企画及び立案並びにこれらの制度の運営に関する指導、助言及び勧告に関すること。

六 地方公務員である教育関係職員の福利厚生に関すること。

七 初等中等教育（小学校、中学校、高等学校、中等教育学校、盲学校、聾《ろう》学校、養護学校及び幼稚園における教育をいう。以下同じ。）の振興に関する企画及び立案並びに援助及び助言に関すること。

八 初等中等教育のための補助に関すること。

九 初等中等教育の基準の設定に関すること。

十 教科用図書の検定に関すること。

十一 教科用図書その他の教授上用いられる図書の発行及び義務教育諸学校（小学校、中学校、中等教育学校の前期課程並びに盲学校、聾《ろう》学校及び養護学校の小学部及び中学部をいう。）において使用する教科用図書の無償措置に関すること。

十二 学校保健（学校における保健教育及び保健管理をいう。）、学校安全（学校における安全教育及び安全管理をいう。）、学校給食及び災害共済給付（学校の管理下における児童、生徒、学生及び幼児の負傷その他の災害に関する共済給付をいう。）に関すること。

十三 教育職員の養成並びに資質の保持及び向上に関すること。

十四 海外に在留する邦人の子女のための在外教育施設及び関係団体が行う教育、海外から帰国した児童及び生徒の教育並びに本邦に在留する外国人の児童及び生徒の学校生活への適応のための指導に関すること。

十五 大学及び高等専門学校における教育の振興に関する企画及び立案並びに援助及び助言に関すること。

十六 大学及び高等専門学校における教育のための補助に関すること。

十七 大学及び高等専門学校における教育の基準の設定に関すること。

十八 大学及び高等専門学校の設置、廃止、設置者の変更その他の事項の認可に関すること。

十九 大学の入学者の選抜及び学位の授与に関すること。

二十 学生及び生徒の奨学、厚生及び補導に関すること。

二十一 外国人留学生の受入れの連絡及び教育並びに海外への留学生の派遣に関すること。

二十二 政府開発援助のうち外国人留学生に係る技術協力に関すること（外交政策に係るものを除く。）。

二十三 専修学校及び各種学校における教育の振興に関する企画及び立案並びに援助及び助言に関すること。

二十四 専修学校及び各種学校における教育の基準の設定に関すること。

二十五 国立学校（国立学校設置法（昭和二十四年法律第百五十号）〔別掲〕第二条〔国立学校〕第一項に規定する国立学校をいう。以下同じ。）における教育及び研究に関すること。

二十六　私立学校に関する行政の制度の企画及び立案並びにこれらの行政の組織及び一般的運営に関する指導、助言及び勧告に関すること。
二十七　文部科学大臣が所轄庁である学校法人についての認可及び認定並びにその経営に関する指導及び助言に関すること。
二十八　私立学校教育の振興のための学校法人その他の私立学校の設置者、地方公共団体及び関係団体に対する助成に関すること。
二十九　私立学校教職員の共済制度に関すること。
三十　社会教育の振興に関する企画及び立案並びに援助及び助言に関すること。
三十一　社会教育のための補助に関すること。
三十二　青少年教育に関する施設において行う青少年の団体宿泊訓練に関すること。
三十三　通信教育及び視聴覚教育に関すること。
三十四　外国人に対する日本語教育に関すること（外交政策に係るものを除く。）。
三十五　家庭教育の支援に関すること。
三十六　公立及び私立の文教施設の整備に関する指導及び助言に関すること。
三十七　公立の文教施設の整備のための補助に関すること。
三十八　学校施設及び教育用品の基準の設定に関すること。
三十九　学校環境の整備に関する指導及び助言に関すること。
四十　青少年の健全な育成の推進に関すること（内閣府の所掌に属するものを除く。）。
四十一　体力の保持及び増進の推進に関すること。
四十二　科学技術に関する基本的な政策の企画及び立案並びに推進に関すること。
四十三　科学技術に関する研究及び開発（以下「研究開発」という。）に関する計画の作成及び推進に関すること。
四十四　科学技術に関する関係行政機関の事務の調整に関すること。
四十五　科学技術に関する関係行政機関の経費の見積りの方針の調整に関すること。
四十六　学術の振興に関すること。
四十七　研究者の養成及び資質の向上に関すること。
四十八　技術者の養成及び資質の向上に関すること（文部科学省に置かれる試験研究機関及び文部科学大臣が所管する法人において行うものに限る。）。
四十九　技術士に関すること。
五十　研究開発に必要な施設及び設備（関係行政機関に重複して設置することが多額の経費を要するため適当でないと認められるものに限る。）の整備（共用に供することを含む。）、研究開発に関する情報処理の高度化及び情報の流通の促進その他の科学技術に関する研究開発の基盤の整備に関すること。
五十一　科学技術に関する研究開発に係る交流の助成に関すること。
五十二　前二号に掲げるもののほか、科学技術に関する研究開発の推進のための環境の整備に関すること。
五十三　科学技術に関する研究開発の成果の普及及び成果の活用の促進に関すること。
五十四　発明及び実用新案の奨励並びにこれらの実施化の推進に関すること。
五十五　科学技術に関する知識の普及並びに国民の関心及び理解

の増進に関すること。
五十六　科学技術に関する研究開発が経済社会及び国民生活に及ぼす影響に関し、評価を行うことその他の措置に関すること。
五十七　科学技術に関する基礎研究及び科学技術に関する共通的な研究開発（二以上の府省のそれぞれの所掌に係る研究開発に共通する研究開発をいう。）に関すること。
五十八　科学技術に関する研究開発で、関係行政機関に重複して設置することが多額の経費を要するため適当でないと認められる施設及び設備を必要とするものに関すること。
五十九　科学技術に関する研究開発で多数部門の協力を要する総合的なものに関すること（他の府省の所掌に属するものを除く。）。
六十　理化学研究所の行う科学技術に関する試験及び研究に関すること。
六十一　放射線の利用に関する研究開発に関すること。
六十二　宇宙の開発及び原子力に関する技術開発で科学技術の水準の向上を図るためのものに関すること。
六十三　宇宙の利用の推進に関すること。
六十四　放射性同位元素の利用の推進に関すること。
六十五　資源の総合的利用に関すること（他の府省の所掌に属するものを除く。）。
六十六　原子力政策のうち科学技術に関するものに関すること。
六十七　原子力に関する関係行政機関の試験及び研究に係る経費その他これに類する経費の配分計画に関すること。
六十八　原子力損害の賠償に関すること。
六十九　国際約束に基づく保障措置の実施のための規制その他の原子力の平和的利用の確保のための規制に関すること。
七十　試験研究の用に供する原子炉及び研究開発段階にある原子炉（発電の用に供するものを除く。）並びに核原料物質及び核燃料物質の使用に関する規制その他これらに関する安全の確保に関すること。
七十一　原子力の安全の確保のうち科学技術に関するものに関すること。
七十二　放射線による障害の防止に関すること。
七十三　放射能水準の把握のための監視及び測定に関すること。
七十四　スポーツの振興に関する企画及び立案並びに援助及び助言に関すること。
七十五　スポーツのための助成に関すること。
七十六　国際的又は全国的な規模において行われるスポーツ事業に関すること。
七十七　スポーツに関する競技水準の向上に関すること。
七十八　スポーツ振興投票に関すること。
七十九　文化（文化財（文化財保護法（昭和二十五年法律第二百十四号）〔別掲〕第二条〔文化財の定義〕第一項に規定する文化財をいう。第八十五号において同じ。）に係る事項を除く。次号及び第八十二号において同じ。）の振興に関する企画及び立案並びに援助及び助言に関すること。
八十　文化の振興のための助成に関すること。
八十一　劇場、音楽堂、美術館その他の文化施設に関すること。
八十二　文化に関する展示会、講習会その他の催しを主催すること。
八十三　国語の改善及びその普及に関すること。
八十四　著作者の権利、出版権及び著作隣接権の保護及び利用に関すること。

八十五　文化財の保存及び活用に関すること。
八十六　アイヌ文化の振興に関すること。
八十七　宗教法人の規則、規則の変更、合併及び任意解散の認証並びに宗教に関する情報資料の収集及び宗教団体との連絡に関すること。
八十八　国際文化交流の振興に関すること（外交政策に係るものを除く。）。
八十九　ユネスコ活動（ユネスコ活動に関する法律（昭和二十七年法律第二百七号）〔別掲〕第二条に規定するユネスコ活動をいう。）の振興に関すること（外交政策に係るものを除く。）。
九十　文化功労者に関すること。
九十一　地方公共団体の機関、大学、高等専門学校、研究機関その他の関係機関に対し、教育、学術、スポーツ、文化及び宗教に係る専門的、技術的な指導及び助言を行うこと。
九十二　教育関係職員、研究者、社会教育に関する団体、社会教育指導者、スポーツの指導者その他の関係者に対し、教育、学術、スポーツ及び文化に係る専門的、技術的な指導及び助言を行うこと。
九十三　所掌事務に係る国際協力に関すること。
九十四　政令で定める文教研修施設において所掌事務に関する研修を行うこと。
九十五　前各号に掲げるもののほか、法律（法律に基づく命令を含む。）に基づき文部科学省に属させられた事務

第三章　本省に置かれる職及び機関

第一節　特別な職

（文部科学審議官）

第五条　文部科学省に、文部科学審議官二人を置く。

2　文部科学審議官は、命を受けて、文部科学省の所掌事務に係る重要な政策に関する事務を総括整理する。

第二節　審議会等

第一款　設置

第六条　本省に、次の審議会等を置く。
科学技術・学術審議会
宇宙開発委員会

2　前項に定めるもののほか、別に法律で定めるところにより文部科学省に置かれる審議会等で本省に置かれるものは、次のとおりとする。
放射線審議会
独立行政法人評価委員会

第二款　科学技術・学術審議会

第七条　科学技術・学術審議会は、次に掲げる事務をつかさどる。
一　文部科学大臣の諮問に応じて次に掲げる重要事項を調査審議すること。
イ　科学技術の総合的な振興に関する重要事項
ロ　学術の振興に関する重要事項
二　前号イ及びロに掲げる重要事項に関し、文部科学大臣に意見を述べること。
三　文部科学大臣又は関係各大臣の諮問に応じて海洋の開発に関する総合的かつ基本的な事項を調査審議すること。
四　測地学及び政府機関における測地事業計画に関する事項を調査審議すること。
五　前二号に規定する事項に関し、文部科学大臣又は関係各大臣に意見を述べること。
六　技術士法（昭和五十八年法律第二十五号）の規定によりその

権限に属させられた事項を処理すること。

2　前項に定めるもののほか、科学技術・学術審議会の組織及び委員その他の職員その他科学技術・学術審議会に関し必要な事項については、政令で定める。

第三款　宇宙開発委員会

（所掌事務）

第八条　宇宙開発委員会（以下この款において「委員会」という。）は、宇宙開発事業団法（昭和四十四年法律第五十号）の規定によりその権限に属させられた事項を処理する。

（組織）

第九条　委員会は、委員長及び委員四人をもって組織する。

2　委員のうち二人は、非常勤とする。

第四款　放射線審議会

第十八条　放射線審議会については、放射線障害防止の技術的基準に関する法律（昭和三十三年法律第百六十二号。これに基づく命令を含む。）の定めるところによる。

第五款　独立行政法人評価委員会

第十八条の二　独立行政法人評価委員会については、独立行政法人通則法（平成十一年法律第百三号〔別掲〕。これに基づく命令を含む。）の定めるところによる。

第三節　施設等機関

（国立学校）

第十九条　別に法律で定めるところにより文部科学省に置かれる施設等機関で本省に置かれるものは、国立学校とする。

2　国立学校については、国立学校設置法（これに基づく命令を含む。）〔別掲〕の定めるところによる。

第四節　特別の機関

（設置）

第二十条　本省に、日本学士院を置く。

2　前項に定めるもののほか、別に法律で定めるところにより文部科学省に置かれる特別の機関で本省に置かれるものは、次のとおりとする。

地震調査研究推進本部
日本ユネスコ国内委員会

（日本学士院）

第二十一条　日本学士院については、日本学士院法（昭和三十一年法律第二十七号）の定めるところによる。

（地震調査研究推進本部）

第二十二条　地震調査研究推進本部については、地震防災対策特別措置法（平成七年法律第百十一号。これに基づく命令を含む。）の定めるところによる。

（日本ユネスコ国内委員会）

第二十三条　日本ユネスコ国内委員会については、ユネスコ活動に関する法律（これに基づく命令を含む。）の定めるところによる。

第五節　地方支分部局

（原子力事務所）

第二十四条　文部科学省に、地方支分部局として、原子力事務所を置く。

第四章　文化庁

第一節　設置並びに任務及び所掌事務

第一款　設置

第二十五条　国家行政組織法第三条〔行政機関の設置、廃止、任務及び所掌事務〕第二項の規定に基づいて、文部科学省に、文化庁を置く。

2　文化庁の長は、文化庁長官とする。

第二款　任務及び所掌事務

（任務）

第二十六条　文化庁は、文化の振興及び国際文化交流の振興を図るとともに、宗教に関する行政事務を適切に行うことを任務とする。

（所掌事務）

第二十七条　文化庁は、前条の任務を達成するため、第四条〔所掌事務〕第三号、第五号、第三十四号、第三十六号、第三十七号、第七十九号から第八十七号まで、第八十八号（学術及びスポーツの振興に係るものを除く。）、第八十九号及び第九十一号から第九十五号までに掲げる事務をつかさどる。

第二節　審議会等

（設置）

第二十八条　文化庁に、文化審議会を置く。

2　前項に定めるもののほか、別に法律で定めるところにより文部科学省に置かれる審議会等で文化庁に置かれるものは、宗教法人審議会とする。

（文化審議会）

第二十九条　文化審議会は、次に掲げる事務をつかさどる。

一　文部科学大臣又は文化庁長官の諮問に応じて文化の振興及び国際文化交流の振興（学術及びスポーツの振興に係るものを除く。）に関する重要事項（第三号に規定するものを除く。）を調査審議すること。

二　前号に規定する重要事項に関し、文部科学大臣又は文化庁長官に意見を述べること。

三　文部科学大臣又は文化庁長官の諮問に応じて国語の改善及びその普及に関する事項を調査審議すること。

四　前号に規定する事項に関し、文部科学大臣、関係各大臣又は文化庁長官に意見を述べること。

五　文化芸術振興基本法（平成十三年法律第百四十八号）〔別掲〕第七条第三項、著作権法（昭和四十五年法律第四十八号）〔別掲〕、万国著作権条約の実施に伴う著作権法の特例に関する法律（昭和三十一年法律第八十六号）第五条〔翻訳権に関する特例〕第四項、著作権等管理事業法（平成十二年法律第百三十一号）〔別掲〕第二十四条〔裁定〕第四項、文化財保護法第八十四条〔文化審議会への諮問〕及び文化功労者年金法（昭和二十六年法律第百二十五号）第二条〔文化功労者の決定〕第二項の規定によりその権限に属させられた事項を処理すること。

2　文化審議会の委員その他の職員で政令で定めるものは、文部科学大臣が任命する。

3　前二項に定めるもののほか、文化審議会の組織及び委員その他の職員その他文化審議会に関し必要な事項については、政令で定める。

（宗教法人審議会）

第三十条　宗教法人審議会については、宗教法人法（昭和二十六年法律第百二十六号）の定めるところによる。

第三節　特別の機関

（日本芸術院）

第三十一条　文化庁に、日本芸術院を置く。

2　日本芸術院は、次に掲げる事務をつかさどる。

一　芸術上の功績顕著な芸術家の優遇に関すること。

二　芸術の発達に寄与する活動を行い、並びに芸術に関する重要事項を審議し、及びこれに関し、文部科学大臣又は文化庁長官に意見を述べること。

3 日本芸術院の長及び会員は、政令で定めるところにより、文部科学大臣が任命する。

4 日本芸術院の会員には、予算の範囲内で、文部科学大臣の定めるところにより、年金を支給することができる。

5 日本芸術院の組織、会員その他の職員及び運営については、政令で定める。

第五章　雑則

（職員）

第三十二条　文化庁に政令の規定により置かれる施設等機関で政令で定めるものの長は、文部科学大臣が任命する。

附　則〔抄〕

（施行期日）

1 この法律は、内閣法の一部を改正する法律（平成十一年法律第八十八号）の施行の日〔平成一三年一月六日〕から施行する。ただし、附則第四項の規定は、公布の日から施行する。

（所掌事務の特例）

2 文部科学省は、第三条の任務を達成するため、第四条各号に掲げる事務のほか、当分の間、高等学校（中等教育学校の後期課程を含む。）の職業に関する教科の教科用図書並びに盲学校、聾《ろう》学校及び養護学校の教科用図書の編修及び改訂に関する事務をつかさどる。

（参考）文部科学省機構図

〔文部科学省設置法及び文部科学省組織令により作成＝編者〕

- 本省
  - 内部部局
    - 大臣官房
      - 総括審議官／審議官（九人）／参事官
      - 人事課
      - 総務課
      - 会計課
      - 政策課
      - 国際課
      - 文教施設部
        - 技術参事官
        - 施設企画課
        - 計画課
        - 技術課
    - 生涯学習政策局
      - 政策課
      - 学習情報政策課
      - 調査企画課
      - 生涯学習推進課
      - 社会教育課
      - 男女共同参画学習課
    - 初等中等教育局
      - 参事官
      - 初等中等教育企画課
      - 財務課
      - 教育課程課
      - 児童生徒課
      - 幼児教育課
      - 特別支援教育課
      - 国際教育課
      - 教科書課
      - 教職員課
      - 施設助成課
    - 高等教育局
      - 科学官
      - 高等教育企画課
      - 大学課
      - 専門教育課
      - 医学教育課
      - 学生課
      - 留学生課
      - 私学部
        - 参事官
        - 私学行政課
        - 私学助成課
    - 科学技術・学術政策局
      - 国際交流官／計画官
      - 政策課
      - 調査調整課
      - 基盤政策課
      - 原子力安全課
    - 研究振興局
      - 科学官
      - 振興企画課
      - 研究環境・産業連携課
      - 情報課
      - 学術機関課
      - 学術研究助成課
      - 基礎基盤研究課
      - ライフサイエンス課
      - 量子放射線研究課
    - 研究開発局
      - 科学官
      - 開発企画課
      - 地震調査研究課
      - 海洋地球課
      - 宇宙政策課
      - 宇宙開発利用課
      - 原子力課
      - 核燃料サイクル研究開発課

(1) 文部科学行政

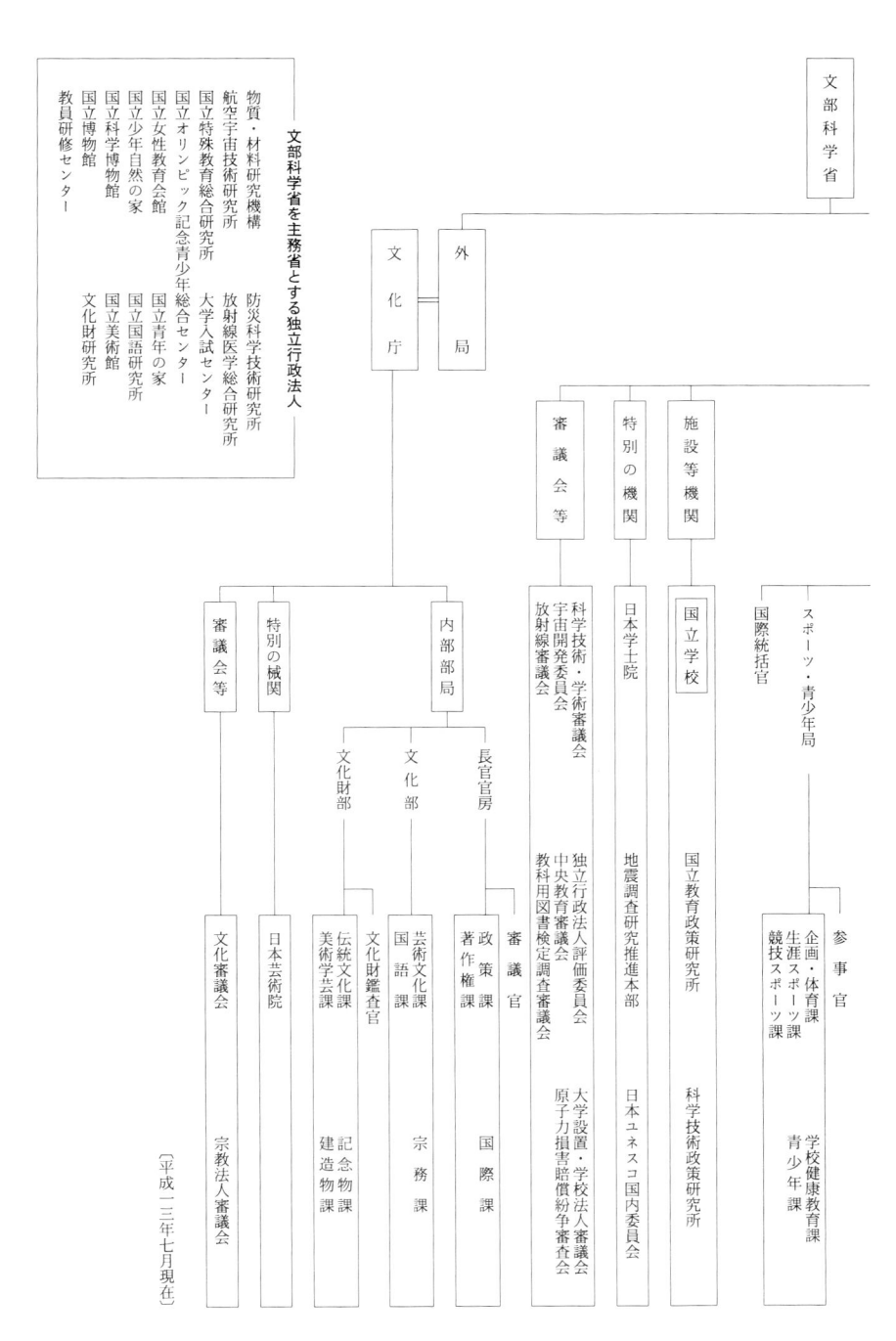

文部科学省を主務省とする独立行政法人

- 物質・材料研究機構
- 防災科学技術研究所
- 航空宇宙技術研究所
- 放射線医学総合研究所
- 国立特殊教育総合研究所
- 大学入試センター
- 国立オリンピック記念青少年総合センター
- 国立女性教育会館
- 国立青年の家
- 国立少年自然の家
- 国立国語研究所
- 国立科学博物館
- 国立美術館
- 国立博物館
- 文化財研究所
- 教員研修センター

文部科学省

- 外局
  - 文化庁
    - 内部部局
      - 長官官房
        - 審議官
        - 政策課
        - 著作権課
        - 国際課
      - 文化部
        - 芸術文化課
        - 国語課
        - 宗務課
      - 文化財部
        - 文化財鑑査官
        - 伝統文化課
        - 美術学芸課
        - 記念物課
        - 建造物課
    - 特別の械関
      - 日本芸術院
    - 審議会等
      - 文化審議会
      - 宗教法人審議会
- 施設等機関
  - 国立学校
  - 国立教育政策研究所
  - 科学技術政策研究所
- 特別の機関
  - 日本学士院
  - 地震調査研究推進本部
  - 日本ユネスコ国内委員会
- 審議会等
  - 科学技術・学術審議会
  - 宇宙開発委員会
  - 放射線審議会
  - 独立行政法人評価委員会
  - 中央教育審議会
  - 教科用図書検定調査審議会
  - 大学設置・学校法人審議会
  - 原子力損害賠償紛争審査会
- 国際統括官
- スポーツ・青少年局
  - 参事官
  - 企画・体育課
  - 生涯スポーツ課
  - 競技スポーツ課
  - 学校健康教育課
  - 青少年課

〔平成一三年七月現在〕

○文部科学省組織令　抄

〔平成一二年六月七日
政令第二五一号〕

最近改正　平成一三年三月三〇日　政令第九二号

第一章　本省

第二節　内部部局等

第一款　大臣官房及び局並びに国際統括官の設置等

（大臣官房及び局並びに国際統括官の設置等）

第二条　本省に、大臣官房及び次の七局並びに国際統括官一人を置く。

生涯学習政策局
初等中等教育局
高等教育局
科学技術・学術政策局
研究振興局
研究開発局
スポーツ・青少年局

2　大臣官房に文教施設部を、高等教育局に私学部を置く。

（生涯学習政策局の所掌事務）

第四条　生涯学習政策局は、次に掲げる事務をつかさどる。

一　豊かな人間性を備えた創造的な人材の育成のための教育改革に関する基本的な政策の企画及び立案並びに推進に関すること。

二　生涯学習に係る機会の整備の推進に関すること。

三　文部科学省の所掌事務に関する生涯学習に係る機会の整備に関する基本的な政策の企画及び立案に関すること。

四　地域の振興に資する見地からの基本的な文教施策の企画及び立案並びに調整に関すること。

五　教育、スポーツ及び文化に係る情報通信の技術の活用に関する基本的な政策の企画及び立案並びに推進に関すること。

六　視聴覚教育に関する連絡調整に関すること。

七　社会教育及び学校教育における視聴覚教育メディアの利用に関すること（高等教育局の所掌に属するものを除く。）。

八　教育、スポーツ、文化及び宗教に係る調査及び研究に関する基本的な施策の企画及び立案並びに調整に関すること。

九　教育、スポーツ、文化及び宗教に係る統計に関すること（他の所掌に属するものを除く。）。

十　外国の教育事情に関する調査及び研究に関すること。

十一　大学入学資格検定に関すること。

十二　専修学校及び各種学校における教育の振興に関する企画及び立案並びに援助及び助言に関すること（他局の所掌に属するものを除く。）。

十三　専修学校及び各種学校における教育の基準の設定に関すること（高等教育局及びスポーツ・青少年局の所掌に属するものを除く。）。

十四　私立の専修学校及び各種学校における教育の振興のための学校法人その他の私立の専修学校及び各種学校の設置者、地方公共団体並びに関係団体に対する助成に関すること（スポーツ・青少年局の所掌に属するものを除く。）。

十五　社会教育の振興に関する企画及び立案並びに援助及び助言

に関すること（スポーツ・青少年局の所掌に属するものを除く。）。

十六　社会教育主事並びに司書及び司書補の講習〔傍線＝編者〕並びに学芸員となる資格の認定に関すること。

十七　公立及び私立の図書館〔傍線＝編者〕（学校図書館を除く。）、博物館、公民館その他の社会教育施設の整備に関する指導及び助言に関すること（スポーツ・青少年局の所掌に属するものを除く。）。

十八　公立の図書館〔傍線＝編者〕（学校図書館を除く。）、博物館、公民館その他の社会教育施設の整備のための補助に関すること（スポーツ・青少年局の所掌に属するものを除く。）。

十九　社会教育のための補助に関すること（スポーツ・青少年局の所掌に属するものを除く。）。

二十　社会教育としての通信教育に関すること。

二十一　家庭教育の支援に関すること。

二十二　地方公共団体機関その他の関係機関に対し、専修学校及び各種学校における教育並びに社会教育に係る専門的、技術的な指導及び助言を行うこと（高等教育局及びスポーツ・青少年局の所掌に属するものを除く。）。

二十三　教育関係職員、社会教育に関する団体、社会教育指導者その他の関係者に対し、専修学校及び各種学校における教育並びに社会教育に係る専門的、技術的な指導及び助言を行うこと（高等教育局及びスポーツ・青少年局の所掌に属するものを除く。）。

二十四　中央教育審議会の庶務（初等中等教育分科会、大学分科会及びスポーツ・青少年分科会に係るものを除く。）に関すること。

二十五　独立行政法人評価委員会社会教育分科会の庶務に関すること。

二十六　国立教育政策研究所の組織及び運営一般に関すること。

二十七　独立行政法人国立科学博物館の組織及び運営一般に関すること。

二十八　放送大学学園の組織及び運営一般に関すること。

（初等中等教育局の所掌事務）

第五条　初等中等教育局は、次に掲げる事務をつかさどる。

一　地方教育行政に関する制度の企画及び立案に関すること。

二　地方教育行政の組織及び一般的運営に関する指導、助言及び勧告に関すること（文化庁の所掌に属するものを除く。）。

三　地方教育費に関する企画に関すること。

四　地方公務員である教育関係職員の任免、給与その他の身分取扱いに関する制度の企画及び立案並びにこれらの制度の運営に関する指導、助言及び勧告に関すること（文化庁及びスポーツ・青少年局の所掌に属するものを除く。）。

五　地方公務員である教育関係職員の福利厚生に関すること。

六　初等中等教育（小学校、中学校、高等学校、中等教育学校、盲学校、聾《ろう》学校、養護学校及び幼稚園における教育をいう。以下同じ。）の振興に関する企画及び立案並びに援助及び助言に関すること（スポーツ・青少年局の所掌に属するものを除く。）。

七　初等中等教育のための補助に関すること（スポーツ・青少年局の所掌に属するものを除く。）。

八　初等中等教育の基準の設定に関すること（スポーツ・青少年局の所掌に属するものを除く。）。

九　幼児に対する教育の振興に関する基本的な施策の企画及び立案並びに調整に関すること。

十　国立養護学校（国立大学附置のものを除く。）における教育に関すること。
十一　教科用図書の検定に関すること。
十二　教科用図書その他の教授上用いられる図書の発行及び義務教育諸学校（小学校、中学校、中等教育学校の前期課程並びに盲学校、聾《ろう》学校及び養護学校の小学部及び中学部をいう。第四十条第二号において同じ。）において使用する教科用図書の無償措置に関すること。
十三　文部科学省が著作の名義を有する出版物の著作権の管理に関すること。
十四　教育職員の養成並びに資質の保持及び向上に関すること（高等教育局の所掌に属するものを除く。）。
十五　海外に在留する邦人の子女のための在外教育施設及び関係団体が行う教育、海外から帰国した児童及び生徒の教育並びに本邦に在留する外国人の児童及び生徒の学校生活への適応のための指導に関すること。
十六　私立学校教育の振興のための学校法人その他の私立学校の設置者、地方公共団体及び関係団体に対する助成（幼稚園の施設及び産業教育のための施設の整備に係るものに限る。）に関すること（スポーツ・青少年局の所掌に属するものを除く。）。
十七　高等学校、中等教育学校の後期課程並びに盲学校、聾《ろう》学校及び、養護学校の高等部における通信教育に関すること（スポーツ・青少年局の所掌に属するものを除く。）。
十八　公立の学校施設の整備（災害復旧に係るものを除く。）に関する指導及び助言に関すること（スポーツ・青少年局の所掌に属するものを除く。）。
十九　公立の学校施設の整備（災害復旧に係るものを除く。）のための援助及び補助に関すること（スポーツ・青少年局の所掌に属するものを除く。）。
二十　教育用品（学校用家具を除く。）の基準の設定に関すること。
二十一　初等中等教育の振興に係る国際文化交流の振興に関すること（外交政策に係るもの及び国際統括官の所掌に属するものを除く。）。
二十二　中学校卒業程度を入学資格とする専修学校及び各種学校における教育の振興（教育内容に係るものを限る。）に関する援助及び助言に関すること（スポーツ・青少年局の所掌に属するものを除く。）。
二十三　地方公共団体の機関その他の関係機関に対し、初等中等教育に係る専門的、技術的な指導及び助言を行うこと（スポーツ・青少年局の所掌に属するものを除く。）。
二十四　教育関係職員その他の関係者に対し、初等中等教育に係る専門的、技術的な指導及び助言を行うこと（スポーツ・青少年局の所掌に属するものを除く。）。
二十五　中学校卒業程度認定に関すること。
二十六　少年院の教科に関する事項の勧告に関すること。
二十七　盲学校の理療に関する学科及び理学療法に関する学科並びに聾《ろう》学校の歯科技工に関する学科の認定に関すること。
二十八　看護婦又は准看護婦の養成のための高等学校の指定に関すること。
二十九　中央教育審議会初等中等教育分科会の庶務に関すること。
三十　独立行政法人教員研修センターの組織及び運営一般に関すること。

（高等教育局の所掌事務）

第六条 高等教育局は、次に掲げる事務をつかさどる。
一 大学及び高等専門学校における教育の振興に関する企画及び立案並びに援助及び助言に関すること（スポーツ・青少年局の所掌に属するものを除く。）。
二 大学における教育及び研究についての評価に関する企画及び立案並びに援助及び助言に関すること。
三 大学及び高等専門学校における教育のための補助に関すること（スポーツ・青少年局の所掌に属するものを除く。）。
四 大学及び高等専門学校における教育の基準の設定に関すること（スポーツ・青少年局の所掌に属するものを除く。）。
五 大学及び高等専門学校の設置、廃止、設置者の変更その他の事項の認可に関すること。
六 大学の入学者の選抜及び学位の授与に関すること。
七 学生及び生徒の奨学、厚生及び補導に関すること。
八 外国人留学生の受入れの連絡及び教育並びに海外への留学生の派遣に関すること。
九 政府開発援助のうち外国人留学生に係る技術協力に関すること（外交政策に係るものを除く。）。
十 高等学校卒業程度を入学資格とする専修学校及び各種学校における教育の振興（教育内容に係るものに限る。）に関する援助及び助言に関すること（スポーツ・青少年局の所掌に属するものを除く。）。
十一 医療技術者又は社会福祉に関する専門的知識及び技術を有する者の養成のための大学に附属する専修学校及び各種学校における教育（第四十八条〔医学教育課の所掌事務〕において「附属専修学校等における医療技術者等養成教育」という。）の基準の設定に関すること。
十二 医療技術者又は社会福祉に関する専門的知識及び技術を有する者の養成のための大学並びにこれに附属する専修学校及び各種学校の指定に関すること。
十三 看護婦等の人材確保の促進に関する法律（平成四年法律第八十六号）第三条〔基本指針〕の基本指針のうち同条第二項第二号に掲げる事項に関すること。
十四 国立学校（国立学校設置法（昭和二十四年法律第百五十号）〔別掲〕第二条〔国立学校〕第一項に規定する国立学校をいう。以下同じ。）のうち前条第十号に規定する学校並びに第八条〔研究振興局の所掌事務〕第二十五号に規定する研究所、附属図書館及び機関以外のものにおける教育及び研究に関すること（大臣官房の所掌に属するものを除く。）。
十五 大学及び高等専門学校における通信教育及び視聴覚教育に関すること。
十六 大学及び高等専門学校における教育の振興に係る国際文化交流の振興に関すること（外交政策に係るもの及び国際統括官の所掌に属するものを除く。）。
十七 地方公共団体の機関、大学、高等専門学校その他の関係機関に対し、大学及び高等専門学校並びに高等学校卒業程度を入学資格とする専修学校及び各種学校における教育に係る専門的、技術的な指導及び助言を行うこと（スポーツ・青少年局の所掌に属するものを除く。）。
十八 教育関係職員その他の関係者に対し、大学及び高等専門学校並びに高等学校卒業程度を入学資格とする専修学校及び各種学校における教育に係る専門的、技術的な指導及び助言を行うこと（スポーツ・青少年局の所掌に属するものを除く。）。
十九 私立学校に関する行政の制度の企画及び立案並びにこれら

の行政の組織及び一般的運営に関する指導、助言及び勧告に関すること。
二十　文部科学大臣が所轄庁である学校法人についての認可及び認定並びにその経営に関する指導及び助言に関すること。
二十一　私立学校教育の振興のための学校法人その他の私立学校の設置者、地方公共団体及び関係団体に対する助成に関すること（他局の所掌に属するものを除く。）。
二十二　私立学校教職員の共済制度に関すること。
二十三　大学設置・学校法人審議会の庶務に関すること。
二十四　日本私立学校振興・共済事業団の組織及び運営一般に関すること。

2　私学部は、前項第十九号から第二十二号まで、第二十三号（学校法人分科会の庶務に関することに限る。）及び第二十四号に掲げる事務をつかさどる。

（科学技術・学術政策局の所掌事務）

第七条　科学技術・学術政策局は、次に掲げる事務をつかさどる。
一　科学技術に関する基本的な政策の企画及び立案並びに推進に関すること（研究振興局及び研究開発局の所掌に属するものを除く。）。
二　科学技術に関する研究及び開発（以下「研究開発」という。）に関する計画の作成及び推進に関すること（研究振興局及び研究開発局の所掌に属するものを除く。）。
三　科学技術に関する関係行政機関の事務の調整に関すること（研究振興局及び研究開発局の所掌に属するものを除く。）。
四　科学技術に関する関係行政機関の経費の見積りの方針の調整に関すること（研究振興局及び研究開発局の所掌に属するものを除く。）。
五　学術の振興に関する基本的な政策の企画及び立案並びに推進に関すること。
六　科学技術及び学術に関する内外の動向の調査及び分析に関すること。
七　科学技術及び学術に関する統計の作成に関すること。
八　科学技術の振興に関する年次報告に関すること。
九　研究者の養成及び資質の向上に関すること（研究開発局の所掌に属するものを除く。）。
十　技術者の養成及び資質の向上に関すること（文部科学省に置かれる試験研究機関及び文部科学大臣が所管する法人において行うものに限るものとし、研究開発局の所掌に属するものを除く。）。
十一　技術士に関すること。
十二　地域の振興に資する見地からする科学技術の振興であって文部科学省の所掌事務に係るものに関すること。
十三　科学技術に関する研究開発に係る国際交流の助成に関すること。
十四　文部科学省の所掌事務に係る国際交流に関する事務のうち科学技術に係るものの総括に関すること（国際統括官の所掌に属するものを除く。）。
十五　科学技術に関する知識の普及並びに国民の関心及び理解の増進に関すること。
十六　科学技術に関する研究開発が経済社会及び国民生活に及ぼす影響に関し、評価を行うことその他の措置に関すること（研究振興局及び研究開発局の所掌に属するものを除く。）。
十七　文部科学省の所掌事務に係る科学技術に関する研究開発であって公募によるものの実施の調整に関すること。

十八　資源の総合的利用に関すること（他の府省の所掌に属するものを除く。）。
十九　国際約束に基づく保障措置の実施のための規制その他の原子力の平和的利用の確保のための規制に関すること。
二十　試験研究の用に供する原子炉及び研究開発段階にある原子炉（発電の用に供するものを除く。）並びに核原料物資及び核燃料物質の使用に関する規制その他これらに関する安全の確保に関すること。
二十一　原子力の安全の確保のうち科学技術に関するものに関すること。
二十二　放射線による障害の防止に関すること（研究振興局の所掌に属するものを除く。）。
二十三　放射能水準の把握のための監視及び測定に関すること。
二十四　学術の振興に係る国際文化交流の振興に関すること（外交政策に係るもの及び国際統括官の所掌に属するものを除く。）。
二十五　文部科学省の所掌事務に係る国際協力に関する事務のうち科学技術及び学術に係るものに関すること（研究振興局及び研究開発局の所掌に属するものを除く。）。
二十六　科学技術・学術審議会の庶務（海洋開発分科会及び測地学分科会に係るものを除く。）及び放射線審議会の庶務に関すること。
二十七　科学技術政策研究所の組織及び運営一般に関すること。
二十八　科学技術振興事業団の組織及び運営一般に関すること。

（研究振興局の所掌事務）

第八条　研究振興局は、次に掲げる事務をつかさどる。
一　科学技術に関する研究開発に関する基本的な政策（研究開発の評価一般に関するものを除く。）の企画及び立案並びに推進に関すること（研究開発局の所掌に属するものを除く。）。
二　科学技術に関する各分野の研究開発に関する計画の作成及び推進に関すること（研究開発局の所掌に属するものを除く。）。
三　科学技術に関する研究開発に関する関係行政機関の事務の調整に関すること（研究開発局の所掌に属するものを除く。）。
四　科学技術に関する関係行政機関の事務の調整に関する事務のうち筑波研究学園都市に係るものに関すること。
五　科学技術に関する研究開発に関する関係行政機関の経費の見積りの方針の調整に関すること（研究開発局の所掌に属するものを除く。）。
六　学術の振興に関すること（高等教育局及び科学技術・学術政策局の所掌に属するものを除く。）。
七　大学、高等専門学校、研究機関その他の関係機関に対し、学術に係る専門的、技術的な指導及び助言を行うこと。
八　研究者その他の関係者に対し、学術に係る専門的、技術的な指導及び助言を行うこと。
九　研究開発に必要な施設及び設備（関係行政機関に重複して設置することが多額の経費を要するため適当でないと認められるものに限る。）の整備（共用に供することを含む。）、研究開発に関する情報処理の高度化及び情報の流通の促進その他の科学技術に関する研究開発の基盤の整備に関すること（科学技術・学術政策局の所掌に属するものを除く。）。
十　科学技術に関する研究開発に係る交流の助成に関すること（科学技術・学術政策局の所掌に属するものを除く。）。
十一　前二号に掲げるもののほか、科学技術に関する研究開発の推進のための環境の整備に関すること（科学技術・学術政策局の所掌に属するものを除く。）。

十二　文部科学省の所掌事務に係る科学技術に関する研究開発に係る交流（国際交流を除く。）に関する事務の総括に関すること。

十三　科学技術に関する研究開発の成果の普及及び成果の活用の促進に関すること（科学技術・学術政策局の所掌に属するものを除く。）。

十四　大学等における技術に関する研究成果の民間事業者への移転の促進に関する法律（平成十年法律第五十二号）の施行に関すること。

十五　発明及び実用新案の奨励並びにこれらの実施化の推進に関すること。

十六　科学技術に関する研究開発が経済社会及び国民生活に及ぼす影響に関し、評価を行うことその他の措置に関する事務のうち、ライフサイエンス（生命現象の解明及びその成果の応用に関する総合的科学技術をいう。以下同じ。）に関する研究開発に関する安全の確保及び生命倫理に係るものに関すること。

十七　科学技術に関する基礎研究に関すること。

十八　基盤的研究開発（科学技術に関する共通的な研究開発（二以上の府省のそれぞれの所掌に係る研究開発に共通する研究開発をいう。）、科学技術に関する研究開発で関係行政機関に重複して設置することが多額の経費を要するため適当でないと認められる施設及び設備を必要とするもの並びに科学技術に関する研究開発で多数部門の協力を要する総合的なもの（他の府省の所掌に係るものを除く。）をいう。以下同じ。）に関すること（研究開発局の所掌に属するものを除く。）。

十九　文部科学省の所掌事務に係る科学技術に関する研究開発を効果的かつ効率的に行うために必要な人的及び技術的援助一般に関すること。

二十　理化学研究所の行う科学技術に関する試験及び研究（基盤的研究開発を除く。）に関すること。

二十一　放射線の利用に関する研究開発に関すること。

二十二　放射性同位元素の利用の推進に関すること。

二十三　放射線による障害の防止に関する研究開発に関すること。

二十四　文部科学省の所掌事務に係る原子力関連施設の廃止措置並びに当該施設から発生する放射性廃棄物の処理及び処分に関すること（科学技術・学術政策局の所掌に属するものを除く。）。

二十五　国立大学附置の研究所、国立大学の附属図書館〔傍線＝編者〕及び大学共同利用機関（メディア教育開発センターを除く。次号並びに第六十五条〔学術機関課の所掌事務〕第五号及び第六号において同じ。）に関する予算案の準備に関すること（大臣官房の所掌に属するものを除く。）。

二十六　前号に掲げるもののほか、国立大学附置の研究所、国立大学の附属図書館〔傍線＝編者〕及び大学共同利用機関における教育及び研究に関すること（研究開発局の所掌に属するものを除く。）。

二十七　独立行政法人評価委員会科学技術分科会の庶務に関すること。

二十八　日本学士院の組織及び運営一般に関すること。

二十九　独立行政法人物質・材料研究機構及び独立行政法人放射線医学総合研究所の組織及び運営一般に関すること。

三十　日本学術振興会、理化学研究所及び日本原子力研究所の組織及び運営一般に関すること。

第三款　課の設置等

第二目　生涯学習政策局

（生涯学習政策局に置く課）

第二十五条　生涯学習政策局に、次の六課を置く。

政策課
学習情報政策課
調査企画課
生涯学習推進課
社会教育課
男女共同参画学習課

（政策課の所掌事務）

第二十六条　政策課は、次に掲げる事務をつかさどる。

一　生涯学習政策局の所掌事務に関する総合調整に関すること。
二　豊かな人間性を備えた創造的な人材の育成のための教育改革に関する基本的な政策の企画及び立案並びに推進に関すること。
三　文部科学省の所掌事務に関する生涯学習に係る機会の整備に関する基本的な政策の企画及び立案並びに調整に関すること。
四　地域の振興に資する見地からの基本的な文教施策の企画及び立案並びに調整に関すること。
五　中央教育審議会の庶務（初等中等教育分科会、大学分科会及びスポーツ・青少年分科会に係るものを除く。）に関すること。
六　国立教育政策研究所の組織及び運営一般に関すること。
七　前各号に掲げるもののほか、生涯学習政策局の所掌事務で他の所掌に属しないものに関すること。

（学習情報政策課の所掌事務）

第二十七条　学習情報政策課は、次に掲げる事務をつかさどる。

一　教育、スポーツ及び文化に係る情報通信の技術の活用に関する基本的な政策の企画及び立案並びに推進に関すること。
二　生涯学習に係る機会の整備（学習情報の提供に係るものに限る。）の推進に関すること。
三　視聴覚教育に関する連絡調整に関すること。
四　社会教育及び学校教育における視聴覚教育メディアの利用に関すること（高等教育局の所掌に属するものを除く。）。

（調査企画課の所掌事務）

第二十八条　調査企画課は、次に掲げる事務をつかさどる。

一　教育、スポーツ、文化及び宗教に係る調査及び研究に関する基本的な施策の企画及び立案並びに調整に関すること。
二　教育、スポーツ、文化及び宗教に係る統計に関すること（他の所掌に属するものを除く。）。
三　外国の教育事情に関する調査及び研究に関すること。

（生涯学習推進課の所掌事務）

第二十九条　生涯学習推進課は、次に掲げる事務をつかさどる。

一　生涯学習に係る機会の整備の推進に関すること（他課の所掌に属するものを除く。）。
二　大学入学資格検定に関すること。
三　専修学校及び各種学校における教育の振興に関する企画及び立案並びに援助及び助言に関すること（他局の所掌に属するものを除く。）。
四　専修学校及び各種学校における教育の基準の設定に関すること（高等教育局及びスポーツ・青少年局の所掌に属するものを除く。）。
五　私立の専修学校及び各種学校における教育の振興のための学校法人その他の私立の専修学校及び各種学校の設置者、地方公共団体並びに関係団体に対する助成に関すること（スポーツ・青少年局の所掌に属するものを除く。）。

六　学校開放に関する企画及び立案並びに援助及び助言に関すること（スポーツ・青少年局の所掌に属するものを除く。）。

七　学校開放のための補助に関すること（スポーツ・青少年局の所掌に属するものを除く。）。

八　社会教育としての通信教育に関すること。

九　地方公共団体の機関その他の関係機関に対し、専修学校及び各種学校における教育並びに学校開放に係る専門的、技術的な指導及び助言を行うこと（高等教育局及びスポーツ・青少年局の所掌に属するものを除く。）。

十　教育関係職員、社会教育に関する団体、社会教育指導者その他の関係者に対し、専修学校及び各種学校における教育並びに学校開放に係る専門的、技術的な指導及び助言を行うこと（高等教育局及びスポーツ・青少年局の所掌に属するものを除く。）。

十一　放送大学学園の組織及び運営一般に関すること。

（社会教育課の所掌事務）

第三十条　社会教育課は、次に掲げる事務をつかさどる。

一　社会教育の振興に関する企画及び立案並びに援助及び助言に関すること（スポーツ・青少年局並びに生涯学習推進課及び男女共同参画学習課の所掌に属するものを除く。）。

二　社会教育主事並びに司書及び司書補の講習（傍線＝編者）並びに学芸員となる資格の認定に関すること。

三　社会教育のための補助に関すること（スポーツ・青少年局並びに生涯学習推進課及び男女共同参画学習課の所掌に属するものを除く。）。

四　公立及び私立の図書館（傍線＝編者）（学校図書館を除く。）、博物館、公民館その他の社会教育施設の整備に関する指導及び助言に関すること（スポーツ・青少年局及び男女共同参画学習課の所掌に属するものを除く。）。

五　公立の図書館（傍線＝編者）（学校図書館を除く。）、博物館、公民館その他の社会教育施設の整備のための補助に関すること（スポーツ・青少年局及び男女共同参画学習課の所掌に属するものを除く。）。

六　生涯学習に係る機会の整備の推進に関すること（ボランティア活動の振興に係るものに限る。）。

七　地方公共団体の機関その他の関係機関に対し、社会教育に係る専門的、技術的な指導及び助言を行うこと（スポーツ・青少年局並びに生涯学習推進課及び男女共同参画学習課の所掌に属するものを除く。）。

八　教育関係職員、社会教育に関する団体、社会教育指導者その他の関係者に対し、社会教育に係る専門的、技術的な指導及び助言を行うこと（スポーツ・青少年局並びに生涯学習推進課及び男女共同参画学習課の所掌に属するものを除く。）。

九　独立行政法人評価委員会社会教育分科会の庶務に関すること。

十　独立行政法人国立科学博物館の組織及び運営一般に関すること。

（男女共同参画学習課の所掌事務）

第三十一条　男女共同参画学習課は、次に掲げる事務をつかさどる。

一　男女共同参画社会の形成の促進のための生涯学習に係る機会の整備の推進に関すること。

二　女性教育の振興に関する企画及び立案並びに援助及び助言に関すること。
三　女性教育のための補助に関すること。
四　公立及び私立の女性教育施設の整備に関する指導及び助言に関すること。
五　公立の女性教育施設の整備のための補助に関すること。
六　家庭教育の支援に関すること。
七　地方公共団体の機関その他の関係機関に対し、女性教育に係る専門的、技術的な指導及び助言を行うこと。
八　教育関係職員、社会教育に関する団体、社会教育指導者その他の関係者に対し、女性教育に係る専門的、技術的な指導及び助言を行うこと。

第三目　初等中等教育局

（初等中等教育局に置く課等）
第三十二条　初等中等教育局に、次の十課及び参事官一人を置く。
初等中等教育企画課
財務課
教育課程課
児童生徒課
幼児教育課
特別支援教育課
国際教育課
教科書課
教職員課
施設助成課

（初等中等教育企画課の所掌事務）
第三十三条　初等中等教育企画課は、次に掲げる事務をつかさどる。
一　初等中等教育局の所掌事務に関する総合調整に関すること。
二　初等中等教育の振興に関する基本的な政策の企画及び立案に関すること。
三　地方教育行政に関する制度の企画及び立案に関すること。
四　地方教育行政の組織及び一般的運営に関する指導、助言及び勧告に関すること（文化庁の所掌に属するものを除く。）。
五　地方公務員である教育関係職員の任免その他の身分取扱い（給与を除く。）に関する制度の企画及び立案並びにこれらの制度の運営に関する指導、助言及び勧告に関すること（文化庁並びにスポーツ・青少年局及び教職員課の所掌に属するものを除く。）。
六　初等中等教育の基準の設定に関すること（スポーツ・青少年局及び他課の所掌に属するものを除く。）。
七　中等教育学校における教育並びに中学校及び高等学校における教育で学校教育法（昭和二十二年法律第二十六号）（別掲）第五十一条の十の規定によるものの振興に関する企画及び立案並びに援助及び助言に関すること（スポーツ・青少年局並びに他課及び参事官の所掌に属するものを除く。）。
八　高等学校（中等教育学校の後期課程を含む。以下この条において同じ。）における定時制教育の振興に関する企画及び立案並びに援助及び助言に関すること（スポーツ・青少年局並びに他課及び参事官の所掌に属するものを除く。）。
九　高等学校における定時制教育のための補助に関すること（スポーツ・青少年局の所掌に属するものを除く。）。
十　高等学校における通信教育に関すること（スポーツ・青少年局並びに他課及び参事官の所掌に属するものを除く。）。

十一　私立学校教育の振興のための学校法人その他の私立学校の設置者、地方公共団体及び関係団体に対する助成（産業教育のための施設の整備に係るものに限る。）に関すること。
十二　中学校卒業程度認定に関すること。
十三　中央教育審議会初等中等教育分科会の庶務に関すること。
十四　前各号に掲げるもののほか、初等中等教育局の所掌事務で他の所掌に属しないものに関すること。

（財務課の所掌事務）

第三十四条　財務課は、次に掲げる事務をつかさどる。
一　地方教育費に関する企画に関すること。
二　地方公務員である教育関係職員の給与に関する制度の企画及び立案並びにその運営に関する指導、助言及び勧告に関すること。
三　初等中等教育の教材の基準の設定に関すること。
四　教育用品（学校用家具を除く。）の基準の設定に関すること。
五　公立の小学校、中学校、高等学校、中等教育学校並びに盲学校、聾《ろう》学校及び養護学校の小学部、中学部及び高等部（学校給食法（昭和二十九年法律第百六十号）第五条の二（二以上の義務教育諸学校の学校給食に必要な措置）に規定する共同調理場を含む。）の学級編制及び教職員定数の基準の設定に関すること。
六　義務教育費国庫負担法（昭和二十七年法律第三百三号）による補助及び公立養護学校整備特別措置法（昭和三十一年法律第百五十二号）による補助（施設助成課の所掌に属するものを除く。）に関すること。
七　へき地における教育の振興に関する施策の基本方針の企画及び立案並びに調整に関すること。
八　地方公務員である教育関係職員の福利厚生に関すること。
九　公立の小学校、中学校、高等学校、中等教育学校、盲学校、聾《ろう》学校、養護学校及び幼稚園に係る予算案（学校施設の災害復旧、学校における体育並びに学校保健、学校安全、学校給食及び災害共済給付に係るものを除く。）の準備に関する連絡調整に関すること。

（教育課程課の所掌事務）

第三十五条　教育課程課は、次に掲げる事務をつかさどる。
一　初等中等教育の教育課程に関する企画及び立案並びに援助及び助言に関すること（スポーツ・青少年局並びに他課及び参事官の所掌に属するものを除く。）。
二　初等中等教育の教育課程の基準の設定に関すること（スポーツ・青少年局並びに幼児教育課及び特別支援教育課の所掌に属するものを除く。）。
三　地方公共団体の機関その他の関係機関に対し、初等中等教育の教育課程に係る専門的、技術的な指導及び助言を行うこと（スポーツ・青少年局及び他課の所掌に属するものを除く。）。
四　教育関係職員その他の関係者に対し、初等中等教育の教育課程に係る専門的、技術的な指導及び助言を行うこと（スポーツ・青少年局及び他課の所掌に属するものを除く。）。
五　小学校、中学校、高等学校、中等教育学校並びに盲学校、聾《ろう》学校及び養護学校の小学部、中学部及び高等部における理科教育のための補助に関すること。
六　少年院の教科に関する事項の勧告に関すること。

（児童生徒課の所掌事務）

第三十六条　児童生徒課は、次に掲げる事務をつかさどる。
一　小学校、中学校、高等学校及び中等教育学校における生徒指導及び進路指導に関する企画及び立案並びに援助及び助言に関すること（特別支援教育課及び国際教育課の所掌に属するものを除く。）。

二　高等学校の入学者の選抜に関する援助及び助言に関すること。

三　学校図書館（傍線＝編者）の整備に関すること。

四　経済的理由によって就学困難な児童及び生徒に係る就学奨励のための補助に関すること。

五　地方公共団体の機関その他の関係機関に対し、小学校、中学校、高等学校及び中等教育学校における生徒指導及び進路指導並びに高等学校の入学者の選抜に係る専門的、技術的な指導及び助言を行うこと（特別支援教育課及び国際教育課の所掌に属するものを除く。）。

六　教育関係職員その他の関係者に対し、小学校、中学校、高等学校及び中等教育学校における生徒指導及び進路指導並びに高等学校の入学者の選抜に係る専門的、技術的な指導及び助言を行うこと（特別支援教育課及び国際教育課の所掌に属するものを除く。）。

（幼児教育課の所掌事務）

第三十七条　幼児教育課は、次に掲げる事務をつかさどる。

一　幼児に対する教育の振興に関する基本的な施策の企画及び立案並びに調整に関すること。

二　幼稚園における教育の振興に関する企画及び立案並びに援助及び助言に関すること（スポーツ・青少年局及び特別支援教育課の所掌に属するものを除く。）。

三　幼稚園における教育のための補助に関すること（スポーツ・青少年局及び特別支援教育課の所掌に属するものを除く。）。

四　幼稚園における教育の基準の設定に関すること（スポーツ・青少年局の所掌に属するものを除く。）。

五　私立学校教育の振興のための学校法人その他の私立学校の設置者、地方公共団体及び関係団体に対する助成（幼稚園の施設の整備に係るものに限る。）に関すること（スポーツ・青少年局の所掌に属するものを除く。）。

六　地方公共団体の機関その他の関係機関に対し、幼稚園における教育に係る専門的、技術的な指導及び助言を行うこと（スポーツ・青少年局及び特別支援教育課の所掌に属するものを除く。）。

七　教育関係職員その他の関係者に対し、幼稚園における教育に係る専門的、技術的な指導及び助言を行うこと（スポーツ・青少年局及び特別支援教育課の所掌に属するものを除く。）。

（特別支援教育課の所掌事務）

第三十八条　特別支援教育課は、次に掲げる事務（第一号及び第三号から第六号までに掲げる事務にあっては、スポーツ・青少年局の所掌に属するものを除く。）をつかさどる。

一　盲学校、聾《ろう》学校及び養護学校並びに特殊学級における教育その他の教育上特別の支援を必要とする児童、生徒及び幼児に対する教育（以下この条において「特別支援教育」という。）の振興に関する企画及び立案並びに援助及び助言に関すること。

二　前号に掲げる児童、生徒及び幼児に係る就学奨励並びに特別支援教育の用に供する設備の整備のための補助に関すること。

三　特別支援教育の基準（学級編制及び教職員定数に係るものを除く。）の設定に関すること。

四　盲学校、聾《ろう》学校及び養護学校の高等部における通信教育に関すること。

五　地方公共団体の機関その他の関係機関に対し、特別支援教育に係る専門的、技術的な指導及び助言を行うこと。

六　教育関係職員その他の関係者に対し、特別支援教育に係る専門的、技術的な指導及び助言を行うこと。

七　盲学校の理療に関する学科及び理学療法に関する学科並びに聾《ろう》学校の歯科技工に関する学科の認定に関すること。

八　国立養護学校（国立大学附置のものを除く。）における教育に関すること。

九　独立行政法人国立特殊教育総合研究所の組織及び運営一般に関すること。

（国際教育課の所掌事務）

第三十九条　国際教育課は、次に掲げる事務をつかさどる。

一　小学校、中学校、高等学校、中等教育学校、盲学校、聾《ろう》学校、養護学校及び幼稚園における国際理解教育（以下この条において単に「国際理解教育」という。）の振興に関する企画及び立案並びに援助及び助言に関すること。

二　地方公共団体の機関その他の関係機関に対し、国際理解教育に係る専門的、技術的な指導及び助言を行うこと。

三　教育関係職員その他の関係者に対し、国際理解教育に係る専門的、技術的な指導及び助言を行うこと。

四　海外に在留する邦人の子女のための在外教育施設及び関係団体が行う教育、海外から帰国した児童及び生徒の教育並びに本邦に在留する外国人の児童及び生徒の学校生活への適応のための指導に関すること。

五　初等中等教育の振興に係る国際文化交流の振興に関すること（外交政策に係るもの及び国際統括官の所掌に属するものを除く。）。

（教科書課の所掌事務）

第四十条　教科書課は、次に掲げる事務をつかさどる。

一　教科用図書の検定に関すること。

二　教科用図書その他の教授上用いられる図書の発行及び義務教育諸学校において使用する教科用図書の無償措置に関すること。

三　文部科学省が著作の名義を有する出版物の著作権の管理に関すること。

（教職員課の所掌事務）

第四十一条　教職員課は、次に掲げる事務をつかさどる。

一　教育職員の養成並びに資質の保持及び向上に関すること（高等教育局の所掌に属するものを除く。）。

二　地方公務員である教育職員の採用のための選考に関する指導、助言及び勧告に関すること。

三　独立行政法人教員研修センターの組織及び運営一般に関すること。

（施設助成課の所掌事務）

第四十二条　施設助成課は、次に掲げる事務（スポーツ・青少年局の所掌に属するものを除く。）をつかさどる。

一　公立の学校施設の整備（災害復旧に係るものを除く。）に関する指導及び助言に関すること。

二　公立の学校施設の整備（災害復旧に係るものを除く。）のための援助及び補助に関すること。

（参事官の職務）

第四十三条　参事官は、次に掲げる事務をつかさどる。

一　中学校、高等学校及び中等教育学校における産業教育並びに小学校、中学校、高等学校及び中等教育学校における情報教育の振興に関する企画及び立案並びに事務の総括に関すること。
二　看護婦又は准看護婦の養成のための高等学校の指定に関すること。
三　中学校卒業程度を入学資格とする専修学校及び各種学校における教育の振興（教育内容に係るものに限る。）に関する援助及び助言に関すること（スポーツ・青少年局の所掌に属するものを除く。）。

第四目　高等教育局

（高等教育局に置く課等）
第四十四条　高等教育局に、私学部に置くもののほか、次の六課を置く。
高等教育企画課
大学課
専門教育課
医学教育課
学生課
留学生課
2　私学部に、次の二課及び参事官一人を置く。
私学行政課
私学助成課

（高等教育企画課の所掌事務）
第四十五条　高等教育企画課は、次に掲げる事務をつかさどる。
一　高等教育局の所掌事務に関する総合調整に関すること。
二　大学及び高等専門学校における教育の振興に関する基本的な政策の企画及び立案に関すること。
三　大学の教員等の任期に関する法律（平成九年法律第八十二号）による任期に関すること。
四　国費による在外研究員及び内地研究員に関すること。
五　大学における教育及び研究についての評価に関する企画及び立案並びに援助及び助言に関すること。
六　大学の設置、廃止、設置者の変更その他の事項の認可に関すること。
七　放送大学における教育に関すること。
八　中央教育審議会大学分科会の庶務に関すること。
九　大学設置・学校法人審議会の庶務（学校法人分科会に係るものを除く。）に関すること。
十　前各号に掲げるもののほか、高等教育局の所掌事務で他の所掌に属しないものに関すること。

（大学課の所掌事務）
第四十六条　大学課は、次に掲げる事務（第二号から第四号まで、第八号及び第九号に掲げる事務にあっては、スポーツ・青少年局並びに専門教育課及び医学教育課の所掌に属するものを除く。）をつかさどる。
一　大学の組織及び運営に関する企画及び立案並びに援助及び助言に関すること（医学教育課の所掌に属するものを除く。）。
二　前号に掲げるもののほか、大学における教育の振興に関する企画及び立案並びに援助及び助言に関すること。
三　大学における教育のための補助に関すること。
四　大学における教育の基準の設定に関すること。
五　学位の授与に関すること。
六　国立学校（第五条第十号に規定する学校並びに第八条第二十五号に規定する研究所、附属図書館及び機関を除く。次号において同じ。）に関する予算案の準備に関すること（大臣官房の所掌に属するものを除く。）。

七　前号に掲げるもののほか、国立学校における教育及び研究に関すること（専門教育課及び医学教育課の所掌に属するものを除く。）。
八　地方公共団体の機関、大学その他の関係機関に対し、大学における教育に係る専門的、技術的な指導及び助言を行うこと。
九　教育関係職員その他の関係者に対し、大学における教育に係る専門的、技術的な指導及び助言を行うこと。

（専門教育課の所掌事務）
第四十七条　専門教育課は、次に掲げる事務（第一号から第三号まで、第五号、第八号及び第九号に掲げる事務にあっては、スポーツ・青少年局の所掌に属するものを除く。）をつかさどる。
一　大学における技術教育、理学に関する教育、情報教育及び教育職員の養成のための教育（医療技術者並びに社会福祉に関する専門的知識及び技術を有する者の養成のための教育を除く。以下この条において「技術教育等」という。）の振興（組織及び運営に係るものを除く。）並びに高等専門学校における教育の振興に関する企画及び立案並びに援助及び助言に関すること。
二　大学における技術教育等及び高等専門学校における教育のための補助に関すること。
三　大学における技術教育等及び高等専門学校における教育の基準の設定に関すること。
四　高等専門学校の設置、廃止、設置者の変更その他の事項の認可に関すること。
五　高等学校卒業程度を入学資格とする専修学校及び各種学校（次条第五号に規定するものを除く。第八号及び第九号において同じ。）における教育の振興（教育内容に係るものに限る。）に関する援助及び助言に関すること。
六　技術教育等に係る国立大学又は国立大学の学部及びこれらに附属する教育研究施設並びに国立高等専門学校における教育及び研究に関すること（予算案の準備に関することを除く。）。
七　大学（放送大学を除く。）及び高等専門学校における通信教育及び視聴覚教育に関すること。
八　地方公共団体の機関、大学、高等専門学校その他の関係機関に対し、大学における技術教育等及び高等専門学校における教育並びに高等学校卒業程度を入学資格とする専修学校及び各種学校における教育に係る専門的、技術的な指導及び助言を行うこと。
九　教育関係職員その他の関係者に対し、大学における技術教育等及び高等専門学校における教育並びに高等学校卒業程度を入学資格とする専修学校及び各種学校における教育に係る専門的、技術的な指導及び助言を行うこと。

（医学教育課の所掌事務）
第四十八条　医学教育課は、次に掲げる事務をつかさどる。
一　大学における医学、歯学及び薬学に関する教育並びに医療技術者又は社会福祉に関する専門的知識及び技術を有する者の養成のための教育（以下この条において「医学等に関する教育」という。）の振興（組織及び運営に係るものを除く。）に関する企画及び立案並びに援助及び助言に関すること。
二　大学の附属病院の組織及び運営に関する企画及び立案並びに援助及び助言に関すること。
三　大学における医学等に関する教育のための補助に関すること。
四　大学における医学等に関する教育の基準の設定に関すること。

五　附属専修学校等における医療技術者等養成教育の振興（教育内容に係るものに限る。）に関する援助及び助言に関すること。

六　附属専修学校等における医療技術者等養成教育の基準の設定に関すること。

七　医療技術者又は社会福祉に関する専門的知識及び技術を有する者の養成のための大学並びにこれに附属する専修学校及び各種学校の指定に関すること。

八　看護婦等の人材確保の促進に関する法律第三条〔基本指針〕の基本指針のうち同条第二項第二号に掲げる事項に関すること。

九　医学等に関する教育に係る国立大学又は国立大学の学部及びこれらに附属する教育研究施設における教育及び研究に関すること（予算案の準備に関することを除く。）。

十　地方公共団体の機関、大学その他の関係機関に対し、大学における医学等に関する教育及び附属専修学校等における医療技術者等養成教育に係る専門的、技術的な指導及び助言を行うこと。

十一　教育関係職員その他の関係者に対し、大学における医学等に関する教育及び附属専修学校等における医療技術者等養成教育に係る専門的、技術的な指導及び助言を行うこと。

（学生課の所掌事務）

第四十九条　学生課は、次に掲げる事務をつかさどる。

一　大学の入学者の選抜に関すること。

二　学生及び生徒の奨学に関すること。

三　学生（外国人留学生を除く。）の厚生及び補導に関すること。

（留学生課の所掌事務）

第五十条　留学生課は、次に掲げる事務をつかさどる。

一　外国人留学生の受入れの連絡及び教育並びに海外への留学生の派遣に関すること。

二　政府開発援助のうち外国人留学生に係る技術協力に関すること（外交政策に係るものを除く。）。

三　外国人留学生の厚生及び補導に関すること。

四　大学及び高等専門学校における教育の振興に係る国際文化交流の振興に関すること（外交政策に係るもの及び国際統括官の所掌に属するものを除く。）。

（私学行政課の所掌事務）

第五十一条　私学行政課は、次に掲げる事務をつかさどる。

一　私学部の所掌事務に関する総合調整に関すること。

二　私立学校に関する行政の制度の企画及び立案並びにこれらの行政の組織及び一般的運営に関する指導、助言及び勧告に関すること（参事官の所掌に属するものを除く。）。

三　文部科学大臣が所轄庁である学校法人についての認可及び認定に関すること。

四　私立学校教職員の共済制度に関すること。

五　大学設置・学校法人審議会学校法人分科会の庶務に関すること。

六　前各号に掲げるもののほか、私学部の所掌事務で他の所掌に属しないものに関すること。

（私学助成課の所掌事務）

第五十二条　私学助成課は、次に掲げる事務をつかさどる。

一　私立学校教育の振興のための学校法人その他の私立学校の設置者、地方公共団体及び関係団体に対する助成に関すること（他局及び参事官の所掌に属するものを除く。）。

二　日本私立学校振興・共済事業団の組織及び運営一般に関する

こと。

（参事官の職務）

第五十三条　参事官は、次に掲げる事務をつかさどる。

一　文部科学大臣が所轄庁である学校法人の経営に関する指導及び助言に関すること。

二　私立学校振興助成法（昭和五十年法律第六十一号）〔別掲〕第十二条〔所轄庁の権限〕第四号の勧告及び第十四条〔書類の作成等〕第一項の基準に関すること。

第五目　科学技術・学術政策局

（科学技術・学術政策局に置く課等）

第五十四条　科学技術・学術政策局に、次の四課並びに計画官一人及び国際交流官一人を置く。

政策課

調査調整課

基盤政策課

原子力安全課

（政策課の所掌事務）

第五十五条　政策課は、次に掲げる事務をつかさどる。

一　科学技術・学術政策局の所掌事務に関する総合調整に関すること。

二　科学技術に関する基本的な政策の企画及び立案並びに推進に関すること（研究振興局及び研究開発局並びに調査調整課、基盤政策課、計画官及び国際交流官の所掌に属するものを除く。）。

三　学術の振興に関する基本的な政策の企画及び立案並びに推進に関すること。

四　科学技術に関する研究開発が経済社会及び国民生活に及ぼす影響に関し、評価を行うことその他の措置に関すること（研究振興局及び研究開発局並びに計画官の所掌に属するものを除く。）。

五　資源の総合的利用に関すること（他の府省の所掌に属するものを除く。）。

六　科学技術・学術審議会の庶務（研究計画・評価分科会、海洋開発分科会、測地学分科会及び技術士分科会に係るものを除く。）に関すること。

七　科学技術政策研究所の組織及び運営一般に関すること。

八　前各号に掲げるもののほか、科学技術・学術政策局の所掌事務で他の所掌に属しないものに関すること。

（調査調整課の所掌事務）

第五十六条　調査調整課は、次に掲げる事務をつかさどる。

一　科学技術及び学術に関する内外の動向の調査及び分析に関すること。

二　科学技術及び学術に関する統計の作成に関すること。

三　科学技術の振興に関する年次報告に関すること。

四　科学技術に関する関係行政機関の事務の調整に関すること（研究振興局及び研究開発局並びに基盤政策課及び国際交流官の所掌に属するものを除く。）。

五　科学技術に関する関係行政機関の経費の見積りの方針の調整に関すること（研究振興局及び研究開発局並びに基盤政策課及び国際交流官の所掌に属するものを除く。）。

六　文部科学省の所掌事務に係る科学技術に関する研究開発であって公募によるものの実施の調整に関すること。

（基盤政策課の所掌事務）

第五十七条　基盤政策課は、次に掲げる事務をつかさどる。

一　科学技術に関する制度一般に関する基本的な政策の企画及び立案並びに推進に関すること。
二　科学技術に関する研究者及び技術者に関する基本的な政策の企画及び立案並びに推進に関すること。
三　科学技術に関する研究者及び技術者に関する関係行政機関の事務の調整に関すること。
四　科学技術に関する研究者及び技術者に関する関係行政機関の経費の見積りの方針の調整に関すること。
五　研究者の養成及び資質の向上に関すること（研究開発局の所掌に属するものを除く。）。
六　技術者の養成及び資質の向上に関すること（文部科学省に置かれる試験研究機関及び文部科学大臣が所管する法人において行うものに限るものとし、研究開発局の所掌に属するものを除く。）。
七　技術士に関すること。
八　地域の振興に資する見地からする科学技術の振興であって文部科学省の所掌事務に係るものに関すること。
九　科学技術に関する知識の普及並びに国民の関心及び理解の増進に関すること。
十　科学技術振興事業団の組織及び運営一般に関すること。

（原子力安全課の所掌事務）

第五十八条　原子力安全課は、次に掲げる事務をつかさどる。
一　国際約束に基づく保障措置の実施のための規制その他の原子力の平和的利用の確保のための規制に関すること。
二　試験研究の用に供する原子炉及び研究開発段階にある原子炉（発電の用に供するものを除く。）並びに核原料物質及び核燃料物質の使用に関する規制その他これらに関する安全の確保に関すること。
三　原子力の安全の確保のうち科学技術に関するものに関すること。
四　放射線による障害の防止に関すること（研究振興局の所掌に属するものを除く。）。
五　放射能水準の把握のための監視及び測定に関すること。
六　放射線審議会の庶務に関すること。

（計画官の職務）

第五十九条　計画官は、次に掲げる事務をつかさどる。
一　科学技術に関する研究開発に関する計画の作成及び推進に関すること（研究振興局及び研究開発局の所掌に属するものを除く。）。
二　科学技術に関する研究開発の評価一般に関する基本的な政策の企画及び立案並びに推進に関すること。
三　科学技術に関する研究開発が経済社会及び国民生活に及ぼす影響の評価に関すること（研究振興局及び研究開発局の所掌に属するものを除く。）。

（国際交流官の職務）

第六十条　国際交流官は、次に掲げる事務をつかさどる。
一　科学技術に関する国際交流に関する基本的な政策の企画及び立案並びに推進に関すること（研究振興局及び研究開発局の所掌に属するものを除く。）。
二　科学技術に関する国際交流に関する関係行政機関の事務の調整に関すること（研究振興局及び研究開発局の所掌に属するものを除く。）。
三　科学技術に関する国際交流に関する関係行政機関の経費の見積りの方針の調整に関すること（研究振興局及び研究開発局の

所掌に属するものを除く。）。

四　科学技術に関する研究開発に係る国際交流の助成に関すること。

五　文部科学省の所掌事務に係る国際交流に関する事務のうち科学技術に係るものの総括に関すること（国際統括官の所掌に属するものを除く。）。

六　学術の振興に係る国際文化交流の振興に関すること（外交政策に係るもの及び国際統括官の所掌に属するものを除く。）。

七　文部科学省の所掌事務に係る国際協力に関する事務のうち科学技術及び学術に係るものに関すること（研究開発局の所掌に属するものを除く。）。

第六目　研究振興局

（研究振興局に置く課）

第六十一条　研究振興局に、次の八課を置く。

振興企画課
研究環境・産業連携課
情報課
学術機関課
学術研究助成課
基礎基盤研究課
ライフサイエンス課
量子放射線研究課

（振興企画課の所掌事務）

第六十二条　振興企画課は、次に掲げる事務をつかさどる。

一　研究振興局の所掌事務に関する総合調整に関すること。

二　科学技術に関する研究開発に関する基本的な政策（研究開発の評価一般に関するものを除く。）の企画及び立案並びに推進に関すること（研究開発局及び他課の所掌に属するものを除く。）。

三　科学技術に関する研究開発に関する関係行政機関の事務の調整に関すること（研究開発局及び他課の所掌に属するものを除く。）。

四　科学技術に関する研究開発に関する関係行政機関の経費の見積りの方針の調整に関すること（研究開発局及び他課の所掌に属するものを除く。）。

五　学術の振興に関すること（高等教育局及び科学技術・学術政策局並びに他課の所掌に属するものを除く。）。

六　大学、高等専門学校、研究機関その他の関係機関に対し、学術に係る専門的、技術的な指導及び助言を行うこと。

七　研究者その他の関係者に対し、学術に係る専門的、技術的な指導及び助言を行うこと。

八　発明及び実用新案の奨励に関すること。

九　独立行政法人評価委員会科学技術分科会の庶務に関すること。

十　日本学士院の組織及び運営一般に関すること。

十一　日本学術振興会の組織及び運営一般に関すること。

十二　前各号に掲げるもののほか、研究振興局の所掌事務で他の所掌に属しないものに関すること。

（研究環境・産業連携課の所掌事務）

第六十三条　研究環境・産業連携課は、次に掲げる事務をつかさどる。

一　研究開発に必要な施設及び設備（関係行政機関に重複して設置することが多額の経費を要するため適当でないと認められるものに限る。）の整備（共用に供することを含む。）その他の科学技術に関する研究開発の基盤の整備に関すること（科学技術・学術政策局並びに情報課及び基礎基盤研究課の所掌に属するものを除く。）。

二　科学技術に関する研究開発に係る交流の助成に関すること（科学技術・学術政策局の所掌に属するものを除く。）。

三　前二号に掲げるもののほか、科学技術に関する研究開発の推進のための環境の整備に関すること（科学技術・学術政策局の所掌に属するものを除く。）。

四　文部科学省の所掌事務に係る科学技術に関する研究開発に係る交流（国際交流を除く。）に関する事務の総括に関すること。

五　科学技術に関する研究開発の成果の普及及び成果の活用の促進に関すること（科学技術・学術政策局の所掌に属するものを除く。）。

六　大学等における技術に関する研究成果の民間事業者への移転の促進に関する法律の施行に関すること。

七　発明及び実用新案の実施化の推進に関すること。

八　文部科学省の所掌事務に係る科学技術に関する研究開発を効果的かつ効率的に行うために必要な人的及び技術的援助一般に関すること。

九　科学技術に関する関係行政機関の事務の調整に関する事務のうち筑波研究学園都市に係るものに関すること。

（情報課の所掌事務）

第六十四条　情報課は、次に掲げる事務をつかさどる。

一　情報科学技術に関する研究開発に関する基本的な政策の企画及び立案並びに推進に関すること。

二　情報科学技術に関する研究開発に関する計画の作成及び推進に関すること。

三　情報科学技術に関する研究開発に関する関係行政機関の事務の調整に関すること。

四　情報科学技術に関する研究開発に関する関係行政機関の経費の見積りの方針の調整に関すること。

五　研究開発に必要な施設及び設備（関係行政機関に重複して設置することが多額の経費を要するため適当でないと認められるものに限る。）の整備（共用に供することを含む。）に関する事務のうち情報システムに係るものに関すること。

六　科学技術に関する研究開発及び学術に関する情報処理の高度化及び情報の流通の促進に関すること。

七　基盤的研究開発に関する事務のうち情報科学技術に係るものに関すること。

八　統計数理研究所及び国立情報学研究所における教育及び研究に関すること（予算案の準備に関することを除く。）。

（学術機関課の所掌事務）

第六十五条　学術機関課は、次に掲げる事務をつかさどる。

一　学術に関する研究機関の研究体制の整備に関する企画及び立案並びに援助及び助言に関すること。

二　学術に関する研究機関の活動に関する情報資料の収集、保存及び活用に関すること。

三　学術に関する研究設備に関すること。

四　大学の附属図書館（傍線＝編者）その他の学術に関する図書施設に関すること。

五　国立大学附置の研究所、国立大学の附属図書館（傍線＝編者）及び大学共同利用機関に関する予算案の準備に関すること（大臣官房の所掌に属するものを除く。）。

六　前号に掲げるもののほか、国立大学附置の研究所、国立大学の附属図書館（傍線＝編者）及び大学共同利用機関における教育及び研究に関すること（研究開発局及び他課の所掌に属するものを除く。）。

（学術研究助成課の所掌事務）

第六十六条　学術研究助成課は、次に掲げる事務をつかさどる。

一　学術の振興のための助成に関すること。

二　学術用語の制定及び普及に関すること。

三　学会に対する援助及び助言に関すること。

（基礎基盤研究課の所掌事務）

第六十七条　基礎基盤研究課は、次に掲げる事務をつかさどる。

一　科学技術に関する各分野の研究開発に関する基本的な政策の企画及び立案並びに推進に関すること（研究開発局並びに情報課及びライフサイエンス課の所掌に属するものを除く。）。

二　科学技術に関する各分野の研究開発に関する計画の作成及び推進に関すること（研究開発局並びに情報課及びライフサイエンス課の所掌に属するものを除く。）。

三　科学技術に関する各分野の研究開発に関する関係行政機関の事務の調整に関すること（研究開発局並びに情報課及びライフサイエンス課の所掌に属するものを除く。）。

四　科学技術に関する各分野の研究開発に関する関係行政機関の経費の見積りの方針の調整に関すること（研究開発局並びに情報課及びライフサイエンス課の所掌に属するものを除く。）。

五　研究開発に必要な施設及び設備（関係行政機関に重複して設置することが多額の経費を要するため適当でないと認められるものに限る。）の整備（共用に供することを含む。）に関する事務のうち、放射光施設（加速された電子又は陽電子から放射される強い指向性と高い輝度を有する電磁波を使用して科学技術に関する試験研究を行うための施設をいう。）の共用の促進に係るものに関すること。

六　科学技術に関する基礎研究に関すること。

七　基礎的研究開発に関すること（研究開発局及び他課の所掌に属するものを除く。）。

八　理化学研究所の行う科学技術に関する試験及び研究（基礎的研究開発を除く。）に関すること。

九　岡崎国立共同研究機構における教育及び研究に関すること（予算案の準備に関することを除く。）。

十　独立行政法人物質・材料研究機構の組織及び運営一般に関すること。

十一　理化学研究所の組織及び運営一般に関すること。

（ライフサイエンス課の所掌事務）

第六十八条　ライフサイエンス課は、次に掲げる事務をつかさどる。

一　ライフサイエンス並びに健康の増進、日常生活の向上及び人命の安全の確保に関する科学技術（以下この条において「ライフサイエンス等」という。）に関する研究開発に関する基本的な政策の企画及び立案並びに推進に関すること。

二　ライフサイエンス等に関する研究開発に関する計画の作成及び推進に関すること。

三　ライフサイエンス等に関する研究開発に関する関係行政機関の事務の調整に関すること。

四　ライフサイエンス等に関する研究開発に関する関係行政機関の経費の見積りの方針の調整に関すること。

五　科学技術に関する研究開発が経済社会及び国民生活に及ぼす影響に関し、評価を行うことその他の措置に関する事務のうち、ライフサイエンスに関する研究開発に関する安全の確保及び生命倫理に係るものに関すること。

六　基盤的研究開発に関する事務のうちライフサイエンス等に係るものに関すること。

七　国立遺伝学研究所における教育及び研究に関すること（予算案の準備に関することを除く。）。

（量子放射線研究課の所掌事務）

第六十九条　量子放射線研究課は、次に掲げる事務をつかさどる。

一　基盤的研究開発に関する事務のうち原子力に関する科学技術（量子の研究に係るものに限る。）及び放射線発生装置に係るものに関すること。

二　放射線の利用に関する研究開発に関すること。

三　放射性同位元素の利用の推進に関すること。

四　放射線による障害の防止に関する研究開発に関すること。

五　文部科学省の所掌事務に係る原子力関連施設の廃止措置並びに当該施設から発生する放射性廃棄物の処理及び処分に関すること（科学技術・学術政策局の所掌に属するものを除く。）。

六　高エネルギー加速器研究機構における教育及び研究に関すること（予算案の準備に関することを除く。）。

七　独立行政法人放射線医学総合研究所の組織及び運営一般に関すること。

八　日本原子力研究所の組織及び運営一般に関すること。

第三節　審議会等

（設置）

第八十五条　法律の規定により置かれる審議会等のほか、本省に、次の審議会等を置く。

中央教育審議会

教科用図書検定調査審議会

大学設置・学校法人審議会

（中央教育審議会）

第八十六条　中央教育審議会は、次に掲げる事務をつかさどる。

一　文部科学大臣の諮問に応じて次に掲げる重要事項を調査審議すること。

イ　教育の振興及び生涯学習の推進を中核とした豊かな人間性を備えた創造的な人材の育成に関する重要事項（第三号に規定するものを除く。）

ロ　スポーツの振興に関する重要事項

二　前号イ及びロに掲げる重要事項に関し、文部科学大臣に意見を述べること。

三　文部科学大臣の諮問に応じて生涯学習に係る機会の整備に関する重要事項を調査審議すること。

四　前号に規定する重要事項に関し、文部科学大臣又は関係行政機関の長に意見を述べること。

五　生涯学習の振興のための施策の推進体制等の整備に関する法律（平成二年法律第七十一号）〔別掲〕、理科教育振興法（昭和二十八年法律第百八十六号）第九条（国の補助）第一項、産業教育振興法（昭和二十六年法律第二百二十八号）、教育職員免許法（昭和二十四年法律第百四十七号）〔別掲〕、学校教育法、社会教育法（昭和二十四年法律第二百七号）〔別掲〕、スポーツ振興法（昭和三十六年法律第百四十一号）、スポーツ振興投票の実施等に関する法律（平成十年法律第六十三号）第三十一条〔スポーツ振興投票の実施の停止〕第三項及び日本体育・学校健康センター法（昭和六十年法律第九十二号）第二十九条〔事業計画等の認可〕第二項の規定に基づきその権限に属させられた事項を処理すること。

六 理科教育振興法施行令（昭和二十九年政令第三百十一号）第二条〔設備の基準〕第二項及び産業教育振興法施行令（昭和二十七年政令第四百五号）第二条〔施設及び設備の基準〕第三項の規定によりその権限に属させられた事項を処理すること。

2 前項に定めるもののほか、中央教育審議会に関し必要な事項については、中央教育審議会令（平成十二年政令第二百八十号）〔別掲〕の定めるところによる。

（教科用図書検定調査審議会）

第八十七条 教科用図書検定調査審議会は、学校教育法の規定に基づきその権限に属させられた事項を処理する。

2 前項に定めるもののほか、教科用図書検定調査審議会に関し必要な事項については、教科用図書検定調査審議会令（昭和二十五年政令第百四十号）の定めるところによる。

（大学設置・学校法人審議会）

第八十八条 大学設置・学校法人審議会は、学校教育法、私立学校法（昭和二十四年法律第二百七十号）〔別掲〕及び私立学校振興助成法の規定に基づきその権限に属させられた事項を処理する。

2 前項に定めるもののほか、大学設置・学校法人審議会に関し必要な事項については、大学設置・学校法人審議会令（昭和六十二年政令第三百二号）〔別掲〕の定めるところによる。

第四節 施設等機関

（設置）

第八十九条 法律の規定により置かれる施設等機関のほか、文部科学大臣の所轄の下に、本省に、国立教育政策研究所を置く。

2 前項に定めるもののほか、本省に、科学技術政策研究所を置く。

（国立教育政策研究所）

第九十条 国立教育政策研究所は、教育に関する政策に係る基礎的な事項の調査及び研究に関する事務をつかさどる。

2 国立教育政策研究所に、評議員会を置く。

3 評議員会は、国立教育政策研究所の事業計画、経費の見積り、人事その他の運営及び管理に関する重要事項について、国立教育政策研究所の長に助言する。

4 評議員会の組織及び運営については、国立教育政策研究所評議員会令（昭和四十年政令第二百十六号）の定めるところによる。

5 国立教育政策研究所の位置及び内部組織は、文部科学省令で定める。

（科学技術政策研究所）

第九十一条 科学技術政策研究所は、次に掲げる事務をつかさどる。

一 科学技術に関する基本的な政策に関する基礎的な事項を調査し、及び研究すること。

二 資源の総合的利用に関する基礎的な事項を調査し、及び研究すること。

三 文部科学省の所掌事務に係る科学技術に関し必要な図書の保存及び利用に関すること。

2 科学技術政策研究所の位置及び内部組織は、文部科学省令で定める。

第二章 文化庁

第二節 内部部局

第一款 長官官房及び部の設置等

（長官官房及び部の設置）

第九十四条 文化庁に、長官官房及び次の二部を置く。

文化部

文化財部

（長官官房の所掌事務）

第九十五条　長官官房は、次に掲げる事務をつかさどる。

一　文化庁の職員の職階、任免、給与、懲戒、服務その他の人事並びに教養及び訓練に関すること。

二　文化庁の職員の衛生、医療その他の福利厚生に関すること。

三　機密に関すること。

四　長官の官印及び庁印の保管に関すること。

五　公文書類の接受、発送、編集及び保存に関すること。

六　法令案その他の公文書類の審査に関すること。

七　文化庁の保有する情報の公開に関すること。

八　文化庁の所掌事務に関する総合調整に関すること。

九　広報に関すること。

十　文化庁の機構及び定員に関すること。

十一　文化庁の所掌に係る経費及び収入の予算、決算及び会計並びに会計の監査に関すること。

十二　文化庁所属の行政財産及び物品の管理に関すること。

十三　文化庁の行政の考査に関すること。

十四　文化の振興に関する基本的な政策の企画及び立案に関すること。

十五　地域における文化の振興に関する企画及び立案並びに援助及び助言に関すること（文化部及び文化財部の所掌に属するものを除く。）。

十六　文化庁の所掌に係る国際文化交流の振興に関すること（文化部及び文化財部の所掌に属するものを除く。）。

十七　文化庁の所掌事務に係る国際協力に関すること（文化部及び文化財部の所掌に属するものを除く。）。

十八　著作者の権利、出版権及び著作隣接権（以下「著作権等」という。）の保護及び利用に関すること。

十九　文化庁の情報システムの整備及び管理に関すること。

二十　文化審議会の庶務（国語分科会、文化財分科会及び文化功労者選考分科会に係るものを除く。）に関すること。

二十一　独立行政法人評価委員会文化分科会の庶務に関すること。

二十二　前各号に掲げるもののほか、文化庁の所掌事務で他の所掌に属しないものに関すること。

第二款　課の設置等

第一目　長官官房

（長官官房に置く課）

第九十九条　長官官房に、次の三課を置く。

政策課

著作権課

国際課

（著作権課の所掌事務）

第百一条　著作権課は、次に掲げる事務をつかさどる。

一　著作権等の保護及び利用に関すること（国際課の所掌に属するものを除く。）。

二　文化審議会著作権分科会の庶務に関すること。

附　則

（施行期日）

1　この政令は、内閣法の一部を改正する法律（平成十一年法律第八十八号）の施行の日（平成十三年一月六日）から施行する。

○文部科学省組織規則　抄

〔平成一三年一月六日
文部科学省令第一号〕

最近改正　平成一三年三月三〇日　文部科学省令第五三号

第一章　本省

第一節　内部部局等

第二款　生涯学習政策局

（社会教育官）

第十五条　生涯学習政策局に、社会教育官四人を置く。

2　社会教育官は、命を受けて、社会教育に係る専門的、技術的な指導及び助言（スポーツ・青少年局の所掌に属するものを除く。）に当たる。

3　社会教育官のうち文部科学大臣が指名する者一人を主任社会教育官とし、主任社会教育官は、社会教育官の職務の連絡調整に当たる。

（生涯学習企画官及び専門調査官）

第十六条　政策課に、生涯学習企画官及び専門調査官それぞれ一人を置く。

2　生涯学習企画官は、命を受けて、政策課の所掌事務に係る重要事項についての企画及び立案に参画する。

3　専門調査官は、豊かな人間性を備えた創造的な人材の育成のための教育改革に関する基本的な政策に関する専門的事項についての調査並びに企画及び立案に当たる。

（企画官及び教育メディア調査官）

第十七条　学習情報政策課に、企画官及び教育メディア調査官それぞれ一人を置く。

2　企画官は、命を受けて、学習情報政策課の所掌事務に係る重要事項についての企画及び立案に参画する。

3　教育メディア調査官は、社会教育及び学校教育における視聴覚教育メディアの利用に関する調査、指導及び助言（高等教育局の所掌に属するものを除く。）に当たる。

（分析調査官及び外国調査官）

第十八条　調査企画課に、分析調査官一人及び外国調査官二人を置く。

2　分析調査官は、教育、スポーツ、文化及び宗教に係る統計に関する専門的事項についての分析及びその結果を利用に供することに当たる。

3　外国調査官は、命を受けて、外国の教育事情に関する調査及び研究に当たる。

（専修学校教育振興室並びに民間教育事業振興企画官、生涯学習調査官及び学校開放推進専門官）

第十九条　生涯学習推進課に、専修学校教育振興室並びに民間教育事業振興企画官一人、生涯学習調査官三人及び学校開放推進専門官一人を置く。

2　生涯学習調査官は、国立大学の職員その他関係のある他の職を占める者をもって充てられるものとする。

3　専修学校教育振興室は、次に掲げる事務をつかさどる。

一　専修学校及び各種学校における教育の振興に関する企画及び立案並びに援助及び助言に関すること（他局の所掌に属するものを除く。）。

二　専修学校及び各種学校における教育の基準の設定に関すること（高等教育局及びスポーツ・青少年局の所掌に属するものを除く。）。

三　私立の専修学校及び各種学校における教育の振興のための学校法人その他の私立の専修学校及び各種学校の設置者、地方公共団体並びに関係団体に対する助成に関すること（スポーツ・青少年局の所掌に属するものを除く。）。

四　地方公共団体の機関その他の関係機関に対し、専修学校及び各種学校における教育に係る専門的、技術的な指導及び助言を行うこと（高等教育局及びスポーツ・青少年局の所掌に属するものを除く。）。

五　教育関係職員その他の関係者に対し、専修学校及び各種学校における教育に係る専門的、技術的な指導及び助言を行うこと（高等教育局及びスポーツ・青少年局の所掌に属するものを除く。）。

4　専修学校教育振興室に、室長を置く。

5　民間教育事業振興企画官は、命を受けて、民間事業者の能力を活用しつつ行う生涯学習の機会の整備の推進に関する重要事項（他課の所掌に属するものを除く。）の企画及び立案に参画する。

6　生涯学習調査官は、命を受けて、生涯学習に係る機会の整備の推進に関する調査、指導及び助言（他課の所掌に属するものを除く。）に当たる。

7　学校開放推進専門官は、学校開放に関する専門的事項についての調査並びに専門的、技術的な指導及び助言に当たる。

（地域学習活動企画官、高齢者教育専門官及びボランティア活動推進専門官）

第二十条　社会教育課に、地域学習活動企画官、高齢者教育専門官及びボランティア活動推進専門官それぞれ一人を置く。

2　地域学習活動企画官は、命を受けて、地域における学習活動の推進に関する重要事項（生涯学習推進課及び男女共同参画学習課の所掌に属するものを除く。）についての企画及び立案に参画する。

3　高齢者教育専門官は、高齢者教育に関する専門的事項についての調査並びに専門的、技術的な指導及び助言に当たる。

4　ボランティア活動推進専門官は、ボランティア活動の推進に関する専門的事項についての調査、指導及び助言に当たる。

（家庭教育支援室及び女性政策調整官）

第二十一条　男女共同参画学習課に、家庭教育支援室及び女性政策調整官一人を置く。

2　家庭教育支援室は、家庭教育の支援に関する事務をつかさどる。

3　家庭教育支援室に、室長を置く。

4　女性政策調整官は、男女共同参画社会の形成の促進のための女性教育の向上及び普及に関する企画及び立案並びに調整に当たる。

第三款　初等中等教育局

（企画官、教科書調査官及び視学官）

第二十二条　初等中等教育局に、企画官二人、教科書調査官五十八人及び視学官十三人を置く。

2　企画官は、命を受けて、初等中等教育局の所掌事務に係る重要事項についての企画及び立案に当たる。

3　教科書調査官は、命を受けて、検定申請のあった教科用図書の調査に当たる。

4　教科書調査官のうち文部科学大臣が指名する者十四人を、担当する教科を定めて主任教科書調査官とし、主任教科書調査官は、命を受けて、その担当する教科について、教科書調査官の職務の連絡調整に当たる。

5 教科書調査官の職務については、教科書課長が総括する。

6 視学官は、命を受けて、初等中等教育（小学校、中学校、高等学校、中等教育学校、盲学校、聾《ろう》学校、養護学校及び幼稚園における教育をいう。以下同じ。）に係る専門的、技術的な指導及び助言（スポーツ・青少年局の所掌に属するものを除く。）に当たる。

7 視学官のうち文部科学大臣が指名する者一人を主任視学官とし、主任視学官は、視学官の職務の連絡調整に当たる。

（教育制度改革室及び教員人事管理システム専門官）

第二十三条 初等中等教育企画課に、教育制度改革室及び教員人事管理システム専門官一人を置く。

2 教育制度改革室は、次に掲げる事務をつかさどる。

一 初等中等教育の基準の設定に関すること（スポーツ・青少年局及び他課の所掌に属するものを除く。）。

二 中等教育学校における教育並びに中学校及び高等学校における教育で学校教育法（昭和二十二年法律第二十六号）〔別掲〕第五十一条の十の規定によるものの振興に関する企画及び立案並びに援助及び助言に関すること（スポーツ・青少年局並びに他課及び参事官の所掌に属するものを除く。）。

三 高等学校（中等教育学校の後期課程を含む。次号及び第五号において同じ。）における定時制教育の振興に関する企画及び立案並びに援助及び助言に関すること（スポーツ・青少年局並びに他課及び参事官の所掌に属するものを除く。）。

四 高等学校における定時制教育のための補助に関すること（スポーツ・青少年局の所掌に属するものを除く。）。

五 高等学校における通信教育に関すること（スポーツ・青少年局並びに他課及び参事官の所掌に属するものを除く。）。

六 私立学校教育の振興のための学校法人その他の私立学校の設置者、地方公共団体及び関係団体に対する助成（産業教育のための施設の整備に係るものに限る。）に関すること。

七 中学校卒業程度認定に関すること。

八 初等中等教育の制度の改革に関する企画及び立案並びに援助及び助言に関すること（スポーツ・青少年局並びに他課及び参事官の所掌に属するものを除く。）。

九 学校教育法施行規則（昭和二十二年文部省令第十一号）〔別掲〕第五十四条の三第一項の規定により教育課程を編成する中学校及び同規則第五十七条の四第一項の規定により教育課程を編成する高等学校における教育の振興に関する企画及び立案並びに援助及び助言に関すること（スポーツ・青少年局並びに他課及び参事官の所掌に属するものを除く。）。

3 教育制度改革室に、室長を置く。

4 教員人事管理システム専門官は、地方公務員である教育関係職員の人事管理に関する制度に関する専門的事項についての企画及び立案並びに指導及び助言に当たる。

（教育財政室並びに教職員配置計画専門官及び生涯生活設計専門官）

第二十四条 財務課に、教育財政室並びに教職員配置計画専門官及び生涯生活設計専門官それぞれ一人を置く。

2 教育財政室は、次に掲げる事務をつかさどる。

一 地方教育費に関する企画に関すること。

二 初等中等教育の教材の基準の設定に関すること。

三 教育用品（学校用家具を除く。）の基準の設定に関すること。

3　教育財政室に、室長を置く。
4　教職員配置計画専門官は、公立の小学校、中学校、高等学校、中等教育学校、盲学校、聾《ろう》学校及び養護学校の教職員の計画的配置に関する専門的事項についての調査、指導及び助言に当たる。
5　生涯生活設計専門官は、地方公務員である教育関係職員の生涯にわたる生活設計に関する専門的事項についての調査、指導及び助言に当たる。

（教育課程企画室並びに学校教育官、環境教育調査官、道徳教育調査官及び教科調査官）

第二十五条　教育課程課に、教育課程企画室並びに学校教育官四人、環境教育調査官一人、道徳教育調査官一人及び教科調査官二十一人を置く。
2　教科調査官は、国立教育政策研究所の職員その他関係のある他の職を占める者をもって充てられるものとする。
3　教育課程企画室は、初等中等教育の教育課程の基準の設定に関する企画及び立案に関する事務（スポーツ・青少年局並びに幼児教育課及び特別支援教育課の所掌に属するものを除く。）をつかさどる。
4　教育課程企画室に、室長を置く。
5　学校教育官は、命を受けて、小学校、中学校若しくは高等学校における教育の教育課程（スポーツ・青少年局並びに特別支援教育課、国際教育課及び参事官の所掌に属するものを除く。）又は小学校、中学校、高等学校及び中等教育学校における道徳教育の教育課程の企画及び立案に参画する。
6　環境教育調査官は、小学校、中学校、高等学校及び中等教育学校における環境教育の教育課程に関する調査並びに援助及び助言に当たる。
7　道徳教育調査官は、小学校、中学校、高等学校及び中等教育学校における道徳教育の教育課程に関する調査並びに援助及び助言に当たる。
8　教科調査官は、命を受けて、小学校、中学校、高等学校及び中等教育学校における教育の教育課程の基準の設定に関する調査（スポーツ・青少年局及び特別支援教育課の所掌に属するものを除く。）並びに教育課程の基準に係る専門的、技術的な指導及び助言（スポーツ・青少年局並びに特別支援教育課及び国際教育課の所掌に属するものを除く。）に当たる。

（生徒指導室及び進路指導調査官）

第二十六条　児童生徒課に、生徒指導室及び進路指導調査官一人を置く。
2　生徒指導室は、次に掲げる事務をつかさどる。
一　小学校、中学校、高等学校及び中等教育学校における生徒指導に関する企画及び立案並びに援助及び助言に関すること（特別支援教育課及び国際教育課の所掌に属するものを除く。）。
二　地方公共団体の機関その他の関係機関に対し、小学校、中学校、高等学校及び中等教育学校における生徒指導に係る専門的、技術的な指導及び助言を行うこと（特別支援教育課及び国際教育課の所掌に属するものを除く。）。
三　教育関係職員その他の関係者に対し、小学校、中学校、高等学校及び中等教育学校における生徒指導に係る専門的、技術的な指導及び助言を行うこと（特別支援教育課及び国際教育課の所掌に属するものを除く。）。
3　生徒指導室に、室長及び生徒指導調査官三人（うち二人は、国立教育政策研究所の職員その他関係のある他の職を占める者をもって充てられるものとする。）を置く。

4　生徒指導調査官は、命を受けて、小学校、中学校、高等学校及び中等教育学校における生徒指導に関する調査並びに専門的、技術的な指導及び助言（特別支援教育課及び国際教育課の所掌に属するものを除く。）に当たる。

5　進路指導調査官は、小学校、中学校、高等学校及び中等教育学校における進路指導に関する調査並びに専門的、技術的な指導及び助言（特別支援教育課の所掌に属するものを除く。）に当たる。

（幼児教育企画官、子育て支援指導官及び教科調査官）

第二十七条　幼児教育課に、幼児教育企画官、子育て支援指導官及び教科調査官それぞれ一人を置く。

2　教科調査官は、国立教育政策研究所の職員その他関係のある他の職を占める者をもって充てられるものとする。

3　幼児教育企画官は、命を受けて、幼児教育課の所掌事務に係る重要事項についての企画及び立案に参画する。

4　子育て支援指導官は、幼稚園における子育て支援に関する専門的事項についての調査並びに専門的、技術的な指導及び助言に当たる。

5　教科調査官は、幼稚園における教育の教育課程の基準の設定に関する調査並びに教育課程の基準に係る専門的、技術的な指導及び助言に当たる。

（特別支援教育企画官、特別支援教育調査官及び特殊教育調査官）

第二十八条　特別支援教育課に、特別支援教育企画官一人、特別支援教育調査官一人及び特殊教育調査官七人を置く。

2　特別支援教育企画官は、命を受けて、特別支援教育課の所掌事務に係る重要事項についての企画及び立案に参画する。

3　特別支援教育調査官は、教育上特別の支援を必要とする児童、生徒及び幼児に対する教育に関する専門的事項についての調査並びに専門的、技術的な指導及び助言（スポーツ・青少年局及び特殊教育調査官の所掌に属するものを除く。）に当たる。

4　特殊教育調査官は、命を受けて、盲学校、聾《ろう》学校及び養護学校並びに特殊学級における教育に関する専門的事項についての調査並びに専門的、技術的な指導及び助言（スポーツ・青少年局の所掌に属するものを除く。）に当たる。

（国際理解教育専門官及び海外子女教育専門官）

第二十九条　国際教育課に、国際理解教育専門官一人及び海外子女教育専門官五人（うち四人は、国立大学の職員その他関係のある他の職を占める者をもって充てられるものとする。）を置く。

2　国際理解教育専門官は、小学校、中学校、高等学校、中等教育学校、盲学校、聾《ろう》学校、養護学校及び幼稚園における国際理解教育に関する専門的事項についての調査並びに専門的、技術的な指導及び助言に当たる。

3　海外子女教育専門官は、命を受けて、海外に在留する邦人の子女のための在外教育施設及び関係団体が行う教育に関する専門的事項についての調査、指導及び助言に当たる。

（教科書企画官、訟務専門官及び教科書検定調整専門官）

第三十条　教科書課に、教科書企画官、訟務専門官及び教科書検定調整専門官それぞれ一人を置く。

2　教科書企画官は、命を受けて、教科書課の所掌事務に係る重要事項についての企画及び立案に参画する。

3　訟務専門官は、教科用図書の検定に係る争訟に関する専門的事項についての処理に当たる。

4　教科書検定調整専門官は、教科用図書の検定に関する専門的事項についての企画及び立案並びに連絡調整に当たる。

（教員研修企画官、教員養成カリキュラム開発専門官、初任者研修

（専門官及び教員人材確保専門官）

第三十一条　教職員課に、教員研修企画官、教員養成カリキュラム開発専門官、初任者研修専門官及び教員人材確保専門官それぞれ一人を置く。

2　教員研修企画官は、命を受けて、教育職員の研修に関する重要事項についての企画及び立案に参画する。

3　教員養成カリキュラム開発専門官は、大学並びに教員養成機関及び養護教諭養成機関における教員養成カリキュラムの開発に関する専門的事項についての調査、指導及び助言に当たる。

4　初任者研修専門官は、新たに採用された教育職員の研修に関する専門的事項についての調査、指導及び助言に当たる。

5　教員人材確保専門官は、地方公務員である教育職員の人材確保に関する専門的事項についての調査、指導及び助言に当たる。

（計画整備専門官）

第三十二条　施設助成課に、計画整備専門官一人を置く。

2　計画整備専門官は、公立の学校施設の計画的整備に関する専門的事項についての調査、指導及び助言に当たる。

（産業教育調査官、情報教育調査官及び教科調査官）

第三十三条　初等中等教育局に、産業教育調査官一人、情報教育調査官一人及び教科調査官九人を置く。

2　教科調査官は、国立教育政策研究所の職員その他関係のある他の職を占める者をもって充てられるものとする。

3　産業教育調査官は、命を受けて、参事官のつかさどる職務のうち中学校、高等学校及び中等教育学校における産業教育に関するもの（教育課程に関するものを除く。）を助ける。

4　情報教育調査官は、命を受けて、参事官のつかさどる職務のうち小学校、中学校、高等学校及び中等教育学校における情報教育に関するもの（教育課程に関するものを除く。）を助ける。

5　教科調査官は、命を受けて、参事官のつかさどる職務のうち中学校、高等学校及び中等教育学校における産業教育並びに小学校、中学校、高等学校及び中等教育学校における情報教育の教育課程に関するものをを助ける。

（視学委員）

第三十四条　初等中等教育局に、視学委員を置くことができる。

2　視学委員は、命を受けて、初等中等教育について特に指定された事項に係る専門的、技術的な指導及び助言に当たる。

3　視学委員は、非常勤とする。

第四款　高等教育局

（企画官及び視学官）

第三十五条　高等教育局に、企画官一人及び視学官五人を置く。

2　企画官は、命を受けて、高等教育局の所掌事務に係る重要事項についての企画及び立案に当たる。

3　視学官は、命を受けて、大学及び高等専門学校における教育に係る専門的、技術的な指導及び助言（スポーツ・青少年局の所掌に属するものを除く。）に当たる。

4　視学官のうち文部科学大臣が指名する者一人を主任視学官とし、主任視学官は、視学官の職務の連絡調整に当たる。

（高等教育政策室並びに大学評価専門官及び大学設置専門官）

第三十六条　高等教育企画課に、高等教育政策室並びに大学評価専門官及び大学設置専門官それぞれ一人を置く。

2　高等教育政策室は、次に掲げる事務をつかさどる。

一　大学及び高等専門学校における教育の振興に関する基本的な政策の企画及び立案に関すること。

二　中央教育審議会大学分科会の庶務に関すること。

3　高等教育政策室に、室長を置く。
4　室長は、関係のある他の職を占める者をもって充てられるものとする。
5　大学評価専門官は、大学における教育及び研究についての評価に関する企画及び立案に当たる。
6　大学設置専門官は、大学の設置、廃止、設置者の変更その他の事項の認可に関する専門的事項についての調査、指導及び助言に当たる。

（大学改革推進室及び大学院振興企画官）

第三十七条　大学課に、大学改革推進室及び大学院振興企画官一人を置く。
2　大学改革推進室は、大学の改革の推進に関する事務（専門教育課及び医学教育課の所掌に属するものを除く。）をつかさどる。
3　大学改革推進室に、室長を置く。
4　大学院振興企画官は、命を受けて、大学院における教育の振興に関する重要事項（専門教育課及び医学教育課の所掌に属するものを除く。）についての企画及び立案に参画する。

（教育大学室並びに創造教育振興企画官、インターンシップ推進専門官及び情報通信教育専門官）

第三十八条　専門教育課に、教育大学室並びに創造教育振興企画官、インターンシップ推進専門官及び情報通信教育専門官それぞれ一人を置く。
2　教育大学室は、次に掲げる事務をつかさどる。
一　大学における教育職員の養成のための教育の振興（組織及び運営に係るものを除く。）に関する企画及び立案並びに援助及び助言に関すること。
二　大学における教育職員の養成のための教育のための補助に関すること。
三　大学における教育職員の養成のための教育の基準の設定に関すること。
四　教育職員の養成のための教育に係る国立大学又は国立大学の学部及びこれらに附属する教育研究施設における教育及び研究に関すること（予算案の準備に関することを除く。）。
五　地方公共団体の機関、大学その他の関係機関に対し、大学における教育職員の養成のための教育に係る専門的、技術的な指導及び助言を行うこと。
六　教育関係職員その他の関係者に対し、大学における教育職員の養成のための教育に係る専門的、技術的な指導及び助言を行うこと。
3　教育大学室に、室長を置く。
4　創造教育振興企画官は、命を受けて、創造的な人材の育成の見地からの施策であって技術教育、理学に関する教育及び情報教育の振興に関するものについての重要事項（大学課及び医学教育課の所掌に属するものを除く。）の企画及び立案に参画する。
5　インターンシップ推進専門官は、大学及び高等専門学校における学生の就業体験の推進に関する専門的事項についての調査並びに専門的、技術的な指導及び助言（大学課及び医学教育課の所掌に属するものを除く。）に当たる。
6　情報通信教育専門官は、大学（放送大学を除く。）及び高等専門学校における情報教育、通信教育及び視聴覚教育に関する専門的事項についての調査並びに専門的、技術的な指導及び助言に当たる。

（大学病院指導室並びに看護教育専門官及び介護福祉人材育成専門官）

第三十九条　医学教育課に、大学病院指導室並びに看護教育専門官及び介護福祉人材育成専門官それぞれ一人を置く。

2　大学病院指導室は、次に掲げる事務をつかさどる。

一　大学の附属病院の組織及び運営に関する企画及び立案並びに援助及び助言に関すること。

二　大学における医学、歯学及び薬学に関する教育並びに医療技術者又は社会福祉に関する専門的知識及び技術を有する者の養成のための教育に係る国立大学又は国立大学の学部に附属する病院における教育及び研究に関すること（予算案の準備に関することを除く。）。

三　地方公共団体の機関、大学その他の関係機関に対し、大学の附属病院の組織及び運営に係る専門的、技術的な指導及び助言を行うこと。

四　教育関係職員その他の関係者に対し、大学の附属病院の組織及び運営に係る専門的、技術的な指導及び助言を行うこと。

3　大学病院指導室に、室長並びに病院指導専門官、救急医療専門官及びエイズ・感染症医療専門官それぞれ一人を置く。

4　病院指導専門官は、大学の附属病院の組織及び運営一般に関する専門的事項についての調査並びに専門的、技術的な指導及び助言に当たる。

5　救急医療専門官は、大学の附属病院における救急医療体制の整備充実に関する専門的事項についての調査並びに専門的、技術的な指導及び助言に当たる。

6　エイズ・感染症医療専門官は、大学の附属病院におけるエイズその他の感染症に係る医療体制の整備充実に関する専門的事項についての調査並びに専門的、技術的な指導及び助言に当たる。

7　看護教育専門官は、看護婦、保健婦及び助産婦の養成のための教育に関する専門的事項についての調査並びに専門的、技術的な指導及び助言に当たる。

8　介護福祉人材育成専門官は、社会福祉に関する専門的知識及び技術を有する者の養成のための教育に関する専門的事項についての調査並びに専門的、技術的な指導及び助言に当たる。

（大学入試室並びに育英奨学専門官及び就職指導専門官）

第四十条　学生課に、大学入試室並びに育英奨学専門官及び就職指導専門官それぞれ一人を置く。

2　大学入試室は、大学の入学者の選抜に関する事務をつかさどる。

3　大学入試室に、室長を置く。

4　育英奨学専門官は、学生及び生徒の育英奨学に関する専門的事項についての調査、指導及び助言に当たる。

5　就職指導専門官は、学生（外国人留学生を除く。）の職業指導及び就職のあっせんに関する専門的事項についての調査、指導及び助言に当たる。

（留学生教育企画室）

第四十一条　留学生課に、留学生教育企画室を置く。

2　留学生教育企画室は、次に掲げる事務をつかさどる。

一　外国人留学生の教育に関すること。

二　大学及び高等専門学校における教育の振興に係る国際文化交流の振興に関すること（外交政策に係るもの及び国際統括官の所掌に属するものを除く。）。

3　留学生教育企画室に、室長を置く。

（私学共済企画官、私学行政専門官及び共済調査官）

第四十二条　私学行政課に、私学共済企画官、私学行政専門官及び共済調査官それぞれ一人を置く。

2　私学共済企画官は、命を受けて、私立学校教職員の共済制度に関する重要事項についての企画及び立案に参画する。
3　私学行政専門官は、学校法人が行う外国における教育に関する企画及び立案に当たる。
4　共済調査官は、私立学校教職員の共済制度に関する専門的事項についての調査、指導及び助言に当たる。

（私学助成専門官）
第四十三条　私学助成課に、私学助成専門官一人を置く。
2　私学助成専門官は、私立学校教育の振興のための学校法人その他の私立学校の設置者、地方公共団体及び関係団体に対する助成に関する専門的事項（他局及び参事官の所掌に属するものを除く。）についての調査、指導及び助言に当たる。

（学校法人調査官）
第四十四条　私学部に、学校法人調査官二人を置く。
2　学校法人調査官は、命を受けて、参事官のつかさどる職務のうち文部科学大臣が所轄庁である学校法人の経営に関する調査、指導及び助言に関するものを助ける。

（視学委員及び学校法人運営調査委員）
第四十五条　高等教育局に、視学委員及び学校法人運営調査委員を置くことができる。
2　視学委員は、命を受けて、大学及び高等専門学校における教育について特に指定された事項に係る専門的、技術的な指導及び助言に当たる。
3　学校法人運営調査委員は、命を受けて、文部科学大臣が所轄庁である学校法人の経営について特に指定された事項に関する調査、指導及び助言に当たる。
4　視学委員及び学校法人運営調査委員は、非常勤とする。

第六款　研究振興局

（学術調査官）
第五十三条　研究振興局に、学術調査官十三人（うち十人は、国立大学の職員その他関係のある他の職を占める者をもって充てられるものとする。）を置く。
2　学術調査官は、命を受けて、研究振興局の所掌事務のうち学術に関する事項についての調査、指導及び助言に当たる。
3　学術調査官（国立大学の職員その他関係のある他の職を占める者をもって充てられる者を除く。）のうち文部科学大臣が指名する者一人を主任学術調査官とし、主任学術調査官は、学術調査官の職務の連絡調整に当たる。

（学術企画室及び奨励室）
第五十四条　振興企画課に、学術企画室及び奨励室を置く。
2　学術企画室は、次に掲げる事務をつかさどる。
一　学術研究の推進に係る基本的な施策についての企画及び立案並びに連絡調整に関すること（科学技術・学術政策局の所掌に属するものを除く。）。
二　大学、高等専門学校、研究機関その他の関係機関に対し、学術に係る専門的、技術的な指導及び助言を行うこと。
三　研究者その他の関係者に対し、学術に係る専門的、技術的な指導及び助言を行うこと。
四　日本学士院の組織及び運営一般に関すること。
五　日本学術振興会の組織及び運営一般に関すること。
3　学術企画室に、室長を置く。
4　奨励室は、発明奨励団体に関する事務その他の発明及び実用新案の奨励に関する事務をつかさどる。
5　奨励室に、室長を置く。

（技術移転推進室並びに研究交流管理官及び産業連携推進専門官）

第五十五条　研究環境・産業連携課に、技術移転推進室並びに研究交流管理官及び産業連携推進専門官それぞれ一人を置く。

2　技術移転推進室は、次に掲げる事務をつかさどる。

一　大学、高等専門学校又は大学共同利用機関が民間又は地方公共団体と共同して行う研究、大学、高等専門学校又は大学共同利用機関が委託を受けて行う研究その他の学術研究に関し、これらの者の間の連携及び協力の推進に関する企画及び立案並びに連絡調整に関すること。

二　大学等における技術に関する研究成果の民間事業者への移転の促進に関する法律（平成十年法律第五十二号）の施行に関すること。

3　技術移転推進室に、室長を置く。

4　研究交流管理官は、命を受けて、科学技術に関する研究開発に係る交流に関する特定事項についての指導及び管理に関する事務をつかさどる。

5　産業連携推進専門官は、科学技術に関する研究開発の成果の普及及び成果の活用の促進並びに発明及び実用新案の実施化の推進に関する専門的事項についての処理に当たる。

（学術基盤整備室及び情報科学技術研究企画官）

第五十六条　情報課に、学術基盤整備室及び情報科学技術研究企画官一人を置く。

2　学術基盤整備室は、次に掲げる事務をつかさどる（本室が事実上、大学図書館関係の業務を所掌している＝編者）。

一　学術に関する情報処理の高度化及び情報の流通の促進に関すること。

二　統計数理研究所及び国立情報学研究所における教育及び研究に関すること（予算案の準備に関することを除く。）。

3　学術基盤整備室に、室長及び情報研究推進専門官一人を置く。

4　情報研究推進専門官は、情報に関する学術研究の推進に関する専門的事項についての指導及び助言に当たる。

5　情報科学技術研究企画官は、命を受けて、情報課の所掌事務のうち特定事項についての企画及び立案に関するものをつかさどる。

（研究調整官及び連携推進専門官）

第五十七条　学術機関課に、研究調整官及び連携推進専門官それぞれ一人を置く。

2　研究調整官は、学術に関する研究機関の研究体制の整備並びに国立大学附置の研究所及び大学共同利用機関（メディア教育開発センターを除く。）に関する予算案の準備（大臣官房の所掌に属するものを除く。）に関する企画及び立案に当たる。

3　連携推進専門官は、学術に関する研究機関における当該研究機関以外の研究機関との連携及び協力に関する専門的事項についての援助及び助言に当たる。

（企画室並びに研究協力専門官及び学術団体専門官）

第五十八条　学術研究助成課に、企画室並びに研究協力専門官及び学術団体専門官それぞれ一人を置く。

2　企画室は、学術の振興のための研究の助成に関する重要事項についての企画及び立案並びに援助及び助言に関する事務をつかさどる。

3　企画室に、室長を置く。

4　研究協力専門官は、奨学を目的とする寄附金その他の民間及び地方公共団体からの学術の振興のための資金の提供に関する専門的事項についての指導及び助言に当たる。

5 学術団体専門官は、学会その他の学術団体に関する専門的事項についての援助及び助言に当たる。

（基礎研究推進企画官及び材料研究調整官）

第五十九条 基礎基盤研究課に、基礎研究推進企画官及び材料研究調整官それぞれ一人を置く。

2 基礎研究推進企画官は、命を受けて、科学技術に関する基礎研究に関する重要事項についての企画及び立案に参画する。

3 材料研究調整官は、命を受けて、物質・材料科学技術に関する研究開発に関する重要事項に係るものに参画する。

（生命倫理・安全対策室並びにゲノム研究企画調整官、がん研究調整官及び生命科学専門官）

第六十条 ライフサイエンス課に、生命倫理・安全対策室並びにゲノム研究企画調整官、がん研究調整官及び生命科学専門官それぞれ一人を置く。

2 生命倫理・安全対策室は、科学技術に関する研究開発が経済社会及び国民生活に及ぼす影響に関し、評価を行うことその他の措置に関する事務のうち、ライフサイエンスに関する研究開発に関する安全の確保及び生命倫理に係るものに関する事務をつかさどる。

3 生命倫理・安全対策室に、室長を置く。

4 ゲノム研究企画調整官は、命を受けて、ゲノムに関する科学技術に関する研究開発に係る重要事項についての企画及び立案並びに調整に参画する。

5 がん研究調整官は、命を受けて、がんその他の悪性新生物に関する科学技術に関する重要事項に係るものに参画する。

6 生命科学専門官は、生命科学における学術研究の推進に関する専門的事項についての指導及び助言に当たる。

（加速器科学専門官）

第六十一条 量子放射線研究課に、加速器科学専門官一人を置く。

2 加速器科学専門官は、加速器科学における学術研究の推進に関する専門的事項についての指導及び助言に当たる。

（大学図書館視察委員）

第六十二条 研究振興局に、大学図書館視察委員を置くことができる。

2 大学図書館視察委員は、命を受けて、大学の附属図書館〔傍線＝編者〕その他の学術に関する図書施設の組織及び運営について特に指定された事項に関する指導及び助言に当たる。

3 大学図書館視察委員は、非常勤とする。

第二章 文化庁

第一節 長官官房

（マルチメディア著作権室及び著作権電子取引専門官）

第八十二条 著作権課に、マルチメディア著作権室及び著作権電子取引専門官一人を置く。

2 マルチメディア著作権室は、マルチメディアその他の技術の進展に対応した著作権制度に関する重要事項についての企画及び立案に関する事務をつかさどる。

3 マルチメディア著作権室に、室長を置く。

4 著作権電子取引専門官は、著作物の利用に係る電磁的な方式による取引に関する専門的な事項についての企画及び立案に当たる。

附 則〔略〕

〔編者注〕 文部科学省の組織編成の建前は、大学図書館の整備に関する事務は研究振興局学術機関課大学図書館係が所掌し、学術情報基盤の整備に関する事務については同局情報課学術基盤整備室が所掌することになっている。しかし、平成一三年七月二三日付けの文部科学省研究振興局学術機関課・情報課発出、国公私立大学附属図書館・大学共同利用機関あての通達により、学術機関課専門官（大学図書館担当）を情報課学術基盤整備室専門官に併任させる旨の発令を行い、大学図書館にかかるすべての事務を情報課学術基盤整備室内において行うこととしている。

地方分権の推進を図るための関係法律の整備等に関する法律における文部省関係法律の改正について（通知）抄

〔平成一一年八月一一日文教地第二〇三号
各都道府県知事、教育委員会等あて
文部事務次官通知〕

平成十一年七月八日に第百四十五回国会において「地方分権の推進を図るための関係法律の整備等に関する法律」（平成十一年法律第八十七号）（以下「法」という。）が成立し、平成十一年七月十六日に公布され、平成十二年四月一日から施行されることとなりました。

これは、地方分権推進委員会の第一次から第四次までの勧告を最大限尊重して策定された「地方分権推進計画」（平成十年五月二十九日閣議決定）に基づき、関係する法律四百七十五本を改正するものです。その趣旨は、各般の行政を展開する上で国及び地方公共団体が分担すべき役割を明確にし、かつ、地方公共団体の自主性及び自立性を高めることにより、個性豊かで活力に満ちた地域社会の実現を図るため、機関委任事務制度の廃止及びこれに伴う地方公共団体の事務区分の再構成、国の関与等の縮減、権限委譲の推進、必置規制の整理合理化、地方公共団体の行政体制の整備・確立等を行い、地方分権の推進を図ろうとするものです。

文部省関係法律については、地方分権推進計画及び同計画において検討事項とされたものの具体化について検討した中央教育審議会の答申「今後の地方教育行政の在り方について」（平成十年九月二十一日）等に基づき、地方教育行政の組織及び運営に関する法律をはじめ二十一本の法律を改正しています。その趣旨は、教育行政における国、都道府県、市町村の役割分担を見直し、新たな連携協力体制を構築するため、主体的かつ積極的な地方教育行政を推進するための教育委員会制度の在り方等の見直し、社会教育及びスポーツ行政における国の関与の見直し、文化財保護行政における権限委譲の推進などのほか、機関委任事務制度の廃止及びこれに伴う地方公共団体の事務区分の再構成等を行うものです。

文部省関係法律の改正及びその概要は別添のとおりですので、十分に御了知の上、関係する条例及び規則等を改正するなど、事務処理上遺漏のないようお願い申し上げます。特に、下記の事項につきまして御留意下さいますようお願いいたします。また、都道府県教育委員会及び都道府県知事におかれましては、域内の市町村教育委員会、所管又は所轄の学校その他の教育機関等及び学校法人に対して、周知を図るとともに、適切な事務処理が図られるよう御配慮願います。

なお、関係政令及び省令の改正につきましては、おってこれを行い、別途通知する予定ですので、予め御承知下さいますようお願いいたします。

記

1　共通関係

法並びに関係政令及び省令の施行のために必要な準備は、法施行前においても行うことができること。特に、必要な条例及び規則等の制定及び改廃については、法が施行される平成十二年四月一日から施行されるよう所要の措置を講じる必要があること。

2　地方教育行政の組織及び運営に関する法律（以下「地教行法」という。）の一部改正関係

(1)　教育委員会の委員の任命（地教行法第三条関係）

［法施行前の準備行為について］

教育委員会の委員を六人とする条例は、法施行前においても制定することができる（ただし、その施行は法施行後とする必要がある）こと。さらに、当該条例を制定した場合、その規定に基づき増員する委員の任命について、法施行前に議会の同意を得ておくことができる（ただし、その発令は条例の施行後とする必要がある）こと。

［運用上の留意点について］

改正後の地教行法第十六条第二項の規定により、都道府県及び指定都市の教育長についても、現在の指定都市を除く市町村の教育長と同様に、教育委員会の委員のうちから任命することとなるため、都道府県知事及び指定都市市長が委員の任命を行うに当たっては、あらかじめ、教育長として適任でありその職務の遂行が可能である者を一人以上含めておくことが必要であること。

（なお、法施行の際現に在任する都道府県又は指定都市の教育長について、法施行日から三年間は引き続き教育長として在任できることとする経過措置については、(3)を参照。）

(2)　教育委員会の委員長と教育長の兼任の禁止（地教行法法第十二条及び第十六条関係）

［運用上の留意点について］

改正後の地教行法第十二条第一項及び第十六条第二項の規定により、教育委員会の委員長と教育長の兼任はできないことと

なること。

(3) 教育長の任命（地教行法第十六条関係）

［経過措置について］

法施行の際現に在任する都道府県又は指定都市の教育長は、法附則第六十条第一項及び第二項の規定により、法施行日から三年間は、改正後の地教行法第十六条第二項の規定にかかわらず、引き続き教育長として在任することができること及びその身分取扱いは従前の例によることとする経過措置が設けられており、その取扱いは以下のようになること。

① 現任の教育長

法施行前（平成十二年三月三十一日以前）に就任した教育長が引き続き在任する場合のみ経過措置の適用があり、当該教育長は、教育委員会の委員のうちから任命されていなくても、最長で平成十五年三月三十一日まで在任することができること。

なお、この教育長は、現行制度に基づき任命されるものであるため、その任命の際には文部大臣の承認が必要であること。また、定年をこえる場合には勤務延長の措置が必要であること。

② 新任の教育長

法施行後（平成十二年四月一日以後）に就任する教育長は、新しい制度に基づき任命されることとなるため、教育委員会の委員のうちから任命しなければならないこと。

(4) 事務の委任及び補助執行並びに条例による事務処理の特例（地教行法第二十六条及び第五十五条関係）

［法施行までに必要な措置について］

現行の地教行法第二十六条第三項又は第四項の規定に基づき定められている教育委員会規則等は、法施行の際に廃止する手続をとる必要があること。

［経過措置について］

改正後において、都道府県教育委員会の事務を市町村教育委員会が処理することとする場合には、改正後の地教行法第五十五条の規定によることとなり、都道府県の条例で定める必要があること。

この場合、法附則第六十条第四項及び第五項の規定により、以下のような経過措置が設けられており、その取扱いは以下のようになること。

① 法附則第六十条第四項関係

改正後の地教行法第五十五条の規定に基づく条例の制定に必要な協議等の手続その他の行為を法施行前に行うことができること。

② 法附則第六十条第五項関係

平成十一年四月一日において、現行の地教行法第二十六条第三項又は第四項の規定により、市町村の教育委員会又は教育長に委任されている事務を、改正後の地教行法第五十五条の規定により、法施行後も引き続き市町村教育委員会が処理することとする場合には、以下の協議を要しないこと。

(ア) 条例の制定にかかる都道府県知事と市町村長との協議

(イ) 条例の委任により事務の範囲を定める教育委員会規則の制定に係る都道府県教育委員会と市町村教育委員会との協議

(5) 県費負担教職員の服務監督等に関する技術的な基準（地教行法第四十三条関係）

［運用上の留意点について］

市町村教育委員会は、改正後の地教行法第四十三条第四項の規定により都道府県教育委員会が定める技術的な基準に従って、県費負担教職員の服務の監督並びに地教行法第四十二条又は第四十三条第三項の規定に基づく都道府県の条例の実施を行わなければならないこと。

このため、この基準については、その趣旨及び内容を事前に明らかにする観点から、教育委員会規則又はこれに基づく通知等により明確に定めることが必要であること。

なお、技術的な基準の「技術的な」とは、主観的な意思又は判断を含まない意であること。

(6)　国又は都道府県教育委員会による指導、助言及び援助（地教行法第四十八条関係）

［運用上の留意点について］

改正後の地教行法第四十八条第一項の規定に基づく指導、助言、援助（以下「指導等」という。）の手続に関しては、改正後の地方自治法第二百四十七条の規定が適用されることから、指導等を書面によらないで行った場合、指導等を受けた地方公共団体から当該指導等の趣旨及び内容を記載した書面の交付を求められたときは、これを交付しなければならないこと。

改正後の地教行法第四十八条第三項の規定に基づく指示は、改正後の地方自治法第二百四十五条第一号「へ」に規定する指示であることから、当該指示を受けた都道府県教育委員会は、これに従って市町村に対し指導等を行う必要があること。また、文部大臣の指示を受けて都道府県教育委員会が行う市町村に対する指導等は、法定受託事務であること（改正後の地教行法第六十三条）。

(7)　都道府県教育委員会による基準の設定の廃止（地教行法第四十九条関係）

［解釈上等の留意点について］

現行の地教行法第四十九条が廃止されても、個別の法律又は条例に基づく都道府県教育委員会による基準の設定（例：公立義務教育諸学校の学級編制及び教職員定数の標準に関する法律の規定に基づく都道府県教育委員会による学級編制の基準の設定）が廃止されるものではないこと。

［法施行までに必要な措置について］

都道府県教育委員会は、法施行前に、この規定に基づき定めている教育委員会規則を廃止する必要があること。

なお、現行の地教行法第四十九条及び同条の規定に基づく基準が廃止されても、この基準に従って現に市町村教育委員会が定めている教育委員会規則（いわゆる学校管理規則等）が直ちに廃止されるものではなく、今後とも地教行法第三十三条の規定に基づく学校管理規則等として有効であること。

［運用上の留意点について］

地教行法第四十九条及び同条の規定に基づく基準の廃止により、今後、中央教育審議会答申（平成十年九月二十一日）等を踏まえた学校管理規則の見直しを行うに当たっては、各教育委員会の主体的判断において行うべきものであること。

(8)　公立高等学校の通学区域の設定（地教行法第五十条関係）

［運用上の留意点について］

市町村立高等学校の通学区域は、当該市町村の教育委員会が、都道府県教育委員会と協議（同意を要しない事前協議）の上、定め、又は変更することとなること。

この協議の手続に関しては、改正後の地方自治法第二百五十条の規定が適用されることから、都道府県教育委員会は、誠実に協議を行い、相当の期間内に協議が調うよう努めなければならないとともに、意見を述べた場合に、その趣旨及び内容を記載した書面の交付を求められたときは、これを交付しなければならないこと。

[経過措置について]

改正後の第五十条（本条は平成一三年七月一一日法律第一〇四号により削除された＝編者）の規定は、法附則第六十条第三項の規定により、平成十三年四月一日以後に高等学校に入学する者に係る通学区域から適用することとする経過措置が設けられていること。

(9) 文部大臣又は都道府県教育委員会による措置要求の廃止（地教行法第五十二条及び地方自治法第二百四十五条の五等関係）

[運用上の留意点について]

現行の地教行法第五十二条が廃止され、今後は、改正後の地方自治法第二百四十五条の五から第二百四十五条の七までの規定により、それぞれ、

① 是正の要求（同法第二百四十五条の五）

各大臣は、都道府県又は市町村の自治事務の処理について、

(ア) 都道府県に対し、是正の要求を行うことができること

(イ) 都道府県の執行機関に対し、市町村に是正の要求を行うよう指示することができること

(ウ) （緊急を要するときその他特に必要があると認めるときは、）自ら市町村に対し、是正の要求を行うことができること

② 是正の勧告（同法第二百四十五条の六）

都道府県の執行機関は、市町村の自治事務の処理について、市町村に対し、是正の勧告を行うことができること。

③ 是正の指示（同法第二百四十五条の七）

各大臣は、都道府県又は市町村の法定受託事務の処理について、

(ア) 都道府県に対し、是正の指示を行うことができること

(イ) 都道府県の執行機関に対し、市町村に対する是正の指示に関し、必要な指示をすることができること

(ウ) （緊急を要するときその他特に必要があると認めるときは、）自ら市町村に対し、是正の指示を行うことができること

また、都道府県の執行機関は、市町村の法定受託事務の処理について、市町村に対し、是正の指示を行うことができること

となること。

是正の要求、是正の勧告及び是正の指示（以下「是正の要求等」という。）の手続に関しては、改正後の地方自治法第二百四十九条の規定が適用されることから、是正の要求等を行うときは、同時に、その内容及び理由を記載した書面を交付しなければならないこと。ただし、当該書面を交付しないで是正の要求等をすべき差し迫った必要がある場合は、当該是正の要求等と同時に当該書面を交付しなくてもよいが、その場合であっても、是正の要求等をした後相当の期間内に、当該書面を交付しなければならないこと。

(10) 中核市の県費負担教職員の研修（地教行法第五十九条関係）

[略]

3 青年学級振興法の廃止関係（法第百二十五条関係）

○ 青年学級に対する国庫補助金（青年学級振興法第十八条関係）

〔経過措置について〕

　法附則第五十七条の規定により、青年学級振興法の廃止後も、平成十一年度以前の年度の予算に係る国の補助金で、廃止前の青年学級振興法第十八条の規定に基づくものについては、出納整理期間における精算払いや補助金の返還に関しては、なお従前の例によることとする経過措置が設けられていること。

〔運用上の留意点について〕

　廃止前の青年学級振興法第十八条の規定に基づく補助金が廃止された後も、青年学級に係る補助金については、青年を対象とする講座への補助金（地域社会教育活動総合事業）を活用する方法があること。

4　教育職員免許法の一部改正関係（法第百三十条関係）

○　教育職員免許状の授与等に係る手数料（教育職員免許法第十六条関係）

〔運用上の留意点について〕

　教育職員免許状の授与等に係る手数料に関する事項については、改正後の地方自治法第二百二十八条第一項前段の規定により、各都道府県の判断において条例で定めることが必要となること。

5　文化財保護法の一部改正関係（法第百三十五条関係）

(1)　埋蔵物として差し出された物件の鑑査等（文化財保護法第六十条、第六十一条及び第六十二条並びに改正前の文化財保護法第百条の二関係）〔略〕

(2)　所有者不明の出土文化財の所有権の帰属（文化財保護法第六十二条及び第六十三条の二関係）〔略〕

(3)　権限委譲（文化財保護法第九十九条関係）

〔政令に係る留意事項について〕

　文化財保護法第九十九条第一項の規定により、都道府県又は市の教育委員会が行う事務の範囲、当該事務を行う地方公共団体及び法定受託事務と自治事務の区分については、基本的には、地方分権推進計画及び現在の文化庁長官の権限の委任状況を踏まえ、政令で定める予定であること。

　その際、同条同項第二号に関しては、地方分権推進計画において、「都道府県、指定都市及び中核市が処理している史跡名勝天然記念物の軽微な現状変更等の許可、その取消し・停止命令（文化財保護法八十条一項及び三項、九十九条一項二号）については、すべての市へ委譲する（法定受託事務）」としたことを踏まえ、軽微な現状変更等の内容について、政令で定める予定であること。

　また、第九十九条第一項第六号に関しては、地方分権推進計画において、「都道府県教育委員会に、開発行為を行う事業者への発掘調査の指示権があることを法律上明示する。この場合、事業者に対する特定の場合の文化庁長官の指示権限を認めることとする（文化財保護法五十七条の二第二項等）（自治事務）」とし、「都道府県が処理している埋蔵文化財包蔵地域における土木工事等の届出の受理及び開発を行う事業者への発掘調査の指示（文化財保護法五十七条の二）については、指定都市へ委譲する（自治事務）」としたことを踏まえ、都道府県等の教育委員会に委譲する権限及び特定の場合に文化庁長官が指示等行うことができる権限について、政令で定める予定であること。

(4)　国の関与の見直し（改正前の文化財保護法第百四条関係）〔略〕

(5)　聴聞、不服申立て等の取扱い（文化財保護法第八十五条～第八十五条の八関係）〔略〕

6　公立義務教育諸学校の学級編制及び教職員定数の標準に関する法律（以下「義務標準法」という。）の一部改正関係（法第百四十二条関係）

○　学級編制についての都道府県教育委員会の同意（義務標準法第五条関係）〔略〕

7　その他〔略〕

（別添一）文部省関係法律の改正の概要

1　青年学級振興法（昭和二十八年法律第二百十一号）

青年学級振興法を廃止すること。

2　学校教育法（昭和二十二年法律第二十六号）

基準の設定等の事務を行う監督庁を明確化するため、附則第百六条を削除し、第三条等の規定中の監督庁をそれぞれ文部大臣、都道府県の教育委員会又は都道府県知事に改めること。（第三条等及び第百六条関係）

3　教科書の発行に関する臨時措置法（昭和二十三年法律第百三十二号）

教科書の需要数の報告等に係る事務を、都道府県又は市町村が処理する法定受託事務とすること。（第十九条関係）

4　教育公務員特例法（昭和二十四年法律第一号）

地方教育行政の組織及び運営に関する法律の一部改正に伴い、教育長の採用の方法に関する規定を削除すること。（第十六条関係）

5　文部省設置法（昭和二十四年法律第百四十六号）

機関委任事務制度の廃止等に伴い、地方公共団体の事務の主体に係る規定等について所要の規定の整備を行うこと。（第五条及び第六条並びに附則第六項、第七項及び第八項関係）

6　教育職員免許法（昭和二十四年法律第百四十七号）

(1)　教育職員免許状の授与等に係る手数料規定を削除すること。（第十六条関係）

(2)　授与権者のなした処分が法令に違反したと認める場合の文部大臣による代執行等を廃止すること。（第十九条関係）

7　社会教育法（昭和二十四年法律第二百七号）

(1)　社会教育委員の委員構成に関する規定を簡素化し、委員の委嘱手続に関する規定を削除すること。（第十五条及び第十六条関係）

(2)　公民館長の任命の際に公民館運営審議会の意見を聞かなければならないとする規定を削除すること。（第二十八条第二項関係）

(3)　公民館運営審議会の必置規制を廃止するとともに、同審議会の委員構成に関する規定を簡素化し、委員の委嘱手続に関する規定を削除すること。（第二十九条第一項、第三十条及び第三十一条関係）

8　私立学校法（昭和二十四年法律第二百七十号）

学校法人の設立の認可等学校法人に係る都道府県知事の事務を、都道府県の法定受託事務とすること。（第六十五条の三関係）

9　学校施設の確保に関する政令（昭和二十四年政令第三十四号）

文部大臣による学校施設の管理者等に対する調査報告等の命令を廃止すること。（第二十条関係）

10　図書館法〔傍線＝編者〕（昭和二十五年法律第百十八号）

(1)　国庫補助を受ける公立図書館の館長の司書資格要件及び設備等の最低基準を廃止すること。（第十三条、第十九条及び第二十一条関係）

(2)　図書館協議会の委員構成に関する規定を簡素化し、委員の委

嘱手続に関する規定を削除すること。（第十五条及び第十六条関係）

11　文化財保護法（昭和二十五年法律第二百十四号）

(1)　文化財であると認められる埋蔵物の警察署長からの提出先及びその鑑査等の主体を都道府県等の教育委員会とすること。（第六十条、第六十一条、第六十二条及び旧第百条の二関係）

(2)　警察署長に差し出された埋蔵文化財で所有者が判明しないもの（国の機関が埋蔵文化財の調査のための土地の発掘により発見したものを除く。）の所有権は都道府県に帰属するものとし、報償金の支給、譲与等の事務は当該都道府県の教育委員会が行うものとすること。（第六十三条、第六十三条の二、第六十四条及び第六十四条の二関係）

(3)　埋蔵文化財の発掘等に係る文化庁長官の権限に属する事務は、政令で定めるところにより、都道府県又は市の教育委員会が行うものとし、この場合において必要な事項は、政令で定めるものとすること。（第九十九条関係）

(4)　都道府県等の教育委員会に行わせる事務に関する文化庁長官の指揮監督及び国の経費負担を廃止すること。（旧第百四条関係）

12　宗教法人法（昭和二十六年法律第百二十六号）

都道府県知事が行う宗教法人の登記に関する届出の受理、規則等の認証等の事務を、都道府県の法定受託事務とすること。（第八十七条の二関係）

13　博物館法（昭和二十六年法律第二百八十五号）

(1)　登録博物館に関する事項に係る都道府県教育委員会の文部大臣への報告義務を廃止すること。（第十七条関係）

(2)　博物館協議会の委員の委嘱手続に関する規定を削除すること。（第二十二条第二項関係）

14　公立学校施設災害復旧費国庫負担法（昭和二十八年法律第二百四十七号）

機関委任事務制度の廃止に伴い、都道府県への事務費の交付に係る規定について所要の規定の整備を行うこと。（第七条関係）

15　公立高等学校危険建物改築促進臨時措置法（昭和二十八年法律第二百四十八号）

機関委任事務制度の廃止に伴い、都道府県への事務費の交付に係る規定について所要の規定の整備を行うこと。（第十条関係）

16　地方教育行政の組織及び運営に関する法律（昭和三十一年法律第百六十二号）

(1)　都道府県の加入する地方公共団体の組合に教育委員会を置くことができるものとすること。（第二条関係）

(2)　都道府県又は指定都市の教育委員会については、条例で定めるところにより、委員の数を六人とすることができるものとすること。（第三条関係）

(3)　教育長の任命に係る文部大臣又は都道府県教育委員会の承認を廃止するとともに、都道府県及び指定都市の教育長を、市町村の教育長と同様に、教育委員会の委員である者のうちから任命するものとすること。（第十六条関係）

(4)　都道府県教育委員会等から市町村教育委員会等への事務の委任等に関する規定及び市町村教育委員会等に委任した事務に関する都道府県教育委員会等の指揮監督に関する規定を削除すること。（第二十六条及び第二十七条関係）

(5)　市町村教育委員会が行う県費負担教職員の服務の監督又は県費負担教職員の勤務条件等に関して都道府県が制定する条例の実施についての都道府県教育委員会の一般的指示を廃止し、技

術的な基準を設けることができるものとすること。（第四十三条関係）

(6) 文部大臣は都道府県又は市町村に対し、都道府県教育委員会は市町村に対し、指導、助言又は援助を行うものとするとする規定を、行うことができるとする規定に改めること。（第四十八条関係）

(7) 都道府県教育委員会は、市町村教育委員会の所管する学校等の組織編制等について基準を設けることができるものとする規定を削除すること。（第四十九条関係）

(8) 市町村教育委員会の所管する高等学校の通学区域は、市町村教育委員会が都道府県教育委員会と協議の上定めるものとすること。（第五十条関係）

(9) 措置要求に関する規定を削除すること。（第五十二条関係）

(10) 教育委員会が管理執行する国の事務の指揮監督を廃止すること。（旧第五十五条関係）

(11) 都道府県は、都道府県教育委員会の権限に属する事務の一部を、市町村と協議の上、条例の定めるところにより、市町村教育委員会が処理することとすることができるものとすること。（第五十五条関係）

(12) 学校給食用物資の取得のあっせんに関する規定を削除すること。（第五十六条関係）

(13) 中核市の県費負担教職員の研修は、当該中核市の教育委員会が行うものとすること。（第五十九条関係）

17 義務教育諸学校施設費国庫負担法（昭和三十三年法律第八十一号）

(1) 機関委任事務制度の廃止に伴い、都道府県への事務費の交付に係る規定について所要の規定の整備を行うこと。（第十条関係）

18 公立義務教育諸学校の学級編制及び教職員定数の標準に関する法律（昭和三十三年法律第百十六号）

市町村立の義務教育諸学校の学級編制に係る都道府県教育委員会の認可を都道府県教育委員会の同意を要する協議に改めること。（第五条関係）

19 スポーツ振興法（昭和三十六年法律第百四十一号）

都道府県及び市町村に置かれるスポーツ振興審議会の組織及び名称についての規制を弾力化するとともに、体育指導委員の委嘱主体を明確化すること。（第十八条及び第十九条関係）

20 私立学校振興助成法（昭和五十年法律第六十一号）

助成を受けた学校法人等から業務又は会計の状況に関し報告を徴する事務等当該学校法人の監督上必要な措置を講じる都道府県知事の事務を、都道府県の法定受託事務とすること。（第十七条及び附則第二条第六項関係）

21 生涯学習の振興のための施策の推進体制等の整備に関する法律（平成二年法律第七十一号）

(1) 都道府県が作成する地域生涯学習基本構想に係る文部大臣及び通商産業大臣の承認を協議に改めること。（第五条～第八条関係）

(2) 損金算入の特例の適用がある地域生涯学習基本構想は、文部大臣及び通商産業大臣から通知があった基本構想とすること。（第九条）

22 その他

● 銃砲刀剣類所持等取締法（昭和三十三年法律第六号）

(1) 都道府県の教育委員会は、美術品等として価値のある古式銃砲及び美術品として価値のある刀剣類の登録に関する事務を行うものとすること。（第十四条関係）

(2)　美術品として価値のある刀剣類を製作しようとする者は、都道府県の教育委員会（政令で定める場合にあっては、文化庁長官）の承認を受けなければならないものとすること。（第十八条の二関係）

(3)　都道府県の教育委員会が行う事務に関する文化庁長官の指揮監督を廃止するものとすること。（第十九条関係）

(4)　銃砲刀剣類の登録等に係る手数料規定を削除すること。（第二十九条関係）

◎地方教育行政の組織及び運営に関する法律

〔昭和三一年六月三〇日 法律第一六二号〕

最近改正　平成一三年七月一一日　法律第一〇四号

目次

第一章　総則

（この法律の趣旨）

第一条　この法律は、教育委員会の設置、学校その他の教育機関の職員の身分取扱その他地方公共団体における教育行政の組織及び運営の基本を定めることを目的とする。

第二章　教育委員会の設置及び組織

第一節　教育委員会の設置、委員及び会議

（設置）

第二条　都道府県、市（特別区を含む。以下同じ。）町村及び第二十三条〔教育委員会の職務権限〕に規定する事務の全部又は一部を処理する地方公共団体の組合に教育委員会を置く。

（組織）

第三条　教育委員会は、五人の委員をもつて組織する。ただし、条例で定めるところにより、都道府県若しくは地方自治法（昭和二十二年法律第六十七号）〔別掲〕第二百五十二条の十九〔指定都市の権能〕第一項の指定都市（以下「指定都市」という。）又は地方公共団体の組合のうち都道府県若しくは指定都市が加入するものの教育委員会にあつては六人の委員、町村又は地方公共団体の組合のうち町村のみが加入するもの（次条第三項及び第七条第二項から第四項までにおいて単に「町村」という。）の教育委員会にあつては三人の委員をもつて組織することができる。

（任命）

第四条　委員は、当該地方公共団体の長の被選挙権を有する者で、人格が高潔で、教育、学術及び文化（以下単に「教育」という。）に関し識見を有するもののうちから、地方公共団体の長が、議会の同意を得て、任命する。

2　次の各号のいずれかに該当する者は、委員となることができない。

一　破産者で復権を得ない者

二　禁錮以上の刑に処せられた者

3　委員の任命については、そのうち三人以上（前条ただし書の規定により委員の数を三人とする町村にあつては、二人以上）が同一の政党に所属することとなつてはならない。

4　地方公共団体の長は、第一項の規定による委員の任命に当たつては、委員の年齢、性別、職業等に著しい偏りが生じないように配慮するとともに、委員のうちに保護者（親権を行う者及び未成年後見人をいう。）である者が含まれるように努めなければならない。

（任期）

第五条　委員の任期は、四年とする。ただし、補欠の委員の任期は、前任者の残任期間とする。

2　委員は、再任されることができる。

（兼職禁止）

第六条　委員は、地方公共団体の議会の議員若しくは長、地方公共団体に執行機関として置かれる委員会の委員若しくは委員又は地方公共団体の常勤の職員若しくは地方公務員法（昭和二十五年法律第二百六十一号）〔別掲〕第二十八条の五第一項に規定する短時間勤務の職を占める職員と兼ねることができない。

（罷免）

第七条　地方公共団体の長は、委員が心身の故障のため職務の遂行に堪えないと認める場合又は職務上の義務違反その他委員たるに適しない非行があると認める場合においては、当該地方公共団体の議会の同意を得て、これを罷免することができる。

2　地方公共団体の長は、委員のうち何人も所属していなかつた同一の政党に新たに三人以上（第三条〔組織〕ただし書の規定により委員の数を三人とする町村にあつては、二人以上）の委員が所属するに至つた場合においては、これらの者のうち二人（第三条

ただし書の規定により委員の数を三人とする町村にあつては、一人）をこえる員数の委員を当該地方公共団体の議会の同意を得て罷免する。

3　地方公共団体（第三条ただし書の規定により委員の数を三人とする町村を除く。）の長は、委員のうち一人がすでに所属している政党に新たに二人以上の委員が所属するに至つた場合においては、これらの者のうち一人をこえる員数の委員を当該地方公共団体の議会の同意を得て罷免する。

4　地方公共団体の長は、委員のうち二人（第三条ただし書の規定により委員の数を三人とする町村にあつては、一人）がすでに所属している政党に新たに所属するに至つた委員を直ちに罷免する。

5　委員は、前四項の場合を除き、その意に反して罷免されることがない。

（解職請求）

第八条　地方公共団体の長の選挙権を有する者は、政令で定めるところにより、その総数の三分の一以上の者の連署をもつて、その代表者から、当該地方公共団体の長に対し、委員の解職を請求することができる。

2　地方自治法第八十六条第二項から第四項まで、第八十七条及び第八十八条第二項の規定は、前項の規定による委員の解職の請求について準用する。この場合において、同法第八十七条第一項中「前条第一項に掲げる職に在る者」とあるのは「教育委員会の委員」と、同法第八十八条第二項中「第八十六条第一項の規定による選挙管理委員若しくは監査委員又は公安委員会の委員の解職の請求」とあるのは「地方教育行政の組織及び運営に関する法律（昭和三十一年法律第百六十二号）第八条第一項の規定による教育委員会の委員の解職の請求」と読み替えるものとする。

（失職）

第九条　委員は、前条第二項において準用する地方自治法第八十七条の規定によりその職を失う場合のほか、次の各号の一に該当する場合においては、その職を失う。

一　第四条〔任命〕第二項各号の一に該当するに至つた場合

二　前号に掲げる場合のほか、当該地方公共団体の長の被選挙権を有する者でなくなつた場合

2　地方自治法第百四十三条第一項後段及び第二項の規定は、前項第二号に掲げる場合における地方公共団体の長の被選挙権の有無の決定及びその決定に関する争訟について準用する。

（辞職）

第十条　委員は、当該地方公共団体の長及び教育委員会の同意を得て、辞職することができる。

（服務）

第十一条　委員は、職務上知ることができた秘密を漏らしてはならない。その職を退いた後も、また、同様とする。

2　委員又は委員であつた者が法令による証人、鑑定人等となり、職務上の秘密に属する事項を発表する場合においては、教育委員会の許可を受けなければならない。

3　前項の許可は、法律に特別の定がある場合を除き、これを拒むことができない。

4　委員は、非常勤とする。

5　委員は、政党その他の政治的団体の役員となり、又は積極的に政治運動をしてはならない。

（委員長）

第十二条　教育委員会は、委員（第十六条〔教育長〕第二項の規定により教育長に任命された委員を除く。）のうちから、委員長を選

挙しなければならない。

2 委員長の任期は、一年とする。ただし、再選されることができる。

3 委員長は、教育委員会の会議を主宰し、教育委員会を代表する。

4 委員長に事故があるとき、又は委員長が欠けたときは、あらかじめ教育委員会の指定する委員がその職務を行う。

（会議）

第十三条 教育委員会の会議は、委員長が招集する。

2 教育委員会は、委員長及び在任委員の過半数が出席しなければ、会議を開き、議決をすることができない。ただし、第五項の規定による除斥のため半数に達しないとき、又は同一の事件につき再度招集しても、なお過半数に達しないときは、この限りでない。

3 教育委員会の会議の議事は、第六項ただし書の発議に係るものを除き出席委員の過半数で決し、可否同数のときは、委員長の決するところによる。

4 前二項の規定による会議若しくは議事又は第六項ただし書の発議に係る議事の定足数については、委員長は、委員として計算するものとする。

5 教育委員会の委員は、自己、配偶者若しくは三親等以内の親族の一身上に関する事件又は自己若しくはこれらの者の従事する業務に直接の利害関係のある事件については、その議事に参与することができない。ただし、教育委員会の同意があるときは、会議に出席し、発言することができる。

6 教育委員会の会議は、公開する。ただし、人事に関する事件その他の事件について、委員長又は委員の発議により、出席委員の三分の二以上の多数で議決したときは、これを公開しないことができる。

7 前項ただし書の委員長又は委員の発議は、討議を行わないでその可否を決しなければならない。

（教育委員会規則の制定等）

第十四条 教育委員会は、法令又は条例に違反しない限りにおいて、その権限に属する事務に関し、教育委員会規則を制定することができる。

2 教育委員会規則その他教育委員会の定める規程で公表を要するものの公布に関し必要な事項は、教育委員会規則で定める。

（教育委員会の議事運営）

第十五条 この法律に定めるもののほか、教育委員会の会議その他教育委員会の議事の運営に関し必要な事項は、教育委員会規則で定める。

第二節　教育長及び事務局

（教育長）

第十六条 教育委員会に、教育長を置く。

2 教育長は、第六条〔兼職禁止〕の規定にかかわらず、当該教育委員会の委員（委員長を除く。）である者のうちから、教育委員会が任命する。

3 教育長は、委員としての任期中在任するものとする。ただし、地方公務員法〔別掲〕第二十七条、第二十八条及び第二十九条〔分限及び懲戒〕の規定の適用を妨げない。

4 教育長は、委員の職を辞し、失い、又は罷免された場合においては、当然に、その職を失うものとする。

（教育長の職務）

第十七条 教育長は、教育委員会の指揮監督の下に、教育委員会の権限に属するすべての事務をつかさどる。

2 教育長は、教育委員会のすべての会議に出席し、議事について助言する。

3　教育長は、自己、配偶者若しくは三親等以内の親族の一身上に関する事件又は自己若しくはこれらの者の従事する業務に直接の利害関係のある事件についての議事が行われる場合においては、前項の規定にかかわらず、教育委員会の会議に出席することができない。ただし、委員として第十三条〔会議〕第五項ただし書の規定の適用があるものとする。

（事務局）

第十八条　教育委員会の権限に属する事務を処理させるため、教育委員会に事務局を置く。

2　教育委員会の事務局の内部組織は、教育委員会規則で定める。

（指導主事その他の職員）

第十九条　都道府県に置かれる教育委員会（以下「都道府県委員会」という。）の事務局に、指導主事、事務職員、技術職員その他の所要の職員を置く。

2　市町村に置かれる教育委員会（以下「市町村委員会」という。）の事務局に、前項の規定に準じて所要の職員を置く。

3　指導主事は、上司の命を受け、学校（学校教育法（昭和二十二年法律第二十六号）〔別掲〕第一条に規定する学校をいう。以下同じ。）における教育課程、学習指導その他学校教育に関する専門的事項の指導に関する事務に従事する。

4　指導主事は、教育に関し識見を有し、かつ、学校における教育課程、学習指導その他学校教育に関する専門的事項について教養と経験がある者でなければならない。指導主事は、大学以外の公立学校（地方公共団体が設置する学校をいう。以下同じ。）の教員（教育公務員特例法（昭和二十四年法律第一号）〔別掲〕第二条〔定義〕第二項に規定する教員をいう。以下同じ。）をもつて充てることができる。

5　事務職員は、上司の命を受け、事務に従事する。

6　技術職員は、上司の命を受け、技術に従事する。

7　第一項及び第二項の職員は、教育長の推薦により、教育委員会が任命する。

8　教育委員会は、事務局の職員のうち所掌事務に係る教育行政に関する相談に関する事務を行う職員を指定し、これを公表するものとする。

9　前各項に定めるもののほか、教育委員会の事務局に置かれる職員に関し必要な事項は、政令で定める。

（教育長の事務局の統括等）

第二十条　教育長は、第十七条〔教育長の職務〕に規定するもののほか、事務局の事務を統括し、所属の職員を指揮監督する。

2　教育長に事故があるとき、又は教育長が欠けたときは、あらかじめ教育委員会の指定する事務局の職員がその職務を行う。

（事務局職員の定数）

第二十一条　第十九条〔指導主事その他の職員〕第一項及び第二項に規定する事務局の職員の定数は、当該地方公共団体の条例で定める。ただし、臨時又は非常勤の職員については、この限りでない。

（教育長及び事務局職員の身分取扱）

第二十二条　教育長及び第十九条〔指導主事その他の職員〕第一項及び第二項に規定する事務局の職員の任免、給与、懲戒、服務その他の身分取扱に関する事項は、この法律及び教育公務員特例法に特別の定があるものを除き、地方公務員法の定めるところによる。

第三章　教育委員会及び地方公共団体の長の職務権限

（教育委員会の職務権限）

第二十三条　教育委員会は、当該地方公共団体が処理する教育に関する事務で、次に掲げるものを管理し、及び執行する。

一　教育委員会の所管に属する第三十条〔教育機関の設置〕に規定する学校その他の教育機関（以下「学校その他の教育機関」という。）の設置、管理及び廃止に関すること。
二　学校その他の教育機関の用に供する財産（以下「教育財産」という。）の管理に関すること。
三　教育委員会及び学校その他の教育機関の職員の任免その他の人事に関すること。
四　学齢生徒及び学齢児童の就学並びに生徒、児童及び幼児の入学、転学及び退学に関すること。
五　学校の組織編制、教育課程、学習指導、生徒指導及び職業指導に関すること。
六　教科書その他の教材の取扱いに関すること。
七　校舎その他の施設及び教具その他の設備の整備に関すること。
八　校長、教員その他の教育関係職員の研修に関すること。
九　校長、教員その他の教育関係職員並びに生徒、児童及び幼児の保健、安全、厚生及び福利に関すること。
十　学校その他の教育機関の環境衛生に関すること。
十一　学校給食に関すること。
十二　青少年教育、女性教育及び公民館の事業その他社会教育に関すること。
十三　スポーツに関すること。
十四　文化財の保護に関すること。
十五　ユネスコ活動に関すること。
十六　教育に関する法人に関すること。
十七　教育に係る調査及び指定統計その他の統計に関すること。
十八　所掌事務に係る広報及び所掌事務に係る教育行政に関する相談に関すること。
十九　前各号に掲げるもののほか、当該地方公共団体の区域内における教育に関する事務に関すること。

（長の職務権限）

第二十四条　地方公共団体の長は、次の各号に掲げる教育に関する事務を管理し、及び執行する。
一　大学に関すること。
二　私立学校に関すること。
三　教育財産を取得し、及び処分すること。
四　教育委員会の所掌に係る事項に関する契約を結ぶこと。
五　前号に掲げるもののほか、教育委員会の所掌に係る事項に関する予算を執行すること。

（事務処理の法令準拠）

第二十五条　教育委員会及び地方公共団体の長は、それぞれ前二条の事務を管理し、及び執行するに当つては、法令、条例、地方公共団体の規則並びに地方公共団体の機関の定める規則及び規程に基かなければならない。

（事務の委任等）

第二十六条　教育委員会は、教育委員会規則で定めるところにより、その権限に属する事務の一部を教育長に委任し、又は教育長をして臨時に代理させることができる。
2　教育長は、前項の規定により委任された事務その他その権限に属する事務の一部を事務局の職員若しくは教育委員会の所管に属する学校その他の教育機関の職員に委任し、又はこれらの職員をして臨時に代理させることができる。

第二十七条　削除

（教育財産の管理等）

第二十八条 教育財産は、地方公共団体の長の総括の下に、教育委員会が管理するものとする。
2 地方公共団体の長は、教育委員会の申出をまつて、教育財産の取得を行うものとする。
3 地方公共団体の長は、教育財産を取得したときは、すみやかに教育委員会に引き継がなければならない。

（教育委員会の意見聴取）
第二十九条 地方公共団体の長は、歳入歳出予算のうち教育に関する事務に係る部分その他特に教育に関する事務について定める議会の議決を経るべき事件の議案を作成する場合においては、教育委員会の意見をきかなければならない。

第四章 教育機関

第一節 通則

（教育機関の設置）
第三十条 地方公共団体は、法律で定めるところにより、学校、図書館、博物館、公民館その他の教育機関を設置するほか、条例で、教育に関する専門的、技術的事項の研究又は教育関係職員の研修、保健若しくは福利厚生に関する施設その他の必要な教育機関を設置することができる。

（教育機関の職員）
第三十一条 前条に規定する学校に、法律で定めるところにより、学長、校長、園長、教員、事務職員、技術職員その他の所要の職員を置く。
2 前条に規定する学校以外の教育機関に、法律又は条例で定めるところにより、事務職員、技術職員その他の所要の職員を置く。
3 前二項に規定する職員の定数は、この法律に特別の定がある場合を除き、当該地方公共団体の条例で定めなければならない。ただし、臨時又は非常勤の職員については、この限りでない。

（教育機関の所管）
第三十二条 学校その他の教育機関のうち、大学は地方公共団体の長が、その他のものは教育委員会が所管する。

（学校等の管理）
第三十三条 教育委員会は、法令又は条例に違反しない限度において、その所管に属する学校その他の教育機関の施設、設備、組織編制、教育課程、教材の取扱その他学校その他の教育機関の管理運営の基本的事項について、必要な教育委員会規則を定めるものとする。この場合において、当該教育委員会規則で定めようとする事項のうち、その実施のためには新たに予算を伴うこととなるものについては、教育委員会は、あらかじめ当該地方公共団体の長に協議しなければならない。
2 前項の場合において、教育委員会は、学校における教科書以外の教材の使用について、あらかじめ、教育委員会に届け出させ、又は教育委員会の承認を受けさせることとする定を設けるものとする。

（教育機関の職員の任命）
第三十四条 教育委員会の所管に属する学校その他の教育機関の校長、園長、教員、事務職員、技術職員その他の職員は、この法律に特別の定がある場合を除き、教育長の推薦により、教育委員会が任命する。

（職員の身分取扱）
第三十五条 第三十一条〔教育機関の職員〕第一項又は第二項に規定する職員の任免、給与、懲戒、服務その他の身分取扱に関する事項は、この法律及び他の法律に特別の定がある場合を除き、地方公務員法の定めるところによる。

（所属職員の進退に関する意見の申出）
第三十六条　学校その他の教育機関の長は、この法律及び教育公務員特例法に特別の定がある場合を除き、その所属の職員の任免その他の進退に関する意見を任命権者に対して申し出ることができる。この場合において、大学附置の学校の校長にあつては、学長を経由するものとする。

第二節　市町村立学校の教職員

（任命権者）
第三十七条　市町村立学校職員給与負担法（昭和二十三年法律第百三十五号）第一条及び第二条に規定する職員（以下「県費負担教職員」という。）の任命権は、都道府県委員会に属する。
2　前項の規定による都道府県委員会の権限の一部の委任については、地方公務員法第六条〔任命権者〕第二項の規定にかかわらず、この法律第二十六条〔事務の委任等〕の規定によるものとする。

（市町村委員会の内申）
第三十八条　都道府県委員会は、市町村委員会の内申をまつて、県費負担教職員の任免その他の進退を行うものとする。
2　市町村委員会は、教育長の助言により、前項の内申を行うものとする。
3　市町村委員会は、次条の規定による校長の意見の申出があつた県費負担教職員について第一項の内申を行うときは、当該校長の意見を付するものとする。

（校長の所属教職員の進退に関する意見の申出）
第三十九条　市町村立学校職員給与負担法第一条及び第二条に規定する学校の校長は、所属の県費負担教職員の任免その他の進退に関する意見を市町村委員会に申し出ることができる。

（県費負担教職員の任用等）
第四十条　第三十七条〔任命権者〕の場合において、都道府県委員会（この条に掲げる一の市町村に係る県費負担教職員の免職に関する事務を行う者及びこの条に掲げる他の市町村に係る県費負担教職員の採用に関する事務を行う者の一方又は双方が第五十五条〔条例による事務処理の特例〕第一項、第五十八条〔指定都市に関する特例〕第一項又は第六十一条〔中等教育学校を設置する市町村に関する特例〕第一項の規定により当該事務を行うこととされた市町村委員会である場合にあつては、当該一の市町村に係る県費負担教職員の免職に関する事務を行う教育委員会及び当該他の市町村に係る県費負担教職員の採用に関する事務を行う教育委員会）は、地方公務員法第二十七条〔分限及び懲戒の基準〕第二項及び第二十八条〔降任、免職、休職等〕第一項の規定にかかわらず、一の市町村の県費負担教職員（非常勤の講師（同法第二十八条の五第一項に規定する短時間勤務の職を占める者を除く。以下同じ。）を除く。以下この条、第四十二条、第四十三条第三項、第四十四条、第四十五条第一項、第四十六条、第四十七条、第五十八条第二項、第五十九条及び第六十一条第二項において同じ。）を免職し、引き続いて当該都道府県内の他の市町村の県費負担教職員に採用することができるものとする。この場合において、当該県費負担教職員が当該免職された市町村において同法第二十二条〔条件附採用及び臨時的任用〕第一項（教育公務員特例法第十三条の二〔条件附任用〕第二項の規定において読み替えて適用する場合を含む。）の規定により正式任用になつていた者であるときは、当該県費負担教職員の当該他の市町村における採用については、地方公務員法第二十二条第一項の規定は、適用しない。

（県費負担教職員の定数）
第四十一条　県費負担教職員の定数は、都道府県の条例で定める。

ただし、臨時又は非常勤の職員については、この限りでない。

2 県費負担教職員の市町村別の学校の種類ごとの定数は、前項の規定により定められた定数の範囲内で、都道府県委員会が市町村委員会の意見をきいて定める。

（県費負担教職員の給与、勤務時間その他の勤務条件）

第四十二条 県費負担教職員の給与、勤務時間その他の勤務条件については、地方公務員法第二十四条〔給与、勤務時間その他の勤務条件の根本基準〕第六項の規定により条例で定めるものとされている事項は、都道府県の条例で定める。

（服務の監督）

第四十三条 市町村委員会は、県費負担教職員の服務を監督する。

2 県費負担教職員は、その職務を遂行するに当つて、法令、当該市町村の条例及び規則並びに当該市町村委員会の定める教育委員会規則及び規程（前条又は次項の規定によつて都道府県が制定する条例を含む。）に従い、かつ、市町村委員会その他職務上の上司の職務上の命令に忠実に従わなければならない。

3 県費負担教職員の任免、分限又は懲戒に関して、地方公務員法の規定により条例で定めるものとされている事項は、都道府県の条例で定める。

4 都道府県委員会は、県費負担教職員の任免その他の進退を適切に行うため、市町村委員会の行う県費負担教職員の服務を監督又は前条、前項若しくは第四十七条の三第一項の規定により都道府県が制定する条例若しくは同条第二項の都道府県の定めの実施について、技術的な基準を設けることができる。

（職階制）

第四十四条 県費負担教職員の職階制は、地方公務員法第二十三条〔職階制の根本基準〕第一項の規定にかかわらず、都道府県内の県費負担教職員を通じて都道府県が採用するものとし、職階制に関する計画は、都道府県の条例で定める。

（研修）

第四十五条 県費負担教職員の研修は、地方公務員法第三十九条〔研修〕第二項の規定にかかわらず、市町村委員会も行うことができる。

2 市町村委員会は、都道府県委員会が行う県費負担教職員の研修に協力しなければならない。

（勤務成績の評定）

第四十六条 県費負担教職員の勤務成績の評定は、地方公務員法第四十条〔勤務成績の評定〕第一項の規定にかかわらず、都道府県委員会の計画の下に、市町村委員会が行うものとする。

（地方公務員法の適用の特例）

第四十七条 この法律に特別の定めがあるもののほか、県費負担教職員に対して地方公務員法を適用する場合においては、同法中次の表の上欄に掲げる規定の中欄に掲げる字句は、それぞれ同表の下欄に掲げる字句に読み替えるものとする。

規定	読み替えられる字句	読み替える字句
第十六条各号列記以外の部分	職員	職員（第三号の場合にあつては、都道府県教育委員会又は地方教育行政の組織及び運営に関する法律第五十五条第一項、第五十八条第一項若しくは第六十一条第一項の規定により同法第三十七条第一項に規定する県費負担教職員の任用に関する事

		務を行うこととされた市町村教育委員会の任命に係る職員及び懲戒免職の処分を受けた当時属していた地方公共団体の職員）
第十六条第三号	当該地方公共団体において	都道府県教育委員会（地方教育行政の組織及び運営に関する法律第五十五条第一項、第五十八条第一項又は第六十一条第一項の規定により同法第三十七条第一項に規定する県費負担教職員の懲戒に関する事務を行うこととされた市町村教育委員会を含む。）により
第二十八条の四第一項	当該地方公共団体	市町村
	常時勤務を要する職	当該市町村を包括する都道府県の区域内の市町村の常時勤務を要する職
第二十八条の五第一項	当該地方公共団体	市町村
	短時間勤務の職（	当該市町村を包括する都道府県の区域内の市町村の短時間勤務の職（
第二十九条第一項第一号	この法律若しくは第五十七条に規定する特例を定めた法律	この法律、第五十七条に規定する特例を定めた法律若しくは地方教育行政の組織及び運営に関する法律
第三十四条第二項	任命権者	市町村教育委員会
第三十七条	地方公共団体	都道府県及び市町村
第三十八条	任命権者	市町村教育委員会

2　前項に定めるもののほか、県費負担教職員に対して地方公務員法の規定を適用する場合における技術的読替は、政令で定める。

（県費負担教職員の免職及び都道府県の職への採用）

第四十七条の二　都道府県委員会は、地方公務員法第二十七条（分限及び懲戒の基準）第二項及び第二十八条（降任、免職、休職等）第一項の規定にかかわらず、その任命に係る市町村の県費負担教職員（教諭、養護教諭、助教諭及び養護助教諭（同法第二十八条の四第一項又は第二十八条の五（定年退職者等の再任用）第一項の規定により採用された者（以下この項において「再任用職員」という。）を除く。）並びに講師（再任用職員及び非常勤の講師を除く。）に限る。）で次の各号のいずれにも該当するもの（同法第二十八条第一項各号又は第二項各号のいずれかに該当する者を除く。）を免職し、引き続いて当該都道府県の常時勤務を要する職（指導主事並びに校長、園長及び教員の職を除く。）に採用することができる。

一　児童又は生徒に対する指導が不適切であること。

二　研修等必要な措置が講じられたとしてもなお児童又は生徒に対する指導を適切に行うことができないと認められること。

2　事実の確認の方法その他前項の県費負担教職員が同項各号に該当するかどうかを判断するための手続に関し必要な事項は、都道府県の教育委員会規則で定めるものとする。

3　都道府県委員会は、第一項の規定による採用に当たつては、公務の能率的な運営を確保する見地から、同項の県費負担教職員の適性、知識等について十分に考慮するものとする。

4　第四十条（県費負担教職員の任用等）後段の規定は、第一項の場合について準用する。この場合において、同条後段中「当該他の市町村」とあるのは、「当該都道府県」と読み替えるものとする。

（県費負担教職員のうち非常勤講師の報酬等及び身分取扱い）

第四十七条の三　県費負担教職員のうち非常勤の講師の報酬及び職務を行うために要する費用の弁償の額並びにその支給方法については、都道府県の条例で定める。

2　この章に規定するもののほか、県費負担教職員のうち非常勤の講師の身分取扱いについては、都道府県の定めの適用があるものとする。

（初任者研修に係る非常勤講師の派遣）

第四十七条の四　市（指定都市を除く。以下この条において同じ。）町村の教育委員会は、都道府県委員会が教育公務員特例法第二十三条の二（初任者研修）第一項の初任者研修を実施する場合において、市町村の設置する小学校、中学校、高等学校、中等教育学校（後期課程に定時制の課程（学校教育法第四条第一項に規定する定時制の課程をいう。以下同じ。）のみを置くものに限る。）、盲学校、聾《ろう》学校又は養護学校に非常勤の講師（高等学校にあつては、定時制の課程の授業を担任する非常勤の講師に限る。）を勤務させる必要があると認めるときは、都道府県委員会に対し、当該都道府県委員会の事務局の非常勤の職員の派遣を求めることができる。

2　前項の規定による求めに応じて派遣される職員（第四項において「派遣職員」という。）は、派遣を受けた市町村の職員の身分を併せ有することとなるものとし、その報酬及び職務を行うために要する費用の弁償は、当該職員の派遣をした都道府県の負担とする。

3　市町村の教育委員会は、第一項の規定に基づき派遣された非常勤の講師の服務を監督する。

4　前項に規定するもののほか、派遣職員の身分取扱いに関しては、当該職員の派遣をした都道府県の非常勤の講師に関する定めの適用があるものとする。

第五章　文部科学大臣及び教育委員会相互間の関係等

（文部科学大臣又は都道府県委員会の指導、助言及び援助）

第四十八条　地方自治法第二百四十五条の四（技術的な助言及び勧告並びに資料の提出の要求）第一項の規定によるほか、文部科学大臣は都道府県又は市町村に対し、都道府県委員会は市町村に対し、都道府県又は市町村の教育に関する事務の適正な処理を図るため、必要な指導、助言又は援助を行うことができる。

2　前項の指導、助言又は援助を例示すると、おおむね次のとおりである。

一　学校その他の教育機関の設置及び管理並びに整備に関し、指導及び助言を与えること。

二　学校の組織編制、教育課程、学習指導、生徒指導、職業指導、教科書その他の教材の取扱いその他学校運営に関し、指導及び助言を与えること。

三　学校における保健及び安全並びに学校給食に関し、指導及び助言を与えること。

四　校長、教員その他の教育関係職員の研究集会、講習会その他研修に関し、指導及び助言を与え、又はこれらを主催すること。

五　生徒及び児童の就学に関する事務に関し、指導及び助言を与えること。

六　青少年教育、女性教育及び公民館の事業その他社会教育の振興並びに芸術の普及及び向上に関し、指導及び助言を与えること。

七　スポーツの振興に関し、指導及び助言を与えること。

八　指導主事、社会教育主事その他の職員を派遣すること。

九　教育及び教育行政に関する資料、手引書等を作成し、利用に供すること。

十　教育に係る調査及び統計並びに広報及び教育行政に関する相談に関し、指導及び助言を与えること。

十一　教育委員会の組織及び運営に関し、指導及び助言を与えること。

3　文部科学大臣は、都道府県委員会に対し、第一項の規定による市町村に対する指導、助言又は援助に関し、必要な指示をすることができる。

4　地方自治法第二百四十五条の四第三項の規定によるほか、都道府県知事又は都道府県委員会は文部科学大臣に対し、市町村長又は市町村委員会は文部科学大臣又は都道府県委員会に対し、教育に関する事務の処理について必要な指導、助言又は援助を求めることができる。

第四十九条及び第五十条　削除

（文部科学大臣及び教育委員会相互間の関係）

第五十一条　文部科学大臣は都道府県委員会又は市町村委員会相互の間の、都道府県委員会は市町村委員会相互の間の連絡調整を図り、並びに教育委員会は、相互の間の連絡を密にし、及び文部科学大臣又は他の教育委員会と協力し、教職員の適正な配置と円滑な交流及び教職員の勤務能率の増進を図り、もつてそれぞれその所掌する教育に関する事務の適正な執行と管理に努めなければならない。

第五十二条　削除

（調査）

第五十三条　文部科学大臣又は都道府県委員会は、第四十八条〔文部科学大臣又は都道府県委員会の指導、助言及び援助〕第一項及び第五十一条〔文部科学大臣及び教育委員会相互間の関係〕の規定による権限を行うため必要があるときは、地方公共団体の長又は教育委員会が管理し、及び執行する教育に関する事務について、必要な調査を行うことができる。

2　文部科学大臣は、前項の調査に関し、都道府県委員会に対し、市町村長又は市町村委員会が管理し、及び執行する教育に関する事務について、その特に指定する事項の調査を行うよう指示することができる。

（資料及び報告）

第五十四条　教育行政機関は、的確な調査、統計その他の資料に基いて、その所掌する事務の適切かつ合理的な処理に努めなければならない。

2　文部科学大臣は地方公共団体の長又は教育委員会に対し、都道府県知事又は都道府県委員会は市町村長又は市町村委員会に対し、それぞれ都道府県又は市町村の区域内の教育に関する事務に関し、必要な調査、統計その他の資料又は報告の提出を求めることができる。

（条例による事務処理の特例）

第五十五条　都道府県は、都道府県委員会の権限に属する事務の一部を、条例の定めるところにより、市町村が処理することとすることができる。この場合においては、当該市町村が処理することとされた事務は、当該市町村の教育委員会が管理し及び執行するものとする。

2　前項の条例を制定し又は改廃する場合においては、都道府県知事は、あらかじめ、当該都道府県委員会の権限に属する事務の一部を処理し又は処理することとなる市町村の長に協議しなければならない。

3　市町村長は、前項の規定による協議を受けたときは、当該市町村委員会に通知するとともに、その意見を踏まえて当該協議に応じなければならない。

4　都道府県の議会は、第一項の条例の制定又は改廃の議決をする前に、当該都道府県委員会の意見を聴かなければならない。

5　第一項の規定により都道府県委員会の権限に属する事務（都道府県の教育委員会規則に基づくものに限る。）の一部を市町村が処理し又は処理することとする場合であって、同項の条例の定めるところにより教育委員会規則に委任して当該事務の範囲を定める場合には、都道府県委員会は、当該教育委員会規則を制定し又は改廃しようとするときは、あらかじめ、当該事務を処理し又は処理することとなる市町村委員会に協議しなければならない。

6　地方自治法第二百五十二条の十七の三（条例による事務処理の特例の効果）並びに第二百五十二条の十七の四（是正の要求等の特則）第一項及び第三項の規定は、第一項の条例の定めるところにより、都道府県委員会の権限に属する事務の一部を市町村が処理する場合について準用する。この場合において、これらの規定中「規則」とあるのは「教育委員会規則」と、「都道府県知事」とあるのは「都道府県教育委員会」と、「市町村長」とあるのは「市町村教育委員会」と読み替えるものとする。

第六章　雑則

第五十六条　削除

（保健所との関係）

第五十七条　教育委員会は、健康診断その他学校における保健に関し、政令で定めるところにより、保健所を設置する地方公共団体の長に対し、保健所の協力を求めるものとする。

2　保健所は、学校の環境衛生の維持、保健衛生に関する資料の提供その他学校における保健に関し、政令で定めるところにより、教育委員会に助言と援助を与えるものとする。

（指定都市に関する特例）

第五十八条　指定都市の県費負担教職員の任命、給与（非常勤の講師にあっては、報酬及び職務を行うために要する費用の弁償の額）の決定、休職及び懲戒に関する事務は、第三十七条（任命権者）第一項の規定にかかわらず、当該指定都市の教育委員会が行う。

2　指定都市の県費負担教職員の研修は、第四十五条（研修）、教育公務員特例法第十九条（研修）第二項並びに第二十条の二（初任者研修）第一項及び第二項の規定にかかわらず、当該指定都市の教育委員会が行う。

（中核市に関する特例）

第五十九条　地方自治法第二百五十二条の二十二（中核市の権能）第一項の中核市（以下「中核市」という。）の県費負担教職員の研修は、第四十五条（研修）、教育公務員特例法第十九条（研修）第二項並びに第二十条の二（初任者研修）第一項及び第二項の規定にかかわらず、当該中核市の教育委員会が行う。

（組合に関する特例）

第六十条　地方公共団体が第二十三条（教育委員会の職務権限）に規定する事務の全部を処理する組合を設ける場合においては、当該組合を組織する地方公共団体には教育委員会を置かず、当該組合に教育委員会を置くものとする。

2　地方公共団体が第二十三条に規定する事務の全部又は一部を処理する組合を設けようとする場合において、当該地方公共団体に教育委員会が置かれているときは、当該地方公共団体の議会は、地方自治法第二百九十条〔議会の議決を要する協議〕、第二百九十一条の十一、第二百九十一条の十四〔全部事務組合〕第五項又は第二百九十一条の十五〔役場事務組合〕第三項の議決をする前に、当該教育委員会の意見を聴かなければならない。

3　総務大臣又は都道府県知事は、第二十三条に規定する事務の全部又は一部を処理する地方公共団体の組合の設置について、地方自治法第二百八十四条〔組合の種類及び設置〕第二項の許可の処分又は同条第二項、第三項、第五項若しくは第六項の許可の処分をする前に、総務大臣にあつては文部科学大臣、都道府県知事にあつては当該都道府県委員会の意見を聴かなければならない。

4　第二十三条に規定する事務の一部を処理する地方公共団体の組合に置かれる教育委員会の委員は、第六条〔兼職禁止〕の規定にかかわらず、その組合を組織する地方公共団体の教育委員会の委員と兼ねることができる。

5　地方自治法第二百九十一条の二〔広域連合による事務の処理等〕第二項の規定により、都道府県が、都道府県委員会の権限に属する事務のうち都道府県の加入しない広域連合の事務に関連するものを当該広域連合において処理することとする場合については、同条第三項の規定にかかわらず、第五十五条〔条例による事務処理の特例〕第二項から第六項までの規定を準用する。

6　前各項に定めるもののほか、第二十三条に規定する事務の全部又は一部を処理する地方公共団体の組合の設置、解散その他の事項については、地方自治法第三編第三章〔地方公共団体の組合〕の規定によるほか、政令で特別の定めをすることができる。

（中等教育学校を設置する市町村に関する特例）

第六十一条　市〔指定都市を除く。以下この項において同じ。〕町村の設置する中等教育学校〔後期課程に定時制の課程のみを置くものを除く。次項において同じ。〕の県費負担教職員の任免、給与〔非常勤の講師にあつては、報酬及び職務を行うために要する費用の弁償の額〕の決定、休職及び懲戒に関する事務は、第三十七条〔任命権者〕第一項の規定にかかわらず、当該市町村の教育委員会が行う。

2　市〔指定都市及び中核市を除く。以下この項において同じ。〕町村が設置する中等教育学校の県費負担教職員の研修は、第四十五条〔研修〕、教育公務員特例法第十九条〔研修〕第二項並びに第二十条の二〔初任者研修〕第一項及び第二項の規定にかかわらず、当該市町村の教育委員会が行う。

（政令への委任）

第六十二条　この法律に定めるもののほか、市町村の廃置分合があつた場合及び指定都市の指定があつた場合におけるこの法律の規定の適用の特例その他この法律の施行に関し必要な事項は、政令で定める。

（事務の区分）

第六十三条　都道府県が第四十八条〔文部科学大臣又は都道府県委員会の指導、助言及び援助〕第一項の規定により処理することとされている事務〔市町村が処理する事務が地方自治法第二条第八項に規定する自治事務又は同条第九項第二号に規定する第二号法定受託事務である場合においては、第四十八条第三項に規定する文部科学大臣の指示を受けて行うものに限る。〕、第五十三条〔調査〕第二項の規定により処理することとされている事務、第六十条〔組合に関する特例〕第三項の規定により処理することとされている事務〔都道府県委員会の意見を聴くことに係るものに限る。〕並びに第五十五条〔条例による事務処理の特例〕第六項〔第六十条第五項において準用する場合を含む。）において準用する同法第二百五十二条の十七の三第二項及び第三項並びに第二百五十二条の十七の四（是正の要求等の特則）第一項の規定により処理することとされている事務は、同法第二条第九項第一号に規定する第一号法定受託事務とする。

附　則（第一条から第二十六条まで　略）

附　則〔平成一一年七月一六日法律第八七号〕〔抄〕

（施行期日）

第一条　この法律は、平成十二年四月一日から施行する。〔後略〕

（地方教育行政の組織及び運営に関する法律の一部改正に伴う経過措置）

第六十条　この法律の施行の際現に在任する都道府県又は新地方自治法第二百五十二条の十九第一項の指定都市の教育長は、施行日から起算して三年間は、第百四十条の規定による改正後の地方教育行政の組織及び運営に関する法律（以下この条において「新地教行法」という。）第十六条第二項の規定にかかわらず、引き続き教育長として在任することができる。

2　前項の規定により在任する都道府県又は指定都市の教育長の身分取扱いについては、なお従前の例による。

3　新地教行法第五十条の規定は、平成十三年四月一日以後に高等学校に入学する者に係る通学区域から適用する。

4　新地教行法第五十五条第一項の条例（当該条例の委任に基づく同条第五項の教育委員会規則を含む。以下この条において同じ。）の制定に関し必要な手続その他の行為は、施行日前においても行うことができる。

5　平成十一年四月一日において第百四十条の規定による改正前の地方教育行政の組織及び運営に関する法律第二十六条第三項又は第四項の規定により市町村の教育委員会又は市町村の教育委員会の教育長に委任されている都道府県の教育委員会又は都道府県の教育委員会の教育長の権限に属する事務について、新地教行法第五十五条第一項の条例の定めるところにより、施行日以後引き続き市町村の教育委員会が管理し及び執行することとする場合においては、当該条例の制定については、同条第二項の協議又は同条第五項の協議を要しないものとする。

附　則〔平成一一年一二月二二日法律第一六〇号〕〔抄〕

（施行期日）

第一条　この法律〔中略〕は、平成十三年一月六日から施行する。〔後略〕

附　則〔平成一三年三月三一日法律第二二号〕〔抄〕

（施行期日）

1　この法律は、平成十三年四月一日から施行する。

（義務教育諸学校の教職員定数の標準に関する経過措置）

2　第一条の規定による改正後の公立義務教育諸学校の学級編制及び教職員定数の標準に関する法律（以下この項において「新標準法」という。）第六条に規定する小中学校等教職員定数又は新標準法第十条に規定する特殊教育諸学校教職員定数の標準については、平成十七年三月三十一日までの間は、これらの規定にかかわらず、公立の小学校及び中学校並びに中等教育学校の前期課程又は特殊教育諸学校の児童又は生徒の数及び教職員の総数の推移等を考慮し、これらの規定に定めるところにより算定した標準となる数に漸次近づけることを旨として、毎年度、政令で定める。

（高等学校等の教職員定数の標準に関する経過措置）

3　第二条の規定による改正後の公立高等学校の適正配置及び教職員定数の標準等に関する法律（以下この項において「新高校標準

法」という。)第七条に規定する高等学校等教職員定数又は新高校標準法第十五条に規定する特殊教育諸学校高等部教職員定数の標準については、平成十七年三月三十一日までの間は、これらの規定にかかわらず、公立の高等学校(中等教育学校の後期課程を含む。)又は特殊教育諸学校の高等部の生徒の数及び教職員の総数の推移等を考慮し、これらの規定に定めるところにより算定した標準となる数に漸次近づけることを旨として、毎年度、政令で定める。

附 則〔平成一三年七月一一日法律第一〇四号〕

この法律は、公布の日から起算して六月を経過した日から施行する。

○地方教育行政の組織及び運営に関する法律施行令 抄

〔昭和三一年六月三〇日政令第二二一号〕

最近改正 平成一二年六月七日 政令第三〇八号

第二章 事務局職員

(指導主事)

第四条 教育委員会は、法第十九条〔指導主事その他の職員〕第四項後段の規定により指導主事に大学以外の公立学校(地方公共団体が設置する学校をいう。以下同じ。)の教員(教育公務員特例法(昭和二十四年法律第一号)〔別掲〕第二条〔定義〕第二項に規定する教員をいう。以下同じ。)をもつて充てようとする場合において、当該教員が他の教育委員会の任命に係る者であるときは、当該任命権者の同意を得なければならない。

2 都道府県に置かれる教育委員会(以下「都道府県委員会」という。)が法第三十七条〔任命権者〕第一項に規定する県費負担教職員(以下「県費負担教職員」という。)である教員を指導主事に充てようとする場合においては、当該教員が属する市(特別区を含む。以下同じ。)町村の教育委員会の同意を得なければならない。

第五条 法第十九条〔指導主事その他の職員〕第四項後段の規定により指導主事に充てられた教員は、その充てられた期間中、当該公立学校の教員の職を保有するが、教員の職務に従事しない。

（職員の職の設置）

第六条　法令に特別の定があるものを除き、教育委員会の事務局に置かれる職員の職の設置については、教育委員会規則で定める。

第三章　県費負担教職員に対する地方公務員法の適用

（地方公務員法の技術的読替え）

第七条　法第四十七条（地方公務員法の適用の特例）第一項に定めるもののほか、県費負担教職員に対して地方公務員法（昭和二十五年法律第二百六十一号）〔別掲〕の規定を適用する場合においては、同法中次の表の上欄に掲げる規定の中欄に掲げる字句は、それぞれ当該下欄に掲げる字句に読み替えるものとする。

規定	読み替えられる字句	読み替える字句
第五条第一項及び第十四条	地方公共団体	都道府県及び市町村
第十七条第二項	人事委員会を置く地方公共団体においては、人事委員会	都道府県の人事委員会
第十七条第三項	人事委員会を置く地方公共団体	任命権者の属する地方公共団体に人事委員会が置かれている場合
第十七条第三項ただし書	人事委員会	任命権者の属する地方公共団体の人事委員会
第十七条第四項	人事委員会を置かない地方公共団体	任命権者の属する地方公共団体に人事委員会が置かれていない場合
第十七条第五項	人事委員会（人事委員会を置かない地方公共団体においては、任命権者とする。以下第十八条、第十九条及び第二十二条第一項において同じ。）	任命権者の属する地方公共団体の人事委員会（任命権者の属する地方公共団体に人事委員会が置かれていない場合においては、任命権者とする。以下第十八条、第十九条及び第二十二条第一項において同じ。）
第十八条及び第十九条	人事委員会	任命権者の属する地方公共団体の人事委員会
第二十一条第一項	人事委員会を置く地方公共団体における競争試験	競争試験
	人事委員会	任命権者の属する地方公共団体の人事委員会
第二十一条第三項及び第四項	人事委員会	任命権者の属する地方公共団体の人事委員会
第二十一条第五項	人事委員会規則	任命権者の属する地方公共団体の人事委員会規則
第二十二条第一項	人事委員会	任命権者の属する地方公共団体の人事委員会
第二十二条第二項	人事委員会を置く地方公共団体	任命権者の属する地方公共団体に人事委員会が置かれている場合
	人事委員会規則	任命権者の属する地方公共団体の人事委員会規則
	人事委員会	任命権者の属する地方公共団体の人事委員会

第二十二条第三項及び第四項	人事委員会	任命権者の属する地方公共団体の人事委員会
第二十二条第五項	人事委員会を置かない地方公共団体	任命権者の属する地方公共団体に人事委員会が置かれていない場合
第二十三条第三項	前項の条例	都道府県の条例
	人事委員会規則	都道府県の人事委員会規則
第二十三条第四項、第六項及び第七項	人事委員会	都道府県の人事委員会
第二十三条第八項	職階制を採用する地方公共団体においては、職員の職について、	職員の職については、
第二十五条第三項第六号	職階制を採用する地方公共団体においては、その職に	その職に
第二十五条第四項	人事委員会	都道府県の人事委員会
	地方公共団体の議会及び長	都道府県の議会及び知事
第二十五条第五項	職階制を採用する地方公共団体においては、給料表	給料表
第二十五条第六項	職階制を採用する地方公共団体においては、職員	職員
第二十六条	人事委員会	都道府県の人事委員会
	地方公共団体の議会及び長	都道府県の議会及び知事
第三十九条第二項	任命権者	任命権者（地方自治法第二百五十二条の二十二第一項の中核市の地方教育行政の組織及び運営に関する法律（昭和三十一年法律第百六十二号）第五十七条第一項に規定する県費負担教職員に係るものにあつては、当該中核市の教育委員会。次項において同じ。）
第三十九条第三項	人事委員会	任命権者の属する地方公共団体の人事委員会
第四十条第二項	人事委員会	都道府県の人事委員会
	任命権者	都道府県教育委員会
第四十六条	人事委員会	任命権者の属する地方公共団体の人事委員会
第四十九条第四項	人事委員会	任命権者の属する地方公共団体の人事委員会
第四十九条の二第一項	人事委員会	任命権者の属する地方公共団体の人事委員会
第五十一条の二	人事委員会	任命権者の属する地方公共団体の人事委員会
附則第二十項	人事委員会規則	任命権者の属する地方公共団体の人事委員会規則

第五章　教育組合

（文部科学大臣又は都道府県委員会の意見の聴取）

第十一条　総務大臣又は都道府県知事は、法第二十三条（教育委員会の職務権限）に規定する事務の全部又は一部を処理する地方公共団体の組合（以下「教育組合」という。）について地方自治法（昭和二十二年法律第六十七号）〔別掲〕第二百八十六条第一項の規定又は同項（同法第二百九十一条の十五第四項において準用する場合を含む。）、第二百九十一条の三第一項若しくは第二百九十一条の十第一項の規定により許可の処分をする場合においては、あらかじめ、総務大臣にあつては文部科学大臣、都道府県知事にあつては当該都道府県委員会の意見を聴かなければならない。

（関係地方公共団体の教育委員会の意見の聴取）

第十二条　教育組合のうち法第二十三条〔教育委員会の職務権限〕に規定する事務の一部を処理するものについて関係地方公共団体が地方自治法第二百八十六条若しくは第二百八十八条の協議又は同法第二百九十一条の三第一項若しくは第三項若しくは第二百九十一条の十第一項の協議を行う場合においては、当該関係地方公共団体の議会は、同法第二百九十条又は第二百九十一条の十一の議決をする前に、当該関係地方公共団体の教育委員会の意見を聴かなければならない。

（解散の届出）

第十三条　教育組合のうち地方自治法第二百八十四条第一項の一部事務組合（第十四条及び第十四条の二において「一部事務組合」という。）又は役場事務組合であるものを解散しようとするときは、同法第二百八十八条又は第二百九十一条の十五第二項の規定により総務大臣又は都道府県知事に届出をするほか、総務大臣に届出をする場合にあつては文部科学大臣、都道府県知事に届出をする場合にあつては都道府県委員会に届出をしなければならない。

（広域計画の通知）

第十三条の二　都道府県知事は、教育組合のうち地方自治法第二百八十四条第一項の広域連合（第十四条及び第十四条の二において「広域連合」という。）であるものから同法第二百九十一条の七第三項（同条第六項において準用する場合を含む。）の規定による広域計画の提出があつた場合においては、直ちにその内容を当該都道府県委員会に通知しなければならない。

（教育組合から都道府県等が脱退した場合における委員の定数の特例）

第十三条の三　法第三条〔組織〕ただし書の規定により教育委員会の委員の定数を六人としている教育組合から都道府県又は地方自治法第二百五十二条の十九第一項の指定都市（以下「指定都市」という。）が脱退して当該教育組合が市（指定都市を除く。）町村のみが加入するものとなつた場合においては、法第三条の規定にかかわらず、当該脱退の日以後最初に任期が満了することとなる委員の当該任期満了の日までの間、引き続き委員の定数を六人とすることができる。

（教育組合の委員の任命資格に関する特例等）

第十四条　教育組合のうち一部事務組合又は広域連合であるもの（選挙人の投票によりその管理者又は長を選挙するものを除く。以下この項において「長を公選としない教育組合」という。）の教育委員会の委員の任命資格に関する法第四条〔任命〕第一項並びに第九条〔失職〕第一項第二号及び第二項の規定の適用については、これらの規定中「地方公共団体の長の」とあるのは、都道府県の加入する長を公選としない教育組合にあつては「地方公共団体の組合を組織する都道府県の知事の」と、都道府県の加入しない長を公選としない教育組合にあつては「地方公共団体の組合を組織する市町村の長の」とする。

2　法第九条第二項において準用する地方自治法第百四十三条第一項後段の規定により地方公共団体の選挙管理委員会が処理するものとされている事務は、教育組合のうち一部事務組合であるもの（選挙人の投票によりその管理者を選挙するものを除く。）にあつては、当該教育組合の規約で定める地方公共団体（都道府県の加入する教育組合にあつては、都道府県に限る。）の選挙管理委員会が処理するものとする。この場合において、関係地方公共団体の選挙管理委員会は、これに協力しなければならない。

（教育組合の委員の解職請求に関する特例）

第十四条の二　教育組合のうち一部事務組合又は広域連合であるものの教育委員会の委員の解職の請求に関する法第八条（解職請求）第一項の規定の適用については、同項中「地方公共団体の長の選挙権を有する者」とあるのは「地方公共団体の組合を組織する地方公共団体の長の選挙権を有する者（当該組合が地方自治法第二百八十四条第一項の広域連合である場合にあつては、当該広域連合の区域内に住所を有する者に限る。）」とする。

2　教育組合のうち一部事務組合であるもの（選挙管理委員会を置くものに限る。）又は教育組合のうち広域連合であるものの教育委員会の委員の解職の請求について、法第八条第二項の規定により地方自治法第八十六条第四項の規定を準用する場合においては、同項中「第七十四条の二」とあるのは「第七十四条の二（第八項を除く。）」と、「準用する。」とあるのは「準用する。この場合において、第七十四条の二第七項及び第十項中「都道府県の選挙管理委員会」とあるのは、「地方公共団体の組合の選挙管理委員会」と読み替えるものとする。」と読み替えるものとする。

3　教育組合のうち一部事務組合であるもの（選挙管理委員会を置くものを除く。）の教育委員会の委員の解職の請求について、法第八条第二項の規定により地方自治法第八十六条第四項の規定を準用する場合においては、同項中「第七十四条の二」とあるのは、「第七十四条の二（第七項を除く。）」と読み替えるものとする。

4　第三条（解職請求の手続）第一項の規定により、教育組合のうち一部事務組合又は広域連合であるものの教育委員会の委員の解職の請求について地方自治法施行令第九十二条第四項、第九十三条、第九十三条の二第一項、第九十四条第一項、第九十六条第一項及び第九十七条第二項の規定を準用する場合においては、当該教育組合は、都道府県とみなす。

5　第三条第一項の規定にかかわらず、教育組合のうち一部事務組合又は広域連合であるものの教育委員会の委員の解職の請求については、地方自治法施行令第九十八条の二第一項の規定は、準用しない。

（教育組合に都道府県等が加入した場合における県費負担教職員に対する処分の効力等）

第十六条　市（指定都市を除く。以下この条において同じ。）町村のみが加入する教育組合に新たに都道府県又は指定都市が加入した場合においては、都道府県委員会が当該加入に係る教育組合の県費負担教職員に対し行つた任免、給与の決定、休職又は懲戒の処分で当該加入の日において現に効力を有する者は、同日以後においては、当該加入に係る教育組合の教育委員会が行つた処分とみなす。

2　市町村のみが加入する教育組合に新たに都道府県が加入した場合においては、当該加入に係る教育組合の職員であつて当該加入の日前において県費負担教職員（中等教育学校（後期課程に定時制の課程（学校教育法第四条第一項に規定する定時制の課程をいう。）のみを置くものを除く。）の職員であるものを除く。以下この条及び第二十四条において同じ。）であった者に対し、同日前の事案について同日以後に当該加入に係る教育組合の教育委員会が懲戒処分を行うときは、従前の例により行うものとする。

3　都道府県が教育組合を脱退して当該教育組合が市町村のみが加入するものとなった場合においては、当該教育組合の教育委員会が当該教育組合の職員であって当該脱退により県費負担教職員となることとなる者に対し行った任免、給与の決定、休職又は懲戒の処分で当該脱退の日において現に効力を有するものは、同日以後においては、都道府県委員会が行った処分とみなす。

4　前項に規定する場合においては、当該教育組合の職員であって当該脱退により県費負担教職員となった者に対し、当該脱退の日前の事案について同日以後に都道府県委員会が懲戒処分を行うときは、従前の例により行うものとする。

5　指定都市が教育組合（都道府県が加入するものを除く。）を脱退して当該教育組合が市町村のみが加入するものとなった場合においては、当該教育組合の教育委員会が当該教育組合の県費負担教職員に対し行った任免、給与の決定、休職又は懲戒の処分で当該脱退の日において現に効力を有するものは、同日以後においては、都道府県委員会が行った処分とみなす。

6　第一項、第三項又は前項の処分に期間が付されているときは、当該期間は、当該処分が行われた日（起算日が別に定められている処分については、当該起算日）から起算するものとする。

（教育組合に都道府県等が加入した場合等における不利益処分に関する経過措置）

第十六条の二　前条第一項、第三項又は第五項に規定する場合においては、当該各項に規定する職員に対し当該各項の都道府県又は指定都市の加入又は脱退の日前に行われた不利益処分に関する説明書の交付、審査請求、審査及び審査の結果執るべき措置に関しては、なお従前の例による。

（最初に任命される委員の任期）

第十七条　教育組合の設置後最初に任命される教育委員会の委員の任期は、法第五条（任期）の規定にかかわらず、その定数が六人の場合にあっては、二人は四年、一人は三年、二人は二年、一人は一年とし、その定数が五人の場合にあっては、二人は四年、一人は三年、一人は二年、一人は一年とし、その定数が三人の場合にあっては、一人は四年、一人は三年、一人は二年とする。この場合において、各委員の任期は、当該教育組合の管理者（教育組合のうち地方自治法第二百八十七条の二第二項の規定により理事会を置く同法第二百八十五条の一部事務組合であるものにあっては、理事会）又は長が定める。

第八章　雑則

（事務の区分）

第二十五条　第十一条（文部科学大臣又は都道府県委員会の意見の聴取）及び第十三条の二（広域計画の通知）の規定により都道府県が処理することとされている事務は、地方自治法第二条第九項第一号に規定する第一号法定受託事務とする。

教育委員会事務局と教育機関の関係について

（昭和三三年四月一日
愛媛県教育委員会教育長あて
文部省初等中等教育局長回答
「教育機関の設置について」）

【照会】 一　地方教育行政の組織及び運営に関する法律第三十条中に教育に関する専門的、技術的事項の研究……とあるが「専門的」「技術的」事項の内容を具体的に明示していただきたい。

二　前号により、諸教育機関を条例で設置した場合、その機関と教育委員会事務局との関連性について

1　事務局と同列のものか

例えば

教育委員会―教育長―事務局―庶務課
　　　　　　　　　　　　　├学校教育課
　　　　　　　　　　　　　└社会教育課
　　　　　　　　├図書館
　　　　　　　　├公民館
　　　　　　　　└教育研究所

2　同列となると同法第一八条「教育委員会の権限に属する事務を処理させるため……に事務局をおく。」となっておりここに上下の差があるように考えられる。

なお、教育委員会発足当時文部省から示された規則準則によると社会教育課の分掌中に公民館……その他社会教育施設に関することとなつておる。

【回答】 一　例示すれば、学校教育および社会教育に関する教育内容、教育技術、組織編成、施設設備、行財政等の事項である。なお、教育研究所設置条例（案）については、教育委員会月報No.72（昭和三十一年八月号）の六十六ページを参照されたい。

二　事務局と教育機関の同列または上下を問題とする必要はなく、法第十八条もこのことは関係ない。教育委員会と公民館等との関係は、教育委員会と小・中学校との関係と一般的には同様である。すなわち教育委員会は、公民館等の管理に必要な事務をその内部部局である事務局に処理させるものであり、公民館等は教育委員会の管理の下にみずからの所定の事業を運営するものである。

〔解説〕 教育委員会事務局と、図書館、公民館等の教育機関とは、本来、その性格、機能を異にするものであり、これらの上下を論ずることは無意味である。教育委員会は、地方公共団体の執行機関の一種である。教委事務局は、かかる執行機関の補助機関としておかれるものである。つまり、行政機関の内部組織である。

これに対して、公民館等の教育機関は、一般行政事務の執行とは性格を異にし、一種の事業を教育委員会の管理の下に営むものであり（地教行法第三〇条）、教委事務局は教育委員会が教育機関を管理するにあたつて必要な事務処理を補助機関として行なうものである。〔文部省地方課法令研究会『解説教育関係行政実例集』全訂新版（学陽書房）より〕

教育機関の解釈について

（昭和三二年六月一一日
委初第一五八号
宮城県教育委員会教育長あて
文部省初等中等教育局長回答
「教育機関の解釈について」）

【照会】 教育機関の所管並びに教育機関の設置条例の制定の要不要に関し、地方教育行政の組織及び運営に関する法律（以下「法」という。）第四章の「教育機関」の解釈について、左記のとおり疑義がありますので御教示願います。

記

一 法第四章の「教育機関」の解釈について

法第四章の「教育機関」は、（イ）学校教育に類する教育を行なう営造物及びこれに類するものですべてを指すものと解すべきか。

（ロ）これらのうち、設置根拠、設置目的、人的要素、物的要素、教育内容、教育方法、収容人員、修業期間、設置の継続性等の諸要素について、ある要件をそなえるもののみを限定して指すものと解すべきか。

(一) (イ)と解すべきとする場合

児童福祉法及び職業安定法に基く児童福祉施設及び職業補導施設その他の厚生、農林、労働関係のすべての教育機関（大学を除く。）が法第二十三条の規定により教育委員会の所管に属するものと考えてよいか。

(二) (ロ)と解すべきとする場合

法第四章の「教育機関」の範囲及び教育機関と非教育機関の区分の基準如何

二 公立各種学校の取扱いについて

公立各種学校は、法第三十条の適用に関し、「学校」であるのか同条前段の「その他の教育機関」であるのか、又は後段の「その他の教育機関」であるのか。

三 児童福祉施設及び職業補導施設の取扱いについて

児童福祉施設及び職業補導施設が法第四章の「教育機関」である場合、これらの施設は法第三十条の適用に関し同条前段の「その他の教育機関」であるのか、後段の「その他の教育機関」であるのか。

【回答】 一 法第三十条の教育機関とは、教育、学術、および文化（以下「教育」という。）に関する事業または教育に関する専門的、技術的事項の研究もしくは、教育関係職員の研修、保健、福利、厚生等の教育と密接な関連のある事業を行なうことを目的とし、専属の物的施設および人的施設を備え、かつ、管理者の管理の下にみずからの意思をもって継続的に事業の運営を行なう機関であると解釈する。

二 児童福祉法に基づく児童福祉施設および職業安定法に基づく職業補導施設は、法第三十条の教育機関には含まれないものと解する。

三 公立の各種学校は、法第三十条後段の設置条例を必要とする教育機関と解する。

◎義務教育諸学校施設費国庫負担法

〔昭和三三年四月二五日 法律第八一号〕

最近改正 平成一一年一二月二二日 法律第一六〇号

(目的)

第一条 この法律は、公立の義務教育諸学校の施設の整備を促進するため、これらの学校の建物の建築に要する経費について国がその一部を負担することとし、もつて義務教育諸学校における教育の円滑な実施を確保することを目的とする。

(定義)

第二条 この法律において「義務教育諸学校」とは、学校教育法(昭和二十二年法律第二十六号)〔別掲〕に規定する小学校、中学校、中等教育学校の前期課程並びに盲学校及び聾《ろう》学校の小学部及び中学部をいう。

2 この法律において「建物」とは、校舎、屋内運動場及び寄宿舎をいう。

3 この法律において「学級数」とは、公立義務教育諸学校の学級編制及び教職員定数の標準に関する法律(昭和三十三年法律第百十六号)〔別掲〕に規定する学級編制の標準により算定した学級の数をいう。ただし、第五条〔小学校及び中学校の建物の工事費の算定方法〕第一項の規定により、同項の政令で定める事情があるため、校舎又は屋内運動場の不足を生ずるおそれがある場合における校舎又は屋内運動場の新築又は増築に係る工事費の算定を行なうとき、及び同条第二項の規定により、同項第一号に掲げる場合における校舎又は屋内運動場の新築又は増築に係る工事費の算定を行なうときは、文部科学大臣が同法に規定する学級編制の標準に準じて定める方法により算定した学級の数をいう。

(国の負担)

第三条 国は、政令で定める限度において、次の各号に掲げる経費について、その一部を負担する。この場合において、その負担割合は、それぞれ当該各号に掲げる割合によるものとする。

一 公立の小学校及び中学校(第二号の二に該当する中学校を除く。同号を除き、以下同じ。)における教室の不足を解消するための校舎の新築又は増築(買収その他これに準ずる方法による取得を含む。以下同じ。)に要する経費 二分の一

二 公立の小学校及び中学校の屋内運動場の新築又は増築に要する経費 二分の一

二の二 公立の中学校で学校教育法第五十一条の十の規定により高等学校における教育と一貫した教育を施すもの及び公立の中等教育学校の前期課程(以下「中等教育学校等」という。)の建物の新築又は増築に要する経費 二分の一

三 公立の盲学校及び聾《ろう》学校の小学部及び中学部の建物の新築又は増築に要する経費 二分の一

四 公立の小学校及び中学校を適正な規模にするため統合しようとすることに伴って必要となり、又は統合したことに伴って必要となった校舎又は屋内運動場の新築又は増築に要する経費 二分の一

五 公立の義務教育諸学校の建物で構造上危険な状態にあるものの改築(買収その他これに準ずる方法による取得を含む。以下

同じ。）に要する経費　三分の一

2　前項第一号の教室の不足の範囲、同項第四号の適正な規模の条件及び同項第五号の構造上危険な状態にある建物の範囲の決定に関し必要な危険度の判定基準その他の事項は、政令で定める。

（経費の種目）

第四条　前条第一項各号に掲げる経費の種目は、本工事費及び附帯工事費（買収その他これに準ずる方法による取得の場合にあつては、買収費とし、以下「工事費」と総称する。）並びに事務費とする。

（小学校及び中学校の建物の工事費の算定方法）

第五条　第三条（国の負担）第一項第一号及び第二号に規定する校舎及び屋内運動場の新築又は増築に係る工事費は、校舎又は屋内運動場のそれぞれについて、新築又は増築を行なう年度の五月一日（児童又は生徒の数の増加をもたらす原因となる集団的な住宅の建設その他の政令で定める事情があるため、その翌日以降新築又は増築を行なう年度の四月一日から起算して三年を経過した日までの間に新たに小学校又は中学校の校舎又は屋内運動場の不足を生ずるおそれがある場合には、文部科学大臣の定めるその三年を経過した日以前の日）における当該学校の学級数に応ずる必要面積から新築又は増築を行なう年度の五月一日における保有面積を控除して得た面積を、一平方メートル当たりの建築の単価に乗じて算定するものとする。

2　第三条第一項第四号に規定する校舎及び屋内運動場の新築又は増築に係る工事費は、校舎又は屋内運動場のそれぞれについて、次の各号に掲げる場合に応じ、当該各号に掲げる日における当該学校の学級数に応ずる必要面積から、第一号に掲げる場合にあつては、新築又は増築を行なう年度の五月一日に現に存する施設で同号に掲げる日において当該学校の保有する校舎又は屋内運動場となる予定のもの（当該五月一日後に当該学校の設置者が買収するものを除く。）の面積を、第二号に掲げる場合にあつては、同号に掲げる日における保有面積を控除して得た面積を、一平方メートル当たりの建築の単価に乗じて算定するものとする。

一　学校の統合前に新築又は増築（政令で定めるものに限る。）を行なう場合　統合予定日の属する年度の五月一日（五月二日以降翌年の三月三十一日までの間に統合する予定の場合には、文部科学大臣の定める日）

二　学校の統合後に新築又は増築を行なう場合　新築又は増築を行なう年度の五月一日（統合が五月二日以降翌年の三月三十一日までの間に行なわれた場合には、その統合が行なわれた日の属する年度に限り文部科学大臣の定める日）

3　第三条第一項第五号に規定する建物のうち小学校及び中学校の校舎及び屋内運動場の改築に係る工事費は、校舎又は屋内運動場のそれぞれについて、次に掲げる面積のうちいずれか少ない面積から第二号に掲げる面積のうち危険でない部分の面積を控除して得た面積を、一平方メートル当りの建築の単価に乗じて算定するものとする。

一　改築を行なう年度の五月一日における当該学校の学級数に応ずる必要面積

二　改築を行なう年度の五月一日における保有面積

4　第三条第一項第五号に規定する建物のうち小学校及び中学校の寄宿舎の改築に係る工事費は、次に掲げる面積のうちいずれか少ない面積から第二号に掲げる面積のうち危険でない部分の面積を控除して得た面積を、一平方メートル当たりの建築の単価に乗じて算定するものとする。

一　児童又は生徒一人当たりの基準面積に改築を行なう年度の五月一日における当該学校の児童又は生徒のうち当該改築後の寄宿舎に収容する児童又は生徒の数を乗じて得た面積
二　改築を行なう年度の五月一日における保有面積

（中等教育学校等の建物の工事費の査定方法）
第五条の二　第三条〔国の負担〕第一項第二号の二に規定する建物のうち校舎及び屋内運動場の新築又は増築に係る工事費は、校舎又は屋内運動場のそれぞれについて、新築又は増築を行う年度の五月一日（新たに設置する中等教育学校等又は学級数を増加する中等教育学校等において設置年度又は第一学年の学級数を増加する年度（以下この条において「設置等年度」という。）の前々年度から設置等年度の翌々年度までの間に新築又は増築を行う場合には、文部科学大臣の定める日）における当該中等教育学校等の学級数に応ずる必要面積から新築又は増築を行う年度の五月一日における保有面積を控除して得た面積を、一平方メートル当たりの建築の単価に乗じて算定するものとする。
2　第三条第一項第二号の二に規定する建物のうち寄宿舎の新築又は増築に係る工事費は、生徒一人当たりの基準面積に新築又は増築を行う年度の五月一日（新たに設置する中等教育学校等又は学級数を増加する中等教育学校等において設置等年度の前々年度から設置等年度の翌々年度までの間に新築又は増築を行う場合には、文部科学大臣の定める日）において当該中等教育学校等の寄宿舎に収容する生徒の数を乗じて得た面積から新築又は増築を行う年度の五月一日における保有面積を控除して得た面積を、一平方メートル当たりの建築の単価に乗じて算定するものとする。
3　前条第三項の規定は中等教育学校等の校舎及び屋内運動場の改築に係る工事費の算定方法について、同条第四項の規定は中等教育学校等の寄宿舎の改築に係る工事費の算定方法について準用する。この場合において、同項第一号中「おける当該学校の児童又は生徒のうち当該改築後の寄宿舎に収容する児童又は生徒」とあるのは、「おいて当該中等教育学校等の寄宿舎に収容する生徒」と読み替えるものとする。

（盲学校及び聾《ろう》学校の建物の工事費の算定方法）
第五条の三　第三条〔国の負担〕第一項第三号に規定する建物のうち校舎及び屋内運動場の新築又は増築に係る工事費は、校舎又は屋内運動場のそれぞれについて、新築又は増築を行なう年度の五月一日における当該学校の学級数に応ずる必要面積からその日における保有面積を控除して得た面積を、一平方メートル当たりの建築の単価に乗じて算定するものとする。
2　第三条第一項第三号に規定する建物のうち寄宿舎の新築又は増築に係る工事費は、児童及び生徒一人当たりの基準面積に新築又は増築を行なう年度の五月一日において当該学校の寄宿舎に収容する児童及び生徒の数を乗じて得た面積からその日における保有面積を控除して得た面積を、一平方メートル当たりの建築の単価に乗じて算定するものとする。
3　第五条〔小学校及び中学校の建物の工事費の算定方法〕第三項の規定は盲学校及び聾《ろう》学校の校舎及び屋内運動場の改築に係る工事費の算定方法について、同条第四項の規定はこれらの学校の寄宿舎の改築に係る工事費の算定方法について準用する。この場合において、同項第一号中「おける当該学校の児童又は生徒」とあるのは、「おいて当該学校の寄宿舎に収容する児童及び生徒」と読み替えるものとする。

（学級数に応ずる必要面積及び児童又は生徒一人当たりの基準面

積）

第六条　第五条〔小学校及び中学校の建物の工事費の算定方法〕第一項から第三項まで（第五条の二〔中等教育学校等の建物の工事費の算定方法〕第三項又は前条第三項において第五条第三項の規定を準用する場合を含む。）、第五条の二第一項又は前条第一項の規定により工事費を算定する場合の学級数に応ずる必要面積は、当該学校（中等教育学校の前期課程を含む。以下この項において同じ。）の学級数に応じ、小学校、中学校、中等教育学校等、盲学校又は聾《ろう》学校ごとに、校舎又は屋内運動場のそれぞれについて、教育を行うのに必要な最低限度の面積として政令で定める。この場合において、積雪寒冷地域にある学校の学級数に応ずる必要面積については、政令で定めるところにより、当該学校の所在地の積雪寒冷度に応じ、必要な補正を加えるものとする。

2　第五条第四項（第五条の二第三項又は前条第三項において準用する場合を含む。）、第五条の二第二項又は前条第二項の規定により工事費を算定する場合の児童又は生徒一人当たりの基準面積は、小学校、中学校、中等教育学校等、盲学校又は聾《ろう》学校ごとに、教育を行うのに必要な最低限度の面積として政令で定める児童又は生徒一人当たりの面積に、政令で定めるところにより、小学校、中学校若しくは中等教育学校等にあってはこれらの学校（中等教育学校の前期課程を含む。）の寄宿舎に収容する児童若しくは生徒の数、盲学校若しくは聾《ろう》学校にあってはこれらの学校の寄宿舎に収容する児童及び生徒の数又は当該学校（中等教育学校の前期課程を含む。）の所在地の積雪寒冷度に応じ、必要な補正を加えた面積とする。

（一平方メートル当たりの建築単価）

第七条　第五条〔小学校及び中学校の建物の工事費の算定方法〕、第五条の二〔中等教育学校等の建物の工事費の算定方法〕又は第五条の三〔盲学校及び聾学校の建物の工事費の算定方法〕の規定により工事費を算定する場合の一平方メートル当たりの建築の単価は、建物の構造の種類別に、当該新築、増築又は改築を行おうとする時における建築費を参酌して、文部科学大臣が財務大臣と協議して定める。

（工事費の算定方法の特例）

第八条　第五条〔小学校及び中学校の建物の工事費の算定方法〕第一項若しくは第二項、第五条の二〔中等教育学校等の建物の工事費の算定方法〕第一項又は第五条の三〔盲学校及び聾学校の建物の工事費の算定方法〕第一項の規定により工事費を算定する場合において、校舎の保有面積のうち教室に使用することができる部分が極めて少ないことその他政令で定める特別の理由があるため、学級数に応ずる必要面積に基づく新築又は増築後の校舎又は屋内運動場が児童又は生徒の教育を行うのに著しく不適当であると認められるときは、当該学校（中等教育学校の前期課程を含む。）の学級数に応ずる必要面積に政令で定める面積を加えた面積を学級数に応ずる必要面積とみなして、工事費を算定するものとする。

2　第五条第三項（第五条の二第三項又は第五条の三第三項において準用する場合を含む。）の規定により工事費を算定する場合において、第五条第三項第二号に掲げる面積が同項第一号に掲げる面積を超えるときで、かつ、校舎の危険でない部分の面積のうち教室に使用することのできる部分が極めて少ないことその他政令で定める特別の理由があるため、学級数に応ずる必要面積に基づく改築後の校舎又は屋内運動場が児童又は生徒の教育を行うのに著しく不適当であると認められるときは、同号に掲げる面積に、政令で定める面積を加えた面積を、同号に掲げる面積とみなして、工事費を算定するものとする。

3　鉄筋コンクリート造以外の構造の建物に関しては、第五条、第五条の二又は第五条の三の規定により工事費を算定する場合の保有面積又は一平方メートル当たりの建築の単価に乗ずべき面積について、政令で定めるところにより、補正を行うものとする。

（事務費の算定方法）

第九条　第三条〔国の負担〕第一項各号に規定する建物の新築、増築又は改築に係る事務費は、第五条から前条までの規定により算定した工事費に政令で定める割合を乗じて算定するものとする。

（都道府県への事務費の交付）

第十条　国は、政令で定めるところにより、都道府県の教育委員会が第三条第一項の負担の実施に関する事務を行うために必要な経費を都道府県に交付するものとする。

（本校及び分校）

第十一条　この法律の適用については、本校及び分校は、それぞれ一の学校とみなす。

附　則〔略〕

○義務教育諸学校施設費国庫負担法施行令　抄

〔昭和三三年六月二七日　政令第一八九号〕

最近改正　平成一三年六月二一日　政令第二一二号

（法第三条第一項の政令で定める限度）

第一条　義務教育諸学校施設費国庫負担法（以下「法」という。）第三条〔国の負担〕第一項の政令で定める限度は、毎会計年度同項各号ごとに、法第七条〔一平方メートル当たりの建築単価〕に規定する一平方メートル当たりの建築単価に建物の構造の種類別に文部科学大臣が財務大臣と協議して定める面積を乗じて得た金額の合計額に、百分の百一及び法第三条第一項各号に掲げる割合を乗じて得た金額とする。

2　法に基づく国庫負担金の交付を受けようとする地方公共団体の長は、当該国庫負担金の交付を受けて行おうとする法第三条第一項各号に規定する新築、増築又は改築については、文部科学大臣の認定を受けなければならない。

3　文部科学大臣は、前項の認定をする場合には、当該認定に係る国庫負担金の額の合計額が第一項に規定する金額をこえない範囲内でしなければならない。

（認定の申請）

第一条の二　地方公共団体の長は、前条第二項の認定を受けようとするときは、文部科学大臣の定めるところにより、認定申請書を文部科学大臣に提出しなければならない。

2 前項の規定による認定申請書の提出は、市町村長にあつては、都道府県の教育委員会を経由して行うものとする。この場合において、都道府県の教育委員会は、当該認定申請書を審査し、及び必要な意見を付するものとする。

3 前項（同項後段の必要な意見を付する部分を除く。）の規定により都道府県が処理することとされている事務は、地方自治法（昭和二十二年法律第六十七号）第二条第九項第一号に規定する第一号法定受託事務とする。

（教室の不足の範囲）

第二条 法第三条〔国の負担〕第一項第一号の教室の不足の範囲は、当該学校の保有する教室について、普通教室の数若しくは総面積、次の表に掲げる特別教室の種類ごとの数の合計数若しくはこれらの特別教室の総面積又は多目的教室（複数の学級の児童又は生徒を対象とする授業その他多様な指導方法による授業又は課外指導で普通教室又は特別教室において行うことが困難と認められるものの用に供するものとして設けられる教室で、併せて児童又は生徒の学校生活の用に供することができるものをいう。以下この項及び第七条〔学級数に応ずる必要面積・略〕第一項において同じ。）の総面積若しくは多目的教室及び少人数授業用教室（専ら少数の児童又は生徒により構成される集団を単位として行う授業の用に供するものとして設けられる教室をいう。同項第一号において同じ。）の総面積が学級数（法第二条〔定義〕第三項の学級数をいう。以下同じ。）に応じ文部科学大臣が定める基準に達しない場合とする。

学校の種類	特別教室の種類
小学校	理科教室、生活教室、音楽教室、図画工作教室、家庭教室、視聴覚教室、図書室〔傍線＝編者〕、特別活動室、教育相談室
中学校	理科教室、音楽教室、美術教室、技術教室、家庭教室、外国語教室、視聴覚教室、図書室〔傍線＝編者〕、特別活動室、教育相談室、進路資料・指導室

2 前項の場合において、面積が著しく小さい教室その他文部科学大臣が定める特別の理由があるため児童又は生徒の教育を行なうのに著しく不適当と認められる教室については、当該学校の普通教室又は特別教室の数に算入しないことができる。

中学校施設整備指針　抄

〔平成四年三月　文部省大臣官房文教施設部〕

最近改正　平成一三年三月三〇日

〔**編者注**＝小学校については、小学校施設整備指針（平成四年三月 文部省大臣官房文教施設部　最近改正＝平成一三年三月三〇日）がある。目次・構成は中学校の場合と全く同じで、語句の表現（例えば「生徒」→「児童」）は若干異なるが、考え方はほぼ同様なので、省略した。〕

目次

第一章　総則

第一節　学校施設整備の基本的方針

1　教機能かつ多機能で変化に対応し得る弾力的な施設環境の整備

教育内容・教育方法等の変化などに対応して、多様な学習内容・学習形態やコンピュータその他の高度な教育機器の導入などを可能とする高機能かつ多機能な学習環境を確保し、更に、今後の学校教育の進展や情報化の進展等に長期にわたり対応することのできるような柔軟な計画とすることが重要である。

2　健康的かつ安全で快適な施設環境の確保

生徒等の学習及び生活のための空間として、生徒の健康と安全を十分に確保することはもちろん、豊かな人間性を育む、文化的な環境づくりを通して、魅力に富み、快適で豊かな施設環境を確保することが重要である。また、環境に配慮して施設づくりを行うことも重要である。

3　地域の生涯学習やまちづくりの核としての施設の整備

地域住民にとって最も身近な公共施設として、まちづくりの核、生涯学習の場としての活用を一層積極的に推進するためにも、施設のバリアフリー対策を図りつつ、必要に応じ他の文教施設や高齢者福祉施設等との連携や地域の防災拠点としての役割を果たし、また、景観や町並みの形成に貢献することのできる施設として整備することが重要である。

第二節　学校施設整備の課題への対応

第一　子どもたちの主体的な活動を支援する施設整備

1　多様な学習形態、弾力的な集団による活動を可能とする施設

(1)　多様な学習内容・学習形態による活動を可能とする施設として計画することが重要である。その際、生徒の主体的な活

動を支援する工夫や生徒の持つ豊かな創造性を発揮できる空間として計画することも重要である。

(2)　一斉指導による学習以外に、ティームティーチング（複数教員による協力的指導）による学習、個別学習、少人数指導による学習、グループ学習、複数学年による学習等の活動及び生徒の学習の成果の発表などに対応するための学習メディア等が活用できる多目的な空間を計画することが重要である。

(3)　選択学習の幅が一層広まり、生徒の特性等に応じて行われる課題学習、補充的な学習、発展的な学習等の多様な学習内容・学習形態による活動に対応できる空間を計画することが重要である。

(4)　快適に学習・生活ができるよう、場に応じた材料、色彩計画、適切な室内環境や吸音・遮音性等を備えた施設環境を確保することが重要である。

(5)　多様な学習内容・学習形態に対応するとともに、豊かな生活の場とするため、充実した家具を施設計画と一体的に計画することが重要である。

2　情報環境の充実

(1)　生徒の主体的な活動及び自らの意志で学ぶことを支え、高度情報通信ネットワーク社会において生きる力を育てる学校環境をつくるため、校内の情報ネットワークの整備や情報機器の導入への対応について、積極的に計画することが重要である。

(2)　情報を効果的に活用したり、生み出したりするためには、様々な情報を管理できるセンター機能の整備が重要である。

3　国際理解の推進のための施設

(1)　外国語の指導、外国人生徒の受け入れ、日本の伝統文化や異文化理解等の学習活動への対応を考慮した施設の計画を行うことが重要である。

(2)　国際文化の理解、交流のために、和室など日本の伝統的な空間を計画することは有効である。

4　総合的な学習の推進のための施設

(1)　多様な学習内容・学習形態に弾力的に対応するため、普通教室、特別教室との関係や一斉指導による学習のための空間とグループ学習・個別学習のための空間との関係、生徒の動線、学習空間の吸音・遮音性等を考慮し、計画を行うことが重要である。

(2)　体験的な学習に対応するため、地域社会や自然環境等との連携に配慮して施設・環境を計画することが重要である。

5　中高一貫教育校における施設

(1)　中高一貫教育の実施形態は、三種類あるが、それぞれの種類ごとに、一貫教育の内容に応じた計画を行うことが重要である。

(2)　中高一貫教育校のうち、中等教育学校では、これまでの中学校に対応する前期課程において、特色ある教育課程が編成されるとともに、選択教科がより幅広く導入されるので、後期課程と連携する学校組織や運営方式等を十分検討し、これに対応できる計画とすることが重要である。

(3)　中高一貫教育校のうち、併設型の中学校では、特色ある教育課程が編成されるとともに、選択教科がより幅広く導入されるので、必要に応じ、併設する高等学校の施設・設備の相互利用を図る中で、これに対応した施設計画とすることが重要である。

(4) 中高一貫教育校のうち、連携型の中学校では、これまでの施設計画における対応のほかに、高等学校との連携や交流を支援できる計画を導入することが重要である。

第二 安全でゆとりと潤いのある施設整備

1 生活の場としての施設

(1) 生徒等の学習のための場であるのみならず、生活の場として、ゆとりと潤いのある施設づくりについて計画することが重要である。

(2) 生徒等の人体寸法や動作領域を考慮するとともに、心理的な影響も含めて施設を計画することが重要である。

2 環境との共生

(1) 資源の再利用や、自然環境等に配慮した施設づくりを行うことが重要である。

(2) 施設自体が環境教育の教材として活用されるよう計画することが望ましい。

(3) 建材等に関しても十分配慮し、快適性を高めることのできる材料で、室内空気を汚染する化学物質の発生がない、若しくは少ない建材を採用することが重要である。

3 施設のバリアフリー対応

(1) 障害のある生徒、教職員及び学校開放時の高齢者、身体障害者等の利用に支障のない計画とすることが重要である。

4 カウンセリングの充実のための施設

(1) 保健室、教育相談室（心の教室）、適応指導教室等については、カウンセリングの機能を総合的に計画することが重要である。

5 安全・防犯への対応

(1) 生徒の安全確保を図るため、学校内にあるすべての施設・設備について、生徒の多様な行動に対し十分な安全性を確保した計画とすることが重要である。

(2) 不審者の侵入防止や犯罪防止等について、人的警備や防犯設備の設置も含めて計画することが重要である。

(3) 防犯上の観点から、施設等による死角が生じないように配慮した計画とすることが重要である。

第三 地域と連携した施設整備

1 学校・家庭・地域との連携

(1) 学校施設の計画に当たっては、学校・家庭・地域と連携した生涯学習の基盤として、学校・家庭・地域等の参画により、総合的に計画を行うことが重要である。

(2) 専門的知識・技術を持つ社会人や地域の人材を受け入れ、学校の教育活動への地域の活力の導入・活用を促すための諸室についても計画することが重要である。

(3) 他の文教施設等の整備状況等を勘案しつつ、必要に応じ、これらの施設との適切な役割分担や施設等の相互利用、共同利用等を通じ有機的な連携について計画することが望ましい。また、他の文教施設等との情報ネットワークを構築することも有効である。

2 学校開放のための施設・環境

(1) 生徒や地域住民が有効に活用できる施設となるよう計画することが重要である。また、必要に応じ、地域住民の積極的な利用の促進を図ることができるよう、地域住民との共同利用のできる施設として計画することも重要である。

(2) 様々な利用者に配慮した、快適、健康、安全で利用しやすい施設であるとともに、学校開放の運営と維持管理の行いやすい施設となるよう計画することが重要である。

3 複合化への対応

(1) 学校と地域社会との連携を深めていく上で、社会教育施設や高齢者福祉施設等との複合化について計画する場合は、施設間の相互利用、共同利用等による学習・生活環境の高機能化及び多機能化に寄与すると同時に、学校施設における生徒の学習と生活に支障のないよう計画することが重要である。また、地域の防災拠点としての役割について計画する場合は、学校施設における生徒の学習と生活に支障のないよう計画することが重要である。

(2) 多様な利用者への配慮と安全面やバリアフリーに配慮した計画とすることが重要である。

(3) 学習環境に障害又は悪影響を及ぼす施設との合築は避けることが重要である。また、学習環境の高機能化及び多機能化に寄与しない施設との合築についても慎重に対処することが重要である。

第三節　学校施設整備の基本的留意事項

1 総合的・長期的な計画の必要性

(1) 当該地方自治体における全体的な中・長期の行政計画、文教施設整備計画、学校施設整備計画等の上位計画との整合を図りつつ、多様な学習活動の実施、安全性への配慮、地域との連携を考慮し、将来の学校像も視野に入れ具体的な施設整備の計画を進めることが重要である。

(2) 人口の自然増減や社会増減を検討して当該地域における生徒数の将来動向を適確に推計し、学級編制の標準に関する将来の動向も考慮しつつ、計画を進めることが重要である。

(3) 増築、一部改築、改修等の場合においても、学校施設整備の基本方針、新たな課題への対応を踏まえ、総合的かつ中・長期的な視点から計画することが重要である。

(4) 施設部分等により予算科目、所管部課、整備時期等が異なる場合においても、相互に十分に調整し、総合的に計画することが重要である。

2 施設機能の設定

(1) 特別教室型、教科教室型等の運営方式を比較検討しつつ、必要とする施設機能の設定を行うことが重要である。

(2) 生徒数の現状等により決定される学校規模や多様な学習形態による活動規模を考慮しつつ、各施設の面積規模と運営方式に応じて、室構成、室数等を決定することが重要である。

(3) 学習指導の内容及び方法について、指導計画の分析等により現状を詳細に把握し、また、将来にわたるそれらの展開等も検討し、必要とする施設機能を弾力的に設定することが重要である。

(4) 教科教室型を導入する場合においては、特別活動における学級活動や学習以外の時間における生徒の居場所、総合的な学習の時間等の運営方法、教室間の移動等について十分検討することが重要である。

(5) 教科教室型を導入する場合においては、生徒のホームルームへの帰属とその場の設定について検討することが重要であり、生徒たちの生活・交流・憩いの場としてホームベース等について計画することが重要である。

(6) 情報技術・機器の進展等も踏まえ、教育機器、教材等の種類、校内配置形態、利活用の方法等を検討し、情報技術・機器の進展等も踏まえ、必要とする施設機能を弾力的に設定することが重要である。

(7) 生徒の人体寸法や動作領域に適合した家具の導入を考慮

し、施設機能を設定することが重要である。また、学校開放などの際に使用する大人用の家具の導入についても計画することが望ましい。

(8) 生徒の校内生活について、当該地域の気候風土や気候の季節的な変化への対応を考慮しつつ、生活行動及び生活領域を具体的に検討し、必要とする施設機能を設定することが重要である。

(9) 体育系及び文化系の各部活動について具体的に把握し、必要とする施設機能を設定することが重要である。

(10) 会議等の回数及び規模、教務事務の内容について検討し、必要とする施設機能を設定することが重要である。

(11) 学校事務の内容、執務方式、使用する事務機器の種類、台数、配置及び利用の方法等を教育委員会事務局との役割分担等にも留意しつつ検討し、必要とする施設機能を設定することが重要である。

(12) 学校開放への要請の内容等を十分に分析し、学校教育への影響に配慮しつつ、学校開放の対象とする施設部分、時間帯等を決定し、柔軟に対応できるよう施設機能を設定することが重要である。

3 計画的な整備の実施

(1) 当初に、企画、基本設計、実施設計及び施工の各段階について十分な期間を確保した年次計画等を策定し、これに基づき、計画的に整備を進めることが重要である。特に、企画から基本設計へ至る段階については、十分な計画を行うことが望ましい。

(2) 企画から施工に至る整備の各段階において、各段階相互の内容的な連続性、整合性等を十分に確保することが重要である。

(3) 完成後には施設に係る評価を定期的に行い、今後の改修・改築等の計画に生かしていくことが重要である。

(4) 施設の整備を段階的に行う場合は、将来に渡る施設全体を、総合的に計画することが重要である。

四 長期間有効に使うための施設整備の実施

(1) 学校施設を常に教育の場として好ましい状態に維持するためには、日常の点検・補修及び定期的な維持修繕が必要であり、これらを行い易い計画とすることが重要である。

(2) 建物構造体を堅固につくり、室区画や室仕上げは将来の学習内容・学習形態の変化に応じて変更可能なように計画する等、長期間建物を有効に使う計画を行うことが有効である。

(3) 情報技術の進展等、今後のニーズの進展による既存施設の改修整備を見込んで、改修整備をしやすい施設となるよう計画することも有効である。

5 関係者の参画と理解・合意の形成

(1) 当該地方自治体や学校において実施しようとする特色ある学習内容・学習形態等を反映したものとなるとともに、地域と連携した学校運営が行われるよう、企画の段階から学校・家庭・地域等の参画により、総合的に計画することが重要である。また、より効果的・効率的な施設運営を行うためには、施設の完成後においても継続的に施設使用者との情報交換等を行うことが有効である。

(2) 開放施設の利用内容・方法、管理方法及び当該学校施設が周辺地域に及ぼす騒音・交通・塵埃等の影響、災害時の対応などについて、事前に地域住民等と十分協議することが重要である。

6　地域の諸施設との有機的な連携

(1)　当該地方公共団体における全体的な中・長期の行政計画、文教施設整備計画との整合を図りつつ、これらの施設との有機的な連携について計画することが望ましい。

(2)　学校と地域社会との連携を深めていく上で、社会教育施設や高齢者福祉施設等との施設間の相互利用、共同利用等による学習環境の高機能化及び多機能化に寄与する複合化について計画することは有効である。その際には、生徒の学校施設における学習と生活に支障を生ずることのないよう計画し、設計することが重要である。

7　整備期間中の学習・生活環境の確保

(1)　全面改築等の場合においては、整備期間中、適切な方法により、学校教育に必要な環境を確保することが重要である。

(2)　増築、一部改築、改修等の場合においては、工事に伴い生徒の心身の健康及び安全並びに学習及び生活に支障の生じることのないよう十分留意することが重要である。

第四章　各室計画〔抄〕

第一　基本的事項

1　高機能かつ柔軟な計画

(1)　学習内容・学習形態等の変化に柔軟に対応し得るよう各室・空間を高機能なものに計画することが重要である。

(2)　各室・空間の形状等は、用途の変更、間仕切りの移動、増築等を容易に行うことのできる柔軟な計画とすることが重要である。

2　総合的な計画

(1)　利用内容に応じた家具の導入計画を考慮し、各室・空間の面積、形状等を計画することが重要である。

(2)　視聴覚教育メディア、教材・教具等の導入及び利用の計画等を考慮し、各室・空間の面積、形状等を計画することが重要である。

3　学校開放

(1)　学校開放に供する各室・空間は、利用者、利用形態等に応じた面積、形状等を計画することが重要である。

(2)　学校開放に供する各室・空間は、多様な利用者が安全かつ円滑に利用することができるよう計画することが重要である。

4　複合化・高層化への対応

(1)　社会教育施設や高齢者福祉施設等との複合化について計画する場合には、施設相互の利用やそのための動線、運営管理の方法に配慮した施設計画とすることが重要である。

(2)　都市化の進展等に伴い、学校施設を高層化する場合には、非常時の避難、上階からの転落・落下物等に対し配慮した施設計画とすることが重要である。

5　学校用家具

(1)　机・いす・収納家具・ワゴン類・ついたて類等の学校用家具については、多様な学習形態に対応できるよう数量、材質、形状等を各室と一体的に計画することが重要である。

第二　学習関係諸室

1　共通事項

(1)　多様な規模、数の学習集団の編制に柔軟に対応することができるよう面積、形状等を計画することが重要である。

(2)　図書、コンピュータ、視聴覚教育メディアその他学習に必要な教材等を集中して配置し、生徒の主体的な活動を支える学習・メディアセンター機能を計画することも有効である。

(3) 小規模校等で特別教室の各室を再編し統合する場合においては、統合する各室の機能を確保することができるよう面積、形状等に十分留意することが重要である。

(4) 普通教室、各種特別教室等は、コンピュータ、視聴覚教育メディア等の今後の導入が可能な面積、形状等とすることが望ましい。

(5) 特別教室に付設される準備室は、教科に係る教師の執務及び教材、教具等の収納、管理等に必要な面積、形状等とすることが重要である。

(6) 特別教室等は、部活動や学校開放における利用を考慮し、計画することが望ましい。

11 視聴覚教室

(1) 将来の機器の更新等を考慮しつつ、各種機器を、それぞれの機能、特性等に応じ、効果的に配置し、利用することのできるよう面積、形状等を計画することが重要である。

(2) 良好な音響的環境となるよう空間の形状等を計画することが望ましい。

(3) 机、機器等の配置に留意しつつ、二重床、床ピット等による配線のための空間を確保することが望ましい。

(4) 各種視聴覚教材の作成、編集及び保管並びに各種視聴覚機器・教材の点検、調整、保管等のための準備室、調整室等の空間を併せて計画することが望ましい。

(5) 視聴覚教育メディアを分散配置する場合は、役割分担を明確にし、相互の連携に留意して計画することが重要である。

12 コンピュータ教室

(1) 将来の機器の更新、増設等も考慮し、コンピュータ機器、机等を利用しやすいよう配置することのできる面積、形状等とすることが重要である。

また、生徒の様々な学習活動を支える学習・メディアセンターとしての機能を持たせた計画とすることも有効である。

(2) 準備室は、教材・教具、消耗品等の収納空間を確保するとともに、教師が教材やプログラム作成等を行うことのできる空間を確保するよう計画することが重要である。また、教室内に生徒等のプログラム作成、情報に関する資料等の閲覧などのための空間を設けることが望ましい。

(3) 机、機器等の配置に留意しつつ、二重床、床ピット等による配線のための空間を確保することが望ましい。

(4) 必要に応じ、白板の設置を計画することが望ましい。

(5) コンピュータを分散配置する場合は、利用目的や利用計画を明確にし、相互の密接な連携に留意して計画することが重要である。

13 図書室〔傍線＝編者〕

(1) 一学級相当以上の机及び椅子を配置し、かつ、生徒数等に応じた図書室用の家具等を利用しやすいよう配列することのできる面積、形状等とすることが重要である。

(2) 生徒の様々な学習を支援する学習センター的な機能、必要な情報を収集・選択・活用し、その能力を育成する情報センター的な機能、学校における心のオアシスとなり、日々の生活の中で生徒がくつろぎ、自発的に読書を楽しむ読書センター的な機能について計画することが重要である。

(3) 司書教諭、図書委員等が図書その他の資料の整理、修理等を行うための空間を確保することが望ましい。

(4) コンピュータ等の情報機器の導入に対応することができるよう面積・形状、家具等を計画することも有効である。

(5) 資料の展示、掲示等のための設備を設けることのできる空間を確保することも有効である。
(6) 図書を分散して配置する場合は、役割分担を明確にし、相互の連携に十分留意して計画することが重要である。

余裕教室活用指針 抄

〔平成五年四月
文部省教育助成局
文部大臣官房文教施設部
文部省生涯学習局〕

目次

はじめに

小中学校において、出生児の減少等により学級数が減少し、都市部を中心に余裕教室を持つ学校が生じてきているが、これらの余裕教室については積極的にその活用を図っていく必要がある。

そのため、文部省では、余裕教室活用の手引き書「学校施設のリニューアル」(昭和六十二年七月文部省教育助成局施設助成課)の作成、指導通知「既存施設の有効利用について」(昭和六十三年六月六日文部省教育助成局長通知)の発出とともに、教育方法の変化に対応した施設に改造する場合には、大規模改造事業費補助の対象とするなど余裕教室活用の促進を図ってきた。

また、教育内容・方法等の多様化・高度化、地域における学習需要の増大など近年の学校を取り巻く環境の変化に対応した施設整備を推進するため、新しい「学校施設整備指針」(平成四年三月三十一日文部省大臣官房文教施設部長通知)を策定したところである。

一方、「生活大国五か年計画」(平成四年六月三十日閣議決定)において、学校の生涯学習機関としての機能を充実・強化することとされ、さらに、生涯学習審議会答申「今後の社会の動向に対応した生涯学習の振興方策について」(平成四年七月二十九日)〔別掲＝増補追録篇〕において、地域の学習活動を積極的に支援する観点からの学校施設づくりを推進することが提言された。

これらの点を踏まえ、文部省では、平成五年度から余裕教室の一層の活用を推進し学校施設の高機能化・多機能化を図るため、①関係部局共同による「余裕教室活用指針」の作成、②コミュニティ・スクール整備事業の推進などの諸施策を実施することとした。

「余裕教室活用指針」は、余裕教室の活用を図る際の計画策定及び実施についての基本的考え方、留意点等を取りまとめたものであり、今後、この指針により、余裕教室の一層の活用を図っていただきたい。

第一章　余裕教室活用の基本的考え方

1　学校施設の質的整備と余裕教室

今日、学校施設は量的整備から質的整備への大きな方向転換の時期を迎えており、質的整備に当たっては学習方法・指導方法の多様化に対応できる施設づくり、児童生徒の生活の場としてふさわしい環境づくり、学校開放に対応した施設づくり等が求められている。

質的整備は、校舎の建築を行う学校と同様に、当分の間は建築が行われない既存施設についても対応が必要であるが、小中学校においては、児童生徒数の減少等により学級数が減少し、余裕教室が生じるようになってきており、既存施設の質的整備に対応するよい機会となっている。

余裕教室の活用に当たっては、学校施設のあるべき姿の基本に立って、高機能化を図る積極的な活用計画を策定するとともに、地域住民の学習活動を支援する等のため、学校施設の多機能化を図る必要がある。

また、地域における身近な学習活動の場として社会教育施設等に転用することも有意義である。

2　余裕教室活用の留意点

余裕教室活用計画の策定に当たっては、「学校施設整備指針」(平成四年三月三十一日文部省大臣官房文教施設部長策定（以下「整備指針」という。))、「学校施設の複合化について」(平成三年三月五日付け文部省大臣官房文教施設部長通知（以下「複合化通知」という。))〔別掲〕の内容及び以下の諸点に留意することが重要である。

(1)　学校全体の配置計画の見直し

余裕教室の活用は、既存の学校施設を全体としてどう活用していくかの問題である。

　したがって、余裕教室だけの利用方法を考えるのではなく、クラスルームとして使用される部分の学年ごとのまとまりの確保、学校内の位置やクラスルームとの連続性及び利用面や運営面で関係の深い室・スペースとのつながりや動線等、学校全体の配置を考慮して、余裕教室以外の室の配置の見直しも併せて計画すること。

(2)　中長期的な展望
　今後十～十五年程度の児童生徒数の予測等に基づき、学校施設全体について中長期的な展望の下に検討すること。

(3)　特色ある学校施設づくり
　学校施設全体の見直しを行い、学校の歴史や地域の伝統等に配慮するなど特色ある学校施設とすること。

(4)　学校開放の促進
　学校は地域における学習活動の身近な拠点となり得る施設であり、学校外の学習活動の振興においても大きな役割を果たすものであることから、余裕教室の活用に当たっては、社会教育施設等に転用しない場合においても学校開放の一層の促進に配慮すること。

　その際、学校開放時の管理の体制や学校開放の規定の整備等についても併せて検討すること。

3　**余裕教室活用の優先順位**
　余裕教室活用計画の策定に当たっては、将来対応のスペースとして一時的余裕教室を確保した上で、原則として下記の優先順位に沿って検討することが重要である。

　ただし、この優先順位により難い場合は、別途それぞれの学校の実情にあわせて優先順位を定めることが望ましい。

(1)　児童生徒の学習のスペース、児童生徒の生活・交流のスペース及び授業準備のスペースの設置について検討すること。

(2)　管理スペース及び学校開放を支援するスペースの設置、また撤去によるグラウンド等の拡張などについて検討すること。

(3)　地域住民の学習活動のためのスペースとして社会教育施設等への転用について検討すること。

第二章　余裕教室活用計画の策定

3　**基本方針の策定**

(1)　目的
　余裕教室を活用することにより、学校施設の高機能化、多機能化を図ることを目的として、基本方針を策定することが必要である。

　なお、各学校間の施設水準の均衡を考慮するあまり、各学校の個別の事情を考慮せず一律に同内容の整備を図ることのないよう特に留意する必要がある。

(2)　内容
　基本方針については、以下の諸点を踏まえて策定することが重要である。

①　余裕教室の発生状況等及び既存施設の現状の把握
　将来推計を含めた余裕教室の発生状況及び市町村の学校施設の整備状況等、既存学校施設の現状を把握すること。

　なお、学校施設は建築された時期等により整備内容に格差が生じている場合もあり、こうした点も含めて既存学校施設の現状を把握することが重要である。

②　余裕教室利用の現状及び問題点の把握
　既に内部改造等を行って余裕教室の活用が図られている事例があれば、これらの現状と問題点を把握することにより、今後の整備のための参考資料とすること。

③ 余裕教室活用の基本的考え方及び市町村の整備目標の設定

既存施設の現状等を踏まえて、余裕教室の活用の基本的な考え方及び整備目標を設定すること。

4 学校別計画の策定

(1) 設定

余裕教室を持つ学校について、学校別の余裕教室の活用計画を策定する必要がある。

なお、余裕教室数が少ない学校、また既に活用計画を有する学校等については必ずしもその限りではない。

(2) 内容

学校別計画については、以下の諸点を踏まえて策定することが重要である。

① 各学校の整備方針の設定

基本方針を踏まえつつ、同時に学校ごとの問題点を把握するなど各学校の実情及び特色にも十分配慮した整備方針を設定すること。

② 年次計画の策定

余裕教室活用のための改造事業について、財政状況等も勘案の上、年次計画を策定すること。

③ 全体計画の策定

各学校の整備方針に沿って、全体計画として校舎の配置図及び平面図等を作成すること。

④ 一時的余裕教室の活用

将来対応のスペースとして確保した一時的余裕教室については、大幅な改造を行うことは適当でないが、使い方やカーテン、家具等のしつらえ方などの工夫により、余裕教室活用の考え方に準じた活用を図ること。

(3) 留意点

基本方針の策定に当たっては、「第一章 2 余裕教室活用の留意点」と併せて以下の諸点に留意することが重要である。

① ゆとりある学習環境づくり〔略〕

② 屋外学習スペースとの連続性〔略〕

③ 設備、内装、家具〔略〕

④ 室内環境〔略〕

第三章 余裕教室活用の具体的手法

1 学校施設としての活用

(1) 活用例〔略〕

(2) 学習のスペース

以下のようなスペースの整備・充実について検討することが重要である。

① 学習方法・指導方法の多様化に対応して新たに設置するスペース

(ア) 多目的スペース

個別学習・グループ学習などの学習形態、選択教科の学習及びビデオ、パソコンなどの様々な学習メディアを日常的に利用するような学習行動に対応できるスペース（ワークスペース、学習資料センター、教科センター等）を設置すること。

なお、計画に当たっては、他の学習空間との機能的な連携を十分検討し、学習の内容・方法、利用する集団の規模等に応じて、位置、規模及び構成などの検討を進めることが望ましい。

(イ) 図書スペース〔傍線＝編者〕

個別学習・グループ学習における利用及び自己学習力の

育成の場としての重要性等に鑑み、図書室の整備・充実を図るとともに、利用目的などに応じて図書を分散配置するためのスペース（学年図書スペース等）を設置すること。

また、図書と併せて視聴覚機器やコンピュータ機器などを備えたスペース（メディアセンター等）を設置すること。なお、計画に当たっては、日常的な利用のしやすさ、他の学習空間との連携や、閲覧、書架、図書等の整理・修理等のためのスペースなどの設定に留意することが重要である。また、分散配置する場合は、核となる図書室との役割分担、連携に留意することが重要である。

(ウ)　コンピュータ学習スペース

情報化の進展に対応し、コンピュータ学習スペースを設置すること。

なお、計画に当たっては、日常的な利用のしやすさ、他の学習空間との連携、また、コンピュータ機器等の配置や配線の方式、準備室の確保等について十分留意することが重要である。

(エ)　生活科のためのスペース

指導要領に対応した小学校低学年の生活科のためのスペースを設けること。

(オ)　外国語科のためのスペース〔略〕

②　特別教室等の学習のスペース

(ア)　特別教室〔略〕

(イ)　郷土資料室

郷土の歴史、民俗、地場産業等に関する資料を展示し、生活科、社会科等の学習教材として利用することのできるスペースを設置すること。

なお、計画に当たっては、地域住民の利用も検討しつつ、日常的な利用のしやすさ、他の学習空間との連携、また資料の保管や展示の方法等に十分留意することが重要である。

(ウ)　教材室〔略〕

(3)　児童生徒の生活・交流のスペース〔略〕

(4)　授業準備のスペース

以下のようなスペースの整備・充実について検討することが重要である。

①　教職員図書スペース

授業準備及び担当教科などに関する調査研究等のため、教職員図書スペースを設置すること。

②　教材教具作成スペース〔略〕

(5)　管理スペース〔略〕

(6)　学校開放を支援するスペース

学校の運動施設、特別教室等を利用して地域の体育活動、文化活動等の拠点とするため、高齢者、心身障害者等の利用も考慮しつつ、クラブハウス等の学校開放を支援するスペースの設置を検討することが重要である。

なお、計画に当たっては、学校教育に支障を及ぼすことなく学校施設の開放を促進するように、開放する部分を適切に設定しつつ、外部からの出入りに便利で、開放する特別教室、屋内外の運動施設等と連絡のよい位置となるよう留意することが重要である。

(7)　撤去

校地が極めて狭あいな学校の場合は、校舎の一部を撤去してグラウンド等の拡張を図り、全体として教育環境の向上を図ることも有効である。

2 社会教育施設等への転用

(1) 基本的考え方

学校施設には、地域社会における身近な学習活動の場としての役割も期待されており、社会教育施設等に転用できる条件が整っている学校においては、地域における学習活動を積極的に支援する観点から、社会教育施設等に転用し、地域住民の利用を考慮した活用を図っていくことが望ましい。

なお、学校施設の一部を社会教育施設等に転用する場合には、「複合化通知」及び「整備指針」に十分留意することが必要である。

① 目的

学校が本来教育を目的とする施設であることを第一に考えたうえで、身近な学習活動の場としての学校の役割が期待されていること等を踏まえ、転用施設は、社会教育、スポーツ又は文化活動を目的とした施設とすることが望ましい。

② 生涯学習の振興に関する地域の総合的計画

転用施設の計画に当たっては、当該地域の特性を十分考慮することが必要である。また、当該地域について学習機会の提供に関する総合的な計画が策定されている場合には、当該地域における転用施設の位置付け及びその活用方法等について、当該計画との整合性に十分配慮することが必要である。

(2) 転用施設の活用

① 活用の方法

転用施設の具体的な活用方法については、当該学校の教育活動との関連、地域の特性、学習機会に対するニーズ、転用施設の規模及び他の関連施設の状況等を総合的に勘案して定めることが必要であり、活用例としては、次のようなものが考えられる。

(ア) 地域学習活動スペース
・地域で開催される各種講座のためのスペース
・放課後や休日における子供達の学習活動等のためのスペース
・各種のメディアを利用した遠隔学習のためのスペース

(イ) 展示スペース
・地域の歴史・民俗に関する展示スペース（郷土歴史資料館）
・地域の動植物等に関する展示スペース（地域自然博物館）
・地域の作者等による美術作品等の展示スペース（郷土美術館）
・地域の美術展、児童画コンクール等のためのスペース（地域ギャラリー）

(ウ) 図書スペース〔傍線＝編者〕
・地域住民のための図書スペース
・地域の視聴覚ライブラリー

(エ) スポーツ活動スペース〔略〕

(オ) 文化活動スペース〔略〕

(カ) 交流スペース
・家庭教育に関する親たちの交流の場（子育て広場）
・青少年団体等の交流の場（青少年タウンコーナー）
・ボランティア活動に関する交流の場（地域ボランティアセンター）
・地域の外国人との交流の場（地域国際交流センター）

(キ) 地域情報スペース
・学習機会に関する情報センター
・ボランティア活動に関する情報センター
・各種のイベントに関する情報センター

② 利用者への配慮
転用施設の利用については、当該施設の目的を勘案し、夜間、土・日曜、休日における利用や授業日における利用を認め、また、個人による利用も認めるなど、地域住民による利用を容易にする配慮を行うことが重要である。

③ 地域住民への普及啓発
転用施設の活用を促進するため、地域住民への情報提供や普及啓発活動を積極的に実施するとともに、転用を行う学校の教職員に対しても、生涯学習への理解を深めるよう、研修等を適切に実施することが望ましい。

④ 学校教育活動への配慮等

(ア) 学習環境の向上
学校部分との機能的な連携や空間的な一体化が可能で、学習環境の高度化を図れるような施設への転用を考慮する。また、転用と同時に、学校部分も併せて改造等を行うことにより、学習環境が全体として向上するよう配慮することが望ましい。

このような趣旨から、学習環境に障害又は悪影響を及ぼす施設への転用は避けると共に、学習環境の高度化に寄与しない施設への転用についても慎重に対処することが必要である。

(イ) 学校運営に対する配慮
転用により、学校部分と転用施設が隣接することになるため、学校施設における教育活動や児童生徒の生活に支障を及ぼさないよう十分配慮することが必要である。

(ウ) 長期的検討
将来、学校施設全体の室配置・利用方法の見直し及び現在の学校施設の改築を行う場合には、転用した部分の代替施設の確保等が問題となる可能性もあるため、長期的な視野で十分検討することが必要である。

(3) 管理運営

① 管理運営体制
転用施設は学校以外の施設とはなるが、実質的には学校施設の一部を使用するものであり、学校部分と転用施設の管理について整合性を確保する観点からも、転用施設の管理は教育委員会が併せて行うことが望ましい。

また、転用施設を積極的に活用する観点から、必要に応じ、地域住民や関係団体等で構成する運営委員会等に管理運営を一部委託するなどの工夫を行うことも有効である。

なお、転用施設の位置付け及び管理運営・利用については、条例、教育委員会規則等において適切な定めを行うことが望ましい。

② 連絡協議会等の設置
転用施設の管理運営に関しては、個別の法律等により定められた場合の他にも関係者間の連携・協力を確保するため、市町村教育委員会関係部局、学校、関係団体、運営委員会代表等で構成する連絡協議会等を設置することが望ましい。

③ 指導者の確保
転用施設における活動を適切に実施するため、必要に応じ、指導者等を確保するとともに、指導者等の研修を適切に

実施することが望ましい。

④ 管理区分の明確化

学校部分と転用施設について、屋外環境等を含め面的、時間的な管理区分を明らかにし、管理責任の所在を明確にすることが重要である。

また、光熱水等のエネルギーの供給系統の設定に留意しつつ、必要に応じてエネルギーの使用料の分担等について明確にしておくことが重要である。

⑤ 総合的な防犯・災害対策の確立等

学校部分及び転用施設の全体としての災害時の避難計画その他の防災計画の策定や共同防災訓練の実施等、施設全体の防犯・災害体制を確立することが重要である。

学校施設の複合化について（通知）抄

〔平成三年三月五日文施指第三九号
各都道府県教育委員会あて
文部省大臣官房文教施設部長〕

近年、社会情勢の変化から、小・中学校施設を中心とする学校施設について、人々の多様かつ高度な学習需要に応える生涯学習の場として積極的に活用するとともに、教育方法等の多様化及び弾力化に適切に対応することが要請されており、このための高機能化、多機能化を図る手法として学校施設と他の文教施設との複合化が有効であると考えられるようになっています。また、土地の有効活用を図るという観点からも、公共用地や公共施設の有効利用や高度利用を推進することが課題となっており、学校施設と他の文教施設との複合化が求められてきています。

しかし、一方で、学校施設の複合化については、施設計画、施設設計及び施設管理について様々な配慮が要請されることから、貴教育委員会におかれては、下記の事項に留意するよう、管下市町村の教育委員会その他関係方面に周知徹底を図り、適切に指導されるようお願いします。

なお、指導に当たっては、別添の「学校施設の複合化に関する調査研究」の報告「学校施設の複合化について」〔別添は略〕を参考としてください。

記

1 目的

学校施設の複合化は、地域における総合的な生涯学習基盤の整備を推進するとともに、学校教育の活性化に資するための学校教育環境の質的な向上を推進することを目的とするものであること。

2　定　義

この通知において「学校施設の複合化」とは、同一建物内又は同一敷地内に、学校施設と社会教育施設、文化施設、スポーツ施設その他の文教施設を、相互に機能的連携を保つ形態に整備することをいう。

3　施設計画

一　学習環境の高機能化及び多機能化

ア　複合化される各施設が、各施設間において機能的な連携を密接に確保することにより、学習環境が高度化された生涯学習のための総合的かつ一体的な施設となるように計画すること。

イ　複合化される各施設間において、互いの持つ施設機能を積極的に相互利用し、又は共同利用することができるように計画すること。

ウ　複合化される各施設の専用部分及び共同利用部分の配置計画は、その敷地条件、施設種類、施設規模、利用形態等に留意して適切に策定すること。

二　地域社会への貢献

ア　幼児から高齢者まで地域の様々な人々が生涯学習の場として利用することができる施設として計画すること。

イ　地域の人々が様々な生涯学習の機会を通じて日常的に交流する場を提供できるように計画すること。

三　将来の発展性の確保

ア　施設計画の段階において、各施設の将来における需要の推移を正確に分析し、予測して、計画に織り込むこと。

イ　複合化される各施設における今後の施設・設備の高機能化及び多機能化に伴う必要空間の増大に対応できるように計画すること。

四　計画立案過程の重視

ア　基本構想及び基本計画の段階において、複合化される各施設の種類、規模、利用形態その他の基本的な事項を十分かつ適切に検討すること。

イ　関係者間において、施設計画に関し、必要な意見交換を行い、理解を得ながら内容を検討することにより、事前に十分な合意を形成しておくこと。

五　学習環境の確保

ア　学校施設と複合化される対象施設としては、学校施設との機能的な連携及び空間的な一体化により、その学習環境を高度化することができるものを選択すること。

イ　学習環境に障害又は悪影響を及ぼす施設との合築は避けること。また、学習環境の高度化に寄与しない施設との合築についても慎重に対処すること。

4　施設設計

一　適切な建築計画の策定〔略〕

二　建築環境の確保〔略〕

三　防犯・防災機能の確保〔略〕

四　安全性の確保〔略〕

五　適切な建築設備の整備〔略〕

5　施設管理

一　施設管理体制の整備

ア　施設計画の初期の段階から、施設管理の責任が最終的には教育委員会にあることを明確にした上で、利用形態等に応じた総合的かつ一元的な施設管理が可能な組織を整備すること。

イ　複合化される各施設の設置及び管理に関する条例、利用規定等において、多様化する利用形態に応じた規定を整備すること。また、各施設ごとの管理の体制に応じて、事務の委任等の必要な手続きを行うこと。

ウ　複合化される各施設の管理方針、利用条件その他の利用に関する事項を決定するに当たっては、利用者の意見を反映させるための措置を講ずること。

二　総合的な施設管理

ア　複合化される各施設間においては、相互利用及び共同利用、共同利用部分の維持管理等について、連絡、協議等を行うための組織を設置すること。

イ　複合化される各施設間における専用部分及び共同利用部分の管理区分を、面的な区分だけでなく時間帯による区分も含めて明確にすること。

ウ　複合化される各施設全体としての総合的な観点からの防犯体制の確立、災害時の避難計画その他の防災計画の策定、共同防災訓練の実施等に努めること。

三　施設管理の実施方法

ア　施設・設備の維持保全、空気調和、電気等の機械設備の運転管理その他の複合化される各施設に共通する事務の一元的な処理に努めること。

イ　清掃、警備その他の単純な業務を民間企業等に委託する場合においては、各施設の利用形態に対応した委託内容とすること。

◎へき地教育振興法　抄

〔昭和二九年六月一日　法律第一四三号〕

最近改正　平成一一年一二月二二日　法律第一六〇号

（目的）

第一条　この法律は、教育の機会均等の趣旨に基き、かつ、へき地における教育の特殊事情にかんがみ、国及び地方公共団体がへき地における教育を振興するために実施しなければならない諸施策を明らかにし、もつてへき地における教育の水準の向上を図ることを目的とする。

（定義）

第二条　この法律において「へき地学校」とは、交通条件及び自然的、経済的、文化的諸条件に恵まれない山間地、離島その他の地域に所在する公立の小学校及び中学校並びに中等教育学校の前期課程並びに学校給食法（昭和二十九年法律第百六十号）第五条の二（二以上の義務教育諸学校の学校給食の実施に必要な施設）に規定する施設（以下「共同調理場」という。）をいう。

（市町村の任務）

第三条　市町村は、へき地における教育の振興を図るため、当該地方の必要に応じ、左に掲げる事務を行う。

一　へき地学校の教材、教具等の整備、へき地学校に勤務する教員の研修その他へき地における教育の内容を充実するため必要な措置を講ずること。

二　へき地学校に勤務する教員及び職員のための住宅の建築、あつ旋その他その福利厚生のため必要な措置を講ずること。

三　体育、音楽等の学校教育及び社会教育の用に供するための施設をへき地学校に設けること。

四　へき地学校における教員及び職員並びに児童及び生徒の健康管理の適正な実施を図るため必要な措置を講ずること。

五　へき地学校の児童及び生徒の通学を容易にするため必要な措置を講ずること。

（都道府県の任務）

第四条　都道府県は、へき地における教育の振興を図るため、当該地方の必要に応じ、次に掲げる事務を行う。

一　へき地における教育の特殊事情に適した学習指導、教材、教具等について必要な調査、研究を行い、及び資料を整備すること。

二　へき地学校に勤務する教員の養成施設を設けること。

三　前条に規定する市町村の事務の遂行について、市町村に対し、適切な指導、助言又は援助を行うこと。

四　その設置するへき地学校に関し、前条各号に掲げる事務を行うこと。

2　都道府県は、へき地学校に勤務する教員及び職員の定員の決定について特別の考慮を払わなければならない。

3　都道府県は、へき地学校に勤務する教員の研修について教員に十分な機会を与えるように措置するとともに研修旅費その他研修に関し必要な経費の確保に努めなければならない。

（文部科学大臣の任務）

第五条　文部科学大臣は、へき地における教育について必要な調査、研究を行い、及び資料を整備し、並びに前二条に規定する地方公共団体の任務の遂行について、地方公共団体に対し、適切な指導、助言を行い、又は必要なあつせんをしなければならない。

(へき地手当等)

第五条の二 都道府県は、条例で定めるところにより、文部科学省令で定める基準〔この一部に図書館を使用している＝編者〕に従い条例で指定するへき地学校並びにこれに準ずる学校及び共同調理場(以下「へき地学校等」という。)に勤務する教員及び職員(地方公務員法(昭和二十五年法律第二百六十一号)第二十八条の四第一項、第二十八条の五第一項又は第二十八条の六第一項若しくは第二項の規定により採用された教員及び職員(次条第一項において「再任用教職員」という。)を除く。)に対して、へき地手当を支給しなければならない。

○へき地教育振興法施行規則 抄

〔昭和三四年七月三一日
文部省令第二一号〕

最近改正 平成一〇年一一月一七日 文部省令第三八号

(趣旨)

第一条 へき地教育振興法(昭和二十九年法律第百四十三号。以下「法」という。)第五条の二及び第五条の三〔へき地手当等〕の規定によるへき地手当及びへき地手当に準ずる手当に関する基準その他法の施行に関し必要な事項は、この省令の定めるところによる。

(用語の意義)

第二条 この省令において、次の各号に掲げる用語の意義は、当該各号に定めるところによる。

一 基準点数 当該学校の所在地のへき地条件の程度の軽重を測定するために、第四条及び第五条の規定により算定した点数をいう。

二 付加点数 基準点数の算定方法によつては補そくし難い特別のへき地条件を測定するために、第六条の規定により算定した点数をいう。

(へき地学校等の指定)

第三条 小学校若しくは中学校又は中等教育学校の前期課程に係る法第五条の二〔へき地手当等〕第一項の規定に基づくへき地学校

の指定は、当該学校について算定された基準点数と付加点数との合計点数が四十五点以上の学校について、当該合計点数に応じ、次の各号に掲げる区分に従って指定するへき地学校の級別を付して行うものとする。

一　四十五点から七十九点までの学校　一級
二　八十点から百十九点までの学校　二級
三　百二十点から百五十九点までの学校　三級
四　百六十点から百九十九点までの学校　四級
五　二百点以上の学校　五級

2　法第五条の二第一項の規定に基づくへき地学校に準ずる学校の指定は、当該学校について算定された基準点数と付加点数との合計点数が三十五点から四十四点までの学校について行なうものとする。

（付加点数）

第六条　2　当該学校の所在する地域における自然的、経済的、文化的諸条件が次の各号の一に該当することにより、学校教育の運営上困難を伴うと認められる場合においては、当該各号に定める点数を付加点数とする。

四　当該学校から図書館法（昭和二十五年法律第百十八号）〔別掲〕第二条〔定義〕に規定する図書館〔傍線＝編者〕、博物館法（昭和二十六年法律第二百八十五号）〔別掲〕第二条〔定義〕に規定する博物館その他これに類する施設のうち当該学校から最短の距離にあるものまでの距離（交通機関を利用しうる部分の距離については、当該距離に二分の一を乗じて得た距離）が、二十五キロメートル以上である場合は十点、十二・五キロメートル以上二十五キロメートル未満である場合は五点

○学校基本調査規則　抄

〔昭和二七年三月一一日　文部省令第四号〕

最近改正　平成一二年一〇月三一日　文部省令第五三号

（趣旨）

第一条　統計法（昭和二十二年法律第十八号）〔別掲〕第二条〔指定統計〕の規定により指定統計として指定を受けた学校基本調査（指定統計第十三号）の作成に関しては、統計法施行令（昭和二十四年政令第百三十号〔別掲〕。以下「令」という。）第八条〔地方公共団体が処理する事務〕に定めるもののほか、この省令の定めるところによる。

（調査の目的）

第二条　学校基本調査は、学校教育行政に必要な学校に関する基本的事項を明らかにすることを目的とする。

（定義）

第三条　この省令で「学校」とは、学校教育法（昭和二十二年法律第二十六号）〔別掲〕第一条の学校、同法第八十二条の二の専修学校及び同法第八十三条の各種学校をいう。

2　この省令で「教員」とは、前項の学校の学長、校長（園長を含む。）、副学長、学部長、教授、助教授、助手、講師、教頭、教諭、助教諭、養護教諭、養護助教諭をいい、「職員」とは、学校の職員で教員以外のものをいう。

3 この省令で「学齢児童生徒」とは、学校教育法第二十二条の規定による学齢児童及び同法第三十九条の規定による学齢生徒をいう。

（調査の範囲、区分及び時期）

第四条 学校基本調査は、学校、卒業者及び不就学の学齢児童生徒について次の区分及び時期によって行う。

一 学校調査 毎年五月一日現在
二 学校通信教育調査 毎年五月一日現在
三 不就学学齢児童生徒調査 毎年五月一日現在
四 学校施設調査 毎年五月一日現在
五 学校経費調査 前会計年度間
六 卒業後の状況調査 前学年度間の卒業者（高等学校及び中等教育学校並びに盲学校、聾《ろう》学校及び養護学校の高等部にあっては、前学年度前の卒業者で上級の学校に入学を志願したものを含む。）について、毎年五月一日現在

〔**編者注**＝平成一〇年文部省令第三八号により、それまで本条第六号に附属図書館調査が掲げられていたが、それが削除されて第七号が第六号に繰り上がった〕

（調査事項）

第五条 学校基本調査は、前条の区分により次に掲げる事項の全部又は一部について行う。

一 学校調査
1 学校の名称、種別及び所在地
2 学校の特性に関する事項
3 学部、学科、課程又は学級に関する事項
4 教員及び職員の数
5 児童、生徒、学生又は幼児の在籍状況及び出席状況
6 児童、生徒、学生又は幼児の入学、卒業及び転出入の状況

二 学校通信教育調査
1 学校の名称及び所在地
2 学校の特性に関する事項
3 教員及び職員の数
4 生徒の在籍状況
5 生徒の入学、卒業、退学及び単位修得の状況

三 不就学学齢児童生徒調査
1 教育委員会の名称及び所在地
2 学齢児童生徒の就学の免除及び猶予の状況
3 居所不明の学齢児童生徒の数
4 死亡した学齢児童生徒の数

四 学校施設調査
1 学校の名称、種別及び所在地
2 学校の特性に関する事項
3 土地又は建物の用途別、構造別等の面積
4 土地又は建物の増減の状況

五 学校経費調査
1 学校の名称、種別及び所在地
2 学校の特性に関する事項
3 経費に関する事項
4 収入に関する事項

六 卒業後の状況調査
1 学校の名称、種別及び所在地
2 学校の特性に関する事項
3 卒業者の卒業時における所属に関する事項
4 卒業者の進学、就職等の状況

2　前項の調査事項の細目は、文部科学大臣が別に定める調査票に記載するところによる。

（申告の義務及び方法等）

第六条　次の表の上欄に掲げる者は、それぞれその下欄に掲げる事項について、文部科学大臣が直接又は都道府県知事若しくは市町村長を通じて配布する調査票によつて申告しなければならない。

上欄	下欄
私立学校の設置者	前条第一項第四号の事項
放送大学学園	前条第一項第四号及び第五号の事項
国立の大学の長	当該大学について前条第一項第一号及び第四号から第六号までの事項並びに当該大学又は当該大学の学部に置かれる附属の学校（以下「国立の大学の附属の学校」という。）について同項第四号及び第五号の事項
公立及び私立の大学の長並びに放送大学学園が設置する大学の長	前条第一項第一号及び第六号の事項
国立の高等専門学校の長	前条第一項第一号及び第四号から第六号までの事項
公立及び私立の高等専門学校の長	前条第一項第一号及び第六号の事項
中等教育学校の長	当該中等教育学校（後期課程に置かれる通信制の課程を除く。）について前条第一項第一号及び第六号の事項並びに当該中等教育学校の後期課程に置かれる通信制の課程について同項第二号及び第六号の事項
高等学校の長	当該高等学校に置かれる全日制の課程及び定時制の課程について前条第一項第一号及び第六号の事項並びに当該高等学校に置かれる通信制の課程について同項第二号及び第六号の事項
中学校の長	前条第一項第一号及び第六号の事項
小学校、幼稚園並びに国立及び私立の専修学校及び各種学校の長	前条第一項第一号の事項
盲学校、聾《ろう》学校及び養護学校（国立養護学校を除く。）の長	当該学校について前条第一項第一号の事項並びに当該学校に置かれる中学部及び高等部について同項第六号の事項
国立養護学校の長	前条第一項第一号、第四号及び第五号の事項
公立の専修学校及び公立の各種学校の長	前条第一項第一号及び第四号の事項

2　前項の申告は、調査票に所定の事項を記入し、記名の上、次の各号の区分により提出することによって行うものとする。

一　大学、高等専門学校、国立養護学校、国立の大学の附属の学校及び国立の専修学校（国立の大学又は当該大学の学部に置かれる附属の専修学校を除く。）の長並びに私立の大学及び高等専門学校についてこれらの学校の設置者並びに放送大学学園は、文部科学大臣が別に定める期日までに文部科学大臣に提出する。

二　私立の大学又は高等専門学校とこれら以外の学校を併せて設置する者は、当該大学又は高等専門学校以外の学校について、文部科学大臣が別に定める期日までに当該学校の所在する都道府県の知事に提出する。

三　都道府県立学校（大学及び高等専門学校を除く。）の長、市町村立の高等学校及び中等教育学校の長並びに私立の高等学校及び中等教育学校の長及び設置者（大学又は高等専門学校を併せて設置する者を除く。）は、都道府県知事の定める期日までに都道府県知事に提出する。

四　第一号及び第三号に掲げる学校以外の学校の長、私立のこれらの学校の設置者（大学、高等専門学校又は高等学校若しくは中等教育学校を併せて設置する者を除く。）は、市町村長の定める期日までに市町村長に提出する。

（調査結果の公表）

第十一条　学校基本調査の結果は、文部科学大臣が学校基本調査報告書その他の刊行物によって公表する。

2　都道府県知事は、当該都道府県についての学校基本調査の結果を文部科学大臣の公表以前に公表することができる。ただし、この場合においては、文部科学大臣の公表が確定数であることを付記するものとする。

（実地調査）

第十二条　統計官、都道府県の統計主事及び学校基本調査に関する事務に従事する者（市町村の職員を除く。）は、統計法第十三条〔実地調査〕の規定により、必要な場所に立ち入り、第五条〔調査事項〕第一項各号に掲げる調査事項のうち、小学校、中学校、高等学校、中等教育学校、盲学校、聾《ろう》学校、養護学校、幼稚園、専修学校及び各種学校の教員、職員、幼児、児童及び生徒の数並びに学級数に関する事項について検査をし、調査資料の提供を求め、又は関係者に対し質問をすることができる。

2　都道府県知事は、前項に規定する実地調査を行う者の職務を示す証票の交付を受ける場合には、次の各号に掲げる事項を記載した申請書を文部科学大臣に提出するものとする。

一　指定統計の番号及び名称

二　職務施行者の職名及び氏名

三　職務施行の期日

四　調査目的

五　申告義務者

（調査票等の保存）

第十三条　文部科学大臣は、調査票その他関係書類にあっては文部科学大臣の公表の日から一年間、調査票の内容を記録した電磁的記録（電子的方式、磁気的方式その他人の知覚によっては認識することができない方式で作られた記録をいう。）にあっては文部科学大臣の公表の日から五年間保存するものとする。

2　都道府県知事及び都道府県の教育委員会は、関係書類を文部科学大臣の公表の日から一年間保存するものとする。

○社会教育調査規則　抄

〔昭和三五年六月二八日　文部省令第一一号〕

最近改正　平成一二年一〇月三一日　文部省令第五三号

（趣旨）

第一条　統計法（昭和二十二年法律第十八号）〔別掲〕第二条〔指定統計〕の規定により指定統計として指定をうけた社会教育調査（指定統計第八十三号）の作成に関しては、統計法施行令（昭和二十四年政令第百三十号〔別掲〕。以下「令」という。）第八条〔地方公共団体が処理する事務〕に定めるもののほか、この省令の定めるところによる。

（調査の目的）

第二条　社会教育調査は、社会教育行政に必要な社会教育に関する基本的事項を明らかにすることを目的とする。

（定義）

第三条　この省令において、次の各号に掲げる用語の意義は、当該各号に定めるところによる。

一　社会教育行政　社会教育法（昭和二十四年法律第二百七号）〔別掲〕第五条〔市町村の教育委員会の事務〕又は第六条〔都道府県の教育委員会の事務〕の規定に基づき教育委員会が行う事務をいう。

二　社会教育関係職員　地方教育行政の組織及び運営に関する法律（昭和三十一年法律第百六十二号）〔別掲〕第十九条〔指導主事その他の職員〕に規定する職員のうち、社会教育に関する事務又は技術に従事するもの（教育次長及び部長の職にある者を除き、単純な労務に従事する者を含む。）をいう。

三　社会教育委員等　社会教育法第十五条〔社会教育委員の構成〕に規定する社会教育委員、スポーツ振興法（昭和三十六年法律第百四十一号）第十九条〔体育指導委員〕に規定する体育指導委員、条例に基づき教育委員会の附属機関として置かれた社会教育に関する委員及び教育委員会が委嘱した社会教育に関する指導員をいう。

四　公民館　社会教育法第二十一条〔公民館の設置者〕の規定に基づき設置された公民館をいう。

五　公民館類似施設　社会教育法第四十二条〔公民館類似施設〕に規定する施設のうち、市町村が設置したものをいう。

六　図書館　図書館法（昭和二十五年法律第百十八号）〔別掲〕第二条〔定義〕に規定する図書館をいう。

七　博物館　博物館法（昭和二十六年法律第二百八十五号）〔別掲〕第二条〔定義〕に規定する博物館をいう。

八　博物館相当施設　博物館法第二十九条〔博物館に相当する施設〕の規定に基づき文部科学大臣又は都道府県の教育委員会が指定した博物館に相当する施設をいう。

九　青少年教育施設　青少年のために団体宿泊訓練又は各種の研修を行い、あわせてその施設を青少年の利用に供する目的で地方公共団体が設置した社会教育施設をいう。

十　女性教育施設　女性又は女性教育指導者のために各種の研修又は情報提供等を行い、あわせてその施設を女性の利用に供する目的で地方公共団体又は民法（明治二十九年法律第八十九号)〔別掲〕第三十四条の規定により設立された法人が設置した社会教育施設をいう。
十一 社会体育施設 一般の利用に供する目的で地方公共団体が設置した体育館、水泳プール及び運動場等のスポーツ施設をいう。

（調査の実施時期及び区分）
第四条 社会教育調査は、文部科学大臣の指定する年度及び期日において、社会教育について次の区分の全部又は一部について行う。
一 社会教育行政調査
二 公民館調査
三 図書館調査
四 博物館調査
五 青少年教育施設調査
六 女性教育施設調査
七 社会体育施設調査
2 前項の調査区分の一部について調査を実施するときは、文部科学大臣がこれを指定する。

（調査事項）
第五条 社会教育調査は、前条の調査区分により、次に掲げる事項の全部又は一部について行う。
一 社会教育行政調査
1 地方公共団体の種別
2 地方公共団体の特性
3 社会教育関係職員に関する事項
4 社会教育委員等に関する事項
5 社会教育行政の実施状況

二 公民館調査
1 名称及び所在地
2 設置者の別
3 公民館又は公民館類似施設の別
4 本館又は分館の別
5 職員に関する事項
6 施設の状況
7 設備の状況
8 事業実施状況
9 利用状況
三 図書館調査
1 名称及び所在地
2 設置者の別
3 本館又は分館の別
4 職員に関する事項
5 施設の状況
6 設備の状況
7 事業実施状況
8 利用状況
四 博物館調査〔略〕
五 青少年教育施設調査〔略〕
六 女性教育施設調査〔略〕
七 社会体育施設調査〔略〕
2 前項の調査事項の細目は、文部科学大臣が別に定める調査票に記載するところによる。

（申告の義務及び方法等）
第六条 次の表〔抄〕の上欄に掲げる者は、それぞれその下欄に掲げる事項について、文部科学大臣が直接又は都道府県の教育委員会若しくは市町村の教育委員会を通じて配布する調査票によって申告しなければならない。

上欄	下欄
公民館及び公民館類似施設の長	前条第一項第二号の事項
図書館の長	前条第一項第三号の事項

2　前項の申告は、調査票に所定の事項を記入し、記名の上、次の各号の区分によりこれを提出することによって行うものとする。
一　国立の博物館相当施設の長は、文部科学大臣の指定する期日までに文部科学大臣に提出する。
二　都道府県立の図書館、博物館、博物館相当施設、青少年教育施設、女性教育施設及び社会体育施設並びに私立の公民館、図書館、博物館、博物館相当施設及び女性教育施設の長は、都道府県の教育委員会の定める期日までに都道府県の教育委員会に提出する。
三　市町村立の公民館、公民館類似施設、図書館、博物館、博物館相当施設、青少年教育施設、女性教育施設及び社会体育施設の長は、市町村の教育委員会の定める期日までに市町村の教育委員会に提出する。

（調査票の配布等）
第八条　令別表第四の二の項第四欄第一号の文部科学省令で定める都道府県の教育委員会が調査すべき社会教育施設は、都道府県立の図書館、博物館、博物館相当施設、青少年教育施設、女性教育施設及び社会体育施設並びに私立の公民館、図書館、博物館、博物館相当施設及び女性教育施設とする。

2　令別表第四の二の項第六欄第一号の文部科学省令で定める市町村の教育委員会が調査すべき社会教育施設は、市町村立の公民館、公民館類似施設、図書館、博物館、博物館相当施設、青少年教育施設、女性教育施設及び社会体育施設とする。

（調査票の提出）
第九条　令別表第四の二の項第四欄第十一号に規定する文部科学大臣に対する調査票その他関係書類の提出は、文部科学大臣の指定する期日までに行うものとする。

（調査結果の公表）
第十条　社会教育調査の結果は、文部科学大臣が社会教育調査報告書その他の刊行物によって公表する。

2　都道府県の教育委員会は、当該都道府県についての社会教育調査の結果を文部科学大臣の公表以前に公表することができる。ただし、この場合においては、文部科学大臣の公表が確定数であることを付記するものとする。

（調査票等の保存）
第十一条　文部科学大臣は、調査票にあっては文部科学大臣の公表の日から一年間、調査票の内容を記録した電磁的記録（電子的方式、磁気的方式その他人の知覚によっては認識することができない方式で作られた記録をいう。）にあっては文部科学大臣の公表の日から五年間保存するものとする。

2　都道府県の教育委員会は、関係書類を文部科学大臣の公表の日から一年間保存するものとする。

○教科用図書検定規則

〔平成元年四月四日 文部省令第二〇号〕

最近改正 平成一二年一〇月三一日 文部省令第五三号

第一章 総則

（趣旨）

第一条 学校教育法（昭和二十二年法律第二十六号）〔別掲〕第二十一条第一項（同法第四十条、第五十一条、第五十一条の九第一項及び第七十六条において準用する場合を含む。）に規定する教科用図書の検定に関し必要な事項は、この省令の定めるところによる。

（教科用図書）

第二条 この省令において「教科用図書」とは、小学校、中学校、中等教育学校、高等学校並びに盲学校、聾《ろう》学校及び養護学校の小学部、中学部及び高等部の児童又は生徒が用いるため、教科用として編修された図書をいう。

（検定の基準）

第三条 教科用図書（以下「図書」という。）の検定の基準は、文部科学大臣が別に公示する教科用図書検定基準の定めるところによる。

第二章 検定手続

（検定の申請）

第四条 図書の著作者又は発行者は、その図書の検定を文部科学大臣に申請することができる。

2 前項の申請を行うことができる図書の種目並びに各年度において申請を行うことができる図書の種目及び期間は、文部科学大臣が官報で告示する。

第五条 前条第一項の申請を行おうとする者は、別記様式第一号〔略〕による検定審査申請書に、申請図書及び第十二条に規定する検定審査料を添えて文部科学大臣に提出するものとする。

2 前項の申請図書の作成の要領及び提出部数については、文部科学大臣が別に定める。

第六条 削除

（申請図書の審査）

第七条 文部科学大臣は、申請図書について、検定の決定又は検定審査不合格の決定を行い、その旨を申請者に通知するものとする。ただし、必要な修正を行った後に再度審査を行うことが適当である場合には、決定を留保して検定意見を申請者に通知するものとする。

（不合格理由の事前通知及び反論の聴取）

第八条 文部科学大臣は、前条の検定審査不合格の決定を行おうとするとき（第三項及び第四項の規定により決定を行おうとするときを除く。）は、検定審査不合格となるべき理由を申請者に対し事前に通知するものとする。

2 前項の通知を受けた者は、通知のあった日の翌日から起算して二十日以内に、別記様式第二号〔略〕による反論書を文部科学大臣に提出することができる。

3 前項の反論書の提出がないときは、文部科学大臣は、前条の検定審査不合格の決定を行うものとする。

4 第二項の反論書の提出があったときは、文部科学大臣は、これを踏まえ、当該申請図書について前条の検定の決定又は検定審査不合格の決定を行うものとする。ただし、必要な修正を行った後に再度審査を行うことが適当である場合には、前条の検定意見の通知を行うものとする。

(検定意見に対する意見の申立て)

第九条　第七条の検定意見の通知を受けた者は、通知のあった日の翌日から起算して二十日以内に、別記様式第三号〔略〕による検定意見に対する意見申立書を文部科学大臣に提出することができる。

2　前項の意見申立書の提出があった場合において、文部科学大臣は、申し立てられた意見を相当と認めるときは、当該検定意見を取り消すものとする。

(修正が行われた申請図書の審査)

第十条　第七条の検定意見の通知を受けた者は、文部科学大臣が指示する期間内に、申請図書について検定意見に従って修正した内容を、別記様式第四号〔略〕による修正表提出届により、文部科学大臣に提出するものとする。

2　文部科学大臣は、前項の修正が行われた申請図書について、検定の決定又は検定審査不合格の決定を行い、その旨を申請者に通知するものとする。

3　第一項の修正表提出届の提出がないときは、文部科学大臣は、検定審査不合格の決定を行い、その旨を申請者に通知するものとする。

(不合格図書の再申請)

第十一条　申請図書又は修正が行われた申請図書について、第七条又は前条第二項若しくは第三項の検定審査不合格の決定の通知を受けた者は、その図書に必要な修正を加えた上、文部科学大臣が別に定める期間内に再申請することができる。

(検定審査料)

第十二条　検定の審査料は、申請図書につき文部科学大臣が別に定めるところにより算定したページ数を、小学校用の図書にあっては二百八十円、中学校用の図書にあっては四百五十円、高等学校用の図書にあっては五百六十円に乗じて得た額とする。ただし、これによって算定した額が申請図書一件につき五万六千円未満のときは、五万二千円とする。

2　納付した検定審査料は返還しない。

第三章　検定済図書の訂正

(検定済図書の訂正)

第十三条　検定を経た図書について、誤記、誤植、脱字若しくは誤った事実の記載又は客観的事情の変更に伴い明白に誤りとなった事実の記載があることを発見したときは、発行者は、文部科学大臣の承認を受け、必要な訂正を行わなければならない。

2　検定を経た図書について、前項に規定する記載を除くほか、学習を進める上に支障となる記載又は更新を行うことが適切な事実の記載若しくは統計資料の記載があることを発見したときは、発行者は、文部科学大臣の承認を受け、必要な訂正を行うことができる。

3　第一項に規定する記載の訂正が、客観的に明白な誤記、誤植若しくは脱字に係るものであって、内容の同一性を失わない範囲のものであるとき、又は前項に規定する記載の訂正が、同一性をもった資料により統計資料の記載の更新を行うものであって、内容の同一性を失わない範囲のものであるときは、発行者は、前二項の規定にかかわらず、文部科学大臣が別に定める日までにあらかじめ文部科学大臣へ届け出ることにより訂正を行うことができる。

4　文部科学大臣は、検定を経た図書について、第一項及び第二項に規定する記載があると認めるときは、発行者に対し、その訂正の申請を勧告することができる。

（検定済図書の訂正の手続）

第十四条　前条第一項又は第二項の承認を受けようとする者は、別記様式第五号〔略〕による訂正申請書に、訂正本一部を添えて文部科学大臣に提出するものとする。

2　前条第三項の届出をしようとする者は、別記様式第六号〔略〕による訂正届出書を文部科学大臣に提出するものとする。

3　前条第一項若しくは第二項の承認を受けた者又は同条第三項の訂正を行った者は、その図書の供給が既に完了しているときは、速やかに当該訂正の内容を、その図書を現に使用している学校の校長に通知しなければならない。

第四章　雑則

（検定済の表示等）

第十五条　検定を経た図書には、その表紙に「文部科学省検定済教科書」の文字、その図書の目的とする学校及び教科の種類並びにその図書の名称を、その奥付に検定の年月日をそれぞれ表示しなければならない。

（見本の提出）

第十六条　第七条又は第十条第二項の規定による検定の決定の通知を受けた者は、文部科学大臣が別に定める期間内に、図書として完成した見本を作成し、別記様式第七号〔略〕による見本提出届に、文部科学大臣が別に定める部数の見本を添えて文部科学大臣に提出するものとする。

（申請図書の公開）

第十七条　文部科学大臣は、検定審査終了後、別に定めるところにより、申請図書を公開することができる。

（検定済図書の告示等）

第十八条　文部科学大臣は、検定を経た図書の名称、目的とする学校及び教科の種類、検定の年月日、著作者の氏名並びに発行者の氏名及び住所（法人にあっては、その名称、代表者の氏名及び主たる事務所の所在地）を官報で告示する。

2　検定を経た図書の著作者の氏名又は発行者の氏名若しくは住所（法人にあっては、その名称、代表者の氏名又は主たる事務所の所在地）の記載を変更したときは、発行者は、速やかにその内容を文部科学大臣に届け出なければならない。

附　則〔抄〕

1　この省令は、平成二年四月一日から施行する。

別記様式〔略〕

◎ユネスコ活動に関する法律　抄

〔昭和二七年六月二一日 法律第二〇七号〕

最近改正　平成一一年一二月二二日　法律第一六〇号

日本国民は、国際連合教育科学文化機関が世界平和の確立と人類の福祉の増進に貢献しつつあることの意義を高く評価し、この機関に加盟することによつて得た日本の国際的地位にかんがみ、政府及び国民の活動によりその事業に積極的に協力することを決意し、教育、科学及び文化を通じて、国際連合憲章、国際連合教育科学文化機関憲章及び世界人権宣言の精神の実現を図るため、ここにこの法律を制定する。

第一章　ユネスコ活動

（ユネスコ活動の目標）

第一条　わが国におけるユネスコ活動は、国際連合教育科学文化機関憲章（昭和二十六年条約第四号〔別掲〕。以下「ユネスコ憲章」という。）の定めるところに従い、国際連合の精神に則つて、教育、科学及び文化を通じ、わが国民の間に広く国際的理解を深めるとともに、わが国民と世界諸国民との間に理解と協力の関係を進め、もつて世界の平和と人類の福祉に貢献することを目標とする。

（定義）

第二条　この法律において「ユネスコ活動」とは、国際連合教育科学文化機関（以下「ユネスコ」という。）の目的を実現するために行う活動をいう。

（国外諸機関との協力）

第三条　わが国におけるユネスコ活動は、ユネスコ、国際連合及びその専門機関、ユネスコ活動に関係のある国際団体並びに諸国の政府、ユネスコ国内委員会及びユネスコ活動に関係のある団体等と協力しつつ展開されなければならない。

（国及び地方公共団体の活動）

第四条　国又は地方公共団体は、第一条〔ユネスコ活動の目標〕の目標を達成するため、自らユネスコ活動を行うとともに、必要があると認めるときは、民間のユネスコ活動に対し助言を与え、及びこれに協力するものとする。

2　国又は地方公共団体は、民間のユネスコ活動振興上必要があると認める場合には、その助成のため、政令で定めるところにより、その事業に対し援助を与えることができる。

3　国又は地方公共団体の機関が前二項の事項を実施するに当つては、第五条〔設置〕の日本ユネスコ国内委員会と緊密に連絡して行わなければならない。

第二章　日本ユネスコ国内委員会

（設置）

第五条　ユネスコ憲章第七条〔国内協力団体〕の規定の趣旨に従い、我が国におけるユネスコ活動に関する助言、企画、連絡及び調査のための機関として、文部科学省に、日本ユネスコ国内委員会（以下「国内委員会」という。）を置く。

（所掌事務の範囲及び権限）

第六条　国内委員会は、関係各大臣の諮問に応じて次に掲げる事項を調査審議し、及びこれらに関し必要と認める事項を関係大臣に建議する。
一　ユネスコ総会における政府代表及びユネスコに対する常駐の政府代表の選考に関する事項
二　ユネスコ総会に対する議案の提出その他ユネスコ総会における議事に関する事項
三　ユネスコ総会以外のユネスコに関係のある国際会議への参加に関する事項
四　ユネスコに関係のある条約その他の国際約束の締結に関する事項
五　国の行うユネスコ活動の実施計画に関する事項
六　ユネスコの目的及びユネスコ活動に関する国民の理解の増進に関する事項
七　民間のユネスコ活動に対して行うべき助言、協力及び援助に関する事項
八　ユネスコ活動に関する法令の立案及び予算の編成についての基本方針に関する事項その他ユネスコ活動に関し必要な事項
2　前項の規定による国内委員会に対する関係各大臣の諮問及び国内委員会の関係各大臣に対する建議は、関係各大臣が文部科学大臣以外の者であるときは、文部科学大臣を通じて行うものとする。
3　国内委員会は、わが国におけるユネスコ活動の基本方針を策定するものとする。
4　国内委員会は、ユネスコ活動に関し、国内のユネスコ活動に関係のある機関及び団体等並びに第三条〔国外諸機関との協力〕の機関及び団体等と必要な連絡を保ち、及び情報の交換を行う。
5　国内委員会は、ユネスコ活動に関する調査並びに資料の収集及び作成を行う。
6　国内委員会は、集会の開催、出版物の頒布その他ユネスコの目的及びユネスコ活動に関する普及のために必要な事項を行うことができる。
7　国内委員会は、ユネスコ活動に関し、地方公共団体、民間団体又は個人に対して必要な助言を与え、及びこれに協力することができる。

（外務大臣との関係）

第七条　国内委員会は、その対外事務を処理するに当り、その事務が国の対外施策に関連する場合には、外務大臣と緊密に連絡して行うものとする。
2　外務大臣は、国内委員会の対外事務の処理について、国内委員会に対し必要な便宜を与え、これに協力するものとする。

（構成）

第八条　国内委員会は、六十人以内の委員で組織する。

（委員の任命）

第九条　委員は、次の各号に掲げる者につき、当該各号に掲げる員数以内を文部科学大臣が任命する。この場合において、文部科学大臣は、第一号から第四号まで及び第七号に掲げる者については、第十三条〔小委員会〕の選考小委員会の選考を経て国内委員会から推薦されたものにつき、内閣の承認を経て、任命するものとする。
一　教育活動、科学活動及び文化活動の各領域を代表する者　十八人
二　教育、科学及び文化の普及に関する諸領域を代表する者　十二人
三　地域的なユネスコ活動の領域を代表する者　十二人
四　学識経験者　七人

五　衆議院議員のうちから衆議院の指名した者　四人
六　参議院議員のうちから参議院の指名した者　三人
七　政府の職員　四人

2　委員の選考の基準について必要な事項は、政令で定める。

（委員の任期等）

第十条　委員（衆議院議員、参議院議員及び政府職員たる委員を除く。以下本条第二項及び第十一条第一項において同じ。）の任期は、三年とする。但し、補欠の委員は、前任者の残任期間在任する。

2　委員は、再任されることができる。

3　委員は、特別職とする。

（会長及び副会長）

第十二条　国内委員会に会長一人及び副会長二人を置く。

2　会長及び副会長は、委員の互選に基づき、文部科学大臣が任命する。

3　会長は、会務を総理し、国内委員会を代表する。

4　副会長は、会長を補佐し、会長に事故があるとき、又は会長が欠けたときは、会長があらかじめ指名したいずれかの一人が、その職務を代理し、又はその職務を行う。

（小委員会）

第十三条　国内委員会に、委員で組織する小委員会として運営小委員会、選考小委員会及び専門小委員会を置く。

2　運営小委員会は、会務の運営に関する事項を審議する。

3　選考小委員会は、国内委員会が文部科学大臣に対して委員の候補者として推薦すべき者の選考に関する事項を調査審議する。

4　専門小委員会は、各専門の事項ごとに置き、それぞれ専門の事項を調査審議する。

5　特別の事項を調査審議するため必要があるときは、専門小委員会に、委員以外の者を調査委員として置くことができる。

6　前四項に定めるもののほか、小委員会に関し必要な事項は、政令で定める。

（会議）

第十五条　国内委員会の会議は、年二回会長が招集する。但し、会長は、必要があると認めるときは、臨時にこれを招集することができる。

（議決権の委任）

第十七条　国内委員会は、第十九条〔運営規則〕の運営規則で定めるところにより、運営小委員会の議決又は運営小委員会と他の小委員会の合同の議決をもって国内委員会の議決とすることができる。

（国内委員会の事務処理）

第十八条　国内委員会の事務は、文部科学省の内部部局として置かれる官房若しくは局又は文部科学省に置かれる国家行政組織法（昭和二十三年法律第百二十号）〔別掲〕第二十条〔官房及び局の所掌に属しない事務をつかさどる職等〕第一項に規定する職のうち政令で定めるもの（次項において「担当部局等」という。）において処理する。

2　担当部局等の長（担当部局等が国家行政組織法第二十条第一項に規定する職である場合にあっては、当該職を占める者。次項において「担当局長等」という。）は、会長の一般的監督の下に、前項の事務を処理するものとする。

3　担当局長等は、第一項の事務を処理する場合において、ユネスコ活動の遂行のため国際慣行上必要があるときは、日本ユネスコ国内委員会事務総長という名称を用いることができる。

（運営規則）
第十九条　会長は、国内委員会の議決を経て、国内委員会の会議及び小委員会の運営に関し、必要な運営規則を定めることができる。

附　則〔略〕

○ユネスコ活動に関する法律施行令　抄

〔昭和二七年六月二七日　政令第二二二号〕

最近改正　平成一二年六月七日　政令第三〇八号

第一章　ユネスコ活動に対する援助

（援助の種類）
第一条　ユネスコ活動に関する法律（以下「法」という。）第四条（国及び地方公共団体の活動）第二項の援助は、補助金の交付、施設の有償又は無償の貸付及びあっ旋、専門家の派遣その他の援助とする。

（援助を与えることができる事業の要件）
第二条　法第四条（国及び地方公共団体の活動）第二項の規定により援助を与えることができる事業は、左に掲げる要件を備えているものでなければならない。

一　法第一条（ユネスコ活動の目標）の目標の達成に寄与し、且つ、日本ユネスコ国内委員会の策定するわが国におけるユネスコ活動の基本方針に合致すること。

二　直接又は間接に営利を目的としないこと。

（補助を受けることができる者の要件）
第三条　法第四条（国及び地方公共団体の活動）第二項の規定により補助を受けることができる者は、その行う事業が前条の要件を備え、且つ、調査、研究、普及又は文化の国際的交流を目的とするものである外、左に掲げる要件を備えているものでなければならない。
一　補助を受けようとする事業を遂行するために必要な専門的、技術的能力を備えていること。
二　補助を必要とする相当な事由を有すること。
三　補助を受けようとする者が団体である場合には、政治的目的を有しないこと。
四　その他日本ユネスコ国内委員会の定める要件

（援助の手続）
第四条　法第四条〔国及び地方公共団体の活動〕第二項の援助の申請手続その他援助に関し必要な事項は、国の援助に関しては政令で、地方公共団体の援助に関しては当該地方公共団体の条例で定める。

第二章　日本ユネスコ国内委員会の委員の選考基準

（委員の選考基準）
第五条　法第九条〔委員の任命〕第一項第一号から第三号までに該当すべき委員の候補者の選考は、次の各号に掲げる者につき、それぞれ当該各号に掲げる員数が委員であることができるように行わなければならない。
一　法第九条第一項第一号に該当すべき者
教育活動の領域を代表する者　六人
科学活動の領域を代表する者　六人
文化活動の領域を代表する者　六人
二　法第九条第一項第二号に該当すべき者
大衆通報の領域を代表する者　四人
図書館〔傍線＝編者〕、博物館等の施設による普及活動の領域を代表する者　二人
国際的友好関係の増進を主たる目的とする国際的事業の領域を代表する者　二人
女性運動、青少年運動等生活向上運動の領域を代表する者　二人
産業の領域を代表する者　一人
労働の領域を代表する者　一人
三　法第九条第一項第三号に該当すべき者
地域的なユネスコ活動に関し別表〔略〕に掲げる九地方を代表する者　各一人
地域的なユネスコ活動に関する全国的な連合組織を代表する者　三人

第三章　日本ユネスコ国内委員会の小委員会〔略〕

第四章　日本ユネスコ国内委員会の事務処理

（政令で定める内部部局等）
第十条　法第十八条〔国内委員会の事務処理〕第一項の文部科学省の内部部局として置かれる官房若しくは局又は文部科学省に置かれる国家行政組織法（昭和二十三年法律第百二十号）第二十条第一項に規定する職のうち政令で定めるものは、国際統括官とする。

附　則〔略〕
別　表〔略〕

◎教育職員免許法　抄　〔昭和二四年五月三一日 法律第一四七号〕

最近改正　平成一二年三月三一日　法律第二九号

第一章　総則

（この法律の目的）

第一条　この法律は、教育職員の免許に関する基準を定め、教育職員の資質の保持と向上を図ることを目的とする。

（定義）

第二条　この法律で「教育職員」とは、学校教育法（昭和二十二年法律第二十六号）〔別掲〕第一条に定める小学校、中学校、高等学校、中等教育学校、盲学校、聾《ろう》学校、養護学校及び幼稚園（以下学校という。）の教諭、助教諭、養護教諭、養護助教諭及び講師（以下教員という。）をいう。

2　この法律で「所轄庁」とは、大学附置の国立又は公立の学校の教員にあつてはその大学の学長、大学附置の学校以外の国立学校の教員にあつては文部科学大臣、大学附置の学校以外の公立学校の教員にあつてはその学校を所管する教育委員会、私立学校の教員にあつては都道府県知事をいう。

（免許）

第三条　教育職員は、この法律により授与する各相当の免許状を有する者でなければならない。

2　講師については、前項の規定にかかわらず、各相当学校の教員の相当免許状を有する者をこれに充てるものとする。

3　盲学校、聾《ろう》学校及び養護学校の教員（養護教諭及び養護助教諭並びに盲学校、聾《ろう》学校又は養護学校において特殊の教科の教授を担任する教員を除く。）については、第一項の規定にかかわらず、盲学校、聾《ろう》学校又は養護学校の教員の免許状のほか、盲学校、聾《ろう》学校又は養護学校の各部に相当する学校の教員の免許状を有する者でなければならない。

4　中等教育学校の教員（養護教諭及び養護助教諭を除く。）については、第一項の規定にかかわらず、中学校の教員の免許状及び高等学校の教員の免許状を有する者でなければならない。

（免許状を要しない非常勤の講師）

第三条の二　次に掲げる事項の教授又は実習を担任する非常勤の講師については、前条の規定にかかわらず、各相当学校の教員の相当免許状を有しない者を充てることができる。

一　小学校における次条第六項第一号に掲げる教科の領域の一部に係る事項

二　中学校における次条第五項第一号に掲げる教科及び第十六条の三第一項の文部科学省令で定める教科の領域の一部に係る事項

三　高等学校における次条第五項第二号に掲げる教科及び第十六条の三第一項の文部科学省令で定める教科の領域の一部に係る事項

四　中等教育学校における前二号に掲げる事項

五　盲学校、聾《ろう》学校並びに養護学校（幼稚部を除く。）における第一号から第三号までに掲げる事項及び特殊の教科の領域の一部に係る事項

六　教科に関する事項で文部科学省令で定めるもの

2　前項の場合において、非常勤の講師に任命し、又は雇用しよう

とする者は、あらかじめ、文部科学省令で定めるところにより、その旨を第五条第六項で定める授与権者に届け出なければならない。

第二章　免許状

(種類)

第四条　免許状は、普通免許状、特別免許状及び臨時免許状とする。

2　普通免許状は、学校(中等教育学校を除く。)の種類ごとの教諭の免許状及び養護教諭の免許状とし、それぞれ専修免許状、一種免許状及び二種免許状(高等学校教諭の免許状にあつては、専修免許状及び一種免許状)に区分する。

3　特別免許状は、学校(中等教育学校及び幼稚園を除く。)の種類ごとの教諭の免許状とする。

4　臨時免許状は、学校(中等教育学校を除く。)の種類ごとの助教諭の免許状及び養護助教諭の免許状とする。

5　中学校及び高等学校の教員の普通免許状及び臨時免許状は、次に掲げる各教科について授与するものとする。

一　中学校の教員にあつては、国語、社会、数学、理科、音楽、美術、保健体育、保健、技術、家庭、職業(職業指導及び職業実習(農業、工業、商業、水産及び商船のうちいずれか一以上の実習とする。以下同じ。)を含む。)、職業指導、職業実習、外国語(英語、ドイツ語、フランス語その他の外国語に分ける。)及び宗教

二　高等学校の教員にあつては、国語、地理歴史、公民、数学、理科、音楽、美術、工芸、書道、保健体育、保健、看護、看護実習、家庭、家庭実習、情報、情報実習、農業、農業実習、工業、工業実習、商業、商業実習、水産、水産実習、福祉、福祉実習、商船、商船実習、職業指導、外国語(英語、ドイツ語、フランス語その他の外国語に分ける。)及び宗教

6　小学校教諭、中学校教諭及び高等学校教諭の特別免許状は、次に掲げる教科又は事項について授与するものとする。

一　小学校教諭にあつては、国語、社会、算数、理科、生活、音楽、図画工作、家庭及び体育

二　中学校教諭にあつては、前項第一号に掲げる各教科及び第十六条の三第一項の文部科学省令で定める教科

三　高等学校教諭にあつては、前項第二号に掲げる各教科及びこれらの教科の領域の一部に係る事項で第十六条の四第一項の文部科学省令で定めるもの並びに第十六条の三第一項の文部科学省令で定める教科

7　盲学校教諭、聾《ろう》学校教諭及び養護学校教諭の特別免許状は、第十七条第一項の規定により、免許状の種類をその別により定めることとされた文部科学省令で定める特殊の教科について授与するものとする。

(授与)

第五条　普通免許状は、別表第一若しくは第二〔略〕に定める基礎資格を有し、かつ、大学若しくは文部科学大臣の指定する養護教諭養成機関において別表第一若しくは第二に定める単位を修得した者又は教育職員検定に合格した者に授与する。ただし、次の各号のいずれかに該当する者には、授与しない。

一　十八歳未満の者

二　高等学校を卒業しない者(通常の課程以外の課程におけるこれに相当するものを修了しない者を含む。)。ただし、文部科学大臣において高等学校を卒業した者と同等以上の資格を有すると認めた者を除く。

三　成年被後見人又は被保佐人

四　禁錮《こ》以上の刑に処せられた者

五　免許状取上げの処分を受け、当該処分の日から二年を経過しない者

六　日本国憲法施行の日（昭和二二年五月三日）以後において、日本国憲法又はその下に成立した政府を暴力で破壊することを主張する政党その他の団体を結成し、又はこれに加入した者

2　特別免許状は、教育職員検定に合格した者に授与する。ただし、前項各号の一に該当する者には、授与しない。

5　臨時免許状は、普通免許状を有する者を採用することができない場合に限り、第一項各号の一に該当しない者で教育職員検定に合格したものに授与する。ただし、高等学校助教諭の臨時免許状は、次の各号の一に該当する者以外の者には授与しない。

一　準学士の称号を有する者

二　文部科学大臣が前号に掲げる者と同等以上の資格を有すると認めた者

6　免許状は、都道府県の教育委員会（以下「授与権者」という。）が授与する。

（授与の場合の原簿記入等）

第八条　授与権者は、免許状を授与したときは、免許状の種類、その者の氏名及び本籍地を原簿に記入しなければならない。

2　前項の原簿は、その免許状を授与した授与権者において作製し、保存しなければならない。

（効力等）

第九条　普通免許状は、すべての都道府県（中学校及び高等学校の教員の宗教の教科についての免許状にあつては、国立又は公立の学校の場合を除く。以下本条中同じ。）において効力を有する。

2　特別免許状は、その免許状を授与したときから五年以上十年以内において都道府県の教育委員会規則で定める期間、その免許状を授与した授与権者の置かれる都道府県においてのみ効力を有する。

3　臨時免許状は、その免許状を授与したときから三年間、その免許状を授与した授与権者の置かれる都道府県においてのみ効力を有する。

第九条の二　教育職員で、その有する相当の免許状（講師については、その有する相当学校の教員の相当免許状）が二種免許状であるものは、相当の一種免許状の授与を受けるように努めなければならない。

第四章　雑則

（書換又は再交付）

第十五条　免許状を有する者がその氏名又は本籍地を変更し、又は免許状を破損し、若しくは紛失したときは、その事由をしるして、免許状の書換又は再交付をその免許状を授与した授与権者に願い出ることができる。

（中学校等の教員の特例）

第十六条の三　中学校教諭又は高等学校教諭の普通免許状は、それぞれ第四条第五項第一号又は第二号に掲げる教科のほか、これらの学校における教育内容の変化並びに生徒の進路及び特性その他の事情を考慮して文部科学省令で定める教科について授与することができる。

2　前項の免許状は、第五条第一項本文の規定によるほか、その免許状に係る教員資格認定試験に合格した者又は文部科学省令で定める資格を有する者に授与する。

3　前二項の文部科学省令を定めるに当たつては、文部科学大臣は、審議会等（国家行政組織法（昭和二十三年法律第百二十号）

第八条に規定する機関をいう。別表第一備考第五号イにおいて同じ。）で政令で定めるものの意見を聴かなければならない。

第十六条の四　高等学校教諭の普通免許状は、第四条第五項第二号に掲げる教科のほか、これらの教科の領域の一部に係る事項で文部科学省令で定めるものについて授与することができる。

2　前項の免許状は、一種免許状とする。

3　第一項の免許状は、第五条第一項本文の規定にかかわらず、その免許状に係る教員資格認定試験に合格した者に授与する。

第十七条　盲学校、聾《ろう》学校又は養護学校において特殊の教科の教授を担任する教員の普通免許状及び臨時免許状の種類については、第四条第二項、第四項及び第五項の規定にかかわらず、学校の種類、特殊の教科等の別に文部科学省令で定める。

2　前項の免許状は、第五条第一項本文及び第二号並びに第五項の規定にかかわらず、その免許状に係る教員資格認定試験に合格した者又は文部科学省令で定める資格を有する者に授与する。

（その他の事項）

第二十条　免許状に関し必要な事項は、この法律及びこの法律施行のために発する法令で定めるものを除くほか、都道府県の教育委員会規則で定める。

第五章　罰則

第二十一条　次の各号のいずれかに該当する場合には、その行為をした者は、一年以下の懲役又は五十万円以下の罰金に処する。

一　第五条第一項、第二項若しくは第五項又は第六条の規定に違反して、免許状を授与し、又は教育職員検定を行つたとき。

二　第七条第一項又は第二項の請求があつた場合に、虚偽の証明書を発行したとき。

2　偽りその他不正の手段により、免許状の授与又は教育職員検定を受けた者も、前項と同様とする。

第二十二条　第三条の規定に違反して、相当の免許状を有しない者を教育職員に任命し、又は雇用した場合には、その違反行為をした者は、三十万円以下の罰金に処する。

2　第三条の規定に違反して、相当の免許状を有しないにもかかわらず教育職員となつた者も、前項と同様とする。

第二十三条　第三条の二第二項の規定に違反して、届出をせず、又は虚偽の届出をした者は、十万円以下の過料に処する。

附　則〔抄〕

1　この法律は、昭和二十四年九月一日から施行する。

2　授与権者は、当分の間、中学校、高等学校、中等教育学校の前期課程若しくは後期課程又は盲学校、聾《ろう》学校若しくは養護学校の中学部若しくは高等部において、ある教科の教授を担任すべき教員を採用することができないと認めるときは、当該学校の校長及び教諭の申請により、一年以内の期間を限り、当該教科についての免許状を有しない教諭が当該教科の教授を担任することを許可することができる。この場合においては、許可を得た教諭は、第三条第一項の規定にかかわらず、当該学校、当該前期課程若しくは後期課程又は当該中学部若しくは高等部において、その許可に係る教科の教授を担任することができる。

3　音楽、美術、保健体育又は家庭の教科について中学校の教諭の免許状を有する者は、当分の間、第三条第一項及び第二項の規定にかかわらず、それぞれその免許状に係る教科に相当する教科の教授を担任する小学校の教諭又は講師となることができる。

4　農業、工業、商業若しくは水産又は農業実習、工業実習、商業実習若しくは水産実習の教科について高等学校の教諭の免許状を有する者は、当分の間、第三条第一項及び第二項の規定にかかわらず、それぞれその免許状に係る教科に相当する教科の教授又は実習を担任する中学校の教諭又は講師となることができる。

8 臨時免許状については、当分の間、相当期間にわたり普通免許状を有する者を採用することができない場合に限り、第九条第三項の規定にかかわらず、都道府県の教育委員会規則で、その有効期間を六年とすることができる。

9 養護助教諭の臨時免許状は、当分の間、保健婦助産婦看護婦法（昭和二十三年法律第二百三号）による准看護婦の免許を受けた者、同法第五十一条第一項若しくは第五十三条第一項の規定に該当する者又は同法第五十一条第三項若しくは第五十三条第三項の規定により免許を受けた者に対しては、第五条第五項本文の規定にかかわらず、その者が同条第一項第二号に該当する場合にも授与することができる。

10 高等学校教諭の工業の教科についての一種免許状は、当分の間、第五条第一項本文の規定にかかわらず、旧国立工業教員養成所の設置等に関する臨時措置法（昭和三十六年法律第八十七号）による国立工業教員養成所に三年以上在学し、所定の課程を終えて卒業した者に対して授与することができる。

附　則〔昭和六三年一二月二八日法律第一〇六号。なお、これ以前にも数多くの附則がある＝編者〕

1 この法律は、昭和六十四年四月一日から施行する。

2 この法律の施行の際現に第一条の規定による改正前の教育職員免許法（以下「旧法」という。）、第二条の規定による改正前の教育職員免許法施行法（以下「旧施行法」という。）、第三条の規定による改正前の教育職員免許法の一部を改正する法律若しくは第四条の規定による改正前の教育職員免許法等の一部を改正する法律の規定により授与され、又は旧施行法の規定により交付を受けている次の表の上欄に掲げる教員の種類ごとの同欄に掲げる免許状（以下「旧免許状」という。）は、それぞれこれに対応する教員の種類ごとの同表の下欄に掲げる第一条の規定による改正後の教育職員免許法（以下「新法」という。）の規定による免許状（以下「新免許状」という。）とみなし、旧免許状を有する者は、この法律の施行の日において、それぞれ新免許状の授与を受けたものとみなす。

旧免許状		新免許状
小学校教諭、中学校教諭、盲学校教諭、聾《ろう》学校教諭、養護学校教諭、幼稚園教諭及び養護教諭	一級普通免許状	一種免許状
	二級普通免許状	二種免許状
高等学校教諭	一級普通免許状	専修免許状
	二級普通免許状	一種免許状
備考　中学校教諭及び高等学校教諭の免許状については、それぞれ教科に応ずるものとする。		

3 教科の領域の一部に係る事項で旧法第十六条の三第一項の文部省令で定めるものに係る高等学校教諭免許状（以下この項において「高等学校教諭免許状」という。）は、新法第十六条の四第一項の高等学校教諭の一種免許状（以下この項において「一種免許状」という。）とみなし、高等学校教諭免許状を有する者は、この法律の施行の日において、一種免許状の授与を受けたものとみなす。

4 昭和六十五年四月一日前に大学又は文部大臣の指定する教員養成機関若しくは養護教諭養成機関に在学した者で、これらを卒業するまでに旧法別表第一又は別表第二に規定するそれぞれの普通免許状に係る所要資格を得たものに対する新法別表第一又は別表第二の規定の適用については、当該所要資格を得た者は、それぞれ当該所要資格に係る旧免許状に対応する新免許状に係る所要資格を得たものとみなす。

5　第二条の規定による改正後の教育職員免許法施行法（以下「新施行法」という。）第一条若しくは第二条の規定若しくは第三条の規定による改正後の教育職員免許法の一部を改正する法律（昭和二九年六月法律第一五八号）附則第十項の規定により一種免許状（高等学校教諭の一種免許状を除く。以下この項において同じ。）の交付若しくは授与を受けることができる者、附則第二項の規定により一種免許状の授与を受けたものとみなされる者又は前項の規定により一種免許状に係る所要資格を得たものとみなされる者で、昭和六十五年四月一日前に大学院（大学（短期大学を除く。以下この項において同じ。）の専攻科又は文部大臣の指定するこれに相当する課程を含む。）に在学し、昭和六十八年三月三十一日までに修士の学位を得たもの（大学の専攻科又は文部大臣の指定するこれに相当する課程に一年以上在学し、三十単位以上を修得した者を含む。）は、新法別表第一又は別表第二に規定する専修免許状に係る所要資格を得たものとみなす。

6　新施行法第一条若しくは第二条の規定若しくは第三条の規定による改正後の教育職員免許法の一部を改正する法律附則第十項の規定により一種免許状の交付若しくは授与を受けることができる者、附則第二項の規定により一種免許状の授与を受けたものとみなされる者又は附則第四項の規定により一種免許状に係る所要資格を得たものとみなされる者が、新法別表第一又は別表第二の規定により、それぞれの専修免許状の授与を受けようとするときは、これらの別表の専修免許状に係る第三欄に定める単位数のうち一種免許状に係る同欄に定める単位数（別表第二の場合については、イの項に係る単位数）は、既に修得したものとみなす。

7　新施行法第一条若しくは第二条の規定、第三条の規定による改正後の教育職員免許法の一部を改正する法律附則第十項の規定若しくは第四条の規定による改正後の教育職員免許法等の一部を改正する法律（昭和三六年六月法律第一二二号）附則第六項の規定により二種免許状の交付若しくは授与を受けることができる者、附則第二項の規定により二種免許状の授与を受けたものとみなされる者又は附則第四項の規定により二種免許状に係る所要資格を得たものとみなされる者が、新法別表第一又は別表第二の規定により、それぞれの一種免許状の授与を受けようとするときは、これらの別表の一種免許状に係る第三欄に定める単位数のうち二種免許状に係る同欄定める単位数は、既に修得したものとみなす。

8　この法律の施行の際現に教育職員である者についての新法別表第一盲学校教諭、聾《ろう》学校教諭又は養護学校教諭の項中一種免許状に係る同表第二欄に掲げる基礎資格については、学士の学位を有することを要しない。

9　附則第二項の規定により新免許状の授与を受けたものとみなされる者が、新法別表第三〔略〕、別表第五〔略〕、別表第六〔略〕又は別表第七〔略〕（以下この項及び次項において「新法別表」という。）の規定により、それぞれ新法別表の第一欄に掲げる免許状の授与を受けようとするときは、新法別表の規定による最低在職年数若しくは勤務の年数又は最低単位数の算定については、新免許状に対応する旧免許状の授与又は交付を受けた後、旧法別表第三〔略〕、別表第五〔略〕、別表第六〔略〕又は別表第七〔略〕（以下この項において「旧法別表」という。）の第一欄に掲げる学校の教員として在職した年数をそれぞれ新法別表の第一欄に掲げる学校の教員として在職した年数に通算し、及び、旧法別表の規定により修得した単位数（高等学校教諭以外の教諭の一級普通免許状及び養護教諭の一級普通免許状については、これらの旧免許状に係る所要資格を得た後、大学において修得した単位を含む。）をそれぞれ新法別表の規定により修得した単位数に合算することができる。

10　附則第二項の規定により小学校、中学校、盲学校、聾《ろう》学校、養護学校若しくは幼稚園の教諭若しくは養護教諭の二種免許状又は高等学校教諭の一種免許状の授与を受けたものとみなされる者に対する新法別表の規定の適用については、昭和六十九年三月三十一日までにこれらの新免許状に対応するそれぞれの旧免許状に係る所要資格につき旧法別表第三〔略〕備考第六号に規定する要件を満たした者は、それぞれ新法別表の第一欄に掲げる免許状に係る所要資格を得たものとみなす。

11　この法律の施行の際現に教育職員である者については、新法別表第三〔略〕備考第八号から第十号までの規定は、適用しない。

12　附則第二項の規定により中学校教諭の一種免許状若しくは二種免許状又は高等学校教諭の専修免許状若しくは一種免許状の授与を受けたものとみなされる者又は附則第三項の規定により高等学校教諭の一種免許状の授与を受けたものとみなされる者に対する新法別表第四〔略〕の規定の適用については、昭和六十九年三月三十一日までにこれらの新免許状と同等の他の教科についての免許状に対応するそれぞれの旧免許状に係る所要資格を得た者は、それぞれ当該他の教科についての免許状に係る所要資格を得たものとみなす。

13　この法律の施行前にした行為に対する罰則の適用については、なお従前の例による。

附　則（平成元年一二月二二日法律第八九号）

1　この法律は、平成二年四月一日から施行する。ただし、附則第三項の規定は、平成六年四月一日から施行する。

2　平成二年四月一日以後に大学に入学する者以外の者についての高等学校の教員の免許状授与の所要資格並びに免許状の授与及び交付については、この法律の施行後においても平成六年三月三十一日までは、なお従前の例による。

3　この規定の施行の際現に改正前の教育職員免許法（以下「旧法」という。）、教育職員免許法施行法（昭和二十四年法律第百四十八号。以下「施行法」という。）若しくは前項の規定により授与され、又は施行法の規定により交付を受けている社会の教科についての高等学校の教員の免許状（以下「旧免許状」という。）は、それぞれの免許状の種類に応じ、改正後の教育職員免許法（以下「新法」という。）に規定する地理歴史及び公民の各教科についての高等学校の教員の免許状（以下「新免許状」という。）とみなし、旧免許状を有する者は、この規定の施行の日において、それぞれ新免許状の授与を受けたものとみなす。

4　平成六年三月三十一日に附則第二項の規定により旧免許状に係る所要資格を得ている者（前項の規定により新免許状の授与を受けたものとみなされる者を除く。）は、同年四月一日において、それぞれ当該所要資格に係る旧免許状に対応する新免許状に係る所要資格を得たものとみなす。

5　平成二年四月一日前に大学に在学した者で、平成六年四月一日以後の日にこれを卒業するまでに旧免許状に係る所要資格を得たものは、当該所要資格に係る旧免許状に対応する新免許状に係る所要資格を得たものとみなす。

6　新法若しくは施行法の規定により授与され、若しくは施行法の規定により交付を受けた地理歴史若しくは公民の教科についての高等学校の教員の免許状を有する者又は附則第三項の規定により新免許状の授与を受けたものとみなされる者は、平成十二年三月三十一日までは、旧法に規定する社会の教科の教授を担任することができる。

7　附則第三項の規定により新免許状の授与を受けたものとみなされる者が、教育職員免許法別表第三〔略〕の規定により、同表第一欄に掲げる地理歴史又は公民の教科についての高等学校教諭の普通免許状の授与を受けようとするときは、同表第三欄に掲げる最低在職年数又は同表第四欄に掲げる最低単位数の算定については、旧免許状の授与又は交付を受けた後、社会の教科の教授を担任する教員として在職した年数を同表第一欄に掲げる教員として在職した年数に通算し、及び平成六年四月一日前に修得した社会の教科に係る単位数を同日以後に修得した地理歴史又は公民の教科に係る単位数に合算することができる。

8　新法若しくは施行法の規定により授与され、又は施行法の規定により交付を受けた地理歴史又は公民の教科についての高等学校の教員の免許状を有する者が、教育職員免許法別表第三〔略〕の規定により、同表第一欄に掲げる地理歴史又は公民の教科についての高等学校教諭の普通免許状の授与を受けようとするときは、同表第三欄に掲げる最低在職年数の算定については、新免許状の授与又は交付を受けた後、社会の教科の教授を担任する教員として在職した年数を同表第一欄に掲げる教員として在職した年数に通算することができる。

9　この法律の施行の際現に旧法若しくは施行法の規定により授与され、又は施行法の規定により交付を受けた高等学校教諭の普通免許状を有する者が、教育職員免許法別表第四〔略〕の規定により、同表第一欄に掲げる地理歴史又は公民の教科についての高等学校教諭の普通免許状の授与を受けようとするときは、同表第三欄に掲げる最低単位数の算定については、平成六年四月一日前に修得した社会の教科に係る単位数を同日以後に修得した地理歴史又は公民の教科に係る単位数に合算することができる。

10　附則第二項の規定により従前の例によることとされる事項に係るこの法律の施行後にした行為に対する罰則の適用については、なお従前の例による。

附　則〔平成一〇年六月一〇日法律第九八号〕〔抄〕

（施行期日）

1　この法律は、平成十年七月一日から施行する。

（経過措置）

2　この法律の施行の際現に改正前の教育職員免許法（以下「旧法」という。）第三条第二項ただし書の規定による許可を受けている者は、この法律の施行の日に、改正後の教育職員免許法（以下「新法」という。）第三条の二第二項の規定による届出をしたものとみなす。

3　この法律の施行の際現に旧法第五条第二項の規定により特別免許状の授与を受けている者の当該特別免許状の有効期間については、新法第九条第二項の規定にかかわらず、なお従前の例による。

4　この法律の施行前にされた旧法別表第一備考第五号イの規定による課程の認定（旧法別表第二に係るものを含む。）、旧法別表第一備考第三号の規定による教員養成機関の指定及び旧法第五条第一項の規定による養護教諭養成機関の指定（次項において「旧法による課程認定等」という。）は、この法律の施行後も、なおその効力を有する。

5　文部大臣は、新法第五条第一項並びに別表第一備考第三号及び第五号イの規定にかかわらず、平成十一年三月三十一日までは、旧法による課程認定等をすることができる。

6　平成十二年四月一日前に大学又は旧法別表第一備考第三号の規

定により文部大臣が指定した教員養成機関若しくは旧法第五条第一項の規定により文部大臣が指定した養護教諭養成機関に在学した者で、これらを卒業するまでに旧法別表第一又は別表第二に規定するそれぞれの普通免許状に係る所要資格を得たものは、新法別表第一又は別表第二に規定する当該普通免許状に係る所要資格を得たものとみなす。

7　平成十二年三月三十一日までに旧法別表第四に規定するそれぞれの普通免許状に係る所要資格を得た者は、新法別表第四に規定する当該普通免許状に係る所要資格を得たものとみなす。

8　この法律の施行前にした行為に対する罰則の適用については、なお従前の例による。

附　則〔平成一二年三月三一日法律第二九号〕〔抄〕

（施行期日）

1　この法律は、平成十二年七月一日から施行する。ただし、第一条中教育職員免許法第十七条の二の改正規定は、同年四月一日から施行する。

（経過措置）

2　この法律の施行の際現に次の各号のいずれかに該当する者であって、平成十五年三月三十一日までの間において文部科学省令で定める情報の教科に関する講習を修了したものには、第一条の規定による改正後の教育職員免許法（以下「新法」という。）第五条第一項本文の規定にかかわらず、新法に規定する高等学校教諭の情報の教科についての一種免許状を授与することができる。

一　第一条の規定による改正前の教育職員免許法（以下「旧法」という。）の規定により、数学、理科、看護、家庭、農業、工業、商業若しくは水産の教科又は教科の領域の一部に係る事項で旧法第十六条の四第一項の文部省令で定めるもの（文部科学省令で定めるものに限る。）について高等学校教諭の普通免許状の授与を受けている者

二　教育職員免許法施行法（昭和二十四年法律第百四十八号）の規定により、前号に掲げる教科について高等学校教諭の普通免許状の交付又は授与を受けている者

3　この法律の施行の際現に旧法又は教育職員免許法施行法の規定により公民、看護又は家庭の教科について高等学校教諭の普通免許状の授与又は交付を受けている者であって、平成十五年三月三十一日までの間において文部科学省令で定める福祉の教科に関する講習を修了したものには、新法第五条第一項本文の規定にかかわらず、新法に規定する高等学校教諭の福祉の教科についての一種免許状を授与することができる。

4　旧法別表第三備考第六号の規定は、平成十六年三月三十一日までの間、新法別表第三、別表第六又は別表第七の規定によりこれらの表の第一欄に掲げる専修免許状の授与を受けようとする者が、この法律の施行の時において、当該専修免許状を受けようとする場合に有することを必要とするそれぞれの一種免許状に係るこれらの表の第三欄に定める最低在職年数を満たしていた者である場合について、なおその効力を有する。

5　旧法別表第五備考第四号の規定は、平成十六年三月三十一日までの間、新法別表第五の規定により同表第一欄に掲げる専修免許状の授与を受けようとする者が、この法律の施行の時において、当該専修免許状を受けようとする場合に有することを必要とするそれぞれの一種免許状に係る同表第二欄に定める最低在職年数を満たしていた者である場合について、なおその効力を有する。

6　この法律の施行前にした行為に対する罰則の適用については、なお従前の例による。

別表第一（第五条関係）

第一欄 免許状の種類	所要資格	第二欄 基礎資格	第三欄 大学において修得することを必要とする最低単位数 教科に関する科目	教職に関する科目	教科又は教職に関する科目	特殊教育に関する科目
小学校教諭	専修免許状	修士の学位を有すること。	八	四一	三四	
	一種免許状	学士の学位を有すること。	八	四一	一〇	
	二種免許状	学校教育法第六十九条の二第七項に定める準学士の称号を有すること。	四	三一	二	
中学校教諭	専修免許状	修士の学位を有すること。	二〇	三一	三二	
	一種免許状	学士の学位を有すること。	二〇	三一	八	
	二種免許状	学校教育法第六十九条の二第七項に定める準学士の称号を有すること。	一〇	二一	四	
高等学校教諭	専修免許状	修士の学位を有すること。	二〇	二三	四〇	
	一種免許状	学士の学位を有すること。	二〇	二三	一六	
	専修免許状	修士の学位を有すること及び小学校、中学校、高等学校又は幼稚園の教諭の普通免許状を有すること。				四七

盲学校教諭、聾《ろう》学校教諭又は養護学校教諭	一種免許状	学士の学位を有すること及び小学校、中学校、高等学校又は幼稚園の教諭の普通免許状を有すること。				二三
	二種免許状	小学校、中学校、高等学校又は幼稚園の教諭の普通免許状を有すること。				一三
幼稚園教諭	専修免許状	修士の学位を有すること。	六	三五	三四	
	一種免許状	学士の学位を有すること。	六	三五	一〇	
	二種免許状	学校教育法第六十九条の二第七項に定める準学士の称号を有すること。	四	二七		

備考

一　この表における単位の修得方法については、文部科学省令で定める(別表第二から別表第七までの場合においても同様とする。)。

二　第二欄の「修士の学位を有すること」には、大学（短期大学を除く。第六号及び第七号において同じ。）の専攻科又は文部科学大臣の指定するこれに相当する課程に一年以上在学し、三十単位以上修得した場合を含むものとする（別表第二の場合においても同様とする。）。

二の二　第二欄の「学士の学位を有すること」には、文部科学大臣がこれと同等以上の資格を有すると認めた場合を含むものとする（別表第二の場合においても同様とする。）。

二の三　第二欄の「学校教育法第六十九条の二第七項に定める準学士の称号を有すること」には、文部科学大臣の指定する教員養成機関を卒業した場合又は文部科学大臣が学校教育法第六十九条の二第七項に定める準学士の称号を有することと同等以上の資格を有すると認めた場合を含むものとする。

三　高等学校教諭以外の教諭の二種免許状の授与の所要資格に関しては、第三欄の「大学」には、文部科学大臣の指定する教員養成機関を含むものとする。

四　この表の規定により小学校、中学校、高等学校若しくは幼稚園の教諭の専修免許状若しくは一種免許状又は小学校、中学校若しくは幼稚園の教諭の二種免許状の授与を受けようとする者については、特に必要なものとして文部科学省令で定める科目の単位を大学又は文部科学大臣の指定する教員養成機関において修得していることを要するものとする（別表第二の場合においても同様とする。）。

五　第三欄に定める科目の単位は、次のいずれかに該当するものでなければならない（別表第二の場合においても同様とする。）。

イ　文部科学大臣が第十六条の三第三項の政令で定める審議会等に諮問して免許状の授与の所要資格を得させるために適当と認める課程（以下「認定課程」という。）において修得したもの

ロ　免許状の授与を受けようとする者が認定課程以外の大学の課程又は文部科学大臣が大学の課程に相当するものとして指定する課程において修得したもので、当該者の在学する認定課程を有する大学が免許状の授与の所要資格を得させるための教科に関する科目として適当であると認めるもの

六　前号の認定課程には、第三欄に定める科目の単位のうち、教職に関する科目又は特殊教育に関する科目の単位を修得させるために大学が設置する修業年限を一年とする課程を含むものとする。

七　専修免許状に係る第三欄に定める科目の単位数のうち、その単位数からそれぞれの一種免許状に係る同欄に定める科目の各単位数をそれぞれ差し引いた単位数については、大学院の課程又は大学の専攻科の課程において修得するものとする。

八　一種免許状（高等学校教諭の一種免許状を除く。）に係る第三欄に定める科目の単位数は、短期大学の課程及び短期大学の専攻科で文部科学大臣が指定するものの課程において修得することができる。この場合において、その単位数からそれぞれの二種免許状に係る同欄に定める科目の各単位数をそれぞれ差し引いた単位数については、短期大学の専攻科の課程において修得するものとする。

九　中学校教諭の音楽及び美術の各教科についての免許状並びに高等学校教諭の数学、理科、音楽、美術、工芸、書道、農業、工業、商業、水産及び商船の各教科についての免許状については、当分の間、この表の中学校教諭の項及び高等学校教諭の項中教職に関する科目の欄に定める単位数（専修免許状に係る単位数については、第七号の規定を適用した後の単位数）のうちその半数までの単位は、当該免許状に係る教科に関する科目について修得することができる。

(2) 地方行政

◎地方自治法　抄

（昭和二二年四月一七日 法律第六七号）

最近改正　平成一三年七月一一日　法律第一〇三号

地方自治法目次

第二節 予算〔二一〇条―二二二条〕
第三節 収入〔二二三条―二三一条の三〕
第四節 支出〔二三二条―二三二条の六〕
第五節 決算〔二三三条・二三三条の二〕
第六節 契約〔二三四条―二三四条の三〕
第七節 現金及び有価証券〔二三五条―二三五条の五〕
第八節 時効〔二三六条〕〔略〕
第九節 財産〔二三七条―二四一条〕
第一款 公有財産〔二三八条―二三八条の七〕
第二款 物品〔二三九条〕
第三款 債権〔二四〇条〕
第四款 基金〔二四一条〕
第十節 住民による監査請求及び訴訟〔二四二条・二四二条の二〕
第十一節 雑則〔二四三条―二四三条の五〕
第十章 公の施設〔二四四条―二四四条の四〕
第十一章 国と普通地方公共団体との関係及び普通地方公共団体相互間の関係
第一節 普通地方公共団体に対する国又は都道府県の関与等
第一款 普通地方公共団体に対する国又は都道府県の関与等〔二四五条―二四五条の九〕
第二款 普通地方公共団体に対する国又は都道府県の関与等の手続〔二四六条―二五〇条の六〕
第二節 国と普通地方公共団体との間並びに普通地方公共団体相互間及び普通地方公共団体の機関相互間の紛争処理
第一款 国地方係争処理委員会〔二五〇条の七―二五〇条の一二〕
第二款 国地方係争処理委員会による審査の手続〔二五〇条の一三―二五〇条の二〇〕
第三款 自治紛争処理委員〔二五一条〕〔略〕
第四款 自治紛争処理委員による調停及び審査の手続〔二五一条の二―二五一条の四〕〔略〕
第五款 普通地方公共団体に対する国又は都道府県の関与に関する訴え〔二五一条の五・二五二条〕
第三節 普通地方公共団体相互間の協力
第一款 協議会〔二五二条の二―二五二条の六〕
第二款 機関等の共同設置〔二五二条の七―二五二条の一三〕
第三款 事務の委託〔二五二条の一四―二五二条の一六〕
第四款 職員の派遣〔二五二条の一七〕
第四節 条例による事務処理の特例〔二五二条の一七の二―二五二条の一七の四〕
第五節 雑則〔二五二条の一七の五―二五二条の一八の二〕
第十二章 大都市等に関する特例
第一節 大都市に関する特例〔二五二条の一九―二五二条の二一〕
第二節 中核市に関する特例〔二五二条の二二―二五二条の二六の二〕
第三節 特例市に関する特例〔二五二条の二六の三―二五二条の二六の七〕
第十三章 外部監査契約に基づく監査
第一節 通則〔二五二条の二七―二五二条の三五〕
第二節 包括外部監査契約に基づく監査〔二五二条の三六―二五二条の三八〕
第三節 個別外部監査契約に基づく監査〔二五二条の三九―二五二条の四四〕
第四節 雑則〔二五二条の四五・二五二条の四六〕
第十四章 補則〔二五三条―二六三条の三〕

第一編　総則

〔目的〕

第一条　この法律は、地方自治の本旨に基いて、地方公共団体の区分並びに地方公共団体の組織及び運営に関する事項の大綱を定め、併せて国と地方公共団体との間の基本的関係を確立することにより、地方公共団体における民主的にして能率的な行政の確保を図るとともに、地方公共団体の健全な発達を保障することを目的とする。

〔地方公共団体の役割等〕

第一条の二　地方公共団体は、住民の福祉の増進を図ることを基本として、地域における行政を自主的かつ総合的に実施する役割を広く担うものとする。

②　国は、前項の規定の趣旨を達成するため、国においては国際社会における国家としての存立にかかわる事務、全国的に統一して定めることが望ましい国民の諸活動若しくは地方自治に関する基本的な準則に関する事務又は全国的な規模で若しくは全国的な視点に立つて行わなければならない施策及び事業の実施その他の国が本来果たすべき役割を重点的に担い、住民に身近な行政はできる限り地方公共団体にゆだねることを基本として、地方公共団体との間で適切に役割を分担するとともに、地方公共団体に関する制度の策定及び施策の実施に当たつて、地方公共団体の自主性及び自立性が十分に発揮されるようにしなければならない。

〔地方公共団体の種類〕

第一条の三　地方公共団体は、普通地方公共団体及び特別地方公共団体とする。

②　普通地方公共団体は、都道府県及び市町村とする。

③　特別地方公共団体は、特別区、地方公共団体の組合、財産区及び地方開発事業団とする。

〔地方公共団体の法人格とその事務〕

第二条　地方公共団体は、法人とする。

②　普通地方公共団体は、地域における事務及びその他の事務で法律又はこれに基づく政令により処理することとされるものを処理する。

③　市町村は、基礎的な地方公共団体として、第五項において都道府県が処理するものとされているものを除き、一般的に、前項の事務を処理するものとする。ただし、第五項に規定する事務のう

ち、その規模又は性質において一般の市町村が処理することが適当でないと認められるものについては、当該市町村の規模及び能力に応じて、これを処理することができる。
④　市町村は、その事務を処理するに当たつては、議会の議決を経てその地域における総合的かつ計画的な行政の運営を図るための基本構想を定め、これに即して行なうようにしなければならない。
⑤　都道府県は、市町村を包括する広域の地方公共団体として、第二項の事務で、広域にわたるもの、市町村に関する連絡調整に関するもの及びその規模又は性質において一般の市町村が処理することが適当でないと認められるものを処理するものとする。
⑥　都道府県及び市町村は、その事務を処理するに当つては、相互に競合しないようにしなければならない。
⑦　特別地方公共団体は、この法律の定めるところにより、その事務を処理する。
⑧　この法律において「自治事務」とは、地方公共団体が処理する事務のうち、法定受託事務以外のものをいう。
⑨　この法律において「法定受託事務」とは、次に掲げる事務をいう。
一　法律又はこれに基づく政令により都道府県、市町村又は特別区が処理することとされる事務のうち、国が本来果たすべき役割に係るものであつて、国においてその適正な処理を特に確保する必要があるものとして法律又はこれに基づく政令に特に定めるもの（以下「第一号法定受託事務」という。）
二　法律又はこれに基づく政令により市町村又は特別区が処理することとされる事務のうち、都道府県が本来果たすべき役割に係るものであつて、都道府県においてその適正な処理を特に確保する必要があるものとして法律又はこれに基づく政令に特に定めるもの（以下「第二号法定受託事務」という。）
⑩　この法律又はこれに基づく政令に規定するもののほか、法律に定める法定受託事務は第一号法定受託事務にあつては別表第一の上欄に掲げる法律についてそれぞれ同表の下欄に、第二号法定受託事務にあつては別表第二〔略〕の上欄に掲げる法律についてそれぞれ同表の下欄に掲げるとおりであり、政令に定める法定受託事務はこの法律に基づく政令に示すとおりである。
⑪　地方公共団体に関する法令の規定は、地方自治の本旨に基づき、かつ、国と地方公共団体との適切な役割分担を踏まえたものでなければならない。
⑫　地方公共団体に関する法令の規定は、地方自治の本旨に基づいて、かつ、国と地方公共団体との適切な役割分担を踏まえて、これを解釈し、及び運用するようにしなければならない。この場合において、特別地方公共団体に関する法令の規定は、この法律に定める特別地方公共団体の特性にも照応するように、これを解釈し、及び運用しなければならない。
⑬　法律又はこれに基づく政令により地方公共団体が処理することとされる事務が自治事務である場合においては、国は、地方公共団体が地域の特性に応じて当該事務を処理することができるよう特に配慮しなければならない。
⑭　地方公共団体は、その事務を処理するに当つては、住民の福祉の増進に努めるとともに、最少の経費で最大の効果を挙げるようにしなければならない。
⑮　地方公共団体は、常にその組織及び運営の合理化に努めるとともに、他の地方公共団体に協力を求めてその規模の適正化を図らなければならない。

⑯ 地方公共団体は、法令に違反してその事務を処理してはならない。なお、市町村及び特別区は、当該都道府県の条例に違反してその事務を処理してはならない。

⑰ 前項の規定に違反して行つた地方公共団体の行為は、これを無効とする。

〔名称〕

第三条 地方公共団体の名称は、従来の名称による。

② 都道府県の名称を変更しようとするときは、法律でこれを定める。

③ 都道府県以外の地方公共団体の名称を変更しようとするときは、この法律に特別の定めのあるものを除くほか、条例でこれを定める。

④ 地方公共団体の長は、前項の規定により当該地方公共団体の名称を変更しようとするときは、あらかじめ都道府県知事に協議しなければならない。

⑤ 地方公共団体は、第三項の規定により条例を制定し又は改廃したときは、直ちに都道府県知事に当該地方公共団体の変更後の名称及び名称を変更する日を報告しなければならない。

⑥ 都道府県知事は、前項の規定による報告があつたときは、直ちにその旨を総務大臣に通知しなければならない。

⑦ 前項の規定による通知を受けたときは、総務大臣は、直ちにその旨を告示するとともに、これを国の関係行政機関の長に通知しなければならない。

〔事務所の設置又は変更〕

第四条 地方公共団体は、その事務所の位置を定め又はこれを変更しようとするときは、条例でこれを定めなければならない。

② 前項の事務所の位置を定め又はこれを変更するに当つては、住民の利用に最も便利であるように、交通の事情、他の官公署との関係等について適当な考慮を払わなければならない。

③ 第一項の条例を制定し又は改廃しようとするときは、当該地方公共団体の議会において出席議員の三分の二以上の者の同意がなければならない。

〔休日〕

第四条の二 地方公共団体の休日は、条例で定める。

② 前項の地方公共団体の休日は、次に掲げる日について定めるものとする。

一 日曜日及び土曜日

二 国民の祝日に関する法律（昭和二十三年法律第百七十八号）に規定する休日

三 年末又は年始における日で条例で定めるもの

③ 前項各号に掲げる日のほか、当該地方公共団体において特別な歴史的、社会的意義を有し、住民がこぞつて記念することが定着している日で、当該地方公共団体の休日とすることについて広く国民の理解を得られるようなものは、第一項の地方公共団体の休日として定めることができる。この場合においては、当該地方公共団体の長は、あらかじめ総務大臣に協議しなければならない。

④ 地方公共団体の行政庁に対する申請、届出その他の行為の期限で法律又は法律に基づく命令で規定する期間（時をもつて定める期間を除く。）をもつて定めるものが第一項の規定に基づき条例で定められた地方公共団体の休日に当たるときは、地方公共団体の休日の翌日をもつてその期限とみなす。ただし、法律又は法律に基づく命令に別段の定めがある場合は、この限りでない。

〔区域〕
第五条　普通地方公共団体の区域は、従来の区域による。
② 都道府県は、市町村を包括する。

〔市及び町の要件・市町村相互間の変更〕
第八条　市となるべき普通地方公共団体は、左に掲げる要件を具えていなければならない。
一　人口五万以上を有すること。
二　当該普通地方公共団体の中心の市街地を形成している区域内に在る戸数が、全戸数の六割以上であること。
三　商工業その他の都市的業態に従事する者及びその者と同一世帯に属する者の数が、全人口の六割以上であること。
四　前各号に定めるものの外、当該都道府県の条例で定める都市的施設その他の都市としての要件を具えていること。
② 町となるべき普通地方公共団体は、当該都道府県の条例で定める町としての要件を具えていなければならない。
③ 町村を市とし又は市を町村とする処分は第七条第一項、第二項及び第五項乃至第七項の例により、村を町とし又は町を村とする処分は同条第一項及び第五項乃至第七項の例により、これを行うものとする。

第二章　住民

〔住民の意義及び権利義務〕
第十条　市町村の区域内に住所を有する者は、当該市町村及びこれを包括する都道府県の住民とする。
② 住民は、法律の定めるところにより、その属する普通地方公共団体の役務の提供をひとしく受ける権利を有し、その負担を分任する義務を負う。

〔住民の選挙権〕
第十一条　日本国民たる普通地方公共団体の住民は、この法律の定めるところにより、その属する普通地方公共団体の選挙に参与する権利を有する。

〔条例の制定改廃請求権及び事務の監査請求権〕
第十二条　日本国民たる普通地方公共団体の住民は、この法律の定めるところにより、その属する普通地方公共団体の条例（地方税の賦課徴収並びに分担金、使用料及び手数料の徴収に関するものを除く。）の制定又は改廃を請求する権利を有する。
② 日本国民たる普通地方公共団体の住民は、この法律の定めるところにより、その属する普通地方公共団体の事務の監査を請求する権利を有する。

〔議会の解散請求権及び主要公務員の解職請求権〕
第十三条　日本国民たる普通地方公共団体の住民は、この法律の定めるところにより、その属する普通地方公共団体の議会の解散を請求する権利を有する。
② 日本国民たる普通地方公共団体の住民は、この法律の定めるところにより、その属する普通地方公共団体の議会の議員、長、副知事若しくは助役、出納長若しくは収入役、選挙管理委員若しくは監査委員又は公安委員会の委員の解職を請求する権利を有する。
③ 日本国民たる普通地方公共団体の住民は、法律の定めるところにより、その属する普通地方公共団体の教育委員会の委員の解職を請求する権利を有する。

〔住民基本台帳〕
第十三条の二　市町村は、別に法律の定めるところにより、その住民につき、住民たる地位に関する正確な記録を常に整備しておかなければならない。

第三章　条例及び規則

〔条例〕

第十四条　普通地方公共団体は、法令に違反しない限りにおいて第二条第二項の事務に関し、条例を制定することができる。

② 普通地方公共団体は、義務を課し、又は権利を制限するには、法令に特別の定めがある場合を除くほか、条例によらなければならない。

③ 普通地方公共団体は、法令に特別の定めがあるものを除くほか、その条例中に、条例に違反した者に対し、二年以下の懲役若しくは禁錮《こ》、百万円以下の罰金、拘留、科料若しくは没収の刑又は五万円以下の過料を科する旨の規定を設けることができる。

〔規則〕

第十五条　普通地方公共団体の長は、法令に違反しない限りにおいて、その権限に属する事務に関し、規則を制定することができる。

② 普通地方公共団体の長は、法令に特別の定めがあるものを除くほか、普通地方公共団体の規則中に、規則に違反した者に対し、五万円以下の過料を科する旨の規定を設けることができる。

〔条例及び規則の公布〕

第十六条　普通地方公共団体の議会の議長は、条例の制定又は改廃の議決があつたときは、その日から三日以内にこれを当該普通地方公共団体の長に送付しなければならない。

② 普通地方公共団体の長は、前項の規定により条例の送付を受けた場合において、再議その他の措置を講ずる必要がないと認めるときは、その日から二十日以内にこれを公布しなければならない。

③ 条例は、条例に特別の定があるものを除く外、公布の日から起算して十日を経過した日から、これを施行する。

④ 当該普通地方公共団体の長の署名、施行期日の特例その他条例の公布に関し必要な事項は、条例でこれを定めなければならない。

⑤ 前二項の規定は、普通地方公共団体の規則並びにその機関の定める規則及びその他の規程で公表を要するものにこれを準用する。但し、法令又は条例に特別の定があるときは、この限りでない。

第四章　選挙

〔普通地方公共団体の議会の議員及び長の選挙〕

第十七条　普通地方公共団体の議会の議員及び長は、別に法律の定めるところにより、選挙人が投票によりこれを選挙する。

〔選挙権〕

第十八条　日本国民たる年齢満二十年以上の者で引き続き三箇月以上市町村の区域内に住所を有するものは、別に法律の定めるところにより、その属する普通地方公共団体の議会の議員及び長の選挙権を有する。

〔被選挙権〕

第十九条　普通地方公共団体の議会の議員の選挙権を有する者で年齢満二十五年以上のものは、別に法律の定めるところにより、普通地方公共団体の議会の議員の被選挙権を有する。

② 日本国民で年齢満三十年以上のものは、別に法律の定めるところにより、都道府県知事の被選挙権を有する。

③ 日本国民で年齢満二十五年以上のものは、別に法律の定めるところにより、市町村長の被選挙権を有する。

第五章　直接請求

第一節　条例の制定及び監査の請求

〔条例の制定又は改廃の請求〕

第七十四条　普通地方公共団体の議会の議員及び長の選挙権を有する者（以下本編において「選挙権を有する者」という。）は、政令の定めるところにより、その総数の五十分の一以上の者の連署をもつて、その代表者から、普通地方公共団体の長に対し、条例（地方税の賦課徴収並びに分担金、使用料及び手数料の徴収に関するものを除く。）の制定又は改廃の請求をすることができる。

②　前項の請求があつたときは、当該普通地方公共団体の長は、直ちに請求の要旨を公表しなければならない。

③　普通地方公共団体の長は、第一項の請求を受理した日から二十日以内に議会を招集し、意見を附けてこれを議会に付議し、その結果を同項の代表者に通知するとともに、これを公表しなければならない。

④　第一項の選挙権を有する者とは、公職選挙法（昭和二十五年法律第百号）第二十二条の規定による選挙人名簿の登録が行なわれた日において選挙人名簿に登録されている者とし、その総数の五十分の一の数は、当該普通地方公共団体の選挙管理委員会において、その登録が行なわれた日後直ちにこれを告示しなければならない。

⑤　第一項の場合において、当該地方公共団体の区域内で衆議院議員、参議院議員又は地方公共団体の議会の議員若しくは長の選挙が行なわれることとなるときは、政令で定める期間、当該選挙が行なわれる区域内においては請求のための署名を求めることができない。

⑥　選挙権を有する者は、身体の故障又は文盲により条例の制定又は改廃の請求者の署名簿に署名することができないときは、その者の属する市町村の選挙権を有する者（条例の制定又は改廃の請求者の代表者及び当該代表者の委任を受けて当該市町村の選挙権を有する者に対し当該署名簿に署名することを求める者を除く。）に委任して、自己の氏名（以下「請求者の氏名」という。）を当該署名簿に記載させることができる。この場合において、委任を受けた者による当該請求者の氏名の記載は、第一項の規定による請求者の署名とみなす。

⑦　前項の規定により委任を受けた者（以下「氏名代筆者」という。）が請求者の氏名を条例の制定又は改廃の請求者の署名簿に記載する場合においては、氏名代筆者は、当該署名簿に氏名代筆者としての署名をしなければならない。

〔監査の請求〕

第七十五条　選挙権を有する者（道の方面公安委員会については、当該方面公安委員会の管理する方面本部の管轄区域内において選挙権を有する者）は、政令の定めるところにより、その総数の五十分の一以上の者の連署をもつて、その代表者から、普通地方公共団体の監査委員に対し、当該普通地方公共団体の事務の執行に関し、監査の請求をすることができる。

②　前項の請求があつたときは、監査委員は、直ちに請求の要旨を公表しなければならない。

第二節　解散及び解職の請求

〔議会の解散の請求〕

第七十六条　選挙権を有する者は、政令の定めるところにより、その総数の三分の一以上の者の連署を以て、その代表者から、普通地方公共団体の選挙管理委員会に対し、当該普通地方公共団体の議会の解散の請求をすることができる。

②　前項の請求があつたときは、委員会は、直ちに請求の要旨を公表しなければならない。

〔議員の解職の請求〕

第八十条　選挙権を有する者は、政令の定めるところにより、所属の選挙区におけるその総数の三分の一以上の者の連署を以て、その代表者から、普通地方公共団体の選挙管理委員会に対し、当該選挙区に属する普通地方公共団体の議会の議員の解職の請求をすることができる。この場合において選挙区がないときは、選挙権を有する者の総数の三分の一以上の者の連署を以て、議員の解職の請求をすることができる。
②　前項の請求があつたときは、委員会は、直ちに請求の要旨を関係区域内に公表しなければならない。

〔長の解職の請求〕
第八十一条　選挙権を有する者は、政令の定めるところにより、その総数の三分の一以上の者の連署を以て、その代表者から、普通地方公共団体の選挙管理委員会に対し、当該普通地方公共団体の長の解職の請求をすることができる。

〔主要公務員の解職請求〕
第八十六条　選挙権を有する者（道の方面公安委員会の委員については、当該方面公安委員会の管理する方面本部の管轄区域内において選挙権を有する者）は、政令の定めるところにより、その総数の三分の一以上の者の連署を以て、その代表者から、普通地方公共団体の長に対し、副知事若しくは助役、出納長若しくは収入役、選挙管理委員若しくは監査委員又は公安委員会の委員の解職の請求をすることができる。
②　前項の請求があつたときは、当該普通地方公共団体の長は、直ちに請求の要旨を公表しなければならない。

第六章　議会

第一節　組織

〔議会の設置〕
第八十九条　普通地方公共団体に議会を置く。

〔兼職の禁止〕
第九十二条　普通地方公共団体の議会の議員は、衆議院議員又は参議院議員と兼ねることができない。
②　普通地方公共団体の議会の議員は、地方公共団体の議会の議員並びに常勤の職員及び地方公務員法（昭和二十五年法律第二百六十一号）〔別掲〕第二十八条の五第一項に規定する短時間勤務の職を占める職員（以下「再任用短時間勤務職員」という。）と兼ねることができない。

〔関係私企業への就職の制限〕
第九十二条の二　普通地方公共団体の議会の議員は、当該普通地方公共団体に対し請負をする者及びその支配人又は主として同一の行為をする法人の無限責任社員、取締役若しくは監査役若しくはこれらに準ずべき者、支配人及び清算人たることができない。

〔任期〕
第九十三条　普通地方公共団体の議会の議員の任期は、四年とする。
②　前項の任期の起算、補欠議員の在任期間及び議員の定数に異動を生じたためあらたに選挙された議員の在任期間については、公職選挙法第二百五十八条及び第二百六十条の定めるところによる。

第二節　権限

〔議決事件〕
第九十六条　普通地方公共団体の議会は、次に掲げる事件を議決しなければならない。
一　条例を設け又は改廃すること。
二　予算を定めること。

三 決算を認定すること。
四 法律又はこれに基く政令に規定するものを除く外、地方税の賦課徴収又は分担金、使用料、加入金若しくは手数料の徴収に関すること。
五 その種類及び金額について政令で定める基準に従い条例で定める契約を締結すること。
六 条例で定める場合を除くほか、財産を交換し、出資の目的とし、若しくは支払手段として使用し、又は適正な対価なくしてこれを譲渡し、若しくは貸し付けること。
七 財産を信託すること。
八 前二号に定めるものを除くほか、その種類及び金額について政令で定める基準に従い条例で定める財産の取得又は処分をすること。
九 負担附きの寄附又は贈与を受けること。
十 法律若しくはこれに基づく政令又は条例に特別の定めがある場合を除くほか、権利を放棄すること。
十一 条例で定める重要な公の施設につき条例で定める長期かつ独占的な利用をさせること。
十二 普通地方公共団体がその当事者である審査請求その他の不服申立て、訴えの提起、和解、斡旋、調停及び仲裁に関すること。
十三 法律上その義務に属する損害賠償の額を定めること。
十四 普通地方公共団体の区域内の公共的団体等の活動の綜合調整に関すること。
十五 その他法律又はこれに基づく政令（これらに基づく条例を含む。）により議会の権限に属する事項
② 前項に定めるものを除くほか、普通地方公共団体は、条例で普通地方公共団体に関する事件（法定受託事務に係るものを除く。）につき議会の議決すべきものを定めることができる。

〔選挙及び予算の増額修正〕
第九十七条 普通地方公共団体の議会は、法律又はこれに基く政令によりその権限に属する選挙を行わなければならない。
② 議会は、予算について、増額してこれを議決することを妨げない。但し、普通地方公共団体の長の予算の提出の権限を侵すことはできない。

〔検査及び監査の請求〕
第九十八条 普通地方公共団体の議会は、当該普通地方公共団体の事務（自治事務にあつては地方労働委員会及び収用委員会の権限に属する事務で政令で定めるものを除き、法定受託事務にあつては国の安全を害するおそれがあることその他の事由により議会の検査の対象とすることが適当でないものとして政令で定めるものを除く。）に関する書類及び計算書を検閲し、当該普通地方公共団体の長、教育委員会、選挙管理委員会、人事委員会若しくは公平委員会、公安委員会、地方労働委員会、農業委員会又は監査委員その他法律に基づく委員会又は委員の報告を請求して、当該事務の管理、議決の執行及び出納を検査することができる。
② 議会は、監査委員に対し、当該普通地方公共団体の事務（自治事務にあつては地方労働委員会及び収用委員会の権限に属する事務で政令で定めるものを除き、法定受託事務にあつては国の安全を害するおそれがあることその他の事由により本項の監査の対象とすることが適当でないものとして政令で定めるものを除く。）に関する監査を求め、監査の結果に関する報告を請求することができる。この場合における監査の実施については、第百九十九条第二項後段の規定を準用する。

〔意見書の提出〕

第九十九条　普通地方公共団体の議会は、当該普通地方公共団体の公益に関する事件につき意見書を国会又は関係行政庁に提出することができる。

〔調査権・議会図書室〕

第百条　普通地方公共団体の議会は、当該普通地方公共団体の事務（自治事務にあつては地方労働委員会及び収用委員会の権限に属する事務で政令で定めるものを除き、法定受託事務にあつては国の安全を害するおそれがあることその他の事由により議会の調査の対象とすることが適当でないものとして政令で定めるものを除く。次項において同じ。）に関する調査を行い、選挙人その他の関係人の出頭及び証言並びに記録の提出を請求することができる。

②　民事訴訟に関する法令の規定中証人の訊問に関する規定は、この法律に特別の定があるものを除く外、前項の規定により議会が当該普通地方公共団体の事務に関する調査のため選挙人その他の関係人の証言を請求する場合に、これを準用する。但し、過料、罰金、拘留又は勾引に関する規定は、この限りでない。

③　第一項の規定により出頭又は記録の提出の請求を受けた選挙人その他の関係人が、正当の理由がないのに、議会に出頭せず若しくは記録を提出しないとき又は証言を拒んだときは、六箇月以下の禁錮《こ》又は十万円以下の罰金に処する。

④　議会は、選挙人その他の関係人が公務員たる地位において知り得た事実については、その者から職務上の秘密に属するものである旨の申立を受けたときは、当該官公署の承認がなければ、当該事実に関する証言又は記録の提出を請求することができない。この場合において当該官公署が承認を拒むときは、その理由を疏明しなければならない。

⑤　議会が前項の規定による疏明を理由がないと認めるときは、当該官公署に対し、当該証言又は記録の提出が公の利益を害する旨の声明を要求することができる。

⑥　当該官公署が前項の規定による要求を受けた日から二十日以内に声明をしないときは、選挙人その他の関係人は、証言又は記録の提出をしなければならない。

⑦　第二項において準用する民事訴訟に関する法令の規定により宣誓した選挙人その他の関係人が虚偽の陳述をしたときは、これを三箇月以上五年以下の禁錮に処する。

⑧　前項の罪を犯した者が議会において調査が終了した旨の議決がある前に自白したときは、その刑を減軽し又は免除することができる。

⑨　議会は、選挙人その他の関係人が、第三項又は第七項の罪を犯したものと認めるときは、告発しなければならない。但し、虚偽の陳述をした選挙人その他の関係人が、議会の調査が終了した旨の議決がある前に自白したときは、告発しないことができる。

⑩　議会が第一項の規定による調査を行うため当該普通地方公共団体の区域内の団体等に対し照会をし又は記録の送付を求めたときは、当該団体等は、その求めに応じなければならない。

⑪　議会は、第一項の規定による調査を行う場合においては、予め、予算の定額の範囲内において、当該調査のため要する経費の額を定めて置かなければならない。その額を超えて経費の支出を必要とするときは、更に議決を経なければならない。

⑫　普通地方公共団体は、条例の定めるところにより、その議会の議員の調査研究に資するため必要な経費の一部として、その議会における会派又は議員に対し、政務調査費を交付することができる。この場合において、当該政務調査費の交付の対象、額及び交

付の方法は、条例で定めなければならない。

⑬　前項の政務調査費の交付を受けた会派又は議員は、条例の定めるところにより、当該政務調査費に係る収入及び支出の報告書を議長に提出するものとする。

⑭　政府は、都道府県の議会に官報及び政府の刊行物を、市町村の議会に官報及び市町村に特に関係があると認める政府の刊行物を送付しなければならない。

⑮　都道府県は、当該都道府県の区域内の市町村の議会及び他の都道府県の議会に、公報及び適当と認める刊行物を送付しなければならない。

⑯　議会は、議員の調査研究に資するため、図書室〔傍線＝編者〕を附置し前二項の規定により送付を受けた官報、公報及び刊行物を保管して置かなければならない。

⑰　前項の図書室は、一般にこれを利用させることができる。

第三節　招集及び会期

〔招集〕

第百一条　普通地方公共団体の議会は、普通地方公共団体の長がこれを招集する。議員定数の四分の一以上の者から会議に付議すべき事件を示して臨時会の招集の請求があるときは、当該普通地方公共団体の長は、これを招集しなければならない。

②　招集は、開会の日前、都道府県及び市にあつては七日、町村にあつては三日までにこれを告示しなければならない。但し、急施を要する場合は、この限りでない。

〔定例会・臨時会及び会期〕

第百二条　普通地方公共団体の議会は、定例会及び臨時会とする。

②　定例会は、毎年、四回以内において条例で定める回数これを招集しなければならない。

③　臨時会は、必要がある場合において、その事件に限りこれを招集する。

④　臨時会に付議すべき事件は、普通地方公共団体の長が予めこれを告示しなければならない。

⑤　臨時会の開会中に急施を要する事件があるときは、前二項の規定にかかわらず、直ちにこれを会議に付議することができる。

⑥　普通地方公共団体の議会の会期及びその延長並びにその開閉に関する事項は、議会がこれを定める。

第五節　委員会

〔常任委員会〕

第百九条　普通地方公共団体の議会は、条例で常任委員会を置くことができる。

②　議員は、それぞれ一箇の常任委員となるものとし、常任委員は、会期の始めに議会において選任し、条例に特別の定がある場合を除く外、議員の任期中在任する。

③　常任委員会は、その部門に属する当該普通地方公共団体の事務に関する調査を行い、議案、陳情等を審査する。

④　常任委員会は、予算その他重要な議案、陳情等について公聴会を開き、真に利害関係を有する者又は学識経験を有する者等から意見を聴くことができる。

⑤　常任委員会は、当該普通地方公共団体の事務に関する調査又は審査のため必要があると認めるときは、参考人の出頭を求め、その意見を聴くことができる。

⑥　常任委員会は、議会の議決により付議された特定の事件については、閉会中も、なお、これを審査することができる。

〔議会運営委員会〕

第百九条の二　普通地方公共団体の議会は、条例で議会運営委員会を置くことができる。

② 議会運営委員は、会期の始めに議会において選任し、条例に特別の定めがある場合を除くほか、議員の任期中在任する。

③ 議会運営委員会は、次に掲げる事項に関する調査を行い、議案、陳情等を審査する。

一 議会の運営に関する事項

二 議会の会議規則、委員会に関する条例等に関する事項

三 議長の諮問に関する事項

④ 前条第四項から第六項までの規定は、議会運営委員会について準用する。

〔特別委員会〕

第百十条 普通地方公共団体の議会は、条例で特別委員会を置くことができる。

② 特別委員は、議会において選任し、委員会に付議された事件が議会において審議されている間在任する。

③ 特別委員会は、会期中に限り、議会の議決により付議された事件を審査する。但し、議会の議決により付議された特定の事件については、閉会中も、なお、これを審査することを妨げない。

④ 第百九条第四項及び第五項の規定は、特別委員会について準用する。

〔条例事項〕

第百十一条 前三条に定めるものを除くほか、委員会に関し必要な事項は、条例でこれを定める。

第六節 会議

〔議員の議案提出権〕

第百十二条 普通地方公共団体の議会の議員は、議会の議決すべき事件につき、議会に議案を提出することができる。但し、予算については、この限りでない。

② 前項の規定により議案を提出するに当たつては、議員の定数の十二分の一以上の者の賛成がなければならない。

③ 第一項の規定による議案の提出は、文書を以てこれをしなければならない。

〔定足数〕

第百十三条 普通地方公共団体の議会は、議員の定数の半数以上の議員が出席しなければ、会議を開くことができない。但し、第百十七条の規定による除斥のため半数に達しないとき、同一の事件につき再度招集してもなお半数に達しないとき、又は招集に応じても出席議員が定数を欠き議長において出席を催告してもなお半数に達しないとき若しくは半数に達してもその後半数に達しなくなつたときは、この限りでない。

〔議員の請求による開議〕

第百十四条 普通地方公共団体の議会の議員の定数の半数以上の者から請求があるときは、議長は、その日の会議を開かなければならない。この場合において議長がなお会議を開かないときは、第百六条第一項又は第二項の例による。

② 前項の規定により会議を開いたとき、又は議員中に異議があるときは、議長は、会議の議決によらない限り、その日の会議を閉じ又は中止することができない。

〔議事の公開原則及び秘密会〕

第百十五条 普通地方公共団体の議会の会議は、これを公開する。但し、議長又は議員三人以上の発議により、出席議員の三分の二以上の多数で議決したときは、秘密会を開くことができる。

② 前項但書の議長又は議員の発議は、討論を行わないでその可否を決しなければならない。

〔修正動議〕

第百十五条の二　普通地方公共団体の議会が議案に対する修正の動議を議題とするに当たつては、議員の定数の十二分の一以上の者の発議によらなければならない。

〔表決〕

第百十六条　この法律に特別の定がある場合を除く外、普通地方公共団体の議会の議事は、出席議員の過半数でこれを決し、可否同数のときは、議長の決するところによる。

②　前項の場合においては、議長は、議員として議決に加わる権利を有しない。

〔除斥〕

第百十七条　普通地方公共団体の議会の議長及び議員は、自己若しくは父母、祖父母、配偶者、子、孫若しくは兄弟姉妹の一身上に関する事件又は自己若しくはこれらの者の従事する業務に直接の利害関係のある事件については、その議事に参与することができない。但し、議会の同意があつたときは、会議に出席し、発言することができる。

〔選挙・指名推選及び異議〕

第百十八条　法律又はこれに基づく政令により普通地方公共団体の議会において行う選挙については、公職選挙法第四十六条第一項及び第四項、第四十八条、第六十八条第一項並びに普通地方公共団体の議会の議員の選挙に関する第九十五条の規定を準用する。その投票の効力に関し異議があるときは、議会がこれを決定する。

②　議会は、議員中に異議がないときは、前項の選挙につき指名推選の方法を用いることができる。

③　指名推選の方法を用いる場合においては、被指名人を以て当選人と定めるべきかどうかを会議に諮り、議員の全員の同意があつた者を以て当選人とする。

④　一の選挙を以て二人以上を選挙する場合においては、被指名人を区分して前項の規定を適用してはならない。

⑤　第一項の規定による決定に不服がある者は、決定があつた日から二十一日以内に、都道府県にあつては総務大臣、市町村にあつては都道府県知事に審査を申し立て、その裁決に不服がある者は、裁決のあつた日から二十一日以内に裁判所に出訴することができる。

⑥　第一項の規定による決定は、文書を以てし、その理由を附けてこれを本人に交付しなければならない。

〔会期不継続の原則〕

第百十九条　会期中に議決に至らなかつた事件は、後会に継続しない。

〔会議規則〕

第百二十条　普通地方公共団体の議会は、会議規則を設けなければならない。

〔長・委員長その他の出席義務〕

第百二十一条　普通地方公共団体の長、教育委員会の委員長、選挙管理委員会の委員長、人事委員会の委員長又は公平委員会の委員長、公安委員会の委員長、地方労働委員会の委員、農業委員会の会長及び監査委員その他法律に基づく委員会の代表者又は委員並びにその委任又は嘱託を受けた者は、説明のため議長から出席を求められたときは、議場に出席しなければならない。

〔説明書提出〕

第百二十二条　普通地方公共団体の長は、議会に、第二百十一条第二項に規定する予算に関する説明書その他当該普通地方公共団体の事務に関する説明書を提出しなければならない。

〔会議録〕

第百二十三条 議長は、事務局長又は書記長（書記長を置かない町村においては書記）をして会議録を調製し、会議の次第及び出席議員の氏名を記載させなければならない。

② 会議録には、議長及び議会において定めた二人以上の議員が署名しなければならない。

③ 議長は、会議録の写を添えて会議の結果を普通地方公共団体の長に報告しなければならない。

第七節 請願

〔請願書の提出〕

第百二十四条 普通地方公共団体の議会に請願しようとする者は、議員の紹介により請願書を提出しなければならない。

〔採択請願の送付及び報告の請求〕

第百二十五条 普通地方公共団体の議会は、その採択した請願で当該普通地方公共団体の長、教育委員会、選挙管理委員会、人事委員会若しくは公平委員会、公安委員会、地方労働委員会、農業委員会又は監査委員その他法律に基づく委員会又は委員において措置することが適当と認めるものは、これらの者にこれを送付し、かつ、その請願の処理の経過及び結果の報告を請求することができる。

第九節 紀律

〔議場の秩序維持〕

第百二十九条 普通地方公共団体の議会の会議中この法律又は会議規則に違反しその他議場の秩序を乱す議員があるときは、議長は、これを制止し、又は発言を取り消させ、その命令に従わないときは、その日の会議が終るまで発言を禁止し、又は議場の外に退去させることができる。

② 議長は、議場が騒然として整理することが困難であると認めるときは、その日の会議を閉じ、又は中止することができる。

〔傍聴人の取締〕

第百三十条 傍聴人が公然と可否を表明し、又は騒ぎ立てる等会議を妨害するときは、普通地方公共団体の議会の議長は、これを制止し、その命令に従わないときは、これを退場させ、必要がある場合においては、これを当該警察官に引き渡すことができる。

② 傍聴席が騒がしいときは、議長は、すべての傍聴人を退場させることができる。

③ 前二項に定めるものを除く外、議長は、傍聴人の取締に関し必要な規則を設けなければならない。

〔議長の注意の喚起〕

第百三十一条 議場の秩序を乱し又は会議を妨害するものがあるときは、議員は、議長の注意を喚起することができる。

〔言論の品位〕

第百三十二条 普通地方公共団体の議会の会議又は委員会においては、議員は、無礼の言葉を使用し、又は他人の私生活にわたる言論をしてはならない。

〔侮辱に対する処置〕

第百三十三条 普通地方公共団体の議会の会議又は委員会において、侮辱を受けた議員は、これを議会に訴えて処分を求めることができる。

第十一節 議会の事務局及び事務局長、書記長、書記その他の職員

〔事務局及び職員〕

第百三十八条 都道府県の議会に事務局を置く。

② 市町村の議会に条例の定めるところにより、事務局を置くことができる。
③ 事務局に事務局長、書記その他の職員を置く。
④ 事務局を置かない市町村の議会に書記長、書記その他の職員を置く。但し、町村においては、書記長を置かないことができる。
⑤ 事務局長、書記長、書記その他の職員は、議長がこれを任免する。
⑥ 事務局長、書記長、書記その他の常勤の職員の定数は、条例でこれを定める。但し、臨時の職については、この限りでない。
⑦ 事務局長及び書記長は、議長の命を受け議会の庶務を掌理する。
⑧ 書記その他の職員は、上司の指揮を受け議会の庶務に従事する。
⑨ 事務局長、書記長、書記その他の職員に関する任用、職階制、給与、勤務時間その他の勤務条件、分限及び懲戒、服務、研修及び勤務成績の評定、福祉及び利益の保護その他身分取扱いに関しては、この法律に定めるものを除くほか、地方公務員法の定めるところによる。

第七章　執行機関

第一節　通則

〔執行機関の責任と義務〕

第百三十八条の二　普通地方公共団体の執行機関は、当該普通地方公共団体の条例、予算その他の議会の議決に基づく事務及び法令、規則その他の規程に基づく当該普通地方公共団体の事務を、自らの判断と責任において、誠実に管理し及び執行する義務を負う。

〔執行機関の組織の原則〕

第百三十八条の三　普通地方公共団体の執行機関の組織は、普通地方公共団体の長の所轄の下に、それぞれ明確な範囲の所掌事務と権限を有する執行機関によつて、系統的にこれを構成しなければならない。
② 普通地方公共団体の執行機関は、普通地方公共団体の長の所轄の下に、執行機関相互の連絡を図り、すべて、一体として、行政機能を発揮するようにしなければならない。
③ 普通地方公共団体の長は、当該普通地方公共団体の執行機関相互の間にその権限につき疑義が生じたときは、これを調整するように努めなければならない。

〔委員会・委員及び附属機関の設置〕

第百三十八条の四　普通地方公共団体にその執行機関として普通地方公共団体の長の外、法律の定めるところにより、委員会又は委員を置く。
② 普通地方公共団体の委員会は、法律の定めるところにより、法令又は普通地方公共団体の条例若しくは規則に違反しない限りにおいて、その権限に属する事務に関し、規則その他の規程を定めることができる。
③ 普通地方公共団体は、法律又は条例の定めるところにより、執行機関の附属機関として自治紛争処理委員、審査会、審議会、調査会その他の調停、審査、諮問又は調査のための機関を置くことができる。ただし、政令で定める執行機関については、この限りでない。

第二節　普通地方公共団体の長

第一款　地位

〔知事及び市町村長〕

第百三十九条　都道府県に知事を置く。

② 市町村に市町村長を置く。

〔任期〕

第百四十条 普通地方公共団体の長の任期は、四年とする。

② 前項の任期の起算については、公職選挙法第二百五十九条及び第二百五十九条の二の定めるところによる。

〔兼職の禁止〕

第百四十一条 普通地方公共団体の長は、衆議院議員又は参議院議員と兼ねることができない。

② 普通地方公共団体の長は、地方公共団体の議会の議員並びに常勤の職員及び再任用短時間勤務職員と兼ねることができない。

〔関係私企業からの分離〕

第百四十二条 普通地方公共団体の長は、当該普通地方公共団体に対し請負をする者及びその支配人又は主として同一の行為をする法人（当該普通地方公共団体が出資している法人で政令で定めるものを除く。）の無限責任社員、取締役若しくは監査役若しくはこれらに準ずべき者、支配人及び清算人たることができない。

〔失職及び資格決定〕

第百四十三条 普通地方公共団体の長が、被選挙権を有しなくなつたとき又は前条の規定に該当するときは、その職を失う。その被選挙権の有無又は同条の規定に該当するかどうかは、普通地方公共団体の長が公職選挙法第十一条、第十一条の二若しくは第二百五十二条又は政治資金規正法第二十八条の規定に該当するため被選挙権を有しない場合を除くほか、当該普通地方公共団体の選挙管理委員会がこれを決定しなければならない。

② 前項の規定による決定は、文書をもつてし、その理由をつけてこれを本人に交付しなければならない。

③ 第一項の規定による決定に不服がある者は、都道府県にあつては総務大臣、市町村にあつては都道府県知事に審査請求をすることができる。

④ 前項の審査請求に関する行政不服審査法（昭和三十七年法律第百六十号）第十四条第一項本文の期間は、第一項の決定があつた日の翌日から起算して二十一日以内とする。

〔失職の時期〕

第百四十四条 普通地方公共団体の長は、公職選挙法第二百二条第一項若しくは第二百六条第一項の規定による異議の申出、同法第二百二条第二項若しくは第二百六条第二項の規定による審査の申立て、同法第二百三条第一項、第二百七条第一項、第二百十条若しくは第二百十一条の訴訟の提起に対する決定、裁決又は判決が確定するまでの間（同法第二百十条第一項の規定による訴訟を提起することができる場合において、当該訴訟が提起されなかつたとき、当該訴訟についての訴えを却下し若しくは訴状を却下する裁判が確定したとき、又は当該訴訟が取り下げられたときは、それぞれ同項に規定する出訴期間が経過するまで、当該裁判が確定するまで又は当該取下げが行われるまでの間）は、その職を失わない。

〔退職〕

第百四十五条 普通地方公共団体の長は、退職しようとするときは、その退職しようとする日前、都道府県知事にあつては三十日、市町村長にあつては二十日までに、当該普通地方公共団体の議会の議長に申し出なければならない。但し、議会の同意を得たときは、その期日前に退職することができる。

第二款 権限

〔地方公共団体の統轄代表権〕

第百四十七条 普通地方公共団体の長は、当該普通地方公共団体を統轄し、これを代表する。

〔事務の管理執行権〕

第百四十八条　普通地方公共団体の長は、当該普通地方公共団体の事務を管理し及びこれを執行する。

〔担任事務〕

第百四十九条　普通地方公共団体の長は、概ね左に掲げる事務を担任する。

一　普通地方公共団体の議会の議決を経べき事件につきその議案を提出すること。

二　予算を調製し、及びこれを執行すること。

三　地方税を賦課徴収し、分担金、使用料、加入金又は手数料を徴収し、及び過料を科すること。

四　決算を普通地方公共団体の議会の認定に付すること。

五　会計を監督すること。

六　財産を取得し、管理し、及び処分すること。

七　公の施設を設置し、管理し、及び廃止すること。

八　証書及び公文書類を保管すること。

九　前各号に定めるものを除く外、当該普通地方公共団体の事務を執行すること。

〔長の職務の代理〕

第百五十二条　普通地方公共団体の長に事故があるとき、又は長が欠けたときは、副知事又は助役がその職務を代理する。この場合において副知事又は助役が二人以上あるときは、予め当該普通地方公共団体の長が定めた順序、又はその定がないときは席次の上下により、席次の上下が明らかでないときは年齢の多少により、年齢が同じであるときはくじにより定めた順序で、その職務を代理する。

②　副知事若しくは助役にも事故があるとき若しくは副知事若しくは助役も欠けたとき又は副知事若しくは助役を置かない普通地方公共団体において当該普通地方公共団体の長に事故があるとき若しくは当該普通地方公共団体の長が欠けたときは、当該普通地方公共団体の長の指定する吏員がその職務を代理する。

③　前項の場合において、同項の規定により普通地方公共団体の長の職務を代理する者がないときは、当該普通地方公共団体の規則で定めた上席の事務吏員がその職務を代理する。

〔長の事務の委任・臨時代理及び補助執行〕

第百五十三条　普通地方公共団体の長は、その権限に属する事務の一部を当該普通地方公共団体の吏員に委任し、又はこれをして臨時に代理させることができる。

②　普通地方公共団体の長は、その権限に属する事務の一部をその管理に属する行政庁に委任することができる。

〔職員の指揮監督〕

第百五十四条　普通地方公共団体の長は、その補助機関たる職員を指揮監督する。

〔所管庁の処分の取消し又は停止〕

第百五十四条の二　普通地方公共団体の長は、その管理に属する行政庁の処分が法令、条例又は規則に違反すると認めるときは、その処分を取り消し、又は停止することができる。

〔支庁・支所等の設置〕

第百五十五条　普通地方公共団体の長は、その権限に属する事務を分掌させるため、条例で、必要な地に、都道府県にあつては支庁（道にあつては支庁出張所を含む。以下これに同じ。）及び地方事務所、市町村にあつては支所又は出張所を設けることができる。

②　支庁若しくは地方事務所又は支所若しくは出張所の位置、名称

及び所管区域は、条例でこれを定めなければならない。

③ 第四条第二項の規定は、前項の支庁若しくは地方事務所又は支所若しくは出張所の位置及び所管区域にこれを準用する。

〔行政機関、国の地方行政機関の設置と知事の指揮監督権〕

第百五十六条 普通地方公共団体の長は、前条第一項に定めるものを除く外、法律又は条例の定めるところにより、保健所、警察署その他の行政機関を設けるものとする。

② 前項の行政機関の位置、名称及び所管区域は、条例でこれを定める。

③ 第四条第二項の規定は、第一項の行政機関の位置及び所管区域にこれを準用する。

④ 国の地方行政機関（駐在機関を含む。以下本条中これに同じ。）は、国会の承認を経なければ、これを設けてはならない。国の地方行政機関の設置及び運営に要する経費は、国においてこれを負担しなければならない。

⑤ 前項の規定は、司法行政及び懲戒機関、地方入国管理局の支局及び出張所並びに支局の出張所、警察機関、検疫機関、防衛庁の機関、税関の出張所及び監視署、税関支署並びにその出張所及び監視署、税務署及びその支署、国税不服審判所の支部、地域航空局の事務所その他の航空現業官署、地方郵政監察局及び地区郵政監察室、地方郵政局、事務センター、郵便局及びこれらの出張所、総合通信局の出張所、電波観測所、文教施設、国立の病院及び療養施設、気象官署、海上警備救難機関、航路標識及び水路官署、森林管理署並びに専ら国費をもつて行う工事の施行機関については、これを適用しない。

〔公共的団体等の監督〕

第百五十七条 普通地方公共団体の長は、当該普通地方公共団体の区域内の公共的団体等の活動の綜合調整を図るため、これを指揮監督することができる。

② 前項の場合において必要があるときは、普通地方公共団体の長は、当該普通地方公共団体の区域内の公共的団体等をして事務の報告をさせ、書類及び帳簿を提出させ及び実地について事務を視察することができる。

③ 普通地方公共団体の長は、当該普通地方公共団体の区域内の公共的団体等の監督上必要な処分をし又は当該公共的団体等の監督官庁の措置を申請することができる。

④ 前項の監督官庁は、普通地方公共団体の長の処分を取り消すことができる。

〔都道府県の局部・分課及び市町村の部課〕

第百五十八条 都道府県知事の権限に属する事務を分掌させるため、条例で、都に十一局、道及び人口四百万以上の府県に九部、人口二百五十万以上四百万未満の府県に八部、人口百万以上二百五十万未満の府県に七部、人口百万未満の府県に六部を置くものとする。

② 都道府県知事は、必要があると認めるときは、前項の規定にかかわらず、条例で、局部の数を増減することができる。この場合においては、第二条第十四項及び第十五項の規定の趣旨に適合し、かつ、国の行政組織及び他の都道府県の局部の組織との間に権衡を失しないように定めなければならない。

③ 都道府県知事は、前項の規定により第一項の規定による局部の数を超えて局部（室その他これに準ずる組織を含む。以下本条において同じ。）を置こうとするときは、あらかじめ総務大臣に届け出なければならない。

④ 都道府県知事は、局部の名称若しくはその分掌する事務を定

め、若しくは変更し、又は局部の数を増減したとき（前項の規定による届出を行つた場合を除く。）は、遅滞なくその旨を総務大臣に届け出なければならない。

⑤　都道府県は、公共事業の経営に関する事務を処理させるため、条例で、必要な組織を設けることができる。

⑥　都道府県知事は、その権限に属する事務を分掌させるため、局部の下に必要な分課を設けることができる。

⑦　市町村長は、その権限に属する事務を分掌させるため、条例で必要な部課を設けることができる。この場合においては、第二条第十四項及び第十五項の規定の趣旨に適合し、かつ、他の市町村の部課の組織との間に権衡を失しないように定めなければならない。

〔事務引継〕

第百五十九条　普通地方公共団体の長の事務引継に関する規定は、政令でこれを定める。

②　前項の政令には、正当の理由がなくて事務の引継ぎを拒んだ者に対し、十万円以下の過料を科する規定を設けることができる。

第三款　補助機関

〔副知事及び助役の設置〕

第百六十一条　都道府県に副知事一人を置く。但し、条例でこれを置かないことができる。

②　市町村に助役一人を置く。但し、条例でこれを置かないことができる。

③　副知事及び助役の定数は、条例でこれを増加することができる。

〔副知事及び助役の選任〕

第百六十二条　副知事及び助役は、普通地方公共団体の長が議会の同意を得てこれを選任する。

〔副知事及び助役の任期〕

第百六十三条　副知事及び助役の任期は、四年とする。但し、普通地方公共団体の長は、任期中においてもこれを解職することができる。

〔副知事及び助役の欠格事由〕

第百六十四条　公職選挙法第十一条第一項又は第十一条の二の規定に該当する者は、副知事又は助役となることができない。

②　副知事又は助役は、公職選挙法第十一条第一項の規定に該当するに至つたときは、その職を失う。

〔副知事及び助役の退職〕

第百六十五条　普通地方公共団体の長の職務を代理する副知事又は助役は、退職しようとするときは、その退職しようとする日前二十日までに、当該普通地方公共団体の議会の議長に申し出なければならない。但し、議会の承認を得たときは、その期日前に退職することができる。

②　前項に規定する場合を除く外、副知事又は助役は、その退職しようとする日前二十日までに、当該普通地方公共団体の長に申し出なければならない。但し、当該普通地方公共団体の長の承認を得たときは、その期日前に退職することができる。

〔副知事及び助役の兼職禁止・事務引継〕

第百六十六条　副知事及び助役は、検察官、警察官若しくは収税官吏又は普通地方公共団体における公安委員会の委員と兼ねることができない。

②　第百四十一条、第百四十二条及び第百五十九条の規定は、副知事及び助役にこれを準用する。

③　普通地方公共団体の長は、副知事又は助役が前項において準用

する第百四十二条の規定に該当するときは、これを解職しなければならない。

〔副知事及び助役の職務〕

第百六十七条　副知事及び助役は、普通地方公共団体の長を補佐し、その補助機関たる職員の担任する事務を監督し、別に定めるところにより、普通地方公共団体の長の職務を代理する。

〔出納長・副出納長及び収入役・副収入役〕

第百六十八条　都道府県に出納長を置く。

② 市町村に収入役一人を置く。但し、町村は、条例で収入役を置かず町村長又は助役をしてその事務を兼掌させることができる。

③ 都道府県は条例で副出納長を、市町村は条例で副収入役を置くことができる。

④ 副出納長及び副収入役の定数は、条例でこれを定める。

⑤ 副出納長及び副収入役は、事務吏員の中から、普通地方公共団体の長がこれを命ずる。

⑥ 出納長及び収入役は、検察官、警察官若しくは収税官吏又は普通地方公共団体における公安委員会の委員と兼ねることができない。

⑦ 第百四十一条、第百四十二条、第百五十九条、第百六十二条、第百六十三条本文及び第百六十四条の規定は、出納長及び収入役にこれを準用する。

⑧ 出納長及び収入役が、前項において準用する第百四十二条の規定に該当するときは、その職を失う。その同条の規定に該当するかどうかは、普通地方公共団体の長がこれを決定しなければならない。

⑨ 第百四十三条第二項から第四項までの規定は、前項の場合にこれを準用する。

〔親族の就職禁止〕

第百六十九条　普通地方公共団体の長、副知事若しくは助役又は監査委員と親子、夫婦又は兄弟姉妹の関係にある者は、出納長若しくは副出納長又は収入役若しくは副収入役となることができない。

② 出納長若しくは副出納長又は収入役若しくは副収入役は、前項に規定する関係が生じたときは、その職を失う。

③ 出納長又は収入役と親子、夫婦又は兄弟姉妹の関係にある者は、副出納長又は副収入役となることができない。

④ 副出納長又は副収入役は、前項に規定する関係が生じたときは、その職を失う。

〔出納長・収入役等の職務権限〕

第百七十条　法律又はこれに基づく政令に特別の定めがあるものを除くほか、出納長及び収入役は、当該普通地方公共団体の会計事務をつかさどる。

② 前項の会計事務を例示すると、おおむね次のとおりである。

一　現金（現金に代えて納付される証券及び基金に属する現金を含む。）の出納及び保管を行うこと。

二　小切手を振り出すこと。

三　有価証券（公有財産又は基金に属するものを含む。）の出納及び保管を行うこと。

四　物品（基金に属する動産を含む。）の出納及び保管（使用中の物品に係る保管を除く。）を行うこと。

五　現金及び財産の記録管理を行うこと。

六　支出負担行為に関する確認を行うこと。

七　決算を調製し、これを普通地方公共団体の長に提出すること。

③　副出納長又は副収入役は、出納長又は収入役の事務を補助し、出納長若しくは収入役に事故があるとき、又は出納長若しくは収入役が欠けたときは、その職務を代理する。副出納長又は副収入役が二人以上あるときは、予め当該普通地方公共団体の長が定めた順序、又はその定がないときは席次の上下により、席次の上下が明らかでないときは年齢の多少により、年齢が同じであるときはくじにより定めた順序で、その職務を代理する。

④　普通地方公共団体の長は、出納長又は収入役をしてその事務の一部を副出納長又は副収入役に委任させることができる。この場合においては、普通地方公共団体の長は、直ちにその旨を告示しなければならない。

⑤　副出納長又は副収入役を置かない普通地方公共団体にあつては、普通地方公共団体の長は、出納長若しくは収入役に事故があるとき、又は出納長若しくは収入役が欠けたときその職務を代理すべき吏員を定めて置かなければならない。

⑥　出納長若しくは収入役に事故がある場合又は出納長若しくは収入役が欠けた場合において、副出納長若しくは副収入役（前項の規定により出納長又は収入役の職務を代理すべき吏員を含む。以下本項において同じ。）にも事故があるとき、又は副出納長若しくは副収入役も欠けたときは、当該普通地方公共団体の規則で定めた上席の出納員がその職務を代理する。

〔出納員その他の会計職員〕

第百七十一条　出納長又は収入役の事務を補助させるため出納員その他の会計職員を置く。ただし、町村においては、出納員を置かないことができる。

②　出納員は吏員のうちから、その他の会計職員は吏員その他の職員のうちから、普通地方公共団体の長がこれを命ずる。

③　出納員は、出納長若しくは副出納長又は収入役若しくは副収入役の命を受けて現金の出納（小切手の振出しを含む。）若しくは保管又は物品の出納若しくは保管の事務をつかさどり、その他の会計職員は、上司の命を受けて当該普通地方公共団体の会計事務をつかさどる。

④　普通地方公共団体の長は、出納長又は収入役をしてその事務の一部を出納員に委任させ、又は当該出納員をしてさらに当該委任を受けた事務の一部を出納員以外の会計職員に委任させることができる。

⑤　前条第四項後段の規定は、前項の場合にこれを準用する。

⑥　普通地方公共団体の長は、出納長又は収入役の権限に属する事務を処理させるため、規則で、必要な組織を設けることができる。

〔吏員その他の職員〕

第百七十二条　前十一条に定める者を除く外、普通地方公共団体に吏員その他の職員を置く。

②　前項の職員は、普通地方公共団体の長がこれを任免する。

③　第一項の職員の定数は、条例でこれを定める。但し、臨時又は非常勤の職については、この限りでない。

④　第一項の職員に関する任用、職階制、給与、勤務時間その他の勤務条件、分限及び懲戒、服務、研修及び勤務成績の評定、福祉及び利益の保護その他身分取扱に関しては、この法律に定めるものを除く外、地方公務員法の定めるところによる。

〔吏員の種類〕

第百七十三条　前条第一項の吏員は、事務吏員及び技術吏員とする。

②　事務吏員は、上司の命を受け、事務を掌る。

③　技術吏員は、上司の命を受け、技術を掌る。

〔専門委員〕

第百七十四条　普通地方公共団体は、常設又は臨時の専門委員を置くことができる。

② 専門委員は、専門の学識経験を有する者の中から、普通地方公共団体の長がこれを選任する。

③ 専門委員は、普通地方公共団体の長の委託を受け、その権限に属する事務に関し必要な事項を調査する。

④ 専門委員は、非常勤とする。

〔支庁・支所等の長〕

第百七十五条　都道府県の支庁若しくは地方事務所又は市町村の支所の長は、事務吏員を以てこれに充てる。

② 前項に規定する機関の長は、普通地方公共団体の長の定めるところにより、上司の指揮を受け、その主管の事務を掌理し部下の吏員その他の職員を指揮監督する。

第四款　議会との関係

〔専決処分〕

第百七十九条　普通地方公共団体の議会が成立しないとき、第百十三条但書の場合においてなお会議を開くことができないとき、普通地方公共団体の長において議会を招集する暇がないと認めるとき、又は議会において議決すべき事件を議決しないときは、当該普通地方公共団体の長は、その議決すべき事件を処分することができる。

② 議会の決定すべき事件に関しては、前項の例による。

③ 前二項の規定による処置については、普通地方公共団体の長は、次の会議においてこれを議会に報告し、その承認を求めなければならない。

〔議会の委任による専決処分〕

第百八十条　普通地方公共団体の議会の権限に属する軽易な事項で、その議決により特に指定したものは、普通地方公共団体の長において、これを専決処分にすることができる。

② 前項の規定により専決処分をしたときは、普通地方公共団体の長は、これを議会に報告しなければならない。

第五款　他の執行機関との関係

〔事務の委任又は補助執行〕

第百八十条の二　普通地方公共団体の長は、その権限に属する事務の一部を、当該普通地方公共団体の委員会又は委員と協議して、普通地方公共団体の委員会、委員会の委員長、委員若しくはこれらの執行機関の事務を補助する職員若しくはこれらの執行機関の管理に属する機関の職員に委任し、又はこれらの執行機関の事務を補助する職員若しくはこれらの執行機関の管理に属する機関の職員をして補助執行させることができる。但し、政令で定める普通地方公共団体の委員会又は委員については、この限りでない。

〔兼職・事務従事〕

第百八十条の三　普通地方公共団体の長は、当該普通地方公共団体の委員会又は委員と協議して、吏員その他の職員を、当該執行機関の事務を補助する職員若しくはこれらの執行機関の管理に属する機関の職員と兼ねさせ、若しくは当該執行機関の事務を補助する職員若しくはこれらの執行機関の管理に属する機関の職員に充て、又は当該執行機関の事務に従事させることができる。

〔組織及び職員等についての長の総合調整権〕

第百八十条の四　普通地方公共団体の長は、各執行機関を通じて組織及び運営の合理化を図り、その相互の間に権衡を保持するため、必要があると認めるときは、当該普通地方公共団体の委員会若しくは委員の事務局又は委員会若しくは委員の管理に属する事務を掌る機関（以下本条中「事務局等」という。）の組織、事務局等に属する職員の定数又はこれらの職員の身分取扱について、委員会又は委員に必要な措置を講ずべきことを勧告することができる。

② 普通地方公共団体の委員会又は委員は、事務局等の組織、事務局等に属する職員の定数又はこれらの職員の身分取扱で当該委員会又は委員の権限に属する事項の中政令で定めるものについて、当該委員会又は委員の規則その他の規程を定め、又は変更しようとする場合においては、予め当該普通地方公共団体の長に協議しなければならない。

第三節　委員会及び委員

第一款　通則

〔委員会及び委員の設置・兼業禁止〕

第百八十条の五　執行機関として法律の定めるところにより普通地方公共団体に置かなければならない委員会及び委員は、左の通りである。

一　教育委員会
二　選挙管理委員会
三　人事委員会又は人事委員会を置かない普通地方公共団体にあつては公平委員会
四　監査委員

② 前項に掲げるものの外、執行機関として法律の定めるところにより都道府県に置かなければならない委員会は、左の通りである。

一　公安委員会
二　地方労働委員会
三　収用委員会
四　海区漁業調整委員会
五　内水面漁場管理委員会

③ 第一項に掲げるものの外、執行機関として法律の定めるところにより市町村に置かなければならない委員会は、左の通りである。

一　農業委員会
二　固定資産評価審査委員会

④ 前三項の委員会若しくは委員の事務局又は委員会の管理に属する事務を掌る機関で法律により設けられなければならないものとされているものの組織を定めるに当つては、当該普通地方公共団体の長が第百五十八条第一項、第二項若しくは第六項又は第七項の規定により設けるその局部若しくは分課又は部課の組織との間に権衡を失しないようにしなければならない。

⑤ 普通地方公共団体の委員会の委員又は委員は、法律に特別の定があるものを除く外、非常勤とする。

⑥ 普通地方公共団体の委員会の委員又は委員は、当該普通地方公共団体に対しその職務に関し請負をする者及びその支配人又は主として同一の行為をする法人（当該普通地方公共団体が出資している法人で政令で定めるものを除く。）の無限責任社員、取締役若しくは監査役若しくはこれらに準ずべき者、支配人及び清算人たることができない。

⑦ 法律に特別の定めがあるものを除くほか、普通地方公共団体の委員会の委員又は委員が前項の規定に該当するときは、その職を失う。その同項の規定に該当するかどうかは、その選任権者がこれを決定しなければならない。

⑧ 第百四十三条第二項から第四項までの規定は、前項の場合にこれを準用する。

〔委員会・委員の権限に属しない事項〕

第百八十条の六 普通地方公共団体の委員会又は委員は、左に掲げる権限を有しない。但し、法律に特別の定があるものは、この限りでない。

一 普通地方公共団体の予算を調製し、及びこれを執行すること。

二 普通地方公共団体の議会の議決を経べき事件につきその議案を提出すること。

三 地方税を賦課徴収し、分担金若しくは加入金を徴収し、又は過料を科すること。

四 普通地方公共団体の決算を議会の認定に付すること。

〔事務の委任・補助執行・調査の委託〕

第百八十条の七 普通地方公共団体の委員会又は委員は、その権限に属する事務の一部を、当該普通地方公共団体の長と協議して、普通地方公共団体の長の補助機関たる職員若しくはその管理に属する支庁若しくは地方事務所、支所若しくは出張所、第二百五十二条の十九第一項に規定する指定都市の区の事務所若しくはその出張所、保健所その他の行政機関の長に委任し、若しくは普通地方公共団体の長の補助機関たる職員若しくはその管理に属する行政機関に属する職員をして補助執行させ、又は専門委員に委託して必要な事項を調査させることができる。但し、政令で定める事務については、この限りではない。

第二款 教育委員会

〔職務〕

第百八十条の八 教育委員会は、別に法律の定めるところにより、学校その他の教育機関を管理し、学校の組織編制、教育課程、教科書その他の教材の取扱及び教育職員の身分取扱に関する事務を行い、並びに社会教育その他教育、学術及び文化に関する事務を管理し及びこれを執行する。

第五款 監査委員

〔設置及び定数〕

第百九十五条 普通地方公共団体に監査委員を置く。

② 監査委員の定数は、都道府県及び政令で定める市にあつては四人とし、その他の市にあつては条例の定めるところにより三人又は二人とし、町村にあつては二人とする。

〔選任及び兼職禁止〕

第百九十六条 監査委員は、普通地方公共団体の長が、議会の同意を得て、人格が高潔で、普通地方公共団体の財務管理、事業の経営管理その他行政運営に関し優れた識見を有する者（以下本款において「識見を有する者」という。）及び議員のうちから、これを選任する。この場合において、議員のうちから選任する監査委員の数は、監査委員の定数が四人のときは二人又は一人、三人以内のときは一人とするものとする。

② 識見を有する者のうちから選任される監査委員の数が、三人である普通地方公共団体にあつては少なくともその二人以上は、二人である普通地方公共団体にあつては少なくともその一人以上は、当該普通地方公共団体の職員で政令で定めるものでなかつた者でなければならない。

③ 監査委員は、地方公共団体の常勤の職員及び再任用短時間勤務職員と兼ねることができない。

④ 識見を有する者のうちから選任される監査委員は、これを常勤とすることができる。

⑤ 都道府県及び政令で定める市にあつては、識見を有する者のうちから選任される監査委員のうち少なくともその一人以上は、常

勤としなければならない。

〔任期〕

第百九十七条　監査委員の任期は、識見を有する者のうちから選任される者にあつては四年とし、議員のうちから選任される者にあつては議員の任期による。ただし、後任者が選任されるまでの間は、その職務を行うことを妨げない。

〔身分保障〕

第百九十七条の二　普通地方公共団体の長は、監査委員が心身の故障のため職務の遂行に堪えないと認めるとき、又は監査委員に職務上の義務違反その他監査委員たるに適しない非行があると認めるときは、議会の同意を得て、これを罷免することができる。この場合においては、議会の常任委員会又は特別委員会において公聴会を開かなければならない。

② 監査委員は、前項の規定による場合を除くほか、その意に反して罷免されることがない。

〔退職〕

第百九十八条　監査委員は、退職しようとするときは、普通地方公共団体の長の承認を得なければならない。

〔親族の就職禁止〕

第百九十八条の二　普通地方公共団体の長又は副知事若しくは助役と親子、夫婦又は兄弟姉妹の関係にある者は、監査委員となることができない。

② 監査委員は、前項に規定する関係が生じたときは、その職を失う。

〔監査の態度・守秘義務〕

第百九十八条の三　監査委員は、その職務を遂行するに当たつては、常に公正不偏の態度を保持して、監査をしなければならない。

② 監査委員は、職務上知り得た秘密を漏らしてはならない。その職を退いた後も、同様とする。

〔職務〕

第百九十九条　監査委員は、普通地方公共団体の財務に関する事務の執行及び普通地方公共団体の経営に係る事業の管理を監査する。

② 監査委員は、前項に定めるもののほか、必要があると認めるときは、普通地方公共団体の事務（自治事務にあつては地方労働委員会及び収用委員会の権限に属する事務で政令で定めるものを除き、法定受託事務にあつては国の安全を害するおそれがあることその他の事由により監査委員の監査の対象とすることが適当でないものとして政令で定めるものを除く。）の執行について監査をすることができる。この場合において、当該監査の実施に関し必要な事項は、政令で定める。

③ 監査委員は、第一項又は前項の規定による監査をするに当たつては、当該普通地方公共団体の財務に関する事務の執行及び当該普通地方公共団体の経営に係る事業の管理又は同項に規定する事務の執行が第二条第十四項及び第十五項の規定の趣旨にのつとつてなされているかどうかに、特に、意を用いなければならない。

④ 監査委員は、毎会計年度少くとも一回以上期日を定めて第一項の規定による監査をしなければならない。

⑤ 監査委員は、前項に定める場合のほか、必要があると認めるときは、いつでも第一項の規定による監査をすることができる。

⑥ 監査委員は、当該普通地方公共団体の長から当該普通地方公共団体の事務の執行に関し監査の要求があつたときは、その要求に係る事項について監査をしなければならない。

⑦ 監査委員は、必要があると認めるとき、又は普通地方公共団体

の長の要求があるときは、当該普通地方公共団体が補助金、交付金、負担金、貸付金、損失補償、利子補給その他の財政的援助を与えているものの出納その他の事務の執行で当該財政的援助に係るものを監査することができる。当該普通地方公共団体が出資しているもので政令で定めるもの、当該普通地方公共団体が借入金の元金又は利子の支払を保証しているもの、当該普通地方公共団体が受益権を有する信託で政令で定めるものの受託者及び当該普通地方公共団体が第二百四十四条の二第三項の規定に基づき公の施設の管理を委託しているものについても、また、同様とする。

⑧ 監査委員は、監査のため必要があると認めるときは、関係人の出頭を求め、若しくは関係人について調査し、又は関係人に対し帳簿、書類その他の記録の提出を求めることができる。

⑨ 監査委員は、監査の結果に関する報告を決定し、これを普通地方公共団体の議会及び長並びに関係のある教育委員会、選挙管理委員会、人事委員会若しくは公平委員会、公安委員会、地方労働委員会、農業委員会その他法律に基づく委員会又は委員に提出し、かつ、これを公表しなければならない。

⑩ 監査委員は、監査の結果に基づいて必要があると認めるときは、当該普通地方公共団体の組織及び運営の合理化に資するため、前項の規定による監査の結果に関する報告に添えてその意見を提出することができる。

⑪ 第九項の規定による監査の結果に関する報告の決定又は前項の規定による意見の決定は、監査委員の合議によるものとする。

⑫ 監査委員から監査の結果に関する報告の提出があつた場合において、当該監査の結果に関する報告の提出を受けた普通地方公共団体の議会、長、教育委員会、選挙管理委員会、人事委員会若しくは公平委員会、公安委員会、地方労働委員会、農業委員会その他法律に基づく委員会又は委員は、当該監査の結果に基づき、又は当該監査の結果を参考として措置を講じたときは、その旨を監査委員に通知するものとする。この場合においては、監査委員は、当該通知に係る事項を公表しなければならない。

〔監査執行上の除斥〕

第百九十九条の二 監査委員は、自己若しくは父母、祖父母、配偶者、子、孫若しくは兄弟姉妹の一身上に関する事件又は自己若しくはこれらの者の従事する業務に直接の利害関係のある事件については、監査することができない。

〔代表監査委員〕

第百九十九条の三 監査委員は、その定数が四人又は三人の場合にあつては識見を有する者のうちから選任される監査委員の一人を、二人の場合にあつては識見を有する者のうちから選任される監査委員を代表監査委員としなければならない。

② 代表監査委員は、監査委員に関する庶務を処理する。

③ 代表監査委員に事故があるとき、又は代表監査委員が欠けたときは、監査委員の定数が四人又は三人の場合にあつては代表監査委員の指定する監査委員が、二人の場合にあつては他の監査委員がその職務を代理する。

〔事務局〕

第二百条 都道府県の監査委員に事務局を置く。

② 市町村の監査委員に条例の定めるところにより、事務局を置くことができる。

③ 事務局に事務局長、書記その他の職員を置く。

④ 事務局を置かない市町村の監査委員の事務を補助させるため書記その他の職員を置く。

⑤ 事務局長、書記その他の職員は、代表監査委員がこれを任免す

る。

⑥　事務局長、書記その他の常勤の職員の定数は、条例でこれを定める。ただし、臨時の職については、この限りでない。

⑦　事務局長は監査委員の命を受け、書記その他の職員又は第百八十条の三の規定による職員は上司の指揮を受け、それぞれ監査委員に関する事務に従事する。

〔準用規定〕

第二百一条　第百四十一条第一項、第百五十四条、第百五十九条、第百六十四条及び第百六十六条第一項の規定は監査委員に、第百五十三条第一項の規定は代表監査委員に、第百七十二条第四項の規定は監査委員の事務局長、書記その他の職員にこれを準用する。

〔条例への委任〕

第二百二条　この法律及びこれに基く政令に規定するものを除く外、監査委員に関し必要な事項は、条例でこれを定める。

第七款　附属機関

〔職務・組織・設置〕

第二百二条の三　普通地方公共団体の執行機関の附属機関は、法律若しくはこれに基く政令又は条例の定めるところにより、その担任する事項について調停、審査、審議又は調査等を行う機関とする。

②　附属機関を組織する委員その他の構成員は、非常勤とする。

③　附属機関の庶務は、法律又はこれに基く政令に特別の定があるものを除く外、その属する執行機関において掌るものとする。

第八章　給与その他の給付

〔報酬及び費用弁償〕

第二百三条　普通地方公共団体は、その議会の議員、委員会の委員、非常勤の監査委員その他の委員、自治紛争処理委員、審査会、審議会及び調査会等の委員その他の構成員、専門委員、投票管理者、開票管理者、選挙長、投票立会人、開票立会人及び選挙立会人その他普通地方公共団体の非常勤の職員（再任用短時間勤務職員を除く。）に対し、報酬を支給しなければならない。

②　前項の職員の中議会の議員以外の者に対する報酬は、その勤務日数に応じてこれを支給する。但し、条例で特別の定をした場合は、この限りでない。

③　第一項の者は、職務を行うため要する費用の弁償を受けることができる。

④　普通地方公共団体は、条例で、その議会の議員に対し、期末手当を支給することができる。

⑤　報酬、費用弁償及び期末手当の額並びにその支給方法は、条例でこれを定めなければならない。

〔給料、旅費及び諸手当〕

第二百四条　普通地方公共団体は、普通地方公共団体の長及びその補助機関たる常勤の職員、委員会の常勤の委員、常勤の監査委員、議会の事務局長又は書記長、書記その他の常勤の職員、委員会の事務局長若しくは書記長、委員の事務局長又は委員会若しくは委員の事務を補助する書記その他の常勤の職員その他普通地方公共団体の常勤の職員並びに再任用短時間勤務職員に対し、給料及び旅費を支給しなければならない。

②　普通地方公共団体は、条例で、前項の職員に対し、扶養手当、調整手当、住居手当、初任給調整手当、通勤手当、単身赴任手当、特殊勤務手当、特地勤務手当（これに準ずる手当を含む。）、へき地手当（これに準ずる手当を含む。）、時間外勤務手当、宿日直手当、管理職員特別勤務手当、夜間勤務手当、休日勤務手当、管理

職手当、期末手当、勤勉手当、期末特別手当、寒冷地手当、任期付研究員業績手当、義務教育等教員特別手当、定時制通信教育手当、産業教育手当、農林漁業改良普及手当、災害派遣手当又は退職手当を支給することができる。

③ 給料、手当及び旅費の額並びにその支給方法は、条例でこれを定めなければならない。

〔給与その他の給付〕

第二百四条の二 普通地方公共団体は、いかなる給与その他の給付も法律又はこれに基く条例に基かずには、これを第二百三条第一項の職員及び前条第一項の職員に支給することができない。

〔退職年金又は退職一時金〕

第二百五条 第二百四条第一項の職員は、退職年金又は退職一時金を受けることができる。

〔給与等に対する審査請求〕

第二百六条 普通地方公共団体の長がした第二百三条、第二百四条又は前条の規定による給与その他の給付に関する処分に不服がある者は、法律に特別の定めがある場合を除くほか、都道府県知事がした処分については総務大臣、市町村長がした処分については都道府県知事に審査請求をすることができる。この場合においては、異議申立てをすることもできる。

② 第百三十八条の四第一項に規定する機関がした前項の給与その他の給付に関する処分に不服がある者は、法律に特別の定めがある場合を除くほか、当該普通地方公共団体の長に審査請求をすることができる。

③ 普通地方公共団体の長及び前項に規定する機関以外の機関がした第一項の給与その他の給付に関する処分についての審査請求は、法律に特別の定めがある場合を除くほか、普通地方公共団体の長が処分庁の直近上級行政庁でない場合においても、当該普通地方公共団体の長に対してするものとする。

④ 普通地方公共団体の長は、第一項の給与その他の給付に関する処分についての異議申立て又は審査請求（同項に規定する審査請求を除く。）があつたときは、議会に諮問してこれを決定しなければならない。

⑤ 議会は、前項の規定による諮問があつた日から二十日以内に意見を述べなければならない。

⑥ 第一項の給与その他の給付に関する処分についての審査請求（同項に規定する審査請求を除く。）に対する裁決に不服がある者は、都道府県知事がした裁決については総務大臣、市町村長がした裁決については都道府県知事に再審査請求をすることができる。

〔実費弁償〕

第二百七条 普通地方公共団体は、条例の定めるところにより、第七十四条の三第三項及び第百条第一項の規定により出頭した選挙人その他の関係人、第百九条第五項、第百九条の二第四項及び第百十条第四項の規定により出頭した参考人、第百九十九条第八項の規定により出頭した関係人、第二百五十一条の二第九項の規定により出頭した当事者及び関係人並びに第百九条第四項、第百九条の二第四項及び第百十条第四項の規定による公聴会に参加した者の要した実費を弁償しなければならない。

第九章 財務

第一節 会計年度及び会計の区分

〔会計年度及びその独立の原則〕

第二百八条 普通地方公共団体の会計年度は、毎年四月一日に始まり、翌年三月三十一日に終わるものとする。

2 各会計年度における歳出は、その年度の歳入をもつて、これに充てなければならない。

（会計の区分）

第二百九条 普通地方公共団体の会計は、一般会計及び特別会計とする。

2 特別会計は、普通地方公共団体が特定の事業を行なう場合その他特定の歳入をもつて特定の歳出に充て一般の歳入歳出と区分して経理する必要がある場合において、条例でこれを設置することができる。

第二節 予算

（総計予算主義の原則）

第二百十条 一会計年度における一切の収入及び支出は、すべてこれを歳入歳出予算に編入しなければならない。

（予算の調製及び議決）

第二百十一条 普通地方公共団体の長は、毎会計年度予算を調製し、年度開始前に、議会の議決を経なければならない。この場合において、普通地方公共団体の長は、遅くとも年度開始前、都道府県及び第二百五十二条の十九第一項に規定する指定都市にあつては三十日、その他の市及び町村にあつては二十日までに当該予算を議会に提出するようにしなければならない。

2 普通地方公共団体の長は、予算を議会に提出するときは、政令で定める予算に関する説明書をあわせて提出しなければならない。

（継続費）

第二百十二条 普通地方公共団体の経費をもつて支弁する事件でその履行に数年度を要するものについては、予算の定めるところにより、その経費の総額及び年割額を定め、数年度にわたつて支出することができる。

2 前項の規定により支出することができる経費は、これを継続費という。

（繰越明許費）

第二百十三条 歳出予算の経費のうちその性質上又は予算成立後の事由に基づき年度内にその支出を終わらない見込みのあるものについては、予算の定めるところにより、翌年度に繰り越して使用することができる。

2 前項の規定により翌年度に繰り越して使用することができる経費は、これを繰越明許費という。

（債務負担行為）

第二百十四条 歳出予算の金額、継続費の総額又は繰越明許費の金額の範囲内におけるものを除くほか、普通地方公共団体が債務を負担する行為をするには、予算で債務負担行為として定めておかなければならない。

（予算の内容）

第二百十五条 予算は、次の各号に掲げる事項に関する定めから成るものとする。

一 歳入歳出予算
二 継続費
三 繰越明許費
四 債務負担行為
五 地方債
六 一時借入金
七 歳出予算の各項の経費の金額の流用

（歳入歳出予算の区分）

第二百十六条 歳入歳出予算は、歳入にあつては、その性質に従つて款に大別し、かつ、各款中においてはこれを項に区分し、歳出にあつては、その目的に従つてこれを款項に区分しなければならない。

（予備費）

第二百十七条　予算外の支出又は予算超過の支出に充てるため、歳入歳出予算に予備費を計上しなければならない。ただし、特別会計にあつては、予備費を計上しないことができる。

2　予備費は、議会の否決した費途に充てることができない。

（補正予算、暫定予算等）

第二百十八条　普通地方公共団体の長は、予算の調製後に生じた事由に基づいて、既定の予算に追加その他の変更を加える必要が生じたときは、補正予算を調製し、これを議会に提出することができる。

2　普通地方公共団体の長は、必要に応じて、一会計年度のうちの一定期間に係る暫定予算を調製し、これを議会に提出することができる。

3　前項の暫定予算は、当該会計年度の予算が成立したときは、その効力を失うものとし、その暫定予算に基づく支出又は債務の負担があるときは、その支出又は債務の負担は、これを当該会計年度の予算に基づく支出又は債務の負担とみなす。

4　普通地方公共団体の長は、特別会計のうちその事業の経費を主として当該事業の経営に伴う収入をもつて充てるもので条例で定めるものについて、業務量の増加により業務のため直接必要な経費に不足を生じたときは、当該業務量の増加により増加する収入に相当する金額を当該経費（政令で定める経費を除く。）に使用することができる。この場合においては、普通地方公共団体の長は、次の会議においてその旨を議会に報告しなければならない。

（予算の送付、報告及び公表）

第二百十九条　普通地方公共団体の議会の議長は、予算を定める議決があつたときは、その日から三日以内にこれを当該普通地方公共団体の長に送付しなければならない。

2　普通地方公共団体の長は、前項の規定により予算の送付を受けた場合において、再議その他の措置を講ずる必要がないと認めるときは、直ちにこれを都道府県にあつては総務大臣、市町村にあつては都道府県知事に報告し、かつ、その要領を住民に公表しなければならない。

（予算の執行及び事故繰越し）

第二百二十条　普通地方公共団体の長は、政令で定める基準に従つて予算の執行に関する手続を定め、これに従つて予算を執行しなければならない。

2　歳出予算の経費の金額は、各款の間又は各項の間において相互にこれを流用することができない。ただし、歳出予算の各項の経費の金額は、予算の執行上必要がある場合に限り、予算の定めるところにより、これを流用することができる。

3　繰越明許費の金額を除くほか、毎会計年度の歳出予算の経費の金額は、これを翌年度において使用することができない。ただし、歳出予算の経費の金額のうち、年度内に支出負担行為をし、避けがたい事故のため年度内に支出を終わらなかつたもの（当該支出負担行為に係る工事その他の事業の遂行上の必要に基づきこれに関連して支出を要する経費の金額を含む。）は、これを翌年度に繰り越して使用することができる。

（予算の執行に関する長の調査権等）

第二百二十一条　普通地方公共団体の長は、予算の執行の適正を期するため、委員会若しくは委員又はこれらの管理に属する機関で権限を有するものに対して、収入及び支出の実績若しくは見込みについて報告を徴し、予算の執行状況を実地について調査し、又はその結果に基づいて必要な措置を講ずべきことを求めることができる。

2　普通地方公共団体の長は、予算の執行の適正を期するため、工事の請負契約者、物品の納入者、補助金、交付金、貸付金等の交付若しくは貸付けを受けた者（補助金、交付金、貸付金等の終局の受領者を含む。）又は調査、試験、研究等の委託を受けた者に対して、その状況を調査し、又は報告を徴することができる。

3　前二項の規定は、普通地方公共団体が出資している法人で政令で定めるもの、普通地方公共団体が借入金の元金若しくは利子の支払を保証し、又は損失補償を行う等その者のために債務を負担している法人で政令で定めるもの及び普通地方公共団体が受益権を有する信託で政令で定めるものの受託者にこれを準用する。

（予算を伴う条例、規則等についての制限）

第二百二十二条　普通地方公共団体の長は、条例その他議会の議決を要すべき案件があらたに予算を伴うこととなるものであるときは、必要な予算上の措置が適確に講ぜられる見込みが得られるまでの間は、これを議会に提出してはならない。

2　普通地方公共団体の長、委員会若しくは委員又はこれらの管理に属する機関は、その権限に属する事務に関する規則その他の規程の制定又は改正があらたに予算を伴うこととなるものであるときは、必要な予算上の措置が適確に講ぜられることとなるまでの間は、これを制定し、又は改正してはならない。

第三節　収入

（地方税）

第二百二十三条　普通地方公共団体は、法律の定めるところにより、地方税を賦課徴収することができる。

（分担金）

第二百二十四条　普通地方公共団体は、政令で定める場合を除くほか、数人又は普通地方公共団体の一部に対し利益のある事件に関し、その必要な費用に充てるため、当該事件により特に利益を受ける者から、その受益の限度において、分担金を徴収することができる。

（使用料）

第二百二十五条　普通地方公共団体は、第二百三十八条の四〔行政財産の管理及び処分〕第四項の規定による許可を受けてする行政財産の使用又は公の施設の利用につき使用料を徴収することができる。

（旧慣使用の使用料及び加入金）

第二百二十六条　市町村は、第二百三十八条の六〔旧慣による公有財産の使用〕の規定による公有財産の使用につき使用料を徴収することができるほか、同条第二項の規定により使用の許可を受けた者から加入金を徴収することができる。

（手数料）

第二百二十七条　普通地方公共団体は、当該普通地方公共団体の事務で特定の者のためにするものにつき、手数料を徴収することができる。

（分担金等に関する規制及び罰則）

第二百二十八条　分担金、使用料、加入金及び手数料に関する事項については、条例でこれを定めなければならない。この場合において、手数料について全国的に統一して定めることが特に必要と認められるものとして政令で定める事務（以下本項において「標準事務」という。）について手数料を徴収する場合においては、当該標準事務に係る事務のうち政令で定めるものにつき、政令で定める金額の手数料を徴収することを標準として条例を定めなければならない。

2　分担金、使用料、加入金及び手数料の徴収に関しては、次項に定めるものを除くほか、条例で五万円以下の過料を科する規定を設けることができる。

3　詐欺その他不正の行為により、分担金、使用料、加入金又は手数料の徴収を免れた者については、条例でその徴収を免れた金額の五倍に相当する金額（当該五倍に相当する金額が五万円を超えないときは、五万円とする。）以下の過料を科する規定を設けることができる。

（分担金等の徴収に関する処分についての不服申立て）

第二百二十九条　第百三十八条の四第一項に規定する機関がした使用料又は手数料の徴収に関する処分に不服がある者は、当該普通地方公共団体の長に審査請求をすることができる。

2　前項に規定する機関以外の機関がした分担金、使用料、加入金又は手数料の徴収に関する処分についての審査請求は、普通地方公共団体の長が処分庁の直近上級行政庁でない場合においても、当該普通地方公共団体の長に対してするものとする。

3　分担金、使用料、加入金又は手数料の徴収に関する処分についての審査請求又は異議申立てに関する行政不服審査法〔別掲〕第十四条第一項本文又は第四十五条の期間は、当該処分を受けた日の翌日から起算して三十日以内とする。

4　普通地方公共団体の長は、前項の処分についての審査請求又は異議申立てがあつたときは、議会に諮問してこれを決定しなければならない。

5　議会は、前項の規定による諮問があつた日から二十日以内に意見を述べなければならない。

6　第四項の審査請求又は異議申立てに対する裁決又は決定を受けた後でなければ、第三項の処分については、裁判所に出訴することができない。

（地方債）

第二百三十条　普通地方公共団体は、別に法律で定める場合において、予算の定めるところにより、地方債を起こすことができる。

2　前項の場合において、地方債の起債の目的、限度額、起債の方法、利率及び償還の方法は、予算でこれを定めなければならない。

（歳入の収入の方法）

第二百三十一条　普通地方公共団体の歳入を収入するときは、政令の定めるところにより、これを調定し、納入義務者に対して納入の通知をしなければならない。

（証紙による収入の方法等）

第二百三十一条の二　普通地方公共団体は、使用料又は手数料の徴収については、条例の定めるところにより、証紙による収入の方法によることができる。

2　証紙による収入の方法による場合においては、証紙の売りさばき代金をもつて歳入とする。

3　証紙による収入の方法によるものを除くほか、普通地方公共団体の歳入は、第二百三十五条〔金融機関の指定〕の規定により金融機関が指定されている場合においては、政令の定めるところにより、口座振替の方法により、又は証券をもつてこれを納付することができる。

4　前項の規定により納付された証券を支払の呈示期間内又は有効期間内に呈示し、支払の請求をした場合において、支払の拒絶があつたときは、当該歳入は、はじめから納付がなかつたものとみなす。この場合における当該証券の処分に関し必要な事項は、政令でこれを定める。

5　証紙による収入の方法によるものを除くほか、普通地方公共団体の歳入については、第二百三十五条の規定により金融機関を指定していない市町村においては、政令の定めるところにより、納入義務者から証券の提供を受け、その証券の取立て及びその取り立てた金銭による納付の委託を受けることができる。

（督促、滞納処分等）

第二百三十一条の三　分担金、使用料、加入金、手数料及び過料その他の普通地方公共団体の歳入を納期限までに納付しない者があるときは、普通地方公共団体の長は、期限を指定してこれを督促しなければならない。

2　普通地方公共団体の長は、前項の歳入について同項の規定による督促をした場合においては、条例の定めるところにより、手数料及び延滞金を徴収することができる。

3　普通地方公共団体の長は、分担金、加入金、過料又は法律で定める使用料その他の普通地方公共団体の歳入につき第一項の規定による督促を受けた者が同項の規定により指定された期限までにその納付すべき金額を納付しないときは、当該歳入並びに当該歳入に係る前項の手数料及び延滞金について、地方税の滞納処分の例により処分することができる。この場合におけるこれらの徴収金の先取特権の順位は、国税及び地方税に次ぐものとする。

4　第一項の歳入並びに第二項の手数料及び延滞金の還付並びにこれらの徴収金の徴収又は還付に関する書類の送達及び公示送達については、地方税の例による。

5　普通地方公共団体の長以外の機関がした前四項の規定による処分についての審査請求は、普通地方公共団体の長が処分庁の直近上級行政庁でない場合においても、当該普通地方公共団体の長に対してするものとする。

6　第一項から第四項までの規定による処分についての審査請求又は異議申立てに関する行政不服審査法第十四条第一項本文又は第四十五条の期間は、当該処分を受けた日の翌日から起算して三十日以内とする。

7　普通地方公共団体の長は、第一項から第四項までの規定による処分についての審査請求又は異議申立てがあったときは、議会に諮問してこれを決定しなければならない。

8　議会は、前項の規定による諮問があった日から二十日以内に意見を述べなければならない。

9　第七項の審査請求又は異議申立てに対する裁決又は決定を受けた後でなければ、第一項から第四項までの規定による処分については、裁判所に出訴することができない。

10　第三項の規定による処分中差押物件の公売は、その処分が確定するまで執行を停止する。

11　第三項の規定による処分は、当該普通地方公共団体の区域外においても、また、これをすることができる。

第四節　支出

（経費の支弁等）

第二百三十二条　普通地方公共団体は、当該普通地方公共団体の事務を処理するために必要な経費その他法律又はこれに基づく政令により当該普通地方公共団体の負担に属する経費を支弁するものとする。

2　法律又はこれに基づく政令により普通地方公共団体に対し事務の処理を義務付ける場合においては、国は、そのために要する経費の財源につき必要な措置を講じなければならない。

（寄附又は補助）

第二百三十二条の二　普通地方公共団体は、その公益上必要がある場合においては、寄附又は補助をすることができる。

（支出負担行為）

第二百三十二条の三　普通地方公共団体の支出の原因となるべき契約その他の行為（これを支出負担行為という。）は、法令又は予算の定めるところに従い、これをしなければならない。

（支出の方法）

第二百三十二条の四　出納長又は収入役は、普通地方公共団体の長の命令がなければ、支出をすることができない。

2　出納長又は収入役は、前項の命令を受けた場合においても、当該支出負担行為が法令又は予算に違反していないこと及び当該支出負担行為に係る債務が確定していることを確認したうえでなければ、支出をすることができない。

第二百三十二条の五　普通地方公共団体の支出は、債権者のためでなければ、これをすることができない。

2　普通地方公共団体の支出は、政令の定めるところにより、資金前渡、概算払、前金払、繰替払、隔地払又は口座振替の方法によつてこれをすることができる。

（小切手の振出し及び公金振替書の交付）

第二百三十二条の六　第二百三十五条〔金融機関の指定〕の規定により金融機関を指定している普通地方公共団体における支出は、政令の定めるところにより、現金の交付に代え、当該金融機関を支払人とする小切手を振り出し、又は公金振替書を当該金融機関に交付してこれをするものとする。ただし、小切手を振り出すべき場合において、債権者から申出があるときは、出納長又は収入役は、自ら現金で小口の支払をし、又は当該金融機関をして現金で支払をさせることができる。

2　前項の金融機関は、出納長又は収入役の振り出した小切手の呈示を受けた場合において、その小切手が振出日付から十日以上を経過しているものであつても一年を経過しないものであるときは、その支払をしなければならない。

第五節　決算

（決算）

第二百三十三条　出納長又は収入役は、毎会計年度、政令の定めるところにより、決算を調製し、出納の閉鎖後三箇月以内に、証書類その他政令で定める書類とあわせて、普通地方公共団体の長に提出しなければならない。

2　普通地方公共団体の長は、決算及び前項の書類を監査委員の審査に付さなければならない。

3　普通地方公共団体の長は、前項の規定により監査委員の審査に付した決算を監査委員の意見を付けて次の通常予算を議する会議までに議会の認定に付さなければならない。

4　前項の規定による意見の決定は、監査委員の合議によるものとする。

5　普通地方公共団体の長は、第三項の規定により決算を議会の認定に付するに当たつては、当該決算に係る会計年度における主要な施策の成果を説明する書類その他政令で定める書類を併せて提出しなければならない。

6　普通地方公共団体の長は、決算をその認定に関する議会の議決及び第三項の規定による監査委員の意見と併せて、都道府県にあつては総務大臣、市町村にあつては都道府県知事に報告し、かつ、その要領を住民に公表しなければならない。

（歳計剰余金の処分）

第二百三十三条の二　各会計年度において決算上剰余金を生じたときは、翌年度の歳入に編入しなければならない。ただし、条例の定めるところにより、又は普通地方公共団体の議会の議決により、剰余金の全部又は一部を翌年度に繰り越さないで基金に編入することができる。

第六節　契約

（契約の締結）

第二百三十四条　売買、貸借、請負その他の契約は、一般競争入札、指名競争入札、随意契約又はせり売りの方法により締結するものとする。

2　前項の指名競争入札、随意契約又はせり売りは、政令で定める場合に該当するときに限り、これによることができる。

3　普通地方公共団体は、一般競争入札又は指名競争入札（以下本条において「競争入札」という。）に付する場合においては、政令の定めるところにより、契約の目的に応じ、予定価格の制限の範囲内で最高又は最低の価格をもつて申込みをした者を契約の相手方とするものとする。ただし、普通地方公共団体の支出の原因となる契約については、政令の定めるところにより、予定価格の制限の範囲内の価格をもつて申込みをした者のうち最低の価格をもつて申込みをした者以外の者を契約の相手方とすることができる。

4　普通地方公共団体が競争入札につき入札保証金を納付させた場合において、落札者が契約を締結しないときは、その者の納付に係る入札保証金（政令の定めるところによりその納付に代えて提供された担保を含む。）は、当該普通地方公共団体に帰属するものとする。

5　普通地方公共団体が契約につき契約書を作成する場合においては、当該普通地方公共団体の長又はその委任を受けた者が契約の相手方とともに契約書に記名押印しなければ、当該契約は、確定しないものとする。

6　競争入札に加わろうとする者に必要な資格、競争入札における公告又は指名の方法、随意契約及びせり売りの手続その他契約の締結の方法に関し必要な事項は、政令でこれを定める。

（契約の履行の確保）

第二百三十四条の二　普通地方公共団体が工事若しくは製造その他についての請負契約又は物件の買入れその他の契約を締結した場合においては、当該普通地方公共団体の職員は、政令の定めるところにより、契約の適正な履行を確保するため又はその受ける給付の完了の確認（給付の完了前に代価の一部を支払う必要がある場合において行なう工事若しくは製造の既済部分又は物件の既納部分の確認を含む。）をするため必要な監督又は検査をしなければならない。

2　普通地方公共団体が契約の相手方をして契約保証金を納付させた場合において、契約の相手方が契約上の義務を履行しないときは、その契約保証金（政令の定めるところによりその納付に代えて提供された担保を含む。）は、当該普通地方公共団体に帰属するものとする。ただし、損害の賠償又は違約金について契約で別段の定めをしたときは、その定めたところによるものとする。

（長期継続契約）

第二百三十四条の三　普通地方公共団体は、第二百十四条（債務負担行為）の規定にかかわらず、翌年度以降にわたり、電気、ガス若しくは水の供給若しくは電気通信役務の提供を受ける契約又は不動産を借りる契約を締結することができる。この場合においては、各年度におけるこれらの経費の予算の範囲内においてその給付を受けなければならない。

第七節　現金及び有価証券

（金融機関の指定）

第二百三十五条　都道府県は、政令の定めるところにより、金融機関を指定して、都道府県の公金の収納又は支払の事務を取り扱わせなければならない。

2　市町村は、政令の定めるところにより、金融機関を指定して、市町村の公金の収納又は支払の事務を取り扱わせることができる。

（現金出納の検査及び公金の収納等の監査）

第二百三十五条の二　普通地方公共団体の現金の出納は、毎月例日を定めて監査委員がこれを検査しなければならない。

2　監査委員は、必要があると認めるとき、又は普通地方公共団体の長の要求があるときは、前条の規定により指定された金融機関が取り扱う当該普通地方公共団体の公金の収納又は支払の事務について監査することができる。

3　監査委員は、第一項の規定による検査の結果に関する報告又は前項の規定による監査の結果に関する報告を普通地方公共団体の議会及び長に提出しなければならない。

（一時借入金）

第二百三十五条の三　普通地方公共団体の長は、歳出予算内の支出をするため、一時借入金を借り入れることができる。

2　前項の規定による一時借入金の借入れの最高額は、予算でこれを定めなければならない。

3　第一項の規定による一時借入金は、その会計年度の歳入をもって償還しなければならない。

（現金及び有価証券の保管）

第二百三十五条の四　普通地方公共団体の歳入歳出に属する現金（以下「歳計現金」という。）は、政令の定めるところにより、最も確実かつ有利な方法によりこれを保管しなければならない。

2　債権の担保として徴するもののほか、普通地方公共団体の所有に属しない現金又は有価証券は、法律又は政令の規定によるのでなければ、これを保管することができない。

3　法令又は契約に特別の定めがあるものを除くほか、普通地方公共団体が保管する前項の現金（以下「歳入歳出外現金」という。）には、利子を付さない。

（出納の閉鎖）

第二百三十五条の五　普通地方公共団体の出納は、翌年度の五月三十一日をもって閉鎖する。

第九節　財産

（財産の管理及び処分）

第二百三十七条　この法律において「財産」とは、公有財産、物品及び債権並びに基金をいう。

2　第二百三十八条の四〔行政財産の管理及び処分〕第一項の規定の適用がある場合を除き、普通地方公共団体の財産は、条例又は議会の議決による場合でなければ、これを交換し、出資の目的とし、若しくは支払手段として使用し、又は適正な対価なくしてこれを譲渡し、若しくは貸し付けてはならない。

3　普通地方公共団体の財産は、第二百三十八条の五〔普通財産の管理及び処分〕第二項の規定の適用がある場合で、議会の議決によるときでなければ、これを信託してはならない。

第一款　公有財産

（公有財産の範囲及び分類）

第二百三十八条　この法律において「公有財産」とは、普通地方公ものを除く。）をいう。
一 不動産
二 船舶、浮標、浮桟橋及び浮ドック並びに航空機
三 前二号に掲げる不動産及び動産の従物
四 地上権、地役権、鉱業権その他これらに準ずる権利
五 特許権、著作権、商標権、実用新案権その他これらに準ずる権利
六 株券、社債券（特別の法律により設立された法人の発行する債券を含み、短期社債等の振替に関する法律（平成十三年法律第七十五号）第二条第二項に規定する短期社債等に係るものを除く。）及び地方債証券（社債等登録法（昭和十七年法律第十一号）の規定により登録されたものを含む。）並びに国債証券（国債に関する法律（明治三十九年法律第三十四号）の規定により登録されたものを含む。）その他これらに準ずる有価証券
七 出資による権利
八 不動産の信託の受益権
2 公有財産は、これを行政財産と普通財産とに分類する。
3 行政財産とは、普通地方公共団体において公用又は公共用に供し、又は供することと決定した財産をいい、普通財産とは、行政財産以外の一切の公有財産をいう。

（公有財産に関する長の総合調整権）

第二百三十八条の二 普通地方公共団体の長は、公有財産の効率的運用を図るため必要があると認めるときは、委員会若しくは委員又はこれらの管理に属する機関で権限を有するものに対し、公有財産の取得又は管理について、報告を求め、実地について調査し、又はその結果に基づいて必要な措置を講ずべきことを求めることができる。
2 普通地方公共団体の委員会若しくは委員又はこれらの管理に属する機関で権限を有するものは、公有財産を取得し、又は行政財産の用途を変更し、若しくは第二百三十八条の四〔行政財産の管理及び処分〕第二項の規定による行政財産である土地の貸付け若しくはこれに対する地上権の設定若しくは同条第四項の規定による行政財産の使用の許可で当該普通地方公共団体の長が指定するものをしようとするときは、あらかじめ当該普通地方公共団体の長に協議しなければならない。
3 普通地方公共団体の委員会若しくは委員又はこれらの管理に属する機関で権限を有するものは、その管理に属する行政財産の用途を廃止したときは、直ちにこれを当該普通地方公共団体の長に引き継がなければならない。

（職員の行為の制限）

第二百三十八条の三 公有財産に関する事務に従事する職員は、その取扱いに係る公有財産を譲り受け、又は自己の所有物と交換することができない。
2 前項の規定に違反する行為は、これを無効とする。

（行政財産の管理及び処分）

第二百三十八条の四 行政財産は、次項に定めるものを除くほか、これを貸し付け、交換し、売り払い、譲与し、出資の目的とし、若しくは信託し、又はこれに私権を設定することができない。
2 行政財産である土地は、その用途又は目的を妨げない限度において、国、他の地方公共団体その他政令で定めるものに対し、政令で定める用途に供させるため、政令で定めるところにより、これを貸し付け、又はこれに地上権を設定することができる。この場合においては、次条第三項及び第四項の規定を準用する。

3　第一項の規定に違反する行為は、これを無効とする。

4　行政財産は、その用途又は目的を妨げない限度においてその使用を許可することができる。

5　前項の規定による許可を受けてする行政財産の使用については、借地借家法（平成三年法律第九十号）の規定は、これを適用しない。

6　第四項の規定により行政財産の使用を許可した場合において、公用若しくは公共用に供するため必要を生じたとき、又は許可の条件に違反する行為があると認めるときは、普通地方公共団体の長又は委員会は、その許可を取り消すことができる。

（普通財産の管理及び処分）

第二百三十八条の五　普通財産は、これを貸し付け、交換し、売り払い、譲与し、若しくは出資の目的とし、又はこれに私権を設定することができる。

2　普通財産である土地（その土地の定着物を含む。）は、当該普通地方公共団体を受益者として政令で定める信託の目的により、これを信託することができる。

3　普通財産を貸し付けた場合において、その貸付期間中に国、地方公共団体その他公共団体において公用又は公共用に供するため必要を生じたときは、普通地方公共団体の長は、その契約を解除することができる。

4　前項の規定により契約を解除した場合においては、借受人は、これによつて生じた損失につきその補償を求めることができる。

5　普通地方公共団体の長が一定の用途並びにその用途に供しなければならない期日及び期間を指定して普通財産を貸し付けた場合において、借受人が指定された期日を経過してもなおこれをその用途に供せず、又はこれをその用途に供した後指定された期間内にその用途を廃止したときは、当該普通地方公共団体の長は、その契約を解除することができる。

6　第三項及び第四項の規定は貸付け以外の方法により普通財産を使用させる場合に、前項の規定は普通財産を売り払い、又は譲与する場合に準用する。

7　第三項から第五項までの規定は、普通財産である土地（その土地の定着物を含む。）を信託する場合に準用する。

8　第六項に定めるもののほか普通財産の売払いに関し必要な事項及び普通財産の交換に関し必要な事項は、政令でこれを定める。

（旧慣による公有財産の使用）

第二百三十八条の六　旧来の慣行により市町村の住民中特に公有財産を使用する権利を有する者があるときは、その旧慣による。その旧慣を変更し、又は廃止しようとするときは、市町村の議会の議決を経なければならない。

2　前項の公有財産をあらたに使用しようとする者があるときは、市町村長は、議会の議決を経て、これを許可することができる。

（行政財産を使用する権利に関する処分についての不服申立て）

第二百三十八条の七　第二百三十八条の四（行政財産の管理及び処分）の規定により普通地方公共団体の長がした行政財産を使用する権利に関する処分に不服がある者は、都道府県知事がした処分については総務大臣、市町村長がした処分については都道府県知事に審査請求することができる。この場合においては、異議申立てをすることもできる。

2　第二百三十八条の四の規定により普通地方公共団体の委員会がした行政財産を使用する権利に関する処分に不服がある者は、当該普通地方公共団体の長に審査請求をすることができる。

3　第二百三十八条の四の規定により普通地方公共団体の長及び委

員会以外の機関がした行政財産を使用する権利に関する処分についての審査請求は、普通地方公共団体の長が処分庁の直近上級行政庁でない場合においても、当該普通地方公共団体の長に対してするものとする。

4　普通地方公共団体の長は、行政財産を使用する権利に関する処分についての異議申立て又は審査請求（第一項に規定する審査請求を除く。）があつたときは、議会に諮問してこれを決定しなければならない。

5　議会は、前項の規定による諮問があつた日から二十日以内に意見を述べなければならない。

6　行政財産を使用する権利に関する処分についての審査請求（第一項に規定する審査請求を除く。）に対する裁決に不服がある者は、都道府県知事がした裁決については総務大臣、市町村長がした裁決については都道府県知事に再審査請求をすることができる。

第二款　物品

（物品）

第二百三十九条　この法律において「物品」とは、普通地方公共団体の所有に属する動産で次の各号に掲げるもの以外のもの及び普通地方公共団体が使用のために保管する動産（政令で定める動産を除く。）をいう。

一　現金（現金に代えて納付される証券を含む。）

二　公有財産に属するもの

三　基金に属するもの

2　物品に関する事務に従事する職員は、その取扱いに係る物品（政令で定める物品を除く。）を普通地方公共団体から譲り受けることができない。

3　前項の規定に違反する行為は、これを無効とする。

4　前二項に定めるもののほか、物品の管理及び処分に関し必要な事項は、政令でこれを定める。

5　普通地方公共団体の所有に属しない動産で普通地方公共団体が保管するもの（使用のために保管するものを除く。）のうち政令で定めるもの（以下「占有動産」という。）の管理に関し必要な事項は、政令でこれを定める。

第三款　債権

（債権）

第二百四十条　この章において「債権」とは、金銭の給付を目的とする普通地方公共団体の権利をいう。

2　普通地方公共団体の長は、債権について、政令の定めるところにより、その督促、強制執行その他その保全及び取立てに関し必要な措置をとらなければならない。

3　普通地方公共団体の長は、債権について、政令の定めるところにより、その徴収停止、履行期限の延長又は当該債権に係る債務の免除をすることができる。

4　前二項の規定は、次の各号に掲げる債権については、これを適用しない。

一　地方税法（昭和二十五年法律第二百二十六号）の規定に基づく徴収金に係る債権

二　過料に係る債権

三　証券に化体されている債権（社債等登録法又は国債に関する法律の規定により登録されたもの及び短期社債等の振替に関する法律の規定により振替口座簿に記録されたものを含む。）

四　預金に係る債権

五　歳入歳出外現金となるべき金銭の給付を目的とする債権

六　寄附金に係る債権
七　基金に属する債権

第四款　基金

（基金）
第二百四十一条　普通地方公共団体は、条例の定めるところにより、特定の目的のために財産を維持し、資金を積み立て、又は定額の資金を運用するための基金を設けることができる。
2　基金は、これを前項の条例で定める特定の目的に応じ、及び確実かつ効率的に運用しなければならない。
3　第一項の規定により特定の目的のために財産を取得し、又は資金を積み立てるための基金を設けた場合においては、当該目的のためでなければこれを処分することができない。
4　基金の運用から生ずる収益及び基金の管理に要する経費は、それぞれ毎会計年度の歳入歳出予算に計上しなければならない。
5　第一項の規定により特定の目的のために定額の資金を運用するための基金を設けた場合においては、普通地方公共団体の長は、毎会計年度、その運用の状況を示す書類を作成し、これを監査委員の審査に付し、その意見を付けて、第二百三十三条〔決算〕第五項の書類と併せて議会に提出しなければならない。
6　前項の規定による意見の決定は、監査委員の合議によるものとする。
7　基金の管理については、基金に属する財産の種類に応じ、収入若しくは支出の手続、歳計現金の出納若しくは保管、公有財産若しくは物品の管理若しくは処分又は債権の管理の例による。
8　第二項から前項までに定めるもののほか、基金の管理及び処分に関し必要な事項は、条例でこれを定めなければならない。

第十節　住民による監査請求及び訴訟

（住民監査請求）
第二百四十二条　普通地方公共団体の住民は、当該普通地方公共団体の長若しくは委員会若しくは委員又は当該普通地方公共団体の職員について、違法若しくは不当な公金の支出、財産の取得、管理若しくは処分、契約の締結若しくは履行若しくは債務その他の義務の負担がある（当該行為がなされることが相当の確実さをもつて予測される場合を含む。）と認めるとき、又は違法若しくは不当に公金の賦課若しくは徴収若しくは財産の管理を怠る事実（以下「怠る事実」という。）があると認めるときは、これらを証する書面を添え、監査委員に対し、監査を求め、当該行為を防止し、若しくは是正し、若しくは当該怠る事実を改め、又は当該行為若しくは怠る事実によつて当該普通地方公共団体のこうむつた損害を補塡《てん》するために必要な措置を講ずべきことを請求することができる。
2　前項の規定による請求は、当該行為のあつた日又は終わつた日から一年を経過したときは、これをすることができない。ただし、正当な理由があるときは、この限りでない。
3　第一項の規定による請求があつた場合においては、監査委員は、監査を行ない、請求に理由がないと認めるときは、理由を付してその旨を書面により同項の規定による請求人（以下本条において「請求人」という。）に通知するとともに、これを公表し、請求に理由があると認めるときは、当該普通地方公共団体の議会、長その他の執行機関又は職員に対し期間を示して必要な措置を講ずべきことを勧告するとともに、当該勧告の内容を請求人に通知し、かつ、これを公表しなければならない。
4　前項の規定による監査委員の監査及び勧告は、第一項の規定による請求があつた日から六十日以内にこれを行なわなければならない。

5　監査委員は、第三項の規定による監査を行なうにあたつては、請求人に証拠の提出及び陳述の機会を与えなければならない。

6　第三項の規定による監査及び勧告についての決定は、監査委員の合議によるものとする。

7　第三項の規定による監査委員の勧告があつたときは、当該勧告を受けた議会、長その他の執行機関又は職員は、当該勧告に示された期間内に必要な措置を講ずるとともに、その旨を監査委員に通知しなければならない。この場合においては、監査委員は、当該通知に係る事項を請求人に通知し、かつ、これを公表しなければならない。

（住民訴訟）

第二百四十二条の二　普通地方公共団体の住民は、前条第一項の規定による請求をした場合において、同条第三項の規定による監査委員の監査の結果若しくは勧告若しくは同条第七項の規定による普通地方公共団体の議会、長その他の執行機関若しくは職員の措置に不服があるとき、又は監査委員が同条第三項の規定による監査若しくは勧告を同条第四項の期間内に行なわないとき、若しくは議会、長その他の執行機関若しくは職員が同条第七項の規定による措置を講じないときは、裁判所に対し、同条第一項の請求に係る違法な行為又は怠る事実につき、訴えをもつて次の各号に掲げる請求をすることができる。ただし、第一号の請求は、当該行為により普通地方公共団体に回復の困難な損害を生ずるおそれがある場合に限るものとし、第四号の請求中職員に対する不当利得の返還請求は、当該職員に利益の存する限度に限るものとする。

一　当該執行機関又は職員に対する当該行為の全部又は一部の差止めの請求

二　行政処分たる当該行為の取消し又は無効確認の請求

三　当該執行機関又は職員に対する当該怠る事実の違法確認の請求

四　普通地方公共団体に代位して行なう当該職員に対する損害賠償の請求若しくは不当利得返還の請求又は当該行為若しくは怠る事実に係る相手方に対する法律関係不存在確認の請求、損害賠償の請求、不当利得返還の請求、原状回復の請求若しくは妨害排除の請求

2　前項の規定による訴訟は、次の各号に掲げる期間内に提起しなければならない。

一　監査委員の監査の結果又は勧告に不服がある場合は、当該監査の結果又は当該勧告の内容の通知があつた日から三十日以内

二　監査委員の勧告を受けた議会、長その他の執行機関又は職員の措置に不服がある場合は、当該措置に係る監査委員の通知があつた日から三十日以内

三　監査委員が請求をした日から六十日を経過しても監査又は勧告を行なわない場合は、当該六十日を経過した日から三十日以内

四　監査委員の勧告を受けた議会、長その他の執行機関又は職員が措置を講じない場合は、当該勧告に示された期間を経過した日から三十日以内

3　前項の期間は、不変期間とする。

4　第一項の規定による訴訟が係属しているときは、当該普通地方公共団体の他の住民は、別訴をもつて同一の請求をすることができない。

5　第一項の規定による訴訟は、当該普通地方公共団体の事務所の所在地を管轄する地方裁判所の管轄に専属する。

6 前四項に定めるもののほか、第一項の規定による訴訟については、行政事件訴訟法〔別掲〕第四十三条の規定の適用があるものとする。

7 第一項第四号の規定による訴訟を提起した者が勝訴（一部勝訴を含む。）した場合において、弁護士に報酬を支払うべきときは、普通地方公共団体に対し、その報酬額の範囲内で相当と認められる額の支払を請求することができる。

8 第一項第四号の規定による訴訟の当該職員が勝訴（一部勝訴を含む。）した場合において、弁護士に報酬を支払うべきときは、普通地方公共団体は、議会の議決によりその報酬額の範囲内で相当と認められる額を負担することができる。

第十一節　雑則

（私人の公金取扱いの制限）

第二百四十三条　普通地方公共団体は、法律又はこれに基づく政令に特別の定めがある場合を除くほか、公金の徴収若しくは収納又は支出の権限を私人に委任し、又は私人をして行なわせてはならない。

（職員の賠償責任）

第二百四十三条の二　出納長若しくは収入役若しくは出納長若しくは収入役の事務を補助する職員、資金前渡を受けた職員、占有動産を保管している職員又は物品を使用している職員が故意又は重大な過失（現金については、故意又は過失）により、その保管に係る現金、有価証券、物品（基金に属する動産を含む。）若しくは占有動産又はその使用に係る物品を亡失し、又は損傷したときは、これによつて生じた損害を賠償しなければならない。次の各号に掲げる行為をする権限を有する職員又はその権限に属する事務を直接補助する職員で普通地方公共団体の規則で指定したものが故意又は重大な過失により法令の規定に違反して当該行為をしたこと又は怠つたことにより普通地方公共団体に損害を与えたときも、また同様とする。

一　支出負担行為

二　第二百三十二条の四〔支出の方法〕第一項の命令又は同条第二項の確認

三　支出又は支払

四　第二百三十四条の二〔契約の履行の確保〕第一項の監督又は検査

2 前項の場合において、その損害が二人以上の職員の行為によつて生じたものであるときは、当該職員は、それぞれの職分に応じ、かつ、当該行為が当該損害の発生の原因となつた程度に応じて賠償の責めに任ずるものとする。

3 普通地方公共団体の長は、第一項の職員が同項に規定する行為によつて当該普通地方公共団体に損害を与えたと認めるときは、監査委員に対し、その事実があるかどうかを監査し、賠償責任の有無及び賠償額を決定することを求め、その決定に基づき、期限を定めて賠償を命じなければならない。ただし、同項前段の場合にあつてはその事実を知つた日から、同項後段の場合にあつてはその事実の発生した日から三年を経過したときは、賠償を命ずることができない。

4 前項本文の規定により監査委員が賠償責任があると決定した場合において、普通地方公共団体の長は、当該職員からなされた当該損害が避けることのできない事故その他やむを得ない事情によるものであることの証明を相当と認めるときは、議会の同意を得て、賠償責任の全部又は一部を免除することができる。この場合においては、あらかじめ監査委員の意見をきき、その意見を付けて議会に付議しなければならない。

5　第三項本文の規定による決定又は前項後段の規定による意見の決定は、監査委員の合議によるものとする。

6　第三項の規定による処分に不服がある者は、都道府県知事がした処分については総務大臣、市町村長がした処分については都道府県知事に審査請求をすることができる。この場合においては、異議申立てをすることもできる。

7　普通地方公共団体の長は、前項の規定による異議申立てがあつたときは、議会に諮問してこれを決定しなければならない。

8　議会は、前項の規定による諮問があつた日から二十日以内に意見を述べなければならない。

9　第一項の規定によつて損害を賠償しなければならない場合においては、同項の職員の賠償責任については、賠償責任に関する民法の規定は、これを適用しない。

（財政状況の公表等）

第二百四十三条の三　普通地方公共団体の長は、条例の定めるところにより、毎年二回以上歳入歳出予算の執行状況並びに財産、地方債及び一時借入金の現在高その他財政に関する事項を住民に公表しなければならない。

2　普通地方公共団体の長は、第二百二十一条〔予算の執行に関する長の調査権等〕第三項の法人について、毎事業年度、政令で定めるその経営状況を説明する書類を作成し、これを次の議会に提出しなければならない。

3　普通地方公共団体の長は、第二百二十一条第三項の信託について、信託契約に定める計算期ごとに、当該信託に係る事務の処理状況を説明する政令で定める書類を作成し、これを次の議会に提出しなければならない。

（普通地方公共団体の財政の運営に関する事項等）

第二百四十三条の四　普通地方公共団体の財政の運営、普通地方公共団体の財政と国の財政との関係等に関する基本原則については、この法律に定めるもののほか、別に法律でこれを定める。

（政令への委任）

第二百四十三条の五　歳入及び歳出の会計年度所属区分、予算及び決算の調製の様式、過年度収入及び過年度支出並びに翌年度歳入の繰上充用その他財務に関し必要な事項は、この法律に定めるもののほか、政令でこれを定める。

第十章　公の施設〔公立図書館は「公の施設」のひとつである＝編者〕

（公の施設）

第二百四十四条　普通地方公共団体は、住民の福祉を増進する目的をもつてその利用に供するための施設（これを公の施設という。）を設けるものとする。

2　普通地方公共団体は、正当な理由がない限り、住民が公の施設を利用することを拒んではならない。

3　普通地方公共団体は、住民が公の施設を利用することについて、不当な差別的取扱いをしてはならない。

（公の施設の設置、管理及び廃止）

第二百四十四条の二　普通地方公共団体は、法律又はこれに基づく政令に特別の定めがあるものを除くほか、公の施設の設置及びその管理に関する事項は、条例でこれを定めなければならない。

2　普通地方公共団体は、条例で定める重要な公の施設のうち条例で定める特に重要なものについて、これを廃止し、又は条例で定める長期かつ独占的な利用をさせようとするときは、議会において出席議員の三分の二以上の者の同意を得なければならない。

3　普通地方公共団体は、公の施設の設置の目的を効果的に達成するため必要があると認めるときは、条例の定めるところにより、その管理を普通地方公共団体が出資している法人で政令で定めるもの又は公共団体若しくは公共的団体に委託することができる。
4 普通地方公共団体は、適当と認めるときは、管理受託者（前項の規定に基づき公の施設の管理の委託を受けたものをいう。以下本条において同じ。）に当該公の施設の利用に係る料金（次項において「利用料金」という。）を当該管理受託者の収入として収受させることができる。
5 前項の場合における利用料金は、公益上必要があると認める場合を除くほか、条例の定めるところにより、管理受託者が定めるものとする。この場合において、管理受託者は、あらかじめ当該利用料金について当該普通地方公共団体の承認を受けなければならない。
6 普通地方公共団体の長又は委員会は、委託に係る公の施設の管理の適正を期するため、管理受託者に対して、当該委託に係る業務又は経理の状況に関し報告を求め、実地について調査し、又は必要な指示をすることができる。

（公の施設の区域外設置及び他の団体の公の施設の利用）

第二百四十四条の三 普通地方公共団体は、その区域外においても、また、関係普通地方公共団体との協議により、公の施設を設けることができる。
2 普通地方公共団体は、他の普通地方公共団体との協議により、当該他の普通地方公共団体の公の施設を自己の住民の利用に供させることができる。
3 前二項の協議については、関係普通地方公共団体の議会の議決を経なければならない。

（公の施設を利用する権利に関する処分についての不服申立て）

第二百四十四条の四 普通地方公共団体の長がした公の施設を利用する権利に関する処分に不服がある者は、都道府県知事がした処分については総務大臣、市町村長がした処分については都道府県知事に審査請求をすることができる。この場合においては、異議申立てをすることもできる。
2 第百三十八条の四第一項に規定する機関がした公の施設を利用する権利に関する処分に不服がある者は、当該普通地方公共団体の長に審査請求をすることができる。
3 普通地方公共団体の長及び前項に規定する機関以外の機関がした公の施設を利用する権利に関する処分についての審査請求は、普通地方公共団体の長が処分庁の直近上級行政庁でない場合においても、当該普通地方公共団体の長に対してするものとする。
4 普通地方公共団体の長は、公の施設を利用する権利に関する処分についての異議申立て又は審査請求（第一項に規定する審査請求を除く。）があつたときは、議会に諮問してこれを決定しなければならない。
5 議会は、前項の規定による諮問があつた日から二十日以内に意見を述べなければならない。
6 公の施設を利用する権利に関する処分についての審査請求（第一項に規定する審査請求を除く。）に対する裁決に不服がある者は、都道府県知事がした裁決については総務大臣、市町村長がした裁決については都道府県知事に再審査請求をすることができる。

第十一章 国と普通地方公共団体との関係及び普通地方公共団体相互間の関係

第一節 普通地方公共団体に対する国又は都道府県の関与等

第一款　普通地方公共団体に対する国又は都道府県の関与等

（関与の意義）

第二百四十五条　本章において「普通地方公共団体に対する国又は都道府県の関与」とは、普通地方公共団体の事務の処理に関し、国の行政機関（内閣府設置法（平成十一年法律第八十九号）第四条第三項に規定する事務をつかさどる機関たる内閣府、宮内庁、同法第四十九条第一項若しくは第二項に規定する機関、国家行政組織法（昭和二十三年法律第百二十号）〔別掲〕第三条第二項に規定する機関、法律の規定に基づき内閣の所轄の下に置かれる機関又はこれらに置かれる機関をいう。以下本章において同じ。）又は都道府県の機関が行う次に掲げる行為（普通地方公共団体がその固有の資格において当該行為の名あて人となるものに限り、国又は都道府県の普通地方公共団体に対する支出金の交付及び返還に係るものを除く。）をいう。

一　普通地方公共団体に対する次に掲げる行為

イ　助言又は勧告

ロ　資料の提出の要求

ハ　是正の要求（普通地方公共団体の事務の処理が法令の規定に違反しているとき又は著しく適正を欠き、かつ、明らかに公益を害しているときに当該普通地方公共団体に対して行われる当該違反の是正又は改善のため必要な措置を講ずべきことの求めであつて、当該求めを受けた普通地方公共団体がその違反の是正又は改善のため必要な措置を講じなければならないものをいう。）

ニ　同意

ホ　許可、認可又は承認

ヘ　指示

ト　代執行（普通地方公共団体の事務の処理が法令の規定に違反しているとき又は当該普通地方公共団体がその事務の処理を怠つているときに、その是正のための措置を当該普通地方公共団体に代わつて行うことをいう。）

二　普通地方公共団体との協議

三　前二号に掲げる行為のほか、一定の行政目的を実現するため普通地方公共団体に対して具体的かつ個別的に関わる行為（相反する利害を有する者の間の利害の調整を目的としてされる裁定その他の行為（その双方を名あて人とするものに限る。）及び審査請求、異議申立てその他の不服申立てに対する裁決、決定その他の行為を除く。）

（関与の法定主義）

第二百四十五条の二　普通地方公共団体は、その事務の処理に関し、法律又はこれに基づく政令によらなければ、普通地方公共団体に対する国又は都道府県の関与を受け、又は要することとされることはない。

（関与の基本原則）

第二百四十五条の三　国は、普通地方公共団体が、その事務の処理に関し、普通地方公共団体に対する国又は都道府県の関与を受け、又は要することとする場合には、その目的を達成するために必要な最小限度のものとするとともに、普通地方公共団体の自主性及び自立性に配慮しなければならない。

2　国は、できる限り、普通地方公共団体が、自治事務の処理に関しては普通地方公共団体に対する国又は都道府県の関与のうち第二百四十五条〔関与の意義〕第一号ト及び第三号に規定する行為を、法定受託事務の処理に関しては普通地方公共団体に対する国又は都道府県の関与のうち同号に規定する行為を受け、又は要することとすることのないようにしなければならない。

3　国は、国又は都道府県の計画と普通地方公共団体の計画との調和を保つ必要がある場合等国又は都道府県の施策と普通地方公共団体の施策との間の調整が必要な場合を除き、普通地方公共団体の事務の処理に関し、普通地方公共団体が、普通地方公共団体に対する国又は都道府県の関与のうち第二百四十五条第二号に規定する行為を要することとすることのないようにしなければならない。

4　国は、法令に基づき国がその内容について財政上又は税制上の特例措置を講ずるものとされている計画を普通地方公共団体が作成する場合等国又は都道府県の施策と普通地方公共団体の施策との整合性を確保しなければこれらの施策の実施に著しく支障が生ずると認められる場合を除き、自治事務の処理に関し、普通地方公共団体が、普通地方公共団体に対する国又は都道府県の関与のうち第二百四十五条第一号ニに規定する行為を要することとすることのないようにしなければならない。

5　国は、普通地方公共団体が特別の法律により法人を設立する場合等自治事務の処理について国の行政機関又は都道府県の機関の許可、認可又は承認を要することとすること以外の方法によってその処理の適正を確保することが困難であると認められる場合を除き、自治事務の処理に関し、普通地方公共団体が、普通地方公共団体に対する国又は都道府県の関与のうち第二百四十五条第一号ホに規定する行為を要することとすることのないようにしなければならない。

6　国は、国民の生命、身体又は財産の保護のため緊急に自治事務の的確な処理を確保する必要がある場合等特に必要と認められる場合を除き、自治事務の処理に関し、普通地方公共団体が、普通地方公共団体に対する国又は都道府県の関与のうち第二百四十五条第一号へに規定する行為に従わなければならないこととすることのないようにしなければならない。

（技術的な助言及び勧告並びに資料の提出の要求）

第二百四十五条の四　各大臣（内閣府設置法第四条第三項に規定する事務を分担管理する大臣たる内閣総理大臣又は国家行政組織法第五条第一項に規定する各省大臣をいう。以下本章、次章及び第十四章において同じ。）又は都道府県知事その他の都道府県の執行機関は、その担任する事務に関し、普通地方公共団体に対し、普通地方公共団体の事務の運営その他の事項について適切と認める技術的な助言若しくは勧告をし、又は当該助言若しくは勧告をするため若しくは普通地方公共団体の事務の適正な処理に関する情報を提供するため必要な資料の提出を求めることができる。

2　各大臣は、その担任する事務に関し、都道府県知事その他の都道府県の執行機関に対し、前項の規定による市町村に対する助言若しくは勧告又は資料の提出の求めに関し、必要な指示をすることができる。

3　普通地方公共団体の長その他の執行機関は、各大臣又は都道府県知事その他の都道府県の執行機関に対し、その担任する事務の管理及び執行について技術的な助言若しくは勧告又は必要な情報の提供を求めることができる。

（是正の要求）

第二百四十五条の五　各大臣は、その担任する事務に関し、都道府県の自治事務の処理が法令の規定に違反していると認めるとき、又は著しく適正を欠き、かつ、明らかに公益を害していると認めるときは、当該都道府県に対し、当該自治事務の処理について違反の是正又は改善のため必要な措置を講ずべきことを求めることができる。

2　各大臣は、その担任する事務に関し、市町村の次の各号に掲げる事務の処理が法令の規定に違反していると認めるとき、又は著しく適正を欠き、かつ、明らかに公益を害していると認めるときは、当該各号に定める都道府県の執行機関に対し、当該事務の処理について違反の是正又は改善のため必要な措置を講ずべきことを当該市町村に求めるよう指示をすることができる。

一　市町村長その他の市町村の執行機関（教育委員会及び選挙管理委員会を除く。）の担任する事務（第一号法定受託事務を除く。次号及び第三号において同じ。）　都道府県知事

二　市町村教育委員会の担任する事務　都道府県教育委員会

三　市町村選挙管理委員会の担任する事務　都道府県選挙管理委員会

3　前項の指示を受けた都道府県の執行機関は、当該市町村に対し、当該事務の処理について違反の是正又は改善のため必要な措置を講ずべきことを求めなければならない。

4　各大臣は、第二項の規定によるほか、その担任する事務に関し、市町村の事務（第一号法定受託事務を除く。）の処理が法令の規定に違反していると認める場合、又は著しく適正を欠き、かつ、明らかに公益を害していると認める場合において、緊急を要するときその他特に必要があると認めるときは、自ら当該市町村に対し、当該事務の処理について違反の是正又は改善のため必要な措置を講ずべきことを求めることができる。

5　普通地方公共団体は、第一項、第三項又は前項の規定による求めを受けたときは、当該事務の処理について違反の是正又は改善のための必要な措置を講じなければならない。

（是正の勧告）

第二百四十五条の六　次の各号に掲げる都道府県の執行機関は、市町村の当該各号に定める自治事務の処理が法令の規定に違反していると認めるとき、又は著しく適正を欠き、かつ、明らかに公益を害していると認めるときは、当該市町村に対し、当該自治事務の処理について違反の是正又は改善のため必要な措置を講ずべきことを勧告することができる。

一　都道府県知事　市町村長その他の市町村の執行機関（教育委員会及び選挙管理委員会を除く。）の担任する自治事務

二　都道府県教育委員会　市町村教育委員会の担任する自治事務

三　都道府県選挙管理委員会　市町村選挙管理委員会の担任する自治事務

（是正の指示）

第二百四十五条の七　各大臣は、その所管する法律又はこれに基づく政令に係る都道府県の法定受託事務の処理が法令の規定に違反していると認めるとき、又は著しく適正を欠き、かつ、明らかに公益を害していると認めるときは、当該都道府県に対し、当該法定受託事務の処理について違反の是正又は改善のため講ずべき措置に関し、必要な指示をすることができる。

2　次の各号に掲げる都道府県の執行機関は、市町村の当該各号に定める法定受託事務の処理が法令の規定に違反していると認めるとき、又は著しく適正を欠き、かつ、明らかに公益を害していると認めるときは、当該市町村に対し、当該法定受託事務の処理について違反の是正又は改善のため講ずべき措置に関し、必要な指示をすることができる。

一　都道府県知事　市町村長その他の市町村の執行機関（教育委員会及び選挙管理委員会を除く。）の担任する法定受託事務

二　都道府県教育委員会　市町村教育委員会の担任する法定受託事務

三　都道府県選挙管理委員会　市町村選挙管理委員会の担任する法定受託事務

3　各大臣は、その所管する法律又はこれに基づく政令に係る市町村の第一号法定受託事務の処理について、前項各号に掲げる都道府県の執行機関に対し、同項の規定による市町村に対する指示に関し、必要な指示をすることができる。

4　各大臣は、前項の規定によるほか、その所管する法律又はこれに基づく政令に係る市町村の第一号法定受託事務の処理が法令の規定に違反していると認める場合、又は著しく適正を欠き、かつ、明らかに公益を害していると認める場合において、緊急を要するときその他特に必要があると認めるときは、自ら当該市町村に対し、当該第一号法定受託事務の処理について違反の是正又は改善のため講ずべき措置に関し、必要な指示をすることができる。

（代執行等）

第二百四十五条の八　各大臣は、その所管する法律若しくはこれに基づく政令に係る都道府県知事の法定受託事務の管理若しくは執行が法令の規定若しくは当該各大臣の処分に違反するものがある場合又は当該法定受託事務の管理若しくは執行を怠るものがある場合において、本項から第八項までに規定する措置以外の方法によつてその是正を図ることが困難であり、かつ、それを放置することにより著しく公益を害することが明らかであるときは、文書により、当該都道府県知事に対して、その旨を指摘し、期限を定めて、当該違反を是正し、又は当該怠る法定受託事務の管理若しくは執行を改めるべきことを勧告することができる。

2　各大臣は、都道府県知事が前項の期限までに同項の規定よる勧告に係る事項を行わないときは、文書により、当該都道府県知事に対し、期限を定めて当該事項を行うべきことを指示することができる。

3　各大臣は、都道府県知事が前項の期限までに当該事項を行わないときは、高等裁判所に対し、訴えをもつて、当該事項を行うべきことを命ずる旨の裁判を請求することができる。

4　各大臣は、高等裁判所に対し前項の規定により訴えを提起したときは、直ちに、文書により、その旨を当該都道府県知事に通告するとともに、当該高等裁判所に対し、その通告をした日時、場所及び方法を通知しなければならない。

5　当該高等裁判所は、第三項の規定により訴えが提起されたときは、速やかに口頭弁論の期日を定め、当事者を呼び出さなければならない。その期日は、同項の訴えの提起があつた日から十五日以内の日とする。

6　当該高等裁判所は、各大臣の請求に理由があると認めるときは、当該都道府県知事に対し、期限を定めて当該事項を行うべきことを命ずる旨の裁判をしなければならない。

7　第三項の訴えは、当該都道府県の区域を管轄する高等裁判所の専属管轄とする。

8　各大臣は、都道府県知事が第六項の裁判に従い同項の期限までに、なお、当該事項を行わないときは、当該都道府県知事に代わつて当該事項を行うことができる。この場合においては、各大臣は、あらかじめ当該都道府県知事に対し、当該事項を行う日時、場所及び方法を通知しなければならない。

9　第三項の訴えに係る高等裁判所の判決に対する上告の期間は、一週間とする。

10　前項の上告は、執行停止の効力を有しない。

11　各大臣の請求に理由がない旨の判決が確定した場合において、既に第八項の規定に基づき第二項の規定による指示に係る事項が行われているときは、都道府県知事は、当該判決の確定後三月以内にその処分を取り消し、又は原状の回復その他必要な措置を執ることができる。

12　前各項の規定は、市町村長の法定受託事務の管理若しくは執行が法令の規定若しくは各大臣若しくは都道府県知事の処分に違反するものがある場合又は当該法定受託事務の管理若しくは執行を怠るものがある場合において、本項に規定する措置以外の方法によつてその是正を図ることが困難であり、かつ、それを放置することにより著しく公益を害することが明らかであるときについて準用する。この場合においては、前各項の規定中「各大臣」とあるのは「都道府県知事」と、「都道府県知事」とあるのは「市町村長」と、「当該都道府県の区域」とあるのは「当該市町村の区域」と読み替えるものとする。

13　各大臣は、その所管する法律又はこれに基づく政令に係る市町村長の第一号法定受託事務の管理又は執行について、都道府県知事に対し、前項において準用する第一項から第八項までの規定による措置に関し、必要な指示をすることができる。

14　第三項（第十二項において準用する場合を含む。次項において同じ。）の訴えについては、行政事件訴訟法第四十三条第三項の規定にかかわらず、同法第四十一条第二項の規定は、準用しない。

15　前各項に定めるもののほか、第三項の訴えについては、主張及び証拠の申出の時期の制限その他審理の促進に関し必要な事項は、最高裁判所規則で定める。

（処理基準）

第二百四十五条の九　各大臣は、その所管する法律又はこれに基づく政令に係る都道府県の法定受託事務の処理について、都道府県が当該法定受託事務を処理するに当たりよるべき基準を定めることができる。

2　次の各号に掲げる都道府県の執行機関は、市町村の当該各号に定める法定受託事務の処理について、市町村が当該法定受託事務を処理するに当たりよるべき基準を定めることができる。この場合において、都道府県の執行機関の定める基準は、次項の規定により各大臣の定める基準に抵触するものであつてはならない。

一　都道府県知事　市町村長その他の市町村の執行機関（教育委員会及び選挙管理委員会を除く。）の担任する法定受託事務

二　都道府県教育委員会　市町村教育委員会の担任する法定受託事務

三　都道府県選挙管理委員会　市町村選挙管理委員会の担任する法定受託事務

3　各大臣は、特に必要があると認めるときは、その所管する法律又はこれに基づく政令に係る市町村の第一号法定受託事務の処理について、市町村が当該第一号法定受託事務を処理するに当たりよるべき基準を定めることができる。

4　各大臣は、その所管する法律又はこれに基づく政令に係る市町村の第一号法定受託事務の処理について、第二項各号に掲げる都道府県の執行機関に対し、同項の規定により定める基準に関し、必要な指示をすることができる。

5　第一項から第三項までの規定により定める基準は、その目的を達成するために必要な最小限度のものでなければならない。

第二款　普通地方公共団体に対する国又は都道府県の関与等の手続

（普通地方公共団体に対する国又は都道府県の関与の手続の適用）

第二百四十六条　次条から第二百五十条の五までの規定は、普通地方公共団体に対する国又は都道府県の関与について適用する。ただし、他の法律に特別の定めがある場合は、この限りでない。

(助言等の方式等)

第二百四十七条　国の行政機関又は都道府県の機関は、普通地方公共団体に対し、助言、勧告その他これらに類する行為（以下本条及び第二百五十二条の十七の三第二項において「助言等」という。）を書面によらないで行つた場合において、当該普通地方公共団体から当該助言等の趣旨及び内容を記載した書面の交付を求められたときは、これを交付しなければならない。

2　前項の規定は、次に掲げる助言等については、適用しない。

一　普通地方公共団体に対しその場において完了する行為を求めるもの

二　既に書面により当該普通地方公共団体に通知されている事項と同一の内容であるもの

3　国又は都道府県の職員は、普通地方公共団体が国の行政機関又は都道府県の機関が行つた助言等に従わなかつたことを理由として、不利益な取扱いをしてはならない。

(資料の提出の要求等の方式)

第二百四十八条　国の行政機関又は都道府県の機関は、普通地方公共団体に対し、資料の提出の要求その他これに類する行為（以下本条及び第二百五十二条の十七の三第二項において「資料の提出の要求等」という。）を書面によらないで行つた場合において、当該普通地方公共団体から当該資料の提出の要求等の趣旨及び内容を記載した書面の交付を求められたときは、これを交付しなければならない。

(是正の要求等の方式)

第二百四十九条　国の行政機関又は都道府県の機関は、普通地方公共団体に対し、是正の要求、指示その他これらに類する行為（以下本条及び第二百五十二条の十七の三第二項において「是正の要求等」という。）をするときは、同時に、当該是正の要求等の内容及び理由を記載した書面を交付しなければならない。ただし、当該書面を交付しないで是正の要求等をすべき差し迫つた必要がある場合は、この限りでない。

2　前項ただし書の場合においては、国の行政機関又は都道府県の機関は、是正の要求等をした後相当の期間内に、同項の書面を交付しなければならない。

(協議の方式)

第二百五十条　普通地方公共団体から国の行政機関又は都道府県の機関に対して協議の申出があつたときは、国の行政機関又は都道府県の機関及び普通地方公共団体は、誠実に協議を行うとともに、相当の期間内に当該協議が調うよう努めなければならない。

2　国の行政機関又は都道府県の機関は、普通地方公共団体の申出に基づく協議について意見を述べた場合において、当該普通地方公共団体から当該協議に関する意見の趣旨及び内容を記載した書面の交付を求められたときは、これを交付しなければならない。

(許認可等の基準)

第二百五十条の二　国の行政機関又は都道府県の機関は、普通地方公共団体からの法令に基づく申請又は協議の申出（以下本款、第二百五十条の十三第二項、第二百五十一条の三第二項及び第二百五十二条の十七の三第三項において「申請等」という。）があつた場合において、許可、認可、承認、同意その他これらに類する行為（以下本款及び第二百五十二条の十七の三第三項において「許認可等」という。）をするかどうかを法令の定めに従つて判断するために必要とされる基準を定め、かつ、行政上特別の支障があるときを除き、これを公表しなければならない。

2　国の行政機関又は都道府県の機関は、普通地方公共団体に対し、許認可等の取消しその他これに類する行為（以下本条及び第二百五十条の四において「許認可等の取消し等」という。）をするかどうかを法令の定めに従つて判断するために必要とされる基準を定め、かつ、これを公表するよう努めなければならない。

3　国の行政機関又は都道府県の機関は、第一項又は前項に規定する基準を定めるに当たつては、当該許認可等又は許認可等の取消し等の性質に照らしてできる限り具体的なものとしなければならない。

（許認可等の標準処理期間）

第二百五十条の三　国の行政機関又は都道府県の機関は、申請等が当該国の行政機関又は都道府県の機関の事務所に到達してから当該申請等に係る許認可等をするまでに通常要すべき標準的な期間（法令により当該国の行政機関又は都道府県の機関と異なる機関が当該申請等の提出先とされている場合は、併せて、当該申請等が当該提出先とされている機関の事務所に到達してから当該国の行政機関又は都道府県の機関の事務所に到達するまでに通常要すべき標準的な期間）を定め、かつ、これを公表するよう努めなければならない。

2　国の行政機関又は都道府県の機関は、申請等が法令により当該申請等の提出先とされている機関の事務所に到達したときは、遅滞なく当該申請等に係る許認可等をするための事務を開始しなければならない。

（許認可等の取消し等の方式）

第二百五十条の四　国の行政機関又は都道府県の機関は、普通地方公共団体に対し、申請等に係る許認可等を拒否する処分をするとき又は許認可等の取消し等をするときは、当該許認可等を拒否する処分又は許認可等の取消し等の内容及び理由を記載した書面を交付しなければならない。

（届出）

第二百五十条の五　普通地方公共団体から国の行政機関又は都道府県の機関への届出が届出書の記載事項に不備がないこと、届出書に必要な書類が添付されていることその他の法令に定められた届出の形式上の要件に適合している場合は、当該届出が法令により当該届出の提出先とされている機関の事務所に到達したときに、当該届出をすべき手続上の義務が履行されたものとする。

（国の行政機関が自治事務と同一の事務を自らの権限に属する事務として処理する場合の方式）

第二百五十条の六　国の行政機関は、自治事務として普通地方公共団体が処理している事務と同一の内容の事務を法令の定めるところにより自らの権限に属する事務として処理するときは、あらかじめ当該普通地方公共団体に対し、当該事務の処理の内容及び理由を記載した書面により通知しなければならない。ただし、当該通知をしないで当該事務を処理すべき差し迫つた必要がある場合は、この限りでない。

2　前項ただし書の場合においては、国の行政機関は、自ら当該事務を処理した後相当の期間内に、同項の通知をしなければならない。

第二節　国と普通地方公共団体との間並びに普通地方公共団体相互間及び普通地方公共団体の機関相互間の紛争処理

第一款　国地方係争処理委員会

（設置及び権限）

第二百五十条の七　総務省に、国地方係争処理委員会（以下本節において「委員会」という。）を置く。

2　委員会は、普通地方公共団体に対する国又は都道府県の関与のうち国の行政機関が行うもの（以下本節において「国の関与」という。）に関する審査の申出につき、この法律の規定によりその権限に属させられた事項を処理する。

（組織）

第二百五十条の八　委員会は、委員五人をもつて組織する。

2　委員は、非常勤とする。ただし、そのうち二人以内は、常勤とすることができる。

（委員）

第二百五十条の九　委員は、優れた識見を有する者のうちから、両議院の同意を得て、総務大臣が任命する。

2　委員の任命については、そのうち三人以上が同一の政党その他の政治団体に属することとなつてはならない。

3　委員の任期が満了し、又は欠員を生じた場合において、国会の閉会又は衆議院の解散のために両議院の同意を得ることができないときは、総務大臣は、第一項の規定にかかわらず、同項に定める資格を有する者のうちから、委員を任命することができる。

4　前項の場合においては、任命後最初の国会において両議院の事後の承認を得なければならない。この場合において、両議院の事後の承認が得られないときは、総務大臣は、直ちにその委員を罷免しなければならない。

5　委員の任期は、三年とする。ただし、補欠の委員の任期は、前任者の残任期間とする。

6　委員は、再任されることができる。

7　委員の任期が満了したときは、当該委員は、後任者が任命されるまで引き続きその職務を行うものとする。

8　総務大臣は、委員が破産の宣告を受け、又は禁錮《こ》以上の刑に処せられたときは、その委員を罷免しなければならない。

9　総務大臣は、両議院の同意を得て、次に掲げる委員を罷免するものとする。

一　委員のうち何人も属していなかつた同一の政党その他の政治団体に新たに三人以上の委員が属するに至つた場合においては、これらの者のうち二人を超える員数の委員

二　委員のうち一人が既に属している政党その他の政治団体に新たに二人以上の委員が属するに至つた場合においては、これらの者のうち一人を超える員数の委員

10　総務大臣は、委員のうち二人が既に属している政党その他の政治団体に新たに属するに至つた委員を直ちに罷免するものとする。

11　総務大臣は、委員が心身の故障のため職務の執行ができないと認めるとき、又は委員に職務上の義務違反その他委員たるに適しない非行があると認めるときは、両議院の同意を得て、その委員を罷免することができる。

12　委員は、第四項後段及び第八項から前項までの規定による場合を除くほか、その意に反して罷免されることがない。

13　委員は、職務上知り得た秘密を漏らしてはならない。その職を退いた後も、同様とする。

14　委員は、在任中、政党その他の政治団体の役員となり、又は積極的に政治運動をしてはならない。

15　常勤の委員は、在任中、総務大臣の許可がある場合を除き、報酬を得て他の職務に従事し、又は営利事業を営み、その他金銭上

の利益を目的とする業務を行ってはならない。
16　委員は、自己に直接利害関係のある事件については、その議事に参与することができない。
17　委員の給与は、別に法律で定める。

（委員長）
第二百五十条の十　委員会に、委員長を置き、委員の互選によりこれを定める。
2　委員長は、会務を総理し、委員会を代表する。
3　委員長に事故があるときは、あらかじめその指名する委員が、その職務を代理する。

（会議）
第二百五十条の十一　委員会は、委員長が招集する。
2　委員会は、委員長及び二人以上の委員の出席がなければ、会議を開き、議決をすることができない。
3　委員会の議事は、出席者の過半数でこれを決し、可否同数のときは、委員長の決するところによる。
4　委員長に事故がある場合の第二項の規定の適用については、前条第三項に規定する委員は、委員長とみなす。

（政令への委任）
第二百五十条の十二　この法律に規定するもののほか、委員会に関し必要な事項は、政令で定める。

第二款　国地方係争処理委員会による審査の手続

（国の関与に関する審査の申出）
第二百五十条の十三　普通地方公共団体の長その他の執行機関は、その担任する事務に関する国の関与のうち是正の要求、許可の拒否その他の処分その他公権力の行使に当たるもの（次に掲げるものを除く。）に不服があるときは、委員会に対し、当該国の関与を行った国の行政庁を相手方として、文書で、審査の申出をすることができる。
一　第二百四十五条の八〔代執行等〕第二項及び第十三項の規定による指示
二　第二百四十五条の八第八項の規定に基づき都道府県知事に代わって同条第二項の規定による指示に係る事項を行うこと。
三　第二百五十二条の十七の四〔是正の要求等の特則〕第二項の規定により読み替えて適用する第二百四十五条の八第十二項において準用する同条第二項の規定による指示
四　第二百五十二条の十七の四第二項の規定により読み替えて適用する第二百四十五条の八第十二項において準用する同条第八項の規定に基づき市町村長に代わって前号の指示に係る事項を行うこと。
2　普通地方公共団体の長その他の執行機関は、その担任する事務に関する国の不作為（国の行政庁が、申請等が行われた場合において、相当の期間内に何らかの国の関与のうち許可その他の処分その他公権力の行使に当たるものをすべきにかかわらず、これをしないことをいう。以下本節において同じ。）に不服があるときは、委員会に対し、当該国の不作為に係る国の行政庁を相手方として、文書で、審査の申出をすることができる。
3　普通地方公共団体の長その他の執行機関は、その担任する事務に関する当該普通地方公共団体の法令に基づく協議の申出が国の行政庁に対して行われた場合において、当該協議に係る当該普通地方公共団体の義務を果たしたと認めるにもかかわらず当該協議が調わないときは、委員会に対し、当該協議の相手方である国の行政庁を相手方として、文書で、審査の申出をすることできる。
4　第一項の規定による審査の申出は、当該国の関与があった日から三十日以内にしなければならない。ただし、天災その他同項の規定による審査の申出をしなかったことについてやむを得ない理由があるときは、この限りでない。

5 前項ただし書の場合における第一項の規定による審査の申出は、その理由がやんだ日から一週間以内にしなければならない。

6 第一項の規定による審査の申出に係る文書を郵便で提出した場合における前二項の期間の計算については、郵送に要した日数は、算入しない。

7 普通地方公共団体の長その他の執行機関は、第一項から第三項までの規定による審査の申出（以下本款において「国の関与に関する審査の申出」という。）をしようとするときは、相手方となるべき国の行政庁に対し、その旨をあらかじめ通知しなければならない。

（審査及び勧告）

第二百五十条の十四 委員会は、自治事務に関する国の関与について前条第一項の規定による審査の申出があった場合においては、審査を行い、相手方である国の行政庁の行った国の関与が違法でなく、かつ、普通地方公共団体の自主性及び自立性を尊重する観点から不当でないと認めるときは、理由を付してその旨を当該審査の申出をした普通地方公共団体の長その他の執行機関及び当該国の行政庁に通知するとともに、これを公表し、当該国の行政庁の行った国の関与が違法又は普通地方公共団体の自主性及び自立性を尊重する観点から不当であると認めるときは、当該国の行政庁に対し、理由を付し、かつ、期間を示して、必要な措置を講ずべきことを勧告するとともに、当該勧告の内容を当該普通地方公共団体の長その他の執行機関に通知し、かつ、これを公表しなければならない。

2 委員会は、法定受託事務に関する国の関与について前条第一項の規定による審査の申出があった場合においては、審査を行い、相手方である国の行政庁の行った国の関与が違法でないと認めるときは、理由を付してその旨を当該審査の申出をした普通地方公共団体の長その他の執行機関及び当該国の行政庁に通知するとともに、これを公表し、当該国の行政庁の行った国の関与が違法であると認めるときは、当該国の行政庁に対し、理由を付し、かつ、期間を示して、必要な措置を講ずべきことを勧告するとともに、当該勧告の内容を当該普通地方公共団体の長その他の執行機関に通知し、かつ、これを公表しなければならない。

3 委員会は、前条第二項の規定による審査の申出があった場合においては、審査を行い、当該審査の申出に理由がないと認めるときは、理由を付してその旨を当該審査の申出をした普通地方公共団体の長その他の執行機関及び相手方である国の行政庁に通知するとともに、これを公表し、当該審査の申出に理由があると認めるときは、当該国の行政庁に対し、理由を付し、かつ、期間を示して、必要な措置を講ずべきことを勧告するとともに、当該勧告の内容を当該普通地方公共団体の長その他の執行機関に通知し、かつ、これを公表しなければならない。

4 委員会は、前条第三項の規定による審査の申出があったときは、当該審査の申出に係る協議について当該協議に係る普通地方公共団体がその義務を果たしているかどうかを審査し、理由を付してその結果を当該審査の申出をした普通地方公共団体の長その他の執行機関及び相手方である国の行政庁に通知するとともに、これを公表しなければならない。

5 前各項の規定による審査及び勧告は、審査の申出があった日から九十日以内に行わなければならない。

（関係行政機関の参加）

第二百五十条の十五 委員会は、関係行政機関を審査の手続に参加させる必要があると認めるときは、国の関与に関する審査の申出をした普通地方公共団体の長その他の執行機関、相手方である国の行政庁若しくは当該関係行政機関の申立てにより又は職権で、当該関係行政機関を審査の手続に参加させることができる。

2 委員会は、前項の規定により関係行政機関を審査の手続に参加させるときは、あらかじめ、当該国の関与に関する審査の申出をした普通地方公共団体の長その他の執行機関及び相手方である国の行政庁並びに当該関係行政機関の意見を聴かなければならない。

（証拠調べ）

第二百五十条の十六 委員会は、審査を行うため必要があると認めるときは、国の関与に関する審査の申出をした普通地方公共団体の長その他の執行機関、相手方である国の行政庁若しくは前条第一項の規定により当該審査の手続に参加した関係行政機関（以下本条において「参加行政機関」という。）の申立てにより又は職権で、次に掲げる証拠調べをすることができる。

一 適当と認める者に、参考人としてその知っている事実を陳述させ、又は鑑定を求めること。

二 書類その他の物件の所持人に対し、その物件の提出を求め、又はその提出された物件を留め置くこと。

三 必要な場所につき検証をすること。

四 国の関与に関する審査の申出をした普通地方公共団体の長その他の執行機関、相手方である国の行政庁若しくは参加行政機関又はこれらの職員を審尋すること。

2 委員会は、審査を行うに当たつては、国の関与に関する審査の申出をした普通地方公共団体の長その他の執行機関、相手方である国の行政庁及び参加行政機関に証拠の提出及び陳述の機会を与えなければならない。

（国の関与に関する審査の申出の取下げ）

第二百五十条の十七 国の関与に関する審査の申出をした普通地方公共団体の長その他の執行機関は、第二百五十条の十四（審査及び勧告）第一項から第四項までの規定による審査の結果の通知若しくは勧告があるまで又は第二百五十条の十九（調停）第二項の規定により調停が成立するまでは、いつでも当該国の関与に関する審査の申出を取り下げることができる。

2 国の関与に関する審査の申出の取下げは、文書でしなければならない。

（国の行政庁の措置等）

第二百五十条の十八 第二百五十条の十四（審査及び勧告）第一項から第三項までの規定による委員会の勧告があつたときは、当該勧告を受けた国の行政庁は、当該勧告に示された期間内に、当該勧告に即して必要な措置を講ずるとともに、その旨を委員会に通知しなければならない。この場合においては、委員会は、当該通知に係る事項を当該勧告に係る審査の申出をした普通地方公共団体の長その他の執行機関に通知し、かつ、これを公表しなければならない。

2 委員会は、前項の勧告を受けた国の行政庁に対し、同項の規定により講じた措置についての説明を求めることができる。

（調停）

第二百五十条の十九 委員会は、国の関与に関する審査の申出があつた場合において、相当であると認めるときは、職権により、調停案を作成して、これを当該国の関与に関する審査の申出をした普通地方公共団体の長その他の執行機関及び相手方である国の行政庁に示し、その受諾を勧告するとともに、理由を付してその要旨を公表することができる。

2 前項の調停案に係る調停は、調停案を示された普通地方公共団体の長その他の執行機関及び国の行政庁から、これを受諾した旨を記載した文書が委員会に提出されたときに成立するものとする。この場合においては、委員会は、直ちにその旨及び調停の要旨を公表するとともに、当該普通地方公共団体の長その他の執行機関及び国の行政庁にその旨を通知しなければならない。

(政令の委任)

第二百五十条の二十 この法律に規定するもののほか、委員会の審査及び勧告並びに調停に関し必要な事項は、政令で定める。

第五款 普通地方公共団体に対する国又は都道府県の関与に関する訴え

(国の関与に関する訴えの提起)

第二百五十一条の五 第二百五十条の十三〔国の関与に関する審査の申出〕第一項又は第二項の規定による審査の申出をした普通地方公共団体の長その他の執行機関は、次の各号のいずれかに該当するときは、高等裁判所に対し、当該審査の申出の相手方となった国の行政庁を被告として、訴えをもって当該審査の申出に係る違法な国の関与の取消し又は当該審査の申出に係る国の不作為の違法の確認を求めることができる。

一 第二百五十条の十四〔審査及び勧告〕第一項から第三項までの規定による委員会の審査の結果又は勧告に不服があるとき。

二 第二百五十条の十八〔国の行政庁の措置等〕第一項の規定による国の行政庁の措置に不服があるとき。

三 当該審査の申出をした日から九十日を経過しても、委員会が第二百五十条の十四第一項から第三項までの規定による審査又は勧告を行わないとき。

四 国の行政庁が第二百五十条の十八第一項の規定による措置を講じないとき。

2 前項の訴えは、次に掲げる期間内に提起しなければならない。

一 前項第一号の場合は、第二百五十条の十四第一項から第三項までの規定による委員会の審査の結果又は勧告の内容の通知があった日から三十日以内

二 前項第二号の場合は、第二百五十条の十八第一項の規定による委員会の通知があった日から三十日以内

三 前項第三号の場合は、当該審査の申出をした日から九十日を経過した日から三十日以内

四 前項第四号の場合は、第二百五十条の十四第一項から第三項までの規定による委員会の勧告に示された期間を経過した日から三十日以内

3 第一項の訴えは、当該普通地方公共団体の区域を管轄する高等裁判所の管轄に専属する。

4 原告は、第一項の訴えを提起したときは、直ちに、文書により、その旨を被告に通知するとともに、当該高等裁判所に対し、その通知をした日時、場所及び方法を通知しなければならない。

5 当該高等裁判所は、第一項の訴えが提起されたときは、速やかに口頭弁論の期日を指定し、当事者を呼び出さなければならない。その期日は、同項の訴えの提起があった日から十五日以内の日とする。

6 第一項の訴えに係る高等裁判所の判決に対する上告の期間は、一週間とする。

7 国の関与を取り消す判決は、関係行政機関に対しても効力を有

する。

8 第一項の訴えのうち違法な国の関与の取消しを求めるものについては、行政事件訴訟法第四十三条第一項の規定にかかわらず、同法第八条第二項、第十一条第一項本文、第十二条から第二十二条まで、第二十五条から第二十九条まで、第三十一条、第三十二条及び第三十四条の規定は、準用しない。

9 第一項の訴えのうち国の不作為の違法の確認を求めるものについては、行政事件訴訟法第四十三条第三項の規定にかかわらず、同法第四十条第二項及び第四十一条第二項の規定は、準用しない。

10 行政事件訴訟法第十一条第一項ただし書の規定は、第一項の訴えのうち国の不作為の違法の確認を求めるものに準用する。

11 前各項に定めるもののほか、第一項の訴えについては、主張及び証拠の申出の時期の制限その他審理の促進に関し必要な事項は、最高裁判所規則で定める。

（都道府県の関与に関する訴えの提起）

第二百五十二条 第二百五十一条の三〔審査及び勧告〕第一項又は第二項の規定による申出をした市町村長その他の市町村の執行機関は、次の各号のいずれかに該当するときは、高等裁判所に対し、当該申出の相手方となつた都道府県の行政庁を被告として、訴えをもつて当該申出に係る違法な都道府県の関与の取消し又は当該申出に係る都道府県の不作為の違法の確認を求めることができる。

一 第二百五十一条の三第五項において準用する第二百五十条の十四〔審査及び勧告〕第一項若しくは第二項又は第二百五十一条の三第六項において準用する第二百五十条の十四第三項の規定による自治紛争処理委員の審査の結果又は勧告に不服があるとき。

二 第二百五十一条の三第九項の規定による都道府県の行政庁の措置に不服があるとき。

三 当該申出をした日から九十日を経過しても、自治紛争処理委員が第二百五十一条の三第五項において準用する第二百五十条の十四第一項若しくは第二項又は第二百五十一条の三第六項において準用する第二百五十条の十四第三項の規定による審査又は勧告を行わないとき。

四 都道府県の行政庁が第二百五十一条の三第九項の規定による措置を講じないとき。

2 前項の訴えは、次に掲げる期間内に提起しなければならない。

一 前項第一号の場合は、第二百五十一条の三第五項において準用する第二百五十条の十四第一項若しくは第二項又は第二百五十一条の三第六項において準用する第二百五十条の十四第三項の規定による自治紛争処理委員の審査の結果又は勧告の内容の通知があつた日から三十日以内

二 前項第二号の場合は、第二百五十一条の三第九項の規定による総務大臣の通知があつた日から三十日以内

三 前項第三号の場合は、当該申出をした日から九十日を経過した日から三十日以内

四 前項第四号の場合は、第二百五十一条の三第五項において準用する第二百五十条の十四第一項若しくは第二項又は第二百五十一条の三第六項において準用する第二百五十条の十四第三項の規定による自治紛争処理委員の勧告に示された期間を経過した日から三十日以内

3 前条第三項から第七項までの規定は、第一項の訴えに準用する。この場合において、同条第三項中「当該普通地方公共団体の

区域」とあるのは「当該市町村の区域」と、同条第七項中「国の関与」とあるのは「都道府県の関与」と読み替えるものとする。

4　第一項の訴えのうち違法な都道府県の関与の取消しを求めるものについては、行政事件訴訟法第四十三条第一項の規定にかかわらず、同法第八条第二項、第十一条第一項本文、第十二条から第二十二条まで、第二十五条から第二十九条まで、第三十一条、第三十二条及び第三十四条の規定は、準用しない。

5　第一項の訴えのうち都道府県の不作為の違法の確認を求めるものについては、行政事件訴訟法第四十三条第三項の規定にかかわらず、同法第四十条第二項及び第四十一条第二項の規定は、準用しない。

6　行政事件訴訟法第十一条第一項ただし書の規定は、第一項の訴えのうち都道府県の不作為の違法の確認を求めるものに準用する。

7　前各項に定めるもののほか、第一項の訴えについては、主張及び証拠の申出の時期の制限その他審理の促進に関し必要な事項は、最高裁判所規則で定める。

第三節　普通地方公共団体相互間の協力

第一款　協議会

（協議会の設置）

第二百五十二条の二　普通地方公共団体は、普通地方公共団体の事務の一部を共同して管理し及び執行し、若しくは普通地方公共団体の事務の管理及び執行について連絡調整を図り、又は広域にわたる総合的な計画を共同して作成するため、協議により規約を定め、普通地方公共団体の協議会を設けることができる。

2　普通地方公共団体は、協議会を設けたときは、その旨及び規約を告示するとともに、都道府県の加入するものにあつては総務大臣、その他のものにあつては都道府県知事に届け出なければならない。

3　第一項の協議については、関係普通地方公共団体の議会の議決を経なければならない。ただし、普通地方公共団体の事務の管理及び執行について連絡調整を図るため普通地方公共団体の協議会を設ける場合は、この限りでない。

4　公益上必要がある場合においては、都道府県の加入するものについては総務大臣、その他のものについては都道府県知事は、関係のある普通地方公共団体に対し、普通地方公共団体の協議会を設けるべきことを勧告することができる。

5　普通地方公共団体の協議会が広域にわたる総合的な計画を作成したときは、関係普通地方公共団体は、当該計画に基づいて、その事務を処理するようにしなければならない。

6　普通地方公共団体の協議会は、必要があると認めるときは、関係のある公の機関の長に対し、資料の提出、意見の開陳、説明その他必要な協力を求めることができる。

（協議会の組織）

第二百五十二条の三　普通地方公共団体の協議会は、会長及び委員をもつてこれを組織する。

2　普通地方公共団体の協議会の会長及び委員は、規約の定めるところにより常勤又は非常勤とし、関係普通地方公共団体の職員のうちから、これを選任する。

3　普通地方公共団体の協議会の会長は、普通地方公共団体の協議会の事務を掌理し、協議会を代表する。

（協議会の規約）

第二百五十二条の四　普通地方公共団体の協議会の規約には、次に掲げる事項につき規定を設けなければならない。

一　協議会の名称
二　協議会を設ける普通地方公共団体
三　協議会の管理し及び執行し、若しくは協議会において連絡調整を図る関係普通地方公共団体の事務又は協議会の作成する計画の項目
四　協議会の組織並びに会長及び委員の選任の方法
五　協議会の経費の支弁の方法

2　普通地方公共団体の事務の一部を共同して管理し及び執行するため普通地方公共団体の協議会を設ける場合には、協議会の規約には、前項各号に掲げるもののほか、次に掲げる事項につき規定を設けなければならない。
一　協議会の管理し及び執行する関係普通地方公共団体の事務（以下本項中「協議会の担任する事務」という。）の管理及び執行の方法
二　協議会の担任する事務を管理し及び執行する場所
三　協議会の担任する事務に従事する関係普通地方公共団体の職員の身分の取扱い
四　協議会の担任する事務の用に供する関係普通地方公共団体の財産の取得、管理及び処分又は公の施設の設置、管理及び廃止の方法
五　前各号に掲げるものを除くほか、協議会と協議会を設ける関係普通地方公共団体との関係その他協議会に関し必要な事項

（協議会の事務の管理及び執行の効力）

第二百五十二条の五　普通地方公共団体の協議会が関係普通地方公共団体又は関係普通地方公共団体の長その他の執行機関の名においてした事務の管理及び執行は、関係普通地方公共団体の長その他の執行機関が管理し及び執行したものとしての効力を有する。

（協議会の組織の変更及び廃止）

第二百五十二条の六　普通地方公共団体は、普通地方公共団体の協議会を設ける普通地方公共団体の数を増減し、若しくは協議会の規約を変更し、又は協議会を廃止しようとするときは、第二百五十二条の二〔協議会の設置〕第一項から第三項までの例によりこれを行わなければならない。

第二款　機関等の共同設置

（機関等の共同設置）

第二百五十二条の七　普通地方公共団体は、協議により規約を定め、共同して、第百三十八条の四第一項に規定する委員会若しくは委員、同条第三項に規定する附属機関、普通地方公共団体の長、委員会若しくは委員の事務を補助する吏員、書記その他の職員又は第百七十四条第一項に規定する専門委員を置くことができる。ただし、政令で定める委員会については、この限りでない。

2　前項の規定による執行機関、附属機関若しくは職員を共同設置する普通地方公共団体の数を増減し、若しくはこれらの執行機関、附属機関若しくは職員の共同設置に関する規約を変更し、又はこれらの執行機関、附属機関若しくは職員の共同設置を廃止しようとするときは、関係普通地方公共団体は、同項の例により、協議してこれを行わなければならない。

3　第二百五十二条の二〔協議会の設置〕第二項及び第三項本文の規定は前二項の場合に、同条第四項の規定は第一項の場合にこれを準用する。

（機関の共同設置に関する規約）

第二百五十二条の八　前条の規定により共同設置する普通地方公共団体の委員会若しくは委員又は附属機関（以下本条中「共同設置する機関」という。）の共同設置に関する規約には、次に掲げる事

項につき規定を設けなければならない。
一　共同設置する機関の名称
二　共同設置する機関を設ける普通地方公共団体
三　共同設置する機関の執務場所
四　共同設置する機関を組織する委員その他の構成員の選任の方法及びその身分の取扱い
五　前各号に掲げるものを除くほか、共同設置する機関と関係普通地方公共団体との関係その他共同設置する機関に関し必要な事項

第三款　事務の委託

(事務の委託)

第二百五十二条の十四　普通地方公共団体は、協議により規約を定め、普通地方公共団体の事務の一部を、他の普通地方公共団体に委託して、当該普通地方公共団体の長又は同種の委員会若しくは委員をして管理し及び執行させることができる。

2　前項の規定により委託した事務を変更し、又はその事務の委託を廃止しようとするときは、関係普通地方公共団体は、同項の例により、協議してこれを行わなければならない。

3　第二百五十二条の二〔協議会の設置〕第二項及び第三項本文の規定は前二項の規定により普通地方公共団体の事務を委託し、又は委託した事務を変更し、若しくはその事務の委託を廃止する場合に、同条第四項の規定は第一項の場合にこれを準用する。

(事務の委託の規約)

第二百五十二条の十五　前条の規定により委託する普通地方公共団体の事務（以下本条中「委託事務」という。）の委託に関する規約には、次に掲げる事項につき規定を設けなければならない。
一　委託する普通地方公共団体及び委託を受ける普通地方公共団体
二　委託事務の範囲並びに委託事務の管理及び執行の方法
三　委託事務に要する経費の支弁の方法
四　前各号に掲げるもののほか、委託事務に関し必要な事項

(事務の委託の効果)

第二百五十二条の十六　普通地方公共団体の事務を、他の普通地方公共団体に委託して、当該普通地方公共団体の長又は同種の委員会若しくは委員をして管理し及び執行させる場合においては、当該事務の管理及び執行に関する法令中委託した普通地方公共団体又はその執行機関に適用すべき規定は、当該委託された事務の範囲内において、その事務の委託を受けた普通地方公共団体又はその執行機関について適用があるものとし、別に規約で定めをするものを除くほか、事務の委託を受けた普通地方公共団体の当該委託された事務の管理及び執行に関する条例、規則又はその機関の定める規程は、委託した普通地方公共団体の条例、規則又はその機関の定める規程としての効力を有する。

第四款　職員の派遣

(職員の派遣)

第二百五十二条の十七　普通地方公共団体の長又は委員会若しくは委員は、法律に特別の定めがあるものを除くほか、当該普通地方公共団体の事務の処理のため特別の必要があると認めるときは、他の普通地方公共団体の長又は委員会若しくは委員に対し、当該普通地方公共団体の職員の派遣を求めることができる。

2　普通地方公共団体の委員会若しくは委員が前項の規定により職員の派遣を求め、又はその求めに応じて職員を派遣しようとするときは、あらかじめ当該普通地方公共団体の長に協議しなければならない。

3　第一項の規定による求めに応じて派遣される職員は、派遣を受けた普通地方公共団体の職員の身分をあわせ有することとなるものとし、その給料、手当（退職手当を除く。）及び旅費は、当該職員の派遣を受けた普通地方公共団体の負担とし、退職手当及び退職年金又は退職一時金は、当該職員の派遣をした普通地方公共団体の負担とする。

4　前項に規定するもののほか、第一項の規定に基づき派遣された職員の身分取扱いに関しては、当該職員の派遣をした普通地方公共団体の職員に関する法令の規定の適用があるものとする。ただし、当該法令の趣旨に反しない範囲内で政令で特別の定めをすることができる。

第四節　条例による事務処理の特例

（条例による事務処理の特例）

第二百五十二条の十七の二　都道府県は、都道府県知事の権限に属する事務の一部を、条例の定めるところにより、市町村が処理することとすることができる。この場合においては、当該市町村が処理することとされた事務は、当該市町村の長が管理し及び執行するものとする。

2　前項の条例（同項の規定により都道府県の規則に基づく事務を市町村が処理することとする場合で、同項の条例の定めるところにより、規則に委任して当該事務の範囲を定めるときは、当該規則を含む。以下本節において同じ。）を制定し又は改廃する場合においては、都道府県知事は、あらかじめ、その権限に属する事務の一部を処理し又は処理することとなる市町村の長に協議しなければならない。

（条例による事務処理の特例の効果）

第二百五十二条の十七の三　前条第一項の条例の定めるところにより、都道府県知事の権限に属する事務の一部を市町村が処理する場合においては、当該条例の定めるところにより市町村が処理することとされた事務について規定する法令、条例又は規則中都道府県に関する規定は、当該事務の範囲内において、当該市町村に関する規定として当該市町村に適用があるものとする。

2　前項の規定により市町村に適用があるものとされる法令の規定により国の行政機関が市町村に対して行うものとなる助言等、資料の提出の要求等又は是正の要求等は、都道府県知事を通じて行うことができるものとする。

3　第一項の規定により市町村に適用があるものとされる法令の規定により市町村が国の行政機関と行うものとなる協議は、都道府県知事を通じて行うものとし、当該法令の規定により国の行政機関が市町村に対して行うものとなる許認可等に係る申請等は、都道府県知事を経由して行うものとする。

（是正の要求等の特則）

第二百五十二条の十七の四　都道府県知事は、第二百五十二条の十七の二〔条例による事務処理の特例〕第一項の条例の定めるところにより市町村が処理することとされた事務のうち自治事務の処理が法令の規定に違反していると認めるとき、又は著しく適正を欠き、かつ、明らかに公益を害していると認めるときは、当該市町村に対し、第二百四十五条の五〔是正の要求〕第二項に規定する各大臣の指示がない場合であっても、同条第三項の規定により、当該自治事務の処理について違反の是正又は改善のため必要な措置を講ずべきことを求めることができる。

2　第二百五十二条の十七の二第一項の条例の定めるところにより市町村が処理することとされた事務のうち法定受託事務に対する第二百四十五条の八〔代執行等〕第十二項において準用する同条

第一項から第十一項までの規定の適用については、同条第十二項において読み替えて準用する同条第二項から第四項まで、第六項、第八項及び第十一項中「都道府県知事」とあるのは、「各大臣」とする。この場合においては、同条第十三項の規定は適用しない。

3　第二百五十二条の十七の二第一項の条例の定めるところにより市町村が処理することとされた事務のうち法定受託事務に係る市町村長の処分についての第二百五十五条の二の規定による審査請求の裁決に不服がある者は、当該処分に係る事務を規定する法律又はこれに基づく政令を所管する各大臣に対して再審査請求をすることができる。

第五節　雑則

（組織及び運営の合理化に係る助言及び勧告並びに資料の提出の要求）

第二百五十二条の十七の五　総務大臣又は都道府県知事は、普通地方公共団体の組織及び運営の合理化に資するため、普通地方公共団体に対し、適切と認める技術的な助言若しくは勧告をし、又は当該助言若しくは勧告をするため若しくは普通地方公共団体の組織及び運営の合理化に関する情報を提供するため必要な資料の提出を求めることができる。

2　総務大臣は、都道府県知事に対し、前項の規定による市町村に対する助言若しくは勧告又は資料の提出の求めに関し、必要な指示をすることができる。

3　普通地方公共団体の長は、第二条第十四項及び第十五項の規定の趣旨を達成するため必要があると認めるときは、総務大臣又は都道府県知事に対し、当該普通地方公共団体の組織及び運営の合理化に関する技術的な助言若しくは勧告又は必要な情報の提供を求めることができる。

（財務に係る実地検査）

第二百五十二条の十七の六　総務大臣は、必要があるときは、都道府県について財務に関係のある事務に関し、実地の検査を行うことができる。

2　都道府県知事は、必要があるときは、市町村について財務に関係のある事務に関し、実地の検査を行うことができる。

3　総務大臣は、都道府県知事に対し、前項の規定による検査に関し、必要な指示をすることができる。

4　総務大臣は、前項の規定によるほか、緊急を要するときその他特に必要があると認めるときは、市町村について財務に関係のある事務に関し、実地の検査を行うことができる。

（市町村に関する調査）

第二百五十二条の十七の七　総務大臣は、第二百五十二条の十七の五〔組織及び運営の合理化に係る助言及び勧告並びに資料の提出の要求〕第一項及び第二項並びに前条第三項及び第四項の規定による権限の行使のためその他市町村の適正な運営を確保するため必要があるときは、都道府県知事に対し、市町村についてその特に指定する事項の調査を行うよう指示をすることができる。

（長の臨時代理者）

第二百五十二条の十七の八　第二百五十二条〔都道府県の関与に関する訴えの提起〕の規定により普通地方公共団体の長の職務を代理する者がないときは、都道府県知事については総務大臣、市町村長については都道府県知事は、普通地方公共団体の長の被選挙権を有する者で当該普通地方公共団体の区域内に住所を有するもののうちから臨時代理者を選任し、当該普通地方公共団体の長の職務を行わせることができる。

2　臨時代理者は、当該普通地方公共団体の長が選任され、就任する時まで、普通地方公共団体の長の権限に属するすべての職務を行う。

3　臨時代理者により選任又は任命された当該普通地方公共団体の職員は、当該普通地方公共団体の長が選挙され、就任した時は、その職を失う。

（臨時選挙管理委員）

第二百五十二条の十七の九　普通地方公共団体の選挙管理委員会が成立しない場合において、当該普通地方公共団体の議会もまた成立していないときは、都道府県にあつては総務大臣、市町村にあつては都道府県知事は、臨時選挙管理委員を選任し、選挙管理委員の職務を行わせることができる。

（臨時選挙管理委員の給与）

第二百五十二条の十七の十　前条の臨時選挙管理委員に対する給与は、当該普通地方公共団体の選挙管理委員に対する給与の例によりこれを定める。

（条例の制定改廃の報告）

第二百五十二条の十七の十一　第三条第三項の条例を除くほか、普通地方公共団体は、条例を制定し又は改廃したときは、政令の定めるところにより、都道府県にあつては総務大臣、市町村にあつては都道府県知事にこれを報告しなければならない。

（在職期間の通算）

第二百五十二条の十八　都道府県は、恩給法（大正十二年法律第四十八号）第十九条に規定する公務員（同法同条に規定する公務員とみなされる者を含む。以下本条中「公務員」という。）であつた者、他の都道府県の退職年金及び退職一時金に関する条例（以下本条中「退職年金条例」という。）の適用を受ける職員（その都道府県の退職年金条例の適用を受ける市町村立学校職員給与負担法（昭和二十三年法律第百三十五号）第一条及び第二条に規定する職員を含む。以下本条中「他の都道府県の職員」という。）であつた者又は市町村の退職年金条例の適用を受ける学校教育法（昭和二十二年法律第二十六号）〔別掲〕第一条に規定する大学、高等学校及び幼稚園の職員並びに市町村の教育事務に従事する職員中政令で定める者（以下本条中「市町村の教育職員」という。）であつた者が、当該都道府県の退職年金条例の適用を受ける職員（その都道府県の退職年金条例の適用を受ける市町村立学校職員給与負担法第一条及び第二条に規定する職員を含む。以下本条中「当該都道府県の職員」という。）となつた場合においては、政令の定める基準に従い、当該公務員、他の都道府県の職員又は市町村の教育職員としての在職期間を当該都道府県の退職年金条例の規定による退職年金及び退職一時金の基礎となるべき在職期間に通算する措置を講じなければならない。ただし、市町村の教育職員としての在職期間については、当該市町村の教育職員に適用される退職年金条例の規定が政令の定める基準に従つて定められていないときは、この限りでない。

2　都道府県は、当該都道府県の職員であつた者が公務員、他の都道府県の職員又は市町村の教育職員となり、その当該都道府県の職員としての在職期間が恩給法の規定による恩給の基礎となるべき在職期間又は他の都道府県若しくは市町村の退職年金条例の規定による退職年金及び退職一時金の基礎となるべき在職期間に通算される場合における必要な調整措置を、政令の定める基準に従い、講じなければならない。

3　第一項の規定は、公務員であつた者、都道府県の職員（都道府県の退職年金条例の適用を受ける職員（その都道府県の退職年金条例の適用を受ける市町村立学校職員給与負担法第一条及び第二条に規定する職員を含む。）をいう。以下本項において同じ。）であつた者又は他の市町村の教育職員であつた者が市町村の教育職員となつた場合における当該市町村について、前項の規定は、市町村の教育職員であつた者が公務員、都道府県の職員又は他の市町村の教育職員となつた場合における当該市町村について、これを準用する。

4 普通地方公共団体は、第一項及び前項の規定の適用がある場合のほか、他の普通地方公共団体の退職年金条例の適用を受ける職員であつた者が当該普通地方公共団体の退職年金条例の適用を受ける職員となつた場合においては、当該他の普通地方公共団体の退職年金条例の適用を受ける職員としての在職期間を当該普通地方公共団体の退職年金条例の規定による退職年金及び退職一時金の基礎となる在職期間に通算する措置を講ずるように努めなければならない。

第二百五十二条の十八の二 普通地方公共団体は、国又は他の普通地方公共団体の職員から引き続いて当該普通地方公共団体の職員となつた者に係る退職手当の算定の基礎となる勤続期間の計算については、その者の当該国又は他の普通地方公共団体の職員としての引き続いた在職期間を当該普通地方公共団体の職員としての引き続いた在職期間に通算する措置を講ずるように努めなければならない。

第十二章 大都市等に関する特例

第一節 大都市に関する特例

（指定都市の権能）

第二百五十二条の十九 政令で指定する人口五十万以上の市（以下「指定都市」という。）は、次に掲げる事務のうち都道府県が法律又はこれに基づく政令の定めるところにより処理することとされているものの全部又は一部で政令で定めるものを、政令で定めるところにより、処理することができる。

一 児童福祉に関する事務
二 民生委員に関する事務
三 身体障害者の福祉に関する事務
四 生活保護に関する事務
五 行旅病人及び行旅死亡人の取扱に関する事務
五の二 社会福祉事業に関する事務
五の三 知的障害者の福祉に関する事務
六 母子家庭及び寡婦の福祉に関する事務
六の二 老人福祉に関する事務
七 母子保健に関する事務
八 削除
九 食品衛生に関する事務
十 墓地、埋葬等の規制に関する事務
十一 興行場、旅館及び公衆浴場の営業の規制に関する事務
十一の二 精神保健及び精神障害者の福祉に関する事務
十二 結核の予防に関する事務
十三 都市計画に関する事務
十四 土地区画整理事業に関する事務
十五 屋外広告物の規制に関する事務

2 指定都市がその事務を処理するに当たつて、法律又はこれに基づく政令の定めるところにより都道府県知事若しくは都道府県の委員会の許可、認可、承認その他これらに類する処分を要し、又はその事務の処理について都道府県知事若しくは都道府県の委員会の改善、停止、制限、禁止その他これらに類する指示その他の命令を受けるものとされている事項で政令で定めるものについて

は、政令の定めるところにより、これらの許可、認可等の処分を要せず、若しくはこれらの指示その他の命令に関する法令の規定を適用せず、又は都道府県知事若しくは都道府県の委員会の許可、認可等の処分若しくは指示その他の命令に代えて、各大臣の許可、認可等の処分を要するものとし、若しくは各大臣の指示その他の命令を受けるものとする。

（区の設置）

第二百五十二条の二十　指定都市は、市長の権限に属する事務を分掌させるため、条例で、その区域を分けて区を設け、区の事務所又は必要があると認めるときはその出張所を置くものとする。

2　区の事務所又はその出張所の位置、名称及び所管区域は、条例でこれを定めなければならない。

3　区の事務所又はその出張所の長は、事務吏員を以つてこれに充てる。

4　区に選挙管理委員会を置く。

5　第四条第二項の規定は第二項の区の事務所又はその出張所の位置及び所管区域に、第百七十五条第二項の規定は第三項の機関の長に、第二編第七章第三節中市の選挙管理委員会に関する規定は前項の選挙管理委員会について、これを準用する。

6　前五項に定めるものの外、指定都市の区に関し必要な事項は、政令でこれを定める。

（政令への委任）

第二百五十二条の二十一　法律又はこれに基づく政令に定めるもののほか、第二百五十二条の十九〔指定都市の権能〕第一項の規定による指定都市の指定があつた場合において必要な事項は、政令でこれを定める。

第二節　中核市に関する特例

（中核市の権能）

第二百五十二条の二十二　中核市（次条に掲げる要件を備えた市であつて政令で指定するものをいう。以下同じ。）は、第二百五十二条の十九〔指定都市の権能〕第一項の規定により指定都市が処理することができる事務のうち、都道府県がその区域にわたり一体的に処理することが中核市が処理することに比して効率的な事務その他の中核市において処理することが適当でない事務以外の事務で政令で定めるものを、政令で定めるところにより、処理することができる。

2　中核市がその事務を処理するに当たつて、法律又はこれに基づく政令の定めるところにより都道府県知事の改善、停止、制限、禁止その他これらに類する指示その他の命令を受けるものとされている事項で政令で定めるものについては、政令の定めるところにより、これらの指示その他の命令に関する法令の規定を適用せず、又は都道府県知事の指示その他の命令に代えて、各大臣の指示その他の命令を受けるものとする。

（中核市の要件）

第二百五十二条の二十三　中核市となるべき市が備えなければならない要件は、次のとおりとする。

一　人口三十万以上を有すること。

二　面積（国土地理院において公表した最近の当該市の面積をいう。）百平方キロメートル以上を有すること。

（中核市の指定に係る手続）

第二百五十二条の二十四　総務大臣は、第二百五十二条の二十二〔中核市の権能〕第一項の中核市の指定に係る政令の立案をしようとするときは、関係市からの申出に基づき、これを行うものとする。

2　前項の規定による申出をしようとするときは、関係市は、あらかじめ、当該市の議会の議決を経て、都道府県の同意を得なければならない。

3　前項の同意については、当該都道府県の議会の議決を経なければならない。

（政令への委任）

第二百五十二条の二十五　第二百五十二条の二十一〔政令への委任〕の規定は、第二百五十二条の二十二〔中核市の権能〕第一項の規定による中核市の指定があつた場合について準用する。

（指定都市の指定があつた場合の取扱い）

第二百五十二条の二十六　中核市に指定された市について第二百五十二条の十九〔指定都市の権能〕第一項の規定による指定都市の指定があつた場合は、当該市に係る第二百五十二条の二十二〔中核市の権能〕第一項の規定による中核市の指定は、その効力を失うものとする。

（中核市の指定に係る手続の特例）

第二百五十二条の二十六の二　第七条第一項の規定により中核市に指定された市の区域の全部を含む区域をもつて市を設置する処分について同項の規定により総務大臣に届出があつた場合は、第二百五十二条の二十四〔中核市の指定に係る手続〕第一項の関係市からの申出があつたものとみなす。

第三節　特例市に関する特例

（特例市の権能）

第二百五十二条の二十六の三　政令で指定する人口二十万以上の市〔以下「特例市」という。〕は、第二百五十二条の二十二〔中核市の権能〕第一項の規定により中核市が処理することができる事務のうち、都道府県がその区域にわたり一体的に処理することが特例市が処理することに比して効率的な事務その他の特例市において処理することが適当でない事務以外の事務で政令で定めるものを、政令で定めるところにより、処理することができる。

2　特例市がその事務を処理するに当たつて、法律又はこれに基づく政令の定めるところにより都道府県知事の改善、停止、制限、禁止その他これらに類する指示その他の命令を受けるものとされている事項で政令で定めるものについては、政令の定めるところにより、これらの指示その他の命令に関する法令の規定を適用せず、又は都道府県知事の指示その他の命令に代えて、各大臣の指示その他の命令を受けるものとする。

（特例市の指定に係る手続）

第二百五十二条の二十六の四　第二百五十二条の二十四〔中核市の指定に係る手続〕の規定は、前条第一項の規定による特例市の指定に係る政令の立案について準用する。

（政令への委任）

第二百五十二条の二十六の五　第二百五十二条の二十一〔政令への委任〕の規定は、第二百五十二条の二十六の三〔特例市の権能〕第一項の規定による特例市の指定があつた場合について準用する。

（指定都市又は中核市の指定があつた場合の取扱い）

第二百五十二条の二十六の六　特例市に指定された市について第二百五十二条の十九〔指定都市の権能〕第一項の規定による指定都市の指定又は第二百五十二条の二十二〔中核市の権能〕第一項の規定による中核市の指定があつた場合は、当該市に係る第二百五十二条の二十六の三〔特例市の権能〕第一項の規定による特例市の指定は、その効力を失うものとする。

（特例市の指定に係る手続の特例）

第二百五十二条の二十六の七　第七条第一項の規定により特例市に指定された市の区域の全部を含む区域をもつて市を設置する処分について同項の規定により総務大臣に届出があつた場合は、第二百五十二条の二十六の二〔中核市の指定に係る手続の特例〕に規定する場合を除き、第二百五十二条の二十六の四〔特例市の指定に係る手続〕において準用する第二百五十二条の二十四〔中核市の指定に係る手続〕第一項の関係市からの申出があつたものとみなす。

第十三章　外部監査契約に基づく監査

第一節　通則

（外部監査契約）

第二百五十二条の二十七　この法律において「外部監査契約」とは、包括外部監査契約及び個別外部監査契約をいう。

2　この法律において「包括外部監査契約」とは、第二百五十二条の三十六〔包括外部監査契約の締結〕第一項各号に掲げる普通地方公共団体が、第二条第十四項及び第十五項の規定の趣旨を達成するため、この法律の定めるところにより、次条第一項又は第二項に規定する者の監査を受けるとともに監査の結果に関する報告の提出を受けることを内容とする契約であつて、この法律の定めるところにより、毎会計年度、当該監査を行う者と締結するものをいう。

3　この法律において「個別外部監査契約」とは、次の各号に掲げる普通地方公共団体が、当該各号に掲げる請求又は要求があつた場合において、この法律の定めるところにより、当該請求又は要求に係る事項について次条第一項又は第二項に規定する者の監査を受けるとともに監査の結果に関する報告の提出を受けることを内容とする契約であつて、この法律の定めるところにより、当該監査を行う者と締結するものをいう。

一　第二百五十二条の三十九第一項に規定する普通地方公共団体　第七十五条第一項の請求

二　第二百五十二条の四十第一項に規定する普通地方公共団体　第九十八条第二項の請求

三　第二百五十二条の四十一第一項に規定する普通地方公共団体　第百九十九条第六項の要求

四　第二百五十二条の四十二第一項に規定する普通地方公共団体　第百九十九条第七項の要求

五　第二百五十二条の四十三第一項に規定する普通地方公共団体　第二百四十二条第一項の請求

（外部監査契約を締結できる者）

第二百五十二条の二十八　普通地方公共団体が外部監査契約を締結できる者は、普通地方公共団体の財務管理、事業の経営管理その他行政運営に関し優れた識見を有する者であつて、次の各号のいずれかに該当するものとする。

一　弁護士（弁護士となる資格を有する者を含む。）

二　公認会計士（公認会計士となる資格を有する者を含む。）

三　国の行政機関において会計検査に関する行政事務に従事した者又は地方公共団体において監査若しくは財務に関する行政事務に従事した者であつて、監査に関する実務に精通しているものとして政令で定めるもの

2　普通地方公共団体は、外部監査契約を円滑に締結し又はその適正な履行を確保するため必要と認めるときは、前項の規定にかかわらず、同項の識見を有する者であつて税理士（税理士となる資格を有する者を含む。）であるものと外部監査契約を締結することができる。

3 前二項の規定にかかわらず、普通地方公共団体は、次の各号のいずれかに該当する者と外部監査契約を締結してはならない。
一 成年被後見人又は被保佐人
二 禁錮《こ》以上の刑に処せられた者であつて、その執行を終わり、又は執行を受けることがなくなつてから三年を経過しないもの
三 破産者であつて復権を得ない者
四 国家公務員法（昭和二十二年法律第百二十号）〔別掲〕又は地方公務員法の規定により懲戒免職の処分を受け、当該処分の日から三年を経過しない者
五 弁護士法（昭和二十四年法律第二百五号）、公認会計士法（昭和二十三年法律第百三号）又は税理士法（昭和二十六年法律第二百三十七号）の規定による懲戒処分により、弁護士会からの除名、公認会計士の登録の抹消又は税理士の業務の禁止の処分を受けた者でこれらの処分を受けた日から三年を経過しないもの（これらの法律の規定により再び業務を営むことができることとなつた者を除く。）
六 懲戒処分により、弁護士、公認会計士又は税理士の業務を停止された者で、現にその処分を受けているもの
七 当該普通地方公共団体の議会の議員
八 当該普通地方公共団体の職員
九 当該普通地方公共団体の職員で政令で定めるものであつた者
十 当該普通地方公共団体の長、副知事若しくは助役、出納長若しくは収入役、副出納長若しくは副収入役又は監査委員と親子、夫婦又は兄弟姉妹の関係にある者
十一 当該普通地方公共団体に対し請負（外部監査契約に基づくものを除く。）をする者及びその支配人又は主として同一の行為をする法人の無限責任社員、取締役若しくは監査役若しくはこれらに準ずべき者、支配人及び清算人

（特定の事件についての監査の制限）

第二百五十二条の二十九 包括外部監査人（普通地方公共団体と包括外部監査契約を締結し、かつ、包括外部監査契約の期間（包括外部監査契約に基づく監査を行い、監査の結果に関する報告を提出すべき期間をいう。以下本章において同じ。）内にある者をいう。以下本章において同じ。）又は個別外部監査人（普通地方公共団体と個別外部監査契約を締結し、かつ、個別外部監査契約の期間（個別外部監査契約に基づく監査を行い、監査の結果に関する報告を提出すべき期間をいう。以下本章において同じ。）内にある者をいう。以下本章において同じ。）は、自己若しくは父母、祖父母、配偶者、子、孫若しくは兄弟姉妹の一身上に関する事件又は自己若しくはこれらの者の従事する業務に直接の利害関係のある事件については、監査することができない。

（監査の実施に伴う外部監査人と監査委員相互間の配慮）

第二百五十二条の三十 外部監査人（包括外部監査人及び個別外部監査人をいう。以下本章において同じ。）は、監査を実施するに当たつては、監査委員にその旨を通知する等相互の連絡を図るとともに、監査委員の監査の実施に支障を来さないよう配慮しなければならない。
2 監査委員は、監査を実施するに当たつては、外部監査人の監査の実施に支障を来さないよう配慮しなければならない。

（監査の実施に伴う外部監査人の義務）

第二百五十二条の三十一 外部監査人は、外部監査契約の本旨に従い、善良な管理者の注意をもつて、誠実に監査を行う義務を負う。
2 外部監査人は、外部監査契約の履行に当たつては、常に公正不偏の態度を保持し、自らの判断と責任において監査をしなければ

ならない。

3　外部監査人は、監査の実施に関して知り得た秘密を漏らしてはならない。外部監査人でなくなった後であっても、同様とする。

4　前項の規定に違反した者は、二年以下の懲役又は百万円以下の罰金に処する。

5　外部監査人は、監査の事務に関しては、刑法（明治四十年法律第四十五号）その他の罰則の適用については、法令により公務に従事する職員とみなす。

（外部監査人の監査の事務の補助）

第二百五十二条の三十二　外部監査人は、監査の事務を他の者に補助させることができる。この場合においては、外部監査人は、政令の定めるところにより、あらかじめ監査委員に協議しなければならない。

2　監査委員は、前項の規定による協議が調つた場合には、直ちに当該監査の事務を補助する者の氏名及び住所並びに当該監査の事務を補助する者が外部監査人の監査の事務を補助できる期間を告示しなければならない。

3　第一項の規定による協議は、監査委員の合議によるものとする。

4　外部監査人は、監査が適正かつ円滑に行われるよう外部監査人補助者（第二項の規定により外部監査人の監査の事務を補助する者として告示された者であつて、かつ、外部監査人の監査の事務を補助できる期間内にあるものをいう。以下本条において同じ。）を監督しなければならない。

5　外部監査人補助者は、外部監査人の監査の事務を補助したことに関して知り得た秘密を漏らしてはならない。外部監査人補助者でなくなつた後であつても、同様とする。

6　前項の規定に違反した者は、二年以下の懲役又は百万円以下の罰金に処する。

7　外部監査人補助者は、外部監査人の監査の事務の補助に関しては、刑法その他の罰則の適用については、法令により公務に従事する職員とみなす。

8　外部監査人は、第二項の規定により告示された者に監査の事務を補助させる必要がなくなつたときは、速やかに、その旨を監査委員に通知しなければならない。

9　前項の通知があつたときは、監査委員は、速やかに、当該通知があつた者の氏名及び住所並びにその者が外部監査人を補助する者でなくなつたことを告示しなければならない。

10　前項の規定による告示があつたときは、当該告示された者が外部監査人の監査の事務を補助できる期間は終了する。

（外部監査人の監査への協力）

第二百五十二条の三十三　普通地方公共団体が外部監査人の監査を受けるに当たつては、当該普通地方公共団体の議会、長その他の執行機関又は職員は、外部監査人の監査の適正かつ円滑な遂行に協力するよう努めなければならない。

2　代表監査委員は、外部監査人の求めに応じ、監査委員の監査の事務に支障のない範囲内において、監査委員の事務局長、書記その他の職員又は第百八十条の三の規定による職員を外部監査人の監査の事務に協力させることができる。

（議会による説明の要求又は意見の陳述）

第二百五十二条の三十四　普通地方公共団体の議会は、外部監査人の監査に関し必要があると認めるときは、外部監査人又は外部監査人であつた者の説明を求めることができる。

2　普通地方公共団体の議会は、外部監査人の監査に関し必要があると認めるときは、外部監査人に対し意見を述べることができる。

（外部監査契約の解除）

第二百五十二条の三十五　普通地方公共団体の長は、外部監査人が第二百五十二条の二十八（外部監査契約を締結できる者）第一項各号のいずれにも該当しなくなつたとき（同条第二項の規定により外部監査契約が締結された場合にあつては、税理士（税理士となる資格を有する者を含む。）でなくなつたとき）、又は同条第三項各号のいずれかに該当するに至つたときは、当該外部監査人と締結している外部監査契約を解除しなければならない。

2　普通地方公共団体の長は、外部監査人が心身の故障のため監査の遂行に堪えないと認めるとき、外部監査人にこの法律若しくはこれに基づく命令の規定又は外部監査契約に係る義務に違反する行為があると認めるときその他外部監査人と外部監査契約を締結していることが著しく不適当と認めるときは、外部監査契約を解除することができる。この場合においては、あらかじめ監査委員の意見を聴くとともに、その意見を付けて議会の同意を得なければならない。

3　外部監査人が、外部監査契約を解除しようとするときは、普通地方公共団体の長の同意を得なければならない。この場合においては、当該普通地方公共団体の長は、あらかじめ監査委員の意見を聴かなければならない。

4　前二項の規定による意見は、監査委員の合議によるものとする。

5　普通地方公共団体の長は、第一項若しくは第二項の規定により外部監査契約を解除したとき、又は第三項の規定により外部監査契約を解除されたときは、直ちに、その旨を告示するとともに、外部監査遅滞なく、新たに外部監査契約を締結しなければならない。

6　外部監査契約の解除は、将来に向かつてのみその効力を生ずる。

第二節　包括外部監査契約に基づく監査

（包括外部監査契約の締結）

第二百五十二条の三十六　次に掲げる普通地方公共団体（以下「包括外部監査対象団体」という。）の長は、政令の定めるところにより、毎会計年度、当該会計年度に係る包括外部監査契約を、速やかに、一の者と締結しなければならない。この場合においては、あらかじめ監査委員の意見を聴くとともに、議会の議決を経なければならない。

一　都道府県

二　政令で定める市

三　前号に掲げる市以外の市又は町村で、契約に基づく監査を受けることを条例により定めたもの

2　前項の規定による意見の決定は、監査委員の合議によるものとする。

3　第一項の規定により包括外部監査契約を締結する場合においては、包括外部監査対象団体は、連続して四回、同一の者と包括外部監査契約を締結してはならない。

4　包括外部監査契約には、次に掲げる事項について定めなければならない。

一　包括外部監査契約の期間の始期

二　包括外部監査契約を締結した者に支払うべき監査に要する費用の額の算定方法

三　前二号に掲げる事項のほか、包括外部監査契約に基づく監査のために必要な事項として政令で定めるもの

5　包括外部監査対象団体の長は、包括外部監査契約を締結したときは、前項第一号及び第二号に掲げる事項その他政令で定める事項を直ちに告示しなければならない。

6　包括外部監査契約の期間の終期は、包括外部監査契約に基づく監査を行うべき会計年度の末日とする。

7　包括外部監査対象団体は、包括外部監査契約の期間を十分に確保するよう努めなければならない。

（包括外部監査人の監査）

第二百五十二条の三十七　包括外部監査人は、包括外部監査対象団体の財務に関する事務の執行及び包括外部監査対象団体の経営に係る事業の管理のうち、第二条第十四項及び第十五項の規定の趣旨を達成するため必要と認める特定の事件について監査するものとする。

2　包括外部監査人は、前項の規定による監査をするに当たつては、当該包括外部監査対象団体の財務に関する事務の執行及び当該包括外部監査対象団体の経営に係る事業の管理が第二条第十四項及び第十五項の規定の趣旨にのつとつてなされているかどうかに、特に、意を用いなければならない。

3　包括外部監査人は、包括外部監査契約で定める包括外部監査契約の期間内に少なくとも一回以上第一項の規定による監査をしなければならない。

4　包括外部監査対象団体は、当該包括外部監査対象団体が第百九十九条第七項に規定する財政的援助を与えているものの出納その他の事務の執行で当該財政的援助に係るもの、当該包括外部監査対象団体が出資しているもので同項の政令で定めるものの出納その他の事務の執行で当該出資に係るもの、当該包括外部監査対象団体が借入金の元金若しくは利子の支払を保証しているものの出納その他の事務の執行で当該保証に係るもの、当該包括外部監査対象団体が受益権を有する信託で同項の政令で定めるものの受託者の出納その他の事務の執行で当該信託に係るもの又は当該包括外部監査対象団体が第二百四十四条の二〔公の施設の設置、管理及び廃止〕第三項の規定に基づき公の施設の管理を委託しているものの出納その他の事務の執行で当該委託に係るものについて、包括外部監査人が必要があると認めるときは監査することができることを条例により定めることができる。

5　包括外部監査人は、包括外部監査契約で定める包括外部監査契約の期間内に、監査の結果に関する報告を決定し、これを包括外部監査対象団体の議会、長及び監査委員並びに関係のある教育委員会、選挙管理委員会、人事委員会若しくは公平委員会、公安委員会、地方労働委員会、農業委員会その他法律に基づく委員会又は委員に提出しなければならない。

第二百五十二条の三十八　包括外部監査人は、監査のため必要があると認めるときは、監査委員と協議して、関係人の出頭を求め、若しくは関係人について調査し、又は関係人の帳簿、書類その他の記録の提出を求めることができる。

2　包括外部監査人は、監査の結果に基づいて必要があると認めるときは、当該包括外部監査対象団体の組織及び運営の合理化に資するため、監査の結果に関する報告に添えてその意見を提出することができる。

3　監査委員は、前条第五項の規定により監査の結果に関する報告の提出があつたときは、これを公表しなければならない。

4　監査委員は、包括外部監査人の監査の結果に関し必要があると認めるときは、当該包括外部監査対象団体の議会及び長並びに関係のある教育委員会、選挙管理委員会、人事委員会若しくは公平委員会、公安委員会、地方労働委員会、農業委員会その他法律に基づく委員会又は委員にその意見を提出することができる。

5 第一項の規定による協議又は前項の規定による意見の決定は、監査委員の合議によるものとする。

6 前条第五項の規定による監査の結果に関する報告の提出があつた場合において、当該監査の結果に関する報告の提出を受けた包括外部監査対象団体の議会、長、教育委員会、選挙管理委員会、人事委員会若しくは公平委員会、公安委員会、地方労働委員会、農業委員会その他法律に基づく委員会又は委員は、当該監査の結果に基づき、又は当該監査の結果を参考として措置を講じたときは、その旨を監査委員に通知するものとする。この場合においては、監査委員は、当該通知に係る事項を公表しなければならない。

第三節　個別外部監査契約に基づく監査

(第七十五条の規定による監査の特例)

第二百五十二条の三十九　第七十五条第一項の請求に係る監査について、監査委員の監査に代えて契約に基づく監査によることができることを条例により定める普通地方公共団体の同項の選挙権を有する者は、政令の定めるところにより、同項の請求をする場合において、併せて監査委員の監査に代えて個別外部監査契約に基づく監査によることを求めることができる。

2 前項の規定により個別外部監査契約に基づく監査によることが求められた第七十五条第一項の請求（以下本条において「事務の監査の請求に係る個別外部監査の請求」という。）については、第七十五条第二項から第四項までの規定は、適用しない。

3 事務の監査の請求に係る個別外部監査の請求があつたときは、監査委員は、直ちに、政令の定めるところにより、請求の要旨を公表するとともに、当該事務の監査の請求に係る個別外部監査の請求について監査委員の監査に代えて個別外部監査契約に基づく監査によることについての意見を付けて、その旨を当該普通地方公共団体の長に通知しなければならない。

4 前項の規定による通知があつたときは、当該普通地方公共団体の長は、当該通知があつた日から二十日以内に議会を招集し、同項の規定による監査委員の意見を付けて、当該事務の監査の請求に係る個別外部監査の請求について監査委員の監査に代えて個別外部監査契約に基づく監査によることについて、議会に付議し、その結果を監査委員に通知しなければならない。

5 事務の監査の請求に係る個別外部監査の請求について監査委員の監査に代えて個別外部監査契約に基づく監査によることについて議会の議決を経た場合においては、当該普通地方公共団体の長は、政令の定めるところにより、当該事務の監査の請求に係る個別外部監査の請求に係る事項についての個別外部監査契約を一の者と締結しなければならない。

6 前項の個別外部監査契約を締結する場合においては、当該普通地方公共団体の長は、あらかじめ監査委員の意見を聴くとともに、議会の議決を経なければならない。

7 第三項又は前項の規定による意見の決定は、監査委員の合議によるものとする。

8 第五項の個別外部監査契約には、次に掲げる事項について定めなければならない。

一 事務の監査の請求に係る個別外部監査の請求に係る事項

二 個別外部監査契約の期間

三 個別外部監査契約を締結した者に支払うべき監査に要する費用の額の算定方法

四 前三号に掲げる事項のほか、個別外部監査契約に基づく監査

のために必要な事項として政令で定めるもの

9　普通地方公共団体の長は、第五項の個別外部監査契約を締結したときは、前項第一号から第三号までに掲げる事項その他政令で定める事項を直ちに告示しなければならない。

10　包括外部監査対象団体の長が、第五項の個別外部監査契約を当該包括外部監査対象団体の包括外部監査人と締結するときは、第六項の規定は、適用しない。この場合においては、当該個別外部監査契約は、個別外部監査契約の期間が当該包括外部監査対象団体が締結している包括外部監査契約で定める包括外部監査契約の期間を超えないものであり、かつ、個別外部監査契約を締結した者に支払うべき費用の額の算定方法が当該包括外部監査契約で定める包括外部監査契約を締結した者に支払うべき費用の額の算定方法に準じたものでなければならない。

11　前項の規定により第五項の個別外部監査契約を締結した包括外部監査対象団体の長は、その旨を議会に報告しなければならない。

12　第五項の個別外部監査契約を締結した者は、当該個別外部監査契約で定める個別外部監査契約の期間内に、事務の監査の請求に係る個別外部監査の請求に係る事項につき監査し、かつ、監査の結果に関する報告を決定するとともに、これを当該個別外部監査契約を締結した普通地方公共団体の議会、長及び監査委員並びに関係のある教育委員会、選挙管理委員会、人事委員会若しくは公平委員会、公安委員会、地方労働委員会、農業委員会その他法律に基づく委員会又は委員に提出しなければならない。

13　監査委員は、前項の規定により監査の結果に関する報告の提出があったときは、これを当該事務の監査の請求に係る個別外部監査の請求に係る代表者に送付し、かつ、公表しなければならない。

14　前条第一項、第二項及び第四項から第六項までの規定は、事務の監査の請求に係る個別外部監査の請求に係る事項についての個別外部監査人の監査について準用する。この場合において、同条第二項及び第四項中「包括外部監査対象団体」とあるのは「個別外部監査契約を締結した普通地方公共団体」と、同条第六項中「前条第五項」とあるのは「次条第十二項」と、「包括外部監査対象団体」とあるのは「個別外部監査契約を締結した普通地方公共団体」と読み替えるものとする。

15　事務の監査の請求に係る個別外部監査の請求について、監査委員の監査に代えて個別外部監査契約に基づく監査によることについて、議会がこれを否決したときは、当該事務の監査の請求に係る個別外部監査の請求は、初めから第一項の規定により個別外部監査契約に基づく監査によることが求められていない第七十五条第一項の請求であったものとみなして、同条第三項及び第四項の規定を適用する。

（第九十八条第二項の規定による監査の特例）

第二百五十二条の四十　第九十八条第二項の請求に係る監査について監査委員の監査に代えて契約に基づく監査によることができることを条例により定める普通地方公共団体の議会は、同項の請求をする場合において、特に必要があると認めるときは、その理由を付して、併せて監査委員の監査に代えて個別外部監査契約に基づく監査によることを求めることができる。この場合においては、あらかじめ監査委員の意見を聴かなければならない。

2　前項の規定により個別外部監査契約に基づく監査によることが求められた第九十八条第二項の請求（以下本条において「議会からの個別外部監査の請求」という。）については、監査委員は、当該議会からの個別外部監査の請求に係る事項についての監査及び監査の結果に関する報告は行わない。

3　議会からの個別外部監査の請求があったときは、監査委員は、直ちにその旨を当該普通地方公共団体の長に通知しなければならない。

4　前条第五項から第十一項までの規定は、前項の規定による通知があった場合について準用する。この場合において、同条第五項中「事務の監査の請求に係る個別外部監査の請求について監査委員の監査に代えて個別外部監査契約に基づく監査によることについて議会の議決を経た」とあるのは「次条第三項の規定による通知があった」と、「事務の監査の請求に係る個別外部監査の請求に係る」とあるのは「同条第二項に規定する議会からの個別外部監査の請求に係る」と、同条第七項中「第三項」とあるのは「次条第一項」と、同条第八項第一号中「事務の監査の請求に係る個別外部監査の請求」とあるのは「次条第二項に規定する議会からの個別外部監査の請求」と読み替えるものとする。

5　前項において準用する前条第五項の個別外部監査契約を締結した者は、当該個別外部監査契約で定める個別外部監査契約の期間内に、議会からの個別外部監査の請求に係る事項につき監査しなければならない。

6　第百九十九条第二項後段、第二百五十二条の三十七（包括外部監査人の監査）第五項及び第二百五十二条の三十八の規定は、議会からの個別外部監査の請求に係る事項についての個別外部監査人の監査について準用する。この場合において、第二百五十二条の三十七第五項並びに第二百五十二条の三十八第二項、第四項及び第六項中「包括外部監査対象団体」とあるのは、「個別外部監査契約を締結した普通地方公共団体」と読み替えるものとする。

（第百九十九条第六項の規定による監査の特例）

第二百五十二条の四十一　第百九十九条第六項の要求に係る監査について、監査委員の監査に代えて契約に基づく監査によることができることを条例により定める普通地方公共団体の長は、同項の要求をする場合において、特に必要があると認めるときは、その理由を付して、併せて監査委員の監査に代えて個別外部監査契約に基づく監査によることを求めることができる。

2　前項の規定により個別外部監査契約に基づく監査によることが求められた第百九十九条第六項の要求（以下本条において「長からの個別外部監査の要求」という。）については、同項の規定にかかわらず、監査委員は、当該長からの個別外部監査の要求に係る事項についての監査は行わない。

3　長からの個別外部監査の要求があったときは、監査委員は、直ちに、監査委員の監査に代えて個別外部監査契約に基づく監査によることについての意見を当該普通地方公共団体の長に通知しなければならない。

4　第二百五十二条の三十九（第七十五条の規定による監査の特例）第四項から第十一項までの規定は、前項の規定による通知があった場合について準用する。この場合において、同条第四項中「前項」とあるのは「第二百五十二条の四十一第三項」と、「長は、当該通知があった日から二十日以内に議会を招集し」とあるのは「長は」と、「事務の監査の請求に係る個別外部監査の請求」とあるのは「同条第二項に規定する長からの個別外部監査の要求」と、「付議し、その結果を監査委員に通知しなければならない」とあるのは「付議しなければならない」と、同条第五項中「事務の監査の請求に係る個別外部監査の請求について」とあるのは「第二百五十二条の四十一第二項に規定する長からの個別外部監査の要求について」と、「事務の監査の請求に係る個別外部監査の請求に係る」とあるのは「同項に規定する長からの個別外部監査の要求に係る」と、同条第七項中「第三項」とあるのは「第二百五十二条の四十一第三項」と、同条第八項第一号中「事務の監査の請求に係る個別外部監査の請求」とあるのは「第二百五十二条の四十一第二項に規定する長からの個別外部監査の要求」と読み替えるものとする。

5　前項において準用する第二百五十二条の三十九第五項の個別外部監査契約を締結した者は、当該個別外部監査契約で定める個別外部監査契約の期間内に、長からの個別外部監査の要求に係る事項につき監査しなければならない。

6　第二百五十二条の三十七（包括外部監査人による監査）第五項及び第二百五十二条の三十八の規定は、長からの個別外部監査の要求に係る事項についての個別外部監査人の監査について準用する。この場合において、第二百五十二条の三十七第五項並びに第二百五十二条の三十八第二項、第四項及び第六項中「包括外部監査対象団体」とあるのは、「個別外部監査契約を締結した普通地方公共団体」と読み替えるものとする。

（第百九十九条第七項の規定による監査の特例）

第二百五十二条の四十二　普通地方公共団体が第百九十九条第七項に規定する財政的援助を与えているものの出納その他の事務の執行で当該財政的援助に係るもの、普通地方公共団体が出資しているもので同項の政令で定めるものの出納その他の事務の執行で当該出資に係るもの、普通地方公共団体が借入金の元金若しくは利子の支払を保証しているものの出納その他の事務の執行で当該保証に係るもの、普通地方公共団体が受益権を有する信託で同項の政令で定めるものの受託者の出納その他の事務の執行で当該信託に係るもの又は普通地方公共団体が第二百四十四条の二（公の施設の設置、管理及び廃止）第三項の規定に基づき公の施設の管理を委託しているものの出納その他の事務の執行で当該委託に係るものについて、第百九十九条第七項の要求に係る監査について、監査委員の監査に代えて契約に基づく監査によることができることを条例により定める普通地方公共団体の長は、同項の要求をする場合において、特に必要があると認めるときは、その理由を付して、併せて監査委員の監査に代えて個別外部監査契約に基づく監査によることを求めることができる。

2　前項の規定により個別外部監査契約に基づく監査によることが求められた第百九十九条第七項の要求（以下本条において「財政的援助を与えているもの等に係る個別外部監査の要求」という。）については、同項の規定にかかわらず、監査委員は、当該財政的援助を与えているもの等に係る個別外部監査の要求に係る事項についての監査は行わない。

3　財政的援助を与えているもの等に係る個別外部監査の要求があったときは、監査委員は、直ちに、監査委員の監査に代えて個別外部監査契約に基づく監査によることについての意見を当該普通地方公共団体の長に通知しなければならない。

4　第二百五十二条の三十九（第七十五条の規定による監査の特例）第四項から第十一項までの規定は、前項の規定による通知があった場合について準用する。この場合において、同条第四項中「前項」とあるのは「第二百五十二条の四十二第三項」と、「長は、当該通知があった日から二十日以内に議会を招集し」とあるのは「長は」と、「事務の監査の請求に係る個別外部監査の請求」とあるのは「同条第二項に規定する財政的援助を与えているもの等に係る個別外部監査の要求」と、「付議し、その結果を監査委員に通知しなければならない」とあるのは「付議しなければならない」

と、同条第五項中「事務の監査の請求に係る個別外部監査の請求について」とあるのは「第二百五十二条の四十二第二項に規定する財政的援助を与えているもの等に係る個別外部監査の要求について」と、「事務の監査の請求に係る個別外部監査の請求に係る」とあるのは「同項に規定する財政的援助を与えているもの等に係る個別外部監査の要求に係る」と、同条第七項中「第三項」とあるのは「第二百五十二条の四十二第三項」と、同条第八項第一号中「事務の監査の請求に係る個別外部監査の請求」とあるのは「第二百五十二条の四十二第二項に規定する財政的援助を与えているもの等に係る個別外部監査の要求」と読み替えるものとする。

5　前項において準用する第二百五十二条の三十九第五項の個別外部監査契約を締結した者は、当該個別外部監査契約で定める個別外部監査契約の期間内に、財政的援助を与えているもの等に係る個別外部監査の要求に係る事項につき監査しなければならない。

6　第二百五十二条の三十七（包括外部監査人による監査）第五項及び第二百五十二条の三十八の規定は、財政的援助を与えているもの等に係る個別外部監査の要求に係る事項についての個別外部監査人の監査について準用する。この場合において、第二百五十二条の三十七第五項並びに第二百五十二条の三十八第二項、第四項及び第六項中「包括外部監査対象団体」とあるのは、「個別外部監査契約を締結した普通地方公共団体」と読み替えるものとする。

（住民監査請求等の特例）

第二百五十二条の四十三　第二百四十二条（住民監査請求）第一項の請求に係る監査について監査委員の監査に代えて契約に基づく監査によることができることを条例により定める普通地方公共団体の住民は、同項の請求をする場合において、特に必要があると認めるときは、政令の定めるところにより、その理由を付して、併せて監査委員の監査に代えて個別外部監査契約に基づく監査によることを求めることができる。

2　監査委員は、前項の規定により個別外部監査契約に基づく監査によることが求められた第二百四十二条第一項の請求（以下本条において「住民監査請求に係る個別外部監査の請求」という。）があった場合において、当該住民監査請求に係る個別外部監査の請求について、監査委員の監査に代えて個別外部監査契約に基づく監査によることが相当であると認めるときは、個別外部監査契約に基づく監査によることを決定し、当該住民監査請求に係る個別外部監査の請求があった日から二十日以内に、その旨を当該普通地方公共団体の長に通知しなければならない。この場合においては、監査委員は、当該通知をした旨を、当該住民監査請求に係る個別外部監査の請求に係る請求人に直ちに通知しなければならない。

3　第二百五十二条の三十九（第七十五条の規定による監査の特例）第五項から第十一項までの規定は、前項前段の規定による通知があった場合について準用する。この場合において、同条第五項中「事務の監査の請求に係る個別外部監査の請求について監査委員の監査に代えて個別外部監査契約に基づく監査によることについて議会の議決を経た」とあるのは「第二百五十二条の四十三第二項前段の規定による通知があった」と、「事務の監査の請求に係る個別外部監査の請求に係る」とあるのは「同項に規定する住民監査請求に係る個別外部監査の請求に係る」と、同条第七項中「第三項」とあるのは「第二百五十二条の四十三第二項の規定による監査委員の監査に代えて個別外部監査契約に基づく監査によることの決定」と、同条第八項第一号中「事務の監査の請求に係る個別外部監査の請求」とあるのは「第二百五十二条の四十三第二項に規定する住民監査請求に係る個別外部監査の請求」と読み替えるものとする。

4 前項において準用する第二百五十二条の三十九第五項の個別外部監査契約を締結した者は、当該個別外部監査契約で定める個別外部監査契約の期間内に、住民監査請求に係る個別外部監査の請求に係る事項について監査を行い、かつ、監査の結果に関する報告を決定するとともに、これを監査委員に提出しなければならない。

5 第二項前段の規定による通知があつた場合における第二百四十二条（第一項及び第二項を除く。）及び第二百四十二条の規定の適用については、第二百四十二条第三項中「第一項の規定による請求があつた場合においては、監査委員は、監査を行ない」とあるのは「第二百五十二条の四十三第四項の規定による監査の結果に関する報告の提出があつた場合においては、監査委員は、当該監査の結果に関する報告に基づき」と、「同項の規定による」とあるのは「同条第二項に規定する住民監査請求に係る個別外部監査の請求に係る」と、同条第四項中「監査委員の監査」とあるのは「請求に理由があるかどうかの決定」と、「第一項の規定による請求」とあるのは「第二百五十二条の四十三第二項に規定する住民監査請求に係る個別外部監査の請求」と、「六十日」とあるのは「九十日」と、同条第五項中「監査委員は、第三項の」とあるのは「第二百五十二条の四十三第三項において準用する第二百五十二条の三十九第五項の個別外部監査契約を締結した者は、第二百五十二条の四十三第四項の」と、同条第六項中「監査及び」とあるのは「請求に理由があるかどうかの決定及び」と、第二百四十二条の二第一項中「前条第一項の規定による請求をした場合において、同条第三項の規定による監査委員の監査の結果」とあるのは「第二百五十二条の四十三第二項に規定する住民監査請求に係る個別外部監査の請求をした場合において、前条第三項の規定による請求に理由がない旨の決定」と、「監査若しくは勧告」とあるのは「請求に理由がない旨の決定若しくは勧告」と、「同条第一項の請求」とあるのは「第二百五十二条の四十三第二項に規定する住民監査請求に係る個別外部監査の請求」と、同条第二項第一号中「監査委員の監査の結果」とあるのは「監査委員の請求に理由がない旨の決定」と、「当該監査の結果」とあるのは「当該請求に理由がない旨」と、同項第三号中「六十日」とあるのは「九十日」と、「監査又は」とあるのは「請求に理由がない旨の決定又は」とする。

6 第二百五十二条の三十八第一項、第二項及び第五項の規定は、住民監査請求に係る個別外部監査の請求に係る事項についての個別外部監査人の監査について準用する。この場合において、同条第二項中「包括外部監査対象団体」とあるのは、「個別外部監査契約を締結した普通地方公共団体」と読み替えるものとする。

7 住民監査請求に係る個別外部監査の請求があつた場合において、監査委員が当該住民監査請求に係る個別外部監査の請求があつた日から二十日以内に、当該普通地方公共団体の長に第二項前段の規定による通知を行わないときは、当該住民監査請求に係る個別外部監査の請求は、初めから第一項の規定により個別外部監査契約に基づく監査によることが求められていない第二百四十二条第一項の請求であつたものとみなす。この場合においては、監査委員は、同条第三項の規定による通知を行うときに、併せて当該普通地方公共団体の長に第二項前段の規定による通知を行わなかつた理由を書面により当該住民監査請求に係る個別外部監査の請求に係る請求人に通知し、かつ、これを公表しなければならない。

（個別外部監査契約の解除）

第二百五十二条の四十四　第二百五十二条の三十五〔外部監査契約の解除〕第二項、第四項及び第五項の規定は、個別外部監査人が第二百五十二条の二十九〔特定の事件についての監査の制限〕の規定により監査することができなくなつたと認められる場合について準用する。

第四節　雑則

（一部事務組合等に関する特例）

第二百五十二条の四十五　第二節の規定の適用については、一部事務組合又は広域連合は、第二百五十二条の三十六〔包括外部監査契約の締結〕第一項第二号に掲げる市以外の市又は町村とみなす。

（政令への委任）

第二百五十二条の四十六　この法律に規定するもののほか、外部監査契約に基づく監査に関し必要な事項その他本章の規定の適用に関し必要な事項は、政令で定める。

第十四章　補則

〔地縁による団体〕

第二百六十条の二　町又は字の区域その他市町村内の一定の区域に住所を有する者の地縁に基づいて形成された団体（以下本条において「地縁による団体」という。）は、地域的な共同活動のための不動産又は不動産に関する権利等を保有するため市町村長の認可を受けたときは、その規約に定める目的の範囲内において、権利を有し、義務を負う。

②　前項の認可は、地縁による団体のうち次に掲げる要件に該当するものについて、その団体の代表者が総務省令で定めるところにより行う申請に基づいて行う。

一　その区域の住民相互の連絡、環境の整備、集会施設の維持管理等良好な地域社会の維持及び形成に資する地域的な共同活動を行うことを目的とし、現にその活動を行つていると認められること。

二　その区域が、住民にとつて客観的に明らかなものとして定められていること。

三　その区域に住所を有するすべての個人は、構成員となることができるものとし、その相当数の者が現に構成員となつていること。

③　規約には、次に掲げる事項が定められていなければならない。

一　目的

二　名称

三　区域

四　事務所の所在地

五　構成員の資格に関する事項

六　代表者に関する事項

七　会議に関する事項

八　資産に関する事項

④　第二項第二号の区域は、当該地縁による団体が相当の期間にわたつて存続している区域の現況によらなければならない。

⑤　市町村長は、地縁による団体が第二項各号に掲げる要件に該当していると認めるときは、第一項の認可をしなければならない。

⑥　第一項の認可は、当該認可を受けた地縁による団体を、公共団体その他の行政組織の一部とすることを意味するものと解釈してはならない。

⑦　第一項の認可を受けた地縁による団体は、正当な理由がない限り、その区域に住所を有する個人の加入を拒んではならない。
⑧　第一項の認可を受けた地縁による団体は、民主的な運営の下に、自主的に活動するものとし、構成員に対し不当な差別的取扱いをしてはならない。
⑨　第一項の認可を受けた地縁による団体は、特定の政党のために利用してはならない。
⑩　市町村長は、第一項の認可をしたときは、総務省令で定めるところにより、これを告示しなければならない。告示した事項に変更があつたときも、また同様とする。
⑪　第一項の認可を受けた地縁による団体は、前項の規定に基づいて告示された事項に変更があつたときは、総務省令で定めるところにより、市町村長に届け出なければならない。
⑫　何人も、市町村長に対し、総務省令で定めるところにより、第十項の規定により告示した事項に関する証明書の交付を請求することができる。この場合において、当該請求をしようとする者は、郵便により、当該証明書の送付を求めることができる。
⑬　第一項の認可を受けた地縁による団体は、第十項の告示があるまでは、第一項の認可を受けた地縁による団体となつたこと及び第十項の規定に基づいて告示された事項をもつて第三者に対抗することができない。
⑭　市町村長は、第一項の認可を受けた地縁による団体が第二項各号に掲げる要件のいずれかを欠くこととなつたとき、又は不正な手段により第一項の認可を受けたときは、その認可を取り消すことができる。
⑮　民法（別掲）第三十八条、第四十四条第一項、第五十条、第五十一条、第五十二条第一項、第五十三条から第六十六条まで、第六十八条（同条第一項第二号を除く。）、第六十九条、第七十条、第七十二条から第七十六条まで及び第七十八条から第八十三条までの規定並びに非訟事件手続法（明治三十一年法律第十四号）第三十五条から第三十七条ノ二までの規定は、第一項の認可を受けた地縁による団体に準用する。この場合において、民法第三十八条第二項、第七十二条第二項及び第八十三条中「主務官庁」とあるのは「市町村長」と、同法第四十四条第一項、第五十四条から第五十七条まで、第五十九条第二号、第六十条、第六十一条、第六十三条、第七十条、第七十二条第二項及び第七十四条中「理事」とあるのは「代表者」と、同法第五十二条第一項中「一人又ハ数人ノ理事」とあるのは「一人ノ代表者」と、同法第五十三条中「理事ハ総テ」とあるのは「代表者ハ」と、同法第五十六条中「仮理事」とあるのは「仮代表者」と、同法第五十九条第三号中「総会又は主務官庁」とあるのは「総会」と、同法第六十八条第一項第四号中「設立許可」とあるのは「認可」と、同法第七十二条第二項中「許可」とあるのは「認可」と、及び第七十二条第三項中「国庫」とあるのは「市町村」と、非訟事件手続法第三十五条第一項中「仮理事」とあるのは「仮代表者」と読み替えるほか、必要な技術的読替えは、政令で定める。
⑯　第一項の認可を受けた地縁による団体は、法人税法（昭和四十年法律第三十四号）その他法人税に関する法令の規定の適用については、同法第二条第六号に規定する公益法人等とみなす。この場合において、同法第三十七条の規定を適用する場合には同条第三項中「公益法人等」とあるのは「公益法人等（地方自治法（昭和二十二年法律第六十七号）第二百六十条の二第一項の認可を受けた地縁による団体を除く。）」と、同条第四項中「公益法人等」とあるのは「公益法人等（地方自治法第二百六十条の二第一項の

認可を受けた地縁による団体を除く。)」と、同法第六十六条の規定を適用する場合には同条第一項及び第二項中「普通法人」とあるのは「普通法人（地方自治法第二百六十条の二第一項の認可を受けた地縁による団体を含む。)」と、同条第三項中「公益法人等」とあるのは「公益法人等（地方自治法第二百六十条の二第一項の認可を受けた地縁による団体を除く。)」とする。

⑰ 第一項の認可を受けた地縁による団体は、消費税法（昭和六十三年法律第百八号）その他消費税に関する法令の規定の適用については、同法別表第三に掲げる法人とみなす。

⑱ 次の各号の一に該当する場合においては、第一項の認可を受けた地縁による団体の代表者又は清算人は、非訟事件手続法により、五十万円以下の過料に処する。

一 第十五項において準用する民法第七十条又は第八十一条第一項の規定による破産宣告の請求を怠つたとき。

二 第十五項において準用する民法第七十九条第一項又は第八十一条第一項の規定による公告を怠り、又は不正の公告をしたとき。

第三編 特別地方公共団体

第二章 特別区

（特別区）

第二百八十一条 都の区は、これを特別区という。

2 特別区は、法律又はこれに基づく政令により都が処理することとされているものを除き、地域における事務並びにその他の事務で法律又はこれに基づく政令により市が処理することとされるもの及び法律又はこれに基づく政令により特別区が処理することとされるものを処理する。

3 第二条第四項の規定は、特別区について準用する。

（都と特別区との役割分担の原則）

第二百八十一条の二 都は、特別区の存する区域において、特別区を包括する広域の地方公共団体として、第二条第五項において都道府県が処理するものとされている事務及び特別区に関する連絡調整に関する事務のほか、同条第三項本文において市町村が処理するものとされている事務のうち、人口が高度に集中する大都市地域における行政の一体性及び統一性の確保の観点から当該区域を通じて都が一体的に処理することが必要であると認められる事務を処理するものとする。

2 特別区は、基礎的な地方公共団体として、前項において特別区の存する区域を通じて都が一体的に処理するものとされているものを除き、一般的に、第二条第三項において市町村が処理するものとされている事務を処理するものとする。

3 都及び特別区は、その事務を処理するに当たつては、相互に競合しないようにしなければならない。

（特別区の廃置分合又は境界変更）

第二百八十一条の三 第七条の規定は、特別区については、適用しない。

第二百八十一条の四 市町村の廃置分合又は境界変更を伴わない特別区の廃置分合又は境界変更は、関係特別区の申請に基づき、都知事が都の議会の議決を経てこれを定め、直ちにその旨を総務大臣に届け出なければならない。

2 前項の規定により特別区の廃置分合をしようとするときは、都知事は、あらかじめ総務大臣に協議し、その同意を得なければならない。

3 都と道府県との境界にわたる特別区の境界変更は、関係特別区及び関係のある普通地方公共団体の申請に基づき、総務大臣がこれを定める。

4　第一項の場合において財産処分を必要とするときは関係特別区が、前項の場合において財産処分を必要とするときは関係特別区及び関係市町村が協議してこれを定める。

5　第一項、第三項及び前項の申請又は協議については、関係特別区及び関係のある普通地方公共団体の議会の議決を経なければならない。

6　第一項の規定による届出を受理したとき、又は第三項の規定による処分をしたときは、総務大臣は、直ちにその旨を告示するとともに、これを国の関係行政機関の長に通知しなければならない。

7　第一項又は第三項の規定による処分は、前項の規定による告示によりその効力を生ずる。

8　都内の市町村の区域の全部又は一部による特別区の設置は、当該市町村の申請に基づき、都知事が都の議会の議決を経てこれを定め、直ちにその旨を総務大臣に届け出なければならない。

9　第二項及び第五項から第七項までの規定は、前項の規定による特別区の設置について準用する。この場合において、第二項中「前項」とあるのは「第八項」と、「廃置分合」とあるのは「設置」と、第五項中「第一項、第三項及び前項の申請又は協議」とあるのは「第八項の申請」と、「関係特別区及び関係のある普通地方公共団体」とあるのは「当該市町村」と、第六項中「第一項の規定による届出を受理したとき、又は第三項の規定による処分をしたとき」とあるのは「第八項の規定による届出を受理したとき」と、第七項中「第一項又は第三項」とあるのは「次項」と、「前項」とあるのは「第九項において準用する前項」と読み替えるものとする。

10　都内の市町村の廃置分合又は境界変更を伴う特別区の境界変更で市町村の設置を伴わないものは、関係特別区及び関係市町村の申請に基づき、都知事が都の議会の議決を経てこれを定め、直ちにその旨を総務大臣に届け出なければならない。

11　第二項及び第四項から第七項までの規定は、前項の規定による特別区の境界変更について準用する。この場合において、第二項中「前項」とあるのは「第十項」と、「廃置分合」とあるのは「境界変更」と、第四項中「第一項」とあるのは「第十項」と、「関係特別区が、前項の場合において財産処分を必要とするときは関係特別区」とあるのは「、関係特別区」と、第五項中「第一項、第三項及び前項の申請又は協議」とあるのは「第十項の申請又は第十一項において準用する前項の協議」と、「関係のある普通地方公共団体」とあるのは「関係市町村」と、第六項中「第一項の規定による届出を受理したとき、又は第三項の規定による処分をしたとき」とあるのは「第十項の規定による届出を受理したとき」と、第七項中「第一項又は第三項」とあるのは「第十項」と、「前項」とあるのは「第十一項において準用する前項」と読み替えるものとする。

12　この法律に規定するものを除くほか、第一項、第三項、第八項及び第十項の場合において必要な事項は、政令でこれを定める。

第二百八十一条の五　第二百八十三条〔市に関する規定の適用〕第一項の規定による特別区についての第九条第七項、第九条の三第一項、第二項及び第六項並びに第九十一条第五項及び第七項の規定の適用については、第九条第七項中「第七条第一項又は第三項及び第六項」とあるのは「第二百八十一条の四第一項若しくは第三項及び第六項又は同条第十項及び同条第十一項において準用する同条第六項」と、第九条の三第一項中「第七条第一項」とあるのは「第二百八十一条の四第一項及び第十項」と、同条第二項中「第七条第三項」とあるのは「第二百八十一条の四第三項」と、同条第六項中「第七条第六項及び第七項」とあるのは「第二百八十一条の四第六項及び第七項」と、第九十一条第五項中「第七条第一項又は第三項」とあるのは「第二百八十一条の四第一項、第三項、第八項又は第十項」と、同条第七項中「第七条第一項」とあるのは「第二百八十一条の四第一項又は第八項」とする。〔編者注＝本条は平成一五年一月一日施行〕

(特別区の議会の議員の定数)

第二百八十一条の六 特別区の議会の議員の定数は、五十六人を超えてはならない。〔編者注＝本条は平成一五年一月一日施行〕

(都と特別区及び特別区相互の間の調整)

第二百八十一条の七 都知事は、特別区に対し、都と特別区及び特別区相互の間の調整上、特別区の事務の処理について、その処理の基準を示す等必要な助言又は勧告をすることができる。

(特別区財政調整交付金)

第二百八十二条 都は、都と特別区及び特別区相互間の財源の均衡化を図り、並びに特別区の行政の自主的かつ計画的な運営を確保するため、政令の定めるところにより、条例で、特別区財政調整交付金を交付するものとする。

2 前項の特別区財政調整交付金とは、地方税法第五条第二項に掲げる税のうち同法第七百三十四条第一項及び第二項第三号の規定により都が課するものの収入額に条例で定める割合を乗じて得た額で特別区がひとしくその行うべき事務を遂行することができるように都が交付する交付金をいう。

3 都は、政令の定めるところにより、第一項の特別区財政調整交付金に関する事項について総務大臣に報告しなければならない。

4 総務大臣は、必要があると認めるときは、第一項の特別区財政調整交付金に関する事項について必要な助言又は勧告をすることができる。

(都区協議会)

第二百八十二条の二 都及び特別区の事務の処理について、都と特別区及び特別区相互の間の連絡調整を図るため、都及び特別区をもつて都区協議会を設ける。

2 前条第一項又は第二項の規定により条例を制定する場合においては、都知事は、あらかじめ都区協議会の意見を聴かなければならない。

3 前二項に定めるもののほか、都区協議会に関し必要な事項は、政令で定める。

(市に関する規定の適用)

第二百八十三条 この法律又は政令で特別の定めをするものを除くほか、第二編〔普通地方公共団体〕及び第四編〔補則〕中市に関する規定は、特別区にこれを適用する。

2 他の法令の市に関する規定中法律又はこれに基づく政令により市が処理することとされている事務で第二百八十一条〔特別区〕第二項の規定により特別区が処理することとされているものに関するものは、特別区にこれを適用する。

3 前項の場合において、都と特別区又は特別区相互の間の調整上他の法令の市に関する規定をそのまま特別区に適用しがたいときは、政令で特別の定めをすることができる。

第三章 地方公共団体の組合

第一節 総則

(組合の種類及び設置)

第二百八十四条 地方公共団体の組合は、一部事務組合、広域連合、全部事務組合及び役場事務組合とする。

2　普通地方公共団体及び特別区は、第六項の場合を除くほか、その事務の一部を共同処理するため、その協議により規約を定め、都道府県の加入するものにあつては総務大臣、その他のものにあつては都道府県知事の許可を得て、一部事務組合を設けることができる。この場合において、一部事務組合内の地方公共団体につきその執行機関の権限に属する事項がなくなつたときは、その執行機関は、一部事務組合の成立と同時に消滅する。

3　普通地方公共団体及び特別区は、その事務で広域にわたり処理することが適当であると認めるものに関し、広域にわたる総合的な計画（以下「広域計画」という。）を作成し、その事務の管理及び執行について広域計画の実施のために必要な連絡調整を図り、並びにその事務の一部を広域にわたり総合的かつ計画的に処理するため、その協議により規約を定め、前項の例により、総務大臣又は都道府県知事の許可を得て、広域連合を設けることができる。この場合においては、同項後段の規定を準用する。

4　総務大臣は、前項の許可をしようとするときは、国の関係行政機関の長に協議しなければならない。

5　町村は、特別の必要がある場合においては、その事務の全部を共同処理するため、その協議により規約を定め、都道府県知事の許可を得て、全部事務組合を設けることができる。この場合においては、全部事務組合内の各町村の議会及び執行機関は、全部事務組合の成立と同時に消滅する。

6　町村は、特別の必要がある場合においては、役場事務を共同処理するため、その協議により規約を定め、都道府県知事の許可を得て、役場事務組合を設けることができる。この場合において、役場事務組合内各町村の執行機関の権限に属する事項がなくなつたときは、その執行機関は、役場事務組合の成立と同時に消滅する。

第二百八十五条　市町村及び特別区の事務に関し相互に関連するものを共同処理するための市町村及び特別区の一部事務組合については、市町村又は特別区の共同処理しようとする事務が他の市町村又は特別区の共同処理しようとする事務と同一の種類のものでない場合においても、これを設けることを妨げるものではない。

（設置の勧告等）

第二百八十五条の二　公益上必要がある場合においては、都道府県知事は、関係のある市町村及び特別区に対し、一部事務組合又は広域連合を設けるべきことを勧告することができる。

2　都道府県知事は、第二百八十四条〔組合の種類及び設置〕第三項の許可をしたときは直ちにその旨を公表するとともに、総務大臣に報告し、前項の規定により広域連合を設けるべきことを勧告したときは直ちにその旨を総務大臣に報告しなければならない。

3　総務大臣は、第二百八十四条第三項の許可をしたときは直ちにその旨を告示するとともに、国の関係行政機関の長に通知し、前項の規定による報告を受けたときは直ちにその旨を国の関係行政機関の長に通知しなければならない。

第二節　一部事務組合

（組織、事務及び規約の変更）

第二百八十六条　一部事務組合は、これを組織する地方公共団体の数を増減し若しくは共同処理する事務を変更し、又は一部事務組合の規約を変更しようとするときは、関係地方公共団体の協議によりこれを定め、都道府県の加入するものにあつては総務大臣、その他のものにあつては都道府県知事の許可を受けなければならない。ただし、次条第一項第一号、第四号又は第七号に掲げる事項のみに係る一部事務組合の規約を変更しようとするときは、この限りでない。

2　一部事務組合は、次条第一項第一号、第四号又は第七号に掲げる事項のみに係る一部事務組合の規約を変更しようとするときは、関係地方公共団体の協議によりこれを定め、前項本文の例により、直ちに総務大臣又は都道府県知事に届出をしなければならない。

（規約等）

第二百八十七条　一部事務組合の規約には、次に掲げる事項につき規定を設けなければならない。

一　一部事務組合の名称

二　一部事務組合を組織する地方公共団体

三　一部事務組合の共同処理する事務

四　一部事務組合の事務所の位置

五　一部事務組合の議会の組織及び議員の選挙の方法

六　一部事務組合の執行機関の組織及び選任の方法

七　一部事務組合の経費の支弁の方法

2　一部事務組合の議会の議員又は管理者（次条第二項の規定により管理者に代えて理事会を置く第二百八十五条の一部事務組合にあつては、理事）その他の職員は、第九十二条第二項、第百四十一条第二項及び第百九十六条第三項（これらの規定を適用し又は準用する場合を含む。）の規定にかかわらず、当該一部事務組合を組織する地方公共団体の議会の議員又は地方公共団体の長その他の職員と兼ねることができる。

（議決方法の特例及び理事会の設置）

第二百八十七条の二　第二百八十五条の一部事務組合の規約には、その議会の議決すべき事件のうち当該一部事務組合を組織する市町村又は特別区の一部に係るものその他特別の必要があるものの議決の方法について特別の規定を設けることができる。

2　第二百八十五条の一部事務組合には、当該一部事務組合の規約で定めるところにより、管理者に代えて、理事をもつて組織する理事会を置くことができる。

3　前項の理事は、一部事務組合を組織する市町村若しくは特別区の長又は当該市町村若しくは特別区の長がその議会の同意を得て当該市町村又は特別区の職員のうちから指名する者をもつて充てる。

（議決事件の通知）

第二百八十七条の三　一部事務組合の管理者（前条第二項の規定により管理者に代えて理事会を置く第二百八十五条の一部事務組合にあつては、理事会。第二百九十一条第一項及び第二項において同じ。）は、当該一部事務組合の議会の議決すべき事件のうち政令で定める重要なものについて当該議会の議決を求めようとするときは、あらかじめ、これを当該一部事務組合を組織する地方公共団体の長に通知しなければならない。当該議決の結果についても、同様とする。

（解散）

第二百八十八条　一部事務組合を解散しようとするときは、関係地方公共団体の協議により、第二百八十四条（組合の種類及び設置）第二項の例により、総務大臣又は都道府県知事に届出をしなければならない。

（財産処分）

第二百八十九条　第二百八十六条（組織、事務及び規約の変更）又は前条の場合において、財産処分を必要とするときは、関係地方公共団体の協議によりこれを定める。

（議会の議決を要する協議）

第二百九十条　第二百八十四条第二項、第二百八十六条、第二百八十八条及び前条の協議については、関係地方公共団体の議会の議決を経なければならない。

（経費分賦に関する異議）

第二百九十一条　一部事務組合の経費の分賦に関し、違法又は錯誤があると認めるときは、一部事務組合を組織する地方公共団体は、その告知を受けた日から三十日以内に当該一部事務組合の管理者に異議を申し出ることができる。

2　前項の規定による異議の申出があつたときは、一部事務組合の管理者は、その議会に諮つてこれを決定しなければならない。

3　一部事務組合の議会は、前項の規定による諮問があつた日から二十日以内にその意見を述べなければならない。

第三節　広域連合

（広域連合による事務の処理等）

第二百九十一条の二　国は、その行政機関の長の権限に属する事務のうち広域連合の事務に関連するものを、別に法律又はこれに基づく政令の定めるところにより、当該広域連合が処理することとすることができる。

2　都道府県は、その執行機関の権限に属する事務のうち都道府県の加入しない広域連合の事務に関連するものを、条例の定めるところにより、当該広域連合が処理することとすることができる。

3　第二百五十二条の十七の二〔条例による事務処理の特例〕第二項、第二百五十二条の十七の三〔条例による事務処理の特例の効果〕及び第二百五十二条の十七の四〔是正の要求等の特則〕の規定は、前項の規定により広域連合が都道府県の事務を処理する場合について準用する。

4　都道府県の加入する広域連合の長は、その議会の議決を経て、国の行政機関の長に対し、当該広域連合の事務に密接に関連する国の行政機関の長の権限に属する事務の一部を当該広域連合が処理することとするよう要請することができる。

5　都道府県の加入しない広域連合の長は、その議会の議決を経て、都道府県に対し、当該広域連合の事務に密接に関連する都道府県の事務の一部を当該広域連合が処理することとするよう要請することができる。

（組織、事務及び規約の変更）

第二百九十一条の三　広域連合は、これを組織する地方公共団体の数を増減し若しくは処理する事務を変更し、又は広域連合の規約を変更しようとするときは、関係地方公共団体の協議によりこれを定め、都道府県の加入するものにあつては総務大臣、その他のものにあつては都道府県知事の許可を受けなければならない。ただし、次条第一項第六号若しくは第九号に掲げる事項又は前条第一項若しくは第二項の規定により広域連合が新たに事務を処理することとされた場合（変更された場合を含む。）における当該事務のみに係る広域連合の規約を変更しようとするときは、この限りでない。

2　総務大臣は、前項の許可をしようとするときは、国の関係行政機関の長に協議しなければならない。

3　広域連合は、次条第一項第六号又は第九号に掲げる事項のみに係る広域連合の規約を変更しようとするときは、関係地方公共団体の協議によりこれを定め、第一項本文の例により、直ちに総務大臣又は都道府県知事に届出をしなければならない。

4　前条第一項又は第二項の規定により広域連合が新たに事務を処理することとされたとき（変更されたときを含む。）は、広域連合の長は、直ちに次条第一項第四号又は第九号に掲げる事項に係る規約につき必要な変更を行い、第一項本文の例により、総務大臣又は都道府県知事に届出をするとともに、その旨を当該広域連合を組織する地方公共団体の長に通知しなければならない。

5　都道府県知事は、第一項の許可をしたとき、又は第三項若しくは前項の届出を受理したときは、直ちにその旨を公表するとともに、総務大臣に報告しなければならない。

6　総務大臣は、第一項の許可をしたとき又は第三項若しくは第四項の届出を受理したときは直ちにその旨を告示するとともに、これを国の関係行政機関の長に通知し、前項の規定による報告を受けたときは直ちにその旨を国の関係行政機関の長に通知しなければならない。

7　広域連合の長は、広域計画に定める事項に関する事務を総合的かつ計画的に処理するため必要があると認めるときは、その議会の議決を経て、当該広域連合を組織する地方公共団体に対し、当該広域連合の規約を変更するよう要請することができる。

8　前項の規定による要請があつたときは、広域連合を組織する地方公共団体は、これを尊重して必要な措置を執るようにしなければならない。

(規約等)

第二百九十一条の四　広域連合の規約には、次に掲げる事項につき規定を設けなければならない。

一　広域連合の名称
二　広域連合を組織する地方公共団体
三　広域連合の区域
四　広域連合の処理する事務
五　広域連合の作成する広域計画の項目
六　広域連合の事務所の位置
七　広域連合の議会の組織及び議員の選挙の方法
八　広域連合の長、選挙管理委員会その他執行機関の組織及び選任の方法
九　広域連合の経費の支弁の方法

2　前項第三号に掲げる広域連合の区域は、当該広域連合を組織する地方公共団体の区域を合わせた区域を定めるものとする。ただし、都道府県の加入する広域連合について、当該広域連合の処理する事務が当該都道府県の区域の一部のみに係るものであることその他の特別の事情があるときは、当該都道府県の包括する市町村又は特別区で当該広域連合を組織しないものの一部又は全部の区域を除いた区域を定めることができる。

3　広域連合の長は、広域連合の規約が定められ又は変更されたときは、速やかにこれを公表しなければならない。

4　広域連合の議会の議員又は長その他の職員は、第九十二条第二項、第百四十一条第二項及び第百九十六条第三項(これらの規定を適用し又は準用する場合を含む。)の規定にかかわらず、当該広域連合を組織する地方公共団体の議会の議員又は地方公共団体の長その他の職員と兼ねることができる。

(議会の議員及び長の選挙)

第二百九十一条の五　広域連合の議会の議員は、政令で特別の定めをするものを除くほか、広域連合の規約で定めるところにより、広域連合の選挙人(広域連合を組織する普通地方公共団体又は特別区の議会の議員及び長の選挙権を有する者で当該広域連合の区域内に住所を有するものをいう。次項及び次条第七項において同じ。)が投票により又は広域連合を組織する地方公共団体の議会においてこれを選挙する。

2　広域連合の長は、政令で特別の定めをするものを除くほか、広域連合の規約で定めるところにより、広域連合の選挙人が投票により又は広域連合を組織する地方公共団体の長が投票によりこれを選挙する。

（直接請求）

第二百九十一条の六　第二編第五章（直接請求）（第八十五条を除く。）及び第二百五十二条の三十九（第七十五条の規定による監査の特例）の規定は、政令で特別の定めをするものを除くほか、広域連合の条例（地方税の賦課徴収並びに分担金、使用料及び手数料の徴収に関するものを除く。）の制定若しくは改廃、広域連合の事務の執行に関する監査、広域連合の議会の解散又は広域連合の議会の議員若しくは長その他広域連合の職員で政令で定めるものの解職の請求について準用する。この場合において、同章（第七十四条第一項を除く。）の規定中「選挙権を有する者」とあるのは「請求権を有する者」と、第七十四条第一項中「普通地方公共団体の議会の議員及び長の選挙権を有する者（以下本編において「選挙権を有する者」という。）」とあるのは「広域連合を組織する普通地方公共団体又は特別区の議会の議員及び長の選挙権を有する者で当該広域連合の区域内に住所を有するもの（以下「請求権を有する者」という。）」と、第二百五十二条の三十九第一項中「選挙権を有する者」とあるのは「請求権を有する者」と読み替えるほか、必要な技術的読替えは、政令で定める。

2　前項に定めるもののほか、広域連合を組織する普通地方公共団体又は特別区の議会の議員及び長の選挙権を有する者で当該広域連合の区域内に住所を有するもの（第五項前段において「請求権を有する者」という。）は、政令で定めるところにより、その総数の三分の一以上の者の連署をもつて、その代表者から、当該広域連合の長に対し、当該広域連合の規約の変更を要請するよう請求することができる。

3　前項の規定による請求があつたときは、広域連合の長は、直ちに、請求の要旨を公表するとともに、当該広域連合を組織する地方公共団体に対し、当該請求に係る広域連合の規約を変更するよう要請しなければならない。この場合においては、当該要請をした旨を同項の代表者に通知しなければならない。

4　前項の規定による要請があつたときは、広域連合を組織する地方公共団体は、これを尊重して必要な措置を執るようにしなければならない。

5　第七十四条第四項の規定は請求権を有する者及びその総数の三分の一の数について、同条第五項から第七項まで及び第七十四条の二から第七十四条の四までの規定は第二項の規定による請求者の署名について準用する。この場合において、第七十四条第四項中「第一項の選挙権を有する者」とあるのは「第二百九十一条の六第二項に規定する広域連合を組織する普通地方公共団体又は特別区の議会の議員及び長の選挙権を有する者で当該広域連合の区域内に住所を有するもの（以下「請求権を有する者」という。）」と、同条第六項並びに第七十四条の四第三項及び第四項中「選挙権を有する者」とあるのは「請求権を有する者」と読み替えるほか、必要な技術的読替えは、政令で定める。

6　第二百五十二条の三十八第一項、第二項及び第四項から第六項までの規定は、第一項において準用する第二百五十二条の三十九第一項の規定により第二百五十二条の二十七（外部監査契約）第三項に規定する個別外部監査契約に基づく監査によることが求められた第一項において準用する第七十五条第一項の請求に係る事項についての第二百五十二条の二十九（特定の事件についての監査の制限）に規定する個別外部監査人の監査について準用する。この場合において必要な技術的読替えは、政令で定める。

7 政令で特別の定めをするものを除くほか、公職選挙法中普通地方公共団体の選挙に関する規定は、第一項において準用する第七十六条第三項の規定による解散の投票並びに第八十条第三項及び第八十一条第二項の規定による解職の投票について準用する。

8 前項の投票は、政令で定めるところにより、広域連合の選挙人による選挙と同時にこれを行うことができる。

（広域計画）

第二百九十一条の七 広域連合は、当該広域連合が設けられた後、速やかに、その議会の議決を経て、広域計画を作成しなければならない。

2 広域連合は、広域計画を作成するに当たつては、第二条第四項（第二百八十一条第三項において準用する場合を含む。）の基本構想及び他の法律の規定による計画であつて当該広域計画の項目に関する事項を定めるものとの調和が保たれるようにしなければならない。

3 広域連合は、広域計画を作成したときは、直ちに、これを当該広域連合を組織する地方公共団体の長に送付し、かつ、公表するとともに、第二百八十四条（組合の種類及び設置）第二項の例により、総務大臣又は都道府県知事に提出しなければならない。

4 総務大臣は、前項の規定による提出があつた場合においては、直ちにその内容を国の関係行政機関の長に通知しなければならない。

5 広域計画は、第二百九十一条の二（広域連合による事務の処理等）第一項又は第二項の規定により広域連合が新たに事務を処理することとされたとき（変更されたときを含む。）その他これを変更することが適当であると認められるときは、変更することができる。

6 広域連合は、広域計画を変更しようとするときは、その議会の議決を経なければならない。この場合においては、第二項から第四項までの規定を準用する。

7 広域連合及び当該広域連合を組織する地方公共団体は、広域計画に基づいて、その事務を処理するようにしなければならない。

8 広域連合の長は、当該広域連合を組織する地方公共団体の事務の処理が広域計画の実施に支障があり又は支障があるおそれがあると認めるときは、当該広域連合の議会の議決を経て、当該広域連合を組織する地方公共団体に対し、当該広域計画の実施に関し必要な措置を講ずべきことを勧告することができる。

9 広域連合の長は、前項の規定による勧告を行つたときは、当該勧告を受けた地方公共団体に対し、当該勧告に基づいて講じた措置について報告を求めることができる。

（協議会）

第二百九十一条の八 広域連合は、広域計画に定める事項を一体的かつ円滑に推進するため、広域連合の条例で、必要な協議を行うための協議会を置くことができる。

2 前項の協議会は、広域連合の長及び国の地方行政機関の長、都道府県知事（当該広域連合を組織する地方公共団体である都道府県の知事を除く。）、広域連合の区域内の公共的団体等の代表者又は学識経験を有する者のうちから広域連合の長が任命する者をもつて組織する。

3 前項に定めるもののほか、第一項の協議会の運営に関し必要な事項は、広域連合の条例で定める。

（広域連合の分賦金）

第二百九十一条の九　第二百九十一条の四（規約等）第一項第九号に掲げる広域連合の経費の支弁の方法として、広域連合を組織する普通地方公共団体又は特別区の分賦金に関して定める場合には、広域連合が作成する広域計画の実施のために必要な連絡調整及び広域計画に基づく総合的かつ計画的な事務の処理に資するため、当該広域連合を組織する普通地方公共団体又は特別区の人口、面積、地方税の収入額、財政力その他の客観的な指標に基づかなければならない。

2　前項の規定により定められた広域連合の規約に基づく地方公共団体の分賦金については、当該地方公共団体は、必要な予算上の措置をしなければならない。

（解散）

第二百九十一条の十　広域連合を解散しようとするときは、関係地方公共団体の協議により、第二百八十四条（組合の種類及び設置）第二項の例により、総務大臣又は都道府県知事の許可を受けなければならない。

2　総務大臣は、前項の許可をしようとするときは、国の関係行政機関の長に協議しなければならない。

3　都道府県知事は、第一項の許可をしたときは、直ちにその旨を公表するとともに、総務大臣に報告しなければならない。

4　総務大臣は、第一項の許可をしたときは直ちにその旨を告示するとともに、これを国の関係行政機関の長に通知し、前項の規定による報告を受けたときは直ちにその旨を国の関係行政機関の長に通知しなければならない。

（議会の議決を要する協議）

第二百九十一条の十一　第二百八十四条第三項、第二百九十一条の三第一項及び第三項、前条第一項並びに第二百九十一条の十三において準用する第二百八十九条の協議については、関係地方公共団体の議会の議決を経なければならない。

（経費分賦等に関する異議）

第二百九十一条の十二　広域連合の経費の分賦に関し、違法又は錯誤があると認めるときは、広域連合を組織する地方公共団体は、その告知を受けた日から三十日以内に当該広域連合の長に異議を申し出ることができる。

2　第二百九十一条の三（組織、事務及び規約の変更）第四項の規定による広域連合の規約の変更のうち第二百九十一条の四（規約等）第一項第九号に掲げる事項に係るものに関し不服があるときは、広域連合を組織する地方公共団体は、第二百九十一条の三第四項の規定による通知を受けた日から三十日以内に当該広域連合の長に異議を申し出ることができる。

3　広域連合の長は、第一項の規定による異議の申出があったときは当該広域連合の議会に諮ってこれを決定し、前項の規定による異議の申出があったときは当該広域連合の議会に諮って規約の変更その他必要な措置を執らなければならない。

4　広域連合の議会は、前項の規定による諮問があった日から二十日以内にその意見を述べなければならない。

（一部事務組合に関する規定の準用）

第二百九十一条の十三　第二百八十七条の三（議決事件の通知）及び第二百八十九条（財産処分）の規定は、広域連合について準用する。この場合において、同条中「第二百八十六条又は前条」とあるのは、「第二百九十一条の三第一項、第三項若しくは第四項又は第二百九十一条の十第一項」と読み替えるものとする。

第四節　全部事務組合

（全部事務組合）

第二百九十一条の十四　全部事務組合は、当該全部事務組合を組織する町村の数を減少し又は全部事務組合の規約を変更しようとするときはその議会の議決を経てこれを定め、当該全部事務組合を組織する町村の数を増加しようとするときは当該全部事務組合と新たに加入しようとする町村との協議によりこれを定め、都道府県知事の許可を受けなければならない。

2　全部事務組合の規約には、次に掲げる事項につき規定を設けなければならない。

一　全部事務組合の名称
二　全部事務組合を組織する地方公共団体
三　全部事務組合の共同処理する事務
四　全部事務組合の事務所の位置

3　全部事務組合を解散しようとするときは、その議会の議決により、都道府県知事の許可を受けなければならない。

4　第一項又は前項の場合において、財産処分を必要とするときは、関係地方公共団体と全部事務組合との協議により又は全部事務組合の議会の議決によりこれを定める。

5　第二百八十四条〔組合の種類及び設置〕第五項並びに第一項及び前項の協議については、関係地方公共団体にあつてはその議会、全部事務組合にあつては当該全部事務組合の議会の議決を経なければならない。

第五節　役場事務組合

（役場事務組合）

第二百九十一条の十五　役場事務組合の規約には、次に掲げる事項につき規定を設けなければならない。

一　役場事務組合の名称
二　役場事務組合を組織する地方公共団体
三　役場事務組合の共同処理する事務
四　役場事務組合の事務所の位置
五　役場事務組合の議会の組織及び議員の選挙の方法
六　役場事務組合の経費の支弁の方法

2　役場事務組合を解散しようとするときは、関係地方公共団体の協議により、都道府県知事に届出をしなければならない。

3　第二百八十四条〔組合の種類及び設置〕第六項、前項並びに次項において準用する第二百八十六条〔組織、事務及び規約の変更〕及び第二百八十九条〔財産処分〕の協議については、関係地方公共団体の議会の議決を経なければならない。

4　第二百八十六条、第二百八十七条〔規約等〕第二項、第二百八十九条及び第二百九十一条〔経費分賦に関する異議〕の規定は、役場事務組合について準用する。この場合において、第二百八十六条中「次条第一項第一号、第四号又は第七号」とあるのは「第二百九十一条の十五第一項第一号、第四号又は第六号」と、第二百八十九条中「第二百八十六条又は前条」とあるのは「第二百九十一条の十五第四項において準用する第二百八十六条又は第二百九十一条の十五第二項」と読み替えるものとする。

第六節　雑則

（普通地方公共団体に関する規定の準用）

第二百九十二条　地方公共団体の組合については、法律又はこれに基づく政令に特別の定めがあるものを除くほか、都道府県の加入するものにあつては都道府県に関する規定、市及び特別区の加入するもので都道府県の加入しないものにあつては市に関する規定、その他のものにあつては町村に関する規定を準用する。

（数都道府県にわたる組合に関する特例）

第二百九十三条　市町村及び特別区の組合で数都道府県にわたるも

のに係る第二百八十四条〔組合の種類及び設置〕第二項、第三項、第五項及び第六項、第二百八十六条〔組織、事務及び規約の変更〕第一項本文（第二百九十一条の十五第四項において準用する場合を含む。）、第二百九十一条の三〔組職、事務及び規約の変更〕第一項本文、第二百九十一条の十〔解散〕第一項並びに第二百九十一条の十四〔全部事務組合〕第一項及び第三項の許可並びに第二百八十五条の二〔設置の勧告等〕第一項の規定による勧告は、これらの規定にかかわらず、政令で定めるところにより、総務大臣が関係都道府県知事の意見を聴いてこれを行い、市町村及び特別区の組合で数都道府県にわたるものに係る第二百八十六条第二項（第二百九十一条の十五第四項において準用する場合を含む。）、第二百八十八条〔解散〕、第二百九十一条の三第三項及び第四項並びに第二百九十一条の十五第二項の届出は、これらの規定にかかわらず、関係都道府県知事を経て総務大臣にこれをしなければならない。

2　市町村及び特別区の広域連合で数都道府県にわたるものに係る第二百九十一条の七〔広域計画〕第三項の規定による提出は、同項の規定にかかわらず、関係都道府県知事を経て総務大臣にこれをしなければならない。

（政令への委任）

第二百九十三条の二　この法律に規定するもののほか、地方公共団体の組合の規約に関する事項その他本章の規定の適用に関し必要な事項は、政令で定める。

第四編　補則

（事務の区分）

第三百二十条　都道府県が第二条第六項、第七条第一項及び第二項（第八条第三項の規定によりその例によることとされる場合を含む。）、第八条の二第一項、第二項及び第四項、第九条第一項及び第二項（同条第十一項において準用する場合を含む。）並びに第五項及び第九項（同条第十一項及び第九条の三第六項において準用する場合を含む。）、第九条の二第一項及び第五項並びに第九条の三第一項及び第三項の規定により処理することとされている事務、第二百四十五条の四第一項の規定により処理することとされている事務（市町村が処理する事務が自治事務又は第二号法定受託事務である場合においては、同条第二項の規定による各大臣の指示を受けて行うものに限る。）、第二百四十五条の五第三項の規定により処理することとされている事務、第二百四十五条の七第二項、第二百四十五条の八第十二項において準用する同条第一項から第四項まで及び第八項並びに第二百四十五条の九第二項の規定により処理することとされている事務（市町村が処理する第一号法定受託事務に係るものに限る。）、第二百五十二条の十七の三第二項及び第三項並びに第二百五十二条の十七の四第一項（第二百九十一条の二第三項において準用する場合を含む。）の規定により処理することとされている事務、第二百五十二条の十七の五第一項の規定により処理することとされている事務（同条第二項の規定による総務大臣の指示を受けて行うものに限る。）、第二百五十二条の十七の六第二項及び第二百五十二条の十七の七の規定により処理することとされている事務、第二百五十五条の二の規定により処理することとされている事務（第一号法定受託事務に係るものに限る。）、第二百六十一条第二項から第四項までの規定により処理することとされている事務、第二百八十四条第二項の規定により処理することとされている事務（都道府県の加入しない一部事務組合に係る許可に係るものに限る。）、同条第三項の規定により処理することとされている事務（都道府県の加入しない広域連合に係る許可に係るものに限る。）、同条第五項及び第六項の規定により処理することとされている事務、第二百八十六条第一項及び第二項（第二百九十一条の十五第四項において準用する場合を含む。）の規定により処理することとされている事務（第二百八十六条第一項及び第二項の規定により処理することとされている事務にあっては都道府県の加入しない一部事務組合に係る許可又は届出に係るものに限る。）、第二百八十八条の規定により処理することとされている事務（都道府県の加入しない一部事務組合に係る届出に係るものに限る。）、第二百九十一条の三第一項及び第三項から第五項までの規定により処理することとされている事務（都道府県の加入しない広域連合に係る許可又は届出に係るものに限る。）、第二百九十一条の七第三項（同条第六項において準用する場合を含む。）の規定により処理することとされている事務、第二百九十一条の十第一項の規定により処理することとされている事務（都道府県の加入しない広域連合に係る許可に係るものに限る。）、同条第三項、第二百九十一条の十四第一項及び第三項並びに第二百九十一条の十五第二項の規定により処理することとされている事務並びに第二百六十二条第一項において準用する公職選挙法中普通地方公共団体の選挙に関する規定により処理することとされている事務は、第一号法定受託事務とする。

2　都が第二百八十一条の四第一項、第二項（同条第九項及び第十一項において準用する場合を含む。）、第八項及び第十項の規定により処理することとされている事務は、第一号法定受託事務とする。

3　市町村が第二百六十一条第二項から第四項までの規定により処理することとされている事務及び第二百六十二条第一項において準用する公職選挙法中普通地方公共団体の選挙に関する規定により処理することとされている事務は、第一号法定受託事務とする。

第三百二十一条　市町村が第七十四条の二第一項から第三項まで、第五項、第六項及び第十項（第七十五条第五項、第七十六条第四項、第八十条第四項、第八十一条第二項及び第八十六条第四項において準用する場合を含む。）並びに第七十四条の三第三項（第七十五条第五項、第七十六条第四項、第八十条第四項、第八十一条第二項及び第八十六条第四項において準用する場合を含む。）の規定により処理することとされている事務（都道府県に対する請求に係るものに限る。）並びに第八十五条第一項において準用する公職選挙法中普通地方公共団体の選挙に関する規定により処理することとされている事務（第七十六条第三項の規定による都道府県の議会の解散の投票並びに第八十条第三項及び第八十一条第二項の規定による都道府県の議会の議員及び長の解職の投票に関するものに限る。）は、第一号法定受託事務とする。

附　則

〔施行期日〕

第一条　この法律は、日本国憲法施行の日〔昭和二二年五月三日〕から、これを施行する。

別表第一　第一号法定受託事務（第二条第十項関係）〔抄〕

備考　この表の下欄の用語の意義及び字句の意味は、上欄に掲げる法律における用語の意義及び字句の意味によるものとする。

法律	事務
教科書の発行に関する臨時	第五条第一項、第六条第二項及び第七条第二項の規定により都道府県が処理することとされている

措置法（昭和二十三年法律第百三十二号）	事務並びに同条第一項の規定により市町村が処理することとされている事務
私立学校法（昭和二十四年法律第二百七十号）	第二十六条第二項（第六十四条第五項において準用する場合を含む。）、第三十一条第一項（第六十四条第五項及び第七項において準用する場合を含む。）及び第二項（第三十二条第二項、第五十条第三項並びに第六十四条第五項及び第七項において準用する場合を含む。）、第三十二条第一項（第六十四条第五項において準用する場合を含む。）、第三十七条第四項（第一号、第二号、第四号及び第五号を除き、第六十四条第五項において準用する場合を含む。）、第四十五条（第六十四条第五項において準用する場合を含む。）、第五十条第二項（第六十四条第五項において準用する場合を含む。）及び第四項（第六十四条第五項において準用する場合を含む。）、第五十二条第二項（第六十四条第五項において準用する場合を含む。）、第六十一条第一項から第三項まで（第六十四条第五項において準用する場合を含む。）並びに第六十二条第一項から第三項まで（第六十四条第五項において準用する場合を含む。）並びに第四十九条（第六十四条第五項において準用する場合を含む。）において準用する民法第五十六条並びに第五十八条（第六十四条第五項において準用する場合を含む。）において準用する同法第七十七条第二項（届出に関する部分に限る。）及び第八十三条並びに非訟事件手続法第百三十六条ノ二において準用する同法第百三十五条ノ二十五第二項及び第三項の規定により都道府県が処理することとされている事務
地方教育行政の組織及び運営に関する法律（昭和三十一年法律第百六十二号）	都道府県が第四十八条第一項の規定により処理することとされている事務（市町村が処理する事務が自治事務又は第二号法定受託事務である場合においては、第四十八条第三項に規定する文部科学大臣の指示を受けて行うものに限る。）、第五十三条第二項の規定により処理することとされている事務、第六十条第三項の規定により処理することとされている事務（都道府県委員会の意見を聴くことに係るものに限る。）並びに第五十五条第六項（第六十条第五項において準用する場合を含む。）において準用する地方自治法第二百五十二条の十七の三第二項及び第三項並びに第二百五十二条の十七の四第一項の規定により処理することとされている事務

別表第二　第二号法定受託事務（第二条第十項関係）〔略〕

別表第三から七　削除

〔別表は平成一一年七月法律第八七号で全面改正＝編者〕

○地方自治法施行令　抄

〔昭和二二年五月三日 政令第一六号〕

最近改正　平成一三年一一月三〇日　政令第三八三号

地方自治法施行令目次

第一編 総則

（政令に定める法定受託事務）

第一条 政令に定める法定受託事務（地方自治法（昭和二十二年法律第六十七号）第二条第九項に規定する法定受託事務をいう。）で同条第十項の政令に示すものは、第一号法定受託事務（同条第九項第一号に規定する第一号法定受託事務をいう。第二百二十五条において同じ。）にあつては別表第一の上欄に掲げる政令についてそれぞれ同表の下欄に、第二号法定受託事務（同法第二条第九項第二号に規定する第二号法定受託事務をいう。第二百二十六条において同じ。）にあつては別表第二〔略〕の上欄に掲げる政令についてそれぞれ同表の下欄に掲げるとおりである。

第二編 普通地方公共団体

第五章 財務

第一節 会計年度所属区分

（歳入の会計年度所属区分）

第百四十二条 歳入の会計年度所属は、次の区分による。

一 納期の一定している収入は、その納期の末日（民法（明治二十九年法律第八十九号）第百四十二条、地方自治法第四条の二第三項、地方税法（昭和二十五年法律第二百二十六号）第二十条の五又は当該期日が土曜日に当たる場合にその翌日をもつて納期の末日とする旨の法令、条例若しくは規則の規定の適用がないものとしたときの納期の末日をいう。次項において同じ。）の属する年度。ただし、地方税法第三百二十一条の三の規定により特別徴収の方法によつて徴収する市町村民税及び同法第四十一条第一項の規定によりこれとあわせて徴収する道府県民税（同法第三百二十一条の五の二の規定により納入するものを除く。）は、特別徴収義務者が同法第三百二十一条の五第一項又は

第二項ただし書の規定による徴収をすべき月の属する年度

二　随時の収入で、納入通知書又は納税の告知に関する文書（以下本条において「通知書等」という。）を発するものは、当該通知書等を発した日の属する年度

三　随時の収入で、通知書等を発しないものは、これを領収した日の属する年度。ただし、地方交付税、地方譲与税、交付金、負担金、補助金、地方債その他これらに類する収入及び他の会計から繰り入れるべき収入は、その収入を計上した予算の属する年度

2　前項第一号の収入について、納期の末日の属する会計年度の末日（民法第百四十二条、地方自治法第四条の二第三項、地方税法第二十条の五又は納期の末日が土曜日に当たる場合にその翌日をもつて納期の末日とする旨の法令、条例若しくは規則の規定の適用があるときは、当該延長された日）までに申告がなかつたとき、又は通知書等を発しなかつたときは、当該収入は、申告があつた日又は通知書等を発した日の属する会計年度の歳入に組み入れるものとする。

3　普通地方公共団体の歳入に係る督促手数料、延滞金及び滞納処分費は、第一項の規定にかかわらず、当該歳入の属する会計年度の歳入に組み入れるものとする。

（歳出の会計年度所属区分）

第百四十三条　歳出の会計年度所属は、次の区分による。

一　地方債の元利償還金、年金、恩給の類は、その支払期日の属する年度

二　給与その他の給付（前号に掲げるものを除く。）は、これを支給すべき事実の生じた時の属する年度

三　地方公務員共済組合負担金、社会保険料及び国民健康保険の療養の給付に関する診療報酬並びに賃借料、光熱水費、電信電話料の類は、その支出の原因である事実の存した期間の属する年度。ただし、賃借料、光熱水費、電信電話料の類で、その支出の原因である事実の存した期間が二年度にわたるものについては、支払期限の属する年度

四　工事請負費、物件購入費、運賃の類及び補助費の類で相手方の行為の完了があつた後支出するものは、当該行為の履行があつた日の属する年度

五　前各号に掲げる経費以外の経費は、その支出負担行為をした日の属する年度

2　旅行の期間（外国旅行にあつては、その準備期間を含む。）が二年度にわたる場合における旅費は、当該二年度のうち前の年度の歳出予算から概算で支出することができるものとし、当該旅費の精算によつて生ずる返納金又は追給金は、その精算を行なつた日の属する年度の歳入又は歳出とするものとする。

第二節　予算

（予算に関する説明書）

第百四十四条　地方自治法第二百十一条〔予算の調製及び議決〕第二項に規定する政令で定める予算に関する説明書は、次のとおりとする。

一　歳入歳出予算の各項の内容を明らかにした歳入歳出予算事項別明細書及び給与費の内訳を明らかにした給与費明細書

二　継続費についての前前年度末までの支出額、前年度末までの支出額又は支出額の見込み及び当該年度以降の支出予定額並びに事業の進行状況等に関する調書

三　債務負担行為で翌年度以降にわたるものについての前年度末までの支出額又は支出額の見込み及び当該年度以降の支出予定

額等に関する調書

四　地方債の前前年度末における現在高並びに前年度末及び当該年度末における現在高の見込みに関する調書

五　その他予算の内容を明らかにするため必要な書類

2　前項第一号から第四号までに規定する書類の様式は、総務省令で定める様式を基準としなければならない。

（継続費）

第百四十五条　継続費の毎会計年度の年割額に係る歳出予算の経費の金額のうち、その年度内に支出を終わらなかつたものは、当該継続費の継続年度の終わりまで逓次繰り越して使用することができる。この場合においては、普通地方公共団体の長は、翌年度の五月三十一日までに継続費繰越計算書を調製し、次の会議においてこれを議会に報告しなければならない。

2　普通地方公共団体の長は、継続費に係る継続年度（継続費に係る歳出予算の金額のうち法第二百二十条〔予算の執行及び事故繰越し〕第三項ただし書の規定により翌年度に繰り越したものがある場合には、その繰り越された年度）が終了したときは、継続費精算報告書を調製し、地方自治法第二百三十三条〔決算〕第五項の書類の提出と併せてこれを議会に報告しなければならない。

3　継続費繰越計算書及び継続費精算報告書の様式は、総務省令で定める様式を基準としなければならない。

（繰越明許費）

第百四十六条　地方自治法第二百十三条〔繰越明許費〕の規定により翌年度に繰り越して使用しようとする歳出予算の経費については、当該経費に係る歳出に充てるために必要な金額を当該年度から翌年度に繰り越さなければならない。

2　普通地方公共団体の長は、繰越明許費に係る歳出予算の経費を翌年度に繰り越したときは、翌年度の五月三十一日までに繰越計算書を調製し、次の会議においてこれを議会に報告しなければならない。

3　繰越計算書の様式は、総務省令で定める様式を基準としなければならない。

（歳入歳出予算の款項の区分及び予算の調製の様式）

第百四十七条　歳入歳出予算の款項の区分は、総務省令で定める区分〔別掲〕を基準としてこれを定めなければならない。

2　予算の調製の様式は、総務省令で定める様式を基準としなければならない。

（会計年度経過後の予算の補正の禁止）

第百四十八条　予算は、会計年度経過後においては、これを補正することができない。

（弾力条項の適用できない経費）

第百四十九条　地方自治法第二百十八条〔補正予算、暫定予算等〕第四項に規定する政令で定める経費は、職員の給料とする。

（予算の執行及び事故繰越し）

第百五十条　普通地方公共団体の長は、次の各号に掲げる事項を予算の執行に関する手続として定めなければならない。

一　予算の計画的かつ効率的な執行を確保するため必要な計画を定めること。

二　定期又は臨時に歳出予算の配当を行なうこと。

三　歳入歳出予算の各項を目節に区分するとともに、当該目節の区分に従つて歳入歳出予算を執行すること。

2　前項第三号の目節の区分は、総務省令で定める区分〔別掲〕を基準としてこれを定めなければならない。

3　第百四十六条〔繰越明許費〕の規定は、地方自治法第二百二十

条〔予算の執行及び事故繰越し〕第三項ただし書の規定による予算の繰越しについてこれを準用する。

（予算が成立したとき等の通知）

第百五十一条　普通地方公共団体の長は、予算が成立したとき、歳出予算を配当したとき、予備費を充当したとき、又は地方自治法第二百二十条〔予算の執行及び事故繰越し〕第二項ただし書の規定により歳出予算の各項の経費の金額を流用したときは、直ちにこれを出納長又は収入役に通知しなければならない。

（普通地方公共団体の長の調査等の対象となる法人等の範囲）

第百五十二条　地方自治法第二百二十一条〔予算の執行に関する長の調査権等〕第三項に規定する普通地方公共団体が出資している法人で政令で定めるものは、当該普通地方公共団体が設立した地方住宅供給公社、地方道路公社及び土地開発公社並びに当該普通地方公共団体が資本金、基本金その他これらに準ずるものの二分の一以上を出資している民法第三十四条の法人、株式会社及び有限会社とする。

2　地方自治法第二百二十一条第三項に規定する普通地方公共団体がその者のために債務を負担している法人で政令で定めるものは、当該普通地方公共団体がその者のためにその資本金、基本金その他これらに準ずるものの二分の一に相当する額以上の額の債務を負担している民法第三十四条の法人、株式会社及び有限会社とする。

3　地方自治法第二百二十一条第三項に規定する普通地方公共団体が受益権を有する信託で政令で定めるものは、当該普通地方公共団体が受益権を有する不動産の信託とする。

第三節　収入

（分担金を徴収することができない場合）

第百五十三条　地方税法第七条の規定により不均一の課税をし、若しくは普通地方公共団体の一部に課税をし、又は同法第七百三条の規定により水利地益税を課し、若しくは同法第七百三条の二の規定により共同施設税を課するときは、同一の事件に関し分担金を徴収することができない。

（歳入の調定及び納入の通知）

第百五十四条　地方自治法第二百三十一条〔歳入の収入の方法〕の規定による歳入の調定は、当該歳入について、所属年度、歳入科目、納入すべき金額、納入義務者等を誤っていないかどうかその他法令又は契約に違反する事実がないかどうかを調査してこれをしなければならない。

2　普通地方公共団体の歳入を収入するときは、地方交付税、地方譲与税、補助金、地方債、滞納処分費その他その性質上納入の通知を必要としない歳入を除き、納入の通知をしなければならない。

3　前項の規定による納入の通知は、所属年度、歳入科目、納入すべき金額、納期限、納入場所及び納入の請求の事由を記載した納入通知書でこれをしなければならない。ただし、その性質上納入通知書によりがたい歳入については、口頭、掲示その他の方法によってこれをすることができる。

（口座振替の方法による歳入の納付）

第百五十五条　普通地方公共団体の歳入の納入義務者は、当該普通地方公共団体の指定金融機関、指定代理金融機関、収納代理金融機関又は収納事務取扱金融機関に預金口座を設けているときは、当該金融機関に請求して口座振替の方法により当該歳入を納付することができる。

（郵便振替の方法による歳入の納付）

第百五十五条の二　普通地方公共団体の歳入の納入義務者は、当該普通地方公共団体の収納代理郵便官署又は収納事務取扱郵便官署に請求して、郵便振替法（昭和二十三年法律第六十号）第五十八条に規定する公金に関する郵便振替の方法により当該歳入を納付することができる。

（証券をもつてする歳入の納付）

第百五十六条　地方自治法第二百三十一条の二〔証紙による収入の方法等〕第三項の規定により普通地方公共団体の歳入の納付に使用することができる証券は、次に掲げる証券で納付金額を超えないものに限る。

一　持参人払式の小切手又は出納長若しくは収入役若しくは指定金融機関、指定代理金融機関、収納代理金融機関、収納代理郵便官署、収納事務取扱金融機関若しくは収納事務取扱郵便官署（以下この条において「出納長等」という。）を受取人とする小切手で、手形交換所に加入している金融機関又は当該金融機関に手形交換を委託している金融機関を支払人とし、支払地が当該普通地方公共団体の長が定める区域内であつて、その提示期間内に支払のための提示をすることができるもの

二　出納長等を受取人とする郵便振替払出証書又は持参人払式の郵便為替証書若しくは出納長等を受取人とする郵便為替証書で、その有効期間内に支払の請求をすることができるもの

三　無記名式の国債若しくは地方債又は無記名式の国債若しくは地方債の利札で、支払期日の到来したもの

2　出納長等は、前項第一号に規定する小切手であつてもその支払が確実でないと認めるときは、その受領を拒絶することができる。

3　地方自治法第二百三十一条の二第四項前段に規定する場合においては、出納長等は、当該証券をもつて納付した者に対し、すみやかに、当該証券について支払がなかつた旨及びその者の請求により当該証券を還付する旨を書面で通知しなければならない。

（取立て及び納付の委託）

第百五十七条　地方自治法第二百三十一条の二〔証紙による収入の方法等〕第五項の規定により取立て及び納付の委託を受けることができる証券は、前条第一項に規定する証券とする。

2　地方自治法第二百三十一条の二第五項の規定により取立て及び納付の委託を受ける場合において、その証券の取立てにつき費用を要するときは、収入役は、当該取立て及び納付の委託をしようとする者に、その費用の額に相当する金額をあわせて提供させなければならない。

3　地方自治法第二百三十一条の二第五項の規定により取立て及び納付の委託を受けた場合において、必要があると認めるときは、収入役は、確実と認める金融機関にその取立てを再委託することができる。

（歳入の徴収又は収納の委託）

第百五十八条　次の各号に掲げる普通地方公共団体の歳入については、その収入の確保及び住民の便益の増進に寄与すると認められる場合に限り、私人にその徴収又は収納の事務を委託することができる。

一　使用料

二　手数料

三　賃貸料

四　貸付金の元利償還金

2　前項の規定により歳入の徴収又は収納の事務を私人に委託したときは、普通地方公共団体の長は、その旨を告示し、かつ、当該

歳入の納入義務者の見やすい方法により公表しなければならない。

3 第一項の規定により歳入の徴収又は収納の事務の委託を受けた者は、普通地方公共団体の規則の定めるところにより、その徴収し、又は収納した歳入を、その内容を示す計算書を添えて、出納長若しくは収入役又は指定金融機関、指定代理金融機関、収納代理金融機関、収納代理郵便官署、収納事務取扱金融機関若しくは収納事務取扱郵便官署に払い込まなければならない。

4 第一項の規定により歳入の徴収又は収納の事務を私人に委託した場合において、必要があると認めるときは、出納長又は収入役は、当該委託に係る歳入の徴収又は収納の事務について検査することができる。

（誤払金等の戻入）

第百五十九条 歳出の誤払い又は過渡しとなった金額及び資金前渡若しくは概算払をし、又は私人に支出の事務を委託した場合の精算残金を返納させるときは、収入の手続の例により、これを当該支出した経費に戻入しなければならない。

（過年度収入）

第百六十条 出納閉鎖後の収入は、これを現年度の歳入としなければならない。前条の規定による戻入金で出納閉鎖後に係るものについても、また同様とする。

第四節 支出

（資金前渡）

第百六十一条 次の各号に掲げる経費については、当該普通地方公共団体の職員をして現金支払をさせるため、その資金を当該職員に前渡することができる。

一 外国において支払をする経費

二 遠隔の地又は交通不便の地域において支払をする経費

三 船舶に属する経費

四 給与その他の給付

五 地方債の元利償還金

六 諸払戻金及びこれに係る還付加算金

七 報償金その他これに類する経費

八 社会保険料

九 官公署に対して支払う経費

十 生活扶助費、生業扶助費その他これらに類する経費

十一 事業現場その他これに類する場所において支払を必要とする事務経費

十二 非常災害のため即時支払を必要とする経費

十三 犯罪の捜査若しくは犯則の調査又は被収容者若しくは被疑者の護送に要する経費

十四 前各号に掲げるもののほか、経費の性質上現金支払をさせなければ事務の取扱いに支障を及ぼすような経費で普通地方公共団体の規則で定めるもの

2 歳入の誤納又は過納となった金額を払い戻すため必要があるときは、前項の例により、その資金（当該払戻金に係る還付加算金を含む。）を前渡することができる。

3 前二項の規定による資金の前渡は、特に必要があるときは、他の普通地方公共団体の職員に対してもこれをすることができる。

（概算払）

第百六十二条 次の各号に掲げる経費については、概算払をすることができる。

一 旅費

二 官公署に対して支払う経費

三　補助金、負担金及び交付金
四　社会保険診療報酬支払基金又は国民健康保険団体連合会に対し支払う診療報酬
五　訴訟に要する経費
六　前各号に掲げるもののほか、経費の性質上概算をもって支払をしなければ事務の取扱いに支障を及ぼすような経費で普通地方公共団体の規則で定めるもの

（前金払）
第百六十三条　次の各号に掲げる経費については、前金払をすることができる。
一　官公署に対して支払う経費
二　補助金、負担金、交付金及び委託費
三　前金で支払をしなければ契約しがたい請負、買入れ又は借入れに要する経費
四　土地又は家屋の買収又は収用によりその移転を必要とすることとなった家屋又は物件の移転料
五　定期刊行物の代価、定額制供給に係る電灯電力料及び日本放送協会に対し支払う受信料
六　外国で研究又は調査に従事する者に支払う経費
七　運賃
八　前各号に掲げるもののほか、経費の性質上前金をもって支払をしなければ事務の取扱いに支障を及ぼすような経費で普通地方公共団体の規則で定めるもの

（繰替払）
第百六十四条　次の各号に掲げる経費の支払については、出納長若しくは収入役又は指定金融機関、指定代理金融機関、収納代理金融機関、収納代理郵便官署、収納事務取扱金融機関若しくは収納事務取扱郵便官署をしてその収納に係る当該各号に掲げる現金を繰り替えて使用させることができる。
一　地方税の報奨金　当該地方税の収入金
二　競輪、競馬等の開催地において支払う報償金、勝者、勝馬等の的中投票券の払戻金及び投票券の買戻金　当該競輪、競馬等の投票券の発売代金
三　証紙取扱手数料　当該証紙の売りさばき代金
四　歳入の徴収又は収納の委託手数料　当該委託により徴収又は収納した収入金
五　前各号に掲げるもののほか、経費の性質上繰り替えて使用しなければ事務の取扱いに支障を及ぼすような経費で普通地方公共団体の規則で定めるもの　当該普通地方公共団体の規則で定める収入金

（隔地払）
第百六十五条　地方自治法第二百三十五条〔金融機関の指定〕の規定により金融機関を指定している普通地方公共団体において、隔地の債権者に支払をするため必要があるときは、出納長又は収入役は、支払場所を指定し、指定金融機関又は指定代理金融機関に必要な資金を交付して送金の手続をさせることができる。この場合においては、その旨を債権者に通知しなければならない。
2　指定金融機関又は指定代理金融機関は、前項の規定により資金の交付を受けた場合において、当該資金の交付の日から一年を経過した後は、債権者に対し支払をすることができない。この場合において、出納長又は収入役は、債権者から支払の請求を受けたときは、その支払をしなければならない。

（口座振替の方法による支出）
第百六十五条の二　地方自治法第二百三十五条〔金融機関の指定〕

の規定により金融機関を指定している普通地方公共団体においては、指定金融機関、指定代理金融機関その他普通地方公共団体の長が定める金融機関に預金口座を設けている債権者から申出があったときは、出納長又は収入役は、指定金融機関又は指定代理金融機関に通知して、口座振替の方法により支出をすることができる。

（支出事務の委託）

第百六十五条の三　第百六十一条〔資金前渡〕第一項第一号から第十二号までに掲げる経費、貸付金及び同条第二項の規定によりその資金を前渡することができる払戻金（当該払戻金に係る還付加算金を含む。）については、必要な資金を交付して、私人に支出の事務を委託することができる。

2　前項の規定により支出の事務の委託を受けた者は、普通地方公共団体の規則の定めるところにより、その支出の結果を出納長又は収入役に報告しなければならない。

3　第百五十八条〔歳入の徴収又は収納の委託〕第四項の規定は、第一項の場合にこれを準用する。

（小切手の振出し及び公金振替書の交付）

第百六十五条の四　地方自治法第二百三十二条の六〔小切手の振出し及び公金振替書の交付〕第一項本文の規定による小切手の振出しは、各会計ごとに、受取人の氏名、支払金額、会計年度、番号その他必要な事項を記載してこれをしなければならない。ただし、受取人の氏名の記載は、普通地方公共団体の長が特に定める場合を除くほか、これを省略することができる。

2　出納長又は収入役は、小切手を振り出したときは、これを指定金融機関又は指定代理金融機関に通知しなければならない。

3　職員に支給する給与（退職手当を除く。）に係る支出については、地方自治法第二百三十二条の六第一項本文の規定により小切手を振り出すことができない。

4　第一項の規定は、地方自治法第二百三十二条の六第一項本文の規定による公金振替書の交付についてこれを準用する。

5　指定金融機関を指定していない市町村の支出については、地方自治法第二百三十二条の六の規定は、これを適用しない。

（小切手の償還）

第百六十五条の五　出納長又は収入役は、小切手の所持人から償還の請求を受けたときは、これを調査し、償還すべきものと認めるときは、その償還をしなければならない。

（支払を終わらない資金の歳入への組入れ又は納付）

第百六十五条の六　毎会計年度の小切手振出済金額のうち、翌年度の五月三十一日までに支払を終わらない金額に相当する資金は、決算上の剰余金とせず、これを繰り越し整理しなければならない。

2　前項の規定により繰り越した資金のうち、小切手の振出日付から一年を経過しまだ支払を終わらない金額に相当するものは、これを当該一年を経過した日の属する年度の歳入に組み入れなければならない。

3　第百六十五条〔隔地払〕第一項の規定により交付を受けた資金のうち、資金交付の日から一年を経過しまだ支払を終わらない金額に相当するものは、指定金融機関又は指定代理金融機関においてその送金を取り消し、これを当該取り消した日の属する年度の歳入に納付しなければならない。

（誤納金又は過納金の戻出）

第百六十五条の七　歳入の誤納又は過納となった金額を払い戻すときは、支出の手続の例により、これを当該収入した歳入から戻出しなければならない。

（過年度支出）

第百六十五条の八　出納閉鎖後の支出は、これを現年度の歳出としなければならない。前条の規定による戻出金で出納閉鎖後に係るものについても、また同様とする。

第五節　決算

（決算）

第百六十六条　普通地方公共団体の決算は、歳入歳出予算についてこれを調製しなければならない。

2　地方自治法第二百三十三条〔決算〕第一項及び第五項に規定する政令で定める書類は、歳入歳出決算事項別明細書、実質収支に関する調書及び財産に関する調書とする。

3　決算の調製の様式及び前項に規定する書類の様式は、総務省令で定める様式を基準としなければならない。

（翌年度歳入の繰上充用）

第百六十六条の二　会計年度経過後にいたつて歳入が歳出に不足するときは、翌年度の歳入を繰り上げてこれに充てることができる。この場合においては、そのために必要な額を翌年度の歳入歳出予算に編入しなければならない。

第六節　契約

（指名競争入札）

第百六十七条　地方自治法第二百三十四条〔契約の締結〕第二項の規定により指名競争入札によることができる場合は、次の各号に掲げる場合とする。

一　工事又は製造の請負、物件の売買その他の契約でその性質又は目的が一般競争入札に適しないものをするとき。

二　その性質又は目的により競争に加わるべき者の数が一般競争入札に付する必要がないと認められる程度に少数である契約をするとき。

三　一般競争入札に付することが不利と認められるとき。

（随意契約）

第百六十七条の二　地方自治法第二百三十四条〔契約の締結〕第二項の規定により随意契約によることができる場合は、次の各号に掲げる場合とする。

一　売買、貸借、請負その他の契約でその予定価格（貸借の契約にあつては、予定賃貸借料の年額又は総額）が別表第五上欄に掲げる契約の種類に応じ同表下欄に定める額の範囲内において普通地方公共団体の規則で定める額を超えないものをするとき。

二　不動産の買入れ又は借入れ、普通地方公共団体が必要とする物品の製造、修理、加工又は納入に使用させるため必要な物品の売払いその他の契約でその性質又は目的が競争入札に適しないものをするとき。

三　緊急の必要により競争入札に付することができないとき。

四　競争入札に付することが不利と認められるとき。

五　時価に比して著しく有利な価格で契約を締結することができる見込みのあるとき。

六　競争入札に付し入札者がないとき、又は再度の入札に付し落札者がないとき。

七　落札者が契約を締結しないとき。

2　前項第六号の規定により随意契約による場合は、契約保証金及び履行期限を除くほか、最初競争入札に付するときに定めた予定価格その他の条件を変更することができない。

3　第一項第七号の規定により随意契約による場合は、落札金額の制限内でこれを行うものとし、かつ、履行期限を除くほか、最初競争入札に付するときに定めた条件を変更することができない。

4 前二項の場合においては、予定価格又は落札金額を分割して計算することができるときに限り、当該価格又は金額の制限内で数人に分割して契約を締結することができる。

（せり売り）

第百六十七条の三 地方自治法第二百三十四条〔契約の締結〕第二項の規定によりせり売りによることができる場合は、動産の売払いで当該契約の性質がせり売りに適しているものをする場合とする。

（一般競争入札の参加者の資格）

第百六十七条の四 普通地方公共団体は、特別の理由がある場合を除くほか、一般競争入札に当該入札に係る契約を締結する能力を有しない者及び破産者で復権を得ない者を参加させることができない。

2 普通地方公共団体は、次の各号の一に該当すると認められる者をその事実があつた後二年間一般競争入札に参加させないことができる。その者を代理人、支配人その他の使用人又は入札代理人として使用する者についても、また同様とする。

一 契約の履行に当たり、故意に工事若しくは製造を粗雑にし、又は物件の品質若しくは数量に関して不正の行為をした者

二 競争入札又はせり売りにおいて、その公正な執行を妨げた者又は公正な価格の成立を害し、若しくは不正の利益を得るために連合した者

三 落札者が契約を締結すること又は契約者が契約を履行することを妨げた者

四 地方自治法第二百三十四条の二〔契約の履行の確保〕第一項の規定による監督又は検査の実施に当たり職員の職務の執行を妨げた者

五 正当な理由がなくて契約を履行しなかつた者

六 前各号の一に該当する事実があつた後二年を経過しない者を契約の履行に当たり代理人、支配人その他の使用人として使用した者

第百六十七条の五 普通地方公共団体の長は、前条に定めるもののほか、必要があるときは、一般競争入札に参加する者に必要な資格として、あらかじめ、契約の種類及び金額に応じ、工事、製造又は販売等の実績、従業員の数、資本の額その他の経営の規模及び状況を要件とする資格を定めることができる。

2 普通地方公共団体の長は、前項の規定により一般競争入札に参加する者に必要な資格を定めたときは、これを公示しなければならない。

第百六十七条の五の二 普通地方公共団体の長は、一般競争入札により契約を締結しようとする場合において、契約の性質又は目的により、当該入札を適正かつ合理的に行うため特に必要があると認めるときは、前条第一項の資格を有する者につき、更に、当該入札に参加する者の事業所の所在地又はその者の当該契約に係る工事等についての経験若しくは技術的適性の有無等に関する必要な資格を定め、当該資格を有する者により当該入札を行わせることができる。

（一般競争入札の公告）

第百六十七条の六 普通地方公共団体の長は、一般競争入札により契約を締結しようとするときは、入札に参加する者に必要な資格、入札の場所及び日時その他入札について必要な事項を公告しなければならない。

2　普通地方公共団体の長は、前項の公告において、入札に参加する者に必要な資格のない者のした入札及び入札に関する条件に違反した入札は無効とする旨を明らかにしておかなければならない。

（一般競争入札の入札保証金）

第百六十七条の七　普通地方公共団体は、一般競争入札により契約を締結しようとするときは、入札に参加しようとする者をして当該普通地方公共団体の規則で定める率又は額の入札保証金を納めさせなければならない。

2　前項の規定による入札保証金の納付は、国債、地方債その他普通地方公共団体の長が確実と認める担保の提供をもつて代えることができる。

（一般競争入札の開札及び再度入札）

第百六十七条の八　一般競争入札の開札は、第百六十七条の六（一般競争入札の公告）第一項の規定により公告した入札の場所において、入札の終了後直ちに、入札者を立ち会わせてしなければならない。この場合において、入札者が立ち会わないときは、当該入札事務に関係のない職員を立ち会わせなければならない。

2　入札者は、その提出した入札書の書換え、引換え又は撤回をすることができない。

3　普通地方公共団体の長は、第一項の規定により開札をした場合において、各人の入札のうち予定価格の制限の範囲内の価格の入札がないとき（第百六十七条の十（一般競争入札において最低価格の入札者以外の者を落札者とすることができる場合）第二項の規定により最低制限価格を設けた場合にあつては、予定価格の制限の範囲内の価格で最低制限価格以上の価格の入札がないとき）は、直ちに、再度の入札をすることができる。

（一般競争入札のくじによる落札者の決定）

第百六十七条の九　普通地方公共団体の長は、落札となるべき同価の入札をした者が二人以上あるときは、直ちに、当該入札者にくじを引かせて落札者を定めなければならない。この場合において、当該入札者のうちくじを引かない者があるときは、これに代えて、当該入札事務に関係のない職員にくじを引かせるものとする。

（一般競争入札において最低価格の入札者以外の者を落札者とすることができる場合）

第百六十七条の十　普通地方公共団体の長は、一般競争入札により工事又は製造の請負の契約を締結しようとする場合において、予定価格の制限の範囲内で最低の価格をもつて申込みをした者の当該申込みに係る価格によつてはその者により当該契約の内容に適合した履行がされないおそれがあると認めるとき、又はその者と契約を締結することが公正な取引の秩序を乱すこととなるおそれがあつて著しく不適当であると認めるときは、その者を落札者とせず、予定価格の制限の範囲内の価格をもつて申込みをした他の者のうち、最低の価格をもつて申込みをした者を落札者とすることができる。

2　普通地方公共団体の長は、一般競争入札により工事又は製造の請負の契約を締結しようとする場合において、当該契約の内容に適合した履行を確保するため特に必要があると認めるときは、あらかじめ最低制限価格を設けて、予定価格の制限の範囲内で最低の価格をもつて申込みをした者を落札者とせず、予定価格の制限の範囲内の価格で最低制限価格以上の価格をもつて申込みをした者のうち最低の価格をもつて申込みをした者を落札者とすることができる。

第百六十七条の十の二　普通地方公共団体の長は、一般競争入札により当該普通地方公共団体の支出の原因となる契約を締結しようとする場合において、当該契約がその性質又は目的から地方自治法第二百三十四条〔契約の締結〕第三項本文又は前条の規定により難いものであるときは、これらの規定にかかわらず、予定価格の制限の範囲内の価格をもつて申込みをした者のうち、価格その他の条件が当該普通地方公共団体にとつて最も有利なものをもつて申込みをした者を落札者とすることができる。

2　普通地方公共団体の長は、前項の規定により工事又は製造の請負の契約を締結しようとする場合において、落札者となるべき者の当該申込みに係る価格によつてはその者により当該契約の内容に適合した履行がされないおそれがあると認めるとき、又はその者と契約を締結することが公正な取引の秩序を乱すこととなるおそれがあつて著しく不適当であると認めるときは、同項の規定にかかわらず、その者を落札者とせず、予定価格の制限の範囲内の価格をもつて申込みをした他の者のうち、価格その他の条件が当該普通地方公共団体にとつて最も有利なものをもつて申込みをした者を落札者とすることができる。

3　普通地方公共団体の長は、前二項の規定により落札者を決定する一般競争入札（以下「総合評価一般競争入札」という。）を行おうとするときは、あらかじめ、当該総合評価一般競争入札に係る申込みのうち価格その他の条件が当該普通地方公共団体にとつて最も有利なものを決定するための基準（以下「落札者決定基準」という。）を定めなければならない。

4　普通地方公共団体の長は、総合評価一般競争入札を行おうとするとき、総合評価一般競争入札において落札者を決定しようとするとき、又は落札者決定基準を定めようとするときは、総務省令で定めるところにより、あらかじめ、学識経験を有する者の意見を聴かなければならない。

5　普通地方公共団体の長は、総合評価一般競争入札を行おうとする場合において、当該契約について第百六十七条の六〔一般競争入札の公告〕第一項の規定により公告をするときは、同項の規定により公告をしなければならない事項及び同条第二項の規定により明らかにしておかなければならない事項のほか、総合評価一般競争入札の方法による旨及び当該総合評価一般競争入札に係る落札者決定基準についても、公告をしなければならない。

（指名競争入札の参加者の資格）

第百六十七条の十一　第百六十七条の四〔一般競争入札の参加者の資格〕の規定は、指名競争入札の参加者の資格についてこれを準用する。

2　普通地方公共団体の長は、前項に定めるもののほか、指名競争入札に参加する者に必要な資格として、工事又は製造の請負、物件の買入れその他当該普通地方公共団体の長が定める契約について、あらかじめ、契約の種類及び金額に応じ、第百六十七条の五〔一般競争入札の参加者の資格〕第一項に規定する事項を要件とする資格を定めなければならない。

3　第百六十七条の五第二項の規定は、前項の場合にこれを準用する。

（指名競争入札の参加者の指名等）

第百六十七条の十二　普通地方公共団体の長は、指名競争入札により契約を締結しようとするときは、当該入札に参加することができる資格を有する者のうちから、当該入札に参加させようとする者を指名しなければならない。

2　前項の場合においては、普通地方公共団体の長は、入札の場所及び日時その他入札について必要な事項をその指名する者に通知しなければならない。

3　第百六十七条の六〔一般競争入札の公告〕第二項の規定は、前項の場合にこれを準用する。

4　普通地方公共団体の長は、次条において準用する第百六十七条の十の二第一項及び第二項の規定により落札者を決定する指名競争入札（以下「総合評価指名競争入札」という。）を行おうとする場合において、当該契約について第二項の規定により通知をするときは、同項の規定により通知をしなければならない事項及び前項において準用する第百六十七条の六第二項の規定により明らかにしておかなければならない事項のほか、総合評価指名競争入札の方法による旨及び当該総合評価指名競争入札に係る落札者決定基準についても、通知をしなければならない。

（指名競争入札の入札保証金等）

第百六十七条の十三　第百六十七条の七から第百六十七条の十まで及び第百六十七条の十の二（第五項を除く。）の規定は、指名競争入札の場合にこれを準用する。

（せり売りの手続）

第百六十七条の十四　第百六十七条の四から第百六十七条の七までの規定は、せり売りの場合にこれを準用する。

（監督又は検査の方法）

第百六十七条の十五　地方自治法第二百三十四条の二〔契約の履行の確保〕第一項の規定による監督は、立会い、指示その他の方法によって行なわなければならない。

2　地方自治法第二百三十四条の二第一項の規定による検査は、契約書、仕様書及び設計書その他の関係書類に基づいて行なわなければならない。

3　普通地方公共団体の長は、地方自治法第二百三十四条の二第一項に規定する契約について、契約の目的たる物件の給付の完了後相当の期間内に当該物件につき破損、変質、性能の低下その他の事故が生じたときは、取替え、補修その他必要な措置を講ずる旨の特約があり、当該給付の内容が担保されると認められるときは、同項の規定による検査の一部を省略することができる。

4　普通地方公共団体の長は、地方自治法第二百三十四条の二第一項に規定する契約について、特に専門的な知識又は技能を必要とすることその他の理由により当該普通地方公共団体の職員によって監督又は検査を行なうことが困難であり、又は適当でないと認められるときは、当該普通地方公共団体の職員以外の者に委託して当該監督又は検査を行なわせることができる。

（契約保証金）

第百六十七条の十六　普通地方公共団体は、当該普通地方公共団体と契約を締結する者をして当該普通地方公共団体の規則で定める率又は額の契約保証金を納めさせなければならない。

2　第百六十七条の七〔一般競争入札の入札保証金〕第二項の規定は、前項の規定による契約保証金の納付についてこれを準用する。

第八節　財産

第二款　物品

（物品の範囲から除かれる動産）

第百七十条　地方自治法第二百三十九条〔物品〕第一項に規定する政令で定める動産は、警察法第七十八条第一項の規定により都道府県警察が使用している国有財産及び国有の物品とする。

（関係職員の譲受けを制限しない物品）

第百七十条の二　地方自治法第二百三十九条〔物品〕第二項に規定

する政令で定める物品は、次の各号に掲げる物品とする。
一 証紙その他その価格が法令の規定により一定している物品
二 売払いを目的とする物品又は不用の決定をした物品で普通地方公共団体の長が指定するもの

（物品の出納）
第百七十条の三 第百六十八条の七（歳入歳出外現金及び保管有価証券）第二項の規定は、物品（基金に属する動産を含む。）の出納についてこれを準用する。

（物品の売払い）
第百七十条の四 物品は、売払いを目的とするもののほか、不用の決定をしたものでなければ、売り払うことができない。

（占有動産）
第百七十条の五 地方自治法第二百三十九条（物品）第五項に規定する政令で定める動産は、次の各号に掲げる動産とする。
一 普通地方公共団体が寄託を受けた動産
二 遺失物法（明治三十二年法律第八十七号）第一条若しくは児童福祉法（昭和二十二年法律第百六十四号）第三十三条の二若しくは第三十三条の三の規定により保管する動産又は生活保護法（昭和二十五年法律第百四十四号）第七十六条第一項に規定する遺留動産
2 占有動産は、法令に特別の定めがある場合を除くほか、出納長又は収入役がこれを管理する。この場合においては、第百六十八条の七（歳入歳出外現金及び保管有価証券）第二項の規定を準用する。

第九節　住民による監査請求

（住民による監査請求）
第百七十二条 地方自治法第二百四十二条（住民監査請求）第一項の規定による必要な措置の請求は、その要旨（千字以内）を記載した文書をもつてこれをしなければならない。
2 前項の規定による請求書は、総務省令で定める様式によりこれを調製しなければならない。

第十節　雑則

（法人の経営状況等を説明する書類）
第百七十三条 地方自治法第二百四十三条の三（財政状況の公表等）第二項に規定する政令で定めるその経営状況を説明する書類は、当該法人の毎事業年度の事業の計画及び決算に関する書類とする。
2 地方自治法第二百四十三条の三第三項に規定する政令で定める書類は、信託契約で定める計算期ごとの事業の計画及び実績に関する書類とする。

（普通地方公共団体の規則への委任）
第百七十三条の二 この政令及びこれに基づく総務省令に規定するものを除くほか、普通地方公共団体の財務に関し必要な事項は、規則でこれを定める。

第六章　公の施設

（公の施設の管理受託者）
第百七十三条の三 地方自治法第二百四十四条の二（公の施設の設置、管理及び廃止）第三項に規定する普通地方公共団体が出資している法人で政令で定めるものは、次に掲げる法人とする。
一 普通地方公共団体が資本金、基本金その他これらに準ずるものの二分の一以上を出資している法人
二 前号に掲げる法人のほか、当該法人の業務の内容及び当該普通地方公共団体の出資の状況、職員の派遣の状況等の当該普通地方公共団体との関係からみて当該公の施設の適正な管理の確

保に支障がないものとして総務省令〔別掲〕で定めるもの

第七章　国と普通地方公共団体との関係及び普通地方公共団体相互間の関係

第一節　国と普通地方公共団体との間並びに普通地方公共団体相互間及び普通地方公共団体の機関相互間の紛争処理

第一款　国地方係争処理委員会

（専門委員）

第百七十四条　国地方係争処理委員会（以下この節において「委員会」という。）に、地方自治法第二百五十条の十三〔国の関与に関する審査の申出〕第一項から第三項までの規定による審査の申出に係る事件に関し、専門の事項を調査させるため、専門委員を置くことができる。

2　専門委員は、学識経験のある者のうちから、委員長の推薦により、総務大臣が任命する。

3　専門委員は、当該専門の事項に関する調査が終了したときは、解任されるものとする。

4　専門委員は、非常勤とする。

（庶務）

第百七十四条の二　委員会の庶務は、総務省行政局行政課において処理する。

第二款　国地方係争処理委員会による審査の手続

（審査申出書の記載事項）

第百七十四条の三　地方自治法第二百五十条の十三〔国の関与に関する審査の申出〕第一項の文書には、次に掲げる事項を記載しなければならない。

一　審査の申出をする普通地方公共団体の長その他の執行機関及び相手方である国の行政庁

二　審査の申出に係る国の関与（地方自治法第二百五十条の七〔設置及び権限〕第二項に規定する国の関与をいう。以下この条において同じ。）

三　審査の申出に係る国の関与があつた年月日

四　審査の申出の趣旨及び理由

五　審査の申出の年月日

2　地方自治法第二百五十条の十三第二項の文書には、次に掲げる事項を記載しなければならない。

一　審査の申出に係る国の不作為（地方自治法第二百五十条の十三第二項に規定する国の不作為をいう。）に係る国の関与についての申請等（同法第二百五十条の二〔許認可等の基準〕第一項に規定する申請等をいう。第百七十四条の七第二項第一号において同じ。）の内容及び年月日

二　前項第一号及び第五号に掲げる事項

3　地方自治法第二百五十条の十三第三項の文書には、次に掲げる事項を記載しなければならない。

一　審査の申出に係る協議の内容

二　第一項第一号及び第五号に掲げる事項

（委員による証拠調べ等）

第百七十四条の四　委員会は、必要があると認めるときは、委員会の委員に、地方自治法第二百五十条の十六〔証拠調べ〕第一項第一号の規定による陳述を聞かせ、同項第三号の規定による検証をさせ、同項第四号の規定による審尋をさせ、又は同条第二項の規定による陳述を聞かせることができる。

（委員会の審査等に関し必要な事項）

第百七十四条の五　前二条に規定するものを除くほか、委員会の審

査及び勧告並びに調停に関し必要な事項は、委員会が定める。

第三款　自治紛争処理委員による調停及び審査の手続

（調停）

第百七十四条の六　総務大臣又は都道府県知事は、地方自治法第二百五十一条の二〔調停〕第一項の規定により当事者の申請があつた場合において、事件を調停に付することが適当でないと認めるときは、その旨を当事者に通知しなければならない。

2　総務大臣又は都道府県知事は、地方自治法第二百五十一条の二第一項の規定により事件を自治紛争処理委員の調停に付したときは、直ちにその旨及び自治紛争処理委員の氏名を告示するとともに、当事者にこれを通知しなければならない。

3　総務大臣又は都道府県知事は、それぞれの任命した自治紛争処理委員に対し、調停の経過について報告を求めることができる。

（審査及び勧告）

第百七十四条の七　地方自治法第二百五十一条の三〔審査及び勧告〕第一項の文書には、次に掲げる事項を記載しなければならない。

一　申出をする市町村長その他の市町村の執行機関及び相手方である都道府県の行政庁

二　申出に係る都道府県の関与（地方自治法第二百五十一条〔自治紛争処理委員〕第一項に規定する都道府県の関与をいう。以下この条において同じ。）

三　申出に係る都道府県の関与があつた年月日

四　申出の趣旨及び理由

五　申出の年月日

2　地方自治法第二百五十一条の三第二項の文書には、次に掲げる事項を記載しなければならない。

一　申出に係る都道府県の不作為（地方自治法第二百五十一条の三第二項に規定する都道府県の不作為をいう。）に係る都道府県の関与についての申請等の内容及び年月日

二　前項第一号及び第五号に掲げる事項

3　地方自治法第二百五十一条の三第三項の文書には、次に掲げる事項を記載しなければならない。

一　申出に係る協議の内容

二　第一項第一号及び第五号に掲げる事項

4　総務大臣は、地方自治法第二百五十一条の三第一項から第三項までの規定により事件を自治紛争処理委員の審査に付したときは、直ちにその旨及び自治紛争処理委員の氏名を告示するとともに、これらの規定による申出をした市町村長その他の市町村の執行機関及び相手方である都道府県の行政庁にこれを通知しなければならない。

（総務省令への委任）

第百七十四条の八　前二条に規定するものを除くほか、総務大臣が任命する自治紛争処理委員の調停並びに審査及び勧告の手続の細目は、総務省令で定める。

第二節　普通地方公共団体相互間の協力

第二款　職員の派遣

（職員の派遣）

第百七十四条の二十五　恩給法（大正十二年法律第四十八号）第四十条ノ二の規定は、地方自治法第二百五十二条の十七〔職員の派遣〕第一項の規定に基づき派遣された職員で恩給法の規定の準用を受けるものの派遣を受けた普通地方公共団体に勤務する期間については、適用しない。

2　地方自治法第二百五十二条の十七第一項の規定に基づき派遣さ

れた職員に対する地方公務員法第三十六条（政治的行為の制限）第二項の規定の適用については、同条同項中「当該職員の属する地方公共団体の区域」とあるのは、「当該職員の派遣をした普通地方公共団体及び当該職員の派遣を受けた普通地方公共団体の区域」と読み替えるものとする。

3　前二項に規定するもののほか、地方自治法第二百五十二条の十七第一項の規定に基づき派遣された職員の身分取扱いに関して必要がある場合においては、当該職員の派遣をした普通地方公共団体及び当該職員の派遣を受けた普通地方公共団体の長又は委員会若しくは委員の協議により、当該職員の派遣をした普通地方公共団体の職員に関する法令の規定を適用せず、又は当該職員の派遣を受けた普通地方公共団体の職員に関する法令の規定を適用することができる。

第三節　雑則

第百七十四条の二十五の二　地方自治法第二百五十二条の十七の十一（条例の制定改廃の報告）の規定による報告は、都道府県にあつては二十日以内、市町村にあつては三十日以内にそれぞれ当該普通地方公共団体の長がこれをしなければならない。

第八章　大都市等に関する特例

第一節　大都市に関する特例

（区長及び区助役）

第百七十四条の四十三　指定都市の区（以下本章中「区」という。）に、その事務所の長として区長を置く。

2　区に区助役一人を置くことができる。

3　区長及び区助役は、指定都市の事務吏員の中から指定都市の市長がこれを命ずる。

4　区助役は、区長の事務を補佐し、区長に事故があるとき、又は区長が欠けたとき、その職務を代理する。

（区収入役）

第百七十四条の四十四　区に区収入役一人を置く。

2　区収入役は、指定都市の事務吏員の中から指定都市の市長がこれを命ずる。

3　指定都市の市長、助役、収入役若しくは監査委員又は区長若しくは区助役と親子、夫婦又は兄弟姉妹の関係にある者は、区収入役となることができない。

4　区収入役は、前項に規定する関係を生じたときは、その職を失う。

第百七十四条の四十五　区収入役は、指定都市の収入役の命を受け、指定都市の会計事務を掌る。

2　指定都市の市長は、収入役の事務の一部を区収入役に委任させることができる。この場合においては、指定都市の市長は、直ちにその旨を告示しなければならない。

3　前項に定めるものを除く外、区収入役の権限に関しては、市の収入役に関する規定を準用する。

（区出納員その他の区会計職員）

第百七十四条の四十六　区収入役の事務を補助させるため区出納員その他の区会計職員を置くことができる。

2　区出納員は指定都市の吏員のうちから、その他の区会計職員は指定都市の吏員その他の職員のうちから、指定都市の市長がこれを命ずる。

3　区出納員は、区収入役の命を受けて現金の出納（小切手の振出しを含む。）若しくは保管又は物品の出納若しくは保管の事務をつかさどり、その他の区会計職員は、上司の命を受けて当該区に係る会計事務をつかさどる。

4　指定都市の市長は、区収入役をしてその事務の一部を区出納員に委任させ、又は当該区出納員をしてさらに当該委任を受けた事務の一部を区出納員以外の区会計職員に委任させることができる。

5 前条第二項後段の規定は、前項の場合にこれを準用する。

第九章 外部監査契約に基づく監査

第一節 通則

（外部監査契約を締結できる者）

第百七十四条の四十九の二十一 地方自治法第二百五十二条の二十八〔外部監査契約を締結できる者〕第一項第三号に規定する政令で定める者は、次に掲げる期間を通算した期間が十年以上になる者又は会計検査、監査若しくは財務に関する行政事務に関する総務大臣の指定した研修を修了した者で次に掲げる期間を通算した期間が五年以上になるものとする。

一 会計検査院において会計検査に関する行政事務を管理し若しくは監督することを職務とする職又は会計検査に関する行政事務に関する高度の知識若しくは経験を必要とする事務を処理することを職務とする職として総務省令で定めるものに在職した期間

二 都道府県又は指定都市若しくは中核市の監査委員として在職した期間

三 都道府県又は指定都市若しくは中核市において監査に関する行政事務を管理し若しくは監督することを職務とする職又は監査に関する行政事務に関する高度の知識若しくは経験を必要とする事務を処理することを職務とする職として総務省令で定めるものに在職した期間（地方自治法第二百条〔事務局〕第一項又は第二項の規定により置かれた事務局に属する職員として在職した期間に限る。）

四 都道府県の出納長又は指定都市若しくは中核市の収入役として在職した期間

五 都道府県又は指定都市若しくは中核市において会計事務を管理し若しくは監督することを職務とする職又は会計事務に関する高度の知識若しくは経験を必要とする事務を処理することを職務とする職として総務省令で定めるものに在職した期間（地方自治法第百七十一条〔出納員その他の会計職員〕第六項の規定により設けられた出納長又は収入役の権限に属する事務を処理させるための組織に属する職員として在職した期間に限る。）

六 都道府県又は指定都市若しくは中核市において予算の調製に関する事務を管理し若しくは監督することを職務とする職又は予算の調製に関する事務に関する高度の知識若しくは経験を必要とする事務を処理することを職務とする職として総務省令で定めるものに在職した期間（地方自治法第百五十八条の規定により設けられた予算に関する事務を分掌させるための組織で総務省令で定めるものに属する職員として在職した期間に限る。）

（外部監査契約を締結してはならない普通地方公共団体の職員であった者の範囲）

第百七十四条の四十九の二十二 地方自治法第二百五十二条の二十八〔外部監査契約を締結できる者〕第三項第九号に規定する当該普通地方公共団体の職員で政令で定めるものは、当該普通地方公共団体の常勤の職員（地方分権の推進を図るための関係法律の整備等に関する法律第一条の規定による改正前の地方自治法附則第八条の規定により官吏とされていた職員及び警察法第五十六条第一項に規定する地方警務官を含む。）及び地方公務員法第二十八条の五第一項に規定する短時間勤務の職を占める職員とする。

（地方自治法第二百五十二条の三十二第一項の規定による協議の手続）

第百七十四条の四十九の二十三　地方自治法第二百五十二条の三十〔監査の実施に伴う外部監査人と監査委員相互間の配慮〕第一項に規定する外部監査人（以下「外部監査人」という。）は、同法第二百五十二条の三十二〔外部監査人の監査の事務の補助〕第一項の規定により監査委員に協議をしようとするときは、あらかじめ、監査の事務を補助させようとする者の氏名及び住所、監査の事務を補助させることが必要である理由、監査の事務を補助させようとする期間その他総務省令で定める事項を記載した書面を監査委員に提出しなければならない。

第二節　包括外部監査契約に基づく監査

（包括外部監査契約の締結の手続等）

第百七十四条の四十九の二十四　地方自治法第二百五十二条の三十六〔包括外部監査契約の締結〕第一項に規定する包括外部監査対象団体（以下「包括外部監査対象団体」という。）の長は、同項の規定により同法第二百五十二条の二十七〔外部監査契約〕第二項に規定する包括外部監査契約（以下「包括外部監査契約」という。）を締結しようとするときは、同法第二百五十二条の三十六第四項各号に掲げる事項その他必要な事項を記載した契約書を作成しなければならない。

第百七十四条の四十九の二十五　包括外部監査対象団体の長は、地方自治法第二百五十二条の三十六〔包括外部監査契約の締結〕第一項の規定により包括外部監査契約を締結する際に、当該包括外部監査契約を締結しようとする相手方が同法第二百五十二条の二十八〔外部監査契約を締結できる者〕第一項各号のいずれかに該当する者であることを証する書面（同条第二項の規定により包括外部監査契約を締結しようとする場合にあつては、税理士（税理士となる資格を有する者を含む。）であることを証する書面。次項において「包括外部監査契約を締結しようとする相手方の資格を証する書面」という。）その他総務省令で定める書面を徴さなければならない。

2　包括外部監査対象団体の長は、前項の規定により徴した包括外部監査契約を締結しようとする相手方の資格を証する書面又はその写しを、当該包括外部監査対象団体の規則で定める期間、一般の閲覧に供さなければならない。

（包括外部監査契約を締結しなければならない市）

第百七十四条の四十九の二十六　地方自治法第二百五十二条の三十六〔包括外部監査契約の締結〕第一項第二号に規定する政令で定める市は、指定都市及び中核市とする。

（包括外部監査契約で定めるべき事項）

第百七十四条の四十九の二十七　地方自治法第二百五十二条の三十六〔包括外部監査契約の締結〕第四項第三号に規定する包括外部監査契約に基づく監査のために必要な事項として政令で定めるものは、包括外部監査契約を締結した者に支払うべき監査に要する費用の支払方法とする。

（包括外部監査契約を締結したときに告示すべき事項）

第百七十四条の四十九の二十八　地方自治法第二百五十二条の三十六〔包括外部監査契約の締結〕第五項に規定する政令で定める事項は、次に掲げる事項とする。

一　包括外部監査契約を締結した者の氏名及び住所

二　包括外部監査契約を締結した者に支払うべき監査に要する費用の支払方法

（地方自治法第二百五十二条の三十八第一項の規定による協議）

第百七十四条の四十九の二十九　地方自治法第二百五十二条の三十八〔包括外部監査人の監査〕第一項の規定による協議が調つたと

きは、監査委員は、当該協議が調つたことを証する書面を同法第二百五十二条の二十九〔特定の事件についての監査の制限〕に規定する包括外部監査人（以下「包括外部監査人」という。）に交付しなければならない。

第三節　個別外部監査契約に基づく監査

（事務の監査の請求に係る個別外部監査の請求の手続）

第百七十四条の四十九の三十　地方自治法第七十五条第一項の規定により普通地方公共団体の事務の監査の請求をしようとする代表者で、同法第二百五十二条の三十九〔第七十五条の規定による監査の特例〕第一項の規定により同法第七十五条第一項の請求に係る監査について監査委員の監査に代えて同法第二百五十二条の二十七〔外部監査契約〕第三項に規定する個別外部監査契約（以下「個別外部監査契約」という。）に基づく監査によることを求めようとするもの（第百七十四条の四十九の三十六において「事務の監査の請求に係る個別外部監査請求代表者」という。）は、第九十九条において準用する第九十一条第一項の規定により同項の証明書の交付を申請するときは、同項の請求書に、同項に規定する事項のほか当該請求書に係る請求に係る監査について監査委員の監査に代えて個別外部監査契約に基づく監査によることを求める旨及びその理由（千字以内）を総務省令で定めるところにより記載しなければならない。

2　監査委員は、前項の規定により監査委員の監査に代えて個別外部監査契約に基づく監査によることを求める旨及びその理由が記載された第九十九条において準用する第九十一条第一項の請求書（以下この条において「事務の監査の請求に係る個別外部監査請求書」という。）を添えて同項の申請があつたときは、同項の証明書に、当該証明書に係る請求に係る監査について監査委員の監査に代えて個別外部監査契約に基づく監査によることが求められている旨を総務省令で定めるところにより記載しなければならない。

3　監査委員は、事務の監査の請求に係る個別外部監査請求書を添えて第九十九条において準用する第九十一条第一項の申請があつた場合において、第九十九条において準用する第九十一条第二項の告示を行うときは、併せて当該告示に係る請求に係る監査について監査委員の監査に代えて個別外部監査契約に基づく監査によることが求められている旨を告示しなければならない。

4　地方自治法第二百五十二条の三十九第一項の規定による同法第七十五条第一項の請求に係る監査について監査委員の監査に代えて個別外部監査契約に基づく監査によることの求めは、第九十九条において準用する第九十六条第一項の請求を事務の監査の請求に係る個別外部監査請求書をもつてすることにより行うものとする。

（事務の監査の請求に係る監査について個別外部監査契約に基づく監査によることを求める理由等の告示等）

第百七十四条の四十九の三十一　監査委員は、地方自治法第二百五十二条の三十九〔第七十五条の規定による監査の特例〕第三項の規定により請求の要旨を公表するときは、併せて当該請求に係る監査について監査委員の監査に代えて個別外部監査契約に基づく監査によることが求められている旨及びその理由を告示し、かつ、公衆の見やすいその他の方法により公表しなければならない。

（地方自治法第二百五十二条の三十九第五項の個別外部監査契約の締結の手続等）

第百七十四条の四十九の三十二　普通地方公共団体の長は、地方自治法第二百五十二条の三十九〔第七十五条の規定による監査の特例〕第五項の規定により同項の個別外部監査契約を締結しようとするときは、同条第八項各号に掲げる事項その他必要な事項を記載した契約書を作成しなければならない。

第百七十四条の四十九の三十三　普通地方公共団体の長は、地方自治法第二百五十二条の三十九〔第七十五条の規定による監査の特例〕第五項の規定により同項の個別外部監査契約を締結する際に、当該個別外部監査契約を締結しようとする相手方が同法第二百五十二条の二十八〔外部監査契約を締結できる者〕第一項各号のいずれかに該当する者であることを証する書面（同条第二項の規定により同法第二百五十二条の三十九第五項の個別外部監査契約を締結しようとする場合にあつては、税理士（税理士となる資格を有する者を含む。）であることを証する書面。次項において「個別外部監査契約を締結しようとする相手方の資格を証する書面」という。）その他総務省令で定める書面を徴さなければならない。

2　普通地方公共団体の長は、前項の規定により徴した個別外部監査契約を締結しようとする相手方の資格を証する書面又はその写しを、当該普通地方公共団体の規則で定める期間、一般の閲覧に供さなければならない。

（地方自治法第二百五十二条の三十九第五項の個別外部監査契約で定めるべき事項）

第百七十四条の四十九の三十四　地方自治法第二百五十二条の三十九〔第七十五条の規定による監査の特例〕第八項第四号に規定する個別外部監査契約に基づく監査のために必要な事項として政令で定めるものは、同条第五項の個別外部監査契約を締結した者に支払うべき監査に要する費用の支払方法とする。

（地方自治法第二百五十二条の三十九第五項の個別外部監査契約を締結したときに告示すべき事項）

第百七十四条の四十九の三十五　地方自治法第二百五十二条の三十九〔第七十五条の規定による監査の特例〕第九項に規定する政令で定める事項は、次に掲げる事項とする。

一　個別外部監査契約を締結した者の氏名及び住所

二　個別外部監査契約を締結した者に支払うべき監査に要する費用の支払方法

三　個別外部監査契約が当該個別外部監査契約を締結した普通地方公共団体の包括外部監査人と締結されたものである場合には、その旨

（監査の結果の報告の告示等）

第百七十四条の四十九の三十六　監査委員は、地方自治法第二百五十二条の三十九〔第七十五条の規定による監査の特例〕第十二項の規定による事務の監査の結果を事務の監査の請求に係る個別外部監査請求代表者に通知するとともに、これを告示し、かつ、公衆の見やすいその他の方法により公表しなければならない。

（事務の監査の請求に係る個別外部監査の請求への包括外部監査契約に関する規定の準用）

第百七十四条の四十九の三十七　第百七十四条の四十九の二十九の規定は、地方自治法第二百五十二条の三十九第二項に規定する事務の監査の請求に係る個別外部監査の請求に係る事項についての同法第二百五十二条の二十九に規定する個別外部監査人（以下「個別外部監査人」という。）の監査について準用する。この場合において、第百七十四条の四十九の二十九中「地方自治法第二百五十二条の三十八第一項」とあるのは、「地方自治法第二百五十二条の三十九第十四項において準用する同法第二百五十二条の三十

八第一項」と読み替えるものとする。

（議会からの個別外部監査の請求への事務の監査の請求に係る個別外部監査の請求に関する規定等の準用）

第百七十四条の四十九の三十八　第百七十四条の四十九の三十二から第百七十四条の四十九の三十五までの規定は、地方自治法第二百五十二条の四十第三項の規定による通知があつた場合について準用する。この場合において、第百七十四条の四十九の三十二中「地方自治法第二百五十二条の三十九第五項」とあるのは「地方自治法第二百五十二条の四十第四項において準用する同法第二百五十二条の三十九第五項」と、「同条第八項各号」とあるのは「同法第二百五十二条の四十第四項において準用する同法第二百五十二条の三十九第八項各号」と、第百七十四条の四十九の三十三第一項中「地方自治法第二百五十二条の三十九第五項」とあるのは「地方自治法第二百五十二条の四十第四項において準用する同法第二百五十二条の三十九第五項」と、「同法第二百五十二条の三十九第五項」とあるのは「同法第二百五十二条の四十第四項において準用する同法第二百五十二条の三十九第五項」と、第百七十四条の四十九の三十四中「地方自治法第二百五十二条の三十九第八項第四号」とあるのは「地方自治法第二百五十二条の四十第四項において準用する同法第二百五十二条の三十九第八項第四号」と、「同条第五項」とあるのは「同法第二百五十二条の四十第四項において準用する同法第二百五十二条の三十九第五項」と、第百七十四条の四十九の三十五中「地方自治法第二百五十二条の三十九第九項」とあるのは「地方自治法第二百五十二条の四十第四項において準用する同法第二百五十二条の三十九第九項」と読み替えるものとする。

2　第百七十四条の四十九の二十九の規定は、地方自治法第二百五十二条の四十第二項に規定する議会からの個別外部監査の請求に係る事項についての個別外部監査人の監査について準用する。この場合において、第百七十四条の四十九の二十九中「地方自治法第二百五十二条の三十八第一項」とあるのは、「地方自治法第二百五十二条の四十第六項において準用する同法第二百五十二条の三十八第一項」と読み替えるものとする。

（長からの個別外部監査の要求への事務の監査の請求に係る個別外部監査の請求に関する規定等の準用）

第百七十四条の四十九の三十九　第百七十四条の四十九の三十二から第百七十四条の四十九の三十五までの規定は、地方自治法第二百五十二条の四十一第三項の規定による通知があつた場合について準用する。この場合において、第百七十四条の四十九の三十二中「地方自治法第二百五十二条の三十九第五項」とあるのは「地方自治法第二百五十二条の四十一第四項において準用する同法第二百五十二条の三十九第五項」と、「同条第八項各号」とあるのは「同法第二百五十二条の四十一第四項において準用する同法第二百五十二条の三十九第八項各号」と、第百七十四条の四十九の三十三第一項中「地方自治法第二百五十二条の三十九第五項」とあるのは「地方自治法第二百五十二条の四十一第四項において準用する同法第二百五十二条の三十九第五項」と、「同法第二百五十二条の三十九第五項」とあるのは「同法第二百五十二条の四十一第四項において準用する同法第二百五十二条の三十九第五項」と、第百七十四条の四十九の三十四中「地方自治法第二百五十二条の三十九第八項第四号」とあるのは「地方自治法第二百五十二条の四十一第四項において準用する同法第二百五十二条の三十九第八項第四号」と、「同条第五項」とあるのは「同法第二百五十二条の四十一第四項において準用する同法第二百五十二条の三十九第五項」と、第百七十四条の四十九の三十五中「地方自治法第二百五十二条の三十九第九項」とあるのは「地方自治法第二百五十二条の四十一第四項において準用する同法第二百五十二条の三十九第九項」と読み替えるものとする。

2　第百七十四条の四十九の二十九の規定は、地方自治法第二百五十二条の四十一第二項に規定する長からの個別外部監査の要求に係る事項についての個別外部監査人の監査について準用する。この場合において、第百七十四条の四十九の二十九中「地方自治法第二百五十二条の三十八第一項」とあるのは、「地方自治法第二百五十二条の四十一第六項において準用する同法第二百五十二条の三十八第一項」と読み替えるものとする。

（財政的援助を与えているもの等に係る個別外部監査の要求への事務の監査の請求に係る個別外部監査の請求に関する規定等の準用）

第百七十四条の四十九の四十　第百七十四条の四十九の三十二から第百七十四条の四十九の三十五までの規定は、地方自治法第二百五十二条の四十二第三項の規定による通知があった場合について準用する。この場合において、第百七十四条の四十九の三十二中「地方自治法第二百五十二条の三十九第五項」とあるのは「地方自治法第二百五十二条の四十二第四項において準用する同法第二百五十二条の三十九第五項」と、「同条第八項各号」とあるのは「同法第二百五十二条の四十二第四項において準用する同法第二百五十二条の三十九第八項各号」と、第百七十四条の四十九の三十三第一項中「地方自治法第二百五十二条の三十九第五項」とあるのは「地方自治法第二百五十二条の四十二第四項において準用する同法第二百五十二条の三十九第五項」と、「同法第二百五十二条の三十九第五項」とあるのは「同法第二百五十二条の四十二第四項において準用する同法第二百五十二条の三十九第五項」と、第百七十四条の四十九の三十四中「地方自治法第二百五十二条の三十九第八項第四号」とあるのは「地方自治法第二百五十二条の四十二第四項において準用する同法第二百五十二条の三十九第八項第四号」と、「同条第五項」とあるのは「同法第二百五十二条の四十二第四項において準用する同法第二百五十二条の三十九第五項」と、第百七十四条の四十九の三十五中「地方自治法第二百五十二条の三十九第九項」とあるのは「地方自治法第二百五十二条の四十二第四項において準用する同法第二百五十二条の三十九第九項」と読み替えるものとする。

2　第百七十四条の四十九の二十九の規定は、地方自治法第二百五十二条の四十二第二項に規定する財政的援助を与えているもの等に係る個別外部監査の要求に係る事項についての個別外部監査人の監査について準用する。この場合において、第百七十四条の四十九の二十九中「地方自治法第二百五十二条の三十八第一項」とあるのは、「地方自治法第二百五十二条の四十二第六項において準用する同法第二百五十二条の三十八第一項」と読み替えるものとする。

（住民監査請求に係る個別外部監査の請求の手続）

第百七十四条の四十九の四十一　地方自治法第二百五十二条の四十三第一項の規定による同法第二百四十二条第一項の請求に係る監査について監査委員の監査に代えて個別外部監査契約に基づく監査によることの求めは、同項の規定による必要な措置の請求を第百七十二条第一項の文書で同項に規定する事項のほか当該文書に係る請求に係る監査について監査委員の監査に代えて個別外部監査契約に基づく監査によることを求める旨及びその理由（千字以内）を総務省令で定めるところにより記載したものをもってすることにより行うものとする。

（住民監査請求に係る個別外部監査の請求への事務の監査の請求に係る個別外部監査の請求に関する規定等の準用）

第百七十四条の四十九の四十二　第百七十四条の四十九の三十二から第百七十四条の四十九の三十五までの規定は、地方自治法第二百五十二条の四十三第二項前段の規定による通知があった場合について準用する。この場合において、第百七十四条の四十九の三十二中「地方自治法第二百五十二条の三十九第五項」とあるのは「地方自治法第二百五十二条の四十三第三項において準用する同法第二百五十二条の三十九第五項」と、「同条第八項各号」とあるのは「同法第二百五十二条の四十三第三項において準用する同法第二百五十二条の三十九第八項各号」と、第百七十四条の四十九の三十三第一項中「地方自治法第二百五十二条の三十九第五項」とあるのは「地方自治法第二百五十二条の四十三第三項において準用する同法第二百五十二条の三十九第五項」と、「同法第二百五十二条の三十九第五項」とあるのは「同法第二百五十二条の四十三第三項において準用する同法第二百五十二条の三十九第五項」と、第百七十四条の四十九の三十四中「地方自治法第二百五十二条の三十九第八項第四号」とあるのは「地方自治法第二百五十二条の四十三第三項において準用する同法第二百五十二条の三十九第八項第四号」と、「同条第五項」とあるのは「同法第二百五十二条の四十三第三項において準用する同法第二百五十二条の三十九第五項」と、第百七十四条の四十九の三十五中「地方自治法第二百五十二条の三十九第九項」とあるのは「地方自治法第二百五十二条の四十三第三項において準用する同法第二百五十二条の三十九第九項」と読み替えるものとする。

2　第百七十四条の四十九の二十九の規定は、地方自治法第二百五十二条の四十三第二項に規定する住民監査請求に係る個別外部監査の請求に係る事項についての個別外部監査人の監査について準用する。この場合において、第百七十四条の四十九の二十九中「地方自治法第二百五十二条の三十八第一項」とあるのは、「地方自治法第二百五十二条の四十三第六項において準用する同法第二百五十二条の三十八第一項」と読み替えるものとする。

第四節　雑則

（普通地方公共団体等への情報提供）

第百七十四条の四十九の四十三　総務大臣は、地方自治法第二百五十二条の二十七（外部監査契約）第一項に規定する外部監査契約（以下「外部監査契約」という。）の円滑な締結及び適正な履行に資するため、普通地方公共団体及び普通地方公共団体と外部監査契約を締結しようとする者又は外部監査契約を締結した者に対し、外部監査契約を締結した者に支払うべき監査に要する費用の額の算定方法その他の外部監査契約の締結及び履行に関し必要な情報の提供を行うものとする。

第十一章　補則

〔市と郡の区域〕

第百七十八条　郡の区域内において町村が市となつたときは、郡の区域も、また自ら変更する。

②　市が町村となつたときは、その町村の属すべき郡の区域は、都道府県知事が当該都道府県の議会の議決を経てこれを定め、総務大臣に届け出なければならない。

③　前項の場合においては、総務大臣は、直ちにその旨を告示するとともに、これを国の関係行政機関の長に通知しなければならない。

④　地方自治法第七条第七項の規定は、第二項の規定による処分にこれを準用する。

第三編　特別地方公共団体

第二章　特別区

（特別区財政調整交付金の総額）

第二百十条の十　地方自治法第二百八十二条第一項に規定する特別区財政調整交付金（以下「交付金」という。）の総額は、同条第二項に規定する地方税法第五条第二項に掲げる税のうち同法第七百三十四条第一項及び第二項第三号の規定により都が課するものの収入額に条例で定める割合を乗じて得た額（次条第二項及び第三項において「交付金総額」という。）とする。

（交付金の種類）

第二百十条の十一　交付金の種類は、普通交付金及び特別交付金とする。

2　普通交付金の総額は、交付金総額に一定の割合（次項において「普通交付金に係る割合」という。）を乗じて得た額とする。

3　特別交付金の総額は、交付金総額に一から普通交付金に係る割合を控除して得た割合を乗じて得た額とする。

（交付金の交付）

第二百十条の十二　普通交付金は、地方自治法第二百八十一条第二項の規定により特別区が処理することとされている事務の処理に要する経費につき、地方交付税法（昭和二十五年法律第二百十一号）第十一条から第十三条までに規定する算定方法におおむね準ずる算定方法により算定した財政需要額（以下「基準財政需要額」という。）が、地方税法第一条第二項において同法第七百三十六条第一項の規定による読替えをして準用する同法第五条第二項の規定により特別区が課する税、同法第七百三十四条第三項において読替えをして準用する同法第七十一条の二十六第一項の規定により特別区に交付するものとされる利子割に係る交付金（以下この項において「利子割交付金」という。）、同法第一条第二項において地方税法施行令第三十五条の二十一の規定による読替えをして準用する同法第七十二条の百十五第一項の規定により特別区に交付するものとされる地方消費税に係る交付金（以下この項において「地方消費税交付金」という。）、同法第百三条の規定により特別区に交付するものとされるゴルフ場利用税に係る交付金（以下この項において「ゴルフ場利用税交付金」という。）及び同法第六百九十九条の三十二第一項の規定により特別区に交付するものとされる自動車取得税に係る交付金（以下この項において「自動車取得税交付金」という。）の収入額並びに地方道路譲与税法（昭和三十年法律第百十三号）、自動車重量譲与税法（昭和四十六年法律第九十号）及び航空機燃料譲与税法（昭和四十七年法律第十三号）の規定により特別区に譲与するものとされる地方道路譲与税、自動車重量譲与税及び航空機燃料譲与税の額並びに道路交通法（昭和三十五年法律第百五号）附則第十六条第一項の規定により特別区に交付するものとされる交通安全対策特別交付金の額につき、特別区が課する税にあっては地方交付税法第十四条第二項に規定する基準税率に係る率を百分の八十五とし、利子割交付金にあっては同条第一項の利子割交付金の収入見込額の百分の七十五の率を百分の八十五とし、地方消費税交付金にあっては同項の地方消費税交付金の収入見込額の百分の七十五の率を百分の八十五とし、ゴルフ場利用税交付金にあっては同項のゴルフ場利用税交付金の収入見込額の百分の七十五の率を百分の八十五とし、自動車取得税交付金にあっては同項の自動車取得税交付金の収入見込額の百分の七十五の率を百分の八十五とし、同条第一項及び第三項並びに同法附則第七条に規定する算定方法におおむね準ずる算定方法により算定した財政収入額（以下「基準財政収入額」という。）

を超える特別区に対して、次項に定めるところにより交付する。

2　各特別区に対して交付すべき普通交付金の額は、当該特別区の基準財政需要額が基準財政収入額を超える額（以下この項において「財源不足額」という。）とする。ただし、各特別区について算定した財源不足額の合算額（以下「財源不足額合算額」という。）が普通交付金の総額を超える場合においては、次の式により算定した額とする。

$$\text{当該特別区の財源不足額}-\text{当該特別区の基準財政需要額}\times\frac{\text{財源不足額合算額}-\text{普通交付金の総額}}{\text{基準財政需要額が基準財政収入額を超える特別区の基準財政需要額の合算額}}$$

3　各年度において、普通交付金の総額が前項ただし書の規定により算定した各特別区に対して交付すべき普通交付金の合算額に満たない場合においては、当該不足額は、当該年度の特別交付金の総額を減額してこれに充てるものとする。

4　特別交付金は、普通交付金の額の算定期日後に生じた災害等のため特別の財政需要があり、又は財政収入の減少があることその他特別の事情があると認められる特別区に対し、当該事情を考慮して交付する。

（都区協議会）

第二百十条の十六　都区協議会は、地方自治法第二百八十二条の二第二項の規定による意見を述べるほか、都及び特別区の事務の処理について、都と特別区及び特別区相互の間の連絡調整を図るために必要な協議を行う。

2　都区協議会は、委員十六人をもつて組織する。

3　委員は、次に掲げる者をもつて充てる。

一　都知事

二　都知事が、その補助機関たる職員のうちから指名する者　七人

三　特別区の区長が特別区の区長の中から協議により指名する者　八人

4　特別区の区長である委員の任期は、二年とする。ただし、補欠の委員の任期は、前任者の残任期間とする。

5　都区協議会に会長を置き、委員の互選によつて定める。

6　会長は、都区協議会の事務を掌理し、都区協議会を代表する。

7　会長に事故があるとき、又は会長が欠けたときは、会長があらかじめ指定する委員がその職務を代理する。

8　都区協議会は、必要があると認めるときは、関係のある公の機関の長に対し、資料の提出、意見の開陳、説明その他必要な協力を求めることができる。

9　都区協議会の経費は、都及び特別区が支弁する。

10　前各項に定めるもののほか、都区協議会に関し必要な事項は、都区協議会が定める。

別表第一　第一号法定受託事務（第一条関係）〔抄〕

備考　この表の下欄の用語の意義及び字句の意味は、上欄に掲げる政令における用語の意義及び字句の意味によるものとする。

政令	事務
地方教育行政の組織及び運営に関する法律施行令（昭和三十一年政令第二百二十一号）	第十一条及び第十三条の二の規定により都道府県が処理することとされている事務

義務教育諸学校の教科用図書の無償措置に関する法律施行令（昭和三十九年政令第十四号）	第一条第二項、第二条、第四条、第五条第二項及び第六条第二項の規定により都道府県が処理することとされている事務並びに第一条第二項及び第二条の規定により市町村が処理することとされている事務

別表第五（第百六十七条の二関係）

一 工事又は製造の請負	都道府県及び指定都市	二百五十万円
	市町村（指定都市を除く。以下この表において同じ。）	百三十万円
二 財産の買入れ	都道府県及び指定都市	百六十万円
	市町村	八十万円
三 物件の借入れ	都道府県及び指定都市	八十万円
	市町村	四十万円
四 財産の売払い	都道府県及び指定都市	五十万円
	市町村	三十万円
五 物件の貸付け		三十万円
六 前各号に掲げるもの以外のもの	都道府県及び指定都市	百万円
	市町村	五十万円

○地方自治法施行規則 抄

（昭和二二年五月三日内務省令第二九号）

最近改正 平成一三年一月一一日 総務省令第五号

〔**収録した条文の根拠**＝地方自治法施行令第一四七条第一項及び同第一五〇条第二項並びに同第一七三条の三第二号〕

〔**款項目節の区分**〕

第十五条 歳入歳出予算の款項の区分〔別記一〕並びに目〔別記一〕及び歳入予算に係る節の区分〔別記二〕は、別記のとおりとする。

2 歳出予算に係る節の区分は、別記〔別記三〕のとおり定めなければならない。

〔**公の施設管理受託法人**〕

第十七条 地方自治法施行令第百七十三条の三第二号の総務省令で定める法人は、公の施設の管理を委託しようとする普通地方公共団体が資本金、基本金その他これらに準ずるものの四分の一以上を出資している法人で当該公の施設の管理を主たる業務とするもの又は当該公の施設の管理に類する業務を行っているもののうち次のいずれかに該当するものとする。

一 当該普通地方公共団体が当該法人の無限責任社員、取締役若しくは監査役又はこれらに準ずべき者及び支配人の二分の一以上を派遣している法人

二 前号に掲げるもののほか、職員の派遣の状況が次のいずれかに該当する法人であつて、経営の安定が確保され、かつ、十分

な社会的信用を有するもの

イ　当該普通地方公共団体その他の普通地方公共団体が当該法人の無限責任社員、取締役若しくは監査役又はこれらに準ずべき者及び支配人の概ね二分の一以上を派遣し、かつ、公の施設の管理を委託しようとする普通地方公共団体が当該法人の代表取締役その他の主要な役員（いかなる名称によるかを問わず、これと同等以上の職権又は支配力を有する者を含む。ロにおいて同じ。）を派遣している法人

ロ　当該普通地方公共団体が当該法人の代表取締役その他の主要な役員を派遣し、かつ、当該法人の管理運営に係る事務に従事する主要な職員を派遣している法人

〔別記一〕

歳入歳出予算の款項の区分及び目の区分（第十五条関係）〔「歳入」は一部略〕

歳入					
都道府県			市町村		
款	項	目	款	項	目
1　都（道府県）税			1　市(町村)税		
	1　道府県民税			1　市町村民税	
		1　個人			1　個人
		2　法人			2　法人
		3　利子割			
	2　事業税			2　固定資産税	
		1　個人			1　固定資産税
		2　法人			2　国有資産等所在市町村交付金
	3　地方消費税			3　軽自動車税	1　軽自動車税
		1　譲渡割			
		2　貨物割			
	4　不動産取得税				
		1　不動産取得税			

15 都（道府県）債			18 市(町村)債		
	1 都(道府県)債			1 市(町村)債	
		1 土木債			1 土木債
		2 何債			2 何債

備考 5 特別会計に係る歳入予算の款項の区分及び目の区分については、普通地方公共団体の長が定めた区分によること。

歳出					
都道府県			市町村		
款	項	目	款	項	目
1 議会費			1 議会費		
	1 議会費			1 議会費	
		1 議会費			1 議会費*
		2 事務局費*			
2 総務費			2 総務費		
	1 総務管理費			1 総務管理費	
		1 一般管理費*			1 一般管理費*
		2 人事管理費			2 文書広報費
		3 広報費			3 財政管理費
		4 文書費			4 会計管理費
		5 財政管理費			5 財産管理費
		6 会計管理費			6 企画費
		7 財産管理費			7 支所及び出張所費
		8 支庁及び地方事務所費			8 公平委員会費
		9 恩給及び退職年金費			9 恩給及び退職年金費
		10 諸費			
	2 企画費				
		1 企画総務費*			
		2 計画調査費			
	3 徴税費			2 徴税費	
		1 税務総務費*			1 税務総務費*
		2 賦課徴収費			2 賦課徴収費
	4 市町村振興費			3 戸籍住民基本台帳費	
		1 市町村連絡調整費*			1 戸籍住民基本台帳費*
		2 自治振興費			
	5 選挙費			4 選挙費	
		1 選挙管理委員会費*			1 選挙管理委員会費*
		2 選挙啓発費			2 選挙啓発費
		3 何選挙費			3 何選挙費

	6 防災費				
		1 防災総務費*			
		2 消防連絡調整費			
	7 統計調査費			5 統計調査費	
		1 統計調査総務費*			1 統計調査総務費*
		2 何統計費			2 何統計費
	8 人事委員会費				
		1 委員会費			
		2 事務局費*			
	9 監査委員費			6 監査委員費	
		1 委員費			1 監査委員費*
		2 事務局費*			
3 民生費			3 民生費		
	1 社会福祉費			1 社会福祉費	
		1 社会福祉総務費*			1 社会福祉総務費*
		2 身体障害者福祉費			2 社会福祉施設費
		3 知的障害者福祉費			
		4 老人福祉費			
		5 遺家族等援護費			
		6 国民健康保険連絡調整費			
		7 社会福祉施設費			
		8 老人福祉施設費			
	2 児童福祉費			2 児童福祉費	
		1 児童福祉総務費*			1 児童福祉総務費*
		2 児童措置費			2 児童措置費
		3 母子福祉費			3 母子福祉費
		4 児童福祉施設費			4 児童福祉施設費
	3 生活保護費			3 生活保護費	
		1 生活保護総務費*			1 生活保護総務費*
		2 扶助費			2 扶助費
		3 生活保護施設費			3 生活保護施設費
	4 災害救助費			4 災害救助費	
		1 救助費			1 災害救助費
		2 備蓄費			
4 衛生費			4 衛生費		
	1 公衆衛生費			1 保健衛生費	
		1 公衆衛生総務費*			1 保健衛生総務費*

		2 結核対策費			2 予防費
		3 予防費			3 環境衛生費
		4 精神衛生費			4 診療所費
		5 衛生研究所費			
	2 環境衛生費			2 清掃費	
		1 環境衛生総務費*			1 清掃総務費*
		2 食品衛生指導費			2 塵芥処理費
		3 環境衛生指導費			3 し尿処理費
	3 保健所費				
		1 保健所費*			
	4 医薬費				
		1 医薬総務費*			
		2 医務費			
		3 保健婦等指導管理費			
		4 薬務費			
5 労働費			5 労働費		
	1 労政費				
		1 労政総務費*			
		2 労働教育費			
		3 労働福祉費			
	2 職業訓練費				
		1 職業訓練総務費*			
		2 職業訓練校費			
	3 失業対策費			1 失業対策費	
		1 失業対策総務費*			1 失業対策総務費*
		2 一般失業対策事業費			2 一般失業対策事業費
	4 労働委員会費			2 労働諸費	
		1 委員会費			1 労働諸費*
		1 事務局費*			
6 農林水産業費			6 農林水産業費		
	1 農業費			1 農業費	
		1 農業総務費*			1 農業委員会費*
		2 農業改良普及費			2 農業総務費*
		3 農業振興費			3 農業振興費
		4 農作物対策費			4 畜産業費
		5 肥料対策費			5 農地費
		6 植物防疫費			

		7 農業協同組合指導費			
		8 農業共済団体指導費			
		9 食糧管理費			
		10 農業試験場費			
		11 蚕業費			
	2 畜産業費				
		1 畜産総務費*			
		2 畜産振興費			
		3 家畜保健衛生費			
		4 畜産試験場費			
	3 農地費				
		1 農地総務費*			
		2 土地改良費			
		3 農地防災事業費			
		4 開墾及び開拓事業費			
		5 干拓事業費			
		6 農地調整費			
	4 林業費			2 林業費	
		1 林業総務費*			1 林業総務費*
		2 林業振興費			2 林業振興費
		3 森林病害虫防除費			
		4 造林費			
		5 林道費			
		6 治山費			
		7 林業試験場費			
		8 狩猟費			
	5 水産業費			3 水産業費	
		1 水産業総務費*			1 水産業総務費*
		2 水産業振興費			2 水産業振興費
		3 水産業協同組合指導費			3 漁港管理費
		4 漁業調整費			4 漁港建設費
		5 漁業取締費			
		6 水産試験場費			
		7 漁港管理費			
		8 漁港建設費			
7 商工費			7 商工費		
	1 商業費			1 商工費	
		1 商業総務費*			1 商工総務費*
		2 商業振興費			2 商工業振興費

		3 貿易振興費			3 観光費
		4 物産あつ旋所費			
	2 工鉱業費				
		1 工鉱業総務費*			
		2 中小企業振興費			
		3 銃砲火薬ガス等取締費			
		4 計量検定費			
		5 工業試験場費			
		6 鉱業振興費			
	3 観光費				
		1 観光費*			
8 土木費			8 土木費		
	1 土木管理費			1 土木管理費	
		1 土木総務費*			1 土木総務費*
		2 土木出張所費			
		3 建設業指導監督費			
		4 建築指導費			
	2 道路橋りよう費			2 道路橋りよう費	
		1 道路橋りよう総務費*			1 道路橋りよう総務費*
		2 道路維持費			2 道路維持費
		3 道路新設改良費			3 道路新設改良費
		4 橋りよう維持費			4 橋りよう維持費
		5 橋りよう新設改良費			5 橋りよう新設改良費
	3 河川海岸費			3 河川費	
		1 河川総務費*			1 河川総務費*
		2 河川改良費			
		3 砂防費			
		4 海岸保全費			
		5 水防費			
	4 港湾費			4 港湾費	
		1 港湾管理費*			1 港湾管理費*
		2 港湾建設費			2 港湾建設費
	5 都市計画費			5 都市計画費	
		1 都市計画総務費*			1 都市計画総務費*
		2 土地区画整理費			2 土地区画整理費
		3 街路事業費			3 街路事業費
		4 公園費			4 公共下水道費

					5 都市下水路費
					6 公園費
	6 住宅費			6 住宅費	
		1 住宅管理費*			1 住宅管理費*
		2 住宅建設費			2 住宅建設費
9 警察費			9 消防費		
	1 警察管理費			1 消防費	
		1 公安委員会費			1 常備消防費*
		2 警察本部費*			2 非常備消防費
		3 装備費			3 消防施設費
		4 警察施設費			4 水防費
		5 運転免許費			
		6 恩給及び退職年金費			
	2 警察活動費				
		1 一般警察活動費			
		2 刑事警察費			
		3 交通指導取締費			
10 教育費			10 教育費		
	1 教育総務費			1 教育総務費	
		1 教育委員会費			1 教育委員会費
		2 事務局費*			2 事務局費*
		3 教職員人事費			3 恩給及び退職年金費
		4 教育連絡調整費			
		5 教育研究所費			
		6 恩給及び退職年金費			
	2 小学校費			2 小学校費	
		1 教職員費*			1 学校管理費*
		2 教育振興費			2 教育振興費
					3 学校建設費
	3 中学校費			3 中学校費	
		1 教職員費*			1 学校管理費*
		2 教育振興費			2 教育振興費
					3 学校建設費
	4 高等学校費			4 高等学校費	
		1 高等学校総務費*			1 高等学校総務費*
		2 全日制高等学校管理費			2 全日制高等学校管理費
		3 定時制高等学校管理費			3 定時制高等学校管理費

		4 教育振興費			4 教育振興費
		5 学校建設費			5 学校建設費
		6 通信教育費			
	5 特殊学校費			5 幼稚園費	
		1 盲聾学校費*			1 幼稚園費*
		2 養護学校費*			
	6 社会教育費			6 社会教育費	
		1 社会教育総務費*			1 社会教育総務費*
		2 視聴覚教育費			2 公民館費
		3 文化財保護費			**3 図書館費**
		4 図書館費			
	7 保健体育費			7 保健体育費	
		1 保健体育総務費*			1 保健体育総務費*
		2 体育振興費			2 体育施設費
		3 体育施設費			
11 災害復旧費			11 災害復旧費		
	1 農林水産施設災害復旧費			1 農林水産施設災害復旧費	
		1 何災害復旧費			1 何災害復旧費
	1 何施設災害復旧費			1 何施設災害復旧費	
		1 何災害復旧費			1 何災害復旧費
12 公債費			12 公債費		
	1 公債費			1 公債費	
		1 元金			1 元金
		2 利子			2 利子
		3 公債諸費			3 公債諸費
13 諸支出金			13 諸支出金		
	1 普通財産取得費			1 普通財産取得費	
		1 何取得費			1 何取得費
	2 公営企業貸付金			2 公営企業貸付金	
		1 何公営企業貸付金			1 何公営企業貸付金
	3 地方消費税清算金				
		1 地方消費税清算金			
	4 利子割交付金				
		1 利子割交付金			
	5 地方消費税交付金				

		1　地方消費税交付金			
	6　ゴルフ場利用税交付金				
		1　ゴルフ場利用税交付金			
	7　自動車取得税交付金				
		1　自動車取得税交付金			
	8　利子割精算金				
		1　利子割精算金			
14　予備費			14　予備費		
	1　予備費			1　予備費	
		1　予備費			予備費

〔表中のゴチック＝編者〕

備考　1　都、指定都市等行政権能の差のあるものについては、当該行政権能の差により必要な款又は項を設けることができること。

2　一般職の職員の給料、職員手当（退職手当を除く。）及び共済費は、＊印を付している目に計上すること。

3　2にかかわらず、事業費支弁の一般職の職員の給料は、職員手当（退職手当を除く。）及び共済費は、当該事業費の目に計上すること。

4　2にかかわらず、施設の一般職の職員に係る給料、職員手当（退職手当を除く。）及び共済費は当該施設の目に計上することができること。

5　特別会計に係る歳出予算の款項の区分及び目の区分については、普通地方公共団体の長が定めた区分によること。

〔別記二〕

歳入予算に係る節の区分（第十五条関係）

款の区分	節
都（道府県）税、市（町村）税	1　現年課税分 2　滞納繰越分 ただし、歳入予算の項の区分を地方消費税とするものについては、目と同一とする。
地方消費税清算金 地方譲与税 利子割交付金 地方消費税交付金 自動車取得税交付金 地方特例交付金 地方交付税 交通安全対策特別交付金 繰入金 繰越金	目と同一とする。
その他の歳入科目	歳出予算の項の区分等に対応して普通地方公共団体の長が定めた節の区分による。

〔別記三〕

歳出予算に係る節の区分（第十五条関係）

〔参考　地方自治法施行規則第15条第2項の規定により、この節区分の変更はできない＝編者〕

節	説明	
1 報酬	議員報酬	
	委員報酬	執行機関である委員会の委員及び委員（常勤の者を除く。）に係る報酬
	非常勤職員報酬	その他の非常勤職員の報酬
2 給料	特別職給	知事、副知事、出納長、市町村長、助役及び収入役並びに常勤の監査委員及び人事委員会の委員に係る報酬
	一般職給	
3 職員手当等	扶養手当	
	初任給調整手当	
	通勤手当	
	特殊勤務手当	法律又はこれに基づく条例に基づく手当
	特地勤務手当	
	何手当	
	児童手当	
4 共済費	地方公務員共済組合に対する負担金	
	報酬、給料及び賃金に係る社会保険料	
5 災害補償費	療養補償費	
	休業補償費	
	何補償費	
	葬祭料	
6 恩給及び退職年金	恩給	普通恩給、増加恩給及び扶助料
	退職年金	退職年金、通算退職年金、公務傷病年金及び遺族年金
7 賃金		
8 報償費	報償金	報酬に掲げるもの以外のもの（謝礼金を含む。）
	賞賜金	
	買上金	
9 旅費	費用弁償	議員その他の非常勤職員の費用弁償及び関係人等に対する実費弁償
	普通旅費	
	特別旅費	
10 交際費		
11 需用費	消耗品費	文具、印紙の類で一度の使用でその効用を失うもの及び数会計年度にわたり使用される物品で備品の程度に至らない消耗器材
	燃料費	暖房、炊事等の庁用燃料及び自動車用燃料費
	食糧費	
	印刷製本費	
	光熱水費	電気、ガス、水道及び冷暖房使用料
	修繕料	備品の修繕若しくは備品又は船舶、航空機等の部分品の取替えの費用及び家屋等の小修繕で工事請負費に至らないもの
	賄材料費	
	飼料費	
	医薬材料費	

12 役務費	通信運搬費	郵便、電信電話料及び運搬料
	保管料	
	広告料	
	手数料	地方債事務取扱手数料
	筆耕翻訳料	筆耕、翻訳及び速記料
	火災保険料	
	自動車損害保険料	
13 委託料		試験、研究及び調査並びに映画等製作委託料
14 使用料及び賃借料		
15 工事請負費	何工事請負費	土地、工作物等の造成又は製造及び改造の工事並びに工作物等の移転及び除却の工事等に要する経費で契約によるもの
16 原材料費	工事材料費	
	加工用原料費	
17 公有財産購入費	権利購入費	
	土地購入費	
	家屋購入費	
	船舶、航空機等購入費	
18 備品購入費	庁用器具費	
	機械器具費	
	動物購入費	消耗品以外の動物
19 負担金、補助及び交付金	負担金	
	補助金	
	交付金	
20 扶助費	生活扶助費	
	何扶助費	
21 貸付金		
22 補償、補填及び賠償金	補償金	
	補填金	欠損補填金及び繰上充用金
	賠償金	
23 償還金、利子及び割引料	償還金	地方債の元金償還金、税収入等の還付金
	小切手支払未済償還金	
	利子及び割引料	地方債及び一時借入金の利子並びに割引発行する地方債の割引料
	還付加算金	
24 投資及び出資金		債券及び株式の取得に要する経費並びに財団法人の寄附行為に係る出えん金等
25 積立金		
26 寄附金		
27 公課費		
28 繰出金		他会計への繰出し

備考 1 節及びその説明により明らかでない経費については、当該経費の性質により類似の節に区分整理すること。

2 節の頭初の番号は、これを変更することができないこと。

3 歳出予算を配当するときは、款項目節のほか、感要に応じ節の説明により、これを行なうことができること。

◎地方財政法　抄

〔昭和二三年七月七日
法律第一〇九号〕

最近改正　平成一三年三月三〇日　法律第九号

（この法律の目的）

第一条　この法律は、地方公共団体の財政（以下地方財政という。）の運営、国の財政と地方財政との関係等に関する基本原則を定め、もつて地方財政の健全性を確保し、地方自治の発達に資することを目的とする。

（地方財政運営の基本）

第二条　地方公共団体は、その財政の健全な運営に努め、いやしくも国の政策に反し、又は国の財政若しくは他の地方公共団体の財政に累を及ぼすような施策を行つてはならない。

2　国は、地方財政の自主的な且つ健全な運営を助長することに努め、いやしくもその自律性をそこない、又は地方公共団体に負担を転嫁するような施策を行つてはならない。

（予算の編成）

第三条　地方公共団体は、法令の定めるところに従い、且つ、合理的な基準によりその経費を算定し、これを予算に計上しなければならない。

2　地方公共団体は、あらゆる資料に基いて正確にその財源を捕そくし、且つ、経済の現実に即応してその収入を算定し、これを予算に計上しなければならない。

（予算の執行等）

第四条　地方公共団体の経費は、その目的を達成するための必要且つ最少の限度をこえて、これを支出してはならない。

2　地方公共団体の収入は、適実且つ厳正に、これを確保しなければならない。

（地方公共団体における年度間の財政運営の考慮）

第四条の二　地方公共団体は、予算を編成し、若しくは執行し、又は支出の増加若しくは収入の減少の原因となる行為をしようとする場合においては、当該年度のみならず、翌年度以降における財政の状況をも考慮して、その健全な運営をそこなうことがないようにしなければならない。

（地方公共団体における年度間の財源の調整）

第四条の三　地方公共団体は、当該地方公共団体の当該年度における地方交付税の額とその算定に用いられた基準財政収入額との合算額が、当該地方交付税の算定に用いられた基準財政需要額を著しく超えることとなるとき又は当該地方公共団体の当該年度における一般財源の額（普通税、消費譲与税、特別とん譲与税、国有資産等所在市町村交付金、国有資産等所在都道府県交付金、国有提供施設等所在市町村助成交付金及び地方交付税又は特別区財政調整交付金の額の合算額をいう。以下同じ。）が当該地方公共団体の前年度における一般財源の額を超えることとなる場合において、当該超過額が新たに増加した当該地方公共団体の義務に属する経費に係る一般財源の額を著しく超えることとなるときは、その著しく超えることとなる額を、災害により生じた経費の財源若しくは災害により生じた減収を埋めるための財源、前年度末までに生じた歳入欠陥を埋めるための財源又は緊急に実施することが必要となつた大規模な土木その他の建設事業の経費その他必要やむを得ない理由により生じた経費の財源に充てる場合のほか、翌年度以降における財政の健全な運営に資するため、積み立て、長期にわたる財源の育成のためにする財産の取得等のための経費の財源に充て、又は償還期限を繰り上げて行う地方債の償還の財源に充てなければならない。

2　前項の規定により積み立てた金額（以下「積立金」という。）から生ずる収入は、すべて積立金に繰り入れなければならない。

3　積立金は、銀行その他の金融機関への預金、国債証券、地方債証券、政府保証債券（その元本の償還及び利息の支払について政府が保証する債券をいう。）その他の証券の買入れ等の確実な方法によつて運用しなければならない。

（積立金の処分）

第四条の四　積立金は、次の各号の一に掲げる場合に限り、これを処分することができる。

一　経済事情の著しい変動等により財源が著しく不足する場合において当該不足額をうめるための財源に充てるとき。

二　災害により生じた経費の財源又は災害により生じた減収をうめるための財源に充てるとき。

三　緊急に実施することが必要となつた大規模な土木その他の建設事業の経費その他必要やむを得ない理由により生じた経費の財源に充てるとき。

四　長期にわたる財源の育成のためにする財産の取得等のための経費の財源に充てるとき。

五　償還期限を繰り上げて行なう地方債の償還の財源に充てるとき。

（割当的寄附金等の禁止）

第四条の五　国（国の地方行政機関及び裁判所法（昭和二十二年法律第五十九号）第二条に規定する下級裁判所を含む。）は地方公共団体又はその住民に対し、地方公共団体は他の地方公共団体又は住民に対し、直接であると間接であるとを問わず、寄附金（これに相当する物品等を含む。）を割り当てて強制的に徴収（これに相当する行為を含む。）するようなことをしてはならない。

（地方債の制限）

第五条　地方公共団体の歳出は、地方債以外の歳入をもつて、その財源としなければならない。ただし、次に掲げる場合においては、地方債をもつてその財源とすることができる。

一　交通事業、ガス事業、水道事業その他地方公共団体の行う企業（以下「公営企業」という。）に要する経費の財源とする場合

二　出資金及び貸付金の財源とする場合（出資又は貸付けを目的として土地又は物件を買収するために要する経費の財源とする場合を含む。）

三　地方債の借換えのために要する経費の財源とする場合

四　災害応急事業費、災害復旧事業費及び災害救助事業費の財源とする場合

五　学校その他の文教施設、保育所その他の厚生施設、消防施設、道路、河川、港湾その他の土木施設等の公共施設又は公用施設の建設事業費（公共的団体又は国若しくは地方公共団体が出資している法人で政令で定めるものが設置する公共施設の建設事業に係る負担又は助成に要する経費を含む。）及び公共用若しくは公用に供する土地又はその代替地としてあらかじめ取得する土地の購入費（当該土地に関する所有権以外の権利を取得するために要する経費を含む。）の財源とする場合

（財産の管理及び運用）

第八条　地方公共団体の財産は、常に良好の状態においてこれを管理し、その所有の目的に応じて最も効率的に、これを運用しなけ

ればならない。

（地方公共団体がその全額を負担する経費）

第九条 地方公共団体の事務（地方自治法（昭和二十二年法律第六十七号）第二百五十二条の十七の二第一項及び第二百九十一条の二第二項の規定に基づき、都道府県が条例の定めるところにより、市町村の処理することとした事務及び都道府県の加入しない同法第二百八十四条第一項の広域連合（第二十八条第二項及び第三項において「広域連合」という。）の処理することとした事務を除く。）を行うために要する経費については、当該地方公共団体が全額これを負担する。ただし、次条から第十条の四までに規定する事務を行うために要する経費については、この限りでない。

（国がその全部又は一部を負担する法令に基づいて実施しなければならない事務に要する経費）

第十条 地方公共団体が法令に基づいて実施しなければならない事務であって、国と地方公共団体相互の利害に関係がある事務のうち、その円滑な運営を期するためには、なお、国が進んで経費を負担する必要がある次に掲げるものについては、国が、その経費の全部又は一部を負担する。

一 義務教育職員の給与（退職年金及び退職一時金並びに旅費を除く。）に要する経費

二 義務教育職員の共済組合の長期給付に要する経費（共済組合の長期給付に要する追加費用に係る経費を除く。）

三 義務教育諸学校の建物の建築に要する経費

二十五 盲学校、ろう学校及び養護学校への就学奨励に要する経費（編者注＝二五号に「学校図書館設備・図書の充実の経費」があがっていたが削除された（平成一三年三月三〇日法律第九号））

（国がその全部又は一部を負担する建設事業に要する経費）

第十条の二 地方公共団体が国民経済に適合するように総合的に樹立された計画に従って実施しなければならない法律又は政令で定める土木その他の建設事業に要する次〔略〕に掲げる経費については、国が、その経費の全部又は一部を負担する。

（国がその一部を負担する災害に係る事務に要する経費）

第十条の三 地方公共団体が実施しなければならない法律又は政令で定める災害に係る事務で、地方税法又は地方交付税法によってはその財政需要に適合した財源を得ることが困難なものを行うために要する次に掲げる経費については、国が、その経費の一部を負担する。

七 学校の災害復旧に要する経費

（地方公共団体が負担する義務を負わない経費）

第十条の四 専ら国の利害に関係のある事務を行うために要する次に掲げるような経費については、地方公共団体は、その経費を負担する義務を負わない。

二 国がもっぱらその用に供することを目的として行う統計及び調査に要する経費

（国と地方公共団体とが経費を負担すべき割合等の規定）

第十一条 第十条から第十条の三まで（国が全部又は一部を負担する経費）に規定する経費の種目、算定基準及び国と地方公共団体とが負担すべき割合は、法律又は政令で定めなければならない。

（地方公共団体が負担すべき経費の財政需要額への算入）

第十一条の二 第十条から第十条の三までに規定する経費のうち、地方公共団体が負担すべき部分（第十条第十三号〔略〕に掲げる経費のうち地方公共団体が負担すべき部分にあっては、介護保険の財政安定化基金拠出金をもって充てるべき部分を除く。）は、地方交付税法の定めるところにより地方公共団体に交付すべき地方

交付税の額の算定に用いる財政需要額に算入するものとする。

〔後略〕

（地方公共団体が処理する権限を有しない事務に要する経費）

第十二条　地方公共団体が処理する権限を有しない事務を行うために要する経費については、法律又は政令で定めるものを除く外、国は、地方公共団体に対し、その経費を負担させるような措置をしてはならない。

2　前項の経費は、左に掲げるようなものとする。

一　国の機関の設置、維持及び運営に要する経費

二　警察庁に要する経費

三　防衛庁に要する経費

四　海上保安庁に要する経費

五　司法及び行刑に要する経費

六　国の教育施設及び研究施設に要する経費

（新たな事務に伴う財源措置）

第十三条　地方公共団体又はその経費を地方公共団体が負担する国の機関が法律又は政令に基づいて新たな事務を行う義務を負う場合においては、国は、そのために要する財源について必要な措置を講じなければならない。

2　前項の財源措置について不服のある地方公共団体は、内閣を経由して国会に意見書を提出することができる。

3　内閣は、前項の意見書を受け取つたときは、その意見を添えて、遅滞なく、これを国会に提出しなければならない。

（補助金の交付）

第十六条　国は、その施策を行うため特別の必要があると認めるとき又は地方公共団体の財政上特別の必要があると認めるときに限り、当該地方公共団体に対して、補助金を交付することができる。

（国の負担金の支出）

第十七条　国は、第十条から第十条の四まで〔国が全部又は一部を負担する経費〕に規定する事務で地方公共団体又はその経費を地方公共団体が負担する国の機関が行うものについて第十条から第十条の四までの規定により国が負担する金額（以下「国の負担金」という。）を、当該地方公共団体に対して支出するものとする。

（地方公共団体の負担金）

第十七条の二　国が第十条の二〔国がその全部又は一部を負担する建設事業に要する経費〕及び第十条の三〔国がその一部を負担する災害に係る事務に要する経費〕に規定する事務を自ら行う場合において、地方公共団体が法律又は政令の定めるところによりその経費の一部を負担するときは、当該地方公共団体は、その負担する金額（以下「地方公共団体の負担金」という。）を国に対して支出するものとする。

2　国の行う河川、道路、砂防、港湾等の土木事業で地方公共団体を利するものに対する当該地方公共団体の負担金の予定額は、当該工事の着手前にあらかじめ当該地方公共団体に通知しなければならない。事業計画の変更等により負担金の予定額に著しい変更があつた場合も、同様とする。

3　地方公共団体は、前項の通知を受けた場合において負担金の予定額に不服があるときは、総務大臣を経由して、内閣に対し意見を申し出ることができる。

（国の支出金の算定の基礎）

第十八条　国の負担金、補助金等の地方公共団体に対する支出金（以下国の支出金という。）の額は、地方公共団体が当該国の支出金に係る事務を行うために必要で且つ充分な金額を基礎として、これを算定しなければならない。

（国の支出金の支出時期）

第十九条　国の支出金は、その支出金を財源とする経費の支出時期に遅れないように、これを支出しなければならない。

2　前項の規定は、地方公共団体の負担金等の国に対する支出金にこれを準用する。

（委託工事の場合における準用規定）

第二十条　前二条の規定は、国の工事をその委託を受けて地方公共団体が行う場合及び地方公共団体の工事をその委託を受けて国が行う場合において、国又は地方公共団体の負担に属する支出金に、これを準用する。

（支出金の算定又は支出時期等に関する意見書の提出）

第二十条の二　国の支出金又は前条の国の負担に属する支出金の算定、支出時期、支出金の交付に当つて附された条件その他支出金の交付に当つてされた指示その他の行為について不服のある地方公共団体は、総務大臣を経由して内閣に対し意見を申し出、又は内閣を経由して国会に意見書を提出することができる。

2　第十三条〔新たな事務に伴う財源措置〕第三項の規定は、前項の場合にこれを準用する。

（地方公共団体の負担を伴う法令案）

第二十一条　内閣総理大臣及び各省大臣は、その管理する事務で地方公共団体の負担を伴うものに関する法令案について、法律案及び政令案にあつては閣議を求める前、命令案にあつては公布の前、あらかじめ総務大臣の意見を求めなければならない。

2　総務大臣は、前項に規定する法令案のうち重要なものについて意見を述べようとするときは、地方財政審議会の意見を聴かなければならない。

（地方公共団体の負担を伴う経費の見積書）

第二十二条　内閣総理大臣及び各省大臣は、その所掌に属する歳入歳出及び国庫債務負担行為の見積のうち地方公共団体の負担を伴う事務に関する部分については、財政法（昭和二十二年法律第三十四号）〔別掲〕第十七条第二項に規定する書類及び同法第三十五条第二項に規定する調書を財務大臣に送付する際、総務大臣の意見を求めなければならない。

2　総務大臣は、前項に規定する書類及び調書のうち重要なものについて意見を述べようとするときは、地方財政審議会の意見を聴かなければならない。

（国の営造物に関する使用料）

第二十三条　地方公共団体が管理する国の営造物で当該地方公共団体がその管理に要する経費を負担するものについては、当該地方公共団体は、条例の定めるところにより、当該営造物の使用について使用料を徴収することができる。

2　前項の使用料は、当該地方公共団体の収入とする。

（国が使用する地方公共団体の財産等に関する使用料）

第二十四条　国が地方公共団体の財産又は公の施設を使用するときは、当該地方公共団体の定めるところにより、国においてその使用料を負担しなければならない。但し、当該地方公共団体の議会の同意があつたときは、この限りでない。

（負担金等の使用）

第二十五条　国の負担金及び補助金並びに地方公共団体の負担金は、法令の定めるところに従い、これを使用しなければならない。

2　地方公共団体が前項の規定に従わなかつたときは、その部分については、国は、当該地方公共団体に対し、その負担金又は補助金の全部又は一部を交付せず又はその返還を命ずることができる。

3　地方公共団体の負担金について、国が第一項の規定に従わなかつたときは、その部分については、当該地方公共団体は、国に対し当該負担金の全部又は一部を支出せず又はその返還を請求することができる。

（地方交付税の減額）
第二十六条　地方公共団体が法令の規定に違背して著しく多額の経費を支出し、又は確保すべき収入の徴収等を怠つた場合においては、総務大臣は、当該地方公共団体に対して交付すべき地方交付税の額を減額し、又は既に交付した地方交付税の額の一部の返還を命ずることができる。

2　前項の規定により減額し、又は返還を命ずる地方交付税の額は、当該法令の規定に違背して支出し、又は徴収等を怠つた額をこえることができない。

3　総務大臣は、第一項の規定により地方交付税の額を減額し、又は地方交付税の額の一部の返還を命じようとするときは、地方財政審議会の意見を聴かなければならない。

（都道府県の行う建設事業に対する市町村の負担）
第二十七条　都道府県の行う土木その他の建設事業（高等学校の施設の建設事業を除く。）でその区域内の市町村を利するものについては、都道府県は、当該建設事業による受益の限度において、当該市町村に対し、当該建設事業に要する経費の一部を負担させることができる。

2　前項の経費について市町村が負担すべき金額は、当該市町村の意見を聞き、当該都道府県の議会の議決を経て、これを定めなければならない。

3　前項の規定による市町村が負担すべき金額について不服がある市町村は、当該金額の決定があつた日から二十一日以内に、総務大臣に対し、異議を申し出ることができる。

4　総務大臣は、前項の異議の申出を受けた場合において特別の必要があると認めるときは、当該市町村の負担すべき金額を更正することができる。

5　地方自治法第二百五十七条の規定は、前項の場合に、これを準用する。

6　総務大臣は、第四項の規定により市町村の負担すべき金額を更正しようとするときは、地方財政審議会の意見を聴かなければならない。

（都道府県が市町村に負担させてはならない経費）
第二十七条の二　都道府県は、国又は都道府県が実施し、国及び都道府県がその経費を負担する道路、河川、砂防、港湾及び海岸に係る土木施設についての大規模かつ広域にわたる事業で政令で定めるものに要する経費で都道府県が負担すべきものとされているものの全部又は一部を市町村に負担させてはならない。

（都道府県が住民にその負担を転嫁してはならない経費）
第二十七条の三　都道府県は、当該都道府県立の高等学校の施設の建設事業費について、住民に対し、直接であると間接であるとを問わず、その負担を転嫁してはならない。

（市町村が住民にその負担を転嫁してはならない経費）
第二十七条の四　市町村は、法令の規定に基づき当該市町村の負担に属するものとされている経費で政令で定めるものについて、住民に対し、直接であると間接であるとを問わず、その負担を転嫁してはならない。

（都道府県がその事務を市町村等が行うこととする場合の経費）
第二十八条　都道府県がその事務を市町村が行うこととする場合においては、都道府県は、当該市町村に対し、その事務を執行するに要する経費の財源について必要な措置を講じなければならない。

2　前項の規定は、都道府県がその事務を都道府県の加入しない広域連合が行うこととする場合について準用する。

3　前二項の財源措置について不服のある市町村又は都道府県の加入しない広域連合は、関係都道府県知事を経由して、総務大臣に意見書を提出することができる。

4　都道府県知事は、前項の意見書を受け取ったときは、その意見を添えて、遅滞なく、これを総務大臣に提出しなければならない。

5　前項の意見は、当該都道府県の議会の議決を経て、これを定めなければならない。

（地方公共団体相互間における経費の負担関係）

第二十八条の二　地方公共団体は、法令の規定に基づき経費の負担区分が定められている事務について、他の地方公共団体に対し、当該事務の処理に要する経費の負担を転嫁し、その他地方公共団体相互の間における経費の負担区分をみだすようなことをしてはならない。

（都道府県及び市町村の負担金の支出）

第二十九条　都道府県は、法律又は政令の定めるところによりその区域内の市町村の行う事務に要する経費について都道府県が負担する金額（以下都道府県の負担金という。）を、当該市町村に対して支出するものとする。

2　市町村は、第二十七条〔都道府県の行う建設事業に対する市町村の負担〕第一項の規定により都道府県に対して、負担する金額（以下市町村の負担金という。）を、当該都道府県に対して支出するものとする。

（都道府県及び市町村の負担金等における準用規定）

第三十条　第十八条〔国の支出金の算定の基礎〕、第十九条〔国の支出金の支出時期〕及び第二十五条〔負担金等の使用〕の規定は、都道府県及び市町村の負担金並びに都道府県が市町村に対して交付する補助金等の支出金に、これを準用する。

（地方財政の状況に関する報告）

第三十条の二　内閣は、毎年度地方財政の状況を明らかにして、これを国会に報告しなければならない。

2　総務大臣は、前項に規定する地方財政の状況に関する報告の案を作成しようとするときは、地方財政審議会の意見を聴かなければならない。

（事務の区分）

第三十条の三　都道府県が第五条の三〔地方債の協議等〕第一項の規定により処理することとされている事務（都道府県が申出を受けた協議に係るものに限る。）、同条第三項の規定により処理することとされている事務（同項に規定する同意に係るものに限る。）、第五条の四〔地方債についての関与の特例〕第一項、第三項及び第四項の規定により処理することとされている事務（都道府県の行う許可に係るものに限る。）並びに同条第五項の規定により処理することとされている事務は、地方自治法第二条第九項第一号に規定する第一号法定受託事務とする。

附　則〔抄〕

（当せん金付証票の発売）

第三十二条　都道府県並びに地方自治法第二百五十二条の十九第一項の指定都市及び戦災による財政上の特別の必要を勘案して総務大臣が指定する市は、当分の間、公共事業その他公益の増進を目的とする事業で地方行政の運営上緊急に推進する必要があるものとして総務省令で定める事業の財源に充てるため必要があるときは、当せん金付証票法（昭和二十三年法律第百四十四号）の定めるところにより、当せん金付証票を発売することができる。

（地方債の許可等）

第三十三条の七　平成十七年度までの間における第五条第五号の規定の適用については、同号中「学校その他の文教施設」とあるのは、「普通税（地方消費税、道府県たばこ税、市町村たばこ税、鉱区税、狩猟者登録税、特別土地保有税及び法定外普通税を除く。）の税率がいずれも標準税率以上である地方公共団体において、学校その他の文教施設」とする。

2　前項に規定する年度までの間、特別区が地方債をもつて同項の規定により読み替えられる第五条第五号に掲げる事業費及び購入費の財源とすることができる場合は、地方税法第五条第二項に掲げる税のうち同法第七百三十四条第一項及び第二項第三号の規定により都が課するもの（特別土地保有税を除く。）の税率がいずれも標準税率以上である場合でなければならない。

3　第五条の三、第五条の四及び第三十条の三の規定は、第一項に規定する年度までの間、適用しない。

4　第一項に規定する年度までの間、地方公共団体は、地方債を起こし、又は起債の方法、利率若しくは償還の方法を変更しようとする場合は、政令で定めるところにより、総務大臣又は都道府県知事の許可を受けなければならない。ただし、軽微な場合その他の総務省令で定める場合については、この限りでない。

5　総務大臣は、前項の総務大臣の許可については、地方財政審議会の意見を聴かなければならない。

6　総務大臣又は都道府県知事が第四項の規定により許可をした地方債に係る元利償還に要する経費並びに自治大臣又は都道府県知事が中央省庁等改革関係法施行法（平成十一年法律第百六十号）第百八十条の規定による改正前の地方財政法第三十三条の七第四項及び地方分権の推進を図るための関係法律の整備等に関する法律（平成十一年法律第八十七号）第一条の規定による改正前の地方自治法第二百五十条の規定によつて許可をした地方債に係る元利償還に要する経費は、平成十八年度以後における第五条の三第四項の規定の適用については、同項に規定する地方債に係る元利償還に要する経費とみなす。

7　第四項の規定により都道府県が処理することとされている事務（都道府県の行う許可に係るものに限る。）は、地方自治法第二条第九項第一号に規定する第一号法定受託事務とする。

（地方公共団体がその全額を負担する経費の特例）

第三十四条　地方公共団体が行う事務に要する次に掲げる経費については、第九条〔地方公共団体がその全額を負担する経費〕の規定にかかわらず、当分の間、国が、その経費の全部又は一部を負担する。

一及び二　削除

三　養護学校の小学部及び中学部の建物の建築に要する経費

四　養護学校の小学部及び中学部における教育に従事する教職員の給与（退職年金及び退職一時金並びに旅費を除く。）に要する経費

五　養護学校の小学部及び中学部における教育に従事する教職員の共済組合の長期給付に要する経費（共済組合の長期給付に要する追加費用に係る経費を除く。）

六　引揚者の援護に要する経費

2　前項に規定する経費の種目、算定基準及び国と地方公共団体とが負担すべき割合は、法律又は政令で定めなければならない。

○地方財政法施行令　抄

〔昭和二三年八月二七日
政令第二六七号〕

最近改正　平成一三年三月三〇日　政令第一四九号

（法第五条第五号の政令で定める法人）

第一条　地方財政法（以下「法」という。）第五条〔地方債の制限〕第五号に規定する国又は地方公共団体が出資している法人で政令で定めるものは、国又は地方公共団体が資本金、基本金その他これらに準ずるものの二分の一以上を出資している法人とする。

（国の負担金等の交付時期）

第十五条　国の負担金及び法第十六条〔補助金の交付〕の補助金は、毎年度四月、七月、十月及び一月の四回に分けて、前金払又は概算払により、これを交付するものとする。但し、当該負担金又は補助金のうち、支払期日の特定した地方公共団体の債務に対するもの及び小額のものについては、概算払又は前金払によらないでこれを交付し、追加予算又は予備費支出によるもの及び災害その他臨時緊急の場合において交付するものについては、当該交付時期によらないで交付することができる。

2　前項の場合において、各省各庁の長（財政法（昭和二十二年法律第三十四号）第二十条第二項に規定する各省各庁の長をいう。）は、あらかじめ、財務大臣に協議しなければならない。

（市町村が住民にその負担を転嫁してはならない経費）

第十六条の三　法第二十七条の四〔市町村が住民にその負担を転嫁してはならない経費〕に規定する経費で政令で定めるものは、次の各号に掲げるものとする。

一　市町村の職員の給与に要する経費

二　市町村立の小学校及び中学校の建物の維持及び修繕に要する経費

教育費に対する住民の税外負担の解消について（通達）抄

（昭和三五年一二月三日文初財第四七一号　各都道府県教育委員会、各都道府県知事あて　文部事務次官通達）

教育費に対する住民の税外負担の解消については、かねてからご配慮を願っているところでありますが、このことを積極的に進めるため、さきに地方財政法および同法施行令の一部が別添（略）のとおり改正され、昭和三十六年四月一日から施行されることになりました。改正の要点は、法令の規定に基づき市（特別区を含む。以下同じ。）町村の負担に属するものとされている経費で政令で定めるものについては、市町村は直接であると間接であるとを問わず、その負担を住民に転嫁してはならないこととされたことであります。

この改正は、今後の学校運営に密接な関連がありますので、下記の諸事項にご留意の上、貴管下の市町村教育委員会および市町村長等に対し、その趣旨の徹底を図られるよう願います。

なお、今回の法改正は、ＰＴＡ寄附金等住民の税外負担の軽減をはかる趣旨に基づくものでありますので政令で定める以外の経費であつてもこの趣旨に添つて住民の税外負担の解消について格段の努力をされるよう願います。また、本通達については、自治省も了承ずみであることを申し添えます。

記

市町村が住民にその負担を転嫁してはならない経費は、政令で「市町村の職員の給与に要する経費」ならびに「市町村立の小学校及び中学校の建物の維持及び修繕に要する経費」と定められたが、学校教育に要する経費のうちこれに該当するものは、次のとおりであること（地方財政法施行令第十六条の三（別掲））。

(1) 市町村の職員の給与に要する経費

市町村立の小学校および中学校等の職員のうち、学校図書館司書（傍線＝編者）、学校給食調理員、事務補佐員、使丁、給仕等の給料、諸手当、報酬に要する経費（地方自治法第二百三条および第二百四条）

(2) 市町村立の小学校及び中学校の建物の維持及び修繕に要する経費

市町村立の小学校および中学校の校舎、屋内運動場、寄宿舎等について必要な維持および修繕に要する経費（新築、増築、改築等に要する経費は含まれない。）

◎地方交付税法　抄

〔昭和二五年五月三〇日
法律第二一一号〕

最近改正　平成一三年一一月二六日　法律第一二二号

（この法律の目的）

第一条　この法律は、地方団体が自主的にその財産を管理し、事務を処理し、及び行政を執行する権能をそこなわずに、その財源の均衡化を図り、及び地方交付税の交付の基準の設定を通じて地方行政の計画的な運営を保障することによつて、地方自治の本旨の実現に資するとともに、地方団体の独立性を強化することを目的とする。

（用語の意義）

第二条　この法律において、左の各号に掲げる用語の意義は、当該各号に定めるところによる。

一　地方交付税　第六条（交付税の総額）の規定により算定した所得税、法人税、酒税、消費税及びたばこ税のそれぞれの一定割合の額で地方団体がひとしくその行うべき事務を遂行することができるように国が交付する税をいう。

二　地方団体　都道府県及び市町村をいう。

三　基準財政需要額　各地方団体の財政需要を合理的に測定するために、当該地方団体について第十一条（基準財政需要額の算定方法）の規定により算定した額をいう。

四　基準財政収入額　各地方団体の財政力を合理的に測定するために、当該地方団体について第十四条（基準財政収入額の算定方法）の規定により算定した額をいう。

五　測定単位　地方行政の種類ごとに設けられ、かつ、この種類ごとにその量を測定する単位で、毎年度の普通交付税を交付するために用いるものをいう。

六　単位費用　道府県又は市町村ごとに、標準的条件を備えた地方団体が合理的、かつ、妥当な水準において地方行政を行う場合又は標準的な施設を維持する場合に要する経費を基準とし、補助金、負担金、手数料、使用料、分担金その他これらに類する収入及び地方税の収入のうち基準財政収入額に相当するもの以外のものを財源とすべき部分を除いて算定した各測定単位の単位当りの費用（当該測定単位の数値につき第十三条（測定単位の数値の補正）第一項の規定の適用があるものについては、当該規定を適用した後の測定単位の単位当りの費用）で、普通交付税の算定に用いる地方行政の種類ごとの経費の額を決定するために、測定単位の数値に乗ずべきものをいう。

（運営の基本）

第三条　総務大臣は、常に各地方団体の財政状況の的確なは握に努め、地方交付税（以下「交付税」という。）の総額を、この法律の定めるところにより、財政需要額が財政収入額をこえる地方団体に対し、衡平にその超過額を補てんすることを目途として交付しなければならない。

2　国は、交付税の交付に当つては、地方自治の本旨を尊重し、条件をつけ、又はその使途を制限してはならない。

3　地方団体は、その行政について、合理的、且つ、妥当な水準を維持するように努め、少くとも法律又はこれに基く政令により義務づけられた規模と内容とを備えるようにしなければならない。

（総務大臣の権限と責任）

第四条　総務大臣は、この法律を実施するため、次に掲げる権限と責任とを有する。
一　毎年度分として交付すべき交付税の総額を見積もること。
二　各地方団体に交付すべき交付税の額を決定し、及びこれを交付すること。
三　第十条〔普通交付税の額の算定〕、第十五条〔特別交付税の額の算定〕、第十九条〔交付税の額の算定に用いる数の錯誤等〕又は第二十条の二〔関係行政機関の勧告等〕に規定する場合において、各地方団体に対する交付税の額を変更し、減額し、又は返還させること。
四　第十八条〔交付税の額に関する審査の申立て〕に定める地方団体の審査の申立てを受理し、これに対する決定をすること。
五　第十九条第七項（第二十条の二〔関係行政機関の勧告等〕第四項において準用する場合を含む。）に定める異議の申出を受理し、これに対する決定をすること。
六　第二十条〔交付税の額の減額等の聴取〕に定める意見の聴取を行うこと。
七　交付税の総額の見積り及び各地方団体に交付すべき交付税の額の算定のために必要な資料を収集し、及び整備すること。
八　収集した資料に基づき、常に地方財政の状況を把握し、交付税制度の運用について改善を図ること。
九　前各号に定めるもののほか、この法律に定める事項

（交付税の総額）
第六条　所得税、法人税及び酒税の収入額のそれぞれ百分の三十二、消費税の収入額の百分の二十九・五並びにたばこ税の収入額の百分の二十五をもつて交付税とする。
2　毎年度分として交付すべき交付税の総額は、当該年度における所得税、法人税及び酒税の収入見込額のそれぞれ百分の三十二、消費税の収入見込額の百分の二十九・五並びにたばこ税の収入見込額の百分の二十五に相当する額の合算額に当該年度の前年度以前の年度における交付税で、まだ交付していない額を加算し、又は当該前年度以前の年度において交付すべきであつた額を超えて交付した額を当該合算額から減額した額とする。

（交付税の種類等）
第六条の二　交付税の種類は、普通交付税及び特別交付税とする。
2　毎年度分として交付すべき普通交付税の総額は、前条第二項の額の百分の九十四に相当する額とする。
3　毎年度分として交付すべき特別交付税の総額は、前条第二項の額の百分の六に相当する額とする。

（交付税の額の算定期日）
第八条　各地方団体に対する交付税の額は、毎年度四月一日現在により、算定する。

（普通交付税の額の算定）
第十条　普通交付税は、毎年度、基準財政需要額が基準財政収入額をこえる地方団体に対して、次項に定めるところにより交付する。
2　各地方団体に対して交付すべき普通交付税の額は、当該地方団体の基準財政需要額が基準財政収入額をこえる額（以下本項中「財源不足額」という。）とする。ただし、各地方団体について算定した財源不足額の合算額が普通交付税の総額をこえる場合においては、次の式により算定した額とする。

$$\text{当該地方団体の財源不足額} - \text{当該地方団体の基準財政需要額} \times \frac{\text{財源不足額の合算額} - \text{普通交付税の総額}}{\text{基準財政需要額が基準財政収入額をこえる地方団体の基準財政需要額の合算額}}$$

3　総務大臣は、前二項の規定により交付すべき普通交付税の額を、遅くとも毎年八月三十一日までに決定しなければならない。但し、交付税の総額の増加その他特別の事由がある場合においては、九月一日以後において、普通交付税の額を決定し、又は既に決定した普通交付税の額を変更することができる。

4　総務大臣は、前項の規定により普通交付税の額を決定し、又は変更したときは、これを当該地方団体に通知しなければならない。

5　第三項ただし書の規定により一部の地方団体について既に決定した普通交付税の額を変更した場合においては、それがために他の地方団体について既に決定している普通交付税の額を変更することはしないものとする。

6　当該年度分として交付すべき普通交付税の総額が第二項但書の規定により算定した各地方団体に対して交付すべき普通交付税の合算額に満たない場合においては、当該不足額は、当該年度の特別交付税の総額を減額してこれに充てるものとする。

（基準財政需要額の算定方法）

第十一条　基準財政需要額は、測定単位の数値を第十三条〔測定単位の数値の補正〕の規定により補正し、これを当該測定単位ごとの単位費用に乗じて得た額を当該地方団体について合算した額とする。

（測定単位及び単位費用）

第十二条　地方行政に要する経費の測定単位は、地方団体の種類ごとに次の表の経費の種類の欄に掲げる経費について、それぞれその測定単位の欄に定めるものとする。

地方団体の種類	経費の種類	測定単位
道府県	三　教育費	
	1　小学校費	教職員数
	2　中学校費	教職員数
	3　高等学校費	
	(1)　経常経費	教職員数 生徒数
	(2)　投資的経費	生徒数
	4　特殊教育諸学校費	
	(1)　経常経費	教職員数 児童及び生徒の数 学級数
	(2)　投資的経費	学級数
	5　その他の教育費	人口 高等専門学校及び大学の学生の数 私立の学校の幼児、児童及び生徒の数
	六　その他の行政費	
	1　企画振興費	
	(1)　経常経費	人口
	(2)　投資的経費	人口
	2　徴税費	世帯数
	3　恩給費	恩給受給権者数

4 その他の諸費	
(1) 経常経費	人口
(2) 投資的経費	人口 面積
市町村	
三 教育費	
1 小学校費	
(1) 経常経費	児童数 学級数 学校数
(2) 投資的経費	学級数
2 中学校費	
(1) 経常経費	生徒数 学級数 学校数
(2) 投資的経費	学級数
3 高等学校費	
(1) 経常経費	教職員数 生徒数
(2) 投資的経費	生徒数
4 その他の教育費	
(1) 経常経費	人口 幼稚園の幼児数
(2) 投資的経費	人口
六 その他の行政費	
1 企画振興費	

(1) 経常経費	人口
(2) 投資的経費	人口
2 徴税費	世帯数
3 戸籍住民基本台帳費	戸籍数 世帯数
4 その他の諸費	
(1) 経常経費	人口 面積
(2) 投資的経費	人口 面積

2 前項の測定単位の数値は、次の表の上欄に掲げる測定単位につき、それぞれ中欄に定める算定の基礎により、下欄に掲げる表示単位に基づいて、総務省令の定めるところにより算定する。

測定単位の種類	測定単位の数値の算定の基礎	表示単位
二 人口	官報で公示された最近の国勢調査の結果による当該地方団体の人口	人
十二 小学校の教職員数	公立義務教育諸学校の学級編制及び教職員定数の標準に関する法律（昭和三十三年法律第百十六号）に規定する学級編制の標準及び教職員定数の標準により算定した当該道府県の区域内の市町村立の小学校の教職員に係る当該道府県の定数	人
十三 小学校の	最近の統計法（昭和二十二年法律第十八号）第三条に規定する指定統計調査（以	人

児童数	下「指定統計調査」という。）で学校に係るもの（以下「学校基本調査」という。）の結果による当該市町村立の小学校に在学する学齢児童の数	
十四　小学校の学級数	最近の学校基本調査の結果による当該市町村立の小学校の学級数	学級
十五　小学校の学校数	最近の学校基本調査の結果による当該市町村立の小学校の数	校
十六　中学校の教職員数	公立義務教育諸学校の学級編制及び教職員定数の標準に関する法律に規定する学級編制の標準及び教職員定数の標準により算定した当該道府県の区域内の市町村立の中学校及び中等教育学校の前期課程並びに当該道府県立の中学校（学校教育法（昭和二十二年法律第二十六号）第五十一条の十の規定により高等学校における教育と一貫した教育を施すものに限る。）及び中等教育学校の前期課程の教職員に係る当該道府県の定数	人
十七　中学校の生徒数	最近の学校基本調査の結果による当該市町村立の中学校（中等教育学校の前期課程を含む。次号及び第十九号において同じ。）に在学する学齢生徒の数	人
十八　中学校の	最近の学校基本調査の結果による当該市町村立の中学校の学級数	学級

学級数		
十九　中学校の学校数	最近の学校基本調査の結果による当該市町村立の中学校の数	校
二十　高等学校の教職員数	道府県にあつては公立高等学校の適正配置及び教職員定数の標準等に関する法律（昭和三十六年法律第百八十八号）の規定により算定した当該道府県立の高等学校（中等教育学校の後期課程を含む。以下この号において同じ。）の教職員定数（地方自治法（昭和二十二年法律第六十七号）第二百五十二条の十九第一項の指定都市（以下「指定都市」という。）以外の当該道府県の区域内の市町村立の高等学校の定時制の課程に係る校長、教諭、助教諭及び講師の数を含む。）、市町村にあつては公立高等学校の適正配置及び教職員定数の標準等に関する法律の規定により算定した当該市町村立の高等学校の教職員定数（指定都市以外の市町村にあつては、当該市町村立の高等学校の定時制の課程に係る校長、教諭、助教諭及び講師の数を除く。）	人
二十一　高等学校の生	最近の学校基本調査の結果による当該地方団体立の高等学校（中等教育学校の後期課程を含む。）に在学する生徒の数	人

徒数		
二十二 特殊教育諸学校の教職員数	公立義務教育諸学校の学級編制及び教職員定数の標準に関する法律及び公立高等学校の適正配置及び教職員定数の標準等に関する法律に規定する教職員定数の標準により算定した当該道府県の区域内の公立の特殊教育諸学校の小学部、中学部及び高等部の教職員に係る当該道府県の定数	人
二十三 特殊教育諸学校の児童及び生徒の数	最近の学校基本調査の結果による当該道府県立の特殊教育諸学校の小学部、中学部及び高等部に在学する児童及び生徒の数	人
二十四 特殊教育諸学校の学級数	最近の学校基本調査の結果による当該道府県立の特殊教育諸学校の小学部、中学部及び高等部の学級数	学級
二十五 高等専門学校及び大学の学生の数	最近の学校基本調査の結果による当該道府県立の高等専門学校及び短期大学の学科及び専攻科並びに大学の学部、専攻科及び大学院に在学する学生の数	人

生の数		
二十六 私立の学校の幼児、児童及び生徒の数	最近の学校基本調査の結果による当該道府県の区域内の私立の幼稚園、小学校、中学校、高等学校、中等教育学校及び特殊教育諸学校に在学する幼児、児童及び生徒の数	人
二十七 幼稚園の幼児数	最近の学校基本調査の結果による当該市町村立の幼稚園に在学する幼児数	人
四十 世帯数	最近の国勢調査の結果による当該市町村の世帯数	世帯
四十二 面積	国土地理院において公表した最近の当該地方団体の面積	平方キロメートル

3 第一項の測定単位ごとの単位費用は、別表に定めるとおりとする。

4 地方行政に係る制度の改正その他特別の事由に因って前項の単位費用を変更する必要が生じた場合においては、国会の閉会中であるときに限り、政令で同項の単位費用についての特例を設けることができる。この場合においては、政府は、次の国会でこの法律を改正する措置をとらなければならない。

（測定単位の数値の補正）

第十三条　面積、高等学校の生徒数その他の測定単位で、そのうちに種別があり、かつ、その種別ごとに単位当たりの費用に差があるものについては、その種別ごとの単位当たりの費用の差に応じ当該測定単位の数値を補正することができる。

2　前項の測定単位の数値の補正（以下「種別補正」という。）は、当該測定単位の種別ごとの数値に、その単位当りの費用の割合を基礎として総務省令で定める率を乗じて行うものとする。

3　前条第二項及び前二項の規定によつて算定された測定単位の数値は、地方団体ごとに、当該測定単位につき次の各号に掲げる事項を基礎として第四項に定める方法により算定した補正係数を乗じて補正するものとする。

一　人口その他測定単位の数値の多少による段階

二　人口密度、道路一キロメートル当たりの自動車台数その他これらに類するもの

三　地方団体の態容

四　寒冷度及び積雪度

4　前項の測定単位の数値に係る補正係数は、経費の種類ごとに、かつ、測定単位ごとにそれぞれ次の各号に定める方法を基礎として、総務省令で定めるところによつて算定した率とする。

一　前項第一号の補正（以下「段階補正」という。）は、当該行政に要する経費の額が測定単位の数値の増減に応じて逓減又は逓増するものについて行うものとし、当該段階補正に係る係数は、超過累退又は超過累進の方法によつて総務省令で定める率を用いて算定した数値を当該率を用いないで算定した数値で除して算定する。この場合において、行政権能等の差があることにより経費の額が割高又は割安となるため第三号イの補正の適用される経費については、当該経費の測定単位の数値に当該割高となり、又は割安となる度合に応じて総務省令で定める率を乗じた数値を用いて当該段階補正に係る係数を算定することができるものとする。

二　前項第二号の補正（以下「密度補正」という。）は、当該行政に要する経費の額が人口密度、道路一キロメートル当たりの自動車台数その他これらに類するもの（以下この号において「人口密度等」という。）の増減に応じて逓減又は逓増するものについて行うものとし、当該密度補正に係る係数は、超過累退又は超過累進の方法によつて、総務省令で定める率を用いて算定した人口密度等を当該率を用いないで算定した人口密度等で除して算定する。

三　前項第三号の補正（以下「態容補正」という。）は、当該行政に要する経費の測定単位当たりの額が、地方団体の態容に応じてそれぞれ割高となり又は割安となるものについて行うものとし、当該態容補正に係る係数は、次に掲げるところにより算定する。

イ　道府県の態容に係るものにあつては、当該道府県の区域内の市町村について行政の質及び量の差又は行政権能等の差に基づいて割高となり又は割安となる度合を基礎として市町村の全部又は一部の種類に応じ、総務省令で定める率を当該区域内の市町村の種類ごとの測定単位の数値（当該市町村の種類ごとの測定単位の数値によることができないか又は適当でないと認められる経費で総務省令で定めるものについては、人口その他総務省令で定める数値）に乗じて得た数値を合算した数値を当該率を乗じないで算定した市町村ごとの数値を合算した数値で除して算定する。

ロ　市町村の態容に係るものにあつては、行政の質及び量の差

又は行政権能等の差に基づいてその割高となり又は割安となる度合を基礎として市町村の種類に応じ、総務省令で定める率を乗じて算定した数値を当該率を乗じないで算定した数値で除して算定する。

ハ　小学校費、中学校費、社会福祉費、労働費その他の経費で総務省令で定めるものに係るものにあつては、人口の年齢別構成、公共施設の整備の状況その他地方団体の態容に応じて当該経費を必要とする度合について、総務省令で定める指標により測定した総務省令で定める率を乗じて算定した数値を当該率を乗じないで算定した数値で除して算定する。

四　前項第四号の補正（以下「寒冷補正」という。）は、当該行政に要する経費の測定単位当たりの額が寒冷又は積雪の度合によつて割高となるものについて行うものとし、当該寒冷補正に係る係数は、その割高となる給与の差、寒冷の差又は積雪の差ごとに、地域の区分に応じそれぞれその割高となる度合を基礎として総務省令で定める率を当該地域における測定単位の数値（当該地域における測定単位の数値によることができないか又は適当でないと認められる経費で総務省令で定めるものについては、人口）に乗じて得た数を当該率を用いないで算定した数値で除して得た数値の合計数に一を加えて算定する。

5　測定単位の数値については、第十項に定めるもののほか、地方団体の種類ごとに次の表の経費の種類の欄に掲げる経費に係る測定単位の欄に掲げる測定単位につき、それぞれ補正の種類の欄に掲げる補正を行うものとする。

地方団体の種類	経費の種類	測定単位	補正の種類
	三　教育費		
	1　小学校費	教職員数	態容補正及び寒冷補正
	2　中学校費	教職員数	態容補正及び寒冷補正
	3　高等学校費　(1)　経常経費	教職員数	種別補正、態容補正及び寒冷補正
		生徒数	種別補正、態容補正及び寒冷補正
	(2)　投資的経費	生徒数	態容補正及び寒冷補正
	4　特殊教育諸学校費　(1)　経常経費	教職員数	種別補正、態容補正及び寒冷補正
		児童及び生徒の数	種別補正、密度補正、態容補正及び寒冷補正
		学級数	種別補正、態容補正及び寒冷補正
	(2)　投資的経費	学級数	態容補正及び寒冷補正
	5　その他の教育費	人口	段階補正、密度補正及び態容補正

道府県		高等専門学校及び大学の学生の数	種別補正、態容補正及び寒冷補正
		私立の学校の幼児、児童及び生徒の数	種別補正
	六 その他の行政費		
	1 企画振興費		
	(1) 経常経費	人口	段階補正、密度補正及び態容補正
	(2) 投資的経費	人口	態容補正
	2 徴税費	世帯数	段階補正、密度補正、態容補正及び寒冷補正
	3 恩給費	恩給受給権者数	種別補正
	4 その他の諸費		
	(1) 経常経費	人口	段階補正、密度補正、態容補正及び寒冷補正
	(2) 投資的経費	人口	態容補正及び寒冷補正
		面積	態容補正
三 教育費			

市町村			
	1 小学校費		
	(1) 経常経費	児童数	密度補正、態容補正及び寒冷補正
		学級数	態容補正及び寒冷補正
		学校数	態容補正及び寒冷補正
	(2) 投資的経費	学級数	態容補正及び寒冷補正
	2 中学校費		
	(1) 経常経費	生徒数	密度補正、態容補正及び寒冷補正
		学級数	態容補正及び寒冷補正
		学校数	態容補正及び寒冷補正
	(2) 投資的経費	学級数	態容補正及び寒冷補正
	3 高等学校費		
	(1) 経常経費	教職員数	種別補正、態容補正及び寒冷補正
		生徒数	種別補正、態容補正及び寒冷補正
	(2) 投資的経費	生徒数	態容補正及び寒冷補正
	4 その他の教育費		
	(1) 経常経費	人口	段階補正、密度補正及び態容補正

	幼稚園の幼児数	態容補正及び寒冷補正
(2) 投資的経費	人口	態容補正
六 その他の行政費		
1 企画振興費		
(1) 経常経費	人口	段階補正、密度補正及び態容補正
(2) 投資的経費	人口	態容補正
2 徴税費	世帯数	段階補正、密度補正、態容補正及び寒冷補正
3 戸籍住民基本台帳費	戸籍数	段階補正、密度補正、態容補正及び寒冷補正
	世帯数	段階補正、密度補正、態容補正及び寒冷補正
4 その他の諸費		
(1) 経常経費	人口	段階補正、密度補正、態容補正及び寒冷補正
	面積	種別補正、密度補正、態容補正及び寒冷補正
(2) 投資的経費	人口	態容補正及び寒冷補正
	面積	態容補正

6　段階補正、密度補正、態容補正及び寒冷補正のうち二以上をあわせて行う場合においては、測定単位の数値に係る補正係数は、二以上の事由を通じて一の率を定め、又は各事由ごとに算定した率（二以上の事由を通じて定めた率を用いて算定した率を含む。）を総務省令で定めるところにより連乗又は加算して得た率によるものとする。

7　態容補正を行う場合にあつては、第四項第三号の市町村は、総務省令で定めるところによつて人口集中地区人口、経済構造その他行政の質及び量の差を表現する指標ごとに算定した点数に基づいて区分し、又はその有する行政権能等の差によつて区分するものとする。

8　寒冷補正を行う場合にあつては、第四項第四号の地域は、総務省令で定めるところによつて、給与の差、寒冷の差及び積雪の差ごとに、市町村の区域によつて区分するものとする。

9　人口、学校数その他の測定単位の数値が急激に増加し又は減少した地方団体、廃置分合又は境界変更のあつた地方団体及び組合（地方自治法第二百八十四条第一項の一部事務組合、広域連合又は役場事務組合をいう。）を組織している地方団体に係る補正係数の算定方法及び測定単位の数値の補正後の数値の算定方法については、総務省令で前各項の規定の特例を設けることができる。

10　災害復旧費に係る測定単位の数値については、総務省令で定めるところにより、当該数値の当該地方団体の税収入額に対する比率に応じ、補正するものとする。

11　前各項に定めるもののほか、補正係数の算定方法につき必要な事項は、総務省令で定める。

（基準財政収入額の算定方法）

第十四条　基準財政収入額は、道府県にあつては基準税率をもつて算定した当該道府県の普通税（法定外普通税を除く。）並びに自動車取得税及び軽油引取税の収入見込額（利子割の収入見込額については基準税率をもって算定した当該道府県の利子割の収入見込額から利子割交付金の交付見込額の百分の八十に相当する額を控除した額とし、地方消費税の収入見込額については基準税率をもって算定した当該道府県の地方消費税の収入見込額から地方税法第七十二条の百十五（地方消費税の市町村に対する交付）の規定により市町村に対し交付するものとされる地方消費税に係る交付金（以下「地方消費税交付金」という。）の交付見込額の百分の八十に相当する額を控除した額とし、ゴルフ場利用税の収入見込額については基準税率をもって算定した当該道府県のゴルフ場利用税の収入見込額から同法第百三条（ゴルフ場利用税のゴルフ場所在の市町村に対する交付）の規定によりゴルフ場所在の市町村に対し交付するものとされるゴルフ場利用税に係る交付金（以下「ゴルフ場利用税交付金」という。）の交付見込額の百分の八十に相当する額を控除した額とし、自動車取得税の収入見込額については基準税率をもって算定した当該道府県の自動車取得税の収入見込額から同法第六百九十九条の三十二（自動車取得税の市町村に対する交付）の規定により市町村に交付するものとされる自動車取得税に係る交付金（以下「自動車取得税交付金」という。）の交付見込額の百分の八十に相当する額を控除した額とし、道路法第七条（都道府県道の意義及びその路線の認定）第三項の市（以下「指定市」という。）を包括する道府県の軽油引取税の収入見込額については基準税率をもって算定した当該道府県の軽油引取税の収入見込額から地方税法第七百条の四十九（軽油引取税の指定市に対する交付）第一項の規定により指定市に対し交付するものとされる軽油引取税に係る交付金（以下「軽油引取税交付金」という。）の交付見込額の百分の八十に相当する額を控除した額とする。）、当該道府県の地方道路譲与税、石油ガス譲与税及び航空機燃料譲与税の収入見込額並びに基準率をもって算定した当該道府県の国有資産等所在市町村交付金法（昭和三十一年法律第八十二号）第十四条（都道府県に対する交付金の交付）第一項の国有資産等所在都道府県交付金（以下「都道府県交付金」という。）の収入見込額の合算額、市町村にあっては基準税率をもって算定した当該市町村の普通税（法定外普通税を除く。）及び事業所税の収入見込額、当該市町村の利子割交付金の収入見込額の百分の七十五の額、当該市町村の地方消費税交付金の収入見込額の百分の七十五の額、当該市町村のゴルフ場利用税交付金の収入見込額の百分の七十五の額、当該市町村の自動車取得税交付金の収入見込額の百分の七十五の額、当該市町村の特別とん譲与税、地方道路譲与税、自動車重量譲与税及び航空機燃料譲与税の収入見込額並びに基準率をもって算定した国有資産等所在市町村交付金法第二条（市町村に対する交付金の交付）第一項の国有資産等所在市町村交付金（以下「市町村交付金」という。）の収入見込額の合算額（指定市については、基準税率をもって算定した当該指定市の普通税（法定外普通税を除く。）及び事業所税の収入見込額、当該指定市の利子割交付金の収入見込額の百分の七十五の額、当該指定市の地方消費税交付金の収入見込額の百分の七十五の額、当該指定市のゴルフ場利用税交付金の収入見込額の百分の七十五の額、当該指定市の自動車取得税交付金の収入見込額の百分の七十五の額、当該指定市の軽油引取税交付金の収入見込額の百分の七十五の額、当該指定市の特別とん譲与税、地方道路譲与税、石油ガス譲与税、自動車重量譲与税及び航空機燃料譲与税の収入見込額並びに基準率をもって算定した当該指定市の市町村交付金の収入見込額の合算額）とする。

2　前項の基準税率は、地方税法第一条〔用語〕第一項第五号にいう標準税率（標準税率の定めのない地方税については、同法に定める税率とする。）の道府県税にあつては百分の八十に相当する率（同法第七十二条の十九に規定する課税標準により課する事業税については、当該道府県が同法第七十二条の二十二第九項の規定により定める税率を基礎として総務省令で定める率の百分の八十に相当する率とする。）、市町村税にあつては百分の七十五に相当する率とし、前項の基準率は、都道府県交付金にあつては国有資産等所在市町村交付金法第三条〔交付金額の算定〕第一項に規定する率の百分の八十に相当する率、市町村交付金にあつては同項に規定する率の百分の七十五に相当する率とする。

3　第一項の基準財政収入額は、次の表〔略〕の上欄に掲げる地方団体につき、それぞれ同表の中欄に掲げる収入の項目ごとに、当該下欄に掲げる算定の基礎によつて、総務省令で定める方法により、算定するものとする。

（特別交付税の額の算定）

第十五条　特別交付税は、第十一条〔基準財政需要額の算定方法〕に規定する基準財政需要額の算定方法によつては捕そくされなかつた特別の財政需要があること、第十四条〔基準財政収入額の算定方法〕の規定によつて算定された基準財政収入額のうちに著しく過大に算定された財政収入があること、交付税の額の算定期日後に生じた災害（その復旧に要する費用が国の負担によるものを除く。）等のための特別の財政需要があり、又は財政収入の減少があることその他特別の事情があることにより、基準財政需要額又は基準財政収入額の算定方法の劃一性のため生ずる基準財政需要額の算定過大又は基準財政収入額の算定過少を考慮しても、なお、普通交付税の額が財政需要に比して過少であると認められる地方団体に対して、総務省令で定めるところにより、当該事情を考慮して交付する。

2　総務大臣は、総務省令で定めるところにより、前項の規定により各地方団体に交付すべき特別交付税の額を、毎年度、二回に分けて決定するものとし、その決定は、第一回目は十二月中に、第二回目は三月中に行わなければならない。この場合において、第一回目の特別交付税の額の決定は、その総額が当該年度の特別交付税の総額の三分の一に相当する額以内の額となるように行うものとする。

3　総務大臣は、前項前段の規定により特別交付税の額を決定したときは、これを当該地方団体に通知しなければならない。

（交付税の額の算定に用いた資料に関する検査）

第十七条の三　総務大臣は、都道府県及び政令で定める市町村について、交付税の額の算定に用いた資料に関し、検査を行わなければならない。

2　都道府県知事は、当該都道府県の区域内における市町村（前項の政令で定める市町村を除く。）について、交付税の額の算定に用いた資料に関し検査を行い、その結果を総務大臣に報告しなければならない。

（交付税の額の算定方法に関する意見の申出）

第十七条の四　地方団体は、交付税の額の算定方法に関し、総務大臣に対し意見を申し出ることができる。この場合において、市町村にあつては、当該意見の申出は、都道府県知事を経由してしなければならない。

2　総務大臣は、前項の意見の申出を受けた場合においては、これを誠実に処理するとともに、その処理の結果を、地方財政審議会に、第二十三条の規定により意見を聴くに際し、報告しなければならない。

（交付税の額に関する審査の申立て）

第十八条　地方団体は、第十条〔普通交付税の額の算定〕第四項又は第十五条〔特別交付税の額の算定〕第三項の規定により交付税の額の決定又は変更の通知を受けた場合において、当該地方団体に対する交付税の額の算定の基礎について不服があるときは、通知を受けた日から三十日以内に、総務大臣に対し審査を申し立てることができる。この場合において、市町村にあつては、当該審査の申立ては、都道府県知事を経由してしなければならない。

2　総務大臣は、前項の審査の申立てを受けた日から三十日以内にこれを審査して、その結果を当該地方団体に通知しなければならない。この場合において、市町村の審査の申立てに係るものにあつては、当該通知は、都道府県知事を経由してしなければならない。

（都等の特例）

第二十一条　都にあつては、道府県に対する交付税の算定に関してはその全区域を道府県と、市町村に対する交付税の算定に関してはその特別区の存する区域を市町村と、それぞれみなして算定した基準財政需要額の合算額及び基準財政収入額の合算額をもつてその基準財政需要額及び基準財政収入額とする。

2　この法律の適用については、全部事務組合は、町村とみなす。

（事務の区分）

第二十四条　第五条第三項、第十七条第一項、第十七条の三第二項、第十七条の四第一項後段、第十八条第一項後段及び第二項後段の規定並びに第十九条第七項後段及び第八項後段（これらの規定を第二十条の二第四項において準用する場合を含む。）の規定により都道府県が処理することとされている事務は、地方自治法第二条第九項第一号に規定する第一号法定受託事務とする。

附　則〔略〕

附　則〔平成三年五月一日法律第四九号〕

（施行期日）

1　この法律は、公布の日から施行する。

（地方交付税法の一部改正に伴う経過措置）

2　第一条の規定による改正後の地方交付税法の規定〔この中に単位費用を改訂した「別表」が含まれている＝編者〕は、平成三年度分の地方交付税から適用する。

〔以下略〕

附　則〔平成一一年七月一六日法律第八七号〕

（地方債に関する経過措置）

第十一条　平成十七年度までの間、第十二条、第十三条、附則第五条、第八条及び別表の規定の適用については、これらの規定中「発行について同意又は許可を得た」とあるのは、「発行を許可された」とする。

別表（第十二条関係）

地方団体の種類	経費の種類	測定単位	単位費用
道府県	三 教育費		円
	1 小学校費	教職員数	一人につき　五、三三七、〇〇〇
	2 中学校費	教職員数	一人につき　五、二一九、〇〇〇
	3 高等学校費		
	(1) 経常経費	教職員数	一人につき　七、九五五、〇〇〇
		生徒数	一人につき　七三、八〇〇
	(2) 投資的経費	生徒数	一人につき　五八、四〇〇
	4 特殊教育諸学校費		
	(1) 経常経費	教職員数	一人につき　五、四四七、〇〇〇
		児童及び生徒の数	一人につき　二八四、〇〇〇
	(2) 投資的経費	学級数	一学級につき　一、三三〇、〇〇〇
	5 その他の教育費	学級数	一学級につき　一、七四〇、〇〇〇
		人口	一人につき　二、二九〇
		高等専門学校及び大学の学生の数	一人につき　三八九、〇〇〇
		私立の学校の幼児、児童及び生徒の数	一人につき　二二二、一〇〇
	六 その他の行政費		
	1 企画振興費		
	(1) 経常経費	人口	一人につき　一、四七〇
	(2) 投資的経費	人口	一人につき　一、三二〇
	2 徴税費	世帯数	一世帯につき　九、二〇〇
	3 恩給費	恩給受給権者数	一人につき　一、三九五、〇〇〇
	4 その他の諸費		
	(1) 経常経費	人口	一人につき　三、一三〇

市町村			円
(2) 投資的経費	人口	一人につき	三、二五〇
	面積	一平方キロメートルにつき	八〇一、〇〇〇
三 教育費			
1 小学校費			
(1) 経常経費	児童数	一人につき	四七、二〇〇
	学級数	一学級につき	九四四、〇〇〇
	学校数	一校につき	一〇、八一二、〇〇〇
(2) 投資的経費	学級数	一学級につき	七七五、〇〇〇
2 中学校費			
(1) 経常経費	生徒数	一人につき	四〇、〇〇〇
	学級数	一学級につき	一、一五〇、〇〇〇
	学校数	一校につき	一三、七二一、〇〇〇
(2) 投資的経費	学級数	一学級につき	七七五、〇〇〇
3 高等学校費			
(1) 経常経費	教職員数	一人につき	八、〇四四、〇〇〇
	生徒数	一人につき	七三、一〇〇
(2) 投資的経費	生徒数	一人につき	三九、一〇〇
4 その他の教育費			
(1) 経常経費	人口	一人につき	六、三九〇
	幼稚園の幼児数	一人につき	四〇一、〇〇〇
(2) 投資的経費	人口	一人につき	三七八
六 その他の行政費			
1 企画振興費			
(1) 経常経費	人口	一人につき	四、二七〇
(2) 投資的経費	人口	一人につき	一、五五〇
2 徴税費	世帯数	一世帯につき	九、七〇〇

3 戸籍住民基本台帳費	戸籍数	一籍につき	一、八二〇
	世帯数	一世帯につき	三、一四〇
4 その他の諸費			
(1) 経常経費	人口	一人につき	一〇、三〇〇
	面積	一平方キロメートルにつき	二、六四一、〇〇〇
(2) 投資的経費	人口	一人につき	一、七〇〇
	面積	一平方キロメートルにつき	二八六、〇〇〇

平成13年度地方交付税単位費用中図書館費等積算基礎　抄

（出典）『平成13年度地方交付税制度解説』（単位費用篇）地方交付税制度研究会編，㈶地方財務協会　平成13年9月

〔道府県分〕

第一　単位費用算定の概要

1　その他の教育費の測定単位は「人口」、「高等専門学校及び大学の学生の数」及び「私立の学校の幼児、児童及び生徒の数」である。「人口」を測定単位とするものにあっては教育委員会費、通信教育費、教育委員会の総務費、学事統計調査費（指定統計の委託関係経費を除く。）、福利厚生費、私立学校関係費、専修学校助成費、学校管理費、学校教育指導費、学校教育研究費、社会教育費、文化財保護費、保健体育費、社会体育施設費、教育研修センター費、図書館費〔傍線＝編者〕、青少年教育施設費及び博物館費を、「高等専門学校及び大学の学生の数」を測定単位とするものにあっては大学の運営に要する経費を、「私立の学校の幼児、児童及び生徒の数」を測定単位とするものにあっては私立の学校における教育に係る経常的経費の補助に要する経費を算定することとしている。

2　標準団体の行政規模は、人口1,700,000人と想定し、「高等専門学校及び大学の学生の数」については標準的な大学（文科系学部の単科大学）を想定し900人とし、「私立の学校の幼児、児童及び生徒の数」については30,000人とした。

3　単位費用は、「人口」を測定単位とするものにあっては標準団体の一般財源所要額を3,884,630千円と見込み2,290円とし、「高等専門学校及び大学の学生の数」を測定単位とするものにあっては標準団体の一般財源所要額を350,158千円と見込み389,000円とし、「私立の学校の幼児、児童及び生徒の数」を測定単位とするものにあっては標準団体の一般財源所要額を5,050,900千円と見込み222,100円とした。

第二　本年度主要改定内容

1　専修学校助成費を増額したこと。

2　社会体育施設、図書館及び博物館の管理運営に要する経費を充実したこと。

第三　行政事務内容

1　「人口」を測定単位とするもの

細目	細節	行政事務内容	根拠法令
9. 図書館費	図書館費	図書、記録、視聴覚教育の資料その他必要な資料を収集・管理し、一般公衆の利用に供する事務等	社会教育法 図書館法

第四　標準団体行政規模

1　「人口」を測定単位とするもの

項目	行政規模	項目	行政規模
教育委員数	5人	教育研修センター数	1ケ所
通信教育生徒数	1,400人	青少年教育施設数	3ケ所
教育出張所数	7ケ所	図書館数	1館
社会体育施設数	4ケ所	博物館数	1館

第五　職員配置

1 「人口」を測定単位とするもの

（単位　人）

細目	細節	本庁					出張所等					合計
		教育長	課長	職員A	職員B	計	課長級	職員A	職員B	教員	計	
9. 図書館費	図書館費						館長1	14	13		28	28

第六　単位費用の算定基礎（経常経費）〔ゴチック＝編者〕

1 「人口」を測定単位とするもの

（単位　千円）

細目	細節	総額	特定財源			一般財源 (A)	単位費用 (A)÷1,700,000人
			国庫支出金	使用料手数料	計		
							円
1. 教育委員会費	教育委員会費	14,941	—	—	—	14,941	9
2. 通信教育費	通信教育費	267,405	6,348	6,483	12,831	254,574	150
3. 総務調査費	(1)総務費	528,821	—	—	—	528,821	311
	(2)学事統計調査費	32,339	—	—	—	32,339	19
	(3)福利厚生費	139,464	—	—	—	139,464	82
	(4)私立学校関係費	1,703	—	—	—	1,703	1
	(5)専修学校助成費	35,013	—	—	—	35,013	21
4. 学校管理費	学校管理費	276,144	1,691	—	1,691	274,453	161
5. 学校教育費	(1)学校教育指導費	446,272	—	11,257	11,257	435,015	256
	(2)学校教育研究費	83,292	14,005	—	14,005	69,287	41
6. 社会教育費	(1)社会教育費	540,550	36,127	—	36,127	504,423	297
	(2)文化財保護費	205,374	—	—	—	205,374	121
7. 保健体育費	(1)保健体育費	232,460	10,683	—	10,683	221,777	130
	(2)社会体育施設費	201,931	—	95,396	95,396	106,535	63
8. 教育研修センター費	教育研修センター費	276,712	3,195	—	3,195	273,517	161
9. 図書館費	**図書館費**	**289,499**	—	—	—	**289,499**	**170**
10. 青少年教育施設費	青少年教育施設費	206,994	—	—	—	206,994	122
11. 博物館費	博物館費	207,183	—	12,160	12,160	195,023	115
12. 給与改善費		15,316	—	—	—	15,316	9
13. 追加財政需要額		80,562	—	—	—	80,562	47
合計		**4,081,975**	**72,049**	**125,296**	**197,345**	**3,884,630**	**2,290**
内訳	給与費	3,063,715	—	3,661	3,661	3,060,054	1,800
	給与改善費	15,316	—	—	—	15,316	9
	追加財政需要額	80,562	—	—	—	80,562	47
	その他	922,382	72,049	121,635	193,684	728,698	429

標準団体行政経費積算内容（経常経費） 抄 〔道府県分〕

細目	9 図書館費	細節	同左

歳出

経費区分	経費	積算内容
	千円	
給与費	209,590	館長 11,060,000円× 1人＝ 11,060千円
		職員A 8,990,000円×14人＝125,860千円
		職員B 5,590,000円×13人＝ 72,670千円
報酬	186	図書館協議会委員報酬
		委員長 11,500円×2日×1人＝ 23千円
		委員 10,200円×2日×8人＝ 163千円
委託料	19,483	
備品購入費等	60,240	図書 2,650円×17,000冊＝ 45,050千円
		視聴覚資料、書架等 15,190千円
歳出計	289,499	〔289,499÷1,700,000人＝170円…図書館費の単位費用＝編者〕

〔市町村分〕

第一 単位費用の算定の概要

1 その他の教育費の測定単位は「人口」及び「幼稚園の幼児数」であり、「人口」を測定単位とするものは、経常経費と投資的経費に区分される。

「人口」を測定単位とするものにあっては教育委員会費、社会教育費、図書館費〔傍線＝編者〕、保健体育費を、「幼稚園の幼児数」を測定単位とするものにあっては幼稚園費を算定することとしている。

2 標準団体の行政規模は、人口100,000人、公民館8、図書館1、社会体育施設4、幼稚園4と想定している。

3 単位費用は、「人口」を測定単位とするもののうち、経常経費にあっては標準団体の一般財源所要額を639,377千円と見込み6,390円とし、投資的経費にあっては標準団体の一般財源所要額を37,790千円と見込み378円とし、「幼稚園の幼児数」を測定単位とするものにあっては標準団体の一般財源所要額を168,422千円と見込み401,000円とした。

第二 本年度主要改定内容

1 公民館、図書館及び社会体育施設の管理運営に要する経費を充実したこと。

2 幼稚園費について、職員数等の見直しを行ったこと。

第三 行政事務内容

1 「人口」を測定単位とするもの

細目	細節	行政事務内容	根拠法令
2. 社会教育費	(1)社会教育費	1. 社会教育に関する調査研究等に関する事務 2. 諸集会の開催（公民館で行うものを除く。）及びその奨励に関する事務 3. 所管に属する学校の社会教育への利用に関する事務 4. 社会教育関係団体の育成指導に関する事務	社会教育法 文化財保護法 生涯学習振興法

		5. 視聴覚教育推進に関する事務 6. 文化財の保護等に関する事務	
	(2)公民館費	1. 青年学級、成人学級等各種の学級講座の開催に関する事務 2. 講習会、展覧会等の諸集会の開催に関する事務 3. 公民館施設及びレクリェーション器材、図書資料等を住民の利用に供すること	
3.図書館費	図書館費	図書、記録、視聴覚教育の資料その他必要な資料を収集、管理し、一般公衆の利用に供すること	社会教育法 図書館法

第四 標準団体行政規模

1 「人口」を測定単位とするもの

項目	行政規模	
人口		100,000人
公民館	本館	1館
	地区館	7館
図書館	館数	1館
社会体育施設	施設数	4カ所

第五 職員配置

一 「人口」を測定単位とするもの

1 経常経費

（単位 人）

細目	細節	教育委員	教育長	課長	教員	職員A	職員B	計
2社会教育費	(1)社会教育費			1		7	7	15
	(2)公民館費			1		5	2	8
3図書館費						4	3	7

第六 単位費用算定の基礎 〔ゴチック＝編者〕

一 「人口」を測定単位とするもの

1 経常経費

（単位 千円）

細目	細節	総額	特定財源 国庫支出金	特定財源 県支出金	特定財源 使用料手数料	特定財源 諸収入	特定財源 計	一般財源 (A)	単位費用 (A)÷100,000人
1.教育委員会費		210,356	11,298	—	—	—	11,298	199,058	1,991
2.社会教育費	(1)社会教育費	126,576	—	—	—	—	—	126,576	1,266
	(2)公民館費	95,019	1,230	—	—	—	1,230	93,789	938
3.図書館費		**81,004**	—	—	—	—	—	**81,004**	**810**
4.保健体育費	(1)保健体育費	77,595	197	—	—	—	197	77,398	774
	(2)社会体育施設費	75,024	—	—	27,607	—	27,607	47,417	474

5.給与改善費		2,258	—	—	—	—	—	2,258	23
6.追加財政需要額		11,877	—	—	—	—	—	11,877	119
計		679,709	12,725	—	27,607	—	40,332	639,377	6,390
内訳	給与費	451,597	—	—	—	—	—	451,597	4,516
	給与改善費	2,258	—	—	—	—	—	2,258	23
	追加財政需要額	11,877	—	—	—	—	—	11,877	119
	その他	213,977	12,725	—	27,607	—	40,332	173,645	1,736

2 投資的経費

細目	総額（一般財源） (A)	単位費用(A)÷100,000人
幼稚園建設費	1,114千円	11円
社会教育施設等建設費	36,676	367
計	37,790	378

標準団体行政経費積算内容　抄〔市町村分〕

一 「人口」を測定単位とするもの

1 経常経費

細目	2 社会教育費	細節	(1) 社会教育費

歳出

経費区分	経費	積算内容
	千円	
報酬	1,995	報酬
		（社会教育委員） 9,300円×6回×11人＝ 614千円
		（社会教育指導関係） 1,381千円
給与費	110,370	課長 10,060,000円× 1人＝10,060千円
		職員A（社会教育主事、文化担当職員を含む。）
		8,850,000円× 7人＝61,950千円
		職員B 5,480,000円× 7人＝38,360千円
需用費等	9,138	文化財関係 2,163千円
		視聴覚ライブラリー関係 1,399千円
		芸術公演事業 1,885千円
		図書、視聴覚教材等購入費 563千円
		その他 3,128千円
負担金、補助及び交付金	1,550	文化財保護補助金 1,000千円
		青少年団体、文化団体等育成費補助金 550千円
		（学校週5日制施行経費）
報酬	223	研究委員会委員報酬 9,300円×6回×4人＝ 223千円
報償費	1,753	指導員謝金 5,280円×332人＝ 1,753千円
需用費等	1,547	

計	3,523	(小学校区に対し、1人以上の指導員を配置できるよう想定している。)
歳　出　計	126,576	〔126,576÷100,000人＝1,265円…社教費の単位費用＝編者〕

細　目	2 社会教育費	細　節	(2) 公民館費

歳　出

経費区分	経　費	積　算　内　容
	千円	(公民館運営費)
報　酬	1,456	公民館運営審議会委員報酬
		委員長　11,000円×7回× 2人＝　154千円
		委　員　9,300円×7回×20人＝ 1,302千円
給与費	65,270	館　長　10,060,000円× 1人＝10,060千円
		職　員A　8,850,000円× 5人＝44,250千円
		職　員B　5,480,000円× 2人＝10,960千円
需用費等	6,082	備品購入費、講師謝礼等
委託料	11,039	公民館の管理運営に係る委託料等
小　計	83,847	
		(生涯学習関係経費)
需用費等	3,959	国庫補助事業分(½)　2,459千円
		地方単独事業分　1,500千円
		(地域グループ活動促進)
報償費	3,168	グループ育成指導者謝礼
		5,280円× 5人×24回＝　634千円
		研修講師謝礼　5,280円×20人×24回＝2,534千円
需用費等	4,045	備品購入費、賃借料等
小　計	7,213	
歳出計a	95,019	

歳　入

科　目	金　額	積　算　内　容
国庫支出金b	1,230千円	生涯学習関係補助金(½)

差引一般財源

a － b	93,789千円	〔93,789÷100,000人＝938円…公民館費の単位費用＝編者〕

細　　目	3 図書館費	細　　節	図書館費

歳　出

経費区分	経　費	積算内容
	千円	
給与費	51,840	職　員A　8,850,000円×4人＝35,400千円
		職　員B　5,480,000円×3人＝16,440千円
需用費等	19,125	
		図書購入費　1冊2,650円×5,720冊＝15,158千円
		視聴覚資料購入費　658千円
		その他　3,309千円
委託料	10,039	図書館の管理運営に係る委託料等
歳出計	81,004	〔81,004÷100,000人＝810円…図書館費の単位費用＝編者〕

2　投資的経費

細　　目	幼稚園及び社会教育施設等建設費	細　　節	幼稚園及び社会教育施設等建設費

歳　出

区　分	経　費	積算内容
	千円	
事業費	37,790	幼稚園建設費　1,114千円
		社会教育施設及び社会体育施設建設費　36,676千円

平成13年度地方交付税単位費用中（市町村分）小・中・高等学校費の積算基礎　抄

（出典）『平成13年度地方交付税制度解説』（単位費用篇）地方交付税制度研究会編、㈶地方財務協会　平成13年9月

第一款　小　学　校　費〔市町村分〕

第一項　単位費用算定基礎

第一　単位費用算定の概要

1　小学校費の測定単位は、「児童数」、「学級数」及び「学校数」であり、「学級数」を測定単位とするものにあっては、経常経費と投資的経費に区分される。

2　標準施設の規模は、標準的な学校一校を想定し、児童数720人、学級数18学級、職員6人、建物面積6,215㎡と想定している。

3　単位費用は、測定単位ごとに算定した標準施設における経費に係る一般財源所要額をそれぞれ第四表のとおり見込み、それぞれの測定単位の数値で除して算定した。

第二　本年度主要改定内容

1　経常経費について

(1)　インターネットに係る回線使用料等を増額したこと（児童生徒経費）。

(2)　新たな整備方針に基づき教育用コンピュータ及びそれに係るソフトウェア等の整備に要する経費を増額したこと（学級経費、学校経費）。

2　投資的経費について

校舎等の改修事業費等を見直したこと。

第三　標準施設規模

項　　　目	施　設　規　模
児　童　数	720人
学　級　数	18学級（1学級当たり児童数40人）
職　員　数	6人
用　務　員　等	2人
給　食　従　事　員	4人
建　物　面　積	6,215㎡
校　舎（鉄筋コンクリート造）	5,000㎡
屋　内　運　動　場（鉄　骨　造）	1,215㎡

〔**編者注**＝「市町村立学校職員給与負担法」〔略〕第1条により、市町村立小中学校等の教職員の給与は都道府県の負担とされているので、「教職員数」は都道府県分の教育費に算入されており、上記の表には表われない。〕

第四　単位費用算定の基礎

1　経常経費

(1) 児童数を測定単位とするもの

（単位　千円）

細目	細節	総額	特定財源			差引一般財源(A)	単位費用(A)÷720人
			国庫支出金	諸収入	計		
1. 児童経費	児童経費	34,424	826	289	1,115	33,309	円 46,263
2. 給与改善費	〔児童経費の内訳は	105	—	—	—	105	146
3. 追加財政需要額	第二項一参照＝編者〕	550	—	—	—	550	764
計		35,079	826	289	1,115	33,964	47,200

(2) 学級数を測定単位とするもの

（単位　千円）

細目	細節	総額	特定財源			差引一般財源(A)	単位費用(A)÷18学級
			国庫支出金	諸収入	計		
1. 学級経費	学級経費	16,816	—	—	—	16,816	円 930,722
2. 給与改善費	〔学級経費の内訳は	27	—	—	—	27	1,500
3. 追加財政需要額	第二項二参照＝編者〕	144		—	—	144	8,000
計		16,987	—	—	—	16,987	944,000

(3) 学校数を測定単位とするもの

（単位　千円）

細目	細節	総額	特定財源			差引一般財源(A)	単位費用(A)÷1学校
			国庫支出金	諸収入	計		
1. 学校経費	学校経費	10,658	52	—	52	10,606	円 10,606,000
2. 給与改善費	〔学校経費の内訳は	33	—	—	—	33	33,000
3. 追加財政需要額	第二項三参照＝編者〕	173	—	—	—	173	173,000
計		10,864	52	—	52	10,812	10,812,000

2　投資的経費（学級数を測定単位とするもの）

（単位　千円）

細節	総額（一般財源）(A)	単位費用 (A)÷18学級
学級経費	13,950	円 775,000

第二項　標準団体行政経費積算内容〔市町村分〕

一「児童数」を測定単位とするもの（経常経費）

細目	1 児童経費	細節	児童経費

歳　出

経費区分	経費	積算内容
	千円	
給与費	20,928	給食従事員　4人　5,232千円× 4人＝20,928千円
需用費等	9,319	賃金（校庭整備作業員）　5,320円×10日＝　53千円
		インターネット回線使用料　302千円
		通信運搬費　175千円
		光熱水料（プール管理費を含む。）　5,244千円
		消耗品費　1,314千円
		その他（印刷製本費、備品修繕費等）　2,231千円
委託料	1,906	米飯給食委託料
負担金、補助及び交付金	2,271	要保護、準要保護児童関係経費(½)　1,652千円
		日本体育・学校健康センター共済掛金　619千円
歳出計a	34,424	

歳　入

科目	金額	積算内容
	千円	
国庫支出金	826	要保護、準要保護児童関係経費補助金 1,652千円×½＝826千円
諸収入	289	日本体育・学校健康センター共済掛金徴収金　289千円
歳入計b	1,115	

差引一般財源

a － b	33,309千円	

二 「学級数」を測定単位とするもの

1 経常経費

細目	2 学級経費	細節	学級経費

歳　出

経費区分	経費	積算内容
	千円	
給与費	5,480	事務職員1人　5,480千円×1人＝5,480千円
委託料	342	施設設備保守点検料
需用費等	10,994	建物維持修繕費(余裕教室の活用に伴う修繕費を含む。)　4,645千円
		教材用図書及び備品(交通安全教育関係教材及び特殊学級用備品を含む。)　2,818千円
		学校図書館図書〔傍線＝編者〕　331千円
		教育用コンピュータ（普通教室配置分）　554千円
		教育用コンピュータ（ソフトウェア）　79千円
		その他（消耗品、教師用教科書、備品等）　2,567千円
歳出計	16,816	

2 投資的経費

細　　目	学級経費	細　　節	学級経費

区　　分	経　　費	積　算　内　容
事　業　費	千円 13,950	校舎等の改修事業費等

三 「学校数」を測定単位とするもの（経常経費）

細　　目	3 学校経費	細　　節	学校経費

歳　出

経費区分	経　　費	積　算　内　容	
	千円		
給　与　費	5,480	用　務　員　1人	5,480千円× 1人＝5,480千円
報　　酬	1,081	学　校　医　3人	224,000円× 2人＝　448千円
			252,000円× 1人＝　252千円
		学校歯科医　1人	224,000円× 1人＝　224千円
		学校薬剤師　1人	157千円
需　用　費　等	4,097	教育用コンピュータ（コンピュータ教室等）	2,357千円
		教育用コンピュータ（ソフトウェア）	891千円
		給食設備備品（補助分½）	65千円
		理科設備備品（補助分½）	37千円
		その他（備品購入費、光熱水料等）	747千円
歳　出　計a	10,658		

歳　入

科　　目	金　　額	積　算　内　容	
	千円		
国　庫　支　出　金b	52	学校給食施設整備費補助金（附帯施設分）	
			65千円×½＝　33千円
		理科教育振興費補助金	37千円×½＝　19千円

差引一般財源

a　－　b	10,606千円	

第二款 中学校費〔市町村分〕

第一項 単位費用算定基礎

第一 単位費用算定の概要

中学校費において算定される経費及びその単位費用の算定方法については、小学校費の場合と全く同様であり、標準施設の規模は、生徒数600人、学級数15学級、職員4人、建物面積6,747㎡と想定している。

第二　本年度主要改定内容

本年度の主な改正点は、小学校費と同様である。

第三　標準施設規模

項目	施設規模
生徒数	600人
学級数	15学級(1学級当たり生徒数40人)
職員数	4人
用務員等	2人
給食従事員	2人
建物面積	6,747㎡
校舎(鉄筋コンクリート造)	5,609㎡
屋内運動場(鉄骨造)	1,138㎡

〔**編者注**＝教員数は「道府県分」に計上されている。「小学校費」「第三　標準施設規模」の「編者注」を参照されたい。〕

第四　単位費用算定の基礎

1　経常経費

(1)　生徒数を測定単位とするもの

(単位　千円)

細目	細節	総額	特定財源			差引一般財源(A)	単位費用(A)÷600人
			国庫支出金	諸収入	計		
							円
1.生徒経費	生徒経費	24,976	1,039	240	1,279	23,697	39,495
2.給与改善費	〔生徒経費の内訳は第二項一参照＝編者〕	52	—	—	—	52	87
3.追加財政需要額		275	—	—	—	275	458
計		25,303	1,039	240	1,279	24,024	40,000

(2)　学級数を測定単位とするもの

(単位　千円)

細目	細節	総額	特定財源			差引一般財源(A)	単位費用(A)÷15学級
			国庫支出金	諸収入	計		
							円
1.学級経費	学級経費	17,078	—	—	—	17,078	1,138,533
2.給与改善費	〔学級経費の内訳は第二項二参照＝編者〕	27	—	—	—	27	1,800
3.追加財政需要額		144	—	—	—	144	9,600
計		17,249	—	—	—	17,249	1,150,000

(3)　学校数を測定単位とするもの

(単位　千円)

細目	細節	総額	特定財源			差引一般財源(A)	単位費用(A)÷1学校
			国庫支出金	諸収入	計		
							円
1.学校経費	学校経費	13,578	62	—	62	13,516	13,516,000

2. 給与改善費	〔学校経費の内訳は第二項三参照＝編者〕	33	—	—	—	33	33,000
3. 追加財政需要額		172	—	—	—	172	172,000
計		13,783	62	—	62	13,721	13,721,000

2　**投資的経費**（学級数を測定単位とするもの）

細　節	総　額（一般財源）(A)	単位費用 (A)÷15学級
学級経費	千円 11,625	円 775,000

第二項　標準団体行政経費積算内容〔市町村分〕

一「生徒数」を測定単位とするもの（経常経費）

細　目	1 生徒経費	細　節	生徒経費

歳　出

経費区分	経　費	積算内容
	千円	
給与費	10,464	給食従事員　2人　5,232千円×2人＝10,464千円
需用費等	10,720	賃金（給食従事員）　5,267円×215日＝ 1,132千円
		〃（校庭整備作業員）　5,320円× 10日＝　53千円
		インターネット回線使用料　224千円
		通信運搬費　343千円
		光熱水料（プール管理費を含む。）　4,957千円
		消耗品費　1,786千円
		その他（印刷製本費、備品修繕費等）　2,225千円
委託料	1,198	米飯給食委託料
負担金、補助及び交付金	2,594	要保護、準要保護生徒関係経費(½)　2,077千円
		日本体育・学校健康センター共済掛金　517千円
歳出計a	24,976	

歳　入

科　目	金　額	積算内容
	千円	
国庫支出金	1,039	要保護、準要保護生徒関係経費補助金 2,077千円×½＝ 1,039千円
諸収入	240	日本体育・学校健康センター共済掛金徴収金　240千円
歳入計a	1,279	

差引一般財源

a　—　b	23,697千円	

二「学級数」を測定単位とするもの

1　**経常経費**

細　　目	2 学級経費	細　　節	学級経費

歳　出

経費区分	経費	積算内容
	千円	
給与費	5,480	事務職員　1人　5,480千円×1人＝5,480千円
委託料	353	施設設備保守点検料
需用費等	11,245	建物等維持修繕費(余裕教室の活用に伴う修繕費を含む。) 5,022千円
		教材用図書及び備品（交通安全教育関係教材及び特殊学級用備品を含む。） 2,490千円
		学校図書館図書〔傍線＝編者〕 548千円
		教育用コンピュータ（普通教室配置分） 407千円
		教育用コンピュータ（ソフトウェア） 58千円
		その他（消耗品、教師用教科書、備品等） 2,720千円
歳出計	17,078	

2　投資的経費

細　　目	学級経費	細　　節	学級経費

区分	経費	積算内容
事業費	11,625千円	校舎等の改修事業費等

三「学校数」を測定単位とするもの（経常経費）

細　　目	3 学校経費	細　　節	学校経費

歳　出

経費区分	経費	積算内容
	千円	
給与費	5,480	用務員　1人　5,480千円× 1人＝5,480千円
報酬	1,053	学校医　3人　224,000円× 3人＝ 672千円
		学校歯科医　1人　224,000円× 1人＝ 224千円
		学校薬剤師　1人　157千円
需用費等	7,045	教育用コンピュータ（コンピュータ教室等） 4,291千円
		教育用コンピュータ（ソフトウェア） 1,860千円
		給食設備備品（補助分½） 39千円
		理科設備備品（補助分½） 84千円
		その他（備品購入費、光熱水料等） 771千円
歳出計a	13,578	

歳　入

科目	金額	積算内容
国庫支出金b	千円 62	学校給食施設整備費補助金（附帯施設分） 39千円×½＝　20千円 理科教育振興費補助金　84千円×½＝　42千円

差引一般財源

a − b	13,516千円	

第三款 〔市町村立〕高等学校費

第一項 単位費用算定基礎

第一 単位費用算定の概要

1 高等学校費の測定単位は、「教職員数」及び「生徒数」であり、「生徒数」を測定単位とするものは、経常経費と投資的経費に区分される。

「教職員数」を測定単位とするものにあっては教職員の給与費及び旅費を算定し、「生徒数」を測定単位とするもののうち、経常経費にあっては備品購入費、燃料費等の需用費等の経費を算定し、投資的経費にあっては校舎、屋内運動場、プール及び武道場の整備費を算定することとしている。

2 標準施設の規模は、標準的な学校（全日制課程普通科の学校を１校）を想定し、教職員数については45人、生徒数については600人とした。

3 単位費用は、「教職員数」を測定単位とするものにあっては標準団体の一般財源所要額を361,991千円と見込み8,044,000円、「生徒数」を測定単位とするもののうち、経常経費にあっては標準施設の一般財源所要額を43,889千円と見込み73,100円、投資的経費にあっては一般財源所要額を23,460千円と見込み39,100円とした。

第二 本年度主要改定内容

1 教職員数を測定単位とするもの

道府県の場合と同様である（道府県分〔略〕参照のこと）。

2 生徒数を測定単位とするもの

道府県の場合と同様である（道府県分〔略〕参照のこと）。

第三 標準施設規模 〔市町村立〕

項目	施設規模
生徒数	600人
教職員数	45人 （校長１人、教諭38人（１人）、養護教諭１人、実習助手１人、事務職員４人）※教諭( )は非常勤講師をもって充てる定数で内数である。
建物面積	7,234㎡
内訳 校舎	木造44㎡、鉄筋造5,492㎡、計5,536㎡
内訳 屋内運動場	鉄骨造1,248㎡
内訳 武道場	鉄骨造 450㎡

第四　単位費用算定の基礎

一　「教職員数」を測定単位とするもの（経常経費）

（単位　千円）

細　　目	細　　節	総　　額	使用料・手数料	一般財源 (A)	単位費用 (A)÷45人
1.高等学校費	高等学校費	401,005	51,158	349,847	円 7,774,378
2.給与改善費	ここの高等学校費の内訳は第二項一参照＝編者	1,940	—	1,940	43,111
3.追加財政需要額		10,204	—	10,204	226,756
計		413,149	51,158	361,991	8,044,000

二　「生徒数」を測定単位とするもの

1　経常経費

（単位　千円）

細　　目	細　　節	総　額	特　定　財　源				一般財源 (A)	単位費用 (A)÷600人
			国庫支出金	使用料手数料	諸収入	計		
1.高等学校費	高等学校費	56,594	91	12,790	542	13,423	43,171	円 71,951
2.給与改善費	ここの高等学校費の内訳は第二項二参照＝編者	115	—	—	—	—	115	191
3.追加財政需要額		603	—	—	—	—	603	1,005
計		57,312	91	12,790	542	13,423	43,889	73,100

2　投資的経費

細　　節	総額（一般財源）	測定単位の数値	単位費用
高等学校費	千円 23,460	人 600	円 39,100

第二項　標準団体行政経費積算内容〔市町村立〕

一　「教職員数」を測定単位とするもの（経常経費）

細　　目	高等学校費	細　　節	高等学校費

歳　　出

経費区分	経　　費	積　算　内　容
給　料　等	千円 387,994	校　　長　12,590,000円× 1人＝ 12,590千円
		教　　頭　11,740,000円× 1人＝ 11,740千円
		教　　諭　8,560,000円×36.4人＝311,584千円
		｛内　訳　教　諭　33.4人　定数改善分3人｝
		産休・育休代替教諭 8,030,000円×0.6人＝　4,818千円

		休職・産休教諭　7,960,000円×0.8人＝　6,368千円
		実習助手　5,250,000円×　1人＝　5,250千円
		事務職員　8,840,000円×　4人＝ 35,360千円
		育児休業者共済負担金　284千円
		計　387,994千円
講師手当	1,978	定数分　1,821千円
		初任者研修分　157千円
教員特殊業務手当	610	610千円
教育業務連絡指導手当	480	480千円
義務教育等教員特別手当	5,948	校長　18,700円×12月×　1人＝　224千円
		教頭　17,400円×12月×　1人＝　209千円
		教諭　12,100円×12月×36.4人＝　5,285千円
		産休・育休代替教諭
		12,100円×12月× 0.6人＝　87千円
		産休教諭　12,100円×12月× 0.4人＝　58千円
		実習助手　7,100円×12月×　1人＝　85千円
		計　5,948千円
給与費計	397,010	
旅費	3,995	3,995千円
歳出計a	401,005	

歳入

科目	金額	積算内容
使用料及び手数料　b	千円 51,158	授業料 （111,600円×200人＋108,000円×400人） ×0.95＝62,244千円 入学検定料　2,200円×261人＝　574千円 入学金　5,650円×200人＝ 1,130千円 計　63,948千円 63,948千円×0.80＝51,158千円

差引一般財源

a － b	349,847千円	

二 「生徒数」を測定単位とするもの

1 経常経費

細目	高等学校費	細節	高等学校費

歳出

経費区分	経費	積算内容
給与費	千円 23,919	給料(職員B)　5,470,000円×4人＝21,880千円 宿日直手当　2,039千円 給与費計　23,919千円

報　　　　酬	1,053	非常勤校医等手当 　学　校　医　3名　　224,000円×3名＝　672千円 　学校歯科医　1名　　224,000円×1名＝　224千円 　学校薬剤師　1名　　157,000円×1名＝　157千円 　　計　1,053千円
需　用　費　等	24,764	通信運搬費（インターネットに係る回線使用料等を含む。）　480千円 理科設備費（補助）　1,815千円 　〃　（単独）　772千円 教育用コンピュータ（本体）　4,643千円 教育用コンピュータ（ソフトウェア）　1,060千円 その他（備品購入費等を含む）　15,994千円
維　持　修　繕　費	5,701	建物維持修繕料（余裕教室の活用に伴う修繕料を含む） 　701円× 7,234㎡＝ 5,071千円 運動場修繕料　35円×18,000㎡＝　630千円
委　託　料	475	施設設備保守点検料　475千円
負担金、補助及び交付金	682	日本体育・学校健康センター共済掛金負担金　682千円
歳　出　計a	56,594	

歳　　入

科　　目	金　　額	積　算　内　容
使用料及び手数料	千円 12,790	授　業　料 　(111,600円×200人＋108,000円×400人) 　×0.95＝62,244千円 入学検定料　2,200円×261人＝　574千円 入　学　金　5,650円×200人＝ 1,130千円 　計　63,948千円 63,948千円×0.20＝12,790千円
国　庫　支　出　金	91	理科教育設備費補助金　(1,815千円×0.1)×½ ＝　91千円
諸　収　入	542	日本体育・学校健康センター共済掛金徴収金　542千円
歳　入　計b	13,423	

差引一般財源

a　—　b	43,171千円	

2　投資的経費

細　　目	高　等　学　校　費	細　　節	高　等　学　校　費

歳　　出

経　費　区　分	経　　費	積　算　内　容
事　業　費	千円 23,460	校舎等の改修事業費　23,460千円

〔**編者注**＝初版 1013 頁に「図書館費」算出の方程式について、参考注記してあるので、比較参照されたい。〕

(3)図書館の財務

（参考）財務関係法規基準の各種図書館等に対する適用関係の概略

〔二〇〇一年一二月一日 編者作成〕

各種図書館等	適用される法規基準等の例
国立機関 国立大学附属図書館など	財政法、会計法、予算決算及び会計令、物品管理法ほか多数
公立機関 公立図書館など	地方自治法・同施行令、地方財政法、当該地方公共団体の財務規則ほか
公益法人の機関 私立図書館 日図協資料室など	民法、（公益法人会計基準）、当該法人の定款又は寄附行為に基く財務規程ほか
学校法人の機関 私立大学図書館など	私立学校法、学校法人会計基準、当該学校法人の寄附行為に基く財務規程ほか
特殊法人・独立行政法人の機関 科学技術振興事業団科学技術情報事業本部など	当該法人の設置法とその附属法令・関係主務省令、当該法人の定款に基く財務規程ほか
株式会社等の機関 会社の資料室など	商法とその関連法令、（企業会計原則）、当該会社等の財務規程ほか

〔注〕（ ）内記載のものは指導基準である。

◎財政法

〔昭和二二年三月三一日 法律第三四号〕

最近改正 平成一一年一二月二二日 法律第一六〇号

第一章 財政総則

〔目的〕

第一条 国の予算その他財政の基本に関しては、この法律の定めるところによる。

〔収入、支出、歳入及び歳出の定義〕

第二条 収入とは、国の各般の需要を充たすための支払の財源となるべき現金の収納をいい、支出とは、国の各般の需要を充たすための現金の支払をいう。

② 前項の現金の収納には、他の財産の処分又は新らたな債務の負担に因り生ずるものをも含み、同項の現金の支払には、他の財産の取得又は債務の減少を生ずるものをも含む。

③ なお第一項の収入及び支出には、会計間の繰入その他国庫内において行う移換によるものを含む。

④ 歳入とは、一会計年度における一切の収入をいい、歳出とは、一会計年度における一切の支出をいう。

〔財政収入と国会〕

第三条 租税を除く外、国が国権に基いて収納する課徴金及び法律上又は事実上国の独占に属する事業における専売価格若しくは事業料金については、すべて法律又は国会の議決に基いて定めなければならない。

〔歳出の財源〕

第四条 国の歳出は、公債又は借入金以外の歳入を以て、その財源としなければならない。但し、公共事業費、出資金及び貸付金の財源については、国会の議決を経た金額の範囲内で、公債を発行し又は借入金をなすことができる。

② 前項但書の規定により公債を発行し又は借入金をなす場合においては、その償還の計画を国会に提出しなければならない。

③ 第一項に規定する公共事業費の範囲については、毎会計年度、国会の議決を経なければならない。

〔公債の発行及び借入金の制限〕

第五条 すべて、公債の発行については、日本銀行にこれを引き受けさせ、又、借入金の借入については、日本銀行からこれを借り入れてはならない。但し、特別の事由がある場合において、国会の議決を経た金額の範囲内では、この限りでない。

〔剰余金の公債償還財源等への充当〕

第六条 各会計年度において歳入歳出の決算上剰余を生じた場合においては、当該剰余金のうち、二分の一を下らない金額は、他の法律によるものの外、これを剰余金を生じた年度の翌翌年度までに、公債又は借入金の償還財源に充てなければならない。

② 前項の剰余金の計算については、政令でこれを定める。

〔財務省証券及び一時借入金〕

第七条 国は、国庫金の出納上必要があるときは、財務省証券を発行し又は日本銀行から一時借入金をなすことができる。

② 前項に規定する財務省証券及び一時借入金は、当該年度の歳入を以て、これを償還しなければならない。

③ 財務省証券の発行及び一時借入金の借入の最高額については、毎会計年度、国会の議決を経なければならない。

〔国の債権の免除及び効力変更〕

第八条 国の債権の全部若しくは一部を免除し又はその効力を変更するには、法律に基くことを要する。

〔国の財産の処分・管理〕

第九条 国の財産は、法律に基く場合を除く外、これを交換しその他支払手段として使用し、又は適正な対価なくしてこれを譲渡し若しくは貸し付けてはならない。

② 国の財産は、常に良好の状態においてこれを管理し、その所有の目的に応じて、最も効率的に、これを運用しなければならない。

〔特定事務費用負担の法定主義〕

第十条 国の特定の事務のために要する費用について、国以外の者にその全部又は一部を負担させるには、法律に基かなければならない。

第二章 会計区分

〔会計年度〕

第十一条 国の会計年度は、毎年四月一日に始まり、翌年三月三十一日に終るものとする。

〔会計年度の独立〕

第十二条 各会計年度における経費は、その年度の歳入を以て、これを支弁しなければならない。

〔一般会計・特別会計〕

第十三条 国の会計を分つて一般会計及び特別会計とする。

② 国が特定の事業を行う場合、特定の資金を保有してその運用を行う場合その他特定の歳入を以て特定の歳出に充て一般の歳入歳出と区分して経理する必要がある場合に限り、法律を以て、特別会計を設置するものとする。

第三章 予算

第一節　総則

〔総計予算主義〕
第十四条　歳入歳出は、すべて、これを予算に編入しなければならない。

〔継続費〕
第十四条の二　国は、工事、製造その他の事業で、その完成に数年度を要するものについて、特に必要がある場合においては、経費の総額及び年割額を定め、予め国会の議決を経て、その議決するところに従い、数年度にわたつて支出することができる。
② 前項の規定により国が支出することができる年限は、当該会計年度以降五箇年度以内とする。但し、予算を以て、国会の議決を経て更にその年限を延長することができる。
③ 前二項の規定により支出することができる経費は、これを継続費という。
④ 前三項の規定は、国会が、継続費成立後の会計年度の予算の審議において、当該継続費につき重ねて審議することを妨げるものではない。

〔繰越明許費〕
第十四条の三　歳出予算の経費のうち、その性質上又は予算成立後の事由に基き年度内にその支出を終らない見込のあるものについては、予め国会の議決を経て、翌年度に繰り越して使用することができる。
② 前項の規定により翌年度に繰り越して使用することができる経費は、これを繰越明許費という。

〔国庫債務負担行為〕
第十五条　法律に基くもの又は歳出予算の金額（第四十三条の三に規定する承認があつた金額を含む。）若しくは継続費の総額の範囲内におけるものの外、国が債務を負担する行為をなすには、予め予算を以て、国会の議決を経なければならない。
② 前項に規定するものの外、災害復旧その他緊急の必要がある場合においては、国は毎会計年度、国会の議決を経た金額の範囲内において、債務を負担する行為をなすことができる。
③ 前二項の規定により国が債務を負担する行為に因り支出すべき年限は、当該会計年度以降五箇年度以内とする。但し、国会の議決により更にその年限を延長するもの並びに外国人に支給する給料及び恩給、地方公共団体の債務の保証又は債務の元利若しくは利子の補給、土地、建物の借料及び国際条約に基く分担金に関するもの、その他法律で定めるものは、この限りでない。
④ 第二項の規定により国が債務を負担した行為については、次の常会において国会に報告しなければならない。
⑤ 第一項又は第二項の規定により国が債務を負担する行為は、これを国庫債務負担行為という。

第二節　予算の作成

〔予算の内容〕
第十六条　予算は、予算総則、歳入歳出予算、継続費、繰越明許費及び国庫債務負担行為とする。

〔歳入歳出等の見積〕
第十七条　衆議院議長、参議院議長、最高裁判所長官及び会計検査院長は、毎会計年度、その所掌に係る歳入、歳出、継続費、繰越明許費及び国庫債務負担行為の見積に関する書類を作製し、これを内閣における予算の統合調整に供するため、内閣に送付しなければならない。
② 内閣総理大臣及び各省大臣は、毎会計年度、その所掌に係る歳入、歳出、継続費、繰越明許費及び国庫債務負担行為の見積に関

する書類を作製し、これを財務大臣に送付しなければならない。

〔歳入歳出等の概算〕

第十八条　財務大臣は、前条の見積を検討して必要な調整を行い、歳入、歳出、継続費、繰越明許費及び国庫債務負担行為の概算を作製し、閣議の決定を経なければならない。

②　内閣は、前項の決定をしようとするときは、国会、裁判所及び会計検査院に係る歳出の概算については、予め衆議院議長、参議院議長、最高裁判所長官及び会計検査院長に対しその決定に関し意見を求めなければならない。

〔独立機関の歳出見積の減額〕

第十九条　内閣は、国会、裁判所及び会計検査院の歳出見積を減額した場合においては、国会、裁判所又は会計検査院の送付に係る歳出見積について、その詳細を歳入歳出予算に附記するとともに、国会が、国会、裁判所又は会計検査院に係る歳出額を修正する場合における必要な財源についても明記しなければならない。

〔歳入予算明細書及び予定経費要求書等の作製及び送付〕

第二十条　財務大臣は、毎会計年度、第十八条の閣議決定に基いて、歳入予算明細書を作製しなければならない。

②　衆議院議長、参議院議長、最高裁判所長官、会計検査院長並びに内閣総理大臣及び各省大臣（以下各省各庁の長という。）は、毎会計年度、第十八条の閣議決定のあった概算の範囲内で予定経費要求書、継続費要求書、繰越明許費要求書及び国庫債務負担行為要求書（以下予定経費要求書等という。）を作製し、これを財務大臣に送付しなければならない。

〔予算の作成〕

第二十一条　財務大臣は、歳入予算明細書、衆議院、参議院、裁判所、会計検査院並びに内閣（内閣府を除く。）、内閣府及び各省（以下「各省各庁」という。）の予定経費要求書等に基づいて予算を作成し、閣議の決定を経なければならない。

〔予算総則〕

第二十二条　予算総則には、歳入歳出予算、継続費、繰越明許費及び国庫債務負担行為に関する総括的規定を設ける外、左の事項に関する規定を設けるものとする。

一　第四条第一項但書の規定による公債又は借入金の限度額
二　第四条第三項の規定による公共事業費の範囲
三　第五条但書の規定による日本銀行の公債の引受及び借入金の借入の限度額
四　第七条第三項の規定による財務省証券の発行及び一時借入金の借入の最高額
五　第十五条第二項の規定による国庫債務負担行為の限度額
六　前各号に掲げるものの外、予算の執行に関し必要な事項
七　その他政令で定める事項

〔歳入歳出予算の区分〕

第二十三条　歳入歳出予算は、その収入又は支出に関係のある部局等の組織の別に区分し、その部局等内においては、更に歳入にあつては、その性質に従つて部に大別し、且つ、各部中においてはこれを款項に区分し、歳出にあつては、その目的に従つてこれを項に区分しなければならない。

〔予備費〕

第二十四条　予見し難い予算の不足に充てるため、内閣は、予備費として相当と認める金額を、歳入歳出予算に計上することができる。

〔継続費の区分〕

第二十五条　継続費は、その支出に関係のある部局等の組織の別に

区分し、その部局等内においては、項に区分し、更に各項ごとにその総額及び年割額を示し、且つ、その必要の理由を明らかにしなければならない。

〔国庫債務負担行為〕

第二十六条　国庫債務負担行為は、事項ごとに、その必要の理由を明らかにし、且つ、行為をなす年度及び債務負担の限度額を明らかにし、又、必要に応じて行為に基いて支出をなすべき年度、年限又は年割額を示さなければならない。

〔予算の国会提出〕

第二十七条　内閣は、毎会計年度の予算を、前年度の一月中に、国会に提出するのを常例とする。

〔予算添付書類〕

第二十八条　国会に提出する予算には、参考のために左の書類を添附しなければならない。

一　歳入予算明細書

二　各省各庁の予定経費要求書等

三　前前年度歳入歳出決算の総計表及び純計表、前年度歳入歳出決算見込の総計表及び純計表並びに当該年度歳入歳出予算の総計表及び純計表

四　国庫の状況に関する前前年度末における実績並びに前年度末及び当該年度末における見込に関する調書

五　国債及び借入金の状況に関する前前年度末における実績並びに前年度末及び当該年度末における現在高の見込及びその償還年次表に関する調書

六　国有財産の前前年度末における現在高並びに前年度末及び当該年度末における現在高の見込に関する調書

七　国が、出資している主要な法人の資産、負債、損益その他についての前前年度、前年度及び当該年度の状況に関する調書

八　国庫債務負担行為で翌年度以降に亘るものについての前年度末までの支出額及び支出額の見込、当該年度以降の支出予定額並びに数会計年度に亘る事業に伴うものについてはその全体の計画その他事業等の進行状況等に関する調書

九　継続費についての前前年度末までの支出額、前年度末までの支出額及び支出額の見込、当該年度以降の支出予定額並びに事業の全体の計画及びその進行状況等に関する調書

十　その他財政の状況及び予算の内容を明らかにするため必要な書類

〔補正予算〕

第二十九条　内閣は、次に掲げる場合に限り、予算作成の手続に準じ、補正予算を作成し、これを国会に提出することができる。

一　法律上又は契約上国の義務に属する経費の不足を補うほか、予算作成後に生じた事由に基づき特に緊要となつた経費の支出（当該年度において国庫内の移換えにとどまるものを含む。）又は債務の負担を行なうため必要な予算の追加を行なう場合

二　予算作成後に生じた事由に基づいて、予算に追加以外の変更を加える場合

〔暫定予算〕

第三十条　内閣は、必要に応じて、一会計年度のうちの一定期間に係る暫定予算を作成し、これを国会に提出することができる。

②　暫定予算は、当該年度の予算が成立したときは、失効するものとし、暫定予算に基く支出又はこれに基く債務の負担があるときは、これを当該年度の予算に基いてなしたものとみなす。

第三節　予算の執行

〔予算の配賦〕

第三十一条　予算が成立したときは、内閣は、国会の議決したところに従い、各省各庁の長に対し、その執行の責に任ずべき歳入歳出予算、継続費及び国庫債務負担行為を配賦する。

② 前項の規定により歳入歳出予算及び継続費を配賦する場合においては、項を目に区分しなければならない。

③ 財務大臣は、第一項の規定による配賦のあつたときは、会計検査院に通知しなければならない。

〔予算の目的外使用の禁止〕

第三十二条　各省各庁の長は、歳出予算及び継続費については、各項に定める目的の外にこれを使用することができない。

〔予算の移用・流用〕

第三十三条　各省各庁の長は、歳出予算又は継続費の定める各部局等の経費の金額又は部局等内の各項の経費の金額については、各部局等の間又は各項の間において彼此移用することができない。但し、予算の執行上の必要に基き、あらかじめ予算をもつて国会の議決を経た場合に限り、財務大臣の承認を経て移用することができる。

② 各省各庁の長は、各目の経費の金額については、財務大臣の承認を経なければ、目の間において、彼此流用することができない。

③ 財務大臣は、第一項但書又は前項の規定に基く移用又は流用について承認をしたときは、その旨を当該各省各庁の長及び会計検査院に通知しなければならない。

④ 第一項但書又は第二項の規定により移用又は流用した経費の金額については、歳入歳出の決算報告書において、これを明らかにするとともに、その理由を記載しなければならない。

〔支払の計画〕

第三十四条　各省各庁の長は、第三十一条第一項の規定により配賦された予算に基いて、政令の定めるところにより、支出担当事務職員ごとに支出の所要額を定め、支払の計画に関する書類を作製して、これを財務大臣に送付し、その承認を経なければならない。

② 財務大臣は、国庫金、歳入及び金融の状況並びに経費の支出状況等を勘案して、適時に、支払の計画の承認に関する方針を作製し、閣議の決定を経なければならない。

③ 財務大臣は、第一項の支払の計画について承認をしたときは、各省各庁の長に通知するとともに、これを日本銀行に通知しなければならない。

〔支出負担行為の実施計画〕

第三十四条の二　各省各庁の長は、第三十一条第一項の規定により配賦された歳出予算、継続費及び国庫債務負担行為のうち、公共事業費その他財務大臣の指定する経費に係るものについては、政令の定めるところにより、当該歳出予算、継続費又は国庫債務負担行為に基いてなす支出負担行為（国の支出の原因となる契約その他の行為をいう。以下同じ。）の実施計画に関する書類を作製して、これを財務大臣に送付し、その承認を経なければならない。

② 財務大臣は、前項の支出負担行為の実施計画を承認したときは、これを各省各庁の長及び会計検査院に通知しなければならない。

〔予備費の管理及び使用〕

第三十五条　予備費は、財務大臣が、これを管理する。

② 各省各庁の長は、予備費の使用を必要と認めるときは、理由、金額及び積算の基礎を明らかにした調書を作製し、これを財務大臣に送付しなければならない。

③ 財務大臣は、前項の要求を調査し、これに所要の調整を加えて予備費使用書を作製し、閣議の決定を求めなければならない。但

し、予め閣議の決定を経て財務大臣の指定する経費については、閣議を経ることを必要とせず、財務大臣が予備費使用書を決定することができる。

④　予備費使用書が決定したときは、当該使用書に掲げる経費については、第三十一条第一項の規定により、予算の配賦があったものとみなす。

⑤　第一項の規定は、第十五条第二項の規定による国庫債務負担行為に、第二項、第三項本文及び前項の規定は、各省各庁の長が第十五条第二項の規定により国庫債務負担行為をなす場合に、これを準用する。

〔予備費支弁の調書〕

第三十六条　予備費を以て支弁した金額については、各省各庁の長は、その調書を作製して、次の国会の常会の開会後直ちに、これを財務大臣に送付しなければならない。

②　財務大臣は、前項の調書に基いて予備費を以て支弁した金額の総調書を作製しなければならない。

③　内閣は、予備費を以て支弁した総調書及び各省各庁の調書を次の常会において国会に提出して、その承諾を求めなければならない。

④　財務大臣は、前項の総調書及び調書を会計検査院に送付しなければならない。

第四章　決算

〔歳入歳出決算報告書等〕

第三十七条　各省各庁の長は、毎会計年度、財務大臣の定めるところにより、その所掌に係る歳入及び歳出の決算報告書並びに国の債務に関する計算書を作製し、これを財務大臣に送付しなければならない。

②　財務大臣は、前項の歳入決算報告書に基いて、歳入予算明細書と同一の区分により、歳入決算明細書を作製しなければならない。

③　各省各庁の長は、その所掌の継続費に係る事業が完成した場合においては、財務大臣の定めるところにより、継続費決算報告書を作製し、これを財務大臣に送付しなければならない。

〔決算の作成〕

第三十八条　財務大臣は、歳入決算明細書及び歳出の決算報告書に基いて、歳入歳出の決算を作成しなければならない。

②　歳入歳出の決算は、歳入歳出予算と同一の区分により、これを作製し、且つ、これに左の事項を明らかにしなければならない。

㈠　歳入

一　歳入予算額

二　徴収決定済額（徴収決定のない歳入については収納後に徴収済として整理した額）

三　収納済歳入額

四　不納欠損額

五　収納未済歳入額

㈡　歳出

一　歳出予算額

二　前年度繰越額

三　予備費使用額

四　流用等増減額

五　支出済歳出額

六　翌年度繰越額

七　不用額

〔決算の会計検査院への送付〕

第三十九条　内閣は、歳入歳出決算に、歳入決算明細書、各省各庁の歳出決算報告書及び継続費決算報告書並びに国の債務に関する計算書を添附して、これを翌年度の十一月三十日までに会計検査院に送付しなければならない。

〔決算の国会への提出〕

第四十条　内閣は、会計検査院の検査を経た歳入歳出決算を、翌年度開会の常会において国会に提出するのを常例とする。

② 前項の歳入歳出決算には、会計検査院の検査報告の外、歳入決算明細書、各省各庁の歳出決算報告書及び継続費決算報告書並びに国の債務に関する計算書を添附する。

〔決算上の剰余金〕

第四十一条　毎会計年度において、歳入歳出の決算上剰余を生じたときは、これをその翌年度の歳入に繰り入れるものとする。

第五章　雑則

〔経費の繰越使用の制限及び事故繰越〕

第四十二条　繰越明許費の金額を除く外、毎会計年度の歳出予算の経費の金額は、これを翌年度において使用することができない。但し、歳出予算の経費の金額のうち、年度内に支出負担行為をなし避け難い事故のため年度内に支出を終らなかつたもの（当該支出負担行為に係る工事その他の事業の遂行上の必要に基きこれに関連して支出を要する経費の金額を含む。）は、これを翌年度に繰り越して使用することができる。

〔歳出予算の繰越手続〕

第四十三条　各省各庁の長は、第十四条の三第一項又は前条但書の規定による繰越を必要とするときは、繰越計算書を作製し、事項ごとに、その事由及び金額を明らかにして、財務大臣の承認を経なければならない。

② 前項の承認があつたときは、当該経費に係る歳出予算は、その承認があつた金額の範囲内において、これを翌年度に繰り越して使用することができる。

③ 各省各庁の長は、前項の規定による繰越をしたときは、事項ごとに、その金額を明らかにして、財務大臣及び会計検査院に通知しなければならない。

④ 第二項の規定により繰越をしたときは、当該経費については、第三十一条第一項の規定による予算の配賦があつたものとみなす。この場合においては、同条第三項の規定による通知は、これを必要としない。

〔継続費の逓次繰越〕

第四十三条の二　継続費の毎会計年度の年割額に係る歳出予算の経費の金額のうち、その年度内に支出を終らなかつたものは、第四十二条の規定にかかわらず、継続費に係る事業の完成年度まで、逓次繰り越して使用することができる。

② 前条第三項及び第四項の規定は、前項の規定により繰越をした場合に、これを準用する。

〔繰越明許費に係る翌年度にわたる債務の負担〕

第四十三条の三　各省各庁の長は、繰越明許費の金額について、予算の執行上やむを得ない事由がある場合においては、事項ごとに、その事由及び金額を明らかにし、財務大臣の承認を経て、その承認があつた金額の範囲内において、翌年度にわたつて支出すべき債務を負担することができる。

〔特別の資金〕

第四十四条　国は、法律を以て定める場合に限り、特別の資金を保有することができる。

〔各特別会計の特例〕

第四十五条　各特別会計において必要がある場合には、この法律の規定と異なる定めをなすことができる。

〔財政状況の報告〕

第四十六条　内閣は、予算が成立したときは、直ちに予算、前前年度の歳入歳出決算並びに公債、借入金及び国有財産の現在高その他財政に関する一般の事項について、印刷物、講演その他適当な方法で国民に報告しなければならない。

②　前項に規定するものの外、内閣は、少くとも毎四半期ごとに、予算使用の状況、国庫の状況その他財政の状況について、国会及び国民に報告しなければならない。

〔施行政令〕

第四十七条　この法律の施行に関し必要な事項は、政令で、これを定める。

附　則〔抄〕

〔歳入歳出予算の区分に関する特例〕

第一条の二　内閣は、当分の間、第三十一条第一項の規定により歳入歳出予算を配賦する場合において、当該配賦の際、目に区分し難い項があるときは、同条第二項の規定にかかわらず、当該項に限り、目の区分をしないで配賦することができる。

②　前項の規定により目の区分をしないで配賦した場合においては、各省各庁の長は、当該項に係る歳出予算の執行の時までに、財務大臣の承認を経て、目の区分をしなければならない。

③　財務大臣は、前項の規定により目の区分について承認をしたときは、その旨を会計検査院に通知しなければならない。

◎会計法

〔昭和二二年三月三一日　法律第三五号〕

最近改正　平成一一年一二月二二日　法律第一六〇号

第一章　総則

〔出納整理期間・会計年度所属区分〕

第一条　一会計年度に属する歳入歳出の出納に関する事務は、政令の定めるところにより、翌年度七月三十一日までに完結しなければならない。

②　歳入及び歳出の会計年度所属の区分については、政令でこれを定める。

〔会計総括の原則〕

第二条　各省各庁の長（財政法（昭和二二年三月法律第三四号）〔別掲〕第二十条第二項に規定する各省各庁の長をいう。以下同じ。）は、その所掌に属する収入を国庫に納めなければならない。直ちにこれを使用することはできない。

第二章　収入

〔歳入の徴収・収納の原則〕

第三条　歳入は、法令の定めるところにより、これを徴収又は収納しなければならない。

〔歳入の徴収・収納事務の管理〕

第四条　財務大臣は、歳入の徴収及び収納に関する事務の一般を管理し、各省各庁の長は、その所掌の歳入の徴収及び収納に関する事務を管理する。

〔歳入徴収事務の委任等〕

第四条の二 各省各庁の長は、政令の定めるところにより、当該各省各庁所属の職員にその所掌の歳入の徴収に関する事務を委任することができる。

② 各省各庁の長は、必要があるときは、政令の定めるところにより、他の各省各庁所属の職員に前項の事務を委任することができる。

③ 各省各庁の長は、必要があるときは、政令の定めるところにより、当該各省各庁所属の職員又は他の各省各庁所属の職員に、歳入徴収官（各省各庁の長又は第一項若しくは前項の規定により委任された職員をいう。以下同じ。）の事務の一部を分掌させることができる。

④ 前三項の場合において、各省各庁の長は、当該各省各庁又は他の各省各庁に置かれた官職を指定することにより、その官職にある者に当該事務を委任し、又は分掌させることができる。

⑤ 第三項の規定により歳入徴収官の事務の一部を分掌する職員は、分任歳入徴収官という。

〔歳入徴収官〕

第五条 歳入は、歳入徴収官でなければ、これを徴収することができない。

〔歳入徴収手続〕

第六条 歳入徴収官は、歳入を徴収するときは、これを調査決定し、政令で定めるものを除き、債務者に対して納入の告知をしなければならない。

〔歳入収納機関〕

第七条 歳入は、出納官吏でなければ、これを収納することができない。但し、出納員に収納の事務を分掌させる場合又は日本銀行に収納の事務を取り扱わせる場合はこの限りでない。

② 出納官吏又は出納員は、歳入の収納をしたときは、遅滞なく、その収納金を日本銀行に払い込まなければならない。

〔歳入徴収職務と現金出納職務の分立〕

第八条 歳入の徴収の職務は、現金出納の職務と相兼ねることができない。但し、特別の必要がある場合においては、政令で特例を設けることができる。

〔過年度収入・返納金の戻入〕

第九条 出納の完結した年度に属する収入その他予算外の収入は、すべて現年度の歳入に組み入れなければならない。但し、支出済となつた歳出の返納金は、政令の定めるところにより、各〻支払つた歳出の金額に戻入することができる。

第三章 支出負担行為及び支出

第一節 総則

〔支出負担行為・支出事務の管理〕

第十条 各省各庁の長は、その所掌に係る支出負担行為（財政法第三十四条の二第一項に規定する支出負担行為をいう。以下同じ。）及び支出に関する事務を管理する。

第二節 支出負担行為

〔支出負担行為の原則〕

第十一条 支出負担行為は、法令又は予算の定めるところに従い、これをしなければならない。

〔特定経費にかかる支出負担行為の制限〕

第十二条 各省各庁の長は、財政法第三十一条第一項の規定により配賦された歳出予算、継続費又は国庫債務負担行為のうち、同法第三十四条の二第一項に規定する経費に係るものに基いて支出負担行為をなすには、同項の規定により承認された支出負担行為の実施計画に定める金額を超えてはならない。

（支出負担行為の事務の委任等）

第十三条　各省各庁の長は、当該各省各庁所属の職員に、その所掌に係る支出負担行為に関する事務を委任することができる。

② 各省各庁の長は、必要があるときは、政令の定めるところにより、他の各省各庁所属の職員に、前項の事務を委任することができる。

③ 各省各庁の長は、必要があるときは、政令の定めるところにより、当該各省各庁所属の職員又は他の各省各庁所属の職員に、支出負担行為担当官（各省各庁の長又は第一項若しくは前項の規定により委任された職員をいう。以下同じ。）の事務の一部を分掌させることができる。

④ 第四条の二第四項の規定は、前三項の場合に、これを準用する。

⑤ 第三項の規定により支出負担行為担当官の事務の一部を分掌する職員は、分任支出負担行為担当官という。

（支出負担行為の確認）

第十三条の二　支出負担行為担当官が支出負担行為をするには、政令の定めるところにより、支出負担行為の内容を表示する書類を第二十四条第四項に規定する支出官に送付し、当該支出負担行為が当該支出負担行為担当官に対し政令で定めるところにより示達された歳出予算、継続費又は国庫債務負担行為の金額に超過しないことの確認を受け、且つ、当該支出負担行為が支出負担行為に関する帳簿に登記された後でなければ、これをすることができない。この場合において、支出負担行為担当官が同項に規定する支出官を兼ねているときは、その確認は、自ら行わなければならない。

② 分任支出負担行為担当官が支出負担行為をなす場合における前項の規定の適用については、同項前段中「支出負担行為担当官が」とあるのは「分任支出負担行為担当官が」と、「支出負担行為の内容を表示する書類」とあるのは「支出負担行為担当官が所属の各分任支出負担行為担当官のなす支出負担行為の限度額及びその内訳を記載した書類」と読み替えるものとする。

（支出負担行為認証官）

第十三条の三　各省各庁の長は、予算執行の適正を期するため必要があると認めるときは、当該各省各庁所属の職員に、その所掌に係る支出負担行為の全部又は一部について認証を行わしめることができる。

② 各省各庁の長は、必要があるときは、政令の定めるところにより、他の各省各庁所属の職員に支出負担行為の認証を行わしめることができる。

③ 第四条の二第四項の規定は、前二項の場合に、これを準用する。

④ 第一項又は第二項の規定により支出負担行為の認証を行なう職員は、支出負担行為認証官という。

（支出負担行為の認証）

第十三条の四　前条の場合において、支出負担行為担当官が支出負担行為をなすには、第十三条の二第一項の規定にかかわらず、支出負担行為の内容を表示する書類を支出負担行為認証官に送付し、政令の定めるところによりその認証を受け、且つ、当該支出負担行為が支出負担行為に関する帳簿に登記された後でなければ、これをなすことができない。

（支出負担行為の職務とその認証の職務との分立）

第十三条の五　支出負担行為の認証の職務は、支出負担行為の職務と相兼ねることができない。但し、特別の必要がある場合においては、政令で特例を設けることができる。

第三節　支出

〔支出についての制限〕

第十四条　各省各庁の長は、その所掌に属する歳出予算に基いて、支出しようとするときは、財政法第三十四条の規定により承認された支払計画に定める金額を超えてはならない。

②　各省各庁の長は、前項の金額の範囲内であつても、支出負担行為の確認又は認証を受け、且つ、支出負担行為に関する帳簿に登記されたものでなければ支出することはできない。

〔小切手の振出又は国庫金振替書の交付〕

第十五条　各省各庁の長は、その所掌に属する歳出予算に基いて支出しようとするときは、現金の交付に代え、日本銀行を支払人とする小切手を振り出し、又は財務大臣の定めるところにより、国庫内の移換のための国庫金振替書（以下国庫金振替書という。）を日本銀行に交付しなければならない。

〔小切手振出の制限〕

第十六条　各省各庁の長は、債権者のためでなければ小切手を振り出すことはできない。但し、第十七条、第十九条乃至第二十一条の規定により、主任の職員又は日本銀行に対し資金を交付する場合は、この限りでない。

〔資金前渡〕

第十七条　各省各庁の長は、交通通信の不便な地方で支払う経費、庁中常用の雑費その他経費の性質上主任の職員をして現金支払をなさしめなければ事務の取扱に支障を及ぼすような経費で政令で定めるものについては、当該職員をして現金支払をなさしめるため、政令の定めるところにより、必要な資金を交付することができる。

〔年度開始前の資金交付〕

第十八条　各省各庁の長は、前条に規定する経費で政令で定めるものに充てる場合に限り、必要已むを得ないときは財務大臣の承認を経て、会計年度開始前、主任の職員に対し同条の規定により資金を交付することができる。

②　財務大臣は、前項の規定による承認をしたときは、日本銀行及び会計検査院に通知しなければならない。

〔国債元利払資金等の交付〕

第十九条　財務大臣は、日本銀行をして国債の元利払及び国の保管に係る現金の利子の支払の事務を取り扱わしめるため、必要な資金を日本銀行に交付することができる。

〔繰替払とその補塡資金の交付〕

第二十条　各省各庁の長は、政令の定めるところにより、現金支払をなさしめるため、郵政官署その他の官署の当該職員をしてその保管に係る歳入金、歳出金又は歳入歳出外現金を繰り替え使用せしめることができる。

②　各省各庁の長は、前項の規定により、歳出金に繰り替え使用した現金を補塡するため、その補塡の資金を当該職員に交付することができる。

〔債権者支払資金の交付〕

第二十一条　各省各庁の長は、債権者に支払をする場合において、政令で定める場合に該当するときは、必要な資金を日本銀行に交付して、支払をなさしめることができる。

②　前項の規定は、政令で定める出納官吏に対し第十七条又は前条第二項の規定により資金を交付しようとする場合に、これを準用する。

〔前金払と概算払〕

第二十二条　各省各庁の長は、運賃、傭船料、旅費その他経費の性質上前金又は概算を以て支払をしなければ事務に支障を及ぼすような経費で政令で定めるものについては、前金払又は概算払をすることができる。

〔渡切費〕

第二十三条　各省各庁の長は、郵政官署その他特殊の経理を必要とする官署で政令で定めるものの事務費については、政令の定めるところにより、その全部又は一部を主任の職員に渡切を以て支給することができる。

〔支出事務の委任〕

第二十四条　各省各庁の長は、政令の定めるところにより、当該各省各庁所属の職員に、その所掌に属する歳出金を支出するための小切手の振出又は国庫金振替書の交付に関する事務を委任することができる。

② 各省各庁の長は、必要があるときは、政令の定めるところにより、他の各省各庁所属の職員に前項に規定する事務を委任することができる。

③ 第四条の二第四項の規定は、前二項の場合に、これを準用する。

④ 各省各庁の長又は第一項若しくは第二項の規定により委任された職員は、支出官という。

第二十五条　削除

〔支出職務と現金出納職務の分立〕

第二十六条　歳出の支出の職務は、現金出納の職務と相兼ねることができない。ただし、特別の必要がある場合には、政令で特例を設けることができる。

〔過年度支出〕

第二十七条　過年度に属する経費は、現年度の歳出の金額からこれを支出しなければならない。但し、財政法第三十五条第三項但書の規定により財務大臣の指定する経費の外、その経費所属年度の毎項金額中不用となった金額を超過してはならない。

第四節　支払

〔日本銀行の支払い〕

第二十八条　日本銀行は、支出官の振り出した小切手の提示を受けた場合において、その小切手が振出日附から十日以上を経過しているものであっても一年を経過しないものであるときは、その支払をしなければならない。

② 日本銀行は、第二十一条の規定により、資金の交付を受けた場合においては、支出官がその資金の交付のために振り出した小切手の振出日附から一年を経過した後は、債権者又は出納官吏に対し支払をすることができない。

第四章　契約

〔契約に関する事務の管理〕

第二十九条　各省各庁の長は、第十条の規定によるほか、その所掌に係る売買、貸借、請負その他の契約に関する事務を管理する。

〔契約に関する事務の委任等〕

第二十九条の二　各省各庁の長は、政令の定めるところにより、当該各省各庁所属の職員に前条の契約に関する事務を委任することができる。

② 各省各庁の長は、必要があるときは、政令の定めるところにより、他の各省各庁所属の職員に前項の事務を委任することができる。

③ 各省各庁の長は、必要があるときは、政令の定めるところにより、当該各省各庁所属の職員又は他の各省各庁所属の職員に、契約担当官（各省各庁の長又は第一項若しくは前項の規定により委任された職員をいう。以下同じ。）の事務の一部を分掌させること

ができる。

④　第四条の二第四項の規定は、前三項の場合に、これを準用する。

⑤　第三項の規定により契約担当官の事務の一部を分掌する職員は、分任契約担当官という。

〔契約の方法〕

第二十九条の三　契約担当官及び支出負担行為担当官（以下「契約担当官等」という。）は、売買、貸借、請負その他の契約を締結する場合においては、第三項及び第四項に規定する場合を除き、公告して申込みをさせることにより競争に付さなければならない。

②　前項の競争に加わろうとする者に必要な資格及び同項の公告の方法その他同項の競争について必要な事項は、政令でこれを定める。

③　契約の性質又は目的により競争に加わるべき者が少数で第一項の競争に付する必要がない場合及び同項の競争に付することが不利と認められる場合においては、政令の定めるところにより、指名競争に付するものとする。

④　契約の性質又は目的が競争を許さない場合、緊急の必要により競争に付することができない場合及び競争に付することが不利と認められる場合においては、政令の定めるところにより、随意契約によるものとする。

⑤　契約に係る予定価格が少額である場合その他政令で定める場合においては、第一項及び第三項の規定にかかわらず、政令の定めるところにより、指名競争に付し又は随意契約によることができる。

〔保証金〕

第二十九条の四　契約担当官等は、前条第一項、第三項又は第五項の規定により競争に付そうとする場合においては、その競争に加わろうとする者をして、その者の見積る契約金額の百分の五以上の保証金を納めさせなければならない。ただし、その必要がないと認められる場合においては、政令の定めるところにより、その全部又は一部を納めさせないことができる。

②　前項の保証金の納付は、政令の定めるところにより、国債又は確実と認められる有価証券その他の担保の提供をもつて代えることができる。

〔入札〕

第二十九条の五　第二十九条の三第一項、第三項又は第五項の規定による競争（以下「競争」という。）は、特に必要がある場合においてせり売りに付するときを除き、入札の方法をもつてこれを行なわなければならない。

②　前項の規定により入札を行なう場合においては、入札者は、その提出した入札書の引換え、変更又は取消しをすることができない。

〔契約の相手方〕

第二十九条の六　契約担当官等は、競争に付する場合においては、政令の定めるところにより、契約の目的に応じ、予定価格の制限の範囲内で最高又は最低の価格をもつて申込みをした者を契約の相手方とするものとする。ただし、国の支払の原因となる契約のうち政令で定めるものについて、相手方となるべき者の申込みに係る価格によつては、その者により当該契約の内容に適合した履行がされないおそれがあると認められるとき、又はその者と契約を締結することが公正な取引の秩序を乱すこととなるおそれがあつて著しく不適当であると認められるときは、政令の定めるところにより、予定価格の制限の範囲内の価格をもつて申込みをした他の者のうち最低の価格をもつて申込みをした者を当該契約の相手方とすることができる。

② 国の所有に属する財産と国以外の者の所有する財産との交換に関する契約その他その性質又は目的から前項の規定により難い契約については、同項の規定にかかわらず、政令の定めるところにより、価格及びその他の条件が国にとつて最も有利なもの（同項ただし書の場合にあつては、次に有利なもの）をもつて申込みをした者を契約の相手方とすることができる。

〔保証金の国庫への帰属〕

第二十九条の七　第二十九条の四の規定により納付された保証金（その納付に代えて提供された担保を含む。）のうち、落札者（前条の規定により契約の相手方とする者をいう。以下次条において同じ。）の納付に係るものは、その者が契約を結ばないときは、国庫に帰属するものとする。

〔契約書〕

第二十九条の八　契約担当官等は、競争により落札者を決定したとき、又は随意契約の相手方を決定したときは、政令の定めるところにより、契約の目的、契約金額、履行期限、契約保証金に関する事項その他必要な事項を記載した契約書を作成しなければならない。ただし、政令で定める場合においては、これを省略することができる。

② 前項の規定により契約書を作成する場合においては、契約担当官等が契約の相手方とともに契約書に記名押印しなければ、当該契約は、確定しないものとする。

〔契約保証金〕

第二十九条の九　契約担当官等は、国と契約を結ぶ者をして、契約金額の百分の十以上の契約保証金を納めさせなければならない。ただし、他の法令に基づき延納が認められる場合において、確実な担保が提供されるとき、その者が物品の売払代金を即納する場合その他政令で定める場合においては、その全部又は一部を納めさせないことができる。

② 第二十九条の四第二項の規定は、前項の契約保証金の納付について、これを準用する。

〔契約保証金の国庫への帰属〕

第二十九条の十　前条の規定により納付された契約保証金（その納付に代えて提供された担保を含む。）は、これを納付した者がその契約上の義務を履行しないときは、国庫に帰属するものとする。ただし、損害の賠償又は違約金について契約で別段の定めをしたときは、その定めたところによるものとする。

〔契約履行の確保のための監督・検査〕

第二十九条の十一　契約担当官等は、工事又は製造その他についての請負契約を締結した場合においては、政令の定めるところにより、自ら又は補助者に命じて、契約の適正な履行を確保するため必要な監督をしなければならない。

② 契約担当官等は、前項に規定する請負契約又は物件の買入れその他の契約については、政令の定めるところにより、自ら又は補助者に命じて、その受ける給付の完了の確認（給付の完了前に代価の一部を支払う必要がある場合において行なう工事若しくは製造の既済部分又は物件の既納部分の確認を含む。）をするため必要な検査をしなければならない。

③ 前二項の場合において、契約の目的たる物件の給付の完了後相当の期間内に当該物件につき破損、変質、性能の低下その他の事故が生じたときは取替え、補修その他必要な措置を講ずる旨の特約があり、当該給付の内容が担保されると認められる契約については、政令の定めるところにより、第一項の監督又は前項の検査

の一部を省略することができる。

④ 各省各庁の長は、特に必要があるときは、政令の定めるところにより、第一項の監督及び第二項の検査を、当該契約に係る契約担当官等及びその補助者以外の当該各省各庁所属の職員又は他の各省各庁所属の職員に行なわせることができる。

⑤ 契約担当官等は、特に必要があるときは、政令の定めるところにより、国の職員以外の者に第一項の監督及び第二項の検査を委託して行なわせることができる。

〔翌年度以降にわたる契約の締結〕

第二十九条の十二 契約担当官等は、政令の定めるところにより、翌年度以降にわたり、電気、ガス若しくは水の供給又は電気通信役務の提供を受ける契約を締結することができる。この場合においては、各年度におけるこれらの経費の予算の範囲内においてその給付を受けなければならない。

第五章 時効

〔金銭に関する権利の消滅時効〕

第三十条 金銭の給付を目的とする国の権利で、時効に関し他の法律に規定がないものは、五年間これを行わないときは、時効に因り消滅する。国に対する権利で、金銭の給付を目的とするものについても、また同様とする。

〔民法の準用〕

第三十一条 金銭の給付を目的とする国の権利の時効による消滅については、別段の規定がないときは、時効の援用を要せず、また、その利益を放棄することができないものとする。国に対する権利で、金銭の給付を目的とするものについても、また同様とする。

② 金銭の給付を目的とする国の権利について、消滅時効の中断、停止その他の事項（前項に規定する事項を除く。）に関し、適用すべき他の法律の規定がないときは、民法（明治二九年四月法律第八九号）の規定を準用する。国に対する権利で、金銭の給付を目的とするものについても、また同様とする。

〔納入告知の時効中断の効力〕

第三十二条 法令の規定により、国がなす納入の告知は、民法第百五十三条（前条において準用する場合を含む。）の規定にかかわらず、時効中断の効力を有する。

第六章 国庫金及び有価証券

〔現金又は有価証券の保管〕

第三十三条 各省各庁の長は、債権の担保として徴するもののほか、法律又は政令の規定によるのでなければ、公有若しくは私有の現金又は有価証券を保管することができない。

〔日本銀行の国庫出納事務及び国の預金〕

第三十四条 日本銀行は、政令の定めるところにより、国庫金出納の事務を取り扱わなければならない。

② 前項の規定により日本銀行において受け入れた国庫金は、政令の定めるところにより、国の預金とする。

〔日本銀行の有価証券等の取扱〕

第三十五条 国は、その所有又は保管に係る有価証券の取扱及びその保管に係る現金の利子の支払を日本銀行に命ずることができる。

〔日本銀行の国庫金出納等に関する検査〕

第三十六条 日本銀行は、その取り扱った国庫金の出納、国債の発行による収入金の収支、第十九条又は第二十一条の規定により交付を受けた資金の収支及び前条の規定により取り扱った有価証券の受払に関して、会計検査院の検査を受けなければならない。

〔日本銀行の賠償責任〕

第三十七条　日本銀行が、国のために取り扱う現金又は有価証券の出納保管に関し、国に損害を与えた場合の日本銀行の賠償責任については、民法及び商法の適用があるものとする。

第七章　出納官吏

〔出納官吏の定義及び職務〕

第三十八条　出納官吏とは、現金の出納保管を掌る職員をいう。

② 出納官吏は、法令の定めるところにより、現金を出納保管しなければならない。

〔出納官吏等の任命〕

第三十九条　出納官吏は、各省各庁の長又はその委任を受けた職員が、これを命ずる。

② 各省各庁の長又はその委任を受けた職員が必要があると認めるときは、前項の出納官吏の事務の一部を分掌する分任出納官吏又は当該出納官吏若しくは分任出納官吏の事務の全部を代理する出納官吏代理を命ずることができる。

〔出納員〕

第四十条　各省各庁の長は、特に必要があると認めるときは、政令の定めるところにより、出納官吏、分任出納官吏及び出納官吏代理以外の職員に現金の出納保管の事務を取り扱わせることができる。

② 前項の規定により現金の出納保管の事務を取り扱う職員は、これを出納員という。

〔他の各省各庁の所属職員を出納官吏等とする場合〕

第四十条の二　各省各庁の長は、必要があるときは、政令の定めるところにより、他の各省各庁所属の職員を出納官吏、分任出納官吏又は出納官吏代理とすることができる。

② 前項の場合において、各省各庁の長は、特に必要があると認めるときは、政令の定めるところにより、当該他の各省各庁所属の職員を出納員とすることができる。

〔出納官吏の弁償責任〕

第四十一条　出納官吏が、その保管に係る現金を亡失した場合において、善良な管理者の注意を怠つたときは、弁償の責を免れることができない。

② 出納官吏は、単に自ら事務を執らないことを理由としてその責を免れることができない。ただし、分任出納官吏、出納官吏代理又は出納員の行為については、この限りでない。

〔現金亡失の通知〕

第四十二条　各省各庁の長は、出納官吏がその保管に係る現金を亡失したときは、政令の定めるところにより、これを財務大臣及び会計検査院に通知しなければならない。

〔弁償命令〕

第四十三条　各省各庁の長は、出納官吏の保管に係る現金の亡失があつた場合においては、会計検査院の検定前においても、その出納官吏に対して弁償を命ずることができる。

② 前項の場合において、会計検査院が出納官吏に対し弁償の責がないと検定したときは、その既納に係る弁償金は、直ちに還付しなければならない。

〔分任出納官吏等の責任〕

第四十四条　分任出納官吏、出納官吏代理及び出納員は、その行為については、自らその責に任ずる。

〔出納員の責任〕

第四十五条　出納官吏に関する規定は、出納員について、これを準用する。

第八章　雑則

〔財務大臣の予算執行監督〕

第四十六条　財務大臣は、予算の執行の適正を期するため、各省各庁に対して、収支の実績若しくは見込について報告を徴し、予算の執行状況について実地監査を行い、又は必要に応じ、閣議の決定を経て、予算の執行について必要な指示をなすことができる。

②　財務大臣は、予算の執行の適正を期するため、自ら又は各省各庁の長に委任して、工事の請負契約者、物品の納入者、補助金の交付を受けた者（補助金の終局の受領者を含む。）又は調査、試験、研究等の委託を受けた者に対して、その状況を監査し又は報告を徴することができる。

〔歳出予算繰越手続等の事務の委任〕

第四十六条の二　各省各庁の長は、財政法第四十三条第一項に規定する繰越しの手続及び同法第四十三条の三に規定する翌年度にわたつて支出すべき債務の負担（以下「繰越明許費に係る翌年度にわたる債務の負担」という。）の手続に関する事務を当該各省各庁所属の職員又は他の各省各庁所属の職員に、財務大臣は、これらの規定に規定する承認に関する事務を財務省所属の職員に、政令の定めるところにより、委任することができる。

〔事務の代理等〕

第四十六条の三　各省各庁の長は、次に掲げる者に事故がある場合（これらの者が第四条の二第四項（第十三条第四項、第十三条の三第三項、第二十四条第三項及び第二十九条の二第四項において準用する場合を含む。）の規定により指定された官職にある者である場合には、その官職にある者が欠けたときを含む。）において必要があるときは、政令で定めるところにより、当該各省各庁所属の職員又は他の各省各庁所属の職員にその事務を代理させることができる。

一　歳入徴収官、支出負担行為担当官及び契約担当官並びにこれらの者の分任官

二　支出負担行為認証官及び支出官

②　各省各庁の長は、必要があるときは、政令で定めるところにより、当該各省各庁所属の職員又は他の各省各庁所属の職員に、前項各号に掲げる者（同項の規定によりこれらの者の事務を代理する職員を含む。）の事務の一部を処理させることができる。

〔報告義務等〕

第四十七条　財務大臣、歳入徴収官、各省各庁の長、支出負担行為担当官、支出負担行為認証官、支出官、出納官吏及び出納員並びに日本銀行は、政令の定めるところにより、帳簿を備え、且つ、報告書及び計算書を作製し、これを財務大臣又は会計検査院に送付しなければならない。

②　出納官吏、出納員及び日本銀行は、政令の定めるところにより、その出納した歳入金又は歳出金について、歳入徴収官又は支出官に報告しなければならない。

〔国の会計事務の委任〕

第四十八条　国は、政令の定めるところにより、その歳入、歳出、歳入歳出外現金、支出負担行為、支出負担行為の確認又は認証、契約（支出負担行為に該当するものを除く。以下同じ。）、繰越しの手続及び繰越明許費に係る翌年度にわたる債務の負担の手続に関する事務を、都道府県の知事又は知事の指定する吏員が行うこととすることができる。

②　前項の規定により都道府県が行う歳入、歳出、歳入歳出外現金、支出負担行為、支出負担行為の確認又は認証、契約、繰越しの手続及び繰越明許費に係る翌年度にわたる債務の負担の手続に関する事務については、この法律及びその他の会計に関する法令中、

当該事務の取扱に関する規定を準用する。

③ 第一項の規定により都道府県が行うこととされる事務は、地方自治法（昭和二十二年法律第六十七号）〔別掲〕第二条第九項第一号に規定する第一号法定受託事務とする。

〔歳出金の支出によらない国庫金払出の方法〕

第四十九条 第十五条の規定は、各省各庁の長又はその委任を受けた職員が、歳出金の支出によらない国庫金の払出をする場合について、これを準用する。

〔政令への委任〕

第五十条 この法律施行に関し必要な事項は、政令でこれを定める。

附　則〔略〕

○予算決算及び会計令　抄

〔昭和二二年四月三〇日　勅令第一六五号〕

最近改正 平成一三年三月二八日　政令第六七号

参考＝文部科学省所管の会計事務の取扱いについては、「会計法」、「予算決算及び会計令」のほか「文部科学省会計事務取扱規程」（平成一三年一月六日文部科学省訓令第一八号）〔略〕があり、会計法等に基づく委任・指定などを規定している＝編者

第一章　総則

第一節　会計年度所属区分

（歳入の会計年度所属区分）

第一条 歳入の会計年度所属は、左の区分による。

一 納期の一定している収入はその納期末日（民法（明治二十九年法律第八十九号）第百四十二条、国税通則法（昭和三十七年法律第六十六号）第十条第二項又は行政機関の休日に関する法律（昭和六十三年法律第九十一号）第二条の規定の適用又は準用がないものとした場合の納期末日をいう。）の属する年度

二 随時の収入で納入告知書を発するものは納入告知書を発した日の属する年度

三 随時の収入で納入告知書を発しないものは領収した日の属する年度

② 前項第一号の収入で納入告知書を発すべきものについて、納期

所属の会計年度において納入告知書を発しなかつたときは、当該収入は納入告知書を発した日の属する会計年度の歳入に組み入れるものとする。

③ 法令の規定により他の会計又は資金から繰り入れるべき収入は、前二項の規定にかかわらず、その収入を計上した予算の属する会計年度の歳入に繰り入れるものとする。

(歳出の会計年度所属区分)

第二条 歳出の会計年度所属は、左の区分による。

一 国債の元利、年金、恩給の類は支払期日の属する年度

二 諸払戻金、欠損補塡金、償還金の類はその決定をした日の属する年度

三 給与(予備自衛官及び即応予備自衛官に対する給与を除く。)、旅費、手数料の類はその支給すべき事実の生じた時の属する年度

四 使用料、保管料、電灯電力料の類はその支払の原因たる事実の存した期間の属する年度

五 工事製造費、物件の購入代価、運賃の類及び補助費の類で相手方の行為の完了があつた後交付するものはその支払をなすべき日の属する年度

六 前各号に該当しない費用で繰替払をしたものはその繰替払をした日の属する年度、その他のものは小切手を振り出し又は国庫金振替書を発した日の属する年度

② 法令の規定により他の会計又は資金に繰り入れるべき経費は、前項の規定にかかわらず、その支出を計上した予算の属する会計年度の歳出として支出するものとする。

第二節 出納整理期限

(歳入金の収納期限)

第三条 出納官吏又は出納員において毎会計年度所属の歳入金を収納するのは、翌年度の四月三十日限りとする。

(歳出金の支出期限)

第四条 支出官において毎会計年度に属する経費を精算して支出するのは、翌年度の四月三十日限りとする。但し、国庫内における移換のためにする支出又は会計法(昭和二十二年三月法律第三十五号)第二十条第一項の規定により歳出金に繰替使用した現金の補塡のためにする支出については、翌年度の五月三十一日まで、小切手を振り出し又は国庫金振替書を発することができる。

(歳出金の支払期限)

第五条 出納官吏又は出納員において毎会計年度所属の歳出金を支払うのは、翌年度の四月三十日限りとする。

(返納金の戻入期限)

第六条 会計法第九条但書の規定により支出済となつた歳出金の返納金を、支払つた歳出の金額に戻入するのは、翌年度の四月三十日限りとする。

第二章 予算

第二節 予算の執行

(移用又は流用の承認)

第十七条 各省各庁の長は、財政法第三十三条第一項但書又は第二項の規定に基く移用又は流用について財務大臣の承認を受けようとするときは、移用又は流用を必要とする理由、科目及び金額を明らかにした書類を財務大臣に送付しなければならない。

第五章 収入

第一節 徴収

(歳入徴収の事務の委任)

第二十六条 各省各庁の長は、会計法第四条の二第一項又は第二項

の規定により、その所掌の歳入の徴収に関する事務を委任する場合においては、法律又は政令に特別の定がある場合を除く外、各庁の長（衆議院、参議院、最高裁判所及び会計検査院における事務総局の長を含む。以下本項中同じ。）に委任するものとする。但し、各省各庁の長が必要があると認めるときは、各庁の長以外の職員に委任することができる。

② 各省各庁の長は、会計法第四条の二第一項及び第二項の規定により、当該各省各庁所属の職員又は他の各省各庁所属の職員に歳入の徴収に関する事務を委任しようとするときは、当該職員並びにその官職及び委任しようとする事務の範囲について、あらかじめ財務大臣に協議しなければならない。

③ 各省各庁の長は、会計法第四条の二第二項又は第三項の規定により他の各省各庁所属の職員に歳入の徴収に関する事務を委任し、又は分掌させようとするときは、当該職員並びにその官職及び委任しようとする事務の範囲について、あらかじめ当該他の各省各庁の長の同意を経なければならない。

④ 会計法第四条の二第四項の規定により、同条第一項から第三項までの規定による委任又は分掌が官職の指定により行なわれる場合においては、前二項の規定による協議又は同意は、その指定しようとする官職及び委任しようとする事務の範囲についてあれば足りる。

第六章　支出負担行為及び支出

第一節　支出負担行為

（支出負担行為の事務の委任）

第三十八条　第二十六条（歳入徴収の事務の委任）第三項の規定は、各省各庁の長が会計法第十三条第二項又は第三項の規定により他の各省各庁所属の職員に支出負担行為に関する事務を委任し、又は分掌させる場合に、第二十六条第四項の規定は、同法第十三条第四項の規定により同条第二項又は第三項の規定による委任又は分掌を他の各省各庁所属の職員について官職の指定により行なう場合に、これを準用する。

② 各省各庁の長は、会計法第十三条第一項から第四項までの規定により支出負担行為に関する事務を委任し、又は分掌させたときは、その旨を関係の支出官、支出負担行為認証官又は同法第十七条の規定により資金の前渡を受ける職員に通知しなければならない。

（支出負担行為の計画等の示達及び通知）

第三十九条　各省各庁の長は、支出負担行為担当官をして支出負担行為を行わしめようとするときは、財政法第三十一条第一項の規定により配賦された歳出予算、継続費及び国庫債務負担行為（財政法第三十四条の二に規定する歳出予算、継続費又は国庫債務負担行為については、同条の規定により財務大臣の承認を経た支出負担行為の実施計画に係る部分に限る。以下歳出予算等という。）の範囲内において、当該支出負担行為担当官に対して歳出予算等の示達をしなければならない。

第二節　支出負担行為の確認又は認証

（支出負担行為の確認又は認証のための書類の送付）

第三十九条の三　支出負担行為担当官は、左の各号に掲げる場合においては、会計法第十三条の二の規定による確認又は同法第十三条の四の規定による認証を受けるため、財務大臣の定めるところにより、当該各号に掲げる書類を支出官又は支出負担行為認証官に送付しなければならない。

一　支出負担行為をしようとする場合には、当該支出負担行為の内容を示す書類

二 支出官の確認又は支出負担行為認証官の認証を受けた支出負担行為を変更し又は取りやめようとする場合には、変更後の支出負担行為の内容を示す書類又は当該支出負担行為の取りやめを示す書類

三 支出官の確認又は支出負担行為認証官の認証を受けて支出負担行為をした後当該支出負担行為を変更し又は取り消そうとする場合には、変更後の支出負担行為の内容を示す書類又は当該支出負担行為の取消を示す書類

四 所属の各分任支出負担行為担当官をして支出負担行為を行わしめようとする場合には、当該分任支出負担行為担当官のなす支出負担行為の限度額及びその内訳を記載した書類

五 支出官の確認を受けた所属の各分任支出負担行為担当官のなす支出負担行為の限度額及びその内訳を変更し、又は取り消そうとする場合には、変更後の支出負担行為の限度額及びその内訳を記載した書類又は当該支出負担行為の限度額及びその内訳の取消若しくは変更の取消を示す書類

(支出負担行為の確認又は認証の方法)

第三十九条の四 支出官は、確認のため前条の書類の送付を受けたときは、財務大臣の定めるところにより、これを審査し、その支出負担行為又は分任支出負担行為担当官のなす支出負担行為の限度額及びその内訳が第三十九条〔支出負担行為の計画等の示達及び通知〕第四項の規定により通知を受けた支出負担行為の計画に定める金額をこえていないことを確認したときは、遅滞なく、当該書類に確認する旨の表示をしなければならない。

② 支出官は、前項の場合において、確認することを不適当と認めたときは、確認を拒否しなければならない。

③ 支出負担行為認証官は、認証のため前条第一号から第三号までの書類の送付を受けたときは、その支出負担行為が法令又は予算に違反することがないか、金額の算定に誤りがないか、第三十九条第四項の規定により通知を受けた支出負担行為の計画に定める金額をこえていないかどうか、その他予算の執行上適正かどうかを審査した上、認証すべきものと認めたときは、遅滞なく、当該書類に認証する旨の表示をしなければならない。

④ 各省各庁の長は、前項の規定による審査の基準によりがたいと認める場合においては、財務大臣に協議して、これと異なる基準を定めることができる。

⑤ 第二項の規定は、第三項の場合に、これを準用する。

第三節 支出総則

(支出事務の委任)

第四十条 第二十六条〔歳入徴収の事務の委任〕第二項及び第三項の規定は、各省各庁の長が会計法第二十四条第一項又は第二項の規定により当該各省各庁所属の職員又は他の各省各庁所属の職員に支出に関する事務を委任する場合に、第二十六条第四項の規定は、同法第二十四条第三項の規定により同条第一項又は第二項の規定による委任を官職の指定により行なう場合に、これを準用する。

② 各省各庁の長は、会計法第二十四条第一項から第三項までの規定により支出に関する事務を委任したときは、その旨を関係の支出負担行為担当官及び支出負担行為認証官に通知しなければならない。

(支払計画の示達)

第四十一条 各省各庁の長は、支出官をして歳出を支出せしめようとするときは、財政法第三十一条第一項の規定により配賦を受けた歳出予算を当該支出官に対して示達しなければならない。

（支出の制限）

第四十二条 支出官は、歳出を支出するには、前条の規定により示達された計画の金額をこえてはならない。

② 支出官は、前項の金額の範囲内であつても、支出負担行為の確認又は認証を受け、且つ、第百三十四条〔支出負担行為差引簿〕に規定する支出負担行為差引簿に登記されたものでなければ支出することはできない。

第四節 小切手等の振出

（資金を日本銀行に交付して支払等をさせることができる場合）

第四十八条の二 会計法第二十一条第一項の政令で定める場合は、次に掲げる場合とする。

一 隔地の債権者に対し支払をする場合

二 前号に掲げる場合を除くほか、債権者の預金又は貯金への振込みの方法により支払をする場合

② 会計法第二十一条第二項の政令で定める出納官吏は、資金を日本銀行に預託する出納官吏以外の出納官吏とする。

（隔地払等の手続）

第四十九条 支出官は、債権者に支払をする場合において、当該支払が前条第一項各号に該当するものであるときは、支払場所を指定し、日本銀行に必要な資金を交付し送金の手続をなさしめ、その旨を債権者に通知しなければならない。

② 前項の規定は、前条第二項の出納官吏に資金を交付する場合に、これを準用する。

（小切手の振出の通知）

第五十条 支出官は、小切手を振り出したときは、その都度、これを日本銀行に通知しなければならない。

第五節 支出の特例

（資金前渡のできる経費の指定）

第五十一条 会計法第十七条の規定により主任の職員をして現金支払をなさしめるため、その資金を当該職員に前渡することができるのは、次に掲げる経費に限る。ただし、第四号に掲げる経費（庁中常用の雑費に限る。以下この条において同じ。）及び第七号に掲げる経費に充てる資金について主任の職員において手持ちすることができる金額は、第四号に掲げる経費に充てる資金にあつては三百万円を、第七号に掲げる経費に充てる資金にあつては同号に規定する直営又は請負の区分ごとにそれぞれ五百万円を限度とする。

一 船舶に属する経費

二 外国で支払う経費

三 交通通信の不便な地方で支払う経費

四 庁中常用の雑費及び旅費

五 場所の一定しない事務所の経費

六 職員に支給する給与及び児童手当法（昭和四十六年法律第七十三号）の規定による児童手当

六の二 法令の規定に基づいて行う試験に要する経費

七 各庁直営の工事、製造又は造林に必要な経費及び各庁の五百万円以下の請負に付する工事、製造又は造林に必要な経費

七の二 国が行う工事又は造林に関連して買収する土地又は土地に定着する物件に関する権利の代価で一件の金額が三百万円以下のもの

七の三 国が行う工事又は造林に関する補償金（土地収用法（昭和二十六年法律第二百十九号）第九十条の三〔差額及び加算金の裁決〕（同法第百三十八条〔権利、物件及び土石砂れきの収用又は使用に関する準用規定〕第一項において準用する場合を含

む。）の規定による加算金を含む。）で各省各庁の長が財務大臣に協議して指定するもの

七の四　健康保険法（大正一一年四月法律第七〇号）第七十二条若しくは第七十九条ノ四第一項、船員保険法（昭和一四年四月法律第七三号）第六十条第一項若しくは厚生年金保険法（昭和二九年五月法律第一一五号）第八十二条第一項の規定により政府が事業主若しくは船舶所有者として負担すべき保険料又は徴収法第十五条第一項、第二項若しくは第四項、第十六条、第十七条、第十九条第三項若しくは第五項若しくは第二十三条第一項若しくは児童手当法第二十条第二項の規定により政府が事業主若しくは一般事業主として納付すべき保険料若しくは拠出金

八　諸払戻金

八の二　諸謝金

十一　証人、鑑定人、通訳人、参考人、参与員、調停委員、調停補助者、勧解者、鑑定委員、翻訳人、司法委員、裁判所の選任した弁護人若しくは代理人、検察審査員若しくはその補充員、検察審査会法（昭和二十三年法律第百四十七号）に基づいて専門的助言を求められた者又は家事審判法（昭和二十二年法律第百五十二号）に基づいて調査の嘱託を受け若しくは報告を求められた者に支給する旅費その他の給与

（資金前渡の限度額）

第五十二条　前条の規定により資金を前渡する限度額については、左の各号の定めるところによる。

一　常時の費用に係るものは、毎一月分以内の金額を予定して交付しなければならない。但し、外国で支払う経費、交通通信の不便な地方で支払う経費又は支払場所の一定しない経費は、事務の必要により六月分以内を交付することができる。

二　随時の費用に係るものは、所要の金額を予定し、事務上差支のない限りなるべく分割して交付しなければならない。

（年度開始前に資金交付のできる経費の指定）

第五十三条　会計法第十八条第一項の規定により会計年度開始前に主任の職員に対し資金を交付することができる経費は、左に掲げるものに限る。

一　外国で支払う経費

三　交通通信の不便な地方で支払う経費

（年度開始前の資金交付の手続）

第五十四条　各省各庁の長は、会計法第十八条第一項の規定により会計年度開始前において、主任の職員に対し資金を交付しようとするときは、その前渡を要する経費の金額を定め計算書を作製し、これを財務大臣に送付しなければならない。

（前渡資金の繰替使用）

第五十五条　各省各庁の長は、左に掲げる経費の支払をなさしめるため、出納官吏をしてその保管に係る前渡の資金を繰り替え使用せしめることができる。

一　旅費

二　埋葬費

② 前項の規定による前渡の資金の繰替使用に関する手続は、各省各庁の長が財務大臣に協議してこれを定める。

（前金払のできる経費の指定）

第五十七条　会計法第二十二条の規定により前金払をなすことができるのは、次に掲げる経費に限る。ただし、第八号から第十四号までに掲げる経費について前金払をする場合においては、各省各庁の長は、財務大臣に協議することを要する。

一　外国から購入する機械、機械部品、航空機、航空機部品、航

空機専用工具、図書〔傍線＝編者〕、標本又は実験用材料の代価（購入契約に係る機械、機械部品、航空機、航空機部品、航空機専用工具、図書、標本又は実験用材料を当該契約の相手方が外国から直接購入しなければならない場合におけるこれらの物の代価を含む。）

二　定期刊行物の代価〔傍線＝編者〕、定額制供給に係る電燈電力料及び日本放送協会に対し支払う受信料

三　土地又は家屋の借料

四　運賃

五　国の買収又は収用に係る土地の上に存する物件の移転料

六　官公署に対し支払う経費（第七号の二、第八号又は第十号に掲げる経費に該当するものを除く。）

七　外国で研究又は調査に従事する者に支給する学資金その他の給与

七の二　職員のために研修又は講習を実施する者に対し支払う経費（次号に掲げる経費に該当するものを除く。）

八　委託費

九　交通至難の場所に勤務する者又は船舶に乗り組む者に支給する給与

十　補助金（補助金等に係る予算の執行の適正化に関する法律〔昭和三〇年八月法律第一七九号〕第二条〔定義〕第一項第四号の規定に基づき補助金等として指定された助成金を含む。次条第四号において同じ。）、負担金及び交付金

十一　諸謝金

十二　破産法〔大正一一年四月法律第七一号〕第百四十条の規定により国庫から支弁する破産手続の費用のうち破産管財人に交付するもの

十三　国が行う工事又は造林に関連して買収する土地又は土地に定着する物件に関する権利（不動産登記法（明治三十二年法律第二十四号）第一条各号に掲げる権利で各庁において同法による登記の嘱託に必要な添付書類を取得したものに限る。）の代価

十四　外国において調度品の製造又は修理をさせる場合で納入までに長期間を要するときにおけるその代価

（概算払のできる経費の指定）

第五十八条　会計法第二十二条の規定により概算払をすることができるのは、次に掲げる経費に限る。ただし、第三号から第六号までに掲げる経費について概算払をする場合においては、各省各庁の長は、財務大臣に協議することを要する。

一　旅費

二　官公署に対し支払う経費（次号から第六号までに掲げる経費を除く。）

三　委託費

四　補助金、負担金及び交付金

五　損害賠償金

六　民事訴訟法（平成八年法律第百九号）第八十二条〔救助の付与〕第一項に規定する訴訟上の救助により納付を猶予された裁判費用のうち鑑定に必要な費用及び刑事訴訟法（昭和二十三年法律第百三十一号）第百七十三条第一項に規定する鑑定に必要な費用

第七章　契約

第一節　総則

（契約事務の委任）

第六十八条　各省各庁の長は、会計法第二十九条の二第一項又は第

三項の規定により、当該各省各庁所属の職員に契約に関する事務を委任し、又は分掌させる場合において、必要があるときは、同条第一項又は第三項の権限を、内閣府設置法（平成十一年法律第八十九号）第五十条の委員長若しくは長官、同法第四十三条若しくは第五十七条（宮内庁法（昭和二十二年法律第七十号）第十八条第一項において準用する場合を含む。）の地方支分部局の長、宮内庁長官、宮内庁法第十七条第一項の地方支分部局の長、国家行政組織法（昭和二十三年法律第百二十号）第六条の委員長若しくは長官、同法第九条の地方支分部局の長又はこれらに準ずる職員（第百三十九条の三第三項において「外局の長等」という。）に委任することができる。

2　第二十六条第三項の規定は、各省各庁の長が会計法第二十九条の二第二項又は第三項の規定により他の各省各庁所属の職員に契約に関する事務を委任し、又は分掌させる場合に、第二十六条第四項の規定は、同法第二十九条の二第四項において準用する同法第四条の二第四項の規定により当該契約に関する事務の委任又は分掌が他の各省各庁所属の職員について官職の指定により行なわれる場合に、それぞれ準用する。

（契約審査委員の指定）

第六十九条　各省各庁の長は、当該各省各庁所属の職員又は他の各省各庁所属の職員のうちから、各省各庁の長の委任を受けた当該各省各庁所属の職員は、当該各省各庁所属の職員のうちから、必要があるときは、契約担当官等（会計法第二十九条の三第一項に規定する契約担当官等をいう。以下同じ。）が第八十六条第二項（第九十八条において準用する場合を含む。）の規定により意見を求めた場合にその意見を表示すべき職員（以下「契約審査委員」という。）を指定しなければならない。

2　各省各庁の長は、前項の規定により他の各省各庁所属の職員を契約審査委員に指定しようとするときは、当該職員及びその官職について、あらかじめ、当該他の各省各庁の長の同意を経なければならない。

3　第一項の場合において、各省各庁の長又はその委任を受けた職員は、当該各省各庁又は他の各省各庁に置かれた官職を指定することにより、その官職にある者を契約審査委員とすることができる。この場合においては、前項の規定による同意は、その指定しようとする官職についてあれば足りる。

4　契約審査委員は、一の契約担当官等について三人とする。ただし、他の契約担当官等に係るものについて兼ねることを妨げない。

5　各省各庁の長又はその委任を受けた職員は、契約審査委員を指定したときは、その旨を関係の契約担当官等に通知しなければならない。

第二節　一般競争契約

第一款　一般競争参加者の資格

（一般競争に参加させることができない者）

第七十条　契約担当官等は、売買、貸借、請負その他の契約につき会計法第二十九条の三第一項の競争（以下「一般競争」という。）に付するときは、特別の理由がある場合を除くほか、当該契約を締結する能力を有しない者及び破産者で復権を得ない者を参加させることができない。

（一般競争に参加させないことができる者）

第七十一条　契約担当官等は、次の各号の一に該当すると認められる者を、その事実があった後二年間一般競争に参加させないことができる。これを代理人、支配人その他の使用人として使用する者についても、また同様とする。
一　契約の履行に当たり故意に工事若しくは製造を粗雑にし、又は物件の品質若しくは数量に関して不正の行為をした者
二　公正な競争の執行を妨げた者又は公正な価格を害し若しくは不正の利益を得るために連合した者
三　落札者が契約を結ぶこと又は契約者が契約を履行することを妨げた者
四　監督又は検査の実施に当たり職員の職務の執行を妨げた者
五　正当な理由がなくて契約を履行しなかつた者
六　前各号の一に該当する事実があつた後二年を経過しない者を、契約の履行に当たり、代理人、支配人その他の使用人として使用した者

2　契約担当官等は、前項の規定に該当する者を入札代理人として使用する者を一般競争に参加させないことができる。

（各省各庁の長が定める一般競争参加者の資格）

第七十二条　各省各庁の長又はその委任を受けた職員は、必要があるときは、工事、製造、物件の買入れその他についての契約の種類ごとに、その金額等に応じ、工事、製造又は販売等の実績、従業員の数、資本の額その他の経営の規模及び経営の状況に関する事項について一般競争に参加する者に必要な資格を定めることができる。

2　各省各庁の長又はその委任を受けた職員は、前項の規定により資格を定めた場合においては、その定めるところにより、定期に又は随時に、一般競争に参加しようとする者の申請をまつて、その者が当該資格を有するかどうかを審査しなければならない。

3　各省各庁の長又はその委任を受けた職員は、第一項の資格を有する者の名簿を作成するものとする。

4　各省各庁の長又はその委任を受けた職員は、第一項の規定により一般競争に参加する者に必要な資格を定めたときは、その基本となるべき事項並びに第二項に規定する申請の時期及び方法等について公示しなければならない。

（契約担当官等が定める一般競争参加者の資格）

第七十三条　契約担当官等は、一般競争に付そうとする場合において、契約の性質又は目的により、当該競争を適正かつ合理的に行なうため特に必要があると認めるときは、各省各庁の長の定めるところにより、前条第一項の資格を有する者につき、さらに当該競争に参加する者に必要な資格を定め、その資格を有する者により当該競争を行なわせることができる。

第二款　公告及び競争

（入札の公告）

第七十四条　契約担当官等は、入札の方法により一般競争に付そうとするときは、その入札期日の前日から起算して少なくとも十日前に官報、新聞紙、掲示その他の方法により公告しなければならない。ただし、急を要する場合においては、その期間を五日までに短縮することができる。

（入札について公告する事項）

第七十五条　前条の規定による公告は、次に掲げる事項についてするものとする。
一　競争入札に付する事項
二　競争に参加する者に必要な資格に関する事項
三　契約条項を示す場所
四　競争執行の場所及び日時
五　会計法第二十九条の四第一項の保証金（以下「入札保証金」という。）に関する事項

（入札の無効）

第七十六条　契約担当官等は、第七十四条の公告において、当該公告に示した競争に参加する者に必要な資格のない者のした入札及び入札に関する条件に違反した入札は無効とする旨を明らかにしなければならない。

（入札保証金の納付の免除）

第七十七条　契約担当官等は、会計法第二十九条の四第一項ただし書の規定により、次に掲げる場合においては、入札保証金の全部又は一部を納めさせないことができる。

一　一般競争に参加しようとする者が保険会社との間に国を被保険者とする入札保証保険契約を結んだとき。

二　第七十二条第一項の資格を有する者による一般競争に付する場合において、落札者が契約を結ばないこととなるおそれがないと認められるとき。

（入札保証金に代わる担保）

第七十八条　会計法第二十九条の四第二項の規定により契約担当官等が入札保証金の納付に代えて提供させることができる担保は、国債のほか、次に掲げるものとする。

一　政府の保証のある債券

二　銀行、農林中央金庫、商工組合中央金庫又は全国を地区とする信用金庫連合会の発行する債券

三　銀行が振り出し又は支払保証をした小切手

四　その他確実と認められる担保で財務大臣の定めるもの

2　前項の担保の価値及びその提供の手続は、別に定めるものを除くほか、財務大臣の定めるところによる。

（予定価格の作成）

第七十九条　契約担当官等は、その競争入札に付する事項の価格（第九十一条第一項の競争にあつては交換しようとするそれぞれの財産の価格の差額とし、同条第二項の競争にあつては財務大臣の定めるものとする。以下次条第一項において同じ。）を当該事項に関する仕様書、設計書等によつて予定し、その予定価格を記載した書面を封書にし、開札の際これを開札場所に置かなければならない。

（予定価格の決定方法）

第八十条　予定価格は、競争入札に付する事項の価格の総額について定めなければならない。ただし、一定期間継続してする製造、修理、加工、売買、供給、使用等の契約の場合においては、単価についてその予定価格を定めることができる。

2　予定価格は、契約の目的となる物件又は役務について、取引の実例価格、需給の状況、履行の難易、数量の多寡、履行期間の長短等を考慮して適正に定めなければならない。

（開札）

第八十一条　契約担当官等は、公告に示した競争執行の場所及び日時に、入札者を立ち会わせて開札をしなければならない。この場合において、入札者が立ち会わないときは、入札事務に関係のない職員を立ち会わせなければならない。

（再度入札）

第八十二条　契約担当官等は、開札をした場合において、各人の入札のうち予定価格の制限に達した価格の入札がないときは、直ちに、再度の入札をすることができる。

第三款　落札者の決定等

（落札者の決定）

第八十三条　落札となるべき同価の入札をした者が二人以上あるときは、契約担当官等は、直ちに、当該入札者にくじを引かせて落

札者を定めなければならない。

2　前項の場合において、当該入札者のうちくじを引かない者があるときは、これに代わつて入札事務に関係のない職員にくじを引かせることができる。

（最低価格の入札者を落札者としないことができる契約）

第八十四条　会計法第二十九条の六第一項ただし書に規定する国の支払の原因となる契約のうち政令で定めるものは、予定価格が一千万円（各省各庁の長が財務大臣と協議して一千万円を超える金額を定めたときは、当該金額）を超える工事又は製造その他についての請負契約とする。

（契約内容に適合した履行がされないおそれがあるため最低価格の入札者を落札者としない場合の手続）

第八十五条　各省各庁の長は、会計法第二十九条の六第一項ただし書の規定により、必要があるときは、前条に規定する契約について、相手方となるべき者の申込みに係る価格によつては、その者により当該契約の内容に適合した履行がされないこととなるおそれがあると認められる場合の基準を作成するものとする。

第八十六条　契約担当官等は、第八十四条に規定する契約に係る競争を行なつた場合において、契約の相手方となるべき者の申込みに係る価格が、前条の基準に該当することとなつたときは、その者により当該契約の内容に適合した履行がされないおそれがあるかどうかについて調査しなければならない。

2　契約担当官等は、前項の調査の結果、その者により当該契約の内容に適合した履行がされないおそれがあると認めたときは、その調査の結果及び自己の意見を記載した書面を契約審査委員に提出し、その意見を求めなければならない。

第八十七条　契約審査委員は、前条第二項の規定により、契約担当官等から意見を求められたときは、必要な審査をし、書面によつて意見を表示しなければならない。

第八十八条　契約担当官等は、前条の規定により表示された契約審査委員の意見のうちの多数が自己の意見と同一であつた場合においては、予定価格の制限の範囲内で最低の価格をもつて申込みをした者を落札者とせず、予定価格の制限の範囲内の価格をもつて申込みをした他の者のうち最低の価格をもつて申込みをした者（以下「次順位者」という。）を落札者とするものとする。

2　契約担当官等は、契約審査委員の意見のうちの多数が自己の意見と異なる場合においても、当該契約の相手方となるべき者により当該契約の内容に適合した履行がされないおそれがあると認めたことについて合理的な理由があるときは、次順位者を落札者とすることができる。

（公正な取引の秩序を乱すこととなるおそれがあるため最低価格の入札者を落札者としない場合の手続）

第八十九条　契約担当官等は、第八十四条に規定する契約に係る競争を行なつた場合において、契約の相手方となるべき者と契約を締結することが公正な取引の秩序を乱すこととなるおそれがあつて著しく不適当であると認めたときは、その理由及び自己の意見を記載した書面を当該各省各庁の長に提出し、その者を落札者としないことについて承認を求めなければならない。

2　契約担当官等は、前項の承認があつたときは、次順位者を落札者とするものとする。

（最低入札者を落札者としなかつた場合の書面の提出）

第九十条　契約担当官等は、次の各号に掲げる場合においては、遅滞なく、当該競争に関する調書を作成し、当該各号に掲げる書面の写しを添え、これを当該各省各庁の長を経由して財務大臣及び会計検査院に提出しなければならない。

一　第八十八条の規定により次順位者を落札者としたとき。第八十六条第二項に規定する調査の結果及び自己の意見を記載した書面並びに第八十七条に規定する契約審査委員の意見を記載した書面

二　前条の規定により次順位者を落札者としたとき。同条に規定する理由及び自己の意見を記載した書面並びに当該各省各庁の長の承認があつたことを証する書面

（交換等についての契約を競争に付して行なう場合の落札者の決定）

第九十一条　契約担当官等は、会計法第二十九条の六第二項の規定により、国の所有に属する財産と国以外の者の所有する財産との交換に関する契約については、それぞれの財産の見積価格の差額が国にとつて最も有利な申込みをした者を落札者とすることができる。

2　契約担当官等は、会計法第二十九条の六第二項の規定により、その性質又は目的から同条第一項の規定により難い契約で前項に規定するもの以外のものについては、各省各庁の長が財務大臣に協議して定めるところにより、価格その他の条件が国にとつて最も有利なものをもつて申込みをした者を落札者とすることができる。

（再度公告入札の公告期間）

第九十二条　契約担当官等は、入札者若しくは落札者がない場合又は落札者が契約を結ばない場合において、さらに入札に付そうとするときは、第七十四条の公告の期間を五日までに短縮することができる。

（せり売り）

第九十三条　契約担当官等は、動産の売払いについて特に必要があると認めるときは、本節の規定に準じ、せり売りに付することができる。

第三節　指名競争契約

（指名競争に付することができる場合）

第九十四条　会計法第二十九条の三第五項の規定により指名競争に付することができる場合は、次に掲げる場合とする。

一　予定価格が五百万円を超えない工事又は製造をさせるとき。

二　予定価格が三百万円を超えない財産を買い入れるとき。

三　予定賃借料の年額又は総額が百六十万円を超えない物件を借り入れるとき。

四　予定価格が百万円を超えない財産を売り払うとき。

五　予定賃貸料の年額又は総額が五十万円を超えない物件を貸し付けるとき。

六　工事又は製造の請負、財産の売買及び物件の貸借以外の契約でその予定価格が二百万円を超えないものをするとき。

2　随意契約によることができる場合においては、指名競争に付することを妨げない。

（指名競争参加者の資格）

第九十五条　各省各庁の長又はその委任を受けた職員は、工事、製造、物件の買入れその他についての契約の種類ごとに、その金額等に応じ、第七十二条第一項に規定する事項について、指名競争に参加する者に必要な資格を定めなければならない。

2　第七十二条第二項及び第三項の規定は、各省各庁の長又はその委任を受けた職員が前項の規定により資格を定めた場合に準用する。

3　前項の場合において、第一項の資格が第七十二条第一項の資格

と同一である等のため、前項において準用する同条第二項及び第三項の規定による資格の審査及び名簿の作成を要しないと認められるときは、当該資格の審査及び名簿の作成は、行なわず、同条第二項及び第三項の規定による資格の審査及び名簿の作成をもつて代えるものとする。

4　各省各庁の長又はその委任を受けた職員は、年間の契約の件数が僅少であることその他特別の事情がある契約担当官等に係る指名競争については、当該競争に参加する者に必要な資格及びその審査に関し第一項及び第二項に定めるところと異なる定めをし、又は当該競争に参加する資格を有する者の名簿を作成しないことができる。

（指名基準）

第九十六条　各省各庁の長又はその委任を受けた職員は、契約担当官等が前条の資格を有する者のうちから競争に参加する者を指名する場合の基準を定めなければならない。

2　各省各庁の長又はその委任を受けた職員は、前項の基準を定めたときは、財務大臣に通知しなければならない。

（競争参加者の指名）

第九十七条　契約担当官等は、指名競争に付するときは、第九十五条の資格を有する者のうちから、前条第一項の基準により、競争に参加する者をなるべく十人以上指名しなければならない。

2　前項の場合においては、第七十五条第一号及び第三号から第五号までに掲げる事項をその指名する者に通知しなければならない。

（一般競争に関する規定の準用）

第九十八条　第七十条、第七十一条及び第七十六条から第九十一条までの規定は、指名競争の場合に準用する。

第四節　随意契約

（随意契約によることができる場合）

第九十九条　会計法第二十九条の三第五項の規定により随意契約によることができる場合は、次に掲げる場合とする。

一　国の行為を秘密にする必要があるとき。

二　予定価格が二百五十万円を超えない工事又は製造をさせるとき。

三　予定価格が百六十万円を超えない財産を買い入れるとき。

四　予定賃借料の年額又は総額が八十万円を超えない物件を借り入れるとき。

五　予定価格が五十万円を超えない財産を売り払うとき。

六　予定貸借料の年額又は総額が三十万円を超えない物件を貸し付けるとき。

七　工事又は製造の請負、財産の売買及び物件の貸借以外の契約でその予定価格が百万円を超えないものをするとき。

八　運送又は保管をさせるとき。

九　国際協力銀行、日本政策投資銀行、公庫の予算及び決算に関する法律（昭和二十六年法律第九十九号）第一条に規定する公庫その他特別の法律により特別の設立行為をもつて設立された法人のうち財務大臣の指定するものとの間で契約をするとき。

十　農場、工場、学校、試験所、刑務所その他これらに準ずるものの生産に係る物品を売り払うとき。

十一　国の需要する物品の製造、修理、加工又は納入に使用させるため必要な物品を売り払うとき。

十二　法律の規定により財産の譲与又は無償貸付けをすることができる者にその財産を売り払い又は有償で貸し付けるとき。

十三　非常災害による罹災者に国の生産に係る建築材料を売り払

うとき。
十四　罹災者又はその救護を行なう者に災害の救助に必要な物件を売り払い又は貸し付けるとき。
十五　外国で契約をするとき。
十六　都道府県及び市町村その他の公法人、公益法人、農業協同組合、農業協同組合連合会又は慈善のため設立した救済施設から直接に物件を買い入れ又は借り入れるとき。
十七　開拓地域内における土木工事をその入植者の共同請負に付するとき。
十八　事業協同組合、事業協同小組合若しくは協同組合連合会又は商工組合若しくは商工組合連合会の保護育成のためこれらの者から直接に物件を買い入れるとき。
十九　学術又は技芸の保護奨励のため必要な物件を売り払い又は貸し付けるとき。
二十　産業又は開拓事業の保護奨励のため、必要な物件を売り払い若しくは貸し付け、又は生産者から直接にその生産に係る物品を買い入れるとき。
二十一　公共用、公用又は公益事業の用に供するため必要な物件を直接に公共団体又は事業者に売り払い、貸し付け又は信託するとき。
二十二　土地、建物又は林野若しくはその産物を特別の縁故がある者に売り払い又は貸し付けるとき。
二十三　事業経営上の特別の必要に基づき、物品を買い入れ若しくは製造させ、造林をさせ又は土地若しくは建物を借り入れるとき。
二十四　法律又は政令の規定により問屋業者に販売を委託し又は販売させるとき。
二十五　国が国以外の者に委託した試験研究の成果に係る特許権及び実用新案権の一部を当該試験研究を受託した者に売り払うとき。

第九十九条の二　契約担当官等は、競争に付しても入札者がないとき、又は再度の入札をしても落札者がないときは、随意契約によることができる。この場合においては、契約保証金及び履行期限を除くほか、最初競争に付するときに定めた予定価格その他の条件を変更することができない。
第九十九条の三　契約担当官等は、落札者が契約を結ばないときは、その落札金額の制限内で随意契約によることができる。この場合においては、履行期限を除くほか、最初競争に付するときに定めた条件を変更することができない。

（分割契約）
第九十九条の四　前二条の場合においては、予定価格又は落札金額を分割して計算することができる場合に限り、当該価格又は金額の制限内で数人に分割して契約をすることができる。

（予定価格の決定）
第九十九条の五　契約担当官等は、随意契約によろうとするときは、あらかじめ第八十条の規定に準じて予定価格を定めなければならない。

（見積書の徴収）
第九十九条の六　契約担当官等は、随意契約によろうとするときは、なるべく二人以上の者から見積書を徴さなければならない。

第五節　契約の締結

（契約書の記載事項）
第百条　会計法第二十九条の八第一項本文の規定により契約担当官等が作成すべき契約書には、契約の目的、契約金額、履行期限及び契約保証金に関する事項のほか、次に掲げる事項を記載しなければならない。ただし、契約の性質又は目的により該当のない事項については、この限りでない。

一　契約履行の場所
二　契約代金の支払又は受領の時期及び方法
三　監督及び検査
四　履行の遅滞その他債務の不履行の場合における遅延利息、違約金その他の損害金
五　危険負担
六　かし担保責任
七　契約に関する紛争の解決方法
八　その他必要な事項

2　前項に定めるもののほか、契約書の記載その他その作成に関する細目は、財務大臣の定めるところによる。

（契約書の作成を省略することができる場合）

第百条の二　会計法第二十九条の八第一項ただし書の規定により契約書の作成を省略することができる場合は、次に掲げる場合とする。

一　第七十二条第一項の資格を有する者による一般競争契約又は指名競争契約若しくは随意契約で、契約金額が百五十万円（外国で契約するときは、二百万円）を超えないものをするとき。
二　せり売りに付するとき。
三　物品を売り払う場合において、買受人が代金を即納してその物品を引き取るとき。
四　第一号に規定するもの以外の随意契約について各省各庁の長が契約書を作成する必要がないと認めるとき。

2　各省各庁の長は、前項第四号の規定による認定をしようとするときは、財務大臣に協議しなければならない。

3　財務大臣は、前項の協議が整つたときは、会計検査院に通知しなければならない。

（契約保証金の納付の免除）

第百条の三　契約担当官等は、会計法第二十九条の九第一項ただし書の規定により、次に掲げる場合においては、契約保証金の全部又は一部を納めさせないことができる。

一　契約の相手方が保険会社との間に国を被保険者とする履行保証保険契約を結んだとき。
二　契約の相手方から委託を受けた保険会社、銀行、農林中央金庫その他財務大臣の指定する金融機関と工事履行保証契約を結んだとき。
三　第七十二条第一項の資格を有する者による一般競争に付し、若しくは指名競争若しくはせり売りに付し、又は随意契約による場合において、その必要がないと認められるとき。

（契約保証金に代わる担保）

第百条の四　第七十八条の規定は、契約担当官等が契約保証金の納付に代えて担保を提供させる場合に準用する。

第六節　契約の履行

（売払代金の完納時期）

第百一条　国の所有に属する財産の売払代金は、法律又は政令に特別の規定がある場合を除くほか、その引渡しの時まで又は移転の登記若しくは登録の時までに、完納させなければならない。

（貸付料の納付時期）

第百一条の二　財産の貸付料は、法律又は政令に特別の規定がある場合を除くほか、前納させなければならない。ただし、貸付期間が六月以上にわたるものについては、分割して定期に前納させる

ことができる。

（監督の方法）

第百一条の三 会計法第二十九条の十一第一項に規定する工事又は製造その他についての請負契約の適正な履行を確保するため必要な監督（以下本節において「監督」という。）は、契約担当官等が、自ら又は補助者に命じて、立会い、指示その他の適切な方法によつて行なうものとする。

（検査の方法）

第百一条の四 会計法第二十九条の十一第二項に規定する工事若しくは製造その他についての請負契約又は物件の買入れその他の契約についての給付の完了の確認（給付の完了前に代価の一部を支払う必要がある場合において行なう工事若しくは製造の既済部分又は物件の既納部分の確認を含む。）をするため必要な検査（以下本節において「検査」という。）は、契約担当官等が、自ら又は補助者に命じて、契約書、仕様書及び設計書その他の関係書類に基づいて行なうものとする。

（検査の一部省略）

第百一条の五 会計法第二十九条の十一第三項に規定する特約により給付の内容が担保されると認められる契約のうち財務大臣の定める物件の買入れに係るものについては、数量以外のものの検査を省略することができる。

（監督及び検査を契約担当官等及びその補助者以外の職員に行なわせる場合の手続等）

第百一条の六 第六十八条第一項の規定は、各省各庁の長が会計法第二十九条の十一第四項の規定により当該契約に係る契約担当官等及びその補助者以外の当該各省各庁所属の職員に監督又は検査を行なわせる場合に、第二十六条第三項の規定は、各省各庁の長が同法第二十九条の十一第四項の規定により他の各省各庁所属の職員に監督又は検査を行なわせる場合に、それぞれ準用する。

2 前項に規定する場合において、各省各庁の長又はその委任を受けた職員は、当該各省各庁又は他の各省各庁に置かれた官職を指定することにより、その官職にある者に監督又は検査を行なわせることができる。この場合においては、同項において準用する第二十六条第三項の規定による同意は、その指定しようとする官職及び行なわせようとする事務の範囲についてあれば足りる。

3 各省各庁の長又はその委任を受けた職員は、監督又は検査を当該契約に係る契約担当官等及びその補助者以外の当該各省各庁所属の職員又は他の各省各庁所属の職員に行なわせることとしたときは、当該契約担当官等にその旨並びに当該監督又は検査を行なわせることとした職員の官職及び氏名を、当該監督又は検査を行なわせることとした職員に関係の契約担当官等の官職及び氏名を、それぞれ通知しなければならない。

（監督の職務と検査の職務の兼職禁止）

第百一条の七 契約担当官等から検査を命ぜられた補助者及び各省各庁の長又はその委任を受けた職員から検査を命ぜられた職員の職務は、特別の必要がある場合を除き、契約担当官等から監督を命ぜられた補助者及び各省各庁の長又はその委任を受けた職員から監督を命ぜられた職員の職務と兼ねることができない。

（監督及び検査の委託）

第百一条の八 契約担当官等は、会計法第二十九条の十一第五項の規定により、特に専門的な知識又は技能を必要とすることその他の理由により国の職員によつて監督又は検査を行なうことが困難であり又は適当でないと認められる場合においては、国の職員以外の者に委託して当該監督又は検査を行なわせることができる。

（検査調書の作成）

第百一条の九　契約担当官等、契約担当官等から検査を命ぜられた補助者及び各省各庁の長又はその委任を受けた職員から検査を命ぜられた職員は、検査を完了した場合においては、財務大臣の定める場合を除くほか、検査調書を作成しなければならない。

2　前項の規定により検査調書を作成すべき場合においては、当該検査調書に基づかなければ、支払をすることができない。

（部分払の限度額）

第百一条の十　契約により、工事若しくは製造その他についての請負契約に係る既済部分又は物件の買入契約に係る既納部分に対し、その完済前又は完納前に代価の一部を支払う必要がある場合における当該支払金額は、工事又は製造その他についての請負契約にあつてはその既済部分に対する代価の十分の九、物件の買入契約にあつてはその既納部分に対する代価をこえることができない。ただし、性質上可分の工事又は製造その他についての請負契約に係る完済部分にあつては、その代価の全額までを支払うことができる。

第七節　雑則

（競争に参加させないことができる者についての報告等）

第百二条　契約担当官等は、その取扱いに係る契約に関し、第七十一条の規定に該当すると認められる者があつたときは、財務大臣の定めるところにより、その事実を詳細に記載した書面により当該各省各庁の長に報告しなければならない。

2　各省各庁の長は、前項の報告を受けた場合において、その報告に係る者が第七十一条の規定に該当すると認めたときは、その事実を記載した書面を財務大臣に送付しなければならない。

3　財務大臣は、前項の書面の送付を受けたときは、これを取りまとめて関係の各省各庁の長に送付するものとする。

（長期継続契約ができるもの）

第百二条の二　契約担当官等は、会計法第二十九条の十二の規定により、翌年度以降にわたり、次に掲げる電気、ガス若しくは水又は電気通信役務について、その供給又は提供を受ける契約を締結することができる。

一　電気事業法第二条第一項第十号に規定する電気事業者が供給する電気

二　ガス事業法第二条第九項に規定するガス事業者が供給するガス

三　水道法第三条第五項に規定する水道事業者又は工業用水道事業法第二条第五項に規定する工業用水道事業者が供給する水

四　電気通信事業法（昭和五十九年法律第八十六号）第二条第五号に規定する電気通信事業者が提供する電気通信役務（財務大臣の定めるものを除く。）

（競争参加者の資格等を定めようとする場合の財務大臣への協議）

第百二条の三　各省各庁の長は、第七十二条第一項の一般競争に参加する者に必要な資格、第八十五条の基準若しくは第九十五条第一項の指名競争に参加する者に必要な資格を定めようとするとき、又は同条第四項の規定による定めをしようとするときは、あらかじめ、財務大臣に協議しなければならない。この場合において、その定めようとする事項が競争に参加する者に必要な資格であるときは、当該協議は、その資格の基本となるべき事項についてあれば足りる。

（指名競争に付し又は随意契約によろうとする場合の財務大臣への協議）

第百二条の四　各省各庁の長は、契約担当官等が指名競争に付し又は随意契約によろうとする場合においては、あらかじめ、財務大臣に協議しなければならない。ただし、次に掲げる場合は、この限りでない。

一 契約の性質又は目的により競争に加わるべき者が少数で一般競争に付する必要がない場合において、指名競争に付そうとするとき。

二 一般競争に付することを不利と認めて指名競争に付そうとする場合において、その不利と認める理由が次のイからハまでの一に該当するとき。

イ 関係業者が通謀して一般競争の公正な執行を妨げることとなるおそれがあること。

ロ 特殊の構造の建築物等の工事若しくは製造又は特殊の品質の物件等の買入れであつて検査が著しく困難であること。

ハ 契約上の義務違反があるときは国の事業に著しく支障をきたすおそれがあること。

三 契約の性質若しくは目的が競争を許さない場合又は緊急の必要により競争に付することができない場合において、随意契約によろうとするとき。

四 競争に付することを不利と認めて随意契約によろうとする場合において、その不利と認める理由が次のイからニまでの一に該当するとき。

イ 現に契約履行中の工事、製造又は物品の買入れに直接関連する契約を現に履行中の契約者以外の者に履行させることが不利であること。

ロ 随意契約によるときは、時価に比べて著しく有利な価格をもつて契約をすることができる見込みがあること。

ハ 買入れを必要とする物品が多量であつて、分割して買い入れなければ売惜しみその他の理由により価格を騰貴させるおそれがあること。

ニ 急速に契約をしなければ、契約をする機会を失い、又は著しく不利な価格をもつて契約をしなければならないこととなるおそれがあること。

五 第九十四条第一項各号に掲げる場合において、指名競争に付そうとするとき。

六 第九十四条第二項の規定により、随意契約によることができる場合において、指名競争に付そうとするとき。

七 第九十九条第一号から第十八号まで、第九十九条の二又は第九十九条の三の規定により随意契約によろうとするとき。

（各省各庁の組織相互間の契約に準ずる行為）

第百二条の五 各省各庁の組織相互の間において行なう契約に準ずる行為については、契約の例により取り扱うものとする。ただし、次に掲げる行為は、行なわないことができる。

一 第七十二条第二項（第九十五条第二項において準用する場合を含む。）の規定による競争に参加する者に必要な資格の審査

二 入札保証金又は契約保証金の納付

三 契約書の作成

四 競争に付すること。

第九章 出納官吏

第一節 総則

（出納官吏等の任命）

第百十一条 会計法第三十九条から第四十条の二までの場合において、各省各庁の長又はその委任を受けた職員は、当該各省各庁又は他の各省各庁に置かれた官職を指定することにより、その官職にある者を出納官吏、分任出納官吏、出納官吏代理又は出納員と

することができる。

② 第二十六条第三項及び第四項の規定は、各省各庁の長が他の各省各庁所属の職員を出納官吏、分任出納官吏、出納官吏代理又は出納員としようとする場合に、これを準用する。

第二節　責任

（弁償責任の検定の請求）

第百十五条　会計法第四十三条第一項（同法第四十五条において準用する場合を含む。）の場合において、弁償を命ぜられた出納官吏又は出納員は、その責を免がれるべき理由があると信ずるときは、その理由を明らかにする書類及び計算書を作製し、証拠書類を添え、各省各庁の長を経由してこれを会計検査院に送付し、その検定を求めることができる。

② 各省各庁の長は、前項の場合においても、その命じた弁償を猶予しない。

（現金の亡失の通知）

第百十五条の二　各省各庁の長は、出納官吏がその保管に係る現金を亡失した場合には、会計検査院又は財務大臣の定めるところにより、その旨をそれぞれ会計検査院又は財務大臣に通知しなければならない。

第三節　検査及び証明

（帳簿金庫の検査）

第百十六条　各省各庁の長は、毎年三月三十一日（同日が土曜日に当たるときはその前日とし、同日が日曜日に当たるときはその前々日とする。）又は主任出納官吏若しくは分任出納官吏が交替するとき、若しくはその廃止があつたときは、当該各省各庁所属の職員又は他の各省各庁所属の職員のうちから検査員を命じて、当該出納官吏の帳簿金庫を検査させなければならない。ただし、臨時に資金の前渡を受けた職員の帳簿金庫については、定時の検査を必要としない。

② 財務大臣又は各省各庁の長は、必要があると認めるときは、随時、財務省所属の職員若しくは他の各省各庁所属の職員又は当該各省各庁所属の職員若しくは他の各省各庁所属の職員のうちから検査員を命じて、出納官吏又は出納員の帳簿金庫を検査せしめるものとする。

（出納計算書の作製及び提出）

第百二十条　歳入金の収納を掌る職員は、会計検査院の検査を受けるため、出納計算書を作製し、証拠書類その他必要な書類を添え、歳入徴収官を経由してこれを会計検査院に提出しなければならない。

第百二十一条　資金の前渡を受けた職員は、会計検査院の検査を受けるため、出納計算書を作製し、証拠書類その他必要な書類を添え、支出官を経由してこれを会計検査院に提出しなければならない。

第百二十二条　歳入歳出外現金の出納を掌る職員は、会計検査院の検査を受けるため、出納計算書を作製し、証拠書類その他必要な書類を添え、その所属の各省各庁の長又はその指定する職員を経由してこれを会計検査院に提出しなければならない。

（分任出納官吏及び出納員の出納計算）

第百二十四条　分任出納官吏の出納は、すべて主任出納官吏の計算とし、又、出納員の出納はすべて所属の出納官吏の計算として取り扱い、その出納に関する報告書及び計算書は、各別にこれを提出することを必要としない。但し、その所属の各省各庁の長又は会計検査院において特に必要があると認めるときは、別に分任出納官吏又は出納員をしてその出納の報告書又は計算書を提出せしめることがあるものとする。

（出納官吏の交替等の場合の出納計算）

第百二十五条　出納官吏の交替、廃止その他の異動があったときは、異動前の出納官吏が執行した出納のうち、まだ第百二十条から第百二十三条までの手続をしていない分については、異動後の出納官吏（各省各庁の長又はその委任を受けた職員が必要があると認めるときは、その指定する職員）がこれらの規定に定める手続をしなければならない。

第十章　帳簿

（歳入簿、歳出簿及び支払計画差引簿）

第百三十条　各省各庁は、歳入簿、歳出簿及び支払計画差引簿を備え、歳入簿には、歳入予算額、徴収決定済額、収納済歳入額、不納欠損額及び収納未済歳入額を登記し、歳出簿には、歳出予算額、前年度繰越額、予備費使用額、流用等増減額、支出済歳出額、翌年度へ繰越額及び歳出予算残額を登記し、支払計画差引簿には、歳出予算額、支払計画示達済額及び支払計画示達未済額を登記しなければならない。

（徴収簿）

第百三十一条　歳入徴収官は、徴収簿を備え、徴収決定済額、収納済歳入額、不納欠損額及び収納未済歳入額を登記しなければならない。

（支出簿）

第百三十三条　支出官は、支出簿を備え、支払計画示達額、支出済額及び支払計画示達済支出未済額を登記しなければならない。

（支出負担行為差引簿）

第百三十四条　支出官は、支出負担行為差引簿を備え、支出負担行為計画示達額、支出負担行為確認又は認証済額及び支出負担行為計画示達済確認又は認証未済額を登記しなければならない。

（支出負担行為認証官の帳簿）

第百三十四条の二　各省各庁の長が会計法第十三条の三の規定により、その所掌に係る支出負担行為の全部又は一部について認証を行わしめる場合においては、前条の規定にかかわらず、支出負担行為認証官は、同条の帳簿を備え、同条に規定する事項を登記しなければならない。この場合において、支出負担行為認証官の備える帳簿は、第三十九条第四項の規定により通知された支出負担行為の計画に関する事項を登記するものとし、その支出負担行為の計画に関しては、支出官は、登記することを必要としないものとする。

（現金出納簿）

第百三十五条　出納官吏及び出納員は、現金出納簿を備え、現金の出納を登記しなければならない。

（帳簿の様式及び記入の方法）

第百三十七条　第百二十九条から第百三十五条までに規定する帳簿の様式及び記入の方法は、財務大臣がこれを定める。

（帳簿の登記）

第百三十七条の二　帳簿の登記は、その登記原因の発生の都度、直ちにこれをしなければならない。

第十一章　雑則

（事務の代理等）

第百三十九条の二　各省各庁の長は、会計法第四十六条の三第一項の場合において、当該各省各庁又は他の各省各庁に置かれた官職を指定することにより、その官職にある者に同項各号に掲げる者の事務を代理させることができる。

（署名）

第百四十三条　この勅令により記名して印をおす必要がある場合においては、外国にあつては、署名を以てこれに代えることができる。

（財務大臣の権限）

第百四十四条　この勅令に定めるものの外、収入、支出その他国の会計経理に関し必要な規定は、財務大臣がこれを定める。

◎政府契約の支払遅延防止等に関する法律

〔昭和二四年一二月一二日
法律第二五六号〕

最近改正　平成一一年一二月二二日　法律第一六〇号

（目的）

第一条　この法律は、政府契約の支払遅延防止等その公正化をはかるとともに、国の会計経理事務処理の能率化を促進し、もつて国民経済の健全な運行に資することを目的とする。

（定義）

第二条　この法律において「政府契約」とは、国を当事者の一方とする契約で、国以外の者のなす工事の完成若しくは作業その他の役務の給付又は物件の納入に対し国が対価の支払をなすべきものをいう。

（政府契約の原則）

第三条　政府契約の当事者は、各々の対等な立場における合意に基いて公正な契約を締結し、信義に従つて誠実にこれを履行しなければならない。

（政府契約の必要的内容事項）

第四条　政府契約の当事者は、前条の趣旨に従い、その契約の締結に際しては、給付の内容、対価の額、給付の完了の時期その他必要な事項のほか、左に掲げる事項を書面により明らかにしなければならない。但し、他の法令により契約書の作成を省略することができるものについては、この限りでない。
一 契約の目的たる給付の完了の確認又は検査の時期
二 対価の支払の時期
三 各当事者の履行の遅滞その他債務の不履行の場合における遅延利息、違約金その他の損害金
四 契約に関する紛争の解決方法

(給付の完了の確認又は検査の時期)

第五条 前条第一号の時期は、国が相手方から給付を終了した旨の通知を受けた日から工事については十四日、その他の給付については十日以内の日としなければならない。

2 国が相手方のなした給付を検査しその給付の内容の全部又は一部が契約に違反し又は不当であることを発見したときは、国は、その是正又は改善を求めることができる。この場合においては、前項の時期は、国が相手方から是正又は改善した給付を終了した旨の通知を受けた日から前項の規定により約定した期間以内の日とする。

(支払の時期)

第六条 第四条第二号の時期は、国が給付の完了の確認又は検査を終了した後相手方から適法な支払請求書を受理した日から工事代金については四十日、その他の給付に対する対価については三十日(以下この規定又は第七条の規定により約定した期間を「約定期間」という。)以内の日としなければならない。

2 国が相手方の支払請求書を受理した後、その請求書の内容の全部又は一部が不当であることを発見したときは、国は、その事由を明示してその請求書を相手方に返付することができる。この場合においては、当該請求書を返付した日から国が相手方の是正した支払請求書を受理した日までの期間は、約定期間に算入しないものとする。但し、その請求書の内容の不当が相手方の故意又は重大な過失による場合は、適法な支払請求書の提出があつたものとしないものとする。

(時期の定の特例)

第七条 契約の性質上前二条の規定によることが著しく困難な特殊の内容を有するものについては、当事者の合意により特別の期間の定をすることができる。但し、その期間は、前二条の最長期間に一・五を乗じた日数以内の日としなければならない。

(支払遅延に対する遅延利息の額)

第八条 国が約定の支払時期までに対価を支払わない場合の遅延利息の額は、約定の支払時期到来の日の翌日から支払をする日までの日数に応じ、当該未支払金額に対し財務大臣が銀行の一般貸付利率を勘案して決定する率を乗じて計算した金額を下るものであつてはならない。但し、その約定の支払時期までに支払をしないことが天災地変等やむを得ない事由に因る場合は、特に定めない限り、当該事由の継続する期間は、約定期間に算入せず、又は遅延利息を支払う日数に計算しないものとする。

2 前項の規定により計算した遅延利息の額が百円未満であるときは、遅延利息を支払うことを要せず、その額に百円未満の端数があるときは、その端数を切り捨てるものとする。

(完了の確認又は検査の遅延)

第九条 国が約定の時期までに給付の完了の確認又は検査をしないときは、その時期を経過した日から完了の確認又は検査をした日までの期間の日数は、約定期間の日数から差し引くものとし、又当該遅延期間が約定期間の日数を越える場合には、約定期間は満了したものとみなし、国は、その越える日数に応じ前条の計算の例に準じ支払遅延に関し約定した利率をもつて計算した金額を相

手方に対し支払わなければならない。

（定をしなかつた場合）

第十条　政府契約の当事者が第四条但書の規定により、同条第一号から第三号までに掲げる事項を書面により明らかにしないときは、同条第一号の時期は、相手方が給付を終了し国がその旨の通知を受けた日から十日以内の日、同条第二号の時期は、相手方が請求書を提出した日から十五日以内の日と定めたものとみなし、同条第三号中国が支払時期までに対価を支払わない場合の遅延利息の額は、第八条の計算の例に準じ同条第一項の財務大臣の決定する率をもつて計算した金額と定めたものとみなす。政府契約の当事者が第四条但書の場合を除き同条第一号から第三号までに掲げる事項を書面により明らかにしないときも同様とする。

（国の過払額に対する利息の加算）

第十一条　国が前金払又は概算払をなした場合においてその支払済金額が支払確定金額を超過し当該契約の相手方がその超過額を返納告知のあつた期限までに返納しないときは、その相手方は、その期限の翌日からこれを国に返納する日までの期間に応じ、当該未返納金額に対し第八条第一項に定める率と同じ率を乗じて計算した金額を加算して国に返納しなければならない。

（財務大臣の監督）

第十二条　財務大臣は、この法律の適正な実施を確保し政府契約に基く支払の遅延を防止するため、各省各庁（財政法（昭和二十二年法律第三十四号）第二十一条に規定する各省各庁をいう。）及び公団に対し支払の状況について報告を徴し、実地監査を行い、又は必要に応じ、閣議の決定を経て支払について必要な指示をすることができる。

2　財務大臣は、前項の目的をもつて政府契約の相手方に対して支払の状況について報告させ、又は必要に応じ実地調査をすることができる。

（懲戒処分）

第十三条　国の会計事務を処理する職員が故意又は過失により国の支払を著しく遅延させたと認めるときは、その職員の任命権者は、その職員に対し懲戒処分をしなければならない。

2　会計検査院は、検査の結果国の会計事務を処理する職員が故意又は過失により国の支払を著しく遅延させたと認める事件でその職員の任命権者がその職員を前項の規定により処分していないものを発見したときは、その任命権者に当該職員の懲戒処分を要求しなければならない。

（この法律の準用）

第十四条　この法律（第十二条及び前条第二項を除く。）の規定は、地方公共団体のなす契約に準用する。

附　則〔略〕

◎補助金等に係る予算の執行の適正化に関する法律

〔昭和三〇年八月二七日／法律第一七九号〕

最近改正　平成一一年七月一六日　法律第八七号

第一章　総則

（この法律の目的）

第一条　この法律は、補助金等の交付の申請、決定等に関する事項その他補助金等に係る予算の執行に関する基本的事項を規定することにより、補助金等の交付の不正な申請及び補助金等の不正な使用の防止その他補助金等に係る予算の執行並びに補助金等の交付の決定の適正化を図ることを目的とする。

（定義）

第二条　この法律において「補助金等」とは、国が国以外の者に対して交付する次に掲げるものをいう。

一　補助金

二　負担金（国際条約に基く分担金を除く。）

三　利子補給金

四　その他相当の反対給付を受けない給付金であつて政令で定めるもの

2　この法律において「補助事業等」とは、補助金等の交付の対象となる事務又は事業をいう。

3　この法律において「補助事業者等」とは、補助事業等を行う者をいう。

4　この法律において「間接補助金等」とは、次に掲げるものをいう。

一　国以外の者が相当の反対給付を受けないで交付する給付金で、補助金等を直接又は間接にその財源の全部又は一部とし、かつ、当該補助金等の交付の目的に従つて交付するもの

二　利子補給金又は利子の軽減を目的とする前号の給付金の交付を受ける者が、その交付の目的に従い、利子を軽減して融通する資金

5　この法律において「間接補助事業等」とは、前項第一号の給付金の交付又は同項第二号の資金の融通の対象となる事務又は事業をいう。

6　この法律において「間接補助事業者等」とは、間接補助事業等を行う者をいう。

7　この法律において「各省各庁」とは、財政法（昭和二十二年法律第三十四号）第二十一条に規定する各省各庁をいい、「各省各庁の長」とは、同法第二十条第二項に規定する各省各庁の長をいう。

（関係者の責務）

第三条　各省各庁の長は、その所掌の補助金等に係る予算の執行に当つては、補助金等が国民から徴収された税金その他の貴重な財源でまかなわれるものであることに特に留意し、補助金等が法令及び予算で定めるところに従つて公正かつ効率的に使用されるように努めなければならない。

2　補助事業者等及び間接補助事業者等は、補助金等が国民から徴収された税金その他の貴重な財源でまかなわれるものであることに留意し、法令の定及び補助金等の交付の目的又は間接補助金等の交付若しくは融通の目的に従つて誠実に補助事業等又は間接補

助事業等を行うように努めなければならない。

（他の法令との関係）

第四条　補助金等に関しては、他の法律又はこれに基く命令若しくはこれを実施するための命令に特別の定のあるものを除くほか、この法律の定めるところによる。

第二章　補助金等の交付の申請及び決定

（補助金等の交付の申請）

第五条　補助金等の交付の申請（契約の申込を含む。以下同じ。）をしようとする者は、政令で定めるところにより、補助事業等の目的及び内容、補助事業等に要する経費その他必要な事項を記載した申請書に各省各庁の長が定める書類を添え、各省各庁の長に対しその定める時期までに提出しなければならない。

（補助金等の交付の決定）

第六条　各省各庁の長は、補助金等の交付の申請があったときは、当該申請に係る書類等の審査及び必要に応じて行う現地調査等により、当該申請に係る補助金等の交付が法令及び予算で定めるところに違反しないかどうか、補助事業等の目的及び内容が適正であるかどうか、金額の算定に誤がないかどうか等を調査し、補助金等を交付すべきものと認めたときは、すみやかに補助金等の交付の決定（契約の承諾の決定を含む。以下同じ。）をしなければならない。

2　各省各庁の長は、補助金等の交付の申請が到達してから当該申請に係る補助金等の交付の決定をするまでに通常要すべき標準的な期間（法令により当該各省各庁の長と異なる機関が当該申請の提出先とされている場合は、併せて、当該申請が当該提出先とされている機関の事務所に到達してから当該各省各庁の長に到達するまでに通常要すべき標準的な期間）を定め、かつ、これを公表するよう努めなければならない。

3　各省各庁の長は、第一項の場合において、適正な交付を行うため必要があるときは、補助金等の交付の申請に係る事項につき修正を加えて補助金等の交付の決定をすることができる。

4　前項の規定により補助金等の交付の申請に係る事項につき修正を加えてその交付の決定をするに当っては、その申請に係る当該補助事業等の遂行を不当に困難とさせないようにしなければならない。

（補助金等の交付の条件）

第七条　各省各庁の長は、補助金等の交付の決定をする場合において、法令及び予算で定める補助金等の交付の目的を達成するため必要があるときは、次に掲げる事項につき条件を附するものとする。

一　補助事業等に要する経費の配分の変更（各省各庁の長の定める軽微な変更を除く。）をする場合においては、各省各庁の長の承認を受けるべきこと。

二　補助事業等を行うため締結する契約に関する事項その他補助事業等に要する経費の使用方法に関する事項

三　補助事業等の内容の変更（各省各庁の長の定める軽微な変更を除く。）をする場合においては、各省各庁の長の承認を受けるべきこと。

四　補助事業等を中止し、又は廃止する場合においては、各省各庁の長の承認を受けるべきこと。

五　補助事業等が予定の期間内に完了しない場合又は補助事業等の遂行が困難となつた場合においては、すみやかに各省各庁の長に報告してその指示を受けるべきこと。

2　各省各庁の長は、補助事業等の完了により当該補助事業者等に相当の収益が生ずると認められる場合においては、当該補助金等の交付の目的に反しない場合に限り、その交付した補助金等の全部又は一部に相当する金額を国に納付すべき旨の条件を附することができる。

3 前二項の規定は、これらの規定に定める条件のほか、各省各庁の長が法令及び予算で定める補助金等の交付の目的を達成するため必要な条件を附することを妨げるものではない。

4 補助金等の交付の決定に附する条件は、公正なものでなければならず、いやしくも補助金等の交付の目的を達成するため必要な限度をこえて不当に補助事業者等に対し干渉をするようなものであつてはならない。

（決定の通知）

第八条 各省各庁の長は、補助金等の交付の決定をしたときは、すみやかにその決定の内容及びこれに条件を附した場合にはその条件を補助金等の交付の申請をした者に通知しなければならない。

（申請の取下げ）

第九条 補助金等の交付の申請をした者は、前条の規定による通知を受領した場合において、当該通知に係る補助金等の交付の決定の内容又はこれに附された条件に不服があるときは、各省各庁の長の定める期日までに、申請の取下げをすることができる。

2 前項の規定による申請の取下げがあつたときは、当該申請に係る補助金等の交付の決定は、なかつたものとみなす。

（事情変更による決定の取消等）

第十条 各省各庁の長は、補助金等の交付の決定をした場合において、その後の事情の変更により特別の必要が生じたときは、補助金等の交付の決定の全部若しくは一部を取り消し、又はその決定の内容若しくはこれに附した条件を変更することができる。ただし、補助事業等のうちすでに経過した期間に係る部分については、この限りでない。

2 各省各庁の長が前項の規定により補助金等の交付の決定を取り消すことができる場合は、天災地変その他補助金等の交付の決定後生じた事情の変更により補助事業等の全部又は一部を継続する必要がなくなつた場合その他政令で定める特に必要な場合に限る。

3 各省各庁の長は、第一項の規定による補助金等の交付の決定の取消により特別に必要となつた事務又は事業に対しては、政令で定めるところにより、補助金等を交付するものとする。

4 第八条〔決定の通知〕の規定は、第一項の処分をした場合について準用する。

第三章　補助事業等の遂行等

（補助事業等及び間接補助事業等の遂行）

第十一条 補助事業者等は、法令の定並びに補助金等の交付の決定の内容及びこれに附した条件その他法令に基く各省各庁の長の処分に従い、善良な管理者の注意をもつて補助事業等を行わなければならず、いやしくも補助金等の他の用途への使用（利子補給金にあつては、その交付の目的となつている融資又は利子の軽減をしないことにより、補助金等の交付の目的に反してその交付を受けたことになることをいう。以下同じ。）をしてはならない。

2 間接補助事業者等は、法令の定及び間接補助金等の交付又は融通の目的に従い、善良な管理者の注意をもつて間接補助事業等を行わなければならず、いやしくも間接補助金等の他の用途への使用（利子の軽減を目的とする第二条〔定義〕第四項第一号の給付金にあつては、その交付の目的となつている融資又は利子の軽減をしないことにより間接補助金等の交付の目的に反してその交付を受けたことになることをいい、同項第二号の資金にあつては、その融通の目的に従つて使用しないことにより不当に利子の軽減を受けたことになることをいう。以下同じ。）をしてはならない。

（状況報告）

第十二条　補助事業者等は、各省各庁の長の定めるところにより、補助事業等の遂行の状況に関し、各省各庁の長に報告しなければならない。

（補助事業等の遂行等の命令）

第十三条　各省各庁の長は、補助事業者等が提出する報告等により、その者の補助事業等が補助金等の交付の決定の内容又はこれに附した条件に従つて遂行されていないと認めるときは、その者に対し、これらに従つて当該補助事業等を遂行すべきことを命ずることができる。

2　各省各庁の長は、補助事業者等が前項の命令に違反したときは、その者に対し、当該補助事業等の遂行の一時停止を命ずることができる。

（実績報告）

第十四条　補助事業者等は、各省各庁の長の定めるところにより、補助事業等が完了したとき（補助事業等の廃止の承認を受けたときを含む。）は、補助事業等の成果を記載した補助事業等実績報告書に各省各庁の長の定める書類を添えて各省各庁の長に報告しなければならない。補助金等の交付の決定に係る国の会計年度が終了した場合も、また同様とする。

（補助金等の額の確定等）

第十五条　各省各庁の長は、補助事業等の完了又は廃止に係る補助事業等の成果の報告を受けた場合においては、報告書等の書類の審査及び必要に応じて行う現地調査等により、その報告に係る補助事業等の成果が補助金等の交付の決定の内容及びこれに附した条件に適合するものであるかどうかを調査し、適合すると認めたときは、交付すべき補助金等の額を確定し、当該補助事業者等に通知しなければならない。

（是正のための措置）

第十六条　各省各庁の長は、補助事業等の完了又は廃止に係る補助事業等の成果の報告を受けた場合において、その報告に係る補助事業等の成果が補助金等の交付の決定の内容及びこれに附した条件に適合しないと認めるときは、当該補助事業等につき、これに適合させるための措置をとるべきことを当該補助事業者等に対して命ずることができる。

2　第十四条〔実績報告〕の規定は、前項の規定による命令に従つて行う補助事業等について準用する。

第四章　補助金等の返還等

（決定の取消）

第十七条　各省各庁の長は、補助事業者等が、補助金等の他の用途への使用をし、その他補助事業等に関して補助金等の交付の決定の内容又はこれに附した条件その他法令又はこれに基く各省各庁の長の処分に違反したときは、補助金等の交付の決定の全部又は一部を取り消すことができる。

2　各省各庁の長は、間接補助事業者等が、間接補助金等の他の用途への使用をし、その他間接補助事業等に関して法令に違反したときは、補助事業者等に対し、当該間接補助金等に係る補助金等の交付の決定の全部又は一部を取り消すことができる。

3　前二項の規定は、補助事業等について交付すべき補助金等の額の確定があつた後においても適用があるものとする。

4　第八条〔決定の通知〕の規定は、第一項又は第二項の規定による取消をした場合について準用する。

（補助金等の返還）

第十八条　各省各庁の長は、補助金等の交付の決定を取り消した場合において、補助事業等の当該取消に係る部分に関し、すでに補助金等が交付されているときは、期限を定めて、その返還を命じなければならない。

2　各省各庁の長は、補助事業者等に交付すべき補助金等の額を確定した場合において、すでにその額をこえる補助金等が交付されているときは、期限を定めて、その返還を命じなければならない。

3　各省各庁の長は、第一項の返還の命令に係る補助金等の交付の決定の取消が前条第二項の規定によるものである場合において、やむを得ない事情があると認めるときは、政令で定めるところにより、返還の期限を延長し、又は返還の命令の全部若しくは一部を取り消すことができる。

（加算金及び延滞金）

第十九条　補助事業者等は、第十七条〔決定の取消〕第一項の規定又はこれに準ずる他の法律の規定による処分に関し、補助金等の返還を命ぜられたときは、政令で定めるところにより、その命令に係る補助金等の受領の日から納付の日までの日数に応じ、当該補助金等の額（その一部を納付した場合におけるその後の期間については、既納額を控除した額）につき年十・九五パーセントの割合で計算した加算金を国に納付しなければならない。

2　補助事業者等は、補助金等の返還を命ぜられ、これを納期日までに納付しなかつたときは、政令で定めるところにより、納期日の翌日から納付の日までの日数に応じ、その未納付額につき年十・九五パーセントの割合で計算した延滞金を国に納付しなければならない。

3　各省各庁の長は、前二項の場合において、やむを得ない事情があると認めるときは、政令で定めるところにより、加算金又は延滞金の全部又は一部を免除することができる。

（他の補助金等の一時停止等）

第二十条　各省各庁の長は、補助事業者等が補助金等の返還を命ぜられ、当該補助金等、加算金又は延滞金の全部又は一部を納付しない場合において、その者に対して、同種の事務又は事業について交付すべき補助金等があるときは、相当の限度においてその交付を一時停止し、又は当該補助金等と未納付額とを相殺することができる。

（徴収）

第二十一条　各省各庁の長が返還を命じた補助金等又はこれに係る加算金若しくは延滞金は、国税滞納処分の例により、徴収することができる。

2　前項の補助金等又は加算金若しくは延滞金の先取特権の順位は、国税及び地方税に次ぐものとする。

第五章　雑則

（理由の提示）

第二十一条の二　各省各庁の長は、補助金等の交付の決定の取消し、補助事業等の遂行若しくは一時停止の命令又は補助事業等の是正のための措置の命令をするときは、当該補助事業者等に対してその理由を示さなければならない。

（財産の処分の制限）

第二十二条　補助事業者等は、補助事業等により取得し、又は効用の増加した政令で定める財産を、各省各庁の長の承認を受けないで、補助金等の交付の目的に反して使用し、譲渡し、交換し、貸し付け、又は担保に供してはならない。ただし、政令で定める場合は、この限りでない。

（立入検査等）

第二十三条　各省各庁の長は、補助金等に係る予算の執行の適正を期するため必要があるときは、補助事業者等若しくは間接補助事業者等に対して報告をさせ、又は当該職員にその事務所、事業場等に立ち入り、帳簿書類その他の物件を検査させ、若しくは関係者に質問させることができる。

2　前項の職員は、その身分を示す証票を携帯し、関係者の要求があるときは、これを提示しなければならない。

3　第一項の規定による権限は、犯罪捜査のために認められたものと解してはならない。

（不当干渉等の防止）

第二十四条　補助金等の交付に関する事務その他補助金等に係る予算の執行に関する事務に従事する国又は都道府県の職員は、当該事務を不当に遅延させ、又は補助金等の交付の目的を達成するため必要な限度をこえて不当に補助事業者等若しくは間接補助事業者等に対して干渉してはならない。

（行政手続法の適用除外）

第二十四条の二　補助金等の交付に関する各省各庁の長の処分については、行政手続法（平成五年法律第八十八号）〔別掲〕第二章及び第三章の規定は、適用しない。

（不服の申出）

第二十五条　補助金等の交付の決定、補助金等の交付の決定の取消、補助金等の返還の命令その他補助金等の交付に関する各省各庁の長の処分に対して不服のある地方公共団体（港湾法（昭和二十五年法律第二百十八号）に基く港務局を含む。以下同じ。）は、政令で定めるところにより、各省各庁の長に対して不服を申し出ることができる。

2　各省各庁の長は、前項の規定による不服の申出があつたときは、不服を申し出た者に意見を述べる機会を与えた上、必要な措置をとり、その旨を不服を申し出た者に対して通知しなければならない。

3　前項の措置に不服のある者は、内閣に対して意見を申し出ることができる。

（事務の実施）

第二十六条　各省各庁の長は、政令で定めるところにより、補助金等の交付に関する事務の一部を各省各庁の機関に委任することができる。

2　国は、政令で定めるところにより、補助金等の交付に関する事務の一部を都道府県が行うこととすることができる。

3　前項の規定により都道府県が行うこととされる事務は、地方自治法（昭和二十二年法律第六十七号）第二条第九項第一号に規定する第一号法定受託事務とする。

（適用除外）

第二十七条　他の法律又はこれに基く命令若しくはこれを実施するための命令に基き交付する補助金等に関しては、政令で定めるところにより、この法律の一部を適用しないことができる。

（政令への委任）

第二十八条　この法律に定めるもののほか、この法律の施行に関し必要な事項は、政令で定める。

第六章　罰則

第二十九条　偽りその他不正の手段により補助金等の交付を受け、又は間接補助金等の交付若しくは融通を受けた者は、五年以下の懲役若しくは百万円以下の罰金に処し、又はこれを併科する。

２　前項の場合において、情を知って交付又は融通をした者も、また同項と同様とする。

第三十条　第十一条〔補助事業等及び間接補助事業等の遂行〕の規定に違反して補助金等の他の用途への使用又は間接補助金等の他の用途への使用をした者は、三年以下の懲役若しくは五十万円以下の罰金に処し、又はこれを併科する。

第三十一条　次の各号の一に該当する者は、三万円以下の罰金に処する。

一　第十三条〔補助事業等の遂行等の命令〕第二項の規定による命令に違反した者

二　法令に違反して補助事業等の成果の報告をしなかった者

三　第二十三条〔立入検査等〕の規定による報告をせず、若しくは虚偽の報告をし、検査を拒み、妨げ、若しくは忌避し、又は質問に対して答弁せず、若しくは虚偽の答弁をした者

第三十二条　法人（法人でない団体で代表者又は管理人の定のあるものを含む。以下この項において同じ。）の代表者又は法人若しくは人の代理人、使用人その他の従業者が、その法人又は人の業務に関し、前三条の違反行為をしたときは、その行為者を罰するほか、当該法人又は人に対し各本条の罰金刑を科する。

２　前項の規定により法人でない団体を処罰する場合においては、その代表者又は管理人が訴訟行為につきその団体を代表するほか、法人を被告人とする場合の刑事訴訟に関する法律の規定を準用する。

第三十三条　前条の規定は、国又は地方公共団体には、適用しない。

２　国又は地方公共団体において第二十九条から第三十一条までの違反行為があったときは、その行為をした各省各庁の長その他の職員又は地方公共団体の長その他の職員に対し、各本条の刑を科する。

附　則〔略〕

◎会計検査院法　抄

（昭和二二年四月一九日 法律第七三号）

最近改正　平成一一年五月一四日　法律第四三号

第一章　組織

第一節　総則

〔地位〕

第一条　会計検査院は、内閣に対し独立の地位を有する。

第四節　事務総局

〔所掌事務・組織〕

第十二条　事務総局は、検査官会議の指揮監督の下に、庶務並びに検査及び審査の事務を掌る。

② 事務総局に官房及び左の〔「左の」は略〕五局を置く。

③ 官房及び各局の事務の分掌及び分課は、会計検査院規則の定めるところによる。

〔職員〕

第十三条　事務総局に、事務総長一人、事務総局次長一人、秘書官、事務官、技官その他所要の職員を置く。

第五節　会計検査院情報公開審査会

〔設置、委員〕

第十九条の二　行政機関の保有する情報の公開に関する法律（平成十一年法律第四十二号）〔別掲〕第十八条の規定による院長の諮問に応じ不服申立てについて調査審議するため、会計検査院に、会計検査院情報公開審査会を置く。

② 会計検査院情報公開審査会は、委員三人をもつて組織する。

③ 委員は、非常勤とする。

〔委員長の任命、任期等〕

第十九条の三　委員は、優れた識見を有する者のうちから、両議院の同意を得て、院長が任命する〔第二項以下略〕。

第二章　権限

第一節　総則

〔決算検査と会計検査〕

第二十条　会計検査院は、日本国憲法第九十条の規定により国の収入支出の決算の検査を行う外、法律に定める会計の検査を行う。

② 会計検査院は、常時会計検査を行い、会計経理を監督し、その適正を期し、且つ、是正を図る。

③ 会計検査院は、正確性、合規性、経済性、効率性及び有効性の観点その他会計検査上必要な観点から検査を行うものとする。

〔決算の確認〕

第二十一条　会計検査院は、検査の結果により、国の収入支出の決算を確認する。

第二節　検査の範囲

〔必要的検査事項〕

第二十二条　会計検査院の検査を必要とするものは、左の通りである。

一　国の毎月の収入支出

二　国の所有する現金及び物品並びに国有財産の受払

三　国の債権の得喪又は国債その他の債務の増減

四　日本銀行が国のために取り扱う現金、貴金属及び有価証券の受払

五　国が資本金の二分の一以上を出資している法人の会計

六　法律により特に会計検査院の検査に付するものと定められた会計

〔任意的検査事項〕

第二十三条　会計検査院は、必要と認めるとき又は内閣の請求があるときは、左に掲げる会計経理の検査をすることができる。

一　国の所有又は保管する有価証券又は国の保管する現金及び物品

二　国以外のものが国のために取り扱う現金、物品又は有価証券の受払

三　国が直接又は間接に補助金、奨励金、助成金等を交付し又は貸付金、損失補償等の財政援助を与えているものの会計

四　国が資本金の一部を出資しているものの会計

五　国が資本金を出資したものが更に出資しているものの会計

六　国が借入金の元金又は利子の支払を保証しているものの会計

七　国の工事の請負人及び国に対する物品の納入者のその契約に関する会計

②　会計検査院が前項の規定により検査をするときは、これを関係者に通知するものとする。

第三節　検査の方法

〔書類の提出〕

第二十四条　会計検査院の検査を受けるものは、会計検査院の定める計算証明の規程により、常時に、計算書及び証拠書類を、会計検査院に提出しなければならない。

②　国が所有し又は保管する現金、物品及び有価証券の受払については、前項の計算書及び証拠書類に代えて、会計検査院の指定する他の書類を会計検査院に提出することができる。

〔実地検査〕

第二十五条　会計検査院は、常時又は臨時に職員を派遣して、実地の検査をすることができる。

〔帳簿等の提出・質問〕

第二十六条　会計検査院は、検査上の必要により検査を受けるものに帳簿、書類若しくは報告の提出を求め、又は関係者に質問し若しくは出頭を求めることができる。

〔事故の報告〕

第二十七条　会計検査院の検査を受ける会計経理に関し左の事実があるときは、本属長官又は監督官庁その他これに準ずる責任のある者は、直ちに、その旨を会計検査院に報告しなければならない。

一　会計に関係のある犯罪が発覚したとき

二　現金、有価証券その他の財産の亡失を発見したとき

〔資料提出・鑑定等の依頼〕

第二十八条　会計検査院は、検査上の必要により、官庁、公共団体その他の者に対し、資料の提出、鑑定等を依頼することができる。

第四節　検査報告

〔検査報告事項〕

第二十九条　日本国憲法第九十条により作成する検査報告には、左の事項を掲記しなければならない。

一　国の収入支出の決算の確認

二　国の収入支出の決算金額と日本銀行の提出した計算書の金額との不符合の有無

三　検査の結果法律、政令若しくは予算に違反し又は不当と認めた事項の有無

四　予備費の支出で国会の承諾をうける手続を採らなかつたものの有無

五　第三十一条及び政府契約の支払遅延防止等に関する法律第十

三条〔懲戒処分〕第二項並びに予算執行職員等の責任に関する法律第六条〔懲戒処分〕第一項（同法第九条〔公庫等の予算執行職員に対する準用〕第二項において準用する場合を含む。）の規定により懲戒の処分を要求した事項及びその結果

六　第三十二条（予算執行職員等の責任に関する法律第十条〔公庫等の現金出納職員の弁償責任〕第三項及び同法第十一条〔公庫等の物品管理職員の弁償責任〕第二項において準用する場合を含む。）並びに予算執行職員等の責任に関する法律第四条〔弁償責任の検定、弁償命令及び通知義務〕第一項及び同法第五条〔再検定〕（同法第八条〔予算執行職員の弁償責任の転嫁〕第三項及び同法第九条第二項において準用する場合を含む。）の規定による検定及び再検定

七　第三十四条の規定により意見を表示し又は処置を要求した事項及びその結果

八　第三十六条の規定により意見を表示し又は処置を要求した事項及びその結果

〔国会への説明〕

第三十条　会計検査院は、前条の検査報告に関し、国会に出席して説明することを必要と認めるときは、検査官をして出席せしめ又は書面でこれを説明することができる。

〔議院等の要請による検査報告〕

第三十条の二　会計検査院は、各議院又は各議院の委員会若しくは参議院の調査会から国会法（昭和二十二年法律第七十九号）第百五条（同法第五十四条の四第一項において準用する場合を含む。）の規定による要請があつたときは、当該要請に係る特定の事項について検査を実施してその検査の結果を報告することができる。

第五節　会計事務職員の責任

〔懲戒処分の要求〕

第三十一条　会計検査院は、検査の結果国の会計事務を処理する職員が故意又は重大な過失により著しく国に損害を与えたと認めるときは、本属長官その他監督の責任に当る者に対し懲戒の処分を要求することができる。

②　前項の規定は、国の会計事務を処理する職員が計算書及び証拠書類の提出を怠る等計算証明の規程を守らない場合又は第二十六条の規定による要求を受けこれに応じない場合に、これを準用する。

〔弁償責任の検定・弁償命令〕

第三十二条　会計検査院は、出納職員が現金を亡失したときは、善良な管理者の注意を怠つたため国に損害を与えた事実があるかどうかを審理し、その弁償責任の有無を検定する。

②　会計検査院は、物品管理職員が物品管理法（昭和三十一年法律第百十三号）の規定に違反して物品の管理行為をしたこと又は同法の規定に従つた物品の管理行為をしなかつたことにより物品を亡失し、又は損傷し、その他国に損害を与えたときは、故意又は重大な過失により国が損害を与えた事実があるかどうかを審理し、その弁償責任の有無を検定する。

③　会計検査院が弁償責任があると検定したときは、本属長官その他出納職員又は物品管理職員を監督する責任のある者は、前二項の検定に従つて弁償を命じなければならない。

④　第一項又は第二項の弁償責任は、国会の議決に基かなければ減免されない。

⑤　会計検査院は、第一項又は第二項の規定により出納職員又は物品管理職員の弁償責任がないと検定した場合においても、計算書及び証拠書類の誤謬脱漏等によりその検定が不当であることを発

見したときは五年間を限り再検定をすることができる。前二項の検定はこの場合に、これを準用する。

〔犯罪の通告〕

第三十三条 会計検査院は、検査の結果国の会計事務を処理する職員に職務上の犯罪があると認めたときは、その事件を検察庁に通告しなければならない。

第六節 雑則

〔違法・不当事項の処理〕

第三十四条 会計検査院は、検査の進行に伴い、会計経理に関し法令に違反し又は不当であると認める事項がある場合には、直ちに、本属長官又は関係者に対し当該会計経理について意見を表示し又は適宜の処置を要求し及びその後の経理について是正改善の処置をさせることができる。

〔利害関係人からの審査要求〕

第三十五条 会計検査院は、国の会計事務を処理する職員の会計経理の取扱に関し、利害関係人から審査の要求があつたときは、これを審査し、その結果是正を要するものがあると認めるときは、その判定を主務官庁その他の責任者に通知しなければならない。

② 主務官庁又は責任者は、前項の通知を受けたときは、その通知された判定に基いて適当な措置を採らなければならない。

〔意見表示又は処置要求〕

第三十六条 会計検査院は、検査の結果法令、制度又は行政に関し改善を必要とする事項があると認めるときは、主務官庁その他の責任者に意見を表示し又は改善の処置を要求することができる。

〔法令の制定・改廃及び職務執行の疑義に対する意見表示〕

第三十七条 会計検査院は、左の場合には予めその通知を受け、これに対し意見を表示することができる。

一 国の会計経理に関する法令を制定し又は改廃するとき
二 国の現金、物品及び有価証券の出納並びに簿記に関する規程を制定し又は改廃するとき

② 国の会計事務を処理する職員がその職務の執行に関し疑義のある事項につき会計検査院の意見を求めたときは、会計検査院は、これに対し意見を表示しなければならない。

第三章 会計検査院規則

〔規則への委任〕

第三十八条 この法律に定めるものの外、会計検査に関し必要な規則は、会計検査院がこれを定める。

◎物品管理法

〔昭和三一年五月二二日〕
〔法律第一一三号　　　〕

最近改正　平成一一年一二月二二日　法律第一六〇号

第一章　総則

（目的）

第一条　この法律は、物品の取得、保管、供用及び処分（以下「管理」という。）に関する基本的事項を規定することにより、物品の適正かつ効率的な供用その他良好な管理を図ることを目的とする。

（定義）

第二条　この法律において「物品」とは、国が所有する動産のうち次に掲げるもの以外のもの及び国が供用のために保管する動産をいう。

一　現金

二　法令の規定により日本銀行に寄託すべき有価証券

三　国有財産法（昭和二十三年法律第七十三号）第二条第一項第二号又は第三号に掲げる国有財産

2　この法律において「供用」とは、物品をその用途に応じて国において使用させることをいう。

3　この法律において「各省各庁の長」とは、財政法（昭和二十二年法律第三十四号）第二十条第二項に規定する各省各庁の長をいい、「各省各庁」とは、同法第二十一条に規定する各省各庁をいう。

（分類）

第三条　各省各庁の長は、その所管に属する物品について、物品の適正な供用及び処分（国の事務又は事業の目的に従い用途に応じて行う処分に限る。第十九条第一項中契約等担当職員の意義に係る部分、第三章第四節の節名及び第三十一条第一項を除き、以下同じ。）を図るため、供用及び処分の目的に従い、分類を設けるものとする。

2　前項の分類は、各省各庁の予算で定める物品に係る経費の目的に反しないものでなければならない。ただし、当該経費の目的に従つて分類を設けることが、その用途を勘案し、適正かつ効率的な供用及び処分の上から、不適当であると認められる物品については、これに係る事務又は事業の遂行のため必要な範囲内で、当該経費の目的によらない分類をすることは、さしつかえない。

3　各省各庁の長は、物品の管理のため必要があるときは、第一項の分類に基き、細分類を設けることができる。

（所属分類の決定）

第四条　第八条第三項又は第六項に規定する物品管理官又は分任物品管理官は、その管理する物品の属すべき分類（前条第三項の規定による細分類を含む。以下同じ。）を、前条の規定による分類の趣旨に従つて、決定しなければならない。

（分類換）

第五条　各省各庁の長又は政令で定めるところによりその委任を受けた当該各省各庁所属の職員は、物品の効率的な供用又は処分のため必要があると認めるときは、前条の物品管理官又は分任物品管理官に対して、物品の分類換（物品をその属する分類から他の分類に所属を移すことをいう。以下同じ。）を命ずることができる。

２　物品管理官又は分任物品管理官は、前項の規定による命令に基づいて分類換をする場合を除くほか、物品の効率的な供用又は処分のため必要があると認めるときは、各省各庁の長（前項の委任を受けた職員があるときは、当該職員）の承認を経て、物品の分類換をすることができる。

（他の法令との関係）

第六条　物品の管理については、他の法律又はこれに基く命令に特別の定がある場合を除くほか、この法律の定めるところによる。

第二章　物品の管理の機関

（管理の機関）

第七条　各省各庁の長は、その所管に属する物品を管理するものとする。

（物品管理官）

第八条　各省各庁の長は、政令で定めるところにより、当該各省各庁所属の職員に、その所管に属する物品の管理に関する事務を委任することができる。

２　各省各庁の長は、必要があるときは、政令で定めるところにより、他の各省各庁所属の職員に、前項の事務を委任することができる。

３　各省各庁の長又は前二項の規定により物品の管理に関する事務の委任を受けた職員は、物品管理官という。

４　各省各庁の長は、必要があるときは、政令で定めるところにより、当該各省各庁所属の職員又は他の各省各庁所属の職員に、物品管理官の事務の一部を分掌させることができる。

５　第一項、第二項又は前項の場合において、各省各庁の長は、当該各省各庁又は他の各省各庁に置かれた官職を指定することにより、その官職にある者に当該事務を委任し、又は分掌させることができる。

６　第四項の規定により物品管理官の事務の一部を分掌する職員は、分任物品管理官という。

（物品出納官）

第九条　物品管理官（分任物品管理官を含む。以下同じ。）は、政令で定めるところにより、その所属する各省各庁所属の職員に、その管理する物品の出納及び保管に関する事務（出納命令に係る事務を除く。）を委任するものとする。

２　前項の規定により物品の出納及び保管に関する事務の委任を受けた職員は、物品出納官という。

３　物品管理官は、必要があるときは、政令で定めるところにより、その所属する各省各庁所属の職員に、物品出納官の事務の一部を分掌させることができる。

４　前条第五項の規定は、第一項又は前項の場合について準用する。

５　第三項の規定により物品出納官の事務の一部を分掌する職員は、分任物品出納官という。

（物品供用官）

第十条　物品管理官は、必要があるときは、政令で定めるところにより、その所属する各省各庁所属の職員に、物品の供用に関する事務を委任することができる。

２　前項の規定により物品の供用に関する事務の委任を受けた職員は、物品供用官という。

３　第八条第五項の規定は、第一項の場合について準用する。

（事務の代理等）

第十条の二　各省各庁の長は、物品管理官若しくは物品出納官（分任物品出納官を含む。以下同じ。）又は物品供用官に事故がある場合（これらの者が第八条第五項（第九条第四項及び前条第三項において準用する場合を含む。）の規定により指定された官職にある者である場合には、その官職にある者が欠けたときを含む。）において必要があるときは、政令で定めるところにより、当該各省各庁所属の職員又は他の各省各庁所属の職員にその事務を代理させることができる。

2　各省各庁の長は、必要があるときは、政令で定めるところにより、当該各省各庁所属の職員又は他の各省各庁所属の職員に、物品管理官（前項の規定によりその事務を代理する職員を含む。）の事務の一部を処理させることができる。

（都道府県の行う事務）

第十一条　国は、政令で定めるところにより、物品の管理に関する事務（第三十九条の規定による検査を含む。次項において同じ。）を都道府県の知事又は知事の指定する吏員が行うこととすることができる。

2　前項の規定により都道府県が行う物品の管理に関する事務については、この法律その他の物品の管理に関する法令の当該事務の取扱に関する規定を準用する。

3　第一項の規定により都道府県が行うこととされる事務は、地方自治法（昭和二十二年法律第六十七号）第二条第九項第一号に規定する第一号法定受託事務とする。

（管理事務の総括）

第十二条　財務大臣は、物品の管理の適正を期するため、物品の管理に関する制度を整え、その管理に関する事務を統一し、その増減及び現在額を明らかにし、並びにその管理について必要な調整をするものとする。

2　財務大臣は、物品の管理の適正を期するため必要があると認めるときは、各省各庁の長に対し、その所管に属する物品について、その状況に関する報告を求め、当該職員に実地監査を行わせ、又は閣議の決定を経て、分類換、第十六条第一項に規定する管理換その他必要な措置を求めることができる。

第三章　物品の管理

第一節　通則

（物品の管理に関する計画）

第十三条　物品管理官は、毎会計年度、政令で定めるところにより、その管理する物品の効率的な供用又は処分を図るため、予算及び事務又は事業の予定を勘案して、物品の管理に関する計画を定めなければならない。

2　物品管理官は、前項の計画を定めたときは、当該計画のうち供用に係る部分を物品供用官に通知しなければならない。

第十四条　削除

（供用又は処分の原則）

第十五条　物品は、その属する分類の目的に従い、かつ、第十三条第一項の計画に基づいて、供用又は処分をしなければならない。

（管理換）

第十六条　各省各庁の長又は政令で定めるところによりその委任を受けた当該各省各庁所属の職員は、物品の効率的な供用又は処分のため必要があると認めるときは、物品管理官に対して、物品の管理換（物品管理官の間において物品の所属を移すことをいう。以下同じ。）を命ずることができる。

2　物品管理官は、前項の規定による命令に基づいて管理換をする場合を除くほか、物品の効率的な供用又は処分のため必要があると認めるときは、政令で定めるところにより、各省各庁の長（前項の委任を受けた職員があるときは、当該職員）の承認を経て、物品の管理換をすることができる。

3　異なる会計の間において管理換をする場合には、政令で定める場合を除くほか、有償として整理するものとする。

（管理の義務）

第十七条　物品の管理に関する事務を行う職員は、この法律その他の物品の管理に関する法令の規定に従うほか、善良な管理者の注意をもつてその事務を行わなければならない。

（関係職員の行為の制限）

第十八条　物品に関する事務を行う職員は、その取扱に係る物品（政令で定める物品を除く。）を国から譲り受けることができない。

2　前項の規定に違反してした行為は、無効とする。

第二節　取得及び供用

（取得手続）

第十九条　物品管理官は、第十三条〔物品の管理に関する計画〕第一項の計画に基づいて、物品の供用又は処分のため必要な範囲内で、契約等担当職員（国のために契約その他物品の取得又は処分の原因となる行為をする職員をいう。以下同じ。）に対し、取得のため必要な措置を請求しなければならない。

2　契約等担当職員は、前項の請求に基づき、かつ、予算を要するものにあつてはその範囲内で、物品の取得のため必要な措置をするものとする。

（供用手続）

第二十条　物品供用官は、その供用すべき物品について、物品管理官に対し、供用のための払出しを請求しなければならない。

2　物品管理官は、物品の供用のための第二十三条〔出納命令〕の規定による命令をし、又は払出しをするときは、供用の目的を明らかにして、その旨を物品供用官に知らせなければならない。

（返納手続）

第二十一条　物品供用官は、供用中の物品で供用の必要がないもの、修繕若しくは改造を要するもの又は供用することができないものがあると認めるときは、その旨を物品管理官に報告しなければならない。

2　物品管理官は、前項の報告等により同項に規定する物品があると認めるときは、物品供用官に対し、当該物品の返納を命じなければならない。

3　前二項の規定は、供用中の物品で物品管理官が定める軽微な修繕又は改造を要するものについては、適用しない。

第三節　保管

（保管の原則）

第二十二条　物品は、国の施設において、良好な状態で常に供用又は処分をすることができるように保管しなければならない。ただし、物品管理官が国の施設において保管することを物品の供用又は処分の上から不適当であると認める場合その他特別の理由がある場合は、国以外の者の施設に保管することを妨げない。

（出納命令）

第二十三条　物品管理官は、物品を出納させようとするときは、物品出納官に対し、出納すべき物品の分類を明らかにして、その出納を命じなければならない。

（出納）

第二十四条　物品出納官は、前条の規定による命令がなければ、物品を出納することができない。

第二十五条　削除

（供用不適品等の処理）

第二十六条 物品出納官は、その保管中の物品（修繕若しくは改造を要するもの又は供用できないものとして、第二十一条〔返納手続〕第二項の規定により返納された物品を除く。）のうちに供用若しくは処分をすることができないもの又は修繕若しくは改造を要するものがあると認めるときは、その旨を物品管理官に報告しなければならない。

2 物品管理官又は物品供用官は、修繕又は改造を要する物品（物品供用官にあつては、第二十一条第三項に規定する物品に限る。）があると認めるときは、契約等担当職員その他関係の職員に対し、修繕又は改造のため必要な措置を請求しなければならない。

3 第十九条〔取得手続〕第二項の規定は、前項の規定による請求があつた場合について準用する。

第四節 処分

（不用の決定等）

第二十七条 物品管理官は、供用及び処分の必要がない物品について管理換若しくは分類換により適切な処理をすることができないとき、又は供用及び処分をすることができない物品があるときは、これらの物品について不用の決定をすることができる。この場合において、政令で定める物品については、あらかじめ、各省各庁の長又は政令で定めるところによりその委任を受けた当該各省各庁所属の職員の承認を受けなければならない。

2 物品管理官は、前項の規定により不用の決定をした物品のうち売り払うことが不利又は不適当であると認めるもの及び売り払うことができないものは、廃棄することができる。

（売払）

第二十八条 物品は、売払を目的とするもの又は不用の決定をしたものでなければ、売り払うことができない。

2 物品管理官は、第十三条〔物品の管理に関する計画〕第一項の計画に基づいて、契約等担当職員に対し、前項の物品の売払のため必要な措置を請求しなければならない。

3 契約等担当職員は、前項の請求に基づき、物品の売払のため必要な措置をするものとする。

（貸付）

第二十九条 物品は、貸付を目的とするもの又は貸し付けても国の事務若しくは事業に支障を及ぼさないと認められるものでなければ、貸し付けることができない。

2 前条第二項及び第三項の規定は、前項の物品を貸し付ける場合について準用する。

（出資等の制限）

第三十条 物品は、法律に基く場合を除くほか、出資の目的とし、又はこれに私権を設定することができない。

第四章 物品管理職員等の責任

（物品管理職員等の責任）

第三十一条 次に掲げる職員（以下「物品管理職員」という。）は、故意又は重大な過失により、この法律の規定に違反して物品の取得、所属分類の決定、分類換、管理換、出納命令、出納、保管、供用、不用の決定若しくは処分（以下「物品の管理行為」という。）をしたこと又はこの法律の規定に従つた物品の管理行為をしなかつたことにより、物品を亡失し、又は損傷し、その他国に損害を与えたときは、弁償の責に任じなければならない。

一 物品管理官
二 物品出納官
三 物品供用官
四 第十条の二〔事務の代理等〕第一項の規定により前三号に掲

げる者の事務を代理する職員
五　第十条の二第二項の規定により第一号に掲げる者（その者の事務を代理する前号の職員を含む。）の事務の一部を処理する職員
六　第十一条〔都道府県知事等に対する事務の委任〕の規定により前各号に掲げる者の事務を行う都道府県の知事又は知事の指定する吏員
七　前各号に掲げる者の補助者
2　物品を使用する職員は、故意又は重大な過失によりその使用に係る物品を亡失し、又は損傷したときは、その損害を弁償する責めに任じなければならない。
3　前二項の規定により弁償すべき国の損害の額は、物品の亡失又は損傷の場合にあつては、亡失した物品の価額又は損傷による物品の減価額とし、その他の場合にあつては、当該物品の管理行為に関し通常生ずべき損害の額とする。

（亡失又は損傷等の通知）

第三十二条　各省各庁の長は、その所管に属する物品が亡失し、若しくは損傷したとき、又は物品管理職員がこの法律の規定に違反して物品の管理行為をしたこと若しくはこの法律の規定に従つた物品の管理行為をしなかつたことにより国に損害を与えたと認めるときは、政令で定めるところにより、財務大臣及び会計検査院に通知しなければならない。

（検定前の弁償命令）

第三十三条　各省各庁の長又は政令で定めるところによりその委任を受けた当該各省各庁所属の職員は、物品管理職員が第三十一条〔物品管理職員等の責任〕第一項の規定に該当すると認めるときは、会計検査院の検定前においても、その物品管理職員に対して弁償を命ずることができる。
2　前項の規定により弁償を命じた場合において、会計検査院が物品管理職員に対し、弁償の責がないと検定したときは、その既納に係る弁償金は、直ちに還付しなければならない。

第三十四条　削除

第五章　雑則

（この法律の規定を準用する動産）

第三十五条　この法律（第三条から第五条まで、第十条、第十三条から第十六条まで、第十九条から第二十一条まで、第二十五条から第二十九条まで、第三十一条第二項、第三十四条、第三十七条及び第三十八条を除く。）の規定は、物品以外の動産で国が保管するもののうち政令で定めるものについて準用する。

（帳簿）

第三十六条　物品管理官、物品出納官及び物品供用官は、政令で定めるところにより、帳簿を備え、これに必要な事項を記載しなければならない。

（物品増減及び現在額報告書）

第三十七条　各省各庁の長は、国が所有する物品のうち重要なものとして政令で定めるものにつき、毎会計年度間における増減及び毎会計年度末における現在額の報告書を作成し、翌年度の七月三十一日までに、財務大臣に送付しなければならない。

（国会への報告等）

第三十八条　財務大臣は、前条の報告書に基づき、物品増減及び現在額総計算書を作成しなければならない。
2　内閣は、前項の物品増減及び現在額総計算書を前条の報告書とともに、翌年度十月三十一日までに、会計検査院に送付しなければならない。

3　内閣は、第一項の物品増減及び現在額総計算書に基づき、毎会計年度間における物品の増減及び毎会計年度末における物品の現在額について、当該年度の歳入歳出決算の提出とともに、国会に報告しなければならない。

（検査）

第三十九条　各省各庁の長は、政令で定めるところにより、定期的に、及び物品管理官、物品出納官又は物品供用官が交替する場合その他必要がある場合は随時、その所管に属する物品の管理について検査しなければならない。

（適用除外）

第四十条　会計法（昭和二十二年法律第三十五号）第二十三条の規定により支給を受けた事務費で取得した物品その他政令で定める物品の管理については、政令で定めるところにより、この法律の一部を適用しないことができる。

（政令への委任）

第四十一条　この法律に定めるもののほか、この法律の施行に関し必要な事項は、政令で定める。

附　則〔略〕

○文部科学省所管物品管理事務取扱規程　抄

〔平成一三年一月六日　文部科学省訓令第二六号〕

最近改正　平成一二年三月三〇日　文部科学省訓令第四九号

第一章　総則

（趣旨）

第一条　文部科学省所管の物品の管理に関する事務の取扱については、他の法令又はこれらに基づく特別の定めがある場合を除くほか、この訓令の定めるところによる。

（定義）

第二条　この訓令において、次の各号に掲げる用語の意義は、当該各号に定めるところによる。

一　管理　物品管理法（昭和三十一年法律第百十三号〔別掲〕。以下「法」という。）第一条に規定する管理をいう。

二　物品　法第二条第一項に規定する物品をいう。

三　供用　法第二条第二項に規定する供用をいう。

四　分類　法第三条第一項に規定する分類をいう。

五　細分類　法第三条第三項に規定する細分類をいう。

六　分類換　法第五条第一項に規定する分類換をいう。

七　物品管理官　法第八条第三項に規定する物品管理官をいう。

八　分任物品管理官　法第八条第六項に規定する分任物品管理官をいう。

九　物品管理官代理　法第十条の二第一項に規定する物品管理官代理をいう。
十　分任物品管理官代理　法第十条の二第一項に規定する分任物品管理官代理をいう。
十一　物品出納官　法第九条第二項に規定する物品出納官をいう。
十二　分任物品出納官　法第九条第五項に規定する分任物品出納官をいう。
十三　物品出納官代理　法第十条の二第一項に規定する物品出納官代理をいう。
十四　分任物品出納官代理　法第十条の二第一項に規定する分任物品出納官代理をいう。
十五　物品供用官　法第十条第二項に規定する物品供用官をいう。
十六　物品供用官代理　法第十条の二第一項に規定する物品供用官代理をいう。
十七　物品の管理に関する計画　法第十三条第一項に規定する物品の管理に関する計画をいう。
十八　管理換　法第十六条第一項に規定する管理換をいう。

2　この訓令において「部局」とは、本省内部部局（水戸原子力事務所を含む。以下同じ。）、国立学校（国立学校設置法（昭和二十四年法律第百五十号）第二条第一項に規定する国立学校をいう。以下同じ。）、文部科学省本省の施設等機関（文部科学省組織令（平成十二年政令第二百五十一号）第八十九条に定める施設等機関をいう。以下同じ。）、日本学士院及び文化庁内部部局（日本芸術院を含む。以下同じ。）をいう。

3　この訓令において「部局長」とは、本省内部部局にあっては大臣官房会計課長（電源開発促進対策特別会計に係るものについては研究開発局長）、文化庁内部部局にあっては文化庁長官、その他の部局にあってはその長（当該部局が国立学校に併設又は附置される国立学校であるときは、併設又は附置する国立学校の長）をいう。

（管理に関する権限の委任）

第三条　法第五条第一項、法第十六条第一項又は法第二十七条第一項の規定により、分類換の命令、管理換の命令又は不用決定の承認に関する権限を部局長に委任する。

（分類及び細分類）

第四条　法第三条第一項の分類は、別表第一に定めるところによる。

2　法第三条第三項の規定により、別表第二のとおり細分類を設けるものとする。

（記号、番号）

第五条　物品の記号は、別表第二の記号欄に定めるところによる。

2　物品の番号は、物品管理官及び分任物品管理官（以下「物品管理官等」という。）の定めるところによる。

（記号、番号の通知及び標示）

第六条　物品管理官等は、物品管理法施行規則（昭和三十一年大蔵省令第八十五号。以下「規則」という。）第三条第一項の規定により、物品出納官及び分任物品出納官（以下「物品出納官等」という。）又は物品供用官に対してその分類（細分類を含む。以下同じ。）、品目及び数量を明らかにして、所属分類を決定した旨を通知するときは、当該物品の記号及び番号をあわせて通知するものとする。ただし、記号及び番号の標示をすることができない物品又は標示をする必要がないと認められる物品については、当該物品の記号及び番号の通知を省略することができる。

2　前項ただし書の規定により、記号及び番号の通知のない物品については、物品出納官等又は物品供用官は、当該物品の標示を省略することができる。

（分類換の承認）

第七条　物品管理官等は、法第五条第二項の規定により、分類換の承認を求めようとするときは、別紙第一号様式〔略〕の物品分類換承認申請書を部局長に提出しなければならない。

（分類換の通知書）

第八条　物品管理官等は、規則第五条第一項の規定により分類換をした旨を当該物品を保管し、又は供用する物品出納官等又は物品供用官に通知しようとするときは、別紙第二号様式〔略〕の物品分類換通知書によりしなければならない。

第二章　物品の管理の機関

（物品の管理事務の委任）

第九条　法第八条第一項及び法第十条の二第一項の規定により、文部科学省所管の物品の管理に関する事務を、別表第三に定めるとおり委任し、又は代理させる。

2　部局長は、別表第四に定めるところにより、物品管理官の事務の一部を分掌させ、又は代理させることができる。

3　部局長は、特に必要がある場合は、前項の規定によるほか、所属の職員に物品管理官の事務の一部を分掌させ、又は代理させることができる。

4　部局長は、特に必要がある場合は、前二項の規定によるほか、他の部局の長の同意を得て、当該他の部局に所属する職員に物品管理官の事務の一部を分掌させ、又は代理させることができる。

（物品の出納保管事務の委任等の基準）

第十条　物品管理官等は、法第九条第一項又は第三項の規定による物品の出納及び保管に関する事務の委任又は分掌にあたっては、次の各号に掲げる場合において、事務分掌の規定により、当該物品の出納及び保管に関する事務を現に所掌する係の長又はこれに相当する官職を指定することによって行うものとする。ただし、官職を指定することができないときは、当該物品の出納及び保管に関する事務を現に所掌する職員のうち、上位にある者に委任し、又は分掌させる。

一　物品管理官等が置かれている部署において、物品の保管を必要とする場合

二　国立大学若しくは国立大学の学部の附属病院（国立大学の附置研究所の附属病院を含む。）又はその分院において、病院用薬品、医療用品類等を保管する必要がある場合

三　国立大学の学部に附属して設置される農場、演習林その他の実験実習場等及び国立大学の学内共同教育研究施設において、生産品を保管する必要がある場合

四　教育研究その他事務の用に供する物品を保管しておかなければ、当該教育研究その他事務に支障がある場合

2　物品管理官等は、法第十条の二第一項の規定により、その所属の職員にその管理する物品の出納及び保管に関する事務を代理させる場合には、前項の規定により委任する職員の代理者又は当該職員の官職に相当する官職にある職員に代理させるものとする。

第三章　物品の管理

（物品の管理に関する計画）

第十四条　物品管理官等は、法第十三条第一項の規定により物品の管理に関する計画を定める場合には、別紙第三号様式〔略〕の管理計画表を作成しなければならない。

（供用する場合に明らかにする事項）

第二十条 物品供用官（物品供用官を置かない場合は、物品管理官等とする。以下この項及び次項において同じ。）は、耐久性のある物品を使用させる場合にあっては次の各号に掲げる事項を記載した物品使用簿によりその使用する職員を明らかにするものとし、耐久性のない物品を使用させる場合にあっては常時その物品の受入、払出、残高及び使用する職員の受領を明らかにするものとする。

一 物品供用官名

二 使用者氏名及び使用者印

三 使用開始年月日

四 品目、数量、記号及び番号

五 返戻年月日及び物品供用官の受領印

六 その他部局長が必要と認める事項

2 物品供用官は、二人以上の職員が共に使用する耐久性のある物品については、前項の物品使用簿において、当該職員のうち主任者の氏名及び当該職員の範囲を明らかにしなければならない。

3 第一項の物品使用簿の様式は、部局長が定めるものとする。

（不用の決定の承認）

第二十二条 物品管理官等は、法第二十七条第一項の規定により、〔物品管理法施行〕令第三十三条に規定する物品について、不用の決定の承認を受けようとするときは、別紙第七号様式〔略〕の物品不用決定承認申請書を部局長に提出しなければならない。

（不用の決定の基準）

第二十三条 令第三十五条の規定による物品の不用の決定をする場合の基準は、次の各号に掲げるとおりとし、この場合、物品管理官等は、法第二十七条第一項の規定により不用の決定をするものとする。

一 細分類表の生産品に属する物品を処分しようとするとき。

二 物品の修繕及び改造が不可能なとき又は修繕若しくは改造に要する費用が、当該物品に相当する物品の取得等に要する費用より高価であると認められるとき。

三 物品の使用年数の経過、能力の低下、陳腐化等により新たな物品を取得したほうが有利であると認められるとき。

四 物品の使用年数の経過、能力の低下、陳腐化等により当該物品を解体して活用するほうが有利であると認められるとき。

五 供用の必要がなくなった物品で、分類換又は管理換により適切な処理ができないと認めるとき。

六 その他物品を供用することができないと認めるとき。

（廃棄の基準）

第二十四条 令第三十五条の規定による物品の廃棄をする場合の基準は、次の各号に掲げるとおりとし、この場合、物品管理官等は、法第二十七条第二項の規定により物品を廃棄するものとする。

一 国の機密がもれる恐れがある場合。

二 法令等により一般の使用又は所持が禁止又は制限されている場合及び公序良俗に反する場合。

三 物品を売り払うことができないとき。

四 物品の売払価格より、多額の費用を要する場合。

五 物品を売り払うことにより、国に損失を招く恐れがあると認めるとき。

六 その他物品を売り払うことが不利又は不適当と認めるとき。

第四章 物品使用職員の責任

（使用職員に対する弁償命令）

第二十五条 部局長は、物品の亡失又は損傷が法第三十一条第二項の規定に該当すると認めるときは、当該物品を使用する職員に対して弁償を命じなければならない。

第五章　雑則

（物品の増減及び現在額の通知）

第三十条　物品管理官は、当該部局に属する物品のうち、令第四十三条第一項に規定する物品について、毎会計年度間における増減及び毎会計年度末における現在額の通知書を、計算証明規則（昭和二十七年会計検査院規則第三号）第五十九条第二項の様式及び記入の方法に準じて作成し、翌年度の五月三十一日までに文部科学大臣に提出しなければならない。

（検査）

第三十一条　法第三十九条に規定する定期的に行う検査は、部局長が定める日に毎年度一回行うものとする。

2　前項の検査のうち物品管理官等にかかる検査、物品管理官等の交替若しくはその廃止があったとき行う検査又は部局長が必要があると認めて行う検査における令第四十四条第二項又は第三項の規定による検査員は、部局長が命ずるものとする。

（特例）

第三十六条　部局長は、その所属する物品の管理について、この訓令の規定により難いと認めるときは、文部科学大臣に申し出なければならない。

附　則〔略〕

別表第一（第四条関係）

分類表　特別会計〔抄〕

分類Ⅰ	分類Ⅱ	説明
国立学校	庁用品	左記の経費で取得する物品その他国立学校の庁用に供する物品 （項） 国立学校 （目　実習船運航費、実習船食糧費を除く。） 大学附属病院 （目　患者食糧費、生徒食糧費を除く。） 研究所 施設整備費 船舶建造費
	国立学校用品	左記の経費で取得する物品その他国立学校において実習船の運航及び食糧の用に供する物品 （項） 国立学校 （目　実習船運航費、実習船食糧費に限る。）
	大学附属病院用品	左記の経費で取得する物品その他大学附属病院において患者及び生徒の食糧の用に供する物品 （項） 大学附属病院 （目　患者食糧費、生徒食糧費に限る。）

別表第二　細分類表〔抄〕

細分類	説明	記号	種類別	所属物品
備品	比較的長期の使用に耐える諸種の備品類をいう。	B	電気機械類	変流機、継電器、変圧機、インバータ、抵抗機、無線機、ラジオ、受信機、電話機、自動電話交換機、ファクシミリ、充電器、アンプ、その他各種電気機械等
		J	印刷製本用機械類	印刷機、製版機、印刷用断裁機、包装機、製本機、さく孔器、丁合機、紙折機等
		N	写真及び映写用機械類	撮影機、映写機、映写用変圧機、写真機、現像機、焼付機、接写及び複写装置等
		Q	事務用機械類	タイプライター、電卓、コンピュータ、プリンター、複写機、レジスタ、統計機等
		S	諸機械類	ミシン、時計、テレビジョン、ラジオ、テープレコーダー、ビデオ、拡声装置、集じん機、洗濯機、冷蔵庫、空気調和装置、調理機械、銃器等その他前記に属さない各種機械類
		ち	事務用器具類	本立、ナンバーリング、ホッチキス、パンチ、印字器等
		り	机類	両袖机、片袖机、実験机、長机、連結机、卓子、脇卓子、教卓、接待用卓子等
		ぬ	いす類	回転いす、安楽いす、折畳いす、長いす、腰掛等
		る	書庫及び戸棚類	戸棚、書庫、保管庫、ロッカー、たんす、金庫等
		を	箱類	決裁箱、印箱、鍵箱、飼育箱、暗箱、薬品箱、工具箱、机上整理箱等
		わ	衝立類	衝立、帽子掛、屏風、間仕切板等
		か	掲示用器具類	黒板、ホワイトボード、掲示板、案内板等
		よ	製図及び測量用器具類	トランシット、測高器、縮尺器、測角器、水平器、製図板、トレース板、製図器具等
		た	印刷製本用器具類	謄写版等
		れ	照明用器具類	殺菌灯、作業灯、投光器、電気スタンド等
		イ	標本	動物、鉱物、植物等の標本及び各種模型並びに出土品等

図書	図書類をいう。	ア	図書	図書、雑誌等
文化財	文化財保護法に規定するもの及びこれに準ずるものをいう。	エ	有形文化財（考古資料を含む。）	絵画、彫刻、工芸品、典籍、古文書等
		オ	無形文化財	演劇、音楽、工芸技術等無形文化財を保存するため収録したフィルム磁気テープ光ディスク音盤等
		カ	民族資料	衣食住、生業、信仰、年中行事等に関する風俗習慣及びこれに用いられる衣服、器具、その他の物品等
		キ	記念物	動物、植物及び鉱物等
美術工芸品	文化財以外のものであって、陳列又は装飾用に供する美術工芸品をいう。	ク	美術工芸品	絵画、書、彫刻等
消耗品	比較的長期の使用に耐えないもの又は金額が少額か破損しやすいものをいう。	ソ	消耗品	用紙、カルテ、封筒、鉛筆、写真用フィルム、パンフレット、切手、石油、事務用品、包帯、フラスコ、タオル等
不用品	事務又は事業を施行する過程において副生し、又は発生した物品で供用の必要のないものをいう。	マ	不用品	屑紙、屑鉄、有価廃液、古タイヤ等

備考　この細分類表は、分類表の各分類の細分類となる。

別表第三（第九条関係）〔抄〕

物品管理官及び物品管理官代理

部局		物品管理官として指定する官職	物品管理官代理として指定する官職	事務の範囲
国立大学	総務部の置かれている大学（経理部の置かれている大学を除く。）	総務部長	事務局長	各国立大学に属する国立学校特別会計の物品の管理に関する事務
	経理部の置かれている大学　筑波大学	経理部長	事務局次長	
	経理部の置かれている大学　その他の大学		事務局長	
	総合研究大学院大学	総務課長	事務局長	
	その他の大学	会計課長	事務局長	
筑波技術短期大学		会計課長	事務部長	筑波技術短期大学に属する国立学校特別会計の物品の管理に関する事務
高岡短期大学		会計課長	事務部長	高岡短期大学に属する国立学校特別会計の物品の管理に関する事務
国立高等専門学校		会計課長	事務部長	各国立高等専門学校に属する国立学校特別会計の物品の管理に関する事務
国立久里浜養護学校		事務長	校長	国立久里浜養護学校に属する国立学校特別会計の物品の管理に関する事務
大学共同利用機関	宇宙科学研究所	主計課長	管理部長	各大学共同利用機関に属する一般会計（国立極地研究所に限る。）及び国立学校特別会計の物品の管理に関する事務
	岡崎国立共同研究機構	経理部長	管理局長	
	高エネルギー加速器研究機構	総務部長		
	その他の大学共同利用機関	会計課長	管理部長	

別表第四（第九条関係）〔抄〕

物品管理官の事務の一部を分掌させ又は代理させる場合の基準

	分任物品管理官を置くことができる施設	上欄の施設に属する物品の管理に関する事務を分掌する官職	上欄の物品の管理に関する事務の分掌を代理する官職
一	国立国会図書館支部文	館長	——

本省内部部局の物品管理官の事務の一部を分掌させる場合		
部科学省図書館		
四　国立大学	会計事務を所掌する総務部長若しくは経理部長又は会計課長（総務部会計課長を除く。）	事務局長又は事務局次長
五　筑波技術短期大学	総務課長	事務部長
九　高岡短期大学	会計課長	事務部長

国立学校の物品管理官の事務の一部を分掌させる場合		
一　国立大学の学部、教養部、附置研究所、附属図書館若しくはその分館、学内共同教育研究施設若しくは全国共同利用施設、〔中略〕国立大学若しくは国立大学の学部の分校又は国立大学の学部附属の病院若しくはその分院（以下この項において「学部等」という。）	事務部長若しくは事務長又は分院長（これらの官職が置かれていないときは事務主任）	施設の長、事務部次長、経理課長、会計課長、事務長又は事務長補佐（経理課長又は事務長補佐にあっては、数個の学部等の事務を併せて処理する事務部に置かれるものに限る。）
二　国立大学の数個の学部等の事務を併せて処理する事務部で国立大学に置かれるもの		

国立学校の物品管理官の事務の一部を分掌させる場合		
三　国立大学に併設される短期大学		
四　国立大学の事務局の施設部、厚生補導に関する部、病院部若しくは学校教育事務部		
七　国立大学又は国立大学の学部の附属学校で、物品管理官から遠隔地にあるもの		

◎物品の無償貸付及び譲与等に関する法律

〔昭和二二年一二月二三日 法律第二二九号〕

最近改正 平成一一年一二月二二日 法律第一六〇号

〔物品の定義〕

第一条 この法律において、物品とは、国の所有に属する動産であつて、国有財産法〔昭和二三年六月法律第七三号〕の適用を受けないものをいう。

〔物品の貸付〕

第二条 物品を国以外のもの（宗教上の組織若しくは団体又は公の支配に属しない慈善、教育若しくは博愛の事業を営む者を除く。以下同じ。）に無償又は時価よりも低い対価で貸し付けることができるのは、他の法律に定める場合の外、左に掲げる場合に限る。

一 国の事務又は事業に関する施策の普及又は宣伝を目的として印刷物、写真、映写用器材その他これに準ずる物品を貸し付けるとき

二 国の事務又は事業の用に供する土地、工作物その他の物件の工事又は製造のため必要な物品を貸し付けるとき

三 教育、試験、研究及び調査のため必要な物品を貸し付けるとき

四 国の職員を以て組織する共済組合に対し、執務のため必要な机、椅子その他これに準ずる物品を貸し付けるとき

五 国で経営する保険事業において療養の給付として行う被保険者の療養の委託を受けた者に対し、その療養の給付のため必要な物品を貸し付けるとき

五の二 災害による被害者その他の者で応急救助を要するものの用に供するため寝具その他の生活必需品を貸し付け、又は災害の応急復旧を行う者に対し、当該復旧のため必要な機械器具を貸し付けるとき

六 地方公共団体又は開拓事業を行う者に対し、開拓のため必要なトラクター（ブルトーザーを含む。）、ブロー、ハロー、抜根機その他の開拓用土木機械を貸し付けるとき

六の二 植物防疫法〔昭和二五年五月法律第一五一号〕第二十七条〔薬剤の譲与及び防除用器具の無償貸付〕の規定によりする場合を除き、地方公共団体、農業者の組織する団体又は植物の防疫事業を行う者に対し植物の防疫を行うため必要な動力噴霧機、動力散粉機、動力煙霧機その他の防除用機具を貸し付けるとき

七 家畜の改良、増殖又は有畜営農の普及を図るため家畜を貸し付けるとき

八 貸付期間中においても国が必要とする場合には国の事業に使用し得ることを条件として、家畜を貸し付けるとき

〔譲与・譲渡〕

第三条 物品を国以外のものに譲与又は時価よりも低い対価で譲渡することができるのは、他の法律に定める場合の外、左に掲げる場合に限る。

一 国の事務又は事業に関する施策の普及又は宣伝を目的として印刷物、写真その他これに準ずる物品を配布するとき

二 公用に供するため寄附を受けた物品又は工作物のうち、寄附の条件としてその用途を廃止した場合には、当該物品又は工作

物の解体又は撤去により物品となるものを寄附者又はその一般承継人に譲渡することを定めたものを、その条件に従い譲渡するとき

三　教育、試験、研究及び調査のため必要な印刷物、写真その他これに準ずる物品及び見本用又は標本用物品を譲渡するとき

四　予算に定める交際費又は報償費を以て購入した物品を贈与するとき

五　生活必需品、医薬品、衛生材料及びその他の救じゅつ品を災害による被害者その他の者で応急救助を要するものに対し譲渡するとき

六　農林水産物の改良又は増殖を図るため種苗、種卵又は稚魚を譲渡するとき

七　家畜の改良若しくは増殖を図るため家畜の無償貸付を受け、若しくは飼育管理の委託を受けた者又は有畜営農の普及を図るため無償若しくは時価よりも低い対価で家畜の貸付を受けた者が、主務大臣の定める条件に従い飼育管理したとき、その者に対し当該家畜を譲渡するとき

八　家畜の無償貸付若しくは飼育管理の委託を受けた者又は有畜営農の普及を図るため無償若しくは時価よりも低い対価で家畜の貸付を受けた者に対し、その果実を譲渡するとき

〔低価譲渡〕

第四条　物品を国以外のものに時価よりも低い対価で譲渡することができるのは、前条及び他の法律に定める場合のほか、次に掲げる場合に限る。

一　家畜の改良又は増殖を図るため家畜を譲渡するとき

二　感染症予防のため必要な医薬品を譲渡するとき

三　国有林野の管理運営に関する法律（昭和二十六年法律第二百四十六号）第二条〔定義〕に規定する国有林野の所在する地方の地方公共団体又は住民が震災、風水害、火災その他の災害により著しい被害を受けた場合において、当該地方公共団体に対し、当該林野の産物又はその加工品を災害救助法（昭和二二年一〇月法律第一一八号）の規定による救助の用に供し、又は当該地方公共団体の管理に属する事務所、道路、橋その他の公用若しくは公共用施設の応急復旧の用に供するため譲渡するとき

〔委任〕

第五条　この法律の施行に関し必要な事項は、各省各庁の長（財政法（昭和二二年三月法律第三四号）第二十条第二項に規定する各省各庁の長をいう。以下同じ。）がこれを定める。

②　前項の場合には、各省各庁の長はあらかじめ、財務大臣に協議しなければならない。

附　則〔略〕

〔参考〕「文部科学省所管に属する物品の無償貸付及び譲与に関する省令」（平成一二年一〇月三一日総理府・文部省令第六号）がある。

公益法人会計基準

（昭和六〇年九月一七日 公益法人指導監督連絡会議決定）

公益法人会計基準（改正）について（原本に付された前文である＝編者）

一 会計基準の設定及び改正の経緯等

(1) 設定及び改正の経緯

公益法人会計基準は、昭和五十二年三月四日公益法人監督事務連絡協議会（以下「協議会」という。注一）の申合せにより設定され、昭和五十三年四月一日から実施された。その後、公益法人をめぐる諸情勢の変化に伴いこの会計基準の改善の要望が高まってきたため、協議会はこれを見直すこととし、昭和五十七年七月以来、学識経験者に改善策の検討を依頼し、その報告をもとに基準改正について検討を行ってきた。

なお、この協議会は、昭和六十年六月十日公益法人指導監督連絡会議（以下「連絡会議」という。注二）の発足とともに廃止され、会計基準改正の検討は連絡会議に引継がれ、連絡会議は更に検討を行った結果、公益法人会計基準の全部を別添のとおり改正することとした。

(2) 改正の方針及び主な改正事項

今回の改正においては、公益法人会計基準の理解又は実施困難な点を改め、公益法人の事業成績を一層明らかにすることを可能とし、本会計基準の一層の普及と適正な実施を図ることを基本的な方針とし、また、基準の実施及び指導に当たり継続性を確保するため、改正の範囲は必要最小限度にとどめることとした。

主な改正事項は次のとおりである。

ア 正味財産増減計算を独立の計算書とし、その構成について、従前の方法のほか、新たに当期正味財産の増加額（減少額）の発生原因を記載する方法を選択して適用できることとした。

イ 貸借対照表の正味財産の部は、基本金及び当期正味財産増加額（減少額）を内書として記載することとし、また、基本金は基本財産たる資産の合計額とした。

ウ 計算書類の注記事項を整備した。

二 本会計基準の性格

この会計基準は、公益法人会計に関する一般的、標準的な基準を示したものであり、公益法人会計の理論及び実務の進展に即して、今後、更に、充実と改善を図って行こうとするものである。

三 本会計基準の取扱い

主務官庁は、この会計基準をすべての公益法人に適用するよう指導するものとする。

四 本会計基準の実施時期

本会計基準は、昭和六十二年四月一日以降できるだけ速やかに実施するものとする。

ただし、この基準の実施の際現に改正前の基準に基づいてなされている収支予算書及び計算書類等の作成については、なお従前の例による。

（注一） 公益法人監督事務連絡協議会は、昭和四十六年十二月二十二日、各府省庁文書課長会議決定により設けられた。会議は、各省庁における公益法人監督事務の改善を統一的に行うことを目的とし、内閣総理大臣官房管理室長が主宰し、各府省庁担当課長クラスの者をもって構成されていたが、昭和六十年六月十日廃止された。＝原注

（注二） 公益法人指導監督連絡会議は、昭和六十年六月十日、事務次官等会議申合せにより設けられた。会議の目的は、上記協議会とほぼ同じであるが、総理府次長が主宰し、各府省庁官房長クラスをもって構成されている。＝原注

公益法人会計基準

第一 総則

1 目的及び適用範囲

(1) この会計基準は、民法（明治二十九年法律第八十九号）第三十四条の規定に基づき設立された公益法人（以下「公益法人」という。）の会計についてその拠るべき基準を定め、公益法人の健全なる運営に資することを目的とする。

(2) この会計基準は、公益法人が行う事業のうち、一般に公正妥当と認められる企業会計の基準（「企業会計原則」〔別掲〕＝編者）を適用することがより合理的な事業については、これを適用しない。

2 一般原則

公益法人は、次に掲げる原則に従って、収支予算書、会計帳簿及び計算書類（収支計算書、正味財産増減計算書、貸借対照表及び財産目録をいう。以下同じ。）を作成しなければならない。

(1) 収入及び支出は、予算に基づいて行わなければならない。

(2) 会計帳簿は、複式簿記の原則に従って正しく記帳しなければならない。

(3) 計算書類は、会計帳簿に基づいて収支及び財産の状況に関する真実な内容を明りょうに表示するものでなければならない。

(4) 会計処理の原則及び手続き並びに計算書類の表示方法は、毎事業年度これを継続して適用し、みだりに変更してはならない。

3 事業年度

公益法人の事業年度は、定款又は寄附行為で定められた期間によるものとする。

4 会計区分

公益法人は、特定の目的のために特別会計を設けることができる。

5 収支予算書及び計算書類の科目

収支予算書及び計算書類の科目は、別表に準拠してその性質を示す適当な名称で表示するものとする。

第二 収支予算書

1 収支予算書の内容

収支予算書は、当該事業年度において見込まれるすべての収入及び支出の内容を明りょうに表示するものでなければならない。

2 収支予算書の構成

収支予算書は、収入予算及び支出予算から構成されるものとする。

なお、借入金限度額及び債務負担額については、これを収支予算書に注記するものとする。

3 収支予算書の作成

収支予算書は、原則として、当該事業年度の始まる以前に作

成しなければならない。ただし、当該事業年度中においてこれを変更することができる。

4 **収支予算書の様式**

収支予算書は、様式一〔略〕に準じ作成するものとする。この場合において、特別会計を設けているときは、様式七〔略〕に準じ総括表を併せて作成するものとする。

第三 会計帳簿

1 **主要簿**

公益法人は、次の主要簿を備え、すべての取引を記帳しなければならない。

(1) 仕訳帳

(2) 総勘定元帳

2 **補助簿**

公益法人は、原則として次に掲げる補助簿を備え、関係事項を記帳しなければならない。

(1) 現金出納帳

(2) 預金出納帳

(3) 収支予算の管理に必要な帳簿

(4) 固定資産台帳

(5) 基本財産明細帳

(6) 会費明細帳

3 **会計帳簿の様式**

会計帳簿は、公正な会計慣行の様式により作成するものとする。

第四 収支計算書

1 **収支計算書の内容**

収支計算書は、当該事業年度におけるすべての収入及び支出の内容を明りょうに表示するものでなければならない。

2 **収支計算書の構成**

収支計算書は、収支の予算額と決算額とを対比して表示しなければならない。

この場合において予算額と決算額との差異が著しい項目については、その理由を収支計算書の備考欄に注記するものとする。

3 **収支計算書の様式**

収支計算書は、様式二〔略〕に準じ作成するものとする。この場合において特別会計を設けているときは、様式八〔略〕に準じ総括表を併せて作成するものとする。

第五 正味財産増減計算書

1 **正味財産増減計算書の内容**

正味財産増減計算書は、当該事業年度における正味財産のすべての増減内容を明りょうに表示するものでなければならない。

ただし、正味財産の増減がきわめて少額である場合等相当な理由があるときは、正味財産増減計算書を省略することができる。この場合においては、当該項目及び金額を様式五の七〔略〕に準じ注記しなければならない。

2 **正味財産増減計算書の構成**

正味財産増減計算書は、資産及び負債の各科目別に増加額及び減少額を記載して当期正味財産増加額（減少額）を求め、これに前期繰越正味財産額を加算して期末正味財産合計額を表示しなければならない。

ただし、資産及び負債の各科目別に増加額及び減少額を記載する方法に代えて、当期正味財産増加額（減少額）の発生原因を示す方法を用いることができる。

3　**正味財産増減計算書の様式**

正味財産増減計算書は、様式三―一〔略〕（前項ただし書きの方法を用いる場合にあっては様式三―二〔略〕）に準じ作成するものとする。この場合において、特別会計を設けているときは、様式九―一〔略〕（又は様式九―二〔略〕）に準じ総括表を併せて作成するものとする。

第六　**貸借対照表**

1　**貸借対照表の内容**

貸借対照表は、当該事業年度末現在におけるすべての資産、負債及び正味財産の状態を明りょうに表示するものでなければならない。

2　**貸借対照表の区分**

貸借対照表は、資産の部、負債の部及び正味財産の部に分かち、更に資産の部を流動資産及び固定資産に、負債の部を流動負債及び固定負債に区分しなければならない。

3　**資産の貸借対照表価額**

資産の貸借対照表価額は、取得価額又はこの額から相当の減価額を控除した額とする。交換、受贈等によって取得した資産の取得価額は、その取得時における公正な評価額とする。

4　**正味財産**

(1)　正味財産の部には、基本金及び当期正味財産増加額（減少額）を内書として記載するものとする。

(2)　基本金は、当該法人が基本財産と定めた資産の合計額をいう。

5　**貸借対照表の様式**

貸借対照表は、様式四〔略〕に準じ作成するものとする。この場合において、特別会計を設けているときは、様式十〔略〕に準じ総括表を併せて作成するものとする。

第七　**財産目録**

1　**財産目録の内容**

財産目録は、当該事業年度末現在におけるすべての資産及び負債につき、その名称、数量、価額等を詳細に表示するものでなければならない。

2　**財産目録の区分**

財産目録は、貸借対照表の区分に準じ、資産の部と負債の部に区分し、正味財産の額を示さなければならない。

3　**財産目録の価額**

財産目録の価額は、貸借対照表記載の価額と同一とする。

4　**財産目録の様式**

財産目録は、様式六〔略〕に準じ作成するものとする。

第八　**計算書類の注記**

1　計算書類には、次の事項を注記しなければならない。

(1)　資産評価の方法、固定資産の減価償却、引当金の計上基準、資金の範囲等計算書類の作成に関する重要な会計方針

(2)　重要な会計方針を変更したときは、その旨及び当該変更による影響額

(3)　基本財産の増減額及びその残高

(4)　担保に供している資産

(5)　次期繰越収支差額の内容

(6)　固定資産について直接法によって減価償却を行っている場合には、当該資産の取得価額、減価償却累計額及び当期末残高

(7)　保証債務（債務の保証を主たる目的事業とする法人の場合

を除く。)

(8)　正味財産増減計算書を省略する場合又は正味財産増減計算書の作成に当たり、第五の2のただし書きの方法を用いる場合にあっては、資産及び負債の重要な科目別増加額及び減少額

(9)　その他公益法人の収支及び財産の状況を明らかにするために必要な事項

2　注記事項の記載様式

計算書類に対する注記事項は、様式五〔略〕に準じ記載するものとする。

第九　書類の保存

公益法人の収支予算書、会計帳簿及び計算書類は、最低十年間保存しなければならない。

第十　会計処理規程

公益法人は、この会計基準に基づき、固定資産管理者、出納責任者、会計帳簿、収支の期間区分に関する事項、予算の流用に関する事項等会計処理のために必要な事項について会計処理規程を作らなければならない。

別表

収支予算書及び計算書類の科目

ここに示した科目は、一般的、標準的なものであり、事業の種類、規模等に応じて科目を追加又は省略することができる。なお、必要に応じて小科目を設定することが望ましい。

一　収支予算書及び収支計算書に係る科目及び取扱要領〔抄〕

(収入の部)〔略〕

(支出の部)

科目 大科目	科目 中科目	取扱要領
事業費	給料手当 臨時雇賃金 退職金 福利厚生費 旅費交通費 通信運搬費 消耗什器備品費 消耗品費 修繕費 印刷製本費 燃料費 光熱水料費 賃借料 保険料 諸謝金 租税公課 負担金支出 助成金支出 寄付金支出 委託費 雑費	原則として、当該法人の事業の目的のために直接要した支出で管理費以外のもの。 必要に応じて、事業の種類ごとに区分して記載する。

管理費	役員報酬 給料手当 退職金 福利厚生費 会議費 旅費交通費 通信運搬費 消耗什器備品費 消耗品費 修繕費 印刷製本費 燃料費 光熱水料費 賃借料 災害保険料 諸謝金 租税公課 負担金支出 寄付金支出 支払利息 雑費	原則として、法人の各種の業務を管理するため、毎年度経常的に要する支出
固定資産取得支出	土地購入支出 建物建設（購入）支出	固定資産の取得に要した支出（基本財産として の固定資産の取得に要した支出額を含む。）
	構築物建設支出 車両運搬具購入支出 什器備品購入支出 建設仮勘定支出 借地権購入支出 電話加入権購入支出 投資有価証券購入支出	
敷金・保証金支出	敷金支出 保証金支出	
借入金返済支出	短期借入金返済支出 長期借入金返済支出	
特定預金支出	退職給与引当預金支出 減価償却引当預金支出 ○○○○積立預金支出	
繰入金支出	繰入金支出	他会計への支出額
予備費	予備費	収支予算書上の科目
当期収支差額	当期収支差額	

次期繰越収支差額	次期繰越収支差額	資金の範囲は原則として現金預金及び短期金銭債権債務とする。

（注）収支予算書に係る注記事項

1．借入金限度額　当該年度中において許容される短期借入れの最高限度額をいう。

2．債務負担額　次年度以降の各年度において許容される債務負担の最高限度額及びその累計額をいう。

二―一　正味財産増減計算書に係る科目及び取扱要領〔以下略〕

企業会計原則

〔昭和二四年七月九日
経済安定本部企業会計制度対策調査会中間報告〕

最近改正　昭和五七年四月二〇日　大蔵省企業会計審議会報告

参考＝企業会計原則とは、「企業会計の実務の中に慣習として発達したものの中から、一般に公正妥当と認められたところを要約した企業会計を規制する根本原則。この原則そのものは、法的強制力をもたないが、財務諸表規則はこれを法制化し、公認会計士、監査法人の監査基準の一つとなっている。また商法税法などの企業会計に関する諸法令の制定改廃も、この原則を尊重して行われている」。(『新法律学辞典』第三版　有斐閣より)

第一　一般原則

一　企業会計は、企業の財政状態及び経営成績に関して、真実な報告を提供するものでなければならない。

二　企業会計は、すべての取引につき、正規の簿記の原則に従って、正確な会計帳簿を作成しなければならない。

三　資本取引と損益取引とを明瞭に区別し、特に資本剰余金と利益剰余金とを混同してはならない。

四　企業会計は、財務諸表によって、利害関係者に対し必要な会計事実を明瞭に表示し、企業の状況に関する判断を誤らせないようにしなければならない。

五　企業会計は、その処理の原則及び手続を毎期継続して適用し、みだりにこれを変更してはならない。

六　企業の財政に不利な影響を及ぼす可能性がある場合には、これに備えて適当に健全な会計処理をしなければならない。

七　株主総会提出のため、信用目的のため、租税目的のため等種々の目的のために異なる形式の財務諸表を作成する必要がある場合、それらの内容は、信頼しうる会計記録に基づいて作成されたものであって、政策の考慮のために事実の真実な表示をゆがめてはならない。

第二　損益計算書原則

（損益計算書の本質）

一　損益計算書は、企業の経営成績を明らかにするため、一会計期間に属するすべての収益とこれに対応するすべての費用とを記載して経常利益を表示し、これに特別損益に属する項目を加減して当期純利益を表示しなければならない。

A　すべての費用及び収益は、その支出及び収入に基づいて計上し、その発生した期間に正しく割当てられるように処理しなければならない。ただし、未実現収益は、原則として、当期の損益計算に計上してはならない。

前払費用及び前受収益は、これを当期の損益計算から除去し、未払費用及び未収収益は、当期の損益計算に計上しなければならない。

B　費用及び収益は、総額によって記載することを原則とし、費用の項目と収益の項目とを直接に相殺することによってその全部又は一部を損益計算書から除去してはならない。

C　費用及び収益は、その発生源泉に従って明瞭に分類し、各収益項目とそれに関連する費用項目とを損益計算書に対応表示しなければならない。

（損益計算書の区分）

二　損益計算書には、営業損益計算、経常損益計算及び純損益計算の区分を設けなければならない。

A　営業損益計算の区分は、当該企業の営業活動から生ずる費用及び収益を記載して、営業利益を計算する。

二つ以上の営業を目的とする企業にあっては、その費用及び収益を主要な営業別に区分して記載する。

B　経常損益計算の区分は、営業損益計算の結果を受けて、利息及び割引料、有価証券売却損益その他営業活動以外の原因から生ずる損益であって特別損益に属しないものを記載し、経常利益を計算する。

C　純損益計算の区分は、経常損益計算の結果を受けて、前期損益修正額、固定資産売却損益等の特別損益を記載し、当期純利益を計算する。

D　純損益計算の結果を受けて、前期繰越利益等を記載し、当期未処分利益を計算する。

（営業利益）

三　営業損益計算は、一会計期間に属する売上高と売上原価とを記載して売上総利益を計算し、これから販売費及び一般管理費を控除して、営業利益を表示する。

A　企業が商品等の販売と役務の給付とをともに主たる営業とする場合には、商品等の売上高と役務による営業収益とは、これを区別して記載する。

B　売上高は、実現主義の原則に従い、商品等の販売又は役務の給付によって実現したものに限る。ただし、長期の未完成請負工事等については、合理的に収益を見積もり、これを当期の損益計算に計上することができる。

C　売上原価は、売上高に対応する商品等の仕入原価又は製造原価であって、商業の場合には、期首商品たな卸高に当期商品仕入高を加え、これから期末商品たな卸高を控除する形式で表示し、製造工業の場合には、期首製品たな卸高に当期製品製造原価を加え、これから期末製品たな卸高を控除する形式で表示する。

D 売上総利益は、売上高から売上原価を控除して表示する。
役務の給付を営業とする場合には、営業収益から役務の費用を控除して総利益を表示する。

E 同一企業の各経営部門の間における商品等の移転によって発生した内部利益は、売上高及び売上原価を算定するに当って除去しなければならない。

F 営業利益は、売上総利益から販売費及び一般管理費を控除して表示する。販売費及び一般管理費は、適当な科目に分類して営業損益計算の区分に記載し、これを売上原価及び期末たな卸高に算入してはならない。ただし、長期の請負工事については、販売費及び一般管理費を適当な比率で請負工事に配分し、売上原価及び期末たな卸高に算入することができる。

(営業外損益)

四 営業外損益は、受取利息及び割引料、有価証券売却益等の営業外収益と支払利息及び割引料、有価証券売却損、有価証券評価損等の営業外費用とに区分し表示する。

(経常利益)

五 経常利益は、営業利益に営業外収益を加え、これから営業外費用を控除して表示する。

(特別損益)

六 特別損益は、前期損益修正益、固定資産売却益等の特別利益と前期損益修正損、固定資産売却損、災害による損失等の特別損失とに区分して表示する。

(税引前当期純利益)

七 税引前当期純利益は、経常利益に特別利益を加え、これから特別損失を控除して表示する。

(当期純利益)

八 当期純利益は、税引前当期純利益から当期の負担に属する法人税額、住民税額等を控除して表示する。

(当期未処分利益)

九 当期未処分利益は、当期純利益に前期繰越利益、一定の目的のために設定した積立金のその目的に従った取崩額、中間配当額、中間配当に伴う利益準備金の積立額等を加減して表示する。

第三 貸借対照表原則

(貸借対照表の本質)

一 貸借対照表は、企業の財政状態を明らかにするため、貸借対照表日におけるすべての資産、負債及び資本を記載し、株主、債権者その他の利害関係者にこれを正しく表示するものでなければならない。ただし、正規の簿記の原則に従って処理された場合に生じた簿外資産及び簿外負債は、貸借対照表の記載外におくことができる。

A 資産、負債及び資本は、適当な区分、配列、分類及び評価の基準に従って記載しなければならない。

B 資産、負債及び資本は、総額によって記載することを原則とし、資産の項目と負債又は資本の項目とを相殺することによって、その全部又は一部を貸借対照表から除去してはならない。

C 受取手形の割引高又は裏書譲渡高、保証債務等の偶発債務、債務の担保に供している資産、発行済株式一株当たり当期純利益及び同一株当たり純資産額等企業の財務内容を判断するために重要な事項は、貸借対照表に注記しなければならない。

D　将来の期間に影響する特定の費用は、次期以後の期間に配分して処理するため、経過的に貸借対照表の資産の部に記載することができる。

E　貸借対照表の資産の合計金額は、負債と資本の合計金額に一致しなければならない。

（貸借対照表の区分）

二　貸借対照表は、資産の部、負債の部及び資本の部の三区分に分ち、さらに資産の部を流動資産、固定資産及び繰延資産に、負債の部を流動負債及び固定負債に区分しなければならない。

（貸借対照表の配列）

三　資産及び負債の項目の配列は、原則として、流動性配列法によるものとする。

（貸借対照表科目の分類）

四　資産、負債及び資本の各科目は、一定の基準に従って明瞭に分類しなければならない。

(1)　資産

資産は、流動資産に属する資産、固定資産に属する資産及び繰延資産に属する資産に区別しなければならない。仮払金、未決算等の勘定を貸借対照表に記載するには、その性質を示す適当な科目で表示しなければならない。

A　現金預金、市場性ある有価証券で一時的所有のもの、取引先との通常の商取引によって生じた受取手形、売掛金等の債権、商品、製品、半製品、原材料、仕掛品等のたな卸資産及び期限が一年以内に到来する債権は、流動資産に属するものとする。

前払費用で一年以内に費用となるものは、流動資産に属するものとする。

受取手形、売掛金その他流動資産に属する債権は、取引先との通常の商取引上の債権とその他の債権とに区別して表示しなければならない。

B　固定資産は、有形固定資産、無形固定資産及び投資その他の資産に区分しなければならない。

建物、構築物、機械装置、船舶、車両運搬具、工具器具備品、土地、建設仮勘定等は、有形固定資産に属するものとする。

営業権、特許権、地上権、商標権等は、無形固定資産に属するものとする。

子会社株式その他流動資産に属しない有価証券、出資金、長期貸付金並びに有形固定資産、無形固定資産及び繰延資産に属するもの以外の長期資産は、投資その他の資産に属するものとする。

有形固定資産に対する減価償却累計額は、原則として、その資産が属する科目ごとに取得原価から控除する形式で記載する。

無形固定資産については、減価償却額を控除した未償却残高を記載する。

C　創立費、開業費、新株発行費、社債発行費、社債発行差金、開発費、試験研究費及び建設利息は、繰延資産に属するものとする。これらの資産については、償却額を控除した未償却残高を記載する。

D　受取手形、売掛金その他の債権に対する貸倒引当金は、原則として、その債権が属する科目ごとに債権金額又は取得価額から控除する形式で記載する。

債権のうち、役員等企業の内部の者に対するものと親会社又は子会社に対するものは、特別の科目を設けて区別して表示し、又は注記の方法によりその内容を明瞭に示さなければならない。

(2) 負債

負債は、流動負債に属する負債と固定負債に属する負債とに区別しなければならない。仮受金、未決算等の勘定を貸借対照表に記載するには、その性質を示す適当な科目で表示しなければならない。

A 取引先との通常の商取引によって生じた支払手形、買掛金等の債務及び期限が一年以内に到来する債務は、流動負債に属するものとする。

支払手形、買掛金その他流動負債に属する債務は、取引先との通常の商取引上の債務とその他の債務とに区別して表示しなければならない。

引当金のうち、賞与引当金、工事補償引当金、修繕引当金のように、通常一年以内に使用される見込のものは、流動負債に属するものとする。

B 社債、長期借入金等の長期債務は、固定負債に属するものとする。

引当金のうち、退職給与引当金、特別修繕引当金のように、通常一年をこえて使用される見込のものは、固定負債に属するものとする。

C 債務のうち、役員等企業の内部の者に対するものと親会社又は子会社に対するものは、特別の科目を設けて区別して表示し、又は注記の方法によりその内容を明瞭に示さなければならない。

(3) 資本

資本は、資本金に属するものと剰余金に属するものとに区別しなければならない。

A 資本金の区分には、法定資本の額を記載する。発行済株式の数は普通株、優先株等の種類別に注記するものとする。

B 剰余金は、資本準備金、利益準備金及びその他の剰余金に区分して記載しなければならない。

株式払込剰余金、減資差益及び合併差益は、資本準備金として表示する。

その他の剰余金の区分には、任意積立金及び当期未処分利益を記載する。

C 新株式払込金又は申込期日経過後における新株式申込証拠金は、資本金の区分の次に特別の区分を設けて表示しなければならない。

D 法律で定める準備金で資本準備金又は利益準備金に準ずるものは、資本準備金又は利益準備金の次に特別の区分を設けて表示しなければならない。

(資産の貸借対照表価額)

五 貸借対照表に記載する資産の価額は、原則として、当該資産の取得原価を基礎として計上しなければならない。

資産の取得原価は、資産の種類に応じた費用配分の原則によって、各事業年度に配分しなければならない。有形固定資産は、当該資産の耐用期間にわたり、定額法、定率法等の一定の減価償却の方法によって、その取得原価を各事業年度に配分し、無形固定資産は、当該資産の有効期間にわたり、一定の減価償却の方法によって、その取得原価を各事業年度に配分しなければならない。繰延資産についても、これに準じて、各事業年度に均等額以上を配分しなければならない。

A　商品、製品、半製品、原材料、仕掛品等のたな卸資産については、原則として購入代価又は製造原価に引取費用等の付随費用を加算し、これに個別法、先入先出法、後入先出法、平均原価法等の方法を適用して算定した取得原価をもって貸借対照表価額とする。ただし、時価が取得原価より著しく下落したときは、回復する見込があると認められる場合を除き、時価をもって貸借対照表価額としなければならない。

たな卸資産の貸借対照表価額は、時価が取得原価よりも下落した場合には時価による方法を適用して算定することができる。

B　有価証券については、原則として購入代価に手数料等の付随費用を加算し、これに平均原価法等の方法を適用して算定した取得原価をもって貸借対照表価額とする。ただし、取引所の相場のある有価証券については、時価が著しく下落したときは、回復する見込があると認められる場合を除き、時価をもって貸借対照表価額としなければならない。取引所の相場のない有価証券のうち株式については、当該会社の財政状態を反映する株式の実質価額が著しく低下したときは、相当の減額をしなければならない。

取引所の相場のある有価証券で子会社の株式以外のものの貸借対照表価額は、時価が取得原価よりも下落した場合には時価による方法を適用して算定することができる。

C　受取手形、売掛金その他の債権の貸借対照表価額は、債権金額又は取得価額から正常な貸倒見積高を控除した金額とする。

D　有形固定資産については、その取得原価から減価償却累計額を控除した価額をもって貸借対照表価額とする。有形固定資産の取得原価には、原則として当該資産の引取費用等の付随費用を含める。現物出資として受入れた固定資産については、出資者に対して交付された株式の発行価額をもって取得原価とする。

償却済の有形固定資産は、除却されるまで残存価額又は備忘価額で記載する。

E　無形固定資産については、当該資産の取得のために支出した金額から減価償却累計額を控除した価額をもって貸借対照表価額とする。

F　贈与その他無償で取得した資産については、公正な評価額をもって取得原価とする。

〔参考〕　これに関し、「企業会計原則注解」が大蔵省企業会計審議会中間報告として公表されている（昭和二九年七月一四日中間報告、最近修正・昭和五七年四月二〇日）＝編者

「図書の会計処理について(報告)」について(通知)

〔昭和四七年一一月一四日雑管第一一五号
文部大臣所轄学校法人理事長あて
文部省管理局長通知〕

図書の会計処理については、昭和四十七年十月二十四日に学校法人財務基準の調査研究会から別添のとおり報告を受けましたので通知します。

各学校法人においては、図書の会計処理にあたつては、この報告の趣旨を参考として適切に処理されるよう願います。

別添

図書の会計処理について(報告)

〔昭和四七年一〇月二四日
文部省管理局長あて　座長　古川栄一〕

図書については、共通の取り扱いにより会計処理を行うことが適当であると思料したので、この会議において検討を行なつた結果、このほど別紙のとおり結論を得たので報告します。

別紙

図書の会計処理について

一　長期にわたって保存・使用することが予定される図書は、取得価額の多寡にかかわらず固定資産に属する図書として取り扱う。

二　固定資産に属する図書については、原則として、減価償却経理を必要としないものとする。この場合、図書の管理上、除却の処理が行なわれたときは、当該図書の取得価額相当額をもって消費支出に計上するものとする。

除却による経理が困難なときは、総合償却の方法により減価償却経理を行なうことができる。

三　学習用図書、事務用図書等のように、通常、その使用期間が短期間であることが予定される図書は、取得した年度の消費支出として取り扱うことができる。

四　図書の取得価額には、原則として、取得に要する経費を含まないものとする。

大量購入等による値引額および現金割引額は、「雑収入」として処理することができる。

五　消費支出として処理した雑誌等を、合冊製本して、長期間にわたって保存・使用する図書とする場合は、その合冊製本に要した経費をもって、当該図書の取得価額とすることができる。

六　図書と類似の役割を有するテープ、レコード、フィルム等の諸資料は、利用の態様に従い、図書に準じて会計処理を行なうものとする。

(4) 図書館の労働法

◎国家公務員法

〔昭和二二年一〇月二一日
法律第一二〇号〕

最近改正　平成一三年四月一八日　法律第三二号

〔**参考**＝本法第二条第三項第一四号の「国会職員」についての任用・分限・服務・給与等は「国会職員法」（昭和二二年法律八五号、最近改正・平成一一年法律第一五一号）〔略〕に規定されている＝編者〕

国家公務員法目次

第一章　総則

（この法律の目的及び効力）

第一条　この法律は、国家公務員たる職員について適用すべき各般の根本基準（職員の福祉及び利益を保護するための適切な措置を含む。）を確立し、職員がその職務の遂行に当り、最大の能率を発揮し得るように、民主的な方法で、選択され、且つ、指導さるべきことを定め、以て国民に対し、公務の民主的且つ能率的な運営を保障することを目的とする。

② この法律は、もつぱら日本国憲法第七十三条にいう官吏に関する事務を掌理する基準を定めるものである。
③ 何人も、故意に、この法律又はこの法律に基づく命令に違反し、又は違反を企て若しくは共謀してはならない。又、何人も、故意に、この法律又はこの法律に基づく命令の施行に関し、虚偽行為をなし、若しくはなそうと企て、又はその施行を妨げてはならない。
④ この法律のある規定が、効力を失い、又はその適用が無効とされても、この法律の他の規定又は他の関係における適用は、その影響を受けることがない。
⑤ この法律の規定が、従前の法律又はこれに基く法令と矛盾し又はてい触する場合には、この法律の規定が、優先する。

（一般職及び特別職）

第二条 国家公務員の職は、これを一般職と特別職とに分つ。
② 一般職は、特別職に属する職以外の国家公務員の一切の職を包含する。
③ 特別職は、次に掲げる職員の職とする。
一 内閣総理大臣
二 国務大臣
三 人事官及び検査官
四 内閣法制局長官
五 内閣官房副長官
五の二 内閣危機管理監
五の三 内閣官房副長官補、内閣広報官及び内閣情報官
六 内閣総理大臣補佐官
七 副大臣及び法律で国務大臣をもつてその長に充てることと定められている各庁の副長官
七の二 大臣政務官及び長官政務官
八 内閣総理大臣秘書官及び国務大臣秘書官並びに特別職たる機関の長の秘書官のうち人事院規則で指定するもの
九 就任について選挙によることを必要とし、あるいは国会の両院又は一院の議決又は同意によることを必要とする職員
十 宮内庁長官、侍従長、東宮大夫、式部官長及び侍従次長並びに法律又は人事院規則で指定する宮内庁のその他の職員
十一 特命全権大使、特命全権公使、特派大使、政府代表、全権委員、政府代表又は全権委員の代理並びに特派大使、政府代表又は全権委員の顧問及び随員
十一の二 日本ユネスコ国内委員会の委員
十二 日本学士院会員
十二の二 日本学術会議会員
十三 裁判官及びその他の裁判所職員
十四 国会職員
十五 国会議員の秘書
十六 防衛庁の職員（防衛庁設置法（昭和二十九年法律第百六十四号）第六十一条第一項に規定する審議会等の委員及び調停職員等で、人事院規則で指定するものを除く。）
十七 独立行政法人通則法（平成十一年法律第百三号）〔別掲〕第二条第二項に規定する特定独立行政法人（以下「特定独立行政法人」という。）の役員
④ この法律の規定は、一般職に属するすべての職（以下その職を官職といい、その職を占める者を職員という。）に、これを適用する。人事院は、ある職が、国家公務員の職に属するかどうか及び本条に規定する一般職に属するか特別職に属するかを決定する権限を有する。

⑤　この法律の規定は、この法律の改正法律により、別段の定めがなされない限り、特別職に属する職には、これを適用しない。
⑥　政府は、一般職又は特別職以外の勤務者を置いてその勤務に対し俸給、給料その他の給与を支払ってはならない。
⑦　前項の規定は、政府又はその機関と外国人の間に、個人的基礎においてなされる勤務の契約には適用されない。

第二章　中央人事行政機関

（人事院）
第三条　内閣の所轄の下に人事院を置く。人事院は、この法律に定める基準に従つて、内閣に報告しなければならない。
②　人事院は、法律の定めるところに従い、給与その他の勤務条件の改善及び人事行政の改善に関する勧告、職階制、試験及び任免、給与、研修、分限、懲戒、苦情の処理、職務に係る倫理の保持その他職員に関する人事行政の公正の確保及び職員の利益の保護等に関する事務をつかさどる。
③　法律により、人事院が処置する権限を与えられている部門においては、人事院の決定及び処分は、人事院によつてのみ審査される。
④　前項の規定は、法律問題につき裁判所に出訴する権利に影響を及ぼすものではない。

（国家公務員倫理審査会）
第三条の二　前条第二項の所掌事務のうち職務に係る倫理の保持に関する事務を所掌させるため、人事院に国家公務員倫理審査会を置く。
②　国家公務員倫理審査会に関しては、この法律に定めるもののほか、国家公務員倫理法（平成十一年法律第百二十九号）の定めるところによる。

（職員）
第四条　人事院は、人事官三人をもつて、これを組織する。
②　人事官のうち一人は、総裁として命ぜられる。
③　人事院は、事務総長及び予算の範囲内においてその職務を適切に行うため必要とする職員を任命する。
④　人事院は、その内部機構を管理する。国家行政組織法（昭和二十三年法律第百二十号）は、人事院には適用されない。

（人事官）
第五条　人事官は、人格が高潔で、民主的な統治組織と成績本位の原則による能率的な事務の処理に理解があり、且つ、人事行政に関し識見を有する年齢三十五年以上の者の中から両議院の同意を経て、内閣が、これを任命する。
②　人事官の任免は、天皇が、これを認証する。
③　次の各号のいずれかに該当する者は、人事官となることができない。
一　破産者で復権を得ない者
二　禁錮《こ》以上の刑に処せられた者又は第四章〔罰則〕に規定する罪を犯し刑に処せられた者
三　第三十八条〔欠格条項〕第三号又は第五号に該当する者
④　任命の日以前五年間において、政党の役員、政治的顧問その他これらと同様な政治的影響力をもつ政党員であつた者又は任命の日以前五年間において、公選による国若しくは都道府県の公職の候補者となつた者は、人事院規則の定めるところにより、人事官となることができない。
⑤　人事官の任命については、その中の二人が、同一政党に属し、又は同一の大学学部を卒業した者となることとなつてはならない。

(宣誓及び服務)

第六条 人事官は、任命後、人事院規則の定めるところにより、最高裁判所長官の面前において、宣誓書に署名してからでなければ、その職務を行つてはならない。

② 第三章第七節〔服務〕の規定は、人事官にこれを準用する。

(任期)

第七条 人事官の任期は、四年とする。但し、補欠の人事官は、前任者の残任期間在任する。

② 人事官は、これを再任することができる。但し、引き続き十二年を超えて在任することはできない。

③ 人事官であつた者は、退職後一年間は、人事院の官職以外の官職に、これを任命することができない。

(退職及び罷免)

第八条 人事官は、左の各号の一に該当する場合を除く外、その意に反して罷免されることがない。

一 第五条〔人事官〕第三項各号の一に該当するに至つた場合

二 国会の訴追に基き、公開の弾劾手続により罷免を可とすると決定された場合

三 任期が満了して、再任されず又は人事官として引き続き十二年在任するに至つた場合

② 前項第二号の規定による弾劾の事由は、左に掲げるものとする。

一 心身の故障のため、職務の遂行に堪えないこと

二 職務上の義務に違反し、その他人事官たるに適しない非行があること

③ 人事官の中、二人以上が同一の政党に属することとなつた場合においては、これらの者の中一人以外の者は、内閣が両議院の同意を経て、これを罷免するものとする。

④ 前項の規定は、政党所属関係について異動のなかつた人事官の地位に、影響を及ぼすものではない。

(人事官の弾劾)

第九条 人事官の弾劾の裁判は、最高裁判所においてこれを行う。

② 国会は、人事官の弾劾の訴追をしようとするときは、訴追の事由を記載した書面を最高裁判所に提出しなければならない。

③ 国会は、前項の場合においては、同項に規定する書面の写を訴追に係る人事官に送付しなければならない。

④ 最高裁判所は、第二項の書面を受理した日から三十日以上九十日以内の間において裁判開始の日を定め、その日の三十日以前までに、国会及び訴追に係る人事官に、これを通知しなければならない。

⑤ 最高裁判所は、裁判開始の日から百日以内に判決を行わなければならない。

⑥ 人事官の弾劾の裁判の手続は、裁判所規則でこれを定める。

⑦ 裁判に要する費用は、国庫の負担とする。

(人事官の給与)

第十条 人事官の給与は、別に法律で定める。

(総裁)

第十一条 人事院総裁は、人事官の中から、内閣が、これを命ずる。

② 人事院総裁は、院務を総理し、人事院を代表する。

③ 人事院総裁に事故のあるとき、又は人事院総裁が欠けたときは、先任の人事官が、その職務を代行する。

(人事院会議)

第十二条 定例の人事院会議は、人事院規則の定めるところにより、少なくとも一週間に一回、一定の場所において開催すること

を常例としなければならない。
② 人事院会議の議事は、すべて議事録として記録しておかなければならない。
③ 前項の議事録は、幹事がこれを作成する。
④ 人事院の事務処理の手続に関し必要な事項は、人事院規則でこれを定める。
⑤ 事務総長は、幹事として人事院会議に出席する。
⑥ 人事院は、左に掲げる権限を行う場合においては、人事院の議決を経なければならない。
一 人事院規則の制定及び改廃
二 削除
三 第二十二条〔人事行政改善の勧告〕の規定による関係庁の長に対する勧告
四 第二十三条〔法令の制定改廃に関する意見の申出〕の規定による国会及び内閣に対する意見の申出
五 第二十四条〔業務の報告〕の規定による国会及び内閣に対する報告
六 第二十八条〔情勢適応の原則〕の規定による国会及び内閣に対する勧告
七 第二十九条〔職階制の確立〕の規定による職階制の立案
八 第三十六条〔採用の方法〕（第三十七条〔昇任の方法〕において準用する場合を含む。）の規定による選考基準の決定及び選考機関の指定
九 第四十八条〔試験機関〕の規定による試験機関の指定
十 第六十条〔臨時的任用〕の規定による臨時的任用及びその更新に対する承認、臨時的任用に係る職員の員数の制限及びその資格要件の決定並びに臨時的任用の取消（人事院規則の定める場合を除く。）
十一 第六十三条〔給与準則による給与の支給〕の規定による給与準則の立案
十二 第六十七条〔給与準則の改訂〕の規定による給与準則の改訂案の作成
十三 削除
十四 第八十七条〔事案の審査及び判定〕の規定による事案の判定
十五 第九十二条〔調査の結果採るべき措置〕の規定による処分の判定
十六 第九十五条〔補償制度の立案及び実施の責務〕の規定による補償に関する重要事項の立案
十七 第百三条〔私企業からの隔離〕の規定による異議申立てに対する決定並びに同条の規定による国会及び内閣に対する報告
十八 第百八条〔意見の申出〕の規定による国会及び内閣に対する意見の申出
十九 第百八条の三〔職員団体の登録〕第六項の規定による職員団体の登録の効力の停止及び取消し
二十 その他人事院の議決によりその議決を必要とされた事項

（事務総局及び予算）
第十三条 人事院に事務総局及び法律顧問を置く。
② 事務総局の組織及び法律顧問に関し必要な事項は、人事院規則でこれを定める。
③ 人事院は、毎会計年度の開始前に、次の会計年度においてその必要とする経費の要求書を国の予算に計上されるように内閣に提出しなければならない。この要求書には、土地の購入、建物の建造、事務所の借上、家具、備品及び消耗品の購入、俸給及び給料

の支払その他必要なあらゆる役務及び物品に関する経費が計上されなければならない。
④　内閣が、人事院の経費の要求書を修正する場合においては、人事院の要求書は、内閣により修正された要求書とともに、これを国会に提出しなければならない。
⑤　人事院は、国会の承認を得て、その必要とする地方の事務所を置くことができる。

（事務総長）

第十四条　事務総長は、総裁の職務執行の補助者となり、その一般的監督の下に、人事院の事務上及び技術上のすべての活動を指揮監督し、人事院の職員について計画を立て、募集、配置及び指揮を行い、又、人事院会議の幹事となる。

（人事院の職員の兼職禁止）

第十五条　人事官及び事務総長は、他の官職を兼ねてはならない。

（人事院規則及び人事院指令）

第十六条　人事院は、その所掌事務について、法律を実施するため、又は法律の委任に基づいて、人事院規則を制定し、人事院指令を発し、及び手続を定める。人事院は、いつでも、適宜に、人事院規則を改廃することができる。
②　人事院規則及びその改廃は、官報をもつて、これを公布する。
③　人事院は、この法律に基いて人事院規則を実施し又はその他の措置を行うため、人事院指令を発することができる。

（調査）

第十七条　人事院又はその指名する者は、人事院の所掌する人事行政に関する事項に関し調査することができる。
②　人事院又は前項の規定により指名された者は、同項の調査に関し必要があるときは、証人を喚問し、又調査すべき事項に関係があると認められる書類若しくはその写の提出を求めることができる。
③　人事院は、第一項の調査（職員の職務に係る倫理の保持に関して行われるものに限る。）に関し必要があると認めるときは、当該調査の対象である職員に出頭を求めて質問し、又は同項の規定により指名された者に、当該職員の勤務する場所（職員として勤務していた場所を含む。）に立ち入らせ、帳簿書類その他必要な物件を検査させ、又は関係者に質問させることができる。
④　前項の規定により立入検査をする者は、その身分を示す証明書を携帯し、関係者の請求があつたときは、これを提示しなければならない。
⑤　第三項の規定による立入検査の権限は、犯罪捜査のために認められたものと解してはならない。

（国家公務員倫理審査会への権限の委任）

第十七条の二　人事院は、前条の規定による権限（職員の職務に係る倫理の保持に関して行われるものに限り、かつ、第九十条〔不服申立て〕第一項に規定する不服申立てに係るものを除く。）を国家公務員倫理審査会に委任する。

（給与の支払の監理）

第十八条　人事院は、職員に対する給与の支払を監理する。
②　職員に対する給与の支払は、人事院規則又は人事院指令に反してこれを行つてはならない。

（内閣総理大臣）

第十八条の二　内閣総理大臣は、法律の定めるところに従い、職員の能率、厚生、服務等に関する事務（第三条〔人事院〕第二項の規定により人事院の所掌に属するものを除く。）をつかさどる。
②　内閣総理大臣は、前項に規定するもののほか、各行政機関がそ

の職員について行なう人事管理に関する方針、計画等に関し、その統一保持上必要な総合調整に関する事務をつかさどる。

（人事記録）

第十九条　内閣総理大臣は、職員の人事記録に関することを管理する。

② 内閣総理大臣は、内閣府、各省その他の機関をして、当該機関の職員の人事に関する一切の事項について、人事記録を作成し、これを保管せしめるものとする。

③ 人事記録の記載事項及び様式その他人事記録に関し必要な事項は、政令でこれを定める。

④ 内閣総理大臣は、内閣府、各省その他の機関によつて作成保管された人事記録で、前項の規定による政令に違反すると認めるものについて、その改訂を命じ、その他所要の措置をなすことができる。

（統計報告）

第二十条　内閣総理大臣は、政令の定めるところにより、職員の在職関係に関する統計報告の制度を定め、これを実施するものとする。

② 内閣総理大臣は、前項の統計報告に関し必要があるときは、関係庁に対し随時又は定期に一定の形式に基いて、所要の報告を求めることができる。

（権限の委任）

第二十一条　人事院又は内閣総理大臣は、それぞれ人事院規則又は政令の定めるところにより、この法律に基づく権限の一部を他の機関をして行なわせることができる。この場合においては、人事院又は内閣総理大臣は、当該事務に関し、他の機関の長を指揮監督することができる。

（人事行政改善の勧告）

第二十二条　人事院は、人事行政の改善に関し、関係大臣その他の機関の長に勧告することができる。

② 前項の場合においては、人事院は、その旨を内閣に報告しなければならない。

（法令の制定改廃に関する意見の申出）

第二十三条　人事院は、この法律の目的達成上、法令の制定又は改廃に関し意見があるときは、その意見を国会及び内閣に同時に申し出なければならない。

（業務の報告）

第二十四条　人事院は、毎年、国会及び内閣に対し、業務の状況を報告しなければならない。

② 内閣は、前項の報告を公表しなければならない。

（人事管理官）

第二十五条　内閣府及び各省並びに政令で指定するその他の機関には、その庁の職員として人事管理官を置かなければならない。

② 人事管理官は、人事に関する部局の長となり、前項の機関の長を助け、人事に関する事務を掌る。この場合において、人事管理官は、中央人事行政機関との緊密な連絡及びこれに対する協力につとめなければならない。

第二十六条　削除

第三章　官職の基準

第一節　通則

（平等取扱の原則）

第二十七条　すべて国民は、この法律の適用について、平等に取り扱われ、人種、信条、性別、社会的身分、門地又は第三十八条（欠格条項）第五号に規定する場合を除くの外政治的意見若しくは政治的所属関係によつて、差別されてはならない。

（情勢適応の原則）

第二十八条 この法律に基いて定められる給与、勤務時間その他勤務条件に関する基礎事項は、国会により社会一般の情勢に適応するように、随時これを変更することができる。その変更に関しては、人事院においてこれを勧告することを怠つてはならない。

② 人事院は、毎年、少くとも一回、俸給表が適当であるかどうかについて国会及び内閣に同時に報告しなければならない。給与を決定する諸条件の変化により、俸給表に定める給与を百分の五以上増減する必要が生じたと認められるときは、人事院は、その報告にあわせて、国会及び内閣に適当な勧告をしなければならない。

第二節　職階制

（職階制の確立）

第二十九条 職階制は、法律でこれを定める。

② 人事院は、職階制を立案し、官職を職務の種類及び複雑と責任の度に応じて、分類整理しなければならない。

③ 職階制においては、同一の内容の雇用条件を有する同一の職級に属する官職については、同一の資格要件を必要とするとともに、且つ、当該官職に就いている者に対しては、同一の幅の俸給が支給されるように、官職の分類整理がなされなければならない。

④ 前三項に関する計画は、国会に提出して、その承認を得なければならない。

⑤ 一般職の職員の給与に関する法律（昭和二十五年法律第九十五号）第六条の規定による職務の分類は、これを本条その他の条項に規定された計画であつて、かつ、この法律の要請するところに適合するものとみなし、その改正が人事院によつて勧告され、国会によつて制定されるまで効力をもつものとする。

（職階制の実施）

第三十条 職階制は、実施することができるものから、逐次これを実施する。

② 職階制の実施につき必要な事項は、この法律に定のあるものを除いては、人事院規則でこれを定める。

（官職の格付）

第三十一条 職階制を実施するにあたつては、人事院は、人事院規則の定めるところにより、職階制の適用されるすべての官職をいずれかの職級に格付しなければならない。

② 人事院は、人事院規則の定めるところにより、随時、前項に規定する格付を再審査し、必要と認めるときは、これを改訂しなければならない。

（職階制によらない官職の分類の禁止）

第三十二条 一般職に属するすべての官職については、職階制によらない分類をすることはできない。

第三節　試験及び任免

（任免の根本基準）

第三十三条 すべて職員の任用は、この法律及び人事院規則の定めるところにより、その者の受験成績、勤務成績又はその他の能力の実証に基いて、これを行う。

② 人事院は、試験を採用試験、昇任試験又はその両者を兼ねるもののいずれとするかを適宜決定する。

③ 職員の免職は、法律に定める事由に基いてこれを行わなければならない。

④ 前三項に規定する根本基準の実施につき必要な事項は、この法

律に定のあるものを除いては、人事院規則でこれを定める。

第一款　通則

第三十四条　削除

（欠員補充の方法）

第三十五条　官職に欠員を生じた場合においては、その任命権者は、法律又は人事院規則に別段の定のある場合を除いては、採用、昇任、降任又は転任のいずれか一の方法により、職員を任命することができる。但し、人事院が特別の必要があると認めて任命の方法を指定した場合は、この限りではない。

（採用の方法）

第三十六条　職員の採用は、競争試験によるものとする。但し、人事院規則の定める官職について、人事院の承認があった場合は、競争試験以外の能力の実証に基く試験（以下選考という。）の方法によることを妨げない。

② 前項但書の選考は、人事院の定める基準により、人事院又はその定める選考機関が、これを行う。

（昇任の方法）

第三十七条　職員の昇任は、その官職より下位の官職の在職者の間における競争試験（以下試験という。）によるものとする。但し、人事院は、必要と認めるときは、試験を受ける者の範囲を、適宜制限することができる。

② 昇任すべき官職の職務及び責任に鑑み、人事院が、当該在職者の間における試験によることを適当でないと認める場合においては、昇任は、当該在職者の従前の勤務実績に基く選考により、これを行うことができる。

③ 前条第二項の規定は、前項の選考にこれを準用する。

（欠格条項）

第三十八条　次の各号のいずれかに該当する者は、人事院規則の定める場合を除くほか、官職に就く能力を有しない。

一　成年被後見人又は被保佐人

二　禁錮以上の刑に処せられ、その執行を終わるまで又は執行を受けることがなくなるまでの者

三　懲戒免職の処分を受け、当該処分の日から二年を経過しない者

四　人事院の人事官又は事務総長の職にあつて、第百九条から第百十一条までに規定する罪を犯し刑に処せられた者

五　日本国憲法施行の日以後において、日本国憲法又はその下に成立した政府を暴力で破壊することを主張する政党その他の団体を結成し、又はこれに加入した者

（人事に関する不法行為の禁止）

第三十九条　何人も、左の各号の一に掲げる事項を実現するために、金銭その他の利益を授受し、提供し、要求し、若しくは授受を約束したり、脅迫、強制その他これに類する方法を用いたり、直接たると間接たるとを問わず、公の地位を利用し、又はその利用を提供し、要求し、若しくは約束したり、あるいはこれらの行為に関与してはならない。

一　退職若しくは休職又は任用の不承諾

二　試験若しくは任用の志望の撤回又は任用に対する競争の中止

三　任用、昇給、留職その他官職における利益の実現又はこれらのことの推薦

（人事に関する虚偽行為の禁止）

第四十条　何人も、試験、選考、任用又は人事記録に関して、虚偽又は不正の陳述、記載、証明、採点、判断又は報告を行ってはならない。

（受験又は任用の阻害及び情報提供の禁止）

第四十一条 試験機関に属する者その他の職員は、受験若しくは任用を阻害し、又は受験若しくは任用に不当な影響を与える目的を以て特別若しくは秘密の情報を提供してはならない。

第二款　試験

（試験実施の場合）

第四十二条 試験は、人事院規則の定めるところにより、これを行う。

（受験の欠格条項）

第四十三条 第四十四条に規定する資格に関する制限の外、官職に就く能力を有しない者は、受験することができない。

（受験の資格要件）

第四十四条 人事院は、人事院規則により、受験者に必要な資格として官職に応じ、その職務の遂行に欠くことのできない最小限度の客観的且つ画一的な要件を定めることができる。

（試験の内容）

第四十五条 試験は、職務遂行の能力を有するかどうかを判定することを以てその目的とする。

（採用試験の公開平等）

第四十六条 採用試験は、人事院規則の定める受験の資格を有するすべての国民に対して、平等の条件で公開されなければならない。

（採用試験の告知）

第四十七条 採用試験の告知は、公告によらなければならない。

② 前項の告知には、その試験に係る官職についての職務及び責任の概要及び給与、受験の資格要件、試験の時期及び場所、願書の入手及び提出の場所、時期及び手続その他の必要な受験手続並びに人事院が必要と認めるその他の注意事項を記載するものとする。

③ 第一項の規定による公告は、人事院規則の定めるところにより、受験の資格を有するすべての者に対し、受験に必要な事項を周知させることができるように、これを行わなければならない。

④ 人事院は、受験の資格を有すると認められる者が受験するように、常に努めなければならない。

⑤ 人事院は、公告された試験又は実施中の試験を、取り消し又は変更することができる。

（試験機関）

第四十八条 試験は、人事院規則の定めるところにより、人事院の定める試験機関が、これを行う。

（試験の時期及び場所）

第四十九条 試験の時期及び場所は、国内の受験資格者が、無理なく受験することができるように、これを定めなければならない。

第三款　任用候補者名簿

（名簿の作成）

第五十条 試験による職員の任用については、人事院規則の定めるところにより、任用候補者名簿（採用候補者名簿及び昇任候補者名簿）を作成するものとする。

（採用候補者名簿に記載される者）

第五十一条 採用候補者名簿には、当該官職に採用することができる者として、採用試験において合格点以上を得た者の氏名及び得点を、その得点順に記載するものとする。

（昇任候補者名簿に記載される者）

第五十二条 昇任候補者名簿には、当該官職に昇任することができる者として、昇任試験において合格点以上を得た昇任候補者の氏名及び得点を、その得点順に記載するものとする。

（名簿の閲覧）

第五十三条 任用候補者名簿は、受験者、任命庁その他関係者の請求に応じて、常に閲覧に供されなければならない。

（名簿の失効）

第五十四条 任用候補者名簿が、その作成後一年以上を経過したとき、又は人事院の定める事由に該当するときは、何時でも、人事院は、任意に、これを失効させることができる。

第四款 任用

（任命権者）

第五十五条 任命権は、法律に別段の定めのある場合を除いては、内閣、各大臣（内閣総理大臣及び各省大臣をいう。以下同じ。）、会計検査院長及び人事院総裁並びに宮内庁長官及び各外局の長に属するものとする。これらの機関の長の有する任命権は、その部内の機関に属する官職に限られ、内閣の有する任命権は、その直属する機関（内閣府を除く。）に属する官職に限られる。ただし、外局の長に対する任命権は、各大臣に属する。

② 前項に規定する機関の長たる任命権者は、その任命権を、その部内の上級の職員に限り委任することができる。この委任は、その効力が発生する日の前に、書面をもつて、これを人事院に提示しなければならない。

③ この法律、人事院規則及び人事院指令に規定する要件を備えない者は、これを任命し、雇用し、昇任させ若しくは転任させてはならず、又はいかなる官職にも配置してはならない。

（採用候補者名簿による採用の方法）

第五十六条 採用候補者名簿による職員の採用は、当該採用候補者名簿に記載された者の中、採用すべき者一人につき、試験における高点順の志望者五人の中から、これを行うものとする。

（昇任候補者名簿による昇任の方法）

第五十七条 昇任候補者名簿による職員の昇任は、当該昇任候補者名簿に記載された者の中、昇任すべき者一人につき、試験における高点順の志望者五人の中から、これを行うものとする。

（任用候補者の推薦）

第五十八条 任命権者が職員を採用し、又は昇任しようとする場合において、その請求があるときは、人事院は、人事院規則の定めるところにより、任命権者に対し、当該任用候補者名簿に記載された任用候補者の中当該任用の候補者たるべき前二条の規定による員数の者を提示しなければならない。

（条件附任用期間）

第五十九条 一般職に属するすべての官職に対する職員の採用又は昇任は、すべて条件附のものとし、その職員が、その官職において六月を下らない期間を勤務し、その間その職務を良好な成績で遂行したときに、正式のものとなるものとする。

② 条件附採用に関し必要な事項又は条件附採用期間であつて六月をこえる期間を要するものについては、人事院規則でこれを定める。

（臨時的任用）

第六十条 任命権者は、人事院規則の定めるところにより、緊急の場合、臨時の官職に関する場合又は任用候補者名簿がない場合には、人事院の承認を得て、六月を超えない任期で、臨時的任用を行うことができる。この場合において、その任用は、人事院規則の定めるところにより人事院の承認を得て、六月の期間で、これを更新することができるが、再度更新することはできない。

② 人事院は、臨時的任用につき、その員数を制限し、又は、任用

される者の資格要件を定めることができる。

③ 人事院は、前二項の規定又は人事院規則に違反する臨時的任用を取り消すことができる。

④ 臨時的任用は、任用に際して、いかなる優先権をも与えるものではない。

⑤ 前四項に定めるものの外、臨時的に任用された者に対しては、この法律及び人事院規則を適用する。

第五款　休職、復職、退職及び免職

（休職、復職、退職及び免職）

第六十一条　職員の休職、復職、退職及び免職は任命権者が、この法律及び人事院規則に従い、これを行う。

第四節　給与

（給与の根本基準）

第六十二条　職員の給与は、その官職の職務と責任に応じてこれをなす。

② 前項の規定の趣旨は、できるだけすみやかに達成されなければならない。

第一款　給与準則

（給与準則による給与の支給）

第六十三条　職員の給与は、法律により定められる給与準則に基いてなされ、これに基かずには、いかなる金銭又は有価物も支給せられることはできない。

② 人事院は、必要な調査研究を行い、職階制に適合した給与準則を立案し、これを国会及び内閣に提出しなければならない。

（俸給表）

第六十四条　給与準則には、俸給表が規定されなければならない。

② 俸給表は、生計費、民間における賃金その他人事院の決定する適当な事情を考慮して定められ、且つ、等級又は職級ごとに明確な俸給額の幅を定めていなければならない。

（給与準則に定むべき事項）

第六十五条　給与準則には、前条の俸給表の外、左の事項が規定されなければならない。

一 同一の等級又は職級内における俸給の昇給の基準に関する事項

二 その官職に職階制が初めて適用せられる場合の給与に関する事項

三 時間外勤務、夜間勤務及び休日勤務に対する給与に関する事項

四 特別地域勤務、危険作業その他特殊な勤務に対する手当に関する事項

五 扶養家族の数、常時勤務を要しない官職、生活に必要な施設の全部又は一部を官給する官職その他勤務条件の特別なものについて、人事院のなす給与の調整に関する事項

② 前項第一号の基準は、勤続期間、勤務能率その他勤務に関する諸要件を考慮して定められるものとする。

（給与額の決定）

第六十六条　職員は、その官職につき職階制において定められた職級について給与準則の定める俸給額が支給せられる。

（給与準則の改訂）

第六十七条　人事院は、給与準則に関し、常時、必要な調査研究を行い、給与額を引き上げ、又は引き下げる必要を認めたときは、遅滞なく改訂案を作成して、これを国会及び内閣に提出しなければならない。

第二款　給与の支払

（給与簿）

第六十八条 職員に対して給与の支払をなす者は、先ず受給者につき給与簿を作成しなければならない。

② 給与簿は、何時でも人事院の職員が検査し得るようにしておかなければならない。

③ 前二項に定めるものを除いては、給与簿に関し必要な事項は、人事院規則でこれを定める。

（給与簿の検査）

第六十九条 職員の給与が法令、人事院規則又は人事院指令に適合して行われることを確保するため必要があるときは、人事院は給与簿を検査し、必要があると認めるときは、その是正を命ずることができる。

（違法の支払に対する措置）

第七十条 人事院は、給与の支払が、法令、人事院規則又は人事院指令に違反してなされたことを発見した場合には、自己の権限に属する事項については自ら適当な措置をなす外、必要があると認めるときは、事の性質に応じて、これを会計検査院に報告し、又は検察官に通報しなければならない。

第五節　能率

（能率の根本基準）

第七十一条 職員の能率は、充分に発揮され、且つ、その増進がはからなければならない。

② 前項の根本基準の実施につき、必要な事項は、この法律に定めるものを除いては、人事院規則でこれを定める。

③ 内閣総理大臣（第七十三条〔能率増進計画〕第一項第一号の事項については、人事院）は、職員の能率の発揮及び増進について、調査研究を行い、これが確保のため適切な方策を講じなければならない。

（勤務成績の評定）

第七十二条 職員の執務については、その所轄庁の長は、定期的に勤務成績の評定を行い、その評定の結果に応じた措置を講じなければならない。

② 前項の勤務成績の評定の手続及び記録に関し必要な事項は、政令で定める。

③ 内閣総理大臣は、勤務成績の優秀な者に対する表彰に関する事項及び成績のいちじるしく不良な者に対する矯正方法に関する事項を立案し、これについて、適当な措置を講じなければならない。

（能率増進計画）

第七十三条 内閣総理大臣（第一号の事項については、人事院）及び関係庁の長は、職員の勤務能率の発揮及び増進のために、左の事項について計画を樹立し、これが実施に努めなければならない。

一 職員の研修に関する事項
二 職員の保健に関する事項
三 職員のレクリエーションに関する事項
四 職員の安全保持に関する事項
五 職員の厚生に関する事項

② 前項の計画の樹立及び実施に関し、内閣総理大臣（同項第一号の事項については、人事院）は、その総合的企画並びに関係各庁に対する調整及び監視に当る。

第六節　分限、懲戒及び保障

（分限、懲戒及び保障の根本基準）

第七十四条 すべて職員の分限、懲戒及び保障については、公正でなければならない。

② 前項に規定する根本基準の実施につき必要な事項は、この法律に定めるものを除いては、人事院規則でこれを定める。

第一款　分限

第一目　降任、休職、免職等

（身分保障）

第七十五条　職員は、法律又は人事院規則に定める事由による場合でなければ、その意に反して、降任され、休職され、又は免職されることはない。

② 職員は、人事院規則の定める事由に該当するときは、降給されるものとする。

（欠格による失職）

第七十六条　職員が第三十八条（欠格条項）各号の一に該当するに至つたときは、人事院規則に定める場合を除いては、当然失職する。

（離職）

第七十七条　職員の離職に関する規定は、この法律及び人事院規則でこれを定める。

（本人の意に反する降任及び免職の場合）

第七十八条　職員が、左の各号の一に該当する場合においては、人事院規則の定めるところにより、その意に反して、これを降任し、又は免職することができる。

一　勤務実績がよくない場合

二　心身の故障のため、職務の遂行に支障があり、又はこれに堪えない場合

三　その他その官職に必要な適格性を欠く場合

四　官制若しくは定員の改廃又は予算の減少により廃職又は過員を生じた場合

（本人の意に反する休職の場合）

第七十九条　職員が、左の各号の一に該当する場合又は人事院規則で定めるその他の場合においては、その意に反して、これを休職することができる。

一　心身の故障のため、長期の休養を要する場合

二　刑事事件に関し起訴された場合

（休職の効果）

第八十条　前条第一号の規定による休職の期間は、人事院規則でこれを定める。休職期間中その事故の消滅したときは、休職は当然終了したものとし、すみやかに復職を命じなければならない。

② 前条第二号の規定による休職の期間は、その事件が裁判所に係属する間とする。

③ いかなる休職も、その事由が消滅したときは、当然に終了したものとみなされる。

④ 休職者は、職員としての身分を保有するが、職務に従事しない。休職者は、その休職の期間中、給与準則で別段の定をしない限り、何等の給与を受けてはならない。

（適用除外）

第八十一条　次に掲げる職員の分限（定年に係るものを除く。次項において同じ。）については、第七十五条（身分保障）、第七十八条から前条まで及び第八十九条（職員の意に反する降給等の処分に関する説明書の交付）並びに行政不服審査法（昭和三十七年法律第百六十号）の規定は、これを適用しない。

一　臨時的職員

二　条件附採用期間中の職員

三　職階制による官職の格付の改正の結果、降給又は降任と同一の結果となつた職員

② 前項各号に掲げる職員の分限については、人事院規則で必要な事項を定めることができる。

第二目　定年

（定年による退職）

第八十一条の二　職員は、法律に別段の定めのある場合を除き、定年に達したときは、定年に達した日以後における最初の三月三十一日又は第五十五条〔任命権者〕第一項に規定する任命権者若しくは法律で別に定められた任命権者があらかじめ指定する日のいずれか早い日（以下「定年退職日」という。）に退職する。

② 前項の定年は、年齢六十年とする。ただし、次の各号に掲げる職員の定年は、当該各号に定める年齢とする。

一 病院、療養所、診療所等で人事院規則で定めるものに勤務する医師及び歯科医師　年齢六十五年

二 庁舎の監視その他の庁務及びこれに準ずる業務に従事する職員で人事院規則で定めるもの　年齢六十三年

三 前二号に掲げる職員のほか、その職務と責任に特殊性があること又は欠員の補充が困難であることにより定年を年齢六十年とすることが著しく不適当と認められる官職を占める職員で人事院規則で定めるもの　六十年を超え、六十五年を超えない範囲内で人事院規則で定める年齢

③ 前二項の規定は、臨時的職員その他の法律により任期を定めて任用される職員及び常時勤務を要しない官職を占める職員には適用しない。

（定年による退職の特例）

第八十一条の三　任命権者は、定年に達した職員が前条第一項の規定により退職すべきこととなる場合において、その職員の職務の特殊性又はその職員の職務の遂行上の特別の事情からみてその退職により公務の運営に著しい支障が生ずると認められる十分な理由があるときは、同項の規定にかかわらず、その職員に係る定年退職日の翌日から起算して一年を超えない範囲内で期限を定め、その職員を当該職務に従事させるため引き続いて勤務させることができる。

② 任命権者は、前項の期限又はこの項の規定により延長された期限が到来する場合において、前項の事由が引き続き存すると認められる十分な理由があるときは、人事院の承認を得て、一年を超えない範囲内で期限を延長することができる。ただし、その期限は、その職員に係る定年退職日の翌日から起算して三年を超えることができない。

（定年退職者等の再任用）

第八十一条の四　任命権者は、第八十一条の二〔定年による退職〕第一項の規定により退職した者若しくは前条の規定により勤務した後退職した者若しくは定年退職日以前に退職した者のうち勤続期間等を考慮してこれらに準ずるものとして人事院規則で定める者（以下「定年退職者等」という。）又は自衛隊法（昭和二十九年法律第百六十五号）の規定により退職した者であって定年退職者等に準ずるものとして人事院規則で定める者（次条において「自衛隊法による定年退職者等」という。）を、従前の勤務実績等に基づく選考により、一年を超えない範囲内で任期を定め、常時勤務を要する官職に採用することができる。ただし、その者がその者を採用しようとする官職に係る定年に達していないときは、この限りでない。

② 前項の任期又はこの項の規定により更新された任期は、人事院規則の定めるところにより、一年を超えない範囲内で更新することができる。

③ 前二項の規定による任期については、その末日は、その者が年齢六十五年に達する日以後における最初の三月三十一日以前でなければならない。

第八十一条の五 任命権者は、定年退職者等又は自衛隊法による定年退職者等を、従前の勤続実績等に基づく選考により、一年を超えない範囲内で任期を定め、短時間勤務の官職（当該官職を占める職員の一週間当たりの通常の勤務時間が、常時勤務を要する官職でその職務が当該短時間勤務の官職と同種のものを占める職員の一週間当たりの通常の勤務時間に比し短い時間であるものをいう。第三項において同じ。）に採用することができる。

② 前項の規定により採用された職員の任期については、前条第二項及び第三項の規定を準用する。

③ 短時間勤務の官職については、定年退職者等及び自衛隊法による定年退職者等のうち第八十一条の二第一項及び第二項の規定の適用があるものとした場合の当該官職に係る定年に達した者に限り任用することができるものとする。

（定年に関する事務の調整等）

第八十一条の六 内閣総理大臣は、職員の定年に関する事務の適正な運営を確保するため、各行政機関が行う当該事務の運営に関し必要な調整を行うほか、職員の定年に関する制度の実施に関する施策を調査研究し、その権限に属する事項について適切な方策を講ずるものとする。

第二款　懲戒

（懲戒の場合）

第八十二条 職員が、次の各号のいずれかに該当する場合においては、これに対し懲戒処分として、免職、停職、減給又は戒告の処分をすることができる。

一　この法律若しくは国家公務員倫理法又はこれらの法律に基づく命令（国家公務員倫理法第五条第三項の規定に基づく訓令及び同条第四項の規定に基づく規則を含む。）に違反した場合

二　職務上の義務に違反し、又は職務を怠つた場合

三　国民全体の奉仕者たるにふさわしくない非行のあつた場合

② 職員が、任命権者の要請に応じ特別職に属する国家公務員、地方公務員又は公庫の予算及び決算に関する法律（昭和二十六年法律第九十九号）第一条に規定する公庫その他その業務が国の事務若しくは事業と密接な関連を有する法人のうち人事院規則で定めるものに使用される者（以下この項において「特別職国家公務員等」という。）となるため退職し、引き続き特別職国家公務員等として在職した後、引き続いて当該退職を前提として職員として採用された場合（一の特別職国家公務員等として在職した後、引き続き一以上の特別職国家公務員等として在職し、引き続いて当該退職を前提として職員として採用された場合を含む。）において、当該退職までの引き続く職員としての在職期間（当該退職前に同様の退職（以下この項において「先の退職」という。）、特別職国家公務員等としての在職及び職員としての採用がある場合には、当該先の退職までの引き続く職員としての在職期間を含む。以下この項において「要請に応じた退職前の在職期間」という。）中に前項各号のいずれかに該当したときは、これに対し同項に規定する懲戒処分を行うことができる。職員が、第八十一条の四（定年退職者等の再任用）第一項又は第八十一条の五第一項の規定により採用された場合において、定年退職者等となつた日までの引き続く職員としての在職期間（要請に応じた退職前の在職期間を含む。）又は第八十一条の四第一項若しくは第八十一条の五第一項の規定によりかつて採用されて職員として在職していた期間中に

前項各号のいずれかに該当したときも、同様とする。

（懲戒の効果）

第八十三条　停職の期間は、一年をこえない範囲内において、人事院規則でこれを定める。

② 停職者は、職員としての身分を保有するが、その職務に従事しない。停職者は、第九十二条〔調査の結果採るべき措置〕の規定による場合の外、停職の期間中給与を受けることができない。

（懲戒権者）

第八十四条　懲戒処分は、任命権者が、これを行う。

② 人事院は、この法律に規定された調査を経て職員を懲戒手続に付することができる。

（国家公務員倫理審査会への権限の委任）

第八十四条の二　人事院は、前条第二項の規定による権限（国家公務員倫理法又はこれに基づく命令（同法第五条第三項の規定に基づく訓令及び同条第四項の規定に基づく規則を含む。）に違反する行為に関して行われるものに限る。）を国家公務員倫理審査会に委任する。

（刑事裁判との関係）

第八十五条　懲戒に付せらるべき事件が、刑事裁判所に係属する間においても、人事院又は人事院の承認を経て任命権者は、同一事件について、適宜に、懲戒手続を進めることができる。この法律による懲戒処分は、当該職員が、同一又は関連の事件に関し、重ねて刑事上の訴追を受けることを妨げない。

第三款　保障

第一目　勤務条件に関する行政措置の要求

（勤務条件に関する行政措置の要求）

第八十六条　職員は、俸給、給料その他あらゆる勤務条件に関し、人事院に対して、人事院若しくは内閣総理大臣又はその職員の所轄庁の長により、適当な行政上の措置が行われることを要求することができる。

（事案の審査及び判定）

第八十七条　前条に規定する要求のあつたときは、人事院は、必要と認める調査、口頭審理その他の事実審査を行い、一般国民及び関係者に公平なように、且つ、職員の能率を発揮し、及び増進する見地において、事案を判定しなければならない。

（判定の結果採るべき措置）

第八十八条　人事院は、前条に規定する判定に基き、勤務条件に関し一定の措置を必要と認めるときは、その権限に属する事項については、自らこれを実行し、その他の事項については、内閣総理大臣又はその職員の所轄庁の長に対し、その実行を勧告しなければならない。

第二目　職員の意に反する不利益な処分に関する審査

（職員の意に反する降給等の処分に関する説明書の交付）

第八十九条　職員に対し、その意に反して、降給し、降任し、休職し、免職し、その他これに対しいちじるしく不利益な処分を行い、又は懲戒処分を行わうとするときは、その処分を行う者は、その職員に対し、その処分の際、処分の事由を記載した説明書を交付しなければならない。

② 職員が前項に規定するいちじるしく不利益な処分を受けたと思料する場合には、同項の説明書の交付を請求することができる。

③ 第一項の説明書には、当該処分につき、人事院に対して不服申立てをすることができる旨及び不服申立期間を記載しなければならない。

（不服申立て）

第九十条　前条第一項に規定する処分を受けた職員は、人事院に対してのみ行政不服審査法による不服申立て（審査請求又は異議申立て）をすることができる。
② 前条第一項に規定する処分及び法律に特別の定めがある処分を除くほか、職員に対する処分については、行政不服審査法による不服申立てをすることができない。職員がした申請に対する不作為についても、同様とする。
③ 第一項に規定する不服申立てについては、行政不服審査法第二章第一節から第三節まで〔通則・処分についての審査請求・処分についての異議申立て〕の規定を適用しない。

（不服申立期間）
第九十条の二　前条第一項に規定する不服申立ては、処分説明書を受領した日の翌日から起算して六十日以内にしなければならず、処分があつた日の翌日から起算して一年を経過したときは、することができない。

（調査）
第九十一条　第九十条〔不服申立て〕第一項に規定する不服申立てを受理したときは、人事院又はその定める機関は、ただちにその事案を調査しなければならない。
② 前項に規定する場合において、処分を受けた職員から請求があつたときは、口頭審理を行わなければならない。口頭審理は、その職員から請求があつたときは、公開して行わなければならない。
③ 処分を行つた者又はその代理者及び処分を受けた職員は、すべての口頭審理に出席し、自己の代理人として弁護人を選任し、陳述を行い、証人を出席せしめ、並びに書類、記録その他のあらゆる適切な事実及び資料を提出することができる。
④ 前項に掲げる者以外の者は、当該事案に関し、人事院に対し、あらゆる事実及び資料を提出することができる。

（調査の結果採るべき措置）
第九十二条　前条に規定する調査の結果、処分を行うべき事由のあることが判明したときは、人事院は、その処分を承認し、又はその裁量により修正しなければならない。
② 前条に規定する調査の結果、その職員に処分を受けるべき事由のないことが判明したときは、人事院は、その処分を取り消し、職員としての権利を回復するために必要で、且つ、適切な処置をなし、及びその職員がその処分によつて受けた不当な処置を是正しなければならない。人事院は、職員がその処分によつて失つた俸給の弁済を受けるように指示しなければならない。
③ 前二項の判定は、最終のものであつて、人事院規則の定めるところにより、人事院によつてのみ審査される。

（不服申立てと訴訟との関係）
第九十二条の二　第八十九条〔職員の意に反する降給等の処分に関する説明書の交付〕第一項に規定する処分であつて人事院に対して審査請求又は異議申立てをすることができるものの取消しの訴えは、審査請求又は異議申立てに対する人事院の裁決又は決定を経た後でなければ、提起することができない。

第三目　公務傷病に対する補償

（公務傷病に対する補償）
第九十三条　職員が公務に基き死亡し、又は負傷し、若しくは疾病にかかり、若しくはこれに起因して死亡した場合における、本人及びその直接扶養する者がこれによつて受ける損害に対し、これを補償する制度が樹立し実施せられなければならない。
② 前項の規定による補償制度は、法律によつてこれを定める。

（法律に規定すべき事項）

第九十四条　前条の補償制度には、左の事項が定められなければならない。

一　公務上の負傷又は疾病に起因した活動不能の期間における経済的困窮に対する職員の保護に関する事項

二　公務上の負傷又は疾病に起因して、永久に、又は長期に所得能力を害せられた場合におけるその職員の受ける損害に対する補償に関する事項

三　公務上の負傷又は疾病に起因する職員の死亡の場合におけるその遺族又は職員の死亡当時その収入によって生計を維持した者の受ける損害に対する補償に関する事項

（補償制度の立案及び実施の責務）

第九十五条　人事院は、なるべくすみやかに、補償制度の研究を行い、その成果を国会及び内閣に提出するとともに、その計画を実施しなければならない。

第七節　服務

（服務の根本基準）

第九十六条　すべて職員は、国民全体の奉仕者として、公共の利益のために勤務し、且つ、職務の遂行に当つては、全力を挙げてこれに専念しなければならない。

②　前項に規定する根本基準の実施に関し必要な事項は、この法律又は国家公務員倫理法に定めるものを除いては、人事院規則でこれを定める。

（服務の宣誓）

第九十七条　職員は、政令の定めるところにより、服務の宣誓をしなければならない。

（法令及び上司の命令に従う義務並びに争議行為等の禁止）

第九十八条　職員は、その職務を遂行するについて、法令に従い、且つ、上司の職務上の命令に忠実に従わなければならない。

②　職員は、政府が代表する使用者としての公衆に対して同盟罷業、怠業その他の争議行為をなし、又は政府の活動能率を低下させる怠業的行為をしてはならない。又、何人も、このような違法な行為を企て、又はその遂行を共謀し、そそのかし、若しくはあおつてはならない。

③　職員で同盟罷業その他前項の規定に違反する行為をした者は、その行為の開始とともに、国に対し、法令に基いて保有する任命又は雇用上の権利をもつて、対抗することができない。

（信用失墜行為の禁止）

第九十九条　職員は、その官職の信用を傷つけ、又は官職全体の不名誉となるような行為をしてはならない。

（秘密を守る義務）

第百条　職員は、職務上知ることのできた秘密を漏らしてはならない。その職を退いた後といえども同様とする。

②　法令による証人、鑑定人等となり、職務上の秘密に属する事項を発表するには、所轄庁の長（退職者については、その退職した官職又はこれに相当する官職の所轄庁の長）の許可を要する。

③　前項の許可は、法律又は政令の定める条件及び手続に係る場合を除いては、これを拒むことができない。

④　前三項の規定は、人事院で扱われる調査又は審理の際人事院から求められる情報に関しては、これを適用しない。何人も、人事院の権限によつて行われる調査又は審理に際して、秘密の又は公表を制限された情報を陳述し又は証言することを人事院から求められた場合には、何人からも許可を受ける必要がない。人事院が正式に要求した情報について、人事院に対して、陳述及び証言を

行わなかつた者は、この法律の罰則の適用を受けなければならない。

（職務に専念する義務）

第百一条　職員は、法律又は命令の定める場合を除いては、その勤務時間及び職務上の注意力のすべてをその職責遂行のために用い、政府がなすべき責を有する職務にのみ従事しなければならない。職員は、法律又は命令の定める場合を除いては、官職を兼ねてはならない。職員は、官職を兼ねる場合においても、それに対して給与を受けてはならない。

②　前項の規定は、地震、火災、水害その他重大な災害に際し、当該官庁が職員を本職以外の業務に従事させることを妨げない。

（政治的行為の制限）

第百二条　職員は、政党又は政治的目的のために、寄附金その他の利益を求め、若しくは受領し、又は何らの方法を以てするを問わず、これらの行為に関与し、あるいは選挙権の行使を除く外、人事院規則で定める政治的行為をしてはならない。

②　職員は、公選による公職の候補者となることができない。

③　職員は、政党その他の政治的団体の役員、政治的顧問、その他これらと同様な役割をもつ構成員となることができない。

（私企業からの隔離）

第百三条　職員は、商業、工業又は金融業その他営利を目的とする私企業（以下営利企業という。）を営むことを目的とする会社その他の団体の役員、顧問若しくは評議員の職を兼ね、又は自ら営利企業を営んではならない。

②　職員は、離職後二年間は、営利企業の地位で、その離職前五年間に在職していた人事院規則で定める国の機関又は特定独立行政法人と密接な関係にあるものに就くことを承諾し又は就いてはならない。

③　前二項の規定は、人事院規則の定めるところにより、所轄庁の長の申出により人事院の承認を得た場合には、これを適用しない。

④　営利企業について、株式所有の関係その他の関係により、当該企業の経営に参加し得る地位にある職員に対し、人事院は、人事院規則の定めるところにより、株式所有の関係その他の関係について報告を徴することができる。

⑤　人事院は、人事院規則の定めるところにより、前項の報告に基き、企業に対する関係の全部又は一部の存続が、その職員の職務遂行上適当でないと認めるときは、その旨を当該職員に通知することができる。

⑥　前項の通知を受けた職員は、その通知の内容について不服があるときは、その通知を受領した日の翌日から起算して六十日以内に、人事院に行政不服審査法による異議申立てをすることができる。

⑦　第九十条〔不服申立て〕第三項並びに第九十一条〔調査〕第二項及び第三項の規定は、前項の異議申立てのあつた場合に、第九十二条の二〔不服申立てと訴訟との関係〕の規定は、第五項の通知の取消しの訴えについて、これを準用する。

⑧　第六項の異議申立てをしなかつた職員及び人事院が異議申立てについて調査した結果、通知の内容が正当であると決定せられた職員は、人事院規則の定めるところにより、人事院規則の定める期間内に、その企業に対する関係の全部若しくは一部を絶つか、又はその官職を退かなければならない。

⑨　人事院は、毎年、遅滞なく、国会及び内閣に対し、前年において人事院がした第三項の承認の処分（第一項の規定に係るものを

除く。）に関し、各承認の処分ごとに、承認に係る者が離職前五年間に在職していた第二項の人事院規則で定める国の機関又は特定独立行政法人における官職、承認に係る営利企業の地位、承認をした理由その他必要な事項を報告しなければならない。

（他の事業又は事務の関与制限）

第百四条　職員が報酬を得て、営利企業以外の事業の団体の役員、顧問若しくは評議員の職を兼ね、その他いかなる事業に従事し、若しくは事務を行うにも、内閣総理大臣及びその職員の所轄庁の長の許可を要する。

（職員の職務の範囲）

第百五条　職員は、職員としては、法律、命令、規則又は指令による職務を担当する以外の義務を負わない。

（勤務条件）

第百六条　職員の勤務条件その他職員の服務に関し必要な事項は、人事院規則でこれを定めることができる。

②　前項の人事院規則は、この法律の規定の趣旨に沿うものでなければならない。

第八節　退職年金制度

（退職年金制度）

第百七条　職員が、相当年限忠実に勤務して退職した場合、公務に基く負傷若しくは疾病に基き退職した場合又は公務に基き死亡した場合におけるその者又はその遺族に支給する年金に関する制度が、樹立し実施せられなければならない。

②　前項の年金制度は、退職又は死亡の時の条件を考慮して、本人及びその退職又は死亡の当時直接扶養する者のその後における適当な生活の維持を図ることを目的とするものでなければならない。

③　第一項の年金制度は、健全な保険数理を基礎として定められなければならない。

④　前三項の規定による年金制度は、法律によってこれを定める。

（意見の申出）

第百八条　人事院は、前条の年金制度に関し調査研究を行い、必要な意見を国会及び内閣に申し出ることができる。

第九節　職員団体

（職員団体）

第百八条の二　この法律において「職員団体」とは、職員がその勤務条件の維持改善を図ることを目的として組織する団体又はその連合体をいう。

②　前項の「職員」とは、第五項に規定する職員以外の職員をいう。

③　職員は、職員団体を結成し、若しくは結成せず、又はこれに加入し、若しくは加入しないことができる。ただし、重要な行政上の決定を行う職員、重要な行政上の決定に参画する管理的地位にある職員、職員の任免に関して直接の権限を持つ監督的地位にある職員、職員の任免、分限、懲戒若しくは服務、職員の給与その他の勤務条件又は職員団体との関係についての当局の計画及び方針に関する機密の事項に接し、そのためにその職務上の義務と責任とが職員団体の構成員としての誠意と責任とに直接に抵触すると認められる監督的地位にある職員その他職員団体との関係において当局の立場に立って遂行すべき職務を担当する職員（以下「管理職員等」という。）と管理職員等以外の職員とは、同一の職員団体を組織することができず、管理職員等と管理職員等以外の職員とが組織する団体は、この法律にいう「職員団体」ではない。

④　前項ただし書に規定する管理職員等の範囲は、人事院規則で定める。

⑤　警察職員及び海上保安庁又は監獄において勤務する職員は、職員の勤務条件の維持改善を図ることを目的とし、かつ、当局と交渉する団体を結成し、又はこれに加入してはならない。

（職員団体の登録）

第百八条の三　職員団体は、人事院規則で定めるところにより、理事その他の役員の氏名及び人事院規則で定める事項を記載した申請書に規約を添えて人事院に登録を申請することができる。

②　職員団体の規約には、少なくとも次に掲げる事項を記載するものとする。

一　名称
二　目的及び業務
三　主たる事務所の所在地
四　構成員の範囲及びその資格の得喪に関する規定
五　理事その他の役員に関する規定
六　次項に規定する事項を含む業務執行、会議及び投票に関する規定
七　経費及び会計に関する規定
八　他の職員団体との連合に関する規定
九　規約の変更に関する規定
十　解散に関する規定

③　職員団体が登録される資格を有し、及び引き続いて登録されているためには、規約の作成又は変更、役員の選挙その他これらに準ずる重要な行為が、すべての構成員が平等に参加する機会を有する直接かつ秘密の投票による全員の過半数（役員の選挙については、投票者の過半数）によつて決定される旨の手続を定め、かつ、現実にその手続によりこれらの重要な行為が決定されることを必要とする。ただし、連合体である職員団体又は全国的規模をもつ職員団体にあつては、すべての構成員が平等に参加する機会を有する構成団体ごと又は地域若しくは職域ごとの直接かつ秘密の投票による投票者の過半数で代議員を選挙し、この代議員の全員が平等に参加する機会を有する直接かつ秘密の投票による全員の過半数（役員の選挙については、投票者の過半数）によつて決定される旨の手続を定め、かつ、現実に、その手続により決定されることをもつて足りるものとする。

④　前項に定めるもののほか、職員団体が登録される資格を有し、及び引き続いて登録されているためには、前条第五項に規定する職員以外の職員のみをもつて組織されていることを必要とする。ただし、同項に規定する職員以外の職員であつた者でその意に反して免職され、若しくは懲戒処分としての免職の処分を受け、当該処分を受けた日の翌日から起算して一年以内のもの又はその期間内に当該処分について法律の定めるところにより不服申立てをし、若しくは訴えを提起し、これに対する裁決若しくは決定又は裁判が確定するに至らないものを構成員にとどめていること、及び当該職員団体の役員である者を構成員としていることを妨げない。

⑤　人事院は、登録を申請した職員団体が前三項の規定に適合するものであるときは、人事院規則で定めるところにより、規約及び第一項に規定する申請書の記載事項を登録し、当該職員団体にその旨を通知しなければならない。この場合において、職員でない者の役員就任を認めている職員団体を、そのゆえをもつて登録の要件に適合しないものと解してはならない。

⑥　登録された職員団体が職員団体でなくなつたとき、登録された職員団体について第二項から第四項までの規定に適合しない事実があつたとき、又は登録された職員団体が第九項の規定による届

出をしなかつたときは、人事院は、人事院規則で定めるところにより、六十日を超えない範囲内で当該職員団体の登録の効力を停止し、又は当該職員団体の登録を取り消すことができる。

⑦　前項の規定による登録の取消しに係る聴聞の期日における審理は、当該職員団体から請求があつたときは、公開により行わなければならない。

⑧　第六項の規定による登録の取消しは、当該処分の取消しの訴えを提起することができる期間内及び当該処分の取消しの訴えの提起があつたときは当該訴訟が裁判所に係属する間は、その効力を生じない。

⑨　登録された職員団体は、その規約又は第一項に規定する申請書の記載事項に変更があつたときは、人事院規則で定めるところにより、人事院にその旨を届け出なければならない。この場合においては、第五項の規定を準用する。

⑩　登録された職員団体は、解散したときは、人事院規則で定めるところにより、人事院にその旨を届け出なければならない。

（法人たる職員団体）

第百八条の四　登録された職員団体は、法人となる旨を人事院に申し出ることにより法人となることができる。民法（明治二十九年法律第八十九号）及び非訟事件手続法（明治三十一年法律第十四号）中民法第三十四条に規定する法人に関する規定（民法第三十四条ノ二、第三十八条第二項、第五十六条、第六十七条、第七十一条、第七十七条第三項、第八十三条ノ二、第八十三条ノ三、第八十四条第三号ノ二及び第八十四条ノ二並びに非訟事件手続法第百二十二条ノ二を除く。）は、本条の法人について準用する。この場合においては、これらの規定中「主務官庁」とあるのは「人事院」と、「定款」とあるのは「規約」と読み替えるほか、民法第四十六条第一項第四号中「設立許可」とあるのは「法人ト為ル旨ノ申出」と、同法第六十八条第一項第四号中「設立許可」とあるのは「登録」と、同法第七十七条第一項中「破産及ビ設立許可ノ取消」とあるのは「破産」と、非訟事件手続法第百二十条中「許可書」とあるのは「法人ト為ル旨ノ申出ノ受理証明書」と読み替えるものとする。

（交渉）

第百八条の五　当局は、登録された職員団体から、職員の給与、勤務時間その他の勤務条件に関し、及びこれに附帯して、社交的又は厚生的活動を含む適法な活動に係る事項に関し、適法な交渉の申入れがあつた場合においては、その申入れに応ずべき地位に立つものとする。

②　職員団体と当局との交渉は、団体協約を締結する権利を含まないものとする。

③　国の事務の管理及び運営に関する事項は、交渉の対象とすることができない。

④　職員団体が交渉することのできる当局は、交渉事項について適法に管理し、又は決定することのできる当局とする。

⑤　交渉は、職員団体と当局があらかじめ取り決めた員数の範囲内で、職員団体がその役員の中から指名する者と当局の指名する者との間において行なわなければならない。交渉に当たつては、職員団体と当局との間において、議題、時間、場所その他必要な事項をあらかじめ取り決めて行なうものとする。

⑥　前項の場合において、特別の事情があるときは、職員団体は、役員以外の者を指名することができるものとする。ただし、その指名する者は、当該交渉の対象である特定の事項について交渉する適法な委任を当該職員団体の執行機関から受けたことを文書に

よつて証明できる者でなければならない。

⑦　交渉は、前二項の規定に適合しないこととなつたとき、又は他の職員の職務の遂行を妨げ、若しくは国の事務の正常な運営を阻害することとなつたときは、これを打ち切ることができる。

⑧　本条に規定する適法な交渉は、勤務時間中においても行なうことができるものとする。

⑨　職員は、職員団体に属していないという理由で、第一項に規定する事項に関し、不満を表明し、又は意見を申し出る自由を否定されてはならない。

（職員団体のための職員の行為の制限）

第百八条の六　職員は、職員団体の業務にもつぱら従事することができない。ただし、所轄庁の長の許可を受けて、登録された職員団体の役員としてもつぱら従事する場合は、この限りでない。

②　前項ただし書の許可は、所轄庁の長が相当と認める場合に与えることができるものとし、これを与える場合においては、所轄庁の長は、その許可の有効期間を定めるものとする。

③　第一項ただし書の規定により登録された職員団体の役員として専ら従事する期間は、職員としての在職期間を通じて五年（国営企業及び特定独立行政法人の労働関係に関する法律（昭和二十三年法律第二百五十七号）第二条（定義）第四号の職員として同法第七条（組合のための職員の行為の制限）第一項ただし書の規定により労働組合の業務に専ら従事したことがある職員については、五年からその専ら従事した期間を控除した期間）を超えることができない。

④　第一項ただし書の許可は、当該許可を受けた職員が登録された職員団体の役員として当該職員団体の業務にもつぱら従事する者でなくなつたときは、取り消されるものとする。

⑤　第一項ただし書の許可を受けた職員は、その許可が効力を有する間は、休職者とする。

⑥　職員は、人事院規則で定める場合を除き、給与を受けながら、職員団体のためその業務を行ない、又は活動してはならない。

（不利益取扱いの禁止）

第百八条の七　職員は、職員団体の構成員であること、これを結成しようとしたこと、若しくはこれに加入しようとしたこと、又はその職員団体における正当な行為をしたことのために不利益な取扱いを受けない。

第四章　罰則

第百九条　左の各号の一に該当する者は、一年以下の懲役又は三万円以下の罰金に処する。

一　第七条（任期）第三項の規定に違反して任命を受諾した者

二　第八条（退職及び罷免）第三項の規定に違反して故意に人事官を罷免しなかつた閣員

三　人事官の欠員を生じた後六十日以内に人事官を任命しなかつた閣員（此の期間内に両議院の同意を経なかつた場合には此の限りでない。）

四　第十五条（人事院の職員の兼職禁止）の規定に違反して官職を兼ねた者

五　第十六条（人事院規則及び人事院指令）第二項の規定に違反して故意に人事院規則及びその改廃を官報に掲載することを怠つた者

六　第十九条（人事記録）の規定に違反して故意に人事記録の作成、保管又は改訂をしなかつた者

七　第二十条（統計報告）の規定に違反して故意に報告しなかつた者

八　第二十七条〔平等取扱の原則〕の規定に違反して差別をした者

九　第四十七条〔採用試験の告知〕第三項の規定に違反して試験の公告を怠り又はこれを抑止した職員

十　第八十三条〔懲戒の効果〕第一項の規定に違反して停職を命じた者

十一　第九十二条〔調査の結果採るべき措置〕の規定によつてなされる人事院の判定、処置又は指示に故意に従わなかつた者

十二　第百条〔秘密を守る義務〕第一項又は第二項の規定に違反して秘密を漏らした者

十三　第百三条〔私企業からの隔離〕の規定に違反して営利企業の地位についた者

第百十条　左の各号の一に該当する者は、三年以下の懲役又は十万円以下の罰金に処する。

一　第二条〔一般職及び特別職〕第六項の規定に違反した者

二　削除

三　第十七条〔調査〕第二項の規定による証人として喚問を受け虚偽の陳述をした者

四　第十七条第二項の規定により証人として喚問を受け正当の理由がなくてこれに応ぜず、又は同項の規定により書類又はその写の提出を求められ正当の理由がなくてこれに応じなかつた者

五　第十七条第二項の規定により書類又はその写の提出を求められ、虚偽の事項を記載した書類又は写を提出した者

五の二　第十七条第三項の規定による検査を拒み、妨げ、若しくは忌避し、又は質問に対して陳述をせず、若しくは虚偽の陳述をした者〔同条第一項の調査の対象である職員を除く。〕

六　第十八条〔給与の支払の監理〕の規定に違反して給与を支払つた者

七　第三十三条第一項〔任免の根本基準〕の規定に違反して任命をした者

八　第三十九条〔人事に関する不法行為の禁止〕の規定による禁止に違反した者

九　第四十条〔人事に関する虚偽行為の禁止〕の規定に違反して虚偽行為を行つた者

十　第四十一条〔受験又は任用の阻害及び情報提供の禁止〕の規定に違反して受験若しくは任用を阻害し又は情報を提供した者

十一　第六十三条〔給与準則による給与の支給〕第一項又は第六十六条〔給与額の決定〕の規定に違反して給与を支給した者

十二　第六十八条〔給与簿〕の規定に違反して給与の支払をした者

十三　第七十条〔違法の支払に対する措置〕の規定に違反して給与の支払について故意に適当な措置をとらなかつた人事官

十四　第八十三条〔懲戒の効果〕第二項の規定に違反して停職者に俸給を支給した者

十五　第八十六条〔勤務条件に関する行政措置の要求〕の規定に違反して故意に勤務条件に関する行政措置の要求の申出を妨げた者

十六　削除

十七　何人たるを問わず第九十八条〔法令及び上司の命令に従う義務並びに争議行為等の禁止〕第二項前段に規定する違法な行為の遂行を共謀し、そそのかし、若しくはあおり、又はこれらの行為を企てた者

十八　第百条〔秘密を守る義務〕第四項の規定に違反して陳述及び証言を行わなかつた者

十九　第百二条〔政治的行為の制限〕第一項に規定する政治的行為の制限に違反した者

二十　第百八条の二〔職員団体〕第五項の規定に違反して団体を結成した者

② 前項第八号に該当する者の収受した金銭その他の利益は、これを没収する。その全部又は一部を没収することができないときは、その価額を追徴する。

第百十一条　第百九条第二号より第四号まで及び第十二号又は前条第一項第一号、第三号から第七号まで、第九号から第十五号まで、第十八号及び第二十号に掲げる行為を企て、命じ、故意にこれを容認し、そそのかし又はそのほう助をした者は、それぞれ各本条の刑に処する。

附　則〔抄〕

〔施行期日〕

第一条　この法律中附則第二条の規定は、昭和二十二年十一月一日から、その他の規定は、昭和二十三年七月一日からこれを施行する。

② この法律中人事院及び服務に関する規定（これらに関する罰則及び附則の規定を含む。）以外の規定は、法律、人事院規則又は人事院指令の定めるところにより、実行の可能な限度において、逐次これを適用することができる。

〔大学学部の意味〕

第三条　第五条〔人事官〕第五項にいう大学学部には、旧大学令（大正七年勅令第三百八十八号）による大学学部及び旧専門学校令（明治三十六年勅令第六十一号）による専門学校を含むものとする。

〔秘密保持の規定の適用〕

第十二条　第百条〔秘密を守る義務〕の規定は、従前職員であった者で同条の規定施行前退職した者についても、これを適用する。

〔職務と責任の特殊性に基く特例〕

第十三条　一般職に属する職員に関し、その職務と責任の特殊性に基いて、この法律の特例を要する場合においては、別に法律又は人事院規則（人事院の所掌する事項以外の事項については、政令）を以て、これを規定することができる。但し、その特例は、この法律第一条〔この法律の目的及び効力〕の精神に反するものであってはならない。

〔労働組合法等の適用排除〕

第十六条　労働組合法（昭和二十四年法律第百七十四号）、労働関係調整法（昭和二十一年法律第二十五号）、労働基準法（昭和二十二年法律第四十九号）、船員法（昭和二十二年法律第百号）、最低賃金法（昭和三十四年法律第百三十七号）、じん肺法（昭和三十五年法律第三十号）、労働安全衛生法（昭和四十七年法律第五十七号）及び船員災害防止活動の促進に関する法律（昭和四十二年法律第六十一号）並びにこれらの法律に基いて発せられる命令は、第二条〔一般職及び特別職〕の一般職に属する職員には、これを適用しない。

〔職員団体業務専従期間に係る経過措置〕

第十八条　第百八条の六〔職員団体のための職員の行為の制限〕の規定の適用については、国家公務員の労働関係の実態にかんがみ、労働関係の適正化を促進し、もつて公務の能率的な運営に資するため、当分の間、同条第三項中「五年」とあるのは、「七年以下の範囲内で人事院規則で定める期間」とする。

附　則〔昭和二三年一二月三日法律第二二二号〕〔抄〕

〔職員を主たる構成員とする労働組合又は団体の存続〕

第四条　職員を主たる構成員とする労働組合又は団体で、国家公務員法附則第十六条〔労働組合法等の適用排除〕の規定が適用される日〔昭和二三年一二月三日〕において、現に存するものは、引き続き存続することができる。これらの団体は、すべて役員の選挙及び業務執行について民主的手続を定め、その他その組織、目的及び手続において、この法律の規定に従わなければならない。これらの団体は、人事院の定める手続により、人事院に登録しなければならない。

2　前項の組合又は団体に関して必要な事項は、法律又は人事院規則で定める。

〔読替〕

第九条　この法律施行の際、他の法令中「人事委員会」、「人事委員長」、「人事委員」及び「人事委員会規則」とあるのは、それぞれ「人事院」、「人事院総裁」、「人事官」及び「人事院規則」と読み替えるものとする。

附　則〔昭和四〇年五月一八日法律第六九号〕〔抄〕

〔経過規定〕

第二条　この法律の施行（前条ただし書の規定による施行をいう。以下この項、次項、第四項及び第五項において同じ。）の際現に存する改正前の国家公務員法（以下「旧法」という。）の規定に基づく登録をされた職員団体は、この法律の施行の日（㊟一部を除き昭和四〇年五月一九日）から起算して一年以内に、改正後の国家公務員法（以下「新法」という。）第百八条の三〔職員団体の登録〕の規定による登録の申請をすることができる。この場合において、人事院は、申請を受理した日から起算して三十日以内に、新法第百八条の三の規定による登録をした旨又はしない旨の通知をしなければならない。

2　この法律の施行の際現に存する旧法の規定に基づく登録をされた職員団体で、前項の規定による登録の申請をしないものの取扱いについては、この法律の施行の日から起算して一年を経過するまでの間、同項の規定による登録の申請をしたものの取扱いについては、同項の規定による登録をした旨又はしない旨の通知を受けるまでの間は、なお従前の例による。ただし、新法第百八条の五〔交渉〕の規定の適用があるものとする。

3　旧法の規定に基づく法人たる職員団体で第一項の規定により登録をした旨の通知を受けたもののうち、その通知を受ける前に新法の規定に基づく法人となる旨を人事院に申し出たものは、その通知を受けた時に新法の規定に基づく法人となり、同一性をもって存続するものとする。

4　前項の規定により新法の規定に基づく法人たる職員団体として存続するものを除き、旧法の規定に基づく法人たる職員団体でこの法律の施行の際現に存するものは、第一項の規定による登録の申請をしなかつたものにあつては、この法律の施行の日から起算して一年を経過した日において、同項の規定による登録の申請をしたものにあつては、同項の規定による登録をした旨又はしない旨の通知を受けた時において、それぞれ解散するものとし、その解散及び清算については、なお従前の例による。

5　この法律の施行の日から起算して二年間は、新法第百八条の六〔職員団体のための職員の行為の制限〕第一項の規定を適用せず、職員は、なお従前の例により、登録された職員団体の役員として当該職員団体の業務にもつぱら従事することができる。

6　この法律の施行（前条ただし書の規定による施行を含む。）前にした行為に対する罰則の規定の適用については、なお従前の例による。

7　この法律の施行の際現に効力を有する人事院規則の規定でこの法律の施行後は政令をもつて規定すべき事項を規定するものは、この法律の施行の日から起算して九月間は、政令としての効力を有するものとする。

8　この法律の施行前に法令の規定に基づいて人事院若しくは大蔵大臣がした決定、処分その他の行為又は人事院若しくは大蔵大臣に対してした請求その他の行為で、この法律の施行後は内閣総理大臣がすべき決定、処分その他の行為又は内閣総理大臣に対してすべき請求その他の行為に該当するものは、この法律の施行後における法令の相当規定に基づいて内閣総理大臣がした決定、処分その他の行為又は内閣総理大臣に対してした請求その他の行為とみなす。

9　この附則に定めるもののほか、この法律の施行に関し必要な経過措置は、人事院規則（人事院の所掌する事項以外の事項については、政令）で定める。

附　則〔昭和五四年一二月二〇日法律第六八号〕〔抄〕

（施行期日）

第一条　この法律は、公布の日から起算して六月を経過した日から施行する。

（罰則に関する経過措置）

第四条　この法律の施行前にした行為及び前条の規定により従前の例によることとされる事項に係るこの法律の施行後にした行為に対する罰則の適用については、なお従前の例による。

第五条　国家公務員法（昭和二十二年法律第百二十号）第百八条の四〔法人たる職員団体〕、地方公務員法（昭和二十五年法律第二百六十一号）第五十四条及び職員団体等に対する法人格の付与に関する法律（昭和五十三年法律第八十号）第十一条において準用する民法第八十四条の規定により科すべき過料の額については、当分の間、なお従前の例による。

2　前項の規定は、労働組合法（昭和二十四年法律第百七十四号）第三十三条の規定により科すべき過料の額について準用する。

附　則〔昭和五六年六月一一日法律第七七号〕〔抄〕

（施行期日）

第一条　この法律は、昭和六十年三月三十一日から施行する。ただし、次条の規定は、公布の日から施行する。

（実施のための準備）

第二条　この法律による改正後の国家公務員法（以下「新法」という。）の規定による職員の定年に関する制度の円滑な実施を確保するため、任命権者は、長期的な人事管理の計画的推進その他必要な準備を行うものとし、人事院及び内閣総理大臣は、それぞれの権限に応じ、任命権者の行う準備に関し必要な連絡、調整その他の措置を講ずるものとする。

（経過措置）

第三条　この法律の施行の日（以下「施行日」という。）の前日までに新法第八十一条の二〔定年による退職〕第二項に規定する定年に達している職員（同条第三項に規定する職員を除く。）は、施行日に退職する。

附　則〔平成一一年七月七日法律第八三号〕〔抄〕

（施行期日）

第一条　この法律は、平成十三年四月一日から施行する。ただし、次の各号に掲げる規定は、当該各号に定める日から施行する。

一　次条の規定　公布の日

二　第一条中国家公務員法第八十二条〔懲戒の場合〕の改正規定（同条第二項後段に係る部分を除く。）〔中略〕並びに附則第六条

第一項〔中略〕の規定　公布の日から起算して三月を超えない範囲内において政令で定める日〔平成一一年一〇月一日〕

（実施のための準備）

第二条　第一条の規定による改正後の国家公務員法（附則第四条から第六条までにおいて「新国家公務員法」という。）第八十一条の四（定年退職者等の再任用）及び第八十一条の五の規定の円滑な実施を確保するため、任命権者は、長期的な人事管理の計画的推進その他必要な準備を行うものとし、人事院及び内閣総理大臣は、それぞれの権限に応じ、任命権者の行う準備に関し必要な連絡、調整その他の措置を講ずるものとする。

（旧法再任用職員に関する経過措置）

第三条　この法律の施行の日（以下「施行日」という。）前に第一条の規定による改正前の国家公務員法第八十一条の四第一項の規定により採用され、同項の任期又は同条第二項の規定により更新された任期の末日が施行日以後である職員（次項において「旧法再任用職員」という。）に係る任用（任期の更新を除く。）及び退職手当については、なお従前の例による。

（任期の末日に関する特例）

第四条　次の表の上欄に掲げる期間における新国家公務員法第八十一条の四第三項（新国家公務員法第八十一条の五第二項において準用する場合を含む。）の規定の適用については、新国家公務員法第八十一条の四第三項中「六十五年」とあるのは、同表の上欄に掲げる区分に応じそれぞれ同表の下欄に掲げる字句とする。

平成十三年四月一日から平成十六年三月三十一日まで	六十一年
平成十六年四月一日から平成十九年三月三十一日まで	六十二年
平成十九年四月一日から平成二十二年三月三十一日まで	六十三年
平成二十二年四月一日から平成二十五年三月三十一日まで	六十四年

（特定警察職員等に関する特例）

第五条　施行日から平成十九年三月三十一日までの間における新国家公務員法第八十一条の四第一項及び第八十一条の五第一項の規定の適用については、新国家公務員法第八十一条の四第一項中「（以下「定年退職者等」という。）」とあるのは、「（警察庁の職員であつた者のうち地方公務員等共済組合法（昭和三十七年法律第百五十二号）附則第十八条の二第一項第一号に規定する特定警察職員等である者を除く。以下「定年退職者等」という。）」とする。

〔第二項は略〕

（懲戒処分に関する経過措置）

第六条　新国家公務員法第八十二条〔懲戒の場合〕第二項前段の規定は、同項前段に規定する退職が附則第一条第二号の政令で定める日以後である職員について適用する。この場合において、同日前に同項前段に規定する先の退職がある職員については、当該先の退職の前の職員としての在職期間は、同項前段に規定する要請に応じた退職前の在職期間には含まれないものとする。

2　新国家公務員法第八十二条第二項後段の規定は、同項後段の定年退職者等となった日が施行日以後である職員について適用する。この場合において、附則第一条第二号の政令で定める日前に同項前段に規定する退職又は先の退職がある職員については、同日前のこれらの退職の前の職員としての在職期間は、同項後段の定年退職者等となった日までの引き続く職員としての在職期間には含まれないものとする。

附　則〔平成一一年七月一六日法律第一〇二号〕〔抄〕

（職員の身分引継ぎ）

第三条　この法律の施行の際現に従前の総理府、法務省、外務省、大蔵省、文部省、厚生省、農林水産省、通商産業省、運輸省、郵政省、労働省、建設省又は自治省（以下この条において「従前の府省」という。）の職員（国家行政組織法（昭和二十三年法律第百二十号）第八条の審議会等の会長又は委員長及び委員、中央防災会議の委員、日本工業標準調査会の会長及び委員並びにこれらに類する者として政令で定めるものを除く。）である者は、別に辞令を発せられない限り、同一の勤務条件をもって、この法律の施行後の内閣府、総務省、法務省、外務省、財務省、文部科学省、厚生労働省、農林水産省、経済産業省、国土交通省若しくは環境省（以下この条において「新府省」という。）又はこれに置かれる部局若しくは機関のうち、この法律の施行の際現に当該職員が属する従前の府省又はこれに置かれる部局若しくは機関の相当の新府省又はこれに置かれる部局若しくは機関として政令で定めるものの相当の職員となるものとする。

附　則〔平成一一年八月一三日法律第一二九号〕〔抄〕

（施行期日）

第一条　この法律は、平成十二年四月一日から施行する。ただし、次の各号に掲げる規定は、当該各号に定める日から施行する。

一　〔前略〕附則第六条（国家公務員法第八十二条第一項第一号の改正規定に係る部分を除く。）〔中略〕　公布の日

附　則〔平成一一年一二月八日法律第一五一号〕〔抄〕

（施行期日）

第一条　この法律は、平成十二年四月一日から施行する。〔後略〕

（経過措置）

第三条　民法の一部を改正する法律（平成十一年法律第百四十九号）附則第三条第三項の規定により従前の例によることとされる準禁治産者及びその保佐人に関するこの法律による改正規定の適用については、次に掲げる改正規定を除き、なお従前の例による。

五　第二十条中国家公務員法第五条第三項の改正規定

◎地方公務員法

〔昭和二五年一二月一三日　法律第二六一号〕

最近改正　平成一三年七月一一日　法律第一一二号

目次

第一章　総則

（この法律の目的）

第一条　この法律は、地方公共団体の人事機関並びに地方公務員の任用、職階制、給与、勤務時間その他の勤務条件、分限及び懲戒、服務、研修及び勤務成績の評定、福祉及び利益の保護並びに団体等人事行政に関する根本基準を確立することにより、地方公共団体の行政の民主的且つ能率的な運営を保障し、もつて地方自治の本旨の実現に資することを目的とする。

（この法律の効力）

第二条　地方公務員（地方公共団体のすべての公務員をいう。以下同じ。）に関する従前の法令又は条例、地方公共団体の規則若しくは地方公共団体の機関の定める規程の規定がこの法律の規定にてい触する場合には、この法律の規定が、優先する。

（一般職に属する地方公務員及び特別職に属する地方公務員）

第三条　地方公務員の職は、一般職と特別職とに分ける。

2　一般職は、特別職に属する職以外の一切の職とする。

3　特別職は、左に掲げる職とする。

一　就任について公選又は地方公共団体の議会の選挙、議決若しくは同意によることを必要とする職

一の二　地方開発事業団の理事長、理事及び監事の職

一の三　地方公営企業の管理者及び企業団の企業長の職

二　法令又は条例、地方公共団体の規則若しくは地方公共団体の機関の定める規程により設けられた委員及び委員会（審議会その他これに準ずるものを含む。）の構成員の職で臨時又は非常勤のもの

三　臨時又は非常勤の顧問、参与、調査員、嘱託員及びこれらの者に準ずる者の職
四　地方公共団体の長、議会の議長その他地方公共団体の機関の長の秘書の職で条例で指定するもの
五　非常勤の消防団員及び水防団員の職

(この法律の適用を受ける地方公務員)

第四条　この法律の規定は、一般職に属するすべての地方公務員(以下「職員」という。)に適用する。

2　この法律の規定は、法律に特別の定がある場合を除く外、特別職に属する地方公務員には適用しない。

(人事委員会及び公平委員会並びに職員に関する条例の制定)

第五条　地方公共団体は、法律に特別の定がある場合を除く外、この法律に定める根本基準に従い、条例で、人事委員会又は公平委員会の設置、職員に適用される基準の実施その他職員に関する事項について必要な規定を定めるものとする。但し、その条例は、この法律の精神に反するものであつてはならない。

2　第七条〔人事委員会又は公平委員会の設置〕第一項又は第二項の規定により人事委員会を置く地方公共団体においては、前項の条例を制定し、又は改廃しようとするときは、当該地方公共団体の議会において、人事委員会の意見を聞かなければならない。

第二章　人事機関

(任命権者)

第六条　地方公共団体の長、議会の議長、選挙管理委員会、代表監査委員、教育委員会、人事委員会及び公平委員会並びに警視総監、道府県警察本部長、市町村の消防長(特別区が連合して維持する消防の消防長を含む。)その他法令又は条例に基づく任命権者は、法律に特別の定めがある場合を除くほか、この法律並びにこれに基づく条例、地方公共団体の規則及び地方公共団体の機関の定める規程に従い、それぞれ職員の任命、休職、免職及び懲戒等を行う権限を有するものとする。

2　前項の任命権者は、同項に規定する権限の一部をその補助機関たる上級の地方公務員に委任することができる。

(人事委員会又は公平委員会の設置)

第七条　都道府県及び地方自治法(昭和二十二年法律第六十七号)〔別掲〕第二百五十二条の十九第一項の指定都市は、条例で人事委員会を置くものとする。

2　前項の指定都市以外の市で人口(官報で公示された最近の国勢調査又はこれに準ずる人口調査の結果による人口をいう。以下同じ。)十五万以上のもの及び特別区は、条例で人事委員会又は公平委員会を置くものとする。

3　人口十五万未満の市、町、村及び地方公共団体の組合は、条例で公平委員会を置くものとする。

4　公平委員会を置く地方公共団体は、議会の議決を経て定める規約により、公平委員会を置く他の地方公共団体と共同して公平委員会を置き、又は他の地方公共団体の人事委員会に委託して第八条〔人事委員会又は公平委員会の権限〕第二項に規定する公平委員会の事務を処理させることができる。

(人事委員会又は公平委員会の権限)

第八条　人事委員会は、左に掲げる事務を処理する。

一　人事行政に関する事項について調査し、人事記録に関することを管理し、及びその他人事に関する統計報告を作成すること。

二　給与、勤務時間その他の勤務条件、厚生福利制度その他職員に関する制度について絶えず研究を行い、その成果を地方公共

団体の議会若しくは長又は任命権者に提出すること。

三　人事機関及び職員に関する条例の制定又は改廃に関し、地方公共団体の議会及び長に意見を申し出ること。

四　人事行政の運営に関し、任命権者に勧告すること。

五　職員の競争試験及び選考並びにこれらに関する事務を行うこと。

六　職階制に関する計画を立案し、及び実施すること。

七　職員の給与がこの法律及びこれに基く条例に適合して行われることを確保するため必要な範囲において、職員に対する給与の支払を監理すること。

八　職員の研修及び勤務成績の評定に関する総合的企画を行うこと。

九　職員の給与、勤務時間その他の勤務条件に関する措置の要求を審査し、判定し、及び必要な措置を執ること。

十　職員に対する不利益な処分についての不服申立てに対する裁決又は決定をすること。

十一　前各号に掲げるものを除く外、法律又は条例に基きその権限に属せしめられた事務

2　公平委員会は、左に掲げる事務を処理する。

一　職員の給与、勤務時間その他の勤務条件に関する措置の要求を審査し、判定し、及び必要な措置を執ること。

二　職員に対する不利益な処分についての不服申立てに対する裁決又は決定をすること。

三　前二号に掲げるものを除くほか、法律に基づきその権限に属せしめられた事務

3　人事委員会は、第一項第九号及び第十号並びに第四号に掲げるものを除き、この法律に基くその権限で人事委員会規則で定めるものを当該地方公共団体の他の機関又は人事委員会の事務局長に委任することができる。

4　人事委員会又は公平委員会は、法律又は条例に基きその権限に属せしめられた事項に関し、人事委員会規則又は公平委員会規則を制定することができる。

5　人事委員会又は公平委員会は、法律又は条例に基くその権限の行使に関し必要があるときは、証人を喚問し、又は書類若しくはその写の提出を求めることができる。

6　人事委員会又は公平委員会は、人事行政に関する技術的及び専門的な知識、資料その他の便宜の授受のため、国又は他の地方公共団体の機関との間に協定を結ぶことができる。

7　第一項第九号及び第十号又は第二項第一号及び第二号の規定により人事委員会又は公平委員会に属せしめられた権限に基く人事委員会又は公平委員会の決定（判定を含む。）及び処分は、人事委員会規則又は公平委員会規則で定める手続により、人事委員会又は公平委員会によってのみ審査される。

8　前項の規定は、法律問題につき裁判所に出訴する権利に影響を及ぼすものではない。

（人事委員会又は公平委員会の委員）

第九条　人事委員会又は公平委員会は、三人の委員をもって組織する。

2　委員は、人格が高潔で、地方自治の本旨及び民主的で能率的な事務の処理に理解があり、且つ、人事行政に関し識見を有する者のうちから、議会の同意を得て、地方公共団体の長が選任する。

3　第十六条〔欠格条項〕第二号、第三号若しくは第五号の一に該当する者又は第五章〔罰則〕に規定する罪を犯し刑に処せられた者は、委員となることができない。

4 委員の選任については、そのうちの二人が、同一の政党に属する者となることとなつてはならない。

5 委員のうち二人以上が同一の政党に属することとなつた場合においては、これらの者のうち一人を除く他の者は、地方公共団体の長が議会の同意を得て罷免するものとする。但し、政党所属関係について異動のなかつた者を罷免することはできない。

6 地方公共団体の長は、委員が心身の故障のため職務の遂行に堪えないと認めるとき、又は委員に職務上の義務違反その他委員たるに適しない非行があると認めるときは、議会の同意を得て、これを罷免することができる。この場合においては、議会の常任委員会又は特別委員会において公聴会を開かなければならない。

7 委員は、前二項の規定による場合を除く外、その意に反して罷免されることがない。

8 委員は、第十六条第二号、第四号若しくは第五号の一に該当するに至つたときは、その職を失う。

9 委員は、地方公共団体の議会の議員及び当該地方公共団体の地方公務員(第七条(人事委員会又は公平委員会の設置)第四項の規定により公平委員会の事務の処理の委託を受けた地方公共団体の人事委員会の委員については、他の地方公共団体に公平委員会の事務の処理を委託した地方公共団体の地方公務員を含む。)の職を兼ねることができない。

10 委員の任期は、四年とする。但し、補欠委員の任期は、前任者の残任期間とする。

11 人事委員会の委員は、常勤又は非常勤とし、公平委員会の委員は、非常勤とする。

12 第三十条から第三十八条まで(服務)の規定は、常勤の人事委員会の委員の服務に、第三十条から第三十四条まで、第三十六条及び第三十七条の規定は、非常勤の人事委員会の委員及び公平委員会の委員の服務に準用する。

13 地方自治法第二百四条から第二百六条までの規定は、常勤の人事委員会の委員に、同法第二百三条及び第二百六条の規定は、非常勤の人事委員会の委員及び公平委員会の委員に準用する。

(人事委員会又は公平委員会の委員長)

第十条 人事委員会又は公平委員会は、委員のうちから委員長を選挙しなければならない。

2 委員長は、委員会に関する事務を処理し、委員会を代表する。

3 委員長に事故があるとき、又は委員長が欠けたときは、委員長の指定する委員が、その職務を代理する。

(人事委員会又は公平委員会の議事)

第十一条 人事委員会又は公平委員会は、委員全員が出席しなければ会議を開くことができない。

2 人事委員会又は公平委員会の議事は、出席委員の過半数で決する。

3 人事委員会又は公平委員会の議事は、議事録として記録して置かなければならない。

4 前三項に定めるものを除く外、人事委員会又は公平委員会の議事に関し必要な事項は、人事委員会又は公平委員会が定める。

(人事委員会の事務局及び事務職員並びに公平委員会の事務職員)

第十二条 人事委員会に事務局を置き、事務局に事務局長その他の事務職員を置く。

2 人事委員会は、第九条(人事委員会又は公平委員会の委員)第九項の規定にかかわらず、委員に事務局長の職を兼ねさせることができる。

3 事務局長は、人事委員会の指揮監督を受け、事務局の局務を掌理する。

4　第七条〔人事委員会又は公平委員会の設置〕第二項の規定により人事委員会を置く地方公共団体は、第一項の規定にかかわらず、事務局を置かないで事務職員を置くことができる。

5　公平委員会に、事務職員を置く。

6　第一項及び第四項又は前項の事務職員は、人事委員会又は公平委員会がそれぞれ任免する。

7　第一項の事務局の組織は、人事委員会が定める。

8　第一項、第四項及び第五項の事務職員の定数は、条例で定める。

9　地方自治法第二百四条から第二百六条までの規定は、第一項、第四項及び第五項の事務職員に準用する。

第三章　職員に適用される基準

第一節　通則

（平等取扱の原則）

第十三条　すべて国民は、この法律の適用について、平等に取り扱われなければならず、人種、信条、性別、社会的身分若しくは門地によつて、又は第十六条〔欠格条項〕第五号に規定する場合を除く外、政治的意見若しくは政治的所属関係によつて差別されてはならない。

（情勢適応の原則）

第十四条　地方公共団体は、この法律に基いて定められた給与、勤務時間その他の勤務条件が社会一般の情勢に適応するように、随時、適当な措置を講じなければならない。

第二節　任用

（任用の根本基準）

第十五条　職員の任用は、この法律の定めるところにより、受験成績、勤務成績その他の能力の実証に基いて行わなければならない。

（欠格条項）

第十六条　次の各号の一に該当する者は、条例で定める場合を除くほか、職員となり、又は競争試験若しくは選考を受けることができない。

一　成年被後見人又は被保佐人

二　禁錮《こ》以上の刑に処せられ、その執行を終わるまで又はその執行を受けることがなくなるまでの者

三　当該地方公共団体において懲戒免職の処分を受け、当該処分の日から二年を経過しない者

四　人事委員会又は公平委員会の委員の職にあつて、第五章〔罰則〕に規定する罪を犯し刑に処せられた者

五　日本国憲法施行の日以後において、日本国憲法又はその下に成立した政府を暴力で破壊することを主張する政党その他の団体を結成し、又はこれに加入した者

（任命の方法）

第十七条　職員の職に欠員を生じた場合においては、任命権者は、採用、昇任、降任又は転任のいずれか一の方法により、職員を任命することができる。

2　人事委員会を置く地方公共団体においては、人事委員会は、前項の任命の方法のうちのいずれによるべきかについての一般的基準を定めることができる。

3　人事委員会を置く地方公共団体においては、職員の採用及び昇任は、競争試験によるものとする。但し、人事委員会の定める職について人事委員会の承認があつた場合は、選考によることを妨げない。

4　人事委員会を置かない地方公共団体においては、職員の採用及

び昇任は、競争試験又は選考によるものとする。

5 人事委員会（人事委員会を置かない地方公共団体においては、任命権者とする。以下第十八条〔競争試験及び選考〕、第十九条〔受験資格〕及び第二十二条〔条件附採用及び臨時的任用〕第一項において同じ。）は、正式任用になつてある職についていた職員が、職制若しくは定数の改廃又は予算の減少に基く廃職又は過員によりその職を離れた後において、再びその職に復する場合における資格要件、任用手続及び任用の際における身分に関し必要な事項を定めることができる。

（競争試験及び選考）

第十八条 競争試験又は選考は、人事委員会が行うものとする。但し、人事委員会は、他の地方公共団体の機関との協定によりこれと共同して、又は国若しくは他の地方公共団体の機関との協定によりこれらの機関に委託して、競争試験又は選考を行うことができる。

2 人事委員会は、その定める職員の職について第二十一条〔任用候補者名簿の作成及びこれによる任用の方法〕第一項に規定する任用候補者名簿がなく、且つ、人事行政の運営上必要であると認める場合においては、その職の競争試験又は選考に相当する国又は他の地方公共団体の競争試験又は選考に合格した者を、その職の選考に合格した者とみなすことができる。

（受験資格）

第十九条 競争試験は、人事委員会の定める受験の資格を有するすべての国民に対して平等の条件で公開されなければならない。試験機関に属する者その他職員は、受験を阻害し、又は受験に不当な影響を与える目的をもつて特別若しくは秘密の情報を提供してはならない。

2 人事委員会は、受験者に必要な資格として職務の遂行上必要な最少且つ適当の限度の客観的且つ画一的要件を定めるものとする。

3 昇任試験を受けることができる者の範囲は、人事委員会の指定する職に正式に任用された職員に制限されるものとする。

（競争試験の目的及び方法）

第二十条 競争試験は、職務遂行の能力を有するかどうかを正確に判定することをもつてその目的とする。競争試験は、筆記試験により、若しくは口頭試問及び身体検査並びに人物性行、教育程度、経歴、適性、知能、技能、一般的知識、専門的知識及び適応性の判定の方法により、又はこれらの方法をあわせ用いることにより行うものとする。

（任用候補者名簿の作成及びこれによる任用の方法）

第二十一条 人事委員会を置く地方公共団体における競争試験による職員の任用については、人事委員会は、試験ごとに任用候補者名簿（採用候補者名簿又は昇任候補者名簿）を作成するものとする。

2 採用候補者名簿又は昇任候補者名簿には、採用試験又は昇任試験において合格点以上を得た者の氏名及び得点をその得点順に記載するものとする。

3 採用候補者名簿又は昇任候補者名簿による職員の採用又は昇任は、当該名簿に記載された者について、採用し、又は昇任すべき者一人につき人事委員会の提示する採用試験又は昇任試験における高点順の志望者五人のうちから行うものとする。

4 採用候補者名簿又は昇任候補者名簿に記載された者の数が人事委員会の提示すべき志望者の数よりも少いときは、人事委員会は、他の最も適当な採用候補者名簿又は昇任候補者名簿に記載された者を加えて提示することを妨げない。

5　前四項に定めるものを除く外、任用候補者名簿の作成及びこれによる任用の方法に関し必要な事項は、人事委員会規則で定めなければならない。

（条件附採用及び臨時的任用）

第二十二条　臨時的任用又は非常勤職員の任用の場合を除き、職員の採用は、すべて条件附のものとし、その職員がその職において六月を勤務し、その間その職務を良好な成績で遂行したときに正式採用になるものとする。この場合において、人事委員会は、条件附採用の期間を一年に至るまで延長することができる。

2　人事委員会を置く地方公共団体においては、任命権者は、人事委員会規則で定めるところにより、緊急の場合、臨時の職に関する場合又は任用候補者名簿がない場合においては、人事委員会の承認を得て、六月をこえない期間で臨時的任用を行うことができる。この場合において、その任用は、人事委員会の承認を得て、六月をこえない期間で更新することができるが、再度更新することはできない。

3　前項の場合において、人事委員会は、臨時的任用につき、任用される者の資格要件を定めることができる。

4　人事委員会は、前二項の規定に違反する臨時的任用を取り消すことができる。

5　人事委員会を置かない地方公共団体においては、任命権者は、緊急の場合又は臨時の職に関する場合においては、六月をこえない期間で臨時的任用を行うことができる。この場合において、任命権者は、その任用を六月をこえない期間で更新することができるが、再度更新することはできない。

6　臨時的任用は、正式任用に際して、いかなる優先権をも与えるものではない。

7　前五項に定めるものの外、臨時的に任用された者に対しては、この法律を適用する。

第三節　職階制

（職階制の根本基準）

第二十三条　人事委員会を置く地方公共団体は、職階制を採用するものとする。

2　職階制に関する計画は、条例で定める。

3　職階制に関する計画の実施に関し必要な事項は、前項の条例に基き人事委員会規則で定める。

4　人事委員会は、職員の職を職務の種類及び複雑と責任の度に応じて分類整理しなければならない。

5　職階制においては、同一の内容の雇用条件を有する同一の職級に属する職については、同一の資格要件を必要とするとともに、当該職についている者に対しては、同一の幅の給料が支給されるように、職員の職の分類整理がなされなければならない。

6　職階制に関する計画を実施するに当っては、人事委員会は、職員のすべての職をいずれかの職級に格付しなければならない。

7　人事委員会は、随時、職員の職の格付を審査し、必要と認めるときは、これを改訂しなければならない。

8　職階制を採用する地方公共団体においては、職員の職について、職階制によらない分類をすることができない。但し、この分類は、行政組織の運営その他公の便宜のために、組織上の名称又はその他公の名称を用いることを妨げるものではない。

9　職階制に関する計画を定め、及び実施するに当っては、国及び他の地方公共団体の職階制に照応するように適当な考慮が払われなければならない。

第四節　給与、勤務時間その他の勤務条件

（給与、勤務時間その他の勤務条件の根本基準）

第二十四条　職員の給与は、その職務と責任に応ずるものでなければならない。

2　前項の規定の趣旨は、できるだけすみやかに達成されなければならない。

3　職員の給与は、生計費並びに国及び他の地方公共団体の職員並びに民間事業の従業者の給与その他の事情を考慮して定められなければならない。

4　職員は、他の職員の職を兼ねる場合においても、これに対して給与を受けてはならない。

5　職員の勤務時間その他職員の給与以外の勤務条件を定めるに当つては、国及び他の地方公共団体の職員との間に権衡を失しないように適当な考慮が払われなければならない。

6　職員の給与、勤務時間その他の勤務条件は、条例で定める。

（給与に関する条例及び給料額の決定）

第二十五条　職員の給与は、前条第六項の規定による給与に関する条例に基いて支給されなければならず、又、これに基かずには、いかなる金銭又は有価物も職員に支給してはならない。

2　職員の給与は、法律又は条例により特に認められた場合を除き、通貨で、直接職員に、その全額を支払わなければならない。

3　給与に関する条例には、左の事項を規定するものとする。

一　給料表

二　昇給の基準に関する事項

三　時間外勤務、夜間勤務及び休日勤務に対する給与に関する事項

四　特別地域勤務、危険作業その他特殊な勤務に対する手当及び扶養親族を有する職員に対する手当を支給する場合においては、これらに関する事項

五　非常勤職員の職及び生活に必要な施設の全部又は一部を公給する職員の職その他勤務条件の特別な職があるときは、これらについて行う給与の調整に関する事項

六　職階制を採用する地方公共団体においては、その職に職階制が始めて適用される場合の給与に関する事項

七　前各号に規定するものを除く外、給与の支給方法及び支給条件に関する事項

4　人事委員会は、必要な調査研究を行い、職階制に適合する給料表に関する計画を立案し、これを地方公共団体の議会及び長に同時に提出しなければならない。

5　職階制を採用する地方公共団体においては、給料表には、職階制において定められた職級ごとに明確な給料額の幅を定めていなければならない。

6　職階制を採用する地方公共団体においては、職員には、その職につき職階制において定められた職級について給料表に定める給料額が支給されなければならない。

（給料表に関する報告及び勧告）

第二十六条　人事委員会は、毎年少くとも一回、給料表が適当であるかどうかについて、地方公共団体の議会及び長に同時に報告するものとする。給与を決定する諸条件の変化により、給料表に定める給料額を増減することが適当であると認めるときは、あわせて適当な勧告をすることができる。

第五節　分限及び懲戒

（分限及び懲戒の基準）

第二十七条　すべて職員の分限及び懲戒については、公正でなけれ

ばならない。

2　職員は、この法律で定める事由による場合でなければ、その意に反して、降任され、若しくは免職されず、この法律又は条例で定める事由による場合でなければ、その意に反して、休職されず、又、条例で定める事由による場合でなければ、その意に反して降給されることがない。

3　職員は、この法律で定める事由による場合でなければ、懲戒処分を受けることがない。

（降任、免職、休職等）

第二十八条　職員が、左の各号の一に該当する場合においては、その意に反して、これを降任し、又は免職することができる。

一　勤務実績が良くない場合

二　心身の故障のため、職務の遂行に支障があり、又はこれに堪えない場合

三　前二号に規定する場合の外、その職に必要な適格性を欠く場合

四　職制若しくは定数の改廃又は予算の減少により廃職又は過員を生じた場合

2　職員が、左の各号の一に該当する場合においては、その意に反してこれを休職することができる。

一　心身の故障のため、長期の休養を要する場合

二　刑事事件に関し起訴された場合

3　職員の意に反する降任、免職、休職及び降給の手続及び効果は、法律に特別の定がある場合を除く外、条例で定めなければならない。

4　職員は、第十六条〔欠格条項〕各号（第三号を除く。）の一に該当するに至つたときは、条例に特別の定がある場合を除く外、その職を失う。

（定年による退職）

第二十八条の二　職員は、定年に達したときは、定年に達した日以後における最初の三月三十一日までの間において、条例で定める日（以下「定年退職日」という。）に退職する。

2　前項の定年は、国の職員につき定められている定年を基準として条例で定めるものとする。

3　前項の場合において、地方公共団体における当該職員に関しその職務と責任に特殊性があること又は欠員の補充が困難であることにより国の職員につき定められている定年を基準として定めることが実情に即さないと認められるときは、当該職員の定年については、条例で別の定めをすることができる。この場合においては、国及び他の地方公共団体の職員との間に権衡を失しないように適当な考慮が払われなければならない。

4　前三項の規定は、臨時的に任用される職員その他の法律により任期を定めて任用される職員及び非常勤職員には適用しない。

（定年による退職の特例）

第二十八条の三　任命権者は、定年に達した職員が前条第一項の規定により退職すべきこととなる場合において、その職員の職務の特殊性又はその職員の職務の遂行上の特別の事情からみてその退職により公務の運営に著しい支障が生ずると認められる十分な理由があるときは、同項の規定にかかわらず、条例で定めるところにより、その職員に係る定年退職日の翌日から起算して一年を超えない範囲内で期限を定め、その職員を当該職務に従事させるため引き続いて勤務させることができる。

2　任命権者は、前項の期限又はこの項の規定により延長された期限が到来する場合において、前項の事由が引き続き存すると認め

られる十分な理由があるときは、条例で定めるところにより、一年を超えない範囲内で期限を延長することができる。ただし、その期限は、その職員に係る定年退職日の翌日から起算して三年を超えることができない。

（定年退職者等の再任用）

第二十八条の四　任命権者は、当該地方公共団体の定年退職者等（第二十八条の二（定年による退職）第一項の規定により退職した者若しくは前条の規定により勤務した後退職した者又は定年退職日以前に退職した者のうち勤続期間等を考慮してこれらに準ずるものとして条例で定める者をいう。以下同じ。）を、従前の勤務実績等に基づく選考により、一年を超えない範囲内で任期を定め、常時勤務を要する職に採用することができる。ただし、その者がその者を採用しようとする職に係る定年に達していないときは、この限りでない。

2　前項の任期又はこの項の規定により更新された任期は、条例で定めるところにより、一年を超えない範囲内で更新することができる。

3　前二項の規定による任期については、その末日は、その者が条例で定める年齢に達する日以後における最初の三月三十一日までの間において条例で定める日以前でなければならない。

4　前項の年齢は、国の職員につき定められている任期の末日に係る年齢を基準として定めるものとする。

5　第一項の規定による採用については、第二十二条（条件附採用及び臨時的任用）第一項の規定は、適用しない。

第二十八条の五　任命権者は、当該地方公共団体の定年退職者等を、従前の勤務実績等に基づく選考により、一年を超えない範囲内で任期を定め、短時間勤務の職（当該職を占める職員の一週間当たりの通常の勤務時間が、常時勤務を要する職でその職務が当該短時間勤務の職と同種のものを占める職員の一週間当たりの通常の勤務時間に比し短い時間であるものをいう。第三項及び次条第二項において同じ。）に採用することができる。

2　前項の規定により採用された職員の任期については、前条第二項から第四項までの規定を準用する。

3　短時間勤務の職については、定年退職者等のうち第二十八条の二（定年による退職）第一項から第三項までの規定の適用があるものとした場合の当該職に係る定年に達した者に限り任用することができるものとする。

第二十八条の六　第二十八条の四第一項本文の規定によるほか、地方公共団体の組合を組織する地方公共団体の任命権者にあつては当該地方公共団体が組織する地方公共団体の組合の定年退職者等を、地方公共団体の組合の任命権者にあつては当該地方公共団体の組合を組織する地方公共団体の定年退職者等を、従前の勤務実績等に基づく選考により、一年を超えない範囲内で任期を定め、常時勤務を要する職に採用することができる。この場合においては、同項ただし書及び同条第五項の規定を準用する。

2　前条第一項の規定によるほか、地方公共団体の組合を組織する地方公共団体の任命権者にあつては当該地方公共団体が組織する地方公共団体の組合の定年退職者等を、地方公共団体の組合の任命権者にあつては当該地方公共団体の組合を組織する地方公共団体の定年退職者等を、従前の勤務実績等に基づく選考により、一年を超えない範囲内で任期を定め、短時間勤務の職に採用することができる。この場合においては、同条第三項の規定を準用する。

3　第二項の規定により採用された職員の任期については、第二十八条の四第二項から第四項までの規定を準用する。

（懲戒）

第二十九条　職員が次の各号の一に該当する場合においては、これに対し懲戒処分として戒告、減給、停職又は免職の処分をすることができる。

一　この法律若しくは第五十七条〔特例〕に規定する特例を定めた法律又はこれに基く条例、地方公共団体の規則若しくは地方公共団体の機関の定める規程に違反した場合

二　職務上の義務に違反し、又は職務を怠つた場合

三　全体の奉仕者たるにふさわしくない非行のあつた場合

2　職員が任命権者の要請に応じ当該地方公共団体の特別職に属する地方公務員、他の地方公共団体の地方公務員、国家公務員又は地方公社（地方住宅供給公社、地方道路公社及び土地開発公社をいう。）その他その業務が地方公共団体若しくは国の事務若しくは事業と密接な関連を有する法人のうち条例で定めるものに使用される者（以下この項において「特別職地方公務員等」という。）となるため退職し、引き続き特別職地方公務員等として在職した後、引き続いて当該退職を前提として職員として採用された場合（一の特別職地方公務員等として在職した後、引き続き一以上の特別職地方公務員等として在職し、引き続いて当該退職を前提として職員として採用された場合を含む。）において、当該退職までの引き続く職員としての在職期間（当該退職前に同様の退職（以下この項において「先の退職」という。）、特別職地方公務員等としての在職及び職員としての採用がある場合には、当該先の退職までの引き続く職員としての在職期間を含む。次項において「要請に応じた退職前の在職期間」という。）中に前項各号の一に該当したときは、これに対し同項に規定する懲戒処分を行うことができる。

3　職員が、第二十八条の四〔定年退職者等の再任用〕第一項又は第二十八条の五第一項の規定により採用された場合において、定年退職者等となつた日までの引き続く職員についての在職期間（要請に応じた退職前の在職期間を含む。）又はこれらの規定によりかつて採用されて職員として在職していた期間中に第一項各号の一に該当したときは、これに対し同項に規定する懲戒処分を行うことができる。

4　職員の懲戒の手続及び効果は、法律に特別の定がある場合を除く外、条例で定めなければならない。

（適用除外）

第二十九条の二　左に掲げる職員及びこれに対する処分については、第二十七条〔分限及び懲戒の基準〕第二項、第二十八条〔降任、免職、休職等〕第一項から第三項まで、第四十九条〔不利益処分に関する説明書の交付〕第一項及び第二項並びに行政不服審査法（昭和三十七年法律第百六十号）の規定を適用しない。

一　条件附採用期間中の職員

二　臨時的に任用された職員

2　前項各号に掲げる職員の分限については、条例で必要な事項を定めることができる。

第六節　服務

（服務の根本基準）

第三十条　すべて職員は、全体の奉仕者として公共の利益のために勤務し、且つ、職務の遂行に当つては、全力を挙げてこれに専念しなければならない。

（服務の宣誓）

第三十一条　職員は、条例の定めるところにより、服務の宣誓をしなければならない。

(法令等及び上司の職務上の命令に従う義務)

第三十二条　職員は、その職務を遂行するに当つて、法令、条例、地方公共団体の規則及び地方公共団体の機関の定める規程に従い、且つ、上司の職務上の命令に忠実に従わなければならない。

(信用失墜行為の禁止)

第三十三条　職員は、その職の信用を傷つけ、又は職員の職全体の不名誉となるような行為をしてはならない。

(秘密を守る義務)

第三十四条　職員は、職務上知り得た秘密を漏らしてはならない。その職を退いた後も、また、同様とする。

2　法令による証人、鑑定人等となり、職務上の秘密に属する事項を発表する場合においては、任命権者（退職者については、その退職した職又はこれに相当する職に係る任命権者）の許可を受けなければならない。

3　前項の許可は、法律に特別の定がある場合を除く外、拒むことができない。

(職務に専念する義務)

第三十五条　職員は、法律又は条例に特別の定がある場合を除く外、その勤務時間及び職務上の注意力のすべてをその職責遂行のために用い、当該地方公共団体がなすべき責を有する職務にのみ従事しなければならない。

(政治的行為の制限)

第三十六条　職員は、政党その他の政治的団体の結成に関与し、若しくはこれらの団体の役員となつてはならず、又はこれらの団体の構成員となるように、若しくはならないように勧誘運動をしてはならない。

2　職員は、特定の政党その他の政治的団体又は特定の内閣若しくは地方公共団体の執行機関を支持し、又はこれに反対する目的をもつて、あるいは公の選挙又は投票において特定の人又は事件を支持し、又はこれに反対する目的をもつて、左に掲げる政治的行為をしてはならない。但し、当該職員の属する地方公共団体の区域（当該職員が都道府県の支庁若しくは地方事務所又は地方自治法第二百五十二条の十九第一項の指定都市の区に勤務する者であるときは、当該支庁若しくは地方事務所又は区の所管区域）外において、第一号から第三号まで及び第五号に掲げる政治的行為をすることができる。

一　公の選挙又は投票において投票をするように、又はしないように勧誘運動をすること。

二　署名運動を企画し、又は主宰する等これに積極的に関与すること。

三　寄附金その他の金品の募集に関与すること。

四　文書又は図画を地方公共団体の庁舎、施設等に掲示し、又は掲示させ、その他地方公共団体の庁舎、施設、資材又は資金を利用し、又は利用させること。

五　前各号に定めるものを除く外、条例で定める政治的行為

3　何人も前二項に規定する政治的行為を行うよう職員に求め、職員をそそのかし、若しくはあおつてはならず、又は職員が前二項に規定する政治的行為をなし、若しくはなさないことに対する代償若しくは報復として、任用、職務、給与その他職員の地位に関してなんらかの利益若しくは不利益を与え、与えようと企て、若しくは約束してはならない。

4　職員は、前項に規定する違法な行為に応じなかつたことの故をもつて不利益な取扱を受けることはない。

5　本条の規定は、職員の政治的中立性を保障することにより、地

方公共団体の行政の公正な運営を確保するとともに職員の利益を保護することを目的とするものであるという趣旨において解釈され、及び運用されなければならない。

（争議行為等の禁止）

第三十七条　職員は、地方公共団体の機関が代表する使用者としての住民に対して同盟罷業、怠業その他の争議行為をし、又は地方公共団体の機関の活動能率を低下させる怠業的行為をしてはならない。又、何人も、このような違法な行為を企て、又はその遂行を共謀し、そそのかし、若しくはあおつてはならない。

2　職員で前項の規定に違反する行為をしたものは、その行為の開始とともに、地方公共団体に対し、法令又は条例、地方公共団体の規則若しくは地方公共団体の機関の定める規程に基いて保有する任命上又は雇用上の権利をもつて対抗することができなくなるものとする。

（営利企業等の従事制限）

第三十八条　職員は、任命権者の許可を受けなければ、営利を目的とする私企業を営むことを目的とする会社その他の団体の役員その他人事委員会規則（人事委員会を置かない地方公共団体においては、地方公共団体の規則）で定める地位を兼ね、若しくは自ら営利を目的とする私企業を営み、又は報酬を得ていかなる事業若しくは事務にも従事してはならない。

2　人事委員会は、人事委員会規則により前項の場合における任命権者の許可の基準を定めることができる。

第七節　研修及び勤務成績の評定

（研修）

第三十九条　職員には、その勤務能率の発揮及び増進のために、研修を受ける機会が与えられなければならない。

2　前項の研修は、任命権者が行うものとする。

3　人事委員会は、研修に関する計画の立案その他研修の方法について任命権者に勧告することができる。

（勤務成績の評定）

第四十条　任命権者は、職員の執務について定期的に勤務成績の評定を行い、その評定の結果に応じた措置を講じなければならない。

2　人事委員会は、勤務成績の評定に関する計画の立案その他勤務成績の評定に関し必要な事項について任命権者に勧告することができる。

第八節　福祉及び利益の保護

（福祉及び利益の保護の根本基準）

第四十一条　職員の福祉及び利益の保護は、適切であり、且つ、公正でなければならない。

第一款　厚生福利制度

（厚生制度）

第四十二条　地方公共団体は、職員の保健、元気回復その他厚生に関する事項について計画を樹立し、これを実施しなければならない。

（共済制度）

第四十三条　職員の病気、負傷、出産、休業、災害、退職、障害若しくは死亡又はその被扶養者の病気、負傷、出産、死亡若しくは災害に関して適切な給付を行なうための相互救済を目的とする共済制度が、実施されなければならない。

2　前項の共済制度には、職員が相当年限忠実に勤務して退職した場合又は公務に基づく病気若しくは負傷により退職し、若しくは死亡した場合におけるその者又はその遺族に対する退職年金に関する制度が含まれていなければならない。

3 前項の退職年金に関する制度は、退職又は死亡の時の条件を考慮して、本人及びその退職又は死亡の当時その者が直接扶養する者のその後における適当な生活の維持を図ることを目的とするものでなければならない。

4 第一項の共済制度については、国の制度との間に権衡を失しないように適当な考慮が払われなければならない。

5 第一項の共済制度は、健全な保険数理を基礎として定めなければならない。

6 第一項の共済制度は、法律によつてこれを定める。

第四十四条 削除

第二款 公務災害補償

(公務災害補償)

第四十五条 職員が公務に因り死亡し、負傷し、若しくは疾病にかかり、若しくは公務に因る負傷若しくは疾病により死亡し、若しくは障害の状態となり、又は船員である職員が公務に因り行方不明となつた場合においてその者又はその者の遺族若しくは被扶養者がこれらの原因によつて受ける損害は、補償されなければならない。

2 前項の規定による補償の迅速かつ公正な実施を確保するため必要な補償に関する制度が実施されなければならない。

3 前項の補償に関する制度には、次に掲げる事項が定められなければならない。

一 職員の公務上の負傷又は疾病に対する必要な療養又は療養の費用の負担に関する事項

二 職員の公務上の負傷又は疾病に起因する療養の期間又は船員である職員の公務による行方不明の期間におけるその職員の所得の喪失に対する補償に関する事項

三 職員の公務上の負傷又は疾病に起因して、永久に、又は長期に所得能力を害された場合におけるその職員の受ける損害に対する補償に関する事項

四 職員の公務上の負傷又は疾病に起因する死亡の場合におけるその遺族又は職員の死亡の当時その収入によつて生計を維持した者の受ける損害に対する補償に関する事項

4 第二項の補償に関する制度は、法律によつて定めるものとし、当該制度については、国の制度との間に権衡を失しないように適当な考慮が払われなければならない。

第三款 勤務条件に関する措置の要求

(勤務条件に関する措置の要求)

第四十六条 職員は、給与、勤務時間その他の勤務条件に関し、人事委員会又は公平委員会に対して、地方公共団体の当局により適当な措置が執られるべきことを要求することができる。

(審査及び審査の結果執るべき措置)

第四十七条 前条に規定する要求があつたときは、人事委員会又は公平委員会は、事案について口頭審理その他の方法による審査を行い、事案を判定し、その結果に基いて、その権限に属する事項については、自らこれを実行し、その他の事項については、当該事項に関し権限を有する地方公共団体の機関に対し、必要な勧告をしなければならない。

(要求及び審査、判定の手続等)

第四十八条 前二条の規定による要求及び審査、判定の手続並びに審査、判定の結果執るべき措置に関し必要な事項は、人事委員会規則又は公平委員会規則で定めなければならない。

第四款 不利益処分に関する不服申立て

（不利益処分に関する説明書の交付）

第四十九条 任命権者は、職員に対し、懲戒その他その意に反すると認める不利益な処分を行う場合においては、その際、その職員に対し処分の事由を記載した説明書を交付しなければならない。

2 職員は、その意に反して不利益な処分を受けたと思うときは、任命権者に対し処分の事由を記載した説明書の交付を請求することができる。

3 前項の規定による請求を受けた任命権者は、その日から十五日以内に、同項の説明書を交付しなければならない。

4 第一項又は第二項の説明書には、当該処分につき、人事委員会又は公平委員会に対して不服申立てをすることができる旨及び不服申立期間を記載しなければならない。

（不服申立て）

第四十九条の二 前条第一項に規定する処分を受けた職員は、人事委員会又は公平委員会に対してのみ行政不服審査法による不服申立て（審査請求又は異議申立て）をすることができる。

2 前条第一項に規定する処分を除くほか、職員に対する処分については、行政不服審査法による不服申立てをすることができない。職員がした申請に対する不作為についても、同様とする。

3 第一項に規定する不服申立てについては、行政不服審査法第二章第一節から第三節まで〔不服申立て手続についての通則・処分についての審査請求・処分についての異議申立て〕の規定を適用しない。

（不服申立期間）

第四十九条の三 前条第一項に規定する不服申立ては、処分があつたことを知つた日の翌日から起算して六十日以内にしなければならず、処分があつた日の翌日から起算して一年を経過したときは、することができない。

（審査及び審査の結果執るべき措置）

第五十条 第四十九条の二〔不服申立て〕第一項に規定する不服申立てを受理したときは、人事委員会又は公平委員会は、直ちにその事案を審査しなければならない。この場合において、処分を受けた職員から請求があつたときは、口頭審理を行わなければならない。口頭審理は、その職員から請求があつたときは、公開して行わなければならない。

2 人事委員会又は公平委員会は、必要があると認めるときは、当該不服申立てに対する裁決又は決定を除き、審査に関する事務の一部を人事委員会の委員若しくは事務局長又は公平委員会の委員に委任することができる。

3 人事委員会又は公平委員会は、第一項に規定する審査の結果に基いて、その処分を承認し、修正し、又は取り消し、及び必要がある場合においては、任命権者にその職員の受けるべきであつた給与その他の給付を回復するため必要で且つ適切な措置をさせる等その職員がその処分によつて受けた不当な取扱を是正するための指示をしなければならない。

（不服申立ての手続等）

第五十一条 不服申立ての手続及び審査の結果執るべき措置に関し必要な事項は、人事委員会規則又は公平委員会規則で定めなければならない。

（不服申立てと訴訟との関係）

第五十一条の二 第四十九条〔不利益処分に関する説明書の交付〕第一項に規定する処分であつて人事委員会又は公平委員会に対して審査請求又は異議申立てをすることができるものの取消しの訴えは、審査請求又は異議申立てに対する人事委員会又は公平委員会の裁決又は決定を経た後でなければ、提起することができない。

第九節　職員団体

（職員団体）

第五十二条　この法律において「職員団体」とは、職員がその勤務条件の維持改善を図ることを目的として組織する団体又はその連合体をいう。

2　前項の「職員」とは、第五項に規定する職員以外の職員をいう。

3　職員は、職員団体を結成し、若しくは結成せず、又はこれに加入し、若しくは加入しないことができる。ただし、重要な行政上の決定を行う職員、重要な行政上の決定に参画する管理的地位にある職員、職員の任免に関して直接の権限を持つ監督的地位にある職員、職員の任免、分限、懲戒若しくは服務、職員の給与その他の勤務条件又は職員団体との関係についての当局の計画及び方針に関する機密の事項に接し、そのためにその職務上の義務と責任とが職員団体の構成員としての誠意と責任とに直接に抵触すると認められる監督的地位にある職員その他職員団体との関係において当局の立場に立つて遂行すべき職務を担当する職員（以下「管理職員等」という。）と管理職員等以外の職員とは、同一の職員団体を組織することができず、管理職員等と管理職員等以外の職員とが組織する団体は、この法律にいう「職員団体」ではない。

4　前項ただし書に規定する管理職員等の範囲は、人事委員会規則又は公平委員会規則で定める。

5　警察職員及び消防職員は、職員の勤務条件の維持改善を図ることを目的とし、かつ、地方公共団体の当局と交渉する団体を結成し、又はこれに加入してはならない。

（職員団体の登録）

第五十三条　職員団体は、条例で定めるところにより、理事その他の役員の氏名及び条例で定める事項を記載した申請書に規約を添えて人事委員会又は公平委員会に登録を申請することができる。

2　前項に規定する職員団体の規約には、少くとも左に掲げる事項を記載するものとする。

一　名称
二　目的及び業務
三　主たる事務所の所在地
四　構成員の範囲及びその資格の得喪に関する規定
五　理事その他の役員に関する規定
六　第三項に規定する事項を含む業務執行、会議及び投票に関する規定
七　経費及び会計に関する規定
八　他の職員団体との連合に関する規定
九　規約の変更に関する規定
十　解散に関する規定

3　職員団体が登録される資格を有し、及び引き続き登録されているためには、規約の作成又は変更、役員の選挙その他これらに準ずる重要な行為が、すべての構成員が平等に参加する機会を有する直接且つ秘密の投票による全員の過半数（役員の選挙については、投票者の過半数）によつて決定される旨の手続を定め、且つ、現実に、その手続によりこれらの重要な行為が決定されることを必要とする。但し、連合体である職員団体にあつては、すべての構成員が平等に参加する機会を有する構成団体ごとの直接且つ秘密の投票による投票者の過半数で代議員を選挙し、すべての代議員が平等に参加する機会を有する直接且つ秘密の投票によるその全員の過半数（役員の選挙については、投票者の過半数）によつ

て決定される旨の手続を定め、且つ、現実に、その手続により決定されることをもつて足りるものとする。

4 前項に定めるもののほか、職員団体が登録される資格を有し、及び引き続き登録されているためには、当該職員団体が同一の地方公共団体に属する前条第五項に規定する職員以外の職員のみをもつて組織されていることを必要とする。ただし、同項に規定する職員以外の職員であつた者でその意に反して免職され、若しくは懲戒処分としての免職の処分を受け、当該処分を受けた日の翌日から起算して一年以内のもの又はその期間内に当該処分について法律の定めるところにより不服申立てをし、若しくは訴えを提起し、これに対する裁決若しくは決定又は裁判が確定するに至らないものを構成員にとどめていること、及び当該職員団体の役員である者を構成員としていることを妨げない。

5 人事委員会又は公平委員会は、登録を申請した職員団体が前三項の規定に適合するものであるときは、条例で定めるところにより、規約及び第一項に規定する申請書の記載事項を登録し、当該職員団体にその旨を通知しなければならない。この場合において、職員でない者の役員就任を認めている職員団体を、そのゆえをもつて登録の要件に適合しないものと解してはならない。

6 登録を受けた職員団体が職員団体でなくなつたとき、登録を受けた職員団体について第二項から第四項までの規定に適合しない事実があつたとき、又は登録を受けた職員団体が第九項の規定による届出をしなかつたときは、人事委員会又は公平委員会は、条例で定めるところにより、六十日を超えない範囲内で当該職員団体の登録の効力を停止し、又は当該職員団体の登録を取り消すことができる。

7 前項の規定による登録の取消しに係る聴聞の期日における審理は、当該職員団体から請求があつたときは、公開により行わなければならない。

8 第六項の規定による登録の取消しは、当該処分の取消しの訴えを提起することができる期間内及び当該処分の取消しの訴えの提起があつたときは当該訴訟が裁判所に係属する間は、その効力を生じない。

9 登録を受けた職員団体は、その規約又は第一項に規定する申請書の記載事項に変更があつたときは、条例で定めるところにより、人事委員会又は公平委員会にその旨を届け出なければならない。この場合においては、第五項の規定を準用する。

10 登録を受けた職員団体は、解散したときは、条例で定めるところにより、人事委員会又は公平委員会にその旨を届け出なければならない。

（法人たる職員団体）

第五十四条 登録を受けた職員団体は、法人となる旨を人事委員会又は公平委員会に申し出ることにより法人となることができる。民法（明治二十九年法律第八十九号）及び非訟事件手続法（明治三十一年法律第十四号）中民法第三十四条に規定する法人に関する規定（民法第三十四条ノ二、第三十八条第二項、第五十六条、第六十七条、第七十一条、第七十七条第三項、第八十三条ノ二、第八十三条ノ三、第八十四条第三号ノ二及び第八十四条ノ二並びに非訟事件手続法第百二十二条ノ二を除く。）は、本条の法人について準用する。この場合においては、これらの規定中「主務官庁」とあるのは「人事委員会又ハ公平委員会」と、「定款」とあるのは「規約」と読み替えるほか、民法第四十六条第一項第四号中「設立許可」とあるのは「法人ト為ル旨ノ申出」と、同法第六十八条第一項第四号中「設立許可」とあるのは「登録」と、同法第七十七条第一項中「破産及ビ設立許可ノ取消」とあるのは「破産」と、非訟事件手続法第百二十条中「許可書」とあるのは「法人ト為ル旨ノ申出ノ受理証明書」と読み替えるものとする。

（交渉）

第五十五条　地方公共団体の当局は、登録を受けた職員団体から、職員の給与、勤務時間その他の勤務条件に関し、及びこれに附帯して、社交的又は厚生的活動を含む適法な活動に係る事項に関し、適法な交渉の申入れがあつた場合においては、その申入れに応ずべき地位に立つものとする。

2　職員団体と地方公共団体の当局との交渉は、団体協約を締結する権利を含まないものとする。

3　地方公共団体の事務の管理及び運営に関する事項は、交渉の対象とすることができない。

4　職員団体が交渉することのできる地方公共団体の当局は、交渉事項について適法に管理し、又は決定することのできる地方公共団体の当局とする。

5　交渉は、職員団体と地方公共団体の当局があらかじめ取り決めた員数の範囲内で、職員団体がその役員の中から指名する者と地方公共団体の当局の指名する者との間において行なわなければならない。交渉に当たつては、職員団体と地方公共団体の当局との間において、議題、時間、場所その他必要な事項をあらかじめ取り決めて行なうものとする。

6　前項の場合において、特別の事情があるときは、職員団体は、役員以外の者を指名することができるものとする。ただし、その指名する者は、当該交渉の対象である特定の事項について交渉する適法な委任を当該職員団体の執行機関から受けたことを文書によつて証明できる者でなければならない。

7　交渉は、前二項の規定に適合しないこととなつたとき、又は他の職員の職務の遂行を妨げ、若しくは地方公共団体の事務の正常な運営を阻害することとなつたときは、これを打ち切ることができる。

8　本条に規定する適法な交渉は、勤務時間中においても行なうことができる。

9　職員団体は、法令、条例、地方公共団体の規則及び地方公共団体の機関の定める規程にてい触しない限りにおいて、当該地方公共団体の当局と書面による協定を結ぶことができる。

10　前項の協定は、当該地方公共団体の当局及び職員団体の双方において、誠意と責任をもつて履行しなければならない。

11　職員は、職員団体に属していないという理由で、第一項に規定する事項に関し、不満を表明し、又は意見を申し出る自由を否定されてはならない。

（職員団体のための職員の行為の制限）

第五十五条の二　職員は、職員団体の業務にもつぱら従事することができない。ただし、任命権者の許可を受けて、登録を受けた職員団体の役員としてもつぱら従事する場合は、この限りでない。

2　前項ただし書の許可は、任命権者が相当と認める場合に与えることができるものとし、これを与える場合においては、任命権者は、その許可の有効期間を定めるものとする。

3　第一項ただし書の規定により登録を受けた職員団体の役員として専ら従事する期間は、職員としての在職期間を通じて五年（地方公営企業労働関係法（昭和二十七年法律第二百八十九号）第六条第一項ただし書（同法附則第五項において準用する場合を含む。）の規定により労働組合の業務に専ら従事したことがある職員については、五年からその専ら従事した期間を控除した期間）

を超えることができない。

4 第一項ただし書の許可は、当該許可を受けた職員が登録を受けた職員団体の役員として当該職員団体の業務にもっぱら従事する者でなくなったときは、取り消されるものとする。

5 第一項ただし書の許可を受けた職員は、その許可が効力を有する間は、休職者とし、いかなる給与も支給されず、また、その期間は、退職手当の算定の基礎となる勤続期間に算入されないものとする。

6 職員は、条例で定める場合を除き、給与を受けながら、職員団体のためその業務を行ない、又は活動してはならない。

（不利益取扱の禁止）

第五十六条 職員は、職員団体の構成員であること、職員団体を結成しようとしたこと、若しくはこれに加入しようとしたこと又は職員団体のために正当な行為をしたことの故をもって不利益な取扱を受けることはない。

第四章 補則

（特例）

第五十七条 職員のうち、公立学校（学校教育法（昭和二十二年法律第二十六号）に規定する公立学校をいう。）の教職員（同法に規定する校長、教員及び事務職員をいう。）、単純な労務に雇用される者その他その職務と責任の特殊性に基いてこの法律に対する特例を必要とするものについては、別に法律で定める。但し、その特例は、第一条〔この法律の目的〕の精神に反するものであってはならない。

（他の法律の適用除外）

第五十八条 労働組合法（昭和二十四年法律第百七十四号）、労働関係調整法（昭和二十一年法律第二十五号）及び最低賃金法（昭和三十四年法律第百三十七号）並びにこれらに基く命令の規定は、職員に関して適用しない。

2 労働安全衛生法（昭和四十七年法律第五十七号）第二章〔労働災害防止計画〕の規定並びに船員災害防止活動の促進に関する法律（昭和四十二年法律第六十一号）第二章〔船員災害防止計画〕及び第五章〔船員災害防止協会〕の規定並びに同章に基づく命令の規定は、地方公共団体の行う労働基準法（昭和二十二年法律第四十九号）別表第一第一号から第十号まで及び第十三号から第十五号までに掲げる事業に従事する職員以外の職員に関して適用しない。

3 労働基準法第二条〔労働条件の決定〕、第二十四条〔賃金の支払〕第一項、第三十二条の三から第三十二条の五まで〔労働時間〕、第三十八条の二第二項及び第三項、第三十八条の三、第三十八条の四、第三十九条〔年次有給休暇〕第五項、第七十五条から第九十三条まで〔災害補償・就業規則〕及び第百二条〔労働基準監督官の司法警察権〕の規定、労働安全衛生法第九十二条〔労働基準監督官の司法警察権〕の規定、船員法（昭和二十二年法律第百号）第六条〔労働基準法の適用〕中労働基準法第二条に関する部分、第三十条〔争議行為の制限〕、第三十七条〔雇入契約の公認〕中勤務条件に関する部分、第五十三条〔給料その他の報酬支払方法〕第一項、第八十九条から第百条まで〔災害補償・就業規則〕、第百二条〔行政官庁の労働関係の紛争に対するあっせん〕及び第百八条〔船員労務官の司法警察権〕中勤務条件に関する部分の規定並びに船員災害防止活動の促進に関する法律第六十二条〔船員労務者〕の規定並びにこれらの規定に基づく命令の規定は、職員に関して適用しない。ただし、労働基準法第百二条の規定、労働安全衛生法第九十二条の規定、船員法第三十七条及び第百八条中勤務条件に関する部分の規定並びに船員災害防止活動の促進に関する法律第六十二条の規定並びにこれらの規定に基づく命令の規定は、地方公共団体の行う労働基準法別表第一第一号から第十号まで及び第十三号から第十五号までに掲げる事業に従事する職員に、同法第七十五条から第八十八条まで〔災害補償〕及び船員法第八十九条から第九十六条まで〔災害補償〕の規定は、地方公務員災害補償法（昭和四十二年法律第百二十一号）第二条〔定義〕第一項に規定する者以外の職員に関しては適用する。

4　職員に関しては、労働基準法第三十二条の二第一項中「使用者は、当該事業場に、労働者の過半数で組織する労働組合がある場合においてはその労働組合、労働者の過半数で組織する労働組合がない場合においては労働者の過半数を代表する者との書面による協定により、又は」とあるのは「使用者は、」と、同法第三十四条第二項ただし書中「当該事業場に、労働者の過半数で組織する労働組合がある場合においてはその労働組合、労働者の過半数で組織する労働組合がない場合においては労働者の過半数を代表する者との書面による協定があるときは」とあるのは「条例に特別の定めがある場合は」とする。

5　労働基準法、労働安全衛生法、船員法及び船員災害防止活動の促進に関する法律の規定並びにこれらの規定に基づく命令の規定中第三項の規定により職員に関して適用されるものを適用する場合における職員の勤務条件に関する労働基準監督機関の職権は、地方公共団体の行う労働基準法別表第一第一号から第十号まで及び第十三号から第十五号までに掲げる事業に従事する職員の場合を除き、人事委員会又はその委任を受けた人事委員会の委員（人事委員会を置かない地方公共団体においては、地方公共団体の長）が行うものとする。

（総務省の協力及び技術的助言）

第五十九条　総務省は、地方公共団体の人事行政がこの法律によつて確立される地方公務員制度の原則に沿つて運営されるように協力し、及び技術的助言をすることができる。

第五章　罰則

（罰則）

第六十条　左の各号の一に該当する者は、一年以下の懲役又は三万円以下の罰金に処する。

一　第十三条〔平等取扱の原則〕の規定に違反して差別をした者

二　第三十四条〔秘密を守る義務〕第一項又は第二項の規定（第九条〔人事委員会又は公平委員会の委員〕第十二項において準用する場合を含む。）に違反して秘密を漏らした者

三　第五十条〔審査及び審査の結果執るべき措置〕第三項の規定による人事委員会又は公平委員会の指示に故意に従わなかった者

第六十一条　左の各号の一に該当する者は、三年以下の懲役又は十万円以下の罰金に処する。

一　第五十条〔審査及び審査の結果執るべき措置〕第一項に規定する権限の行使に関し、第八条〔人事委員会又は公平委員会の権限〕第五項の規定により人事委員会若しくは公平委員会から証人として喚問を受け、正当な理由がなくてこれに応ぜず、若しくは虚偽の陳述をした者又は同項の規定により人事委員会若しくは公平委員会から書類若しくはその写の提出を求められ、正当な理由がなくてこれに応ぜず、若しくは虚偽の事項を記載した書類若しくはその写を提出した者

二　第十五条〔任用の根本基準〕の規定に違反して任用した者

三　第十九条〔受験資格〕第一項後段の規定に違反して受験を阻害し、又は情報を提供した者

四　何人たるを問わず、第三十七条〔争議行為等の禁止〕第一項前段に規定する違法な行為の遂行を共謀し、そそのかし、若しくはあおり、又はこれらの行為を企てた者

五　第四十六条〔勤務条件に関する措置の要求〕の規定による勤務条件に関する措置の要求の申出を故意に妨げた者

第六十二条　第六十条〔罰則〕第二号又は前条第一号から第三号まで若しくは第五号に掲げる行為を企て、命じ、故意にこれを容認し、そそのかし、又はそのほう助をした者は、それぞれ各本条の刑に処する。

附　則〔略〕

附　則〔昭和五四年一二月二〇日法律第六八号〕〔抄〕

（施行期日）

第一条　この法律は、公布の日から起算して六月を経過した日から施行する。

（罰則に関する経過措置）

第四条　この法律の施行前にした行為及び前条の規定により従前の例によることとされる事項に係るこの法律の施行後にした行為に対する罰則の適用については、なお従前の例による。

第五条　国家公務員法（昭和二十二年法律第百二十号）第百八条の四、地方公務員法（昭和二十五年法律第二百六十一号）第五十四条〔法人たる職員団体〕及び職員団体等に対する法人格の付与に関する法律（昭和五十三年法律第八十号）第十一条において準用する民法第八十四条の規定により科すべき過料の額については、当分の間、なお従前の例による。

2　前項の規定は、労働組合法（昭和二十四年法律第百七十四号）第三十三条の規定により科すべき過料の額について準用する。

附　則〔昭和五六年一一月二〇日法律第九二号〕〔抄〕

（施行期日）

第一条　この法律は、昭和六十年三月三十一日から施行する。ただし、次条の規定は、公布の日から施行する。

（必要な準備措置）

第二条　この法律による改正後の地方公務員法（以下「新法」という。）の規定による職員の定年に関する制度の円滑な実施を確保するため、任命権者（地方公務員法第六条〔任命権者〕第一項に規定する任命権者をいう。以下同じ。）は、長期的な人事管理の計画的推進その他必要な準備を行うものとし、地方公共団体の長は、任命権者の行う準備に関し必要な連絡、調整その他の措置を講ずるものとする。

（経過措置）

第三条　職員（新法第二十八条の二〔定年による退職〕第四項に規定する職員を除く。以下同じ。）で同条第二項及び第三項の規定に基づく条例の施行の日（以下「条例施行日」という。）の前日までにこれらの規定に基づく定年として当該条例で定められた年齢に達しているものは、条例施行日に退職する。

第四条　新法第二十八条の三〔定年による退職の特例〕の規定は、前条の規定により職員が退職すべきこととなる場合について準用する。この場合において、新法第二十八条の三第一項中「前条第一項」とあるのは「地方公務員法の一部を改正する法律（昭和五十六年法律第九十二号。以下「昭和五十六年法律第九十二号」という。）附則第三条」と、「、同項」とあるのは「、同条」と、「その職員に係る同項の規定に基づく条例で定める日」とあるのは「昭和五十六年法律第九十二号附則第三条に規定する条例施行日」

と、同条第二項ただし書中「その職員に係る前条第一項の規定に基づく条例で定める日」とあるのは「昭和五十六年法律第九十二号附則第三条に規定する条例施行日」と読み替えるものとする。

第五条 新法第二十八条の四〔定年退職者等の再任用〕の規定は、附則第三条〔経過措置〕の規定により職員が退職した場合又は前条において準用する新法第二十八条の三〔定年による退職の特例〕の規定により職員が勤務した後退職した場合について準用する。この場合において、新法第二十八条の四第一項中「第二十八条の二第一項」とあるのは「地方公務員法の一部を改正する法律（昭和五十六年法律第九十二号。以下「昭和五十六年法律第九十二号」という。）附則第三条」と、「前条」とあるのは「昭和五十六年法律第九十二号附則第四条において準用する前条」と、同条第三項中「その者に係る第二十八条の二第一項の規定に基づく条例で定める日」とあるのは「その者が第二十八条の二第二項及び第三項の規定に基づく定年として条例で定められた年齢に達した日」と読み替えるものとする。

附　則〔平成一〇年九月三〇日法律第一一二号〕〔抄〕

（施行期日）

第一条 この法律は、平成十一年四月一日から施行する。ただし、〔中略〕附則第十五条の規定（地方公務員法（昭和二十五年法律第二百六十一号）第五十八条第三項の改正規定中「及び第百二条」を「、第百二条及び第百五条の二」に改める部分に限る。）は平成十年十月一日から、〔中略〕附則第十五条の規定（同法第五十八条第三項の改正規定中「第三十九条第五項」を「第三十八条の四、第三十九条第五項」に改める部分に限る。）は平成十二年四月一日から施行する。

附　則〔平成一一年七月一六日法律第八七号〕〔抄〕

（施行期日）

第一条 この法律は、平成十二年四月一日から施行する。〔後略〕

（地方公務員法の一部改正に伴う経過措置）

第百七十九条 地方公務員法第五十三条第四項の規定の適用については、地方社会保険事務局又は社会保険事務所の職員は、施行日から七年間に限り、当該職員が勤務する場所が所在する区域に係る都道府県の同法第五十二条第五項に規定する職員以外の職員とみなす。

第百八十条 地方社会保険事務局又は社会保険事務所の職員は、施行日から七年間に限り、所轄庁の長の承認を受けて、地方公務員法第五十三条に規定する登録を受けた職員団体の役員として専ら従事することができるものとする。

2　前項の承認は、所轄庁の長が相当と認める場合に与えることができるものとし、これを与える場合においては、所轄庁の長は、その承認の有効期間を定めるものとする。

3　第一項の承認を受けた者については、当該承認を国家公務員法第百八条の六第一項ただし書の許可とみなして、同条第四項及び第五項の規定を適用する。

第百八十一条 前条第一項の規定が適用される場合における国家公務員共済組合法第九十九条第五項の規定の適用については、同項中「第百八条の二」とあるのは、「第百八条の二若しくは地方公務員法（昭和二十五年法律第二百六十一号）第五十二条」とする。

附　則〔平成一一年七月二二日法律第一〇七号〕

（施行期日）

第一条 この法律は、平成十三年四月一日から施行する。ただし、次の各号に掲げる規定は、当該各号に定める日から施行する。

一　次条の規定　公布の日

二　第一条中地方公務員法第二十九条の改正規定（同条第一項の次に二項を加える部分（同条第三項に係る部分を除く。）に限る。）及び附則第三条第一項の規定　公布の日から起算して三月を超えない範囲内において政令で定める日〔平成一一年一〇月一日〕

（実施のための準備）

第二条　第一条の規定による改正後の地方公務員法（以下「新法」という。）第二十八条の四から第二十八条の六までの規定の円滑な実施を確保するため、任命権者（地方公務員法第六条第一項に規定する任命権者をいう。以下同じ。）は、長期的な人事管理の計画的推進その他必要な準備を行うものとし、地方公共団体の長は、任命権者の行う準備に関し必要な連絡、調整その他の措置を講ずるものとする。

（懲戒処分に関する経過措置）

第三条　新法第二十九条第二項の規定は、同項に規定する退職が附則第一条第二号の政令で定める日以後である職員について適用する。この場合において、同日前に同項に規定する先の退職がある職員については、当該先の退職の前の職員としての在職期間は、同項に規定する要請に応じた退職前の在職期間には含まれないものとする。

2　新法第二十九条第三項の規定は、同項の定年退職者等となった日がこの法律の施行の日（以下「施行日」という。）以後である職員について適用する。この場合において、附則第一条第二号の政令で定める日前に新法第二十九条第二項に規定する退職又は先の退職がある職員については、これらの退職の前の職員として在職期間は、同条第三項の定年退職者等となった日までの引き続く職員としての在職期間には含まれないものとする。

（改正前の地方公務員法の規定により再任用された職員に関する経過措置）

第四条　施行日前に第一条の規定による改正前の地方公務員法第二十八条の四第一項の規定により採用され、同項の任期又は同条第二項の規定により更新された任期の末日が施行日以後である職員に係る任用（任期の更新を除く。）については、なお従前の例による。

（特定警察職員等への適用期日）

第五条　地方公務員等共済組合法（昭和三十七年法律第百五十二号）附則第十八条の二第一項第一号に規定する特定警察職員等（次条において「特定警察職員等」という。）である者については、施行日から平成十九年四月一日までの間において条例で定める日から、新法第二十八条の四から第二十八条の六までの規定を適用する。

（任期の末日に関する特例）

第六条　平成二十五年三月三十一日（特定警察職員等である職員にあっては、平成三十一年三月三十一日）までの間における新法第二十八条の四第三項（新法第二十八条の五第二項及び第二十八条の六第三項において準用する場合を含む。）の条例で定める年齢に関しては、国の職員につき定められている任期の末日に関する特例を基準として、条例で特例を定めるものとする。

附　則〔平成一一年一二月八日法律第一五一号〕〔抄〕

（施行期日）

第一条　この法律は、平成十二年四月一日から施行する。〔後略〕

（経過措置）

第三条　民法の一部を改正する法律（平成十一年法律第百四十九号）附則第三条第三項の規定により従前の例によることとされる

準禁治産者及びその保佐人に関するこの法律による改正規定の適用については、次に掲げる改正規定を除き、なお従前の例による。
十五　第五十六条中地方公務員法第九条第三項及び第八項の改正規定
〔以下略〕

◎公益法人等への一般職の地方公務員の派遣等に関する法律　抄

〔平成一二年四月二六日
法律第五〇号〕

最近改正　平成一三年一一月二八日　法律第一二六号

（目的）
第一条　この法律は、地方公共団体が人的援助を行うことが必要と認められる公益法人等の業務に専ら従事させるために職員（地方公務員法（昭和二十五年法律第二百六十一号）〔別掲〕第四条〔この法律の適用を受ける地方公務員〕第一項に規定する職員をいう。第七条を除き、以下同じ。）を派遣する制度等を整備することにより、公益法人等の業務の円滑な実施の確保等を通じて、地域の振興、住民の生活の向上等に関する地方公共団体の諸施策の推進を図り、もって公共の福祉の増進に資することを目的とする。

（職員の派遣）
第二条　任命権者（地方公務員法第六条〔任命権者〕第一項に規定する任命権者及びその委任を受けた者をいう。以下同じ。）は、次に掲げる団体（以下この項及び第三項において「公益法人等」という。）のうち、その業務の全部又は一部が当該地方公共団体の事務又は事業と密接な関連を有するものであり、かつ、当該地方公共団体がその施策の推進を図るため人的援助を行うことが必要であるものとして条例で定めるものとの間の取決めに基づき、当該公益法人等の業務にその役職員として専ら従事させるため、条例で定めるところにより、職員（条例で定める職員を除く。）を派遣することができる。

一　民法（明治二十九年法律第八十九号）第三十四条の規定により設立された法人

二　特別の法律により設立された法人（営利を目的とするものを除く。）で政令で定めるもの

三　地方自治法（昭和二十二年法律第六十七号）第二百六十三条の三第一項に規定する連合組織で同項の規定による届出をしたもの

2　任命権者は、前項の規定による職員の派遣（以下「職員派遣」という。）の実施に当たっては、あらかじめ、当該職員に同項の取決めの内容を明示し、その同意を得なければならない。

3　第一項の取決めにおいては、当該職員派遣に係る職員の職員派遣を受ける公益法人等（以下「派遣先団体」という。）における報酬その他の勤務条件及び当該派遣先団体において従事すべき業務、当該職員の職員派遣の期間、当該職員の職務への復帰に関する事項その他職員派遣に当たって合意しておくべきものとして条例で定める事項を定めるものとする。

4　前項の規定により第一項の取決めで定める職員派遣に係る職員の派遣先団体において従事すべき業務は、当該派遣先団体の主たる業務が地方公共団体の事務又は事業と密接な関連を有すると認められる業務である場合を除き、地方公共団体の事務又は事業と密接な関連を有すると認められる業務を主たる内容とするものでなければならない。

（職員派遣の期間）

第三条　職員派遣の期間は、三年を超えることができない。

2　前項の期間は、任命権者が特に必要があると認めるときは、派遣先団体との合意により、職員派遣をされた職員（以下「派遣職員」という。）の同意を得て、職員派遣をした日から引き続き五年を超えない範囲内において、これを延長することができる。

（派遣先団体の業務への従事等）

第四条　派遣職員は、その職員派遣の期間中、第二条（職員の派遣）第一項の取決めに定められた内容に従って、派遣先団体の業務に従事するものとする。

2　派遣職員は、その職員派遣の期間中、職員派遣された時就いていた職又は職員派遣の期間中に異動した職を保有するが、職務に従事しない。

（派遣職員の職務への復帰）

第五条　任命権者は、派遣職員が派遣先団体の役職員の地位を失った場合その他の条例で定める場合であって、その職員派遣を継続することができないか又は適当でないと認めるときは、速やかに当該職員派遣に係る派遣職員を職務に復帰させなければならない。

2　派遣職員は、その職員派遣の期間が満了したときは、職務に復帰する。

（派遣職員の給与）

第六条　派遣職員には、その職員派遣の期間中、給与を支給しない。

2　派遣職員が派遣先団体において従事する業務が地方公共団体の委託を受けて行う業務、地方公共団体と共同して行う業務若しくは地方公共団体の事務若しくは事業を補完し若しくは支援すると認められる業務であってその実施により地方公共団体の事務若しくは事業の効率的若しくは効果的な実施が図られると認められるものである場合又はこれらの業務が派遣先団体の主たる業務であ

る場合には、地方公共団体は、前項の規定にかかわらず、派遣職員に対して、その職員派遣の期間中、条例で定めるところにより、給与を支給することができる。

（派遣職員の復帰時等における処遇）

第九条 地方公共団体は、派遣職員が職務に復帰した場合における任用、給与等に関する処遇及び職員派遣後職務に復帰した職員が退職した場合（派遣職員がその職員派遣の期間中に退職した場合を含む。）の退職手当の取扱いについては、部内の職員との均衡を失することのないよう、条例で定めるところにより必要な措置を講じ、又は適切な配慮をしなければならない。

（特定法人の業務に従事するために退職した者の採用）

第十条 任命権者と特定法人（当該地方公共団体が出資している株式会社又は有限会社のうち、その業務の全部又は一部が地域の振興、住民の生活の向上その他公益の増進に寄与するとともに当該地方公共団体の事務又は事業と密接な関連を有するものであり、かつ、当該地方公共団体がその施策の推進を図るため人的援助を行うことが必要であるものとして条例で定めるものをいう。以下同じ。）との間で締結された取決めに定められた内容に従って当該特定法人の業務に従事するよう求める任命権者の要請に応じて職員（条例で定める職員を除く。）が退職し、引き続き当該特定法人の役職員として在職した後、当該取決めで定める当該特定法人において業務に従事すべき期間が満了した場合又はその者が当該特定法人の役職員の地位を失った場合その他の条例で定める場合には、地方公務員法第十六条（欠格条項）各号（第三号を除く。）の一に該当する場合（同条の条例で定める場合を除く。）その他条例で定める場合を除き、その者が退職した時就いていた職又はこれに相当する職に係る任命権者は、当該特定法人の役職員としての在職に引き続き、その者を職員として採用するものとする。

2 前項の取決めにおいては、同項の要請に応じて退職し引き続き当該特定法人に在職する者（以下「退職派遣者」という。）の当該特定法人における報酬その他の勤務条件並びに当該特定法人において従事すべき業務及び業務に従事すべき期間、同項の規定による当該退職派遣者の採用に関する事項その他当該退職派遣者が当該特定法人の業務に従事するに当たって合意しておくべきものとして条例で定める事項を定めるものとする。

3 前項の規定により第一項の取決めで定める退職派遣者の特定法人において従事すべき業務は、当該特定法人の主たる業務が地域の振興、住民の生活の向上その他公益の増進に寄与し、かつ、地方公共団体の事務又は事業と密接な関連を有すると認められる業務（以下この項において「公益寄与業務」という。）である場合を除き、公益寄与業務を主たる内容とするものでなければならない。

4 第二項の規定により第一項の取決めで定める退職派遣者の特定法人において業務に従事すべき期間は、同項の要請に応じて退職をする日の翌日から起算して三年を超えない範囲内で定めるものとする。

5 第一項の規定による採用については、地方公務員法第二十二条（条件附採用及び臨時的任用）第一項の規定は、適用しない。

（退職派遣者の採用時における処遇等）

第十一条 地方公共団体は、退職派遣者が第十条（特定法人の業務に従事するために退職した者の採用）第一項の規定により職員として採用された場合における任用、給与等に関する処遇及び同項の規定により採用された職員が退職した場合の退職手当の取扱いについては、部内の職員との均衡を失することのないよう、条例で定めるところにより必要な措置を講じ、又は適切な配慮をしなければならない。

2　第十条第一項の規定により採用された職員（同項の規定によりかつて採用されたことのある職員を含む。）に対する地方公務員法第二十九条〔懲戒〕の規定の適用については、同条第二項中「又は」とあるのは「若しくは」と、「使用される者」とあるのは「使用される者又は公益法人等への一般職の地方公務員の派遣等に関する法律（平成十二年法律第五十号）第十条第二項に規定する退職派遣者」と、「在職した後、引き続いて当該退職を前提として」とあるのは「在職した後、引き続いて当該退職を前提として又は同条第一項の規定に基づいて」とする。

附　則〔抄〕

（施行期日）

第一条　この法律は、平成十四年四月一日から施行する。ただし、第十条から第十二条まで及び次条〔略〕の規定は、同年三月三十一日から施行する。

○公益法人等への一般職の地方公務員の派遣等に関する法律第二条第一項第二号の法人を定める政令　抄

〔平成一二年一二月二〇日政令第五二三号〕

公益法人等への一般職の地方公務員の派遣等に関する法律第二条第一項第二号の政令で定める法人は、次に掲げる法人とする。

九　学校法人（私立学校法（昭和二十四年法律第二百七十号）第六十四条第四項の規定により設立された法人を含む。）

六十九　特定非営利活動法人

附　則

この政令は、公益法人等への一般職の地方公務員の派遣等に関する法律の施行の日（平成十四年四月一日）から施行する。

◎教育公務員特例法

〔昭和二四年一月一二日 法律第一号〕

最近改正 平成一二年四月二八日 法律第五二号

目次

第一章 総則

（この法律の趣旨）

第一条 この法律は、教育を通じて国民全体に奉仕する教育公務員の職務とその責任の特殊性に基き、教育公務員の任免、分限、懲戒、服務及び研修について規定する。

（定義）

第二条 この法律で「教育公務員」とは、学校教育法（昭和二十二年法律第二十六号）〔別掲〕第一条に定める学校で、同法第二条に定める国立学校及び公立学校の学長、校長（園長を含む。以下同じ。）、教員及び部局長並びに教育委員会の教育長及び専門的教育職員をいう。

2 この法律で「教員」とは、前項の学校の教授、助教授、教頭、教諭、助教諭、養護教諭、養護助教諭及び講師（常時勤務の者及び国家公務員法（昭和二十二年法律第百二十号）〔別掲〕第八十一条の五第一項に規定する短時間勤務の官職又は地方公務員法（昭和二十五年法律第二百六十一号）〔別掲〕第二十八条の五第一項に規定する短時間勤務の職を占める者に限る。第二十条の二〔初任者研修〕第三項を除き、以下同じ。）をいう。

3 この法律で「部局長」とは、大学の副学長、学部長その他政令で指定する部局の長をいう。

4 この法律で「評議会」とは、国立大学にあつては国立学校設置法（昭和二十四年法律第百五十号）〔別掲〕第七条の三〔評議会〕に規定する評議会をいい、公立大学にあつてはその大学を設置する地方公共団体の定めるところにより学長、学部長その他の者で構成する会議をいう。

5 この法律で「専門的教育職員」とは、指導主事及び社会教育主事をいう。

（身分）

第三条 国立学校の学長、校長、教員及び部局長は国家公務員、公立学校の学長、校長、教員及び部局長並びに教育長及び専門的教育職員は地方公務員としての身分を有する。

第二章 任免、分限、懲戒及び服務

第一節 大学の学長、教員及び部局長

（採用及び昇任の方法）

第四条 学長及び部局長の採用並びに教員の採用及び昇任は、選考によるものとする。

2　学長の採用のための選考は、人格が高潔で、学識が優れ、かつ、教育行政に関し識見を有する者について、評議会（評議会を置かない大学にあつては、教授会。以下同じ。）の議に基づき学長の定める基準により、評議会が行う。

3　学部長の採用のための選考は、当該学部の教授会の議に基づき、学長が行う。

4　学部長以外の部局長の採用のための選考は、評議会の議に基づき学長の定める基準により、学長が行う。

5　教員の採用及び昇任のための選考は、評議会の議に基づき学長の定める基準により、教授会（国立学校設置法第二章の二の規定によりその組織が定められた大学にあつては、人事委員会。第十二条第一項において同じ。）の議に基づき学長が行う。

6　前項の選考について教授会が審議する場合において、その教授会が置かれる組織の長は、当該大学の教員人事の方針を踏まえ、その選考に関し、教授会に対して意見を述べることができる。

（転任）

第五条　学長、教員及び部局長は、学長及び教員にあつては評議会、部局長にあつては学長の審査の結果によるのでなければ、その意に反して転任されることはない。

2　評議会及び学長は、前項の審査を行うに当たつては、その者に対し、審査の事由を記載した説明書を交付しなければならない。

3　評議会及び学長は、審査を受ける者が前項の説明書を受領した後十四日以内に請求した場合には、その者に対し、口頭又は書面で陳述する機会を与えなければならない。

4　評議会及び学長は、第一項の審査を行う場合において必要があると認めるときは、参考人の出頭を求め、又はその意見を徴することができる。

5　前三項に規定するもののほか、第一項の審査に関し必要な事項は、学長及び教員にあつては評議会、部局長にあつては学長が定める。

（降任及び免職）

第六条　学長、教員及び部局長は、学長及び教員にあつては評議会、部局長にあつては学長の審査の結果によるのでなければ、その意に反して免職されることはない。教員の降任についても、また同様とする。

2　第五条〔転任〕第二項から第五項までの規定は、前項の審査の場合に準用する。

（休職の期間）

第七条　学長、教員及び部局長の休職の期間は、心身の故障のため長期の休養を要する場合の休職においては、個々の場合について、評議会の議に基づき学長が定める。

（任期）

第八条　学長及び部局長の任期については、評議会の議に基づき学長が定める。

（定年）

第八条の二　国立大学の教員に対する国家公務員法第八十一条の二〔定年による退職〕の規定の適用については、同条第一項中「定年に達した日以後における最初の三月三十一日又は第五十五条第一項に規定する任命権者若しくは法律で別に定められた任命権者があらかじめ指定する日のいずれか早い日」とあるのは「定年に達した日から起算して一年を超えない範囲内で評議会の議に基づき学長があらかじめ指定する日」と、同条第二項中「年齢六十年とする。ただし、次の各号に掲げる職員の定年は、当該各号に定める年齢とする。」とあるのは「評議会の議に基づき学長が定める。」

と、同条第三項中「臨時的職員その他の法律により任期を定めて任用される職員」とあるのは「臨時的職員」とする。

2　国立大学の教員については、国家公務員法第八十一条の三（定年による退職の特例）の規定は、適用しない。

3　国立大学の教員への採用についての国家公務員法第八十一条の四（定年退職者等の再任用）及び第八十一条の五の規定の適用については、同法第八十一条の四第一項及び第八十一条の五第一項中「任期を定め」とあるのは「教授会の議に基づき学長が定める任期をもって」と、同法第八十一条の四第二項（同法第八十一条の五第二項において準用する場合を含む。）中「範囲内で」とあるのは「範囲内で教授会の議に基づき学長が定める期間をもって」とする。

第八条の三　公立大学の教員に対する地方公務員法第二十八条の二（定年による退職）第一項、第二項及び第四項の規定の適用については、同条第一項中「定年に達した日以後における最初の三月三十一日までの間において、条例で定める日」とあるのは「定年に達した日から起算して一年を超えない範囲内で評議会の議に基づき学長があらかじめ指定する日」と、同条第二項中「国の職員につき定められている定年を基準として条例で」とあるのは「評議会の議に基づき学長が」と、同条第四項中「臨時的に任用される職員その他の法律により任期を定めて任用される職員」とあるのは「臨時的に任用される職員」とする。

2　公立大学の教員については、地方公務員法第二十八条の二第三項及び第二十八条の三（定年による退職の特例）の規定は、適用しない。

3　公立大学の教員への採用についての地方公務員法第二十八条の四（定年退職者等の再任用）から第二十八条の六までの規定の適用については、同法第二十八条の四第一項、第二十八条の五第一項並びに第二十八条の六第一項及び第二項中「任期を定め」とあるのは「教授会の議に基づき学長が定める任期をもって」と、同法第二十八条の四第二項（同法第二十八条の五第二項及び第二十八条の六第三項において準用する場合を含む。）中「範囲内で」とあるのは「範囲内で教授会の議に基づき学長が定める期間をもって」とする。

（懲戒）

第九条　学長、教員及び部局長は、学長及び教員にあっては評議会、部局長にあっては学長の審査の結果によるのでなければ、懲戒処分を受けることはない。

2　第五条（転任）第二項から第五項までの規定は、前項の審査の場合に準用する。

（任命権者）

第十条　大学の学長、教員及び部局長の任用、免職、休職、復職、退職及び懲戒処分は、学長の申出に基づいて、任命権者が行う。

（服務）

第十一条　国立大学の学長、教員及び部局長の服務について、国家公務員法第九十六条（服務の根本基準）第一項の根本基準の実施に関し必要な事項は、同法第九十七条から第百五条まで又は国家公務員倫理法（平成十一年法律第百二十九号）に定めるものを除いては、評議会の議に基づき学長が定める。

2　公立大学の学長、教員及び部局長の服務について、地方公務員法第三十条（服務の根本基準）の根本基準の実施に関し必要な事項は、第二十一条の四（公立学校の教育公務員の政治的行為の制限）第一項並びに同法第三十一条から第三十五条まで、第三十七条（争議行為等の禁止）及び第三十八条（営利企業等の従事制限）

に定めるものを除いては、評議会の議に基づき学長が定める。

（勤務成績の評定）

第十二条　学長、教員及び部局長の勤務成績の評定及び評定の結果に応じた措置は、学長にあつては評議会、教員及び学部長にあつては教授会の議に基づき学長、学部長以外の部局長にあつては学長が行う。

2　前項の勤務成績の評定は、評議会の議に基づき学長が定める基準により、行わなければならない。

第二節　大学以外の学校の校長及び教員

（採用及び昇任の方法）

第十三条　校長の採用並びに教員の採用及び昇任は、選考によるものとし、その選考は、大学附置の学校にあつてはその大学の学長、大学附置の学校以外の国立学校にあつては文部科学大臣、大学附置の学校以外の公立学校にあつてはその校長及び教員の任命権者である教育委員会の教育長が行う。

2　文部科学大臣は、前項の選考の権限を校長に委任することができる。

（条件附任用）

第十三条の二　国立の小学校、中学校、高等学校、中等教育学校、盲学校、聾《ろう》学校、養護学校及び幼稚園（以下「小学校等」という。）の教諭、助教諭及び講師（以下「教諭等」という。）に係る国家公務員法第五十九条〔条件附任用期間〕第一項に規定する採用については、同項中「六月を下らない期間」とあるのは「一年」として同項の規定を適用する。

2　公立の小学校等の教諭等に係る地方公務員法第二十二条〔条件附採用及び臨時的任用〕第一項に規定する採用については、同項中「六月」とあるのは「一年」として同項の規定を適用する。

3　地方教育行政の組織及び運営に関する法律（昭和三十一年法律第百六十二号）〔別掲〕第四十条〔県費負担教職員の任用等〕に定める場合のほか、公立の小学校等の校長又は教員で地方公務員法第二十二条第一項（前項の規定において読み替えて適用する場合を含む。）の規定により正式任用になつている者が、引き続き同一都道府県内の公立の小学校等の校長又は教員に任用された場合には、その任用については、同条同項の規定は適用しない。

（休職の期間及び効果）

第十四条　校長及び教員の休職の期間は、結核性疾患のため長期の休養を要する場合の休職においては、満二年とする。但し、任命権者は、特に必要があると認めるときは、予算の範囲内において、その休職の期間を満三年まで延長することができる。

2　前項の規定による休職者には、その休職の期間中、給与の全額を支給する。

第十五条　削除

第三節　教育長及び専門的教育職員

（採用及び昇任の方法）

第十六条　専門的教育職員の採用及び昇任は、選考によるものとし、その選考は、当該教育委員会の教育長が行う。

（教育長の給与等）

第十七条　教育長については、地方公務員法第二十二条から第二十五条まで（条件附任用及び臨時的任用並びに職階制及び給与、勤務時間その他の勤務条件）の規定は、適用しない。

2　教育長の給与、勤務時間その他の勤務条件については、他の一般職に属する地方公務員とは別個に、当該地方公共団体の条例で定める。

第十八条　削除

第三章　研修

（研修）

第十九条　教育公務員は、その職責を遂行するために、絶えず研究と修養に努めなければならない。

2　教育公務員の任命権者は、教育公務員の研修について、それに要する施設、研修を奨励するための方途その他研修に関する計画を樹立し、その実施に努めなければならない。

（研修の機会）

第二十条　教育公務員には、研修を受ける機会が与えられなければならない。

2　教員は、授業に支障のない限り、本属長の承認を受けて、勤務場所を離れて研修を行うことができる。

3　教育公務員は、任命権者の定めるところにより、現職のままで、長期にわたる研修を受けることができる。

（初任者研修）

第二十条の二　小学校等の教諭等の任命権者は、小学校等の教諭等（政令で指定する者を除く。）に対して、その採用の日から一年間の教諭の職務の遂行に必要な事項に関する実践的な研修（以下「初任者研修」という。）を実施しなければならない。

2　任命権者が定める初任者研修に関する計画は、教員の経験に応じて実施する体系的な研修の一環をなすものとして樹立されなければならない。

3　任命権者（地方教育行政の組織及び運営に関する法律第三十七条〔任命権者〕第一項に規定する県費負担教職員については、市町村（特別区を含む。）の教育委員会。第二十一条第一項において同じ。）は、初任者研修を受ける者（次項において「初任者」という。）の所属する学校の教頭、教諭又は講師のうちから、指導教員を命じるものとする。

4　指導教員は、初任者に対して教諭の職務の遂行に必要な事項について指導及び助言を行うものとする。

第四章　大学院修学休業

（大学院修学休業の許可及びその要件等）

第二十条の三　小学校等の教諭、養護教諭又は講師で次の各号のいずれにも該当するものは、任命権者の許可を受けて、三年を超えない範囲内で年を単位として定める期間、大学（短期大学を除く。）の大学院の課程若しくは専攻科の課程又はこれらの課程に相当する外国の大学の課程（次項及び第二十条の五第二項において「大学院の課程等」という。）に在学してその課程を履修するための休業（以下「大学院修学休業」という。）をすることができる。

一　教諭又は講師にあつては教育職員免許法（昭和二十四年法律第百四十七号）〔別掲〕に規定する教諭の専修免許状、養護教諭にあつては同法に規定する養護教諭の専修免許状の取得を目的としていること。

二　取得しようとする専修免許状に係る基礎となる免許状（教育職員免許法に規定する教諭の一種免許状若しくは特別免許状又は養護教諭の一種免許状であつて、同法別表第三、別表第五、別表第六又は別表第七の規定により専修免許状の授与を受けようとする場合には有することを必要とされるものをいう。次号において同じ。）を有していること。

三　取得しようとする専修免許状に係る基礎となる免許状について、教育職員免許法別表第三、別表第五、別表第六又は別表第七に定める最低在職年数を満たしていること。

四　条件付採用期間中の者、臨時的に任用された者、初任者研修を受けている者その他政令で定める者でないこと。

2　大学院修学休業の許可を受けようとする教諭、養護教諭又は講師は、取得しようとする専修免許状の種類、在学しようとする大学院の課程等及び大学院修学休業をしようとする期間を明らかにして、任命権者に対し、その許可を申請するものとする。

（大学院修学休業の効果）

第二十条の四　大学院修学休業をしている教諭、養護教諭又は講師は、国家公務員又は地方公務員としての身分を保有するが、職務に従事しない。

2　大学院修学休業をしている期間については、給与を支給しない。

（大学院修学休業の許可の失効等）

第二十条の五　大学院修学休業の許可は、当該大学院修学休業をしている教諭、養護教諭又は講師が休職又は停職の処分を受けた場合には、その効力を失う。

2　任命権者は、大学院修学休業をしている教諭、養護教諭又は講師が当該大学院修学休業の許可に係る大学院の課程等を退学したことその他政令で定める事由に該当すると認めるときは、当該大学院修学休業の許可を取り消すものとする。

（退職手当に関する大学院修学休業の期間の取扱い）

第二十条の六　国家公務員退職手当法（昭和二十八年法律第百八十二号）第七条〔勤続期間の計算〕第四項の規定の適用については、大学院修学休業をした期間は、同項に規定する現実に職務を執ることを要しない期間に該当するものとする。

第五章　雑則

（兼職及び他の事業等の従事）

第二十一条　教育公務員は、教育に関する他の職を兼ね、又は教育に関する他の事業若しくは事務に従事することが本務の遂行に支障がないと任命権者において認める場合には、給与を受け、又は受けないで、その職を兼ね、又はその事業若しくは事務に従事することができる。

2　前項の場合においては、国家公務員たる教育公務員にあつては国家公務員法第百一条〔職務に専念する義務〕第一項の規定に基く命令又は同法第百四条〔他の事業又は事務の関与制限〕の規定による承認又は許可を要せず、地方公務員たる教育公務員にあつては地方公務員法第三十八条〔営利企業等の従事制限〕第二項の規定により人事委員会が定める許可の基準によることを要しない。

（国立大学及び国立高等専門学校の教員に関する国家公務員退職手当法の特例）

第二十一条の二　国立大学の教員及び国立高等専門学校の教員（政令で定める者に限る。次項において同じ。）が、国及び特定独立行政法人（独立行政法人通則法（平成十一年法律第百三号）〔別掲〕第二条〔定義〕第二項に規定する特定独立行政法人をいう。以下同じ。）以外の者が国若しくは指定特定独立行政法人（特定独立行政法人のうち、その業務の内容その他の事情を勘案して国の行う研究と同等の公益性を有する研究を行うものとして文部科学大臣が指定するものをいう。以下この項において同じ。）と共同して行う研究又は国若しくは指定特定独立行政法人の委託を受けて行う研究（以下この項において「共同研究等」という。）に従事するため国家公務員法第七十九条〔本人の意に反する休職の場合〕の規定により休職にされた場合において、当該共同研究等への従事が当該共同研究等の効率的実施に特に資するものとして政令で定める要件に該当するときは、当該休職に係る期間については、国家公務員退職手当法第七条〔勤続期間の計算〕第四項の規定は、適用しない。

2　前項の規定は、国立大学の教員及び国立高等専門学校の教員が国及び特定独立行政法人以外の者から国家公務員退職手当法の規定による退職手当に相当する給付として政令で定めるものの支払を受けた場合には、適用しない。

3 前項に定めるもののほか、第一項の規定の適用に関し必要な事項は、政令で定める。

（公立学校の教育公務員の職階制）

第二十一条の三 職階制は、国立学校の教育公務員の例に準じて、すべての公立学校の教育公務員について実施するものとする。

（公立学校の教育公務員の政治的行為の制限）

第二十一条の四 公立学校の教育公務員の政治的行為の制限については、当分の間、地方公務員法第三十六条〔政治的行為の制限〕の規定にかかわらず、国立学校の教育公務員の例による。

2 前項の規定は、政治的行為の制限に違反した者の処罰につき国家公務員法第百十条〔罰則〕第一項の例による趣旨を含むものと解してはならない。

（公立学校の職員の職員団体）

第二十一条の五 地方公務員法第五十三条〔職員団体の登録〕及び第五十四条〔法人たる職員団体〕並びに地方公務員法の一部を改正する法律（昭和四十年法律第七十一号）附則第二条〔経過規定＝略〕の規定の適用については、一の都道府県内の公立学校の職員のみをもつて組織する地方公務員法第五十二条〔職員団体〕第一項に規定する職員団体（当該都道府県内の一の地方公共団体の公立学校の職員のみをもつて組織するものを除く。）は、当該都道府県の職員をもつて組織する同項に規定する職員団体とみなす。

2 前項の場合において、同項の職員団体は、当該都道府県内の公立学校の職員であつた者でその意に反して免職され、若しくは懲戒処分としての免職の処分を受け、当該処分を受けた日の翌日から起算して一年以内のもの又はその期間内に当該処分について法律の定めるところにより審査請求をし、若しくは訴えを提起し、これに対する裁決又は裁判が確定するに至らないものを構成員にとどめていること、及び当該職員団体の役員である者を構成員としていることを妨げない。

3 公立学校の職員に係る地方公務員法第五十二条第三項ただし書に規定する管理職員等の範囲は、同条第四項の規定にかかわらず、国立学校の職員の例に準じ、人事委員会規則又は公平委員会規則で定める。

（教育公務員以外の者に対するこの法律の準用）

第二十二条 国立又は公立の学校において教員の職務に準ずる職務を行う者、文部科学省に置かれる研究施設で政令で定めるもの並びに国立学校設置法第三章の三〔大学共同利用機関〕、第三章の五〔大学評価・学位授与機構〕及び第三章の六〔国立学校財務センター〕に規定する機関の長（同法第三章の三に規定する機関に置かれる研究所で政令で定めるものの長を含む。）並びにその職員のうち専ら研究又は教育に従事する者並びに国立又は公立の専修学校又は各種学校の校長及び教員については、政令の定めるところにより、この法律の規定を準用する。

第二十二条の二 文部科学大臣が所管する特定独立行政法人で政令で定めるものの職員のうち専ら研究又は教育に従事する者（次項において「独立行政法人研究教育職員」という。）については、第四条第一項及び第五項、第七条、第八条の二第一項及び第二項、第十九条、第二十条並びに第二十一条の規定中国立大学の教員に関する部分の規定を準用する。この場合において、第四条第五項中「評議会の議に基づき学長」とあり、「教授会（国立学校設置法第二章の二の規定によりその組織が定められた大学にあつては、人事委員会。第十二条第一項において同じ。）の議に基づき学長」とあり、並びに第七条及び第八条の二第一項中「評議会の議に基づき学長」とあるのは、「当該職員の勤務する特定独立行政法人の長」と読み替えるものとする。

2　独立行政法人研究教育職員（補助的な業務に従事する者として当該独立行政法人研究教育職員の勤務する特定独立行政法人の長が定めるものを除く。）については、前項に規定するもののほか、第二十一条の二の規定中国立大学の教員に関する部分の規定を準用する。

附　則

（施行期日）

第二十三条　この法律は、公布の日から施行する。

2　この法律中の規定が、国家公務員法又は地方公務員法の規定に矛盾し、又はてい触すると認められるに至つた場合は、国家公務員法又は地方公務員法の規定が優先する。

（旧制の学校の教員等に対するこの法律の準用）

第二十四条　この法律に定める国立又は公立の大学の学長、教員及び部局長に関する規定は、それぞれ学校教育法第九十八条第一項に規定する国立又は公立の大学の学長（数個の学部を置く大学にあつては総長。以下同じ。）、教員及び政令で指定する者に準用する。

2　この法律に定める国立又は公立の大学の学長、教員及び部局長に関する規定は、政令で別段の定をした場合のほか、それぞれ学校教育法第九十八条第一項に規定する国立又は公立の大学予科、高等学校、専門学校及び教員養成諸学校の校長、教員及び政令で指定する者に準用する。

3　この法律に定める大学以外の国立又は公立の学校の校長及び教員に関する規定は、それぞれ学校教育法第九十八条第一項に規定する国立又は公立の中等学校、盲学校及び聾唖学校の校長及び教員に準用する。

第二十五条　削除

（分限、懲戒及び服務）

第二十五条の二　教育委員会が置かれていない地方公共団体の設置する学校（大学を除く。以下この条及び第二十五条の三において同じ。）の職員の分限、懲戒及び服務については、地方公務員法第二十七条から第二十九条まで（分限及び懲戒）、第三十一条（服務の宣誓）、第三十二条（法令等及び上司の職務上の命令に従う義務）、第三十五条（職務に専念する義務）、第三十六条（政治的行為の制限）又は第三十八条（営利企業等の従事制限）に規定する条例、地方公共団体の規則又は地方公共団体の機関の定める規程（同法第三十八条に規定する人事委員会規則を含む。）で定めるものとされている事項は、都道府県の設置する学校の職員の例によるものとする。

（不利益処分に関する審査機関）

第二十五条の三　教育委員会が置かれていない地方公共団体の設置する学校の職員に対する不利益処分に関する審査については、地方公務員法第四十九条（不利益処分に関する説明書の交付）第四項及び第五十条（審査及び審査の結果執るべき措置）に規定する人事委員会又は公平委員会の職務は、都道府県の人事委員会が行い、同法第五十一条（不服申立ての手続等）の規定により人事委員会規則又は公平委員会規則で定めるものとされている事項は、当該都道府県の人事委員会の規則で定めるものとする。

第二十五条の四　削除

〔給与の基準〕

第二十五条の五　公立学校の教育公務員の給与の種類及びその額は、当分の間、国立学校の教育公務員の給与の種類及びその額を基準として定めるものとする。

2　公立の養護学校の教職員の給与の種類及びその額は、当分の間、当該養護学校の存する都道府県内の公立の盲学校又は聾《ろう》学校の教職員の給与の種類及びその額を基準として定めるものとする。

（従前の規定による休職者等の取扱）

第二十六条　大学の学長、教員及び部局長で、従前の規定により休職を命ぜられた者又は懲戒手続中の者若しくは懲戒処分を受けた者の休職又は懲戒に関しては、第七条〔休職の期間〕及び第九条〔懲戒〕の規定にかかわらず、なお従前の例による。

第二十七条　この法律施行の際、現に結核性疾患のため休職中の者は、第十四条〔休職の期間及び効果〕第一項の規定の適用については、従前の休職期間を通算する。

第二十八条及び第二十九条　削除

（この法律施行の際における学長等の職にある者の取扱）

第三十条　この法律施行の際、現に国立学校の学長、校長、教員又は部局長の職にある者は、この法律により、それぞれ学長、校長、教員又は部局長の職についた者とみなす。

第三十一条　この法律施行の際、現に公立学校の学長、校長、教員及び部局長で文部教官、文部事務官、地方教官又は地方事務官たるもの並びに教育長及び専門的教育職員は、この法律若しくはこれに基く政令又は他の法律で別に定めるものを除くほか、それぞれ現にある級及び現に受ける号俸に相当する給料をもつて、この法律により当該地方公共団体の公務員に任用され、引き続き現にある職に相当する職についたものとする。

（恩給法の準用）

第三十二条　この法律施行の際、現に恩給法（大正十二年法律第四十八号）第十九条に規定する公務員又は準公務員たる者が引き続き公立の学校の職員となつた場合（その公務員又は準公務員が引き続き同法第十九条に規定する公務員若しくは準公務員又はこれらの者とみなされる者として在職し、更に引き続き公立の学校の職員となつた場合を含む。）には、同法第二十二条に規定する教育職員又は準教育職員として勤続するものとみなし、当分の間、これに同法の規定を準用する。

2　前項の公立の学校の職員とは、左の各号に掲げる者をいう。

一　公立の大学の学長、教授、助教授、常時勤務に服することを要する講師若しくは助手又は公立の高等専門学校の校長、教授、助教授、常時勤務に服することを要する講師若しくは助手

二　公立の高等学校の校長、教諭、養護教諭、助教諭又は養護助教諭

三　公立の中学校、小学校、盲学校、ろう学校若しくは養護学校の校長、教諭若しくは養護教諭又は公立の幼稚園の園長、教諭若しくは養護教諭

四　第二号に掲げる学校の常時勤務に服することを要する講師

五　第三号に掲げる学校の助教諭、養護助教諭又は常時勤務に服することを要する講師

3　第一項の規定を適用する場合においては、前項第一号から第三号までに掲げる職員は、恩給法第二十二条第一項に規定する教育職員とみなし、前項第四号及び第五号に掲げる職員は、同法第二十二条第二項に規定する準教育職員とみなす。

（旧恩給法における養護助教諭の取扱）

第三十二条の二　恩給法の一部を改正する法律（昭和二十六年法律

第八十七号）による改正前の恩給法第二十二条第二項の助教諭には、養護助教諭が含まれていたものとする。

（教育委員会の置かれていない市町村の社会教育主事に関する規定の読替）

第三十三条　教育委員会の置かれていない市（特別区を含む。以下同じ。）町村の社会教育主事については、第十六条第一項及び第四項並びに第十九条第二項中「当該教育委員会の教育長」又は「当該教育委員会」とあるのは、「当該市町村の長」と読み替えるものとする。

附　則〔昭和六三年五月三一日法律第七〇号〕

（施行期日）

第一条　この法律は、昭和六十四年四月一日から施行する。

（幼稚園等の教諭等に対する研修等の特例）

第二条　幼稚園並びに盲学校、聾《ろう》学校及び養護学校の幼稚部（以下この条において「幼稚園等」という。）の教諭、助教諭及び講師（以下「教諭等」という。）の任命権者については、当分の間、改正後の教育公務員特例法（以下「新法」という。）第二十条の二〔初任者研修〕第一項の規定は適用しない。この場合において、幼稚園等の教諭等の任命権者（地方自治法（昭和二十二年法律第六十七号）第二百五十二条の十九第一項の指定都市（次項において「指定都市」という。）以外の市町村の設置する幼稚園等の教諭等については、当該市町村を包括する都道府県の教育委員会）は、採用した日から起算して一年に満たない幼稚園等の教諭等（政令で指定する者を除く。）に対して、昭和六十四年度から昭和六十七年度までの年度で政令で指定する年度から、幼稚園等の教諭の職務の遂行に必要な事項に関する研修を実施しなければならない。

2　市（指定都市を除く。）町村の教育委員会は、その所管に属する幼稚園等の教諭等に対して都道府県の教育委員会が行う前項後段の研修に協力しなければならない。

3　新法第十三条の二〔条件附任用〕第一項及び第二項の規定は、当分の間、幼稚園等の教諭等については適用しない。

（初任者研修の実施等に関する経過措置）

第三条　小学校、中学校及び高等学校並びに盲学校、聾《ろう》学校及び養護学校の小学部、中学部及び高等部（以下この条において「特定小学校等」という。）の教諭等に対する新法第二十条の二〔初任者研修〕第一項の初任者研修は、昭和六十四年度から昭和六十六年度までの各年度においては、同項の規定にかかわらず、特定小学校等の教諭等に採用される者の数の推移その他の事情を考慮し、政令で指定する学校の教諭等に対しては、これを実施しないことができる。

2　新法第十三条の二〔条件附任用〕第一項及び第二項の規定は、前項の政令で指定する学校以外の特定小学校等の教諭等について適用し、これらの規定が適用される日前に当該特定小学校等の教諭等に採用された者については、なお従前の例による。

附　則〔平成一二年四月二八日法律第五二号〕

（施行期日）

1　この法律は、平成十三年四月一日から施行する。

（大学院修学休業の許可の申請等）

2　第一条の規定による改正後の教育公務員特例法第二十条の三第一項の規定による大学院修学休業の許可に係る同条第二項の規定による申請並びに地方教育行政の組織及び運営に関する法律（昭和三十一年法律第百六十二号）第三十六条又は第三十九条の規定による意見の申出及び同法第三十八条第一項の規定による内申は、この法律の施行の日前においても行うことができる。

○教育公務員特例法施行令

（昭和二四年一月一二日 政令第六号）

最近改正 平成一二年一一月二七日 政令第四八六号

（部局の長）

第一条 教育公務員特例法（法という。以下同じ。）第二条〔定義〕第三項の部局の長とは、次に掲げる者をいう。

一 大学の教養部の長

二 大学に附置される研究所の長

三 大学又は大学の医学部若しくは歯学部に附属する病院の長

四 大学に附属する図書館の長

五 筑波大学の学群の長

六 大学院に置かれる研究科（国立大学の大学院に置かれる教育部及び研究部を含む。）の長で文部科学省令で定めるもの

（初任者研修の対象から除く者）

第一条の二 法第二十条の二〔初任者研修〕第一項の政令で指定する者は、次に掲げる者とする。

一 臨時的に任用された者

二 教諭、助教諭又は講師（常時勤務の者に限る。）として国立、公立又は私立の学校（大学及び高等専門学校を除く。）において引き続き一年を超える期間を勤務したことがある者で、任命権者（地方自治法（昭和二十二年法律第六十七号）第二百五十二条の十九第一項の指定都市（以下「指定都市」という。）の地方教育行政の組織及び運営に関する法律（昭和三十一年法律第百六十二号）第三十七条〔任命権者〕第一項に規定する県費負担教職員（以下「県費負担教職員」という。）については当該指定都市の教育委員会、市（指定都市を除く。以下この号において同じ。）町村が設置する中等教育学校（後期課程に学校教育法（昭和二十二年法律第二十六号）第四条第一項に規定する定時制の課程のみを置くものを除く。）の県費負担教職員については当該市町村の教育委員会）が教諭の職務の遂行に必要な事項についての知識又は経験の程度を勘案し、法第二十条の二第一項の初任者研修を実施する必要がないと認めるもの

三 特別免許状（教育職員免許法（昭和二十四年法律第百四十七号）第四条〔種類〕第三項に規定する特別免許状をいう。次条第四号において同じ。）を有する者

四 一般職の任期付職員の採用及び給与の特例に関する法律（平成十二年法律第百二十五号）第三条〔任期を定めた採用〕各項の規定により任期を定めて採用された者

（大学院修学休業をすることができない者）

第一条の三 法第二十条の三〔大学院修学休業の許可及びその要件等〕第一項第四号の政令で定める者は、次に掲げる者とする。

一 許可を受けようとする大学院修学休業の期間の満了の日（以下この条において「休業期間満了日」という。）の前日までの間又は休業期間満了日から起算して一年以内に定年退職日（国家公務員法（昭和二十二年法律第百二十号）第八十一条の二〔定年による退職〕第一項に規定する定年退職日又は地方公務員法（昭和二十五年法律第二百六十一号）第二十八条の二〔定年による退職〕第一項に規定する定年退職日をいう。次号において同

じ。）が到来する者

二　国家公務員法第八十一条の三（定年による退職の特例）又は地方公務員法第二十八条の三（定年による退職の特例）の規定により定年退職日の翌日以降引き続き勤務している者

三　国家公務員法第八十一条の四（定年退職者等の再任用）第一項若しくは第八十一条の五第一項又は地方公務員法第二十八条の四（定年退職者等の再任用）第一項若しくは第二十八条の五第一項（地方教育行政の組織及び運営に関する法律第四十七条（地方公務員法の適用の特例）第一項の規定により読み替えて適用する場合を含む。）若しくは第二十八条の六第一項若しくは第二項の規定により採用された者

四　取得しようとする専修免許状（教育職員免許法第四条（種類）第二項に規定する専修免許状をいう。次条第二号において同じ。）に係る法第二十条の三第一項第二号に規定する基礎となる免許状が特別免許状である者で、休業期間満了日の前日までの間に当該特別免許状の有効期間が満了するもの

（大学院修学休業の許可の取消事由）

第一条の四　法第二十条の五（大学院修学休業の許可の失効等）第二項の政令で定める事由は、次の各号のいずれにも該当することとする。

一　大学院修学休業をしている教諭、養護教諭又は講師が、正当な理由なく、当該大学院修学休業の許可に係る大学（短期大学を除く。）の大学院の課程若しくは専攻科の課程又はこれらに相当する外国の大学の課程を休学し、又はその授業を頻繁に欠席していること。

二　大学院修学休業をしている教諭、養護教諭又は講師が専修免許状を取得するのに必要とする単位を当該大学院修学休業の期間内に修得することが困難となつたこと。

（国家公務員退職手当法の特例の適用対象及び要件等）

第一条の五　法第二十一条の二（国立大学及び国立高等専門学校の教員に関する国家公務員退職手当法の特例）第一項の政令で定める者は、深く専門の学芸を教授することを職務とする者として文部科学省令で定めるものとする。

2　法第二十一条の二第一項の政令で定める要件は、次に掲げる要件のすべてに該当することとする。

一　国立大学の教員及び国立高等専門学校の教員で前項に規定する者（以下この条において「国立大学の教員等」という。）の共同研究等（国及び特定独立行政法人以外の者が国若しくは指定特定独立行政法人と共同して行う研究又は国若しくは指定特定独立行政法人の委託を受けて行う研究をいう。以下この条において同じ。）への従事が、当該共同研究等の規模、内容等に照らして、当該共同研究等の効率的実施に特に資するものであること。

二　国立大学の教員等が共同研究等において従事する業務が、当該国立大学の教員等の職務に密接な関連があり、かつ、当該共同研究等において重要なものであること。

三　国立大学の教員等を共同研究等に従事させることについて当該共同研究等を行う国及び特定独立行政法人以外の者からの要請があること。

3　各省各庁の長等（財政法（昭和二十二年法律第三十四号）第二十条第二項に規定する各省各庁の長及び特定独立行政法人の長をいう。）は、職員の退職に際し、その者の在職期間のうちに国立大学の教員等として共同研究等に従事するため国家公務員法第七十九条（本人の意に反する休職の場合）の規定により休職にされた期間があった場合において、当該休職に係る期間（その期間が更

新された場合にあつては、当該更新に係る期間。以下この項において同じ。）における当該国立大学の教員等としての当該共同研究等への従事が前項各号に掲げる要件のすべてに該当することにつき、文部科学大臣において当該休職前（更新に係る場合には、当該更新前）に総務大臣の承認を受けているときに限り、当該休職に係る期間について法第二十一条の二第一項の規定を適用するものとする。

4 法第二十一条の二第二項の政令で定める給付は、所得税法（昭和四十年法律第三十三号）第三十条（退職所得）第一項に規定する退職手当等（同法第三十一条（退職手当等とみなす一時金）の規定により退職手当等とみなされるものを含む。）とする。

5 第三項の承認に係る共同研究等に従事した国立大学の教員等は、当該共同研究等を行う国及び特定独立行政法人以外の者から前項に規定する退職手当等の支払を受けたときは、所得税法第二百二十六条（源泉徴収票）第二項の規定により交付された源泉徴収票（源泉徴収票の交付のない場合には、これに準ずるもの）を文部科学大臣に提出し、文部科学大臣はその写しを総務大臣に送付しなければならない。

（教育公務員以外の者）

第二条 大学の助手については、法に規定する大学の教員に関する規定を準用する。

2 前項の場合において、任命権者は、法第十条（任命権者）に規定する権限を学部長その他の機関に委任することができる。

3 第一項の場合において、次の表の上欄に掲げる者は、同表の中欄に掲げる法の規定に規定する権限（法第八条の二（定年）第一項及び第三項又は法第八条の三第一項及び第三項の規定にあつては、これらの規定により読み替えられた国家公務員法又は地方公務員法の各規定に規定する権限）の全部又は一部を、それぞれ同表の下欄に掲げる者に委任することができる。

学長	第四条第五項、第七条、第八条の二第一項及び第三項、第八条の三第一項及び第三項、第十一条並びに第十二条	学部長その他の大学内の他の機関
評議会（評議会を置かない大学にあつては、教授会）	第四条第五項、第五条（第六条第二項及び第九条第二項において準用する場合を含む。）、第六条第一項、第七条、第八条の二第一項、第八条の三第一項、第九条第一項、第十一条及び第十二条第二項	教授会その他の大学内の他の機関
教授会	第四条第五項、第八条の二第三項、第八条の三第三項及び第十二条第一項	当該教授会に属する教員のうちの一部の者で構成する会議その他の大学内の他の機関

第三条 大学以外の学校の助手、実習助手及び寮母については、法に規定する大学以外の学校の教員に関する規定を準用する。ただし、法第二十一条の二（国立大学及び国立高等専門学校の教員に関する国家公務員退職手当法の特例）の規定については、国立高等専門学校の助手のうち深く専門の学芸を教授することを職務とする者として文部科学省令で定めるものに限り準用する。

第三条の二 法第二十二条〔教育公務員以外の者に対するこの法律の準用〕の政令で定める研究施設は、国立教育政策研究所とする。

2 法第二十二条の政令で定める研究所は、国立学校設置法施行令（昭和五十九年政令第二百三十号）第七条〔大学共同利用機関〕第二項及び第三項の表に掲げる研究所とする。

3 国立教育政策研究所並びに国立学校設置法（昭和二十四年法律第百五十号）第三章の三〔大学共同利用機関〕、第三章の五〔大学評価・学位授与機構〕及び第三章の六〔国立学校財務センター〕に規定する機関の長（前項に規定する研究所の長を含む。以下この項において同じ。）並びにその職員のうち専ら研究又は教育に従事する者については、法第四条〔採用及び昇任の方法〕第一項、第二項及び第五項、第七条〔休職の期間〕から第八条の二〔定年〕まで、第十一条〔服務〕第一項、第十二条〔勤務成績の評定〕、第十九条〔研修〕、第二十条〔研修の機会〕並びに第二十一条〔兼職及び他の事業等の従事〕中国立大学の学長及び教員に関する部分の規定を準用する。この場合において、次の表の上欄に掲げる法の規定中同表の中欄に掲げる字句は、それぞれ同表の下欄に掲げる字句に読み替え、これらの機関の長及びその職員をそれぞれ学長及び教員に準ずる者としてこれらの規定を準用するものとする。

第四条第二項	評議会（評議会を置かない大学にあっては、教授会。以下同じ。）の議に基づき学長	任命権者
	評議会が	文部科学省令で定めるところにより任命権者が
第四条第五項	評議会の議に基づき学長	任命権者
	教授会（国立学校設置法第二章の二の規定によりその組織が定められた大学にあっては、人事委員会。第十二条第一項において同じ。）の議に基づき学長	文部科学省令で定めるところにより任命権者
第七条	評議会の議に基づき学長	任命権者
第八条	評議会の議に基づき学長	文部科学省令で定めるところにより任命権者
第八条の二第一項	評議会の議に基づき学長	文部科学省令で定めるところにより任命権者
第八条の二第三項	教授会の議に基づき学長	文部科学省令で定めるところにより任命権者
第十一条第一項	評議会の議に基づき学長	任命権者
第十二条第一項	評議会	任命権者
	教授会の議に基づき学長	任命権者
第十二条第二項	評議会の議に基づき学長	任命権者

4　国立教育政策研究所並びに国立学校設置法第三章の三、第三章の五及び第三章の六に規定する機関の職員のうち専ら研究又は教育に従事する者（一般職の職員の給与に関する法律（昭和二十五年法律第九十五号）第六条第一項の規定に基づき同法別表第七研究職俸給表の適用を受ける者でその属する職務の級が一級であるものを除く。）については、前項に規定するもののほか、法第二十一条の二の規定を準用する。

第三条の三　前三条の規定により法第二十一条の二の規定を準用する場合においては、第一条の五第二項から第五項までの規定を準用する。

第四条　専修学校及び各種学校の校長及び教員については、それぞれ法に規定する大学以外の学校の校長に関する規定及び教員に関する規定（法第二十一条の二の規定を除く。）を準用する。

第五条　法第二十二条の二第一項の政令で定める特定独立行政法人は、次に掲げる特定独立行政法人とする。

一　独立行政法人国立特殊教育総合研究所
二　独立行政法人大学入試センター
三　独立行政法人国立女性教育会館
四　独立行政法人国立国語研究所
五　独立行政法人国立科学博物館
六　独立行政法人国立美術館
七　独立行政法人国立博物館
八　独立行政法人文化財研究所

2　法第二十二条の二第二項の規定により独立行政法人研究教育職員（補助的な業務に従事する者として当該独立行政法人研究教育職員の勤務する特定独立行政法人の長が定めるものを除く。）について法第二十一条の二の規定を準用する場合においては、第一条の五第二項から第五項までの規定を準用する。この場合において、同条第三項及び第五項中「文部科学大臣」とあるのは、「当該独立行政法人研究教育職員を当該休職にした特定独立行政法人の長」と読み替えるものとする。

附　則〔以下略〕

◎労働基準法

〔昭和二二年四月七日 法律第四九号〕

最近改正 平成一三年一一月一六日 法律第一一八号

労働基準法目次

第一章 総則

(労働条件の原則)

第一条 労働条件は、労働者が人たるに値する生活を営むための必要を充たすべきものでなければならない。

② この法律で定める労働条件の基準は最低のものであるから、労働関係の当事者は、この基準を理由として労働条件を低下させてはならないことはもとより、その向上を図るように努めなければならない。

(労働条件の決定)

第二条 労働条件は、労働者と使用者が、対等の立場において決定すべきものである。

② 労働者及び使用者は、労働協約、就業規則及び労働契約を遵守し、誠実に各々その義務を履行しなければならない。

(均等待遇)

第三条 使用者は、労働者の国籍、信条又は社会的身分を理由として、賃金、労働時間その他の労働条件について、差別的取扱をしてはならない。

(男女同一賃金の原則)

第四条 使用者は、労働者が女性であることを理由として、賃金について、男性と差別的取扱いをしてはならない。

(強制労働の禁止)

第五条 使用者は、暴行、脅迫、監禁その他精神又は身体の自由を不当に拘束する手段によつて、労働者の意思に反して労働を強制してはならない。

(中間搾取の排除)

第六条 何人も、法律に基いて許される場合の外、業として他人の就業に介入して利益を得てはならない。

(公民権行使の保障)

第七条 使用者は、労働者が労働時間中に、選挙権その他公民としての権利を行使し、又は公の職務を執行するために必要な時間を請求した場合においては、拒んではならない。但し、権利の行使又は公の職務の執行に妨げがない限り、請求された時刻を変更することができる。

第八条　削除

（定義）

第九条　この法律で「労働者」とは、職業の種類を問わず、事業又は事務所（以下「事業」という。）に使用される者で、賃金を支払われる者をいう。

第十条　この法律で使用者とは、事業主又は事業の経営担当者その他その事業の労働者に関する事項について、事業主のために行為をするすべての者をいう。

第十一条　この法律で賃金とは、賃金、給料、手当、賞与その他名称の如何を問わず、労働の対償として使用者が労働者に支払うすべてのものをいう。

第十二条　この法律で平均賃金とは、これを算定すべき事由の発生した日以前三箇月間にその労働者に対し支払われた賃金の総額を、その期間の総日数で除した金額をいう。ただし、その金額は、次の各号の一によつて計算した金額を下つてはならない。

一　賃金が、労働した日若しくは時間によつて算定され、又は出来高払制その他の請負制によつて定められた場合においては、賃金の総額をその期間中に労働した日数で除した金額の百分の六十

二　賃金の一部が、月、週その他一定の期間によつて定められた場合においては、その部分の総額をその期間の総日数で除した金額と前号の金額の合算額

②　前項の期間は、賃金締切日がある場合においては、直前の賃金締切日から起算する。

③　前二項に規定する期間中に、次の各号の一に該当する期間がある場合においては、その日数及びその期間中の賃金は、前二項の期間及び賃金の総額から控除する。

一　業務上負傷し、又は疾病にかかり療養のために休業した期間

二　産前産後の女性が第六十五条（産前産後）の規定によつて休業した期間

三　使用者の責めに帰すべき事由によつて休業した期間

四　育児休業、介護休業等育児又は家族介護を行う労働者の福祉に関する法律（平成三年法律第七十六号）（別掲）第二条（定義）第一号に規定する育児休業又は同条第二号に規定する介護休業（同法第六十一条（公務員に関する特例）第三項（同条第六項及び第七項において準用する場合を含む。）に規定する介護をするための休業を含む。第三十九条第七項において同じ。）をした期間

五　試みの使用期間

④　第一項の賃金の総額には、臨時に支払われた賃金及び三箇月を超える期間ごとに支払われる賃金並びに通貨以外のもので支払われた賃金で一定の範囲に属しないものは算入しない。

⑤　賃金が通貨以外のもので支払われる場合、第一項の賃金の総額に算入すべきものの範囲及び評価に関し必要な事項は、厚生労働省令で定める。

⑥　雇入後三箇月に満たない者については、第一項の期間は、雇入後の期間とする。

⑦　日日雇い入れられる者については、その従事する事業又は職業について、厚生労働大臣の定める金額を平均賃金とする。

⑧　第一項乃至第六項によつて算定し得ない場合の平均賃金は、厚生労働大臣の定めるところによる。

第二章　労働契約

（この法律違反の契約）

第十三条　この法律で定める基準に達しない労働条件を定める労働契約は、その部分については無効とする。この場合において、無効となつた部分は、この法律で定める基準による。

（契約期間）

第十四条　労働契約は、期間の定めのないものを除き、一定の事業の完了に必要な期間を定めるもののほかは、一年（次の各号のいずれかに該当する労働契約にあつては、三年）を超える期間について締結してはならない。

一　新商品、新役務若しくは新技術の開発又は科学に関する研究に必要な専門的な知識、技術又は経験（以下この条において「専門的知識等」という。）であつて高度のものとして厚生労働大臣が定める基準に該当する専門的知識等を有する労働者（当該高度の専門的知識等を有する労働者が不足している事業場において、当該高度の専門的知識等を必要とする業務に新たに就く者に限る。）との間に締結される労働契約

二　事業の開始、転換、拡大、縮小又は廃止のための業務であつて一定の期間内に完了することが予定されているものに必要な専門的知識等であつて高度のものとして厚生労働大臣が定める基準に該当する専門的知識等を有する労働者（当該高度の専門的知識等を有する労働者が不足している事業場において、当該高度の専門的知識等を必要とする業務に新たに就く者に限る。）との間に締結される労働契約（前号に掲げる労働契約を除く。）

三　満六十歳以上の労働者との間に締結される労働契約（前二号に掲げる労働契約を除く。）

（労働条件の明示）

第十五条　使用者は、労働契約の締結に際し、労働者に対して賃金、労働時間その他の労働条件を明示しなければならない。この場合において、賃金及び労働時間に関する事項その他の厚生労働省令で定める事項については、厚生労働省令で定める方法により明示しなければならない。

②　前項の規定によつて明示された労働条件が事実と相違する場合においては、労働者は、即時に労働契約を解除することができる。

③　前項の場合、就業のために住居を変更した労働者が、契約解除の日から十四日以内に帰郷する場合においては、使用者は、必要な旅費を負担しなければならない。

（賠償予定の禁止）

第十六条　使用者は、労働契約の不履行について違約金を定め、又は損害賠償額を予定する契約をしてはならない。

（前借金相殺の禁止）

第十七条　使用者は、前借金その他労働することを条件とする前貸の債権と賃金を相殺してはならない。

（強制貯金）

第十八条　使用者は、労働契約に附随して貯蓄の契約をさせ、又は貯蓄金を管理する契約をしてはならない。

②　使用者は、労働者の貯蓄金をその委託を受けて管理しようとする場合においては、当該事業場に、労働者の過半数で組織する労働組合があるときはその労働組合、労働者の過半数で組織する労働組合がないときは労働者の過半数を代表する者との書面による協定をし、これを行政官庁に届け出なければならない。

③　使用者は、労働者の貯蓄金をその委託を受けて管理する場合においては、貯蓄金の管理に関する規程を定め、これを労働者に周知させるため作業場に備え付ける等の措置をとらなければならな

い。

④　使用者は、労働者の貯蓄金をその委託を受けて管理する場合において、貯蓄金の管理が労働者の預金の受入であるときは、利子をつけなければならない。この場合において、その利子が、金融機関の受け入れる預金の利率を考慮して厚生労働省令で定める利率による利子を下るときは、その厚生労働省令で定める利率による利子をつけたものとみなす。

⑤　使用者は、労働者の貯蓄金をその委託を受けて管理する場合において、労働者がその返還を請求したときは、遅滞なく、これを返還しなければならない。

⑥　使用者が前項の規定に違反した場合において、当該貯蓄金の管理を継続することが労働者の利益を著しく害すると認められるときは、行政官庁は、使用者に対して、その必要な限度の範囲内で、当該貯蓄金の管理を中止すべきことを命ずることができる。

⑦　前項の規定により貯蓄金の管理を中止すべきことを命ぜられた使用者は、遅滞なく、その管理に係る貯蓄金を労働者に返還しなければならない。

（解雇制限）

第十九条　使用者は、労働者が業務上負傷し、又は疾病にかかり療養のために休業する期間及びその後三十日間並びに産前産後の女性が第六十五条〔産前産後〕の規定によつて休業する期間及びその後三十日間は、解雇してはならない。ただし、使用者が、第八十一条〔打切補償〕の規定によつて打切補償を支払う場合又は天災事変その他やむを得ない事由のために事業の継続が不可能となつた場合においては、この限りでない。

②　前項但書後段の場合においては、その事由について行政官庁の認定を受けなければならない。

（解雇の予告）

第二十条　使用者は、労働者を解雇しようとする場合においては、少なくとも三十日前にその予告をしなければならない。三十日前に予告をしない使用者は、三十日分以上の平均賃金を支払わなければならない。但し、天災事変その他やむを得ない事由のために事業の継続が不可能となつた場合又は労働者の責に帰すべき事由に基いて解雇する場合においては、この限りでない。

②　前項の予告の日数は、一日について平均賃金を支払つた場合においては、その日数を短縮することができる。

③　前条第二項の規定は、第一項但書の場合にこれを準用する。

第二十一条　前条の規定は、左の各号の一に該当する労働者については適用しない。但し、第一号に該当する者が一箇月を超えて引き続き使用されるに至つた場合、第二号若しくは第三号に該当する者が所定の期間を超えて引き続き使用されるに至つた場合又は第四号に該当する者が十四日を超えて引き続き使用されるに至つた場合においては、この限りでない。

一　日日雇い入れられる者

二　二箇月以内の期間を定めて使用される者

三　季節的業務に四箇月以内の期間を定めて使用される者

四　試の使用期間中の者

（退職時の証明）

第二十二条　労働者が、退職の場合において、使用期間、業務の種類、その事業における地位、賃金又は退職の事由（退職の事由が解雇の場合にあつては、その理由を含む。）について証明書を請求した場合においては、使用者は、遅滞なくこれを交付しなければならない。

②　前項の証明書には、労働者の請求しない事項を記入してはなら

ない。

③ 使用者は、予め第三者と謀り、労働者の就業を妨げることを目的として、労働者の国籍、信条、社会的身分若しくは労働組合運動に関する通信をし、又は第一項の証明書に秘密の記号を記入してはならない。

（金品の返還）

第二十三条 使用者は、労働者の死亡又は退職の場合において、権利者の請求があつた場合においては、七日以内に賃金を支払い、積立金、保証金、貯蓄金その他名称の如何を問わず、労働者の権利に属する金品を返還しなければならない。

② 前項の賃金又は金品に関して争がある場合においては、使用者は、異議のない部分を、同項の期間中に支払い、又は返還しなければならない。

第三章 賃金

（賃金の支払い）

第二十四条 賃金は、通貨で、直接労働者に、その全額を支払わなければならない。ただし、法令若しくは労働協約に別段の定めがある場合又は厚生労働省令で定める賃金について確実な支払の方法で厚生労働省令で定めるものによる場合においては、通貨以外のもので支払い、また、法令に別段の定めがある場合又は当該事業場の労働者の過半数で組織する労働組合があるときはその労働組合、労働者の過半数で組織する労働組合がないときは労働者の過半数を代表する者との書面による協定がある場合においては、賃金の一部を控除して支払うことができる。

② 賃金は、毎月一回以上、一定の期日を定めて支払わなければならない。ただし、臨時に支払われる賃金、賞与その他これに準ずるもので厚生労働省令で定める賃金（第八十九条において「臨時の賃金等」という。）については、この限りでない。

（非常時払）

第二十五条 使用者は、労働者が出産、疾病、災害その他厚生労働省令で定める非常の場合の費用に充てるために請求する場合においては、支払期日前であつても、既往の労働に対する賃金を支払わなければならない。

（休業手当）

第二十六条 使用者の責に帰すべき事由による休業の場合においては、使用者は、休業期間中当該労働者に、その平均賃金の百分の六十以上の手当を支払わなければならない。

（出来高払制の保障給）

第二十七条 出来高払制その他の請負制で使用する労働者については、使用者は、労働時間に応じ一定額の賃金の保障をしなければならない。

（最低賃金）

第二十八条 賃金の最低基準に関しては、最低賃金法（昭和三十四年法律第百三十七号）の定めるところによる。

第二十九条から第三十一条まで 削除

第四章 労働時間、休憩、休日及び年次有給休暇

（労働時間）

第三十二条 使用者は、労働者に、休憩時間を除き一週間について四十時間を超えて、労働させてはならない。

② 使用者は、一週間の各日については、労働者に、休憩時間を除き一日について八時間を超えて、労働させてはならない。

第三十二条の二 使用者は、当該事業場に、労働者の過半数で組織する労働組合がある場合においてはその労働組合、労働者の過半数で組織する労働組合がない場合においては労働者の過半数を代

表する者との書面による協定により、又は就業規則その他これに準ずるものにより、一箇月以内の一定の期間を平均し一週間当たりの労働時間が前条第一項の労働時間を超えない定めをしたときは、同条の規定にかかわらず、その定めにより、特定された週において同項の労働時間又は特定された日において同条第二項の労働時間を超えて、労働させることができる。

② 使用者は、厚生労働省令で定めるところにより、前項の協定を行政官庁に届け出なければならない。

第三十二条の三 使用者は、就業規則その他これに準ずるものにより、その労働者に係る始業及び終業の時刻をその労働者の決定にゆだねることとした労働者については、当該事業場の労働者の過半数で組織する労働組合がある場合においてはその労働組合、労働者の過半数で組織する労働組合がない場合においては労働者の過半数を代表する者との書面による協定により、次に掲げる事項を定めたときは、その協定で第二号の清算期間として定められた期間を平均し一週間当たりの労働時間が第三十二条第一項の労働時間を超えない範囲内において、同条の規定にかかわらず、一週間において同項の労働時間又は一日において同条第二項の労働時間を超えて、労働させることができる。

一 この条の規定による労働時間により労働させることができることとされる労働者の範囲

二 清算期間（その期間を平均し一週間当たりの労働時間が第三十二条第一項の労働時間を超えない範囲内において労働させる期間をいい、一箇月以内の期間に限るものとする。次号において同じ。）

三 清算期間における総労働時間

四 その他厚生労働省令で定める事項

第三十二条の四 使用者は、当該事業場に、労働者の過半数で組織する労働組合がある場合においてはその労働組合、労働者の過半数で組織する労働組合がない場合においては労働者の過半数を代表する者との書面による協定により、次に掲げる事項を定めたときは、第三十二条の規定にかかわらず、その協定で第二号の対象期間として定められた期間を平均し一週間当たりの労働時間が四十時間を超えない範囲内において、当該協定（次項の規定による定めをした場合においては、その定めを含む。）で定めるところにより、特定された週において同条第一項の労働時間又は特定された日において同条第二項の労働時間を超えて、労働させることができる。

一 この条の規定による労働時間により労働させることができることとされる労働者の範囲

二 対象期間（その期間を平均し一週間当たりの労働時間が四十時間を超えない範囲内において労働させる期間をいい、一箇月を超え一年以内の期間に限るものとする。以下この条及び次条において同じ。）

三 特定期間（対象期間中の特に業務が繁忙な期間をいう。第三項において同じ。）

四 対象期間における労働日及び当該労働日ごとの労働時間（対象期間を一箇月以上の期間ごとに区分することとした場合においては、当該区分による各期間のうち当該対象期間の初日の属する期間（以下この条において「最初の期間」という。）における労働日及び当該労働日ごとの労働時間並びに当該最初の期間を除く各期間における労働日数及び総労働時間）

五 その他厚生労働省令で定める事項

② 使用者は、前項の協定で同項第四号の区分をし当該区分による

各期間のうち最初の期間を除く各期間における労働日数及び総労働時間を定めたときは、当該各期間の初日の少なくとも三十日前に、当該事業場に、労働者の過半数で組織する労働組合がある場合においてはその労働組合、労働者の過半数で組織する労働組合がない場合においては労働者の過半数を代表する者の同意を得て、厚生労働省令で定めるところにより、当該労働日数を超えない範囲内において当該各期間における労働日及び当該総労働時間を超えない範囲内において当該各期間における労働日ごとの労働時間を定めなければならない。

③　厚生労働大臣は、労働政策審議会の意見を聴いて、厚生労働省令で、対象期間における労働日数の限度並びに一日及び一週間の労働時間の限度並びに対象期間（第一項の協定で特定期間として定められた期間を除く。）及び同項の協定で特定期間として定められた期間における連続して労働させる日数の限度を定めることができる。

④　第三十二条の二第二項の規定は、第一項の協定について準用する。

第三十二条の四の二　使用者が、対象期間中の前条の規定により労働させた期間が当該対象期間より短い労働者について、当該労働させた期間を平均し一週間当たり四十時間を超えて労働させた場合においては、その超えた時間（第三十三条又は第三十六条第一項の規定により延長し、又は休日に労働させた時間を除く。）の労働については、第三十七条の規定の例により割増賃金を支払わなければならない。

第三十二条の五　使用者は、日ごとの業務に著しい繁閑の差が生ずることが多く、かつ、これを予測した上で就業規則その他これに準ずるものにより各日の労働時間を特定することが困難であると認められる厚生労働省令で定める事業であつて、常時使用する労働者の数が厚生労働省令で定める数未満のものに従事する労働者については、当該事業場に、労働者の過半数で組織する労働組合がある場合においてはその労働組合、労働者の過半数で組織する労働組合がない場合においては労働者の過半数を代表する者との書面による協定があるときは、第三十二条第二項の規定にかかわらず、一日について十時間まで労働させることができる。

②　使用者は、前項の規定により労働者に労働させる場合においては、厚生労働省令で定めるところにより、当該労働させる一週間の各日の労働時間を、あらかじめ、当該労働者に通知しなければならない。

③　第三十二条の二第二項の規定は、第一項の協定について準用する。

（災害等による臨時の必要がある場合の時間外労働等）

第三十三条　災害その他避けることのできない事由によつて、臨時の必要がある場合においては、使用者は、行政官庁の許可を受けて、その必要の限度において第三十二条〔労働時間〕から前条まで若しくは第四十条〔労働時間及び休憩の特例〕の労働時間を延長し、又は第三十五条〔休日〕の休日に労働させることができる。ただし、事態急迫のために行政官庁の許可を受ける暇がない場合においては、事後に遅滞なく届け出なければならない。

②　前項ただし書の規定による届出があつた場合において、行政官庁がその労働時間の延長又は休日の労働を不適当と認めるときは、その後にその時間に相当する休憩又は休日を与えるべきことを、命ずることができる。

③　公務のために臨時の必要がある場合においては、第一項の規定にかかわらず、官公署の事業（別表第一に掲げる事業を除く。）に

従事する国家公務員及び地方公務員については、第三十二条から前条まで若しくは第四十条〔労働時間及び休憩の特例〕の労働時間を延長し、又は第三十五条の休日に労働させることができる。

（休憩）

第三十四条　使用者は、労働時間が六時間を超える場合においては少くとも四十五分、八時間を超える場合においては少くとも一時間の休憩時間を労働時間の途中に与えなければならない。

②　前項の休憩時間は、一斉に与えなければならない。ただし、当該事業場に、労働者の過半数で組織する労働組合がある場合においてはその労働組合、労働者の過半数で組織する労働組合がない場合においては労働者の過半数を代表する者との書面による協定があるときは、この限りでない。

③　使用者は、第一項の休憩時間を自由に利用させなければならない。

（休日）

第三十五条　使用者は、労働者に対して、毎週少くとも一回の休日を与えなければならない。

②　前項の規定は、四週間を通じ四日以上の休日を与える使用者については適用しない。

（時間外及び休日の労働）

第三十六条　使用者は、当該事業場に、労働者の過半数で組織する労働組合がある場合においてはその労働組合、労働者の過半数で組織する労働組合がない場合においては労働者の過半数を代表する者との書面による協定をし、これを行政官庁に届け出た場合においては、第三十二条から第三十二条の五まで若しくは第四十条の労働時間（以下この条において「労働時間」という。）又は前条の休日（以下この項において「休日」という。）に関する規定にかかわらず、その協定で定めるところによつて労働時間を延長し、又は休日に労働させることができる。ただし、坑内労働その他厚生労働省令で定める健康上特に有害な業務の労働時間の延長は、一日について二時間を超えてはならない。

②　厚生労働大臣は、労働時間の延長を適正なものとするため、前項の協定で定める労働時間の延長の限度その他の必要な事項について、労働者の福祉、時間外労働の動向その他の事情を考慮して基準を定めることができる。

③　第一項の協定をする使用者及び労働組合又は労働者の過半数を代表する者は、当該協定で労働時間の延長を定めるに当たり、当該協定の内容が前項の基準に適合したものとなるようにしなければならない。

④　行政官庁は、第二項の基準に関し、第一項の協定をする使用者及び労働組合又は労働者の過半数を代表する者に対し、必要な助言及び指導を行うことができる。

（時間外、休日及び深夜の割増賃金）

第三十七条　使用者が、第三十三条〔災害等による臨時の必要がある場合の時間外労働等〕又は前条第一項の規定により労働時間を延長し、又は休日に労働させた場合においては、その時間又はその日の労働については、通常の労働時間又は労働日の賃金の計算額の二割五分以上五割以下の範囲内でそれぞれ政令で定める率以上の率で計算した割増賃金を支払わなければならない。

②　前項の政令は、労働者の福祉、時間外又は休日の労働の動向その他の事情を考慮して定めるものとする。

③　使用者が、午後十時から午前五時まで（厚生労働大臣が必要であると認める場合においては、その定める地域又は期間については午後十一時から午前六時まで）の間において労働させた場合に

おいては、その時間の労働については、通常の労働時間の賃金の計算額の二割五分以上の率で計算した割増賃金を支払わなければならない。

④　第一項及び前項の割増賃金の基礎となる賃金には、家族手当、通勤手当その他厚生労働省令で定める賃金は算入しない。

（時間計算）

第三十八条　労働時間は、事業場を異にする場合においても、労働時間に関する規定の適用については通算する。

②　坑内労働については、労働者が坑口に入つた時刻から坑口を出た時刻までの時間を、休憩時間を含め労働時間とみなす。但し、この場合においては、第三十四条〔休憩〕第二項及び第三項の休憩に関する規定は適用しない。

第三十八条の二　労働者が労働時間の全部又は一部について事業場外で業務に従事した場合において、労働時間を算定し難いときは、所定労働時間労働したものとみなす。ただし、当該業務を遂行するためには通常所定労働時間を超えて労働することが必要となる場合においては、当該業務に関しては、厚生労働省令で定めるところにより、当該業務の遂行に通常必要とされる時間労働したものとみなす。

②　前項ただし書の場合において、当該業務に関し、当該事業場に、労働者の過半数で組織する労働組合があるときはその労働組合、労働者の過半数で組織する労働組合がないときは労働者の過半数を代表する者との書面による協定があるときは、その協定で定める時間を同項ただし書の当該業務の遂行に通常必要とされる時間とする。

③　使用者は、厚生労働省令で定めるところにより、前項の協定を行政官庁に届け出なければならない。

第三十八条の三　使用者が、当該事業場に、労働者の過半数で組織する労働組合があるときはその労働組合、労働者の過半数で組織する労働組合がないときは労働者の過半数を代表する者との書面による協定により、業務の性質上その遂行の方法を大幅に当該業務に従事する労働者の裁量にゆだねる必要があるため当該業務の遂行の手段及び時間配分の決定等に関し具体的な指示をすることが困難なものとして厚生労働省令で定める業務のうちから労働者に就かせることとする業務を定めるとともに、当該業務の遂行の手段及び時間配分の決定等に関し当該業務に従事する労働者に対し具体的な指示をしないこととする旨及びその労働時間の算定については当該協定で定めるところによることとする旨を定めた場合において、労働者を当該業務に就かせたときは、当該労働者は、厚生労働省令で定めるところにより、その協定で定める時間労働したものとみなす。

②　前条第三項の規定は、前項の協定について準用する。

第三十八条の四　事業運営上の重要な決定が行われる事業場において、賃金、労働時間その他の当該事業場における労働条件に関する事項を調査審議し、事業主に対し当該事項について意見を述べることを目的とする委員会（使用者及び当該事業場の労働者を代表する者を構成員とするものに限る。）が設置された場合において、当該委員会がその委員の全員の合意により次に掲げる事項に関する決議をし、かつ、使用者が、厚生労働省令で定めるところにより当該決議を行政官庁に届け出た場合において、第二号に掲げる労働者の範囲に属する労働者を当該事業場における第一号に掲げる業務に就かせたときは、当該労働者は、厚生労働省令で定めるところにより、第三号に掲げる時間労働したものとみなす。

一　事業の運営に関する事項についての企画、立案、調査及び分析の業務であつて、当該業務の性質上これを適切に遂行するにはその遂行の方法を大幅に労働者の裁量にゆだねる必要があるため、当該業務の遂行の手段及び時間配分の決定等に関し使用者が具体的な指示をしないこととする業務（以下この条において「対象業務」という。）

二　対象業務を適切に遂行するための知識、経験等を有する労働者であつて、当該対象業務に就かせたときは当該決議で定める時間労働したものとみなされることとなるものの範囲

三　対象業務に従事する前号に掲げる労働者の範囲に属する労働者の労働時間として算定される時間

四　対象業務に従事する第二号に掲げる労働者の範囲に属する労働者の労働時間の状況に応じた当該労働者の健康及び福祉を確保するための措置を当該決議で定めるところにより使用者が講ずること。

五　対象業務に従事する第二号に掲げる労働者の範囲に属する労働者からの苦情の処理に関する措置を当該決議で定めるところにより使用者が講ずること。

六　使用者は、この項の規定により第二号に掲げる労働者の範囲に属する労働者を対象業務に就かせたときは第三号に掲げる時間労働したものとみなすことについて当該労働者の同意を得なければならないこと及び当該同意をしなかつた当該労働者に対して解雇その他不利益な取扱いをしてはならないこと。

七　前各号に掲げるもののほか、厚生労働省令で定める事項

② 前項の委員会は、次の各号に適合するものでなければならない。

一　当該委員会の委員の半数については、当該事業場に、労働者の過半数で組織する労働組合がある場合においてはその労働組合、労働者の過半数で組織する労働組合がない場合においては労働者の過半数を代表する者に厚生労働省令で定めるところにより任期を定めて指名され、かつ、厚生労働省令で定めるところにより当該事業場の労働者の過半数の信任を得ていること。

二　当該委員会の設置について、厚生労働省令で定めるところにより、行政官庁に届け出ていること。

三　当該委員会の議事について、厚生労働省令で定めるところにより、議事録が作成され、かつ、保存されるとともに、当該事業場の労働者に対する周知が図られていること。

四　前三号に掲げるもののほか、厚生労働省令で定める要件

③ 厚生労働大臣は、対象業務に従事する労働者の適正な労働条件の確保を図るために、労働政策審議会の意見を聴いて、第一項各号に掲げる事項その他同項の委員会が決議する事項について指針を定め、これを公表するものとする。

④ 第一項の規定による届出をした使用者は、厚生労働省令で定めるところにより、定期的に、同項第四号に規定する措置の実施状況その他の厚生労働省令で定める事項を行政官庁に報告しなければならない。

⑤ 第一項の委員会においてその委員の全員の合意により第三十二条の二第一項、第三十二条の三、第三十二条の四第一項及び第二項、第三十二条の五第一項、第三十四条第二項ただし書、第三十六条第一項、第三十八条の二第二項、前条第一項並びに次条第五項及び第六項ただし書に規定する事項について決議が行われた場合における第三十二条の二第一項、第三十二条の三、第三十二条の四第一項から第三項まで、第三十二条の五第一項、第三十四条第二項ただし書、第三十六条、第三十八条の二第二項、前条第一項並びに次条第五項及び第六項ただし書の規定の適用について

は、第三十二条の二第一項中「協定」とあるのは「協定若しくは第三十八条の四第一項に規定する委員会の決議（第百六条第一項を除き、以下「決議」という。）」と、第三十二条の三、第三十二条の四第一項から第三項まで、第三十二条の五第一項、第三十四条第二項ただし書、第三十六条第二項、第三十八条の二第二項、前条第一項並びに次条第五項及び第六項ただし書中「協定」とあるのは「協定又は決議」と、第三十二条の四第二項中「同意を得て」とあるのは「同意を得て、又は決議に基づき」と、第三十六条第一項中「届け出た場合」とあるのは「届け出た場合又は決議を行政官庁に届け出た場合」と、「その協定」とあるのは「その協定又は決議」と、同条第三項中「又は労働者の過半数を代表する者」とあるのは「若しくは労働者の過半数を代表する者又は同項の決議をする委員」と、「当該協定」とあるのは「当該協定又は当該決議」と、同条第四項中「又は労働者の過半数を代表する者」とあるのは「若しくは労働者の過半数を代表する者又は同項の決議をする委員」とする。

（年次有給休暇）

第三十九条　使用者は、その雇入れの日から起算して六箇月間継続勤務し全労働日の八割以上出勤した労働者に対して、継続し、又は分割した十労働日の有給休暇を与えなければならない。

②　使用者は、一年六箇月以上継続勤務した労働者に対しては、雇入れの日から起算して六箇月を超えて継続勤務する日（以下「六箇月経過日」という。）から起算した継続勤務年数一年ごとに、前項の日数に、次の表の上欄に掲げる六箇月経過日から起算した継続勤務年数の区分に応じ同表の下欄に掲げる労働日を加算した有給休暇を与えなければならない。ただし、継続勤務した期間を六箇月経過日から一年ごとに区分した各期間（最後に一年未満の期間を生じたときは、当該期間）の初日の前日の属する期間において出勤した日数が全労働日の八割未満である者に対しては、当該初日以後の一年間においては有給休暇を与えることを要しない。

六箇月経過日から起算した継続勤務年数	労働日
一年	一労働日
二年	二労働日
三年	四労働日
四年	六労働日
五年	八労働日
六年以上	十労働日

③　次に掲げる労働者（一週間の所定労働時間が厚生労働省令で定める時間以上の者を除く。）の有給休暇の日数については、前二項の規定にかかわらず、これらの規定による有給休暇の日数を基準とし、通常の労働者の一週間の所定労働日数として厚生労働省令で定める日数（第一号において「通常の労働者の週所定労働日数」という。）と当該労働者の一週間の所定労働日数又は一週間当たりの平均所定労働日数との比率を考慮して厚生労働省令で定める日数とする。

一　一週間の所定労働日数が通常の労働者の週所定労働日数に比し相当程度少ないものとして厚生労働省令で定める日数以下の労働者

二　週以外の期間によって所定労働日数が定められている労働者については、一年間の所定労働日数が、前号の厚生労働省令で定める日数に一日を加えた日数を一週間の所定労働日数とする

労働者の一年間の所定労働日数その他の事情を考慮して厚生労働省令で定める日数以下の労働者

④ 使用者は、前三項の規定による有給休暇を労働者の請求する時季に与えなければならない。ただし、請求された時季に有給休暇を与えることが事業の正常な運営を妨げる場合においては、他の時季にこれを与えることができる。

⑤ 使用者は、当該事業場に、労働者の過半数で組織する労働組合がある場合においてはその労働組合、労働者の過半数で組織する労働組合がない場合においては労働者の過半数を代表する者との書面による協定により、第一項から第三項までの規定による有給休暇を与える時季に関する定めをしたときは、これらの規定による有給休暇の日数のうち五日を超える部分については、前項の規定にかかわらず、その定めにより有給休暇を与えることができる。

⑥ 使用者は、第一項から第三項までの規定による有給休暇の期間については、就業規則その他これに準ずるもので定めるところにより、平均賃金又は所定労働時間労働した場合に支払われる通常の賃金を支払わなければならない。ただし、当該事業場に、労働者の過半数で組織する労働組合がある場合においてはその労働組合、労働者の過半数で組織する労働組合がない場合においては労働者の過半数を代表する者との書面による協定により、その期間について、健康保険法（大正十一年法律第七十号）第三条に定める標準報酬日額に相当する金額を支払う旨を定めたときは、これによらなければならない。

⑦ 労働者が業務上負傷し、又は疾病にかかり療養のために休業した期間及び育児休業、介護休業等育児又は家族介護を行う労働者の福祉に関する法律第二条〔定義〕第一号に規定する育児休業又は同条第二号に規定する介護休業をした期間並びに産前産後の女性が第六十五条〔産前産後〕の規定によつて休業した期間は、第一項及び第二項の規定の適用については、これを出勤したものとみなす。

（労働時間及び休憩の特例）

第四十条 別表第一第一号から第三号まで、第六号及び第七号に掲げる事業以外の事業で、公衆の不便を避けるために必要なものその他特殊の必要あるものについては、その必要避くべからざる限度で、第三十二条から第三十二条の五まで〔労働時間〕の労働時間及び第三十四条〔休憩〕の休憩に関する規定について、厚生労働省令で別段の定めをすることができる。

② 前項の規定による別段の定めは、この法律で定める基準に近いものであつて、労働者の健康及び福祉を害しないものでなければならない。

（労働時間等に関する規定の適用除外）

第四十一条 この章、第六章〔年少者〕及び第六章の二〔女性〕で定める労働時間、休憩及び休日に関する規定は、次の各号の一に該当する労働者については適用しない。

一 別表第一第六号（林業を除く。）又は第七号に掲げる事業に従事する者

二 事業の種類にかかわらず監督若しくは管理の地位にある者又は機密の事務を取り扱う者

三 監視又は断続的労働に従事する者で、使用者が行政官庁の許可を受けたもの

第五章　安全及び衛生

第四十二条 労働者の安全及び衛生に関しては、労働安全衛生法（昭和四十七年法律第五十七号）の定めるところによる。

第四十三条から第五十五条まで 削除

第六章　年少者

（最低年齢）

第五十六条　使用者は、児童が満十五歳に達した日以後の最初の三月三十一日が終了するまで、これを使用してはならない。

② 前項の規定にかかわらず、別表第一第一号から第五号までに掲げる事業以外の事業に係る職業で、児童の健康及び福祉に有害でなく、かつ、その労働が軽易なものについては、行政官庁の許可を受けて、満十三歳以上の児童をその者の修学時間外に使用することができる。映画の製作又は演劇の事業については、満十三歳に満たない児童についても、同様とする。

（年少者の証明書）

第五十七条　使用者は、満十八才に満たない者について、その年齢を証明する戸籍証明書を事業場に備え付けなければならない。

② 使用者は、前条第二項の規定によつて使用する児童については、修学に差し支えないことを証明する学校長の証明書及び親権者又は後見人の同意書を事業場に備え付けなければならない。

（未成年者の労働契約）

第五十八条　親権者又は後見人は、未成年者に代つて労働契約を締結してはならない。

② 親権者若しくは後見人又は行政官庁は、労働契約が未成年者に不利であると認める場合においては、将来に向つてこれを解除することができる。

第五十九条　未成年者は、独立して賃金を請求することができる。親権者又は後見人は、未成年者の賃金を代つて受け取つてはならない。

（労働時間及び休日）

第六十条　第三十二条の二から第三十二条の五まで〔労働時間〕、第三十六条〔時間外及び休日の労働〕及び第四十条〔労働時間及び休憩の特例〕の規定は、満十八才に満たない者については、これを適用しない。

② 第五十六条〔最低年齢〕第二項の規定によつて使用する児童についての第三十二条の規定の適用については、同条第一項中「一週間について四十時間」とあるのは「、修学時間を通算して一週間について四十時間」と、同条第二項中「一日について八時間」とあるのは「、修学時間を通算して一日について七時間」とする。

③ 使用者は、第三十二条の規定にかかわらず、満十五歳以上で満十八歳に満たない者については、満十八歳に達するまでの間（満十五歳に達した日以後の最初の三月三十一日までの間を除く。）、次に定めるところにより、労働させることができる。

一　一週間の労働時間が第三十二条第一項の労働時間を超えない範囲内において、一週間のうち一日の労働時間を四時間以内に短縮する場合において、他の日の労働時間を十時間まで延長すること。

二　一週間について四十八時間以下の範囲内で厚生労働省令で定める時間、一日について八時間を超えない範囲内において、第三十二条の二又は第三十二条の四及び第三十二条の四の二の規定の例により労働させること。

（深夜業）

第六十一条　使用者は、満十八才に満たない者を午後十時から午前五時までの間において使用してはならない。ただし、交替制によつて使用する満十六才以上の男性については、この限りでない。

② 厚生労働大臣は、必要であると認める場合においては、前項の時刻を、地域又は期間を限つて、午後十一時及び午前六時とすることができる。

③ 交替制によって労働させる事業については、行政官庁の許可を受けて、第一項の規定にかかわらず午後十時三十分まで労働させ、又は前項の規定にかかわらず午前五時三十分から労働させることができる。

④ 前三項の規定は、第三十三条〔災害等による臨時の必要がある場合の時間外労働等〕第一項の規定によって労働時間を延長し、若しくは休日に労働させる場合又は別表第一第六号、第七号若しくは第十三号に掲げる事業若しくは電話交換の業務については、適用しない。

⑤ 第一項及び第二項の時刻は、第五十六条〔最低年齢〕第二項の規定によって使用する児童については、第一項の時刻は、午後八時及び午前五時とし、第二項の時刻は、午後九時及び午前六時とする。

（危険有害業務の就業制限）

第六十二条 使用者は、満十八才に満たない者に、運転中の機械若しくは動力伝導装置の危険な部分の掃除、注油、検査若しくは修繕をさせ、運転中の機械若しくは動力伝導装置にベルト若しくはロープの取り付け若しくは取りはずしをさせ、動力によるクレーンの運転をさせ、その他厚生労働省令で定める危険な業務に就かせ、又は厚生労働省令で定める重量物を取り扱う業務に就かせてはならない。

② 使用者は、満十八才に満たない者を、毒劇薬、毒劇物その他有害な原料若しくは材料又は爆発性、発火性若しくは引火性の原料若しくは材料を取り扱う業務、著しくじんあい若しくは粉末を飛散し、若しくは有害ガス若しくは有害放射線を発散する場所又は高温若しくは高圧の場所における業務その他安全、衛生又は福祉に有害な場所における業務に就かせてはならない。

③ 前項に規定する業務の範囲は、厚生労働省令で定める。

（坑内労働の禁止）

第六十三条 使用者は、満十八才に満たない者を坑内で労働させてはならない。

（帰郷旅費）

第六十四条 満十八才に満たない者が解雇の日から十四日以内に帰郷する場合においては、使用者は、必要な旅費を負担しなければならない。ただし、満十八才に満たない者がその責めに帰すべき事由に基づいて解雇され、使用者がその事由について行政官庁の認定を受けたときは、この限りでない。

第六章の二 女性

（坑内労働の禁止）

第六十四条の二 使用者は、満十八才以上の女性を坑内で労働させてはならない。ただし、臨時の必要のため坑内で行われる業務で厚生労働省令で定めるものに従事する者（次条第一項に規定する妊産婦で厚生労働省令で定めるものを除く。）については、この限りでない。

（妊産婦等に係る危険有害業務の就業制限）

第六十四条の三 使用者は、妊娠中の女性及び産後一年を経過しない女性（以下「妊産婦」という。）を、重量物を取り扱う業務、有害ガスを発散する場所における業務その他妊産婦の妊娠、出産、哺《ほ》育等に有害な業務に就かせてはならない。

② 前項の規定は、同項に規定する業務のうち女性の妊娠又は出産に係る機能に有害である業務につき、厚生労働省令で、妊産婦以外の女性に関して、準用することができる。

③ 前二項に規定する業務の範囲及びこれらの規定によりこれらの業務に就かせてはならない者の範囲は、厚生労働省令で定める。

（産前産後）

第六十五条　使用者は、六週間（多胎妊娠の場合にあっては、十四週間）以内に出産する予定の女性が休業を請求した場合においては、その者を就業させてはならない。

②　使用者は、産後八週間を経過しない女性を就業させてはならない。ただし、産後六週間を経過した女性が請求した場合において、その者について医師が支障がないと認めた業務に就かせることは、差し支えない。

③　使用者は、妊娠中の女性が請求した場合においては、他の軽易な業務に転換させなければならない。

第六十六条　使用者は妊産婦が請求した場合においては、第三十二条の二第一項、第三十二条の四第一項及び第三十二条五第一項の規定にかかわらず、一週間について第三十二条〔労働時間〕第一項の労働時間、一日について同条第二項の労働時間を超えて労働させてはならない。

②　使用者は、妊産婦が請求した場合においては、第三十三条〔災害等による臨時の必要がある場合の時間外労働等〕第一項及び第三項並びに第三十六条〔時間外及び休日の労働〕第一項の規定にかかわらず、時間外労働をさせてはならず、又は休日に労働させてはならない。

③　使用者は、妊産婦が請求した場合においては、深夜業をさせてはならない。

（育児時間）

第六十七条　生後満一年に達しない生児を育てる女性は、第三十四条〔休憩〕の休憩時間のほか、一日二回各々少なくとも三十分、その生児を育てるための時間を請求することができる。

②　使用者は、前項の育児時間中は、その女性を使用してはならない。

（生理日の就業が著しく困難な女性に対する措置）

第六十八条　使用者は、生理日の就業が著しく困難な女性が休暇を請求したときは、その者を生理日に就業させてはならない。

第七章　技能者の養成

（徒弟の弊害排除）

第六十九条　使用者は、徒弟、見習、養成工その他名称の如何を問わず、技能の習得を目的とする者であることを理由として、労働者を酷使してはならない。

②　使用者は、技能の習得を目的とする労働者を家事その他技能の習得に関係のない作業に従事させてはならない。

（職業訓練に関する特例）

第七十条　職業能力開発促進法（昭和四十四年法律第六十四号）第二十四条〔都道府県知事による職業訓練の認定〕第一項（同法第二十七条の二第二項において準用する場合を含む。）の認定を受けて行う職業訓練を受ける労働者について必要がある場合においては、その必要の限度で、第十四条の契約期間、第六十二条及び第六十四条の三の年少者及び妊産婦等の危険有害業務の就業制限並びに第六十三条及び第六十四条の二の年少者及び女性の坑内労働の禁止に関する規定について、厚生労働省令で別段の定めをすることができる。ただし、第六十三条の年少者の坑内労働の禁止に関する規定については、満十六才に満たない者に関しては、この限りでない。

第七十一条　前条の規定に基いて発する厚生労働省令は、当該厚生労働省令によって労働者を使用することについて行政官庁の許可を受けた使用者に使用される労働者以外の労働者については、適用しない。

第七十二条　第七十条の規定に基づく厚生労働省令の適用を受ける未成年者についての第三十九条（年次有給休暇）の規定の適用については、同条第一項中「十労働日」とあるのは「十二労働日」と、同条第二項の表六年以上の項中「十労働日」とあるのは「八労働日」とする。

第七十三条　第七十一条の規定による許可を受けた使用者が第七十条の規定に基いて発する厚生労働省令に違反した場合においては、行政官庁は、その許可を取り消すことができる。

第七十四条　削除

第八章　災害補償

（療養補償）

第七十五条　労働者が業務上負傷し、又は疾病にかかつた場合においては、使用者は、その費用で必要な療養を行い、又は必要な療養の費用を負担しなければならない。

②　前項に規定する業務上の疾病及び療養の範囲は、厚生労働省令で定める。

（休業補償）

第七十六条　労働者が前条の規定による療養のため、労働することができないために賃金を受けない場合においては、使用者は、労働者の療養中平均賃金の百分の六十の休業補償を行わなければならない。

②　使用者は、前項の規定により休業補償を行つている労働者と同一の事業場における同種の労働者に対して所定労働時間労働した場合に支払われる通常の賃金の、一月から三月まで、四月から六月まで、七月から九月まで及び十月から十二月までの各区分による期間（以下四半期という。）ごとの一箇月一人当り平均額（常時百人未満の労働者を使用する事業場については、厚生労働省において作成する毎月勤労統計における当該事業場の属する産業に係る毎月きまつて支給する給与の四半期の労働者一人当りの一箇月平均額。以下平均給与額という。）が、当該労働者が業務上負傷し、又は疾病にかかつた日の属する四半期における平均給与額の百分の百二十をこえ、又は百分の八十を下るに至つた場合においては、使用者は、その上昇し又は低下した比率に応じて、その上昇し又は低下するに至つた四半期の次の次の四半期において、前項の規定により当該労働者に対して行つている休業補償の額を改訂し、その改訂をした四半期に属する最初の月から改訂された額により休業補償を行わなければならない。改訂後の休業補償の額の改訂についてもこれに準ずる。

③　前項の規定により難い場合における改訂の方法その他同項の規定による改訂について必要な事項は、厚生労働省令で定める。

（障害補償）

第七十七条　労働者が業務上負傷し、又は疾病にかかり、治つた場合において、その身体に障害が存するときは、使用者は、その障害の程度に応じて、平均賃金に別表第二に定める日数を乗じて得た金額の障害補償を行わなければならない。

（休業補償及び障害補償の例外）

第七十八条　労働者が重大な過失によつて業務上負傷し、又は疾病にかかり、且つ使用者がその過失について行政官庁の認定を受けた場合においては、休業補償又は障害補償を行わなくてもよい。

（遺族補償）

第七十九条　労働者が業務上死亡した場合においては、使用者は、遺族に対して、平均賃金の千日分の遺族補償を行わなければならない。

（葬祭料）

第八十条 労働者が業務上死亡した場合においては、使用者は、葬祭を行う者に対して、平均賃金の六十日分の葬祭料を支払わなければならない。

（打切補償）

第八十一条 第七十五条〔療養補償〕の規定によって補償を受ける労働者が、療養開始後三年を経過しても負傷又は疾病がなおらない場合においては、使用者は、平均賃金の千二百日分の打切補償を行い、その後はこの法律の規定による補償を行わなくてもよい。

（分割補償）

第八十二条 使用者は、支払能力のあることを証明し、補償を受けるべき者の同意を得た場合においては、第七十七条〔障害補償〕又は第七十九条〔遺族補償〕の規定による補償に替え、平均賃金に別表第三に定める日数を乗じて得た金額を、六年にわたり毎年補償することができる。

（補償を受ける権利）

第八十三条 補償を受ける権利は、労働者の退職によって変更されることはない。

② 補償を受ける権利は、これを譲渡し、又は差し押えてはならない。

（他の法律との関係）

第八十四条 この法律に規定する災害補償の事由について、労働者災害補償保険法（昭和二十二年法律第五十号）又は厚生労働省令で指定する法令に基づいてこの法律の災害補償に相当する給付が行なわれるべきものである場合においては、使用者は、補償の責を免れる。

② 使用者は、この法律による補償を行つた場合においては、同一の事由については、その価額の限度において民法による損害賠償の責を免れる。

（審査及び仲裁）

第八十五条 業務上の負傷、疾病又は死亡の認定、療養の方法、補償金額の決定その他補償の実施に関して異議のある者は、行政官庁に対して、審査又は事件の仲裁を申し立てることができる。

② 行政官庁は、必要があると認める場合においては、職権で審査又は事件の仲裁をすることができる。

③ 第一項の規定により審査若しくは仲裁の申立てがあった事件又は前項の規定により行政官庁が審査若しくは仲裁を開始した事件について民事訴訟が提起されたときは、行政官庁は、当該事件については、審査又は仲裁をしない。

④ 行政官庁は、審査又は仲裁のために必要であると認める場合においては、医師に診断又は検案をさせることができる。

⑤ 第一項の規定による審査又は仲裁の申立て及び第二項の規定による審査又は仲裁の開始は、時効の中断に関しては、これを裁判上の請求とみなす。

第八十六条 前条の規定による審査及び仲裁の結果に不服のある者は、労働者災害補償保険審査官の審査又は仲裁を申し立てることができる。

② 前条第三項の規定は、前項の規定により審査又は仲裁の申立てがあつた場合に、これを準用する。

（請負事業に関する例外）

第八十七条 厚生労働省令で定める事業が数次の請負によって行われる場合においては、災害補償については、その元請負人を使用者とみなす。

② 前項の場合、元請負人が書面による契約で下請負人に補償を引

き受けさせた場合においては、その下請負人もまた使用者とする。但し、二以上の下請負人に、同一の事業について重複して補償を引き受けさせてはならない。

③ 前項の場合、元請負人が補償の請求を受けた場合においては、補償を引き受けた下請負人に対して、まず催告すべきことを請求することができる。但し、その下請負人が破産の宣告を受け、又は行方が知れない場合においては、この限りでない。

（補償に関する細目）

第八十八条 この章に定めるものの外、補償に関する細目は、厚生労働省令で定める。

第九章 就業規則

（作成及び届出の義務）

第八十九条 常時十人以上の労働者を使用する使用者は、次に掲げる事項について就業規則を作成し、行政官庁に届け出なければならない。次に掲げる事項を変更した場合においても、同様とする。

一 始業及び終業の時刻、休憩時間、休日、休暇並びに労働者を二組以上に分けて交替に就業させる場合においては就業時転換に関する事項

二 賃金（臨時の賃金等を除く。以下この号において同じ。）の決定、計算及び支払の方法、賃金の締切り及び支払の時期並びに昇給に関する事項

三 退職に関する事項

三の二 退職手当の定めをする場合においては、適用される労働者の範囲、退職手当の決定、計算及び支払の方法並びに退職手当の支払の時期に関する事項

四 臨時の賃金等（退職手当を除く。）及び最低賃金額の定めをする場合においては、これに関する事項

五 労働者に食費、作業用品その他の負担をさせる定めをする場合においては、これに関する事項

六 安全及び衛生に関する定めをする場合においては、これに関する事項

七 職業訓練に関する定めをする場合においては、これに関する事項

八 災害補償及び業務外の傷病扶助に関する定めをする場合においては、これに関する事項

九 表彰及び制裁の定めをする場合においては、その種類及び程度に関する事項

十 前各号に掲げるもののほか、当該事業場の労働者のすべてに適用される定めをする場合においては、これに関する事項

（作成の手続）

第九十条 使用者は、就業規則の作成又は変更について、当該事業場に、労働者の過半数で組織する労働組合がある場合においてはその労働組合、労働者の過半数で組織する労働組合がない場合においては労働者の過半数を代表する者の意見を聴かなければならない。

② 使用者は、前条の規定により届出をなすについて、前項の意見を記した書面を添付しなければならない。

（制裁規定の制限）

第九十一条 就業規則で、労働者に対して減給の制裁を定める場合においては、その減給は、一回の額が平均賃金の一日分の半額を超え、総額が一賃金支払期における賃金の総額の十分の一を超えてはならない。

（法令及び労働協約との関係）

第九十二条 就業規則は、法令又は当該事業場について適用される

労働協約に反してはならない。

② 行政官庁は、法令又は労働協約に牴触する就業規則の変更を命ずることができる。

（効力）

第九十三条　就業規則で定める基準に達しない労働条件を定める労働契約は、その部分については無効とする。この場合において無効となつた部分は、就業規則で定める基準による。

第十章　寄宿舎

（寄宿舎生活の自治）

第九十四条　使用者は、事業の附属寄宿舎に寄宿する労働者の私生活の自由を侵してはならない。

② 使用者は、寮長、室長その他寄宿舎生活の自治に必要な役員の選任に干渉してはならない。

（寄宿舎生活の秩序）

第九十五条　事業の附属寄宿舎に労働者を寄宿させる使用者は、左の事項について寄宿舎規則を作成し、行政官庁に届け出なければならない。これを変更した場合においても同様である。

一　起床、就寝、外出及び外泊に関する事項
二　行事に関する事項
三　食事に関する事項
四　安全及び衛生に関する事項
五　建設物及び設備の管理に関する事項

② 使用者は、前項第一号乃至第四号の事項に関する規定の作成又は変更については、寄宿舎に寄宿する労働者の過半数を代表する者の同意を得なければならない。

③ 使用者は、第一項の規定により届出をなすについて、前項の同意を証明する書面を添附しなければならない。

④ 使用者及び寄宿舎に寄宿する労働者は、寄宿舎規則を遵守しなければならない。

（寄宿舎の設備及び安全衛生）

第九十六条　使用者は、事業の附属寄宿舎について、換気、採光、照明、保温、防湿、清潔、避難、定員の収容、就寝に必要な措置その他労働者の健康、風紀及び生命の保持に必要な措置を講じなければならない。

② 使用者が前項の規定によつて講ずべき措置の基準は、厚生労働省令で定める。

（監督上の行政措置）

第九十六条の二　使用者は、常時十人以上の労働者を就業させる事業、厚生労働省令で定める危険な事業又は衛生上有害な事業の附属寄宿舎を設置し、移転し、又は変更しようとする場合においては、前条の規定に基づいて発する厚生労働省令で定める危害防止等に関する基準に従い定めた計画を、工事着手十四日前までに、行政官庁に届け出なければならない。

② 行政官庁は、労働者の安全及び衛生に必要であると認める場合においては、工事の着手を差し止め、又は計画の変更を命ずることができる。

第九十六条の三　労働者を就業させる事業の附属寄宿舎が、安全及び衛生に関し定められた基準に反する場合においては、行政官庁は、使用者に対して、その全部又は一部の使用の停止、変更その他必要な事項を命ずることができる。

② 前項の場合において行政官庁は、使用者に命じた事項について必要な事項を労働者に命ずることができる。

第十一章　監督機関

（監督機関の職員等）

第九十七条 労働基準主管局(厚生労働省の内部部局として置かれる局で労働条件及び労働者の保護に関する事務を所掌するものをいう。以下同じ。)、都道府県労働局及び労働基準監督署に労働基準監督官を置くほか、厚生労働省令で定める必要な職員を置くことができる。

② 労働基準主管局の局長(以下「労働基準主管局長」という。)、都道府県労働局長及び労働基準監督署長は、労働基準監督官をもつてこれに充てる。

③ 労働基準監督官の資格及び任免に関する事項は、政令で定める。

④ 厚生労働省に、政令で定めるところにより、労働基準監督官分限審議会を置くことができる。

⑤ 労働基準監督官を罷免するには、労働基準監督官分限審議会の同意を必要とする。

⑥ 前二項に定めるもののほか、労働基準監督官分限審議会の組織及び運営に関し必要な事項は、政令で定める。

第九十八条 削除

(労働基準主管局長等の権限)

第九十九条 労働基準主管局長は、厚生労働大臣の指揮監督を受けて、都道府県労働局長を指揮監督し、労働基準に関する法令の制定改廃、労働基準監督官の任免教養、監督方法についての規程の制定及び調整、監督年報の作成並びに労働政策審議会及び労働基準監督官分限審議会に関する事項(労働政策審議会に関する事項については、労働条件及び労働者の保護に関するものに限る。)その他この法律の施行に関する事項をつかさどり、所属の職員を指揮監督する。

② 都道府県労働局長は、労働基準主管局長の指揮監督を受けて、管内の労働基準監督署長を指揮監督し、監督方法の調整に関する事項その他この法律の施行に関する事項をつかさどり、所属の職員を指揮監督する。

③ 労働基準監督署長は、都道府県労働局長の指揮監督を受けて、この法律に基く臨検、尋問、許可、認定、審査、仲裁その他この法律の実施に関する事項をつかさどり、所属の職員を指揮監督する。

④ 労働基準主管局長及び都道府県労働局長は、下級官庁の権限を自ら行い、又は所属の労働基準監督官をして行わせることができる。

(女性主管局長の権限)

第百条 厚生労働省の女性主管局長(厚生労働省の内部部局として置かれる局で女性労働者の特性に係る労働問題に関する事務を所掌するものの局長をいう。以下同じ。)は、厚生労働大臣の指揮監督を受けて、この法律中女性に特殊の規定の制定、改廃及び解釈に関する事項をつかさどり、その施行に関する事項については、労働基準主管局長及びその下級の官庁の長に勧告を行うとともに、労働基準主管局長が、その下級の官庁に対して行う指揮監督について援助を与える。

② 女性主管局長は、自ら又はその指定する所属官吏をして、女性に関し労働基準主管局若しくはその下級の官庁又はその所属官吏の行つた監督その他に関する文書を閲覧し、又は閲覧せしめることができる。

③ 第百一条及び第百五条の規定は、女性主管局長又はその指定する所属官吏が、この法律中女性に特殊の規定の施行に関して行う調査の場合に、これを準用する。

(労働基準監督官の権限)

第百一条 労働基準監督官は、事業場、寄宿舎その他の附属建設物に臨検し、帳簿及び書類の提出を求め、又は使用者若しくは労働者に対して尋問を行うことができる。

② 前項の場合において、労働基準監督官は、その身分を証明する証票を携帯しなければならない。

第百二条 労働基準監督官は、この法律違反の罪について、刑事訴訟法に規定する司法警察官の職務を行う。

第百三条 労働者を就業させる事業の附属寄宿舎が、安全及び衛生に関して定められた基準に反し、且つ労働者に急迫した危険がある場合においては、労働基準監督官は、第九十六条の三の規定による行政官庁の権限を即時に行うことができる。

（監督機関に対する申告）

第百四条 事業場に、この法律又はこの法律に基いて発する命令に違反する事実がある場合においては、労働者は、その事実を行政官庁又は労働基準監督官に申告することができる。

② 使用者は、前項の申告をしたことを理由として、労働者に対して解雇その他不利益な取扱をしてはならない。

（報告等）

第百四条の二 行政官庁は、この法律を施行するため必要があると認めるときは、厚生労働省令で定めるところにより、使用者又は労働者に対し、必要な事項を報告させ、又は出頭を命ずることができる。

② 労働基準監督官は、この法律を施行するため必要があると認めるときは、使用者又は労働者に対し、必要な事項を報告させ、又は出頭を命ずることができる。

（労働基準監督官の義務）

第百五条 労働基準監督官は、職務上知り得た秘密を漏してはならない。労働基準監督官を退官した後においても同様である。

第十二章　雑則

（国の援助義務）

第百五条の二 厚生労働大臣又は都道府県労働局長は、この法律の目的を達成するために、労働者及び使用者に対して資料の提供その他必要な援助をしなければならない。

（法令等の周知義務）

第百六条 使用者は、この法律及びこれに基づく命令の要旨、就業規則、第十八条第二項、第二十四条第一項ただし書、第三十二条の二第一項、第三十二条の三、第三十二条の四第一項、第三十二条の五第一項、第三十四条第二項ただし書、第三十六条第一項、第三十八条の二第二項、第三十八条の三第一項並びに第三十九条第五項及び第六項ただし書に規定する協定並びに第三十八条の四第一項及び第五項に規定する決議を、常時各作業場の見やすい場所へ掲示し、又は備え付けること、書面を交付することその他の厚生労働省令で定める方法によつて、労働者に周知させなければならない。

② 使用者は、この法律及びこの法律に基いて発する命令のうち、寄宿舎に関する規定及び寄宿舎規則を、寄宿舎の見易い場所に掲示し、又は備え付ける等の方法によつて、寄宿舎に寄宿する労働者に周知させなければならない。

（労働者名簿）

第百七条 使用者は、各事業場ごとに労働者名簿を、各労働者（日日雇い入れられる者を除く。）について調製し、労働者の氏名、生年月日、履歴その他厚生労働省令で定める事項を記入しなければならない。

② 前項の規定により記入すべき事項に変更があつた場合においては、遅滞なく訂正しなければならない。

（賃金台帳）
第百八条 使用者は、各事業場ごとに賃金台帳を調製し、賃金計算の基礎となる事項及び賃金の額その他厚生労働省令で定める事項を賃金支払の都度遅滞なく記入しなければならない。

（記録の保存）
第百九条 使用者は、労働者名簿、賃金台帳及び雇入、解雇、災害補償、賃金その他労働関係に関する重要な書類を三年間保存しなければならない。

第百十条 削除

（無料証明）
第百十一条 労働者及び労働者になろうとする者は、その戸籍に関して戸籍事務を掌る者又はその代理者に対して、無料で証明を請求することができる。使用者が、労働者及び労働者になろうとする者の戸籍に関して証明を請求する場合においても同様である。

（国及び公共団体についての適用）
第百十二条 この法律及びこの法律に基いて発する命令は、国、都道府県、市町村その他これに準ずべきものについても適用あるものとする。

（命令の制定）
第百十三条 この法律に基いて発する命令は、その草案について、公聴会で労働者を代表する者、使用者を代表する者及び公益を代表する者の意見を聴いて、これを制定する。

（付加金の支払）
第百十四条 裁判所は、第二十条〔解雇の予告〕、第二十六条〔休業手当〕若しくは第三十七条〔時間外、休日及び深夜の割増賃金〕の規定に違反した使用者又は第三十九条〔年次有給休暇〕第六項の規定による賃金を支払わなかつた使用者に対して、労働者の請求により、これらの規定により使用者が支払わなければならない金額についての未払金のほか、これと同一額の付加金の支払を命ずることができる。ただし、この請求は、違反のあつた時から二年以内にしなければならない。

（時効）
第百十五条 この法律の規定による賃金（退職手当を除く。）、災害補償その他の請求権は二年間、この法律の規定による退職手当の請求権は五年間行わない場合においては、時効によつて消滅する。

（経過措置）
第百十五条の二 この法律の規定に基づき命令を制定し、又は改廃するときは、その命令で、その制定又は改廃に伴い合理的に必要と判断される範囲内において、所要の経過措置（罰則に関する経過措置を含む。）を定めることができる。

（適用除外）
第百十六条 第一条から第十一条まで〔総則〕、次項、第百十七条から第百十九条まで及び第百二十一条〔罰則〕の規定を除き、この法律は、船員法（昭和二十二年法律第百号）第一条〔船員〕第一項に規定する船員については、適用しない。

② この法律は、同居の親族のみを使用する事業及び家事使用人については、適用しない。

第十三章 罰則

第百十七条 第五条〔強制労働の禁止〕の規定に違反した者は、これを一年以上十年以下の懲役又は二十万円以上三百万円以下の罰金に処する。

第百十八条 第六条〔中間搾取の排除〕、第五十六条〔最低年齢〕、第六十三条〔坑内労働の禁止〕又は第六十四条の二〔坑内労働の禁止〕の規定に違反した者は、これを一年以下の懲役又は五十万円以下の罰金に処する。

② 第七十条〔職業訓練に関する特例〕の規定に基づいて発する厚生労働省令（第六十三条又は第六十四条の二の規定に係る部分に限る。）に違反した者についても前項の例による。

第百十九条　次の各号の一に該当する者は、これを六箇月以下の懲役又は三十万円以下の罰金に処する。

一　第三条、第四条、第七条、第十六条、第十七条、第十八条第一項、第十九条、第二十条、第二十二条第三項、第三十二条、第三十四条、第三十五条、第三十六条第一項ただし書、第三十七条、第三十九条、第六十一条、第六十二条、第六十四条の三から第六十七条まで、第七十二条、第七十五条から第七十七条まで、第七十九条、第八十条、第九十四条第二項、第九十六条又は第百四条第二項の規定に違反した者

二　第三十三条第二項、第九十六条の二第二項又は第九十六条の三第一項の規定による命令に違反した者

三　第四十条の規定に基づいて発する厚生労働省令に違反した者

四　第七十条の規定に基づいて発する厚生労働省令（第六十二条又は第六十四条の三の規定に係る部分に限る。）に違反した者

第百二十条　次の各号の一に該当する者は、三十万円以下の罰金に処する。

一　第十四条、第十五条第一項若しくは第三項、第十八条第七項、第二十二条第一項若しくは第二項、第二十三条から第二十七条まで、第三十二条の二第二項（第三十二条の四第四項及び第三十二条の五第三項において準用する場合を含む。）、第三十二条の五第二項、第三十三条第一項ただし書、第三十八条の二第三項（第三十八条の三第二項において準用する場合を含む。）、第五十七条から第五十九条まで、第六十四条、第六十八条、第八十九条、第九十条第一項、第九十一条、第九十五条第一項若しくは第二項、第九十六条の二第一項、第百五条（第百条第三項において準用する場合を含む。）又は第百六条から第百九条までの規定に違反した者

二　第七十条の規定に基づいて発する厚生労働省令（第十四条の規定に係る部分に限る。）に違反した者

三　第九十二条第二項又は第九十六条の三第二項の規定による命令に違反した者

四　第百一条（第百条第三項において準用する場合を含む。）の規定による労働基準監督官又は女性主管局長若しくはその指定する所属官吏の臨検を拒み、妨げ、若しくは忌避し、その尋問に対して陳述をせず、若しくは虚偽の陳述をし、帳簿書類の提出をせず、又は虚偽の記載をした帳簿書類の提出をした者

五　第百四条の二の規定による報告をせず、若しくは虚偽の報告をし、又は出頭しなかった者

第百二十一条　この法律の違反行為をした者が、当該事業の労働者に関する事項について、事業主のために行為した代理人、使用人その他の従業者である場合においては、事業主に対しても各本条の罰金刑を科する。ただし、事業主（事業主が法人である場合においてはその代表者、事業主が営業に関し成年者と同一の能力を有しない未成年者又は成年被後見人である場合においてはその法定代理人（法定代理人が法人であるときは、その代表者）を事業主とする。以下本条において同様である。）が違反の防止に必要な措置をした場合においては、この限りでない。

② 事業主が違反の計画を知りその防止に必要な措置を講じなかった場合、違反行為を知り、その是正に必要な措置を講じなかった場合又は違反を教唆した場合においては、事業主も行為者として

罰する。

附　則〔抄〕

第百三十一条　命令で定める規模以下の事業又は命令で定める業種の事業に係る第三十二条第一項（第六十条第二項の規定により読み替えて適用する場合を除く。）の規定の適用については、平成九年三月三十一日までの間は、第三十二条第一項中「四十時間」とあるのは、「四十時間を超え四十四時間以下の範囲内において命令で定める時間」とする。

②　前項の規定により読み替えて適用する第三十二条第一項の命令は、労働者の福祉、労働時間の動向その他の事情を考慮して定めるものとする。

③　第一項の規定により読み替えて適用する第三十二条第一項の命令を制定し、又は改正する場合においては、当該命令で、一定の規模以下の事業又は一定の業種の事業については、一定の期間に限り、当該命令の制定前又は改正前の例による旨の経過措置（罰則に関する経過措置を含む。）を定めることができる。

④　労働大臣は、第一項の規定により読み替えて適用する第三十二条第一項の命令の制定又は改正の立案をしようとするときは、あらかじめ、中央労働基準審議会の意見を聴かなければならない。

第百三十二条　前条第一項の規定が適用される間における同項に規定する事業に係る第三十二条の四第一項の規定の適用については、同項各号列記以外の部分中「次に掲げる事項を定めたときは、第三十二条の規定にかかわらず、その協定で」とあるのは「次に掲げる事項及び」と、「労働時間が四十時間」とあるのは「労働時間を四十時間（命令で定める規模以下の事業にあつては、四十時間を超え四十二時間以下の範囲内において命令で定める時間）以内とし、当該時間を超えて労働させたときはその超えた時間（第三十七条第一項の規定の適用を受ける時間を除く。）の労働について同条の規定の例により割増賃金を支払う定めをしたときは、第三十二条の規定にかかわらず、当該期間を平均し一週間当たりの労働時間が同条第一項の労働時間」と、「労働させることができる」とあるのは「労働させることができる。この場合において、使用者は、当該期間を平均し一週間当たり四十時間（前段の命令で定める規模以下の事業にあつては、前段の命令で定める時間）を超えて労働させたときは、その超えた時間（第三十七条第一項の規定の適用を受ける時間を除く。）の労働について、第三十七条の規定の例により割増賃金を支払わなければならない」と、同項第二号中「四十時間」とあるのは「第三十二条第一項の労働時間」とする。

②　前条第一項の規定が適用される間における同項に規定する事業に係る第三十二条の五第一項の規定の適用については、同項中「協定がある」とあるのは「協定により、一週間の労働時間を四十時間（命令で定める規模以下の事業にあつては、四十時間を超え四十二時間以下の範囲内において命令で定める時間）以内とし、当該時間を超えて労働させたときはその超えた時間（第三十七条第一項の規定の適用を受ける時間を除く。）の労働について同条の規定の例により割増賃金を支払う定めをした」と、「一日について」とあるのは「一週間について同条第一項の労働時間を超えない範囲内において、一日について」と、「労働させることができる」とあるのは「労働させることができる。この場合において、使用者は、一週間について四十時間（前段の命令で定める規模以下の事業にあつては、前段の命令で定める時間）を超えて労働させたときは、その超えた時間（第三十七条第一項の規定の適用を受ける時間を除く。）の労働について、第三十七条の規定の例によ

り割増賃金を支払わなければならない」とする。

③　前条第四項の規定は、前二項の規定により読み替えて適用する第三十二条の四第一項及び第三十二条の五第一項（第二項の規定により読み替えた部分に限る。）の命令について準用する。

第百三十三条　厚生労働大臣は、第三十六条第二項の基準を定めるに当たつては、満十八歳以上の女性のうち雇用の分野における男女の均等な機会及び待遇の確保等のための労働省関係法律の整備に関する法律（平成九年法律第九十二号）第四条の規定による改正前の第六十四条の二第四項に規定する命令で定める者に該当しない者について平成十一年四月一日以後同条第一項及び第二項の規定が適用されなくなつたことにかんがみ、当該者のうち子の養育又は家族の介護を行う労働者（厚生労働省令で定める者に限る。以下この条において「特定労働者」という。）の職業生活の著しい変化がその家庭生活に及ぼす影響を考慮して、厚生労働省令で定める期間、特定労働者（その者に係る時間外労働を短いものとすることを使用者に申し出た者に限る。）に係る第三十六条第一項の協定で定める労働時間の延長の限度についての基準は、当該特定労働者以外の者に係る同項の協定で定める労働時間の延長の限度についての基準とは別に、これより短いものとして定めるものとする。この場合において、一年についての労働時間の延長の限度についての基準は、百五十時間を超えないものとしなければならない。

第百三十四条　常時三百人以下の労働者を使用する事業に係る第三十九条の規定の適用については、昭和六十六年三月三十一日までの間は同条第一項中「十労働日」とあるのは「六労働日」と、同年四月一日から昭和六十九年三月三十一日までの間は同項中「十労働日」とあるのは「八労働日」とする。

第百三十五条　六箇月経過日から起算した継続勤務年数が四年から八年までのいずれかの年数に達する日の翌日が平成十一年四月一日から平成十二年三月三十一日までの間にある労働者に関する第三十九条の規定の適用については、同日までの間は、次の表の上欄に掲げる当該六箇月経過日から起算した継続勤務年数の区分に応じ、同条第二項の表中次の表の中欄に掲げる字句は、同表の下欄に掲げる字句とする。

四年	六労働日	五労働日
五年	八労働日	六労働日
六年	十労働日	七労働日
七年	十労働日	八労働日
八年	十労働日	九労働日

②　六箇月経過日から起算した継続勤務年数が五年から七年までのいずれかの年数に達する日の翌日が平成十二年四月一日から平成十三年三月三十一日までの間にある労働者に関する第三十九条の規定の適用については、平成十二年四月一日から平成十三年三月三十一日までの間は、次の表の上欄に掲げる当該六箇月経過日から起算した継続勤務年数の区分に応じ、同条第二項の表中次の表の中欄に掲げる字句は、同表の下欄に掲げる字句とする。

五年	八労働日	七労働日
六年	十労働日	八労働日
七年	十労働日	九労働日

③　前二項の規定は、第七十二条に規定する未成年者については、

適用しない。

第百三十六条　使用者は、第三十九条第一項から第三項までの規定による有給休暇を取得した労働者に対して、賃金の減額その他不利益な取扱いをしないようにしなければならない。

別表第一（第三十三条、第四十条、第四十一条、第五十六条、第六十一条関係）

一　物の製造、改造、加工、修理、洗浄、選別、包装、装飾、仕上げ、販売のためにする仕立て、破壊若しくは解体又は材料の変造の事業（電気、ガス又は各種動力の発生、変更若しくは伝導の事業及び水道の事業を含む。）
二　鉱業、石切り業その他土石又は鉱物採取の事業
三　土木、建築その他工作物の建設、改造、保存、修理、変更、破壊、解体又はその準備の事業
四　道路、鉄道、軌道、索道、船舶又は航空機による旅客又は貨物の運送の事業
五　ドック、船舶、岸壁、波止場、停車場又は倉庫における貨物の取扱いの事業
六　土地の耕作者若しくは開墾又は植物の栽植、栽培、採取若しくは伐採の事業その他農林の事業
七　動物の飼育又は水産動植物の採捕若しくは養殖の事業その他の畜産、養蚕又は水産の事業
八　物品の販売、配給、保管若しくは賃貸又は理容の事業
九　金融、保険、媒介、周旋、集金、案内又は広告の事業
十　映画の製作又は映写、演劇その他興行の事業
十一　郵便又は電気通信の事業
十二　教育、研究又は調査の事業
十三　病者又は虚弱者の治療、看護その他保健衛生の事業
十四　旅館、料理店、飲食店、接客業又は娯楽場の事業
十五　焼却、清掃又はと畜場の事業

別表第二　身体障害等級及び災害補償表（第七十七条関係）

等級	災害補償
第一級	一三四〇日分
第二級	一一九〇日分
第三級	一〇五〇日分
第四級	九二〇日分
第五級	七九〇日分
第六級	六七〇日分
第七級	五六〇日分
第八級	四五〇日分
第九級	三五〇日分
第一〇級	二七〇日分
第一一級	二〇〇日分
第一二級	一四〇日分
第一三級	九〇日分
第一四級	五〇日分

別表第三　分割補償表（第八十二条関係）

種別	等級	災害補償
障害補償	第一級	二四〇日分
	第二級	二一三日分
	第三級	一八八日分

	第四級	一六四日分
	第五級	一四二日分
	第六級	一二〇日分
	第七級	一〇〇日分
	第八級	八〇日分
	第九級	六三日分
	第一〇級	四八日分
	第一一級	三六日分
	第一二級	二五日分
	第一三級	一六日分
	第一四級	九日分
遺族補償		一八〇日分

○労働基準法施行規則　抄

〔昭和二二年八月三〇日／厚生省令第二三号〕

最近改正　平成一二年一二月二七日　労働省令第四九号

〔労働条件の明示〕

第五条　使用者が法第十五条〔労働条件の明示〕第一項前段の規定により労働者に対して明示しなければならない労働条件は、次に掲げるものとする。ただし、第四号の二から第十一号までに掲げる事項については、使用者がこれらに関する定めをしない場合においては、この限りでない。

一　労働契約の期間に関する事項

一の二　就業の場所及び従事すべき業務に関する事項

二　始業及び終業の時刻、所定労働時間を超える労働の有無、休憩時間、休日、休暇並びに労働者を二組以上に分けて就業させる場合における就業時転換に関する事項

三　賃金（退職手当及び第五号に規定する賃金を除く。以下この号において同じ。）の決定、計算及び支払の方法、賃金の締切り及び支払の時期並びに昇給に関する事項

四　退職に関する事項

四の二　退職手当の定めが適用される労働者の範囲、退職手当の決定、計算及び支払の方法並びに退職手当の支払の時期に関する事項

五　臨時に支払われる賃金（退職手当を除く。）、賞与及び第八条各号に掲げる賃金並びに最低賃金額に関する事項
六　労働者に負担させるべき食費、作業用品その他に関する事項
七　安全及び衛生に関する事項
八　職業訓練に関する事項
九　災害補償及び業務外の傷病扶助に関する事項
十　表彰及び制裁に関する事項
十一　休職に関する事項

②　法第十五条第一項後段の厚生労働省令で定める事項は、前項第一号から第四号までに掲げる事項（昇給に関する事項を除く。）とする。

③　法第十五条第一項後段の厚生労働省令で定める方法は、労働者に対する前項に規定する事項が明らかとなる書面の交付とする。

〔賃金の口座等への振込み〕

第七条の二　使用者は、労働者の同意を得た場合には、賃金の支払について次の方法によることができる。
一　当該労働者が指定する銀行その他の金融機関に対する当該労働者の預金又は貯金への振込み
二　当該労働者が指定する証券会社に対する当該労働者の預り金（次の要件を満たすものに限る。）への払込み
イ　当該預り金により投資信託及び投資法人に関する法律（昭和二十六年法律第百九十八号）第二条〔定義〕第四項の証券投資信託（以下この号において「証券投資信託」という。）の受益証券以外のものを購入しないこと。
ロ　当該預り金により購入する受益証券に係る投資信託及び投資法人に関する法律第二十五条〔委託者指図型投資信託約款の記載事項〕第一項の投資信託約款に次の事項が記載されていること。

(1)　信託財産の運用の対象は、有価証券（出資証券、優先出資証券、優先出資引受権を表示する証書、株券並びに新株引受権を表示する証券及び証書を除く。以下この号において同じ。）、預金、手形、指定金銭信託及びコールローンに限られること。

(2)　信託財産の運用の対象となる有価証券、預金、手形、指定金銭信託及びコールローン（以下この号において「有価証券等」という。）は、償還又は満期までの期間（以下この号において「残存期間」という。）が一年を超えないものであって、一以上の指定格付機関（企業内容等の開示に関する内閣府令（昭和四十八年大蔵省令第五号）第一条〔定義〕第十三号の二に規定する指定格付機関をいう。以下この号において同じ。）から同令第九条の四〔参照方式による有価証券届出書〕第四項第一号ホに規定する特定格付（以下この号において「特定格付」という。）のうち第三位以上の特定格付が付与された長期有価証券（発行から償還までの期間が一年以上の有価証券をいう。以下この号において同じ。）若しくは特定格付のうち第二位以上の特定格付が付与された短期有価証券（発行から償還までの期間が一年未満の有価証券をいう。以下この号において同じ。）又は証券投資信託の委託会社がこれらの特定格付が付与された有価証券と同等以上に安全に運用できる対象と認めたものであること。

(3)　信託財産に組み入れる有価証券等の平均残存期間（一の有価証券等の残存期間に当該有価証券等の組入れ額を乗じて得た合計額を、当該有価証券等の組入れ額の合計額で除

した期間をいう。）が九十日を超えないこと。

(4) 信託財産の総額のうちに、一の法人その他の団体（以下この号において「法人等」という。）が発行し、又は取り扱う有価証券等（国債証券、政府保証債及び返済までの期間（貸付けを行う当該証券投資信託の受託者である会社が休業している日を除く。）が五日以内のコールローン（以下この号において「特定コールローン」という。）を除く。）であつて、二以上の指定格付機関から特定格付のうち第二位以上の特定格付が付与された長期有価証券及び特定格付のうち第一位の特定格付が付与された短期有価証券並びに証券投資信託の委託会社がこれらの特定格付が付与された有価証券と同等以上に安全に運用できる対象と認めたもの（以下この号において「適格有価証券等」という。）の当該信託財産の総額の計算の基礎となつた価額の占める割合が、百分の五以下であること。

(5) 信託財産の総額のうちに有価証券等（国債証券、政府保証債、特定コールローン及び適格有価証券等を除く。以下この号において同じ。）の当該信託財産の総額の計算の基礎となつた価額の占める割合が、百分の五以下であること。

(6) 信託財産の総額のうちに一の法人等が発行し、又は取り扱う有価証券等の当該信託財産の総額の計算の基礎となつた価額の占める割合が、百分の一以下であること。

(7) 信託財産の総額のうちに一の法人等が取り扱う特定コールローンの当該信託財産の総額の計算の基礎となつた価額の占める割合が、百分の二十五以下であること。

ハ 当該預り金に係る投資約款（労働者と証券会社の間の預り金の取扱い及び受益証券の購入等に関する約款をいう。）に次の事項が記載されていること。

(1) 当該預り金への払込みが一円単位でできること。

(2) 預り金及び証券投資信託の受益権に相当する金額の払戻しが、その申出があつた日に、一円単位でできること。

② 使用者は、労働者の同意を得た場合には、退職手当の支払について前項に規定する方法によるほか、次の方法によることができる。

一 銀行その他の金融機関によつて振り出された当該銀行その他の金融機関を支払人とする小切手を当該労働者に交付すること。

二 銀行その他の金融機関が支払保証をした小切手を当該労働者に交付すること。

三 郵便為替を当該労働者に交付すること。

③ 地方公務員に関して法第二十四条〔賃金の支払〕第一項の規定が適用される場合における前項の規定の適用については、同項第一号中「小切手」とあるのは、「小切手又は地方公共団体によって振り出された小切手」とする。

〔時間外・休日労働の協定〕

第十六条 使用者は、法第三十六条〔時間外及び休日の労働〕第一項の協定をする場合には、時間外又は休日の労働をさせる必要のある具体的事由、業務の種類、労働者の数並びに一日及び一日を超える一定の期間についての延長することができる時間又は労働させることができる休日について、協定しなければならない。

② 前項の協定（労働協約による場合を除く。）には、有効期間の定めをするものとする。

③ 前二項の規定は、労使委員会の決議及び労働時間短縮推進委員

会の決議について準用する。

〔深夜業の割増賃金〕

第二十条 法第三十三条〔災害等による臨時の必要がある場合の時間外労働〕又は法第三十六条〔時間外及び休日の労働〕第一項の規定によって延長した労働時間が午後十時から午前五時（厚生労働大臣が必要であると認める場合は、その定める地域又は期間については午後十一時から午前六時）までの間に及ぶ場合においては、使用者はその時間の労働については、前条第一項各号の金額にその労働時間数を乗じた金額の五割以上の率で計算した割増賃金を支払わなければならない。

② 法第三十三条又は法第三十六条第一項の規定による休日の労働時間が午後十時から午前五時（厚生労働大臣が必要であると認める場合は、その定める地域又は期間については午後十一時から午前六時）までの間に及ぶ場合においては、使用者はその時間の労働については、前条第一項各号の金額にその労働時間数を乗じた金額の六割以上の率で計算した割増賃金を支払わなければならない。

〔割増賃金算定基礎から除外される賃金〕

第二十一条 法第三十七条〔時間外、休日及び深夜の割増賃金〕第四項の規定によって、家族手当及び通勤手当のほか、次に掲げる賃金は、同条第一項及び第三項の割増賃金の基礎となる賃金には算入しない。

一　別居手当
二　子女教育手当
三　住宅手当
四　臨時に支払われた賃金
五　一箇月を超える期間ごとに支払われる賃金

〔宿日直勤務〕

第二十三条 使用者は、宿直又は日直の勤務で断続的な業務について、様式第十号〔略〕によって、所轄労働基準監督署長の許可を受けた場合は、これに従事する労働者を、法第三十二条〔労働時間〕の規定にかかわらず、使用することができる。

◎育児休業、介護休業等育児又は家族介護を行う労働者の福祉に関する法律　抄

〔平成三年五月一五日 法律第七六号〕

最近改正　平成一三年一一月一六日　法律第一一八号

第一章　総則

（目的）

第一条　この法律は、育児休業及び介護休業に関する制度を設けるとともに、子の養育及び家族の介護を容易にするため勤務時間等に関し事業主が講ずべき措置を定めるほか、子の養育又は家族の介護を行う労働者等に対する支援措置を講ずること等により、子の養育又は家族の介護を行う労働者等の雇用の継続及び再就職の促進を図り、もってこれらの者の職業生活と家庭生活との両立に寄与することを通じて、これらの者の福祉の増進を図り、あわせて経済及び社会の発展に資することを目的とする。

（定義）

第二条　この法律において、次の各号に掲げる用語の意義は、当該各号に定めるところによる。

一　育児休業　労働者（日々雇用される者及び期間を定めて雇用される者を除く。以下この条、次章、第三章、第二十一条及び第二十二条において同じ。）が、次章に定めるところにより、その一歳に満たない子を養育するためにする休業をいう。

二　介護休業　労働者が、第三章に定めるところにより、その要介護状態にある対象家族を介護するためにする休業をいう。

三　要介護状態　負傷、疾病又は身体上若しくは精神上の障害により、厚生労働省令で定める期間にわたり常時介護を必要とする状態をいう。

四　対象家族　配偶者（婚姻の届出をしていないが、事実上婚姻関係と同様の事情にある者を含む。以下この号及び第六十一条第三項（同条第六項において準用する場合を含む。）において同じ。）、父母及び子（これらの者に準ずる者として厚生労働省令で定めるものを含む。）並びに配偶者の父母をいう。

五　家族　対象家族その他厚生労働省令で定める親族をいう。

（基本的理念）

第三条　この法律の規定による子の養育又は家族の介護を行う労働者等の福祉の増進は、これらの者がそれぞれ職業生活の全期間を通じてその能力を有効に発揮して充実した職業生活を営むとともに、育児又は介護について家族の一員としての役割を円滑に果たすことができるようにすることをその本旨とする。

2　子の養育又は家族の介護を行うための休業をする労働者は、その休業後における就業を円滑に行うことができるよう必要な努力をするようにしなければならない。

（関係者の責務）

第四条　事業主並びに国及び地方公共団体は、前条に規定する基本的理念に従って、子の養育又は家族の介護を行う労働者等の福祉を増進するように努めなければならない。

第二章　育児休業

（育児休業の申出）

第五条　労働者は、その事業主に申し出ることにより、育児休業を

することができる。ただし、育児休業をしたことがある労働者は、当該育児休業を開始した日に養育していた子については、厚生労働省令で定める特別の事情がある場合を除き、当該申出をすることができない。

2　前項本文の規定による申出（以下「育児休業申出」という。）は、厚生労働省令で定めるところにより、その期間中は育児休業をすることとする一の期間について、その初日（以下「育児休業開始予定日」という。）及び末日（以下「育児休業終了予定日」という。）とする日を明らかにして、しなければならない。

（育児休業申出があった場合における事業主の義務等）

第六条　事業主は、労働者からの育児休業申出があったときは、当該育児休業申出を拒むことができない。ただし、当該事業主と当該労働者が雇用される事業所の労働者の過半数で組織する労働組合があるときはその労働組合、その事業所の労働者の過半数で組織する労働組合がないときはその労働者の過半数を代表する者との書面による協定で、次に掲げる労働者のうち育児休業をすることができないものとして定められた労働者に該当する労働者からの育児休業申出があった場合は、この限りでない。

一　当該事業主に引き続き雇用された期間が一年に満たない労働者

二　労働者の配偶者で当該育児休業申出に係る子の親であるものが、常態として当該子を養育することができるものとして厚生労働省令で定める者に該当する場合における当該労働者

三　前二号に掲げるもののほか、育児休業をすることができないこととすることについて合理的な理由があると認められる労働者として厚生労働省令で定めるもの

2　前項ただし書の場合において、事業主にその育児休業申出を拒まれた労働者は、前条第一項本文の規定にかかわらず、育児休業をすることができない。

3　事業主は、労働者から育児休業申出があった場合において、当該育児休業申出に係る育児休業開始予定日とされた日が当該育児休業申出があった日の翌日から起算して一月を経過する日（以下この項において「一月経過日」という。）前の日であるときは、厚生労働省令で定めるところにより、当該育児休業開始予定日とされた日から当該一月経過日（当該育児休業申出があった日までに、出産予定日前に子が出生したことその他の厚生労働省令で定める事由が生じた場合にあっては、当該一月経過日前の日で厚生労働省令で定める日）までの間のいずれかの日を当該育児休業開始予定日として指定することができる。

（育児休業開始予定日の変更の申出等）

第七条　育児休業申出をした労働者は、その後当該育児休業申出に係る育児休業開始予定日とされた日（前条第三項の規定による事業主の指定があった場合にあっては、当該事業主の指定した日。以下この項において同じ。）の前日までに、同条第三項の厚生労働省令で定める事由が生じた場合には、その事業主に申し出ることにより、当該育児休業申出に係る育児休業開始予定日を一回に限り当該育児休業開始予定日とされた日前の日に変更することができる。

2　事業主は、前項の規定による労働者からの申出があった場合において、当該申出に係る変更後の育児休業開始予定日とされた日が当該申出があった日の翌日から起算して一月を超えない範囲内で厚生労働省令で定める期間を経過する日（以下この項において「期間経過日」という。）前の日であるときは、厚生労働省令で定めるところにより、当該申出に係る変更後の育児休業開始予定日

とされた日から当該期間経過日（その日が当該申出に係る変更前の育児休業開始予定日とされていた日（前条第三項の規定による事業主の指定があった場合にあっては、当該事業主の指定した日。以下この項において同じ。）以後の日である場合にあっては、当該申出に係る変更前の育児休業開始予定日とされていた日）までの間のいずれかの日を当該労働者に係る育児休業開始予定日として指定することができる。

3　育児休業申出をした労働者は、厚生労働省令で定める日までにその事業主に申し出ることにより、当該育児休業申出に係る育児休業終了予定日を一回に限り当該育児休業終了予定日とされた日後の日に変更することができる。

（育児休業申出の撤回等）

第八条　育児休業申出をした労働者は、当該育児休業申出に係る育児休業開始予定日とされた日（第六条第三項又は前条第二項の規定による事業主の指定があった場合にあっては当該事業主の指定した日、同条第一項の規定により育児休業開始予定日が変更された場合にあってはその変更後の育児休業開始予定日とされた日。第三項及び次条第一項において同じ。）の前日までは、当該育児休業申出を撤回することができる。

2　前項の規定により育児休業申出を撤回した労働者は、当該育児休業申出に係る子については、厚生労働省令で定める特別の事情のある場合を除き、第五条〔育児休業の申出〕第一項本文の規定にかかわらず、育児休業申出をすることができない。

3　育児休業申出がされた後育児休業開始予定日とされた日の前日までに、子の死亡その他の労働者が当該育児休業申出に係る子を養育しないこととなった事由として厚生労働省令で定める事由が生じたときは、当該育児休業申出は、されなかったものとみなす。この場合において、労働者は、その事業主に対して、当該事由が生じた旨を遅滞なく通知しなければならない。

（育児休業期間）

第九条　育児休業申出をした労働者がその期間中は育児休業をすることができる期間（以下「育児休業期間」という。）は、育児休業開始予定日とされた日から育児休業終了予定日とされた日（第七条第三項の規定により当該育児休業終了予定日が変更された場合にあっては、その変更後の育児休業終了予定日とされた日。次項において同じ。）までの間とする。

2　次の各号に掲げるいずれかの事情が生じた場合には、育児休業期間は、前項の規定にかかわらず、当該事情が生じた日（第三号に掲げる事情が生じた場合にあっては、その前日）に終了する。

一　育児休業終了予定日とされた日の前日までに、子の死亡その他の労働者が育児休業申出に係る子を養育しないこととなった事由として厚生労働省令で定める事由が生じたこと。

二　育児休業終了予定日とされた日の前日までに、育児休業申出に係る子が一歳に達したこと。

三　育児休業終了予定日とされた日までに、育児休業申出をした労働者について、労働基準法（昭和二十二年法律第四十九号）〔別掲〕第六十五条〔産前産後〕第一項若しくは第二項の規定により休業する期間、第十五条第一項に規定する介護休業期間又は新たな育児休業期間が始まったこと。

3　前条第三項後段の規定は、前項第一号の厚生労働省令で定める事由が生じた場合について準用する。

（不利益取扱いの禁止）

第十条　事業主は、労働者が育児休業申出をし、又は育児休業をしたことを理由として、当該労働者に対して解雇その他不利益な取扱いをしてはならない。

第三章　介護休業

（介護休業の申出）

第十一条　労働者は、その事業主に申し出ることにより、介護休業をすることができる。ただし、介護休業をしたことがある労働者は、当該介護休業を開始した日に介護していた対象家族については、厚生労働省令で定める特別の事情がある場合を除き、当該申出をすることができない。

2　前項本文の規定による申出（以下「介護休業申出」という。）は、厚生労働省令で定めるところにより、介護休業申出に係る対象家族が要介護状態にあることを明らかにし、かつ、その期間中は当該対象家族に係る介護休業をすることとする一の期間について、その初日（以下「介護休業開始予定日」という。）及び末日（以下「介護休業終了予定日」という。）とする日を明らかにして、しなければならない。

（介護休業申出があった場合における事業主の義務等）

第十二条　事業主は、労働者からの介護休業申出があったときは、当該介護休業申出を拒むことができない。

2　第六条〔育児休業申出があった場合における事業主の義務等〕第一項ただし書（第二号を除く。）及び第二項の規定は、労働者からの介護休業申出があった場合について準用する。この場合において、同条第二項中「前項ただし書」とあるのは「第十二条第二項において準用する第六条第一項ただし書」と、「前条第一項本文」とあるのは「第十一条第一項本文」と読み替えるものとする。

3　事業主は、労働者からの介護休業申出があった場合において、当該介護休業申出に係る介護休業開始予定日とされた日が当該介護休業申出があった日の翌日から起算して二週間を経過する日（以下この項において「二週間経過日」という。）前の日であるときは、厚生労働省令で定めるところにより、当該介護休業開始予定日とされた日から当該二週間経過日までの間のいずれかの日を当該介護休業開始予定日として指定することができる。

（介護休業終了予定日の変更の申出）

第十三条　第七条〔育児休業開始予定日の変更の申出等〕第三項の規定は、介護休業終了予定日の変更の申出について準用する。

（介護休業申出の撤回等）

第十四条　介護休業申出をした労働者は、当該介護休業申出に係る介護休業開始予定日とされた日（第十二条第三項の規定による事業主の指定があった場合にあっては、当該事業主の指定した日。第三項において準用する第八条第三項、次条第一項及び第二十三条第二項において同じ。）の前日までは、当該介護休業申出を撤回することができる。

2　前項の規定による介護休業申出の撤回がなされた場合において、当該撤回に係る対象家族についての介護休業申出については、当該撤回後になされる最初の介護休業申出を除き、事業主は、第十二条第一項の規定にかかわらず、これを拒むことができる。

3　第八条〔育児休業申出の撤回等〕第三項の規定は、介護休業申出について準用する。この場合において、同項中「子」とあるのは「対象家族」と、「養育」とあるのは「介護」と読み替えるものとする。

（介護休業期間）

第十五条　介護休業申出をした労働者がその期間中は介護休業をすることができる期間（以下「介護休業期間」という。）は、当該介護休業申出に係る介護休業開始予定日とされた日から介護休業終了予定日とされた日（その日が当該介護休業開始予定日とされた日（次の各号のいずれかに該当する場合にあっては当該各号に定める日とし、当該各号のいずれにも該当する場合にあっては当該各号に定める日のいずれか早い日とする。）の翌日から起算して三月を経過する日より後の日であるときは、当該経過する日（以下この項において「三月経過日」という。）。第三項において同じ。）までの間とする。ただし、三月経過日が当該介護休業申出に係る介護休業開始予定日とされた日より前の日であるときは、当該労働者は、第十一条第一項本文の規定にかかわらず、介護休業をすることができない。

一　当該労働者が、対象家族について第十一条第一項ただし書の厚生労働省令で定める特別の事情のある場合に同条の規定により介護休業申出をする場合　当該対象家族について開始された最初の介護休業に係る介護休業開始予定日とされた日

二　当該労働者に関して当該介護休業申出に係る対象家族のために第二十三条第二項の措置のうち勤務時間の短縮その他の措置であって厚生労働省令で定めるものが既に講じられている場合　当該措置のうち最初に講じられた措置の初日

2　この条において、介護休業終了予定日とされた日とは、第十三条において準用する第七条第三項の規定により当該介護休業終了予定日が変更された場合にあっては、その変更後の介護休業終了予定日とされた日をいう。

3　次の各号に掲げるいずれかの事情が生じた場合には、介護休業期間は、第一項の規定にかかわらず、当該事情が生じた日（第二号に掲げる事情が生じた場合にあっては、その前日）に終了する。

一　介護休業終了予定日とされた日の前日までに、対象家族の死亡その他の労働者が介護休業申出に係る対象家族を介護しないこととなった事由として厚生労働省令で定める事由が生じたこと。

二　介護休業終了予定日とされた日までに、介護休業申出をした労働者について、労働基準法第六十五条第一項若しくは第二項の規定により休業する期間、育児休業期間又は新たな介護休業期間が始まったこと。

4　第八条（育児休業申出の撤回等）第三項後段の規定は、前項第一号の厚生労働省令で定める事由が生じた場合について準用する。

（準用）

第十六条　第十条（不利益取扱いの禁止）の規定は、介護休業申出及び介護休業について準用する。

第四章　時間外労働の制限

第十七条　事業主は、労働基準法第三十六条第一項本文の規定により同項に規定する労働時間（以下この条において単に「労働時間」という。）を延長することができる場合において、小学校就学の始期に達するまでの子を養育する労働者（日々雇用される者を除く。以下この章、次章、第二十三条から第二十六条まで、第二十八条及び第二十九条において同じ。）であって次の各号のいずれにも該当しないものが当該子を養育するために請求したときは、制限時間（一月について二十四時間、一年について百五十時間をいう。次項において同じ。）を超えて労働時間を延長してはならない。ただし、事業の正常な運営を妨げる場合は、この限りでない。

一　当該事業主に引き続き雇用された期間が一年に満たない労働者

二　労働者の配偶者で当該請求に係る子の親であるものが、常態として当該子を養育することができるものとして厚生労働省令で定める者に該当する場合における当該労働者

三　前二号に掲げるもののほか、当該請求をできないこととすることについて合理的な理由があると認められる労働者として厚生労働省令で定めるもの

2　前項の規定による請求は、厚生労働省令で定めるところにより、その期間中は制限時間を超えて労働時間を延長してはならないこととなる一の期間（一月以上一年以内の期間に限る。第四項において「制限期間」という。）について、その初日（以下この条において「制限開始予定日」という。）及び末日（同項において「制限終了予定日」という。）とする日を明らかにして、制限開始予定日の一月前までにしなければならない。

3　第一項の規定による請求がされた後制限開始予定日とされた日の前日までに、子の死亡その他の労働者が当該請求に係る子の養育をしないこととなった事由として厚生労働省令で定める事由が生じたときは、当該請求は、されなかったものとみなす。この場合において、労働者は、その事業主に対して、当該事由が生じた旨を遅滞なく通知しなければならない。

4　次の各号に掲げるいずれかの事情が生じた場合には、制限期間は、当該事情が生じた日（第三号に掲げる事情が生じた場合にあっては、その前日）に終了する。

一　制限終了予定日とされた日の前日までに、子の死亡その他の労働者が第一項の規定による請求に係る子を養育しないこととなった事由として厚生労働省令で定める事由が生じたこと。

二　制限終了予定日とされた日の前日までに、第一項の規定による請求に係る子が小学校就学の始期に達したこと。

三　制限終了予定日とされた日までに、第一項の規定による請求をした労働者について、労働基準法第六十五条第一項若しくは第二項の規定により休業する期間、育児休業期間又は介護休業期間が始まったこと。

5　第三項後段の規定は、前項第一号の厚生労働省令で定める事由が生じた場合について準用する。

第十八条　前条第一項（第二号を除く。）、第二項、第三項及び第四項（第二号を除く。）の規定は、要介護状態にある対象家族を介護する労働者について準用する。この場合において、同条第一項中「当該子を養育する」とあるのは「当該対象家族を介護する」と、同条第三項及び第四項第一号中「子」とあるのは「対象家族」と、「養育」とあるのは「介護」と読み替えるものとする。

2　前条第三項後段の規定は、前項において準用する同条第四項第一号の厚生労働省令で定める事由が生じた場合について準用する。

第五章　深夜業の制限

第十九条　事業主は、小学校就学の始期に達するまでの子を養育する労働者であって次の各号のいずれにも該当しないものが当該子を養育するために請求した場合においては、午後十時から午前五時までの間（以下この条において「深夜」という。）において労働させてはならない。ただし、事業の正常な運営を妨げる場合は、この限りでない。

一　当該事業主に引き続き雇用された期間が一年に満たない労働者

二　当該請求に係る深夜において、常態として当該子を保育することができる当該子の同居の家族その他の厚生労働省令で定める者がいる場合における当該労働者

三　前二号に掲げるもののほか、当該請求をできないこととすることについて合理的な理由があると認められる労働者として厚生労働省令で定めるもの

2　前項の規定による請求は、厚生労働省令で定めるところにより、その期間中は深夜において労働させてはならないこととなる一の期間（一月以上六月以内の期間に限る。第四項において「制限期間」という。）について、その初日（以下この条において「制限開始予定日」という。）及び末日（同項において「制限終了予定日」という。）とする日を明らかにして、制限開始予定日の一月前までにしなければならない。

3　第一項の規定による請求がされた後制限開始予定日とされた日の前日までに、子の死亡その他の労働者が当該請求に係る子の養育をしないこととなった事由として厚生労働省令で定める事由が生じたときは、当該請求は、されなかったものとみなす。この場合において、労働者は、その事業主に対して、当該事由が生じた旨を遅滞なく通知しなければならない。

4　次の各号に掲げるいずれかの事情が生じた場合には、制限期間は、当該事情が生じた日（第三号に掲げる事情が生じた場合にあっては、その前日）に終了する。

一　制限終了予定日とされた日の前日までに、子の死亡その他の労働者が第一項の規定による請求に係る子を養育しないこととなった事由として厚生労働省令で定める事由が生じたこと。

二　制限終了予定日とされた日の前日までに、第一項の規定による請求に係る子が小学校就学の始期に達したこと。

三　制限終了予定日とされた日までに、第一項の規定による請求をした労働者について、労働基準法第六十五条第一項若しくは第二項の規定により休業する期間、育児休業期間又は介護休業期間が始まったこと。

5　第三項後段の規定は、前項第一号の厚生労働省令で定める事由が生じた場合について準用する。

第二十条　前条第一項から第三項まで及び第四項（第二号を除く。）の規定は、要介護状態にある対象家族を介護する労働者について準用する。この場合において、同条第一項中「当該子を養育する」とあるのは「当該対象家族を介護する」と、同項第二号中「子」とあるのは「対象家族」と、「保育」とあるのは「介護」と、同条第三項及び第四項第一号中「子」とあるのは「対象家族」と、「養育」とあるのは「介護」と読み替えるものとする。

2　前条第三項後段の規定は、前項において準用する同条第四項第一号の厚生労働省令で定める事由が生じた場合について準用する。

第六章　事業主が講ずべき措置

（育児休業等に関する定めの周知等の措置）

第二十一条　事業主は、育児休業及び介護休業に関して、あらかじめ、次に掲げる事項を定めるとともに、これを労働者に周知させるための措置を講ずるよう努めなければならない。

一　労働者の育児休業及び介護休業中における待遇に関する事項

二　育児休業及び介護休業後における賃金、配置その他の労働条件に関する事項

三　前二号に掲げるもののほか、厚生労働省令で定める事項

2　事業主は、労働者が育児休業申出又は介護休業申出をしたときは、厚生労働省令で定めるところにより、当該労働者に対し、前項各号に掲げる事項に関する当該労働者に係る取扱いを明示するよう努めなければならない。

（雇用管理等に関する措置）

第二十二条　事業主は、育児休業申出及び介護休業申出並びに育児休業及び介護休業後における就業が円滑に行われるようにするため、育児休業又は介護休業をする労働者が雇用される事業所にお

ける労働者の配置その他の雇用管理、育児休業又は介護休業をしている労働者の職業能力の開発及び向上等に関して、必要な措置を講ずるよう努めなければならない。

(勤務時間の短縮等の措置等)

第二十三条 事業主は、厚生労働省令で定めるところにより、その雇用する労働者のうち、その一歳に満たない子を養育する労働者で育児休業をしないものにあっては労働者の申出に基づく勤務時間の短縮その他の当該労働者が就業しつつその子を養育することを容易にするための措置(以下この項及び次条第一項において「勤務時間の短縮等の措置」という。)を、その雇用する労働者のうち、その一歳から三歳に達するまでの子を養育する労働者にあっては育児休業の制度に準ずる措置又は勤務時間の短縮等の措置を講じなければならない。

2 事業主は、その雇用する労働者のうち、その要介護状態にある対象家族を介護する労働者に関して、厚生労働省令で定めるところにより、労働者の申出に基づく連続する三月の期間(当該労働者が、当該対象家族について介護休業をしたことがある場合にあっては、当該対象家族について開始された最初の介護休業に係る介護休業開始予定日とされた日から、同日の翌日から起算して三月を経過する日までの期間のうち当該労働者が介護休業をしない期間)以上の期間における勤務時間の短縮その他の当該労働者が就業しつつその要介護状態にある対象家族を介護することを容易にするための措置を講じなければならない。

(三歳から小学校就学の始期に達するまでの子を養育する労働者等に関する措置)

第二十四条 事業主は、その雇用する労働者のうち、その三歳から小学校就学の始期に達するまでの子を養育する労働者に関して、育児休業の制度又は勤務時間の短縮等の措置に準じて、必要な措置を講ずるよう努めなければならない。

2 事業主は、その雇用する労働者のうち、その家族を介護する労働者に関して、介護休業の制度又は前条第二項に定める措置に準じて、その介護を必要とする期間、回数等に配慮した必要な措置を講ずるよう努めなければならない。

(子の看護のための休暇の措置)

第二十五条 事業主は、その雇用する労働者のうち、小学校就学の始期に達するまでの子を養育する労働者に関して、労働者の申出に基づくその子の看護のための休暇(負傷し、又は疾病にかかったその子の世話を行う労働者に対し与えられる休暇(労働基準法第三十九条の規定による年次有給休暇として与えられるものを除く。)をいう。)を与えるための措置を講ずるよう努めなければならない。

(労働者の配置に関する配慮)

第二十六条 事業主は、その雇用する労働者の配置の変更で就業の場所の変更を伴うものをしようとする場合において、その就業の場所の変更により就業しつつその子の養育又は家族の介護を行うことが困難となることとなる労働者がいるときは、当該労働者の子の養育又は家族の介護の状況に配慮しなければならない。

(再雇用特別措置等)

第二十七条 事業主は、妊娠、出産若しくは育児又は介護を理由として退職した者(以下「育児等退職者」という。)について、必要に応じ、再雇用特別措置(育児等退職者であって、その退職の際に、その就業が可能となったときに当該退職に係る事業の事業主に再び雇用されることの希望を有する旨の申出をしていたものについて、当該事業主が、労働者の募集又は採用に当たって特別の配慮をする措置をいう。第三十条及び第三十九条第一項第一号において同じ。）その他これに準ずる措置を実施するよう努めなければならない。

（指針）

第二十八条　厚生労働大臣は、第二十一条から前条までの規定に基づき事業主が講ずべき措置及び子の養育又は家族の介護を行い、又は行うこととなる労働者の職業生活と家庭生活との両立が図られるようにするために事業主が講ずべきその他の措置に関して、その適切かつ有効な実施を図るための指針となるべき事項を定め、これを公表するものとする。

（職業家庭両立推進者）

第二十九条　事業主は、厚生労働省令で定めるところにより、第二十一条から第二十七条までに定める措置及び子の養育又は家族の介護を行い、又は行うこととなる労働者の職業生活と家庭生活との両立が図られるようにするために講ずべきその他の措置の適切かつ有効な実施を図るための業務を担当する者（第三十九条第一項第五号において「職業家庭両立推進者」という。）を選任するように努めなければならない。

第七章　対象労働者等に対する支援措置

第一節　国等による援助

（事業主等に対する援助）

第三十条　国は、子の養育又は家族の介護を行い、又は行うこととなる労働者（以下「対象労働者」と総称する。）の雇用の継続、再就職の促進その他これらの者の福祉の増進を図るため、事業主、事業主の団体その他の関係者に対して、対象労働者の雇用される事業所における雇用管理、再雇用特別措置その他の措置についての相談及び助言、給付金の支給その他の必要な援助を行うことができる。

（相談、講習等）

第三十一条　国は、対象労働者に対して、その職業生活と家庭生活との両立の促進等に資するため、必要な指導、相談、講習その他の措置を講ずるものとする。

2　地方公共団体は、国が講ずる前項の措置に準じた措置を講ずるように努めなければならない。

（再就職の援助）

第三十二条　国は、育児等退職者に対して、その希望するときに再び雇用の機会が与えられるようにするため、職業指導、職業紹介、職業能力の再開発の措置その他の措置が効果的に関連して実施されるように配慮するとともに、育児等退職者の円滑な再就職を図るため必要な援助を行うものとする。

（職業生活と家庭生活との両立に関する理解を深めるための措置）

第三十三条　国は、対象労働者等の職業生活と家庭生活との両立を妨げている職場における慣行その他の諸要因の解消を図るため、対象労働者等の職業生活と家庭生活との両立に関し、事業主、労働者その他国民一般の理解を深めるために必要な広報活動その他の措置を講ずるものとする。

（勤労者家庭支援施設）

第三十四条　地方公共団体は、必要に応じ、勤労者家庭支援施設を設置するように努めなければならない。

2　勤労者家庭支援施設は、対象労働者等に対して、職業生活と家庭生活との両立に関し、各種の相談に応じ、及び必要な指導、講習、実習等を行い、並びに休養及びレクリエーションのための便宜を供与する等対象労働者等の福祉の増進を図るための事業を総合的に行うことを目的とする施設とする。

3 厚生労働大臣は、勤労者家庭支援施設の設置及び運営についての望ましい基準を定めるものとする。
4 国は、地方公共団体に対して、勤労者家庭支援施設の設置及び運営に関し必要な助言、指導その他の援助を行うことができる。

（勤労者家庭支援施設指導員）
第三十五条 勤労者家庭支援施設には、対象労働者等に対する相談及び指導の業務を担当する職員（次項において「勤労者家庭支援施設指導員」という。）を置くように努めなければならない。
2 勤労者家庭支援施設指導員は、その業務について熱意と識見を有し、かつ、厚生労働大臣が定める資格を有する者のうちから選任するものとする。

第二節 指定法人

（指定等）
第三十六条 厚生労働大臣は、対象労働者等の福祉の増進を図ることを目的として設立された民法（明治二十九年法律第八十九号）第三十四条の法人であって、第三十八条に規定する業務に関し次に掲げる基準に適合すると認められるものを、その申請により、全国に一を限って、同条に規定する業務を行う者として指定することができる。
一 職員、業務の方法その他の事項についての業務の実施に関する計画が適正なものであり、かつ、その計画を確実に遂行するに足りる経理的及び技術的な基礎を有すると認められること。
二 前号に定めるもののほか、業務の運営が適正かつ確実に行われ、対象労働者等の福祉の増進に資すると認められること。
2 厚生労働大臣は、前項の規定による指定をしたときは、同項の規定による指定を受けた者（以下「指定法人」という。）の名称及び住所並びに事務所の所在地を公示しなければならない。
3 指定法人は、その名称及び住所並びに事務所の所在地を変更しようとするときは、あらかじめ、その旨を厚生労働大臣に届け出なければならない。
4 厚生労働大臣は、前項の規定による届出があったときは、当該届出に係る事項を公示しなければならない。

（指定の条件）
第三十七条 前条第一項の規定による指定には、条件を付け、及びこれを変更することができる。
2 前項の条件は、当該指定に係る事項の確実な実施を図るために必要な最小限度のものに限り、かつ、当該指定を受ける者に不当な業務を課することとなるものであってはならない。

（業務）
第三十八条 指定法人は、次に掲げる業務を行うものとする。
一 対象労働者等の職業生活及び家庭生活に関する調査研究を行うこと。
二 対象労働者等の職業生活及び家庭生活に関する情報及び資料を総合的に収集し、並びに対象労働者等、事業主その他の関係者に対して提供すること。
三 次条第一項に規定する業務を行うこと。
四 前三号に掲げるもののほか、対象労働者等の福祉の増進を図るために必要な業務を行うこと。

（指定法人による福祉関係業務の実施）
第三十九条 厚生労働大臣は、指定法人を指定したときは、指定法人に第三十条から第三十四条までに規定する国の行う業務のうち次に掲げる業務（以下「福祉関係業務」という。）の全部又は一部を行わせるものとする。
一 対象労働者の雇用管理及び再雇用特別措置に関する技術的事

項について、事業主その他の関係者に対し、相談その他の援助を行うこと。
二　第三十条の給付金であって厚生労働省令で定めるものを支給すること。
三　対象労働者に対し、その職業生活と家庭生活との両立に関して必要な相談、講習その他の援助を行うこと。
四　育児等退職者に対し、再就職のための援助を行うこと。
五　職業家庭両立推進者に対して、第二十九条に規定する業務を円滑に実施するために必要な知識を習得させるための研修を行うこと。
六　対象労働者等の職業生活と家庭生活との両立に関する理解を深めるための広報活動その他の業務を行うこと。
七　前各号に掲げるもののほか、対象労働者等の雇用の継続、再就職の促進その他これらの者の福祉の増進を図るために必要な業務を行うこと。
2　前項第二号の給付金の支給要件及び支給額は、厚生労働省令で定めなければならない。
3　指定法人は、福祉関係業務の全部又は一部を開始する際、当該業務の種類ごとに、当該業務を開始する日及び当該業務を行う事務所の所在地を厚生労働大臣に届け出なければならない。指定法人が当該業務を行う事務所の所在地を変更しようとするときも、同様とする。
4　厚生労働大臣は、第一項の規定により指定法人に行わせる福祉関係業務の種類及び前項の規定による届出に係る事項を公示しなければならない。

第八章　雑則

（公務員に関する特例）

第六十一条　第二章から第六章まで、第三十条、第五十三条、第五十四条、第五十六条、前条、次条、第六十三条及び第六十五条の規定は、国家公務員及び地方公務員に関しては、適用しない。〔本条第二項以下略＝編者〕

附　則〔略〕

○育児休業、介護休業等育児又は家族介護を行う労働者の福祉に関する法律施行規則　抄

（平成三年一〇月一五日　労働省令第二五号）

最近改正　平成一三年一一月一六日　厚生労働省令第二一三号

第一章　総則

（法第二条第三号の厚生労働省令で定める期間）

第一条　育児休業、介護休業等育児又は家族介護を行う労働者の福祉に関する法律（以下「法」という。）第二条〔定義〕第三号の厚生労働省令で定める期間は、二週間以上の期間とする。

（法第二条第四号の厚生労働省令で定めるもの）

第二条　法第二条〔定義〕第四号の厚生労働省令で定めるものは、労働者が同居し、かつ、扶養している祖父母、兄弟姉妹及び孫とする。

（法第二条第五号の厚生労働省令で定める親族）

第三条　法第二条〔定義〕第五号の厚生労働省令で定める親族は、同居の親族（同条第四号の対象家族（以下「対象家族」という。）を除く。）とする。

第二章　育児休業

（法第五条第一項の厚生労働省令で定める特別の事情）

第四条　法第五条〔育児休業の申出〕第一項の厚生労働省令で定める特別の事情がある場合は、次のとおりとする。

一　法第五条第二項の育児休業申出（以下「育児休業申出」という。）をした労働者について労働基準法（昭和二十二年法律第四十九号）第六十五条第一項又は第二項の規定により休業する期間（以下「産前産後休業期間」という。）が始まったことにより法第九条〔育児休業期間〕第一項の育児休業期間（以下「育児休業期間」という。）が終了した場合であって、当該産前産後休業期間又は当該産前産後休業期間中に出産した子に係る育児休業期間が終了する日までに、当該子のすべてが、次のいずれかに該当するに至ったとき。

イ　死亡したとき。

ロ　養子となったことその他の事情により当該労働者と同居しないこととなったとき。

二　育児休業申出をした労働者について新たな育児休業期間（以下この号において「新期間」という。）が始まったことにより育児休業期間が終了した場合であって、当該新期間が終了する日までに、当該新期間の育児休業に係る子のすべてが、前号イ又はロのいずれかに該当するに至ったとき。

三　育児休業申出をした労働者について法第十五条〔介護休業期間〕第一項の介護休業期間（以下「介護休業期間」という。）が始まったことにより育児休業期間が終了した場合であって、当該介護休業期間が終了する日までに、当該介護休業期間の介護休業に係る対象家族が死亡するに至ったとき又は離婚、婚姻の取消、離縁等により当該介護休業期間の介護休業に係る対象家族と介護休業申出（法第十一条第二項の介護休業申出をいう。以下同じ。）をした労働者との親族関係が消滅するに至ったと

き。

（育児休業申出の方法等）

第五条　育児休業申出は、次に掲げる事項を記載した育児休業申出書を事業主に提出することによって行わなければならない。

一　育児休業申出の年月日

二　育児休業申出をする労働者の氏名

三　育児休業申出に係る子の氏名、生年月日及び前号の労働者との続柄（育児休業申出に係る子が当該育児休業申出の際に出生していない場合にあっては、当該育児休業申出に係る子を出産する予定である者の氏名、出産予定日及び前号の労働者との続柄）

四　育児休業申出に係る期間の初日（以下「育児休業開始予定日」という。）及び末日（以下「育児休業終了予定日」という。）とする日

五　育児休業申出をする労働者が当該育児休業申出に係る子でない子であって一歳に満たないものを有する場合にあっては、当該子の氏名、生年月日及び当該労働者との続柄

六　育児休業申出に係る子が養子である場合にあっては、当該養子縁組の効力が生じた日

七　前条各号に掲げる事情がある場合にあっては、当該事情に係る事実

八　第九条各号に掲げる事由が生じた場合にあっては、当該事由に係る事実

九　第十八条各号に掲げる事情がある場合にあっては、当該事情に係る事実

2　事業主は、前項の育児休業申出があったときは、当該育児休業申出をした労働者に対して、当該育児休業申出に係る子の妊娠、出生若しくは養子縁組の事実又は同項第七号から第九号までに掲げる事実を証明することができる書類の提出を求めることができる。

3　育児休業申出に係る子が当該育児休業申出がされた後に出生したときは、当該育児休業申出をした労働者は、速やかに、当該子の氏名、生年月日及び当該労働者との続柄を書面で事業主に通知しなければならない。この場合において、事業主は、当該労働者に対して、当該子の出生の事実を証明することができる書類の提出を求めることができる。

（法第六条第一項第二号の厚生労働省令で定める者）

第六条　法第六条（育児休業申出があった場合における事業主の義務等）第一項第二号の厚生労働省令で定める者は、次の各号のいずれにも該当する者とする。

一　職業に就いていない者（育児休業その他の休業により就業していない者及び一週間の就業日数が著しく少ないものとして厚生労働大臣が定める日数以下の者を含む。）であること。

二　負傷、疾病又は身体上若しくは精神上の障害により育児休業申出に係る子を養育することが困難な状態にある者でないこと。

三　六週間（多胎妊娠の場合にあっては、十四週間）以内に出産する予定であるか又は産後八週間を経過しない者でないこと。

四　育児休業申出に係る子と同居している者であること。

（法第六条第一項第三号の厚生労働省令で定める者）

第七条　法第六条（育児休業申出があった場合における事業主の義務等）第一項第三号の厚生労働省令で定める者は、次のとおりとする。

一　育児休業申出があった日から起算して一年以内に雇用関係が

終了することが明らかな労働者

二　一週間の所定労働日数が著しく少ないものとして厚生労働大臣が定める日数以下の労働者

三　育児休業申出に係る子の親であって当該育児休業申出をする労働者又は当該労働者の配偶者のいずれでもない者であるものが前条各号のいずれにも該当する場合における当該労働者

（法第六条第一項ただし書の場合の手続等）

第八条　法第六条（育児休業申出があった場合における事業主の義務等）第一項ただし書の規定により、事業主が労働者からの育児休業申出を拒む場合及び育児休業をしている労働者が同項ただし書の育児休業をすることができないものとして定められた労働者に該当することとなったことにより育児休業を終了させる場合における必要な手続その他の事項は、同項ただし書の協定の定めるところによる。

（法第六条第三項の厚生労働省令で定める事由）

第九条　法第六条（育児休業申出があった場合における事業主の義務等）第三項の厚生労働省令で定める事由は、次のとおりとする。

一　出産予定日前に子が出生したこと。

二　育児休業申出に係る子の親である配偶者（以下「配偶者」という。）の死亡

三　配偶者が負傷又は疾病により育児休業申出に係る子を養育することが困難になったこと。

四　配偶者が育児休業申出に係る子と同居しなくなったこと。

（法第六条第三項の厚生労働省令で定める日）

第十条　法第六条（育児休業申出があった場合における事業主の義務等）第三項の厚生労働省令で定める日は、育児休業申出があった日の翌日から起算して一週間を経過する日とする。

（法第六条第三項の指定）

第十一条　法第六条（育児休業申出があった場合における事業主の義務等）第三項の指定は、育児休業申出があった日の翌日から起算して三日を経過する日（その日が育児休業申出があった日の翌日から起算して三日を経過する日後の日である場合にあっては、当該三日を経過する日）までに、育児休業開始予定日として指定する日を記載した書面を育児休業申出をした労働者に交付することによって行わなければならない。

（育児休業開始予定日の変更の申出）

第十二条　法第七条（育児休業開始予定日の変更の申出等）第一項の育児休業開始予定日の変更の申出（以下この条及び第十四条において「変更申出」という。）は、次に掲げる事項を記載した変更申出書を事業主に提出することによって行わなければならない。

一　変更申出の年月日

二　変更申出をする労働者の氏名

三　変更後の育児休業開始予定日

四　変更申出をすることとなった事由に係る事実

2　事業主は、前項の変更申出があったときは、当該変更申出をした労働者に対して、同項第四号に掲げる事実を証明することができる書類の提出を求めることができる。

（法第七条第二項の厚生労働省令で定める期間）

第十三条　法第七条（育児休業開始予定日の変更の申出等）第二項の厚生労働省令で定める期間は、一週間とする。

（法第七条第二項の指定）

第十四条　法第七条（育児休業開始予定日の変更の申出等）第二項の指定は、変更後の育児休業開始予定日とされた日（その日が変更申出があった日の翌日から起算して三日を経過する日後の日で

ある場合にあっては、当該三日を経過する日）までに、育児休業開始予定日として指定する日を記載した書面を変更申出をした労働者に交付することによって行わなければならない。

（法第七条第三項の厚生労働省令で定める日）

第十五条　法第七条〔育児休業開始予定日の変更の申出等〕第三項の厚生労働省令で定める日は、育児休業申出において育児休業終了予定日とされた日の一月前の日とする。

（育児休業終了予定日の変更の申出）

第十六条　法第七条〔育児休業開始予定日の変更の申出等〕第三項の育児休業終了予定日の変更の申出（以下この条において「変更申出」という。）は、次に掲げる事項を記載した変更申出書を事業主に提出することによって行わなければならない。

一　変更申出の年月日

二　変更申出をする労働者の氏名

三　変更後の育児休業終了予定日

（育児休業申出の撤回）

第十七条　法第八条〔育児休業申出の撤回等〕第一項の育児休業申出の撤回は、その旨及びその年月日を記載した書面を事業主に提出することによって行わなければならない。

（法第八条第二項の厚生労働省令で定める特別の事情）

第十八条　法第八条〔育児休業申出の撤回等〕第二項の厚生労働省令で定める特別の事情がある場合は、次のとおりとする。

一　配偶者の死亡

二　配偶者が負傷、疾病又は身体上若しくは精神上の障害により育児休業申出に係る子を養育することが困難な状態になったこと。

三　婚姻の解消その他の事情により配偶者が育児休業申出に係る子と同居しないこととなったこと。

（法第八条第三項の厚生労働省令で定める事由）

第十九条　法第八条〔育児休業申出の撤回等〕第三項の厚生労働省令で定める事由は、次のとおりとする。

一　育児休業申出に係る子の死亡

二　育児休業申出に係る子が養子である場合における離縁又は養子縁組の取消

三　育児休業申出に係る子が養子となったことその他の事情により当該育児休業申出をした労働者と当該子とが同居しないこととなったこと。

四　育児休業申出をした労働者が、負傷、疾病又は身体上若しくは精神上の障害により、当該育児休業申出に係る子が一歳に達するまでの間、当該子を養育することができない状態になったこと。

（法第九条第二項第一号の厚生労働省令で定める事由）

第二十条　前条の規定は、法第九条〔育児休業期間〕第二項第一号の厚生労働省令で定める事由について準用する。

第三章　介護休業

（法第十一条第一項の厚生労働省令で定める特別の事情）

第二十一条　法第十一条〔介護休業の申出〕第一項の厚生労働省令で定める特別の事情がある場合は、次のとおりとする。

一　介護休業申出をした労働者について新たな介護休業期間が始まったことにより介護休業期間が終了した場合であって、当該新たな介護休業期間が終了する日までに、当該新たな介護休業期間の介護休業に係る対象家族が死亡するに至ったとき又は離婚、婚姻の取消、離縁等により当該新たな介護休業期間の介護休業に係る対象家族と介護休業申出をした労働者との親族関係が消滅するに至ったとき。

二　介護休業申出をした労働者について産前産後休業期間又は育児休業期間が始まったことにより介護休業期間が終了した場合であって、当該産前産後休業期間（当該産前産後休業期間中に出産した子に係る育児休業期間を含む。以下この号において同じ。）又は育児休業期間が終了する日までに、当該産前産後休業期間又は育児休業期間の休業に係る子のすべてが、第四条第一号イ又はロのいずれかに該当するに至ったとき。

（介護休業申出の方法等）

第二十二条　介護休業申出は、次に掲げる事項を記載した介護休業申出書を事業主に提出することによって行わなければならない。

一　介護休業申出の年月日

二　介護休業申出をする労働者の氏名

三　介護休業申出に係る対象家族の氏名及び前号の労働者との続柄

四　介護休業申出に係る対象家族が祖父母、兄弟姉妹又は孫である場合にあっては、第二号の労働者が当該対象家族と同居し、かつ、当該対象家族を扶養している事実

五　介護休業申出に係る対象家族が要介護状態（法第二条第三号の要介護状態をいう。以下同じ。）にある事実

六　介護休業申出に係る期間の初日（以下「介護休業開始予定日」という。）及び末日（以下「介護休業終了予定日」という。）とする日

七　前条各号に掲げる事情がある場合にあっては、当該事情に係る事実

2　事業主は、前項の介護休業申出があったときは、当該介護休業申出をした労働者に対して、同項第三号から第五号まで及び第七号に掲げる事実を証明することができる書類の提出を求めることができる。

（法第十二条第二項において準用する法第六条第一項第三号の厚生労働省令で定める者）

第二十三条　法第十二条〔介護休業申出があった場合における事業主の義務等〕第二項において準用する法第六条第一項第三号の厚生労働省令で定める者は、次のとおりとする。

一　介護休業申出があった日の翌日から起算して三月以内に雇用関係が終了することが明らかな労働者

二　第七条第二号の労働者

（法第十二条第二項において準用する法第六条第一項ただし書の場合の手続等）

第二十四条　第八条の規定は、法第十二条〔介護休業申出があった場合における事業主の義務等〕第二項において準用する法第六条第一項ただし書の場合の手続等について準用する。

（法第十二条第三項の指定）

第二十五条　法第十二条〔介護休業申出があった場合における事業主の義務等〕第三項の指定は、介護休業開始予定日とされた日（その日が介護休業申出があった日の翌日から起算して三日を経過する日後の日である場合にあっては、当該三日を経過する日）までに、介護休業開始予定日として指定する日を記載した書面を介護休業申出をした労働者に交付することによって行わなければならない。

（法第十三条において準用する法第七条第三項の厚生労働省令で定める日）

第二十六条　法第十三条〔介護休業終了予定日の変更の申出〕において準用する法第七条第三項の厚生労働省令で定める日は、介護

休業申出において介護休業終了予定日とされた日の二週間前の日とする。

（介護休業終了予定日の変更の申出）

第二十七条　第十六条の規定は、法第十三条〔介護休業終了予定日の変更の申出〕において準用する法第七条第三項の介護休業終了予定日の変更の申出について準用する。

（介護休業申出の撤回）

第二十八条　第十七条の規定は、法第十四条〔介護休業申出の撤回等〕第一項の介護休業申出の撤回について準用する。

（法第十四条第三項において準用する法第八条第三項の厚生労働省令で定める事由）

第二十九条　法第十四条〔介護休業申出の撤回等〕第三項において準用する法第八条第三項の厚生労働省令で定める事由は、次のとおりとする。

一　介護休業申出に係る対象家族の死亡

二　離婚、婚姻の取消、離縁等による介護休業申出に係る対象家族と当該介護休業申出をした労働者との親族関係の消滅

三　介護休業申出をした労働者が、負傷、疾病又は身体上若しくは精神上の障害により、当該介護休業申出に係る法第十五条〔介護休業期間〕第一項の三月経過日までの間、当該介護休業申出に係る対象家族を介護することができない状態になったこと。

（法第十五条第一項第二号の厚生労働省令で定めるもの）

第三十条　法第十五条〔介護休業期間〕第一項第二号の厚生労働省令で定めるものは、第三十四条第二項各号に掲げる措置であって事業主が当該措置の初日を当該措置の対象となる労働者に明示したものとする。

（法第十五条第三項第一号の厚生労働省令で定める事由）

第三十一条　第二十九条の規定は、法第十五条〔介護休業期間〕第三項第一号の厚生労働省令で定める事由について準用する。

第三章の二　深夜業の制限

（法第十九条第一項第二号の厚生労働省令で定める者）

第三十一条の二　法第十九条第一項第二号の厚生労働省令で定める者は、同項の規定による請求に係る子の十六歳以上の同居の家族（法第二条第五号の家族をいう。）であって、次の各号のいずれにも該当する者とする。

一　法第十九条第一項の深夜（以下「深夜」という。）において就業していない者（深夜における就業日数が一月について三日以下の者を含む。）であること。

二　負傷、疾病又は身体上若しくは精神上の障害により請求に係る子を保育することが困難な状態にある者でないこと。

三　六週間（多胎妊娠の場合にあっては、十四週間）以内に出産する予定であるか又は産後八週間を経過しない者でないこと。

（法第十九条第一項第三号の厚生労働省令で定める者）

第三十一条の三　法第十九条第一項第三号の厚生労働省令で定める者は、次のとおりとする。

一　一週間の所定労働日数が二日以下の労働者

二　所定労働時間の全部が深夜にある労働者

（法第十九条第一項の規定による請求の方法等）

第三十一条の四　法第十九条第一項の規定による請求は、次に掲げる事項を記載した書面を事業主に提出することによって行わなければならない。

一　請求の年月日

二　請求をする労働者の氏名

三　請求に係る子の氏名、生年月日及び前号の労働者との続柄（請求に係る子が当該請求の際に出生していない場合にあっては、当該請求に係る子を出産する予定である者の氏名、出産予定日及び前号の労働者との続柄）
四　請求に係る制限期間（法第十九条第二項の制限期間をいう。以下同じ。）の初日及び末日とする日
五　請求に係る子が養子である場合にあっては、当該養子縁組の効力が生じた日
六　第三十一条の二の者がいない事実

2　事業主は、前項の請求があったときは、当該請求をした労働者に対して、当該請求に係る子の妊娠、出生若しくは養子縁組の事実又は同項第六号に掲げる事実を証明することができる書類の提出を求めることができる。

3　請求に係る子が当該請求がされた後に出生したときは、当該請求をした労働者は、速やかに、当該子の氏名、生年月日及び当該労働者との続柄を書面で事業主に通知しなければならない。この場合において、事業主は、当該労働者に対して、当該子の出生の事実を証明することができる書面の提出を求めることができる。

（法第十九条第三項の厚生労働省令で定める事由）

第三十一条の五　法第十九条第三項の厚生労働省令で定める事由は、次のとおりとする。
一　請求に係る子の死亡
二　請求に係る子が養子である場合における離縁又は養子縁組の取消
三　請求に係る子が養子となったことその他の事情により当該請求をした労働者と当該子とが同居しないこととなったこと。
四　請求をした労働者が、負傷、疾病又は身体上若しくは精神上の障害により、当該請求に係る制限期間の末日までの間、当該請求に係る子を養育することができない状態になったこと。

（法第十九条第四項第一号の厚生労働省令で定める事由）

第三十一条の六　前条の規定は、法第十九条第四項第一号の厚生労働省令で定める事由について準用する。

（法第二十条第一項において準用する法第十九条第一項第二号の厚生労働省令で定める者）

第三十一条の七　第三十一条の二の規定は、法第二十条第一項において準用する法第十九条第一項第二号の厚生労働省令で定める者について準用する。この場合において、第三十一条の二中「子」とあるのは「対象家族」と、同条第二号中「子」とあるのは「対象家族」と、「保育」とあるのは「介護」と読み替えるものとする。

（法第二十条第一項において準用する法第十九条第一項第三号の厚生労働省令で定める者）

第三十一条の八　第三十一条の三の規定は、法第二十条第一項において準用する法第十九条第一項第三号の厚生労働省令で定める者について準用する。

（法第二十条第一項において準用する法第十九条第一項の規定による請求の方法等）

第三十一条の九　法第二十条第一項において準用する法第十九条第一項の規定による請求は、次に掲げる事項を記載した書面を事業主に提出することによって行わなければならない。
一　請求の年月日
二　請求をする労働者の氏名
三　請求に係る対象家族の氏名及び前号の労働者との続柄
四　請求に係る対象家族が祖父母、兄弟姉妹又は孫である場合にあっては、第二号の労働者が当該対象家族と同居し、かつ、当

該当対象家族を扶養している事実
五　請求に係る対象家族が要介護状態にある事実
六　請求に係る制限期間の初日及び末日とする日
七　第三十一条の七において準用する第三十一条の二の者がいない事実
2　事業主は、前項の請求があったときは、当該請求をした労働者に対して、同項第三号から第五号まで及び第七号に掲げる事実を証明することができる書類の提出を求めることができる。

（法第二十条第一項において準用する法第十九条第三項の厚生労働省令で定める事由）

第三十一条の十　法第二十条第一項において準用する法第十九条第三項の厚生労働省令で定める事由は、次のとおりとする。
一　請求に係る対象家族の死亡
二　離婚、婚姻の取消、離縁等による請求に係る対象家族と当該請求をした労働者との親族関係の消滅
三　請求をした労働者が、負傷、疾病又は身体上若しくは精神上の障害により、当該請求に係る制限期間の末日までの間、当該請求に係る対象家族を介護することができない状態になったこと。

（法第二十条第一項において準用する法第十九条第四項第一号の厚生労働省令で定める事由）

第三十一条の十一　前条の規定は、法第二十条第一項において準用する法第十九条第四項第一号の厚生労働省令で定める事由について準用する。

第四章　事業主が講ずべき措置

（法第二十一条第一項第三号の厚生労働省令で定める事項）

第三十二条　法第二十一条〔育児休業等に関する定めの周知等の措置〕第一項第三号の厚生労働省令で定める事項は、次のとおりとする。
一　法第九条〔育児休業期間〕第二項第一号に掲げる事情が生じたことにより育児休業期間が終了した労働者及び法第十五条〔介護休業期間〕第三項第一号に掲げる事情が生じたことにより介護休業期間が終了した労働者の労務の提供の開始時期に関すること。
二　労働者が育児休業期間及び介護休業期間について負担すべき社会保険料を事業主に支払う方法に関すること。

（法第二十一条第二項の取扱いの明示）

第三十三条　法第二十一条〔育児休業等に関する定めの周知等の措置〕第二項の取扱いの明示は、育児休業申出又は介護休業申出があった後速やかに、当該育児休業申出又は介護休業申出をした労働者に係る取扱いを明らかにした書面を交付することによって行うものとする。

（法第二十三条の措置）

第三十四条　法第二十三条〔勤務時間の短縮等の措置〕第一項の措置は、次の各号に掲げるいずれかの方法により講じなければならない。
一　法第二十三条第一項の労働者（以下この項において「労働者」という。）であって当該勤務に就くことを希望するものに適用される短時間勤務の制度を設けること。
二　当該制度の適用を受けることを希望する労働者に適用される次に掲げるいずれかの制度を設けること。
イ　労働基準法第三十二条の三の規定による労働時間の制度
ロ　一日の所定労働時間を変更することなく始業又は終業の時刻を繰り上げ又は繰り下げる制度

三　所定労働時間を超えて労働しないことを希望する労働者について所定労働時間を超えて労働させない制度を設けること。

四　労働者の一歳に満たない子に係る託児施設の設置運営その他これに準ずる便宜の供与を行うこと。

2　法第二十三条第二項の措置は、次の各号に掲げるいずれかの方法により講じなければならない。

一　法第二十三条第二項の労働者(以下この項において「労働者」という。)であって当該勤務に就くことを希望するものに適用される短時間勤務の制度を設けること。

二　当該制度の適用を受けることを希望する労働者に適用される前項第二号イ又はロに掲げるいずれかの制度を設けること。

三　要介護状態にある対象家族を介護する労働者がその就業中に、当該労働者に代わって当該対象家族を介護するサービスを利用する場合、当該労働者が負担すべき費用を助成する制度その他これに準ずる制度を設けること。

(職業家庭両立推進者の選任)

第三十四条の二　事業主は、法第二十九条〔職業家庭両立推進者〕の業務を遂行するために必要な知識及び経験を有していると認められる者のうちから当該業務を担当する者を職業家庭両立推進者として選任するものとする。〔以下略〕

◎雇用の分野における男女の均等な機会及び待遇の確保等に関する法律(男女雇用機会均等法)抄

〔昭和四七年七月一日
法律第一一三号〕

最近改正　平成一三年七月一一日　法律第一一二号

第一章　総則

(目的)

第一条　この法律は、法の下の平等を保障する日本国憲法の理念にのっとり雇用の分野における男女の均等な機会及び待遇の確保を図るとともに、女性労働者の就業に関して妊娠中及び出産後の健康の確保を図る等の措置を推進することを目的とする。

(基本的理念)

第二条　この法律においては、女性労働者が性別により差別されることなく、かつ、母性を尊重されつつ充実した職業生活を営むことができるようにすることをその基本的理念とする。

2　事業主並びに国及び地方公共団体は、前項に規定する基本的理念に従って、女性労働者の職業生活の充実が図られるように努めなければならない。

(啓発活動)

第三条　国及び地方公共団体は、雇用の分野における男女の均等な機会及び待遇の確保等について国民の関心と理解を深めるとともに、特に、雇用の分野における男女の均等な機会及び待遇の確保を妨げている諸要因の解消を図るため、必要な啓発活動を行うものとする。

（男女雇用機会均等対策基本方針）

第四条　厚生労働大臣は、雇用の分野における男女の均等な機会及び待遇の確保等に関する施策の基本となるべき方針（以下「男女雇用機会均等対策基本方針」という。）を定めるものとする。

2　男女雇用機会均等対策基本方針に定める事項は、次のとおりとする。

一　女性労働者の職業生活の動向に関する事項

二　雇用の分野における男女の均等な機会及び待遇の確保等について講じようとする施策の基本となるべき事項

3　男女雇用機会均等対策基本方針は、女性労働者の労働条件、意識及び就業の実態等を考慮して定められなければならない。

4　厚生労働大臣は、男女雇用機会均等対策基本方針を定めるに当たつては、あらかじめ、労働政策審議会の意見を聴くほか、都道府県知事の意見を求めるものとする。

5　厚生労働大臣は、男女雇用機会均等対策基本方針を定めたときは、遅滞なく、その概要を公表するものとする。

6　前二項の規定は、男女雇用機会均等対策基本方針の変更について準用する。

第二章　雇用の分野における男女の均等な機会及び待遇の確保

第一節　女性労働者に対する差別の禁止等

（募集及び採用）

第五条　事業主は、労働者の募集及び採用について、女性に対して男性と均等な機会を与えなければならない。

（配置、昇進及び教育訓練）

第六条　事業主は、労働者の配置、昇進及び教育訓練について、労働者が女性であることを理由として、男性と差別的取扱いをしてはならない。

（福利厚生）

第七条　事業主は、住宅資金の貸付けその他これに準ずる福利厚生の措置であつて厚生労働省令で定めるものについて、労働者が女性であることを理由として、男性と差別的取扱いをしてはならない。

（定年、退職及び解雇）

第八条　事業主は、労働者の定年及び解雇について、労働者が女性であることを理由として、男性と差別的取扱いをしてはならない。

2　事業主は、女性労働者が婚姻し、妊娠し、又は出産したことを退職理由として予定する定めをしてはならない。

3　事業主は、女性労働者が婚姻し、妊娠し、出産し、又は労働基準法（昭和二十二年法律第四十九号）〔別掲〕第六十五条〔産前産後〕第一項若しくは第二項の規定による休業をしたことを理由として、解雇してはならない。

（女性労働者に係る措置に関する特例）

第九条　第五条から前条までの規定は、事業主が、雇用の分野における男女の均等な機会及び待遇の確保の支障となつている事情を改善することを目的として女性労働者に関して行う措置を講ずることを妨げるものではない。

（指針）

第十条　厚生労働大臣は、第五条及び第六条に定める事項に関し、事業主が適切に対処するために必要な指針（次項において「指針」という。）を定めるものとする。

2　第四条第四項及び第五項の規定は指針の策定及び変更について準用する。この場合において、同条第四項中「聴くほか、都道府県知事の意見を求める」とあるのは、「聴く」と読み替えるものとする。

（苦情の自主的解決）

第十一条　事業主は、第六条から第八条までの規定に定める事項に関し、女性労働者から苦情の申出を受けたときは、苦情処理機関（事業主を代表する者及び当該事業場の労働者を代表する者を構成員とする当該事業場の労働者の苦情を処理するための機関をいう。）に対し当該苦情の処理をゆだねる等その自主的な解決を図るように努めなければならない。

（紛争の解決の促進に関する特例）

第十二条　雇用の分野における男女の均等な機会及び待遇に関する事業主の措置で厚生労働省令で定めるものについての女性労働者と事業主との間の紛争については、個別労働関係紛争の解決の促進に関する法律（平成十三年法律第百十二号。第十四条第一項において「個別労働関係紛争解決促進法」という。）第四条、第五条及び第十二条から第十九条までの規定は通用せず、次条から第十九条までに定めるところによる。

（紛争の解決の援助）

第十三条　都道府県労働局長は、前条に規定する紛争に関し、当該紛争の当事者の双方又は一方からその解決につき援助を求められた場合には、当該紛争の当事者に対し、必要な助言、指導又は勧告をすることができる。

2　事業主は、女性労働者が前項の援助を求めたことを理由として、当該女性労働者に対して解雇その他不利益な取扱いをしてはならない。

第三章　女性労働者の就業に関して配慮すべき措置

（職場における性的な言動に起因する問題に関する雇用管理上の配慮）

第二十一条　事業主は、職場において行われる性的な言動に対するその雇用する女性労働者の対応により当該女性労働者がその労働条件につき不利益を受け、又は当該性的な言動により当該女性労働者の就業環境が害されることのないよう雇用管理上必要な配慮をしなければならない。

2　厚生労働大臣は、前項の規定に基づき事業主が配慮すべき事項についての指針（次項において「指針」という。）を定めるものとする。

3　第四条第四項及び第五項の規定は、指針の策定及び変更について準用する。この場合において、同条第四項中「聴くほか、都道府県知事の意見を求める」とあるのは、「聴く」と読み替えるものとする。

（妊娠中及び出産後の健康管理に関する措置）

第二十二条　事業主は、厚生労働省令で定めるところにより、その雇用する女性労働者が母子保健法（昭和四十年法律第百四十一号）の規定による保健指導又は健康診査を受けるために必要な時間を確保することができるようにしなければならない。

第二十三条　事業主は、その雇用する女性労働者が前条の保健指導又は健康診査に基づく指導事項を守ることができるようにするため、勤務時間の変更、勤務の軽減等必要な措置を講じなければならない。

2　厚生労働大臣は、前項の規定に基づき事業主が講ずべき措置に関して、その適切かつ有効な実施を図るため必要な指針（次項において「指針」という。）を定めるものとする。

3　第四条第四項及び第五項の規定は、指針の策定及び変更について準用する。この場合において、同条第四項中「聴くほか、都道府県知事の意見を求める」とあるのは、「聴く」と読み替えるものとする。

第四章　雑則

（調査等）

第二十四条　厚生労働大臣は、女性労働者の職業生活に関し必要な調査研究を実施するものとする。

2　厚生労働大臣は、この法律の施行に関し、関係行政機関の長に対し、資料の提供その他必要な協力を求めることができる。

3　厚生労働大臣は、この法律の施行に関し、都道府県知事から必要な調査報告を求めることができる。

（報告の徴収並びに助言、指導及び勧告）

第二十五条　厚生労働大臣は、この法律の施行に関し必要があると認めるときは、事業主に対して、報告を求め、又は助言、指導若しくは勧告をすることができる。

2　前項に定める厚生労働大臣の権限は、厚生労働省令で定めるところにより、その一部を都道府県労働局長に委任することができる。

（公表）

第二十六条　厚生労働大臣は、第五条から第八条までの規定に違反している事業主に対し、前条第一項の規定による勧告をした場合において、その勧告を受けた者がこれに従わなかったときは、その旨を公表することができる。

（適用除外）

第二十八条　第二章、第二十五条及び第二十六条の規定は、国家公務員及び地方公務員に、第三章の規定は、一般職の国家公務員（国営企業及び特定独立行政法人の労働関係に関する法律（昭和二十三年法律第二百五十七号）第二条第二号の職員を除く。）、裁判所職員臨時措置法（昭和二十六年法律第二百九十九号）の適用を受ける裁判所職員、国会職員法（昭和二十二年法律第八十五号）の適用を受ける国会職員及び自衛隊法（昭和二十九年法律第百六十五号）第二条第五項に規定する隊員に関しては適用しない。

○雇用の分野における男女の均等な機会及び待遇の確保等に関する法律施行規則 抄

〔昭和六一年一月二七日 労働省令第二号〕

最近改正 平成一三年九月一九日 厚生労働省令第一九一号

（福利厚生）

第一条 雇用の分野における男女の均等な機会及び待遇の確保等に関する法律（以下「法」という。）第七条〔福利厚生〕の厚生労働省令で定める福利厚生の措置は、次のとおりとする。

一 生活資金、教育資金その他労働者の福祉の増進のために行われる資金の貸付け

二 労働者の福祉の増進のために定期的に行われる金銭の給付

三 労働者の資産形成のために行われる金銭の給付

四 住宅の貸与

（紛争の解決の援助）

第二条 法第十二条〔紛争の解決の援助〕の厚生労働省令で定める事業主の措置は、次のとおりとする。

一 法第五条〔募集及び採用〕、第六条〔配置、昇進及び教育訓練〕及び第八条〔定年、退職及び解職〕に定める事項に関する措置

二 法第七条〔福利厚生〕の規定により差別的取扱いをしてはならないこととされた福利厚生の措置に関する措置

（法第二十二条の措置）

第十四条 事業主は、次に定めるところにより、その雇用する女性労働者が保健指導又は健康診査を受けるために必要な時間を確保することができるようにしなければならない。

一 当該女性労働者が妊娠中である場合にあつては、次の表の上欄に掲げる妊娠週数の区分に応じ、それぞれ同表の下欄に掲げる期間以内ごとに一回、当該必要な時間を確保することができるようにすること。ただし、医師又は助産婦がこれと異なる指示をしたときは、その指示するところにより、当該必要な時間を確保することができるようにすること。

妊娠週数	期間
妊娠二十三週まで	四週
妊娠二十四週から三十五週まで	二週
妊娠三十六週から出産まで	一週

二 当該女性労働者が出産後一年以内である場合にあつては、医師又は助産婦が保健指導又は健康診査を受けることを指示したときは、その指示するところにより、当該必要な時間を確保することができるようにすること。

（深夜業に従事する女性労働者に対する措置）

第十五条 事業主は、女性労働者の職業生活の充実を図るため、当分の間、女性労働者を深夜業に従事させる場合には、通勤及び業務の遂行の際における当該女性労働者の安全の確保に必要な措置を講ずるように努めるものとする。

（権限の委任）

第十六条　法第二十五条〔報告の徴収並びに助言、指導及び勧告〕第一項に規定する厚生労働大臣の権限は、厚生労働大臣が全国的に重要であると認めた事案に係るものを除き、事業主の事業場の所在地を管轄する都道府県労働局の長が行うものとする。

◎障害者の雇用の促進等に関する法律　抄

〔昭和三五年七月二五日　法律第一二三号〕

最近改正　平成一三年六月二九日　法律第八〇号

第一章　総則

（目的）

第一条　この法律は、身体障害者又は知的障害者の雇用義務等に基づく雇用の促進等のための措置、職業リハビリテーションの措置その他障害者がその能力に適合する職業に就くこと等を通じてその職業生活において自立することを促進するための措置を総合的に講じ、もつて障害者の職業の安定を図ることを目的とする。

（用語の意義）

第二条　この法律において、次の各号に掲げる用語の意義は、当該各号に定めるところによる。

一　障害者　身体又は精神に障害があるため、長期にわたり、職業生活に相当の制限を受け、又は職業生活を営むことが著しく困難な者をいう。

二　身体障害者　障害者のうち、別表に掲げる身体上の障害（以下「身体障害」という。）がある者をいう。

三　重度身体障害者　身体障害者のうち、身体障害の程度が重い者であつて厚生労働省令で定めるものをいう。

四　知的障害者　障害者のうち、知的障害がある者であつて厚生労働省令で定めるものをいう。
五　重度知的障害者　知的障害者のうち、知的障害の程度が重い者であつて厚生労働省令で定めるものをいう。
六　職業リハビリテーション　障害者に対して職業指導、職業訓練、職業紹介その他この法律に定める措置を講じ、その職業生活における自立を図ることをいう。

（基本的理念）
第二条の二　障害者である労働者は、経済社会を構成する労働者の一員として、職業生活においてその能力を発揮する機会を与えられるものとする。

第二条の三　障害者である労働者は、職業に従事する者としての自覚を持ち、自ら進んで、その能力の開発及び向上を図り、有為な職業人として自立するように努めなければならない。

（事業主の責務）
第二条の四　すべて事業主は、障害者の雇用に関し、社会連帯の理念に基づき、障害者である労働者が有為な職業人として自立しようとする努力に対して協力する責務を有するものであつて、その有する能力を正当に評価し、適当な雇用の場を与えるとともに適正な雇用管理を行うことによりその雇用の安定を図るように努めなければならない。

（国及び地方公共団体の責務）
第二条の五　国及び地方公共団体は、障害者の雇用について事業主その他国民一般の理解を高めるとともに、事業主、障害者その他の関係者に対する援助の措置及び障害者の特性に配慮した職業リハビリテーションの措置を講ずる等障害者の雇用の促進及びその職業の安定を図るために必要な施策を総合的かつ効果的に推進するように努めなければならない。

（障害者雇用対策基本方針）
第二条の六　厚生労働大臣は、障害者の雇用の促進及びその職業の安定に関する施策の基本となるべき方針（以下「障害者雇用対策基本方針」という。）を策定するものとする。
2　障害者雇用対策基本方針に定める事項は、次のとおりとする。
一　障害者の就業の動向に関する事項
二　職業リハビリテーションの措置の総合的かつ効果的な実施を図るため講じようとする施策の基本となるべき事項
三　第二条の四の事業主が行うべき雇用管理に関して、障害者である労働者の障害の種類及び程度に応じ、その適正な実施を図るために必要な指針となるべき事項
四　前三号に掲げるもののほか、障害者の雇用の促進及びその職業の安定を図るため講じようとする施策の基本となるべき事項
3　厚生労働大臣は、障害者雇用対策基本方針を定めるに当たつては、あらかじめ、労働政策審議会の意見を聴くほか、都道府県知事の意見を求めるものとする。
4　厚生労働大臣は、障害者雇用対策基本方針を定めたときは、遅滞なく、その概要を公表しなければならない。
5　前二項の規定は、障害者雇用対策基本方針の変更について準用する。

第二章　職業リハビリテーションの推進〔抄〕

（求人の開拓等）
第三条の二　公共職業安定所は、障害者の雇用を促進するため、障害者の求職に関する情報を収集し、事業主に対して当該情報の提供、障害者の雇入れの勧奨等を行うとともに、その内容が障害者の能力に適合する求人の開拓に努めるものとする。

（求人の条件等）

第三条の三　公共職業安定所は、正当な理由がないにもかかわらず身体又は精神に一定の障害がないことを条件とする求人の申込みを受理しないことができる。

2　公共職業安定所は、障害者にその能力に適合する職業を紹介するため必要があるときは、求人者に対して、身体的又は精神的な条件その他の求人の条件について指導するものとする。

3　公共職業安定所は、障害者について職業紹介を行う場合において、求人者から求めがあるときは、その有する当該障害者の職業能力に関する資料を提供するものとする。

（職業指導等）

第三条の四　公共職業安定所は、障害者がその能力に適合する職業に就くことができるようにするため、適性検査を実施し、雇用情報を提供し、障害者に適応した職業指導を行う等必要な措置を講ずるものとする。

（就職後の助言及び指導）

第八条の二　公共職業安定所は、障害者の職業の安定を図るために必要があると認めるときは、その紹介により就職した障害者その他事業主に雇用されている障害者に対して、その作業の環境に適応させるために必要な助言又は指導を行うことができる。

（事業主に対する助言及び指導）

第八条の三　公共職業安定所は、障害者の雇用の促進及びその職業の安定を図るために必要があると認めるときは、障害者を雇用し、又は雇用しようとする者に対して、雇入れ、配置、作業補助具、作業の設備又は環境その他障害者の雇用に関する技術的事項（次節第一款及び第九条の十二第三号において「障害者の雇用管理に関する事項」という。）についての助言又は指導を行うことができる。

第三章　身体障害者又は知的障害者の雇用義務等に基づく雇用の促進等

第一節　身体障害者又は知的障害者の雇用義務等

（身体障害者又は知的障害者の雇用に関する事業主の責務）

第十条　すべて事業主は、身体障害者又は知的障害者の雇用に関し、社会連帯の理念に基づき、適当な雇用の場を与える共同の責務を有するものであつて、進んで身体障害者又は知的障害者の雇入れに努めなければならない。

（雇用に関する国及び地方公共団体の義務）

第十一条　国及び地方公共団体の任命権者（委任を受けて任命権を行う者を除く。以下同じ。）は、職員（当該機関（当該任命権者の委任を受けて任命権を行う者に係る機関を含む。以下同じ。）に常時勤務する職員（一週間の勤務時間が、当該機関に勤務する通常の職員の一週間の勤務時間に比し短く、かつ、第十四条（一般事業主の雇用義務等）第一項の厚生労働大臣の定める時間数未満である常時勤務する職員（以下「短時間勤務職員」という。）を除く。）であつて、国家公務員法（昭和二十二年法律第百二十号）（別掲）第二条（一般職及び特別職）第三項第一号から第十一号までに掲げる職員、警察官、船員である職員その他の政令で定める職員以外のものに限る。以下同じ。）の採用について、当該機関に勤務する身体障害者又は知的障害者である職員の数が、当該機関の職員の総数に、第十四条第二項に規定する障害者雇用率を下回らない率であつて政令で定めるものを乗じて得た数（その数に一人未満の端数があるときは、その端数は、切り捨てる。）未満である場合には、身体障害者又は知的障害者である職員の数がその率を乗じて得た数以上となるようにするため、政令で定めるところにより、身体障害者又は知的障害者の採用に関する計画を作成しなければならない。

2 前項の身体障害者又は知的障害者である職員の数の算定に当たっては、重度身体障害者又は重度知的障害者である職員は、その一人をもつて、政令で定める数の身体障害者又は知的障害者である職員に相当するものとみなす。

（一般事業主の雇用義務等）

第十四条 事業主（常時雇用する労働者（一週間の所定労働時間が、当該事業主の事業所に雇用する通常の労働者の一週間の所定労働時間に比し短く、かつ、厚生労働大臣の定める時間数未満である常時雇用する労働者（以下「短時間労働者」という。）を除く。以下単に「労働者」という。）を雇用する事業主をいい、国及び地方公共団体を除く。以下同じ。）は、厚生労働省令で定める雇用関係の変動がある場合には、その雇用する身体障害者又は知的障害者である労働者の数が、その雇用する労働者の数（除外率設定業種（身体障害者及び知的障害者が就業することが困難であると認められる職種の労働者が相当の割合を占める業種として厚生労働省令で定める業種をいう。以下同じ。）に属する事業を行う事業所の事業主にあつては、その雇用する労働者の数から、当該事業所に係る除外率設定業種ごとの労働者の数に当該除外率設定業種に係る除外率（除外率設定業種に係る労働者のうちに当該職種の労働者が通常占める割合を考慮して除外率設定業種ごとに厚生労働省令で定める率をいう。以下同じ。）を乗じて得た数（その数に一人未満の端数があるときは、その端数は、切り捨てる。）を合計した数を控除した数。第五項及び第七十八条の三において同じ。）に障害者雇用率を乗じて得た数（その数に一人未満の端数があるときは、その端数は、切り捨てる。第十五条第一項において「法定雇用障害者数」という。）以上であるようにしなければならない。

5 事業主（その雇用する労働者の数が常時厚生労働省令で定める数以上である事業主に限る。）は、毎年一回、厚生労働省令で定めるところにより、身体障害者又は知的障害者である労働者の雇用に関する状況を厚生労働大臣に報告しなければならない。

（一般事業主の身体障害者又は知的障害者の雇入れに関する計画）

第十五条 厚生労働大臣は、身体障害者又は知的障害者の雇用を促進するため必要があると認める場合には、その雇用する身体障害者又は知的障害者である労働者の数が法定雇用障害者数未満である事業主に対して、身体障害者又は知的障害者である労働者の数がその法定雇用障害者数以上となるようにするため、厚生労働省令で定めるところにより、身体障害者又は知的障害者の雇入れに関する計画の作成を命ずることができる。

4 事業主は、第一項の計画を作成したときは、厚生労働省令で定めるところにより、これを厚生労働大臣に提出しなければならない。これを変更したときも、同様とする。

5 厚生労働大臣は、第一項の計画が著しく不適当であると認めるときは、当該計画を作成した事業主に対してその変更を勧告することができる。

6 厚生労働大臣は、特に必要がある認めるときは、第一項の計画を作成した事業主に対して、その適正な実施に関し、勧告をすることができる。

（一般事業主についての公表）

第十六条 厚生労働大臣は、前条第一項の計画を作成した事業主が、正当な理由がなく、同条第五項又は第六項の勧告に従わないときは、その旨を公表することができる。

第二節 障害者雇用調整金の支給等及び障害者雇用納付金の徴収

第一款　障害者雇用調整金の支給等

（障害者雇用調整金の支給等の業務）

第十八条　政府は、身体障害者又は知的障害者の雇用に伴う経済的負担の調整並びにその雇用の促進及び継続を図るため、次に掲げる業務を行う。

一　事業主（特殊法人を除く。以下この節において同じ。）で次条第一項の規定に該当するものに対して、同項の障害者雇用調整金を支給すること。

二　身体障害者若しくは知的障害者を労働者として雇い入れる事業主又は身体障害者若しくは知的障害者である労働者を雇用する事業主に対して、これらの者の雇入れ又は雇用の継続のために必要となる施設又は設備の設置又は整備に要する費用に充てるための助成金を支給すること。

三　身体障害者又は知的障害者である労働者を雇用する事業主又は当該事業主の加入している事業主の団体に対して、身体障害者又は知的障害者である労働者の福祉の増進を図るための施設の設置又は整備に要する費用に充てるための助成金を支給すること。

四　身体障害者（重度身体障害者その他の厚生労働省令で定める身体障害者に限る。以下この号及び次号において同じ。）又は知的障害者である労働者を雇用する事業主に対して、身体障害者又は知的障害者である労働者の雇用に伴い必要となる介助その他その雇用の安定を図るために必要な業務（身体障害者又は知的障害者である労働者の通勤を容易にするための業務を除く。）を行う者を置くことに要する費用に充てるための助成金を支給すること。

五　身体障害者若しくは知的障害者である労働者を雇用する事業主又は当該事業主の加入している事業主の団体に対して、身体障害者又は知的障害者である労働者の通勤を容易にするための措置に要する費用に充てるための助成金を支給すること。

六　重度身体障害者又は知的障害者である労働者を多数雇用する事業所の事業主に対して、当該事業所の事業の用に供する施設又は設備の設置又は整備に要する費用に充てるための助成金を支給すること。

七　身体障害者又は知的障害者の職業に必要な能力を開発し、及び向上させるための教育訓練（厚生労働大臣が定める基準に適合するものに限る。以下この号において同じ。）の事業を行う次に掲げるものに対して、当該事業に要する費用に充てるための助成金を支給すること並びに身体障害者又は知的障害者である労働者を雇用する事業主に対して、身体障害者又は知的障害者である労働者の教育訓練の受講を容易にするための措置に要する費用に充てるための助成金を支給すること。

イ　事業主又はその団体

ロ　学校教育法（昭和二十二年法律第二十六号）〔別掲〕第八十二条の二に規定する専修学校又は同法第八十三条第一項に規定する各種学校を設置する私立学校法（昭和二十四年法律第二百七十号）〔別掲〕第三条に規定する学校法人又は同法第六十四条第四項に規定する法人

ハ　社会福祉法第二十二条に規定する社会福祉法人

ニ　その他身体障害者又は知的障害者の雇用の促進に係る事業を行う法人

八　障害者雇用支援センターに対して、身体障害者又は知的障害者の雇用の促進又は継続に係る第九条の十三第一号に掲げる業務（前号の教育訓練に該当するものを除く。）及び同条第二号から第七号までに掲げる業務に要する費用に充てるための助成金を支給すること。

九　事業主の団体で、身体障害者又は知的障害者の雇用の促進に係る事業を行うものに対して、当該団体が行う身体障害者若しくは知的障害者の雇用に関する技術的事項についての研究、調査若しくは講習の事業又は身体障害者若しくは知的障害者の雇用について事業主その他国民一般の理解を高めるための啓発の事業に要する費用に充てるための助成金を支給すること。

十　第二十六条第一項に規定する障害者雇用納付金の徴収を行うこと。

十一　前各号に掲げる業務に附帯する業務を行うこと。

（障害者雇用調整金の支給）

第十九条　厚生労働大臣は、政令で定めるところにより、各年度（四月一日から翌年三月三十一日までをいう。以下同じ。）ごとに、第二十七条第二項に規定する調整基礎額に当該年度に属する各月（当該年度の中途に事業を開始し、又は廃止した事業主にあつては、当該事業を開始した日の属する月の翌月以後の各月又は当該事業を廃止した日の属する月の前月以前の各月に限る。以下同じ。）ごとの初日におけるその雇用する身体障害者又は知的障害者である労働者の数の合計数を乗じて得た額が同条第一項の規定により算定した額を超える事業主に対して、その差額に相当する額を当該調整基礎額で除して得た数を単位調整額に乗じて得た額に相当する金額を、当該年度分の障害者雇用調整金（以下「調整金」という。）として支給する。

2　前項の単位調整額は、事業主がその雇用する労働者の数に第二十七条第三項に規定する基準雇用率を乗じて得た数を超えて新たに身体障害者又は知的障害者である者を雇用するものとした場合に当該身体障害者又は知的障害者である者一人につき通常追加的に必要とされる一月当たりの同条第二項に規定する特別費用の額の平均額を基準として、政令で定める金額とする。

4　前二項に定めるもののほか、法人である事業主が合併した場合又は個人である事業主について相続（包括遺贈を含む。第三十九条において同じ。）があつた場合における調整金の額の算定の特例その他調整金に関し必要な事項は、政令で定める。

（助成金の支給）

第二十条　厚生労働大臣は、厚生労働省令で定める支給要件、支給額その他の支給の基準に従って第十八条第二号から第九号までの助成金を支給する。

2　前項の助成金の支給については、身体障害者又は知的障害者の職業の安定を図るため講じられるその他の措置と相まつて、身体障害者又は知的障害者の雇用が最も効果的かつ効率的に促進され、及び継続されるように配慮されなければならない。

第二款　障害者雇用納付金の徴収

（障害者雇用納付金の徴収及び納付義務）

第二十六条　厚生労働大臣は、第十八条第一号の調整金及び同条第二号から第九号までの助成金の支給に要する費用並びに同条各号に掲げる業務に係る事務の処理に要する費用に充てるため、この款に定めるところにより、事業主から、毎年度、障害者雇用納付金（以下「納付金」という。）を徴収する。

2　事業主は、納付金を納付する義務を負う。

（納付金の額等）

第二十七条　事業主が納付すべき納付金の額は、各年度につき、調整基礎額に、当該年度に属する各月ごとにその初日におけるその雇用する労働者の数に基準雇用率を乗じて得た数（その数に一人未満の端数があるときは、その端数は、切り捨てる。）の合計数を乗じて得た額とする。

2　前項の調整基礎額は、事業主がその雇用する労働者の数に基準雇用率を乗じて得た数に達するまでの数の身体障害者又は知的障害者である者を雇用するものとした場合に当該身体障害者又は知的障害者である者一人につき通常必要とされる一月当たりの特別費用（身体障害者又は知的障害者である者を雇用する場合に必要な施設又は設備の設置又は整備その他の身体障害者又は知的障害者である者の適正な雇用管理に必要な措置に通常要する費用その他身体障害者又は知的障害者である者を雇用するために特別に必要とされる費用をいう。）の額の平均額を基準として、政令で定める金額とする。

3　前二項の基準雇用率は、労働者の総数に対する身体障害者又は知的障害者である労働者の総数の割合を基準として設定するものとし、少なくとも五年ごとに、当該割合の推移を勘案して政令で定める。

第二十八条　前条第一項の場合において、当該事業主が当該年度において身体障害者又は知的障害者である労働者を雇用しており、かつ、同条第二項に規定する調整基礎額に当該年度に属する各月ごとの初日における当該事業主の雇用する身体障害者又は知的障害者である労働者の数の合計数を乗じて得た額が同条第一項の規定により算定した額に達しないときは、当該事業主が納付すべき納付金の額は、同項の規定にかかわらず、その差額に相当する金額とする。

2　前条第一項の場合において、当該事業主が当該年度において身体障害者又は知的障害者である労働者を雇用しており、かつ、同条第二項に規定する調整基礎額に当該年度に属する各月ごとの初日における当該事業主の雇用する身体障害者又は知的障害者である労働者の数の合計数を乗じて得た額が同条第一項の規定により算定した額以上であるときは、当該事業主については、同項の規定にかかわらず、納付金は、徴収しない。

（納付金の納付等）

第二十九条　事業主は、各年度ごとに、当該年度に係る納付金の額その他の厚生労働省令で定める事項を記載した申告書を翌年度の初日（当該年度の中途に事業を廃止した事業主にあつては、当該事業を廃止した日）から四十五日以内に厚生労働大臣に提出しなければならない。

2　事業主は、前項の申告に係る額の納付金を、同項の申告書の提出期限までに納付しなければならない。

3　第一項の申告書には、当該年度に属する各月ごとの初日における各事業所ごとの労働者の数及び身体障害者又は知的障害者である労働者の数その他の厚生労働省令で定める事項を記載した書類を添付しなければならない。

（先取特権の順位）

第三十四条　納付金その他この款の規定による徴収金の先取特権の順位は、国税及び地方税に次ぐものとする。

（徴収金の徴収手続等）

第三十五条　納付金その他この款の規定による徴収金は、この款に別段の定めがある場合を除き、国税徴収の例により徴収する。

第三節　重度身体障害者又は重度知的障害者である短時間労働者等に関する特例〔略〕

第四節　身体障害者及び知的障害者以外の障害者に関する特例〔略〕

第四章　日本障害者雇用促進協会〔略〕

第五章　削除

第六章　雑則

（障害者である短時間労働者の待遇に関する措置）

第七十九条の二　事業主は、その雇用する障害者である短時間労働者が、当該事業主の雇用する労働者の所定労働時間労働すること等の希望を有する旨の申出をしたときは、当該短時間労働者に対し、その有する能力に応じた適切な待遇を行うように努めなければならない。

第七章　罰則〔略〕

別表　身体障害の範囲（第二条関係）

一　次に掲げる視覚障害で永続するもの

イ　両眼の視力（万国式試視力表によつて測つたものをいい、屈折異状がある者については、矯正視力について測つたものをいう。以下同じ。）がそれぞれ〇・一以下のもの

ロ　一眼の視力が〇・〇二以下、他眼の視力が〇・六以下のもの

ハ　両眼の視野がそれぞれ一〇度以内のもの

ニ　両眼による視野の二分の一以上が欠けているもの

二　次に掲げる聴覚又は平衡機能の障害で永続するもの

イ　両耳の聴力レベルがそれぞれ七〇デシベル以上のもの

ロ　一耳の聴力レベルが九〇デシベル以上、他耳の聴力レベルが五〇デシベル以上のもの

ハ　両耳による普通話声の最良の語音明瞭度が五〇パーセント以下のもの

ニ　平衡機能の著しい障害

三　次に掲げる音声機能、言語機能又はそしやく機能の障害

イ　音声機能、言語機能又はそしやく機能の喪失

ロ　音声機能、言語機能又はそしやく機能の著しい障害で、永続するもの

四　次に掲げる肢体不自由

イ　一上肢、一下肢又は体幹の機能の著しい障害で永続するもの

ロ　一上肢のおや指を指骨間関節以上で欠くもの又はひとさし指を含めて一上肢の二指以上をそれぞれ第一指骨間関節以上で欠くもの

ハ　一下肢をリスフラン関節以上で欠くもの

ニ　一上肢のおや指の機能の著しい障害又はひとさし指を含めて一上肢の三指以上の機能の著しい障害で、永続するもの

ホ　両下肢のすべての指を欠くもの

ヘ　イからホまでに掲げるもののほか、その程度がイからホまでに掲げる障害の程度以上であると認められる障害

五　心臓、じん臓又は呼吸器の機能の障害その他政令で定める障害で、永続し、かつ、日常生活が著しい制限を受ける程度であると認められるもの

○障害者の雇用の促進等に関する法律施行令 抄

〔昭和三五年一二月一日 政令第二九二号〕

最近改正 平成一三年九月一二日 政令第二九七号

（除外職員）

第一条の二 法第十一条〔雇用に関する国及び地方公共団体の義務〕第一項の政令で定める職員は、別表第一〔略〕（なお図書館職員は除外対象にはなっていない＝編者）のとおりとする。

（法第十一条第一項の政令で定める率）

第二条 法第十一条〔雇用に関する国及び地方公共団体の義務〕第一項の政令で定める率は、百分の二・一とする。ただし、都道府県に置かれる教育委員会その他厚生労働大臣の指定する教育委員会にあつては、百分の二とする。

（身体障害者又は知的障害者の採用に関する計画の作成）

第三条 法第十一条〔雇用に関する国及び地方公共団体の義務〕第一項の身体障害者又は知的障害者の採用に関する計画（以下第六条までにおいて「計画」という。）には、次の事項を含むものとする。

一 計画の始期及び終期

二 採用を予定する法第十一条第一項に規定する職員（次号において「職員」という。）の数及びそのうちの身体障害者又は知的障害者の数

三 計画の終期及び各会計年度末において見込まれる職員の総数及びそのうちの身体障害者又は知的障害者の数

2 計画の始期及び終期については、厚生労働大臣が定める基準によるものとする。

3 第一項第二号に掲げる事項は、各会計年度別に、かつ、国の機関の任命権者（国会及び裁判所の任命権者を除く。）にあつては厚生労働大臣と協議して定める組織別に、区分するものとする。

（協議等）

第四条 国の機関の任命権者（国会及び裁判所の任命権者を除く。）は、計画の作成については、あらかじめ、厚生労働大臣に協議するものとする。

2 国会及び裁判所並びに地方公共団体の任命権者は、計画の作成については、計画の決定の予定日の一月前までにその案を厚生労働大臣（市町村及び特別区その他の厚生労働省令で定める特別地方公共団体の任命権者にあつては、都道府県労働局長。第六条〔計画の通報〕第三項において同じ。）に通知するものとする。この場合において、厚生労働大臣又は都道府県労働局長は、当該計画について意見を述べることができる。

3 前二項の規定は、計画の変更について準用する。

（法第十一条第二項の政令で定める数）

第五条 法第十一条〔雇用に関する国及び地方公共団体の義務〕第二項の政令で定める数は、二人とする。

（障害者雇用率）

第九条 法第十四条〔一般事業主の雇用義務等〕第二項に規定する障害者雇用率は、百分の一・八とする。

（法第十四条第三項及び第十五条第二項の政令で定める数）

第十条 法第十四条〔一般事業主の雇用義務等〕第三項及び第十五

条〔一般事業主の身体障害者又は知的障害者の雇入れに関する計画〕第二項（法第十九条〔障害者雇用調整金の支給〕第三項、第二十七条第四項及び第二十八条〔納付金の額等〕第三項並びに法附則第三条〔三〇〇人以下の労働者を雇用する事業主に係る納付金及び報奨金等に関する暫定措置〕第四項において準用する場合を含む。）の政令で定める数は、一人とする。

（法第十四条第四項の政令で定める法人等）

第十条の二　法第十四条〔一般事業主の雇用義務等〕第四項の政令で定める法人は、別表第二のとおりとする。

2　法第十四条第四項の政令で定める障害者雇用率は、百分の二・一とする。

（単位調整額）

第十五条　法第十九条〔障害者雇用調整金の支給〕第二項に規定する単位調整額は、二万五千円とする。

（調整基礎額）

第十七条　法第二十七条〔納付金の額等〕第二項に規定する調整基礎額は、五万円とする。

別表第二（第十条の二関係）〔抄〕

一　〔抄〕独立行政法人国立オリンピック記念青少年総合センター、独立行政法人国立科学博物館、独立行政法人国立公文書館、独立行政法人国立少年自然の家、独立行政法人国立女性教育会館、独立行政法人国立青年の家、独立行政法人国立特殊教育総合研究所、独立行政法人国立博物館、独立行政法人国立美術館、独立行政法人大学入試センター、独立行政法人文化財研究所

三　〔抄〕科学技術振興事業団

七　〔抄〕国立教育会館、日本育英会、日本学術振興会、日本芸術文化振興会、日本貿易振興会、放送大学学園、理化学研究所

◎労働者派遣事業の適正な運営の確保及び派遣労働者の就業条件の整備等に関する法律（労働者派遣法）抄

〔昭和六〇年七月五日
法律第八八号〕

最近改正　平成一一年一二月二二日　法律第一六〇号

第一章　総則

（目的）

第一条　この法律は、職業安定法（昭和二十二年法律第百四十一号）と相まつて労働力の需給の適正な調整を図るため労働者派遣事業の適正な運営の確保に関する措置を講ずるとともに、派遣労働者の就業に関する条件の整備等を図り、もつて派遣労働者の雇用の安定その他福祉の増進に資することを目的とする。

（用語の意義）

第二条　この法律において、次の各号に掲げる用語の意義は、当該各号に定めるところによる。

一　労働者派遣　自己の雇用する労働者を、当該雇用関係の下に、かつ、他人の指揮命令を受けて、当該他人のために労働に従事させることをいい、当該他人に対し当該労働者を当該他人に雇用させることを約してするものを含まないものとする。

二　派遣労働者　事業主が雇用する労働者であつて、労働者派遣の対象となるものをいう。

三　労働者派遣事業　労働者派遣を業として行うことをいう。

四　一般労働者派遣事業　特定労働者派遣事業以外の労働者派遣事業をいう。

五　特定労働者派遣事業　その事業の派遣労働者（業として行われる労働者派遣の対象となるものに限る。）が常時雇用される労働者のみである労働者派遣事業をいう。

（船員に対する適用除外）

第三条　この法律は、船員職業安定法（昭和二十三年法律第百三十号）第六条第一項に規定する船員については、適用しない。

第二章　労働者派遣事業の適正な運営の確保に関する措置

第一節　業務の範囲

第四条　何人も、次の各号のいずれかに該当する業務について、労働者派遣事業を行つてはならない。

一　港湾運送業務（港湾労働法（昭和六十三年法律第四十号）第二条第二号に規定する港湾運送の業務及び同条第一号に規定する港湾以外の港湾において行われる当該業務に相当する業務として政令で定める業務をいう。）

二　建設業務（土木、建築その他工作物の建設、改造、保存、修理、変更、破壊若しくは解体の作業又はこれらの作業の準備の作業に係る業務をいう。）

三　警備業法（昭和四十七年法律第百十七号）第二条第一項各号に掲げる業務その他その業務の実施の適正を確保するためには業として行う労働者派遣（次節、第二十三条第二項及び第三項並びに第四十条の二第一項第一号において単に「労働者派遣」という。）により派遣労働者に従事させることが適当でないと認められる業務として政令で定める業務

2　厚生労働大臣は、前項第三号の政令の制定又は改正の立案をしようとするときは、あらかじめ、労働政策審議会の意見を聴かなければならない。
3　労働者派遣事業を行う事業主から労働者派遣の役務の提供を受ける者は、その指揮命令の下に当該労働者派遣に係る派遣労働者を第一項各号のいずれかに該当する業務に従事させてはならない。

第二節　事業の許可等

第一款　一般労働者派遣事業

（一般労働者派遣事業の許可）
第五条　一般労働者派遣事業を行おうとする者は、事業所ごとに、厚生労働大臣の許可を受けなければならない。
2　前項の許可を受けようとする者は、次に掲げる事項を記載した申請書を厚生労働大臣に提出しなければならない。
一　氏名又は名称及び住所並びに法人にあつては、その代表者の氏名
二　法人にあつては、その役員の氏名及び住所
三　事業所の名称及び所在地
四　第三十六条〔派遣元責任者〕の規定により選任する派遣元責任者の氏名及び住所
3　前項の申請書には、事業計画書その他厚生労働省令で定める書類を添付しなければならない。
4　前項の事業計画書には、厚生労働省令で定めるところにより、当該事業に係る派遣労働者の数、労働者派遣に関する料金の額その他労働者派遣に関する事項を記載しなければならない。
5　厚生労働大臣は、第一項の許可をしようとするときは、あらかじめ、労働政策審議会の意見を聴かなければならない。

（許可の基準等）
第七条　厚生労働大臣は、第五条〔一般労働者派遣事業の許可〕第一項の許可の申請が次に掲げる基準に適合していると認めるときでなければ、許可をしてはならない。
一　当該事業が専ら労働者派遣の役務を特定の者に提供することを目的として行われるもの（雇用の機会の確保が特に困難であると認められる労働者の雇用の継続等を図るために必要であると認められる場合として厚生労働省令で定める場合において行われるものを除く。）でないこと。
二　申請者が、当該事業の派遣労働者に係る雇用管理を適正に行うに足りる能力を有するものであること。
三　個人情報（個人に関する情報であつて、特定の個人を識別することができるもの（他の情報と照合することにより特定の個人を識別することができることとなるものを含む。）をいう。以下同じ。）を適正に管理し、及び派遣労働者等の秘密を守るために必要な措置が講じられていること。
四　前二号に掲げるもののほか、申請者が、当該事業を的確に遂行するに足りる能力を有するものであること。
2　厚生労働大臣は、第五条第一項の許可をしないときは、遅滞なく、理由を示してその旨を当該申請者に通知しなければならない。

（許可証）
第八条　厚生労働大臣は、第五条第一項の許可をしたときは、厚生労働省令で定めるところにより、許可証を交付しなければならない。
2　許可証の交付を受けた者は、当該許可証を、当該事業所に備え付けるとともに、関係者から請求があつたときは提示しなければ

ならない。

3 許可証の交付を受けた者は、当該許可証を亡失し、又は当該許可証が滅失したときは、速やかにその旨を厚生労働大臣に届け出て、許可証の再交付を受けなければならない。

（許可の条件）

第九条 第五条第一項の許可には、条件を付し、及びこれを変更することができる。

2 前項の条件は、当該許可の趣旨に照らして、又は当該許可に係る事項の確実な実施を図るために必要な最小限度のものに限り、かつ、当該許可を受ける者に不当な義務を課することとなるものであってはならない。

（許可の有効期間等）

第十条 第五条第一項の許可の有効期間は、当該許可の日から起算して三年とする。

2 前項に規定する許可の有効期間（当該許可の有効期間についてこの項の規定により更新を受けたときにあっては、当該更新を受けた許可の有効期間）の満了後引き続き当該許可に係る一般労働者派遣事業を行おうとする者は、厚生労働省令で定めるところにより、許可の有効期間の更新を受けなければならない。

（名義貸しの禁止）

第十五条 一般派遣元事業主は、自己の名義をもって、他人に一般労働者派遣事業を行わせてはならない。

第二款 特定労働者派遣事業

（特定労働者派遣事業の届出）

第十六条 特定労働者派遣事業を行おうとする者は、事業所ごとに、第五条（一般労働者派遣事業の許可）第二項各号に掲げる事項を記載した届出書を厚生労働大臣に提出しなければならない。

2 前項の届出書には、事業計画書その他厚生労働省令で定める書類を添付しなければならない。

3 前項の事業計画書には、厚生労働省令で定めるところにより、当該事業に係る派遣労働者の数、労働者派遣に関する料金の額その他労働者派遣に関する事項を記載しなければならない。

（書類の備付け等）

第十八条 第十六条（特定労働者派遣事業の届出）第一項の規定により届出書を提出した者（以下「特定派遣元事業主」という。）は、当該届出書を提出した旨その他厚生労働省令で定める事項を記載した書類を、当該事業所に備え付けるとともに、関係者から請求があったときは提示しなければならない。

（名義貸しの禁止）

第二十二条 特定派遣元事業主は、自己の名義をもって、他人に特定労働者派遣事業を行わせてはならない。

第三章 派遣労働者の就業条件の整備等に関する措置

第一節 労働者派遣契約

（契約の内容等）

第二十六条 労働者派遣契約（当事者の一方が相手方に対し労働者派遣をすることを約する契約をいう。以下同じ。）の当事者は、厚生労働省令で定めるところにより、当該労働者派遣契約の締結に際し、次に掲げる事項を定めるとともに、その内容の差異に応じて派遣労働者の人数を定めなければならない。

一 派遣労働者が従事する業務の内容

二 派遣労働者が労働者派遣に係る労働に従事する事業所の名称及び所在地その他労働者派遣に係る派遣労働者の就業（以下「派遣就業」という。）の場所

三 労働者派遣の役務の提供を受ける者のために、就業中の派遣

労働者を直接指揮命令する者に関する事項
四　労働者派遣の期間及び派遣就業をする日
五　派遣就業の開始及び終了の時刻並びに休憩時間
六　安全及び衛生に関する事項
七　派遣労働者から苦情の申出を受けた場合における当該申出を受けた苦情の処理に関する事項
八　労働者派遣契約の解除に当たつて講ずる派遣労働者の雇用の安定を図るために必要な措置に関する事項
九　前各号に掲げるもののほか、厚生労働省令で定める事項

2　派遣元事業主は、前項第四号に掲げる労働者派遣の期間（第四十条の二〔労働者派遣の役務の提供を受ける期間〕第一項第三号に掲げる業務に係る労働者派遣の期間を除く。）については、厚生労働大臣が当該労働力の需給の適正な調整を図るため必要があると認める場合において業務の種類に応じ当該労働力の需給の状況、当該業務の処理の実情等を考慮して定める期間を超える定めをしてはならない。

3　前二項に定めるもののほか、派遣元事業主は、労働者派遣契約であつて海外派遣に係るものの締結に際しては、厚生労働省令で定めるところにより、当該海外派遣に係る役務の提供を受ける者が次に掲げる措置を講ずべき旨を定めなければならない。
一　第四十一条〔派遣先責任者〕の派遣先責任者の選任
二　第四十二条〔派遣先管理台帳〕第一項の派遣先管理台帳の作成、同項各号に掲げる事項の当該台帳への記載及び同条第三項の厚生労働省令で定める条件に従つた通知
三　その他厚生労働省令で定める当該派遣就業が適正に行われるため必要な措置

4　派遣元事業主は、第一項の規定により労働者派遣契約を締結するに当たつては、あらかじめ、当該契約の相手方に対し、第五条〔一般労働者派遣事業の許可〕第一項の許可を受け、又は第十六条〔特定労働者派遣事業の届出〕第一項の規定により届出書を提出している旨を明示しなければならない。

5　第四十条の二第一項各号に掲げる業務以外の業務について派遣元事業主から新たな労働者派遣契約に基づく労働者派遣の役務の提供を受けようとする者は、第一項の規定により当該労働者派遣契約を締結するに当たり、あらかじめ、当該派遣元事業主に対し、当該労働者派遣の役務の提供が開始される日以後当該業務について同条第一項の規定に抵触することとなる最初の日を通知しなければならない。

6　派遣元事業主は、第四十条の二第一項各号に掲げる業務以外の業務について新たな労働者派遣契約に基づく労働者派遣の役務の提供を受けようとする者から前項の規定による通知がないときは、当該者との間で、当該業務に係る労働者派遣契約を締結してはならない。

7　労働者派遣の役務の提供を受けようとする者は、労働者派遣契約の締結に際し、当該労働者派遣契約に基づく労働者派遣に係る派遣労働者を特定することを目的とする行為をしないように努めなければならない。

（契約の解除等）

第二十七条　労働者派遣の役務の提供を受ける者は、派遣労働者の国籍、信条、性別、社会的身分、派遣労働者が労働組合の正当な行為をしたこと等を理由として、労働者派遣契約を解除してはならない。

第二十八条　労働者派遣をする事業主は、当該労働者派遣の役務の提供を受ける者が、当該派遣就業に関し、この法律又は第四節

〔労働基準法等の適用に関する特例等〕の規定により適用される法律の規定（これらの規定に基づく命令の規定を含む。第三十一条において同じ。）に違反した場合においては、当該労働者派遣を停止し、又は当該労働者派遣契約を解除することができる。

第二十九条　労働者派遣契約の解除は、将来に向かつてのみその効力を生ずる。

第二節　派遣元事業主の講ずべき措置等

（派遣労働者等の福祉の増進）

第三十条　派遣元事業主は、その雇用する派遣労働者又は派遣労働者として雇用しようとする労働者について、各人の希望及び能力に応じた就業の機会及び教育訓練の機会の確保、労働条件の向上その他雇用の安定を図るために必要な措置を講ずることにより、これらの者の福祉の増進を図るように努めなければならない。

（適正な派遣就業の確保）

第三十一条　派遣元事業主は、その雇用する派遣労働者に係る労働者派遣の役務の提供を受ける者（第四節を除き、以下「派遣先」という。）がその指揮命令の下に当該派遣労働者に労働させるに当たつて当該派遣就業に関しこの法律又は第四節の規定により適用される法律の規定に違反することがないようにその他当該派遣就業が適正に行われるように、必要な措置を講ずる等適切な配慮をしなければならない。

（派遣労働者であることの明示等）

第三十二条　派遣元事業主は、労働者を派遣労働者として雇い入れようとするときは、あらかじめ、当該労働者にその旨を明示しなければならない。

2　派遣元事業主は、その雇用する労働者であつて、派遣労働者として雇い入れた労働者以外のものを新たに労働者派遣の対象としようとするときは、あらかじめ、当該労働者にその旨を明示し、その同意を得なければならない。

（派遣労働者に係る雇用制限の禁止）

第三十三条　派遣元事業主は、その雇用する派遣労働者又は派遣労働者として雇用しようとする労働者との間で、正当な理由がなく、その者に係る派遣先である者（派遣先であつた者を含む。次項において同じ。）又は派遣先となることとなる者に当該派遣元事業主との雇用関係の終了後雇用されることを禁ずる旨の契約を締結してはならない。

2　派遣元事業主は、その雇用する派遣労働者に係る派遣先である者又は派遣先となろうとする者との間で、正当な理由がなく、その者が当該派遣労働者を当該派遣元事業主との雇用関係の終了後雇用することを禁ずる旨の契約を締結してはならない。

（就業条件の明示）

第三十四条　派遣元事業主は、労働者派遣をしようとするときは、あらかじめ、当該労働者派遣に係る派遣労働者に対し、厚生労働省令で定めるところにより、その旨及び第二十六条〔契約の内容等〕第一項各号に掲げる事項その他厚生労働省令で定める事項であつて当該派遣労働者に係るものを明示しなければならない。

（派遣先への通知）

第三十五条　派遣元事業主は、労働者派遣をするときは、厚生労働省令で定めるところにより、次に掲げる事項を派遣先に通知しなければならない。

一　当該労働者派遣に係る派遣労働者の氏名

二　当該労働者派遣に係る派遣労働者に関する健康保険法第三十一条ノ二第一項の規定による被保険者の資格の取得の確認、厚生年金保険法第十八条第一項の規定による被保険者の資格の取得の確認及び雇用保険法第九条第一項の規定による被保険者となつたことの確認の有無に関する事項であつて厚生労働省令で定めるもの
三　その他厚生労働省令で定める事項

（労働者派遣の期間）

第三十五条の二　派遣元事業主は、派遣先が当該派遣元事業主から労働者派遣の役務の提供を受けたならば第四十条の二第一項の規定に抵触することとなる場合には、当該抵触することとなる最初の日以降継続して労働者派遣を行つてはならない。

（派遣元責任者）

第三十六条　派遣元事業主は、派遣就業に関し次に掲げる事項を行わせるため、厚生労働省令で定めるところにより、第六条第一号から第四号までに該当しない者（未成年者を除く。）のうちから派遣元責任者を選任しなければならない。
一　第三十二条、第三十四条、第三十五条及び次条に定める事項に関すること。
二　当該派遣労働者に対し、必要な助言及び指導を行うこと。
三　当該派遣労働者から申出を受けた苦情の処理に当たること。
四　当該派遣労働者等の個人情報の管理に関すること。
五　当該派遣先との連絡調整に関すること。

（派遣元管理台帳）

第三十七条　派遣元事業主は、厚生労働省令で定めるところにより、派遣就業に関し、派遣元管理台帳を作成し、当該台帳に派遣労働者ごとに次に掲げる事項を記載しなければならない。
一　派遣先の氏名又は名称
二　事業所の所在地その他派遣就業の場所
三　労働者派遣の期間及び派遣就業をする日
四　始業及び終業の時刻
五　従事する業務の種類
六　派遣労働者から申出を受けた苦情の処理に関する事項
七　その他厚生労働省令で定める事項

2　派遣元事業主は、前項の派遣元管理台帳を三年間保存しなければならない。

（準用）

第三十八条　第三十三条及び第三十四条の規定は、派遣元事業主以外の労働者派遣をする事業主について準用する。この場合において、第三十三条中「派遣先」とあるのは、「労働者派遣の役務の提供を受ける者」と読み替えるものとする。

第三節　派遣先の講ずべき措置等

（労働者派遣契約に関する措置）

第三十九条　派遣先は、第二十六条〔契約の内容等〕第一項各号に掲げる事項その他厚生労働省令で定める事項に関する労働者派遣契約の定めに反することのないように適切な措置を講じなければならない。

（適正な派遣就業の確保等）

第四十条　派遣先は、その指揮命令の下に労働させる派遣労働者から当該派遣就業に関し、苦情の申出を受けたときは、当該苦情の内容を当該派遣元事業主に通知するとともに、当該派遣元事業主との密接な連携の下に、誠意をもつて、遅滞なく、当該苦情の適切かつ迅速な処理を図らなければならない。

2　前項に定めるもののほか、派遣先は、その指揮命令の下に労働させる派遣労働者について、当該派遣就業が適正かつ円滑に行われるようにするため、適切な就業環境の維持、診療所、給食施設等の施設であつて現に当該派遣先に雇用される労働者が通常利用しているものの利用に関する便宜の供与等必要な措置を講ずるように努めなければならない。

（労働者派遣の役務の提供を受ける期間）

第四十条の二　派遣先は、当該派遣先の事業所その他派遣就業の場所ごとの同一の業務（次に掲げる業務を除く。次条において同じ。）について、派遣元事業主から一年を超える期間継続して労働者派遣の役務の提供を受けてはならない。

一　次のイ又はロに該当する業務であつて、当該業務に係る労働者派遣が労働者の職業生活の全期間にわたるその能力の有効な発揮及びその雇用の安定に資すると認められる雇用慣行を損なわないと認められるものとして政令で定める業務

イ　その業務を迅速かつ的確に遂行するために専門的な知識、技術又は経験を必要とする業務

ロ　その業務に従事する労働者について、就業形態、雇用形態等の特殊性により、特別の雇用管理を行う必要があると認められる業務

二　前号に掲げるもののほか、事業の開始、転換、拡大、縮小又は廃止のための業務であつて一定の期間内に完了することが予定されているもの

三　当該派遣先に雇用される労働者が労働基準法（昭和二十二年法律第四十九号）〔別掲〕第六十五条〔産前産後〕第一項及び第二項の規定により休業し、並びに育児休業、介護休業等育児又は家族介護を行う労働者の福祉に関する法律（平成三年法律第七十六号）〔別掲〕第二条〔定義〕第一号に規定する育児休業をする場合における当該労働者の業務その他これに準ずる場合として厚生労働省令で定める場合における当該労働者の業務

2　厚生労働大臣は、前項第一号の政令の制定若しくは改正の立案をし、又は同項第三号の厚生労働省令の制定若しくは改正をしようとするときは、あらかじめ、労働政策審議会の意見を聴かなければならない。

（派遣労働者の雇用）

第四十条の三　派遣先は、当該派遣先の事業所その他派遣就業の場所ごとの同一の業務について派遣元事業主から継続して一年間労働者派遣の役務の提供を受けた場合において、引き続き当該同一の業務に労働者を従事させるため、当該一年間が経過した日以後労働者を雇い入れようとするときは、当該同一の業務に継続して一年間従事した派遣労働者であつて次の各号に適合するものを、遅滞なく、雇い入れるように努めなければならない。

一　当該一年間が経過した日の前日までに、当該派遣先に雇用されて当該同一の業務に従事することを希望する旨を当該派遣先に申し出たこと。

二　当該一年間が経過した日から起算して七日以内に当該派遣元事業主との雇用関係が終了したこと。

（派遣先責任者）

第四十一条　派遣先は、派遣就業に関し次に掲げる事項を行わせるため、厚生労働省令で定めるところにより、派遣先責任者を選任しなければならない。

一　次に掲げる事項の内容を、当該派遣労働者の業務の遂行を指揮命令する職務上の地位にある者その他の関係者に周知すること。

イ　この法律及び次節の規定により適用される法律の規定（これらの規定に基づく命令の規定を含む。）

ロ　当該派遣労働者に係る第三十九条に規定する労働者派遣契約の定め

ハ　当該派遣労働者に係る第三十五条の規定による通知
二　次条に定める事項に関すること。
三　当該派遣労働者から申出を受けた苦情の処理に当たること。
四　当該派遣元事業主との連絡調整に関すること。

(派遣先管理台帳)

第四十二条　派遣先は、厚生労働省令で定めるところにより、派遣就業に関し、派遣先管理台帳を作成し、当該台帳に派遣労働者ごとに次に掲げる事項を記載しなければならない。

一　派遣元事業主の氏名又は名称
二　派遣就業をした日
三　派遣就業をした日ごとの始業し、及び終業した時刻並びに休憩した時間
四　従事した業務の種類
五　派遣労働者から申出を受けた苦情の処理に関する事項
六　その他厚生労働省令で定める事項

2　派遣先は、前項の派遣先管理台帳を三年間保存しなければならない。

3　派遣先は、厚生労働省令で定めるところにより、第一項各号(第一号を除く。)に掲げる事項を派遣元事業主に通知しなければならない。

(準用)

第四十三条　第三十九条の規定は、労働者派遣の役務の提供を受ける者であつて派遣先以外のものについて準用する。

第四節　労働基準法等の適用に関する特例等

(労働基準法の適用に関する特例)

第四十四条　労働基準法第九条に規定する事業(以下この節において単に「事業」という。)の事業主(以下この条において単に「事業主」という。)に雇用され、他の事業主の事業における派遣就業のために当該事業に派遣されている同条に規定する労働者(同居の親族のみを使用する事業に使用される者及び家事使用人を除く。)であつて、当該他の事業主(以下この節において「派遣先の事業主」という。)に雇用されていないもの(以下この節において「派遣中の労働者」という。)の派遣就業に関しては、当該派遣中の労働者が派遣されている事業(以下この節において「派遣先の事業」という。)もまた、派遣中の労働者を使用する事業とみなして、同法第三条、第五条及び第六十九条の規定(これらの規定に係る罰則の規定を含む。)を適用する。

2　派遣中の労働者の派遣就業に関しては、派遣先の事業のみを、派遣中の労働者を使用する事業とみなして、労働基準法第七条、第三十二条、第三十二条の二第一項、第三十二条の三、第三十二条の四第一項から第三項まで、第三十三条から第三十五条まで、第三十六条第一項、第四十条、第四十一条、第六十条から第六十三条まで、第六十四条の二、第六十四条の三及び第六十六条から第六十八条までの規定並びに当該規定に基づいて発する命令の規定(これらの規定に係る罰則の規定を含む。)を適用する。この場合において、同法第三十二条の二第一項中「当該事業場に」とあるのは「労働者派遣事業の適正な運営の確保及び派遣労働者の就業条件の整備等に関する法律(以下「労働者派遣法」という。)第四十四条第三項に規定する派遣元の使用者(以下単に「派遣元の使用者」という。)が、当該派遣元の事業(同項に規定する派遣元の事業をいう。以下同じ。)の事業場に」と、同法第三十二条の三中「就業規則その他これに準ずるものにより、」とあるのは「派遣元の使用者が就業規則その他これに準ずるものにより」と、「とした労働者」とあるのは「とした労働者であつて、当該労働者に係

る労働者派遣法第二十六条第一項に規定する労働者派遣契約に基づきこの条の規定による労働時間により労働させることができるもの」と、「当該事業場の」とあるのは「派遣元の使用者が、当該派遣元の事業の事業場の」と、同法第三十二条の四第一項及び第二項中「当該事業場に」とあるのは「派遣元の使用者が、当該派遣元の事業の事業場に」と、同法第三十六条第一項中「当該事業場に」とあるのは「派遣元の使用者が、当該派遣元の事業の事業場に」と、「これを行政官庁に」とあるのは「及びこれを行政官庁に」とする。

3　労働者派遣をする事業主の事業（以下この節において「派遣元の事業」という。）の労働基準法第十条に規定する使用者（以下この条において「派遣元の使用者」という。）は、労働者派遣をする場合であつて、前項の規定により当該労働者派遣の役務の提供を受ける事業主の事業の同条に規定する使用者とみなされることとなる者が当該労働者派遣に係る労働者派遣契約に定める派遣就業の条件に従つて当該労働者派遣に係る派遣労働者を労働させたならば、同項の規定により適用される同法第三十二条、第三十四条、第三十五条、第三十六条第一項ただし書、第四十条、第六十一条から第六十三条まで、第六十四条の二若しくは第六十四条の三の規定又はこれらの規定に基づいて発する命令の規定（次項において「労働基準法令の規定」という。）に抵触することとなるときにおいては、当該労働者派遣をしてはならない。

4　派遣元の使用者が前項の規定に違反したとき（当該労働者派遣に係る派遣中の労働者に関し第二項の規定により当該派遣先の事業の労働基準法第十条に規定する使用者とみなされる者において当該労働基準法令の規定に抵触することとなつたときに限る。）は、当該派遣元の使用者は当該労働基準法令の規定に違反したものとみなして、同法第百十八条、第百十九条及び第百二十一条の規定を適用する。

5　前各項の規定による労働基準法の特例については、同法第三十八条の二第二項中「当該事業場」とあるのは「当該事業場（労働者派遣事業の適正な運営の確保及び派遣労働者の就業条件の整備等に関する法律（以下「労働者派遣法」という。）第二十六条第一項に規定する派遣就業にあつては、労働者派遣法第四十四条第三項に規定する派遣元の事業の事業場）」と、同法第三十八条の三第一項中「就かせたとき」とあるのは「就かせたとき（派遣先の使用者（労働者派遣法第四十四条第一項又は第二項の規定により同条第一項に規定する派遣先の事業の第十条に規定する使用者とみなされる者をいう。以下同じ。）が就かせたときを含む。）」と、同法第九十九条第一項、第三項及び第四項、第百条第一項及び第三項並びに第百四条の二中「この法律」とあるのは「この法律及び労働者派遣法第四十四条の規定」と、同法第百一条第一項、第百四条第二項、第百四条の二、第百五条の二、第百六条第一項及び第百九条中「使用者」とあるのは「使用者（派遣先の使用者を含む。）」と、同法第百二条中「この法律違反の罪」とあるのは「この法律（労働者派遣法第四十四条の規定により適用される場合を含む。）の違反の罪（同条第四項の規定による第百十八条、第百十九条及び第百二十一条の罪を含む。）」と、同法第百四条第一項中「この法律又はこの法律に基いて発する命令」とあるのは「この法律若しくはこの法律に基づいて発する命令の規定（労働者派遣法第四十四条の規定により適用される場合を含む。）又は同条第三項の規定」と、同法第百六条第一項中「この法律」とあるのは「この法律（労働者派遣法第四十四条の規定を含む。以下この項において同じ。）」と、「協定並びに第三十八条の四第一項及び第五項に規定する決議」とあるのは「協定並びに第三十八条の四第一項及び第五項に規定する決議（派遣先の使用者にあつては、この法律及びこれに基づく命令の要旨）」と、同法第百十二条中「この法律及びこの法律に基いて発する命令」とあるのは「この法律及びこの法律に基づいて発する命令の規定（労働者派遣法第四十四条の規定により適用される場合を含む。）並びに同条第三項の規定」として、これらの規定（これらの規定に係る罰則の規定を含む。）を適用する。

6　この条の規定により労働基準法及び同法に基づいて発する命令の規定を適用する場合における技術的読替えその他必要な事項は、命令で定める。

（労働安全衛生法の適用に関する特例等）

第四十五条　〔略〕

（じん肺法の適用に関する特例等）

第四十六条　〔略〕

（作業環境測定法の適用の特例）

第四十七条　〔略〕

（雇用の分野における男女の均等な機会及び待遇の確保等に関する法律の適用に関する特例）

第四十七条の二　労働者派遣の役務の提供を受ける者がその指揮命令の下に労働させる派遣労働者の当該労働者派遣に係る就業に関しては、当該労働者派遣の役務の提供を受ける者もまた、当該派遣労働者を雇用する事業主とみなして、雇用の分野における男女の均等な機会及び待遇の確保等に関する法律（昭和四十七年法律第百十三号）第三章（女性労働者の就業に関して配慮すべき措置）の規定を適用する。この場合において、同法第二十一条第一項中「雇用管理上」とあるのは、「雇用管理上及び指揮命令上」とする。

第四章　雑則

（指針）

第四十七条の三　厚生労働大臣は、第二十四条の三（個人情報の取扱い）及び前章第一節から第三節までの規定により派遣元事業主及び派遣先が講ずべき措置に関して、その適切かつ有効な実施を図るため必要な指針を公表するものとする。

（指導、助言及び勧告）

第四十八条　厚生労働大臣は、この法律（前章第四節の規定を除く。第四十九条の三第一項、第五十条及び第五十一条第一項において同じ。）の施行に関し必要があると認めるときは、労働者派遣をする事業主及び労働者派遣の役務の提供を受ける者に対し、労働者派遣事業の適正な運営又は適正な派遣就業を確保するために必要な指導及び助言をすることができる。

2　厚生労働大臣は、労働力需給の適正な調整を図るため、労働者派遣事業が専ら労働者派遣の役務を特定の者に提供することを目的として行われている場合（第七条第一項第一号の厚生労働省令で定める場合を除く。）において必要があると認めるときは、当該派遣元事業主に対し、当該労働者派遣事業の目的及び内容を変更するように勧告することができる。

（改善命令等）

第四十九条　厚生労働大臣は、派遣元事業主が当該労働者派遣事業に関しこの法律その他労働に関する法律の規定（これらの規定に基づく命令の規定を含む。）に違反した場合において、適正な派遣就業を確保するため必要があると認めるときは、当該派遣元事業主に対し、派遣労働者に係る雇用管理の方法の改善その他当該労働者派遣事業の運営を改善するために必要な措置を講ずべきことを命ずることができる。

2　厚生労働大臣は、派遣先が第四条〔業務の範囲〕第三項の規定に違反している場合において、同項の規定に違反している派遣就業を継続させることが著しく不適当であると認めるときは、当該派遣先に労働者派遣をする派遣元事業主に対し、当該派遣就業に係る労働者派遣契約による労働者派遣の停止を命ずることができる。

（公表等）

第四十九条の二　厚生労働大臣は、第四条〔業務の範囲〕第三項、第二十四条の二〔派遣元事業主以外の労働者派遣事業を行う事業主からの労働者派遣の受入れの禁止〕又は第四十条の二〔労働者派遣の役務の提供を受ける期間〕第一項の規定に違反している者に対し、第四十八条第一項の規定による指導又は助言をした場合において、その者がなお第四条第三項、第二十四条の二又は第四十条の二第一項の規定に違反しており、又は違反するおそれがあると認めるときは、当該者に対し、第四条第三項、第二十四条の二又は第四十条の二第一項の規定に違反する派遣就業を是正するために必要な措置又は当該派遣就業が行われることを防止するために必要な措置をとるべきことを勧告することができる。

2　厚生労働大臣は、派遣先が第四十条の二第一項の規定に違反して労働者派遣の役務の提供を受けており、かつ、当該労働者派遣の役務の提供に係る派遣労働者が当該派遣先に雇用されることを希望している場合において、当該派遣先に対し、第四十八条第一項の規定により当該派遣労働者を雇い入れるように指導又は助言をしたにもかかわらず、当該派遣先がこれに従わなかつたときは、当該派遣先に対し、当該派遣労働者を雇い入れるように勧告することができる。

3　厚生労働大臣は、前二項の規定による勧告をした場合において、その勧告を受けた者がこれに従わなかつたときは、その旨を公表することができる。

（厚生労働大臣に対する申告）

第四十九条の三　労働者派遣をする事業主又は労働者派遣の役務の提供を受ける者がこの法律又はこれに基づく命令の規定に違反する事実がある場合においては、派遣労働者は、その事実を厚生労働大臣に申告することができる。

2　労働者派遣をする事業主及び労働者派遣の役務の提供を受ける者は、前項の申告をしたことを理由として、派遣労働者に対して解雇その他不利益な取扱いをしてはならない。

（報告）

第五十条　厚生労働大臣は、この法律を施行するために必要な限度において、厚生労働省令で定めるところにより、労働者派遣事業を行う事業主及び当該事業主から労働者派遣の役務の提供を受ける者に対し、必要な事項を報告させることができる。

（立入検査）

第五十一条　厚生労働大臣は、この法律を施行するために必要な限度において、所属の職員に、労働者派遣事業を行う事業主及び当該事業主から労働者派遣の役務の提供を受ける者の事業所その他の施設に立ち入り、関係者に質問させ、又は帳簿、書類その他の物件を検査させることができる。

2　前項の規定により立入検査をする職員は、その身分を示す証明書を携帯し、関係者に提示しなければならない。

3　第一項の規定による立入検査の権限は、犯罪捜査のために認められたものと解釈してはならない。

（権限の委任）

第五十六条　この法律に定める厚生労働大臣の権限は、厚生労働省令で定めるところにより、その一部を都道府県労働局長に委任することができる。
2　前項の規定により都道府県労働局長に委任された権限は、厚生労働省令で定めるところにより、公共職業安定所長に委任することができる。

（厚生労働省令への委任）

第五十七条　この法律に定めるもののほか、この法律の実施のために必要な手続その他の事項は、厚生労働省令で定める。

第五章　罰則

第五十八条　公衆衛生又は公衆道徳上有害な業務に就かせる目的で労働者派遣をした者は、一年以上十年以下の懲役又は二十万円以上三百万円以下の罰金に処する。

第五十九条　次の各号のいずれかに該当する者は、一年以下の懲役又は百万円以下の罰金に処する。
一　第四条第一項又は第十五条の規定に違反した者
二　第五条第一項の許可を受けないで一般労働者派遣事業を行った者
三　偽りその他不正の行為により第五条第一項の許可又は第十条第二項の規定による許可の有効期間の更新を受けた者
四　第十四条第二項又は第二十一条の規定による処分に違反した者

第六十条　次の各号のいずれかに該当する者は、六月以下の懲役又は三十万円以下の罰金に処する。
一　第十六条第一項に規定する届出書を提出しないで特定労働者派遣事業を行った者
二　第二十二条又は第四十九条の三第二項の規定に違反した者
三　第四十九条の規定による処分に違反した者

第六十一条　次の各号のいずれかに該当する者は、三十万円以下の罰金に処する。
一　第五条第二項（第十条第五項において準用する場合を含む。）に規定する申請書、第五条第三項（第十条第五項において準用する場合を含む。）に規定する書類、第十六条第一項に規定する届出書又は同条第二項に規定する書類に虚偽の記載をして提出した者
二　第十一条第一項、第十三条第一項、第十九条、第二十条又は第二十三条第三項の規定による届出をせず、又は虚偽の届出をした者
三　第三十四条から第三十七条まで、第四十一条又は第四十二条の規定に違反した者
四　第五十条の規定による報告をせず、又は虚偽の報告をした者
五　第五十一条第一項の規定による立入り若しくは検査を拒み、妨げ、若しくは忌避し、又は質問に対して答弁をせず、若しくは虚偽の陳述をした者

第六十二条　法人の代表者又は法人若しくは人の代理人、使用人その他の従業者が、その法人又は人の業務に関して、第五十八条から前条までの違反行為をしたときは、行為者を罰するほか、その法人又は人に対しても、各本条の罰金刑を科する。

○労働者派遣事業の適正な運営の確保及び派遣労働者の就業条件の整備等に関する法律施行令　抄

〔昭和六一年四月三日　政令第九五号〕

最近改正　平成一二年八月一一日　政令第四〇六号

（法第四十条の二第一項第一号の政令で定める業務）

第四条　法第四十条の二〔労働者派遣の役務の提供を受ける期間〕第一項第一号の政令で定める業務は、次のとおりとする。

一　電子計算機を使用することにより機能するシステムの設計若しくは保守（これらに先行し、後続し、その他これらに関連して行う分析を含む。）又はプログラム（電子計算機に対する指令であつて、一の結果を得ることができるように組み合わされたものをいう。第二十三号及び第二十五号において同じ。）の設計、作成若しくは保守の業務

二　機械、装置若しくは器具（これらの部品を含む。以下この号及び第二十五号において「機械等」という。）又は機械等により構成される設備の設計又は製図（現図製作を含む。）の業務

三　映像機器、音声機器等の機器であつて、放送番組等（放送法（昭和二十五年法律第百三十二号）第二条第一号に規定する放送、有線ラジオ放送業務の運用の規正に関する法律（昭和二十六年法律第百三十五号）第二条に規定する有線ラジオ放送及び有線テレビジョン放送法（昭和四十七年法律第百十四号）第二条第一項に規定する有線テレビジョン放送の放送番組その他影像又は音声その他の音響により構成される作品であつて録画され、又は録音されているものをいう。以下同じ。）の制作のために使用されるものの操作の業務

四　放送番組等の制作における演出の業務（一の放送番組等の全体的形成に係るものを除く。）

五　電子計算機、タイプライター、テレックス又はこれらに準ずる事務用機器（第二十三号において「事務用機器」という。）の操作の業務

六　通訳、翻訳又は速記の業務

七　法人の代表者その他の事業運営上の重要な決定を行い、又はその決定に参画する管理的地位にある者の秘書の業務

八　文書、磁気テープ等のファイリング（能率的な事務処理を図るために総合的かつ系統的な分類に従つてする文書、磁気テープ等の整理（保管を含む。）をいう。以下この号において同じ。）に係る分類の作成又はファイリング（高度の専門的な知識、技術又は経験を必要とするものに限る。）の業務

九　新商品の開発、販売計画の作成等に必要な基礎資料を得るためにする市場等に関する調査又は当該調査の結果の整理若しくは分析の業務

十　貸借対照表、損益計算書等の財務に関する書類の作成その他財務の処理の業務

十一　外国貿易その他の対外取引に関する文書又は商品の売買その他の国内取引に係る契約書、貨物引換証、船荷証券若しくはこれらに準ずる国内取引に関する文書の作成（港湾運送事業法

第二条第一項第一号に掲げる行為に附帯して行うもの及び通関業法（昭和四十二年法律第百二十二号）第二条第一号に規定する通関業務として行われる同号ロに規定する通関書類の作成を除く。）の業務

十二　電子計算機、自動車その他その用途に応じて的確な操作をするためには高度の専門的な知識、技術又は経験を必要とする機械の性能、操作方法等に関する紹介及び説明の業務

十三　旅行業法（昭和二十七年法律第二百三十九号）第十二条の十一第一項に規定する旅程管理業務（旅行者に同行して行うものに限る。）若しくは同法第二条第四項に規定する主催旅行以外の旅行の旅行者に同行して行う旅程管理業務に相当する業務（以下この号において「旅程管理業務等」という。）、旅程管理業務等に付随して行う旅行者の便宜となるサービスの提供の業務（車両、船舶又は航空機内において行う案内の業務を除く。）又は車両の停車場若しくは船舶若しくは航空機の発着場に設けられた旅客の乗降若しくは待合いの用に供する建築物内において行う旅行者に対する送迎サービスの提供の業務

十四　建築物における清掃の業務

十五　建築設備（建築基準法（昭和二十五年法律第二百一号）第二条第三号に規定する建築設備をいう。次号において同じ。）の運転、点検又は整備の業務（法令に基づき行う点検及び整備の業務を除く。）

十六　建築物又は博覧会場における来訪者の受付又は案内の業務、建築物に設けられ、又はこれに附属する駐車場の管理の業務その他建築物に出入りし、勤務し、又は居住する者の便宜を図るために当該建築物に設けられた設備（建築設備を除く。）であつて当該建築物の使用が効率的に行われることを目的とするものの維持管理の業務（第十四号に掲げる業務を除く。）

十七　科学に関する研究又は科学に関する知識若しくは科学を応用した技術を用いて製造する新製品若しくは科学に関する知識若しくは科学を応用した技術を用いて製造する製品の新たな製造方法の開発の業務（第一号及び第二号に掲げる業務を除く。）

十八　企業等がその事業を実施するために必要な体制又はその運営方法の整備に関する調査、企画又は立案の業務（労働条件その他の労働に関する事項の設定又は変更を目的として行う業務を除く。）

十九　書籍、雑誌その他の文章、写真、図表等により構成される作品の制作における編集の業務

二十　商品若しくはその包装のデザイン、商品の陳列又は商品若しくは企業等の広告のために使用することを目的として作成するデザインの考案、設計又は表現の業務（次号に掲げる業務を除く。）

二十一　建築物内における照明器具、家具等のデザイン又は配置に関する相談又は考案若しくは表現の業務（法第四条第一項第二号に規定する建設業務を除く。）

二十二　放送番組等における高度の専門的な知識、技術又は経験を必要とする原稿の朗読、取材と併せて行う音声による表現又は司会の業務（これらの業務に付随して行う業務であつて、放送番組等の制作における編集への参画又は資料の収集、整理若しくは分析の業務を含む。）

二十三　事務用機器の操作方法、電子計算機を使用することにより機能するシステムの使用方法又はプログラムの使用方法を習得させるための教授又は指導の業務

二十四　電話その他の電気通信を利用して行う商品、権利若しく

は役務に関する説明若しくは相談又は商品若しくは権利の売買契約若しくは役務を有償で提供する契約についての申込み、申込みの受付若しくは締結若しくはこれらの契約の申込み若しくは締結の勧誘の業務

二十五　顧客の要求に応じて設計（構造を変更する設計を含む。）を行う機械等若しくは機械等により構成される設備又はプログラムに係る当該顧客に対して行う説明若しくは相談又は売買契約についての申込み、申込みの受付若しくは締結若しくは売買契約の申込み若しくは締結の勧誘の業務

二十六　放送番組等の制作のために使用される舞台背景、建具等の大道具又は調度品、身辺装飾用品等の小道具の調達、製作、設置、配置、操作、搬入又は搬出の業務（法第四条第一項第二号に規定する建設業務を除く。）

○労働者派遣事業の適正な運営の確保及び派遣労働者の就業条件の整備等に関する法律施行規則　抄

〔昭和六一年四月一七日　労働省令第二〇号〕

最近改正　平成一三年九月一九日　厚生労働省令第一九一号

第二章　派遣労働者の就業条件の整備等に関する措置

第一節　労働者派遣契約

（労働者派遣契約における定めの方法等）

第二十一条　法第二十六条（契約の内容等）第一項の規定による定めは、同項各号に掲げる事項の内容の組合せが一であるときは当該組合せに係る派遣労働者の数を、当該組合せが二以上であるときは当該それぞれの組合せの内容及び当該組合せごとの派遣労働者の数を定めることにより行わなければならない。

2　法第二十六条第一項第一号の業務の内容に労働者派遣事業の適正な運営の確保及び派遣労働者の就業条件の整備等に関する法律施行令（昭和六十一年政令第九十五号）第四条各号に掲げる業務が含まれるときは、当該号番号を付するものとする。

3　労働者派遣契約の当事者は、当該労働者派遣契約の締結に際し法第二十六条第一項の規定により定めた事項を、書面に記載しておかなければならない。

4　派遣元事業主から労働者派遣の役務の提供を受ける者は、当該労働者派遣契約の締結に当たり法第二十六条第四項の規定により明示された内容を、前項の書面に併せて記載しておかなければならない。

（法第二十六条第一項第九号の厚生労働省令で定める事項）

第二十二条　法第二十六条〔契約の内容等〕第一項第九号の厚生労働省令で定める事項は、次のとおりとする。

一　派遣元責任者及び派遣先責任者に関する事項

二　労働者派遣の役務の提供を受ける者が法第二十六条第一項第四号に掲げる派遣就業をする日以外の日に同項第二号に規定する派遣就業（以下単に「派遣就業」という。）をさせることができ、又は同項第五号に掲げる派遣就業の開始の時刻から終了の時刻までの時間を延長することができる旨の定めをした場合における当該派遣就業をさせることができる日又は延長することができる時間数

三　派遣元事業主が、法第三十一条〔適正な派遣就業の確保〕に規定する派遣先（以下単に「派遣先」という。）である者又は派遣先となろうとする者との間で、これらの者が当該派遣労働者に対し、診療所、給食施設等の施設であつて現に当該派遣先である者又は派遣先になろうとする者に雇用される労働者が通常利用しているものの利用、レクリエーション等に関する施設又は設備の利用、制服の貸与その他の派遣労働者の福祉の増進のための便宜を供与する旨の定めをした場合における当該便宜供与の内容及び方法

（契約に係る書面の記載事項）

第二十二条の二　第二十一条第三項に規定する書面には、同項及び同条第四項に規定する事項のほか、次の各号に掲げる場合の区分に応じ、それぞれ当該各号に定める事項を記載しなければならない。

一　法第四十条の二〔労働者派遣の役務の提供を受ける期間〕第一項第二号の業務について行われる労働者派遣の場合　同号に該当する旨

二　法第四十条の二第一項第三号の業務について行われる労働者派遣の場合　次のイ及びロに掲げる事項

イ　労働基準法（昭和二十二年法律第四十九号）〔別掲〕第六十五条〔産前産後〕第一項若しくは第二項の規定による休業（以下「産前産後休業」という。）、育児休業、介護休業等育児又は家族介護を行う労働者の福祉に関する法律（平成三年法律第七十六号。以下「育児・介護休業法」という。）第二条〔定義〕第一号に規定する育児休業（以下「育児休業」という。）又は第三十三条に規定する場合における休業をする労働者の氏名及び業務

ロ　イの労働者がする産前産後休業、育児休業又は第三十三条に規定する場合における休業の開始及び終了予定の日

三　法附則第四項の物の製造の業務のうち労働者が育児・介護休業法第二条第二号に規定する介護休業（以下「介護休業」という。）、介護休業に後続する休業であつて同条第四号に規定する対象家族を介護するためにする休業（介護休業の期間と通算して一年を超えない期間内に終了することが予定されているものに限る。以下「特別介護休業」という。）をする場合における当該労働者の業務について行われる労働者派遣の場合　次のイ及びロに掲げる事項

イ　介護休業又は特別介護休業を取得する労働者の氏名及び業務

ロ　イの労働者がする介護休業又は特別介護休業の開始及び終了予定の日

第二節　派遣元事業主の講ずべき措置等

（就業条件の明示の方法等）

第二十五条　法第三十四条〔就業条件の明示〕の規定による明示は、同条の規定により明示すべき事項を記載した書面を当該派遣労働者に交付することにより行わなければならない。ただし、労働者派遣の実施について緊急の必要があるためあらかじめ当該書面を交付することができない場合において、当該明示すべき事項をあらかじめ書面以外の方法により明示したときは、この限りでない。

2　前項ただし書の場合であつて、次の各号のいずれかに該当するときは、当該労働者派遣の開始の後遅滞なく、当該事項を記載した書面を交付しなければならない。

一　当該派遣労働者から請求があつたとき

二　前号以外の場合であつて、当該労働者派遣の期間が一週間を超えるとき

（派遣先への通知の方法等）

第二十七条　法第三十五条〔派遣先への通知〕の規定による通知は、法第二十六条〔契約の内容等〕第一項各号に掲げる事項の内容の組合せが一であるときは当該組合せに係る派遣労働者の氏名及び次条各号に掲げる事項を、当該組合せが二以上であるときは当該組合せごとに派遣労働者の氏名及び次条各号に掲げる事項を通知することにより行わなければならない。

2　法第三十五条の規定による通知は、労働者派遣に際し、あらかじめ、同条により通知すべき事項を記載した書面を交付することにより行わなければならない。ただし、労働者派遣の実施について緊急の必要があるためあらかじめ当該書面を交付することができない場合において、当該通知すべき事項をあらかじめ書面以外の方法により通知したときは、この限りでない。

3　前項ただし書の場合であつて、当該労働者派遣の期間が二週間を超えるとき（法第二十六条第一項各号に掲げる事項の内容の組合せが二以上である場合に限る。）は、当該労働者派遣の開始の後遅滞なく、当該事項を記載した書面を交付しなければならない。

（法第三十五条第二号の厚生労働省令で定める事項）

第二十七条の二　法第三十五条〔派遣先への通知〕第二号の厚生労働省令で定める事項は、当該労働者派遣に係る派遣労働者に関して、次の各号に掲げる書類がそれぞれ当該各号に掲げる省令により当該書類を届け出るべきこととされている行政機関に提出されていることの有無とする。

一　健康保険法施行規則（大正十五年内務省令第三十六号）第十条ノ二に規定する健康保険被保険者資格取得届

二　厚生年金保険法施行規則（昭和二十九年厚生省令第三十七号）第十五条に規定する厚生年金保険被保険者資格取得届

三　雇用保険法施行規則（昭和五十年労働省令第三号）第六条に規定する雇用保険被保険者資格取得届

2　派遣元事業主は、前項の規定により前項各号に掲げる書類が提出されていないことを派遣先に通知するときは、当該書類が提出されていない理由を付さなければならない。

（法第三十五条第三号の厚生労働省令で定める事項）

第二十八条　法第三十五条〔派遣先への通知〕第三号の厚生労働省令で定める事項は、次のとおりとする。

一　派遣労働者の性別及び年齢

二　派遣労働者に係る法第二十六条〔契約の内容等〕第一項第四

号、第五号又は第九号に掲げる事項の内容が、同項の規定により労働者派遣契約に定めた当該派遣労働者に係る組合せにおけるそれぞれの事項の内容と異なる場合における当該内容

（派遣元責任者の選任）

第二十九条　法第三十六条〔派遣元責任者〕の規定による派遣元責任者の選任は、次に定めるところにより行わなければならない。

一　派遣元事業主の事業所（以下この条において単に「事業所」という。）ごとに当該事業所に専属の派遣元責任者として自己の雇用する労働者の中から選任すること。ただし、派遣元事業主（法人である場合は、その役員）を派遣元責任者とすることを妨げない。

二　当該事業所の派遣労働者の数が百人以下のときは一人以上の者を、百人を超え二百人以下のときは二人以上の者を、二百人を超えるときは、当該派遣労働者の数が百人を超える百人ごとに一人を二人に加えた数以上の者を選任すること。

第三節　派遣先の講ずべき措置等

（法第四十条の二第一項第三号の厚生労働省令で定める場合）

第三十三条　法第四十条の二〔労働者派遣の役場の提供を受ける期間〕第一項第三号の厚生労働省令で定める場合は、労働基準法第六十五条〔産前産後〕第一項の規定による休業に先行し、又は同条第二項の規定による休業若しくは育児休業に後続する休業であって、母性保護又は子の養育をするためのもの（産前産後休業の期間及び育児休業の期間と通算して二年を超えない期間内に終了することが予定されているものに限る。）をする場合とする。

（派遣先責任者の選任）

第三十四条　法第四十一条〔派遣先責任者〕の規定による派遣先責任者の選任は、次に定めるところにより行わなければならない。

一　事業所その他の派遣就業の場所（以下この条及び次条において「事業所等」という。）ごとに当該事業所等に専属の派遣先責任者として自己の雇用する労働者の中から選任すること。ただし、派遣先（法人である場合は、その役員）を派遣先責任者とすることを妨げない。

二　事業所等において派遣先がその指揮命令の下に労働させる派遣労働者の数が百人以下のときは一人以上の者を、百人を超え二百人以下のときは二人以上の者を、二百人を超えるときは当該派遣労働者の数が百人を超える百人ごとに一人を二人に加えた数以上の者を選任すること。ただし、当該派遣労働者の数に当該派遣先が当該事業所等において雇用する労働者の数を加えた数が五人を超えないとき、又は当該労働者派遣の期間が一日を超えないときは、派遣先責任者を選任することを要しない。

（法第四十二条第一項第六号の厚生労働省令で定める事項）

第三十六条　法第四十二条〔派遣先管理台帳〕第一項第六号の厚生労働省令で定める事項は、次のとおりとする。

一　派遣労働者の氏名

二　派遣元事業主の事業所の名称

三　派遣元事業主の事業所の所在地

四　派遣先責任者及び派遣元責任者に関する事項

五　法第四十条の二〔労働者派遣の役務の提供を受ける期間〕第一項第一号の業務について労働者派遣をするときは、第二十一条第二項の規定により付することとされている号番号

六　法第四十条の二第一項第二号の業務について労働者派遣をするときは、第二十二条の二第一号の事項

七　法第四十条の二第一項第三号の業務について労働者派遣をするときは、第二十二条の二第二号の事項

八　法附則第四項の物の製造の業務のうち介護休業又は特別介護休業をする労働者の業務について労働者派遣をするときは、第二十二条の二第三号の事項
九　第二十七条の二の規定による通知の内容

（派遣元事業主に対する通知）
第三十八条　法第四十二条〔派遣先管理台帳〕第三項の規定による派遣元事業主に対する通知は、派遣労働者ごとの同条第一項第二号及び第三号並びに第三十六条第一号に掲げる事項を、一箇月ごとに一回以上、一定の期日を定めて、書面により通知することにより行わなければならない。
2　前項の規定にかかわらず、派遣元事業主から請求があったときは、前項に定める事項を、遅滞なく、書面により通知しなければならない。

第四節　労働基準法等の適用に関する特例等〔略〕

第三章　雑則

（権限の委任）
第五十五条　法第四十九条〔改善命令等〕及び第五十条〔報告〕に規定する厚生労働大臣の権限は、都道府県労働局の長に委任する。ただし、厚生労働大臣が自らその権限を行うことを妨げない。
2　前項の規定により都道府県労働局の長に委任された権限は、公共職業安定所の長に委任する。

◎労働組合法　抄

〔昭和二四年六月一日法律第一七四号〕

最近改正　平成一一年一二月二二日　法律第一六〇号

第一章　総則

（目的）
第一条　この法律は、労働者が使用者との交渉において対等の立場に立つことを促進することにより労働者の地位を向上させること、労働者がその労働条件について交渉するために自ら代表者を選出することその他の団体行動を行うために自主的に労働組合を組織し、団結することを擁護すること並びに使用者と労働者との関係を規制する労働協約を締結するための団体交渉をすること及びその手続を助成することを目的とする。
2　刑法（明治四十年法律第四十五号）第三十五条の規定は、労働組合の団体交渉その他の行為であつて前項に掲げる目的を達成するためにした正当なものについて適用があるものとする。但し、いかなる場合においても、暴力の行使は、労働組合の正当な行為と解釈されてはならない。

（労働組合）
第二条　この法律で「労働組合」とは、労働者が主体となつて自主的に労働条件の維持改善その他経済的地位の向上を図ることを主たる目的として組織する団体又はその連合団体をいう。但し、左の各号の一に該当するものは、この限りでない。
一　役員、雇入解雇昇進又は異動に関して直接の権限を持つ監督

的地位にある労働者、使用者の労働関係についての計画と方針とに関する機密の事項に接し、そのためにその職務上の義務と責任とが当該労働組合の組合員としての誠意と責任とに直接にてい触する監督的地位にある労働者その他使用者の利益を代表する者の参加を許すもの

二　団体の運営のための経費の支出につき使用者の経理上の援助を受けるもの。但し、労働者が労働時間中に時間又は賃金を失うことなく使用者と協議し、又は交渉することを使用者が許すことを妨げるものではなく、且つ、厚生資金又は経済上の不幸若しくは災厄を防止し、若しくは救済するための支出に実際に用いられる福利その他の基金に対する使用者の寄附及び最小限の広さの事務所の供与を除くものとする。

三　共済事業その他福利事業のみを目的とするもの

四　主として政治運動又は社会運動を目的とするもの

（労働者）

第三条　この法律で「労働者」とは、職業の種類を問わず、賃金、給料その他これに準ずる収入によつて生活する者をいう。

第二章　労働組合

（労働組合として設立されたものの取扱）

第五条　労働組合は、労働委員会に証拠を提出して第二条〔労働組合〕及び第二項の規定に適合することを立証しなければ、この法律に規定する手続に参与する資格を有せず、且つ、この法律に規定する救済を与えられない。但し、第七条〔不当労働行為〕第一号の規定に基く個々の労働者に対する保護を否定する趣旨に解釈されるべきではない。

2　労働組合の規約には、左の各号に掲げる規定を含まなければならない。

一　名称

二　主たる事務所の所在地

三　連合団体である労働組合以外の労働組合（以下「単位労働組合」という。）の組合員は、その労働組合のすべての問題に参与する権利及び均等の取扱を受ける権利を有すること。

四　何人も、いかなる場合においても、人種、宗教、性別、門地又は身分によつて組合員たる資格を奪われないこと。

五　単位労働組合にあつては、その役員は、組合員の直接無記名投票により選挙されること、及び連合団体である労働組合又は全国的規模をもつ労働組合にあつては、その役員は、単位労働組合の組合員又はその組合員の直接無記名投票により選挙された代議員の直接無記名投票により選挙されること。

六　総会は、少くとも毎年一回開催すること。

七　すべての財源及び使途、主要な寄附者の氏名並びに現在の経理状況を示す会計報告は、組合員によつて委嘱された職業的に資格がある会計監査人による正確であることの証明書とともに、少くとも毎年一回組合員に公表されること。

八　同盟罷業は、組合員又は組合員の直接無記名投票により選挙された代議員の直接無記名投票の過半数による決定を経なければ開始しないこと。

九　単位労働組合にあつては、その規約は、組合員の直接無記名投票による過半数の支持を得なければ改正しないこと、及び連合団体である労働組合又は全国的規模をもつ労働組合にあつては、その規約は、単位労働組合の組合員又はその組合員の直接無記名投票により選挙された代議員の直接無記名投票による過半数の支持を得なければ改正しないこと。

（交渉権限）

第六条　労働組合の代表者又は労働組合の委任を受けた者は、労働組合又は組合員のために使用者又はその団体と労働協約の締結その他の事項に関して交渉する権限を有する。

（不当労働行為）

第七条　使用者は、左の各号に掲げる行為をしてはならない。

一　労働者が労働組合の組合員であること、労働組合に加入し、若しくはこれを結成しようとしたこと若しくは労働組合の正当な行為をしたことの故をもつて、その労働者を解雇し、その他これに対して不利益な取扱をすること又は労働者が労働組合に加入せず、若しくは労働組合から脱退することを雇用条件とすること。但し、労働組合が特定の工場事業場に雇用される労働者の過半数を代表する場合において、その労働者がその労働組合の組合員であることを雇用条件とする労働協約を締結することを妨げるものではない。

二　使用者が雇用する労働者の代表者と団体交渉をすることを正当な理由がなくて拒むこと。

三　労働者が労働組合を結成し、若しくは運営することを支配し、若しくはこれに介入すること、又は労働組合の運営のための経費の支払につき経理上の援助を与えること。但し、労働者が労働時間中に時間又は賃金を失うことなく使用者と協議し、又は交渉することを使用者が許すことを妨げるものではなく、且つ、厚生資金又は経済上の不幸若しくは災厄を防止し、若しくは救済するための支出に実際に用いられる福利その他の基金に対する使用者の寄附及び最小限の広さの事務所の供与を除くものとする。

四　労働者が労働委員会に対し使用者がこの条の規定に違反した旨の申立をしたこと若しくは中央労働委員会に対し第二十七条〔労働委員会の命令等〕第四項の規定による命令に対する再審査の申立をしたこと又は労働委員会がこれらの申立に係る調査若しくは審問をし、若しくは労働関係調整法（昭和二十一年法律第二十五号）による労働争議の調整をする場合に労働者が証拠を提示し、若しくは発言をしたことを理由として、その労働者を解雇し、その他これに対して不利益な取扱をすること。

（損害賠償）

第八条　使用者は、同盟罷業その他の争議行為であつて正当なものによつて損害を受けたことの故をもつて、労働組合又はその組合員に対し賠償を請求することができない。

（基金の流用）

第九条　労働組合は、共済事業その他福利事業のために特設した基金を他の目的のために流用しようとするときは、総会の決議を経なければならない。

（解散）

第十条　労働組合は、左の事由によつて解散する。

一　規約で定めた解散事由の発生

二　組合員又は構成団体の四分の三以上の多数による総会の決議

（法人である労働組合）

第十一条　この法律の規定に適合する旨の労働委員会の証明を受けた労働組合は、その主たる事務所の所在地において登記することによつて法人となる。

2　この法律に規定するものの外、労働組合の登記に関して必要な事項は、政令で定める。

3　労働組合に関して登記すべき事項は、登記した後でなければ第三者に対抗することができない。

（準用規定）

第十二条　民法（明治二十九年法律第八十九号）第四十三条、第四十四条（この法律の第八条〔損害賠償〕に規定する場合を除く。）、第五十条、第五十二条から第五十五条まで及び第五十七条並びに非訟事件手続法（明治三十一年法律第十四号）第三十五条、第三十六条及び第三十七条の二の規定は、法人である労働組合に準用する。

2　民法第七十二条から第八十三条まで並びに非訟事件手続法第百三十六条、第百三十七条及び第百三十八条の規定は、この法律の第十条〔解散〕の規定により解散した法人である労働組合に準用する。

第三章　労働協約

（労働協約の効力の発生）

第十四条　労働組合と使用者又はその団体との間の労働条件その他に関する労働協約は、書面に作成し、両当事者が署名し、又は記名押印することによつてその効力を生ずる。

（労働協約の期間）

第十五条　労働協約には、三年をこえる有効期間の定をすることができない。

2　三年をこえる有効期間の定をした労働協約は、三年の有効期間の定をした労働協約とみなす。

3　有効期間の定がない労働協約は、当事者の一方が、署名し、又は記名押印した文書によつて相手方に予告して、解約することができる。一定の期間を定める労働協約であつて、その期間の経過後も期限を定めず効力を存続する旨の定があるものについて、その期間の経過後も、同様とする。

4　前項の予告は、解約しようとする日の少くとも九十日前にしなければならない。

（基準の効力）

第十六条　労働協約に定める労働条件その他の労働者の待遇に関する基準に違反する労働契約の部分は、無効とする。この場合において無効となつた部分は、基準の定めるところによる。労働契約に定がない部分についても、同様とする。

（一般的拘束力）

第十七条　一の工場事業場に常時使用される同種の労働者の四分の三以上の数の労働者が一の労働協約の適用を受けるに至つたときは、当該工場事業場に使用される他の同種の労働者に関しても、当該労働協約が適用されるものとする。

（地域的の一般的拘束力）

第十八条　一の地域において従業する同種の労働者の大部分が一の労働協約の適用を受けるに至つたときは、当該労働協約の当事者の双方又は一方の申立てに基づき、労働委員会の決議により、厚生労働大臣又は都道府県知事は、当該地域において従業する他の同種の労働者及びその使用者も当該労働協約（第二項の規定により修正があつたものを含む。）の適用を受けるべきことの決定をすることができる。

2　労働委員会は、前項の決議をする場合において、当該労働協約に不適当な部分があると認めたときは、これを修正することができる。

3　第一項の決定は、公告によつてする。

4　第一項の申立てに係る労働協約が最低賃金法（昭和三十四年法律第百三十七号）第十一条〔労働協約に基づく地域的最低賃金〕に規定する労働協約に該当するものであると認めるときは、厚生労働大臣又は都道府県知事は、同項の決定をするについては、賃金に関する部分に関し、あらかじめ、中央最低賃金審議会又は都道府県労働局長の意見を聴かなければならない。この場合においては、都道府県労働局長が意見を提出するについては、あらかじめ、地方最低賃金審議会の意見を聴かなければならない。

第四章　労働委員会

（労働委員会）

第十九条　労働委員会は、使用者を代表する者（以下「使用者委員」という。）、労働者を代表する者（以下「労働者委員」という。）及び公益を代表する者（以下「公益委員」という。）各同数をもつて組織する。

2　労働委員会は、中央労働委員会、船員中央労働委員会、地方労働委員会及び船員地方労働委員会とする。

3　労働委員会に関する事項は、この法律に定めるもののほか、政令で定める。

（中央労働委員会）

第十九条の二　国家行政組織法（昭和二十三年法律第百二十号）第三条第二項の規定に基づいて、厚生労働大臣の所轄の下に、中央労働委員会を置く。

2　中央労働委員会は、労働者が団結することを擁護し、及び労働関係の公正な調整を図ることを任務とする。

3　中央労働委員会は、前項の任務を達成するため、第五条、第十一条、第十八条、第二十六条及び第二十七条の規定による事務、労働争議のあつせん、調停及び仲裁に関する事務並びに労働関係調整法第三十五条の二及び第三十五条の三の規定による事務その他法律（法律に基づく命令を含む。）に基づき中央労働委員会に属させられた事務をつかさどる。

（中央労働委員会の委員の任命等）

第十九条の三　中央労働委員会は、使用者委員、労働者委員及び公益委員各十五人をもつて組織する。

2　使用者委員は使用者団体の推薦（使用者委員のうち六人については、国営企業（国営企業及び特定独立行政法人の労働関係に関する法律（昭和二十三年法律第二百五十七号）第二条〔定義〕第一号に規定する国営企業をいう。以下この項及び第十九条の十（地方調整委員）第一項において同じ。）又は特定独立行政法人（独立行政法人通則法（平成十一年法律第百三号）第二条〔定義〕第二項に規定する特定独立行政法人をいう。以下この項、第十九条の四第二項第三号及び第十九条の十第一項において同じ。）の推薦）に基づいて、労働者委員は労働組合の推薦（労働者委員のうち六人については、国営企業の国営企業及び特定独立行政法人の労働関係に関する法律第二条第四号に規定する職員（以下この章において「国営企業職員」という。）又は特定独立行政法人の同号に規定する職員（以下この章において「特定独立行政法人職員」という。）が結成し、又は加入する労働組合の推薦）に基づいて、公益委員は厚生労働大臣が使用者委員及び労働者委員の同意を得て作成した委員候補者名簿に記載されている者のうちから両議院の同意を得て、内閣総理大臣が任命する。

5　公益委員の任命については、そのうち七人以上が同一の政党に属することとなつてはならない。

（地方労働委員会）

第十九条の十二　都道府県知事の所轄の下に、地方労働委員会を置く。

2　地方労働委員会は、使用者委員、労働者委員及び公益委員各十三人（東京都が設けるものに限る。）、各十一人（大阪府が設けるものに限る。）又は各九人、各七人若しくは各五人のうち政令で定める数のものをもつて組織する。

3 使用者委員は使用者団体の推薦に基づいて、労働者委員は労働組合の推薦に基づいて、公益委員は使用者委員及び労働者委員の同意を得て、都道府県知事が任命する。

（労働委員会の権限）

第二十条 労働委員会は、第五条〔労働組合として設立されたものの取扱〕、第十一条〔法人である労働組合〕、第十八条〔地域的の一般的拘束力〕及び第二十七条〔労働委員会の命令等〕の規定によるものの外、労働争議のあつ旋、調停及び仲裁をする権限を有する。

（強制権限）

第二十二条 労働委員会は、その事務を行うために必要があると認めたときは、使用者又はその団体、労働組合その他の関係者に対して、出頭、報告の提出若しくは必要な帳簿書類の提出を求め、又は委員若しくは労働委員会の職員（以下単に「職員」という。）に関係工場事業場に臨検し、業務の状況若しくは帳簿書類その他の物件を検査させることができる。

2 労働委員会は、前項の臨検又は検査をさせる場合においては、委員又は職員にその身分を証明する証票を携帯させ、関係人にこれを呈示させなければならない。

（秘密を守る義務）

第二十三条 労働委員会の委員若しくは委員であつた者又は職員若しくは職員であつた者は、その職務に関して知得した秘密を漏らしてはならない。中央労働委員会の地方調整委員又は地方調整委員であつた者も、同様とする。

（公益委員のみで行う権限）

第二十四条 第五条〔労働組合として設立されたものの取扱〕、第七条〔不当労働行為〕、第十一条〔法人である労働組合〕及び第二十七条〔労働委員会の命令等〕並びに労働関係調整法第四十二条〔労働委員会による処罰請求〕の規定による事件に関する処分には、労働委員会の公益委員のみが参与する。但し、決定に先立つて行われる審問に使用者委員及び労働者委員が参与することを妨げない。

2 中央労働委員会は、常勤の公益委員に、中央労働委員会に係属している事件に関するもののほか、国営企業職員及び特定独立行政法人職員の労働関係の状況その他中央労働委員会の事務を処理するために必要と認める事項の調査を行わせることができる。

（規則制定権）

第二十六条 中央労働委員会は、その行う手続及び地方労働委員会が行う手続に関する規則を制定し、公布する権限を有する。

（労働委員会の命令等）

第二十七条 労働委員会は、使用者が第七条〔不当労働行為〕の規定に違反した旨の申立を受けたときは、遅滞なく調査を行い、必要があると認めたときは、当該申立が理由があるかどうかについて審問を行わなければならない。この調査及び審問の手続は、前条の規定により中央労働委員会が定める手続規則によるものとし、審問の手続においては、当該使用者及び申立人に対し、証拠を提出し、証人に反対尋問をする充分な機会が与えられなければならない。

2 労働委員会は、前項の申立が、行為の日（継続する行為にあつてはその終了した日）から一年を経過した事件に係るものであるときは、これを受けることができない。

3 労働委員会は、第一項の審問を行う場合において、当事者の申出により、又は職権で、証人に出頭を求め、質問することができる。

4 労働委員会は、第一項の審問の手続を終つたときは、事実の認定をし、この認定に基いて、申立人の請求にかかる救済の全部若しくは一部を認容し、又は申立を棄却する命令を発しなければならない。この事実の認定及び命令は、書面によるものとし、その写を使用者及び申立人に交付しなければならない。この命令は、交付の日から効力を生ずる。この項の規定による手続は、前条の規定により中央労働委員会が定める手続規則によるものとする。

5 使用者は、地方労働委員会の命令の交付を受けたときは、十五日以内（天災その他この期間内に再審査の申立てをしなかつたことについてやむを得ない理由があるときは、その理由がやんだ日の翌日から起算して一週間以内）に中央労働委員会に再審査の申立をすることができる。但し、この申立は、当該命令の効力を停止せず、その命令は、中央労働委員会が第二十五条〔中央労働委員会の管轄等〕の規定により再審査の結果、これを取り消し、又は変更したときに限り、その効力を失う。

6 使用者が地方労働委員会の命令につき中央労働委員会に再審査の申立をしないとき、又は中央労働委員会が命令を発したときは、使用者は、当該命令の交付の日から三十日以内に、当該命令の取消しの訴を提起することができる。この期間は、不変期間とする。

7 使用者は、第五項の規定により中央労働委員会に再審査の申立てをしたときは、その申立てに対する中央労働委員会の命令に対してのみ、取消しの訴えを提起することができる。この訴えについては、行政事件訴訟法（昭和三十七年法律第百三十九号）第十二条〔管轄〕第三項の規定は、適用しない。

8 第六項の規定により使用者が裁判所に訴を提起した場合において、受訴裁判所は、当該労働委員会の申立により、決定をもつて、使用者に対し判決の確定に至るまでその労働委員会の命令の全部又は一部に従うべき旨を命じ、又は当事者の申立により、若しくは職権でこの決定を取り消し、若しくは変更することができる。

9 使用者が労働委員会の命令につき第六項の期間内に訴を提起しないときは、その労働委員会の命令は、確定する。この場合において、使用者が労働委員会の命令に従わないときは、労働委員会は、使用者の住所地の地方裁判所にその旨を通知しなければならない。この通知は、労働者もすることができる。

10 第六項の訴に基く確定判決によつて地方労働委員会の命令の全部又は一部が支持されたときは、中央労働委員会は、その地方労働委員会の命令について、再審査することができない。

11 第五項の規定は労働組合又は労働者が中央労働委員会に対して行なう再審査の申立てについて、第七項の規定は労働組合又は労働者が行政事件訴訟法の定めるところにより提起する取消しの訴えについて、それぞれ準用する。

12 第一項、第三項及び第四項の規定は、中央労働委員会の再審査の手続について準用する。

13 中央労働委員会は、第二十四条〔公益委員のみで行う権限〕第一項の規定にかかわらず、中央労働委員会に係属している事件に関し、前条の規定により中央労働委員会が定める手続規則の定めるところにより、公益を代表する地方調整委員に第一項の申立て又は第五項若しくは第十一項の再審査の申立てに係る調査又は審問を行わせることができる。この場合において、使用者を代表する地方調整委員及び労働者を代表する地方調整委員は、当該審問に参与することができる。

第二十七条の三（**行政手続法の適用除外**） 労働委員会がする処分については、行政手続法

（平成五年法律第八十八号）第二章（申請に対する処分）及び第三章（不利益処分）の規定は、適用しない。

（不服申立ての制限）

第二十七条の四　労働委員会がした処分については、行政不服審査法（昭和三十七年法律第百六十号）による不服申立てをすることができない。

第五章　罰則

第二十八条　第二十七条（労働委員会の命令等）の規定による労働委員会の命令の全部又は一部が確定判決によつて支持された場合において、その違反があつたときは、その行為をした者は、一年以下の禁こ若しくは十万円以下の罰金に処し、又はこれを併科する。

第二十九条　第二十三条（秘密を守る義務）の規定に違反した者は、一年以下の懲役又は三万円以下の罰金に処する。

第三十条　第二十二条（強制権限）の規定に違反して報告をせず、若しくは虚偽の報告をし、若しくは帳簿書類の提出をせず、又は同条の規定に違反して出頭をせず、若しくは同条の規定による検査を拒み、妨げ、若しくは忌避した者は、三万円以下の罰金に処する。

第三十一条　法人又は人の代理人、同居者、雇人その他の従業者がその法人又は人の業務に関し前条前段の違反行為をしたときは、その法人又は人は、自己の指揮に出たのでないことの故をもつてその処罰を免れることができない。

2　前条前段の規定は、その者が法人であるときは、理事、取締役その他の法人の業務を執行する役員に、未成年者又は成年被後見人であるときは、その法定代理人（法定代理人が法人であるときは、その代表者）に適用する。ただし、営業に関して、成年者と同一の能力を有する未成年者については、この限りでない。

(5) 著作権関係

◎著作権法

〔昭和四五年五月六日
法律第四八号〕

最近改正　平成一二年一一月二九日　法律第一三一号

現行法成立後の一部改正の概要

昭和五十三年　五月　レコード保護条約の締結に伴う改正（昭和五十三年十月施行）
昭和五十六年　五月　手数料関係の改正
昭和五十八年十二月　審議会の設置根拠関係の改正
昭和五十九年　五月　手数料関係の改正
昭和五十九年　五月　貸与権の創設・複製の規制関係の改正（昭和六十年一月施行）
昭和六十　年　六月　プログラム保護の明確化に伴う改正（昭和六十一年一月施行）
昭和六十一年　五月　データベースの保護の明確化及びニューメディアの発展に対処するための改正（昭和六十二年一月施行）
昭和六十三年十一月　海賊版所持罪の導入及び著作隣接権の保護期間の延長に関する改正（昭和六十三年十一月施行）
平成　元　年　六月　実演家等保護条約の締結に伴う改正（平成元年十月施行）
平成　三　年　五月　レコードの保護強化等に関する改正（平成四年一月一日施行）
平成　四　年十二月　私的録音・録画に係る補償金制度の導入に関する改正（平成五年六月施行）
平成　六　年十二月　ＷＴＯ（世界貿易機関）協定の締結に伴う改正（平成八年一月施行）
平成　八　年十二月　著作隣接権の保護対象の遡及的拡大等に関する改正（平成九年三月施行）
平成　九　年　六月　インタラクティブ送信の発達に伴う著作者、実演家、レコード製作者の権利強化・創設等に関する改正（平成十年一月施行）
平成　十　年　六月　学校教育法等の一部を改正する法律に伴う改正（平成十一年四月施行）
平成十一　年　五月　情報公開法の施行に伴う改正（平成十三年四月施行）
平成十一　年　六月　著作権に関する世界知的所有権機関条約、ＷＩＰＯ実演・レコード条約を踏まえた改正（平成十一年十月、平成十二年一月施行）
平成十二　年　五月　視聴覚障害者の著作物利用、裁判手続、法人に対する罰金刑の上限引き上げ、及びＷＩＰＯ著作権条約の締結に伴う改正（平成十三年一月施行、一部は同条約の発効日施行）
平成十二　年十一月　著作権等管理事業法の施行に伴う改正（平成十三年十月施行）

目次

第一章　総則

第一節　通則

（目的）

第一条　この法律は、著作物並びに実演、レコード、放送及び有線放送に関し著作者の権利及びこれに隣接する権利を定め、これらの文化的所産の公正な利用に留意しつつ、著作者等の権利の保護を図り、もつて文化の発展に寄与することを目的とする。

（定義）

第二条　この法律において、次の各号に掲げる用語の意義は、当該各号に定めるところによる。

一　著作物　思想又は感情を創作的に表現したものであつて、文芸、学術、美術又は音楽の範囲に属するものをいう。

二　著作者　著作物を創作する者をいう。

三　実演　著作物を、演劇的に演じ、舞い、演奏し、歌い、口演し、朗詠し、又はその他の方法により演ずること（これらに類する行為で、著作物を演じないが芸能的な性質を有するものを含む。）をいう。

四　実演家　俳優、舞踊家、演奏家、歌手その他実演を行なう者及び実演を指揮し、又は演出する者をいう。

五　レコード　蓄音機用音盤、録音テープその他の物に音を固定したもの（音をもつぱら影像とともに再生することを目的とするものを除く。）をいう。

六　レコード製作者　レコードに固定されている音を最初に固定した者をいう。

七　商業用レコード　市販の目的をもつて製作されるレコードの複製物をいう。

七の二　公衆送信　公衆によつて直接受信されることを目的として無線通信又は有線電気通信の送信（有線電気通信設備で、その一の部分の設置の場所が他の部分の設置の場所と同一の構内（その構内が二以上の者の占有に属している場合には、同一の者の占有に属する区域内）にあるものによる送信（プログラムの著作物の送信を除く。）を除く。）を行うことをいう。

八　放送　公衆送信のうち、公衆によつて同一の内容の送信が同時に受信されることを目的として行う無線通信の送信をいう。

九　放送事業者　放送を業として行なう者をいう。
九の二　有線放送　公衆送信のうち、公衆によつて同一の内容の送信が同時に受信されることを目的として行う有線電気通信の送信をいう。
九の三　有線放送事業者　有線放送を業として行う者をいう。
九の四　自動公衆送信　公衆送信のうち、公衆からの求めに応じ自動的に行うもの（放送又は有線放送に該当するものを除く。）をいう。
九の五　送信可能化　次のいずれかに掲げる行為により自動公衆送信し得るようにすることをいう。
イ　公衆の用に供されている電気通信回線に接続している自動公衆送信装置（公衆の用に供する電気通信回線に接続することにより、その記録媒体のうち自動公衆送信の用に供する部分（以下この号において「公衆送信用記録媒体」という。）に記録され、又は当該装置に入力される情報を自動公衆送信する機能を有する装置をいう。以下同じ。）の公衆送信用記録媒体に情報を記録し、情報が記録された記録媒体を当該自動公衆送信装置の公衆送信用記録媒体として加え、若しくは情報が記録された記録媒体を当該自動公衆送信装置の公衆送信用記録媒体に変換し、又は当該自動公衆送信装置に情報を入力すること。
ロ　その公衆送信用記録媒体に情報が記録され、又は当該自動公衆送信装置に情報が入力されている自動公衆送信装置について、公衆の用に供されている電気通信回線への接続（配線、自動公衆送信装置の始動、送受信用プログラムの起動その他の一連の行為により行われる場合には、当該一連の行為のうち最後のものをいう。）を行うこと。

十　映画製作者　映画の著作物の製作に発意と責任を有する者をいう。
十の二　プログラム　電子計算機を機能させて一の結果を得ることができるようにこれに対する指令を組み合わせたものとして表現したものをいう。
十の三　データベース　論文、数値、図形その他の情報の集合物であつて、それらの情報を電子計算機を用いて検索することができるように体系的に構成したものをいう。
十一　二次的著作物　著作物を翻訳し、編曲し、若しくは変形し、又は脚色し、映画化し、その他翻案することにより創作した著作物をいう。
十二　共同著作物　二人以上の者が共同して創作した著作物であつて、その各人の寄与を分離して個別的に利用することができないものをいう。
十三　録音　音を物に固定し、又はその固定物を増製することをいう。
十四　録画　影像を連続して物に固定し、又はその固定物を増製することをいう。
十五　複製　印刷、写真、複写、録音、録画その他の方法により有形的に再製することをいい、次に掲げるものについては、それぞれ次に掲げる行為を含むものとする。
イ　脚本その他これに類する演劇用の著作物　当該著作物の上演、放送又は有線放送を録音し、又は録画すること。
ロ　建築の著作物　建築に関する図面に従つて建築物を完成すること。
十六　上演　演奏（歌唱を含む。以下同じ。）以外の方法により著作物を演ずることをいう。

十七　上映　著作物（公衆送信されるものを除く。）を映写幕その他の物に映写することをいい、これに伴つて映画の著作物において固定されている音を再生することを含むものとする。

十八　口述　朗読その他の方法により著作物を口頭で伝達すること（実演に該当するものを除く。）をいう。

十九　頒布　有償であるか又は無償であるかを問わず、複製物を公衆に譲渡し、又は貸与することをいい、映画の著作物又は映画の著作物において複製されている著作物にあつては、これらの著作物を公衆に提示することを目的として当該映画の著作物の複製物を譲渡し、又は貸与することを含むものとする。

二十　技術的保護手段　電子的方法、磁気的方法その他の人の知覚によつて認識することができない方法（次号において「電磁的方法」という。）により、第十七条（著作者の権利）第一項に規定する著作者人格権若しくは著作権又は第八十九条（著作隣接権）第六項に規定する著作隣接権（以下この号において「著作権等」という。）を侵害する行為の防止又は抑止（著作権等を侵害する行為の結果に著しい障害を生じさせることによる当該行為の抑止をいう。第三十条第一項第二号において同じ。）をする手段（著作権等を有する者の意思に基づくことなく用いられているものを除く。）であつて、著作物、実演、レコード、放送又は有線放送（次号において「著作物等」という。）の利用（著作者の同意を得ないで行つたとしたならば著作者人格権の侵害となるべき行為を含む。）に際しこれに用いられる機器が特定の反応をする信号を著作物、実演、レコード又は放送若しくは有線放送に係る音若しくは影像とともに記録媒体に記録し、又は送信する方式によるものをいう。

二十一　権利管理情報　第十七条第一項に規定する著作者人格権若しくは著作権又は第八十九条第一項から第四項までの権利（以下この号において「著作権等」という。）に関する情報であつて、イからハまでのいずれかに該当するもののうち、電磁的方法により著作物、実演、レコード又は放送若しくは有線放送に係る音若しくは影像とともに記録媒体に記録され、又は送信されるもの（著作物等の利用状況の把握、著作物等の利用の許諾に係る事務処理その他の著作権等の管理（電子計算機によるものに限る。）に用いられていないものを除く。）をいう。

イ　著作物等、著作権等を有する者その他政令で定める事項を特定する情報

ロ　著作物等の利用を許諾する場合の利用方法及び条件に関する情報

ハ　他の情報と照合することによりイ又はロに掲げる事項を特定することができることとなる情報

二十二　国内　この法律の施行地をいう。

2　この法律にいう「美術の著作物」には、美術工芸品を含むものとする。

3　この法律にいう「映画の著作物」には、映画の効果に類似する視覚的又は視聴覚的効果を生じさせる方法で表現され、かつ、物に固定されている著作物を含むものとする。

4　この法律にいう「写真の著作物」には、写真の製作方法に類似する方法を用いて表現される著作物を含むものとする。

5　この法律にいう「公衆」には、特定かつ多数の者を含むものとする。

6　この法律にいう「法人」には、法人格を有しない社団又は財団で代表者又は管理人の定めがあるものを含むものとする。

7　この法律において、「上演」、「演奏」又は「口述」には、著作物

の上演、演奏又は口述で録音され、又は録画されたものを再生すること（公衆送信又は上映に該当するものを除く。）及び著作物の上演、演奏又は口述を電気通信設備を用いて伝達すること（公衆送信に該当するものを除く。）を含むものとする。

8　この法律にいう「貸与」には、いずれの名義又は方法をもつてするかを問わず、これと同様の使用の権原を取得させる行為を含むものとする。

9　この法律において、第一項第七号の二、第八号、第九号の二、第九号の四、第九号の五若しくは第十三号から第十九号まで又は前二項に掲げる用語については、それぞれこれらを動詞の語幹として用いる場合を含むものとする。

（著作物の発行）

第三条　著作物は、その性質に応じ公衆の要求を満たすことができる相当程度の部数の複製物が、第二十一条〔複製権〕に規定する権利を有する者又はその許諾（第六十三条〔著作物の利用の許諾〕第一項の規定による利用の許諾をいう。同条を除き、以下この章及び次章において同じ。）を得た者若しくは第七十九条〔出版権の設定〕の出版権の設定を受けた者によつて作成され、頒布された場合（第二十六条〔頒布権〕、第二十六条の二〔譲渡権〕第一項又は第二十六条の三〔貸与権〕に規定する権利を有する者の権利を害しない場合に限る。）において、発行されたものとする。

2　二次的著作物である翻訳物の前項に規定する部数の複製物が第二十八条〔二次的著作物の利用に関する原著作者の権利〕の規定により第二十一条に規定する権利と同一の権利を有する者又はその許諾を得た者によつて作成され、頒布された場合（第二十八条の規定により第二十六条、第二十六条の二第一項又は第二十六条の三に規定する権利と同一の権利を有する者の権利を害しない場合に限る。）には、その原著作物は、発行されたものとみなす。

3　著作物がこの法律による保護を受けるとしたならば前二項の権利を有すべき者又はその者からその著作物の利用の承諾を得た者は、それぞれ前二項の権利を有する者又はその許諾を得た者とみなして、前二項の規定を適用する。

（著作物の公表）

第四条　著作物は、発行され、又は第二十二条から第二十五条まで〔上演権及び演奏権・上映権・公衆送信権等・口述権・展示権〕に規定する権利を有する者若しくはその許諾を得た者によつて上演、演奏、上映、公衆送信、口述若しくは展示の方法で公衆に提示された場合（建築の著作物にあつては、第二十一条〔複製権〕に規定する権利を有する者又はその許諾を得た者によつて建設された場合を含む。）において、公表されたものとする。

2　著作物は、第二十三条〔公衆送信権等〕第一項に規定する権利を有する者又はその許諾を得た者によつて送信可能化された場合には、公表されたものとみなす。

3　二次的著作物である翻訳物が、第二十八条〔二次的著作物の利用に関する原著作者の権利〕の規定により第二十二条から第二十四条まで〔上演権及び演奏権・上映権・公衆送信権等・口述権〕に規定する権利と同一の権利を有する者若しくはその許諾を得た者によつて上演、演奏、上映、公衆送信若しくは口述の方法で公衆に提示され、又は第二十八条の規定により第二十三条第一項に規定する権利と同一の権利を有する者若しくはその許諾を得た者によつて送信可能化された場合には、その原著作物は、公表されたものとみなす。

4　美術の著作物又は写真の著作物は、第四十五条〔美術の著作物等の原作品の所有者による展示〕第一項に規定する者によつて同項の展示が行われた場合には、公表されたものとみなす。

5 著作物がこの法律による保護を受けるとしたならば第一項から第三項までの権利を有すべき者又はその者からその著作物の利用の承諾を得た者は、それぞれ第一項から第三項までの権利を有する者又はその許諾を得た者とみなして、これらの規定を適用する。

（条約の効力）

第五条 著作者の権利及びこれに隣接する権利に関し条約に別段の定めがあるときは、その規定による。

第二節 適用範囲

（保護を受ける著作物）

第六条 著作物は、次の各号のいずれかに該当するものに限り、この法律による保護を受ける。

一 日本国民（わが国の法令に基づいて設立された法人及び国内に主たる事務所を有する法人を含む。以下同じ。）の著作物

二 最初に国内において発行された著作物（最初にこの法律の施行地外において発行されたが、その発行の日から三十日以内に国内において発行されたものを含む。）

三 前二号に掲げるもののほか、条約によりわが国が保護の義務を負う著作物

（保護を受ける実演）

第七条 実演は、次の各号のいずれかに該当するものに限り、この法律による保護を受ける。

一 国内において行なわれる実演

二 次条第一号又は第二号に掲げるレコードに固定された実演

三 第九条〔保護を受ける放送〕第一号又は第二号に掲げる放送において送信される実演（実演家の承諾を得て送信前に録音され、又は録画されているものを除く。）

四 第九条の二〔保護を受ける有線放送〕各号に掲げる有線放送において送信される実演（実演家の承諾を得て送信前に録音され、又は録画されているものを除く。）

五 前各号に掲げるもののほか、次のいずれかに掲げる実演

イ 実演家、レコード製作者及び放送機関の保護に関する国際条約〔平成元年一〇月条約第七号〕（以下「実演家等保護条約」という。）の締約国において行われる実演

ロ 次条第三号に掲げるレコードに固定された実演

ハ 第九条第三号に掲げる放送において送信される実演（実演家の承諾を得て送信前に録音され、又は録画されているものを除く。）

六 前各号に掲げるもののほか、次のいずれかに掲げる実演

イ 世界貿易機関の加盟国において行われる実演

ロ 次条第四号に掲げるレコードに固定された実演

ハ 第九条第四号に掲げる放送において送信される実演（実演家の承諾を得て送信前に録音され、又は録画されているものを除く。）

（保護を受けるレコード）

第八条 レコードは、次の各号のいずれかに該当するものに限り、この法律による保護を受ける。

一 日本国民をレコード製作者とするレコード

二 レコードでこれに固定されている音が最初に国内において固定されたもの

三 前二号に掲げるもののほか、次のいずれかに掲げるレコード

イ 実演家等保護条約の締約国の国民（当該締約国の法令に基づいて設立された法人及び当該締約国に主たる事務所を有す

る法人を含む。以下同じ。）をレコード製作者とするレコード

ロ　レコードでこれに固定されている音が最初に実演家等保護条約の締約国において固定されたもの

四　前三号に掲げるもののほか、次のいずれかに掲げるレコード

イ　世界貿易機関の加盟国の国民（当該加盟国の法令に基づいて設立された法人及び当該加盟国に主たる事務所を有する法人を含む。以下同じ。）をレコード製作者とするレコード

ロ　レコードでこれに固定されている音が最初に世界貿易機関の加盟国において固定されたもの

五　前各号に掲げるもののほか、許諾を得ないレコードの複製からのレコード製作者の保護に関する条約（第百二十一条の二第二号において「レコード保護条約」という。）により我が国が保護の義務を負うレコード

（保護を受ける放送）

第九条　放送は、次の各号のいずれかに該当するものに限り、この法律による保護を受ける。

一　日本国民である放送事業者の放送

二　国内にある放送設備から行なわれる放送

三　前二号に掲げるもののほか、次のいずれかに掲げる放送

イ　実演家等保護条約の締約国の国民である放送事業者の放送

ロ　実演家等保護条約の締約国にある放送設備から行われる放送

四　前三号に掲げるもののほか、次のいずれかに掲げる放送

イ　世界貿易機関の加盟国の国民である放送事業者の放送

ロ　世界貿易機関の加盟国にある放送設備から行われる放送

（保護を受ける有線放送）

第九条の二　有線放送は、次の各号のいずれかに該当するものに限り、この法律による保護を受ける。

一　日本国民である有線放送事業者の有線放送（放送を受信して行うものを除く。次号において同じ。）

二　国内にある有線放送設備から行われる有線放送

第二章　著作者の権利

第一節　著作物

（著作物の例示）

第十条　この法律にいう著作物を例示すると、おおむね次のとおりである。

一　小説、脚本、論文、講演その他の言語の著作物

二　音楽の著作物

三　舞踊又は無言劇の著作物

四　絵画、版画、彫刻その他の美術の著作物

五　建築の著作物

六　地図又は学術的な性質を有する図面、図表、模型その他の図形の著作物

七　映画の著作物

八　写真の著作物

九　プログラムの著作物

2　事実の伝達にすぎない雑報及び時事の報道は、前項第一号に掲げる著作物に該当しない。

3　第一項第九号に掲げる著作物に対するこの法律による保護は、その著作物を作成するために用いるプログラム言語、規約及び解法に及ばない。この場合において、これらの用語の意義は、次の各号に定めるところによる。

一　プログラム言語　プログラムを表現する手段としての文字その他の記号及びその体系をいう。

二　規約　特定のプログラムにおける前号のプログラム言語の用法についての特別の約束をいう。
三　解法　プログラムにおける電子計算機に対する指令の組合せの方法をいう。

（二次的著作物）
第十一条　二次的著作物に対するこの法律による保護は、その原著作物の著作者の権利に影響を及ぼさない。

（編集著作物）
第十二条　編集物（データベースに該当するものを除く。以下同じ。）でその素材の選択又は配列によつて創作性を有するものは、著作物として保護する。
2　前項の規定は、同項の編集物の部分を構成する著作物の著作者の権利に影響を及ぼさない。

（データベースの著作物）
第十二条の二　データベースでその情報の選択又は体系的な構成によつて創作性を有するものは、著作物として保護する。
2　前項の規定は、同項のデータベースの部分を構成する著作物の著作者の権利に影響を及ぼさない。

（権利の目的とならない著作物）
第十三条　次の各号のいずれかに該当する著作物は、この章の規定による権利の目的となることができない。
一　憲法その他の法令
二　国若しくは地方公共団体の機関又は独立行政法人（独立行政法人通則法（平成十一年法律第百三号）第二条〔定義〕第一項に規定する独立行政法人をいう。以下同じ。）が発する告示、訓令、通達その他これらに類するもの
三　裁判所の判決、決定、命令及び審判並びに行政庁の裁決及び決定で裁判に準ずる手続により行われるもの
四　前三号に掲げるものの翻訳物及び編集物で、国若しくは地方公共団体の機関又は独立行政法人が作成するもの

第二節　著作者

（著作者の推定）
第十四条　著作物の原作品に、又は著作物の公衆への提供若しくは提示の際に、その氏名若しくは名称（以下「実名」という。）又はその雅号、筆名、略称その他実名に代えて用いられるもの（以下「変名」という。）として周知のものが著作者名として通常の方法により表示されている者は、その著作物の著作者と推定する。

（職務上作成する著作物の著作者）
第十五条　法人その他使用者（以下この条において「法人等」という。）の発意に基づきその法人等の業務に従事する者が職務上作成する著作物（プログラムの著作物を除く。）で、その法人等が自己の著作の名義の下に公表するものの著作者は、その作成の時における契約、勤務規則その他に別段の定めがない限り、その法人等とする。
2　法人等の発意に基づきその法人等の業務に従事する者が職務上作成するプログラムの著作物の著作者は、その作成の時における契約、勤務規則その他に別段の定めがない限り、その法人等とする。

（映画の著作物の著作者）
第十六条　映画の著作物の著作者は、その映画の著作物において翻案され、又は複製された小説、脚本、音楽その他の著作物の著作者を除き、制作、監督、演出、撮影、美術等を担当してその映画の著作物の全体的形成に創作的に寄与した者とする。ただし、前条の規定の適用がある場合は、この限りでない。

第三節　権利の内容

第一款　総則

（著作者の権利）

第十七条　著作者は、次条第一項、第十九条〔氏名表示権〕第一項及び第二十条〔同一性保持権〕第一項に規定する権利（以下「著作者人格権」という。）並びに第二十一条から第二十八条まで〔著作権に含まれる権利の種類〕に規定する権利（以下「著作権」という。）を享有する。

2　著作者人格権及び著作権の享有には、いかなる方式の履行をも要しない。

第二款　著作者人格権

（公表権）

第十八条　著作者は、その著作物でまだ公表されていないもの（その同意を得ないで公表された著作物を含む。以下この条において同じ。）を公衆に提供し、又は提示する権利を有する。当該著作物を原著作物とする二次的著作物についても、同様とする。

2　著作者は、次の各号に掲げる場合には、当該各号に掲げる行為について同意したものと推定する。

一　その著作物でまだ公表されていないものの著作権を譲渡した場合　当該著作物をその著作権の行使により公衆に提供し、又は提示すること。

二　その美術の著作物又は写真の著作物でまだ公表されていないものの原作品を譲渡した場合　これらの著作物をその原作品による展示の方法で公衆に提示すること。

三　第二十九条〔映画の著作物の著作権の帰属〕の規定によりその映画の著作物の著作権が映画製作者に帰属した場合　当該著作物をその著作権の行使により公衆に提供し、又は提示すること。

3　著作者は、次の各号に掲げる場合には、当該各号に掲げる行為について同意したものとみなす。

一　その著作物でまだ公表されていないものを行政機関（行政機関の保有する情報の公開に関する法律（平成十一年法律第四十二号〔別掲〕。以下「情報公開法」という。）第二条〔定義〕第一項に規定する行政機関をいう。以下同じ。）に提供した場合（情報公開法第九条〔開示請求に対する措置〕第一項の規定による開示する旨の決定の時までに別段の意思表示をした場合を除く。）　情報公開法の規定により行政機関の長が当該著作物を公衆に提供し、又は提示すること。

二　その著作物でまだ公表されていないものを地方公共団体に提供した場合（開示する旨の決定の時までに別段の意思表示をした場合を除く。）　情報公開条例（地方公共団体の有する情報の公開を請求する住民等の権利について定める当該地方公共団体の条例をいう。以下同じ。）の規定により当該地方公共団体の機関が当該著作物を公衆に提供し、又は提示すること。

4　第一項の規定は、次の各号のいずれかに該当するときは、適用しない。

一　情報公開法第五条〔行政文書の開示義務〕の規定により行政機関の長が同条第一号ロ若しくはハ若しくは同条第二号ただし書に規定する情報が記録されている著作物でまだ公表されていないものを公衆に提供し、若しくは提示するとき、又は情報公開法第七条〔公益上の理由による裁量的開示〕の規定により行政機関の長が著作物でまだ公表されていないものを公衆に提供し、若しくは提示するとき。

二　情報公開条例（情報公開法第十三条〔第三者に対する意見書

提出の機会の付与等）第二項及び第三項に相当する規定を設けているものに限る。第四号において同じ。）の規定により地方公共団体の機関が著作物でまだ公表されていないもの（情報公開法第五条第一号ロ又は同条第二号ただし書に規定する情報に相当する情報が記録されているものに限る。）を公衆に提供し、又は提示するとき。

三　情報公開条例の規定により地方公共団体の機関が著作物でまだ公表されていないもの（情報公開法第五条第一号ハに規定する情報に相当する情報が記録されているものに限る。）を公衆に提供し、又は提示するとき。

四　情報公開条例の規定で情報公開法第七条の規定に相当するものにより地方公共団体の機関が著作物でまだ公表されていないものを公衆に提供し、又は提示するとき。

（氏名表示権）

第十九条　著作者は、その著作物の原作品に、又はその著作物の公衆への提供若しくは提示に際し、その実名若しくは変名を著作者名として表示し、又は著作者名を表示しないこととする権利を有する。その著作物を原著作物とする二次的著作物の公衆への提供又は提示に際しての原著作物の著作者名の表示についても、同様とする。

2　著作物を利用する者は、その著作者の別段の意思表示がない限り、その著作物につきすでに著作者が表示しているところに従つて著作者名を表示することができる。

3　著作者名の表示は、著作物の利用の目的及び態様に照らし著作者が創作者であることを主張する利益を害するおそれがないと認められるときは、公正な慣行に反しない限り、省略することができる。

4　第一項の規定は、次の各号のいずれかに該当するときは、適用しない。

一　情報公開法又は情報公開条例の規定により行政機関の長又は地方公共団体の機関が著作物を公衆に提供し、又は提示する場合において、当該著作物につき既にその著作者が表示しているところに従つて著作者名を表示するとき。

二　情報公開法第六条（部分開示）第二項の規定又は情報公開条例の規定で同項の規定に相当するものにより行政機関の長又は地方公共団体の機関が著作物を公衆に提供し、又は提示する場合において、当該著作物の著作者名の表示を省略することとなるとき。

（同一性保持権）

第二十条　著作者は、その著作物及びその題号の同一性を保持する権利を有し、その意に反してこれらの変更、切除その他の改変を受けないものとする。

2　前項の規定は、次の各号のいずれかに該当する改変については、適用しない。

一　第三十三条（教科用図書等への掲載）第一項（同条第四項において準用する場合を含む。）又は第三十四条（学校教育番組の放送等）第一項の規定により著作物を利用する場合における用字又は用語の変更その他の改変で、学校教育の目的上やむを得ないと認められるもの

二　建築物の増築、改築、修繕又は模様替えによる改変

三　特定の電子計算機においては利用し得ないプログラムの著作物を当該電子計算機において利用し得るようにするため、又はプログラムの著作物を電子計算機においてより効果的に利用し得るようにするために必要な改変

四 前三号に掲げるもののほか、著作物の性質並びにその利用の目的及び態様に照らしやむを得ないと認められる改変

第三款 著作権に含まれる権利の種類

（複製権）

第二十一条 著作者は、その著作物を複製する権利を専有する。

（上演権及び演奏権）

第二十二条 著作者は、その著作物を、公衆に直接見せ又は聞かせることを目的として（以下「公に」という。）上演し、又は演奏する権利を専有する。

（上映権）

第二十二条の二 著作者は、その著作物を公に上映する権利を専有する。

（公衆送信権等）

第二十三条 著作者は、その著作物について、公衆送信（自動公衆送信の場合にあつては、送信可能化を含む。）を行う権利を専有する。

2 著作者は、公衆送信されるその著作物を受信装置を用いて公に伝達する権利を専有する。

（口述権）

第二十四条 著作者は、その言語の著作物を公に口述する権利を専有する。

（展示権）

第二十五条 著作者は、その美術の著作物又はまだ発行されていない写真の著作物をこれらの原作品により公に展示する権利を専有する。

（頒布権）

第二十六条 著作者は、その映画の著作物をその複製物により頒布する権利を専有する。

2 著作者は、映画の著作物において複製されているその著作物を当該映画の著作物の複製物により頒布する権利を専有する。

（譲渡権）

第二十六条の二 著作者は、その著作物（映画の著作物を除く。以下この条において同じ。）をその原作品又は複製物（映画の著作物において複製されている著作物にあつては、当該映画の著作物の複製物を除く。以下この条において同じ。）の譲渡により公衆に提供する権利を専有する。

2 前項の規定は、著作物の原作品又は複製物で次の各号のいずれかに該当するものの譲渡による場合には、適用しない。

一 前項に規定する権利を有する者又はその許諾を得た者により公衆に譲渡された著作物の原作品又は複製物

二 第六十七条（著作権者不明等の場合における著作物の利用）第一項若しくは第六十九条（商業用レコードへの録音等）の規定による裁定又は万国著作権条約の実施に伴う著作権法の特例に関する法律（昭和三十一年法律第八十六号）第五条（翻訳権に関する特例）第一項の規定による許可を受けて公衆に譲渡された著作物の複製物

三 前項に規定する権利を有する者又はその承諾を得た者により特定かつ少数の者に譲渡された著作物の原作品又は複製物

四 この法律の施行地外において、前項に規定する権利に相当する権利を害することなく、又は同項に規定する権利に相当する権利を有する者若しくはその承諾を得た者により譲渡された著作物の原作品又は複製物

（貸与権）

第二十六条の三 著作者は、その著作物（映画の著作物を除く。）を

その複製物（映画の著作物において複製されている著作物にあつては、当該映画の著作物の複製物を除く。）の貸与により公衆に提供する権利を専有する。

（翻訳権、翻案権等）

第二十七条　著作者は、その著作物を翻訳し、編曲し、若しくは変形し、又は脚色し、映画化し、その他翻案する権利を専有する。

（二次的著作物の利用に関する原著作者の権利）

第二十八条　二次的著作物の原著作物の著作者は、当該二次的著作物の利用に関し、この款に規定する権利で当該二次的著作物の著作者が有するものと同一の種類の権利を専有する。

第四款　映画の著作物の著作権の帰属

（映画の著作物の著作権の帰属）

第二十九条　映画の著作物（第十五条（職務上作成する著作物の著作者）第一項、次項又は第三項の規定の適用を受けるものを除く。）の著作権は、その著作者が映画製作者に対し当該映画の著作物の製作に参加することを約束しているときは、当該映画製作者に帰属する。

2　もつぱら放送事業者が放送のための技術的手段として製作する映画の著作物（第十五条第一項の規定の適用を受けるものを除く。）の著作権のうち次に掲げる権利は、映画製作者としての当該放送事業者に帰属する。

一　その著作物を放送する権利及び放送されるその著作物を有線放送し、又は受信装置を用いて公に伝達する権利

二　その著作物を複製し、又はその複製物により放送事業者に頒布する権利

3　専ら有線放送事業者が有線放送のための技術的手段として製作する映画の著作物（第十五条第一項の規定の適用を受けるものを除く。）の著作権のうち次に掲げる権利は、映画製作者としての当該有線放送事業者に帰属する。

一　その著作物を有線放送する権利及び有線放送されるその著作物を受信装置を用いて公に伝達する権利

二　その著作物を複製し、又はその複製物により有線放送事業者に頒布する権利

第五款　著作権の制限

（私的使用のための複製）

第三十条　著作権の目的となつている著作物（以下この款において単に「著作物」という。）は、個人的に又は家庭内その他これに準ずる限られた範囲内において使用すること（以下「私的使用」という。）を目的とするときは、次に掲げる場合を除き、その使用する者が複製することができる。

一　公衆の使用に供することを目的として設置されている自動複製機器（複製の機能を有し、これに関する装置の全部又は主要な部分が自動化されている機器をいう。）を用いて複製する場合

二　技術的保護手段の回避（技術的保護手段に用いられている信号の除去又は改変（記録又は送信の方式の変換に伴う技術的な制約による除去又は改変を除く。）を行うことにより、当該技術的保護手段によつて防止される行為を可能とし、又は当該技術的保護手段によつて抑止される行為の結果に障害を生じないようにすることをいう。第百二十条の二第一号及び第二号において同じ。）により可能となり、又はその結果に障害が生じないようになつた複製を、その事実を知りながら行う場合

2　私的使用を目的として、デジタル方式の録音又は録画の機能を有する機器（放送の業務のための特別の性能その他の私的使用に

通常供されない特別の性能を有するもの及び録音機能付きの電話機その他の本来の機能に附属する機能として録音又は録画の機能を有するものを除く。）であつて政令で定めるものにより、当該機器によるデジタル方式の録音又は録画の用に供される記録媒体であつて政令で定めるものに録音又は録画を行う者は、相当な額の補償金を著作権者に支払わなければならない。

（図書館等における複製）

第三十一条　図書、記録その他の資料を公衆の利用に供することを目的とする図書館その他の施設で政令（別掲）で定めるもの（以下この条において「図書館等」という。）においては、次に掲げる場合には、その営利を目的としない事業として、図書館等の図書、記録その他の資料（以下この条において「図書館資料」という。）を用いて著作物を複製することができる。

一　図書館等の利用者の求めに応じ、その調査研究の用に供するために、公表された著作物の一部分（発行後相当期間を経過した定期刊行物に掲載された個個の著作物にあつては、その全部）の複製物を一人につき一部提供する場合

二　図書館資料の保存のため必要がある場合

三　他の図書館等の求めに応じ、絶版その他これに準ずる理由により一般に入手することが困難な図書館資料の複製物を提供する場合

（引用）

第三十二条　公表された著作物は、引用して利用することができる。この場合において、その引用は、公正な慣行に合致するものであり、かつ、報道、批評、研究その他の引用の目的上正当な範囲内で行なわれるものでなければならない。

2　国若しくは地方公共団体の機関又は独立行政法人が一般に周知させることを目的として作成し、その著作の名義の下に公表する広報資料、調査統計資料、報告書その他これらに類する著作物は、説明の材料として新聞紙、雑誌その他の刊行物に転載することができる。ただし、これを禁止する旨の表示がある場合は、この限りでない。

（教科用図書等への掲載）

第三十三条　公表された著作物は、学校教育の目的上必要と認められる限度において、教科用図書（小学校、中学校、高等学校又は中等教育学校その他これらに準ずる学校における教育の用に供される児童用又は生徒用の図書であつて、文部科学大臣の検定を経たもの又は文部科学省が著作の名義を有するものをいう。）に掲載することができる。

2　前項の規定により著作物を教科用図書に掲載する者は、その旨を著作者に通知するとともに、同項の規定の趣旨、著作物の種類及び用途、通常の使用料の額その他の事情を考慮して文化庁長官が毎年定める額の補償金を著作権者に支払わなければならない。

3　文化庁長官は、前項の定めをしたときは、これを官報で告示する。

4　前三項の規定は、高等学校（中等教育学校の後期課程を含む。）の通信教育用学習図書及び第一項の教科用図書に係る教師用指導書（当該教科用図書を発行する者の発行に係るものに限る。）への著作物の掲載について準用する。

（学校教育番組の放送等）

第三十四条　公表された著作物は、学校教育の目的上必要と認められる限度において、学校教育に関する法令の定める教育課程の基準に準拠した学校向けの放送番組又は有線放送番組において放送し、又は有線放送し、及び当該放送番組用又は有線放送番組用の

教材に掲載することができる。
2　前項の規定により著作物を利用する者は、その旨を著作者に通知するとともに、相当な額の補償金を著作権者に支払わなければならない。
（学校その他の教育機関における複製）
第三十五条　学校その他の教育機関（営利を目的として設置されているものを除く。）において教育を担任する者は、その授業の過程における使用に供することを目的とする場合には、必要と認められる限度において、公表された著作物を複製することができる。ただし、当該著作物の種類及び用途並びにその複製の部数及び態様に照らし著作権者の利益を不当に害することとなる場合は、この限りでない。
（試験問題としての複製）
第三十六条　公表された著作物は、入学試験その他人の学識技能に関する試験又は検定の目的上必要と認められる限度において、当該試験又は検定の問題として複製することができる。
2　営利を目的として前項の複製を行なう者は、通常の使用料の額に相当する額の補償金を著作権者に支払わなければならない。
（点字による複製等）
第三十七条　公表された著作物は、点字により複製することができる。
2　公表された著作物については、電子計算機を用いて点字を処理する方式により、記録媒体に記録し、又は公衆送信（放送又は有線放送を除き、自動公衆送信の場合にあつては送信可能化を含む。）を行うことができる。
3　点字図書館その他の視覚障害者の福祉の増進を目的とする施設で政令〔別掲〕で定めるものにおいては、専ら視覚障害者向けの貸出しの用に供するために、公表された著作物を録音することができる。
（聴覚障害者のための自動公衆送信）
第三十七条の二　聴覚障害者の福祉の増進を目的とする事業を行う者で政令〔別掲〕で定めるものは、放送され、又は有線放送される著作物について、専ら聴覚障害者の用に供するために、当該著作物に係る音声を文字にしてする自動公衆送信（送信可能化のうち、公衆の用に供されている電気通信回線に接続している自動公衆送信装置に情報を入力することによるものを含む。）を行うことができる。
（営利を目的としない上演等）
第三十八条　公表された著作物は、営利を目的とせず、かつ、聴衆又は観衆から料金（いずれの名義をもつてするかを問わず、著作物の提供又は提示につき受ける対価をいう。以下この条において同じ。）を受けない場合には、公に上演し、演奏し、上映し、又は口述することができる。ただし、当該上演、演奏、上映又は口述について実演家又は口述を行う者に対し報酬が支払われる場合は、この限りでない。
2　放送される著作物は、営利を目的とせず、かつ、聴衆又は観衆から料金を受けない場合には、有線放送することができる。
3　放送され、又は有線放送される著作物は、営利を目的とせず、かつ、聴衆又は観衆から料金を受けない場合には、受信装置を用いて公に伝達することができる。通常の家庭用受信装置を用いてする場合も、同様とする。
4　公表された著作物（映画の著作物を除く。）は、営利を目的とせず、かつ、その複製物の貸与を受ける者から料金を受けない場合には、その複製物（映画の著作物において複製されている著作物にあつては、当該映画の著作物の複製物を除く。）の貸与により公衆に提供することができる。

5　映画フィルムその他の視聴覚資料を公衆の利用に供することを目的とする視聴覚教育施設その他の施設（営利を目的として設置されているものを除く。）で政令〔別掲〕で定めるものは、公表された映画の著作物を、その複製物の貸与を受ける者から料金を受けない場合には、その複製物の貸与により頒布することができる。この場合において、当該頒布を行う者は、当該映画の著作物又は当該映画の著作物において複製されている著作物につき第二十六条〔頒布権〕に規定する権利を有する者（第二十八条〔二次的著作物の利用に関する原著作者の権利〕の規定により第二十六条に規定する権利と同一の権利を有する者を含む。）に相当な額の補償金を支払わなければならない。

（時事問題に関する論説の転載等）

第三十九条　新聞紙又は雑誌に掲載して発行された政治上、経済上又は社会上の時事問題に関する論説（学術的な性質を有するものを除く。）は、他の新聞紙若しくは雑誌に転載し、又は放送し、若しくは有線放送することができる。ただし、これらの利用を禁止する旨の表示がある場合は、この限りでない。

2　前項の規定により放送され、又は有線放送される論説は、受信装置を用いて公に伝達することができる。

（政治上の演説等の利用）

第四十条　公開して行なわれた政治上の演説又は陳述及び裁判手続（行政庁の行なう審判その他裁判に準ずる手続を含む。第四十二条〔裁判手続等における複製〕において同じ。）における公開の陳述は、同一の著作者のものを編集して利用する場合を除き、いずれの方法によるかを問わず、利用することができる。

2　国若しくは地方公共団体の機関又は独立行政法人において行われた公開の演説又は陳述は、前項の規定によるものを除き、報道の目的上正当と認められる場合には、新聞紙若しくは雑誌に掲載し、又は放送し、若しくは有線放送することができる。

3　前項の規定により放送され、又は有線放送される演説又は陳述は、受信装置を用いて公に伝達することができる。

（時事の事件の報道のための利用）

第四十一条　写真、映画、放送その他の方法によつて時事の事件を報道する場合には、当該事件を構成し、又は当該事件の過程において見られ、若しくは聞かれる著作物は、報道の目的上正当な範囲内において、複製し、及び当該事件の報道に伴つて利用することができる。

（裁判手続等における複製）

第四十二条　著作物は、裁判手続のために必要と認められる場合及び立法又は行政の目的のために内部資料として必要と認められる場合には、その必要と認められる限度において、複製することができる。ただし、当該著作物の種類及び用途並びにその複製の部数及び態様に照らし著作権者の利益を不当に害することとなる場合は、この限りでない。

（情報公開法等による開示のための利用）

第四十二条の二　行政機関の長又は地方公共団体の機関は、情報公開法又は情報公開条例の規定により著作物を公衆に提供し、又は提示することを目的とする場合には、情報公開法第十四条〔開示の実施〕第一項（同項の規定に基づく政令の規定を含む。以下この条において同じ。）に規定する方法又は情報公開条例で定める方法（情報公開法第十四条第一項に規定する方法以外のものを除く。）により開示するために必要と認められる限度において、当該著作物を利用することができる。

（翻訳、翻案等による利用）

第四十三条　次の各号に掲げる規定により著作物を利用することができる場合には、当該各号に掲げる方法により、当該著作物を当該各号に掲げる規定に従って利用することができる。

一　第三十条〔私的使用のための複製〕第一項又は第三十三条から第三十五条まで〔教科用図書等への掲載・学校教育番組の放送等・学校その他の教育機関における複製〕　翻訳、編曲、変形又は翻案

二　第三十一条〔図書館等における複製〕第一号、第三十二条〔引用〕、第三十六条〔試験問題としての複製〕、第三十七条〔点字による複製等〕、第三十九条〔時事問題に関する論説の転載等〕第一項、第四十条〔政治上の演説等の利用〕第二項、第四十一条〔時事の事件の報道のための利用〕又は第四十二条〔裁判手続等における複製〕　翻訳

三　第三十七条の二〔聴覚障害者のための自動公衆送信〕　翻案（要約に限る。）

（放送事業者等による一時的固定）

第四十四条　放送事業者は、第二十三条〔公衆送信権等〕第一項に規定する権利を害することなく放送することができる著作物を、自己の放送のために、自己の手段又は当該著作物を同じく放送することができる他の放送事業者の手段により、一時的に録音し、又は録画することができる。

2　有線放送事業者は、第二十三条第一項に規定する権利を害することなく有線放送することができる著作物を、自己の有線放送（放送を受信して行うものを除く。）のために、自己の手段により、一時的に録音し、又は録画することができる。

3　前二項の規定により作成された録音物又は録画物は、録音又は録画の後六月（その期間内に当該録音物又は録画物を用いてする放送又は有線放送があったときは、その放送又は有線放送の後六月）を超えて保存することができない。ただし、政令〔別掲〕で定めるところにより公的な記録保存所において保存する場合は、この限りでない。

（美術の著作物等の原作品の所有者による展示）

第四十五条　美術の著作物若しくは写真の著作物の原作品の所有者又はその同意を得た者は、これらの著作物をその原作品により公に展示することができる。

2　前項の規定は、美術の著作物の原作品を街路、公園その他一般公衆に開放されている屋外の場所又は建造物の外壁その他一般公衆の見やすい屋外の場所に恒常的に設置する場合には、適用しない。

（公開の美術の著作物等の利用）

第四十六条　美術の著作物でその原作品が前条第二項に規定する屋外の場所に恒常的に設置されているもの又は建築の著作物は、次に掲げる場合を除き、いずれの方法によるかを問わず、利用することができる。

一　彫刻を増製し、又はその増製物の譲渡により公衆に提供する場合

二　建築の著作物を建築により複製し、又はその複製物の譲渡により公衆に提供する場合

三　前条第二項に規定する屋外の場所に恒常的に設置するために複製する場合

四　専ら美術の著作物の複製物の販売を目的として複製し、又はその複製物を販売する場合

（美術の著作物等の展示に伴う複製）

第四十七条　美術の著作物又は写真の著作物の原作品により、第二十五条〔展示権〕に規定する権利を害することなく、これらの著作物を公に展示する者は、観覧者のためにこれらの著作物の解説又は紹介をすることを目的とする小冊子にこれらの著作物を掲載することができる。

（プログラムの著作物の複製物の所有者による複製等）

第四十七条の二　プログラムの著作物の複製物の所有者は、自ら当該著作物を電子計算機において利用するために必要と認められる限度において、当該著作物の複製又は翻案（これにより創作した二次的著作物の複製を含む。）をすることができる。ただし、当該利用に係る複製物の使用につき、第百十三条〔侵害とみなす行為〕第二項の規定が適用される場合は、この限りでない。

2　前項の複製物の所有者が当該複製物（同項の規定により作成された複製物を含む。）のいずれかについて滅失以外の事由により所有権を有しなくなつた後には、その者は、当該著作権者の別段の意思表示がない限り、その他の複製物を保存してはならない。

（複製権の制限により作成された複製物の譲渡）

第四十七条の三　第三十一条〔図書館等における複製〕第一号、第三十二条〔引用〕、第三十三条〔教科用図書等への掲載〕第一項（同条第四項において準用する場合を含む。）、第三十四条〔学校教育番組の放送等〕第一項、第三十五条〔学校その他の教育機関における複製〕、第三十六条〔試験問題としての複製〕第一項、第三十七条〔点字による複製等〕第一項若しくは第二項、第三十九条〔時事問題に関する論説の転載等〕第一項、第四十条〔政治上の演説等の利用〕第一項若しくは第二項、第四十一条〔時事の事件の報道のための利用〕、第四十二条〔裁判手続等における複製〕、第四十二条の二〔情報公開法等による開示のための利用〕、第四十六条〔公開の美術の著作物等の利用〕又は第四十七条〔美術の著作物等の展示に伴う複製〕の規定により複製することができる著作物は、これらの規定の適用を受けて作成された複製物（第三十一条第一号、第三十五条、第三十六条第一項又は第四十二条の規定に係る場合にあつては、映画の著作物において複製されている著作物にあつては、当該映画の著作物の複製物を含む。以下この条において同じ。）の譲渡により公衆に提供することができる。ただし、第三十一条第一号、第三十五条、第四十一条、第四十二条又は第四十二条の二の規定の適用を受けて作成された著作物の複製物（第三十一条第一号、第三十五条又は第四十二条の規定に係る場合にあつては、映画の著作物の複製物を除く。）を、第三十一条第一号、第三十五条、第四十一条、第四十二条又は第四十二条の二に定める目的以外の目的のために公衆に譲渡する場合は、この限りでない。

（出所の明示）

第四十八条　次の各号に掲げる場合には、当該各号に規定する著作物の出所を、その複製又は利用の態様に応じ合理的と認められる方法及び程度により、明示しなければならない。

一　第三十二条〔引用〕、第三十三条〔教科用図書等への掲載〕第一項（同条第四項において準用する場合を含む。）、第三十七条〔点字による複製等〕第一項若しくは第三項、第四十二条〔裁判手続等における複製〕又は第四十七条〔美術の著作物等の展示に伴う複製〕の規定により著作物を複製する場合

二　第三十四条〔学校教育番組の放送等〕第一項、第三十七条の二〔聴覚障害者のための自動公衆送信〕、第三十九条〔時事問題に関する論説の転載等〕第一項又は第四十条〔政治上の演説等

の利用〕第一項若しくは第二項の規定により著作物を利用する場合

三　第三十二条の規定により著作物を複製以外の方法により利用する場合又は第三十五条〔学校その他の教育機関における複製〕、第三十六条〔試験問題としての複製〕第一項、第三十八条〔営利を目的としない上演等〕第一項、第四十一条〔時事の事件の報道のための利用〕若しくは第四十六条〔公開の美術の著作物等の利用〕の規定により著作物を利用する場合において、その出所を明示する慣行があるとき。

2　前項の出所の明示に当たつては、これに伴い著作者名が明らかになる場合及び当該著作物が無名のものである場合を除き、当該著作物につき表示されている著作者名を示さなければならない。

3　第四十三条〔翻訳、翻案等による利用〕の規定により著作物を翻訳し、編曲し、変形し、又は翻案して利用する場合には、前二項の規定の例により、その著作物の出所を明示しなければならない。

（複製物の目的外使用等）

第四十九条　次に掲げる者は、第二十一条〔複製権〕の複製を行つたものとみなす。

一　第三十条〔私的使用のための複製〕第一項、第三十一条〔図書館等における複製〕第一号、第三十五条〔学校その他の教育機関における複製〕、第三十七条〔点字による複製等〕第三項、第四十一条から第四十二条の二〔時事の事件の報道のための利用・裁判手続等における複製・情報公開法等による開示のための利用〕まで又は第四十四条〔放送事業者等による一時的固定〕第一項若しくは第二項に定める目的以外の目的のために、これらの規定の適用を受けて作成された著作物の複製物を頒布し、又は当該複製物によつて当該著作物を公衆に提示した者

二　第四十四条第三項の規定に違反して同項の録音物又は録画物を保存した放送事業者又は有線放送事業者

三　第四十七条の二〔プログラムの著作物の複製物の所有者による複製等〕第一項の規定の適用を受けて作成された著作物の複製物（次項第二号の複製物に該当するものを除く。）を頒布し、又は当該複製物によつて当該著作物を公衆に提示した者

四　第四十七条の二第二項の規定に違反して同項の複製物（次項第二号の複製物に該当するものを除く。）を保存した者

2　次に掲げる者は、当該二次的著作物の原著作物につき第二十七条〔翻訳権、翻案権等〕の翻訳、編曲、変形又は翻案を行つたものとみなす。

一　第三十条第一項、第三十一条第一号、第三十五条、第三十七条第三項、第四十一条又は第四十二条に定める目的以外の目的のために、第四十三条〔翻訳、翻案等による利用〕の規定の適用を受けて同条第一号若しくは第二号に掲げるこれらの規定に従い作成された二次的著作物の複製物を頒布し、又は当該複製物によつて当該二次的著作物を公衆に提示した者

二　第四十七条の二第一項の規定の適用を受けて作成された二次的著作物の複製物を頒布し、又は当該複製物によつて当該二次的著作物を公衆に提示した者

三　第四十七条の二第二項の規定に違反して前号の複製物を保存した者

（著作者人格権との関係）

第五十条　この款の規定は、著作者人格権に影響を及ぼすものと解釈してはならない。

第四節　保護期間

（保護期間の原則）

第五十一条 著作権の存続期間は、著作物の創作の時に始まる。

2 著作権は、この節に別段の定めがある場合を除き、著作者の死後（共同著作物にあつては、最終に死亡した著作者の死後。次条第一項において同じ。）五十年を経過するまでの間、存続する。

（無名又は変名の著作物の保護期間）

第五十二条 無名又は変名の著作物の著作権は、その著作物の公表後五十年を経過するまでの間、存続する。ただし、その存続期間の満了前にその著作者の死後五十年を経過していると認められる無名又は変名の著作物の著作権は、その著作者の死後五十年を経過したと認められる時において、消滅したものとする。

2 前項の規定は、次の各号のいずれかに該当するときは、適用しない。

一 変名の著作物における著作者の変名がその者のものとして周知のものであるとき。

二 前項の期間内に第七十五条〔実名の登録〕第一項の実名の登録があつたとき。

三 著作者が前項の期間内にその実名又は周知の変名を著作者名として表示してその著作物を公表したとき。

（団体名義の著作物の保護期間）

第五十三条 法人その他の団体が著作の名義を有する著作物の著作権は、その著作物の公表後五十年（その著作物がその創作後五十年以内に公表されなかつたときは、その創作後五十年）を経過するまでの間、存続する。

2 前項の規定は、法人その他の団体が著作の名義を有する著作物の著作者である個人が同項の期間内にその実名又は周知の変名を著作者名として表示してその著作物を公表したときは、適用しない。

3 第十五条〔職務上作成する著作物の著作者〕第二項の規定により法人その他の団体が著作者である著作物の著作権の存続期間に関しては、第一項の著作物に該当する著作物以外の著作物についても、当該団体が著作の名義を有するものとみなして同項の規定を適用する。

（映画の著作物の保護期間）

第五十四条 映画の著作物の著作権は、その著作物の公表後五十年（その著作物がその創作後五十年以内に公表されなかつたときは、その創作後五十年）を経過するまでの間、存続する。

2 映画の著作物の著作権がその存続期間の満了により消滅したときは、当該映画の著作物の利用に関するその原著作物の著作権は、当該映画の著作物の著作権とともに消滅したものとする。

3 前二条の規定は、映画の著作物の著作権については、適用しない。

第五十五条 削除

（継続的刊行物等の公表の時）

第五十六条 第五十二条〔無名又は変名の著作物の保護期間〕第一項、第五十三条〔団体名義の著作物の保護期間〕第一項及び第五十四条〔映画の著作物の保護期間〕第一項の公表の時は、冊、号又は回を追つて公表する著作物については、毎冊、毎号又は毎回の公表の時によるものとし、一部分ずつを逐次公表して完成する著作物については、最終部分の公表の時によるものとする。

2 一部分ずつを逐次公表して完成する著作物については、継続すべき部分が直近の公表の時から三年を経過しても公表されないときは、すでに公表されたもののうちの最終の部分をもつて前項の最終部分とみなす。

（保護期間の計算方法）

第五十七条　第五十一条（保護期間の原則）第二項、第五十二条第一項、第五十三条第一項又は第五十四条第一項の場合において、著作者の死後五十年又は著作物の公表後五十年若しくは創作後五十年の期間の終期を計算するときは、著作者が死亡した日又は著作物が公表され若しくは創作された日のそれぞれ属する年の翌年から起算する。

（保護期間の特例）

第五十八条　文学的及び美術的著作物の保護に関するベルヌ条約〔別掲〕により創設された国際同盟の加盟国、著作権に関する世界知的所有権機関条約〔別掲〕の締約国又は世界貿易機関の加盟国である外国をそれぞれ文学的及び美術的著作物の保護に関するベルヌ条約、著作権に関する世界知的所有権機関条約又は世界貿易機関を設立するマラケシュ協定〔別掲〕の規定に基づいて本国とする著作物（第六条〔保護を受ける著作物〕第一号に該当するものを除く。）で、その本国において定められる著作権の存続期間が第五十一条から第五十四条までに定める著作権の存続期間より短いものについては、その本国において定められる著作権の存続期間による。

第五節　著作者人格権の一身専属性等

（著作者人格権の一身専属性）

第五十九条　著作者人格権は、著作者の一身に専属し、譲渡することができない。

（著作者が存しなくなつた後における人格的利益の保護）

第六十条　著作物を公衆に提供し、又は提示する者は、その著作物の著作者が存しなくなつた後においても、著作者が存しているとしたならばその著作者人格権の侵害となるべき行為をしてはならない。ただし、その行為の性質及び程度、社会的事情の変動その他によりその行為が当該著作者の意を害しないと認められる場合は、この限りでない。

第六節　著作権の譲渡及び消滅

（著作権の譲渡）

第六十一条　著作権は、その全部又は一部を譲渡することができる。

2　著作権を譲渡する契約において、第二十七条〔翻訳権、翻案権等〕又は第二十八条〔二次的著作物の利用に関する原著作者の権利〕に規定する権利が譲渡の目的として特掲されていないときは、これらの権利は、譲渡した者に留保されたものと推定する。

（相続人の不存在の場合等における著作権の消滅）

第六十二条　著作権は、次に掲げる場合には、消滅する。

一　著作権者が死亡した場合において、その著作権が民法（明治二十九年法律第八十九号）第九百五十九条〔相続財産の国庫帰属〕の規定により国庫に帰属すべきこととなるとき。

二　著作権者である法人が解散した場合において、その著作権が民法第七十二条第三項（残余財産の国庫帰属）その他これに準ずる法律の規定により国庫に帰属すべきこととなるとき。

2　第五十四条〔映画の著作物の保護期間〕第二項の規定は、映画の著作物の著作権が前項の規定により消滅した場合について準用する。

第七節　権利の行使

（著作物の利用の許諾）

第六十三条　著作権者は、他人に対し、その著作物の利用を許諾することができる。

2　前項の許諾を得た者は、その許諾に係る利用方法及び条件の範囲内において、その許諾に係る著作物を利用することができる。

3　第一項の許諾に係る著作物を利用する権利は、著作権者の承諾を得ない限り、譲渡することができない。

4　著作物の放送又は有線放送についての第一項の許諾は、契約に別段の定めがない限り、当該著作物の録音又は録画の許諾を含まないものとする。

5　著作物の送信可能化について第一項の許諾を得た者が、その許諾に係る利用方法及び条件（送信可能化の回数又は送信可能化に用いる自動公衆送信装置に係るものを除く。）の範囲内において反復して又は他の自動公衆送信装置を用いて行う当該著作物の送信可能化については、第二十三条（公衆送信権等）第一項の規定は、適用しない。

（共同著作物の著作者人格権の行使）

第六十四条　共同著作物の著作者人格権は、著作者全員の合意によらなければ、行使することができない。

2　共同著作物の各著作者は、信義に反して前項の合意の成立を妨げることができない。

3　共同著作物の著作者は、そのうちからその著作者人格権を代表して行使する者を定めることができる。

4　前項の権利を代表して行使する者の代表権に加えられた制限は、善意の第三者に対抗することができない。

（共有著作権の行使）

第六十五条　共同著作物の著作権その他共有に係る著作権（以下この条において「共有著作権」という。）については、各共有者は、他の共有者の同意を得なければ、その持分を譲渡し、又は質権の目的とすることができない。

2　共有著作権は、その共有者全員の合意によらなければ、行使することができない。

3　前二項の場合において、各共有者は、正当な理由がない限り、第一項の同意を拒み、又は前項の合意の成立を妨げることができない。

4　前条第三項及び第四項の規定は、共有著作権の行使について準用する。

（質権の目的となつた著作権）

第六十六条　著作権は、これを目的として質権を設定した場合においても、設定行為に別段の定めがない限り、著作権者が行使するものとする。

2　著作権を目的とする質権は、当該著作権の譲渡又は当該著作権に係る著作物の利用につき著作権者が受けるべき金銭その他の物（出版権の設定の対価を含む。）に対しても、行なうことができる。ただし、これらの支払又は引渡し前に、これらを受ける権利を差し押えることを必要とする。

第八節　裁定による著作物の利用

（著作権者不明等の場合における著作物の利用）

第六十七条　公表された著作物又は相当期間にわたり公衆に提供され、若しくは提示されている事実が明らかである著作物は、著作権者の不明その他の理由により相当な努力を払つてもその著作権者と連絡することができないときは、文化庁長官の裁定を受け、かつ、通常の使用料の額に相当するものとして文化庁長官が定める額の補償金を著作権者のために供託して、その裁定に係る利用方法により利用することができる。

2　前項の規定により作成した著作物の複製物には、同項の裁定に係る複製物である旨及びその裁定のあつた年月日を表示しなければならない。

（著作物の放送）

第六十八条 公表された著作物を放送しようとする放送事業者は、その著作権者に対し放送の許諾につき協議を求めたがその協議が成立せず、又はその協議をすることができないときは、文化庁長官の裁定を受け、かつ、通常の使用料の額に相当するものとして文化庁長官が定める額の補償金を著作権者に支払つて、その著作物を放送することができる。

2 前項の規定により放送される著作物は、有線放送し、又は受信装置を用いて公に伝達することができる。この場合において、当該有線放送又は伝達を行う者は、第三十八条〔営利を目的としない上演等〕第二項及び第三項の規定の適用がある場合を除き、通常の使用料の額に相当する額の補償金を著作権者に支払わなければならない。

（商業用レコードへの録音等）

第六十九条 商業用レコードが最初に国内において販売され、かつ、その最初の販売の日から三年を経過した場合において、当該商業用レコードに著作権者の許諾を得て録音されている音楽の著作物を録音して他の商業用レコードを製作しようとする者は、その著作権者に対し録音又は譲渡による公衆への提供の許諾につき協議を求めたが、その協議が成立せず、又はその協議をすることができないときは、文化庁長官の裁定を受け、かつ、通常の使用料の額に相当するものとして文化庁長官が定める額の補償金を著作権者に支払つて、当該録音又は譲渡による公衆への提供をすることができる。

（裁定に関する手続及び基準）

第七十条 第六十七条〔著作権者不明等の場合における著作物の利用〕第一項、第六十八条〔著作物の放送〕第一項又は前条の裁定の申請をする者は、実費を勘案して政令〔別掲〕で定める額の手数料を納付しなければならない。

2 前項の規定は、同項の規定により手数料を納付すべき者が国又は独立行政法人のうち業務の内容その他の事情を勘案して政令で定めるもの（第七十八条第五項及び第百七条第二項において「国等」という。）であるときは、適用しない。

3 文化庁長官は、第六十八条第一項又は前条の裁定の申請があつたときは、その旨を当該申請に係る著作権者に通知し、相当の期間を指定して、意見を述べる機会を与えなければならない。

4 文化庁長官は、第六十七条第一項、第六十八条第一項又は前条の裁定の申請があつた場合において、次の各号のいずれかに該当すると認めるときは、これらの裁定をしてはならない。

一 著作者がその著作物の出版その他の利用を廃絶しようとしていることが明らかであるとき。

二 第六十八条第一項の裁定の申請に係る著作権者がその著作物の放送の許諾を与えないことについてやむを得ない事情があるとき。

5 文化庁長官は、前項の裁定をしない処分をしようとするときは、あらかじめ申請者にその理由を通知し、弁明及び有利な証拠の提出の機会を与えなければならないものとし、当該裁定をしない処分をしたときは、理由を付した書面をもつて申請者にその旨を通知しなければならない。

6 文化庁長官は、第六十七条第一項の裁定をしたときは、その旨を官報で告示するとともに申請者に通知し、第六十八条第一項又は前条の裁定をしたときは、その旨を当事者に通知しなければならない。

7 前各項に規定するもののほか、この節に定める裁定に関し必要な事項は、政令〔別掲〕で定める。

第九節　補償金

（文化審議会への諮問）

第七十一条　文化庁長官は、第三十三条〔教科用図書等への掲載〕第二項（同条第四項において準用する場合を含む。）、第六十七条〔著作権者不明等の場合における著作物の利用〕第一項、第六十八条〔著作物の放送〕第一項又は第六十九条〔商業用レコードへの録音等〕の補償金の額を定める場合には、文化審議会に諮問しなければならない。

（補償金の額についての訴え）

第七十二条　第六十七条第一項、第六十八条第一項又は第六十九条の規定に基づき定められた補償金の額について不服がある当事者は、これらの規定による裁定があつたことを知つた日から三月以内に、訴えを提起してその額の増減を求めることができる。

2　前項の訴えにおいては、訴えを提起する者が著作物を利用する者であるときは著作権者を、著作権者であるときは著作物を利用する者を、それぞれ被告としなければならない。

（補償金の額についての異議申立ての制限）

第七十三条　第六十七条第一項、第六十八条第一項又は第六十九条の規定による裁定についての行政不服審査法（昭和三十七年法律第百六十号）〔別掲〕による異議申立てにおいては、その裁定に係る補償金の額についての不服をその裁定についての不服の理由とすることができない。ただし、第六十七条第一項の裁定を受けた者が著作権者の不明その他これに準ずる理由により前条第一項の訴えを提起することができない場合は、この限りでない。

（補償金の供託）

第七十四条　第三十三条〔教科用図書等への掲載〕第二項（同条第四項において準用する場合を含む。）、第六十八条〔著作物の放送〕第一項又は第六十九条〔商業用レコードへの録音〕の補償金を支払うべき者は、次に掲げる場合には、その補償金の支払に代えてその補償金を供託しなければならない。

一　著作権者が補償金の受領を拒み、又は補償金を受領することができない場合

二　その者が過失がなくて著作権者を確知することができない場合

三　その者がその補償金の額について第七十二条〔補償金の額についての訴え〕第一項の訴えを提起した場合

四　当該著作権を目的とする質権が設定されている場合（当該質権を有する者の承諾を得た場合を除く。）

2　前項第三号の場合において、著作権者の請求があるときは、当該補償金を支払うべき者は、自己の見積金額を支払い、裁定に係る補償金の額との差額を供託しなければならない。

3　第六十七条〔著作権者不明等の場合における著作物の利用〕第一項又は前二項の規定による補償金の供託は、著作権者が国内に住所又は居所で知れているものを有する場合にあつては当該住所又は居所のもよりの供託所に、その他の場合にあつては供託をする者の住所又は居所のもよりの供託所に、それぞれするものとする。

4　前項の供託をした者は、すみやかにその旨を著作権者に通知しなければならない。ただし、著作権者の不明その他の理由により著作権者に通知することができない場合は、この限りでない。

第十節　登録

（実名の登録）

第七十五条　無名又は変名で公表された著作物の著作者は、現にそ

の著作権を有するかどうかにかかわらず、その著作物についてその実名の登録を受けることができる。
2 著作者は、その遺言で指定する者により、死後において前項の登録を受けることができる。
3 実名の登録がされている者は、当該登録に係る著作物の著作者と推定する。

（第一発行年月日等の登録）
第七十六条 著作権者又は無名若しくは変名の著作物の発行者は、その著作物について第一発行年月日の登録又は第一公表年月日の登録を受けることができる。
2 第一発行年月日の登録又は第一公表年月日の登録がされている著作物については、これらの登録に係る年月日において最初の発行又は最初の公表があつたものと推定する。

（創作年月日の登録）
第七十六条の二 プログラムの著作物の著作者は、その著作物について創作年月日の登録を受けることができる。ただし、その著作物の創作後六月を経過した場合は、この限りでない。
2 前項の登録がされている著作物については、その登録に係る年月日において創作があつたものと推定する。

（著作権の登録）
第七十七条 次に掲げる事項は、登録しなければ、第三者に対抗することができない。
一 著作権の移転（相続その他の一般承継によるものを除く。次号において同じ。）又は処分の制限
二 著作権を目的とする質権の設定、移転、変更若しくは消滅（混同又は著作権若しくは担保する債権の消滅によるものを除く。）又は処分の制限

（登録手続等）
第七十八条 第七十五条〔実名の登録〕第一項、第七十六条〔第一発行年月日等の登録〕第一項、第七十六条の二〔創作年月日の登録〕第一項又は前条の登録は、文化庁長官が著作権登録原簿に記載して行う。
2 文化庁長官は、第七十五条第一項の登録を行なつたときは、その旨を官報で告示する。
3 何人も、文化庁長官に対し、著作権登録原簿の謄本若しくは抄本若しくはその附属書類の写しの交付又は著作権登録原簿若しくはその附属書類の閲覧を請求することができる。
4 前項の請求をする者は、実費を勘案して政令で定める額の手数料を納付しなければならない。
5 前項の規定は、同項の規定により手数料を納付すべき者が国等であるときは、適用しない。
6 第一項に規定する登録に関する処分については、行政手続法（平成五年法律第八十八号）〔別掲〕第二章〔申請に対する処分〕及び第三章〔不利益処分〕の規定は、適用しない。
7 著作権登録原簿及びその附属書類については、情報公開法の規定は、適用しない。
8 この節に規定するもののほか、第一項に規定する登録に関し必要な事項は、政令〔別掲〕で定める。

（プログラムの著作物の登録に関する特例）
第七十八条の二 プログラムの著作物に係る登録については、この節の規定によるほか、別に法律〔別掲〕で定めるところによる。

第三章 出版権

（出版権の設定）
第七十九条 第二十一条〔複製権〕に規定する権利を有する者（以

下この章において「複製権者」という。）は、その著作物を文書又は図画として出版することを引き受ける者に対し、出版権を設定することができる。

2　複製権者は、その複製権を目的とする質権が設定されているときは、当該質権を有する者の承諾を得た場合に限り、出版権を設定することができるものとする。

（出版権の内容）

第八十条　出版権者は、設定行為で定めるところにより、頒布の目的をもつて、その出版権の目的である著作物を原作のまま印刷その他の機械的又は化学的方法により文書又は図画として複製する権利を専有する。

2　出版権の存続期間中に当該著作物の著作者が死亡したとき、又は、設定行為に別段の定めがある場合を除き、出版権の設定後最初の出版があつた日から三年を経過したときは、複製権者は、前項の規定にかかわらず、当該著作物を全集その他の編集物（その著作者の著作物のみを編集したものに限る。）に収録して複製することができる。

3　出版権者は、他人に対し、その出版権の目的である著作物の複製を許諾することができない。

（出版の義務）

第八十一条　出版権者は、その出版権の目的である著作物につき次に掲げる義務を負う。ただし、設定行為に別段の定めがある場合は、この限りでない。

一　複製権者からその著作物を複製するために必要な原稿その他の原品又はこれに相当する物の引渡しを受けた日から六月以内に当該著作物を出版する義務

二　当該著作物を慣行に従い継続して出版する義務

（著作物の修正増減）

第八十二条　著作者は、その著作物を出版権者があらためて複製する場合には、正当な範囲内において、その著作物に修正又は増減を加えることができる。

2　出版権者は、その出版権の目的である著作物をあらためて複製しようとするときは、そのつど、あらかじめ著作者にその旨を通知しなければならない。

（出版権の存続期間）

第八十三条　出版権の存続期間は、設定行為で定めるところによる。

2　出版権は、その存続期間につき設定行為に定めがないときは、その設定後最初の出版があつた日から三年を経過した日において消滅する。

（出版権の消滅の請求）

第八十四条　出版権者が第八十一条〔出版の義務〕第一号の義務に違反したときは、複製権者は、出版権者に通知してその出版権を消滅させることができる。

2　出版権者が第八十一条〔出版の義務〕第二号の義務に違反した場合において、複製権者が三月以上の期間を定めてその履行を催告したにもかかわらず、その期間内にその履行がされないときは、複製権者は、出版権者に通知してその出版権を消滅させることができる。

3　複製権者である著作者は、その著作物の内容が自己の確信に適合しなくなつたときは、その著作物の出版を廃絶するために、出版権者に通知してその出版権を消滅させることができる。ただし、当該廃絶により出版権者に通常生ずべき損害をあらかじめ賠償しない場合は、この限りでない。

第八十五条　削除

（出版権の制限）

第八十六条　第三十条〔私的使用のための複製〕第一項、第三十一条〔図書館等における複製〕、第三十二条〔引用〕、第三十三条〔教科用図書等への掲載〕第一項（同条第四項において準用する場合を含む。）、第三十四条〔学校教育番組の放送等〕第一項、第三十五条〔学校その他の教育機関における複製〕、第三十六条〔試験問題としての複製〕第一項、第三十七条〔点字による複製等〕第一項、第三十九条〔時事問題に関する論説の転載等〕第一項、第四十条〔政治上の演説等の利用〕第一項及び第二項、第四十一条〔時事の事件の報道のための利用〕から第四十二条の二〔情報公開法等による開示のための利用〕まで、第四十六条〔公開の美術の著作物等の利用〕並びに第四十七条〔美術の著作物等の展示に伴う複製〕の規定は、出版権の目的となつている著作物の複製について準用する。この場合において、第三十五条及び第四十二条中「著作権者」とあるのは、「出版権者」と読み替えるものとする。

2　前項において準用する第三十条第一項、第三十一条第一号、第三十五条、第四十一条、第四十二条又は第四十二条の二に定める目的以外の目的のために、これらの規定の適用を受けて作成された著作物の複製物を頒布し、又は当該複製物によつて当該著作物を公衆に提示した者は、第八十条〔出版権の内容〕第一項の複製を行つたものとみなす。

（出版権の譲渡等）

第八十七条　出版権は、複製権者の承諾を得た場合に限り、譲渡し、又は質権の目的とすることができる。

（出版権の登録）

第八十八条　次に掲げる事項は、登録しなければ、第三者に対抗することができない。

一　出版権の設定、移転（相続その他の一般承継によるものを除く。次号において同じ。）、変更若しくは消滅（混同又は複製権の消滅によるものを除く。）又は処分の制限

二　出版権を目的とする質権の設定、移転、変更若しくは消滅（混同又は出版権若しくは担保する債権の消滅によるものを除く。）又は処分の制限

2　第七十八条〔登録手続等〕（第二項を除く。）の規定は、前項の登録について準用する。この場合において、同条第一項、第三項及び第六項中「著作権登録原簿」とあるのは、「出版権登録原簿」と読み替えるものとする。

第四章　著作隣接権

第一節　総則

（著作隣接権）

第八十九条　実演家は、第九十一条〔録音権及び録画権〕第一項、第九十二条〔放送権及び有線放送権〕第一項、第九十二条の二〔送信可能化権〕第一項、第九十五条の二〔譲渡権〕第一項及び第九十五条の三〔貸与権等〕第一項に規定する権利並びに第九十五条〔商業用レコードの二次使用〕第一項に規定する二次使用料及び第九十五条の三第三項に規定する報酬を受ける権利を享有する。

2　レコード製作者は、第九十六条〔複製権〕、第九十六条の二〔送信可能化権〕、第九十七条の二〔譲渡権〕第一項及び第九十七条の三〔貸与権等〕第一項に規定する権利並びに第九十七条〔商業用レコードの二次使用〕第一項に規定する二次使用料及び第九十七条の三第三項に規定する報酬を受ける権利を享有する。

3　放送事業者は、第九十八条から第百条まで〔放送事業者の権利〕に規定する権利を享有する。

4　有線放送事業者は、第百条の二から第百条の四まで〔有線放送事業者の権利〕に規定する権利を享有する。
5　前各項の権利の享有には、いかなる方式の履行をも要しない。
6　第一項から第四項までの権利（第一項及び第二項の二次使用料及び報酬を受ける権利を除く。）は、著作隣接権という。

（著作者の権利と著作隣接権との関係）
第九十条　この章の規定は、著作者の権利に影響を及ぼすものと解釈してはならない。

第二節　実演家の権利

（録音権及び録画権）
第九十一条　実演家は、その実演を録音し、又は録画する権利を専有する。
2　前項の規定は、同項に規定する権利を有する者の許諾（第百三条〔著作隣接権の譲渡、行使等〕において準用する第六十三条〔著作物の利用の許諾〕第一項の規定による利用の許諾をいう。以下この節及び次節において同じ。）を得て映画の著作物において録音され、又は録画された実演については、これを録音物（音をもつぱら影像とともに再生することを目的とするものを除く。）に録音する場合を除き、適用しない。

（放送権及び有線放送権）
第九十二条　実演家は、その実演を放送し、又は有線放送する権利を専有する。
2　前項の規定は、次に掲げる場合には、適用しない。
一　放送される実演を有線放送する場合
二　次に掲げる実演を放送し、又は有線放送する場合
イ　前条第一項に規定する権利を有する者の許諾を得て録音され、又は録画されている実演
ロ　前条第二項の実演で同項の録音物以外の物に録音され、又は録画されているもの

（送信可能化権）
第九十二条の二　実演家は、その実演を送信可能化する権利を専有する。
2　前項の規定は、次に掲げる実演については、適用しない。
一　第九十一条〔録音権及び録画権〕第一項に規定する権利を有する者の許諾を得て録画されている実演
二　第九十一条第二項の実演で同項の録音物以外の物に録音され、又は録画されているもの

（放送のための固定）
第九十三条　実演の放送について第九十二条〔放送権及び有線放送権〕第一項に規定する権利を有する者の許諾を得た放送事業者は、その実演を放送のために録音し、又は録画することができる。ただし、契約に別段の定めがある場合及び当該許諾に係る放送番組と異なる内容の放送番組に使用する目的で録音し、又は録画する場合は、この限りでない。
2　次に掲げる者は、第九十一条〔録音権及び録画権〕第一項の録音又は録画を行なつたものとみなす。
一　前項の規定により作成された録音物又は録画物を放送の目的以外の目的又は同項ただし書に規定する目的のために使用し、又は提供した者
二　前項の規定により作成された録音物又は録画物の提供を受けた放送事業者で、これらをさらに他の放送事業者の放送のために提供したもの

（放送のための固定物等による放送）
第九十四条　第九十二条〔放送権及び有線放送権〕第一項に規定す

る権利を有する者がその実演の放送を許諾したときは、契約に別段の定めがない限り、当該実演は、当該許諾に係る放送のほか、次に掲げる放送において放送することができる。

一 当該許諾を得た放送事業者が前条第一項の規定により作成した録音物又は録画物を用いてする放送

二 当該許諾を得た放送事業者からその者が前条第一項の規定により作成した録音物又は録画物の提供を受けてする放送

三 当該許諾を得た放送事業者から当該許諾に係る放送番組の供給を受けてする放送（前号の放送を除く。）

2 前項の場合において、同項各号に掲げる放送において実演が放送されたときは、当該各号に規定する放送事業者は、相当な額の報酬を当該実演に係る第九十二条第一項に規定する権利を有する者に支払わなければならない。

（商業用レコードの二次使用）

第九十五条 放送事業者及び有線放送事業者（以下この条及び第九十七条〔商業用レコードの二次使用〕第一項において「放送事業者等」という。）は、第九十一条〔録音権及び録画権〕第一項に規定する権利を有する者の許諾を得て実演が録音されている商業用レコードを用いた放送又は有線放送を行つた場合（当該放送又は有線放送を受信して放送又は有線放送を行つた場合を除く。）には、当該実演（第七条〔保護を受ける実演〕第一号から第五号までに掲げる実演で著作隣接権の存続期間内のものに限る。次項及び第三項において同じ。）に係る実演家に二次使用料を支払わなければならない。

2 前項の規定は、実演家等保護条約の締約国であつて、実演家等保護条約の規定に基づき実演家等保護条約第十二条の規定を適用しないこととしている国の国民をレコード製作者とするレコードに固定されている実演に係る実演家については、適用しない。

3 第八条〔保護を受けるレコード〕第一号に掲げるレコードについて実演家等保護条約の締約国により与えられる実演家等保護条約第十二条の規定による保護の期間が第一項の規定により実演家が保護を受ける期間より短いときは、当該締約国の国民をレコード製作者とするレコードに固定されている実演に係る実演家が同項の規定により保護を受ける期間は、第八条第一号に掲げるレコードについて当該締約国により与えられる実演家等保護条約第十二条の規定による保護の期間による。

4 第一項の二次使用料を受ける権利は、国内において実演を業とする者の相当数を構成員とする団体（その連合体を含む。）でその同意を得て文化庁長官が指定するものがあるときは、当該団体によつてのみ行使することができる。

5 文化庁長官は、次に掲げる要件を備える団体でなければ、前項の指定をしてはならない。

一 営利を目的としないこと。

二 その構成員が任意に加入し、又は脱退することができること。

三 その構成員の議決権及び選挙権が平等であること。

四 第一項の二次使用料を受ける権利を有する者（以下この条において「権利者」という。）のためにその権利を行使する業務をみずから的確に遂行するに足りる能力を有すること。

6 第四項の団体は、権利者から申込みがあつたときは、その者のためにその権利を行使することを拒んではならない。

7 第四項の団体は、前項の申込みがあつたときは、権利者のために自己の名をもつてその権利に関する裁判上又は裁判外の行為を行う権限を有する。

8　文化庁長官は、第四項の団体に対し、政令で定めるところにより、第一項の二次使用料に係る業務に関して報告をさせ、若しくは帳簿、書類その他の資料の提出を求め、又はその業務の執行方法の改善のため必要な勧告をすることができる。

9　第四項の団体が同項の規定により権利者のために請求することができる二次使用料の額は、毎年、当該団体と放送事業者等又はその団体との間において協議して定めるものとする。

10　前項の協議が成立しないときは、その当事者は、政令で定めるところにより、同項の二次使用料の額について文化庁長官の裁定を求めることができる。

11　第七十条（裁定に関する手続及び基準）第三項、第六項及び第七項並びに第七十一条から第七十四条まで（補償金）の規定は、前項の裁定及び二次使用料について準用する。この場合において、第七十条第三項中「著作権者」とあるのは「当事者」と、第七十二条第二項中「著作物を利用する者」とあるのは「第九十五条第一項の放送事業者等」と、「著作権者」とあるのは「同条第四項の団体」と、第七十四条中「著作権者」とあるのは「第九十五条第四項の団体」と読み替えるものとする。

12　私的独占の禁止及び公正取引の確保に関する法律（昭和二十二年法律第五十四号）（別掲）の規定は、第九項の協議による定め及びこれに基づいてする行為については、適用しない。ただし、不公正な取引方法（別掲）を用いる場合及び関連事業者の利益を不当に害することとなる場合は、この限りでない。

13　第四項から前項までに定めるもののほか、第一項の二次使用料の支払及び第四項の団体に関し必要な事項は、政令で定める。

（譲渡権）

第九十五条の二　実演家は、その実演をその録音物又は録画物の譲渡により公衆に提供する権利を専有する。

2　前項の規定は、次に掲げる実演については、適用しない。

一　第九十一条（録音権及び録画権）第一項に規定する権利を有する者の許諾を得て録画されている実演

二　第九十一条第二項の実演で同項の録音物以外の物に録音され、又は録画されているもの

3　第一項の規定は、実演（前項各号に掲げるものを除く。以下この条において同じ。）の録音物又は録画物で次の各号のいずれかに該当するものの譲渡による場合には、適用しない。

一　第一項に規定する権利を有する者又はその許諾を得た者により公衆に譲渡された実演の録音物又は録画物

二　第一項に規定する権利を有する者又はその承諾を得た者により特定かつ少数の者に譲渡された実演の録音物又は録画物

三　この法律の施行地外において、第一項に規定する権利に相当する権利を害することなく、又は同項に規定する権利に相当する権利を有する者若しくはその承諾を得た者により譲渡された実演の録音物又は録画物

（貸与権等）

第九十五条の三　実演家は、その実演をそれが録音されている商業用レコードの貸与により公衆に提供する権利を専有する。

2　前項の規定は、最初に販売された日から起算して一月以上十二月を超えない範囲内において政令で定める期間を経過した商業用レコード（複製されているレコードのすべてが当該商業用レコードと同一であるものを含む。以下「期間経過商業用レコード」という。）の貸与による場合には、適用しない。

3　商業用レコードの公衆への貸与を営業として行う者（以下「貸レコード業者」という。）は、期間経過商業用レコードの貸与によ

り実演を公衆に提供した場合には、当該実演（著作隣接権の存続期間内のものに限る。）に係る実演家に相当な額の報酬を支払わなければならない。

4　第九十五条（商業用レコードの二次使用）第四項から第十三項までの規定は、前項の報酬を受ける権利について準用する。この場合において、同条第九項中「放送事業者等」とあり、及び同条第十一項中「第九十五条第一項の放送事業者等」とあるのは「第九十五条の三第三項の貸レコード業者」と読み替えるものとする。

5　第一項に規定する権利を有する者の許諾に係る使用料を受ける権利は、前項において準用する第九十五条第四項の団体によって行使することができる。

6　第九十五条第六項から第十三項までの規定は、前項の場合について準用する。この場合においては、第四項後段の規定を準用する。

第三節　レコード製作者の権利

（複製権）

第九十六条　レコード製作者は、そのレコードを複製する権利を専有する。

（送信可能化権）

第九十六条の二　レコード製作者は、そのレコードを送信可能化する権利を専有する。

（商業用レコードの二次使用）

第九十七条　放送事業者等は、商業用レコードを用いた放送又は有線放送を行った場合（当該放送又は有線放送を受信して放送又は有線放送を行った場合を除く。）には、そのレコード（第八条（保護を受けるレコード）第一号から第三号までに掲げるレコードで著作隣接権の存続期間内のものに限る。）に係るレコード製作者に二次使用料を支払わなければならない。

2　第九十五条（商業用レコードの二次使用）第二項の規定は、前項に規定するレコード製作者について準用し、同条第三項の規定は、前項の規定により保護を受ける期間について準用する。この場合において、同条第二項及び第三項中「国民をレコード製作者とするレコードに固定されている実演に係る実演家」とあるのは「国民であるレコード製作者」と、同項中「実演家が保護を受ける期間」とあるのは「レコード製作者が保護を受ける期間」と読み替えるものとする。

3　第一項の二次使用料を受ける権利は、国内において商業用レコードの製作を業とする者の相当数を構成員とする団体（その連合体を含む。）でその同意を得て文化庁長官が指定するものがあるときは、当該団体によってのみ行使することができる。

4　第九十五条第五項から第十三項までの規定は、第一項の二次使用料及び前項の団体について準用する。

（譲渡権）

第九十七条の二　レコード製作者は、そのレコードをその複製物の譲渡により公衆に提供する権利を専有する。

2　前項の規定は、レコードの複製物で次の各号のいずれかに該当するものの譲渡による場合には、適用しない。

一　前項に規定する権利を有する者又はその許諾を得た者により公衆に譲渡されたレコードの複製物

二　前項に規定する権利を有する者又はその承諾を得た者により特定かつ少数の者に譲渡されたレコードの複製物

三　この法律の施行地外において、前項に規定する権利に相当する権利を害することなく、又は同項に規定する権利に相当する

権利を有する者若しくはその承諾を得た者により譲渡されたレコードの複製物

（貸与権等）

第九十七条の三　レコード製作者は、そのレコードをそれが複製されている商業用レコードの貸与により公衆に提供する権利を専有する。

2　前項の規定は、期間経過商業用レコードの貸与による場合には、適用しない。

3　貸レコード業者は、期間経過商業用レコードの貸与によりレコードを公衆に提供した場合には、当該レコード（著作隣接権の存続期間内のものに限る。）に係るレコード製作者に相当な額の報酬を支払わなければならない。

4　第九十七条〔商業用レコードの二次使用〕第三項の規定は、前項の報酬を受ける権利の行使について準用する。

5　第九十五条〔商業用レコードの二次使用〕第五項から第十三項までの規定は、第三項の報酬及び前項において準用する第九十七条第三項に規定する団体について準用する。この場合においては、第九十五条の三〔貸与権等〕第四項後段の規定を準用する。

6　第一項に規定する権利を有する者の許諾に係る使用料を受ける権利は、第四項において準用する第九十七条第三項の団体によって行使することができる。

7　第五項の規定は、前項の場合について準用する。この場合において、第五項中「第九十五条第五項」とあるのは、「第九十五条第六項」と読み替えるものとする。

第四節　放送事業者の権利

（複製権）

第九十八条　放送事業者は、その放送又はこれを受信して行なう有線放送を受信して、その放送に係る音又は影像を録音し、録画し、又は写真その他これに類似する方法により複製する権利を専有する。

（再放送権及び有線放送権）

第九十九条　放送事業者は、その放送を受信してこれを再放送し、又は有線放送する権利を専有する。

2　前項の規定は、放送を受信して有線放送を行なう者が法令の規定により行なわなければならない有線放送については、適用しない。

（テレビジョン放送の伝達権）

第百条　放送事業者は、そのテレビジョン放送又はこれを受信して行なう有線放送を受信して、影像を拡大する特別の装置を用いてその放送を公に伝達する権利を専有する。

第五節　有線放送事業者の権利

（複製権）

第百条の二　有線放送事業者は、その有線放送を受信して、その有線放送に係る音又は影像を録音し、録画し、又は写真その他これに類似する方法により複製する権利を専有する。

（放送権及び再有線放送権）

第百条の三　有線放送事業者は、その有線放送を受信してこれを放送し、又は再有線放送する権利を専有する。

（有線テレビジョン放送の伝達権）

第百条の四　有線放送事業者は、その有線テレビジョン放送を受信して、影像を拡大する特別の装置を用いてその有線放送を公に伝達する権利を専有する。

第六節　保護期間

（実演、レコード、放送又は有線放送の保護期間）

第百一条　著作隣接権の存続期間は、次の各号に掲げる時に始まり、当該各号の行為が行われた日の属する年の翌年から起算して五十年を経過した時をもつて満了する。
一　実演に関しては、その実演を行なつた時
二　レコードに関しては、その音を最初に固定した時
三　放送に関しては、その放送を行なつた時
四　有線放送に関しては、その有線放送を行つた時

第七節　権利の制限、譲渡及び行使並びに登録

（著作隣接権の制限）
第百二条　第三十条〔私的使用のための複製〕第一項、第三十一条〔図書館等における複製〕、第三十二条〔引用〕、第三十五条〔学校その他の教育機関における複製〕、第三十六条〔試験問題としての複製〕、第三十七条〔点字による複製等〕第三項、第三十八条〔営利を目的としない上演等〕第二項及び第四項、第四十一条〔時事の事件の報道のための利用〕から第四十二条の二〔情報公開法等による開示のための利用〕まで並びに第四十四条〔放送事業者による一時的固定〕（第二項を除く。）の規定は、著作隣接権の目的となつている実演、レコード、放送又は有線放送の利用について準用し、第三十条第二項及び第四十七条の三の規定は、著作隣接権の目的となつている実演又はレコードの利用について準用し、第四十四条第二項の規定は、著作隣接権の目的となつている実演、レコード又は有線放送の利用について準用する。この場合において、同条第一項中「第二十三条第一項」とあるのは「第九十二条第一項、第九十九条第一項又は第百条の三」と、第四十四条第二項中「第二十三条第一項」とあるのは「第九十二条第一項又は第百条の三」と読み替えるものとする。
2　前項において準用する第三十二条、第三十七条第三項又は第四十二条の規定により実演若しくはレコード又は放送若しくは有線放送に係る音若しくは影像（以下「実演等」と総称する。）を複製する場合において、その出所を明示する慣行があるときは、これらの複製の態様に応じ合理的と認められる方法及び程度により、その出所を明示しなければならない。
3　第三十九条〔時事問題に関する論説の転載等〕第一項又は第四十条〔政治上の演説等の利用〕第一項若しくは第二項の規定により著作物を放送し、又は有線放送することができる場合には、その著作物の放送又は有線放送を受信してこれを有線放送し、又は影像を拡大する特別の装置を用いて公に伝達することができる。
4　次に掲げる者は、第九十一条〔録音権及び録画権〕第一項、第九十六条〔複製権〕、第九十八条又は第百条の二〔複製権〕の録音、録画又は複製を行つたものとみなす。
一　第一項において準用する第三十条第一項、第三十一条第一号、第三十五条、第三十七条第三項、第四十一条から第四十二条の二まで又は第四十四条第一項若しくは第二項に定める目的以外の目的のために、これらの規定の適用を受けて作成された実演等の複製物を頒布し、又は当該複製物によつて当該実演、当該レコードに係る音若しくは当該放送若しくは有線放送に係る音若しくは影像を公衆に提示した者
二　第一項において準用する第四十四条第三項の規定に違反して同項の録音物又は録画物を保存した放送事業者又は有線放送事業者

（著作隣接権の譲渡、行使等）
第百三条　第六十一条〔著作権の譲渡〕第一項の規定は著作隣接権の譲渡について、第六十二条〔相続人の不存在の場合等における著作権の消滅〕第一項の規定は著作隣接権の消滅について、第六

十三条〔著作権の利用の許諾〕の規定は実演、レコード、放送又は有線放送の利用の許諾について、第六十五条〔共有著作権の行使〕の規定は著作隣接権が共有に係る場合について、第六十六条〔質権の目的となつた著作権〕の規定は著作隣接権を目的として質権が設定されている場合について、それぞれ準用する。この場合において、第六十三条第五項中「第二十三条第一項」とあるのは、「第九十二条の二第一項又は第九十六条の二」と読み替えるものとする。

（著作隣接権の登録）

第百四条　第七十七条〔著作権の登録〕及び第七十八条〔登録手続等〕（第二項を除く。）の規定は、著作隣接権に関する登録について準用する。この場合において、同条第一項、第三項及び第七項中「著作権登録原簿」とあるのは、「著作隣接権登録原簿」と読み替えるものとする。

第五章　私的録音録画補償金

（私的録音録画補償金を受ける権利の行使）

第百四条の二　第三十条〔私的使用のための複製〕第二項（第百二条第一項において準用する場合を含む。以下この章において同じ。）の補償金（以下この章において「私的録音録画補償金」という。）を受ける権利は、私的録音録画補償金を受ける権利を有する者（以下この章において「権利者」という。）のためにその権利を行使することを目的とする団体であつて、次に掲げる私的録音録画補償金の区分ごとに全国を通じて一個に限りその同意を得て文化庁長官が指定するもの（以下この章において「指定管理団体」という。）があるときは、それぞれ当該指定管理団体によつてのみ行使することができる。

一　私的使用を目的として行われる録音（専ら録画とともに行われるものを除く。以下この章において「私的録音」という。）に係る私的録音録画補償金

二　私的使用を目的として行われる録画（専ら録音とともに行われるものを含む。以下この章において「私的録画」という。）に係る私的録音録画補償金

2　前項の規定による指定がされた場合には、指定管理団体は、権利者のために自己の名をもつて私的録音録画補償金を受ける権利に関する裁判上又は裁判外の行為を行う権限を有する。

（指定の基準）

第百四条の三　文化庁長官は、次に掲げる要件を備える団体でなければ前条第一項の規定による指定をしてはならない。

一　民法第三十四条（公益法人の設立）の規定により設立された法人であること。

二　前条第一項第一号に掲げる私的録音録画補償金に係る場合についてはイ、ハ及びニに掲げる団体を、同項第二号に掲げる私的録音録画補償金に係る場合についてはロからニまでに掲げる団体を構成員とすること。

イ　私的録音に係る著作物に関し第二十一条〔複製権〕に規定する権利を有する者を構成員とする団体（その連合体を含む。）であつて、国内において私的録音に係る著作物に関し同条に規定する権利を有する者の利益を代表すると認められるもの

ロ　私的録画に係る著作物に関し第二十一条に規定する権利を有する者を構成員とする団体（その連合体を含む。）であつて、国内において私的録画に係る著作物に関し同条に規定する権利を有する者の利益を代表すると認められるもの

ハ　国内において実演を業とする者の相当数を構成員とする団

体（その連合体を含む。）
ニ　国内において商業用レコードの製作を業とする者の相当数を構成員とする団体（その連合体を含む。）
三　前号イからニまでに掲げる団体がそれぞれ次に掲げる要件を備えるものであること。
イ　営利を目的としないこと。
ロ　その構成員が任意に加入し、又は脱退することができること。
ハ　その構成員の議決権及び選挙権が平等であること。
四　権利者のために私的録音録画補償金を受ける権利を行使する業務（第百四条の八第一項の事業に係る業務を含む。以下この章において「補償金関係業務」という。）を的確に遂行するに足りる能力を有すること。

（私的録音録画補償金の支払の特例）

第百四条の四　第三十条〔私的使用のための複製〕第二項の政令で定める機器（以下この章において「特定機器」という。）又は記録媒体（以下この章において「特定記録媒体」という。）を購入する者（当該特定機器又は特定記録媒体が小売に供された後最初に購入するものに限る。）は、その購入に当たり、指定管理団体から、当該特定機器又は特定記録媒体を用いて行う私的録音又は私的録画に係る私的録音録画補償金の一括の支払として、第百四条の六〔私的録音録画補償金の額〕第一項の規定により当該特定機器又は特定記録媒体について定められた額の私的録音録画補償金の支払の請求があつた場合には、当該私的録音録画補償金を支払わなければならない。

2　前項の規定により私的録音録画補償金を支払つた者は、指定管理団体に対し、その支払に係る特定機器又は特定記録媒体を専ら私的録音及び私的録画以外の用に供することを証明して、当該私的録音録画補償金の返還を請求することができる。

3　第一項の規定による支払の請求を受けて私的録音録画補償金が支払われた特定機器により同項の規定による支払の請求を受けて私的録音録画補償金が支払われた特定記録媒体に私的録音又は私的録画を行う者は、第三十条第二項の規定にかかわらず、当該私的録音又は私的録画を行うに当たり、私的録音録画補償金を支払うことを要しない。ただし、当該特定機器又は特定記録媒体が前項の規定により私的録音録画補償金の返還を受けたものであるときは、この限りでない。

（製造業者等の協力義務）

第百四条の五　前条第一項の規定により指定管理団体が私的録音録画補償金の支払を請求する場合には、特定機器又は特定記録媒体の製造又は輸入を業とする者（次条第三項において「製造業者等」という。）は、当該私的録音録画補償金の支払の請求及びその受領に関し協力しなければならない。

（私的録音録画補償金の額）

第百四条の六　第百四条の二〔私的録音録画補償金を受ける権利の行使〕第一項の規定により指定管理団体が私的録音録画補償金を受ける権利を行使する場合には、指定管理団体は、私的録音録画補償金の額を定め、文化庁長官の認可を受けなければならない。これを変更しようとするときも、同様とする。

2　前項の認可があつたときは、私的録音録画補償金の額は、第三十条〔私的使用のための複製〕第二項の規定にかかわらず、その認可を受けた額とする。

3　指定管理団体は、第百四条の四第一項の規定により支払の請求をする私的録音録画補償金に係る第一項の認可の申請に際し、あらかじめ、製造業者等の団体で製造業者等の意見を代表すると認められるものの意見を聴かなければならない。

4　文化庁長官は、第一項の認可の申請に係る私的録音録画補償金の額が、第三十条第一項（第百二条第一項において準用する場合を含む。）及び第百四条の四（私的録音録画補償金の支払の特例）第一項の規定の趣旨、録音又は録画に係る通常の使用料の額その他の事情を考慮した適正な額であると認めるときでなければ、その認可をしてはならない。

5　文化庁長官は、第一項の認可をしようとするときは、文化審議会に諮問しなければならない。

（補償金関係業務の執行に関する規程）

第百四条の七　指定管理団体は、補償金関係業務を開始しようとするときは、補償金関係業務の執行に関する規程を定め、文化庁長官に届け出なければならない。これを変更しようとするときも、同様とする。

2　前項の規程には、私的録音録画補償金（第百四条の四（私的録音録画補償金の支払の特例）第一項の規定に基づき支払を受けるものに限る。）の分配に関する事項を含むものとし、指定管理団体は、第三十条（私的使用のための複製）第二項の規定の趣旨を考慮して当該分配に関する事項を定めなければならない。

（著作権等の保護に関する事業等のための支出）

第百四条の八　指定管理団体は、私的録音録画補償金（第百四条の四（私的録音録画補償金の支払の特例）第一項の規定に基づき支払を受けるものに限る。）の額の二割以内で政令で定める割合に相当する額を、著作権及び著作隣接権の保護に関する事業並びに著作物の創作の振興及び普及に資する事業のために支出しなければならない。

2　文化庁長官は、前項の政令の制定又は改正の立案をしようとするときは、文化審議会に諮問しなければならない。

3　文化庁長官は、第一項の事業に係る業務の適正な運営を確保するため必要があると認めるときは、指定管理団体に対し、当該業務に関し監督上必要な命令をすることができる。

（報告の徴収等）

第百四条の九　文化庁長官は、指定管理団体の補償金関係業務の適正な運営を確保するため必要があると認めるときは、指定管理団体に対し、補償金関係業務に関して報告をさせ、若しくは帳簿、書類その他の資料の提出を求め、又は補償金関係業務の執行方法の改善のため必要な勧告をすることができる。

（政令への委任）

第百四条の十　この章に規定するもののほか、指定管理団体及び補償金関係業務に関し必要な事項は、政令で定める。

第六章　紛争処理

（著作権紛争解決あつせん委員）

第百五条　この法律に規定する権利に関する紛争につきあつせんによりその解決を図るため、文化庁に著作権紛争解決あつせん委員（以下この章において「委員」という。）を置く。

2　委員は、文化庁長官が、著作権又は著作隣接権に係る事項に関し学識経験を有する者のうちから、事件ごとに三人以内を委嘱する。

（あつせんの申請）

第百六条　この法律に規定する権利に関し紛争が生じたときは、当事者は、文化庁長官に対し、あつせんの申請をすることができる。

（手数料）

第百七条　あつせんの申請をする者は、実費を勘案して政令〔別掲〕

で定める額の手数料を納付しなければならない。
2　前項の規定は、同項の規定により手数料を納付すべき者が国等であるときは、適用しない。

（あっせんへの付託）

第百八条　文化庁長官は、第百六条（あっせんの申請）の規定に基づき当事者の双方からあっせんの申請があったとき、又は当事者の一方からあっせんの申請があつた場合において他の当事者がこれに同意したときは、委員によるあっせんに付するものとする。
2　文化庁長官は、前項の申請があつた場合において、事件がその性質上あっせんをするのに適当でないと認めるとき、又は当事者が不当な目的でみだりにあっせんの申請をしたと認めるときは、あっせんに付さないことができる。

（あっせん）

第百九条　委員は、当事者間をあっせんし、双方の主張の要点を確かめ、実情に即して事件が解決されるように努めなければならない。
2　委員は、事件が解決される見込みがないと認めるときは、あっせんを打ち切ることができる。

（報告等）

第百十条　委員は、あっせんが終わつたときは、その旨を文化庁長官に報告しなければならない。
2　委員は、前条の規定によりあっせんを打ち切つたときは、その旨及びあっせんを打ち切ることとした理由を、当事者に通知するとともに文化庁長官に報告しなければならない。

（政令への委任）

第百十一条　この章に規定するもののほか、あっせんの手続及び委員に関し必要な事項は、政令〔別掲〕で定める。

第七章　権利侵害

（差止請求権）

第百十二条　著作者、著作権者、出版権者又は著作隣接権者は、その著作者人格権、著作権、出版権又は著作隣接権を侵害する者又は侵害するおそれがある者に対し、その侵害の停止又は予防を請求することができる。
2　著作者、著作権者、出版権者又は著作隣接権者は、前項の規定による請求をするに際し、侵害の行為を組成した物、侵害の行為によつて作成された物又はもつぱら侵害の行為に供された機械若しくは器具の廃棄その他の侵害の停止又は予防に必要な措置を請求することができる。

（侵害とみなす行為）

第百十三条　次に掲げる行為は、当該著作者人格権、著作権、出版権又は著作隣接権を侵害する行為とみなす。
一　国内において頒布する目的をもつて、輸入の時において国内で作成したとしたならば著作者人格権、著作権、出版権又は著作隣接権の侵害となるべき行為によつて作成された物を輸入する行為
二　著作者人格権、著作権、出版権又は著作隣接権を侵害する行為によつて作成された物（前号の輸入に係る物を含む。）を情を知つて頒布し、又は頒布の目的をもつて所持する行為
2　プログラムの著作物の著作権を侵害する行為によつて作成された複製物（当該複製物の所有者によつて第四十七条の二〔プログラムの著作物の複製物の所有者による複製等〕第一項の規定により作成された複製物並びに前項第一号の輸入に係るプログラムの著作物の複製物及び当該複製物の所有者によつて同条第一項の規定により作成された複製物を含む。）を業務上電子計算機におい

て使用する行為は、これらの複製物を使用する権原を取得した時に情を知っていた場合に限り、当該著作権を侵害する行為とみなす。

3 次に掲げる行為は、当該権利管理情報に係る著作者人格権、著作権又は著作隣接権を侵害する行為とみなす。

一 権利管理情報として虚偽の情報を故意に付加する行為

二 権利管理情報を故意に除去し、又は改変する行為（記録又は送信の方式の変換に伴う技術的な制約による場合その他の著作物又は実演等の利用の目的及び態様に照らしやむを得ないと認められる場合を除く。）

三 前二号の行為が行われた著作物若しくは実演等の複製物を、情を知つて、頒布し、若しくは頒布の目的をもつて輸入し、若しくは所持し、又は当該著作物若しくは実演等を情を知つて公衆送信し、若しくは送信可能化する行為

4 第九十五条第一項若しくは第九十七条〔商業用レコードの二次使用〕第一項に規定する二次使用料又は第九十五条の三第三項若しくは第九十七条の三〔貸与権等〕第三項に規定する報酬を受ける権利は、前項の規定の適用については、著作隣接権とみなす。この場合において、前条中「著作隣接権者」とあるのは「著作隣接権者（次条第四項の規定により著作隣接権とみなされる権利を有する者を含む。）」と、同条第一項中「著作隣接権」とあるのは「著作隣接権（同項の規定により著作隣接権とみなされる権利を含む。）」とする。

5 著作者の名誉又は声望を害する方法によりその著作物を利用する行為は、その著作者人格権を侵害する行為とみなす。

（善意者に係る譲渡権の特例）

第百十三条の二 著作物の原作品若しくは複製物（映画の著作物の複製物（映画の著作物において複製されている著作物にあつては、当該映画の著作物の複製物を含む。）を除く。以下この条において同じ。）、実演の録音物若しくは録画物又はレコードの複製物の譲渡を受けた時において、当該著作物の原作品若しくは複製物、実演の録画物若しくは録画物又はレコードの複製物がそれぞれ第二十六条の二第二項各号、第九十五条の二第三項各号又は第九十七条の二〔譲渡権〕第二項各号のいずれにも該当しないものであることを知らず、かつ、知らないことにつき過失がない者が当該著作物の原作品若しくは複製物、実演の録音物若しくは録画物又はレコードの複製物を公衆に譲渡する行為は、第二十六条の二第一項、第九十五条の二第一項又は第九十七条の二第一項に規定する権利を侵害する行為でないものとみなす。

（損害の額の推定等）

第百十四条 著作権者、出版権者又は著作隣接権者が故意又は過失によりその著作権、出版権又は著作隣接権を侵害した者に対しその侵害により自己が受けた損害の賠償を請求する場合において、その者がその侵害の行為により利益を受けているときは、その利益の額は、当該著作権者、出版権者又は著作隣接権者が受けた損害の額と推定する。

2 著作権者又は著作隣接権者は、故意又は過失によりその著作権又は著作隣接権を侵害した者に対し、その著作権又は著作隣接権の行使につき受けるべき金銭の額に相当する額を自己が受けた損害の額として、その賠償を請求することができる。

3 前項の規定は、同項に規定する金額をこえる損害の賠償の請求を妨げない。この場合において、著作権又は著作隣接権を侵害した者に故意又は重大な過失がなかつたときは、裁判所は、損害の賠償の額を定めるについて、これを参酌することができる。

（書類の提出等）

第百十四条の二　裁判所は、著作権、出版権又は著作隣接権の侵害に係る訴訟においては、当事者の申立てにより、当事者に対し、当該侵害の行為について立証するため、又は当該侵害の行為による損害の計算をするため必要な書類の提出を命ずることができる。ただし、その書類の所持者においてその提出を拒むことについて正当な理由があるときは、この限りでない。

2　裁判所は、前項ただし書に規定する正当な理由があるかどうかの判断をするため必要があると認めるときは、書類の所持者にその提示をさせることができる。この場合においては、何人も、その提示された書類の開示を求めることができない。

3　前二項の規定は、著作権、出版権又は著作隣接権の侵害に係る訴訟における当該侵害の行為について立証するため必要な検証の目的の提示について準用する。

（鑑定人に対する当事者の説明義務）

第百十四条の三　著作権、出版権又は著作隣接権の侵害に係る訴訟において、当事者の申立てにより、裁判所が当該侵害の行為による損害の計算をするため必要な事項について鑑定を命じたときは、当事者は、鑑定人に対し、当該鑑定をするため必要な事項について説明しなければならない。

（相当な損害額の認定）

第百十四条の四　著作権、出版権又は著作隣接権の侵害に係る訴訟において、損害が生じたことが認められる場合において、損害額を立証するために必要な事実を立証することが当該事実の性質上極めて困難であるときは、裁判所は、口頭弁論の全趣旨及び証拠調べの結果に基づき、相当な損害額を認定することができる。

（名誉回復等の措置）

第百十五条　著作者は、故意又は過失によりその著作者人格権を侵害した者に対し、損害の賠償に代えて、又は損害の賠償とともに、著作者であることを確保し、又は訂正その他著作者の名誉若しくは声望を回復するために適当な措置を請求することができる。

（著作者の死後における人格的利益の保護のための措置）

第百十六条　著作者の死後においては、その遺族（死亡した著作者の配偶者、子、父母、孫、祖父母又は兄弟姉妹をいう。以下この条において同じ。）は、当該著作者について第六十条〔著作者が存しなくなつた後における人格的利益の保護〕の規定に違反する行為をする者又はするおそれがある者に対し第百十二条〔差止請求権〕の請求を、故意又は過失により著作者人格権を侵害する行為又は第六十条の規定に違反する行為をした者に対し前条の請求をすることができる。

2　前項の請求をすることができる遺族の順位は、同項に規定する順序とする。ただし、著作者が遺言によりその順位を別に定めた場合は、その順序とする。

3　著作者は、遺言により、遺族に代えて第一項の請求をすることができる者を指定することができる。この場合において、その指定を受けた者は、当該著作者の死亡の日の属する年の翌年から起算して五十年を経過した後（その経過する時に遺族が存する場合にあつては、その存しなくなつた後）においては、その請求をすることができない。

（共同著作物等の権利侵害）

第百十七条　共同著作物の各著作者又は各著作権者は、他の著作者又は他の著作権者の同意を得ないで、第百十二条〔差止請求権〕の規定による請求又はその著作権の侵害に係る自己の持分に対する損害の賠償の請求若しくは自己の持分に応じた不当利得の返還の請求をすることができる。
2　前項の規定は、共有に係る著作権又は著作隣接権の侵害について準用する。

（無名又は変名の著作物に係る権利の保全）

第百十八条　無名又は変名の著作物の発行者は、その著作物の著作者又は著作権者のために、自己の名をもつて、第百十二条〔差止請求権〕、第百十五条〔名誉回復等の措置〕若しくは第百十六条〔著作者の死後における人格的利益の保護のための措置〕第一項の請求又はその著作物の著作者人格権若しくは著作権の侵害に係る損害の賠償の請求若しくは不当利得の返還の請求を行なうことができる。ただし、著作者の変名がその者のものとして周知のものである場合及び第七十五条〔実名の登録〕第一項の実名の登録があつた場合は、この限りでない。
2　無名又は変名の著作物の複製物にその実名又は周知の変名が発行者名として通常の方法により表示されている者は、その著作物の発行者と推定する。

第八章　罰則

第百十九条　次の各号のいずれかに該当する者は、三年以下の懲役又は三百万円以下の罰金に処する。
一　著作者人格権、著作権、出版権又は著作隣接権を侵害した者（第三十条〔私的使用のための複製〕第一項（第百二条〔著作隣接権の制限〕第一項において準用する場合を含む。）に定める私的使用の目的をもつて自ら著作物若しくは実演等の複製を行つた者又は第百十三条〔侵害とみなす行為〕第三項の規定により著作者人格権、著作権若しくは著作隣接権（同条第四項の規定により著作隣接権とみなされる権利を含む。第百二十条の二第三号において同じ。）を侵害する行為とみなされる行為を行つた者を除く。）
二　営利を目的として、第三十条第一項第一号に規定する自動複製機器を著作権、出版権又は著作隣接権の侵害となる著作物又は実演等の複製に使用させた者

第百二十条　第六十条〔著作者が存しなくなつた後における人格的利益の保護〕の規定に違反した者は、三百万円以下の罰金に処する。

第百二十条の二　次の各号のいずれかに該当する者は、一年以下の懲役又は百万円以下の罰金に処する。
一　技術的保護手段の回避を行うことを専らその機能とする装置（当該装置の部品一式であつて容易に組み立てることができるものを含む。）若しくは技術的保護手段の回避を行うことを専らその機能とするプログラムの複製物を公衆に譲渡し、若しくは貸与し、公衆への譲渡若しくは貸与の目的をもつて製造し、輸入し、若しくは所持し、若しくは公衆の使用に供し、又は当該プログラムを公衆送信し、若しくは送信可能化した者
二　業として公衆からの求めに応じて技術的保護手段の回避を行つた者
三　営利を目的として、第百十三条〔侵害とみなす行為〕第三項の規定により著作者人格権、著作権又は著作隣接権を侵害する行為とみなされる行為を行つた者

第百二十一条　著作者でない者の実名又は周知の変名を著作者名として表示した著作物の複製物（原著作物の著作者でない者の実名又は周知の変名を原著作物の著作者名として表示した二次的著作物の複製物を含む。）を頒布した者は、一年以下の懲役又は百万円以下の罰金に処する。

第百二十一条の二　次の各号に掲げる商業用レコード（当該商業用

レコードの複製物（二以上の段階にわたる複製に係る複製物を含む。）を商業用レコードとして複製し、その複製物を頒布し、又はその複製物を頒布の目的をもつて所持した者（当該各号の原盤に音を最初に固定した日の属する年の翌年から起算して五十年を経過した後において当該複製、頒布又は所持を行つた者を除く。）は、一年以下の懲役又は百万円以下の罰金に処する。

一　国内において商業用レコードの製作を業とする者が、レコード製作者からそのレコード（第八条〔保護を受けるレコード〕各号のいずれかに該当するものを除く。）の原盤の提供を受けて製作した商業用レコード

二　この法律の施行地外において商業用レコードの製作を業とする者が、実演家等保護条約の締約国の国民、世界貿易機関の加盟国の国民又はレコード保護条約の締約国の国民（当該締約国の法令に基づいて設立された法人及び当該締約国に主たる事務所を有する法人を含む。）であるレコード製作者からそのレコード（第八条各号のいずれかに該当するものを除く。）の原盤の提供を受けて製作した商業用レコード

第百二十二条　第四十八条〔出所の明示〕又は第百二条〔著作隣接権の制限〕第二項の規定に違反した者は、三十万円以下の罰金に処する。

第百二十三条　第百十九条、第百二十条の二第三号及び第百二十一条の二の罪は、告訴がなければ公訴を提起することができない。

2　無名又は変名の著作物の発行者は、その著作物に係る前項の罪について告訴をすることができる。ただし、第百十八条〔無名又は変名の著作物に係る権利の保全〕第一項ただし書に規定する場合及び当該告訴が著作者の明示した意思に反する場合は、この限りでない。

第百二十四条　法人の代表者（法人格を有しない社団又は財団の管理人を含む。）又は法人若しくは人の代理人、使用人その他の従業者が、その法人又は人の業務に関し、次の各号に掲げる規定の違反行為をしたときは、行為者を罰するほか、その法人に対して当該各号に定める罰金刑を、その人に対して各本条の罰金刑を科する。

一　第百十九条第一号（著作者人格権に係る部分を除く。）　一億円以下の罰金刑

二　第百十九条第一号（著作者人格権に係る部分に限る。）若しくは第二号又は第百二十条から第百二十二条まで　各本条の罰金刑

2　法人格を有しない社団又は財団について前項の規定の適用がある場合には、その代表者又は管理人がその訴訟行為につきその社団又は財団を代表するほか、法人を被告人又は被疑者とする場合の刑事訴訟に関する法律の規定を準用する。

3　第一項の場合において、当該行為者に対してした告訴又は告訴の取消しは、その法人又は人に対しても効力を生じ、その法人又は人に対してした告訴又は告訴の取消しは、当該行為者に対しても効力を生ずるものとする。

附　則〔抄〕

（施行期日）

第一条　この法律は、昭和四十六年一月一日から施行する。

（適用範囲についての経過措置）

第二条　改正後の著作権法（以下「新法」という。）中著作権に関する規定は、この法律の施行の際現に改正前の著作権法（以下「旧法」という。）による著作権の全部が消滅している著作物については、適用しない。

2　この法律の施行の際現に旧法による著作権の一部が消滅している著作物については、新法中これに相当する著作権に関する規定は、適用しない。

3　この法律の施行前に行われた実演（新法第七条各号のいずれかに該当するものを除く。）又はこの法律の施行前にその音が最初に固定されたレコード（新法第八条各号のいずれかに該当するものを除く。）でこの法律の施行の際現に旧法による著作権が存するものについては、新法第七条（保護を受ける実演）及び第八条（保護を受けるレコード）の規定にかかわらず、新法中著作隣接権に関する規定（第九十五条、第九十五条の三第三項及び第四項、第九十七条並びに第九十七条の三第三項から第五項まで（商業用レコードの二次使用・貸与権等）の規定を含む。附則第十五条第一項において同じ。）を適用する。

（国等が作成した翻訳物等についての経過措置）

第三条　新法第十三条（権利の目的とならない著作物）第四号に該当する著作物でこの法律の施行の際現に旧法による出版権が設定されているものについては、当該出版権の存続期間内に限り、同号の規定は、適用しない。

（法人名義の著作物等の著作者についての経過措置）

第四条　新法第十五条（職務上作成する著作物の著作者）及び第十六条（映画の著作物の著作者）の規定は、この法律の施行前に創作された著作物については、適用しない。

（書籍等の貸与についての経過措置）

第四条の二　新法第二十六条の三（貸与権）の規定は、書籍又は雑誌（主として楽譜により構成されているものを除く。）の貸与による場合には、当分の間、適用しない。

（映画の著作物等の著作権の帰属についての経過措置）

第五条　この法律の施行前に創作された新法第二十九条（映画の著作物の著作権の帰属）に規定する映画の著作物の著作権の帰属については、なお従前の例による。

2　新法の規定は、この法律の施行前に著作物中に挿《そう》入された写真の著作物又はこの法律の施行前に嘱託によって創作された肖像写真の著作物の著作権の帰属について旧法第二十四条又は第二十五条の規定により生じた効力を妨げない。

（自動複製機器についての経過措置）

第五条の二　新法第三十条（私的使用のための複製）第一項第一号及び第百十九条第二号の規定の適用については、当分の間、これらの規定に規定する自動複製機器には、専ら文書又は図画の複製に供するものを含まないものとする。

（公開の美術の著作物についての経過措置）

第六条　この法律の施行の際現にその原作品が新法第四十五条（美術の著作物等の原作品の所有者による展示）第二項に規定する屋外の場所に恒常的に設置されている美術の著作物の著作権者は、その設置による当該著作物の展示を許諾したものとみなす。

（著作物の保護期間についての経過措置）

第七条　この法律の施行前に公表された著作物の著作権の存続期間については、当該著作物の旧法による著作権の存続期間が新法第二章第四節（保護期間）の規定による期間より長いときは、なお従前の例による。

（翻訳権の存続期間についての経過措置）

第八条　この法律の施行前に発行された著作物については、旧法第七条及び第九条の規定は、なおその効力を有する。

（著作権の処分についての経過措置）

第九条　この法律の施行前にした旧法の著作権の譲渡その他の処分

は、附則第十五条〔著作隣接権についての経過措置〕第一項の規定に該当する場合を除き、これに相当する新法の著作権の譲渡その他の処分とみなす。

（合著作物についての経過措置）

第十条 この法律の施行前に二人以上の者が共同して創作した著作物でその各人の寄与を分離して個別的に利用することができるものについては、旧法第十三条第一項及び第三項の規定は、なおその効力を有する。

2 前項の著作物は、新法第五十一条〔保護期間の原則〕第二項又は第五十二条〔無名又は変名の著作物の保護期間〕第一項の規定の適用については、共同著作物とみなす。

（裁定による著作物の利用についての経過措置）

第十一条 新法第六十九条〔商業用レコードへの録音〕の規定は、この法律の施行前に国内において販売された商業用レコードに録音されている音楽の著作物の他の商業用レコードの製作のための録音については、適用しない。

2 旧法第二十二条ノ五第二項又は第二十七条第一項若しくは第二項の規定により著作物を利用することができることとされた者は、なお従前の例により当該著作物を利用することができる。

3 旧法第二十二条ノ五第二項又は第二十七条第二項の規定に基づき文化庁長官が定めた償金の額は、新法第六十八条〔著作物の放送〕第一項又は第六十七条〔著作権者不明等の場合における著作物の利用〕第一項の規定に基づき文化庁長官が定めた補償金の額とみなして、新法第七十二条〔補償金の額についての訴え〕及び第七十三条〔補償金の額についての異議申立ての制限〕の規定を適用する。

4 前項の場合において、当該償金の額について不服のある当事者が裁定のあったことをこの法律の施行前に知っているときは、新法第七十二条第一項に規定する期間は、この法律の施行の日から起算する。

（登録についての経過措置）

第十二条 この法律の施行前にした旧法第十五条の著作権の登録、実名の登録及び第一発行年月日の登録に関する処分又は手続は、附則第十五条〔著作隣接権についての経過措置〕第三項の規定に該当する場合を除き、これらに相当する新法第七十五条から第七十七条まで〔実名の登録・第一発行年月日等の登録・創作年月日の登録・著作権の登録〕の登録に関する処分又は手続とみなす。

2 この法律の施行の際現に旧法第十五条第三項の著作年月日の登録がされている著作物については、旧法第三十五条第五項の規定は、なおその効力を有する。

（出版権についての経過措置）

第十三条 この法律の施行前に設定された旧法による出版権でこの法律の施行の際現に存するものは、新法による出版権とみなす。

2 この法律の施行前にした旧法第二十八条ノ十の出版権の登録に関する処分又は手続は、これに相当する新法第八十八条〔出版権の登録〕の登録に関する処分又は手続とみなす。

3 第一項の出版権については、新法第八十条から第八十五条まで〔出版権の内容・出版の義務・著作物の修正増減・出版権の存続期間・出版権の消滅の請求・出版権の消滅後における複製物の頒布〕の規定にかかわらず、旧法第二十八条ノ三から第二十八条ノ八までの規定は、なおその効力を有する。

第十四条 削除

（著作隣接権についての経過措置）

第十五条 この法律の施行前にした旧法の著作権の譲渡その他の処

分で、この法律の施行前に行われた実演又はこの法律の施行前にその音が最初に固定されたレコードでこの法律の施行の日から新法中著作隣接権に関する規定が適用されることとなるものに係るものは、新法のこれに相当する著作隣接権の譲渡その他の処分とみなす。

2　前項に規定する実演又はレコードでこの法律の施行の際現に旧法による著作権が存するものに係る著作隣接権の存続期間は、旧法によるこれらの著作権の存続期間の満了する日が新法第百一条〔実演、レコード、放送又は有線放送の保護期間〕の規定による期間の満了する日後の日であるときは、同条の規定にかかわらず、旧法による著作権の存続期間の満了する日（その日がこの法律の施行の日から起算して五十年を経過する日後の日であるときは、その五十年を経過する日）までの間とする。

3　この法律の施行前に第一項に規定する実演又はレコードについてした旧法第十五条第一項の著作権の登録に関する処分又は手続は、これに相当する新法第百四条〔著作隣接権の登録〕の著作隣接権の登録に関する処分又は手続とみなす。

4　附則第十条〔合著作物についての経過措置〕第一項及び第十二条〔登録についての経過措置〕第二項の規定は、第一項に規定する実演又はレコードについて準用する。

（複製物の頒布等についての経過措置）

第十六条　この法律の施行前に作成した著作物、実演又はレコードの複製物であつて、新法第二章第三節第五款〔著作権の制限〕（新法第百二条〔著作隣接権の制限〕第一項において準用する場合を含む。）の規定を適用するとしたならば適法なものとなるべきものは、これらの規定に定める複製の目的の範囲内において、使用し、又は頒布することができる。この場合においては、新法第百十三条〔侵害とみなす行為〕第一項第二号の規定は、適用しない。

（権利侵害についての経過措置）

第十七条　この法律の施行前にした旧法第十八条第一項若しくは第二項の規定に違反する行為又は旧法第三章に規定する偽作に該当する行為（出版権を侵害する行為を含む。）については、新法第十四条〔著作者の推定〕及び第七章〔権利侵害〕の規定にかかわらず、なお旧法第十二条、第二十八条ノ十一、第二十九条、第三十三条、第三十四条、第三十五条第一項から第四項まで、第三十六条及び第三十六条ノ二の規定の例による。

（罰則についての経過措置）

第十八条　この法律の施行前にした行為に対する罰則の適用については、なお従前の例による。

附　則〔昭和五三年五月一八日法律第四九号〕

（施行期日）

1　この法律は、許諾を得ないレコードの複製からのレコード製作者の保護に関する条約〔昭和五三年一〇月条約第一七号〕が日本国について効力を生ずる日〔昭和五三年一〇月一四日〕から施行する。

（経過措置）

2　改正後の著作権法中著作隣接権に関する規定は、この法律の施行前にその音が最初に固定された改正後の著作権法第八条〔保護を受けるレコード〕第三号に掲げるレコードについては、適用しない。

附　則〔昭和五九年五月二五日法律第四六号〕

（施行期日）

1　この法律は、昭和六十年一月一日から施行する。

（暫定措置法の廃止）

2　商業用レコードの公衆への貸与に関する著作者等の権利に関する暫定措置法（昭和五十八年法律第七十六号。以下「暫定措置法」という。）は、廃止する。

（暫定措置法の廃止に伴う経過措置）

3　この法律の施行前に暫定措置法の規定により商業用レコードの公衆への貸与について許諾を得た者は、改正後の著作権法第二十六条の二〔貸与権〕、第九十五条の二〔貸与権等〕及び第九十七条の二〔貸与権等〕の規定にかかわらず、その許諾に係る条件の範囲内において当該商業用レコードに複製されている著作物、実演及びレコードを当該商業用レコードの貸与により公衆に提供することができる。

4　この法律の施行前にした暫定措置法第四条第一項の規定に違反する行為については、暫定措置法（これに基づく政令を含む。）の規定は、なおその効力を有する。

附　則〔昭和六〇年六月一四日法律第六二号〕〔抄〕

（施行期日）

1　この法律は、昭和六十一年一月一日から施行する。ただし、第七十六条の次に一条を加える改正規定〔創作年月日の登録〕及び第七十八条〔登録手続等〕第一項の改正規定並びに附則第六項〔略〕の規定は、改正後の著作権法第七十八条の二〔プログラムの著作物の登録に関する特例〕に規定する法律〔プログラムの著作物に係る登録の特例に関する法律＝昭和六一年五月法律第六五号〕〔別掲〕の施行の日〔昭和六二年四月一日〕から施行する。

（職務上作成する著作物についての経過措置）

2　改正後の著作権法第十五条〔職務上作成する著作物の著作者〕の規定は、この法律の施行後に創作された著作物について適用し、この法律の施行前に創作された著作物については、なお従前の例による。

（創作年月日登録についての経過措置）

3　改正後の著作権法第七十八条の二に規定する法律の施行の日前六月以内に創作されたプログラムの著作物に係る著作権法第七十六条の二〔創作年月日の登録〕第一項の登録については、その施行の日から三月を経過する日までの間は、同項ただし書の規定は、適用しない。

（プログラムの著作物の複製物の使用についての経過措置）

4　改正後の著作権法第百十三条〔侵害とみなす行為〕第二項の規定は、この法律の施行前に作成されたプログラムの著作物の複製物であつて、改正後の著作権法第四十七条の二〔プログラムの著作物の複製物の所有者による複製等〕の規定を適用するとしたならば適法であり、かつ、保存し得るべきものとなるものについては、適用しない。

（罰則についての経過措置）

5　この法律の施行前にした行為に対する罰則の適用については、なお従前の例による。

附　則〔昭和六一年五月二三日法律第六四号〕

（施行期日）

1　この法律は、昭和六十二年一月一日から施行する。

（有線放送のための映画の著作物の著作権の帰属についての経過措置）

2　この法律の施行前に創作された改正後の著作権法第二十九条〔映画の著作物の著作権の帰属〕第三項に規定する映画の著作物の著作権の帰属については、なお従前の例による。

（有線放送事業者又は実演家に係る著作隣接権についての経過措置）

3　改正後の著作権法中有線放送事業者又は実演家に係る著作隣接権に関する規定（第九十五条〔商業用レコードの二次使用〕並びに第九十五条の三〔貸与権等〕第三項及び第四項の規定を含む。）は、この法律の施行前に行われた有線放送又はその有線放送において送信された実演（同法第七条〔保護を受ける実演〕第一号から第三号までに規定する実演に該当するものを除く。）については、適用しない。

（罰則についての経過措置）

4　この法律の施行前にした行為に対する罰則の適用については、なお従前の例による。

附　則〔昭和六三年一一月一日法律第八七号〕

（施行期日）

1　この法律は、公布の日から起算して二十日を経過した日〔昭和六三年一一月二一日〕から施行する。

（経過措置）

2　改正後の著作権法第百二十一条第二号の規定は、この法律の施行後に行われる次に掲げる行為については、適用しない。

一　国内において商業用レコードの製作を業とする者がレコード製作者からそのレコード（第八条〔保護を受けるレコード〕各号のいずれかに該当するものを除く。）の原盤の提供を受けて製作した商業用レコード（次号において「特定外国原盤商業用レコード」という。）で、当該原盤に音を最初に固定した日の属する年の翌年から起算して二十年を経過する日（次号において「改正前の禁止期間経過日」という。）がこの法律の施行前であるものを商業用レコードとして複製し、又はその複製物を頒布する行為

二　改正前の禁止期間経過日以前に特定外国原盤商業用レコードを複製した商業用レコードで、改正前の禁止期間経過日がこの法律の施行前であるものを頒布する行為

附　則〔平成元年六月二八日法律第四三号〕

（施行期日）

1　この法律は、実演家、レコード製作者及び放送機関の保護に関する国際条約が日本国について効力を生ずる日〔平成元年一〇月二六日〕から施行する。

（条約により保護の義務を負う実演等についての経過措置）

2　改正後の著作権法（以下「新法」という。）中著作隣接権に関する規定（第九十五条〔商業用レコードの二次使用〕及び第九十七条〔商業用レコードの二次使用〕の規定を含む。）は、次に掲げるものについては、適用しない。

一　この法律の施行前に行われた新法第七条〔保護を受ける実演〕第五号に掲げる実演

二　この法律の施行前にその音が最初に固定された新法第八条〔保護を受けるレコード〕第三号に掲げるレコードで次項に規定するもの以外のもの

三　この法律の施行前に行われた新法第九条〔保護を受ける放送〕第三号に掲げる放送

3　この法律の施行前にその音が最初に固定された新法第八条第三号に掲げるレコードで許諾を得ないレコードの複製からのレコード製作者の保護に関する条約により我が国が保護の義務を負うものについては、なお従前の例による。

（国内に常居所を有しない外国人であった実演家についての経過措置）

4　新法中著作隣接権に関する規定（第九十五条並びに第九十五条の三〔貸与権等〕第三項及び第四項の規定を含む。）は、この法律

の施行前に行われた実演に係る実演家で当該実演が行われた際国内に常居所を有しない外国人であったものについては、適用しない。ただし、著作権法の施行前に行われた実演で同法の施行の際現に旧著作権法（明治三十二年法律第三十九号）による著作権が存するものに係る実演家については、この限りでない。

附　則〔平成三年五月二日法律第六三号〕

（施行期日）

1　この法律は、平成四年一月一日から施行する。

（経過措置）

2　改正後の第九十五条の三（貸与権等）の規定は、著作権法の一部を改正する法律（平成元年法律第四十三号。次項第二号において「平成元年改正法」という。）の施行前に行われた第七条（保護を受ける実演）第五号に掲げる実演については、適用しない。

3　改正後の第九十七条の三（貸与権等）の規定は、次に掲げるものについては、適用しない。

一　許諾を得ないレコードの複製からのレコード製作者の保護に関する条約（次号及び附則第五項第三号において「レコード保護条約」という。）により我が国が保護の義務を負うレコード（第八条（保護を受けるレコード）第一号又は第二号に掲げるものを除く。）であって著作権法の一部を改正する法律（昭和五十三年法律第四十九号）の施行前にその音が最初に固定されたもの

二　第八条第三号に掲げるレコード（レコード保護条約により我が国が保護の義務を負うものを除く。）であって平成元年改正法の施行前にその音が最初に固定されたもの

4　最初に発売された日がこの法律の施行前である商業用レコード（第七条第一号から第四号までに掲げる実演が録音されているもの及び第八条第一号又は第二号に掲げるレコードが複製されているものに限る。）を実演家又はレコード製作者が貸与により公衆に提供する権利に関する第九十五条の三第二項に規定する期間経過商業用レコードに係る期間の起算日については、なお従前の例による。

5　改正後の第百二十一条の二の規定は、この法律の施行後に行われる次に掲げる行為については、適用しない。

一　国内において商業用レコードの製作を業とする者がレコード製作者からそのレコード（第八条各号のいずれかに該当するものを除く。）の原盤の提供を受けて製作した商業用レコード（次号において「特定外国原盤商業用レコード」という。）で、当該原盤に音を最初に固定した日の属する年の翌年から起算して二十年を経過する日（次号において「二十年の禁止期間経過日」という。）が著作権法の一部を改正する法律（昭和六十三年法律第八十七号。次号及び第三号において「昭和六十三年改正法」という。）の施行前であるもの（当該商業用レコードの複製物（二以上の段階にわたる複製に係る複製物を含む。）を含む。）を商業用レコードとして複製し、その複製物を頒布し、又はその複製物を頒布の目的をもって所持する行為

二　二十年の禁止期間経過日以前に特定外国原盤商業用レコードを複製した商業用レコードで、二十年の禁止期間経過日が昭和六十三年改正法の施行前であるものを頒布し、又は頒布の目的をもって所持する行為

三　著作権法の施行地外において商業用レコードの製作を業とする者が実演家、レコード製作者及び放送機関の保護に関する国際条約又はレコード保護条約の締約国の国民（これらの条約の締約国の法令に基づいて設立された法人及び当該締約国に主た

る事務所を有する法人を含む。）であるレコード製作者からそのレコード（第八条各号のいずれかに該当するものを除く。）の原盤の提供を受けて製作した商業用レコードで、当該原盤に音を最初に固定した日の属する年の翌年から起算して二十年を経過する日が昭和六十三年改正法の施行前であるもの（当該商業用レコードの複製物（二以上の段階にわたる複製に係る複製物を含む。）を含む。）を商業用レコードとして複製し、その複製物を頒布し、又はその複製物を頒布の目的をもって所持する行為

6　この法律の施行前にした行為に対する罰則の適用については、なお従前の例による。

附　則〔平成四年一二月一日法律第一〇六号〕

（施行期日）

1　この法律は、公布の日から起算して六月を超えない範囲内において政令で定める日〔平成五年六月一日〕から施行する。ただし、目次の改正規定、第七章を第八章とし、第六章を第七章とし、第五章を第六章とし、第四章の次に一章を加える改正規定（第百四条の四〔私的録音録画補償金の支払の特例〕、第百四条の五〔製造業者等の協力義務〕並びに第百四条の八〔著作権等の保護に関する事業等のための支出〕第一項及び第三項に係る部分を除く。）及び附則第十七条の改正規定は、公布の日から施行する。

（経過措置）

2　改正後の著作権法（以下「新法」という。）の規定は、この法律の施行の日（以下「施行日」という。）前の購入（小売に供された後の最初の購入に限る。以下同じ。）に係る新法第百四条の四第一項の特定機器により施行日前の購入に係る同項の特定記録媒体に行われる新法第百四条の二〔私的録音録画補償金を受ける権利の行使〕第一項第一号の私的録音又は同項第二号の私的録画については、適用しない。

3　施行日前の購入に係る新法第百四条の四第一項の特定機器により施行日以後の購入に係る同項の特定記録媒体に新法第百四条の二第一項第一号の私的録音又は同項第二号の私的録画を行う場合には、当該特定機器は、新法第百四条の四第一項の規定により私的録音録画補償金が支払われたものとみなす。施行日以後の購入に係る同項の特定機器により施行日前の購入に係る同項の特定記録媒体に新法第百四条の二第一項第一号の私的録音又は同項第二号の私的録画を行う場合の当該特定記録媒体についても、同様とする。

附　則〔平成六年一二月一四日法律第一一二号〕

（施行期日）

1　この法律は、世界貿易機関を設立するマラケシュ協定が日本国について効力を生ずる日〔平成七年一月一日〕の翌日から起算して一年を超えない範囲内において政令で定める日〔平成八年一月一日〕から施行する。

（著作隣接権に関する規定の適用）

2　第一条の規定による改正後の著作権法（以下「新法」という。）第七条〔保護を受ける実演〕第四号に掲げる実演（同条第一号から第三号までに掲げる実演に該当するものを除く。）で次に掲げるもの又は同条第五号に掲げる実演で次に掲げるものに対する新法中著作隣接権に関する規定（第九十五条の三〔貸与権等〕第三項及び第四項の規定を含む。）の適用については、著作権法の一部を改正する法律（昭和六十一年法律第六十四号）附則第三項、著作権法の一部を改正する法律（平成元年法律四十三号。以下「平成元年改正法」という。）附則第二項及び著作権法の一部を改正す

る法律（平成三年法律第六十三号。附則第四項において「平成三年改正法」という。）附則第二項の規定は、適用しない。

一　世界貿易機関の加盟国において行われた実演

二　次に掲げるレコードに固定された実演

イ　世界貿易機関の加盟国の国民（当該加盟国の法令に基づいて設立された法人及び当該加盟国に主たる事務所を有する法人を含む。以下同じ。）をレコード製作者とするレコード

ロ　レコードでこれに固定されている音が最初に世界貿易機関の加盟国において固定されたもの

三　次に掲げる放送において送信された実演（実演家の承諾を得て送信前に録音され、又は録画されたものを除く。）

イ　世界貿易機関の加盟国の国民である放送事業者の放送

ロ　世界貿易機関の加盟国にある放送設備から行われた放送

3　前項各号に掲げる実演に係る実演家で当該実演が行われた際国内に常居所を有しない外国人であったものに対する新法中著作隣接権に関する規定（第九十五条の三第三項及び第四項の規定を含む。）の適用については、平成元年改正法附則第四項の規定は、適用しない。

4　次に掲げるレコードに対する新法中著作隣接権に関する規定（第九十七条の三（貸与権等）第三項から第五項までの規定を含む。）の適用については、著作権法の一部を改正する法律（昭和五十三年法律第四十九号）附則第二項、平成元年改正法附則第二項及び第三項並びに平成三年改正法附則第三項の規定は、適用しない。

一　新法第八条（保護を受けるレコード）第三号に掲げるレコードで次に掲げるもの

イ　世界貿易機関の加盟国の国民をレコード製作者とするレコード

ロ　レコードでこれに固定されている音が最初に世界貿易機関の加盟国において固定されたもの

二　新法第八条第四号に掲げるレコードで許諾を得ないレコードの複製からのレコード製作者の保護に関する条約（附則第六項において「レコード保護条約」という。）により我が国が保護の義務を負うもの

5　新法第九条（保護を受ける放送）第三号に掲げる放送で次に掲げるものに対する新法中著作隣接権に関する規定の適用については、平成元年改正法附則第二項の規定は、適用しない。

一　世界貿易機関の加盟国の国民である放送事業者の放送

二　世界貿易機関の加盟国にある放送設備から行われた放送

（外国原盤商業用レコードの複製等についての経過措置）

6　新法第百二十一条の二の規定は、著作権法の施行地外において商業用レコードの製作を業とする者が世界貿易機関の加盟国の国民（実演家、レコード製作者及び放送機関の保護に関する国際条約又はレコード保護条約の締約国の国民（これらの条約の締約国の法令に基づいて設立された法人及び当該締約国に主たる事務所を有する法人を含む。）である場合を除く。）であるレコード製作者からそのレコード（新法第八条各号のいずれかに該当するものを除く。）の原盤の提供を受けて製作した商業用レコードで、当該原盤に音を最初に固定した日の属する年の翌年から起算して二十年を経過する日が著作権法の一部を改正する法律（昭和六十三年法律第八十七号）の施行前であるもの（当該商業用レコードの複製物（二以上の段階にわたる複製に係る複製物を含む。）を含む。）を商業用レコードとして複製し、その複製物を頒布し、又はその複製物を頒布の目的をもって所持する行為であって、この法律の

施行後に行われるものについては、適用しない。

附　則〔平成八年一二月二六日法律第一一七号〕

（施行期日）

1　この法律は、公布の日から起算して三月を超えない範囲内において政令で定める日〔平成九年三月二五日〕から施行する。

（写真の著作物の保護期間についての経過措置）

2　改正後の著作権法中著作物の保護期間に関する規定（次項において「新法」という。）は、写真の著作物については、この法律の施行の際現に改正前の著作権法による著作権が存するものについて適用し、この法律の施行の際現に改正前の著作権法による著作権が消滅している写真の著作物については、なお従前の例による。

3　この法律の施行前に創作された写真の著作物の著作権の存続期間は、当該写真の著作物の改正前の著作権法中著作物の保護期間に関する規定（以下「旧法」という。）による期間の満了する日が新法による期間の満了する日後の日であるときは、新法にかかわらず、旧法による期間の満了する日までの間とする。

附　則〔平成九年六月一八日法律第八六号〕

（施行期日）

1　この法律は、平成十年一月一日から施行する。

（自動公衆送信される状態に置かれている著作物等についての経過措置）

2　改正後の著作権法（以下「新法」という。）第二十三条〔公衆送信権等〕第一項、第九十二条の二〔送信可能化権〕第一項又は第九十六条の二〔送信可能化権〕の規定は、この法律の施行の際現に自動公衆送信される状態に置かれている著作物、実演（改正前の著作権法（以下「旧法」という。）第九十二条第二項第二号に掲げるものに限る。以下この項において同じ。）又はレコードを、当該自動公衆送信に係る送信可能化を行った者（当該送信可能化を行った者とこの法律の施行の際現に当該著作物、実演又はレコードを当該送信可能化に係る新法第二条〔定義〕第一項第九号の五の自動公衆送信装置を用いて自動公衆送信される状態に置いている者が異なる場合には、当該自動公衆送信される状態に置いている者）が当該自動公衆送信装置を用いて送信可能化する場合には、適用しない。

3　この法律の施行の際現に自動公衆送信される状態に置かれている実演（旧法第九十二条第二項第二号に掲げるものを除く。）については、同条第一項の規定は、この法律の施行後も、なおその効力を有する。

（罰則について経過措置）

4　この法律の施行前にした行為に対する罰則の適用については、なお従前の例による。

附　則〔平成一〇年六月一二日法律第一〇一号〕〔抄〕

（施行期日）

第一条　この法律は、平成十一年四月一日から施行する。

附　則〔平成一一年五月一四日法律第四三号〕〔抄〕

（施行期日）

第一条　この法律は、行政機関の保有する情報の公開に関する法律（平成十一年法律第四十二号。以下「情報公開法」という。）の施行の日〔平成一三年四月一日〕から施行する。〔後略〕

（著作権法の一部改正に伴う経過措置）

第二条　第十一条の規定による改正後の著作権法第十八条〔公表権〕第三項の規定は、この法律の施行前に著作者が情報公開法第二条〔定義〕第一項に規定する行政機関又は地方公共団体に提供した著作物でまだ公表されていないもの（その著作者の同意を得ないで公表された著作物を含む。）については、適用しない。

附　則〔平成一一年六月二三日法律第七七号〕

（施行期日）

1　この法律は、平成十二年一月一日から施行する。ただし、第二条〔定義〕第一項第十九号の次に二号を加える改正規定、第三十条〔私的使用のための複製〕第一項の改正規定、第百十三条〔侵害とみなす行為〕の改正規定、第百十九条の改正規定、第百二十条の次に一条を加える改正規定、第百二十三条第一項の改正規定及び附則第五条の二〔自動複製機器についての経過措置〕改正規定並びに附則第五項の規定は、平成十一年十月一日から施行する。

（経過措置）

2　改正後の著作権法第二十六条の二〔譲渡権〕第一項、第九十五条の二〔譲渡権〕第一項及び第九十七条の二〔譲渡権〕第一項の規定は、この法律の施行の際現に存する著作物の原作品若しくは複製物、実演の録音物若しくは録画物又はレコードの複製物（著作権法第二十一条〔複製権〕、第九十一条〔録音権及び録画権〕第一項又は第九十六条〔複製権〕に規定する権利を有する者の権利を害さずに作成されたものに限り、出版権者が作成した著作物の複製物を除く。）の譲渡による場合には、適用しない。

3　改正後の著作権法第二十六条の二第一項の規定は、この法律の施行前に設定された出版権でこの法律の施行の際現に存するものを有する者が当該出版権の存続期間中に行う当該出版権の目的となっている著作物の複製物の頒布については、適用しない。

4　出版権（この法律の施行前に設定されたものに限る。）が消滅した後において当該出版権を有していた者が行う当該出版権の存続期間中に作成した著作物の複製物の頒布については、なお従前の例による。

5　平成十一年十月一日からこの法律の施行の日の前日までの間は、改正後の著作権法第百十三条第四項中「第九十五条の三第三項」とあるのは「第九十五条の二第三項」と、「第九十七条の三第三項」とあるのは「第九十七条の二第三項」とする。

6　行政機関の保有する情報の公開に関する法律の施行に伴う関係法律の整備等に関する法律（平成十一年法律第四十三号。以下「整備法」という。）の施行の日がこの法律の施行の日後となる場合には、整備法の施行の日の前日までの間は、改正後の著作権法第四十七条の三〔複製権の制限により作成された複製物の譲渡〕中「第四十二条、第四十二条の二」とあるのは「第四十二条」と、「、第四十二条又は第四十二条の二」とあるのは「又は第四十二条」とする。

7　この法律の施行前にした行為及び附則第四項の規定によりなお従前の例によることとされる場合におけるこの法律の施行後にした行為に対する罰則の適用については、なお従前の例による。

附　則〔平成一二年五月八日法律第五六号〕

（施行期日）

1　この法律は、平成十三年一月一日から施行する。ただし、第一条中著作権法第五十八条〔保護期間の特例〕の改正規定及び第二条の規定は、著作権に関する世界知的所有権機関条約が日本国について効力を生ずる日〔平成一四年三月六日〕から施行する。

（損害額の認定についての経過措置）

2　第一条の規定による改正後の著作権法第百十四条の四〔相当な損害額の認定〕の規定は、この法律の施行前に、第二審である高等裁判所又は地方裁判所における口頭弁論が終結した事件及び簡易裁判所の判決又は地方裁判所が第一審としてした判決に対して上告をする権利を留保して控訴をしない旨の合意をした事件については、適用しない。

（罰則についての経過措置）

3　この法律の施行前にした行為に対する罰則の適用については、なお従前の例による。

附　則〔平成一二年一一月二九日法律第一三一号〕〔抄〕

（施行期日）

第一条　この法律は、平成十三年十月一日から施行する。ただし、附則第九条の規定は、公布の日から施行する。

〔編者注〕本書採録基準日（平成一三年一一月三〇日）の後、校正作業もほぼ終了の段階となって、「独立行政法人等の保有する情報の公開に関する法律」（平成一三年一二月五日法律第一四〇号）の制定に伴い、情報公開制度と著作権制度の均衡を保障する著作権法第四二条の二の趣旨が独立行政法人にも拡大されている。

ちなみに、独立行政法人については、国、地方公共団体と同様、すでに平成一一年の法第一三条第二号の改正により、その発する告示、訓令、通達等に著作権が認められないことも確認しておきたい。

〇著作権法施行令　抄（昭和四五年一二月一〇日政令第三三五号）

最近改正　平成一三年三月三一日　政令第一五七号

第一章　私的録音録画補償金に係る特定機器及び特定記録媒体

（特定機器）

第一条　著作権法（以下「法」という。）第三十条〔私的使用のための複製〕第二項（法第百二条〔著作隣接権の制限〕第一項において準用する場合を含む。以下この条及び次条において同じ。）の政令で定める機器のうち録音の機能を有するものは、次に掲げる機器（他の機器との間の音の信号に係る接続の方法で法第三十条第二項の特別の性能を有する機器に用いるものとして文部科学省令で定めるものを用いる機器を除く。）であつて主として録音の用に供するもの（次項に規定するものを除く。）とする。

一　回転ヘッド技術を用いた磁気的方法により、三十二キロヘルツ、四十四・一キロヘルツ又は四十八キロヘルツの標本化周波数（アナログ信号をデジタル信号に変換する一秒当たりの回数をいう。以下この条において同じ。）でアナログデジタル変換（アナログ信号をデジタル信号に変換することをいう。以下この条において同じ。）が行われた音を幅が三・八一ミリメートルの磁気テープに固定する機能を有する機器

二　固定ヘッド技術を用いた磁気的方法により、三十二キロヘルツ、四十四・一キロヘルツ又は四十八キロヘルツの標本化周波数

数でアナログデジタル変換が行われた音を幅が三・七八ミリメートルの磁気テープに固定する機能を有する機器

三　磁気的かつ光学的方法により、四十四・一キロヘルツの標本化周波数でアナログデジタル変換が行われた音を直径が六十四ミリメートルの光磁気ディスクに固定する機能を有する機器

四　光学的方法により、四十四・一キロヘルツの標本化周波数でアナログデジタル変換が行われた音を直径が八十ミリメートル又は百二十ミリメートルの光ディスク（一枚の基板からなるものに限る。）に固定する機能を有する機器

2　法第三十条第二項の政令で定める機器のうち録画の機能を有するものは、次に掲げる機器（ビデオカメラとしての機能を併せ有するものを除く。）であつて主として録画の用に供するもの（デジタル方式の録音の機能を併せ有するものを含む。）とする。

一　回転ヘッド技術を用いた磁気的方法により、その輝度については十三・五メガヘルツの標本化周波数で、その色相及び彩度については三・三七五メガヘルツの標本化周波数でアナログデジタル変換が行われた影像を、幅が六・三五ミリメートルの磁気テープ（幅、奥行及び高さが百二十五ミリメートル、七十八ミリメートル及び十四・六ミリメートルのカセットに収容されているものに限る。）に連続して固定する機能を有する機器

二　回転ヘッド技術を用いた磁気的方法により、いずれの標本化周波数によるものであるかを問わずアナログデジタル変換が行われた影像を、幅が十二・六五ミリメートルの磁気テープに連続して固定する機能を有する機器

三　光学的方法により、特定の標本化周波数でアナログデジタル変換が行われた影像又はいずれの標本化周波数によるものであるかを問わずアナログデジタル変換が行われた影像を、直径が百二十ミリメートルの光ディスク（レーザー光が照射される面から記録層までの距離が〇・六ミリメートルのものに限る。）であつて次のいずれか一に該当するものに連続して固定する機能を有する機器

イ　記録層の渦巻状の溝がうねつておらず、かつ、連続していないもの

ロ　記録層の渦巻状の溝がうねつており、かつ、連続しているもの

ハ　記録層の渦巻状の溝がうねつており、かつ、連続していないもの

（特定記録媒体）

第一条の二　法第三十条〔私的使用のための複製〕第二項の政令で定める記録媒体のうち録音の用に供されるものは、前条第一項に規定する機器によるデジタル方式の録音の用に供される同項各号に規定する磁気テープ、光磁気ディスク又は光ディスク（小売に供された後最初に購入する時に録音されていないものに限る。）とする。

2　法第三十条第二項の政令で定める記録媒体のうち録画の用に供されるものは、前条第二項に規定する機器によるデジタル方式の録画（デジタル方式の録音及び録画を含む。）の用に供される同項各号に規定する磁気テープ又は光ディスク（小売に供された後最初に購入する時に録画されていないものに限る。）とする。

第一章の二　著作物等の複製等が認められる施設等

（図書館資料の複製が認められる図書館等）

第一条の三　法第三十一条〔図書館等における複製〕（法第八十六条〔出版権の制限〕第一項及び第百二条〔著作隣接権の制限〕第一項において準用する場合を含む。）の政令で定める図書館その他の

施設は、国立国会図書館及び次に掲げる施設で図書館法（昭和二十五年法律第百十八号）第四条〔司書及び司書補〕第一項の司書又はこれに相当する職員として文部科学省令〔別掲＝著作権法施行規則〕で定める職員が置かれているものとする。

一 図書館法第二条〔定義〕第一項の図書館

二 学校教育法（昭和二十二年法律第二十六号）第一条の大学又は高等専門学校（次号において「大学等」という。）に設置された図書館及びこれに類する施設

三 大学等における教育に類する教育を行う教育機関で当該教育を行うにつき学校教育法以外の法律に特別の規定があるものに設置された図書館

四 図書、記録その他著作物の原作品又は複製物を収集し、整理し、保存して一般公衆の利用に供する業務を主として行う施設で法令の規定によって設置されたもの

五 学術の研究を目的とする研究所、試験所その他の施設で法令の規定によって設置されたもののうち、その保存する図書、記録その他の資料を一般公衆の利用に供する業務を行うもの

六 前各号に掲げるもののほか、国、地方公共団体又は民法（明治二十九年法律第八十九号）第三十四条の法人その他の営利を目的としない法人（次条から第三条〔記録保存所〕までにおいて「公益法人」という。）が設置する施設で前二号に掲げる施設と同種のもののうち、文化庁長官が指定するもの

2 文化庁長官は、前項第六号の指定をしたときは、その旨を官報で告示する。

（著作物等の録音が認められる施設）

第二条 法第三十七条〔点字による複製等〕第三項（法第百二条〔著作隣接権の制限〕第一項において準用する場合を含む。）の政令で定める施設は、次に掲げるものとする。

一 児童福祉法（昭和二十二年法律第百六十四号）第七条の知的障害児施設（専ら視覚障害を併せ有する児童を入所させるものに限る。）及び盲ろうあ児施設（専ら同法第四十三条の二の盲児を入所させるものに限る。）で国、地方公共団体又は公益法人が設置するもの

二 身体障害者福祉法（昭和二十四年法律第二百八十三号）第五条〔施設等〕第一項の身体障害者更生施設（専ら視覚障害者を入所させるものに限る。）及び視聴覚障害者情報提供施設（点字刊行物及び視覚障害者用の録音物を視覚障害者の利用に供するもの並びに点字刊行物を出版するものに限る。）で国、地方公共団体又は公益法人が設置するもの

三 学校図書館法（昭和二十八年法律第百八十五号）第二条〔定義〕の学校図書館で学校教育法第一条の盲学校に設置されたもの

四 老人福祉法（昭和三十八年法律第百三十三号）第五条の三の養護老人ホーム及び特別養護老人ホーム（専ら視覚障害者を入所させるものに限る。）

五 学校教育法第一条の大学（専ら視覚障害者を入学させる学部又は学科を置くものに限る。）に設置された図書館及びこれに類する施設の全部又は一部で、録音物を専ら当該学部又は学科の学生の利用に供するものとして文化庁長官が指定するもの

2 文化庁長官は、前項第五号の指定をしたときは、その旨を官報で告示する。

（聴覚障害者のための自動公衆送信が認められる者）

第二条の二 法第三十七条の二〔聴覚障害者のための自動公衆送信〕の政令で定める者は、次に掲げる者とする。

一　身体障害者福祉法第五条〔施設等〕第一項の視聴覚障害者情報提供施設（聴覚障害者用の録画物を製作し、又はこれを聴覚障害者の利用に供するものに限る。）を設置する者（国、地方公共団体又は公益法人に限る。）

二　前号に掲げる者のほか、聴覚障害者のために情報を提供する事業を行う公益法人のうち、聴覚障害者のための自動公衆送信に係る技術的能力及び経理的基礎その他の事情を勘案して聴覚障害者のための自動公衆送信を的確かつ円滑に行うことができるものとして文化庁長官が指定するもの

2　文化庁長官は、前項第二号の指定をしたときは、その旨を官報で告示する。

（映画の著作物の複製物の貸与が認められる施設）

第二条の三　法第三十八条〔営利を目的としない上演等〕第五項の政令で定める施設は、次に掲げるものとする。

一　国又は地方公共団体が設置する視聴覚教育施設

二　図書館法第二条〔定義〕第一項の図書館

三　前二号に掲げるもののほか、国、地方公共団体又は公益法人が設置する施設で、映画フィルムその他の視聴覚資料を収集し、整理し、保存して公衆の利用に供する業務を行うもののうち、文化庁長官が指定するもの

2　文化庁長官は、前項第三号の指定をしたときは、その旨を官報で告示する。

第二章　記録保存所

（記録保存所）

第三条　法第四十四条〔放送事業者等による一時的固定〕第一項又は第二項（法第百二条〔著作隣接権の制限〕第一項において準用する場合を含む。）の規定により作成された録音物又は録画物（以下この章において「一時的固定物」という。）を法第四十四条第三項ただし書（法第百二条第一項において準用する場合を含む。次条第一項において同じ。）の規定により保存することができる公的な記録保存所（以下この章において「記録保存所」という。）は、次に掲げる施設で、当該施設を設置する者の同意を得て文化庁長官が指定するものとする。

一　独立行政法人国立美術館が設置する施設で、映画に関する作品その他の資料を収集し、及び保管することを目的とするもの

二　放送又は有線放送の用に供した録音物又は録画物を記録として収集し、及び保存することを目的とする施設（公益法人が設置するものに限る。）

2　文化庁長官は、前項の指定をしたときは、その旨を官報で告示する。

（一時的固定物の保存）

第四条　法第四十四条〔放送事業者等による一時的固定〕第三項ただし書の規定により記録保存所において保存することができる一時的固定物は、記録として特に保存する必要があると認められるものでなければならない。

2　記録保存所においては、その保存する一時的固定物を良好な状態で保存するため、適当な措置を講じなければならない。

3　記録保存所においては、記録として保存するため必要があると認められる場合には、その保存する一時的固定物に録音され、又は録画されている音又は影像を録音し、又は録画して、その録音物又は録画物を当該一時的固定物に代えて保存することができる。

4　前項の録音物又は録画物は、一時的固定物とみなす。

（報告等）

第五条　記録保存所を設置する者（以下この章において「記録保存所の設置者」という。）は、文部科学省令で定めるところにより、その記録保存所において保存する一時的固定物の保存の状況を文化庁長官に報告しなければならない。
2　記録保存所の設置者は、その記録保存所において保存する一時的固定物を、文化庁長官の定める方法に従い、保存しなければならない。
3　記録保存所の設置者は、その記録保存所において保存する一時的固定物の目録を作成し、かつ、公開しなければならない。

（業務の廃止）
第六条　文化庁長官は、記録保存所の設置者がその記録保存所における一時的固定物の保存に係る業務を廃止しようとする場合において文部科学省令で定める事項を記載した書面をもつて届け出たときは、その旨を官報で告示する。
2　第三条〔記録保存所〕第一項の指定は、前項の官報の告示があつた日から起算して一月を経過した日に、その効力を失う。

（指定の取消し）
第七条　文化庁長官は、記録保存所の設置者が次の各号のいずれかに該当するときは、第三条〔記録保存所〕第一項の指定を取り消すことができる。
一　その記録保存所において保存する一時的固定物を利用して、不当な収益を図り、又は当該一時的固定物に係る権利者の権利を害したとき。
二　第五条〔報告等〕の規定に違反したとき。
2　文化庁長官は、前項の指定の取消しをするときは、あらかじめその旨を官報で告示する。

第三章　著作物の利用の裁定に関する手続

（著作権者不明等の場合における著作物の利用に関する裁定の申請）
第八条　法第六十七条〔著作権者不明等の場合における著作物の利用〕第一項の裁定を受けようとする者は、次に掲げる事項を記載した申請書を文化庁長官に提出しなければならない。
一　申請者の氏名又は名称及び住所又は居所並びに法人（法第二条〔定義〕第六項の法人をいう。以下同じ。）にあつては代表者（法人格を有しない社団又は財団の管理人を含む。以下同じ。）の氏名
二　著作物の題号（題号がないとき又は不明であるときは、その旨）及び著作者名（著作者名の表示がないとき又は著作者名が不明であるときは、その旨）
三　著作物の種類及び内容又は体様
四　著作物の利用方法
五　補償金の額の算定の基礎となるべき事項
六　著作権者と連絡することができない理由
2　前項の申請書には、次に掲げる資料を添附しなければならない。
一　申請に係る著作物の体様を明らかにするため必要があるときは、その図面、写真その他当該著作物の体様を明らかにする資料
二　著作権者と連絡することができないことを疎明する資料
三　申請に係る著作物が公表され、又は相当期間にわたり公衆に提供され、若しくは提示されている事実が明らかであることを疎明する資料

（著作物の放送に関する裁定の申請）
第九条　法第六十八条〔著作物の放送〕第一項の裁定を受けようと

する者は、次に掲げる事項を記載した申請書を文化庁長官に提出しなければならない。

一 前条第一項第一号から第三号まで及び第五号に掲げる事項

二 著作権者の氏名又は名称及び住所又は居所並びに法人にあっては代表者の氏名

三 著作権者との協議が成立せず、又は協議をすることができない理由

2 前項の申請書には、次に掲げる資料を添附しなければならない。

一 前条第二項第一号に掲げる資料

二 著作権者との協議が成立せず、又は協議をすることができないことを疎明する資料

三 申請に係る著作物が公表されていることを疎明する資料

（商業用レコードへの録音に関する裁定の申請）

第十条 法第六十九条〔商業用レコードへの録音〕の裁定を受けようとする者は、次に掲げる事項を記載した申請書を文化庁長官に提出しなければならない。

一 第八条〔著作権者不明等の場合における著作物の利用に関する裁定の申請〕第一項第一号から第三号まで及び第五号並びに前条第一項第二号及び第三号に掲げる事項

二 申請に係る音楽の著作物が録音されている商業用レコードの名称（名称がないとき又は不明であるときは、その旨）

2 前項の申請書には、次に掲げる資料を添附しなければならない。

一 前条第二項第二号に掲げる資料

二 前項第二号の商業用レコードが最初に国内において販売されたことを疎明する資料

三 前項第二号の商業用レコードが販売された日から三年を経過していることを疎明する資料

四 申請に係る音楽の著作物の前項第二号の商業用レコードへの録音が著作権者の許諾を得て行なわれたことを疎明する資料

（手数料）

第十一条 法第七十条〔裁定に関する手続及び基準〕第一項の政令で定める手数料の額は、一件につき一万三千円とする。

（補償金の額の通知）

第十二条 文化庁長官は、法第七十条〔裁定に関する手続及び基準〕第六項の裁定をした旨の通知をするときは、併せて当該裁定に係る著作物の利用につき定めた補償金の額を通知する。

第八章 あっせんの手続等

（あっせんの申請）

第五十八条 法第百五条〔著作権紛争解決あっせん委員〕第一項のあっせん（以下この章において「あっせん」という。）の申請をしようとする者は、次に掲げる事項を記載した申請書を文化庁長官に提出しなければならない。

一 申請者の氏名又は名称及び住所又は居所並びに法人にあっては代表者の氏名

二 当事者の一方からあっせんの申請をしようとするときは、他の当事者の氏名又は名称及び住所又は居所並びに法人にあっては代表者の氏名

三 あっせんを求める事項

四 紛争の問題点及び交渉経過の概要

五 その他あっせんを行なうに際し参考となる事項

（手数料）

第五十九条 法第百七条〔手数料〕第一項の政令で定める手数料の

額は、あっせんを求める事件一件につき四万六千円とする。

（他の当事者への通知等）

第六十条　文化庁長官は、当事者の一方からあっせんの申請があったときは、他の当事者に対し、その旨を通知するとともに、相当の期間を指定して、当該申請に係る事件をあっせんに付することに同意するかどうかを書面をもって回答すべきことを求める。

2　前項の規定により回答を求められた者が同項の期間内に回答をしなかったときは、あっせんに付することに同意しなかったものとみなす。

3　文化庁長官は、当事者の一方からあっせんの申請があった場合において、他の当事者がこれに同意しなかったときは、その旨を申請者に通知する。

（あっせんに付した旨の通知等）

第六十一条　文化庁長官は、申請に係る事件をあっせんに付したときは、その旨及び当該事件に係る著作権紛争解決あっせん委員（次条及び第六十四条〔委員の退任〕において「委員」という。）の氏名を当事者に通知する。

2　文化庁長官は、申請に係る事件を法第百八条〔あっせんへの付託〕第二項の規定によりあっせんに付さないこととしたときは、理由を附した書面をもって当事者にその旨を通知する。

（委員長）

第六十二条　事件につき二人又は三人の委員が委嘱されたときは、当該委員は、委員長を互選しなければならない。

2　委員長は、委員の会議を主宰し、委員を代表する。

3　委員の会議は、委員長が召集する。

4　委員長に事故があるときは、委員長のあらかじめ指名する委員が、その職務を代理する。

（報告等）

第六十三条　法第百十条〔報告等〕第一項の報告は、あっせんの経過及び結果を記載した書面をもってしなければならない。

2　法第百十条第二項の通知及び報告は、書面をもってしなければならない。

（委員の退任）

第六十四条　委員は、法第百十条〔報告等〕第一項又は第二項の報告をしたときは、退任するものとする。

第九章　手数料の納付を要しない独立行政法人

第六十五条　法第七十条〔裁定に関する手続及び基準〕第二項の政令で定める独立行政法人は、別表に掲げる独立行政法人とする。

別表（第六十五条関係）〔抄〕

四　独立行政法人国立特殊教育総合研究所
六　独立行政法人国立科学博物館
八　独立行政法人国立美術館
九　独立行政法人国立博物館
十　独立行政法人文化財研究所
十五　独立行政法人教員研修センター

○著作権法施行規則　抄

〔昭和四五年一二月二三日
文部省令第二六号〕

最近改正　平成一三年三月三一日　文部科学省令第六四号

第一章の二　司書に相当する職員

（司書に相当する職員）

第一条の二　令第一条の三〔図書館資料の複製が認められる図書館等〕第一項の文部科学省令で定める職員は、次の各号のいずれかに該当する者で本務として図書館の専門的事務又はこれに相当する事務（以下「図書館事務」という。）に従事するものとする。

一　図書館法（昭和二十五年法律第百十八号）第四条〔司書及び司書補〕第二項の司書となる資格を有する者

二　図書館法第四条第三項の司書補となる資格を有する者で当該資格を得た後四年以上図書館事務に従事した経験を有するもの

三　人事院規則で定める採用試験のうち、主として図書館学に関する知識、技術又はその他の能力を必要とする業務に従事することを職務とする官職を対象とするものに合格した者

四　大学又は高等専門学校を卒業した者で、一年以上図書館事務に従事した経験を有し、かつ、文化庁長官が定める著作権に関する講習を修了したもの

五　高等学校若しくは中等教育学校を卒業した者又は高等専門学校第三学年を修了した者で、四年以上図書館事務に従事した経験を有し、かつ、文化庁長官が定める著作権に関する講習を修了したもの

（著作権に関する講習）

第二条　前条第四号及び第五号の著作権に関する講習に関し、講習の期間、履習すべき科目その他講習を実施するため必要な事項は、文化庁長官が定める。

2　受講者の人数、選定の方法及び講習の日時その他講習実施の細目については、毎年官報で告示する。

○文化審議会令　抄

〔平成一二年六月七日
政令第二八一号〕

最近改正　平成一三年六月二九日　政令第二二〇号

（組織）

第一条　文化審議会（以下「審議会」という。）は、委員三十人以内で組織する。

2　審議会に、特別の事項を調査審議させるため必要があるときは、臨時委員を置くことができる。

3　審議会に、専門の事項を調査させるため必要があるときは、専門委員を置くことができる。

（委員等の任命）

第二条　委員は、学識経験のある者のうちから、文部科学大臣が任命する。

2　臨時委員は、当該特別の事項に関し学識経験のある者のうちから、文部科学大臣が任命する。

3　専門委員は、当該専門の事項に関し学識経験のある者のうちから、文部科学大臣が任命する。

（委員の任期等）

第三条　委員の任期は、一年とする。ただし、補欠の委員の任期は、前任者の残任期間とする。

2　委員は、再任されることができる。

3　臨時委員は、その者の任命に係る当該特別の事項に関する調査審議が終了したときは、解任されるものとする。

4　専門委員は、その者の任命に係る当該専門の事項に関する調査が終了したときは、解任されるものとする。

5　委員、臨時委員及び専門委員は、非常勤とする。

（会長）

第四条　審議会に、会長を置き、委員の互選により選任する。

2　会長は、会務を総理し、審議会を代表する。

3　会長に事故があるときは、あらかじめその指名する委員が、その職務を代理する。

（分科会）

第五条　審議会に、次の表の上欄に掲げる分科会を置き、これらの分科会の所掌事務は、審議会の所掌事務のうち、それぞれ同表の下欄に掲げるとおりとする。

名称	所掌事務
国語分科会	国語の改善及びその普及に関する事項を調査審議すること。
著作権分科会	一　著作者の権利、出版権及び著作隣接権の保護及び利用に関する重要事項を調査審議すること。 二　著作権法（昭和四十五年法律第四十八号）、万国著作権条約の実施に伴う著作権法の特例に関する法律（昭和三十一年法律第八十六号）第五条第四項及び著作権等管理事業法（平成十二年法律第百三十一号）第二十四条第四項の規定により審議会の権限に属させられた事項を処理すること。

文化財分科会	一 文化財の保存及び活用に関する重要事項を調査審議すること。 二 文化財保護法（昭和二十五年法律第二百十四号）第八十四条の規定により審議会の権限に属させられた事項を処理すること。
文化功労者選考分科会	文化功労者年金法（昭和二十六年法律第百二十五号）第二条第二項の規定により審議会の権限に属させられた事項を処理すること。

著作権法施行令第一条の三第一項第六号の図書館資料の複製が認められる施設の指定〔告示〕抄

〔昭和四六年二月二二日 文化庁告示第四号〕

最近告示 平成一〇年一一月一七日 文化庁告示第一二号

著作権法施行令（昭和四十五年政令第三百三十五号）第一条の三第一項第六号に基づき、著作権法（昭和四十五年法律第四十八号）第三十一条の図書館資料の複製が認められる施設として次に掲げるものを指定した。

国立東京第二病院図書室
国立療養所東京病院図書室
社団法人日本医師会図書室〔平成五年四月一日付けで名称変更＝社団法人日本医師会医学図書館〕
社団法人日本歯科医師会資料室
社団法人日本原子力産業会議資料室
日本労働協会図書館〔平成二年一月一日付けで廃止〕

〔右以降の文化庁告示は略〕

著作権法施行令〔二条一項五号〕の規定に基づき著作物等の録音が認められる施設の指定〔告示〕

〔平成五年四月二日 文化庁告示第五号〕

著作権法施行令（昭和四十五年政令第三百三十五号）第二条第一項第五号の規定に基づき、著作権法（昭和四十五年法律第四十八号）第三十七条第三項の著作物等の録音が認められる施設として次に掲げるものを平成五年四月一日付けで指定したので、同令第二条第二項の規定に基づき告示する。

筑波技術短期大学視覚部図書館

著作権法施行令〔二条の二第一項二号〕の規定に基づき聴覚障害者のための自動公衆送信が認められるものの指定〔告示〕

〔平成一三年一月一〇日 文化庁告示第一号〕

著作権法施行令（昭和四十五年政令第三百三十五号）第二条の二第一項第二号に基づき、著作権法（昭和四十五年法律第四十八号）第三十七条の二の聴覚障害者のための自動公衆送信が認められる者として、次に掲げるものを、一については平成十三年一月一日付けで、二については平成十三年一月八日付けで指定したので、同令第二条の二第二項に基づき告示する。

一　財団法人日本障害者リハビリテーション協会

二　社団法人全日本難聴者・中途失聴者団体連合会

大学等におけるコンピュータ・プログラムに係る著作権保護について

〔平成五年九月七日庁文著第九二号
各国公私立大学長、各国公私立高等専門学校長、放送大学長、各大学共同利用機関長あて　文化庁次長通知〕

〔**参考**＝同趣旨の通知・依頼が同日付で次の二通出されている。
「学校等におけるコンピュータ・プログラムに係る著作権保護について」（附属学校を置く国立大学長、国立久里浜養護学校長、各都道府県知事、各都道府県教育委員会教育長あて　文化庁次長、文部省初等中等教育局長通知）および「コンピュータ・プログラムに係る著作権保護について」（㈳経済団体連合会会長、日本商工会議所会頭、㈳関西経済連合会会長あて　文化庁次長依頼）〕

社会の情報化に対応し、大学、高等専門学校及び大学共同利用機関（以下「大学等」という。）には多くのコンピュータが導入されており、コンピュータ・プログラムの著作権の適切な保護については、近年ますますその重要性が各方面から指摘されるようになってきているとともに、国際的にも重要な課題の一つとなっております。

いうまでもなく、コンピュータ・プログラムは、コンピュータに各種の機能を果たさせるために不可欠の高い価値を持った知的創作物であり、著作権法上の著作物として保護されるものであります。コンピュータ・プログラムの開発には多数の人間の高度な創作活動が必要であり、このような開発意欲を高め創作活動の促進を図るためには、著作権侵害を排し、著作者の経済的・人格的利益を適切に確保しなければなりません。

つきましては、各大学等におかれては、これまでもコンピュータ・プログラムの適正な管理に努めておられることと存じますが、下記事項に留意の上、その周知徹底を図られるようよろしくお願いします。

記

1　コンピュータ・プログラムの著作物（以下「プログラム」という。）の開発、流通、利用に際し、他人の作成したプログラムの複製、翻案等の利用をする場合には、原則として、著作権者の許諾を得る必要がある（著作権法第六十三条）。

2　プログラムの複製物の所有者は、当該プログラムの滅失毀損に備えてバックアップコピーを作成すること、特定のコンピュータで利用し得るようにするためプログラムを修正することなど、自ら当該プログラムをコンピュータで利用するために必要と認められる限度において、著作権者の許諾を得ることなく、当該プログラムの複製又は翻案をすることができる（著作権法第四十七条の二第一項）。

しかし、プログラムを複数のフロッピーディスク等へ複製すること（ネットワーク（LAN（Local Area Network））で転送して複製する場合も含む。以下同じ。）は、この規定により許容されるものではなく、著作権者の許諾を得る必要がある。

3　公表された著作物の引用は一定の条件の下に許容されているが、他人の作成したプログラムの一部を自己の作成するプログラムに複製することは、引用とは解されず、著作権者の許諾を得る必要がある（著作権法第三十二条第一項）。

4　学校その他の教育機関における著作物の複製は一定の条件の下に許容されているが、著作物の種類及び用途並びにその複製の部数及び態様に照らし著作権者の利益を不当に害することとなる場合はこの限りでないとされており、複数台のコンピュータにおいて利用するために、プログラムを複数のフロッピーディスク等へ複製することは、著作権者の利益を不当に害するものと解されるため、著作権者の許諾を得る必要がある（著作権法第三十五条）。
5　他人が違法に複製したプログラムであると知りつつ、その複製物を大学等において使用する行為は、プログラムの著作権を侵害する行為とみなされる（著作権法第百十三条第二項）。

◎プログラムの著作物に係る登録の特例に関する法律

〔昭和六一年五月二三日　法律第六五号〕

最近改正　平成一一年一二月二二日　法律第二二〇号

第一章　総則

（目的）
第一条　この法律は、プログラムの著作物に係る登録に関し、著作権法（昭和四十五年法律第四十八号）の特例を定めることを目的とする。

第二章　登録手続等に関する特例

（プログラム登録原簿等）
第二条　プログラムの著作物に係る著作権法第七十五条〔実名の登録〕第一項、第七十六条〔第一発行年月日等の登録〕第一項、第七十六条の二〔創作年月日の登録〕第一項又は第七十七条〔著作権の登録〕の登録（以下「プログラム登録」という。）についての著作権登録原簿（以下「プログラム登録原簿」という。）は、政令で定めるところにより、その全部又は一部を磁気テープ（これに準ずる方法により一定の事項を確実に記録しておくことができる物を含む。次項において同じ。）をもつて調製することができる。
2　何人も、文化庁長官に対し、プログラム登録原簿のうち磁気テープをもつて調製した部分に記録されている事項を記載した書類の交付を請求することができる。

3　前項の請求をする者は、実費を勘案して政令で定める額の手数料を納付しなければならない。

（プログラム登録の申請）

第三条　プログラム登録の申請をしようとする者は、政令で定めるところにより、申請に係るプログラムの著作物の内容を明らかにする資料として、当該著作物の複製物を文化庁長官に提出しなければならない。ただし、当該著作物につき、既に、申請に係るプログラム登録以外のプログラム登録がされている場合は、この限りでない。

（プログラム登録の公示）

第四条　文化庁長官は、プログラムの著作物に係る著作権法第七十六条（第一発行年月日等の登録）第一項又は第七十六条の二（創作年月日の登録）第一項の登録をした場合においては、文部科学省令で定めるところにより、その旨を公示するものとする。

第三章　登録機関に関する特例

（指定登録機関の指定等）

第五条　文化庁長官は、その指定する者（以下「指定登録機関」という。）に、プログラム登録並びにプログラム登録につき第二条（プログラム登録原簿等）第三項に規定する請求に基づき行われる事務及び前条に規定する公示（以下「登録事務」と総称する。）の全部又は一部を行わせることができる。

2　前項の指定は、文部科学省令で定めるところにより、登録事務を行おうとする者の申請により行う。

3　文化庁長官は、指定登録機関に登録事務を行わせるときは、当該指定登録機関が行う登録事務を行わないものとする。

4　指定登録機関が登録事務を行う場合における第二条第二項、第三条（プログラム登録の申請）及び前条並びに著作権法第七十八条第一項から第三項までの規定の適用については、これらの規定（同法第七十八条第二項を除く。）中「文化庁長官」とあるのは「指定登録機関」と、同法第七十八条第二項中「第七十五条第一項の登録を行なつたときは」とあるのは「指定登録機関が第七十五条第一項の登録を行なつたときは」とする。

（欠格条項）

第六条　次の各号のいずれかに該当する者は、前条第一項の指定を受けることができない。

一　この法律又は著作権法の規定により罰金以上の刑に処せられ、その執行を終わり、又は執行を受けることがなくなつた日から二年を経過しない者

二　第二十条（指定の取消し等）の規定により指定を取り消され、その取消しの日から二年を経過しない者

三　その業務を行う役員のうちに、次のいずれかに該当する者がある場合

イ　第一号に該当する者

ロ　第十五条（解任命令）の規定による命令により解任され、その解任の日から二年を経過しない者

（指定の基準）

第七条　文化庁長官は、第五条（指定登録機関の指定等）第一項の指定の申請が次の各号に適合していると認めるときでなければ、その指定をしてはならない。

一　文部科学省令で定める条件に適合する知識経験を有する者がプログラム登録を実施し、その数が文部科学省令で定める数以上であること。

二　登録事務を的確かつ円滑に行うに必要な経理的基礎及び技術

的能力を有するものであること。

三　民法（明治二十九年法律第八十九号）第三十四条の規定により設立された法人であつて、その役員又は職員の構成が登録事務の公正な遂行に支障を及ぼすおそれがないものであること。

四　登録事務以外の業務を行つているときは、その業務を行うことによつて登録事務が不公正になるおそれがないものであること。

五　その指定をすることによつて登録事務の的確かつ円滑な実施を阻害することとならないこと。

（登録の実施義務等）

第八条　指定登録機関は、プログラム登録をすべきことを求められたときは、正当な理由がある場合を除き、遅滞なく、プログラム登録を行わなければならない。

2　指定登録機関は、プログラム登録を行うときは、前条第一号に規定する者（以下「登録実施者」という。）に実施させなければならない。

（実名の登録の報告義務）

第九条　指定登録機関は、著作権法第七十五条〔実名の登録〕第一項の登録を行つた場合には、速やかに、文化庁長官に対し、同法第七十八条〔登録手続等〕第二項に規定する告示のために必要な事項を報告しなければならない。

（事務所の変更）

第十条　指定登録機関は、登録事務を行う事務所の所在地を変更しようとするときは、変更しようとする日の二週間前までに、文化庁長官に届け出なければならない。

（登録事務規程）

第十一条　指定登録機関は、登録事務に関する規程（以下「登録事務規程」という。）を定め、文化庁長官の認可を受けなければならない。これを変更しようとするときも、同様とする。

2　登録事務規程で定めるべき事項は、文部科学省令で定める。

3　文化庁長官は、第一項の認可をした登録事務規程が登録事務の公正な遂行上不適当となつたと認めるときは、指定登録機関に対し、登録事務規程を変更すべきことを命ずることができる。

（登録事務の休廃止）

第十二条　指定登録機関は、文化庁長官の許可を受けなければ、登録事務の全部又は一部を休止し、又は廃止してはならない。

（事業計画等）

第十三条　指定登録機関は、第五条〔指定登録機関の指定等〕第一項の指定を受けた日の属する事業年度にあつてはその指定を受けた後遅滞なく、その他の事業年度にあつてはその開始前に、その事業年度の事業計画及び収支予算を作成し、文化庁長官の認可を受けなければならない。これを変更しようとするときも、同様とする。

2　指定登録機関は、毎事業年度経過後三月以内に、その事業年度の事業報告書及び収支決算書を作成し、文化庁長官に提出しなければならない。

（役員等の選任及び解任）

第十四条　指定登録機関の役員又は登録実施者の選任又は解任は、文化庁長官の認可を受けなければ、その効力を生じない。

（解任命令）

第十五条　文化庁長官は、指定登録機関の役員又は登録実施者が、この法律（この法律に基づく命令又は処分を含む。）若しくは登録事務規程に違反したとき、又は登録事務に関し著しく不適当な行為をしたときは、指定登録機関に対し、その役員又は登録実施者を解任すべきことを命ずることができる。

（秘密保持義務等）

第十六条 指定登録機関の役員若しくは職員又はこれらの職にあつた者は、登録事務に関して知り得た秘密を漏らしてはならない。

2 登録事務に従事する指定登録機関の役員又は職員は、刑法（明治四十年法律第四十五号）その他の罰則の適用については、法令により公務に従事する職員とみなす。

（適合命令等）

第十七条 文化庁長官は、指定登録機関が第七条〔指定の基準〕第一号から第四号までに適合しなくなつたと認めるときは、その指定登録機関に対し、これらの規定に適合するため必要な措置をとるべきことを命ずることができる。

2 文化庁長官は、前項に定めるもののほか、この法律を施行するため必要があると認めるときは、指定登録機関に対し、登録事務に関し監督上必要な命令をすることができる。

（帳簿の記載等）

第十八条 指定登録機関は、帳簿を備え、登録事務に関し文部科学省令で定める事項を記載しなければならない。

2 前項の帳簿は、文部科学省令で定めるところにより、保存しなければならない。

（報告及び立入検査）

第十九条 文化庁長官は、この法律の施行に必要な限度において、指定登録機関に対し、その業務若しくは経理の状況に関し報告させ、又はその職員に、指定登録機関の事務所に立ち入り、業務の状況若しくは帳簿、書類その他の物件を検査させ、若しくは関係者に質問させることができる。

2 前項の規定により立入検査をする職員は、その身分を示す証明書を携帯し、関係者に提示しなければならない。

3 第一項に規定する立入検査の権限は、犯罪捜査のために認められたものと解してはならない。

（指定の取消し等）

第二十条 文化庁長官は、指定登録機関が次の各号のいずれかに該当するときは、その指定を取り消し、又は期間を定めて登録事務の全部若しくは一部の停止を命ずることができる。

一 第八条から第十条まで〔登録の実施義務等・実名の登録の報告義務・事務所の変更〕、第十一条〔登録事務規程〕第一項、第十二条〔登録事務の休廃止〕、第十三条〔事業計画等〕、第十六条〔秘密保持義務等〕第一項及び第十八条〔帳簿の記載等〕の規定に違反したとき。

二 第六条〔欠格条項〕第一号又は第三号に該当するに至つたとき。

三 第十一条第一項の認可を受けた登録事務規程によらないで登録事務を行つたとき。

四 第十一条第三項、第十五条〔解任命令〕又は第十七条〔適合命令等〕の規定による命令に違反したとき。

五 不正の手段により指定を受けたとき。

（聴聞の方法の特例）

第二十一条 第十五条〔解任命令〕の規定による解任の命令又は前条の規定による指定の取消しに係る聴聞の期日における審理は、公開により行わなければならない。

2 前項の聴聞の主宰者は、行政手続法（平成五年法律第八十八号）第十七条〔略〕第一項の規定により当該処分に係る利害関係人が当該聴聞に関する手続に参加することを求めたときは、これを許可しなければならない。

（文化庁長官による登録事務の実施等）

第二十二条　文化庁長官は、指定登録機関が第十二条〔登録事務の休廃止〕の許可を受けて登録事務の全部若しくは一部を休止したとき、第二十条〔指定の取消し等〕の規定により指定登録機関に対し登録事務の全部若しくは一部の停止を命じたとき、又は指定登録機関が天災その他の事由により登録事務の全部若しくは一部を実施することが困難となつた場合において必要があると認めるときは、当該登録事務の全部又は一部を自ら行うものとする。

2　文化庁長官が前項の規定により登録事務の全部若しくは一部を自ら行う場合、指定登録機関が第十二条の許可を受けて登録事務の全部若しくは一部を廃止する場合又は第二十条の規定により文化庁長官が指定登録機関の指定を取り消した場合における登録事務の引継ぎその他の必要な事項については、文部科学省令で定める。

（指定登録機関がした処分等に係る不服申立て）

第二十三条　指定登録機関が行う登録事務に係る処分又はその不作為について不服がある者は、文化庁長官に対し、行政不服審査法（昭和三十七年法律第百六十号）による審査請求をすることができる。

（公示）

第二十四条　文化庁長官は、次の場合には、文部科学省令で定めるところにより、その旨を官報で告示しなければならない。

一　第五条〔指定登録機関の指定等〕第一項の指定をしたとき。

二　第十条〔事務所の変更〕の規定による届出があつたとき。

三　第十二条〔登録事務の休廃止〕の許可をしたとき。

四　第二十条〔指定の取消し等〕の規定により指定を取り消し、又は登録事務の全部若しくは一部の停止を命じたとき。

五　第二十二条〔文化庁長官による登録事務の実施等〕第一項の規定により文化庁長官が登録事務の全部若しくは一部を自ら行うこととするとき、又は自ら行つていた登録事務の全部若しくは一部を行わないこととするとき。

（手数料）

第二十五条　指定登録機関がプログラム登録を行う場合において、その登録の申請をしようとする者は、実費を勘案して政令で定める額の手数料を指定登録機関に納付しなければならない。

第二十六条　指定登録機関が登録事務（第四条〔プログラム登録の公示〕に規定する公示を除く。）を行う場合には、第二条〔プログラム登録原簿等〕第三項若しくは前条又は著作権法第七十八条〔登録手続等〕第四項の規定は、これらの規定により手数料を納付すべき者が国又は独立行政法人通則法（平成十一年法律第百三号）第二条〔定義〕第一項に規定する独立行政法人（その業務の内容その他の事情を勘案して政令で定めるものに限る。）であるときは、適用しない。

第二十七条　第二条〔プログラム登録原簿等〕第三項若しくは第二十五条〔手数料〕又は著作権法第七十八条〔登録手続等〕第四項の規定により指定登録機関に納められた手数料は、指定登録機関の収入とする。

第二十八条　この章に規定するもののほか、指定登録機関の行う登録事務に関し必要な事項は、政令で定める。

第四章　罰則

第二十九条　第十六条〔秘密保持義務等〕第一項の規定に違反した者は、一年以下の懲役又は三十万円以下の罰金に処する。

第三十条　第二十条〔指定の取消し等〕の規定による登録事務の停止の命令に違反したときは、その違反行為をした指定登録機関の役員又は職員は、一年以下の懲役又は三十万円以下の罰金に処する。

第三十一条　次の各号のいずれかに該当するときは、その違反行為をした指定登録機関の役員又は職員は、二十万円以下の罰金に処する。

一　第十二条〔登録事務の休廃止〕の許可を受けないで登録事務の全部を廃止したとき。

二　第十八条〔帳簿の記載等〕第一項の規定に違反して帳簿を備えず、帳簿に記載せず、若しくは帳簿に虚偽の記載をし、又は同条第二項の規定に違反して帳簿を保存しなかつたとき。

三　第十九条〔報告及び立入検査〕第一項の規定による報告をせず、若しくは虚偽の報告をし、又は同項の規定による検査を拒み、妨げ、若しくは忌避し、若しくは同項の規定による質問に対して陳述をせず、若しくは虚偽の陳述をしたとき。

附　則〔略〕

○プログラムの著作物に係る登録の特例に関する法律施行令

〔昭和六一年八月二九日 政令第二八七号〕

最近改正　平成一三年九月一二日　政令第二九七号

（プログラム登録原簿の調製）

第一条　プログラムの著作物に係る登録の特例に関する法律（以下「法」という。）第二条〔プログラム登録原簿等〕第一項のプログラム登録原簿は、その全部を磁気テープ（これに準ずる方法により一定の事項を確実に記録しておくことができる物を含む。）をもつて調製し、その調製の方法は、文部科学省令で定める。

（プログラム登録原簿に係る書類の交付手数料）

第二条　法第二条第三項の政令で定める手数料の額は、一通につき千五百円とする。

（プログラムの著作物の複製物）

第三条　法第三条〔プログラム登録の申請〕のプログラムの著作物の複製物は、文部科学省令で定めるマイクロフィルムに複製したものとする。

（登録手数料）

第四条　法第二十五条〔手数料〕の政令で定める手数料の額は、一件につき三万円とする。

（手数料の納付を要しない独立行政法人）

第五条　法第二十六条の政令で定める独立行政法人は、別表に掲げる独立行政法人とする。

（指定登録機関が登録事務を行う場合における著作権法施行令の規定の適用）

第六条　法第五条〔指定登録機関の指定等〕第一項の規定により指定登録機関が登録事務を行う場合における著作権法施行令（昭和四十五年政令第三百三十五号）第二十条、第二十三条第一項、第二十四条、第二十五条第一項及び第二項（同令第二十六条第二項において準用する場合を含む。）、第二十六条第一項、第三十四条の三第三項（同令第三十四条の四第二項において準用する場合を含む。）、第三十四条の六、第四十三条第一項（同条第二項において準用する場合を含む。）、第四十四条第一項（同条第二項において準用する場合を含む。）並びに第四十五条の規定の適用については、これらの規定中「文化庁長官」とあるのは「プログラムの著作物に係る登録の特例に関する法律第五条第一項の指定登録機関」と、同令第二十三条第一項第六号中「登録免許税」とあるのは「登録免許税及びプログラムの著作物に係る登録の特例に関する法律施行令第四条の手数料」とする。

（文部科学省令への委任）

第七条　前条に定めるもののほか、指定登録機関の行う登録事務に関し必要な事項は、文部科学省令で定める。

附　則〔略〕

別表〔第五条関係〕〔抄〕

四　独立行政法人国立特殊教育総合研究所

六　独立行政法人国立科学博物館

十一　独立行政法人国立美術館

十二　独立行政法人国立博物館

十三　独立行政法人文化財研究所

○プログラムの著作物に係る登録の特例に関する法律施行規則抄

〔昭和六一年九月二五日 文部省令第三五号〕

最近改正 平成一三年四月一〇日 文部科学省令第六五号

第一章 登録手続等

第一節 プログラム登録原簿の調製方法

(プログラム登録原簿の調製方法)

第一条 プログラムの著作物に係る登録の特例に関する法律〔昭和六十一年法律第六十五号。以下「法」という。〕第二条〔プログラム登録原簿等〕第一項のプログラム登録原簿は、電子計算機の操作により、それに記録されている事項を記載した書類〔以下「登録事項記載書類」という。〕を別記様式第一〔略〕により作成できるように調製する。

(プログラム登録原簿の記録)

第二条 プログラム登録原簿は、表示部、事項部及び信託部の別に記録する。

2 表示部には、著作物の表示を記録する。

3 事項部には、次項の場合を除き、登録の目的、登録の原因その他の登録事項を記録する。

4 信託部には、信託の登録の申請がされた場合において、登録の目的、登録の原因、委託者、受託者及び受益者の氏名又は名称及び住所又は居所その他の登録事項を記録する。

第二節 申請の手続

(プログラムの著作物の複製物)

第三条 プログラムの著作物に係る登録の特例に関する法律施行令〔昭和六十一年政令第二百八十七号。以下「令」という。〕第三条〔プログラムの著作物の複製物〕のマイクロフィルムは、日本工業規格に該当するA6判マイクロフィッシュ又は文化庁長官が定める基準に該当するマイクロフィルムとする。

第四節 登録事項記載書類の交付手続

(登録事項記載書類の交付申請手続)

第十二条 登録事項記載書類の交付を請求しようとする者は、次に掲げる事項を記載した申請書を文化庁長官に提出しなければならない。

一 登録の年月日及び登録番号

二 申請者の氏名又は名称及び住所又は居所並びに法人にあっては代表者の氏名

三 請求の通数

(登録事項記載書類の作成方法)

第十三条 登録事項記載書類に余白があるときは、その部分に余白である旨を記載する。

2 登録事項記載書類には、作成の年月日並びに記載事項がプログラム登録原簿に記録されている事項と相違がない旨及び文化庁長官の文字を記載し、これに文化庁長官の印を押す。

第五節 手数料の納付方法

(登録事項記載書類の交付手数料の納付方法)

第十四条 法第二条〔プログラム登録原簿等〕第三項の規定による手数料は、国に納付する場合にあつては申請書に令第二条〔プログラム登録原簿に係る書類の交付手数料〕に規定する手数料の額に相当する額の収入印紙をはることにより、指定登録機関に納付する場合にあつては法第十一条〔登録事務規程〕第一項の登録事務規程で定めるところにより納付しなければならない。

（登録手数料の納付方法）

第十五条　法第二十五条〔手数料〕の規定による手数料は、法第十一条第一項の登録事務規程で定めるところにより納付しなければならない。

第六節　プログラム登録の公示

（プログラム登録の公示）

第十六条　法第四条〔プログラム登録の公示〕の規定によるプログラム登録の公示は、次に掲げる事項について官報で行う。

一　登録の目的
二　登録番号
三　登録年月日
四　登録申請者の氏名又は名称及び住所又は居所
五　登録に係るプログラムの著作物の題号及び分類

第二章　指定登録機関

（指定の申請）

第十七条　法第五条〔指定登録機関の指定等〕第一項の規定による指定を受けようとする者は、次に掲げる事項を記載した申請書を文化庁長官に提出しなければならない。

一　名称及び住所並びに代表者の氏名
二　登録事務を行おうとする事務所の名称及び所在地
三　行おうとする登録事務の範囲
四　登録事務を開始しようとする年月日

2　前項の申請書には、次に掲げる書類〔「次に掲げる」は略〕を添付しなければならない。

（指定登録機関が登録事務を行う場合におけるこの省令及び著作権法施行規則の規定の適用）

第十八条　法第五条〔指定登録機関の指定等〕第一項の規定により指定登録機関が登録事務を行う場合における第十条〔登録年月日の記録等〕第二項、第十二条〔登録事項記載書類の交付申請手続〕及び第十三条〔登録事項記載書類の作成方法〕第二項並びに著作権法施行規則（昭和四十五年文部省令第二十六号）第七条〔附属書類〕、第二十条〔著作権登録原簿等の閲覧等の手続〕第一項及び第二十三条〔印紙納付〕の規定の適用については、第十条第二項中「文化庁長官が指定する職員」とあるのは「登録実施者」と、第十二条中「文化庁長官」とあるのは「指定登録機関」と、第十三条第二項中「文化庁長官の文字」とあるのは「指定登録機関の長の職氏名」と、「文化庁長官の印」とあるのは「指定登録機関の長の印」と、同規則第七条中「文化庁」とあり、及び同規則第二十条第一項中「文化庁長官」とあるのは「プログラムの著作物に係る登録の特例に関する法律第五条第一項の指定登録機関」と、同規則第二十三条中「収入印紙をもつて」とあるのは「プログラムの著作物に係る登録の特例に関する法律第十一条第一項に規定する登録事務規程で定めるところにより」とする。

（登録事務規程）

第二十三条　法第十一条〔登録事務規程〕第二項の登録事務規程で定めるべき事項は、次のとおりとする。

一　登録事務を行う時間及び休日に関する事項
二　手数料の収納の方法に関する事項
三　登録事務の実施の方法に関する事項
四　登録実施者の選任及び解任に関する事項

五　プログラム登録原簿並びに登録事務に関する帳簿、書類及び資料の保存に関する事項
六　登録事務に関して知り得た秘密の保持に関する事項
七　前各号に掲げるもののほか、登録事務に関し必要な事項

2　指定登録機関は、法第十一条第一項の規定により登録事務規程の認可を受けようとするときは、その旨を記載した申請書に登録事務規程の案を添えて、これを文化庁長官に提出しなければならない。

3　指定登録機関は、法第十一条第一項の規定により登録事務規程の変更の認可を受けようとするときは、次に掲げる事項を記載した申請書を文化庁長官に提出しなければならない。
一　変更しようとする事項
二　変更しようとする年月日
三　変更の理由

（公示）

第三十一条　文化庁長官は、次の表の上欄に掲げる場合には、同表の下欄に掲げる事項を官報で告示する。

一　法第五条第一項の規定による指定をしたとき。	一　指定登録機関の名称及び住所 二　登録事務を行う事務所の名称及び所在地 三　行うことができる登録事務の範囲 四　登録事務を開始する年月日
二　法第十条の規定により届出があったとき。	一　指定登録機関の名称及び住所 二　変更後の登録事務を行う事務所の所在地 三　登録事務を行う事務所の所在地の変更を行う年月日
三　法第十二条の規定による許可をしたとき。	一　指定登録機関の名称及び住所 二　休止し、又は廃止する登録事務の範囲 三　休止し、又は廃止する年月日 四　休止しようとする場合にあっては、その期間
四　法第二十条の規定により指定を取り消し、又は登録事務の停止を命じたとき。	一　指定登録機関の名称及び住所 二　指定を取り消し、又は登録事務の停止を命じた年月日 三　登録事務の停止を命じた場合にあっては、停止を命じた登録事務の範囲及びその期間
五　法第二十二条第一項の規定により文化庁長官が登録事務を自ら行うこととするとき。	一　行うこととした登録事務の範囲及びその期間 二　登録事務を行うこととした年月日
六　法第二十二条第一項の規定により文化庁長官が自ら行っていた登録事務を行わないこととするとき。	一　行わないこととした登録事務の範囲 二　登録事務を行わないこととした年月日

プログラムの著作物に係る登録の特例に関する法律の規定に基づき指定登録機関を指定〔告示〕

〔昭和六二年一月二六日　文化庁告示第一号〕

プログラムの著作物に係る登録の特例に関する法律（昭和六十一年法律第六十五号）第五条第一項の規定に基づき、昭和六十二年一月十四日次のように指定登録機関を指定したので、同法第二十四条第一号及び同法施行規則（昭和六十一年文部省令第三十五号）第三十四条の規定に基づき告示する。

一　指定登録機関の名称及び住所　財団法人ソフトウェア情報センター　東京都港区虎の門一丁目十四番一号

二　登録事務を行う事務所の名称及び所在地　財団法人ソフトウェア情報センター　東京都港区虎の門五丁目一番四号

三　行うことのできる登録事務の範囲　プログラムの著作物に係る登録の特例に関する法律第五条第一項に規定する登録事務の全部。ただし、昭和六十二年三月三十一日までになされた申請に係るものを除く。

四　登録事務を開始する年月日　昭和六十二年四月一日

平成十三年度図書館等職員著作権実務講習会の件〔告示〕

〔平成一三年四月一七日　文化庁告示第一〇号〕

著作権法施行規則（昭和四十五年文部省令第二十六号）第一条の二第四号及び第五号の著作権に関する講習を次のとおり実施するので同規則第二条第二項の規定に基づき告示する。

一　名称

平成十三年度図書館等職員著作権実務講習会

二　目的

著作権法施行令（昭和四十五年政令第三百三十五号）第一条の三第一項に掲げる図書館その他の施設（以下「図書館等」という。）の職員に対し図書館等の実務に必要な著作権に関する知識を修得させる。

三　日時及び場所

(1)　東京会場

(ア)　日時　平成十三年七月二十五日（水）（十時から十七時まで）、七月二十六日（木）（十時から十七時まで）及び七月二十七日（金）（十時から十七時まで）

(イ)　場所　東京大学法学部法文一号館第二十五番教室（東京都文京区本郷七―三―一）

(2)　兵庫会場

(ア)　日時　平成十三年八月二十九日（水）（十時から十七時ま

で)、八月三十日(木)(十時から十七時まで)及び八月三十一日(金)(十時から十七時まで)

(イ) 場所 神戸大学発達科学部二〇二大講義室(兵庫県神戸市灘区鶴甲三―十一)

四 履習すべき科目

著作権法及び著作権実務演習

五 受講資格

(1) 大学又は高等専門学校を卒業した者で、図書館等に勤務するもの

(2) 高等学校を卒業した者又は高等専門学校第三学年を修了した者で、三年以上図書館事務又はこれに相当する事務に従事した経験を有し、かつ、図書館に勤務するもの

(3) 司書となる資格を有する者、司書補となる資格を有する者で当該資格を得た後三年以上図書館事務に従事した経験を有するもの又は人事院規則で定める採用試験のうち、主として図書館学に関する知識、技術又はその他の能力を必要とする業務に従事することを職務とする官職を対象とするものに合格した者

(4) 前各号に掲げるもののほか、文化庁長官が受講を認めた者

六 受講者

文化庁において受講申込者のうちから東京会場は三百人、兵庫会場は百九十人の範囲内で選定し、平成十三年六月二十九日(金)までにその旨を通知した者

七 受講地

(1) 東京会場

原則として北海道地方、東北地方、関東地方又は中部地方(新潟県、山梨県、静岡県及び長野県)に居住する者

(2) 兵庫会場

原則として中部地方(富山県、石川県、福井県、岐阜県及び愛知県)、近畿地方、中国地方、四国地方又は九州地方に居住する者

八 受講申込手続

(1) 申込期間

平成十三年五月七日(月)から六月五日(火)まで

(2) 申込書

別記様式〔略〕

(3) 申込方法

受講申込者は、申込書に返信用封筒(角型二号封筒に返信先を記入し百二十円分の切手を貼付したもの、複数名の受講をまとめて申し込む場合は百六十円分の切手を貼付したもの)を添えて、文化庁長官官房著作権課(東京都千代田区霞が関三―二―二 郵便番号一〇〇―八九五九)に申し込むこと。

(4) 受講料

無料

九 受講修了者

受講成績が良好と認められた者

十 修了証書

受講修了者には修了証書を授与する。

◎著作権等管理事業法　抄

〔平成一二年一一月二九日
法律第一三一号〕

〔本法の制定に伴い著作権に関する仲介業務に関する法律が廃止された＝編者〕

第一章　総則

（目的）

第一条　この法律は、著作権及び著作隣接権を管理する事業を行う者について登録制度を実施し、管理委託契約約款及び使用料規程の届出及び公示を業務付ける等その業務の適正な運営を確保するための措置を講ずることにより、著作権及び著作隣接権の管理を委託する者を保護するとともに、著作物、実演、レコード、放送及び有線放送の利用を円滑にし、もって文化の発展に寄与することを目的とする。

（定義）

第二条　この法律において「管理委託契約」とは、次に掲げる契約であって、受託者による著作物、実演、レコード、放送又は有線放送（以下「著作物等」という。）の利用の許諾に際して委託者（委託者が当該著作物等に係る次に掲げる契約の受託者であるときは、当該契約の委託者。次項において同じ。）が使用料の額を決定することとされているもの以外のものをいう。

一　委託者が受託者に著作権又は著作隣接権（以下「著作権等」という。）を移転し、著作物等の利用の許諾その他の当該著作権等の管理を行わせることを目的とする信託契約

二　委託者が受託者に著作物等の利用の許諾の取次ぎ又は代理をさせ、併せて当該取次ぎ又は代理に伴う著作権等の管理を行わせることを目的とする委任契約

2　この法律において「著作権等管理事業」とは、管理委託契約（委託者が人的関係、資本関係等において受託者と密接な関係を有する者として文部科学省令で定める者であるものを除く。）に基づき著作物等の利用の許諾その他の著作権等の管理を行う行為であって、業として行うものをいう。

3　この法律において「著作権等管理事業者」とは、次条の登録を受けて著作権等管理事業を行う者をいう。

第二章　登録

（登録）

第三条　著作権等管理事業を行おうとする者は、文化庁長官の登録を受けなければならない。

（登録の拒否）

第六条　文化庁長官は、登録申請者が次の各号のいずれかに該当するとき、又は登録申請書若しくはその添付書類のうちに虚偽の記載があり、若しくは重要な事実の記載が欠けているときは、その登録を拒否しなければならない。

一　法人（営利を目的としない法人格を有しない社団であって、代表者の定めがあり、かつ、その直接又は間接の構成員との間における管理委託契約のみに基づく著作権等管理事業を行うことを目的とするもの（以下「人格のない社団」という。）を含む。以下この項において同じ。）でない者

二　他の著作権等管理事業者が現に用いている名称と同一の名称又は他の著作権等管理事業者と誤認されるおそれがある名称を

用いようとする法人

三　第二十一条〔登録の取消し等〕第一項又は第二項の規定により登録を取り消され、その取消しの日から五年を経過しない法人

四　この法律又は著作権法（昭和四十五年法律第四十八号）〔別掲〕の規定に違反し、罰金の刑に処せられ、その刑の執行を終わり、又はその刑の執行を受けることがなくなった日から五年を経過しない法人

五　役員のうちに次のいずれかに該当する者のある法人

イ　成年被後見人又は被保佐人

ロ　破産者で復権を得ないもの

ハ　著作権等管理事業者が第二十一条第一項又は第二項の規定により登録を取り消された場合において、その取消しの日前三十日以内にその著作権等管理事業者の役員であった者でその取消しの日から五年を経過しないもの

ニ　禁錮以上の刑に処せられ、その刑の執行を終わり、又はその刑の執行を受けることがなくなった日から五年を経過しない者

ホ　この法律、著作権法若しくはプログラムの著作物に係る登録の特例に関する法律（昭和六十一年法律第六十五号）〔別掲〕の規定若しくは暴力団員による不当な行為の防止等に関する法律（平成三年法律第七十七号）の規定（同法第三十一条第七項の規定を除く。）に違反し、又は刑法（明治四十年法律第四十五号）第二百四条、第二百六条、第二百八条、第二百八条の二、第二百二十二条若しくは第二百四十七条の罪若しくは暴力行為等処罰に関する法律（大正十五年法律第六十号）の罪を犯し、罰金の刑に処せられ、その刑の執行を終わり、又はその刑の執行を受けることがなくなった日から五年を経過しない者

六　著作権等管理事業を遂行するために必要と認められる文部科学省令で定める基準に適合する財産的基礎を有しない法人

2　文化庁長官は、前項の規定により登録を拒否したときは、遅滞なく、文書によりその理由を付して通知しなければならない。

第三章　業務

（管理委託契約約款）

第十一条　著作権等管理事業者は、次に掲げる事項を記載した管理委託契約約款を定め、あらかじめ、文化庁長官に届け出なければならない。これを変更しようとするときも、同様とする。

一　管理委託契約の種別（第二条〔定義〕第一項第二号の委任契約であるときは、取次ぎ又は代理の別を含む。）

二　契約期間

三　収受した著作物等の使用料の分配の方法

四　著作権等管理事業者の報酬

五　その他文部科学省令で定める事項

2　著作権等管理事業者は、前項後段の規定による変更の届出をしたときは、遅滞なく、委託者に対し、その届出に係る管理委託契約約款の内容を通知しなければならない。

3　著作権等管理事業者は、第一項の規定による届出をした管理委託契約約款によらなければ、管理委託契約を締結してはならない。

（管理委託契約約款の内容の説明）

第十二条　著作権等管理事業者は、管理委託契約を締結しようとするときは、著作権等の管理を委託しようとする者に対し、管理委託契約約款の内容を説明しなければならない。

（使用料規程）
第十三条　著作権等管理事業者は、次に掲げる事項を記載した使用料規程を定め、あらかじめ、文化庁長官に届け出なければならない。これを変更しようとするときも、同様とする。
一　文部科学省令で定める基準に従い定める利用区分（著作物等の種類及び利用方法の別による区分をいう。第二十三条において同じ。）ごとの著作物等の使用料の額
二　実施の日
三　その他文部科学省令で定める事項
2　著作権等管理事業者は、使用料規程を定め、又は変更しようとするときは、利用者又はその団体からあらかじめ意見を聴取するように努めなければならない。
3　著作権等管理事業者は、第一項の規定による届出をしたときは、遅滞なく、その届出に係る使用料規程の概要を公表しなければならない。
4　著作権等管理事業者は、第一項の規定による届出をした使用料規程に定める額を超える額を、取り扱っている著作物等の使用料として請求してはならない。

（使用料規程の実施禁止期間）
第十四条　前条第一項の規定による届出をした著作権等管理事業者は、文化庁長官が当該届出を受理した日から起算して三十日を経過する日までの間は、当該届出に係る使用料規程を実施してはならない。
2　文化庁長官は、著作権等管理事業者から前条第一項の規定による届出があった場合において、当該届出に係る使用料規程が著作物等の円滑な利用を阻害するおそれがあると認めるときは、その全部又は一部について、当該届出を受理した日から起算して三月を超えない範囲内において、前項の期間を延長することができる。
3　文化庁長官は、指定著作権等管理事業者（第二十三条〔協議〕第一項の指定著作権等管理事業者をいう。以下この条において同じ。）から前条第一項の規定による届出があった場合において、第一項の期間を経過する日までの間に利用者代表（第二十三条第二項に規定する利用者代表をいう。第五項において同じ。）から当該届出に係る使用料規程に関し第二十三条第二項の協議を求めた旨の通知があったときは、当該使用料規程のうち当該協議に係る部分の全部又は一部について、当該届出を受理した日から起算して六月を超えない範囲内において、第一項の期間を延長することができる。
4　文化庁長官は、前項の規定により第一項の期間を延長した場合において、当該延長された同項の期間を経過する日前に、当該使用料規程のうち当該延長に係る部分の全部又は一部について、当該指定著作権等管理事業者から第二十三条第二項の協議において変更する必要がないこととされた旨の通知があったとき、又は変更する必要がない旨の第二十四条〔裁定〕第一項の裁定をしたときは、当該使用料規程のうち当該変更する必要がないこととされた部分について、当該延長された第一項の期間を短縮することができる。
5　文化庁長官は、第二項の規定により第一項の期間を延長したとき又は第三項の規定により第一項の期間を延長し、若しくは前項の規定により当該延長された第一項の期間を短縮したときは、その旨を、当該著作権等管理事業者又は当該指定著作権等管理事業者及び利用者代表に通知するとともに、公告しなければならない。

（管理委託契約約款及び使用料規程の公示）

第十五条　著作権等管理事業者は、文部科学省令で定めるところにより、第十一条〔管理委託契約約款〕第一項の規定による届出をした管理委託契約約款及び第十三条〔使用料規程〕第一項の規定による届出をした使用料規程を公示しなければならない。

（利用の許諾の拒否の制限）

第十六条　著作権等管理事業者は、正当な理由がなければ、取り扱っている著作物等の利用の許諾を拒んではならない。

（情報の提供）

第十七条　著作権等管理事業者は、著作物等の題号又は名称その他の取り扱っている著作物等に関する情報及び当該著作物等ごとの取り扱っている利用方法に関する情報を利用者に提供するように努めなければならない。

（財務諸表等の備付け及び閲覧等）

第十八条　著作権等管理事業者は、毎事業年度経過後三月以内に、その事業年度の著作権等管理事業に係る貸借対照表、事業報告書その他の文部科学省令で定める書類（次項及び第三十四条〔略〕第二号において「財務諸表等」という。）を作成し、五年間事業所に備えて置かなければならない。

2　委託者は、著作権等管理事業者の業務時間内は、いつでも、財務諸表等の閲覧又は謄写を請求することができる。

第四章　監督

（報告徴収及び立入検査）

第十九条　文化庁長官は、この法律の施行に必要な限度において、著作権等管理事業者に対し、その業務若しくは財産の状況に関し報告させ、又はその職員に、著作権等管理事業者の事業所に立ち入り、業務の状況若しくは帳簿、書類その他の物件を検査させ、若しくは関係者に質問させることができる。

2　前項の規定により立入検査をする職員は、その身分を示す証明書を携帯し、関係者に提示しなければならない。

3　第一項の規定による立入検査の権限は、犯罪捜査のために認められたものと解してはならない。

（業務改善命令）

第二十条　文化庁長官は、著作権等管理事業者の業務の運営に関し、委託者又は利用者の利益を害する事実があると認めるときは、委託者又は利用者の保護のため必要な限度において、当該著作権等管理事業者に対し、管理委託契約約款又は使用料規程の変更その他業務の運営の改善に必要な措置をとるべきことを命ずることができる。

（登録の取消し等）

第二十一条　文化庁長官は、著作権等管理事業者が次の各号のいずれかに該当するときは、その登録を取り消し、又は六月以内の期間を定めて著作権等管理事業の全部若しくは一部の停止を命ずることができる。

一　この法律若しくはこの法律に基づく命令又はこれらに基づく処分に違反したとき。

二　不正の手段により第三条〔登録〕の登録を受けたとき。

三　第六条〔登録の拒否〕第一項第一号、第二号、第四号又は第五号のいずれかに該当することとなったとき。

2　文化庁長官は、著作権等管理事業者が登録を受けてから一年以内に著作権等管理事業を開始せず、又は引き続き一年以上著作権等管理事業を行っていないと認めるときは、その登録を取り消すことができる。

3　第六条第二項の規定は、前二項の場合について準用する。

（監督処分の公告）

第二十二条　文化庁長官は、前条第一項又は第二項の規定による処分をしたときは、文部科学省令で定めるところにより、その旨を公告しなければならない。

第五章　使用料規程に関する協議及び裁定

（協議）

第二十三条　文化庁長官は、著作権等管理事業者について、その使用料規程におけるいずれかの利用区分（当該利用区分における著作物等の利用の状況を勘案して当該利用区分をより細分した区分についてこの項の指定をすることが合理的であると認めるときは、当該細分した区分。以下この条において同じ。）において、すべての著作権等管理事業者の収受した使用料の総額に占めるその収受した使用料の額の割合が相当の割合であり、かつ、次に掲げる場合に該当するときは、当該著作権等管理事業者を当該利用区分に係る指定著作権等管理事業者として指定することができる。

一　当該利用区分において収受された使用料の総額に占めるすべての著作権等管理事業者の収受した使用料の総額の割合が相当の割合である場合

二　前号に掲げる場合のほか、当該著作権等管理事業者の使用料規程が当該利用区分における使用料の額の基準として広く用いられており、かつ、当該利用区分における著作物等の円滑な利用を図るために特に必要があると認める場合

2　指定著作権等管理事業者は、当該利用区分に係る利用者代表（一の利用区分において、利用者の総数に占めるその直接又は間接の構成員である利用者の数の割合、利用者が支払った使用料の総額に占めるその直接又は間接の構成員が支払った使用料の割合その他の事情から当該利用区分における利用者の利益を代表すると認められる団体又は個人をいう。以下この章において同じ。）から、第十三条（使用料規程）第一項の規定による届出をした使用料規程（当該利用区分に係る部分に限る。以下この章において同じ。）に関する協議を求められたときは、これに応じなければならない。

3　利用者代表は、前項の協議（以下この章において「協議」という。）に際し、当該利用区分における利用者（当該利用者代表が直接又は間接の構成員を有する団体であるときは、当該構成員である利用者を除く。）から意見を聴取するように努めなければならない。

4　文化庁長官は、利用者代表が協議を求めたにもかかわらず指定著作権等管理事業者が当該協議に応じず、又は協議が成立しなかった場合であって、当該利用者代表から申立てがあったときは、当該指定著作権等管理事業者に対し、その協議の開始又は再開を命ずることができる。

5　指定著作権等管理事業者は、協議が成立したとき（当該使用料規程を変更する必要がないこととされたときを除く。次項において同じ。）は、その結果に基づき、当該使用料規程を変更しなければならない。

6　使用料規程の実施の日（第十四条（使用料規程の実施禁止期間）第三項の規定により同条第一項の期間が延長されたときは、当該延長された同項の期間を経過する日。次条第三項において同じ。）前に協議が成立したときは、当該使用料規程のうち変更する必要があることとされた部分に係る第十三条第一項の規定による届出は、なかったものとみなす。

（裁定）

第二十四条　前条第四項の規定による命令があった場合において、

て文化庁長官の裁定を申請することができる。
2 文化庁長官は、前項の裁定（以下この条において「裁定」という。）の申請があったときは、その旨を他の当事者に通知し、相当の期間を指定して、意見を述べる機会を与えなければならない。
3 指定著作権等管理事業者は、使用料規程の実施の日前に裁定の申請をし、又は前項の通知を受けたときは、第十四条〔使用料規程の実施禁止期間〕の規定により使用料規程を実施してはならないこととされる期間を経過した後においても、当該裁定がある日までは、当該使用料規程を実施してはならない。
4 文化庁長官は、裁定をしようとするときは、文化審議会に諮問しなければならない。
5 文化庁長官は、裁定をしたときは、その旨を当事者に通知しなければならない。
6 使用料規程を変更する必要がある旨の裁定があったときは、当該使用料規程は、その裁定において定められたところに従い、変更されるものとする。

第六章　雑則

（適用除外）

第二十五条　第十一条〔管理委託契約約款〕第一項第三号、第十三条〔使用料規程〕、第十四条〔使用料規程の実施禁止期間〕、第十五条〔管理委託契約約款及び使用料規定の公示〕（使用料規程に係る部分に限る。）、第二十三条〔協議〕及び前条の規定は、次の各号に掲げる団体が第三条〔登録〕の登録を受けて当該各号に定める権利に係る著作権等管理事業を行うときは、当該権利に係る使用料については、適用しない。

一　著作権法第九十五条の三〔貸与権等〕第四項において準用する同法第九十五条〔商業用レコードの二次使用〕第四項の団体　同法第九十五条の三第一項に規定する権利

二　著作権法第九十七条の三〔貸与権等〕第四項において準用する同法第九十七条〔商業用レコードの二次使用〕第三項の団体　同法第九十七条の三第一項に規定する権利

（信託業法の適用除外等）

第二十六条　信託業法（大正十一年法律第六十五号）第一条及び第二条の規定は、第二条〔定義〕第一項第一号に掲げる契約に基づき著作権等のみの信託の引受けを業として行う者については、適用しない。

2 信託会社又は信託業務を営む銀行その他の金融機関は、信託業法第四条の規定にかかわらず、第二条第一項第一号に掲げる契約に基づき著作権等の信託の引受けをすることができる。

（文部科学省令への委任）

第二十七条　この法律に定めるもののほか、この法律を実施するため必要な事項は、文部科学省令で定める。

第七章　罰則

第二十九条　次の各号のいずれかに該当する者は、百万円以下の罰金に処する。

一　第三条〔登録〕の規定に違反して著作権等管理事業を行った者

二　不正の手段により第三条の登録を受けた者

第三十条　第二十一条〔登録の取消し等〕第一項の規定による著作権等管理事業の停止の命令に違反した者は、五十万円以下の罰金に処する。

第三十一条　次の各号のいずれかに該当する者は、三十万円以下の罰金に処する。

一　第十一条〔管理委託契約約款〕第三項の規定に違反して管理

委託契約を締結した者
二 第十三条〔使用料規程〕第四項の規定に違反して請求した使用料を収受した者
三 第二十条〔業務改善命令〕の規定による命令に違反した者
第三十二条 次の各号のいずれかに該当する者は、二十万円以下の罰金に処する。
一 第七条〔変更の届出・略〕第一項又は第八条〔承継・略〕第二項の規定による届出をせず、又は虚偽の届出をした者
二 第十五条〔管理委託契約約款及び使用料規程の公示〕の規定に違反して管理委託契約約款又は使用料規程を公示しなかった者
三 第十九条〔報告徴収及び立入検査〕第一項の規定による報告をせず、若しくは虚偽の報告をし、又は同項の規定による検査を拒み、妨げ、若しくは忌避し、若しくは同項の規定による質問に対して陳述をせず、若しくは虚偽の陳述をした者
第三十三条 法人（法人格を有しない社団又は財団で代表者又は管理人の定めのあるものを含む。以下この項において同じ。）の代表者若しくは管理人又は法人若しくは人の代理人、使用人その他の従業者が、その法人又は人の業務に関し、第二十九条から前条までの違反行為をしたときは、行為者を罰するほか、その法人又は人に対しても、各本条の罰金刑を科する。
2 法人格を有しない社団又は財団について前項の規定の適用がある場合には、その代表者又は管理人がその訴訟行為につきその社団又は財団を代表するほか、法人を被告人又は被疑者とする場合の刑事訴訟に関する法律の規定を準用する。

附 則〔抄〕

（施行期日）

第一条 この法律は、平成十三年十月一日から施行する。〔後略〕

（著作権に関する仲介業務に関する法律の廃止）

第二条 著作権に関する仲介業務に関する法律（昭和十四年法律第六十七号）は、廃止する。

（旧仲介業務であった著作権等管理事業に係る経過措置）

第三条 この法律の施行の際現に前条の規定による廃止前の著作権に関する仲介業務に関する法律（以下「旧仲介業務法」という。）第二条の規定による許可を受けている者であって著作権等管理事業を行っているものは、当該許可に係る旧仲介業務（旧仲介業務法第一条に規定する著作権に関する仲介業務をいう。次条第一項において同じ。）のうち著作権等管理事業に該当する部分について、この法律の施行の日に第三条の登録を受けたものとみなす。

〔後略〕

（旧仲介業務に該当しない著作権等管理事業に係る経過措置）

第四条 この法律の施行の際現に著作権等管理事業（旧仲介業務に該当するものを除く。以下この条において同じ。）を行っている者は、平成十四年三月三十一日までの間は、第三条の登録を受けないで、当該著作権等管理事業を引き続き行うことができる。〔以下略〕

○著作権等管理事業法施行規則 抄

〔平成一三年六月一五日 文部科学省令第七三号〕

目次

第一章　総則

（人的関係、資本関係等において受託者と密接な関係を有する者）

第二条　法第二条〔定義〕第二項に規定する文部科学省令で定める者は、次に掲げる者とする。

一　受託者の親族又はこれに準ずる密接な人的関係を有する者

二　受託者の親会社（財務諸表等の用語、様式及び作成方法に関する規則（昭和三十八年大蔵省令第五十九号）第八条第三項に規定する親会社及び会社以外の会社等（同項に規定する会社等をいう。以下本号において同じ。）であってこれと同様に他の会社等の意思決定機関（同項に規定する意思決定機関をいう。）を支配しているものをいう。）、子会社（同項に規定する子会社をいう。）及び関連会社（同条第五項に規定する関連会社をいう。以下本号において同じ。）並びに受託者が他の会社等の関連会社である場合における当該他の会社等

三　受託者の役員

四　受託者が会社である場合における自然人たる主要株主（発行済株式（議決権のあるものに限る。）の総数又は出資の総額の百分の十以上の株式又は出資を所有している者をいう。次条第一号において同じ。）であって、当該受託者の財務及び営業又は事業の方針の決定に対して重要な影響を与えることができるもの

五　前二号に掲げる者の親族又はこれらに準ずる密接な人的関係を有する者

六　国、独立行政法人（独立行政法人通則法（平成十一年法律第百三号）第二条第一項に規定する独立行政法人をいう。）若しくは地方公共団体の試験研究機関又は大学（学校教育法（昭和二十二年法律第二十六号）第一条に規定する大学をいう。）、高等専門学校（同条に規定する高等専門学校をいう。）、大学共同利用機関（国立学校設置法（昭和二十四年法律第百五十号）第九条の二第一項に規定する大学共同利用機関をいう。）その他営利を目的としない研究機関における技術に関する研究成果を移転させるために管理委託契約を締結する者であって、受託者の事業の方針の決定に対して重要な影響を与えることができるもの又は大学等における技術に関する研究成果の民間事業者への移転の促進に関する法律（平成十年法律第五十二号）第四条第一項の承認若しくは同法第十二条第一項若しくは第十三条第一項の認定を受けた者と管理委託契約を締結するもの

第三章　業務

（使用料規程に係る利用区分）

第十二条　法第十三条〔使用料規程〕第一項第一号に規定する文部

科学省令で定める基準は、以下のとおりとする。ただし、著作物等の利用の実態に照らして合理的と認められる場合には、これによらないことができる。

一　著作物等の種類による区分にあっては、次に掲げる基準

イ　著作物の場合にあっては、著作権法（昭和四十五年法律第四十八号）〔別掲〕第十条第一項各号に掲げる著作物、第十二条の編集著作物又は第十二条の二のデータベースの著作物の種類の区分に基づくものであること。

ロ　実演、レコード、放送又は有線放送の場合にあっては、各々の区分に基づくものであること。

二　著作物等の利用方法の別による区分にあっては、次に掲げる基準

イ　著作物の場合にあっては、同法第二十一条の複製、同法第二十二条の上演若しくは演奏、同法第二十二条の二の上映、同法第二十三条第一項の公衆送信、同条第二項の伝達、同法第二十四条の口述、同法第二十五条の展示、同法第二十六条の頒布、同法第二十六条の二第一項の譲渡、同法第二十六条の三の貸与又は同法第二十七条の翻訳、編曲、変形若しくは脚色、映画化その他翻案の別の区分に基づくものであること。

ロ　実演の場合にあっては、同法第九十一条第一項の録音若しくは録画、同法第九十二条第一項の放送若しくは有線放送、同法第九十二条の二第一項の送信可能化、同法第九十五条の二第一項の譲渡又は同法第九十五条の三第一項の貸与の別の区分に基づくものであること。

ハ　レコードの場合にあっては、同法第九十六条の複製、同法第九十六条の二の送信可能化、同法第九十七条の二第一項の譲渡又は同法第九十七条の三第一項の貸与の別の区分に基づくものであること。

ニ　放送の場合にあっては、同法第九十八条の録音、録画若しくは写真その他これに類似する方法による複製、同法第九十九条第一項の再放送若しくは有線放送又は同法第百条の伝達の別の区分に基づくものであること。

ホ　有線放送の場合にあっては、同法第百条の二の録音、録画若しくは写真その他これに類似する方法による複製、同法第百条の三の放送若しくは再有線放送又は同法第百条の四の伝達の別の区分に基づくものであること。

（管理委託契約約款及び使用料規程の公示の方法）

第十八条　法第十五条〔管理委託契約約款及び使用料規程の公示〕の規定による管理委託契約約款及び使用料規程の公示は、継続して、次に掲げるいずれかの方法により行わなければならない。

一　事業所における掲示

二　インターネットによる公開

三　その他公衆が容易に了知しうる手段による公開

第六章　雑則

（ディスク等による手続）

第二十五条　法又はこの省令の規定による文化庁長官への書類の提出については、電子的方法、磁気的方法その他の方法により当該書類に記載すべきこととされている事項を記録したディスクその他これに準ずるものを提出することによって行うことができる。

附　則〔抄〕

（施行期日）

1　この省令は、平成十三年十月一日から施行する。

◎測量法　抄

〔昭和二四年六月三日
法律第一八八号〕

最近改正　平成一三年六月二〇日　法律第五三号

（測量成果の複製）

第二十九条　基本測量の測量成果のうち、地図その他の図表、成果表、写真又は成果を記録した文書を複製しようとする者は、国土地理院の長の承認を得なければならない。国土地理院の長は、複製しようとする者がこれらの成果をそのまま複製して、もつぱら営利の目的で販売するものであると認めるに足る充分な理由がある場合においては、承認をしてはならない。

国土地理院刊行の地図及び写真等の複製に関する申し入れ

〔昭和六一年八月一二日
（社）日本図書館協会会長あて
建設省国土地理院総務部総務課長〕

時下、貴協会におかれましては、益々御隆盛のこととお慶び申し上げます。

さて、御承知のごとく、当院が刊行している地図及び写真等（以下「当院刊行地図」という。）を複製しようとするときは、測量法第二十九条に基づく当院の承認が必要です。

ただし、当院では公共図書館における当院刊行地図の複製について、著作権法第三十一条の規定も尊重し下記のとおり取り扱っておりますが、昨今この趣旨を誤解しているように見受けられる事例がありましたので、貴協会加盟の図書館にこの旨十分周知徹底され違背のないようお取り計らい願います。

記

一　複製目的は営利性を有せず学術的調査・研究用であること。

二　複製範囲は地図の一部分を一人につき一部であること。
なお、一部分とは一図葉の半分以下であり、これを超える場合には測量法第二十九条に規定する測量成果の複製承認が必要であること。

◎水路業務法　抄

〔昭和二五年四月一七日
法律第一〇二号〕

最近改正　平成一三年六月二〇日　法律第五三号

（水路図誌及び航空図誌の保護）

第二十四条　海上保安庁以外の者が、海上保安庁の刊行した水路図誌若しくは航空図誌を航海若しくは航空の用に供するために複製し、又は当該水路図誌若しくは航空図誌を使用して航海若しくは航空の用に供する刊行物を発行しようとするときは、海上保安庁長官の承認を受けなければならない。

◎登録免許税法　抄

〔昭和四二年六月一二日
法律第三五号〕

最近改正　平成一三年一一月二八日　法律第一二九号

（課税の範囲）

第二条　登録免許税は、別表第一に掲げる登記、登録、特許、免許、許可、認可、認定、指定及び技能証明（以下「登記等」という。）について課する。

（納税義務者）

第三条　登記等を受ける者は、この法律により登録免許税を納める義務がある。この場合において、当該登記等を受ける者が二人以上あるときは、これらの者は、連帯して登録免許税を納付する義務を負う。

（公共法人等が受ける登記等の非課税）

第四条　国及び別表第二に掲げる者が自己のために受ける登記等については、登録免許税を課さない。

2　別表第三の第一欄に掲げる者が自己のために受けるそれぞれ同表の第三欄に掲げる登記等（同表の第四欄に財務省令で定める書類の添附があるものに限る旨の規定がある登記等にあつては、当該書類を添附して受けるものに限る。）については、登録免許税を課さない。

（非課税登記等）

第五条　次に掲げる登記等（第四号又は第五号に掲げる登記又は登録にあつては、当該登記等がこれらの号に掲げる登記又は登録に該当するものであることを証する財務省令で定める書類を添付して受けるものに限る。）については、登録免許税を課さない。

一　国又は別表第二に掲げる者がこれらの者以外の者に代位してする登記又は登録

（課税標準及び税率）

第九条　登録免許税の課税標準及び税率は、この法律に別段の定めがある場合を除くほか、登記等の区分に応じ、別表第一の課税標準欄に掲げる金額又は数量及び同表の税率欄に掲げる割合又は金額による。

（一定の債権金額がない場合の課税標準）

第十一条　登記又は登録につき債権金額を課税標準として登録免許税を課する場合において、一定の債権金額がないときは、当該登記又は登録の時における当該登記又は登録に係る債権の価額又は（中略）著作権、出版権、著作隣接権、特許権、実用新案権、意匠権、商標権、回路配置利用権、育成者権、漁業権、入漁権又はダム使用権に関する権利（以下第十四条までにおいて「不動産等に関する権利」という。）の価額をもつて債権金額とみなす。

2　前条の規定は、前項の不動産等に関する権利の価額について準用する。

別表第一　課税範囲、課税標準及び税率の表（第二条、第五条、第九条、第十条、第十三条、第十五条―第十九条、第二十三条、第二十四条関係）〔抄〕

登記、登録、特許、免許、許可、認可、認定、指定又は技能証明の事項	課税標準	税率
一　不動産の登記（不動産の信託の登記を含む。） （注）この号において「不動産」とは、土地及び建物並びに立木に関する法律（明治四十二年法律第二十二号）第一条第一項（定義）に規定する立木をいう。		
（一）所有権の保存の登記	不動産の価額	千分の六
九　著作権の登録（著作権の信託の登録を含む。）		
（一）著作権の移転の登録	著作権の件数	一件につき一万八千円
（二）著作権を目的とする質権の設定又は著作権若しくは当該質権の処分の制限の登録	債権金額	千分の四
（三）著作権を目的とする質権の移転の登録	著作権の件数	一件につき三千円
（四）無名著作物又は変名著作物の著作者の実名登録	著作物の数	一個につき九千円
（五）信託の登録	著作権の件数	一件につき三千円
（六）第一発行年月日若しくは第一公表年月日又は創作年月日の登録	著作権の件数又は著作物の数	一件又は一個につき三千円
（七）抹《まっ》消した登録の回復の登録又は登録の更正若しくは変更の登録	著作権の件数又は著作物の数	一件又は一個につき千円
（八）登録の抹《まっ》消	著作権の件数又は著作物の数	一件又は一個につき千円

十 出版権の登録（出版権の信託の登録を含む。）		
(一) 出版権の設定の登録	出版権の件数	一件につき三万円
(二) 出版権の移転の登録	出版権の件数	一件につき一万八千円
(三) 出版権を目的とする質権の設定又は出版権若しくは当該質権の処分の制限の登録	債権金額	千分の四
(四) 出版権を目的とする質権の移転の登録	出版権の件数	一件につき三千円
(五) 信託の登録	出版権の件数	一件につき三千円
(六) 抹《まっ》消した登録の回復の登録又は登録の更正若しくは変更の登録	出版権の件数	一件につき千円
(七) 登録の抹《まっ》消	出版権の件数	一件につき千円
十の二 著作隣接権の登録（著作隣接権の信託の登録を含む。）		
(一) 著作隣接権の移転の登録	著作隣接権の件数	一件につき九千円
(二) 著作隣接権を目的とする質権の設定又は著作隣接権若しくは当該質権の処分の制限の登録	債権金額	千分の四
(三) 著作隣接権を目的とする質権の移転の登録	著作隣接権の件数	一件につき三千円
(四) 信託の登録	著作隣接権の件数	一件につき三千円
(五) 抹《まっ》消した登録の回復の登録又は登録の更正若しくは変更の登録	著作隣接権の件数	一件につき千円
(六) 登録の抹《まっ》消	著作隣接権の件数	一件につき千円
二十九の二 著作権等管理事業者の登録		
著作権等管理事業法（平成十二年法律第百三十一号）第三条（登録）の規定による著作権等管理事業者の登録	登録件数	一件につき九万円

別表第二 非課税法人の表（第四条、第五条関係）〔抄〕

名称	根拠法
地方公共団体	地方自治法（昭和二十二年法律第六十七号）
独立行政法人（その資本の金額又は出資金額の全部が国又は地方公共団体の所有に属しているものとして財務大臣が指定をしたものに限る。）	独立行政法人通則法（平成十一年法律第百三号）及び同法第一条第一項（目的等）に規定する個別法
放送大学学園	放送大学学園法（昭和五十六年法律第八十号）

別表第三 非課税の登記等の表（第四条関係）〔抄〕

名称	根拠法	非課税の登記等	備考
一 学校法人（私立学校法第六十四条第四項（専修学校及び各種学校）の規定により設立された法人を含む。）	私立学校法（昭和二十四年法律第二百七十号）	一 校舎、寄宿舎、図書館〔傍線＝編者〕その他保育又は教育上直接必要な附属建物（以下「校舎等」という。）の所有権（賃借権を含む。以下同じ。）の取得登記（権利の保存、設定、転貸又は移転の登記をいう。以下同じ。） 二 校舎等の敷地、運動場、実習用地その他の直接に保育又は教育の用に供する土地の権利（土地の所有権及び土地の上に存する権利をいう。以下同じ。）の取得登記	第三欄の第一号又は第二号の登記に該当するものであることを証する財務省令で定める書類の添附があるものに限る。
二十二 日本私立学校振興・共済事業団	日本私立学校振興・共済事業団法（平成九年法律第四十八号）	一 事務所用建物の所有権の取得登記又は当該建物の敷地の用に供する土地の権利の取得登記 二 学校教育法第一条（学校の範囲）に規定する学校（学校法人又は私立学校法第六十四条第四項（専修学校及び各種学校）の規定により設立された法人が設置運営する同項に規定する専修学校及び各種学校を含む。）の校舎等の所有権又は当該校舎等の敷地、当該学校の運動場、実習用地その他の直接に保育若しくは教育の用に供する土地の権利を目的とする抵当権の設定の登記 三 日本私立学校振興・共済事業団法第二十二条第一項第八号（業務）の業務の用に供する建物の所有権の取得登記又は当該業務の用に供する土地の権利の取得登記	第三欄の第一号から第三号までのいずれかの登記に該当するものであることを証する財務省令で定める書類の添付があるものに限る。
二十六 民法第三十四条（公益法人の設立）の規定により設立した法人	民法	一 自己の設置運営する学校の校舎等〔図書館を含む＝編者〕の所有権の取得登記又は当該校舎等の敷地、当該学校の運動場、実習用地その他の直接に保育若しくは教育の用に供する土地の権利の取得登記	第三欄の第一号又は第二号の登記に該当するものであることを証する財務省令で定める書類の添付があるものに限る。

(6) その他関連諸法令

◎民法抄

〔明治二九年四月二七日 法律第八九号〕

最近改正 平成一三年六月八日 法律第四一号

第一篇 総則
第二章 法人
第一節 法人ノ設立

〔法人設立の根拠〕
第三十三条 法人ハ本法其他ノ法律ノ規定ニ依ルニ非サレハ成立スルコトヲ得ス

〔公益法人の設立〕
第三十四条 祭祀、宗教、慈善、学術、技芸其他公益ニ関スル社団又ハ財団ニシテ営利ヲ目的トセサルモノハ主務官庁ノ許可ヲ得テ之ヲ法人ト為スコトヲ得

〔名称の使用制限〕
第三十四条ノ二 社団法人又ハ財団法人ニ非ザルモノハ其名称中ニ社団法人若クハ財団法人ナル文字又ハ此等ト誤認セシムベキ文字ヲ使用スルコトヲ得ズ

〔営利法人〕
第三十五条 営利ヲ目的トスル社団ハ商事会社設立ノ条件ニ従ヒ之ヲ法人ト為スコトヲ得
②前項ノ社団法人ニハ総テ商事会社ニ関スル規定ヲ準用ス

〔外国法人〕
第三十六条 外国法人ハ国、国ノ行政区画及ヒ商事会社ヲ除ク外其成立ヲ認許セス但法律又ハ条約ニ依リテ認許セラレタルモノハ此限ニ在ラス
②前項ノ規定ニ依リテ認許セラレタル外国法人ハ日本ニ成立スル同種ノ者ト同一ノ私権ヲ有ス但外国人カ享有スルコトヲ得サル権利及ヒ法律又ハ条約中ニ特別ノ規定アルモノハ此限ニ在ラス

〔定款の記載事項〕
第三十七条 社団法人ノ設立者ハ定款ヲ作リ之ニ左ノ事項ヲ記載スルコトヲ要ス
一 目的
二 名称
三 事務所
四 資産ニ関スル規定
五 理事ノ任免ニ関スル規定
六 社員タル資格ノ得喪ニ関スル規定

〔定款の変更〕
第三十八条 社団法人ノ定款ハ総社員ノ四分ノ三以上ノ同意アルトキニ限リ之ヲ変更スルコトヲ得但定款ニ別段ノ定アルトキハ此限ニ在ラス
②定款ノ変更ハ主務官庁ノ認可ヲ受クルニ非サレハ其効力ヲ生セス

〔寄附行為の記載事項〕
第三十九条 財団法人ノ設立者ハ其設立ヲ目的トスル寄附行為ヲ以テ第三十七条第一号乃至第五号ニ掲ケタル事項ヲ定ムルコトヲ要ス

〔寄附行為の補充〕
第四十条 財団法人ノ設立者カ其名称、事務所又ハ理事任免ノ方法ヲ定メスシテ死亡シタルトキハ裁判所ハ利害関係人又ハ検察官ノ請求ニ因リ之ヲ定ムルコトヲ要ス

〔贈与及び遺贈に関する規定の準用〕
第四十一条 生前処分ヲ以テ寄附行為ヲ為ストキハ贈与ニ関スル規定ヲ準用ス
②遺言ヲ以テ寄附行為ヲ為ストキハ遺贈ニ関スル規定ヲ準用ス

〔寄附財産の帰属時期〕
第四十二条 生前処分ヲ以テ寄附行為ヲ為シタルトキハ寄附財産ハ法人設立ノ許可アリタル時ヨリ法人ノ財産ヲ組成ス
②遺言ヲ以テ寄附行為ヲ為シタルトキハ寄附財産ハ遺言カ効力ヲ生シタル時ヨリ法人ニ帰属シタルモノト看做ス

〔法人の権利能力〕
第四十三条 法人ハ法令ノ規定ニ従ヒ定款又ハ寄附行為ニ因リテ定マリタル目的ノ範囲内ニ於テ権利ヲ有シ義務ヲ負フ

〔法人の不法行為能力〕
第四十四条 法人ハ理事其他ノ代理人カ其職務ヲ行フニ付キ他人ニ加ヘタル損害ヲ賠償スル責ニ任ス
②法人ノ目的ノ範囲内ニ在ラサル行為ニ因リテ他人ニ損害ヲ加ヘタルトキハ其事項ノ議決ヲ賛成シタル社員、理事及ヒ之ヲ履行シタル理事其他ノ代理人連帯シテ其賠償ノ責ニ任ス

〔法人の登記〕
第四十五条 法人ハ其設立ノ日ヨリ主タル事務所ノ所在地ニ於テハ二週間、其他ノ事務所ノ所在地ニ於テハ三週間内ニ登記ヲ為スコトヲ要ス
②法人ノ設立ハ其主タル事務所ノ所在地ニ於テ登記ヲ為スニ非サレハ之ヲ以テ他人ニ対抗スルコトヲ得ス
③法人設立ノ後新ニ事務所ヲ設ケタルトキハ其事務所ノ所在地ニ於テハ三週間内ニ登記ヲ為スコトヲ要ス

〔登記事項〕
第四十六条 登記スヘキ事項左ノ如シ
一 目的
二 名称
三 事務所
四 設立許可ノ年月日
五 存立時期ヲ定メタルトキハ其時期
六 資産ノ総額
七 出資ノ方法ヲ定メタルトキハ其方法
八 理事ノ氏名、住所
②前項ニ掲ケタル事項中ニ変更ヲ生シタルトキハ主タル事務所ノ所在地ニ於テハ二週間、其他ノ事務所ノ所在地ニ於テハ三週間内ニ其登記ヲ為スコトヲ要ス登記前ニ在リテハ其変更ヲ以テ他人ニ対抗スルコトヲ得ス
③理事ノ職務ノ執行ヲ停止シ若クハ之ヲ代行スル者ヲ選任スル仮処分又ハ其仮処分ノ変更若クハ取消アリタルトキハ主タル事務所及ビ其他ノ事務所ノ所在地ニ於テ其登記ヲ為スコトヲ要ス此場合ニ於テハ前項後段ノ規定ヲ準用ス

〔登記期間の起算点〕
第四十七条 第四十五条第一項及ヒ前条ノ規定ニ依リ登記スヘキ事項ニシテ官庁ノ許可ヲ要スルモノハ其許可書ノ到達シタル時ヨリ登記ノ期間ヲ起算ス

〔事務所移転の登記〕
第四十八条 法人カ主タル事務所ヲ移転シタルトキハ二週間内ニ旧

所在地ニ於テハ移転ノ登記ヲ為シ新所在地ニ於テハ第四十六条第一項ニ定メタル登記ヲ為シ其他ノ事務所ヲ移転シタルトキハ旧所在地ニ於テハ三週間内ニ移転ノ登記ヲ為シ新所在地ニ於テハ四週間内ニ第四十六条第一項ニ定メタル登記ヲ為スコトヲ要ス

②同一ノ登記所ノ管轄区域内ニ於テ事務所ヲ移転シタルトキハ其移転ノミノ登記ヲ為スコトヲ要ス

〔外国法人の登記〕

第四十九条 第四十五条第三項、第四十六条及ヒ前条ノ規定ハ外国法人カ日本ニ事務所ヲ設クル場合ニモ亦之ヲ適用ス但外国ニ於テ生シタル事項ニ付テハ其通知ノ到達シタル時ヨリ登記ノ期間ヲ起算ス

②外国法人カ始メテ日本ニ事務所ヲ設ケタルトキハ其事務所ノ所在地ニ於テ登記ヲ為スマテハ他人ハ其法人ノ成立ヲ否認スルコトヲ得

〔法人の住所〕

第五十条 法人ノ住所ハ其主タル事務所ノ所在地ニ在ルモノトス

〔財産目録・社員名簿〕

第五十一条 法人ハ設立ノ時及ヒ毎年初ノ三个月内ニ財産目録ヲ作リ常ニ之ヲ事務所ニ備ヘ置クコトヲ要ス但特ニ事業年度ヲ設クルモノハ設立ノ時及ヒ其年度ノ終ニ於テ之ヲ作ルコトヲ要ス

②社団法人ハ社員名簿ヲ備ヘ置キ社員ノ変更アル毎ニ之ヲ訂正スルコトヲ要ス

第二節 法人ノ管理

〔理事〕

第五十二条 法人ニハ一人又ハ数人ノ理事ヲ置クコトヲ要ス

②理事数人アル場合ニ於テ定款又ハ寄附行為ニ別段ノ定ナキトキハ法人ノ事務ハ理事ノ過半数ヲ以テ之ヲ決ス

〔理事の代表権〕

第五十三条 理事ハ総テ法人ノ事務ニ付キ法人ヲ代表ス但定款ノ規定又ハ寄附行為ノ趣旨ニ違反スルコトヲ得ス又社団法人ニ在リテハ総会ノ決議ニ従フコトヲ要ス

〔理事の代表権に加えた制限の効力〕

第五十四条 理事ノ代理権ニ加ヘタル制限ハ之ヲ以テ善意ノ第三者ニ対抗スルコトヲ得ス

〔代表権の委任〕

第五十五条 理事ハ定款、寄附行為又ハ総会ノ決議ニ依リテ禁止セラレサルトキニ限リ特定ノ行為ノ代理ヲ他人ニ委任スルコトヲ得

〔仮理事〕

第五十六条 理事ノ欠ケタル場合ニ於テ遅滞ノ為メ損害ヲ生スル虞アルトキハ裁判所ハ利害関係人又ハ検察官ノ請求ニ因リ仮理事ヲ選任ス

〔特別代理人〕

第五十七条 法人ト理事トノ利益相反スル事項ニ付テハ理事ハ代理権ヲ有セス此場合ニ於テハ前条ノ規定ニ依リテ特別代理人ヲ選任スルコトヲ要ス

〔監事〕

第五十八条 法人ニハ定款、寄附行為又ハ総会ノ決議ヲ以テ一人又ハ数人ノ監事ヲ置クコトヲ得

〔監事の職務〕

第五十九条 監事ノ職務左ノ如シ

一 法人ノ財産ノ状況ヲ監査スルコト

二 理事ノ業務執行ノ状況ヲ監査スルコト

三 財産ノ状況又ハ業務ノ執行ニ付キ不整ノ廉アルコトヲ発見シタルトキハ之ヲ総会又ハ主務官庁ニ報告スルコト

四　前号ノ報告ヲ為ス為メ必要アルトキハ総会ヲ招集スルコト

〔通常総会〕

第六十条　社団法人ノ理事ハ少クトモ毎年一回社員ノ通常総会ヲ開クコトヲ要ス

〔臨時総会〕

第六十一条　社団法人ノ理事ハ必要アリト認ムルトキハ何時ニテモ臨時総会ヲ招集スルコトヲ得

②総社員ノ五分ノ一以上ヨリ会議ノ目的タル事項ヲ示シテ請求ヲ為シタルトキハ理事ハ臨時総会ヲ招集スルコトヲ要ス但此定数ハ定款ヲ以テ之ヲ増減スルコトヲ得

〔総会招集手続〕

第六十二条　総会ノ招集ハ少クトモ五日前ニ其会議ノ目的タル事項ヲ示シ定款ニ定メタル方法ニ従ヒテ之ヲ為スコトヲ要ス

〔総会の権限〕

第六十三条　社団法人ノ事務ハ定款ヲ以テ理事其他ノ役員ニ委任シタルモノヲ除ク外総テ総会ノ決議ニ依リテ之ヲ行フ

〔総会の決議事項〕

第六十四条　総会ニ於テハ第六十二条ノ規定ニ依リテ予メ通知ヲ為シタル事項ニ付テノミ決議ヲ為スコトヲ得但定款ニ別段ノ定アルトキハ此限ニ在ラス

〔社員の表決権〕

第六十五条　各社員ノ表決権ハ平等ナルモノトス

②総会ニ出席セサル社員ハ書面ヲ以テ表決ヲ為シ又ハ代理人ヲ出タスコトヲ得

③前二項ノ規定ハ定款ニ別段ノ定アル場合ニハ之ヲ適用セス

〔社員に表決権のない場合〕

第六十六条　社団法人ト或社員トノ関係ニ付キ議決ヲ為ス場合ニ於テハ其社員ハ表決権ヲ有セス

〔法人の業務の監督〕

第六十七条　法人ノ業務ハ主務官庁ノ監督ニ属ス

②主務官庁ハ法人ニ対シ監督上必要ナル命令ヲ為スコトヲ得

③主務官庁ハ何時ニテモ職権ヲ以テ法人ノ業務及ヒ財産ノ状況ヲ検査スルコトヲ得

第三節　法人ノ解散

〔法人解散の事由〕

第六十八条　法人ハ左ノ事由ニ因リテ解散ス

一　定款又ハ寄附行為ヲ以テ定メタル解散事由ノ発生

二　法人ノ目的タル事業ノ成功又ハ其成功ノ不能

三　破産

四　設立許可ノ取消

②社団法人ハ前項ニ掲ケタル場合ノ外左ノ事由ニ因リテ解散ス

一　総会ノ決議

二　社員ノ欠亡

〔解散の決議〕

第六十九条　社団法人ハ総社員ノ四分ノ三以上ノ承諾アルニ非サレハ解散ノ決議ヲ為スコトヲ得ス但定款ニ別段ノ定アルトキハ此限ニ在ラス

〔法人の破産〕

第七十条　法人カ其債務ヲ完済スルコト能ハサルニ至リタルトキハ裁判所ハ理事若クハ債権者ノ請求ニ因リ又ハ職権ヲ以テ破産ノ宣告ヲ為ス

②前項ノ場合ニ於テ理事ハ直チニ破産宣告ノ請求ヲ為スコトヲ要ス

〔設立許可の取消〕

第七十一条　法人カ其目的以外ノ事業ヲ為シ又ハ設立ノ許可ヲ得タ

ル条件若クハ主務官庁ノ監督上ノ命令ニ違反シ其他公益ヲ害スヘキ行為ヲ為シタル場合ニ於テ他ノ方法ニ依リ監督ノ目的ヲ達スルコト能ハザルトキハ主務官庁ハ其許可ヲ取消スコトヲ得正当ノ事由ナクシテ引続キ三年以上事業ヲ為サザルトキ亦同ジ

〔残余財産の帰属〕

第七十二条　解散シタル法人ノ財産ハ定款又ハ寄附行為ヲ以テ指定シタル人ニ帰属ス

②定款又ハ寄附行為ヲ以テ帰属権利者ヲ指定セス又ハ之ヲ指定スル方法ヲ定メサリシトキハ理事ハ主務官庁ノ許可ヲ得テ其法人ノ目的ニ類似セル目的ノ為メニ其財産ヲ処分スルコトヲ得但社団法人ニ在リテハ総会ノ決議ヲ経ルコトヲ要ス

③前二項ノ規定ニ依リテ処分セラレサル財産ハ国庫ニ帰属ス

〔清算法人〕

第七十三条　解散シタル法人ハ清算ノ目的ノ範囲内ニ於テハ其清算ノ結了ニ至ルマテ尚ホ存続スルモノト看做ス

〔清算人〕

第七十四条　法人カ解散シタルトキハ破産ノ場合ヲ除ク外理事其清算人ト為ル但定款若クハ寄附行為ニ別段ノ定アルトキ又ハ総会ニ於テ他人ヲ選任シタルトキハ此限ニ在ラス

〔裁判所による清算人の選任〕

第七十五条　前条ノ規定ニ依リテ清算人タル者ナキトキ又ハ清算人ノ欠ケタル為メ損害ヲ生スル虞アルトキハ裁判所ハ利害関係人若クハ検察官ノ請求ニ因リ又ハ職権ヲ以テ清算人ヲ選任スルコトヲ得

〔清算人の解任〕

第七十六条　重要ナル事由アルトキハ裁判所ハ利害関係人若クハ検察官ノ請求ニ因リ又ハ職権ヲ以テ清算人ヲ解任スルコトヲ得

〔解散の登記・主務官庁への届出〕

第七十七条　清算人ハ破産及ビ設立許可ノ取消ノ場合ヲ除ク外解散後主タル事務所ノ所在地ニ於テハ二週間、其他ノ事務所ノ所在地ニ於テハ三週間内ニ其氏名、住所及ヒ解散ノ原因、年月日ノ登記ヲ為シ且ツ之ヲ主務官庁ニ届出ツルコトヲ要ス

②清算中ニ就職シタル清算人ハ就職後主タル事務所ノ所在地ニ於テハ二週間、其他ノ事務所ノ所在地ニ於テハ三週間内ニ其氏名、住所ノ登記ヲ為シ且ツ之ヲ主務官庁ニ届出ツルコトヲ要ス

③前項ノ規定ハ設立許可ノ取消ニ因ル解散ノ際ニ就職シタル清算人ニ之ヲ準用ス

〔清算人の職務権限〕

第七十八条　清算人ノ職務左ノ如シ

一　現務ノ結了

二　債権ノ取立及ヒ債務ノ弁済

三　残余財産ノ引渡

②清算人ハ前項ノ職務ヲ行フ為メニ必要ナル一切ノ行為ヲ為スコトヲ得

〔債権申出の公告〕

第七十九条　清算人ハ其就職ノ日ヨリ二个月内ニ少クトモ三回ノ公告ヲ以テ債権者ニ対シ一定ノ期間内ニ其請求ノ申出ヲ為スヘキ旨ヲ催告スルコトヲ要ス但其期間ハ二个月ヲ下ルコトヲ得ス

②前項ノ公告ニハ債権者カ期間内ニ申出ヲ為ササルトキハ其債権ハ清算ヨリ除斥セラルヘキ旨ヲ附記スルコトヲ要ス但清算人ハ知レタル債権者ヲ除斥スルコトヲ得ス

③清算人ハ知レタル債権者ニハ各別ニ其申出ヲ催告スルコトヲ要ス

〔期間後における債権申出の効力〕

第八十条　前条ノ期間後ニ申出テタル債権者ハ法人ノ債務完済ノ後

未タ帰属権利者ニ引渡ササル財産ニ対シテノミ請求ヲ為スコトヲ得

〔清算中の破産〕

第八十一条 清算中ニ法人ノ財産カ其債務ヲ完済スルニ不足ナルコト分明ナルニ至リタルトキハ清算人ハ直チニ破産宣告ノ請求ヲ為シテ其旨ヲ公告スルコトヲ要ス

② 清算人ハ破産管財人ニ其事務ヲ引渡シタルトキハ其任ヲ終ハリタルモノトス

③ 本条ノ場合ニ於テ既ニ債権者ニ支払ヒ又ハ帰属権利者ニ引渡シタルモノアルトキハ破産管財人ハ之ヲ取戻スコトヲ得

〔解散及び清算に対する監督〕

第八十二条 法人ノ解散及ヒ清算ハ裁判所ノ監督ニ属ス

② 裁判所ハ何時ニテモ職権ヲ以テ前項ノ監督ニ必要ナル検査ヲ為スコトヲ得

〔清算結了の届出〕

第八十三条 清算カ結了シタルトキハ清算人ハ之ヲ主務官庁ニ届出ツルコトヲ要ス

第四節　補則

〔権限委任〕

第八十三条ノ二 本章ニ定メタル主務官庁ノ権限ハ政令ノ定ムル所ニ依リ其全部又ハ一部ヲ国ニ所属スル行政庁ニ委任スルコトヲ得

〔都道府県による主務官庁の事務の処理〕

第八十三条ノ三 本章ニ定メタル主務官庁ノ権限ニ属スル事務ハ政令ノ定ムル所ニ依リ都道府県ノ知事其他ノ執行機関ニ於テ其全部又ハ一部ヲ処理スルコトトスルコトヲ得

② 前項ノ場合ニ於テ主務官庁ハ政令ノ定ムル所ニ依リ法人ニ対スル監督上ノ命令又ハ設立許可ノ取消ニ付キ都道府県ノ執行機関ニ対シ指示ヲ為スコトヲ得

③ 第一項ノ場合ニ於テ主務官庁ハ都道府県ノ執行機関ガ其事務ヲ処理スルニ当リテ依ルベキ基準ヲ定ムルコトヲ得

④ 主務官庁ガ前項ノ基準ヲ定メタルトキハ之ヲ告示スルコトヲ要ス

第五節　罰則

〔過料〕

第八十四条 法人ノ理事、監事又ハ清算人ハ左ノ場合ニ於テハ五十万円以下ノ過料ニ処セラル

一　本章ニ定メタル登記ヲ為スコトヲ怠リタルトキ

二　第五十一条ノ規定ニ違反シ又ハ財産目録若クハ社員名簿ニ不正ノ記載ヲ為シタルトキ

三　第六十七条又ハ第八十二条ノ場合ニ於テ主務官庁、其権限ノ委任ヲ受ケタル国ニ所属スル行政庁若クハ其権限ニ属スル事務ヲ処理スル都道府県ノ執行機関又ハ裁判所ノ検査ヲ妨ケタルトキ

三ノ二　主務官庁又ハ其権限ノ委任ヲ受ケタル国ニ所属スル行政庁若クハ其権限ニ属スル事務ヲ処理スル都道府県ノ執行機関ノ監督上ノ命令ニ違反シタルトキ

四　官庁、主務官庁ノ権限ニ属スル事務ヲ処理スル都道府県ノ執行機関又ハ総会ニ対シ不実ノ申立ヲ為シ又ハ事実ヲ隠蔽シタルトキ

五　第七十条又ハ第八十一条ノ規定ニ反シ破産宣告ノ請求ヲ為スコトヲ怠リタルトキ

六　第七十九条又ハ第八十一条ニ定メタル公告ヲ為スコトヲ怠リ又ハ不正ノ公告ヲ為シタルトキ

第八十四条ノ二 第三十四条ノ二ノ規定ニ違反シタル者ハ十万円以下ノ過料ニ処セラル

第三篇　債権

第五章　不法行為

〔不法行為の要件と効果〕

第七百九条　故意又ハ過失ニ因リテ他人ノ権利ヲ侵害シタル者ハ之ニ因リテ生シタル損害ヲ賠償スル責ニ任ス

〔精神的損害に対する慰藉料〕

第七百十条　他人ノ身体、自由又ハ名誉ヲ害シタル場合ト財産権ヲ害シタル場合トヲ問ハス前条ノ規定ニ依リテ損害賠償ノ責ニ任スル者ハ財産以外ノ損害ニ対シテモ其賠償ヲ為スコトヲ要ス

〔生命侵害に対する慰藉料〕

第七百十一条　他人ノ生命ヲ害シタル者ハ被害者ノ父母、配偶者及ヒ子ニ対シテハ其財産権ヲ害セラレサリシ場合ニ於テモ損害ノ賠償ヲ為スコトヲ要ス

〔未成年者の責任〕

第七百十二条　未成年者カ他人ニ損害ヲ加ヘタル場合ニ於テ其行為ノ責任ヲ弁識スルニ足ルヘキ知能ヲ具ヘサリシトキハ其行為ニ付キ賠償ノ責ニ任セス

〔責任弁識能力を欠く者の責任〕

第七百十三条　精神上ノ障害ニ因リ自己ノ行為ノ責任ヲ弁識スル能力ヲ欠ク状態ニ在ル間ニ他人ニ損害ヲ加ヘタル者ハ賠償ノ責ニ任セス但故意又ハ過失ニ因リテ一時其状態ヲ招キタルトキハ此限ニ在ラス

〔責任無能力者の監督者の責任〕

第七百十四条　前二条ノ規定ニ依リ無能力者ニ責任ナキ場合ニ於テ之ヲ監督スヘキ法定ノ義務アル者ハ其無能力者カ第三者ニ加ヘタル損害ヲ賠償スル責ニ任ス但監督義務者カ其義務ヲ怠ラサリシトキハ此限ニ在ラス

②監督義務者ニ代ハリテ無能力者ヲ監督スル者モ亦前項ノ責ニ任ス

〔被用者の加害行為に対する使用者の責任〕

第七百十五条　或事業ノ為メニ他人ヲ使用スル者ハ被用者カ其事業ノ執行ニ付キ第三者ニ加ヘタル損害ヲ賠償スル責ニ任ス但使用者カ被用者ノ選任及ヒ其事業ノ監督ニ付キ相当ノ注意ヲ為シタルトキ又ハ相当ノ注意ヲ為スモ損害カ生スヘカリシトキハ此限ニ在ラス

②使用者ニ代ハリテ事業ヲ監督スル者モ亦前項ノ責ニ任ス

③前二項ノ規定ハ使用者又ハ監督者ヨリ被用者ニ対スル求償権ノ行使ヲ妨ケス

〔債負人の加害行為に対する注文者の責任〕

第七百十六条　注文者ハ請負人カ其仕事ニ付キ第三者ニ加ヘタル損害ヲ賠償スル責ニ任セス但注文又ハ指図ニ付キ注文者ニ過失アリタルトキハ此限ニ在ラス

〔土地の工作物の占有者・所有者の責任〕

第七百十七条　土地ノ工作物ノ設置又ハ保存ニ瑕疵アルニ因リテ他人ニ損害ヲ生シタルトキハ其工作物ノ占有者ハ被害者ニ対シテ損害賠償ノ責ニ任ス但占有者カ損害ノ発生ヲ防止スルニ必要ナル注意ヲ為シタルトキハ其損害ハ所有者之ヲ賠償スルコトヲ要ス

②前項ノ規定ハ竹木ノ栽植又ハ支持ニ瑕疵アル場合ニ之ヲ準用ス

③前二項ノ場合ニ於テ他ニ損害ノ原因ニ付キ其責ニ任スヘキ者アルトキハ占有者又ハ所有者ハ之ニ対シテ求償権ヲ行使スルコトヲ得

〔動物の加害行為に対する動物占有者の責任〕

第七百十八条　動物ノ占有者ハ其動物カ他人ニ加ヘタル損害ヲ賠償スル責ニ任ス但動物ノ種類及ヒ性質ニ従ヒ相当ノ注意ヲ以テ其保管ヲ為シタルトキハ此限ニ在ラス

②占有者ニ代ハリテ動物ヲ保管スル者モ亦前項ノ責ニ任ス

〔共同不法行為の責任〕
第七百十九条　数人カ共同ノ不法行為ニ因リテ他人ニ損害ヲ加ヘタルトキハ各自連帯ニテ其賠償ノ責ニ任ス共同行為者中ノ孰レカ其損害ヲ加ヘタルカヲ知ルコト能ハサルトキ亦同シ
②教唆者及ヒ幇助者ハ之ヲ共同行為者ト看做ス
〔正当防衛・緊急避難〕
第七百二十条　他人ノ不法行為ニ対シ自己又ハ第三者ノ権利ヲ防衛スル為メ已ムコトヲ得スシテ加害行為ヲ為シタル者ハ損害賠償ノ責ニ任セス但被害者ヨリ不法行為ヲ為シタル者ニ対スル損害賠償ノ請求ヲ妨ケス
②前項ノ規定ハ他人ノ物ヨリ生シタル急迫ノ危難ヲ避クル為メ其物ヲ毀損シタル場合ニ之ヲ準用ス
〔胎児の損害賠償請求権〕
第七百二十一条　胎児ハ損害賠償ノ請求権ニ付テハ既ニ生マレタルモノト看做ス
〔損害賠償の方法・過失相殺〕
第七百二十二条　第四百十七条ノ規定ハ不法行為ニ因ル損害ノ賠償ニ之ヲ準用ス
②被害者ニ過失アリタルトキハ裁判所ハ損害賠償ノ額ヲ定ムルニ付キ之ヲ斟酌スルコトヲ得
〔名誉毀損における特則〕
第七百二十三条　他人ノ名誉ヲ毀損シタル者ニ対シテハ裁判所ハ被害者ノ請求ニ因リ損害賠償ニ代ヘ又ハ損害賠償ト共ニ名誉ヲ回復スルニ適当ナル処分ヲ命スルコトヲ得
〔請求権の消滅時効〕
第七百二十四条　不法行為ニ因ル損害賠償ノ請求権ハ被害者又ハ其法定代理人カ損害及ヒ加害者ヲ知リタル時ヨリ三年間之ヲ行ハサルトキハ時効ニ因リテ消滅ス不法行為ノ時ヨリ二十年ヲ経過シタルトキ亦同シ

○公益法人に係る主務官庁の権限に属する事務の処理等に関する政令　抄

〔平成四年四月三〇日政令第一六一号〕

最近改正　平成一二年六月七日　政令第三〇四号

（都道府県知事等による事務の処理）

第一条　公益法人（民法第三十四条の規定により法人とされた社団又は財団及び民法施行法第十九条第二項の規定による認可を受けた法人をいう。以下同じ。）又は民法第三十四条の許可を受けようとする社団若しくは財団（以下「公益法人等」と総称する。）であってその行う事業が一の都道府県の区域内に限られるもの（第三項に掲げるもの及び別表第一主務官庁欄に掲げる主務官庁の所管に係る公益法人等であってそれぞれ同表事項欄に定める事項を事業の目的とするものを除く。）に対する次に掲げる主務官庁の権限に属する事務は、当該都道府県の知事が行う。

一　民法第一編第二章〔法人〕〔別掲〕に定める権限

二　民法施行法第二十三条第一項に定める解散の命令の権限及び同条第二項の場合における民法第七十七条第三項において準用する同条第二項に定める届出の受理の権限

三　破産法第百十一条第一項（同法第百四十八条において準用する場合を含む。）に規定する権限

四　民事再生法（平成十一年法律第二百二十五号）第百七十三条第一項に規定する権限

2　専ら盲学校、聾《ろう》学校、養護学校、幼稚園、専修学校又は各種学校の設置を事業の目的とする公益法人等であってその行う事業が二以上の都道府県の区域にわたるものに対する文部科学大臣の前項各号に掲げる権限に属する事務は、当該公益法人等の主たる事務所が存する都道府県の知事が行う。

3　地方教育行政の組織及び運営に関する法律（昭和三十一年法律第百六十二号）第二十三条〔教育委員会の職務権限〕に規定する事務に関連する事項を事業の目的とする公益法人等であってその行う事業が一の都道府県の区域内に限られるものに対する文部科学大臣の第一項各号に掲げる権限に属する事務は、当該都道府県の教育委員会が行う。

（地方支分部局の長への委任）

第二条　別表第二主務官庁欄に掲げる主務官庁の前条第一項各号に掲げる権限（同項の規定により当該権限に属する事務を都道府県の知事が行うものを除く。）で、同表事項欄に定める事項を事業の目的とし、かつ、その行う事業が同表区域欄に定める区域内に限られる公益法人等に対するものは、それぞれ同表機関欄に定める機関に委任する。

（都道府県知事等に対する主務官庁の指示）

第三条　主務官庁は、第一条第一項各号に掲げる権限に属する事務を行う都道府県の知事又は教育委員会（以下「都道府県知事等」という。）が民法第六十七条第二項の規定による公益法人の業務の停止を命ずる処分又は同法第七十一条若しくは民法施行法第二十三条第一項の規定による処分をしないことが著しく公益を害するおそれがあると認めるときは、当該都道府県知事等に対し、これらの規定による処分をすべきことを指示することができる。

附　則〔略〕

別表第一（第一条関係）〔抄〕

主務官庁	事項
財務省	財務省の所掌事務（当該所掌事務に係る財務大臣の権限に属する事務を他の法令の規定により都道府県知事が行うこととされているものを除く。）に関連する事項
文部科学省	一 大学若しくは高等専門学校の設置の準備若しくは維持経営の後援又はこれらの学校の職員及び学生に対する研修の機会の提供 二 社会教育法（昭和二十四年法律第二百七号）第五十一条の規定により文部科学大臣が認定する通信教育 三 宗教法人法（昭和二十六年法律第百二十六号）第五条第二項の規定により文部科学大臣を所轄庁とする宗教法人の連絡提携
厚生労働省	一 都道府県労働局の所掌事務に関連する事項のうち次のイ又はロのいずれかに該当するもの イ 労働基準法（昭和二十二年法律第四十九号）、労働者災害補償保険法（昭和二十二年法律第五十号）、職業安定法（昭和二十二年法律第百四十一号）、最低賃金法（昭和三十四年法律第百三十七号）、じん肺法（昭和三十五年法律第三十号）、炭鉱災害による一酸化炭素中毒症に関する特別措置法（昭和四十二年法律第九十二号）、労働保険の保険料の徴収等に関する法律（昭和四十四年法律第八十四号）、家内労働法（昭和四十五年法律第六十号）、労働保険特別会計法（昭和四十七年法律第十八号）、労働安全衛生法（昭和四十七年法律第五十七号）、雇用保険法（昭和四十九年法律第百十六号）、作業環境測定法（昭和五十年法律第二十八号）、賃金の支払の確保等に関する法律（昭和五十一年法律第三十四号）、労働者派遣事業の適正な運営の確保及び派遣労働者の就業条件の整備等に関する法律（昭和六十年法律第八十八号。第三章第四節の規定に限る。）又は労働時間の短縮の促進に関する臨時措置法（平成四年法律第九十号）の施行に関する事務（雇用保険法施行令（昭和五十年政令第二十五号）第一条第一項に掲げる事務を除く。）に関連する事項 ロ 労働能率の増進、労働者の福利厚生又は賃金その他の労働条件若しくは労働者生計費に関する統計の作成に関する事務に関連する事項 二 地方社会保険事務局の所掌事務に関連する事項

別表第二（第二条関係）〔抄〕

主務官庁	事項	区域	機関
財務省	財務局の所掌事務（金融庁設置法第四条各号に掲げる事務で法	一の財務局（九州財務局にあっては、福岡財務支局の管轄区域	財務局長

	令に基づき財務局に属させられたものを除く。）に関連する事項	を除く。）の管轄区域	財務局長
		福岡財務支局の管轄区域	福岡財務支局長
	国税局の所掌事務に関連する事項	一の国税局の管轄区域	国税局長
厚生労働省	別表第一厚生労働省の項事項欄第一号に掲げる事項	一の都道府県労働局の管轄区域	都道府県労働局長
	地方社会保険事務局の所掌事務に関連する事項	一の地方社会保険事務局の管轄区域	地方社会保険事務局長

○文部科学大臣の所管に属する公益法人の設立及び監督に関する規則

〔平成一二年一〇月三一日総理府・文部省令第四号〕

（趣旨）

第一条　文部科学大臣の所管に属する民法（明治二九年法律第八九号）（以下「法」という。）第三十四条の規定による法人（民法施行法（明治三十一年法律第十一号）第十九条第一項の規定による法人を含む。）であって公益法人に係る主務官庁の権限に属する事務の処理等に関する政令（平成四年政令第百六十一号）第一条の規定により文部科学大臣の同条第一項各号に掲げる権限に属する事務を都道府県の知事又は都道府県の教育委員会が行うこととされたもの以外のもの（以下「法人」という。）に係る設立及び監督に関する手続については、この省令の定めるところによる。

（設立許可の申請手続）

第二条　法人を設立しようとする者は、許可申請書に次に掲げる書類を添付して、文部科学大臣に申請しなければならない。

一　設立趣意書

二　社団にあっては定款、財団にあっては寄附行為

三　設立決議録の謄本

四　社団にあっては、社員名簿（社員名簿を提出することが困難である場合は、社員の員数）

五　財産目録
六　寄附申込書
七　不動産、預金、有価証券等の財産の権利の所属についての登記所、銀行等の証明書類
八　不動産その他の主たる財産については、その評価をするに十分な資格を有する者の作成した価格評価書
九　設立後二年の事業計画書及び収支予算書
十　設立代表者を定めたときは、その権限を証明する書類
十一　設立者又は設立代表者の履歴書
十二　役員となるべき者の就任承諾書及び履歴書
十三　従来から存立している人格のない社団又は財団にあっては、その規約又はこれに類するもの並びに既往およそ三年間における事業及び財産の状況を記載した書類及びこれらの期間の収支決算書
十四　事業実施に当たり行政庁の許可、認可等を要するものがあるときは、当該許可、認可等のあったことを証する書類又はその申請の状況を明らかにした書類
十五　その他文部科学大臣が特に必要と認める書類

2　財団にあっては、前項第五号の財産目録は、基本財産と運用財産に区分して記載しなければならない。社団にあって基本財産を設けるときも、また同様とする。

3　第一項の許可申請書及び添付書類には、副本を添付しなければならない。

（登記に関する届出）

第三条　法人は、法第四十五条第一項若しくは第三項、第四十六条第二項若しくは第四十八条の規定により登記したとき、又は第四十六条第三項の規定による登記がなされたときは、遅滞なく登記簿の謄本を添付して、その旨を文部科学大臣に届け出なければならない。

2　前項の届出が、理事の就任に係るものであるとき（当該理事が再任である場合を除く。）は、第二条第一項第十二号の書類を添付しなければならない。ただし、定款又は寄附行為の定めるところにより、その就任について文部科学大臣の承認を受けた場合は、この限りでない。

（監事の異動の届出）

第四条　法人は、監事が就任し、離職し、又は死亡したときは、遅滞なくその旨を文部科学大臣に届け出なければならない。

2　前条第二項の規定は、前項の監事の就任に係る届出について準用する。

（役員就任の承認の申請手続）

第五条　法人は、定款又は寄附行為に、役員の就任について文部科学大臣の承認を要する旨の定めをしている場合において、その承認を申請するときは、第二条第一項第十二号の書類を添付しなければならない。

（事業計画書等の届出）

第六条　法人は、年度（定款又は寄附行為に別段の定めがないときは、毎年四月一日に始まり翌年三月三十一日に終わるものとする。以下同じ。）開始前に、翌年度の事業計画書及び収支予算書を文部科学大臣に届け出なければならない。ただし、やむを得ない事情があるときは、この限りでない。

2　前項ただし書の場合における届出は、年度開始後三月以内にするものとする。この場合においては、年度開始前に届出をすることができなかった理由を記載した書面を添付しなければならない。

（事業計画書等の変更の届出）

第七条　法人は、第二条第一項第九号の事業計画書及び収支予算書又は前条の事業計画書及び収支予算書を変更したときは、遅滞なくこれらを文部科学大臣に届け出なければならない。ただし、第九条第一項及び第二項の規定により、定款又は寄附行為の変更であって当該法人の事業内容の変更に係るものについての認可を受けた場合は、この限りでない。

（事業報告）

第八条　法人は、年度終了後三月以内に、その年度末現在の財産目録を添付して、その年度における次に掲げる事項を文部科学大臣に報告しなければならない。

一　事業の状況

二　収支決算

三　社団法人にあっては、社員の異動状況

（定款又は寄附行為の変更の認可の申請手続）

第九条　法人は、定款又は寄附行為の変更について認可を受けようとするときは、認可申請書に次に掲げる書類を添付して、文部科学大臣に申請しなければならない。

一　定款又は寄附行為の変更案及び変更の事由を記載した書類

二　定款又は寄附行為の新旧の比較対照表

三　社団法人にあっては総会の決議録の謄本及びその他定款所定の手続を経たことを証する書類、財団法人にあっては寄附行為所定の手続を経たことを証する書類

2　前項の定款又は寄附行為の変更が当該法人の事業内容に係るものである場合は、前項各号の書類のほか、その変更に係る第二条第一項第五号及び第七号から第九号までの書類を添付しなければならない。この場合において、同項第九号中「設立後」とあるのは、「定款又は寄附行為変更後」と読み替えるものとする。

3　第二条第三項の規定は、第一項の定款又は寄附行為の変更が登記事項に係るものであるときの認可の申請に準用する。

（基本財産の処分の承認等）

第十条　法人は、その基本財産を譲渡し、交換し、又は担保に供しようとするときは、文部科学大臣の承認を受けなければならない。借入金（その年度内の収入をもって償還する一時の借入金を除く。）をしようとするときも、また同様とする。

2　前項の承認を受けようとする法人は、承認申請書に次に掲げる書類を添付して、文部科学大臣に申請しなければならない。

一　財産目録

二　社団法人にあっては総会の決議録の謄本又はその他定款所定の手続を経たことを証する書類、財団法人にあっては寄附行為所定の手続を経たことを証する書類

三　基本財産の処分の場合にあっては、処分の目的、使途、処分金額、処分方法及び補てん方法を記載した書類

四　借入金の場合にあっては、借入の目的、使途、借入金額、利率その他の借入方法及び償還方法を記載した書類

3　第二条第三項の規定は、第一項の基本財産の処分が登記事項に係るものであるときの承認の申請に準用する。

（書類及び帳簿の備付け等）

第十一条　法人は、その事務所に、法第五十一条に規定するもののほか、次に掲げる書類及び帳簿を備えなければならない。ただし、他の法令の規定により、これらに代わる書類及び帳簿を備えたときは、この限りでない。

一　社団法人にあっては定款、財団法人にあっては寄附行為

二　役員及びその他の職員の名簿及び履歴書

三　定款又は寄附行為に規定する機関の議事に関する書類

四　収入支出に関する帳簿及び証拠書類
五　資産台帳及び負債台帳
六　官公署往復書類
七　その他必要な書類及び帳簿
2　前項第三号の書類は永年、第四号の帳簿及び書類は十年以上、第六号の書類は一年以上保存しなければならない。

（業務の監督）

第十二条　文部科学大臣は、法第六十七条の規定により、法人に対し、報告を求め、又は資料を提出させることができ、また、その職員をして法人の業務及び財産の状況について実地に検査させることができる。
2　文部科学大臣は、法人の監督上必要があると認めるときは、法第六十七条第二項の規定により、法人に対して、その業務に関し事業計画の変更命令その他の必要な命令をすることができる。
3　第一項の規定により、職員が実地検査をする場合においては、その身分を示す証明書を携帯し、関係人にこれを提示しなければならない。

（解散又は残余財産処分の許可の申請手続）

第十三条　法人は、法第七十二条第二項の規定により解散に伴う残余財産の処分の許可を受けようとし、又は定款若しくは寄附行為の定めるところにより解散又は解散に伴う残余財産の処分の許可を受けようとするときは、許可申請書に次に掲げる書類を添付して、文部科学大臣に申請しなければならない。
一　解散の事由を記載した書類
二　解散決議録の謄本
三　財産目録
四　負債関係及び負債処理の方法に関する書類
五　残余財産及びその処分方法に関する書類
六　事業を他に移譲しようとするときは、相手方の同意書その他その移譲を証する書類
七　社団法人にあっては定款、財団法人にあっては寄附行為
2　第二条第三項の規定は、前項の解散又は解散に伴う残余財産の処分が登記事項に係るものであるときの許可の申請に準用する。

（解散及び清算人の登記に関する届出）

第十四条　法人は、法第七十七条の規定により登記したときは、遅滞なく登記簿の謄本を添付して、その旨を文部科学大臣に届け出なければならない。
2　前項の届出が、法第七十七条第一項の規定による登記に係るものであるときは、前条第一項各号の書類を添付しなければならない。ただし、法第七十二条第二項の規定により解散に伴う残余財産の処分の許可を受け、又は定款若しくは寄附行為の定めるところにより解散又は解散に伴う残余財産の処分の許可を受けた場合は、この限りでない。

（清算結了の届出）

第十五条　清算人は、清算が結了したときは、遅滞なくその旨を文部科学大臣に届け出なければならない。

附　則

（施行期日）

1　この命令は、内閣法の一部を改正する法律（平成十一年法律第八十八号）の施行の日（平成十三年一月六日）から施行する。

（文部大臣の所管に属する公益法人の設立及び監督に関する規程の廃止）

2　文部大臣の所管に属する公益法人の設立及び監督に関する規程（昭和二十七年文部省令第十四号）は、廃止する。

◎国家賠償法

〔昭和二二年一〇月二七日
法律第一二五号〕

〔公権力の行使に基く損害賠償責任・その公務員に対する求償権〕

第一条　国又は公共団体の公権力の行使に当る公務員が、その職務を行うについて、故意又は過失によつて違法に他人に損害を加えたときは、国又は公共団体が、これを賠償する責に任ずる。

②　前項の場合において、公務員に故意又は重大な過失があつたときは、国又は公共団体は、その公務員に対して求償権を有する。

〔公の営造物の設置管理の瑕疵に基く損害の賠償責任・その責任者に対する求償権〕

第二条　道路、河川その他の公の営造物の設置又は管理に瑕疵があつたために他人に損害を生じたときは、国又は公共団体は、これを賠償する責に任ずる。

②　前項の場合において、他に損害の原因について責に任ずべき者があるときは、国又は公共団体は、これに対して求償権を有する。

〔賠償責任者、求償権〕

第三条　前二条の規定によつて国又は公共団体が損害を賠償する責に任ずる場合において、公務員の選任若しくは監督又は公の営造物の設置若しくは管理に当る者と公務員の俸給、給与その他の費用又は公の営造物の設置若しくは管理の費用を負担する者とが異なるときは、費用を負担する者もまた、その損害を賠償する責に任ずる。

②　前項の場合において、損害を賠償した者は、内部関係でその損害を賠償する責任ある者に対して求償権を有する。

〔民法の適用〕

第四条　国又は公共団体の損害賠償の責任については、前三条の規定によるの外、民法〔明治二九年四月法律第八九号〕の規定による。

〔他の法律の適用〕

第五条　国又は公共団体の損害賠償の責任について民法以外の他の法律に別段の定があるときは、その定めるところによる。

〔外国人が被害者である場合の相互保証主義〕

第六条　この法律は、外国人が被害者である場合には、相互の保証があるときに限り、これを適用する。

附　則〔略〕

◎行政不服審査法　抄

〔昭和三七年九月一五日
法律第一六〇号〕

最近改正　平成一二年五月三一日　法律第九一号

第一章　総則

（この法律の趣旨）

第一条　この法律は、行政庁の違法又は不当な処分その他公権力の行使に当たる行為に関し、国民に対して広く行政庁に対する不服申立てのみちを開くことによつて、簡易迅速な手続による国民の権利利益の救済を図るとともに、行政の適正な運営を確保することを目的とする。

2　行政庁の処分その他公権力の行使に当たる行為に関する不服申立てについては、他の法律に特別の定めがある場合を除くほか、この法律の定めるところによる。

（定義）

第二条　この法律にいう「処分」には、各本条に特別の定めがある場合を除くほか、公権力の行使に当たる事実上の行為で、人の収容、物の留置その他その内容が継続的性質を有するもの（以下「事実行為」という。）が含まれるものとする。

2　この法律において「不作為」とは、行政庁が法令に基づく申請に対し、相当の期間内になんらかの処分その他公権力の行使に当たる行為をすべきにかかわらず、これをしないことをいう。

（不服申立ての種類）

第三条　この法律による不服申立ては、行政庁の処分又は不作為について行なうものにあつては審査請求又は異議申立てとし、審査請求の裁決を経た後さらに行なうものにあつては再審査請求とする。

2　審査請求は、処分をした行政庁（以下「処分庁」という。）又は不作為に係る行政庁（以下「不作為庁」という。）以外の行政庁に対してするものとし、異議申立ては、処分庁又は不作為庁に対してするものとする。

（処分についての不服申立てに関する一般概括主義）

第四条　行政庁の処分（この法律に基づく処分を除く。）に不服がある者は、次条及び第六条（処分についての異議申立て）の定めるところにより、審査請求又は異議申立てをすることができる。ただし、次の各号に掲げる処分及び他の法律に審査請求又は異議申立てをすることができない旨の定めがある処分については、この限りでない。

五　当事者間の法律関係を確認し、又は形成する処分で、法令の規定により当該処分に関する訴えにおいてその法律関係の当事者の一方を被告とすべきものと定められているもの

六　刑事事件に関する法令に基づき、検察官、検察事務官又は司法警察職員が行なう処分

八　学校、講習所、訓練所又は研修所において、教育、講習、訓練又は研修の目的を達成するために、学生、生徒、児童若しくは幼児若しくはこれらの保護者、講習生、訓練生又は研修生に対して行なわれる処分

十一　もつぱら人の学識技能に関する試験又は検定の結果についての処分

2　前項ただし書の規定は、同項ただし書の規定により審査請求又は異議申立てをすることができない処分につき、別に法令で当該

処分の性質に応じた不服申立ての制度を設けることを妨げない。

（処分についての審査請求）

第五条　行政庁の処分についての審査請求は、次の場合にすることができる。

一　処分庁に上級行政庁があるとき。ただし、処分庁が主任の大臣又は宮内庁長官若しくは外局若しくはこれに置かれる庁の長であるときを除く。

二　前号に該当しない場合であつて、法律（条例に基づく処分については、条例を含む。）に審査請求をすることができる旨の定めがあるとき。

2　前項の審査請求は、同項第一号の場合にあつては、法律（条例に基づく処分については、条例を含む。）に特別の定めがある場合を除くほか、処分庁の直近上級行政庁に、同項第二号の場合にあつては、当該法律又は条例に定める行政庁に対してするものとする。

（処分についての異議申立て）

第六条　行政庁の処分についての異議申立ては、次の場合にすることができる。ただし、第一号又は第二号の場合において、当該処分について審査請求をすることができるときは、法律に特別の定めがある場合を除くほか、することができない。

一　処分庁に上級行政庁がないとき。

二　処分庁が主任の大臣又は宮内庁長官若しくは外局若しくはこれに置かれる庁の長であるとき。

三　前二号に該当しない場合であつて、法律に異議申立てをすることができる旨の定めがあるとき。

（不作為についての不服申立て）

第七条　行政庁の不作為については、当該不作為に係る処分その他の行為を申請した者は、異議申立て又は当該不作為庁の直近上級行政庁に対する審査請求のいずれかをすることができる。ただし、不作為庁が主任の大臣又は宮内庁長官若しくは外局若しくはこれに置かれる庁の長であるときは、異議申立てのみをすることができる。

（再審査請求）

第八条　次の場合には、処分についての審査請求の裁決に不服がある者は、再審査請求をすることができる。

一　法律（条例に基づく処分については、条例を含む。）に再審査請求をすることができる旨の定めがあるとき。

二　審査請求をすることができる処分につき、その処分をする権限を有する行政庁（以下「原権限庁」という。）がその権限を他に委任した場合において、委任を受けた行政庁がその委任に基づいてした処分に係る審査請求につき、原権限庁が審査庁として裁決をしたとき。

第二章　手続

第一節　通則

（不服申立ての方式）

第九条　この法律に基づく不服申立ては、他の法律（条例に基づく処分については、条例を含む。）に口頭ですることができる旨の定めがある場合を除き、書面を提出してしなければならない。

2　不服申立書は、異議申立ての場合を除き、正副二通を提出しなければならない。

（代理人による不服申立て）

第十二条　不服申立ては、代理人によつてすることができる。

2　代理人は、各自、不服申立人のために、当該不服申立てに関する一切の行為をすることができる。ただし、不服申立ての取下げは、特別の委任を受けた場合に限り、することができる。

第二節　処分についての審査請求

（審査請求期間）

第十四条　審査請求は、処分があつたことを知つた日の翌日から起算して六十日以内（当該処分について異議申立てをしたときは、当該異議申立てについての決定があつたことを知つた日の翌日から起算して三十日以内）に、しなければならない。ただし、天災その他審査請求をしなかつたことについてやむをえない理由があるときは、この限りでない。

2　前項ただし書の場合における審査請求は、その理由がやんだ日の翌日から起算して一週間以内にしなければならない。

3　審査請求は、処分（当該処分について異議申立てをしたときは、当該異議申立てについての決定）があつた日の翌日から起算して一年を経過したときは、することができない。ただし、正当な理由があるときは、この限りでない。

4　審査請求書を郵便で提出した場合における審査請求期間の計算については、郵送に要した日数は、算入しない。

（審査請求書の記載事項）

第十五条　審査請求書には、次の各号に掲げる事項を記載しなければならない。

一　審査請求人の氏名及び年齢又は名称並びに住所

二　審査請求に係る処分

三　審査請求に係る処分があつたことを知つた年月日

四　審査請求の趣旨及び理由

五　処分庁の教示の有無及びその内容

六　審査請求の年月日

2　審査請求人が、法人その他の社団若しくは財団であるとき、総代を互選したとき、又は代理人によつて審査請求をするときは、審査請求書には、前項各号に掲げる事項のほか、その代表者若しくは管理人、総代又は代理人の氏名及び住所を記載しなければならない。

3　審査請求書には、前二項に規定する事項のほか、第二十条（異議申立ての前置）第二号の規定により異議申立てについての決定を経ないで審査請求をする場合には、異議申立てをした年月日を、同条第三号の規定により異議申立てについての決定を経ないで審査請求をする場合には、その決定を経ないことについての正当な理由を記載しなければならない。

4　審査請求書には、審査請求人（審査請求人が法人その他の社団又は財団であるときは代表者又は管理人、総代を互選したときは総代、代理人によつて審査請求をするときは代理人）が押印しなければならない。

（口頭による審査請求）

第十六条　口頭で審査請求をする場合には、前条第一項から第三項までに規定する事項を陳述しなければならない。この場合においては、陳述を受けた行政庁は、その陳述の内容を録取し、これを陳述人に読み聞かせて誤りのないことを確認し、陳述人に押印させなければならない。

（異議申立ての前置）

第二十条　審査請求は、当該処分につき異議申立てをすることができるときは、異議申立てについての決定を経た後でなければ、することができない。ただし、次の各号の一に該当するときは、この限りでない。

一　処分庁が、当該処分につき異議申立てをすることができる旨を教示しなかつたとき。

二　当該処分につき異議申立てをした日の翌日から起算して三箇月を経過しても、処分庁が当該異議申立てにつき決定をしないとき。
三　その他異議申立てについての決定を経ないことにつき正当な理由があるとき。

（補正）
第二十一条　審査請求が不適法であって補正することができるものであるときは、審査庁は、相当の期間を定めて、その補正を命じなければならない。

（弁明書の提出）
第二十二条　審査庁は、審査請求を受理したときは、審査請求書の副本又は審査請求録取書の写しを処分庁に送付し、相当の期間を定めて、弁明書の提出を求めることができる。
2　弁明書は、正副二通を提出しなければならない。
3　処分庁から弁明書の提出があつたときは、審査庁は、その副本を審査請求人に送付しなければならない。ただし、審査請求の全部を容認すべきときは、この限りでない。

（反論書の提出）
第二十三条　審査請求人は、弁明書の副本の送付を受けたときは、これに対する反論書を提出することができる。この場合において、審査庁が、反論書を提出すべき相当の期間を定めたときは、その期間内にこれを提出しなければならない。

（参加人）
第二十四条　利害関係人は、審査庁の許可を得て、参加人として当該審査請求に参加することができる。
2　審査庁は、必要があると認めるときは、利害関係人に対し、参加人として当該審査請求に参加することを求めることができる。

（審理の方式）
第二十五条　審査請求の審理は、書面による。ただし、審査請求人又は参加人の申立てがあつたときは、審査庁は、申立人に口頭で意見を述べる機会を与えなければならない。
2　前項ただし書の場合には、審査請求人又は参加人は、審査庁の許可を得て、補佐人とともに出頭することができる。

（審査請求の取下げ）
第三十九条　審査請求人は、裁決があるまでは、いつでも審査請求を取り下げることができる。
2　審査請求の取下げは、書面でしなければならない。

（裁決）
第四十条　審査請求が法定の期間経過後にされたものであるとき、その他不適法であるときは、審査庁は、裁決で、当該審査請求を却下する。
2　審査請求が理由がないときは、審査庁は、裁決で、当該審査請求を棄却する。
3　処分（事実行為を除く。）についての審査請求が理由があるときは、審査庁は、裁決で、当該処分の全部又は一部を取り消す。
4　事実行為についての審査請求が理由があるときは、審査庁は、処分庁に対し当該事実行為の全部又は一部を撤廃すべきことを命ずるとともに、裁決で、その旨を宣言する。
5　前二項の場合において、審査庁が処分庁の上級行政庁であるときは、審査庁は、裁決で当該処分を変更し、又は処分庁に対し当該事実行為を変更すべきことを命ずるとともに裁決でその旨を宣言することもできる。ただし、審査請求人の不利益に当該処分を変更し、又は当該事実行為を変更すべきことを命ずることはできない。

6　処分が違法又は不当ではあるが、これを取り消し又は撤廃することにより公の利益に著しい障害を生ずる場合において、審査請求人の受ける損害の程度、その損害の賠償又は防止の程度及び方法その他一切の事情を考慮したうえ、処分を取り消し又は撤廃することが公共の福祉に適合しないと認めるときは、審査庁は、裁決で、当該審査請求を棄却することができる。この場合には、審査庁は、裁決で、当該処分が違法又は不当であることを宣言しなければならない。

（裁決の方式）

第四十一条　裁決は、書面で行ない、かつ、理由を附し、審査庁がこれに記名押印をしなければならない。

2　審査庁は、再審査請求をすることができる裁決をする場合には、裁決書に再審査請求をすることができる旨並びに再審査庁及び再審査請求期間を記載して、これを教示しなければならない。

（裁決の拘束力）

第四十三条　裁決は、関係行政庁を拘束する。

2　申請に基づいてした処分が手続の違法若しくは不当を理由として裁決で取り消され、又は申請を却下し若しくは棄却した処分が裁決で取り消されたときは、処分庁は、裁決の趣旨に従い、改めて申請に対する処分をしなければならない。

3　法令の規定により公示された処分が裁決で取り消され、又は変更されたときは、処分庁は、当該処分が取り消され、又は変更された旨を公示しなければならない。

4　法令の規定により処分の相手方以外の利害関係人に通知された処分が裁決で取り消され、又は変更されたときは、処分庁は、その通知を受けた者（審査請求人及び参加人を除く。）に、当該処分が取り消され、又は変更された旨を通知しなければならない。

第三節　処分についての異議申立て

（異議申立期間）

第四十五条　異議申立ては、処分があつたことを知つた日の翌日から起算して六十日以内にしなければならない。

（決定）

第四十七条　異議申立てが法定の期間経過後にされたものであるとき、その他不適法であるときは、処分庁は、決定で、当該異議申立てを却下する。

2　異議申立てが理由がないときは、処分庁は、決定で、当該異議申立てを棄却する。

3　処分（事実行為を除く。）についての異議申立てが理由があるときは、処分庁は、決定で、当該処分の全部若しくは一部を取り消し、又はこれを変更する。ただし、異議申立人の不利益に当該処分を変更することができず、また、当該処分が法令に基づく審議会その他の合議制の行政機関の答申に基づいてされたものであるときは、さらに当該行政機関に諮問し、その答申に基づかなければ、当該処分の全部若しくは一部を取り消し、又はこれを変更することができない。

4　事実行為についての異議申立てが理由があるときは、処分庁は、当該事実行為の全部若しくは一部を撤廃し、又はこれを変更するとともに、決定で、その旨を宣言する。ただし、異議申立人の不利益に事実行為を変更することができない。

5　処分庁は、審査請求をすることもできる処分に係る異議申立てについて決定をする場合には、異議申立人が当該処分につきすでに審査請求をしている場合を除き、決定書に、当該処分につき審査請求をすることができる旨並びに審査庁及び審査請求期間を記載して、これを教示しなければならない。

（審査請求に関する規定の準用）
第四十八条　前節（〔括弧内省略〕）の規定は、処分についての異議申立てに準用する。

第四節　不作為についての不服申立て

（不服申立書の記載事項）
第四十九条　不作為についての異議申立書又は審査請求書には、次の各号に掲げる事項を記載しなければならない。
一　異議申立人又は審査請求人の氏名及び年齢又は名称並びに住所
二　当該不作為に係る処分その他の行為についての申請の内容及び年月日
三　異議申立て又は審査請求の年月日

（不作為庁の決定その他の措置）
第五十条　不作為についての異議申立てが不適法であるときは、不作為庁は、決定で、当該異議申立てを却下する。
2　前項の場合を除くほか、不作為庁は、不作為についての異議申立てがあつた日の翌日から起算して二十日以内に、申請に対するなんらかの行為をするか、又は書面で不作為の理由を示さなければならない。

（審査庁の裁決）
第五十一条　不作為についての審査請求が不適法であるときは、審査庁は、裁決で、当該審査請求を却下する。
2　不作為についての審査請求が理由がないときは、審査庁は、裁決で、当該審査請求を棄却する。
3　不作為についての審査請求が理由があるときは、審査庁は、当該不作為庁に対しすみやかに申請に対するなんらかの行為をすべきことを命ずるとともに、裁決で、その旨を宣言する。

第五節　再審査請求

（再審査請求期間）
第五十三条　再審査請求は、審査請求についての裁決があつたことを知つた日の翌日から起算して三十日以内にしなければならない。

（裁決書の送付要求）
第五十四条　再審査庁は、再審査請求を受理したときは、審査庁に対し、審査請求についての裁決書の送付を求めることができる。

（裁決）
第五十五条　審査請求を却下し又は棄却した裁決が違法又は不当である場合においても、当該裁決に係る処分が違法又は不当でないときは、再審査庁は、当該再審査請求を棄却する。

◎行政事件訴訟法　抄

〔昭和三七年五月一六日　法律第一三九号〕

最近改正　平成八年六月二六日　法律第一一〇号

第一章　総則

（この法律の趣旨）

第一条　行政事件訴訟については、他の法律に特別の定めがある場合を除くほか、この法律の定めるところによる。

（行政事件訴訟）

第二条　この法律において「行政事件訴訟」とは、抗告訴訟、当事者訴訟、民衆訴訟及び機関訴訟をいう。

（抗告訴訟）

第三条　この法律において「抗告訴訟」とは、行政庁の公権力の行使に関する不服の訴訟をいう。

2　この法律において「処分の取消しの訴え」とは、行政庁の処分その他公権力の行使に当たる行為（次項に規定する裁決、決定その他の行為を除く。以下単に「処分」という。）の取消しを求める訴訟をいう。

3　この法律において「裁決の取消しの訴え」とは、審査請求、異議申立てその他の不服申立て（以下単に「審査請求」という。）に対する行政庁の裁決、決定その他の行為（以下単に「裁決」という。）の取消しを求める訴訟をいう。

4　この法律において「無効等確認の訴え」とは、処分若しくは裁決の存否又はその効力の有無の確認を求める訴訟をいう。

5　この法律において「不作為の違法確認の訴え」とは、行政庁が法令に基づく申請に対し、相当の期間内になんらかの処分又は裁決をすべきにかかわらず、これをしないことについての違法の確認を求める訴訟をいう。

（当事者訴訟）

第四条　この法律において「当事者訴訟」とは、当事者間の法律関係を確認し又は形成する処分又は裁決に関する訴訟で法令の規定によりその法律関係の当事者の一方を被告とするもの及び公法上の法律関係に関する訴訟をいう。

（民衆訴訟）

第五条　この法律において「民衆訴訟」とは、国又は公共団体の機関の法規に適合しない行為の是正を求める訴訟で、選挙人たる資格その他自己の法律上の利益にかかわらない資格で提起するものをいう。

（機関訴訟）

第六条　この法律において「機関訴訟」とは、国又は公共団体の機関相互間における権限の存否又はその行使に関する紛争についての訴訟をいう。

（この法律に定めがない事項）

第七条　行政事件訴訟に関し、この法律に定めがない事項については、民事訴訟の例による。

第二章　抗告訴訟

第一節　取消訴訟

（原告適格）

第九条　処分の取消しの訴え及び裁決の取消しの訴え（以下「取消訴訟」という。）は、当該処分又は裁決の取消しを求めるにつき法律上の利益を有する者（処分又は裁決の効果が期間の経過その他の理由によりなくなつた後においてもなお処分又は裁決の取消しによつて回復すべき法律上の利益を有する者を含む。）に限り、提起することができる。

（取消しの理由の制限）

第十条　取消訴訟においては、自己の法律上の利益に関係のない違法を理由として取消しを求めることができない。

（出訴期間）

第十四条　取消訴訟は、処分又は裁決があつたことを知つた日から三箇月以内に提起しなければならない。

2　前項の期間は、不変期間とする。

3　取消訴訟は、処分又は裁決の日から一年を経過したときは、提起することができない。ただし、正当な理由があるときは、この限りでない。

（執行停止）

第二十五条　処分の取消しの訴えの提起は、処分の効力、処分の執行又は手続の続行を妨げない。

2　処分の取消しの訴えの提起があつた場合において、処分、処分の執行又は手続の続行により生ずる回復の困難な損害を避けるため緊急の必要があるときは、裁判所は、申立てにより、決定をもつて、処分の効力、処分の執行又は手続の続行の全部又は一部の停止（以下「執行停止」という。）をすることができる。ただし、処分の効力の停止は、処分の執行又は手続の続行の停止によつて目的を達することができる場合には、することができない。

3　執行停止は、公共の福祉に重大な影響を及ぼすおそれがあるとき、又は本案について理由がないとみえるときは、することができない。

（裁量処分の取消し）

第三十条　行政庁の裁量処分については、裁量権の範囲をこえ又はその濫用があつた場合に限り、裁判所は、その処分を取り消すことができる。

（特別の事情による請求の棄却）

第三十一条　取消訴訟については、処分又は裁決が違法ではあるが、これを取り消すことにより公の利益に著しい障害を生ずる場合において、原告の受ける損害の程度、その損害の賠償又は防止の程度及び方法その他一切の事情を考慮したうえ、処分又は裁決を取り消すことが公共の福祉に適合しないと認めるときは、裁判所は、請求を棄却することができる。この場合には、当該判決の主文において、処分又は裁決が違法であることを宣言しなければならない。

2　裁判所は、相当と認めるときは、終局判決前に、判決をもつて、処分又は裁決が違法であることを宣言することができる。

3　終局判決に事実及び理由を記載するには、前項の判決を引用することができる。

（取消判決等の効力）

第三十二条　処分又は裁決を取り消す判決は、第三者に対しても効力を有する。

2　前項の規定は、執行停止の決定又はこれを取り消す決定に準用する。

第三十三条　処分又は裁決を取り消す判決は、その事件について、当事者たる行政庁その他の関係行政庁を拘束する。

2　申請を却下し若しくは棄却した処分又は審査請求を却下し若しくは棄却した裁決が判決により取り消されたときは、その処分又は裁決をした行政庁は、判決の趣旨に従い、改めて申請に対する処分又は審査請求に対する裁決をしなければならない。

3　前項の規定は、申請に基づいてした処分又は審査請求を認容した裁決が判決により手続に違法があることを理由として取り消された場合に準用する。

4　第一項の規定は、執行停止の決定に準用する。

第三章　当事者訴訟〔略〕

第四章　民衆訴訟及び機関訴訟

（訴えの提起）

第四十二条　民衆訴訟及び機関訴訟は、法律に定める場合において、法律に定める者に限り、提起することができる。

〔地方自治法第二四二条の二（住民訴訟）はこの例＝編者〕

第五章　補則

（抗告訴訟又は当事者訴訟に関する規定の準用）

第四十三条〔略〕

（仮処分の排除）

第四十四条　行政庁の処分その他公権力の行使に当たる行為については、民事保全法（平成元年法律第九十一号）に規定する仮処分をすることができない。

◎行政手続法　抄

〔平成五年一一月一二日
法律第八八号〕

最近改正　平成一一年一二月二二日　法律第一六〇号

参考＝本法の概要は、次のとおりである。

(1)　申請に対する処分に関し、その迅速かつ透明な処理を確保するため、
①申請の審査基準を定めること。
②申請の処理に通常要すべき標準的な期間を定めるよう努めること。
③申請により求められた許認可等を拒否する場合には、その理由を示すこと。
等とした。

(2)　不利益処分について、行政運営における公正の確保及び処分の相手方の権利利益の保護を図るため、
①不利益処分の基準を定めること。
②不利益処分をしようとする場合には、聴聞又は弁明の機会の付与の手続を執ること。
③不利益処分をする場合には、理由を示すこと。
等とした。

(3)　行政指導に関し、その透明性及び明確性を確保するため、基本原則を定めたほか、行政指導をするときは相手方にその趣旨、内容及び責任者を明らかにすること等その方式について定めた。

(4)　届出は、形式上の要件に適合している場合には、提出先に到達したときにその義務が履行されたものとした。

目次

第五章　届出（第三十七条）
第六章　補則（第三十八条）
附則

第一章　総則

（目的等）

第一条　この法律は、処分、行政指導及び届出に関する手続に関し、共通する事項を定めることによって、行政運営における公正の確保と透明性（行政上の意思決定について、その内容及び過程が国民にとって明らかであることをいう。第三十八条において同じ。）の向上を図り、もって国民の権利利益の保護に資することを目的とする。

2　処分、行政指導及び届出に関する手続に関しこの法律に規定する事項について、他の法律に特別の定めがある場合は、その定めるところによる。

（定義）

第二条　この法律において、次の各号に掲げる用語の意義は、当該各号に定めるところによる。

一　法令　法律、法律に基づく命令（告示を含む。）、条例及び地方公共団体の執行機関の規則（規程を含む。以下同じ。）をいう。

二　処分　行政庁の処分その他公権力の行使に当たる行為をいう。

三　申請　法令に基づき、行政庁の許可、認可、免許その他の自己に対し何らかの利益を付与する処分（以下「許認可等」という。）を求める行為であって、当該行為に対して行政庁が諾否の応答をすべきこととされているものをいう。

四　不利益処分　行政庁が、法令に基づき、特定の者を名あて人として、直接に、これに義務を課し、又はその権利を制限する処分をいう。ただし、次のいずれかに該当するものを除く。

イ　事実上の行為及び事実上の行為をするに当たりその範囲、時期等を明らかにするために法令上必要とされている手続としての処分

ロ　申請により求められた許認可等を拒否する処分その他申請に基づき当該申請をした者を名あて人としてされる処分

ハ　名あて人となるべき者の同意の下にすることとされている処分

ニ　許認可等の効力を失わせる処分であって、当該許認可等の基礎となった事実が消滅した旨の届出があったことを理由としてされるもの

五　行政機関　次に掲げる機関をいう。

イ　内閣府、宮内庁、内閣府設置法（平成十一年法律第八十九号）第四十九条第一項若しくは第二項に規定する機関、国家行政組織法（昭和二十三年法律第百二十号）（別掲）第三条第二項に規定する機関、法律の規定に基づき内閣の所轄の下に置かれる機関若しくはこれらに置かれる機関又はこれらの機関の職員であって法律上独立に権限を行使することを認められた職員

ロ　地方公共団体の機関（議会を除く。）

六　行政指導　行政機関がその任務又は所掌事務の範囲内において一定の行政目的を実現するため特定の者に一定の作為又は不作為を求める指導、勧告、助言その他の行為であって処分に該当しないものをいう。

七　届出　行政庁に対し一定の事項の通知をする行為（申請に該当するものを除く。）であって、法令により直接に当該通知が義

務付けられているもの（自己の期待する一定の法律上の効果を発生させるためには当該通知をすべきこととされているものを含む。）をいう。

（適用除外）

第三条 次に掲げる処分及び行政指導については、次章から第四章までの規定は、適用しない。

一 国会の両院若しくは一院又は議会の議決によってされる処分

二 裁判所若しくは裁判官の裁判により、又は裁判の執行としてされる処分

三 国会の両院若しくは一院若しくは議会の議決を経て、又はこれらの同意若しくは承認を得た上でされるべきものとされている処分

四 検査官会議で決すべきものとされている処分

五 刑事事件に関する法令に基づいて検察官、検察事務官又は司法警察職員がする処分及び行政指導

六 国税又は地方税の犯則事件に関する法令（他の法令において準用する場合を含む。）に基づいて国税庁長官、国税局長、税務署長、収税官吏、税関長、税関職員又は徴税吏員（他の法令の規定に基づいてこれらの職員の職務を行う者を含む。）がする処分及び行政指導並びに証券取引又は金融先物取引の犯則事件に関する法令に基づいて証券取引等監視委員会、その職員（当該法令においてその職員とみなされる者を含む。）、財務局長又は財務支局長がする処分及び行政指導

七 学校、講習所、訓練所又は研修所において、教育、講習、訓練又は研修の目的を達成するために、学生、生徒、児童若しくは幼児若しくはこれらの保護者、講習生、訓練生又は研修生に対してされる処分及び行政指導

八 刑務所、少年刑務所、拘置所、留置場（警視庁、道府県警察本部（方面本部を含む。）又は警察署に置かれる人を留置するための施設をいう。）、海上保安庁の留置場（管区海上保安本部、管区海上保安本部の事務所又は海上保安庁の船舶に置かれる人を留置するための施設をいう。）、少年院、少年鑑別所又は婦人補導院において、収容の目的を達成するためにされる処分及び行政指導

九 公務員（国家公務員法（昭和二十二年法律第百二十号）〔別掲〕第二条第一項に規定する国家公務員及び地方公務員法（昭和二十五年法律第二百六十一号）〔別掲〕第二条に規定する地方公務員をいう。以下同じ。）又は公務員であった者に対してその職務又は身分に関してされる処分及び行政指導

十 外国人の出入国、難民の認定又は帰化に関する処分及び行政指導

十一 専ら人の学識技能に関する試験又は検定の結果についての処分

十二 相反する利害を有する者の間の利害の調整を目的として法令の規定に基づいてされる裁定その他の処分（その双方を名あて人とするものに限る。）及び行政指導

十三 公衆衛生、環境保全、防疫、保安その他の公益にかかわる事象が発生し又は発生する可能性のある現場において警察官若しくは海上保安官又はこれらの公益を確保するために行使すべき権限を法律上直接に与えられたその他の職員によってされる処分及び行政指導

十四 報告又は物件の提出を命ずる処分その他その職務の遂行上必要な情報の収集を直接の目的としてされる処分及び行政指導

十五 審査請求、異議申立てその他の不服申立てに対する行政庁

の裁決、決定その他の処分
十六　前号に規定する処分の手続又は第三章に規定する聴聞若しくは弁明の機会の付与の手続その他の意見陳述のための手続において法令に基づいてされる処分及び行政指導
2　前項各号に掲げるもののほか、地方公共団体の機関がする処分（その根拠となる規定が条例又は規則に置かれているものに限る。）及び行政指導並びに地方公共団体の機関に対する届出（前条第七号の通知の根拠となる規定が条例又は規則に置かれているものに限る。）については、次章から第五章までの規定は、適用しない。

（国の機関等に対する処分等の適用除外）

第四条　国の機関又は地方公共団体若しくはその機関に対する処分（これらの機関又は団体がその固有の資格において当該処分の名あて人となるものに限る。）及び行政指導並びにこれらの機関又は団体がする届出（これらの機関又は団体がその固有の資格においてすべきこととされているものに限る。）については、この法律の規定は、適用しない。
2　次の各号のいずれかに該当する法人に対する処分であって、当該法人の監督に関する法律の特別の規定に基づいてされるもの（当該法人の解散を命じ、若しくは設立に関する認可を取り消す処分又は当該法人の役員若しくは当該法人の業務に従事する者の解任を命ずる処分を除く。）については、次章及び第三章の規定は、適用しない。
一　法律により直接に設立された法人又は特別の法律により特別の設立行為をもって設立された法人
二　特別の法律により設立され、かつ、その設立に関し行政庁の認可を要する法人のうち、その行う業務が国又は地方公共団体の行政運営と密接な関連を有するものとして政令で定める法人
3　行政庁が法律の規定に基づく試験、検査、検定、登録その他の行政上の事務について当該法律に基づきその全部又は一部を行わせる者を指定した場合において、その指定を受けた者（その者が法人である場合にあっては、その役員）又は職員その他の者が当該事務に従事することに関し公務に従事する職員とみなされるときは、その指定を受けた者に対し当該法律に基づいて当該事務に関し監督上される処分（当該指定を取り消す処分、その指定を受けた者が法人である場合におけるその役員の解任を命ずる処分又はその指定を受けた者の当該事務に従事する者の解任を命ずる処分を除く。）については、次章及び第三章の規定は、適用しない。

第二章　申請に対する処分

（審査基準）

第五条　行政庁は、申請により求められた許認可等をするかどうかをその法令の定めに従って判断するために必要とされる基準（以下「審査基準」という。）を定めるものとする。
2　行政庁は、審査基準を定めるに当たっては、当該許認可等の性質に照らしてできる限り具体的なものとしなければならない。
3　行政庁は、行政上特別の支障があるときを除き、法令により当該申請の提出先とされている機関の事務所における備付けその他の適当な方法により審査基準を公にしておかなければならない。

（標準処理期間）

第六条　行政庁は、申請がその事務所に到達してから当該申請に対する処分をするまでに通常要すべき標準的な期間（法令により当該行政庁と異なる機関が当該申請の提出先とされている場合は、併せて、当該申請が当該提出先とされている機関の事務所に到達してから当該行政庁の事務所に到達するまでに通常要すべき標準

的な期間）を定めるよう努めるとともに、これを定めたときは、これらの当該申請の提出先とされている機関の事務所における備付けその他の適当な方法により公にしておかなければならない。

（申請に対する審査、応答）

第七条　行政庁は、申請がその事務所に到達したときは遅滞なく当該申請の審査を開始しなければならず、かつ、申請書の記載事項に不備がないこと、申請書に必要な書類が添付されていること、申請をすることができる期間内にされたものであることその他の法令に定められた申請の形式上の要件に適合しない申請については、速やかに、申請をした者（以下「申請者」という。）に対し相当の期間を定めて当該申請の補正を求め、又は当該申請により求められた許認可等を拒否しなければならない。

（理由の提示）

第八条　行政庁は、申請により求められた許認可等を拒否する処分をする場合は、申請者に対し、同時に、当該処分の理由を示さなければならない。ただし、法令に定められた許認可等の要件又は公にされた審査基準が数量的指標その他の客観的指標により明確に定められている場合であって、当該申請がこれらに適合しないことが申請書の記載又は添付書類から明らかであるときは、申請書の求めがあったときにこれを示せば足りる。

2　前項本文に規定する処分を書面でするときは、同項の理由は、書面により示さなければならない。

（情報の提供）

第九条　行政庁は、申請者の求めに応じ、当該申請に係る審査の進行状況及び当該申請に対する処分の時期の見通しを示すよう努めなければならない。

2　行政庁は、申請をしようとする者又は申請者の求めに応じ、申請書の記載及び添付書類に関する事項その他の申請に必要な情報の提供に努めなければならない。

（公聴会の開催等）

第十条　行政庁は、申請に対する処分であって、申請者以外の者の利害を考慮すべきことが当該法令において許認可等の要件とされているものを行う場合には、必要に応じ、公聴会の開催その他の適当な方法により当該申請者以外の者の意見を聴く機会を設けるよう努めなければならない。

（複数の行政庁が関与する処分）

第十一条　行政庁は、申請の処理をするに当たり、他の行政庁において同一の申請者からされた関連する申請が審査中であることをもって自らすべき許認可等をするかどうかについての審査又は判断を殊更に遅延させるようなことをしてはならない。

2　一の申請又は同一の申請者からされた相互に関連する複数の申請に対する処分について複数の行政庁が関与する場合においては、当該複数の行政庁は、必要に応じ、相互に連絡をとり、当該申請者からの説明の聴取を共同して行う等により審査の促進に努めるものとする。

第三章　不利益処分

第一節　通則

（処分の基準）

第十二条　行政庁は、不利益処分をするかどうか又はどのような不利益処分とするかについてその法令の定めに従って判断するために必要とされる基準（次項において「処分基準」という。）を定め、かつ、これを公にしておくよう努めなければならない。

2　行政庁は、処分基準を定めるに当たっては、当該不利益処分の性質に照らしてできる限り具体的なものとしなければならない。

（不利益処分をしようとする場合の手続）

第十三条　行政庁は、不利益処分をしようとする場合には、次の各号の区分に従い、この章の定めるところにより、当該不利益処分の名あて人となるべき者について、当該各号に定める意見陳述のための手続を執らなければならない。

一　次のいずれかに該当するとき　聴聞

イ　許認可等を取り消す不利益処分をしようとするとき。

ロ　イに規定するもののほか、名あて人の資格又は地位を直接にはく奪する不利益処分をしようとするとき。

ハ　名あて人が法人である場合におけるその役員の解任を命ずる不利益処分、名あて人の業務に従事する者の解任を命ずる不利益処分又は名あて人の会員である者の除名を命ずる不利益処分をしようとするとき。

ニ　イからハまでに掲げる場合以外の場合であって行政庁が相当と認めるとき。

二　前号イからニまでのいずれにも該当しないとき　弁明の機会の付与

2　次の各号のいずれかに該当するときは、前項の規定は、適用しない。

一　公益上、緊急に不利益処分をする必要があるため、前項に規定する意見陳述のための手続を執ることができないとき。

二　法令上必要とされる資格がなかったこと又は失われるに至ったことが判明した場合に必ずすることとされている不利益処分であって、その資格の不存在又は喪失の事実が裁判所の判決書又は決定書、一定の職に就いたことを証する当該任命権者の書類その他の客観的な資料により直接証明されたものをしようとするとき。

三　施設若しくは設備の設置、維持若しくは管理又は物の製造、販売その他の取扱いについて遵守すべき事項が法令において技術的な基準をもって明確にされている場合において、専ら当該基準が充足されていないことを理由として当該基準に従うべきことを命ずる不利益処分であってその不充足の事実が計測、実験その他客観的な認定方法によって確認されたものをしようとするとき。

四　納付すべき金銭の額を確定し、一定の額の金銭の納付を命じ、又は金銭の給付決定の取消しその他の金銭の給付を制限する不利益処分をしようとするとき。

五　当該不利益処分の性質上、それによって課される義務の内容が著しく軽微なものであるため名あて人となるべき者の意見をあらかじめ聴くことを要しないものとして政令で定める処分をしようとするとき。

（不利益処分の理由の提示）

第十四条　行政庁は、不利益処分をする場合には、その名あて人に対し、同時に、当該不利益処分の理由を示さなければならない。ただし、当該理由を示さないで処分をすべき差し迫った必要がある場合は、この限りでない。

2　行政庁は、前項ただし書の場合においては、当該名あて人の所在が判明しなくなったときその他処分後において理由を示すことが困難な事情があるときを除き、処分後相当の期間内に、同項の理由を示さなければならない。

3　不利益処分を書面でするときは、前二項の理由は、書面により示さなければならない。

第二節　聴聞〔略〕

第三節　弁明の機会の付与

（弁明の機会の付与の方式）
第二十九条 弁明は、行政庁が口頭ですることを認めたときを除き、弁明を記載した書面（以下「弁明書」という。）を提出してするものとする。
2 弁明をするときは、証拠書類等を提出することができる。

（弁明の機会の付与の通知の方式）
第三十条 行政庁は、弁明書の提出期限（口頭による弁明の機会の付与を行う場合には、その日時）までに相当な期間をおいて、不利益処分の名あて人となるべき者に対し、次に掲げる事項を書面により通知しなければならない。
一 予定される不利益処分の内容及び根拠となる法令の条項
二 不利益処分の原因となる事実
三 弁明書の提出先及び提出期限（口頭による弁明の機会の付与を行う場合には、その旨並びに出頭すべき日時及び場所）

（聴聞に関する手続の準用）
第三十一条 第十五条第三項及び第十六条の規定〔略〕は、弁明の機会の付与について準用する。この場合において、第十五条第三項中「第一項」とあるのは「第三十条」と、「同項第三号及び第四号」とあるのは「同条第三号」と、第十六条第一項中「前条第一項」とあるのは「第三十条」と、「同条第三項後段」とあるのは「第三十一条において準用する第十五条第三項後段」と読み替えるものとする。

第四章 行政指導

（行政指導の一般原則）
第三十二条 行政指導にあっては、行政指導に携わる者は、いやしくも当該行政機関の任務又は所掌事務の範囲を逸脱してはならないこと及び行政指導の内容があくまでも相手方の任意の協力によってのみ実現されるものであることに留意しなければならない。
2 行政指導に携わる者は、その相手方が行政指導に従わなかったことを理由として、不利益な取扱いをしてはならない。

（申請に関連する行政指導）
第三十三条 申請の取下げ又は内容の変更を求める行政指導にあっては、行政指導に携わる者は、申請者が当該行政指導に従う意思がない旨を表明したにもかかわらず当該行政指導を継続すること等により当該申請者の権利の行使を妨げるようなことをしてはならない。

（許認可等の権限に関連する行政指導）
第三十四条 許認可等をする権限又は許認可等に基づく処分をする権限を有する行政機関が、当該権限を行使することができない場合又は行使する意思がない場合においてする行政指導にあっては、行政指導に携わる者は、当該権限を行使し得る旨を殊更に示すことにより相手方に当該行政指導に従うことを余儀なくさせるようなことをしてはならない。

（行政指導の方式）
第三十五条 行政指導に携わる者は、その相手方に対して、当該行政指導の趣旨及び内容並びに責任者を明確に示さなければならない。
2 行政指導が口頭でされた場合において、その相手方から前項に規定する事項を記載した書面の交付を求められたときは、当該行政指導に携わる者は、行政上特別の支障がない限り、これを交付しなければならない。
3 前項の規定は、次に掲げる行政指導については、適用しない。
一 相手方に対しその場において完了する行為を求めるもの

二　既に文書（前項の書面を含む。）によりその相手方に通知されている事項と同一の内容を求めるもの

（複数の者を対象とする行政指導）

第三十六条　同一の行政目的を実現するため一定の条件に該当する複数の者に対し行政指導をしようとするときは、行政機関は、あらかじめ、事案に応じ、これらの行政指導に共通してその内容となるべき事項を定め、かつ、行政上特別の支障がない限り、これを公表しなければならない。

第五章　届出

（届出）

第三十七条　届出が届出書の記載事項に不備がないこと、届出書に必要な書類が添付されていることその他の法令に定められた届出の形式上の要件に適合している場合は、当該届出が法令により当該届出の提出先とされている機関の事務所に到達したときに、当該届出をすべき手続上の義務が履行されたものとする。

第六章　補則

（地方公共団体の措置）

第三十八条　地方公共団体は、第三条第二項において第二章から前章までの規定を適用しないこととされた処分、行政指導及び届出の手続について、この法律の規定の趣旨にのっとり、行政運営における公正の確保と透明性の向上を図るため必要な措置を講ずるよう努めなければならない。

附　則

（施行期日）

1　この法律は、公布の日から起算して一年を超えない範囲内において政令で定める日〔平成六年一〇月一日〕から施行する。〔以下略〕

◎日本学術会議法　抄

〔昭和二三年七月一〇日
法律第一二一号〕

最近改正　平成一一年七月一六日　法律第一〇二号

第一章　設立及び目的

〔設立〕

第一条　この法律により日本学術会議を設立し、この法律を日本学術会議法と称する。

2　日本学術会議は、総務大臣の所轄とする。

3　日本学術会議に関する経費は、国庫の負担とする。

〔目的〕

第二条　日本学術会議は、わが国の科学者の内外に対する代表機関として、科学の向上発達を図り、行政、産業及び国民生活に科学を反映浸透させることを目的とする。

第二章　職務及び権限

〔職務〕

第三条　日本学術会議は、独立して左の職務を行う。

一　科学に関する重要事項を審議し、その実現を図ること。

二　科学に関する研究の連絡を図り、その能率を向上させること。

〔諮問〕

第四条　政府は、左の事項について、日本学術会議に諮問することができる。

一　科学に関する研究、試験等の助成、その他科学の振興を図る

ために政府の支出する交付金、補助金等の予算及びその配分
二　政府所管の研究所、試験所及び委託研究費等に関する予算編成の方針
三　特に専門科学者の検討を要する重要施策
四　その他日本学術会議に諮問することを適当と認める事項

〔勧告〕
第五条　日本学術会議は、左の事項について、政府に勧告することができる。
一　科学の振興及び技術の発達に関する方策
二　科学に関する研究成果の活用に関する方策
三　科学研究者の養成に関する方策
四　科学を行政に反映させる方策
五　科学を産業及び国民生活に浸透させる方策
六　その他日本学術会議の目的の遂行に適当な事項

第三章　組織

〔組織〕
第七条　日本学術会議は、二百十人の日本学術会議会員（以下「会員」という。）をもつて、これを組織する。
2　会員は、第二十二条の規定による推薦に基づいて、内閣総理大臣がこれを任命する。
3　会員の任期は、三年とする。ただし、補欠の会員の任期は、前任者の残任期間とする。
4　会員は、再任されることができる。
5　会員は、通じて九年を超えて在任することができない。ただし、任期の途中において九年に達したときは、その任期の終了するまでの間在任することができる。
6　会員には、別に定める手当を支給する。
7　会員は、国会議員を兼ねることを妨げない。

〔会長及び副会長〕
第八条　日本学術会議に、会長一人及び副会長二人を置く。
2　会長は、会員の互選によつて、これを定める。
3　副会長は、人文科学部門又は自然科学部門に属する会員のうちから、それぞれ一人を全部の会員の互選によつて定める。
4　会長及び副会長の任期は、会員としての在任期間とする。但し、再選を妨げない。
5　会長又は副会長が欠員となつたときは、新たにこれを互選する。

〔部の設置〕
第十条　日本学術会議に、左の区分により、左の七部を置く。
人文科学部門
第一部（文学、哲学、教育学・心理学・社会学、史学）
第二部（法律学、政治学）
第三部（経済学、商学・経営学）
自然科学部門
第四部（理学）
第五部（工学）
第六部（農学）
第七部（医学、歯学、薬学）

〔部の定員〕
第十一条　会員は、前条に掲げる部のいずれかに分属するものとし、各部の定員は、政令でこれを定める。
2　各部の定員は、政令で定める専門別にこれを分けるものとし、その専門別の定員は、政令で定める基準に従い、第二十八条の規定による規則（以下この章及び次章において単に「規則」とい

う。）でこれを定める。

〔研究連絡委員会〕

第十五条　日本学術会議に、規則で定めるところにより、科学に関する研究の領域及び重要な課題ごとに、第三条第二号の職務の遂行に資するために必要な事項を調査審議させるため、研究連絡委員会を置く。

2　研究連絡委員会は、規則で定めるところにより、会長が指名する当該研究連絡委員会の所掌事務に関連する分野を専門とする会員のほか、当該研究連絡委員会に関し第二十二条の規定による推薦に当たつた者その他の当該研究連絡委員会の所掌事務に関し専門的知識を有する者のうちから会長が委嘱した者をもつて、これを組織する。

3　第七条第三項及び第四項の規定は、研究連絡委員会の委員について、これを準用する。

第四章　会員の推薦

〔会員の要件〕

第十七条　会員となることができる者は、その専門とする科学又は技術の分野において五年以上の研究歴を有し、当該分野における優れた研究又は業績がある科学者でなければならない。

〔学術研究団体の登録申請要件等〕

第十八条　科学者により構成され、学術研究の向上発達を図ることを目的とする団体は、次に掲げる要件を備えるときは、規則で定めるところにより、日本学術会議に登録を申請することができる。

一　名称、目的、事務所、構成員の資格及び代表者について定めがあること。

二　学術研究の向上発達を図るための活動が引き続き三年以上で規則で定める期間を超えて行われていること。

三　規則で定める数以上の科学者が構成員であること。

四　その他活動状況又は構成に関する事項で規則で定めるもの

2　前項の規定により登録を申請する場合には、同項の団体は、その目的とする学術研究の領域と関連する研究の領域の研究連絡委員会（規則で定めるものに限る。以下同じ。）を届け出なければならない。

3　日本学術会議は、登録を申請した第一項の団体が同項各号に掲げる要件を満たすものであるときは、その名称、目的、前項の規定による届出に係る研究連絡委員会（以下「関連研究連絡委員会」という。）その他規則で定める事項を登録するものとする。

4　日本学術会議は、前項の規定による登録を受けた第一項の団体（以下「登録学術研究団体」という。）が同項に規定する要件を欠くに至つたときは、その登録を抹消するものとする。

〔会員の候補者〕

第十九条　登録学術研究団体は、政令で定めるところにより、その構成員である科学者のうちから会員の候補者を選定し、日本学術会議に届け出ることができる。

2　前項の規定による会員の候補者の届出は、書面により、研究論文、業績報告その他当該候補者が会員となる資格を有する者であることを証明する資料を添付して、これをしなければならない。

〔会員の推薦人〕

第二十条　登録学術研究団体は、政令で定めるところにより、その構成員である科学者のうちから会員の推薦に当たる者（以下「推薦人」という。）を指名し、日本学術会議に届け出ることができる。

第五章　会議

〔会議〕
第二十三条　日本学術会議の会議は、総会、部会及び連合部会とする。
2　総会は、日本学術会議の最高議決機関とし、年二回会長がこれを招集する。但し、必要があるときは、臨時にこれを招集することができる。
3　部会は、各部に関する事項を審議し、部長がこれを招集する。
4　連合部会は、二以上の部門に関連する事項を審議し、関係する部の部長が、共同してこれを招集する。
〔定足数〕
第二十四条　総会は、会員の二分の一以上の出席がなければ、これを開くことができない。
2　総会の議決は、出席会員の多数決による。
3　部会及び連合部会の会議については、前二項の規定を準用する。

第六章　雑則

〔退職〕
第二十六条　内閣総理大臣は、会員に会員として不適当な行為があるときは、総会における出席会員の三分の二以上の議決による日本学術会議の申出に基づき、当該会員を退職させることができる。
〔規則〕
第二十八条　会長は、総会の議決を経て、この法律に定める事項その他日本学術会議の運営に関する事項につき、規則を定めることができる。

○日本学術会議法施行令　抄

〔昭和五九年五月二九日
政令第一六〇号〕

最近改正　平成八年一月三一日　政令第一三号

第一章　組織

（部の定員）
第一条　日本学術会議法（以下「法」という。）第十条に掲げる部の定員は、次のとおりとする。
第一部　三十一人
第二部　二十六人
第三部　二十六人
第四部　三十一人
第五部　三十三人
第六部　三十人
第七部　三十三人
（専門）
第二条　法第十一条第二項の専門は、別表のとおりとする。
（専門別定員の基準）
第三条　前条の専門別の定員は、各専門に関連する研究の領域及び学術研究団体（科学者により構成され、学術研究の向上発達を図ることを目的とする団体をいう。）の活動状況等の当該各領域における学術研究の状況を総合的に勘案し、各専門に係る科学又は技術の分野間における適正な均衡が確保されるように定めなければならない。

第二章　会員の推薦

（候補者の数）

第四条　法第十九条第一項の規定により登録学術研究団体が届け出ることができる日本学術会議会員（以下「会員」という。）の候補者の数は、当該登録学術研究団体の関連研究連絡委員会（法第十八条第三項の関連研究連絡委員会をいう。以下同じ。）である研究連絡委員会につき第七条第一項の規定により規則（法第二十八条の規定による規則をいう。以下同じ。）で定められた会員として推薦すべき者の数（当該研究連絡委員会につき会員の候補者を届け出ることができる登録学術研究団体が他にない場合にあっては、これに同項の規定により規則で定められた補欠の会員として推薦すべき者の数を加えた数）以内とする。

2　登録学術研究団体に関連研究連絡委員会が複数ある場合には、各関連研究連絡委員会につき、前項の規定による数の会員の候補者を届け出ることができる。

（推薦人の数）

第五条　法第二十条の規定により登録学術研究団体が届け出ることができる推薦人の数は、五人（関連する部を異にする複数の研究連絡委員会を関連研究連絡委員会とし、かつ、構成員が二万五千人を超える登録学術研究団体について会長が必要と認める場合にあっては、七人）を超えない範囲内において、当該登録学術研究団体の規模等を勘案して、会長が定める。

2　前項の規定により会長が定める数は、登録学術研究団体に関連研究連絡委員会が複数ある場合には、当該複数の関連研究連絡委員会について届け出ることができる推薦人の数の合計の数として定めるものとする。

（関連研究連絡委員会の指定）

第六条　法第二十一条の規定による登録学術研究団体が会員の候補者の選定又は推薦人の指名を行うことができる関連研究連絡委員会の指定は、会長が、当該登録学術研究団体との関連の程度等を勘案して、四を超えない研究連絡委員会について行うものとする。

2　会長は、前項の指定を行うに当たっては、あらかじめ当該登録学術研究団体の意見を聴くものとする。

（会員として推薦すべき者等の数）

第七条　法第二十二条の規定により推薦人が決定する会員として推薦すべき者及び補欠の会員として推薦すべき者の数は、法第十八条第二項の規則で定める研究連絡委員会ごとに、規則で定める。

2　研究連絡委員会に法第二十二条に規定する研究の領域が密接に関連するものとして規則で定める他の研究連絡委員会がある場合には、当該研究連絡委員会につき前項の規則で定められた会員として推薦すべき者の数から、そのうち一を超える数の範囲内の数を減じ、当該減じた数を当該他の研究連絡委員会につき定められた数に加える取扱いをすることができるものとする。

（密接に関連する研究連絡委員会の指定）

第八条　法第二十二条の規則で定める研究の領域が密接に関連する研究連絡委員会及び他の研究連絡委員会の数は、密接に関連する研究の領域ごとに、三を超えることができない。

（会員として推薦すべき者等の決定に関し必要な事項）

第九条　法第二十二条の規定による会員として推薦すべき者及び補欠の会員として推薦すべき者の決定に関し必要な事項は、この章及び規則で定めるもののほか、会員推薦管理会が定める。

第三章　会員推薦管理会〔略〕

別表（第二条関係）

部別	専門
第一部	語学・文学、哲学、教育学、心理学、社会学、歴史学、地域研究
第二部	基礎法学、公法学、国際関係法学、民事法学、刑事法学、社会法学、政治学
第三部	経済理論、経済政策、国際経済、経済史、財政学・金融論、商学、経営学、会計学、経済統計学
第四部	数理科学、物理科学、化学、生物科学、人類学、地質科学、地理学、地球物理学、科学教育、統計学、情報学、核科学
第五部	基礎工学、応用物理学、機械工学、電気工学、電子工学、情報工学、土木工学、建築学、金属工学、応用化学、資源開発工学、造船学、計測・制御工学、化学工学、航空宇宙工学、原子力工学、経営工学
第六部	農学、農芸化学、林学、水産学、農業経済学、農業工学、畜産学、獣医学、蚕糸学、家政学、地域農学、農業総合科学
第七部	生理科学、病理科学、診療科学、社会医学、歯科学、薬科学

◎文化財保護法　抄

〔昭和二五年五月三〇日 法律第二一四号〕

最近改正　平成一二年五月一九日　法律第七三号

（文化財の定義）

第二条　この法律で「文化財」とは、次に掲げるものをいう。

一　建造物、絵画、彫刻、工芸品、書跡、典籍、古文書その他の有形の文化的所産で我が国にとって歴史上又は芸術上価値の高いもの（これらのものと一体をなしてその価値を形成している土地その他の物件を含む。）並びに考古資料及びその他の学術上価値の高い歴史資料（以下「有形文化財」という。）

（政府及び地方公共団体の任務）

第三条　政府及び地方公共団体は、文化財がわが国の歴史、文化等の正しい理解のため欠くことのできないものであり、且つ、将来の文化の向上発展の基礎をなすものであることを認識し、その保存が適切に行われるように、周到の注意をもつてこの法律の趣旨の徹底に努めなければならない。

（国民、所有者等の心構）

第四条　一般国民は、政府及び地方公共団体がこの法律の目的を達成するために行う措置に誠実に協力しなければならない。

2　文化財の所有者その他の関係者は、文化財が貴重な国民的財産であることを自覚し、これを公共のために大切に保存するとともに、できるだけこれを公開する等その文化的活用に努めなければならない。

3　政府及び地方公共団体は、この法律の執行に当って関係者の所有権その他の財産権を尊重しなければならない。

（指定）

第二十七条　文部科学大臣は、有形文化財のうち重要なものを重要文化財に指定することができる。

2　文部科学大臣は、重要文化財のうち世界文化の見地から価値の高いもので、たぐいない国民の宝たるものを国宝に指定することができる。

（所有者の管理義務及び管理責任者）

第三十一条　重要文化財の所有者は、この法律並びにこれに基いて発する文部科学省令及び文化庁長官の指示に従い、重要文化財を管理しなければならない。

2　重要文化財の所有者は、特別の事情があるときは、適当な者をもつぱら自己に代り当該重要文化財の管理の責に任ずべき者（以下この節及び第六章〔補則〕において「管理責任者」という。）に選任することができる。

（管理又は修理の補助）

第三十五条　重要文化財の管理又は修理につき多額の経費を要し、重要文化財の所有者又は管理団体がその負担に堪えない場合その他特別の事情がある場合には、政府は、その経費の一部に充てさせるため、重要文化財の所有者又は管理団体に対し補助金を交付することができる。

（輸出の禁止）

第四十四条　重要文化財は、輸出してはならない。但し、文化庁長官が文化の国際的交流その他の事由により特に必要と認めて許可した場合は、この限りでない。

（公開）

第四十七条の二　重要文化財の公開は、所有者が行うものとする。但し、管理団体がある場合は、管理団体が行うものとする。

（所有者等による公開）

第五十一条　文化庁長官は、重要文化財の所有者又は管理団体に対し、三箇月以内の期間を限って、重要文化財の公開を勧告することができる。

2　文化庁長官は、国庫が管理、修理又は買取りにつき、その費用の全部若しくは一部を負担し、又は補助金を交付した重要文化財の所有者又は管理団体に対し、三箇月以内の期間を限って、その公開を命ずることができる。

（所有者等以外の者による公開）

第五十三条　重要文化財の所有者及び管理団体以外の者がその主催する展覧会その他の催しにおいて重要文化財を公衆の観覧に供しようとするときは、文化庁長管の許可を受けなければならない。ただし、文化庁長官以外の国の機関若しくは地方公共団体があらかじめ文化庁長官の承認を受けた博物館その他の施設（以下この項において「公開承認施設」という。）において展覧会その他の催しを主催する場合又は公開承認施設の設置者が当該公開承認施設においてこれらを主催する場合は、この限りでない。

（保存のための調査）

第五十四条　文化庁長官は、必要があると認めるときは、重要文化財の所有者、管理責任者又は管理団体に対し、重要文化財の現状又は管理、修理若しくは環境保全の状況につき報告を求めることができる。

（地方公共団体の事務）

第九十八条　地方公共団体は、文化財の管理、修理、復旧、公開その他その保存及び活用に要する経費につき補助することができる。

2　地方公共団体は、条例の定めるところにより、重要文化財、重要無形文化財、重要有形民俗文化財、重要無形民俗文化財及び史跡名勝天然記念物以外の文化財で当該地方公共団体の区域内に存するもののうち重要なものを指定して、その保存及び活用のため必要な措置を講ずることができる。

3　前項に規定する条例の制定若しくはその改廃又は同項に規定する文化財の指定若しくはその解除を行つた場合には、教育委員会は、文部科学省令の定めるところにより、文化庁長官にその旨を報告しなければならない。

（地方文化財保護審議会）

第百五条　都道府県及び市町村の教育委員会に、条例の定めるところにより、地方文化財保護審議会を置くことができる。

2　地方文化財保護審議会は、都道府県又は市町村の教育委員会の諮問に応じて、文化財の保存及び活用に関する重要事項について調査審議し、並びにこれらの事項に関して当該都道府県又は市町村の教育委員会に建議する。

3　地方文化財保護審議会の組織及び運営に関し必要な事項は、条例で定める。

（刑罰）

第百六条　第四十四条〔輸出の禁止〕の規定に違反し、文化庁長官の許可を受けないで重要文化財を輸出した者は、五年以下の懲役若しくは禁錮《こ》又は百万円以下の罰金に処する。

◎統計法

〔昭和二二年三月二六日
法律第一八号〕

〔注＝学校基本調査規則及び社会教育調査規則の根拠法〕

最近改正　平成一一年一二月二二日　法律第一六〇号

（法の目的）

第一条　この法律は、統計の真実性を確保し、統計調査の重複を除き、統計の体系を整備し、及び統計制度の改善発達を図ることを目的とする。

（指定統計）

第二条　この法律において指定統計とは、政府若しくは地方公共団体が作成する統計又はその他のものに委託して作成する統計であつて総務大臣が指定し、その旨を公示した統計をいう。

（指定統計調査）

第三条　指定統計を作成するための調査（以下指定統計調査という。）は、この法律によつてこれを行うものとし、他の法律の規定を適用しないものとする。

②　この法律に定めるものの外、指定統計調査について必要な事項は、命令（地方公共団体の長又は教育委員会の定める規則を含む。）でこれを定める。

③　主務大臣が前項の規定による命令を制定し、改正し、又は廃止しようとするときは、あらかじめ、総務大臣に協議しなければならない。地方公共団体の長又は教育委員会が前項の規則を制定し、改正し、又は廃止しようとするときも、同様とする。

（国勢調査）
第四条　政府が本邦に居住している者として政令で定める者について行う人口に関する全数調査で、当該調査に係る統計につき総務大臣が指定し、その旨を公示したものは、これを国勢調査という。
②　国勢調査は、これを十年ごとに行わなければならない。但し、国勢調査を行つた年から五年目に当る年には、簡易な方法により国勢調査を行うものとする。
③　総務大臣は、必要があると認めたときは、前項の期間の中間において、臨時の国勢調査を行うことができる。

（申告義務）
第五条　政府、地方公共団体の長又は教育委員会は、指定統計調査のため、人又は法人に対して申告を命ずることができる。
②　前項の規定により申告を命ぜられた者が、営業に関して成年者と同一の能力を有しない未成年者若しくは成年被後見人である場合又は法人である場合には、その法定代理人又は理事その他法令の規定により法人を代表する者が、本人に代つて、又は本人を代表して申告をする義務を負う。

第六条　削除

（指定統計調査の承認及び実施）
第七条　指定統計調査を行おうとする場合には、調査実施者は、その調査に関し、次に掲げる事項について、あらかじめ総務大臣の承認を得なければならない。ただし、第十六条〔結果の公表〕ただし書の規定による場合において、第三号の事項については、この限りでない。
一　目的、事項、範囲、期日及び方法
二　集計事項及び集計方法
三　結果の公表の方法及び期日
四　関係書類の保存期間及び保存責任者
五　経費の概算その他総務大臣が必要と認める事項
②　前項の承認を得た後、調査を中止し、又は承認を得た事項を変更するには、更に総務大臣の承認を得なければならない。
③　総務大臣は、必要があると認めたときは、関係各行政機関若しくは地方公共団体の長又は教育委員会に対し、指定統計調査の実施、変更又は中止を求めることができる。

（指定統計調査以外の統計調査）
第八条　指定統計調査以外の統計調査を行う場合には、調査実施者は、その調査に関し、前条第一項第一号に掲げる事項を総務大臣に届け出なければならない。ただし、統計報告調整法（昭和二十七年法律第百四十八号）の規定により総務大臣の承認を受けた場合は、この限りでない。
②　前項の規定により届け出るべき統計調査の範囲その他の事項については、政令でこれを定める。
③　総務大臣は、必要と認めたときは、関係各行政機関若しくは地方公共団体の長又は教育委員会に対し、指定統計調査以外の統計調査の変更又は中止を求めることができる。

（指定統計調査の事務の監査）
第九条　総務大臣は、必要と認めたときは、関係各行政機関の長又はその他のものの行う指定統計調査の実施の状況を監査し、改善の必要があると認めたときは、これらのものに対して、その改善につき勧告することができる。

（統計官及び統計主事）
第十条　内閣府及び各省の部内に統計官を置くことができる。
②　都道府県及び市町村（特別区を含む。）に、統計主事を置くことができる。

③ 統計官又は統計主事は、上官又は上司の命を受けて、指定統計調査その他の統計調査に関する専門的技術的事務に従事する。

④ 統計官は、内閣府事務官、各省事務官、内閣府技官若しくは各省技官又はこれらに相当する政令で定める職員（以下この項において「国家公務員」という。）で、次の各号のいずれかに掲げる資格を有するもののうちから、第一項に定める行政機関の長（宮内庁長官及び外局の長を含む。）が命じ、統計主事は、地方自治法（昭和二十二年法律第六十七号）第百七十二条第一項に規定する吏員又は地方教育行政の組織及び運営に関する法律（昭和三十一年法律第百六十二号）第十九条〔指導主事その他の職員〕に規定する事務職員若しくは技術職員（以下この項において「地方公務員」という。）で、次の各号のいずれかに掲げる資格を有するもののうちから、地方公共団体の長又は教育委員会が命ずる。

一 統計調査に関する事務に国家公務員又は地方公務員として通算して二年以上従事したこと。

二 学校教育法（昭和二十二年法律第二十六号）又は旧大学令（大正七年勅令第三百八十八号）による大学の学部で統計学を履修し、又は数学を専修する学科を修め、学士の学位又は旧大学令による学士の称号を有すること。

三 学校教育法による高等専門学校、旧専門学校令（明治三十六年勅令第六十一号）による専門学校又は文部科学大臣がこれらと同等以上と認定した学校で統計学を履修し、又は数学を専修する学科を修め、卒業したこと。

四 総務大臣が指定した統計職員養成機関若しくは統計講習会の課程を修了したこと又は別に定める統計に関する国家試験に合格したこと。

五 前各号に掲げる資格のほか、総務大臣が統計調査に従事するに適当な資格を有すると認定したこと。

（総務大臣が行う統計調査）

第十一条 総務大臣が行う統計調査については、第七条〔指定統計調査の承認及び実施〕第三項及び第八条〔指定統計調査以外の統計調査〕第三項の規定は、適用しない。

2 前項に定めるもののほか、総務大臣が行う統計調査に対するこの法律の適用に関しては、第九条中「関係各行政機関の長又はその他のものの行う指定統計調査」とあるのは「指定統計調査」と、「これらのものに対して、その改善につき勧告することができる」とあるのは「その改善を図るものとする」とする。

（統計調査員）

第十二条 政府、地方公共団体の長又は教育委員会は、その行う指定統計調査のために必要があるときは、統計調査員を置くことができる。

② 統計調査員に関する事項は、命令（地方公共団体の長又は教育委員会の定める規則を含む。）でこれを定める。

（実地調査）

第十三条 統計官、統計主事その他指定統計調査に関する事務に従事する者及び統計調査員は、指定統計調査のため、必要な場所に立ち入り、あらかじめ総務大臣の承認を得た事項について、検査をなし、調査資料の提供を求め、又は関係者に対し質問をすることができる。この場合には、その職務を示す証票を示さなければならない。

（秘密の保護）

第十四条 指定統計調査、第八条〔指定統計調査以外の統計調査〕第一項の規定により総務大臣に届け出られた統計調査（以下「届出統計調査」という。）及び統計報告調整法の規定により総務大臣の承認を受けた統計報告の徴集（以下「報告徴集」という。）の結果知られた人、法人又はその他の団体の秘密に属する事項については、その秘密は、保護されなければならない。

第十五条　何人も、指定統計を作成するために集められた調査票を、統計上の目的以外に使用してはならない。

②　前項の規定は、総務大臣の承認を得て使用の目的を公示したものについては、これを適用しない。

第十五条の二　何人も、届出統計調査（地方公共団体が行うものを除く。次条において同じ。）によって集められた調査票及び報告徴集によって得られた統計報告（統計報告調整法第四条（統計報告の徴集についての承認）第二項に規定する申請書に記載された専ら統計を作成するために用いられる事項に係る部分に限る。）を、統計上の目的以外に使用してはならない。

②　前項の規定は、届出統計調査又は報告徴集の実施者が、被調査者又は報告を求められた者を識別することができない方法で調査票又は統計報告を使用し、又は使用させることを妨げるものではない。

（調査票等の管理）

第十五条の三　指定統計調査、届出統計調査及び報告徴集の実施者は、統計調査によって集められた調査票、報告徴集によって得られた統計報告その他の関係書類を適正に管理するために必要な措置を講じなければならない。

（地方公共団体の責務）

第十五条の四　地方公共団体は、届出統計調査によって集められた調査票その他の関係書類の適正な使用及び管理に努めなければならない。

（結果の公表）

第十六条　指定統計調査の結果は、速やかにこれを公表しなければならない。ただし、総務大臣の承認を得た場合には、これを公表しないことができる。

（資料等の提出及び説明の要求）

第十六条の二　総務大臣は、この法律の実施に関し必要があると認めるときは、各行政機関の長又はその他のものに対し、資料及び報告の提出並びに説明を求めることができる。

（指定統計調査の実施に対する協力）

第十七条　指定統計調査の実施者が、その指定統計調査を行うに際して必要があると認めるときは、関係各行政機関の長又はその他のものに対し、調査、報告その他の協力を求めることができる。

（地方公共団体が処理する政府の指定統計調査に関する事務）

第十八条　政府が行う指定統計調査に関する事務の一部は、政令で定めるところにより、地方公共団体の長又は教育委員会が行うこととすることができる。

（権限の委任）

第十八条の二　総務大臣は、政令で定めるところにより、第二条（指定統計）及び第七条（指定統計調査の承認及び実施）に定める権限を総務省において統計に関する事務を所掌する職にある者で政令で定めるものに委任することができる。

（罰則）

第十九条　次の各号の一に該当する者は、これを六箇月以下の懲役若しくは禁錮又は十万円以下の罰金に処する。

一　第五条（申告義務）の規定により申告を命ぜられた場合申告をせず、又は虚偽の申告をした者

二　第五条の規定により申告を命ぜられた調査につき申告を妨げた者

三　第十三条〔実地調査〕の規定による検査を拒み、妨げ、若しくは忌避し、調査資料を提供せず、若しくは虚偽の調査資料を提供し、又は質問に対し虚偽の陳述をした者
四　指定統計調査の事務に従事する者又はその他の者で指定統計調査の結果をして真実に反するものたらしめる行為をした者

第十九条の二　統計官、統計主事その他指定統計調査に関する事務に従事する者、統計調査員又はこれらの職に在つた者が、その職務執行に関して知り得た人、法人又はその他の団体の秘密に属する事項を、他に漏らし、又は窃用したときは、これを一年以下の懲役又は十万円以下の罰金に処する。

② 前項に掲げる者が、総務大臣の承認を得た場合のほか集計された結果を、第七条〔指定統計調査の承認及び実施〕の規定により定められた公表期日以前に、他に漏らし、又は窃用したときは、これを十万円以下の罰金に処する。

③ 職務上前二項の事項を知り得た第一項に掲げる者以外の公務員又は公務員であつた者が、前二項の行為をしたときもまた当該各項の例による。

附　則

第二十条〔以下略〕

○統計法施行令　抄

〔昭和二四年五月三一日　政令第一三〇号〕

最近改正　平成一二年六月七日　政令第三三四号

（指定統計の指定）

第一条　総務大臣は、統計法（以下「法」という。）第二条〔指定統計〕の規定による指定統計の指定をしようとするときは、あらかじめ、統計審議会の意見を聴かなければならない。

（指定統計の公示）

第一条の二　調査実施者は、法第二条〔指定統計〕の規定により公示された指定統計を作成するために用いる調査票には、公示された指定番号及び指定統計の名称を記載しなければならない。

（指定統計調査の承認）

第一条の三　総務大臣は、指定統計調査に関し、法第七条〔指定統計調査の承認及び実施〕第一項又は第二項の規定による承認をしようとするとき、又は当該承認をしないこととするときは、あらかじめ、統計審議会の意見を聴かなければならない。ただし、統計審議会が軽微な事項と認めるものについては、この限りでない。

（統計調査員の職務）

第三条　法第十二条〔統計調査員〕に定める統計調査員は、その設置に関する事務を行う各行政機関若しくは地方公共団体の長又は教育委員会の指揮監督を受け、指定統計調査の調査票の配付及び取集その他指定統計調査に関する事務に従事する。

（実地調査事項）

第四条　法第三条〔指定統計調査〕第二項の規定に基づいて定める命令（地方公共団体の長又は教育委員会の定めた規則を含む。）には、法第十三条の規定により総務大臣の承認を得た事項を明記しなければならない。

（実地調査の証票）

第五条　法第十三条〔実地調査〕の規定による証票は、調査実施者が交付するものとし、別記様式〔略〕により交付するものとする。

（調査票の目的以外使用の承認の告示）

第六条　法第十五条第二項の規定による公示は、総務省告示によって行う。

2　前項の告示には、総務大臣が承認した指定統計の名称、調査票の使用目的及び調査票の使用者の範囲を明示しなければならない。

（結果の公表の方法等）

第七条　法第十六条〔結果の公表〕の規定による公表は、官報その他の刊行物で行う。ただし、指定統計調査の結果のうち次の各号のいずれかに該当するものについては、総務大臣が別に定めるところにより、電子計算機用磁気テープ等に記録したものを紙面又は映像面に表示し、これを公衆の閲覧に供する方法で行うことができる。

一　利用者の範囲等を勘案して官報その他の刊行物で公表することが適当でないと認められるもの

二　官報その他の刊行物で公表するのに長期を要すると認められるもの（前号に該当するものを除く。）

2　前項第二号に該当する指定統計調査の結果について、同項ただし書に規定する方法で公表した場合には、調査実施者は、相当の期間内に、当該結果を官報に掲載し、又は当該結果に関する官報以外の刊行物を刊行しなければならない。

3　調査実施者は、次の各号に掲げる場合には、速やかにそれぞれ当該各号に掲げる事項を総務大臣に報告しなければならない。

一　官報以外の刊行物で公表した場合又は前項の規定に基づき官報以外の刊行物を刊行した場合　指定統計の名称並びに刊行物の名称及び発行の年月日

二　第一項ただし書に規定する方法で公表した場合　指定統計の名称、閲覧の期間及び場所並びに公表に係る集計事項

4　総務大臣は、前項の規定により報告を受けた事項を官報で告示しなければならない。

（地方公共団体が処理する事務）

第八条　政府が行う指定統計調査に関する事務のうち、〔中略〕別表第四の第一欄に掲げる指定統計に係るものについてはそれぞれ同表の第二欄に掲げる当該事務の区分に応じ都道府県知事が同表の第三欄に掲げる事務を、都道府県の教育委員会が同表の第四欄に掲げる事務を、市町村長が同表の第五欄に掲げる事務を、市町村の教育委員会が同表の第六欄に掲げる事務を行うことと〔中略〕する。

2　前項の規定により都道府県又は市町村が行うこととされている事務（統計調査員の設置に関する事務、都道府県知事に対する統計調査員の候補者の推薦に関する事務、統計調査員の身分を示す証票の交付に関する事務並びにこれらの事務に附帯する事務を除く。）は、地方自治法（昭和二十二年法律第六十七号）〔別掲〕第二条第九項第一号に規定する第一号法定受託事務とする。

3　第一項の規定により市町村が行うこととされている事務のう

ち、都道府県知事に対する統計調査員の候補者の推薦に関する事務、統計調査員の身分を示す証票の交付に関する事務並びに統計調査員の報酬及び費用の交付に関する事務並びにこれらの事務に附帯する事務は、地方自治法第二条第九項第二号に規定する第二号法定受託事務とする。

（権限の委任）

第九条 法第二条〔指定統計〕及び第七条〔指定統計調査の承認及び実施〕に規定する総務大臣の権限は、総務省統計局長が行う。

附　則〔略〕

別表第四（第八条第一項関係）〔抄〕

指定統計	事務の区分	都道府県知事が行う事務	都道府県の教育委員会が行う事務	市町村長が行う事務	市町村の教育委員会が行う事務
二　社会教育行政に必要な社会教育に関する基本的事項を明らかにすることを目的とする指定統計	調査票の配布、取集、審査等に関する事務	一　調査票（都道府県知事が作成すべきものとして文部科学省省令で定めるものに限る。）の作成に関する事務 二　都道府県の教育委員会に対する前号に規定する調査票の送付に関する事務	一　調査票（都道府県の教育委員会が調査すべき社会教育施設として文部科学省令で定めるものの調査に係るものに限る。）の配布に関する事務 二　前号に規定する調査票の取集に関する事務 三　第一号、この項第三欄第一号及びこの項第六欄第四号に規定する調査票の審査並びにこの項第六欄第三号に規定する調査票の二次的な審査に関する事務 四　前号に規定する調査票への必要な事項の記	一　調査票（市町村長が作成すべきものとして文部科学省令で定めるものに限る。）の作成に関する事務 二　市町村の教育委員会に対する前号に規定する調査票の送付に関する事務	一　調査票（市町村の教育委員会が調査すべき社会教育施設として文部科学省令で定めるものの調査に係るものに限る。）の配布に関する事務 二　前号に規定する調査票の取集に関する事務 三　第一号及びこの項第五欄第一号に規定する調査票の審査に関する事務 四　調査票（市町村の教育委員会の社会教育行政についての調査に係るものに限る。）の作成に関する事務

	その他の事務
	三　都道府県の教育委員会との連絡に関する事務 四　前三号に掲げる事務に関する書類の作成及び保管その他前三号に掲げる事務に附帯する事務
入に関する事務 五　調査票（都道府県の教育委員会の社会教育行政についての調査に係るものに限る。）の作成に関する事務	六　文部科学大臣、都道府県知事、他の都道府県の教育委員会及び市町村の教育委員会との連絡に関する事務 七　市町村の教育委員会に対する調査票の用紙その他調査のために必要な物品の送付に関する事務 八　都道府県の区域における調査の広報に関する事務 九　市町村の教育委員会の行う調査に関する事務の実施状況の把握に関する事務 十　文部科学大臣に対する調査に関する事務の実施状況その他必要な
	三　市町村の教育委員会との連絡に関する事務 四　前三号に掲げる事務に関する書類の作成及び保管その他前三号に掲げる事務に附帯する事務
五　都道府県の教育委員会に対する前二号に規定する調査票の送付に関する事務	六　都道府県の教育委員会、市町村長及び他の市町村の教育委員会との連絡に関する事務 七　市町村の区域における調査の広報に関する事務 八　都道府県の教育委員会に対する調査に関する事務の実施状況その他必要な事項の報告に関する事務 九　都道府県の教育委員会に対する関係書類の送付に関する事務 十　前各号に掲げる事務に関する書類の作成及び保管その他前各号に掲げる事務に附帯する事務

事項の報告に関する事務 十一　文部科学大臣に対する第三号及び第五号に規定する調査票その他関係書類の提出に関する事務 十二　前各号に掲げる事務に関する書類の作成及び保管その他前各号に掲げる事務に附帯する事務

◎関税定率法　抄

〔明治四三年四月一五日　法律第五四号〕

最近改正　平成一三年七月四日　法律第九七号

（課税標準及び税率）

第三条　関税は、輸入貨物の価格又は数量を課税標準として課するものとし、その税率は、別表による。

（無条件免税）

第十四条　次に掲げる貨物で輸入されるものについては、政令で定めるところにより、その関税を免除する。

三の二　国際連合又はその専門機関から寄贈された教育用又は宣伝用の物品及びこれらの機関によつて製作された教育的、科学的又は文化的なフィルム、スライド、録音物その他これらに類する物品

三の三　政令で定める博覧会、見本市その他これらに類するもの（以下この号及び第十五条〔特定用途免税〕第一項第五号の二において「博覧会等」という。）への参加国（博覧会等に参加する外国の地方公共団体及び国際機関を含む。）が発行した当該博覧会等のための公式のカタログ、パンフレット、ポスターその他これらに類するもの

四　記録文書その他の書類

（特定用途免税）

第十五条　左の各号に掲げる貨物で輸入され、その輸入の許可の日から二年以内に当該各号に掲げる用途以外の用途に供されないものについては、政令で定めるところにより、その関税を免除する。

一　国若しくは地方公共団体が経営する学校、博物館、物品陳列所、研究所、試験所その他これらに類する施設又は国及び地方公共団体以外の者が経営するこれらの施設のうち政令で定めるものに陳列する標本若しくは参考品又はこれらの施設において使用する学術研究用品（新規の発明に係るもの又は本邦において製作することが困難と認められるものに限る。）若しくは教育用のフィルム（撮影済みのものに限る。）、スライド、レコード、テープ（録音済みのものに限る。）その他これらに類する物品

二　学術研究又は教育のため前号に掲げる施設に寄贈された物品

〔第三号以下略〕

別表

関税率表（第三条、第六条、第七条、第八条、第九条、第九条の二、第二十条の二、第二十二条関係）〔抄〕

目次〔略〕

関税率表の解釈に関する通則〔抄〕

この表における物品の所属は、次の原則により決定する。

1　部、類及び節の表題は、単に参照上の便宜のために設けたものである。この表の適用に当たつては、物品の所属は、項の規定及びこ

れに関係する部又は類の注の規定に従い、かつ、これらの項又は注に別段の定めがある場合を除くほか、次の原則に定めるところ（「次の」は略）に従つて決定する。

4 前記の原則によりその所属を決定することができない物品は、当該物品に最も類似する物品が属する項に属する。

備考

1 この表の各号に掲げる物品の細分として同表の品名の欄に掲げる物品は、当該各号に掲げる物品の範囲内のものとし、当該物品について限定がある場合には、別段の定めがあるものを除くほか、細分として掲げる物品にも同様の限定があるものとする。

2 この表の税率の欄において、割合をもつて掲げる税率は価格を課税標準として適用するものとし、数量を基準として掲げる税率はその数量を課税標準として適用するものとする。

この場合において、その数量は、正味の数量とする。

第一〇部 木材パルプ、繊維素繊維を原料とするその他のパルプ、古紙並びに紙及び板紙並びにこれらの製品

番号	品名	税率

第四九類 印刷した書籍、新聞、絵画その他の印刷物並びに手書き文書、タイプ文書、設計図及び図案

注

1 この類には、次の物品を含まない。

(a) 透明なベース上の写真のネガ及びポジ（第三七類参照）

(b) 浮出し地図、浮出し設計図及び浮出し地球儀（印刷してあるかないかを問わない。第九〇・二三項参照）

(c) 第九五類の遊戯用カードその他の物品

(d) 銅版画、木版画、石版画その他の版画（第九七・〇二項参照）、第九七・〇四項の郵便切手、収入印紙、郵便料金納付の印影、初日カバー、切手付き書簡類その他これらに類する物品及び製作後一〇〇年を超えたこつとうその他の第九七類の物品

2 この類において印刷したものには、複写機により複写したもの、自動データ処理機械により打ち出したもの、型押しをしたもの、写真に撮つたもの、感光複写をしたもの、感熱複写をしたもの及びタイプしたものを含む。

3 新聞、雑誌その他の定期刊行物を紙以外の物品により製本したもの及び新聞、雑誌その他の定期刊行物の二号以上を単一のカバーによりセットしたもの（広告を含んでいるかいないかを問わない。）は、第四九・〇一項に属する。

4 第四九・〇一項には、次の物品を含む。

(a) 美術品、図案等を複製した印刷物を集めたもの（内容に関連する文章を伴うもので、ページを入れて書籍の作成に適するように

したものに限る。）

(b)　書籍に補足として附属する絵画（書籍とともに提示するものに限る。）

(c)　書籍又は小冊子を構成する印刷物（束ねた若しくは単独のシート又は折り丁のもので、完成品の全体又は一部を構成し、かつ、製本に適するものに限る。）

もっとも、絵又は挿絵を印刷したもの（折り丁又は単独のシートのものに限る。）で文章を伴わないものは、第四九・一一項に属する。

5　3の物品を除くほか、第四九・〇一項には、本質的に広告を目的とする出版物（例えば、小冊子、パンフレット、リーフレット、商業用カタログ、商業団体が出版した年鑑及び観光案内書）を含まない。これらの物品は、第四九・一一項に属する。

6　第四九・〇三項において「幼児用の絵本」とは、絵が主体で、文章が副次的な幼児用の本をいう。

四九・〇一		印刷した書籍、小冊子、リーフレットその他これらに類する印刷物（単一シートのものであるかないかを問わない。）	
	四九〇一・一〇	単一シートのもの（折り畳んであるかないかを問わない。）	無税
		その他のもの	
	四九〇一・九一	辞典及び事典（シリーズの形式で発行するものを含む。）	無税
	四九〇一・九九	その他のもの	無税
四九・〇二		新聞、雑誌その他の定期刊行物（挿絵を有するか有しないか又は広告を含んでいるかいないかを問わない。）	
	四九〇二・一〇	一週に四回以上発行するもの	無税
	四九〇二・九〇	その他のもの	無税
四九・〇三	四九〇三・〇〇	幼児用の絵本及び習画本	無税
四九・〇四	四九〇四・〇〇	楽譜（印刷したもの及び手書きのものに限るものとし、製本してあるかないか又は挿絵を有するか有しないかを問わない。）	無税
四九・〇五		地図、海図その他これらに類する図（製本したもの、壁掛け用のもの、地形図及び地球儀、天球儀その他これらに類するものを含むものとし、印刷したものに限る。）	
	四九〇五・一〇	地球儀、天球儀その他これらに類するもの	無税

	その他のもの	
四九〇五・九一	製本したもの	無税
四九〇五・九九	その他のもの	無税
四九・〇六 四九〇六・〇〇	設計図及び図案（建築用、工学用、工業用、商業用、地形測量用その他これらに類する用途に供するもので手書き原図に限る。）並びに手書き文書並びにこれらをカーボン複写し又は感光紙に写真複写したもの	無税
四九・〇七 四九〇七・〇〇	郵便切手、収入印紙その他これらに類する物品（発行国（額面で流通する国を含む。）で通用するもので使用してないものに限る。）、これらを紙に印刷した物品、紙幣、銀行券及び小切手帳並びに株券、債券その他これらに類する有価証券	無税
四九・〇八	デカルコマニア	
四九〇八・一〇	デカルコマニア（ガラス化することができるものに限る。）	無税
四九〇八・九〇	その他のもの	無税
四九・〇九 四九〇九・〇〇	葉書（印刷したもの及び挿絵を有するものに限る。）及び個人のあいさつ、伝言又は通知を印刷したカード（挿絵を有するか有しないか又は封筒若しくはトリミング付きであるかないかを問わない。）	無税
四九・一〇 四九一〇・〇〇	カレンダー（カレンダーブロックを含むものとし、印刷したものに限る。）	無税
四九・一一	その他の印刷物（印刷した絵画及び写真を含む。）	
四九一一・一〇	広告、商業用カタログその他これらに類する物品	無税
	その他のもの	
四九一一・九一	絵画、デザイン及び写真	無税
四九一一・九九	その他のもの	無税

◎日本赤十字社法　抄

〔昭和二七年八月一四日法律第三〇五号〕

最近改正　平成一二年六月七日　法律第一一一号

（目的）

第一条　日本赤十字社は、赤十字に関する諸条約及び赤十字国際会議において決議された諸原則の精神にのつとり、赤十字の理想とする人道的任務を達成することを目的とする。

（業務）

第二十七条　日本赤十字社は、第一条（目的）の目的を達成するため、左に掲げる業務を行う。

一　赤十字に関する諸条約に基く業務に従事すること。

二　非常災害時又は伝染病流行時において、傷病その他の災やくを受けた者の救護を行うこと。

三　常時、健康の増進、疾病の予防、苦痛の軽減その他社会奉仕のために必要な事業を行うこと。

四　前各号に掲げる業務のほか、第一条の目的を達成するために必要な業務

2　前項第一号及び第二号に掲げる業務には、第三十三条（国の救護に関する業務の委託）第一項の規定により国の委託を受けて行うものを含むものとする。

（社会福祉事業の経営）

第三十五条　日本赤十字社は、社会福祉法（昭和二十六年法律第四十五号）の定めるところにより、同法に規定する第一種社会福祉事業及び第二種社会福祉事業を経営するものとする。

2　日本赤十字社が前項の規定により社会福祉事業を経営する場合においては、社会福祉法第七章（社会福祉事業）の規定及びこれに係る罰則並びに社会福祉・医療事業団法（昭和五十九年法律第七十五号）の適用については、日本赤十字社は、社会福祉法人とみなす。

（助成）

第三十九条　国又は地方公共団体は、日本赤十字社が、その業務の実施に必要な施設又は設備を整備する場合において、必要があると認めるときは、日本赤十字社に対し、補助金を支出し、又は通常の条件よりも日本赤十字社に有利な条件で、貸付金を支出し、若しくはその他の財産を譲渡し、若しくは貸し付けることができる。但し、国有財産法（昭和二十三年法律第七十三号）及び地方財政法（昭和二十三年法律第百九号）第八条第一項（財産の管理及び処分）並びに私立図書館の事業についての補助金の交付に関する図書館法〔傍線＝編者〕（昭和二十五年法律第百十八号）第二十六条（国及び地方公共団体との関係）の規定の適用を妨げない。

◎刑法　抄

〔明治四〇年四月二四日
法律第四五号〕

最近改正　平成一三年七月四日　法律第九七号

（わいせつ物頒布等）
第百七十五条　わいせつな文書、図画その他の物を頒布し、販売し、又は公然と陳列した者は、二年以下の懲役又は二百五十万円以下の罰金若しくは科料に処する。販売の目的でこれらの物を所持した者も、同様とする。

◎刑事訴訟法　抄

〔昭和二三年七月一〇日
法律第一三一号〕

最近改正　平成一三年六月八日　法律第四一号

〔差押・提出命令〕
第九十九条　裁判所は、必要があるときは、証拠物又は没収すべき物と思料するものを差し押えることができる。但し、特別の定のある場合は、この限りでない。
②　裁判所は、差し押えるべき物を指定し、所有者、所持者又は保管者にその物の提出を命ずることができる。

〔捜索〕
第百二条　裁判所は、必要があるときは、被告人の身体、物又は住居その他の場所に就き、捜索をすることができる。
②　被告人以外の者の身体、物又は住居その他の場所については、押収すべき物の存在を認めるに足りる状況のある場合に限り、捜索をすることができる。

〔公務上秘密と押収拒絶権〕
第百三条　公務員又は公務員であつた者が保管し、又は所持する物について、本人又は当該公務所から職務上の秘密に関するものであることを申し立てたときは、当該監督官庁の承諾がなければ、押収をすることはできない。但し、当該監督官庁は、国の重大な利益を害する場合を除いては、承諾を拒むことができない。

〔差押状・捜索状〕
第百六条　公判廷外における差押又は捜索は、差押状又は捜索状を発してこれをしなければならない。

〔差押状・捜索状の記載事項〕

第百七条　差押状又は捜索状には、被告人の氏名、罪名、差し押えるべき物又は捜索すべき場所、身体若しくは物、有効期間及びその期間経過後は執行に着手することができず令状はこれを返還しなければならない旨並びに発付の年月日その他裁判所の規則で定める事項を記載し、裁判長が、これに記名押印しなければならない。

②　第六十四条第二項の規定は、前項の差押状又は捜索状についてこれを準用する。

〔差押状・捜索状の呈示〕

第百十条　差押状又は捜索状は、処分を受ける者にこれを示さなければならない。

〔捜査に必要な取調〕

第百九十七条　捜査については、その目的を達するため必要な取調をすることができる。但し、強制の処分は、この法律に特別の定のある場合でなければ、これをすることができない。

②　捜査については、公務所又は公私の団体に照会して必要な事項の報告を求めることができる。

〔令状による差押・捜索・検証〕

第二百十八条　検察官、検察事務官又は司法警察職員は、犯罪の捜査をするについて必要があるときは、裁判官の発する令状により、差押、捜索又は検証をすることができる。〔後段及び第二～第五項略〕

〔犯罪捜査のための差押・捜索等の令状の記載事項〕

第二百十九条　前条の令状には、被疑者若しくは被告人の氏名、罪名、差し押えるべき物、捜索すべき場所、身体若しくは物、検証すべき場所若しくは物又は検査すべき身体及び身体の検査に関する条件、有効期間及びその期間経過後は差押、捜索又は検証に着手することができず令状はこれを返還しなければならない旨並びに発付の年月日その他裁判所の規則で定める事項を記載し、裁判官が、これに記名押印しなければならない。

②　第六十四条第二項の規定は、前条の令状についてこれを準用する。

〔領置〕

第二百二十一条　検察官、検察事務官又は司法警察職員は、被疑者その他の者が遺留した物又は所有者、所持者若しくは保管者が任意に提出した物は、これを領置することができる。

〔公務所等に対する裁判所の照会〕

第二百七十九条　裁判所は、検察官、被告人若しくは弁護人の請求により又は職権で、公務所又は公私の団体に照会して必要な事項の報告を求めることができる。

◎弁護士法　抄

〔昭和二四年六月一〇日
法律第二〇五号〕

最近改正　平成一三年一一月二八日　法律第一二九号

（秘密保持の権利及び義務）

第二十三条　弁護士又は弁護士であつた者は、その職務上知り得た秘密を保持する権利を有し、義務を負う。但し、法律に別段の定めがある場合は、この限りでない。

（報告の請求）

第二十三条の二　弁護士は、受任している事件について、所属弁護士会に対し、公務所又は公私の団体に照会して必要な事項の報告を求めることを申し出ることができる。申出があつた場合において、当該弁護士会は、その申出が適当でないと認めるときは、これを拒絶することができる。

2　弁護士会は、前項の規定による申出に基き、公務所又は公私の団体に照会して必要な事項の報告を求めることができる。

◎少年法　抄

〔昭和二三年七月一五日
法律第一六八号〕

最近改正　平成一二年一二月六日　法律第一四二号

第一章　総則

（この法律の目的）

第一条　この法律は、少年の健全な育成を期し、非行のある少年に対して性格の矯正及び環境の調整に関する保護処分を行うとともに、少年及び少年の福祉を害する成人の刑事事件について特別の措置を講ずることを目的とする。

（少年、成人、保護者）

第二条　この法律で「少年」とは、二十歳に満たない者をいい、「成人」とは、満二十歳以上の者をいう。

2　この法律で「保護者」とは、少年に対して法律上監護教育の義務ある者及び少年を現に監護する者をいう。

第二章　少年の保護事件

第一節　通則

（審判に付すべき少年）

第三条　次に掲げる少年は、これを家庭裁判所の審判に付する。

一　罪を犯した少年

二　十四歳に満たないで刑罰法令に触れる行為をした少年

三　次に掲げる事由があつて、その性格又は環境に照して、将来、罪を犯し、又は刑罰法令に触れる行為をする虞のある少年

イ　保護者の正当な監督に服しない性癖のあること。

ロ　正当の理由がなく家庭に寄り附かないこと。
ハ　犯罪性のある人若しくは不道徳な人と交際し、又はいかがわしい場所に出入すること。
ニ　自己又は他人の徳性を害する行為をする性癖のあること。
2　家庭裁判所は、前項第二号に掲げる少年及び同項第三号に掲げる少年で十四歳に満たない者については、都道府県知事又は児童相談所長から送致を受けたときに限り、これを審判に付することができる。

第二節　調査及び審判

（通告）
第六条　家庭裁判所の審判に付すべき少年を発見した者は、これを家庭裁判所に通告しなければならない。
2　警察官又は保護者は、第三条第一項第三号に掲げる少年について、直接これを家庭裁判所に送致し、又は通告するよりも、先づ児童福祉法（昭和二十二年法律第百六十四号）による措置にゆだねるのが適当であると認めるときは、その少年を直接児童相談所に通告することができる。
3　都道府県知事又は児童相談所長は、児童福祉法の適用がある少年について、たまたま、その行動の自由を制限し、又はその自由を奪うような強制的措置を必要とするときは、同法第三十三条及び第四十七条の規定により認められる場合を除き、これを家庭裁判所に送致しなければならない。

（家庭裁判所調査官の報告）
第七条　家庭裁判所調査官は、家庭裁判所の審判に付すべき少年を発見したときは、これを裁判官に報告しなければならない。
2　家庭裁判所調査官は、前項の報告に先だち、少年及び保護者について、事情を調査することができる。

（事件の調査）
第八条　家庭裁判所は、前二条の通告又は報告により、審判に付すべき少年があると思料するときは、事件について調査しなければならない。検察官、司法警察員、都道府県知事又は児童相談所長から家庭裁判所の審判に付すべき少年事件の送致を受けたときも、同様である。
2　家庭裁判所は、家庭裁判所調査官に命じて、少年、保護者又は参考人の取調その他の必要な調査を行わせることができる。

（検察官への送致）
第二十条　家庭裁判所は、死刑、懲役又は禁錮に当たる罪の事件について、調査の結果、その罪質及び情状に照らして刑事処分を相当と認めるときは、決定をもつて、これを管轄地方裁判所に対応する検察庁の検察官に送致しなければならない。
2　前項の規定にかかわらず、家庭裁判所は、故意の犯罪行為により被害者を死亡させた罪の事件であつて、その罪を犯すとき十六歳以上の少年に係るものについては、同項の決定をしなければならない。ただし、調査の結果、犯行の動機及び態様、犯行後の情況、少年の性格、年齢、行状及び環境その他の事情を考慮し、刑事処分以外の措置を相当と認めるときは、この限りでない。

（審判開始の決定）
第二十一条　家庭裁判所は、調査の結果、審判を開始するのが相当であると認めるときは、その旨の決定をしなければならない。

（審判の方式）
第二十二条　審判は、懇切を旨として、和やかに行うとともに、非行のある少年に対し自己の非行について内省を促すものとしなければならない。
2　審判は、これを公開しない。

3 審判の指揮は、裁判長が行う。

（検察官の関与）

第二十二条の二 家庭裁判所は、第三条第一項第一号に掲げる少年に係る事件であつて、次に掲げる罪のものにおいて、その非行事実を認定するための審判の手続に検察官が関与する必要があると認めるときは、決定をもつて、審判に検察官を出席させることができる。

一 故意の犯罪行為により被害者を死亡させた罪

二 前号に掲げるもののほか、死刑又は無期若しくは短期二年以上の懲役若しくは禁錮に当たる罪

2 家庭裁判所は、前項の決定をするには、検察官の申出がある場合を除き、あらかじめ、検察官の意見を聴かなければならない。

3 検察官は、第一項の決定があつた事件において、その非行事実の認定に資するため必要な限度で、最高裁判所規則の定めるところにより、事件の記録及び証拠物を閲覧し及び謄写し、審判の手続（事件を終局させる決定の告知を含む。）に立ち会い、少年及び証人その他の関係人に発問し、並びに意見を述べることができる。

（検察官が関与する場合の国選付添人）

第二十二条の三 家庭裁判所は、前条第一項の決定をした場合において、少年に弁護士である付添人がないときは、弁護士である付添人を付さなければならない。

2 前項の規定により家庭裁判所が付すべき付添人は、最高裁判所規則の定めるところにより、選任するものとする。

3 前項の規定により選任された付添人は、旅費、日当、宿泊料及び報酬を請求することができる。

第五章 雑則

（記事等の掲載の禁止）

第六十一条 家庭裁判所の審判に付された少年又は少年のとき犯した罪により公訴を提起された者については、氏名、年齢、職業、住居、容ぼう等によりその者が当該事件の本人であることを推知することができるような記事又は写真を新聞紙その他の出版物に掲載してはならない。

（参考資料） 各種法令による青少年等の呼称と年齢区分一覧

呼称 ＼ 年齢区分	0 1 2 3 4 5 6 7 8 9 10 11 12 13 14 15 16 17 18 19 20～
乳　児	0歳～1歳未満（児童福祉法）
幼　児	1歳～6歳（小学校就学の始期〔に達するまでの者＝編者〕）（児童福祉法） 3歳～6歳（小学校就学の始期〔に達するまでの幼児＝編者〕）〔80条〕（学校教育法）
児　童	18歳未満（児童福祉法，児童買春・児童ポルノ法） 15歳未満（労働基準法）
学齢児童生徒	6歳～12歳 小学校児童〔22条〕　12歳～15歳 中学校生徒〔39条〕（学校教育法）
少　年	20歳未満（少年法） 6歳（小学校就学の始期）～18歳未満（児童福祉法）
年少者	18歳未満（労働基準法）
未成年者	20歳未満（民法，未成年者飲酒禁止法，未成年者喫煙禁止法）

〔出典＝『生涯学習・社会教育行政必携』平成12年版，文部省内生涯学習・社会教育行政研究会編，第一法規，1070頁〔条名付加＝編者〕〕

◎児童買春、児童ポルノに係る行為等の処罰及び児童の保護等に関する法律

〔平成一一年五月二六日法律第五二号〕

（目的）

第一条 この法律は、児童に対する性的搾取及び性的虐待が児童の権利を著しく侵害することの重大性にかんがみ、児童買春、児童ポルノに係る行為等を処罰するとともに、これらの行為等により心身に有害な影響を受けた児童の保護のための措置等を定めることにより、児童の権利の擁護に資することを目的とする。

（定義）

第二条 この法律において「児童」とは、十八歳に満たない者をいう。

2 この法律において「児童買春」とは、次の各号に掲げる者に対し、対償を供与し、又はその供与の約束をして、当該児童に対し、性交等（性交若しくは性交類似行為をし、又は自己の性的好奇心を満たす目的で、児童の性器等（性器、肛門又は乳首をいう。以下同じ。）を触り、若しくは児童に自己の性器等を触らせることをいう。以下同じ。）をすることをいう。

一 児童

二 児童に対する性交等の周旋をした者

三 児童の保護者（親権を行う者、後見人その他の者で、児童を

現に監護するものをいう。以下同じ。）又は児童をその支配下に置いている者

3　この法律において「児童ポルノ」とは、写真、ビデオテープその他の物であって、次の各号のいずれかに該当するものをいう。

一　児童を相手方とする又は児童による性交又は性交類似行為に係る児童の姿態を視覚により認識することができる方法により描写したもの

二　他人が児童の性器等を触る行為又は児童が他人の性器等を触る行為に係る児童の姿態であって性欲を興奮させ又は刺激するものを視覚により認識することができる方法により描写したもの

三　衣服の全部又は一部を着けない児童の姿態であって性欲を興奮させ又は刺激するものを視覚により認識することができる方法により描写したもの

（適用上の注意）

第三条　この法律の適用に当たっては、国民の権利を不当に侵害しないように留意しなければならない。

（児童買春）

第四条　児童買春をした者は、三年以下の懲役又は百万円以下の罰金に処する。

（児童買春周旋）

第五条　児童買春の周旋をした者は、三年以下の懲役又は三百万円以下の罰金に処する。

2　児童買春の周旋をすることを業とした者は、五年以下の懲役及び五百万円以下の罰金に処する。

（児童買春勧誘）

第六条　児童買春の周旋をする目的で、人に児童買春をするように勧誘した者は、三年以下の懲役又は三百万円以下の罰金に処する。

2　前項の目的で、人に児童買春をするように勧誘することを業とした者は、五年以下の懲役及び五百万円以下の罰金に処する。

（児童ポルノ頒布等）

第七条　児童ポルノを頒布し、販売し、業として貸与し、又は公然と陳列した者は、三年以下の懲役又は三百万円以下の罰金に処する。

2　前項に掲げる行為の目的で、児童ポルノを製造し、所持し、運搬し、本邦に輸入し、又は本邦から輸出した者も、同項と同様とする。

3　第一項に掲げる行為の目的で、児童ポルノを外国に輸入し、又は外国から輸出した日本国民も、同項と同様とする。

（児童買春等目的人身売買等）

第八条　児童を児童買春における性交等の相手方とさせ又は第二条第三項第一号、第二号若しくは第三号の児童の姿態を描写して児童ポルノを製造する目的で、当該児童を売買した者は、一年以上十年以下の懲役に処する。

2　前項の目的で、外国に居住する児童で略取され、誘拐され、又は売買されたものをその居住国外に移送した日本国民は、二年以上の有期懲役に処する。

3　前二項の罪の未遂は、罰する。

（児童の年齢の知情）

第九条　児童を使用する者は、児童の年齢を知らないことを理由として、第五条から前条までの規定による処罰を免れることができない。ただし、過失がないときは、この限りでない。

（国民の国外犯）

第十条　第四条から第六条まで、第七条第一項及び第二項並びに第八条第一項及び第三項（同条第一項に係る部分に限る。）の罪は、刑法（明治四十年法律第四十五号）第三条の例に従う。

（両罰規定）

第十一条　法人の代表者又は法人若しくは人の代理人、使用人その他の従業者が、その法人又は人の業務に関し、第五条から第七条までの罪を犯したときは、行為者を罰するほか、その法人又は人に対して各本条の罰金刑を科する。

（捜査及び公判における配慮等）

第十二条　第四条から第八条までの罪に係る事件の捜査及び公判に職務上関係のある者（次項において「職務関係者」という。）は、その職務を行うに当たり、児童の人権及び特性に配慮するとともに、その名誉及び尊厳を害しないよう注意しなければならない。

2　国及び地方公共団体は、職務関係者に対し、児童の人権、特性等に関する理解を深めるための訓練及び啓発を行うよう努めるものとする。

（記事等の掲載等の禁止）

第十三条　第四条から第八条までの罪に係る事件に係る児童については、その氏名、年齢、職業、就学する学校の名称、住居、容貌《ぼう》等により当該児童が当該事件に係る者であることを推知することができるような記事若しくは写真又は放送番組を、新聞紙その他の出版物に掲載し、又は放送してはならない。

（教育、啓発及び調査研究）

第十四条　国及び地方公共団体は、児童買春、児童ポルノの頒布等の行為が児童の心身の成長に重大な影響を与えるものであることにかんがみ、これらの行為を未然に防止することができるよう、児童の権利に関する国民の理解を深めるための教育及び啓発に努めるものとする。

2　国及び地方公共団体は、児童買春、児童ポルノの頒布等の行為の防止に資する調査研究の推進に努めるものとする。

（心身に有害な影響を受けた児童の保護）

第十五条　関係行政機関は、児童買春の相手方となったこと、児童ポルノに描写されたこと等により心身に有害な影響を受けた児童に対し、相互に連携を図りつつ、その心身の状況、その置かれている環境等に応じ、当該児童がその受けた影響から身体的及び心理的に回復し、個人の尊厳を保って成長することができるよう、相談、指導、一時保護、施設への入所その他の必要な保護のための措置を適切に講ずるものとする。

2　関係行政機関は、前項の措置を講ずる場合において、同項の児童の保護のため必要があると認めるときは、その保護者に対し、相談、指導その他の措置を講ずるものとする。

（心身に有害な影響を受けた児童の保護のための体制の整備）

第十六条　国及び地方公共団体は、児童買春の相手方となったこと、児童ポルノに描写されたこと等により心身に有害な影響を受けた児童について専門的知識に基づく保護を適切に行うことができるよう、これらの児童の保護に関する調査研究の推進、これらの児童の保護を行う者の資質の向上、これらの児童が緊急に保護を必要とする場合における関係機関の連携協力体制の強化、これらの児童の保護を行う民間の団体との連携協力体制の整備等必要な体制の整備に努めるものとする。

（国際協力の推進）

第十七条　国は、第四条から第八条までの罪に係る行為の防止及び事件の適正かつ迅速な捜査のため、国際的な緊密な連携の確保、国際的な調査研究の推進その他の国際協力の推進に努めるものとする。

附　則〔抄〕

（施行期日）

第一条　この法律は、公布の日から起算して六月を超えない範囲内において政令で定める日〔平成一一年一一月一日〕から施行する。

（条例との関係）

第二条　地方公共団体の条例の規定で、この法律で規制する行為を処罰する旨を定めているものの当該行為に係る部分については、この法律の施行と同時に、その効力を失うものとする。

2　前項の規定により条例の規定がその効力を失う場合において、当該地方公共団体が条例で別段の定めをしないときは、その失効前にした違反行為の処罰については、その失効後も、なお従前の例による。

◎私的独占の禁止及び公正取引の確保に関する法律（独占禁止法）抄

〔昭和二二年四月一四日法律第五四号〕

最近改正　平成一三年一一月二八日　法律第一二九号

第一章　総則

（目的）

第一条　この法律は、私的独占、不当な取引制限及び不公正な取引方法を禁止し、事業支配力の過度の集中を防止して、結合、協定等の方法による生産、販売、価格、技術等の不当な制限その他一切の事業活動の不当な拘束を排除することにより、公正且つ自由な競争を促進し、事業者の創意を発揮させ、事業活動を盛んにし、雇傭及び国民実所得の水準を高め、以て、一般消費者の利益を確保するとともに、国民経済の民主的で健全な発達を促進することを目的とする。

（定義）

第二条　この法律において『事業者』〔『』の印は編者が便宜加筆したもの、本条中同じ〕とは、商業、工業、金融業その他の事業を行う者をいう。事業者の利益のためにする行為を行う役員、従業員、代理人その他の者は、次項又は第三章〔事業者団体〕の規定の適用については、これを事業者とみなす。

②　この法律において『事業者団体』とは、事業者としての共通の

利益を増進することを主たる目的とする二以上の事業者の結合体又はその連合体をいい、左に掲げる形態のものを含む。但し、二以上の事業者の結合体又はその連合体であつて、資本又は構成事業者の出資を有し、営利を目的として商業、工業、金融業その他の事業を営むことを主たる目的とし、且つ、現にその事業を営んでいるものを含まないものとする。

一　二以上の事業者が社員（社員に準ずるものを含む。）である社団法人その他の社団

二　二以上の事業者が理事又は管理人の任免、業務の執行又はその存立を支配している財団法人その他の財団

三　二以上の事業者を組合員とする組合又は契約による二以上の事業者の結合体

③　この法律において『役員』とは、理事、取締役、業務を執行する無限責任社員、監事若しくは監査役若しくはこれらに準ずる者、支配人又は本店若しくは支店の営業の主任者をいう。

④　この法律において『競争』とは、二以上の事業者がその通常の事業活動の範囲内において、かつ、当該事業活動の施設又は態様に重要な変更を加えることなく次の各号の一に掲げる行為をし、又はすることができる状態をいう。

一　同一の需要者に同種又は類似の商品又は役務を供給すること

二　同一の供給者から同種又は類似の商品又は役務の供給を受けること

⑤　この法律において『私的独占』とは、事業者が、単独に、又は他の事業者と結合し、若しくは通謀し、その他いかなる方法を以てするかを問わず、他の事業者の事業活動を排除し、又は支配することにより、公共の利益に反して、一定の取引分野における競争を実質的に制限することをいう。

⑥　この法律において『不当な取引制限』とは、事業者が、契約、協定その他何らの名義を以てするかを問わず、他の事業者と共同して対価を決定し、維持し、若しくは引き上げ、又は数量、技術、製品、設備若しくは取引の相手方を制限する等相互にその事業活動を拘束し、又は遂行することにより、公共の利益に反して、一定の取引分野における競争を実質的に制限することをいう。

⑦　この法律において『独占的状態』とは、同種の商品（当該同種の商品に係る通常の事業活動の施設又は態様に重要な変更を加えることなく供給することができる商品を含む。）（以下この項において「一定の商品」という。）並びにこれとその機能及び効用が著しく類似している他の商品で国内において供給されたもの（輸出されたものを除く。）の価額（当該商品に直接課される租税の額に相当する額を控除した額とする。）又は国内において供給された同種の役務の価額（当該役務の提供を受ける者に当該役務に関して課される租税の額に相当する額を控除した額とする。）の政令で定める最近の一年間における合計額が千億円を超える場合における当該一定の商品又は役務に係る一定の事業分野において、次に掲げる市場構造及び市場における弊害があることをいう。

一　当該一年間において、一の事業者の市場占拠率（当該一定の商品並びにこれとその機能及び効用が著しく類似している他の商品で国内において供給されたもの（輸出されたものを除く。）又は国内において供給された当該役務の数量（数量によることが適当でない場合にあつては、これらの価額とする。以下この号において同じ。）のうち当該事業者が供給した当該一定の商品並びにこれとその機能及び効用が著しく類似している他の商品又は役務の数量を占める割合をいう。以下この号において同じ。）が二分の一を超え、又は二の事業者のそれぞれの市場占拠

率の合計が四分の三を超えていること。
二 他の事業者が当該事業分野に属する事業を新たに営むことを著しく困難にする事情があること。
三 当該事業者の供給する当該一定の商品又は役務につき、相当の期間、需給の変動及びその供給に要する費用の変動に照らして、価格の上昇が著しく、又はその低下がきん少であり、かつ、当該事業者がその期間次のいずれかに該当していること。
イ 当該事業者の属する政令で定める業種における標準的な政令で定める種類の利益率を著しく超える率の利益を得ていること。
ロ 当該事業者の属する事業分野における事業者の標準的な販売費及び一般管理費に比し著しく過大と認められる販売費及び一般管理費を支出していること。
⑧ 経済事情が変化して国内における生産業者の出荷の状況及び卸売物価に著しい変動が生じたときは、これらの事情を考慮して、前項の金額につき政令で別段の定めをするものとする。
⑨ この法律において『不公正な取引方法』とは、左の各号の一に該当する行為であつて、公正な競争を阻害するおそれがあるもののうち、公正取引委員会が指定するものをいう。
一 不当に他の事業者を差別的に取り扱うこと。
二 不当な対価をもつて取引すること。
三 不当に競争者の顧客を自己と取引するように誘引し、又は強制すること。
四 相手方の事業活動を不当に拘束する条件をもつて取引すること。
五 自己の取引上の地位を不当に利用して相手方と取引すること。
六 自己又は自己が株主若しくは役員である会社と国内において競争関係にある他の事業者とその取引の相手方との取引を不当に妨害し、又は当該事業者が会社である場合において、その会社の株主若しくは役員をその会社の不利益となる行為をするように、不当に誘引し、そそのかし、若しくは強制すること。

第二章 私的独占及び不当な取引制限

〔私的独占又は不当な取引制限の禁止〕

第三条 事業者は、私的独占又は不当な取引制限をしてはならない。

〔国際的協定又は国際的契約の制限〕

第六条 事業者は、不当な取引制限又は不公正な取引方法に該当する事項を内容とする国際的協定又は国際的契約をしてはならない。

〔排除措置〕

第七条 第三条又は前条の規定に違反する行為があるときは、公正取引委員会は、第八章第二節に規定する手続に従い、事業者に対し、当該行為の差止め、営業の一部の譲渡その他これらの規定に違反する行為を排除するために必要な措置を命ずることができる。
② 公正取引委員会は、第三条の規定に違反する行為が既になくなつている場合においても、特に必要があると認めるときは、第八章第二節に規定する手続に従い、事業者に対し、当該行為が既になくなつている旨の周知措置その他当該行為が排除されたことを確保するために必要な措置を命ずることができる。ただし、当該行為がなくなつた日から当該行為につき勧告又は審判手続が開始されることなく一年を経過したときは、この限りでない。

〔課徴金〕

第七条の二　事業者が、不当な取引制限又は不当な取引制限に該当する事項を内容とする国際的協定若しくは国際的契約で、商品若しくは役務の対価に係るもの又は実質的に商品若しくは役務の供給量を制限することによりその対価に影響があるものをしたときは、公正取引委員会は、第八章第二節に規定する手続に従い、事業者に対し、当該行為の実行としての事業活動を行つた日から当該行為の実行としての事業活動がなくなる日までの期間（当該期間が三年を超えるときは、当該行為の実行としての事業活動がなくなる日からさかのぼつて三年間とする。以下「実行期間」という。）における当該商品又は役務の政令で定める方法により算定した売上額に百分の六（小売業については百分の二、卸売業については百分の一とする。）を乗じて得た額に相当する額の課徴金を国庫に納付することを命じなければならない。ただし、その額が五十万円未満であるときは、その納付を命ずることができない。

② 前項の場合において、当該事業者が次のいずれかに該当するときは、同項中「百分の六」とあるのは「百分の三」と、「百分の二」とあるのは「百分の一」とする。

一　資本の額又は出資の総額が三億円以下の会社並びに常時使用する従業員の数が三百人以下の会社及び個人であつて、製造業、建設業、運輸業その他の業種（次号から第二号の三までに掲げる業種及び第三号の政令で定める業種を除く。）に属する事業を主たる事業として営むもの

二　資本の額又は出資の総額が一億円以下の会社並びに常時使用する従業員の数が百人以下の会社及び個人であつて、卸売業（第三号の政令で定める業種を除く。）に属する事業を主たる事業として営むもの

二の二　資本の額又は出資の総額が五千万円以下の会社並びに常時使用する従業員の数が百人以下の会社及び個人であつて、サービス業（第三号の政令で定める業種を除く。）に属する事業を主たる事業として営むもの

二の三　資本の額又は出資の総額が五千万円以下の会社並びに常時使用する従業員の数が五十人以下の会社及び個人であつて、小売業（次号の政令で定める業種を除く。）に属する事業を主たる事業として営むもの

三　資本の額又は出資の総額がその業種ごとに政令で定める金額以下の会社並びに常時使用する従業員の数がその業種ごとに政令で定める数以下の会社及び個人であつて、その政令で定める業種に属する事業を主たる事業として営むもの

③ 第一項の規定による命令を受けたものは、前二項に定める課徴金を納付しなければならない。

④ 第一項又は第二項の規定により計算した課徴金の額に一万円未満の端数があるときは、その端数は、切り捨てる。

⑤ 第一項に規定する違反行為をした事業者が会社である場合において、当該会社が合併により消滅したときは、当該会社がした違反行為は、合併後存続し、又は合併により設立された会社がした違反行為とみなして、前各項の規定を適用する。

⑥ 実行期間の終了した日から三年を経過したとき（当該違反行為についての審判手続が開始された場合にあつては、当該審判手続が終了した日から一年を経過したとき（当該一年の経過が当該実行期間の終了した日から三年を経過する日前に到来したときは、当該三年を経過したとき））は、公正取引委員会は、当該違反行為に係る課徴金の納付を命ずることができない。ただし、当該違反行為について、第四十八条の二第一項の規定により課徴金を国庫

に納付することを命じた後においては、この限りでない。

第三章　事業者団体

〔事業者団体の禁止行為〕

第八条　事業者団体は、次の各号の一に該当する行為をしてはならない。

一　一定の取引分野における競争を実質的に制限すること。

二　第六条に規定する国際的協定又は国際的契約をすること。

三　一定の事業分野における現在又は将来の事業者の数を制限すること。

四　構成事業者（事業者団体の構成員である事業者をいう。以下同じ。）の機能又は活動を不当に制限すること。

五　事業者に不公正な取引方法に該当する行為をさせるようにすること。

②　事業者団体は、公正取引委員会規則の定めるところにより、その成立の日から三十日以内に、その旨を公正取引委員会に届け出なければならない。ただし、次に掲げる事業者団体は、届け出ることを要しない。

一　特別の法律の規定に基づき設立された事業者団体のうち、次のいずれかに該当するものとして政令で定めるもの

イ　当該法律で定められた目的、事業又は業務等に照らして、前項各号の一に該当する行為を行うおそれがない事業者団体

ロ　小規模の事業者若しくは消費者の相互扶助を目的として設立された事業者団体又はその健全な発達を目的として設立された事業者団体

二　小規模の事業者の相互扶助を目的として設立された事業者団体であつて、前項各号の一に該当する行為を行うおそれが少ないものとして政令で定めるもの（前号に掲げるものを除く。）

三　手形法（昭和七年法律第二十号）及び小切手法（昭和八年法律第五十七号）の規定により指定されている手形交換所

③　事業者団体（前項各号に掲げるものを除く。次項において同じ。）は、前項の規定による届出に係る事項に変更を生じたときは、公正取引委員会規則の定めるところにより、その変更の日の属する事業年度終了の日から二箇月以内に、その旨を公正取引委員会に届け出なければならない。

④　事業者団体が解散したときは、公正取引委員会規則の定めるところにより、その解散の日から三十日以内に、その旨を公正取引委員会に届け出なければならない。

〔違反行為に対する措置〕

第八条の二　前条の規定に違反する行為があるときは、公正取引委員会は、第八章第二節に規定する手続に従い、事業者団体に対し、届出を命じ、又は当該行為の差止、当該団体の解散その他当該行為の排除に必要な措置を命ずることができる。

②　第七条第二項の規定は、前条第一項第一号、第四号又は第五号の規定に違反する行為に準用する。

③　公正取引委員会は、事業者団体に対し、第一項又は前項において準用する第七条第二項に掲げる措置を命ずる場合において、特に必要があると認めるときは、第八章第二節に規定する手続に従い、当該団体の役員若しくは管理人又はその構成事業者（構成事業者が他の事業者の利益のためにする行為を行うものである場合には、その事業者を含む。第四十八条第一項及び第二項において同じ。）に対しても、第一項又は前項において準用する第七条第二項の措置を確保するために必要な措置を命ずることができる。

〔事業者団体構成者に対する課徴金〕

第八条の三　第七条の二の規定は、第八条第一項第一号又は第二号

（不当な取引制限に該当する事項を内容とする国際的協定又は国際的契約をする場合に限る。）の規定に違反する行為が行われた場合に準用する。この場合において、第七条の二第一項中「事業者が」とあるのは「事業者団体が」と、「事業者に対し」とあるのは「事業者団体の構成事業者（構成事業者が他の事業者の利益のためにする行為を行うものである場合には、その事業者。以下この条において同じ。）に対し」と、同条第二項中「当該事業者が」とあるのは「当該事業者団体の構成事業者が」と読み替えるものとする。

第三章の二　独占的状態

〔独占的状態に対する措置〕

第八条の四　独占的状態があるときは、公正取引委員会は、第八章第二節に規定する手続に従い、事業者に対し、営業の一部の譲渡その他当該商品又は役務について競争を回復させるために必要な措置を命ずることができる。ただし、当該措置により、当該事業者につき、その供給する商品若しくは役務の供給に要する費用の著しい上昇をもたらす程度に事業の規模が縮小し、経理が不健全になり、又は国際競争力の維持が困難になると認められる場合及び当該商品又は役務について競争を回復するに足りると認められる他の措置が講ぜられる場合は、この限りでない。

②　公正取引委員会は、前項の措置を命ずるに当たつては、次の各号に掲げる事項に基づき、当該事業者及び関連事業者の事業活動の円滑な遂行並びに当該事業者に雇用されている者の生活の安定について配慮しなければならない。

一　資産及び収支その他の経理の状況
二　役員及び従業員の状況
三　工場、事業場及び事務所の位置その他の立地条件
四　事業設備の状況
五　特許権、商標権その他の無体財産権の内容及び技術上の特質
六　生産、販売等の能力及び状況
七　資金、原材料等の取得の能力及び状況
八　商品又は役務の供給及び流通の状況

第四章　株式の保有、役員の兼任、合併、分割及び営業の譲受け

〔持株会社の禁止〕

第九条　事業支配力が過度に集中することとなる持株会社は、これを設立してはならない。

②　会社（外国会社を含む。以下同じ。）は、国内において事業支配力が過度に集中することとなる持株会社となつてはならない。

③　この条及び次条において持株会社とは、子会社（会社がその総株主（総社員を含む。以下同じ。）の議決権（商法（明治三十二年法律第四十八号）第二百十一条ノ二第四項に規定する種類の株式又は持分に係る議決権を除き、同条第五項の規定により議決権を有するものとみなされる株式又は持分に係る議決権を含む。以下この章において同じ。）の過半数を有する他の国内の会社をいう。以下この章において同じ。）の株式（社員の持分を含む。以下同じ。）の取得価額（最終の貸借対照表において別に付した価額があるときは、その価額。以下同じ。）の合計額の会社の総資産の額（公正取引委員会規則で定める方法による資産の合計金額をいう。第六項において同じ。）に対する割合が百分の五十を超える会社をいう。

④　会社及びその一若しくは二以上の子会社又は会社の一若しくは二以上の子会社が総株主の議決権の過半数を有する他の国内の会社は、当該会社の子会社とみなして、この条の規定を適用する。

⑤ 第一項及び第二項において事業支配力が過度に集中することとは、持株会社及び子会社その他持株会社が株式の所有により事業活動を支配している国内の会社の総合的事業規模が相当数の事業分野にわたつて著しく大きいこと、これらの会社の資金に係る取引に起因する他の事業者に対する影響力が著しく大きいこと又はこれらの会社が相互に関連性のある相当数の事業分野においてそれぞれ有力な地位を占めていることにより、国民経済に大きな影響を及ぼし、公正かつ自由な競争の促進の妨げとなることをいう。

⑥ 持株会社は、当該持株会社及びその子会社の総資産の額（国内の会社の総資産の額に限る。）を公正取引委員会規則で定める方法により合計した額が三千億円を下回らない範囲内において政令で定める金額を超える場合には、毎事業年度終了の日から三箇月以内に、公正取引委員会規則で定めるところにより、当該持株会社及びその子会社の事業に関する報告書を公正取引委員会に提出しなければならない。

⑦ 新たに設立された持株会社は、当該持株会社がその設立時において前項に規定する場合に該当するときは、公正取引委員会規則で定めるところにより、その設立の日から三十日以内に、その旨を公正取引委員会に届け出なければならない。

〔共同新設分割・吸収分割〕

第十五条の二 会社は、次の各号のいずれかに該当する場合には、共同新設分割（会社が他の会社と共同してする新設分割をいう。以下同じ。）をし、又は吸収分割をしてはならない。

一 当該共同新設分割又は当該吸収分割によつて一定の取引分野における競争を実質的に制限することとなる場合

二 当該共同新設分割又は当該吸収分割が不公正な取引方法によるものである場合

第四章の二 価格の同調的引上げ

〔価格の同調的引上げに関する報告〕

第十八条の二 国内において供給された同種の商品（輸出されたものを除く。以下この条において同じ。）の価額（当該商品に直接課される租税の額に相当する額を控除した額とする。）又は国内において供給された同種の役務の価額（当該役務の提供を受ける者に当該役務に関して課される租税の額に相当する額を控除した額とする。）の政令で定める一年間における合計額が六百億円を超える場合における当該同種の商品又は役務に係る一定の事業分野につき、供給量（一の事業者が供給する当該同種の商品又は役務の数量をいい、数量によることが適当でない場合にあつては、その価額とする。以下この条において同じ。）が多いことにおいて上位を占める三の事業者の供給量を合計した量の国内において供給された当該同種の商品又は役務の供給量を合計した量（以下「総供給量」という。）に対する割合が十分の七を超える場合において、最も供給量が多い事業者を含む二以上の主要事業者（その供給量の総供給量に対する割合が二十分の一以上であつて、供給量が多いことにおいて上位を占める五の事業者をいう。以下この条において同じ。）が当該同種の商品又は役務の取引の基準として用いる価格について、三箇月以内に、同一又は近似の額又は率の引上げをしたときは、公正取引委員会は、これらの主要事業者に対し、当該価格の引上げの理由について報告を求めることができる。ただし、商品又は役務の価格が当該事業者の営む事業に係る主務大臣の認可、承認又は届出に係る場合（届出に係る場合にあつては、主務大臣が価格の変更を命ずることができる場合に限る。）における価格の引上げについては、この限りでない。

② 経済事情が変化して国内における生産業者の出荷の状況及び卸売物価に著しい変動が生じたときは、これらの事情を考慮して、前項の金額につき政令で別段の定めをするものとする。

第五章 不公正な取引方法

〔不公正な取引方法の禁止〕

第十九条 事業者は、不公正な取引方法を用いてはならない。

〔排除措置〕

第二十条 前条の規定に違反する行為があるときは、公正取引委員会は、第八章第二節に規定する手続に従い、当該行為の差止め、契約条項の削除その他当該行為を排除するために必要な措置を命ずることができる。

② 第七条第二項の規定は、前条の規定に違反する行為に準用する。

第六章 適用除外

〔無体財産権の行使行為〕

第二十一条 この法律の規定は、著作権法〔昭和四五年五月法律第四八号〕〔別掲〕、特許法〔昭和三四年四月法律第一二一号〕、実用新案法〔昭和三四年四月法律第一二三号〕、意匠法〔昭和三四年四月法律第一二五号〕又は商標法〔昭和三四年四月法律第一二七号〕による権利の行使と認められる行為にはこれを適用しない。

〔この法律の規定を適用しない行為〕

第二十二条 この法律の規定は、次の各号に掲げる要件を備え、かつ、法律の規定に基づいて設立された組合（組合の連合会を含む。）の行為には、これを適用しない。ただし、不公正な取引方法を用いる場合又は一定の取引分野における競争を実質的に制限することにより不当に対価を引き上げることとなる場合は、この限りでない。

一 小規模の事業者又は消費者の相互扶助を目的とすること。

二 任意に設立され、かつ、組合員が任意に加入し、又は脱退することができること。

三 各組合員が平等の議決権を有すること。

四 組合員に対して利益分配を行う場合には、その限度が法令又は定款に定められていること。

〔再販売価格維持契約〕

第二十三条 この法律の規定は、公正取引委員会の指定する商品であって、その品質が一様であることを容易に識別することができるものを生産し、又は販売する事業者が、当該商品の販売の相手方たる事業者とその商品の再販売価格（その相手方たる事業者又はその相手方たる事業者の販売する当該商品を買い受けて販売する事業者がその商品を販売する価格をいう。以下同じ。）を決定し、これを維持するためにする正当な行為については、これを適用しない。ただし、当該行為が一般消費者の利益を不当に害することとなる場合及びその商品を販売する事業者がする行為にあってはその商品を生産する事業者の意に反してする場合は、この限りでない。

② 公正取引委員会は、次の各号に該当する場合でなければ、前項の規定による指定をしてはならない。

一 当該商品が一般消費者により日常使用されるものであること。

二 当該商品について自由な競争が行われていること。

③ 第一項の規定による指定は、告示によってこれを行う。

④ 著作物を発行する事業者又はその発行する物を販売する事業者が、その物の販売の相手方たる事業者とその物の再販売価格を決定し、これを維持するためにする正当な行為についても、第一項

と同様とする。

⑤　第一項又は前項に規定する販売の相手方たる事業者には、次に掲げる法律の規定に基づいて設立された団体を含まないものとする。ただし、第八号及び第八号の二に掲げる法律の規定に基づいて設立された団体にあつては、事業協同組合、事業協同小組合、協同組合連合会、商工組合又は商工組合連合会が当該事業協同組合、協同組合連合会、商工組合又は商工組合連合会を直接又は間接に構成する者の消費の用に供する第二項に規定する商品又は第四項に規定する物を買い受ける場合に限る。

一　国家公務員法（昭和二二年一〇月法律第一二〇号）

二　農業協同組合法（昭和二二年一一月法律第一三二号）

三　国家公務員共済組合法（昭和三三年五月法律第一二八号）

三の二　地方公務員等共済組合法（昭和三七年九月法律第一五二号）

四　消費生活協同組合法（昭和二三年七月法律第二〇〇号）

五　水産業協同組合法（昭和二三年一二月法律第二四二号）

六　国営企業及び特定独立行政法人の労働関係に関する法律（昭和二三年一二月法律第二五七号）

七　労働組合法（昭和二四年六月法律第一七四号）

八　中小企業等協同組合法（昭和二四年六月法律第一八一号）

八の二　中小企業団体の組織に関する法律（昭和三二年一一月法律第一八五号）

九　地方公務員法（昭和二五年一二月法律第二六一号）

十　森林組合法（昭和五三年五月法律第三六号）

十一　地方公営企業労働関係法（昭和二七年七月法律第二八九号）

⑥　第一項に規定する事業者は、同項に規定する再販売価格を決定し、これを維持するための契約をしたときは、公正取引委員会規則の定めるところにより、その契約の成立の日から三十日以内に、その旨を公正取引委員会に届け出なければならない。ただし、公正取引委員会規則の定める場合は、この限りでない。

第七章　差止請求及び損害賠償

（差止請求）

第二十四条　第八条第一項第五号又は第十九条の規定に違反する行為によつてその利益を侵害され、又は侵害されるおそれがある者は、これにより著しい損害を生じ、又は生ずるおそれがあるときは、その利益を侵害する事業者若しくは事業者団体又は侵害するおそれがある事業者若しくは事業者団体に対し、その侵害の停止又は予防を請求することができる。

（無過失損害賠償責任）

第二十五条　第三条、第六条又は第十九条の規定に違反する行為をした事業者（第六条の規定に違反する行為をした事業者にあつては、当該国際的協定又は国際的契約において、不当な取引制限をし、又は不公正な取引方法を自ら用いた事業者に限る。）及び第八条第一項の規定に違反する行為をした事業者団体は、被害者に対し、損害賠償の責めに任ずる。

②　事業者及び事業者団体は、故意又は過失がなかつたことを証明して、前項に規定する責任を免れることができない。

（損害賠償請求権の裁判上の主張の制限・消滅時効）

第二十六条　前条の規定による損害賠償の請求権は、第四十八条第四項、第五十三条の三若しくは第五十四条の規定による審決が確定した後（これらの規定による審決がされなかつた場合にあつては、第五十四条の二第一項の規定による審決（第八条第一項第一号又は第二号の規定に違反する行為をした事業者団体の構成事業者に対する審決を除く。）が確定した後）でなければ、裁判上これを主張することができない。

② 前項の請求権は、同項の審決が確定した日から三年を経過したときは、時効に因って消滅する。

第八章　公正取引委員会

第一節　設置、任務及び所掌事務並びに組織等

〔設置〕

第二十七条　国家行政組織法（昭和二十三年法律第百二十号）第三条第二項の規定に基づいて、第一条の目的を達成することを任務とする公正取引委員会を置く。

② 公正取引委員会は、総務大臣の所轄に属する。

〔所掌事務〕

第二十七条の二　公正取引委員会は、前条第一項の任務を達成するため、次に掲げる事務をつかさどる。

一　私的独占の規制に関すること。

二　不当な取引制限の規制に関すること。

三　不公正な取引方法の規制に関すること。

四　独占的状態に係る規制に関すること。

五　所掌事務に係る国際協力に関すること。

六　前各号に掲げるもののほか、法律（法律に基づく命令を含む。）に基づき、公正取引委員会に属させられた事務

〔職権行使の独立性〕

第二十八条　公正取引委員会の委員長及び委員は、独立してその職権を行う。

〔委員長及び委員の任命等〕

第二十九条　公正取引委員会は、委員長及び委員四人を以て、これを組織する。

② 委員長及び委員は、年齢が三十五年以上で、法律又は経済に関する学識経験のある者のうちから、内閣総理大臣が、両議院の同意を得て、これを任命する。

③ 委員長の任免は、天皇が、これを認証する。

④ 委員長及び委員は、これを官吏とする。

〔事務局・職員〕

第三十五条　公正取引委員会の事務を処理させるため、公正取引委員会に事務総局を置く。

② 事務総局に事務総長を置く。

③ 事務総長は、事務総局の局務（第五十一条の二の規定により、公正取引委員会が審判官をして行わせることとした事務を除く。）を統理する。

④ 事務総局に官房及び局を置く。

⑤ 国家行政組織法第七条第二項、第四項及び第五項並びに第二十一条（第五項を除く。）の規定は、前項の官房及び局の設置、所掌事務の範囲及び内部組織について準用する。

⑥ 第四項の規定に基づき置かれる官房及び局の数は、三以内とする。

⑦ 審判手続（審決を除く。）の一部を行わせるため、事務総局に審判官五人以内を置く。

⑧ 審判官は、事務総局の職員のうち、審判手続を行うについて必要な法律及び経済に関する知識経験を有し、かつ、公正な判断をすることができると認められる者について、公正取引委員会が定める。

⑨ 事務総局の職員中には、検察官、任命の際現に弁護士たる者又は弁護士の資格を有する者を加えなければならない。

⑩ 前項の検察官たる職員の掌る職務は、この法律の規定に違反す

る事件に関するものに限る。

〔地方事務所〕

第三十五条の二　公正取引委員会の事務総局の地方機関として、所要の地に地方事務所を置く。

② 前項の地方事務所の名称、位置及び管轄区域は、政令で定める。

③ 第一項の地方事務所には、所要の地にその支所を置き、地方事務所の事務を分掌させることができる。

④ 前項の支所の名称、位置及び管轄区域は、総務省令で定める。

〔委員長・委員・職員等の秘密保持の義務〕

第三十九条　委員長、委員及び公正取引委員会の職員並びに委員長、委員又は公正取引委員会の職員であった者は、その職務に関して知得した事業者の秘密を他に漏し、又は窃用してはならない。

〔出頭命令等〕

第四十条　公正取引委員会は、その職務を行うために必要があるときは、公務所、特別の法令により設立された法人、事業者若しくは事業者の団体又はこれらの職員に対し、出頭を命じ、又は必要な報告、情報若しくは資料の提出を求めることができる。

〔調査嘱託〕

第四十一条　公正取引委員会は、その職務を行うために必要があるときは、公務所、特別の法令により設立された法人、学校、事業者、事業者の団体又は学識経験ある者に対し、必要な調査を嘱託することができる。

〔公聴会〕

第四十二条　公正取引委員会は、その職務を行うために必要があるときは、公聴会を開いて一般の意見を求めることができる。

〔所要事項の公表〕

第四十三条　公正取引委員会は、この法律の適正な運用を図るため、事業者の秘密を除いて、必要な事項を一般に公表することができる。

第四十四条　公正取引委員会は、内閣総理大臣を経由して、国会に対し、毎年この法律の施行の状況を報告しなければならない。この場合においては、第十八条の二第一項の規定により求めた報告の概要を示すものとする。

② 公正取引委員会は、内閣総理大臣を経由して国会に対し、この法律の目的を達成するために必要な事項に関し、意見を提出することができる。

第二節　手続〔以下略〕

不公正な取引方法

〔昭和五七年六月一八日
公正取引委員会告示第一五号〕

〔昭和二八年九月一日公正取引委員会告示第一一号（不公正な取引方法）を全文改正〕
〔**根拠**＝私的独占の禁止及び公正取引の確保に関する法律第二条第九項〕

（共同の取引拒絶）

1　正当な理由がないのに、自己と競争関係にある他の事業者（以下「競争者」という。）と共同して、次の各号のいずれかに掲げる行為をすること。

一　ある事業者に対し取引を拒絶し又は取引に係る商品若しくは役務の数量若しくは内容を制限すること。

二　他の事業者に前号に該当する行為をさせること。

（その他の取引拒絶）

2　不当に、ある事業者に対し取引を拒絶し若しくは取引に係る商品若しくは役務の数量若しくは内容を制限し、又は他の事業者にこれらに該当する行為をさせること。

（差別対価）

3　不当に、地域又は相手方により差別的な対価をもつて、商品若しくは役務を供給し、又はこれらの供給を受けること。

（取引条件等の差別取扱い）

4　不当に、ある事業者に対し取引の条件又は実施について有利な又は不利な取扱いをすること。

（事業者団体における差別取扱い等）

5　事業者団体若しくは共同行為からある事業者を不当に排斥し、又は事業者団体の内部若しくは共同行為においてある事業者を不当に差別的に取り扱い、その事業者の事業活動を困難にさせること。

（不当廉売）

6　正当な理由がないのに商品又は役務をその供給に要する費用を著しく下回る対価で継続して供給し、その他不当に商品又は役務を低い対価で供給し、他の事業者の事業活動を困難にさせるおそれがあること。

（不当高価購入）

7　不当に商品又は役務を高い対価で購入し、他の事業者の事業活動を困難にさせるおそれがあること。

（ぎまん的顧客誘引）

8　自己の供給する商品又は役務の内容又は取引条件その他これらの取引に関する事項について、実際のもの又は競争者に係るものよりも著しく優良又は有利であると顧客に誤認させることにより、競争者の顧客を自己と取引するように不当に誘引すること。

（不当な利益による顧客誘引）

9　正常な商慣習に照らして不当な利益をもつて、競争者の顧客を自己と取引するように誘引すること。

（抱き合わせ販売等）

10　相手方に対し、不当に、商品又は役務の供給に併せて他の商品又は役務を自己又は自己の指定する事業者から購入させ、その他自己又は自己の指定する事業者と取引するように強制すること。

（排他条件付取引）

11　不当に、相手方が競争者と取引しないことを条件として当該相手方と取引し、競争者の取引の機会を減少させるおそれがあること。

（再販売価格の拘束）
12　自己の供給する商品を購入する相手方に、正当な理由がないのに、次の各号のいずれかに掲げる拘束の条件をつけて、当該商品を供給すること。
一　相手方に対しその販売する当該商品の販売価格を定めてこれを維持させることその他相手方の当該商品の販売価格の自由な決定を拘束すること。
二　相手方の販売する当該商品を購入する事業者の当該商品の販売価格を定めて相手方をして当該事業者にこれを維持させることその他相手方をして当該事業者の当該商品の販売価格の自由な決定を拘束させること。

（拘束条件付取引）
13　前二項に該当する行為のほか、相手方とその取引の相手方との取引その他相手方の事業活動を不当に拘束する条件をつけて、当該相手方と取引すること。

（優越的地位の濫用）
14　自己の取引上の地位が相手方に優越していることを利用して、正常な商慣習に照らして不当に、次の各号のいずれかに掲げる行為をすること。
一　継続して取引する相手方に対し、当該取引に係る商品又は役務以外の商品又は役務を購入させること。
二　継続して取引する相手方に対し、自己のために金銭、役務その他の経済上の利益を提供させること。
三　相手方に不利益となるように取引条件を設定し、又は変更すること。
四　前三号に該当する行為のほか、取引の条件又は実施について相手方に不利益を与えること。
五　取引の相手方である会社に対し、当該会社の役員（私的独占の禁止及び公正取引の確保に関する法律（昭和二十二年法律第五十四号）第二条第三項の役員をいう。以下同じ。）の選任についてあらかじめ自己の指示に従わせ、又は自己の承認を受けさせること。

（競争者に対する取引妨害）
15　自己又は自己が株主若しくは役員である会社と国内において競争関係にある他の事業者とその取引の相手方との取引について、契約の成立の阻止、契約の不履行の誘引その他いかなる方法をもってするかを問わず、その取引を不当に妨害すること。

（競争会社に対する内部干渉）
16　自己又は自己が株主若しくは役員である会社と国内において競争関係にある会社の株主又は役員に対し、株主権の行使、株式の譲渡、秘密の漏えいその他いかなる方法をもってするかを問わず、その会社の不利益となる行為をするように、不当に誘引し、そそのかし、又は強制すること。

◎消費税法　抄

〔昭和六三年一二月三〇日
法律第一〇八号〕

最近改正　平成一三年一一月二八日　法律第一二九号

第一章　総則

（趣旨）

第一条　この法律は、消費税について、課税の対象、納税義務者、税額の計算の方法、申告、納付及び還付の手続並びにその納税義務の適正な履行を確保するため必要な事項を定めるものとする。

（定義）

第二条　この法律において、次の各号に掲げる用語の意義は、当該各号に定めるところによる。

一　国内　この法律の施行地をいう。

二　保税地域　関税法（昭和二十九年法律第六十一号）第二十九条（保税地域の種類）に規定する保税地域をいう。

三　個人事業者　事業を行う個人をいう。

四　事業者　個人事業者及び法人をいう。

五　合併法人　合併後存続する法人又は合併により設立された法人をいう。

五の二　被合併法人　合併により消滅した法人をいう。

六　分割法人　分割をした法人をいう。

六の二　分割承継法人　分割により分割法人の営業を承継した法人をいう。

七　人格のない社団等　法人でない社団又は財団で代表者又は管理人の定めがあるものをいう。

八　資産の譲渡等　事業として対価を得て行われる資産の譲渡及び貸付け並びに役務の提供（代物弁済による資産の譲渡その他対価を得て行われる資産の譲渡若しくは貸付け又は役務の提供に類する行為として政令で定めるものを含む。）をいう。

九　課税資産の譲渡等　資産の譲渡等のうち、第六条〔非課税〕第一項の規定により消費税を課さないこととされるもの以外のものをいう。

十　外国貨物　関税法第二条第一項第三号（定義）に規定する外国貨物をいう。

十一　課税貨物　保税地域から引き取られる外国貨物のうち、第六条第二項の規定により消費税を課さないこととされるもの以外のものをいう。

十二　課税仕入れ　事業者が、事業として他の者から資産を譲り受け、若しくは借り受け、又は役務の提供（所得税法（昭和四十年法律第三十三号）第二十八条第一項（給与所得）に規定する給与等を対価とする役務の提供を除く。）を受けること（当該他の者が事業として当該資産を譲り渡し、若しくは貸し付け、又は当該役務の提供をしたとした場合に課税資産の譲渡等に該当することとなるもので、第七条〔輸出免税等〕第一項各号に掲げる資産の譲渡等に該当するもの及び第八条〔輸出物品販売場における輸出物品の譲渡に係る免税〕第一項その他の法律又は条約の規定により消費税が免除されるもの以外のものに限る。）をいう。

十三　事業年度　法人税法（昭和四十年法律第三十四号）第十三条及び第十四条（事業年度）に規定する事業年度（国、地方公共団体その他これらの条の規定の適用を受けない法人については、政令で定める一定の期間）をいう。

十四　基準期間　個人事業者についてはその年の前々年をいい、法人についてはその事業年度の前々事業年度（当該前々事業年度が一年未満である法人については、その事業年度開始の日の二年前の日の前日から同日以後一年を経過する日までの間に開始した各事業年度を合わせた期間）をいう。

十五　棚卸資産　商品、製品、半製品、仕掛品、原材料その他の資産で政令で定めるものをいう。

十六　調整対象固定資産　建物、構築物、機械及び装置、船舶、航空機、車両及び運搬具、工具、器具及び備品、鉱業権その他の資産でその価額が少額でないものとして政令で定めるものをいう。

十七　確定申告書等　第四十五条（課税資産の譲渡等についての確定申告）第一項の規定による申告書（当該申告書に係る国税通則法（昭和三十七年法律第六十六号）第十八条第二項（期限後申告）に規定する期限後申告書を含む。）及び第四十六条（還付を受けるための申告）第一項の規定による申告書をいう。

十八　特例申告書　第四十七条第一項の規定による申告書（同条第三項の場合に限るものとし、当該申告書に係る国税通則法第十八条第二項に規定する期限後申告書を含む。）をいう。

十九　附帯税　国税通則法第二条第四号（定義）に規定する附帯税をいう。

二十　中間納付額　第四十八条（課税資産の譲渡等についての中間申告による納付）の規定により納付すべき消費税の額（その額につき国税通則法第十九条第三項（修正申告）に規定する修正申告書の提出又は同法第二十四条（更正）若しくは第二十六条（再更正）の規定による更正があつた場合には、その申告又は更正後の消費税の額）をいう。

2　この法律において、「資産の貸付け」には、資産に係る権利の設定その他他の者に資産を使用させる一切の行為を含むものとする。

3　この法律において、「資産の借受け」には、資産に係る権利の設定その他他の者の資産を使用する一切の行為を含むものとする。

4　この法律において、「相続」には包括遺贈を含むものとし、「相続人」には包括受遺者を含むものとし、「被相続人」には包括遺贈者を含むものとする。

（人格のない社団等に対するこの法律の適用）

第三条　人格のない社団等は、法人とみなして、この法律（第十二条の二及び別表第三を除く。）の規定を適用する。

（課税の対象）

第四条　国内において事業者が行つた資産の譲渡等には、この法律により、消費税を課する。

2　保税地域から引き取られる外国貨物には、この法律により、消費税を課する。

3　資産の譲渡等が国内において行われたかどうかの判定は、次の各号に掲げる場合の区分に応じ当該各号に定める場所が国内にあるかどうかにより行うものとする。

一　資産の譲渡又は貸付けである場合　当該譲渡又は貸付けが行われる時において当該資産が所在していた場所（当該資産が船舶、航空機、鉱業権、特許権、著作権、国債証券、株券その他の政令で定めるものである場合には、政令で定める場所）

二　役務の提供である場合　当該役務の提供が行われた場所（当該役務の提供が運輸、通信その他国内及び国内以外の地域にわたつて行われるものである場合その他の政令で定めるものであ

る場合には、政令で定める場所）

6 前三項に定めるもののほか、課税の対象の細目に関し必要な事項は、政令で定める。

（納税義務者）

第五条 事業者は、国内において行つた課税資産の譲渡等につき、この法律により、消費税を納める義務がある。

2 外国貨物を保税地域から引き取る者は、課税貨物につき、この法律により、消費税を納める義務がある。

（非課税）

第六条 国内において行われる資産の譲渡等のうち、別表第一に掲げるものには、消費税を課さない。

2 保税地域から引き取られる外国貨物のうち、別表第二に掲げるものには、消費税を課さない。

（小規模事業者に係る納税義務の免除）

第九条 事業者のうち、その課税期間に係る基準期間における課税売上高が三千万円以下である者については、第五条〔納税義務者〕第一項の規定にかかわらず、その課税期間中に国内において行つた課税資産の譲渡等につき、消費税を納める義務を免除する。ただし、この法律に別段の定めがある場合は、この限りでない。

（資産の譲渡等を行つた者の実質判定）

第十三条 法律上資産の譲渡等を行つたとみられる者が単なる名義人であつて、その資産の譲渡等に係る対価を享受せず、その者以外の者がその資産の譲渡等に係る対価を享受する場合には、当該資産の譲渡等は、当該対価を享受する者が行つたものとして、この法律の規定を適用する。

（課税期間）

第十九条 この法律において「課税期間」とは、次の各号に掲げる事業者の区分に応じ当該各号に定める期間とする。

一 個人事業者（第三号に掲げる個人事業者を除く。） 一月一日から十二月三十一日までの期間

二 法人（第四号に掲げる法人を除く。） 事業年度

三 第一号に定める期間を短縮することについてその納税地を所轄する税務署長に届出書を提出した個人事業者 一月一日から三月三十一日まで、四月一日から六月三十日まで、七月一日から九月三十日まで及び十月一日から十二月三十一日までの各期間

四 その事業年度が三月を超える法人で第二号に定める期間を短縮することについてその納税地を所轄する税務署長に届出書を提出したもの その事業年度をその開始の日以後三月ごとに区分した各期間（最後に三月未満の期間を生じたときは、その三月未満の期間）

第二章 課税標準及び税率

（課税標準）

第二十八条 課税資産の譲渡等に係る消費税の課税標準は、課税資産の譲渡等の対価の額（対価として収受し、又は収受すべき一切の金銭又は金銭以外の物若しくは権利その他経済的な利益の額とし、課税資産の譲渡等につき課されるべき消費税額及び当該消費税額を課税標準として課されるべき地方消費税額に相当する額を含まないものとする。以下この項及び次項において同じ。）とする。ただし、法人が資産を第四条〔課税の対象〕第四項第二号に規定する役員に譲渡した場合において、その対価の額が当該譲渡の時における当該資産の価額に比し著しく低いときは、その価額に相当する金額をその対価の額とみなす。

2 第四条第四項各号に掲げる行為に該当するものについては、次

の各号に掲げる行為の区分に応じ当該各号に定める金額をその対価の額とみなす。

一　第四条第四項第一号に掲げる消費又は使用　当該消費又は使用の時における当該消費し、又は使用した資産の価額に相当する金額

二　第四条第四項第二号に掲げる贈与　当該贈与の時における当該贈与をした資産の価額に相当する金額

3　保税地域から引き取られる課税貨物に係る消費税の課税標準は、当該課税貨物につき関税定率法（明治四十三年法律第五十四号）第四条から第四条の八まで（課税価格の計算方法）の規定に準じて算出した価格に当該課税貨物の保税地域からの引取りに係る消費税以外の消費税等（国税通則法第二条第三号（定義）に規定する消費税等をいう。）の額（附帯税の額に相当する額を除く。）及び関税の額（関税法第二条第一項第四号の二に規定する附帯税の額に相当する額を除く。）に相当する金額を加算した金額とする。

4　第二項に定めるもののほか、第一項又は前項に規定する課税標準の額の計算の細目に関し必要な事項は、政令で定める。

（税率）

第二十九条　消費税の税率は、百分の四とする。

第五章　雑則

（国、地方公共団体等に対する特例）

第六十条　国若しくは地方公共団体が一般会計に係る業務として行う事業又は国若しくは地方公共団体が特別会計を設けて行う事業については、当該一般会計又は特別会計ごとに一の法人が行う事業とみなして、この法律の規定を適用する。ただし、国又は地方公共団体が特別会計を設けて行う事業のうち政令で定める特別会計を設けて行う事業については、一般会計に係る業務として行う事業とみなす。

2　国又は地方公共団体が行った資産の譲渡等、課税仕入れ及び課税貨物の保税地域からの引取りは、政令で定めるところにより、その資産の譲渡等の対価を収納すべき会計年度並びにその課税仕入れ及び課税貨物の保税地域からの引取りの費用の支払をすべき会計年度の末日に行われたものとすることができる。

3　別表第三に掲げる法人のうち国又は地方公共団体に準ずる法人として政令で定めるものの資産の譲渡等、課税仕入れ及び課税貨物の保税地域からの引取りを行った時期については、前項の規定に準じて、政令で定める。

（財務省令への委任）

第六十一条　この法律に定めるもののほか、この法律の規定による許可若しくは承認に関する申請、担保の提供に関する手続又は書類の記載事項若しくは提出の手続その他この法律を実施するため必要な事項は、財務省令で定める。

（当該職員の質問検査権）

第六十二条　国税庁の当該職員又は事業者の納税地を所轄する税務署若しくは国税局の当該職員は、消費税に関する調査について必要があるときは、次に掲げる者に質問し、又はその者の事業に関する帳簿書類（その作成に代えて電磁的記録（電子的方式、磁気的方式その他の人の知覚によっては認識することができない方式で作られる記録であつて、電子計算機による情報処理の用に供されるものをいう。）の作成がされている場合における当該電磁的記録を含む。第三項及び第六十八条第二号において同じ。）その他の物件を検査することができる。

一　納税義務がある者、納税義務があると認められる者又は第四

十六条（還付を受けるための申告）第一項の規定による申告書を提出した者

二　前号に掲げる者に金銭の支払若しくは資産の譲渡等をする義務があると認められる者又は同号に掲げる者から金銭の支払若しくは資産の譲渡等を受ける権利があると認められる者

2　前項の規定は、国税庁の当該職員及び納税地を所轄する税務署又は国税局の当該職員以外の当該職員のその所属する税務署又は国税局の所轄する区域内に住所、居所、本店、支店、事務所、事業所その他これらに準ずるものを有する同項第一号に掲げる者に対する質問又は検査について準用する。

3　税関の当該職員は、消費税に関する調査について必要があるときは、課税貨物を保税地域から引き取る者若しくはその者に金銭の支払若しくは資産の譲渡等をする義務があると認められる者若しくは当該課税貨物を保税地域から引き取る者から金銭の支払若しくは資産の譲渡等を受ける権利があると認められる者に質問し、又は当該課税貨物若しくはその帳簿書類その他の物件を検査することができる。

4　分割があった場合の第一項又は前項の規定の適用については、分割法人はこれらの規定に規定する資産の譲渡等をする義務があると認められる者とみなし、分割承継法人はこれらの規定に規定する資産の譲渡等を受ける権利があると認められる者とみなす。

5　国税庁、国税局、税務署又は税関の当該職員は、第一項（第二項において準用する場合を含む。）又は第三項の規定による質問又は検査をする場合には、その身分を示す証明書を携帯し、関係人の請求があったときは、これを提示しなければならない。

6　第一項（第二項において準用する場合を含む。）又は第三項の規定による質問又は検査の権限は、犯罪捜査のために認められたものと解してはならない。

（官公署等への協力要請）

第六十三条　国税庁、国税局、税務署又は税関の当該職員は、消費税に関する調査について必要があるときは、官公署又は政府関係機関に、当該調査に関し参考となるべき簿書及び資料の閲覧又は提供その他の協力を求めることができる。

第六章　罰則

第六十四条　次の各号のいずれかに該当する者は、五年以下の懲役若しくは五百万円以下の罰金に処し、又はこれを併科する。

一　偽りその他不正の行為により、消費税を免れ、又は保税地域から引き取られる課税貨物に対する消費税を免れようとした者

二　偽りその他不正の行為により第五十二条（仕入れに係る消費税額の控除不足額の還付）第一項又は第五十三条（中間納付額の控除不足額の還付）第一項若しくは第二項の規定による還付を受けた者

2　前項の犯罪に係る課税資産の譲渡等若しくは保税地域から引き取られる課税貨物に対する消費税に相当する金額又は還付金に相当する金額が五百万円を超える場合には、情状により、同項の罰金は、五百万円を超え当該消費税に相当する金額又は還付金に相当する金額以下とすることができる。

第七十条　法人の代表者（人格のない社団等の管理人を含む。）又は法人若しくは人の代理人、使用人その他の従業者が、その法人又は人の業務又は財産に関して第六十四条から第六十八条までの違反行為をしたときは、その行為者を罰するほか、その法人又は人に対して当該各条の罰金刑を科する。

2　前項の規定により第六十四条第一項の違反行為につき法人又は人に罰金刑を科する場合における時効の期間は、同項の罪につい

ての時効の期間による。

3　人格のない社団等について第一項の規定の適用がある場合には、その代表者又は管理人がその訴訟行為につきその人格のない社団等を代表するほか、法人を被告人又は被疑者とする場合の刑事訴訟に関する法律の規定を準用する。

附　則〔平成三年五月一五日法律第七三号〕

（施行期日）

第一条　この法律は、平成三年十月一日から施行する。

別表第一（第六条関係）〔抄〕

一　土地（土地の上に存する権利を含む。）の譲渡及び貸付け（一時的に使用させる場合その他の政令で定める場合を除く。）

四　次に掲げる資産の譲渡

イ　国が行う郵便切手類販売所等に関する法律（昭和二十四年法律第九十一号）第一条（定義）に規定する郵便切手類（郵便法第三十三条第二項（切手類の発行及び販売等）に規定する郵便切手帳等を除く。以下この号及び別表第二において「郵便切手類」という。）又は印紙をもつてする歳入金納付に関する法律（昭和二十三年法律第百四十二号）第三条第一項各号（印紙の売渡し場所）に掲げる印紙（以下この号及び別表第二において「印紙」という。）の譲渡及び簡易郵便局法（昭和二十四年法律第二百十三号）第七条第一項（簡易郵便局の設置及び受託者の呼称）に規定する簡易郵便局若しくは郵便切手類販売所等に関する法律第三条（郵便切手類販売所等）に規定する郵便切手類販売所若しくは印紙売りさばき所（同法第五条第一項ただし書（切手類等の販売）の規定による承認を受けた場合には、当該承認に係る場所）における郵便切手類又は印紙をもつてする歳入金納付に関する法律第三条第一項各号に掲げる所における印紙の譲渡

ロ　地方公共団体又は売りさばき人（地方自治法（昭和二十二年法律第六十七号）第二百三十一条の二第一項（証紙による収入の方法等）（同法第二百九十二条（都道府県及び市町村に関する規定の準用）において準用する場合を含む。以下この号において同じ。）並びに地方税法（昭和二十五年法律第二百二十六号）第百五十一条第六項（自動車税の徴収の方法）、第二百五十八条第三項（狩猟者登録税の証紙徴収の手続）（同法第七百条の五十四第一項（入猟税の賦課徴収等）においてその例によることとされる場合を含む。）、同法第二百九十条第三項（道府県法定外普通税の証紙徴収の手続）、第四百四十六条第六項（軽自動車税の徴収の方法）、第六百九十八条第三項（市町村法定外普通税の証紙徴収の手続）、第六百九十九条の十三第四項（自動車取得税の納付の方法）及び第七百三十三条の二十七第三項（法定外目的税の証紙徴収の手続）（これらの規定を同法第一条第二項（用語）において準用する場合を含む。）に規定する条例に基づき指定された者をいう。）が行う証紙（地方自治法第二百三十一条の二第一項に規定する使用料又は手数料の徴収に係る証紙並びに地方税法第一条第一項第十三号に規定する証紙徴収に係る証紙及び同法第六百九十九条の十三第一項（同法第一条第二項において準用する場合を含む。）に規定する証紙をいう。別表第二において同じ。）の譲渡

ハ　物品切手（商品券その他名称のいかんを問わず、物品の給付請求権を表彰する証書をいう。）その他これに類するものとして政令で定めるもの（別表第二において「物品切手等」

という。）の譲渡
五　次に掲げる役務の提供
イ　国、地方公共団体、別表第三に掲げる法人その他法令に基づき国若しくは地方公共団体の委託若しくは指定を受けた者が、法令に基づき行う次に掲げる事務に係る役務の提供で、その手数料、特許料、申立料その他の料金の徴収が法令に基づくもの（政令で定めるものを除く。）
(1)　登記、登録、特許、免許、許可、認可、承認、認定、確認及び指定
(2)　検査、検定、試験、審査、証明及び講習
(3)　公文書の交付（再交付及び書換交付を含む。）、更新、訂正、閲覧及び謄写
(4)　裁判その他の紛争の処理
ロ　イに掲げる役務の提供に類するものとして政令で定めるもの
ハ　裁判所法（昭和二十二年法律第五十九号）第六十二条第四項（執行官）又は公証人法（明治四十一年法律第五十三号）第七条第一項（手数料等）の手数料を対価とする役務の提供
ニ　郵便為替法（昭和二十三年法律第五十九号）第二条（郵便為替の国営）に規定する郵便為替及び郵便振替法（昭和二十三年法律第六十号）第二条（郵便振替の国営）に規定する郵便振替で国内と国内以外の地域との間で交換されるものに係る役務の提供
ホ　外国為替及び外国貿易法第五十五条の七（外国為替業務に関する事項の報告）に規定する外国為替業務（銀行法（昭和五十六年法律第五十九号）第十条第二項第五号（業務の範囲）に規定する譲渡性預金証書の非居住者からの取得に係る媒介、取次ぎ又は代理に係る業務その他の政令で定める業務を除く。）に係る役務の提供
十　身体障害者の使用に供するための特殊な性状、構造又は機能を有する物品として政令で定めるもの（別表第二において「身体障害者用物品」という。）の譲渡、貸付けその他の政令で定める資産の譲渡等
十一　次に掲げる教育に関する役務の提供（授業料、入学金、施設設備費その他の政令で定める料金を対価として行われる部分に限る。）
イ　学校教育法（昭和二十二年法律第二十六号）第一条（学校の範囲）に規定する学校を設置する者が当該学校における教育として行う役務の提供
ロ　学校教育法第八十二条の二（専修学校）に規定する専修学校を設置する者が当該専修学校の同法第八十二条の三第一項（課程）に規定する高等課程、専門課程又は一般課程における教育として行う役務の提供
ハ　学校教育法第八十三条第一項（各種学校）に規定する各種学校を設置する者が当該各種学校における教育（修業期間が一年以上であることその他政令で定める要件に該当するものに限る。）として行う役務の提供
ニ　イからハまでに掲げる教育に関する役務の提供に類するものとして政令で定めるもの
十二　学校教育法第二十一条第一項（小学校の教科用図書）（同法第四十条（中学校）、第五十一条（高等学校）及び第五十一条の九第一項（中等教育学校）において準用する場合並びに同法第七十六条（特殊教育）においてこれらの規定を準用する場合を含む。）に規定する教科用図書（別表第二において「教科用図

書」という。）の譲渡

十三　住宅（人の居住の用に供する家屋又は家屋のうち人の居住の用に供する部分をいう。）の貸付け（当該貸付けに係る契約において人の居住の用に供することが明らかにされているものに限るものとし、一時的に使用させる場合その他の政令で定める場合を除く。）

別表第二（第六条関係）

一　有価証券等（外国為替及び外国貿易法第六条第一項第七号に規定する支払手段のうち同号ハに掲げるものが入力されている財務省令で定める媒体を含む。）

二　郵便切手類

三　印紙

四　証紙

五　物品切手等

六　身体障害者用物品

七　教科用図書

別表第三（第三条、第六十条関係）

一　次の表に掲げる法人〔抄〕

名称	根拠法
学校法人（私立学校法第六十四条第四項（専修学校及び各種学校）の規定により設立された法人を含む。）	私立学校法（昭和二十四年法律第二百七十号）
財団法人（民法第三十四条（公益法人の設立）の規定により設立されたものに限る。）	民法（明治二十九年法律第八十九号）
社会福祉法人	社会福祉法
社団法人（民法第三十四条の規定により設立されたものに限る。）	民法
独立行政法人（所得税法別表第一の独立行政法人の項に規定するものに限る。）	独立行政法人通則法（平成十一年法律第百三号）及び同法第一条第一項（目的等）に規定する個別法
日本学術振興会	日本学術振興会法（昭和四十二年法律第百二十三号）
日本芸術文化振興会	日本芸術文化振興会法（昭和四十一年法律第八十八号）
日本私立学校振興・共済事業団	日本私立学校振興・共済事業団法（平成九年法律第四十八号）
日本赤十字社	日本赤十字社法（昭和二十七年法律第三百五号）
放送大学学園	放送大学学園法（昭和五十六年法律第八十号）

二　外国若しくは外国の地方公共団体又は外国に本店若しくは主

たる事務所を有する法人で前号の表に掲げる法人のうちいずれかのものに準ずるものとして政令で定めるところにより財務大臣が指定したもの

○消費税法施行令　抄

〔昭和六三年一二月三〇日　政令第三六〇号〕

最近改正　平成一三年一一月三〇日　政令第三八三号

第一章　総則

（定義）

第一条　この政令において、「国内」、「保税地域」、「個人事業者」、「事業者」、「合併法人」、「被合併法人」、「分割法人」、「分割承継法人」、「人格のない社団等」、「資産の譲渡等」、「課税資産の譲渡等」、「外国貨物」、「課税貨物」、「課税仕入れ」、「事業年度」、「基準期間」、「棚卸資産」、「調整対象固定資産」、「確定申告書等」、「特例申告書」、「附帯税」又は「中間納付額」とは、それぞれ消費税法（以下「法」という。）第二条第一項に規定する国内、保税地域、個人事業者、事業者、合併法人、被合併法人、分割法人、分割承継法人、人格のない社団等、資産の譲渡等、課税資産の譲渡等、外国貨物、課税貨物、課税仕入れ、事業年度、基準期間、棚卸資産、調整対象固定資産、確定申告書等、特例申告書、附帯税又は中間納付額をいう。

2　この政令において、次の各号に掲げる用語の意義は、当該各号に定めるところによる。

一　居住者　外国為替及び外国貿易法（昭和二十四年法律第二百二十八号）第六条第一項第五号（定義）に規定する居住者をいう。

二　非居住者　外国為替及び外国貿易法第六条第一項第六号に規

定する非居住者をいう。
三　登録国債等　国債に関する法律（明治三十九年法律第三十四号）又は社債等登録法（昭和十七年法律第十一号）の規定により登録された国債、地方債及び社債（会社以外の法人が特別の法律により発行する債券を含む。）並びにこれらに類する外国の債券をいう。
四　国債等　証券取引法（昭和二十三年法律第二十五号）第二条第一項第一号から第四号まで（定義）に掲げる証券又は債券及びこれらに類する外国の証券又は債券並びに登録国債等をいう。
3　この政令において、「資産の貸付け」には、資産に係る権利の設定その他他の者に資産を使用させる一切の行為を含むものとする。
4　この政令において、「相続」には包括遺贈を含むものとし、「相続人」には包括受遺者を含むものとし、「被相続人」には包括遺贈者を含むものとする。

（資産の譲渡等の範囲）

第二条　法第二条〔定義〕第一項第八号に規定する対価を得て行われる資産の譲渡若しくは貸付け又は役務の提供に類する行為として政令で定めるものは、次に掲げるものとする。
一　負担付き贈与による資産の譲渡
二　金銭以外の資産の出資
三　確定給付企業年金法（平成十三年法律第五十号）第四条（規約で定める事項）に規定する規約又は法人税法（昭和四十年法律第三十四号）附則第二十条第一項（退職年金等積立金に対する法人税の特例）に規定する適格退職年金契約に係る信託の信託契約に基づき、確定給付企業年金法第五十六条第二項（掛金の納付）又は法人税法施行令（昭和四十年政令第九十七号）附則第十六条第二項（適格退職年金契約の要件等）の規定による掛金の納付又は掛金等の払込みとして行われる株式の移転
四　資産の流動化に関する法律（平成十年法律第百五号）第二条第十二項（定義）に規定する特定目的信託の信託契約に基づく資産の信託による当該資産の移転
五　貸付金その他の金銭債権の譲受けその他の承継（包括承継を除く。）
六　不特定かつ多数の者によつて直接受信されることを目的とする無線通信の送信で、法律により受信者がその締結を行わなければならないこととされている契約に基づき受信料を徴収して行われるもの
2　事業者が、土地収用法（昭和二十六年法律第二百十九号）その他の法律の規定に基づいてその所有権その他の権利を収用され、かつ、当該権利を取得する者から当該権利の消滅に係る補償金を取得した場合には、対価を得て資産の譲渡を行つたものとする。
3　資産の譲渡等には、その性質上事業に付随して対価を得て行われる資産の譲渡及び貸付け並びに役務の提供を含むものとする。

（公共法人等の事業年度）

第三条　法第二条〔定義〕第一項第十三号に規定する政令で定める一定の期間は、公共法人等（国、地方公共団体その他法人税法第十三条及び第十四条（事業年度）の規定の適用を受けない法人（人格のない社団等を含む。以下同じ。）をいう。以下この条において同じ。）の会計年度その他これに準ずる期間（以下この条において「会計年度等」という。）で、法令で定めるもの又は公共法人等の定款、寄附行為、規則若しくは規約（以下この条において「定款等」という。）に定めるものとし、法令又は定款等に会計年度等

の定めがない場合には、次項の規定により納税地を所轄する税務署長に届け出た会計年度等又は第三項の規定により納税地を所轄する税務署長が指定した会計年度等若しくは第四項に規定する期間とする。ただし、これらの期間が一年を超える場合は、当該期間をその開始の日以後一年ごとに区分した各期間（最後に一年未満の期間を生じたときは、その一年未満の期間）とする。

2　法令又は定款等に会計年度等の定めがない公共法人等は、国内において課税資産の譲渡等に係る事業を開始した日以後二月以内に、会計年度等を定めてこれを納税地を所轄する税務署長に届け出なければならない。

3　前項の規定による届出をすべき公共法人等（人格のない社団等を除く。）がその届出をしない場合には、納税地を所轄する税務署長は、その会計年度等を指定し、当該公共法人等に対し、書面によりその旨を通知する。

4　第二項の規定による届出をすべき人格のない社団等がその届出をしない場合には、その人格のない社団等の会計年度等は、その年の一月一日から十二月三十一日までの期間とする。

5　前各項の規定により定められる会計年度等の中途において公共法人等が国内において課税資産の譲渡等に係る事業を開始した場合には、これらの規定にかかわらず、当該事業を開始した日の属する当該会計年度等の初日は当該事業を開始した日とし、これらの規定により定められる会計年度等の中途において公共法人等が当該事業を廃止した場合（合併により消滅した場合を含む。）又は清算中の公共法人等の残余財産が確定した場合には、これらの規定にかかわらず、これらの場合に該当することとなった日の属する当該会計年度等の末日はその該当することとなった日とする。

6　公共法人等がその定款等に定める会計年度等を変更し、又はその定款等において新たに会計年度等を定めた場合には、遅滞なく、その変更前の会計年度等及び変更後の会計年度等又はその定めた会計年度等を納税地を所轄する税務署長に届け出なければならない。

第六条　**（資産の譲渡等が国内において行われたかどうかの判定）**　法第四条（課税の対象）第三項第一号に規定する政令で定める資産は、次の各号（抄）に掲げる資産とし、同項第一号に規定する政令で定める場所は、当該資産の区分に応じ当該資産の譲渡又は貸付けが行われる時における当該各号に定める場所とする。

六　著作権（出版権及び著作隣接権その他これに準ずる権利を含む。）又は特別の技術による生産方式及びこれに準ずるもの（以下この号において「著作権等」という。）　著作権等の譲渡又は貸付けを行う者の住所地

2　法第四条第三項第二号に規定する政令で定める役務の提供は、次の各号に掲げる役務の提供とし、同項第二号に規定する政令で定める場所は、当該役務の提供の区分に応じ当該役務の提供が行われる際における当該各号（抄）に定める場所とする。

一　国内及び国内以外の地域にわたって行われる旅客又は貨物の輸送　当該旅客又は貨物の出発地若しくは発送地又は到着地

二　国内及び国内以外の地域にわたって行われる通信　発信地又は受信地

三　国内及び国内以外の地域にわたって行われる郵便　差出地又は配達地

五　情報の提供又は設計　情報の提供又は設計を行う者の情報の提供又は設計に係る事務所等の所在地

七　前各号に掲げる役務の提供以外のもので国内及び国内以外の

地域にわたつて行われる役務の提供その他の役務の提供が行われた場所が明らかでないもの　役務の提供を行う者の役務の提供に係る事務所等の所在地

（土地の貸付けから除外される場合）

第八条　法別表第一第一号に規定する政令で定める場合は、同号に規定する土地の貸付けに係る期間が一月に満たない場合及び駐車場その他の施設の利用に伴つて土地が使用される場合とする。

（物品切手に類するものの範囲）

第十一条　法別表第一第四号ハに規定する政令で定めるものは、役務の提供又は物品の貸付けに係る請求権を表彰する証書とする。

（国、地方公共団体等の役務の提供から除外されるものの範囲等）

第十二条　法別表第一第五号イに規定する政令で定める役務の提供は、次に掲げる事務に係る役務の提供とする。

一　検査、検定、試験、審査及び講習（以下この号において「特定事務」という。）のうち次のいずれにも該当しないもの

イ　法令において、医師その他の法令に基づく資格（法令において当該資格を有しない者は当該資格に係る業務若しくは行為を行い、若しくは当該資格に係る名称を使用することができないこととされているもの又は法令において一定の場合には当該資格を有する者を使用し、若しくは当該資格を有する者に当該資格に係る行為を依頼することが義務づけられているものをいう。以下この号及び次項第二号において同じ。）を取得し、若しくは維持し、又は当該資格に係る業務若しくは行為を行うにつき、当該特定事務に係る役務の提供を受けることが要件とされているもの

ロ　法令において、一定の食品の販売その他の行為を行う場合にその対象となる資産又は使用する資産について当該特定事務に係る役務の提供を受けることが要件とされているもの

ハ　農業機械化促進法（昭和二十八年法律第二百五十二号）第六条第一項（検査）の検査その他の特定事務で、法令において、当該特定事務により一定の型式又は規格に該当するものとされた資産以外の資産は当該型式又は規格に係る表示を付し、又は名称を使用することができないこととされているもの

ニ　電気事業法第五十四条第一項（定期検査）の検査その他の特定事務で法令において当該特定事務に係る役務の提供を受けることが義務づけられているもの

二　前号に掲げる事務に係る証明並びに公文書の交付（再交付及び書換交付を含む。）、更新、訂正、閲覧及び謄写

2　法別表第一第五号ロに規定する政令で定める役務の提供は、次に掲げる役務の提供とする。

一　国、地方公共団体、法別表第三に掲げる法人その他法令に基づき国又は地方公共団体の委託又は指定を受けた者が、法令に基づき行う次に掲げる事務に係る役務の提供で、その手数料その他の料金の徴収が法令に基づくもの

イ　旅券の発給

ロ　裁定、裁決、判定及び決定

ハ　公文書に類するもの（記章、標識その他これらに類するものを含む。次号において同じ。）の交付（再交付及び書換交付を含む。）、更新、訂正、閲覧及び謄写（前項第一号に掲げる事務に係るものを除く。）

ニ　異議申立て、審査請求その他これらに類するものの処理

二　国、地方公共団体、法別表第三に掲げる法人その他法令に基づき国又は地方公共団体の委託又は指定を受けた者が法令に基

づき行う次に掲げる事務に係る役務の提供

イ 登録、認定、確認、指定、検査、検定、試験、審査及び講習（以下この号において「登録等」という。）のうち次のいずれかに該当するもの

(1) 法令において、弁護士その他の法令に基づく資格を取得し、若しくは維持し、又は当該資格に係る業務若しくは行為を行うにつき、当該登録等に係る役務の提供を受けることが要件とされているもの

(2) 法令において、資産の輸出その他の行為を行う場合にその対象となる資産又は使用する資産について当該登録等に係る役務の提供を受けることが要件とされているもの

(3) 法令において、当該登録等により一定の規格に該当するものとされた資産以外の資産は、当該規格に係る表示を付し、又は名称を使用することができないこととされているもの

(4) 浄化槽法（昭和五十八年法律第四十三号）第七条（設置後等の水質検査）の検査その他の登録等で法令において当該登録等に係る役務の提供を受けることが義務づけられているもの

ロ 証明並びに公文書及び公文書に類するものの交付（再交付及び書換交付を含む。）、更新、訂正、閲覧及び謄写（イに掲げる事務以外の事務に係るものを除く。）

三 国又は地方公共団体が、法令に基づき行う他の者の徴収すべき料金、賦課金その他これらに類するものの滞納処分について、法令に基づき当該他の者から徴収する料金に係る役務の提供

（身体障害者用物品の範囲等）

第十四条の四 法別表第一第十号に規定する政令で定めるものは、義肢、盲人安全つえ、義眼、点字器、人工喉《こう》頭、車いすその他の物品で、身体障害者の使用に供するための特殊な性状、構造又は機能を有する物品として厚生労働大臣が財務大臣と協議して指定するものとする。

2 法別表第一第十号に規定する政令で定める資産の譲渡等は、同号に規定する身体障害者用物品の譲渡、貸付け及び製作の請負並びに同号に規定する身体障害者用物品の修理のうち厚生労働大臣が財務大臣と協議して指定するものとする。

（教育に係る役務の提供の範囲）

第十四条の五 法別表第一第十一号に規定する政令で定める料金は、次に掲げる料金とする。

一 授業料

二 入学金及び入園料

三 施設設備費

四 入学又は入園のための試験に係る検定料

五 在学証明、成績証明その他学生、生徒、児童又は幼児の記録に係る証明に係る手数料及びこれに類する手数料

（各種学校における教育に関する要件）

第十五条 法別表第一第十一号ハに規定する政令で定める要件は、一年の授業時間数（普通科、専攻科その他これらに類する区別された課程がある場合には、それぞれの課程の授業時間数）が六百八十時間以上であることその他財務省令で定める要件とする。

（教育に関する役務の提供に類するものの範囲）

第十六条 法別表第一第十一号ニに規定する政令で定めるものは、次に掲げる施設を設置する者が当該施設における教育（職業訓練を含み、修業期間が一年以上であること、普通課程、専門課程そ

の他の課程のそれぞれの一年の授業時間数が六百八十時間以上であることその他財務省令で定める要件に該当するものに限る。）として行う役務の提供とする。

一　独立行政法人農業者大学校法（平成十一年法律第百八十八号）に規定する独立行政法人農業者大学校、独立行政法人水産大学校法（平成十一年法律第百九十一号）に規定する独立行政法人水産大学校、独立行政法人海技大学校法（平成十一年法律第二百十二号）に規定する独立行政法人海技大学校、独立行政法人海員学校法（平成十一年法律第二百十四号）に規定する独立行政法人海員学校及び独立行政法人航空大学校法（平成十一年法律第二百十五号）に規定する独立行政法人航空大学校

二　職業能力開発促進法（昭和四十四年法律第六十四号）に規定する職業能力開発総合大学校、職業能力開発大学校、職業能力開発短期大学校及び職業能力開発校（職業能力開発大学校、職業能力開発短期大学校及び職業能力開発校にあつては、国若しくは地方公共団体又は同法に規定する職業訓練法人が設置するものに限る。）

三　厚生労働省組織令（平成十二年政令第二百五十二号）第百五十条（国立高度専門医療センター）の表国立国際医療センターの項第二号に規定する厚生労働省令で定める施設

（住宅の貸付けから除外される場合）

第十六条の二　法別表第一第十三号に規定する政令で定める場合は、同号に規定する住宅の貸付けに係る期間が一月に満たない場合及び当該貸付けが旅館業法（昭和二十三年法律第百三十八号）第二条第一項（定義）に規定する旅館業に係る施設の貸付けに該当する場合とする。

第五章　雑則

（帳簿の備付け等）

第七十一条　事業者（法第九条（小規模事業者に係る納税義務の免除）第一項本文の規定により消費税を納める義務が免除される事業者を除く。）は、帳簿を備え付けてこれにその行つた資産の譲渡等又は課税仕入れ若しくは課税貨物（法律又は条約の規定により消費税が免除されるものを除く。以下この章において同じ。）の保税地域からの引取りに関する財務省令で定める事項を整然と、かつ、明りように記録しなければならない。

2　前項に規定する事業者は、同項の規定により記録した帳簿を整理し、これをその帳簿の閉鎖の日の属する課税期間の末日の翌日から二月（清算中の法人について残余財産が確定した場合には一月とする。次項において同じ。）を経過した日から七年間、当該事業者の納税地又はその事業に係る事務所、事業所その他これらに準ずるものの所在地に保存しなければならない。

5　第二項の規定による帳簿の保存は同項に規定する課税期間の末日の翌日から二月を経過した日から、前項〔略〕の規定による帳簿の保存は同項に規定する輸入の許可の日の属する月の翌月末日の翌日から、それぞれ五年を経過した日以後の期間においては、財務大臣の定める方法によることができる。

（一般会計とみなされる特別会計の範囲等）

第七十二条　法第六十条（国、地方公共団体等に対する特例）第一項ただし書に規定する政令で定める特別会計は、専ら当該特別会計を設ける国又は地方公共団体の一般会計に対して資産の譲渡等を行う特別会計とする。

2　地方自治法（昭和二十二年法律第六十七号）第二百八十五条（相互に関連する事務の共同処理）の一部事務組合が特別会計を設けて次に掲げる事業以外の事業を行う場合において、当該一部

事務組合が、同法第二百八十七条の二第一項（第二百八十五条の一部事務組合に関する特則）の規定に基づき、その規約において当該事業に係る事件の議決の方法について特別の規定を設けたときは、当該事業に係る法第六十条の規定の適用については、当該事業は、同条第一項本文の一般会計に係る業務として行う事業とみなす。

一 地方財政法施行令（昭和二十三年政令第二百六十七号）第十二条各号（公営企業）に掲げる事業その他法令においてその事業に係る収入及び支出を経理する特別会計を設けることが義務づけられている事業

二 地方公営企業法（昭和二十七年法律第二百九十二号）第二条第三項（この法律の適用を受ける企業の範囲）の規定により同法の規定の全部又は一部を適用している同項の企業に係る事業

三 対価を得て資産の譲渡又は貸付けを主として行う事業（前二号に掲げる事業を除く。）

3 地方自治法第一条の三第三項（地方公共団体の種類）の地方公共団体の組合が一般会計を設けて行う前項第三号及び第四号〔略〕の事業に係る法第六十条の規定の適用については、当該事業は、同条第一項本文の特別会計を設けて行う事業とみなす。

（国又は地方公共団体が行った資産の譲渡等の時期の特例）

第七十三条 国又は地方公共団体が行った資産の譲渡等、課税仕入れ及び課税貨物の保税地域からの引取りについては、資産の譲渡等は予算決算及び会計令（昭和二十二年勅令第百六十五号）〔別掲〕第一条（歳入の会計年度所属区分）又は地方自治法施行令（昭和二十二年政令第十六号）〔別掲〕第百四十二条（歳入の会計年度所属区分）（これらの規定の特例を定める規定を含む。）の規定によりその対価を収納すべき会計年度の末日において、課税仕入れ及び課税貨物の保税地域からの引取りは予算決算及び会計令第二条（歳出の会計年度所属区分）又は地方自治法施行令第百四十三条（歳出の会計年度所属区分）（これらの規定の特例を定める規定を含む。）の規定によりその費用の支払をすべき会計年度の末日においてそれぞれ行われたものとすることができる。

（国又は地方公共団体に準ずる法人の資産の譲渡等の時期の特例）

第七十四条 法第六十条（国、地方公共団体等に対する特例）第三項に規定する国又は地方公共団体に準ずる法人として政令で定めるものは、法別表第三に掲げる法人のうち法令又はその法人の定款、寄附行為、規則若しくは規約（以下この条において「定款等」という。）に定める会計の処理の方法が国又は地方公共団体の会計の処理の方法に準ずるもので同項の規定の適用を受けることにつきその納税地を所轄する税務署長の承認を受けたものとする。

2 前項の承認を受けた法人が行った資産の譲渡等、課税仕入れ及び課税貨物の保税地域からの引取りについては、当該法人の会計の処理の方法に関する法令又は定款等の定めるところによりその資産の譲渡等の対価を収納すべき課税期間並びにその課税仕入れ及び課税貨物の保税地域からの引取りの費用の支払をすべき課税期間の末日に行われたものとすることができる。

3 第一項の承認を受けようとする法人は、その法令又は定款等に定める会計の処理の方法その他財務省令で定める事項を記載した申請書をその納税地を所轄する税務署長に提出しなければならない。

4 税務署長は、前項の申請書の提出があつた場合には、遅滞なく、これを審査し、第二項の規定の適用を受けることを承認し、又はその申請に係る法令又は定款等に定める会計の処理の方法が国又は地方公共団体の会計の処理の方法に準ずるものでないと認めるときは、その申請を却下する。

5　税務署長は、第一項の承認をした後、その承認に係る法令又は定款等に定める会計の処理の方法によることを不適当とする特別の事情が生じたと認める場合には、その承認を取り消すことができる。

6　税務署長は、前二項の処分をするときは、その処分に係る法人に対し、書面によりその旨を通知する。

7　第一項の承認又は第五項の承認の取消しがあつた場合には、これらの処分のあつた日の属する課税期間以後の各課税期間についてその処分の効果が生ずるものとする。

8　第一項の承認を受けている法人が第二項の規定の適用を受けることをやめようとする場合には、その旨その他財務省令で定める事項を記載した届出書をその納税地を所轄する税務署長に提出しなければならない。

9　前項の届出書の提出があつた場合には、その提出があつた日の属する課税期間以後の各課税期間については、第一項の承認は、その効力を失う。

◎特定非営利活動促進法（NPO法）抄

〔平成一〇年三月二五日法律第七号〕

最近改正　平成一二年六月七日　法律第一一一号

〔NPOはNonprofit Organizationの頭字語である＝編者〕

第一章　総則

（目的）

第一条　この法律は、特定非営利活動を行う団体に法人格を付与すること等により、ボランティア活動をはじめとする市民が行う自由な社会貢献活動としての特定非営利活動の健全な発展を促進し、もって公益の増進に寄与することを目的とする。

（定義）

第二条　この法律において「特定非営利活動」とは、別表に掲げる活動に該当する活動であって、不特定かつ多数のものの利益の増進に寄与することを目的とするものをいう。

2　この法律において「特定非営利活動法人」とは、特定非営利活動を行うことを主たる目的とし、次の各号のいずれにも該当する団体であって、この法律の定めるところにより設立された法人をいう。

一　次のいずれにも該当する団体であって、営利を目的としないものであること。

イ　社員の資格の得喪に関して、不当な条件を付さないこと。

ロ　役員のうち報酬を受ける者の数が、役員総数の三分の一以下であること。
二　その行う活動が次のいずれにも該当する団体であること。
イ　宗教の教義を広め、儀式行事を行い、及び信者を教化育成することを主たる目的とするものでないこと。
ロ　政治上の主義を推進し、支持し、又はこれに反対することを主たる目的とするものでないこと。
ハ　特定の公職（公職選挙法（昭和二十五年法律第百号）第三条に規定する公職をいう。以下同じ。）の候補者（当該候補者になろうとする者を含む。）若しくは公職にある者又は政党を推薦し、支持し、又はこれらに反対することを目的とするものでないこと。

第二章　特定非営利活動法人

第一節　通則

（原則）
第三条　特定非営利活動法人は、特定の個人又は法人その他の団体の利益を目的として、その事業を行ってはならない。
2　特定非営利活動法人は、これを特定の政党のために利用してはならない。

（名称の使用制限）
第四条　特定非営利活動法人以外の者は、その名称中に、「特定非営利活動法人」又はこれに紛らわしい文字を用いてはならない。

（収益事業）
第五条　特定非営利活動法人は、その行う特定非営利活動に係る事業に支障がない限り、その収益を当該事業に充てるため、収益を目的とする事業（以下「収益事業」という。）を行うことができる。
2　収益事業に関する会計は、当該特定非営利活動法人の行う特定非営利活動に係る事業に関する会計から区分し、特別の会計として経理しなければならない。

（住所）
第六条　特定非営利活動法人の住所は、その主たる事務所の所在地にあるものとする。

（登記）
第七条　特定非営利活動法人は、政令で定めるところにより、登記しなければならない。
2　前項の規定により登記しなければならない事項は、登記の後でなければ、これをもって第三者に対抗することができない。

（民法の準用）
第八条　民法（明治二十九年法律第八十九号）〔別掲〕第四十三条及び第四十四条の規定は、特定非営利活動法人について準用する。

（所轄庁）
第九条　特定非営利活動法人の所轄庁は、その事務所が所在する都道府県の知事とする。
2　特定非営利活動法人で二以上の都道府県の区域内に事務所を設置するものにあっては、その所轄庁は、前項の規定にかかわらず、内閣総理大臣とする。

第二節　設立

（設立の認証）
第十条　特定非営利活動法人を設立しようとする者は、内閣府令（前条第二項の特定非営利活動法人以外の特定非営利活動法人に係る場合にあっては、都道府県の条例。第二十六条第三項及び第四十四条第二項を除き、以下同じ。）で定めるところにより、次に掲げる書類を添付した申請書を所轄庁に提出して、設立の認証を受けなければならない。

一　定款
二　役員に係る次に掲げる書類
イ　役員名簿（役員の氏名及び住所又は居所を記載した名簿をいう。）
ロ　各役員の就任承諾書及びそれぞれの住所又は居所を証する書面として内閣府令で定めるもの
ハ　第二十条〔役員の欠格事由〕各号に該当しないこと及び第二十一条〔役員の親族等の排除〕の規定に違反しないことを各役員が誓う旨の宣誓書の謄本
ニ　役員のうち報酬を受ける者の氏名を記載した書面
三　社員のうち十人以上の者の氏名（法人にあっては、その名称及び代表者の氏名）及び住所又は居所を記載した書面
四　第二条〔定義〕第二項第二号及び第十二条〔認証の基準等〕第一項第三号に該当することを確認したことを示す書面
五　設立趣旨書
六　設立者名簿（設立者の氏名及び住所又は居所を記載した名簿をいう。）
七　設立についての意思の決定を証する議事録の謄本
八　設立当初の財産目録
九　事業年度を設ける場合には、設立当初の事業年度を記載した書面
十　設立の初年及び翌年（事業年度を設ける場合には、当初の事業年度及び翌事業年度。次号において同じ。）の事業計画書
十一　設立の初年及び翌年の収支予算書

2　所轄庁は、前項の認証の申請があった場合には、遅滞なく、その旨及び次に掲げる事項を公告するとともに、同項第一号、第二号イ、第五号、第十号及び第十一号に掲げる書類を、申請書を受理した日から二月間、その指定した場所において公衆の縦覧に供しなければならない。
一　申請のあった年月日
二　申請に係る特定非営利活動法人の名称、代表者の氏名及び主たる事務所の所在地並びにその定款に記載された目的

（定款）

第十一条　特定非営利活動法人の定款には、次に掲げる事項を記載しなければならない。
一　目的
二　名称
三　その行う特定非営利活動の種類及び当該特定非営利活動に係る事業の種類
四　主たる事務所及びその他の事務所の所在地
五　社員の資格の得喪に関する事項
六　役員に関する事項
七　会議に関する事項
八　資産に関する事項
九　会計に関する事項
十　収益事業を行う場合には、その種類その他その収益事業に関する事項
十一　解散に関する事項
十二　定款の変更に関する事項
十三　公告の方法

2　設立当初の役員は、定款で定めなければならない。

3　第一項第十一号に掲げる事項中に残余財産の帰属すべき者に関する規定を設ける場合には、その者は、特定非営利活動法人その他次に掲げる者のうちから選定されるようにしなければならな

い。

一 国又は地方公共団体
二 民法第三十四条の規定により設立された法人
三 私立学校法（昭和二十四年法律第二百七十号）〔別掲〕第三条〔定義〕に規定する学校法人
四 社会福祉法（昭和二十六年法律第四十五号）第二十二条〔定義〕に規定する社会福祉法人
五 更生保護事業法（平成七年法律第八十六号）第二条〔定義〕第六項に規定する更生保護法人

（認証の基準等）

第十二条 所轄庁は、第十条〔設立の認証〕第一項の認証の申請が次の各号に適合すると認めるときは、その設立を認証しなければならない。

一 設立の手続並びに申請書及び定款の内容が法令の規定に適合していること。
二 当該申請に係る特定非営利活動法人が第二条〔定義〕第二項に規定する団体に該当するものであること。
三 当該申請に係る特定非営利活動法人が暴力団（暴力団員による不当な行為の防止等に関する法律（平成三年法律第七十七号）第二条〔定義〕第二号に規定する暴力団をいう。以下この号において同じ。）又は暴力団若しくはその構成員（暴力団の構成団体の構成員を含む。）の統制の下にある団体でないこと。
四 当該申請に係る特定非営利活動法人が十人以上の社員を有するものであること。

2 前項の規定による認証又は不認証の決定は、正当な理由がない限り、第十条第二項の期間を経過した日から二月以内に行わなければならない。

3 所轄庁は、第一項の規定により不認証の決定をしたときは、速やかに、理由を付した書面をもって当該申請をした者にその旨を通知しなければならない。

（成立の時期等）

第十三条 特定非営利活動法人は、その主たる事務所の所在地において設立の登記をすることによって成立する。

2 特定非営利活動法人は、前項の登記をしたときは、遅滞なく、当該登記をしたことを証する登記簿謄本を添付した届出書を所轄庁に提出しなければならない。

（民法の準用）

第十四条 民法第五十一条第一項（法人の設立の時に関する部分に限る。）の規定は、特定非営利活動法人の設立について準用する。

第三節 管理

（役員の定款）

第十五条 特定非営利活動法人には、役員として、理事三人以上及び監事一人以上を置かなければならない。

（理事の代表権）

第十六条 理事は、すべて特定非営利活動法人の業務について、特定非営利活動法人を代表する。ただし、定款をもって、その代表権を制限することができる。

（業務の決定）

第十七条 特定非営利活動法人の業務は、定款に特別の定めのないときは、理事の過半数をもって決する。

（役員の親族等の排除）

第二十一条 役員のうちには、それぞれの役員について、その配偶者若しくは三親等以内の親族が一人を超えて含まれ、又は当該役員並びにその配偶者及び三親等以内の親族が役員の総数の三分の一を超えて含まれることになってはならない。

（役員の欠員補充）

第二十二条　理事又は監事のうち、その定数の三分の一を超える者が欠けたときは、遅滞なくこれを補充しなければならない。

（役員の任期）

第二十四条　役員の任期は、二年以内において定款で定める期間とする。ただし、再任を妨げない。

（定款の変更）

第二十五条　定款の変更は、定款で定めるところにより、社員総会の議決を経なければならない。

2　前項の議決は、社員総数の二分の一以上が出席し、その出席者の四分の三以上の多数をもってしなければならない。ただし、定款に特別の定めがあるときは、この限りでない。

3　定款の変更（第十一条〔定款〕第一項第四号に掲げる事項に係るもの（所轄庁の変更を伴わないものに限る。）並びに同項第八号及び第十三号に掲げる事項に係るもの（第六項において「軽微な事項に係る定款の変更」という。）を除く。）は、所轄庁の認証を受けなければ、その効力を生じない。

第三章　税法上の特例

第四十六条　特定非営利活動法人は、法人税法（昭和四十年法律第三十四号）その他法人税に関する法令の規定の適用については、同法第二条〔定義〕第六号に規定する公益法人等とみなす。〔以下略〕

附　則

（施行期日）

1　この法律は、公布の日から起算して一年を超えない範囲内において政令で定める日〔平成一〇年一二月一日〕から施行する。

別表（第二条関係）

一　保健、医療又は福祉の増進を図る活動

二　社会教育の推進を図る活動

三　まちづくりの推進を図る活動

四　文化、芸術又はスポーツの振興を図る活動

五　環境の保全を図る活動

六　災害救援活動

七　地域安全活動

八　人権の擁護又は平和の推進を図る活動

九　国際協力の活動

十　男女共同参画社会の形成の促進を図る活動

十一　子どもの健全育成を図る活動

十二　前各号に掲げる活動を行う団体の運営又は活動に関する連絡、助言又は援助の活動

◎民間資金等の活用による公共施設等の整備等の促進に関する法律（ＰＦＩ法）

〔平成一一年七月三〇日
法律第一一七号〕

最近改正　平成一三年一二月一二日　法律第一五一号

〔ＰＦＩは Private Finance Initiative の頭字語である＝編者〕

（目的）

第一条　この法律は、民間の資金、経営能力及び技術的能力を活用した公共施設等の建設、維持管理及び運営（これらに関する企画を含む。）の促進を図るための措置を講ずること等により、効率的かつ効果的に社会資本を整備し、もって国民経済の健全な発展に寄与することを目的とする。

（定義）

第二条　この法律において「公共施設等」とは、次の各号に掲げる施設をいう。

一　道路、鉄道、港湾、空港、河川、公園、水道、下水道、工業用水道等の公共施設

二　庁舎、宿舎等の公用施設

三　公営住宅及び教育文化施設、廃棄物処理施設、医療施設、社会福祉施設、更生保護施設、駐車場、地下街等の公益的施設

四　情報通信施設、熱供給施設、新エネルギー施設、リサイクル施設（廃棄物処理施設を除く。）、観光施設及び研究施設

五　前各号に掲げる施設に準ずる施設として政令で定めるもの

2　この法律において「特定事業」とは、公共施設等の整備等（公共施設等の建設、維持管理若しくは運営又はこれらに関する企画をいい、国民に対するサービスの提供を含む。以下同じ。）に関する事業（市街地再開発事業、土地区画整理事業その他の市街地開発事業を含む。）であって、民間の資金、経営能力及び技術的能力を活用することにより効率的かつ効果的に実施されるものをいう。

3　この法律において「公共施設等の管理者等」とは、次の各号に掲げる者をいう。

一　公共施設等の管理者である各省各庁の長（衆議院議長、参議院議長、最高裁判所長官、会計検査院長及び大臣をいう。以下同じ。）又は特定事業を所管する大臣

二　公共施設等の管理者である地方公共団体の長又は特定事業を実施しようとする地方公共団体の長

三　公共施設等の整備等を行う特殊法人その他の公共法人（市街地再開発事業、土地区画整理事業その他の市街地開発事業を施行する組合を含む。）

4　この法律において「選定事業」とは、第六条（特定事業の選定）の規定により選定された特定事業をいう。

5　この法律において「選定事業者」とは、第七条（民間事業者の選定等）第一項の規定により選定事業を実施する者として選定された者をいう。

（基本理念）

第三条　公共施設等の整備等に関する事業は、国及び地方公共団体と民間事業者との適切な役割分担並びに財政資金の効率的使用の観点を踏まえつつ、当該事業により生ずる収益等をもってこれに

要する費用を支弁することが可能である等の理由により民間事業者に行わせることが適切なものについては、できる限りその実施を民間事業者にゆだねるものとする。

2 特定事業は、国及び地方公共団体と民間事業者との責任分担の明確化を図りつつ、収益性を確保するとともに、国等の民間事業者に対する関与を必要最小限のものとすることにより民間事業者の有する技術及び経営資源、その創意工夫等が十分に発揮され、低廉かつ良好なサービスが国民に対して提供されることを旨として行われなければならない。

(基本方針)

第四条 内閣総理大臣は、基本理念にのっとり、特定事業の実施に関する基本的な方針(以下「基本方針」という。)を定めなければならない。

2 基本方針は、特定事業の実施について、次に掲げる事項(地方公共団体が実施する特定事業については、特定事業の促進のために必要な事項に係るもの)を定めるものとする。

一 民間事業者の発案による特定事業の選定その他特定事業の選定に関する基本的な事項

二 民間事業者の募集及び選定に関する基本的な事項

三 民間事業者の責任の明確化等事業の適正かつ確実な実施の確保に関する基本的な事項

四 法制上及び税制上の措置並びに財政上及び金融上の支援に関する基本的な事項

五 その他特定事業の実施に関する基本的な事項

3 基本方針は、次に掲げる事項に配慮して定められなければならない。

一 特定事業の選定については、公共性を確保しつつ事業に要する費用の縮減等資金の効率的使用を図るとともに、民間事業者の自主性を尊重すること。

二 民間事業者の選定については、公開の競争により選定を行う等その過程の透明化を図るとともに、民間事業者の創意工夫を尊重すること。

三 財政上の支援については、現行の制度に基づく方策を基本とし、又はこれに準ずるものとすること。

4 内閣総理大臣は、基本方針を定めようとするときは、あらかじめ、各省各庁の長に協議するとともに、民間資金等活用事業推進委員会の議を経なければならない。

5 内閣総理大臣は、基本方針を定めたときは、遅滞なく、これを公表するとともに、各省各庁の長に送付しなければならない。

6 前二項の規定は、基本方針の変更について準用する。

(実施方針)

第五条 公共施設等の管理者等は、次条の特定事業の選定及び第七条〔民間事業者の選定等〕第一項の民間事業者の選定を行おうとするときは、基本方針にのっとり、特定事業の実施に関する方針(以下「実施方針」という。)を定めるものとする。

2 実施方針は、特定事業について、次に掲げる事項を具体的に定めるものとする。

一 特定事業の選定に関する事項

二 民間事業者の募集及び選定に関する事項

三 民間事業者の責任の明確化等事業の適正かつ確実な実施の確保に関する事項

四 公共施設等の立地並びに規模及び配置に関する事項

五 第十条〔選定事業の実施〕第一項に規定する事業計画又は協定の解釈について疑義が生じた場合における措置に関する事項

六　事業の継続が困難となった場合における措置に関する事項
七　法制上及び税制上の措置並びに財政上及び金融上の支援に関する事項
八　その他特定事業の実施に関し必要な事項
3　公共施設等の管理者等は、実施方針を定めたときは、遅滞なく、これを公表しなければならない。
4　前項の規定は、実施方針の変更について準用する。

（特定事業の選定）
第六条　公共施設等の管理者等は、基本方針及び実施方針に基づき、実施することが適切であると認める特定事業を選定することができる。

（民間事業者の選定等）
第七条　公共施設等の管理者等は、前条の規定により特定事業を選定したときは、当該特定事業を実施する民間事業者を公募の方法等により選定するものとする。
2　前項の規定により選定された民間事業者は、本来同項の公共施設等の管理者等が行う事業のうち、第十条〔選定事業の実施〕第一項に規定する事業計画又は協定において当該民間事業者が行うこととされた公共施設等の整備等を行うことができる。

（客観的な評価）
第八条　公共施設等の管理者等は、第六条〔特定事業の選定〕の特定事業の選定及び前条第一項の民間事業者の選定を行うに当たっては、客観的な評価（当該特定事業の効果及び効率性に関する評価を含む。）を行い、その結果を公表しなければならない。

（地方公共団体の議会の議決）
第九条　地方公共団体は、特定事業に係る契約でその種類及び金額について政令〔別掲〕で定める基準に該当するものを締結する場合には、あらかじめ、議会の議決を経なければならない。

（選定事業の実施）
第十条　選定事業は、基本方針及び実施方針に基づき、公共施設等の管理者等及び選定事業者が策定した事業計画若しくは協定又は選定事業者（当該施設の管理者である場合を含む。）が策定した事業計画に従って実施されるものとする。
2　選定事業者が国又は地方公共団体の出資又は拠出に係る法人（当該法人の出資又は拠出に係る法人を含む。）である場合には、当該選定事業者の責任が不明確とならないよう特に留意して、前項の事業計画又は協定において公共施設等の管理者等との責任分担が明記されなければならない。

（国の債務負担）
第十一条　国が選定事業について債務を負担する場合には、当該債務を負担する行為により支出すべき年限は、当該会計年度以降三十箇年度以内とする。

（行政財産の貸付け）
第十一条の二　国は、必要があると認めるときは、国有財産法（昭和二十三年法律第七十三号）第十八条〔処分等の制限〕第一項の規定にかかわらず、選定事業の用に供するため、行政財産（同法第三条〔国有財産の分類及び種類〕第二項に規定する行政財産をいう。次項及び第三項において同じ。）を選定事業者に貸し付けることができる。
2　前項に定めるもののほか、国は、選定事業者が一棟の建物の一部が当該選定事業に係る公共施設等である当該建物の全部又は一部を所有しようとする場合において、必要があると認めるときは、国有財産法第十八条第一項の規定にかかわらず、行政財産である土地を、その用途又は目的を妨げない限度において、当該選定事業者に貸し付けることができる。

3 前二項に定めるもののほか、国は、前項の規定により行政財産である土地の貸付けを受けた者が同項に規定する建物の一部を選定事業の終了後においても引き続き所有しようとする場合において、必要があると認めるときは、国有財産法第十八条第一項の規定にかかわらず、当該行政財産である土地を、その用途又は目的を妨げない限度において、その者に貸し付けることができる。

4 地方公共団体は、必要があると認めるときは、地方自治法（昭和二十二年法律第六十七号）第二百三十八条の四（行政財産の管理及び処分）第一項の規定にかかわらず、選定事業の用に供するため、行政財産（同法第二百三十八条（公有財産の範囲及び種類）第三項に規定する行政財産をいう。次項及び第六項において同じ。）を選定事業者に貸し付けることができる。

5 前項に定めるもののほか、地方公共団体は、選定事業者が一棟の建物の一部が当該選定事業に係る公共施設等である当該建物の全部又は一部を所有しようとする場合において、必要があると認めるときは、地方自治法第二百三十八条の四第一項の規定にかかわらず、行政財産である土地を、その用途又は目的を妨げない限度において、当該選定事業者に貸し付けることができる。

6 前二項に定めるもののほか、地方公共団体は、前項の規定により行政財産である土地の貸付けを受けた者が同項に規定する建物の一部を選定事業の終了後においても引き続き所有しようとする場合において、必要があると認めるときは、地方自治法第二百三十八条の四第一項の規定にかかわらず、当該行政財産である土地を、その用途又は目的を妨げない限度において、その者に貸し付けることができる。

7 前各項の規定による貸付けについては、民法（明治二十九年法律第八十九号）第六百四条並びに借地借家法（平成三年法律第九十号）第三条（借地権の存続期間）及び第四条（借地権の更新後の期間）の規定は、適用しない。

8 国有財産法第二十一条（貸付期間）及び第二十三条から第二十五条まで（貸付料・貸付契約の解除）の規定は第一項から第三項までの規定による貸付けについて、地方自治法第二百三十八条の二（公有財産に関する長の総合調整権）第二項及び第二百三十八条の五（普通財産の管理及び処分）第三項から第五項までの規定は第四項から第六項までの規定による貸付けについて、それぞれ準用する。

（国有財産の無償使用等）

第十二条 国は、必要があると認めるときは、選定事業の用に供する間、国有財産（国有財産法第二条（国有財産の範囲）第一項に規定する国有財産をいう。）を無償又は時価より低い対価で選定事業者に使用させることができる。

2 地方公共団体は、必要があると認めるときは、選定事業の用に供する間、公有財産（地方自治法（別掲）第二百三十八条（公有財産の範囲及び分類）第一項に規定する公有財産をいう。）を無償又は時価より低い対価で選定事業者に使用させることができる。

（無利子貸付け）

第十三条 国は、予算の範囲内において、選定事業者に対し、選定事業のうち特に公共性が高いと認めるものに係る資金について無利子で貸付けを行うことができる。

2 国は、前項の規定により無利子で貸付けを行う場合には、日本政策投資銀行、沖縄振興開発金融公庫その他の政府系金融機関等の審査機能又は貸付け機能を活用することができる。

（資金の確保等及び地方債についての配慮）

第十四条　国又は地方公共団体は、選定事業の実施のために必要な資金の確保若しくはその融通のあっせん又は法令の範囲内における地方債についての特別の配慮に努めるものとする。

（土地の取得等についての配慮）

第十五条　選定事業の用に供する土地等については、選定事業者が円滑に取得し、又は使用することができるよう、土地収用法（昭和二十六年法律第二百十九号）に基づく収用その他関係法令に基づく許可等の処分について適切な配慮が行われるものとする。

（支援等）

第十六条　第十一条の二（行政財産の貸付け）から前条までに規定するもののほか、国及び地方公共団体は、特定事業の実施を促進するため、基本方針及び実施方針に照らして、必要な法制上及び税制上の措置を講ずるとともに、選定事業者に対し、必要な財政上及び金融上の支援を行うものとする。

2　前項の措置及び支援は、整備される施設の特性、事業の実施場所等に応じた柔軟かつ弾力的なものであり、かつ、地方公共団体の主体性が十分に発揮されるよう配慮されたものでなければならない。

（規制緩和）

第十七条　国及び地方公共団体は、特定事業の実施を促進するため、民間事業者の技術の活用及び創意工夫の十分な発揮を妨げるような規制の撤廃又は緩和を速やかに推進するものとする。

（協力）

第十八条　国、地方公共団体及び民間事業者は、特定事業の円滑な実施が促進されるよう、協力体制を整備すること等により相互に協力しなければならない。

（啓発活動等及び技術的援助等）

第十九条　国及び地方公共団体は、特定事業の実施について、知識の普及、情報の提供等を行うとともに、住民の理解、同意及び協力を得るための啓発活動を推進するものとする。

2　国及び地方公共団体は、特定事業の円滑かつ効率的な遂行を図るため、民間事業者に対する技術的な援助について必要な配慮をするとともに、特許等の技術の利用の調整その他民間事業者の有する技術の活用について特別の配慮をするものとする。

（担保不動産の活用等）

第二十条　選定事業者が選定事業を実施する際に不動産を取得した場合であって当該不動産が担保に供されていた場合において、当該不動産に担保権を有していた会社、当該不動産を担保として供していた会社又は当該不動産に所有権を有していた会社に損失が生じたときは、当該会社は、当該損失に相当する額を、当該事業年度の決算期において、貸借対照表の資産の部に計上し、繰延資産として整理することができる。この場合には、当該決算期から十年以内に、毎決算期に均等額以上の償却をしなければならない。

2　前項の規定の適用がある場合における商法（明治三十二年法律第四十八号）第二百九十条第一項及び第二百九十三条ノ五第三項（これらの規定を他の法律において準用する場合を含む。）の規定の適用については、同法第二百九十条第一項第四号及び第二百九十三条ノ五第三項第三号中「第二百八十六条ノ二及第二百八十六条ノ三」とあるのは、「第二百八十六条ノ二及第二百八十六条ノ三並ニ民間資金等の活用による公共施設等の整備等の促進に関する法律第二十条第一項」とする。

（民間資金等活用事業推進委員会）

第二十一条　内閣府に、民間資金等活用事業推進委員会（以下「委員会」という。）を置く。
2　委員会は、この法律の規定によりその権限に属させられた事項を調査審議するほか、実施方針の策定状況、特定事業の選定状況、特定事業の客観的な評価状況その他民間資金等の活用による国の公共施設等の整備等の実施状況を調査審議する。
3　民間事業者等は、委員会に対し、民間資金等の活用による国の公共施設等の整備等に関する意見を提出することができる。
4　委員会は、前二項の場合において必要があると認めるときは、民間資金等の活用による国の公共施設等の整備等の促進及び総合調整を図るため、内閣総理大臣又は関係行政機関の長に意見を述べることができる。
5　内閣総理大臣又は関係行政機関の長は、前項の意見を受けてとった措置について、委員会に報告しなければならない。
6　委員会は、その所掌事務を遂行するため必要があると認めるときは、関係行政機関の長、関係地方公共団体の長又は関係団体に対し、資料の提出、意見の開陳、説明その他必要な協力を求めることができる。

（委員会の組織）

第二十二条　委員会は、学識経験者のうちから、内閣総理大臣が任命する委員九人で組織する。
2　専門の事項を調査審議させる必要があるときは、委員会に専門委員を置くことができる。
3　委員会に、必要に応じ、部会を置くことができる。
4　前三項に定めるもののほか、委員会の組織及び運営に関し必要な事項は、政令で定める。

（政令への委任）

第二十三条　この法律に定めるもののほか、この法律の実施のため必要な事項は、政令で定める。

附　則〔抄〕

（施行期日）

第一条　この法律は、公布の日から起算して三月を超えない範囲内において政令で定める日〔平成一一年九月二四日〕から施行する。

○民間資金等の活用による公共施設等の整備等の促進に関する法律施行令

〔平成一一年九月二二日　政令第二七九号〕

民間資金等の活用による公共施設等の整備等の促進に関する法律（以下「法」という。）第九条（地方公共団体の議会の議決）に規定する政令で定める基準は、契約の種類については、次の表の上欄に定めるものとし、その金額については、その予定価格の金額（借入れにあっては、予定貸借料の総額）が同表下欄に定める金額を下らないこととする。

		千円
法第二条第五項に規定する選定事業者が建設する同条第一項に規定する公共施設等（地方公共団体の経営する企業で地方公営企業法（昭和二十七年法律第二百九十二号）第四十条第一項の規定の適用があるものの業務に関するものを除く。）の買入れ又は借入れ	都道府県	五〇〇、〇〇〇
	地方自治法（昭和二十二年法律第六十七号）第二百五十二条の十九第一項に規定する指定都市（以下この表において「指定都市」という。）	三〇〇、〇〇〇
	市（指定都市を除く。）	一五〇、〇〇〇
	町村	五〇、〇〇〇

附　則〔略〕

民間資金等の活用による公共施設等の整備等に関する事業の実施に関する基本方針　抄

〔平成一二年三月一三日　総理府告示第一一号〕

二十一世紀を迎えるに当たり、本格的な少子・高齢社会が到来する中で国民が真に豊かさを実感できる社会を実現するためには、効率的かつ効果的に社会資本を整備し、質の高い公共サービスを提供することが、国、地方公共団体及び特殊法人その他の公共法人の公共施設等の管理者等に課せられた重要な政策課題であるが、この実現のために、民間の資金、経営能力及び技術的能力を活用し、財政資金の効率的な使用を図りつつ、官民の適切な役割及び責任の分担の下に、公共施設等の整備等（公共施設等の建設、維持管理若しくは運営又はこれらに関する企画をいい、国民に対するサービスの提供を含む。以下同じ。）に関する事業の実施を民間事業者に行わせることが適切なものについてはできる限り民間事業者にゆだねることが求められている。

民間資金等の活用による公共施設等の整備等に関する事業（以下「PFI事業」という。）は、公共性のある事業（公共性原則）を、民間の資金、経営能力及び技術的能力を活用して（民間経営資源活用原則）、民間事業者の自主性と創意工夫を尊重することにより、効率的かつ効果的に実施するものであり（効率性原則）、特定事業の選定及び民間事業者の選定においては公平性が担保され（公平性原則）、特定事業の発案から終結に至る全過程を通じて透明性が確保されねばならない（透明性原則）。さらに、ＰＦＩ事業の実施に当たっては、各段階での評価決定についての客観性が求められ（客観主義）、公共施設等の管理者等と選定事業者との間の合意について、明文により、当事者の役割及び責任分担等の契約内容を明確にすることが必須であり（契約主義）、事業を担う企業体の法人格上の独立性又は事業部門の区分経理上の独立性が確保されなければならない（独立主義）。公共施設等の管理者等は、公共サービスの提供を目的に事業を行おうとする場合、当該事業を民間事業者に行わせることが財政の効率化、公共サービスの水準の向上等に資すると考えられる事業については、できる限りその実施をＰＦＩ事業として民間事業者にゆだねることが望まれる。

　このＰＦＩ事業の着実な実施は、次のような成果をもたらすものと期待される。

　第一は、国民に対して低廉かつ良質な公共サービスが提供されることである。この目的を達成することは、もとより公的部門の重要な課題である。しかし、近年国及び地方公共団体の財政は極めて厳しい状況にあり、着実に財政構造改革を進めていく必要があるところ、民間事業者の経営上のノウハウの蓄積及び技術的能力の向上を背景に、公共施設等の整備等にその経験と能力の活用を図ることが求められている。このような状況の下で、ＰＦＩ事業による公共サービスの提供が実現すると、それぞれのリスクの適切な分担により、事業全体のリスク管理が効率的に行われること、加えて、建設（設計を含む。）、維持管理及び運営の全部又は一部が一体的に扱われること等により、事業期間全体を通じての事業コストの低減、ひいては全事業期間における財政負担の縮減が期待できる。また同時に、質の高い社会資本の整備及び公共サービスの提供を可能にするものである。このＰＦＩ事業を円滑に実施することにより、他の公共施設等の整備等に関する事業においても、民間の創意工夫等が活用されることを通じて、その効果が広範に波及することが期待される。

　第二は、公共サービスの提供における行政の関わり方が改革されることである。ＰＦＩ事業は、民間事業者にゆだねることが適切なものについて、民間事業者の自主性、創意工夫を尊重しつつ、公共施設等の整備等に関する事業をできる限り民間事業者にゆだねて実施するものである。このことによって、財政資金の効率的利用が図られ、また、官民の適切な役割分担に基づく新たな官民パートナーシップが形成されていくものと期待される。

　第三は、民間の事業機会を創出することを通じて経済の活性化に資することである。ＰＦＩ事業は、従来主として国、地方公共団体等の公的部門が行ってきた公共施設等の整備等の事業を民間事業者にゆだねることから、民間に対して新たな事業機会をもたらす効果があることに加えて、他の収益事業と組み合わせて実施することによっても、新たな事業機会を生み出すことになる。また、ＰＦＩ事業のための資金調達方法として、プロジェクト・ファイナンス等新たな手法を取り入れることにより、金融環境が整備されるとともに、新しいファイナンス・マーケットの創設につながることが予想される。これらの結果、新規産業を創出し、経済構造改革を推進する効果が期待される。

　以上のような認識の下に、民間事業者の自主性と創意工夫を尊重したＰＦＩ事業の促進を図ることは、喫緊の政策課題といえる。国及び地方公共団体においては、公共施設等の管理者等が特定事業の実施を円滑に進められるように、以下に示すところにより、所要の財政上及び金融上の支援、関連する既存法令との整合性の明確化、規制の緩和等の措置を講ずる必要がある。

　本基本方針は、公共施設等の管理者等が、共通の方針に基づいてＰＦＩ事業を実施することを通じて、効率的かつ効果的な社会資本の整備が促進されることを期し、民間資金等の活用による公共施設等の整備等の促進に関する法律（平成十一年法律第百十七号。以下「法」という。）第四条第一項の規定に基づき、特定事業の実施に関する基本的な方針として定めるものである。なお、本基本方針は、国等（法第二条第三項第一号及び第三号に掲げる者をいう。以下同じ。）が公共施設等の管理者等として行うＰＦＩ事業について主として定めるものであり、同時に、地方公共団体においても、法の趣旨にのっとり、本基本方針の定めるところを参考として、ＰＦＩ事業の円滑な実施の促進に努めるものとする。〔以下略〕

地方公共団体におけるＰＦＩ事業について　抄

〔平成一二年三月二九日自治画第六七号
各都道府県知事・指定都市市長あて
自治事務次官〕

今般、民間資金等の活用による公共施設等の整備等の促進に関する法律（平成十一年法律第百十七号。以下「ＰＦＩ法」という。）第四条第一項に定める基本方針が制定されました。地方公共団体においては、下記事項に留意のうえ、適切に対応されるようお願いします。

　なお、貴都道府県内市区町村にもこの旨周知されるようお願いします。

記

第一　総括的事項

１　ＰＦＩ法は、平成十一年九月二十四日に施行され、同法第四条第一項に基づき、内閣総理大臣が、平成十二年三月十三日、別添〔別掲〕のとおり基本方針を定めたところであること。
　基本方針は、国（特殊法人その他の公共法人を含む。）が公共施設等の管理者等として行うＰＦＩ事業について主として定めたものであり、地方公共団体については、本基本方針の定めるところを参考として、ＰＦＩ事業の円滑な実施の促進に努めるものとされていること。

２　以下、本通知において、次の用語は、それぞれ下記のとおりとする。

(1)　ＰＦＩ事業　地方公共団体がＰＦＩ法第五条第一項の実施方針を定めて実施するＰＦＩ法第二条第四項に定める「選定事業」をいう。

(2)　ＰＦＩ事業者　ＰＦＩ法第七条第一項の規定によりＰＦＩ事業を実施する者として選定された者をいう。

(3)　ＰＦＩ契約　地方公共団体とＰＦＩ事業者の間で締結される、ＰＦＩ事業に係る契約をいう（ＰＦＩ法第九条に定める議会の議決が必要な契約にあっては、これを経たものに限る。）。

(4)　政府調達協定　一九九四年四月十五日マラケシュで作成された政府調達に関する協定をいう。

(5)　特例政令　地方公共団体の物品等又は特定役務の調達手続の特例を定める政令（平成七年政令第三百七十二号）をいう。

3　ＰＦＩ法第九条及び民間資金等の活用による公共施設等の整備〔等〕の促進に関する法律施行令に定めるとおり、以下のＰＦＩ契約については、あらかじめ議会の議決を経なければならないこと。これは、地方自治法第九十六条第一項第五号に定める議会の議決との均衡を考慮するとともに、ＰＦＩ事業に係る将来の財政負担等を議会においてチェックする趣旨であること。また、この場合における金額は、ＰＦＩ契約の予定価格の金額のうち維持管理、運営等に要する金額を除いた金額により判断するものであること。

		千円
法第二条第五項に規定する選定事業者が建設する同条第一項に規定する公共施設等（地方公共団体の経営する企業で地方公営企業法（昭和二十七年法律第二百九十二号）第四十条第一項の規定の適用があるものの業務に関するものを除く。）の買入れ又は借入れ	都道府県	五〇〇、〇〇〇
	地方自治法（昭和二十二年法律第六十七号）第二百五十二条の十九第一項に規定する指定都市（以下この表において「指定都市」という。）	三〇〇、〇〇〇
	市（指定都市を除く。）	一五〇、〇〇〇
	町村	五〇、〇〇〇

4　ＰＦＩ法が、いわゆる第三セクターの抱える諸課題等を考慮のうえ立法された経緯も踏まえ、ＰＦＩ契約において、ＰＦＩ事業者とのリスクの分担（ＰＦＩ事業の継続が困難になった場合の措置を含む。以下同じ。）を明確にしておくとともに、ＰＦＩ事業者に対する安易な出資及び損失補償は、厳に慎むこと。

5　自治省は大臣官房企画室を窓口として相談に応じることとしているので、ＰＦＩ事業の実施を検討している地方公共団体は積極的に相談すること。また、㈶地域総合整備財団において、平成十二年度からＰＦＩアドバイザーの派遣、ＰＦＩ研修会、民間事業者との意見交換会を実施することとしているほか、相談窓口を設置することとしているので、適宜活用を図ること。

なお、ＰＦＩ事業に対する貸付であって現行のふるさと融資の要件を満たすものについては、これを対象とするものであること。詳細は㈶地域総合整備財団に照会すること。

第二　ＰＦＩ事業に係る債務負担行為の位置付け

ＰＦＩ法に基づいて公共施設等の整備を行うために設定される債務負担行為は、効率的かつ効果的な公共施設等の整備のために設定されるものであり、「もっぱら財源調達の手段として設定する債務負担行為」（「債務負担行為の運用について」（昭和四十七年九月三十日付け自治導第百三十九号）」に該当するものではないと解されること。

しかしながら、この場合においても財政の健全性を確保する必要があるので、ＰＦＩ事業における債務負担行為に係る支出のうち、施設整備費や用地取得費に相当するもの等公債費に準ずるものを起債制限比率の計算の対象とするものであること。

第三　ＰＦＩ事業に係る地方財政措置

ＰＦＩ事業のうち１の要件を満たすものに係る施設整備費について、地方公共団体がＰＦＩ事業者に対して財政的支出を行う場合、２の財政措置を講じること。なお、具体的内容については「民間資金等の活用による公共施設等の整備等の促進に関する法律（平成十一年法律第百十七号）に基づいて地方公共団体が実施する事業に係る地方財政措置について」（平成十二年三月二十九日付け自治省財政局長通知）〔別掲〕を参照すること。〔以下略〕

第四　税制上の措置

(1)　ＰＦＩ事業者がＰＦＩ事業の用に供する土地については、特別土地保有税の非課税措置が講じられていること。（地方税法第五百八十六条第二項第一号の二十七）〔以下略〕

第五　契約関係

１　契約の相手方の選定方法の原則（一般競争入札）

――総合評価一般競争入札の活用等――

ＰＦＩ事業者の選定方法は、公募の方法等によることとされており（ＰＦＩ法第七条第一項）、一般競争入札によることが原則とされていること。

この場合において、ＰＦＩ契約においては、価格のみならず、維持管理又は運営の水準、ＰＦＩ事業者とのリスク分担のあり方、技術的能力、企画に関する能力等を総合的に勘案する必要があることにかんがみ、総合評価一般競争入札（地方自治法施行令第百六十七条の十の二）の活用を図ること。

この際、あらかじめ学識経験者の意見を聴き、落札者決定基準を適切に定め、公表すること等、所定の手続について十分留意すること。（「地方自治法施行令の一部を改正する政令の施行について」（平成十一年二月十七日付け自治行第三号自治事務次官通知）を参照のこと。）

２　随意契約による場合の留意点

上記１によらず、随意契約の方法によるためには、地方自治法施行令第百六十七条の二第一項各号に該当することを要すること。この場合において、以下の点に留意すること。

(1)　地方自治法第百六十七条の二第一項第二号「その性質又は目的が競争入札に適しないものをするとき」については、普通地方公共団体において当該契約の目的、内容に照らしそれに相応する資力、信用、技術、経験等を有する相手方を選定しその者との間で契約の締結をするという方法をとるのが当該契約の性質に照らし又はその目的を究極的に達成する上でより妥当であり、ひいては当該普通地方公共団体の利益の増進につながると合理的に判断される場合もこれに当たると解されているところであり（別紙昭和六十二年三月二十日最高裁第二小法廷判決参照）、ＰＦＩ契約についてもこれを踏まえて適切に判断するものであること。

(2)　同条第五号「時価に比して著しく有利な価格で契約を締結することができる見込みのあるとき」とは、相手方が多量のストックをかかえ売り込む意欲が強い場合等、相手方が特殊な地位に立っている場合が該当するものとされていること。この場合において、同号の「著しく有利な価格」とは、一般的には、品質、性能等が他の物件と比較して問題がなく、かつ、予定価格（時価を基準としたもの）から勘案しても、競争入札に付した場合より誰が見てもはるかに有利な価格で契約できるときと解されており、したがって、当該地方公共団体が当該公共施設等を整備すると仮定する場合の価格と当該相手方の価格を比較するとともに、一般的なＰＦＩ事業者がＰＦＩ方式で整備すると仮定した場合の標準的な価格と比較し、著しく有利であるか否かにより判断するものであること。

３　政府調達協定の適用を受けるＰＦＩ契約についての留意点

⑴　ＰＦＩ契約は、公共施設等の建設のみならず、維持管理及び運営をも内容とするものであり、このため、政府調達協定対象の役務と対象外の役務の双方を包含する混合的な契約となりうるものであること。

　こうした混合的な契約においては、主目的である調達に着目し、全体を当該主目的に係る調達として扱うこととされており、主目的が物品等又は協定の対象である役務の調達契約であって、当該契約の全体の予定価格（主目的以外の物品等及び役務に係る価額を含む。）が適用基準額を超える場合に、特例政令の適用を受けることとされているので、都道府県及び指定都市においては留意すること。（「地方公共団体の物品等又は特定役務の調達手続の特例を定める政令の公布について」平成七年十一月一日付け自治行第八十四号行政課長通知参照）。

⑵　特例政令第十条本文において引用する地方自治法施行令第百六十七条の二第一項第三号の「緊急の必要」とは、例えば、災害時において一般競争入札又は指名競争入札の方法による手続をとるときは、その時期を失し、あるいは全く契約の目的を達することができなくなり、経済上はなはだしく不利益を被るに至るような場合を想定していること。

⑶　特例政令第十条第一項第六号は、設計契約について随意契約によることができるとしているものであり、建設、維持管理、運営等、設計以外の内容を一体的に含むＰＦＩ契約は、その対象ではないものと解されること。

４　その他

⑴　ＰＦＩ契約の相手方の決定の手続に際しては、特定目的会社に対する出資予定者等により構成される、法人格の無い共同企業体の形式で参加し、ＰＦＩの選定事業者となった後に、初めて法人格を持った特定目的会社を設立して、地方公共団体との間でＰＦＩ契約を締結することも差し支えないこと。

⑵　民間事業者による発案が可能とされている（ＰＦＩ法第四条第二項第一号）が、提案を行った民間事業者を相手方として、随意契約によるＰＦＩ契約を締結するためには、地方自治法施行令第百六十七条の二第一項各号（政府調達協定の適用を受ける場合においては、特例政令第十条第一項各号）に該当する必要があること。

⑶　ＰＦＩ契約の相手方となる民間事業者の選定手続に参加した民間事業者に対し、一定のコンペ料等を支払うことを妨げるものでないこと。

第六　公の施設関係

１　ＰＦＩ事業により公の施設を整備しようとする場合にあっては、施設の設置及びその管理に関する事項等については条例でこれを定めるものであること。

２　地方自治法第二百四十四条の二第三項に規定する公の施設の管理受託者の要件を満たさない民間事業者に対しても、例えば下記の諸業務をＰＦＩ事業として行わせることは可能であり、かつ一の民間事業者に対してこれらの業務を包括的にPFI事業として行わせることも可能であること。

① 下記のような事実上の業務
・施設の維持補修等のメンテナンス
・警備
・施設の清掃
・展示物の維持補修
・エレベーターの運転
・植栽の管理

② 管理責任や処分権限を地方公共団体に留保した上で、管理や処分の方法についてあらかじめ地方公共団体が設定した基準に従って行われる下記のような定型的行為（下記は略）

③ 私人の公金取扱いの規定（地方自治法第二百四十三条、同法施行令第百五十八条）に基づく使用料等の収入の徴収

④ 当該施設運営に係るソフト面の企画

3　地方自治法第二百四十四条の二第三項に規定する公の施設の管理受託者の要件を満たさない民間事業者については、当該公の施設の利用に係る料金を当該民間事業者の収入として収受させることと及び当該料金を当該民間事業者が定めることとすることはできないこと。（地方自治法第二百四十四条の二第四項、第五項）。

第七　公有財産関係その他

(1) ＰＦＩ事業により公有地上に公共施設等を整備する場合には、下記の事項について留意すること。

① 当該施設の所有権が当該施設の整備後直ちに地方公共団体に移転し、供用される場合には、当該施設の用地は行政財産として位置づけられるものであること。

② 当該施設の所有権が一定期間経過後に地方公共団体に移転する場合であって、当該期間中、ＰＦＩ事業者に対して用地を貸し付けるときは、普通財産として貸し付けるものであること。この場合、最終的に当該施設の所有権が当該地方公共団体に移転し、その行政財産になる時点において、当該施設の用地も、普通財産から行政財産に切り替える必要があること。

(2) 公共施設と民間施設を一体で整備するＰＦＩ事業の場合、所有権がそれぞれ移転する際に、行政財産の合築に関する規定（地方自治法第二百三十八条の四第二項、同法施行令第百六十九条及び第百六十九条の二）の適用について留意すること。

（別紙）

○　最高裁第二小法廷判決（昭和六十二年三月二十日）

「その性質又は目的が競争入札に適しないものをするとき」とは、原判決の判示するとおり、不動産の買入れ又は借入れに関する契約のように当該契約の目的物の性質から契約の相手方がおのずから特定の者に限定されてしまう場合や契約の締結を秘密にすることが当該契約の目的を達成する上で必要とされる場合など当該契約の性質又は目的に照らして競争入札の方法による契約の締結が不可能又は著しく困難というべき場合がこれに該当することは疑いがないが、必ずしもこのような場合に限定されるものではなく、競争入札の方法によること自体が不可能又は著しく困難とはいえないが、不特定多数の者の参加を求め競争原理に基づいて契約の相手方を決定することが必ずしも適当ではなく、当該契約自体では多少とも価格の有利性を犠牲にする結果になるとしても、普通地方公共団体において当該契約の目的、内容に照らしそれに相応する資力、信用、技術、経験等を有する相手方を選定しその者との間で契約の締結をすると

いう方法をとるのが当該契約の性質に照らし又はその目的を究極的に達成する上でより妥当であり、ひいては当該普通地方公共団体の利益の増進につながると合理的に判断される場合も同項一号（注・・昭和四十九年改正前の地方自治法施行令第百六十七条の二第一項第一号。現同項第二号）に掲げる場合に該当するものと解すべきである。そして、右のような場合に該当するか否かは、契約の公正及び価格の有利性を図ることを目的として普通地方公共団体の契約締結の方法に制限を加えている前記法及び令の趣旨を勘案し、個々具体的な契約ごとに、当該契約の種類、内容、性質、目的等諸般の事情を考慮して当該普通地方公共団体の契約担当者の合理的な裁量判断により決定されるべきものと解するのが相当である。

民間資金等の活用による公共施設等の整備等の促進に関する法律（平成十一年法律第百十七号）に基づいて地方公共団体が実施する事業に係る地方財政措置について〔通知〕

（平成一二年三月二九日自治調第二五号
各都道府県知事・指定都市市長あて
自治省財務局長）

民間資金等の活用による公共施設等の整備等の促進に関する法律（平成十一年法律第百十七号）（以下「PFI法」という。）は、平成十一年九月二十四日に施行され、PFI法第四条に基づく基本方針が平成十二年三月十三日に公布されたところである。

地方公共団体がPFI法第五条第一項の実施方針を定め、PFI法に基づいて実施する事業（以下「PFI事業」という。）については、「地方公共団体におけるPFI事業について」（平成十二年三月二十九日付け自治事務次官通知）〔別掲〕によりその基本的な考え方が示されたところであるが、地方財政措置の具体的な内容については下記のとおりであるので留意願います。

なお、貴都道府県内市町村に対してもこの旨周知願います。

記

第一　ＰＦＩ事業に係る財政措置について

地方公共団体がＰＦＩ法第五条第一項の実施方針を定めて実施するＰＦＩ事業のうち1の要件を満たすものに係る施設整備費について、地方公共団体がＰＦＩ法第二条第五項に定める選定事業者（以下「ＰＦＩ事業者」という。）に対して財政的支出を行う場合、2の財政措置を講じることとする。

1　要件

①　当該施設の所有権が一定期間経過後に当該地方公共団体に移転（当該施設の整備後直ちに移転する場合を含む。）するもの又はＰＦＩ契約（地方公共団体とＰＦＩ事業者の間で締結されるＰＦＩ事業に係る契約をいう。）が当該施設の耐用年数と同程度の期間継続するものであること。

②　通常当該施設を地方公共団体が整備する場合（以下「直営事業の場合」という。）に国庫補助負担制度がある事業については、ＰＦＩ事業で整備する場合にも同等の措置が講じられること。

2　財政措置の内容

(1)　国庫補助負担金が支出されるＰＦＩ事業

ア　基本的な考え方

当該国庫補助負担金の内容に応じて、直営事業の場合と同等の地方債措置又は地方交付税措置を講じる。

イ　具体的な内容

①　地方公共団体がＰＦＩ事業者に対し施設整備時に整備費相当分の全部又は一部を支出する場合

地方公共団体が支出を行うに当たって、直営事業の場合と同種の地方債をその財源とすることができることとし、直営事業の場合に当該地方債の元利償還金に対して交付税措置を講じている場合には、同様の交付税措置を行う。

②　地方公共団体がＰＦＩ事業者に対し後年度に整備費相当分の全部又は一部を割賦払い、委託料等の形で分割して支出する場合

地方公共団体が負担する整備費相当分（金利相当額を含む。）について、直営事業の場合の地方債の充当率、交付税措置率を勘案して財政措置の内容が同等になるように、均等に分割して一定期間交付税措置を行う。

(2)　地方単独事業として実施されるＰＦＩ事業

ア　基本的な考え方

直営事業の場合に施設の種別に応じた財政措置の仕組みがある施設については当該措置内容に準じて、そのような財政措置の仕組みがない施設（公共性が高く、かつ非収益的な施設で一定の要件を満たすものに限る。）については一定の範囲で地方交付税措置を講じる。

なお、ふるさとづくり事業に対する地域総合整備事業債の充当等、一定の政策目的に基づき地方公共団体の自主的、主体的な判断の下に行われる各種事業に対し講じられている財政措置は、「施設の種別に応じた財政措置」には当たらないことに留意すること。

イ　具体的な内容

①　施設の種別に応じた財政措置の仕組みがある施設（複合的な機能を有する施設については、当該部分を分別できる場合における当該部分）の場合

地方公共団体がＰＦＩ事業者に対し、施設整備時に整備費相当分を支出するか又は後年度に整備費相当分を割賦払い、委託料等の形で分割して支出するかを問わず、何らかの形で整備費相当分の全部又は一部を負担する場合、当該

負担額の合計額（金利相当額を含む。）に対し、直営事業の地方債の充当率、交付税措置率を勘案して財政措置の内容が同等になるように、均等に分割して一定期間交付税措置を行う。

② 施設の種別に応じた財政措置の仕組みがない施設の場合

下記の要件を満たす施設について、地方公共団体がＰＦＩ事業者に対し、施設整備時に整備費相当分を支出するか又は後年度に整備費相当分を割賦払い、委託料等の形で分割して支出するかを問わず、何らかの形で整備費相当分の全部又は一部を負担する場合、当該負担額の合計額（用地取得費を含まず、金利相当額を含む。）の二〇％に対し均等に分割して一定期間交付税措置を行う。

（施設の要件）

通常地方公共団体が整備を行っている公共性の高い施設であり、かつ非収益的な施設（無料又は低廉な料金で住民の用に供され、施設整備費の全部又は一部を料金ではなく地方公共団体の財源で負担することが通例である施設）であること。なお、庁舎等公用施設は対象としない。

(3) 資金手当のための地方債

(1)及び(2)の財政措置に加えて、1の要件を満たすＰＦＩ事業について、地方公共団体がＰＦＩ事業者に対し施設整備時に整備費相当分の全部又は一部を負担する場合には、必要に応じて資金手当のための地方債措置を講じる。

(4) ＰＦＩ事業者に貸与するための土地取得に要する経費

ＰＦＩ法第十二条第二項の規定の趣旨に鑑み、地方公共団体が実施方針を定め、ＰＦＩ法に基づいて実施するＰＦＩ事業の選定事業者に貸し付ける目的で用地を取得する場合には、必要に応じて資金手当のための地方債措置を講じる。

(5) 地方公営企業におけるＰＦＩ事業

地方公営企業において施設整備にＰＦＩ事業を導入する場合には、通常の地方公営企業に対する財政措置と同等の措置を講じる。

第二　留意事項

① 上記の財政措置は、ＰＦＩ法に基づいて地方公共団体が実施方針を定めて実施するＰＦＩ事業に係る措置であり、ＰＦＩ法に基づかないで行われる事業については適用されないこと。

② 上記の財政措置は、施設整備費相当分について地方公共団体が財政的支出を行う場合の措置であり、地方公共団体の選定事業者に対する支出が施設整備費のみならず運営費、維持管理費等も含んでいる場合には、適切な方法により施設整備費相当部分を分別して財政措置を行うものであること。

③ 上記の財政措置が適用されるＰＦＩ事業を実施しようとする地方公共団体は、事前に自治大臣官房企画室に相談すること。なお、本通知文の内容についての問い合わせは自治省財政局調整室に行うこと。

◎高度情報通信ネットワーク社会形成基本法　抄

〔平成一二年一二月六日法律第一四四号〕

第一章　総則

（目的）

第一条　この法律は、情報通信技術の活用により世界的規模で生じている急激かつ大幅な社会経済構造の変化に適確に対応することの緊要性にかんがみ、高度情報通信ネットワーク社会の形成に関し、基本理念及び施策の策定に係る基本方針を定め、国及び地方公共団体の責務を明らかにし、並びに高度情報通信ネットワーク社会推進戦略本部を設置するとともに、高度情報通信ネットワーク社会の形成に関する重点計画の作成について定めることにより、高度情報通信ネットワーク社会の形成に関する施策を迅速かつ重点的に推進することを目的とする。

（定義）

第二条　この法律において「高度情報通信ネットワーク社会」とは、インターネットその他の高度情報通信ネットワークを通じて自由かつ安全に多様な情報又は知識を世界的規模で入手し、共有し、又は発信することにより、あらゆる分野における創造的かつ活力ある発展が可能となる社会をいう。

（すべての国民が情報通信技術の恵沢を享受できる社会の実現）

第三条　高度情報通信ネットワーク社会の形成は、すべての国民が、インターネットその他の高度情報通信ネットワークを容易にかつ主体的に利用する機会を有し、その利用の機会を通じて個々の能力を創造的かつ最大限に発揮することが可能となり、もって情報通信技術の恵沢をあまねく享受できる社会が実現されることを旨として、行われなければならない。

（経済構造改革の推進及び産業国際競争力の強化）

第四条　高度情報通信ネットワーク社会の形成は、電子商取引その他の高度情報通信ネットワークを利用した経済活動（以下「電子商取引等」という。）の促進、中小企業者その他の事業者の経営の能率及び生産性の向上、新たな事業の創出並びに就業の機会の増大をもたらし、もって経済構造改革の推進及び産業の国際競争力の強化に寄与するものでなければならない。

（ゆとりと豊かさを実感できる国民生活の実現）

第五条　高度情報通信ネットワーク社会の形成は、インターネットその他の高度情報通信ネットワークを通じた、国民生活の全般にわたる質の高い情報の流通及び低廉な料金による多様なサービスの提供により、生活の利便性の向上、生活様式の多様化の促進及び消費者の主体的かつ合理的選択の機会の拡大が図られ、もってゆとりと豊かさを実感できる国民生活の実現に寄与するものでなければならない。

（活力ある地域社会の実現及び住民福祉の向上）

第六条　高度情報通信ネットワーク社会の形成は、情報通信技術の活用による、地域経済の活性化、地域における魅力ある就業の機会の創出並びに地域内及び地域間の多様な交流の機会の増大による住民生活の充実及び利便性の向上を通じて、個性豊かで活力に満ちた地域社会の実現及び地域住民の福祉の向上に寄与するものでなければならない。

（国及び地方公共団体と民間との役割分担）

第七条　高度情報通信ネットワーク社会の形成に当たっては、民間が主導的役割を担うことを原則とし、国及び地方公共団体は、公正な競争の促進、規制の見直し等高度情報通信ネットワーク社会の形成を阻害する要因の解消その他の民間の活力が十分に発揮されるための環境整備等を中心とした施策を行うものとする。

（利用の機会等の格差の是正）

第八条　高度情報通信ネットワーク社会の形成に当たっては、地理的な制約、年齢、身体的な条件その他の要因に基づく情報通信技術の利用の機会又は活用のための能力における格差が、高度情報通信ネットワーク社会の円滑かつ一体的な形成を著しく阻害するおそれがあることにかんがみ、その是正が積極的に図られなければならない。

（社会経済構造の変化に伴う新たな課題への対応）

第九条　高度情報通信ネットワーク社会の形成に当たっては、情報通信技術の活用により生ずる社会経済構造の変化に伴う雇用その他の分野における各般の新たな課題について、適確かつ積極的に対応しなければならない。

（国及び地方公共団体の責務）

第十条　国は、第三条から前条までに定める高度情報通信ネットワーク社会の形成についての基本理念（以下「基本理念」という。）にのっとり、高度情報通信ネットワーク社会の形成に関する施策を策定し、及び実施する責務を有する。

第十一条　地方公共団体は、基本理念にのっとり、高度情報通信ネットワーク社会の形成に関し、国との適切な役割分担を踏まえて、その地方公共団体の区域の特性を生かした自主的な施策を策定し、及び実施する責務を有する。

第十二条　国及び地方公共団体は、高度情報通信ネットワーク社会の形成に関する施策が迅速かつ重点的に実施されるよう、相互に連携を図らなければならない。

（法制上の措置等）

第十三条　政府は、高度情報通信ネットワーク社会の形成に関する施策を実施するため必要な法制上又は財政上の措置その他の措置を講じなければならない。

（統計等の作成及び公表）

第十四条　政府は、高度情報通信ネットワーク社会に関する統計その他の高度情報通信ネットワーク社会の形成に資する資料を作成し、インターネットの利用その他適切な方法により随時公表しなければならない。

（国民の理解を深めるための措置）

第十五条　政府は、広報活動等を通じて、高度情報通信ネットワーク社会の形成に関する国民の理解を深めるよう必要な措置を講ずるものとする。

第二章　施策の策定に係る基本方針

（高度情報通信ネットワークの一層の拡充等の一体的な推進）

第十六条　高度情報通信ネットワーク社会の形成に関する施策の策定に当たっては、高度情報通信ネットワークの一層の拡充、高度情報通信ネットワークを通じて提供される文字、音声、映像その他の情報の充実及び情報通信技術の活用のために必要な能力の習得が不可欠であり、かつ、相互に密接な関連を有することにかんがみ、これらが一体的に推進されなければならない。

（世界最高水準の高度情報通信ネットワークの形成）

第十七条　高度情報通信ネットワーク社会の形成に関する施策の策定に当たっては、広く国民が低廉な料金で利用することができる世界最高水準の高度情報通信ネットワークの形成を促進するため、事業者間の公正な競争の促進その他の必要な措置が講じられなければならない。

（教育及び学習の振興並びに人材の育成）

第十八条　高度情報通信ネットワーク社会の形成に関する施策の策定に当たっては、すべての国民が情報通信技術を活用することができるようにするための教育及び学習を振興するとともに、高度情報通信ネットワーク社会の発展を担う専門的な知識又は技術を有する創造的な人材を育成するために必要な措置が講じられなければならない。

（電子商取引等の促進）

第十九条　高度情報通信ネットワーク社会の形成に関する施策の策定に当たっては、規制の見直し、新たな準則の整備、知的財産権の適正な保護及び利用、消費者の保護その他の電子商取引等の促進を図るために必要な措置が講じられなければならない。

（行政の情報化）

第二十条　高度情報通信ネットワーク社会の形成に関する施策の策定に当たっては、国民の利便性の向上を図るとともに、行政運営の簡素化、効率化及び透明性の向上に資するため、国及び地方公共団体の事務におけるインターネットその他の高度情報通信ネットワークの利用の拡大等行政の情報化を積極的に推進するために必要な措置が講じられなければならない。

（公共分野における情報通信技術の活用）

第二十一条　高度情報通信ネットワーク社会の形成に関する施策の策定に当たっては、国民の利便性の向上を図るため、情報通信技術の活用による公共分野におけるサービスの多様化及び質の向上のために必要な措置が講じられなければならない。

（高度情報通信ネットワークの安全性の確保等）

第二十二条　高度情報通信ネットワーク社会の形成に関する施策の策定に当たっては、高度情報通信ネットワークの安全性及び信頼性の確保、個人情報の保護その他国民が高度情報通信ネットワークを安心して利用することができるようにするために必要な措置が講じられなければならない。

（研究開発の推進）

第二十三条　高度情報通信ネットワーク社会の形成に関する施策の策定に当たっては、急速な技術の革新が、今後の高度情報通信ネットワーク社会の発展の基盤であるとともに、我が国産業の国際競争力の強化をもたらす源泉であることにかんがみ、情報通信技術について、国、地方公共団体、大学、事業者等の相互の密接な連携の下に、創造性のある研究開発が推進されるよう必要な措置が講じられなければならない。

（国際的な協調及び貢献）

第二十四条　高度情報通信ネットワーク社会の形成に関する施策の策定に当たっては、高度情報通信ネットワークが世界的規模で展開していることにかんがみ、高度情報通信ネットワーク及びこれを利用した電子商取引その他の社会経済活動に関する、国際的な規格、準則等の整備に向けた取組、研究開発のための国際的な連携及び開発途上地域に対する技術協力その他の国際協力を積極的に行うために必要な措置が講じられなければならない。

第三章　高度情報通信ネットワーク社会推進戦略本部

（設置）

第二十五条　高度情報通信ネットワーク社会の形成に関する施策を迅速かつ重点的に推進するため、内閣に、高度情報通信ネットワーク社会推進戦略本部（以下「本部」という。）を置く。

（所掌事務）

第二十六条　本部は、次に掲げる事務をつかさどる。
一　高度情報通信ネットワーク社会の形成に関する重点計画（以下「重点計画」という。）を作成し、及びその実施を推進すること。
二　前号に掲げるもののほか、高度情報通信ネットワーク社会の形成に関する施策で重要なものの企画に関して審議し、及びその施策の実施を推進すること。

（高度情報通信ネットワーク社会推進戦略本部長）
第二十八条　本部の長は、高度情報通信ネットワーク社会推進戦略本部長（以下「本部長」という。）とし、内閣総理大臣をもって充てる。

第四章　高度情報通信ネットワーク社会の形成に関する重点計画

第三十五条　本部は、この章の定めるところにより、重点計画を作成しなければならない。
2　重点計画は、次に掲げる事項について定めるものとする。
一　高度情報通信ネットワーク社会の形成のために政府が迅速かつ重点的に実施すべき施策に関する基本的な方針
二　世界最高水準の高度情報通信ネットワークの形成の促進に関し政府が迅速かつ重点的に講ずべき施策
三　教育及び学習の振興並びに人材の育成に関し政府が迅速かつ重点的に講ずべき施策
四　電子商取引等の促進に関し政府が迅速かつ重点的に講ずべき施策
五　行政の情報化及び公共分野における情報通信技術の活用の推進に関し政府が迅速かつ重点的に講ずべき施策
六　高度情報通信ネットワークの安全性及び信頼性の確保に関し政府が迅速かつ重点的に講ずべき施策
七　前各号に定めるもののほか、高度情報通信ネットワーク社会の形成に関する施策を政府が迅速かつ重点的に推進するために必要な事項
3　重点計画に定める施策については、原則として、当該施策の具体的な目標及びその達成の期間を定めるものとする。
4　本部は、第一項の規定により重点計画を作成したときは、遅滞なく、これをインターネットの利用その他適切な方法により公表しなければならない。
5　本部は、適時に、第三項の規定により定める目標の達成状況を調査し、その結果をインターネットの利用その他適切な方法により公表しなければならない。
6　第四項の規定は、重点計画の変更について準用する。

附　則〔抄〕

（施行期日）
1　この法律は、平成十三年一月六日から施行する。

◎文化芸術振興基本法

〔平成一三年一二月七日
法律第一四八号〕

文化芸術を創造し、享受し、文化的な環境の中で生きる喜びを見出すことは、人々の変わらない願いである。また、文化芸術は、人々の創造性をはぐくみ、その表現力を高めるとともに、人々の心のつながりや相互に理解し尊重し合う土壌を提供し、多様性を受け入れることができる心豊かな社会を形成するものであり、世界の平和に寄与するものである。更に、文化芸術は、それ自体が固有の意義と価値を有するとともに、それぞれの国やそれぞれの時代における国民共通のよりどころとして重要な意味を持ち、国際化が進展する中にあって、自己認識の基点となり、文化的な伝統を尊重する心を育てるものである。

我々は、このような文化芸術の役割が今後においても変わることなく、心豊かな活力ある社会の形成にとって極めて重要な意義を持ち続けると確信する。

しかるに、現状をみるに、経済的な豊かさの中にありながら、文化芸術がその役割を果たすことができるような基盤の整備及び環境の形成は十分な状態にあるとはいえない。二十一世紀を迎えた今、これまで培われてきた伝統的な文化芸術を継承し、発展させるとともに、独創性のある新たな文化芸術の創造を促進することは、我々に課された緊要な課題となっている。

このような事態に対処して、我が国の文化芸術の振興を図るためには、文化芸術活動を行う者の自主性を尊重することを旨としつつ、文化芸術を国民の身近なものとし、それを尊重し大切にするよう包括的に施策を推進していくことが不可欠である。

ここに、文化芸術の振興についての基本理念を明らかにしてその方向を示し、文化芸術の振興に関する施策を総合的に推進するため、この法律を制定する。

第一章　総則

（目的）

第一条　この法律は、文化芸術が人間に多くの恵沢をもたらすものであることにかんがみ、文化芸術の振興に関し、基本理念を定め、並びに国及び地方公共団体の責務を明らかにするとともに、文化芸術の振興に関する施策の基本となる事項を定めることにより、文化芸術に関する活動（以下「文化芸術活動」という。）を行う者（文化芸術活動を行う団体を含む。以下同じ。）の自主的な活動の促進を旨として、文化芸術の振興に関する施策の総合的な推進を図り、もって心豊かな国民生活及び活力ある社会の実現に寄与することを目的とする。

（基本理念）

第二条　文化芸術の振興に当たっては、文化芸術活動を行う者の自主性が十分に尊重されなければならない。

2　文化芸術の振興に当たっては、文化芸術活動を行う者の創造性が十分に尊重されるとともに、その地位の向上が図られ、その能力が十分に発揮されるよう考慮されなければならない。

3　文化芸術の振興に当たっては、文化芸術を創造し、享受することが人々の生まれながらの権利であることにかんがみ、国民がその居住する地域にかかわらず等しく、文化芸術を鑑賞し、これに参加し、又はこれを創造することができるような環境の整備が図られなければならない。

4　文化芸術の振興に当たっては、我が国において、文化芸術活動が活発に行われるような環境を醸成することを旨として文化芸術の発展が図られ、ひいては世界の文化芸術の発展に資するものであるよう考慮されなければならない。
5　文化芸術の振興に当たっては、多様な文化芸術の保護及び発展が図られなければならない。
6　文化芸術の振興に当たっては、地域の人々により主体的に文化芸術活動が行われるよう配慮するとともに、各地域の歴史、風土等を反映した特色ある文化芸術の発展が図られなければならない。
7　文化芸術の振興に当たっては、我が国の文化芸術が広く世界へ発信されるよう、文化芸術に係る国際的な交流及び貢献の推進が図られなければならない。
8　文化芸術の振興に当たっては、文化芸術活動を行う者その他広く国民の意見が反映されるよう十分配慮されなければならない。

（国の責務）

第三条　国は、前条の基本理念（以下「基本理念」という。）にのっとり、文化芸術の振興に関する施策を総合的に策定し、及び実施する責務を有する。

（地方公共団体の責務）

第四条　地方公共団体は、基本理念にのっとり、文化芸術の振興に関し、国との連携を図りつつ、自主的かつ主体的に、その地域の特性に応じた施策を策定し、及び実施する責務を有する。

（国民の関心及び理解）

第五条　国は、現在及び将来の世代にわたって人々が文化芸術を創造し、享受することができるとともに、文化芸術が将来にわたって発展するよう、国民の文化芸術に対する関心及び理解を深めるように努めなければならない。

（法制上の措置等）

第六条　政府は、文化芸術の振興に関する施策を実施するため必要な法制上又は財政上の措置その他の措置を講じなければならない。

第二章　基本方針

第七条　政府は、文化芸術の振興に関する施策の総合的な推進を図るため、文化芸術の振興に関する基本的な方針（以下「基本方針」という。）を定めなければならない。
2　基本方針は、文化芸術の振興に関する施策を総合的に推進するための基本的な事項その他必要な事項について定めるものとする。
3　文部科学大臣は、文化審議会の意見を聴いて、基本方針の案を作成するものとする。
4　文部科学大臣は、基本方針が定められたときは、遅滞なく、これを公表しなければならない。
5　前二項の規定は、基本方針の変更について準用する。

第三章　文化芸術の振興に関する基本的施策

（芸術の振興）

第八条　国は、文学、音楽、美術、写真、演劇、舞踊その他の芸術（次条に規定するメディア芸術を除く。）の振興を図るため、これらの芸術の公演、展示等への支援、芸術祭等の開催その他の必要な施策を講ずるものとする。

（メディア芸術の振興）

第九条　国は、映画、漫画、アニメーション及びコンピュータその他の電子機器等を利用した芸術（以下「メディア芸術」という。）の振興を図るため、メディア芸術の製作、上映等への支援その他の必要な施策を講ずるものとする。

（伝統芸能の継承及び発展）

第十条　国は、雅楽、能楽、文楽、歌舞伎その他の我が国古来の伝統的な芸能（以下「伝統芸能」という。）の継承及び発展を図るため、伝統芸能の公演等への支援その他の必要な施策を講ずるものとする。

（芸能の振興）

第十一条　国は、講談、落語、浪曲、漫談、漫才、歌唱その他の芸能（伝統芸能を除く。）の振興を図るため、これらの芸能の公演等への支援その他の必要な施策を講ずるものとする。

（生活文化、国民娯楽及び出版物等の普及）

第十二条　国は、生活文化（茶道、華道、書道その他の生活に係る文化をいう。）、国民娯楽（囲碁、将棋その他の国民的娯楽をいう。）並びに出版物及びレコード等の普及を図るため、これらに関する活動への支援その他の必要な施策を講ずるものとする。

（文化財等の保存及び活用）

第十三条　国は、有形及び無形の文化財並びにその保存技術（以下「文化財等」という。）の保存及び活用を図るため、文化財等に関し、修復、防災対策、公開等への支援その他の必要な施策を講ずるものとする。

（地域における文化芸術の振興）

第十四条　国は、各地域における文化芸術の振興を図るため、各地域における文化芸術の公演、展示等への支援、地域固有の伝統芸能及び民俗芸能（地域の人々によって行われる民俗的な芸能をいう。）に関する活動への支援その他の必要な施策を講ずるものとする。

（国際交流等の推進）

第十五条　国は、文化芸術に係る国際的な交流及び貢献の推進を図ることにより、我が国の文化芸術活動の発展を図るとともに、世界の文化芸術活動の発展に資するため、文化芸術活動を行う者の国際的な交流及び文化芸術に係る国際的な催しの開催又はこれへの参加への支援、海外の文化遺産の修復等に関する協力その他の必要な施策を講ずるものとする。

2　国は、前項の施策を講ずるに当たっては、我が国の文化芸術を総合的に世界に発信するよう努めなければならない。

（芸術家等の養成及び確保）

第十六条　国は、文化芸術に関する創造的活動を行う者、伝統芸能の伝承者、文化財等の保存及び活用に関する専門的知識及び技能を有する者、文化芸術活動の企画等を行う者、文化施設の管理及び運営を行う者その他の文化芸術を担う者（以下「芸術家等」という。）の養成及び確保を図るため、国内外における研修への支援、研修成果の発表の機会の確保その他の必要な施策を講ずるものとする。

（文化芸術に係る教育研究機関等の整備等）

第十七条　国は、芸術家等の養成及び文化芸術に関する調査研究の充実を図るため、文化芸術に係る大学その他の教育研究機関等の整備その他の必要な施策を講ずるものとする。

（国語についての理解）

第十八条　国は、国語が文化芸術の基盤をなすことにかんがみ、国語について正しい理解を深めるため、国語教育の充実、国語に関する調査研究及び知識の普及その他の必要な施策を講ずるものとする。

（日本語教育の充実）

第十九条　国は、外国人の我が国の文化芸術に関する理解に資するよう、外国人に対する日本語教育の充実を図るため、日本語教育に従事する者の養成及び研修体制の整備、日本語教育に関する教材の開発その他の必要な施策を講ずるものとする。

（著作権等の保護及び利用）

第二十条　国は、文化芸術の振興の基盤をなす著作者の権利及びこれに隣接する権利について、これらに関する国際的動向を踏まえつつ、これらの保護及び公正な利用を図るため、これらに関し、制度の整備、調査研究、普及啓発その他の必要な施策を講ずるものとする。

（国民の鑑賞等の機会の充実）

第二十一条　国は、広く国民が自主的に文化芸術を鑑賞し、これに参加し、又はこれを創造する機会の充実を図るため、各地域における文化芸術の公演、展示等への支援、これらに関する情報の提供その他の必要な施策を講ずるものとする。

（高齢者、障害者等の文化芸術活動の充実）

第二十二条　国は、高齢者、障害者等が行う文化芸術活動の充実を図るため、これらの者の文化芸術活動が活発に行われるような環境の整備その他の必要な施策を講ずるものとする。

（青少年の文化芸術活動の充実）

第二十三条　国は、青少年が行う文化芸術活動の充実を図るため、青少年を対象とした文化芸術の公演、展示等への支援、青少年による文化芸術活動への支援その他の必要な施策を講ずるものとする。

（学校教育における文化芸術活動の充実）

第二十四条　国は、学校教育における文化芸術活動の充実を図るため、文化芸術に関する体験学習等文化芸術に関する教育の充実、芸術家等及び文化芸術活動を行う団体（以下「文化芸術団体」という。）による学校における文化芸術活動に対する協力への支援その他の必要な施策を講ずるものとする。

（劇場、音楽堂等の充実）

第二十五条　国は、劇場、音楽堂等の充実を図るため、これらの施設に関し、自らの設置等に係る施設の整備、公演等への支援、芸術家等の配置等への支援、情報の提供その他の必要な施策を講ずるものとする。

（美術館、博物館、図書館等の充実）

第二十六条　国は、美術館、博物館、図書館〔傍線＝編者〕等の充実を図るため、これらの施設に関し、自らの設置等に係る施設の整備、展示等への支援、芸術家等の配置等への支援、文化芸術に関する作品等の記録及び保存への支援その他の必要な施策を講ずるものとする。

（地域における文化芸術活動の場の充実）

第二十七条　国は、国民に身近な文化芸術活動の場の充実を図るため、各地域における文化施設、学校施設、社会教育施設等を容易に利用できるようにするための措置その他の必要な施策を講ずるものとする。

（公共の建物等の建築に当たっての配慮）

第二十八条　国は、公共の建物等の建築に当たっては、その外観等について、周囲の自然的環境、地域の歴史及び文化等との調和を保つよう努めるものとする。

（情報通信技術の活用の推進）

第二十九条　国は、文化芸術活動における情報通信技術の活用の推進を図るため、文化芸術活動に関する情報通信ネットワークの構築、美術館等における情報通信技術を活用した展示への支援、情報通信技術を活用した文化芸術に関する作品等の記録及び公開への支援その他の必要な施策を講ずるものとする。

（地方公共団体及び民間の団体等への情報提供等）

第三十条　国は、地方公共団体及び民間の団体等が行う文化芸術の振興のための取組を促進するため、情報の提供その他の必要な施策を講ずるものとする。

（民間の支援活動の活性化等）

第三十一条　国は、個人又は民間の団体が文化芸術活動に対して行う支援活動の活性化を図るとともに、文化芸術活動を行う者の活動を支援するため、文化芸術団体が個人又は民間の団体からの寄附を受けることを容易にする等のための税制上の措置その他の必要な施策を講ずるよう努めなければならない。

（関係機関等の連携等）

第三十二条　国は、第八条から前条までの施策を講ずるに当たっては、芸術家等、文化芸術団体、学校、文化施設、社会教育施設その他の関係機関等の間の連携が図られるよう配慮しなければならない。

2　国は、芸術家等及び文化芸術団体が、学校、文化施設、社会教育施設、福祉施設、医療機関等と協力して、地域の人々が文化芸術を鑑賞し、これに参加し、又はこれを創造する機会を提供できるようにするよう努めなければならない。

（顕彰）

第三十三条　国は、文化芸術活動で顕著な成果を収めた者及び文化芸術の振興に寄与した者の顕彰に努めるものとする。

（政策形成への民意の反映等）

第三十四条　国は、文化芸術の振興に関する政策形成に民意を反映し、その過程の公正性及び透明性を確保するため、芸術家等、学識経験者その他広く国民の意見を求め、これを十分考慮した上で政策形成を行う仕組みの活用等を図るものとする。

（地方公共団体の施策）

第三十五条　地方公共団体は、第八条から前条までの国の施策を勘案し、その地域の特性に応じた文化芸術の振興のために必要な施策の推進を図るよう努めるものとする。

附　則〔略〕

Ⅵ　国際―条約・宣言等―

〔目次〕

(1) 条約・国際協定・国際規約

◎国際連合教育科学文化機関憲章（ユネスコ憲章）抄

〔昭和二六年一〇月六日
条約第四号
外務省告示第五号〕

最近改正　平成八年八月一四日　外務省告示第四一三号

この憲章の当事国政府は、その国民に代つて次のとおり宣言する。

戦争は人の心の中で生れるものであるから、人の心の中に平和のとりでを築かなければならない。

相互の風習と生活を知らないことは、人類の歴史を通じて世界の諸人民の間に疑惑と不信をおこした共通の原因であり、この疑惑と不信のために、諸人民の不一致があまりにもしばしば戦争となつた。

ここに終りを告げた恐るべき大戦争は、人間の尊厳・平等・相互の尊重という民主主義の原理を否認し、これらの原理の代りに、無知と偏見を通じて人間と人種の不平等という教義をひろめることによつて可能にされた戦争であつた。

文化の広い普及と正義・自由・平和のための人類の教育とは、人間の尊厳に欠くことのできないものであり、且つ、すべての国民が相互の援助及び相互の関心の精神をもつて果さなければならない神聖な義務である。

政府の政治的及び経済的取極のみに基く平和は、世界の諸人民の、一致した、しかも永続する誠実な支持を確保できる平和ではない。よつて、平和は、失われないためには、人類の知的及び精神的連帯の上に築かなければならない。

これらの理由によつて、この憲章の当事国は、すべての人に教育の充分で平等な機会が与えられ、客観的真理が拘束を受けずに探究され、且つ、思想と知識が自由に交換されるべきことを信じて、その国民の間における伝達の方法を発展させ及び増加させること並びに相互に理解し及び相互の生活を一層真実に一層完全に知るためにこの伝達の方法を用いることに一致し及び決意している。

その結果、当事国は、世界の諸人民の教育、科学及び文化上の関係を通じて、国際連合の設立の目的であり、且つ、その憲章が宣言している国際平和と人類の共通の福祉という目的を促進するために、ここに国際連合教育科学文化機関を創設する。

第一条　目的及び任務

1　この機関の目的は、国際連合憲章が世界の諸人民に対して人種、性、言語又は宗教の差別なく確認している正義、法の支配、人権及び基本的自由に対する普遍的な尊重を助長するために教育、科学及び文化を通じて諸国民の間の協力を促進することによつて、平和及び安全に貢献することである。

2　この目的を実現するために、この機関は、次のことを行う。

(a)　大衆通報（マス・コミュニケーション）のあらゆる方法を通じて諸人民が相互に知り且つ理解することを促進する仕事に協

力すること並びにこの目的で言語及び表象による思想の自由な交流を促進するために必要な国際協定を勧告すること。

(b) 次のようにして一般の教育と文化の普及とに新しい刺激を与えること。

加盟国の要請によって教育事業の発展のためにその国と協力すること。

人種、性又は経済的若しくは社会的な差別にかかわらない教育の機会均等の理想を進めるために、諸国民の間における協力の関係をつくること。

自由の責任に対して世界の児童を準備させるのに最も適した教育方法を示唆すること。

(c) 次のようにして知識を維持し、増進し、且つ、普及すること。

世界の遺産である図書、芸術作品並びに歴史及び科学の記念物の保存及び保護を確保し、且つ、関係諸国民に対して必要な国際条約を勧告すること。

教育、科学及び文化の分野で活動している人々の国際的交換並びに出版物、芸術的及び科学的に意義のある物その他の参考資料の交換を含む知的活動のすべての部門における諸国民の間の協力を奨励すること。

いずれの国で作成された印刷物及び刊行物でもすべての国の人民が利用できるようにする国際協力の方法を発案すること。

3 この機関の加盟国の文化及び教育制度の独立、統一性及び実りの多い多様性を維持するために、この機関は、加盟国の国内管轄権に本質的に属する事項に干渉することを禁止される。

第二条 加盟国の地位

1 国際連合の加盟国の地位は、国際連合教育科学文化機関の加盟国となる権利を伴う。

2 この憲章の第十条によって承認されるべきこの機関と国際連合との間の協定の条件に従うことを条件として、国際連合の加盟国でない国は、執行委員会の勧告に基き、総会の三分の二の多数の投票でこの機関の加盟国となることを認められることができる。

6 機関の加盟国又は準加盟国は、事務局長にあてた通告により機関から脱退することができる。この通告は、それが行われた年の翌年の十二月三十一日に効力を生ずる。このような脱退は、それが効力を生じた日に機関に対して負っている財政上の義務に影響を及ぼすものではない。準加盟国の脱退の通告は、その準加盟国の国際関係について責任を負う加盟国その他の当局がその準加盟国に代って行う。

第三条 諸機関

この機関は、総会、執行委員会及び事務局をもつ。

第四条 総会

A 構成

1 総会は、この機関の加盟国の代表者で構成する。各加盟国の政府は、国内委員会が設立されているときはこれと、国内委員会が設立されていないときは教育、科学及び文化に関する諸団体と、それぞれ協議して選定する五人以内の代表を任命しなければならない。

B 任務

2 総会は、この機関の政策と事業の主要な方針とを決定する。総会は、執行委員会が提出した計画についての決定をする。

5 総会は、第五条6(c)の規定に従うことを条件として、国際連合が関心を有する事項の教育、科学及び文化に関する面について、この機関と国際連合との適当な当局の間で合意した条件及び手続に従い、国際連合に助言する。

7 総会は、執行委員会の委員を選挙し、且つ、執行委員会の勧告に基いて、事務局長を任命する。

C 表決

8(a) 各加盟国は、総会において一の投票権を有する。決定は、この憲章又は総会の手続規則の規定によつて三分の二の多数を必要とする場合を除き、単純過半数によつて行う。過半数とは、出席し且つ投票する加盟国の過半数とする。

第五条　執行委員会

A 構成

1(a) 執行委員会は、総会が選挙した五十八の加盟国で構成する。総会議長は、職権により助言的資格で列席する。

(b) 選挙された執行委員会の構成国は、以下「執行委員国」という。

2(a) 各執行委員国は、一人の代表者を任命しなければならない。また、各執行委員国は、代表者代理を任命することができる。

(b) 執行委員会における代表者を選定するに当たり、執行委員国は、一又は二以上の国際連合教育科学文化機関の権限の分野において資格を有し、かつ、委員会の行政上及び執行上の任務を果たすために必要な経験及び能力を有する者を任命するように努力しなければならない。例外的な事情により代表者の交代が正当なものとなる場合を除くほか、選挙された各構成国の代表者は、継続性が重要であることに留意し、当該選挙された各構成国の任期の間にわたつて任命されなければならない。当該選挙された各構成国により任命された代表者代理は、代表者が不在の場合、代表者のすべての任務を行わなければならない。

3 執行委員国を選挙するに当たり、総会は、文化の多様性及び均衡のとれた地理的分布に考慮を払わなければならない。

4(a) 執行委員国は、自国が選挙された総会の閉会の時からその選挙が行われた後第二回目の総会の通常会期の閉会の時まで在任する。総会は、各通常会期において、当該通常会期の終了の時に生ずる欠員を補充するために必要な数の構成国を選挙する。

(b) 執行委員国は、再選されることができる。再選された執行委員国は、執行委員会における自国の代表者を交代させるよう努力しなければならない。

5 執行委員国がこの機関から脱退する場合には、当該執行委員国の任期は、脱退が効力を生じた日に終了する。

B 任務

6(a) 執行委員会は、総会の議事日程を準備する。執行委員会は、第六条3に従い事務局長が提出したこの機関の事業計画及びそれに対応する予算見積書を検討し、且つ、これらを望ましいと認める勧告を附して総会に提出する。

(b) 総会の権威の下に行動する執行委員会は、総会が採択した計画の実施につき責任を負う。執行委員会は、総会の決定に従い、且つ、通常会期と通常会期との間に生じた事情を考慮して、事務局長がその計画を有効且つ合理的に実施することができるようにするために必要なすべての措置を執る。

(c) 執行委員会は、総会の通常会期と通常会期との間において、助言を求められた問題が総会により既に原則的に処理されているとき、又はその解決が総会の決定の中に含まれていると認められるときは、第四条5に掲げる国際連合の助言者としての任務を遂行することができる。

第六条　事務局

1　事務局は、事務局長及び必要な職員で構成する。

2　事務局長は、総会が承認する条件で、執行委員会が指名し、六年の任期で総会が任命するものとする。事務局長は、更に六年の任期につき再任されることができるものとするが、その後は引き続き再任されることはできない。事務局長は、この機関の首席の行政上の役員とする。

3(a)　事務局長又はその指定する代理者は、総会、執行委員会及びこの機関の諸委員会のすべての会合に投票権なしで参加する。事務局長は、総会及び執行委員会が適当な措置を執るための提案を作成し、並びにこの機関の事業計画案及びそれに対応する予算見積書を執行委員会に提出するため準備するものとする。

(b)　事務局長は、機関の活動に関する定期報告を準備し、且つ、加盟国及び執行委員会に送達する。総会は、これらの報告の対象となる期間を決定する。

4　事務局長は、総会が承認する職員規則に従い、事務局職員を任命する。職員の任命は、誠実、能率及び技術的能力の最高水準を確保することに最大の考慮を払うことを条件として、できる限り広い地理的基礎に基いて行わなければならない。

5　事務局長及び職員の責任は、性質上もつぱら国際的なものである。事務局長及び職員は、その任務の遂行に当つて、いかなる政府からも又はこの機関外のいかなる権力からも訓令を求め、又は受けてはならない。事務局長及び職員は、国際的役員としての地位を損ずる虞のあるいかなる行動をも慎まなければならない。この機関の各加盟国は、事務局長及び職員の責任の国際的な性質を尊重すること並びにこれらの者の任務の遂行に当つてこれらの者を左右しようとしないことを約束する。

6　この条のいかなる規定も、国際連合内で、この機関が共通の業務及び兼任の職員並びに職員の交流のための特別の取極を締結することを妨げるものではない。

第七条　国内協力団体

1　各加盟国は、教育、科学及び文化の事項にたずさわつている自国の主要な団体をこの機関の事業に参加させるために、その特殊事情に即する措置を執らなければならない。その措置としては、広く政府及びこれらの団体を代表する国内委員会の設立によることが望ましい。

2　国内委員会又は国内協力団体があるところでは、これらは、この機関に関係がある事項について総会における各自国の代表団、執行委員会における各自国の代表者及び代表者代理並びに自国の政府に対して、助言的資格で行動し、かつ、この機関に関係があるすべての事項について連絡機関としての任務を行う。

3　この機関は、加盟国の要請に基いて、その国の国内委員会に対し、その事業の発展を援助するために臨時的に又は恒久的に事務局員一人を派遣することができる。

第十条　国際連合との関係

この機関は、国際連合憲章第五十七条に掲げた専門機関の一として、なるべくすみやかに国際連合と関係をもたされる。この関係は、国際連合憲章第六十三条に基く国際連合との協定によつて設定し、この協定は、この機関の総会の承認を受けなければならない。この協定は、共通の目的を達成するための両機関の間における有効な協力を規定し、同時に、この憲章に定めた権限の範囲内におけるこの機関の自治を承認しなければならない。この協定は、特に国際連合総会によるこの機関の予算の承認及びその財源の提供について規定することができる。

第十二条　この機関の法的地位

国際連合の法的地位並びに特権及び免除に関する国際連合憲章第百四条及び第百五条の規定は、この機関にも同様に適用される。

○アジア及び太平洋地域のための文化及び社会センターを設立する協定　抄

〔昭和四三年八月二八日　外務省告示第二一三号　昭和四三年八月一日発効〕

アジア及び太平洋協議会（以下「協議会」という。）の構成員である締約政府は、

アジア及び太平洋地域の政府及び国民が現存する相互の連帯を強化し、及び各種の分野における共通の目的の達成のために協力することに共通の関心を有することを確認し、

同地域内のすべての国がその文化的遺産及び文明の相互理解及び尊重を高めることにより利益を得ることを確信し、

千九百六十七年七月五日から七日までバンコックにおいて開催された協議会の第二回閣僚会議におけるアジア及び太平洋地域のための文化及び社会センターを設立する旨の決定を実施することを希望して、

次のとおり協定した。

第一条　文化及び社会センターの設立

1　アジア及び太平洋地域のための文化及び社会センター（以下「センター」という。）をここに設立する。

2　センターは、ソウルに所在し、この協定の規定に従って運営される。

第二条　目的

センターは、文化的分野及び関連のある社会的分野における協力の促進を通じてアジア及び太平洋地域の諸国民の間の友好関係及び相互理解を増進することを目的とする。

第三条　任務

センターは、その目的を達成するため、文化的分野及び関連のある社会的分野において次の活動を行なうことができる。

(i) センターの加盟政府（以下「加盟政府」という。）間の一層緊密な理解を達成するための措置につき勧告を行なうこと。

(ii) 加盟政府の国の適切な研究計画を調整するため加盟政府を援助すること。

(iii) 加盟政府の国における関連がある諸活動について情報を収集し、及び配布すること。

(iv) 加盟政府の国における社会科学及び人文科学の研究活動に関する情報の交換所の役割を果たすこと。

(v) 関心がある分野において地域内の諸国民の間の人的接触及び思想交流を助長する計画を促進すること。

(vi) 講演、セミナー及び研究会の開催並びに類似の活動を奨励し、及び後援すること。

(vii) 地域内において演奏会、文化的性質を有する展覧会及び演劇を奨励し、及び後援すること。

(viii) 地域内の特に優れた著作物を加盟政府の国の言語に翻訳することを取り計らうこと。

(ix) 加盟政府の国の文化的遺産を保存するための措置を研究すること。

(x) 適当な場合には、地域内における加盟政府の活動（訓練計画を含む。）を調整し、及び奨励すること。

(xi) 適当な機関の間の協力を育成すること。

(xii) 地域内の理解の増進に貢献した活動に対する賞を設けること。

(xiii) 加盟政府の国の参考資料の保存所の役割を果たすこと。

第四条　加盟政府の地位

1　協議会の構成員及びオブザーバーの政府は、センターの加盟政府となる資格を有し、この協定の署名により加盟政府となる。

2　協議会の構成員及びオブザーバー以外の政府は、協議会の承認を受けた後この協定への加入書を寄託することによりセンターの加盟政府となることを認められる。

第五条　組織

センターに、執行理事会（以下「理事会」という。）及び事務局を置く。

第六条　執行理事会

1　理事会は、センターの各加盟政府によつて指名された各一人の加盟政府の代表者で構成する。

2　理事会は、次の権限及び任務を有する。

(i) センターの事業計画並びにセンターの収入及び支出に関する年次予算を採択すること。

(iv) センターの事務局長を任命すること。

第八条　事務局

1　事務局は、事務局長及び理事会が承認する職員で構成する。

3　事務局長は、理事会に対して責任を負い、かつ、理事会を補佐するものとし、このため、この協定により明示的に与えられる権限のほか、理事会により委任されるすべての権限を行使する。

4　事務局長は、センターの法律上の代表者である。

◎教育的、科学的及び文化的資材の輸入に関する協定 抄

〔昭和四五年六月一七日 条約第九号 外務省告示第一二三号〕

前文

締約国は、

思想及び知識を自由に交換することが、また一般に、諸文明における各種の表現形態をできる限り広く普及することが、知的進歩及び国際間の理解にとり、したがつて世界平和の維持にとつて、真に重要であることを考慮し、

そのような交流が、主として書籍、出版物並びに教育的、科学的及び文化的資材を通じて実現されることを考慮し、

国際連合教育科学文化機関憲章が、「出版物、芸術的及び科学的に意義のある物その他の参考資料の交換」を含む知的活動のすべての部門における諸国民の間の協力を奨励しており、さらに、国際連合教育科学文化機関の任務として「大衆通報（マス・コミュニケーション）のあらゆる方法を通じて諸人民が相互に知りかつ理解することを促進する仕事に協力すること並びにこの目的で言語及び表象による思想の自由な交流を促進するために必要な国際協定を勧告すること」を規定していることを考慮し、

これらの目的が、書籍、出版物並びに教育的、科学的及び文化的資材の自由な移動を容易にする国際協定によつて効果的に促進されることを認め、

よつて、次のとおり協定した。

第一条

1 締約国は、他の締約国の次の産品で附属書に定める条件に従つたものの輸入に対し又はこれに関連して、関税その他の課徴金を課さないことを約束する。

(a) 附属書A〔別掲〕に掲げる書籍、出版物及び文書

(b) 附属書B〔別掲〕、C〔別掲〕、D〔別掲〕及びE〔別掲〕に掲げる教育的、科学的及び文化的資材

2 1の規定は、締約国が輸入品に対して次のものを課することを妨げるものではない。

(a) 輸入の際に又はその後に課される内国税その他すべての種類の内国課徴金。ただし、同種の国内産品に直接又は間接に課されるものの額をこえないものとする。

(b) 政府当局が輸入に対し又はこれに関連して課する手数料及び課徴金で関税以外のもの。ただし、提供された役務の概算の費用の額をこえないものとし、また、国内産品の間接的保護となるもの又は財政上の目的のために輸入品に賦課されるものであつてはならない。

第二条

1 締約国は、次の物品の輸入に必要な承認又は外国為替を許与することを約束する。

(a) 公共の図書館及び資料保存所並びに公共の教育団体、研究団体又は文化団体の図書館及び資料保存所に送付される書籍及び出版物

(b) 締約国において発行される当該締約国の立法府及び行政府の公文書

(c)　国際連合又はその専門機関の書籍及び出版物
(d)　国際連合教育科学文化機関が受領し、かつ、同機関によって又はその指示の下に無償で配布される書籍及び出版物
(e)　輸入国の国外における観光旅行の促進を目的とする出版物であつて無償で送付されかつ配布されるもの
(f)　盲人用の次の物品
(i)　点字によるすべての種類の書籍、出版物及び文書
(ii)　盲人の教育的、科学的又は文化的進歩のため特に考案されたその他の物品であつて、その免税輸入を輸入国の権限のある当局によつて承認された盲人の福祉事業に携わる団体又は機関が直接に輸入するもの

2　締約国は、数量制限及び為替管理の措置をとる場合には、1の物品以外の教育的、科学的又は文化的資材、特に附属書に掲げる資材の輸入に必要な外国為替及び承認をできる限り許与することを約束する。

第三条

1　締約国は、教育的、科学的又は文化的資材であつて、輸入国の権限のある当局が承認した公共の展覧会に出品することのみを目的として輸入されかつその後に再輸出されるものに対し、できる限りの便益を与えることを約束する。この便益には、必要な承認の許与のほか関税並びに輸入に際して支払うべきすべての種類の内国税及び課徴金（提供された役務の概算の費用の額に相当する額の手数料及び課徴金を除く。）の免除を含む。

2　この条のいかなる規定も、展示が終了したときに、輸入国の当局が当該資材の再輸出の確保に必要な措置をとることを妨げるものではない。

第四条

締約国は、できる限り次のことを行なうことを約束する。
(a)　教育的、科学的又は文化的資材の自由な流通をあらゆる手段によつて促進し、及びこの自由な流通に対する制限でこの協定に規定していないものを廃止し又は減少させるため、引き続き共同して努力すること。
(b)　教育的、科学的又は文化的資材の輸入を規制する行政手続を簡易化すること。
(c)　教育的、科学的又は文化的資材の迅速かつ安全な通関を容易にすること。

第五条

この協定のいかなる規定も、締約国が、国家の安全、公の秩序又は公衆道徳に直接に関連する事由によつて物品の輸入又は輸入後の流通を禁止し又は制限する措置を自国の法令に従つてとる権利に影響を及ぼすものではない。

第六条

この協定は、著作権、商標権又は特許権に関し、締約国の法令又は締約国が当事国である条約、協定若しくは宣言のいずれをも修正するものではなく、また、これらのいずれにも影響を及ぼすものではない。

第七条

締約国は、自国が当事国である条約の規定で紛争の解決のためのものに従う場合を除くほか、交渉又は調停によつてこの協定の解釈又は適用に関する紛争を解決することを約束する。

第八条

輸入品の教育的、科学的又は文化的性質に関する紛争が締約国の間で生じた場合には、関係当事国は、合意により、国際連合教育科学文化機関事務局長に対して勧告的意見を求めることができる。

第九条

1　英語及びフランス語による本文をひとしく正文とするこの協定は、本日の日付を付するものとし、国際連合教育科学文化機関及び国際連合のすべての加盟国並びにこれらの機関の非加盟国で国際連合教育科学文化機関の執行委員会が招請するものの署名のため、開放しておく。

2　この協定は、署名国により、それぞれの憲法上の手続に従って批准されなければならない。

3　批准書は、国際連合事務総長に寄託する。

第十条

第九条1の国は、千九百五十年十一月二十二日以後この協定に加入することができる。加入は、正式な文書が国際連合事務総長に寄託された時に効力を生ずる。

附属書A　書籍、出版物及び文書

(i)　印刷した書籍

(ii)　新聞及び定期刊行物

(iii)　印刷以外の複製方法で作成した書籍及び文書

(iv)　締約国において発行した当該締約国の立法府及び行政府の公文書

(v)　旅行に関するポスター及び出版物（パンフレット、案内書、時間表、リーフレット及びこれらに類する出版物）であつてその輸入国の国外における旅行の促進を目的とするもの（民間の商業的企業が発行したものを含むものとし、さし絵があるかどうかを問わない。）

(vi)　国外における研究の促進を目的とする出版物

(vii)　手書き文書及びタイプ文書

(viii)　書籍及び出版物の目録で、その輸入国の国外の出版業者又は書籍販売業者が販売するもの

(ix)　教育的、科学的又は文化的なフィルム、録音物その他の視聴覚資材の目録で、国際連合若しくはその専門機関により又はこれらのために発行されたもの

(x)　手書きの楽譜、印刷した楽譜又は印刷以外の複製方法で複製した楽譜

(xi)　地図、海図又は星図

(xii)　建築用、工業用又は工学用の設計図及び図案並びにこれらのものの複製であつて、その免税輸入を輸入国の権限のある当局によつて承認された科学施設又は教育団体における研究を目的とするもの

ただし、この附属書に係る免除は、次のものについては適用しない。

(a)　文房具

(b)　民間の商業的企業により又はこれのために広告を主たる目的として発行された書籍、出版物及び文書（(viii)及び(ix)にいう目録並びに(v)にいう旅行に関するポスター及び出版物を除く。）

(c)　広告欄が紙面の七十パーセントをこえる新聞及び定期刊行物

(d)　広告欄が紙面の二十五パーセントをこえるその他のすべての書籍、出版物及び文書（(viii)及び(ix)にいう目録を除く。）。この比率は、旅行に関するポスター及び出版物に関しては、民間の商業広告欄についてのみ適用する。

附属書B　教育的、科学的又は文化的な美術品及び収集品

(i)　肉筆の書画（模写したものを含むものとし、装飾した加工物を除く。）

(ii)　手で彫り又はエッチングを施した原版から作られた手刷りの版画で、当該芸術家が署名しかつ番号を付したもの

(iii)　彫刻、塑像、鋳像その他これらに類する美術品（丸彫り、浮彫り又は沈み彫りのいずれであるかを問わないものとし、大量複製品及び芸術家でない者が製作した商業的性格を有する製品を除く。）

(iv)　収集品及び美術品であつて、その免税輸入を輸入国の権限のある当局によつて承認された美術館、博物館その他の公共の団体に送付されるもの（転売を目的としないものに限る。）

(v)　解剖学、動物学、植物学、鉱物学、古生物学、考古学、民族学その他これらに類する学術の分野の収集品及び標本で転売を目的としないもの

(vi)　製作後百年をこえるこつとう

附属書C　教育的、科学的又は文化的視聴覚資材

(i)　教育的、科学的又は文化的なフィルム、フィルム・スライド・マイクロフィルム及びスライドであつて、その免税輸入を輸入国の権限のある当局によつて承認された機関（輸入国の裁量により放送機関を含む。）が輸入し、かつ、この機関による映写又はその当局が承認した他の教育的、科学的若しくは文化的な公私の団体若しくは協会による映写に供することのみを目的とするもの

(ii)　輸入の時に時事的な報道価値のある事件を撮影しているニュース映画用フィルム（サウンドトラックを有するかどうかを問わない。）であつて、その免税輸入を輸入国の権限のある当局によつて承認された機関（輸入国の裁量により放送機関を含む。）が陰画（露光しかつ現像したもの）又は陽画（焼付けしかつ現像したもの）の状態で輸入するもの。ただし、その免税輸入は、各主題につき複写用のもの二本に制限することができる。

(iii)　教育的、科学的又は文化的録音物であつて、その免税輸入を輸入国の権限のある当局によつて承認された教育的、科学的又は文化的な公私の団体又は協会（輸入国の裁量により放送機関を含む。）において使用することのみを目的とするもの

(iv)　国際連合又はその専門機関によつて製作された教育的、科学的又は文化的なフィルム、フィルム・スライド、マイクロフィルム及び録音物

(v)　見本、模型及び壁掛け用図表であつて、その免税輸入を輸入国の権限のある当局によつて承認された教育的、科学的又は文化的な公私の団体における展示及び授業のために使用することのみを目的とするもの

附属書D　科学機器

教育又は純粋な科学的研究のために使用することのみを目的とする科学機器。ただし、次の場合に限る。

(a)　当該科学機器が、その免税輸入を輸入国の権限のある当局によつて承認された科学的又は教育的な公私の団体に送付され、かつ、この団体の管理及び責任の下で使用される場合

(b)　同等の科学的価値を有する機器が輸入国において製作されていない場合

附属書E　盲人用の物品

(i)　点字によるすべての種類の書籍、出版物及び文書

(ii)　盲人の教育的、科学的又は文化的向上のため特に考案されたその他の物品であつて、その免税輸入を輸入国の権限のある当局によつて承認された盲人の福祉事業に携わる団体又は機関が直接に輸入するもの

◎文学的及び美術的著作物の保護に関するベルヌ条約（ベルヌ条約）抄

〔昭和五〇年三月六日 条約第四号 外務省告示第四一号〕

最近改正 昭和六〇年六月一七日 外務省告示第一八三号
昭和五九年一一月一九日発効

〔千八百九十六年五月四日にパリで補足され、千九百八年十一月十三日にベルリンで改正され、千九百十四年三月二十日にベルヌで補足され並びに千九百二十八年六月二日にローマで、千九百四十八年六月二十六日にブラッセルで、千九百六十七年七月十四日にストックホルムで及び千九百七十一年七月二十四日にパリで改正された千八百八十六年九月九日の文学的及び美術的著作物の保護に関するベルヌ条約〔**注**＝これが正式表題である〕〕

同盟国は、文学的及び美術的著作物に関する著作者の権利をできる限り効果的かつ統一的に保護することをひとしく希望し、

千九百六十七年にストックホルムで開催された改正会議の作業の重要性を認めて、

ストックホルム会議が採択した条約の第一条から第二十条まで及び第二十二条から第二十六条までの規定を変更することなく、同条約を改正することを決定した。

よつて、下名〔略〕の全権委員は、その全権委任状を示し、それが良好妥当であると認められた後、次のとおり協定した。

第一条

この条約が適用される国は、文学的及び美術的著作物に関する著作者の権利の保護のための同盟を形成する。

第二条

(1) 「文学的及び美術的著作物」には、表現の方法又は形式のいかんを問わず、書籍、小冊子その他の文書、講演、演説、説教その他これらと同性質の著作物、演劇用又は楽劇用の著作物、舞踊及び無言劇の著作物、楽曲（歌詞を伴うかどうかを問わない。）、映画の著作物（映画に類似する方法で表現された著作物を含む。以下同じ。）、素描、絵画、建築、彫刻、版画及び石版画の著作物、写真の著作物（写真に類似する方法で表現された著作物を含む。以下同じ。）、応用美術の著作物、図解及び地図並びに地形学、建築学その他の科学に関する図面、略図及び模型のような文芸、学術及び美術の範囲に属するすべての製作物を含む。

(2) もつとも、文学的及び美術的著作物の全体又はその一若しくは二以上の種類について、それらの著作物が物に固定されていない限り保護されないことを定める権能は、同盟国の立法に留保される。

(3) 文学的又は美術的著作物の翻訳、翻案、編曲等による改作物は、その原作物の著作者の権利を害することなく、原著作物として保護される。

(4) 立法上、行政上及び司法上の公文書並びにその公的な翻訳物に与えられる保護は、同盟国の法令の定めるところによる。

(5) 素材の選択又は配列によつて知的創作物を形成する百科辞典及び選集のような文学的又は美術的著作物の編集物は、その編集物の部分を構成する各著作物の著作者の権利を害することなく、知的創作物として保護される。

(6) 前記の著作物は、すべての同盟国において保護を受ける。この

保護は、著作者及びその承継人のために与えられる。

(7) 応用美術の著作物及び意匠に関する法令の適用範囲並びにそれらの著作物及び意匠の保護の条件は、第七条(4)の規定に従うことを条件として、同盟国の法令の定めるところによる。本国において専ら意匠として保護される著作物については、他の同盟国において、その国において意匠に与えられる特別の保護しか要求することができない。ただし、その国においてそのような特別の保護が与えられない場合には、それらの著作物は、美術的著作物として保護される。

(8) この条約の保護は、単なる報道にすぎない時事の記事又は雑報については適用されない。

第二条の二

(1) 政治上の演説及び裁判手続においてされた陳述につき前条に定める保護の一部又は全部を排除する権能は、同盟国の立法に留保される。

(2) 報道の目的上正当な範囲内において、公に行われた講演、演説その他これらと同性質の著作物を新聞雑誌に掲載し、放送し、有線により公に伝達し及び第十一条の二(1)に規定する公の伝達の対象とする場合の条件を定める権能も、また、同盟国の立法に留保される。

(3) もつとも、著作者は、(1)及び(2)に規定する著作物を編集物とする排他的権利を享有する。

第三条

(1) 次の者は、次の著作物について、この条約によつて保護される。

(a) いずれかの同盟国の国民である著作者　その著作物（発行されているかどうかを問わない。）

(b) いずれの同盟国の国民でもない著作者　その著作物のうち、いずれかの同盟国において最初に発行されたもの並びに同盟に属しない国及びいずれかの同盟国において同時に発行されたもの

(2) いずれの同盟国の国民でもない著作者でいずれかの同盟国に常居所を有するものは、この条約の適用上、その同盟国の国民である著作者とみなす。

(3) 「発行された著作物」とは、複製物の作成方法のいかんを問わず、著作者の承諾を得て刊行された著作物であつて、その性質にかんがみ公衆の合理的な要求を満たすような数量の複製物が提供されたものをいう。演劇用若しくは楽劇用の著作物又は映画の著作物の上演、音楽の著作物の演奏、文学的著作物の朗読、文学的又は美術的著作物の伝達又は放送、美術の著作物の展示及び建築の著作物の建設は、発行を意味しない。

(4) 最初の発行の国を含む二以上の国において最初の発行の日から三十日以内に発行された著作物は、それらの国において同時に発行されたものとみなす。

第四条

次の者は、前条に定める条件が満たされない場合にも、この条約によつて保護される。

(a) いずれかの同盟国に主たる事務所又は常居所を有する者が製作者である映画の著作物の著作者

(b) いずれかの同盟国において建設された建築の著作物の著作者又はいずれかの同盟国に所在する不動産と一体となつている絵画的及び彫塑的美術の著作物の著作者

第五条

(1) 著作者は、この条約によつて保護される著作物に関し、その著作物の本国以外の同盟国において、その国の法令が自国民に現在

与えており又は将来与えることがある権利及びこの条約が特に与える権利を享有する。

(2) (1)の権利の享有及び行使には、いかなる方式の履行をも要しない。その享有及び行使は、著作物の本国における保護の存在にかかわらない。したがつて、保護の範囲及び著作者の権利を保全するため著作者に保障される救済の方法は、この条約の規定によるほか、専ら、保護が要求される同盟国の法令の定めるところによる。

(3) 著作物の本国における保護は、その国の法令の定めるところによる。もつとも、この条約によつて保護される著作物の著作者がその著作物の本国の国民でない場合にも、その著作者は、その著作物の本国において内国著作者と同一の権利を享有する。

(4) 次の著作物については、次の国を本国とする。

(a) いずれかの同盟国において最初に発行された著作物については、その同盟国。もつとも、異なる保護期間を認める二以上の同盟国において同時に発行された著作物については、これらの国のうち法令の許与する保護期間が最も短い国とする。

(b) 同盟に属しない国及びいずれかの同盟国において同時に発行された著作物については、その同盟国

(c) 発行されていない著作物又は同盟に属しない国において最初に発行された著作物でいずれの同盟国においても同時に発行されなかつたものについては、その著作者が国民である同盟国。ただし、次の著作物については、次の国を本国とする。

(i) いずれかの同盟国に主たる事務所又は常居所を有する者が製作者である映画の著作物については、その同盟国

(ii) いずれかの同盟国において建設された建築の著作物又はいずれかの同盟国に所在する不動産と一体となつている絵画的及び彫塑的美術の著作物については、その同盟国

第六条

(1) 同盟に属しない国がいずれかの同盟国の国民である著作者の著作物を十分に保護しない場合には、その同盟国は、最初の発行の時において当該同盟に属しない国の国民であつて、かつ、いずれの同盟国にも常居所を有していない著作者の著作物の保護を制限することができる。最初の発行の国がこの権能を行使する場合には、他の同盟国は、そのように特殊な取扱いを受ける著作物に対し、最初の発行の国において与えられる保護よりも厚い保護を与えることを要しない。

(2) (1)の規定に基づく制限は、その実施前にいずれかの同盟国において発行された著作物についてその著作者が既に取得した権利に影響を及ぼすものであつてはならない。

(3) この条の規定に基づいて著作者の権利の保護を制限する同盟国は、その旨を、その保護の制限の対象となる国及びその国民である著作者の権利に対する制限を明記した宣言書により、世界知的所有権機関事務局長（以下「事務局長」という。）に通告する。事務局長は、その宣言をすべての同盟国に直ちに通報する。

第六条の二

(1) 著作者は、その財産的権利とは別個に、この権利が移転された後においても、著作物の創作者であることを主張する権利及び著作物の変更、切除その他の改変又は著作物に対するその他の侵害で自己の名誉又は声望を害するおそれのあるものに対して異議を申し立てる権利を保有する。

(2) (1)の規定に基づいて著作者に認められる権利は、著作者の死後においても、少なくとも財産的権利が消滅するまで存続し、保護が要求される国の法令により資格を与えられる人又は団体によつ

て行使される。もっとも、この改正条約の批准又はこれへの加入の時に効力を有する法令において、(1)の規定に基づいて認められる権利のすべてについて著作者の死後における保護を確保することを定めていない国は、それらの権利のうち一部の権利が著作者の死後は存続しないことを定める権能を有する。

(3)　この条において認められる権利を保全するための救済の方法は、保護が要求される同盟国の法令の定めるところによる。

第七条

(1)　この条約によって許与される保護期間は、著作者の生存の間及びその死後五十年とする。

(2)　もっとも、同盟国は、映画の著作物については、保護期間が、著作者の承諾を得て著作物が公衆に提供された時から五十年で、又は、著作物がその製作の時から五十年以内に著作者の承諾を得て公衆に提供されないときは、製作の時から五十年で満了することを定める権能を有する。

(3)　無名又は変名の著作物については、この条約によって許与される保護期間は、著作物が適法に公衆に提供された時から五十年で満了する。ただし、著作者の用いた変名がその著作者を示すことについて疑いがない場合には、保護期間は、(1)に定める保護期間とする。無名又は変名の著作物の著作者が第一文の期間内にその著作物の著作者であることを明らかにする場合には、適用される保護期間は、(1)に定める保護期間とする。同盟国は、著作者が五十年前に死亡していると推定する十分な理由のある無名又は変名の著作物を保護することを要しない。

(4)　写真の著作物及び美術的著作物として保護される応用美術の著作物の保護期間を定める権能は、同盟国の立法に留保される。ただし、その保護期間は、それらの著作物の製作の時から二十五年よりも短くてはならない。

(5)　著作者の死後の保護期間及び(2)から(4)までに定める保護期間は、著作者の死亡の時又は(2)から(4)までに規定する事実が発生した時から始まる。ただし、これらの保護期間は、死亡の年又はそれらの事実が発生した年の翌年の一月一日から計算する。

(6)　同盟国は、前記の保護期間よりも長い保護期間を許与する権能を有する。

(7)　この条約のローマ改正条約に拘束される同盟国であって、この改正条約の署名の時に効力を有する国内法令において前記の保護期間よりも短い保護期間を許与するものは、この改正条約に加入し又はこれを批准する場合にも、それらの保護期間を維持する権能を有する。

(8)　いずれの場合にも、保護期間は、保護が要求される同盟国の法令の定めるところによる。ただし、その国の法令に別段の定めがない限り、保護期間は、著作物の本国において定められる保護期間を超えることはない。

第七条の二

前条の規定は、著作権が著作物の共同著作者の共有に属する場合にも適用する。ただし、著作者の死亡の時から計算する期間は、共同著作者のうちの最後の生存者の死亡の時から計算する。

第八条

文学的及び美術的著作物の著作者でこの条約によって保護されるものは、その著作物に関する権利の存続期間中、その著作物を翻訳し又はその翻訳を許諾する排他的権利を享有する。

第九条

(1)　文学的及び美術的著作物の著作者でこの条約によって保護されるものは、それらの著作物の複製（その方法及び形式のいかんを問わない。）を許諾する排他的権利を享有する。

(2) 特別の場合について(1)の著作物の複製を認める権能は、同盟国の立法に留保される。ただし、そのような複製が当該著作物の通常の利用を妨げず、かつ、その著作者の正当な利益を不当に害しないことを条件とする。

(3) 録音及び録画は、この条約の適用上、複製とみなす。

第十条

(1) 既に適法に公衆に提供された著作物からの引用（新聞雑誌の要約の形で行う新聞紙及び定期刊行物の記事からの引用を含む。）は、その引用が公正な慣行に合致し、かつ、その目的上正当な範囲内で行われることを条件として、適法とされる。

(2) 文学的又は美術的著作物を、授業用に、出版、放送、録音又は録画の方法でその目的上正当な範囲内において適法に利用することについては、同盟国の法令又は同盟国間の現行の若しくは将来締結される特別の取極の定めるところによる。ただし、そのような利用は、公正な慣行に合致するものでなければならない。

(3) (1)及び(2)に規定する引用及び利用を行うに際しては、出所（著作者名が表示されているときは、これを含む。）を明示する。

第十条の二

(1) 新聞紙若しくは定期刊行物において公表された経済上、政治上若しくは宗教上の時事問題を論議する記事又はこれと同性質の放送された著作物を新聞雑誌に掲載し、放送し又は有線により公に伝達することを、そのような掲載、放送又は伝達が明示的に禁止されていない場合に認める権能は、同盟国の立法に留保される。ただし、その出所は、常に明示しなければならない。この義務の違反に対する制裁は、保護が要求される同盟国の法令の定めるところによる。

(2) 写真、映画、放送又は有線による公の伝達により時事の事件を報道する際に、その事件の過程において見られ又は聞かれる文学的又は美術的著作物を報道の目的上正当な範囲内で複製し及び公衆に提供する場合の条件についても、同盟国の法令の定めるところによる。

第十一条

(1) 演劇用又は楽劇用の著作物及び音楽の著作物の著作者は、次のことを許諾する排他的権利を享有する。

(i) 著作物を公に上演し及び演奏すること（その手段又は方法のいかんを問わない。）。

(ii) 著作物の上演及び演奏を何らかの手段により公に伝達すること。

(2) 演劇用又は楽劇用の著作物の著作者は、その著作物に関する権利の存続期間中、その著作物の翻訳物についても、(1)の権利を享有する。

第十一条の二

(1) 文学的及び美術的著作物の著作者は、次のことを許諾する排他的権利を享有する。

(i) 著作物を放送すること又は記号、音若しくは影像を無線で送るその他の手段により著作物を公に伝達すること。

(ii) 放送された著作物を原放送機関以外の機関が有線又は無線で公に伝達すること。

(iii) 放送された著作物を拡声機又は記号、音若しくは影像を伝えるその他の類似の器具を用いて公に伝達すること。

(2) (1)に定める権利を行使する条件は、同盟国の法令の定めるところによる。ただし、その条件は、これを定めた国においてのみ効力を有する。その条件は、著作者の人格権を害するものであってはならず、また、協議が成立しないときに権限のある機関が定める公正な補償金を受ける著作者の権利を害するものであってはならない。

(3) (1)の規定に基づいて与えられた許諾には、別段の定めがない限り、放送される著作物を音又は影像を固定する器具を用いて記録することの許諾を含まない。もっとも、放送機関が自己の手段により自己の放送のために行う一時的記録の制度は、同盟国の法令の定めるところによる。当該法令は、その一時的記録が資料として特別の性質を有することを理由として、これを公的な記録保存所に保存することを認めることができる。

第十一条の三

(1) 文学的著作物の著作者は、次のことを許諾する排他的権利を享有する。

(i) 著作物を公に朗読すること（その手段又は方法のいかんを問わない。）。

(ii) 著作物の朗読を何らかの手段により公に伝達すること。

(2) 文学的著作物の著作者は、その著作物に関する権利の存続期間中、その著作物の翻訳物についても、(1)の権利を享有する。

第十二条

文学的又は美術的著作物の著作者は、その著作物の翻案、編曲その他の改作を許諾する排他的権利を享有する。

第十三条

(1) 各同盟国は、自国に関する限り、音楽の著作物の著作者又は音楽の著作物とともにその歌詞を録音することを既に許諾している歌詞の著作者が、その音楽の著作物を録音すること又はその歌詞を当該音楽の著作物とともに録音することを許諾する排他的権利に関し、留保及び条件を定めることができる。ただし、その留保及び条件は、これを定めた国においてのみ効力を有する。その留保及び条件は、協議が成立しないときに権限のある機関が定める公正な補償金を受ける著作者の権利を害するものであってはならない。

(2) 音楽の著作物の録音物であって、千九百二十八年六月二日にローマで署名された条約及び千九百四十八年六月二十六日にブラッセルで署名された条約の第十三条(3)の規定に基づきいずれかの同盟国において作成されたものは、その国がこの改正条約に拘束されることとなった日から二年の期間が満了するまでは、その音楽の著作物の著作者の承諾を得ることなくその国において複製することができる。

(3) (1)及び(2)の規定に基づいて作成された録音物であって、そのような録音が適法とされない同盟国に利害関係人の許諾を得ないで輸入されたものは、差し押さえることができる。

第十四条

(1) 文学的又は美術的著作物の著作者は、次のことを許諾する排他的権利を享有する。

(i) 著作物を映画として翻案し及び複製すること並びにこのように翻案され又は複製された著作物を頒布すること。

(ii) このように翻案され又は複製された著作物を公に上演し及び演奏し並びに有線により公に伝達すること。

(2) 文学的又は美術的著作物を原作とする映画の作品を他の美術形式に翻案することは、その映画の作品の著作者の許諾の権利を害することなく、原作物の著作者の許諾を必要とする。

(3) 前条(1)の規定は、適用されない。

第十四条の二

(1) 映画の著作物は、翻案され又は複製された著作物の著作者の権利を害することなく、原著作物として保護されるものとし、映画の著作物について著作権を有する者は、原著作物の著作者と同一の権利（前条に定める権利を含む。）を享有する。

(2)(a) 映画の著作物について著作権を有する者を決定することは、保護が要求される同盟国の法令の定めるところによる。

(b) もつとも、法令が映画の著作物の製作に寄与した著作者を映画の著作物について著作権を有する者と認める同盟国においては、それらの著作者は、そのような寄与をすることを約束したときは、反対の又は特別の定めがない限り、その映画の著作物を複製し、頒布し、公に上演し及び演奏し、有線で公に伝達し、放送し、他の方法で公衆に伝達し並びに字幕を挿入《そう》し及び吹替えをすることに反対することができない。

(c) (b)に規定する約束の形式が(b)の規定の適用上書面による契約（これに相当する文書を含む。）によるべきかどうかの問題は、映画の著作物の製作者が主たる事務所又は常居所を有する同盟国の法令によつて決定される。もつとも、その約束が書面による契約（これに相当する文書を含む。）によるべきことを定める権能は、保護が要求される同盟国の立法に留保される。この権能を行使する同盟国は、その旨を宣言書により事務局長に通告するものとし、事務局長は、これを他のすべての同盟国に直ちに通報する。

(d) 「反対の又は特別の定め」とは、(b)に規定する約束に付されたすべての制限的条件をいう。

(3) (2)(b)の規定は、国内法令に別段の定めがない限り、映画の著作物の製作のために創作された脚本、せりふ及び音楽の著作物の著作者並びに映画の著作物の主たる制作者については、適用しない。その法令において(2)(b)の規定をその主たる制作者について適用することを定めていない同盟国は、その旨を宣言書により事務局長に通告するものとし、事務局長は、これを他のすべての同盟国に直ちに通報する。

第十四条の三

(1) 美術の著作物の原作品並びに作家及び作曲家の原稿については、その著作者（その死後においては、国内法令が資格を与える人又は団体）は、著作者が最初にその原作品及び原稿を譲渡した後に行われるその原作品及び原稿の売買の利益にあずかる譲渡不能の権利を享有する。

(2) (1)に定める保護は、著作者が国民である国の法令がこの保護を認める場合に限り、かつ、この保護が要求される国の法令が認める範囲内でのみ、各同盟国において要求することができる。

(3) 徴収の方法及び額は、各同盟国の法令の定めるところによる。

第十五条

(1) この条約によつて保護される文学的及び美術的著作物の著作者が、反証のない限り当該著作物の著作者と認められ、したがつて、その権利を侵害する者に対し同盟国の裁判所に訴えを提起することを認められるためには、その名が通常の方法により当該著作物に表示されていることで足りる。この(1)の規定は、著作者の用いた名が変名であつても、それがその著作者を示すことについて疑いがない限り、適用される。

(2) 映画の著作物に通常の方法によりその名を表示されている自然人又は法人は、反証のない限りその映画の著作物の製作者と推定される。

(3) 無名の著作物及び(1)に規定する変名の著作物以外の変名の著作物については、著作物にその名を表示されている発行者は、反証のない限り著作者を代表するものと認められ、この資格において、著作者の権利を保全し及び行使することができる。この(3)の規定は、著作者がその著作物の著作者であることを明らかにしてその資格を証明した時から、適用されなくなる。

(4)(a) 著作者が明らかでないが、著作者がいずれか一の同盟国の国民であると推定する十分な理由がある発行されていない著作物について、著作者を代表し並びに著作者の権利を各同盟国において保全し及び行使することを認められる権限のある機関を指定する権能は、当該一の同盟国の立法に留保される。

(b) (a)の規定に基づいて指定を行う同盟国は、指定された機関についてすべての情報を記載した宣言書によりその旨を事務局長に通告するものとし、事務局長は、その宣言を他のすべての同盟国に直ちに通報する。

第十六条

(1) 著作者の権利を侵害するすべての製作物は、当該著作物が法律上の保護を受ける同盟国において差し押さえることができる。

(2) (1)の規定は、当該著作物が保護を受けない国又は受けなくなった国において作成された複製物についても適用する。

(3) 差押えは、各同盟国の法令に従って行う。

第十七条

この条約は、法令又は諸規程により、権限のある機関が必要と認める場合に、著作物又は製作物の頒布、上演又は展示を許可し、取り締まり又は禁止することとする各同盟国政府の権能を何ら害するものではない。

第十八条

(1) この条約は、その効力発生の時に本国において保護期間の満了により既に公共のものとなった著作物以外のすべての著作物について適用される。

(2) もっとも、従来認められていた保護期間の満了により保護が要求される同盟国において公共のものとなった著作物は、その国において新たに保護されることはない。

(3) 前記の原則の適用は、これに関する同盟国間の現行の又は将来締結される特別の条約の規定に従う。このような規定がない場合には、各国は、自国に関し、この原則の適用に関する方法を定める。

(4) (1)から(3)までの規定は、同盟への新たな加盟の場合及び保護が第七条の規定の適用により又は留保の放棄によって拡張される場合にも適用される。

第十九条

この条約は、同盟国の法令が定める一層寛大な規定の適用を求めることを妨げるものではない。

第二十条

同盟国政府は、相互間で特別の取極を行う権利を留保する。ただし、その取極は、この条約が許与する権利よりも広い権利を著作者に与えるもの又はこの条約の規定に抵触する規定を有しないものでなければならない。この条件を満たす現行の取極の規定は、引き続き適用される。

第二十一条

(1) 開発途上にある国に関する特別の規定は、附属書に定める。

(2) 附属書は、第二十八条(1)(b)〔略〕の規定に従うことを条件として、この改正条約の不可分の一部をなす。

第二十二条

(1)(a) 同盟は、この条から第二十六条までの規定に拘束される同盟国で構成する総会を有する。

(b) 各同盟国の政府は、一人の代表によって代表されるものとし、代表は、代表代理、顧問及び専門家の補佐を受けることができる。

(c) 各代表団の費用は、その代表団を任命した政府が負担する。

(2)(a) 総会は、次のことを行う。

(i) 同盟の維持及び発展並びにこの条約の実施に関するすべての問題を取り扱うこと。

(ii) 世界知的所有権機関（以下「機関」という。）を設立する条約に規定する知的所有権国際事務局（以下「国際事務局」という。）に対し、改正会議の準備に関する指示を与えること。ただし、この条から第二十六条までの規定に拘束されない同盟国の意見を十分に考慮するものとする。

(iii) 機関の事務局長の同盟に関する報告及び活動を検討し及び承認し、並びに機関の事務局長に対し同盟の権限内の事項についてすべての必要な指示を与えること。

(iv) 総会の執行委員会の構成国を選出すること。

(v) 執行委員会の報告及び活動を検討し及び承認し、並びに執行委員会に対し指示を与えること。

(vi) 同盟の事業計画を決定し及び二年予算を採択し、並びに決算を承認すること。

(xiii) 機関を設立する条約によって総会に与えられる権利（総会が受諾するものに限る。）を行使すること。

(3)(a) 総会の各構成国は、一の票を有する。

(b) 総会の構成国の二分の一をもって定足数とする。

(c) 総会は、(b)の規定にかかわらず、いずれの会期においても、代表を出した国の数が総会の構成国の二分の一に満たないが三分の一以上である場合には、決定を行うことができる。ただし、その決定は、総会の手続に関する決定を除くほか、次の条件

(d)〔略〕が満たされた場合にのみ効力を生ずる。

第二十六条(2)の規定が適用される場合を除くほか、総会の決定は、投じられた票の三分の二以上の多数による議決で行われる。

第二十三条

(1) 総会は、執行委員会を有する。

(2)(a) 執行委員会は、総会の構成国の中から総会によって選出された国で構成する。更に、その領域内に機関の本部が所在する国は、第二十五条(7)(b)〔略〕の規定が適用される場合を除くほか、当然に執行委員会に議席を有する。

(b) 執行委員会の各構成国の政府は、一人の代表によって代表されるものとし、代表は、代表代理、顧問及び専門家の補佐を受けることができる。

(3) 執行委員会の構成国の数は、総会の構成国の数の四分の一とする。議席の数の決定に当たつては、四で除した余りの数は、考慮に入れない。

(6)(a) 執行委員会は、次のことを行う。

(i) 総会の議事日程案を作成すること。

(ii) 事務局長が作成した同盟の事業計画案及び二年予算案について総会に提案をすること。

(iii) 削除

(iv) 事務局長の定期報告及び年次会計検査報告を、適当な意見を付して、総会に提出すること。

(v) 総会の決定に従い、また、総会の通常会期から通常会期までの間に生ずる事態を考慮して、事務局長による同盟の事業計画の実施を確保するためすべての必要な措置をとること。

(vi) その他この条約に基づいて執行委員会に与えられる任務を

遂行すること。

(8)(a) 執行委員会の各構成国は、一の票を有する。

(b) 執行委員会の構成国の二分の一をもつて定足数とする。

(c) 決定は、投じられた票の単純多数による議決で行われる。

(d) 棄権は、投票とみなさない。

(e) 代表は、一の国のみを代表し、その国の名においてのみ投票することができる。

第二十四条

(1)(a) 同盟の管理業務は、工業所有権の保護に関する国際条約によつて設立された同盟事務局と合同した同盟事務局の継続である国際事務局が行う。

(b) 国際事務局は、特に、同盟の諸内部機関の事務局の職務を行う。

(c) 機関の事務局長は、同盟の首席行政官であり、同盟を代表する。

(2) 国際事務局は、著作者の権利の保護に関する情報を収集し及び公表する。各同盟国は、著作者の権利の保護に関するすべての新たな法令及び公文書をできる限り速やかに国際事務局に送付する。

(3) 国際事務局は、月刊の定期刊行物を発行する。

(4) 国際事務局は、同盟国に対し、その要請に応じ、著作者の権利の保護に関する問題についての情報を提供する。

(5) 国際事務局は、著作者の権利の保護を促進するため、研究を行い及び役務を提供する。

第二十五条 〔予算〕〔以下略〕

◎世界知的所有権機関を設立する条約　抄

〔昭和五〇年三月六日 条約第一号 外務省告示第三八号〕

最近改正 昭和六〇年六月一七日 外務省告示第一八一号 昭和五九年五月二五日発効

〔千九百六十七年七月十四日にストックホルムで署名された世界知的所有権機関を設立する条約〔**注**＝これが正式表題である〕〕

締約国は、

各国の主権及び平等の尊重を基礎として、相互の利益のため、諸国間のよりよき理解及び協力に貢献することを希望し、

創作活動を助長するため、全世界にわたつて知的所有権の保護を促進することを希望し、

工業所有権の保護並びに文学的及び美術的著作物の保護の分野において設立された各同盟の独立性を十分に尊重しつつ、これらの同盟の管理を近代化しかつ一層効果的なものとすることを希望して、

次のとおり協定する。

第一条　機関の設立

この条約により世界知的所有権機関を設立する。

第二条　定義

この条約の適用上、

(i)「機関」とは、世界知的所有権機関（ＷＩＰＯ）をいう。

(ii)「国際事務局」とは、知的所有権国際事務局をいう。

(iii)「パリ条約」とは、千八百八十三年三月二十日に署名された工

業所有権の保護に関する条約及びその改正条約をいう。

(iv) 「ベルヌ条約」とは、千八百八十六年九月九日に署名された文学的及び美術的著作物の保護に関する条約及びその改正条約をいう。

(v) 「パリ同盟」とは、パリ条約によつて設立された国際同盟をいう。

(vi) 「ベルヌ同盟」とは、ベルヌ条約によつて設立された国際同盟をいう。

(vii) 「同盟」とは、パリ同盟、パリ同盟に関連して作られた特別の同盟及び協定、ベルヌ同盟並びに知的所有権の保護の促進を目的とする他の国際協定であつて機関が第四条(iii)の規定に基づきその管理を引き受けるものをいう。

(viii) 「知的所有権」とは、

文芸、美術及び学術の著作物

実演家の実演、レコード及び放送

人間の活動のすべての分野における発明

科学的発見

意匠

商標、サービス・マーク及び商号その他の商業上の表示

不正競争に対する保護

に関する権利並びに産業、学術、文芸又は美術の分野における知的活動から生ずる他のすべての権利をいう。

第三条　機関の目的

機関の目的は、次のとおりとする。

(i) 諸国間の協力により、及び適当な場合には他の国際機関との協力により、全世界にわたつて知的所有権の保護を促進すること。

(ii) 管理に関する同盟間の協力を確保すること。

第四条　任務

前条に定める目的を達成するため、機関は、その適当な内部機関を通じて、各同盟の権限を侵すことなく、

(i) 全世界にわたつて知的所有権の保護を改善すること及びこの分野における各国の国内法令を調和させることを目的とする措置の採用を促進する。

(ii) パリ同盟、パリ同盟に関連して設立された特別の同盟及びベルヌ同盟の管理業務を行う。

(iii) 知的所有権の保護を促進することを目的とする他の国際協定の管理を引き受けること又はその管理に参加することに同意することができる。

(iv) 知的所有権の保護を促進することを目的とする国際協定の締結を奨励する。

(v) 知的所有権の分野において法律に関する技術援助を要請する国に協力する。

(vi) 知的所有権の保護に関して情報を収集し及び広報活動を行い、この分野における研究を行い及び促進し、並びにその研究の成果を公表する。

(vii) 知的所有権の国際的保護を容易にするための役務を提供し、また、適当な場合には、この分野における登録業務を行い及びその登録に係る事項を公表する。

(viii) その他すべての適当な措置をとる。

第五条　加盟国の地位

(1) 機関の加盟国の地位は、第二条(vii)に定義する同盟のいずれかに属する国に対して開放される。

(2) 機関の加盟国の地位は、いずれの同盟にも属しない国に対して

も、次のいずれかのことを条件として開放される。

(i) その国が、国際連合、国際連合と連携関係を有する専門機関若しくは国際原子力機関の加盟国であること又は国際司法裁判所規程の当事国であること。

(ii) その国が、一般総会によりこの条約の締約国となるよう招請された国であること。

第六条　一般総会

(1)(a) いずれかの同盟に属するこの条約の締約国で構成する一般総会を設置する。

(b) 各国の政府は、一人の代表によつて代表されるものとし、代表は、代表代理、顧問及び専門家の補佐を受けることができる。

(2) 一般総会は、次のことを行う。

(i) 調整委員会の指名に基づいて事務局長を任命すること。

(ii) 事務局長の機関に関する報告を検討し及び承認し、並びに事務局長に対しすべての必要な指示を与えること。

(iii) 調整委員会の報告及び活動を検討し及び承認し、並びに調整委員会に対し指示を与えること。

(x) その他この条約に基づく必要な任務を遂行すること。

(3)(a) 各国は、一の同盟に属するか二以上の同盟に属するかを問わず、一般総会において一の票を有する。

(b) 一般総会の構成国の二分の一をもつて定足数とする。

(c) 一般総会は、(b)の規定にかかわらず、いずれの会期においても、代表を出した国の数が一般総会の構成国の二分の一に満たないが三分の一以上である場合には、決定を行うことができる。ただし、その決定は、一般総会の手続に関する決定を除くほか、次の条件〔略〕が満たされた場合にのみ効力を生ずる。

(d) (e)及び(f)の規定が適用される場合を除くほか、一般総会は、投じられた票の三分の二以上の多数による議決で決定を行う。

(e) 第四条(iii)に規定する国際協定の管理に関する措置の承認には、投じられた票の四分の三以上の多数による議決を必要とする。

(f) 国際連合憲章第五十七条及び第六十三条の規定に基づく国際連合との協定の承認には、投じられた票の十分の九以上の多数による議決を必要とする。

(g) 事務局長の任命、国際協定の管理に関して事務局長が提案する措置の承認及び本部の移転については、一般総会においてのみでなくパリ同盟の総会及びベルヌ同盟の総会においても、それぞれ必要とされる多数の賛成が得られなければならない。

(h) 棄権は、投票とみなさない。

(i) 代表は、一の国のみを代表し、その国の名においてのみ投票することができる。

(4)(a) 一般総会は、事務局長の招集により、二年ごとに一回、通常会期として会合する。

第七条　締約国会議

(1)(a) この条約の締約国（いずれかの同盟に属するかどうかを問わない。）で構成する締約国会議を設置する。

(b) 各国の政府は、一人の代表によつて代表されるものとし、代表は、代表代理、顧問及び専門家の補佐を受けることができる。

(2) 締約国会議は、次のことを行う。

(i) 同盟の権限及び自主性を尊重しつつ、知的所有権の分野における一般的な事項について討議し及びそのような事項に関して勧告を採択すること。

(ii) 締約国会議の二年予算を採択すること。

(iii) 締約国会議の予算の範囲内で、法律に関する技術援助の二年計画を定めること。

(3)(c) 第十七条の規定が適用される場合を除くほか、締約国会議は、投じられた票の三分の二以上の多数による議決で決定を行う。

第八条　調整委員会

(1)(a) この条約の締約国であつて、パリ同盟の執行委員会若しくはベルヌ同盟の執行委員会の構成国であるもの又は双方の執行委員会の構成国であるものから成る調整委員会を設置する。

(3) 調整委員会は、次のことを行う。

(i) 二以上の同盟に又は一若しくは二以上の同盟と機関とに共通の利害関係のあるすべての管理上及び財政上の事項その他の事項について、特に同盟共通経費の予算について、同盟の内部機関、一般総会、締約国会議及び事務局長に助言を与えること。

(ii) 一般総会の議事日程案を作成すること。

(iii) 締約国会議の議事日程案、事業計画案及び予算案を作成すること。

第九条　国際事務局

(1) 国際事務局を機関の事務局とする。

(2) 国際事務局は、事務局長が指揮するものとし、事務局長は、二人以上の事務局次長の補佐を受ける。

(3) 事務局長は、一定の任期をもつて任命されるものとし、その任期は、六年以上とする。事務局長は、一定の任期をもつて引き続き任命されることができる。当初の任期及びその後の任期並びに任命に関するその他のすべての条件は、一般総会が定める。

(4)(a) 事務局長は、機関の首席行政官とする。

(b) 事務局長は、機関を代表する。

(c) 事務局長は、機関の内部の及び対外的な問題に関し、一般総会に報告を行い、その指示に従う。

(5) 事務局長は、事業計画案、予算案及び活動に関する定期報告を作成する。事務局長は、それらを関係国政府並びに同盟及び機関の権限のある内部機関に送付する。

(8) 事務局長及び職員の責任の性質は、専ら国際的なものである。事務局長及び職員は、その任務の遂行に当たつて、いかなる政府又は機関外のいかなる当局にも指示を求めてはならず、また、その指示を受けてはならない。事務局長及び職員は、国際公務員としての立場を損なうおそれのあるいかなる行動をも差し控えるものとする。各加盟国は、事務局長及び職員の責任の専ら国際的な性質を尊重すること並びにこれらの者に対してその任務の遂行について影響を及ぼそうとしないことを約束する。

第十条　本部

(1) 機関の本部をジュネーヴに置く。

第十一条　財政〔以下略〕

◎著作権に関する世界知的所有権機関条約（WIPO著作権条約）抄

〔平成一四年二月一五日 条約第一号 外務省告示第二九号〕
平成一四年三月六日発効
〔根拠＝ベルヌ条約第二〇条〕

前文

締約国は、

文学的及び美術的著作物に関する著作者の権利の保護をできる限り効果的かつ統一的に発展させ及び維持することを希望し、

新たな経済的、社会的、文化的及び技術的発展によって生ずる問題について適当な解決策を与えるため、新たな国際的な規則を導入するとともに現行の規則の一部についてその解釈を明確にする必要があることを認め、

情報及び通信に係る技術の発展及び融合が文学的及び美術的著作物の創作及び利用に重大な影響を与えることを認め、

文学的及び美術的著作物の創作を促進する上で著作権の保護が特に重要な要因であることを強調し、

ベルヌ条約に反映されているように、著作者の権利と特に教育、研究及び情報の入手のような広範な公共の利益との間の均衡を保つ必要があることを認めて、

次のとおり協定した。

第一条　ベルヌ条約との関係

(1)　この条約は、文学的及び美術的著作物の保護に関するベルヌ条約によって設立された同盟の構成国である締約国については、同条約第二十条に規定する特別の取極を構成する。この条約は、ベルヌ条約以外の条約といかなる関係も有するものではなく、また、この条約以外の条約に基づくいかなる権利及び義務に影響を及ぼすものでもない。

(2)　この条約のいかなる規定も、文学的及び美術的著作物の保護に関するベルヌ条約に基づく既存の義務であって締約国が相互に負うものを免れさせるものではない。

(3)　この条約において、「ベルヌ条約」とは、文学的及び美術的著作物の保護に関するベルヌ条約の千九百七十一年七月二十四日のパリ改正条約をいう。

(4)　締約国は、ベルヌ条約第一条から第二十一条までの規定及び同条約の附属書の規定を遵守する。

第二条　著作権の保護の範囲

著作権の保護は、表現されたものに及ぶものとし、思想、手続、運用方法又は数学的概念自体に及ぶものではない。

第三条　ベルヌ条約第二条から第六条までの適用

締約国は、この条約に定める保護について、ベルヌ条約第二条から第六条までの規定を準用する。

第四条　コンピュータ・プログラム

コンピュータ・プログラムは、ベルヌ条約第二条に定める文学的著作物として保護される。その保護は、コンピュータ・プログラムの表現の方法又は形式のいかんを問わず与えられる。

第五条　データの編集物（データベース）

素材の選択又は配列によって知的創作物を形成するデータその他の素材の編集物は、その形式のいかんを問わず、知的創作物として

保護される。その保護は、当該データその他の素材自体に及ぶものではなく、また、当該編集物に含まれるデータその他の素材について存在する著作権を害するものでもない。

第六条　譲渡権

(1) 文学的及び美術的著作物の著作者は、その著作物の原作品及び複製物について、販売その他の譲渡による公衆への供与を許諾する排他的権利を享有する。

(2) この条約のいかなる規定も、著作物の原作品又は複製物の販売その他の譲渡（著作者の許諾を得たものに限る。）が最初に行われた後における(1)の権利の消尽について、締約国が自由にその条件を定めることを妨げるものではない。

第七条　貸与権

(1) 次に掲げるものの著作者は、当該著作物の原作品又は複製物について、公衆への商業的貸与を許諾する排他的権利を享有する。

(i) コンピュータ・プログラム

(ii) 映画の著作物

(iii) レコードに収録された著作物であって締約国の国内法令で定めるもの

(2) (1)の規定は、次の場合には適用しない。

(i) コンピュータ・プログラムについては、当該コンピュータ・プログラム自体が貸与の本質的な対象でない場合

(ii) 映画の著作物については、商業的貸与が当該著作物に関する排他的複製権を著しく侵害するような広範な複製をもたらさない場合

(3) (1)の規定にかかわらず、レコードに収録された著作物の複製物の貸与に関して著作者に対する衡平な報酬の制度を遅くとも千九百九十四年四月十五日以降継続して有している締約国は、レコードに収録された著作物の商業的貸与が著作者の排他的複製権の著しい侵害を生じさせていないことを条件として、当該制度を維持することができる。

第八条　公衆への伝達権

ベルヌ条約第十一条(1)(ii)、第十一条の二(1)(i)及び(ii)、第十一条の三(1)(ii)、第十四条(1)(ii)並びに第十四条の二(1)の規定の適用を妨げることなく、文学的及び美術的著作物の著作者は、その著作物について、有線又は無線の方法による公衆への伝達（公衆のそれぞれが選択する場所及び時期において著作物の使用が可能となるような状態に当該著作物を置くことを含む。）を許諾する排他的権利を享有する。

第九条　写真の著作物の保護期間

締約国は、写真の著作物については、ベルヌ条約第七条(4)の規定によらないこととする。

第十条　制限及び例外

(1) 締約国は、著作物の通常の利用を妨げず、かつ、著作者の正当な利益を不当に害しない特別な場合には、この条約に基づいて文学的及び美術的著作物の著作者に与えられる権利の制限又は例外を国内法令において定めることができる。

(2) ベルヌ条約を適用するに当たり、締約国は、同条約に定める権利の制限又は例外を、著作物の通常の利用を妨げず、かつ、著作者の正当な利益を不当に害しない特別な場合に限定する。

第十一条　技術的手段に関する義務

締約国は、著作者によって許諾されておらず、かつ、法令で許容されていない行為がその著作物について実行されることを抑制するための効果的な技術的手段であって、この条約又はベルヌ条約に基づく権利の行使に関連して当該著作者が用いるものに関し、そのよ

うな技術的手段の回避を防ぐための適当な法的保護及び効果的な法的救済について定める。

第十二条　権利管理情報に関する義務

(1)　締約国は、この条約又はベルヌ条約が対象とする権利の侵害を誘い、可能にし、助長し又は隠す結果となることを知りながら次に掲げる行為を故意に行う者がある場合に関し、適当かつ効果的な法的救済について定める。民事上の救済については、そのような結果となることを知ることができる合理的な理由を有しながら次に掲げる行為を故意に行う者がある場合に関しても、これを定める。

(i)　電磁的な権利管理情報を権限なく除去し又は改変すること。

(ii)　電磁的な権利管理情報が権限なく除去され又は改変されたことを知りながら、関係する著作物又は著作物の複製物を権限なく頒布し、頒布のために輸入し、放送し又は公衆に伝達すること。

(2)　この条において、「権利管理情報」とは、著作物、著作物の著作者、著作物に係る権利を有する者又は著作物の利用の条件に係る情報を特定する情報及びその情報を表わす数字又は符号をいう。ただし、これらの項目の情報が著作物の複製物に付される場合又は著作物の公衆への伝達に際して当該著作物とともに伝達される場合に限る。

第十三条　適用期間

締約国は、この条約に定めるすべての保護について、ベルヌ条約第十八条の規定を適用する。

第十四条　権利行使の確保に関する規定

(1)　締約国は、自国の法制に従い、この条約の適用を確保するために必要な措置について定めることを約束する。

(2)　締約国は、この条約が対象とする権利の侵害行為に対し効果的な措置（侵害を防止するための迅速な救済措置及び追加の侵害を抑止するための救済措置を含む。）がとられることを可能にするため、権利行使を確保するための手続を国内法において確保する。

第十五条　総会

(1)(a)　締約国は、その総会を設置する。

(b)　各締約国は、一人の代表によって代表されるものとし、代表は、代表代理、顧問及び専門家の補佐を受けることができる。

第二十条　効力発生

この条約は、三十の国の批准書又は加入書が世界知的所有権機関事務局長に寄託された後三箇月で効力を生ずる。

◎万国著作権条約

（昭和五二年八月三日 条約第五号 外務省告示第一八四号）

（千九百七十一年七月二十四日にパリで改正された万国著作権条約 〔注＝これが正式表題である〕）

締約国は、

すべての国において文学的、学術的及び美術的著作物の著作権の保護を確保することを希望し、

世界のすべての国民にとって適当でありかつ万国条約により表現される著作権保護の制度が、現行の国際制度を害することなくこれに追加されて、個人の権利の尊重を確保し、かつ、文学、学術及び美術の発達を助長するものであることを確信し、

このような万国著作権保護制度が、人間精神の所産の普及を一層容易にし、かつ、国際の理解を増進するものであることを了解し、

千九百五十二年九月六日にジュネーヴで署名された万国著作権条約（以下「千九百五十二年条約」という。）を改正することに決定し、よつて、

次のとおり協定した。

第一条

各締約国は、文書、音楽の著作物、演劇用の著作物、映画の著作物、絵画、版画及び彫刻を含む文学的、学術的及び美術的著作物についての著作者その他の著作権者の権利の十分かつ有効な保護を確保するため必要なすべての措置をとる。

第二条

1　いずれかの締約国の国民の発行された著作物及びいずれかの締約国において最初に発行された著作物は、他のいずれの締約国においても、当該他の締約国が自国において最初に発行された自国民の著作物に与えている保護と同一の保護及びこの条約が特に与える保護を受ける。

2　いずれかの締約国の国民の発行されていない著作物は、他のいずれの締約国においても、当該他の締約国が自国民の発行されていない著作物に与えている保護と同一の保護及びこの条約が特に与える保護を受ける。

3　この条約の適用上、締約国は、自国の法令により、自国に住所を有する者を自国民とみなすことができる。

第三条

1　締約国は、自国の法令に基づき著作権の保護の条件として納入、登録、表示、公証人による証明、手数料の支払又は自国における製造若しくは発行等の方式に従うことを要求する場合には、この条約に基づいて保護を受ける著作物であつて自国外で最初に発行されかつその著作者が自国民でないものにつき、著作者その他の著作権者の許諾を得て発行された当該著作物のすべての複製物がその最初の発行の時から著作権者の名及び最初の発行の年とともにⓒの記号を表示している限り、その要求が満たされたものと認める。ⓒの記号、著作権者の名及び最初の発行の年は、著作権の保護が要求されていることが明らかになるような適当な方法でかつ適当な場所に掲げなければならない。

2　1の規定は、締約国が、自国において最初に発行された著作物又は自国民の著作物（発行の場所のいかんを問わない。）について、著作権の取得及び享有のため、方式その他の条件を要求することを妨げるものではない。

3　1の規定は、司法上の救済を求める者が訴えを提起するに当たり満たすべき手続上の要件として、国内で開業する弁護士に依頼すること、裁判所若しくは行政機関又はその双方に対して訴訟に係る著作物の複製物を一部納入すること等を締約国が定めることを妨げるものではない。もつとも、当該手続上の要件を満たしていないことは、著作権に影響を及ぼすものではなく、また、保護が要求される締約国の国民に課されていない要件は、他の締約国の国民に課することができない。

4　各締約国は、他の締約国の国民の発行されていない著作物を、方式の履行を要することなく保護するための法的手段を確保する。

5　締約国は、著作権について二以上の保護期間を許与する場合において最初の期間が次条に定める最短の期間よりも長いときは、二番目以降の保護期間に関しては、1の規定に従うことを要しない。

第四条

1　著作物の保護期間は、第二条及びこの条の規定に従い、保護が要求される締約国の法令の定めるところによる。

2(a)　この条約に基づいて保護を受ける著作物の保護期間は、著作者の生存の間及びその死後二十五年から成る期間よりも短くてはならない。もつとも、いずれかの締約国が自国についてこの条約が効力を生ずる日に特定の種類の著作物に関し保護期間を最初の発行の日から起算する期間に限定している場合には、当該締約国は、その例外を維持し及び他の種類の著作物に及ぼすことができる。これらのすべての種類の著作物に関する保護期間は、その最初の発行の日から二十五年よりも短くてはならない。

(b)　いずれかの締約国が自国についてこの条約が効力を生ずる日に保護期間を著作者の生存の間を基礎として算定していない場合には、当該保護期間は、著作物の最初の発行の日又は発行に先立つ著作物の登録の日から起算することができる。当該保護期間は、それぞれ最初の発行の日又は発行に先立つ登録の日から二十五年よりも短くてはならない。

(c)　締約国が法令により二以上の連続する保護期間を許与する場合には、最初の期間は、(a)及び(b)に定める最短の期間よりも短くてはならない。

3　2の規定は、写真の著作物及び応用美術の著作物については適用しない。もつとも、写真の著作物を保護し、又は応用美術の著作物を美術的著作物として保護している締約国においては、これらの種類の著作物に関する保護期間は、いずれも十年よりも短くてはならない。

4(a)　いずれの締約国も、発行されていない著作物についてはその著作者が国民である締約国の法令により、発行された著作物についてはその著作物が最初に発行された締約国の法令により、それらの著作物の種類について定められている期間よりも長い期間保護を与える義務を負わない。

(b)　(a)の規定の適用上、いずれかの締約国が法令により二以上の連続する保護期間を許与する場合には、それらの期間を合算した期間を当該締約国が保護を与えている期間とみなす。もつとも、特定の著作物が何らかの理由により二番目以降のいずれかの期間当該締約国の保護を受けない場合には、他の締約国は、当該期間その著作物について保護を与える義務を負わない。

5　4の規定の適用上、非締約国において最初に発行された締約国の国民の著作物は、その著作者が国民である締約国において最初に発行されたものとみなす。

6　4の規定の適用上、二以上の締約国において同時に発行された著作物は、最も短い保護期間を許与する締約国において最初に発行されたものとみなす。最初の発行の日から三十日以内に二以上の締約国において発行された著作物は、それらの締約国において同時に発行されたものとみなす。

第四条の二

1　第一条に規定する権利は、著作者の財産的利益を確保する基本的な権利、特に、複製（方法のいかんを問わない。）、公の上演及び演奏並びに放送を許諾する排他的権利を含む。この条の規定は、原作物であるか原作物から派生したと認められる改作物であるかを問わず、この条約に基づいて保護を受ける著作物に適用する。

2　もっとも、各締約国は、1に規定する権利について、この条約の精神及び規定に反しない例外を自国の法令により定めることができる。ただし、自国の法令にそのような例外を定める締約国は、例外を定める各権利について、合理的な水準の有効な保護を与える。

第五条

1　第一条に規定する権利は、この条約に基づいて保護を受ける著作物を翻訳し、その翻訳物を発行し並びに当該著作物の翻訳及びその翻訳物の発行を許諾する排他的権利を含む。

2　もっとも、各締約国は、次の規定に従うことを条件として、自国の法令により文書の翻訳権を制限することができる。

(a)　文書の最初の発行の日から七年の期間が満了した時までに、翻訳権を有する者又はその者の許諾を得た者により、当該締約国において一般に使用されている言語で当該文書の翻訳物が発行されていない場合には、当該締約国の国民は、当該文書をその言語に翻訳しかつその翻訳物を発行するため、自国の権限のある機関から非排他的な許可を受けることができる。

(b)　(a)の許可を申請する締約国の国民は、翻訳権を有する者に対し翻訳しかつその翻訳物を発行することの許諾を求めたが拒否されたこと又は相当な努力を払ったが翻訳権を有する者と連絡することができなかったことを、申請を行った締約国の手続に従って立証しなければならない。(a)の許可は、当該締約国において一般に使用されている言語で既に発行された翻訳物がすべて絶版になっている場合にも、また、これと同一の条件で与えることができる。

(c)　許可を申請する者は、翻訳権を有する者と連絡することができなかった場合には、著作物にその名を表示されている発行者に対し、及び翻訳権を有する者の国籍が明らかであるときはその者が国籍を有する国の外交代表若しくは領事代表又はその国の政府が指定する機関に対し、申請書の写しを送付しなければならない。許可は、申請書の写しの発送の日から二箇月の期間が満了するまで、与えてはならない。

(d)　翻訳権を有する者に対し公正なかつ国際慣行に合致した補償額を確保し、その補償金の支払及び移転を確保し並びに著作物の正確な翻訳を確保するため、国内法令により適当な措置をとる。

(e)　原著作物の題号及び著作者の名は、発行されたすべての翻訳物に印刷されていなければならない。許可は、許可が申請された締約国における翻訳物の発行についてのみ有効とする。このようにして発行された翻訳物は、他のいずれかの締約国において一般に使用されている言語が著作物の翻訳された言語と同一の言語であり、かつ、当該他の締約国の法令が(a)の許可を認めており、その翻訳物の輸入及び販売を禁止していない場合には、当該他の締約国に輸入し及び当該他の締約国において販売することができる。この条件が満たされない場合には、その翻訳物の当該他の締約国への輸入及び当該他の締約国における販売は、当該他の締約国の法令及び当該他の締約国が締結する取極の定めるところによる。許可を受けた者は、その許可を譲渡してはならない。

(f)　許可は、著作者が著作物の頒布中のすべての複製物を回収した場合には、与えてはならない。

第五条の二

1　国際連合総会の確立された慣行により開発途上にある国とされる締約国は、この条約の批准、受諾若しくはこれへの加入の時又はその後に国際連合教育科学文化機関事務局長（以下「事務局長」という。）に寄託する通告により、次条及び第五条の四に定める例外の一部又は全部を援用することができる。

2　1の通告は、この条約が効力を生ずる日から十年の期間又はその十年の期間のうち通告の寄託の日に残存する期間効力を有するものとし、また、現に経過中の十年の期間の満了の十五箇月前から三箇月前までの間に締約国が事務局長に更に寄託する通告により、更に十年間ずつ全体的又は部分的に更新することができる。最初の通告は、この条の規定に従い、二番目以降の十年の期間に行うこともできる。

3　2の規定にかかわらず、1に規定する開発途上にある国でなくなつた締約国は、1又は2の規定に基づく通告を更新することができなくなるものとし、また、通告を正式に撤回するかどうかを問わず、現に経過中の十年の期間の満了の時又は開発途上にある国でなくなつた後三年を経過した時のいずれか遅い時に、次条及び第五条の四に定める例外を援用することができなくなる。

4　次条及び第五条の四に定める例外により既に作成された著作物の複製物は、この条の規定に基づく通告が効力を有する期間の満了後も、その在庫が無くなるまで引き続き頒布することができる。

5　いずれの締約国も、1に規定する国の状態と同様の状態にある特定の国又は領域についてのこの条約の適用に関し第十三条の規定に基づく通告を寄託した場合には、その国又は領域に関し、この条の規定に基づく通告を寄託し、及びその通告を更新することができる。この条の規定に基づく通告が効力を有する間は、次条及び第五条の四の規定は、その国又は領域について適用することができる。その国又は領域から当該締約国への複製物の送付は、次条及び第五条の四にいう輸出とみなす。

第五条の三

1(a)　前条1の規定が適用される締約国は、第五条2に定める七年の期間に代えて三年の期間又は自国の法令が定める一層長い期間を採用することができる。もつとも、この条約の締約国である先進国又は千九百五十二年条約のみの締約国である先進国において一般に使用されていない言語への翻訳については、この三年の期間に代えて一年の期間とする。

(b)　前条1の規定が適用される締約国は、この条約の締約国であるある先進国又は千九百五十二年条約のみの締約国である先進国であつて同一の言語が一般に使用されているものの全員一致の合意がある場合には、当該言語への翻訳について、その合意に従つて定められる期間（この期間は、一年よりも短くてはならない。）をもつて(a)に定める三年の期間の代わりとすることができる。もっとも、当該言語が英語、フランス語又はスペイン語であるときは、この(b)の規定は、適用しない。その合意は、事務局長に通告する。

(c) 許可は、許可を申請する者が、翻訳権を有する者に対し許諾を求めたが拒否されたこと又は相当な努力を払ったが翻訳権を有する者と連絡することができなかったことを、申請を行った締約国の手続に従って立証する場合に限り、与えることができる。許可を申請する者は、許諾を求めると同時に、その旨を、国際連合教育科学文化機関が設立した国際著作権情報センター又は発行者がその主たる事務所を有していると推定される国の政府が事務局長に寄託した通告で指定した国内的若しくは地域的情報センターに通報しなければならない。

(d) 許可を申請する者は、翻訳権を有する者と連絡することができなかった場合には、著作物にその名を表示されている発行者に対し、及び(c)に規定する国内的又は地域的情報センターに対し、申請書の写しを書留航空便で送付しなければならない。許可を申請する者は、このようなセンターについて通告が行われていない場合には、国際連合教育科学文化機関が設立した国際著作権情報センターにもその写しを送付しなければならない。

2(a) この条の規定に基づく許可は、三年の期間の満了を条件として受けられる許可については更に六箇月の期間が満了するまで、一年の期間の満了を条件として受けられる許可については更に九箇月の期間が満了するまで、与えてはならない。その追加の期間は、1(c)に規定する翻訳の許諾を求めた日から、又は翻訳権を有する者若しくはその者の住所が明らかでない場合には1(d)に規定する許可の申請書の写しの発送の日から起算する。

(b) 許可は、翻訳物が翻訳権を有する者又はその者の許諾を得た者により(a)の六箇月又は九箇月の期間内に発行された場合には、与えてはならない。

3 この条の規定に基づく許可は、教育又は研究を目的とする場合に限り、与えることができる。

4(a) この条の規定に基づいて与えられる許可は、翻訳物の輸出には及ばないものとし、許可が申請された締約国における発行についてのみ有効とする。

(b) この条の規定によつて与えられた許可に基づいて発行された翻訳物には、その許可を与えた締約国においてのみその翻訳物が頒布されるものである旨の表示を適当な言語で記載しなければならない。第三条1の表示が著作物に掲げられている場合には、その表示を当該著作物の翻訳物にも掲げなければならない。

(c) この条の規定に基づき英語、フランス語及びスペイン語以外の言語への著作物の翻訳の許可を与えた締約国の政府機関その他の公の機関が当該許可に基づいて作成された翻訳物を他の国に送付する場合において、次のすべての条件が満たされるときは、輸出の禁止についての(a)の規定は、適用しない。

(i) 受取人が、当該許可を与えた締約国の国民であること又はその国民から成る団体であること。

(ii) その翻訳物が、教育又は研究のためにのみ使用されること。

(iii) その翻訳物の送付及びその後の受取人への頒布が、営利の目的を有しないこと。

(iv) その翻訳物を送付された国が、その締約国との間でその翻訳物の受領若しくは頒布又はその双方を許可することについて合意しており、かつ、その合意を行ったいずれかの政府がその合意を事務局長に通告していること。

5　次のことを確保するため、適当な国内措置をとる。

(a)　許可が、二の関係国における関係者の間で自由に取り決める翻訳の許諾の場合に通常支払われる使用料の基準に合致する公正な補償金を伴うこと。

(b)　(a)の補償金の支払及び移転が行われること。通貨に関する国内規制が存在する場合には、権限のある機関は、国際的に交換可能な通貨又はこれに相当するものによる補償金の移転を確保するため、国際的な機構を利用してあらゆる努力を払う。

6　締約国がこの条の規定に基づいて与えた許可は、その許可が与えられた翻訳物と同一の言語による翻訳物であってほぼ同一の内容を有するものが、翻訳権を有する者又はその者の許諾を得た者により、当該締約国において同種の著作物に通常付される価格と同程度の価格で当該締約国において発行された場合には、消滅する。許可の消滅前に既に作成された翻訳物は、その在庫が無くなるまで引き続き頒布することができる。

7　主として図画から成る著作物については、本文を翻訳し及び図画を複製するための許可は、次条の条件も満たされる場合に限り、与えることができる。

8(a)　この条約に基づいて保護を受ける著作物で印刷その他類似の複製形式で発行されたものの翻訳の許可は、前条1の規定が適用される締約国に主たる事務所を有する放送機関にも、その放送機関が当該締約国において行う申請に基づき、次のことを条件として与えることができる。

(i)　その翻訳物が、当該締約国の法令に従って作成され及び取得された複製物から作成されること。

(ii)　その翻訳物が、専ら教育を目的とする放送又は特定の分野の専門家向けの科学技術情報の普及を目的とする放送においてのみ使用されるためのものであること。

(iii)　その翻訳物が、当該締約国内の受信者向けに適法に行われる放送（専らそのような放送のために適法に作成された録音物又は録画物を用いて行う放送を含む。）において、専ら(ii)の目的のために使用されること。

(iv)　その翻訳物の録音物又は録画物は、当該許可を与えた締約国に主たる事務所を有する放送機関の間においてのみ交換することができること。

(v)　その翻訳物の使用が、営利性を有しないこと。

(b)　許可は、(a)に定める基準及び条件が満たされることを条件として、専ら教育活動において使用されるために作成されかつ発行された視聴覚的固定物と一体となっている本文の翻訳のためにも、放送機関に与えることができる。

(c)　(a)及び(b)の規定に従うことを条件として、この条の他の規定は、許可の付与及び行使について適用する。

9　この条の規定に従うことを条件として、この条の規定に基づいて与えられた許可は、第五条の定めるところによるものとし、また、第五条2に定める七年の期間が満了した後も引き続きこの条及び第五条の定めるところによる。もっとも、その期間の満了後は、許可を受けた者は、その許可を専ら第五条の定めるところによる新たな許可に替えることを請求することができる。

第五条の四

1　第五条の二1の規定が適用される締約国は、次の規定を採用することができる。

(a)　3に規定する文学的、学術的又は美術的著作物の特定の版の

複製物が、

(ii) (i) その版の最初の発行の日から起算して(c)に定める期間又は当該締約国の法令が定める一層長い期間が満了した時までに、複製権を有する者又はその者の許諾を得た者により、当該締約国において同種の著作物に通常付される価格と同程度の価格で当該締約国において一般公衆に又は教育活動のために頒布されていない場合には、当該締約国の国民は、教育活動における使用のため、その価格又は一層低い価格でその版を発行するための非排他的な許可を権限のある機関から受けることができる。許可は、許可を申請する者が、複製権を有する者に対しその著作物を発行することの許諾を求めたが拒否されたこと又は相当な努力を払つたが複製権を有する者と連絡することができなかつたことを、申請を行つた締約国の手続に従つて立証する場合に限り、与えることができる。許可を申請する者は、許諾を求めると同時に、その旨を、国際連合教育科学文化機関が設立した国際著作権情報センター又は(d)に規定する国内的若しくは地域的情報センターに通報しなければならない。

(b) 許可は、特定の版の許諾を得た複製物が、当該締約国において同種の著作物に通常付される価格と同程度の価格で当該締約国において一般公衆に又は教育活動のために六箇月の間頒布されていない場合にも、(a)の条件と同一の条件で与えることができる。

(c) (a)にいう期間は、五年とする。ただし、

(i) 自然科学及び科学技術に関する著作物については、三年とする。

(ii) 小説等のフィクション、詩、演劇用の著作物、音楽の著作物及び美術書については、七年とする。

(d) 許可を申請する者は、複製権を有する者と連絡することができなかつた場合には、著作物にその名を表示されている発行者に対し、及び発行者がその主たる事務所を有していると推定される国が事務局長に寄託した通告で指定した国内的又は地域的情報センターに対し、申請書の写しを書留航空便で送付しなければならない。許可を申請する者は、その通告が行われていない場合には、国際連合教育科学文化機関が設立した国際著作権情報センターにもその写しを送付しなければならない。許可は、申請書の写しの発送の日から三箇月の期間が満了するまで、与えてはならない。

(e) 三年の期間の満了を条件として受けられる許可は、次の条件が満たされる場合を除くほか、この条の規定に基づいて与えてはならない。

(i) (a)に規定する許諾を求めた日から、又は複製権を有する者若しくはその者の住所が明らかでないときは(d)に規定する許可の申請書の写しの発送の日から、それぞれ六箇月の期間が満了していること。

(ii) (i)の期間内に(a)に規定する版の複製物の頒布が行われなかつたこと。

(f) 著作物の特定の版の題号及び著作者の名は、発行されたすべての複製物に印刷されていなければならない。許可は、複製物の輸出には及ばないものとし、許可が申請された締約国における発行についてのみ有効とする。許可を受けた者は、その許可を譲渡してはならない。

(g) 版の正確な複製を確保するため、国内法令により適当な措置をとる。

(h)　次の場合には、著作物の翻訳物を複製しかつ発行するための許可をこの条の規定に基づいて与えてはならない。

(i)　その翻訳物が、翻訳権を有する者又はその者の許諾を得た者により発行されたものでない場合

(ii)　その翻訳物が、当該許可を与える権能を有する国において一般に使用されている言語によるものでない場合

2　1に定める例外には、更に次の規定が適用される。

(a)　この条の規定によつて与えられた許可に基づいて発行された複製物には、その許可が適用される締約国においてのみその複製物が頒布されるものである旨の表示を適当な言語で記載しなければならない。第三条1の表示が版に掲げられている場合には、その表示を当該版の複製物にも掲げなければならない。

(b)　次のことを確保するため、適当な国内措置をとる。

(i)　許可が、二の関係国における関係者の間で自由に取り決める複製の許諾の場合に通常支払われる使用料の基準に合致する公正な補償金を伴うこと。

(ii)　(i)の補償金の支払及び移転が行われること。通貨に関する国内規制が存在する場合には、権限のある機関は、国際的に交換可能な通貨又はこれに相当するものによる補償金の移転を確保するため、国際的な機構を利用してあらゆる努力を払う。

(c)　著作物のいずれかの版の複製物が、複製権を有する者又はその者の許諾を得た者により、当該締約国において同種の著作物に通常付される価格と同程度の価格で当該締約国において一般公衆に又は教育活動のために頒布される場合において、その版が、許可に基づいて発行された版と同一の言語によるものであり、かつ、ほぼ同一の内容のものであるときは、この条の規定に基づいて与えられた許可は、消滅する。許可の消滅前に既に作成された複製物は、その在庫が無くなるまで引き続き頒布することができる。

(d)　許可は、著作者が特定の版の頒布中のすべての複製物を回収した場合には、与えてはならない。

3　(a)　(b)の規定が適用される場合を除くほか、この条の規定が適用される文学的、学術的又は美術的著作物は、印刷その他類似の複製形式で発行された著作物に限定される。

(b)　この条の規定は、適法に作成された視聴覚的固定物であつて保護を受ける著作物であるもの又は保護を受ける著作物を収録したものを視聴覚の形式で複製すること及びそれと一体となつている本文を当該許可を与える権能を有する国において一般に使用されている言語に翻訳することについても、適用する。ただし、その視聴覚的固定物が、専ら教育活動において使用されるために作成されかつ発行されたものであることを条件とする。

第六条

この条約において「発行」とは、読むこと又は視覚によつて認めることができるように著作物を有形的に複製し及びその複製物を公衆に提供することをいう。

第七条

この条約は、保護が要求される締約国におけるこの条約の効力発生の日に当該締約国において最終的に保護を受けなくなつており又は保護を受けたことのない著作物及び著作物についての権利には適用しない。

第八条

1　千九百七十一年七月二十四日の日付を付したこの条約は、事務

局長に寄託するものとし、この条約の日付の日の後百二十日の間千九百五十二年条約のすべての締約国による署名のために開放しておく。この条約は、署名国によつて批准され又は受諾されなければならない。

2 この条約に署名しなかつたいずれの国も、これに加入することができる。

3 批准、受諾又は加入は、批准書、受諾書又は加入書を事務局長に寄託することによつて行う。

第九条

1 この条約は、十二の批准書、受諾書又は加入書の寄託の後三箇月で効力を生ずる。

2 その後は、この条約は、批准書、受諾書又は加入書を寄託した各国について、その寄託の後三箇月で効力を生ずる。

3 千九百五十二年条約の締約国でない国によるこの条約への加入は、千九百五十二年条約への加入を伴う。もつとも、この条約が効力を生ずる前に加入書を寄託する国は、千九百五十二年条約への加入についてこの条約が効力を生ずることを条件とすることができる。この条約が効力を生じた後は、いずれの国も、千九百五十二年条約にのみ加入することはできない。

4 この条約の締約国と千九百五十二年条約のみの締約国との関係は、千九百五十二年条約の定めるところによる。もつとも、千九百五十二年条約のみの締約国は、事務局長に寄託する通告により、自国民の著作物又は自国において最初に発行された著作物について、この条約のすべての締約国が千九百七十一年条約を適用することを認める旨を宣言することができる。

第十条

1 各締約国は、自国の憲法に従い、この条約の適用を確保するために必要な措置をとる。

2 いずれの国も、自国についてこの条約が効力を生ずる日に、自国の法令に従いこの条約を実施することができる状態になつていなければならないと了解される。

第十一条

1 次の任務を有する政府間委員会を設置する。

(a) 万国著作権条約の適用及び運用に関する問題を研究すること。

(b) この条約の定期的改正を準備すること。

(c) 国際連合教育科学文化機関、文学的及び美術的著作物保護国際同盟、米州機構等の関係国際機関と協力して著作権の国際的な保護に関するその他の問題を研究すること。

(d) 自己の活動を万国著作権条約の締約国に通報すること。

2 政府間委員会は、この条約の締約国又は千九百五十二年条約のみの締約国である十八の国の代表者から成る。

3 政府間委員会の構成国は、地理的位置、人口、言語及び発展段階を基礎とする各国の利益の公正な均衡に十分な考慮を払つて選出される。

4 国際連合教育科学文化機関事務局長、世界知的所有権機関事務局長及び米州機構事務総長又はこれらの者の代理者は、顧問の資格で政府間委員会の会合に出席することができる。

第十二条

政府間委員会は、必要と認めるとき又はこの条約の少なくとも十の締約国の要請があるときは、改正の会議を招集する。

第十三条

1 締約国は、批准書、受諾書若しくは加入書の寄託の時に、又はその後いつでも、事務局長にあてた通告により、自国がその国際関係について責任を有する国又は領域の全部又は一部についてこの条約を適用する旨を宣言することができる。その通告が行われた場合には、この条約は、その通告に掲げる国又は領域について、第九条に定める三箇月の期間が満了した後に適用する。その通告が行われない場合には、この条約は、その国又は領域について適用しない。

2 もつとも、この条の規定は、いずれかの締約国がこの条の規定に基づいてこの条約を適用する国又は領域の事実上の状態を、他の締約国が承認し又は黙示的に容認することを意味するものと解してはならない。

第十四条

1 締約国は、自国について、又は前条の規定に基づいて行つた通告に掲げる国若しくは領域の全部若しくは一部についてこの条約を廃棄することができる。廃棄は、事務局長にあてた通告により行う。この条約の廃棄は、千九百五十二年条約の廃棄を伴う。

2 1の廃棄は、廃棄の通告が行われた締約国又は国若しくは領域についてのみ効力を有するものとし、通告が受領された日の後十二箇月を経過するまでは効力を生じない。

第十五条

この条約の解釈又は適用に関する二以上の締約国間の紛争で交渉によつて解決されないものは、紛争当事国が他の解決方法について合意する場合を除くほか、国際司法裁判所による決定のために同裁判所に付託される。

第十六条

1 この条約は、英語、フランス語及びスペイン語により作成する。これらの三条約文は、署名されるものとし、ひとしく正文とする。

2 事務局長は、関係政府と協議の上、アラビア語、ドイツ語、イタリア語及びポルトガル語によるこの条約の公定訳文を作成する。

3 いずれの締約国も、単独で又は共同して、事務局長との取決めに従い、自己が選択する言語による訳文を事務局長に作成させることができる。

4 これらのすべての訳文は、この条約の署名本書に添付する。

第十七条

1 この条約は、文学的及び美術的著作物の保護に関するベルヌ条約の規定及び同条約により創設された同盟の構成国の地位に何ら影響を及ぼすものではない。

2 1の規定の適用に関し、この条に宣言が附属している。この宣言は、千九百五十一年一月一日にベルヌ条約に拘束されていた国又はその後拘束された国若しくは拘束される国について、この条約の不可分の一部である。これらの国によるこの条約の署名は、この宣言の署名を伴うものとし、これらの国によるこの条約の批准若しくは受諾又はこれへの加入は、それぞれ、この宣言の批准若しくは受諾又はこれへの加入を伴う。

第十八条

この条約は、専ら二以上の米州の共和国の間にのみ現在効力を有しており又は将来効力を有することとなる著作権に関する多数国間又は二国間の条約又は取極を無効にするものではない。これらの現行の条約若しくは取極の規定とこの条約の規定とが抵触する場合又はこの条約が効力を生じた後に二以上の米州の共和国の間に新たに作成される条約若しくは取極の規定とこの条約の規定とが抵触する場合には、最も新しく作成された条約又は取極の規定が締約国間において優先する。いずれかの締約国においてこの条約が効力を生ずる日前に有効な条約又は取極に基づき当該締約国において取得された著作物についての権利は、影響を受けない。

第十九条

この条約は、二以上の締約国の間に効力を有している著作権に関する多数国間又は二国間の条約又は取極を無効にするものではない。これらの条約又は取極の規定とこの条約の規定とが抵触する場合には、この条約の規定が優先する。いずれかの締約国についてこの条約が効力を生ずる日前に有効な条約又は取極に基づき当該締約国において取得された著作物についての権利は、影響を受けない。この条の規定は、第十七条及び前条の規定に何ら影響を及ぼすものではない。

第二十条

この条約には、いかなる留保も認めない。

第二十一条

1　事務局長は、関係国に対し、及び登録のため国際連合事務総長に対し、この条約の認証謄本を送付する。

2　事務局長は、すべての関係国に対し、批准書、受諾書又は加入書の寄託、この条約が効力を生ずる日、この条約に基づく通告及び第十四条の規定に基づく廃棄を通報する。

第十七条に関する附属宣言

文学的及び美術的著作物保護国際同盟（以下「ベルヌ同盟」という。）の構成国でありかつこの条約の署名国である国は、

その同盟の基礎の上に相互の関係を密接にし、かつ、ベルヌ条約と万国著作権条約との併存から生ずる紛争を避けることを希望し、

著作権の保護の水準を自国の文化的、社会的及び経済的発展段階に対応させることを一時的に必要としている国があることを認めて、

合意により、次の宣言を受諾した。

(a)　(b)に規定する場合を除くほか、千九百五十一年一月一日の後にベルヌ同盟から脱退した国をベルヌ条約により本国とする著作物は、ベルヌ同盟国において、万国著作権条約による保護を受けない。

(b)　(a)の規定は、国際連合総会の確立された慣行により開発途上にある国とされる締約国であって、自国を開発途上にある国と認める旨の通告をベルヌ同盟からの脱退の時に国際連合教育科学文化機関事務局長に寄託しているものについては、その締約国がこの条約に定める例外を第五条の二の規定に基づいて援用することができる限り、適用しない。

(c)　万国著作権条約は、いずれかのベルヌ同盟国をベルヌ条約に基づいて本国とする著作物の保護に関する限り、ベルヌ同盟国の間の関係については適用しない。

第十一条に関する決議

万国著作権条約改正会議は、

この決議が附属するこの条約第十一条に規定する政府間委員会に関する問題を審議して、

次のことを決議する。

1　政府間委員会は、当初、千九百五十二年条約第十一条及び同条に附属する決議に基づいて設置された政府間委員会の十二の構成国の代表者並びにこれに加えてアルジェリア、オーストラリア、日本国、メキシコ、セネガル及びユーゴースラヴィアの代表者から成る。

2　千九百五十二年条約の締約国でなく、かつ、この条約の効力発生の後の政府間委員会の最初の通常会期までにこの条約に加入し

ていない国は、同委員会がその最初の通常会期においてこの条約第十一条2及び3の規定に従って選出する他の国をもつて代えられる。

3　1に規定する政府間委員会は、この条約が効力を生じた後直ちにこの条約第十一条の規定に基づいて構成されたものとする。

4　政府間委員会は、この条約の効力発生の後一年以内に会合するものとし、その後は、少なくとも二年に一回通常会期として会合する。

5　政府間委員会は、委員長一人及び副委員長二人を選出する。政府間委員会は、次の原則を考慮してその手続規則を定める。

(a)　政府間委員会の構成国の通常の任期は、六年とし、二年ごとにその三分の一が改選される。もつとも、政府間委員会の当初の構成国については、その三分の一はこの条約の効力発生の後における同委員会の第二回の通常会期の終わりに、他の三分の一は第三回の通常会期の終わりに、残りの三分の一は第四回の通常会期の終わりに、それぞれ任期が満了するものと了解される。

(b)　政府間委員会の空席を補充する手続規則、構成国の任期が満了する順序に関する規則、再選の資格に関する規則及び選挙の手続規則は、同委員会の構成国の地位の継続の必要と構成国の交替の必要との均衡及びこの条約第十一条3にいう考慮を基礎とする。

万国著作権条約改正会議は、国際連合教育科学文化機関が政府間委員会の事務局を提供することを希望する。

以上の証拠として、下名は、各自の全権委任状を寄託した後、この条約に署名した。

千九百七十一年七月二十四日にパリで、本書一通を作成した。

〔署名国署名略〕

◎世界貿易機関を設立するマラケシュ協定（WTO設立協定）抄

（平成六年一二月二八日
条約第一五号
外務省告示第七四九号）

編者注
　世界貿易機関を設立するマラケシュ協定（WTO設立協定）には三つの附属書が付されている。そのうちの一つ、附属書一Cが知的所有権の貿易関連の側面に関する協定（Agreement on Trade Related Aspects of Intellectual Property Rights）で、一般にこの附属書を「TRIPS協定」と呼んでいる。
　本書では、著作権にかかわる部分だけを収録したが、本協定は特許、商標、トレード・シークレット等、知的財産権一般を取り扱っている。内容的には、①知的財産権保護の最低基準、②知的財産権分野における内国民待遇と最恵国待遇の適用、③救済制度について定めている。
　国際貿易について定めたこの条約に加盟すると、工業所有権について定めたパリ条約、著作権について定めたベルヌ条約、著作隣接権にかかわるローマ条約、集積回路に関するワシントン条約の各条約に未加盟の国家が、加盟国同様の法的保護を義務づけられることになった。経過措置による軽減が規定されているが、先進諸国の利益保護に傾き、開発途上国にとってはきわめて過酷な内容となっている。

　この協定の締約国は、
　貿易及び経済の分野における締約国間の関係が、生活水準を高め、完全雇用並びに高水準の実質所得及び有効需要並びにこれらの着実な増加を確保し並びに物品及びサービスの生産及び貿易を拡大する方向に向けられるべきであることを認め、他方において、経済開発の水準が異なるそれぞれの締約国のニーズ及び関心に沿って環境を保護し及び保全し並びにそのための手段を拡充することに努めつつ、持続可能な開発の目的に従って世界の資源を最も適当な形で利用することを考慮し、
　更に、成長する国際貿易において開発途上国特に後発開発途上国がその経済開発のニーズに応じた貿易量を確保することを保証するため、積極的に努力する必要があることを認め、
　関税その他の貿易障害を実質的に軽減し及び国際貿易関係における差別待遇を廃止するための相互的かつ互恵的な取極を締結することにより、前記の目的の達成に寄与することを希望し、
　よって、関税及び貿易に関する一般協定、過去の貿易自由化の努力の結果及びウルグァイ・ラウンドの多角的貿易交渉のすべての結果に立脚する統合された一層永続性のある多角的貿易体制を発展させることを決意し、
　この多角的貿易体制の基礎を成す基本原則を維持し及び同体制の基本目的を達成することを決意して、
　次のとおり協定する。

第一条　機関の設立
　この協定により世界貿易機関（WTO）を設立する。

第二条　世界貿易機関の権限
1　世界貿易機関は、附属書に含まれている協定及び関係文書に関する事項について、加盟国間の貿易関係を規律する共通の制度上の枠組みを提供する。
2　附属書一、附属書二及び附属書三に含まれている協定及び関係文書（以下「多角的貿易協定」という。）は、この協定の不可分の一部を成し、すべての加盟国を拘束する。
3　附属書四に含まれている協定及び関係文書（以下「複数国間貿

易協定」という。）は、これらを受諾した加盟国についてはこの協定の一部を成し、当該加盟国を拘束する。複数国間貿易協定は、これらを受諾していない加盟国の義務又は権利を創設することはない。

4　附属書一Aの千九百九十四年の関税及び貿易に関する一般協定（以下「千九百九十四年のガット」という。）は、国際連合貿易雇用会議準備委員会第二会期の終了の時に採択された最終議定書に附属する千九百四十七年十月三十日付けの関税及び貿易に関する一般協定がその後訂正され、改正され又は修正されたもの（以下「千九百四十七年のガット」という。）と法的に別個のものである。

第三条　世界貿易機関の任務

1　世界貿易機関は、この協定及び多角的貿易協定の実施及び運用を円滑にし並びにこれらの協定の目的を達成するものとし、また、複数国間貿易協定の実施及び運用のための枠組みを提供する。

第四条　世界貿易機関の構成

1　すべての加盟国の代表で構成する閣僚会議を設置するものとし、同会議は、少なくとも二年に一回会合する。閣僚会議は、世界貿易機関の任務を遂行し、そのために必要な措置をとる。閣僚会議は、加盟国から要請がある場合には、意思決定につきこの協定及び関連する多角的貿易協定に特に定めるところに従い、多角的貿易協定に関するすべての事項について決定を行う権限を有する。

2　すべての加盟国の代表で構成する一般理事会を設置するものとし、同理事会は、適当な場合に会合する。閣僚会議の会合から会合までの間においては、その任務は、一般理事会が遂行する。一般理事会は、また、この協定によって自己に与えられる任務を遂行する。一般理事会は、その手続規則を定め、及び7に規定する委員会の手続規則を承認する。

5　物品の貿易に関する理事会、サービスの貿易に関する理事会及び知的所有権の貿易関連の側面に関する理事会（以下「貿易関連理事会」という。）を設置するものとし、これらの理事会は、一般理事会の一般的な指針に基づいて活動する。

附属書の一覧表

附属書一

附属書一A　物品の貿易に関する多角的協定〔略〕

千九百九十四年の関税及び貿易に関する一般協定

農業に関する協定

衛生植物検疫措置の適用に関する協定

繊維及び繊維製品（衣類を含む。）に関する協定

貿易の技術的障害に関する協定

貿易に関連する投資措置に関する協定

千九百九十四年の関税及び貿易に関する一般協定第六条の実施に関する協定

千九百九十四年の関税及び貿易に関する一般協定第七条の実施に関する協定

船積み前検査に関する協定

原産地規則に関する協定

輸入許可手続に関する協定

補助金及び相殺措置に関する協定

セーフガードに関する協定

附属書一B　サービスの貿易に関する一般協定〔略〕

附属書一C　知的所有権の貿易関連の側面に関する協定〔抄〕

附属書二〔略〕
紛争解決に係る規則及び手続に関する了解
附属書三〔略〕
貿易政策検討制度
附属書四　複数国間貿易協定〔略〕
民間航空機貿易に関する協定
政府調達に関する協定
国際酪農品協定
国際牛肉協定

附属書一C　知的所有権の貿易関連の側面に関する協定（TRIPS協定）抄

加盟国は、

国際貿易にもたらされる歪《ゆが》み及び障害を軽減させることを希望し、並びに知的所有権の有効かつ十分な保護を促進し並びに知的所有権の行使のための措置及び手続自体が正当な貿易の障害とならないことを確保する必要性を考慮し、

このため、(a)千九百九十四年のガット及び知的所有権に関する関連国際協定又は関連条約の基本原則の適用可能性、(b)貿易関連の知的所有権の取得可能性、範囲及び使用に関する適当な基準及び原則の提供、(c)国内法制の相違を考慮した貿易関連の知的所有権の行使のための効果的かつ適当な手段の提供、(d)政府間の紛争を多数国間で防止し及び解決するための効果的かつ迅速な手続の提供並びに(e)新たな交渉の成果への最大限の参加を目的とする経過措置に関し、新たな規則及び規律の必要性を認め、

不正商品の国際貿易に関する原則、規則及び規律の多数国間の枠組みの必要性を認め、

知的所有権が私権であることを認め、

知的所有権の保護のための国内制度における基本的な開発上及び技術上の目的その他の公の政策上の目的を認め、

後発開発途上加盟国が健全かつ存立可能な技術的基礎を創設することを可能とするために、国内における法令の実施の際の最大限の柔軟性に関するこれらの諸国の特別のニーズを認め、

貿易関連の知的所有権に係る問題に関する紛争を多数国間の手続を通じて解決することについての約束の強化を達成することにより緊張を緩和することの重要性を強調し、

世界貿易機関と世界知的所有権機関（この協定において「WIPO」という。）その他の関連国際機関との間の相互の協力関係を確立することを希望して、

ここに、次のとおり協定する。

第一部　一般規定及び基本原則

第一条　義務の性質及び範囲

1　加盟国は、この協定を実施する。加盟国は、この協定の規定に反しないことを条件として、この協定において要求される保護よりも広範な保護を国内法令において実施することができるが、そのような義務を負わない。加盟国は、国内の法制及び法律上の慣行の範囲内でこの協定を実施するための適当な方法を決定することができる。

2　この協定の適用上、「知的所有権」とは、第二部の第一節から第七節までの規定の対象となるすべての種類の知的所有権をいう。

3　加盟国は、他の加盟国の国民（注1）に対しこの協定に規定する待遇を与える。該当する知的所有権に関しては、「他の加盟国の

国民」とは、世界貿易機関のすべての加盟国が千九百六十七年のパリ条約、千九百七十一年のベルヌ条約、ローマ条約又は集積回路についての知的所有権に関する条約の締約国であるとしたならばそれぞれの条約に規定する保護の適格性の基準を満たすこととなる自然人又は法人をいう（注2）。ローマ条約の第五条3又は第六条2の規定を用いる加盟国は、知的所有権の貿易関連の側面に関する理事会（貿易関連知的所有権理事会）に対し、これらの規定に定めるような通告を行う。

注1　この協定において「国民」とは、世界貿易機関の加盟国である独立の関税地域については、当該関税地域に住所を有しているか又は現実かつ真正の工業上若しくは商業上の営業所を有する自然人又は法人をいう。

注2　この協定において、「パリ条約」とは、工業所有権の保護に関するパリ条約をいい、「千九百六十七年のパリ条約」とは、パリ条約の千九百六十七年七月十四日のストックホルム改正条約をいい、「ベルヌ条約」とは、文学的及び美術的著作物の保護に関するベルヌ条約をいい、「千九百七十一年のベルヌ条約」とは、ベルヌ条約の千九百七十一年七月二十四日のパリ改正条約をいい、「ローマ条約」とは、千九百六十一年十月二十六日にローマで採択された実演家、レコード製作者及び放送機関の保護に関する国際条約をいい、「集積回路についての知的所有権に関する条約」（IPIC条約）とは、千九百八十九年五月二十六日にワシントンで採択された集積回路についての知的所有権に関する条約をいい、「世界貿易機関協定」とは、世界貿易機関を設立する協定をいう。

第二条　知的所有権に関する条約

1　加盟国は、第二部から第四部までの規定について、千九百六十七年のパリ条約の第一条から第十二条まで及び第十九条の規定を遵守する。

2　第一部から第四部までの規定は、パリ条約、ベルヌ条約、ローマ条約及び集積回路についての知的所有権に関する条約に基づく既存の義務であって加盟国が相互に負うことのあるものを免れさせるものではない。

第三条　内国民待遇

1　各加盟国は、知的所有権の保護（注）に関し、自国民に与える待遇よりも不利でない待遇を他の加盟国の国民に与える。ただし、千九百六十七年のパリ条約、千九百七十一年のベルヌ条約、ローマ条約及び集積回路についての知的所有権に関する条約に既に規定する例外については、この限りでない。実演家、レコード製作者及び放送機関については、そのような義務は、この協定に規定する権利についてのみ適用する。ベルヌ条約第六条及びローマ条約第十六条1(b)の規定を用いる加盟国は、貿易関連知的所有権理事会に対し、これらの規定に定めるような通告を行う。

注　この条及び次条に規定する「保護」には、知的所有権の取得可能性、取得、範囲、維持及び行使に関する事項並びにこの協定において特に取り扱われる知的所有権の使用に関する事項を含む。

2　加盟国は、司法上及び行政上の手続（加盟国の管轄内における送達の住所の選定又は代理人の選任を含む。）に関し、1の規定に基づいて認められる例外を援用することができる。ただし、その例外がこの協定に反しない法令の遵守を確保するために必要であり、かつ、その例外の実行が貿易に対する偽装された制限とならない態様で適用される場合に限る。

第四条　最恵国待遇

知的所有権の保護に関し、加盟国が他の国の国民に与える利益、特典、特権又は免除は、他のすべての加盟国の国民に対し即時かつ無条件に与えられる。加盟国が与える次の利益、特典、特権又は免除は、そのような義務から除外される。

(a)　一般的な性格を有し、かつ、知的所有権の保護に特に限定されない司法共助又は法の執行に関する国際協定に基づくもの

(b)　内国民待遇ではなく他の国において与えられる待遇に基づいて待遇を与えることを認める千九百七十一年のベルヌ条約又はローマ条約の規定に従って与えられるもの

(c)　この協定に規定していない実演家、レコード製作者及び放送機関の権利に関するもの

(d)　世界貿易機関協定の効力発生前に効力を生じた知的所有権の保護に関する国際協定に基づくもの。ただし、当該国際協定が、貿易関連知的所有権理事会に通報されること及び他の加盟国の国民に対し恣《し》意的又は不当な差別とならないことを条件とする。

第五条　保護の取得又は維持に関する多数国間協定

前二条の規定に基づく義務は、知的所有権の取得又は維持に関してＷＩＰＯの主催の下で締結された多数国間協定に規定する手続については、適用しない。

第六条　消尽

この協定に係る紛争解決においては、第三条及び第四条の規定を除くほか、この協定のいかなる規定も、知的所有権の消尽に関する問題を取り扱うために用いてはならない。

第七条　目的

知的所有権の保護及び行使は、技術的知見の創作者及び使用者の相互の利益となるような並びに社会的及び経済的福祉の向上に役立つ方法による技術革新の促進並びに技術の移転及び普及に資するべきであり、並びに権利と義務との間の均衡に資するべきである。

第八条　原則

1　加盟国は、国内法令の制定又は改正に当たり、公衆の健康及び栄養を保護し並びに社会経済的及び技術的発展に極めて重要な分野における公共の利益を促進するために必要な措置を、これらの措置がこの協定に適合する限りにおいて、とることができる。

2　加盟国は、権利者による知的所有権の濫用の防止又は貿易を不当に制限し若しくは技術の国際的移転に悪影響を及ぼす慣行の利用の防止のために必要とされる適当な措置を、これらの措置がこの協定に適合する限りにおいて、とることができる。

第二部　知的所有権の取得可能性、範囲及び使用に関する基準

第一節　著作権及び関連する権利

第九条　ベルヌ条約との関係

1　加盟国は、千九百七十一年のベルヌ条約の第一条から第二十一条まで及び附属書の規定を遵守する。ただし、加盟国は、同条約第六条の二の規定に基づいて与えられる権利又はこれから派生する権利については、この協定に基づく権利又は義務を有しない。

2　著作権の保護は、表現されたものに及ぶものとし、思想、手続、運用方法又は数学的概念自体には及んではならない。

第十条　コンピュータ・プログラム及びデータの編集物

1　コンピュータ・プログラム（ソース・コードのものであるかオブジェクト・コードのものであるかを問わない。）は、千九百七十一年のベルヌ条約に定める文学的著作物として保護される。

2　素材の選択又は配列によって知的創作物を形成するデータその他の素材の編集物（機械で読取可能なものであるか他の形式のも

のであるかを問わない。)は、知的創作物として保護される。その保護は、当該データその他の素材自体には及んではならず、また、当該データその他の素材自体について存在する著作権を害するものであってはならない。

第十一条　貸与権

少なくともコンピュータ・プログラム及び映画の著作物については、加盟国は、著作者及びその承継人に対し、これらの著作物の原作品又は複製物を公衆に商業的に貸与することを許諾し又は禁止する権利を与える。映画の著作物については、加盟国は、その貸与が自国において著作者及びその承継人に与えられる排他的複製権を著しく侵害するような当該著作物の広範な複製をもたらすものでない場合には、この権利を与える義務を免除される。コンピュータ・プログラムについては、この権利を与える義務は、当該コンピュータ・プログラム自体が貸与の本質的な対象でない場合には、適用されない。

第十二条　保護期間

著作物(写真の著作物及び応用美術の著作物を除く。)の保護期間は、自然人の生存期間に基づき計算されない場合には、権利者の許諾を得た公表の年の終わりから少なくとも五十年とする。著作物の製作から五十年以内に権利者の許諾を得た公表が行われない場合には、保護期間は、その製作の年の終わりから少なくとも五十年とする。

第十三条　制限及び例外

加盟国は、排他的権利の制限又は例外を著作物の通常の利用を妨げず、かつ、権利者の正当な利益を不当に害しない特別な場合に限定する。

第十四条　実演家、レコード(録音物)製作者及び放送機関の保護

1　レコードへの実演の固定に関し、実演家は、固定されていない実演の固定及びその固定物の複製が当該実演家の許諾を得ないで行われる場合には、これらの行為を防止することができるものとする。実演家は、また、現に行っている実演について、無線による放送及び公衆への伝達が当該実演家の許諾を得ないで行われる場合には、これらの行為を防止することができるものとする。

2　レコード製作者は、そのレコードを直接又は間接に複製することを許諾し又は禁止する権利を享有する。

3　放送機関は、放送の固定、放送の固定物の複製及び放送の無線による再放送並びにテレビジョン放送の公衆への伝達が当該放送機関の許諾を得ないで行われる場合には、これらの行為を禁止する権利を有する。加盟国は、この権利を放送機関に与えない場合には、千九百七十一年のベルヌ条約の規定に従い、放送の対象物の著作権者が前段の行為を防止することができるようにする。

4　第十一条の規定(コンピュータ・プログラムに係るものに限る。)は、レコード製作者及び加盟国の国内法令で定めるレコードに関する他の権利者について準用する。加盟国は、千九百九十四年四月十五日においてレコードの貸与に関し権利者に対する衡平な報酬の制度を有している場合には、レコードの商業的貸与が権利者の排他的複製権の著しい侵害を生じさせていないことを条件として、当該制度を維持することができる。

5　実演家及びレコード製作者に対するこの協定に基づく保護期間は、固定又は実演が行われた年の終わりから少なくとも五十年とする。3の規定に基づいて与えられる保護期間は、放送が行われた年の終わりから少なくとも二十年とする。

6　1から3までの規定に基づいて与えられる権利に関し、加盟国

は、ローマ条約が認める範囲内で、条件、制限、例外及び留保を定めることができる。ただし、千九百七十一年のベルヌ条約第十八条の規定は、レコードに関する実演家及びレコード製作者の権利について準用する。

第三部 知的所有権の行使

第一節 一般的義務

第四十一条

1 加盟国は、この部に規定する行使手続によりこの協定が対象とする知的所有権の侵害行為に対し効果的な措置（侵害を防止するための迅速な救済措置及び追加の侵害を抑止するための救済措置を含む。）がとられることを可能にするため、当該行使手続を国内法において確保する。このような行使手続は、正当な貿易の新たな障害となることを回避し、かつ、濫用に対する保障措置を提供するような態様で適用する。

2 知的所有権の行使に関する手続は、公正かつ公平なものとする。この手続は、不必要に複雑な又は費用を要するものであってはならず、また、不合理な期限を付され又は不当な遅延を伴うものであってはならない。

3 本案についての決定は、できる限り、書面によって行い、かつ、理由を示す。この決定は、少なくとも手続の当事者に対しては不当に遅延することなく提供される。本案についての決定は、当事者が意見を述べる機会を与えられた証拠にのみ基づく。

4 手続の当事者は、最終的な行政上の決定について及び、事件の重要性に係る加盟国の国内法上の管轄に関する規定に従い、本案についての最初の司法上の決定の少なくとも法律面について、司法当局による審査の機会を有する。ただし、刑事事件の無罪判決に関し審査の機会を与える義務を負わない。

5 この部の規定は、一般的な法の執行のための司法制度とは別の知的所有権に関する執行のための司法制度を設ける義務を生じさせるものではなく、また、一般的に法を執行する加盟国の権能に影響を及ぼすものでもない。この部のいかなる規定も、知的所有権に関する執行と一般的な法の執行との間の資源の配分に関して何ら義務を生じさせるものではない。

第二節 民事上及び行政上の手続及び救済措置

第四十二条 公正かつ公平な手続

加盟国は、この協定が対象とする知的所有権の行使に関し、民事上の司法手続を権利者（注）に提供する。被申立人は、十分に詳細な内容（主張の根拠を含む。）を含む書面による通知を適時に受ける権利を有する。当事者は、独立の弁護人を代理人とすることが認められるものとし、また、手続においては、義務的な出頭に関して過度に重い要件を課してはならない。手続の当事者は、その主張を裏付けること及びすべての関連する証拠を提出することについての正当な権利を有する。手続においては、現行の憲法上の要請に反しない限り、秘密の情報を特定し、かつ、保護するための手段を提供する。

注 この部の規定の適用上、「権利者」には、権利を主張する法的地位を有する連合及び団体を含む。

第四十三条 証拠

1 一方の当事者がその主張を十分裏付ける合理的に入手可能な証拠を提出し、かつ、他方の当事者の有する当該主張の裏付けに関連する証拠を特定した場合には、司法当局は、適当な事案において秘密の情報の保護を確保することを条件として、他方の当事者にその特定された証拠の提示を命ずる権限を有する。

2 手続の一方の当事者が必要な情報の利用の機会を故意にかつ十

分な理由なしに拒絶し若しくは合理的な期間内に必要な情報を提供せず又は行使に関連する手続を著しく妨げる場合には、加盟国は、双方の当事者が主張又は証拠に関し意見を述べる機会を与えられることを条件として、提供された情報（情報の利用の機会の拒絶によって悪影響を受けた他方の当事者が提示した申立て又は主張を含む。）に基づいて、暫定的及び最終的な決定（肯定的であるか否定的であるかを問わない。）を行う権限を司法当局に与えることができる。

第四十四条　差止命令

1　司法当局は、当事者に対し、知的所有権を侵害しないこと、特に知的所有権を侵害する輸入物品の管轄内の流通経路への流入を通関後直ちに防止することを命ずる権限を有する。加盟国は、保護の対象であって、その取引が知的所有権の侵害を伴うことを関係者が知るか又は知ることができる合理的な理由を有することとなる前に当該関係者により取得され又は注文されたものに関しては、当該権限を与える義務を負わない。

2　政府又は政府の許諾を受けた第三者が権利者の許諾を得ないで行う使用については、当該使用を明示的に定める第二部の規定に従うことを条件として、加盟国は、この部の他の規定にかかわらず、当該使用に対する救済措置を、第三十一条(h)の規定による報酬の支払に限定することができる。当該使用であってそのような救済措置の限定の対象とならないものについては、この部に定める救済措置が適用され、又は、当該救済措置が国内法令に抵触する場合には、宣言的判決及び適当な補償が行われるものとする。

第四十五条　損害賠償

1　司法当局は、侵害活動を行っていることを知っていたか又は知ることができる合理的な理由を有していた侵害者に対し、知的所有権の侵害によって権利者が被った損害を補償するために適当な賠償を当該権利者に支払うよう命ずる権限を有する。

2　司法当局は、また、侵害者に対し、費用（適当な弁護人の費用を含むことができる。）を権利者に支払うよう命ずる権限を有する。適当な場合において、加盟国は、侵害者が侵害活動を行っていることを知らなかったか又は知ることができる合理的な理由を有していなかったときでも、利益の回復又は法定の損害賠償の支払を命ずる権限を司法当局に与えることができる。

第四十六条　他の救済措置

侵害を効果的に抑止するため、司法当局は、侵害していると認めた物品を、権利者に損害を与えないような態様でいかなる補償もなく流通経路から排除し又は、現行の憲法上の要請に反しない限り、廃棄することを命ずる権限を有する。司法当局は、また、侵害物品の生産のために主として使用される材料及び道具を、追加の侵害の危険を最小とするような態様でいかなる補償もなく流通経路から排除することを命ずる権限を有する。このような申立てを検討する場合には、侵害の重大さと命ぜられる救済措置との間の均衡の必要性及び第三者の利益を考慮する。不正商標商品については、例外的な場合を除くほか、違法に付された商標の単なる除去により流通経路への商品の流入を認めることはできない。

第四十七条　情報に関する権利

加盟国は、司法当局が、侵害の重大さとの均衡を失しない限度で、侵害者に対し、侵害物品又は侵害サービスの生産又は流通に関与した第三者を特定する事項及び侵害物品又は侵害サービスの流通経路を権利者に通報するよう命ずる権限を有することを定めることができる。

第四十八条　被申立人に対する賠償

1　司法当局は、当事者に対し、その申立てにより措置がとられ、かつ、当該当事者が行使手続を濫用した場合には、その濫用により不法に要求又は制約を受けた当事者が被った損害に対する適当な賠償を支払うよう命ずる権限を有する。司法当局は、また、申立人に対し、費用（適当な弁護人の費用を含むことができる。）を被申立人に支払うよう命ずる権限を有する。

2　知的所有権の保護又は行使に係る法の運用に関し、加盟国は、当該法の運用の過程において措置が誠実にとられ又はとることが意図された場合に限り、公の機関及び公務員の双方の適当な救済措置に対する責任を免除する。

第四十九条　行政上の手続

民事上の救済措置が本案についての行政上の手続の結果として命ぜられる場合には、その手続は、この節に定める原則と実質的に同等の原則に従う。

第三節　暫定措置

第五十条

1　司法当局は、次のことを目的として迅速かつ効果的な暫定措置をとることを命ずる権限を有する。

(a)　知的所有権の侵害の発生を防止すること。特に、物品が管轄内の流通経路へ流入することを防止すること（輸入物品が管轄内の流通経路へ流入することを通関後直ちに防止することを含む。）。

(b)　申し立てられた侵害に関連する証拠を保全すること。

2　司法当局は、適当な場合には、特に、遅延により権利者に回復できない損害が生ずるおそれがある場合又は証拠が破棄される明らかな危険がある場合には、他方の当事者に意見を述べる機会を与えることなく、暫定措置をとる権限を有する。

3　司法当局は、申立人が権利者であり、かつ、その権利が侵害されていること又は侵害の生ずる差し迫ったおそれがあることを十分な確実性をもって自ら確認するため、申立人に対し合理的に入手可能な証拠を提出するよう要求し、並びに被申立人を保護し及び濫用を防止するため、申立人に対し十分な担保又は同等の保証を提供することを命ずる権限を有する。

4　暫定措置が他方の当事者が意見を述べる機会を与えられることなくとられた場合には、影響を受ける当事者は、最も遅い場合においても、当該暫定措置の実施後遅滞なく通知を受ける。暫定措置の通知後合理的な期間内に、当該暫定措置を変更するか若しくは取り消すか又は確認するかの決定について、被申立人の申立てに基づき意見を述べる機会の与えられる審査を行う。

5　暫定措置を実施する機関は、申立人に対し、関連物品の特定に必要な情報を提供するよう要求することができる。

6　1及び2の規定に基づいてとられる暫定措置は、本案についての決定に至る手続が、合理的な期間（国内法令によって許容されるときは、暫定措置を命じた司法当局によって決定されるもの。その決定がないときは、二十執務日又は三十一日のうちいずれか長い期間を超えないもの）内に開始されない場合には、被申立人の申立てに基づいて取り消され又は効力を失う。ただし、4の規定の適用を妨げるものではない。

7　暫定措置が取り消された場合、暫定措置が申立人の作為若しくは不作為によって失効した場合又は知的所有権の侵害若しくはそのおそれがなかったことが後に判明した場合には、司法当局は、被申立人の申立てに基づき、申立人に対し、当該暫定措置によって生じた損害に対する適当な賠償を支払うよう命ずる権限を有する。

8　暫定措置が行政上の手続の結果として命ぜられる場合には、その手続は、この節に定める原則と実質的に同等の原則に従う。

第四節　国境措置に関する特別の要件（注）

注　加盟国は、関税同盟を構成する他の加盟国との国境を越える物品の移動に関するすべての管理を実質的に廃止している場合には、その国境においてこの節の規定を適用することを要求されない。

第五十一条　税関当局による物品の解放の停止

加盟国は、この節の規定に従い、不正商標商品又は著作権侵害物品（注1）が輸入されるおそれがあると疑うに足りる正当な理由を有する権利者が、これらの物品の自由な流通への解放を税関当局が停止するよう、行政上又は司法上の権限のある当局に対し書面により申立てを提出することができる手続（注2）を採用する。加盟国は、この節の要件を満たす場合には、知的所有権のその他の侵害を伴う物品に関してこのような申立てを可能とすることができる。加盟国は、自国の領域から輸出されようとしている侵害物品の税関当局による解放の停止についても同様の手続を定めることができる。

注1　この協定の適用上、

(a)　「不正商標商品」とは、ある商品について有効に登録されている商標と同一であり又はその基本的側面において当該商標と識別できない商標を許諾なしに付した、当該商品と同一の商品（包装を含む。）であって、輸入国の法令上、商標権者の権利を侵害するものをいう。

(b)　「著作権侵害物品」とは、ある国において、権利者又は権利者から正当に許諾を受けた者の承諾を得ないである物品から直接又は間接に作成された複製物であって、当該物品の複製物の作成が、輸入国において行われたとしたならば、当該輸入国の法令上、著作権又は関連する権利の侵害となったであろうものをいう。

注2　権利者によって若しくはその承諾を得て他の国の市場に提供された物品の輸入又は通過中の物品については、この手続を適用する義務は生じないと了解する。

第五十二条　申立て

前条の規定に基づく手続を開始する権利者は、輸入国の法令上、当該権利者の知的所有権の侵害の事実があることを権限のある当局が一応確認するに足りる適切な証拠を提出し、及び税関当局が容易に識別することができるよう物品に関する十分詳細な記述を提出することが要求される。権限のある当局は、申立てを受理したかしなかったか及び、権限のある当局によって決定される場合には、税関当局が措置をとる期間について、合理的な期間内に申立人に通知する。

第五十三条　担保又は同等の保証

1　権限のある当局は、申立人に対し、被申立人及び権限のある当局を保護し並びに濫用を防止するために十分な担保又は同等の保証を提供するよう要求する権限を有する。担保又は同等の保証は、手続の利用を不当に妨げるものであってはならない。

第五十四条　物品の解放の停止の通知

輸入者及び申立人は、第五十一条の規定による物品の解放の停止について速やかに通知を受ける。

第五十五条　物品の解放の停止の期間

申立人が物品の解放の停止の通知の送達を受けてから十執務日（適当な場合には、この期間は、十執務日延長することができる。）を超えない期間内に、税関当局が、本案についての決定に至る手続が被申立人以外の当事者により開始されたこと又は正当に権限を有する当局が物品の解放の停止を延長する暫定措置をとったことについて通報されなかった場合には、当該物品は、解放される。ただし、輸入又は輸出のための他のすべての条件が満たされている場合に限る。本案についての決定に至る手続が開始された場合には、合理的な期間内に、解放の停止を変更するか若しくは取り消すか又は確認するかの決定について、被申立人の申立てに基づき意見を述べる機会の与えられる審査を行う。第一段から第三段までの規定にかかわらず、暫定的な司法上の措置に従って物品の解放の停止が行われ又は継続される場合には、第五十条6の規定を適用する。

第五十六条　物品の輸入者及び所有者に対する賠償

関係当局は、物品の不法な留置又は前条の規定に従って解放された物品の留置によって生じた損害につき、申立人に対し、物品の輸入者、荷受人及び所有者に適当な賠償を支払うよう命ずる権限を有する。

第五十七条　点検及び情報に関する権利

秘密の情報の保護を害することなく、加盟国は、権限のある当局に対し、権利者が自己の主張を裏付けるために税関当局により留置された物品を点検するための十分な機会を与える権限を付与する。当該権限のある当局は、輸入者に対しても当該物品の点検のための同等の機会を与える権限を有する。本案についての肯定的な決定が行われた場合には、加盟国は、権限のある当局に対し、当該物品の荷送人、輸入者及び荷受人の名称及び住所並びに当該物品の数量を権利者に通報する権限を付与することができる。

第五十八条　職権による行為

加盟国において、権限のある当局が、ある物品について知的所有権が侵害されていることを伺わせる証拠を得た際に職権により行動して当該物品の解放を停止する制度がある場合には、

(a)　当該権限のある当局は、いつでも権限の行使に資することのある情報の提供を権利者に求めることができる。

(b)　輸入者及び権利者は、速やかにその停止の通知を受ける。輸入者が権限のある当局に対し当該停止に関して異議を申し立てた場合には、当該停止については、第五十五条に定める条件を準用する。

(c)　加盟国は、措置が誠実にとられ又はとることが意図された場合に限り、公の機関及び公務員の双方の適当な救済措置に対する責任を免除する。

第五十九条　救済措置

権利者の他の請求権を害することなく及び司法当局による審査を求める被申立人の権利に服することを条件として、権限のある当局は、第四十六条に規定する原則に従って侵害物品の廃棄又は処分を命ずる権限を有する。不正商標商品については、例外的な場合を除くほか、当該権限のある当局は、変更のない状態で侵害商品の積戻しを許容し又は異なる税関手続に委ねてはならない。

第六十条　少量の輸入

加盟国は、旅行者の手荷物に含まれ又は小型貨物で送られる少量の非商業的な性質の物品については、この節の規定の適用から除外することができる。

第五節　刑事上の手続

第六十一条

加盟国は、少なくとも故意による商業的規模の商標の不正使用及び著作物の違法な複製について適用される刑事上の手続及び刑罰を定める。制裁には、同様の重大性を有する犯罪に適用される刑罰の程度に適合した十分に抑止的な拘禁刑又は罰金を含む。適当な場合には、制裁には、侵害物並びに違反行為のために主として使用され

る材料及び道具の差押え、没収及び廃棄を含む。加盟国は、知的所有権のその他の侵害の場合、特に故意にかつ商業的規模で侵害が行われる場合において適用される刑事上の手続及び刑罰を定めることができる。

第六部　経過措置〔抄〕

第六十五条　経過措置

1　2から4までの規定に従うことを条件として、加盟国は、世界貿易機関協定の効力発生の日の後一年の期間が満了する前にこの協定を適用する義務を負わない。

2　開発途上加盟国は、1に定めるところによりこの協定を適用する日から更に四年の期間、この協定（第三条から第五条までの規定を除く。）の適用を延期することができる。

3　中央計画経済から市場自由企業経済への移行過程にある加盟国であって、知的所有権制度の構造的な改革を行い、かつ、知的所有権法令の準備及び実施において特別な問題に直面しているものも、2に規定する延期の期間を享受することができる。

4　開発途上加盟国は、2に規定するこの協定の当該開発途上加盟国への一般的な適用の日において、この協定により物質特許の保護をその領域内で物質特許によって保護していない技術分野に拡大する義務を負う場合には、第二部第五節の物質特許に関する規定〔略〕の当該技術分野への適用を更に五年の期間延期することができる。

5　1から4までに規定する経過期間を援用する加盟国は、当該経過期間の間の国内法令及び慣行の変更がこの協定との適合性の程度を少なくすることとはならないことを確保する。

第六十六条　後発開発途上加盟国

1　後発開発途上加盟国は、その特別のニーズ及び要求、経済上、財政上及び行政上の制約並びに存立可能な技術的基礎を創設するための柔軟性に関する必要にかんがみ、前条1に定めるところによりこの協定を適用する日から十年の期間、この協定（第三条から第五条までの規定を除く。）を適用することを要求されない。貿易関連知的所有権理事会は、後発開発途上加盟国の正当な理由のある要請に基づいて、この期間を延長することを認める。

2　先進加盟国は、後発開発途上加盟国が健全かつ存立可能な技術的基礎を創設することができるように技術の移転を促進し及び奨励するため、先進加盟国の領域内の企業及び機関に奨励措置を提供する。〔以下略〕

◎出版物の国際交換に関する条約　抄

（昭和五九年七月一一日　条約第六号　外務省告示第二九八号）

国際連合教育科学文化機関の総会は、千九百五十八年十一月四日から十二月五日までパリにおいてその第十回会期として会合し、

出版物の国際交換の発展が、世界の諸国民の間の思想及び知識の自由な交流に欠くことのできないものであると確信し、

国際連合教育科学文化機関憲章が出版物の国際交換に与えている重要性を考慮し、

出版物の交換に関する新しい国際条約の必要性を認め、

同会期の議事日程の第十五議題第四項1である出版物の国際交換に関する諸提案を受け、

総会の第九回会期において、これらの提案が国際条約として国際的な規律の対象となるべきことを決定して、

この条約を千九百五十八年十二月三日に採択する。

第一条　出版物の交換

締約国は、政府機関及び教育的、科学技術的又は文化的な性質を有する非営利的な非政府団体の間の出版物の交換を、この条約の規定により奨励しかつ容易にすることを約束する。

第二条　出版物の交換の範囲

1　この条約の適用上、次の出版物は、前条に規定する機関及び団体の間において、利用（転売を含まない。）のために交換されるべき適当なものとみなすことができる。

(a)　教育的、法律的、科学技術的、文化的又は情報的な性質を有する出版物、例えば、書籍、新聞及び定期刊行物、地図及び設計図、版画、写真、縮小複写（マイクロコピー）、音楽作品、点字出版物並びに他の図式資料

(b)　国際連合教育科学文化機関の総会が千九百五十八年十二月三日に採択した国家間における公の出版物及び政府の文書の交換に関する条約において対象とする出版物

2　この条約は、国際連合教育科学文化機関の総会が千九百五十八年十二月三日に採択した国家間における公の出版物及び政府の文書の交換に関する条約に基づいて行われる交換に何ら影響を及ぼすものではない。

3　この条約は、秘密の文書、回章及び他の公表されていない文書については、適用しない。

第三条　交換機関

1　締約国は、第一条に規定する機関及び団体の間の出版物の交換の発展及び調整に関する次の任務を国の交換機関又は、このような機関が存在しない場合には、一又は二以上の中央交換当局に委任することができる。

(a)　特に、適当な場合には、交換すべき資料を送付することにより、出版物の国際交換を容易にすること。

(b)　国内及び国外の機関及び団体に対し交換の可能性について助言を行い及び情報を提供すること。

(c)　適当な場合には、重複資料の交換を奨励すること。

2　もっとも、第一条に規定する機関及び団体の間の交換の発展及び調整が国の交換機関又は中央当局に集中することが望ましくないと認めるときは、1に定める任務の全部又は一部を他の一又は二以上の当局に委任することができる。

第四条　送付の方法

送付は、関係機関及び関係団体の間で直接に又は国の交換機関若しくは交換当局を通じて行うことができる。

第五条　運送に要する費用

送付が交換当事者の間で直接に行われる場合には、締約国は、その費用を負担することを要求されない。送付が一又は二以上の交換当局を通じて行われる場合には、締約国は、目的地までの送付の費用を負担する。ただし、海上運送については、到着港の税関までの包装費及び運送費のみを支払う。

第六条　運送料及び運送条件

締約国は、運送方法が郵便、道路、鉄道、河川若しくは海上の運送、航空郵便又は航空貨物便のいずれによるかを問わず、交換当局が最も有利な現行の運送料及び運送条件の利益を受けることを確保するため必要なすべての措置をとる。

第七条　関税上その他の便益

締約国は、自国の交換当局に対し、この条約又はその実施に関する取極に基づいて輸入され及び輸出される資料について関税を免除し、かつ、通関上その他の便益に関し最も有利な待遇を与える。

第八条　交換の国際的調整

締約国は、国際連合教育科学文化機関憲章により国際連合教育科学文化機関に課される交換の国際的調整に関する任務の遂行について同機関を援助するため、この条約の運用に関する年次報告及び第十二条の規定に従つて締結した二国間取極の写しを同機関に送付する。

第九条　情報及び調書

国際連合教育科学文化機関は、前条の規定により締約国から受領した情報を公表し並びにこの条約の運用に関する調書を作成し及び公表する。

第十条　国際連合教育科学文化機関の援助

1　締約国は、この条約の適用から生ずるいかなる問題についても、国際連合教育科学文化機関に技術上の援助を要請することができる。同機関は、その計画及び資力の範囲内で、特に、国の交換機関を創設し及び組織化するため援助を与える。

2　国際連合教育科学文化機関は、その発意により、締約国に対し1の事項に関する提案を行うことができる。

第十一条　従前の取極との関係

この条約は、締約国が国際取極により既に負つている義務に影響を及ぼすものではない。

第十二条　二国間取極

締約国は、必要なとき又は望ましいときはいつでも、この条約を補足するため及びこの条約の適用から生ずる共通の関係事項を規律するため、二国間取極を締結する。

第十三条　用語

この条約は、ひとしく正文である英語、フランス語、ロシア語及びスペイン語により作成する。

第十四条　批准及び受諾

1　この条約は、国際連合教育科学文化機関の加盟国により、それぞれ自国の憲法上の手続に従つて批准され又は受諾されなければならない。

2　批准書又は受諾書は、国際連合教育科学文化機関事務局長に寄託する。

第十五条　加入

1　この条約は、国際連合教育科学文化機関の非加盟国で同機関の執行委員会が招請するすべての国による加入のために開放しておく。

2　加入は、国際連合教育科学文化機関事務局長に加入書を寄託することによつて行う。

第十六条　効力発生

この条約は、三番目の批准書、受諾書又は加入書が寄託された日の後十二箇月で、その寄託の日以前に批准書、受諾書又は加入書を寄託した国についてのみ効力を生ずる。この条約は、批准書、受諾書又は加入書を寄託する他の国については、その批准書、受諾書又は加入書の寄託の日の後十二箇月で効力を生ずる。

第十七条　条約の適用地域〔以下略〕

◎国家間における公の出版物及び政府の文書の交換に関する条約　抄

〔昭和五九年七月二一日
条約第七号
外務省告示第二九九号〕

国際連合教育科学文化機関の総会は、千九百五十八年十一月四日から十二月五日までパリにおいてその第十回会期として会合し、

出版物の国際交換の発展が、世界の諸国民の間の思想及び知識の自由な交流に欠くことのできないものであると確信し、

国際連合教育科学文化機関憲章が出版物の国際交換に与えている重要性を考慮し、

千八百八十六年三月十五日にブラッセルで作成された公文書並びに科学的及び文学的出版物の国際交換のための条約及び公報並びに議会の年報及び文書の直接交換に関する条約並びに出版物の交換のための各種の地域的取極に定められている公の出版物の交換のための諸規定を認識し、

国家間における公の出版物及び政府の文書の交換に関する新しい国際条約の必要性を認め、

同会期の議事日程の第十五議題第四項1である国家間における公の出版物及び政府の文書の交換に関する諸提案を受け、

総会の第九回会期において、これらの提案が国際条約として国際的な規律の対象となるべきことを決定して、

この条約を千九百五十八年十二月三日に採択する。

第一条　公の出版物及び政府の文書の交換

締約国は、自国の公の出版物及び政府の文書をこの条約の規定に従つて相互主義に基づき交換する意思を表明する。

第二条　公の出版物及び政府の文書の定義

1　この条約の適用上、次のものは、国の政府当局の命令により、かつ、その経費で作成される場合には、公の出版物及び政府の文書とみなす。

議会の文書、報告書及び議事録その他の立法上の文書

中央統治機関、連邦統治機関及び地域的統治機関の行政上の出版物及び報告書

国内出版物の目録、国の要覧、法律集及び裁判所の判決集

合意されるその他の出版物

2　もつとも、この条約の適用上、締約国は、交換資料とする公の出版物及び政府の文書を決定することができる。

3　この条約は、秘密の文書、回章及び他の公表されていない文書については、適用しない。

第三条　二国間取極

締約国は、適当と認めるときはいつでも、この条約を実施するため及びこの条約の適用から生ずる共通の関係事項を規律するため、二国間取極を締結する。

第四条　国の交換当局

1　締約国においては、国の交換機関又は、このような機関が存在しない場合には、このために指定される一又は二以上の中央当局が交換の任務を遂行する。

2　締約国の交換当局は、自国内において、この条約及び、適当な場合には、前条に定める二国間取極の実施について責任を負う。締約国は、国の交換機関又は中央交換当局に対し、交換すべき資料を入手するための必要な権限及び交換の任務を遂行するための十分な資力を与える。

第五条　交換のための出版物の目録及び数量

交換のための公の出版物及び政府の文書の目録及び数量は、締約国の交換当局の間で合意する。その目録及び数量は、締約国の交換当局の間の取決めによつて修正することができる。

第六条　送付の方法

送付は、交換当局又はその指名する受取人に対して直接行うことができる。送品明細表を作成する方法は、交換当局の間で合意することができる。

第七条　運送に要する費用

送付を行う交換当局は、別段の合意がない限り、目的地までの送付の費用を負担する。ただし、海上運送については、到着港の税関までの包装費及び運送費のみを支払う。

第八条　運送料及び運送条件

締約国は、運送方法が郵便、道路、鉄道、河川若しくは海上の運送、航空郵便又は航空貨物便のいずれによるかを問わず、交換当局が最も有利な現行の運送料及び運送条件の利益を受けることを確保するため必要なすべての措置をとる。

第九条　関税上その他の便益

締約国は、自国の交換当局に対し、この条約又はその実施に関する取極に基づいて輸入され及び輸出される資料について関税を免除し、かつ、通関上その他の便益に関し最も有利な待遇を与える。

第十条　交換の国際的調整

締約国は、国際連合教育科学文化機関憲章により国際連合教育科学文化機関に課される交換の国際的調整に関する任務の遂行について同機関を援助するため、この条約の運用に関する年次報告及び第

三条の規定に従って締結した二国間取極の写しを同機関に送付する。

第十一条　情報及び調書

国際連合教育科学文化機関は、前条の規定により締約国から受領した情報を公表し並びにこの条約の運用に関する調書を作成し及び公表する。

第十二条　国際連合教育科学文化機関の援助

1　締約国は、この条約の適用から生ずるいかなる問題についても、国際連合教育科学文化機関に技術上の援助を要請することができる。同機関は、その計画及び資力の範囲内で、特に、国の交換機関を創設し及び組織化するため援助を与える。

2　国際連合教育科学文化機関は、その発意により、締約国に対し1の事項に関する提案を行うことができる。

第十三条　従前の取極との関係

この条約は、締約国が国際取極により既に負っている義務に影響を及ぼすものではない。この条約は、現行の取極に基づいて行われる交換と重複して交換を行うことを要求するものと解してはならない。

第十四条　用語

この条約は、ひとしく正文である英語、フランス語、ロシア語及びスペイン語により作成する。

第十五条　批准及び受諾

1　この条約は、国際連合教育科学文化機関の加盟国により、それぞれ自国の憲法上の手続に従って批准され又は受諾されなければならない。

2　批准書又は受諾書は、国際連合教育科学文化機関事務局長に寄託する。

第十六条　加入

1　この条約は、国際連合教育科学文化機関の非加盟国で同機関の執行委員会が招請するすべての国による加入のために開放しておく。

2　加入は、国際連合教育科学文化機関事務局長に加入書を寄託することによって行う。

第十七条　効力発生

この条約は、三番目の批准書、受諾書又は加入書が寄託された日の後十二箇月で、その寄託の日以前に批准書、受諾書又は加入書を寄託した国についてのみ効力を生ずる。この条約は、批准書、受諾書又は加入書を寄託する他の国については、その批准書、受諾書又は加入書の寄託の日の後十二箇月で効力を生ずる。

第十八条　条約の適用地域〔以下略〕

◎経済的、社会的及び文化的権利に関する国際規約　抄

〔昭和五四年八月四日　条約第六号　外務省告示第一八七号〕

この規約の締約国は、

国際連合憲章において宣明された原則によれば、人類社会のすべての構成員の固有の尊厳及び平等のかつ奪い得ない権利を認めることが世界における自由、正義及び平和の基礎をなすものであることを考慮し、

これらの権利が人間の固有の尊厳に由来することを認め、

世界人権宣言によれば、自由な人間は恐怖及び欠乏からの自由を享受するものであるとの理想は、すべての者がその市民的及び政治的権利とともに経済的、社会的及び文化的権利を亨有することのできる条件が作り出される場合に初めて達成されることになることを認め、

人権及び自由の普遍的な尊重及び遵守を助長すべき義務を国際連合憲章に基づき諸国が負っていることを考慮し、

個人が、他人に対し及びその属する社会に対して義務を負うこと並びにこの規約において認められる権利の増進及び擁護のために努力する責任を有することを認識して、

次のとおり協定する。

第一部

第一条

1　すべての人民は、自決の権利を有する。この権利に基づき、すべての人民は、その政治的地位を自由に決定し並びにその経済的、社会的及び文化的発展を自由に追求する。

2　すべての人民は、互恵の原則に基づく国際的経済協力から生ずる義務及び国際法上の義務に違反しない限り、自己のためにその天然の富及び資源を自由に処分することができる。人民は、いかなる場合にも、その生存のための手段を奪われることはない。

3　この規約の締約国（非自治地域及び信託統治地域の施政の責任を有する国を含む。）は、国際連合憲章の規定に従い、自決の権利が実現されることを促進し及び自決の権利を尊重する。

第二部

第二条

1　この規約の各締約国は、立法措置その他のすべての適当な方法によりこの規約において認められる権利の完全な実現を漸進的に達成するため、自国における利用可能な手段を最大限に用いることにより、個々に又は国際的な援助及び協力、特に、経済上及び技術上の援助及び協力を通じて、行動をとることを約束する。

2　この規約の締約国は、この規約に規定する権利が人種、皮膚の色、性、言語、宗教、政治的意見その他の意見、国民的若しくは社会的出身、財産、出生又は他の地位によるいかなる差別もなしに行使されることを保障することを約束する。

3　開発途上にある国は、人権及び自国の経済の双方に十分な考慮を払い、この規約において認められる経済的権利をどの程度まで外国人に保障するかを決定することができる。

第三条

この規約の締約国は、この規約に定めるすべての経済的、社会的

及び文化的権利の享有について男女に同等の権利を確保することを約束する。

第四条

この規約の締約国は、この規約に合致するものとして国により確保される権利の享受に関し、その権利の性質と両立しており、かつ、民主的社会における一般的福祉を増進することを目的としている場合に限り、法律で定める制限のみをその権利に課することができることを認める。

第五条

1 この規約のいかなる規定も、国、集団又は個人が、この規約において認められる権利若しくは自由を破壊し若しくはこの規約に定める制限の範囲を超えて制限することを目的とする活動に従事し又はそのようなことを目的とする行為を行う権利を有することを意味するものと解することはできない。

2 いずれかの国において法律、条約、規則又は慣習によって認められ又は存する基本的人権については、この規約がそれらの権利を認めていないこと又はその認める範囲がより狭いことを理由として、それらの権利を制限し又は侵すことは許されない。

第三部

第六条

1 この規約の締約国は、労働の権利を認めるものとし、この権利を保障するため適当な措置をとる。この権利には、すべての者が自由に選択し又は承諾する労働によって生計を立てる機会を得る権利を含む。

2 この規約の締約国が1の権利の完全な実現を達成するためとる措置には、個人に対して基本的な政治的及び経済的自由を保障する条件の下で着実な経済的、社会的及び文化的発展を実現し並びに完全かつ生産的な雇用を達成するための技術及び職業の指導及び訓練に関する計画、政策及び方法を含む。

第七条

この規約の締約国は、すべての者が公正かつ良好な労働条件を享受する権利を有することを認める。この労働条件は、特に次のものを確保する労働条件とする。

(a) すべての労働者に最小限度次のものを与える報酬

(i) 公正な賃金及びいかなる差別もない同一価値の労働についての同一報酬。特に、女子については、同一の労働についての同一報酬とともに男子が享受する労働条件に劣らない労働条件が保障されること。

(ii) 労働者及びその家族のこの規約に適合する相応な生活

(b) 安全かつ健康的な作業条件

(c) 先任及び能力以外のいかなる事由も考慮されることなく、すべての者がその雇用関係においてより高い適当な地位に昇進する均等な機会

(d) 休息、余暇、労働時間の合理的な制限及び定期的な有給休暇並びに公の休日についての報酬〔日本国一部留保＝編者〕

第八条

1 この規約の締約国は、次の権利を確保することを約束する。

(a) すべての者がその経済的及び社会的利益を増進し及び保護するため、労働組合を結成し及び当該労働組合の規則にのみ従うことを条件として自ら選択する労働組合に加入する権利。この権利の行使については、法律で定める制限であって国の安全若しくは公の秩序のため又は他の者の権利及び自由の保護のため民主的社会において必要なもの以外のいかなる制限も課することができない。

(b)　労働組合が国内の連合又は総連合を設立する権利及びこれらの連合又は総連合が国際的な労働組合団体を結成し又はこれに加入する権利

(c)　労働組合が、法律で定める制限であつて国の安全若しくは公の秩序のため又は他の者の権利及び自由の保護のため民主的社会において必要なもの以外のいかなる制限も受けることなく、自由に活動する権利

(d)　同盟罷業をする権利。ただし、この権利は、各国の法律に従つて行使されることを条件とする。〔日本国但書付留保＝編者〕

2　この条の規定は、軍隊若しくは警察の構成員又は公務員による1の権利の行使について合法的な制限を課することを妨げるものではない。〔日本国解釈宣言あり＝編者〕

3　この条のいかなる規定も、結社の自由及び団結権の保護に関する千九百四十八年の国際労働機関の条約の締約国が、同条約に規定する保障を阻害するような立法措置を講ずること又は同条約に規定する保障を阻害するような方法により法律を適用することを許すものではない。

第九条

この規約の締約国は、社会保険その他の社会保障についてのすべての者の権利を認める。

第十条

この規約の締約国は、次のことを認める。

1　できる限り広範な保護及び援助が、社会の自然かつ基礎的な単位である家族に対し、特に、家族の形成のために並びに扶養児童の養育及び教育について責任を有する間に、与えられるべきである。婚姻は、両当事者の自由な合意に基づいて成立するものでなければならない。

2　産前産後の合理的な期間においては、特別な保護が母親に与えられるべきである。働いている母親には、その期間において、有給休暇又は相当な社会保障給付を伴う休暇が与えられるべきである。

3　保護及び援助のための特別な措置が、出生その他の事情を理由とするいかなる差別もなく、すべての児童及び年少者のためにとられるべきである。児童及び年少者は、経済的及び社会的な搾取から保護されるべきである。児童及び年少者を、その精神若しくは健康に有害であり、その生命に危険があり又はその正常な発育を妨げるおそれのある労働に使用することは、法律で処罰すべきである。また、国は、年齢による制限を定め、その年齢に達しない児童を賃金を支払つて使用することを法律で禁止しかつ処罰すべきである。

第十一条

1　この規約の締約国は、自己及びその家族のための相当な食糧、衣類及び住居を内容とする相当な生活水準についての並びに生活条件の不断の改善についてのすべての者の権利を認める。締約国は、この権利の実現を確保するために適当な措置をとり、このためには、自由な合意に基づく国際協力が極めて重要であることを認める。

2　この規約の締約国は、すべての者が飢餓から免れる基本的な権利を有することを認め、個々に及び国際協力を通じて、次の目的のため、具体的な計画その他の必要な措置をとる。

(a)　技術的及び科学的知識を十分に利用することにより、栄養に関する原則についての知識を普及させることにより並びに天然資源の最も効果的な開発及び利用を達成するように農地制度を発展させ又は改革することにより、食糧の生産、保存及び分配

の方法を改善すること。

(b) 食糧の輸入国及び輸出国の双方の問題に考慮を払い、需要との関連において世界の食糧の供給の衡平な分配を確保すること。

第十二条

1 この規約の締約国は、すべての者が到達可能な最高水準の身体及び精神の健康を享受する権利を有することを認める。

2 この規約の締約国が1の権利の完全な実現を達成するためにとる措置には、次のことに必要な措置を含む。

(a) 死産率及び幼児の死亡率を低下させるための並びに児童の健全な発育のための対策

(b) 環境衛生及び産業衛生のあらゆる状態の改善

(c) 伝染病、風土病、職業病その他の疾病の予防、治療及び抑圧

(d) 病気の場合にすべての者に医療及び看護を確保するような条件の創出

第十三条

1 この規約の締約国は、教育についてのすべての者の権利を認める。締約国は、教育が人格の完成及び人格の尊厳についての意識の十分な発達を指向し並びに人権及び基本的自由の尊重を強化すべきことに同意する。更に、締約国は、教育が、すべての者に対し、自由な社会に効果的に参加すること、諸国民の間及び人種的、種族的又は宗教的集団の間の理解、寛容及び友好を促進すること並びに平和の維持のための国際連合の活動を助長することを可能にすべきことに同意する。

2 この規約の締約国は、1の権利の完全な実現を達成するため、次のことを認める。

(a) 初等教育は、義務的なものとし、すべての者に対して無償のものとすること。

(b) 種々の形態の中等教育（技術的及び職業的中等教育を含む。）は、すべての適当な方法により、特に、無償教育の漸進的な導入により、一般的に利用可能であり、かつ、すべての者に対して機会が与えられるものとすること。〔日本国一部留保＝編者〕

(c) 高等教育は、すべての適当な方法により、特に、無償教育の漸進的な導入により、能力に応じ、すべての者に対して均等に機会が与えられるものとすること。〔日本国一部留保＝編者〕

(d) 基礎教育は、初等教育を受けなかった者又はその全課程を修了しなかった者のため、できる限り奨励され又は強化されること。

(e) すべての段階にわたる学校制度の発展を積極的に追求し、適当な奨学金制度を設立し及び教育職員の物質的条件を不断に改善すること。

3 この規約の締約国は、父母及び場合により法定保護者が、公の機関によって設置される学校以外の学校であって国によって定められ又は承認される最低限度の教育上の基準に適合するものを児童のために選択する自由並びに自己の信念に従って児童の宗教的及び道徳的教育を確保する自由を有することを尊重することを約束する。

4 この条のいかなる規定も、個人及び団体が教育機関を設置し及び管理する自由を妨げるものと解してはならない。ただし、常に、1に定める原則が遵守されること及び当該教育機関において行われる教育が国によって定められる最低限度の基準に適合することを条件とする。

第十四条

この規約の締約国となる時にその本土地域又はその管轄の下にあ

る他の地域において無償の初等義務教育を確保するに至つていない各締約国は、すべての者に対する無償の義務教育の原則をその計画中に定める合理的な期間内に漸進的に実施するための詳細な行動計画を二年以内に作成しかつ採用することを約束する。

第十五条

1　この規約の締約国は、すべての者の次の権利を認める。
(a)　文化的な生活に参加する権利
(b)　科学の進歩及びその利用による利益を享受する権利
(c)　自己の科学的、文学的又は芸術的作品により生ずる精神的及び物質的利益が保護されることを享受する権利
2　この規約の締約国が1の権利の完全な実現を達成するためにとる措置には、科学及び文化の保存、発展及び普及に必要な措置を含む。
3　この規約の締約国は、科学研究及び創作活動に不可欠な自由を尊重することを約束する。
4　この規約の締約国は、科学及び文化の分野における国際的な連絡及び協力を奨励し及び発展させることによつて得られる利益を認める。

第四部

第十六条

1　この規約の締約国は、この規約において認められる権利の実現のためにとつた措置及びこれらの権利の実現についてもたらされた進歩に関する報告をこの部の規定に従つて提出することを約束する。
2(a)　すべての報告は、国際連合事務総長に提出するものとし、同事務総長は、この規約による経済社会理事会の審議のため、その写しを同理事会に送付する。
(b)　国際連合事務総長は、また、いずれかの専門機関の加盟国であるこの規約の締約国によつて提出される報告又はその一部が当該専門機関の基本文書によりその任務の範囲内にある事項に関連を有するものである場合には、それらの報告又は関係部分の写しを当該専門機関に送付する。

◎市民的及び政治的権利に関する国際規約　抄

〔昭和五四年八月四日
条約第七号
外務省告示第一八七号〕

〔前文及び第一条は「経済的、社会的及び文化的権利に関する国際規約」〔別掲〕の前文及び第一条と同文＝編者〕

第二部

第二条

1 この規約の各締約国は、その領域内にあり、かつ、その管轄の下にあるすべての個人に対し、人種、皮膚の色、性、言語、宗教、政治的意見その他の意見、国民的若しくは社会的出身、財産、出生又は他の地位等によるいかなる差別もなしにこの規約において認められる権利を尊重し及び確保することを約束する。

2 この規約の各締約国は、立法措置その他の措置がまだとられていない場合には、この規約において認められる権利を実現するために必要な立法措置その他の措置をとるため、自国の憲法上の手続及びこの規約の規定に従って必要な行動をとることを約束する。

3 この規約の各締約国は、次のことを約束する。

(a) この規約において認められる権利又は自由を侵害された者が、公的資格で行動する者によりその侵害が行われた場合にも、効果的な救済措置を受けることを確保すること。

(b) 救済措置を求める者の権利が権限のある司法上、行政上若しくは立法上の機関又は国の法制で定める他の権限のある機関によつて決定されることを確保すること及び司法上の救済措置の可能性を発展させること。

(c) 救済措置が与えられる場合に権限のある機関によつて執行されることを確保すること。

第三条

この規約の締約国は、この規約に定めるすべての市民的及び政治的権利の享有について男女に同等の権利を確保することを約束する。

第四条

1 国民の生存を脅かす公の緊急事態の場合においてその緊急事態の存在が公式に宣言されているときは、この規約の締約国は、事態の緊急性が真に必要とする限度において、この規約に基づく義務に違反する措置をとることができる。ただし、その措置は、当該締約国が国際法に基づき負う他の義務に抵触してはならず、また、人種、皮膚の色、性、言語、宗教又は社会的出身のみを理由とする差別を含んではならない。

2 1の規定は、第六条、第七条、第八条1及び2、第十一条、第十五条、第十六条並びに第十八条の規定に違反することを許すものではない。

3 義務に違反する措置をとる権利を行使するこの規約の締約国は、違反した規定及び違反するに至つた理由を国際連合事務総長を通じてこの規約の他の締約国に直ちに通知する。更に、違反が終了する日に、同事務総長を通じてその旨通知する。

第五条

〔「経済的、社会的及び文化的権利に関する国際規約」第五条と同文＝編者〕

第三部

第六条

1 すべての人間は、生命に対する固有の権利を有する。この権利は、法律によって保護される。何人も、恣《し》意的にその生命を奪われない。

2 死刑を廃止していない国においては、死刑は、犯罪が行われた時に効力を有しており、かつ、この規約の規定及び集団殺害犯罪の防止及び処罰に関する条約の規定に抵触しない法律により、最も重大な犯罪についてのみ科することができる。この刑罰は、権限のある裁判所が言い渡した確定判決によってのみ執行することができる。

3 生命の剥《はく》奪が集団殺害犯罪を構成する場合には、この条のいかなる規定も、この規約の締約国が集団殺害犯罪の防止及び処罰に関する条約の規定に基づいて負う義務を方法のいかんを問わず免れることを許すものではないと了解する。

4 死刑を言い渡されたいかなる者も、特赦又は減刑を求める権利を有する。死刑に対する大赦、特赦又は減刑は、すべての場合に与えることができる。

5 死刑は、十八歳未満の者が行った犯罪について科してはならず、また、妊娠中の女子に対して執行してはならない。

6 この条のいかなる規定も、この規約の締約国により死刑の廃止を遅らせ又は妨げるために援用されてはならない。

第七条

何人も、拷問又は残虐な、非人道的な若しくは品位を傷つける取扱い若しくは刑罰を受けない。特に、何人も、その自由な同意なしに医学的又は科学的実験を受けない。

第八条

1 何人も、奴隷の状態に置かれない。あらゆる形態の奴隷制度及び奴隷取引は、禁止する。

2 何人も、隷属状態に置かれない。

3 (a) 何人も、強制労働に服することを要求されない。

(b) (a)の規定は、犯罪に対する刑罰として強制労働を伴う拘禁刑を科することができる国において、権限のある裁判所による刑罰の言渡しにより強制労働をさせることを禁止するものと解してはならない。

(c) この3の規定の適用上、「強制労働」には、次のものを含まない。

(i) 作業又は役務であって、(b)の規定において言及されておらず、かつ、裁判所の合法的な命令によって抑留されている者又はその抑留を条件付きで免除されている者に通常要求されるもの

(ii) 軍事的性質の役務及び、良心的兵役拒否が認められている国においては、良心的兵役拒否者が法律によって要求される国民的役務

(iii) 社会の存立又は福祉を脅かす緊急事態又は災害の場合に要求される役務

(iv) 市民としての通常の義務とされる作業又は役務

第九条

1 すべての者は、身体の自由及び安全についての権利を有する。何人も、恣《し》意的に逮捕され又は抑留されない。何人も、法律で定める理由及び手続によらない限り、その自由を奪われない。

2 逮捕される者は、逮捕の時にその理由を告げられるものとし、自己に対する被疑事実を速やかに告げられる。

3 刑事上の罪に問われて逮捕され又は抑留された者は、裁判官又は司法権を行使することが法律によって認められている他の官憲の面前に速やかに連れて行かれるものとし、妥当な期間内に裁判

を受ける権利又は釈放される権利を有する。裁判に付される者を抑留することが原則であつてはならず、釈放に当たつては、裁判その他の司法上の手続のすべての段階における出頭及び必要な場合における判決の執行のための出頭が保証されることを条件とすることができる。

4 逮捕又は抑留によつて自由を奪われた者は、裁判所がその抑留が合法的であるかどうかを遅滞なく決定すること及びその抑留が合法的でない場合にはその釈放を命ずることができるように、裁判所において手続をとる権利を有する。

5 違法に逮捕され又は抑留された者は、賠償を受ける権利を有する。

第十条

1 自由を奪われたすべての者は、人道的にかつ人間の固有の尊厳を尊重して、取り扱われる。

2(a) 被告人は、例外的な事情がある場合を除くほか有罪の判決を受けた者とは分離されるものとし、有罪の判決を受けていない者としての地位に相応する別個の取扱いを受ける。

(b) 少年の被告人は、成人とは分離されるものとし、できる限り速やかに裁判に付される。

3 行刑の制度は、被拘禁者の矯正及び社会復帰を基本的な目的とする処遇を含む。少年の犯罪者は、成人とは分離されるものとし、その年齢及び法的地位に相応する取扱いを受ける。

第十一条

何人も、契約上の義務を履行することができないことのみを理由として拘禁されない。

第十二条

1 合法的にいずれかの国の領域内にいるすべての者は、当該領域内において、移動の自由及び居住の自由についての権利を有する。

2 すべての者は、いずれの国（自国を含む。）からも自由に離れることができる。

3 1及び2の権利は、いかなる制限も受けない。ただし、その制限が、法律で定められ、国の安全、公の秩序、公衆の健康若しくは道徳又は他の者の権利及び自由を保護するために必要であり、かつ、この規約において認められる他の権利と両立するものである場合は、この限りでない。

4 何人も、自国に戻る権利を恣《し》意的に奪われない。

第十三条

合法的にこの規約の締約国の領域内にいる外国人は、法律に基づいて行われた決定によつてのみ当該領域から追放することができる。国の安全のためのやむを得ない理由がある場合を除くほか、当該外国人は、自己の追放に反対する理由を提示すること及び権限のある機関又はその機関が特に指名する者によつて自己の事案が審査されることが認められるものとし、このためにその機関又はその者に対する代理人の出頭が認められる。

第十四条

1 すべての者は、裁判所の前に平等とする。すべての者は、その刑事上の罪の決定又は民事上の権利及び義務の争いについての決定のため、法律で設置された、権限のある、独立の、かつ、公平な裁判所による公正な公開審理を受ける権利を有する。報道機関及び公衆に対しては、民主的社会における道徳、公の秩序若しくは国の安全を理由として、当事者の私生活の利益のため必要な場合において又はその公開が司法の利益を害することとなる特別な状況において裁判所が真に必要があると認める限度で、裁判の全部又は一部を公開しないことができる。もつとも、刑事訴訟又は他の訴訟において言い渡される判決は、少年の利益のために必要がある場合又は当該手続が夫婦間の争い若しくは児童の後見に関するものである場合を除くほか、公開する。

2 刑事上の罪に問われているすべての者は、法律に基づいて有罪とされるまでは、無罪と推定される権利を有する。

3 すべての者は、その刑事上の罪の決定について、十分平等に、少なくとも次の保障を受ける権利を有する。

(a) その理解する言語で速やかにかつ詳細にその罪の性質及び理由を告げられること。

(b) 防御の準備のために十分な時間及び便益を与えられ並びに自ら選任する弁護人と連絡すること。

(c) 不当に遅延することなく裁判を受けること。

(d) 自ら出席して裁判を受け及び、直接に又は自ら選任する弁護人を通じて、防御すること。弁護人がいない場合には、弁護人を持つ権利を告げられること。司法の利益のために必要な場合には、十分な支払手段を有しないときは自らその費用を負担することなく、弁護人を付されること。

(e) 自己に不利な証人を尋問し又はこれに対し尋問させること並びに自己に不利な証人と同じ条件で自己のための証人の出席及びこれに対する尋問を求めること。

(f) 裁判所において使用される言語を理解すること又は話すことができない場合には、無料で通訳の援助を受けること。

(g) 自己に不利益な供述又は有罪の自白を強要されないこと。

4 少年の場合には、手続は、その年齢及びその更生の促進が望ましいことを考慮したものとする。

5 有罪の判決を受けたすべての者は、法律に基づきその判決及び刑罰を上級の裁判所によつて再審理される権利を有する。

6 確定判決によつて有罪と決定された場合において、その後に、新たな事実又は新しく発見された事実により誤審のあつたことが決定的に立証されたことを理由としてその有罪の判決が破棄され又は赦免が行われたときは、その有罪の判決の結果刑罰に服した者は、法律に基づいて補償を受ける。ただし、その知られなかつた事実が適当な時に明らかにされなかつたことの全部又は一部がその者の責めに帰するものであることが証明される場合は、この限りでない。

7 何人も、それぞれの国の法律及び刑事手続に従つて既に確定的に有罪又は無罪の判決を受けた行為について再び裁判され又は処罰されることはない。

第十五条

1 何人も、実行の時に国内法又は国際法により犯罪を構成しなかつた作為又は不作為を理由として有罪とされることはない。何人も、犯罪が行われた時に適用されていた刑罰よりも重い刑罰を科されない。犯罪が行われた後により軽い刑罰を科する規定が法律に設けられる場合には、罪を犯した者は、その利益を受ける。

2 この条のいかなる規定も、国際社会の認める法の一般原則により実行の時に犯罪とされていた作為又は不作為を理由として裁判しかつ処罰することを妨げるものではない。

第十六条

すべての者は、すべての場所において、法律の前に人として認められる権利を有する。

第十七条

1 何人も、その私生活、家族、住居若しくは通信に対して恣《し》意的に若しくは不法に干渉され又は名誉及び信用を不法に攻撃されない。

2　すべての者は、1の干渉又は攻撃に対する法律の保護を受ける権利を有する。

第十八条

1　すべての者は、思想、良心及び宗教の自由についての権利を有する。この権利には、自ら選択する宗教又は信念を受け入れ又は有する自由並びに、単独で又は他の者と共同して及び公に又は私的に、礼拝、儀式、行事及び教導によってその宗教又は信念を表明する自由を含む。

2　何人も、自ら選択する宗教又は信念を受け入れ又は有する自由を侵害するおそれのある強制を受けない。

3　宗教又は信念を表明する自由については、法律で定める制限であつて公共の安全、公の秩序、公衆の健康若しくは道徳又は他の者の基本的な権利及び自由を保護するために必要なもののみを課することができる。

4　この規約の締約国は、父母及び場合により法定保護者が、自己の信念に従つて児童の宗教的及び道徳的教育を確保する自由を有することを尊重することを約束する。

第十九条

1　すべての者は、干渉されることなく意見を持つ権利を有する。

2　すべての者は、表現の自由についての権利を有する。この権利には、口頭、手書き若しくは印刷、芸術の形態又は自ら選択する他の方法により、国境とのかかわりなく、あらゆる種類の情報及び考えを求め、受け及び伝える自由を含む。

3　2の権利の行使には、特別の義務及び責任を伴う。したがつて、この権利の行使については、一定の制限を課することができる。ただし、その制限は、法律によつて定められ、かつ、次の目的のために必要とされるものに限る。

(a)　他の者の権利又は信用の尊重

(b)　国の安全、公の秩序又は公衆の健康若しくは道徳の保護

第二十条

1　戦争のためのいかなる宣伝も、法律で禁止する。

2　差別、敵意又は暴力の扇動となる国民的、人種的又は宗教的憎悪の唱道は、法律で禁止する。

第二十一条

平和的な集会の権利は、認められる。この権利の行使については、法律で定める制限であつて国の安全若しくは公共の安全、公の秩序、公衆の健康若しくは道徳の保護又は他の者の権利及び自由の保護のため民主的社会において必要なもの以外のいかなる制限も課することができない。

第二十二条

1　すべての者は、結社の自由についての権利を有する。この権利には、自己の利益の保護のために労働組合を結成し及びこれに加入する権利を含む。

2　1の権利の行使については、法律で定める制限であつて国の安全若しくは公共の安全、公の秩序、公衆の健康若しくは道徳の保護又は他の者の権利及び自由の保護のため民主的社会において必要なもの以外のいかなる制限も課することができない。この条の規定は、1の権利の行使につき、軍隊及び警察の構成員に対して合法的な制限を課することを妨げるものではない。〔日本国解釈宣言あり＝編者〕

3　この条のいかなる規定も、結社の自由及び団結権の保護に関する千九百四十八年の国際労働機関の条約の締約国が、同条約に規定する保障を阻害するような立法措置を講ずること又は同条約に

規定する保障を阻害するような方法により法律を適用することを許すものではない。

第二十三条

1　家族は、社会の自然かつ基礎的な単位であり、社会及び国による保護を受ける権利を有する。
2　婚姻をすることができる年齢の男女が婚姻をしかつ家族を形成する権利は、認められる。
3　婚姻は、両当事者の自由かつ完全な合意なしには成立しない。
4　この規約の締約国は、婚姻中及び婚姻の解消の際に、婚姻に係る配偶者の権利及び責任の平等を確保するため、適当な措置をとる。その解消の場合には、児童に対する必要な保護のため、措置がとられる。

第二十四条

1　すべての児童は、人種、皮膚の色、性、言語、宗教、国民的若しくは社会的出身、財産又は出生によるいかなる差別もなしに、未成年者としての地位に必要とされる保護の措置であって家族、社会及び国による措置についての権利を有する。
2　すべての児童は、出生の後直ちに登録され、かつ、氏名を有する。
3　すべての児童は、国籍を取得する権利を有する。

第二十五条

すべての市民は、第二条に規定するいかなる差別もなく、かつ、不合理な制限なしに、次のことを行う権利及び機会を有する。
(a)　直接に、又は自由に選んだ代表者を通じて、政治に参与すること。
(b)　普通かつ平等の選挙権に基づき秘密投票により行われ、選挙人の意思の自由な表明を保障する真正な定期的選挙において、投票し及び選挙されること。
(c)　一般的な平等条件の下で自国の公務に携わること。

第二十六条

すべての者は、法律の前に平等であり、いかなる差別もなしに法律による平等の保護を受ける権利を有する。このため、法律は、あらゆる差別を禁止し及び人種、皮膚の色、性、言語、宗教、政治的意見その他の意見、国民的若しくは社会的出身、財産、出生又は他の地位等のいかなる理由による差別に対しても平等のかつ効果的な保護をすべての者に保障する。

第二十七条

種族的、宗教的又は言語的少数民族が存在する国において、当該少数民族に属する者は、その集団の他の構成員とともに自己の文化を享有し、自己の宗教を信仰しかつ実践し又は自己の言語を使用する権利を否定されない。

第四部

第四十一条

1　この規約の締約国は、この規約に基づく義務が他の締約国によって履行されていない旨を主張するいずれかの締約国からの通報を委員会が受理しかつ検討する権限を有することを認めることを、この条の規定に基づいていつでも宣言することができる。この条の規定に基づく通報は、委員会の当該権限を自国について認める宣言を行った締約国による通報である場合に限り、受理しかつ検討することができる。委員会は、宣言を行っていない締約国についての通報を受理してはならない。この条の規定により受理される通報は、次の手続に従って取り扱う。
(a)　この規約の締約国は、他の締約国がこの規約を実施していないと認める場合には、書面による通知により、その事態につき当該他の締約国の注意を喚起することができる。通知を受領する国は、通知の受領の後三箇月以内に、当該事態について説明する文書その他の文書を、通知を送付した国に提供する。これらの文書は、当該事態について既にとられ、現在とつており又は将来とることができる国内的な手続及び救済措置に、可能かつ適当な範囲において、言及しなければならない。

「経済的、社会的及び文化的権利に関する国際規約」及び「市民的及び政治的権利に関する国際規約」の日本国による批准等に関する件

〔昭和五四年八月四日　外務省告示第一八七号〕

日本国政府は、昭和四十一年十二月十六日にニュー・ヨークで作成された「経済的、社会的及び文化的権利に関する国際規約」及び「市民的及び政治的権利に関する国際規約」の批准書を昭和五十四年六月二十一日に国際連合事務総長に寄託した。よつて、「経済的、社会的及び文化的権利に関する国際規約」及び「市民的及び政治的権利に関する国際規約」は、それぞれ、第二十七条2及び第四十九条2の規定に従い、昭和五十四年九月二十一日に日本国について効力を生ずる。

なお、日本国政府は、前記の両規約の批准書の寄託に当たり、署名の際に行つた宣言を確認する旨の通告を国際連合事務総長宛書簡により行つた。右書簡の日本語訳文は、次に掲げるとおりである。

書簡をもつて啓上いたします。本使は、本国政府に代わり、日本国政府は経済的、社会的及び文化的権利に関する国際規約及び市民的及び政治的権利に関する国際規約を批准するに当たり署名の際に行つた次の宣言を確認することを通告する光栄を有します。

1 日本国は、経済的、社会的及び文化的権利に関する国際規約第七条(d)の規定の適用に当たり、この規定にいう「公の休日についての報酬」に拘束されない権利を留保する。

2 日本国は、経済的、社会的及び文化的権利に関する国際規約第八条1(d)の規定に拘束されない権利を留保する。ただし、日本国政府による同規約の批准の時に日本国の法令により前記の規定にいう権利が与えられている部門については、この限りでない。

3 日本国は、経済的、社会的及び文化的権利に関する国際規約第十三条2(b)及び(c)の規定の適用に当たり、これらの規定にいう「特に、無償教育の漸進的な導入により」に拘束されない権利を留保する。

4 日本国政府は、結社の自由及び団結権の保護に関する条約の批准に際し同条約第九条にいう「警察」には日本国の消防が含まれると解する旨の立場をとったことを想起し、経済的、社会的及び文化的権利に関する国際規約第八条2及び市民的及び政治的権利に関する国際規約第二十二条2にいう「警察の構成員」には日本国の消防職員が含まれると解釈するものであることを宣言する。

本使は、以上を申し進めるに際し、ここに閣下に向かつて敬意を表します。

千九百七十九年六月二十一日

国際連合日本政府代表

特命全権大使　安倍　勲（署名）

国際連合事務総長

クルト・ワルトハイム閣下

◎児童の権利に関する条約（子どもの権利条約）

〔平成六年五月一六日　条約第二号外務省告示第二六二号〕

前文

この条約の締約国は、

国際連合憲章において宣明された原則によれば、人類社会のすべての構成員の固有の尊厳及び平等のかつ奪い得ない権利を認めることが世界における自由、正義及び平和の基礎を成すものであることを考慮し、

国際連合加盟国の国民が、国際連合憲章において、基本的人権並びに人間の尊厳及び価値に関する信念を改めて確認し、かつ、一層大きな自由の中で社会的進歩及び生活水準の向上を促進することを決意したことに留意し、

国際連合が、世界人権宣言及び人権に関する国際規約において、すべての人は人種、皮膚の色、性、言語、宗教、政治的意見その他の意見、国民的若しくは社会的出身、財産、出生又は他の地位等によるいかなる差別もなしに同宣言及び同規約に掲げるすべての権利及び自由を享有することができることを宣明し及び合意したことを認め、

国際連合が、世界人権宣言において、児童は特別な保護及び援助についての権利を享有することができることを宣明したことを想起し、

家族が、社会の基礎的な集団として、並びに家族のすべての構成員特に児童の成長及び福祉のための自然な環境として、社会においてその責任を十分に引き受けることができるよう必要な保護及び援助を与えられるべきであることを確信し、

児童が、その人格の完全なかつ調和のとれた発達のため、家庭環境の下で幸福、愛情及び理解のある雰囲気の中で成長すべきであることを認め、

児童が、社会において個人として生活するため十分な準備が整えられるべきであり、かつ、国際連合憲章において宣明された理想の精神並びに特に平和、尊厳、寛容、自由、平等及び連帯の精神に従って育てられるべきであることを考慮し、

児童に対して特別な保護を与えることの必要性が、千九百二十四年の児童の権利に関するジュネーヴ宣言及び千九百五十九年十一月二十日に国際連合総会で採択された児童の権利に関する宣言において述べられており、また、世界人権宣言、市民的及び政治的権利に関する国際規約（特に第二十三条及び第二十四条）〔別掲〕、経済的、社会的及び文化的権利に関する国際規約（特に第十条）〔別掲〕並びに児童の福祉に関係する専門機関及び国際機関の規程及び関係文書において認められていることに留意し、

児童の権利に関する宣言において示されているとおり「児童は、身体的及び精神的に未熟であるため、その出生の前後において、適当な法的保護を含む特別な保護及び世話を必要とする。」ことに留意し、

国内の又は国際的な里親委託及び養子縁組を特に考慮した児童の保護及び福祉についての社会的及び法的な原則に関する宣言、少年司法の運用のための国際連合最低基準規則（北京規則）及び緊急事態及び武力紛争における女子及び児童の保護に関する宣言の規定を想起し、

極めて困難な条件の下で生活している児童が世界のすべての国に存在すること、また、このような児童が特別の配慮を必要としていることを認め、

児童の保護及び調和のとれた発達のために各人民の伝統及び文化的価値が有する重要性を十分に考慮し、

あらゆる国特に開発途上国における児童の生活条件を改善するために国際協力が重要であることを認めて、

次のとおり協定した。

第一部

第一条

この条約の適用上、児童とは、十八歳未満のすべての者をいう。ただし、当該児童で、その者に適用される法律によりより早く成年に達したものを除く。

第二条

1　締約国は、その管轄の下にある児童に対し、児童又はその父母若しくは法定保護者の人種、皮膚の色、性、言語、宗教、政治的意見その他の意見、国民的、種族的若しくは社会的出身、財産、心身障害、出生又は他の地位にかかわらず、いかなる差別もなしにこの条約に定める権利を尊重し、及び確保する。

2　締約国は、児童がその父母、法定保護者又は家族の構成員の地位、活動、表明した意見又は信念によるあらゆる形態の差別又は処罰から保護されることを確保するためのすべての適当な措置をとる。

第三条

1　児童に関するすべての措置をとるに当たっては、公的若しくは私的な社会福祉施設、裁判所、行政当局又は立法機関のいずれに

よって行われるものであっても、児童の最善の利益が主として考慮されるものとする。

2 締約国は、児童の父母、法定保護者又は児童について法的に責任を有する他の者の権利及び義務を考慮に入れて、児童の福祉に必要な保護及び養護を確保することを約束し、このため、すべての適当な立法上及び行政上の措置をとる。

3 締約国は、児童の養護又は保護のための施設、役務の提供及び設備が、特に安全及び健康の分野に関し並びにこれらの職員の数及び適格性並びに適正な監督に関し権限のある当局の設定した基準に適合することを確保する。

第四条

締約国は、この条約において認められる権利の実現のため、すべての適当な立法措置、行政措置その他の措置を講ずる。締約国は、経済的、社会的及び文化的権利に関しては、自国における利用可能な手段の最大限の範囲内で、また、必要な場合には国際協力の枠内で、これらの措置を講ずる。

第五条

締約国は、児童がこの条約において認められる権利を行使するに当たり、父母若しくは場合により地方の慣習により定められている大家族若しくは共同体の構成員、法定保護者又は児童について法的に責任を有する他の者がその児童の発達しつつある能力に適合する方法で適当な指示及び指導を与える責任、権利及び義務を尊重する。

第六条

1 締約国は、すべての児童が生命に対する固有の権利を有することを認める。

2 締約国は、児童の生存及び発達を可能な最大限の範囲において確保する。

第七条

1 児童は、出生の後直ちに登録される。児童は、出生の時から氏名を有する権利及び国籍を取得する権利を有するものとし、また、できる限りその父母を知りかつその父母によって養育される権利を有する。

2 締約国は、特に児童が無国籍となる場合を含めて、国内法及びこの分野における関連する国際文書に基づく自国の義務に従い、1の権利の実現を確保する。

第八条

1 締約国は、児童が法律によって認められた国籍、氏名及び家族関係を含むその身元関係事項について不法に干渉されることなく保持する権利を尊重することを約束する。

2 締約国は、児童がその身元関係事項の一部又は全部を不法に奪われた場合には、その身元関係事項を速やかに回復するため、適当な援助及び保護を与える。

第九条

1 締約国は、児童がその父母の意思に反してその父母から分離されないことを確保する。ただし、権限のある当局が司法の審査に従うことを条件として適用のある法律及び手続に従いその分離が児童の最善の利益のために必要であると決定する場合は、この限りでない。このような決定は、父母が児童を虐待し若しくは放置する場合又は父母が別居しており児童の居住地を決定しなければならない場合のような特定の場合において必要となることがある。〔日本国政府の解釈宣言あり（平六 外務告二六二）＝編者〕

2 すべての関係当事者は、1の規定に基づくいかなる手続においても、その手続に参加しかつ自己の意見を述べる機会を有する。

3 締約国は、児童の最善の利益に反する場合を除くほか、父母の一方又は双方から分離されている児童が定期的に父母のいずれとも人的な関係及び直接の接触を維持する権利を尊重する。

4 3の分離が、締約国がとった父母の一方若しくは双方又は児童の抑留、拘禁、追放、退去強制、死亡（その者が当該締約国により身体を拘束されている間に何らかの理由により生じた死亡を含む。）等のいずれかの措置に基づく場合には、当該締約国は、要請に応じ、父母、児童又は適当な場合には家族の他の構成員に対し、家族のうち不在となっている者の所在に関する重要な情報を提供する。ただし、その情報の提供が児童の福祉を害する場合は、この限りでない。締約国は、更に、その要請の提出自体が関係者に悪影響を及ぼさないことを確保する。

第十条

1 前条1の規定に基づく締約国の義務に従い、家族の再統合を目的とする児童又はその父母による締約国への入国又は締約国からの出国の申請については、締約国が積極的、人道的かつ迅速な方法で取り扱う。締約国は、更に、その申請の提出が申請者及びその家族の構成員に悪影響を及ぼさないことを確保する。〔日本国政府の解釈宣言あり（平六 外務告二六二）＝編者〕

2 父母と異なる国に居住する児童は、例外的な事情がある場合を除くほか定期的に父母との人的な関係及び直接の接触を維持する権利を有する。このため、前条1の規定に基づく締約国の義務に従い、締約国は、児童及びその父母がいずれの国（自国を含む。）からも出国し、かつ、自国に入国する権利を尊重する。出国する権利は、法律で定められ、国の安全、公の秩序、公衆の健康若しくは道徳又は他の者の権利及び自由を保護するために必要であり、かつ、この条約において認められる他の権利と両立する制限にのみ従う。

第十一条

1 締約国は、児童が不法に国外へ移送されることを防止し及び国外から帰還することができない事態を除去するための措置を講ずる。

2 このため、締約国は、二国間若しくは多数国間の協定の締結又は現行の協定への加入を促進する。

第十二条

1 締約国は、自己の意見を形成する能力のある児童がその児童に影響を及ぼすすべての事項について自由に自己の意見を表明する権利を確保する。この場合において、児童の意見は、その児童の年齢及び成熟度に従って相応に考慮されるものとする。

2 このため、児童は、特に、自己に影響を及ぼすあらゆる司法上及び行政上の手続において、国内法の手続規則に合致する方法により直接に又は代理人若しくは適当な団体を通じて聴取される機会を与えられる。

第十三条

1 児童は、表現の自由についての権利を有する。この権利には、口頭、手書き若しくは印刷、芸術の形態又は自ら選択する他の方法により、国境とのかかわりなく、あらゆる種類の情報及び考えを求め、受け及び伝える自由を含む。

2 1の権利の行使については、一定の制限を課することができる。ただし、その制限は、法律によって定められ、かつ、次の目的のために必要とされるものに限る。

(a) 他の者の権利又は信用の尊重

(b) 国の安全、公の秩序又は公衆の健康若しくは道徳の保護

第十四条

1　締約国は、思想、良心及び宗教の自由についての児童の権利を尊重する。

2　締約国は、児童が1の権利を行使するに当たり、父母及び場合により法定保護者が児童に対しその発達しつつある能力に適合する方法で指示を与える権利及び義務を尊重する。

3　宗教又は信念を表明する自由については、法律で定める制限であって公共の安全、公の秩序、公衆の健康若しくは道徳又は他の者の基本的な権利及び自由を保護するために必要なもののみを課することができる。

第十五条

1　締約国は、結社の自由及び平和的な集会の自由についての児童の権利を認める。

2　1の権利の行使については、法律で定める制限であって国の安全若しくは公共の安全、公の秩序、公衆の健康若しくは道徳の保護又は他の者の権利及び自由の保護のため民主的社会において必要なもの以外のいかなる制限も課することができない。

第十六条

1　いかなる児童も、その私生活、家族、住居若しくは通信に対して恣《し》意的に若しくは不法に干渉され又は名誉及び信用を不法に攻撃されない。

2　児童は、1の干渉又は攻撃に対する法律の保護を受ける権利を有する。

第十七条

締約国は、大衆媒体（マス・メディア）の果たす重要な機能を認め、児童が国の内外の多様な情報源からの情報及び資料、特に児童の社会面、精神面及び道徳面の福祉並びに心身の健康の促進を目的とした情報及び資料を利用することができることを確保する。このため、締約国は、

(a)　児童にとって社会面及び文化面において有益であり、かつ、第二十九条の精神に沿う情報及び資料を大衆媒体（マス・メディア）が普及させるよう奨励する。

(b)　国の内外の多様な情報源（文化的にも多様な情報源を含む。）からの情報及び資料の作成、交換及び普及における国際協力を奨励する。

(c)　児童用書籍の作成及び普及を奨励する。

(d)　少数集団に属し又は原住民である児童の言語上の必要性について大衆媒体（マス・メディア）が特に考慮するよう奨励する。

(e)　第十三条及び次条の規定に留意して、児童の福祉に有害な情報及び資料から児童を保護するための適当な指針を発展させることを奨励する。

第十八条

1　締約国は、児童の養育及び発達について父母が共同の責任を有するという原則についての認識を確保するために最善の努力を払う。父母又は場合により法定保護者は、児童の養育及び発達についての第一義的な責任を有する。児童の最善の利益は、これらの者の基本的な関心事項となるものとする。

2　締約国は、この条約に定める権利を保障し及び促進するため、父母及び法定保護者が児童の養育についての責任を遂行するに当たりこれらの者に対して適当な援助を与えるものとし、また、児童の養護のための施設、設備及び役務の提供の発展を確保する。

3　締約国は、父母が働いている児童が利用する資格を有する児童の養護のための役務の提供及び設備からその児童が便益を受ける権利を有することを確保するためのすべての適当な措置をとる。

第十九条

1 締約国は、児童が父母、法定保護者又は児童を監護する他の者による監護を受けている間において、あらゆる形態の身体的若しくは精神的な暴力、傷害若しくは虐待、放置若しくは怠慢な取扱い、不当な取扱い又は搾取（性的虐待を含む。）からその児童を保護するためすべての適当な立法上、行政上、社会上及び教育上の措置をとる。

2 1の保護措置には、適当な場合には、児童及び児童を監護する者のために必要な援助を与える社会的計画の作成その他の形態による防止のための効果的な手続並びに1に定める児童の不当な取扱いの事件の発見、報告、付託、調査、処置及び事後措置並びに適当な場合には司法の関与に関する効果的な手続を含むものとする。

第二十条

1 一時的若しくは恒久的にその家庭環境を奪われた児童又は児童自身の最善の利益にかんがみその家庭環境にとどまることが認められない児童は、国が与える特別の保護及び援助を受ける権利を有する。

2 締約国は、自国の国内法に従い、1の児童のための代替的な監護を確保する。

3 2の監護には、特に、里親委託、イスラム法のカファーラ、養子縁組又は必要な場合には児童の監護のための適当な施設への収容を含むことができる。解決策の検討に当たっては、児童の養育において継続性が望ましいこと並びに児童の種族的、宗教的、文化的及び言語的な背景について、十分な考慮を払うものとする。

第二十一条

養子縁組の制度を認め又は許容している締約国は、児童の最善の利益について最大の考慮が払われることを確保するものとし、また、

(a) 児童の養子縁組が権限のある当局によってのみ認められることを確保する。この場合において、当該権限のある当局は、適用のある法律及び手続に従い、かつ、信頼し得るすべての関連情報に基づき、養子縁組が父母、親族及び法定保護者に関する児童の状況にかんがみ許容されること並びに必要な場合には、関係者が所要のカウンセリングに基づき養子縁組について事情を知らされた上での同意を与えていることを認定する。

(b) 児童がその出身国内において里親若しくは養家に託され又は適切な方法で監護を受けることができない場合には、これに代わる児童の監護の手段として国際的な養子縁組を考慮することができることを認める。

(c) 国際的な養子縁組が行われる児童が国内における養子縁組の場合における保護及び基準と同等のものを享受することを確保する。

(d) 国際的な養子縁組において当該養子縁組が関係者に不当な金銭上の利得をもたらすことがないことを確保するためのすべての適当な措置をとる。

(e) 適当な場合には、二国間又は多数国間の取極又は協定を締結することによりこの条の目的を促進し、及びこの枠組みの範囲内で他国における児童の養子縁組が権限のある当局又は機関によって行われることを確保するよう努める。

第二十二条

1 締約国は、難民の地位を求めている児童又は適用のある国際法及び国際的な手続若しくは国内法及び国内的な手続に基づき難民と認められている児童が、父母又は他の者に付き添われているかいないかを問わず、この条約及び自国が締約国となっている人権

又は人道に関する他の国際文書に定める権利であって適用のあるものの享受に当たり、適当な保護及び人道的援助を受けることを確保するための適当な措置をとる。

2　このため、締約国は、適当と認める場合には、1の児童を保護し及び援助するため、並びに難民の児童の家族との再統合に必要な情報を得ることを目的としてその難民の児童の父母又は家族の他の構成員を捜すため、国際連合及びこれと協力する他の権限のある政府間機関又は関係非政府機関による努力に協力する。その難民の児童は、父母又は家族の他の構成員が発見されない場合には、何らかの理由により恒久的又は一時的にその家庭環境を奪われた他の児童と同様にこの条約に定める保護が与えられる。

第二十三条

1　締約国は、精神的又は身体的な障害を有する児童が、その尊厳を確保し、自立を促進し及び社会への積極的な参加を容易にする条件の下で十分かつ相応な生活を享受すべきであることを認める。

2　締約国は、障害を有する児童が特別の養護についての権利を有することを認めるものとし、利用可能な手段の下で、申込みに応じた、かつ、当該児童の状況及び父母又は当該児童を養護している他の者の事情に適した援助を、これを受ける資格を有する児童及びこのような児童の養護について責任を有する者に与えることを奨励し、かつ、確保する。

3　障害を有する児童の特別な必要を認めて、2の規定に従って与えられる援助は、父母又は当該児童を養護している他の者の資力を考慮して可能な限り無償で与えられるものとし、かつ、障害を有する児童が可能な限り社会への統合及び個人の発達（文化的及び精神的な発達を含む。）を達成することに資する方法で当該児童が教育、訓練、保健サービス、リハビリテーション・サービス、雇用のための準備及びレクリエーションの機会を実質的に利用し及び享受することができるように行われるものとする。

4　締約国は、国際協力の精神により、予防的な保健並びに障害を有する児童の医学的、心理学的及び機能的治療の分野における適当な情報の交換（リハビリテーション、教育及び職業サービスの方法に関する情報の普及及び利用を含む。）であってこれらの分野における自国の能力及び技術を向上させ並びに自国の経験を広げることができるようにすることを目的とするものを促進する。これに関しては、特に、開発途上国の必要を考慮する。

第二十四条

1　締約国は、到達可能な最高水準の健康を享受すること並びに病気の治療及び健康の回復のための便宜を与えられることについての児童の権利を認める。締約国は、いかなる児童もこのような保健サービスを利用する権利が奪われないことを確保するために努力する。

2　締約国は、1の権利の完全な実現を追求するものとし、特に、次のことのための適当な措置をとる。

(a)　幼児及び児童の死亡率を低下させること。

(b)　基礎的な保健の発展に重点を置いて必要な医療及び保健をすべての児童に提供することを確保すること。

(c)　環境汚染の危険を考慮に入れて、基礎的な保健の枠組みの範囲内で行われることを含めて、特に容易に利用可能な技術の適用により並びに十分に栄養のある食物及び清潔な飲料水の供給を通じて、疾病及び栄養不良と戦うこと。

(d)　母親のための産前産後の適当な保健を確保すること。

(e)　社会のすべての構成員特に父母及び児童が、児童の健康及び栄養、母乳による育児の利点、衛生（環境衛生を含む。）並びに事故の防止についての基礎的な知識に関して、情報を提供され、教育を受ける機会を有し及びその知識の使用について支援されることを確保すること。

(f) 予防的な保健、父母のための指導並びに家族計画に関する教育及びサービスを発展させること。

3 締約国は、児童の健康を害するような伝統的な慣行を廃止するため、効果的かつ適当なすべての措置をとる。

4 締約国は、この条において認められる権利の完全な実現を漸進的に達成するため、国際協力を促進し及び奨励することを約束する。これに関しては、特に、開発途上国の必要を考慮する。

第二十五条

締約国は、児童の身体又は精神の養護、保護又は治療を目的として権限のある当局によって収容された児童に対する処遇及びその収容に関連する他のすべての状況に関する定期的な審査が行われることについての児童の権利を認める。

第二十六条

1 締約国は、すべての児童が社会保険その他の社会保障からの給付を受ける権利を認めるものとし、自国の国内法に従い、この権利の完全な実現を達成するための必要な措置をとる。

2 1の給付は、適当な場合には、児童及びその扶養について責任を有する者の資力及び事情並びに児童によって又は児童に代わって行われる給付の申請に関する他のすべての事項を考慮して、与えられるものとする。

第二十七条

1 締約国は、児童の身体的、精神的、道徳的及び社会的な発達のための相当な生活水準についてのすべての児童の権利を認める。

2 父母又は児童について責任を有する他の者は、自己の能力及び資力の範囲内で、児童の発達に必要な生活条件を確保することについての第一義的な責任を有する。

3 締約国は、国内事情に従い、かつ、その能力の範囲内で、1の権利の実現のため、父母及び児童について責任を有する他の者を援助するための適当な措置をとるものとし、また、必要な場合には、特に栄養、衣類及び住居に関して、物的援助及び支援計画を提供する。

4 締約国は、父母又は児童について金銭上の責任を有する他の者から、児童の扶養料を自国内で及び外国から、回収することを確保するためのすべての適当な措置をとる。特に、児童について金銭上の責任を有する者が児童と異なる国に居住している場合には、締約国は、国際協定への加入又は国際協定の締結及び他の適当な取決めの作成を促進する。

第二十八条

1 締約国は、教育についての児童の権利を認めるものとし、この権利を漸進的にかつ機会の平等を基礎として達成するため、特に、

(a) 初等教育を義務的なものとし、すべての者に対して無償のものとする。

(b) 種々の形態の中等教育（一般教育及び職業教育を含む。）の発展を奨励し、すべての児童に対し、これらの中等教育が利用可能であり、かつ、これらを利用する機会が与えられるものとし、例えば、無償教育の導入、必要な場合における財政的援助の提供のような適当な措置をとる。

(c) すべての適当な方法により、能力に応じ、すべての者に対して高等教育を利用する機会が与えられるものとする。

(d)　すべての児童に対し、教育及び職業に関する情報及び指導が利用可能であり、かつ、これらを利用する機会が与えられるものとする。
(e)　定期的な登校及び中途退学率の減少を奨励するための措置をとる。
2　締約国は、学校の規律が児童の人間の尊厳に適合する方法で及びこの条約に従って運用されることを確保するためのすべての適当な措置をとる。
3　締約国は、特に全世界における無知及び非識字の廃絶に寄与し並びに科学上及び技術上の知識並びに最新の教育方法の利用を容易にするため、教育に関する事項についての国際協力を促進し、及び奨励する。これに関しては、特に、開発途上国の必要を考慮する。

第二十九条

1　締約国は、児童の教育が次のことを指向すべきことに同意する。
(a)　児童の人格、才能並びに精神的及び身体的な能力をその可能な最大限度まで発達させること。
(b)　人権及び基本的自由並びに国際連合憲章にうたう原則の尊重を育成すること。
(c)　児童の父母、児童の文化的同一性、言語及び価値観、児童の居住国及び出身国の国民的価値観並びに自己の文明と異なる文明に対する尊重を育成すること。
(d)　すべての人民の間の、種族的、国民的及び宗教的集団の間の並びに原住民である者の間の理解、平和、寛容、両性の平等及び友好の精神に従い、自由な社会における責任ある生活のために児童に準備させること。
(e)　自然環境の尊重を育成すること。
2　この条又は前条のいかなる規定も、個人及び団体が教育機関を設置し及び管理する自由を妨げるものと解してはならない。ただし、常に、1に定める原則が遵守されること及び当該教育機関において行われる教育が国によって定められる最低限度の基準に適合することを条件とする。

第三十条

種族的、宗教的若しくは言語的少数民族又は原住民である者が存在する国において、当該少数民族に属し又は原住民である児童は、その集団の他の構成員とともに自己の文化を享有し、自己の宗教を信仰しかつ実践し又は自己の言語を使用する権利を否定されない。

第三十一条

1　締約国は、休息及び余暇についての児童の権利並びに児童がその年齢に適した遊び及びレクリエーションの活動を行い並びに文化的な生活及び芸術に自由に参加する権利を認める。
2　締約国は、児童が文化的及び芸術的な生活に十分に参加する権利を尊重しかつ促進するものとし、文化的及び芸術的な活動並びにレクリエーション及び余暇の活動のための適当かつ平等な機会の提供を奨励する。

第三十二条

1　締約国は、児童が経済的な搾取から保護され及び危険となり若しくは児童の教育の妨げとなり又は児童の健康若しくは身体的、精神的、道徳的若しくは社会的な発達に有害となるおそれのある労働への従事から保護される権利を認める。
2　締約国は、この条の規定の実施を確保するための立法上、行政上、社会上及び教育上の措置をとる。このため、締約国は、他の国際文書の関連規定を考慮して、特に、

(a) 雇用が認められるための一又は二以上の最低年齢を定める。
(b) 労働時間及び労働条件についての適当な規則を定める。
(c) この条の規定の効果的な実施を確保するための適当な罰則その他の制裁を定める。

第三十三条

締約国は、関連する国際条約に定義された麻薬及び向精神薬の不正な使用から児童を保護し並びにこれらの物質の不正な生産及び取引における児童の使用を防止するための立法上、行政上、社会上及び教育上の措置を含むすべての適当な措置をとる。

第三十四条

締約国は、あらゆる形態の性的搾取及び性的虐待から児童を保護することを約束する。このため、締約国は、特に、次のことを防止するためのすべての適当な国内、二国間及び多数国間の措置をとる。
(a) 不法な性的な行為を行うことを児童に対して勧誘し又は強制すること。
(b) 売春又は他の不法な性的な業務において児童を搾取的に使用すること。
(c) わいせつな演技及び物において児童を搾取的に使用すること。

第三十五条

締約国は、あらゆる目的のための又はあらゆる形態の児童の誘拐、売買又は取引を防止するためのすべての適当な国内、二国間及び多数国間の措置をとる。

第三十六条

締約国は、いずれかの面において児童の福祉を害する他のすべての形態の搾取から児童を保護する。

第三十七条

締約国は、次のことを確保する。
(a) いかなる児童も、拷問又は他の残虐な、非人道的な若しくは品位を傷つける取扱い若しくは刑罰を受けないこと。死刑又は釈放の可能性がない終身刑は、十八歳未満の者が行った犯罪について科さないこと。
(b) いかなる児童も、不法に又は恣《し》意的にその自由を奪われないこと。児童の逮捕、抑留又は拘禁は、法律に従って行うものとし、最後の解決手段として最も短い適当な期間のみ用いること。
(c) 自由を奪われたすべての児童〔傍線＝編者〕は、人道的に、人間の固有の尊厳を尊重して、かつ、その年齢の者の必要を考慮した方法で取り扱われること。特に、自由を奪われたすべての児童は、成人とは分離されないことがその最善の利益であると認められない限り成人とは分離される〔傍線＝編者〕ものとし、例外的な事情がある場合を除くほか、通信及び訪問を通じてその家族との接触を維持する権利を有すること。〔日本国は本項の適用にあたり、傍線部の字句に拘束されない権利を留保（平六　外務告二六二）＝編者〕
(d) 自由を奪われたすべての児童は、弁護人その他適当な援助を行う者と速やかに接触する権利を有し、裁判所その他の権限のある、独立の、かつ、公平な当局においてその自由の剝《はく》奪の合法性を争い並びにこれについての決定を速やかに受ける権利を有すること。

第三十八条

1 締約国は、武力紛争において自国に適用される国際人道法の規定で児童に関係を有するものを尊重し及びこれらの規定の尊重を確保することを約束する。

2　締約国は、十五歳未満の者が敵対行為に直接参加しないことを確保するためのすべての実行可能な措置をとる。
3　締約国は、十五歳未満の者を自国の軍隊に採用することを差し控えるものとし、また、十五歳以上十八歳未満の者の中から採用するに当たっては、最年長者を優先させるよう努める。
4　締約国は、武力紛争において文民を保護するための国際人道法に基づく自国の義務に従い、武力紛争の影響を受ける児童の保護及び養護を確保するためのすべての実行可能な措置をとる。

第三十九条

締約国は、あらゆる形態の放置、搾取若しくは虐待、拷問若しくは他のあらゆる形態の残虐な、非人道的な若しくは品位を傷つける取扱い若しくは刑罰又は武力紛争による被害者である児童の身体的及び心理的な回復及び社会復帰を促進するためのすべての適当な措置をとる。このような回復及び復帰は、児童の健康、自尊心及び尊厳を育成する環境において行われる。

第四十条

1　締約国は、刑法を犯したと申し立てられ、訴追され又は認定されたすべての児童が尊厳及び価値についての当該児童の意識を促進させるような方法であって、当該児童が他の者の人権及び基本的自由を尊重することを強化し、かつ、当該児童の年齢を考慮し、更に、当該児童が社会に復帰し及び社会において建設的な役割を担うことがなるべく促進されることを配慮した方法により取り扱われる権利を認める。
2　このため、締約国は、国際文書の関連する規定を考慮して、特に次のことを確保する。
(a)　いかなる児童も、実行の時に国内法又は国際法により禁じられていなかった作為又は不作為を理由として刑法を犯したと申し立てられ、訴追され又は認定されないこと。
(b)　刑法を犯したと申し立てられ又は訴追されたすべての児童は、少なくとも次の保障を受けること。
(i)　法律に基づいて有罪とされるまでは無罪と推定されること。
(ii)　速やかにかつ直接に、また、適当な場合には当該児童の父母又は法定保護者を通じてその罪を告げられること並びに防御の準備及び申立てにおいて弁護人その他適当な援助を行う者を持つこと。
(iii)　事案が権限のある、独立の、かつ、公平な当局又は司法機関により法律に基づく公正な審理において、弁護人その他適当な援助を行う者の立会い及び、特に当該児童の年齢又は境遇を考慮して児童の最善の利益にならないと認められる場合を除くほか、当該児童の父母又は法定保護者の立会いの下に遅滞なく決定されること。
(iv)　供述又は有罪の自白を強要されないこと。不利な証人を尋問し又はこれに対し尋問させること並びに対等の条件で自己のための証人の出席及びこれに対する尋問を求めること。
(v)　刑法を犯したと認められた場合には、その認定及びその結果科せられた措置について、法律に基づき、上級の、権限のある、独立の、かつ、公平な当局又は司法機関によって再審理されること。
(vi)　使用される言語を理解すること又は話すことができない場合には、無料で通訳の援助を受けること。
(vii)　手続のすべての段階において当該児童の私生活が十分に尊重されること。
3　締約国は、刑法を犯したと申し立てられ、訴追され又は認定された児童に特別に適用される法律及び手続の制定並びに当局及び施設の設置を促進するよう努めるものとし、特に、次のことを行う。

(a) その年齢未満の児童は刑法を犯す能力を有しないと推定される最低年齢を設定すること。

(b) 適当なかつ望ましい場合には、人権及び法的保護が十分に尊重されていることを条件として、司法上の手続に訴えることなく当該児童を取り扱う措置をとること。

4 児童がその福祉に適合し、かつ、その事情及び犯罪の双方に応じた方法で取り扱われることを確保するため、保護、指導及び監督命令、カウンセリング、保護観察、里親委託、教育及び職業訓練計画、施設における養護に代わる他の措置等の種々の処置が利用し得るものとする。

第四十一条

この条約のいかなる規定も、次のものに含まれる規定であって児童の権利の実現に一層貢献するものに影響を及ぼすものではない。

(a) 締約国の法律

(b) 締約国について効力を有する国際法

第二部

第四十二条

締約国は、適当かつ積極的な方法でこの条約の原則及び規定を成人及び児童のいずれにも広く知らせることを約束する。

第四十三条

1 この条約において負う義務の履行の達成に関する締約国による進捗《ちょく》の状況を審査するため、児童の権利に関する委員会（以下「委員会」という。）を設置する。委員会は、この部に定める任務を行う。

2 委員会は、徳望が高く、かつ、この条約が対象とする分野において能力を認められた十人の専門家で構成する。委員会の委員は、締約国の国民の中から締約国により選出されるものとし、個人の資格で職務を遂行する。その選出に当たっては、衡平な地理的配分及び主要な法体系を考慮に入れる。

3 委員会の委員は、締約国により指名された者の名簿の中から秘密投票により選出される。各締約国は、自国民の中から一人を指名することができる。

4 委員会の委員の最初の選挙は、この条約の効力発生の日の後六箇月以内に行うものとし、その後の選挙は、二年ごとに行う。国際連合事務総長は、委員会の委員の選挙の日の遅くとも四箇月前までに、締約国に対し、自国が指名する者の氏名を二箇月以内に提出するよう書簡で要請する。その後、同事務総長は、指名された者のアルファベット順による名簿（これらの者を指名した締約国名を表示した名簿とする。）を作成し、この条約の締約国に送付する。

5 委員会の委員の選挙は、国際連合事務総長により国際連合本部に招集される締約国の会合において行う。これらの会合は、締約国の三分の二をもって定足数とする。これらの会合においては、出席しかつ投票する締約国の代表によって投じられた票の最多数で、かつ、過半数の票を得た者をもって委員会に選出された委員とする。

6 委員会の委員は、四年の任期で選出される。委員は、再指名された場合には、再選される資格を有する。最初の選挙において選出された委員のうち五人の委員の任期は、二年で終了するものとし、これらの五人の委員は、最初の選挙の後直ちに、最初の選挙が行われた締約国の会合の議長によりくじ引で選ばれる。

7　委員会の委員が死亡し、辞任し又は他の理由のため委員会の職務を遂行することができなくなったことを宣言した場合には、当該委員を指名した締約国は、委員会の承認を条件として自国民の中から残余の期間職務を遂行する他の専門家を任命する。
8　委員会は、手続規則を定める。
9　委員会は、役員を二年の任期で選出する。
10　委員会の会合は、原則として、国際連合本部又は委員会が決定する他の適当な場所において開催する。委員会は、原則として毎年一回会合する。委員会の会合の期間は、国際連合総会の承認を条件としてこの条約の締約国の会合において決定し、必要な場合には、再検討する。
11　国際連合事務総長は、委員会がこの条約に定める任務を効果的に遂行するために必要な職員及び便益を提供する。
12　この条約に基づいて設置する委員会の委員は、国際連合総会が決定する条件に従い、同総会の承認を得て、国際連合の財源から報酬を受ける。

第四十四条

1　締約国は、(a)当該締約国についてこの条約が効力を生ずる時から二年以内に、(b)その後は五年ごとに、この条約において認められる権利の実現のためにとった措置及びこれらの権利の享受についてもたらされた進歩に関する報告を国際連合事務総長を通じて委員会に提出することを約束する。
2　この条の規定により行われる報告には、この条約に基づく義務の履行の程度に影響を及ぼす要因及び障害が存在する場合には、これらの要因及び障害を記載する。当該報告には、また、委員会が当該国における条約の実施について包括的に理解するために十分な情報を含める。
3　委員会に対して包括的な最初の報告を提出した締約国は、1(b)の規定に従って提出するその後の報告においては、既に提供した基本的な情報を繰り返す必要はない。
4　委員会は、この条約の実施に関連する追加の情報を締約国に要請することができる。
5　委員会は、その活動に関する報告を経済社会理事会を通じて二年ごとに国際連合総会に提出する。
6　締約国は、1の報告を自国において公衆が広く利用できるようにする。

第四十五条

この条約の効果的な実施を促進し及びこの条約が対象とする分野における国際協力を奨励するため、
(a)　専門機関及び国際連合児童基金その他の国際連合の機関は、その任務の範囲内にある事項に関するこの条約の規定の実施についての検討に際し、代表を出す権利を有する。委員会は、適当と認める場合には、専門機関及び国際連合児童基金その他の権限のある機関に対し、これらの機関の任務の範囲内にある事項に関するこの条約の実施について専門家の助言を提供するよう要請することができる。委員会は、専門機関及び国際連合児童基金その他の国際連合の機関に対し、これらの機関の任務の範囲内にある事項に関するこの条約の実施について報告を提出するよう要請することができる。
(b)　委員会は、適当と認める場合には、技術的な助言若しくは援助の要請を含んでおり又はこれらの必要性を記載している締約国からのすべての報告を、これらの要請又は必要性の記載に関する委員会の見解及び提案がある場合は当該見解及び提案とともに、専門機関及び国際連合児童基金その他の権限のある機関に送付する。
(c) 委員会は、国際連合総会に対し、国際連合事務総長が委員会のために児童の権利に関連する特定の事項に関する研究を行うよう同事務総長に要請することを勧告することができる。
(d) 委員会は、前条及びこの条の規定により得た情報に基づく提案及び一般的な性格を有する勧告を行うことができる。これらの提案及び一般的な性格を有する勧告は、関係締約国に送付し、締約国から意見がある場合にはその意見とともに国際連合総会に報告する。

第三部

第四十六条

この条約は、すべての国による署名のために開放しておく。

第四十七条

この条約は、批准されなければならない。批准書は、国際連合事務総長に寄託する。

第四十八条

この条約は、すべての国による加入のために開放しておく。加入書は、国際連合事務総長に寄託する。

第四十九条

1 この条約は、二十番目の批准書又は加入書が国際連合事務総長に寄託された日の後三十日目の日に効力を生ずる。
2 この条約は、二十番目の批准書又は加入書が寄託された後に批准し又は加入する国については、その批准書又は加入書が寄託された日の後三十日目の日に効力を生ずる。

第五十条

1 いずれの締約国も、改正を提案し及び改正案を国際連合事務総長に提出することができる。同事務総長は、直ちに、締約国に対し、その改正案を送付するものとし、締約国による改正案の審議及び投票のための締約国の会議の開催についての賛否を示すよう要請する。その送付の日から四箇月以内に締約国の三分の一以上が会議の開催に賛成する場合には、同事務総長は、国際連合の主催の下に会議を招集する。会議において出席しかつ投票する締約国の過半数によって採択された改正案は、承認のため、国際連合総会に提出する。
2 1の規定により採択された改正は、国際連合総会が承認し、かつ、締約国の三分の二以上の多数が受諾した時に、効力を生ずる。
3 改正は、効力を生じたときは、改正を受諾した締約国を拘束するものとし、他の締約国は、改正前のこの条約の規定（受諾した従前の改正を含む。）により引き続き拘束される。

第五十一条

1 国際連合事務総長は、批准又は加入の際に行われた留保の書面を受領し、かつ、すべての国に送付する。
2 この条約の趣旨及び目的と両立しない留保は、認められない。
3 留保は、国際連合事務総長にあてた通告によりいつでも撤回することができるものとし、同事務総長は、その撤回をすべての国に通報する。このようにして通報された通告は、同事務総長により受領された日に効力を生ずる。

第五十二条

締約国は、国際連合事務総長に対して書面による通告を行うことにより、この条約を廃棄することができる。廃棄は、同事務総長がその通告を受領した日の後一年で効力を生ずる。

第五十三条

国際連合事務総長は、この条約の寄託者として指名される。

第五十四条

アラビア語、中国語、英語、フランス語、ロシア語及びスペイン語をひとしく正文とするこの条約の原本は、国際連合事務総長に寄託する。

以上の証拠として、下名の全権委員〔下名の全権委員は略〕は、各自の政府から正当に委任を受けてこの条約に署名した。

(2) 宣言・その他

図書憲章

〔一九七一年一〇月二二日 ユネスコ国際図書年支持委員会承認〕

前　文

図書は、今日まで世界の知識の貯蔵庫として、またその知識を供給する手段として必要不可欠のものであることを確信し、

図書の役割は、印刷された言葉をできる限り広く利用させる政策を採ることによって、一層強化されることを信じ、

国際連合教育科学文化機関が憲章で「いずれの国で作成された印刷物及び刊行物でもすべての国の人民が利用できるようにする国際協力」とともに「言語及び表象による思想の自由な交流」を促進しようとしていることを思い起こし、

さらにまたユネスコ総会が、図書は「ユネスコの諸目的の実現すなわち平和、発展、人権の伸長ならびに人種的偏見や植民対策反対運動の実現にあたって基本的な機能を果すものである」ことを確認したことを思い起こし、ユネスコ総会が「ブックス・フォア・オール」を標語として、一九七二年を国際図書年として宣言したことを考慮し、

国際図書販売者協会連合
国際作家作曲家協会連合
国際ドキュメンテーション連合
国際図書館協会連盟
国際翻訳家連盟
国際PEN
国際出版連合

は、一致してこの図書憲章を採択し、すべての関係者がここに宣言された諸原則を実行するよう要請する。

第一条　人はすべて読む権利を持つ。

社会は、すべての人がみな、読書の恩典に浴せるようにする義務がある。世界人口の大部分は、読む能力がないため図書に親しめないでいるので、政府はこうした文盲の嘆きをなくするようにする責任がある。政府は、その読書力を育成するために必要な印刷物の供給を盛んにすべきである。また必要とあれば、二国間ないし多国間援助が図書関係事業に与えられるべきである。また、図書出版者と配給者には、こうして伝達される思想や情報が、読者や社会全般の絶えず変化する要求に常に応じ得るようにする義務がある。

第二条　図書は教育にとって必要欠くべからざるものである。

教育の革命的変化と増加膨脹する就学人口に対処する長期計画の必要な時代には、先ずもって教育制度発展の基礎となる適切な教科書を確保する企画立案が必要である。教科書の質と内容とは、世界中のすべての国が絶えずその改善を必要としている。各国が協同して地域的図書を製作することは、国内の出版者を助けて、教科書ならびに学校図書館や識字教育計画がとくに必要としている一般教育読物の需要に応じることができる。

第三条　社会は著作者がその創作的役割を充分果しうる条件を確立する特別な義務がある。

世界人権宣言は「人はすべて、自己の創作した科学的・文学的・美術的作品から生ずる精神的および物質的利益の保護を受ける権利を有する」と述べている。この保護はまた、翻訳により言語の国境を越え、広く一般図書という地平において、著作者と広範な一般大衆とを結ぶ大切な絆となっている翻訳者にも及ぼすべきである。すべての国は、それぞれその文化的特質を表現する権利をもっているし、またそうすることによって、初めて文明の本質である多様性が維持できるのである。従って各国は、著作者たちがその創作的役割を充分果しうるよう鞭撻し、また翻訳を通じて他の言語、とくに通用範囲の限られている言語による文献が含んでいる富には、さらに広く多くの人が親しめるようにしなければならない。

第四条　健全な出版産業は国の発展には欠くことができない。

適切な読物の不足している国が多く、図書生産に明らかな不均衡がある世界では、国内出版開発のための計画が必要である。それには国の指導と、場合により必要な下部構造の設立を援助する国際協力が要請される。また出版産業開発のためには、教育および経済的・社会的総合計画、全国図書開発協議会のような機関を通じ、図書界全体を網羅する多くの専門団体の参加、ならびに国内、二国間または多国間の長期かつ低利の融資といった財政的措置が必要である。

第五条　図書生産施設は出版産業の発展に必要である。

政府は、その経済政策により、図書生産の下部構造の発展のために、用紙や印刷・製本機械を含めて必要な材料や設備が確保できるようにすべきである。これらの材料・設備の輸入緩和と相まって、国内資源を最大限に利用することは、低廉でしかも魅力のある読物の出版を盛んにすることになる。さらに、より緊急な関心事は、口述言語の転写・録音の開発であろう。国際生産の関係者は、実行可能な限り、高度な製作水準とデザインとを持つべきである。身体障害者用の図書製作には、また特別な努力が払われなければならない。

第六条　図書販売者は出版者と一般読者の間を結ぶ絆として基本的奉仕をする。

図書販売業者は、読書の習慣を増進する活動の第一線にたって、文化的・教育的両面の責任を持つ。すなわち適切で、しかもよく選ばれた一連の図書が確実に一般読者に届くようにする極めて重大な役割を演じているのである。図書の郵送料や航空料金の特別扱い、支払い上の便宜、その他経済上の優遇措置は、この仕事を遂行するうえで図書販売者の助けとなる。

第七条　図書館は情報と知識を伝達し、英知と美を享受するための国の資源である。

図書館は、図書の提供普及という面で中心的地位を占めている。図書館は印刷物を読者に提供する最も有効な手段であることが多い。公的なサービスとして、図書館は読書を奨励しているが、それがまた個人の福祉、生涯教育や経済的・社会的な発展を推進している。図書館サービスは、各国の潜在的・顕在的な要求に対応させるべきである。ただ都市だけでなく、特に図書の供給が途絶えがちな広大な農村・辺地では、各学校や自治体が、有資格の職員と適切な図書予算を持つ図書館を、少くとも一つは持つべきである。図書館は、また高等教育や学術的な要求になくてはならないものである。全国に図書館のネットワークがひろがれば、どこにいる読者にも常に図書資源を身近かに持てることになる。

第八条　ドキュメンテーションは重要な基礎資料として保存し、これを利用することで、図書のために役立つ。

科学・技術その他の専門書は、適切なドキュメンテーション・

サービスが必要である。従って、この種のサービスの発達には、政府や図書に関係ある各方面の援助がなければならない。最大限の情報資料がいつでも利用できるようにするためには、これらの貴重な文献でもできる限り自由に閲覧しうるような方法を講ずるべきである。

第九条　図書の国際的自由交流は、国内の供給を補う重要な手段であり、また国際理解を深める。

すべての人が、世界の創造活動に幾分でも寄与するためには、図書の交流を妨げないことが肝要である。関税や課税などの障害は、ユネスコ協定、その他の国際的勧告や条約を広く適用することにより排除することができる。図書の購入や、図書の製作に必要な原料購入の許可とか外貨は、おおむね承認せられるべきであり、また国内課税その他図書の取引きに関する制約は、最小限に止めるべきである。

第十条　図書は国際理解と平和共存に役立つ。

「戦争は人の心の中で生まれるものであるから、人の心の中に平和のとりでを築かなければならない」と、ユネスコ憲章は述べている。図書は、友情と相互理解という知的風土を創り上げるうえで非常に大きな影響力をもつがゆえに、また平和の重要なとりでの一つでもある。従って、図書に関係する人たちはすべて、図書の内容が、個人の完成、社会的・経済的な発展、国際理解および平和を促進するものであることを保障する義務を持っている。

〔注〕この図書憲章は前文に示されているように純然たる民間団体によって一九七一年十月採択提唱され、日本のユネスコ国内委員会に伝達された。この七つの国際団体に加盟しているわが国各団体は相集まり憲章の諸原則の実施に努めることを確認すると同時にその翻訳については日本書籍出版協会が中心となり、各団体が協力して正訳を得ることにした。日本図書館協会は常務理事会でまず検討を加え、直接的には斎藤理事長が正訳への協力を行なった。　（『図書館雑誌』六六（六）、一九七二）

ユネスコ公共図書館宣言　一九九四年

（一九九四年一一月採択）

社会と個人の自由、繁栄および発展は人間にとっての基本的価値である。このことは、十分に情報を得ている市民が、その民主的権利を行使し、社会において積極的な役割を果たす能力によって、はじめて達成される。建設的に参加して民主主義を発展させることは、十分な教育が受けられ、知識、思想、文化および情報に自由かつ無制限に接し得ることにかかっている。

地域において知識を得る窓口である公共図書館は、個人および社会集団の生涯学習、独自の意思決定および文化的発展のための基本的条件を提供する。

この宣言は、公共図書館が教育、文化、情報の活力であり、男女の心の中に平和と精神的な幸福を育成するための必須の機関である、というユネスコの信念を表明するものである。

したがって、ユネスコは国および地方の政府が公共図書館の発展を支援し、かつ積極的に関与することを奨励する。

公共図書館

公共図書館は、その利用者があらゆる種類の知識と情報をたやすく入手できるようにする、地域の情報センターである。

公共図書館のサービスは、年齢、人種、性別、宗教、国籍、言語、あるいは社会的身分を問わず、すべての人が平等に利用できるという原則に基づいて提供される。理由は何であれ、通常のサービスや資料の利用ができない人々、たとえば言語上の少数グループ（マイノリティ）、障害者、あるいは入院患者や受刑者に対しては、特別なサービスと資料が提供されなければならない。

いかなる年齢層の人々もその要求に応じた資料を見つけ出せなければならない。蔵書とサービスには、伝統的な資料とともに、あらゆる種類の適切なメディアと現代技術が含まれていなければならない。質の高い、地域の要求や状況に対応できるものであることが基本的要件である。資料には、人間の努力と想像の記憶とともに、現今の傾向や社会の進展が反映されていなければならない。

蔵書およびサービスは、いかなる種類の思想的、政治的、あるいは宗教的な検閲にも、また商業的な圧力にも屈してはならない。

公共図書館の使命

情報、識字、教育および文化に関連した以下の基本的使命を公共図書館サービスの核にしなければならない。

1　幼い時期から子どもたちの読書習慣を育成し、それを強化する。

2　あらゆる段階での正規の教育とともに、個人的および自主的な教育を支援する。

3　個人の創造的な発展のための機会を提供する。

4　青少年の想像力と創造性に刺激を与える。

5　文化遺産の認識、芸術、科学的な業績や革新についての理解を促進する。

6　あらゆる公演芸術の文化的表現に接しうるようにする。

7　異文化間の交流を助長し、多様な文化が存立できるようにする。

8　口述による伝承を援助する。

9　市民がいかなる種類の地域情報をも入手できるようにする。

10　地域の企業、協会および利益団体に対して適切な情報サービスを行う。

11　容易に情報を検索し、コンピュータを駆使できるような技術の発達を促す。

12　あらゆる年齢層の人々のための識字活動とその計画を援助し、かつ、それに参加し、必要があれば、こうした活動を発足させる。

財政、法令、ネットワーク

＊　公共図書館は原則として無料とし、地方および国の行政機関が責任を持つものとする。それは特定の法令によって維持され、国および地方自治体により経費が調達されなければならない。公共図書館は、文化、情報提供、識字および教育のためのいかなる長期政策においても、主要な構成要素でなければならない。

＊　図書館の全国的な調整および協力を確実にするため、合意された基準に基づく全国的な図書館ネットワークが、法令および政策によって規定され、かつ推進されなければならない。

＊　公共図書館ネットワークは、学校図書館や大学図書館だけでなく、国立図書館、地域の図書館、学術研究図書館および専門図書館とも関連して計画されなければならない。

運営と管理

＊　地域社会の要求に対応して、目標、優先順位およびサービス内容を定めた明確な方針が策定されなければならない。公共図書館は効果的に組織され、専門的な基準によって運営されなければならない。

＊　関連のある協力者、たとえば利用者グループおよびその他の専門職との地方、地域、全国および国際的な段階での協力が確保されなければならない。

＊　地域社会のすべての人々がサービスを実際に利用できなければ

ならない。それには適切な場所につくられた図書館の建物、読書および勉学のための良好な施設とともに、相応な技術の駆使と利用者に都合のよい十分な開館時間の設定が必要である。同様に図書館に来られない利用者に対するアウトリーチ・サービスも必要である。

＊　図書館サービスは、農村や都会地といった異なる地域社会の要求に対応させなければならない。

＊　図書館員は利用者と資料源との積極的な仲介者である。適切なサービスを確実に行うために、図書館員の専門教育と継続教育は欠くことができない。

＊　利用者がすべての資料源から利益を得ることができるように、アウトリーチおよび利用者教育の計画が実施されなければならない。

宣言の履行

国および地方自治体の政策決定者、ならびに全世界の図書館界が、この宣言に表明された諸原則を履行することを、ここに強く要請する。

この宣言は、国際図書館連盟（ＩＦＬＡ）の協力のもとに起草された。

（長倉美恵子・日本図書館協会国際交流委員会　訳）

〔**編者注**〕この宣言の原文は『図書館年鑑一九九五』二九六頁に掲載されている。

ユネスコ学校図書館宣言
—すべての者の教育と学習のための学校図書館—

〔一九九九年一一月二六日
第三〇回ユネスコ総会において批准〕

学校図書館は、今日の情報や知識を基盤とする社会に相応しく生きていくために基本的な情報とアイデアを提供する。学校図書館は、児童生徒が責任ある市民として生活できるように、生涯学習の技能を育成し、また、想像力を培う。

学校図書館の使命

学校図書館は、情報がどのような形態あるいは媒体であろうと、学校構成員全員が情報を批判的にとらえ、効果的に利用できるように、学習のためのサービス、図書、情報資源を提供する。学校図書館は、ユネスコ公共図書館宣言と同様の趣旨に沿い、より広範な図書館・情報ネットワークと連携する。

図書館職員は、小説からドキュメンタリーまで、印刷資料から電子資料まで、あるいはその場でも遠くからでも、幅広い範囲の図書やその他の情報源を利用することを支援する。資料は、教科書や教材、教育方法を補完し、より充実させる。

図書館職員と教師が協力する場合に、児童生徒の識字、読書、学習、問題解決、情報およびコミュニケーション技術の各技能レベルが向上することが実証されている。

学校図書館サービスは、年齢、人種、性別、宗教、国籍、言語、職業あるいは社会的身分にかかわらず、学校構成員全員に平等に提供されなければならない。通常の図書館サービスや資料の利用ができない人々に対しては、特別のサービスや資料が用意されなければならない。

学校図書館のサービスや蔵書の利用は、国際連合世界人権・自由宣言に基づくものであり、いかなる種類の思想的、政治的、あるいは宗教的な検閲にも、また商業的な圧力にも屈してはならない。

財政、法令、ネットワーク

学校図書館は、識字、教育、情報提供、経済、社会そして文化の発展についてのあらゆる長期政策にとって基本的なものである。地方、地域、国の行政機関の責任として、学校図書館は特定の法令あるいは施策によって維持されなければならない。学校図書館には、訓練された職員、資料、各種技術および設備のための経費が十分かつ継続的に調達されなければならない。それは無料でなければならない。

学校図書館は、地方、地域および全国的な図書館・情報ネットワークを構成する重要な一員である。

学校図書館が、例えば公共図書館のような他館種図書館と設備や資料等を共有する場合には、学校図書館独自の目的が認められ、主張されなければならない。

学校図書館の目標

学校図書館は教育の過程にとって不可欠なものである。

以下に述べることは、識字、情報リテラシー、指導、学習および文化の発展にとって基本的なことであり、学校図書館サービスの核となるものである。

・学校の使命およびカリキュラムとして示された教育目標を支援し、かつ増進する。

・子ども達に読書の習慣と楽しみ、学習の習慣と楽しみ、そして生涯を通じての図書館利用を促進させ、継続させるようにする。

・知識、理解、想像、楽しみを得るために情報を利用し、かつ創造する体験の機会を提供する。

・情報の形式、形態、媒体が、地域社会に適合したコミュニケーションの方法を含めどのようなものであっても、すべての児童生徒が情報の活用と評価の技能を学び、練習することを支援する。

・地方、地域、全国、全世界からの情報入手と、さまざまなアイデア、経験、見解に接して学習する機会を提供する。

・文化的社会的な関心を喚起し、それらの感性を錬磨する活動を計画する。

・学校の使命を達成するために、児童生徒、教師、管理者、および両親と協力する。

・知的自由の理念を謳い、情報を入手できることが、民主主義を具現し、責任ある有能な市民となるためには不可欠である。

・学校内全体および学校外においても、読書を奨励し、学校図書館の資源やサービスを増強する。

以上の機能を果たすために、学校図書館は方針とサービスを樹立し、資料を選択・収集し、適切な情報源を利用するための設備と技術を整備し、教育的環境を整え、訓練された職員を配置する。

職　員

学校図書館員は、可能なかぎり十分な職員配置に支えられ、学校構成員全員と協力し、公共図書館その他と連携して、学校図書館の計画立案や経営に責任がある専門的資格をもつ職員である。

学校図書館員の役割は、国の法的、財政的な条件の下での予算や、各学校のカリキュラム、教育方法によってさまざまである。状況は異なっても、学校図書館員が効果的な学校図書館サービスを展開するのに必要とされる共通の知識領域は、情報資源、図書館、情報管理、および情報教育である。

増大するネットワーク環境において、教師と児童生徒の両者に対し、学校図書館員は多様な情報処理の技能を計画し指導ができる能力をもたなければならない。したがって、学校図書館員の専門的な継続教育と専門性の向上が必要とされる。

運営と管理

効果的で責任のもてる運営を確実にするためには、

・学校図書館サービスの方針は、各学校のカリキュラムに関連させて、その目標、重点、サービス内容が明らかになるように策定されなければならない。

・学校図書館は専門的基準に準拠して組織され、維持されなければならない。

・サービスは学校構成員全員が利用でき、地域社会の条件に対応して運営されなければならない。

・教師、学校管理者幹部、行政官、両親、他館種の図書館員、情報専門家、ならびに地域社会の諸団体との協力が促進されなければならない。

宣言の履行

政府は、教育に責任をもつ省庁を通じ、この宣言の諸原則を履行する政策、方針、計画を緊急に推進すべきである。図書館員と教師の養成および継続教育において、この宣言の周知を図る諸計画が立てられなければならない。

（長倉美恵子・堀川照代　共訳）

国際図書館連盟〔ＩＦＬＡ〕規約

〔第四二回評議会（スイス・ローザンヌ　一九七六年八月二三日）で採択、第四九回評議会（ドイツ連邦共和国・ミュンヘン　一九八三年八月二一日、二六日）および第五一回評議会（アメリカ合衆国・イリノイ州・シカゴ　一九八五年八月一八日）にて改正。第六六回評議会（イスラエル・エルサレム　二〇〇〇年八月一三日）にて全文改正。〕

連　盟

第一条　連盟は、全世界の図書館情報関係団体、図書館、情報サービス機関の利益を代表する。連盟の名称は「国際図書館連盟（The International Federation of Library Associations and Institutions）」という。本規約では、「連盟」と呼ぶ。

略　称

第二条　連盟の略称は「ＩＦＬＡ」とする。

本　部

第三条　連盟は本部をオランダ・ハーグに置く。

法　人

第四条　連盟はオランダの法律による法人とする。

使　命

第五条

五・一　連盟は独立した国際的非政府非営利組織である。その会員は、図書館・図書館員・情報サービス機関の団体、図書館及び図書館情報機関からなる。

五・二　連盟の目的は、次のとおりである。

・高度な図書館情報サービスの提供を推進すること。

・民間・公共・奉仕活動の各部門において、良質の図書館情報サービスの価値と重要性に対する広範な理解を促進すること。

・全世界の会員の利益を代表すること。

五・三　連盟は、これらの目的を達成するため、その運営機関が定める活動及び事業を遂行し、組織単位を設ける。各組織単位に適用される諸規則は、手続規則（Rules of Procedure）において定めるものとする。運営理事会（Governing Board）は、ＩＦＬＡの当該の専門組織と協議の上、定期的に連盟の「中期計画」（The Medium-Term Programme）を策定しなければならない。「中期計画」は刊行するものとする。

第六条　**基本的信条**

連盟は、この規約に定める目的を追求するにあたり、次の基本的信条に基づいて活動する。

(a)　情報・思想・創作物に対するアクセスの自由の原則及び世界人権宣言第一九条に謳われている表現の自由の原則を支持する。

(b)　公衆、社会及び組織にとって、情報・思想・創作物に対する普遍的かつ公正なアクセスが、その社会的、教育的、文化的、民主的及び経済的福祉のために、必要不可欠であることを確信する。

(c)　良質の図書館情報サービスの提供が上記のアクセスの保障に有効であることを確信する。

(d)　すべての連盟会員が、その国籍、障害、民族、性別、地域、言語、政治思想、人種、宗教に関わらず、連盟の活動に参加し利益を享受できることに対して責任を負う。

第七条　**会員と会友**

七・一　連盟は、

(1)会員（Members）〔定義は文末を参照〕(2)会友（Affiliates）からなる。

会　員（Members）

七・二　連盟の会員は次の種別に分類される。

七・二・一　各国協会会員（National Association Members）

図書館員・情報専門家の団体及び情報サービスの提供に係りかつ連盟と目的を同じくするその他の機関の団体は、各国協会会員となる資格を有する。図書館情報関係団体が存在しない国において、その国の図書館情報部門の利益が単一の機関によって代表されているときには、その機関が協会会員となることができる。

七・二・二　国際協会会員（International Association Members）

連盟と目的を同じくする図書館員、図書館及び図書館情報サービス機関の国際的な団体は、国際協会会員となる資格を有する。

七・二・三　機関会員（Institutional Members）

民間・公共・奉仕活動の各部門における図書館及び情

報サービス機関、図書館情報学研究部門、すでに連盟の会員となっている図書館情報団体の支部及び連盟と目的を同じくするその他の機関は、機関会員となる資格を有する。

七・二・四　名誉会員（Honorary Fellows）

運営理事会は、図書館情報サービスの分野で著しい功労のあった者、連盟の事業に対して特段の貢献をなした者など、連盟会長経験者を含む個人に対して、名誉会員の称号を授与する権限を有する。［「過渡的措置」の項も参照］

七・三　会友（Affiliates）

連盟の会友は、次の種別に分類される。

七・三・一　機関会友（Corporate Partners）

図書館情報サービスに関連する企業及びその機関は、連盟の機関会友となる資格を有する。

七・三・二　個人会友（Personal Affiliates）

連盟の目的を支持する個人は、連盟の個人会友となる資格を有する。

顧問資格（Consultative Status）

第八条

顧問資格は、連盟がその目的を促進するために連携することが望ましい類縁分野の国際的又は多国籍組織に対して、運営理事会がこれを授与することができる。

権利と義務

第九条

九・一　会員、会友及び顧問団体の特権には、この規約の規定に従い、連盟の活動に参加し、利益を享受する権利が含まれる。

九・二　連盟の会員及び会友は、次の事項に同意しなければならない。

(a)　連盟規約の条項を遵守すること

(b)　本規約所定の会費及びその他の経費を支払うこと

(c)　連盟の諸目的に積極的に貢献すること

加盟

第一〇条

一〇・一　会員、会友及び顧問の加盟許可は、運営理事会の議決を経なければならない。運営理事会は、会員並びに会友の加盟許可及び顧問資格の授与の件を評議会（Council）に報告しなければならない。

一〇・二　加盟申請が運営理事会によって否決されたとき、申請者は評議会に提訴することができる。

脱退

第一一条

会員又は会友又は顧問団体は、事務局長（chief executive officer）に書面で通知することにより、いつでも脱退することができる。

除名

第一二条

会員及び会友

一二・一　運営理事会は、会員又は会友又はＩＦＬＡの理事若しくは委員が連盟の規約又は目的に反する行為を行ったとき、これらの会員又は個人を除名することができる。その議決には、有効投票数の三分の二以上の多数を必要とする。

顧問団体

一二・二　運営理事会は、顧問団体が連盟の規約又は目的に反する行為を行ったとき、その顧問資格を剥奪することができる。その議決には、有効投票数の三分の二以上の多数を必要とする。

不服申立

一二・三　事務局長は、運営理事会が除名を決議した会員又は会友又は顧問団体に、処分理由を明記した通知書を郵送しなければならない。当該会員又は会友又は顧問団体は、除名発効までに三月の猶予期間を与えられ、その間、処分に係る不服申立を行うことができる。不服申立は事務局長に対して行うものとし、事務局長は申立を、評議会が設置する常任の不服審査会（Appeals Panel）に回付する。不服申立については、本審査会が最終判断を下すものとする。

滞　納

一二・四　手続規則に定める会費を滞納した会員又は会友は、別に運営理事会の決定のある場合を除いて、その権利を行使する資格又は連盟のサービスを享受する資格を失う。運営理事会は、当該会員又は会友の除名を評議会に勧告することができる。

第一三条

資　産

一三・一　会員又は会友は、脱退又は除名と同時に、連盟のいかなる資産に対しても、その権利を失う。

会費支払

一三・二　会員又は会友は、脱退又は除名によって、過去の延滞会費及び脱退又は除名が行われた会計年度の会費の支払義務を免ぜられるものではない。

評議会（Council）

第一四条

一四・一　本規約によって投票権を与えられた優良会員（Members in good standing）［定義は文末を参照］は、連盟の最高機関である評議会の構成員となる。評議会は、本規約及び手続規則の定めに従い、総会又は郵便及び／又は電子投票のいずれかの方法によって、その任務を遂行する。

会議の招集

一四・二　評議会は年一回、通常、連盟の年次大会の期間中に総会を開催する。

一四・三　評議会は、前回の開催から一五月以内に、総会を開催しなければならない。

一四・四　評議会総会の次回開催日時と場所は、運営理事会がこれを決定する。

開催通知及び議事日程

一四・五　事務局は、開催通知及び議事日程を開催日の遅くとも四月前までに、すべての優良会員に送付しなければならない。また、開催通知は、すべての会友、顧問団体、オブザーバー、運営理事会理事、ＩＦＬＡの全役員に、開催日の遅くとも四月前までにこれを送付するものとする。

一四・六　会員は、議事日程に追加したい議題があるときは、開催日の五月前までに事務局へ届け出なければならない。

一四・七　会議の議事内容は、開催通知とともに送付する議事日程に提案された議題に限るものとする。例外的で緊急性をもつ新たな議題については、会長又は議長の職務を行う者の判断及び出席会員又は会員代表の賛成多数により、議事日程に追加することができる。

評議会臨時会

一四・八　運営理事会は、次回の評議会の定例会まで決定を遅らせることが適当でない、緊急かつきわめて重要な問題があるときは、評議会の臨時会を招集する権限を有する。

一四・九　運営理事会は、会員の少なくとも一〇分の一の署名による要求があるときは、評議会の臨時会を招集しなければならない。会議は、事務局が要求を受理した日から三月以内に開かなければならない。事務局は、出席資格のあるすべての者に、会議の遅くとも二月前までに、議事日程とともに開催通知を送付しなければならない。

一四・一〇　臨時会における議決は、事後、郵便及び／又は電子投票による連盟会員の三分の二以上の多数を得なければ、採択されない。

第一五条

評議会への出席

一五・一　各会員は、評議会において、一人又はそれ以上の代表者を立てることができる。各会員は代表者のうち一人を投票権の行使者として指名しなければならない。

オブザーバー

一五・二　各会友は、評議会の会議にオブザーバーとして出席することができる。

一五・三　各顧問団体は、評議会に、一人又はそれ以上の代表者をオブザーバーとして出席させることができる。

一五・四　運営理事会理事は、他の資格で出席できないときは、オブザーバーとして評議会の会議に出席することができる。

一五・五　事務局長及び連盟のすべての組織単位の役員は、他の資格で出席できないときは、オブザーバーとして評議会の会議に出席することができる。この項にいう「組織単位」の定義は、運営理事会が決定し、手続規則において定めるものとする。

一五・六　事務局長は、運営理事会の定めるガイドラインに従って、評議会の会議に、個人、団体及び機関をオブザーバーとして、又は、代表者として招請することができる。

議　長

一五・七　連盟会長は評議会議長の職務を行う。会長が欠けたときは、次期会長が議長の職務を行う。会長及び次期会長がともに欠けたときは、財務官又は他の運営理事会理事が議長の職務を行う。

会議の進行

一五・八　すべての会員又はその代表者は、評議会において発言する資格を有する。オブザーバーは、議長の要請又は許諾を得て発言することができる。すべての発言者は、手続規則に定める評議会会議規則を遵守しなければならない。

委任投票

一五・九　各会員は評議会の会議において他の会員を代理として立てることができる。代理人は被代理人に代わり委任投票を行うことができる。

定足数

一五・一〇　評議会の定足数は、本規約に別途定める場合を除き、過半数の優良協会会員又はその代理人の出席によって構成する。

投票権

第一六条

資　格

一六・一　優良会員は投票権を持ち、すべての評議会の会議と、郵便及び／又は電子投票において、投票権を行使することができる。投票は手続規則の規定に従って行われる。

投票権の割当

一六・二　各会員は、評議会の会議を除くすべての会議において、一票の投票権を持つ。

一六・三　評議会の会議及び郵便及び／又は電子投票において会員に与えられる投票権の票数は、次に定めるとおりとする。

各国協会会員

一六・四　各国協会会員は、運営理事会が随時決定する定式に従って、一定の票数の投票権を割り当てられる。その定式と票数は、手続規則に定めるものとする。

国際協会会員

一六・五　国際協会会員は、運営理事会が随時決定する定式に従って、少なくとも一票の投票権を割り当てられる。その定式と票数は、手続規則に定めるものとする。

機関会員

一六・六　各機関会員は、運営理事会が随時決定する定式に従って、少なくとも一票の投票権を割り当てられる。その定式と票数は、手続規則に定めるものとする。

名誉会員

一六・七　名誉会員は、それぞれ一票の投票権を割り当てられる。

個人会友

一六・八　個人会友は、手続規則に定めのある場合を除き、投票権を有しない。

第一七条　投票手続

多数決

一七・一　議事は、本規約に別途定める場合を除き、有効投票数の過半数でこれを決する。

決定投票

一七・二　議案に対して可否同数のときは、会議の議長の決するところによる。

選　挙

一七・三　次期会長を及び運営理事会理事の選挙は、郵便及び／又は電子投票によって行う。

その他

一七・四　運営理事会は、会員及び会友の各等級に適用される会費の変更要求等、重要な議題に関する会員の意見を集約するために、郵便及び／又は電子投票を行うことができる。その投票の結果は、評議会の会議又は郵便及び／又は電子的手段によって、評議会に報告しなければならない。

第一八条　運営理事会（Governing Board）

一八・一　評議会の承認したガイドラインの範囲内で、連盟の経営と専門的施策に責任を負う機関として、運営理事会を置く。

構　成

一八・二　運営理事会の構成は次のとおりとする。

(a)　会長

(b)　第一九条の規定により選出された次期会長

(c)　会員の郵便及び／又は電子投票によって選出された一〇人の理事

(d)　本規約第二二条の規定により選出された専門委員会委員

(e) 運営理事会によって特別任用（co-opted）〔定義は文末を参照〕された、理事会の利益を代表する最大三人の理事〔「過渡的措置」の項も参照〕

任　期

一八・三　運営理事会の選出理事の任期は一期二年とし、再選によってさらに二年の任期をつとめることができる。特別任期理事の任期は二年に限る。

予期せざる欠

一八・四　運営理事会において選出理事に予期せざる欠が生じたときは、残りの任期中、直近の選挙において最大得票数を獲得した立候補者をもって、これに充てる。

財務官

一八・五　運営理事会は、理事の中からＩＦＬＡ財務官を互選する。財務官は、年次会計報告を評議会に提出すること、会費の変更案を策定すること、事務局長と協議の上、年次予算案を作成することに対して、責任を負う。

会議の招集

一八・六　運営理事会は少なくとも年二回会議を開き、そのうちの一回は連盟の年次大会の時期と場所に合わせて開催するものとする。

開催通知

一八・七　事務局長は、運営理事会の会議の開催通知を、通常、その二月前までに発しなければならない。

定足数

一八・八　運営理事会の定足数は、理事の過半数をもって構成する。

(2) 宣言・その他

多数決

一八・九　運営理事会の議事は、有効投票数の過半数でこれを決する。可否同数のときは、会長又は議長の職務を行う者の決するところによる。投票は手続規則の規定に従うものとする。

会議への招請

一八・一〇　運営理事会は、その円滑な業務遂行に望ましいと判断したときは、個人又は他の団体の代表を、相談役として会議に招請することができる。

報告義務

一八・一一　運営理事会は、評議会に対し報告義務を負う。

契　約

一八・一二　運営理事会は、事務局長の助言に基づき、連盟を代表して契約を締結する権能をもつ。

権限の委任

一八・一三　運営理事会は、理事の一人又は数人にその権限の一部を委任することができる。当該の理事は、運営理事会に報告義務を負う。

一八・一四　運営理事会は、業務遂行に必要と考えられるグループ、委員会、部会その他の機関を設置する権限を有する。運営理事会は、これらの機関の権限を定め、公表しなければならない。これらの機関は運営理事会に対して報告義務を負う。

法的訴訟行為

一八・一五　法的その他の訴訟行為において連盟を代表する権限は、会長及び財務官が連帯してこれを担うものとする。かかる権限は、運営理事会に属するものではない。

一八・一六　法的その他の訴訟行為における代表者の資格について

も、事務局長と連帯した会長又は財務官に属するものとする。

第一九条　会　長（President）

選　挙

一九・一　連盟の最高代表者でありかつ専門的指導者たる会長は、会員による郵便及び／又は電子投票によってこれを選出する。

任　期

一九・二　会長は、次期会長として二年、さらに会長として二年の任期をつとめる。

一九・三　会長の任期は一期のみとする。［「過渡的措置」の項も参照］

第二〇条

予期せざる欠

二〇・一　会長の職に予期せざる欠が生じたときは、次期会長がただちにその任を引き継いで前任者の任期をつとめ、その後引き続き自らの任期をつとめるものとする。

二〇・二　次期会長の職に予期せざる欠が生じたときは、財務官が暫定的にその任を引き継ぐものとする。次期会長職の欠は運営理事会がこれを公示し、郵便及び／又は電子投票による選挙を行う。

第二一条　執行委員会（Executive Committee）

二一・一　運営理事会の会議と会議の間、運営理事会から執行責任を委任され、運営理事会が決定した方針の範囲内で連盟の運営を指揮する機関として、運営理事会執行委員会を置く。

構　成

二一・二　執行委員会は、会長、次期会長、財務官、専門委員会委員長、運営理事会理事二人（理事会選出理事の中から二年おきに互選）、及び事務局長が役職指定によりこれを構成する。

定足数

二一・三　執行委員会の定足数は、委員の過半数をもって構成する。

第二二条　専門委員会（Professional Committee）

目　的

二二・一　専門的事業・政策・プログラムに責任を負い、連盟内のすべての組織単位の活動を調整する機関として、専門委員会を置く。

構　成

二二・二　専門委員会は、第二二条三項により選出された議長、連盟の各部会の役員（部会長が望ましい）、運営理事会理事三人（理事会において互選）からなる。

委員長及び副委員長

二二・三　次期委員会のための委員長は、部会の代表者たる委員の中から現委員会がこれを選出する。［「過渡的措置」の項も参照］

二二・四　副委員長は、委員の中から委員会において互選する。

任　期

二二・五　専門委員会の委員長及び副委員長の任期は、それぞれ二年に限る。

会　議

二二・六　専門委員会は、委員会が決定した日時と場所において少なくとも年二回会議を開き、そのうちの一回は連盟の年次大会の時期と場所に合わせて開催するものとする。

定足数

二二・七　専門委員会の定足数は、委員の過半数をもって構成する。

多数決

二二・八　専門委員会の議事は、有効投票数の過半数でこれを決する。可否同数のときは、委員長の決するところによる。投票は手続規則の規定に従うものとする。

専門組織（Professional Units）

第二三条

分科会（Sections）

二三・一　専門委員会は、分科会の設置に係る提案を承認することができる。分科会は、連盟の事業を推進する中心的機構であり、加盟団体の特性又は情報活動分野、その他連盟に係る専門領域を単位として設置するものとする。

二三・二　運営理事会は、手続規則の定めに従い、分科会登録費の額を決定する。

二三・三　分科会のプログラムを策定し、その実施を確実ならしめるため、各分科会に、手続規則の定めに従って指名・選出された常任委員会を置く。

二三・四　各分科会の常任委員会は、委員の中から委員長及び書記を選出する。委員長及び書記の任期は二年とし、当該分科会の執行委員会を構成する。委員長及び書記は、任期二年を限度としてこれを再選することができる。分科会は専門委員会によって廃止されることがある。

第二四条

部　会（Divisions）

二四・一　運営理事会は、連盟に係る広範な専門領域において専門的事業を推進し、調整するための機関として、部会を置く。

二四・二　専門委員会は運営理事会に、部会の数、名称及び担当範囲を勧告するものとする。

二四・三　各部会に、その部会が所掌する分科会の委員長及び書記からなる調整会議（Coordinating Board）を置く。この会議は少なくとも五人の委員から成る。この最少人数を確保するために委員を特別任用することができる。

二四・四　各調整会議は、議長、書記及び会計担当を互選する。これらの役職の任期は二年とする。また、任期二年を限度として再選することができる。会計担当の職は通常、議長又は書記が兼務するものとする。

二四・五　各分科会の担当範囲は、専門委員会と協議の上、部会が決定するものとする。

第二五条

コア活動（Core Activities）

二五・一　専門委員会は運営理事会に対し、連盟のコア活動のための特別事務局及び特別プログラムの設置を承認するよう勧告することができる。コア活動は手続規則に従って運営する。

二五・二　コア活動の代表者は、本規約の規定に従い、運営理事会の特別任用理事及び専門委員会の選出委員として活動することができる。

二五・三　コア活動の代表者は、役職指定により、任務に係る部会の調整会議及び分科会の常任委員会委員となる。

第二六条

特定課題グループ（Special Interest Groups）

二六・一　専門委員会は、会員及び会友の特定の関心事項に対応する場合に、分科会を設置することが適当でないときは、特定課題グループの設置を承認することができる。

二六・二　特定課題グループの設置は、部会や分科会が単独で、又は複数の部会・分科会が共同して、又は一人若しくはそれ以上の会員が、これを提案することができる。

二六・三　分科会が本条の規定により特定課題グループの設置を提案するときは、専門委員会は、当該分科会を所掌する部会にこれを諮問しなければならない。

二六・四　専門委員会は、特定課題グループの設置基準を策定し、運営理事会の承認を得た上で、手続規則に明記するものとする。

二六・五　本条の規定により設置された特定課題グループは、専門委員会によって配属された部会又は分科会に対して報告義務を負う。

二六・六　専門委員会は、特定課題グループが属する部会若しくは分科会の要求を受けて、又は専門的事業の見直しの結果として、本条の規定により設置された特定課題グループの廃止を承認することができる。

二六・七　運営理事会は、手続規則において、特定課題グループの運営に関する規定を定めるものとする。

第二七条　**事務局**（Secretariat）

事務局長（Chief executive officer）

二七・一　連盟の事務局は、運営理事会によって任命された事務局長がこれを統括する。

二七・二　事務局長は、評議会及び運営理事会が決定した方針の範囲内で、連盟の戦略上並びに経営上の方向性及び財政運営につき、責任を負うものとする。

二七・三　事務局長は、自己の地位が討議される場合を除き、相談役として評議会・運営理事会・専門委員会のすべての会議に出席し参加する権限を有する。事務局長はこれらの会議において投票権を有しない。

職　員（Staff）

二七・四　事務局長は、事務局の効率的かつ効果的運営に必要な職員を任命し、予算の範囲内で人事全般の業務を担当するものとする。

二七・五　運営理事会は、事務局長の助言のもとに、連盟職員の一般的な勤務条件を定めるものとする。

第二八条　**財　政**

二八・一　連盟はその財源を次の手段で得るものとする。

(a)　会員及び会友の会費

(b)　成果物及びサービスの販売による収入

(c)　連盟の目的に沿った寄贈、助成金、遺贈、その他の資金

二八・二　連盟は、図書館情報団体及びサービス機関の共通の利益に資するため、特定目的基金に対し、これらの財源を配分するものとする。この基金を「セントラル・ファンド（Central Fund）」と呼ぶ。このセントラル・ファンドは、図書館情報団体及びサービス機関の共通の利益に資するた

めに支出されるか、又は将来の支出のために貯蓄される。
二八・三　連盟は、資金の払込があったときは、すみやかにこれを基金に追加しなければならない。

会計年度
二八・四　連盟の会計年度は暦年とする。

会計と予算
二八・五　運営理事会は、公認会計士の監査を受けた前会計年度の決算報告を評議会に提出し、承認を受けなければならない。
二八・六　運営理事会は、連盟の年次予算を議決する。

第二九条　手続規則

運営理事会は、本規約の規定の範囲内で連盟の細目を定めるため、手続規則を承認するものとする。

第三〇条　規約の改正

改正の発議
三〇・一　運営理事会は、自発的に、又は会員の要求により、本規約の改正を発議することができる。
三〇・二　連盟会員の四分の一以上の署名をもって事務局長に提出された規約改正発議は、運営理事会による議決を必要とする。

改正の議決
三〇・三　いかなる規約改正案も、連盟の全会員による郵便及び／又は電子投票による承認を必要とする。改正案は、遅くとも投票が終了する四月前までに、連盟会員にこれを通告しなければならない。
三〇・四　改正案は、有効投票数の過半数でこれを決するものとする。議決した改正案は、次回の評議会において最終的に承認されなければならない。最終承認には、投票した会員の三分の二以上の多数を必要とする。

第三一条　連盟の廃止

廃止の発議
三一・一　連盟の廃止は、運営理事会が自発的に、又は会員の要求により、これを発議するものとする。
三一・二　連盟会員の四分の一以上の署名をもって事務局長に提出された連盟廃止要求は、運営理事会による議決を必要とする。
三一・三　いかなる連盟廃止案も、連盟の全会員による郵便及び／又は電子投票による承認を必要とする。廃止案は、遅くとも投票が終了する四月前までに、連盟会員にこれを通告しなければならない。

廃止の議決
三一・四　廃止案は有効投票数の過半数でこれを議決する。議決した廃止案は、次回の評議会において最終的に承認されなければならない。最終承認には、投票した会員の三分の二以上の多数を必要とする。
三一・五　廃止にあたっては、評議会が連盟の活動停止と清算の方法を決定するものとする。
三一・六　清算の結果生じた剰余金は、図書館情報団体及びサービス機関の共通の利益のために用いなければならない。

T1　**過渡的措置**（Transitional Provisions）

会長の選挙

　連盟会員の代表者又は個人会友は、一九九三年以降の旧規約下で連盟会長の職にあった者を含め、本規約施行時に限り、二年の任期で会長に立候補する資格を有する。その際、何人も会長と次期会長の両方に立候補することはできない。

T2

専門委員会委員長の選挙

　旧専門理事会の理事は、本規約下で最初に行われる専門委員会委員長選挙に立候補することができる。ただし、それ以降の委員長選挙についてはこの限りではない。

T3

現行の運営理事会理事

　一九九三年以降の旧規約下で二年間の再選資格を有していた旧運営理事会理事は、任期二年に限定して新運営理事会の選挙に立候補することができる。旧運営理事会において一九九九～二〇〇三年の四年の任期を有する理事は、新運営理事会の理事としてその任期を全うした後、さらに二〇〇三年に二年間の再任のため立候補することができる。

T4

名誉会長

　旧連盟規約に規定された名誉会長は、引き続きそれに関わる職位と特権を維持するものとする。

定　義

「特別任用者」(Co-opted member) とは、委員会又は理事会の求めに応じ、委員会又は理事会に参画する者であり、通常、他の方法では得られないような専門的意見又は陳述を行う。従って、特別任用者は選挙によって選出されるものではない。特別任用者は、他に規定のない限り、投票権を有するものとする。

「優良会員」(Members in good standing) とは、前年度の会費を完納し、かつそれ以前においても会費支払の滞納がない会員をいう。

「有効投票数の過半数」(Simple majority of votes cast) とは、有効投票数の半数を少なくとも一票超えることを意味する。投票しなかった会員及び棄権した会員は有効投票数には数えないものとする。

(日本図書館協会国際交流委員会　訳)

〔IFLA〕聴覚障害者に対する図書館サービスのためのガイドライン（第二版）抄

〔二〇〇〇年　ジョン・マイケル・デイ編集〕

一　序文〔略〕

二　はじめに

二・一　背景〔略〕

二・二　目的と適用範囲

以下に掲げたガイドラインは、ライブラリアンたちに対して、図書館と聴覚障害をもつ人びとの情報ニーズとのかかわりについて、一定の知識情報を与えようと意図したものであり、程度の差こそあれその利用者の一部に聴覚障害者を抱えるすべての図書館に関係するものである。ここに示したガイドラインは、公共図書館、学校図書館、および大学図書館を含むすべての館種にあてはまるものであり、政府や商工業、美術芸術機関、軍事施設、病院、刑務所、ならびにその他の諸機関にサービスを提供する専門図書館にも適用される。このガイドラインは、一般的な原理原則を述べたものであって、それ自体は定量的な基準を定めてはいない。しかしながら、このガイドラインは、聴覚障害者に対するサービスの確立を推進する手がかりとして役立つとともに、そのサービスの網羅性と質を評価する際のひとつの手段としても利用できるはずである。このガイドラインは国際的な視点で作成されているので、当然のことではあるが、実施にあたっては、それぞれの国のおかれた状況からくる制約、そして地域的な諸制約が考慮される必要があることはいうまでもない。たとえば、関係技術の利用に関するガイドラインの適用がそうであり、そのような技術が利用できない場合には、技術的な補助設備器具についてのガイドラインは省略されざるをえない。

さらに付け加えて言えば、この文書は聴覚障害をもつ人びとに対する図書館サービスについての全国レベルのガイドラインを作成する際にひとつの指針とされるべきものであり、そのときには地域的な具体的事情に応じて容易に修正を加えることができよう。聴覚障害者に対する図書館サービスについて、なんらの地域的ガイドラインもなければ、このガイドラインが適用されるべきである。

三　ガイドライン

三・一　職員

三・一・一　聴覚障害者共同体に対する図書館サービスの開発、実施、および運営についての責任は、関係する学位、資格をもち、および／またはそのような専門職の地位に関する研修を受けた専門職ライブラリアンに割り当てられなければならない。

三・一・二　図書館に働く職員は、聴覚障害者共同体に対するサービスの提供に関連する諸問題を中心とする研修を受けなければならない。

三・一・三　聴覚障害者の人びとへのサービスの提供を職務とする職員を選任する場合には、図書館は聴覚障害者共同体のなかで信頼されている、あるいは信頼をかちえることができそうな人を充てるよう努めなければならない。

三・一・四　図書館学校は、ライブラリアンになろうとする人たちに専門職としての資格を与える基本的カリキュラムのなかの標準的な一部として、またすべてのレベルの図書館職員のための継続教育プログラムの一部として、聴覚障害者共同体に対するサービス提供に関する教育をしなければならない。

三・一・五　全国レベルで諸々の責任をになう図書館、あるいは当該地域レベルで現実に責任を負う図書館は、その地理的管轄区域内にあるすべての図書館に対して、聴覚障害者共同体へのサービス提供業務を支援するために、助言を与え、そして専門的見解を提示することを任務とする部署を設置しなければならない。

三・一・六　それぞれの国の図書館協会は、その組織の中に、聴覚障害者共同体に対する図書館サービスの提供に強い関心をもつ一部会員の声と意識を集約する機能をもつ団体を設置するべきである。

三・二　コミュニケーション

三・二・一　すべての図書館職員は、どのようにすれば聴覚障害者の人びとと効果的に意思を伝え合うことができるかという方法について、研修を受けなければならない。

三・二・二　それぞれの図書館において、たとえばレファレンス・デスクのような主要なサービス・ポイントの各々で、テキスト・テレフォン（ＴＴＹ）を利用できるようにするべきである。さらに加えて、健聴者にとってそのような電話利用が可能である場合には、図書館利用者が図書館から電話をかけるために、少なくとも一台のＴＴＹが利用できるようにしなければならない。

三・二・三　図書館利用者または図書館職員が利用する電話は、十分な数が備えられなければならない。

三・二・四　図書館は、インターネットが十分にアクセスできる環境を確保しなければならない。

三・二・五　当該技術が聴覚障害者共同体において有益であることが明らかな場合には、聴覚障害者の人びととのコミュニケーションのために、図書館は最新の技術進歩の成果を活用するべきである。

三・二・六　図書館は、コンピュータ利用のリアルタイム字幕表示やコンピュータ利用のメモ録取表示を支援するために利用できる、聴取支援設備・器具のようなコミュニケーションにかかわる補助設備・器具を備えるべきである。このようなサービスは、要求があれば、集会やイベント等のために利用できるものとするべきである。

三・二・七　テレビ視聴設備を備えた図書館は、利用者が利用できるテレビの非公開型字幕表示装置を提供するべきである。

三・二・八　図書館は、すべての図書館主催のイベント等について、要求があれば、手話通訳を配置したり、コンピュータ支援のリアルタイムの字幕表示、あるいはコンピュータ利用のメモ録取表示を提供できると提案しなければならない。

三・二・九　図書館は、聴覚障害をもつ利用者に対して、なにか問題が起きたり、緊急事態が発生したりしたとき、その危険を知らせるために、視覚を通じて認識できる警報信号装置を備え付けなければならない。

三・三　図書館資料コレクション

三・三・一　図書館は、聴覚障害をもつ利用者と健聴者である利用者の両方が興味関心をもつであろう聴覚障害と聴覚障害文化に関する諸資料を収集しなければならない。

三・三・二　図書館は、聴覚障害をもつ人びとに対して、十分に公平なやり方で、教育上の選択肢についての情報を収集し、情報ニーズに見合う照会諸機関との関係を維持し、イベント等を提供しなければならない。

三・三・三 図書館は、聴覚障害をもつ人びとにとって大いなる関心事であるトピックについては、低い読字能力しかなくても十分に理解できる資料を収集し、コレクションを形成し、またそれらへのアクセスを提供しなければならない。

三・三・四 非印刷視覚資料は、当然のことであるが、聴覚障害をもつ利用者に対するサービスを支援するために受入れられるあらゆる図書館資料のなかでも重要な部分を占めている。テレビのビデオ番組や音声部分をともなうその他の同様なメディアについては、聞くことができない人びとに理解できるように、字幕が付されるか、手話通訳がつけられるべきである。

三・三・五 図書館は、手話通訳のついたビデオおよび／または映画から構成されるコレクションを収集整理し、それを維持しなければならず、またそれらを見るために必要にして十分な設備器具を提供しなければならない。

三・四 図書館サービス

三・四・一 図書館の所蔵するコレクション、図書館サービス、そして図書館が主催するイベント等のすべてについて、聴覚障害者共同体がアクセスできるものでなくてはならない。

三・四・二 図書館のなかの聴覚障害者共同体に属するメンバーは、ここにとりあげたガイドラインに定めたように、聴覚障害をもつ人びとに対して、図書館サービスの開発とコレクションの整備を含め、図書館が提供する各種サービスの設計と開発に携わるべきであるし、諮問機関、サービス組織、およびネットワークの設置にあたっても関与が認められなければならない。

三・四・三 図書館は、手話通訳が付されたイベント等を開催するべきである。

三・四・四 図書館は、聴覚障害をもつ文字が読めない人たちに対して、利用可能な地元の識字教育プログラムに関する情報を提供しなければならない。図書館は、聴覚障害をもつ個々人のニーズに見合った、図書館が主催する識字プログラムを実施するべきである。

三・四・五 図書館は、自館の提供するオンラインの地域情報データベースのなかに、地元の聴覚障害に関連する情報を含めておかなければならない。

三・四・六 図書館は、オンラインデータベースを提供する場合、そのなかで公平で多様な聴覚障害に関係するホームページと結ぶリンクを張っておくべきである。

三・五 プログラム・マーケティング（積極的広報活動）

三・五・一 図書館は、サービス対象とする聴覚障害者共同体に対して、提供する図書館サービスとイベント等を積極的に知らせるべきである。

三・五・二 あらゆる図書館が発信する広報については、図書館のなかの聴覚障害者共同体に対して、アクセスの機会が与えられるべきである。

（山本順一 訳）

ＩＦＬＡ図書館と知的自由に関する声明

〔一九九九年三月二五日 国際図書館連盟理事会承認〕

国際図書館連盟（IFLA：The International Federation of Library Associations and Institutions）は、国際連合世界人権宣言に定められた知的自由を支持し、擁護するとともにこれを推進する。

国際図書館連盟は、人が知識、創造的思考、および知的活動を表現したものにアクセスし、また自分の見解を公然と表明できる基本的な権利を有することを宣言する。

国際図書館連盟は、知る権利と表現の自由が同一の原則を二つの側面から把握したものだと信じる。知る権利は思想と良心の自由のための必要条件であり、思想の自由と表現の自由は情報への自由なアクセスにとっての必須不可欠の条件である。

国際図書館連盟は、知的自由を支持することが図書館情報専門職にとっての中核的責任であると断言する。

したがって、国際図書館連盟は、図書館と図書館職員に対して、知的自由にかかわる諸原則、すなわち無制限の情報へのアクセスと表現の自由を支持するとともに、図書館利用者のプライバシーを認めることを要求する。

国際図書館連盟は、その会員に対し、これら諸原則の受入れと実現を推進する活動の展開を促すものである。そう促すことにおいて、国際図書館連盟は、以下のことを確認する。

・図書館は、情報、思想および想像力のある諸作品へのアクセスを提供する。図書館は、知識、思想および文化に通じる扉（とびら）の役割をになうものである。

・図書館は、個人と団体の両方に対して、生涯学習、自立した意思決定および文化的発展のために不可欠の支援を提供する。

・図書館は、知的自由の発展と維持に寄与するとともに、基本的な民主主義的諸価値と普遍的な市民的諸権利を守るうえで役立つものである。

・図書館は、知識と知的活動が表現されたものへのアクセスを保障するとともにそれを容易にするという両面の責任を帯びている。この目的を果たすために、図書館は、社会の多元性と多様性を反映した出来るかぎり種々様々広範囲にわたる資料を収集し、保存し、利用に供さなければならない。

・図書館は、図書館資料の選択と図書館サービスの利用が政治的、道徳的、および宗教的諸見解によってではなく、専門職の考慮検討を通じて行われるものであることを保障しなければならない。

・図書館は、自由に情報を入手し、組織化し、流通させ、あらゆる形態の検閲に反対しなければならない。

・図書館は、すべての利用者に対して、その資料、施設設備およびサービスに平等にアクセスできるようにしなければならない。図書館は、人種、信条、性別、年齢またはその他のいかなる理由によっても、利用者を差別してはならない。

・図書館利用者は、個人のプライバシーと匿名性への権利を有するものである。図書館専門職とその他の図書館職員は、図書館利用者の身元ないしは利用者がどのような資料を利用しているかを第三者に開示してはならない。

・公的資源が充当され公衆がアクセスする図書館は、知的自由の諸原則を支持しなければならない。

・図書館専門職および当該図書館に勤務するその他の職員は、それらの諸原則を支持する義務がある。

・図書館専門職とその他の専門的職能をもつ図書館職員は、自分たちの使用者および図書館利用者の双方に対して、自分自身の責任を果たさなければならない。それら両者に対する責任の間に葛藤が生じた場合には、図書館利用者に対する義務が優先されなければならない。

（日本図書館協会図書館の自由に関する調査委員会　訳）

〔**編者注**〕この声明の原文（英語）は『図書館雑誌』九三巻九号（一九九九年九月）七八三頁に掲載されている。

デジタル環境における著作権に関する国際図書館連盟の立場

〔二〇〇〇年八月二一日 国際図書館連盟エルサレム年次大会採択〕

国際図書館連盟は、広く世界的な視野から、図書館と情報の仕事のあらゆる側面に関する調査研究に取り組み、支援し、調整し、また図書館情報業務のあらゆる側面についての情報を広く伝えるために、そしてこの分野における会合や研修を組織するために存在する国際的な非政府組織である。

国際的な著作権論議の場において、国際図書館連盟は世界の図書館とその利用者の利害を代表する。著作権法は、図書館が行っていることの多くにインパクトを与えている。それは、図書館がその利用者に提供しうるサービスに影響を及ぼし、図書館が著作権ある資料へのアクセスを提供できる諸条件は情報探索の水先案内人としてどのようにサービスしうるかという態様に影響を与え、また図書館が行いうる効果的な保管、保存にかかわる諸活動の姿を決めてしまうことになりかねない。まさにこのような理由から、国際図書館連盟は国際的な著作権論議に参加する。

均衡のとれた著作権はすべての人びとのためのものである

図書館員たちと情報専門職たちは、その利用者たちが得たい著作権ある著作物とそこに含まれる情報とアイデアへのアクセスのニーズを認識するとともに、それを支援しようと努めている。彼らはまた、著作者や著作権者がその知的財産にもとづき公正な経済的対価を得たいとするニーズも尊重している。著作物への効果的なアクセスは、著作権制度の諸目的を達成するために必要不可欠である。国際図書館連盟は、権利保有者に対して強力で効果的な利益保護を与えるとともに、創造性、革新、研究開発、教育と学習を促進するために、著作物に対し合理的なアクセスを与えることにより、社会全体の発展をうながす均衡のとれた著作権法を支持する。

　国際図書館連盟は、著作権の効果的な執行を支持し、増加を続ける地域的な遠くはなれた電子的情報資源へのアクセスを規律するとともに、それを容易にするうえで、図書館が決定的な役割を果たすことを認識している。図書館員たちと情報専門職たちは、著作権を尊重することを促進し、印刷媒体であるか、デジタル環境であるかを問わず、盗用、不公正な利用、そして無権限の利用から著作権ある著作物を積極的に保護するものである。図書館は、従来より、著作権法の重要性について利用者たちに知らせるとともに、その旨を教育するうえで、またその遵守を奨励することにつき、一定の役割をになっていることを理解してきた。

　しかしながら、国際図書館連盟は、著作権の過度な保護が情報と知識へのアクセスを不当に制限することになり、民主主義の伝統をおびやかし、社会的正義の諸原則に悪影響を与えかねないと主張せざるをえない。著作権があまりに強く保護されることになれば、競争と革新が制限され、創造性の芽が摘み取られてしまう。

デジタル環境において

　現在、デジタル形態の情報生産が増大し続けている。新しいコミュニケーション技術は情報へのアクセスを改善するうえでこれまでにない大きな機会をもたらしたし、技術の進歩により、距離または経済状態に恵まれない人びとにとって、コミュニケーションと情報へのアクセスが改善できる可能性が拡大した。しかしながら、技術はまた社会を情報富裕層と情報貧困層の二層分化を促進させる可能性をもつことを、わたしたちは知っている。デジタル環境において、著作権ある著作物への正当なアクセスが維持されないとすれば、対価を支払うことのできない人びとにとっては、情報アクセスを拒否する障壁がいま以上に大きなものとなってしまう。

　図書館は、情報社会において、あらゆる人びとのために、情報アクセスの確保に関し、重要な役割を演じ続けるであろう。適切に機能する国レベルと国際的レベルの図書館情報サービスのネットワークは、情報へのアクセスを提供するうえできわめて重要である。伝統的に、図書館は、今日にいたるまで、著作権ある著作物の複製を購入し、その保有する資料コレクションに加え、利用者に対し適切なアクセスを提供することができた。しかしながら、将来において、デジタル形態の情報へのアクセスと利用がことごとく対価を支払わざるをえないということになるとすれば、その利用者に対して情報アクセスを提供するという図書館の機能はきびしい制限をうけることになる。著作権保有者と図書館利用者との間の利害の均衡を維持するために、国際図書館連盟は以下の諸原則を確認する声明を作成した。

デジタルでも異なるところはない

　ベルヌ条約は、ベルヌ同盟の加盟国に対して、著作物の通常の利用と矛盾せず、著作者の正当な諸利益に損害を与えることのない、一定の特別な場合に例外措置をとることを認めている。

　一九九六年、世界知的所有権機関（ＷＩＰＯ）の加盟国は、デジタル環境に適合するよう著作権法を更新するべく、二つの条約を採択した。現行の例外的諸規定と、著作権制限諸規定がデジタル環境のもとで推進され、拡大され得ることを確認し、世界知的所有権機関加盟国は「デジタルの場合は別だ」という主張を否定した。締約諸国は、デジタル環境において、そのような著作権制限諸規定を推進し、それらを拡大し、またそれが適切な場合には新たな例外措置を創設することが許されている。

国際図書館連盟は、教育や調査研究のように、公共的利益の範囲内にあり、公正な慣行に一致する諸目的に該当する場合には、図書館や市民に対して、著作物へのアクセスが認められ、しかも無償であるとする例外的措置が与えられなければ、対価を支払える人たちだけが情報社会の恩恵を享受しうるという危惧が現実のものとなりかねない、と断言する。このことは情報富裕層と情報貧困層との間の格差をさらに一層大きなものとするであろう。さらに言えば、著作権法上、視覚、聴覚、ないしは学習能力に障害をもつ人たちに対して、差別があってはならない。それをアクセス可能とするために資料の形式変換を行うことは、著作権の侵害行為と考えられるべきではなく、合理的な情報アクセスの手段と考えられるべきものである。

1　国レベルの著作権立法においては、ベルヌ条約に認められ、WIPO条約によって是認された著作権および著作隣接権に対する例外的諸規定は、著作権制限の認められた諸利用が電子形態の情報にも印刷形態の情報にも等しく適用できるよう、必要な場合には、改正されなければならない。

2　これら著作権制限諸規定の範囲を超える複製を対象として、行政的に単一の著作権使用料金体系が定められるべきである。

3　著作権ある資料の使用に付随する暫定的もしくは技術的複製は、複製権の対象範囲から排除されなければならない。

4　デジタル形式の著作物については、図書館利用者のすべては、対価の支払いまたは使用許諾を求められることなく、

・公然と利用可能な著作権ある資料が閲覧でき、

・図書館では公然と市場で販売されている著作権ある資料を、館内でまたは館外から、個人的に読み、聞き、または見ることができ、

・個人的、教育的または調査研究のための利用目的で、一個の著作権あるデジタル著作物の適切な分量にあたる一部を利用者自身で複製できるか、利用者のために、図書館情報機関職員の手によって複製してもらえなければならない。

情報資源の共有

資源共有は、教育、民主主義、経済成長、保健・福祉、および個人の成長において、決定的な役割を演じている。それは、別な方法では情報を求める利用者、図書館、または国が利用できないであろう広範な情報へのアクセスを促進する。資源共有は費用節減のはたらきをするだけでなく、経済的、技術的、または社会的理由から、その情報に直接アクセスできない人びとに対して、利用可能性を拡大するはたらきをする。

5　研究開発または調査研究のような正当な目的のために、利用者に対して、デジタル形式の法的に保護された著作物へのアクセスを提供することは、著作権法のもとで認められる行為でなければならない。

貸出サービス

非営利の公衆への貸出サービスは、伝統的に著作権法によって規律される活動とはされてこなかった。公衆への貸出サービスは、文化と教育にとって、不可欠である。貸出用所蔵資料の一部を構成し、また今後その一部を構成するあらゆる形態で蓄積されたすべての情報は、利用可能なものとされるべきである。一方、貸出サービスは、商業的に製品化された情報のマーケティングを助け、その販売を促

進する効果をもつ。現実に、図書館は、あらゆる形態をとる情報の販売促進の触媒のはたらきをしている。したがって、貸出サービスに対して法的ないしは契約によって制限を加えるとすれば、図書館ばかりか、著作権保有者にとっても、不利益をこうむることになるであろう。

6　図書館が物理的実態をもち発行されたデジタル資料（たとえばCD-ROM）を貸し出すことは、立法によって制限すべきではない。

7　たとえば、使用許諾契約のなかに定められた契約上の諸規定は、図書館情報機関職員によって行われる電子的情報資源の適切な貸出サービスを阻害するものであってはならない。

保　存

図書館は、情報を収集し、保存する。事実上、情報と文化の保存についての責任は図書館情報専門職に属するものである。著作権法は、図書館が保存技術を改善するために新しい技術を利用することをさまたげてはならない。

8　図書館や公文書館が、保存に関係する諸目的を果たすために、著作権で保護された資料をデジタル形式に変換することを認める立法がなされなくてはならない。

9　また、電子メディアの法定納入制度を定める法律が制定されなければならない。

契約とコピー・プロテクション・システム

著作権保護は、当然のことであるが、著作物の利用とあらたな著作物を生み出す創造性を促進するものであるべきで、それらを抑制するものであってはならない。著作権法は権利保有者に著作権に対する例外的措置と制限規定を乗り越える技術的または契約的諸方策に訴える権限を与えるべきではなく、また国際的および国内的な著作権立法において均衡の体系をゆがめてはならない。使用許諾契約は著作権法制を補完すべきものであって、それに置き換わるべきものであってはならない。情報の規制ではなくて、情報へのアクセスが著作物の利用を増大させる。実際、調査研究の示すところによれば、技術的保護によって過度に著作物の利用を規制することは、新たな著作物の生産を抑え、逆効果を招くということになっている。著作権侵害行為を防止する技術的措置の回避が出てくることは、避けられない。

10　国レベルの著作権立法を行い、権利保有者が利用者に対して使用許諾契約上の諸条件に関する交渉の機会を与えることなく、一方的に使用許諾契約を定める場合、著作権法に具体的に規定された例外的規定や著作権制限規定に限定を加えたり、それらを乗り越える使用許諾契約条項を盛り込んだときには、それらがどのようなものであれ無効なものとすべきである。

11　国レベルの著作権法は、技術的手段を通じてみずからの諸権利を守ろうとする著作権者の権利と、正当で侵害の意図をもたない目的でそのような技術的措置を回避する利用者の諸権利との間の均衡をとることをめざすべきである。

著作権侵害に対する責任

もっとも、仲介者としての図書館は、著作権法の遵守を確保するうえで重要な役割を演ずるものではあるが、著作権侵害の責任は究極的には侵害者が負うべきものである。

12　著作権法は、その遵守を強いることが現実的、もしくは合理的でない場合には、第三者の責任についての明確な制限規定を明文で定めるべきである。

（山本順一　訳）

〔IFLA〕ライセンス契約締結にあたっての諸原則

〔二〇〇一年三月 国際図書館連盟理事会承認〕
最近改正 二〇〇一年五月一日

はじめに

一 あらゆる種類の電子情報資源を対象とする世界的規模の市場が急速に整備されつつある。そして、そのような動きのなかで、電子情報を産み出す電子出版事業者や電子情報販売業者は、公共、大学、専門、国立のすべての館種の図書館を彼らの顧客として取り込もうとしている。今日、世界中の図書館は、特定の組織に属する人々を含む市民と情報および文化的表現との間を取り結ぶ仲介者としての役割を演じ続けている。その役割は、印刷物と比較して、電子情報の方にさらに一層精力的に取組むようになってきたように思われる。しかも、これまで図書館が伝統的メディアの保管と保存に努めてきたように、いま図書館は電子的情報資源が長期間にわたってアクセスできるように保管され保存されることを確保する方途を探っている。電子情報の価格付けもまた依然問題として残されている。図書館側は、同様の印刷物と比べて、多くの電子情報資源の価格が高すぎる事実が問題だと言い続けてきた。

二 図書館界は、デジタル環境においても、従来、著作権法のもとで与えられてきた図書館に対する例外的取扱いが継続されることを強く支持しているが、電子出版物の取扱いにつき、いくつかの分野ではこれまでとは異なった手続きと方針の策定が必要とされている。国際図書館連盟にとって、ライセンス契約の作成に関し特に関心があるのは、以下にあげる諸事項である。

二・一 世界中のいたるところに存在する電子情報をいま利用しようとしたとき、他の場合にはライセンス契約と呼ばれるものと契約的には同じ内容の合意事項があたりまえに画定され、記述されるはずのものである。ここでいうライセンス契約は、プロバイダと図書館との関係における諸条件を包括的に定めるものである。ライセンス契約の締結という手法は、情報の連鎖にかかわる当事者の多くにとって、比較的新しく、一九九〇年代になって登場した仕事のやり方である。

二・二 ライセンス契約は純粋に市場メカニズムにしたがって行われる取り決めであって、そこでは情報をライセンス販売したいプロバイダと情報アクセスを購入したい者とが交渉し、取引ごと、情報資源別に合意に到達する。

二・三 利用者の諸権利は、ライセンス契約の条項とそこに示された条件の範囲内で画定される。利用者の諸権利は、〝固定された〟すなわち伝統的なもろもろの情報形式を利用するときと同じ程度にまで、(比較的よく理解されてきた)著作権立法によって、規律されるものではない。

二・四 一般的には、図書館は、利用者に対して、図書館の管理運営に服しているサイトではなくて、遠く離れた電子出版者あるいは代理業者の管理するサイトへのアクセスを通じて、その情報へのアクセスを提供する。しかし、電子情報資源の長期間にわたる保管と保存に関する図書館と情報プロバイダとの間の責任や費用負担については、不明確で混乱している。ライセンス契約はこの一連の複雑な電子情報の保管に関する諸問題を解決することはできないけれど、たいていそのような問題の存在は認識し、契約当事者に対して、一連の責任と期待を述べている。

三　国際図書館連盟は、主要な諸課題が依然として解決されていないけれども、ライセンス契約を結ぶという舞台について積極的に検討している。とくに、ライセンス契約の締結は、情報プロバイダと様々な館種や規模の図書館により構成されるコンソーシアムとの間で行われなければならない複雑な業務に関する調整として、有効であるとされている。国際図書館連盟は、すべての館種の図書館がコンソーシアムを結成し、交渉にあたるという展開を推進し、支援するものである。それでもなお、電子情報の利用を規制するひとつの補完的手段としてライセンス契約を利用しようとする最近の動きに対しては、図書館とその利用者たちは、報酬と社会的評価を求める著作権保有者のニーズばかりでなく、公衆が必要としている情報、教育、そして調査研究というきわめて重要な目的をも理解した効果的でバランスのとれた全国一律の著作権法を必要としている。十分に配慮工夫されてつくられた著作権立法によって実現されるこのようなバランスをあらわしたことばは、あらゆる情報資源の利用にかかわるライセンス契約にもりこまれた諸規定の中に表現されるべきものである。

これによって、国際図書館連盟は、図書館と情報プロバイダとの間の契約上の関係と契約書面において明らかとされるべき一連の基本的な諸原則を定める。

ライセンス契約と法

原則一　ライセンス契約は、電子情報資源を利用者すなわち地域住民に利用させようとする図書館と、その情報資源について権利を保有し、図書館を顧客とする市場で営業活動をしようとする電子出版者もしくは代理業者との間の合意をあらわすものである。ライセンス契約に示された文言と条件は、当該情報資源につき両当事者が契約を結ぶに先立ち、図書館側にとってそれが十分に利用できるものでなくてはならない。すべてのライセンス契約は、両当事者の間で行われる文言の検討と交渉を通じて、その内容が固められるものである。

原則二　〝シュリンク・ラップ契約〟や〝クリック・スルー契約〟といった当事者間に交渉のないライセンス契約の場合には、その文言は、著作権、プライバシー、知的自由、および消費者の権利といった分野の誰もが認める公共的な指針にそったものでなくてはならない。

原則三　情報を対象とするライセンス契約は、その情報の利用者に対し、適用可能な著作権法が与えていると思われるあらゆる制定法上の諸権利を排除してはならないし、また否定的影響を与えてもならない。

原則四　適用可能な法規定の選択は、両当事者に受入れ可能なものでなければならない。できれば、ライセンスを受けるものの立場をふまえた全国的もしくは州の法律が選択されるべきである。

原則五　ライセンス契約は、主として顧客側である図書館の立場にたって、交渉され、書面にまとめられるべきである。

ライセンス契約と諸価値

原則六　ライセンス契約の合意事項は、関係者のニーズを認識し、明確で、かつ包括的なものでなければならない。とくに、重要な文言は、一義的に明確に理解できるよう定義されるべきである。

原則七　ライセンス契約は、両当事者のもつ権利と責任を比較衡量しなければならない。

原則八　ライセンス契約には、契約の取消しにいたる以前の救済期間、または訴訟提起が検討されるに先立ち、その他の解決に向けての方策について定めておかなければならない。

原則九　ライセンス契約を結ぼうとする当事者は、妥当とされ、また定められた状況に陥った場合、その契約を解除する権利をもつべきである。

ライセンス契約：アクセスと利用

原則一〇　ライセンス契約は、一機関であれコンソーシアムであれ、ライセンスを受ける組織に属するすべての利用者に対して、利用者が来館しているか、その施設から離れたところにいるかを問わず、アクセスを提供しなければならない。

原則一一　ライセンス契約は、ライセンスを受けた組織に来館している場合には、その組織に属していない個人といえども、アクセスを提供しなければならない。

原則一二　ライセンス契約は、それがライセンスを受けた組織の一部をなす場合には、地理的に離れた場所にある施設に対しても、アクセスを提供しなければならない。

原則一三　利用者が日常的に親しんでいるインターネットを通じてのリモート・アクセスも提供されるべきである。

原則一四　その場でダウンロードされたデータは、すべての主要なプラットフォームとネットワーク環境で取扱える多様な標準的フォーマット（たとえば、ＰＤＦ、ＨＴＭＬ、およびＳＧＭＬ）で利用できなければならない。

原則一五　最低限、ライセンス契約は、利用者に対して、彼ら自身の個人的目的のために、なんらの制約をも課すことなく、情報資料の閲覧、ダウンロード、そしてプリントアウトを認めなければならない。

原則一六　プロバイダの管理運営するサイトへのリモート・アクセスを通じて提供される情報資源は、適切な〝ヘルプ機能〟または利用者支援サービスが期待できるものであって、一日二四時間利用できなければならない。もっとも、プロバイダにとっての顧客である図書館に対して、適切な通知を行ったうえでの短時間の予定されたサービス停止時間は除かれる。プロバイダがサービス責任を果たさない場合には、ペナルティが発生することもありうる。

原則一七　単独の情報資源としてもまた情報資源の集積としても、高度な情報コンテンツの安定性が保障されなければならないし、機関としての顧客には変更が通知されなければならない。情報コンテンツに対するプロバイダの責任が果たされない場合には、ペナルティが発生する余地がある。

ライセンス契約とエンド・ユーザ

原則一八　図書館は、権利侵害行為が明らかになれば、プロバイダと協力しそのような行為をとどめる一方、電子情報資源の適切な利用について、利用者を教育するために、利用者と協力し、そして違法な利用を防止する措置をとるべきである。それでもやはり、図書館は、個人の利用者の行為に対して法的責任を負うべきではない。

原則一九　機関としての図書館がすでにその利用者に代わって契約を行っているか、あるいはそうしようとしている場合、個人の利用者に対して、〝クリック〟契約のような契約に同意を求めることは適切ではない。

原則二〇　図書館利用者のプライバシーは保護されなければならないもので、ライセンス契約においても、また情報プロバイダもしくは仲介者が行うあらゆる媒介行為においても尊重されなければならない。

原則二一　ネットワーク環境で営業する情報プロバイダは、ライセンスを受けた図書館が当該情報資源が有効に利用されているかどうかを評価することができるように、利用者に向き合うものであるが、利用データを提供しなければならない。

ライセンス契約と永続的なアクセス

原則二二　ライセンス契約は、なんらかの適切で有効な手段によって、使用許諾された情報への容易に利用可能で、永続的なアクセスを保障する規定を含まなければならない。

原則二三　ライセンス契約は、長期にわたる電子情報資源へのアクセスと保管を目指す諸規定を配することを考慮すべきであり、これらに対する責任についても確認するべきである。

ライセンス契約と価格づけ

原則二四　価格は、利用しようとする気持ちをそぐのではなく、利用を促進するよう決定されるべきである。たとえば、次のような対応が望まれる。

・多くの関係者が、電子情報資源に対して、それがある場合であるが、対応する印刷物資料よりも安価な値段を付けている。

・現在、多くの関係業者が、コンソーシアム向け定価、価格メニューに選択の余地を与えるなど、電子情報資源利用へのインセンティブを与えている。

原則二五　価格構成については、なんの負担、代価も隠すことなく、十分に公開されるべきである。

原則二六　電子版と印刷版の両方がある場合には、電子版に対して、（印刷版と）一体販売されない価格が提示されるべきである。また、そのような提示価格がライセンスを受けるものにとって有利なものであれば、電子版と印刷版との一体販売の価格もあわせて提示されてもよい。

原則二七　ある情報資源の電子版を導入するために、印刷版の受入を中止する場合には、ペナルティが課されてはならない。

原則二八　ライセンス契約に定められた諸条件の非開示を要求する規定は、一般的には、不適切である。

図書館間相互貸出

原則二九　図書館間相互貸出またはそれと相当なサービスを定める諸規定が含まれなければならない。

原則三〇　通常、図書館は、ライセンスされた情報資源の全体から合理的な分量の抜粋を、その情報資源に関して利用契約を結んでいない図書館に対して、その図書館の特定の利用者が当該未契約の情報資源の利用を求めてきた場合には、提供できるとするべきである。

教育と学習

原則三一　ライセンス契約は、小学校から大学にいたるまで、それぞれの学校現場における教育と学習の努力を支援するべきものであって、特定の教育課程に関連する情報資源にリンクを張ることを認めたり、その（電子的）複製を認めたりすれば、電子版指定図書とでもいうべきオンラインの教育課程支援活動の外観をもつことになる。

原則三二　個人が独立して主体的に行う遠隔学習は、プロバイダと図書館に対して、解決すべき課題を投げかけている。ライセンスを与えるものは、その情報の利用者がどのように物理的に遠く離れた場所にいようとも、その利用者が特定の図書館もしくは教育機関とつながりをもっているということを理解するべきであり、彼らにライセンスを与えた電子情報資源に対する日常的なアクセスを認めるべきである。

（国際図書館連盟著作権およびその他の法的諸問題に関する委員会　作成／山本順一　訳）

〔ALA〕図書館の権利宣言

〔一九四八年六月一八日 アメリカ図書館協会採択〕

改正 一九六一年二月二日
一九六七年六月二七日
一九八〇年一月二三日
一九九六年一月二三日

アメリカ図書館協会は、すべての図書館が情報と思想のひろばであり、以下の基本方針が、図書館サービスの指針となるべきであるということを確認する。

1 図書およびその他の図書館資源は、その図書館が奉仕する社会のすべての人びとの関心、情報および啓発に役立つように提供されるべきである。資料は、その創造にかかわった人たちの出身、経歴あるいはその見解を理由として排除されてはならない。

2 図書館は、今日および歴史上の諸問題について、さまざまの観点にたつ、すべての資料および情報を提供すべきである。資料は、党派あるいは主義の上から賛成できないという理由で、締め出され、または取り除かれることがあってはならない。

3 図書館は、情報を提供し啓発するという図書館の責任を達成するために、検閲を拒否すべきである。

4 図書館は、表現の自由および思想の自由の抑圧に抵抗することにかかわるすべての人びと、団体と協力すべきである。

5 図書館の利用に関する個人の権利は、その人の出身、年齢、経歴あるいは見解によって拒否され、または制限されることがあってはならない。

6 展示スペースおよび集会室を、一般の利用に供している図書館は、それらの利用を求める個人または団体の信条、所属関係にかかわりなく、公平な基準で施設を利用に供すべきである。

（日本図書館協会図書館の自由に関する調査委員会　訳）

〔ALA〕職業倫理に関する声明

〔一九八一年六月三〇日アメリカ図書館協会採択〕

はじめに

一九三九年以来、アメリカ図書館協会は図書館員の生きた指針となる原則の条文化と、社会および図書館員への周知との重要性を認識して来た。ここにかかげる倫理綱領最新版は、図書館員という職業の性質上の変化と、社会的および制度的環境の変化とを反映している。これは必要に応じて改訂され増補されるべきである。

図書館員は、情報の選択、組織、保存および普及に深くかかわり、またはそれらを制御する。知る権利を持つ市民（an informed citizenry）を基礎とする政治組織においては、図書館員は、知的自由と情報入手の自由とに顕著にかかわる職業集団のメンバーである。われわれは、情報と思考との自由な流れを保証するという特別な義務を、現在および将来の世代に対して負っているのである。

図書館員は、情報サービスの提供を可能にする書誌的資料の蓄積について互いに依存し合っており、個人的誠実さと能力との最高水準を維持するという義務を負っている。

〔ALA図書館員の〕倫理綱領

I　図書館員は、適切かつ有効に組織された資料群、正当かつ公平な貸出しと図書館奉仕の方針、および援助を求めるすべての要求に対する熟練した、正確で、かたよらず、しかも親切な対応を通して、最高水準の図書館奉仕を提供しなければならない。

II　図書館員は、図書館資料に干渉するグループあるいは個人のすべての活動に抵抗しなければならない。

III　図書館員は、利用者が探索しまたは入手する情報や、参照したり借出したり取得したりする資料について、ひとりひとりの利用者が持つプライバシーの権利を守らなければならない。

IV　図書館員は、同僚間の関係や個人の行動において、守るべき手順と機会均等の原則とに従わなければならない。

V　図書館員は、彼らの行動や主張において、個人としての考え方や態度と、勤務先または図書館団体のそれとを、はっきりと区別しなければならない。

VI　図書館員は、図書館の利用者や同僚または雇傭機関の費用によって、個人的または金銭的利益がもたらされるような状況を避けなければならない。

（竹内　悊　訳）

〔注〕この倫理綱領においては、各条文はすべてLibrariansと複数で始まっている。しかしながら、訳文においては日本語の習慣と格調に従って、「図書館員」とした＝訳者注

附録　審議会の答申・報告

〔目次〕

生涯教育について（答申）抄

（昭和五六年六月一一日 中央教育審議会）

前文

中央教育審議会は、昭和五二年六月、文部大臣から「当面する文教の課題に対応するための施策について」の諮問を受け、広く我が国文教の諸問題について検討した結果、生涯《がい》教育の観点から今後の教育の在り方を総合的に考察することとし、審議を進めてきた。

このことは、今日、複雑に変化する社会環境の中で、国民の一人一人が各人の様々な生活課題に応じて必要な学習を行い、それぞれの個性・能力を伸ばし、生きがいのある充実した生活を享受できるようにすることが緊要な課題であり、また、社会の活力の維持、発展のためにも重要であると考えたからである。

本審議会は、その審議の過程において、小委員会を設けるなどして調査検討を重ね、昭和五四年六月、生涯教育に関する小委員会報告として、我が国における生涯教育の意義・状況を明らかにするとともに、当面検討すべき課題を指摘した。

その後、この報告を基に、引き続き小委員会において専門委員等の意見を聴くなど調査検討を進め、本年（昭和五六年）三月、その結果をとりまとめて本審議会に報告し、これを公表した。本審議会は、この報告について広く社会の各方面から意見を求め、これらを基に更に慎重に審議を重ね、ここに答申としてとりまとめた。

これをとりまとめるに当たつては、基本的な方針として、一つには、人間の乳幼児期から高齢期に至る生涯のすべての発達段階に即して、人々の各時期における望ましい自己形成を可能にする方途を考察し、また、一つには、教育機能の領域・形態の面から、家庭のもつ教育機能をはじめ、学校教育、社会教育、企業内教育、さらには民間の行う各種の教育・文化事業等にわたつて、社会に幅広く存在する諸教育機能を生涯教育の推進の観点から総合的に考察したものである。

本審議会は、現在我が国が極めて困難な財政状況に直面していることを認識しているが、行政当局においては、我が国における生涯教育の意義を深く認識し、広い将来的展望の下に所要の行財政措置を講じ、この答申に盛られた諸提言を実現されるよう切望する。

第一章　我が国における生涯教育の意義

一　生涯教育の意義

人間は、その自然的、社会的、文化的環境とのかかわり合いの中で自己を形成していくものであるが、教育は、人間がその生涯を通じて資質・能力を伸ばし、主体的な成長・発達を続けていく上で重要な役割を担っている。

現代の社会では、我々は、あらゆる年齢層にわたり、学校はもとより、家庭、職場や地域社会における種々の教育機能を通じ、また、各種の情報や文化的事象の影響の下に、知識・技術を習得し、情操を培い、心身の健康を保持・増進するなど、自己の形成と生活の向上とに必要な事柄を学ぶのである。

したがつて、今後の教育の在り方を検討するに当たつては、人々の生涯の各時期における人間形成上及び生活上の課題と、社会の各分野における多様な教育機能とを考慮に入れることが必要である。

本審議会が、昭和四六年六月の答申において、社会環境の急速な変化の下で、今後における人間形成上の重要な問題として、生涯教育の観点から全教育体系を総合的に整備することを検討課題として提起し、また、その後、昭和五二年六月、文部大臣の諮問を受けて、あらためてこの課題を取り上げたのも、このような考え方に基づくものである。

今日、変化の激しい社会にあって、人々は、自己の充実・啓発や生活の向上のため、適切かつ豊かな学習の機会を求めている。これらの学習は、各人が自発的意思に基づいて行うことを基本とするものであり、必要に応じ、自己に適した手段・方法は、これを自ら選んで、生涯を通じて行うものである。この意味では、これを生涯学習と呼ぶのがふさわしい。

この生涯学習のために、自ら学習する意欲と能力を養い、社会の様々な教育機能を相互の関連性を考慮しつつ総合的に整備・充実しようとするのが生涯教育の考え方である。言い換えれば、生涯教育とは、国民の一人一人が充実した人生を送ることを目指して生涯にわたって行う学習を助けるために、教育制度全体がその上に打ち立てられるべき基本的な理念である。

このような生涯教育の考え方は、ユネスコが提唱し、近年、国際的な大きな流れとして、多数の国々において広く合意を得つつある。また、ＯＥＣＤが、義務教育終了後における就学の時期や方法を弾力的なものとし、生涯にわたって、教育を受けることと労働などの諸活動とを交互に行えるようにする、いわゆる〝リカレント教育〟を提唱したのも、この生涯教育の考え方によるものである。

我が国にあっては、人々の教育・学習のための機会は、公的あるいは民間諸部門の努力や活力によって豊富に存在するが、生涯教育の観点からみれば、なお吟味・改善を要する部分や、相互の連携・協力をより適切に進めるべき点が少なくない。

また、我が国には、個人が人生の比較的早い時期に得た学歴を社会がややもすれば過大に評価する、いわゆる学歴偏重の社会的風潮があり、そのため過度の受験競争をもたらすなど、教育はもとより社会の諸分野に種々のひずみを生じている。今後、このような傾向を改め、広く社会全体が生涯教育の考え方に立って、人々の生涯を通ずる自己向上の努力を尊び、それを正当に評価する、いわゆる学習社会の方向を目指すことが望まれる。

二　生涯教育と現代社会

このような認識の下に、近年なぜ我が国においても生涯教育が重視されるようになってきたかを、我が国の社会・経済的な状況に即して考えてみたい。

第一に、社会・経済の急速な変化そのものが、人々に様々な知識・技術等の習得を迫っている。すなわち、目覚ましい科学技術の進歩や経済の発展は、技術革新と産業構造の変化をもたらすとともに、社会の都市化や情報化を進めており、このような状況の下で、多くの人々が新たな知識・技術の習得や主体的な情報選択能力の涵《かん》養、都市生活への適応など種々の対応を迫られている。また、特に、国際関係が一層深まりつつある今日、我が国が将来にわたって各国との協調の下に発展していくために人々が豊かな国際性を身につけることが求められている。

第二に、人々の教育的、文化的な要求そのものが増大しつつある。我が国においては、従来から教育に対する関心は強く、また、学問をはじめ教養や趣味、技芸等を身につけることも盛んである。これに加えて、近年、物質的生活の豊かさが増し、また、国民の教育水準が向上するにつれて精神的な豊かさに対する要求は一層高まりつつあり、これに伴い個人あるいはグループによる種々の学習活動がとみに活発になってきている。

また、これらの活動の内容は、職業的技術・知識の習得や資格の取得、芸術・趣味・スポーツ等に関するものから、信仰・修養など深く人間の内面にかかわるものなど多種多様である。このことは、種々の変化に対応し、あるいは不変の価値を求める人々の学習意欲の現れである。

第三に、人々の多様な学習活動を可能ならしめる経済的、社会的な条件が整いつつある。すなわち、我が国においては、近年における経済成長の結果、国民の所得水準は逐年向上し、家計にゆとりをもたらし、それによって種々の教育的、文化的な要求が増大する一方、その充足を可能ならしめるに至ったのである。

また、家庭における子供の数の減少や家事労働の軽減、職場における労働時間の短縮あるいは寿命の延長などに伴い、自由時間が増大しているが、このことも多様な学習活動を可能にしてきた理由の一つである。

第四に、以上述べたような人々の個人的な学習上の必要性ないし可能性と並んで、今後、我が国が自由な生き生きとした社会を維持し、その一層の発展を図る上からも、適切な社会的な対応が求められている。

今日、青少年の生活意識に見られる著しい個人生活への志向は、しばしば社会に対する無関心に連なり、また、人々の公共心、地域社会における連帯意識の希薄化が指摘されるに至っている。加えて、急速な高齢化社会への進行に伴う種々の課題が生じている。このような状況に対処し、今後、人々が自由に自立しつつ、しかも広い社会性を身につけ、相互の思いやりと生きがいに満ちた、活力ある社会を築いていく上において、適切な教育的対応が要請されているのである。

第二章　我が国の生涯教育に関する状況と今後の課題

一　生涯教育に関する状況

我が国においては、国民の多様な学習意欲の高まりや教育に対する強い関心・要求に対応して、それを充足する様々な学習機会が提供されている。

まず、社会における最も組織的、計画的な教育機能として、幼稚園から大学に至るまでの学校があり、さらに、職業や実際生活あるいは教養向上のための専修学校や各種学校がある。

次に社会教育として、各地域において住民の学習要求や地域の特性に応じた各種の学級・講座・芸術文化活動・体育・スポーツ活動あるいは奉仕活動など多種多様な事業が推進されているほか、各種の社会通信教育も行われている。

また、勤労者のための職業教育・訓練の場としては、公共職業訓練のほか、企業内教育・訓練をはじめとする職場の内外における現職教育が盛んである。

さらに、新聞、放送、出版などの各種の情報媒体を通じての教育・文化活動や、近時都市を中心に発展しつつある民間の教育・文化事業があり、また教養、趣味、スポーツなどにかかる個人教授所も多く見られる。

最近では、各地で、それぞれ地域の特性を生かした生涯教育への意欲的な取り組みが進められている。例えば、教育・文化施設の面では、特色のある公民館、図書館、博物館、文化会館などを新設したり、あるいは一部の都道府県で広域的な学習事業、研修、情報提供など各種の機能を備えた生涯教育センターなどの総合的な社会教育施設を設置するなど、積極的な姿勢も見られる。

また、既存の施設を活用するための工夫・努力も払われており、小学校、中学校、高等学校などの施設が、住民の体育・スポーツ活動や文化活動のための場として提供されつつあるのもその現れである。

二　今後の課題

我が国には、前述のように、従来から様々な学習機会が幅広く存在しており、人々の学習意欲も盛んである。

しかし、生涯教育の考え方に立って我が国の教育の状況を見ると、今後の望ましい方向として、なお種々の改善を要する点が指摘される。

本答申では、人の生涯をおおよそ、①成人するまでの時期②成人期及び③高齢期に分けてこれを考察するが、まず、ここでは教育機能の領域別の課題及び学習のための条件整備の課題について述べ、次に、第三章以下において各時期に固有の課題について述べることとする。

(1) 教育機能の領域別の課題

ア　家庭の教育機能の充実

今日我が国の家庭については、一般に社会とのつながりの弱さや、子供に対する過保護、しつけの不足などが指摘されている。

このため、今後生涯教育の基盤としての子供の性格と態度の形成にかかわる親をはじめとした家族の努力が期待されるとともに、行政施策の面でも家庭教育への適切な援助が求められている。

また、家庭が各人の人間形成や精神的充足の上に持つ影響は、成人や高齢者にとっても大きい。このため、家族相互の温かい心の触れ合いや、信頼と尊敬あるいは人格の陶冶《や》など家庭の教育機能の充実が望まれる。

イ　学校教育の弾力化と成人に対する開放

近年、前述のように成人が学習する必要性や要求が高まりつつあるが、これらの人々のために容易に選択することの可能な効果的な学習機会ができるだけ広く用意されることが望ましい。とりわけ、成人において学校での修学を容易にするために、学校教育の開放を促進することの意義は大きい。

このため、学校教育、特に大学教育をはじめとする高等教育の制度や運用方法の一層の弾力化、柔軟化を図る必要がある。

ウ　社会教育の振興

地域社会における人々の多様な学習活動を助ける上で、社会教育は重要な役割を果たしているが、その施設や教育内容・方法においてなお不十分な面が多い。

このため、施設や事業、指導者など社会教育全般について一層の充実を図るとともに、個人学習の援助など新しい分野や方法についても開発を進めるべきである。

さらに、学校教育との連携・協力についても工夫・改善を図る必要がある。

(2) 学習のための条件整備の課題

ア　学習情報提供・相談体制の充実

生涯教育を進めるに当たっては、あくまでも個人の自主性が尊重されなければならないが、同時に人々の学習意欲を育て、かつ、その学習を容易ならしめる配慮がなくてはならない。

このため、学習機会やその内容、活用方法についての情報を人々に提供する事業、及び学習の内容や方法について助言・援助する学習相談体制の拡充を図るべきである。

イ　生涯教育関係機関の連携・協力の促進

人々の年齢、性別、能力等の違いや、学習の目的・動機の多様性からみれば、提供される教育機会は多種多様であって、かつ、これらが効果的に機能することが必要である。このため、民間を含めて、教育諸機関相互のより緊密な連絡・情報交換が行われることが望まれる。

また、国や地方公共団体においても、教育関係者や教育機関のための情報提供活動の充実や関連行政機関相互の連携・協力の促進を図る必要がある。この際、特に地域社会において教育行政を担当する教育委員会は、生涯教育推進のための調整機能を十分発揮するなど積極的な役割を果たすことが期待される。

ウ　生涯教育に対する国民の理解

生涯教育は、各人の自発的な学習意欲を基本とするものであるから、国民一人一人が自ら積極的に学び、自己の啓発・向上を図ろうとする意欲と能力を身につけることが大切であり、これらは学校、家庭、地域社会などのあらゆる場を通じて、しかもできる限り早い時期から養われなければならない。

また、生涯教育の必要性は、各人が自己の体験を通じて自ら認識していくべきものであるが、行政施策の面からも、国民の理解を深めていく努力が必要である。

第三章　成人するまでの教育〔略〕

第四章　成人期の教育

三　社会教育の振興

(1)　社会教育事業の拡充

①　社会教育は、人々の多様な学習要求に対して、各種の学習や体育・スポーツ活動、芸術文化活動など広範多岐な学習機会を提供しており、生涯教育の観点からその果たす役割は極めて大きい。

また、近年、人々の学習要求が多様化し、かつ高度化していることに対応して、地方公共団体において、住民の学習に関する希望等を基に学習内容・方法の改善が進められつつあるが、今後もなお一層この面での施策の充実が望まれる。

特に、成人は、生活上あるいは職業上多くの課題を抱え、かつ学習上種々の制約を持っており、これらの諸条件を満たす学習の機会、内容・方法を求めている。この点を考慮して、できるだけ多くの者が学習活動に参加できるように、学習に関する情報提供や相談体制の工夫を含めて、それぞれの地域の実情に即し、社会教育事業の整備・拡充を図る必要がある。

②　社会の都市化が進む中で、人々の生活はややもすれば自己中心的なものとなりがちである。今後、一人一人の学習活動が単に個人生活の充実のためのみにとどまらず、各人がその成果や能力・経験を生かして、地域社会に寄与し、そこに愛着を持ち、生きがいを見いだせるような社会参加の機会の拡充を図ることが望まれる。

③　今日、自らの健康・体力を保持・増進するため、日常生活において積極的にスポーツに親しむ人々が増加している。このため、スポーツに関する科学的研究体制を確立し、その成果に基づき各年齢層に適したスポーツ活動の内容・方法等に関する施策の充実を図ることが特に緊急な課題である。

④　国際関係が深まる中で、異文化民族についての理解は、国民にとって欠くことのできない素養である。このため、社会教育においても、各種の国際交流事業を活発にするとともに、国際理解を深める上に役立つ知識や実践的な外国語の習得などを含め、国際的に開かれた心の涵養を重視した事業の充実を図るべきである。

⑤　なお、地方公共団体が行う社会教育事業と並んで、近時、都市を中心に企業や団体による各種の文化教室やスポーツ教室などが急速に普及しつつある。これらは、民間の活力や特色を生

かした新しい学習機会として重要な役割を果たしており、その健全な発展が期待される。

(2) 社会教育施設の整備・充実

各地には、公民館、図書館、博物館、文化会館、体育館、運動広場など住民の学習や芸術文化活動、体育・スポーツ活動のための種々の公共施設がある。これら各種の施設は、国の助成や地方公共団体の努力によって逐年整備されてきているが、その数は利用者の要望に照らし、なお十分とは言えない。

このため、今後、地域の特性や住民の文化活動圏など学習活動の実態を考慮しつつ、これらの施設の整備を計画的、体系的に進める必要がある。

また、各施設がより効果的に利用されるように、夜間の開放も含め利用時間や運営方法の弾力化に一層努めるなど、施設の活用方法の改善を図るとともに、事業活動に関する情報提供の充実に努め、あるいは関連施設相互の有機的連携を強化する必要がある。

なお、最近、一部の都道府県で設置又は構想・計画中の生涯教育センターなど、教育・文化面についての各種の機能をもつ総合的な社会教育施設を一層整備していく必要がある。

さらに、学校施設やその他の公共的施設の開放の促進を図るほか、各種の団体や企業等が有する民間施設も地域住民のために開放されることが望まれる。なお、学校施設の開放を推進するため、今後、住民にとって利用しやすい施設設計上の配慮や教職員の積極的な協力が期待される。

(3) 指導者の養成と処遇の改善

人々の学習やスポーツ活動、芸術文化活動を盛んにしていく上で、このためのカリキュラム開発や実践上の指導に当たる人材の確保もまた緊要な課題である。

社会教育やスポーツの専門的職員としての社会教育主事や、スポーツの指導者の育成・活用が特に必要であり、また、学校の教職員やその退職者、あるいは企業の専門職員や地域住民などの有志指導者の活躍が望まれる。

また、大学など高等教育機関や、国立社会教育研修所、国立総合体育研究・研修センター（設置準備調査中）を含む社会教育、体育・スポーツ研修施設において、社会教育指導者、スポーツ指導者の養成や現職研修を進めるとともに、これらの職にふさわしい地位や処遇の改善を図ることが大切である。

(4) 個人学習の奨励・援助等

人々の学習要求が、その内容・方法において一層多様化・高度化し、また、集団的な学習形態よりも個人学習を望む人々も数多く存在することから、個人学習に対する配慮がますます重要になるであろう。

このため、社会通信教育の充実や、近年、各方面で試みられつつある地域の各家庭に情報を送る新たな情報媒体の開発とその活用を図ることが望まれる。

また、電話等を利用した情報提供・相談事業や、図書館や博物館におけるこの種の機能の強化を図り、あるいは公民館における身近な情報提供・相談機能を拡充すべきである。都道府県段階においては、例えば、生涯教育センターなどの総合的な社会教育施設で、広域的に学習に関する情報を収集・提供したり、学習相談に応じ得るような学習情報センター的機能を充実する必要がある。

さらに、個人の各種のスポーツ活動を奨励・援助するため、年齢段階に応じたスポーツ・プログラムの充実や、手軽な指導書の提供が望まれる。

また、各人の学習活動の成果に対して適当な資格を認定・付与するような方策は、人々の学習への動機や意欲を高める上でも考慮に値しよう。〔以下略〕

社会教育審議会社会教育施設分科会の中間報告の送付について 抄

〔昭和六三年二月一二日 六三社学第二号 文部省社会教育局学習情報課長通知〕

さる〔昭和六三年〕二月九日、社会教育審議会社会教育施設分科会から、「新しい時代（生涯学習・高度情報化の時代）に向けての公共図書館の在り方について」の中間報告がありましたので、別添のとおりその写しを送付します。

この報告は、高度情報化が進む中で、地域における生涯学習の中核的施設として期待される公共図書館の整備の方向を取りまとめたものであり、この中では特に、①図書館整備地域の拡大、②図書館サービス体制の充実、③ネットワークの推進に重点を置きながら施策を進めることが必要であると提言されております。〔以下略〕

別添

新しい時代（生涯学習・高度情報化の時代）に向けての公共図書館の在り方について――中間報告――

〔昭和六三年二月九日 社会教育審議会 社会教育施設分科会〕

目次

はじめに

本分科会では、社会教育施設が人々の生涯の各時期、各分野における学習に対する要請や地域社会における様々な教育課題に的確に応えられるよう、その役割、任務を再検討し、整備の方向を明らかにすることとし、昭和六〇年一一月に公共図書館の在り方の検討を開始した。

その後、臨時教育審議会において、学校教育中心の考え方を改め、生涯学習体系への移行を中心とする教育体系の総合的再編成を図っていかなければならないことが示され、社会の各分野の教育活動を活性化していくことの必要性が指摘された。具体的に、その第二次答申で、各種の社会教育施設等の学習内容や学習形態を多様化、高度化し、その活性化を図るとともに、そこで人々がより広範囲な情報を得て、学習や研究に効果的に利用できるようにするため、図書館、博物館等同種の施設や地域内における異種の施設のネットワーク化を図ること、また、第三次答申では、高度の情報通信機能と快適な学習・生活空間を備えた本格的な環境として施設を整備するとともに、地域共通の生涯学習、情報活動の拠点として、その機能を最大限有効に活用する方策（インテリジェント化）を、地域の状況や施設の特性に応じて進めていくことが提案された。

このような状況を踏まえ、情報化が進展する新しい時代の中で、人々の生涯にわたる学習活動を積極的に援助するという観点から、公共図書館が持つべき機能と、ネットワークの在り方という二つの側面に焦点を絞り検討を行ってきたが、その結果を、このほど以下のとおり施設分科会の中間報告として取りまとめた。

（社会の変化と公共図書館の課題）

近年、公共図書館を取り巻く社会状況に大きな変化が生じている。労働時間の短縮や週五日制の普及、長寿化などに伴う自由時間の増大は、人々の所得水準の向上、文化的関心の高まりとあいまってその過し方にも変化をもたらしつつあり、こうした中で、図書や視聴覚メディアを活用しての学習活動が活発化している。また、価値観の多様化や高学歴化の傾向が進む中で、学習の領域や内容は一層多様になってきており、それに応じて社会における学習の機会も年々充実されつつある。しかし、地域により学習の機会には格差があり、また、生活時間などとの関連から適切な学習の機会に恵まれない人がいることも忘れてはならない。このような状況に対応しつつ、多様化・高度化している学習活動がより一層活発になるよう援助していくことが、これからの公共図書館に課せられた大きな課題の一つである。

また、科学技術の発達により各種の情報機器・システムの普及が急速に進んでおり、このことは地域住民の情報の入手や利用行動を大きく変化させ、図書館活動にも大きな影響を及ぼしつつある。高度情報化社会に向かいつつある今日、多様化・高度化する住民の学習ニーズに応じた情報を適切かつ迅速に提供していくことが重要となり、この意味で図書館における情報提供の役割はますます増大すると考えられる。新しい技術をいかに有効に活用してサービスの質と量の充実を図っていくか、このことも今後の公共図書館の持つ大きな課題の一つといえよう。

（公共図書館の方向）

これからの公共図書館は、社会の変化に伴う様々な課題を抱え、その在り方の見直しの必要に迫られている。

昭和四〇年代以降、公共図書館は旧来の図書保存重視の傾向を改め、地域住民の要望に応えて貸出に重点を置いたサービスを行うようになった。文部省が行った社会教育調査により最近の約一〇年間をみても貸出冊数は二・八倍に達し、年間二億冊を超える図書が貸出されるようになった。その間、図書館数は一、〇六六館から一、六四二館と、整備が進められてきた。しかしながら、個々の図書館の所蔵する図書や資料はその量や種類において、住民の要求に適切に応えるために十分な状況にあるとはいえず、また、いまだに図書館のない市もあり、町村における図書館の設置率は一五・五％と低い水準にとどまっており、これら市町村における図書館整備が大きな課題である。

公共図書館は、住民の身近にあって、各人の学習に必要な図書や資料、情報を収集・整理し、その利用に供するという、生涯学習を進める上で最も基本的、かつ重要な施設である。今後、図書・資料・情報や施設・設備の整備・拡充と利用の促進を図りつつ、情報化、国際化、高齢化など社会の進展に応じた新たな課題に積極的に取り組み、サービスの向上を目指していかなければならない。

第一　新しい時代の公共図書館

一　これからの公共図書館

今後、ますます多様化し、高度化・個性化する生涯学習を援助していくためには、公共図書館は、開かれた図書館としての在り方をより一層追求しなければならない。

公共図書館は、あらゆる人に開かれるべきものであり、資料の収集や提供についても閉鎖的であってはならない。図書館は人間生活のあらゆる面にかかわる資料を収集・提供できる機関であり、生涯学習を援助する上で極めて大きな可能性を持っている。したがって、これからの公共図書館は、生涯学習のための機関としての色彩を一層強く打ち出すべきである。

また、人々の多様な学習を適時、適切に援助していくためには、多様な資料や情報の収集を行うとともに、新しい情報機器の導入等によりその提供を効果的に行うなどサービスの向上を図ることが重要である。

生涯学習は本来人々の自発性に基づいて行われるものであり、図書館の利用を促進する条件整備と人々への働きかけを行うとともに、図書館の事業や活動への住民参加の場の確保と自発的参加の促進を図る必要がある。

二　公共図書館の機能

公共図書館には、図書館資料や情報の提供、各種学習機会の提供等の住民に対する直接のサービス機能と、図書館資料や情報の収集・保存、調査・研究開発等の住民サービスをバックアップする機能がある。これらの機能について、生涯学習の推進、高度情報化社会の到来という新たな観点からの検討が必要となっている。

㈠　図書館資料・情報の提供

図書館は地域社会の情報拠点、学習拠点である。人々の学習要求の多様化・高度化に伴い、公共図書館は、一般書はもとより専門書、地域資料さらには音声や映像などの各種視聴覚メディアに及ぶ多様な種類・内容の資料や情報の提供がこれまで以上に求められており、図書館資料の一層の整備・充実を図る必要がある。

さらに、生涯学習を援助するに当たって、学習情報の提供や学習相談が重要になることにかんがみ、住民の求めに応じいろいろな情報源から情報を抽出して提供するレファレンス・サービスや、館外の情報源についての情報を提供したり紹介するレフェラル・サービスの充実と高度化を図ることが期待される。そして、サービスの量的拡大や質的向上、迅速化のために、業務の機械化やオンライン化など情報処理機能の向上を図る必要がある。

㈡　学習機会の提供

学習機会の提供は、図書館が教育機関としての機能を十分に生かす上で大切な機会である。学習機会の提供には定期的な学級・講座、教室等の開催や展示会等の行事の実施がある。これまでは施設・設備の提供など学習のための条件整備に力点が置かれていたが、今後は、人々が充実した生涯を送るという観点から、多様な学習機会を提供していくことが必要であり、このため住民のニーズを先取りした読書普及事業を実施するなど読書の普及と読書の質の向上にも積極的に取り組むことが期待される。

学習機会の提供は、学校や他の社会教育施設、機関でも数多く行われており、公共図書館にあっては、資料や情報の提供を通して、これらの施設等との連携を図ることが必要である。

人々、とりわけ二一世紀を担う児童の個性を伸ばし、創造的で豊かな心を育てることは、今後の我が国の教育に課せられた重要な課題である。特に、週五日制が社会で広く普及する中で、各人の自己教育力の育成及び学校外の学習機会の確保、さらに、学校機能の学校教育以外の活動への活用の積極的推進が求められている。

公共図書館は、児童と図書とを結びつけるような機会を積極的に提供し、読書の習慣が身につくよう配慮するなど、自発的な学習習慣を育成していく必要がある。また、親が子に与える影響も大きいことから、親に対して児童の読書についての学習機会を提供したり、親と子が共に行う読書活動等を積極的に推進することが重要である。

また、公共図書館は、地域の児童等に対する学習サービスの提供を図書館活動の大きな柱の一つに据えており、地域における学習の場として公共図書館の役割は極めて大きい。このため、学校と十分に連携を図り、より充実した学習の機会を整備し提供していくことが求められる。

㈢　図書館資料・情報の収集・保存

図書館資料や情報の収集は、これからの多様化・高度化への要請に応えるため、図書館職員や個々の館で行うだけではなく、専門的知識を有する住民や他の図書館などとの連携の下に効率的に行う必要がある。郷土資料の収集には郷土史家等の協力を得ることも重要であるし、図書館間や他の社会教育施設等との連携を図り、所蔵資料や情報を相互に利用できる体制を整備することが重要になる。

また、都道府県立図書館と市町村立図書館との間、各市町村立図書館相互の間では、館の役割、地域の特色を踏まえつつ計画的に収集分担を行うことを検討する。視聴覚メディア等は、公共図書館と視聴覚センターや視聴覚ライブラリーとの収集の分担も考えられる。人々の調査研究等の用に供する専門的資料は、大学図書館あるいは専門図書館等との協力の下に、収集を分担することも考えられる。なお、大学図書館などが、図書館機能をさらに一層地域に開放していくことが望まれる。

保存については、資料や情報の量の増大を考慮し、保存スペースの確保や電子的な保存方法について検討すべきである。なお、収集と同様に保存の役割分担が考えられるが、貸出サービスの質を保つ上で、個々の図書館が相当量の保存機能を持つ必要があることに留意すべきである。また、歴史的価値を有する資料の保存については、関係機関等と十分な連携を図りつつ、計画的に行うことが必要である。

(四) 調査・研究開発

図書館サービスを効果的・効率的に行うためには、調査・研究開発機能の拡充が求められる。図書館の運営目標やサービス計画を策定するため、図書館に対する地域住民の要求や地域の諸条件を調査し、分析・把握する必要がある。また、図書館の機能を高めその利用を促進するためには、コンピュータ等の情報機器の導入や、各館にふさわしい目録や分類あるいは配架の方法などの利用援助の技術、さらには潜在ニーズの掘り起こし等の調査・研究開発が必要である。

また、従来は既存の資料をいかに提供するかという面に力点が置かれてきたが、今後、レファレンス・サービスあるいはレフェラル・サービス等の充実・高度化の観点から、情報を自ら生産し、発信していくことも積極的に行うべきである。既存のデータを有効に活用することはもとより、公共図書館にあっては地域に密着した学習の情報や、実生活に密接な情報、例えば、これまでレファレンスの対象とされていなかった医療や身上相談、法律相談等の事項も含めつつ、情報源として利用・照会のできる機関や人物などについて独自のデータベースを作成し、それを相互に利用する体制を整備してきめ細かなサービスを行うための検討が必要である。

三 新しい公共図書館づくりへの対応

これからの公共図書館に期待される以上のような機能を具体化するため、次のような対応策が必要となる。

(一) サービス体制の充実・強化

住民に対するサービスの向上のためには、既存のサービス体制の充実と図書館の未整備地域におけるサービス体制の強化が必要である。特に、未整備地域におけるサービス体制の強化に当たっては、まず当該市町村が自助努力をするということが前提となる。

公共図書館が、生涯学習のための中核的施設として人々の学習を援助していくためには、施設整備、巡回車の運行等の図書館システムの整備・充実を図るとともに、人的体制の整備・充実が重要となる。とりわけ、これからは、各分野の様々な質問にも応え得るレファレンス担当の専任職員の配置やそのための組織、研修などの体制の整備に努力していく必要がある。

ハンディキャップを持った人々に対する十分な配慮も望まれ、点字図書や録音図書、大型活字本、拡大読書機等の資料や機器の整備など、図書館の利用環境の一層の整備・充実が期待される。

今後、図書館施設の整備、特に市町村における整備に当たっては、住民の生活圏と図書館の利用圏との関連等を十分に考慮して配置計画を立てるとともに、建設に際しては、将来導入が予想される各種情報機器等への対応や、落ち着いた雰囲気の中で利用できるような施設内外の環境の整備、生涯学習の拠点として有機的活用を図れる設計上の工夫などに留意する必要がある。

㈡　職員の資質の向上

公共図書館が開かれた図書館としてサービスの向上を図るためには、図書館職員が地域社会の要求や実態を十分に把握していなければならない。またレファレンス・サービスやレフェラル・サービスを充実させ、他の社会教育施設で行われる学習相談との連携を図るためには新たな知識・技術が求められる。

これまで、図書館職員には、図書館の実務についての専門的知識・技術の修得が強調される傾向があったが、人々の生涯学習を援助していくためには、より広い知見が求められる。さらに、新しい情報処理能力を身につけることも必要になっている。今後は研修事業の内容の拡充と、各種研修機会への職員の参加の促進など、研修の機会の充実を図るとともに、司書などの専門的職員の養成についての見直しを行うなど、図書館職員の資質の向上に努める必要がある。

なお、都道府県立図書館は、これまでも市町村立図書館職員の研修センターとしての役割を担ってきたが、図書館学の講座を開設する大学の協力を得るなどして、その高度化を図ることが望まれる。

また、今後、図書館を地域の生涯学習の中核的施設として整備していくためには、図書館における活動にボランティアなど地域の人々との協力を推し進めていくことが必要になってくるが、こうした人々に対する研修の在り方についても検討することが重要である。

㈢　利用の促進

公共図書館はあらゆる人の学習の場として整備しなければならない。しかし、生活時間や種々の制約から図書館を利用できなかったり、広報等が不十分なためにその機能を活用していない人もいる。

これからの公共図書館は、広報活動を充実し、これら潜在利用者に積極的な働きかけを行うとともに、住民の生活時間に対応した開館日や開館時間の弾力化、住民が利用しやすい場所への分館の配置など、利用の便を図るための条件を整備する必要がある。このため、例えば、使用区分が明確にできる施設設計、防災・防犯・空調・照明等の効率的な建物制御、さらに、ボランティアなど地域住民との協力、鉄道や商店街など民間との連携など、柔軟なサービス体制の整備が必要になる。

また、利用者が自ら調査・研究した成果や収集した資料を、利用者の協力を得て、図書館の所蔵資料に加え、これを他の利用者が活用することも考えられる。

さらに、視覚障害者のための点字図書、録音図書の作成や対面朗読奉仕、聴覚や言語の障害者のための手話のサービス、あるいは、ストーリー・テリングや読み聞かせ等の児童奉仕などの場面に専門的知識・技術を持った住民や利用者の協力を得ることも重要である。

(四) 相互協力体制の推進

これからの図書館が住民の多様な要求に応え適切なサービスを行うためには、資料収集・保存・提供、調査・研究等の面において、他の図書館や関連施設・機関等と連携・協力を図ることが重要である。今後は個々の図書館では住民の多様な学習ニーズに十分に対応できない状況が増大すると考えられる。有機的な連携・協力のためのネットワークの整備は早急に取り組まなければならない課題である。

第二 公共図書館のネットワークの在り方

一 ネットワークの意義

公共図書館は、すべての人々の基本的レベルの学習要求に応えられることを前提としている。しかし、利用者の要求は多様化・高度化してきており、個々の図書館がその必要とする図書館資料・情報をすべて整備することは財政的にも、技術的にも限界があり困難な状況にある。したがって、図書館資料や情報への増大する要求に対しては、各館蔵書の充実を図りつつ、一方で、図書館機能の相互補完を行い得るネットワーク化を進めて、これに対応していくことが有効となる。

それは、ただ単に単館でのサービスの不足を補うという消極的意義を持つだけでなく、ネットワーク化を進めることにより蔵書構成などの面で個々の図書館が特徴を持つことを可能にし、地域と密着した独自性を打ち出し得るという積極的な意義をも持っている。さらに、地域住民と一体になったふるさとづくりの重要な拠点の一つとなることが期待される。

ネットワーク化には、資料の相互貸借による多様な資料要求への対応、求められた情報の迅速かつ的確な提供、未整備地域等へのサービスの充実、資料、情報の収集・保存・提供の効率化、などの利点がある。

近年、青少年育成、国際交流、健康づくり、職業能力開発、消費者教育、長寿社会対策、リゾート整備、ふるさとづくりなど幅広い行政が展開されており、また、民間企業などにおいても各種教育関連事業が盛んに行われるようになり、これに伴い公的な社会教育事業も新たな対応を迫られている。

このような状況の中で、特に、他の社会教育施設とのネットワーク化を図ることは、レフェラル・サービスのための資料や協力体制の整備を実現するなど図書館サービスの充実が期待されるほか、施設間の事業の不要な重複が避けられ、また、各施設の持つ資料等が個々の施設の事業に効果的に活用されるようになるなど、質の高い施設活動を行い得ることとなり、生涯学習を振興していく観点からも極めて重要な意義を持つものである。

さらに、館種の異なる図書館や官公署、民間の各種研究機関等とのネットワーク化を進めることにより、それぞれの施設等が事業を企画したり実施する際に参考となる資料の入手や各種情報の収集などが容易に行えるようになるとともに、図書館にとっても、所蔵していない専門的資料の調達やレファレンス・

サービスやレフェラル・サービスのための資料や情報の整備が容易になるなど、図書館サービスを充実する上でもその意義は大きい。

二　ネットワーク化の方向

公共図書館のネットワーク化に関しては、まず、都道府県域の公共図書館網の整備があげられるが、生涯学習の援助という観点からは、公民館等の社会教育施設、学校図書館、大学図書館、専門図書館、さらには官公署、民間の各種研究機関等との連携・協力体制の推進も必要である。

これらと併せて、国と都道府県間、都道府県相互といった図書館の全国ネットワークを検討していくことが必要である。将来的には、衛星通信等を活用した国際ネットワークにつながることが望まれる。

ネットワークは資料の相互貸借など資料面でのネットワークに限られるものではない。レファレンス・サービスやレフェラル・サービスの実施やそのための資料の整備などの情報レベルでのネットワーク、さらに、学級・講座や調査・研究開発事業などを企画したり実施する際の各施設の職員や関係者の協力など人的面でのネットワークが重要となる。

三　ネットワークの内容

(一)　公共図書館間のネットワーク

ネットワークの内容としては、①資料や情報の収集・保存・提供の分担、②資料の相互貸借、③所蔵資料目録、各種情報の交換、④未整備地域等へのサービス、⑤読書普及事業など事業実施面での協力、⑥レファレンス、情報提供面での協力等がある。資料の相互貸借は従来から進められてきたが、今後一層の充実が必要である。また、レファレンス、情報提供面での協力は今後ますます重要になると考えられ、早急に協力体制を整備することが望まれる。

公共図書館間のネットワークの基本となるのは都道府県立図書館と市町村立図書館とのネットワークである。都道府県立図書館には市町村立図書館では対応しきれないところを支援する役割が期待される。そのため、都道府県域の広域利用になじむ資料は都道府県立図書館が重点的に収集し、貸出や情報提供を行い、市町村立図書館は住民に対する直接サービスや学習援助を中心とするといった役割分担が考えられる。具体的な役割分担は、地域の実情にあった方式を考えることになるが、その連絡調整は都道府県立図書館の役割である。

いくつかの市町村において、行政区域を越えた図書館間の資料の相互貸借や図書館の相互利用等の先導的な取り組みがみられるが、今後、このネットワークの内容、地域の拡大について積極的な取り組みが期待される。

(二)　公共図書館と類縁機関等とのネットワーク

公民館、博物館、視聴覚センター・視聴覚ライブラリー等の社会教育施設及び公民館図書室、学校図書館、大学図書館等の館種の異なる図書館などの類縁施設や地域内の学校や教育委員会などの施設・機関はそれぞれ異なった役割と機能を持つものである。したがって、ネットワークの方法や内容も必ずしも一様ではないが、①資料や情報の収集・保存・提供の分担、②資料の相互貸借、③所蔵資料目録、各種情報の交換、④学習機会提供面での連携・協力、⑤レファレンスと学習情報提供・学習相談面での連携・協力等がその内容として考えられる。生涯学習の推進にあつては、学級・講座等の展開に参考となる資料やそこで使用する教材の整備や相互貸借、講師の相互派遣など学習機会の提供面での連携・協力、資料や情報等の交換・交流によるレフェラル・サービスなど各種情報サービスのための資料の整備、いくつかの施設が協力して行うレファレンスや学習情報提供・学習相談面での連携・協力を進めることが特に期待される。

なお、これまで公共図書館は、活字メディアである図書を中心とした資料の提供を行ってきたが、近年開発がめざましい音声や映像などの視聴覚メディアは、人々が生涯学習を進める上で有用なものであり、今後、視聴覚センター・ライブラリーとの関係を含め、その収集・提供の在り方についてさらに検討していく必要がある。

この類縁機関等とのネットワークにより、公共図書館未設置市町村においてもある程度の図書館サービスが可能となり、その意味では大きな意義を持つものである。しかし、未設置市町村では、生涯学習推進の観点から、豊富な資料、専門的職員、専用の設備を備えた図書館の整備を計画的に進めていくことが必要である。

四　ネットワーク化の進め方

ネットワーク化を進めるに当たっては、地域の実態を十分考慮した上で、従来の施策の有効な運用、コンピュータなど新しい科学技術の導入、データベースの整備など、段階的に進める必要がある。

例えば公共図書館の未設置地域においては、都道府県立図書館は、公民館図書室などの既設の施設や機関との連携・協力から始めることが必要となるし、情報のネットワークの有力な媒体となるコンピュータについても、その導入の段階に至っていないところでは、郵便や電話等の既存手段によるネットワーク化から始めることになろう。また、ファクシミリなどの利用もネットワーク化に当たって大きな影響力を持ち得る。

コンピュータは、オンライン情報検索などを可能にする情報ネットワークに使われるだけでなく、貸出業務や図書の発注、あるいは蔵書管理等の幅広い分野に活用できるものであり、多くの公共図書館において導入が進められつつある。したがって、ネットワーク化を円滑に進めるため、コンピュータによるオンライン化に当たっての技術上の問題となるコードやフォーマットの統一等について早急に研究を進める必要がある。また、コンピュータを有効に稼働させるためには、相応の人手と経費が必要となることから、その導入は、蔵書の規模や利用者の数、職員の体制等を勘案しつつ計画的に進めていく。なお、コンピュータの導入は、運営の合理化の視点より、住民に対するサービスの質的・量的向上を目指すものであることを認識することが必要である。ネットワーク化を進めるに当たっては連絡調整の体制を整えることが必要である。都道府県域の公共図書館網を整備する場合にあっては、各都道府県レベルの公共図書館の協議組織などの場を活用することが考えられる。また、類縁機関等とのネットワークは、広く、一般行政部局等を含めた生涯学習の推進のための組織である生涯教育推進会議などで総合的に検討され、推進されることが適当であるが、当面、可能な範囲で連携・協力を進め、日常的な協力関係を築いていくことが重要である。特に市町村レベルのネットワーク化に当たっては、管内の社会教育施設が有機的に連携していくことを検討する場の設定が望まれる。

データベースの構築は、ネットワーク化の基本となるものであり、それは広く開かれたものとしていかなければならないが、今後、地域ごとに簡易に構築できるシステムの開発を早急に行うことが望まれる。

おわりに

この中間報告では、高度情報化が進む中で、地域における生涯学習の中核的施設として期待される公共図書館の整備の方向を取りまとめた。

公共図書館の基本的な機能は、新しい時代においても変わることはない。課題は、広い視野に立ち、住民の生涯学習を援助するためのサービスの向上を目指して、図書館の機能をいかに高度化していくかである。

国及び地方公共団体は、こうした観点に立って公共図書館の整備を計画的に進めていく必要があるが、その際、特に、以下の点に重点を置きながら施策を進めることが必要である。

第一は、図書館整備地域の拡大である。

図書館サービスの拡大に当たっては、第一に大切なことが図書館の適正配置である。まず、図書館が整備されていない市町村への設置を促進する必要がある。整備市町村においては、核となる図書館の充実を図るとともに、住民の利用を考慮した分館等の設置を進めていく。

第二は、公共図書館のサービス体制の充実である。

図書館資料や情報は図書館の生命ともいえるものである。収集・整理・保存に当たり各館の特色を発揮し、図書館資料や情報を一層充実するとともに、広く住民の利用に供する体制を整えていくことが必要である。

このため、コンピュータ等の新しいメディアの効果的な導入、利用時間の拡大などサービス体制の柔軟化、各図書館間の役割分担と相互連携の確立、専門的職員である司書・司書補の養成・確保などを進めていく。

第三は、ネットワークの推進である。

館の規模、性格、地域特性にかかわりなく、各館においてリアルタイムにサービスが行われることが、図書館に期待されている。ネットワーク化はそのための有効な手段であり、また、特色ある図書館サービスを可能にするものである。

市町村、都道府県のそれぞれの段階で、地域の実態に即したネットワークのシステムを構想し、その構築に向けて努力する必要がある。その際、都道府県立図書館は市町村立図書館を支援する役割を担う図書館として位置づけることが重要であり、また、市町村立図書館は直接住民サービスを行う機関として、一定水準までサービスの質を高めるとともに、特色ある図書館づくりを目指すべきである。

情報関連技術は急速な進展をみせており、コンピュータによる情報のネットワーク化も新たな局面を迎えていることに留意する必要がある。オンラインによる情報のネットワーク化とあわせて、ＣＤ－ＲＯＭなどを利用した書誌情報の検索が可能になりつつある。今後、各種の情報検索等に最適なシステム及びデータベースの構築のシステムについて、研究開発を進める必要がある。

また、公共図書館自体、新しい時代において果たす役割の重要性を十分認識し、住民の多様化・高度化する学習ニーズに応え得るサービスの提供に積極的に努める必要がある。そこに勤務する職員、とりわけ専門的職員である司書、司書補には、あらゆる機会をとらえ自らの資質・能力を高めていくという積極的な姿勢が期待される。

さらに、地域住民との協力や他の公共機関、民間などとの連携を図りつつ、生涯学習の基盤として公共図書館を本格的に整備し、地域の公共財として、その機能の有機的な活用が図られるインテリジェント・ライブラリーの整備を全国的に展開していくことが必要である。

(参考) 社会教育審議会社会教育施設分科会委員・専門委員名簿

(委員)

今村武俊　東邦生命保険相互会社顧問
楠山三香男　教育評論家
※河野重男　お茶の水女子大学長
千地万造　前大阪市立自然史博物館長
藤川正信　図書館情報大学長
山本恒夫　筑波大学助教授
渡辺保男　国際基督教大学長

(専門委員)

神田衿子　横浜市婦人会館長
竹内紀吉　浦安市立中央図書館長
坪江清行　栃木県立宇都宮清陵高等学校長(前栃木県教育委員会社会教育課長)
林健生　共同調査計画研究所長
細野公男　慶應義塾大学教授

(※印は分科会長、専門委員は本審議関係者のみ)

○ワーキンググループ委員(再掲)

(委員)

※山本恒夫

(専門委員)

神田衿子　竹内紀吉　坪江清行　林健生
細野公男　(※印は主査)

児童生徒の読書に関する調査研究協力者会議報告　抄

〔平成七年八月〕

はじめに

読書は、子供の知的活動を増進し、人間形成や情操を養う上で、学校教育において重要な役割を担っている。また、今日、社会の情報化に伴い、多くの情報の中から子供自らが必要な情報を収集・選択・活用する能力を育成することが重要になってきている。しかし一方で、子供の読書離れや活字離れといった事態が指摘されている。

このような状況を踏まえ、本協力者会議では、平成六年一月から、一二回にわたって、子供の読書活動の現状と問題点を明らかにするとともに、読書意欲の向上を図る指導方法などについて調査研究を行ってきた。

審議の過程においては、全国学校図書館協議会に委嘱して、小・中・高等学校の児童生徒、及び、その教師、保護者を対象として「読書に関する調査」(平成六月三月)、並びに、全国すべての公立の小・中・高等学校及び特殊教育諸学校を対象として「学校図書館及び読書指導の現状に関する調査」(平成七年三月)を行った。

また、平成六年一一月には、それまでの議論を整理し、幅広く各界の意見を求めるために中間まとめを公表した。

これに基づいて、各方面から寄せられた意見を踏まえ、更に検討を行い、このたび、最終的な報告をとりまとめたものである。

本報告は、学校における読書活動の指導の在り方に限らず、「魅力的な学校図書館とは何か」、「家庭や地域でできることは何か」、「活字文化の持つ意味は何か」などについて、子供の生活全体を見ながら、子供の立場に立って行ってきた幅広い検討をとりまとめたものであり、また、併せて「子供の読書と豊かな成長のために」三つの視点から一〇の提言を行っている。

本協力者会議としては、国、地方公共団体、学校などの関係者が、本報告を踏まえて、必要な施策の実施に速やかに取り組まれるように強く期待する。

また、この報告により人々の読書の重要性に対する認識が高まり、改めて子供に読書の喜びや楽しさを伝え、新たな文化の創造の活力となることを切に願うものである。

子供の読書とその豊かな成長のために
三つの視点　一〇の提言

子供が読書を楽しむために

一　子供が感動する本を用意しよう
二　読書の楽しさとの出会いをつくろう
三　読書を楽しむ子供の心に共感しよう
四　子供の読書活動を広げ、読書体験を深める工夫をしよう

新しく魅力的な学校図書館をつくるために

五　学校図書館は子供のオアシス、学校の読書センターにしよう
六　学校図書館を学校の学習情報センターにしよう
七　学校図書館の機能を充実する校内の協力体制をつくろう
八　地域に開かれた学校図書館にしよう

学校と家庭・地域との連携のために

九　子供の読書の基盤を家庭と地域でつくろう
一〇　子供が読書する時間のゆとりをみんなでつくろう

Ⅰ　子供の豊かな成長と読書の意義について

一　文明の発展と活字

文字の発明と一五世紀半ばの活版印刷の発明が、その後の文明を急速に発展させる原動力となった例を見るまでもなく、言葉の獲得は、ヒトが人間となるための最もシンボリックな要件であろう。今後、ますます変化する社会に対応するためにも、自己表現や情報確認の手段としての活字文化の持つ意義は極めて重要であると思われる。

二　活字と読書

この意味で新しい文化の創造やそれを担う子供の成長にとって、活字文化の持つ意義は極めて大きく、中でも読書は、最も基本的な活動として重視する必要がある。

三　子供の成長と読書

読書は、子供の旺盛な好奇心にこたえるとともに、夢や想像力をはぐくむものであり、子供は、このような読書が好きである。

読書を通して子供は、広い世界を知り、自分自身の考えを確かめたり高めたりする。そして、豊かな情操をはぐくみ調和のとれた人間へと成長していく。すなわち、子供は、読書を楽しみながら情報を得たり、情操を豊かにしたりして成長していくものである。

四　新しい学力観に立つ教育と読書

平成元年に改訂された現行学習指導要領〔編者注＝その後平成一〇年

に「生きる力」を唱える新たな改正が行われた）は、これまでの知識や技能を一方的に教え込みがちであった教育から、豊かな心を持ち、自ら考え主体的に判断し、行動できる資質や能力を育成することを重視する新しい学力観に立つ教育へと学校教育の基調を変えることを求めている。

読書は、子供の様々なものごとに対する興味や関心を呼び起こし、学習意欲や態度を育てると同時に、思考力や判断力を高め、表現力や創造力などを豊かにしてくれるものであり、現行学習指導要領が目指す教育を進める上で極めて重要である。

また、社会の情報化に対応し、多くの情報の中から子供が主体的に必要な情報を収集・選択・活用する能力を育成する観点からも、今後の学校教育で読書を一層重視する必要がある。

Ⅱ　子供の読書活動の現状と課題

一　子供の読書活動の現状

読書についての調査などによると、最近、全く本を読まない子供が増加していることが分かる。平成六年三月の調査でも、一か月に一冊も本を読まなかった子供の割合は、小学生で八・一％、中学生で四四・〇％、高校生で四〇・五％となっており、中・高校生の読書離れが著しい、という結果が出ている。

しかし、一方で小学生で七六・四％、中学生で六九・一％、高校生で七三・八％の子供が「本が好き」と答えており、多くの子供は、本好きであるということが分かる。

二　読書離れの要因

現在では、本や新聞、雑誌などの活字メディアだけではなく、テレビ、ラジオ、ビデオ、コンピュータなど様々な情報メディアの発達、普及によって大量、かつ、多様化した内容の情報を様々な手段によって得ることができる。多くの子供が本好きであるにもかかわらず、実際には読書離れが進んでいるのは、このような社会全体の変化が子供に反映した結果であると言えよう。

また、特に中学校及び高等学校段階で読書離れが著しい背景としては、受験勉強や部活動などに時間を取られるという子供の生活を取り巻く状況もあると考えられる。

さらに、幼児期からの楽しい読書体験が不足している子供は、早い時期から読書を日頃の関心の外に置いてしまっているということが考えられる。

三　子供の読書活動の課題

子供は、読書を通して、これまで活字によって創造、蓄積され、普及、発展を遂げてきた文化に主体的にかかわり、自ら学ぶ喜びを味わったり、学ぶ方法を身に付けたりする。そして、新たな文化を創造する力を養っていく。

平成六年三月の調査によると、子供の日常生活を見ても、本をよく読む子供は、スポーツや勉強にも積極的に取り組むバイタリティがあるという傾向にある。

また、特に、社会の変化に主体的に対応できる子供の育成に当たって、読書は、自らの課題を見いだし、自ら考えたり、判断したり、表現したりして解決することができる資質や能力をはぐくむものであり、極めて重要な活動である。

しかし、最近の読書離れは、そのような子供の成長や教育の機会を失わせる要因になるとも考えられ、解決すべき重要な課題である。

Ⅲ　読書意欲の高揚を図る指導方法―子供が読書を楽しむために

一　子供が感動する本を用意する

子供が読書を楽しむためには、子供が感動する本を用意することが、前提となる。特に、生涯にわたる読書習慣の形成に大きな影響を与えると言われる幼児期から小学校低学年にかけての時期や、現在読書離れが一段と進んでいる中学校から高等学校に至る時期に、豊かな読書体験ができるような本を用意することが重要である。そのため、教師自身が積極的に本を読むなどして、本の情報を入手し、対応していく必要がある。その際、子供の声をよく聞き、子供の読書ニーズを知ることが大切である。また、学校が公共図書館、学校図書館関係団体、出版社などと連携して情報を得ることも重要である。

二　読書の楽しさとの出会いをつくる

子供が読書を楽しむためには、子供自身がまず読書の楽しさを味わい知る必要がある。身の回りに本がたくさんあることなどによって、自然に読書に親しんでいく場合も多いが、読書をしたり、学校図書館を活用したりする教師の姿は、子供に大きな影響を与えるものである。また、教師が自分が読んだ本を積極的に紹介することなども重要である。学校における読書活動の指導の最も重要な役割は、読書を通して得られる知的な刺激や感動など、様々な読書の楽しさとの出会いを子供に体験させ、進んで読書を行う態度を養うことである。この態度の育成が生涯学習の基礎を培うものでもあろう。その際、子供の発達段階ごとのライフスタイルに応じた指導を行う必要がある。

読書の楽しさと出会うためには、まず、読書のきっかけをつくることが必要である。学校においては、読書意欲を高めるため様々な工夫がなされているが、情報メディアが発達した今日、例えば、漫画やビデオ、映画などの映像メディアを活用することも十分考慮したいものである。

また、読書体験を豊かにし、読書習慣を形成するためには、毎日の読書タイムや学校独自の読書週間を設定したり、読書相談、読書会などを行ったりすることも一つの工夫であろう。

三　読書を楽しむ子供の心に共感する

教師は、読書している子供の内側の心の動きなどに共感するように努めることが大切である。

そのことによって、子供は、自分の読書の在り方や感じ方などに自信を深め、新たな読書意欲を持ち、進んで読書を楽しむようになる。

このためには、子供は、本来、読書をすることが好きであり、自分の感じ方や考え方を持ち、進んで本を選び、読書を楽しみながら自ら学んでいくという子供観に立って、子供の読書に付き合い、心の動きを感じ取るようにすることが大切である。子供の感じ方や考え方などを大事にすることは、個性を生かす教育を進める上でも重要である。

また、子供たちが読む本、例えば、児童・青少年文学などを子供たちの立場で読んだり、それについて子供と話し合ったりして、読書活動の指導にかかわる資質や能力を高めるようにする必要がある。

四　子供の読書活動を広げる

子供が本に親しみ読書を楽しむためには、各教科の授業など学校教育全体の中に、図書資料の活用や読書活動を広げていくことが、これまで以上に大切である。子供の読書を阻害してきた要因として、様々な読書活動の指導方法がありながら、学校としての継続的な取組が行われず、体系的な指導に欠けてきたことが挙げられる。また、教科などによって取組の度合いが異なる傾向も見られる。

特に、情報活用能力や子供の主体的能力の育成を重視する教育のもとでは、各教科などの授業や様々な場面で図書資料を積極的に活用した教育活動を一層展開し、読書活動の場を広げていく必要がある。

その際には、計画的、継続的指導を確保するために、各学校で読書活動や学校図書館利用の指導計画を作成することが必要である。そのもとで、各教科などの中での時間の確保、読書の場所や読書活動の指導の方法などの工夫を重ねることが重要である。

五　子供の読書体験を深める

読書の意義は、その楽しさを味わうだけでなく、読書によって得た感動などを表現し、読書体験を深めることによって一層大きくなる。その際、子供の個性に応じて様々な表現方法を認めることが大切である。

読書感想文は、本から得た知識や感動を文章に表現することで、一層深い読み取りや思考を巡らすことができるため、これまで学校における読書活動の指導方法の一つとして、重要な役割を果たしてきた。しかし、感想文と言われると書けなくても、例えば、読んだ本をもとに物語を創作させたり、感想画や劇あそびとして表現させると、自由に創造力を発揮する子供もいることから、子供の読書体験をより深めるため、指導方法の多様化などの工夫が求められる。

Ⅳ　子供と学校図書館—新しく魅力的な学校図書館

学校図書館は、学校の教育活動全般を資料面から支えるものとして図書、視聴覚教材、その他学校教育に必要な資料を収集・整理・保存し、これを子供や教師の利用に供している。このことによって子供の自発的、主体的な学習活動を推進するとともに、学校の教育課程の展開を支えている。

現行学習指導要領では、「学校図書館を計画的に利用しその機能の活用に努めること」と明記し、学校図書館の持つこのような機能を十分発揮して新しい学力観に立つ教育の展開に寄与していくことを求めている。このため、特に、次のような点に留意して新しく魅力的な学校図書館を整備していくことが求められる。

一　読書センターとしての学校図書館

学校図書館は、子供が楽しんで自発的に自由な読書を行うための場である。現行学習指導要領のもとで、子供が自ら考え主体的に判断し行動できる資質や能力を育成し、学力の伸長を図るためには、学校図書館が子供にとって、学校における心のオアシスとなり、日々の生活の中で子供がくつろぎ、進んで読書を楽しむために訪れるような読書活動の拠点となることが望まれる。

そのため学校図書館には、自発的で自由な読書を行う場になるようなゆったりとしたスペースを設けたり、談話室を隣に設けたりするなどして、読書センターとしての機能を充実させる必要がある。

また、子供の多様な興味や関心にこたえるとともに、知的な刺激を与えるきっかけとなるような新しく魅力的な本を備えていく必要があろう。このため、国、地方公共団体、学校は、「学校図書館図書整備新五か年計画」を着実に進めるなどして、図書資料をさらに整備充実していく必要がある。

なお、国においては、平成七年度より「読書指導研究指定校」による実践的研究を開始しており、地方公共団体や学校においても子供の読書活動や学校図書館の充実のため、様々な施策や取組が進められている。今後、これらの施策や取組の一層の充実が望まれる。

二　学習情報センターとしての学校図書館

これからの学校図書館は、子供の主体的学習活動を支える場として、いわゆる学習センターという機能を効果的に発揮していくことが極めて重要である。また、社会の情報化が進展する中で、情報を収集・選択・活用する能力を育成することが重要になっており、学校図書館の持ついわゆる情報センターとしての機能を充実することも必要である。

このため、図書資料の整備に当たっては、問題解決的な学習、探求的な学習など子供の主体的学習に対応できる図書資料の構成などに配慮していく必要がある。他の学校や校種で使用している教科書も学習や指導を充実するために参考になるものであろう。

また、情報センターとしての機能を充実するためには、新聞、雑誌、ビデオ、CD、レーザーディスク、コンピュータなど、様々な情報ソフト及び情報手段を発達段階に応じて整備していく必要がある。将来のマルチメディア社会の到来に向けて、学校図書館の情報化に対する積極的な対応が求められている。

さらには、各教科などにおける図書資料の活発な利用を考慮し、学校図書館をどこに設けたらよいか、図書資料をどのように整理するかなどを見直す必要がある。その際、子供が視聴覚資料を利用したり、コンピュータ検索をしたりすることができるようなスペースを学校図書館に確保していくことも重要である。

三　学校図書館の機能を充実する校内の協力体制

学校図書館の機能を充実するとともに、その機能の活用を図っていくためには、校内の協力体制を確立することが不可欠である。

学校図書館の活用や読書活動の指導は、学級担任や各教科の担任などすべての教師が様々な形でかかわっている。現行学習指導要領が求めている新しい学力観に立つ教育を進めていく上で、各教科などの授業の中で学校図書館を積極的に活用する必要性は高まっており、すべての教師が、子供と子供の本及び学校図書館について理解を深めていく必要がある。その中心となるのが司書教諭である。また、学校図書館の運営については、学校図書館担当事務職員なども大きな役割を果たしている。このため、校長のリーダーシップのもと、学校図書館の重要性について共通理解を深めつつ、司書教諭を中心に、すべての教師と学校図書館担当事務職員などが協力して、学校図書館を充実させていくことが重要である。

学校におけるこのような意識変革を進め、校内の協力体制の整備を促進していくため、地方公共団体においては、学校に対する指導助言体制の充実などに努める必要がある。さらに、国が、学校図書館の活用や読書活動の指導に関する指導者育成のための研修を実施したり、指導資料を作成したりすることなども効果的であると考えられる。

四　司書教諭の養成・発令の促進

司書教諭は、本や読書活動の指導についての専門的知識及び技能を備え、本に親しみ、学校図書館の活用や読書活動の指導における校内の協力体制の中心となることが期待されている。

しかしながら、司書教諭の実態を見ると、昭和二九年以来、毎年、司書教諭講習が行われており、現在一八の国立大学に講習が委嘱されているが、平成七年三月の調査では、公立の小・中・高等学校及び特殊教育諸学校における司書教諭の有資格者数は、約一二、六〇〇人にとどまっている。また、司書教諭として発令されている者も極めて少ない現状にある。このため、司書教諭の養成・発令を一層促進するための施策に積極的に取り組む必要がある。

司書教諭の資格は、校内の協力体制の中心となる教師が持つべき専門性を示すものであるが、司書教諭としての実力は、単に専門的知識や技能だけでなく、実務経験を積むことによって高められていくものである。校内の協力体制を確立するためにも、各教師が司書教諭になるための素養を身に付け、経験を積んでいくことが求められる。したがって、教師を目指す人であればできるだけ早い時期に司書教諭になるための素養を身に付けることが望ましい。そのため、現在、教育職員免許状を有していることを前提条件としている司書教諭講習受講資格を改め、教育職員免許状取得前の大学在学中から受講し修了できるようにするとともに、教師の採用に当たっても、司書教諭の資格を有していることを考慮していくことが考えられる。司書教諭講習の履修科目やその内容、単位などについても、社会の情報化など時代の進展に応じて見直しを行っていくことが重要であり、今後、専門的な観点から、別途検討を行う必要がある。〔**編者注**＝司書教諭講習の履修科目については、「学校図書館司書教諭講習規程の一部を改正する省令」（平成九年三月二六日文部省令第七号）で改正された〕

また、司書教諭資格の取得を希望するものができるだけ身近な場所で円滑に受講できるよう、講習実施大学数を拡充するとともに、講習機関、講習場所、講習方法、講習期間などを多様化するなどの措置を講じ、引き続き司書教諭の養成の充実に努める必要がある。そうした講習機会の拡充を図るに当たっては、将来、マルチメディアを活用した遠隔教育の方法を導入することも、有効な方策の一つとして考えられる。このような大学などにおける司書教諭養成の取組を促進するため、支援措置を積極的に講ずることも検討すべきである。司書教諭の有資格者を増やし、発令を促進するためには、国及び地方公共団体が積極的かつ計画的に取り組んでいくことも重要である。〔**編者注**＝司書教諭講習の実施機関については、平成九年六月一一日文部省令第二九号により、「その他教育機関」が加えられた〕

なお、専任の司書教諭の配置については、様々な意見があり、学習指導や学校経営の在り方及び今後の学校図書館像も踏まえつつ、中長期的な課題として研究していく必要がある。

五　地域に開かれた学校図書館

生涯学習社会に対応するとともに、学校週五日制のもとで地域の教育力を活用することにより、子供の読書活動を一層活発にすることができると考えられる。そのためには、学校図書館を地域に開かれたものにする努力が必要である。また、学校図書館が地域の公共図書館との連携協力を深めることも必要である。

国では、本協力者会議の中間まとめを受けて、学校図書館と公共図書館の連携や学校図書館の情報化を推進するため、平成七年度より「学校図書館情報化・活性化推進モデル地域指定」を実施している。今後このような実践的な研究を推進し、その成果を全国的に普及していくことが望まれる。

学校図書館の運営に、地域のボランティアの協力を仰いだり、専門家による巡回指導を行ったりすることも一つの工夫と考えられる。

学校図書館の地域への開放や地域との連携協力に関しては、モデル地域を設けるなど実践的な研究を行い、その成果を普及することが有意義である。

Ⅴ　子供の読書意欲の喚起のための家庭・地域の役割

一　幼児・児童の読書体験や読書環境の重要性

幼児期、児童期は、本に親しみ生涯にわたる読書習慣を形成する時期として重要である。平成六年三月の調査によれば、実際、好んで読書する子供は、「小さい頃、お父さん、お母さんなどうちの人に本を読んでもらった」、「家にたくさん本がある」と回答するものが多く、この時期の読書体験や読書環境が子供を本好きにさせる大きな要因となっている。

このような幼児期、児童期における子供と本の出会いにとっては、特に、家庭と地域社会の果たす役割が極めて大きい。

二　家庭の役割

子供は、親から民話などの話を聞いたり、読書する親の姿などに触発されたりして、読書意欲を高めていくものである。

親は、子供が本を読んで育って欲しいと考えており、子供の個性や発達段階に応じて、ホームライブラリーを設けるなど、本に親しめるような環境づくりに努めたり、読書を通して、親子のコミュニケーションを図ったりすることなど家庭の取組が大切である。

このため、学校図書館と公共図書館が協力して、親子で本を読むことの楽しさや大切さを啓発したり、購入図書や新刊図書についての情報を家庭に提供したりすることも重要である。

また、魅力的な学校図書館をつくるために、家庭からも、学校にできるだけ協力をしていくことが望まれる。例えば、図書館に備えてほしい本を提案したり、家庭にある本を学校に提供したりすることなどが考えられよう。

三　地域の役割

子供の読書離れは、大人も含めた社会全体の課題でもあり、地域として読書活動が活発化することが望まれる。地域の住民の読書活動は、公共図書館などが身近にあることで大きく高まると言われる。蔵書も含め公共図書館などの一層の整備が求められる。

特に、公共図書館における子供への読書案内や読書相談の機能、子供の読書のための事業の実施などは、子供の読書活動を活発化するために大きな役割を果たすものであり、その一層の充実が求められる。

また、公共図書館が学校図書館に図書資料の団体貸出しを行ったり、情報を提供したりするなど学校図書館を積極的に支援していくことが望まれる。

四　学校週五日制における学校図書館

学校週五日制は、学校教育の在り方を見直して、学校・家庭・地域社会が一体となって、それぞれの教育機能を発揮する中で、子供の望ましい人間形成を図ることを目指しているものである。

このため、家庭や地域社会においては、子供が自分の考えで使える時間を確保し、ゆとりある生活の中でその個性を発揮したり、子供が自分自身で選んで、異年齢の子供同士の遊び、文化活動、奉仕活動など様々な体験をしたりすることによって、自ら学ぶ力を育てていくことが必要である。読書に関して言えば、例えば、中・高校生が幼児、児童に読み聞かせをする機会を設けることも考えられる。

学校週五日制を着実に推進しながら、ともすれば受験のための勉強や、部活動でゆとりを失いがちな子供の生活時間の中に、自発的で自由な読書ができる環境を整えていくとともに、休業土曜日などにおける学校図書館の開放を積極的に進めるべきである。

五　その他

子供は、ものを知ったり、興味を覚えたりするきっかけを新聞、テレビなどマスメディアから得ることが多く、マスメディアが子供の成長に及ぼす影響は極めて大きい。子供の読書意欲を喚起するために、マスメディアも子供をはじめ、学校・家庭・地域社会に対し、読書の楽しみにもっと目を向けるような情報を発信することが望まれる。

社会教育主事、学芸員及び司書の養成、研修等の改善方策について（報告）抄

（平成八年四月二四日 生涯学習審議会社会教育分科審議会）

Ⅰ 審議経過

生涯学習審議会社会教育分科審議会では、計画部会を中心に、平成五年三月から「社会教育主事、学芸員及び司書の養成、研修等の改善方策について」調査審議を行ってきた。

検討に当たっては、地域における生涯学習の一層の推進と社会の様々な変化への対応という視点から、平成四年七月の生涯学習審議会答申「今後の社会の動向に対応した生涯学習の振興方策について」で提示された、リカレント教育の推進、ボランティア活動の支援・推進、青少年の学校外活動の充実、現代的課題に関する学習機会の充実という四つの当面の課題も踏まえ、生涯学習社会における社会教育を推進する上で重要な役割を担う社会教育主事、学芸員及び司書の一層の資質の向上と専門性の養成を図るという基本的考え方のもとに審議を進めた。

計画部会での審議とともに、平成五年一一月からは、部会の下に、社会教育主事、学芸員及び司書の三つの専門委員会を設置し、専門的な調査審議を行った。この間、審議の参考とするため、大学団体及び関係団体への意見照会も行った。

本分科審議会は、こうした審議を経て、社会教育主事、学芸員及び司書の養成、研修等の改善方策をとりまとめた。なお、国庫補助を受ける場合の公立図書館の館長の司書資格及び司書の配置基準等については、引き続き計画部会において検討する。

Ⅱ 改善の必要性

所得水準の向上や自由時間の増大など社会の成熟化に伴う学習ニーズの増大や、情報化、国際化、高齢化等の社会の急激な変化に伴う生涯を通じた学習の必要性の高まりを背景に、「人々が、生涯のいつでも、自由に学習機会を選択して学ぶことができ、その成果が適切に評価されるような生涯学習社会」（平成四年七月生涯学習審議会答申より）を構築することが、重要な課題となっている。

このような生涯学習社会の構築のために、人々の学習活動を援助する社会教育主事、学芸員、司書等の社会教育指導者の果たす役割は極めて重要である。

社会教育主事は、社会教育法に基づき都道府県・市町村教育委員会事務局に置かれる社会教育に関する専門的職員である。これからの社会教育主事は、地域における人々の自由で自主的な学習活動を側面から援助する行政サービスの提供者としての役割に加え、社会教育事業と他分野の関連事業等との適切な連携協力を図り、地域の生涯学習を推進するコーディネーターとしての役割を担うことが一層期待されており、その養成及び研修の改善・充実を図る必要がある。

学芸員は、博物館法に基づき博物館に置かれる専門的職員である。これからの博物館は、地域における生涯学習推進の中核的な拠点としての機能の充実や、地域文化の創造・継承・発展を促進する機能や様々な情報を発信する機能の向上等により、社会の進展に的確に対応し、人々の知的関心にこたえる施設として一層発展することが期待されている。学芸員は、多様な博物館活動の推進のために

る必要がある。

重要な役割を担うものであり、その養成及び研修の改善・充実を図る必要がある。

司書は、図書館法に基づき図書館に置かれる専門的職員である。これからの図書館は、地域における生涯学習推進の中核的な拠点として、現代的課題に関する学習の重要性や住民の学習ニーズの高まりにこたえて、広範な情報を提供し、自主的な学習を支援する開かれた施設として一層発展することが期待されている。司書は、幅広い図書館活動の推進のために重要な役割を担うものであり、その養成及び研修の改善・充実を図る必要がある。

また、生涯学習社会にふさわしい開かれた資格とする観点から、幅広い分野から多様な能力、経験を有する人材が得られるように、専門的資質の確保に留意しつつ、資格取得の途を弾力化する必要がある。

社会教育主事、学芸員及び司書の養成、研修の改善・充実を図る一方で、教育委員会事務局及び博物館、図書館における組織や運営体制を充実していくことが必要であり、教育委員会等の積極的な努力が期待される。併せて、これらの専門的職員の資質向上に対応する任用や処遇の改善等について、関係者の配慮が望まれる。

なお、博物館・図書館以外の社会教育施設やその他の生涯学習関連施設においても、その事業や施設運営の充実のため、社会教育主事、学芸員、司書のような社会教育についての専門的知識経験を有する職員が置かれることが望ましい。特に、公民館は、地域における最も身近な社会教育施設であり、生涯学習推進のための地域の拠点として他の生涯学習関連施設等との連携の中心的な役割を担うことが期待されており、社会教育主事の資格を有する職員の配置など、専門的知識・技術を有する職員体制の整備が進むことが望まれる。

Ⅲ　改善の基本的方向

一　養成内容の改善・充実と資格取得方法の弾力化

大学（短期大学を含む。以下、同じ。）及び資格取得講習における養成内容については、それぞれの業務を的確に遂行し得る基礎的な資質を養成する観点から、見直しを行う必要がある。特に、生涯学習及び社会教育の本質についての理解は、生涯学習時代における社会教育指導者に求められる基本的な内容であり、社会教育主事、学芸員及び司書の三資格に共通的な科目として、「生涯学習概論」を新たに設ける。学芸員及び司書については、情報化等の社会の変化や学習ニーズの多様化、博物館・図書館の機能の高度化に対応する観点から、科目構成を見直し、必要な修得単位数を増やす。

大学における社会教育主事の修得単位数は現行通り二四単位以上、学芸員の修得単位数については現行の一〇単位以上から二単位増やし一二単位以上とし、司書講習における修得単位数は現行の一九単位以上から一単位増やし二〇単位以上とする。

社会教育主事及び学芸員については、社会教育主事講習及び学芸員試験認定の科目代替の対象となる学習成果の認定範囲並びに資格取得及び講習受講等の要件としての実務経験の対象範囲を拡大する。司書については新たに、司書講習において実務経験等による科目代替措置を設ける。

二　研修内容の充実と研修体制の整備

多様化、高度化する人々の学習ニーズ、社会の変化や新たな課題等に的確に対応していくためには、現職研修の内容を充実し、専門的な知識・技術等の一層の向上を図る必要がある。また、情報の活用や高齢化社会の進展などの現代的課題や、ボランティア活動との連携などの新たな課題への対応などを含め、常に研修内容の見直しを図りながら、効果的な研修の実施に努めることが必要である。

研修方法については、従来からの講義や実習・演習形式の研修に加え、国内外の大学、社会教育施設等への研修・研究派遣、大学院レベルのリカレント教育など、高度で実践的な研修機会を充実する必要がある。

現職研修の抜本的な充実のためには、国、都道府県、市町村、関係機関・団体等が相互の連携と役割分担の下に、研修体制の整備を進め、体系的・計画的な研修機会を提供していく必要がある。

教育委員会等においては、研修体制の整備に積極的に取り組むとともに、研修への参加の奨励・支援に努めることが望まれる。

三　高度な専門性の評価

今後、社会教育主事、学芸員、司書等の社会教育指導者は、高度な専門的職業人として一層の資質向上を図ることが期待される。特に、学芸員及び司書については、社会教育施設の専門的職員としての資質・能力をより一層高めていくために、その業績・経験等が適切に評価され、それが任用や処遇の面にも反映されるシステムを作っていくことが重要である。このため、養成内容の充実や研修体制の体系的整備を図る中で、高度で実践的な能力を有する学芸員及び司書に対し、その専門性を評価する名称を付与する制度を設けることが有意義と考えられる。

このような制度は、学芸員・司書の資格制度のみならず博物館・図書館制度全体の在り方とも関連するものであり、その具体化のために、国をはじめ関係機関や関係団体等が連携しながら研究を進めていくことを期待したい。

また、社会教育主事についても、今後、職務内容の高度化等に伴い、その専門性の評価の在り方が課題となっていくことが考えられる。

四　幅広い人事交流等の配慮と有資格者の積極的活用

社会教育主事、学芸員、司書等の社会教育指導者の幅広い人事交流を進めることは、生涯学習の一層の推進の上で有意義である。異なる種類の施設・機関等や他部局も含めた交流により、業務運営の活性化とともに、それぞれの資格を持つ者が実務を通じて幅広い経験と視野を得ることが可能となる。さらに、今後とも、公民館等の社会教育施設やその他の生涯学習関連施設に社会教育主事等の有資格者を積極的に配置し、その専門的な知識や能力を施設運営の充実のために活用することが必要と考えられる。このような人事交流や組織運営体制の充実という課題とも関連し、社会教育主事、学芸員、司書の任用や処遇などについて、教育委員会等の積極的な配慮が望まれる。

また、大学等において資格を取得しても、実際はその職に就いていない人が相当数いる。一方、その資格取得を通して得られた知識や技術を生かして、社会教育施設等でボランティアとして活躍している人も増えつつある。こうした状況を踏まえ、社会教育主事等の有資格者のうち希望する者を登録し、その専門的知識・経験等の活用を図る「有資格者データベース（人材バンク）」制度等を設け、これら有資格者の専門的な知識・能力や幅広い経験等を、地域の生涯学習・社会教育の推進のために活用することは極めて有意義である。国と関係機関・団体等の連携・協力により、その早急な整備が期待される。

IV　社会教育主事、V　学芸員〔略〕

VI　司書

一　改善の必要性

図書館は、住民の身近にあって、図書やその他の図書館資料を収集、整理、保存し、その提供を通じて住民の学習を支援するという役割を担っており、昭和四〇年代以降、それまでの図書保存を重視した館内閲覧を中心とする施設から、レファレンスサービスの一層の充実を図るとともに、資料の館外貸出しにも重点を置き、積極的なサービスを行う施設に変化している。

近年、情報化、国際化、高齢化等の進展による社会の急速な変化に伴い、人間の生き方や価値観、行動様式が変化し、人々が社会生活を営む上で理解しておくことが望まれる新たな学習課題が生じている。また、所得水準の向上、自由時間の増大等に伴い、心の豊かさや生きがいなどを求め、人々の学習ニーズはますます強まり、かつ多様化・高度化している。今日、これらに適切に対応し、学習機会の充実を図り、人々の学習活動がより活発に行われるよう支援していくことが求められている。

こうした中にあって、図書館は、住民の生涯にわたる学習活動を積極的に援助する上で、地域における中核的役割を担う施設として、現代的課題に関する学習の重要性や住民の学習ニーズの高まりにこたえて、広範な情報を提供し、自主的な学習を支援する開かれた生涯学習施設として、一層発展することが期待されている。

司書は、図書館法に基づき図書館に置かれる専門的職員であり、図書等の資料の選択・収集・提供、住民の資料の利用に関する相談への対応などの業務に従事し、図書館活動に重要な役割を果たしている。今日、社会における図書館に期待される役割を理解し、多種多様な資料に関する豊富な知識を備え、様々な住民の学習ニーズにこたえる広範な情報提供サービスを積極的に行うことが求められている。

このため、司書の養成及び研修については、時代の要請に応じ、住民の学習ニーズ等に適切に対応できる能力を養うとともに、情報化をはじめとする社会の急速な変化に的確に対応した図書館運営の向上を図る観点から、その改善・充実を図る必要がある。また、図書館には、専門的職員として司書補が置かれ、司書の職務を助け図書館の業務に従事している。したがって、司書の養成及び研修の見直しに当たっては、司書補についても同様な観点から見直すことが必要である。さらに、これらに関連して、司書及び司書補の資質向上に対応する処遇の改善等についても、関係者の積極的な配慮が望まれる。

なお、司書及び司書補となる資格を有しながら、図書館には勤務していない人が相当いるが、図書館サービスの充実や生涯学習推進の観点から、それらの人々を活用することは有意義であり、そのための方策を推進していくことも重要である。

二　改善方策

1　養成内容の改善・充実と資格取得方法の弾力化

司書の養成については、昭和四三年に司書講習の科目・内容の改善が行われているが、司書補の養成については、その制度創設以来、見直しは行われていない。昭和四〇年代以降、図書館は、住民に積極的なサービスを行う施設に変化している。さらに今日では生涯学習推進の中核的な拠点としての役割を果たすためにも、情報化等の社会の変化への対応が強く求められている。司書及び司書補がこうした時代の要請にこたえ、図書館の専門的職員として活躍するために必要な基礎を養うことができるよう、養成内容を見直し、充実する必要がある。

また、司書及び司書補の養成においても、生涯学習による学習成果を適正に評価していくことは重要であり、様々な実務経験等で培われた職務遂行能力を積極的に評価することが必要と考えられる。

(1) 講習における養成内容の改善・充実

ア　司書

司書講習は、司書となる資格を付与するため、図書館法及び同法施行規則に基づき、文部大臣の委嘱を受けた大学が実施する講習である。司書の養成内容の見直しに当たっては、これからの図書館において、専門的職員としての職務を遂行するための基礎を培う観点から、生涯学習の理念・施策や他の社会教育施設との関係の理解、図書館経営に関わる基礎的知識の修得、情報サービスや児童サービス、高齢者・障害者サービスなど各種の図書館サービスの基礎の履修、図書館における情報化に関する知識・技術の修得などを重視する必要があると考えられる。

以上から、司書講習の養成内容を、次のように改善・充実することが適当である。

① 生涯学習時代における基本的養成内容として「生涯学習概論」を新設し、生涯学習及び社会教育の本質について理解を深める内容とする。

② 生涯学習社会における図書館という視点を重視して、「図書館経営論」を新設し、図書館の管理、運営等に関する内容により構成する。

③ 今日の情報化社会に対応するため、「情報サービス概説」、「情報検索演習」を設置し、情報関係科目の充実を図る。

④ 子どもの読書の振興にかんがみ、「児童サービス論」を設置し、充実を図る。

⑤ 図書館を取り巻く社会の変化に的確に対応できるよう「図書館特論」を新設し、図書館における今日的な諸課題に即応する内容により構成する。

⑥ 選択科目を整理するとともに、必修科目を拡大する。

⑦ 総単位数は、現行の一九単位以上から二〇単位以上に一単位増やす。

各科目の単位数・内容等を一覧の形でまとめたのが、別紙三〔略〕である。

イ　司書補

司書補講習は、司書補となる資格を付与するため、図書館法及び同法施行規則に基づき、文部大臣の委嘱を受けた大学が実施する講習である。現行の講習科目は、司書補講習が開始されて以来見直しは行われていない。

司書補は、図書館法上、「司書の職務を助ける」と位置付けられており、その養成内容の見直しに当たっても、生涯学習についての理解、図書館に関する基礎的知識、情報サービスや児童サービスなどの各種図書館サービスの基本など、時代の要請に即した内容とし、これからの図書館の専門的職員として必要な基礎的知識、技術を身に付けさせる必要がある。

以上から、司書補講習の養成内容を、次のように改善・充実することが適当である。

① 生涯学習時代における基本的養成内容として「生涯学習概論」を新設し、生涯学習及び社会教育の本質について理解を深める内容とする。

② 今日の情報化社会に対応するため、「情報検索サービス」を設置し、充実を図る。

③ 子どもの読書の振興にかんがみ、「児童サービスの基礎」を設置し、充実を図る。

④「図書館特講」を新設し、図書館業務に係る基礎的な内容や、図書館における今日的な諸課題に即応する内容により構成する。

⑤図書館の基礎的事項を習得する観点から、選択科目を廃止し、全科目必修とする。

⑥総単位数は、現行と同じく一五単位以上とする。

各科目の単位数・内容等を一覧の形でまとめたのが、別紙四〔略〕である。

(2) 養成を行っている大学の連携・協力の推進

現在、司書講習科目に相当する科目を設置して、司書の養成を行っている大学は、二二〇ほどある。今後、大学における養成内容等の一層の充実を図るため、司書養成に関する情報交換・交流の推進等をはじめ、大学間の連携・協力が進められることが期待される。

(3) 講習における実務経験等の評価

生涯学習社会にふさわしい開かれた資格制度とする観点から、司書講習においては、司書資格の水準の維持に留意しつつ、司書資格取得のための専門知識の修得として適当と思われる実務経験又は他の資格を適正に評価して、相当する分野の科目を免除することが適当である。具体的には、各種の図書館の職員で、一定以上の経験年数のある者や、司書補、司書教諭、社会教育主事、学芸員の資格の保持者、国家公務員採用試験（Ⅱ種図書館学）合格者について、一部の科目を免除することが適当である。

また、司書補講習における実務経験等の評価についても、司書に準じて適正に評価して、相当する分野の科目を免除することが適当である。

その際の経験年数、免除する科目などの具体的な内容は、別紙五及び別紙六である。

2　研修内容の充実と研修体制の整備

現在の司書及び司書補資格は、図書館の専門的職員としての基礎的な資格であり、社会の変化等に適切に対応して、より高度な図書館サービスを実施していくためには、現職者の職場内、職場外での研修を充実する必要がある。

現在、国レベル（文部省及び国立教育会館社会教育研修所）、都道府県レベル、市町村レベル、図書館関係の団体等において、それぞれ研修が行われているが、全体として見た場合、必ずしも体系的なものとはなっていない。今後は、相互の連携の下に、体系的・計画的な研修機会を提供できるような研修体制を整備していくことが重要な課題となっている。

また、各図書館やその設置者においては、司書及び司書補の業務の向上に資する研修の意義を十分に理解し、司書及び司書補が積極的に各種の研修に参加できるよう、奨励・支援することが期待される。

(1) 研修内容及び方法

研修内容に関しては、図書館業務の各専門領域における知識・技術の向上を目指すにとどまらず、生涯学習社会の進展、情報化、国際化等の社会の変化に対応して、広い観点から図書館サービス充実が図られるよう、研修領域・内容を設定することが求められる。

生涯学習社会の進展や社会の変化に対応する観点から、生涯学習の理念と施策の動向、情報技術の動向、新しい教育メディアの利用、図書館における著作権の処理、障害者・高齢者へのサービスなど多様化した利用者のニーズへの対応、地球環境問題などの現代的課題、地域の国際化に対応した語学と多文化サービス、カウンセリングやインターパーソナル・コミュニケーションなどに関する研修のほか、一般教養的な研修、行政実務に関する研修なども有効である。その際、教育委員会以外の行政機関で実施する研修を活用することも考えられる。

また、高度かつ専門的な知識・技術を習得する観点から、情報サービスの動向と技術、レファレンスサービス及びレフェラルサービスの実務、資料の収集・整理・保存の実務、児童サービスの技術、種々のメディアの操作と習熟、図書館経営に関する研修などが望まれる。

研修の方法としては、従来から行われている都道府県立図書館等における集合研修によるほか、国内外の大学、図書館、民間企業等への留学及び研修派遣や、海外の図書館との交流事業などが考えられる。さらに、大学におけるリカレント教育のための特別のコース、プログラムの設置等が期待される。

(2) 研修体制の整備

国レベル、都道府県レベル、市町村レベル、図書館関係団体等の各段階で実施されている研修の有機的連携を図り、体系的・計画的に司書等の研修機会を提供していくため、それぞれの役割分担の下に、研修体制の整備を図っていく必要がある。

国レベルでは、各都道府県における指導的立場の司書、図書館長等の管理職を対象に、高度かつ専門的内容の研修を行う。さらに、都道府県が行う研修を支援するため、都道府県レベルでの研修を担当できる指導者の育成、司書等の活動に関連する情報の収集・提供などを行う必要がある。特に、国立教育会館社会教育研修所においては、社会教育に関する専門的・技術的研修を実施する中核機関として、都道府県レベルでの研修実施機関とのネットワーク形成や、地方公共団体における研修内容のデータベース化を進めるなど、そのナショナルセンター機能を一層強化することが望まれる。

都道府県・市町村においては、都道府県教育委員会、都道府県立図書館、都道府県の図書館協会等の連携の下に、初任者研修、中堅研修など、経験年数に応じた研修や、地域の課題や日常業務に関わる実務研修等を充実していくことが望まれる。

司書等の研修体系についての考え方を整理したものが、別紙九である。

3 高度な専門性の評価

司書が、意欲をもって研修等に取り組み、その専門性を高め、図書館の専門的職員として各種の図書館サービスを向上させていくためには、研修等による専門性の向上が図書館の内外において適切に評価されることが重要である。

このため、実務経験、研修等を積んで、図書館の業務について、高度で実践的な専門性を有する司書に対し、その専門性を評価する名称を付与する制度を設けることも有意義と考えられる。こうした名称付与制度が定着することによって、当該名称を付与された司書の任用や処遇について、設置者等が適切な配慮を行うことも期待される。

このような高度な専門性を評価する名称付与制度の具体的な検討に当たっては、図書館の現状等を考慮しつつ、その実施機関、評価の対象、具体的名称、評価の方法等について、国をはじめ関係機関や図書館関係団体等が連携しながら研究を進めていくことを期待したい。

この制度についての基本的考え方を整理したものが、別紙一一である。

4　幅広い人事交流等の配慮と有資格者の積極的活用

司書及び司書補の専門性を生かし、生涯学習を援助するために必要な広い知見を得させるとともに、図書館の活力ある運営を確保するため、図書館相互や図書館と関連する施設、学校等との間の異動など、司書及び司書補の任用や処遇などについて、教育委員会等の積極的な配慮が望まれる。

また、司書及び司書補の資格を有しながら、実際には図書館関係の職に就いていない人も相当いる。これらの司書等の資格を有する者の持つ専門的知識や経験等を積極的に活用することができれば、図書館サービスの充実や生涯学習を推進する観点から有意義である。

このため、司書及び司書補有資格者のうち図書館等で活躍することを希望する者を、都道府県、国立教育会館社会教育研修所又は図書館関係団体に登録し、各種の図書館や地域の文庫のボランティア等として活用を図る「司書有資格者データベース（人材バンク）」制度等を創設することが考えられる。国と関係機関・団体等との連携・協力のもとに、その早急な整備が進められることを期待する。

Ⅶ　おわりに

本分科審議会では、生涯学習社会における社会教育行政の推進、博物館及び図書館の機能の充実への対応等の観点から、これらの業務に携わる専門的職員である社会教育主事、学芸員及び司書の資質の向上を図るための養成、研修等の改善・充実方策を検討し、提言をとりまとめた。

本報告の趣旨を踏まえ、国においては、関係規程等の改正など必要な措置を速やかに講ずるとともに、現職研修の充実のための方策の推進や、これらの資格を有する者の知識経験等を活用する仕組みの整備などにより、幅広い社会教育指導体制の充実に積極的に取り組む必要がある。

また、これらの専門的職員の養成に当たる大学等においては、改善の趣旨を踏まえた教育内容や教育方法の充実、工夫を図るとともに、高度な再教育の機会の提供にも努力することが期待される。なお、今後の科学技術の進歩に伴い、コンピュータ、光ファイバー等の高度情報通信網、衛星通信、衛星放送等の情報手段が一層発展すると予想される。これらを活用した遠隔教育等による養成や研修の実施も有効と考えられ、大学関係者等により、その活用方策について検討されることも期待される。

教育委員会等においては、現職研修機会の確保により、関係職員の一層の資質向上に努めるとともに、公民館等の社会教育施設やその他の生涯学習関連施設等を含め、適切な人材の確保による地域全体の社会教育指導体制の充実に従来に増して努力することにより、生涯学習・社会教育の指導体制の一層の整備促進と関係施設の運営の充実を図ることを期待したい。

社会教育主事、学芸員及び司書の養成は、生涯学習社会の進展や社会の様々な変化の中における社会教育行政の在り方や、博物館、図書館に期待される役割と密接に関連するものである。特に、今後の社会の進展に伴う社会教育主事、学芸員及び司書の職務の一層の高度化、多様化に対応するためには、高度な専門的職業人の養成という観点が、これまで以上に必要となると考えられる。このため、今回提言した改善方策の実施状況を踏まえながら、今後も適切な時期に見直しを行っていくことが必要である。

参考資料〔略〕

（別紙五）司書講習における実務経験等の評価

評価する実務経験（経験年数）	免除する科目（単位数）
公・私立図書館の職員（二年以上）	図書館サービス論(2)
国立国会図書館、大学・高等専門学校の図書館の職員（二年以上）	資料組織概説(2)
司書補として公・私立図書館に勤務する者（二年以上）	生涯学習概論(1)　図書館サービス論(2)　資料組織概説(2)　資料組織演習(2)
国立国会図書館、大学・高等専門学校図書館の職員で司書補に相当する者（二年以上）	生涯学習概論(1)　資料組織概説(2)　資料組織演習(2)

評価する他の資格	免除する科目（単位数）
司書補	生涯学習概論(1)　資料組織概説(2)
司書教諭	児童サービス論(1)　コミュニケーション論(1)
社会教育主事	生涯学習概論(1)
学芸員	生涯学習概論(1)　情報機器論(1)
国家公務員採用試験合格者（II種図書館学）	図書館概論(2)　図書館資料論(2)　資料組織概説(2)

（別紙六）司書補講習における実務経験等の評価（案）

評価する実務経験（経験年数）	免除する科目（単位数）
公・私立図書館の職員（二年以上）	図書館サービスの基礎(2)
国立国会図書館、大学・高等専門学校の図書館の職員（二年以上）	資料の整理(2)

評価する他の資格	免除する科目（単位数）
司書教諭	児童サービスの基礎(1)
学芸員、社会教育主事	生涯学習概論(1)
国家公務員採用試験合格者（II種図書館学）	図書館の基礎(2)　図書館の資料(2)　資料の整理(2)

（別紙九）司書等の研修体系について

	目的・ねらい	対象	研修領域・内容	研修方法	支援体制
国（関係機関を含む）	①高度かつ専門的な内容の研修を行う。 ②全国的・国際的動向の理解など広い視野から職務を遂行するための研修を行う。 ③管理職の資質向上を図る。 ④参加者相互の研鑽と交流により、全国的な人的ネットワークの形成に資する。	・図書館長 ・指導的立場にある中堅の司書	①高度かつ専門的内容の研修（レファレンスサービス、児童サービス等） ②全国的・国際的動向に関する研修（情報化と図書館、施策等） ③図書館経営に関する高度な研修（サービス計画、マネジメント等）	①講義の他、課題別のグループワークによる演習等 ②長期にわたる宿泊研修 ③海外研修 ④通信教育、遠隔教育等	①都道府県レベルの研修を企画・指導できる人材を育成 ②関連する情報の収集・提供、研修プログラムの開発・提供などを通じて都道府県・市町村を支援
都道府県（関係機関を含む）	①経験年数に対応して実務上必要な事項の研修を行う。 ②地域社会の動向に対応した図書館の運営に関する研修を行う。	・市町村立図書館長 ・当該都道府県内の司書及び司書補	①初任者・中堅等の経験別の実務全般についての研修（事業計画、各種サービス、図書館間協力等） ②地域社会の動向に関する研修（ニーズの把握、関係機関との連携等）	①講義・研究協議等 ②図書館等視察研修 ③市町村立図書館からの長期派遣研修の受入れ	①関連する情報の収集・提供を通じて市町村を支援
市町村	①日常業務に係わる実務研修を中心に行い図書館サービスの向上を図る。	・図書館職員全般	①図書館業務全般	①館内研修 ②職員相互の指導・助言	

（別紙一一）司書の高度な専門性を評価する名称の付与制度について

1 趣旨

司書が、意欲を持って研修等に取り組み、その専門性を高め、図書館の専門的職員として各種の図書館サービスを向上させていくためには、研修等による専門性の向上が図書館の内外において適切に評価されることがきわめて重要である。

このため、職務経験、研修等を積んで、図書館の専門的業務について、高度で実践的な専門性を有する司書に対し、その専門性を評価する名称を付与する制度を設けることが適当である。

2 実施についての基本的事項

(1) 実施機関

国立教育会館社会教育研修所又は図書館関係の全国的団体が実施する。

(2) 評価の対象・名称

司書の専門業務全般にわたる高度な専門性を評価し、総合的な名称とする。

(3) 評価の方法

実施機関の審査により、名称付与を認定する。

① 申請要件（ア及びイをともに満たすこと）

ア 一定年数（例えば一〇年）以上司書（国立国会図書館又は大学若しくは高等専門学校の付属図書館の職員で司書に相当するものを含む）として勤務した経験を有していること。

イ 国立教育会館社会教育研修所などが主催する一定の専門的な研修を修了し、かつ、所属する図書館の館長が図書館の専門的業務について高度で実践的な専門性を有すると認めていること。

② 審査

論文又は口頭試験等の方法により行うものとする。

(4) 評価の手続き

① 実施機関に審査委員会を設置する。

② 名称の付与を希望する司書の所属する図書館の館長が推薦し、教育委員会を経由して、実施機関に申請する。

③ 実施機関は審査委員会を開催し、その意見を聴いた上で合否を決定する。

〔編者注〕この報告が公表された後、社会教育主事、司書、学芸員にかかる講習科目、単位数の改正が行われた。社会教育主事については平成八年八月二七日文部省令第二六号、司書については同日付文部省令第二七号、学芸員については同日付文部省令第二八号が発出されている。

教育改革プログラム　抄

〔平成一〇年四月二八日 文部省〕

（目次）

―基本的考え方―

来るべき二一世紀において、我が国が活力ある国家として発展し、科学技術創造立国、文化立国を目指していくためには、あらゆる社会システムの基盤となる教育の役割が極めて重要である。

明治以降、我が国の発展の歴史を振り返れば、その根本には国民の教育に対する熱意はもとより、教育制度の普及と充実、教育に携わる人々のたゆみない努力があったことは言うまでもない。このような教育の成果は我々の世代の責任として確かに受け継ぎ、新しい時代に向けた改革に不断の取組を進め、次代に引き継いでいかなければならない。

しかしながら、子どもたちを取り巻く現在の状況をみると、暮らしが豊かになり、教育の量的拡大が実現される中で、家庭や地域社会の教育力が低下し、進学率の上昇とともに過度の受験競争が生まれ、いじめや不登校、さらには青少年の非行問題が極めて深刻な状況となっている。

これまでの我が国の教育は、知識を一方的に教え込む教育に陥りがちで、自ら学び、自ら考える力や豊かな人間性をはぐくむ教育がおろそかになってきたこと、また、教育における平等性を重視するあまり、一人一人の多様な個性や能力の伸長という点に必ずしも十分意を用いてこなかったことは否定できない。

今次教育改革においては、このような教育の意義と現状にかんがみ、次のような視点から改革を進めていく必要があると考える。

第一は、心の教育の充実である。

これからの教育は、家庭、地域社会、学校を通じて、知育偏重の風潮や知識詰め込み型の教育を改め、子どもたちに「ゆとり」の中で「生きる力」をはぐくむことが重要であり、そのため、社会生活のルールなどを幼少時から確かに身に付けさせ、正義感や倫理観、思いやりの心などの豊かな人間性をはぐくむ心の教育を充実していくことが必要である。

また、経済のグローバル化や急速な少子化が進行している今日、我が国が活力を維持し、国際的な大競争時代の中で、確固たる地位を築いていくためには、我が国の歴史と伝統、文化を大切にし、豊かな国際感覚と独創性に富み、チャレンジ精神と大胆な行動力を持ったたくましい日本人を育成することが不可欠であり、そのためにも、知識の詰め込みだけでなく、心の教育を重視していくことが必要である。

第二は、個性を伸ばし多様な選択ができる学校制度の実現である。

これまでの行き過ぎた平等主義を是正し、子どもたち一人一人の個性、能力を尊重した教育へと転換を図る必要がある。こうした観点から、教育内容における選択幅の拡大と併せ、中高一貫教育の導入など学校制度の複線化や、大学への入学年齢、編入学制度の弾力化など、子どもたちがその個性に応じて多様な選択ができ、やり直しのきく学校制度を実現することが必要である。

第三は、現場の自主性を尊重した学校づくりの促進である。

学校教育の行き過ぎた平等主義や画一性の問題は、現在の教育行政の制度や運用の在り方に起因するところも大きいことから、学校における教育を支える行政制度について、より多様で柔軟な教育を実現するため、教育の地方分権を進めるとともに、主体性のある学校運営など、現場の自主性を存分に生かせるシステムへと改革を行うことが必要である。

第四は、大学改革と研究振興の推進である。

資源に恵まれない我が国が、二一世紀において国際社会の中で競争力を維持し、活力あふれる社会を実現していくためには、科学技術創造立国を目指して、基礎研究や先端技術等の水準を一層向上させることが不可欠であり、そのため、大学改革と研究振興の一層の推進を図ることが必要である。

(4)

一　豊かな人間性の育成と教育制度の革新

学校の教育内容の再構築

○　子どもたちの読書活動の充実

学校図書館を「心のオアシス」として活用し、読書の楽しさと出会いをつくるため、学校独自の読書週間を設けたり、読書会を行ったりする活動の充実を各教育委員会等に呼びかけるなどにより、心の教育の充実を図る。

○　情報教育の充実

小・中・高等学校段階におけるコンピュータの一層積極的な活用や、中学校の技術・家庭科における情報に関する基礎的内容の必修化、高等学校の普通教育及び専門教育における情報に関する新たな教科の創設等に関して、教育課程審議会で引き続き検討し、平成一〇年夏を目途に結論を得る。

学校における教育用コンピュータについて、平成一一年度までに公立学校においては小学校で二二台（児童二人に一台で指導）、中学校・普通科高等学校で四二台（生徒一人に一台で指導）、特殊教育諸学校で八台（児童生徒一人に一台で指導）の水準で整備を進めるとともに、教育用ソフトウェアの開発・整備を着実に進める。

学校における情報通信ネットワークについては、中学校、高等学校、特殊教育諸学校は平成一三年度までに、小学校は平成一五年度までに、すべての学校がインターネットに接続できるよう計画的な整備を推進する。また、これに合わせて学校をつなぐ広域ネットワークの拠点として教育センター等を整備する事業を進めるとともに、学校におけるインターネットの有効活用やこれに伴う様々な課題に関する実践的な研究を推進するほか、民間団体等が行うインターネット等の利用環境の整備を支援する事業（こねっと・プラン等）との連携・協力を図る。

また、情報活用能力の育成のための教員養成カリキュラムの在り方について、教育職員養成審議会の答申を踏まえ、今通常国会に教育職員免許法改正案を提出したところであり、平成一一年度から、新しいカリキュラムに移行することを目指す。さらに、現職教員について、校内で行う研修方法の開発・普及を図る等により情報教育に関する研修を充実するなど初等中等教育における情報化の進展に対応した教員の指導力向上を図る。

また、既存機関を活用して、教育、文化等に関する総合的な情報提供のナショナル・センター機能の整備を推進する。〔以下略〕

(5)　環境教育の充実等―地球環境問題への対応

○　地域社会における環境学習への参加促進

青少年団体、社会教育団体、ボランティア団体、地域の環境保全団体や青年の家・少年自然の家及び博物館等による、青少年に対して自然の中での体験活動や環境に関する興味・関心を培う教育活動を支援する。また、地域の環境保全や環境理解等を深めるボランティア活動や、公民館等における学習機会の提供など地域における活動、学習機会の充実を図る。地域における青少年の環境保全活動等の推進に当たっては、環境庁と連携を図りつつ、自主的に地域で環境学習や環境保全活動等を行っている既存の青少年グループ・サークル（こどもエコクラブ等）との協力・連携を促進する。〔以下略〕

(7)　地方教育行政制度及びその運用の改善

○　社会教育行政制度の改善

これまで以上に自由で闊達な社会教育行政を展開できるようにする観点から、公民館、図書館に関する必置規制に係る関係法令の規定の見直し等について、生涯学習審議会において検討し、平成一〇年三月に中間まとめを取りまとめたところである。今後さらに検討を進め、平成一〇年夏頃を目途に結論を得、それを受けて、公民館運営審議会の必置規制の廃止、国庫補助を受ける場合の図書館長の司書資格要件の廃止などの制度改正に向けて所要の法律案を次期通常国会に提出すべく準備を進める。〔編者注＝平成一一年七月一六日法律第八七号にて該当条文が改正された〕

二　社会の要請の変化への機敏な対応

(2)　将来の科学技術の発展を託す人材の養成や社会の要請に応える学術研究の振興

○　学術情報基盤の充実と情報学研究の推進

　高度情報通信社会において、我が国の学術情報流通の一層の促進を図り、学術研究の振興に貢献するため、学術情報基盤の整備に取り組む。

　特に、学術情報を迅速・的確に提供し、国内外に広く普及するため、学術情報センターを中心に全国の国公私立大学等を接続する学術情報ネットワーク（ＳＩＮＥＴ）について、高速化、広域化を図るとともに、国立大学等のキャンパス情報ネットワーク（学内ＬＡＮ）の高度化等を推進する。

　また、学術情報に関するデータベースの整備、提供を推進するため、大学等の研究者に対するデータベース化支援を推進するとともに、大学の研究・教育を支える重要な情報拠点である大学図書館に電子図書館的機能の整備を進める。

　さらに、情報学は、様々な学問分野の基盤となるとともに、他の学問領域に働きかけ新しい研究課題や研究手法を生み出す分野として、今後とも一層の学問的発展が期待されるため、平成一〇年一月の学術審議会建議「情報学研究の推進方策について」等を踏まえ、情報分野の中核的研究機関の準備調査を行うなど、情報学研究を推進する。

(3)　情報化の進展への対応

○　初等中等教育段階での情報教育の充実〔一の(4)の「○情報教育の充実」と同内容」＝編者〕

○　学校図書館の充実

　学校図書館を積極的に活用した教育活動の展開に資するため、「学校図書館法」の一部改正を踏まえ、平成一四年度末を目指して司書教諭の養成・発令の計画的促進を図るとともに、各教育委員会等における学校図書館の図書及び視聴覚資料の整備を支援する。また、平成一〇年度からは、大学に二年以上在学し、六二単位以上修得した学生が司書教諭講習を受けられるよう、受講資格を拡大するとともに、情報化等の時代の進展に応じた新しい司書教諭講習科目を平成一一年度から導入して、「学習情報センター」としての学校図書館の機能の充実や国際子ども図書館とのコンピュータによる情報ネットワーク化の推進等に努める。さらに、図書・各種情報ソフトの充実等をはじめとする今後の学校図書館の振興方策についての検討を進め、長期的視野に立った整備・充実を図る。

○　生涯学習情報の提供の充実

　人々の多様化、高度化、広域化する学習ニーズに対応して、関係機関、団体及び人材等の学習機会に関する情報や、関係施設の持つ学習に有用な素材等、学習情報の提供を充実させるため、インターネットを活用して全国的に生涯学習情報を提供するシステム（まなびねっとシステム）の整備を進める。

○　社会教育施設の高度化・情報化

　図書館・博物館をはじめとする社会教育施設について、その有する豊富な学習資源のデータベース化や電子図書館的機能の整備及び社会教育施設間や学校との情報ネットワーク化を推進するため、高度情報通信ネットワークを利用した新しい学習方法の在り方及び社会教育施設の高度化・情報化について調査研究を行い、順次その成果を取りまとめている。また、平成九年七月から、マルチメディアを活用した学習資源の有効活用や学習形態の変革、学習者のための情報活用能力の育成や学習相談等学習を支援する仕組みなどについて、生涯学習審議会において検討を進めており、平成一〇年度中に取りまとめを行う。

三　学校外の社会との積極的な連携

(6)　青少年の非行、いじめ問題、薬物乱用問題、有害環境問題などへの適切な対応

○　有害情報への取組

中央教育審議会の中間報告等を受けて、子どもの心に影響を与える有害情報の問題について、マスコミの自主規制の強化、Vチップなど有害情報から子どもを守る仕組みの導入に関して検討等を関係団体・省庁等に要請する。〔以下略〕

マルチメディアの活用による学習資源の有効活用と学習形態の多様化について（報告）　抄

〔平成一〇年六月二三日　生涯学習審議会社会教育分科審議会　教育メディア部会〕

目次

(4) 小・中・高等学校、特殊教育諸学校の学習資源
(5) 民間企業等の学習資源〔略〕
(6) 行政機関の学習資源
(7) その他の学習資源〔略〕

二 学習形態をより多様化させるマルチメディア
(1) 能動的学習への転換〔略〕
(2) 学習者に求められる情報活用能力〔抄〕
(3) 変わる指導者の役割〔略〕
(4) 変わる教育施設の機能〔略〕

第三章 今後の課題

一 効果的、効率的な学習システムの構築の必要性
(1) 各メディアの特性を生かした学習システム〔略〕
(2) 学習資源に効率的にアクセスするためのシステム〔略〕
(3) 視聴覚教育の方法等の活用〔略〕
(4) 障害者や高齢者等に配慮した学習システム

二 マルチメディアを活用した学習活動を支援する体制の整備の必要性
(1) 遠隔講座・学習をネットワークする仕組み（広域的な教育施設の連携体制の確立）
(2) 学習環境の構築等に参加するボランティアへの支援
(3) 違法又は有害情報への対応〔抄〕
(4) 指導者や学習者の情報活用能力を育成する体制
(5) 各種教育施設におけるマルチメディアに対応した学習環境の整備
(6) 個人情報や著作権、肖像権等を保護する体制
(7) 通信料の低減措置

第四章 マルチメディアの教育利用を推進するための提言〔略〕

一 マルチメディアを活用した学習を広域的に支援する体制の整備
(1) メディアを複合化した学習システムの構築
(2) 学習成果の適切な評価

二 マルチメディアを活用した学習方法に関する研究開発
(1) コーディネート機能に関する研究開発
(2) メディアを複合化した学習システムの活用に関する研究開発
(3) 学習資源の充実に関する研究開発
(4) 視聴覚教育的方法を生かした教材提示の在り方に関する研究開発

おわりに〔抄〕

はじめに（報告の視点）

人々の生涯学習ニーズは、ますます高度化、多様化、広域化しており、それに対応し、様々な教育施設において多様な学習機会の提供が図られている。しかし、個々の施設単独では、多様な学習要求のすべてに応えることは困難である。〔中略〕

このような認識に立って、生涯学習審議会社会教育分科審議会教育メディア部会は、マルチメディアの活用による学習資源の有効活用（学習資源の充実）及び学習形態の多様化、学習者に求められる情報活用能力の育成、マルチメディアを活用した学習活動を支援する体制の整備等をテーマに、今後のマルチメディアの教育利用の在り方について検討を進めることとした。

なお、マルチメディアについては、急激な情報技術の進展により数年で様相が一変する状況であることから、マルチメディアを活用した学習環境の構築に当たっては、柔軟に計画の見直しを図りながら最適なシステムとなるよう努める必要がある。

（参考）

本報告で扱う「マルチメディア」については、平成八年七月のマ

ルチメディアを活用した二一世紀の高等教育の在り方に関する懇談会報告「マルチメディアを活用した二一世紀の高等教育の在り方について」において、

> 一般に、マルチメディアとは、技術の進展により、文字・音声・静止画・動画等をデジタル処理し、一体的に扱うことができる状態を指しており、以下のような特徴を有する。
> ・同時性
> ・双方向性
> ・表現の多様性
> ・情報の蓄積・検索能力の向上

としてその基本的理解が示された。

現在、インターネットや衛星通信等の高度情報通信ネットワークは、本報告が公表された平成八年当時に比して、目覚ましい勢いで整備が進んでいるが、これらを基盤としたマルチメディアについての基本的理解は現時点においても変わらないものとし、第一章以降の議論を進めたい。

第一章　マルチメディア活用の現状

一　社会におけるマルチメディア活用の現状

現在、情報技術の進展とともに、光ファイバーや衛星通信等の高度情報通信基盤の整備が急速に進みつつある。そして、これらを根幹としたマルチメディアの活用についても、様々な分野でアプリケーションの研究開発が推進されるとともに、行政機関のワンストップサービス、民間企業における衛星通信を活用した研修やインターネットショッピング、遠隔医療診断などマルチメディアを活用した行政、民間のサービスも実用化が進みつつある。このようなことから、マルチメディアは、技術的進歩による高機能化と企業間競争による低コスト化が進むとともに、人々の生活をより豊かにするものとして様々な分野でさらに急速に普及していくものと考えられる。

しかし、マルチメディアの根幹たる光ファイバー等の情報通信基盤の整備は、市場原理に基づき都市部を優先して進められていることから、地域間で情報基盤に格差が生じている。また、日常の生活環境の違いから、高度な情報環境に接する機会の差が、個人の情報活用能力の格差を生む恐れが指摘されている。こうした地域間、個人間の情報格差が社会的・経済的な格差を拡大することも懸念されている。【資料一（略）】

二　学校や社会教育施設におけるマルチメディアを活用した学習環境の現状

(1)　学校の現状

臨時教育審議会（昭五九・六～昭六二・八）、教育課程審議会（昭六〇・九～昭六二・一二）、及び情報化社会に対応した初等中等教育の在り方に関する調査研究協力者会議（昭五九・六～平二・三）の検討を経て、将来の高度情報化社会を生きる子ども達に育成すべき能力という観点から、これからの学校教育においては「情報活用能力」を育成することが重要であるとの考えが示された。

このため、文部省では、教育の情報化を推進するため、平成二年度から国庫補助による教育用コンピュータの学校への計画的な整備を進め、平成六年度からは地方交付税措置による新たな整備計画を進めており、平成九年三月三一日現在、小学校（九〇・七%）、中学校（九九・八%）、高等学校（一〇〇%）、特殊教育諸学校（九八・七%）とほぼ全ての学校にコンピュー

タが導入されている。【資料二（略）】

また、学校のインターネットへの接続に関しては、平成九年五月現在、小学校、中学校、高等学校、特殊教育諸学校について全体の九・八％の学校がインターネットに接続しているが【資料二（略）】、平成一三年度（二〇〇一年）までに全ての中学校、高等学校、特殊教育諸学校を、平成一五年度（二〇〇三年）までに全ての小学校を接続できるよう、平成一〇年度から計画的な取組みが地方交付税措置により始められた。【資料三（略）】

(2) 社会教育施設の現状

人々の学習ニーズへの対応という考え方から、社会教育施設では学校とは異なる形で博物館、図書館など施設個々の特性を生かしたマルチメディアの活用のための環境整備が進められてきた。

例えば博物館においては、ハイビジョンシステムの活用が進んでおり、ハイビジョンシステムの高精細度の画像の臨場感を生かした、収蔵品等の資料紹介や自然や宇宙等に関する映像ソフトの提示等が行われている。

また、図書館においては、書誌情報の検索システムの普及が進んでおり、平成八年度の社会教育調査によれば公立図書館の約七〇％で運用されている。さらに、様々な教育関係施設で提供されている学習機会等に関する情報をネットワークを介して提供する生涯学習情報提供システムが、地方自治体の生涯学習推進センター等で運用されている。このような書誌情報検索システムや生涯学習情報提供システムをインターネットに接続し、家庭や職場等においてそれらの情報の利用を可能にする取組みが始まっている。

しかし、社会教育施設においては、学習者である住民が直接利用できるコンピュータの整備が学校に比して遅れているとともに、インターネットに接続されている施設も極めて少ない状況である。

マルチメディアは地理的・時間的制約を超えて人々の主体的な学習を支援するものであることから、今後の社会教育施設においても学校と同様に、インターネットや衛星通信等のマルチメディアを活用した学習環境の積極的な整備が必要である。

第二章　生涯学習時代におけるマルチメディア活用の在り方

一　学習資源の有効活用

様々な施設・機関の学習資源を、マルチメディアを活用して提供することにより、個々の学校及び社会教育施設で活用することが可能になろうとしている。これを踏まえ、今後、映像を含むマルチメディアコンテンツとして活用を検討していく必要がある学習資源について、類型ごとに整理してみたい。なお、必要に応じて著作権等の適正な処理を行うことは当然であるが、著作物の大量かつ多様な利用に対応して、円滑な権利処理を行うための、著作権等の集中管理制度の実現が期待されるところである。

(1) 大学等高等教育機関の学習資源

リアルタイム映像化に適した学習資源としては、大学等における多様な講義、研究会、シンポジウム、特に、一般向けの公開講座、企業向けリカレント教育等の講義の映像や、火山の火口や無人島の野鳥の生態等を捉える研究目的の定点カメラの映像が考えられる。

マルチメディアデータベース化に適した学習資源として、鉱物や遺跡から発掘された銅鏡等の学術標本・資料、図書館が所蔵する貴重文献、植物園の熱帯植物、農場における動・植物の映像、臨海実験所や天文台等の研究施設の観測映像・統計情報等が考えられる。

(2)　国立研究機関等の学習資源

リアルタイム映像化に適した学習資源としては、各研究機関が行う専門的な講演会・シンポジウム等の映像が考えられる。

マルチメディアデータベース化に適した学習資源として、海洋科学技術センターが保有している深海の生物の画像や、国民生活センターの日常生活に役立つ多様な生活情報等が考えられる。

(3)　社会教育施設の学習資源

リアルタイム映像化に適した学習資源としては、公民館における特色ある学級講座や教育相談、図書館における読書会や研究会、博物館における実験・観察等の教育普及事業、視聴覚センター・ライブラリーにおける情報活用能力育成研修、青少年教育施設の自然観察教室等の講義の映像のほか、動物園の猿山等の定点カメラの映像が考えられる。

マルチメディアデータベース化に適した学習資源として、公民館の学級講座参加者が作成した地域マップ、図書館の所蔵する郷土史関係資料や読書グループによる自作絵本、博物館の貴重な展示・収蔵資料や顕微鏡写真、青少年教育施設周辺の動植物や文化財の写真、視聴覚センター・ライブラリーの地域映像資料等が考えられる。

(4)　小・中・高等学校、特殊教育諸学校の学習資源

リアルタイム映像化に適した学習資源としては、学校における特色ある授業、公開授業の講義の映像等が考えられる。

マルチメディアデータベース化に適した学習資源として、教職員が作成した自作教材や校内研修の成果、実践指導事例、児童生徒の手による絵画や新聞、学校間交流事業による窒素酸化物等の広域的観測データ等が考えられる。

(6)　行政機関の学習資源

リアルタイムの映像化に適した学習資源としては、教職員、社会教育主事、司書、学芸員等に対する研修・講習の講義が考えられる。

マルチメディアデータベース化に適した学習資源としては、各行政機関の施策情報や統計資料及び行政の仕組みや制度等に関する広報資料が考えられる。

二　学習形態をより多様化させるマルチメディア

(2)　学習者に求められる情報活用能力

マルチメディアを活用した学習は、言い換えれば情報を主体的に選択・活用する学習であり、学習者には主体的に学習へ取り組む姿勢とともに、学習者がマルチメディアという学習環境をより効果的に活用する資質としての情報活用能力が求められる。

平成九年一〇月三日の情報化の進展に対応した初等中等教育における情報教育の推進等に関する調査研究協力者会議の第一次報告「体系的な情報教育の実施に向けて」によれば、情報教育の目標としての「情報活用能力」を次のように焦点化している。

①　課題や目的に応じて情報手段を適切に活用することを含めて、必要な情報を主体的に収集・判断・表現・処理・創造し、受け手の状況などを踏まえて発信・伝達できる能力（情報活用の実践力）

②　情報活用の基礎となる情報手段の特性の理解と、情報を適切に扱ったり、自らの情報活用を評価・改善するための基礎的な理論や方法の理解（情報の科学的な理解）

③ 社会生活の中で情報や情報技術が果たしている役割や及ぼしている影響を理解し、情報モラルの必要性や情報に対する責任について考え、望ましい情報社会の創造に参画しようとする態度（情報社会に参画する態度）〔以下略〕

第三章　今後の課題

一　効果的、効率的な学習システムの構築の必要性

(4) 障害者や高齢者等に配慮した学習システム

高齢者や障害者等にとって望ましい情報環境を保障することは、就労・教育・参政権の保障等と密接な関係を持ち、行動を自己決定して自立的な社会参加を実現するための基盤として極めて重要である。

これらの人々の情報バリアフリー（情報を利用する上での障壁を取り除くこと）の実現のためには、情報料金の低減、行政情報をだれもが、いつでも利用できるための情報提供の方法の改善及び情報公開の促進、地域における図書館等の情報センター機能の充実などが望まれる。

また、適切な情報利用やコミュニケーションができるようにするための学習機会を早期に提供する必要があるが、学校教育だけではなく社会教育の場でも、インターネットの利用環境の整備等の取組みが望まれる。

二　マルチメディアを活用した学習活動を支援する体制の整備の必要性

(1) 遠隔講座をネットワークする仕組み（広域的な教育施設の連携体制の確立）

マルチメディアの活用により、様々な施設・機関が提供する講座を地域の学校や社会教育施設において活用することが可能となる。施設・機関から提供される講座をより広域的かつ有効に活用していくためには、どのような講座がどのようなスケジュールで提供されるのかという情報を、広域の教育施設相互で共有する体制の整備が必要になる。

都道府県においては、地域の各施設・機関で提供される講座に関する情報を収集・提供することにより、学校や社会教育施設がこれらの学習機会を必要に応じて選択、活用することが可能となる。そのような支援体制を全国的に整備することにより、学習ネットワークの広域化を図る必要がある。

(2) 学習環境の構築等に参加するボランティアへの支援

今後のマルチメディアを活用した学習環境の構築や運用に当たっては、企業等の社会貢献事業や地域のボランティア活動の活用も一方策として考えられる。

例えば、米国における成功例として、ボランティアの力によって公立の小・中・高等学校を、校内LANの構築を含めてインターネットに接続するための支援プロジェクト（Net-Days）や、インターネットに対応したマルチメディア対応型コンピュータの学校への大量導入を民間企業の協力と地域のボランティアの支援によって実現したプロジェクト（Pc-Days）があげられる。また、我が国においても、「こねっと・プラン」のような民間企業が中心となった社会貢献事業や、一部の地域でボランティアにより学校のインターネットの接続を支援する取組みが始められており、地方公共団体においては、このようなボランティアの組織化や支援の方法を検討していく必要がある。

また、学校や公民館等の英語教育・学習等に、テレビ会議システムを用いて遠隔地のネイティブスピーカーがボランティアとして参加する交流事業を実施するなど、マルチメディアを活

用して地域の人材の参加を促進していくことも考えられる。

(3) 違法又は有害情報への対応

これまで述べてきたとおり、マルチメディアの活用は教育の質的改善に大きく貢献する反面、現在、教育の場に導入が進められつつあるインターネットには、ポルノや個人を誹謗中傷する情報など、青少年の健全な育成に不適当な情報が多数氾濫しており、これらの情報からいかに青少年を守るかが、今後のインターネットの教育利用を推進する上での大きな課題となっている。〔以下略〕

(4) 指導者や学習者の情報活用能力を育成する体制

マルチメディアの教育利用を推進する上で、指導者や学習者の情報活用能力の育成は大きな課題である。学習者にはマルチメディアを活用した学習環境をより効果的に活用するための資質としての情報活用能力が求められる。

このような中、学校教育に関しては、小・中学校における「総合的な学習の時間」の中での情報教育の実施、中学校における技術・家庭科での情報に関する基礎的内容の必修化、高校での教科「情報」の新設及び必修化など、体系的な情報教育の実施が検討されている。また、これに必要な教育用コンピュータ等の整備も計画的に進められている。

一方、社会教育においては、中高齢者等を対象とした「コンピュータ入門講座」等についてはニーズは多いものの、十分に提供されていない状況である。今後は、研修用コンピュータの整備も含めて、図書館、視聴覚センター・ライブラリー等における社会人を対象としたコンピュータの利用に関する講座、研修の積極的な展開が求められよう。

また、指導者の情報活用能力の育成も必要になる。現在、教育関係職員等の情報教育やコンピュータの教育利用に関する研修は教育センター等において展開されているが、急速に進む教育現場の情報化には量的、質的に十分対応しきれていない状況である。指導者の育成に関して、民間企業との積極的な連携などこれまで以上の取組みが必要である。

(5) 各種教育施設におけるマルチメディアに対応した学習環境の整備

インターネットを始めとするマルチメディアを活用した学習環境の整備は、地方自治体においても進められつつあるが、地域の財政事情等により、その進捗状況は一様ではない。

地方公共団体においては、学校教育におけるコンピュータの整備、インターネットの接続に関して、地方交付税措置による計画的な整備を着実に行うとともに、国による衛星通信等の情報通信基盤の整備を有効に活用することが求められる。

なお、一般の教育関係者や学習者にとって容易に利用しうるよう、日常のシステムの管理や教材作成等を簡便化するなど、機器のインターフェースの一層の改善も望まれる。

(6) 個人情報や著作権、肖像権等を保護する体制

マルチメディアを活用した学習システムを具体的に運用していく上で配慮しなければならない事項として、個人情報や著作権、肖像権等の保護が上げられる。

① 個人情報の保護

例えば、ネットワーク上で提供される学習システムに学習者がアクセスする場合、システムの認証情報として、学習者の個人情報をデータベース化することが考えられる。しかし、これらの情報に不法にアクセスし、本人の同意を得ることなく蓄積し、悪用するような情報犯罪が増加している。こ

のため、ネットワークに接続されたコンピュータには、ファイアウォールの設置等の措置を行うとともに、個人情報の管理体制を整える必要がある。

② 著作権、肖像権の保護

マルチメディアは様々な施設・機関の学習資源を個々の学校及び社会教育施設で活用可能にしようとしている。しかし、これらの学習資源は著作物である場合が多く、これらの利用に当たっては、著作権等の処理に十分注意を払う必要がある。

特に、探求型学習において学習者がインターネット上で情報収集し、これらを再編集し発信する場合など、それぞれの情報の著作権者の了承を得る必要があるものも少なくない。

また、衛星通信等を活用した講座においては、質疑等で画面上に学習者（受講者）の映像が表示されることがあるが、個々の学習者にも肖像権（自分の映像を使用することの独占権）が発生しており、講座の開講前に受講者の了解を得るなどの配慮が必要となる。

これらを踏まえ、指導者においてはマルチメディアを活用した学習活動を展開していく上で、個人情報の扱いや著作権、肖像権等の保護等について慎重に対応するとともに、学習者に対しても十分な指導・啓発を行う必要がある。

(7) 通信料の低減措置

衛星通信や光ファイバー等の高速な情報基盤の整備に伴い、これらを介したマルチメディアを学校や社会教育施設で活用する場合に発生する通信費の負担は、教育施設のインターネット等の利用の大きな障害となっている。

このような中、米国では連邦通信委員会（FCC）が、公立学校や図書館に対して、電気通信事業者から徴収する資金により、地域の貧困の度合い等に応じて、インターネット等への接続に必要な設備の整備費、通信料を二〇％から九〇％の範囲で割引する制度（一般にE-Rateと呼ばれている）を開始している。

我が国においても、学校や社会教育施設において、マルチメディアを活用した学習環境の構築を進めるためには、高度な通信回線の利用が必要不可欠であるとともに、学校等に対する通信料金の負担の軽減措置による援助が望まれる。

この点については、平成一〇年六月一七日、教育分野におけるインターネットの活用促進に関する懇談会の提言「子どもたちがもっと自由にインターネットを活用できる環境づくりを目指して」においても、通信料金等の助成のための基金の創設や、学校等に限った昼間の定額料金制の導入等、通信料金等の負担の軽減の検討が必要であることを述べており、その具体化に向けて、関係機関により協議が進展することを期待する。

おわりに

マルチメディアは社会のあらゆる分野で有効に活用され、日常生活を豊かにしていくことと思われる。今後、さらに普及するであろうマルチメディアが、教育の場においても、より効果的に活用されることが望まれる。その時に最も重要と考えられることは、コンテンツの充実である。多様な機関・施設から学習資源が積極的に発信されるとともに、これらの学習資源〔が〕教育コンテンツとして有効に活用され、施設や学習者相互の「協調学習」が日常的に展開されることが望まれる。〔以下略〕

幼稚園、小学校、中学校、高等学校、盲学校、聾《ろう》学校及び養護学校の教育課程の基準の改善について（答申）抄

〔平成一〇年七月二九日　教育課程審議会〕

目次

前文

本審議会は、平成八年八月、文部大臣から「幼稚園、小学校、中学校、高等学校、盲学校、聾《ろう》学校及び養護学校の教育課程の基準の改善について」諮問を受けた。本審議会は、教育基本法及び学校教育法に定める学校教育の目的と目標に沿い、幼児児童生徒の人間として調和のとれた成長を目指し、国家及び社会の形成者として心身ともに健全で、二一世紀を主体的に生きることができる国民の育成を期するという観点に立って審議を進めた。審議を進めるに当たっては、幼児児童生徒の実態、教育課程実施の経験、社会の変化などを考慮するとともに、中央教育審議会の「二一世紀を展望した我が

国の教育の在り方について」の第一次答申及び第二次答申、「幼児期からの心の教育の在り方について」の答申、「今後の地方教育行政の在り方について」の中間報告に留意した。

中央教育審議会の第一次答申は、二一世紀を展望し、我が国の教育について、［ゆとり］の中で［生きる力］をはぐくむことを重視することを提言している。［生きる力］について、同答申は「いかに社会が変化しようと、自分で課題を見つけ、自ら学び、自ら考え、主体的に判断し、行動し、よりよく問題を解決する資質や能力」、「自らを律しつつ、他人とともに協調し、他人を思いやる心や感動する心など、豊かな人間性」、そして、「たくましく生きるための健康や体力」を重要な要素として挙げている。また、同答申は［ゆとり］の中で［生きる力］をはぐくむ観点から、完全学校週五日制の導入を提言するとともに、そのねらいを実現するためには、教育内容の厳選が是非とも必要であるとしている。

本審議会は、このような指摘に十分留意して審議を行った。

また、高等学校の職業に関する各教科・科目については、理科教育及び産業教育審議会の答申を踏まえるとともに、「教育改革プログラム」が改訂され、完全学校週五日制が当初の予定を一年早めて平成一四年度から実施することとされたことに留意した。

このような審議を経て、幼稚園、小学校、中学校、高等学校、盲学校、聾《ろう》学校及び養護学校の教育課程の基準については、以下に述べるように改善する必要があるとの結論に達したので、ここに答申するものである。

なお、教育課程の基準については、教育課程の編成・実施の実態等の調査・分析、教科等の構成の在り方などについての研究・実践等を踏まえて、不断に見直し、その改善に向けた検討を行っていくことが必要であると考える。このため、従来、基準の改訂時に必要に応じて設置されてきた教育課程審議会の在り方を見直し、これを常設化することが適当であると考える。

Ⅰ　教育課程の基準の改善の方針

一　教育課程の基準の改善の基本的考え方

(3)　各学校段階・各教科等を通じる主な課題に関する基本的考え方

〔前略〕各学校段階について各教科等の教育内容の改善を行う必要があると考えるが、各学校段階ごと、各教科等ごとの改善の方向、内容を示す前に、道徳教育、国際化、情報化、環境問題、少子高齢社会への対応など、各学校段階・各教科等を通じた横断的・総合的な課題についてどのように対応していくべきと考えたかについてここに示しておく。〔中略〕

（情報化への対応）

ウ　今後、ますます高度情報通信社会が進展していく中で、児童生徒が、溢《あふ》れる情報の中で情報を主体的に選択・活用できるようにしたり、情報の発信・受信の基本的ルールを身に付けるなど情報活用能力を培うとともに、情報化の影響などについての理解を深めることは、一層重要なものになってくると考える。

現在、情報に関する教育については、小学校段階で教具としての活用を通してコンピュータに触れ、慣れ親しむことを基本とし、中学校段階で技術・家庭科の選択領域「情報基礎」においてコンピュータの役割や機能を理解させ、情報を適切に活用する基礎的な能力を育成するとともに、中学校及び高等学校において数学、理科、家庭科でコンピュータの原理等を扱うこととされている。

平成一一年度までに公立学校において、小学校で二人に一台、中学校・普通科高等学校・盲学校・聾《ろう》学校・養護学校で一人に一台の水準で教育用コンピュータの整備が進められている。また、学校における情報通信ネットワークについては、中学校・高等学校・盲学校・聾《ろう》学校・養護学校は平成一三年度までに、小学校は平成一五年度までに、すべての学校がインターネットに接続できるよう計画的な整備が進められている。

今後は、児童生徒の発達段階に応じて、各学校段階を一貫した系統的な教育が行われるよう更に関係教科等の改善充実を図り、コンピュータや情報通信ネットワーク等を含め情報手段を活用できる基礎的な資質や能力を培う必要があると考える。

具体的には、小学校、中学校及び高等学校を通じ、各教科等の学習においてコンピュータ等の積極的な活用を図ることとし、学校段階ごとには、小学校においては「総合的な学習の時間」をはじめ各教科などの様々な時間でコンピュータ等を適切に活用することを通して、情報化に対応する教育を展開する。中学校においては技術・家庭科の中でコンピュータの基礎的な活用技術の習得など情報に関する基礎的内容を必修とし、高等学校においては、情報手段の活用を図りながら情報を適切に判断・分析するための知識・技能を習得させ、情報社会に主体的に対応する態度を育てることなどを内容とする教科「情報」を新設し必修とすることが適当である。

なお、情報に関する教育の推進に当たっては、人間関係の希薄化や実体験の不足の招来など、情報化が児童生徒に与える「影」の部分に十分留意することが望まれる。〔以下略〕

二　各学校段階等を通じる教育課程の編成及び授業時数等の枠組み

(2)　「総合的な学習の時間」

ア　「総合的な学習の時間」の創設の趣旨

「総合的な学習の時間」を創設する趣旨は、各学校が地域や学校の実態等に応じて創意工夫を生かして特色ある教育活動を展開できるような時間を確保することである。また、自ら学び自ら考える力などの「生きる力」は全人的な力であることを踏まえ、国際化や情報化をはじめ社会の変化に主体的に対応できる資質や能力を育成するために教科等の枠を超えた横断的・総合的な学習をより円滑に実施するための時間を確保することである。

我々は、この時間が、自ら学び自ら考える力などの「生きる力」をはぐくむことを目指す今回の教育課程の基準の改善の趣旨を実現する極めて重要な役割を担うものと考えている。

イ　「総合的な学習の時間」のねらいや学習活動等について

(ア)　「総合的な学習の時間」のねらいは、各学校の創意工夫を生かした横断的・総合的な学習や児童生徒の興味・関心等に基づく学習などを通じて、自ら課題を見つけ、自ら学び、自ら考え、主体的に判断し、よりよく問題を解決する資質や能力を育てることである。また、情報の集め方、調べ方、まとめ方、報告や発表・討論の仕方などの学び方やものの考え方を身に付けること、問題の解決や探究活動に主体的、創造的に取り組む態度を育成すること、自己の生き方についての自覚を深めることも大きなねらいの一つとしてあげられよう。これらを通じて、各教科等それぞれで身に付けられた知識や技能などが相互に関連付けられ、深められ児童生徒の中で総合的に働くようになるものと考える。

(イ)　「総合的な学習の時間」の教育課程上の位置付けは、各学校において創意工夫を生かした学習活動であること、この時間の学習活動が各教科等にまたがるものであること等から考えて、国が目標、内容等を示す各教科等と同様なものとして位置付けることは適当ではないと考える。このため、国が、その基準を示すに当たっては、この時間のねらい、この時間を各学校における教育課程上必置とすることを定めるとともに、それに充てる授業時数などを示すにとどめることとし、各教科等のように内容を規定することはしないことが適当である。

高等学校については、生徒の学習成果がこの時間のねらいからみて満足できると認められるものについては単位を与え、この単位は卒業に必要な修得単位数に含めることが適当である。

「総合的な学習の時間」のこのような特質にかんがみ、教育課程の基準上の名称については「総合的な学習の時間」とすることとし、各学校における教育課程上の具体的な名称については各学校において定めるようにすることが妥当であると考える。

(ウ)　「総合的な学習の時間」の学習活動は、(ア)に示すねらいを踏まえ、地域や学校の実態に応じ、各学校が創意工夫を十分発揮して展開するものであり、具体的な学習活動としては、例えば国際理解、情報、環境、福祉・健康などの横断的・総合的な課題、児童生徒の興味・関心に基づく課題、地域や学校の特色に応じた課題などについて、適宜学習課題や活動を設定して展開するようにすることが考えられる。その際、自然体験やボランティアなどの社会体験、観察・実験、見学や調査、発表や討論、ものづくりや生産活動など体験的な学習、問題解決的な学習が積極的に展開されることが望まれる。

なお、具体的な学習活動として、小学校において、国際理解教育の一環としての外国語会話等が行われるときには、各学校の実態等に応じ、児童が外国語に触れたり、外国の生活や文化などに慣れ親しんだりするなど小学校段階にふさわしい体験的な学習活動が行われるようにすることが望ましい。さらに、高等学校においては、「課題研究」や「産業社会と人間」との関連を考慮し、生徒が主体的に設定した課題について知識・技能の深化・総合化を図る学習や、自己の在り方生き方や進路について考察する学習なども、この時間において適切に行われるよう配慮することが望まれる。

各学校においてこの時間を展開するに当たっては、ある時期に集中的に行うなどこの時間が弾力的に設定できるようにするとともに、グループ学習や異年齢集団による学習など多様な学習形態や、外部の人材の協力も得つつ、異なる教科の教師が協力し、全教職員が一体となって指導に当たるなど指導体制を工夫すること、また、校内にとどまらず地域の豊かな教材や学習環境を積極的に活用することを考慮することも望まれる。

(エ)　「総合的な学習の時間」の授業時数等については、この時間を活用して各学校で多様な学習活動を展開するためには、ある程度まとまった時間が必要であることなどを考慮し、小学校においては、別表一〔略〕のとおりとし、中学校においては別表二〔略〕のとおりとすることとする。小学校については、低学年において総合的な性格をもつ教科である生活科が設定されていることや生活科を中核とした他教科との合科的な指導が進められていることなどを考慮して、第三学年以上に設定することとした。また、中学校については、各学校において一層創意工夫を生かした特色ある教育課程の編成が行えるよう、下限及び上限の幅をもって設定することとした。

高等学校については、一人一人の生徒の実態に応じた多様な学習や各学校の特色に応じた教育の展開を可能とするため、「総合的な学習の時間」に充てる授業時数及び単位数に幅を設けるものとする。

(オ)　「総合的な学習の時間」の評価については、この時間の趣旨、ねらい等の特質が生かされるよう、教科のように試験の成績によって数値的に評価することはせず、活動や学習の過程、報告書や作品、発表や討論などに見られる学習の状況や成果などについて、児童生徒のよい点、学習に対する意欲や態度、進歩の状況などを踏まえて適切に評価することとし、例えば指導要録の記載においては、評定は行わず、所見等を記述することが適当であると考える。

四　各教科・科目等の内容

(2)　小学校、中学校及び高等学校

⑿　情報

ア　教科設定の趣旨とねらい

高等学校における普通教育に関する教科「情報」は、次のような趣旨に基づいて設定する。

(ア)　情報化の進展を背景に、これからの社会に生きる生徒には、大量の情報に対して的確な選択を行うとともに、日常生活や職業生活においてコンピュータや情報通信ネットワークなどの情報手段を適切に活用し、主体的に情報を選択・処理・発信できる能力が必須となっている。

(イ)　また、社会を構成する一員として、情報化の進展が人間や社会に及ぼす影響を理解し、情報社会に参加する上での望ましい態度を身に付け、健全な社会の発展に寄与することが求められている。

(ウ)　我が国社会の情報化の進展の状況を考えるとき、情報及び情報手段をより効果的に活用するための知識や技能を定着させ、情報に関する科学的な見方・考え方を養うためには、中学校段階までの学習を踏まえつつ、高等学校段階においても継続して情報に関する指導を行う必要がある。

イ　科目構成及び内容構成の考え方等

(ア)　普通教科「情報」には、生徒が興味・関心等に応じて選択的に履修できるように、「情報A」、「情報B」、「情報C」の三科目を置くものとする。

(イ)　各科目の内容は、履修する生徒の興味・関心の多様性を考慮し、次のようなものとする。

a　「情報A」においては、コンピュータや情報通信ネットワークなどを活用して情報を選択・処理・発信できる基礎的な技能の育成に重点を置く。

内容は、例えば、情報活用における情報手段の有効性、情報の収集・発信・処理と情報手段の活用、情報手段の発達に伴う生活の変化などで構成する。

b　「情報B」においては、コンピュータの機能や仕組み及びコンピュータ活用の方法について科学的に理解させることに重点を置く。

内容は、例えば、問題解決におけるコンピュータの活用の方法、コンピュータの仕組みと働き、情報処理の定式化とデータ管理、情報社会を支える情報技術などで構成する。

c　「情報C」においては、情報通信ネットワークなどが社会の中で果たしている役割や影響を理解し、情報社会に参加する上での望ましい態度を育成することに重点を置く。

内容は、例えば、デジタル表現、情報通信ネットワークとコミュニケーション、情報の収集・発信と自己責任、情報化の進展と社会への影響などで構成する。

(ウ) 教育課程の編成・実施に当たっては、各教科等との連携に配慮し、情報科での学習成果が、他教科等の学習に役立つよう、履修学年や課題の選定、指導計画の作成等を工夫するものとする。

(エ) 指導計画の作成に当たっては、各科目の目標及び内容に即してコンピュータや情報通信ネットワークなどの情報手段を実際に活用した学習活動を重視する。

ウ 情報科の必修に係る経過措置

情報科は必修とするが、教員養成に関する条件整備が必要なことを考慮し、特別の事情がある場合には、当分の間、数学や理科等に関する科目において、情報科を設定した趣旨にふさわしい内容（二単位相当分）を履修することをもって、情報科の履修に替えることができることとする経過措置を設けることが適当である。この場合においても、できる限り早期に情報科の教育を行うことができるよう条件整備に努める必要がある。

⑬ 専門教育に関する各教科・科目

ア 職業に関する各教科・科目

(ク) 情報

近年、高度情報通信社会を迎え、情報化は想像を超える規模・速度で進展している。こうした中で、特にソフトウェアに関し、システム全体の設計や管理・運営を担当するなどの高度な情報技術者の育成を含め情報関連分野に従事する人材の育成は重要な課題となっている。

このような高度かつ多岐にわたる情報技術者等は、もとより高等学校段階の教育のみで育成できるものではないが、情報分野に興味・関心をもつ若者に、高等学校においても情報科学の基礎など情報を扱う上での基礎的・基本的な内容を学習するとともに、情報メディアを駆使した実習等を体験させる場を提供することは極めて重要になっている。

このため、従来の教科「商業」、「工業」等の枠組みとは別に、専門教育に関する教科「情報」を新たに設けることとする。

専門教科「情報」は、情報に関する基礎的・基本的な知識と技術を習得させ、現代社会における情報の意義や役割を理解させるとともに、高度情報通信社会の諸課題に主体的に対応し、社会の発展に寄与する創造的・実践的な能力と態度を育てることをねらいとし、次のねらいをもった一一科目で構成する。

「情報産業と社会」

情報産業と社会の関わりについての基本的な知識を理解させ、情報への興味や関心を高めるとともに、情報に関する広い視野を養い、創造する力を伸ばし、情報分野の発展に寄与する能力と態度を育てることをねらいとする。

「情報と表現」

情報と表現に関する基礎的・基本的な知識と技術を習得させ、豊かな表現力を伸ばすとともに、情報を適切に表現する能力と態度を育てることをねらいとする。

「アルゴリズム」

データ構造とアルゴリズムに関する知識と技術を習得させ、実際に活用する能力と態度を育てることをねらいとする。

「情報システムの開発」
　情報システムの設計に関する知識と技術を習得させ、実際に活用する能力と態度を育てることをねらいとする。

「ネットワークシステム」
　情報通信ネットワークシステムに関する知識と技術を習得させ、実際に活用する能力と態度を育てることをねらいとする。

「モデル化とシミュレーション」
　様々な現象を数理的にとらえ、コンピュータで解析し、視覚化するための知識と技術を習得させ、実際に活用する能力と態度を育てることをねらいとする。

「コンピュータデザイン」
　コンピュータによるデザインに関する基礎的な知識と技術を習得させ、創造的に制作する能力と態度を育てることをねらいとする。

「図形と画像の処理」
　コンピュータによる図形の処理技法や画像の処理技法、立体図形の表現に関する知識や技術を習得させ、実際に活用する能力や態度を育てることをねらいとする。

「マルチメディア表現」
　マルチメディアによる表現活動を通して、マルチメディアによる伝達効果とその特質を理解させ、作品を構成し企画する実践的な能力や態度を育てることをねらいとする。

「情報実習」
　各領域の専門分野に関する技術を実際の作業を通して総合的に習得させ、技術革新に主体的に対応できる能力と態度を育てることをねらいとする。

「課題研究」
　情報に関する課題を設定し、その課題の解決を図る学習を通して、専門的な知識と技術の深化、総合化を図り、問題解決の能力や自発的、創造的な学習態度を育てることをねらいとする。

　卒業後の進路については、ネットワーク管理関連産業、プログラム開発関連産業、データベース管理関連産業、電子出版関連産業、コンピュータ・グラフィック製作関連産業、マルチメディア表現関連産業など、情報化の進展に伴う多様な情報関連産業への就職、情報関係の大学、短期大学、専門学校等への進学が考えられる。

　各学校においては、第二種情報処理技術者や情報処理活用能力検定、マルチメディア検定、画像情報処理技能検定、マルチメディアソフト制作者能力検定などの関連職業資格等の取得や大学等への進学に対応した弾力的な教育課程を編成するように工夫する必要がある。〔以下略〕

〔編者注〕 この答申に基づき、小学校、中学校、高等学校、盲・聾・養護学校小学部・中学部、同高等部の学習指導要領が、平成一〇年から一一年にかけて改正された**〔別掲〕**。

図書館の情報化の必要性とその推進方策について ―地域の情報化推進拠点として―（報告）抄

〔平成一〇年一〇月二七日
生涯学習審議会社会教育分科審議会
計画部会図書館専門委員会〕

目次

はじめに

高度情報通信社会の進展に伴い、公立図書館のサービスは、新たな展開を求められている。生涯学習審議会の答申「社会の変化に対応した今後の社会教育行政の在り方について」（平成一〇年九月一七日）においても、「図書館サービスの多様化・高度化と負担の在り方」として次の指摘がなされたところである。

「近年の情報化の進展には目を見張るものがあり、社会のあらゆる領域に情報化が浸透しつつある。図書館についても、例えば、コンピュータネットワークを通じて、自宅にいながら図書館の提供する情報を得ることや、図書館において館の内外の様々な情報を得ることが可能になるなど、今後図書館の提供するサービスは多様化・高度化することが予想される。

一方、公立図書館は、入館料その他図書館資料の利用については いかなる対価をも徴収してはならないと法定されているが、今後公立図書館が高度情報化時代に応じた多様かつ高度な図書館サービスを行っていくためには、電子情報等へのアクセスに係る経費の適切な負担の在り方の観点から、サービスを受ける者に一定の負担を求めることが必要となる可能性も予想される。

このようなことから、地方公共団体の自主的な判断の下、対価不徴収の原則を維持しつつ、一定の場合に受益者の負担を求めることについて、その適否を検討する必要がある。」

このことを踏まえて、生涯学習審議会社会教育分科審議会計画部会の下に設置された図書館専門委員会では、平成一〇年五月以来、情報化の進展に対応した図書館の新しい情報サービスの在り方等について、ヒアリングと討議を重ねてきた。この報告書は、その審議の結果を取りまとめたものである。

一　現状

(1)　資料の電子化の動向

近年、図書館資料の電子化の試みが各地で始まっている。文部省においては、平成九年度から、図書館が所蔵する古文書・古絵図等の郷土資料、郷土が生んだ偉人関係資料等をマルチメディアデータベース化し、これらをインターネットを介して社会教育施設や学校において共有・活用するための研究開発事業を全国五ヶ所で実施している。（資料一（略））

学術情報センターにおいては、平成九年度から、電子図書館サービスの提供を行っている（平成九年度は試行期間）。同サービスでは、学協会の発行する学術雑誌の各ページの画像データと書誌情報の文字データをデータベースとして蓄積し、インターネットを介して、キーワード等から論文を検索し、論文を表示、印刷できる機能を提供している。（資料二（略））

筑波大学、京都大学、奈良先端科学技術大学院大学など、各大学においても、電子図書館の取り組みが行われている。

国立国会図書館においては、独自に電子図書館構想を策定している。また、通商産業省所管の情報処理振興事業協会（ＩＰＡ）と共同でパイロット電子図書館プロジェクトを行っている。同プロジェクトにおいては、印刷物やマイクロフィルムに記録された情報をデータベース化し、ネットワークを介して検索や閲覧を可能とするモデル電子図書館システムを試験的に構築し、将来的に電子図書館を実現するための様々な実験を行っている。（資料四（略））

一方、民間においては、出版社のほか、多様な製作者が出版物や音楽・映像情報をインターネットで配信したりするなど、各種のコンテンツ（情報の内容）を提供、利用する動きが始まっている。また、有名作家等がその著作物を直接インターネット上で公開する例も見られる。

さらに、米国をはじめ諸外国においては、電子化された多様な情報の発信源が急速に拡大発展しており、インターネットによって接続利用できる世界的な「サイバースペース」が実現しつつある。

(2)　情報通信技術を利用した新しい図書館サービス

生涯学習局学習情報課の行った調査によれば、平成一〇年八月一日現在の全国の公立図書館の情報通信技術を利用した新しいサービスに関する状況は次のとおりである。（資料五（略））

①　コンピュータ等の導入状況

都道府県立九八・三％（平均台数二七・六台）、市（区）立九〇・四％（同一〇・七台）、町村立七七・五％（同三・九台）であり、大半は業務用として使用されている。

業務用の内訳を見ると、貸出・返却用、発注・整理用、検索用と、いずれも同程度である。業務用検索で使用している内訳をみると、都道府県立では、ＯＰＡＣ用が最も多く、Ｃ

D－ROM検索用がこれに次ぐが、市（区）立及び町村立ではその逆となっている。

利用者用については、大半が検索用としての利用であり、内訳は、館種を問わず、OPAC用が最も多くなっている。なお、町村立においては、利用者用台数が全体平均で一台を満たしていなかった。

② 有料のオンラインデータベースの利用

代行検索として有料データベースを導入している例はまだ少ない状況である。その費用について料金を徴収している例が、わずかではあるが見られた。

③ インターネット接続コンピュータの利用者への開放

図書館全体でみるとその比率は、三・五％である。館種別では、町村立（六・〇％）が市（区）立（二・〇％）を上回っているが、町村立においては、複合施設での共用という例が見られた。また、接続料金を徴収している例もわずかではあるが見られた。

④ 自館からの情報発信（ホームページ上で所蔵情報の検索が可能な館）

インターネット上にホームページを作り、所蔵情報が検索できるのは、都道府県立二一・七％、市（区）立四・七％、町村立〇・五％であった。

⑤ 新しい情報サービスに対する職員の研修

新しい情報サービスに対して研修を実施している館は、都道府県立五六・六％、市（区）立三一・〇％、町村立一八・三％であり、国や地方公共団体に、当該研修の実施を希望する館は、それぞれ、七五・〇、五五・六、四八・二％（全体では五三・八％）であった。

二 今後の課題

(1) 図書館の新しい役割

〔前略〕図書館は、地域住民の教養、調査研究、レクリエーション等に資することを目的として、図書、記録その他必要な資料を収集・蓄積し、求められた資料や情報は誰にでも公平に利用する機会を与える役割を担ってきた。

今後の高度情報通信社会においても、図書館は、電子化された情報に対する住民のニーズに対して、適切に対応していくことが求められる。資料や情報の提供というサービスを通して、人々の様々な活動を支援してきた図書館は、地域の情報拠点として、電子化された情報を含めた幅広い情報を提供するとともに、人々の情報活用能力の育成を支援する体制をも整備する必要がある。

① 地域の情報拠点としての図書館

図書館は、今まで図書など紙媒体を中心として収集・蓄積し、来館者への閲覧・貸出をはじめ、相互貸借や移動図書館車等による巡回など様々な手段を通して、地域住民を中心とする利用者へのサービスを行ってきた。地域住民の情報要求に所蔵資料の提供という形で対応してきた図書館は、今後の高度情報通信社会においても、様々な情報を入手することのできる情報通信ネットワークへの地域の窓口としての役割を果たす必要がある。

「通信白書」によれば、インターネットの世帯普及率は六・四％（平成九年）となっており、通信系メディアを活用している者が、我が国ではまだ少ない状況である。したがって、行政情報や学習活動に関する情報を含めた各種情報の総合的な入手窓口として、また、地域住民の公平で自由な情報アクセスを保障・支援する公的機関として、図書館は、これまでのいわゆるパッケージ系メディアとともに、インターネット等の通信系メディアへの対応をも充実させる必要がある。なお、米国においては、来館者が自由に利用できる端末を百台単位で置いている例が見られる。

このような新しい情報サービスは、これまで実施してきたサービスと別個のものとして存在するものではなく、図書館が蓄積してきた情報の組織化等に関わるノウハウ（例えば、目録、分類、索引など資料や情報を効率的に組織化・提供するためのシステム化や、資料について専門知識を持った司書による利用者の要望に的確に対応できる技能など）等を活かすことによって有効に実施されうるものであり、これまでの図書館サービスの延長線上に位置づけることができよう。

地域住民の身近な生涯学習の中核施設である図書館が、高度情報通信社会における新しい情報サービスを提供する上で、司書には、情報通信ネットワークを利用しようとする地域住民に対する案内役としての役割が期待される。

②　地域住民の情報活用能力の育成支援

〔前略〕高度情報通信社会をより主体的に、そしてより豊かに生きるためには、だれもが、急速に拡大する情報環境において無数の情報の中から真に必要な情報を選択・整理して自分のものとする能力、すなわち「情報活用能力」を身につけることが求められている。〔中略〕

情報活用能力については、年齢別、性別で格差が見られ、図書館としては、情報活用能力の修得を望んでいながらそうした機会を得にくい高齢者や女性に対する支援に特に配慮すべきと考えられる。

(2)　具体的な推進方策

①　情報通信基盤の整備〔中略〕

ア、コンピュータの設置〔略〕

イ、インターネット等の利用〔略〕

ウ、CD-ROM等の活用〔略〕

エ、衛星通信システム活用〔略〕

オ、TV会議システムの活用〔略〕

②　資料の電子化の利点とその活用

従来の紙媒体を中心とした資料を電子化するメリットは、一般的には、

(ア)　必要な情報を広い範囲から選択することができる（検索性の向上）、

(イ)　音声や画像などと組み合わせて編集したものを自ら発信・提供することが容易にできる（再編集性の向上）、

(ウ)　一つしかない資料でも、数多くの人々が同時に利用できる、

(エ)　画質等の劣化を招くことなく、複製することができる、などの点である。

さらに、電子化された資料をインターネット等を通じて、利用に供することは、時間帯や場所に関係なく、その情報を入手することができることを意味する。

図書館に直接足を運ばなくとも、自宅等から自由に図書館の機能を利用できれば、特に高齢者や障害者等へのサービス提供としても有効である。人々が、生涯のいつでも自由に学習機会を選択して学ぶことができる生涯学習社会を構築する上で、学習資源としての所蔵資料の電子化は、重要な課題である。

また、地域において、電子媒体を用いて発表されている非商業ベースの作品・資料等の中には、地域の文化的資産として収集・保存する価値の高いものも見られる。これらについても、公立図書館の取り扱うべき資料として視野に入れていく必要があろう。

現在、二一世紀を担う子どもたちに情報活用能力や国際性を養うため、中学校、高等学校、特殊教育諸学校については平成一三年度までに、小学校については平成一五年度までに、全ての学校をインターネットに接続する計画が進められているが、情報通信ネットワークを利用した学習システムが、より効果的に活用されるためには、電子化された教育情報（コンテンツ）の充実が必要である。図書館の所蔵資料は、こうした教育情報として重要なものの一つである。

③　司書等の研修及び住民の情報活用能力育成

司書の情報活用能力育成については、司書有資格者を養成する現行の司書講習において、「情報サービス概説」、「情報検索演習」（必修）、「情報機器論」（選択）といった科目が履修されている。また、現職の司書を対象とした現行の研修においては、情報化に対応したプログラムが考慮されることが望ましい。

今後においては、住民の情報活用能力育成を支援できる高度な資質を持った司書の養成が重要である。その方法としては、例えば、高度な内容の現職研修プログラムを用意し、それを発信し、利用に供することなどが考えられる。

一方、住民の情報活用能力育成については、目的やレベルに合わせた住民向けの講座等の開催が望まれるところである。住民に対する支援については、地域の司書有資格者やコンピュータ操作能力を有する者から、基礎的なコンピュータの操作等の支援に従事する「情報ボランティア」を募り、協力してもらうことも考えられる。

④　著作権、肖像権等を保護する体制

今日、様々な学習資源を技術的には手軽に利用できるようになってきているが、これらの学習資源は著作物である場合が多く、その利用に当たっては、著作権等の処理に十分注意を払う必要がある。特に、利用者がインターネット上で情報を収集し、再編集して発信する場合など、それぞれの情報について適切な著作権処理を行う必要があるものも少なくない。

〔中略〕

図書館においては、著作権、肖像権等の保護等について慎重に対応するとともに、利用者に対しても十分な啓発を行う必要がある。

三　提言

(1)　地域における図書館と情報通信基盤の整備

これからの公立図書館は、地域住民の公平で自由な情報アクセスを保障・支援する公的機関であり、地域の情報拠点として一層重要な役割が求められる。したがって、地域間に情報格差を生じないためにも、図書館の未設置地域に公立図書館を設置していくことは今後も必要である。

そして、図書館がコンピュータやネットワークを介して利用できる膨大な情報資源の窓口となり、地域の人々が自分の求める情報を自ら探し出すことができるよう支援していくためには、何よりもまず、情報機器や通信回線といった情報通信基盤の整備を進めることが不可欠であり、住民が自由に使えるコンピュータの整備、インターネットへの接続、衛星通信システムの受信環境の整備についての取り組みが重要である。

(2) 地域電子図書館構想

米国の議会図書館は、民間団体と協力しつつ、自らが保有する文献・地図・写真・手稿・録音・映像資料などを含む米国の貴重な歴史的資料を電子化して蓄積し、利用に供する電子図書館構想を推進している。「アメリカン・メモリー」と称する電子化コレクションは、その重要な構成要素であり、教育関係者の利用を支援する観点から、教育関係者向けの学習用ページを開設し、学校の授業での活用事例等を提供している。

古い歴史的文書・地図・写真・手稿などの資料は、直接利用することは困難な場合が多いが、電子化することで、人々が自由に見ることができる。これらの資料の電子化が進めやすいのは、多くの場合、公表や複製に伴う著作権などが既に消滅していたり、その処理が容易であったりするためである。このことから、地域の図書館においては、郷土の歴史的資料を教育利用の観点から体系的に電子化し、活用していくことが期待される。

また、歴史的資料のほか、地域の生活にかかわる各種の新しい情報についても、他の公的及び私的機関との連携協力を含め、可能なものから電子化していくことが望まれる。国においては、我が国全体としての構想を検討する必要があろう。

なお、ここで「地域電子図書館」として構想されているものは、資料の全てを電子化する図書館ではなく、従来の図書館資料や既存の電子化された資料の提供に加え、適当と考えられる資料を自ら電子化し、提供する事業をも推進する図書館である。

(3) 司書等の研修の充実

司書には、人々の求める多様な情報を適切にかつ迅速に提供する能力が求められている。このため、今後、コンピュータ、インターネット、各種のデータベース等の活用能力の向上が一層必要となってくる。

さらに、住民の情報活用能力を育成するためには、司書にはこれらを支援していく能力も求められる。このため、図書館サービスの充実の観点から、司書を対象とした質の高い研修プログラムを衛星通信システムを用いて配信することについて検討する必要がある。

(4) 住民の情報活用能力の育成

公立図書館は、コンピュータやインターネット等を活用する能力を中心にした住民向けの講座を実施していくことが期待される。なお、講座は習熟度別にして住民が気軽に受講できるようにする必要がある。

このため、「情報ボランティア」の協力により、図書館開館中、住民のコンピュータやインターネット等の利用を援助する体制を整備することも考えられる。そのためには、「情報ボランティア」に対する研修の場を提供することも必要であろう。

また、公立図書館における地域住民を対象とする講座等を行うプログラムを開発し、その成果を普及していく方策について検討することが適当であろう。

(5) 図書館サービスの多様化・高度化と負担の在り方

公立図書館においてインターネット等通信系メディアを介して、有料の商用データベースを利用者の求めに応じて職員が代行検索している場合、通信料金、データベース使用料を徴収している例が見られる。また、インターネットに接続したコンピュータを利用者に開放している場合、使用時間に応じた通信料金を徴収している図書館もある。

図書館法第一七条は、「公立図書館は、入館料その他図書館資料の利用に対するいかなる対価をも徴収してはならない。」と規定している。この対価不徴収は、図書館が地域住民の情報や知識の入手など最低限の文化的基盤を保障するという原則の尊重から来ているものである。

ここにいう「図書館資料」とは、図書館法第三条及び平成四年五月の生涯学習審議会図書館専門委員会報告「公立図書館の設置及び運営に関する基準について」などを勘案すれば、通常、図書館によって主体的に選択、収集、整理、保存され、地域住民の利用に供されている資料を指すと考えられる。したがって、図書館においてインターネットや商用オンラインデータベースといった外部の情報源へアクセスしてその情報を利用することは、図書館法第一七条にいう「図書館資料の利用」には当たらないと考えるのが妥当である。

また、著作権法第三一条に基づく資料の複写物の提供について、これまで図書館界において利用者への対価徴収が定着してきたのは、やはり「図書館資料の利用」を越えるサービスと考えられてきたことによる。

このような観点から、電子化情報サービスに伴う通信料金やデータベース使用料などの対価徴収については、それぞれのサービスの態様に即して、図書館の設置者である地方公共団体の自主的な裁量に委ねられるべき問題と思われる。

以上のことにかんがみ、公立図書館における新しい電子化情報サービスとの関係においては、図書館法第一七条を上記の方向で解釈・運用していくことが適当である。

(6) インターネット接続に係る通信料金等の負担の軽減

インターネットは、利用者にとって、地理的に離れた場所にある情報を統合的に利用できる効果的なメディアで、図書館での積極的な利用が求められている。しかし、インターネットの利用において、通信料金が米国等と比較して割高であり、これが図書館のインターネット利用の障害となっているという指摘がある。

米国においては、連邦通信委員会（ＦＣＣ）が、学校や図書館に対して、電気通信事業者から徴収する資金により、地域の貧困の度合いに応じて、インターネット等への接続に必要な設備の整備費、通信料を二〇％から九〇％の範囲で割引する制度（一般にE-rateと呼ばれている。）を一九九七年五月に開始している。

我が国においても、通信料金の割引や時間を気にせず自由に利用できる定額料金制度など、図書館を含めた教育施設に対する通信料金の負担の軽減措置について早期の実現を期待したい。

学習の成果を幅広く生かす―生涯学習の成果を生かすための方策について―（答申）　抄

〔平成一一年六月九日　生涯学習審議会〕

目次

第三章　学習成果を「ボランティア活動」に生かす

二　学習成果をボランティア活動に生かすにあたっての課題と対応方策―ボランティア活動の充実・発展のために―

(1)　多様な活動の発見・創造

ボランティア活動は、何かきまった活動が、どこかきまったところで、与えられるというものではない。ボランティア自身が、現実社会の中でその必要性に気づき、共感を持って創り出すものである。それぞれの個人の気持ちや都合に合った、多様でユニークな内容・形態の活動が豊かに発見され、創造されていくことが期待される。〔中略〕

図書館、博物館等の社会教育施設等においては、住民のボランティアの受入れを社会的な責務として捉え、積極的に受け入れることが望まれる。ボランティア活動はある意味で生涯学習そのものであって、ボランティアの受入れは、施設にとっては、学習者に学習活動の機会を提供するという施設の本来の目的ともいうべきものであり、施設の運営の活性化にも役立つと期待される。ボランティアにとっても、活動の場が広がるとともに、学習の場において学習成果の活用が図られることになり、学習を進める上で極めて効果的であるなどメリットが大きい。

ボランティアを施設に円滑に受け入れるため、施設側の担当者の指名、ボランティア及び職員双方への研修の実施などが必要となってくるが、施設の設置者においては、規則などの整備のほか、受入れに必要な予算措置についても配慮することが必要である。〔以下略〕

(7) ボランティア・コーディネーターの養成、研修

適切で円滑なボランティア活動を実現させるためには、ボランティア活動を希望する人とボランティアを必要とする人の双方のニーズを総合的に調整し、マッチングする役割を持つボランティア・コーディネーターが重要である。希望者・受入れ先双方のニーズの把握、活動の場の募集・紹介・開拓、活動の調整、相談・助言等を行うボランティア・コーディネーターの役割を果たす職員は、生涯学習ボランティア・センターだけではなく、社会教育施設・公共施設等の受け入れを行う施設、送り出す側である学校、企業等にも必要となる。

コーディネーターの養成については、社会福祉分野では取組が行われてきたところであるが、なお今後とも充実すべき課題であり、養成にあたる適格者が地域レベルではまだ十分人材が得られないという現状を考えれば、社会教育の関係機関・団体において、まず養成プログラムの内容・方法を確立し、養成プログラムの体系化を図る必要がある。その場合、考慮されるべき点としては、おおむね、(1)ボランティア活動の今日的意義や生涯学習との関係の理解、コーディネーターの役割と倫理についての理解等、(2)マッチングやその後の活動支援についての技術の獲得、(3)グループ・団体の組織化、指導助言についての能力の獲得、(4)関係団体、行政機関等との連携調整の能力の獲得等があげられる。

なお、適切で円滑なボランティア活動を実現させるためには、ボランティアを受け入れる社会教育施設・公共施設等の職員に対するボランティア活動に関する研修等を充実することも重要である。〔中略〕

国家公務員については、平成九年一月に、ボランティア休暇制度が法制化され、五日以内での休暇が認められることとなり、地方公務員についても、ほとんどすべての都道府県、約三分の一の市町村で同様の制度化が行われている。

企業においては、全国の企業全体の約二％にあたる二〇〇〇社でボランティア休暇制度を持つに至っている。今後とも休暇が取りやすくなるよう配慮するとともに、有給のボランティア休暇・休職制度の導入を図ることが望まれる。〔以下略〕

第四章　学習の成果を「地域社会の発展」に生かす

二　学習成果を地域の発展に生かすにあたっての課題と対応方策

(2)　活動の場づくり

A　学校での活動参加

1)　学校支援ボランティアの推進

地域社会の重要な核である学校を、地域に支えられ、また地域に貢献するという「地域に根ざした学校」にするためには、学校をより開かれた存在にするとともに、地域住民による多様な学校支援ボランティア活動の充実が重要である。

また、ボランティアによる学校支援は、学校の持つ閉鎖性を排除し、地域住民の学校への理解・共感を深めるためにも必要なこととなっている。さらに、平成一四年度から施行される新学習指導要領の趣旨を生かして、学校においては、特色ある活動を推進し学校を活性化していくうえで、地域の人々にボランティアなどとして学校の場に参加していただく取組が重要となってくる。

なお、こうした地域社会からの支援の受入れにあたり、学校の教員の意識改革はもとより、学校施設等のあり方の見直しも必要となる。学校開放事業の実質的な促進のための施設整備、余裕教室の活用によるＰＴＡや地域の人々のためのスペースの整備、さらには、社会教育施設や社会福祉施設等との複合化なども前向きに検討されるべきである。

学校支援ボランティアの例としては、次のようなものがあげられる。〔中略〕

（学校図書館運営）

学校図書館の管理・運営については、特に、ボランティアによる支援が求められており、地域住民や保護者により、児童生徒の読書活動の支援と併せて地域への貸出事業等も行われるようになってきている。

●栃木県鹿沼市「鹿沼図書館ボランティア」

市教育委員会、市立図書館の支援を受けて、司書資格を持つ市民あるいは研修により必要な知識・能力を身につけた市民のボランティアが、学校図書館や公立図書館の要請に応じ、それらの図書館に派遣され、図書館の運営を支援している。

●愛知県西尾市立東部中学校ＰＴＡ「図書館ボランティア」

本好きのＰＴＡの母親が、月曜から土曜の午後一定時間（夏休み中も二〇日間）、数名のグループで、学校の生徒や地域の人々への図書の貸出し、新着本や寄贈本の登録、図書の修理や整理、図書館環境の整備（ペンキ塗り、楽しむコーナー作りなど）、アンケートの実施、本の寄贈の呼びかけ、図書館ボランティア便りの発行、司書業務についての研修、学級活動の時間でのティーム・ティーチングによるブック・トークの実施などの活動を行っている。〔以下略〕

グローバルな情報社会に関する沖縄憲章（仮訳）

〔二〇〇〇年七月二二日〕

1　情報通信技術（ＩＴ）は、二十一世紀を形作る最強の力の一つである。その革命的な影響は、人々の生き方、学び方、働き方及び政府の市民社会とのかかわり方に及ぶ。ＩＴは、世界経済にとって極めて重要な成長の原動力に急速になりつつある。ＩＴは、また、世界中あらゆるところにおいて、多くの進取の気質を持つ個人、企業及び地域社会が一層の効率性と想像力をもって経済的課題及び社会的課題に取り組むことを可能にしつつある。我々すべてが活かし、分かちあうべき大いなる機会が存在する。

2　ＩＴにより推進される経済的及び社会的変革の本質は、個人や社会が知識やアイデアを活用することを助ける力にある。我々が考える情報社会のあるべき姿は、人々が自らの潜在能力を発揮し自らの希望を実現する可能性を高めるような社会である。この目的に向けて、我々は、ＩＴが持続可能な経済成長の実現、公共の福祉の増進及び社会的一体性の強化という相互に支えあう目標に資するよう確保するとともに、民主主義の強化、統治における透明性及び説明責任の向上、人権の促進、文化的多様性の増進並びに国際的な平和及び安定の促進のためにＩＴの潜在力を十分に実現するよう努めなければならない。これらの目標を達成し新たに生起しつつある課題に対処するためには、効果的な国家的及び国際的戦略が必要とされる。

3　これらの目的を追求するにあたり、我々は、すべての人がいかなるところにおいてもグローバルな情報社会の利益に参加可能とされ、何人もこの利益から排除されてはならないという参加の原則に対するコミットメントを新たにする。この社会の強靭性は、情報及び知識の自由な流れ、相互の寛容性、多様性の尊重といった、人間の発展を促進する民主的価値に依存する。

4　我々は、競争と革新を促すための適切な政策及び規制の環境の強化、経済面及び金融面での安定の確保、グローバルなネットワークの最適化のための利害関係者間の協調の促進、ネットワークの健全性を損なう濫用の防止、情報格差の解消、人材への投資並びにグローバルなアクセス及び参加の促進のための政府の努力を前進させるにあたり、リーダーシップを発揮する。

5　とりわけ、この憲章は、官民のすべての人に対し、国際的な情報・知識格差の解消を呼び掛けるものである。ＩＴ関連の政策及び行動の堅固な枠組みは、社会的及び経済的機会を世界的に促進しつつ、我々の互いのかかわり方を変え得る。共同の政策協力を通じたものを含め、利害関係者間の効果的なパートナーシップも、また、真にグローバルな情報社会の健全な発展の鍵である。

ＩＴが提供する機会（デジタル・オポチュニティ）の活用

6　競争を刺激し、生産性の向上を促進し、経済成長及び雇用を創造し、持続させる上でのＩＴによる潜在的な利益には大きな可能性がある。我々の任務は、情報社会への移行を促進し、円滑化することのみならず、その経済的、社会的及び文化的な利益を十分に享受することである。これを達成するために、以下の主要な基盤を拡充することが重要である。

○適応性のある労働市場、人材養成及び社会的一体性に焦点を当てた政策に支えられた、開放性、効率性、競争及び革新の環境を促進するための経済改革及び構造改革。
○企業及び消費者が自信を持って将来の計画を立て、新しい情報技術の利益を利用するのに資する健全なマクロ経済運営。
○競争的な市場環境並びにネットワーク技術、サービス及びアプリケーションの分野での関連技術革新を通じた、迅速で、信頼性があり、安全かつ手ごろな価格でのアクセスを提供する情報ネットワークの構築。
○教育及び生涯学習を通じた、情報化時代の要請に応え得る人材の養成及び我々の経済の多くの分野〔に〕おけるＩＴ専門家に対する需要の増大への対処。
○すべての国民による政府へのアクセスの改善を確保する上で不可欠な、公的部門によるＩＴの積極的利用及びサービスのオンラインでの提供の推進。

7　情報社会における情報通信ネットワークの発達に関しては、民間部門が主導的な役割を果たす。しかし、情報社会に必要な、予測可能で透明性が高くかつ差別的でない政策及び規制の環境を整備することは、政府の役割である。ＩＴを促進するような環境を創り出すにあたっての民間部門の生産的なイニシアティブを妨げるような不当な規制的介入を避けることが重要である。我々は、官民の間の効果的なパートナーシップの原則、透明性の原則及び技術的中立性の原則を考慮に入れつつ、ＩＴに関連するルール及び慣行が経済的取引における革命的変化に対応しうることを確保すべきである。ルールは、予測可能で、企業及び消費者にコンフィデンスを与えるものでなければならない。情報社会の社会的及び経済的な利益を最大化するために、我々は、次の主要な原則及びアプローチに合意するとともに、他国に対しこれらを推奨する。
―基本電気通信のための差別的でなくかつ原価に照らして定められる相互接続を含む、情報技術並びに電気通信関連の製品及びサービスの供給市場における競争の促進及び市場開放を継続する。

―ＩＴに関連する革新、競争及び新しい技術の普及を促進するためには、ＩＴ関連技術の知的所有権の保護が枢要である。我々は、知的所有権関係当局の間で既に行われている共同作業を歓迎するとともに、我々の専門家に対し、この分野における将来の方向について議論することを更に奨励する。

―政府が知的所有権の保護を完全に遵守しつつ、ソフトウェアを使用することについてコミットメントを新たにすることも重要である。

―電気通信、運輸及び小包配達を含む多くのサービスが情報社会・経済にとって決定的に重要であり、その効率性を向上させることにより利益が最大化する。税関やその他の貿易に関する手続きもＩＴを促進するような環境を強化する上で重要である。

―強固な世界貿易機関（ＷＴＯ）の枠組み、ＷＴＯ及び他の国際的なフォーラムにおける電子商取引に関する作業の継続、並びに既存のＷＴＯの貿易規律の電子商取引への適用といった文脈の下に、ネットワークや関連するサービス及び手続きに関する更なる自由化及び改善を推進することによって、国境を越えた電子商取引を促進する。

―中立、公平、簡素などの伝統的な原則及び経済協力開発機構（ＯＥＣＤ）の作業において合意されたその他の主要な要素に基づいた、電子商取引に対する課税に関する一貫性のあるアプローチ。

―次回のＷＴＯ閣僚会議における見直しを条件として、電子送信に関税を賦課しないという慣行を継続する。

―互換性のある技術標準などを含む、市場主導型の標準の推進。

―ＯＥＣＤのガイドラインに従って電子市場に対する消費者の信頼を推進し、オンライン行動規範、トラストマーク及びその他の信頼性プログラムのような効果的な自主的規制イニシアティブによるものも含め、オンラインの世界においてオフラインの世界と同等の消費者保護を提供するとともに、裁判外紛争解決制度の利用を含め、国境を越えた紛争において消費者が直面する困難を軽減するための方途を検討する。

―情報の自由な流れを保護しながら、効果的で意味のある消費者のプライバシーの保護及び個人情報の処理におけるプライバシーの保護を構築する。

―取引の安全性及び確実性を確保するための、電子認証、電子署名、暗号及びその他の手段の更なる開発及びその効果的な機能。

8　グローバルな情報社会を構築するための国際的な努力には、犯罪のない安全なサイバー空間を強化するための協調行動が伴わなければならない。我々は、サイバー犯罪と闘うために、情報システムの安全のためのＯＥＣＤガイドラインに示されている効果的な措置が実施されることを確保しなければならない。国際組織犯罪に関するリヨン・グループの枠組みにおけるＧ８の協力は強化される。我々は、最近の「Ｇ８パリ会合：サイバー空間における安全性と信頼性に関する政府と産業界との対話」の成功を基礎として、産業界との対話を更に推進する。ハッキングやウィルスといった安全性に関する緊急な問題についても効果的な政策的対応を必要とする。我々は、枢要な情報基盤を保護するために産業界及びその他の利害関係者との関与を継続する。

情報格差（デジタル・ディバイド）の解消

9　国内及び国家間の情報格差の解消は、我々それぞれの国民的課題の中で決定的に重要性を帯びるに至っている。誰もが情報通信ネットワークへのアクセスを享受しうるべきである。我々は、この問題に取り組むための一貫した戦略の策定及び実施のために、現在進められている努力へのコミットメントを再確認する。我々は、また、格差の解消の必要性に関する産業界及び市民社会の認識の高まりを歓迎する。産業界及び市民社会が有する専門知識及び資源を動員することは、我々がこの課題に対応するにあたって不可欠の要素である。我々は、急速な技術及び市場の発展に対応しうるような、政府と市民社会の間の効果的なパートナーシップを引き続き追求する。

10　我々の戦略の主要な構成要素の一つは、すべての人々によるかつ手ごろな価格でのアクセスに向けての継続的な取り組みでなければならない。我々は次のことを継続する。
○手ごろな価格での通信サービスの供給に資するような市場環境を促進すること。
○一般に利用可能な設備を通じたアクセスを含む、他の補完的手段を探求すること。
○特にサービスの行き届いていない都市部、農村地域及び遠隔地域におけるネットワークへのアクセスの改善を優先すること。
○社会的に恵まれない人々、障害者及び高齢者のニーズ及び制約に特に注意を払い、これらの人々のアクセス及び利用を促進するための措置を積極的に追求すること。
○携帯端末を通じたインターネットへのアクセスを含む、「利用者に優しい」、「バリアフリー」な技術の更なる開発を奨励すること、及び、無料かつ一般に利用可能なコンテンツを知的所有権を尊重した形でより幅広く利用することを奨励すること。

11　情報社会の前進のための政策は、情報化時代の要請に応えう人材の養成によって支えられたものでなければならない。我々は、教育、生涯学習及び訓練を通じて、すべての市民に対し、ＩＴ関連の読み書き能力及び技能を育む機会を提供することにコミットしている。我々は、学校、教室及び図書館をオンライン化し、教員をＩＴ及びマルチメディア情報源に関して習熟させることにより、この意欲的な目標に向けて引き続き取り組んでいく。中小企業及び自営業者がオンライン化し、インターネットを効果的に利用するようにするための支援及びインセンティブの提供を目的とした措置も追求する。我々は、また、特に他の方法によっては教育及び訓練を得られなかった人々に対して革新的な生涯学習の機会を提供するためのＩＴの利用を奨励する。

全世界的参加の推進

12　ＩＴは、新興市場諸国及び開発途上国にとって非常に大きな機会を提供する。ＩＴの潜在性を利用することに成功する国は、インフラ開発に関する従来の障害を乗り超え、貧困削減、保健、衛生、教育のような極めて重要な開発目標をより効果的に満たし、世界的な電子商取引の急成長から利益をうることを期待し得る。いくつかの開発途上国は、それらの分野において既に著しい進展を見せている。

13　しかしながら、国際的な情報・知識格差を解消するという課題は過小評価できない。我々は、多くの開発途上国がそのことに優先度を与えていることを認識する。実際、ＩＴ革新の加速的進展についていけない開発途上国は、情報社会・経済に十分に参加する機会を享受できないかもしれない。このことは、電力、通信、教育のような基礎的な経済・社会インフラ面での現存する格差がＩＴの普及を妨げる場合に、特に当てはまる。

14　この課題に応えるに際して、我々は、開発途上国の多様な条件やニーズを考慮に入れるべきであることを認識する。解決のための「万能薬」はない。ＩＴ促進的で、競争促進的な政策及び規制の環境を築き、開発目標及び社会的一体性の追求に向けてＩＴを利用し、ＩＴ技術を持った人材を開発し、そして地域社会イニシアティブ及び域内の企業家精神を奨励するための、首尾一貫した国家戦略の採用を通して、開発途上国が主体的に取り組むことが決定的に重要である。

今後の進むべき道

15　国際格差を解消するための努力にとっては、我々の社会でもそうであるように、すべての利害関係者の間の効果的な協力が非常に重要である。二国間並びに多国間による援助は、ＩＴの開発のための枠組み条件づくりに引き続き大きな役割を果たすであろう。国際開発金融機関、特に世界銀行を含む国際金融機関は、成長を促進し、貧しい人々に利益をもたらすとともに、相互接続性、アクセス及び訓練を拡大する計画を策定し実施することによって、この点における貢献を行うことができる格好の立場にいる。国際電気通信連合（ＩＴＵ）、国連貿易開発会議（ＵＮＣＴＡＤ）、国連開発計画（ＵＮＤＰ）及びその他の関連国際フォーラムもまた、重要な役割を有している。民間部門は、依然としてＩＴを開発途上国へ普及させる上での中心的な存在であり、情報格差を解消するための国際的な努力に重要な貢献を行うことができる。ＮＧＯは、草の根地域に達することのできる特有の能力を備えており、人材開発及び地域開発に有効に貢献できる。要するに、ＩＴは世界規模の広がりを見せており、したがって世界規模の対応を必要としている。

16　我々は、二国間の開発援助、国際機関や民間団体によって既に進行中である、国際情報格差を解消するための努力を歓迎する。我々は、また、世界経済フォーラム（ＷＥＦ）のグローバル・デジタル・ディバイド・イニシアティブ、電子商取引グローバル・ビジネス・ダイアログ（GBDe）そしてグローバル・フォーラムのような民間部門からの貢献を歓迎する。

17　知識に基づいた世界経済という文脈におけるITの役割に関する国連経済社会理事会（ECOSOCE）の閣僚宣言において強調されているように、開発途上国とのIT関連の計画や事業の効果を高め、また「最良の慣行」を集め情報格差を縮小させるのに役立つべくすべての利害関係者から利用可能な資金を動員するために一層の国際的な対話と協力が必要とされている。G8は、先進国、開発途上国、民間企業及びNGOを含む市民社会、財団及び教育機関、国際機関の間のより強固なパートナーシップの創設を推進するために努力する。我々は、また、開発途上国が、他の利害関係者と協力して、ITにとってより良い環境並びにITのより良い利用方法を生み出すために、金融面、技術面、政策面での貢献を手にすることができるように努力する。

18　我々の努力をより広範な国際的アプローチに統合するため、我々は、デジタル・オポチュニティ作業部会（ドット・フォース）を設立することに合意する。この目的のため、ドット・フォースは、利害関係者の参加を確保する最善の方法について検討するためにできるだけ早く会合を持つ。このハイレベルの作業部会は、他のパートナーと緊密に協議しつつ、また、開発途上国のニーズに対応するようにしつつ、次のことを行う。

○政策、規制及びネットワークの環境整備を促進し、相互接続性を向上させ、アクセスを拡大させ費用を引き下げ、人材を育成し、世界的な電子商取引ネットワークへの参加を奨励するとの観点から、国際協力を推進するため、開発途上国、国際機関及びその他の利害関係者との議論を積極的に促進する。

○IT関連の試験的な計画及びプロジェクトにおける協力のためのG8自身による努力を奨励する。

○パートナー間のより緊密な政策対話を推進し、課題と機会についての一般の認識を世界的に向上させるようにする。

○グローバル・デジタル・ディバイド・イニシアティブによる貢献などの民間セクター及びその他の関心を有するグループからの提言を検討する。

○我々のジェノバでの次回会合までに、結果及び活動について我々の個人代表に報告する。

19　これらの目的を追求するため、ドット・フォースは、以下で特定された優先事項に関して具体的な措置をとるための方法を探求する。

○政策、規制及びネットワークの環境整備の促進

―競争促進的かつ柔軟で社会参加型の政策及び規制の環境を推進するため、政策助言及び地域的なキャパシティ・ビルディングを支援する。

―開発途上国とその他のパートナーの間の経験の共有を促進する。

―貧困削減、教育、国民の保健、文化などの幅広い分野を含む開発努力におけるITのより効果的かつ一層の活用を奨励する。

―参加型の政策策定に関する新たな手法の検討を含む良い統治を推進する。

―インフォ・デブなどの協力計画に関し、知的・財政的資源を集めるための国際開発金融機関（MDB）及びその他の国際機関による努力を支援する。

○相互接続性の向上、アクセスの拡大及び費用の引き下げ

―政府、国際機関、民間セクター及びNGOがかかわる「パート

ナーシップ」アプローチに特に重点を置きつつ、情報通信基盤を改善するための資源を動員する。

―相互接続にかかる開発途上国側の費用を削減する方法について作業を行う。

―各般のコミュニティ・アクセス計画を支援する。

―開発途上国における個別の要求に対応した技術及びアプリケーションの研究開発を奨励する。

―ネットワーク、サービス及びアプリケーションの相互運用性を改善する。

―様々な母国語によるコンテンツの開発を含め、地域密着型で有益なコンテンツの製造を奨励する。

○人材の育成
―IT技能の開発に特に重点を置きつつ、基礎教育並びに生涯学習の機会の増加に焦点を当てる。

―IT並びにその他の関連する政策分野及び規制課題における訓練を受けた専門家層の形成を支援する。

―遠隔地学習及び地域的な訓練を含め、技術協力の伝統的な範囲を拡大する革新的なアプローチを開発する。

―学校、研究施設及び大学を含め、公的施設及び地域社会のネットワークを構築する。

○世界的な電子商取引ネットワークへの参加の奨励
―開発途上国における新規企業に対する助言の提供、並びに、効率性及び新たな市場へのアクセスを改善するために企業がITを使用することを手助けするための資源の動員を通じ、電子商取引に関する環境整備と利用の状況を評価し、向上させる。

―「ゲームのルール」が作り出される際に、それらが開発努力と矛盾しないことを確保するとともに、これらのルールの決定に際して開発途上国が建設的な役割を果たすための能力を構築する。

青少年有害社会環境対策基本法案　抄

〔平成一三年一二月一三日
自由民主党〕

第一章　総則

（目的）

第一条　この法律は、青少年有害社会環境からの青少年の保護に関し、基本理念を定め、並びに国、地方公共団体、事業者、保護者及び国民の責務を明らかにするとともに、青少年有害社会環境対策の基本となる事項を定めることにより、青少年有害社会環境対策を総合的に推進し、もって青少年の健全な育成に資することを目的とする。

（定義）

第二条　この法律において「青少年」とは、十八歳未満の者をいう。

2　この法律において「青少年有害社会環境」とは、青少年の性若しくは暴力に関する価値観の形成に悪影響を及ぼし、又は性的な逸脱行為、暴力的な逸脱行為若しくは残虐な行為を誘発し、若しくは助長する等青少年の健全な育成を阻害するおそれのある社会環境をいう。

3　この法律において「青少年有害社会環境対策」とは、青少年有害社会環境からの青少年の保護に関する施策をいう。

（基本理念）

第三条　青少年有害社会環境対策は、次代を担う青少年を健全に育成していくことが我が国社会の将来の発展にとって不可欠の礎である一方で、近年の我が国社会における急激な情報化の進展、過度の商業主義的風潮のまん延等により、青少年有害社会環境のもたらす弊害が深刻化し、かつ、増大している傾向にあることにかんがみ、我が国社会を挙げて取り組むべき国民的課題として、青少年の健全育成にかかわるすべての関係者及び国民各層の協力と連携の下に、家庭、学校、職場及び地域社会のそれぞれにおいて青少年を健全に育成していくための良好な社会環境が確保されるよう配慮することを基本理念とする。

（国の責務）

第四条　〔略〕

（地方公共団体の責務）

第五条　〔略〕

（事業者の責務）

第六条　事業者は、基本理念にのっとり、その供給する商品又は役務について、青少年の健全な育成を阻害することがないよう配慮する等必要な措置を自主的に講ずるとともに、国及び地方公共団体が実施する青少年有害社会環境対策に協力する責務を有するものとする。

（保護者の責務）

第七条　青少年の親権を行う者、後見人その他の者で、青少年を現に監護するものは、青少年の人間形成にとって基本的役割を担うことにかんがみ、その監護する青少年を青少年有害社会環境から保護すべき第一義的責任を有することを自覚し、その保護に努めなければならない。

（国民の責務）

第八条　〔略〕

（適用上の注意）

第九条　この法律の適用に当たっては、表現の自由その他の国民の基本的人権を不当に侵害しないように留意しなければならない。

第二章　青少年有害社会環境対策

第一節　基本方針

（基本方針）

第十条　国は、基本理念にのっとり、青少年有害社会環境からの青少年の保護を総合的かつ有機的に推進するため、青少年有害社会環境からの青少年の保護に関する基本的な方針（以下「基本方針」という。）を定めなければならない。

2　基本方針は、青少年有害社会環境からの青少年の保護について、次に掲げる事項を定めるものとする。

一　青少年有害社会環境対策の大綱

二　次条及び第十二条に規定する青少年有害社会環境からの青少年の保護に関する国民的な広がりをもった取組に関する基本的な事項

三　第三節に規定する事業者等による青少年有害社会環境の適正化に関する基本的な事項

四　第二十一条に規定する青少年社会環境対策センターの業務に関する基本的な事項

五　前各号に掲げるもののほか、青少年有害社会環境からの青少年の保護に関し必要な事項

3　内閣総理大臣は、基本方針の案を作成し、閣議の決定を求めなければならない。

4　内閣総理大臣は、前項の基本方針の案を作成しようとするときは、あらかじめ、関係行政機関の長と協議するとともに、青少年有害社会環境からの青少年の保護に関し学識経験を有する者の意見を聴かなければならない。

5　内閣総理大臣は、第三項の規定による閣議の決定があったときは、遅滞なく、基本方針を公表しなければならない。

6　前三項の規定は、基本方針の変更について準用する。

第二節　国民的な広がりをもった取組の推進

（国民的な広がりをもった取組の推進）

第十一条　青少年有害社会環境対策は、基本理念にのっとり、国、地方公共団体その他の関係機関及び国民各層の協力と密接な連携の下に、国民的な広がりをもった一体的な取組として推進されなければならない。

第十二条　国及び地方公共団体その他の関係機関は、青少年有害社会環境からの青少年の保護に関し、広く国民各層の関心を高め、その理解と協力が得られるよう、必要な広報その他の啓発活動を積極的に行うものとする。

2　前項に規定する広報その他の啓発活動をより推進するものとして、青少年有害社会環境対策に関する強調月間（以下この項において単に「強調月間」という。）を設けるものとする。この場合において、国及び地方公共団体は、強調月間の趣旨にふさわしい事業を実施するように努めなければならない。

第三節　事業者等による青少年有害社会環境の適正化

（青少年有害社会環境の適正化のための協定等）

第十四条　事業者又は事業者団体は、事業者の供給する商品又は役務が青少年の健全な育成を阻害するおそれがあると認めるときは、その商品又は役務の供給に関し、青少年の心身の発達の程度に応じた供給方法その他の青少年の健全な育成を阻害することのないようにするために遵守すべき規準についての協定又は規約を締結し、又は設定するよう努めなければならない。

2　事業者又は事業者団体は、前項の協定又は規約を締結し、又は設定したときは、これを主務大臣（当該事業者又は事業者団体の事業活動が一の都道府県の区域内にとどまる場合にあっては、当該区域を管轄する都道府県知事）に届け出るものとする。

3　主務大臣又は都道府県知事は、前項の規定による届出を受理したときは、その要旨を公表するとともに、当該届出に係る協定又は規約を一般の閲覧に供するものとする。

4　前二項の規定は、第一項の協定又は規約を変更する場合について準用する。

（青少年有害社会環境対策協会）

第十五条　事業者は、その供給する商品又は役務が青少年の健全な育成を阻害するおそれがあると認めるときは、次に掲げる業務を行う民法（明治二十九年法律第八十九号）第三十四条の法人その他の団体（以下「青少年有害社会環境対策協会」という。）の設立（既に設立されている同条の法人その他の団体に次に掲げる業務を行わせることを含む。次項及び第二十一条第二項第五号において同じ。）又は青少年有害社会環境対策協会への加入に努めなければならない。

一　構成事業者（当該青少年有害社会環境対策協会を直接又は間接に構成する事業者をいう。以下この項及び次条において同じ。）が供給する商品又は役務についての青少年有害社会環境からの青少年の保護に関する同条の規定による苦情の処理

二　構成事業者が供給する商品又は役務についての青少年有害社会環境からの青少年の保護を図るために必要な構成事業者に対する助言、指導及び勧告

三　当該青少年有害社会環境対策協会に係る商品又は役務（構成事業者以外の事業者が供給するものを含む。次号において同じ。）についての青少年有害社会環境からの青少年の保護に資するために必要な広報その他の啓発活動

四　前三号に掲げるもののほか、当該青少年有害社会環境対策協会に係る商品又は役務についての青少年有害社会環境からの青少年の保護のために必要な業務

2　青少年有害社会環境対策協会は、その設立の後速やかに、その旨を主務大臣（当該青少年有害社会環境対策協会がその業務を行う区域が一の都道府県の区域内にとどまる場合にあっては、当該区域を管轄する都道府県知事）に届け出るものとする。

（苦情の処理）

第十六条　青少年有害社会環境対策協会は、青少年有害社会環境からの青少年の保護に関し、一般消費者から構成事業者が供給する商品又は役務に係る苦情について解決の申出があったときは、その相談に応じ、申出人に必要な助言をし、その苦情に係る事情を調査するとともに、当該構成事業者に対しその苦情の内容を通知してその迅速な処理を求めるものとする。

2　青少年有害社会環境対策協会は、前項の申出に係る苦情の解決について必要があると認めるときは、当該構成事業者に対し、文書若しくは口頭による説明を求め、又は資料の提出を求めることができる。

3　構成事業者は、青少年有害社会環境対策協会から前項の規定による求めがあったときは、正当な理由がないのに、これを拒んではならない。

4　青少年有害社会環境対策協会は、第一項の申出、当該苦情に係る事情及びその解決の結果について構成事業者に周知させるとともに、一般消費者に公表するものとする。

5　青少年有害社会環境対策協会は、第一項の苦情を適切に解決す

るため、学識経験を有する者を含む者で構成される審議会その他の合議制の機関を置く等の措置を講ずるものとする。

6　青少年有害社会環境対策協会は、第一項の苦情の申出に関し必要な事項を一般消費者に周知させるために必要な措置を講ずるものとする。

（公表）

第十九条　主務大臣又は都道府県知事は、前条〔略〕第一項の規定による勧告を行った場合において、その勧告を受けた青少年有害社会環境対策協会が正当な理由なくその勧告に従わないときは、その旨を公表することができる。

第三章　青少年有害社会環境対策センター

第二十一条　内閣総理大臣は、青少年の健全な育成を図ることを目的として設立された民法第三十四条の法人であって、次項に規定する業務を適正かつ確実に行うことができると認められるものを、その申出により、全国に一を限って、青少年有害社会環境対策センター（以下「対策センター」という。）として指定することができる。

2　〔以下略〕

第四章　雑則

（主務大臣）

第二十二条　この法律における主務大臣は、次のとおりとする。ただし、内閣総理大臣は、この法律の規定の円滑な実施のため必要があると認める場合は、特定の大臣又は国家公安委員会（以下「大臣等」という。）を主務大臣に指定することができる。

一　事業者又は事業者団体が締結し又は設定する協定又は規約に関する事項については、当該事業者又は事業者団体に係る事業を所管する大臣等

二　青少年有害社会環境対策協会に関する事項については、次に掲げる大臣等

イ　設立について大臣等から許可又は認可を受けている第十五条第一項に規定する法人その他の団体については、その設立の許可又は認可をした大臣等

ロ　イに掲げるもの以外の法人その他の団体については、当該法人その他の団体の構成員である事業者に係る事業を所管する大臣等

2　内閣総理大臣は、前項ただし書の規定により主務大臣を指定したときは、その旨を公示しなければならない。〔以下略〕

新しい情報通信技術を活用した生涯学習の推進方策について
—情報化で広がる生涯学習の展望—（答申）抄

〔平成一二年一一月二八日〕
〔生涯学習審議会〕

はじめに

〔前略〕この答申においては、世界的規模で生じている急激かつ大幅な社会経済構造の変化をもたらしつつある情報通信技術を生涯学習の推進に活用することにより、創造的で活力ある発展を可能とする高度情報通信ネットワーク社会において、すべての学習者がインターネットなどの高度情報通信ネットワークを容易かつ主体的に利用する機会を有し、それにより、自由かつ安全に多様な情報等を世界的規模で入手・発信するなど、生涯のいつでも、どこでも、誰でも情報を活用できるようにするため、生活体験や自然体験などの学習機会を充実することに配慮しつつ、新しい情報通信技術を活用した学習機会の拡大など、生涯学習の可能性を最大限に広げるための方策について提言することとしました。〔以下略〕

I　生涯学習における情報化の現状と展望〔略〕

II　情報通信技術を活用した生涯学習施策の基本的方向

（はじめに）〔略〕

一　生涯学習に関連する人材・機関・施設等に求められる役割・機能

(2)　図書館

【「地域の情報拠点」としての機能の飛躍的な拡大】

各地域の図書館は、地域住民の様々な要求に応じて、情報提供のためのサービスを行う施設ですが、近年急速に発展・普及しつつある情報通信技術を積極的に活用することにより、「地域の情報拠点」としての機能を飛躍的に拡大する好機を迎えています。

このようなことを実現するためには、従来から扱ってきた紙媒体を中心とする資料に加えて、インターネットや衛星通信を活用しつつ、デジタル化された資料・情報を地域住民に提供するなど、情報拠点としての機能を高度化することが望まれます。

また、各地域の図書館は、インターネットなどの情報通信技術を活用することにより、これまで収集してきた各地域の情報を全国の多くの地域や外国にも提供できるようになり、「地域への情報提供」に加え、「地域からの情報発信」という機能を持つことができるようになります。

このような機能の拡大は、単に電子化された新しい媒体の利用を付加するだけではなく、今後も継続して利用される紙媒体等による資料・情報と、電子化された資料・情報とを有機的に連携させることにより、図書館全体として行われる必要があります。

【「新たな図書館サービス」の展開】

図書館において情報通信技術を積極的に活用することにより、様々な新しいサービスを提供することが可能になります。

例えば、インターネット等に接続することにより、外部のデータベース等の情報を提供することができ、（その際、情報等を図書館の端末を通じて提供するような場合については、図書館設置者の裁量により有料とすることも考えられます。）また、ホームページを開設することにより、地域住民が資料検索や電子化された情報そのものの閲覧ができるようなシステムを整備したり、電子メールによるレファレンスサービスを行うことができるようになります。このようなことにより、障害者や高齢者など日頃図書館に来館しづらい利用者にとっても図書館の資料・情報が利用しやすくなるなど、より住民に開かれた施設となることができます。

また、住民が自由に情報機器に触れる機会を図書館において提供することで、実際の情報検索などを通じた情報リテラシーの習得を支援することができ、エル・ネット受信設備の整備を一層推進することにより、図書館においても「子ども放送局」やエル・ネット「オープンカレッジ」の番組を提供するなど、住民にとっての様々な学習の場となることが求められます。

さらに、平成一三年度までにすべての公立学校がインターネットに接続される予定であることから、電子化された資料・情報を提供することにより、学校における図書館の利用促進を期待することができます。

また、図書館に「情報ボランティア」などボランティアを積極的に受け入れることで、資料のデジタル化や住民の情報リテラシーの育成支援等図書館サービスの一層の充実を図ることができます。そのため、図書館には、ボランティアを養成するための研修の実施や、活動の場の確保など受入れ促進のための環境整備が求められます。〔以下略〕

二〇〇五年の図書館像―地域電子図書館の実現に向けて―（報告）抄

〔平成一二年一二月　文部省地域電子図書館構想検討協力者会議〕

第一章　序

一　検討の経緯

いわゆるＩＴ基本法の制定など社会全体の情報化が急速に進展しつつあるが、公立図書館についても、九州・沖縄サミットで採択されたいわゆるＩＴ憲章〔別掲〕において図書館のオンライン化が提唱されるなど、情報化に対応した新たな在り方が、「電子図書館」の構想等との関係で議論されてきている。

また、生涯学習審議会社会教育分科審議会計画部会の図書館専門委員会の報告「図書館の情報化の必要性とその推進方策について」（平成一〇年一〇月二七日）〔別掲〕（以下「図書館専門委員会報告」という。）においては、主として既存の図書館資料を電子化・データベース化して「地域電子図書館」を構築することを念頭に置いて、「地域の図書館においては、郷土の歴史的資料を教育利用の観点から体系的に電子化し、活用していくことが期待される。また、歴史的資料のほか、地域の生活にかかわる各種の新しい情報についても、他の公的及び私的機関との連携協力を含め、可能なものから電子化していくことが望まれる。」という提言がなされた。

さらに、生涯学習審議会の答申「新しい情報通信技術を活用した生涯学習の推進方策について」（平成一一年一一月二八日）〔別掲〕においては、情報化に対応した今後の図書館の在り方として次のような方向が示され、新しい情報通信技術の活用により図書館が「地域の情報拠点」としてその機能を飛躍的に拡大する可能性が指摘されている。

① インターネットや衛星通信を活用しつつ、デジタル化された資料・情報を地域住民に提供するなど、情報拠点としての機能を高度化すること
②「地域への情報提供」に加え「地域からの情報発信」という機能を持つこと
③ 紙媒体等による資料・情報と電子化された資料・情報とを有機的に連携させること
④ 外部のデータベース等の情報を提供すること
⑤ 障害者や高齢者などにとっても図書館の資料・情報を利用しやすくすること
⑥ 住民の情報リテラシーの習得を支援すること

「地域電子図書館構想検討協力者会議」は、このような動きを踏まえ、公立図書館は情報化への対応（地域電子図書館としての機能の整備）によって住民へのサービスの新たな展開を図るべきであるとの視点に立ち、平成一一年二月から調査研究を行ってきた。この協力者会議での検討においては、各公立図書館がそれぞれ地域電子図書館機能の整備を目指す上で指針として活用できるものの作成等を目指し、図書館関係者・民間団体等からのヒアリングを実施するとともに、これらを踏まえた地域電子図書館像について討議を重ねてきた。

この報告書は、この調査研究の結果を「二〇〇五年の図書館像〜地域電子図書館の実現に向けて〜」としてとりまとめたものである。

二　この報告書の構成

この報告書は、次の各章によって構成されている。

第二章は、将来における地域電子図書館の具体像を例として示したものである。図書館の情報化に関する方策やその効果に関する記述は、ともすれば抽象的なものになりがちであるが、ここでは、将来における地域電子図書館の「具体的なイメージ」を分かりやすく提示するため、西暦二〇〇五年ごろの「あるひとつの公立図書館」を想定し、その状況やサービスの内容を具体的に描写する形をとった。

したがって、描写されている公立図書館は架空のものであるが、西暦二〇〇〇年時点での市立図書館の平均像を前提とし、職員数や蔵書数が二〇〇五年の時点でも大きく変わらないと想定して、平均的な市立図書館が地域電子図書館としての機能を整備した後に想定される姿を描き出したものである。

第三章は、第二章に具体的に描かれているような地域電子図書館を目指して各地域の公立（市区町村立）図書館が自ら様々な努力を行っていく上で、優先的に取り組んでいくべき課題等についての考え方を示したものである。第二章に示された姿は一足飛びに実現できるものではなく、関係する資料の収集やサービスの展開などを順次実施していく必要があるが、第三章は、各公立図書館自身によるそのような努力に関する指針として活用できるものである。

第四章は、地域電子図書館の実現やその機能の充実を進めていく上で、図書館関係団体など図書館関係者全体が自ら検討・対応を行う必要があると思われる事項を記述したものである。情報化への対応は、個々の図書館による努力のみでは手に余る部分もあり、そうした事項については図書館関係者全体による対応が必要となる。こ

の章はそうした事項について述べたものであり、したがって、図書館関係団体等によるそのような対応に関する指針として活用できるものである。

三　図書館関係者自身による努力の必要

第二章に「具体的なイメージ」が示されている地域電子図書館は、公立図書館自身の努力によって実現されるべきものである。そのような努力としては、例えば、地方自治体の関係者との交渉等を通じた、経費、職員、設備等の確保などを挙げることができるが、そのためにはまず、住民に働きかけてその理解と支持を得る必要がある。この報告書は、各図書館の関係者自身が、それぞれ住民や地方自治体の関係者に対して必要な働きかけを行うときの参考や根拠となり得るものとして取りまとめられたものである。

各図書館の今後の整備・運営等について、第二章以下に示された地域電子図書館の具体的なイメージや指針として活用するかどうかということも、各地方自治体の住民の意思にもとづくべきであり、各公立図書館は、図書館の利用者であると同時に各地方自治体の政策を決定する主体である住民との対話を通じて、地域電子図書館機能の整備を図っていくべきであろう。

第二章　二〇〇五年の「ある市立図書館」にて〔本文略〕

・e図書館はこのようなところ
・どんな人が使っているか
・子ども向けのコーナーがある
・いろいろな資料・情報がある
・いろいろなデジタル資料もある
・衛星通信ネットワークも使われている
・お年寄りや障害のある人向けのサービスもある
・コンピュータがたくさんある
・総合的な「検索システム」がある
・e図書館の外にある情報も利用できる
・住民の「情報リテラシー」のための講座もある
・いろいろな集会や行事もある
・「遠隔学習」への支援もしている
・「リンク集」も作られている
・ホームページでの情報発信もしている
・電子メールによるレファレンス・サービスもある
・文献配送サービスもある
・相互貸借サービスもある
・大学図書館とも連携している
・学校とも連携している
・ネットコミュニティができている
・職員の研修や民間との連携なども行なわれている

第三章　地域電子図書館構想の実現に向けての指針

第二章では、一つの架空の図書館を描写することによって、地域電子図書館構想が目指す方向性を提示した。本章では、その実現に向けて、各公立図書館自身が、二〇〇五年までを目途に検討を行い、地方自治体の関係者との交渉等を通じて実施していくべき事項を挙げる。なお、以下では検討、実施すべき事項をその順序（優先順位）とともに示すが、一つの事項を完全に検討、実施してから次の事項を検討、実施する、というものではなく、実際には複数の事項を並行して検討、実施することとなろう、また、ここに示す事項（順序）は、あくまでも一般的なものであって、実際には、これをもとにして、各図書館において、地域住民（図書館利用者）のニーズ（潜在的、将来的なものを含む）に応じ、検討及び実施の方法や手順を柔軟に判断、決定していくことが必要である。

一　職員等の養成・確保
地域電子図書館構想の実施にあたっては、まず各公立図書館が職員等の人的資源を養成・確保することが最優先である。

なかでも、現職職員の情報リテラシー等の習得・向上のための研修等の機会を確保することが必要であり、具体的には、次の順序で検討、実施していくことが考えられる。
①　外部で実施される研修等に参加できる体制を構築する。
②　外部研修参加者等による館内研修を実施する。
③　衛星通信ネットワークやインターネット等の利用によって、外部の研修を館内で受講できる設備を整備する。
さらに、新たに職員を確保する場合、新しい図書館サービスを遂行できる専門的知識・技能を有する職員を確保していくことが必要である。

また、特に新しい図書館サービスの実施については、職員だけでは多くの利用者にきめ細かなサービスをすることまではできないため、情報ボランティアによる協力を得ることが適切である。これについては、次の順序で検討することが必要だと考えられる。
①　ボランティアに依頼する職務内容・範囲について検討し、明確にしておく。具体的には、コンピュータ利用における利用者支援（操作法についての援助・案内）、デジタル資料の作成への協力、ホームページの作成への協力など
②　図書館広報誌やホームページなどを使ってボランティアを広く募集する。図書館がネットコミュニティを運営する場合は、そこへの呼びかけなど
③　ボランティアに研修の機会を提供し、図書館サービスを提供する際の補助や講座等の講師・講師補助等の担当を依頼すること

二　施設・設備等の整備・拡充等
一に次いで、地域電子図書館構想に対応した「情報通信環境」を各公立図書館が整備・拡充していくことが必要である。施設・設備等の整備・拡充等については、次のような順序で検討することが考えられる。
①　当該図書館で提供する資料・情報（外部情報を含む）の蓄積・提供に必要なもの
例えば、インターネットの接続に必要な設備、ＬＡＮ、ＯＰＡＣなど
②　当該図書館で提供する資料・情報（外部情報を含む）の公開・発信に必要なもの
例えば、Ｗｅｂ用サーバ、ネットワーク接続用コンセント（情報コンセント）など
③　利用者の自由な利用に必要なもの
例えば、遠隔学習等のための利用者用のコンピュータ端末（ワープロなどの利用を含む）、プリンタなど
また、資料・情報の蓄積・提供以外に、講座等の実施に必要な施設・設備等の整備・拡充も必要である。例えば、研修室・学習室等のコンピュータ端末やインターネット接続回線の整備、エル・ネットなど衛星通信ネットワークの整備などが考えられる。

三　情報通信技術を利用して図書館が提供する新しいサービス
一及び二を受けて、利用可能な資料・情報を拡充するという観点から、図書館が提供する新しいサービスについては、各公立図書館においてホームページを開設した上で次の順序で実施を検討することが考えられる。
①　蔵書データベース（Ｗｅｂ　ＯＰＡＣを含む）の提供
②　デジタル媒体（ＣＤ－ＲＯＭ等や、インターネットからダウ

ンロードし、図書館サーバに蓄積するものを含む）の図書館資料の収集・提供

③　図書館で製作するデジタルコンテンツの提供

④　商用オンラインデータベース等の「外部情報」の提供

また、資料・情報の利用を促進し、利用者の便宜を図る観点から、次の点についても検討が必要である。

①　次世代の検索システム（OPAC以外のデータベースについても一括して検索の可能となる統合的システムの構築、主題からの検索や論理演算等の検索手法の導入等検索システムの多機能化・高機能化など）の提供

②　サーバに蓄積しているデジタル資料のメタデータの作成・提供

③　ネットワーク上の情報（有用なサイト等）のリンク集及びメタデータを利用した検索システムの作成・提供

なお、電子メールを用いたレファレンス・サービス、文献配送サービス、情報リテラシー育成講座等は、環境が整備され次第、随時、導入、実施していくことが考えられる。

四　図書館資料のデジタル化

公立図書館が優先してデジタル化（データベース化）し、ホームページ等で公開するべき資料として、情報の蓄積と公平な提供、文化の振興・保存などの観点から、次のような順序で検討することが考えられる。

①　当該図書館にしか所蔵されておらず、現状のままでは消失の危険性のある資料

例えば、劣化・消失の危険性のある貴重書等のうち当該図書館のみが所蔵している資料（他の図書館での保存が見込めないもの）や、継続して提供される見込みのない旧式のフォーマットで作成・蓄積されているデジタル資料など

②　当該自治体に固有の情報を扱っており、消失の危険性のある資料

例えば、当該自治体における行政資料・情報のうち長期的な保存・公開の予定がないもの（官庁や文書館等で保存の予定のないもの）など

③　当該図書館に所蔵されている資料のうち当該自治体に固有の情報を扱っている著作権の消滅したものなど

例えば、地域の歴史・文化・民俗等を扱った古文書・古地図等など

④　当該図書館に所蔵されている資料のうち著作権の消滅したものや、一括契約などで安価な著作権料で利用可能なものなど

例えば、各種の貴重書等や、著作権等の処理契約を結んだ出版者の図書・雑誌等、郷土作家の著作権を放棄した作品など

⑤　インターネット上で発信されている情報のうち、消失が考えられる重要なものなど

例えば、地域に関する報告書等、地域で発信されているメールマガジン・オンラインマガジン等、政府の審議会答申、報告書、白書等など

いずれの場合も、国立国会図書館、県立図書館をはじめ、他の図書館がデジタル化を行うものについては、優先順位を下げるべきなので、他図書館及び博物館・文書館や官庁等との連絡・調整を行ったうえでデジタル化する資料を決定していく必要がある。

なお、デジタル資料については、地域の教育への貢献や文化の振興、日常生活・職業生活の支援等の観点から、特定の利用者を主な対象に想定することも考えられる。例えば、次のような例が挙げられる。

例① 貴重書や郷土資料等のうち学校教育のカリキュラムに関連するものについては、インターネットで公開することで、学校が教材として利用することが想定される。

例② 行政資料のうち、市役所や図書館等でのみ閲覧可能なものは、インターネットで公開することで、遠隔地居住者や外出の困難な障害者等が利用することが想定される。

五 「外部情報」の提供等に係る費用負担

外部情報の提供に伴って発生する費用負担については、図書館専門委員会報告において、その提供に伴う対価徴収は自治体の裁量に委ねられるべき問題とされたところであるが、例えば、他の図書館等と共同でコンソーシアム等を作り外部の商用オンラインデータベースの一括契約を行う等の方法により、安価・定額となる努力を払い、地域住民（利用者）に対しては無料で提供するなどの方策も考えられる。対価徴収については、いずれにせよ、公立図書館の利用者であると同時に各地方自治体の政策を決定する主体である住民の意思に基づくべきである。なお、いわゆるパッケージ型のデジタル資料を含む「図書館資料」については、図書館法第一七条において「いかなる対価をも徴収してはならない」と規定されていることに改めて留意することが必要であろう。

第四章 図書館関係者による検討・対応が必要と思われる事項

第三章では、個々の公立図書館が地方自治体の関係者との交渉等を通じて検討・実施すべき事項を挙げてきたが、ここでは、図書館関係団体など我が国の図書館関係者が、「図書館界」全体として検討・対応する必要があると思われる事項を挙げることとする。

一 電子図書館の職員に必要な資質

地域電子図書館の機能の充実に向けて重要なことは、公立図書館がこうした機能を果たすことの意義と必要性を職員自身が十分に理解し、その実現のために必要とされる知識・技能等を、実務と各種の研修そして自らの研鑽等により修得することである。

そのためには、現行の図書館職員研修の在り方を見直し、コンピュータ等の情報機器を実際に使用する機会や運営の方針・実態を公表し互いに討議する機会等を増やす工夫を検討することが求められる。また、地域電子図書館の運営と各種サービスの提供に必要な知識・技能等の検討・特定も必要である。さらに、これらを定着させ、実質的なものとしていくためには、こうした知識・技能等に関する民間による新たな検定制度等を図書館関係団体が創設することについても検討が必要である。

二 電子図書館間の連携、情報交換等の場

デジタル資料（有用なサイトを含む）の全国的な整備の観点から、不必要な重複等を回避することが望ましく、分担収集や共同保存について検討することが必要である。また、電子メールによるレファレンス・サービス等のノウハウの共有化等も有効であると考えられる。さらに、次世代の検索システムの開発やデジタル資料の収集に当たっての考え方に関する共同研究、デジタル資料の提供者・利用者の倫理やモラル等の在り方についての学校等との情報交換なども考えられる。これらの点等について、役割分担等の検討、調整、共同研究や情報交換のための組織体制等の創設を検討することが必要である。

三 メタデータ作成・導入の普及

我が国の図書館界全体として、メタデータ作成に係る標準化・規格化の推進が必要であるが、これについては、国際的な動向への対応と他国や国際組織等との連絡・調整も必要となることに配慮し、特に出版者、情報通信関連企業等への働きかけを行い、連絡・調整

の機会を設けることが必要となる。ネットワーク上で提供されるデジタル情報のメタデータの作成について、全国的な役割分担等について検討、調整する必要があり、そのための組織等の創設も検討する必要がある。

　また、作成したメタデータの共有化（相互利用）、統合化に関する検討・調整も必要であり、横断検索技術の開発への取組や、連絡・協議のための組織体制の整備等も検討する必要がある。

四　著作権契約システム等

　また、著作権法等の規定について改正すべきであると図書館関係者が考える部分がある場合には、図書館関係者自身がこれを具体的に検討して改正案を作成するとともに、その実現に向けた働きかけを権利者や国民一般などに対して行っていくことが必要である。また、できる限り広範な資料や情報をデジタル化して提供していくためには、著作者等の権利者側の協力を得て、簡便で包括的な契約システムを構築していくことが不可欠である。

（参考資料）

審議経過〔略〕

地域電子図書館構想検討協力者会議委員名簿

○糸賀　雅児　慶応義塾大学教授
大串　夏身　昭和女子大学教授
苅宿　俊文　大東文化大学教授
久保田　裕　社団法人コンピュータソフトウェア著作権協会専務理事
田畑　孝一　図書館情報大学副学長
土本　潤　岐阜県図書館資料課長心得
常世田　良　浦安市立中央図書館長
中村　誠　岡山大学教授
二村　健　明星大学教授
野末俊比古　青山学院大学講師
広瀬　浩介　社団法人日本図書館協会企画調査部長

（五十音順、○は主査）

大学図書館における電子図書館的機能の充実・強化について（建議）

〔平成八年七月二九日　学術審議会〕

はじめに

　近年における情報通信技術の進歩や学術情報システムの進展及び世界的な情報ネットワークの出現・普及という状況を背景として、研究者等が必要とする学術情報を的確・迅速に提供し、また、研究の成果を国内外に広く発信するための体制を整備・充実することは、学術研究の基盤に係わる重要な課題として、強く認識されるに至っている。平成四年七月の本審議会答申「二一世紀を展望した学術研究の総合的推進方策について」においても、学術研究基盤整備の重要項目の一つとして、学術研究情報流通体制の整備を取り上げ、学術研究情報ネットワークの高度化・国際化、大学図書館の機能強化、及びデータベースの充実等の必要性を指摘している。

　学術研究情報流通体制の整備に関して、大学図書館の機能強化の緊要性が特に強調されるのは、大学図書館が学術研究情報の主要な生産拠点である大学の活動を支える基盤的施設であり、学術情報の集積機能と発信機能双方において、それが果たすべき役割が極めて大きいからに他ならない。上記の答申が、「大学図書館は、一次情報の収集・提供等により情報サービスを行う機関として重要な役割を果たしているが、情報化等の新しいニーズの高まりに対応し、その広範な情報資源の有効利用を進めていくため、今後は、キャンパス情報ネットワーク（学内ＬＡＮ）における情報提供の中核としての図書館及び大学図書館間協力の一層の促進という考え方を基本に、その機能の強化に努める必要がある。」としている所以もここにある。

この答申はさらに、こうした大学図書館の機能強化方策の一つとして電子図書館について触れ、これに向けての試みを積極的に推進すべきであると提言しているが、その後今日までの四年間に、事態は一層の進展を見た。大学図書館は、学内・大学間の情報流通の中核的存在としての機能を越えて、国内・国外の知的生産活動全体にとって重要な役割を果たすべきであり、また果たしうるものへと変貌をとげつつある。すなわち、学術情報ネットワークの高度化及び学内ＬＡＮの整備等、情報通信基盤が急速に整備される中で、大学図書館は単に大学の学術研究や教育活動に対するサービス機関にとどまらず、広く人類全体の知的営為に貢献するものとしての機能を期待され、またそれにこたえる性格のものへと歩みはじめてきたのである。

このような現時点において緊要なことは、上述のように整備された学術情報ネットワークの結節点としての各大学図書館がもつ機能の飛躍的向上であることは言うまでもない。高度化されたネットワークを有効に活かし、またそのネットワークのさらなる高度化を促すものは、個々の大学図書館そのものの高度化に他ならないからである。その意味において、上記答申が試行の推進を提言した電子図書館化が、今や大学図書館全体にとっての現実の課題となっていると言わなければならない。また、G7共同プロジェクトの発足や欧米諸国における先導的プロジェクトの展開などを見れば、電子図書館化は国際的な観点からも緊要の課題となっていることは明らかである。

このような状況にかんがみ、本審議会は、大学図書館に電子図書館的機能を整備していくことが急務の課題と考え、その整備に当たっての基本的考え方及び必要な方策等について検討を重ね、ここに建議として取りまとめた。

一　大学図書館における電子図書館的機能の整備の必要性

ここに電子図書館とは、「電子的情報資料を収集・作成・整理・保存し、ネットワークを介して提供するとともに、外部の情報資源へのアクセスを可能とする機能をもつもの」を指すが、言うまでもなく、これにより、利用者は基本的に図書館に出向くことなく、的確・迅速かつ時間に制約されずにサービスを受けることができる。

大学図書館が、このような新たな機能を備えなければならないのは、以下のような理由による。

(1)　情報ニーズの増大と多様化

大学は、学術研究と教育という本来の機能の一層の充実強化が求められるとともに、生涯学習や地域に対する支援という新たな使命をも担うようになっており、これらのための情報ニーズに的確にこたえることが求められている。このため、学内にあって、これまで学術情報の集積機能と発信機能とを主に担ってきた大学図書館が中心となって、他の情報関連施設と連携協力しつつ、増大・多様化する情報ニーズに対応するべく、電子図書館的機能を果たしていく必要がある。

(2)　電子的情報資料の増大

現在、ＣＤ－ＲＯＭ等のパッケージ型の情報資料や、ネットワークを介して提供されるネットワーク型の情報資料など、数多くの電子的情報資料が出現してきており、これらは今後一層普及していくものと予想される。また、画像や音声等を含むマルチメディア情報が統合的に扱えるようになったこと等から、電子的情報資料の研究・教育上の価値も高まりつつある。大学図書館は、これら電子的情報資料への要求に適切にこたえて、それらを収集・作成・整理・保存し、また、ネットワークを介して提供するとともに、外部の情報資源へのアクセスを可能とするという、新たなサービスを展開しなければならない。

(3)　資料保存機能の向上

酸性紙等に起因する資料の劣化など、資料保存の問題は大学図書館においても大きな問題となっており、適切な対応が求められている。この点から資料の電子化は極めて有効な方策の一つと考えられる。大学図書館は、これまで収集してきた所蔵資料、とりわけ貴重資料や利用頻度の高い資料の保存機能を向上させるために、従来から試みられてきた脱酸処理や保存環境の整備等に加えて、資料の電子化を促進する必要がある。

(4)　資料の有効利用

大学図書館に蓄積・保存されてきた資料の有効利用を図ることは言うまでもなく重要であり、この点においても資料を電子化し、ネットワークを介して利用者に提供することが最も効果的かつ効率的と考えられる。貴重資料や特殊コレクション等をはじめ大学図書館が所蔵する資料の共同利用を促進する観点から、また、海外への情報発信という側面からも、大学図書館は所蔵資料を電子化し有効利用を図る必要がある。

(5)　情報検索機能の向上

現在、組織あるいは個人による、インターネットを利用した様々な情報発信が行われるようになっている。このようなネットワークに発信される情報量の急速な増加に伴って、研究者等の情報収集・検索機能の向上に対する要求も増大すると予想されるが、一方、これら大量のネットワーク上の情報の中から、必要なものを効率的に検索するための方策や手法等は、いまだ十分に整備されていないのが現状である。大学図書館はこうした要求に適切にこたえるべく、図書館職員による利用者への直接的支援を含めて、情報検索支援機能を強化する必要がある。ここには、情報資源に対する強力な検索システムや適切な情報源に利用者を導くためのナビゲーション・システム等の整備が含まれる。

(6)　情報発信活動の支援

学術研究情報の流通形態と流通経路の変化を受けて、今後、研究者が自らの研究成果等を電子媒体により公刊する機会は増えるものと予想される。電子化により、迅速な公開と国際的な発信・流通が容易になることが、この状況を牽引しつつある。また、大学での全般的な情報化が進行するにつれて、学内の諸組織において、教育研究情報等を経常的に電子化することが進むものと予想され、例えば、教育方法等の見直しの中で、教材その他の教育支援資料の多くも電子化されていくと見られる。これら多様な動きが存在する中で、大学における情報資料の電子化が円滑かつ整合的に進められるよう、大学図書館には、学内関連施設との協力の下に、電子化資料の作成・編集等を支援して、大学の情報発信活動全般を助長することが求められている。

二　電子図書館的機能の整備の基本的考え方

電子図書館的機能を整備することは、その具体的内容、程度に差こそあれ、すべての大学図書館において重要である。

その整備に当たっては、以下のような基本的考え方をとるべきであるが、その際、大学図書館において従来から収集・蓄積してきた図書や雑誌等の紙媒体資料の収集・保存及び提供は、大学図書館の基本的な機能として、今後とも継続・向上していくことが必要であり、この現有機能との調和を図りつつ大学図書館の総体的な機能強化を目指して推進されるべきものであることに留意しなければならない。

(1) 整備のためのビジョン策定

各大学の理念、目的、学部構成などを考慮しつつ、各大学の特色やニーズに応じて、適切なビジョンを策定することが重要である。また、各大学図書館の実情等に応じて、段階的・継続的に整備することが適当である。

(2) 学内関連組織との連携協力の推進

全学的な見地に立って、大学の情報集積・発信機能全体を充実・高度化させるよう、学内の情報処理関連施設、教育関連組織等との連携の上に、国際化への対応も意識して、大学図書館を中核とする柔軟な枠組みを形成することが重要である。

(3) 大学図書館間の連携・協力の強化及び相互運用性の確保

各大学図書館の保有する電子化された資料をネットワークを介して相互に検索し、個々の利用者に提供できるようにすることが重要である。また、所蔵資料の電子化に当たっては、電子化の方式、作業の分担等に関して、相互に調整することが不可欠である。このため、大学図書館間の連携・協力を強化し、各システム間のネットワーク化を推進することが、従来にも増して必要となる。その際、システムの相互運用性の確保について十分に留意しなければならない。

(4) 教育活動への配慮

カリキュラムや教育上のニーズを反映した情報資料の収集、電子化など、大学の教育活動に即した電子図書館的機能の整備が必要である。このためには、十分な利用者支援機能を備えたシステムを構築する必要があり、また、これは教材・シラバス・講義録等、学内の教育資源を管理するシステムと有機的な結合を図れるものであることが望ましい。

(5) 著作権の保護、セキュリティの確保及びプライバシーの保護

電子図書館的サービスにおいては、著作物の利用が前提となるので、当該著作物の利用に当たっては、適切な著作権処理を行うなど、著作権の保護について十分配慮する必要がある。また、電子図書館的サービスにおいては、ネットワークを介したアクセスが常態となるため、システムのセキュリティの確保及び利用者のプライバシーの保護に十分留意する必要がある。なお、資料の電子化に当たっては、学内のみならず、学外への提供も視野に入れる必要があり、このために資料に付随するプライバシーの保護にも十分留意しなければならない。

三 電子図書館的機能の整備の方策

(1) 資料の電子化の推進

① 目録情報の遡及入力の促進

現在、全国の大学図書館には約二億冊の図書が所蔵されているが、このうち目録所在情報が学術情報センターのデータベースに集積されているのは約一割程度である。目録所在情報は、所蔵資料の電子化のための基礎となるものであり、したがって、目録所在情報の遡及入力はさらに促進されるべきである。

② 資料電子化の段階的・継続的な取組

電子的情報資料の収集及び所蔵資料の電子化は、それぞれの大学の実情に応じて、段階的・継続的に進めることが適当である。特に資料の電子化については、利用頻度の高いもの、あるいは貴重資料や特殊なコレクション等から順次着手するなど、段階的かつ継続的な取組が求められる。

③ 資料電子化の効率的な実施

資料の電子化に当たっては、その対象資料や電子化の方式等について、大学図書館間で十分な連絡・調整を行い、電子化作業の重複を避けることが肝要である。そのためには、例えば資料を電子化したことがわかる総合目録データベースなどを構築することが重要である。

また、従来の外国雑誌センターの整備方式と同様に、各分野ごとに重点的に資料の電子化を行う大学図書館を指定し、そこで中心的に実施していく方式など、資料電子化の効率的な実施方式について、全国的な見地から検討を進める必要がある。

④　電子化資料作成の支援

学内研究者による研究成果等の電子出版化を支援・促進する機能も重要であり、そのためには、電子化が情報作成者のメリットともなるような仕組みを検討する必要がある。例えば、ＳＧＭＬ等の標準的データ記述方式を援用して、論文等の電子的執筆、公刊、データベース化などの過程を支援することにより、効率的な文書作成と良好なサーキュレーションが同時に確保されるような体制を整備することが考えられる。

(2)　施設・設備の整備

電子図書館的機能の充実には、高性能なコンピュータシステム等をはじめ、資料を電子化・入力するシステム、大容量の蓄積システム、高機能な検索システム等の設備の整備は不可欠である。また、多数の利用者による同時アクセスとマルチメディア情報など、大量データの良好な流通も可能とするために高速ネットワーク関連の設備の充実も不可欠である。さらに、今後、動画やマルチメディア関係の情報が増大するため、その関連機器の充実も重要である。

来館利用者向けの閲覧関連施設についても、学生等が電子的情報資料と印刷資料を同時に使いながら、レポートを電子的に作成するというような新たな利用形態にこたえるため、ネットワーク接続されたパソコン等の情報機器を閲覧室に相当台数配置するなど、施設・設備の充実が必要である。

(3)　研究開発の推進

資料の効率的な電子化や良好な利用者インタフェースなどを念頭に、将来的にも基本的な相互運用性が確保されるよう配慮しつつ、各大学において最適なシステムの構成を検討し、必要に応じて、このための研究開発を推進するべきである。

電子図書館システムについては、ネットワーク上に分散する各種情報資源を容易に検索できるシステムや、複数サーバが協調を図りつつ情報を提供するシステム、知的インタフェース等、多くの技術的課題があり、学術情報センターにおける電子図書館システムの研究開発を推進することにより、各大学の電子図書館システムとの連携や分散処理環境の整備を目指すほか、科学研究費補助金等による重点的な研究助成により、これら研究開発を促進することも有効であろう。

(4)　組織体制の整備

各大学において、電子図書館機能整備のビジョンを策定し、その実現を図るには、大学図書館と学内の情報関連施設等との間で、緊密かつ柔軟な関係を構築する必要がある。

大学図書館は、現行業務を可能な限り自動化するなど、業務の効率化を一層進めつつ、電子図書館的機能に適応する新たな組織の確立等、体制的な整備を進めていくことが必要である。また、電子図書館的機能の全国的な連携を技術面・システム面で支援するため、学術情報センターの体制の整備を図ることも重要である。

あわせて、各大学図書館に適した電子図書館システムの構築に向けて、研究者や図書館職員、情報処理関連施設の職員等による学内的研究開発体制を形成することも重要である。

(5) 図書館職員の研修の充実

図書館職員は、従来の図書館業務にとどまらず、新たな電子図書館的機能に即した業務にも対応することが求められる。すなわち、情報処理技術や新しいメディア及び著作権に関する知識を習得し、電子図書館的機能に係わる研究開発にも積極的に参画していかなければならない。このために、学術情報センター等で行っている図書館職員に対する各種研修事業は一層充実されるべきである。

(6) 情報リテラシー教育への支援

近年、各大学においてカリキュラムの見直しが進められ、それに併せて、授業方法の改善についても多様な試みがなされている。マルチメディアを含む電子化された教材の作成・利用等は、その有効な方策の一つとして、今後とも進展するものとみられる。また、電子的情報資料の有効利用を含めた、情報リテラシー(情報利活用能力)教育の重要性も認識されてきており、こうした情報リテラシーを前提とした、学生の自主的な学習活動も推奨されている。大学図書館は、これら電子的教材作成、情報リテラシー教育及び学生の自主学習等に対する支援において、その一翼を担うことが求められている。

特に、学生向けの利用者教育は、情報リテラシー教育の一環として、大学図書館の協力の下に、全学的に取り組むことができるよう、教育体制の整備が必要である。

(7) 著作権への対応

情報資料の電子化やネットワークを介した送信など電子図書館的機能の整備における著作物の利用については、使用条件、使用料、支払い方法などについて著作権者との間であらかじめ協議を進めることが必要である。

電子図書館的機能に係る著作権の処理については、学術情報センターや奈良先端科学技術大学院大学で進行中の電子図書館プロジェクトにおける対応事例を参考としつつ、各大学図書館が著作権者との間で個別に適切な処理を行っていくことが必要であるが、将来は著作権の集中的処理を行うことについて検討することが望ましいと考えられる。

四　電子図書館プロジェクトの推進等

現在、学術情報センターにおける電子図書館システムの研究開発と事業化計画や、奈良先端科学技術大学院大学でのモデル的電子図書館の構築が進められている。今後、文部省は、これらの取組を継続して推進するとともに、大学図書館における電子図書館的機能の整備・充実の参考となるような、各大学の特色を活かした先導的なプロジェクトを積極的に奨励・支援し、大学の図書館に電子図書館的機能の整備・充実を進めることが重要である。

国内では、大学図書館以外においても、国立国会図書館関西館(仮称)構想をはじめとする、さまざまな電子図書館への取組が進められており、また、国際的には、G7共同プロジェクトの一つとして、電子図書館の構築がとりあげられている。文部省は、これらと密接な連携を図りながら、大学図書館における電子図書館的機能の整備・充実に努めることが重要である。

参考資料〔略〕

科学技術創造立国を目指す我が国の学術研究の総合的推進について—「知的存在感のある国」を目指して—（答申）抄

〔平成一一年六月二九日
学術審議会〕

第二章　学術研究の振興に当たっての具体的施策

四　世界水準の研究基盤の整備

(4)　学術情報基盤・学術資料の整備

(ア)　図書館を含む学術情報基盤、学術資料は、それ自身研究開発的側面があるだけでなく、(a)研究者間における研究資源及び研究成果の共有、(b)研究成果の一般社会への発信、啓蒙及び次世代への継承、(c)研究活動の効率化・安全の確保等に資するため、これらを整備することは、学術研究全体の進展を支える上で極めて重要である。

(イ)　学術情報基盤、学術資料は、それがまさに学術研究のインフラ（基盤）であるがゆえに、整備の効果が見えにくく、効果を量的に評価することが困難であるため、ともすれば各種施策の中で優先順位が低くなる傾向にある。しかし、これらは競争原理や市場原理にゆだねることができない分野であり、学術研究全体の衰弱を招くことのないよう、一定規模の資本投下を継続して行っていく必要がある。

(ウ)　また、学術情報基盤の構築及び管理・運用を担当する研究者については、論文や特許と同様に、データベース、ソフトウェア、情報システム等も業績として積極的に評価する必要がある。

①　学術情報基盤の整備

(ア)　情報ネットワーク

(a)　学術情報センターを中心とした学術情報ネットワーク（ＳＩＮＥＴ）は、年々整備が進められ全国の国公私立大学七六四機関（平成一一年三月現在）がこれに接続するとともに、国際的な情報交流を促進するため海外（アメリカ、イギリス、タイ）とも接続し、高速化、高度化を図ってきている。

また、産学官の研究情報の流通を促進するため、省庁の枠を越えて試験研究機関等を結ぶ省際研究情報ネットワーク（IMnet）及び民間ネットワークとの相互接続を行っている。

(b)　学術情報の量は近年増大し、形態も多様化してきている。それらに対応したネットワーク、コンテンツ（文書、画像、データベース等のネットワークを流通する情報資源）、アプリケーション（個々の応用目的をもったコンピュータソフトウェア）等、学術情報の基盤整備は大学等における教育研究活動にとって必要不可欠なものとなっている。

(c)　情報ネットワークの整備については、情報通信技術が数年で急速に変化することを考慮しつつ、当面は学術情報ネットワーク（ＳＩＮＥＴ）を充実することが現実的である。

(d)　また、情報ネットワークの整備に当たり、学内ＬＡＮの高機能化にも計画的に取り組むとともに、地域的あるいはグローバルなインターネット利用等も考慮したシステム構築が必要である。

(イ) コンテンツ及びアプリケーション

(a) 今後の情報流通を考えた場合、あらゆる情報（コンテンツ）は、全体的に見れば紙媒体のものから電子媒体のものへ移行する方向にある。

(b) デジタルコンテンツ作成に当たっては、予算の制約から、保存の必要がある貴重図書や速報性が求められる情報等から順次行うことが現実的である。

(c) コンテンツやアプリケーションソフトの大学等間の効率的な相互利用を図るため、中核的な組織で各種データベースのナビゲーション機能の充実を図る必要がある。

(ウ) 大学図書館

(a) 図書館資料の収集に必要な予算は、対象となる文献等資料の価格の高騰や予算の実質的漸減傾向によってひっ迫している。資料購入予算の確保を図るとともに大学図書館間の分担収集、現物貸借や文献複写サービス等の機動的な相互利用を更に促進する必要がある。

(b) 相互利用の前提として図書の目録情報、所在情報のデータベースが必要であり、目録所在情報の遡及《そきゅう》入力は緊急に対応すべき課題である。

(c) 大学図書館における電子図書館的機能の整備・充実を推進するとともに、図書や雑誌等の紙媒体資料に加え、画像資料や音声資料等の収集・充実を図る必要がある。

(d) 図書館資料の保存スペースの不足が深刻であり、迅速なドキュメントデリバリー機能を備えた保存図書館（集中文献管理センター）を設置し、利用頻度が極端に少なくなった重複図書の廃棄について具体的な検討を行う必要がある。

(エ) 情報関連組織

図書館、大型計算機センター、総合情報処理センター等は、それぞれの目的に応じて設置されたものであるが、学内において教育研究を支援するための情報関連組織という共通の側面もある。各大学や組織の状況に応じて学内における人材や機器等の有効な活用の観点から、有機的な連携を強化することや、組織を再編成して一体化することなどの工夫を進める必要がある。

著作物再販制度の取扱いについて

〔平成一三年三月二三日 公正取引委員会〕

公正取引委員会は、著作物の再販適用除外制度（以下「著作物再販制度」という。）について、規制緩和の推進に関する累次の閣議決定に基づき、独占禁止法適用除外制度の見直しの一環として検討を行ってきた。その中で、平成一〇年三月に、競争政策の観点からは廃止の方向で検討されるべきものであるが、本来的な対応とはいえないものの文化の振興・普及と関係する面もあるとの指摘があることから、著作物再販制度を廃止した場合の影響も含め引き続き検討し、一定期間経過後に制度自体の存廃について結論を得る旨の見解を公表した。

これに基づき、著作物再販制度を廃止した場合の影響等について関係業界と対話を行うとともに、国民各層から意見を求めるなどして検討を進めてきたところ、このたび、次のとおり結論を得るに至った。

一　著作物再販制度は、独占禁止法上原則禁止されている再販売価格維持行為に対する適用除外制度であり、独占禁止法の運用を含む競争政策を所管する公正取引委員会としては、規制改革を推進し、公正かつ自由な競争を促進することが求められている今日、競争政策の観点からは同制度を廃止し、著作物の流通において競争が促進されるべきであると考える。

しかしながら、国民各層から寄せられた意見をみると、著作物再販制度を廃止すべきとする意見がある反面、同制度が廃止されると、書籍・雑誌及び音楽用ＣＤ等の発行企画の多様性が失われ、また、新聞の戸別配達制度が衰退し、国民の知る権利を阻害する可能性があるなど、文化・公共面での影響が生じるおそれがあるとし、同制度の廃止に反対する意見も多く、なお同制度の廃止について国民的合意が形成されるに至っていない状況にある。

したがって、現段階において独占禁止法の改正に向けた措置を講じて著作物再販制度を廃止することは行わず、当面同制度を存置することが相当であると考える。

二　著作物再販制度の下においても、消費者利益の向上につながるような運用も可能であり、関係業界においてこれに向けての取組もみられるが、前記の意見の中には、著作物再販制度が硬直的に運用されているという指摘もある。

このため、公正取引委員会は、現行制度の下で可能な限り運用の弾力化等の取組が進められることによって、消費者利益の向上が図られるよう、関係業界に対し、非再販商品の発行・流通の拡大、各種割引制度の導入等による価格設定の多様化等の方策を一層推進することを提案し、その実施を要請する。また、これらの方策が実効を挙げているか否かを検証し、より効果的な方途を検討するなど、著作物の流通についての意見交換をする場として、公正取引委員会、関係事業者、消費者、学識経験者等を構成員とする協議会を設けることとする。

公正取引委員会としては、今後とも著作物再販制度の廃止について国民的合意が得られるよう努力を傾注するとともに、当面存置される同制度が硬直的に運用されて消費者利益が害されることがないよう著作物の取引実態の調査・検証に努めることとする。

三　また、著作物再販制度の対象となる著作物の範囲については、従来から公正取引委員会が解釈・運用してきた六品目（書籍・雑誌、新聞及びレコード盤・音楽用テープ・音楽用ＣＤ）に限ることとする。

法規基準名索引（五十音順）

あ

い

え

お

か

き

く

け

こ

法規基準名索引（五十音順）

あ

い

え

お

か

き

く

け

こ

す

せ

て

と

な

に

わ

■編集責任者略歴■

武田　英治（TAKEDA, Eiji）

1924年1月，山形県生まれ。東京大学法学部卒業。神奈川県教育長，同図書館長などを歴任。主な図書館関係論文は，「図書館法の諸問題（『図書館法研究』日本図書館協会編，1980所収），「図書館未設置解消を考える一行財政の視点から」（『図書館雑誌』1982年10月号）など多数。

山本　順一（YAMAMOTO, Jun'ichi）

1949年10月，兵庫県生まれ。早稲田大学大学院政治学研究科博士課程（行政法専修）単位取得退学，図書館情報大学大学院修士課程修了。図書館情報大学教授，放送大学客員教授。図書館関係の著作は『図書館情報学入門』（共著，有斐閣，1997），『図書館法と現代の図書館』（共著，日本図書館協会，2001）など多数。

図書館法規基準総覧　第二版

定価：本体18000円（税別）

1992年11月14日　初版発行
1995年3月10日　増補追録篇発行
2002年4月30日　第2版第1刷発行©

編　集　社団法人 日本図書館協会
編　集
責任者　武田英治，山本順一
発　行　社団法人 日本図書館協会
〒104-0033 東京都中央区新川1-11-14 ☎03-3523-0811
印　刷　船舶印刷㈱
装　訂　渡辺美知子

JLA200202　*Printed in Japan*

本文の用紙は中性紙を使用しています。

ISBN4-8204-0200-5

目　次

図書館法規基準総覧　第二版　追録

最近の社会は、以前に比べて、きわめて多くの不安定要因を抱える。国と地方の関係の抜本的改革や中央省庁の機構改革も法制度のあり方に大きな影響を与えている。現在は法令濫造の時代である。本体の『総覧　第二版』は採録基準日を2001（平成13）年11月30日としながらも、その後の編集作業の途上で多くの法令の制定改廃に接した。そのなかでも、重要と考えた関係する新規立法の制定、現行法令の改廃があれば、極力これを組み入れるよう努めた。

しかし、いざ出版との秒読み体勢に入った2002（平成14）年３月31日、国立国会図書館法の一部改正が公布された。版組みがすべて終わっており、どうしようもなかった。しかし、図書館に関する専門六法である本書は、それを放置するわけにはいかない。やむなく、急遽、別刷の小冊子を追録としてまとめ、これを本体と併せて発行することにした。

以上のような事情で『総覧　第二版』本体に付されたこの追録には、目次にあげた通り、国立国会図書館法の一部を改正する法律と、同時に公布された関係規程、規則等を収録した。

（編集責任者：山本順一）

日本図書館協会

2002.4

◎国立国会図書館法の一部を改正する法律

〔平成一四年三月三一日　法律第六号〕

国立国会図書館法（昭和二十三年法律第五号）の一部を次のように改正する。

第六章の次に次の一章を加える。

第六章の二　中央の図書館に、関西館

第十六条の二　中央の図書館に、関西館を置く。

② 関西館の位置及び所掌事務は、館長が定める。

③ 関西館に関西館長一人を置き、国立国会図書館の職員のうちから、館長がこれを任命する。

④ 関西館長は、館長の命を受けて、関西館の事務を掌理する。

「第八章　その他の図書館及び一般公衆に対する奉仕」を「第八章　一般公衆及び公立その他の図書館に対する奉仕」に改める。

第二十一条中「奉仕及び収集資料」を「図書館奉仕」に、「日本国民に」を「日本国民が」に、「利用させる」を「享受することができるようにしなければならない」に改め、同条第一号中「館長の定める諸規程に従い、図書館の収集資料を国立国会図書館」を「館長の定めるところにより、国立国会図書館の収集資料及びインターネットその他の高度情報通信ネットワークを通じて閲覧の提供を受けた図書館資料と同等の内容を有する情報を、国立国会図書館の」に、「陳列」を「展示」に改め、同条に次の四項を加える。

② 館長は、前項第一号に規定する複写を行った場合には、実費を勘案して定める額の複写料金を徴収することができる。

③ 館長は、その定めるところにより、第一項第一号に規定する複写に関する事務の一部（以下「複写事務」という。）を、営利を目的としない法人に委託することができる。

④ 前項の規定により複写事務の委託を受けた法人から複写物の引渡しを受ける者は、当該法人に対し、第二項に規定する複写料金を支払わなければならない。

⑤ 第三項の規定により複写事務の委託を受けた法人は、前項の規定により収受した複写料金を自己の収入とし、委託に係る複写事務に要する費用を負担しなければならない。

「第九章　蒐集資料」を「第九章　収集資料」に改める。

第二十三条中「蒐集資料として」を「収集資料として、」に、「購入、納本、寄贈、遺贈若しくは交換」を「、次章及び第十一章の規定による納入によるほか、購入、寄贈、交換、遺贈その他の方法」に、「受入する」を「収集する」に、「交換用に利用し」を「交換の用に供し」に改める。

附　則

1 この法律は、平成十四年四月一日から施行する。ただし、第二十一条に四項を加える改正規定中同条第三項から第五項までに係る部分は、同年十月一日から施行する。

2 国会職員法（昭和二十二年法律第八十五号）の一部を次のように改正する。

第三十六条中「局長、部長及び国際子ども図書館長」を「館長が指名する部局の長、関西館長及び国際子ども図書館長」に改める。

○国立国会図書館複写規程

〔平成一四年三月二一日　国立国会図書館規程第一号〕

（複写料金）

第一条　国立国会図書館の館長は、国立国会図書館法（昭和二十三年法律第五号。以下「法」という。）第二十一条第二項に規定する複写料金の額を定めたときは、官報により公示するものとする。

（委託する事務の範囲）

第二条　法第二十一条第三項の規定により委託することができる複写事務は、同条第一項第一号に規定する複写に関する事務から著作権法（昭和四十五年法律第四十八号）第三十一条に規定する要件に関する審査に係る事務を除いた事務とする。

（複写事務の委託方法）

第三条　法第二十一条第三項の規定による複写事務の委託は、次の各号に掲げる事項についての条項を含む委託契約書を作成することにより行うものとする。

一　委託契約の期間及び委託契約の解除に関する事項

二　委託に係る複写事務（以下この条において「受託事務」という。）の実施方法に関する事項

三　受託事務の実施に必要な国立国会図書館の設備及び物品の使用並びに光熱水料の負担に関する事項

四　受託事務に係る収入及び支出の経理に関する事項

五　館長に対する受託事務の実施状況（前号に規定する経理を含む。）の報告に関する事項

六　受託事務の実施に際して知り得た個人を識別することができる情報の取扱いに関する事項

七　前各号に掲げるもののほか、受託事務の実施のために館長が必要と認める事項

（委任）

第四条　この規程に定めるもののほか、法第二十一条第一項第一号に規定する複写に関し必要な事項は、館長が定める。

附　則

1　この規程は、国立国会図書館法の一部を改正する法律（平成十四年法律第六号）の施行の日から施行する。ただし、第二条及び第三条の規定は、同法附則第一項ただし書に規定する日から施行する。

2　国立国会図書館図書複写規程（昭和二十八年国立国会図書館規程第三号）は、廃止する。

○国立国会図書館組織規程

〔平成一四年三月二一日　国立国会図書館規程第二号〕

目次

第一章　中央の図書館

第一節　部局等

（部局等）

第一条　中央の図書館に、総務部、調査及び立法考査局、収集部、書誌部、資料提供部及び主題情報部並びに国会分館を置く。

（総務部の事務）

第二条　総務部は、次に掲げる事務をつかさどる。

一　国立国会図書館（以下「館」という。）の所掌事務の総合調整に関すること。

二　機密に関すること。

三　国立国会図書館法（昭和二十三年法律第五号。以下「法」という。）第六条の規定による報告に関すること。

四　両議院の議院運営委員会等における館に関する審査等に係る報告又は資料の提出に関すること。

五　館長及び副館長並びに館の公印の保管並びに公文書類の接受、発送、編集及び保存に関すること。

六　館に関する法規に関すること。

七　広報に関すること。

八　館の所掌事務の実施に係る評価の総括に関すること。

九　職員の職階、任免、分限、懲戒、服務その他の人事、教養及び訓練並びに福利厚生に関すること。

十　経費及び収入の予算、決算及び会計並びに会計の監査に関すること。

十一　国有財産、債権及び物品の管理に関すること。

十二　庁舎の新営その他の営繕に関すること。

十三　庁内の管理に関すること。

十四　図書館資料に関する事務の統合的な処理のための情報システムの整備及び管理並びに情報システムに係る事務の調整に関すること。

十五　行政及び司法の各部門に対する図書館奉仕の連係に関すること。

十六　支部図書館との連絡調整に関すること。

十七　インターネットその他の高度情報通信ネットワークを通じて館が発信する情報を用いて行う図書館奉仕の企画及び実施の調整に関すること。

十八　法第二十一条第一項第二号に規定する地方議会及び図書館人等への援助並びに図書館及び図書館関係団体等との連絡及び協力に関すること（他の部局等の所掌に属するものを除く。）。

十九　法第二十一条第二項に規定する複写料金に関すること。

二十　法第二十一条第三項の規定による複写に関する事務の委託に関すること。

二十一　法第二十五条の二の規定による過料処分に関すること。

二十二　国立国会図書館連絡調整委員会、国立国会図書館建築委員会及び国立国会図書館建築協議会の庶務に関すること。

二十三　前各号に掲げるもののほか、館の所掌事務で他の所掌に属しないものに関すること。

（調査及び立法考査局の事務）

第三章　調査及び立法考査局（以下「局」という。）は、次に掲げる事務をつかさどる。

一　法第十五条各号に掲げる事務に関すること。

二　国会議員に対する図書館奉仕の提供に係る調整に関すること。

三　法第八条に規定する法律の索引の作成及び出版その他の提供に関すること。

四　法令資料、議会資料、官庁資料、政府間国際機関資料並びに

法律及び政治を主題とする図書館資料の選書に関すること。
五　館長が定める収集した官庁資料及び政府間国際機関資料の整理に関すること。
六　収集した法令資料及び議会資料並びに前号の資料に係る保管、保存及び図書館奉仕（前条第十七号に規定するものを除く。第十条第二項第五号から第七号までを除き、以下同じ。）（複写を除く。）の提供に関すること。
七　法令資料、議会資料、官庁資料、政府間国際機関資料並びに法律及び政治を主題とする図書館資料及び電子情報（インターネットその他の高度情報通信ネットワークを通じて閲覧の提供を受けた図書館資料と同等の内容を有する情報をいう。以下同じ。）に係るレファレンス並びに書誌又は目録の作成及び提供に関すること。

（収集部の事務）
第四条　収集部は、次に掲げる事務をつかさどる。
一　館の蔵書の構築及び電子情報の選定に係る方針に関すること。
二　図書館資料の選書の総括に関すること。
三　図書館資料の収集に関すること。
四　条約に基づく出版物の交換その他の図書館資料の交換に関すること。
五　収集した図書館資料（以下「収集資料」という。）の管理に関すること。
六　電子情報（部局に所属する収集資料と同等の内容を有するものに限る。）の閲覧の提供を受けるための契約の締結その他の措置に関すること。
七　収集資料の保存に関する計画の策定及び実施の調整に関すること。
八　図書館資料資源の保存に関する図書館及び図書館関係団体等との連絡及び協力並びに研修に関すること。
九　製本に関すること。
十　納本制度審議会の庶務に関すること。

（書誌部の事務）
第五条　書誌部は、次に掲げる事務をつかさどる。
一　収集資料の整理に関すること。
二　書誌データの作成及び提供の総括に関すること。
三　書誌データの作成の標準化に関すること。
四　法第七条に規定する国内の出版物の目録又は索引の作成及び出版その他の提供に関すること。
五　収集資料及び収集した電子情報の閲覧目録の作成、維持及び管理に関すること。
六　蔵書目録の作成及び提供に関すること。
七　国内の逐次刊行物の記事、論文等の索引の作成及び提供に関すること。
八　国内における国際標準逐次刊行物番号の管理に関すること。

（資料提供部の事務）
第六条　資料提供部は、次に掲げる事務をつかさどる。
一　図書館奉仕（レファレンスを除く。以下この号において同じ。）の企画及び図書館奉仕に関する事務の調整に関すること。
二　部局に所属する収集資料に係る図書館奉仕の提供に関する事務の総括に関すること。
三　収集資料（他の部局等、関西館及び国際子ども図書館に所属するものを除く。）に係る保管、保存及び図書館奉仕の提供に関すること。

四　収集資料（国際子ども図書館に所属するものを除く。）の複写に関すること。
五　電子情報その他の図書館資料と同等の内容を有する情報に係る図書館奉仕の提供に関すること。

（主題情報部の事務）

第七条　主題情報部は、次に掲げる事務をつかさどる。
一　図書館資料及び電子情報に係るレファレンスに関すること。
二　図書館資料及び電子情報に係るレファレンスに係る事務の調整に関すること。
三　図書館資料の選書に関すること。
四　特定の主題に係る図書館資料及び電子情報又は特定の図書館資料の書誌又は目録の作成及び提供に関すること。
五　地図、憲政資料、古典籍資料その他館長が定める収集資料の整理に関すること。
六　前号の資料その他の主題情報部所属の収集資料に係る保管、保存及び図書館奉仕（複写を除く。）の提供に関すること。

（国会分館）

第八条　国会分館は、議事堂内に置く。
2　国会分館は、次に掲げる事務をつかさどる。
一　国会議員及び国会職員その他の国会関係者に対する国会分館所属の収集資料に係る図書館奉仕の提供に関すること。
二　国会分館所属の収集資料の保管に関すること。

第二節　関西館

（関西館）

第九条　関西館は、京都府に置く。
2　関西館は、次に掲げる事務をつかさどる。
一　館長が定める洋雑誌、科学技術関係資料、アジア及び中東の諸言語の外国語資料その他の図書館資料に係る選書、収集、管理、整理、書誌又は目録の作成及び提供、保存並びに図書館奉仕の提供に関すること。
二　障害者に対する図書館奉仕に関する調査及び研究に関すること。
三　第二条第十七号に規定する図書館奉仕に関する調査及び研究並びにその実施に関すること。
四　総合目録の作成及び提供に関すること。
五　電子情報の閲覧の提供を受けるための契約の締結その他の措置に関すること。
六　収集した電子情報の整理及び保存に関すること。
七　電子情報その他の図書館資料と同等の内容を有する情報に係る図書館奉仕の提供に関すること。
八　館長が定める主題に係る電子情報の書誌の作成及び提供に関すること。
九　図書館及び図書館情報学に関する調査及び研究並びに研修その他図書館に対する協力に関すること。
3　関西館に、次の二部（以下「関西館の部」という。）を置く。
一　資料部
二　事業部
4　資料部は、第二項第一号、第五号（契約に係るものに限る。）、第七号及び第八号に掲げる事務をつかさどる。
5　事業部は、第二項第二号から第五号（契約に係るものを除く。）まで、第六号及び第九号に掲げる事務をつかさどる。

第二章　国際子ども図書館及び支部東洋文庫

（国際子ども図書館）

第十条　国際子ども図書館は、東京都台東区に置く。

2　国際子ども図書館は、次に掲げる事務をつかさどる。
一　国際子ども図書館の広報、庁内の管理及び情報システムに関すること。
二　児童書（法第二十二条第一項に規定する図書及びその他の図書館資料をいう。以下この項において同じ。）及びその関連資料の選書に関すること。
三　収集した児童書及びその関連資料のうちアジア及び中東の諸言語の外国語資料の整理に関すること。
四　児童書の書誌又は目録の作成及び提供に関すること。
五　収集した児童書及びその関連資料に係る保管、保存及び図書館奉仕の提供に関すること。
六　児童書に関する図書館奉仕に関する調査及び研究並びに研修に関すること。
七　児童書に関する図書館奉仕に係る図書館及び図書館関係団体等との連絡及び協力に関すること。

（支部東洋文庫）

第十一条　財団法人東洋文庫の委託に基づき、館に、支部図書館として、支部東洋文庫を置く。
2　支部東洋文庫は、東京都文京区に置く。
3　支部東洋文庫は、館長が定める図書館資料に係る整理、保管及び図書館奉仕の提供に関する事務をつかさどる。

第三章　職員等

（職員）

第十二条　館に、館長、副館長及び専門調査員のほか、次の職員を置く。
一　司書
二　調査員
三　参事
四　前三号に掲げる職員以外の職員

（専門調査員の職務）

第十三条　専門調査員は、命を受けて、及び局の局長の指示に従い、各専門分野に係る法第十五条第一号から第三号までに掲げる事務（以下「調査」という。）のうち重要なものをつかさどる。

（司書の職務）

第十四条　司書は、命を受けて、図書館資料に係る収集、整理、保管、保存、図書館奉仕の提供等に関する事務をつかさどる。

（調査員の職務）

第十五条　調査員は、命を受けて、局の所掌事務をつかさどる。

（参事の職務）

第十六条　参事は、命を受けて、総務部の所掌事務又は関西館の管理運営等に関する事務をつかさどる。

（第十二条第四号の職員の職務）

第十七条　第十二条第四号に掲げる職員は、命を受けて、事務に従事する。

（局長及び次長）

第十八条　局に、局長及び次長を置く。
2　局長は、命を受けて、局の所掌事務を掌理する。
3　次長は、局長を助けて、局の所掌事務を整理する。

（部長）

第十九条　部及び関西館の部に、部長を置く。
2　部長は、命を受けて、部又は関西館の部の所掌事務を掌理する。

（副部長）

第二十条　部に、副部長若干人を置くことができる。
2　副部長は、部長を助けて、部の所掌事務を整理する。

（司書監）

第二十一条　部に、司書監若干人を置くことができる。

2　司書監は、命を受けて、部の所掌事務に関する重要事項の企画及び調整に参画し、その一部を総括整理し、又は特に命じられた事務をつかさどる。

（主幹）

第二十二条　局に、主幹若干人を置く。

2　主幹は、命を受けて、局の所掌事務に関する重要事項の企画及び調整に参画し、その一部を総括整理し、又は特に命じられた事項の調査をつかさどる。

（分館長）

第二十三条　国会分館に、分館長を置く。

2　分館長は、命を受けて、国会分館の所掌事務を掌理する。

（関西館長）

第二十四条　法第十六条の二第三項の関西館長は、司書のうちから命ずる。

（国際子ども図書館長）

第二十五条　法第二十二条第二項の国際子ども図書館長は、司書のうちから命ずる。

（支部東洋文庫長）

第二十六条　支部東洋文庫に、支部東洋文庫長を置く。

2　支部東洋文庫長は、命を受けて、支部東洋文庫の所掌事務を掌理する。

（課及び課長）

第二十七条　局、部、国会分館、関西館、関西館の部及び国際子ども図書館に、課を置く。

2　課に、課長を置く。

3　課長は、命を受けて、課の所掌事務を掌理する。

（主任司書）

第二十八条　部、国会分館、関西館又は国際子ども図書館に、主任司書若干人を置くことができる。

2　主任司書は、命を受けて、部、国会分館、関西館若しくは国際子ども図書館の所掌事務に関する特定事項の企画及び調整に参画し、又は特に命じられた事務をつかさどる。

（主任調査員）

第二十九条　局に、主任調査員若干人を置く。

2　主任調査員は、命を受けて、局の所掌事務に関する特定事項の企画及び調整に参画し、又は特に命じられた事項の調査をつかさどる。

（主任参事）

第三十条　総務部に、主任参事若干人を置く。

2　主任参事は、命を受けて、総務部の所掌事務に関する特定事項の企画及び調整に参画し、又は特に命じられた事務をつかさどる。

第四章　雑則

（行政及び司法の各部門の支部図書館）

第三十一条　行政及び司法の各部門の支部図書館の運営の方法及び制度については、別に定めるところによる。

（組織の細目）

第三十二条　法及びこの規程に定めるもののほか、組織の細目は、館長が定める。

附　則

1　この規程は、国立国会図書館法の一部を改正する法律（平成十四年法律第六号）の施行の日から施行する。ただし、第二条第二

十号の規定は、同法附則第一項ただし書に規定する日から施行する。

2　国立国会図書館組織規程（昭和六十一年国立国会図書館規程第一号）は、廃止する。

○国立国会図書館組織規則

〔平成一四年三月二一日　国立国会図書館規則第一号〕

目次

第一章　中央の図書館

第一節　部局等

第一款　総務部

（総務部の分課）

第一条　総務部に、次の七課を置く。

一　総務課

二　企画・協力課

三　人事課

四　会計課

五　管理課

六　情報システム課

七　支部図書館課

（総務課）

第二条　総務課は、次に掲げる事務をつかさどる。

一　国立国会図書館（以下「館」という。）の所掌事務の総合調整に関すること。

二　機密に関すること。

三　国立国会図書館法（昭和二十三年法律第五号。以下「法」という。）第六条の規定による報告に関すること。

四　両議院の議院運営委員会等における館に関する審査等に係る報告又は資料の提出に関すること。

五　館長及び副館長並びに館の公印の保管に関すること。

六　公文書類の接受、発送、編集及び保存に関すること（関西館の所掌に属するものを除く。）。

七　館の所掌事務に関する官報掲載に関すること。

八　館に関する法規に関すること。

九　館が保有する著作権の保護及び館が著作権を保有する著作物の利用の許諾の調整に関すること。

十　広報に関すること（関西館及び国際子ども図書館の所掌に属するものを除く。）。
十一　館の所掌事務に係る統計に関すること。
十二　支部図書館（行政及び司法の各部門に置かれる支部図書館（第八条において「行政司法各部門の支部図書館」という。）を除く。）との連絡調整に関すること。
十三　法第二十一条第二項に規定する複写料金に関すること（会計課の所掌に属するものを除く。）。
十四　図書館資料の利用に係る著作権の処理の調整に関すること。
十五　法第二十五条の二の規定による過料処分に関すること。
十六　国立国会図書館連絡調整委員会の庶務に関すること。
十七　前各号に掲げるもののほか、館の所掌事務で他の所掌に属しないものに関すること。

（企画・協力課）

第三条　企画・協力課は、次に掲げる事務をつかさどる。
一　館の将来計画の策定に関すること。
二　館の所掌事務の実施に係る評価の総括に関すること。
三　インターネットその他の高度情報通信ネットワーク（以下「インターネット等」という。）を通じて館が発信する情報を用いて行う図書館奉仕（以下「電子図書館による奉仕」という。）の企画（技術的研究を除く。）に関すること（国際子ども図書館の所掌に属するものを除く。）。
四　電子図書館による奉仕の実施の調整に関すること。
五　インターネット等に接続した館の情報システムに備えた公衆の閲覧に供するためのファイル（以下「ホームページ」という。）に関する事務の調整に関すること。
六　ホームページの編集、維持及び管理に関すること（国際子ども図書館の所掌に属するものを除く。）。
七　法第二十一条第一項第二号に規定する地方議会及び図書館人等への援助に関すること。
八　図書館奉仕に関する図書館、図書館関係団体及び国際機関との連絡及び協力に関すること（他の部局等、関西館及び国際子ども図書館の所掌に属するものを除く。）。
九　外国との通信文書その他の公文書の翻訳に関すること。
2　企画・協力課に、電子情報企画室を置く。
3　電子情報企画室は、第一項第三号から第六号までに掲げる事務をつかさどる。
4　電子情報企画室に、電子情報企画室長を置く。
5　電子情報企画室長は、命を受けて、電子情報企画室の事務を掌理する。

（人事課）

第四条　人事課は、次に掲げる事務をつかさどる。
一　職員の定員、職階、任免、給与、分限、懲戒、服務、旅行命令その他の人事に関すること（関西館の所掌に属するものを除く。）。
二　栄典及び表彰に関すること。
三　公務災害補償及び退職手当に関すること。
四　職員の研修に関すること（他の部局等、関西館、国際子ども図書館及び他課の所掌に属するものを除く。）。
五　職員の研修に関する事務の調整に関すること。
六　衆議院共済組合国立国会図書館支部に関すること（関西館の所掌に属するものを除く。）。
七　職員の健康管理その他の福利厚生に関すること（関西館の所

掌に属するものを除く。）。
八　国立国会図書館職員倫理審査会の庶務に関すること。
（会計課）
第五条　会計課は、次に掲げる事務をつかさどる。
一　経費及び収入の予算、決算及び会計に関すること（収集部及び関西館の所掌に属するものを除く。）。
二　債権（関西館の所掌事務の遂行により発生するものを除く。）及び物品（図書館資料及び関西館に所属するものを除く。）の管理に関すること。
三　会計の監査に関すること。
四　法第二十六条第一項に規定する金銭の受贈に関すること。
五　自動車の管理及び運用に関すること（関西館の所掌に属するものを除く。）。
（管理課）
第六条　管理課は、次に掲げる事務をつかさどる。
一　庁舎（国立国会図書館宿舎を含む。第三号において同じ。）及び設備の営繕に関する事務の総括に関すること。
二　庁内の管理に関すること（関西館及び国際子ども図書館の所掌に属するものを除く。）。
三　庁舎の新営の企画に関すること。
四　国有財産の管理に関すること。
五　本庁舎及び国際子ども図書館庁舎の施設設備の設計及び監理並びに運用及び保全に関すること。
六　国立国会図書館建築委員会及び国立国会図書館建築協議会の庶務に関すること。
（情報システム課）
第七条　情報システム課は、次に掲げる事務をつかさどる。
一　情報システムに係る事務の調整に関すること。
二　図書館資料に関する事務の統合的な処理のための情報システムの企画及び開発に関すること。
三　前号の情報システムの運用及び管理に関すること（他の部局等及び関西館の所掌に属するものを除く。）。
四　第二号の情報システムによる情報の処理に係るデータの管理に関すること。
五　構内情報通信網の設計、運用及び管理に関すること（関西館及び管理課の所掌に属するものを除く。）。
（支部図書館課）
第八条　支部図書館課は、次に掲げる事務をつかさどる。
一　行政司法各部門の支部図書館の設立に関すること。
二　行政司法各部門の支部図書館の運営の方法及び制度に関すること。
三　法第十七条第三号に規定する年報又は特別報告に関すること。
四　行政司法各部門の支部図書館の職員に対する研修に関すること。
五　行政司法各部門の支部図書館の連絡調整に関すること。
六　支部図書館制度審議会の庶務に関すること。

第二款　調査及び立法考査局

（調査室）
第九条　調査及び立法考査局（以下「局」という。）に、局が行う法第十五条第一号から第三号までに掲げる事務（以下「調査」という。）の水準を高め、かつ、その効率的遂行を図るため、特に次の十二の調査室（以下この款において「室」という。）を設ける。
一　総合調査室

二　議会官庁資料調査室
三　政治議会調査室
四　行政法務調査室
五　外交防衛調査室
六　財政金融調査室
七　経済産業調査室
八　農林環境調査室
九　国土交通調査室
十　文教科学技術調査室
十一　社会労働調査室
十二　海外立法情報調査室

（室の主任及び専門調査員）

第十条　室に、主任を置く。

2　主任は、専門調査員をもって充てる。

3　主任は、室の事務を掌理する。

4　室に、主任のほか、専門調査員を置くことができる。

（室に置かれる主幹及び主任調査員）

第十一条　室に、主任及び専門調査員のほか、主幹又は主任調査員を置くことができる。

2　主幹及び主任調査員は、主任の指示を受けて、室の事務をつかさどる。

3　主任は、必要に応じ、主任調査員に課の所掌する事項に係る調査（当該主任が指示を発することのできる課が行う調査に限る。）の一部を処理させることができる。

（総合調査室）

第十二条　総合調査室は、次に掲げる事務をつかさどる。

一　国政審議の対象となることが予測される特に重要な事項に係る長期的かつ総合的な調査のうち重要なものを行うこと。

二　調査に係る総合的な企画に関すること。

三　依頼に基づき室が行う調査及びレファレンス（依頼に基づき図書館資料その他の情報を用いて局が行う国会議員等に対する奉仕で、容易に行うことができるものをいう。第二十六条第七号及び第二十八条第六号を除き、以下この款において同じ。）の総括に関すること。

四　依頼に基づき室が行う調査の調整に関すること。

五　国政審議の参考に供するために局が作成する刊行物その他の情報（法第八条に規定する法律の索引を含む。以下この款において「局刊行物等」という。）の内容の審査に関すること。

2　総合調査室の主任は、調査企画課及び国会レファレンス課が行う調査につき、必要に応じ、調査企画課長及び国会レファレンス課長に対して、指示することができる。

（議会官庁資料調査室）

第十三条　議会官庁資料調査室は、法令資料、議会資料、館長が定める官庁資料及び政府間国際機関資料並びに内外の法令及び立法事情に関する調査のうち重要なものをつかさどる（海外立法情報調査室の所掌に属するものを除く。）。

2　議会官庁資料調査室の主任は、議会官庁資料課が行う調査につき、必要に応じ、議会官庁資料課長に対して、指示することができる。

（政治議会調査室）

第十四条　政治議会調査室は、次に掲げる事項に関する調査のうち重要なものをつかさどる。

一　憲法に関すること（他の室の所掌に属する事項に係るものを除く。）。

二　両議院の憲法調査会の所掌に属する事項に関すること。
三　議会（地方議会を除く。）に関すること。
四　内閣に関すること。
五　政党に関すること。
六　選挙に関すること。
七　政治資金に関すること。
八　前各号に掲げる事項のほか、政治制度、政治過程及び政治一般に関すること。
2　政治議会調査室の主任は、政治議会課が行う調査につき、必要に応じ、政治議会課長に対して、指示することができる。

（行政法務調査室）
第十五条　行政法務調査室は、次に掲げる事項に関する調査のうち重要なものをつかさどる。
一　行政組織、行政手続その他の行政制度一般に関すること。
二　行政の評価及び監視並びに政策評価一般に関すること。
三　公法人一般及び独立行政法人一般に関すること。
四　公務員制度に関すること。
五　栄典制度に関すること（他の室の所掌に属する事項に係るものを除く。）。
六　地方議会、地方行政一般その他の地方自治（地方財政を除く。）に関すること。
七　消防に関すること。
八　警察に関すること。
九　民事法制及び刑事法制に関すること。
十　前号に掲げる事項のほか、法務行政に関すること。
十一　人権に関すること（他の室の所掌に属する事項に係るものを除く。）。
十二　司法制度に関すること。
2　行政法務調査室の主任は、行政法務課が行う調査につき、必要に応じ、行政法務課長に対して、指示することができる。

（外交防衛調査室）
第十六条　外交防衛調査室は、次に掲げる事項に関する調査のうち重要なものをつかさどる。
一　外交及び国際政治に関すること。
二　国際法に関すること。
三　防衛その他の安全保障に関すること。
四　国際連合及び国際機関一般に関すること。
2　外交防衛調査室の主任は、外交防衛課が行う調査につき、必要に応じ、外交防衛課長に対して、指示することができる。

（財政金融調査室）
第十七条　財政金融調査室は、次に掲げる事項に関する調査のうち重要なものをつかさどる。
一　予算、決算その他の財政（地方財政を含む。）に関すること。
二　租税（関税を除き、地方税を含む。）に関すること。
三　通貨及び外国為替並びに国際金融に関すること。
四　銀行、保険及び証券並びに郵便貯金及び簡易生命保険に関すること。
五　前二号に掲げる事項のほか、金融に関すること。
六　景気その他の短期の経済動向及び短期の経済運営に関すること。
七　物価に関すること。
八　会計制度に関すること。
九　他の室の所掌に属しない経済一般の理論に関すること。
2　財政金融調査室の主任は、財政金融課が行う調査につき、必要

に応じ、財政金融課長に対して、指示することができる。

第十八条　経済産業調査室は、次に掲げる事項に関する調査のうち重要なものをつかさどる。

（経済産業調査室）

一　中長期の経済運営及び国民経済計算に関すること。
二　産業政策及び産業立地に関すること。
三　企業に関すること。
四　商鉱工業に関すること。
五　工業所有権及び工業標準に関すること。
六　第二号から前号までに掲げる事項のほか、他の室の所掌に属しない産業一般に関すること。
七　通商（関税を含む。）に関すること。
八　経済協力に関すること。
九　国際経済（国際金融を除く。）に関すること。
十　資源及びエネルギーに関すること。
十一　公正取引及び消費者保護に関すること。

2　経済産業調査室の主任は、経済産業課が行う調査につき、必要に応じ、経済産業課長に対して、指示することができる。

（農林環境調査室）

第十九条　農林環境調査室は、次に掲げる事項に関する調査のうち重要なものをつかさどる。

一　農業に関すること。
二　林業に関すること。
三　水産業に関すること。
四　農山漁村に関すること。
五　食料に関すること。
六　地球環境保全、公害及び自然環境の保護に関すること。
七　前号に掲げる事項のほか、環境に関すること。

2　農林環境調査室の主任は、農林環境課が行う調査につき、必要に応じ、農林環境課長に対して、指示することができる。

（国土交通調査室）

第二十条　国土交通調査室は、次に掲げる事項に関する調査のうち重要なものをつかさどる。

一　国土の利用、開発及び保全並びに社会資本の整備に関すること。
二　土地、水資源及び住宅に関すること。
三　自然災害に関すること。
四　前三号に掲げる事項のほか、国土及び建設に関すること。
五　交通体系、運輸その他の交通に関すること。
六　観光に関すること。
七　気象に関すること。
八　海上保安に関すること。
九　電気通信、放送その他の情報通信に関すること。
十　郵政（郵便貯金及び簡易生命保険を除く。）に関すること。

2　国土交通調査室の主任は、国土交通課が行う調査につき、必要に応じ、国土交通課長に対して、指示することができる。

（文教科学技術調査室）

第二十一条　文教科学技術調査室は、次に掲げる事項に関する調査のうち重要なものをつかさどる。

一　学校教育、社会教育、生涯学習その他の教育に関すること。
二　学術の振興、研究者の養成その他の学術に関すること。
三　科学技術政策、科学技術に関する研究開発その他の科学技術に関すること。
四　スポーツに関すること。

五　芸術、著作権、文化財その他の文化に関すること。
六　宗教に関すること。
2　文教科学技術調査室の主任は、文教科学技術課が行う調査につき、必要に応じ、文教科学技術課長に対して、指示することができる。

（社会労働調査室）

第二十二条　社会労働調査室は、次に掲げる事項に関する調査のうち重要なものをつかさどる。
一　社会保障に関すること。
二　社会福祉に関すること。
三　保健、医療、薬事その他公衆衛生に関すること。
四　前三号に掲げる事項のほか、厚生に関すること。
五　雇用及び労働市場に関すること。
六　労働条件及び労働災害に関すること。
七　労使関係及び労働組合に関すること。
八　前三号に掲げるもののほか、労働に関すること。
九　人口問題に関すること。
十　援護に関すること。
2　社会労働調査室の主任は、社会労働課が行う調査につき、必要に応じ、社会労働課長に対して、指示することができる。

（海外立法情報調査室）

第二十三条　海外立法情報調査室は、最新の海外の立法動向その他の立法事情及び政策動向に関する調査のうち重要なものをつかさどる。
2　海外立法情報調査室の主任は、海外立法情報課が行う調査につき、必要に応じ、海外立法情報課長に対して、指示することができる。

（調査及び立法考査局の分課）

第二十四条　局に、次の十四課を置く。
一　調査企画課
二　国会レファレンス課
三　電子情報サービス課
四　議会官庁資料課
五　政治議会課
六　行政法務課
七　外交防衛課
八　財政金融課
九　経済産業課
十　農林環境課
十一　国土交通課
十二　文教科学技術課
十三　社会労働課
十四　海外立法情報課

（調査企画課）

第二十五条　調査企画課は、次に掲げる事務をつかさどる。
一　局の所掌事務の総合調整に関すること。
二　局が行う奉仕の企画及び調整に関すること（総合調査室の所掌に属するものを除く。）。
三　局が行う調査員に対する研修に関すること（電子情報サービス課の所掌に属するものを除く。）。
四　第十二条第一号に規定する調査に関すること。
五　局刊行物等の提供に係る企画及び調整に関すること。
六　局刊行物等の編集及び出版に関すること（議会官庁資料課及び海外立法情報課の所掌に属するものを除く。）。

七　総合調査室の庶務に関すること。
八　前各号に掲げるもののほか、局の所掌事務で他の所掌に属しないものに関すること。

（国会レファレンス課）

第二十六条　国会レファレンス課は、次に掲げる事務をつかさどる。
一　調査又はレファレンスに係る依頼の接受及びその処理に係る調整に関すること。
二　国会議員に対する図書館奉仕の提供に係る調整に関すること。
三　レファレンスに関すること（議会官庁資料課の所掌に属するものを除く。）。
四　依頼に基づく調査で他課の所掌に属しない事項に関するものに関すること。
五　調査及びレファレンスに必要な書誌又は目録の作成に関すること。
六　調査及びレファレンスに必要な資料及び電気通信回線を通じて公表された情報の収集、管理及び利用に関すること。
七　議員閲覧室所属の図書館資料に係る選定、受理（逐次刊行物（同一の標題の下に継続的に刊行され、かつ、その完結が予測されない図書館資料をいう。以下同じ。）に係るものに限る。）、管理並びに国会議員に対する閲覧及びレファレンスに関すること。
八　議員閲覧室及び議員研究室の管理及び運営に関すること。

（電子情報サービス課）

第二十七条　電子情報サービス課は、次に掲げる事務をつかさどる。
一　局の所掌事務に係る情報システムの企画に関すること。
二　局の所掌事務に係る情報システムの運用及び管理に関すること。
三　国会会議録ファイル（両議院の本会議及び委員会の会議録を電子的方法又は磁気的方法その他の人の知覚によっては認識することができない方法（以下「電磁的方法」という。）により記録媒体に記録したものをいう。）に関すること。
四　局刊行物等その他の局が作成する情報並びに前条第六号に規定する資料及び情報の電磁的方法による複製及びその成果のインターネット等を通じた提供に関すること。
五　局の所掌事務に係る情報システムの利用に係る研修に関すること。

（議会官庁資料課）

第二十八条　議会官庁資料課は、次に掲げる事務をつかさどる。
一　法令資料、議会資料、館長が定める官庁資料及び政府間国際機関資料並びに内外の法令及び立法事情に関する調査及びレファレンスに関すること（海外立法情報課の所掌に属するものを除く。）。
二　法第八条に規定する法律の索引の作成及び出版その他の提供に関すること。
三　法令資料、議会資料、官庁資料、政府間国際機関資料並びに法律及び政治を主題とする図書館資料の選書並びに法律政治・官庁資料室所属の参考資料の選定に関すること。
四　館長が定める収集した官庁資料及び政府間国際機関資料の整理に関すること。
五　収集した法令資料及び議会資料並びに館長が定める官庁資料及び政府間国際機関資料その他の法令議会資料室及び法律政

治・官庁資料室所属の収集した図書館資料（以下「収集資料」という。）の保管、保存、閲覧、貸出し及び証明（収集資料の受入年月日、掲載記事等を証明することをいう。以下同じ。）に関すること。

六　法令資料、議会資料、官庁資料、政府間国際機関資料並びに法律及び政治を主題とする図書館資料及び電子情報（インターネット等を通じて発信された図書館資料と同等の内容を有する情報をいう。以下同じ。）に係るレファレンス並びに書誌又は目録の作成及び提供に関すること。

七　法令議会資料室及び法律政治・官庁資料室の管理及び運営に関すること。

八　議会官庁資料課所属の書庫の管理に関すること。

九　議会官庁資料調査室の庶務に関すること。

十　日本法令沿革索引審議会の庶務に関すること。

（政治議会課）

第二十九条　政治議会課は、次に掲げる事務をつかさどる。

一　第十四条第一項各号に掲げる事項に係る調査に関すること。この場合において、同項第一号中「他の室」とあるのは、「他課」とする。

二　政治議会調査室の庶務に関すること。

2　政治議会課に、憲法室を置く。

3　憲法室は、政治議会課の所掌事務のうち第十四条第一項第一号及び第二号に掲げる事項に係る調査に関する事務をつかさどる。

4　憲法室に、憲法室長を置く。

5　憲法室長は、命を受けて、憲法室の事務を掌理する。

（行政法務課）

第三十条　行政法務課は、次に掲げる事務をつかさどる。

一　第十五条第一項各号に掲げる事項に係る調査に関すること。この場合において、同項第五号及び第十一号中「他の室」とあるのは、「他課」とする。

二　行政法務調査室の庶務に関すること。

（外交防衛課）

第三十一条　外交防衛課は、次に掲げる事務をつかさどる。

一　第十六条第一項各号に掲げる事項に係る調査に関すること。

二　外交防衛調査室の庶務に関すること。

（財政金融課）

第三十二条　財政金融課は、次に掲げる事務をつかさどる。

一　第十七条第一項各号に掲げる事項に係る調査に関すること。この場合において、同項第九号中「他の室」とあるのは、「他課」とする。

二　財政金融調査室の庶務に関すること。

（経済産業課）

第三十三条　経済産業課は、次に掲げる事務をつかさどる。

一　第十八条第一項各号に掲げる事項に係る調査に関すること。この場合において、同項第六号中「他の室」とあるのは、「他課」とする。

二　経済産業調査室の庶務に関すること。

（農林環境課）

第三十四条　農林環境課は、次に掲げる事務をつかさどる。

一　第十九条第一項各号に掲げる事項に係る調査に関すること。

二　農林環境調査室の庶務に関すること。

（国土交通課）

第三十五条　国土交通課は、次に掲げる事務をつかさどる。

一　第二十条第一項各号に掲げる事項に係る調査に関すること。

二　国土交通調査室の庶務に関すること。

（文教科学技術課）

第三十六条　文教科学技術課は、次に掲げる事務をつかさどる。

一　第二十一条第一項各号に掲げる事項に係る調査に関すること。

二　文教科学技術調査室の庶務に関すること。

（社会労働課）

第三十七条　社会労働課は、次に掲げる事務をつかさどる。

一　第二十二条第一項各号に掲げる事項に係る調査に関すること。

二　社会労働調査室の庶務に関すること。

（海外立法情報課）

第三十八条　海外立法情報課は、次に掲げる事務をつかさどる。

一　最新の海外の立法動向その他の立法事情及び政策動向その他の一般事情の調査に関すること。

二　海外の立法事情及び政策動向に係る局刊行物等の編集に関すること。

三　前号の事務に必要な情報の収集及び翻訳に関すること。

四　室及び他課が行う調査に必要な最新の海外情報の提供に関すること。

五　海外立法情報調査室の庶務に関すること。

第三款　収集部

（収集部の分課）

第三十九条　収集部に、次の四課を置く。

一　収集企画課

二　国内資料課

三　海外資料課

四　資料保存課

（収集企画課）

第四十条　収集企画課は、次に掲げる事務をつかさどる。

一　収集部の所掌事務の総合調整に関すること。

二　館の蔵書の構築及び電子情報の選定に係る方針に関すること。

三　図書館資料の収集計画の策定（関西館の所掌に属するものを除く。）及びその実施の調整に関すること。

四　法第十章及び第十一章に規定する出版物の納入に関する制度の運用に関すること（総務部の所掌に属するものを除く。）。

五　法第二十五条第四項に規定する目録の送付に関すること。

六　図書館資料の寄託に関すること。

七　収集資料（関西館に所属するものを除く。次号から第十一号までにおいて同じ。）の取得に関する通知の受理に関すること。

八　収集資料（逐次刊行物を除く。）の分類等の標示に関すること。

九　収集資料の物品管理簿への記録に関すること。

十　図書館資料の管理換（関西館の所掌に属するものを除く。）及び収集資料の処分に関すること。

十一　第七号から前号までに掲げるもののほか、収集資料の管理に関すること（他の部局等及び国際子ども図書館の所掌に属するものを除く。）。

十二　収集資料の管理及び処理の調整に関すること。

十三　書庫計画の策定（関西館の所掌に属するものを除く。）及びその実施の調整に関すること。

十四　納本制度審議会の庶務に関すること。

十五　前各号に掲げるもののほか、収集部の所掌事務で他課の所掌に属しないものに関すること。

（国内資料課）
第四十一条　国内資料課は、次に掲げる事務をつかさどる。
一　国内の図書館資料の選書の総括に関すること。
二　他の所掌に属しない国内の図書館資料の選書に関すること。
三　国内の図書館資料の納入、購入、寄贈、遺贈、交換その他の方法による取得に関すること（関西館及び収集企画課の所掌に属するものを除く。）。
四　国内で発信された電子情報（部局に所属する収集資料と同等の内容を有するものに限る。次条第六号において同じ。）の閲覧の提供を受けるための契約の締結その他の措置に関すること。
五　国内の図書館資料の受理に関すること（局、国会分館、関西館及び国際子ども図書館の所掌に属するものを除く。）。
六　収集した国内の図書館資料の分類等の決定に関すること（関西館の所掌に属するものを除く。）。
七　収集した国内の逐次刊行物の分類等の標示及び請求記号の表示に関すること（関西館の所掌に属するものを除く。）。
（外国資料課）
第四十二条　外国資料課は、次に掲げる事務をつかさどる。
一　外国の図書館資料の選書の総括に関すること。
二　他の所掌に属しない外国の図書館資料の選書に関すること。
三　外国の図書館資料の購入、寄贈、遺贈、交換その他の方法による取得に関すること（関西館及び収集企画課の所掌に属するものを除く。）。
四　出版物の国際交換に関する条約に基づく出版物の交換並びにそのあっせん及び受託に関すること。
五　国家間における公の出版物及び政府の文書の交換に関する条約に基づく出版物の交換に関すること。
六　電子情報の閲覧の提供を受けるための契約の締結その他の措置に関すること（国内資料課の所掌に属するものを除く。）。
七　外国の図書館資料の受理に関すること（局、国会分館、関西館及び国際子ども図書館の所掌に属するものを除く。）。
八　収集した外国の図書館資料の分類等の決定に関すること（関西館の所掌に属するものを除く。）。
九　収集した外国の逐次刊行物の分類等の標示及び請求記号の表示に関すること（関西館の所掌に属するものを除く。）。
（資料保存課）
第四十三条　資料保存課は、次に掲げる事務をつかさどる。
一　収集資料の保存に関する計画の策定及び実施の調整に関すること。
二　図書館資料の保存に関する調査及び研究に関すること。
三　図書館資料資源の保存に関する図書館及び図書館関係団体等との連絡及び協力並びに研修に関すること。
四　国際図書館連盟コア・プログラムのアジア地域センターの運営に関すること。
五　収集資料その他の資料（関西館に所属するものを除く。）の製本に関すること。

第四款　書誌部

（書誌部の分課）
第四十四条　書誌部に、次の四課を置く。
一　書誌調整課
二　国内図書課
三　外国図書・特別資料課
四　逐次刊行物課
（書誌調整課）

第四十五条　書誌調整課は、次に掲げる事務をつかさどる。
一　書誌部の所掌事務の総合調整に関すること。
二　整理区分その他整理に係る準則の整備に関すること。
三　書誌データの作成及び提供の総括に関すること。
四　書誌データの作成の標準化に関すること。
五　入力済書誌データに関する事務の調整に関すること。
六　書誌データのそ及入力の企画及び調整に関すること。
七　入力済典拠データに関する事務の調整及び典拠ファイルに関すること。
八　法第七条に規定する国内の出版物の目録又は索引の作成及び出版その他の提供に関すること。
九　収集資料及び収集した電子情報の閲覧目録の作成、維持及び管理に関すること（局、主題情報部及び関西館の所掌に属するものを除く。）。
十　蔵書目録の作成及び提供に関すること（局、主題情報部及び国際子ども図書館の所掌に属するものを除く。）。
十一　前各号に掲げるもののほか、書誌部の所掌事務で他課の所掌に属しないものに関すること。

（国内図書課）

第四十六条　国内図書課は、次に掲げる事務をつかさどる。
一　収集した国内の図書の整理に関すること（主題情報部、関西館及び国際子ども図書館の所掌に属するものを除く。）。
二　前号の規定により整理した図書の標目に係る典拠データの作成に関すること。
三　前号の図書に係る入力済書誌データの内容の維持及び管理に関すること。

（外国図書・特別資料課）

第四十七条　外国図書・特別資料課は、次に掲げる事務をつかさどる。
一　収集した外国の図書の整理に関すること（局、主題情報部、関西館及び国際子ども図書館の所掌に属するものを除く。）。
二　収集した電磁的資料（法第二十四条第一項第九号に該当する資料をいう。以下同じ。）その他の非図書資料の整理に関すること（局、主題情報部、関西館、国際子ども図書館及び逐次刊行物課の所掌に属するものを除く。）。
三　前二号の規定により整理した収集資料の標目に係る典拠データの作成に関すること。
四　前号の収集資料に係る入力済書誌データの内容の維持及び管理に関すること。

（逐次刊行物課）

第四十八条　逐次刊行物課は、次に掲げる事務をつかさどる。
一　収集した逐次刊行物の整理に関すること（関西館及び国際子ども図書館の所掌に属するものを除く。）。
二　前号の規定により整理した逐次刊行物に係る入力済書誌データの内容の維持及び管理に関すること。
三　国内の逐次刊行物の記事、論文等の索引の作成及び提供に関すること（書誌調整課の所掌に属するものを除く。）。
四　前号の索引に係る入力済書誌データの内容の維持及び管理に関すること。
五　国内における国際標準逐次刊行物番号の管理に関すること。
六　国際標準逐次刊行物番号日本センターの運営に関すること。

第五款　資料提供部

（資料提供部の分課）

第四十九条　資料提供部に、次の五課を置く。

一　利用者サービス企画課
二　複写課
三　図書課
四　雑誌課
五　電子資料課

（利用者サービス企画課）

第五十条　利用者サービス企画課は、次に掲げる事務をつかさどる。

一　資料提供部の所掌事務の総合調整に関すること。
二　図書館奉仕（電子図書館による奉仕を除く。第七十三条を除き、以下同じ。）（レファレンスを除く。次号において同じ。）の企画に関すること（国会分館及び国際子ども図書館の所掌に属するものを除く。）。
三　図書館奉仕に関する事務の調整に関すること。
四　部局に所属する収集資料に係る図書館奉仕の提供に関する事務の総括に関すること。
五　利用者に関すること（関西館及び国際子ども図書館の所掌に属するものを除く。）。
六　収集した学術文献を録音した磁気テープ又は光ディスクの作成及び保管に関すること。
七　収集した視覚障害者用図書館資料（前号に規定するものを除く。）及び館長が定める非図書資料に係る保管、保存、閲覧、貸出し及びレファレンスに関すること。
八　入退館システムの管理に関すること。
九　第三閲覧室及び一般研究室の管理に関すること。
十　利用者サービス企画課所属の書庫の管理に関すること。
十一　前各号に掲げるもののほか、資料提供部の所掌事務で他課の所掌に属しないものに関すること。

（複写課）

第五十一条　複写課は、次に掲げる事務をつかさどる。

一　収集資料（国際子ども図書館に所属するものを除く。）の複写に関すること（国会分館の所掌に属するものを除く。）。
二　前号に規定する複写に係る複写物を用いた収集資料の復刻その他の利用（以下「復刻等」という。）に関すること。
三　電子情報その他の図書館資料と同等の内容を有する情報の複写に関すること。
四　図書館における図書館資料の複写と著作権に係る調査及び研究に関すること。

（図書課）

第五十二条　図書課は、次に掲げる事務をつかさどる。

一　収集した図書類（他の部局等、関西館及び国際子ども図書館に所属するものを除く。）及び館長が定める非図書資料に係る保管、保存、閲覧、貸出し、レファレンス及び証明に関すること。
二　本館の利用案内に関すること。
三　関西館に所属する収集資料の閲覧の申込みに関すること。
四　第一閲覧室の管理に関すること。
五　図書課所属の書庫の管理に関すること。

（雑誌課）

第五十三条　雑誌課は、次に掲げる事務をつかさどる。

一　収集した雑誌類（他の部局等、関西館及び国際子ども図書館に所属するものを除く。）に係る保管、保存、閲覧、貸出し、レファレンス及び証明に関すること。
二　新館の利用案内に関すること。

三　第二閲覧室の管理に関すること。
四　雑誌課所属の書庫の管理に関すること。
（電子資料課）
第五十四条　電子資料課は、次に掲げる事務をつかさどる。
一　収集した電磁的資料（他の部局等、関西館及び国際子ども図書館に所属するものを除く。）に係る保管、保存、閲覧、貸出し、レファレンス及び証明に関すること。
二　収集した音楽資料及び映像資料（前号に規定するものを除く。）（図書課に所属するものを除く。）に係る保管、保存、閲覧、貸出し、レファレンス及び証明に関すること。
三　電子情報その他の図書館資料と同等の内容を有する情報の閲覧に関すること。
四　音楽・映像資料室及び電子資料室の管理及び運営に関すること。
五　電子資料課所属の書庫の管理に関すること。

第六款　主題情報部

（主題情報部の分課）
第五十五条　主題情報部に、次の六課を置く。
一　参考企画課
二　科学技術・経済課
三　人文課
四　政治史料課
五　古典籍課
六　新聞課
（参考企画課）
第五十六条　参考企画課は、次に掲げる事務をつかさどる。
一　主題情報部の所掌事務の総合調整に関すること。
二　図書館資料及び電子資料に係るレファレンス（以下この条において単に「レファレンス」という。）に関する企画に関すること。
三　レファレンスに係る事務の調整に関すること。
四　簡易なレファレンスに関すること（他の所掌に属するものを除く。）。
五　特定の主題に関する情報の編集及び提供に関すること。
六　前各号に掲げるもののほか、主題情報部の所掌事務で他課の所掌に属しないものに関すること。
（科学技術・経済課）
第五十七条　科学技術・経済課は、次に掲げる事務をつかさどる。
一　科学技術、経済及び社会の分野に関する図書館資料及び電子情報に係るレファレンスに関すること（関西館の所掌に属するものを除く。）。
二　前号の分野に関する図書館資料の選書及び科学技術資料室所属の参考資料の選定に関すること。
三　第一号の分野に関する図書館資料及び電子情報に係る書誌又は目録の作成及び提供に関すること。
四　科学技術資料室所属の収集資料の保管、保存、閲覧、貸出し及び証明に関すること。
五　科学技術資料室の管理及び運営に関すること。
六　科学技術・経済課所属の書庫の管理に関すること。
七　科学技術資料整備審議会の庶務に関すること。
（人文課）
第五十八条　人文課は、次に掲げる事務をつかさどる。
一　人文科学及び図書館情報学の分野に関する図書館資料及び電子情報、地図及び地図に関する電子情報並びに館長が定める特

別のコレクションに係るレファレンス並びに書誌又は目録の作成及び提供に関すること。
二　前号の分野に関する図書館資料及び地図の選書並びに参考図書室及び地図室所属の参考資料の選定に関すること。
三　収集した地図（資料提供部、関西館、国際子ども図書館及び古典籍課に所属するものを除く。）及び館長が定める特別のコレクションの整理に関すること。
四　前号の収集資料その他の参考図書室及び地図室所属の収集資料の保管、保存、閲覧、貸出し、展示及び証明に関すること。
五　参考図書室及び地図室の管理及び運営に関すること。
六　人文課所属の書庫の管理に関すること。

（政治史料課）

第五十九条　政治史料課は、次に掲げる事務をつかさどる。
一　日本の近代及び現代の政治に関する史料並びに海外に移住した日本人及びその子孫に関する記録その他の資料（以下この条において「政治史料等」という。）の収集に係る調査並びに憲政資料室所属の参考資料の選定に関すること。
二　収集した政治史料等の整理並びに書誌又は目録の作成及び提供に関すること。
三　収集した政治史料等その他の憲政資料室所属の収集資料に係る保管、保存、閲覧、貸出し、レファレンス及び証明に関すること。
四　憲政資料室の管理及び運営に関すること。
五　政治史料課所属の書庫の管理に関すること。

（古典籍課）

第六十条　古典籍課は、次に掲げる事務をつかさどる。
一　貴重書、準貴重書、古典籍資料その他館長が定める図書館資料（以下この条において「古典籍資料等」という。）の選書及び古典籍資料室所属の参考資料の選定に関すること。
二　収集した古典籍資料等の整理並びに書誌又は目録の作成及び提供に関すること。
三　収集した古典籍資料等その他の古典籍資料室所属の収集資料に係る保管、保存、閲覧、貸出し、レファレンス及び証明に関すること。
四　収集した古典籍資料等の復刻及び翻刻に関すること。
五　古典籍資料室の管理及び運営に関すること。
六　古典籍課所属の書庫の管理に関すること。

（新聞課）

第六十一条　新聞課は、次に掲げる事務をつかさどる。
一　新聞類に係るレファレンス並びに書誌又は目録の作成及び提供に関すること。
二　新聞資料室所属の参考資料の選定に関すること。
三　収集した新聞類（他の部局等、関西館及び国際子ども図書館に所属するものを除く。）その他の新聞資料室所属の収集資料の保管、保存、閲覧、貸出し及び証明に関すること。
四　新聞資料室の管理及び運営に関すること。
五　新聞課所属の書庫の管理に関すること。

第七款　国会分館

（国会分館の課）

第六十二条　国会分館に、参考課を置く。

（参考課）

第六十三条　参考課は、次に掲げる事務をつかさどる。
一　国会分館所属の図書館資料の選定、受理（逐次刊行物に係るものに限る。）及び管理に関すること。

二　国会議員及び国会職員その他の国会関係者を対象とする国会分館所属の収集資料に係る閲覧、複写、貸出し及びレファレンスに関すること。
三　国会分館が作成する情報の電気通信回線を通じた国会議員及び国会職員その他の国会関係者に対する提供に関すること。
四　国会分館所属の閲覧室の管理及び運営に関すること。
五　国会分館所属の書庫の管理に関すること。

第二節　関西館

第一款　総務課

（総務課）
第六十四条　関西館に総務課を置く。
2　総務課は、次に掲げる事務をつかさどる。
一　関西館の所掌事務の総合調整に関すること。
二　関西館の公文書類（関西館の所掌事務のみに関するものに限る。）の接受、発送、編集及び保存に関すること。
三　関西館の広報に関すること。
四　関西館に所属する職員に係る人事及び健康管理その他の福利厚生に関すること（館長が定めるものに限る。）。
五　関西館に係る経費（人件費及び図書館資料等に係るものを除く。）及び収入の会計並びに関西館の所掌事務の遂行により発生した債権及び関西館に所属する物品（図書館資料を除く。）の管理に関すること。
六　関西館の庁舎（国立国会図書館京都宿舎を含む。）及び設備の営繕並びに庁内の管理に関すること。
七　関西館の情報システムの開発及び運用に関すること（資料部及び事業部の所掌に属するものを除く。）。
八　前各号に掲げるもののほか、関西館の所掌事務で資料部及び事業部の所掌に属しないものに関すること。

第二款　資料部

（資料部の分課）
第六十五条　資料部に、次の三課を置く。
一　文献提供課
二　アジア情報課
三　収集整理課

（文献提供課）
第六十六条　文献提供課は、次に掲げる事務をつかさどる。
一　資料部の所掌事務の調整に関すること。
二　館長が定める洋雑誌、科学技術関係資料その他の図書館資料の選書及び総合閲覧室所属の参考資料の選定に関すること。
三　収集した前号の図書館資料の保管、保存、閲覧、複写、複刻等、貸出し及び証明に関すること（アジア情報課の所掌に属するものを除く。）。
四　電子情報その他の図書館資料と同等の内容を有する情報の閲覧及び複写に関すること。
五　第二号の図書館資料に係るレファレンス並びに書誌又は目録の作成及び提供に関すること（事業部の所掌に属するものを除く。）。
六　関西館の利用者及び利用案内に関すること。
七　部局に所属する収集資料の閲覧の申込みに関すること。
八　利用者管理システムの運用に関すること。
九　総合閲覧室及び研究室の管理及び運営に関すること。
十　文献提供課所属の書庫の管理に関すること。
十一　前各号に掲げるもののほか、資料部の所掌事務でアジア情報課及び収集整理課の所掌に属しないものに関すること。

（アジア情報課）

第六十七条　アジア情報課は、次に掲げる事務をつかさどる。

一　館長が定める主題に関するアジア及び中東の諸言語による外国語資料並びにアジアに関する図書館資料及び電子情報に係るレファレンス並びに書誌又は目録の作成及び提供に関すること。

二　アジア及び中東の諸言語による外国語資料の選書（局、主題情報部及び国際子ども図書館の所掌に属するものを除く。）及びアジア情報室所属の参考資料の選定に関すること。

三　収集したアジア及び中東の諸言語による外国語資料の整理に関すること（主題情報部及び国際子ども図書館の所掌に属するものを除く。）。

四　前号の収集資料その他のアジア情報室所属の収集資料の保管、保存、閲覧、貸出し及び証明に関すること（文献提供課の所掌に属するものを除く。）。

五　アジア情報室の管理及び運営に関すること。

六　アジア情報課所属の書庫の管理に関すること。

（収集整理課）

第六十八条　収集整理課は、次に掲げる事務をつかさどる。

一　関西館において収集すべき図書館資料の収集計画の策定及び実施に関すること。

二　関西館において収集すべき図書館資料の選書の総括に関すること。

三　館長が定める洋雑誌、科学技術関係資料、アジア及び中東の諸言語による外国語資料その他の図書館資料の購入、寄贈その他の方法による取得に関すること。

四　電子情報の閲覧の提供を受けるための契約の締結その他の措置に関すること（事業部の所掌に属するものを除く。）。

五　第三号の図書館資料の受理に関すること。

六　関西館において収集した第三号の図書館資料（以下この条において「関西館の収集資料」という。）の物品管理簿への記録に関すること。

七　関西館の収集資料の分類等の決定及び標示に関すること。

八　関西館において収集した逐次刊行物の請求記号の表示に関すること。

九　図書館資料の管理換及び関西館の収集資料の処分に関すること（収集部の所掌に属するものを除く。）。

十　第五号から前号までに掲げるもののほか、関西館の収集資料の管理に関すること（文献提供課及びアジア情報課の所掌に属するものを除く。）。

十一　関西館の書庫計画の策定及び実施に関すること。

十二　関西館の収集資料の整理に関すること（アジア情報課の所掌に属するものを除く。）。

十三　関西館の収集資料に係る入力済書誌データの内容の維持及び管理に関すること。

十四　関西館の収集資料の閲覧用目録の作成、維持及び管理に関すること。

第三款　事業部

（事業部の分課）

第六十九条　事業部に、次の二課を置く。

一　図書館協力課

二　電子図書館課

（図書館協力課）

第七十条　図書館協力課は、次に掲げる事務をつかさどる。

一　事業部の所掌事務の調整に関すること。
二　図書館協力事業に関する国内の図書館に対する広報に関すること。
三　図書の総合目録の作成及び提供に関すること（国際子ども図書館の所掌に属するものを除く。）。
四　点字資料及び視覚障害者用の録音資料の総合目録の作成及び提供に関すること。
五　収集した学術文献を録音した磁気テープ又は光ディスクに係る作成、貸出し、レファレンス並びに書誌又は目録の作成及び提供に関すること（資料提供部及び資料部の所掌に属するものを除く。）。
六　収集した学術文献を録音した磁気テープを光ディスクに変換する計画の策定に関すること。
七　障害者に対する図書館奉仕に関する調査及び研究に関すること。
八　前号に掲げるもののほか、図書館及び図書館情報学に関する調査及び研究並びに研修その他図書館に対する協力に関すること（総務部、収集部、国際子ども図書館及び資料部アジア情報課の所掌に属するものを除く。）。
九　前各号に掲げるもののほか、事業部の所掌事務で電子図書館課の所掌に属しないものに関すること。

（電子図書館課）

第七十一条　電子図書館課は、次に掲げる事務をつかさどる。
一　電子図書館による奉仕の実施（技術的研究を含む。）に関すること。
二　収集資料その他の図書館資料の電磁的方法による複製に関すること。
三　前二号の事務に係る著作権の処理に関すること（契約の締結に係るものを除く。）（収集部の所掌に属するものを除く。）。
四　電子情報の収集に関すること（契約の締結に係るものを除く。）（収集部の所掌に属するものを除く。）。
五　収集した電子情報の整理、書誌又は目録の作成及び提供並びに保存に関すること（書誌部の所掌に属するものを除く。）。
六　ホームページのうち関西館に関するものの編集、維持及び管理に関すること。
七　電子図書館による奉仕に係る情報システムの開発及び運用に関すること（総務部及び関西館総務課の所掌に属するものを除く。）。

第二章　国際子ども図書館

（国際子ども図書館の分課）

第七十二条　国際子ども図書館に、次の三課を置く。
一　企画協力課
二　資料情報課
三　児童サービス課

（企画協力課）

第七十三条　企画協力課は、次に掲げる事務をつかさどる。
一　国際子ども図書館の所掌事務の総合調整に関すること。
二　国際子ども図書館の広報に関すること。
三　ホームページのうち、国際子ども図書館に関するものの編集、維持及び管理に関すること。
四　国際子ども図書館の庁内の管理に関すること。
五　国際子ども図書館の情報システムの開発及び運用に関すること。
六　児童書（法第二十二条第一項に規定する図書及びその他の図書館資料をいう。以下この章において同じ。）に関する図書館奉

仕に関する調査及び研究に関すること。
七　国際子ども図書館において行う展示その他の催物に関すること（児童サービス課の所掌に属するものを除く。）。
八　児童書に関する電子図書館による奉仕の実施に関すること。
九　前号の事務に係る著作権の処理に関すること。
十　児童書に関する図書館奉仕に係る図書館及び図書館関係団体等との連絡及び協力に関すること。
十一　職員及び図書館関係者に対する児童書に関する図書館奉仕に関する研修に関すること。
十二　前各号に掲げるもののほか、国際子ども図書館の所掌事務で資料情報課及び児童サービス課の所掌に属しないものに関すること。

（資料情報課）

第七十四条　資料情報課は、次に掲げる事務をつかさどる。
一　児童書及びその関連資料に係る選書及びレファレンスに関すること。
二　児童書及びその関連資料の書誌又は目録の作成及び提供に関すること。
三　児童書及びその関連資料のうち逐次刊行物の受理に関すること（収集部の所掌に属するものを除く。）。
四　収集した児童書及びその関連資料のうちアジア及び中東の諸言語による外国語資料の整理に関すること。
五　収集した児童書及びその関連資料の管理、保存、閲覧、複写、復刻等、貸出し及び証明に関すること（児童サービス課の所掌に属するものを除く。）。
六　国際子ども図書館の利用者及び利用案内に関すること。
七　第一資料室及び第二資料室の管理及び運営に関すること。
八　国際子ども図書館所属の書庫の管理に関すること。

（児童サービス課）

第七十五条　児童サービス課は、次に掲げる事務をつかさどる。
一　収集した児童書及びその他の資料を用いて行う十八歳以下の者を対象とする催物に関すること。
二　学校図書館等に貸し出すために収集した児童書及びその関連資料の貸出しに関すること。
三　子どものへや、世界を知るへや、おはなしのへや及びメディアふれあいコーナーの管理及び運営に関すること。

第三章　雑則

（課長補佐等）

第七十六条　総務部の各課、局の調査企画課、国会レファレンス課、電子情報サービス課及び議会官庁資料課、収集部の各課、書誌部の各課、資料提供部の各課、主題情報部の各課、国会分館の参考課、関西館総務課、関西館資料部の各課及び関西館事業部の各課並びに国際子ども図書館の各課に、それぞれ、課長補佐を置く。
2　支部東洋文庫に、支部東洋文庫長補佐を置く。
3　課長補佐又は支部東洋文庫長補佐は、命を受けて、課長若しくは支部東洋文庫長の職務遂行を補佐し、又は課若しくは支部東洋文庫の事務を分担する。

（係及び係長）

第七十七条　前条第一項に掲げる各課及び支部東洋文庫に、館長が定めるところにより、係を置く。
2　係に、係長を置く。
3　係長は、命を受けて、係の事務をつかさどる。

（主査及び副主査）

第七十八条　局の政治議会課、行政法務課、外交防衛課、財政金融

課、経済産業課、農林環境課、国土交通課、文教科学技術課、社会労働課及び海外立法情報課に、主査又は副主査を置く。

2　局の調査企画課、国会レファレンス課、電子情報サービス課及び議会官庁資料課、収集部の各課、書誌部の各課、資料提供部の各課、主題情報部の各課、国会分館の参考課、関西館資料部の各課、関西館事業部の各課及び国際子ども図書館の各課並びに支部東洋文庫に、課長補佐又は支部東洋文庫長補佐及び係長の所掌に属しない事務をつかさどらせるため、特に主査又は副主査を置く。

3　総務部の総務課、企画・協力課、人事課、会計課、管理課、情報システム課及び支部図書館課に、課長補佐（企画・協力課にあっては、電子情報企画室長を含む。）及び係長の所掌に属しない事務をつかさどらせるため、主査又は副主査を置くことができる。

4　主査は、命を受けて、課又は支部東洋文庫の高度な専門的事務又は特に命じられた事務をつかさどる。

5　副主査は、命を受けて、課又は支部東洋文庫の相当高度な専門的事務又は特に命じられた事務をつかさどる。

附　則

1　この規則は、国立国会図書館法の一部を改正する法律（平成十四年法律第六号）の施行の日から施行する。

2　国立国会図書館組織規則（昭和六十一年国立国会図書館規則第二号）は、廃止する。

○国立国会図書館資料利用規則及び国立国会図書館国際子ども図書館資料利用規則の一部を改正する規則

〔平成一四年三月二一日　国立国会図書館規則第二号〕

（国立国会図書館資料利用規則の一部改正）

第一条　国立国会図書館資料利用規則（昭和六十一年国立国会図書館規則第五号）の一部を次のように改正する。

第五条第六号を次のように改める。

六　新聞資料室

第五条第九号を次のように改める。

九　法律政治・官庁資料室

第五条中第十号を削り、第十一号を第十号とし、第十二号及び第十三号を削り、第十四号を第十一号とし、第十五号から第十七号までを三号ずつ繰り上げる。

第五条に次の一号を加える。

十五　電子資料室別室

第七条第一項第一号中「第九号から第十七号まで」を「第十号から第十五号まで」に改め、同項第二号及び同条第二項中「第八号」を「第九号」に改める。

第八条第一項第一号中「第五条第十号、第十六号及び第十七号」を「第五条第十三号及び第十四号」に改める。

第十六条第二項中「第三号及び」を削り、「第十七号」を「第十五号」に改める。

第十七条第二項中「第八号」を「第九号」に改める。

第二十一条中「閲覧室」を「場所」に改める。

第二十三条中「国立国会図書館図書複写規程（昭和二十八年国立国会図書館規程第三号）の規定に基づく」を「国立国会図書館複写規程（平成十四年国立国会図書館規程第一号）第四条に規定する」に改め、「の複写」の下に「に関し必要な事項」を加える。

第二十六条第二項中第五号を第六号とし、第四号を第五号とし、第三号の次に次の一号を加える。

四　館が複写に係る許諾を著作権者等から得た機械可読資料（第五条第五号から第九号まで及び第十五号に掲げる閲覧室において閲覧に供するものに限る。）について、その許諾の範囲内で行う場合

第二十八条第一項第三号中「第二十六条第二項第四号又は第五号」を「第二十六条第二項第五号又は第六号」に改める。

第三十一条を次のように改める。

第三十一条　削除

（国立国会図書館国際子ども図書館資料利用規則の一部改正）

第二条　国立国会図書館国際子ども図書館資料利用規則（平成十二年国立国会図書館規則第四号）の一部を次のように改正する。

第十三条中「国立国会図書館図書複写規程（昭和二十八年国立国会図書館規程第三号）の規定に基づく」を「国立国会図書館複写規程（平成十四年国立国会図書館規程第一号）第四条に規定する」に改め、「の複写」の下に「に関し必要な事項」を加える。

第二十一条を次のように改める。

第二十一条　削除

附　則

1　この規則は、平成十四年四月一日から施行する。

2　国立国会図書館資料の複写の特例に関する規則（平成九年国立国会図書館規則第六号）は、廃止する。

○日本法令沿革索引審議会規則等の一部を改正する規則　抄

（平成一四年三月二一日　国立国会図書館規則第三号）

（国立国会図書館中央館及び支部図書館資料相互貸出規則の一部改正）

第四条　国立国会図書館中央館及び支部図書館資料相互貸出規則（昭和六十一年国立国会図書館規則第八号）の一部を次のように改正する。

第一条中「中央の図書館」の下に「（関西館を除く。）」を加え、「同法第二十二条に規定する」を削る。

第八条第二項中「専門資料部科学技術資料課」を「主題情報部科学技術・経済課」に改め、同条第三項中「逐次刊行物部雑誌課」を「資料提供部雑誌課」に改める。

附　則

この規則は、国立国会図書館組織規則（平成十四年国立国会図書館規則第一号）の施行の日から施行する。

○複写料金に関する件の一部を改正する件

（平成一四年三月二一日　国立国会図書館告示第一号）

複写料金に関する件（昭和六十一年国立国会図書館告示第一号）

の一部を次のように改正する。

第一項の表以外の部分を次のように改める。

1　国立国会図書館法（昭和二十三年法律第五号）第二十一条第二項に規定する複写料金の額は、次の表に掲げるとおりとする。

第二項を削り、第三項を第二項とし、第四項を第三項とする。

第五項を削り、第六項中「複写料金等」を「第一項に規定する複写料金及び第二項に規定する郵送等に要する費用」に、「、第二項に規定する著作権使用料及び第四項」を「及び第三項」に改め、同項を第四項とし、第七項を第五項とし、第八項中「規程第二条により」を「国立国会図書館の収集資料を」に改め、同項を第六項とする。

附　則

この告示は、国立国会図書館法の一部を改正する法律（平成十四年法律第六号）の施行の日から施行する。

図書館法規基準総覧　第二版　追録　2002年4月30日発行

発行●日本図書館協会　〒104-0033　東京都中央区新川1-11-14　TEL 03-3523-0811